Come consultare l'*Oxford Study*

inglese–italiano

parole che si scrivono nello stesso modo seguite da un esponente numerico	**stern¹** /stɜːn/ *agg* (**-er, -est**) severo, duro **stern²** /stɜːn/ *s* poppa (*di nave*)
significati diversi di una parola introdotti da numeri	**clean** /kliːn/ ▶ *agg* (**-er, -est**) **1** pulito: *to wipe sth clean* pulire qc **2** (*Sport*) corretto **3** (*foglio, ecc*) nuovo LOC **make a clean break (with sth)** chiudere (con qc)
locuzioni, espressioni idiomatiche e "phrasal verbs"	▶ *vt, vi* pulire PHRV **clean sth from/off sth** togliere qc da qc ◆ **clean sb out** (*informale*) ripulire qn ◆ **clean sth out** ripulire qc ◆ **clean (sth) up** ripulire (qc): *to clean up your image* rilanciare la propria immagine
esempi per aiutarti a capire come si usa la parola	
parole derivate: raggruppate sotto la parola da cui derivano	**alphabet** /ˈælfəbet/ *s* alfabeto **alphabetical** /ˌælfəˈbetɪkl/ *agg* alfabetico: *in alphabetical order* in ordine alfabetico
parole che si possono scrivere in modi diversi	**email** (*anche* **e-mail**) /ˈiːmeɪl/ ▶ *s* e-mail: *My*
varianti americane	**endive** /ˈendɪv/ (*USA* **chicory**) *s* indivia *f*
pronuncia e accento	**grass** /ɡrɑːs; *USA* ɡræs/ *s* erba, prato
spiegazione di parole senza traduzione diretta	ˌ**bed and ˈbreakfast** (*abbrev* **B and B, b and b**) *s* ≃ pensione (*solo con prima colazione*) ❶ In Gran Bretagna la formula "bed and breakfast" viene spesso offerta presso abitazioni private
note culturali su usi e costumi della Gran Bretagna e degli Stati Uniti	
categorie grammaticali (sostantivo, verbo, ecc)	**child** /tʃaɪld/ *s* (*pl* **children** /ˈtʃɪldrən/)
plurali irregolari dei sostantivi	
grado comparativo e superlativo degli aggettivi	**spicy** /ˈspaɪsi/ *agg* (**-ier, -iest**) piccante *Vedi anche* HOT
forme verbali (terza persona singolare dell'indicativo presente, passato, participio passato)	**say** /seɪ/ ▶ *vt* (*3a persona sing* **says** /sez/ *pass, pp* **said** /sed/) **1 to say sth (to sb)** dire qc (a qn): *to say yes* dire di sì
parola chiave: le parole più utili	**freedom** /ˈfriːdəm/ *s* **1** libertà: *freedom of speech* libertà di parola **2** ~ **(to do sth)** libertà (di fare qc) **3** ~ **from sth** libertà da qc
costruzioni grammaticali (preposizioni e forme verbali con cui si usa la parola)	

italiano-inglese

traduzione inglese	**barca** *sf* boat: *andare in ~* to go sailing ⊃ *Vedi nota a* BOAT LOC **barca a remi** rowing boat
locuzioni e composti	◆ **barca a vela** sailing boat ◆ **una barca di gente/soldi** loads of people/money
significati diversi preceduti da numeri e indicazioni per aiutarti a scegliere la traduzione	**maturo**, **-a** *agg* **1** (*frutta*) ripe **2** (*persona*) mature: *Gianni è molto ~ per la sua età.* Gianni is very mature for his age.
	affitto *sm* rent: *Hai pagato l'affitto?* Have you paid the rent? LOC **dare in affitto** to rent *sth* out ◆ **prendere in affitto** to rent *sth*, to hire *sth*
note per aiutarti a scegliere la parola giusta e a usarla correttamente	In inglese britannico si usa **to hire** per dire 'prendere in affitto' per un breve periodo: *We hired a car for the day*. Se si prende in affitto qualcosa per periodi lunghi si usa **to rent**: *to rent a house/flat/television*. In inglese americano si usa **to rent** in entrambi i casi.
strutture grammaticali (preposizioni e costruzioni verbali con cui si usa la parola)	**ringraziare** *vt* to thank *sb* (*for sth/doing sth*): *senza neppure ~* without even saying thank you
esempi per aiutarti a capire come si usa la parola in una frase	**parola** *sf* **1** word: *una ~ di tre lettere* a three-letter word ◊ *Ti dò la mia ~.* I give you my word. ◊ *Non ha detto una ~.* He didn't say a word. ◊ *in altre parole* in other words **2** (*facoltà*) speech
	cerimonia *sf* ceremony*: *la ~ di apertura* the opening ceremony
asterisco dopo traduzioni inglesi con forme irregolari da controllare nella sezione inglese-italiano	**buffo**, **-a** *agg* funny*: *Era ~ sentirlo parlare in tedesco.* It was funny to hear him speaking German.
	scegliere *vt* to choose*: *Scegli tu.* You choose. ◊ *~ tra due cose* to choose between two things
informazioni grammaticali sulla traduzione	**binocolo** *sm* binoculars [*pl*]
indicazione del **livello d'uso** della parola (ad es. in conversazioni con gli amici o situazioni formali)	**erodere** *vt* to wear* *sth* away, to erode (*più formale*)

Dizionario
Oxford Study
per studenti d'inglese

inglese – italiano | italiano – inglese

OXFORD
UNIVERSITY PRESS

Great Clarendon Street, Oxford OX2 6DP

Oxford University Press is a department of the University of Oxford.
It furthers the University's objective of excellence in research, scholarship,
and education by publishing worldwide in

Oxford New York

Auckland Cape Town Dar es Salaam Hong Kong Karachi
Kuala Lumpur Madrid Melbourne Mexico City Nairobi
New Delhi Shanghai Taipei Toronto

With offices in

Argentina Austria Brazil Chile Czech Republic France Greece
Guatemala Hungary Italy Japan Poland Portugal Singapore
South Korea Switzerland Thailand Turkey Ukraine Vietnam

OXFORD and OXFORD ENGLISH are registered trade marks of
Oxford University Press in the UK and in certain other countries

© Oxford University Press 2005
Database right Oxford University Press (maker)

No unauthorized photocopying

All rights reserved. No part of this publication may be reproduced,
stored in a retrieval system, or transmitted, in any form or by any means,
without the prior permission in writing of Oxford University Press,
or as expressly permitted by law, or under terms agreed with the appropriate reprographics rights
organization. Enquiries concerning reproduction
outside the scope of the above should be sent to the ELT Rights Department,
Oxford University Press, at the address above

You must not circulate this book in any other binding or cover
and you must impose this same condition on any acquirer

This dictionary includes some words which have or are asserted to have proprietary status as trade
marks or otherwise. Their inclusion does not imply that they have acquired for legal purposes a
non-proprietary or general significance nor any other judgement concerning their legal status.
In cases where the editorial staff have some evidence that a word has proprietary status this is
indicated in the entry for that word but no judgement concerning the legal status of such words is
made or implied thereby

Any websites referred to in this publication are in the public domain and
their addresses are provided by Oxford University Press for information only.
Oxford University Press disclaims any responsibility for the content

ISBN-13: 978 0 19 431679 8   (pack)
ISBN-13: 978 0 19 431680 4   (dictionary)
ISBN-13: 978 0 19 431682 8   (workbook)
ISBN-13: 978 0 19 431681 1   (CD-ROM)
ISBN-10: 0 19 431679 3   (pack)
ISBN-10: 0 19 431680 7   (dictionary)
ISBN-10: 0 19 431682 3   (workbook)
ISBN-10: 0 19 431681 5   (CD-ROM)

Typeset by Data Standards Ltd.
Printed by Just Colour Graphics

ACKNOWLEDGEMENTS

Illustrations by: Julian Baker, Martin Cox, David Eaton, Margaret Heath, Karen Hiscock, Nigel Paige, Martin Shovel, Paul Thomas, Harry Venning, Michael Woods, Hardlines, Phil Longford

We would like to thank the following for their permission to reproduce photographs: Corbis pA2 (6); Corel ppA1 (11), A2 (1, 3), A4, A6 (1–4, 6–8, 11), A8 (1–7, 10–13), A9, A10 (2–4, 6–14), A11 (1, 2, 4–7, 10, 15), A12-18, A19 (1–13, 15–17), A20 (3, 5, 8, 10, 11, 13, 14); Digital Vision ppA6 (5, 9), A20 (4); Getty Images ppA2 (1–5, 7), A19 (14), A21 (3); Hemera Technologies Inc. ppA1 (9, 10), A3, A7 (1, 7, 9, 10, 12, 14), A8 (8, 9), A20 (15), A21 (1–2, 9–14); Ingram pA23 (6); John Birdsall Social Issues Photo Library pA23 (2, 7, 10); John Walmsley, Education Photos pA23 (1, 4, 8); Photodisc ppA1 (1–8, 12–16), A5, A6 (10), A10 (5), A11 (3, 8, 9, 11–14); Punchstock pA24 (2-6, 8), workbook p24; Stockbyte ppA1 (17–22), A10 (1)

Indice

Risvolto di copertina   Come consultare l'Oxford Study

viii   Test su come consultare il dizionario

xii   La pronuncia

1–370   **Dizionario inglese–italiano dalla A alla Z**

Photo dictionary

A1	Abbigliamento	A11	Pietanze
A2	Abitazioni	A12	Animali
A3	I mobili	A15	Rettili e Pesci
A4	Edifici	A16	Sport
A5	Negozi	A20	Tempo libero
A6	Trasporti	A21	Strumenti Musicali
A7	Apparecchi elettronici	A22	A Scuola
A8	Frutta	A23	In aula
A9	Verdura	A24	Il lavoro
A10	Cibo		

371–652   **Dizionario italiano–inglese dalla A alla Z**

Appendici

655   **1** Espressioni numeriche
658   **2** Nomi di persona
659   **3** Nomi geografici
664   **4** Le Isole Britanniche
666   **5** Gli Stati Uniti d'America e il Canada
668   **6** L'Australia e la Nuova Zelanda
670   **7** L'Europa
672   Verbi irregolari
674   Abbreviazioni e simboli

Test

Come consultare il lato inglese-italiano

1 Cosa significano queste parole inglesi? a **scarecrow** b **humongous** c **dumpling**	**Trovare le parole e i significati** Scopri il significato delle parole inglesi consultando il lato inglese-italiano del dizionario. Se non esiste una traduzione diretta al suo posto troverai una spiegazione.
2 a Se qualcuno dice 'I have to **book in**', è in biblioteca o in albergo? b A che cosa si può riferire il verbo **iron out**, una camicia o un problema? c Che legame c'è tra **hang up** e **put sb through**?	I "phrasal verbs", cioè combinazioni di verbo più preposizione o avverbio, hanno spesso un significato molto diverso dal verbo preso da solo. Nella voce, i "phrasal verbs" si trovano dopo i sensi principali in una sezione indicata con PHR V
3 a Che legame c'è tra **a piece of cake** e **child's play**? b Se qualcuno dice 'I have **butterflies in my stomach**', è arrabbiato, si sente male o è nervoso?	Le locuzioni che hanno un significato particolare si trovano dopo i sensi principali della parola, in una sezione indicata con LOC
4 Che cosa significano le sigle? a **SUV** b **ISP** c **mph**	Sigle e abbreviazioni sono riportate in ordine alfabetico nel dizionario. Se si usano nella lingua parlata troverai indicata la pronuncia.
5 a In Gran Bretagna si chiama **pushchair**. E in America? b Come si scrive in inglese americano la parola **tyre**? c Se un americano ti dice: 'Put the **scallions** in the **skillet**', sei in cucina o in officina?	Se una parola ha una variante americana, questa viene riportata nella voce. Talvolta cambia solo l'ortografia o la pronuncia ma non il significato. Se cerchi una parola dell'inglese americano troverai un rimando alla voce corrispondente dell'inglese britannico.
6 a Osserva il disegno alla voce **front**: la macchina si trova *in front, at the front* o *on the front* rispetto all'autobus? b Guarda l'illustrazione alla voce **container**. Quali espressioni sono giuste tra *a carton of milk*, *a tub of toothpaste* e *a box of matches*? c Osserva la foto a pagina A1 e trova quattro nomi di capi d'abbigliamento che cominciano con T.	Le illustrazioni aiutano a capire meglio i punti problematici della lingua e consentono di memorizzare più facilmente le parole. Nelle pagine a colori sono riportate tante parole che appartengono allo stesso tema: imparando i termini che si riferiscono a un dato argomento potrai arricchire ulteriormente il tuo lessico. Nei riquadri dal titolo 'More to Explore' troverai altre parole, che hanno una voce propria nel dizionario, collegate all'argomento in questione.

7 Vero o falso?
  a **Mother's day** si celebra nello stesso giorno sia in Gran Bretagna che in America.
  b In Gran Bretagna si impara a guidare a 17 anni. (Vedi **learn**)

Le note culturali contengono informazioni interessanti su usi e costumi dei paesi anglofoni.

8 Solo in una di queste coppie le parole hanno lo stesso significato. Quale?
  a **sympathetic/simpatico**
  b **parent/parente**
  c **rustic/rustico**

Esistono parole inglesi simili a parole italiane, ma fai attenzione! Spesso due parole che si scrivono allo stesso modo hanno invece significati molto diversi. Nel dizionario troverai note che avvertono della presenza di 'falsi amici'. Per saperne di più vedi il **Personal Dictionary Trainer**.

9 a Dove puoi trovare il significato della parola **geese**?
  b Da quale verbo deriva la forma **fought**?

I rimandi indicano dove trovare l'informazione che cerchi se non l'hai trovata alla voce consultata.

10 a La parola **nickname** è un sostantivo o un verbo?
  b Qual è l'avverbio che deriva da **sensible**?

Un po' di grammatica
La categoria grammaticale viene indicata dopo la pronuncia della parola. Le diverse categorie grammaticali sono divise per sezioni indicate da una freccetta azzurra ▸.

11 Quali frasi sono corrette?
  a Spaghetti are my favourite dish.
  b I'd like a toast.
  c I need a tweezers for this job.
  d The news is on Channel 4 at seven o'clock.

Dopo l'indicazione della categoria grammaticale troverai anche altre informazioni: ad esempio, se una parola viene indicata come [*non numerabile*] significa che non può essere usata al plurale e che di solito non vuole l'articolo indeterminativo 'a'. Se una parola è indicata come [*sing*] significa che non è mai usata al plurale, mentre una indicata come [*pl*] non ha il singolare.

12 a Qual è il plurale di **goldfish**?
  b Usa la forma corretta di **easy** per completare la frase: *The first exercise was _____ than this one.*
  c Qual è il passato del verbo **choose**?
  d Come si scrive la forma in *–ing* del verbo **chat**?
  e Volgi alla forma negativa questa frase: *Jim can swim.*

Troverai nella voce il plurale di sostantivi irregolari, il passato dei verbi irregolari e anche l'indicazione di come si forma il comparativo e il superlativo degli aggettivi. Il dizionario è corredato di note su aspetti della grammatica che possono presentare difficoltà come nel caso dei verbi modali.

13 a Qual è la particolarità della pronuncia di **aisle**, **isle** e **I'll**?
  b Qual è la sillaba accentata nella parola **thermometer**?
  c Nella parola composta **steering wheel**, su quale parola cade l'accento?

Pronuncia
Di ogni parola viene riportata la trascrizione fonetica; nel caso di parole composte troverai le indicazioni dell'accento principale (') e secondario (,). I simboli fonetici sono indicati a piè di pagina per aiutarti a ricordarli meglio. Per altre informazioni sulla pronuncia vedi a pagina xii.

Come consultare il lato italiano-inglese

14 Scegli la traduzione appropriata della parola in **neretto**:
  a Remove the _____ from the fish. (**spine**)
  b If I leave on the 7.15 train, there's a _____ for Aberdeen at 9. (**coincidenza**)
  c What time does it usually get _____? (**chiaro**)

Una parola italiana potrebbe avere più di una traduzione in inglese, ma troverai sempre delle indicazioni che ti guideranno nella scelta di quella più appropriata nel contesto.

Le locuzioni che hanno un significato particolare si trovano dopo i sensi principali della parola, in una sezione indicata con LOC

15 Completa le frasi consultando le voci delle parole in **neretto**.
  a I'll call you tomorrow and we can _____ a _____ (**chiacchierata**)
  b Why are you all laughing? I don't _____ the _____! (**barzelletta**)

Gli esempi ti aiuteranno a usare correttamente la parola in contesto.

16 Traduci le frasi facendo particolare attenzione a utilizzare le forme corrette delle parole inglesi.
  a Ti piacciono le acciughe?
  b Mio nonno coltivava le rose.
  c È il film più triste che abbia mai visto.

Può capitarti di trovare una parola inglese contrassegnata da un asterisco: ciò significa che è irregolare. Se è un sostantivo, sai qual è il plurale? Se invece è un verbo, sarà il passato ad essere irregolare o si tratterà dell'ortografia (raddoppiamento della consonante o cambiamento della –**y** finale in –**i**)? E come si formano il comparativo e il superlativo di un aggettivo? Per maggior sicurezza controlla la parola nel lato inglese-italiano del dizionario.

17 Completa le frasi consultando le voci delle parole in **neretto**.
  a Ha spiegato il **motivo** della decisione? *Did she explain the reason_____ the decision?*
  b Era **mascherato** da pirata. *He was dressed up_____ a pirate.*
  c Hanno buone **probabilità** di vincere. *They have a good chance _____ winning.*

Nelle voci vengono indicate le costruzioni (preposizioni, verbo all'infinito o alla forma in –ing) necessarie ad usare correttamente la parola in contesto.

18 Qualcosa che non va?
  a Anna dice a un'amica: *'Sara wants to accompany us to the cinema'.* (Vedi **accompagnare**)
  b In un tema sull'ecologia Fabio ha scritto: *'People think it is a pain to take their bottles and paper to be recycled.'* (Vedi **seccatura**)

Quando scegli una traduzione devi fare attenzione al registro d'uso: si tratta di un termine formale e quindi adatto per esempio ad un tema scolastico o è invece un'espressione colloquiale, da usare con gli amici o nel linguaggio familiare? Nel dizionario viene indicato se una parola è adatta a situazioni formali o informali.

19
a Chiedi a un'amica inglese quand'è il suo onomastico ma lei non sa cosa dire. Perché? (Vedi **onomastico**)
b È il compleanno del tuo migliore amico. Come gli farai gli auguri in inglese? (Vedi **compleanno**)

Nel dizionario troverai delle note che spiegano le differenze culturali tra l'Italia e i paesi anglofoni e offrono esempi di espressioni e formule da usare in varie situazioni.

20
a Quale scegliere? *In science, we had to do an experiment with* **live** / **alive** *frogs!* (Vedi **vivo**)
b Correggi questa frase: *We like very much skiing.* (Vedi **molto**)
c Traduci la frase: Marco è un mio amico di Roma. (Vedi **mio**)

Nel dizionario troverai anche delle note che ti aiuteranno a scegliere la traduzione e la costruzione giusta evitando gli errori più comuni.

21 Vero o falso?
a Una **pint** equivale a poco più di mezzo litro.
b In inglese, una persona nata in Finlandia si chiama *Finnman*.
c La città principale dell'Australia occidentale è Perth.

Altre informazioni
Nelle Appendici troverai tantissime informazioni preziose: espressioni numeriche (inclusi pesi e misure usati in Gran Bretagna e negli USA), cartine e nomi geografici.

Key

1 a spaventapasseri
  b enorme
  c gnocco di pasta cotto al vapore o bollito servito ad esempio con lo stufato
2 a in albergo
  b un problema
  c il telefono
3 a si riferiscono alle cose facili
  b nervoso
4 a sport utility vehicle
  b Internet Service Provider
  c miles per hour
5 a stroller b tire c in cucina
6 a in front of the bus
  b a carton of milk, a box of matches (toothpaste = tube)
7 a falso b vero
8 c
9 a alla voce **goose** b fight
10 a sostantivo e verbo
   b sensibly
11 d
12 a goldfish b easier c chose d chatting e Jim can't swim.
13 a si pronunciano allo stesso modo
   b mom
   c steering
14 a bones b connection c light
15 a have a chat b get the joke
16 a Do you like anchovies?
   b My grandfather grew roses.
   c It's the saddest film (that) I've ever seen.
17 a for b as c of
18 a accompany è troppo formale ('come with us'),
   b pain è troppo informale ('nuisance')
19 a L'onomastico non si festeggia in Gran Bretagna.
   b 'Happy birthday!', o 'Many happy returns!'
20 a live frogs
   b We like skiing very much
   c Marco is a friend of mine from Rome.
21 a vero b falso (Finn) c vero

La pronuncia

Simboli Fonetici

Vocali e Dittonghi

iː	see /siː/	ɜː	fur /fɜː(r)/
i	happy /ˈhæpi/	ə	ago /əˈgəʊ/
ɪ	sit /sɪt/	eɪ	pay /peɪ/
e	ten /ten/	aɪ	five /faɪv/
æ	hat /hæt/	əʊ	go /gəʊ/
ɑː	father /ˈfɑːðə(r)/	aʊ	now /naʊ/
ɒ	got /gɒt/	ɔɪ	join /dʒɔɪn/
ɔː	saw /sɔː/	ɪə	near /nɪə(r)/
ʊ	put /pʊt/	eə	hair /heə(r)/
uː	too /tuː/	ʊə	pure /pjʊə(r)/
ʌ	cup /kʌp/	ŏ	en route /ŏ ˈruːt/
u	situation /ˌsɪtʃuˈeɪʃn/		

Consonanti

p	pen /pen/	s	so /səʊ/
b	bad /bæd/	z	zoo /zuː/
t	tea /tiː/	ʃ	she /ʃiː/
d	did /dɪd/	ʒ	vision /ˈvɪʒn/
k	cat /kæt/	h	how /haʊ/
g	got /gɒt/	m	man /mæn/
tʃ	chin /tʃɪn/	n	no /nəʊ/
dʒ	June /dʒuːn/	ŋ	sing /sɪŋ/
f	fall /fɔːl/	l	leg /leg/
v	van /væn/	r	red /red/
θ	thin /θɪn/	j	yes /jes/
ð	then /ðen/	w	woman /ˈwʊmən/

Alcune parole si possono pronunciare in modi diversi. Nel dizionario *Oxford Study* troverai le più comuni, in ordine di frequenza d'uso.

either /ˈaɪðə(r), ˈiːðə(r)/

Se la pronuncia della parola cambia notevolmente in inglese americano, questa verrà indicata preceduta dall'abbreviazione *USA*:

address /əˈdres; *USA* ˈædres/

/ˈ/ Indica l'accento principale della parola.

money /ˈmʌni/ ha l'accento sulla prima sillaba.

lagoon /ləˈguːn/ ha l'accento sulla seconda sillaba.

/ˌ/ Indica l'accento secondario della parola **pronunciation** /prəˌnʌnsiˈeɪʃn/ ha un accento secondario sulla sillaba /ˌnʌn/ e un accento principale sulla sillaba /ˈeɪ/

(r) In inglese non si pronuncia la **r** finale a meno che la parola seguente non inizi con una vocale.

La **r** di 'car' non si pronuncia nella frase *His car broke down*, ma si pronuncia nella frase *His car is brand new*.

Come viene indicata questa differenza? Nella trascrizione fonetica la **r** è stata messa tra parentesi.

car /kɑː(r)/

In inglese americano la **r** si pronuncia sempre.

Forme toniche e atone

Alcune parole di uso comune (**an, as, from, that, of**, ecc) possono avere due pronunce, una tonica e una atona: quest'ultima è la più frequente.

Prendiamo per esempio il caso della preposizione **from** /frəm, frɒm/, come nella frase
He comes from Spain.

Se si trova alla fine della frase o se vogliamo dare un'enfasi particolare, utilizzeremo la pronuncia tonica /frɒm/, come nel caso di
The ˌpresent's not ˈfrom John, it's ˈfor him.

Parole composte

Nelle parole composte (formate da due o più elementi), la trascrizione fonetica delle singole parole non viene ripetuta. Il dizionario, con l'utilizzo dei simboli /'/ e /ˌ/, segnala la posizione dell'accento nelle parole composte: in **'air-conditioned**, ad esempio, l'accento cade sulla prima parola. Invece, in **ˌair traffic con'trol** esiste un accento secondario su **air** mentre l'accento primario si trova sulla seconda sillaba di **control**.

Parole derivate

In molti casi la pronuncia di una parola derivata è la somma della pronuncia dei suoi elementi.

In questi casi non è stata data la trascrizione fonetica, perché è prevedibile.

slowly	= slow + ly
/'sləʊli/	/sləʊ + li/
astonishingly	= astonishing + ly
/ə'stɒnɪʃm̩li/	/ə'stɒnɪʃm̩ + li/

Abbiamo però aggiunto la pronuncia per le voci in cui l'accento della parola cambia con l'aggiunta della desinenza.

photograph	/'fəʊtəgrɑːf/
photographer	/fə'tɒgrəfə(r)/
photographic	/ˌfəʊtə'græfɪk/
photographer	/fə'tɒgrəfi/

Nel caso delle parole derivate mediante l'aggiunta del suffisso **–tion**, la regola vuole che l'accento cada sulla penultima sillaba e perciò non è stata indicata la pronuncia.

alter	/'ɔːltər/
alteration	/ˌɔːltə'reɪʃn/
celebrate	/'selɪbreɪt/
celebration	/ˌselɪ'breɪʃn/

Altri suffissi

-able	/əbl/	adaptable
-ably	/əbli/	comfortably
-ally	/əli/	internally
-ance, -ence	/əns/	appearance
-ant, -ent	/ənt/	disinfectant
-bly	/bli/	sensibly
-cally	/kli/	mechanically
-cy	/si/	efficiency
-er, -or	/ə(r)/	announcer
-ful	/fl/	forgetful
-fully	/fəli/	hopefully
-ing	/ɪŋ/	advertising
-ish	/ɪʃ/	feverish
-ist	/ɪst/	cartoonist
-ive	/ɪv/	attractive
-ize	/aɪz/	revolutionize
-izer	/aɪzə(r)/	moisturizer
-less	/ləs/	sleeveless
-ment	/mənt/	achievement
-ness	/nəs/	weakness
-ous	/əs/	dangerous
-ship	/ʃɪp/	partnership
-tion, sion	/ʃən/	suggestion
-y	/i/	silky

A a

A, a /eɪ/ s (pl **As, A's, a's**) **1** A, a: *A for Andrew* A come Ancona ◊ *'Gray' (spelt) with an 'a'* "Gray" scritto con la "a" ◊ *'Awful' begins/ starts with an 'A'.* "Awful" comincia per "A". ◊ *'Data' ends in an 'a'.* "Data" termina in "a". **2** (voto) dieci: *I got an A for my essay.* Ho preso un dieci nel tema. ⊃ *Vedi nota a* VOTO **3** (Mus) la ⊃ Per la spiegazione degli esami **A level AS level** e **A2 level**, vedi **A level**.

a /ə, eɪ/ (anche **an** /ən, æn/) art indet ❶ **A, an** corrisponde all'italiano *un, uno, una* tranne nei seguenti casi: **1** (numeri): *a hundred and twenty people* centoventi persone **2** (professioni): *My mother is a solicitor.* Mia madre è avvocato. **3** a, per: *200 words a minute* 200 parole al minuto ◊ *£5 a dozen* cinque sterline alla dozzina **4** (persone sconosciute) un certo, una certa: *Do we know a James Smith?* Conosciamo un certo James Smith?

A & E /ˌeɪ ənd 'iː/ abbr Vedi ACCIDENT AND EMERGENCY

aback /ə'bæk/ avv LOC **be taken aback (by sb/sth)** essere preso alla sprovvista

abandon /ə'bændən/ vt abbandonare: *an abandoned baby/village* un neonato/paese abbandonato ◊ *We abandoned the attempt.* Abbiamo rinunciato al tentativo.

abbey /'æbi/ s (pl **-eys**) abbazia

abbreviate /ə'briːvieɪt/ vt abbreviare **abbreviation** s abbreviazione

abdicate /'æbdɪkeɪt/ vt, vi abdicare (a)

abdomen /'æbdəmən/ s addome **abdominal** /æb'dɒmɪnl/ agg addominale

abduct /æb'dʌkt/ vt rapire, sequestrare **abduction** /æb'dʌkʃn/ s rapimento, sequestro di persona

abide /ə'baɪd/ vt sopportare: *I can't abide them.* Non li sopporto. PHRV **abide by sth 1** (norma, decisione) attenersi a qc **2** (promessa) tener fede a qc

ability /ə'bɪləti/ s (pl **-ies**) capacità, abilità: *her ability to accept change* la sua capacità di accettare i cambiamenti ◊ *to the best of my ability* al meglio delle mie capacità ◊ *his exceptional ability as a swimmer* la sua straordinaria bravura come nuotatore

abject /'æbdʒekt/ agg estremo; (fallimento) completo

ablaze /ə'bleɪz/ agg **1** in fiamme: *to set sth ablaze* appiccare il fuoco a qc **2 to be ~ with sth** risplendere di qc: *The garden was ablaze with flowers.* Il giardino era un tripudio di fiori.

able¹ /'eɪbl/ agg **to be ~ to do sth** essere in grado di fare qc; poter fare qc: *Will he be able to help you?* Potrà aiutarti? ◊ *They were able to rescue the boys.* Riuscirono a soccorrere i ragazzi. ⊃ *Vedi nota a* CAN² LOC *Vedi* BRING

able² /'eɪbl/ agg (**abler** /'eɪblə(r)/ **ablest** /'eɪblɪst/) capace, bravo **ably** /'eɪbli/ avv abilmente: *Mrs Weathers, ably supported by the committee, …* la signora Weathers, con l'esperto aiuto del comitato, …

abnormal /æb'nɔːml/ agg anormale **abnormality** /ˌæbnɔː'mæləti/ s (pl **-ies**) anormalità

aboard /ə'bɔːd/ avv, prep a bordo (di): *aboard the ship* a bordo della nave ◊ *Welcome aboard.* Benvenuti a bordo.

abode /ə'bəʊd/ s (formale) dimora LOC *Vedi* FIXED

abolish /ə'bɒlɪʃ/ vt abolire **abolition** /ˌæbə'lɪʃn/ s abolizione

abominable /ə'bɒmɪnəbl; USA -mən-/ agg abominevole

Aboriginal /ˌæbə'rɪdʒənl/ agg, s aborigeno, -a: *the question of Aboriginal land rights* la questione dei diritti territoriali degli aborigeni

Aborigine /ˌæbə'rɪdʒəni/ s aborigeno, -a

abort /ə'bɔːt/ **1** vt, vi (Med) (far) abortire: *to abort the pregnancy* interrompere la gravidanza **2** vt sospendere: *They aborted the launch.* Hanno sospeso il lancio.

abortion /ə'bɔːʃn/ s aborto (provocato): *to have an abortion* abortire ⊃ *Confronta* MISCARRIAGE

abortive /ə'bɔːtɪv/ agg (formale) fallito: *an abortive coup/attempt* un colpo di stato/tentativo fallito

abound /ə'baʊnd/ vi ~ **(with sth)** abbondare (di qc)

about¹ /ə'baʊt/ avv **1** (anche **around**) circa, all'incirca: *about the same height as you* alto all'incirca come te **2** (anche **around**) verso: *I got home at about half past seven.* Sono arrivato a casa verso le sette e mezza. ⊃ *Vedi nota a* AROUND¹ **3** (anche **around**) da queste parti: *She's somewhere about.* È da queste parti. ◊ *There are no jobs about at the moment.* In

tʃ **chin**   dʒ **June**   v **van**   θ **thin**   ð **then**   s **so**   z **zoo**   ʃ **she**

about → academic

questo periodo non c'è lavoro. **4** quasi: *Dinner's about ready.* La cena è quasi pronta. **LOC** **be about to do sth** stare per fare qc

about² /ə'baʊt/ (*anche* **around**, **round**) *part avv* **1** da una parte all'altra: *I could hear people moving about.* Sentivo gente muoversi. **2** qua e là: *people sitting about on the grass* gente seduta qua e là sull'erba ➲ Per l'uso di **about** nei PHRASAL VERBS vedi alla voce del verbo, ad es. **lie about** a LIE².

about³ /ə'baʊt/ *prep* **1** in giro per: *papers strewn about the room* fogli sparsi per la stanza ◊ *She's somewhere about the place.* È qui in giro. **2** su, riguardo a: *a book about flowers* un libro sui fiori ◊ *What's the book about?* Di cosa tratta il libro? **3** [*con aggettivi*]: *angry/happy about sth* arrabbiato/contento per qc **4** (*caratteristica*): *There's something about her I don't like.* C'è qualcosa in lei che non mi piace. **LOC** **how/what about?**: *What about his car?* E la sua macchina? ◊ *How about going swimming?* Che ne dici di andare a nuotare?

above¹ /ə'bʌv/ *avv* su, sopra: *the people in the flat above* quelli del piano di sopra ◊ *children aged eleven and above* ragazzi dagli undici anni in su

above² /ə'bʌv/ *prep* **1** sopra: *1 000 metres above sea level* 1.000 metri sopra il livello del mare ➲ *Vedi illustrazione a* SOPRA **2** oltre: *above 50%* oltre il 50% **LOC** **above all** soprattutto

abrasive /ə'breɪsɪv/ *agg* **1** (*sostanza*) abrasivo **2** (*persona*) brusco

abreast /ə'brest/ *avv* ~ (**of sb/sth**): *to cycle two abreast* andare in bicicletta fianco a fianco ◊ *A car came abreast of us.* Un'auto si affiancò a noi. **LOC** **be/keep abreast of sth** essere/tenersi al corrente di qc

abroad /ə'brɔːd/ *avv* all'estero: *to go abroad* andare all'estero ◊ *Have you ever been abroad?* Sei mai stato all'estero?

abrupt /ə'brʌpt/ *agg* **1** (*cambiamento*) repentino, improvviso **2** (*persona*) brusco: *He was very abrupt with me.* È stato molto brusco con me.

abseil /'æbseɪl/ (*USA* **rappel**) *vi* calarsi a corda doppia **abseiling** discesa a corda doppia

absence /'æbsəns/ *s* **1** assenza: *absences due to illness* assenze per malattia **2** [*sing*] assenza, mancanza: *the complete absence of noise* la totale assenza di rumore ◊ *in the absence of new evidence* in mancanza di nuove prove **LOC** *Vedi* CONSPICUOUS

absent /'æbsənt/ *agg* **1** assente **2** distratto

absentee /ˌæbsən'tiː/ *s* assente

absent-'minded *agg* distratto

absolute /'æbsəluːt/ *agg* assoluto, totale

absolutely /'æbsəluːtli/ *avv* **1** assolutamente: *Are you absolutely sure/certain that …?* Sei assolutamente sicuro che … ? ◊ *You are absolutely right.* Hai perfettamente ragione. **2** [*nelle frasi negative*]: *absolutely nothing* un bel niente **3** /ˌæbsə'luːtli/ (*mostrando accordo*): *Oh absolutely!* Altroché!

absorb /əb'sɔːb, -'zɔːb/ *vt* **1** assorbire: *The roots absorb the water.* Le radici assorbono l'acqua. **2** assimilare: *to absorb information* assimilare informazioni **3** ammortizzare: *to absorb the shock* ammortizzare il colpo

absorbed /əb'sɔːbd, -'zɔːbd/ *agg* assorto

absorbent /əb'sɔːbənt, -'zɔːbənt/ *agg* assorbente

absorbing /əb'sɔːbɪŋ, -'zɔːbɪŋ/ *agg* (*libro, film*) avvincente

absorption /əb'sɔːpʃn, -'zɔːpʃn/ *s* **1** (*liquidi*) assorbimento **2** (*minerali, idee*) assimilazione

abstain /əb'steɪn/ *vi* ~ (**from sth**) astenersi (da qc)

abstention /əb'stenʃn/ *s* astensione: *The voting was 15 in favour, 3 against and 2 abstentions.* Il risultato della votazione è stato: 15 favorevoli, 3 contrari e 2 astenuti.

abstract /'æbstrækt/ ▶ *agg* astratto
▶ *s* (*Arte*) opera astratta **LOC** **in the abstract** in astratto

absurd /əb'sɜːd/ *agg* assurdo: *How absurd!* Che assurdità! ◊ *You look absurd in that hat.* Con quel cappello sei ridicolo. **absurdity** /əb'sɜːdəti/ *s* (*pl* **-ies**) assurdità

abundance /ə'bʌndəns/ *s* abbondanza

abundant /ə'bʌndənt/ *agg* abbondante

abuse ▶ /ə'bjuːz/ *vt* **1** ~ **sb/sth** abusare di qn/qc: *to abuse your power* abusare del proprio potere **2** insultare **3** maltrattare
▶ /ə'bjuːs/ *s* **1** abuso: *drug abuse* abuso di sostanze stupefacenti **2** abuso sessuale: *child abuse* molestia sessuale sui bambini **3** maltrattamenti **4** [*non numerabile*] insulti: *They shouted abuse at him.* Lo insultarono.

abusive /ə'bjuːsɪv/ *agg* offensivo

AC /ˌeɪ 'siː/ *abbr Vedi* AIR CONDITIONING

academic /ˌækə'demɪk/ *agg* **1** accademico **2** (*persona*) portato per lo studio: *Our son's*

| iː see | i happy | ɪ sit | e ten | æ hat | ɑː father | ʌ cup | ʊ put | uː too |

academy → accusation

not very academic. Nostro figlio non è portato per lo studio. **3** teorico

academy /əˈkædəmi/ s (pl **-ies**) accademia

accelerate /əkˈseləreɪt/ vt, vi accelerare **acceleration** s **1** accelerazione **2** (veicolo) ripresa **accelerator** s acceleratore

accent /ˈæksent, ˈæksənt/ s **1** accento **2** rilievo, risalto

accentuate /əkˈsentʃueɪt/ vt accentuare, mettere in risalto

accept /əkˈsept/ **1** vt, vi accettare **2** vt ammettere: *I've been accepted by the University.* Sono stato ammesso all'università. **3** vt (macchina, apparecchio): *The machine only accepts 10p coins.* La macchina funziona solo con monete da 10 penny. **LOC** *Vedi* FACE VALUE

acceptable /əkˈseptəbl/ agg ~ **(to sb)** accettabile (per qn)

acceptance /əkˈseptəns/ s **1** accettazione **2** approvazione

access /ˈækses/ ▸ s **1** ~ **(to sth)** accesso (a qc) **2** ~ **to sb** diritto di vedere qn
▸ vt **1** (Informatica) avere accesso a **2** (formale) accedere a: *The loft can be accessed by a ladder.* Si può accedere alla soffitta da una scala.

accessible /əkˈsesəbl/ agg accessibile

accessory /əkˈsesəri/ s (pl **-ies**) [gen pl] accessorio **LOC** **accessory (to sth)** complice (di qc)

accident /ˈæksɪdənt/ s **1** incidente **2** caso (fortuito) **LOC** **by accident** per caso **accidental** /ˌæksɪˈdentl/ agg accidentale, casuale **accidentally** avv accidentalmente, per caso: *The damage couldn't have been caused accidentally.* Il danno non poteva essere stato causato accidentalmente. ◊ *As I turned round, I accidentally hit him in the face.* Quando mi voltai, lo colpii involontariamente in viso.

accident and e'mergency (GB) (abbrev **A & E**) (USA **emergency room**) (servizio dell'ospedale) pronto soccorso

acclaim /əˈkleɪm/ ▸ vt acclamare
▸ s [non numerabile] plauso

accommodate /əˈkɒmədeɪt/ vt **1** ospitare, alloggiare **2** (stanza, ecc): *Each apartment can accommodate up to six.* Ogni appartamento può ospitare fino a sei persone.

accommodation /əˌkɒməˈdeɪʃn/ s [non numerabile] (GB) alloggio

accompaniment /əˈkʌmpənimənt/ s accompagnamento

accompany /əˈkʌmpəni/ vt (pass, pp **-ied**) accompagnare

accomplice /əˈkʌmplɪs; USA əˈkɒm-/ s complice

accomplish /əˈkʌmplɪʃ; USA əˈkɒm-/ vt compiere, portare a termine

accomplished /əˈkʌmplɪʃt/ agg esperto

accomplishment /əˈkʌmplɪʃmənt/ s **1** realizzazione **2** dote

accord /əˈkɔːd/ ▸ s accordo **LOC** **in accord (with sb/sth)** d'accordo (con qn/qc) ♦ **of your own accord** di propria iniziativa
▸ **1** vi ~ **with sth** (formale) concordare con qc **2** vt (formale) accordare, concedere

accordance /əˈkɔːdns/ s **LOC** **in accordance with sth** (formale) in conformità a qc

accordingly /əˈkɔːdɪŋli/ avv di conseguenza: *to act accordingly* agire di conseguenza

according to /əˈkɔːdɪŋ tə/ prep secondo, a seconda di

accordion /əˈkɔːdiən/ s fisarmonica

account /əˈkaʊnt/ ▸ s **1** (Fin, Comm) conto: *current account* conto corrente **2** **accounts** [pl] contabilità, conti **3** resoconto, relazione **LOC** **by/from all accounts** a quanto si dice ♦ **of no account** senza alcuna importanza ♦ **on account** in acconto ♦ **on account of sth** a causa di qc ♦ **on my, your etc. account** a causa mia, tua ecc: *Please don't change your plans on my account.* Ti prego di non cambiare i tuoi programmi a causa mia. ♦ **on no account; not on any account** per nessun motivo ♦ **on this/that account** a causa di ciò ♦ **take account of sth; take sth into account** tenere conto di qc
▸ vi **1** ~ **for sth** rappresentare qc: *Sales to Europe account for 80% of the total.* Le vendite per l'Europa rappresentano l'80% del totale. **2** ~ **(to sb) for sth** rendere conto (a qn) di qc

accountable /əˈkaʊntəbl/ agg ~ **(to sb) (for sth)** responsabile (verso qn) (di qc) **accountability** /əˌkaʊntəˈbɪləti/ s responsabilità

accountancy /əˈkaʊntənsi/ s contabilità, ragioneria

accountant /əˈkaʊntənt/ s contabile, ragioniere, -a, commercialista

accumulate /əˈkjuːmjəleɪt/ vt, vi accumulare, accumularsi **accumulation** s accumulazione, accumulo

accuracy /ˈækjərəsi/ s precisione

accurate /ˈækjərət/ agg accurato, preciso

accusation /ˌækjuˈzeɪʃn/ s accusa

---

u situation   ɒ got   ɔː saw   ɜː fur   ə ago   j yes   w woman   eɪ pay   əʊ go

accuse /əˈkjuːz/ vt ~ **sb (of sth)** accusare qn (di qc): *He was accused of murder.* È stato accusato di omicidio. **the accused** s (pl **the accused**) l'accusato, -a **accusingly** avv: *to look accusingly at sb* guardare qn con aria d'accusa ◊ *'Have you been watching me?' she demanded accusingly.* "Mi stavi guardando?" domandò con tono accusatorio.

accustomed /əˈkʌstəmd/ agg ~ **to sth** abituato a qc: *to be accustomed to sth* essere abituato a qc ◊ *to become/get/grow accustomed to sth* abituarsi a qc

ace /eɪs/ s **1** (*Carte*) asso ⊃ *Vedi nota a* CARTA **2** (*Tennis*) ace

ache /eɪk/ ▶ s dolore *Vedi anche* BACKACHE, HEADACHE, TOOTHACHE
▶ vi far male, dolere

achieve /əˈtʃiːv/ vt **1** (*obiettivo, successo*) raggiungere **2** (*risultato*) ottenere **3** (*ambizione*) realizzare **achievement** s **1** raggiungimento, realizzazione **2** risultato, successo

aching /ˈeɪkɪŋ/ agg dolorante

acid /ˈæsɪd/ ▶ s acido
▶ agg **1** (*sapore*) acido, agro: *acid rain* pioggia acida **2** (*anche* **acidic** /əˈsɪdɪk/) acido

acidity /əˈsɪdəti/ s acidità

acknowledge /əkˈnɒlɪdʒ/ vt **1** (*errore, verità*) riconoscere **2** (*lettera, documento*) accusare ricevuta di **3** (*persona*) dare segno di accorgersi di **acknowledg(e)ment** s **1** riconoscimento **2** avviso di ricevuta **3** ringraziamento (*in libro, ecc*)

acne /ˈækni/ s acne

acorn /ˈeɪkɔːn/ s ghianda

acoustic /əˈkuːstɪk/ agg acustico **acoustics** s [pl] acustica

acquaintance /əˈkweɪntəns/ s **1** conoscenza **2** conoscente LOC **make sb's acquaintance; make the acquaintance of sb** (*formale*) fare la conoscenza di qn

acquainted /əˈkweɪntɪd/ agg **1** ~ **with sth** pratico di qc **2** *to become/get acquainted with sb* fare la conoscenza di qn

acquire /əˈkwaɪə(r)/ vt (*formale*) **1** (*conoscenze, possedimenti*) acquisire **2** (*informazione*) ottenere **3** (*reputazione*) guadagnarsi, farsi

acquisition /ˌækwɪˈzɪʃn/ s acquisto

acquit /əˈkwɪt/ vt (**-tt-**) (*Dir*) ~ **sb (of sth)** assolvere qn (da qc) **acquittal** s (*Dir*) assoluzione

acre /ˈeɪkə(r)/ s acro (*4.047 metri quadri*)

acrobat /ˈækrəbæt/ s acrobata

across /əˈkrɒs; *USA* əˈkrɔːs/ *part avv, prep* **1** [*si traduce spesso con un verbo*] attraverso: *to swim across* attraversare a nuoto ◊ *to walk across the border* attraversare il confine a piedi ◊ *to take the path across the fields* prendere il sentiero attraverso i campi **2** dall'altra parte: *We were across in no time.* Siamo arrivati dall'altra parte in un batter d'occhio. ◊ *from across the room* dall'altro lato della stanza **3** sopra, di traverso: *a bridge across the river* un ponte sul fiume ◊ *A branch lay across the path.* Sul sentiero c'era un ramo messo di traverso. **4** in larghezza: *The river is half a mile across.* Il fiume è largo mezzo miglio. **5** in tutto, per tutto: *Her family is scattered across the country.* La sua famiglia è sparsa in tutto il paese. ◊ *This view is common across all sections of the community.* Quest'opinione è comune in tutte le parti della comunità. ⊃ *Per l'uso di* **across** *nei* PHRASAL VERBS *vedi alla voce del verbo, ad es.* **to come across** *a* COME.

acrylic /əˈkrɪlɪk/ agg, s acrilico

act /ækt/ ▶ s **1** atto: *an act of violence/kindness* un atto di violenza/gentilezza **2** (*Teat*) atto **3** numero: *a circus act* un numero del circo **4** (*Dir*) decreto, legge LOC **in the act of doing sth** nel fare qc ♦ **get your act together** (*informale*) darsi una mossa ♦ **put on an act** (*informale*) fare la commedia
▶ **1** vi agire **2** vi comportarsi **3** vi, vt (*Teat*) recitare (la parte di) LOC *Vedi* FOOL PHR V **act sth out** recitare: *The students were asked to act out their dialogue in front of the class.* È stato chiesto agli studenti di rappresentare il dialogo davanti alla classe.

acting¹ /ˈæktɪŋ/ s recitazione: *Her acting was awful.* Ha recitato malissimo. ◊ *his acting career* la sua carriera di attore

acting² /ˈæktɪŋ/ agg facente funzione: *He was acting chairman at the meeting.* Ha fatto da presidente alla riunione. ❶ Si usa solo davanti al sostantivo.

action /ˈækʃn/ s **1** azione **2** [*non numerabile*] misure, provvedimenti: *Drastic action is needed.* Bisogna prendere misure drastiche. **3** (*Dir*) azione legale **4** [*non numerabile*] (*Mil*) azione, combattimento LOC **in action** in azione ♦ **out of action** fuori uso ♦ **put into action** mettere in pratica qc ♦ **take action** passare all'azione *Vedi anche* COURSE

activate /ˈæktɪveɪt/ vt attivare

active /ˈæktɪv/ agg attivo: *to take an active part in sth* partecipare attivamente a qc ◊ *to take an*

activity → admission

active interest in sth interessarsi attivamente di qc

activity /æk'tɪvəti/ *s* (*pl -ies*) **1** attività: *activity holidays* vacanze organizzate con attività ricreative e sportive **2** animazione

actor /'æktə(r)/ *s* attore, -trice ⊃ *Vedi nota a* ACTRESS

actress /'æktrəs/ *s* attrice ❶ Molti preferiscono usare il termine **actor** sia per le donne che per gli uomini.

actual /'æktʃuəl/ *agg* **1** effettivo: *What were his actual words?* Cosa ha detto esattamente? **2** reale: *based on actual events* basato su fatti realmente accaduti **3** vero e proprio: *the actual city centre* il centro cittadino vero e proprio ⊃ *Confronta* CURRENT senso (1), PRESENT-DAY LOC **in actual fact** in realtà

actually /'æktʃuəli/ *avv* **1** in realtà: *He's actually very bright*. In realtà è molto intelligente. **2** esattamente: *What did she actually say?* Cosa ha detto esattamente? **3** *Actually, my name's Sue, not Ann*. Veramente mi chiamo Sue, non Ann. **4** sul serio, davvero: *You actually met her?* L'hai incontrata davvero? ◊ *He actually expected me to leave*. Si aspettava davvero che me ne andassi. ⊃ *Confronta* AT PRESENT *a* PRESENT, CURRENTLY *a* CURRENT

acupuncture /'ækjʊpʌŋktʃə(r)/ *s* agopuntura

acute /ə'kju:t/ *agg* **1** grave: *to become more acute* acutizzarsi **2** acuto: *an acute angle* un angolo acuto ◊ *acute appendicitis* appendicite acuta **3** (*rimorso, imbarazzo*) profondo

AD /ˌeɪ 'di:/ *abbr* **anno domini** dopo Cristo

ad /æd/ *s* (*informale*) annuncio (*pubblicità*)

adamant /'ædəmənt/ *agg* ~ (**about/in sth**) risoluto, categorico (riguardo a qc): *He was adamant about staying behind*. Si è impegnato a rimanere.

adapt /ə'dæpt/ *vt, vi* adattare, adattarsi **adaptable** *agg* adattabile **adaptation** *s* adattamento

adaptor /ə'dæptə(r)/ *s* **1** adattatore **2** (*GB*) presa multipla

add /æd/ *vt* aggiungere, sommare, addizionare LOC **add A and B together** sommare A e B PHRV **add sth on (to sth)** aggiungere qc (a qc)
♦ **add to sth 1** aumentare qc **2** ampliare qc
♦ **add up** (*informale*) quadrare: *His story doesn't add up*. Il suo racconto non quadra.
♦ **add (sth) up** sommare (qc), addizionare (qc)
♦ **add up to sth** ammontare a qc: *The bill adds up to £40*. Il conto ammonta a 40 sterline.

adder /'ædə(r)/ *s* vipera

addict /'ædɪkt/ *s*: *drug addict* tossicodipendente ◊ *TV addict* teledipendente **addicted** /ə'dɪktɪd/ *agg* ~ (**to sth**) dipendente (da qc) **addiction** /ə'dɪkʃn/ *s* dipendenza, assuefazione **addictive** /ə'dɪktɪv/ *agg* che dà assuefazione

addition /ə'dɪʃn/ *s* **1** aggiunta **2** (*Mat*) addizione LOC **in addition** in aggiunta ♦ **in addition to sth** oltre a qc **additional** *agg* supplementare

additive /'ædətɪv/ *s* additivo

address ▶ /ə'dres; *USA* 'ædres/ *s* **1** indirizzo: *an address book* una rubrica **2** discorso LOC FIXED *Vedi* FIXED
▶ /ə'dres/ *vt* **1** (*lettera, ecc*) indirizzare **2** ~ **sb** rivolgersi a qn **3** ~ (**yourself to**) **sth** dedicarsi a qc; affrontare qc

adept /ə'dept/ *agg* (*formale*) ~ **at sth/at doing sth** abile in qc/nel fare qc

adequate /'ædɪkwət/ *agg* **1** adeguato, sufficiente **2** accettabile

adhere /əd'hɪə(r)/ *vi* (*formale*) **1** aderire **2** ~ **to sth** (*norma, ecc*) osservare qc **adherence** *s* ~ (**to sth**) adesione (a qc) **adherent** *s* aderente

adhesive /əd'hi:sɪv/ *agg, s* adesivo

adjacent /ə'dʒeɪsnt/ *agg* adiacente

adjective /'ædʒɪktɪv/ *s* aggettivo

adjoining /ə'dʒɔɪnɪŋ/ *agg* attiguo, adiacente

adjourn /ə'dʒɜ:n/ **1** *vt* aggiornare (*riunione, ecc*) **2** *vi* sospendere i lavori

adjust /ə'dʒʌst/ **1** *vt* aggiustare, regolare **2** *vt* ~ **sth** (**to sth**) adattare qc (a qc) **3** *vi* ~ (**to sth**) adattarsi (a qc) **adjustment** *s* **1** aggiustamento, modifica **2** adattamento

adjustable /ə'dʒʌstəbl/ *agg* regolabile

administer /əd'mɪnɪstə(r)/ *vt* **1** amministrare **2** (*medicine, alimenti*) dispensare, somministrare **3** (*castigo*) infliggere

administration /əd,mɪnɪ'streɪʃn/ *s* amministrazione

administrative /əd'mɪnɪstrətɪv/ *agg* amministrativo

administrator /əd'mɪnɪstreɪtə(r)/ *s* amministratore, -trice

admirable /'ædmərəbl/ *agg* ammirevole

admiral /'ædmərəl/ *s* ammiraglio

admiration /ˌædmə'reɪʃn/ *s* ammirazione

admire /əd'maɪə(r)/ *vt* ammirare **admirer** *s* ammiratore, -trice **admiring** *agg* pieno di ammirazione

admission /əd'mɪʃn/ *s* **1** entrata, ingresso **2** (*università*) ammissione **3** (*ospedale*) ricovero **4** ammissione, riconoscimento

| tʃ **chin** | dʒ **June** | v **van** | θ **thin** | ð **then** | s **so** | z **zoo** | ʃ **she** |

admit /əd'mɪt/ (**-tt-**) **1** vt ~ sb lasciare entrare, ammettere qn **2** vt ~ sb ricoverare qn **3** vt, vi ~ (**to**) **sth** (*colpevolezza*) ammettere qc **4** vt, vi ~ (**to**) **sth** (*errore*) riconoscere qc **admittedly** avv: *Admittedly … Bisogna ammettere che …*

adolescent /ˌædə'lesnt/ agg, s adolescente **adolescence** s adolescenza

adopt /ə'dɒpt/ vt adottare **adopted** agg adottivo **adoption** /ə'dɒpʃn/ s adozione

adore /ə'dɔː(r)/ vt adorare

adrenalin /ə'drenəlɪn/ s adrenalina

adrift /ə'drɪft/ agg alla deriva

adult /'ædʌlt, ə'dʌlt/ agg, s adulto, -a

adultery /ə'dʌltəri/ s adulterio

adulthood /'ædʌlthʊd/ s età adulta

advance /əd'vɑːns; *USA* -'væns/ ▶ s **1** progresso **2** (*soldi*) anticipo LOC **in advance** in anticipo
▶ agg anticipato: *advance warning* preavviso
▶ **1** vi, vt (far) avanzare **2** vi fare progressi

advanced /əd'vɑːnst/ agg avanzato *Vedi anche* A LEVEL

advancement /əd'vɑːnsmənt/ s **1** miglioramento **2** (*lavoro*) avanzamento

advantage /əd'vɑːntɪdʒ; *USA* -'væn-/ s vantaggio LOC **take advantage of sth** approfittare di qc ◆ **take advantage of sb/sth** approfittarsi di qn/qc **advantageous** /ˌædvən'teɪdʒəs/ agg vantaggioso

advent /'ædvent/ s **1** avvento **2 Advent** (*Relig*) Avvento

adventure /əd'ventʃə(r)/ s avventura **adventurer** s avventuriero, -a **adventurous** /əd'ventʃərəs/ agg avventuroso

adverb /'ædvɜːb/ s avverbio

adversary /'ædvəsəri; *USA* -seri/ s (*pl* **-ies**) avversario, -a

adverse /'ædvɜːs/ agg **1** avverso, contrario **2** (*critica*) sfavorevole **adversely** avv sfavorevolmente

advert /'ædvɜːt/ s (*GB, informale*) annuncio, pubblicità

advertise /'ædvətaɪz/ **1** vt: *to advertise a job in the local newspaper* mettere un'offerta di lavoro sul giornale locale **2** vi fare pubblicità **3** vt reclamizzare **4** vi ~ **for sb/sth** cercare qn/qc (*con annuncio pubblicitario*) **advertisement** /əd'vɜːtɪsmənt; *USA* ˌædvər'taɪzmənt/ s ~ (**for sb/sth**) annuncio, pubblicità (per qn/di qc) **advertising** s pubblicità: *advertising campaign* campagna pubblicitaria

advice /əd'vaɪs/ s [*non numerabile*] consigli: *a piece of advice* un consiglio ◊ *I asked for her advice.* Le ho chiesto consiglio. ◊ *to seek/take legal advice* consultare un avvocato ➔ *Vedi nota a* INFORMAZIONE

advisable /əd'vaɪzəbl/ agg consigliabile

advise /əd'vaɪz/ vt, vi **1** consigliare, raccomandare: *advise sb to do sth* consigliare a qn di fare qc ◊ *You would be well advised to …* Faresti bene a … **2** avvertire **adviser** (*anche* **advisor**) s consigliere, -a, consulente **advisory** /əd'vaɪzəri/ agg consultivo

advocate /'ædvəkeɪt/ vt sostenere

aerial /'eəriəl/ ▶ s (*spec USA* **antenna**) antenna
▶ agg aereo

aerobics /eə'rəʊbɪks/ s [*non numerabile*] aerobica

aerodynamic /ˌeərəʊdaɪ'næmɪk/ agg aerodinamico

aeronautical /ˌeərəʊ'nɔːtɪkl/ agg aeronautico: *aeronautical engineering* ingegneria aeronautica

aeroplane /'eərəpleɪn/ (*USA* **airplane**) s aereo

aerosol /'eərəsɒl; *USA* -sɔːl/ s spray: *an aerosol can/spray* una bomboletta spray

aesthetic (*USA anche* **esthetic**) /es'θetɪk; *GB anche* iːs'θetɪk/ agg estetico

affair /ə'feə(r)/ s **1** affare, faccenda: *the Watergate affair* il caso Watergate **2** avvenimento **3** avventura, relazione LOC *Vedi* STATE[1]

affect /ə'fekt/ vt **1** influire su **2** colpire, toccare ➔ *Confronta* EFFECT

affection /ə'fekʃn/ s affetto **affectionate** /ə'fekʃənət/ agg ~ (**towards sb**) affettuoso (con qn)

affinity /ə'fɪnəti/ s (*pl* **-ies**) (*formale*) **1** affinità **2** simpatia

affirm /ə'fɜːm/ vt affermare, sostenere

affirmative /ə'fɜːmətɪv/ agg affermativo

afflict /ə'flɪkt/ vt affliggere: *to be afflicted with sth* soffrire di qc

affluent /'æfluənt/ agg ricco, abbiente **affluence** s ricchezza

afford /ə'fɔːd/ vt **1** permettersi: *Can you afford it?* Te lo puoi permettere? **2** fornire **affordable** /ə'fɔːdəbl/ agg abbordabile (*prezzo*)

afield /ə'fiːld/ avv LOC **far/further afield** lontano/più lontano: *from as far afield as …* da posti lontani come …

afloat /ə'fləʊt/ agg a galla

| iː see | i happy | ɪ sit | e ten | æ hat | ɑː father | ʌ cup | ʊ put | uː too |

afraid /əˈfreɪd/ *agg* **1 to be ~ (of sb/sth)** aver paura (di qn/qc) **2 to be ~ to do sth** aver paura di fare qc **3 to be ~ for sb** temere per qn **LOC I'm afraid (that) ...** purtroppo ... : *I'm afraid so/not.* Temo di sì/Purtroppo no.

afresh /əˈfreʃ/ *avv* da capo

African A'merican *s, agg* afroamericano, -a

after /ˈɑːftə(r)/; *USA* ˈæf-/ ▸ *avv* **1** dopo: *soon after* poco dopo ◇ *the day after* il giorno dopo **2** dietro: *She came running after.* Ci corse dietro.
▸ *prep* **1** dopo: *after doing your homework* dopo aver fatto i compiti ◇ *after lunch* dopo pranzo ◇ *the day after tomorrow* dopodomani **2 time after time** ripetutamente **3** *The police are after him.* È ricercato. ◇ *What are you after?* Cosa cerchi? ◇ *She's after a job in advertising.* Sta cercando un lavoro nel settore pubblicitario. **4** *We named him after you.* Gli abbiamo dato il tuo nome. **LOC after all** dopo tutto
▸ *cong* dopo che

aftermath /ˈɑːftəmæθ, -mɑːθ/; *USA* ˈæftəmæθ/ *s* [*sing*] conseguenze **LOC in the aftermath of** nel periodo dopo

afternoon /ˌɑːftəˈnuːn/; *USA* ˌæf-/ *s* pomeriggio: *tomorrow afternoon* domani pomeriggio **LOC good afternoon** buongiorno/buona sera ➔ *Vedi nota a* MORNING

Hello è il saluto più comune in inglese e si usa in un gran numero di situazioni anche quando si risponde al telefono. Hi è un saluto tipico americano anche se è comunemente usato nell'inglese britannico. Hello oppure Hi è spesso seguito da How are you? oppure, nell'inglese più colloquiale, da How are you doing? Quando incontri qualcuno al mattino, a casa o al lavoro, lo saluti dicendo Good morning. Si usa anche in situazioni formali e al telefono. Nella lingua familiare, spesso si adopera solo Morning. Good afternoon è un saluto formale che si usa solo al pomeriggio tra mezzogiorno e le sei. Quando si incontra qualcuno per la prima volta, si dice Pleased to meet you oppure, in modo meno formale, Nice to meet you. In situazioni formali si usa anche l'espressione How do you do? alla quale si risponde con How do you do?

aftershave /ˈɑːftəʃeɪv; *USA* ˈæf-/ *s* dopobarba

afterthought /ˈɑːftəθɔːt; *USA* ˈæf-/ *s* ripensamento

afterwards /ˈɑːftəwədz; *USA* ˈæf-/ (*USA anche* **afterward**) *avv* dopo, in seguito: *shortly/soon afterwards* poco dopo

again /əˈgen, əˈgeɪn/ *avv* ancora, un'altra volta, di nuovo: *once again* ancora una volta ◇ *never again* mai più ◇ *Don't do it again.* Non farlo più. **LOC again and again** ripetutamente ♦ **then/there again** d'altra parte *Vedi anche* NOW, OVER, TIME, YET

against /əˈgenst, əˈgeɪnst/ *prep* contro: *Put the piano against the wall.* Metti il piano contro la parete. ◇ *We were rowing against the current.* Remavamo contro corrente. ◇ *The mountains stood out against the blue sky.* Le montagne si stagliavano contro il cielo azzurro. ➔ Per l'uso di **against** nei PHRASAL VERBS vedi alla voce del verbo, ad es. **come up against a** COME.

age /eɪdʒ/ ▸ *s* **1** età: *He is six years of age.* Ha sei anni. **2** vecchiaia: *It improves with age.* Migliora col tempo. **3** epoca, era **4** eternità: *It's ages since I saw her.* Sono secoli che non la vedo. **LOC age of consent** età legale per consentire a rapporti sessuali ♦ **come of age** diventare maggiorenne ♦ **under age** minorenne *Vedi anche* LOOK¹
▸ *vt, vi* (*p pres* **ageing** *o* **aging** *pass, pp* **aged** /eɪdʒd/) (far) invecchiare

aged ▸ /eɪdʒd/ *agg* **1** dell'età di ... : *He died aged 81.* È morto all'età di 81 anni. **2** /ˈeɪdʒɪd/ anziano
▸ /ˈeɪdʒɪd/ *s* [*pl*] **the aged** gli anziani

ageing (*anche* **aging**) /ˈeɪdʒɪŋ/ ▸ *agg* attempato
▸ *s* invecchiamento

agency /ˈeɪdʒənsi/ *s* (*pl* **-ies**) agenzia, ente

agenda /əˈdʒendə/ *s* ordine del giorno ❶ Nota che la parola italiana *agenda* si traduce "diary".

agent /ˈeɪdʒənt/ *s* agente, rappresentante

aggravate /ˈægrəveɪt/ *vt* **1** aggravare **2** irritare **aggravating** *agg* irritante **aggravation** /ˌægrəˈveɪʃn/ *s* **1** fastidio **2** aggravamento

aggression /əˈgreʃn/ *s* [*non numerabile*] **1** aggressività **2** aggressione: *an act of aggression* un'aggressione

aggressive /əˈgresɪv/ *agg* aggressivo

agile /ˈædʒaɪl; *USA* ˈædʒl/ *agg* agile **agility** /əˈdʒɪləti/ *s* agilità

aging *Vedi* AGEING

agitated /ˈædʒɪteɪtɪd/ *agg* agitato: *to get agitated* mettersi in agitazione **agitation** *s* agitazione

ago → air traffic control

ago /ə'gəʊ/ *avv*: *ten years ago* dieci anni fa ◊ *How long ago did she die?* Quanto tempo fa è morta? ◊ *as long ago as 1950* già nel 1950

> **Ago** si usa con il "simple past": *She arrived a few minutes ago.* È arrivata qualche minuto fa. Con il "past perfect" si usa **before** o **earlier**: *She had arrived two days earlier.* Era arrivata due giorni prima.

agonize, -ise /'ægənaɪz/ *vi* ~ (**about/over sth**) tormentarsi (per/su qc) **agonized, -ised** *agg* angosciato **agonizing, -ising** *agg* 1 angoscioso, penoso 2 (*dolore*) straziante

agony /'ægəni/ *s* (*pl* **-ies**) 1 agonia: *to be in agony* soffrire atrocemente 2 (*informale*): *It was agony!* È stato un tormento!

'**agony aunt** *s* giornalista responsabile della rubrica posta del cuore

agree /ə'gri:/ 1 *vi* ~ (**with sb**) (**on/about sth**) essere d'accordo (con qn) (su qc): *They agreed with me on all the major points.* Erano d'accordo su tutti i punti principali. 2 *vi* ~ (**to sth**) acconsentire (a qc); accettare (qc): *He agreed to let me go.* Ha acconsentito a lasciarmi andare. 3 *vt* decidere: *It was agreed that …* È stato deciso di comune accordo che … 4 *vi* andare d'accordo 5 *vi* concordare 6 *vt* (*rapporto, ecc*) approvare **PHRV agree with sb** andare a genio a qn: *The climate didn't agree with him.* Il clima non gli si confaceva. **agreeable** *agg* 1 piacevole 2 ~ (**to sth**) d'accordo (con qc)

agreement /ə'gri:mənt/ *s* 1 accordo, intesa 2 accordo, patto 3 (*Comm*) contratto LOC **in agreement with** d'accordo con

agriculture /'ægrɪkʌltʃə(r)/ *s* agricoltura **agricultural** /ˌægrɪ'kʌltʃərəl/ *agg* agricolo

ah! /ɑ:/ *escl* ah!

ahead /ə'hed/ ▶ *part avv* 1 davanti: *She looked (straight) ahead.* Guardò dritto davanti a sé. ◊ *the road ahead* la strada davanti a noi 2 futuro: *during the months ahead* nei mesi futuri LOC **be ahead** essere in vantaggio ➲ Per l'uso di **ahead** nei PHRASAL VERBS vedi alla voce del verbo, ad es. **press ahead** a PRESS.

▶ *prep* ~ **of sb/sth** 1 (*spazio*) davanti a qn/qc: *directly ahead of us* proprio davanti a noi 2 (*tempo*) prima di qn/qc: *London is about five hours ahead of New York.* Londra è circa cinque ore avanti rispetto a New York. LOC **be/get ahead of sb/sth** essere in vantaggio su/superare qn/qc

aid /eɪd/ ▶ *s* 1 [*non numerabile*] aiuti (*economici, umanitari*) 2 aiuto, assistenza: *to come/go to sb's aid* accorrere in aiuto di qn 3 sussidio: *teaching aids* sussidi didattici LOC **in aid of sb/sth** a favore di qn/qc
▶ *vt* aiutare

AIDS (*GB anche* **Aids**) /eɪdz/ *abbr* **Acquired Immune Deficiency Syndrome** AIDS

ailment /'eɪlmənt/ *s* acciacco, malanno

aim /eɪm/ ▶ 1 *vt, vi* **to aim (sth) (at sb/sth)** (*arma*) puntare (qc) (contro qn/qc): *She aimed a blow at his head.* Gli sferrò un colpo alla testa. 2 *vt* **to aim sth at sb/sth** rivolgere qc a qn/qc 3 *vi* **to aim at/for sth** mirare a qc 4 *vi* **to aim to do sth** avere l'intenzione di fare qc
▶ *s* 1 scopo, obiettivo 2 mira LOC **take aim** prendere la mira

aimless /'eɪmləs/ *agg* senza scopo **aimlessly** *avv* senza meta

ain't /eɪnt/ (*informale*) 1 = AM/IS/ARE NOT *Vedi* BE 2 = HAS/HAVE NOT *Vedi* HAVE ❶ Si tratta di una forma considerata scorretta o usata a fini umoristici.

air /eə(r)/ ▶ *s* aria: *air fares* tariffe aeree ◊ *air pollution* inquinamento atmosferico LOC **by air** in aereo, per via aerea ◆ **in the air**: *There's something in the air.* C'è qualcosa nell'aria. ◆ **be on the air** essere in onda ◆ **give yourself/put on airs** darsi delle arie ◆ (**up**) **in the air** vago *Vedi anche* BREATH, CLEAR, OPEN, THIN
▶ *vt* 1 arieggiare 2 (*abiti*) dare aria a 3 (*lamentela*) esprimere

'**air bag** *s* airbag

'**air-conditioned** *agg* climatizzato, con aria condizionata '**air conditioning** *s* (*abbrev* **AC**) aria condizionata

aircraft /'eəkrɑ:ft; *USA* 'eərkræft/ *s* (*pl* **aircraft**) aeroplano, velivolo

airfield /'eəfi:ld/ *s* campo d'aviazione

'**air force** *s* [*v sing o pl*] aeronautica militare

'**air hostess** *s* (*antiq*) hostess

airline /'eəlaɪn/ *s* linea aerea **airliner** /'eəlaɪnə(r)/ *s* aereo di linea

airmail /'eəmeɪl/ *s* posta aerea: *by airmail* per via aerea

airplane /'eəpleɪn/ *s* (*USA*) *Vedi* AEROPLANE

airport /'eəpɔ:t/ *s* aeroporto

'**air raid** *s* incursione aerea

airtight /'eətaɪt/ *agg* a chiusura ermetica

,**air traffic con'trol** *s* [*non numerabile*] 1 controllo del traffico aereo 2 torre di controllo ,**air traffic con'troller** *s* controllore di volo

---

| aɪ **five** | aʊ **now** | ɔɪ **join** | ɪə **near** | eə **hair** | ʊə **pure** | ʒ **vision** | h **how** | ŋ **sing** |

aisle → alliance

aisle /aɪl/ s **1** navata laterale **2** (*aereo*) corridoio **3** (*supermercato*) corsia

alarm /əˈlɑːm/ ▸ s **1** allarme: *raise/sound the alarm* dare l'allarme **2** (*anche* aˈlarm clock) sveglia ⊃ *Vedi illustrazione a* OROLOGIO **3** (*anche* aˈlarm bell) campanello d'allarme LOC *Vedi* FALSE
▸ vt allarmare, spaventare: *be/become/get alarmed* allarmarsi

alarming /əˈlɑːmɪŋ/ agg allarmante

alas! /əˈlæs/ *escl* purtroppo!

albeit /ˌɔːlˈbiːɪt/ cong (*formale*) sebbene

albino /ælˈbiːnəʊ/; *USA* -bamoʊ/ agg, s (pl -os) albino

album /ˈælbəm/ s album

alcohol /ˈælkəhɒl/ s [*non numerabile*] **1** alcol: *alcohol-free* analcolico **2** alcolici: *I never touch alcohol.* Non bevo alcolici. **alcoholic** /ˌælkəˈhɒlɪk/ agg **1** alcolico **2** alcolizzato **alcoholism** /ˈælkəhɒlɪzəm/ s alcolismo

alcopop /ˈælkəʊpɒp/ s bibita gassata alcolica

ale /eɪl/ s birra

alert /əˈlɜːt/ ▸ agg sveglio, attento
▸ s **1** stato di allerta: *to be on the alert* stare allerta **2** allarme: *bomb alert* allarme per una bomba
▸ vt ~ sb (to sth) avvertire qn (di qc)

A level /ˈeɪ levl/ (*anche* adˈvanced level) s ≃ maturità

All'età di diciassette anni circa, la maggior parte degli alunni in Inghilterra, Galles e Irlanda del Nord sostengono esami in due o quattro materie (**AS levels**). L'anno successivo devono superare ulteriori esami in una o tre materie (**A2 levels**). Gli esami di **AS levels** e quelli di **A2 levels** costituiscono gli **A levels** (maturità). L'ammissione ad un corso universitario dipende dai risultati ottenuti in questi esami.

algae /ˈældʒiː, ˈælɡiː/ s [*non numerabile*] alghe ⊃ *Vedi nota a* ALGA

algebra /ˈældʒɪbrə/ s algebra

alibi /ˈæləbaɪ/ s alibi

alien /ˈeɪliən/ ▸ agg **1** strano **2** straniero **3** ~ to sb/sth estraneo a qn/qc
▸ s **1** (*formale*) straniero, -a **2** alieno

alienate /ˈeɪliəneɪt/ vt alienare

alight /əˈlaɪt/ agg: *to be alight* essere in fiamme LOC *Vedi* SET²

align /əˈlaɪn/ **1** vt ~ sth (with sth) allineare qc (con qc) **2** v rifl ~ yourself with sb (*Pol*) allinearsi con qn

alike /əˈlaɪk/ ▸ agg **1** simile: *to be/look alike* assomigliarsi **2** uguale: *No two are alike.* Non ce ne sono due uguali.
▸ avv **1** allo stesso modo **2** *It appeals to young and old alike.* Piace sia ai grandi che ai piccini.

alive /əˈlaɪv/ agg **1** vivo, in vita: *to keep sb alive* mantenere qn in vita ◊ *to keep a tradition alive* mantenere in vita una tradizione ◊ *to stay alive* sopravvivere ⊃ *Vedi nota a* VIVO **2** *He's the best player alive.* È il miglior giocatore che ci sia. ⊃ *Confronta* LIVING LOC **alive and kicking** vivo e vegeto

all /ɔːl/ ▸ agg **1** tutto, tutti: *all four of us* noi quattro **2** qualsiasi: *He denied all knowledge of the crime.* Ha negato di essere a conoscenza del reato. LOC **not as … as all that**: *They're not as rich as all that.* Non sono poi tanto ricchi. ◆ **on all fours** a carponi *Vedi anche* FOR
▸ pron **1** tutto, -a, ecc: *I ate all of it.* L'ho mangiato tutto. ◊ *All of us liked it.* È piaciuto a tutti. ◊ *Are you all going?* Ci andate tutti? **2** *All I want is …* Tutto ciò che desidero è … LOC **all but** quasi: *It was all but impossible.* Era quasi impossibile. ◆ **all in all** tutto sommato ◆ **all the more** tanto più ◆ **at all**: *if it's at all possible* se esiste la minima possibilità ◆ **in all** in tutto ◆ **not at all 1** per niente **2** (*risposta*) di niente, prego
▸ avv **1** tutto: *dressed all in white* tutta vestita di bianco ◊ *all alone* tutto solo ◊ *all excited* tutto eccitato **2** (*Sport*): *The final score was two all.* Il punteggio era di due a due. LOC **all along** fin dall'inizio ◆ **all over 1** dappertutto **2** *That's her all over.* È tipico di lei. ◆ **all the better** tanto meglio ◆ **all too** anche troppo ◆ **not all that …** non molto … ◆ **be all for sth** essere a favore di qc

allegation /ˌæləˈɡeɪʃn/ s accusa (*senza prove*)

allege /əˈledʒ/ vt [*spesso al passivo*] (*formale*) sostenere (*senza prove*) **alleged** agg (*formale*) presunto **allegedly** /əˈledʒɪdli/ avv stando a quanto si dice

allegiance /əˈliːdʒəns/ s lealtà, fedeltà

allergic /əˈlɜːdʒɪk/ agg ~ (to sth) allergico (a qc)

allergy /ˈælədʒi/ s (pl -ies) allergia

alleviate /əˈliːvieɪt/ vt alleviare **alleviation** s alleviamento

alley /ˈæli/ s (pl -eys) (*anche* ˈalleyway /ˈæliweɪ/) vicolo LOC *Vedi* STREET

alliance /əˈlaɪəns/ s alleanza

| tʃ chin | dʒ June | v van | θ thin | ð then | s so | z zoo | ʃ she |

allied → alternate

allied /ə'laɪd, 'ælaɪd/ *agg* ~ **(to sth) 1** collegato (con qc) **2** (*Pol*) alleato (con qc)

alligator /'ælɪgeɪtə(r)/ *s* alligatore

allocate /'æləkeɪt/ *vt* **1** assegnare **2** (*fondi*) stanziare **allocation** /,ælə'keɪʃn/ *s* **1** assegnazione **2** (*fondi*) stanziamento

allot /ə'lɒt/ *vt* (**-tt-**) ~ **sth (to sb/sth)** assegnare qc (a qn/qc) **allotment** *s* **1** assegnazione **2** (*GB*) appezzamento di terreno pubblico dato in affitto a privati per coltivare verdure

all-'out ▸ *agg* totale
▸ *avv* LOC **go all out** mettercela tutta

allow /ə'laʊ/ *vt* **1** ~ **(sb/sth to do) sth** permettere (a qn/qc di fare) qc: *Dogs are not allowed.* Non è consentito l'ingresso ai cani. ◊ *Are we allowed to look?* Si può guardare?

> Allow è usato sia nell'inglese formale che in quello informale. La forma passiva **be allowed to** è molto comune. **Permit** è un termine piuttosto formale e si usa principalmente nel linguaggio scritto. **Let** è informale ed è molto usato nel linguaggio parlato.

2 to ~ **(sb) sth** concedere qc (a qn) **3** calcolare: *You should allow four hours for your journey.* Calcola che ti ci vorranno quattro ore di viaggio. **4** ammettere, riconoscere PHRV **allow for sth** tenere conto di qc **allowable** *agg* ammissibile

allowance /ə'laʊəns/ *s* **1** limite consentito: *luggage allowance* bagaglio consentito **2** indennità, assegno: *travel allowance* indennità di viaggio **3** detrazione: *tax allowance* detrazione d'imposta LOC **make allowances for sb/sth** giustificare qn/tener conto di qc

alloy /'ælɔɪ/ *s* lega (*di metalli*)

all 'right (*informale* **alright**) *agg*, *avv* **1** bene: *I hope they got there all right.* Spero che non abbiano avuto problemi ad arrivare. ◊ *Was the translation all right?* La traduzione andava bene? **2** passabile: *The photos were all right.* Le foto erano passabili. **3** (*accordo*) va bene **4** *That's him all right.* È proprio lui.

all-'round *agg* **1** generale **2** (*atleta*) completo

all-terrain 'vehicle *s Vedi* ATV

ally ▸ /ə'laɪ/ *vt, vi* (*pass, pp* **allied**) ~ (**yourself**) **with/to sb/sth** allearsi con qn/qc
▸ /'ælaɪ/ *s* (*pl* **-ies**) alleato, -a

almond /'ɑːmənd/ *s* **1** mandorla **2** (*anche* **'almond tree**) mandorlo

almost /'ɔːlməʊst/ *avv* quasi ⊃ *Vedi nota a* QUASI

alone /ə'ləʊn/ *agg, avv* **1** solo, da solo: *Are you alone?* Sei da solo?

> Nota che **alone** non si usa davanti al sostantivo e non ha connotazioni particolari. **Lonely** invece si può trovare davanti al sostantivo ed ha sempre connotazioni negative: *I want to be alone.* Voglio stare da solo. ◊ *She was feeling very lonely.* Si sentiva molto sola. ◊ *a lonely house* una casa solitaria.

2 solo, soltanto: *You alone can help me.* Solo tu puoi aiutarmi. LOC **leave/let sb/sth alone** lasciare in pace qn/qc *Vedi anche* LET[1]

along /ə'lɒŋ; *USA* ə'lɔːŋ/ ▸ *prep* lungo: *a walk along the beach* una passeggiata lungo la spiaggia
▸ *part avv*: *I was driving along.* Stavo guidando. ◊ *Bring some friends along (with you).* Porta degli amici. ❶ **Along** si usa spesso con verbi di moto nei tempi continui quando non si specifica la destinazione. In italiano in genere non si traduce. LOC **along with** insieme a ◆ **come along!** andiamo! ⊃ Per l'uso di **along** nei PHRASAL VERBS vedi alla voce del verbo, ad es. **get along** a GET.

alongside /ə,lɒŋ'saɪd; *USA* ə,lɔːŋ-/ *prep, avv* accanto (a): *A car drew up alongside.* Ci si affiancò una macchina.

aloud /ə'laʊd/ *avv* a voce alta

alphabet /'ælfəbet/ *s* alfabeto **alphabetical** /,ælfə'betɪkl/ *agg* alfabetico: *in alphabetical order* in ordine alfabetico

already /ɔːl'redi/ *avv* già: *We got there early but Martin had already left.* Siamo arrivati presto ma Martin era già andato via. ◊ *Have you already eaten?* Hai già mangiato? ◊ *Surely you are not going already!* Ma come, te ne vai di già? ⊃ *Vedi nota a* YET

alright *Vedi* ALL RIGHT

Alsatian /æl'seɪʃn/ (*spec USA* **German shepherd**) *s* pastore tedesco

also /'ɔːlsəʊ/ *avv* anche, pure: *I've also met her parents.* Ho conosciuto anche i suoi genitori. ◊ *She was also very rich.* Era anche molto ricca. ⊃ *Vedi nota a* ANCHE

altar /'ɔːltə(r)/ *s* altare

alter /'ɔːltə(r)/ **1** *vt, vi* cambiare **2** *vt* (*vestiti*) modificare: *The skirt needs altering.* La gonna ha bisogno di modifiche. **alteration** /,ɔːltə'reɪʃn/ *s* **1** cambiamento **2** (*vestito*) modifica

alternate ▸ /ɔːl'tɜːnət; *USA* 'ɔːltərnət/ *agg* alterno
▸ /'ɔːltəneɪt/ *vt, vi* alternare, alternarsi

| iː see | i happy | ɪ sit | e ten | æ hat | ɑː father | ʌ cup | ʊ put | uː too |

alternative → anaesthetic

alternative /ɔːlˈtɜːnətɪv/ ▸ s alternativa: *She had no alternative but to …* Non aveva altra scelta che quella di …
▸ *agg* alternativo

although (*USA anche, informale* **altho**) /ɔːlˈðəʊ/ *cong* benché ◆ *Vedi nota a* ANCHE *e* SEBBENE

altitude /ˈæltɪtjuːd; *USA* -tuːd/ *s* altitudine, quota

alto /ˈæltəʊ/ *s* (*pl* **-os**) contralto

altogether /ˌɔːltəˈgeðə(r)/ *avv* **1** completamente: *I don't altogether agree.* Non sono completamente d'accordo. **2** in tutto **3** *Altogether, it was disappointing.* Tutto sommato è stato deludente.

aluminium /ˌæljəˈmɪniəm/ (*USA* **aluminum** /əˈluːmɪnəm/) *s* alluminio

always /ˈɔːlweɪz/ *avv* sempre LOC **as always** come sempre

> La posizione degli *avverbi di frequenza* (**always, never, ever, usually,** ecc) dipende dal verbo a cui si accompagnano: vanno dopo i verbi ausiliari (**be, have, can,** ecc) e prima della maggior parte degli altri verbi: *I have never visited her.* Non sono mai andato a trovarla. ◊ *I am always tired.* Sono sempre stanco. ◊ *I usually go shopping on Mondays.* Di solito vado a fare la spesa il lunedì.

am /əm, æm/ *Vedi* BE

a.m. (*USA* **A.M.**) /ˌeɪ ˈem/ *abbr* del mattino: *at 11 am* alle 11 del mattino ◆ *Vedi nota a* P.M.

amalgamate /əˈmælgəmeɪt/ *vt, vi* fondere, fondersi (*società, aziende*)

amateur /ˈæmətə(r)/ *agg, s* dilettante

amaze /əˈmeɪz/ *vt* stupire: *to be amazed at/by sth* essere stupito da qc **amazement** *s* stupore **amazing** *agg* stupefacente

ambassador /æmˈbæsədə(r)/ *s* ambasciatore, -trice

amber /ˈæmbə(r)/ ▸ *s* ambra
▸ *agg* **1** d'ambra **2** (*semaforo*) giallo

ambiguity /ˌæmbɪˈgjuːəti/ *s* (*pl* **-ies**) ambiguità

ambiguous /æmˈbɪgjuəs/ *agg* ambiguo

ambition /æmˈbɪʃn/ *s* ambizione

ambitious /æmˈbɪʃəs/ *agg* ambizioso

ambulance /ˈæmbjələns/ *s* ambulanza

ambush /ˈæmbʊʃ/ *s* imboscata

amen /ɑːˈmen, eɪˈmen/ *escl, s* amen

amend /əˈmend/ *vt* correggere, rettificare **amendment** *s* correzione, modifica, emendamento

amends /əˈmendz/ *s* [*pl*] LOC **make amends (to sb) (for sth)** farsi perdonare (da qn) (per qc)

amenities /əˈmiːnətiz; *USA* əˈme-/ *s* [*pl*] **1** comodità **2** strutture (*ricreative e culturali*)

A͵merican ˈfootball *s* football americano

A͵merican ˈIndian *s Vedi* NATIVE AMERICAN

amiable /ˈeɪmiəbl/ *agg* amabile

amicable /ˈæmɪkəbl/ *agg* amichevole

amid /əˈmɪd/ (*anche* **amidst** /əˈmɪdst/) *prep* (*formale*) tra, in mezzo a: *Amid all the confusion, the thieves got away.* In mezzo a tutta la confusione i ladri riuscirono a scappare.

ammunition /ˌæmjuˈnɪʃn/ *s* [*non numerabile*] **1** munizioni **2** (*fig*) argomenti (*da usare in una discussione*)

amnesty /ˈæmnəsti/ *s* (*pl* **-ies**) amnistia

among /əˈmʌŋ/ (*anche* **amongst** /əˈmʌŋst/) *prep* tra: *I was among the last to leave.* Sono stato tra gli ultimi ad andare via. ◆ *Vedi illustrazione a* TRA

amount /əˈmaʊnt/ ▸ *v* PHRV **amount to sth 1** ammontare a qc: *Our information doesn't amount to much.* Non abbiamo molti dati. ◊ *John will never amount to much.* John non conterà mai granché. **2** equivalere a qc
▸ *s* **1** quantità **2** (*bolletta, fattura*) importo **3** (*soldi*) somma LOC **any amount of**: *any amount of money* tutti i soldi che vuole

amphibian /æmˈfɪbiən/ *agg, s* anfibio

amphitheatre (*USA* **amphitheater**) /ˈæmfɪθɪətə(r)/ *s* anfiteatro

ample /ˈæmpl/ *agg* **1** abbondante **2** sufficiente **3** ampio **amply** /ˈæmpli/ *avv* ampiamente

amplify /ˈæmplɪfaɪ/ *vt* (*pass, pp* **-fied**) **1** amplificare **2** (*formale*) (*racconto, ecc*) ampliare **amplifier** *s* amplificatore

amputate /ˈæmpjuteɪt/ *vt* amputare

amuse /əˈmjuːz/ *vt* **1** intrattenere **2** divertire **amusement** *s* divertimento, svago: *amusement arcade* sala giochi ◊ *amusement park* parco dei divertimenti **amusing** *agg* divertente

an *Vedi* A

anaemia (*USA* **anemia**) /əˈniːmiə/ *s* anemia
anaemic (*USA* **anemic**) /əˈniːmɪk/ *agg* anemico
anaesthetic (*USA* **anesthetic**) /ˌænəsˈθetɪk/ *s* anestesia: *give sb an anaesthetic* anestetizzare qn

analogy → antenna

A

analogy /ə'nælədʒi/ s (pl -ies) analogia: *by analogy with* per analogia con

analyse (USA **analyze**) /'ænəlaɪz/ vt analizzare

analysis /ə'næləsɪs/ s (pl -yses /-əsiːz/) analisi LOC **in the last/final analysis** in ultima analisi

analyst /'ænəlɪst/ s analista

analytic(al) /ænə'lɪtɪk(l)/ agg analitico

anarchist /'ænəkɪst/ agg, s anarchico, -a

anarchy /'ænəki/ s anarchia **anarchic** /ə'nɑːkɪk/ agg anarchico

anatomy /ə'nætəmi/ s (pl -ies) anatomia

ancestor /'ænsestə(r)/ s antenato, -a **ancestral** /æn'sestrəl/ agg ancestrale: *ancestral home* casa avita **ancestry** /'ænsestri/ s (pl -ies) ascendenza

anchor /'æŋkə(r)/ ▶ s **1** ancora **2** (fig) appoggio LOC **at anchor** all'ancora *Vedi anche* WEIGH ▶ vt, vi ancorare, ancorarsi

anchovy /'æntʃəvi/; USA -tʃəʊvi/ s (pl -ies) acciuga

ancient /'eɪnʃənt/ agg **1** antico **2** (informale) vecchissimo

and /ənd, ən, n, ænd/ cong **1** e: *you and me* io e te **2** (numeri): *one hundred and five* centocinque **3** *Come and help me.* Vieni ad aiutarmi. **4** [con comparativi]: *bigger and bigger* sempre più grande **5** (ripetizione): *They shouted and shouted.* Continuavano a gridare. ◊ *I've tried and tried.* Ho provato e riprovato. LOC *Vedi* TRY

anecdote /'ænɪkdəʊt/ s aneddoto

anemia, anemic (USA) *Vedi* ANAEMIA

anesthetic (USA) *Vedi* ANAESTHETIC

angel /'eɪndʒl/ s angelo: *guardian angel* angelo custode

anger /'æŋgə(r)/ ▶ s rabbia, collera ▶ vt far arrabbiare

angle /'æŋgl/ s **1** (Geom) angolo **2** (fig) punto di vista LOC **at an angle** inclinato

'**angle bracket** s parentesi uncinata

angling /'æŋglɪŋ/ s pesca (con la lenza)

angry /'æŋgri/ agg (-ier, -iest) **1** ~ (at/about/over sth) arrabbiato (per qc) ~ with/at sb (about/for sth) arrabbiato (con qn) (per qc): *to get angry* arrabiarsi ◊ *to make sb angry* far arrabiare qn **2** (cielo) tempestoso **angrily** avv con rabbia

anguish /'æŋgwɪʃ/ s angoscia **anguished** agg angosciato

angular /'æŋgjələ(r)/ agg **1** angoloso, spigoloso **2** angolare

animal /'ænɪml/ s animale: *animal experiments* esperimenti sugli animali

animate ▶ /'ænɪmət/ agg animato (vivente) ▶ /'ænɪmeɪt/ vt animare

ankle /'æŋkl/ s caviglia

anniversary /ˌænɪ'vɜːsəri/ s (pl -ies) anniversario

announce /ə'naʊns/ vt annunciare **announcement** s annuncio (comunicazione): *to make an announcement* fare una comunicazione **announcer** s annunciatore, -trice

annoy /ə'nɔɪ/ vt dare fastidio a, seccare **annoyance** /ə'nɔɪəns/ s fastidio: *much to our annoyance* con nostro grande disappunto **annoyed** agg seccato, arrabbiato: *to get annoyed* arrabbiarsi **annoying** agg fastidioso, seccante

annual /'ænjuəl/ agg annuale **annually** /'ænjuəli/ avv annualmente

annul /ə'nʌl/ vt (-ll-) annullare

anonymity /ˌænə'nɪməti/ s anonimato

anonymous /ə'nɒnɪməs/ agg anonimo

anorak /'ænəræk/ s **1** (spec GB) giubbotto **2** (GB, informale) persona che passa la maggior parte del suo tempo a memorizzare fatti o a collezionare oggetti di scarso interesse per le altre persone

anorexia /ˌænə'reksiə/ s anoressia

another /ə'nʌðə(r)/ ▶ agg un altro: *another five* altri cinque ◊ *I'll do it another time.* Lo faccio un'altra volta. ◊ *another one* ancora uno ⊃ *Vedi nota a* ALTRO

▶ pron un altro, un'altra: *one way or another* in un modo o nell'altro ⊃ Il plurale del pronome **another** è **others**. *Vedi anche* ONE ANOTHER

answer /'ɑːnsə(r); USA 'ænsər/ ▶ s **1** risposta: *I phoned, but there was no answer.* Ho telefonato ma non ha risposto nessuno. **2** soluzione LOC **in answer (to sth)** in risposta (a qc) ♦ **have/know all the answers** saper tutto

▶ **1** vt, vi ~ (sb/sth) rispondere (a qn/qc): *to answer the door* andare ad aprire la porta **2** vt (accusa) replicare a **3** vt (preghiera) esaudire PHRV **answer back** rispondere (con insolenza) ♦ **answer for sb/sth** rispondere di qn/qc ♦ **answer to sb (for sth)** rispondere davanti a qn (di qc) ♦ **answer to sth** rispondere a qc (descrizione)

'**answering machine** s segreteria telefonica

ant /ænt/ s formica

antagonism /æn'tægənɪzəm/ s antagonismo **antagonistic** /æn,tægə'nɪstɪk/ agg ostile

antenna /æn'tenə/ s **1** (pl -nae /-niː/) (insetto) antenna **2** (pl -s) (USA) = AERIAL

---

aɪ five   aʊ now   ɔɪ join   ɪə near   eə hair   ʊə pure   ʒ vision   h how   ŋ sing

anthem /'ænθəm/ s inno
anthology /æn'θɒlədʒi/ s (pl -**ies**) antologia
anthropology /ˌænθrə'pɒlədʒi/ s antropologia **anthropological** /ˌænθrəpə'lɒdʒɪkl/ agg antropologico **anthropologist** /ˌænθrə'pɒlədʒɪst/ s antropologo, -a
antibiotic /ˌæntibar'ɒtɪk/ agg, s antibiotico
antibody /'æntibɒdi/ s (pl -**ies**) anticorpo
anticipate /æn'tɪsɪpeɪt/ vt **1** prevedere: *as anticipated* come previsto ◊ *We anticipate some difficulties.* Si prevedono difficoltà. **2** ~ sb/sth precedere qc/qc
anticipation /ænˌtɪsɪ'peɪʃn/ s **1** previsione **2** attesa, aspettativa
anticlimax /ˌænti'klaɪmæks/ s anticlimax
anticlockwise /ˌænti'klɒkwaɪz/ (USA **counterclockwise**) agg, avv (in modo) antiorario: *Turn the key anticlockwise.* Gira la chiave in senso antiorario.
antics /'æntɪks/ s [pl] pagliacciate
antidote /'æntidəʊt/ s ~ (**for/to sth**) antidoto (contro qc)
antifreeze /'æntifri:z/ s antigelo
antiquated /'æntikweɪtɪd/ agg antiquato
antique /æn'ti:k/ ▶ s pezzo d'antiquariato: *an antique shop* un negozio di antiquariato
▶ agg antico
antiquity /æn'tɪkwəti/ s (pl -**ies**) antichità
antithesis /æn'tɪθəsɪs/ s (pl -**ses** /-si:z/) antitesi
antler /'æntlə(r)/ s corno (*di cervo, renna, alce*)
anus /'eɪnəs/ s (pl -**es**) ano
anxiety /æŋ'zaɪəti/ s (pl -**ies**) **1** apprensione, preoccupazione **2** (*Med*) ansia **3** ~ **for sth/to do sth** brama di qc/di fare qc
anxious /'æŋkʃəs/ agg **1** ~ (**about sth**) preoccupato (per qc): *an anxious moment* un momento preoccupante **2** ~ **to do sth** ansioso di fare qc **anxiously** avv con ansia
any /'eni/ ▶ agg, pron ⇒ *Vedi nota a* SOME
• **frasi interrogative 1** un po' di: *Have you got any cash?* Hai dei soldi? ◊ *Do you know any French?* Sai un po' di francese? **2** qualche: *Are there any problems?* C'è qualche problema? ❶ Con questo significato il sostantivo in inglese va al plurale.
• **frasi negative**: *He hasn't got any friends.* Non ha amici. ◊ *There isn't any left.* Non ce n'è più. ◊ *We won't do you any harm.* Non ti faremo del male. ⇒ *Vedi nota a* NESSUNO
• **frasi condizionali 1** *If I had any relatives ...* Se avessi dei parenti ... **2** un po' di: *If he's got any sense, he won't go.* Se ha un briciolo di cervello non ci andrà. **3** qualche: *If you see any mistakes, tell me.* Se trovi qualche errore dimmelo. ❶ Con questo significato il sostantivo in inglese va al plurale. ❶ Nelle frasi condizionali si può usare **some** invece di **any** in molti casi: *If you need some help, tell me.* Se hai bisogno di aiuto, dimmelo.
• **frasi affermative 1** uno, -a qualunque, ogni: *just like any other boy* come ogni altro ragazzo **2** *Take any one you like.* Prendi quello che ti piace. **3** tutto: *Give her any help she needs.* Dalle tutto l'aiuto di cui ha bisogno.
▶ avv [*davanti a comparativo*]: *She doesn't work here any longer.* Non lavora più qui. ◊ *I can't walk any faster.* Non posso camminare più svelto di così. ◊ *She doesn't live here any more.* Non abita più qui.

anybody /'enibɒdi/ (*anche* **anyone**) pron **1** *Did you talk to anybody?* Hai parlato con qualcuno? ◊ *Is anybody there?* C'è nessuno? **2** [*nelle frasi negative*] nessuno: *I can't see anybody.* Non vedo nessuno. ⇒ *Vedi nota a* NOBODY **3** [*nelle frasi affermative*]: *Invite anybody you like.* Invita chi vuoi. ◊ *Ask anybody.* Chiedi a chiunque. **4** [*nelle frasi comparative*]: *He ate more than anybody.* Ha mangiato più di tutti. ⇒ *Vedi nota a* EVERYBODY *e* SOMEBODY
LOC **anybody else**: *Anybody else would have refused.* Chiunque altro avrebbe detto di no. *Vedi anche* GUESS
anyhow /'enihaʊ/ avv **1** (*informale* **any old how**) in qualsiasi modo **2** (*anche* **anyway**) in ogni modo
anyone /'eniwʌn/ *Vedi* ANYBODY
anyplace /'enipleɪs/ (USA) *Vedi* ANYWHERE
anything /'eniθɪŋ/ pron **1** *Is anything wrong?* C'è qualcosa che non va? ◊ *Is there anything in these rumours?* C'è qualcosa di vero in queste voci? **2** [*nelle frasi affermative*] qualunque cosa: *We'll do anything you say.* Faremo tutto quello che vuoi. **3** [*nelle frasi negative o comparative*] niente: *He never says anything.* Non dice mai niente. ◊ *It was better than anything he'd seen before.* Era meglio di qualunque cosa che avesse visto prima. ⇒ *Vedi nota a* NOBODY *e* SOMETHING LOC **anything but**: *It was anything but pleasant.* È stato tutt'altro che piacevole. ◊ *'Are you tired?' 'Anything but.'* "Sei stanca?" "Niente affatto." ◆ **if anything**: *I'm a pacifist, if anything.* Se mai sono un pacifista.
anyway /'eniweɪ/ *Vedi* ANYHOW senso (2)
anywhere /'eniweə(r)/ (USA **anyplace**) avv, pron **1** [*nelle frasi interrogative*] in qualche

apart → appoint

posto **2** [*nelle frasi affermative*]: *I'd live anywhere*. Vivrei dovunque. ◊ *anywhere you like* dove vuoi **3** [*nelle frasi negative*] in nessun posto: *I didn't go anywhere special*. Non sono andato in nessun posto di speciale. ◊ *I haven't got anywhere to stay*. Non ho un posto dove stare. ⊃ *Vedi nota a* NOBODY **4** [*nelle frasi comparative*]: *more beautiful than anywhere* più bello di qualsiasi altro posto ⊃ *Vedi nota a* SOMEWHERE LOC *Vedi* NEAR

apart /əˈpɑːt/ *avv* **1** *The two men were five metres apart*. I due uomini erano a cinque metri l'uno dall'altro. ◊ *They are a long way apart*. Sono molto lontani l'uno dall'altro. **2** *to stay apart* starsene in disparte **3** separato: *They live apart*. Vivono separati. ◊ *I can't pull them apart*. Non riesco a separarli. LOC **take sth apart** smontare qc *Vedi anche* JOKE, POLE

a'part from (*spec USA* **aside from**) *prep* a parte

apartment /əˈpɑːtmənt/ *s* appartamento: *apartment block* condominio

apathy /ˈæpəθi/ *s* apatia **apathetic** /ˌæpəˈθetɪk/ *agg* apatico

ape /eɪp/ ▶ *s* scimmia
▶ *vt* scimmiottare

apologetic /əˌpɒləˈdʒetɪk/ *agg* di scusa: *an apologetic look* uno sguardo di scusa ◊ *to be apologetic (about sth)* scusarsi (di qc)

apologize, -ise /əˈpɒlədʒaɪz/ *vi* ~ **(for sth)** scusarsi (di qc)

apology /əˈpɒlədʒi/ *s* (*pl* **-ies**) scuse LOC **make no apologies/apology (for sth)** non scusarsi (per qc)

apostle /əˈpɒsl/ *s* apostolo

apostrophe /əˈpɒstrəfi/ *s* apostrofo

appal (*USA* **appall**) /əˈpɔːl/ *vt* (**-ll-**) sconvolgere: *He was appalled at/by her behaviour*. Il suo comportamento l'ha sconvolto. **appalling** *agg* spaventoso

apparatus /ˌæpəˈreɪtəs; *USA* -ˈrætəs/ *s* [*non numerabile*] **1** attrezzatura **2** apparato (*respiratorio, burocratico*)

apparent /əˈpærənt/ *agg* **1** evidente: *to become apparent* diventare chiaro **2** apparente: *for no apparent reason* senza apparente motivo **apparently** *avv* a quanto pare: *Apparently not*. Pare di no.

appeal /əˈpiːl/ ▶ *vi* **1** ~ **(to sb) for sth** chiedere qc (a qn): *She appealed to the authorities for help*. Ha chiesto aiuto alle autorità. **2** ~ **to sb to do sth** fare appello a qn perché faccia qc: *The police appealed to the crowd not to panic*. La polizia ha invitato la folla a mantenere la calma. **3** fare appello **4** ~ **(to sb)** attrarre (qn) **5** ~ **(against sth)** (*Dir*) ricorrere in appello (contro qc)
▶ *s* **1** richiesta, appello: *an appeal for help* una richiesta di aiuto **2** supplica **3** attrattiva **4** ricorso: *appeal(s) court* corte d'appello

appealing /əˈpiːlɪŋ/ *agg* **1** attraente: *to look appealing* essere attraente **2** supplichevole

appear /əˈpɪə(r)/ *vi* **1** apparire, comparire: *to appear on TV* apparire in TV **2** sembrare: *You appear to have made a mistake*. Sembra che tu abbia fatto un errore. ⊃ *Confronta* SEEM **3** (*imputato*) presentarsi **appearance** *s* **1** apparenza **2** apparizione, comparsa LOC **keep up appearances** salvare le apparenze

appendicitis /əˌpendəˈsaɪtɪs/ *s* [*non numerabile*] appendicite

appendix /əˈpendɪks/ *s* **1** (*pl* **-dices** /-dɪsiːz/) (*testo*) appendice **2** (*pl* **-dixes**) (*Anat*) appendice

appetite /ˈæpɪtaɪt/ *s* **1** appetito: *to give sb an appetite* far venire appetito a qn **2** ~ **for sth** voglia, desiderio di qc LOC *Vedi* WHET

appetizer /ˈæpɪtaɪzə(r)/ *s* stuzzichino, aperitivo

applaud /əˈplɔːd/ *vt*, *vi* applaudire **applause** /əˈplɔːz/ *s* [*non numerabile*] applausi: *a big round of applause* un grande applauso

apple /ˈæpl/ *s* **1** mela ⊃ *Vedi illustrazione a* FRUTTA **2** (*anche* **apple tree**) melo

appliance /əˈplaɪəns/ *s* apparecchio: *electrical/kitchen appliances* elettrodomestici

applicable /ˈæplɪkəbl, əˈplɪkəbl/ *agg* applicabile

applicant /ˈæplɪkənt/ *s* candidato, -a, aspirante

application /ˌæplɪˈkeɪʃn/ *s* **1** domanda (*di assunzione, ecc*): *application form* modulo di domanda **2** applicazione

applied /əˈplaɪd/ *agg* applicato

apply /əˈplaɪ/ (*pass, pp* **applied**) **1** *vt* applicare **2** *vt* (*forza*) fare: *to apply the brakes* frenare **3** *vi* fare domanda **4** *vi* essere valido: *In this case, the rule does not apply*. In questo caso tale norma non è valida. PHRV **apply for sth** fare domanda per qc ♦ **apply to sb/sth** riguardare qn/qc, valere per qn/qc: *This applies to men and women*. Questo vale per uomini e donne. ♦ **apply yourself (to sth)** applicarsi (a qc)

appoint /əˈpɔɪnt/ *vt* **1** nominare **2** (*formale*) (*ora, luogo*) fissare **appointment** *s* **1** (*atto*)

---

iː see   i happy   ɪ sit   e ten   æ hat   ɑː father   ʌ cup   ʊ put   uː too

appraisal → arguable

nomina **2** posto **3** appuntamento (*di lavoro, col medico*)

appraisal /əˈpreɪzl/ *s* valutazione

appreciate /əˈpriːʃieɪt/ **1** *vt* apprezzare **2** *vt* (*aiuto, ecc*) essere grato per **3** *vt* (*problema*) rendersi conto di **4** *vi* aumentare di valore **appreciation** /əˌpriːʃiˈeɪʃn/ *s* **1** (*anche Fin*) apprezzamento **2** comprensione **3** riconoscimento, gratitudine **4** critica (*valutazione*) **appreciative** /əˈpriːʃətɪv/ *agg* **1 to be ~ (of sth)** essere grato (per qc) **2** (*sguardo*) di ammirazione **3** (*pubblico*) caloroso

apprehend /ˌæprɪˈhend/ *vt* catturare, arrestare **apprehension** /ˌæprɪˈhenʃn/ *s* apprensione: *filled with apprehension* apprensivo **apprehensive** /ˌæprɪˈhensɪv/ *agg* apprensivo

apprentice /əˈprentɪs/ *s* **1** apprendista: *an apprentice plumber* un apprendista idraulico **2** principiante **apprenticeship** /əˈprentɪsʃɪp/ *s* apprendistato

approach /əˈprəʊtʃ/ ▸ **1** *vt, vi* avvicinarsi (a) **2** *vt ~ sb* (*per aiuto, informazioni*) rivolgersi a qn **3** *vt* (*problema, compito*) affrontare
▸ *s* **1** l'avvicinarsi **2** accesso **3** approccio

appropriate[1] /əˈprəʊprieɪt/ *vt* appropriarsi di

appropriate[2] /əˈprəʊpriət/ *agg* adatto **appropriately** *avv* adeguatamente, opportunamente

approval /əˈpruːvl/ *s* approvazione, consenso LOC **on approval** in prova

approve /əˈpruːv/ **1** *vt* approvare **2** *vi ~* (**of sth**) approvare (qc) **3** *vi ~* (**of sb**): *They don't approve of him*. Non lo vedono di buon occhio. **approving** *agg* di approvazione

approximate ▸ /əˈprɒksɪmət/ *agg* approssimativo
▸ /əˈprɒksɪmeɪt/ *vi ~* **to sth** avvicinarsi a qc (*assomigliare*)

approximately /əˈprɒksɪmətli/ *avv* approssimativamente

apricot /ˈeɪprɪkɒt/ *s* **1** albicocca **2** (*anche* **apricot tree**) albicocco **3** color albicocca

April /ˈeɪprəl/ *s* (*abbrev* **Apr**) aprile: *April Fool's Day* il primo d'aprile ➲ *Vedi nota e esempi a* JANUARY ❶ **April fool** è la persona cui si fa il pesce d'aprile.

apron /ˈeɪprən/ *s* grembiule (*da cucina*)

apt /æpt/ *agg* (**-er, -est**) adatto LOC **be apt to do sth** aver la tendenza a fare qc **aptly** *avv* in modo adatto

aptitude /ˈæptɪtjuːd; *USA* -tuːd/ *s* attitudine

aquarium /əˈkweəriəm/ *s* (*pl* **-riums** *o* **-ria** /-riə/) acquario

Aquarius /əˈkweəriəs/ *s* Acquario ➲ *Vedi esempi a* ACQUARIO

aquatic /əˈkwætɪk/ *agg* acquatico

aqueduct /ˈækwɪdʌkt/ *s* acquedotto

Arabic /ˈærəbɪk/ *s, agg* arabo, -a: *Arabic poetry* poesia araba

arable /ˈærəbl/ *agg* arabile: *arable farming* coltura del terreno ◇ *arable land* terreno coltivabile

arbitrary /ˈɑːbɪtrəri; *USA* ˈɑːbɪtreri/ *agg* **1** arbitrario **2** (*attacco, violenza*) indiscriminato

arbitrate /ˈɑːbɪtreɪt/ *vt, vi* arbitrare **arbitration** /ˌɑːbɪˈtreɪʃn/ *s* arbitrato

arc /ɑːk/ *s* arco (*geometria*)

arcade /ɑːˈkeɪd/ *s* **1** galleria (*di negozi*): *amusement arcade* sala giochi **2** porticato

arch /ɑːtʃ/ ▸ *s* arco (*architettura*)
▸ *vt, vi* inarcare, inarcarsi

archaeology (*USA anche* **archeology**) /ˌɑːkiˈɒlədʒi/ *s* archeologia **archaeological** (*USA anche* **archeological**) /ˌɑːkiəˈlɒdʒɪkl/ *agg* archeologico **archaeologist** (*USA anche* **archeologist**) /ˌɑːkiˈɒlədʒɪst/ *s* archeologo, -a

archaic /ɑːˈkeɪɪk/ *agg* arcaico

archbishop /ˌɑːtʃˈbɪʃəp/ *s* arcivescovo

archer /ˈɑːtʃə(r)/ *s* arciere, -a **archery** *s* tiro con l'arco

archipelago /ˌɑːkɪˈpeləgəʊ/ *s* (*pl* **-os** *o* **-oes**) arcipelago

architect /ˈɑːkɪtekt/ *s* architetto

architecture /ˈɑːkɪtektʃə(r)/ *s* architettura **architectural** /ˌɑːkɪˈtektʃərəl/ *agg* architettonico

archive /ˈɑːkaɪv/ *s* archivio

archway /ˈɑːtʃweɪ/ *s* arco (*architettura*)

ardent /ˈɑːdnt/ *agg* ardente, entusiasta

ardour (*USA* **ardor**) /ˈɑːdə(r)/ *s* ardore

arduous /ˈɑːdjuəs; *USA* -dʒu-/ *agg* arduo

are /ə(r), ɑː(r)/ *Vedi* BE

area /ˈeəriə/ *s* **1** (*anche Mat*) area, superficie **2** (*Geog*) zona, regione: *area manager* direttore di zona ◇ *area code* prefisso telefonico **3** (*per uso specifico*) zona, area **4** (*di attività, ecc*) area

arena /əˈriːnə/ *s* **1** (*Sport*) stadio **2** (*circo*) pista **3** (*fig*) scena

aren't /ɑːnt/ = ARE NOT *Vedi* BE

arguable /ˈɑːgjuəbl/ *agg* **1** *It is arguable that* … È possibile sostenere che … **2** discutibile

arguably *avv* probabilmente: *Arguably, …* È possibile sostenere che …

argue /'ɑ:gju:/ **1** *vi* discutere, litigare **2** *vt, vi* discutere, dibattere: *She argues that …* Sostiene che … ◊ *to argue for/against sth* sostenere/essere contro qc

argument /'ɑ:gjumənt/ *s* **1** discussione, lite: *to have an argument* litigare ➲ Confronta ROW³ **2** ~ **for/against sth** argomento a favore/contro qc

arid /'ærɪd/ *agg* arido

Aries /'eəri:z/ *s* Ariete (*segno zodiacale*) ➲ Vedi esempi a ACQUARIO

arise /ə'raɪz/ *vi* (*pass* **arose** /ə'rəʊz/ *pp* **arisen** /ə'rɪzn/) **1** (*problema*) sorgere **2** (*opportunità*) presentarsi **3** (*tempesta*) scatenarsi **4** (*situazione, occ*) crearsi: *should the need arise* in caso di necessità **5** (*antiq*) alzarsi

aristocracy /ˌærɪ'stɒkrəsi/ *s* [*v sing o pl*] (*pl* -**ies**) aristocrazia

aristocrat /'ærɪstəkræt; *USA* ə'rɪst-/ *s* aristocratico, -a **aristocratic** /ˌærɪstə'krætɪk/ *agg* aristocratico

arithmetic /ə'rɪθmətɪk/ *s* aritmetica: *mental arithmetic* calcolo mentale

ark /ɑ:k/ *s* arca

arm

arm in arm   **arms crossed/folded**

arm /ɑ:m/ ▶ *s* **1** braccio: *I've broken my arm.* Mi sono rotto un braccio. ❶ Nota che in inglese le parti del corpo sono precedute di solito dall'aggettivo possessivo (*my, your, her, ecc*). **2** (*camicia*) manica *Vedi anche* ARMS LOC **arm in arm (with sb)** a braccetto (con qn) *Vedi anche* CHANCE, FOLD

▶ *vt, vi* armare, armarsi: *to arm yourself with sth* armarsi di qc

armament /'ɑ:məmənt/ *s* armamento: *armaments factory* fabbrica di armi

armchair /ɑ:m'tʃeə(r)/ *s* poltrona

armed /ɑ:md/ *agg* armato: *armed robbery* rapina a mano armata

armed 'forces (*GB anche* ˌarmed 'services) *s* forze armate

armistice /'ɑ:mɪstɪs/ *s* armistizio

armour (*USA* **armor**) /'ɑ:mə(r)/ *s* [*non numerabile*] **1** armatura: *a suit of armour* un'armatura ➲ *Vedi nota a* ARMA **2** corazza (*navi, mezzi blindati*) LOC *Vedi* CHINK **armoured** (*USA* **armored**) *agg* **1** (*veicolo*) blindato **2** (*nave*) corazzato

armpit /'ɑ:mpɪt/ *s* ascella

arms /ɑ:mz/ *s* [*pl*] **1** armi: *the arms race* la corsa agli armamenti **2** stemma LOC **be up in arms (about/over sth)** essere indignato, essere sul piede di guerra (per qc)

army /'ɑ:mi/ *s* [*v sing o pl*] (*pl* **armies**) esercito

aroma /ə'rəʊmə/ *s* aroma

aromatherapy /əˌrəʊmə'θerəpi/ *s* aromaterapia **aromatherapist** /əˌrəʊmə'θerəpɪst/ *s* aromaterapeuta

arose *pass di* ARISE

around¹ /ə'raʊnd/ (*anche* **about**) *avv* **1** circa: *around 200 people* circa 200 persone **2** verso: *around 1850* verso il 1850 **3** in giro: *There aren't many good teachers around.* Ci sono pochi insegnanti bravi in giro.

around² /ə'raʊnd/ (*anche* **round**, **about**) *part avv* **1** in giro: *I've been dashing (a)round all morning.* Ho corso tutta la mattina. **2** intorno: *look (a)round* guardarsi intorno ➲ Per l'uso di **around** nei **phrasal verbs** vedi alla voce del verbo, ad es. **to lie around** a LIE².

around³ /ə'raʊnd/ (*anche* **round**) *prep* **1** per: *travel (a)round the world* girare il mondo **2** intorno a: *sitting (a)round the table* seduti intorno al tavolo

arouse /ə'raʊz/ *vt* **1** suscitare **2** eccitare (*sessualmente*) **3** ~ **sb (from sth)** svegliare qn (da qc)

arrange /ə'reɪndʒ/ *vt* **1** sistemare **2** (*evento*) organizzare **3** ~ **for sb to do sth** predisporre che qn faccia qc **4** ~ **to do sth/that …** rimanere d'accordo di fare qc/che … **5** (*Mus*) arrangiare **arrangement** *s* **1** sistemazione **2** accordo **3 arrangements** [*pl*] preparativi

arrest /ə'rest/ ▶ *vt* **1** (*criminale*) arrestare **2** (*formale*) (*inflazione*) arrestare **3** (*attenzione*) attirare

---

| aɪ five | aʊ now | ɔɪ join | ɪə near | eə hair | ʊə pure | ʒ vision | h how | ŋ sing |

arrival → ash

▶ s **1** arresto **2** *cardiac arrest* arresto cardiaco **LOC** **be under arrest** essere in stato di arresto

arrival /əˈraɪvl/ s **1** arrivo **2** (*persona*): *new/recent arrivals* i nuovi arrivati

arrive /əˈraɪv/ vi **1** arrivare

> **Arrive in** o **arrive at**? **Arrive in** si usa quando si arriva in un paese: *When did you arrive in England?* Quando sei arrivato in Inghilterra? **Arrive at** si usa con un edificio come la stazione, l'ufficio, ecc: *We'll phone you as soon as we arrive at the airport.* Ti telefoniamo appena arriviamo all'aeroporto. L'uso di **at** seguito dal nome di una città implica che questa è una tappa di un itinerario. Nota che "arrivare a casa" si dice *to arrive home*.

2 (*informale*) (*aver successo*) arrivare

arrogant /ˈærəgənt/ agg arrogante **arrogance** s arroganza

arrow /ˈærəʊ/ s freccia

arson /ˈɑːsn/ s [*non numerabile*] incendio doloso

art /ɑːt/ s **1** arte: *a work of art* un'opera d'arte **2** **the arts** [*pl*] le Belle Arti: *the Arts Minister* il ministro della Cultura **3** **arts** [*pl*] (*disciplina*) lettere: *Bachelor of Arts* laurea in lettere

artery /ˈɑːtəri/ s (*pl* -**ies**) arteria

arthritis /ɑːˈθraɪtɪs/ s artrite **arthritic** /ɑːˈθrɪtɪk/ agg, s artritico, -a

artichoke /ˈɑːtɪtʃəʊk/ s carciofo

article /ˈɑːtɪkl/ s articolo: *definite/indefinite article* articolo determinativo/indeterminativo ◊ *articles of clothing* capi di vestiario

articulate[1] /ɑːˈtɪkjələt/ agg **1** (*persona*) che si esprime bene **2** (*discorso*) articolato

articulate[2] /ɑːˈtɪkjuleɪt/ vt, vi **1** esprimere **2** articolare, pronunciare **3** *articulated lorry* autoarticolato

artificial /ˌɑːtɪˈfɪʃl/ agg **1** artificiale **2** (*persona*) falso

artillery /ɑːˈtɪləri/ s artiglieria

artisan /ˌɑːtɪˈzæn; USA ˈɑːrtɪzn/ s (*formale*) artigiano, -a

artist /ˈɑːtɪst/ s artista

artistic /ɑːˈtɪstɪk/ agg artistico

artwork /ˈɑːtwɜːk/ s **1** materiale illustrativo (*di libro, depliant*) **2** opera d'arte

arugula /æˈruːgjʊlə/ s (*USA*) Vedi ROCKET senso (2)

as /əz, æz/ ▶ prep **1** (*in qualità di*) come: *Treat me as a friend.* Considerami un amico. ◊ *Use this plate as an ashtray.* Usa questo piatto come portacenere. ◊ *to work as a waiter* fare il cameriere **2** (*età*) da: *as a child* da bambino

> Nota che per i paragoni e gli esempi si usa **like**: *a car like yours* una macchina come la tua ◊ *Romantic poets, like Byron, Shelley, etc.* poeti romantici come Byron, Shelley, ecc

▶ avv **as ... as** (così) ... come: *She is as tall as me/as I am.* È alta come me. ◊ *as soon as possible* il più presto possibile ◊ *I earn as much as her/as she does.* Guadagno quanto lei.

▶ cong **1** mentre: *I watched her as she combed her hair.* La guardavo pettinarsi. **2** dato che, poiché: *As you weren't there ...* Dato che tu non c'eri ... **3** come: *Leave it as you find it.* Lascialo come lo trovi. **LOC** **as for sb/sth** quanto a qn/qc ◆ **as from** (*spec USA* **as of**): *as from/of 12 May* a partire dal 12 maggio ◆ **as if/as though** come se: *as if nothing had happened* come se non fosse successo niente ◆ **as in** come in: *The 'h' is silent, as in 'hour'.* L'acca è muta come in "hour". ◆ **as it is** vista la situazione ◆ **as many 1** tanti: *We no longer have as many members.* Non abbiamo più tanti soci. **2** altrettanti: *four jobs in as many months* quattro lavori in altrettanti mesi ◆ **as many again/more** altrettanti ◆ **as many as 1** *I didn't win as many as him.* Non ne ho vinti tanti quanti lui. **2** fino a: *as many as ten people* fino a dieci persone **3** *You ate three times as many as I did.* Ne hai mangiati il triplo di me. ◆ **as many ... as** tanti ... quanti ◆ **as much**: *I don't have as much as you.* Non ne ho quanto te. ◊ *I thought as much.* Come pensavo. ◆ **as much again** altrettanto ◆ **as much as** sth/**as regards** sth quanto a qc ◆ **as yet** fino ad ora

asap /ˌeɪ es eɪ ˈpiː/ abbr **as soon as possible** il più presto possibile

asbestos /æsˈbestəs/ s amianto

ascend /əˈsend/ (*formale*) **1** vi salire **2** vt (*scale*) salire **3** vt (*trono*) ascendere a

ascendancy /əˈsendənsi/ s ~ (**over** sb/sth) ascendente (su qn/qc)

Ascension Day /əˈsendənʃn deɪ/ s l'Ascensione

ascent /əˈsent/ s **1** ascensione (*di monte*) **2** salita

ascertain /ˌæsəˈteɪn/ vt (*formale*) accertare

ascribe /əˈskraɪb/ vt ~ sth **to** sb/sth attribuire qc a qn/qc

ash /æʃ/ s **1** cenere **2** (*anche* **ash tree**) frassino

---

tʃ **ch**in   dʒ **J**une   v **v**an   θ **th**in   ð **th**en   s **s**o   z **z**oo   ʃ **sh**e

ashamed → assurance

ashamed /əˈʃeɪmd/ *agg* to be ~ (of sb/sth) vergognarsi (di qn/qc) to be ~ to do sth vergognarsi a/di fare qc

ashore /əˈʃɔː(r)/ *avv* a terra: *to go ashore* sbarcare

ashtray /ˈæʃtreɪ/ *s* portacenere

Ash ˈWednesday *s* mercoledì delle Ceneri

Asian /ˈeɪʒn, ˈeɪʒn/ *agg, s* asiatico, -a

> Nell'inglese britannico, il termine **Asian** si riferisce a persone che provengono dall'India, Pakistan e Bangladesh. Per riferirsi a persone provenienti dalla Cina, dal Giappone ecc si usa invece il nome di nazionalità specifico: **Chinese**, **Japanese** ecc. Negli Stati Uniti il termine **Asian** di solito si riferisce alle popolazioni dell'Estremo Oriente.

aside /əˈsaɪd/ ▶ *avv* da parte
▶ *s* a parte (*Teat*)

aˈside from *prep* (*spec USA*) Vedi APART FROM

ask /ɑːsk; *USA* æsk/ *vt, vi* to ask (sb) (sth) chiedere (qc) (a qn): *to ask a question* fare una domanda ◇ *to ask about sth* informarsi su qc **2** *vt, vi* to ask (sb) for sth chiedere qc (a qn) **3** *vt* to ask sb to do sth chiedere a qn di fare qc **4** *vt* to ask sb (to sth) invitare qn (a qc) LOC **don't ask me!** (*informale*) a me lo chiedi? ♦ **for the asking**: *The job is yours for the asking.* Il lavoro è tuo, non hai che da chiederlo. ♦ **ask for trouble/it** (*informale*) andarsene a cercare ♦ **ask sb round** invitare qn a casa propria PHRV **ask after sb** chiedere informazioni di qn ♦ **ask for sb** chiedere di qn (*di vedere/parlare*) ♦ **ask sb out** chiedere a qn di uscire

asleep /əˈsliːp/ *agg* addormentato: *to fall asleep* addormentarsi ◇ *to be fast/sound asleep* dormire profondamente ❶ Nota che **asleep** non si usa davanti a un sostantivo, perciò "un bambino addormentato" si traduce *a sleeping baby*.

AS (level) /ˌeɪ ˈes levl/ **Advanced Subsidiary (level)** *s* Vedi A LEVEL

asparagus /əˈspærəgəs/ *s* [*non numerabile*] asparagi

aspect /ˈæspekt/ *s* **1** (*di una situazione, ecc*) aspetto **2** (*Archit*) esposizione

asphalt /ˈæsfælt; *USA* -fɔːlt/ *s* asfalto

asphyxiate /əsˈfɪksieɪt/ *vt* asfissiare

aspiration /ˌæspəˈreɪʃn/ *s* aspirazione

aspire /əˈspaɪə(r)/ *vi* ~ to sth aspirare a qc: *aspiring musicians* aspiranti musicisti

aspirin /ˈæsprɪn, ˈæspərɪn/ *s* aspirina

ass /æs/ *s* **1** asino **2** (*informale*) (*idiota*) scemo, -a

assailant /əˈseɪlənt/ *s* (*formale*) aggressore

assassin /əˈsæsɪn; *USA* -sn/ *s* assassino, -a **assassinate** /əˈsæsɪneɪt; *USA* -sən-/ *vt* assassinare **assassination** /əˌsæsɪˈneɪʃn; *USA* -sən-/ *s* assassinio ⊃ *Vedi nota a* ASSASSINARE

assault /əˈsɔːlt/ ▶ *vt* aggredire, assalire
▶ *s* **1** ~ (on sb) aggressione (a qn) **2** ~ (on sth) attacco (a qc)

assemble /əˈsembl/ **1** *vt, vi* radunare, radunarsi **2** *vt* (*Mecc*) montare

assembly /əˈsembli/ *s* (*pl* **-ies**) **1** assemblea **2** montaggio: *assembly line* catena di montaggio

assert /əˈsɜːt/ *vt* **1** affermare **2** (*diritti*) far valere LOC **assert yourself** farsi valere **assertion** /əˈsɜːʃn/ *s* affermazione

assertive /əˈsɜːtɪv/ *agg* fermo, che sa farsi valere

assess /əˈses/ *vt* **1** valutare **2** (*tasse, ecc*) accertare l'imponibile di **assessment** *s* giudizio, valutazione **assessor** *s* ispettore delle imposte

asset /ˈæset/ *s* **1** punto di forza: *to be an asset to sb/sth* essere molto prezioso per qn/qc **2** **assets** [*pl*] (*Comm*) beni

assign /əˈsaɪn/ *vt* ~ sb/sth to sb/sth assegnare qn/qc a qn/qc

assignment /əˈsaɪnmənt/ *s* **1** (*a scuola*) compito **2** incarico

assimilate /əˈsɪməleɪt/ **1** *vt* assimilare **2** *vi* ~ into sth integrarsi a qc

assist /əˈsɪst/ *vt* (*formale*) *vi* aiutare **assistance** *s* (*formale*) aiuto, assistenza

assistant /əˈsɪstənt/ *s* **1** assistente, aiutante **2** (*GB*) Vedi SHOP ASSISTANT **3** *the assistant manager* il vicedirettore

associate¹ /əˈsəʊʃiət/ *s* socio, -a

associate² /əˈsəʊʃieɪt, -sieɪt/ **1** *vt* ~ sb/sth with sb/sth associare qn/qc a qn/qc **2** *vi* ~ with sb frequentare qn

association /əˌsəʊsiˈeɪʃn/ *s* associazione

assorted /əˈsɔːtɪd/ *agg* vari, assortiti

assortment /əˈsɔːtmənt/ *s* assortimento, varietà

assume /əˈsjuːm; *USA* əˈsuːm/ *vt* **1** assumere **2** supporre **3** dare per scontato

assumption /əˈsʌmpʃn/ *s* **1** supposizione **2** (*potere*) presa

assurance /əˈʃʊərəns/ *s* **1** garanzia **2** sicurezza di sé

---

iː see   i happy   ɪ sit   e ten   æ hat   ɑː father   ʌ cup   ʊ put   uː too

assure → auction

assure /ə'ʃʊə(r)/ **1** *vt* ~ **sb (of sth)** assicurare qn (di qc) **2** *v rifl* ~ **yourself** assicurarsi, accertarsi **assured** *agg* sicuro

asterisk /'æstərɪsk/ *s* asterisco

asthma /'æsmə; *USA* 'æzmə/ *s* asma **asthmatic** /æs'mætɪk; *USA* æz-/ *agg, s* asmatico, -a

astonish /ə'stɒnɪʃ/ *vt* stupire **astonishing** *agg* stupefacente, sorprendente **astonishingly** *avv* incredibilmente **astonishment** *s* stupore

astound /ə'staʊnd/ *vt* sbalordire **astounding** *agg* sbalorditivo

astray /ə'streɪ/ *avv* LOC **go astray 1** andare perso **2** (*fig*) traviarsi

astride /ə'straɪd/ *avv, prep* ~ **(sth)** a cavalcioni (di qc)

astrology /ə'strɒlədʒi/ *s* astrologia **astrologer** *s* astrologo, -a

astronaut /'æstrənɔːt/ *s* astronauta

astronomy /ə'strɒnəmi/ *s* astronomia **astronomer** *s* astronomo, -a **astronomical** /ˌæstrə'nɒmɪkl/ *agg* astronomico

astute /ə'stjuːt; *USA* ə'stuːt/ *agg* accorto

asylum /ə'saɪləm/ *s* **1** asilo, rifugio: *asylum seeker* rifugiato politico **2** (*antiq*) manicomio

at /æt, ət/ *prep* **1** (*posizione, luogo*) a: *at home* a/in casa ◊ *at the door* alla porta ◊ *at your brother's* da tuo fratello ◊ *at the top* in alto **2** (*tempo*): *at 3.35* alle 3.35 ◊ *at dawn* all'alba ◊ *at times* a volte ◊ *at Christmas* a Natale ◊ *at night* di notte ◊ *at the moment* in questo momento **3** (*prezzo, frequenza, velocità*) a: *at 70 kph* a 70 km/h ◊ *at full volume* a tutto volume ◊ *two at a time* due alla volta **4** (*direzione*) verso: *to stare at sb* fissare qn ◊ *to throw sth at sth* tirare qc contro qc **5** (*reazione*): *surprised at sth* sorpreso di qc ◊ *At this, she fainted.* Al che è svenuta. **6** (*attività*): *She's at work.* È al lavoro. ◊ *to be at war* essere in guerra ◊ *children at play* bambini che giocano

ate *pass di* EAT

atheism /'eɪθiɪzəm/ *s* ateismo **atheist** /'eɪθiɪst/ *s* ateo, -a

athlete /'æθliːt/ *s* atleta **athletic** /æθ'letɪk/ *agg* atletico **athletics** *s* [*non numerabile*] atletica

atlas /'ætləs/ *s* **1** atlante **2** (*stradale*) carta

atmosphere /'ætməsfɪə(r)/ *s* **1** atmosfera **2** aria

atom /'ætəm/ *s* **1** atomo **2** (*fig*): *an atom of truth* un briciolo di verità **atomic** /ə'tɒmɪk/ *agg* atomico: *atomic weapons* armi nucleari

atrocious /ə'trəʊʃəs/ *agg* **1** atroce **2** pessimo

atrocity /ə'trɒsəti/ *s* (*pl* -ies) atrocità

attach /ə'tætʃ/ *vt* **1** attaccare **2** annettere **3** (*documenti*) allegare **4** (*fig*): *to attach importance to sth* attribuire importanza a qc **attached** *agg*: *to be attached to sb/sth* essere molto attaccato a qn/qc LOC *Vedi* STRING **attachment** *s* **1** accessorio **2** ~ **to sb/sth** attaccamento, affetto per qn/qc **3** (*Informatica*) allegato

attack /ə'tæk/ ▶ *s* ~ **(on sb/sth) 1** attacco (contro qn/qc) **2** aggressione (di qn/qc)
▶ **1** *vt, vi* attaccare **2** *vt* aggredire, assalire
attacker /ə'tækə(r)/ *s* aggressore

attain /ə'teɪn/ *vt* **1** (*ambizione*) realizzare **2** (*scopo*) raggiungere **attainment** *s* **1** (*ambizione*) realizzazione **2** (*scopo*) raggiungimento **3** risultato

attempt /ə'tempt/ ▶ *vt* tentare: *to attempt to do sth* tentare di fare qc
▶ *s* **1** ~ (**at doing/to do sth**) tentativo (di fare qc) **2** *to make an attempt on sb's life* attentare alla vita di qn

attempted /ə'temptɪd/ *agg*: *attempted robbery* tentata rapina ◊ *attempted murder* tentato omicidio

attend /ə'tend/ **1** *vt, vi* ~ **(sth)** assistere (a qc) **2** *vi* ~ **to sb/sth** occuparsi di qn/qc **attendance** *s* presenza LOC **in attendance** presente

attendant /ə'tendənt/ *s* custode, addetto, -a

attention /ə'tenʃn/ ▶ *s* attention: *for the attention of* ... all'attenzione di ... LOC *Vedi* CATCH, FOCUS, PAY
▶ **attention!** *escl* (*Mil*) attenti!

attentive /ə'tentɪv/ *agg* attento

attic /'ætɪk/ *s* soffitta

attitude /'ætɪtjuːd; *USA* -tuːd/ *s* atteggiamento

attorney /ə'tɜːni/ *s* (*pl* -eys) **1** (*USA*) avvocato **2** mandatario, -a

Attorney General /əˌtɜːni 'dʒenrəl/ *s* **1** (*GB*) procuratore generale **2** (*USA*) ≃ ministro della Giustizia

attract /ə'trækt/ *vt* attrarre, attirare **attraction** /ə'trækʃn/ *s* **1** attrazione **2** attrattiva **attractive** *agg* **1** (*persona*) attraente **2** (*stipendio, proposta*) interessante

attribute ▶ /'ætrɪbjuːt/ *s* attributo
▶ /ə'trɪbjuːt/ *vt* ~ **sth to sth** attribuire qc a qc

ATV /ˌeɪ tiː 'viː/ *s* **all-terrain vehicle** dune buggy

aubergine /'əʊbəʒiːn/ (*USA* **eggplant**) ▶ *s* melanzana
▶ *agg* color melanzana

auction /'ɔːkʃn, 'ɒkʃn/ ▶ *s* asta
▶ *vt* vendere all'asta

---

u situation ɒ got ɔː saw ɜː fur ə ago j yes w woman eɪ pay əʊ go

auctioneer → aware

auctioneer /ˌɔːkʃə'nɪə(r), 'ɒk-/ s banditore, -trice

audible /'ɔːdəbl/ agg udibile

audience /'ɔːdiəns/ s **1** [v sing o pl] (teatro, ecc) pubblico **2** ~ **with sb** udienza con qn

audio /'ɔːdɪəʊ/ agg, s audio

audit /'ɔːdɪt/ ▶ s revisione di conti
▶ vt rivedere (conti)

audition /ɔː'dɪʃn/ ▶ s **1** audizione **2** provino
▶ vi - **for sth** fare un'audizione/un provino per qc

auditor /'ɔːdɪtə(r)/ s revisore dei conti

auditorium /ˌɔːdɪ'tɔːriəm/ s (pl **-ria** /-riə/ o **-riums**) auditorio

August /'ɔːɡəst/ s (abbrev **Aug.**) agosto ⊃ Vedi nota e esempi a JANUARY

aunt /ɑːnt; USA ænt/ s zia: *Aunt Luisa* zia Luisa ◊ *my aunt and uncle* i miei zii **auntie** (anche **aunty**) /'ɑːnti; USA 'ænti/ s (informale) zia

au pair /ˌəʊ 'peə(r)/ s ragazza alla pari

austere /ɒ'stɪə(r), ɔː'stɪə(r)/ agg austero **austerity** /ɔː'sterəti; spec USA ɒ'sterəti/ s austerità

authentic /ɔː'θentɪk/ agg autentico

authenticity /ˌɔːθen'tɪsəti/ s autenticità

author /'ɔːθə(r)/ s autore, -trice

authoritarian /ɔːˌθɒrɪ'teəriən/ agg, s autoritario, -a

authoritative /ɔː'θɒrətətɪv; USA -teɪtɪv/ agg **1** (libro, fonte) autorevole **2** (voce) autoritario

authority /ɔː'θɒrəti/ s (pl **-ies**) autorità LOC **have it on good authority that …** sapere da fonte autorevole che …

authorization, -isation /ˌɔːθəraɪ'zeɪʃn; USA -rɪ'z-/ s autorizzazione

authorize, -ise /'ɔːθəraɪz/ vt autorizzare

autobiographical /ˌɔːtəˌbaɪə'ɡræfɪkl/ agg autobiografico

autobiography /ˌɔːtəbaɪ'ɒɡrəfi/ s (pl **-ies**) autobiografia

autograph /'ɔːtəɡrɑːf; USA -ɡræf/ ▶ s autografo
▶ vt firmare

automate /'ɔːtəmeɪt/ vt automatizzare

automatic /ˌɔːtə'mætɪk/ ▶ agg automatico
▶ s **1** automatica (arma) **2** auto con cambio automatico

automatically /ˌɔːtə'mætɪkli/ avv automaticamente

automation /ˌɔːtə'meɪʃn/ s automazione

automobile /'ɔːtəməbiːl/ s (USA) automobile

autonomous /ɔː'tɒnəməs/ agg autonomo

autonomy /ɔː'tɒnəmi/ s autonomia

autopsy /'ɔːtɒpsi/ s (pl **-ies**) autopsia

autumn /'ɔːtəm/ (USA **fall**) s autunno

auxiliary /ɔːɡ'zɪliəri/ agg, s (pl **-ies**) **1** ausiliario, -a **2** (Gramm) ausiliare

avail /ə'veɪl/ s LOC **to no avail** invano

available /ə'veɪləbl/ agg disponibile

avalanche /'ævəlɑːnʃ; USA -læntʃ/ s valanga

avant-garde /ˌævɒŋ 'ɡɑːd/ agg d'avanguardia

avenue /'ævənjuː; USA -nuː/ s **1** (abbrev **Ave**) viale **2** (fig) via

average /'ævərɪdʒ/ ▶ s media: *on average* in media
▶ agg **1** medio: *average earnings* reddito medio **2** (informale, dispreg) mediocre
▶ vt fare la media di PHRV **average out (at sth)**: *It averages out at 10%.* È in media del 10%.

aversion /ə'vɜːʃn/ s avversione

avert /ə'vɜːt/ vt **1** (sguardo) distogliere **2** (crisi, ecc) evitare, prevenire

aviation /ˌeɪvi'eɪʃn/ s aviazione

avid /'ævɪd/ agg avido

avocado /ˌævə'kɑːdəʊ/ s (pl **-s**) avocado

avoid /ə'vɔɪd/ vt **1** ~ (**doing**) **sth** evitare (di fare) qc **2** (responsabilità) sottrarsi a

await /ə'weɪt/ vt (formale) ~ **sth** attendere, aspettare qc: *A surprise awaited us.* Ci aspettava una sorpresa.

awake /ə'weɪk/ ▶ agg **1** sveglio **2** ~ **to sth** (pericolo, ecc) conscio di qc
▶ vt, vi (pass **awoke** /ə'wəʊk/ pp **awoken** /ə'wəʊkən/) (formale) svegliare, svegliarsi

I verbi **awake** e **awaken** si usano soltanto nel linguaggio formale e letterario. Comunemente si dice **wake (sb) up**.

awaken /ə'weɪkən/ **1** vt, vi (formale) svegliare, svegliarsi ⊃ Vedi nota a AWAKE **2** vt ~ **sb to sth** (pericolo, ecc) rendere qn consapevole di qc

award /ə'wɔːd/ ▶ vt (premio) assegnare
▶ s premio

aware /ə'weə(r)/ agg ~ **of sth** consapevole di qc: *to make sb aware of sth* rendere consapevole qn di qc LOC **as far as I am aware** per quanto ne so *Vedi anche* BECOME **awareness** s consapevolezza

away → back

away /ə'weɪ/ ▶ *part avv* **1** (*indicando distanza*): *The hotel is two kilometres away.* L'albergo è a due chilometri. ◊ *It's a long way away.* È molto lontano. **2** [*con verbi di moto*] via: *They took my car away.* Mi hanno portato via la macchina. ◊ *He limped away.* Se ne andò zoppicando. **3** [*uso enfatico con forme progressive*]: *I was working away all night.* Ho passato la notte lavorando. **4** *The snow had melted away.* La neve si era sciolta completamente. **5** (*Sport*) fuori casa LOC *Vedi* RIGHT ➪ Per gli usi di **away** nei PHRASAL VERBS vedi alla voce del verbo, ad es. **to get away** a GET.
▶ *agg* fuori casa, in trasferta: *an away win* una vittoria fuori casa

awe /ɔ:/ *s* timore reverenziale LOC **be in awe of sb** avere soggezione di qn **awesome** /'ɔ:səm/ *agg* impressionante

awful /'ɔ:fl/ *agg* **1** (*incidente, ecc*) terribile **2** *an awful lot of money* un sacco di soldi **awfully** /'ɔ:fli/ *avv* terribilmente: *I'm awfully sorry.* Sono terribilmente spiacente.

awkward /'ɔ:kwəd/ *agg* **1** (*momento*) inopportuno **2** (*situazione, domanda*) imbarazzante **3** (*persona*) difficile **4** (*movimento*) impacciato

awoke *pass di* AWAKE
awoken *pp di* AWAKE
axe (*USA* **ax**) /æks/ ▶ *s* ascia LOC **have an axe to grind** avere un interesse personale
▶ *vt* **1** (*costi, servizi*) tagliare **2** licenziare
axis /'æksɪs/ *s* (*pl* **axes** /'æksi:z/) asse
axle /'æksl/ *s* asse (*di ruote*)
aye (*anche* **ay**) /aɪ/ ▶ *escl* (*antiq*) sì ❶ **Aye** è usato in Scozia e nel nord dell'Inghilterra.
▶ *s* **ayes** [*pl*]: *The ayes have it.* Ha vinto il sì.

B b

B, b /bi:/ *s* (*pl* **Bs, B's, b's**) **1** B, b ➪ *Vedi esempi a* A, A ➪ *Vedi nota a* VOTO **2** (*Mus*) si
babble /'bæbl/ ▶ *s* **1** (*voci*) mormorio **2** (*bambino*) balbettio
▶ *vt, vi* farfugliare
babe /beɪb/ *s* (*informale*) ragazza
baby /'beɪbi/ *s* (*pl* **babies**) **1** bambino (*piccolo*): *a newborn baby* un neonato ◊ *a baby girl* una bambina piccola ➪ *Vedi nota a* BAMBINO **2** (*animale*) cucciolo **3** (*gergale*) amore
'baby carriage *s* (*USA*) *Vedi* PRAM
babysit /'beɪbisɪt/ *vi* (**-tt-**) (*pass* **-sat** /-sæt/) ~ (**for sb**) guardare i bambini (a qn) **babysitter** *s* babysitter
bachelor /'bætʃələ(r)/ *s* scapolo: *a bachelor flat* un appartamento da scapolo
'bachelor party *s* (*USA*) *Vedi* STAG NIGHT senso (2)
back¹ /bæk/ ▶ *s* **1** parte di dietro, retro **2** schiena, dorso: *to lie on your back* stare sdraiato sulla schiena **3** schienale LOC **at the back of your mind** sotto sotto ◆ **back to back** schiena contro schiena ◆ **back to front** (*USA* **backwards**) al contrario ➪ *Vedi illustrazione a* ROVESCIO LOC **behind sb's back** dietro le spalle di qn ◆ **be glad, pleased, etc. to see the back of sth** essere felice che qc finisca ◆ **be on sb's back** stare addosso a qn ◆ **get off sb's back** (*informale*) lasciare in pace qn: *Just get off my back, will you?* Lasciami in pace, va bene? ◆ **get/put sb's back up** (*informale*) far irritare qn ◆ **have your back to the wall** (*informale*) essere con le spalle al muro *Vedi anche* PAT, TURN
▶ *agg* **1** di dietro, posteriore: *the back door* la porta di dietro **2** (*numero di giornale*) arretrato LOC **by/through the back door** clandestinamente
▶ *avv, part avv* **1** (*movimento, posizione*) indietro: *Stand well back.* Stai bene indietro. **2** (*ripetizione*) di nuovo: *They are back in power.* Sono di nuovo al potere. ◊ *on the way back* al ritorno ◊ *to go there and back* andare e tornare **3** (*tempo*) fa, prima: *a few years back* qualche anno fa/prima ◊ *back in the seventies* negli anni settanta **4** (*reciprocità*): *He smiled back (at her).* (Le) ricambiò il sorriso. LOC **go, travel, etc. back and forth** fare avanti indietro ➪ Per l'uso di **back** nei PHRASAL VERBS vedi alla voce del verbo, ad es. **go back** a GO¹.

back² /bæk/ **1** *vt* appoggiare **2** *vt* finanziare **3** *vt* (*cavallo*) puntare su **4** *vi* fare marcia indietro PHR V **back away (from sb/sth)** indietreggiare (davanti a qn/qc) ◆ **back down** (*USA anche* **back off**) tirarsi indietro ◆ **back onto sth** (*GB*) *Our house backs on to the lake.* Il retro della casa dà sul lago. ◆ **back out (of sth)** tirarsi

| tʃ **ch**in | dʒ **J**une | v **v**an | θ **th**in | ð **th**en | s **s**o | z **z**oo | ʃ **sh**e |

backache → bailiff

indietro (da qc) ◆ **back (sth) up** fare marcia indietro (con qc): *I backed the car up to the door.* Ho fatto marcia indietro con la macchina fino alla porta. ◆ **back sb/sth up 1** appoggiare qn/qc: *The writer doesn't back up his opinions with examples.* Lo scrittore non avvalora le sue opinioni con esempi. **2** *two doctors backed up by a team of nurses* due medici assistiti da un'équipe di infermiere ◊ *The rebels backed up their demands with threats.* I ribelli fecero valere le loro richieste con le minacce. ◆ **back sth up** (*Informatica*) fare il backup di

backache /'bækeɪk/ *s* mal di schiena

backbone /'bækbəʊn/ *s* spina dorsale

backdrop /'bækdrɒp/ (*GB anche* **backcloth** /'bækklɒθ/) *s* fondale (*teatro*)

backfire /ˌbæk'faɪə(r)/ *vi* **1** (*auto*) fare un ritorno di fiamma **2** (*fig*) fallire **3** ~ **on sb** (*fig*) ritorcersi contro qn

background /'bækɡraʊnd/ *s* **1** sfondo **2** sottofondo **3** contesto **4** background, ambiente: *He comes from a poor background.* È di famiglia povera.

backing /'bækɪŋ/ *s* **1** sostegno, appoggio **2** (*Mus*) accompagnamento

backlash /'bæklæʃ/ *s* reazione violenta

backlog /'bæklɒɡ/ *s*: *a huge backlog of work* una montagna di lavoro arretrato

backpack /'bækpæk/ ▶ *s* zaino ⊃ *Vedi illustrazione a* BAGAGLIO
▶ *vi spesso* **go backpacking** viaggiare con lo zaino: *They went backpacking in Spain last year.* L'anno scorso sono andati in Spagna con lo zaino sulle spalle.

ˌ**back 'seat** *s* sedile posteriore **LOC take a back seat** restare in secondo piano

backside /'bæksaɪd/ *s* (*informale*) sedere

backslash /'bækslæʃ/ *s* barra chiusa

backstage /ˌbæk'steɪdʒ/ *avv* dietro le quinte

backstroke /'bækstrəʊk/ *s* dorso: *Can you do backstroke?* Sai nuotare a dorso?

back-up /'bæk ʌp/ *s* **1** appoggio **2** rinforzi **3** (*Informatica*) copia, back-up

backward /'bækwəd/ *agg* **1** all'indietro: *a backward glance* un'occhiata indietro **2** (*paese*) arretrato **3** (*bambino*) tardivo

backward(s) /'bækwəd(z)/ *avv* **1** indietro, all'indietro: *He fell backwards.* È caduto all'indietro. **2** al contrario **LOC backward(s) and forward(s)** avanti e indietro

backyard /ˌbæk'jɑːd/ *s* (*GB*) cortile sul retro

bacon /'beɪkən/ *s* bacon, pancetta ⊃ *Confronta* HAM, GAMMON

bacteria /bæk'tɪərɪə/ *s* (*sing* **bacterium** /-rɪəm/) batteri

bad /bæd/ *agg* (*comp* **worse** /wɜːs/ *superl* **worst** /wɜːst/) **1** cattivo: *This film's not bad.* Questo film non è male. **2** (*tempo*) brutto **3** *I've got a bad knee.* Ho problemi al ginocchio. **4** dannoso: *It's bad for your health.* Fa male alla salute. **5** (*incidente, situazione*) grave **LOC be bad at sth**: *I'm really bad at Maths.* Sono veramente scarso in matematica. ◆ **be in sb's bad books**: *I'm in his bad books.* Sono sulla sua lista nera. ◆ **go through/hit a bad patch** (*informale*) passare un periodaccio ◆ **too bad 1** peccato: *It's too bad you can't come.* È un peccato che tu non possa venire. **2** (*iron*) peggio per te! *Vedi anche* FAITH, FEELING

baddy /'bædi/ *s* (*pl* -**ies**) cattivo: *the goodies and the baddies* i buoni e i cattivi

bade *pass di* BID¹

badge /bædʒ/ *s* **1** distintivo, spillino **2** (*fig*) simbolo

badger /'bædʒə(r)/ *s* tasso (*animale*)

ˌ**bad 'language** *s* [*non numerabile*] parolacce

badly /'bædli/ *avv* (*comp* **worse** /wɜːs/ *superl* **worst** /wɜːst/) **1** male: *It's badly made.* È fatto male. **2** gravemente: *The house was badly damaged.* La casa ha subito ingenti danni. **3** (*volere, aver bisogno*) assolutamente **LOC be badly off** essere povero

badminton /'bædmɪntən/ *s* badminton

bad-tempered /ˌbæd 'tempəd/ *agg* irascibile

baffle /'bæfl/ *vt* sconcertare, lasciare perplesso **baffling** /'bæflɪŋ/ *agg* sconcertante

bag /bæɡ/ *s* borsa, sacchetto ⊃ *Vedi illustrazione a* CONTAINER **LOC bags of sth** (*informale*) un sacco di qc ◆ **be in the bag** (*informale*) essere cosa fatta *Vedi anche* LET¹, PACK

bagel /'beɪɡl/ *s* ciambellina di pane

baggage /'bæɡɪdʒ/ *s* [*non numerabile*] (*spec USA*) bagagli: *baggage reclaim* ritiro bagagli

baggy /'bæɡi/ *agg* sformato

bagpipes /'bæɡpaɪps/ *s* [*pl*] cornamusa

baguette /bæ'ɡet/ *s* filoncino ⊃ *Vedi illustrazione a* PANE

bail /beɪl/ *s* [*non numerabile*] (libertà provvisoria su) cauzione: *put up bail for sb* pagare la cauzione di qn **LOC go/stand bail (for sb)** rendersi garante (per qn)

bailiff /'beɪlɪf/ *s* ufficiale giudiziario

bait /beɪt/ *s* esca

bake /beɪk/ *vt, vi* cuocere in forno: *a baking tin* una teglia

> Sia **to bake** che **to roast** indicano la cottura in forno, con la differenza che nel caso di **to bake** si cuoce generalmente senza olio o grasso. Si usa **to bake** per il pane, la pasta, le torte, le patate ecc. Si usa **to roast** per la carne, le patate e le altre verdure cosparse d'olio e fatte arrosto in forno.
>
> Nel caso delle patate si dice **to bake potatoes** (e **baked potatoes**) quando le singole patate vengono cotte nel forno intere e con la buccia, senza usare olio, per fare ad esempio una **jacket potato** (vedi). **To roast potatoes** (e **roast potatoes**) si dice quando le patate sono sbucciate, tagliate e fatte arrosto in un po' d'olio. **To roast** significa anche tostare.

baker *s* **1** fornaio, -a **2** *baker's* panetteria

bakery *s* (*pl* **-ies**) panetteria

baked 'beans *s* [*pl*] fagioli in salsa di pomodoro

'baking powder *s* lievito per dolci

balance /'bæləns/ ▶ *s* **1** equilibrio: *to lose your balance* perdere l'equilibrio **2** (*Fin*) bilancio, saldo **3** (*strumento*) bilancia LOC **on balance** tutto sommato *Vedi anche* CATCH
▶ **1** *vi* ~ (**on sth**) tenersi in equilibrio (su qc) **2** *vt* ~ **sth** (**on sth**) tenere qc in equilibrio (su qc) **3** *vt* ~ **sth** (**out**) bilanciare, compensare qc **4** *vt* ~ **out** bilanciarsi **5** *vt, vi* (*bilancio, conti*) (far) quadrare

balcony /'bælkəni/ *s* (*pl* **-ies**) balcone

bald /bɔːld/ *agg* calvo ⊃ *Vedi illustrazione a* CAPELLO

ball /bɔːl/ *s* **1** (*Sport*) palla, pallone, pallina **2** gomitolo **3** ballo LOC **(be) on the ball** (*informale*) (stare) all'erta ♦ **have a ball** (*informale*) divertirsi da matti ♦ **start/set the ball rolling** fare la prima mossa

ballad /'bæləd/ *s* ballata

ballet /'bæleɪ/ *s* balletto

'ballet dancer *s* ballerino classico, ballerina classica

'ball game *s* **1** gioco con la palla **2** (*USA*) partita di baseball

balloon /bə'luːn/ *s* **1** palloncino **2** pallone aerostatico

ballot /'bælət/ *s* votazione (*a scrutinio segreto*)

'ballot box *s* urna (*elettorale*)

ballpark /'bɔːlpɑːk/ *s* **1** campo di baseball **2** *If you said five million, you'd be in the ballpark.* Se dicessi cinque milioni saresti vicino. ◊ *a ballpark figure* un numero approssimativo

ballroom /'bɔːlruːm/ *s* sala da ballo: *ballroom dancing* ballo liscio

bamboo /ˌbæm'buː/ *s* bambù

ban /bæn/ ▶ *vt* (**-nn-**) proibire
▶ *s* **ban** (**on sth**) bando, divieto (su qc)

banana /bə'nɑːnə; *USA* bə'nænə/ *s* banana: *a banana skin* una buccia di banana ⊃ *Vedi illustrazione a* FRUTTA

band /bænd/ *s* **1** fascia, striscia **2** (*Mus*) banda, complesso **3** (*Radio*) banda **4** (*ladri, ecc*) banda

bandage /'bændɪdʒ/ ▶ *s* fascia
▶ *vt* fasciare

'Band-Aid® *s* (*spec USA*) *Vedi* PLASTER senso (3)

B and B (*anche* **b and b**) /ˌbiː ən 'biː/ *abbr* (*informale, spec GB*) = BED AND BREAKFAST

bandwagon /'bændwægən/ *s* LOC **climb/jump on the bandwagon** (*informale*) seguire la corrente

bang /bæŋ/ ▶ **1** *vt* battere: *He banged his fist on the table.* Ha battuto il pugno sul tavolo. ◊ *I banged the box down on the floor.* Ho sbattuto la cassa per terra. **2** *vt* ~ **your head, etc.** (**against/on sth**) battere la testa, ecc (contro qc) **3** *vi* ~ **into sb/sth** sbattere contro qn/qc **4** *vi* (*fuoco d'artificio*) scoppiare, esplodere **5** *vt, vi* (*porta*) sbattere
▶ *s* **1** colpo **2** scoppio **3** **bangs** [*pl*] (*USA*) *Vedi* FRINGE
▶ *avv* (*informale*) proprio: *to be bang on time* spaccare il secondo ◊ *bang up to date* aggiornatissimo LOC **bang goes sth**: *Bang went his hopes.* Le sue speranze sono sfumate. ♦ **go bang** (*informale*) esplodere
▶ **bang!** *escl* bang!

banger /'bæŋə(r)/ *s* (*GB, informale*) **1** salsiccia **2** mortaretto **3** (*auto*) macinino: *an old banger* un macinino scassato

banish /'bænɪʃ/ *vt* bandire

banister (*anche* **bannister**) /'bænɪstə(r)/ *s* ringhiera

bank[1] /bæŋk/ *s* riva (*di fiume, lago*) ⊃ *Confronta* SHORE

bank[2] /bæŋk/ ▶ *s* banca: *bank manager* direttore di banca ◊ *bank statement* estratto conto ◊ *bank account* conto in banca ◊ *bank balance* saldo LOC *Vedi* BREAK[1]

banker → bases

▶ **1** vt (*soldi*) depositare in banca **2** vi: *Who do you bank with?* Qual è la tua banca?
PHRV **bank on sb/sth** contare su qn/qc
banker /ˈbæŋkə(r)/ s banchiere, -a
bank holiday s (GB) giorno festivo

> Per **bank holiday** in Gran Bretagna si intendono i seguenti giorni festivi: **New Year's Day** (Capodanno), **Good Friday** (Venerdì Santo), **Easter Monday** (Pasqua), **Early May Bank Holiday** (il primo lunedì di maggio), **Spring Bank Holiday** (festa di primavera - l'ultimo lunedì di maggio), **August Bank Holiday** (ferragosto), **Christmas Day** (Natale) e **Boxing Day** (Santo Stefano). Quando Natale e Capodanno coincidono con il fine settimana, i giorni festivi perduti si recuperano la settimana successiva.

banknote /ˈbæŋknəʊt/ s (spec GB) Vedi NOTE senso (2)
bankrupt /ˈbæŋkrʌpt/ agg fallito, in bancarotta **LOC** **go bankrupt** fallire **bankruptcy** /ˈbæŋkrʌptsi/ s (pl **-ies**) bancarotta, fallimento
banner /ˈbænə(r)/ s stendardo, striscione
banning /ˈbænɪŋ/ s proibizione, bando
bannister s = BANISTER
banquet /ˈbæŋkwɪt/ s banchetto
baptism /ˈbæptɪzəm/ s battesimo **baptize, -ise** /bæpˈtaɪz/ vt battezzare
Baptist /ˈbæptɪst/ s battista
bar /bɑː(r)/ ▶ s **1** sbarra **2** bar **3** banco **4** (*cioccolata*) tavoletta **5** *a bar of soap* una saponetta **6** (*Mus*) (*USA* **measure**) battuta **7** barriera **8** (*sabbia, fango*) barra **LOC** **behind bars** (*informale*) dietro le sbarre
▶ vt (**-rr-**) **to bar sb from doing sth** proibire a qn di fare qc **LOC** **bar the way** sbarrare il passo
▶ prep tranne
barbarian /bɑːˈbeərɪən/ s barbaro, -a **barbaric** /bɑːˈbærɪk/ agg barbaro, barbarico
barbecue /ˈbɑːbɪkjuː/ s **1** barbecue **2** grigliata
barbed wire /ˌbɑːbd ˈwaɪə(r)/ s filo spinato
barber /ˈbɑːbə(r)/ s **1** barbiere **2** **barber's**: *at the barber's* dal barbiere
bar chart s diagramma a colonna
bar code s codice a barre
bare /beə(r)/ agg (**barer, -est**) **1** nudo ⊃ Vedi nota a NAKED **2** (*testa*) scoperto **3** (*albero, stanza*) spoglio **4** **~ (of sth)**: *a room bare of furniture* una stanza priva di mobili **5** minimo: *the bare essentials* il minimo indispensabile
barely avv appena, a malapena
barefoot /ˈbeəfʊt/ ▶ agg scalzo
▶ avv a piedi nudi
bargain /ˈbɑːɡən/ ▶ s **1** accordo **2** affare, occasione **LOC** **into the bargain** per di più *Vedi anche* DRIVE
▶ vi **1** contrattare **2** tirare sul prezzo **PHRV** **bargain for sth** (*informale*) aspettarsi qc
bargaining /ˈbɑːɡənɪŋ/ s contrattazione: *pay bargaining* contrattazioni salariali
barge /bɑːdʒ/ s chiatta
baritone /ˈbærɪtəʊn/ s baritono
bark¹ /bɑːk/ s corteccia
bark² /bɑːk/ ▶ s latrato
▶ **1** vi abbaiare **2** vt, vi (*persona*) urlare
barking /ˈbɑːkɪŋ/ s [*non numerabile*] latrati, l'abbaiare
barley /ˈbɑːli/ s orzo
barmaid /ˈbɑːmeɪd/ s barista *f*, cameriera
barman /ˈbɑːmən/ s (pl **-men** /-mən/) (*spec GB*) barista *m*, cameriere
barn /bɑːn/ s granaio
barometer /bəˈrɒmɪtə(r)/ s barometro
baron /ˈbærən/ s barone
baroness /ˈbærənɪs/ s baronessa
barracks /ˈbærəks/ (pl **barracks**) s [*v sing o pl*] caserma
barrage /ˈbærɑːʒ; *USA* bəˈrɑːʒ/ s raffica (*di spari, di domande*)
barrel /ˈbærəl/ s **1** barile **2** (*pistola*) canna
barren /ˈbærən/ agg arido, povero
barricade /ˌbærɪˈkeɪd/ ▶ s barricata
▶ vt barricare **PHRV** **barricade yourself in** barricarsi
barrier /ˈbærɪə(r)/ s barriera
barrister /ˈbærɪstə(r)/ s (*GB*) avvocato ⊃ *Vedi nota a* AVVOCATO
barrow /ˈbærəʊ/ s *Vedi* WHEELBARROW
bartender /ˈbɑːtendə(r)/ s (*spec USA*) barista
base /beɪs/ ▶ s base
▶ vt **1** **to ~ sth on sth** basare qc su qc **2** **to be based in/at**: *The company is based in Milan.* La ditta ha sede a Milano. ◊ *He's based in Cairo.* Risiede al Cairo.
baseball /ˈbeɪsbɔːl/ s baseball
basement /ˈbeɪsmənt/ s seminterrato, scantinato
bases **1** *plurale di* BASE **2** *plurale di* BASIS

---

aɪ **five** aʊ **now** ɔɪ **join** ɪə **near** eə **hair** ʊə **pure** ʒ **vision** h **how** ŋ **sing**

be

present simple			past simple
presente	forma contratta	forma contratta negativa	passato
I am	I'm	I'm not	I was
you are	you're	you aren't	you were
he/she/it is	he's/she's/it's	he/she/it isn't	he/she/it was
we are	we're	we aren't	we were
you are	you're	you aren't	you were
they are	they're	they aren't	they were
forma in -ing **being**	*participio passato*	**been**	

bash /bæʃ/ ▸ *vt, vi* (*informale*) **1** colpire violentemente **2** ~ **your head, elbow, etc. (against/on/into sth)** sbattere la testa, il gomito, ecc (contro qc)
▸ *s* (*informale*) **1** colpo, botta **2** festa LOC **have a bash (at sth)** (*informale*) provare (qc)

basic /'beɪsɪk/ ▸ *agg* essenziale, di base
▸ **the basics** *s* [*pl*] l'essenziale

basically /'beɪsɪkli/ *avv* essenzialmente

basil /'bæzl/; *USA* 'beɪzl/ *s* basilico

basin /'beɪsn/ *s* **1** lavandino ⊃ Confronta SINK **2** bacinella **3** (*Geog*) bacino

basis /'beɪsɪs/ *s* (*pl* **bases** /'beɪsi:z/) base: *on the basis of sth* sulla base di qc LOC *Vedi* REGULAR

basket /'bɑːskɪt; *USA* 'bæskɪt/ *s* cesta, cesto: *the waste-paper basket* il cestino della carta straccia LOC *Vedi* EGG

basketball /'bɑːskɪtbɔːl; *USA* 'bæs-/ *s* pallacanestro

bass /beɪs/ ▸ *s* **1** (*cantante*) basso **2** *turn up the bass* aumentare i bassi **3** (*anche* ˌbass guiˈtar) basso elettrico **4** *Vedi* DOUBLE BASS
▸ *agg* basso ⊃ Confronta TREBLE²

bat¹ /bæt/ *s* pipistrello

bat² /bæt/ ▸ *s* **1** mazza **2** racchetta (*per ping-pong*)
▸ *vt, vi* (**-tt-**) battere LOC **not bat an eyelid** (*informale*) non batter ciglio

batch /bætʃ/ *s* lotto (*di merce*)

bath /bɑːθ; *USA* bæθ/ ▸ *s* (*pl* **-s** /bɑːðz; *USA* bæðz/) **1** bagno: *to have/take a bath* fare il bagno **2** vasca da bagno
▸ *vt* (*GB*) fare il bagno a

bathe /beɪð/ **1** *vt* (*ferita*) lavare **2** *vi* (*GB*) fare il bagno

bathroom /'bɑːθruːm; *USA* 'bæθ-/ *s* **1** (*GB*) stanza da bagno **2** (*USA, euf*) gabinetto ⊃ *Vedi nota a* TOILET

baton /'bætɒn, 'bætō; *USA* bə'tɒn/ *s* **1** (*polizia*) manganello **2** (*Mus*) bacchetta **3** (*Sport*) testimone

battalion /bə'tæliən/ *s* battaglione

batter¹ /'bætə(r)/ *s* **1** pastella **2** (*USA*) impasto **3** (*USA*) battitore, -trice

batter² /'bætə(r)/ **1** *vt* ~ **sb** picchiare qn: *to batter sb to death* uccidere qn a bastonate **2** *vt, vi* ~ **(at/on) sth** dare colpi a qc PHR V **batter sth down** buttare giù qc **battered** *agg* deformato, ammaccato, maltrattato

battery /'bætəri/ *s* (*pl* **-ies**) **1** pila **2** (*Auto*) batteria **3** *a battery hen* una gallina allevata in batteria ⊃ Confronta FREE-RANGE

battle /'bætl/ ▸ *s* battaglia LOC *Vedi* FIGHT, WAGE
▸ *vi* **1** ~ **(with/against sb/sth) (for sth)** combattere (con/contro qn/qc) (per qc) **2** ~ **on** continuare a combattere

battlefield /'bætlfiːld/ (*anche* **battleground** /'bætlgraʊnd/) *s* campo di battaglia

battlements /'bætlmənts/ *s* [*pl*] parapetto

battleship /'bætlʃɪp/ *s* corazzata

bauble /'bɔːbl/ *s* ninnolo

bawl /bɔːl/ *vi, vt* **1** gridare **2** piagnucolare

bay /beɪ/ ▸ *s* **1** insenatura, baia **2** *loading bay* piazzola di carico **3** (*anche* ˈbay tree) alloro **4** baio, -a LOC **hold/keep sb/sth at bay** tenere a bada qn/qc
▸ *vi* abbaiare

bayonet /'beɪənət/ *s* baionetta

ˌbay ˈwindow *s* bovindo

bazaar /bə'zɑː(r)/ *s* **1** bazar **2** vendita di beneficenza *Vedi anche* FÊTE

BC /ˌbiː'siː/ *abbr* **before Christ** avanti Cristo

be /bi, biː/ ⊃ Per l'uso di **be** con **there** vedi THERE.
• **v intransitivo 1** essere: *Life is unfair.* La vita è ingiusta. ◊ *'Who is it?' 'It's me.'* "Chi è?"

| tʃ **ch**in | dʒ **J**une | v **v**an | θ **th**in | ð **th**en | s **s**o | z **z**oo | ʃ **sh**e |

beach → beautiful

"Sono io." ◊ *It's John's.* È di John. ◊ *I was late.* Ero in ritardo. ◊ *Is he still alive?* È sempre vivo? ◊ *She's from Italy.* È italiana. ◊ *Be quick!* Sbrigati! **2** (*di salute*) stare: *How are you?* Come stai? ◊ *I'm fine.* Sto bene. **3** (*posizione*) essere, trovarsi: *Mary's upstairs.* Mary è di sopra. **4** [*solo nel passato prossimo*] andare: *I've never been to Scotland.* Non sono mai stata in Scozia. ◊ *Has the plumber been yet?* Non è ancora venuto l'idraulico? ◊ *I've been into town.* Sono andato in centro. ⊃ Talvolta **been** è usato come participio di **go**. Vedi nota a GO¹. **5** *I'm right, aren't I?* Ho ragione, no? ◊ *I'm hot/afraid.* Ho caldo/paura. ◊ *Are you in a hurry?* Hai fretta?

> Nota che in italiano con sostantivi come *caldo, freddo, fame, sete*, ecc si usa il verbo **avere**. In inglese, invece, si usa **be** con l'aggettivo corrispondente.

6 (*età*) avere: *He is ten (years old).* Ha dieci anni. ◊ *Vedi anche a* OLD *e* YEAR **7** (*tempo*): *It's cold/hot.* Fa freddo/caldo. ◊ *It's foggy.* C'è nebbia. **8** (*misure*) essere: *He is six feet tall.* È alto 1,80 m. **9** (*orario*) essere: *It's two o'clock.* Sono le due. **10** (*prezzo*) costare: *How much is that dress?* Quanto costa quel vestito? ◊ *How much is it?* Quant'è? **11** (*Mat*) fare: *Two and two is/are four.* Due più due fa quattro.

• **v ausiliare 1** [*con participi per formare il passivo*]: *The tree has been cut down.* L'albero è stato tagliato. ◊ *Wine is made from grapes.* Il vino si fa con l'uva. ◊ *He was killed in the war.* È morto in guerra. ◊ *It is said that he is/He is said to be rich.* Dicono che sia ricco. **2** [*con -ing per formare i tempi progressivi*]: *What are you doing?* Che stai facendo? ◊ *I'm just coming!* Arrivo! **3** [*con infinito*]: *I am to inform you that ...* Devo informarla che ... ◊ *They were to be married.* Dovevano sposarsi. ⊃ Per le espressioni con **be** vedi alla voce del sostantivo, dell'aggettivo, ecc, ad es. **to be a drain on sth** a DRAIN. LOC **-to-be** futuro: *his bride-to-be* la sua futura sposa

beach /biːtʃ/ ▶ *s* spiaggia
▶ *vt* tirare in secco

beacon /ˈbiːkən/ *s* **1** faro **2** fuoco di segnalazione **3** radiofaro

bead /biːd/ *s* **1** perlina **2 beads** [*pl*] collana **3** (*sudore*) goccia

beak /biːk/ *s* becco

beaker /ˈbiːkə(r)/ *s* bicchiere (*di plastica*)

beam /biːm/ ▶ *s* **1** trave **2** (*luce*) raggio **3** (*torcia*) fascio di luce **4** sorriso radioso

▶ *vi* sorridere radiosamente
▶ *vt* trasmettere (*alla TV, radio*)

bean /biːn/ *s* **1** fagiolo: *kidney beans* fagioli comuni ◊ *broad beans* fave ◊ *green beans* fagiolini *Vedi anche* BAKED BEANS **2** (*caffè*) chicco

bear¹ /beə(r)/ *s* orso

bear² /beə(r)/ (*pass* **bore** /bɔː(r)/ *pp* **borne** /bɔːn/) **1** *vt* sopportare, soffrire **2** *vt* (*formale*) (*firma, segno*) portare **3** *vt* (*peso*) reggere **4** *vt* (*costi, responsabilità*) farsi carico di, assumersi **5** *vt* sopportare, reggere a: *It won't bear close examination.* Non reggerà ad un esame approfondito. **6** *vt* (*formale*) (*bambino*) dare alla luce **7** *vt* (*frutti, risultati*) produrre, dare **8** *vi*: *to bear left/right* andare a sinistra/destra LOC **bear a grudge** serbare rancore ♦ **bear a resemblance to sb/sth** assomigliare a qn/qc ♦ **bear little relation to sth** avere poco a che vedere con qc ♦ **bear sb/sth in mind** tenere a mente qn/qc *Vedi anche* GRIN PHRV **bear sb/sth out** confermare ciò che qn ha detto/qc ♦ **bear with sb** aver pazienza con qn: *Bear with me a moment.* Abbia solo un attimo di pazienza. **bearable** /ˈbeərəbl/ *agg* sopportabile

beard /bɪəd/ *s* barba **bearded** *agg* barbuto

bearer /ˈbeərə(r)/ *s* **1** (*notizie*) portatore **2** (*documento*) titolare

bearing /ˈbeərɪŋ/ *s* (*Naut*) rilevamento LOC **get/take your bearings** orizzontarsi ♦ **have a bearing on sth** avere attinenza con qc

beast /biːst/ *s* bestia, belva: *wild beasts* fiere

beat /biːt/ ▶ (*pass* **beat** *pp* **beaten** /ˈbiːtn/) **1** *vt* battere **2** *vt* picchiare: *to beat sb to death* ammazzare qn di botte **3** *vt* (*uova*) sbattere **4** *vt* (*tamburo*) suonare **5** *vi* (*cuore*) battere **6** *vi* ~ **against/on/at sth** battere contro/su/a qc: *Somebody was beating at the door.* Qualcuno batteva alla porta. ◊ *The rain was beating against the windows.* La pioggia batteva contro i vetri. **7** *vt* ~ **sb (at sth)** battere qn (a/in qc) **8** *vt* (*record*) battere: *Nothing beats home cooking.* Non c'è niente come la cucina casalinga. LOC **beat about the bush** menare il can per l'aia ♦ **off the beaten track** fuori mano PHRV **beat sb up** picchiare qn
▶ *s* **1** ritmo **2** (*polizia*) ronda

beating /ˈbiːtɪŋ/ *s* **1** (*punizione*) botte **2** sconfitta **3** (*cuore*) battito LOC **take a lot of/some beating** essere difficile da battere

beautician /bjuːˈtɪʃn/ *s* estetista

beautiful /ˈbjuːtɪfl/ *agg* bello, splendido

| iː see | i happy | ɪ sit | e ten | æ hat | ɑː father | ʌ cup | ʊ put | uː too |

beauty → behalf

Beautiful si usa di solito con referenti femminili ed ha un significato più forte rispetto a **pretty**, anch'esso riferito solo a donne e ragazze. Per la descrizione di un uomo si usa **handsome** oppure **good-looking**.

beautifully avv splendidamente
beauty /'bju:ti/ s (pl -ies) bellezza
beaver /'bi:və(r)/ s castoro
became pass di BECOME
because /bɪ'kɒz; USA -kɔ:z/ cong perché
because of prep a causa di: *because of you* a causa tua
beckon /'bekən/ **1** vt, vi ~ **(to) sb** chiamare qn con un cenno
become /bɪ'kʌm/ vi (pass **became** /bɪ'keɪm/ pp **become**) diventare: *She's become a doctor.* È diventata medico. ◊ *to become fashionable* diventare di moda ◊ *She became angry.* Si è arrabbiata. Vedi anche GET LOC **become aware of sth** rendersi conto di qc ♦ **become of sb/sth:** *What will become of me?* Cosa ne sarà di me?
bed /bed/ s **1** letto: *a single/double bed* un letto singolo/matrimoniale ◊ *to go to bed* andare a letto ◊ *to make the bed* rifare il letto ⊃ Vedi illustrazione a LETTO **2** letto (di un fiume) **3** fondo (marino) **4** (fiori) aiuola Vedi anche FLOWER BED
bed and 'breakfast (abbrev **B and B, b and b**) s ≃ pensione (solo con prima colazione) ❶ In Gran Bretagna la formula "bed and breakfast" viene spesso offerta presso abitazioni private
bedclothes /'bedkləʊðz/ s [pl] (anche **bedding** /'bedɪŋ/ [non numerabile]) biancheria (per il letto)
bedroom /'bedru:m/ s camera da letto
bedside /'bedsaɪd/ s: *at her bedside* al suo capezzale ◊ *bedside table* comodino
bedsit /'bedsɪt/ s (GB) monolocale
bedspread /'bedspred/ s copriletto ⊃ Vedi illustrazione a LETTO
bedtime /'bedtaɪm/ s ora di andare a letto
bee /bi:/ s ape
beech /bi:tʃ/ (anche **'beech tree**) s faggio
beef /bi:f/ s carne di manzo ⊃ Vedi nota a CARNE
beefburger /'bi:fbɜ:gə(r)/ s hamburger ⊃ Confronta BURGER, HAMBURGER
beehive /'bi:haɪv/ s alveare
been /bi:n, bɪn; USA bɪn/ pp di BE

beep /bi:p/ ▶ s bip
▶ **1** vi fare bip **2** vt suonare (clacson) **3** vt (USA) Vedi BLEEP vt senso (2)
beer /bɪə(r)/ s birra ⊃ Confronta BITTER, ALE, LAGER
beetle /'bi:tl/ s scarabeo
beetroot /'bi:tru:t/ (USA **beet**) s barbabietola
before /bɪ'fɔ:(r)/ ▶ avv prima: *the day/week before* il giorno/la settimana prima ◊ *I've never seen her before.* Non l'ho mai vista prima.
▶ prep **1** prima di: *before lunch* prima di pranzo ◊ *the day before yesterday* ieri l'altro ◊ *the week before last* due settimane fa ◊ *He arrived before me.* È arrivato prima di me. ◊ *before going on holiday* prima di andare in ferie **2** davanti a: *right before my eyes* proprio sotto i miei occhi **3** prima di, davanti a: *He puts his work before everything else.* Per lui il lavoro viene prima di tutto.
▶ cong prima che: *Before I forget...* Prima che mi dimentichi...
beforehand /bɪ'fɔ:hænd/ avv prima, in anticipo
beg /beg/ (**-gg-**) **1** vt, vi ~ **(sth/for sth) (from sb)** mendicare, elemosinare (qc) (da qn) **2** vt ~ **sb to do sth** supplicare qn di fare qc ⊃ Confronta ASK LOC **beg sb's pardon 1** chiedere scusa a qn **2** *I beg your pardon?* Scusi? **beggar** /'begə(r)/ s mendicante
begin /bɪ'gɪn/ vt, vi (**-nn-**) (pass **began** /bɪ'gæn/ pp **begun** /bɪ'gʌn/) ~ **(doing/to do sth)** cominciare (a fare qc): *Shall I begin?* Comincio io?

Begin e start sono molto simili, tuttavia **start** si usa spesso nell'inglese colloquiale. Entrambi possono essere seguiti da **to** oppure dalla forma in **-ing** del verbo: *The baby began/started crying/to cry.* Il bimbo ha cominciato a piangere. Quando **begin** e **start** sono alla forma in **-ing**, devono essere seguiti da **to**: *The baby was beginning/starting to cry* Il bimbo stava cominciando a piangere. Con altri significati si può usare solo start: *I couldn't start the car.* Non riuscivo ad accendere la macchina.

LOC **to begin with 1** tanto per cominciare **2** all'inizio **beginner** s principiante **beginning** s **1** inizio: *at/in the beginning* all'inizio ◊ *from beginning to end* dall'inizio alla fine **2** origine
behalf /bɪ'hɑ:f; USA -'hæf/ s LOC **on behalf of sb/on sb's behalf** (USA **in behalf of sb/in sb's behalf**) per conto di qn, a nome di qn

behave /bɪˈheɪv/ *vi* ~ **well, badly, etc. (towards sb)** comportarsi bene, male, ecc (verso qn): *Behave yourself!* Comportati bene! ◊ **well-behaved** beneducato

behaviour (*USA* **behavior**) /bɪˈheɪvjə(r)/ *s* comportamento

behind /bɪˈhaɪnd/ ▸ *prep* **1** dietro: *I put it behind the cupboard.* L'ho messo dietro al mobile. ◊ *It's behind you.* È dietro di te. ◊ *What's behind this sudden change?* Cosa c'è sotto questo cambiamento improvviso? **2** in ritardo con: *to be behind schedule* essere indietro sulla tabella di marcia **3** *The voters are behind him.* Ha l'appoggio degli elettori.
▸ *avv* **1** dietro: *to leave sth behind* dimenticare qc ◊ *He was shot from behind.* Gli hanno sparato alle spalle. ◊ *to stay behind* trattenersi ⊃ *Confronta* FRONT **2** ~ **(in/with sth)** indietro (in/con qc)
▸ *s* (*euf*) didietro

being /ˈbiːɪŋ/ *s* **1** essere: *human beings* esseri umani **2** esistenza LOC **come into being** nascere *Vedi anche* BE

belated /bɪˈleɪtɪd/ *agg* in ritardo, tardivo

belch /beltʃ/ ▸ *vi* ruttare
▸ *s* rutto

belief /bɪˈliːf/ *s* **1** credenza, convinzione **2** ~ **in sth** fede, fiducia in qc LOC **in the belief that …** nella convinzione che … *Vedi anche* BEST

believe /bɪˈliːv/ *vt, vi* credere (a): *I believe so.* Credo di sì. LOC **believe it or not** sembra incredibile *Vedi anche* LEAD² PHRV **to believe in sth** credere in qc **believable** /bɪˈliːvəbl/ *agg* credibile **believer** *s* credente LOC **be a (great/firm) believer in sth** essere un (gran) sostenitore di qc

bell /bel/ *s* **1** campana, campanella **2** campanello: *to ring the bell* suonare il campanello ◊ *His name rings a bell.* Il nome mi è familiare.

bellow /ˈbeləʊ/ ▸ *vi* muggire **2** *vt, vi* urlare
▸ *s* **1** muggito **2** urlo

'**bell pepper** *s Vedi* PEPPER senso (2)

belly /ˈbeli/ *s* (*pl* **-ies**) (*informale*) pancia

belong /bɪˈlɒŋ/; *USA* -ˈlɔːŋ/ *vi* **1** ~ **to sb/sth** appartenere a qn/qc **2** stare: *Where does this belong?* Questo dove sta? **belongings** *s* [*pl*] beni, cose: *all my belongings* tutte le mie cose

below /bɪˈləʊ/ ▸ *prep* sotto, al di sotto di: *five degrees below freezing* cinque gradi sotto zero
▸ *avv* sotto, di sotto: *above and below* sopra e sotto

belt /belt/ *s* **1** cintura **2** (*Mecc*) cinghia: *conveyor belt* nastro trasportatore **3** (*Geog*) zona LOC **below the belt**: *That remark was rather below the belt.* Quell'osservazione è stata un colpo basso.

bemused /bɪˈmjuːzd/ *agg* perplesso

bench /bentʃ/ *s* **1** panca, panchina **2** **the bench** la magistratura

benchmark /ˈbentʃmɑːk/ *s* punto di riferimento

bend /bend/ ▸ (*pass, pp* **bent** /bent/) **1** *vt, vi* piegare, piegarsi **2** *vi* (*anche* **bend down**) (*persona*) piegarsi PHRV **be bent on (doing) sth** esser deciso a (fare) qc
▸ *s* **1** curva **2** (*fiume*) ansa **3** (*tubo*) gomito

beneath /bɪˈniːθ/ ▸ *prep* **1** sotto, al di sotto di **2** indegno di
▸ *avv* sotto, di sotto

benefactor /ˈbenɪfæktə(r)/ *s* benefattore, -trice

beneficial /ˌbenɪˈfɪʃl/ *agg* benefico, vantaggioso

benefit /ˈbenɪfɪt/ ▸ *s* **1** beneficio: *to be of benefit to* giovare a **2** sussidio, indennità: *unemployment benefit* sussidio di disoccupazione **3** *a benefit concert* un concerto di beneficenza LOC **give sb the benefit of the doubt** concedere a qn il beneficio del dubbio
▸ (*pass, pp* **-fited** *o* **-fitted**) **1** *vt* giovare a **2** *vi* ~ **(from/by sth)** trarre vantaggio, trarre giovamento (da qc)

benevolent /bəˈnevələnt/ *agg* **1** benevolo **2** benefico, di beneficenza **benevolence** /bəˈnevələns/ *s* benevolenza

benign /bɪˈnaɪn/ *agg* **1** benevolo **2** (*cancro*) benigno

bent /bent/ *pass, pp di* BEND
▸ *s* ~ **(for sth)** inclinazione (a/per qc)

bequeath /bɪˈkwiːð/ *vt* (*formale*) ~ **sth (to sb)** lasciare in eredità qc (a qn)

bequest /bɪˈkwest/ *s* (*formale*) lascito

bereaved /bɪˈriːvd/ **1** *agg* (*formale*) in lutto **2** **the bereaved** *s* [*pl*] parenti e amici del defunto **bereavement** *s* lutto

beret /ˈbereɪ; *USA* bəˈreɪ/ *s* basco

berry /ˈberi/ *s* (*pl* **-ies**) bacca

berserk /bəˈsɜːk/ *agg* furibondo: *to go berserk* andare su tutte le furie

berth /bɜːθ/ ▸ *s* **1** cuccetta **2** (*Naut*) ormeggio
▸ *vt, vi* ormeggiare

beset /bɪˈset/ *vt* (**-tt-**) (*pass, pp* **beset**) (*formale*) assillare

beside /bɪˈsaɪd/ *prep* accanto a LOC **beside yourself (with sth)** fuori di sé (da qc)

besides /bɪˈsaɪdz/ ▶*prep* **1** oltre a **2** a parte: *No one writes to me besides you.* Nessuno mi scrive a parte te.
▶*avv* inoltre

besiege /bɪˈsiːdʒ/ *vt* **1** (*città*) assediare **2** **to ~ sb** (**with sth**) tempestare qn (di qc)

best /best/ ▶*agg* (*superl di* good) migliore: *the best pizza I've ever had* la pizza migliore che abbia mai mangiato ◊ *the best footballer in the world* il miglior calciatore del mondo ◊ *my best friend* il mio miglior amico *Vedi anche* GOOD, BETTER LOC **best before**: *best before January 2006* da consumarsi entro gennaio 2006 ♦ **best wishes**: *Best wishes, Ann* Cordiali saluti, Ann
▶*avv* (*superl di* well) meglio: *the best dressed* il più elegante ◊ *Do as you think best.* Fai come meglio credi. ◊ **best-known** più conosciuto LOC **as best you can** meglio che puoi
▶*s* **1 the best** il/la migliore: *She's the best by far.* È di gran lunga la migliore. **2 the best** il meglio: *to want the best for sb* volere il meglio per qn **3** (**the**) **~ of sth**: *We're (the) best of friends.* Siamo grandi amici. LOC **at best** nella migliore delle ipotesi ♦ **be at your best** essere in forma ♦ **do/try your (level/very) best** fare tutto il possibile ♦ **make the best of a bad job** far buon viso a cattivo gioco ♦ **to the best of my belief/knowledge** per quel che mi risulta

best 'man *s* testimone dello sposo ➔ *Vedi nota a* MATRIMONIO

bet /bet/ ▶*vt* (**-tt-**) (*pass, pp* bet *o* betted) **~ on sth** scommettere su qc LOC **I bet (that) ...** (*informale*) scommetto che ...: *I bet you he doesn't come.* Scommetto che non viene.
▶*s* scommessa: *to place/put a bet (on sth)* fare una scommessa (su qc)

betide *v* /bɪˈtaɪd/ LOC *Vedi* WOE

betray /bɪˈtreɪ/ *vt* tradire **betrayal** *s* tradimento

better /ˈbetə(r)/ ▶*agg* (*comp di* good) migliore: *It was better than I expected.* Era meglio di quanto non mi aspettassi. ◊ *He is much better today.* Oggi sta molto meglio. *Vedi anche* BEST, GOOD LOC **be little/no better than ...** non essere altro che ... ♦ **get better 1** migliorare **2** rimettersi ♦ **have seen/known better days** aver visto giorni migliori *Vedi anche* ALL
▶*avv* **1** (*comp di* well) meglio: *She sings better than me/than I (do).* Canta meglio di me. **2** più: *I like him better than before.* Mi piace più di prima. LOC **better late than never** meglio tardi che mai ♦ **better safe than sorry** meglio essere prudenti ♦ **I had, you had, etc. better (do sth)** farei/faresti, ecc meglio (a fare qc): *I'd better*

be going now. Ora me ne devo proprio andare. ♦ **be better off** (**doing sth**): *He'd be better off leaving now.* Ora farebbe meglio ad andarsene. ♦ **be better off** (**without sb/sth**) stare meglio (senza qn/qc) *Vedi anche* KNOW, SOON
▶*s* meglio: *I expected better of him.* Mi aspettavo di meglio da lui. LOC **get the better of sb** avere la meglio su qn: *His shyness got the better of him.* Fu vinto dalla timidezza.

'betting shop *s* ricevitoria

between /bɪˈtwiːn/ ▶*prep* tra ➔ *Vedi illustrazione a* TRA
▶*avv* (*anche* **in between**) in mezzo

beware /bɪˈweə(r)/ *vi* **~** (**of sb/sth**) stare attento (a qn/qc)

bewilder /bɪˈwɪldə(r)/ *vt* confondere, sconcertare **bewildered** *agg* confuso, sconcertato **bewildering** *agg* sconcertante **bewilderment** *s* perplessità

bewitch /bɪˈwɪtʃ/ *vt* stregare

beyond /bɪˈjɒnd/ ▶*prep* al di là di LOC **be beyond sb** (*informale*): *It's beyond me.* Non riesco proprio a capire. ♦ **beyond belief** incredibile
▶*avv* più oltre, più in là

bias /ˈbaɪəs/ *s* **1 ~ towards sb/sth** preferenza per qn/qc **2 ~ against sb/sth** prevenzione contro qn/qc **3** parzialità **biased** (*anche* **biassed**) *agg* prevenuto

bib /bɪb/ *s* **1** bavaglino **2** pettorina (*di grembiule*)

bible /ˈbaɪbl/ *s* bibbia **biblical** /ˈbɪblɪkl/ *agg* biblico

bibliography /ˌbɪbliˈɒɡrəfi/ *s* (*pl* **-ies**) bibliografia

biceps /ˈbaɪseps/ *s* (*pl* **biceps**) bicipite

bicker /ˈbɪkə(r)/ *vi* bisticciare

bicycle /ˈbaɪsɪk(ə)l/ *s* bicicletta: *to ride a bicycle* andare in bicicletta

bid¹ /bɪd/ *vt* (**-dd-**) (*pass* bade *pp* bidden) LOC *Vedi* FAREWELL

bid² /bɪd/ ▶*vt* (**-dd-**) (*pass, pp* bid) offrire (*prezzo*)
▶*s* **1 ~** (**for sth**) offerta (per qc): *At the auction she made a bid of £200 for the chair.* All'asta ha fatto un'offerta di 200 sterline per la sedia. **2 ~** (**for sth**) offerta d'appalto: *The company submitted a bid for the contract to clean the hospital.* La ditta ha presentato l'offerta d'appalto per le pulizie dell'ospedale. **3 ~** (**for sth**) tentativo: *a bid for power* una scalata al potere. ◊ *Tonight the Ethiopian athlete will make a bid to break the world record.* Questa

sera l'atleta etiope cercherà di battere il record mondiale.

bidder /'bɪdə(r)/ *s* offerente

bide /baɪd/ *vt* **LOC** **bide your time** aspettare il momento opportuno

biennial /baɪ'enɪəl/ *agg* biennale

big /bɪg/ ▶ *agg* (**bigger**, **biggest**) **1** grande: *the biggest desert in the world* il deserto più grande del mondo

> Sia **big** che **large** si riferiscono alla misura, alla capacità o alla quantità di qualcosa, però **big** è meno formale.

2 maggiore: *my big sister* mia sorella maggiore **3** (*decisione*) importante **4** (*errore*) grave **LOC** **a big cheese/fish/noise/shot** (*informale*) un pezzo grosso ♦ **big business**: *This is big business.* Questa è una miniera d'oro. ♦ **big deal** (*informale*): *So he earns more than me. Big deal!* E allora guadagna più di me, e chi se ne frega! ♦ **no big deal** (*informale*): *If I don't win, it's no big deal.* Se non vinco, non fa niente. *Vedi anche* BIG TIME

▶ *avv* (**bigger**, **biggest**) (*informale*) in grande: *to think big* avere delle grandi idee

bigamy /'bɪgəmi/ *s* bigamia

big-'headed *agg* (*informale, dispreg*) presuntuoso

bigoted /'bɪgətɪd/ *agg* fazioso, fanatico

'big time (*informale*) ▶ *s* successo: *to hit/make the big time* raggiungere il successo

▶ *avv* alla grande: *This time they've messed up big time!* Questa volta si sono incasinati alla grande!

bike /baɪk/ *s* (*informale*) **1** bici **2** *Vedi* MOTORBIKE **biker** *s* **1** motociclista **2** ciclista

bikini /bɪ'ki:ni/ *s* bikini

bilingual /baɪ'lɪŋgwəl/ *agg, s* bilingue

bill /bɪl/ ▶ *s* **1** fattura: *phone/gas bills* bollette del telefono/gas ◊ *a bill for 500 euros* una fattura di 500 euro **2** (*ristorante, hotel*) conto: *The bill, please.* Il conto, per favore. ❶ In inglese americano si usa **check** per il conto al ristorante. **3** cartellone **4** progetto di legge **5** (*USA*) banconota: *a ten-dollar bill* un biglietto da dieci dollari **6** becco **LOC** **fill/fit the bill** rispondere ai requisiti richiesti *Vedi anche* FOOT

▶ *vt* **1** *to bill sb for sth* mandare la fattura di qc a qn **2** (*film, spettacolo*) annunciare, mettere in programma

billboard /'bɪlbɔ:d/ *s* (*spec USA*) tabellone pubblicitario

billiards /'bɪliədz/ *s* [*non numerabile*] biliardo
billiard *agg*: *a billiard ball/room/table* una palla/una sala/un tavolo da biliardo

billing /'bɪlɪŋ/ *s*: *to get top/star billing* essere in testa al cartellone

billion /'bɪljən/ *agg, s* miliardo

> A **billion** si usava per indicare mille miliardi, mentre ora sta per un miliardo. **A trillion** equivale a un milione di milioni.
>
> Da notare che quando si conta si ommette la s dopo billion: *three billion yen*.

➔ *Vedi Appendice 1.*

bin /bɪn/ *s* **1** bidone: *waste-paper bin* cestino della carta straccia **2** (*GB*) *Vedi* DUSTBIN

binary /'baɪnəri/ *agg* binario

bind¹ /baɪnd/ *vt* (*pass, pp* **bound** /baʊnd/) **1** ~ **sb/sth (together)** legare (insieme) qn/qc **2** ~ **sb/sth (together)** (*fig*) unire qn/qc **3** ~ **sb/yourself (to sth)** vincolare qn/vincolarsi (a qc) **4** (*libro*) rilegare

bind² /baɪnd/ *s* (*informale*) **1** seccatura: *It's a terrible bind.* È una tremenda seccatura. **2** imbarazzo: *I'm in a bit of a bind.* Sono in un pasticcio.

binder /'baɪndə(r)/ *s* classificatore

binding /'baɪndɪŋ/ ▶ *s* **1** rilegatura **2** bordo, nastro

▶ *agg* ~ (**on/upon sb**) vincolante (per qn)

binge /bɪndʒ/ ▶ *s* (*informale*) baldoria

▶ *vi* mangiare in modo eccessivo

bingo /'bɪŋgəʊ/ *s* tombola

binoculars /bɪ'nɒkjələz/ *s* [*pl*] binocolo

biochemical /ˌbaɪəʊ'kemɪkl/ *agg* biochimico

biochemist /ˌbaɪəʊ'kemɪst/ *s* biochimico, -a **biochemistry** /ˌbaɪəʊ'kemɪstri/ *s* biochimica

biodegradable /ˌbaɪəʊdɪ'greɪdəbl/ *agg* biodegradabile

biodiversity /ˌbaɪəʊdaɪ'vɜ:səti/ *s* biodiversità

biographical /ˌbaɪə'græfɪkl/ *agg* biografico

biography /baɪ'ɒgrəfi/ *s* (*pl* **-ies**) biografia
biographer *s* biografo, -a

biology /baɪ'ɒlədʒi/ *s* biologia **biological** /ˌbaɪə'lɒdʒɪkl/ *agg* biologico **biologist** /baɪ'ɒlədʒɪst/ *s* biologo, -a

biotechnology /ˌbaɪəʊtek'nɒlədʒi/ *s* biotecnologia

bird /bɜ:d/ *s* uccello: *bird of prey* uccello rapace **LOC** *Vedi* EARLY

Biro® /'baɪrəʊ/ *s* (*pl* **-s**) biro®

birth /bɜːθ/ s **1** nascita: *He is Italian by birth.* È italiano di nascita. ◊ *birth mother* madre biologica **2** parto **3** origine LOC **give birth** partorire ♦ **give birth to sb/sth** dare alla luce qn/dare inizio a qc

birthday /'bɜːθdeɪ/ s compleanno: *Happy birthday!* Buon compleanno! ◊ *birthday cards* biglietti di auguri per il compleanno

birthplace /'bɜːθpleɪs/ s luogo di nascita

biscuit /'bɪskɪt/ s (*spec USA* **cookie**) biscotto

bishop /'bɪʃəp/ s **1** vescovo **2** alfiere

bison /'baɪsn/ s (*pl* **bison**) bisonte

bit¹ /bɪt/ s **1** pezzo, pezzetto: *a bit of paper* un pezzo di carta **2** morso (*per un cavallo*) **3** (*Informatica*) bit LOC **a bit 1** un po': *a bit tired* un po' stanco **2** molto: *It rained quite a bit.* È piovuto parecchio. ♦ **a bit of sth** un po' di qc: *a bit of margarine* un po' di margarina ◊ *I've got a bit of shopping to do.* Devo fare un po' di spesa. ♦ **a bit much** (*informale*) un po' troppo ♦ **bit by bit** a poco a poco ♦ **bits and pieces** (*informale*) cianfrusaglie ♦ **not a bit; not one (little) bit** affatto: *I don't like it one little bit.* Non mi piace per niente. ♦ **to bits 1** *to pull/tear sth to bits* fare a pezzi qc ◊ *to fall to bits* cadere a pezzi ◊ *to smash (sth) to bits* mandare qc/andare in mille pezzi ◊ *to take sth to bits* smontare qc **2** (*informale*): *I love my kids to bits.* Voglio un bene da morire ai miei bambini. ◊ *She was thrilled to bits when I said I'd come.* Fremeva di gioia quando le ho detto che sarei venuto. ♦ **do your bit** (*informale*) fare la propria parte

bit² *pass di* BITE

bitch /bɪtʃ/ s cagna ➔ *Vedi nota a* CANE

bite /baɪt/ ▸ (*pass* **bit** /bɪt/ *pp* **bitten** /'bɪtn/) **1** *vt, vi* ~ (**sth/into sth**) mordere (qc): *to bite your nails* mangiarsi le unghie **2** *vt* (*insetto*) pungere
▸ *s* **1** morso **2** boccone **3** (*insetto*) puntura

bitter /'bɪtə(r)/ ▸ *agg* [*Si usano comunemente il comparativo* **more bitter** *e il superlativo* **most bitter** *ma esiste anche la forma* **bitterest**.] **1** amaro **2** gelido
▸ *s* (*GB*) birra rossa

bitterly /'bɪtəli/ *avv* amaramente: *It's bitterly cold.* Fa un freddo polare.

bitterness /'bɪtənəs/ s amarezza

bizarre /bɪ'zɑː(r)/ *agg* **1** (*coincidenza*) strano **2** (*aspetto*) stravagante

black /blæk/ ▸ *agg* (**-er**, **-est**) **1** nero: *a black eye* un occhio nero ◊ *the black market* il mercato nero ◊ *black box* scatola nera **2** (*cielo*) scuro
▸ *s* **1** nero **2** (*persona*) nero, -a
▸ *v* PHR V **black out** svenire

blackberry /'blækbəri; *USA* -beri/ *s* (*pl* **-ies**) mora

blackbird /'blækbɜːd/ s merlo

blackboard /'blækbɔːd/ s lavagna

blackcurrant /ˌblæk'kʌrənt; *USA* -'kɜːr-/ s [*numerabile*] ribes nero

blacken /'blækən/ *vt* **1** annerire **2** (*reputazione*) macchiare

blacklist /'blæklɪst/ ▸ *s* lista nera
▸ *vt* mettere sulla lista nera

blackmail /'blækmeɪl/ ▸ *s* ricatto
▸ *vt* ricattare

blackmailer /'blækmeɪlə(r)/ *s* ricattatore, -trice

blacksmith /'blæksmɪθ/ s fabbro ferraio

bladder /'blædə(r)/ s vescica

blade /bleɪd/ s **1** (*coltello, spada, ecc*) lama **2** (*elica, remo*) pala **3** (*erba*) filo

blame /bleɪm/ ▸ *vt* **1** dare la colpa a: *He blames it on her./He blames her for it.* Ne dà la colpa a lei. ❶ Nota che **to blame sb for sth** ha lo stesso significato di **blame sth on sb**. **2** [*nelle frasi negative*]: *You couldn't blame him for being annoyed.* Non gli si può dar torto se è seccato. LOC **be to blame (for sth)** essere responsabile (di qc)
▸ *s* ~ (**for sth**) colpa (di qc) LOC **lay/put the blame (for sth) on sb** dare la colpa (di qc) a qn

bland /blænd/ *agg* (**-er**, **-est**) insipido, blando

blank /blæŋk/ ▸ *agg* **1** (*foglio*) bianco **2** (*assegno, modulo*) in bianco **3** (*muro*) cieco **4** (*cassetta*) vergine **5** (*cartuccia*) a salve **6** (*sguardo*) vacuo
▸ *s* **1** spazio in bianco **2** (*anche* ˌblank 'cartridge) cartuccia a salve

blanket /'blæŋkɪt/ ▸ *s* coperta ➔ *Vedi illustrazione a* LETTO
▸ *agg* generale
▸ *vt* coprire completamente

blare /bleə(r)/ **1** *vi* ~ (**out**) essere a tutto volume (*radio*) **2** *vt* trasmettere a tutto volume: *The radio was blaring out pop music.* La radio trasmetteva musica pop a tutto volume.

blasphemy /'blæsfəmi/ s [*gen non numerabile*] bestemmia

Blasphemy si riferisce ad un comportamento o un linguaggio che mostrano mancanza di rispetto verso Dio o la religione, e generalmente non è numerabile.

blasphemous *agg* blasfemo

blast → bloody

blast /blɑːst; *USA* blæst/ ▶ *s* **1** esplosione **2** spostamento d'aria **3** raffica: *a blast of air* un getto d'aria LOC *Vedi* FULL
▶ *vt* far saltare (*con mina*) PHRV **blast off** (*Aeron*) essere lanciato
▶ **blast!** *escl* accidenti!

blasted /'blɑːstɪd/ *agg* (*informale*) dannato

blatant /'bleɪtnt/ *agg* lampante, sfacciato

blaze /bleɪz/ ▶ *s* **1** incendio **2** bagliore **3** [*sing*] **a ~ of sth**: *a blaze of colour* un'esplosione di colori ◊ *in a blaze of publicity* con molta pubblicità
▶ *vi* **1** ardere **2** (*luci*) brillare **3** (*fig*): *eyes blazing* occhi fiammeggianti

blazer /'bleɪzə(r)/ *s* blazer: *school blazer* giacca dell'uniforme scolastica

bleach /bliːtʃ/ ▶ *vt* **1** candeggiare **2** scolorire
▶ *s* candeggina, varechina

bleak /bliːk/ *agg* (**-er, -est**) **1** (*paesaggio*) desolato **2** (*tempo*) gelido **3** (*giornata*) tetro **4** (*fig*) scoraggiante **bleakly** *avv* tetramente **bleakness** *s* **1** desolazione **2** tetraggine

bleed /bliːd/ *vi* (*pass, pp* **bled** /bled/) sanguinare **bleeding** *s* emorragia

bleep /bliːp/ ▶ *s* bip
▶ **1** *vi* fare bip **2** *vt* (*USA* **beep**) chiamare col cercapersone

blemish /'blemɪʃ/ ▶ *s* **1** macchia **2** ammaccatura
▶ *vt* macchiare

blend /blend/ ▶ **1** *vt, vi* mescolare, mescolarsi **2** *vi* (*colori*) fondersi PHRV **blend in** (**with sth**) essere in armonia (con qc)
▶ *s* (*approv*) miscela

blender /'blendə(r)/ (*GB anche* **liquidizer**) *s* frullatore

bless /bles/ *vt* (*pass, pp* **blessed** /blest/) benedire LOC **bless you! 1** salute! (*dopo uno starnuto*) **2** sei un tesoro! ◆ **be blessed with sth** godere di qc

blessed /'blesɪd/ *agg* **1** santo **2** beato **3** (*informale*) benedetto

blessing /'blesɪŋ/ *s* **1** [*gen sing*] benedizione **2** [*gen sing*] beneplacito LOC **it's a blessing in disguise** non tutto il male vien per nuocere

blew *pass di* BLOW

blind /blaɪnd/ ▶ *agg* cieco LOC *Vedi* TURN
▶ *vt* accecare: *blinded by jealousy* accecato dalla gelosia ◊ *to be blinded* perdere la vista
▶ *s* **1** tenda avvolgibile **2 the blind** [*pl*] i ciechi

blindfold /'blaɪndfəʊld/ ▶ *s* benda (*per gli occhi*)
▶ *vt* bendare gli occhi a
▶ *avv* con gli occhi bendati

blindly /'blaɪndli/ *avv* ciecamente

blindness /'blaɪndnəs/ *s* cecità

blink /blɪŋk/ ▶ *vi* sbattere le palpebre
▶ *s* battito di ciglia

blinkers /'blɪŋkəz/ *s* [*pl*] paraocchi **blinkered** /'blɪŋkəd/ *agg*: *to be ~* avere i paraocchi

blip /blɪp/ *s* **1** segnale luminoso **2** contrattempo

bliss /blɪs/ *s* gioia **blissful** *agg* beato

blister /'blɪstə(r)/ *s* **1** vescica (*al piede, ecc*) **2** (*vernice*) bolla

blistering /'blɪstərɪŋ/ *agg* torrido

blitz /blɪts/ *s* **1** (*Mil*) blitz **2** (*informale*) **~ (on sth)** blitz (contro qc)

blizzard /'blɪzəd/ *s* bufera di neve

bloated /'bləʊtɪd/ *agg* gonfio

blob /blɒb/ *s* goccia, macchia

bloc /blɒk/ *s* blocco (*politico*)

block /blɒk/ ▶ *s* **1** (*pietra, legno*) blocco **2** (*appartamenti*) palazzo **3** (*edifici*) isolato **4** (*biglietti*) blocchetto: *a block booking* una prenotazione in blocco **5** ingorgo, intoppo: *a mental block* un blocco mentale LOC *Vedi* CHIP
▶ *vt* bloccare

blockade /blɒ'keɪd/ ▶ *s* blocco (*di porto, ecc*)
▶ *vt* bloccare, assediare (*porto, città*)

blockage /'blɒkɪdʒ/ *s* **1** ostruzione **2** ingorgo

blockbuster /'blɒkbʌstə(r)/ *s* successone

block 'capitals (*anche* ˌ**block 'letters**) *s* [*pl*] stampatello maiuscolo

bloke /bləʊk/ *s* (*GB, informale*) tizio, tipo

blonde (*anche* **blond**) /blɒnd/ ▶ *agg* (**blonder, -est**) biondo つ *Vedi nota a* BIONDO
▶ *s* biondo, -a ❶ Si usa **blonde** quando ci si riferisce a una donna.

blood /blʌd/ *s* sangue: *blood group* gruppo sanguigno ◊ *blood pressure* pressione del sangue ◊ *blood test* analisi del sangue LOC *Vedi* FLESH *Vedi anche* COLD-BLOODED

bloodshed /'blʌdʃed/ *s* spargimento di sangue

bloodshot /'blʌdʃɒt/ *agg* iniettato di sangue

'blood sports *s* [*pl*] sport cruenti

bloodstream /'blʌdstriːm/ *s* circolazione del sangue

bloody /'blʌdi/ ▶ *agg* (**-ier, -iest**) **1** (*benda*) insanguinato **2** (*ferita*) sanguinante **3** (*battaglia*) sanguinoso
▶ *agg, avv* (*GB, informale*): *That bloody car!* Quella dannata macchina!

---

aɪ five   aʊ now   ɔɪ join   ɪə near   eə hair   ʊə pure   ʒ vision   h how   ŋ sing

bloom /blu:m/ ▶ s fiore
▶ vi fiorire

blossom /ˈblɒsəm/ ▶ s **1** fiore **2** [non numerabile] fiori (di albero da frutta)
▶ vi fiorire ⊃ Confronta FLOWER

blot /blɒt/ ▶ s **1** macchia (d'inchiostro) **2** (fig) **to be a ~ on sth** rovinare qc
▶ vt (-tt-) **1** (carta, ecc) macchiare **2** (con carta assorbente) asciugare PHRV **blot sth out 1** (pensiero) scacciare qc **2** (panorama) nascondere qc

blotch /blɒtʃ/ s chiazza

blouse /blaʊz; USA blaʊs/ s camicetta

blow /bləʊ/ ▶ (pass **blew** /blu:/ pp **blown** /bləʊn/) **1** vi soffiare **2** vi (mosso dal vento): to blow open/shut spalancarsi/chiudersi di colpo **3** vt, vi: The referee blew his whistle./The referee's whistle blew. L'arbitro ha fischiato. **4** vt (vento) spingere: The wind blew us towards the island. Il vento ci spinse verso l'isola. LOC **blow it!** accidenti! ◆ **blow your nose** soffiarsi il naso
PHRV **blow away** volare via
blow down/over essere abbattuto dal vento
◆ **blow sb/sth down/over** (vento) gettare per terra qn/abbattere qc
blow sth out spegnere qc (soffiando)
blow over (tempesta, lite) calmarsi
blow up 1 (aereo, ecc) esplodere **2** (tempesta, scandalo) scoppiare **3** (informale) arrabbiarsi ◆ **blow sth up 1** (ponte) far saltare qc **2** (pallone, palloncino, ecc) gonfiare qc **3** (Foto) ingrandire qc **4** (informale) (fatto) esagerare qc
▶ s **~ (to sb/sth)** colpo (per qn/qc) LOC **a blow-by-blow account (of sth)** un resoconto (di qc) minuto per minuto ◆ **at one blow/at a single blow** in un colpo solo ◆ **to come to blows (over sth)** venire alle mani (per qc)

blue /blu:/ ▶ agg **1** azzurro, blu **2** (informale) giù **3** (film) porno
▶ s **1** azzurro, blu **2 the blues** [v sing o pl] (Mus) il blues **3 the blues** [v sing o pl]: to have the blues essere giù LOC **out of the blue** all'improvviso

blueberry /ˈbluːbəri; USA -beri/ s (pl **-ies**) mirtillo

blueprint /ˈbluːprɪnt/ s **~ (for sth)** programma (di qc)

bluff /blʌf/ ▶ vi bluffare
▶ s bluff

blunder /ˈblʌndə(r)/ ▶ s cantonata
▶ vi prendere una cantonata

blunt /blʌnt/ ▶ vt smussare
▶ agg (-er, -est) **1** spuntato **2** smussato: a blunt instrument un corpo contundente **3** brusco: to be blunt with sb essere franco con qn **4** (rifiuto) netto

blur /blɜː(r)/ ▶ s immagine confusa
▶ vt (-rr-) **1** offuscare **2** (differenza) attenuare

blurred /blɜːd/ agg sfocato, indistinto

blurt /blɜːt/ v PHRV **blurt sth out** spiattellare qc

blush /blʌʃ/ ▶ vi arrossire
▶ s [numerabile] rossore

blusher /ˈblʌʃə(r)/ s fard

boar /bɔː(r)/ s (pl **boar** o **-s**) **1** cinghiale **2** verro ⊃ Vedi nota a MAIALE

board /bɔːd/ ▶ s **1** tavola: ironing board asse da stiro **2** Vedi BLACKBOARD **3** Vedi NOTICEBOARD **4** scacchiera **5** cartone **6 the board** (anche **the ˌboard of diˈrectors**) [v sing o pl] il consiglio d'amministrazione **7** (vitto): full/half board pensione completa/mezza pensione ◇ board and lodgings vitto e alloggio LOC **above board** regolare ◆ **across the board** a tutti i livelli: a 10% pay increase across the board un aumento del 10% per tutte le categorie ◆ **on board** a bordo
▶ **1** vt **~ sth (up/over)** chiudere qc con tavole **2** vi imbarcarsi **3** vt salire a bordo di

boarder /ˈbɔːdə(r)/ s **1** pensionante **2** (collegio) convittore, -trice

ˈboarding card (anche **ˈboarding pass**) s carta d'imbarco

ˈboarding house s pensione (albergo)

ˈboarding school s collegio

boast /bəʊst/ ▶ **1** vi **~ (about/of sth)** vantarsi (di qc) **2** vt (formale) vantare: The town boasts a famous museum. La città vanta un museo famoso.
▶ s vanteria

boastful /ˈbəʊstfl/ agg pieno di sé, presuntuoso

boat /bəʊt/ s **1** barca: to go by boat andare in barca ◇ rowing boat barca a remi ◇ boat race gara di canottaggio **2** nave LOC Vedi SAME

Boat normalmente sta ad indicare un'imbarcazione di piccole dimensioni, ma si usa anche per le navi più grandi, specialmente quelle che trasportano passeggeri.

bob /bɒb/ ▶ s bob
▶ vi (-bb-) **to bob (up and down)** andare su e giù (sull'acqua) PHRV **bob up** riemergere, spuntare

bobby /'bɒbi/ s (pl **-ies**) (GB, informale) poliziotto

bobsleigh /'bɒbsleɪ/ (USA anche **bobsled** /'bɒbsled/) s bob

bode /bəʊd/ vt (formale) LOC **bode ill/well (for sb/sth)** essere di buon/cattivo auguro (per qn/qc)

bodice /'bɒdɪs/ s corpino

bodily /'bɒdɪli/ ▸ agg **1** del corpo **2** materiale
▸ avv **1** di peso **2** tutt'insieme

body /'bɒdi/ s (pl **-ies**) **1** corpo **2** cadavere **3** [v sing o pl] ente: *a government body* un ente pubblico **4** (*acqua*) massa LOC **body and soul** anima e corpo

bodybuilding /'bɒdibɪldɪŋ/ s culturismo

bodyguard /'bɒdigɑːd/ s guardia del corpo

body piercing s [*non numerabile*] perforazione della pelle del corpo con inserimento di piccoli anelli, spille, ecc; piercing

bog /bɒg/ ▸ s **1** palude **2** (GB, *gergale*) cesso
▸ v (**-gg-**) PHR V **get bogged down** impantanarsi

bogey (*anche* **bogy**) /'bəʊgi/ s (pl **bogeys, bogies**) (*anche* **bogeyman** /'bəʊgimæn/ (pl **-men** /-men/) babau

boggy /'bɒgi/ agg paludoso

bogus /'bəʊgəs/ agg falso, fasullo

boil /bɔɪl/ ▸ s foruncolo
▸ vt, vi bollire PHR V **boil down to sth** ridursi a qc ♦ **boil over** traboccare (*bollendo*)
▸ s LOC **be on the boil** bollire

boiler /'bɔɪlə(r)/ s caldaia

boiler suit s tuta da lavoro

boiling /'bɔɪlɪŋ/ agg bollente: *boiling point* punto di ebollizione ◊ *boiling hot* torrido

boisterous /'bɔɪstərəs/ agg chiassoso, animato

bold /bəʊld/ agg (**-er, -est**) **1** audace **2** sfacciato **3** marcato, nitido **4** neretto LOC **be/make so bold (as to do sth)** (formale) permettersi (di fare qc) *Vedi anche* FACE[1] **boldly** avv **1** audacemente **2** sfacciatamente **3** nitidamente **boldness** s **1** audacia **2** sfacciataggine, impudenza

bolster /'bəʊlstə(r)/ vt **1** ~ **sth (up)** rafforzare qc **2** ~ **sb (up)** incoraggiare qn

bolt[1] /bəʊlt/ ▸ s **1** chiavistello **2** bullone **3** *a bolt of lightning* un fulmine
▸ vt **1** (*porta*) sprangare **2** ~ **A to B**; ~ **A and B together** imbullonare A a B

bolt[2] /bəʊlt/ vt **1** vi (*cavallo*) imbizzarrirsi **2** vi darsela a gambe **3** vt ~ **sth (down)** tranguriare qc LOC **make a bolt/dash/run for it** darsela a gambe

bomb /bɒm/ ▸ s **1** bomba: *bomb disposal* disinnesco di bombe ◊ *a bomb scare* sospetta presenza di una bomba ◊ *to plant a bomb* mettere una bomba **2** **the bomb** la bomba atomica LOC **go like a bomb** (*informale*) andare come un razzo *Vedi anche* COST
▸ **1** vt bombardare **2** vt far saltare in aria **3** vi ~ **along, down, up, etc.** (GB, *informale*) sfrecciare

bombard /bɒm'bɑːd/ vt bombardare **bombardment** s bombardamento

bomber /'bɒmə(r)/ s **1** (*aereo*) bombardiere **2** dinamitardo, -a

bombing /'bɒmɪŋ/ s **1** bombardamento **2** attentato con ordigno esplosivo

bombshell /'bɒmʃel/ s bomba (*fig*): *The news came as a bombshell.* La notizia arrivò come una bomba.

bond /bɒnd/ ▸ vt incollare
▸ s **1** legame **2** (*Fin*) obbligazione: *Government bonds* buoni del Tesoro **3** **bonds** [*pl*] (*spec fig*) catene

bone /bəʊn/ ▸ s **1** osso **2** (*pesce*) lisca LOC **bone dry** asciuttissimo ♦ **be a bone of contention** essere il pomo della discordia ♦ **have a bone to pick with sb** avere un conto da saldare con qn ♦ **make no bones about doing sth** non farsi problemi a fare qc *Vedi anche* CHILL, WORK[2]
▸ vt disossare

bone marrow s midollo osseo

bonfire /'bɒnfaɪə(r)/ s falò

Bonfire Night s (GB)

> Si celebra in Gran Bretagna la notte del 5 novembre, con falò e fuochi d'artificio, in occasione dell'anniversario dell'attentato al Parlamento compiuto da Guy Fawkes nel 1605.

bonnet /'bɒnɪt/ s **1** cuffia (*cappello*) **2** (USA **hood**) cofano

bonus /'bəʊnəs/ s **1** gratifica: *a productivity bonus* un premio di produzione **2** (*fig*) vantaggio in più

bony /'bəʊni/ agg **1** osseo **2** pieno di lische, tutt'osso **3** ossuto

boo /buː/ ▸ vt, vi fischiare

> Nei paesi anglosassoni gli spettatori esprimono il proprio scontento fischiando e urlando "boo".

▸ s (pl **-s**) fischio

▶ **boo!** *escl* bu!

booby-trap /'buːbi træp/ *s* congegno che esplode al contatto

book /bʊk/ ▶ *s* **1** libro **2** quaderno **3** (*assegni, risparmio*) libretto **4 the books** [*pl*] i libri contabili: *do the books* tenere la contabilità LOC **be in sb's good books** essere nelle grazie di qn ♦ **do sth by the book** fare qc secondo le regole *Vedi anche* BAD, COOK, LEAF, TRICK
▶ **1** *vt, vi* prenotare **2** *vt* ingaggiare **3** *vt* (*informale*) (*polizia*) multare **4** *vt* (*Sport*) ammonire LOC **be booked up 1** (*concerto*) essere esaurito **2** (*informale*): *I'm booked up.* Sono molto preso. PHRV **book in** firmare il registro all'arrivo (*albergo*)

bookcase /'bʊkkeɪs/ *s* libreria (*mobile*)

bookie /'bʊki/ *s* (*informale*) allibratore

booking /'bʊkɪŋ/ *s* (*spec GB*) prenotazione: *booking office* biglietteria

booklet /'bʊklət/ *s* opuscolo

bookmaker /'bʊkmeɪkə(r)/ *s* allibratore

bookmark /'bʊkmɑːk/ *s* **1** segnalibro **2** (*Informatica*) preferito

bookseller /'bʊkselə(r)/ *s* libraio, -a

bookshelf /'bʊkʃelf/ *s* (*pl* **-shelves** /-ʃelvz/) scaffale per i libri

bookshop /'bʊkʃɒp/ (*USA anche* **bookstore** /'bʊkstɔː(r)/) *s* libreria (*negozio*)

bookworm /'bʊkwɜːm/ *s* topo di biblioteca

boom /buːm/ ▶ *vi* **1** rimbombare, rombare **2** espandersi: *Business is booming in the computer industry.* L'industria informatica è in piena espansione.
▶ *s* **1** rombo **2** boom: *There was a boom in car sales in the 1980s.* Negli anni '80 c'è stato un boom nella vendita di auto.

boost /buːst/ ▶ *vt* **1** (*vendite*) incrementare **2** (*morale*) tirare su
▶ *s* **1** aumento **2** spinta

boot /buːt/ *s* **1** stivale, scarpone ⊃ *Vedi illustrazione a* SCARPA **2** (*USA* **trunk**) (*macchina*) bagagliaio **3** (*USA*) *Vedi* CLAMP *s* senso (2) LOC *Vedi* TOUGH

booth /buːð; *USA* buːθ/ *s* **1** bancarella, baraccone **2** cabina: *polling/telephone booth* cabina elettorale/telefonica

booty /'buːti/ *s* bottino

booze /buːz/ ▶ *s* [*non numerabile*] (*informale*) alcolici
▶ *vi* (*informale*): *to go out boozing* andare a ubriacarsi

border /'bɔːdə(r)/ ▶ *s* **1** confine, frontiera

> **Border** e **frontier** si usano per riferirsi ai confini di uno stato, ma **border** si usa principalmente per indicare i confini naturali: *The river forms the border between the two countries.* Il fiume fa da confine fra i due paesi. **Boundary** si usa soprattutto per i confini tra contee.

2 (*giardino*) aiuola **3** bordo, margine
▶ *vt* confinare con, fiancheggiare PHRV **border on sth** rasentare qc

borderline /'bɔːdəlaɪn/ *s* [*sing*] confine LOC **a borderline case** un caso limite

bore¹ *pass di* BEAR²

bore² /bɔː(r)/ ▶ *vt* **1** trivellare **2** (*foro*) praticare (*con trapano*)
▶ *s* **1** (*persona*) noioso, -a **2** noia, mattone: *What a bore!* Che noia! **3** (*pistola*) calibro

bored /bɔːd/ *agg* annoiato: *I'm bored.* Sono annoiato. ⊃ *Vedi nota a* NOIOSO

boredom /'bɔːdəm/ *s* noia

boring /'bɔːrɪŋ/ *agg* noioso: *He's boring.* È noioso. ⊃ *Vedi nota a* NOIOSO

born /bɔːn/ ▶ *pp* nato LOC **be born** nascere: *She was born in Bath.* È nata a Bath. ◊ *He was born blind.* È cieco dalla nascita.
▶ *agg* [*solo davanti a sostantivo*] nato: *He's a born actor.* È un attore nato.

borne *pp di* BEAR²

borough /'bʌrə; *USA* -rəʊ/ *s* comune

borrow

She's **lending** her son some money.

He's **borrowing** some money from his mother.

borrow /'bɒrəʊ/ *vt* ~ **sth (from sb/sth)** prendere in prestito qc (da qn/qc)

---

u sit**u**ation   ɒ g**o**t   ɔː s**aw**   ɜː f**ur**   ə **a**go   j **y**es   w **w**oman   eɪ p**ay**   əʊ g**o**

Più comunemente in italiano si usano i verbi 'dare' o 'prestare' con una struttura grammaticale diversa: *Could I borrow a pen?* Puoi prestarmi una penna?

borrower *s* mutuatario, -a **borrowing** *s* prestiti: *public sector borrowing* debito pubblico

bosom /'bʊzəm/ *s* **1** (*retorico*) seno, petto **2** (*fig*) seno

boss /bɒs/ ▶ *s* (*informale*) capo
▶ *vt* ~ **sb about/around** (*dispreg*) dare ordini a qn

bossy /'bɒsi/ *agg* (**-ier, -iest**) (*dispreg*) prepotente

botany /'bɒtəni/ *s* botanica **botanical** /bə'tænɪkl/ (*anche* **botanic**) *agg* botanico **botanist** /'bɒtənɪst/ *s* botanico, -a

both /bəʊθ/ ▶ *pron, agg* entrambi, -e: *Both of us went./We both went.* Siamo andati tutti e due.
▶ *avv* **both ... and ...** sia ... che ... : *The report is both reliable and readable.* Il resoconto oltre ad essere attendibile è anche di piacevole lettura. ◇ *both you and me* sia me che te ◇ *He both plays and sings.* Oltre a suonare canta. LOC *Vedi* NOT ONLY ... BUT ALSO *a* ONLY

bother /'bɒðə(r)/ ▶ **1** *vt* seccare, dar fastidio a **2** *vt* preoccupare: *What's bothering you?* Cosa ti preoccupa? **3** *vi* ~ (**to do sth**) disturbarsi (a fare qc): *He didn't even bother to say thank you.* Non si è neanche preso il disturbo di ringraziarmi. **4** *vi* ~ **about sb/sth** preoccuparsi per qn/di qc LOC **I can't be bothered (to do sth)** non mi va (di fare qc) ◆ **I'm not bothered** per me è uguale
▶ *s* noia, disturbo
▶ **bother!** *escl* uffa!

bottle /'bɒtl/ ▶ *s* **1** bottiglia **2** flacone **3** biberon
▶ *vt* **1** imbottigliare **2** conservare in vasetti

'bottle bank *s* contenitore per la raccolta del vetro

bottleneck /'bɒtlnek/ *s* collo di bottiglia

bottom /'bɒtəm/ ▶ *s* **1** (*pagina, scale, mare*) fondo **2** (*collina*) piedi **3** (*Anat*) sedere **4** ultimo, -a: *He's bottom of the class.* È l'ultimo della classe. **5** *bikini bottom* lo slip del bikini ◇ *pyjama bottoms* i pantaloni del pigiama LOC **be at the bottom of sth** essere all'origine di qc ◆ **get to the bottom of sth** andare in fondo a qc *Vedi* ROCK [1]
▶ *agg* in basso: *the bottom step* il gradino più in basso ◇ *the bottom end of Bury Road* la parte bassa di Bury Road

bough /baʊ/ *s* ramo
bought *pass, pp di* BUY
boulder /'bəʊldə(r)/ *s* masso
bounce /baʊns/ ▶ **1** *vt, vi* (far) rimbalzare **2** *vi* (*informale*) (*assegno*) essere scoperto PHR V **bounce back** (*informale*) riprendersi
▶ *s* rimbalzo

bouncer /'baʊnsə(r)/ *s* buttafuori
bound[1] *pass, pp di* BIND [1]
bound[2] /baʊnd/ ▶ *vi* balzare
▶ *s* balzo
▶ *agg* **1 to be ~ to do sth**: *You're bound to pass your test.* Vedrai che passi l'esame. **2** obbligato (*per legge o dovere*) **3** ~ **for ...** diretto a ...
LOC **bound up with sth** legato a qc

boundary /'baʊndri/ *s* (*pl* **-ies**) confine, limite ● *Vedi nota a* BORDER

boundless /'baʊndləs/ *agg* illimitato

bounds /baʊndz/ *s* [*pl*] limiti LOC **out of bounds** vietato

bouquet /bu'keɪ/ *s* bouquet

bourgeois /'bʊəʒwɑː, ˌbʊə'ʒwɑː/ *agg, s* borghese

bout /baʊt/ *s* **1** breve periodo di attività: *a drinking bout* una sbornia **2** (*malattia*) attacco **3** (*boxe*) incontro

bow[1] /bəʊ/ *s* **1** fiocco, nodo **2** (*Mus*) archetto **3** (*Sport*) arco

bow[2] /baʊ/ ▶ **1** *vi* inchinarsi, fare un inchino **2** *vt* chinare, abbassare
▶ *s* **1** inchino **2** (*anche* **bows** [*pl*]) (*Naut*) prua

bowel /'baʊəl/ *s* **1** (*Med*) [*spesso pl*] intestino **2 bowels** [*pl*] (*fig*) viscere

bowl /bəʊl/ ▶ *s* **1** ciotola

Bowl si usa in molte forme composte e spesso si traduce con una sola parola: *a fruit bowl* una fruttiera ◇ *a sugar bowl* una zuccheriera ◇ *a salad bowl* un'insalatiera.

2 piatto fondo **3** (*gabinetto*) tazza **4** boccia **5 bowls** [*non numerabile*] gioco delle bocce
▶ *vt, vi* lanciare, tirare

bowler /'bəʊlə(r)/ *s* **1** (*Sport*) lanciatore **2** (*anche* ˌ**bowler 'hat**, *USA* **derby**) bombetta

bowling /'bəʊlɪŋ/ *s* [*non numerabile*] bowling: *bowling alley* pista da bowling

ˌ**bow 'tie** *s* papillon

box[1] /bɒks/ ▶ *s* **1** scatola: *a cardboard box* una scatola di cartone ● *Vedi illustrazione a* CONTAINER **2** cofanetto **3** casella: *Tick the box.* Barri la casella. **4** (*posta*) casella postale **5** (*Teat*) palco **6** (*testimoni*) banco **7** (*cavallo*)

box → break

box **8** (*telefono*) cabina **9 the box** (*informale, GB*) la tele
▸ *vt* (*anche* **box sth up**) imballare

box² /bɒks/ **1** *vt* combattere **2** *vi* fare il pugile

boxer /ˈbɒksə(r)/ *s* **1** pugile **2** boxer

'boxer shorts *s* [*pl*] boxer

boxing /ˈbɒksɪŋ/ *s* boxe

'Boxing Day *s* Santo Stefano ➔ *Vedi nota a* NATALE

'box number *s* casella postale

'box office *s* botteghino

boy /bɔɪ/ *s* **1** bambino: *It's a boy!* È un maschio! **2** figlio: *his eldest boy* il figlio maggiore ◊ *I've got three children, two boys and one girl.* Ho tre figli, due maschi e una femmina. **3** ragazzo: *boys and girls* ragazzi e ragazze

boycott /ˈbɔɪkɒt/ ▸ *vt* boicottare
▸ *s* boicottaggio

boyfriend /ˈbɔɪfrend/ *s* ragazzo, fidanzato: *Is he your boyfriend, or just a friend?* È il tuo ragazzo o solo un amico?

boyhood /ˈbɔɪhʊd/ *s* infanzia (*di maschietto*)

boyish /ˈbɔɪɪʃ/ *agg* **1** (*uomo*) da ragazzo **2** (*donna*) mascolino

bra /brɑː/ *s* reggiseno

brace /breɪs/ ▸ *s* **1** apparecchio (*per i denti*) **2 braces** (*USA* **suspenders**) [*pl*] bretelle
▸ *v rifl* ~ **yourself** (**for sth**) tenersi forte, prepararsi per qc

bracelet /ˈbreɪslət/ *s* braccialetto

bracing /ˈbreɪsɪŋ/ *agg* tonificante

bracket /ˈbrækɪt/ ▸ *s* **1** parentesi: *in brackets* fra parentesi **2** (*Tec*) staffa **3** categoria: *the 20-30 age bracket* la fascia d'età fra i 20 e i 30
▸ *vt* **1** mettere tra parentesi **2** mettere insieme

brag /bræg/ *vi* (-gg-) ~ (**about sth**) vantarsi (di qc)

braid /breɪd/ *s* **1** (*USA*) *Vedi* PLAIT **2** passamano, gallone

Braille /breɪl/ *s* braille®

brain /breɪn/ *s* **1** cervello **2 brains** [*pl*] cervella **3** cervello, intelligenza: *He's the brains of the family.* È il cervellone della famiglia. LOC **have sth on the brain** (*informale*) avere il chiodo fisso di qc *Vedi anche* PICK, RACK **brainless** *agg* deficiente **brainy** *agg* (-ier, -iest) (*informale*) intelligente

brainstorm /ˈbreɪnstɔːm/ ▸ *s* [*sing*] **1** (*GB*) blocco mentale **2** (*USA*) *Vedi* BRAINWAVE
▸ *vt* produrre (*idee creative*): *Brainstorm as many ideas as possible.* Cercate di tirar fuori quante più idee possibile.

brainwash /ˈbreɪnwɒʃ/ *vt* ~ **sb** (**into doing sth**) fare il lavaggio del cervello a qn (per fargli fare qc) **brainwashing** *s* lavaggio del cervello

brainwave /ˈbreɪnweɪv/ (*USA* **brainstorm**) *s* trovata, idea geniale

brake /breɪk/ ▸ *s* freno: *to put on/apply the brake(s)* azionare i freni
▸ *vt, vi* frenare: *to brake hard* inchiodare

bramble /ˈbræmbl/ *s* mora

bran /bræn/ *s* crusca

branch /brɑːntʃ; *USA* bræntʃ/ ▸ *s* **1** ramo **2** filiale: *your nearest/local branch* la filiale più vicina/del quartiere
▸ *v* PHR V **branch off 1** svoltare **2** ramificarsi
◆ **branch out** diversificarsi, espandersi

brand /brænd/ ▸ *s* **1** (*Comm*) marca ➔ *Confronta* MAKE² **2** tipo: *a strange brand of humour* uno strano senso dell'umorismo
▸ *vt* **1** (*bestiame*) marchiare **2** ~ **sb** (**as sth**) bollare qn (come qc)

brandish /ˈbrændɪʃ/ *vt* brandire

brand 'new *agg* nuovo di zecca

brandy /ˈbrændi/ *s* (*pl* -ies) cognac

brash /bræʃ/ *agg* (*dispreg*) sfacciato **brashness** *s* sfacciataggine

brass /brɑːs; *USA* bræs/ *s* **1** ottone **2 the brass** [*v sing o pl*] (*Mus*) gli ottoni

bravado /brəˈvɑːdəʊ/ *s* spavalderia

brave /breɪv/ ▸ *agg* (**braver, -est**) coraggioso LOC *Vedi* FACE¹
▸ *vt* sfidare (*intemperie*)

brawl /brɔːl/ *s* rissa

breach /briːtʃ/ ▸ *s* **1** (*contratto*) inadempienza **2** (*legge, norme di sicurezza*) violazione **3** (*relazione*) rottura LOC **breach of confidence/faith/trust** abuso di fiducia
▸ *vt* **1** (*contratto*) non rispettare **2** (*legge*) violare **3** (*mura*) aprire una breccia in

bread /bred/ *s* **1** [*non numerabile*] pane: *I bought a loaf/two loaves of bread.* Ho comprato una pagnotta/due pagnotte. ◊ *a slice of bread* una fetta di pane

breadcrumbs /ˈbredkrʌmz/ *s* [*pl*] **1** briciole di pane **2** pangrattato: *fish in breadcrumbs* pesce impanato

breadth /bredθ/ *s* larghezza

break¹ /breɪk/ (*pass* **broke** /brəʊk/ *pp* **broken** /ˈbrəʊkən/) **1** *vt, vi* rompere, rompersi: *to break sth in two/in half* spezzare qc in due/a metà ◊ *She's broken her leg.* Si è rotta la gamba. **2** *vt* (*legge*) violare **3** *vt* (*promessa*) mancare a **4** *vt* (*record*) battere **5** *vt* (*caduta*)

---

tʃ **chin**   dʒ **June**   v **van**   θ **thin**   ð **then**   s **so**   z **zoo**   ʃ **she**

attutire **6** *vt* (*viaggio*) interrompere **7** *vi* fare una pausa: *Let's break for coffee.* Facciamo una pausa e prendiamo un caffè. **8** *vt* (*resistenza, determinazione*) indebolire **9** *vt* (*vizio*) liberarsi da **10** *vt* (*codice*) decifrare **11** *vi* (*tempo*) cambiare **12** *vi* (*temporale, scandalo*) scoppiare **13** *vi* (*notizia*) diventare di dominio pubblico **14** *vi* (*voce*) spezzarsi **15** *vi* (*voce di ragazzo*) cambiare **16** *vi* (*onde*) infrangersi LOC **break it up!** smettetela!
◆ **break the bank** (*informale*): *A meal out won't break the bank.* Una cena fuori non ci manderà in bancarotta. ◆ **break the news (to sb)** dare la notizia (a qn) ◆ **break your back (to do sth)** sudare sette camicie (per fare qc) *Vedi anche* WORD

PHR V **break away (from sth)** staccarsi (da qc)
break down 1 (*auto*) avere un guasto: *We broke down.* Siamo rimasti in panne. **2** (*macchinario*) rompersi **3** (*persona*) crollare: *He broke down and cried.* Scoppiò in lacrime. **4** (*negoziati*) interrompersi **5** (*matrimonio*) fallire ◆ **break sth down 1** abbattere qc **2** suddividere qc **3** scomporre qc
break in fare irruzione ◆ **break into sth 1** (*ladri*) entrare in qc **2** (*iniziare improvvisamente*): *to break into a run* mettersi a correre ◇ *He broke into a cold sweat.* Gli vennero i sudori freddi.
break off interrompersi ◆ **break sth off 1** (*pezzo*) staccare qc **2** (*fidanzamento*) rompere qc
break out 1 (*epidemia, guerra*) scoppiare **2** (*violenza*) esplodere **3** *I've broken out in spots.* Mi si è coperta la pelle di macchie.
break through sth sfondare qc, fare capolino tra qc
break up 1 (*riunione*) sciogliersi **2** (*matrimonio*) fallire **3** *Schools break up on 20 July.* Le scuole chiudono il 20 luglio. **4** (*persona al cellulare*) non sentirsi per disturbi di ricezione ◆ **break (up) with sb** rompere con qn ◆ **break sth up 1** disperdere qc **2** (*rissa*) sedare qc

break² /breɪk/ *s* **1** apertura, breccia **2** intervallo, pausa, vacanza: *a coffee break* una pausa per il caffè **3** interruzione, rottura: *a break in the routine* un diversivo alla routine **4** (*informale*) possibilità LOC **give sb a break 1** dare un'occasione a qn **2** dare tregua a qn ◆ **make a break (for it)** darsela a gambe *Vedi anche* CLEAN

breakdown /ˈbreɪkdaʊn/ *s* **1** guasto: *breakdown truck* carro attrezzi **2** (*salute*) collasso: *a nervous breakdown* un esaurimento nervoso **3** (*statistica*) analisi

breakfast /ˈbrekfəst/ *s* colazione: *to have breakfast* fare colazione *Vedi anche* BED AND BREAKFAST

La colazione all'inglese, o **English breakfast**, di solito consiste in cereali, uova e pancetta e fette di pane tostato, accompagnati da tè o caffè. Negli Stati Uniti a colazione si mangiano spesso anche **pancakes** e **waffles**.

Continental breakfast si riferisce alla prima colazione a base di caffè, pane, burro, marmellata, croissant, ecc.

break-in *s* furto con scasso

breakthrough /ˈbreɪkθruː/ *s* passo avanti

break-up *s* **1** rottura: *the break-up of their marriage* il fallimento del loro matrimonio **2** (*paese, azienda*) smembramento

breast /brest/ *s* petto, seno: *breast cancer* un cancro al seno

breastfeed /ˈbrestfiːd/ *vt, vi* (*pass, pp* **-fed** /fed/) allattare (al seno)

breast stroke *s* (nuoto a) rana

breath /breθ/ *s* respiro: *to take a deep breath* respirare profondamente LOC **a breath of fresh air** una boccata d'aria fresca ◆ **be out of/short of breath** essere senza fiato/avere il fiato corto ◆ **get your breath (again/back)** riprendere fiato ◆ **say sth, speak, etc. under your breath** dire qc, parlare, ecc sottovoce ◆ **take sb's breath away** lasciare qn senza fiato *Vedi anche* CATCH, HOLD, WASTE

breathe /briːð/ **1** *vt, vi* respirare **2** *vi* ~ **in/out** inspirare/espirare **3** *vt* ~ **sth in/out** respirare/espirare qc LOC **not breathe a word (of/about sth) (to sb)** non far parola (di qc) (a qn) ◆ **breathe down sb's neck** (*informale*) stare addosso a qn ◆ **breathe life into sb/sth** infondere un po' di vita a qn/qc **breathing** *s* respiro, respirazione: *heavy breathing* respiro ansimante

breathless /ˈbreθləs/ *agg* senza fiato

breathtaking /ˈbreθteɪkɪŋ/ *agg* da mozzare il fiato

breath test *s* alcoltest

breed /briːd/ ▸ (*pass, pp* **bred** /bred/) **1** *vi* (*animali*) riprodursi **2** *vt* (*bestiame*) allevare **3** *vt* generare: *Dirt breeds disease.* La sporcizia è fonte di malattie.
▸ *s* (*cane*) razza

breeze /briːz/ *s* brezza

brew /bruː/ **1** *vt* (*birra*) produrre **2** *vt* (*tè*) fare **3** *vi* (*tè*) essere in infusione **4** *vi* (*fig*) prepararsi: *Trouble is brewing.* Ci sono guai in vista.
brewery /ˈbruːəri/ *s* (*pl* **-ies**) fabbrica di birra

i: see   i happy   ɪ sit   e ten   æ hat   ɑ: father   ʌ cup   ʊ put   u: too

bribe /braɪb/ ▶ s bustarella
　▶ vt ~ sb (into doing sth) dare una bustarella a qn (perché faccia qc)

bribery /ˈbraɪbəri/ s corruzione

brick /brɪk/ ▶ s mattone
　▶ v PHRV **brick sth in/up** murare qc

bricklayer /ˈbrɪkleɪə(r)/ s muratore, manovale edile

bride /braɪd/ s sposa LOC **the bride and groom** gli sposi

bridegroom /ˈbraɪdɡruːm/ s sposo

bridesmaid /ˈbraɪdzmeɪd/ s damigella d'onore ⊃ *Vedi nota a* MATRIMONIO

bridge /brɪdʒ/ ▶ s ponte
　▶ vt LOC **bridge a/the gap between ...** ridurre il divario tra ...

bridle /ˈbraɪdl/ s briglia

brief /briːf/ ▶ agg (**-er, -est**) breve, corto LOC **in brief** in breve
　▶ vt ~ sb (on/about sth) ragguagliare qn (su/di qc): *The officer briefed her on what to expect.* L'agente le spiegò quale sarebbe stata la procedura.

briefcase /ˈbriːfkeɪs/ s ventiquattr'ore ⊃ *Vedi illustrazione a* BAGAGLIO

briefly /ˈbriːfli/ avv **1** brevemente **2** in poche parole

briefs /briːfs/ s [*pl*] slip

brigade /brɪˈɡeɪd/ s brigata *Vedi anche* FIRE BRIGADE

bright /braɪt/ agg (**-er, -est**) **1** splendente, brillante: *bright eyes* occhi brillanti **2** (*colore*) vivace **3** (*sorriso, espressione*) radioso **4** (*intelligente*) brillante LOC *Vedi* LOOK[1]

brighten /ˈbraɪtn/ **1** vi ~ (**up**) ravvivarsi **2** vi (*tempo*) schiarirsi **3** vt ~ sth (**up**) rallegrare qc

brightly /ˈbraɪtli/ avv **1** vivamente: *brightly lit* illuminato a giorno ◊ *brightly painted* dipinto a colori vivaci **2** allegramente

brightness /ˈbraɪtnəs/ s lucentezza, splendore

brilliant /ˈbrɪliənt/ agg **1** brillante **2** geniale

brilliance /ˈbrɪliəns/ s **1** lucentezza, splendore **2** genialità

brim /brɪm/ s **1** orlo: *full to the brim* pieno fino all'orlo **2** tesa (*di cappello*)

bring /brɪŋ/ vt (*pass, pp* **brought** /brɔːt/) **1** portare: *Can I bring a friend to your party?* Posso portare un amico alla festa? ⊃ *Vedi illustrazione a* TAKE **2** (*causa*) intentare LOC **be able to bring yourself to do sth** trovare il coraggio di fare qc ◆ **bring sb to justice** consegnare qn alla giustizia ◆ **bring sb/sth up to date** aggiornare qn/qc ◆ **bring sth home to sb** far capire qc a qn ◆ **bring sth (out) into the open** rendere qc di dominio pubblico ◆ **bring sth to a close** terminare qc ◆ **bring sb/sth to life** rianimare qn/animare qc ◆ **bring tears to sb's eyes** far venire a qn le lacrime agli occhi ◆ **bring a smile to sb's face** far sorridere qn ◆ **bring up the rear** venire per ultimo *Vedi anche* CHARGE, PEG, QUESTION
PHRV **bring sth about** provocare qc, causare qc
bring sb back riaccompagnare qn: *He brought me back in his car.* Mi ha riaccompagnato in macchina. ◆ **bring sth back 1** restituire qc: *Please bring back all library books by the end of the week.* Si prega di restituire i libri della biblioteca entro la fine della settimana. **2** ripristinare, reintrodurre qc **3** risvegliare qc
bring sb down (*nel calcio, rugby*) atterrare qn ◆ **bring sth down 1** (*governo*) far cadere qc **2** (*aereo*) abbattere qc **3** (*inflazione, ecc*) ridurre qc
bring sth forward anticipare qc
bring sb in fare intervenire qn: *A specialist was brought in to set up the new computer system.* Si sono rivolti ad uno specialista per l'installazione del nuovo sistema informatico. ◆ **bring sth in** introdurre qc (*legge*)
bring sth off portare a termine qc
bring sth on provocare, causare qc ◆ **bring sth on yourself** essere la causa di qc
bring sth out 1 (*prodotto*) lanciare qc **2** pubblicare qc **3** mettere in evidenza qc
bring sb round/over (to sth) convincere qn (di qc) ◆ **bring sb round/to** far rinvenire qn
bring sb and sb together riconciliare qn con qn
bring sb up allevare qn: *She was brought up by her granny.* È stata allevata dalla nonna. ⊃ *Confronta* EDUCATE, RAISE *senso* (8) ◆ **bring sth up 1** vomitare qc **2** (*argomento*) sollevare qc

brink /brɪŋk/ s orlo, ciglio: *on the brink of war* sull'orlo di una guerra

brisk /brɪsk/ agg (**-er, -est**) **1** (*passo*) svelto **2** (*commercio*) vivace

Briton /ˈbrɪtn/ s (*informale* **Brit**) britannico, -a
Vedi anche INGLESE

> Il sostantivo **Briton** non è usato molto comunemente. Si usa spesso nei giornali: *The survivors of the avalanche included 12 Britons.* Si usa anche per descrivere i primi abitanti della Gran Bretagna: *the ancient Britons.*
>
> Il termine **Brit** è informale e può avere

brittle → bruising

connotazioni negative, mentre **Britisher** è considerato antiquato.

Nella lingua di tutti i giorni si usa comunemente l'aggettivo **British**: *She's British.* ◊ *The British have a very odd sense of humour.*

L'aggettivo **English** si riferisce solo agli abitanti dell'Inghilterra, una delle regioni di cui si compone il Regno Unito.

brittle /'brɪtl/ *agg* fragile

broach /brəʊtʃ/ *vt* affrontare (*argomento*)

broad /brɔːd/ *agg* (**-er**, **-est**) **1** largo **2** (*pianura*) vasto **3** generale: *in the broadest sense of the word* nel senso più ampio della parola

Di solito si usa **wide** per indicare la distanza fra due lati di qualcosa: *The gate is four metres wide.* Il cancello è largo quattro metri. **Broad** si usa con termini geografici: *a broad expanse of desert* una vasta distesa desertica o in frasi come: *broad shoulders* spalle larghe.

LOC **in broad daylight** in pieno giorno

broadband /'brɔːdbænd/ *s* banda larga: *broadband Internet access* accesso Internet a banda larga

broad 'beans *s* fava

broadcast /'brɔːdkɑːst; *USA* -kæst/ ▸ (*pass, pp* **broadcast**) **1** *vt, vi* (*Radio, TV*) trasmettere **2** *vt* (*opinioni*) diffondere
▸ *s* trasmissione: *party political broadcast* comunicato di propaganda di un partito

broaden /'brɔːdn/ *vt, vi* ~ (**out**) allargare, allargarsi

broadly /'brɔːdli/ *avv* **1** *smiling broadly* con un gran sorriso **2** in generale: *broadly speaking* in linea di massima

broadsheet /'brɔːdʃiːt/ *s* quotidiano di formato grande

Col termine **broadsheet** si intendono i quotidiani seri, che danno ampio spazio all'informazione e alla cultura; mentre i **tabloid** sono quotidiani sensazionalistici stampati appunto in formato tabloid. Anche alcuni quotidiani seri ora escono in formato tabloid, perché più pratico per i pendolari che leggono in viaggio.

broccoli /'brɒkəli/ *s* [*non numerabile*] broccolo

brochure /'brəʊʃə(r); *USA* brəʊ'ʃʊər/ *s* opuscolo

broil /brɔɪl/ *vt* (*USA*) *Vedi* GRILL

broke /brəʊk/ ▸ *agg* (*informale*) al verde
LOC **go broke** andare in fallimento
▸ *pass di* BREAK¹

broken /'brəʊkən/ ▸ *agg* **1** rotto **2** (*cuore*) infranto
▸ *pp di* BREAK¹

bronchitis /brɒŋ'kaɪtɪs/ *s* [*non numerabile*] bronchite: *to catch bronchitis* prendere una bronchite

bronze /brɒnz/ ▸ *s* bronzo
▸ *agg* di (color del) bronzo

brooch /brəʊtʃ/ *s* spilla

brood /bruːd/ *vi* ~ (**on/over sth**) rimuginare (su qc)

brook /brʊk/ *s* ruscello

broom /bruːm/ *s* **1** scopa ◆ *Vedi illustrazione a* BRUSH **2** (*Bot*) ginestra

broomstick /'bruːmstɪk/ *s* manico di scopa

broth /brɒθ; *USA* brɔːθ/ *s* [*non numerabile*] brodo

brother /'brʌðə(r)/ *s* **1** fratello: *Does she have any brothers or sisters?* Ha fratelli o sorelle? **2** (*fig*) compagno **brotherhood** /'brʌðəhʊd/ *s* [*v sing o pl*] **1** fratellanza, fraternità **2** confraternita **brotherly** *agg* fraterno

'brother-in-law *s* (*pl* **-ers-in-law**) cognato

brought *pass, pp di* BRING

brow /braʊ/ *s* **1** (*Anat*) fronte ❶ La parola più comune è **forehead**. **2** [*gen pl*] *Vedi* EYEBROW

brown /braʊn/ ▸ *agg, s* (**-er**, **-est**) **1** marrone **2** (*capelli*) castano **3** (*pelle*) abbronzato **4** (*orso*) bruno **5** *brown bread/rice* pane/riso integrale ◊ *brown paper* carta da pacchi
▸ *vt, vi* rosolare, rosolarsi

brownie /'braʊni/ *s* **1** (*GB anche* **Brownie**) giovane esploratrice **2** (*USA*) biscotto al cioccolato

brownish /'braʊnɪʃ/ *agg* marroncino

browse /braʊz/ *vi* **1** ~ (**in/through sth**) curiosare (in qc) **2** ~ **through sth** (*rivista*) dare una scorsa a qc **3** pascolare

browser /'braʊzə(r)/ *s* browser

bruise /bruːz/ ▸ *s* **1** livido **2** (*frutta*) ammaccatura
▸ **1** *vt, vi* ~ (**yourself**) farsi un livido, coprirsi di lividi **2** *vt* (*gamba, ecc*) farsi un livido a **3** *vt* (*frutta*) ammaccare

bruising /'bruːzɪŋ/ *s* [*non numerabile*]: *He had a lot of bruising.* Era coperto di lividi.

| aɪ five | aʊ now | ɔɪ join | ɪə near | eə hair | ʊə pure | ʒ vision | h how | ŋ sing |

brush /brʌʃ/ ▸ s **1** spazzola, spazzolino **2** scopa, scopino **3** pennello **4** spazzolata **5** to have a ~ with sb/sth aver delle noie con qn/qc
▸ **1** vt spazzolare: *to brush your hair/teeth* spazzolarsi i capelli/lavarsi i denti **2** vt sfiorare **3** vi ~ **past/against sb/sth** sfiorare qn/qc
PHR V **brush sth aside** ignorare qc ◆ **brush sth up/brush up on sth** dare una ripassata a qc (*lingua*)

brush

hairbrush
brush
nail brush
paintbrushes
brush/broom
toothbrush

brusque /bru:sk; *USA* brʌsk/ *agg* brusco
Brussels sprout /ˌbrʌslz ˈspraʊt/ s cavoletto di Bruxelles
brutal /ˈbru:tl/ *agg* brutale **brutality** /bru:ˈtæləti/ s (*pl* -**ies**) brutalità
brute /bru:t/ ▸ s **1** bestia **2** bruto
▸ *agg* bruto
brutish /ˈbru:tɪʃ/ *agg* da bruto
bubble /ˈbʌbl/ ▸ s bolla, bollicina: *to blow bubbles* fare le bolle di sapone
▸ *vi* **1** ribollire **2** gorgogliare
'bubble bath s bagnoschiuma
bubblegum /ˈbʌblɡʌm/ s [*non numerabile*] chewing-gum
bubbly /ˈbʌbli/ *agg* **1** effervescente **2** (*persona*) spumeggiante
buck[1] /bʌk/ s maschio (*di cervo, lepre, ecc*)
➔ *Vedi nota a* CERVO, CONIGLIO
buck[2] /bʌk/ *vi* sgroppare LOC **buck the trend** andare contro corrente PHR V **buck sb up** (*informale*) tirare su il morale a qn

buck[3] /bʌk/ s **1** (*USA, informale*) dollaro **2** [*gen pl*] (*informale*) soldi LOC **the buck stops here** mi assumo io tutta la responsabilità ◆ **make a fast/quick buck** far soldi in fretta
bucket /ˈbʌkɪt/ s **1** secchio, secchiello **2** (*escavatore, mulino*) pala LOC *Vedi* KICK
buckle /ˈbʌkl/ ▸ s fermaglio
▸ **1** vt ~ **sth (up)** allacciare qc **2** vi (*piegarsi*) deformarsi
bud /bʌd/ s bocciolo, gemma
Buddhism /ˈbʊdɪzəm/ s buddismo **Buddhist** *agg, s* buddista
budding /ˈbʌdɪŋ/ *agg* in erba
buddy /ˈbʌdi/ s (*pl* -**ies**) (*informale*) amico ❶ Si usa soprattutto fra ragazzi e specialmente negli Stati Uniti.
budge /bʌdʒ/ *vt, vi* **1** spostare, spostarsi **2** smuovere, smuoversi
budgerigar /ˈbʌdʒərɪɡɑː(r)/ s pappagallino
budget /ˈbʌdʒɪt/ ▸ s **1** preventivo **2** (*Pol*) budget, bilancio: *budget deficit* deficit di bilancio
▸ **1** vt stanziare **2** vi (*spese*) fare il preventivo: *to budget carefully* stare attento ai soldi **3** vi ~ **for sth** mettere in conto qc
budgetary /ˈbʌdʒɪtəri; *USA* -teri/ *agg* di bilancio
buff /bʌf/ ▸ s patito, -a: *a film buff* un cinefilo
▸ *agg, s* color camoscio
buffalo /ˈbʌfələʊ/ s (*pl* **buffalo** *o* -**es**) **1** bufalo **2** (*USA*) bisonte
buffer /ˈbʌfə(r)/ s **1** difesa **2** (*stato*) cuscinetto **3** (*Informatica*) buffer **4** (*GB, informale, antiq*) (*anche* **old buffer**) vecchio rimbambito
buffet[1] /ˈbʊfeɪ; *USA* bəˈfeɪ/ s buffet: *buffet car* carrozza ristorante
buffet[2] /ˈbʌfɪt/ *vt* sferzare, sballottare **buffeting** s violenza
bug /bʌɡ/ ▸ s **1** insetto **2** (*informale*) virus, infezione **3** (*Informatica*) bug **4** (*informale*) (*microfono*) cimice
▸ *vt* (-**gg**-) **1** (*stanza*) mettere microspie in **2** (*conversazione*) ascoltare con un microfono nascosto **3** (*informale, spec USA*) scocciare
buggy /ˈbʌɡi/ s (*pl* -**ies**) **1** dune buggy **2** (*GB*) passeggino
build /bɪld/ *vt* (*pass, pp* **built** /bɪlt/) costruire
PHR V **build sth in 1** incassare qc **2** (*fig*) incorporare qc ◆ **build on sth** consolidare qc ◆ **build up 1** intensificarsi, aumentare **2** accumularsi

builder → bureaucracy

◆ **build sb/sth up** adulare qn/gonfiare qc ◆ **build sth up 1** (*collezione*) mettere insieme qc **2** (*impresa*) consolidare qc

builder /'bɪldə(r)/ s **1** muratore **2** imprenditore edile

building /'bɪldɪŋ/ s **1** edificio **2** edilizia

building site s cantiere edile

building society s (*GB*) istituto di credito immobiliare

build-up s **1** aumento **2** ammassamento **3** ~ **(to sth)** preparativi (per qc) **4** pubblicità

built *pass, pp di* BUILD

built-'in *agg* **1** a muro **2** innato

built-'up *agg* edificato: *built-up areas* centri urbani

bulb /bʌlb/ s **1** (*Bot*) bulbo **2** *Vedi* LIGHT BULB

bulge /bʌldʒ/ ► s **1** rigonfiamento **2** (*informale*) aumento temporaneo
▶ *vi* **1** ~ **(with sth)** essere gonfio (di qc) **2** (*occhi*) sporgere

bulimia /bu'lɪmɪə, -'liː-/ s [*non numerabile*] bulimia

bulk /bʌlk/ s **1** volume: *bulk buying* comprare all'ingrosso **2** mole **3** **the bulk (of sth)** la maggior parte (di qc) **in bulk** all'ingrosso

bulky *agg* (**-ier**, **-iest**) voluminoso

bull /bʊl/ s toro

bulldoze /'bʊldəʊz/ *vt* **1** spianare (*con bulldozer*) **2** ~ **sb into doing sth** costringere qn a fare qc con la forza **bulldozer** s bulldozer

bullet /'bʊlɪt/ s pallottola

bulletin /'bʊlətɪn/ s **1** (*dichiarazione*) comunicato ufficiale: *news bulletin* notiziario **2** bollettino

bulletin board s (*spec USA*) *Vedi* NOTICEBOARD

bulletproof /'bʊlɪtpruːf/ *agg* antiproiettile

bullfight /'bʊlfaɪt/ s corrida **bullfighter** s torero

bullion /'bʊlɪən/ s oro/argento (*in lingotti*)

bullseye /'bʊlzaɪ/ s centro del bersaglio

bully /'bʊli/ ► s (*pl* **-ies**) prepotente
▶ *vt* (*pass, pp* **bullied**) fare il prepotente con, tiranneggiare

bum /bʌm/ ► s (*informale*) **1** (*GB*) sedere **2** (*USA*) barbone, -a
▶ *v* (*informale*) **bum around** vagabondare

bumblebee /'bʌmblbiː/ s bombo

bump /bʌmp/ ► **1** *vt* ~ **sth (against/on sth)** sbattere qc (contro qc) **2** *vi* ~ **into sb/sth** andare a sbattere contro qn/qc **bump into sb** imbattersi in qn ◆ **bump sb off** (*informale*) far fuori qn
▶ *s* **1** scossa **2** colpo **3** bernoccolo **4** dosso: *speed bumps* dossi artificiali

bumper /'bʌmpə(r)/ ► s paraurti: *bumper cars* autoscontro
▶ *agg* eccezionale

bumpy /'bʌmpi/ *agg* (**-ier**, **-iest**) **1** (*superficie*) irregolare **2** (*strada*) accidentato **3** (*volo, viaggio*) pieno di scossoni

bun /bʌn/ s **1** panino dolce **2** chignon

bunch /bʌntʃ/ ► s **1** (*uva*) grappolo **2** (*fiori, chiavi*) mazzo **3** (*banane*) casco **4** [*v sing o pl*] (*informale*) gruppo
▶ *vt, vi* raggruppare, raggrupparsi

bundle /'bʌndl/ ► s **1** (*giornali*) fascio **2** (*legna*) fascina **3** (*abiti*) fagotto
▶ *vt* (*anche* **bundle sth together/up**) fare un fagotto di qc

bung /bʌŋ/ ► s tappo
▶ *vt* **1** tappare **2** (*GB, informale*) buttare

bungalow /'bʌŋɡələʊ/ s villetta a un solo piano

bungee jumping /'bʌndʒi dʒʌmpɪŋ/ s bungee jumping

bungle /'bʌŋɡl/ **1** *vt* pasticciare **2** *vi* fare pasticci

bunk /bʌŋk/ s cuccetta **do a bunk** (*GB, informale*) svignarsela

bunny /'bʌni/ (*anche* **'bunny rabbit**) s coniglietto

bunting /'bʌntɪŋ/ s [*non numerabile*] bandierine

buoy /bɔɪ; *USA* 'buːi/ ► s boa
▶ *v* **buoy sb up** rincuorare qn ◆ **buoy sth up** tenere a galla qc

buoyant /'bɔɪənt; *USA* 'buːjənt/ *agg* (*Econ*) sostenuto

burble /'bɜːbl/ *vi* **1** (*ruscello*) gorgogliare **2** ~ **(on) (about sth)** farfugliare (a proposito di qc)

burden /'bɜːdn/ ► s **1** carico **2** (*fig*) peso
▶ *vt* **1** caricare **2** (*fig*) opprimere

burdensome /'bɜːdnsəm/ *agg* pesante, oneroso

bureau /'bjʊərəʊ/ s (*pl* **-reaux** *o* **-reaus** /-rəʊz/) **1** (*GB*) scrittoio **2** (*USA*) comò **3** (*spec USA*) (*Pol*) divisione ministeriale **4** ente, agenzia

bureaucracy /bjʊə'rɒkrəsi/ s (*pl* **-ies**) burocrazia **bureaucrat** /'bjʊərəkræt/ s burocrate **bureaucratic** /ˌbjʊərə'krætɪk/ *agg* burocratico

---

iː see   i happy   ɪ sit   e ten   æ hat   ɑː father   ʌ cup   ʊ put   uː too

burger /'bɜːgə(r)/ s (informale) hamburger
❶ **Burger** si usa specialmente in parole composte come *cheeseburger*.

burglar /'bɜːglə(r)/ s ladro, -a: *burglar alarm* antifurto **burglary** s (pl **-ies**) furto (*in una casa*) **burgle** /'bɜːgl/ (*USA* **burglarize** /'bɜːgləraɪz/) vt svaligiare ⊃ *Vedi nota a* ROB

burgundy /'bɜːgəndi/ s **1** (*anche* **Burgundy**) (*vino*) borgogna **2** (*colore*) bordeaux

burial /'beriəl/ s sepoltura

burly /'bɜːli/ agg (**-ier, -iest**) robusto

burn /bɜːn/ ▶ (*pass, pp* **burnt** /bɜːnt/ *o* **burned**) ⊃ *Vedi nota a* DREAM. **1** vt, vi bruciare: *to be badly burnt* essere gravemente ustionato ◊ *a burning building* un edificio in fiamme ◊ *The boiler burns oil.* La caldaia va a nafta. **2** vi (*fuoco*) ardere **3** vt (*lingua*) scottare **4** vi (*fronte, guance*) scottare **5** vi (*pelle*) scottarsi **6** vi (*luce, ecc*): *He left the lamp burning.* Ha lasciato la lampada accesa. **7** vi (*formale*): *to burn to do sth/for sth* morire dalla voglia di (fare) qc PHRV **burn sth down** incendiare qc: *The house was burnt down in a fire some years ago.* La casa andò completamente distrutta in un incendio alcuni anni fa. ♦ **burn sth off 1** asportare qc bruciando **2** (*calorie*) bruciare qc ♦ **burn yourself out** logorarsi: *I've been studying so hard recently I feel completely burned out.* Ho studiato così tanto negli ultimi tempi che mi sento completamente esausta. ♦ **burn up** incendiarsi ♦ **burn sth up** incendiare qc
▶ s ustione, bruciatura

burner /'bɜːnə(r)/ s fornello

burning /'bɜːnɪŋ/ agg **1** ardente **2** (*questione*) scottante

burnt /bɜːnt/ *pass, pp di* BURN
▶ agg bruciato

burp /bɜːp/ ▶ **1** vi ruttare **2** vt (*bambino*) far fare il ruttino a
▶ s rutto

burrow /'bʌrəʊ/ ▶ s tana
▶ vt scavare

burst /bɜːst/ ▶ vt, vi (*pass, pp* **burst**) **1** (*far*) scoppiare **2** *The river burst its banks.* Il fiume ha rotto gli argini. LOC **be bursting to do sth** morire dalla voglia di fare qc ♦ **burst open** spalancarsi di colpo PHRV **burst into sth 1** *to burst into a room* irrompere in una stanza **2** *to burst into tears* scoppiare a piangere ♦ **burst out 1** uscire precipitosamente (*da una stanza*) **2** *to burst out laughing* scoppiare a ridere
▶ s **1** (*ira, ecc*) scoppio **2** (*pallottole, spari*) raffica **3** (*applausi*) scroscio

bury /'beri/ vt (*pp* **buried**) **1** seppellire **2** (*coltello*) affondare **3** *She buried her face in her hands.* Si coprì il volto con le mani.

bus /bʌs/ s (pl **buses**) autobus: *bus conductor/conductress* bigliettaio, -a ◊ *bus driver* autista d'autobus ◊ *bus stop* fermata dell'autobus

bush /bʊʃ/ s **1** cespuglio: *a rose bush* un cespuglio di rose ⊃ *Confronta* SHRUB **2** **the bush** la boscaglia LOC *Vedi* BEAT **bushy** agg **1** (*sopracciglia, coda*) folto **2** (*arbusto*) cespuglioso

busily /'bɪzɪli/ avv alacremente

business /'bɪznəs/ s **1** [*non numerabile*] affari: *a business card* un biglietto da visita della ditta ◊ *business studies* studi di economia aziendale ◊ *a business trip* un viaggio d'affari **2** impresa, ditta **3** affare: *It's none of your business!* Non sono affari tuoi! **4** (*ad una riunione*): *any other business* varie ed eventuali LOC **on business** per affari ♦ **do business with sb** fare affari con qn ♦ **get down to business** mettersi al lavoro ♦ **go out of business** fallire ♦ **have no business doing sth** non avere il diritto di fare qc *Vedi anche* BIG, MEAN[1], MIND

businesslike /'bɪznəslaɪk/ agg **1** efficiente **2** (*aspetto, atteggiamento*) professionale

businessman /'bɪznəsmən/ s (pl **-men** /-mən/) uomo d'affari, imprenditore

businesswoman /'bɪznɪswʊmən/ s (pl **-women**) imprenditrice

busk /bʌsk/ vi suonare per strada **busker** s suonatore, -trice ambulante

bust[1] /bʌst/ s **1** (*scultura*) busto **2** petto

bust[2] /bʌst/ ▶ vt (*pass, pp* **bust** *o* **busted**) (*informale*) rompere ⊃ *Vedi nota a* DREAM
▶ agg (*informale*) rotto LOC **go bust** fallire

bustle /'bʌsl/ ▶ vi ~ (**about**) muoversi in modo agitato
▶ s viavai, trambusto

bustling /'bʌslɪŋ/ agg animatissimo

busy /'bɪzi/ ▶ agg (**-ier, -iest**) **1** ~ (**at/with sth**) indaffarato, occupato (con qc) **2** (*città*) animato **3** (*giornata, programma*) intenso **4** (*USA*) *Vedi* ENGAGED senso (2)
▶ v rifl ~ **yourself doing sth/with sth** tenersi occupato facendo qc/con qc

busybody /'bɪzibɒdi/ s (pl **-ies**) ficcanaso

but /bʌt, bət/ ▶ *cong* ma: *Not only Jo but Amy too.* Non solo Jo, ma anche Amy.
▶ *prep* eccetto: *nobody but you* solo te ◊ *What could I do but cry?* Che cosa potevo fare se non piangere? LOC **but for sb/sth** se non fosse stato

butcher → byte 44

butcher /'bʊtʃə(r)/ ▸ s **1** macellaio, -a **2** **butcher's** (anche **butcher's shop**) macelleria
▸ vt **1** (animale) macellare **2** (persona) massacrare

butler /'bʌtlə(r)/ s maggiordomo

butt /bʌt/ ▸ s **1** botte **2** cisterna **3** (pistola) calcio **4** (sigaretta) mozzicone **5** (USA, informale) culo **6** bersaglio (di battute)
▸ vt dare una testata a PHRV **butt in** (informale) interrompere

butter /'bʌtə(r)/ ▸ s burro
▸ vt imburrare

buttercup /'bʌtəkʌp/ s ranuncolo

butterfly /'bʌtəflaɪ/ s (pl -ies) farfalla ⊃ Vedi illustrazione a FARFALLA LOC **have butterflies (in your stomach)** avere il batticuore

buttock /'bʌtək/ s natica

button /'bʌtn/ ▸ s bottone
▸ vt, vi ~ **(sth) (up)** abbottonare qc; abbottonarsi

buttonhole /'bʌtnhəʊl/ s occhiello

buttress /'bʌtrəs/ s contrafforte

buy /baɪ/ ▸ vt (pass, pp **bought** /bɔːt/) **1** ~ **sth (for sb)**; ~ **(sb) sth** comprare qc (per/a qn): He bought his girlfriend a present. Ha comprato un regalo per la sua ragazza. ◊ I bought one for myself for £10. Me ne sono comprato uno per dieci sterline. **2 to buy sth from sb** comprare qc da qn
▸ s acquisto: a good buy un buon affare

buyer /'baɪə(r)/ s acquirente

buzz /bʌz/ ▸ s **1** ronzio **2** (voci) brusio **3** I get a real buzz out of flying. Andare in aereo mi rende euforico. **4** (informale) colpo di telefono
▸ vi ronzare PHRV **buzz off!** (informale) togliti dai piedi!

buzzard /'bʌzəd/ s poiana

buzzer /'bʌzə(r)/ s cicalino

by /baɪ/ ▸ prep **1** da: The church was designed by Wren. La chiesa è stata progettata da Wren. ◊ I was overcome by fumes. Sono stato sopraffatto dalle esalazioni. ◊ a novel by Steinbeck un romanzo di Steinbeck **2** per: by post per posta ◊ ten (multiplied) by six dieci per sei **3** accanto a: Sit by me. Siediti accanto a me. ◊ by the sea(side) al mare **4** entro: You must be home by ten o'clock. Devi tornare a casa entro le dieci. ◊ She should be there by now. Ormai dovrebbe essere arrivata ◊ By the time I got there it was dark. Quando sono arrivato era già buio. **5** di: by day/night di giorno/notte ◊ by birth/profession di nascita/professione **6** in: to go by boat/car/bicycle andare in nave/macchina/bicicletta **7** secondo: by my watch secondo il mio orologio **8** con: to pay by cheque pagare con un assegno ◊ by force con la forza **9 by doing sth** facendo qc, a forza di fare qc: by working hard lavorando duro ◊ Let me begin by saying ... Permettetemi di cominciare dicendo ... LOC **have/keep sth by you** avere/tenere qc a portata di mano
▸ avv LOC **by and by** poco dopo ♦ **by the by** a proposito ♦ **go, drive, run, etc. by** passare, passare in macchina, passare correndo, ecc ♦ **keep/put sth by** tenere/mettere qc da parte
Vedi anche LARGE

bye! /baɪ/ (anche **bye-bye!** /ˌbaɪˈbaɪ, bəˈbaɪ/) escl (informale) ciao!, arrivederci!

'**by-election** s elezione per coprire un posto resosi vacante in seguito alla morte o alle dimissioni di un parlamentare

bygone /'baɪɡɒn/ agg passato

'**by-law** (anche **'bye-law**) s (GB) ordinanza locale

bypass /'baɪpɑːs; USA -pæs/ ▸ s circonvallazione
▸ vt **1** (città) evitare **2** (persona) scavalcare

'**by-product** s **1** sottoprodotto **2** (fig) conseguenza

bystander /'baɪstændə(r)/ s astante

byte /baɪt/ s (Informatica) byte

C c

C, c /siː/ s (pl **Cs, C's, c's**) **1** C, c: *C for Charlie* C come Como ⊃ *Vedi esempi a* A, A ⊃ *Vedi nota a* VOTO **2** (*Mus*) do

cab /kæb/ s **1** taxi **2** (*camion*) cabina

cabbage /'kæbɪdʒ/ s cavolo

cabin /'kæbɪn/ s **1** (*Naut*) cabina **2** (*Aeron*) cabina passeggeri: *cabin crew* personale di bordo **3** capanna

'cabin cruiser s cabinato

cabinet /'kæbɪnət/ s **1** armadietto: *bathroom cabinet* armadietto del bagno ◊ *drinks cabinet* mobile bar **2** **the Cabinet** [v sing o pl] il Consiglio dei Ministri

cable /'keɪbl/ s **1** cavo **2** (*anche* ˌcable 'television) televisione via cavo

'cable car s funivia

cackle /'kækl/ ▶ s **1** coccodè **2** risata stridula
▶ vi **1** (*gallina*) fare coccodè **2** (*persona*) ridere con voce stridula

cactus /'kæktəs/ s (pl -**es** o **cacti** /'kæktaɪ/) cactus

cadet /kə'det/ s cadetto

Caesarean (*USA* **Cesarean, Cesarian**) /sɪ'zeərɪən/ (*anche* **Caeˌsarean 'section**) s taglio cesareo

cafe /'kæfeɪ; *USA* kæ'feɪ/ s bar, caffè

cafeteria /ˌkæfə'tɪərɪə/ s mensa

caffeine /'kæfiːn/ s caffeina

cage /keɪdʒ/ ▶ s gabbia
▶ vt mettere in gabbia

cagey /'keɪdʒi/ agg (**cagier, -iest**) ~ (**about sth**) (*informale*) evasivo (su qc): *He's very cagey about his family*. Non gli piace parlare della sua famiglia.

cagoule /kə'guːl/ s (*GB*) impermeabile con cappuccio, k-way®

cake /keɪk/ s torta: *a birthday cake* una torta di compleanno LOC **have your cake and eat it** (*informale*) volere la botte piena e la moglie ubriaca *Vedi anche* PIECE

caked /keɪkt/ agg ~ **with sth** incrostato di qc

calamity /kə'læməti/ s (pl -**ies**) calamità

calculate /'kælkjuleɪt/ vt calcolare LOC **be calculated to do sth** essere studiato per fare qc **calculating** agg calcolatore **calculation** /ˌkælkjul'eɪʃn/ s calcolo **calculator** s calcolatrice

caldron (*USA*) = CAULDRON

calendar /'kælɪndə(r)/ s calendario: *calendar month* mese civile

calf /kɑːf; *USA* kæf/ s (pl **calves** /kɑːvz; *USA* kævz/) **1** vitello ⊃ *Vedi nota a* CARNE **2** piccolo (*di foca, ecc*) **3** polpaccio

calibre (*USA* **caliber**) /'kælɪbə(r)/ s calibro

call /kɔːl/ ▶ s **1** chiamata, grido **2** (*Ornitologia*) richiamo **3** visita **4** *Vedi* PHONE CALL **5** ~ **for sth**: *There isn't much call for such things*. Non c'è molta richiesta di queste cose. LOC **(be) on call** (essere) di guardia *Vedi anche* CLOSE¹, PORT

▶ **1** vt, vi chiamare: *I thought I heard somebody calling*. Mi è sembrato di sentire qualcuno chiamare. ◊ *Could you call a taxi for me please?* Mi può chiamare un taxi, per favore? ◊ *His real name is James but we call him Jim*. Il suo vero nome è James, ma lo chiamiamo Jim. ◊ *What's your dog called?* Come si chiama il tuo cane? **2** vi ~ (**out**) (**to sb**) (**for sth**) chiamare (qn) (per qc): *She called out to her father for help*. Chiamò suo padre per chiedergli aiuto. **3** vt ~ **sth** (**out**) gridare qc **4** vi ~ (**in/round**) (**on sb**) andare a trovare qn; passare: *Let's call (in) on John*. Andiamo a trovare John. **5** vi ~ (**in/round**) (**at …**) passare (da …): *He was out when I called (round) (to see him)*. Era fuori quando sono passato. ◊ *Will you call in at the post office for some stamps?* Puoi passare dall'ufficio postale a comprare dei francobolli? **6** vi ~ **at** (*treno*) fare scalo a **7** vt (*riunione, elezione*) indire LOC **call it a day** (*informale*): *Let's call it a day*. Per oggi basta. LOC *Vedi* QUESTION, REVERSE THE CHARGES

PHRV **call by** (*informale*) passare: *Could you call by on your way home?* Puoi passare mentre vai a casa?

call for sb passare a prendere qn: *I'll call for you at seven o'clock*. Passo a prenderti alle sette. ♦ **call for sth** richiedere qc: *The situation calls for prompt action*. La situazione richiede un'azione rapida.

call sth off revocare, annullare qc

call sb out chiamare qn: *to call out the troops* mobilitare l'esercito ◊ *to call out the fire brigade* chiamare i pompieri

call sb up 1 (*spec USA*) telefonare a qn **2** chiamare alle armi qn

'call centre (*USA* **'call center**) s call centre

caller /'kɔːlə(r)/ s **1** persona che chiama al telefono **2** visitatore, -trice

---

| tʃ chin | dʒ June | v van | θ thin | ð then | s so | z zoo | ʃ she |

call-in → candidate

'call-in s (USA) Vedi PHONE-IN

callous /'kæləs/ agg insensibile, crudele

calm /kɑːm; USA kɑːlm/ ▶ agg (**-er**, **-est**) calmo
▶ s calma
▶ vt, vi ~ (**sb**) (**down**) calmare qn; calmarsi: *Just calm down a bit!* Datti una calmata!

calorie /'kæləri/ s caloria

calves plurale di CALF

camcorder /'kæmkɔːdə(r)/ s videocamera

came pass di COME

camel /'kæml/ s **1** cammello **2** color cammello

camera /'kæmərə/ s macchina fotografica: *a television/video camera* una telecamera/videocamera

camouflage /'kæməflɑːʒ/ ▶ s mimetizzazione
▶ vt mimetizzare

camp /kæmp/ ▶ s accampamento: *concentration camp* campo di concentramento
▶ vi accamparsi: *to go camping* andare in campeggio

campaign /kæm'peɪn/ ▶ s campagna (*pubblicitaria, ecc*)
▶ vi ~ (**for/against sb/sth**) fare una campagna (per/contro qn/qc)

campaigner /kæm'peɪnə(r)/ s attivista

camper van /'kæmpə væn/ s camper

campsite /'kæmpsaɪt/ (*anche* 'camping site) s campeggio (*luogo*)

campus /'kæmpəs/ s (*pl* **-es**) campus

can¹ /kæn/ ▶ s scatola, lattina: *a can of Coke* una lattina di coca ◊ *a petrol can* una tanica per la benzina

In inglese britannico **can** indica generalmente *lattina per bevande* ma talvolta significa *scatola* o *scatoletta*: *a can of sardines* una scatoletta di sardine. **Tin** significa generalmente *scatola* o *scatoletta*. In inglese americano, invece, si usa **can** sia per bevande che per alimenti.

Vedi anche CARRY ᴐ *Vedi illustrazione a* CONTAINER
▶ vt (**-nn-**) inscatolare

can² /kən, kæn/ v aus modale (*neg* **cannot** /'kænɒt/ o **can't** /kɑːnt/; USA kænt/ *pass* **could** /kəd, kʊd/ *neg* **could not** o **couldn't** /'kʊdnt/)

Can è un verbo modale seguito dall'infinito senza il TO. Le frasi interrogative e negative si costruiscono senza l'ausiliare *do*. **Can** ha soltanto le forme del presente: *I can't swim.* Non so nuotare.

e del passato, che si usa anche per il condizionale: *He couldn't do it.* Non ha potuto farlo. ◊ *Could you come?* Potresti venire?

Per tutti gli altri tempi si usa **to be able to**: *Will you be able to come?* Potrai venire? ◊ *I'd like to be able to go.* Mi piacerebbe poter andare.

- **possibilità** potere: *We can catch a bus from here.* Da qui possiamo prendere un autobus. ◊ *She can be very forgetful.* A volte è molto distratta.
- **abilità** sapere: *They can't read or write.* Non sanno né leggere né scrivere. ◊ *Can you swim?* Sai nuotare? ◊ *He couldn't answer the question.* Non ha saputo rispondere alla domanda.
- **permesso** potere: *Can I open the window?* Posso aprire la finestra? ◊ *You can't go swimming today.* Oggi non puoi andare a nuotare. ᴐ *Vedi nota a* MAY
- **offerta, richiesta, suggerimento** potere: *Can I help you to peel the potatoes?* Posso aiutarti a sbucciare le patate? ◊ *Could you help me with this box?* Mi puoi dare una mano con questa scatola? ◊ *We can eat in a restaurant, if you want.* Se vuoi possiamo mangiare al ristorante. ᴐ *Vedi nota a* MUST
- **con verbi di percezione**: *You can see it everywhere.* Lo si vede dappertutto. ◊ *She could hear them clearly.* Li sentiva bene. ◊ *I can smell something burning.* Sento puzza di bruciato.
- **incredulità**: *Whatever can they be doing?* Cosa staranno combinando? ◊ *Where can she have put it?* Dove l'avrà messo?

canal /kə'næl/ s **1** canale **2** tubo, condotto

canary /kə'neəri/ s (*pl* **-ies**) canarino

cancel /'kænsl/ vt, vi (**-ll-**, USA **-l-**) **1** (*volo, vacanze*) cancellare ᴐ *Confronta* POSTPONE **2** (*contratto, ordine*) annullare PHRV **cancel out** annullarsi, compensarsi ♦ **cancel sth out** annullare, compensare qc **cancellation** /ˌkænsə'leɪʃn/ s cancellazione

Cancer /'kænsə(r)/ s Cancro (*segno zodiacale*) ᴐ *Vedi esempi a* ACQUARIO

cancer /'kænsə(r)/ s [*non numerabile*] cancro

candid /'kændɪd/ agg franco

candidate /'kændɪdət, -deɪt; USA -deɪt/ s candidato, -a **candidacy** /'kændɪdəsi/ (*spec GB* **candidature** /'kændɪdətʃə(r)/) s candidatura

---

iː see i happy ɪ sit e ten æ hat ɑː father ʌ cup ʊ put uː too

candle /'kændl/ *s* **1** candela **2** (*Relig*) cero

candlelight /'kændllaɪt/ *s* lume di candela

candlestick /'kændlstɪk/ *s* **1** portacandele **2** candelabro

candy /'kændi/ *s* [*non numerabile*] dolciumi **2** (*pl* **-ies**) (*USA*) *Vedi* SWEET *s senso* (1)

cane /keɪn/ *s* **1** (*Bot*) canna **2** [*non numerabile*] vimini **3** bastone **4 the cane** la bacchetta

canister /'kænɪstə(r)/ *s* **1** barattolo (*per tè, caffè*) **2** candelotto

cannabis /'kænəbɪs/ *s* canapa indiana

cannibal /'kænɪbl/ *s* cannibale

cannon /'kænən/ *s* (*pl* **cannon** *o* **-s**) cannone

canoe /kə'nuː/ *s* canoa **canoeing** *s* canottaggio

canopy /'kænəpi/ *s* (*pl* **-ies**) **1** baldacchino **2** (*fig*) volta (*del cielo*)

canteen /kæn'tiːn/ *s* (*spec USA*) mensa

canter /'kæntə(r)/ *s* piccolo galoppo

canton /'kæntɒn/ *s* cantone

canvas /'kænvəs/ *s* tela

canvass /'kænvəs/ **1** *vt, vi* ~ (**sb**) (**for sth**) fare propaganda elettorale (presso qn) (per qc): *to canvass for/on behalf of sb* fare propaganda elettorale per qn ◊ *to go out canvassing (for votes)* fare propaganda elettorale **2** *vt* (*opinione*) sondare

canyon /'kænjən/ *s* canyon **canyoning** *s* torrentismo

cap /kæp/ ▸ *s* **1** berretto ⊃ *Vedi illustrazione a* CAPPELLO **2** cuffia (*per nuotare, da infermiera*) **3** tappo, cappuccio
▸ *vt* (**-pp-**) **1** superare **2** fissare un tetto di spesa a **3** (*Sport*) selezionare: *He has been capped more than 30 times for Wales.* È stato selezionato più di trenta volte per la squadra gallese. **4** (*dente*) incapsulare LOC **to cap it all** per colmare la misura

capability /ˌkeɪpə'bɪləti/ *s* (*pl* **-ies**) capacità, abilità

capable /'keɪpəbl/ *agg* ~ **of sth/doing sth** capace di qc/di fare qc

capacity /kə'pæsəti/ *s* (*pl* **-ies**) **1** capacità, capienza: *filled to capacity* pieno zeppo **2** *at full capacity* a pieno ritmo LOC **in your capacity as sth** in qualità di qc

cape /keɪp/ *s* **1** mantello, cappa **2** (*Geog*) capo

caper /'keɪpə(r)/ ▸ *vi* ~ (**about**) saltellare
▸ *s* (*informale*) birichinata

capillary /kə'pɪləri; *USA* 'kæpɪləri/ *s* (*pl* **-ies**) capillare

capital /'kæpɪtl/ ▸ *s* **1** (*anche* ˌcapital 'city) capitale (*città*) **2** (*anche* ˌcapital 'letter) maiuscola **3** (*Archit*) capitello **4** (*Econ*) capitale: *capital goods* beni capitali ◊ *capital gains* plusvalenza LOC **make capital (out) of sth** trarre vantaggio da qc
▸ *agg* **1** capitale: *capital punishment* pena capitale **2** maiuscolo

capitalism /'kæpɪtəlɪzəm/ *s* capitalismo **capitalist** *agg, s* capitalista **capitalize, -ise** /'kæpɪtəlaɪz/ *vt* (*Fin*) capitalizzare PHRV **capitalize on sth** trarre vantaggio da qc

capitulate /kə'pɪtʃuleɪt/ *vi* ~ (**to sb/sth**) arrendersi (a qn/qc)

capricious /kə'prɪʃəs/ *agg* capriccioso

Capricorn /'kæprɪkɔːn/ *s* Capricorno ⊃ *Vedi esempi a* ACQUARIO

capsize /kæp'saɪz; *USA* 'kæpsaɪz/ *vt, vi* capovolgere, capovolgersi

capsule /'kæpsjuːl; *USA* 'kæpsl/ *s* capsula

captain /'kæptɪn/ ▸ *s* **1** (*Sport, Naut*) capitano **2** (*aereo*) comandante
▸ *vt* capitanare, essere il capitano di

captaincy /'kæptənsi/ *s* grado di capitano

caption /'kæpʃn/ *s* **1** titolo **2** didascalia

captivate /'kæptɪveɪt/ *vt* affascinare **captivating** *agg* affascinante

captive /'kæptɪv/ ▸ *agg* prigioniero LOC **hold/take sb captive/prisoner** tenere/fare prigioniero qn
▸ *s* prigioniero, -a

captivity /kæp'tɪvəti/ *s* cattività

captor /'kæptə(r)/ *s* chi ha fatto prigioniero

capture /'kæptʃə(r)/ ▸ *vt* **1** catturare **2** conquistare **3** (*Arte*) cogliere: *Her photographs capture the charm of Venice.* Le sue foto colgono in pieno il fascino di Venezia.
▸ *s* **1** cattura **2** (*città*) presa

car /kɑː(r)/ *s* **1** (*USA anche* **automobile**) macchina, automobile: *by car* in macchina ◊ *a car accident* un incidente automobilistico ◊ *a car bomb* un'autobomba **2** (*Ferrovia*): *dining car* carrozza ristorante ◊ *sleeping car* vagone letto **3** (*USA*) *Vedi* CARRIAGE *senso* (2) **4** (*USA*) *Vedi* TRUCK *senso* (2)

caramel /'kærəmel/ *s* **1** caramello **2** color caramello

carat (*USA* **karat**) /'kærət/ *s* carato

caravan /'kærəvæn/ *s* **1** (*USA* **trailer**) roulotte: *caravan site* campeggio per roulotte **2** carrozzone **3** carovana

carbohydrate /ˌkɑːbəʊˈhaɪdreɪt/ s carboidrato

carbon /ˈkɑːbən/ s **1** carbonio: *carbon dating* datare con il carbonio 14 ◊ *carbon dioxide/monoxide* anidride carbonica/monossido di carbonio **2** *carbon paper* carta carbone ➜ Confronta COAL

carbon 'copy s (*pl* **-ies**) **1** copia in carta carbone **2** (*fig*) ritratto: *She's a carbon copy of her sister.* È identica alla sorella.

car 'boot sale s (*GB*) vendita all'aperto di roba usata esposta dai proprietari nei bagagliai delle auto

carburettor /ˌkɑːbəˈretə(r)/ (*USA* **carburetor** /ˈkɑːrbəreɪtər/) s carburatore

carcass (*anche* **carcase**) /ˈkɑːkəs/ s carcassa (*di animale*)

card /kɑːd/ s **1** biglietto d'auguri **2** biglietto da visita **3** scheda: *graphics/sound card* scheda grafica/audio **4** (*di socio*) tessera **5** carta: *identity card* carta d'identità ◊ *boarding card* carta d'imbarco **6** carta da gioco **7** [*non numerabile*] cartoncino LOC **on the cards** (*informale*) probabile ♦ **get your cards** (*GB, informale*) essere licenziato ♦ **give sb their cards** (*GB, informale*) licenziare qn *Vedi anche* LAY¹, PLAY

cardboard /ˈkɑːdbɔːd/ s cartone

cardholder /ˈkɑːdhəʊldə(r)/ s titolare (*di carta di credito*)

cardiac /ˈkɑːdiæk/ agg cardiaco

cardigan /ˈkɑːdɪɡən/ s cardigan

cardinal /ˈkɑːdɪnl/ ▸ agg **1** cardinale **2** (*peccato*) mortale **3** (*importanza*) capitale
▸ s (*Relig*) cardinale

'card index s catalogo a schede

care /keə(r)/ ▸ s **1** cura: *I've taken a lot of care over the arrangements.* Ho messo molta cura nei preparativi. ◊ *to take care* fare attenzione **2** assistenza: *child care provision* assistenza all'infanzia **3** preoccupazione, preoccupazioni LOC **care of sb** (*indirizzo*) presso qn ♦ **take care!** (*informale*) stammi bene! ♦ **take care of sb/sth** occuparsi di qn/qc ♦ **take care of yourself/sb/sth** badare a se stesso/qn/qc ♦ **take sb into/put sb in care** affidare qn ad un ente assistenziale ♦ **that takes care of that** e anche questo è sistemato
▸ vi ~ (**about sth**) preoccuparsi (di qc): *I don't care./See if I care.* Non me ne importa un bel niente. LOC **for all I, you, etc. care** per quello che me ne/te ne, ecc importa ♦ **I, you, etc. couldn't care less** non me ne importa/te ne importa, ecc ♦ **would you care for … /would you care to …** (*formale*) vorresti … : *Would you care for another drink?* Ti andrebbe un altro drink? ◊ *If you'd care to follow me, I'll show you where his office is.* Se vuole seguirmi, le mostro il suo ufficio. PHR V **care for sb 1** voler bene a qn **2** curare qn ♦ **care for sth 1** gradire qc **2** amare qc

career /kəˈrɪə(r)/ ▸ s carriera: *career prospects* prospettive di carriera
▸ vi sfrecciare

carefree /ˈkeəfriː/ agg spensierato

careful /ˈkeəfl/ agg **1** prudente, cauto: *to be careful (about/of/with sth)* fare attenzione (a qc) **2** (*lavoro, ecc*) accurato **carefully** /ˈkeəfəli/ avv attentamente, con cura: *to listen/think carefully* ascoltare/pensare attentamente LOC *Vedi* TREAD

careless /ˈkeələs/ agg **1** ~ (**about sth**) incurante (di qc): *to be careless of sth* non curarsi di qc **2** imprudente: *a careless mistake* un errore di disattenzione

carer /ˈkeərə(r)/ s familiare che si occupa di una persona malata o anziana

caress /kəˈres/ ▸ s carezza
▸ vt accarezzare

caretaker /ˈkeəteɪkə(r)/ (*USA* **janitor**) ▸ s **1** custode **2** bidello, -a
▸ agg provvisorio

cargo /ˈkɑːɡəʊ/ s (*pl* **-oes**, *USA anche* **-s**) carico

caricature /ˈkærɪkətjʊə(r)/ ▸ s caricatura
▸ vt fare la caricatura di

caring /ˈkeərɪŋ/ agg premuroso: *a caring image* un'immagine umanitaria

carnation /kɑːˈneɪʃn/ s garofano

carnival /ˈkɑːnɪvl/ s carnevale

carnivore /ˈkɑːnɪvɔː(r)/ s carnivoro **carnivorous** /kɑːˈnɪvərəs/ agg carnivoro

carol /ˈkærəl/ s canto (*di Natale*)

carp /kɑːp/ s (*pl* **carp**) carpa

'car park s parcheggio

carpenter /ˈkɑːpəntə(r)/ s carpentiere **carpentry** /ˈkɑːpəntri/ s carpenteria

carpet /ˈkɑːpɪt/ ▸ s **1** tappeto **2** moquette
▸ vt mettere la moquette a

carpeting /ˈkɑːpɪtɪŋ/ s [*non numerabile*] moquette

carriage /ˈkærɪdʒ/ s **1** carrozza **2** (*USA* **car**) (*Ferrovia*) vagone **3** [*non numerabile*] (*merci*) trasporto

carriageway /ˈkærɪdʒweɪ/ s carreggiata

carrier /ˈkæriə(r)/ s **1** portatore, -trice **2** corriere, impresa di trasporti **3** (anche ˈ**carrier bag**) (GB) sacchetto, borsa

carrot /ˈkærət/ s **1** carota **2** (fig) zuccherino

carry /ˈkæri/ (pass, pp **carried**) **1** vt portare: *to carry a gun* portare la pistola ⊃ *Vedi nota a* WEAR **2** vt sostenere **3** vt (votazione) approvare **4** v rifl ~ yourself: *She carries herself well.* Ha un portamento elegante. **5** vi diffondersi: *Her voice carries well.* Ha una voce forte. LOC **carry the can (for sth)** (informale) prendersi la colpa (di qc) ◆ **carry the day** aver successo ◆ **carry weight** aver peso ◆ **get carried away** farsi prendere la mano: *Don't get carried away.* Non entusiasmarti troppo.
PHRV **carry sth off 1** cavarsela bene in qc **2** vincere qc
carry on (with sb) (informale) avere un'avventura (con qn) ◆ **carry on (with sth/doing sth)**; **carry sth on** continuare (qc/a fare qc)
carry sth out 1 (progetto) realizzare qc **2** (indagine) svolgere qc **3** (ordine) eseguire qc **4** (promessa) adempiere qc
carry sth through realizzare qc

ˈ**carry-on** s (spec GB, informale) casino

cart /kɑːt/ ▸ s **1** carro **2** (USA) Vedi TROLLEY senso (1)
▸ vt trasportare con un carro PHRV **cart sth about/around** (informale) portare qc ◆ **cart sb/sth off** (informale) trascinare qn/qc

carton /ˈkɑːtn/ s **1** (latte) cartone **2** (sigarette) stecca ⊃ *Vedi illustrazione a* CONTAINER

cartoon /kɑːˈtuːn/ s **1** vignetta **2** cartone animato **3** (Arte) cartone **cartoonist** s vignettista

cartridge /ˈkɑːtrɪdʒ/ s **1** cartuccia **2** (Foto) caricatore

carve /kɑːv/ **1** vt, vi scolpire: *carved out of/ from/in marble* scolpito nel marmo **2** vt (iniziali, ecc) incidere **3** vt, vi (Cucina) tagliare (la carne) PHRV **carve sth out (for yourself)** crearsi qc (carriera, reputazione) ◆ **carve sth up** (informale) suddividere qc **carving** s scultura, intaglio

cascade /kæˈskeɪd/ s cascata

case /keɪs/ s **1** valigia, valigetta **2** (vino) cassa **3** (museo) vetrinetta **4** astuccio **5** caso: *It's a case of…* Si tratta di… **6** argomento: *There is a case for banning guns.* Ci sono motivi per mettere al bando le armi da fuoco. **7** (Dir) causa: *the case for the defence/prosecution* le argomentazioni della difesa/accusa LOC **in any case** in ogni caso ◆ **in case …** nel caso … : *Take an umbrella in case it rains.* Prendi l'ombrello in caso piova. ◆ **(just) in case** per sicurezza ◆ **make (out) a case (for sth)** presentare degli argomenti convincenti (per qc) *Vedi anche* BORDERLINE

cash /kæʃ/ ▸ s [non numerabile] **1** contanti: *to pay (in) cash* pagare in contanti ◇ *cash price* prezzo per contanti ◇ *cash dispenser/cashpoint* sportello automatico ◇ *cash card* carta del Bancomat ◇ *cash flow* liquidità ◇ *cash desk* cassa **2** (informale) soldi: *to be short of cash* essere a corto di soldi LOC **cash down** in contanti ◆ **cash on delivery** (abbrev **COD**) pagamento alla consegna *Vedi anche* HARD
▸ vt incassare PHRV **cash in on sth** approfittarsi di qc ◆ **cash sth in** riscuotere qc

cashier /kæˈʃɪə(r)/ s cassiere, -a

cashmere /ˌkæʃˈmɪə(r)/ s cachemire

casino /kəˈsiːnəʊ/ s (pl -s) casinò

cask /kɑːsk; USA kæsk/ s barile

casket /ˈkɑːskɪt; USA ˈkæskɪt/ s **1** cofanetto (per gioielli, ecc) **2** (USA) bara

casserole /ˈkæsərəʊl/ s **1** (anche ˈ**casserole dish**) casseruola ⊃ *Vedi illustrazione a* SAUCEPAN **2** *chicken casserole* pollo in casseruola

cassette /kəˈset/ s cassetta: *cassette deck/ player/recorder* piastra di registrazione/mangiacassette/registratore a cassetta

cast /kɑːst; USA kæst/ ▸ s **1** [v sing o pl] (Teat) cast, attori **2** (Arte) stampo
▸ vt (pass, pp **cast**) **1** (Teat): *He was cast as Othello.* Fu scritturato per la parte di Otello. **2** gettare, lanciare: *to cast a glance at sth* gettare uno sguardo su qc **3** *to cast your vote* votare LOC **cast an eye/your eye(s) over sth** dare un'occhiata a qc ◆ **cast a spell on sb/sth** fare un incantesimo a qn/qc ◆ **cast doubt (on sth)** far sorgere dei dubbi (su qc) PHRV **cast about/ around for sth** cercare di trovare qc ◆ **cast sb/ sth aside** abbandonare qn/mettere da parte qc ◆ **cast sth off** scartare qc

castaway /ˈkɑːstəweɪ; USA ˈkæst-/ s naufrago, -a

caste /kɑːst; USA kæst/ s casta: *caste system* sistema delle caste

caster sugar (anche **castor sugar**) /ˈkɑːstə ʃʊɡə(r); USA ˈkæst-/ s zucchero semolato

ˌ**cast ˈiron** ▸ s ghisa
▸ agg **1** di ghisa **2** (salute, alibi) di ferro

castle /ˈkɑːsl; USA ˈkæsl/ s **1** castello **2** (Scacchi) torre

castrate /kæˈstreɪt; USA ˈkæstreɪt/ vt castrare **castration** /kæˈstreɪʃn; USA kæ-/ s castrazione

---

tʃ **ch**in   dʒ **J**une   v **v**an   θ **th**in   ð **th**en   s **s**o   z **z**oo   ʃ **sh**e

casual /'kæʒuəl/ *agg* **1** (*abbigliamento*) casual **2** (*lavoro*) saltuario: *casual workers* avventizi **3** superficiale: *a casual acquaintance* uno conosciuto da poco ◊ *a casual glance* un'occhiata di sfuggita ◊ *casual sex* rapporti sessuali occasionali **4** (*incontro*) fortuito **casually** /'kæʒuəli/ *avv* **1** di sfuggita **2** in modo informale **3** con disinvoltura

casualty /'kæʒuəlti/ *s* (*pl* **-ies**) vittima, ferito

cat /kæt/ *s* **1** gatto: *cat food* cibo per gatti ⊃ *Vedi nota a* GATTO ◊ *big cat* felino selvatico ((*tigre, leone, ecc*)) LOC *Vedi* LET¹

catacombs /'kætəku:mz/ *s* [*pl*] catacombe

catalogue (*anche USA* **catalog**) /'kætəlɒg; *USA* -lɔ:g/ ▸ *s* **1** catalogo **2** (*fig*): *a catalogue of disasters* una serie di disastri
▸ *vt* catalogare

cataloguing /'kætəlɒgɪŋ/ *s* catalogazione

catalyst /'kætəlɪst/ *s* catalizzatore

catalytic converter /ˌkætəˌlɪtɪk kən-'vɜ:tə(r)/ *s* marmitta catalitica

catapult /'kætəpʌlt/ ▸ *s* fionda
▸ *vt* catapultare

cataract /'kætərækt/ *s* cataratta

catarrh /kə'tɑ:(r)/ *s* catarro

catastrophe /kə'tæstrəfi/ *s* catastrofe **catastrophic** /ˌkætə'strɒfɪk/ *agg* catastrofico

catch /kætʃ/ ▸ (*pass, pp* **caught** /kɔ:t/) **1** *vt, vi* prendere, afferrare: *Here, catch!* Prendi! ◊ *I managed to catch her before she left.* L'ho beccata in tempo prima che uscisse. ◊ *I'll catch you later.* Ci vediamo più tardi. **2** *vt* acchiappare, acciuffare **3** *vt* ~ *sb* (**doing sth**) sorprendere qn (a fare qc) **4** *vt* (*USA, informale*) (*film*) andare a vedere **5** *vt* ~ *sth* (**in/on sth**) impigliare qc (in qc): *He caught his thumb in the door.* Si è chiuso il pollice nella porta. **6** *vt* (*malattia*) prendere **7** *vt* (*parole*) afferrare, cogliere **8** *vi* (*fuoco*) prendere LOC **catch fire** prendere fuoco ♦ **catch sb off balance** prendere qn in contropiede ♦ **catch sb's attention/eye** attirare l'attenzione/lo sguardo di qn ♦ **catch sight/a glimpse of sb/sth** scorgere qn/qc ♦ **catch your breath 1** riprendere fiato **2** restare senza fiato ♦ **catch your death** (**of cold**) (*informale*) prendersi una polmonite *Vedi anche* CROSS-FIRE, EARLY, FANCY
PHRV **catch on** (*informale*) prendere piede ♦ **catch on** (**to sth**) (*informale*) capire (qc)
catch sb out 1 cogliere qn in fallo **2** (*Sport*) mettere fuori gioco qn
be caught up in sth essere coinvolto in qc ♦ **catch up** (**on sth**) mettersi in pari (con qc) ♦ **catch up with sb/to catch sb up** raggiungere qn

▸ *s* **1** presa **2** pescato **3** (*informale*) (*fig*): *He's a good catch.* È un buon partito. **4** gancio, fermaglio **5** (*fig*) tranello: *It's (a) catch-22 (situation).* Non c'è via d'uscita.

catching /'kætʃɪŋ/ *agg* contagioso

catchment area /'kætʃmənt eəriə/ *s* bacino di utenza

catchphrase /'kætʃfreɪz/ *s* slogan (*di persona famosa*)

catchy /'kætʃi/ *agg* (**-ier, -iest**) orecchiabile

catechism /'kætəkɪzəm/ *s* catechismo

categorical /ˌkætə'gɒrɪkl; *USA* -'gɔ:r-/ (*anche* **categoric**) *agg* categorico (*risposta, rifiuto*) **categorically** *avv* categoricamente

categorize, -ise /'kætəgəraɪz/ *vt* classificare

category /'kætəgəri; *USA* -gɔ:ri/ *s* (*pl* **-ies**) categoria

cater /'keɪtə(r)/ *vi* provvedere ai rinfreschi: *to cater for a party* provvedere ai rinfreschi per una festa ◊ *to cater for all tastes* andare incontro ai gusti di tutti **catering** *s* catering: *the catering industry* il settore della ristorazione

caterpillar /'kætəpɪlə(r)/ *s* **1** bruco **2** (*anche* **Caterpillar track**®) cingolato

cathedral /kə'θi:drəl/ *s* cattedrale

Catholic /'kæθlɪk/ *agg, s* cattolico, -a **Catholicism** /kə'θɒləsɪzəm/ *s* cattolicesimo

cattle /'kætl/ *s* [*pl*] bestiame

catwalk /'kætwɔ:k/ (*USA* **runway**) *s* passerella (*per sfilate di moda*)

caught *pass, pp di* CATCH LOC *Vedi* CROSSFIRE

cauldron (*USA* **caldron**) /'kɔ:ldrən/ *s* calderone

cauliflower /'kɒlɪflaʊə(r); *USA anche* 'kɔ:li-/ *s* cavolfiore

cause /kɔ:z/ ▸ *vt* causare: *to cause problems* causare problemi
▸ *s* **1** ~ (**of sth**) causa (di qc) **2** ~ (**for sth**) motivo, ragione (di qc): *There is no cause for complaint/to complain.* Non c'è motivo di lamentarsi. LOC *Vedi* ROOT

causeway /'kɔ:zweɪ/ *s* strada rialzata

caustic /'kɔ:stɪk/ *agg* **1** caustico **2** (*fig*) sarcastico

caution /'kɔ:ʃn/ ▸ **1** *vt, vi* ~ (**sb**) **against sth** mettere in guardia (qn) contro qc **2** *vt* ammonire
▸ *s* **1** cautela, prudenza: *to exercise extreme caution* usare un'estrema cautela **2** diffida LOC **throw/fling caution to the winds** gettare la prudenza alle ortiche

---

i: see   i happy   ɪ sit   e ten   æ hat   ɑ: father   ʌ cup   ʊ put   u: too

cautionary /'kɔːʃnəri/ *agg* di avvertimento: *a cautionary tale* una storiella ammonitrice ◊ *to sound a cautionary note* dare un avvertimento

cautious /'kɔːʃəs/ *agg* ~ (**about/of sth**) cauto, prudente (con qc) **cautiously** *avv* cautamente

cavalry /'kævlri/ *s* cavalleria

cave /keɪv/ ▸ *s* grotta, caverna: *cave painting* pittura rupestre
▸ *v* PHRV **cave in 1** crollare **2** (*fig*) cedere

cavern /'kævən/ *s* caverna **cavernous** /'kævənəs/ *agg* cavernoso

cavity /'kævəti/ *s* (*pl* **-ies**) **1** cavità **2** carie

CD /ˌsiː ˈdiː/ *s* CD

CD-ROM /ˌsiː diː ˈrɒm/ *s* CD-ROM

cease /siːs/ *vt, vi* (*formale*) cessare, smettere: *to cease to do sth* smettere di fare qc

ceasefire /'siːsfaɪə(r)/ *s* cessate il fuoco

ceaseless /'siːsləs/ *agg* incessante

cede /siːd/ *vt* (*formale*) cedere

ceiling /'siːlɪŋ/ *s* **1** soffitto **2** (*fig*) tetto, limite massimo

celebrate /'selɪbreɪt/ **1** *vt* celebrare **2** *vi* far festa **3** *vt* (*formale*) onorare **celebrated** *agg* ~ (**for sth**) celebre (per qc) **celebration** /ˌselɪˈbreɪʃn/ *s* celebrazione: *in celebration of* in commemorazione di **celebratory** /ˌseləˈbreɪtəri/ *agg* di festa, commemorativo

celebrity /səˈlebrəti/ *s* (*pl* **-ies**) celebrità

celery /'seləri/ *s* sedano

cell /sel/ *s* **1** (*Anat, Pol*) cellula **2** cella **3** (*Elettr*) elemento (*di batteria*)

cellar /'selə(r)/ *s* cantina

cellist /'tʃelɪst/ *s* violoncellista

cello /'tʃeləʊ/ *s* (*pl* **-s**) violoncello

cellphone /'selfəʊn/ (*anche* ˌcellular 'phone) *s* (*spec USA*) *Vedi* MOBILE PHONE

cellular /'seljələ(r)/ *agg* cellulare

Celt /kelt/ *s* celta **Celtic** /'keltɪk/ *agg* celtico

cement /sɪˈment/ ▸ *s* cemento
▸ *vt* (*anche fig*) cementare

cemetery /'semətri; *USA* -teri/ *s* (*pl* **-ies**) cimitero ⊃ *Confronta* CHURCHYARD

censor /'sensə(r)/ ▸ *s* censore
▸ *vt* censurare

censorship /'sensəʃɪp/ *s* [*non numerabile*] censura

censure /'senʃə(r)/ ▸ *vt* ~ **sb** (**for sth**) censurare qn (per qc)
▸ *s* censura

census /'sensəs/ *s* (*pl* **-es**) censimento

cent /sent/ *s* centesimo

centenary /senˈtiːnəri; *USA* ˈsentəneri/ *s* (*pl* **-ies**) centenario

center (*USA*) *Vedi* CENTRE

centimetre (*USA* **centimeter**) /'sentɪmiːtə(r)/ *s* (*abbrev* **cm**) centimetro

centipede /'sentɪpiːd/ *s* millepiedi

central /'sentrəl/ *agg* centrale: *the central question* la questione centrale ◊ *central London* il centro di Londra ◊ *central heating* riscaldamento autonomo **centralize, -ise** /'sentrəlaɪz/ *vt* centralizzare **centralization, -isation** /ˌsentrəlaɪˈzeɪʃn; *USA* -ləˈz-/ *s* accentramento **centrally** *avv* centralmente

centre (*USA* **center**) /'sentə(r)/ ▸ *s* **1** centro: *the town centre* il centro della città ◊ *a shopping centre* un centro commerciale **2 the centre** [*v sing o pl*] (*Pol*) il centro: *a centre party* un partito di centro **3** (*calcio*) centravanti **4** (*rugby*) centrocampista
▸ *vt, vi* centrare PHRV **centre (sth) on/upon/(a)round sb/sth** concentrare qc/concentrarsi su qn/qc

ˌcentre ˈforward (*anche* ˌcentre, *USA* ˌcenter ˈforward, ˌcenter) *s* centravanti

ˌcentre ˈhalf (*USA* ˌcenter ˈhalf) *s* centromediano

century /'sentʃəri/ *s* (*pl* **-ies**) **1** secolo **2** (*cricket*) cento punti

ceramic /səˈræmɪk/ ▸ *s* ceramica
▸ *agg* di ceramica

cereal /'sɪəriəl/ *s* cereale

cerebral /'serəbrəl; *USA* səˈriːbrəl/ *agg* cerebrale

ceremonial /ˌserɪˈməʊniəl/ *agg, s* rituale

ceremony /'serəməni; *USA* -məʊni/ *s* (*pl* **-ies**) cerimonia

certain /'sɜːtn/ ▸ *agg* **1** sicuro: *That's far from certain.* Non è detto. ◊ *It is certain that he'll be elected.* Verrà eletto di sicuro. **2** certo: *to a certain extent* fino a un certo punto ◊ *a certain Mr Brown* un certo signor Brown LOC **for certain** con certezza ♦ **make certain (that ...)** accertarsi che ... ♦ **make certain of (doing) sth** accertarsi di (fare) qc
▸ *pron* (*formale*) ~ **of ...** : *certain of those present* alcuni dei presenti

certainly /'sɜːtnli/ *avv* **1** certamente ⊃ *Confronta* SURELY **2** (*come risposta*) certo: *Certainly not!* No di certo!

certainty /'sɜːtnti/ *s* (*pl* **-ies**) certezza

certificate /səˈtɪfɪkət/ *s* **1** certificato: *a doctor's certificate* un certificato medico **2** (*Scol*) diploma

certify /'sɜːtɪfaɪ/ vt (pass, pp **-fied**) **1** certificare **2** (anche **certify insane**): *He was certified (insane).* Fu dichiarato malato di mente. **certification** /ˌsɜːtɪfɪ'keɪʃn/ s certificazione

Cesarean, -ian (USA) Vedi CAESAREAN

CFC /ˌsiː ef'siː/ s cluorofluorocarburo

chain /tʃeɪn/ ▶ s catena: *a chain of mountains* una catena montuosa ◊ *chain reaction* reazione a catena ◊ *chain mail* cotta di maglia LOC **in chains** in catene
▶ vt ~ sb/sth (**up**) incatenare qn/qc

chainsaw /'tʃeɪnsɔː/ s motosega

chain-smoke vi fumare una sigaretta dopo l'altra

chair /tʃeə(r)/ ▶ s **1** sedia: *easy chair* poltrona **2 the chair** (riunione) la presidenza **3 the (electric) chair** la sedia elettrica **4** (università) cattedra
▶ vt presiedere (riunione)

chairlift /'tʃeəlɪft/ s seggiovia

chairman /'tʃeəmən/ s (pl **-men** /-mən/) presidente ❶ Si preferisce usare la parola **chairperson**, che può indicare sia un uomo che una donna.

chairperson /'tʃeəpɜːsn/ s presidente, -essa

chairwoman /'tʃeəwʊmən/ s (pl **-women**) presidentessa ❶ Si preferisce usare la parola **chairperson**, che può indicare sia un uomo che una donna.

chalet /'ʃæleɪ/ s chalet, baita

chalk /tʃɔːk/ ▶ s [gen non numerabile] gesso: *a piece/stick of chalk* un gessetto
▶ v PHRV **chalk sth up**: *They have chalked up numerous victories.* Hanno riportato numerose vittorie.

challenge /'tʃælɪndʒ/ ▶ s sfida: *to issue a challenge to sb* sfidare qn
▶ vt **1** sfidare **2** intimare l'alt a **3** (verità, ecc) mettere in dubbio **4** (lavoro, ecc) stimolare

challenger /'tʃælɪndʒə(r)/ s sfidante

challenging /'tʃælɪndʒɪŋ/ agg stimolante, impegnativo

chamber /'tʃeɪmbə(r)/ s camera: *chamber music* musica da camera ◊ *chamber of commerce* camera di commercio

chameleon /kə'miːliən/ s camaleonte

champagne /ʃæm'peɪn/ s champagne

champion /'tʃæmpiən/ ▶ s **1** (Sport, ecc) campione, -essa: *the defending/reigning champion* il campione in carica **2** (causa) difensore
▶ vt difendere

championship /'tʃæmpiənʃɪp/ s campionato: *world championship* campionato mondiale

chance /tʃɑːns; USA tʃæns/ ▶ s **1** caso, sorte **2** caso: *a lucky chance* un caso fortunato ◊ *a chance meeting* un incontro fortuito **3** possibilità: *There's a chance I may be late.* È possibile che arrivi in ritardo. **4** occasione, opportunità: *I don't often get the chance to go to the theatre.* Non mi capita spesso l'occasione di andare a teatro. **5** rischio LOC **be in with a chance** (**of doing sth**) avere delle buone possibilità (di fare qc) ♦ **by** (**any**) **chance** per caso ♦ **no chance** (informale) assolutamente no, nemmeno per sogno ♦ **on the** (**off**) **chance** sperando nella sorte ♦ **take a chance** (**on sth**) tentare (qc) sperando nella sorte ♦ **take chances** rischiare Vedi anche STAND LOC **the chances are** (**that**) ... (informale) è probabile (che) ...
▶ vt ~ **doing sth** correre il rischio di fare qc: *It might be safe to leave the car here, but I'm not going to chance it.* Forse è sicuro lasciare qui la macchina ma non ho intenzione di correre rischi. LOC **chance your arm/luck** (informale) giocare il tutto per tutto PHRV **chance on/upon sb/sth** imbattersi in qn/trovare qc per caso

chancellor /'tʃɑːnsələ(r)/; USA 'tʃæns-/ s **1** cancelliere: *Chancellor of the Exchequer* Ministro del Tesoro **2** (GB) (università) rettore onorario

chandelier /ˌʃændə'lɪə(r)/ s lampadario

change /tʃeɪndʒ/ ▶ **1** vt, vi cambiare: *to change pounds into dollars* cambiare sterline in dollari ◊ *You've changed so much!* Come sei cambiata! **2** vt ~ **sb/sth** (**into sth**) trasformare qn/qc (in qc) **3** vi ~ **from sth** (**in**)**to sth** passare da qc a qc **4** vi cambiarsi: *to change into something cooler* mettersi qualcosa di più leggero LOC **change hands** passare di mano ♦ **change places** (**with sb**) **1** cambiare posto (con qn) **2** (fig) fare cambio (con qn) ♦ **change your mind** cambiare idea ♦ **change your tune** (informale) cambiare atteggiamento Vedi anche CHOP PHRV **change back into sth 1** (vestito) rimettersi qc **2** ritornare ad essere qc ♦ **change into sth 1** (marcia) innestare qc **2** trasformarsi in qc ♦ **change over** (**from sth to sth**) passare (da qc a qc)
▶ s **1** cambiamento, cambiamenti: *his ability to accept change* la sua capacità di accettare i cambiamenti **2** trasbordo **3** [non numerabile] moneta: *loose change* spiccioli **4** [non numerabile] (soldi) resto **5** cambio: *a change of socks* un altro paio di calze LOC **a change for the better/worse** un miglioramento/peggiora-

mento ◆ **a change of heart** un ripensamento ◆ **for a change** per cambiare ◆ **make a change** cambiare le cose

changeable /'tʃeɪndʒəbl/ *agg* **1** (*tempo*) variabile **2** (*persona*) mutevole

changeover /'tʃeɪndʒəʊvə(r)/ *s* cambiamento (*da un sistema ad un altro*)

'changing room *s* **1** camerino **2** spogliatoio

channel /'tʃænl/ ▶ *s* **1** (*TV*) canale **2** (*Radio*) banda di frequenza **3** alveo **4** canale, stretto **5** (*fig*) via
▶ *vt* (-**ll**-, *USA anche* -**l**-) **1** incanalare **2** scavare

chant /tʃɑːnt; *USA* tʃænt/ ▶ *s* **1** (*Relig*) canto **2** (*folla*) slogan
▶ *vt*, *vi* **1** (*Relig*) cantare **2** (*folla*) scandire (slogan)

chaos /'keɪɒs/ *s* [*non numerabile*] caos: *to cause chaos* creare il caos **chaotic** /keɪ'ɒtɪk/ *agg* caotico

chap /tʃæp/ *s* (*informale*, *GB*) tizio: *He's a good chap.* È un brav'uomo.

chapel /'tʃæpl/ *s* cappella

chaplain /'tʃæplɪn/ *s* cappellano

chapped /tʃæpt/ *agg* screpolato

chapter /'tʃæptə(r)/ *s* capitolo

char /tʃɑː(r)/ *vt*, *vi* (-**rr**-) carbonizzare, carbonizzarsi

character /'kærəktə(r)/ *s* **1** carattere: *character references* referenze ◊ *character assassination* diffamazione **2** (*informale*) tipo: *He's an odd character.* È un tipo strano. **3** (*Letteratura*) personaggio: *the main character* il protagonista **4** reputazione LOC **in/out of character** tipico/atipico

characteristic /ˌkærəktə'rɪstɪk/ ▶ *s* caratteristica
▶ *agg* caratteristico

characteristically /ˌkærəktə'rɪstɪkli/ *avv*: *His answer was characteristically frank.* Rispose con quella franchezza che lo caratterizza.

characterize, -ise /'kærəktəraɪz/ *vt* **1** ~ sb/sth as sth descrivere qn/qc come qc **2** caratterizzare **characterization, -isation** *s* **1** descrizione **2** caratterizzazione

charade /ʃə'rɑːd; *USA* ʃə'reɪd/ *s* (*fig*) farsa

charcoal /'tʃɑːkəʊl/ *s* **1** carbone di legna **2** (*Arte*) carboncino **3** (*anche* **charcoal 'grey**) grigio antracite

charge /tʃɑːdʒ/ ▶ *s* **1** accusa **2** (*Mil*, *animali*, *Elettr*) carica **3** (*Sport*) attacco **4** tariffa: *free of charge* gratis **5** cura: *to leave a child in a friend's charge* affidare un bambino ad un amico* LOC **bring/press charges against sb** mettere qn in stato d'accusa ◆ **have charge of sth** essere incaricato di qc ◆ **in charge (of sb/sth)** responsabile (di qn/qc): *Who's in charge here?* Chi è il responsabile qui? ◆ **in/under sb's charge** affidato a qn ◆ **take charge (of sth)** assumere la direzione (di qc) *Vedi anche* EARTH, REVERSE
▶ **1** *vt* ~ **sb (with sth)** accusare qn (di qc) **2** *vt*, *vi* ~ **(at) (sb/sth)** (*Mil*, *Sport*) caricare (qn/qc): *The children charged down/up the stairs.* I bambini si lanciarono giù/su per le scale. **3** *vt*, *vi* ~ **(sb) (for sth)** far pagare (qc a qn); far pagare (qn) **4** *vt* (*pistola*, *batteria*) caricare **5** *vt* (*formale*) affidare un incarico a PHR V **charge sth (up) (to sb)** addebitare qc (a qn)

chargeable /'tʃɑːdʒəbl/ *agg* **1** imputabile, passibile **2** ~ **to sb** (*spesa*) da addebitarsi a qn

chariot /'tʃæriət/ *s* carro

charisma /kə'rɪzmə/ *s* carisma **charismatic** /ˌkærɪz'mætɪk/ *agg* carismatico

charitable /'tʃærətəbl/ *agg* **1** caritatevole **2** indulgente **3** (*organizzazione*) benefico: *to have charitable status* avere lo stato giuridico di associazione benefica

charity /'tʃærəti/ *s* (*pl* **-ies**) **1** carità **2** benevolenza **3** (*organizzazione*) associazione benefica: *for charity* a fini di beneficenza ◊ *a registered charity* un'associazione benefica riconosciuta come ente morale

'charity shop *s* negozio di abiti e oggetti di seconda mano il cui ricavato va in beneficenza

charm /tʃɑːm/ ▶ *s* **1** fascino **2** amuleto: *a charm bracelet* un braccialetto con ciondoli **3** incantesimo LOC *Vedi* WORK[2]
▶ *vt* affascinare: *a charmed life* una vita fortunata

charming /'tʃɑːmɪŋ/ *agg* incantevole, affascinante

chart /tʃɑːt/ ▶ *s* **1** carta nautica **2** grafico: *flow chart* schema di flusso **3** **the charts** [*pl*] (*dischi*) la Hit Parade
▶ *vt* tracciare una carta di: *to chart the course of sth* tracciare un grafico del percorso di qc

charter /'tʃɑːtə(r)/ ▶ *s* **1** statuto: *royal charter* decreto reale **2** noleggio: *a charter flight* un volo charter ◊ *a charter plane/boat* un charter/una nave a nolo
▶ *vt* (*aereo*) noleggiare

chartered /'tʃɑːtəd/ *agg* iscritto all'albo: *chartered accountant* commercialista

| tʃ **chin** | dʒ **June** | v **van** | θ **thin** | ð **then** | s **so** | z **zoo** | ʃ **she** |

chase /tʃeɪs/ ▶ vt, vi ~ (after) sb inseguire qn: *He's always chasing (after) women.* Passa il tempo a correre dietro alle donne. PHRV **chase about, around,** etc. correre a destra e a manca ◆ **chase sb/sth away, off, out,** etc. cacciare via, fuori, ecc qn/qc ◆ **chase sth up** (*GB, informale*) scovare, sbrigare qc
▶ s **1** inseguimento **2** (*animali*) caccia

chasm /'kæzəm/ s voragine

chassis /'ʃæsi/ s (*pl* **chassis** /'ʃæsiz/) telaio

chaste /tʃeɪst/ agg **1** casto **2** (*stile*) sobrio

chastened /'tʃeɪsnd/ agg umiliato, mogio
chastening agg che fa riflettere

chastity /'tʃæstəti/ s castità

chat /tʃæt/ ▶ s chiacchierata
▶ vi (-**tt**-) ~ (**to/with sb**) (**about sth**) chiacchierare (con qn) (di qc) PHRV **chat sb up** (*GB, informale*) abbordare qn

'chat room s chat room

'chat show s (*spec USA* **talk show**) talk show: *chat-show host* conduttore/conduttrice di talk show

chatter /'tʃætə(r)/ ▶ vi **1** ~ (**away/on**) chiacchierare **2** (*scimmia*) schiamazzare **3** (*uccelli*) squittire **4** (*denti*) battere
▶ s parlottio

chatty /'tʃæti/ agg (-**ier, -iest**) **1** (*persona*) ciarliero **2** (*lettera*) pieno di chiacchiere

chauffeur /'ʃəʊfə(r); *USA* ʃəʊ'fɜːr/ ▶ s autista
▶ vt ~ **sb around** fare da autista a qn

chauvinism /'ʃəʊvɪnɪzəm/ s **1** sciovinismo **2** maschilismo

chauvinist /'ʃəʊvɪnɪst/ ▶ s **1** sciovinista **2** maschilista
▶ agg (*anche* **chauvinistic** /ˌʃəʊvɪ'nɪstɪk/) **1** sciovinistico **2** maschilista

cheap /tʃiːp/ ▶ agg (-**er, -est**) **1** a buon mercato, economico ⊃ *Vedi nota a* ECONOMICO **2** scadente **3** (*informale*) (*commento*) meschino **4** (*informale, USA*) tirchio LOC **cheap at the price** regalato
▶ avv (*informale*) (-**er, -est**) a buon prezzo, a buon mercato LOC **not come cheap** (*informale*): *Success doesn't come cheap.* Nessuno ti regala il successo. ◆ **be going cheap** (*informale*) essere in offerta
▶ s LOC **on the cheap** (*informale*) con quattro soldi

cheapen /'tʃiːpən/ vt degradare: *to cheapen yourself* svendersi

cheaply /'tʃiːpli/ avv a buon prezzo, a buon mercato

cheat /tʃiːt/ ▶ **1** vt, vi imbrogliare **2** vi (*a scuola*) copiare PHRV **cheat sb (out) of sth** fregare qc a qn ◆ **cheat on sb** tradire qn (*essere infedele*)
▶ s **1** imbroglione, -a **2** imbroglio, truffa

check /tʃek/ ▶ **1** vt controllare *Vedi anche* DOUBLE-CHECK **2** vt contenere, frenare LOC **check (sth) for sth** controllare che non ci sia qc (in qc) PHRV **check in** fare il check-in ◆ **check in (at** …); **check into** … firmare il registro (in …) (*in un albergo*) ◆ **check sth in** registrare qc, fare il check-in di qc (*valigia*) ◆ **check sth off** spuntare qc ◆ **check out (of** …) saldare il conto e andarsene (da …) (*albergo*) ◆ **check sb/sth out 1** prendere delle informazioni su qn/qc **2** (*informale*) guardare: *Hey, check out that car!* Guarda quella macchina! ◊ *I'm going to check out that new club tonight.* Stasera vado a vedere com'è quel nuovo locale. ◆ **check sth out** guardare, controllare qc ◆ **check (up) on sb/sth** prendere delle informazioni su qn/qc
▶ s **1** controllo, verifica **2** scacco *Vedi anche* CHECKMATE **3** (*USA*) *Vedi* CHEQUE **4** (*USA*) conto (*ristorante*) **5** (*anche* **'check mark**) (*USA*) *Vedi* TICK s senso (2) LOC **hold/keep sth in check** tenere qc sotto controllo, frenare qc

checkbook (*USA*) *Vedi* CHEQUEBOOK

checked /tʃekt/ (*anche* **check**) agg a quadretti

checkers /'tʃekəz/ s (*USA*) *Vedi* DRAUGHTS

'check-in s check-in

checklist /'tʃeklɪst/ s lista

checkmate /'tʃekmeɪt/ s scacco matto

checkout /'tʃekaʊt/ s cassa (*di supermercato*)

checkpoint /'tʃekpɔɪnt/ s posto di blocco

'check-up s check-up

cheek /tʃiːk/ s **1** guancia **2** faccia tosta: *What (a) cheek!* Che faccia tosta! LOC *Vedi* TONGUE
cheeky agg (-**ier, -iest**) sfacciato, impertinente

cheer /tʃɪə(r)/ ▶ **1** vt, vi applaudire **2** vt rallegrare: *to be cheered by sth* essere rincuorato da qc PHRV **cheer sb on** incitare qn ◆ **cheer (sb/sth) up** rallegrare qn/qc, farsi animo: *Cheer up!* Su con la vita!
▶ s ovazione, applauso: *Three cheers for* … Tre urrà per …

cheerful /'tʃɪəfl/ agg allegro

cheering /'tʃɪərɪŋ/ ▶ s [*non numerabile*] acclamazioni
▶ agg confortante

cheerio! /ˌtʃɪəri'əʊ/ escl (*GB*) ciao!

cheerleader /'tʃɪəliːdə(r)/ s ragazza ponpon

cheers! /tʃɪəz/ escl (*GB*) **1** cincin! **2** ciao! **3** grazie!

| i: see | i happy | ɪ sit | e ten | æ hat | ɑ: father | ʌ cup | ʊ put | u: too |

cheery /'tʃɪəri/ *agg* (**-ier, -iest**) allegro
ʕ **cheese** /tʃi:z/ *s* formaggio: *Would you like some cheese?* Vuoi del formaggio? ◊ *a wide variety of cheeses* una vasta scelta di formaggi LOC *Vedi* BIG
cheesecake /'tʃi:zkeɪk/ *s* torta a base di formaggio dolce sopra uno strato di biscotto
cheetah /'tʃi:tə/ *s* ghepardo
chef /ʃef/ *s* chef, cuoco
ʕ **chemical** /'kemɪkl/ ▸ *agg* chimico
  ▸ *s* prodotto chimico
ʕ **chemist** /'kemɪst/ *s* **1** farmacista ⊃ *Confronta* PHARMACIST **2** chimico, -a **3 chemist's** (*GB*) farmacia ⊃ *Vedi nota a* PHARMACY
ʕ **chemistry** /'kemɪstri/ *s* chimica
ʕ **cheque** (*USA* **check**) /tʃek/ *s* assegno: *by cheque* con un assegno ◊ *cheque card* carta assegni
chequebook (*USA* '**checkbook**) /'tʃekbʊk/ *s* libretto degli assegni
cherish /'tʃerɪʃ/ *vt* **1** (*libertà, tradizione*) aver caro **2** (*persona*) amare, aver caro **3** (*speranza*) nutrire **4** (*ricordo*) conservare
cherry /'tʃeri/ *s* (*pl* **-ies**) **1** ciliegia ⊃ *Vedi illustrazione a* FRUTTA (*anche* '**cherry tree**) ciliegio: *cherry blossom* fiori di ciliegio **3** (*anche* ˌ**cherry 'red**) rosso ciliegia
cherub /'tʃerəb/ (*pl* **-s** *o* **-im**) cherubino
chess /tʃes/ *s* [*non numerabile*] scacchi
chessboard /'tʃesbɔːd/ *s* scacchiera
ʕ **chest** /tʃest/ *s* **1** baule: *chest of drawers* cassettiera **2** torace, petto ⊃ *Confronta* BREAST LOC **get it/something off your chest** (*informale*) togliersi un peso dallo stomaco, scaricarsi la coscienza
chestnut /'tʃesnʌt/ ▸ *s* **1** castagna **2** castagno **3** (*informale*) barzelletta vecchia
  ▸ *agg, s* castano
ʕ **chew** /tʃuː/ *vt* ~ *sth* (**up**) masticare qc PHRV **chew sth over** (*informale*) rimuginare su qc
'**chewing gum** *s* [*non numerabile*] chewing-gum, gomma
chick /tʃɪk/ *s* pulcino
ʕ **chicken** /'tʃɪkɪn/ ▸ *s* **1** pollo *Vedi anche* COCK, HEN **2** (*informale*) fifone, -a
  ▸ *v* PHRV **chicken out** (*informale*) tirarsi indietro per paura
  ▸ *agg* (*informale*) codardo
chickenpox /'tʃɪkɪnpɒks/ *s* [*non numerabile*] varicella
chickpea /'tʃɪkpiː/ *s* cece

chicory /'tʃɪkəri/ *s* [*non numerabile*] **1** (*GB*) insalata belga **2** (*USA*) *Vedi* ENDIVE
ʕ **chief** /tʃiːf/ ▸ *s* capo
  ▸ *agg* principale
chiefly /'tʃiːfli/ *avv* **1** soprattutto **2** principalmente
chieftain /'tʃiːftən/ *s* capo (*di tribù o clan*)
ʕ **child** /tʃaɪld/ *s* (*pl* **children** /'tʃɪldrən/) **1** bambino, -a: *child benefit* assegni familiari ◊ *child care* assistenza all'infanzia ◊ *children's clothes/television* abbigliamento/programmi televisivi per bambini **2** figlio, -a: *Her children are all grown up now.* I figli sono tutti grandi ora. ◊ *He's an only child.* È figlio unico. **3** (*fig*) figlio, frutto LOC **child's play** (*informale*) un gioco da ragazzi
childbirth /'tʃaɪldbɜːθ/ *s* [*non numerabile*] parto
childhood /'tʃaɪldhʊd/ *s* infanzia
childish /'tʃaɪldɪʃ/ *agg* infantile: *to be childish* comportarsi come un bambino
childless /'tʃaɪldləs/ *agg* senza figli
childlike /'tʃaɪldlaɪk/ *agg* (*approv*) innocente
childminder /'tʃaɪldmaɪndə(r)/ *agg* bambinaia
children *plurale di* CHILD
chili (*USA*) *Vedi* CHILLI
chill /tʃɪl/ ▸ *s* **1** freddo **2** infreddatura: *to catch/get a chill* prendere un colpo d'aria **3** brivido
  ▸ **1** *vt* gelare **2** *vt* (*cibo*) mettere in fresco: *frozen and chilled foods* alimenti congelati e refrigerati LOC **chill sb to the bone/marrow** gelare qn fino alle ossa PHRV **chill out** rilassarsi
chilli (*USA* **chili**) /'tʃɪli/ *s* (*pl* **-es**) (*anche* **chilli pepper**) peperoncino
chilling /'tʃɪlɪŋ/ *agg* agghiacciante
chilly /'tʃɪli/ *agg* (**-ier, -iest**) freddo
chime /tʃaɪm/ ▸ *s* **1** scampanio **2** rintocco
  ▸ *vi* suonare (*campana, orologio*) PHRV **chime in** (**with sth**) (*informale*) interrompere (con qc)
chimney /'tʃɪmni/ *s* (*pl* **-eys**) camino: *chimney sweep* spazzacamino
chimpanzee /ˌtʃɪmpænˈziː/ (*informale* **chimp**) *s* scimpanzé
ʕ **chin** /tʃɪn/ *s* mento LOC **keep your chin up** (*informale*) far buon viso a cattivo gioco *Vedi anche* CUP
china /'tʃaɪnə/ *s* [*non numerabile*] **1** porcellana **2** porcellane

chink → chronicle

chink /tʃɪŋk/ s fessura, crepa LOC **a chink in sb's armour** il punto debole di qn

chip /tʃɪp/ ▶ s **1** scheggia (*di vetro, pietra, ecc*) **2** truciolo **3** scheggiatura **4** patatina fritta ⊃ *Vedi illustrazione a* PATATINA **5** (*USA*) *Vedi* CRISP **6** (*casinò*) fiche **7** (*Informatica*) chip LOC **a chip off the old block** (*informale*) un figlio degno del padre ◆ **have a chip on your shoulder** (*informale*) provare risentimento
▶ *vt, vi* scheggiare, scheggiarsi PHRV **chip in (with sth)** (*informale*) **1** (*discorso*) interrompere (con qc) **2** (*soldi*) contribuire (con qc)

chippings /'tʃɪpɪŋz/ s [*pl*] **1** brecciame **2** (*anche* ˌwood 'chippings) trucioli di legno

chirp /tʃɜːp/ ▶ *vi* **1** cinguettio **2** (*grillo*) cri cri
▶ s **1** cinguettare **2** (*grillo*) fare cri cri

chirpy /'tʃɜːpi/ *agg* pimpante

chisel /'tʃɪzl/ ▶ s cesello, scalpello
▶ *vt* **1** scolpire: *finely chiselled features* lineamenti finemente cesellati **2** (*con cesello*) cesellare

chivalry /'ʃɪvəlri/ s cavalleria

chives /tʃaɪvz/ s [*pl*] erba cipollina

chloride /'klɔːraɪd/ s cloruro

chlorine /'klɔːriːn/ s cloro

chock-a-block /ˌtʃɒk ə 'blɒk/ *agg* ~ (**with sth**) pieno zeppo (di qc)

chock-full /ˌtʃɒk 'fʊl/ *agg* ~ (**of sth**) pieno zeppo (di qc)

chocolate /'tʃɒklət/ ▶ s **1** cioccolato: *milk/plain chocolate* cioccolato al latte/fondente ◊ *hot chocolate* cioccolata calda **2** cioccolatino
▶ *agg* **1** (*torta, biscotto*) al cioccolato **2** (*colore*) cioccolato

choice /tʃɔɪs/ ▶ s **1** ~ (**between ...**) scelta (fra ...): *to make a choice* fare una scelta **2** assortimento **3** possibilità: *If I had the choice ...* Se dipendesse da me ... LOC **out of/from choice** per scelta ◆ **have no choice** non aver altra scelta
▶ *agg* (**-er, -est**) di prima scelta

choir /'kwaɪə(r)/ s [*v sing o pl*] coro

choke /tʃəʊk/ ▶ **1** *vi* ~ (**on sth**) soffocare (con qc): *to choke to death* morire soffocato **2** *vt* soffocare, strangolare **3** *vt* ~ **sth (up) (with sth)** intasare qc (con qc) PHRV **choke sth back** soffocare qc
▶ s valvola dell'aria

cholera /'kɒlərə/ s colera

cholesterol /kə'lestərɒl/ s colesterolo

choose /tʃuːz/ (*pass* **chose** /tʃəʊz/ *pp* **chosen** /'tʃəʊzn/) **1** *vt* ~ **sb/sth/to do sth** scegliere qn/qc/di fare qc **2** *vi* ~ (**between A and/or B**) scegliere (fra A e B) **3** *vt* ~ **sb/sth as sth** scegliere qn/qc come qc **4** *vt* (*Sport*) selezionare **5** *vi* volere: *whenever I choose* quando mi pare LOC *Vedi* PICK **choosy** *agg* (*informale*) difficile (*da accontentare*)

chop /tʃɒp/ ▶ *vt, vi* (**-pp-**) **1** ~ **sth (up) (into sth)** tagliare qc (in qc): *to chop sth in two* tagliare qc a metà ◊ *chopping board* tagliere **2** (*GB, informale*) (*fondi, spese*) tagliare LOC **chop and change** cambiare parere in continuazione PHRV **chop sth down** abbattere qc ◆ **chop sth off (sth)** tagliar via qc (da qc)
▶ s **1** colpo d'ascia **2** colpo (*con il taglio della mano*) **3** (*carne*) costoletta

chopper /'tʃɒpə(r)/ s **1** ascia **2** (*carne*) mannaia **3** (*informale*) elicottero

choppy /'tʃɒpi/ *agg* mosso (*mare*)

chopsticks /'tʃɒpstɪks/ s [*pl*] bastoncini cinesi

choral /'kɔːrəl/ *agg* corale

chord /kɔːd/ s accordo (*musicale*)

chore /tʃɔː(r)/ s lavoro (*di routine*): *household chores* faccende domestiche

choreography /ˌkɒri'ɒɡrəfi; *USA* ˌkɔːri-/ s coreografia **choreograph** /'kɒriəɡrɑːf; *USA* 'kɔːriəɡræf/ *vt* fare la coreografia di **choreographer** /ˌkɒri'ɒɡrəfə(r); *USA* ˌkɔːri-/ s coreografo, -a

chorus /'kɔːrəs/ ▶ s [*v sing o pl*] **1** (*Mus, Teat*) coro: *chorus girl* ballerina di fila **2** ritornello LOC **in chorus** in coro
▶ *vt* dire in coro

chose *pass di* CHOOSE

chosen *pp di* CHOOSE

Christ /kraɪst/ s *Vedi* JESUS

christen /'krɪsn/ *vt* battezzare **christening** s battesimo

Christian /'krɪstʃən/ s, *agg* cristiano, -a **Christianity** /ˌkrɪsti'ænəti/ s cristianesimo

'Christian name (*anche* 'first name) s nome (*di battesimo*) ⊃ *Vedi nota a* MIDDLE NAME

Christmas /'krɪsməs/ s Natale: *Christmas Day* il giorno di Natale ◊ *Christmas Eve* la vigilia di Natale ◊ *Merry/Happy Christmas!* Buon Natale! ⊃ *Vedi nota a* NATALE

chrome /krəʊm/ s cromo

chromium /'krəʊmiəm/ s cromo: *chromium-plating/-plated* cromatura/cromato

chromosome /'krəʊməsəʊm/ s cromosoma

chronic /'krɒnɪk/ *agg* **1** cronico **2** (*bugiardo, ecc*) incallito

chronicle /'krɒnɪkl/ ▶ s cronaca
▶ *vt* registrare

chronological /ˌkrɒnəˈlɒdʒɪkl/ s cronologico
chrysalis /ˈkrɪsəlɪs/ s (pl **-es**) crisalide
chubby /ˈtʃʌbi/ agg paffuto *Vedi anche* FAT
chuck /tʃʌk/ vt (*informale*) **1** gettare **2** ~ **sth (in/up)** piantare qc (*lavoro, ecc*) PHRV **chuck sth away/out** buttar via qc ◆ **chuck sb out** buttar fuori qn
chuckle /ˈtʃʌkl/ ▸ vi ridacchiare
▸ s risolino
chum /tʃʌm/ s (*informale*) amicone, -a
chunk /tʃʌŋk/ s pezzo **chunky** agg tozzo
church /tʃɜːtʃ/ s chiesa: *church hall* sala parrocchiale ◊ *to go to church* andare in chiesa

Quando si parla della chiesa come luogo in cui ci si reca per assistere a una funzione si dice 'in church' 'to church' o 'at church', senza l'articolo: *We go to church every Sunday.* Andiamo in chiesa ogni domenica.

churchyard /ˈtʃɜːtʃjɑːd/ s cimitero (*vicino ad una chiesa*) ⊃ *Confronta* CEMETERY
churn /tʃɜːn/ **1** vt ~ **sth (up)** (*acqua*) agitare qc **2** vi (*acqua*) ribollire **3** vt ~ **sth (up)** (*zolla*) rimuovere qc **4** vi (*stomaco*) torcersi PHRV **churn sth out** (*informale*) sfornare qc a getto continuo (*libri, ecc*)
chute /ʃuːt/ s **1** canale di scarico (*per immondizia*) **2** (*piscina*) scivolo LOC **Chutes and Ladders**® (*USA*) *Vedi* SNAKES AND LADDERS *a* SNAKE
cider /ˈsaɪdə(r)/ s sidro
cigar /sɪˈɡɑː(r)/ s sigaro
cigarette /ˌsɪɡəˈret; *USA* ˈsɪɡərət/ s sigaretta: *cigarette butt/end* mozzicone di sigaretta
cinders /ˈsɪndəz/ s [*pl*] cenere
cinema /ˈsɪnəmə/ s cinema
cinnamon /ˈsɪnəmən/ s cannella
circle /ˈsɜːkl/ ▸ s **1** cerchio: *to stand in a circle* mettersi in cerchio **2** (*amici*) circolo **3** (*Teat*) galleria LOC **go round in circles** girare sempre intorno allo stesso punto *Vedi anche* FULL, VICIOUS
▸ **1** vt girare intorno a **2** vi (*uccello, elicottero*) volteggiare **3** vt cerchiare
circuit /ˈsɜːkɪt/ s **1** giro **2** pista **3** (*Elettr*) circuito: *circuit training* circuito cardiovascolare
circular /ˈsɜːkjələ(r)/ agg, s circolare
circulate /ˈsɜːkjəleɪt/ vt, vi (far) circolare
circulation /ˌsɜːkjəˈleɪʃn/ s **1** circolazione **2** (*giornale*) tiratura

circumcise /ˈsɜːkəmsaɪz/ vt circoncidere **circumcision** /ˌsɜːkəmˈsɪʒn/ s circoncisione
circumference /səˈkʌmfərəns/ s circonferenza: *the circumference of the earth* la circonferenza terrestre
circumstance /ˈsɜːkəmstəns/ s **1** circostanza **2 circumstances** [*pl*] situazione finanziaria LOC **in/under no circumstances** in nessun caso ◆ **in/under the circumstances** date le circostanze
circus /ˈsɜːkəs/ s circo
cistern /ˈsɪstən/ s **1** cisterna **2** serbatoio (*di gabinetto*)
cite /saɪt/ vt **1** citare **2** (*USA*) (*Mil*) menzionare
citizen /ˈsɪtɪzn/ s cittadino, -a **citizenship** s cittadinanza
citrus /ˈsɪtrəs/ s: *citrus fruit(s)* agrumi
city /ˈsɪti/ s (pl **cities**) **1** città: *city centre* centro **2 the City** la City (*centro finanziario di Londra*)
civic /ˈsɪvɪk/ agg **1** municipale: *civic centre* centro civico **2** civico
civil /ˈsɪvl/ agg **1** civile: *civil law* diritto civile ◊ *civil rights/liberties* diritti/libertà civili ◊ *civil strife* conflitto sociale ◊ *the Civil Service* l'amministrazione pubblica ◊ *civil servant* impiegato, -a statale **2** educato, gentile
civilian /səˈvɪliən/ s civile
civilization, -isation /ˌsɪvəlaɪˈzeɪʃn; *USA* -əlɪˈz-/ s **1** civiltà **2** civilizzazione
civilized, -ised /ˈsɪvəlaɪzd/ agg civilizzato
clad /klæd/ agg (*formale*) ~ (**in sth**) vestito (di qc)
claim /kleɪm/ ▸ **1** vt, vi ~ (**sth**) reclamare (qc) **2** vt dichiarare, sostenere **3** vt (*attenzione*) esigere **4** vt (*vittime*) fare
▸ s **1** ~ (**for sth**) richiesta (di qc) **2** ~ (**against sb/sth**) richiesta (a qn/qc) **3** ~ (**on sb/sth**) diritto (su qn/qc) **4** ~ (**to sth**) diritto (a qc) **5** affermazione, pretesa LOC *Vedi* LAY¹, STAKE
claimant /ˈkleɪmənt/ s richiedente
clam /klæm/ ▸ s vongola
▸ v (**-mm-**) PHRV **clam up** (*informale*) zittirsi
clamber /ˈklæmbə(r)/ vi arrampicarsi (*con fatica*)
clammy /ˈklæmi/ agg sudaticcio, appiccicoso
clamour (*USA* **clamor**) /ˈklæmə(r)/ ▸ s clamore
▸ vi **1** schiamazzare **2** ~ **for sth** chiedere qc a gran voce
clamp /klæmp/ ▸ s **1** morsetto **2** (*USA* **boot**) ceppo bloccaruote

| tʃ chin | dʒ June | v van | θ thin | ð then | s so | z zoo | ʃ she |

clampdown → clear

▶ *vt* **1** stringere con un morsetto **2** mettere i ceppi bloccaruote a PHRV **clamp down on sb/sth** (*informale*) dare un giro di vite a qn/qc

clampdown /'klæmpdaʊn/ *s* ~ (**on sth**) giro di vite, freno (a qc)

clan /klæn/ *s* [*v sing o pl*] clan

clandestine /klæn'destɪn/ *agg* (*formale*) clandestino

clang /klæŋ/ ▶ *s* suono metallico
▶ *vt, vi* (far) emettere un suono metallico

clank /klæŋk/ ▶ *vi* (*catene, macchinari*) fare un rumore metallico
▶ *s* rumore metallico

clap /klæp/ ▶ (-**pp**-) **1** *vt, vi* applaudire **2** *vt*: *to clap your hands (together)* battere le mani ◊ *to clap sb on the back* dare una pacca sulla spalla a qn
▶ *s* **1** applauso **2** *a clap of thunder* un tuono

clapping /'klæpɪŋ/ *s* [*non numerabile*] applausi

clarify /'klærəfaɪ/ *vt* (*pass, pp* -**fied**) chiarire
clarification /ˌklærəfɪ'keɪʃn/ *s* chiarimento

clarinet /ˌklærə'net/ *s* clarinetto

clarity /'klærəti/ *s* chiarezza, lucidità

clash /klæʃ/ ▶ **1** *vt, vi* (far) cozzare **2** *vt, vi* (*piatti*) (far) risuonare **3** *vi* ~ (**with sb**) (**on/over sth**) scontrarsi (con qn) (su qc) **4** *vi* (*date*) coincidere **5** *vi* (*colori*) stridere
▶ *s* **1** fragore **2** ~ (**on/over sth**) scontro (per qc): *a clash of interests* un conflitto di interessi

clasp /klɑːsp; *USA* klæsp/ ▶ *s* fibbia
▶ *vt* stringere

class /klɑːs; *USA* klæs/ ▶ *s* **1** classe: *They're in class.* Sono in classe. ◊ *class struggle/system* lotta di classe/sistema di classi **2** lezione: *I go to cookery classes.* Faccio un corso di cucina. **3** categoria: *They are not in the same class.* Non si può fare un paragone fra di loro.
LOC **in a class of your/its own** senza pari
▶ *vt* ~ **sb/sth** (**as sth**) definire qn/qc (qc)

classic /'klæsɪk/ *agg, s* classico: *It was a classic case.* Fu un caso classico.

classical /'klæsɪkl/ *agg* classico

classification /ˌklæsɪfɪ'keɪʃn/ *s* **1** classificazione **2** categoria

classify /'klæsɪfaɪ/ *vt* (*pass, pp* -**fied**) classificare **classified** *agg* **1** classificato: *classified advertisements/ads* piccola pubblicità **2** segreto

classmate /'klɑːsmeɪt; *USA* 'klæs-/ *s* compagno, -a (*di classe*)

classroom /'klɑːsruːm, -rʊm; *USA* 'klæs-/ *s* aula

classy /'klɑːsi; *USA* 'klæsi/ *agg* (-**ier**, -**iest**) di classe

clatter /'klætə(r)/ ▶ *s* (*anche* **clattering**) **1** acciottolio **2** (*treno*) sferragliare
▶ **1** *vt, vi* far rumore (con) (*piatti*) **2** *vi* (*treno*) sferragliare

clause /klɔːz/ *s* **1** (*Gramm*) proposizione **2** (*Dir*) clausola

claw /klɔː/ ▶ *s* **1** artiglio **2** (*gatto, ecc*) unghia **3** (*aragosta, ecc*) chela **4** (*arnese*) rampino
▶ *vt* graffiare

clay /kleɪ/ *s* argilla

clean /kliːn/ ▶ *agg* (-**er**, -**est**) **1** pulito: *to wipe sth clean* pulire qc **2** (*Sport*) corretto **3** (*foglio, ecc*) nuovo LOC **make a clean break** (**with sth**) chiudere (con qc)
▶ *vt, vi* pulire PHRV **clean sth from/off sth** togliere qc da qc ♦ **clean sb out** (*informale*) ripulire qn ♦ **clean sth out** ripulire qc ♦ **clean** (**sth**) **up** ripulire (qc): *to clean up your image* rilanciare la propria immagine

clean-'cut *agg* **1** (*immagine*) perbene **2** (*viso, lineamenti*) pulito

cleaner /'kliːnə(r)/ *s* **1** addetto, -a alle pulizie **2** detersivo **3 cleaner's** tintoria

cleaning /'kliːnɪŋ/ *s* [*non numerabile*] pulizie

cleanliness /'klenlinəs/ *s* pulizia (*qualità*)

cleanly /'kliːnli/ *avv* in modo netto

cleanse /klenz/ *vt* ~ **sb/sth** (**of sth**) **1** pulire a fondo qn/qc (da qc) **2** (*fig*) purificare qn/qc (da qc) **cleanser** *s* **1** detersivo **2** (*per il viso*) detergente

clean-'shaven *agg* sbarbato

'clean-up *s* pulita

clear /klɪə(r)/ ▶ *agg* (-**er**, -**est**) **1** (*spiegazione, parole*) chiaro: *The meaning is clear.* Il senso è chiaro. ◊ *It's clear we'll need more time.* È chiaro che ci vorrà più tempo. ◊ *Are you quite clear about what the job involves?* Ti è chiaro cosa implica il lavoro? **2** (*tempo, cielo*) sereno **3** (*vetro*) trasparente **4** (*acqua*) limpido **5** (*foto*) nitido **6** (*coscienza*) pulito **7** libero: *Keep next weekend clear.* Tieniti libero per il prossimo fine settimana. ◊ *clear of debt* privo di debiti LOC (**as**) **clear as day** chiaro come il sole ♦ (**as**) **clear as mud** per niente chiaro ♦ **in the clear** (*informale*) **1** libero da ogni sospetto **2** fuori pericolo ♦ **make sth clear/plain** (**to sb**) far capire qc (a qn) *Vedi anche* CRYSTAL
▶ **1** *vi* (*tempo*) rasserenarsi **2** *vt* (*dubbio*) chiarire **3** *vi* (*acqua*) diventare limpido **4** *vt*

---

iː see i happy ɪ sit e ten æ hat ɑː father ʌ cup ʊ put uː too

(tubo) sbloccare **5** *vt (luogo)* sgomberare **6** *vt ~ sb* **(of sth)** assolvere qn (da qc): *to clear your name* ristabilire la propria reputazione **7** *vt (ostacolo)* scavalcare, evitare LOC **clear the air** chiarire le cose ◆ **clear the table** sparecchiare la tavola PHRV **clear (sth) away/up** togliere (qc) ◆ **clear off** *(informale)* tagliare la corda ◆ **clear sth out** sgombrare qc ◆ **clear up** schiarirsi ◆ **clear sth up** chiarire qc
▶ *avv* **(-er, -est)**: *loud and clear* chiaro e forte LOC **keep/stay/steer clear (of sb/sth)** stare alla larga (da qn/qc)

clearance /ˈklɪərəns/ *s* **1** sgombero: *a clearance sale* una liquidazione **2** spazio libero **3** autorizzazione

,clear-'cut *agg* ben definito

,clear-'headed *agg* lucido

clearing /ˈklɪərɪŋ/ *s* radura

clearly /ˈklɪəli/ *avv* chiaramente

clear-sighted /ˌklɪə ˈsaɪtɪd/ *agg* lucido

cleavage /ˈkliːvɪdʒ/ *s* décolleté

clef /klef/ *s (Mus)* chiave

clench /klentʃ/ *vt* stringere *(pugni, denti)*

clergy /ˈklɜːdʒi/ *s [pl]* clero

clergyman /ˈklɜːdʒimən/ *s (pl* **-men** /-mən/) sacerdote

clerical /ˈklerɪkl/ *agg* **1** d'ufficio: *clerical staff* personale amministrativo **2** *(Relig)* clericale

clerk /klɑːk; *USA* klɜːrk/ *s* **1** impiegato, -a **2** *(comune, tribunale)* segretario, -a **3** *(USA)* receptionist **4** *(USA) (in negozio)* commesso, -a

clever /ˈklevə(r)/ *agg* **(-er, -est)** **1** intelligente **2** abile: *to be clever at sth* essere abile in qc **3** *(idea)* geniale **4** furbo LOC **be too clever** essere troppo furbo **cleverness** *s* **1** intelligenza **2** abilità **3** furbizia

cliché /ˈkliːʃeɪ/ *s* cliché

click /klɪk/ ▶ *s* **1** scatto **2** schiocco **3** tacchettio
▶ **1** *vt*: *to click your heels* battere i tacchi ◇ *to click your fingers* schioccare le dita **2** *vi (macchina fotografica, ecc)* scattare **3** *vt, vi* cliccare (su): *Click the OK button to start.* Cliccare su OK per iniziare. ◇ *I clicked on the menu.* Ho cliccato sul menu. **4** *vi* andare subito d'accordo **5** *vi* diventare chiaro LOC **click open/shut** aprirsi/chiudersi con uno scatto

client /ˈklaɪənt/ *s* cliente

clientele /ˌkliːənˈtel; *USA* ˌklaɪənˈtel/ *s* clientela

cliff /klɪf/ *s* scogliera, precipizio

climate /ˈklaɪmət/ *s* clima: *the economic climate* la situazione economica

climax /ˈklaɪmæks/ *s* culmine

climb /klaɪm/ ▶ **1** *vt* scalare **2** *vi* salire: *The road climbs steeply.* La strada sale ripida. **3** *vt, vi* arrampicarsi (su) LOC **go climbing** fare alpinismo *Vedi anche* BANDWAGON PHRV **climb down 1** scendere **2** *(fig)* fare marcia indietro ◆ **climb out of sth 1** *to climb out of bed* alzarsi dal letto **2** *(macchina, ecc)* uscire da qc ◆ **climb (up) on to sth** arrampicarsi su qc ◆ **climb up sth** salire su qc
▶ *s* **1** scalata, arrampicata **2** salita

climber /ˈklaɪmə(r)/ *s* alpinista

clinch /klɪntʃ/ *vt* **1** *(accordo)* concludere **2** *(partita, ecc)* vincere **3** *(vittoria, ecc)* conseguire: *That clinched it.* È stato decisivo.

cling /klɪŋ/ *vi (pass, pp* **clung** /klʌŋ/) *~* **(on) to sb/sth** aggrapparsi a qn/qc: *cling to each other* abbracciarsi forte **clinging** *agg* **1** *(anche* **clingy**) *(abito)* attillato **2** *(dispreg) (persona)* appiccicoso

'cling film *s (USA* **plastic wrap**) *[non numerabile]* pellicola trasparente

clinic /ˈklɪnɪk/ *s* clinica

clinical /ˈklɪnɪkl/ *agg* **1** clinico **2** *(fig)* distaccato

clink /klɪŋk/ **1** *vi* tintinnare **2** *vt*: *They clinked glasses.* Brindarono.

clip /klɪp/ ▶ *s* **1** graffetta **2** *(gioiello)* spilla
▶ *vt* **(-pp-) 1** tagliare **2** *~ sth* **(on) to sth** attaccare qc su qc con una graffetta PHRV **clip sth together** attaccare qc con una graffetta

clipboard /ˈklɪpbɔːd/ *s* **1** fermabloc **2** *(Informatica)* appunti

clique /kliːk/ *s* cricca

cloak /kləʊk/ ▶ *s* cappa
▶ *vt* avvolgere: *cloaked in mystery* avvolto nel mistero

cloakroom /ˈkləʊkruːm/ *s* **1** guardaroba **2** *(GB, euf)* toilette ⊃ *Vedi nota a* TOILET

clock /klɒk/ ▶ *s* **1** orologio *(da muro)* ⊃ *Vedi illustrazione a* OROLOGIO **2** *(informale)* contachilometri **3** *(informale)* tassametro LOC **(a)round the clock** ventiquattr'ore su ventiquattro ◆ **put the clocks forward/back** *(USA* **set/move the clocks ahead/back)** portare avanti/indietro l'orologio
▶ *vt* cronometrare PHRV **clock in/on** timbrare il cartellino all'entrata ◆ **clock off/out** timbrare il cartellino all'uscita ◆ **clock sth up** registrare, totalizzare qc

clockwise /'klɒkwaɪz/ *avv, agg* in senso orario

clockwork /'klɒkwɜːk/ ▶ *agg* a molla
▶ *s* meccanismo a orologeria LOC **like clockwork** alla perfezione, liscio

clog /klɒg/ ▶ *s* zoccolo
▶ *vt, vi* ~ **(sth) (up)** intasare qc; intasarsi

cloister /'klɔɪstə(r)/ *s* chiostro

clone /kləʊn/ ▶ *s* clone
▶ *vt* clonare

cloning *s* /'kləʊnɪŋ/ clonazione

close¹ /kləʊs/ ▶ *agg* (**closer, -est**) **1** (*parente*) stretto **2** (*amico*) intimo **3** (*famiglia, ecc*) unito **4** (*esame, controllo*) accurato **5** (*partita*) serrato **6** (*tempo*) afoso **7** ~ **to sth** vicino a qc: *close to tears* sul punto di piangere **8** ~ **to sb** unito a qn LOC **it/that was a close call/shave** (*informale*) l'ho, l'hai, ecc scampata per un pelo ◆ **keep a close eye/watch on sb/sth** tenere qn/qc sotto stretta vigilanza
▶ *avv* (**closer, -est**) (*anche* **close 'by**) qui vicino LOC **close on** quasi ◆ **close together** vicino

close² /kləʊz/ ▶ **1** *vt, vi* chiudere, chiudersi **2** *vt, vi* (*riunione*) concludere, concludersi LOC **close your mind to sth** non volerne sapere di qc PHRV **close down 1** (*impresa*) chiudere **2** (*TV*) terminare le trasmissioni ◆ ' **close sth down** chiudere qc (*impresa, ecc*) ◆ **close in** (*giornate*) accorciarsi ◆ **close in (on sb/sth)** (*nebbia, notte*) calare (su qn/qc)
▶ *s* fine: *towards the close of* verso la fine di LOC **come/draw to a close** avvicinarsi alla fine *Vedi anche* BRING

closed /kləʊzd/ *agg* chiuso: *a closed door* una porta chiusa ◊ *closed-circuit television* televisione a circuito chiuso

close-knit /ˌkləʊs 'nɪt/ *agg* molto unito (*famiglia, comunità*)

closely /'kləʊsli/ *avv* **1** strettamente **2** attentamente

closeness /'kləʊsnəs/ *s* **1** vicinanza **2** intimità

closet /'klɒzɪt/ *s* (*USA*) armadio

close-up /'kləʊs ʌp/ *s* primo piano

closing /'kləʊzɪŋ/ *agg* **1** finale **2** (*data*) di scadenza **3** *closing time* orario di chiusura

closure /'kləʊʒə(r)/ *s* chiusura

clot /klɒt/ ▶ *s* **1** coagulo **2** (*GB, informale, scherz*) scemo, -a
▶ *vt, vi* (**-tt-**) coagulare, coagularsi

cloth /klɒθ/; *USA* klɔːθ/ *s* (*pl* **-s** /klɒθs; *USA* klɔːðz/) **1** stoffa **2** strofinaccio

clothe /kləʊð/ *vt* ~ **sb/yourself (in sth)** vestire qn (di qc); vestirsi (di qc)

clothes /kləʊðz; *USA* kləʊz/ *s* [*pl*] vestiti: *clothes line* corda del bucato

'**clothes hanger** *s Vedi* COAT HANGER

'**clothes peg** (*USA* **clothespin** /'kləʊðzpɪn/) *s* molletta (*da bucato*)

clothing /'kləʊðɪŋ/ *s* abbigliamento: *the clothing industry* l'industria dell'abbigliamento

cloud /klaʊd/ ▶ *s* nuvola
▶ *vt* **1** (*ragione*) offuscare **2** (*questione*) complicare PHRV **cloud (over)** (*cielo, espressione*) rannuvolarsi

cloudless /'klaʊdləs/ *agg* sereno

cloudy /'klaʊdi/ *agg* (**-ier, -iest**) **1** nuvoloso **2** (*ricordo*) nebuloso

clout /klaʊt/ ▶ *s* (*informale*) **1** ceffone **2** (*fig*) influenza
▶ *vt* (*informale*) dare un ceffone a

clove /kləʊv/ *s* **1** chiodo di garofano **2** **a clove of garlic** uno spicchio d'aglio

clover /'kləʊvə(r)/ *s* trifoglio

clown /klaʊn/ *s* pagliaccio

club /klʌb/ ▶ *s* **1** circolo **2** *Vedi* NIGHTCLUB **3** randello **4** (*Sport*) mazza **5** **clubs** [*pl*] (*Carte*) fiori ⊃ *Vedi nota a* CARTA
▶ *vt* (**-bb-**) **1** bastonare: *to club sb to death* uccidere qn a bastonate **2** **go clubbing** (*informale*) frequentare i locali PHRV **club together (to do sth)** fare una colletta (per fare qc)

clubber /'klʌbə(r)/ *s* frequentatore, -trice di locali

clue /kluː/ *s* **1** ~ **(to sth)** indizio (di qc) **2** (*parole crociate*) definizione LOC **not have a clue** (*informale*) **1** non avere la più pallida idea **2** essere un inetto

clump /klʌmp/ *s* gruppo (*di alberi, ecc*)

clumsy /'klʌmzi/ *agg* (**-ier, -iest**) **1** goffo, maldestro **2** poco pratico

clung *pass, pp di* CLING

cluster /'klʌstə(r)/ ▶ *s* gruppo
▶ *v* PHRV **cluster/be clustered (together) round sb/sth** raggrupparsi intorno a qn/qc

clutch /klʌtʃ/ ▶ *vt* **1** (*tenere*) stringere **2** (*prendere*) afferrare PHRV **clutch at sth** cercare di afferrare qc
▶ *s* **1** (pedale della) frizione **2** **clutches** [*pl*] (*dispreg*) grinfie

clutter /'klʌtə(r)/ (*dispreg*) ▶ *s* disordine, confusione
▶ *vt* ~ **sth (up)** ingombrare qc

c/o *abbr* = CARE OF *a* CARE

coach /kəʊtʃ/ ▶ *s* **1** pullman **2** (*Ferrovia*) carrozza *Vedi anche* CARRIAGE senso (2) **3** carroz-

za (*tirata da cavalli*) **4** allenatore, -trice **5** insegnante privato, -a
▶ **1** *vt* (*Sport*) allenare: *Who coached the swimmers for the Olympics?* Chi ha allenato i nuotatori per le Olimpiadi? **2** *vt*, *vi* ~ (**sb**) (**for/in sth**) dare ripetizioni (a qn) (di qc)

coaching /'kəʊtʃɪŋ/ *s* allenamento, preparazione

coal /kəʊl/ *s* **1** carbone **2** tizzone: *hot/live coals* carboni ardenti

coalfield /'kəʊlfi:ld/ *s* bacino carbonifero

coalition /ˌkəʊə'lɪʃn/ *s* [*v sing o pl*] coalizione

'**coal mine** *s* miniera di carbone

coarse /kɔ:s/ *agg* (**coarser**, **-est**) **1** (*sale, sabbia*) grosso **2** (*tessuto, mani*) ruvido **3** (*persona, gesto*) volgare

coast /kəʊst/ ▶ *s* costa
▶ *vi* **1** (*macchina*) andare in folle **2** (*bicicletta*) andare senza pedalare

coastal /'kəʊstl/ *agg* costiero

coastguard /'kəʊstgɑ:d/ *s* **1** guardacoste **2** guardia costiera

coastline /'kəʊstlaɪn/ *s* litorale

coat /kəʊt/ ▶ *s* **1** cappotto **2** **white coat** camice bianco **3** (*animale*) pelo, mantello **4** (*vernice*) mano
▶ *vt* ~ **sth** (**in/with sth**) ricoprire qc (di qc)

'**coat hanger** (*anche* **clothes hanger**) *s* gruccia (*per abiti*)

coating /'kəʊtɪŋ/ *s* strato

coax /kəʊks/ *vt* **1** ~ **sb into/out of (doing) sth** persuadere qn a fare/non fare qc **2** ~ **sb to do sth** convincere con le buone qn a fare qc
PHRV **coax sth out of/from sb** ottenere qc da qn facendo le moine

cobble /'kɒbl/ (*anche* **cobblestone** /'kɒblstəʊn/) *s* ciottolo

cobweb /'kɒbweb/ *s* ragnatela

cocaine /kəʊ'keɪn/ *s* cocaina

cock /kɒk/ ▶ *s* **1** gallo **2** maschio
▶ *vt* **1** (*orecchie*) drizzare **2** (*fucile*) armare

cockney /'kɒkni/ *s*, *agg* **1** (*pl* **-eys**) nato, -a nell'East End di Londra **2** (*dialetto*) cockney

cockpit /'kɒkpɪt/ *s* cabina del pilota

cockroach /'kɒkrəʊtʃ/ *s* scarafaggio

cocktail /'kɒkteɪl/ *s* **1** cocktail **2** (*frutta*) macedonia

cocoa /'kəʊkəʊ/ *s* **1** cacao **2** (*bibita*) cioccolata calda

coconut /'kəʊkənʌt/ *s* **1** noce di cocco **2** cocco

cocoon /kə'ku:n/ *s* bozzolo

cod /kɒd/ *s* (*pl* **cod**) merluzzo

code /kəʊd/ *s* **1** codice: *code name* nome in codice

coercion /kəʊ'ɜ:ʃn/ *s* coercizione

coffee /'kɒfi; *USA* 'kɔ:fi/ *s* **1** caffè: *coffee shop* caffetteria **2** color caffè

coffin /'kɒfɪn; *USA* 'kɔ:fɪn/ *s* bara

cog /kɒg/ *s* dente (*di ruota dentata*)

cogent /'kəʊdʒənt/ *agg* convincente

coherent /kəʊ'hɪərənt/ *agg* coerente

coil /kɔɪl/ ▶ *s* **1** (*corda*) rotolo **2** (*serpente*) anello **3** (*anticoncezionale*) spirale
▶ **1** *vt* ~ **sth** (**up**) avvolgere qc **2** *vt*, *vi* ~ (**yourself**) **up** (**around sth**) attorcigliarsi (a qc)

coin /kɔɪn/ ▶ *s* moneta
▶ *vt* coniare

coincide /ˌkəʊɪn'saɪd/ *vi* ~ (**with sth**) coincidere (con qc)

coincidence /kəʊ'ɪnsɪdəns/ *s* coincidenza

coke /kəʊk/ *s* **1** **Coke**® coca **2** (*informale*) (*cocaina*) coca **3** carbone coke

colander /'kʌləndə(r); *USA* 'kɑ:l-/ *s* colapasta

cold /kəʊld/ ▶ *agg* (**-er**, **-est**) freddo ➲ *Vedi nota a* FREDDO LOC **be cold 1** (*persona*) aver freddo **2** (*tempo*) fare freddo **3** (*oggetto*) essere freddo ♦ **get cold 1** (*persona*) infreddolirsi **2** (*cibo*) freddarsi **3** (*tempo*) cominciare a far freddo ♦ **get/have cold feet** (*informale*) avere fifa
▶ *s* **1** freddo **2** raffreddore: *to catch (a) cold* prendersi un raffreddore
▶ *avv* senza preparazione

,**cold-'blooded** *agg* **1** (*Biol*) a sangue freddo **2** spietato

coleslaw /'kəʊlslɔ:/ *s* insalata di cavoli e carote a striscioline in maionese

collaboration /kəˌlæbə'reɪʃn/ *s* **1** collaborazione **2** collaborazionismo

collapse /kə'læps/ ▶ *vi* **1** crollare, cadere **2** avere un collasso **3** (*ditta*) fallire **4** (*prezzo*) tracollare **5** (*sedia*) piegarsi
▶ *s* **1** crollo **2** tracollo **3** (*Med*) collasso

collar /'kɒlə(r)/ *s* **1** (*camicia, ecc*) colletto **2** (*per cane*) collare

collateral /kə'lætərəl/ *s* garanzia

colleague /'kɒli:g/ *s* collega

collect /kə'lekt/ ▶ **1** *vt* ~ **sth** (**up/together**) raccogliere qc: *collected works* opera completa **2** *vt* (*persona*) andare a prendere **3** *vt* (*tasse*) riscuotere **4** *vt* (*francobolli, ecc*) collezionare **5** *vi* (*folla*) radunarsi **6** *vi* (*polvere*) accumularsi

---

tʃ **ch**in   dʒ **J**une   v **v**an   θ **th**in   ð **th**en   s **s**o   z **z**oo   ʃ **sh**e

collection → come

▶ *agg, avv* (*USA*) a carico del destinatario
LOC *Vedi* REVERSE

collection /kəˈlekʃn/ s **1** collezione **2** raccolta **3** (*chiesa*) colletta **4** miscuglio, mucchio

collective /kəˈlektɪv/ *agg, s* collettivo

collector /kəˈlektə(r)/ s collezionista

college /ˈkɒlɪdʒ/ s **1** istituto superiore *Vedi anche* TECHNICAL COLLEGE, COLLEGE OF FURTHER EDUCATION **2** (*GB*) college (*Oxford, Cambridge, ecc*) **3** (*USA*) università

college of ˌfurther eduˈcation s istituto che offre ad allievi oltre i 16 anni corsi di studio per gli A levels oppure corsi di formazione professionale

collide /kəˈlaɪd/ *vi* ~ (**with sb/sth**) scontrarsi (con qn/qc)

colliery /ˈkɒliəri/ s (*pl* -**ies**) (*GB*) miniera di carbone *Vedi anche* COAL MINE

collision /kəˈlɪʒn/ s scontro

colloquial /kəˈləʊkwiəl/ *agg* colloquiale

collusion /kəˈluːʒn/ s collusione

colon /ˈkəʊlən/ s **1** colon **2** due punti

colonel /ˈkɜːnl/ s colonnello

colonial /kəˈləʊniəl/ *agg* coloniale

colonize, -ise /ˈkɒlənaɪz/ *vt* colonizzare

colony /ˈkɒləni/ s (*pl* -**ies**) colonia

colossal /kəˈlɒsl/ *agg* colossale

colour (*USA* **color**) /ˈkʌlə(r)/ ▶ s **1** colore: *colour-blind* daltonico **2 colours** [*pl*] (*squadra, partito*) emblema **3 colours** [*pl*] (*Mil*) bandiera LOC **be/feel off colour** (*informale*) non sentirsi bene
▶ **1** *vt, vi* colorare **2** *vt* (*opinione*) influenzare
PHR V **colour sth in** colorare qc ♦ **colour (up) (at sth)** arrossire (per qc)

coloured (*USA* **colored**) /ˈkʌləd/ *agg* **1** colorato: *cream-coloured* color panna **2** (*dispreg*) (*persona*) di colore

colourful (*USA* **colorful**) /ˈkʌləfl/ *agg* **1** a colori vivaci **2** (*persona, vita*) interessante

colouring (*USA* **coloring**) /ˈkʌlərɪŋ/ s **1** colorazione **2** colorito **3** colorante

colourless (*USA* **colorless**) /ˈkʌlələs/ *agg* **1** incolore **2** (*persona, stile*) scialbo

colt /kəʊlt/ s puledro ⊃ *Vedi nota a* PULEDRO

column /ˈkɒləm/ s **1** colonna **2** (*Giornalismo*) rubrica

coma /ˈkəʊmə/ s coma

comb /kəʊm/ ▶ s pettine
▶ **1** *vt* pettinare: *to comb your hair* pettinarsi **2** *vt, vi* ~ (**through**) **sth** (**for sb/sth**) setacciare, rastrellare qc (alla ricerca di qn/qc)

combat /ˈkɒmbæt/ ▶ s [*non numerabile*] combattimento
▶ *vt* (-**t**- *o* -**tt**-) combattere

combination /ˌkɒmbɪˈneɪʃn/ s combinazione

combine /kəmˈbaɪn/ **1** *vt, vi* combinare, combinarsi **2** *vi* ~ **with sb/sth** (*Comm*) unirsi a qn/qc **3** *vt* (*qualità*) unire

come /kʌm/ *vi* (*pass* **came** /keɪm/ *pp* **come**)
1 venire: *to come running* venire di corsa
2 (*distanza*) coprire: *I've come a long way to be here.* Ho fatto tanta strada per arrivare qui.
3 (*posizione*) essere, arrivare: *to come first* essere il primo **4** (*risultare*): *It came as a surprise.* Fu una sorpresa. ◊ *to come undone* slacciarsi **5** ~ **to/into** + *sostantivo*: *to come to a halt* fermarsi ◊ *to come into a fortune* ereditare una fortuna **6** (*diventare*): *to come true* avverarsi
LOC **come what may** qualunque cosa succeda ♦ **come to nothing; not come to anything** finire in una bolla di sapone ♦ **when it comes to (doing) sth** quando si tratta di (fare) qc ⊃ Per altre espressioni con **come** vedi alla voce del sostantivo, dell'aggettivo, ecc, ad es. **come of age** *a* AGE.
PHR V **come about (that…)** succedere (che…)
come across sb/sth trovare qn/qc
come along 1 arrivare, presentarsi **2** venire **3** *Vedi* COME ON
come apart andare in pezzi
come away (from sth) venir via (da qc) ♦ **come away (with sth)** andarsene (con qc)
come back tornare
come by sth 1 (*ottenere*) procurarsi qc **2** (*graffio, ecc*) farsi qc
come down 1 scendere **2** (*prezzi, temperatura*) diminuire **3** crollare ♦ **come down to sth**: *It all comes down to having the right qualifications.* In sostanza, è tutto questione di avere i requisiti giusti.
come forward farsi avanti
come from… venire da…: *Where do you come from?* Di dove sei?
come in 1 entrare: *Come in!* Entra! **2** arrivare ♦ **come in for sth** (*critica, ecc*) essere oggetto di qc
come off 1 (*macchia*) andare via **2** (*parte*) staccarsi **3** (*informale*) (*piano*) riuscire, aver successo ♦ **come off sth** staccarsi da qc
come on 1 (*attore*) entrare in scena **2** (*giocatore*) entrare in campo **3** (*anche* **come along**)

---

i: see i happy ɪ sit e ten æ hat ɑ: father ʌ cup ʊ put u: too

fare progressi
come out 1 uscire, venire fuori **2** (*fiore*) spuntare **3** (*foto*) venire **4** (*macchia*) venire via **5** (*qualità*) rivelarsi **6** dichiararsi omosessuale ♦ **come out with sth** venir fuori con qc
come over (to ...) (*anche* **come round (to ...)**) venire (a ...) ♦ **come over sb** (*malinconia, paura*) prendere qn: *I can't think what came over me.* Non so cosa mi è preso.
come round (*anche* **come to**) rinvenire
come through (sth) uscire indenne (da qc)
come to sth 1 ammontare a qc **2** *What are things coming to?* Ma dove andiamo a finire?
come up 1 (*pianta, sole*) spuntare **2** (*argomento*) saltar fuori ♦ **come up against sth** imbattersi in qc ♦ **come up to sb** avvicinarsi a qn

comeback /'kʌmbæk/ *s*: *to make/stage a comeback* tornare alla ribalta

comedian /kə'miːdiən/ *s* attore comico, attrice comica ❶ Il femminile **comedienne** /kəˌmiːdi'en/ esiste ma è un po' antiquato.

comedy /'kɒmədi/ *s* (*pl* **-ies**) **1** commedia **2** lato comico

comet /'kɒmɪt/ *s* cometa

comfort /'kʌmfət/ ▶ *s* **1** benessere, comodità **2** consolazione **3 comforts** [*pl*] comodità
▶ *vt* consolare

comfortable /'kʌmftəbl; *USA* -fərt-/ *agg* **1** comodo **2** (*vittoria*) facile **3** (*maggioranza*) ampio **comfortably** *avv* **1** *to be sitting comfortably* stare comodo **2** (*vincere*) agevolmente **LOC** **be comfortably off** vivere agiatamente

comic /'kɒmɪk/ ▶ *agg* comico
▶ *s* **1** (*USA anche* '**comic book**) fumetti **2** attore comico, attrice comica

coming /'kʌmɪŋ/ ▶ *s* **1** arrivo **2** (*Relig*) avvento
▶ *agg* prossimo

comma /'kɒmə/ *s* virgola

command /kə'mɑːnd; *USA* -'mænd/ ▶ *vt* ~ **sb to do sth** ordinare a qn di fare qc **2** *vt, vi* essere al comando (di) **3** *vt* disporre di **4** *vt* (*castello*) dominare **5** *vt* (*rispetto*) incutere **6** *vt* (*attenzione*) esigere
▶ *s* **1** ordine **2** [*non numerabile*] comando: *Who is in command?* Chi comanda? **3** (*lingua*) padronanza **4** (*Informatica*) comando

commander /kə'mɑːndə(r); *USA* -'mænd-/ *s* **1** (*Mil*) comandante **2** capo

commando /kə'mɑːndəʊ; *USA* -'mænd-/ *s* (*Mil*) commando

commemorate /kə'meməreɪt/ *vt* commemorare

commence /kə'mens/ *vt, vi* (*formale*) cominciare

commend /kə'mend/ *vt* **1** lodare **2** (*formale*) ~ **sb to sb** raccomandare qn a qn **commendable** /kə'mendəbl/ *agg* meritorio, encomiabile

comment /'kɒment/ ▶ *s* **1** commento **2** [*non numerabile*] critiche, commenti
▶ *vi* **1** ~ **(that ...)** osservare (che ...) **2** ~ **(on sth)** fare commenti (su qc)

commentary /'kɒməntri; *USA* -teri/ *s* (*pl* **-ies**) **1** (*Sport*) radiocronaca, telecronaca **2** (*testo*) commento

commentator /'kɒmənˌteɪtə(r)/ *s* radiocronista, telecronista

commerce /'kɒmɜːs/ *s* commercio ❶ La parola più comune è **trade**.

commercial /kə'mɜːʃl/ ▶ *agg* **1** commerciale **2** (*TV, Radio*) privato ➩ *Vedi nota a* TELEVISION
▶ *s* annuncio pubblicitario, spot

commission /kə'mɪʃn/ ▶ *s* **1** commissione **2** incarico
▶ *vt* **1** incaricare **2** commissionare

commissioner /kə'mɪʃənə(r)/ *s* commissario

commit /kə'mɪt/ (**-tt-**) **1** *vt* commettere **2** *vt* ~ **sb/sth to sth** affidare qn/qc a qc: *to commit sth to memory* imparare qc a memoria **3** *v rifl* ~ **yourself (to sth/to doing sth)** impegnarsi (in qc/a fare qc) ➩ *Confronta* ENGAGED *a* ENGAGE **4** *v rifl* ~ **yourself (on sth)** pronunciarsi (su qc) **commitment** *s* **1** ~ **(to sth/to do sth)** impegno (con qc/a fare qc) ➩ *Confronta* ENGAGEMENT *senso* (2) **2** dedizione

committee /kə'mɪti/ *s* [*v sing o pl*] commissione, comitato

commodity /kə'mɒdəti/ *s* (*pl* **-ies**) **1** prodotto **2** (*Fin*) merce

common /'kɒmən/ ▶ *agg* **1** ~ **(to sb/sth)** comune (a qn/qc): *common sense* buon senso **2** (*dispreg*) rozzo ➩ *Confronta* ORDINARY **LOC** **in common** in comune
▶ *s* **1** (*anche* '**common land**) terreno di uso pubblico **2** **the Commons** *Vedi* THE HOUSE OF COMMONS

commonly /'kɒmənli/ *avv* comunemente

commonplace /'kɒmənpleɪs/ *agg* comune

commonwealth /'kɒmənwelθ/ *s* **the Commonwealth** organizzazione che riunisce la Gran Bretagna e molti dei paesi prima facenti parte dell'impero britannico

commotion /kə'məʊʃn/ *s* confusione

| u situation | ɒ got | ɔː saw | ɜː fur | ə ago | j yes | w woman | eɪ pay | əʊ go |

communal /ˈkɒmjənəl, kəˈmjuːnl/ *agg* in comune

commune /ˈkɒmjuːn/ *s* [*v sing o pl*] comune (*familiare*)

communicate /kəˈmjuːnɪkeɪt/ **1** *vt* ~ sth (to sb/sth) comunicare qc (a qn/qc) **2** *vi* ~ (with sb/sth) comunicare (con qn/qc) **communication** /kəˌmjuːnɪˈkeɪʃn/ *s* **1** comunicazione **2** (*malattia*) contagio

communion /kəˈmjuːniən/ (*anche* ˌHoly Comˈmunion) *s* comunione

communiqué /kəˈmjuːnɪkeɪ; *USA* kəˌmjuːnəˈkeɪ/ *s* comunicato

communism /ˈkɒmjunɪzəm/ *s* comunismo **communist** *agg*, *s* comunista

community /kəˈmjuːnəti/ *s* [*v sing o pl*] (*pl* **-ies**) comunità: *community centre* centro sociale

comˈmunity college *s* **1** in Gran Bretagna, una scuola superiore di quartiere che offre corsi anche agli adulti **2** negli USA, un istituto superiore di quartiere che offre corsi biennali anche a indirizzo professionale

comˌmunity ˈservice *s* lavoro socialmente utile

commute /kəˈmjuːt/ *vi* fare il/la pendolare **commuter** *s* pendolare

compact ▸ /kəmˈpækt/ *agg* compatto
▸ /ˈkɒmpækt/ *Vedi* POWDER COMPACT

ˌcompact ˈdisc *s Vedi* CD

companion /kəmˈpæniən/ *s* compagno, -a **companionship** /kəmˈpæniənʃɪp/ *s* compagnia

company /ˈkʌmpəni/ *s* (*pl* **-ies**) **1** compagnia **2** [*v sing o pl*] (*Comm*) società, ditta LOC *keep sb company* fare compagnia a qn *Vedi anche* PART

comparable /ˈkɒmpərəbl/ *agg* ~ (to/with sb/sth) paragonabile (a qn/qc)

comparative /kəmˈpærətɪv/ *agg* **1** comparativo **2** relativo

compare /kəmˈpeə(r)/ **1** *vt* ~ sth with/to sth paragonare qc a qc **2** *vi* ~ (with sb/sth) essere paragonabile (a qn/qc)

comparison /kəmˈpærɪsn/ *s* ~ (of sth and/to/ with sth) paragone (di qc con qc) LOC *there's no comparison* non c'è paragone

compartment /kəmˈpɑːtmənt/ *s* scompartimento

compass /ˈkʌmpəs/ *s* **1** bussola **2** (*anche* **compasses** [*pl*]) compasso

compassion /kəmˈpæʃn/ *s* compassione **compassionate** /kəmˈpæʃənət/ *agg* compassionevole

compatible /kəmˈpætəbl/ *agg* compatibile

compel /kəmˈpel/ *vt* (**-ll-**) (*formale*) **1** obbligare **2** imporre **compelling** *agg* **1** irresistibile **2** (*motivo*) impellente **3** (*argomento*) convincente *Vedi anche* COMPULSION

compensate /ˈkɒmpenseɪt/ **1** *vt*, *vi* ~ (sb) (for sth) compensare (qn) (di qc) **2** *vt* ~ sb (for sth) risarcire qn (per qc) **3** *vi* ~ (for sth) compensare (qc) **compensation** *s* **1** compensazione **2** risarcimento

compete /kəmˈpiːt/ *vi* **1** ~ (against/with sb) (in sth) (for sth) essere in competizione (con qn) (in qc) (per qc) **2** ~ (in sth) (*Sport*) prender parte (a qc)

competent /ˈkɒmpɪtənt/ *agg* **1** ~ (as/at/in sth) competente (come/in qc) **2** *to do sth* in grado di fare qc **competence** /ˈkɒmpɪtəns/ *s* competenza

competition /ˌkɒmpəˈtɪʃn/ *s* **1** gara, concorso **2** ~ (with sb/between …) (for sth) concorrenza (con qn/fra …) (per qc) **3** *the competition* [*v sing o pl*] la concorrenza

competitive /kəmˈpetətɪv/ *agg* competitivo

competitor /kəmˈpetɪtə(r)/ *s* concorrente *Vedi anche* CONTESTANT *a* CONTEST

compile /kəmˈpaɪl/ *vt* compilare **compilation** /ˌkɒmpɪˈleɪʃn/ *s* **1** compilazione **2** (*Mus*) compilation

complacency /kəmˈpleɪsnsi/ *s* ~ (about sth) autocompiacimento (per qc) **complacent** *agg* compiaciuto

complain /kəmˈpleɪn/ *vi* **1** ~ (to sb) (about/at/of sth) lamentarsi (con qn) (di qc) **2** ~ (that …) lamentarsi (perché …) **3** (*ufficialmente*) ~ (to sb) (about sth) reclamare (con qn) (per qc) **complaint** /kəmˈpleɪnt/ *s* **1** lamentela **2** reclamo **3** (*Med*) disturbo

complement /ˈkɒmplɪmənt/ ▸ *s* **1** ~ (to sth) complemento (di qc) **2** effettivo
▸ *vt* completare ⊃ *Confronta* COMPLIMENT

complementary /ˌkɒmplɪˈmentri/ *agg* ~ (to sth) complementare (a qc)

complete /kəmˈpliːt/ ▸ *vt* **1** completare **2** (*modulo*) riempire
▸ *agg* **1** completo **2** completato **3** totale, assoluto: *a complete stranger* un perfetto sconosciuto

completely /kəmˈpliːtli/ *avv* completamente, totalmente

completion /kəmˈpliːʃn/ s **1** completamento **2** firma (*di un contratto*)

complex /ˈkɒmpleks/ ▶ *agg* complesso, complicato
▶ *s* complesso

complexion /kəmˈplekʃn/ s **1** carnagione **2** (*fig*) aspetto

compliance /kəmˈplaɪəns/ s ubbidienza: *in compliance with* in conformità a

complicate /ˈkɒmplɪkeɪt/ *vt* complicare **complicated** *agg* complicato **complication** /ˌkɒmplɪˈkeɪʃn/ s complicazione

compliment /ˈkɒmplɪmənt/ ▶ *s* **1** complimento: *to pay sb a compliment* fare un complimento a qn **2 compliments** [*pl*] (*formale*) ossequi: *with the compliments of* con gli omaggi di
▶ *vt* ~ **sb** (**on sth**) congratularsi con qn (per qc)
➪ *Confronta* COMPLEMENT

complimentary /ˌkɒmplɪˈmentri/ *agg* **1** lusinghiero **2** (*biglietto, ecc*) omaggio

comply /kəmˈplaɪ/ *vi* (*pass, pp* complied) ~ (**with sth**) ubbidire (a qc)

component /kəmˈpəʊnənt/ ▶ *s* **1** componente **2** (*Mecc*) pezzo
▶ *agg*: *component parts* elementi

compose /kəmˈpəʊz/ **1** *vt* (*Mus*) comporre **2** *vt* (*lettera*) redigere **3** *vt* (*idee*) riordinare **4** *v rifl* ~ **yourself** ricomporsi **composed** *agg* sereno **composer** s compositore, -trice

composition /ˌkɒmpəˈzɪʃn/ s **1** composizione **2** (*Scol*) tema *Vedi anche* ESSAY

compost /ˈkɒmpɒst/ s concime

composure /kəmˈpəʊʒə(r)/ s calma

compound ▶ /ˈkɒmpaʊnd/ *agg, s* composto
▶ *s* recinto
▶ /kəmˈpaʊnd/ *vt* peggiorare

comprehend /ˌkɒmprɪˈhend/ *vt* capire *Vedi anche* UNDERSTAND **comprehensible** /ˌkɒmprɪˈhensəbl/ *agg* ~ (**to sb**) comprensibile (per qn) **comprehension** /ˌkɒmprɪˈhenʃn/ s comprensione

comprehensive /ˌkɒmprɪˈhensɪv/ *agg* completo, esauriente

compreˈhensive school s (*GB*) scuola secondaria

compress /kəmˈpres/ *vt* **1** comprimere **2** (*idee*) condensare **compression** /kəmˈpreʃn/ s compressione

comprise /kəmˈpraɪz/ *vt* **1** comprendere **2** formare

compromise /ˈkɒmprəmaɪz/ ▶ *s* compromesso
▶ **1** *vi* ~ (**on sth**) venire a un compromesso (su qc) **2** *vt* compromettere

compromising /ˈkɒmprəmaɪzɪŋ/ *agg* compromettente

compulsion /kəmˈpʌlʃn/ s ~ (**to do sth**) **1** obbligo (di fare qc) **2** desiderio incontrollabile (di fare qc)

compulsive /kəmˈpʌlsɪv/ *agg* **1** (*libro*) avvincente **2** (*comportamento*) incontrollabile **3** (*giocatore, bugiardo*) incorreggibile

compulsory /kəmˈpʌlsəri/ *agg* obbligatorio **LOC compulsory purchase** espropriazione

computer /kəmˈpjuːtə(r)/ s computer: *computer programmer* programmatore di computer ◊ *computer science* informatica ◊ *computer-literate* pratico nell'usare il computer
➪ *Vedi illustrazione a* COMPUTER **computerize, -ise** *vt* computerizzare **computing** s informatica

comrade /ˈkɒmreɪd; *USA* -ræd/ s compagno, -a

con /kɒn/ ▶ *s* (*informale*) truffa: *con artist/man* truffatore **LOC** *Vedi* PRO
▶ *vt* (*informale*) (-nn-) ~ **sb** (**out of sth**) estorcere qc a qn; truffare qn

conceal /kənˈsiːl/ *vt* **1** occultare **2** (*gioia, ecc*) dissimulare

concede /kənˈsiːd/ *vt* ~ (**that** …) ammettere (che…)

conceit /kənˈsiːt/ s vanità **conceited** *agg* vanitoso

conceivable /kənˈsiːvəbl/ *agg* concepibile **conceivably** *avv*: *She may conceivably not want to do it.* Può anche darsi che non voglia farlo.

conceive /kənˈsiːv/ *vt, vi* **1** concepire **2** ~ (**of**) **sth** immaginarsi qc

concentrate /ˈkɒnsntreɪt/ *vt, vi* concentrare, concentrarsi **concentration** /ˌkɒnsntreɪʃn/ s concentrazione

concept /ˈkɒnsept/ s concetto

conception /kənˈsepʃn/ s **1** concezione **2** concetto

concern /kənˈsɜːn/ ▶ **1** *vt* riguardare: *as far as I am concerned* per quanto mi riguarda **2** *v rifl* ~ **yourself with sth** occuparsi di qc **3** *vt* preoccupare
▶ *s* **1** preoccupazione **2** interesse: *It's none of your concern.* Non ti riguarda. **3** ditta

concerned /kənˈsɜːnd/ *agg* preoccupato **LOC be concerned with sth** trattare di qc

tʃ **chin**   dʒ **June**   v **van**   θ **thin**   ð **then**   s **so**   z **zoo**   ʃ **she**

concerning → **confide**

concerning /kənˈsɜːnɪŋ/ *prep* riguardo a
concert /ˈkɒnsət/ *s* concerto: *concert hall* sala da concerti
concerted /kənˈsɜːtɪd/ *agg* **1** *(attacco)* concertato **2** *(sforzo)* congiunto
concerto /kənˈtʃɜːtəʊ/ *s* (*pl* **-os**) concerto *(composizione musicale)*
concession /kənˈseʃn/ *s* **1** concessione **2** *(Fin)* sgravio
conciliation /kənˌsɪliˈeɪʃn/ *s* conciliazione **conciliatory** /kənˈsɪliətəri; *USA* -tɔːri/ *agg* conciliante
concise /kənˈsaɪs/ *agg* conciso
conclude /kənˈkluːd/ **1** *vt, vi* concludere, concludersi **2** *vt* ~ **that...** arrivare alla conclusione che... **conclusion** /kənˈkluːʒn/ *s* conclusione LOC *Vedi* JUMP
conclusive /kənˈkluːsɪv/ *agg* definitivo, decisivo
concoct /kənˈkɒkt/ *vt* **1** *(spesso dispreg)* mettere insieme **2** *(scusa)* inventare **3** *(piano)* architettare **concoctions 1** miscuglio **2** *(liquido)* intruglio
concord /ˈkɒŋkɔːd/ *s* concordia, armonia
concourse /ˈkɒŋkɔːs/ *s* atrio *(di un edificio)*
concrete /ˈkɒŋkriːt/ ▶ *agg* concreto, tangibile ▶ *s* calcestruzzo
concur /kənˈkɜː(r)/ *vi* (**-rr-**) *(formale)* ~ (**with sb/sth**) (**in sth**) essere d'accordo, coincidere (con qn/qc) (su qc) **concurrence** /kənˈkʌrəns/ *s* accordo **concurrent** /kənˈkʌrənt/ *agg* simultaneo **concurrently** *avv* simultaneamente
concussion /kənˈkʌʃn/ *s* commozione cerebrale
condemn /kənˈdem/ *vt* **1** ~ **sb/sth** condannare qn/qc **2** ~ **sb** (**to sth/to do sth**) condannare qn (a qc/a fare qc) **3** *(edificio)* dichiarare inagibile **condemnation** /ˌkɒndemˈneɪʃn/ *s* condanna
condensation /ˌkɒndenˈseɪʃn/ *s* **1** condensazione **2** condensa
condense /kənˈdens/ *vt, vi* ~ (**sth**) (**into/to sth**) **1** condensare qc (in qc); condensarsi (in qc) **2** riassumere qc (in qc); riassumersi (in qc)
condescend /ˌkɒndɪˈsend/ *vi* ~ **to do sth** degnarsi di fare qc
condition /kənˈdɪʃn/ ▶ *s* **1** condizione: *in good condition* in buone condizioni ◊ *weather conditions* le condizioni del tempo ◊ *without conditions* senza condizioni ◊ *the conditions of the treaty* le condizioni del trattato **2** *to be out of condition* essere fuori forma LOC **on condition (that ...)** a condizione di/che... ♦ **on no**

condition *(formale)* a nessuna condizione ♦ **on one condition** *(formale)* a una condizione *Vedi anche* MINT
▶ *vt* condizionare
conditional /kənˈdɪʃənl/ *agg* condizionale: *to be conditional on/upon sth* dipendere da qc
conditioner /kənˈdɪʃənə(r)/ *s* **1** *(capelli)* balsamo **2** *(biancheria)* ammorbidente
condo /ˈkɒndəʊ/ *s* (*pl* **condos**) *(spec USA, informale)* **1** condominio **2** appartamento in condominio
condolence /kənˈdəʊləns/ *s* [*gen pl*] condoglianze: *to give/send your condolences* porgere le proprie condoglianze
condom /ˈkɒndɒm/ *s* preservativo
condominium /ˌkɒndəˈmɪniəm/ *s* (*spec USA*) **1** condominio **2** appartamento in condominio
condone /kənˈdəʊn/ *vt* perdonare, giustificare
conducive /kənˈdjuːsɪv; *USA* -ˈduːs-/ *agg* ~ **to sth** favorevole a qc
conduct ▶ /ˈkɒndʌkt/ *s* **1** condotta **2** ~ **of sth** gestione di qc
▶ /kənˈdʌkt/ **1** *vt* *(indagine, inchiesta, elettricità)* condurre **2** *vt* *(azienda, orchestra)* dirigere **3** *v rifl* ~ **yourself** *(formale)* comportarsi
conductor /kənˈdʌktə(r)/ *s* **1** *(Mus)* direttore d'orchestra **2** *(GB)* *(autobus)* bigliettaio, -a ❶ Il conducente dell'autobus si chiama **driver**. **3** *(USA)* *(Ferrovia)* capotreno **4** *(Elettr)* conduttore
cone /kəʊn/ *s* **1** cono **2** *(auto)* birillo **3** *(Bot)* pigna
confectionery /kənˈfekʃənəri/ *s* [*non numerabile*] dolciumi
confederation /kənˌfedəˈreɪʃn/ *s* confederazione
confer /kənˈfɜː(r)/ (**-rr-**) **1** *vt* ~ **sth on sb** *(titolo)* conferire qc a qn **2** *vi* ~ **with sb** consultarsi con qn
conference /ˈkɒnfərəns/ *s* **1** conferenza: *conference hall* sala per conferenze ⊃ *Confronta* LECTURE LOC **in conference** in riunione
confess /kənˈfes/ **1** *vt* confessare **2** *vi* confessarsi: *to confess to sth* confessare qc **confession** /kənˈfeʃn/ *s* confessione
confetti /kənˈfeti/ *s* [*non numerabile*] specie di coriandoli usati nei matrimoni
confide /kənˈfaɪd/ *vt* ~ **sth to sb** confidare qc a qn PHR V **confide in sb** confidarsi con qn

| iː see | i happy | ɪ sit | e ten | æ hat | ɑː father | ʌ cup | ʊ put | uː too |

confidence /ˈkɒnfɪdəns/ s 1 ~ (in sb/sth) fiducia (in qn/qc): *a confidence trick* una truffa 2 sicurezza di sé **LOC take sb into your confidence** confidarsi con qn *Vedi anche* BREACH, STRICT, VOTE **confident** agg 1 sicuro di sé 2 *to be confident of sth/that* … essere sicuro di qc/che … **confidential** /ˌkɒnfɪˈdenʃl/ agg confidenziale **confidently** avv con sicurezza

confine /kənˈfaɪn/ vt 1 costringere: *to be confined to bed* essere costretto a letto 2 limitare **confined** agg ristretto (*spazio*) **confinement** s reclusione **LOC** *Vedi* SOLITARY

confines /ˈkɒnfaɪnz/ s [pl] (*formale*) confini

confirm /kənˈfɜːm/ vt confermare **confirmed** agg impenitente

confirmation /ˌkɒnfəˈmeɪʃn/ s 1 conferma 2 (*Relig*) cresima

confiscate /ˈkɒnfɪskeɪt/ vt confiscare

conflict ▶ /ˈkɒnflɪkt/ s conflitto
▶ /kənˈflɪkt/ vi ~ (with sth) essere in conflitto (con qc)

conflicting /kənˈflɪktɪŋ/ agg contraddittorio: *conflicting evidence* prove contraddittorie

conform /kənˈfɔːm/ vi 1 ~ to sth conformarsi a qc 2 essere conforme 3 ~ with/to sth corrispondere a qc **conformist** s conformista **conformity** /kənˈfɔːməti/ s (*formale*) conformità

confront /kənˈfrʌnt/ vt 1 affrontare 2 ~ sb with sth mettere qn a confronto con qc: *They confronted him with the facts.* Lo misero di fronte ai fatti. **confrontation** s scontro

confuse /kənˈfjuːz/ vt 1 ~ sb/sth (with sb/sth) confondere qn/qc (con qn/qc) 2 (*questione*) complicare **confused** agg confuso: *to get confused* confondersi **confusing** agg confuso ⊃ *Confronta* CONFUSO **confusion** /kənˈfjuːʒn/ s confusione

congeal /kənˈdʒiːl/ vi rapprendersi

congenial /kənˈdʒiːniəl/ agg piacevole **LOC congenial to sb** congeniale a qn ♦ **congenial to sth** favorevole a qc

congenital /kənˈdʒenɪtl/ agg congenito

congested /kənˈdʒestɪd/ agg ~ (with sth) congestionato (per qc) **congestion** /kənˈdʒestʃən/ s congestione

conglomerate /kənˈɡlɒmərət/ s conglomerato

congratulate /kənˈɡrætʃuleɪt/ vt ~ sb (on sth) congratularsi con qn (per qc)

congratulations /kənˌɡrætʃuˈleɪʃnz/ s [pl] congratulazioni

congregate /ˈkɒŋɡrɪɡeɪt/ vi congregarsi **congregation** /ˌkɒŋɡrɪˈɡeɪʃn/ s [v sing o pl] insieme di fedeli

congress /ˈkɒŋɡres/; *USA* -ɡrəs/ s [v sing o pl] congresso

L'organo legislativo degli Stati Uniti, il **Congress**, è costituito dalla **House of Representatives** (la camera dei deputati) i cui membri sono detti **Congressmen** e **Congresswomen**, e dal **Senate** (il senato), i cui membri sono detti **senators**.

congressional /kənˈɡreʃənl/ agg del congresso

conical /ˈkɒnɪkl/ agg conico

conifer /ˈkɒnɪfə(r)/ s conifera

conjecture /kənˈdʒektʃə(r)/ s congettura, congetture

conjunction /kənˈdʒʌŋkʃn/ s (*Gramm*) congiunzione **LOC in conjunction with** insieme a

conjure /ˈkʌndʒə(r)/ vi fare giochi di prestigio **PHRV conjure sth up** 1 fare apparire qc per magia 2 (*spirito*) evocare qc 3 (*ricordi, ecc*) rievocare qc **conjurers** prestigiatore, -trice

connect /kəˈnekt/ 1 vt, vi collegare, collegarsi 2 vt: *connected by marriage* imparentato per matrimonio 3 vt: ~ sb/sth (with sb/sth) associare qn/qc (con qn/qc) 4 vt ~ sb (with sb) (*telefono*) mettere in comunicazione qn (con qn) **connection** /kəˈnekʃn/ s 1 connessione 2 relazione 3 (*trasporti*) coincidenza 4 **connections** [pl] (*agganci, contatti*) conoscenze **LOC in connection with** a proposito di ♦ **have connections** avere tante conoscenze

connoisseur /ˌkɒnəˈsɜː(r)/ s intenditore, -trice

conquer /ˈkɒŋkə(r)/ vt 1 conquistare 2 vincere, sconfiggere **conqueror** s conquistatore, -trice

conquest /ˈkɒŋkwest/ s conquista

conscience /ˈkɒnʃəns/ s coscienza **LOC have sth on your conscience** avere qc sulla coscienza *Vedi anche* EASE

conscientious /ˌkɒnʃiˈenʃəs/ agg coscienzioso: *conscientious objector* obiettore di coscienza

conscious /ˈkɒnʃəs/ agg 1 conscio 2 (*decisione*) consapevole **consciously** avv consapevolmente **consciousness** s 1 conoscenza: *to lose/regain consciousness* perdere/riprendere conoscenza 2 **consciousness** (of sth) consapevolezza (di qc)

conscript /ˈkɒnskrɪpt/ s coscritto **conscription** /kənˈskrɪpʃn/ s coscrizione

consecrate → consume

consecrate /'kɒnsɪkreɪt/ *vt* consacrare

consecutive /kən'sekjətɪv/ *agg* consecutivo

consensus /kən'sensəs/ *s* consenso

consent /kən'sent/ ▶ *vi* ~ (**to sth**) acconsentire (a qc)
▶ *s* consenso LOC *Vedi* AGE

consequence /'kɒnsɪkwəns; *USA* -kwens/ *s* **1** conseguenza: *as a/in consequence of sth* come conseguenza di qc **2** (*formale*) importanza: *It's of no consequence.* Non ha importanza.

consequent /'kɒnsɪkwənt/ *agg* (*formale*) **1** conseguente **2** ~ **on/upon sth** derivante da qc **consequently** *avv* di conseguenza

conservation /ˌkɒnsə'veɪʃn/ *s* conservazione, tutela: *a conservation area* una zona protetta **conservationist** *s* conservazionista

conservative /kən'sɜːvətɪv/ ▶ *agg* **1** conservatore **2 Conservative** (*Pol*) conservatore *Vedi anche* TORY
▶ *s* conservatore, -trice

conservatory /kən'sɜːvətri; *USA* -tɔːri/ *s* (*pl* -**ies**) **1** serra **2** (*Mus*) conservatorio

conserve /kən'sɜːv/ *vt* **1** conservare **2** (*energia, forze*) risparmiare **3** (*natura*) proteggere

consider /kən'sɪdə(r)/ *vt* **1** considerare: *to consider doing sth* considerare la possibilità di fare qc **2** tener conto di

considerable /kən'sɪdərəbl/ *agg* considerevole, notevole **considerably** *avv* notevolmente

considerate /kən'sɪdərət/ *agg* ~ (**towards sb/sth**) rispettoso (verso qn/qc)

consideration /kənˌsɪdə'reɪʃn/ *s* **1** considerazione: *It is under consideration.* È in esame. **2** fattore LOC **take sth into consideration** prendere qc in considerazione

considering /kən'sɪdərɪŋ/ ▶ *cong* considerato che
▶ *prep* considerato

consign /kən'saɪn/ *vt* ~ **sb/sth** (**to sth**) relegare qn/qc (in qc): *consigned to oblivion* condannato all'oblio **consignment** *s* **1** consegna **2** partita (*merce*)

consist /kən'sɪst/ *v* PHRV **consist of sth** constare di qc, essere composto di qc

consistency /kən'sɪstənsi/ *s* (*pl* -**ies**) **1** consistenza **2** (*atteggiamento*) coerenza

consistent /kən'sɪstənt/ *agg* **1** (*persona*) costante **2** ~ (**with sth**) coerente (con qc) **consistently** *avv* **1** costantemente **2** uniformemente

consolation /ˌkɒnsə'leɪʃn/ *s* consolazione

console[1] /kən'səʊl/ *vt* consolare

console[2] /'kɒnsəʊl/ *s* console

consolidate /kən'sɒlɪdeɪt/ *vt, vi* consolidare, consolidarsi

consonant /'kɒnsənənt/ *s* consonante

consortium /kən'sɔːtiəm; *USA* -'sɔːrʃiəm/ *s* (*pl* -**tia** /-tiə; *USA* -ʃiə/) consorzio

conspicuous /kən'spɪkjuəs/ *agg* **1** che si fa notare: *to make yourself conspicuous* farsi notare **2** (*iron*) **be** ~ **for sth** distinguersi per qc **3** visibile LOC **be conspicuous by your absence** brillare per la propria assenza **conspicuously** *avv* notevolmente

conspiracy /kən'spɪrəsi/ *s* (*pl* -**ies**) cospirazione, congiura **conspiratorial** /kənˌspɪrə'tɔːriəl/ *agg* cospiratorio

conspire /kən'spaɪə(r)/ *vi* cospirare

constable /'kʌnstəbl; *USA* 'kɒn-/ *s* agente di polizia

constant /'kɒnstənt/ ▶ *agg* costante, continuo
▶ *s* costante

constantly /'kɒnstəntli/ *avv* costantemente

constipated /'kɒnstɪpeɪtɪd/ *agg* stitico

constipation /ˌkɒnstɪ'peɪʃn/ *s* stitichezza

constituency /kən'stɪtjuənsi/ *s* (*pl* -**ies**) **1** collegio elettorale **2** elettori

constituent /kən'stɪtjuənt/ *s* **1** (*Pol*) elettore, -trice **2** componente

constitute /'kɒnstɪtjuːt/ *vt* costituire

constitution /ˌkɒnstɪ'tjuːʃn; *USA* -'tuːʃn/ *s* costituzione **constitutional** /ˌkɒnstɪ'tjuːʃənl; *USA* -'tuːʃənl/ *agg* costituzionale

constraint /kən'streɪnt/ *s* **1** costrizione **2** limitazione

constrict /kən'strɪkt/ *vt* **1** stringere **2** limitare

construct /kən'strʌkt/ *vt* costruire ❶ La parola più comune è **build**. **construction** /kən'strʌkʃn/ *s* costruzione **constructive** *agg* costruttivo

construe /kən'struː/ *vt* interpretare

consul /'kɒnsl/ *s* console

consulate /'kɒnsjələt; *USA* -səl-/ *s* consolato

consult /kən'sʌlt/ *vt, vi* consultare: *consulting room* ambulatorio **consultant** *s* **1** consulente **2** (*GB*) (*Med*) specialista **consultancy** *s* (*pl* -**ies**) **1** studio di consulenza **2** consulenza **consultation** /ˌkɒnsl'teɪʃn/ *s* consulto

consume /kən'sjuːm; *USA* -'suːm/ *vt* consumare: *He was consumed with envy.* Era roso dall'invidia.

container

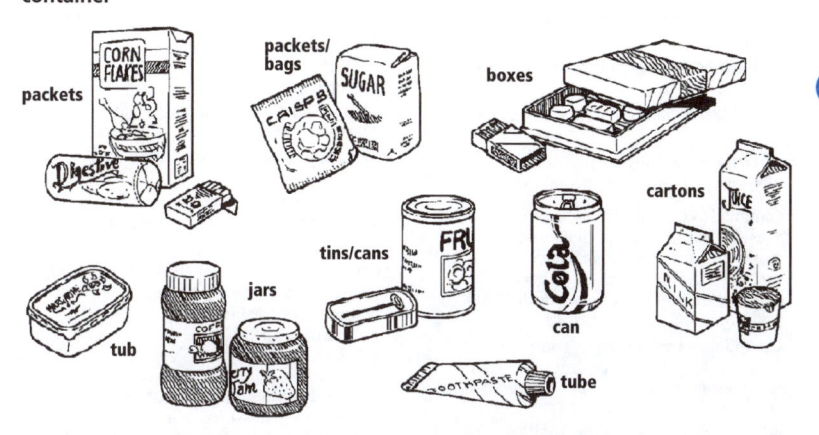

packets, packets/bags, boxes, cartons, tins/cans, jars, tub, can, tube

consumer /kən'sjuːmə(r); USA -'suːm-/ s consumatore, -trice

consummate ▸ /'kɒnsəmət; GB anche kən'sʌmət/ agg (formale) consumato, straordinario
▸ /'kɒnsəmeɪt/ vt (formale) **1** coronare **2** (matrimonio) consumare

consumption /kən'sʌmpʃn/ s **1** consumo **2** (antiq) (Med) consunzione

contact /'kɒntækt/ ▸ s contatto: *contact lenses* lenti a contatto LOC **make contact (with sb/sth)** mettersi in contatto (con qn/qc)
▸ vt mettersi in contatto con

contagious /kən'teɪdʒəs/ agg contagioso

contain /kən'teɪn/ vt contenere: *to contain yourself* contenersi **container** s **1** contenitore **2** container: *container lorry/ship* autocarro/nave portacontainer

contaminate /kən'tæmɪneɪt/ vt contaminare **contamination** /kən'tæmɪneɪʃn/ s contaminazione

contemplate /'kɒntəmpleɪt/ **1** vt, vi contemplare, meditare (su) **2** vt pensare a: *to contemplate doing sth* pensare di fare qc

contemporary /kən'temprəri; USA -pəreri/
▸ agg contemporaneo
▸ s (pl **-ies**) **1** coetaneo, -a **2** contemporaneo, -a

contempt /kən'tempt/ s **1** disprezzo **2** (anche con‚tempt of 'court) oltraggio alla Corte LOC **beneath contempt** spregevole *Vedi anche* HOLD **contemptible** /kən'temptəbl/ agg spregevole **contemptuous** /kən'temptʃʊəs/ agg sprezzante, sdegnoso

contend /kən'tend/ **1** vi ~ **with sth** lottare contro qc: *She has a lot of problems to contend with.* Deve lottare contro molti problemi. **2** vi ~ **(for sth)** competere, lottare (per qc) **3** vt ~ **that ...** sostenere che ... **contender** s concorrente

content¹ /'kɒntent/ (*anche* **contents** [*pl*]) s contenuto: *table of contents* indice

content² /kən'tent/ ▸ agg ~ **(with sth/to do sth)** contento, soddisfatto (di qc/di fare qc)
▸ v rifl ~ **yourself with sth** accontentarsi di qc

contented /kən'tentɪd/ agg contento, soddisfatto

contention /kən'tenʃn/ s **1** lizza: *the teams are in contention for ...* le due squadre sono in lizza per ... **2** controversia LOC *Vedi* BONE

contentious /kən'tenʃəs/ agg **1** polemico **2** attaccabrighe

contentment /kən'tentmənt/ s contentezza, soddisfazione

contest¹ /'kɒntest/ s **1** concorso, competizione **2** (fig) gara, lotta

contest² /kən'test/ vt **1** (affermazione) contestare **2** (Dir) impugnare **3** (seggio) essere in lizza per

contestant /kən'testənt/ s concorrente

context /'kɒntekst/ s contesto

continent /'kɒntɪmənt/ s **1** (Geog) continente **2** **the Continent** (GB) l'Europa continentale

| tʃ **ch**in | dʒ **J**une | v **v**an | θ **th**in | ð **th**en | s **s**o | z **z**oo | ʃ **sh**e |

contingency → convenience food

continental /ˌkɒntɪˈnentl/ *agg* continentale: *continental quilt* piumino ⊃ *Vedi nota a* BREAKFAST

contingency /kənˈtɪndʒənsi/ *s* (*pl* -**ies**) eventualità: *contingency plan* piano di emergenza

contingent /kənˈtɪndʒənt/ *s* [*v sing o pl*] contingente

continual /kənˈtɪnjuəl/ *agg* continuo **continually** /kənˈtɪnjuəli/ *avv* continuamente

> **Continual** o **continuous**? **Continual** e **continually** si usano per descrivere delle azioni che si ripetono quando si vuole dare una sfumatura negativa: *His continual phone calls started to annoy her.* Le sue continue telefonate cominciavano a infastidirla.
>
> **Continuous** e **continuously** si usano per descrivere delle azioni continuative: *There has been a continuous improvement in his work.* Il suo lavoro rileva un costante miglioramento. ◇ *It has rained continuously for three days.* Piove ininterrottamente da tre giorni.

continuation /kənˌtɪnjuˈeɪʃn/ *s* continuazione

continue /kənˈtɪnjuː/ *vt, vi* continuare: *to continue doing sth/to do sth* continuare a fare qc **continued** *agg* continuo **continuing** *agg* ricorrente: *a continuing problem* un problema ricorrente

continuity /ˌkɒntɪˈnjuːəti; *USA* -ˈnuː-/ *s* continuità

continuous /kənˈtɪnjuəs/ *agg* **1** continuo, ininterrotto **2** (*Gramm*) progressivo, continuo **continuously** *avv* in continuazione, ininterrottamente ⊃ *Vedi nota a* CONTINUAL

contort /kənˈtɔːt/ *vt, vi* contorcere, contorcersi

contour /ˈkɒntʊə(r)/ *s* contorno

contraband /ˈkɒntrəbænd/ *s* contrabbando

contraception /ˌkɒntrəˈsepʃn/ *s* contraccezione **contraceptive** /ˌkɒntrəˈseptɪv/ *agg, s* anticoncezionale

contract ▸ /ˈkɒntrækt/ *s* contratto
▸ /kənˈtrækt/ **1** *vt*: *to be contracted to do sth* aver stipulato un contratto per fare qc **2** *vt* (*matrimonio, malattia, debito*) contrarre **3** *vi* contrarsi **4** *vi* ~ **with sb** stipulare un contratto con qn

contraction /kənˈtrækʃn/ *s* contrazione

contractor /kənˈtræktə(r)/ *s* appaltatore

contradict /ˌkɒntrəˈdɪkt/ *vt* contraddire **contradiction** /ˌkɒntrəˈdɪkʃn/ *s* contraddizione **contradictory** /ˌkɒntrəˈdɪktəri/ *agg* contraddittorio

contraflow /ˈkɒntrəfləʊ/ *s* deviazione del traffico su una corsia in senso opposto di marcia a quello normalmente in uso

contrary /ˈkɒntrəri; *USA* -treri/ ▸ *agg* contrario
▸ *avv* ~ **to sth** contro qc, contrario a qc
▸ *s* **the contrary** il contrario LOC **on the contrary** al contrario

contrast ▸ /kənˈtrɑːst; *USA* -ˈtræst/ **1** *vt* ~ **A and/with B** mettere a confronto A con B **2** *vi* ~ (**with sth**) contrastare con qc
▸ /ˈkɒntrɑːst; *USA* -træst/ *s* contrasto: *When you look at their new system, ours seems very old-fashioned by contrast.* Rispetto al loro nuovo sistema il nostro sembra sorpassato. ◇ *He was very talkative; she, by contrast, said nothing.* Lui aveva la lingua sciolta, lei al contrario stava zitta.

contribute /kənˈtrɪbjuːt/ **1** *vt, vi* ~ (**sth**) **to sth** contribuire (con qc) a qc **2** *vi* ~ **to sth** (*dibattito*) partecipare a qc **contribution** /ˌkɒntrɪˈbjuːʃn/ *s* **1** contribuzione, contributo **2** (*rivista*) articolo **contributor** /kənˈtrɪbjuːtə(r)/ *s* **1** contribuente **2** (*rivista*) collaboratore, -trice **contributory** /kənˈtrɪbjuːtəri; *USA* -tɔːri/ *agg* che contribuisce

control /kənˈtrəʊl/ ▸ *s* **1** controllo: *to be in control of sth* tenere sotto controllo qc **2** **controls** [*pl*] comandi LOC **be/go/get out of control 1** essere incontrollabile: *Her car went out of control.* Perse il controllo dell'auto. **2** (*persona*) aver perso il controllo
▸ (**-ll-**) **1** *vt* tenere sotto controllo **2** *vt* (*volume, temperatura*) regolare **3** *vt* (*incendio*) circoscrivere **4** *vt* (*spese, inflazione*) contenere **5** *v rifl* ~ **yourself** controllarsi

controversial /ˌkɒntrəˈvɜːʃl/ *agg* controverso, polemico

controversy /ˈkɒntrəvɜːsi; *GB anche* kənˈtrɒvəsi/ *s* (*pl* -**ies**) ~ (**about/over sth**) controversia (circa qc)

convene /kənˈviːn/ **1** *vt* convocare **2** *vi* riunirsi

convenience /kənˈviːniəns/ *s* comodità: *public conveniences* gabinetti pubblici ⊃ *Vedi nota a* TOILET

con'venience food *s* cibi surgelati o in scatola

| iː see | i happy | ɪ sit | e ten | æ hat | ɑː father | ʌ cup | ʊ put | uː too |

con'venience store s (spec USA) negozio di generi vari aperto fino a tardi

convenient /kən'viːniənt/ agg **1** if it's convenient (for you) se per lei va bene **2** (momento) adatto **3** comodo **4** ~ (for sth) vicino (a qc) **conveniently** avv convenientemente

convent /'kɒnvənt; USA -vent/ s convento

convention /kən'venʃn/ s **1** congresso **2** convenzione **conventional** /kən'venʃənl/ agg convenzionale LOC **conventional wisdom** saggezza popolare

converge /kən'vɜːdʒ/ vi ~ (on sth) convergere (su qc) **convergence** s convergenza

conversant /kən'vɜːsnt/ agg (formale) ~ with sth pratico di qc

conversation /ˌkɒnvə'seɪʃn/ s conversazione: to make conversation conversare

converse[1] /kən'vɜːs/ vi (formale) conversare

converse[2] /'kɒnvɜːs/ **the converse** s il contrario **conversely** avv al contrario

conversion /kən'vɜːʃn; USA kən'vɜːrʒn/ s ~ (from sth) (into/to sth) conversione (da qc) (a qc)

convert ▶ /kən'vɜːt/ vt, vi **1** ~ (sth) (from sth) (into/to sth) convertire qc; convertirsi (da qc) (in qc): The sofa converts (in)to a bed. Il sofà può trasformarsi in un letto. **2** ~ (sb) (from sth) (to sth) (Relig) convertire qn; convertirsi (da qc) (a qc)
▶ /'kɒnvɜːt/ s ~ (to sth) convertito, -a (a qc)

convertible /kən'vɜːtəbl/ ▶ agg ~ (into/to sth) convertibile (in qc)
▶ s decappottabile

convey /kən'veɪ/ vt **1** (formale) trasportare, convogliare **2** (idea, sentimento) esprimere **3** (saluti) porgere **conveyor** (anche **con'veyor belt**) s nastro trasportatore

convict ▶ /kən'vɪkt/ vt ~ sb (of sth) dichiarare colpevole qn (di qc)
▶ /'kɒnvɪkt/ s carcerato, -a: an escaped convict un evaso

conviction /kən'vɪkʃn/ s **1** ~ (for sth) condanna (per qc) **2** ~ (that ...) convinzione (che ...): to carry/lack conviction essere/non essere convincente

convince /kən'vɪns/ vt ~ sb (that ... /of sth) convincere qn (che ... /di qc) **convinced** agg convinto **convincing** agg convincente

convulse /kən'vʌls/ vt sconvolgere: convulsed with laughter sganasciato dalle risate **convulsion** /kən'vʌlʃn/ s [gen pl] convulsione

cook /kʊk/ ▶ **1** vt, vi cucinare **2** vi (cibo) cuocere: The potatoes aren't cooked. Le patate non sono cotte. LOC **cook the books** (informale, dispreg) falsificare i libri contabili PHRV **cook sth up** (informale): to cook up an excuse inventare una scusa
▶ s cuoco, -a

cooker /'kʊkə(r)/ s cucina (elettrodomestico) Vedi anche STOVE

cookery /'kʊkəri/ s [non numerabile] cucina: oriental cookery cucina orientale

cookie /'kʊki/ s **1** (spec USA) Vedi BISCUIT **2** (Informatica) cookie

cooking /'kʊkɪŋ/ s [non numerabile] cucina: French cooking cucina francese ◊ to do the cooking cucinare ◊ cooking apple mela da cuocere

cool /kuːl/ ▶ agg (-er, -est) **1** (temperatura) fresco ⊃ Vedi nota a FREDDO **2** (informale) imperturbabile **3** ~ (towards sb/about sth) indifferente (verso qn/qc) **4** (accoglienza) freddo **5** (informale) figo: You look pretty cool with that new haircut. Sei proprio figo con quel nuovo taglio. ◊ It's a cool movie. È un film figo. ◊ Those are cool shoes you're wearing. Fighe le tue scarpe. **6** (informale) benissimo: 'We can go on the yacht in the afternoon!' 'Cool!' "Possiamo andare in barca nel pomeriggio." "Grande!" LOC **keep/stay cool** non perdere la calma: Keep cool! Calma!
▶ vt, vi ~ (sth) (down/off) raffreddare qc; raffreddarsi PHRV **cool down/off** calmarsi ♦ **cool sb down/off** calmare qn
▶ **the cool** s [non numerabile] il fresco
LOC **keep/lose your cool** (informale) mantenere/perdere la calma

cooperate (GB anche **co-operate**) /kəʊ-'ɒpəreɪt/ vi **1** ~ (with sb) (on sth) cooperare (con qn) (a qc) **2** collaborare **cooperation** (GB anche **co-operation**) s **1** cooperazione **2** collaborazione

cooperative (GB anche **co-operative**) /kəʊ'ɒpərətɪv/ ▶ agg **1** cooperativo **2** disposto a collaborare
▶ s cooperativa

coordinate (GB anche **co-ordinate**) /kəʊ-'ɔːdɪneɪt/ vt coordinare

cop /kɒp/ s (informale) poliziotto, -a

cope /kəʊp/ vi ~ (with sth) farcela (con qc): I can't cope. Non ce la faccio.

copious /'kəʊpiəs/ agg (formale) copioso, abbondante

copper /'kɒpə(r)/ s **1** rame **2** (GB, informale) poliziotto, -a

copy → couch 72

copy /'kɒpi/ ▶ s (pl **-ies**) **1** copia **2** (*rivista, ecc*) numero **3** testo (*per la stampa*)
▶ vt (pass, pp **copied**) **1** ~ sth (**down/out**) (**in/into sth**) copiare qc (su qc) **2** fotocopiare **3** ~ sb/sth copiare, imitare qn/qc

copyright /'kɒpiraɪt/ ▶ s diritti d'autore, copyright
▶ agg registrato, protetto da copyright

coral /'kɒrəl; *USA* 'kɔːrəl/ ▶ s corallo
▶ agg di corallo, corallino

cord /kɔːd/ s corda **2** (*USA*) *Vedi* FLEX **3** (*informale*) velluto a coste **4 cords** [*pl*] pantaloni di velluto a coste

cordless /'kɔːdləs/ agg senza fili

cordon /'kɔːdn/ ▶ s cordone
▶ v PHRV **cordon sth off** transennare qc

corduroy /'kɔːdərɔɪ/ s velluto a coste

core /kɔː(r)/ s **1** torsolo ⊃ *Vedi illustrazione a* FRUTTA **2** centro, nucleo: *a hard core* uno zoccolo duro LOC **to the core** fino al midollo

coriander /ˌkɒri'ændə(r); *USA* kɔːr-/ s coriandolo

cork /kɔːk/ s **1** sughero **2** tappo

corkscrew /'kɔːkskruː/ s cavatappi

corn /kɔːn/ s **1** (*GB*) grano **2** (*USA*) granturco: *corn cob* pannocchia di granturco **3** callo

corner /'kɔːnə(r)/ ▶ s angolo **1** (*anche* '**corner kick**) calcio d'angolo LOC (**just**) **round the corner** (proprio) dietro l'angolo
▶ **1** vt intrappolare **2** vi fare una curva **3** vt monopolizzare: *to corner the market in sth* monopolizzare il mercato di qc

cornerstone /'kɔːnəstəʊn/ s pietra angolare

cornflakes /'kɔːnfleɪks/ s [*pl*] fiocchi di granturco

cornflour /'kɔːnflaʊə(r)/ s fecola di granturco

corollary /kə'rɒləri; *USA* 'kɒrəleri/ s ~ (**of/to sth**) (*formale*) corollario (di qc)

coronation /ˌkɒrə'neɪʃn; *USA* ˌkɔːr-/ s incoronazione

coroner /'kɒrənə(r); *USA* 'kɔːr-/ s pubblico ufficiale incaricato delle indagini in casi di morte violenta

corporal /'kɔːpərəl/ ▶ s (*Mil*) caporalmaggiore
▶ agg: *corporal punishment* punizione corporale

corporate /'kɔːpərət/ agg **1** corporativo **2** comune

corporation /ˌkɔːpə'reɪʃn/ s [*v sing o pl*] **1** corporazione **2** consiglio comunale

corps /kɔː(r)/ s [*v sing o pl*] (pl **corps** /kɔːz/) corpo

corpse /kɔːps/ s cadavere

correct /kə'rekt/ ▶ agg corretto: *Would I be correct in saying …?* Mi sbaglio o …?
▶ vt correggere

correction /kə'rekʃn/ s correzione

correlation /ˌkɒrə'leɪʃn; *USA* ˌkɔːr-/ s ~ (**with sth**)/(**between …**) correlazione (con qc)/(fra …)

correspond /ˌkɒrə'spɒnd; *USA* ˌkɔːr-/ vi **1** ~ (**to/with sth**) corrispondere (a qc) **2** ~ (**with sb**) essere in corrispondenza (con qn) **correspondence** s corrispondenza **correspondent** s corrispondente **corresponding** agg corrispondente

corridor /'kɒrɪdɔː(r); *USA* 'kɔːr-/ s corridoio

corrosion /kə'rəʊʒn/ s corrosione

corrugated /'kɒrəgeɪtɪd/ agg ondulato

corrupt /kə'rʌpt/ ▶ agg **1** corrotto **2** depravato
▶ vt corrompere

corruption /kə'rʌpʃn/ s corruzione

cos (*anche* '**cos**) /kɒz; *USA* kəz/ *cong* (*informale*) perché ❶ **Cos** è la forma abbreviata e familiare di **because**.

cosmetic /kɒz'metɪk/ agg cosmetico: *cosmetic surgery* chirurgia estetica **cosmetics** s [*pl*] cosmetici

cosmopolitan /ˌkɒzmə'pɒlɪtən/ agg, s cosmopolita

cost /kɒst; *USA* kɔːst/ ▶ vt **1** (pass, pp **cost**) costare **2** (pass, pp **costed**) (*Comm*) stabilire il prezzo di LOC **cost a bomb** costare una barca di soldi *Vedi anche* EARTH
▶ s **1** costo: *whatever the cost* costi quel che costi ⋄ *cost-effective* conveniente *Vedi anche* PRICE **2 costs** [*pl*] spese LOC **at all cost/costs** a tutti i costi *Vedi anche* COUNT

costly /'kɒstli/ agg (**-ier, -iest**) caro, costoso

costume /'kɒstjuːm; *USA* -tuːm/ s costume, maschera

cosy (*USA* **cozy**) /'kəʊzi/ agg (**-ier, -iest**) accogliente

cot /kɒt/ s **1** (*USA* **crib**) lettino **2** (*USA*) branda

cottage /'kɒtɪdʒ/ s villetta (*in campagna*)

cottage 'cheese s [*non numerabile*] fiocchi di formaggio

cotton /'kɒtn/ s **1** cotone **2** filo (*di cotone*)

cotton 'wool s cotone idrofilo

couch /kaʊtʃ/ ▶ s divano
▶ vt (*formale*) ~ sth (**in sth**) esprimere qc (in qc)

aɪ **f**i**ve**   aʊ **n**o**w**   ɔɪ **j**oi**n**   ɪə **n**ea**r**   eə **h**ai**r**   ʊə **p**u**re**   ʒ **vi**s**ion**   h **h**ow   ŋ si**ng**

'couch potato (pl **-os**) s persona che passa il tempo in poltrona a guardare la TV

cough /kɒf; USA kɔːf/ ▶ **1** vi tossire **2** vt ~ **sth up** espellere qc tossendo PHRV **cough (sth) up** (GB, informale) sborsare (qc)
▶ s tosse

could pass di CAN²

council /'kaʊnsl/ s [v sing o pl] **1** consiglio comunale: *council flat/house* casa popolare **2** consiglio **councillor** (USA anche **councilor**) s consigliere

counsel /'kaʊnsl/ ▶ s **1** (formale) [non numerabile] consiglio *Vedi anche* ADVICE **2** (pl **counsel**) avvocato, -essa ⊃ *Vedi nota a* AVVOCATO
▶ vt (**-ll-**, USA **-l-**) **1** ~ sb fornire sostegno psicologico a qn **2** (formale) ~ sb consigliare qc

counselling (USA **counseling**) /'kaʊnsəlɪŋ/ s terapia, consulenza

counsellor (USA anche **counselor**) /'kaʊnsələ(r)/ s **1** consulente, consigliere **2** (USA o Irl) avvocato, -essa

count¹ /kaʊnt/ **1** vt, vi ~ **(sth) (up)** contare (qc) **2** vi ~ **(as sth)** valere (come qc) **3** vi ~ **(for sth)** importare, contare (qc) **4** v rifl: *to count yourself lucky* considerarsi fortunato LOC **count the cost (of sth)** pagare lo scotto (di qc) PHRV **count against sb/sth** giocare a sfavore di qn/qc: *For that job her lack of experience may count against her.* Per quanto riguarda quel lavoro, la scarsa esperienza potrebbe giocare a suo sfavore. ◆ **count sth against sb** considerare qc a sfavore di qn ◆ **count down** fare il conto alla rovescia ◆ **count sb/sth in** includere qn/qc ◆ **count on sb/sth** contare su qn/qc ◆ **count sb/sth out** (informale) non includere qn/qc ◆ **count towards sth** valere ai fini di qc

count² /kaʊnt/ s **1** conte **2** conto: *to lose count* perdere il conto

countable /'kaʊntəbl/ agg (Gramm) numerabile

Sostantivi numerabili/non numerabili

La maggioranza dei sostantivi inglesi è **countable** (numerabile) e perciò usata sia al singolare (*a book, a teacher*) che al plurale (*the books, the teachers*). I sostantivi **uncountable** (non numerabili) sono i nomi collettivi (*furniture, royalty*), i nomi astratti (*love, time*), oppure quelli che indicano sostanze e materiali (*milk, iron*). I sostantivi **uncountable** possono essere accompagnati da parole come **some** e **more** ma non sono generalmente usati con l'articolo indeterminativo **a/an**.

countdown /'kaʊntdaʊn/ s ~ **(to sth)** conto alla rovescia (per qc)

countenance /'kaʊntənəns/ ▶ vt (formale) tollerare
▶ s espressione

counter /'kaʊntə(r)/ ▶ s **1** banco (in negozio, bar) **2** sportello (in banca, ufficio) **3** (gioco) gettone **4** contatore
▶ **1** vi ribattere **2** vt (attacco) rispondere a
▶ avv ~ **to sth** contrariamente a qc

counteract /ˌkaʊntərˈækt/ vt neutralizzare

'**counter-attack** s contrattacco

counterclockwise /ˌkaʊntəˈklɒkwaɪz/ agg, avv (USA) *Vedi* ANTICLOCKWISE

counterfeit /'kaʊntəfɪt/ agg falso

counterpart /'kaʊntəpɑːt/ s **1** omologo, -a **2** equivalente

counterproductive /ˌkaʊntəprəˈdʌktɪv/ agg controproducente

countess /'kaʊntəs/ s contessa

countless /'kaʊntləs/ agg innumerevole

country /'kʌntri/ s (pl **-ies**) **1** paese, nazione **2** (anche **the country**) la campagna: *life in the country/country life* la vita di campagna **3** regione, territorio

countryman /'kʌntrimən/ s (pl **-men** /-mən/) **1** connazionale m **2** campagnolo

countryside /'kʌntrisaɪd/ s [non numerabile] campagna

countrywoman /'kʌntriwʊmən/ s (pl **-women**) **1** connazionale f **2** campagnola

county /'kaʊnti/ s (pl **-ies**) contea

coup /kuː/ s (pl **coups** /kuːz/) **1** (anche **coup d'état** /kuː deɪˈtɑː/) (pl **coups d'état**) colpo di stato, golpe **2** bel colpo

couple /'kʌpl/ ▶ s **1** coppia: *a married couple* una coppia di sposi **2** paio LOC **a couple of** un paio di
▶ vt **1** associare: *coupled with sth* abbinato a qc **2** (vagone) agganciare

coupon /'kuːpɒn/ s buono, coupon

courage /'kʌrɪdʒ/ s coraggio LOC *Vedi* DUTCH, PLUCK **courageous** /kəˈreɪdʒəs/ agg coraggioso

courgette /kʊəˈʒet/ s (USA **zucchini**) s zucchina

courier /'kʊriə(r)/ s **1** (GB) accompagnatore turistico, accompagnatrice turistica **2** corriere

---

tʃ **chin**   dʒ **June**   v **van**   θ **thin**   ð **then**   s **so**   z **zoo**   ʃ **she**

course → cram 74

course /kɔ:s/ s 1 (*tempo, fiume*) corso 2 (*nave, aereo*) rotta: *to be on/off course* essere in/fuori rotta 3 ~ (**in/on sth**) (*Scol*) corso (di qc) 4 ~ **of sth** (*Med*) cura a base di qc 5 (*golf*) campo 6 (*macchine*) circuito 7 portata: *first course* primo piatto LOC **a course of action** una linea di condotta ◆ **in the course of sth** nel corso di qc ◆ **of course** naturalmente *Vedi anche* DUE, MATTER

court /kɔ:t/ ▸ s 1 ~ (**of law**) corte, tribunale: *a court case* una causa ◊ *court order* ingiunzione del tribunale *Vedi anche* HIGH COURT 2 (*Sport*) campo 3 **Court** corte (*reale*) LOC **go to court** (**over sth**) andare in tribunale (per qc) ◆ **take sb to court** citare in tribunale qn ▸ vt 1 corteggiare 2 (*disastro, ecc*) sfiorare

courteous /ˈkɜ:tiəs/ agg cortese

courtesy /ˈkɜ:təsi/ s (*pl* **-ies**) cortesia LOC (**by**) **courtesy of sb** per gentile concessione di qn

court 'martial s (*pl* **-s martial**) corte marziale

courtship /ˈkɔ:tʃɪp/ s corteggiamento

courtyard /ˈkɔ:tjɑ:d/ s cortile

cousin /ˈkʌzn/ s cugino, -a

cove /kəʊv/ s cala

covenant /ˈkʌvənənt/ s accordo, patto

cover /ˈkʌvə(r)/ ▸ 1 vt ~ **sth** (**up/over**) (**with sth**) coprire qc (con qc) 2 vt ~ **sb/sth** (**in/with sth**) coprire qn/qc (di/con qc) 3 vt **cover sb for/against sth** assicurare qn contro qc 4 vt (*timidezza, ecc*) dissimulare 5 vt (*aspetto, categoria*) includere 6 vt (*argomento*) trattare 7 vi ~ **for sb** sostituire qn PHRV **cover sth up** (*dispreg*) nascondere qc ◆ **cover up for sb** fare da copertura a qn
▸ s 1 riparo 2 fodera 3 copertina 4 **the covers** [*pl*] le coperte 5 ~ (**for sth**) (*fig*) copertura (per qc) 6 ~ (**for sb**) sostituzione (di qn) 7 ~ (**against sth**) copertura (contro qc) 8 **cover** LOC **from cover to cover** dalla prima all'ultima pagina ◆ **take cover** (**from sth**) mettersi al riparo (da qc) ◆ **under cover of sth** col favore di qc *Vedi anche* DIVE

coverage /ˈkʌvərɪdʒ/ s copertura

coveralls /ˈkʌvərɔ:lz/ s [*pl*] (*USA*) *Vedi* OVERALLS

covering /ˈkʌvərɪŋ/ s 1 copertura 2 strato

covert /ˈkəʊvɜ:t; *GB anche* ˈkʌvət/ agg 1 nascosto 2 (*occhiata*) furtivo

'cover-up s (*dispreg*) occultamento

covet /ˈkʌvət/ vt bramare

cow /kaʊ/ s mucca ⊃ *Vedi nota a* CARNE

coward /ˈkaʊəd/ s vigliacco, -a **cowardice** /ˈkaʊədɪs/ s [*non numerabile*] vigliaccheria **cowardly** agg vigliacco

cowboy /ˈkaʊbɔɪ/ s 1 cowboy 2 (*GB, informale*) filibustiere, mascalzone

coy /kɔɪ/ agg (**-er, -est**) 1 che fa il timido/la timida 2 evasivo

cozy (*USA*) *Vedi* COSY

crab /kræb/ s granchio

crack /kræk/ ▸ s 1 ~ (**in sth**) crepa, incrinatura (in qc) 2 ~ (**in sth**) (*fig*) difetto (in qc) 3 fessura 4 botta, boato LOC **the crack of dawn** (*informale*) lo spuntar del giorno
▸ 1 vt, vi incrinare, incrinarsi 2 vt ~ **sth** (**open**) aprire qc (*rompendolo*) 3 vi ~ (**open**) aprirsi (*rompendosi*) 4 vt (*noce*) schiacciare 5 vt ~ **sth** (**on/against sth**) sbattere qc (contro qc) 6 vt, vi schioccare 7 vi (*persona*) crollare 8 vt (*difesa*) far crollare 9 vt (*informale*) (*problema*) risolvere 10 vi (*voce*) incrinarsi 11 vt (*informale*) (*barzelletta*) raccontare LOC **get cracking** (*informale*) darsi una mossa PHRV **crack down** (**on sb/sth**) prendere severe misure (contro qn/qc) ◆ **crack up** (*informale*) (*persona*) crollare

crackdown /ˈkrækdaʊn/ s ~ (**on sth**) giro di vite (a qc)

cracker /ˈkrækə(r)/ s 1 cracker 2 petardo 3 (*anche* **Christmas 'cracker**) mortaretto con sorpresa

crackle /ˈkrækl/ ▸ vi crepitare
▸ s (*anche* **crackling**) crepitio

cradle /ˈkreɪdl/ ▸ s culla
▸ vt cullare

craft /krɑ:ft; *USA* kræft/ ▸ s 1 arte: *the potter's craft* l'arte della ceramica ◊ *crafts* artigianato ◊ *a craft fair* una fiera dell'artigianato 2 abilità: *to learn your craft* imparare un mestiere 3 (*pl* **craft**) imbarcazione
▸ vt lavorare, fabbricare

craftsman /ˈkrɑ:ftsmən; *USA* ˈkræfts-/ s (*pl* **-men** /-mən/) 1 artigiano 2 (*fig*) artista **craftsmanship** /ˈkrɑ:ftsmənʃɪp; *USA* ˈkræfts-/ s 1 artigianato 2 maestria

crafty /ˈkrɑ:fti; *USA* ˈkræfti/ agg (**-ier, -iest**) astuto, furbo

crag /kræg/ s rupe **craggy** agg dirupato

cram /kræm/ (**-mm-**) 1 vt ~ **sth into sth** stipare, pigiare qc in qc 2 vi ~ **into sth** affollarsi, stiparsi in qc 3 vi (*informale*) sgobbare (*per un esame*)

---

i: **see**　　i **happy**　　ɪ **sit**　　e **ten**　　æ **hat**　　ɑ: **father**　　ʌ **cup**　　ʊ **put**　　u: **too**

cramp /kræmp/ ▶ s **1** [non numerabile] crampi **2 cramps** (anche **stomach cramps**) [pl] crampi allo stomaco
▶ vt (progresso) ostacolare

cramped /kræmpt/ agg (spazio) limitato: It's a bit cramped in here. Qui si sta stretti.

cranberry /'krænbəri; USA -beri/ s (pl **-ies**) mirtillo rosso

crane /kreɪn/ s gru

crank /kræŋk/ s **1** (Mecc) manovella **2** (informale) fissato, -a

crash /kræʃ/ ▶ s **1** fracasso **2** incidente, scontro: crash helmet casco di protezione **3** (Comm) fallimento **4** (Informatica) crash **5** (Borsa) crollo
▶ **1** vt (auto) avere un incidente con: He crashed his car last Monday. Lunedì scorso ha avuto un incidente con la macchina. **2** vt, vi ~ (sth) (into sth) (auto) schiantare qc/schiantarsi (contro qc): He crashed into a lamp post. È andato a sbattere contro un lampione. **3** vt (Informatica) mandare in crash **4** vi (Informatica) bloccarsi: Files can be lost if the system suddenly crashes. Si possono perdere dei file, se si verifica un crash di sistema improvviso.
▶ agg: crash course corso intensivo ◊ crash diet dieta lampo

crash 'landing s atterraggio di fortuna

crass /kræs/ agg (dispreg) **1** crasso **2** stupido

crate /kreɪt/ s cassa (per frutta, bottiglie)

crater /'kreɪtə(r)/ s cratere

crave /kreɪv/ **1** vt, vi ~ (for) sth desiderare ardentemente qc **2** vt (antiq) (perdono) implorare **craving** s ~ (for sth) gran voglia (di qc)

crawfish /'krɔːfɪʃ/ (spec GB **crayfish**) s (pl **crawfish**, **crayfish**) gambero (di fiume)

crawl /krɔːl/ ▶ vi **1** andare carponi, trascinarsi **2** (anche **crawl along**) (traffico) procedere a passo d'uomo **3** (informale) ~ (to sb) fare il leccapiedi (con qn) LOC **crawling with sth** brulicante di qc
▶ s **1** passo di lumaca **2** (nuoto) crawl

crayfish /'kreɪfɪʃ/ s (spec GB) Vedi CRAWFISH

crayon /'kreɪən/ s matita colorata, pastello a cera

craze /kreɪz/ s moda, mania

crazy /'kreɪzi/ agg (**-ier**, **-iest**) (informale) **1** pazzo **2** (idea) pazzesco **3** crazy paving selciato a pavimentazione irregolare

creak /kriːk/ vi scricchiolare, cigolare

cream¹ /kriːm/ ▶ s **1** panna: cream cheese formaggio fresco da spalmare **2** crema, pomata **3 the cream** il fior fiore
▶ agg, s color panna

cream² /kriːm/ vt amalgamare PHR V **cream sth off** portare via qc

creamy /'kriːmi/ agg (**-ier**, **-iest**) cremoso

crease /kriːs/ ▶ s **1** grinza **2** piega
▶ vt, vi sgualcire, sgualcirsi

create /kri'eɪt/ vt creare: to create a fuss fare un sacco di storie **creation** /kri'eɪʃn/ s creazione **creative** agg creativo

creator /kri:'eɪtə(r)/ s creatore, -trice

creature /'kriːtʃə(r)/ s creatura: living creatures esseri viventi ◊ a creature of habit una persona abitudinaria ◊ creature comforts comodità

crèche /kreʃ/ s (GB) asilo nido

credentials /krə'denʃlz/ s [pl] **1** credenziali **2** (per un lavoro) requisiti

credibility /ˌkredə'bɪləti/ s credibilità

credible /'kredəbl/ agg verosimile, credibile

credit /'kredɪt/ ▶ s **1** credito: on credit a credito ◊ credit card carta di credito ◊ creditworthy solvibile **2** saldo attivo: to be in credit avere un saldo attivo **3** (contabilità) avere **4** merito **5 credits** [pl] titoli di testa/coda LOC **be a credit to sb/sth** fare onore a qn/qc ♦ **do sb credit** fare onore a qn
▶ vt **1** ~ sb/sth with sth attribuire il merito di qc a qn/qc **2** (Fin) accreditare **3** credere (a)

creditable /'kredɪtəbl/ agg lodevole

creditor /'kredɪtə(r)/ s creditore, -trice

creed /kriːd/ s credo

creek /kriːk; USA krɪk/ s **1** (GB) insenatura **2** (USA) ruscello LOC **be up the creek (without a paddle)** (informale) essere nei pasticci

creep /kriːp/ ▶ vi (pass, pp **crept** /krept/) **1** avanzare furtivamente: to creep up on sb avvicinarsi furtivamente a qn **2** (fig): A feeling of drowsiness crept over him. Fu preso dalla sonnolenza. **3** (pianta) arrampicarsi PHR V **creep in/into sth** prendere piede (in qc): As the doctors became more tired, errors began to creep into their work. Via via che la stanchezza si fece sentire, i medici cominciarono a commettere errori sul lavoro.
▶ s (informale) leccapiedi LOC **give sb the creeps** (informale) far venire la pelle d'oca a qn

creepy /'kriːpi/ agg (**-ier**, **-iest**) (informale) pauroso, raccapricciante

creepy-crawly /ˌkriːpi 'krɔːli/ s (pl **creepy-crawlies**) bestiolina

cremation /krəˈmeɪʃn/ s cremazione

crematorium /ˌkreməˈtɔːriəm/ s (pl **-riums** o **-ria** /-riə/) (USA **crematory** /ˈkremətəːri/) (pl **-ies**) crematorio

crept pass, pp di CREEP

crescent /ˈkresnt/ s **1** mezzaluna: *a crescent moon* la mezzaluna **2** via a semicerchio

cress /kres/ s crescione inglese

crest /krest/ s **1** cresta **2** (*collina*) cima **3** (*Araldica*) cimiero

crestfallen /ˈkrestfɔːlən/ agg abbattuto, avvilito

crevice /ˈkrevɪs/ s crepa

crew /kruː/ s [v sing o pl] **1** equipaggio: *cabin crew* assistenti di volo **2** (*canottaggio*) squadra **3** (*Cine*) troupe

'crew cut s taglio a spazzola

crib /krɪb/ ▸ s **1** mangiatoia **2** (*USA*) Vedi COT senso (1) **3** (*plagio*) scopiazzatura
▸ vt, vi (**-bb-**) copiare, scopiazzare

cricket /ˈkrɪkɪt/ s **1** (*Zool*) grillo **2** (*Sport*) cricket **cricketer** s giocatore, -trice di cricket

crime /kraɪm/ s **1** crimine, delitto **2** criminalità, delinquenza

criminal /ˈkrɪmɪnl/ ▸ agg **1** criminale: *criminal offence* reato ◊ *a criminal record* precedenti penali **2** (*diritto*) penale **3** (*azione*) vergognoso
▸ s criminale, delinquente

crimson /ˈkrɪmzn/ agg cremisi

cringe /krɪndʒ/ vi **1** (*per paura*) ritrarsi **2** (*fig*) morire di vergogna

cripple /ˈkrɪpl/ ▸ s invalido, -a ❶ La parola **cripple** è antiquata e oggi considerata offensiva. Si preferisce usare **disabled person**.
▸ vt **1** rendere invalido **2** (*fig*) paralizzare

crippling /ˈkrɪplɪŋ/ agg **1** (*malattia*) debilitante **2** (*debito*) esorbitante

crisis /ˈkraɪsɪs/ s (pl **crises** /-siːz/) crisi

crisp /krɪsp/ ▸ agg (**-er**, **-est**) **1** croccante **2** (*verdure*) fresco **3** (*banconota*) nuovo di zecca **4** (*aria*) frizzantino **5** (*modo di fare*) secco
▸ s (*anche* **po,tato 'crisp**) (*USA* **chip**, **po'tato chip**) patatina (*in sacchetto*) ➲ *Vedi illustrazione a* PATATINA

crisply /ˈkrɪspli/ avv seccamente

crispy /ˈkrɪspi/ agg (**-ier**, **-iest**) croccante

criterion /kraɪˈtɪəriən/ s (pl **-ria** /-riə/) criterio

critic /ˈkrɪtɪk/ s critico, -a

critical /ˈkrɪtɪkl/ agg **1** critico: *to be critical of sb/sth* criticare qn/qc ◊ *critical acclaim* un successo di critica **2** (*momento*) critico, cruciale **3** (*condizione, paziente*) critico **critically** avv **1** criticamente **2** *critically ill* gravemente malato

criticism /ˈkrɪtɪsɪzəm/ s **1** critica **2** [*non numerabile*] critiche: *He can't take criticism.* Non gli piace essere criticato. **3** [*non numerabile*] critica: *literary criticism* critica letteraria

criticize, **-ise** /ˈkrɪtɪsaɪz/ vt criticare

critique /krɪˈtiːk/ s analisi critica

croak /krəʊk/ ▸ vi **1** gracidare **2** (*fig*) gracchiare
▸ s (*anche* **croaking**) il gracidare

crochet /ˈkrəʊʃeɪ; *USA* krəʊˈʃeɪ/ s uncinetto

crockery /ˈkrɒkəri/ s [*non numerabile*] stoviglie, vasellame

crocodile /ˈkrɒkədaɪl/ s coccodrillo

crocus /ˈkrəʊkəs/ s croco

croissant /ˈkrwæsɒ̃~/ s cornetto

crony /ˈkrəʊni/ s (pl **-ies**) (*dispreg*) amicone, -a

crook /krʊk/ s (*informale*) truffatore, -trice

crooked /ˈkrʊkɪd/ agg **1** storto **2** (*percorso*) tortuoso **3** (*informale*) (*persona, azione*) disonesto

crop /krɒp/ ▸ s **1** raccolto **2** coltivazione **3** (*fig*) serie
▸ vt (**-pp-**) **1** (*capelli*) tagliare a zero **2** (*animali*) brucare PHRV **crop up** capitare, presentarsi

croquet /ˈkrəʊkeɪ; *USA* krəʊˈkeɪ/ s croquet

cross /krɒs; *USA* krɔːs/ s **1** croce **2** ~ (**between ...**) incrocio (tra ...)
▸ **1** vt, vi attraversare: *Shall we cross over?* Attraversiamo? **2** vt, vi ~ (**each other/one another**) incrociarsi **3** v rifl ~ **yourself** farsi il segno della croce **4** vt ostacolare **5** vt ~ **sth with sth** (*Zool, Bot*) incrociare qc con qc LOC **cross your fingers** incrociare le dita ➲ *Vedi illustrazione a* ARM, CROSS-LEGGED LOC **cross your mind** passare per la mente, venire in mente *Vedi anche* DOT PHRV **cross sth off/out/through** cancellare qc (*con una riga*): *to cross somebody off the list* depennare un nome da un elenco
▸ agg (**-er**, **-est**) **1** arrabbiato: *to get cross* arrabbiarsi **2** (*vento*) contrario

crossbar /ˈkrɒsbɑː(r); *USA* ˈkrɔːs-/ s **1** barra (*di bicicletta*) **2** (*Sport*) traversa

crossbow /ˈkrɒsbəʊ; *USA* ˈkrɔːs-/ s balestra

,cross-'country agg, avv campestre, attraverso i campi: *cross-country skiing* sci di fondo

cross-e'xamine vt interrogare, fare il terzo grado a

cross-'eyed agg strabico

crossfire /'krɒsfaɪə(r); USA 'krɔːs-/ s fuoco incrociato [LOC] **get caught in the crossfire** trovarsi tra due fuochi

crossing /'krɒsɪŋ; USA 'krɔːs-/ s **1** attraversamento; (viaggio) traversata **2** (strada) incrocio **3** passaggio a livello **4** passaggio pedonale Vedi ZEBRA CROSSING **5** the opening of the border crossings l'apertura delle frontiere

cross-legged /ˌkrɒs 'legd; USA ˌkrɔːs-/ agg, avv a gambe incrociate

cross-legged

cross-legged   **with her legs crossed**

crossly /'krɒsli; USA 'krɔːsli/ avv con rabbia

crossover /'krɒsəʊvə(r); USA 'krɔːsəʊvər/ s passaggio

cross 'purposes s [LOC] **at cross purposes**: *We're (talking) at cross purposes.* Stiamo parlando di due cose diverse.

cross 'reference s rinvio, rimando

crossroads /'krɒsrəʊdz; USA 'krɔːs-/ s (pl **crossroads**) **1** incrocio, crocevia **2** (fig) svolta decisiva

cross 'section s **1** sezione, spaccato **2** campione rappresentativo

crossword /'krɒswɜːd; USA 'krɔːs-/ (anche **'crossword puzzle**) s parole crociate

crotch /krɒtʃ/ s **1** inforcatura (di persona) **2** cavallo (di pantaloni)

crouch /kraʊtʃ/ vi accovacciarsi, accucciarsi, acquattarsi

crow /krəʊ/ ▸ s cornacchia [LOC] **as the crow flies** in linea d'aria

▸ vi **1** (gallo) cantare **2** ~ (**over sth**) vantarsi (di qc)

crowbar /'krəʊbɑː(r)/ s piede di porco

crowd /kraʊd/ ▸ s [v sing o pl] **1** folla **2** (spettatori) pubblico **3 the crowd** (dispreg) la massa **4** (informale) gente, compagnia di amici [LOC] **crowds of/a crowd of** un mucchio di Vedi anche FOLLOW

▸ vt (luogo) affollare [PHRV] **crowd (a)round (sb/sth)** affollarsi attorno (a qn/qc) ◆ **crowd in** entrare in massa ◆ **crowd sb/sth in** ammassare qn/qc

crowded /'kraʊdɪd/ agg **1** affollato **2** (fig) pieno

crown /kraʊn/ ▸ s **1** corona: *crown prince* principe ereditario **2 the Crown** (GB) (Dir) lo Stato **3** (testa, cappello) cocuzzolo **4** (collina) cima **5** (dente) corona **6** (protesi) capsula
▸ vt **1** incoronare **2** (dente) incapsulare

crucial /'kruːʃl/ agg **1** ~ (**to/for sb/sth**) essenziale (per qn/qc) **2** (momento, ruolo) cruciale; (partita) decisivo

crucifix /'kruːsəfɪks/ s crocifisso

crucify /'kruːsɪfaɪ/ vt (pass, pp **-fied**) **1** crocifiggere **2** (fig) criticare

crude /kruːd/ agg (**cruder**, **-est**) **1** grezzo ⇒ Confronta RAW **2** grossolano

crude 'oil s greggio (petrolio)

cruel /'kruːəl/ agg (**crueller**, **cruellest**) ~ (**to sb/sth**) crudele (con qn/qc) **cruelty** /'kruːəlti/ s (pl **-ies**) crudeltà

cruise /kruːz/ ▸ vi **1** fare una crociera **2** (nave) incrociare **3** (aereo, auto) viaggiare a velocità di crociera
▸ s crociera

cruiser /'kruːzə(r)/ s **1** (nave) incrociatore **2** Vedi CABIN CRUISER

crumb /krʌm/ s **1** briciola **2** (fig) briciolo **3 crumbs!** accidenti!

crumble /'krʌmbl/ **1** vi ~ (**away**) franare, crollare **2** vt, vi (Cucina) sbriciolare, sbriciolarsi **crumbly** agg (**-ier**, **-iest**) friabile

crumple /'krʌmpl/ vt, vi ~ (**sth**) (**up**) accartocciare, sgualcire qc; accartocciarsi, sgualcirsi

crunch /krʌntʃ/ ▸ **1** vt ~ **sth** (**up**) sgranocchiare qc **2** vt, vi (far) scricchiolare
▸ s scricchiolio

crunchy /'krʌntʃi/ agg (**-ier**, **-iest**) croccante

crusade /kruː'seɪd/ s crociata **crusader** s **1** (Storia) crociato **2** (fig) persona che si batte per qc: *a crusader against crime* un sostenitore della lotta contro la criminalità

crush /krʌʃ/ ▶ vt **1** schiacciare: *to be crushed to death* morire schiacciato **2** ~ **sth (up)** *(roccia, ecc)* frantumare qc: *crushed ice* ghiaccio tritato **3** *(tessuto)* sgualcire **4** *(rivolta)* stroncare
▶ s **1** *(gente)* calca, ressa **2** ~ **(on sb)** *(informale)* cotta (per qn): *She had a crush on her teacher.* Aveva una cotta per il suo professore.

crushing /ˈkrʌʃɪŋ/ *agg* pesante *(sconfitta, colpo)*

crust /krʌst/ *s* crosta ᴐ *Vedi illustrazione a* PANE **crusty** *agg* (**-ier, -iest**) croccante

crutch /krʌtʃ/ *s* **1** stampella, gruccia **2** inforcatura *(di persona)* **3** cavallo *(di pantaloni)* **4** *(fig)* sostegno

crux /krʌks/ *s* nocciolo *(di problema, questione)*

cry /kraɪ/ ▶ *(pass, pp* **cried**) **1** *vi* ~ **(over sb/sth)** piangere (per qn/qc): *to cry for joy* piangere di gioia **2** *vt, vi* ~ **(sth) (out)** gridare (qc) LOC *it's no use crying over spilt milk* è inutile piangere sul latte versato ♦ *cry your eyes/heart out* piangere a calde lacrime PHRV *cry off* tirarsi indietro ♦ *cry out for sth* *(fig)* avere un gran bisogno di qc
▶ *s (pl* **cries**) **1** grido **2** pianto: *to have a (good) cry* sfogarsi piangendo

crying /ˈkraɪɪŋ/ *agg* LOC **a crying shame** una vergogna

crypt /krɪpt/ *s* cripta

cryptic /ˈkrɪptɪk/ *agg* enigmatico

crystal /ˈkrɪstl/ *s* cristallo LOC **crystal 'clear 1** *(acqua)* cristallino **2** *(significato)* chiaro come il sole

cub /kʌb/ *s* **1** cucciolo, piccolo: *a lion/wolf/fox cub* un leoncino/un lupacchiotto/un volpacchiotto **2 the Cubs** [*pl*] i lupetti

cube /kjuːb/ ▶ *s* **1** cubo **2** *(cibo)* cubetto: *a sugar cube* una zolletta di zucchero
▶ *vt* **1** *(Mat)* elevare al cubo **2** tagliare a cubetti

cubic /ˈkjuːbɪk/ *agg* **1** cubico **2** *three cubic metres* tre metri cubi

cubicle /ˈkjuːbɪkl/ *s* **1** *(spiaggia)* cabina **2** camerino di prova **3** *(piscina)* spogliatoio **4** *(bagno)* box

cuckoo /ˈkʊkuː/ *s (pl* -**s**) cuculo

cucumber /ˈkjuːkʌmbə(r)/ *s* cetriolo

cuddle /ˈkʌdl/ ▶ *vt, vi* abbracciare, coccolare, abbracciarsi, coccolarsi PHRV **cuddle up (to sb)** accoccolarsi (contro qn)
▶ *s* abbraccio, coccole

cuddly /ˈkʌdli/ *agg (approv, informale)* coccolone: *cuddly toy* pupazzo di peluche

cue /kjuː/ ▶ *s* **1** segnale **2** *(Teat)* battuta d'entrata: *He missed his cue.* Ha perso la battuta d'entrata. **3** esempio: *take your cue from sb* prendere esempio da qn **4** *(anche* '**billiard cue**) stecca *(da biliardo)* LOC **(right) on cue** al momento giusto
▶ *vt* **1** ~ **sb (in)** dare il segnale a qn **2** ~ **sb (in)** *(Teat)* dare la battuta d'entrata a qn

cuff /kʌf/ ▶ *s* **1** polsino **2** scappellotto LOC **off the cuff** improvvisando
▶ *vt* dare uno scappellotto a

cufflink /ˈkʌflɪŋk/ *s* gemello *(per camicia)*

cuisine /kwɪˈziːn/ *s* cucina *(arte culinaria)*

cul-de-sac /ˈkʌl də sæk/ *s (pl* **cul-de-sacs** *o* **culs de sac**) vicolo cieco

cull /kʌl/ *vt* **1** *(animali)* abbattere *(per controllarne il numero)* **2** *(informazioni)* selezionare

culminate /ˈkʌlmɪneɪt/ *vi (formale)* ~ **in sth** culminare in qc **culmination** /ˌkʌlmɪˈneɪʃn/ *s* conclusione, culmine

culottes /kjuːˈlɒts; *USA* kuː-/ *s* [*pl*] gonna pantalone

culprit /ˈkʌlprɪt/ *s* colpevole

cult /kʌlt/ *s* **1** ~ **(of sb/sth)** culto (di qn/qc) **2** moda

cultivate /ˈkʌltɪveɪt/ *vt* **1** coltivare **2** *(fig)* sviluppare **cultivated** *agg* **1** colto **2** raffinato **cultivation** *s* coltivazione

cultural /ˈkʌltʃərəl/ *agg* culturale

culture /ˈkʌltʃə(r)/ *s* **1** cultura: *culture shock* shock culturale **2** *(Biol, Bot)* coltura **cultured** *agg* **1** *(persona)* colto **2** *(perla)* coltivata

cum /kʌm/ *prep*: *a kitchen-cum-dining room* una cucina-tinello

cumbersome /ˈkʌmbəsəm/ *agg* ingombrante, voluminoso

cumin /ˈkʌmɪn/ *s* cumino

cumulative /ˈkjuːmjələtɪv; *USA* -leɪtɪv/ *agg* **1** complessivo **2** cumulativo

cunning /ˈkʌnɪŋ/ ▶ *agg* **1** *(persona, azione)* astuto **2** *(dispositivo)* ingegnoso
▶ *s* astuzia

cunningly /ˈkʌnɪŋli/ *avv* astutamente

cup /kʌp/ ▶ *s* **1** tazza: *paper cup* bicchiere di carta ᴐ *Vedi illustrazione a* MUG **2** *(premio)* coppa LOC **(not) be sb's cup of tea** *(informale)* (non) essere il genere di qn
▶ *vt (mani)* riunire a coppa: *She cupped a hand over the receiver.* Coprì il ricevitore con una

mano. LOC **cup your chin/face in your hands** appoggiare il mento/il viso sulle mani

cupboard /'kʌbəd/ s armadio, dispensa ❶ **Wardrobe** è un armadio in cui si appendono gli abiti.

cupful /'kʌpfʊl/ s tazza (*contenuto*)

curate /'kjʊərət/ s (*Relig*) curato

curative /'kjʊərətɪv/ agg curativo

curator /kjʊə'reɪtə(r)/ s curatore, -trice (*di museo*)

curb /kɜːb/ ▶ s **1** (*fig*) freno **2** (*USA*) = **KERB**
▶ vt frenare

curd /kɜːd/ s caglio: *curd cheese* cagliata

curdle /'kɜːdl/ vt, vi (*latte*) cagliare, cagliarsi

cure /kjʊə(r)/ ▶ vt **1** guarire **2** (*fig*) eliminare **3** (*alimenti*) conservare (*salando, affumicando, essiccando*)
▶ s **1** cura, guarigione **2** (*fig*) rimedio

curfew /'kɜːfjuː/ s coprifuoco

curious /'kjʊəriəs/ agg curioso **curiosity** /ˌkjʊəri'ɒsəti/ s (*pl* **-ies**) **1** curiosità **2** rarità

curl /kɜːl/ ▶ s **1** ricciolo **2** (*fumo*) spirale
▶ **1** vt, vi arricciare, arricciarsi **2** vi: *The smoke curled upwards.* Il fumo saliva a spirale. PHRV **curl up 1** accartocciarsi **2** accoccolarsi

curly /'kɜːli/ agg (**-ier**, **-iest**) riccio

currant /'kʌrənt/ s [*numerabile*] **currants** uva di Corinto *Vedi anche* BLACKCURRANT, REDCURRANT

currency /'kʌrənsi/ s (*pl* **-ies**) **1** moneta corrente: *foreign/hard currency* valuta straniera/forte **2** diffusione: *to gain currency* acquistare credito

current /'kʌrənt/ ▶ s corrente
▶ agg **1** attuale: *current affairs* attualità ◊ *the current year* l'anno in corso *Vedi anche* ACCOUNT **2** diffuso

currently /'kʌrəntli/ avv attualmente

curriculum /kə'rɪkjələm/ s (*pl* **-ulums** o **-ula** /-jələ/) programma scolastico *Vedi anche* CV

curry /'kʌri/ ▶ s (*pl* **-ies**) pietanza al curry
▶ vt (*pass, pp* **curried**) LOC **curry favour with sb** accattivarsi il favore di qn

curse /kɜːs/ ▶ s **1** imprecazione, bestemmia **2** maledizione **3** rovina, flagello
▶ **1** vt maledire **2** vi bestemmiare LOC **be cursed with sth** essere tormentato da qc

cursor /'kɜːsə(r)/ s cursore

cursory /'kɜːsəri/ agg di sfuggita, superficiale

curt /kɜːt/ agg brusco

curtail /kɜː'teɪl/ vt accorciare, ridurre **curtailment** s **1** (*potere*) limitazione **2** interruzione

curtain /'kɜːtn/ s **1** tenda: *to draw the curtains* aprire/chiudere le tende ◊ *lace/net curtains* tendine di tulle **2** (*Teat*) sipario **3** (*informale*) **curtains** [*pl*] ~ (**for sb/sth**) la fine (per qn/qc)

curtsy (*anche* **curtsey**) /'kɜːtsi/ ▶ vi (*pass, pp* **curtsied** o **curtseyed**) fare una riverenza (*donna*)
▶ s (*pl* **-ies** o **-eys**) riverenza (*donna*)

curve /kɜːv/ ▶ s curva
▶ vi fare una curva

curved /kɜːvd/ agg **1** curvo **2** (*anche* **curving**) a curva

cushion /'kʊʃn/ ▶ s **1** cuscino **2** (*fig*) cuscinetto
▶ vt **1** attutire **2** ~ **sb/sth** (**against sth**) (*fig*) proteggere qn/qc (da qc)

custard /'kʌstəd/ s [*non numerabile*] crema simile alla crema pasticciera, mangiata anche calda, come dessert

custodian /kʌ'stəʊdiən/ s **1** custode **2** (*museo, ecc*) soprintendente

custody /'kʌstədi/ s **1** custodia: *in safe custody* al sicuro **2** carcerazione preventiva, custodia cautelare: *to remand sb in custody* ordinare la custodia cautelare di qn

custom /'kʌstəm/ s **1** usanza **2** clientela **customary** /'kʌstəməri; *USA* -meri/ agg consueto: *It is customary to …* È consuetudine … **customer** s cliente

customs /'kʌstəmz/ s [*pl*] dogana: *customs duty* diritti di dogana

cut /kʌt/ ▶ (**-tt-**) (*pass, pp* **cut**) **1** vt, vi tagliare, tagliarsi: *to cut sth in half* tagliare qc a metà *Vedi anche* CHOP **2** vt (*gemma*) tagliare, sfaccettare: *cut glass* cristallo sfaccettato **3** vt (*fig*) ferire **4** vt (*prezzo*) ribassare *Vedi anche* SLASH **5** vt (*motore*) spegnere LOC **cut it/that out!** (*informale*) dacci un taglio! ◆ **cut it fine** farcela per un pelo ◆ **cut sb/sth short** interrompere qn/qc

PHRV **cut across sth 1** oltrepassare qc **2** tagliare per qc

cut back ridurre le spese ◆ **cut sth back** potare qc ◆ **cut back on sth** ridurre qc

cut down (**on sth**): *to cut down on smoking* fumare meno ◆ **cut sth down 1** abbattere qc **2** ridurre qc

cut in (**on sb/sth**) **1** (*auto*) tagliare la strada (a qn/qc) **2** interrompere (qn/qc)

cut sb off 1 diseredare qn **2** (*telefono*): *I've been cut off.* È caduta la linea. ◆ **cut sth off 1** tagliare qc: *to cut 20 seconds off the record* mi-

cutback → damp

gliorare il record di 20 secondi **2** bloccare qc: *to be cut off* rimanere isolato
be cut out to be sth; be cut out for sth (*informale*) essere tagliato per (fare) qc ◆ **cut sth out 1** ritagliare qc **2** (*informazioni*) tralasciare qc **3** (*escludere*): *to cut out coffee* smettere di bere caffè
cut sth up fare a pezzetti qc, sminuzzare qc
▶ *s* **1** taglio **2** (*informale*) (*guadagno*) parte
LOC **a cut above sb/sth** migliore di qn/qc *Vedi anche* SHORT CUT

cutback /'kʌtbæk/ *s* taglio, riduzione
cute /kju:t/ *agg* (**cuter, -est**) (*informale*) carino
cutlery /'kʌtləri/ (*USA* **flatware, silverware**) *s* [*non numerabile*] posate
cutlet /'kʌtlət/ *s* cotoletta
'**cut-off** (*anche* '**cut-off point**) *s* limite
,**cut-'price** *agg*, *avv* a prezzo ridotto
'**cut-throat** *agg* spietato
cutting /'kʌtɪŋ/ ▶ *s* **1** (*giornale*) ritaglio **2** (*Bot*) talea
▶ *agg* **1** (*vento*) pungente **2** (*commento*) tagliente, mordente
cuttlefish /'kʌtlfɪʃ/ *s* (*pl* **cuttlefish**) seppia

CV /,si:'vi:/ (*USA* **résumé**) *abbr* curriculum vitae curriculum
cyanide /'saɪənaɪd/ *s* cianuro
cybercafe /'saɪbəkæfeɪ/ *s* cybercafé
cycle /'saɪkl/ ▶ *s* **1** ciclo **2** bicicletta
▶ *vi* andare in bicicletta: *to go cycling* andare in giro in bicicletta
cyclic /'saɪklɪk, 'sɪklɪk/ (*anche* **cyclical** /'saɪklɪkl, 'sɪklɪkl/) *agg* ciclico
cycling /'saɪklɪŋ/ *s* ciclismo
cyclist /'saɪklɪst/ *s* ciclista
cyclone /'saɪkləʊn/ *s* ciclone
cylinder /'sɪlɪndə(r)/ *s* **1** cilindro **2** (*gas*) bombola **cylindrical** /sə'lɪndrɪkl/ *agg* cilindrico
cymbal /'sɪmbl/ *s* piatto (*musica*)
cynic /'sɪnɪk/ *s* cinico, -a **cynical** /'sɪnɪkl/ *agg* cinico **cynicism** /'sɪnɪsɪzəm/ *s* cinismo
cypress /'saɪprəs/ *s* cipresso
cyst /sɪst/ *s* cisti
cystic fibrosis /,sɪstɪk faɪ'brəʊsɪs/ *s* [*non numerabile*] mucoviscidosi
czar *Vedi* TSAR
czarina *Vedi* TSARINA

D d

D, d /di:/ *s* (*pl* **Ds, D's, d's**) **1** D, d: *D for David* D come Domodossola ⊃ *Vedi esempi a* A, A **2** (*Mus*) re
dab /dæb/ ▶ *vt, vi* (**-bb-**) **1** ~ (**at**) **sth** picchiettare qc **2** ~ **sth on** (**sth**) applicare qc con leggeri colpetti (su qc)
▶ *s* pochino
dad /dæd/ (*anche* **daddy** /'dædi/) *s* (*informale*) papà
daffodil /'dæfədɪl/ *s* trombone (*fiore*)
daft /dɑ:ft; *USA* dæft/ *agg* (**-er, -est**) (*informale*) sciocco
dagger /'dægə(r)/ *s* pugnale
daily /'deɪli/ ▶ *agg* giornaliero, quotidiano
▶ *avv* ogni giorno, quotidianamente
▶ *s* (*pl* **-ies**) quotidiano (*giornale*)
dairy /'deəri/ *s* (*pl* **-ies**) latteria: *dairy products/produce* latticini
'**dairy farm** *s* caseificio '**dairy farming** *s* industria casearia

daisy /'deɪzi/ *s* (*pl* **-ies**) margherita
dale /deɪl/ *s* valle
dam /dæm/ ▶ *s* diga
▶ *vt* (**-mm-**) costruire una diga su
damage /'dæmɪdʒ/ ▶ *vt* danneggiare
▶ *s* **1** [*non numerabile*] danni **2** **damages** [*pl*] risarcimento danni
damaging /'dæmɪdʒɪŋ/ *agg* nocivo
Dame /deɪm/ *s* (*GB*) titolo cavalleresco conferito a una donna
damn /dæm/ ▶ *vt* dannare
▶ (*anche* **damned** /dæmd/) (*informale*) ▶ *agg* maledetto
▶ **damn!** *escl* accidenti!
damnation /dæm'neɪʃn/ *s* dannazione
damning /'dæmɪŋ/ *agg* **1** (*rapporto*) di condanna, critico **2** (*prove*) schiacciante
damp /dæmp/ ▶ *agg* (**-er, -est**) umido ⊃ *Vedi nota a* MOIST
▶ *s* umidità

▶ vt **1** (anche **dampen** /'dæmpən/) inumidire **2** ~ **sth** (**down**) attenuare, soffocare qc

dance /dɑ:ns; *USA* dæns/ ▶ vt, vi ballare
▶ s ballo

dancer /'dɑ:nsə(r)/ s ballerino, -a

dancing /'dɑ:nsɪŋ/ s ballo

dandelion /'dændɪlaɪən/ s dente di leone

dandruff /'dændrʌf/ s forfora

danger /'deɪndʒə(r)/ s pericolo LOC **be in danger of sth** rischiare qc: *They're in danger of losing their jobs.* Rischiano di perdere il lavoro. **dangerous** agg pericoloso

dangle /'dæŋgl/ **1** vt dondolare **2** vi penzolare

dank /dæŋk/ agg freddo e umido

dare¹ /deə(r)/ *v aus modale, vi* (*neg* **dare not** o **daren't** /deənt/ o **don't/doesn't dare** *pass* **dared not** o **didn't dare**) (*in frasi negative e in domande*) osare LOC **don't you dare** non ti azzardare: *Don't (you) dare tell her!* Non ti azzardare a dirglielo! ♦ **how dare you!** come ti permetti? ♦ **I dare say** penso proprio

Quando **dare** è usato come verbo modale, viene seguito dall'infinito senza TO, e nelle frasi negative e interrogative e al passato si usa senza l'ausiliare do: *Nobody dared speak.* Nessuno osò parlare. ◊ *I daren't ask my boss for a day off.* Non oso chiedere al capo un giorno libero.

dare² /deə(r)/ vt ~ **sb** (**to do sth**) sfidare qn (a fare qc)

daredevil /'deədevl/ s, agg spericolato, -a

daring /'deərɪŋ/ ▶ s audacia
▶ agg ardito, audace

dark /dɑ:k/ ▶ **the dark** s il buio, l'oscurità LOC **before/after dark** prima del/dopo il tramonto
▶ agg (**-er**, **-est**) **1** scuro, buio: *to get/grow dark* farsi buio ◊ *dark green* verde scuro **2** (*persona, carnagione*) bruno, moro: *dark-haired* dai capelli scuri **3** oscuro **4** cupo, tetro: *These are dark days.* Viviamo in tempi difficili. LOC **a dark horse 1** un mistero **2** un outsider

darken /'dɑ:kən/ vt, vi **1** oscurare, oscurarsi **2** scurire, scurirsi

dark 'glasses s [*pl*] occhiali scuri

darkly /'dɑ:kli/ avv misteriosamente, cupamente

darkness /'dɑ:knəs/ s oscurità, tenebre: *in darkness* nell'oscurità

darkroom /'dɑ:kru:m/ s camera oscura

darling /'dɑ:lɪŋ/ s tesoro: *Hello, darling!* Ciao tesoro!

darn /dɑ:n/ ▶ vt rammendare (*calzini*)
▶ agg (anche **darned** /dɑ:nd/) (*informale*) maledetto: *Why don't you switch that darn thing off and listen to me!* Spegni quel maledetto coso e ascoltami!
▶ avv (anche **darned** /dɑ:nd/) (*informale*) maledettamente: *You had a darn good try.* È stato davvero un buon tentativo. ◊ *It's darn cold tonight.* Fa maledettamente freddo stanotte.

dart¹ /dɑ:t/ s freccetta: *to play darts* giocare a freccette

dart² /dɑ:t/ vi precipitarsi PHRV **dart away/off** sfrecciare via

dash /dæʃ/ ▶ s **1** ~ (**of sth**) goccio (di qc) **2** lineetta **3** corsa LOC **make a dash for sth** fare una corsa per qc *Vedi anche* BOLT²
▶ **1** vi affrettarsi: *I must dash.* Devo proprio scappare. **2** vi andare di corsa: *He dashed across the room.* Attraversò di corsa la stanza. ◊ *I dashed upstairs.* Sono corso di sopra. **3** vt (*speranze, ecc*) infrangere PHRV **dash sth off** buttar giù qc

dashboard /'dæʃbɔ:d/ s cruscotto

data /'deɪtə, 'dɑ:tə; *USA anche* 'dætə/ s **1** [*non numerabile*] (*Informatica*) dati **2** [*v sing o pl*] dati, informazioni

database /'deɪtəbeɪs; *USA anche* 'dætə-/ s database

date¹ /deɪt/ ▶ s **1** data **2** appuntamento ⊃ *Vedi nota a* APPUNTAMENTO LOC *Vedi* OUT OF LOC **to date** fino a oggi *Vedi anche* UP TO DATE
▶ **1** vt datare **2** vt (*spec USA*) avere una storia con **3** vi (*spec USA*) avere incontri sentimentali

date² /deɪt/ s dattero

datebook /'deɪtbʊk/ s (*USA*) *Vedi* DIARY

dated /'deɪtɪd/ agg **1** fuori moda **2** antiquato

daughter /'dɔ:tə(r)/ s figlia

'**daughter-in-law** s (*pl* **-ers-in-law**) nuora

daunting /'dɔ:ntɪŋ/ agg scoraggiante: *the daunting task of…* l'ardua impresa di …

dawn /dɔ:n/ ▶ s alba: *from dawn till dusk* dall'alba al tramonto LOC *Vedi* CRACK
▶ vi albeggiare

day /deɪ/ s **1** giorno: *all day* tutto il giorno ◊ *every day* tutti i giorni ◊ *a day off* un giorno libero **2** giornata **3** **days** [*pl*] epoca LOC **by day/night** di giorno/notte ♦ **day by day** giorno per giorno ♦ **day in, day out** tutti i santi giorni ♦ **from one day to the next** da un giorno all'altro ♦ **one/some day** un giorno ♦ **one of these days**

daydream → decency

uno di questi giorni ♦ **the day after tomorrow** dopodomani ♦ **the day before yesterday** l'altroieri ♦ **these days 1** in questi giorni **2** di questi tempi ♦ **to this day** ancor oggi *Vedi anche* BETTER, CALL, CARRY, CLEAR, EARLY, FINE

daydream /'deɪdriːm/ ▸ *s* sogno a occhi aperti
▸ *vi* sognare a occhi aperti

daylight /'deɪlaɪt/ *s* luce del giorno: *in daylight* alla luce del giorno LOC *Vedi* BROAD

day re'turn *s* biglietto giornaliero di andata e ritorno

daytime /'deɪtaɪm/ *s* giorno: *in the daytime* di giorno

day-to-'day *agg* a giornata

'day trip *s* gita di un giorno

daze /deɪz/ *s* LOC **in a daze** stordito **dazed** *agg* stordito

dazzle /'dæzl/ *vt* abbagliare

⚠ **dead** /ded/ ▸ *agg* **1** morto ➔ *Vedi nota a* MORTO **2** (*ramo*) secco **3** (*braccio, ecc*) intorpidito **4** (*batteria*) scarico **5** (*telefono*): *The line's gone dead.* È caduta la linea.
▸ *avv* completamente: *You're dead right.* Hai pienamente ragione. LOC *Vedi* DROP, STOP
▸ **s the dead** [*pl*] i morti, i defunti LOC **in the/at dead of night** nel cuore della notte **deaden** *vt* **1** (*suono*) attutire **2** (*dolore*) alleviare

dead 'end *s* vicolo cieco

dead 'heat *s* testa a testa: *It was a dead heat between Peters and Murray.* Peters e Murray hanno tagliato il traguardo contemporaneamente.

deadline /'dedlaɪn/ *s* scadenza, termine di consegna

deadlock /'dedlɒk/ *s* punto morto

deadly /'dedli/ *agg* (**-ier**, **-iest**) mortale LOC *Vedi* EARNEST

⚠ **deaf** /def/ *agg* (**-er**, **-est**) sordo: *deaf and dumb* sordomuto **deafen** /'defn/ *vt* assordare **deafening** /'defənɪŋ/ *agg* assordante **deafness** *s* sordità

⚠ **deal**[1] /diːl/ *s* **1** affare **2** accordo LOC **a good/great deal** molto: *It's a good/great deal warmer today.* Oggi fa molto più caldo. *Vedi anche* BIG

⚠ **deal**[2] /diːl/ *vt, vi* (*pass, pp* **dealt** /delt/) (*carte da gioco*) dare ➔ *Vedi nota a* CARTA PHRV **deal in sth** commerciare in qc: *to deal in drugs/arms* trafficare droga/armi ♦ **deal with sb 1** trattare con qn **2** fare i conti con qn **3** occuparsi di qn ♦ **deal with sth 1** (*problema*) affrontare qc **2** (*situazione*) gestire qc **3** (*argomento*) trattare di qc

dealer /'diːlə(r)/ *s* **1** commerciante **2** (*droga, armi*) trafficante **3** (*carte da gioco*) chi dà le carte

dealing /'diːlɪŋ/ *s* (*droga, armi*) traffico LOC **have dealings with sb/sth** trattare con qn/qc

dealt *pass, pp di* DEAL[3]

dean /diːn/ *s* **1** decano **2** (*università*) preside

⚠ **dear** /dɪə(r)/ ▸ *agg* (**-er**, **-est**) **1** caro **2** (*lettera*): *Dear Sir* Egregio signore ◊ *Dear Jason, ...* Caro Jason, ... **3** (*GB*) (*costoso*) caro LOC **oh dear!** mamma mia!
▸ *s* tesoro

dearly /'dɪəli/ *avv* moltissimo

⚠ **death** /deθ/ *s* morte: *death certificate* certificato di morte ◊ *death penalty/sentence* pena di morte/condanna a morte ◊ *to beat sb to death* uccidere qn a forza di botte LOC **put sb to death** giustiziare qn *Vedi anche* CATCH, MATTER, SICK **deathly** *agg* (**-ier**, **-iest**) di tomba: *deathly cold/pale* freddo/pallido come un cadavere

debase /dɪ'beɪs/ *vt* ~ **yourself/sb/sth** degradarsi/degradare qn/qc

debatable /dɪ'beɪtəbl/ *agg* discutibile

⚠ **debate** /dɪ'beɪt/ ▸ *s* dibattito
▸ *vt, vi* dibattere, discutere

debit /'debɪt/ ▸ *s* addebito: *debit card* carta di debito
▸ *vt* addebitare

debris /'deɪbriː; *USA* də'briː/ *s* [*non numerabile*] detriti

⚠ **debt** /det/ *s* debito LOC **be in debt** avere debiti **debtor** *s* debitore, -trice

⚠ **decade** /'dekeɪd; *USA* dɪ'keɪd/ *s* decennio

decadent /'dekədənt/ *agg* decadente **decadence** /'dekədəns/ *s* decadenza

decaffeinated /ˌdiː'kæfɪneɪtɪd/ *agg* decaffeinato

⚠ **decay** /dɪ'keɪ/ ▸ *vi* **1** (*denti*) cariarsi **2** (*cadavere*) decomporsi **3** (*società*) decadere
▸ *s* [*non numerabile*] **1** (*anche* **'tooth decay**) [*non numerabile*] carie **2** (*cadavere*) decomposizione **3** (*società*) decadimento

deceased /dɪ'siːst/ ▸ *agg* (*formale*) deceduto
▸ **the deceased** *s* (*pl* **the deceased**) il defunto, la defunta

deceit /dɪ'siːt/ *s* inganno **deceitful** /dɪ'siːtfl/ *agg* **1** disonesto **2** (*parole*) falso

deceive /dɪ'siːv/ *vt* ingannare

⚠ **December** /dɪ'sembə(r)/ *s* (*abbrev* **Dec**) dicembre ➔ *Vedi nota e esempi a* JANUARY

decency /'diːsnsi/ *s* decenza, decoro

---

i: see   i happy   ɪ sit   e ten   æ hat   ɑ: father   ʌ cup   ʊ put   u: too

decent /'diːsnt/ *agg* **1** decente, ammodo **2** decente, discreto **3** gentile

deception /dɪ'sepʃn/ *s* inganno

deceptive /dɪ'septɪv/ *agg* ingannevole

decide /dɪ'saɪd/ **1** *vi* decidere: *She decided against borrowing the money.* Decise di non chiedere il prestito. **2** *vi* ~ **on sb/sth** optare per qn/qc **3** *vt* far decidere, determinare **decided** *agg* **1** (*chiaro*) netto **2** deciso, risoluto

decimal /'desɪml/ *agg, s* decimale: *decimal point* virgola (*di numero*) ⊃ *Vedi Appendice 1*

decipher /dɪ'saɪfə(r)/ *vt* decifrare

decision /dɪ'sɪʒn/ *s* ~ (**on/against sth**) decisione (su/a sfavore di qc): *decision-making* il prendere le decisioni

decisive /dɪ'saɪsɪv/ *agg* **1** decisivo **2** deciso, risoluto

deck /dek/ *s* **1** (*Naut*) ponte di coperta **2** (*autobus*) piano **3** (*spec USA*) *Vedi* PACK *s* senso (5) **4** (*anche* **cas'sette deck**, **'tape deck**) piastra di registrazione

deckchair /'dektʃeə(r)/ *s* sedia a sdraio

declaration /ˌdeklə'reɪʃn/ *s* dichiarazione

declare /dɪ'kleə(r)/ **1** *vt* dichiarare **2** *vi* ~ **for/against sb/sth** pronunciarsi a favore di/contro qn/qc

decline /dɪ'klaɪn/ ▸ **1** *vt* declinare, rifiutare **2** *vi* ~ **to do sth** rifiutarsi di fare qc **3** *vi* (*potere, vendite*) diminuire
▸ *s* **1** calo **2** declino

decode /ˌdiː'kəʊd/ *vt* **1** decifrare **2** decodificare **decoder** *s* decoder

decompose /ˌdiːkəm'pəʊz/ *vt, vi* decomporre, decomporsi

decor /'deɪkɔː(r); *USA* deɪ'kɔːr/ *s* arredamento

decorate /'dekəreɪt/ *vt* **1** ~ **sth (with sth)** decorare qc (con qc) **2** tappezzare e pitturare **3** ~ **sb (for sth)** decorare qn (a qc) (*valore, ecc*) **decoration** *s* decorazione **decorator** *s* imbianchino, -a e tappezziere, -a

decorative /'dekərətɪv/; *USA* 'dekəreɪtɪv/ *agg* decorativo

decoy /'diːkɔɪ/ *s* **1** uccello da richiamo **2** (*fig*) esca

decrease ▸ /dɪ'kriːs/ **1** *vi* diminuire **2** *vt* ridurre
▸ /'diːkriːs/ *s* ~ (**in sth**) diminuzione, riduzione (in/di qc)

decree /dɪ'kriː/ ▸ *s* decreto
▸ *vt* (*pass, pp* **decreed**) decretare

decrepit /dɪ'krepɪt/ *agg* decrepito

dedicate /'dedɪkeɪt/ *vt* dedicare, consacrare **dedication** /ˌdedɪ'keɪʃn/ *s* **1** dedizione **2** dedica **dedicated** *agg* **1** (*insegnante ecc*) consacrato al proprio lavoro **2** (*padre, fan, ecc*) devoto **3** (*server, linea*) dedicato

deduce /dɪ'djuːs; *USA* dɪ'duːs/ *vt* dedurre (*fatto, principio*)

deduct /dɪ'dʌkt/ *vt* detrarre (*tasse, spese*)

deduction /dɪ'dʌkʃn/ *s* **1** (*fatto*) deduzione **2** (*spese*) detrazione

deed /diːd/ *s* **1** (*formale*) azione, atto **2** impresa **3** (*Dir*) atto notarile

deem /diːm/ *vt* (*formale*) ritenere, giudicare

deep /diːp/ ▸ *agg* (**-er, -est**) **1** profondo **2** di profondità: *The pool is only one metre deep.* La piscina è profonda soltanto un metro. **3** (*colore*) intenso, cupo **4** ~ **in sth** immerso, assorto in qc
▸ *avv* (**-er, -est**) a fondo, in profondità: *Don't go in too deep!* Non andare nell'acqua alta! ◊ *deep into the night* fino a tarda notte LOC **deep down** (*informale*) in fondo ♦ **go/run deep** essere radicato

deepen /'diːpən/ *vt, vi* (far) diventare più profondo, aumentare

deep 'freeze *s* congelatore

deep-'fry *vt* (*pass, pp* **-fried** /fraɪd/) friggere (*in abbondante olio*)

deeply /'diːpli/ *avv* profondamente, vivamente

deer /dɪə(r)/ *s* (*pl* **deer**) cervo ⊃ *Vedi nota a* CERVO

default /dɪ'fɔːlt/ ▸ *s* **1** inadempimento **2** contumacia LOC **by default** per forfait
▸ *vi* **1** essere contumace **2** ~ (**on sth**) non onorare (qc)
▸ *agg* (*Informatica*) di default

defeat /dɪ'fiːt/ ▸ *vt* **1** sconfiggere **2** (*fig*) frustrare: *This crossword has defeated me.* Davanti a questo cruciverba mi sono dovuto arrendere.
▸ *s* sconfitta: *to admit/accept defeat* darsi per vinto

defect¹ /dɪ'fekt/ *vi* **1** ~ (**from sth**) defezionare (da qc) **2** ~ **to sth** passare a qc **defection** *s* **1** defezione **2** fuga (*per motivi politici*) **defector** *s* fuoriuscito, -a

defect² /'diːfekt, dɪ'fekt/ *s* difetto ⊃ *Vedi nota a* MISTAKE **defective** /dɪ'fektɪv/ *agg* difettoso

defence (*USA* **defense**) /dɪ'fens/ *s* **1** ~ (**of sth**) (**against sth**) difesa (di qc) (contro qc) **2** **the defence** [*v sing o pl*] (*processo*) la difesa **defenceless** *agg* indifeso

defend → delirious

defend /dɪˈfend/ *vt* ~ sb/sth (against/from sb/sth) difendere, proteggere qn/qc (da qn/qc) **defendant** *s* imputato, -a ◆ Confronta PLAINTIFF **defensive** /dɪˈfensɪv/ *agg* ~ (about sth) sulla difensiva (a proposito di qc) LOC **put sb/be on the defensive** mettere qn/essere sulla difensiva

defer /dɪˈfɜː(r)/ *vt* (-rr-) ~ sth (to sth) rinviare qc (a qc) **deference** /ˈdefərəns/ *s* riguardo, rispetto LOC **in deference to sb/sth** per riguardo a qn/qc

defiance /dɪˈfaɪəns/ *s* sfida, disobbedienza **defiant** *agg* di sfida

deficiency /dɪˈfɪʃnsi/ *s* (*pl* **-ies**) carenza **deficient** *agg* ~ (**in sth**) carente (di qc)

deficit /ˈdefɪsɪt/ *s* deficit

defied *pass, pp di* DEFY

define /dɪˈfaɪn/ *vt* ~ sth (as sth) definire qc (come qc)

definite /ˈdefɪnət/ *agg* **1** (*data, proposta*) preciso **2** sicuro, definitivo: *Our holiday plans are now definite.* Ora i nostri programmi per le vacanze sono definitivi. **3** ~ (**about sth/that** …) sicuro (di qc/che …) **4** (*Gramm*): *the definite article* l'articolo determinativo **definitely** *avv* **1** decisamente: *to state sth definitely* affermare qc con sicurezza ◇ *I haven't decided definitely.* Non ho ancora deciso in modo definitivo. **2** senz'altro, di sicuro: *I'll definitely come.* Vengo senz'altro.

definition /ˌdefɪˈnɪʃn/ *s* definizione

definitive /dɪˈfɪnətɪv/ *agg* definitivo

deflate /dɪˈfleɪt, diːˈfleɪt/ *vt, vi* sgonfiare, sgonfiarsi

deflect /dɪˈflekt/ *vt* ~ sth (from sth) deviare qc (da qc)

deform /dɪˈfɔːm/ *vt* deformare **deformed** *agg* deforme **deformity** /dɪˈfɔːməti/ *s* (*pl* **-ies**) deformità

defrost /ˌdiːˈfrɒst; *USA* -ˈfrɔːst/ *vt* **1** (*frigo*) sbrinare **2** (*alimento*) scongelare

deft /deft/ *agg* abile

defunct /dɪˈfʌŋkt/ *agg* (*formale*) morto e sepolto

defuse /ˌdiːˈfjuːz/ *vt* **1** (*bomba*) disinnescare **2** (*tensione*) allentare

defy /dɪˈfaɪ/ *vt* (*pass, pp* **defied**) **1** disubbidire **2** ~ **sb to do sth** sfidare qn a fare qc

degenerate /dɪˈdʒenəreɪt/ *vi* ~ (**from sth**) (**into sth**) degenerare (da qc) (in qc) **degeneration** *s* degenerazione

degrade /dɪˈɡreɪd/ *vt* degradare **degradation** /ˌdeɡrəˈdeɪʃn/ *s* degradazione

degree /dɪˈɡriː/ *s* **1** grado: *I agree with you to a certain degree.* Sono d'accordo con te fino a un certo punto. **2** laurea: *a university degree* una laurea universitaria ◇ *a degree course* un corso di laurea LOC **by degrees** gradualmente

deign /deɪn/ *vi* ~ **to do sth** degnarsi di fare qc

deity /ˈdeɪəti/ *s* (*pl* **-ies**) divinità

dejected /dɪˈdʒektɪd/ *agg* avvilito, abbattuto

delay /dɪˈleɪ/ ▶ **1** *vt* ritardare: *The train was delayed.* Il treno era in ritardo. ◆ Confronta LATE **2** *vi* tardare, indugiare: *Don't delay!* Non perdere tempo! **3** *vt* rinviare, rimandare ▶ *s* ritardo

delaying /dɪˈleɪɪŋ/ *agg* dilatorio: *delaying tactics* manovre dilatorie

delegate ▶ /ˈdelɪɡət/ *s* delegato, -a
▶ /ˈdelɪɡeɪt/ *vt* ~ **sth** (**to sb**) delegare qc (a qn)

delegation /ˌdelɪˈɡeɪʃn/ *s* [*v sing o pl*] delegazione

delete /dɪˈliːt/ *vt* cancellare, togliere **deletion** *s* cancellazione, eliminazione

deli /ˈdeli/ *s* Vedi DELICATESSEN

deliberate[1] /dɪˈlɪbərət/ *agg* intenzionale, voluto

deliberate[2] /dɪˈlɪbəreɪt/ *vi* ~ (**about/on sth**) (*formale*) deliberare (su qc) **deliberation** *s* [*gen pl*] **1** riflessione **2** discussione

deliberately[1] /dɪˈlɪbərətli/ *avv* deliberatamente, volutamente

delicacy /ˈdelɪkəsi/ *s* (*pl* **-ies**) **1** delicatezza **2** specialità (*cibo*)

delicate /ˈdelɪkət/ *agg* delicato: *delicate china* porcellana finissima

delicatessen /ˌdelɪkəˈtesn/ *s* **1** negozio di specialità gastronomiche **2** banco gastronomia

delicious /dɪˈlɪʃəs/ *agg* delizioso

delight[1] /dɪˈlaɪt/ *s* piacere: *the delights of living in the country* il piacere di vivere in campagna LOC **take delight in (doing) sth 1** dilettarsi in qc/a fare qc **2** (*dispreg*) godere di qc/nel fare qc

delight[2] /dɪˈlaɪt/ **1** *vt* riempire di gioia **2** *vi* ~ **in (doing) sth** dilettarsi in qc/a fare qc **delighted** *agg* **1** ~ (**at/with sth**) contentissimo (di qc) **2** ~ (**to do sth/that** …) felice (di fare qc/che …)

delightful /dɪˈlaɪtfl/ *agg* incantevole

delinquent /dɪˈlɪŋkwənt/ *agg, s* delinquente **delinquency** *s* delinquenza

delirious /dɪˈlɪriəs/ *agg* delirante: *delirious with joy* pazzo di gioia **delirium** /dɪˈlɪriəm/ *s* delirio

---

aɪ five   aʊ now   ɔɪ join   ɪə near   eə hair   ʊə pure   ʒ vision   h how   ŋ sing

deliver /dɪˈlɪvə(r)/ vt **1** (*posta, merci*) consegnare **2** (*messaggio*) comunicare **3** (*discorso*) tenere **4** (*bambino*) far nascere **5** (*pugno, colpo*) tirare **delivery** s (*pl* **-ies**) **1** consegna **2** parto LOC *Vedi* CASH

delta /ˈdeltə/ s delta

delude /dɪˈluːd/ vt illudere, ingannare

deluge /ˈdeljuːdʒ/ ▸ s (*formale*) **1** diluvio **2** (*fig*) valanga
▸ vt ~ **sb/sth** (**with sth**) inondare qn/qc (di qc)

delusion /dɪˈluːʒn/ s illusione, allucinazione

de luxe /dəˈlʌks, -ˈlʊks/ agg di lusso

demand /dɪˈmɑːnd; *USA* dɪˈmænd/ ▸ s **1** esigenza **2** ~ (**for sb/sth**) domanda, richiesta (di qn/qc) LOC **in demand** richiesto ♦ **on demand** su richiesta *Vedi anche* SUPPLY
▸ vt **1** esigere, pretendere **2** richiedere

demanding /dɪˈmɑːndɪŋ/ agg esigente

demise /dɪˈmaɪz/ s (*formale*) decesso: *the demise of the Soviet Union* il crollo dell'Unione Sovietica

demo /ˈdeməʊ/ s (*pl* **-s**) (*informale*) **1** manifestazione (*di protesta*) **2** dimostrazione

democracy /dɪˈmɒkrəsi/ s (*pl* **-ies**) democrazia **democrat** /ˈdeməkræt/ s democratico, -a **democratic** /ˌdeməˈkrætɪk/ agg democratico

demographic /ˌdeməˈɡræfɪk/ agg demografico

demolish /dɪˈmɒlɪʃ/ vt demolire **demolition** /ˌdeməˈlɪʃn/ s demolizione

demon /ˈdiːmən/ s demone, demonio **demonic** /diˈmɒnɪk/ agg demoniaco, diabolico

demonstrate /ˈdemənstreɪt/ **1** vt dimostrare **2** vi ~ (**against/in favour of sb/sth**) manifestare (contro/per qn/qc) **demonstration** s **1** dimostrazione **2** ~ (**against/in favour of sb/sth**) manifestazione (contro/per qn/qc)

demonstrative /dɪˈmɒnstrətɪv/ agg **1** espansivo, affettuoso **2** (*Gramm*) dimostrativo

demonstrator /ˈdemənstreɪtə(r)/ s manifestante

demoralize, -ise /dɪˈmɒrəlaɪz; *USA* -ˈmɔːr-/ vt demoralizzare

demure /dɪˈmjʊə(r)/ agg pieno di contegno

den /den/ s **1** tana, covo **2** (*USA*) soggiorno (*stanza*)

denial /dɪˈnaɪəl/ s **1** smentita **2** negazione, rifiuto

denim /ˈdenɪm/ s tessuto jeans

denomination /dɪˌnɒmɪˈneɪʃn/ s **1** confessione, religione **2** valore: *banknotes of various denominations* banconote di vario taglio

denounce /dɪˈnaʊns/ vt denunciare

dense /dens/ agg (**denser, -est**) denso **density** /ˈdensəti/ s (*pl* **-ies**) densità

dent /dent/ ▸ s ammaccatura
▸ vt, vi ammaccare, ammaccarsi

dental /ˈdentl/ agg **1** dentale **2** dentistico, odontoiatrico: *dental floss* filo interdentale

dentist /ˈdentɪst/ s dentista

dentures /ˈdentʃəz/ s [*pl*] dentiera

denunciation /dɪˌnʌnsiˈeɪʃn/ s denuncia

deny /dɪˈnaɪ/ vt (*pass, pp* **denied**) **1** negare **2** (*dichiarazione*) smentire

deodorant /diˈəʊdərənt/ s deodorante

depart /dɪˈpɑːt/ vi (*formale*) ~ (**for...**) (**from...**) partire (per...) (da...)

department /dɪˈpɑːtmənt/ s (*abbrev* **Dept**) **1** dipartimento, sezione **2** (*magazzini*) reparto **3** ministero **departmental** /ˌdiːpɑːtˈmentl/ agg di sezione

de'partment store s grande magazzino

departure /dɪˈpɑːtʃə(r)/ s ~ (**from...**) partenza (da...)

depend /dɪˈpend/ vi LOC **depending on** a seconda di: *The starting salary will be between £13 000 and £15 000 depending on age and experience.* Lo stipendio iniziale varia tra le 13.000 e le 15.000 sterline, a seconda dell'età e dell'esperienza. ♦ *that depends; it (all) depends* dipende PHRV **depend on/upon sb/sth** contare su qn/qc ♦ **depend on sb/sth (for sth)** dipendere da qn/qc (per qc) **dependable** agg affidabile **dependant** (*GB*) = DEPENDENT s

dependence /dɪˈpendəns/ s ~ (**on/upon sb/sth**) dipendenza (da qn/qc)

dependency /dɪˈpendənsi/ s dipendenza: *economic dependency* dipendenza economica ◊ *chemical dependency* dipendenza da sostanze chimiche

dependent /dɪˈpendənt/ ▸ s (*GB anche* **dependant**) persona a carico
▸ agg **1 be ~ on/upon sb/sth** dipendere da qn/qc **2** (*persona*) poco indipendente

depict /dɪˈpɪkt/ vt rappresentare, descrivere

deplete /dɪˈpliːt/ v ridurre, impoverire: *Food supplies were severely depleted.* Le scorte alimentari erano quasi esaurite. ◊ *chemicals that deplete the ozone layer* sostanze chimiche che assottigliano lo strato d'ozono ◊ *depleted uranium* uranio impoverito

---

| tʃ **chin** | dʒ **June** | v **van** | θ **thin** | ð **then** | s **so** | z **zoo** | ʃ **she** |

deplore → despicable

deplore /dɪˈplɔː(r)/ *vt* deplorare
deploy /dɪˈplɔɪ/ *vt, vi* schierare, schierarsi
deport /dɪˈpɔːt/ *vt* deportare **deportation** *s* deportazione
depose /dɪˈpəʊz/ *vt* deporre (*leader, capo*)
deposit /dɪˈpɒzɪt/ ▶ *vt* **1** (*soldi*) depositare **2** ~ **sth** (**with sb**) (*beni*) affidare qc (in custodia a qn)
▶ *s* **1** (*Fin*) deposito: *deposit account* conto di risparmio ◊ *safety deposit box* cassetta di sicurezza **2** (*affitto*) cauzione **3** ~ (**on sth**) acconto (per qc) **4** deposito, giacimento
depot /ˈdepəʊ; *USA* ˈdiːpəʊ/ *s* **1** deposito, magazzino **2** (*autobus*) deposito **3** (*USA*) stazione (*di treni o autobus*)
depress /dɪˈpres/ *vt* deprimere **depressed** *agg* depresso **depressing** *agg* deprimente **depression** *s* depressione
deprivation /ˌdeprɪˈveɪʃn/ *s* indigenza
deprive /dɪˈpraɪv/ *vt* ~ **sb/sth of sth** privare qn/qc di qc **deprived** *agg* bisognoso
depth /depθ/ *s* profondità **LOC** **be out of your depth** (*GB*) **1** essere dove non si tocca **2** (*fig*) non essere all'altezza della situazione ♦ **in depth** a fondo
deputation /ˌdepjuˈteɪʃn/ *s* [*v sing o pl*] delegazione
deputize, -ise /ˈdepjutaɪz/ *vi* ~ (**for sb**) fare le veci (di qn)
deputy /ˈdepjuti/ *s* (*pl* **-ies**) **1** vice, sostituto, -a: *deputy chairman* vicepresidente **2** (*Pol*) deputato
derail /dɪˈreɪl/ *vt, vi* (far) deragliare
deranged /dɪˈreɪndʒd/ *agg* squilibrato
derby /ˈdɑːbi; *USA* ˈdɜːrbi/ *s* (*pl* **-ies**) **1** (*USA*) *Vedi* BOWLER senso (2) **2** (*GB*) (*Sport*) derby
deregulation /ˌdiːregjuˈleɪʃn/ *s* deregolamentazione
derelict /ˈderəlɪkt/ *agg* fatiscente
deride /dɪˈraɪd/ *vt* deridere, ridicolizzare
derision /dɪˈrɪʒn/ *s* derisione **derisive** /dɪˈraɪsɪv/ *agg* di derisione **derisory** /dɪˈraɪsəri/ *agg* irrisorio
derivation /ˌderɪˈveɪʃn/ *s* derivazione **derivative** /dɪˈrɪvətɪv/ *s* derivato
derive /dɪˈraɪv/ **1** *vt* ~ **sth from sth** ricavare, trarre qc da qc: *to derive comfort from sth* trovare conforto in qc **2** *vt, vi* ~ (**sth**) **from sth** derivare (qc) da qc
derogatory /dɪˈrɒɡətri; *USA* -tɔːri/ *agg* spregiativo

descend /dɪˈsend/ *vt, vi* (*formale*) scendere **descendant** *s* discendente
descent /dɪˈsent/ *s* **1** discesa **2** discendenza
describe /dɪˈskraɪb/ *vt* ~ **sb/sth** (**as sth**) descrivere qn/qc (come qc) **description** /dɪˈskrɪpʃn/ *s* descrizione
desert[1] /ˈdezət/ *s* deserto
desert[2] /dɪˈzɜːt/ **1** *vt* ~ **sb/sth** abbandonare qn/qc **2** *vi* (*Mil*) disertare **deserted** *agg* deserto **deserter** *s* disertore
deserve /dɪˈzɜːv/ *vt* meritare **LOC** *Vedi* RICHLY *a* RICH **deserving** *agg* meritevole
design /dɪˈzaɪn/ ▶ *s* **1** ~ (**for/of sth**) modello, progetto (di qc) **2** progettazione **3** motivo, fantasia **4** design
▶ *vt* disegnare, progettare
designate /ˈdezɪɡneɪt/ *vt* **1** ~ **sb/sth** (**as**) **sth** (*formale*) designare qn/qc (come) qc **2** nominare
designer /dɪˈzaɪnə(r)/ ▶ *s* **1** (*moda*) stilista **2** (*auto*) progettista **3** (*arredamento*) designer
▶ *agg* firmato, griffato: *designer jeans* jeans griffati ◊ *designer labels* griffe
desirable /dɪˈzaɪərəbl/ *agg* **1** (*uomo, donna*) desiderabile **2** (*qualità*) ideale
desire /dɪˈzaɪə(r)/ ▶ *s* **1** ~ (**for sb/sth**) desiderio (per qn/di qc) **2** ~ (**to do sth**) desiderio (di fare qc) **3** ~ (**for sth/to do sth**) voglia (di qc/di fare qc): *He had no desire to see her.* Non aveva alcuna voglia di vederla.
▶ *vt* desiderare
desk /desk/ *s* **1** scrivania **2** banco
desktop /ˈdesktɒp/ *s* **1** piano della scrivania **2** (*Informatica*) desktop
desolate /ˈdesələt/ *agg* **1** (*paesaggio*) desolato, deserto **2** (*futuro*) triste **desolation** *s* **1** desolazione **2** tristezza
despair /dɪˈspeə(r)/ ▶ *vi* (*formale*) ~ (**of sth/doing sth**) disperare (di qc/di fare qc)
▶ *s* disperazione
despairing /dɪˈspeərɪŋ/ *agg* disperato
despatch (*GB*) *Vedi* DISPATCH
desperate /ˈdespərət/ *agg* **1** disperato **2 to be ~ for sth/to do sth** avere disperatamente bisogno di qc/di fare qc: *He was so desperate for a job he would have done anything.* Aveva un bisogno così disperato di lavorare che avrebbe fatto qualunque cosa. ◊ *I was absolutely desperate to see her.* Avevo disperatamente bisogno di vederla.
despicable /dɪˈspɪkəbl/ *agg* spregevole

| iː see | i happy | ɪ sit | e ten | æ hat | ɑː father | ʌ cup | ʊ put | uː too |

despise /dɪˈspaɪz/ vt disprezzare

despite /dɪˈspaɪt/ prep nonostante, malgrado

despondent /dɪˈspɒndənt/ agg avvilito, demoralizzato

despot /ˈdespɒt/ s despota

dessert /dɪˈzɜːt/ s dessert ❶ La parola più comune è **pudding**.

dessertspoon /dɪˈzɜːtspuːn/ s **1** cucchiaio da dessert **2** (anche **dessertspoonful** /dɪˈzɜːtspuːnfʊl/) cucchiaiata

destination /ˌdestɪˈneɪʃn/ s destinazione

destined /ˈdestɪnd/ agg (formale) destinato: It was destined to fail. Era destinato a fallire.

destiny /ˈdestəni/ s (pl -ies) destino

destitute /ˈdestɪtjuːt; USA -tuːt/ agg indigente

destroy /dɪˈstrɔɪ/ vt distruggere **destroyer** s cacciatorpediniere

destruction /dɪˈstrʌkʃn/ s distruzione **destructive** agg distruttivo

detach /dɪˈtætʃ/ vt ~ **sth (from sth)** staccare qc (da qc) **detachable** agg staccabile

detached /dɪˈtætʃt/ agg **1** imparziale, obiettivo **2** a detached house una villetta unifamiliare ⊃ Confronta SEMI-DETACHED.

detachment /dɪˈtætʃmənt/ s **1** distacco **2** (Mil) distaccamento

detail /ˈdiːteɪl; USA dɪˈteɪl/ ▸ s dettaglio, particolare LOC **in detail** nei particolari, dettagliatamente ◆ **go into detail(s)** entrare nei dettagli ▸ vt elencare dettagliatamente

detailed /ˈdiːteɪld/ agg dettagliato, particolareggiato

detain /dɪˈteɪn/ vt **1** trattenere **2** (polizia) detenere **detainee** /ˌdiːteɪˈniː/ s detenuto, -a

detect /dɪˈtekt/ vt **1** avvertire, individuare **2** (frode) scoprire **detectable** agg percepibile **detection** s scoperta: to escape detection passare inosservato

detective /dɪˈtektɪv/ s investigatore, -trice, detective: a detective story un romanzo poliziesco

detention /dɪˈtenʃn/ s detenzione

de'tention centre (USA **de'tention center**) s **1** (per immigrati) centro di accoglienza **2** (riformatorio) istituto di pena per i minori

deter /dɪˈtɜː(r)/ vt (-rr-) ~ **sb (from doing sth)** dissuadere qn (dal fare qc)

detergent /dɪˈtɜːdʒənt/ agg, s detersivo, detergente

deteriorate /dɪˈtɪəriəreɪt/ vi deteriorarsi, peggiorare **deterioration** s deterioramento

determination /dɪˌtɜːmɪˈneɪʃn/ s determinazione

determine /dɪˈtɜːmɪn/ vt (formale) determinare, decidere: to determine the cause of an accident determinare le cause di un incidente **determined** agg ~ (**to do sth**) determinato, deciso (a fare qc)

determiner /dɪˈtɜːmɪnə(r)/ s (Gramm) determinante

deterrent /dɪˈterənt; USA -ˈtɜː-/ s deterrente

detest /dɪˈtest/ vt detestare Vedi anche HATE

detonate /ˈdetəneɪt/ vt, vi (far) detonare

detour /ˈdiːtʊə(r)/ s deviazione ⊃ Confronta DIVERSION

detract /dɪˈtrækt/ vi ~ **from sth** sminuire qc: The incident detracted from our enjoyment of the evening. L'incidente ci ha guastato la serata.

detriment /ˈdetrɪmənt/ s LOC **to the detriment of sb/sth** a detrimento di qn/qc **detrimental** /ˌdetrɪˈmentl/ agg ~ (**to sb/sth**) dannoso (per qn/qc)

deuce /djuːs/ s (Tennis) parità

devalue /ˌdiːˈvæljuː/ vt, vi svalutare, svalutarsi **devaluation** s svalutazione

devastate /ˈdevəsteɪt/ vt **1** devastare **2** (persona) sconvolgere **devastating** agg **1** devastatore **2** sconvolgente **devastation** s devastazione

develop /dɪˈveləp/ **1** vt, vi sviluppare, svilupparsi **2** vt (piano, prodotto) elaborare, mettere a punto **3** vt, vi (sintomo, segno) manifestare, manifestarsi **4** vt (terreno) valorizzare, costruire su **developed** agg sviluppato **developer** s imprenditore edile **developing** agg in via di sviluppo: developing countries paesi in via di sviluppo

development /dɪˈveləpmənt/ s **1** sviluppo, evoluzione: development area zona di sviluppo industriale ◊ There has been a new development. C'è stato uno sviluppo. **2** (anche **developing**) (Foto) sviluppo

deviant /ˈdiːviənt/ agg, s **1** anormale **2** (sessuale) pervertito, -a

deviate /ˈdiːvieɪt/ vi ~ (**from sth**) deviare (da qc) **deviation** s ~ (**from sth**) deviazione (da qc)

device /dɪˈvaɪs/ s **1** congegno, dispositivo: an explosive device un ordigno esplosivo ◊ a nuclear device una bomba atomica **2** (piano) stratagemma LOC Vedi LEAVE

| uː situation | ɒ got | ɔː saw | ɜː fur | ə ago | j yes | w woman | eɪ pay | əʊ go |

devil → differ

devil /'devl/ s diavolo, demonio: *You lucky devil!* Che fortuna sfacciata!

devious /'di:viəs/ agg **1** (*mezzi, persona*) subdolo **2** (*percorso*) tortuoso

devise /dɪ'vaɪz/ vt ideare, creare

devoid /dɪ'vɔɪd/ agg ~ **of sth** privo di qc

devolution /ˌdi:və'lu:ʃn; USA ˌdev-/ s (*Pol*) decentramento, devoluzione

> In Gran Bretagna il termine **devolution** si riferisce soprattutto al decentramento del potere in virtù del quale la Scozia, l'Irlanda del Nord e il Galles hanno istituito un proprio parlamento (**the Scottish Parliament**, **the Welsh Assembly** e **the Northern Ireland Assembly**).

devote /dɪ'vəʊt/ **1** v rifl ~ **yourself to sb/sth** dedicarsi a qn/qc **2** vt ~ **sth to sb/sth** dedicare qc a qn/qc **3** vt ~ **sth to sth** (*risorse*) destinare qc a qc **devoted** agg ~ (**to sb/sth**) devoto, affezionato (a qn/qc): *They're devoted to each other.* Sono molto legati l'uno all'altro.

devotee /ˌdevə'ti:/ s **1** appassionato, -a **2** devoto, -a

devotion /dɪ'vəʊʃn/ s ~ (**to sb/sth**) devozione (a qn/qc)

devour /dɪ'vaʊə(r)/ vt divorare

devout /dɪ'vaʊt/ agg **1** devoto, pio **2** (*speranza, desiderio*) fervido **devoutly** avv **1** devotamente **2** fervidamente

dew /dju:; USA du:/ s rugiada

dexterity /dek'sterəti/ s destrezza

diabetes /ˌdaɪə'bi:ti:z/ s [*non numerabile*] diabete **diabetic** /ˌdaɪə'betɪk/ agg, s diabetico, -a

diabolical /ˌdaɪə'bɒlɪkl/ agg diabolico

diagnose /'daɪəgnəʊz; USA ˌdaɪəg'nəʊs/ vt diagnosticare: *I've been diagnosed as having hepatitis.* Mi hanno diagnosticato una epatite. **diagnosis** /ˌdaɪəg'nəʊsɪs/ s (pl **-noses** /-'nəʊsi:z/) diagnosi **diagnostic** /ˌdaɪəg'nɒstɪk/ agg diagnostico

diagonal /daɪ'ægənl/ agg, s diagonale **diagonally** avv diagonalmente

ʅ **diagram** /'daɪəgræm/ s diagramma

dial /'daɪəl/ ▶ s **1** (*orologio, strumento*) quadrante **2** (*telefono*) disco combinatore **3** (*radio*) scala delle frequenze
▶ vt (-**ll**-, USA -**l**-) comporre (*numero telefonico*): *to dial a wrong number* sbagliare numero

dialect /'daɪəlekt/ s dialetto

'**dialling code** s prefisso (*telefonico*)

'**dialling tone** (USA '**dial tone**) s segnale di libero

dialogue (USA anche **dialog**) /'daɪəlɒg; USA -lɔ:g/ s dialogo

dialysis /ˌdaɪ'æləsɪs/ s dialisi

diameter /daɪ'æmɪtə(r)/ s diametro: *It is 15 cm in diameter.* Misura 15 cm di diametro.

ʅ **diamond** /'daɪəmənd/ s **1** diamante **2** rombo **3** *diamond jubilee* sessantesimo anniversario **4 diamonds** [*pl*] (*Carte*) quadri ➲ *Vedi nota a* CARTA

diaper /'daɪəpə(r)/ s (USA) *Vedi* NAPPY

diaphragm /'daɪəfræm/ s diaframma

diarrhoea (USA **diarrhea**) /ˌdaɪə'rɪə/ s [*non numerabile*] diarrea

ʅ **diary** /'daɪəri/ s (pl **-ies**) **1** agenda **2** (USA **datebook**) diario

dice /daɪs/ ▶ s (pl **dice**) dado: *to roll/throw the dice* tirare/lanciare i dadi ◊ *to play dice* giocare a dadi
▶ vt tagliare a dadini

dictate /dɪk'teɪt; USA 'dɪkteɪt/ vt, vi ~ (**sth**) (**to sb**) dettare (qc) (a qn) PHRV **dictate to sb**: *You can't dictate to your children how to run their lives.* Non puoi dire ai tuoi figli come vivere la propria vita. **dictation** s dettato

dictator /dɪk'teɪtə(r); USA 'dɪkteɪtər/ s dittatore, -trice **dictatorship** /dɪk'teɪtəʃɪp/ s dittatura

ʅ **dictionary** /'dɪkʃənri; USA -neri/ s (pl **-ies**) dizionario

did *pass di* DO

didactic /daɪ'dæktɪk/ agg (*formale, talvolta dispreg*) didattico

didn't /'dɪdnt/ = DID NOT *Vedi* DO

ʅ **die** /daɪ/ vi (*pass, pp* **died** *p pres* **dying**) morire: *to die of/from sth* morire di qc ➲ *Vedi nota a* MORTO LOC **be dying for sth/to do sth** morire dalla voglia di qc/di fare qc PHRV **die away** affievolirsi ♦ **die down 1** spegnersi **2** (*vento*) calmarsi ♦ **die off** morire uno dopo l'altro ♦ **die out 1** (*animali*) estinguersi **2** (*tradizione*) scomparire

diesel /'di:zl/ s diesel: *diesel fuel/oil* gasolio

ʅ **diet** /'daɪət/ ▶ s **1** alimentazione **2** dieta LOC **be/go on a diet** essere/mettersi a dieta
▶ vi seguire una dieta

dietary /'daɪətəri/ agg dietetico

differ /'dɪfə(r)/ vi **1** ~ (**from sb/sth**) essere diverso (da qn/qc) **2** ~ (**with sb**) (**about/on sth**) dissentire (da qn) (su qc)

difference /'dɪfrəns/ s differenza: *to make up the difference (in price)* versare la differenza (di una cifra) ◊ *a difference of opinion* una divergenza di opinioni LOC **it makes all the difference** questo cambia tutto ♦ **it makes no difference** fa lo stesso ♦ **what difference does it make?** cosa cambia?

different /'dɪfrənt/ agg ~ (**from sb/sth**); ~ (**than sb/sth**) (*USA*) diverso (da qn/qc) **differently** avv diversamente, in modo diverso

differentiate /ˌdɪfə'renʃieɪt/ vt, vi ~ **between A and B**; ~ **A from B** distinguere fra A e B; distinguere A da B **differentiation** s distinzione

difficult /'dɪfɪkəlt/ agg difficile **difficulty** s (*pl* -**ies**) **1** difficoltà: *with great difficulty* a fatica **2** (*situazione difficile*) problema, difficoltà: *to get/run into difficulties* trovarsi in difficoltà ◊ *to make difficulties for sb* creare ostacoli a qn

diffident /'dɪfɪdənt/ agg poco sicuro di sé **diffidence** s mancanza di fiducia in se stesso

dig /dɪg/ ▶ vt, vi (-**gg**-) (*pass, pp* **dug** /dʌg/) **1** scavare: *to dig for sth* scavare alla ricerca di qc **2** ~ (**sth**) **into sth** conficcare qc/conficcarsi in qc: *The chair back was digging into his back.* La spalliera gli si stava conficcando nella schiena. LOC **dig your heels in** impuntarsi PHRV **dig in** (*informale*) (*pasto*) attaccare a mangiare ♦ **dig sb/sth out** tirar fuori qn/qc scavando ♦ **dig sth up 1** (*pianta*) estirpare qc **2** (*oggetto nascosto*) dissotterrare qc **3** (*strada*) fare scavi in qc
▶ s scavo, scavi

digest¹ /'daɪdʒest/ s compendio

digest² /daɪ'dʒest/ **1** vt, vi digerire, digerirsi **2** vt assimilare **digestion** s digestione

digger /'dɪgə(r)/ s escavatore

digit /'dɪdʒɪt/ s cifra **digital** agg digitale

dignified /'dɪgnɪfaɪd/ agg dignitoso

dignitary /'dɪgnɪtəri; *USA* -teri/ s dignitario

dignity /'dɪgnəti/ s dignità

digression /daɪ'greʃn/ s digressione

dike *Vedi* DYKE

dilapidated /dɪ'læpɪdeɪtɪd/ agg in rovina

dilemma /dɪ'lemə, daɪ-/ s dilemma

dill /dɪl/ s aneto

dilute /daɪ'luːt/ vt **1** diluire **2** (*fig*) attenuare

dim /dɪm/ ▶ agg (**dimmer, dimmest**) **1** (*luce*) debole, fioco **2** (*ricordo, idea*) vago **3** (*prospettiva*) poco promettente, triste **4** (*informale*) (*persona*) tonto **5** (*vista*) debole
▶ (-**mm**-) **1** vt (*luce*) abbassare **2** vi (*luce*) affievolirsi **3** vt, vi (*fig*) offuscare, offuscarsi, annebbiare, annebbiarsi

dime /daɪm/ s (*USA*) moneta da 10 cents

dimension /dɪ'menʃn, daɪ-/ s dimensione

diminish /dɪ'mɪnɪʃ/ vt, vi diminuire

diminutive /dɪ'mɪnjətɪv/ ▶ agg **1** minuto **2** (*Gramm*) diminutivo
▶ s (*Gramm*) diminutivo

dimly /'dɪmli/ avv **1** (*illuminare*) fiocamente **2** (*ricordare*) vagamente **3** (*vedere*) appena

dimple /'dɪmpl/ s fossetta

din /dɪn/ s [*sing*] **1** (*gente*) chiasso **2** (*macchinario*) frastuono

dine /daɪn/ vi (*formale*) ~ (**on sth**) cenare, pasteggiare (a qc) *Vedi anche* DINNER PHRV **dine out** cenare fuori **diner** s **1** commensale **2** (*USA*) tavola calda

dinghy /'dɪŋgi/ s (*pl* **dinghies**) **1** dinghy **2** gommone

dingy /'dɪndʒi/ agg (-**ier, -iest**) squallido

'**dining hall** s refettorio

'**dining room** s sala da pranzo

dinner /'dɪnə(r)/ s **1** cena, pranzo: *have dinner* cenare/pranzare

> Il termine **dinner** si riferisce al pasto principale della giornata, sia che venga consumato di giorno o di sera.

2 banchetto ⊃ *Vedi nota a* NATALE **3** (*anche* '**dinner party**) (*con amici*) cena

'**dinner jacket** s smoking

dinosaur /'daɪnəsɔː(r)/ s dinosauro

diocese /'daɪəsɪs/ s diocesi

dioxide /daɪ'ɒksaɪd/ s biossido: *carbon dioxide* anidride carbonica

dip /dɪp/ ▶ (-**pp**-) **1** vt ~ **sth** (**in/into sth**) immergere, intingere qc (in qc) **2** vi discendere **3** vt, vi abbassare, abbassarsi: *to dip your headlights* abbassare i fari
▶ s **1** (*informale*) nuotatina **2** (*Geog*) avvallamento **3** pendenza **4** (*prezzi, ecc*) ribasso

diploma /dɪ'pləʊmə/ s diploma

diplomacy /dɪ'pləʊməsi/ s diplomazia **diplomat** /'dɪpləmæt/ s diplomatico **diplomatic** /ˌdɪplə'mætɪk/ agg diplomatico **diplomatically** avv diplomaticamente

dire /'daɪə(r)/ (**direr, -est**) agg **1** (*formale*) terribile, grave **2** (*informale*) tremendo, pessimo: *Living conditions are dire.* Le condizioni di vita sono pessime.

direct → disconcerted

direct /dɪˈrekt, daɪ-/ ▶ vt dirigere: *Could you direct me to … ?* Può indicarmi la strada per…?
▶ agg **1** diretto **2** totale: *the direct opposite* l'esatto opposto
▶ avv direttamente: *You can fly direct to London.* Puoi andare a Londra con un volo diretto.

di‚rect 'debit s addebito diretto sul conto

direction /dɪˈrekʃn, daɪ-/ s **1** direzione **2 directions** [*pl*] indicazioni: *to ask (sb) for directions* chiedere la strada (a qn)

directive /dɪˈrektɪv, daɪ-/ s direttiva

directly /dɪˈrektli, daɪ-/ avv **1** direttamente: *directly opposite (sth)* proprio di fronte (a qc) **2** subito

directness /dɪˈrektnəs, daɪ-/ s franchezza

director /dɪˈrektə(r), daɪ-/ s **1** dirigente **2** direttore, -trice **3** (*Cine*) regista

directorate /dɪˈrektərət, daɪ-/ s **1** consiglio direttivo **2** Direzione Generale

directory /dəˈrektəri, daɪ-/ s (*pl* -**ies**) **1** elenco (*telefonico*), repertorio **2** (*Informatica*) directory

di‚rectory en'quiries (*USA* **di‚rectory as'sistance**) s [*non numerabile, v sing o pl*] servizio informazioni elenco abbonati

dirt /dɜːt/ s **1** sporco, sporcizia **2** terra **3** (*informale*) oscenità LOC *Vedi* TREAT

dirty /ˈdɜːti/ ▶ agg (-**ier**, -**iest**) **1** sporco **2** (*barzelletta, libro, ecc*) spinto: *a dirty word* una parolaccia **3** (*informale*) sleale: *a dirty trick* un brutto scherzo
▶ vt, vi (*pass, pp* **dirtied**) sporcare, sporcarsi

disability /ˌdɪsəˈbɪləti/ s (*pl* -**ies**) **1** menomazione **2** (*Med*) invalidità

disabled /dɪsˈeɪbld/ ▶ agg invalido
▶ **the disabled** s [*pl*] gli invalidi

disadvantage /ˌdɪsədˈvɑːntɪdʒ; *USA* -ˈvæn-/ s svantaggio LOC **be at a disadvantage** essere svantaggiato ♦ **put sb at a disadvantage** mettere qn in condizioni di svantaggio **disadvantaged** agg svantaggiato **disadvantageous** /ˌdɪsædvænˈteɪdʒəs/ agg svantaggioso

disagree /ˌdɪsəˈɡriː/ vi ~ (**with sb/sth**) (**about/on sth**) essere in disaccordo (con qn/qc) (su qc): *He disagreed with her on how to spend the money.* Non era d'accordo con lei su come spendere i soldi. PHRV **disagree with sb** (*cibo, clima*) far stare male qn **disagreeable** agg antipatico **disagreement** s **1** disaccordo **2** discrepanza

disappear /ˌdɪsəˈpɪə(r)/ vi sparire: *It disappeared into the bushes.* È sparito tra i cespugli.
disappearance s scomparsa

disappoint /ˌdɪsəˈpɔɪnt/ vt deludere **disappointed** agg **1** ~ (**about/at/by sth**) deluso (per/da qc) **2** ~ (**in/with sb/sth**) scontento (di qn/qc): *I'm disappointed in you.* Mi deludi. **disappointing** agg deludente **disappointment** s delusione

disapproval /ˌdɪsəˈpruːvl/ s disapprovazione

disapprove /ˌdɪsəˈpruːv/ vi ~ (**of sb/sth**) disapprovare (qn/qc) **disapproving** agg di disapprovazione

disarm /dɪsˈɑːm/ vt, vi disarmare, disarmarsi **disarmament** s disarmo

disassociate *Vedi* DISSOCIATE

disaster /dɪˈzɑːstə(r); *USA* -ˈzæs-/ s disastro **disastrous** agg disastroso

disband /dɪsˈbænd/ vt, vi sciogliere, sciogliersi (*organizzazione*)

disbelief /ˌdɪsbɪˈliːf/ s incredulità

disc (*spec USA* **disk**) /dɪsk/ s disco *Vedi anche* DISK

discard /dɪˈskɑːd/ vt scartare, disfarsi di

discern /dɪˈsɜːn/ vt percepire, discernere

discernible /dɪˈsɜːnəbl/ agg percepibile

discharge ▶ /dɪsˈtʃɑːdʒ/ vt **1** (*rifiuti*) scaricare **2** (*Mil*) congedare **3** (*Med, paziente*) dimettere **4** (*dovere*) assolvere
▶ /ˈdɪstʃɑːdʒ/ s **1** (*elettrica, di artiglieria*) scarica **2** (*rifiuti*) scarico **3** (*Mil*) congedo **4** (*Dir*): *conditional discharge* libertà condizionata **5** (*Med*) secrezione

disciple /dɪˈsaɪpl/ s discepolo

disciplinary /ˌdɪsəˈplɪnəri; *USA* ˈdɪsəplənəri/ agg disciplinare

discipline /ˈdɪsəplɪn/ ▶ s disciplina
▶ vt punire

disciplined /ˈdɪsəplɪnd/ agg disciplinato: *a disciplined team* una squadra disciplinata ◊ *a disciplined approach to work* un approccio metodico al lavoro

'disc jockey s (*pl* -**eys**) (*abbrev* **DJ**) disc jockey

disclose /dɪsˈkləʊz/ vt (*formale*) rivelare **disclosure** /dɪsˈkləʊʒə(r)/ s rivelazione

disco /ˈdɪskəʊ/ s (*pl* -**s**) discoteca

discolour (*USA* **discolor**) /dɪsˈkʌlə(r)/ vt, vi scolorire, scolorirsi

discomfort /dɪsˈkʌmfət/ s [*non numerabile*] disagio

disconcerted /ˌdɪskənˈsɜːtɪd/ agg sconcertato **disconcerting** agg sconcertante

---

| iː see | i happy | ɪ sit | e ten | æ hat | ɑː father | ʌ cup | ʊ put | uː too |

disconnect /ˌdɪskə'nekt/ *vt* **1** staccare **2** (*luce, gas, ecc*) sospendere l'erogazione di **disconnected** *agg* sconnesso, incoerente

discontent /ˌdɪskən'tent/ (*anche* **discontentment**) *s* ~ (**with/over sth**) malcontento (per qc) **discontented** *agg* scontento

discontinue /ˌdɪskən'tɪnjuː/ *vt* sospendere, interrompere

discord /'dɪskɔːd/ *s* **1** (*formale*) discordia **2** (*Mus*) dissonanza **discordant** /dɪs'kɔːdənt/ *agg* **1** (*opinioni*) discorde **2** (*suono*) dissonante, stonato

discotheque /'dɪskətek/ *s* discoteca

discount¹ /'dɪskaʊnt/ *s* sconto LOC **at a discount** a prezzo scontato

discount² /dɪs'kaʊnt; *USA* 'dɪskaʊnt/ *vt* **1** non badare a, ignorare **2** (*Comm*) scontare

discourage /dɪs'kʌrɪdʒ/ *vt* **1** scoraggiare **2** ~ **sth** opporsi a qc; sconsigliare qc **3** ~ **sb from doing sth** dissuadere qn dal fare qc **discouraging** *agg* scoraggiante

discover /dɪs'kʌvə(r)/ *vt* scoprire **discovery** *s* (*pl* **-ies**) scoperta

discredit /dɪs'kredɪt/ *vt* screditare

discreet /dɪ'skriːt/ *agg* discreto

discrepancy /dɪs'krepənsi/ *s* (*pl* **-ies**) discrepanza

discretion /dɪ'skreʃn/ *s* **1** discrezione **2** giudizio: *Use your discretion.* Fai come meglio credi. LOC **at sb's discretion** a discrezione di qn

discriminate /dɪ'skrɪmɪneɪt/ *vi* **1** ~ (**between ...**) distinguere (tra ...) **2** ~ **against/in favour of sb** fare discriminazioni ai danni/a favore di qn **discriminating** *agg* raffinato **discrimination** *s* **1** discriminazione **2** discernimento **3** buon gusto

discuss /dɪ'skʌs/ *vt* ~ **sth** (**with sb**) discutere di qc (con qn) **discussion** *s* discussione, dibattito ➔ *Confronta* ARGUMENT.

disdain /dɪs'deɪn/ *s* disdegno, disprezzo

disease /dɪ'ziːz/ *s* malattia

> In generale, **disease** si usa per disturbi specifici, come *heart disease, Parkinson's disease*, mentre **illness** si riferisce alla condizione di essere malato o al periodo in cui si è malati.

diseased *agg* malato

disembark /ˌdɪsɪm'bɑːk/ *vi* ~ (**from sth**) sbarcare (da qc) (*nave, aereo*)

disenchanted /ˌdɪsɪn'tʃɑːntɪd/ *agg* ~ (**with sb/sth**) deluso (da qn/qc)

disentangle /ˌdɪsɪn'tæŋgl/ *vt* **1** sbrogliare **2** ~ **sb/sth** (**from sth**) liberare qn/qc (da qc)

disfigure /dɪs'fɪgə(r); *USA* -gjər/ *vt* deturpare

disgrace /dɪs'greɪs/ ▶ *vt* disonorare: *to disgrace yourself* fare una brutta figura
▶ *s* **1** disgrazia, disonore **2** ~ (**to sb/sth**) vergogna (per qn/qc) LOC **in disgrace** (**with sb**) in disgrazia (presso qn)

disgraceful /dɪs'greɪsfl/ *agg* vergognoso

disgruntled /dɪs'grʌntld/ *agg* **1** ~ (**at/about sth**) risentito (per qc) **2** ~ (**with sb**) seccato (con qn)

disguise /dɪs'gaɪz/ ▶ *vt* **1** ~ **sb/sth** (**as sb/sth**) mascherare qn/qc (da qn/qc) **2** (*voce*) contraffare **3** (*sentimento*) dissimulare
▶ *s* travestimento LOC **in disguise** travestito *Vedi anche* BLESSING

disgust /dɪs'gʌst/ *s* disgusto

disgusting /dɪs'gʌstɪŋ/ *agg* disgustoso, schifoso

dish /dɪʃ/ ▶ *s* **1** piatto: *to wash/do the dishes* lavare i piatti ◊ *the national dish* il piatto tipico nazionale **2** = SATELLITE DISH
▶ *v* PHRV **dish sth out** (*cibo*) servire qc ♦ **dish sth up** servire qc

disheartened /dɪs'hɑːtnd/ *agg* scoraggiato **disheartening** *agg* scoraggiante

dishevelled (*USA* **disheveled**) /dɪ'ʃevld/ *agg* **1** (*capelli*) arruffato **2** (*vestiti, aspetto*) in disordine

dishonest /dɪs'ɒnɪst/ *agg* **1** (*persona*) disonesto **2** fraudolento **dishonesty** *s* disonestà

dishonour (*USA* **dishonor**) /dɪs'ɒnə(r)/ ▶ *s* disonore
▶ *vt* disonorare

dishonourable (*USA* **dishonorable**) /dɪs'ɒnərəbl/ *agg* disonorevole

dishwasher /'dɪʃwɒʃə(r)/ *s* lavastoviglie

disillusion /ˌdɪsɪ'luːʒn/ ▶ *s* (*anche* **disillusionment**) ~ (**with sth**) disincanto (nei confronti di qc)
▶ *vt* disilludere

disinfect /ˌdɪsɪn'fekt/ *vt* disinfettare **disinfectant** *s* disinfettante

disintegrate /dɪs'ɪntɪgreɪt/ *vt, vi* disintegrare, disintegrarsi **disintegration** *s* disintegrazione, disgregamento

disinterested /dɪs'ɪntrəstɪd/ *agg* disinteressato

disjointed /dɪs'dʒɔɪntɪd/ *agg* sconnesso

disk /dɪsk/ *s* **1** (*spec USA*) *Vedi* DISC **2** (*Informatica*) disco

disk drive → dissatisfied

'disk drive s disk drive, unità a dischi magnetici ⊃ *Vedi illustrazione a* COMPUTER

diskette /dɪs'ket/ s dischetto

dislike /dɪs'laɪk/ ▶ vt non gradire, avere antipatia per
▶ s ~ **(of sb/sth)** avversione, antipatia (per qn/qc) *Vedi anche* LIKES LOC **take a dislike to sb/sth** prendere in antipatia qn/qc

dislocate /'dɪsləkeɪt; *USA* -ləʊk-/ vt slogare, lussare: *He's dislocated a shoulder.* Si è lussato una spalla. **dislocation** s slogatura, lussazione

dislodge /dɪs'lɒdʒ/ vt ~ **sb/sth (from sth)** far sgombrare qn/qc (da qc)

disloyal /dɪs'lɔɪəl/ agg ~ **(to sb/sth)** sleale (verso qn/qc) **disloyalty** s slealtà

dismal /'dɪzməl/ agg **1** tetro **2** (*informale*) pessimo

dismantle /dɪs'mæntl/ vt **1** smontare **2** (*edificio*) smantellare **3** (*nave*) disarmare

dismay /dɪs'meɪ/ ▶ s ~ **(at sth)** costernazione, sgomento (per qc)
▶ vt costernare, sgomentare

dismember /dɪs'membə(r)/ vt smembrare

dismiss /dɪs'mɪs/ vt **1** ~ **sb (from sth)** licenziare, destituire qn (da qc) **2** ~ **sb/sth (as sth)** scartare qn/qc (per essere qc) **dismissal** s **1** licenziamento **2** rifiuto **dismissive** agg sprezzante

dismount /dɪs'maʊnt/ vi ~ **(from sth)** smontare (da qc)

disobedient /ˌdɪsə'biːdiənt/ agg ~ **(to sb/sth)** disubbidiente (a qn/qc) **disobedience** s disubbidienza

disobey /ˌdɪsə'beɪ/ vt, vi disubbidire (a)

disorder /dɪs'ɔːdə(r)/ s disordine: *in disorder* in disordine **disorderly** agg (*formale*) **1** disordinato **2** turbolento LOC *Vedi* DRUNK[1]

disorganized, -ised /dɪs'ɔːɡənaɪzd/ agg disorganizzato

disorientate /dɪs'ɔːriənteɪt/ vt disorientare

disown /dɪs'əʊn/ vt rinnegare

dispatch (*anche* **despatch**) /dɪ'spætʃ/ ▶ vt (*formale*) **1** inviare **2** (*riunione, pranzo*) finire in fretta
▶ s **1** invio **2** (*Giornalismo*) dispaccio

dispel /dɪ'spel/ vt (**-ll-**) dissipare

dispense /dɪ'spens/ vt **1** distribuire **2** (*medicinali*) dispensare PHRV **dispense with sb/sth** fare a meno di qn/qc

disperse /dɪ'spɜːs/ vt, vi disperdere, disperdersi **dispersal** s (*anche* **dispersion**) s dispersione

displace /dɪs'pleɪs/ vt **1** spostare **2** rimpiazzare

display /dɪ'spleɪ/ ▶ vt **1** esporre **2** (*sentimento, ecc*) dimostrare **3** (*Informatica*) mostrare su schermo
▶ s **1** esposizione **2** dimostrazione **3** (*Informatica*) display LOC **on display** esposto

displeased /dɪs'pliːzd/ agg scontento

disposable /dɪ'spəʊzəbl/ agg **1** usa e getta **2** (*Fin*) disponibile

disposal /dɪ'spəʊzl/ s eliminazione, smaltimento LOC **at your/sb's disposal** a propria disposizione/a disposizione di qn

dispose /dɪ'spəʊz/ v PHRV **dispose of sb/sth** eliminare qn/qc: *the difficulties of disposing of nuclear waste* i problemi legati allo smaltimento delle scorie nucleari

disposed /dɪ'spəʊzd/ agg disposto LOC **be ill/well disposed towards sb/sth** essere maldisposto/bendisposto verso qn/qc

disposition /ˌdɪspə'zɪʃn/ s indole, temperamento

disproportionate /ˌdɪsprə'pɔːʃənət/ agg sproporzionato

disprove /ˌdɪs'pruːv/ vt confutare

dispute /dɪ'spjuːt/ ▶ s **1** discussione **2** controversia, disputa LOC **in dispute 1** in discussione **2** (*Dir*) in lite
▶ **1** vt contestare **2** vi discutere

disqualify /dɪs'kwɒlɪfaɪ/ vt (*pass, pp* **-fied**) squalificare: *to disqualify sb from doing sth* vietare a qn di fare qc

disregard /ˌdɪsrɪ'ɡɑːd/ ▶ vt non tenere conto di (*consiglio, errore*)
▶ s ~ **(for/of sb/sth)** indifferenza (verso qn/qc)

disrepair /ˌdɪsrɪ'peə(r)/ s: *in a state of disrepair* in rovina ◊ *The station quickly fell into disrepair after it was closed.* Dopo la chiusura la stazione cadde rapidamente in rovina.

disreputable /dɪs'repjətəbl/ agg poco raccomandabile

disrepute /ˌdɪsrɪ'pjuːt/ s discredito

disrespect /ˌdɪsrɪ'spekt/ s mancanza di rispetto

disrupt /dɪs'rʌpt/ vt disturbare, portare il caos in **disruption** s disturbo, caos

disruptive /dɪs'rʌptɪv/ agg **1** (*studente*) indisciplinato **2** (*influenza*) deleterio

dissatisfaction /ˌdɪsˌsætɪs'fækʃn/ s scontento, malcontento

dissatisfied /dɪ'sætɪsfaɪd/ agg ~ **(with sb/sth)** scontento (di qn/qc)

dissent → divide

dissent/dɪˈsent/ *s* dissenso **dissenting** *agg* dissenziente

dissertation /ˌdɪsəˈteɪʃn/ *s* ~ (**on sth**) tesi, dissertazione (su qc)

dissident /ˈdɪsɪdənt/ *agg, s* dissidente

dissimilar /dɪˈsɪmɪlə(r)/ *agg* ~ (**from/to sb/sth**) diverso (da qn/qc)

dissociate /dɪˈsəʊʃieɪt, -ˈsəʊs-/ (*anche* **dissociate** /ˌdɪsəˈsəʊʃieɪt, -ˈsəʊs-/) **1** *v rifl* ~ **yourself from sb/sth** dissociarsi da qn/qc **2** *vt* dissociare, separare

dissolve /dɪˈzɒlv/ **1** *vt, vi* dissolvere, dissolversi, sciogliere, sciogliersi **2** *vi* svanire

dissuade /dɪˈsweɪd/ *vt* ~ **sb** (**from sth/doing sth**) dissuadere qn (da qc/dal fare qc)

distance /ˈdɪstəns/ ▶*s* distanza: *from/at a distance* da lontano/a distanza LOC **in the distance** in lontananza
▶*vt* ~ **yourself** (**from sb/sth**) prendere le distanze (da qn/qc)

distant /ˈdɪstənt/ *agg* **1** distante, lontano **2** (*parente*) lontano

distaste /dɪsˈteɪst/ *s* ~ (**for sb/sth**) ripugnanza (per qn/qc) **distasteful** *agg* ripugnante

distil (*USA anche* **distill**) /dɪˈstɪl/ *vt* (**-ll-**) ~ **sth** (**from sth**) distillare qc (da qc) **distillery** /dɪˈstɪləri/ *s* (*pl* **-ies**) distilleria

distinct /dɪˈstɪŋkt/ *agg* **1** chiaro **2** ~ (**from sth**) distinto (da qc): *as distinct from sth* in contrapposizione a qc **distinction** *s* **1** distinzione: *draw a distinction* distinguere **2** onore: *a violinist of some distinction* un eccellente violinista **distinctive** *agg* particolare

distinguish /dɪˈstɪŋgwɪʃ/ **1** *vt* ~ **A** (**from B**) distinguere A (da B) **2** *vi* ~ **between A and B** distinguere tra A e B **3** *v rifl* ~ **yourself** distinguersi

distort /dɪˈstɔːt/ *vt* **1** distorcere, deformare **2** (*fig*) travisare **distortion** *s* **1** distorsione **2** travisamento

distract /dɪˈstrækt/ *vt* ~ **sb** (**from sth**) distrarre qn (da qc) **distracted** *agg* fuori di sé **distraction** *s* distrazione: *to drive sb to distraction* far impazzire qn

distraught /dɪˈstrɔːt/ *agg* sconvolto

distress /dɪˈstres/ *s* **1** angoscia **2** dolore, pena **3** pericolo: *a distress signal* un segnale di richiesta di soccorso **distressed** *agg* angosciato **distressing** *agg* penoso

distribute /dɪˈstrɪbjuːt/ *vt* ~ **sth** (**to/among sb/sth**) distribuire qc (a/tra qn/qc) **distribution** *s* distribuzione **distributor** *s* **1** concessionario, -a **2** distributore, -trice

district /ˈdɪstrɪkt/ *s* **1** distretto **2** zona

distrust /dɪsˈtrʌst/ ▶*s* diffidenza
▶*vt* diffidare di

distrustful /dɪsˈtrʌstfl/ *agg* diffidente

disturb /dɪˈstɜːb/ *vt* disturbare: *I'm sorry to disturb you.* Scusi se la disturbo. LOC **do not disturb** si prega di non disturbare ◆ **disturb the peace** turbare la quiete pubblica **disturbance** *s* **1** disturbo: *to cause a disturbance* disturbare **2** disordini **disturbed** *agg* squilibrato **disturbing** *agg* inquietante

disuse /dɪsˈjuːs/ *s* disuso: *to fall into disuse* cadere in disuso **disused** /dɪsˈjuːzd/ *agg* abbandonato, in disuso

ditch /dɪtʃ/ ▶*s* fossato, fosso
▶*vt* (*informale*) mollare, piantare

dither /ˈdɪðə(r)/ *vi* (*informale*) ~ (**about sth**) tentennare (davanti a qc)

ditto /ˈdɪtəʊ/ *s* idem

> **Ditto** si riferisce al simbolo „ che si usa per evitare le ripetizioni in una lista.

Divali *Vedi* DIWALI

dive /daɪv/ ▶*vi* (*pass* **dived**, *USA anche* **dove**) /dəʊv/ *pp* **dived**) **1** ~ (**from/off sth**) (**into sth**) tuffarsi (da qc) (in qc) **2** (*sottomarino*) immergersi **3** ~ (**down**) (**for sth**) (*persona*) immergersi (alla ricerca di qc) **4** (*aereo*) scendere in picchiata **5** ~ **into/under sth** lanciarsi in/sotto qc LOC **dive for cover** buttarsi al riparo
▶*s* tuffo

diver /ˈdaɪvə(r)/ *s* sommozzatore, -trice

diverge /daɪˈvɜːdʒ/ *vi* **1** ~ (**from sth**) (*strade, linee*) divergere (da qc); separarsi **2** (*formale*) (*opinioni*) divergere **divergence** *s* divergenza **divergent** *agg* divergente

diverse /daɪˈvɜːs/ *agg* svariato **diversification** /daɪˌvɜːsɪfɪˈkeɪʃn/ *s* diversificazione **diversify** /daɪˈvɜːsɪfaɪ/ *vt, vi* (*pass, pp* **-fied**) diversificare, diversificarsi

diversion /daɪˈvɜːʃn; *USA* -ˈvɜːrʒn/ *s* deviazione (*del traffico*)

diversity /daɪˈvɜːsəti/ *s* varietà

divert /daɪˈvɜːt/ *vt* ~ **sb/sth** (**from sth**) (**to sth**) deviare qn/qc (da qc) (verso qc)

divide /dɪˈvaɪd/ **1** *vt* ~ **sth** (**up**) (**into sth**) dividere qc (in qc) **2** *vi* ~ (**up**) **into sth** dividersi in qc **3** *vt* ~ **sth** (**out/up**) (**between/among sb**) dividere, ripartire qc (tra qn) **4** *vt* ~ **sth** (**between A and B**) dividere qc (tra A e B) **5** *vt* separare **6** *vt* ~ **sth by sth** (*Mat*) dividere qc per qc **divided** *agg* diviso

| tʃ chin | dʒ June | v van | θ thin | ð then | s so | z zoo | ʃ she |

di‚vided 'highway s (USA) Vedi DUAL CAR-
RIAGEWAY

dividend /'dɪvɪdend/ s dividendo

divine /dɪ'vaɪn/ agg divino

diving /'daɪvɪŋ/ s [non numerabile] **1** tuffi **2** immersione

'diving board s trampolino

division /dɪ'vɪʒn/ s **1** divisione **2** reparto **3** (Sport) serie: First Division serie A **divisional** agg di divisione

divorce /dɪ'vɔːs/ ▶ s divorzio
▶ vt, vi divorziare (da): to get divorced divorziare

divorcee /dɪˌvɔː'siː/ s divorziato, -a

divulge /daɪ'vʌldʒ/ vt ~ sth (to sb) rivelare qc (a qn)

Diwali (anche **Divali**) /diː'wɑːli/ s [non numerabile] festa religiosa indù

DIY /ˌdiː aɪ 'waɪ/ abbr do-it-yourself fai da te

dizzy /'dɪzi/ agg (-ier, -iest): to get/feel dizzy avere il capogiro **dizziness** s capogiro, vertigini

DJ /ˌdiː 'dʒeɪ/ abbr disc jockey

do

presente	forma contratta negativa
I **do**	I **don't**
you **do**	you **don't**
he/she/it **does**	he/she/it **doesn't**
we **do**	we **don't**
you **do**	you **don't**
they **do**	they **don't**
passato	**did**
forma in -**ing**	**doing**
participio passato	**done**

do¹ /duː/ v aus ❶ In italiano **do** non si traduce. Indica il tempo del verbo e concorda con il soggetto della frase.
• **frasi interrogative e negative**: Does she speak French? Parla francese? ◊ Did you go home? Sei andato a casa? ◊ She didn't go to Paris. Non è andata a Parigi. ◊ He doesn't want to come with us. Non vuole venire con noi.
• **question tags 1** [frase affermativa]: **do** + n't + soggetto (pron pers)?: John lives here, doesn't he? John abita qui, no? **2** [frase negativa]: **do** + soggetto (pron pers)?: Mary doesn't know, does she? Mary non lo sa, vero? **3** [frase affermativa]: **do** + soggetto (pron pers)?: So you told them, did you? Quindi gliel'hai detto, vero?
• **frasi affermative con uso enfatico**: He does look tired. Ha proprio l'aria stanca. ◊ Well, I did warn you. Be', ti avevo avvertito. ◊ Oh, do be quiet! Insomma, fate silenzio!
• **per evitare ripetizioni**: He drives better than he did a year ago. Guida meglio di un anno fa. ◊ She knows more than he does. Lei ne sa più di lui. ◊ 'Who won?' 'I did.' "Chi ha vinto?" " Io " ◊ 'He smokes.' 'So do I.' " Lui fuma." " Anch'io." ◊ Peter didn't go and neither did I. Peter non ci è andato e io nemmeno. ◊ You didn't know her but I did. Tu non la conoscevi ma io sì.

do² /duː/ (3a pers sing pres **does** /dʌz/ pass **did** /dɪd/ pp **done** /dʌn/)
• vt, vi fare

Si usa **to do** quando si parla di un'attività senza specificare esattamente di cosa si tratta, ad esempio quando è accompagnato da *something, nothing, anything, everything*, ecc

What are you doing this evening? Cosa fai stasera? ◊ *Are you doing anything tomorrow?* Hai qualcosa da fare domani? ◊ *We'll do what we can to help you.* Faremo il possibile per aiutarti. ◊ *What does she want to do?* Cosa vuole fare? ◊ *I've got nothing to do.* Non ho niente da fare. ◊ *I have a number of things to do today.* Ho diverse cose da fare oggi. ◊ *Do as you please.* Fai come ti pare. ◊ *Do as you're told!* Fai quello che ti ho detto!
• **to do + the, my, ecc + -ing** vt (doveri e hobby) fare: to do the washing up lavare i piatti ◊ to do the ironing stirare ◊ to do the/your shopping fare la spesa
• **to do + (the, my, ecc) + sostantivo** vt: to do your homework fare i compiti ◊ to do a test/an exam fare un esame ◊ to do an English course fare un corso d'inglese ◊ to do business fare affari ◊ to do your duty fare il proprio dovere ◊ to do your job fare il proprio lavoro ◊ to do the housework fare le faccende domestiche ◊ to do your hair/to have your hair done acconciarsi i capelli/andare dal parrucchiere
• **altri usi 1** vt: to do your best fare del proprio meglio ◊ to do good fare del bene ◊ to do sb a favour fare un favore a qn **2** vi andare bene: Will £10 do? Vanno bene 10 sterline? ◊ All right, a pencil will do. Va bene, una matita fa lo stesso. ◊ Will next Friday do? Va bene venerdì prossimo? **3** vi andare: She's doing well at school. Va bene a scuola. ◊ How's the

business doing? Come vanno gli affari? ◊ *He did badly in the exam.* Gli è andato male l'esame.
LOC **it/that will never/won't do:** *It (simply) won't do.* Non va bene. ◊ *It would never do to…* Non starebbe bene che… ♦ **that does it!** (*informale*) basta! questo è troppo! ♦ **that's done it!** (*informale*) ecco, è tutto rovinato! ♦ **that will do!** basta così! ♦ **be/have to do with sb/sth** avere a che fare con qn/qc: *What's it got to do with you?* A te che te ne importa? ➔ Per altre espressioni con **do** vedi alla voce del sostantivo, dell'aggettivo, ecc, ad es. **do your bit** a BIT.
PHRV **do away with sth** disfarsi di qc, abolire qc **do sth up 1** allacciare qc **2** abbottonare qc **3** impacchettare qc **4** rimettere a nuovo qc ♦ **be/have to do with:** *It's nothing to do with you.* Tu non c'entri niente. ◊ *Her job is something to do with computers.* Si occupa di informatica. ◊ *She won't have anything to do with him.* Non vuole avere niente a che fare con lui. ♦ **could do with sth:** *I could do with a good night's sleep.* Una bella dormita mi farebbe proprio bene. ◊ *We could do with a holiday.* Avremmo bisogno di una bella vacanza. ♦ **do without (sb/sth)** fare a meno (di qn/qc) ➔ *Vedi anche esempi a* MAKE.

do³ /duː/ *s* (*pl* **dos** *o* **do's** /duːz/) **LOC** **do's and don'ts** le regole

docile /ˈdəʊsaɪl; *USA* ˈdɒsl/ *agg* docile

dock¹ /dɒk/ ▶ *s* **1** darsena **2 docks** [*pl*] porto
▶ **1** *vt, vi* (*Naut*) (far) entrare in bacino, (far) attraccare **2** *vt, vi* (*Aeron*) agganciare, agganciarsi

dock² /dɒk/ *s* banco degli imputati

dock³ /dɒk/ *vt* decurtare (*paga*)

doctor /ˈdɒktə(r)/ ▶ *s* (*abbrev* **Dr**) **1** (*Med*) medico, dottore, -essa **2** ~ **(of sth)** (*titolo*) dottore (in qc)
▶ *vt* (*informale*) **1** manipolare, alterare **2** (*alimenti*) adulterare

doctorate /ˈdɒktərət/ *s* dottorato di ricerca

doctrine /ˈdɒktrɪn/ *s* dottrina

document /ˈdɒkjumənt/ ▶ *s* documento
▶ *vt* documentare

documentary /ˌdɒkjuˈmentri/ *agg, s* (*pl* **-ies**) documentario

dodge /dɒdʒ/ **1** *vi* scansarsi: *She dodged round the corner.* Si nascose dietro l'angolo. **2** *vt* (*colpo*) schivare: *to dodge awkward questions* eludere domande imbarazzanti **3** *vt* (*inseguitore*) seminare

dodgy /ˈdɒdʒi/ *agg* (**-ier, -iest**) (*GB, informale*) rischioso: *Sounds a bit dodgy to me.* Mi puzza. ◊ *He's a dodgy character.* È un tipo losco. ◊ *a dodgy situation* una situazione delicata ◊ *a dodgy wheel* una ruota difettosa

doe /dəʊ/ *s* femmina (*di cervo, daino, coniglio, lepre, ecc*) ➔ *Vedi nota a* CERVO, CONIGLIO

does /dəz, dʌz/ *Vedi* DO¹,²

doesn't /ˈdʌz(ə)nt/ = DOES NOT *Vedi* DO¹,²

dog /dɒg; *USA* dɔːg/ ▶ *s* cane
▶ *vt* (**-gg-**) perseguitare: *He was dogged by misfortune.* Era perseguitato dalla sfortuna.

dogged /ˈdɒgɪd; *USA* ˈdɔːgɪd/ *agg* (*approv*) tenace **doggedly** *avv* tenacemente

doggie (*anche* **doggy**) /ˈdɒgi; *USA* ˈdɔːgi/ *s* (*informale*) cagnolino

doghouse /ˈdɒghaʊs/ *s* (*USA*) *Vedi* KENNEL

dogsbody /ˈdɒgzbɒdi; *USA* ˈdɔːg-/ *s* (*pl* **-ies**) (*GB*) factotum

do-it-yourself /ˌduː ɪt jəˈself/ *s* *Vedi* DIY

dole /dəʊl/ *s* **the dole** (*GB, informale*) sussidio di disoccupazione: *to be/go on the dole* ricevere/iscriversi alle liste per il sussidio disoccupazione

doll /dɒl; *USA* dɔːl/ *s* bambola

dollar /ˈdɒlə(r)/ *s* dollaro: *a dollar bill* una banconota da un dollaro

dolly /ˈdɒli/ *s* (*pl* **-ies**) bambolina

dolphin /ˈdɒlfɪn/ *s* delfino

domain /dəˈmeɪn; *USA* dəʊ-/ *s* **1** dominio **2** campo, sfera: *outside my domain* fuori dalla mia competenza **3** (*Informatica*) dominio

dome /dəʊm/ *s* cupola **domed** *agg* a cupola

domestic /dəˈmestɪk/ *agg* **1** domestico **2** (*volo*) nazionale **3** (*politica, affari*) interno **domesticated** /dəˈmestɪkeɪtɪd/ *agg* **1** addomesticato **2** casalingo

dominant /ˈdɒmɪnənt/ *agg* predominante **dominance** *s* predominio

dominate /ˈdɒmɪneɪt/ *vt, vi* dominare **domination** *s* dominazione

domineering /ˌdɒmɪˈnɪərɪŋ/ *agg* (*dispreg*) dominante

dominion /dəˈmɪniən/ *s* dominio

domino /ˈdɒmɪnəʊ/ *s* **1** (*pl* **-es**) tessera del domino **2 dominoes** [*non numerabile*]: *to play dominoes* giocare a domino

donate /dəʊˈneɪt; *USA* ˈdəʊneɪt/ *vt* donare, offrire **donation** *s* donazione, offerta

done /dʌn/ *pp di* DO²
▶ *agg* cotto, pronto

donkey /ˈdɒŋki/ *s* (*pl* **-eys**) asino

donor → dowdy

donor /'dəʊnə(r)/ s donatore, -trice
don't /dəʊnt/ = DO NOT Vedi DO [1,2]
doodle /du:dl/ vi scarabocchiare
doom /du:m/ s [sing] **1** (formale) rovina: *She had a sense of impending doom.* Aveva un tragico presentimento. **2** pessimismo
doomed agg condannato, destinato: *doomed to failure* destinato al fallimento
door /dɔː(r)/ s **1** porta *Vedi anche* NEXT DOOR **2** (auto) sportello **3** *Vedi* DOORWAY LOC (**from**) **door to door** di porta in porta: *a door-to-door salesman* un venditore a domicilio ◆ **out of doors** all'aria aperta
doorbell /'dɔːbel/ s campanello (di casa)
doorman /'dɔːmən/ s (pl **-men** /-mən/) portiere
doormat /'dɔːmæt/ s zerbino
doorstep /'dɔːstep/ s gradino della porta LOC **on your doorstep** a un passo
doorway /'dɔːweɪ/ s vano (della porta)
dope /dəʊp/ ▸ s (informale) **1** [non numerabile] (sostanze) stupefacenti **2** [non numerabile] sostanze dopanti: *The athlete failed a dope test.* L'atleta non ha passato l'antidoping. **3** tonto, -a
▸ vt drogare
dormant /'dɔːmənt/ agg inattivo
dormitory /'dɔːmətri; *USA* -tɔːri/ s (pl **-ies**) **1** dormitorio **2** (*USA*) *Vedi* HALL senso (3)
dormouse /'dɔːmaʊs/ s (pl **dormice** /-maɪs/) ghiro
dosage /'dəʊsɪdʒ/ s dose, posologia
dose /dəʊs/ s dose
dot /dɒt/ ▸ s **1** punto, puntino **2** pois LOC **on the dot** (informale) in punto
▸ vt (**-tt-**) mettere i puntini su: *dotted line* linea punteggiata LOC **be dotted around** essere sparso qua e là: *There are lots of Italian restaurants dotted around London.* A Londra ci sono tanti ristoranti italiani sparsi qua e là ◆ **dot your/the i's and cross your/the t's** dare gli ultimi ritocchi
dot-com (anche **dotcom**) /ˌdɒtkɒm/ s azienda che opera in Internet
dote /dəʊt/ vi ~ **on sb/sth** stravedere per qn/qc
doting agg: *doting parents* genitori che stravedono per i figli
double[1] /'dʌbl/ ▸ agg doppio: *double figures* numero a due cifre ◇ *She earns double what he does.* Guadagna il doppio di lui.
▸ avv: *to see double* vederci doppio ◇ *bent double* piegato in due ◇ *to fold a blanket double* piegare in due una coperta

double[2] /'dʌbl/ s **1** (whisky, ecc) doppio **2** (persona) sosia **3** (Cine) controfigura **4 doubles** [v sing o pl] doppio (tennis): *mixed doubles* doppio misto
double[3] /'dʌbl/ **1** vt, vi raddoppiare **2** vt ~ **sth (up/over/across/back)** piegare qc (in due) **3** vi ~ **as sth** fungere anche da qc PHRV **double back** tornare sui propri passi ◆ **double up/be doubled up**: *to double up with pain* piegarsi in due dal dolore ◇ *to be doubled up with laughter* sbellicarsi dalle risate
double-barrelled (*USA* **double-barreled**) /ˌdʌbl 'bærəld/ agg **1** (fucile) a doppia canna **2** (*GB*) (cognome) doppio
ˌ**double 'bass** s contrabbasso
ˌ**double 'bed** s letto matrimoniale ➲ *Vedi illustrazione a* LETTO
double-breasted /ˌdʌbl 'brestɪd/ agg doppiopetto
ˌ**double-'check** vt ricontrollare
ˌ**double-'click** vi, vt fare doppio click (su)
ˌ**double-'cross** vt fare il doppio gioco con
double-decker /ˌdʌbl 'dekə(r)/ (anche ˌ**double-decker 'bus**) s autobus a due piani
double-edged /ˌdʌbl 'edʒd/ agg a doppio taglio
ˌ**double-'glazed** agg con doppivetri
ˌ**double 'glazing** s [non numerabile] doppivetri
doubly /'dʌbli/ avv doppiamente: *to make doubly sure of sth* assicurarsi bene di qc
doubt /daʊt/ ▸ s **1** ~ (**about sth**) dubbio (su qc) **2** ~ **as to (whether)** ... incertezza circa ... LOC **beyond a/all/any doubt** fuori dubbio ◆ **in doubt** in dubbio ◆ **no doubt; without (a) doubt** senza dubbio *Vedi anche* BENEFIT, CAST
▸ vt, vi dubitare (di)
doubter /'daʊtə(r)/ s scettico, -a
doubtful /'daʊtfl/ agg dubbio, incerto: *to be doubtful about (doing) sth* avere dei dubbi su/sul fare qc **doubtfully** avv senza convinzione
doubtless /'daʊtləs/ avv senza dubbio, indubbiamente
dough /dəʊ/ s impasto, pasta
doughnut /'dəʊnʌt/ s krapfen, bombolone
dour /dʊə(r)/ agg (formale) arcigno
douse (anche **dowse**) /daʊs/ vt ~ **sb/sth (in/with sth)** infradiciare qn/qc (con qc)
dove[1] /dʌv/ s colomba
dove[2] (*USA*) *pass di* DIVE
dowdy /'daʊdi/ agg (dispreg) scialbo

aɪ f**i**ve   aʊ n**ow**   ɔɪ j**oi**n   ɪə n**ear**   eə h**air**   ʊə p**ure**   ʒ vi**si**on   h **h**ow   ŋ si**ng**

down¹ /daʊn/ *part avv* **1** giù: *face down* a faccia in giù, in basso: *Inflation has gone down this month.* Questo mese l'inflazione è scesa. ◊ *I'm £50 down.* Mi mancano 50 sterline. **3** *Ten down, five to go.* Dieci sono fatti, ne restano altri cinque. **4** verticale (*in cruciverba*): *I can't do 3 down.* Non riesco a fare la 3 verticale. LOC **down under** agli antipodi ♦ **down with sb/sth!** abbasso qn/qc! ⊃ Per l'uso di **down** nei PHRASAL VERBS vedi alla voce del verbo, ad es. **go down** a GO.

down² /daʊn/ *prep* giù per, in fondo a: *down the hill* giù per la collina ◊ *down the corridor on the right* in fondo al corridoio sulla destra ◊ *He ran his eyes down the list.* Scorse l'elenco da cima a fondo.

down³ /daʊn/ *agg* **1** (*Informatica*): *The computer's down.* C'è un guasto al computer. **2 to be/feel ~** (*informale*) essere/sentirsi giù

down⁴ /daʊn/ *s* [*non numerabile*] **1** piumino (*piume*) **2** peluria, lanugine

down-and-'out *s* barbone, -a

downcast /'daʊnkɑːst; *USA* -kæst/ *agg* abbattuto, avvilito

downfall /'daʊnfɔːl/ *s* [*sing*] rovina: *Drink will be your downfall.* L'alcol sarà la tua rovina.

downgrade /ˌdaʊn'greɪd/ *vt* declassare

downhearted /ˌdaʊn'hɑːtɪd/ *agg* scoraggiato

downhill /ˌdaʊn'hɪl/ *avv, agg* in discesa LOC **be (all) downhill; be downhill all the way** (*informale*) **1** essere una passeggiata (a partire da ora/qui) **2** andare a rotoli ♦ **go downhill** andare sempre peggio

download /ˌdaʊn'ləʊd/ *vt* (*Informatica*) scaricare

downmarket /ˌdaʊn'mɑːkɪt/ *agg* per una fascia di mercato inferiore, dozzinale

downpour /'daʊnpɔː(r)/ *s* acquazzone

downright /'daʊnraɪt/ ▸ *agg* assoluto: *downright stupidity* idiozia bell'e buona
  ▸ *avv* davvero

the downs /daʊnz/ *s* [*pl*] colline di gesso nell'Inghilterra del Sud

downside /'daʊnsaɪd/ *s* inconveniente

'Down's syndrome *s* [*non numerabile*] sindrome di Down

downstairs /ˌdaʊn'steəz/ ▸ *avv* al piano di sotto, giù
  ▸ *agg* (del piano) di sotto
  ▸ *s* [*sing*] pianterreno

downstream /ˌdaʊn'striːm/ *avv* a valle

down to 'earth *agg* con i piedi per terra

downtown /ˌdaʊn'taʊn/ *avv* (*USA*) in centro

downtrodden /'daʊntrɒdn/ *agg* oppresso

downturn /'daʊntɜːn/ *s* calo: *a downturn in sales* un calo nelle vendite

downward /'daʊnwəd/ ▸ *agg* verso il basso, in giù: *a downward trend* una tendenza al ribasso
  ▸ *avv* (*anche* **downwards**) verso il basso, in giù

downy /'daʊni/ *agg* coperto di peluria

dowry /'daʊri/ *s* (*pl* -**ies**) dote (*per un matrimonio*)

dowse *Vedi* DOUSE

doze /dəʊz/ ▸ *vi* dormicchiare PHRV **doze off** appisolarsi
  ▸ *s* sonnellino

dozen /'dʌzn/ *s* (*abbrev* **doz.**) dozzina: *two dozen eggs* due dozzine di uova ◊ *There were dozens of people.* C'erano decine di persone.

dozy /'dəʊzi/ *agg* assonnato

drab /dræb/ *agg* (**drabber, drabbest**) monotono, grigio

draft /drɑːft; *USA* dræft/ ▸ *s* **1** abbozzo, brutta copia: *a draft bill* un progetto di legge **2** (*Fin*) tratta **3** (*USA*) **the draft** la leva **4** (*USA*) *Vedi* DRAUGHT
  ▸ *vt* **1** abbozzare, stendere (*la prima versione di*) **2** (*USA*) (*Mil*) arruolare **3** distaccare

drafty (*USA*) *Vedi* DRAUGHTY

drag¹ /dræg/ *s* (*informale*) **1 a drag** (*persona, cosa*) uno strazio **2** (*informale*): *a man in drag* un uomo travestito da donna

drag² /dræg/ (**-gg-**) **1** *vt* trascinare **2** *vi* strascicare **3** *vi* (*tempo*) passare lentamente **4** *vt* (*Naut*) dragare **5** *vi* ~ (**on**) (*riunione, lezione*) trascinarsi

dragon /'drægən/ *s* drago

dragonfly /'drægənflaɪ/ *s* (*pl* -**flies**) libellula

drain /dreɪn/ ▸ *s* (tubo di) scarico, canale di scolo LOC **be a drain on sth** essere un salasso per qc
  ▸ *vt* **1** (*verdure, pasta*) scolare **2** (*palude*) prosciugare LOC **be/feel drained** sentirsi sfinito: *She felt drained of all energy.* Si sentiva completamente priva di energie. PHRV **drain away** **1** scolare **2** (*fig*) esaurirsi

drainage /'dreɪnɪdʒ/ *s* drenaggio

'draining board (*USA* **drainboard** /'dreɪnbɔːd/) *s* piano del lavello

drainpipe /'dreɪnpaɪp/ *s* tubo di scarico

drama /'drɑːmə/ *s* **1** opera teatrale **2** dramma: *drama school* accademia d'arte drammatica ◊ *drama student* studente d'arte drammatica

dramatic /drəˈmætɪk/ *agg* **1** drammatico **2** spettacolare **dramatically** *avv* **1** in modo teatrale **2** in modo straordinario

dramatist /ˈdræmətɪst/ *s* drammaturgo, -a

dramatization, -isation *s* adattamento televisivo/cinematografico **dramatize, -ise 1** *vt* adattare per la televisione/il cinema **2** *vi, vt* drammatizzare

drank *pass di* DRINK

drape /dreɪp/ ▶ *vt* **1** ~ **sth across/round sth** (*abito, tessuto*) avvolgere qc intorno a qc **2** ~ **sth (with sth)** drappeggiare, coprire qc (con qc) **3** ~ **sb/sth (in sth)** avvolgere qn/qc (in qc)
▶ *s* (*spec USA*) tenda (*per finestre*)

drastic /ˈdræstɪk/ *agg* drastico **drastically** *avv* drasticamente

draught (*USA* **draft**) /drɑːft; *USA* dræft/ *s* **1** corrente (*d'aria*) **2** **draughts** (*USA* **checkers**) [*non numerabile*] dama (*gioco*) LOC **on draught** alla spina

draughtsman (*USA* **draftsman**) /ˈdrɑːftsmən; *USA* ˈdræfts-/ *s* (*pl* **-men** /-mən/) disegnatore, -trice

draughty (*USA* **drafty**) /ˈdrɑːfti; *USA* ˈdræfti/ *agg* (**-ier, -iest**) con molti spifferi

draw¹ /drɔː/ *s* **1** [*gen sing*] sorteggio ⊃ *Confronta* RAFFLE **2** pareggio

draw² /drɔː/ (*pass* **drew** /druː/ *pp* **drawn** /drɔːn/) **1** *vt, vi* disegnare: *to draw a picture* fare un disegno **2** *vi*: *to draw near* avvicinarsi ◊ *to draw level with sb* affiancarsi a qn **3** *vt* ~ **sb/sth (into/towards sth)** tirare qn/verso qc **4** *vt* (*tende*) tirare **5** *vt* ~ **sth (out of/from sth)** tirare fuori, estrarre qc (da qc) **6** *vt* estrarre a sorte, sorteggiare: *Italy has been drawn (to play) against Spain.* La nazionale italiana è stata sorteggiata per giocare contro la Spagna **7** *vt* (*carrozza*) trainare **8** *vt* ~ **sb/sth (to sb/sth)** attrarre qn/qc (verso qn/qc) **9** *vi, vt* (*Sport*) pareggiare: *England drew with/against France.* L'Inghilterra ha pareggiato con la Francia. ◊ *England drew their game against France.* L'Inghilterra ha pareggiato la partita con la Francia. LOC *Vedi* CLOSE²
PHR V **draw back** indietreggiare ◆ **draw sth back** tirare indietro qc
draw in (*treno*) entrare in stazione
draw on/upon sth far ricorso a qc
draw out 1 (*giornate*) allungarsi **2** (*treno*) uscire dalla stazione
draw up fermarsi ◆ **draw sth up 1** (*sedia*) avvicinare qc **2** (*documento*) redigere qc

drawback /ˈdrɔːbæk/ *s* ~ **(of/to sth/to doing sth)** inconveniente, svantaggio di qc/di fare qc

drawer /drɔː(r)/ *s* cassetto

drawing /ˈdrɔːɪŋ/ *s* disegno

drawing pin (*USA* **thumbtack**) *s* puntina da disegno

drawing room *s* (*formale o antiq*) salotto

drawl /drɔːl/ ▶ *s* cadenza strascicata
▶ **1** *vi* parlare con una cadenza strascicata **2** *vt* dire con cadenza strascicata

drawn¹ *pp di* DRAW²

drawn² /drɔːn/ *agg* tirato (*persona, viso*)

dread /dred/ ▶ *s* terrore
▶ *vt* avere il terrore di: *I dread to think what will happen.* Tremo all'idea di cosa succederà.

dreadful /ˈdredfl/ *agg* **1** terribile, spaventoso **2** (*cibo, tempo*) tremendo, pessimo: *I feel dreadful.* Mi sento uno straccio. ◊ *I feel dreadful about what happened.* Mi vergogno da morire per quel che è successo.

dreadfully /ˈdredfəli/ *avv* terribilmente

dreadlocks /ˈdredlɒks/ (*informale* **dreads** /dredz/) *s* [*pl*] dreadlocks, treccine rasta

dream /driːm/ ▶ *s* sogno: *to have a dream about sb/sth* sognare qn/qc ◊ *to go around in a dream/live in a dream world* avere sempre la testa tra le nuvole
▶ (*pass, pp* **dreamt** /dremt/ *o* **dreamed**) **1** *vt, vi* ~ **(about/of sth/doing sth)** sognare (qc/di fare qc): *I dreamt (that) I could fly.* Ho sognato di volare. **2** *vt* sognarsi, credersi: *I never dreamt (that) I'd see you again.* Non avrei mai creduto di rivederti. PHR V **dream sth up** escogitare qc: *Trust you to dream up a crazy idea like that!* Solo tu potevi tirare fuori un'idea così assurda!

> Alcuni verbi hanno sia la forma regolare che quella irregolare del passato e del participio passato: **dream: dreamed/dreamt**, **spoil: spoiled/spoilt**, ecc. In inglese britannico si preferiscono le forme irregolari (**dreamt, spoilt**, ecc), mentre in inglese americano si usano le forme regolari (**dreamed, spoiled**, ecc). Comunque, quando il participio ha valore di aggettivo si usa sempre la forma irregolare: *a spoilt child* un bambino viziato.

dreamer /ˈdriːmə(r)/ *s* sognatore, -trice

dreamily /ˈdriːmɪli/ *avv* distrattamente

dreamy /ˈdriːmi/ *agg* (**-ier, -iest**) **1** sognatore, distratto **2** (*ricordo*) vago

dreary /ˈdrɪəri/ *agg* (**-ier, -iest**) **1** deprimente **2** noioso

dredge /dredʒ/ *vt, vi* dragare **dredger** (*anche* **dredge**) *s* draga

drench /drentʃ/ *vt* infradiciare: *drenched (to the skin)* bagnato fradicio

dress /dres/ ▶ *s* **1** vestito **2** [*non numerabile*] abbigliamento: *to have no dress sense* non sapersi vestire *Vedi anche* FANCY DRESS
▶ **1** *vt, vi* vestire, vestirsi: *to dress as sth* vestirsi da qc ◊ *to dress smartly* vestirsi bene ❶ Quando ci si vuol riferire all'azione del vestirsi si dice in genere **get dressed**. **2** *vt* (*ferita*) medicare **3** *vt* (*insalata*) condire LOC (**be**) **dressed in black** (essere) vestito di nero PHR V **dress down** vestire casual ◆ **dress up** mettersi elegante ◆ **dress up** (**in sth**) mascherarsi (con qc) ◆ **dress** (**sb**) **up** (**as sb/sth**) mascherare qn (da qn/qc), mascherarsi (da qn/qc) ◆ **dress sth up** presentare qc sotto una veste migliore

dress 'circle *s* (*GB*) prima galleria

dresser /'dresə(r)/ *s* **1** credenza **2** (*USA*) toilette (*mobile*)

dressing /'dresɪŋ/ *s* **1** medicazione **2** condimento

'dressing gown *s* vestaglia

'dressing room *s* camerino (*per attori*)

'dressing table *s* toilette (*mobile*)

dressmaker /'dresmeɪkə(r)/ *s* sarto, -a **dressmaking** *s* sartoria, taglio e cucito

drew *pass di* DRAW[2]

dribble /'drɪbl/ **1** *vi* sbavare **2** *vt, vi* dribblare

dried *pass, pp di* DRY

drier[1] *s Vedi* DRYER

drier[2] *agg Vedi* DRY

driest *agg Vedi* DRY

drift /drɪft/ *vi* **1** essere trasportato dalla corrente/dal vento **2** (*sabbia, neve*) accumularsi **3** vagare: *to drift into doing sth* finire con il fare qc
▶ *s* **1** cumulo (*di neve*) **2** [*sing*] senso generale

drifter /'drɪftə(r)/ *s* vagabondo, -a

drill /drɪl/ ▶ *s* **1** trapano: *a pneumatic drill* un martello pneumatico **2** esercitazioni (*militari*) **3** (*Scol*) esercizio **4** esercitazione: *a fire drill* un esercizio antincendio
▶ *vt* **1** forare, trapanare, trivellare: *to drill a hole* praticare un buco con il trapano **2** esercitare

drily (*anche* **dryly**) /'draɪli/ *avv* seccamente

drink /drɪŋk/ ▶ *s* bevanda: *Have a drink of water*. Bevi un po' d'acqua. ◊ *to go for a drink* andare a bere qualcosa ◊ *a soft drink* una bibita analcolica
▶ *vt, vi* (*pass* **drank** /dræŋk/ *pp* **drunk** /drʌŋk/) bere: *Don't drink and drive.* Se hai bevuto, non guidare. LOC **drink sb's health** (*GB*) bere alla salute di qn PHR V **drink** (**a toast**) **to sb/sth** fare un brindisi a qn/qc ◆ **drink sth down** mandar giù qc ◆ **drink sth in** (*storia, film*) essere immerso in qc ◆ **drink sth up** finire di bere qc

drinker /'drɪŋkə(r)/ *s* bevitore, -trice

drinking /'drɪŋkɪŋ/ *s* il bere

'drinking chocolate *s* cioccolata solubile

'drinking water *s* acqua potabile

drip /drɪp/ ▶ *vi, vt* (**-pp-**) gocciolare LOC **be dripping with sweat** grondare di sudore
▶ *s* **1** goccia **2** (*Med*) fleboclisi: *He was on a drip.* Aveva una flebo.

drive /draɪv/ ▶ (*pass* **drove** /drəʊv/ *pp* **driven** /'drɪvn/) **1** *vt, vi* guidare: *Can you drive?* Sai guidare? **2** *vi* andare in macchina: *Did you drive here?* Sei venuto in macchina? **3** *vt* portare (*in macchina*) **4** *vt* condurre, portare: *to drive sb crazy* far impazzire qn ◊ *to drive sb to drink* portare qn al bere **5** *vt* ~ **sth into sth** (*chiodo*) infilare qc in qc **6** *vt* (*ruote, motore*) azionare LOC **be driving at sth**: *What are you driving at?* Dove vuoi arrivare? ◆ **drive a hard bargain** insistere per far accettare le proprie condizioni PHR V **drive away; drive off** andarsene (*in macchina*) ◆ **drive sb/sth back** respingere qn/qc ◆ **drive sb/sth off** cacciare via qn/qc ◆ **drive sb on** spingere qn
▶ *s* **1** giro (*in macchina*): *go for a drive* andare a fare un giro in macchina ◊ *It's one hour's drive from here.* È a un'ora di macchina da qui. **2** (*anche* **driveway**) viale (*d'accesso*) **3** (*Sport, Informatica*) drive **4** grinta **5** campagna commerciale **6** (*Mecc*) trasmissione, trazione: *It's four-wheel drive.* Ha quattro ruote motrici. ◊ *a left-hand drive car* una macchina con la guida a sinistra **7 Drive** (*abbrev* **Dr**) via

'drive-in *s* (*USA*) drive-in

driven *pp di* DRIVE

driver /'draɪvə(r)/ *s* conducente, autista: *train driver* macchinista LOC **be in the driver's seat** essere al timone

driveway /'draɪvweɪ/ *s Vedi* s senso (2)

'driving licence (*USA* **'driver's license**) *s* patente di guida

'driving school *s* scuola guida

'driving test *s* esame di guida

drizzle /'drɪzl/ ▶ s pioggerella
▶ vi piovigginare

dromedary /'drɒmədəri; *USA* -deri/ s (*pl* -**ies**) dromedario

drone /drəʊn/ ▶ vi ronzare: *to drone on about sth* continuare a parlare di qc in modo monotono
▶ s ronzio

drool /druːl/ vi sbavare: *to drool over sb/sth* sbavare per qn/qc

droop /druːp/ vi **1** cadere (*per stanchezza, sonno*) **2** (*fiore*) afflosciarsi **3** (*avvilirsi*) abbattersi **droopy** agg **1** cascante **2** (*fiore*) appassito

drop /drɒp/ ▶ s **1** goccia **2** goccio: *Would you like a drop of wine?* Vuoi un goccio di vino? **3** [*sing*] salto (*distanza*): *a sheer drop* un precipizio **4** [*gen sing*] calo, abbassamento: *a drop in prices/in temperature* un calo dei prezzi/della temperatura LOC **a drop in the ocean** una goccia nel mare ♦ **at the drop of a hat** in quattro e quattr'otto
▶ (**-pp-**) **1** vi cadere: *He dropped to his knees.* Cadde in ginocchio. **2** vt lasciar cadere: *to drop a bomb* lanciare una bomba ◊ *to drop anchor* gettare l'ancora **3** vi (*persona, animale*) crollare: *I feel ready to drop.* Non mi reggo più in piedi. ◊ *to work till you drop* lavorare fino allo sfinimento **4** vt, vi calare, diminuire **5** vt ~ sb/sth (**off**) (*pacchetto, passeggero*) lasciare qn/qc **6** vt omettere: *He's been dropped from the team.* Lo hanno escluso dalla squadra. **7** vt ~ sb mollare qn **8** vt ~ sth (*idea, abitudine*) abbandonare qc: *Drop everything!* Molla tutto! ◊ *Can we drop the subject?* Lasciamo perdere questo argomento, per favore. LOC **drop a hint (to sb)/drop (sb) a hint** far capire qualcosa (a qn) ♦ **drop dead** (*informale*) cadere stecchito: *Drop dead!* Va' al diavolo! ♦ **drop sb a line** (*informale*) mandare due righe a qn *Vedi anche* LET¹ PHRV **drop back; drop behind** rimanere indietro ♦ **drop by/in/over/round**: *Why don't you drop by/over/round?* Passa a trovarmi. ◊ *They dropped in for lunch.* Sono venuti per pranzo. ♦ **drop in on sb** fare un salto da qn ♦ **drop off** (*informale*) addormentarsi ♦ **drop out (of sth)** ritirarsi (da qc): *to drop out (of university)* abbandonare gli studi ◊ *to drop out (of society)* abbandonare la società

drop-down 'menu s menu a tendina

dropout /'drɒpaʊt/ s emarginato, -a

droppings /'drɒpɪŋz/ s [*pl*] escrementi (*di animali*)

drought /draʊt/ s siccità

drove *pass di* DRIVE

drown /draʊn/ vt, vi affogare PHRV **drown sb out** coprire la voce di qn ♦ **drown sth out** (*suono, voce*) coprire qc

drowsy /'draʊzi/ agg (**-ier, -iest**) mezzo addormentato: *This drug can make you drowsy.* Questa medicina può dare sonnolenza.

drudgery /'drʌdʒəri/ s lavoro pesante

drug /drʌɡ/ ▶ s **1** (*Med*) farmaco, medicina: *a drug company* una casa farmaceutica **2** droga: *to be on drugs* drogarsi
▶ vt (**-gg-**) drogare

'drug abuse s abuso di sostanze stupefacenti

'drug addict s tossicodipendente **'drug addiction** s tossicodipendenza

drugstore /'drʌɡstɔː(r)/ s (*USA*) negozio che vende medicinali, giornali e generi alimentari *Vedi anche* PHARMACY

drum /drʌm/ ▶ s **1** (*Mus*) tamburo: *the drums* la batteria **2** bidone (*di petrolio, ecc*) **3** tamburo (*di lavatrice*)
▶ (**-mm-**) **1** vi suonare il tamburo **2** vt, vi ~ (**sth**) **on sth** tamburellare (con qc) su qc PHRV **drum sth into sb/into sb's head** ripetere incessantemente qc a qn ♦ **drum sb out (of sth)** espellere qn (da qc) ♦ **drum sth up** conquistarsi (*interesse, clienti*)

drummer /'drʌmə(r)/ s batterista

drumstick /'drʌmstɪk/ s **1** (*Mus*) bacchetta (*di batteria*) **2** (*Cucina*) coscia (*di pollo*)

drunk¹ /drʌŋk/ ▶ agg ubriaco: *to be drunk with joy* essere pazzo di gioia LOC **drunk and disorderly**: *to be charged with being drunk and disorderly* essere accusato di ubriachezza molesta ♦ **get drunk** ubriacarsi
▶ s ubriacone, -a

drunk² *pp di* DRINK

drunkard /'drʌŋkəd/ s (*antiq*) ubriacone, -a

drunken /'drʌŋkən/ agg **1** ubriaco: *drunken driving* guida in stato di ebbrezza **2** alcolizzato **drunkenness** s **1** ubriachezza **2** alcolismo

dry /draɪ/ ▶ agg (**drier, driest**) **1** asciutto: *Tonight will be dry.* Stanotte non pioverà. **2** secco: *dry white wine* vino bianco secco **3** *a dry sense of humour* un umorismo all'inglese LOC *Vedi* BONE, HIGH¹, HOME, RUN
▶ vt, vi (*pass, pp* **dried**) asciugare, asciugarsi PHRV **dry out** asciugarsi ♦ **dry up** seccarsi (*fiume*) ♦ **dry sth up** asciugare qc (*piatti*)
▶ s LOC **in the dry** all'asciutto

,dry-'clean vt lavare a secco **,dry-'cleaner's** s tintoria **,dry-'cleaning** s lavaggio a secco

dryer (anche **drier**) /'draɪə(r)/ s Vedi TUMBLE-DRYER Vedi anche HAIR-DRYER

,dry 'land s terraferma

dryly Vedi DRILY

dryness /'draɪnəs/ s **1** secchezza **2** aridità **3** ironia

dual /'dju:əl; USA 'du:əl/ agg doppio

,dual 'carriageway (USA **divided highway**) s strada a doppia carreggiata

dub /dʌb/ vt (**-bb-**) doppiare **dubbing** s doppiaggio

dubious /'dju:biəs; USA 'du:-/ agg **1** to be dubious about sth avere dei dubbi riguardo a qc **2** (dispreg) (comportamento) dubbio **dubiously** avv **1** con sospetto **2** in modo sospetto

duchess (anche **Duchess** nei titoli) /'dʌtʃəs/ s duchessa

duck /dʌk/ ▶ s anatra ⇒ Vedi nota a ANATRA
▶ **1** vt, vi abbassare (la testa): He ducked behind a rock. Si nascose dietro una roccia. **2** vt (responsabilità) evitare PHR V **duck out of sth** (informale) scansare qc: She tried to duck out of the meeting. Ha cercato di scansare la riunione.

duct /dʌkt/ s condotto

dud /dʌd/ ▶ agg (informale) **1** difettoso, inutile **2** (assegno) a vuoto
▶ s (informale): This battery is a dud. Questa pila non funziona.

dude /dju:d/ s (spec USA, gergale) tipo: He's a real cool dude. È un tipo in gamba. ◊ Hey dude, what's up? Ciao amico, come va?

due /dju:; USA du:/ ▶ agg **1** dovuto: with all due respect con il dovuto rispetto ◊ the money due to him i soldi che gli spettano ◊ Our thanks are due to … Ringraziamo … ◊ It's all due to her. Dobbiamo tutto a lei. **2** The bus is due (in) at five o'clock. L'autobus dovrebbe arrivare alle cinque. ◊ She's due to arrive soon. Dovrebbe arrivare tra poco. ◊ Payment is due on the fifth. Il termine per il pagamento è il cinque. **3** due (for) sth: I reckon I'm due (for) a holiday. Credo mi spettino dei giorni di ferie. LOC **in due course** a tempo debito ◆ **be due to sth** essere dovuto a qc: The delay was due to bad weather. Il ritardo era dovuto al maltempo.
▶ **dues** s [pl] quota d'iscrizione LOC **to give sb their due** per essere onesti nei confronti di qn
▶ avv: due south dritto verso sud

duel /'dju:əl; USA 'du:əl/ s duello

duet /dju'et; USA du:'et/ s duetto

duffel coat (anche **duffle coat**) /'dʌfl kəʊt/ s montgomery

dug pass, pp di DIG

duke (anche **Duke** nei titoli) /dju:k; USA du:k/ s duca

dull /dʌl/ agg (**-er**, **-est**) **1** (tempo) grigio **2** (colore) spento **3** (superficie) opaco **4** (luce) fosco **5** (dolore, rumore) sordo **6** (libro, festa) noioso **7** (lama) smussato **dully** avv con tono monotono

duly /'dju:li; USA 'du:li/ avv **1** debitamente **2** come previsto

dumb /dʌm/ agg (**-er**, **-est**) **1** muto: to be deaf and dumb essere sordomuto **2** (informale) scemo **dumbly** avv senza dire una parola

dumbfounded /dʌm'faʊndɪd/ (anche **dumbstruck** /'dʌmstrʌk/) agg ammutolito

dummy /'dʌmi/ ▶ s (pl **-ies**) **1** manichino **2** facsimile **3** (USA **pacifier**) ciuccio **4** (informale) scemo, -a
▶ agg finto: a dummy run un giro di prova

dump /dʌmp/ ▶ **1** vt buttare: I dumped my bags on the floor. Ho posato le borse per terra. **2** vt, vi (rifiuti) scaricare: No dumping. Divieto di scarico. ◊ dumping ground discarica **3** vt (informale, dispreg) mollare, piantare
▶ s **1** discarica **2** (Mil) deposito **3** (informale, dispreg) topaia

dumpling /'dʌmplɪŋ/ s gnocco di pasta cotto al vapore o bollito servito ad esempio con lo stufato

dumps /dʌmps/ s [pl] LOC **be (down) in the dumps** (informale) essere giù di morale

dune /dju:n; USA du:n/ s Vedi SAND DUNE

dung /dʌŋ/ s letame

dungarees /ˌdʌŋgə'ri:z/ (USA **overalls**) s [pl] tuta, salopette

dungeon /'dʌndʒən/ s cella sotterranea

dunk /dʌŋk/ **1** vt ~ sth (**in/into sth**) fare la zuppetta con qc (in qc) **2** vt, vi (pallacanestro) schiacciare

duo /'dju:əʊ; USA 'du:əʊ/ s (pl **duos**) duo

dupe /dju:p; USA du:p/ vt ingannare

duplex /'dju:pleks; USA 'du:-/ s **1** casa bifamiliare **2** appartamento su due piani

duplicate ▶ /'dju:plɪkeɪt; USA 'du:-/ vt **1** (documento) fare un duplicato di **2** (azione) ripetere
▶ /'dju:plɪkət; USA 'du:-/ agg duplicato: a duplicate letter un duplicato della lettera

| tʃ **ch**in | dʒ **J**une | v **v**an | θ **th**in | ð **th**en | s **s**o | z **z**oo | ʃ **sh**e |

durability → **dystrophy** 102

durability /ˌdjʊərə'bɪləti; *USA* ˌdʊə-/ *s* resistenza

durable /'djʊərəbl; *USA* 'dʊə-/ *agg* **1** (*amicizia*) duraturo **2** (*materiale*) resistente

duration /dju'reɪʃn; *USA* du-/ *s* durata LOC **for the duration** (*informale*) fino alla fine

duress /dju'res; *USA* du-/ *s* LOC **do sth under duress** fare qc sotto costrizione

during /'djʊərɪŋ; *USA* 'dʊər-/ *prep* durante

dusk /dʌsk/ *s* crepuscolo: *at dusk* all'imbrunire

dusky /'dʌski/ *agg* scuro

dust /dʌst/ ▶ *s* polvere: *gold dust* polvere d'oro
▶ *vt, vi* spolverare PHR V **dust sb/sth down/off** dare una spolverata a qn/qc ♦ **dust sth with sth** spolverare qc di qc

dustbin /'dʌstbɪn/ (*USA* **trash can**, **garbage can**) *s* secchio della spazzatura

duster /'dʌstə(r)/ *s* straccio per spolverare: *feather duster* piumino (*per spolverare*)

dustman /'dʌstmən/ *s* (*pl* **-men** /-mən/) netturbino

dustpan /'dʌstpæn/ *s* paletta (*per raccogliere spazzatura*)

dusty /'dʌsti/ *agg* (**-ier**, **-iest**) polveroso

Dutch /dʌtʃ/ *agg* LOC **give yourself Dutch courage** (*informale, scherz*) farsi coraggio con un bicchierino ♦ **go Dutch (with sb)** fare alla romana (con qn) ⇒ *Vedi pagg. ooo*

dutiful /'dju:tɪfl; *USA* 'du:-/ *agg* (*formale*) diligente, coscienzioso **dutifully** *avv* come di dovere

duty /'dju:ti; *USA* 'du:ti/ *s* (*pl* **-ies**) **1** dovere, obbligo: *to do your duty (by sb)* fare il proprio dovere (verso qn) **2** compito, mansione: *duty officer* ufficiale di servizio **3** ~ (**on sth**) tassa (su qc) LOC **be on/off duty** essere/non essere di servizio

duty-'free *agg* esente da dazio

duvet /'du:veɪ/ *s* piumone® ⇒ *Vedi illustrazione a* LETTO

DVD /ˌdi: vi: 'di:/ *s* DVD: *DVD-player* lettore DVD

dwarf /dwɔ:f/ ▶ *s* (*pl* **dwarfs** *o* **dwarves** /dwɔ:vz/) nano, -a
▶ *vt* far sembrare minuscolo: *a house dwarfed by skyscrapers* una casa che sembra minuscola in confronto ai grattacieli

dwell /dwel/ *vi* (*pass, pp* **dwelt** /dwelt/ *o* **dwelled**) ~ **in/at sth** (*formale o retorico*) dimorare in qc PHR V **dwell on/upon sth 1** insistere su qc **2** rimuginare su qc **dwelling** (*anche* '**dwelling place**) *s* dimora

dwindle /'dwɪndl/ *vi* diminuire, ridursi: *to dwindle (away) to nothing* ridursi a un niente

dye /daɪ/ ▶ *vt, vi* (*3a pers sing pres* **dyes** *p pres* **dyeing** *pass, pp* **dyed**) tingere: *to dye sth blue* tingere qc di azzurro
▶ *s* tinta, colore

dying /'daɪɪŋ/ *agg* **1** (*persona*) morente, moribondo **2** (*parole, momenti*) ultimo: *her dying wish* il suo ultimo desiderio ◊ *a dying breed* una razza in via di estinzione

dyke (*anche* **dike**) /daɪk/ *s* **1** diga **2** canale di scolo

dynamic /daɪ'næmɪk/ *agg* dinamico

dynamics /daɪ'næmɪks/ *s* [*pl*] dinamica

dynamism /'daɪnəmɪzəm/ *s* dinamismo

dynamite /'daɪnəmaɪt/ ▶ *s* **1** dinamite **2** (*fig*) bomba
▶ *vt* far saltare con la dinamite

dynamo /'daɪnəməʊ/ *s* (*pl* **-s**) dinamo

dynasty /'dɪnəsti; *USA* 'daɪ-/ *s* (*pl* **-ies**) dinastia

dysentery /'dɪsəntri; *USA* -teri/ *s* [*non numerabile*] dissenteria

dyslexia /dɪs'leksiə/ *s* [*non numerabile*] dislessia **dyslexic** *agg, s* dislessico, -a

dystrophy /'dɪstrəfi/ *s* [*non numerabile*] distrofia

---

i: see   i happy   ɪ sit   e ten   æ hat   ɑ: father   ʌ cup   ʊ put   u: too

E e

E, e /iː/ s (pl **Es, E's, e's**) **1** E, e: *E for Edward* E come Empoli ⊃ *Vedi esempi a* A, A ⊃ *Vedi nota a* VOTO **2** (*Mus*) mi

e- /iː/ *pref* e-: *e-commerce* e-commerce

each /iːtʃ/ ▶ *agg* ogni, ciascuno

> Each si traduce quasi sempre "ciascuno" e every "tutti". Fa eccezione il caso in cui ci si riferisce a qualcosa che si ripete a intervalli regolari: *The Olympics are held every four years*. Le Olimpiadi si svolgono ogni quattro anni. *Vedi nota a* EVERY

▶ *pron* ognuno, -a, ciascuno, -a: *each for himself* ognuno per sé
▶ *avv* ciascuno: *We have two each.* Ne abbiamo due ciascuno.

each 'other *pron* l'un l'altro

> Each other si usa per riferirsi a due persone e one another per riferirsi a più di due: *We love each other.* Ci amiamo. ◊ *They all looked at one another.* Si guardavano l'un l'altro.

⊃ *Vedi illustrazione a* SI

eager /ˈiːgə(r)/ *agg* ~ (**for sth/to do sth**) desideroso (di qc/di fare qc): *eager to please* desideroso di far cosa gradita **eagerly** *avv* con entusiasmo **eagerness** *s* ansia, desiderio

eagle /ˈiːgl/ *s* aquila

ear /ɪə(r)/ *s* **1** orecchio: *to have an ear/a good ear for sth* avere orecchio per qc **2** spiga LOC **be all ears** (*informale*) essere tutto orecchi ◆ **be up to your ears/eyes in work** avere un sacco di lavoro *Vedi anche* PLAY, PRICK

earache /ˈɪəreɪk/ *s* mal d'orecchi

eardrum /ˈɪədrʌm/ *s* timpano (*dell'orecchio*)

earl /ɜːl/ *s* conte

early /ˈɜːli/ ▶ *agg* (**-ier, -iest**) **1** presto: *It's still early.* È ancora presto. **2** (*treno*) di buon'ora **3** anticipato **4** (*morte*) prematuro **5** (*ricordi, abitanti*) primo: *my earliest memories* i miei primi ricordi ◊ *the early 20th century* il primo Novecento ◊ *at an early age* in tenera età
▶ *avv* (**-ier, -iest**) **1** presto **2** in anticipo **3** prematuramente **4** all'inizio di: *early last week* all'inizio della scorsa settimana LOC **as early as…**: *as early as 1988* già nel 1988 ◆ **at the earliest** non prima di: *Monday at the earliest* non prima di lunedì ◆ **early on** all'inizio: *earlier on* prima ◆ **it's early days (yet)** (*spec GB*) è (ancora) presto ◆ **the early bird catches the worm** (*modo di dire*) chi dorme non piglia pesci ◆ **the early hours** le prime ore della mattina ◆ **be an early bird** (*scherz*) essere mattiniero

earmark /ˈɪəmɑːk/ *vt* destinare

earn /ɜːn/ *vt* **1** (*soldi*) guadagnare: *to earn a living* guadagnarsi da vivere **2** meritarsi

earnest /ˈɜːnɪst/ *agg* **1** (*carattere*) serio **2** (*desiderio*) sincero LOC **in (deadly) earnest** sul serio: *She was in deadly earnest.* Diceva sul serio. **earnestly** *avv* con serietà **earnestness** *s* serietà

earnings /ˈɜːnɪŋz/ *s* [*pl*] guadagni

earphones /ˈɪəfəʊnz/ *s* [*pl*] cuffia (*di radio, ecc*)

earring /ˈɪərɪŋ/ *s* orecchino

earshot /ˈɪəʃɒt/ *s* LOC **be within/out of earshot** essere/non essere a portata d'orecchio

earth /ɜːθ/ ▶ *s* **1** (*anche* **the Earth**) (*pianeta*) la Terra **2** (*Geol*) terra **3** (*USA* **ground**) (*Elettr*) terra LOC **how/what/why, etc. on earth/in the world** come/che/perché, ecc diavolo?: *What on earth are you doing?* Che diavolo stai facendo? ◆ **charge/cost/pay the earth** (*informale*) far pagare/costare/pagare un occhio della testa ◆ **come back/down to earth (with a bang/bump)** (*informale*) tornare alla dura realtà
▶ *vt* (*Elettr*) (*USA* **ground**) collegare a terra

earthly /ˈɜːθli/ *agg* **1** terreno **2** (*fig, informale*): *You haven't an earthly (chance) of winning.* Non hai la minima possibilità di vittoria. ❶ In questo senso si usa di solito in frasi negative e interrogative.

earthquake /ˈɜːθkweɪk/ *s* terremoto

ease /iːz/ ▶ *s* **1** facilità, disinvoltura **2** agio LOC **(be/feel) at (your) ease** (essere/sentirsi) a proprio agio *Vedi anche* ILL, MIND
▶ *vt* **1** (*dolore*) alleviare **2** (*tensione, traffico*) ridurre **3** (*situazione*) normalizzare **4** (*restrizione*) rendere meno rigido LOC **ease sb's conscience** mettere a posto la coscienza di qn ◆ **ease sb's mind** tranquillizzare qn PHRV **ease (sb/sth) into, onto, etc. sth** mettere (qn/qc) con delicatezza in, su, ecc qc ◆ **ease off 1** (*tensione*) allentarsi **2** (*traffico*) diminuire ◆ **ease up 1** (*auto*) rallentare **2** (*situazione*) normalizzarsi ◆ **ease up on sb** non essere troppo duro con qn ◆ **ease up on sth** andarci piano con qc

| u situation | ɒ got | ɔː saw | ɜː fur | ə ago | j yes | w woman | eɪ pay | əʊ go |

easel /'iːzl/ s cavalletto

easily /'iːzəli/ avv **1** facilmente *Vedi anche* EASY **2** senza dubbio: *It's easily the best.* È senza dubbio il migliore.

east /iːst/ ▶ s **1** (*anche* **the east, the East**) (*abbrev* **E**) (l')est: *Norwich is in the East of England.* Norwich è nell'est dell'Inghilterra. **2 the East** l'Oriente
▶ agg dell'est, orientale: *east winds* venti da est
▶ avv a est: *They headed east.* Si diressero a est. ◊ *We live east of the city.* Abitiamo a est della città.

eastbound /'iːstbaʊnd/ agg diretto a est

Easter /'iːstə(r)/ s Pasqua: *an Easter egg* un uovo di Pasqua

easterly /'iːstəli/ agg (*direzione*) est; (*vento*) da est

eastern (*anche* **Eastern**) /'iːstən/ agg (*abbrev* **E**) dell'est, orientale

eastward /'iːstwəd/ ▶ agg est: *travelling in an eastward direction* viaggiando in direzione est
▶ avv (*anche* **eastwards** /'iːstwədz/) verso est

easy /'iːzi/ ▶ agg (**-ier, -iest**) **1** facile: *I'll agree to anything for an easy life.* Farei di tutto per semplificarmi la vita. **2** tranquillo: *My mind is easier now.* Sono più tranquillo adesso. LOC **I'm easy** (*GB, informale*) per me è lo stesso
▶ avv (**-ier, -iest**) LOC **easier said than done** si fa presto a dirlo ♦ **take it easy!** calma! ♦ **go easy on/with sth** (*informale*) andarci piano con qc ♦ **go easy on/with sb** (*informale*) non essere troppo duro con qn ♦ **take it/things easy** prendersela con calma *Vedi anche* FREE

easy-'going agg accomodante: *She's very easy-going.* È una molto tranquilla.

eat /iːt/ vt, vi (*pass* **ate** /et; *USA* eɪt/ *pp* **eaten** /'iːtn/) mangiare LOC **be eaten up with sth** essere roso da qc ♦ **be eating sb**: *What's eating you?* Cosa ti rode? ♦ **eat out of sb's hand** pendere dalle labbra di qn ♦ **eat your words** rimangiarsi quello che si è detto *Vedi anche* CAKE PHRV **eat away at sth/eat sth away 1** erodere qc **2** (*fig*) rodere qc ♦ **eat into sth 1** corrodere qc **2** (*fig*) intaccare qc (*riserve*) ♦ **eat out** mangiare fuori (*al ristorante*) ♦ **eat (sth) up 1** finire di mangiare (qc) **2** **eat sth up** (*fig*): *The rent eats up a large part of her salary.* Una larga fetta del suo stipendio se ne va per l'affitto. **eater** s: *He's a big eater.* È un mangione.

eavesdrop /'iːvzdrɒp/ vi (**-pp-**) ~ (**on sb/sth**) ascoltare di nascosto (qn/qc)

ebb /eb/ ▶ vi **1** (*marea*) abbassarsi **2** (*anche* **ebb away**) (*fig*) diminuire
▶ **the ebb** s [*sing*] il riflusso LOC **the ebb and flow (of sth)** gli alti e bassi (di qc)

ebony /'ebəni/ s ebano

eccentric /ɪk'sentrɪk/ agg eccentrico

echo /'ekəʊ/ ▶ s (*pl* **echoes**) eco
▶ **1** vt ~ **sth** (**back**): *The tunnel echoed back their words.* Le loro parole riecheggiarono nel tunnel. **2** vt (*fig*) fare eco a, ripetere **3** vi riecheggiare

eclipse /ɪ'klɪps/ s eclissi

ecological /ˌiːkə'lɒdʒɪkl/ agg ecologico **ecologically** avv ecologicamente

ecology /i'kɒlədʒi/ s ecologia **ecologist** s ecologo, -a

economic /ˌiːkə'nɒmɪk, ˌekə-/ agg **1** (*sviluppo, politica*) economico ⊃ *Confronta* ECONOMICAL **2** redditizio

economical /ˌiːkə'nɒmɪkl, ˌekə-/ agg (*veicolo, apparecchio*) economico

A differenza di **economic**, **economical** può essere variato da parole come *more, less, very*, ecc: *a more economical car* una macchina più economica.

LOC **be economical with the truth** non dire proprio tutta la verità **economically** avv economicamente

economics /ˌiːkə'nɒmɪks, ˌekə-/ s [*non numerabile*] economia **economist** /ɪ'kɒnəmɪst/ s economista

economize, -ise /ɪ'kɒnəmaɪz/ vi economizzare: *to economize on petrol* risparmiare sulla benzina

economy /ɪ'kɒnəmi/ s (*pl* **-ies**) economia: *to make economies* fare economia ◊ *economy size* confezione economica

ecstasy /'ekstəsi/ s (*pl* **-ies**) estasi: *to be in/go into ecstasy/ecstasies* (*over sth*) andare in estasi (per qc) **ecstatic** /ɪk'stætɪk/ agg in estasi

eddy /'edi/ s (*pl* **-ies**) mulinello, gorgo

edge /edʒ/ ▶ s **1** bordo **2** filo (*di lama*) LOC **be on edge** avere i nervi a fior di pelle ♦ **have an/the edge on/over sb/sth** (*informale*) essere in vantaggio su qn/qc ♦ **take the edge off sth 1** sciupare qc **2** (*appetito, rabbia*) placare qc
▶ vt ~ **sth** (**with sth**) bordare qc (di/con qc) PHRV **edge (your way) along, away,** ecc. avanzare, allontanarsi, ecc poco a poco: *I edged slowly towards the door.* Mi sono avvicinato piano piano alla porta.

edgy /'edʒi/ agg (*informale*) teso

edible /'edəbl/ *agg* commestibile

edit /'edɪt/ *vt* **1** (*libro*) curare **2** (*articolo, traduzione*) revisionare **3** (*giornale*) dirigere **4** (*Informatica*) editare

edition /ɪ'dɪʃn/ *s* edizione

editor /'edɪtə(r)/ *s* **1** (*giornale*) direttore, -trice **2** (*articolo*) redattore, -trice **3** (*libro*) curatore, -trice **4** (*Informatica*) editor

educate /'edʒukeɪt/ *vt* istruire, educare: *He was educated abroad.* Ha studiato all'estero. ⊃ *Confronta* RAISE, TO BRING SB UP *a* BRING **educated** *agg* colto, istruito LOC **an educated guess** una previsione attendibile

education /ˌedʒu'keɪʃn/ *s* **1** istruzione, insegnamento **2** pedagogia **educational** *agg* **1** (*sistema, metodo*) educativo **2** (*esperienza*) istruttivo

eel /iːl/ *s* anguilla

eerie /'ɪəri/ *agg* sinistro, pauroso

effect /ɪ'fekt/ ▶*s* effetto: *It had no effect on her.* Non ha avuto nessun effetto su di lei. LOC **for effect** per far colpo ◆ **come into effect** entrare in vigore ◆ **in effect** effettivamente ◆ **take effect 1** fare effetto **2** entrare in vigore ◆ **to no effect** inutilmente ◆ **to this effect** a questo fine *Vedi anche* WORD
▶ *vt* (*formale*) operare (*un cambiamento*) ⊃ *Confronta* AFFECT

effective /ɪ'fektɪv/ *agg* **1** (*sistema, medicina*) ~ (**in doing sth**) efficace (per fare qc) **2** di grande effetto **effectively** *avv* **1** efficacemente **2** di fatto **effectiveness** *s* efficacia

effeminate /ɪ'femɪnət/ *agg* effeminato

efficient /ɪ'fɪʃnt/ *agg* efficiente **efficiency** *s* efficienza **efficiently** *avv* efficientemente

effort /'efət/ *s* **1** sforzo: *to make an effort* sforzarsi **2** tentativo: *That was a good effort.* È stato un buon tentativo.

e.g. /ˌiː 'dʒiː/ *abbr* ad esempio

egg /eg/ ▶*s* uovo LOC **put all your eggs in one basket** puntare tutto su una sola carta
▶*v* PHRV **egg sb on (to do sth)** incitare qn (a fare qc)

eggplant /'egplɑːnt; *USA* -plænt/ *s* (*USA*) *Vedi* AUBERGINE

eggshell /'egʃel/ *s* guscio (*d'uovo*)

ego /'egəʊ; *USA* 'iːgəʊ/ *s* amor proprio, io: *to boost sb's ego* dare un'iniezione di fiducia a qn

Eid (*anche* **Id**) /iːd/ *s* festa religiosa islamica

eight /eɪt/ *agg, pron, s* otto ⊃ *Vedi esempi a* FIVE **eighth** *agg, pron, avv, s* ottavo ⊃ *Vedi esempi a* FIFTH

eighteen /ˌeɪ'tiːn/ *agg, pron, s* diciotto ⊃ *Vedi esempi a* FIVE **eighteenth** *agg, pron, avv, s* diciottesimo ⊃ *Vedi esempi a* FIFTH

eighty /'eɪti/ *agg, pron, s* ottanta ⊃ *Vedi esempi a* FIFTY, FIVE **eightieth** /'eɪtiəθ/ *agg, pron, avv, s* ottantesimo ⊃ *Vedi esempi a* FIFTH

either /'aɪðə(r), 'iːðər/ ▶*agg* **1** uno o l'altro: *Either kind of flour will do.* Uno o l'altro tipo di farina va bene. ◊ *either way…* in un caso o nell'altro… **2** tutt'e due: *on either side of the road* su tutt'e due i lati della strada **3** [*nelle frasi negative*] nessuno dei due
▶*pron* **1** l'uno o l'altro [*nelle frasi negative*] né l'uno né l'altro: *I don't want either of them.* Non voglio né l'uno né l'altro. ⊃ *Vedi nota a* NESSUNO
▶ *avv* **1** neanche: '*I'm not going.' 'I'm not either.*' "Non ci vado." "Neanch'io." **2** **either… or…** o… o… , né… né… ⊃ *Confronta con* ALSO, TOO *e vedi nota a* NEITHER

eject /i'dʒekt/ **1** *vt* (*formale*) espellere **2** *vt* emettere **3** *vi* lanciarsi: *The pilot had to eject.* Il pilota si è dovuto lanciare dall'aereo.

elaborate¹ /ɪ'læbərət/ *agg* elaborato, complicato

elaborate² /ɪ'læbəreɪt/ *vi* ~ (**on sth**) entrare nei particolari (di qc); approfondire (qc)

elapse /ɪ'læps/ *vi* (*formale*) trascorrere

elastic /ɪ'læstɪk/ ▶*agg* **1** elastico **2** flessibile
▶*s* elastico

e,**lastic 'band** *s* elastico

elated /i'leɪtɪd/ *agg* esultante

elbow /'elbəʊ/ ▶*s* gomito
▶*vt*: *She elbowed me out of the way to get to the front.* Mi ha scansato con una gomitata per arrivare davanti. ◊ *He elbowed his way through the crowd.* Si fece largo a gomitate tra la folla.

elder /'eldə(r)/ *agg, pron* maggiore, più vecchio, -a

Il comparativo e il superlativo di **old** sono **older** e **oldest**: *He is older than me.* Lui è più grande di me. ◊ *the oldest building in the city* l'edificio più antico della città. Quando si confronta l'età delle persone, soprattutto dei membri di una famiglia, si usano spesso **elder** e **eldest** come aggettivi e come pronomi: *my eldest brother* mio fratello

elderberry → emblem 106

maggiore ◊ *the elder of the two brothers* il maggiore dei due fratelli. Nota che **elder** e **eldest** non si possono usare con *than* e come aggettivi si possono usare solo davanti al sostantivo.

elderberry /'eldəberi/ s (pl **-ies**) bacca di sambuco

elderly /'eldəli/ agg anziano: *the elderly* gli anziani

eldest /'eldɪst/ agg, pron maggiore: *the eldest* il maggiore ➔ Vedi nota a ELDER

elect /ɪ'lekt/ vt eleggere **election** s elezione

electoral /ɪ'lektərəl/ agg elettorale **electorate** /ɪ'lektərət/ s [v sing o pl] elettorato

electric /ɪ'lektrɪk/ agg elettrico ➔ Vedi nota a ELETTRICO **electrical** agg elettrico **electrician** /ɪˌlek'trɪʃn/ s elettricista **electricity** /ɪˌlek'trɪsəti/ s elettricità: *to switch off the electricity* staccare la corrente **electrification** /ɪˌlektrɪfɪ'keɪʃn/ s elettrificazione **electrify** /ɪ'lektrɪfaɪ/ vt (pass, pp **-fied**) 1 elettrificare 2 (fig) elettrizzare

electrocute /ɪ'lektrəkju:t/ vt folgorare (con la corrente)

electrode /ɪ'lektrəʊd/ s elettrodo

electron /ɪ'lektrɒn/ s elettrone

electronic /ɪˌlek'trɒnɪk/ agg elettronico **electronics** s [non numerabile] elettronica

elegant /'elɪgənt/ agg elegante **elegance** s eleganza

element /'elɪmənt/ s elemento

elementary /ˌelɪ'mentri/ agg elementare

ele'mentary school s (USA) scuola elementare ➔ Vedi nota a SCUOLA

elephant /'elɪfənt/ s elefante

elevator /'elɪveɪtə(r)/ s (USA) Vedi LIFT s senso (2)

eleven /ɪ'levn/ agg, pron, s undici ➔ Vedi esempi a FIVE **eleventh** agg, pron, avv, s undicesimo ➔ Vedi esempi a FIFTH

elicit /i'lɪsɪt/ vt (formale) ottenere

eligible /'elɪdʒəbl/ agg: *to be eligible for sth* avere diritto a qc ◊ *to be eligible to do sth* avere i requisiti per fare qualcosa ◊ *an eligible bachelor* un buon partito

eliminate /ɪ'lɪmɪneɪt/ vt eliminare

elite /ɪ'li:t/ s élite

elk /elk/ s (pl **elk** o **elks**) 1 (GB) alce 2 (USA) wapiti

elm /elm/ (anche **'elm tree**) s olmo

elope /ɪ'ləʊp/ vi fare una fuga d'amore

eloquent /'eləkwənt/ agg eloquente

else /els/ avv [con pronomi indefiniti, interrogativi o negativi e con avverbi] altro: *Did you see anybody else?* Hai visto qualcun altro? ◊ *anyone else* chiunque altro ◊ *everyone/everything else* tutti gli altri/tutto il resto ◊ *It must have been somebody else.* Dev'essere stato qualcun altro. ◊ *nobody else* nessun altro ◊ *Anything else?* Altro? ◊ *somewhere else* da qualche altra parte ◊ *What else?* Cos'altro? **LOC** **or else 1** altrimenti: *Hurry up, or else you'll be late.* Sbrigati, altrimenti farai tardi. **2** (informale) guai a te!: *Just shut up, or else!* Sta' zitto o guai a te!

elsewhere /ˌels'weə(r)/ avv altrove

elude /i'lu:d/ vt sfuggire a **elusive** /i'lu:sɪv/ agg inafferrabile: *an elusive quality* una qualità difficile da definire

emaciated /ɪ'meɪʃieɪtɪd/ agg emaciato

email (anche **e-mail**) /'i:meɪl/ ▶ s e-mail: *My email address is martini@iet.co.uk.* Il mio indirizzo e-mail è martini@iet.co.uk. ❶ Si legge "martini at iet dot co dot uk".
▶ vt mandare un e-mail a: *As soon as she found out she emailed me.* Appena l'ha saputo mi ha mandato un e-mail.

emanate /'emaneɪt/ vi ~ **from sb/sth** emanare, provenire da qn/qc

emancipate /ɪ'mænsɪpeɪt/ vt emancipare **emancipation** s emancipazione

embankment /ɪm'bæŋkmənt/ s terrapieno, argine

embargo /ɪm'bɑ:gəʊ/ s (pl **-oes**) embargo

embark /ɪm'bɑ:k/ vt, vi 1 ~ **(for…)** imbarcarsi (per…) 2 ~ **on sth** intraprendere qc

embarrass /ɪm'bærəs/ vt mettere in imbarazzo, imbarazzare **embarrassed** agg imbarazzato: *to feel embarrassed* vergognarsi **embarrassing** agg imbarazzante **embarrassment** s 1 imbarazzo 2 (persona o cosa) fonte d'imbarazzo

embassy /'embəsi/ s (pl **-ies**) ambasciata

embed (anche **imbed**) /ɪm'bed/ vt (**-dd-**) conficcare: *The bullet embedded itself in the wall.* La pallottola si era conficcata nella parete. ◊ *These attitudes are deeply embedded in our society.* Questi atteggiamenti sono profondamente radicati nella nostra società.

ember /'embə(r)/ s [gen pl] brace

embezzlement /ɪm'bezlmənt/ s appropriazione indebita

embittered /ɪm'bɪtəd/ agg amareggiato

emblem /'embləm/ s emblema

---

i: **see**   i **happy**   ɪ **sit**   e **ten**   æ **hat**   ɑ: **father**   ʌ **cup**   ʊ **put**   u: **too**

embody /ɪmˈbɒdi/ *vt* (*pass, pp* **-died**) (*formale*) incarnare **embodiment** *s* (*formale*) personificazione

embrace /ɪmˈbreɪs/ ▶ *vt, vi* abbracciare, abbracciarsi
▶ *s* abbraccio

embroider /ɪmˈbrɔɪdə(r)/ *vt, vi* ricamare **embroidery** *s* [*non numerabile*] ricamo

embryo /ˈembriəʊ/ *s* (*pl* **-os**) embrione

emerald /ˈemərəld/ *s* smeraldo

emerge /iˈmɜːdʒ/ *vi* ~ (**from sth**) emergere, sorgere (da qc): *It emerged that ...* È venuto fuori che ... **emergence** *s* comparsa

emergency /iˈmɜːdʒənsi/ *s* (*pl* **-ies**) emergenza: *emergency exit* uscita di sicurezza ◊ *emergency services* servizi di pronto intervento

eˈmergency room *s* (*abbrev* **ER**) (*USA*) *Vedi* ACCIDENT AND EMERGENCY

emigrate /ˈemɪɡreɪt/ *vi* emigrare **emigrant** *s* emigrante, emigrato, -a **emigration** *s* emigrazione

eminent /ˈemɪnənt/ *agg* illustre

emission /iˈmɪʃn/ *s* (*formale*) **1** (*calore, suoni*) emissione **2** (*gas, vapori*) esalazione

emit /iˈmɪt/ *vt* (**-tt-**) **1** (*raggi, suoni*) emettere **2** (*vapori*) esalare

emoticon /iˈməʊtɪkɒn/ *s* (*Informatica*) emoticon, faccina

emotion /iˈməʊʃn/ *s* **1** sentimento **2** (*turbamento*) emozione **emotional** *agg* **1** (*persona, problema*) emotivo **2** (*musica, storia*) commovente **emotive** /iˈməʊtɪv/ *agg* che fa presa sui sentimenti: *an emotive issue* una questione che suscita forti reazioni

empathy /ˈempəθi/ *s* empatia

emperor /ˈempərə(r)/ *s* imperatore

emphasis /ˈemfəsɪs/ *s* (*pl* **-ases** /-əsiːz/) **1** accento: *The emphasis is on the first syllable.* L'accento cade sulla prima sillaba. **2** ~ (**on sth**) rilievo (dato a qc) **emphatic** /ɪmˈfætɪk/ *agg* categorico, enfatico

emphasize, -ise /ˈemfəsaɪz/ *vt* **1** accentuare **2** sottolineare, mettere in evidenza

empire /ˈempaɪə(r)/ *s* impero

employ /ɪmˈplɔɪ/ *vt* **1** *They employ 600 people.* Danno lavoro a 600 persone. ◊ *He's employed in a biscuit factory.* Lavora in un biscottificio. **2** adoperare **employee** /ɪmˈplɔɪiː/ *s* dipendente **employer** *s* datore, -trice di lavoro **employment** *s* impiego, occupazione, lavoro ⊃ *Vedi nota a* WORK[1]

empress /ˈemprəs/ *s* imperatrice

emptiness /ˈemptinəs/ *s* vuoto

empty /ˈempti/ ▶ *agg* **1** vuoto **2** vano
▶ (*pass, pp* **emptied**) **1** *vt* ~ **sth** (**out**) (**onto/into sth**) vuotare, versare qc (su/in qc) **2** *vt* (*stanza, edificio*) sgombrare **3** *vi* svuotarsi

ˌempty-ˈhanded *agg* a mani vuote

enable /ɪˈneɪbl/ *vt* ~ **sb to do sth** permettere a qn di fare qc

enact /ɪˈnækt/ *vt* (*formale*) **1** (*legge*) emanare **2** (*Teat*) rappresentare

enamel /ɪˈnæml/ ▶ *s* smalto
▶ *vt* (**-ll-**, *USA* **-l-**) smaltare

enchanting /ɪnˈtʃɑːntɪŋ; *USA* -ˈtʃænt-/ *agg* incantevole

encircle /ɪnˈsɜːkl/ *vt* circondare, accerchiare

enclose /ɪnˈkləʊz/ *vt* **1** ~ **sth** (**with sth**) recintare qc (con qc) **2** accludere: *I enclose ... /Please find enclosed ...* Accludo ... **enclosure** /ɪnˈkləʊʒə(r)/ *s* (*abbrev* **enc., encl.**) allegato

encore /ˈɒŋkɔː(r)/ ▶ *escl* bis!
▶ *s* bis

encounter /ɪnˈkaʊntə(r)/ ▶ *vt* (*formale*) incontrare
▶ *s* incontro

encourage /ɪnˈkʌrɪdʒ/ *vt* **1** ~ **sb** (**in sth/to do sth**) incoraggiare qn (in qc/a fare qc) **2** favorire **encouragement** *s* ~ (**to sb**) (**to do sth**) incoraggiamento (per qn) (a fare qc) **encouraging** *agg* incoraggiante

encyclopedia (*anche* **encyclopaedia**) /ɪnˌsaɪkləˈpiːdiə/ *s* enciclopedia

end /end/ ▶ *s* **1** fine, estremità: *from end to end* da un'estremità all'altra **2** (*bastone, coda*) punta **3** (*filo, ecc*) capo **4** *the east end of town* la zona a est della città **5** (*tempo*) fine: *at the end of the month* alla fine del mese ◊ *from beginning to end* dall'inizio alla fine **6** scopo, fine *m* **7** (*Sport*) metà campo LOC **in the end** alla fine ♦ **on end 1** ritto **2** di fila: *for hours on end* per ore e ore ♦ **be at the end of your tether** non poterne più ♦ **come to an end** arrivare alla fine *Vedi anche* LOOSE, MEANS[1], ODDS, WIT
▶ *vt, vi* terminare, finire PHRV **end in sth 1** (*parola*) finire in qc **2** (*risultato*) concludersi in qc: *Their argument ended in tears.* La lite si è conclusa in lacrime. ♦ **end up** (**as sth/doing sth**) finire (come qc/per fare qc) ♦ **end up** (**in ...**) andare a finire (in ...)

endanger /ɪnˈdeɪndʒə(r)/ *vt* mettere in pericolo: *an endangered species* una specie in via di estinzione

endear /ɪnˈdɪə(r)/ *vt* (*formale*) ~ **sb to sb** rendere simpatico qn a qn ~ **yourself to sb** ac-

endeavour → enough

cattivarsi le simpatie di qn **endearing** agg accattivante

endeavour (USA **endeavor**) /ɪnˈdevə(r)/ ▶ s (formale) sforzo, tentativo
▶ vi (formale) ~ **to do sth** sforzarsi di fare qc

ending /ˈendɪŋ/ s fine f: *a story with a happy ending* una storia a lieto fine

endive /ˈendɪv/ (USA **chicory**) s indivia f

endless /ˈendləs/ agg **1** interminabile, senza fine **2** infinito

endorse /ɪnˈdɔːs/ vt **1** approvare **2** (assegno) girare **endorsement** s **1** approvazione **2** girata **3** (sulla patente) annotazione di infrazione

endow /ɪnˈdaʊ/ vt ~ **sb/sth with sth** dotare qn/qc di qc **endowment** s donazione

endurance /ɪnˈdjʊərəns; USA -ˈdʊə-/ s resistenza

endure /ɪnˈdjʊə(r); USA -ˈdʊər/ (formale) **1** vt sopportare ❶ Nelle frasi negative è più comune dire **can't bear** o **can't stand**. **2** vi durare **enduring** agg duraturo

end-ˈuser s utente finale

enemy /ˈenəmi/ s (pl **-ies**) nemico, -a

energy /ˈenədʒi/ s [gen non numerabile] (pl **-ies**) energia **energetic** /ˌenəˈdʒetɪk/ agg **1** (esercizio) vigoroso **2** (persona) pieno d'energia

enforce /ɪnˈfɔːs/ vt far osservare (legge) **enforcement** s applicazione

engage /ɪnˈɡeɪdʒ/ **1** vt ~ **sb (as sth)** (formale) ingaggiare qn (come qc) **2** vt (formale) (tempo, pensieri) occupare **3** vt (formale) (attenzione) attirare **4** vi ~ **(with sth)** (Mecc) ingranare (con qc) PHR V **engage in sth** dedicarsi a qc ♦ **engage sb in sth**: *I engaged him in conversation.* Ho iniziato a chiacchierare con lui. **engaged** agg **1** occupato, impegnato **2** (USA **busy**) (Telec) occupato **3** ~ **(to sb)** fidanzato (con qn): *to get engaged* fidanzarsi **engaging** agg attraente

engagement /ɪnˈɡeɪdʒmənt/ s **1** fidanzamento **2** appuntamento, impegno

engine /ˈendʒɪn/ s **1** motore: *The engine is overheating.* Il motore si sta surriscaldando.

> La parola **engine** si usa per il motore di un veicolo e **motor** per quello degli elettrodomestici. **Engine** è di solito a benzina e **motor** elettrico.

2 locomotiva: *engine driver* macchinista

engineer /ˌendʒɪˈnɪə(r)/ ▶ s **1** ingegnere **2** (telefono, manutenzione, ecc) tecnico, -a **3** (nave) macchinista **4** (aereo) motorista **5** (USA) macchinista (di treno)
▶ vt **1** (informale, spesso dispreg) architettare **2** costruire

engineering /ˌendʒɪˈnɪərɪŋ/ s ingegneria

English /ˈɪŋɡlɪʃ/ ▶ agg inglese ➲ Vedi nota a BREAKFAST
▶ s **1** (lingua) inglese **2** **the English** [pl] gli inglesi ➲ Vedi anche Appendice 3

ˌEnglish ˈmuffin s (USA) Vedi MUFFIN senso (1)

engrave /ɪnˈɡreɪv/ vt **to ~ B on A/A with B** incidere B su A **engraving** s incisione

engrossed /ɪnˈɡrəʊst/ agg assorto

engulf /ɪnˈɡʌlf/ vt inghiottire, avviluppare: *engulfed in flames* avviluppato nelle fiamme

enhance /ɪnˈhɑːns; USA -ˈhæns/ vt **1** aumentare, migliorare **2** (aspetto) valorizzare

enjoy /ɪnˈdʒɔɪ/ vt **1** godersi: *I enjoyed the show.* Lo spettacolo mi è piaciuto. ◇ *Enjoy your meal!* Buon appetito! **2** ~ **doing sth**: *He enjoys playing tennis.* Gli piace giocare a tennis. LOC **enjoy yourself** divertirsi: *Enjoy yourself!* Divertiti! **enjoyable** agg piacevole **enjoyment** s piacere: *He spoiled my enjoyment of the film.* Mi ha rovinato il film.

enlarge /ɪnˈlɑːdʒ/ vt **1** ampliare **2** (foto) ingrandire **enlargement** s **1** ampiamento **2** (foto) ingrandimento

enlighten /ɪnˈlaɪtn/ vt ~ **sb (about/as to/on sth)** illuminare qn (su qc) **enlightened** agg progressista **enlightenment** s (formale) **1** chiarimenti **2** **the Enlightenment** l'Illuminismo

enlist /ɪnˈlɪst/ **1** vi ~ **(in/for sth)** (Mil) arruolarsi (in qc) **2** vt ~ **sb (in/for sth)** ingaggiare qn (per qc) **3** vt ~ **sth** ricorrere a qc: *to enlist sb's help* ottenere l'aiuto di qn

enmity /ˈenməti/ s inimicizia

enormous /ɪˈnɔːməs/ agg enorme **enormously** avv enormemente: *I enjoyed it enormously.* Mi è piaciuto moltissimo.

enough /ɪˈnʌf/ ▶ agg, pron abbastanza: *Is that enough food for ten?* Sarà sufficiente per dieci quella roba da mangiare? ◇ *That's enough!* Basta! ◇ *I've saved up enough to go on holiday.* Ho risparmiato abbastanza per andare in vacanza. LOC **have had enough (of sb/sth)** averne abbastanza (di qn/qc)
▶ avv **1** ~ **(for sb/sth)** abbastanza (per qn/qc) **2** ~ **(to do sth)** abbastanza (per fare qc): *Is it near enough to go on foot?* È abbastanza vicino per andarci a piedi?

enquire → epidemic

Nota che **enough** segue sempre l'aggettivo e **too** lo precede: *You're not old enough./ You're too young.* Sei troppo giovane. Confronta con TOO

LOC **curiously, oddly, strangely, etc. enough** stranamente *Vedi anche* FAIR

enquire (*spec USA* **inquire**) /ɪnˈkwaɪə(r)/ (*formale*) **1** *vt* domandare **2** *vi* ~ (**about sb/ sth**) chiedere informazioni (su qn/qc) **enquiring** (*spec USA* **inquiring**) *agg* (*mente, sguardo*) indagatore **enquiry** (*spec USA* **inquiry**) /ɪnˈkwaɪəri; *USA* ˈɪnkwəri/ *s* (*pl* **-ies**) **1** (*formale*) domanda **2 inquiries** [*pl*] ufficio informazioni **3** inchiesta

enrage /ɪnˈreɪdʒ/ *vt* fare infuriare

enrich /ɪnˈrɪtʃ/ *vt* arricchire

enrol (*spec USA* **enroll**) /ɪnˈrəʊl/ *vt, vi* (**-ll-**) ~ (**sb**) (**in/as sth**) iscrivere qn (a/come qc); iscriversi (a/come qc) **enrolment** (*spec USA* **enrollment**) *s* iscrizione

en route /ˌɒ̃ ˈruːt/ *avv* in viaggio: *The bus broke down en route from Boston to New York.* Il pullman ha avuto un guasto nel tragitto da Boston a New York. ◊ *a plane en route for Heathrow* un aereo diretto a Heathrow

en suite /ˌɒ̃ ˈswiːt/ *agg, avv* in camera: *en suite facilities* servizi in camera ◊ *an en suite bedroom* una camera da letto con bagno

ensure (*spec USA* **insure**) /ɪnˈʃʊə(r)/ *vt* assicurare (*garantire*)

entangle /ɪnˈtæŋgl/ *vt* **1** ~ **sth** (**in/with sth**) impigliare qc (in qc) **2** ~ **sb** (**in/with sth**) invischiare qn (in qc) **entanglement** *s* coinvolgimento

enter /ˈentə(r)/ **1** *vt* entrare (in): *The thought never entered my head.* Non mi è mai passato per la testa. **2** *vt, vi* ~ (**for**) **sth** partecipare a qc **3** *vt* ~ **sb** (**in/for sth**) iscrivere qn (a qc): *How many students have been entered for the exam?* Quante iscrizioni all'esame ci sono state? **4** *vt* (*scuola, università*) iscriversi a **5** *vt* ~ **sth** (**in/into/on sth**) annotare qc (in qc); inserire qc (in qc): *to enter figures on a spreadsheet* inserire delle cifre in un foglio di calcolo
PHRV **enter into sth 1** (*negoziati*) cominciare **2** (*accordo*) arrivare a **3** entrarci: *What he wants doesn't enter into it.* Quello che lui vuole non c'entra niente.

enterprise /ˈentəpraɪz/ *s* **1** impresa **2** [*non numerabile*] spirito d'iniziativa **enterprising** *agg* intraprendente

entertain /ˌentəˈteɪn/ **1** *vt, vi* ricevere (*in casa*) **2** *vt* ~ **sb** (**with sth**) divertire qn (con qc) **3** *vt* (*idea*) prendere in considerazione **4** *vt* (*dubbi*) nutrire **entertainer** *s* artista di varietà **entertaining** *agg* divertente **entertainment** *s* **1** [*non numerabile*] divertimento: *the world of entertainment* il mondo dello spettacolo **2** spettacolo

enthralling /ɪnˈθrɔːlɪŋ/ *agg* avvincente

enthusiasm /ɪnˈθjuːziæzəm; *USA* -ˈθuː-/ *s* ~ (**for/about sth**) entusiasmo (per qc) **enthusiast** *s* appassionato, -a **enthusiastic** /ɪnˌθjuːziˈæstɪk; *USA* -ˈθuː-/ *agg* entusiasta

entice /ɪnˈtaɪs/ *vt* allettare

entire /ɪnˈtaɪə(r)/ *agg* intero: *the entire family* tutta la famiglia **entirely** *avv* completamente **entirety** /ɪnˈtaɪərəti/ *s* totalità

entitle /ɪnˈtaɪtl/ *vt* **1** ~ **sb to** (**do**) **sth** dare diritto a qn a (fare) qc: *to be entitled to (do) sth* avere diritto a (fare) qc **2** (*libro*) intitolare **entitlement** *s* diritto

entity /ˈentəti/ *s* (*pl* **-ies**) entità

entrance /ˈentrəns/ *s* ~ (**to sth**) **1** (*porta*) entrata, ingresso (di qc) **2** (*azione*) ingresso (a/in qc) **3** (*diritto*) ammissione (a qc)

entrant /ˈentrənt/ *s* ~ (**for sth**) partecipante, concorrente a qc

entrepreneur /ˌɒntrəprəˈnɜː(r)/ *s* imprenditore, -trice

entrust /ɪnˈtrʌst/ *vt* ~ **sb with sth/sth to sb** affidare qc a qn

entry /ˈentri/ *s* (*pl* **-ies**) **1** ~ (**into sth**) entrata, ingresso (a/in qc) **2** (*diario*) annotazione **3** (*dizionario*) voce LOC **No entry** Vietato l'ingresso, Divieto d'accesso

envelop /ɪnˈveləp/ *vt* ~ **sb/sth** (**in sth**) avvolgere qn/qc (in qc)

envelope /ˈenvələʊp, ˈɒn-/ *s* busta

enviable /ˈenviəbl/ *agg* invidiabile **envious** *agg* invidioso

environment /ɪnˈvaɪrənmənt/ **the environment** *s* l'ambiente **environmental** /ɪnˌvaɪrənˈmentl/ *agg* ambientale **environmentalist** *s* ambientalista **environmentally** *agg*: *environmentally friendly* che rispetta l'ambiente

envisage /ɪnˈvɪsɪdʒ/ *vt* prevedere

envoy /ˈenvɔɪ/ *s* inviato, -a

envy /ˈenvi/ ▸ *s* invidia
▸ *vt* (*pass, pp* **envied**) invidiare

enzyme /ˈenzaɪm/ *s* enzima

ephemeral /ɪˈfemərəl/ *agg* effimero

epic /ˈepɪk/ ▸ *s* **1** poema epico, epopea **2** (*genere letterario*) epica
▸ *agg* epico

epidemic /ˌepɪˈdemɪk/ *s* epidemia

| tʃ **ch**in | dʒ **J**une | v **v**an | θ **th**in | ð **th**en | s **s**o | z **z**oo | ʃ **sh**e |

epilepsy → essence

epilepsy /'epɪlepsi/ s epilessia **epileptic** /ˌepɪ'leptɪk/ agg, s epilettico, -a

epiphany /ɪ'pɪfəni/ s Epifania

episode /'epɪsəʊd/ s episodio

epitaph /'epɪtɑːf; USA -tæf/ s epitaffio

epitome /ɪ'pɪtəmi/ s LOC **be the epitome of sth** essere la personificazione di qc

epoch /'iːpɒk; USA 'epək/ s (formale) epoca, era

equal /'iːkwəl/ ▸ agg uguale: *equal opportunities* pari opportunità LOC **be on equal terms (with sb)** essere su un piano di parità (con qn)
▸ s pari: *without equal* senza pari
▸ vt (-ll-) (USA -l-) **1** uguagliare **2** (Mat) fare: *13 plus 29 equals 42.* 13 più 29 fa 42.

equality /i'kwɒləti/ s uguaglianza, parità

equalize, -ise /'iːkwəlaɪz/ **1** vi pareggiare: *Owen equalized in the second half.* Owen ha segnato il goal del pareggio nel secondo tempo. **2** vt rendere uguale **equalizer** (anche **-iser**) s goal del pareggio

equally /'iːkwəli/ avv **1** ugualmente, altrettanto **2** (dividere) in parti uguali

equate /i'kweɪt/ vt ~ sth (**with sth**) identificare qc (con qc)

equation /ɪ'kweɪʒn/ s equazione

equator /ɪ'kweɪtə(r)/ s equatore

equilibrium /ˌiːkwɪ'lɪbriəm, ˌek-/ s equilibrio

equinox /'iːkwɪnɒks, 'ek-/ s equinozio

equip /ɪ'kwɪp/ vt (-pp-) **1** ~ **sb/sth (with sth) (for sth)** attrezzare qn/qc (con/di qc) (per qc) **2** ~ **sb (for sth)** preparare qn (a/per qc)

equipment /ɪ'kwɪpmənt/ s [non numerabile] attrezzatura, apparecchiatura: *a piece of equipment* un apparecchio

equitable /'ekwɪtəbl/ agg (formale) equo

equivalent /ɪ'kwɪvələnt/ agg, s ~ (**to sth**) equivalente (a qc)

ER /ˌiː 'ɑː(r)/ s Vedi EMERGENCY ROOM

era /'ɪərə/ s era

eradicate /ɪ'rædɪkeɪt/ vt sradicare, eliminare

erase /ɪ'reɪz; USA ɪ'reɪs/ vt ~ **sth (from sth)** cancellare qc (da qc) ❶ Per i segni a matita si usa più comunemente **rub out**. **eraser** s (USA o formale) Vedi RUBBER senso (2)

erect /ɪ'rekt/ ▸ vt **1** (monumento) erigere **2** (edificio) costruire
▸ agg **1** dritto **2** (pene) eretto

erection /ɪ'rekʃn/ s erezione

erode /ɪ'rəʊd/ vt erodere **erosion** /ɪ'rəʊʒn/ s erosione

erotic /ɪ'rɒtɪk/ agg erotico

errand /'erənd/ s commissione: *to run errands for sb* fare commissioni per qn

erratic /ɪ'rætɪk/ agg (spesso dispreg) **1** irregolare **2** (comportamento) imprevedibile

error /'erə(r)/ s (formale) errore: *to make an error* commettere un errore ◊ *The letter was sent to you in error.* La lettera è stata inviata a lei per errore.

> La parola **mistake** è più comune di **error**. Tuttavia in alcune costruzioni si può usare solo **error**: *human error* errore umano ◊ *an error of judgement* un errore di valutazione. Vedi nota a MISTAKE

LOC Vedi TRIAL

erupt /ɪ'rʌpt/ vi **1** (vulcano) entrare in eruzione **2** (violenza) esplodere **eruption** /ɪ'rʌpʃn/ s eruzione

escalate /'eskəleɪt/ **1** vi (prezzo, livello) aumentare rapidamente **2** vt, vi intensificare, intensificarsi **escalation** s **1** aumento **2** escalation

escalator /'eskəleɪtə(r)/ s scala mobile

escalope /'eskəlɒp, e'skæləp; USA ɪ'skɒləp, ɪ'skæləp/ s scaloppina

escapade /ˌeskə'peɪd, 'eskəpeɪd/ s avventura

escape /ɪ'skeɪp/ ▸ vi **1** ~ (**from sb/sth**) fuggire (da qn/qc) **2** vt, vi sfuggire (a): *They escaped unharmed.* Ne sono usciti illesi. **3** vi (gas, liquido) fuoriuscire LOC **escape (sb's) notice** sfuggire all'attenzione di qn, passare inosservato Vedi anche LIGHTLY
▸ s **1** ~ (**from sth**) fuga (da qc): *to make your escape* darsi alla fuga **2** (gas) fuga **3** (liquido) perdita LOC Vedi NARROW

escort ▸ /'eskɔːt/ s **1** [v sing o pl] scorta **2** (formale) accompagnatore, -trice
▸ /ɪ'skɔːt/ vt ~ **sb** (**to sth**) accompagnare qn (a qc)

Eskimo /'eskɪməʊ/ s (pl **Eskimo** o **-os**) (talvolta dispreg) eschimese ⊃ Vedi nota a ESCHIMESE

esophagus (USA) Vedi OESOPHAGUS

especially /ɪ'speʃəli/ avv **1** particolarmente **2** specialmente, soprattutto **3** appositamente, espressamente ⊃ Vedi nota a SPECIALLY

espionage /'espiənɑːʒ/ s spionaggio

espresso /e'spresəʊ/ s (pl **-os**) espresso ⊃ Vedi nota a CAFFÈ

essay /'eseɪ/ s **1** (Letteratura) saggio **2** (Scol) tema

essence /'esns/ s essenza LOC **in essence** in sostanza

---

iː see   i happy   ɪ sit   e ten   æ hat   ɑː father   ʌ cup   ʊ put   uː too

essential /ɪˈsenʃl/ ▶ *agg* **1** ~ (**to/for sth**) indispensabile (a qc) **2** essenziale, fondamentale ▶ *s* [*gen pl*] essenziale: *I only had time to pack the bare essentials.* Ho avuto solo il tempo di mettere in valigia l'essenziale.

essentially /ɪˈsenʃəli/ *avv* essenzialmente, fondamentalmente

establish /ɪˈstæblɪʃ/ *vt* **1** (*organizzazione*) istituire, costituire **2** (*rapporto, usanza*) stabilire **3** (*causa, identità*) accertare **4** ~ **yourself** affermarsi **established** *agg* **1** (*ditta*) ben avviato **2** (*religione*) di Stato **establishment** *s* **1** costituzione, istituzione **2** azienda, istituto **3 the Establishment** (*GB*) la classe dirigente, l'establishment

estate /ɪˈsteɪt/ *s* **1** proprietà, tenuta **2** (*beni*) patrimonio **3** *Vedi* HOUSING ESTATE **4** *Vedi* ESTATE CAR

esˈtate agent *s* (*USA* **real estate agent**, **Realtor**®) agente immobiliare

esˈtate car (*USA* ˈ**station wagon**) *s* station wagon

esteem /ɪˈstiːm/ *s* stima LOC **hold sb/sth in high/ low esteem** avere grande/poca stima di qn/qc

esthetic (*USA*) *Vedi* AESTHETIC

estimate ▶ /ˈestɪmət/ *s* **1** valutazione **2** preventivo
▶ /ˈestɪmeɪt/ *vt* valutare, stimare

estimation /ˌestɪˈmeɪʃn/ *s* opinione, giudizio

estranged /ɪˈstreɪndʒd/ *agg* (*marito, moglie*) separato LOC **become estranged from sb** allontanarsi da qn

estuary /ˈestʃuəri/; *USA* -ueri/ *s* (*pl* -**ies**) estuario

etc. /et ˈsetərə, ɪt-/ *abbr* **et cetera** eccetera

etching /ˈetʃɪŋ/ *s* incisione all'acquaforte

eternal /ɪˈtɜːnl/ *agg* eterno **eternity** /ɪˈtɜːnəti/ *s* eternità

ether /ˈiːθə(r)/ *s* etere **ethereal** /iˈθɪəriəl/ *agg* etereo

ethics /ˈeθɪks/ *s* [*sing*] etica ❶ **Ethics** è usato al plurale quando significa 'principi morali' ma è non numerabile quando si riferisce alla disciplina filosofica. **ethical** *agg* etico, morale

ethnic /ˈeθnɪk/ *agg* etnico

ethos /ˈiːθɒs/ *s* (*formale*) ethos, norma di vita

etiquette /ˈetɪket, -kət/ *s* etichetta: *professional etiquette* etica professionale

etymology /ˌetɪˈmɒlədʒi/ *s* (*pl* -**ies**) etimologia

EU /ˌiː ˈjuː/ *abbr* **European Union** Unione Europea

euro /ˈjʊərəʊ/ *s* (*pl* -**os** *o* **euro**) euro

Euro-MP /ˈjʊərəʊ empiː/ *s* eurodeputato, -a

evacuate /ɪˈvækjueɪt/ *vt* **1** (*città*) evacuare **2** (*abitanti*) far sfollare **evacuee** /ɪˌvækjuˈiː/ *s* sfollato, -a

evade /ɪˈveɪd/ *vt* **1** (*persona, attacco*) sfuggire a, sottrarsi a **2** (*tasse*) evadere

evaluate /ɪˈvæljueɪt/ *vt* valutare

evaporate /ɪˈvæpəreɪt/ **1** *vt, vi* (far) evaporare **2** *vi* (*fig*) svanire **evaporation** *s* evaporazione

evasion /ɪˈveɪʒn/ *s* **1** lo sfuggire, il sottrarsi **2** (*tasse*) evasione **evasive** /ɪˈveɪsɪv/ *agg* evasivo

eve /iːv/ *s* vigilia ⊃ *Vedi nota a* VIGILIA

even[1] /ˈiːvn/ ▶ *agg* **1** (*superficie*) liscio, piano **2** (*colore*) uniforme **3** (*temperatura*) costante **4** (*quantità, valore*) uguale **5** (*numero*) pari ⊃ *Confronta* ODD
▶ *v* PHRV **even out** livellarsi ◆ **even sth out** ripartire qc ◆ **even sth up** pareggiare, appianare qc

even[2] /ˈiːvn/ *avv* **1** [*uso enfatico*] perfino, anche: *He didn't even open the letter.* Non ha neanche aperto la lettera. **2** [*con comparativi*] ancora: *even bigger* ancora più grande LOC **even if** anche se ⊃ *Vedi nota a* ANCHE ◆ **even so** ciò nonostante ◆ **even though** sebbene ⊃ *Vedi nota a* ANCHE

evening /ˈiːvnɪŋ/ *s* **1** sera: *tomorrow evening* domani sera ◊ *an evening class* un corso serale ◊ *evening dress* abito da sera ◊ *the evening meal* la cena ◊ *an evening paper* un giornale della sera ⊃ *Vedi nota a* MORNING **2** serata LOC **good evening** buonasera ⊃ *Vedi nota a* MORNING

evenly /ˈiːvənli/ *avv* **1** (*distribuire*) in modo uniforme **2** (*spartire*) in parti uguali

event /ɪˈvent/ *s* avvenimento LOC **at all events/ in any event** in ogni caso ◆ **in the event** di fatto ◆ **in the event of sth** in caso di qc **eventful** *agg* denso di avvenimenti, movimentato

eventual /ɪˈventʃuəl/ *agg* finale

eventually /ɪˈventʃuəli/ *avv* alla fine

ever /ˈevə(r)/ *avv* **1** mai: *more than ever* più che mai ◊ *Has it ever happened before?* È mai successo prima? **2** *for ever (and ever)* per sempre LOC **ever since** da allora: *He's had a car ever since he was 18.* Ha la macchina da quando aveva 18 anni. ◊ *I was bitten by a dog once and I've been afraid of them ever since.* Una volta sono stato morsicato da un cane e da allora li temo. ⊃ *Vedi nota a* ALWAYS *e* MAI

every → exclamation mark

every /'evri/ *agg* ogni: *every (single) time* ogni volta ◊ *every 10 minutes* ogni dieci minuti ◊ *every day* tutti i giorni ◊ *One in every three marriages ends in divorce.* Un matrimonio su tre si conclude con un divorzio.

> Si usa **every** per riferirsi a tutti gli elementi di un gruppo: *Every player was on top form.* Tutti i giocatori erano in piena forma. **Each** si usa per riferirsi a ciascuno individualmente: *The Queen shook hands with each player after the game.* La regina ha stretto la mano a ciascun giocatore dopo la partita. *Vedi nota a* EACH.

LOC **every last ...** proprio tutti/tutte ... ♦ **every now and again/then** di tanto in tanto ♦ **every other ...** : *every other day* un giorno sì e uno no ◊ *every other week* ogni due settimane ♦ **every so often** di tanto in tanto

everybody /'evribɒdi/ (*anche* **everyone** /'evriwʌn/) *pron* tutti, ognuno

> **Everybody, anybody** e **somebody** richiedono il verbo al singolare, ma il pronome possessivo va al plurale (tranne che nel linguaggio formale): *Somebody has left their jacket behind.* Qualcuno si è dimenticato di prendere la giacca.

everyday /'evrideɪ/ *agg* quotidiano, di tutti i giorni: *for everyday use* per uso comune ◊ *in everyday use* di uso corrente ❶ **Everyday** si usa solo davanti a un sostantivo. Non va confuso con l'espressione **every day**, che significa 'tutti i giorni'.

everything /'evriθɪŋ/ *pron* tutto

everywhere /'evriweə(r)/ ▶ *avv* dappertutto
▶ *cong* ovunque: *He follows her everywhere she goes.* La segue ovunque vada.
▶ *pron: We'll have to eat here. Everywhere else is full.* Ci toccherà mangiare qui. Tutti gli altri posti sono pieni.

evict /ɪ'vɪkt/ *vt* ~ **sb (from sth)** sfrattare qn (da qc)

evidence /'evɪdəns/ *s* [*non numerabile*] **1** prova, prove: *insufficient evidence* insufficienza di prove **2** testimonianza: *to give evidence* testimoniare **evident** *agg* ~ **(to sb) (that** ...) evidente (per qn) (che ...) **evidently** *avv* evidentemente, chiaramente

evil /'i:vl/ ▶ *agg* malvagio, orribile
▶ *s* (*formale*) male

evocative /ɪ'vɒkətɪv/ *agg* evocativo: *That smell is evocative of my childhood.* Quell'odore mi ricorda la mia infanzia.

evoke /ɪ'vəʊk/ *vt* evocare

evolution /ˌi:və'lu:ʃn; *USA* ˌev-/ *s* evoluzione

evolve /i'vɒlv/ *vi* **1** (*pianta, animale*) evolversi **2** (*teoria, progetto*) svilupparsi

ewe /ju:/ *s* pecora

exact /ɪɡ'zækt/ *agg* **1** (*cifra*) esatto **2** (*persona*) preciso

exacting /ɪɡ'zæktɪŋ/ *agg* esigente

exactly /ɪɡ'zæktli/ *avv* esattamente **LOC** **exactly!** esatto!

exaggerate /ɪɡ'zædʒəreɪt/ *vt* esagerare **exaggerated** *agg* esagerato

exam /ɪɡ'zæm/ *s* (*Scol*) esame: *to do/sit an exam* dare un esame

examination /ɪɡˌzæmɪ'neɪʃn/ *s* (*formale*) **1** esame **2** ispezione **3** visita (*medica*)
examine /ɪɡ'zæmɪn/ *vt* esaminare, ispezionare
examiner /ɪɡ'zæmɪnə(r)/ *s* esaminatore, -trice

example /ɪɡ'zɑ:mpl; *USA* -'zæmpl/ *s* esempio **LOC** **for example** (*abbrev* **e.g.**) per esempio *Vedi anche* SET²

exasperate /ɪɡ'zæspəreɪt/ *vt* esasperare **exasperation** *s* esasperazione

excavate /'ekskəveɪt/ *vt, vi* scavare

exceed /ɪk'si:d/ *vt* superare **exceedingly** *avv* estremamente

excel /ɪk'sel/ *vi* (**-ll-**) ~ **in/at sth** eccellere in qc

excellent /'eksələnt/ *agg* eccellente **excellence** *s* eccellenza

except /ɪk'sept/ *prep* **1** ~ **(for) sb/sth** eccetto qn/qc **2** ~ **that ...** eccetto che ... **exception** *s* eccezione **exceptional** *agg* eccezionale

excerpt /'eksɜ:pt/ *s* ~ **(from sth)** brano (di qc)

excess /ɪk'ses/ *s* eccesso **excessive** *agg* eccessivo

exchange /ɪks'tʃeɪndʒ/ ▶ *s* **1** scambio: *in exchange for* in cambio di **2** (*Fin*): *exchange rate* tasso di cambio
▶ *vt* **1** ~ **A for B** cambiare A con B **2** ~ **sth (with sb)** scambiare qc (con qn)

the Exchequer /ɪks'tʃekə(r)/ *s* (*GB*) il ministero delle Finanze

excite /ɪk'saɪt/ *vt* **1** (*persona*) entusiasmare, eccitare **2** (*interesse*) provocare **excitable** *agg* eccitabile **excited** *agg* entusiasta, eccitato ⊃ *Vedi nota a* NOIOSO **excitement** *s* emozione, eccitazione **exciting** *agg* entusiasmante, emozionante ⊃ *Vedi nota a* NOIOSO

exclaim /ɪk'skleɪm/ *vi* esclamare **exclamation** /ˌeksklə'meɪʃn/ *s* esclamazione

excla'mation mark *s* punto esclamativo

exclude → experiment

exclude /ɪkˈskluːd/ *vt* ~ sb/sth (from sth) escludere qn/qc (da qc) **exclusion** /ɪkˈskluːʒn/ *s* ~ (of sb/sth) (from sth) esclusione (di qn/qc) (da qc)

exclusive /ɪkˈskluːsɪv/ *agg* **1** esclusivo **2** ~ of sb/sth senza includere qn/qc

excursion /ɪkˈskɜːʃn; *USA* -ˈɜːrʒn/ *s* gita, escursione

excuse ▶ /ɪkˈskjuːs/ *s* ~ (for sth/doing sth) scusa, giustificazione (per qc/per fare qc)
▶ /ɪkˈskjuːz/ *vt* **1** ~ sb/sth (for sth/doing sth) scusare, giustificare qn/qc (per qc/per aver fatto qc) **2** ~ sb (from sth) dispensare qn (da qc/dal fare qc)

> Si dice **excuse me** per interrompere qualcuno o per richiamarne l'attenzione: *Excuse me, madam!* Scusi, signora!
> Si usa **sorry** per chiedere scusa di qualcosa: *I'm sorry I'm late.* Scusate il ritardo. ◊ *Did I hit you? I'm sorry!* Ti ho urtato? Scusa! Nell'inglese americano si usa **excuse me** invece di **sorry**.

execute /ˈeksɪkjuːt/ *vt* **1** (*persona*) giustiziare **2** (*lavoro*) eseguire **execution** *s* esecuzione (*capitale*) **executioner** *s* boia

executive /ɪɡˈzekjətɪv/ *s* dirigente, funzionario, -a

exempt /ɪɡˈzempt/ ▶ *agg* ~ (from sth) esente (da qc)
▶ *vt* ~ sb/sth (from sth) esentare, esonerare qn/qc (da qc)

exemption /ɪɡˈzempʃn/ *s* esenzione, esonero

exercise /ˈeksəsaɪz/ ▶ *s* esercizio
▶ **1** *vi* fare ginnastica **2** *vt* (*diritto, potere*) esercitare

exercise book *s* **1** (*USA* **notebook**) quaderno **2** (*USA*) *Vedi* WORKBOOK

exert /ɪɡˈzɜːt/ **1** *vt* ~ sth (on sb/sth) esercitare qc (su qn/qc) **2** *v rifl* ~ **yourself** fare uno sforzo **exertion** *s* sforzo

exhaust[1] /ɪɡˈzɔːst/ *s* **1** (*anche* **exˈhaust pipe**) tubo di scappamento **2** [*non numerabile*] (*anche* **exˈhaust fumes** [*pl*]) gas di scarico

exhaust[2] /ɪɡˈzɔːst/ *vt* **1** stancare eccessivamente **2** esaurire **exhausted** *agg* **1** esausto **2** esaurito **exhausting** *agg* estenuante **exhaustion** /ɪɡˈzɔːstʃən/ *s* esaurimento **exhaustive** *agg* approfondito, esauriente

exhibit /ɪɡˈzɪbɪt/ ▶ *s* oggetto esposto
▶ *vt* **1** (*quadro*) esporre **2** (*tendenza, caratteristica*) mostrare

exhibition /ˌeksɪˈbɪʃn/ *s* esposizione, mostra

exhilarating /ɪɡˈzɪləreɪtɪŋ/ *agg* che rende euforico

exhilaration /ɪɡˌzɪləˈreɪʃn/ *s* euforia

exile /ˈeksaɪl, ˈeɡzaɪl/ ▶ *s* **1** esilio **2** esule
▶ *vt* esiliare

exist /ɪɡˈzɪst/ *vi* **1** esistere **2** ~ (on sth) vivere (di qc) **existence** *s* esistenza **existing** *agg* attuale

exit /ˈeksɪt/ ▶ *s* uscita
▶ *vt, vi* (*Informatica*) ~ (from) sth uscire da qc

exotic /ɪɡˈzɒtɪk/ *agg* esotico

expand /ɪkˈspænd/ *vt, vi* **1** espandere, espandersi **2** (*metallo*) dilatare, dilatarsi **3** (*ditta*) ingrandire, ingrandirsi PHRV **expand on sth** entrare nei dettagli di qc

expanse /ɪkˈspæns/ *s* ~ (of sth) distesa (di qc)

expansion /ɪkˈspænʃn/ *s* **1** espansione **2** dilatazione **3** sviluppo

expansive /ɪkˈspænsɪv/ *agg* espansivo

expatriate /ˌeksˈpætriət; *USA* -ˈpeɪt-/ *s* residente all'estero

expect /ɪkˈspekt/ *vt* **1** ~ sth (from sb/sth) aspettarsi qc (da qn/qc) **2** (*spec GB*) supporre: *I expect so.* Penso di sì. **expectant** *agg* **1** pieno di aspettativa **2** *an expectant mother* una donna in stato interessante **expectancy** *s* attesa *Vedi anche* LIFE EXPECTANCY **expectation** *s* ~ (of sth) aspettativa (di qc) LOC **against/contrary to (all) expectation(s)** contro tutte le aspettative

expedition /ˌekspəˈdɪʃn/ *s* spedizione (*esplorativa, militare*)

expel /ɪkˈspel/ *vt* (-ll-) ~ sb/sth (from sth) espellere qn/qc (da qc)

expend /ɪkˈspend/ *vt* ~ sth (on/upon sth/doing sth) (*formale*) impiegare, consumare qc in qc/nel fare qc

expendable /ɪkˈspendəbl/ *agg* (*formale*) **1** (*persona*) sacrificabile **2** (*cosa*) non indispensabile, sostituibile

expenditure /ɪkˈspendɪtʃə(r)/ *s* spesa, spese

expense /ɪkˈspens/ *s* spesa, spese **expensive** *agg* caro, costoso

experience /ɪkˈspɪəriəns/ ▶ *s* esperienza
▶ *vt* **1** provare **2** (*problemi*) incontrare

experienced /ɪkˈspɪəriənst/ *agg*: *an experienced teacher* un insegnante con molta esperienza

experiment /ɪkˈsperɪmənt/ ▶ *s* esperimento
▶ *vi* **1** ~ (on sb/sth) fare esperimenti (su qn/qc) **2** ~ (with sth) sperimentare (qc)

| tʃ chin | dʒ June | v van | θ thin | ð then | s so | z zoo | ʃ she |

expert → extreme

expert /'ekspɜːt/ *agg, s* ~ **(at/in/on sth/at doing sth)** esperto, -a in qc/nel fare qc **expertise** /ˌekspɜːˈtiːz/ *s* competenza

expire /ɪkˈspaɪə(r)/ *vi* scadere: *My passport had expired.* Il mio passaporto era scaduto. **expiry** *s* scadenza

explain /ɪkˈspleɪn/ *vt* ~ **sth (to sb)** spiegare qc (a qn): *Explain this to me.* Spiegami questo. **explanation** /ˌekspləˈneɪʃn/ *s* ~ **(of/for sth)** spiegazione (di qc) **explanatory** /ɪkˈsplænətri; *USA* -tɔːri/ *agg* esplicativo

explicit /ɪkˈsplɪsɪt/ *agg* esplicito

explode /ɪkˈspləʊd/ *vt, vi* (far) esplodere

exploit[1] /'eksplɔɪt/ *s* exploit, prodezza

exploit[2] /ɪkˈsplɔɪt/ *vt* sfruttare **exploitation** *s* sfruttamento

explore /ɪkˈsplɔː(r)/ *vt, vi* esplorare **exploration** *s* esplorazione **explorer** *s* esploratore, -trice

explosion /ɪkˈspləʊʒn/ *s* esplosione **explosive** /ɪkˈspləʊsɪv, -zɪv/ *agg, s* esplosivo

export ▸ /ɪkˈspɔːt/ *vt, vi* esportare
▸ /'ekspɔːt/ *s* merce d'esportazione

expose /ɪkˈspəʊz/ **1** *vt* (*mostrare*) rivelare **2** *vt* ~ **sb/sth (to sth)** (*a pericolo, sole*) esporre qn/qc (a qc) **3** *v rifl* ~ **yourself (to sth)** (*a pericolo, sole*) esporsi (a qc) **4** *vt* (*scandalo, ingiustizia*) denunciare **5** *vt* (*colpevole*) smascherare **exposed** *agg* poco riparato **exposure** /ɪkˈspəʊʒə(r)/ *s* **1** ~ **(to sth)** esposizione (a qc) **2** assideramento: *to die of exposure* morire assiderato **3** rivelazione, smascheramento **4** (*Foto*) foto(gramma)

express /ɪkˈspres/ ▸ *agg* **1** espresso
▸ *avv* per espresso
▸ *vt* ~ **sth (to sb)** esprimere qc (a qn): *to express yourself* esprimersi
▸ *s* espresso (*treno*)

expression /ɪkˈspreʃn/ *s* espressione

expressive /ɪkˈspresɪv/ *agg* espressivo, eloquente

expressly /ɪkˈspresli/ *avv* espressamente

expulsion /ɪkˈspʌlʃn/ *s* espulsione

exquisite /'ekskwɪzɪt, ɪkˈskwɪzɪt/ *agg* bellissimo, squisito

extend /ɪkˈstend/ **1** *vt* (*larghezza*) estendere, ampliare **2** *vt* (*lunghezza, tempo*) prolungare **3** *vi* estendersi **4** *vt* (*credito, scadenza*) prorogare **5** *vt* (*mano*) tendere **6** *vt* (*benvenuto, ringraziamenti*) porgere

extension /ɪkˈstenʃn/ *s* **1** estensione **2** ~ **(to sth)** annesso (di qc) **3** (*periodo*) prolungamento **4** (*scadenza, credito*) proroga **5** (*Telec, casa*) derivazione **6** (*Telec, ufficio*) interno **7** (*Elettr*) prolunga

extensive /ɪkˈstensɪv/ *agg* **1** (*area*) vasto **2** (*danni*) ingente **3** (*conoscenza, uso*) ampio **extensively** *avv* ampiamente: *He's travelled extensively in China.* Ha viaggiato molto in Cina.

extent /ɪkˈstent/ *s* portata, grado: *the full extent of the losses* il valore reale delle perdite subite LOC **to a large/great extent** in larga misura ♦ **to a lesser extent** in minor misura ♦ **to some/a certain extent** fino a un certo punto ♦ **to what extent** in che misura, fino a che punto

exterior /ɪkˈstɪəriə(r)/ ▸ *agg* esterno, esteriore
▸ *s* **1** esterno **2** (*persona*) aspetto esteriore

exterminate /ɪkˈstɜːmɪneɪt/ *vt* sterminare

external /ɪkˈstɜːnl/ *agg* esterno: *external affairs* affari esteri

extinct /ɪkˈstɪŋkt/ *agg* **1** (*animale*) estinto: *to become extinct* estinguersi **2** (*vulcano*) spento

extinguish /ɪkˈstɪŋɡwɪʃ/ *vt* estinguere (*fuoco*) ❶ Il termine più comune è **put out**. **extinguisher** *s* estintore

extort /ɪkˈstɔːt/ *vt* ~ **sth (from sb)** estorcere qc (a qn) **extortion** *s* estorsione

extortionate /ɪkˈstɔːʃənət/ *agg* esorbitante

extra /'ekstrə/ ▸ *agg* **1** in più, extra: *extra charge* supplemento ◊ *Wine is extra.* Il vino non è incluso. **2** (*Sport*): *extra time* tempo supplementare
▸ *avv* di più: *to pay extra* pagare un supplemento
▸ *s* **1** extra **2** (*Cine*) comparsa

extract ▸ /ɪkˈstrækt/ *vt* **1** ~ **sth (from sth)** estrarre qc (da qc) **2** ~ **sth (from sb/sth)** estorcere, strappare qc (a qn/qc)
▸ /'ekstrækt/ *s* **1** estratto **2** (*libro, musica*) brano **3** (*film*) spezzone

extradite /'ekstrədaɪt/ *vt* estradare

extraordinary /ɪkˈstrɔːdnri; *USA* -dəneri/ *agg* straordinario

extravagant /ɪkˈstrævəɡənt/ *agg* **1** (*persona*) prodigo **2** (*gusto*) dispendioso **3** (*idea, comportamento*) esagerato, eccessivo **extravagance** *s* **1** sperpero **2** lusso

extreme /ɪkˈstriːm/ *agg, s* estremo: *with extreme care* con la massima attenzione **extremely** *avv* estremamente **extremist** *s* estremista **extremity** /ɪkˈstreməti/ *s* (*pl* **-ies**) estremità

---

i: **see**   i **happy**   ɪ **sit**   e **ten**   æ **hat**   ɑː **father**   ʌ **cup**   ʊ **put**   uː **too**

extricate /'ekstrikeit/ vt (formale) ~ sb/sth (from sth) liberare, districare qn/qc (da qc)
extrovert /'ekstrəvɜ:t/ s, agg estroverso, -a
exuberant /ɪg'zju:bərənt; USA -'zu:-/ agg esuberante
exude /ɪg'zju:d; USA -'zu:d/ vt, vi **1** (formale) trasudare, stillare **2** (fig) emanare
eye /aɪ/ ▸ s occhio: *to have sharp eyes* avere una buona vista LOC **before your very eyes** proprio sotto gli occhi ♦ **in the eyes of sb/in sb's eyes** agli occhi di qn ♦ **in the eyes of the law** secondo la legge ♦ **(not) see eye to eye with sb** (non) condividere l'opinione di qn ♦ **keep an eye on sb/sth** tenere d'occhio qn/qc *Vedi anche* BRING, CAST, CATCH, CLOSE¹, CRY, EAR¹, MEET¹, MIND, NAKED, TURN

▸ vt (p pres **eyeing**) scrutare
eyeball /'aɪbɔ:l/ s bulbo oculare
eyebrow /'aɪbraʊ/ s sopracciglio LOC *Vedi* RAISE
eye-catching agg che si nota
eyelash /'aɪlæʃ/ s ciglio (*occhio*)
eye level agg all'altezza degli occhi
eyelid /'aɪlɪd/ s palpebra LOC *Vedi* BAT²
eyeliner /'aɪlaɪnə(r)/ s eyeliner
eyeshadow /'aɪʃædəʊ/ s ombretto
eyesight /'aɪsaɪt/ s vista
eyewitness /'aɪwɪtnəs/ s testimone oculare

F f

F, f /ef/ s (pl **Fs, F's, f's**) **1** F, f: *F for Frederick* F come Firenze ➲ *Vedi esempi a* A, A ➲ *Vedi nota a* VOTO **2** (*Mus*) fa
fable /'feɪbl/ s favola
fabric /'fæbrɪk/ s **1** tessuto, stoffa **2 the ~ (of sth)** [*sing*] la struttura (di qc)
fabulous /'fæbjələs/ agg fantastico
facade /fə'sɑ:d/ s facciata
face¹ /feɪs/ s **1** viso, faccia: *to wash your face* lavarsi la faccia ◊ *face down(wards)/up(wards)* a faccia in giù/su **2** faccia, superficie: *the south face of Etna* il versante meridionale dell'Etna ◊ *a rock face* una parete di roccia **3** quadrante (*di orologio*) LOC **face to face** faccia a faccia: *to come face to face with sth* trovarsi di fronte a qc ♦ **in the face of sth 1** nonostante qc **2** di fronte a qc ♦ **on the face of it** (*informale*) a prima vista ♦ **make/pull faces** fare le boccacce ♦ **put a bold, brave, good, etc. face on it** far buon viso a cattivo gioco ♦ **to sb's face** in faccia a qn ➲ *Confronta* BEHIND SB'S BACK *a* BACK¹ *Vedi anche* BRING, CUP, SAVE, STRAIGHT
face² /feɪs/ vt **1** essere di fronte a: *They sat down facing each other.* Si sedettero uno di fronte all'altro. **2** dare su: *a house facing the park* una casa che dà sul parco **3** affrontare: *to face facts* affrontare la realtà **4** (*condanna, multa*) rischiare **5** rivestire LOC *Vedi* LET¹ PHR V **face up to sb/sth** affrontare qn/qc
faceless /'feɪsləs/ agg anonimo

facelift /'feɪslɪft/ s **1** lifting **2** (fig) restauro
facet /'fæsɪt/ s sfaccettatura
facetious /fə'si:ʃəs/ agg (*dispreg*) spiritoso (a sproposito): *Stop being facetious.* Smettila di fare lo spiritoso.
face 'value s valore nominale LOC **accept/take sth at its face value** prendere qc alla lettera
facia *Vedi* FASCIA senso (1)
facial /'feɪʃl/ ▸ agg del viso, facciale
▸ s trattamento di bellezza per il viso
facile /'fæsaɪl; USA 'fæsl/ agg (*dispreg*) superficiale
facilitate /fə'sɪlɪteɪt/ vt (formale) facilitare
facility /fə'sɪləti/ s **1 facilities** [*pl*]: *sports/banking facilities* impianti sportivi/servizi bancari **2** [*sing*] facilità **3** funzione
fact /fækt/ s fatto: *the fact that …* il fatto che … LOC **facts and figures** (*informale*) dati e cifre ♦ **in fact 1** infatti **2** in realtà ♦ **the facts of life** (*euf*) come nascono i bambini *Vedi anche* ACTUAL, MATTER, POINT
factor /'fæktə(r)/ s fattore
factory /'fæktəri/ s (pl **-ies**) fabbrica: *a shoe factory* un calzaturificio ◊ *factory workers* operai
factual /'fæktʃuəl/ agg **1** basato sui fatti **2** *a factual error* un errore di fatto
faculty /'fæklti/ s (pl **-ies**) **1** facoltà: *Arts Faculty* Facoltà di Lettere **2** (*USA*) corpo insegnante

u situation ɒ got ɔ: saw ɜ: fur ə ago j yes w woman eɪ pay əʊ go

fad /fæd/ *s* **1** mania **2** moda

fade /feɪd/ **1** *vt, vi* scolorire, scolorirsi, sbiadire, sbiadirsi **2** *vi* (*fiore, bellezza*) appassire
PHRV fade away affievolirsi, deperire

fag /fæg/ *s* **1** [*sing*] (*informale*) sfacchinata **2** (*GB, informale*) sigaretta **3** (*USA, offensivo*) frocio

fail /feɪl/ ▶ **1** *vt* (*esame*) essere bocciato a **2** *vt* (*candidato*) respingere **3** *vi* ~ (**in sth**) non riuscire (in qc): *to fail in your duty* venir meno al proprio dovere **4** *vi* ~ **to do sth**: *They failed to notice anything unusual*. Non notarono niente di strano. **5** *vi* (*forza*) venire a mancare **6** *vi* (*salute*) peggiorare **7** *vi* (*raccolto*) andare perso **8** *vi* (*motore*) fermarsi **9** *vi* (*freni*) non funzionare **10** *vi* (*azienda*) fallire
▶ *s* bocciatura **LOC without fail** senz'altro

failing /'feɪlɪŋ/ ▶ *s* difetto
▶ *prep* in mancanza di: *failing that* se ciò non è possibile

failure /'feɪljə(r)/ *s* **1** fallimento, fiasco **2** guasto: *engine failure* guasto al motore ◊ *heart failure* arresto cardiaco **3** ~ **to do sth**: *His failure to answer puzzled her*. La sorpresa che non avesse risposto.

faint /feɪnt/ ▶ *agg* (**-er, -est**) **1** (*suono, speranza*) debole **2** (*traccia, odore*) leggero **3** (*somiglianza*) vago **4** ~ (**from/with sth**) debole (per qc): *to feel faint* sentirsi svenire
▶ *vi* svenire
▶ *s* [*sing*] svenimento

faintly /'feɪntli/ *avv* **1** debolmente **2** vagamente

fair /feə(r)/ ▶ *s* **1** fiera: *a trade fair* una fiera campionaria **2** luna park
▶ *agg* (**-er, -est**) **1** ~ (**to/on sb**) giusto, imparziale (con qn): *It's not fair*. Non vale. **2** (*tempo*) bello **3** (*capelli*) biondo ⊃ *Vedi nota a* BIONDO **4** (*carnagione*) chiaro **5** (*conoscenza, risultato, ecc*) discreto: *It's a fair size*. È abbastanza grande. **LOC fair and square 1** in pieno **2** chiaramente ♦ **fair enough** d'accordo: *If you don't want to come, fair enough, but let Bill know*. Se non vuoi venire, d'accordo, ma dillo a Bill. ♦ **fair game** un bersaglio legittimo ♦ **fair play** correttezza ♦ **have, etc. (more than) your fair share of sth**: *We've had more than our fair share of rain*. Abbiamo avuto la nostra bella razione di pioggia.

fair-haired /ˌfeə 'heəd/ *agg* biondo

fairly /'feəli/ *avv* **1** in modo giusto, equamente **2** [*davanti a agg o avv*] abbastanza: *It's fairly easy*. È abbastanza facile. ◊ *It's fairly good*. È discreto. ◊ *fairly quickly* abbastanza rapidamente ⊃ *Vedi nota a* ABBASTANZA

fairy /'feəri/ *s* (*pl* **-ies**) fata: *fairy godmother* fata buona ◊ *fairy tale* fiaba

faith /feɪθ/ *s* ~ (**in sb/sth**) fede, fiducia (in qn/qc)
LOC in bad/good faith in malafede/in buona fede ♦ **put your faith in sb/sth** fidarsi di qn/qc *Vedi anche* BREACH

faithful /'feɪθfl/ *agg* fedele, leale **faithfully** *avv* fedelmente **LOC** *Vedi* YOURS

fake /feɪk/ ▶ *s* **1** (*quadro*) falso **2** (*oggetto*) imitazione
▶ *agg* falso
▶ **1** *vt* (*firma, documento*) falsificare **2** *vt, vi* fingere

falcon /'fɔːlkən; *USA* 'fælkən/ *s* falcone

fall /fɔːl/ ▶ *s* **1** caduta **2** ribasso, calo **3** *a fall of snow* una nevicata **4** (*USA*) autunno **5** [*gen pl*] (*Geog*) cascate
▶ *vi* (*pass* **fell** /fel/ *pp* **fallen** /'fɔːlən/) **1** cadere **2** (*prezzo, temperatura*) calare

> Talvolta il verbo **fall** indica un cambiamento di stato, ad es.: *He fell asleep*. Si addormentò. ◊ *He fell ill*. Si ammalò.

LOC fall in love (with sb) innamorarsi (di qn) ♦ **fall short of sth** non corrispondere a qc ♦ **fall victim to sth** essere vittima di qc *Vedi anche* FOOT
PHRV fall apart cadere a pezzi
fall back indietreggiare ♦ **fall back on sb/sth** ricorrere a qn/qc
fall behind (sb/sth) rimanere indietro (rispetto a qn/qc) ♦ **fall behind with sth** essere in arretrato con qc
fall down 1 (*persona*) cadere **2** (*edificio*) crollare
fall for sb (*informale*) prendersi una cotta per qn
fall for sth (*informale*): *You fell for it*. Ci sei cascato.
fall in 1 (*soffitto*) crollare **2** (*Mil*) mettersi in riga
fall off cadere, diminuire
fall on/upon sb ricadere su qn
fall out (with sb) litigare (con qn)
fall over cadere ♦ **fall over sth** inciampare in qc
fall through fallire

fallen /'fɔːlən/ ▶ *agg* caduto
▶ *pp di* FALL

false /fɔːls/ *agg* **1** falso **2** (*ciglia, ecc*) finto: *false teeth* una dentiera **3** (*mezzi*) fraudolento
LOC a false alarm un falso allarme ♦ **a false move** un passo falso ♦ **a false start** una falsa partenza

falsify /ˈfɔːlsɪfaɪ/ vt (pass, pp **-fied**) falsificare

falter /ˈfɔːltə(r)/ vi **1** (persona) vacillare **2** (voce) tremare

fame /feɪm/ s fama

familiar /fəˈmɪliə(r)/ agg **1** familiare **2 be ~ with sb/sth** conoscere bene qn/qc **familiarity** /fəˌmɪliˈærəti/ s **1 ~ with sth** conoscenza di qc **2** familiarità

family /ˈfæməli/ s [v sing o pl] (pl **-ies**) famiglia: *family name* cognome ◇ *a family man* un padre di famiglia ◇ *family tree* albero genealogico ➔ Vedi nota a FAMIGLIA LOC Vedi RUN

famine /ˈfæmɪn/ s carestia

famous /ˈfeɪməs/ agg famoso

fan /fæn/ ▸ s **1** ventaglio **2** ventilatore **3** fan, tifoso, -a
▸ vt (**-nn-**) **1** fare vento a **2** (discussione, fuoco) alimentare PHRV **fan out** disporsi a ventaglio

fanatic /fəˈnætɪk/ s fanatico, -a **fanatical** agg fanatico

fanciful /ˈfænsɪfl/ agg **1** (idea) stravagante **2** (persona) fantasioso

fancy /ˈfænsi/ ▸ s **1** capriccio **2** fantasia LOC **catch/take sb's fancy** entusiasmare qn: *whatever takes your fancy* qualsiasi cosa ti piaccia ♦ **take a fancy to sb/sth** incapricciarsi di qn/qc
▸ agg stravagante: *nothing fancy* niente di speciale
▸ vt (pass, pp **fancied**) **1** (GB, informale) avere voglia di **2** (GB, informale) trovare attraente: *I don't fancy him*. Non mi piace. **3** (formale) credere, immaginare LOC **fancy (that)!** pensa un po'! ♦ **fancy yourself as sth** (informale) credere di essere qc

fancy 'dress s [non numerabile] maschera (costume)

fang /fæŋ/ s zanna

fantastic /fænˈtæstɪk/ agg fantastico

fantasy /ˈfæntəsi/ s (pl **-ies**) fantasia

far /fɑː(r)/ ▸ agg (comp **farther** /ˈfɑːðə(r)/ o **further** /ˈfɜːðə(r)/ superl **farthest** /ˈfɑːðɪst/ o **furthest** /ˈfɜːðɪst/) **1** estremo: *the Far East* l'Estremo Oriente ◇ *the far end* l'altra estremità **2** opposto: *on the far bank* sulla riva opposta **3** (antiq) lontano
▸ avv (comp **farther** /ˈfɑːðə(r)/ o **further** /ˈfɜːðə(r)/ superl **farthest** /ˈfɑːðɪst/ o **furthest** /ˈfɜːðɪst/) Vedi anche FURTHER, FURTHEST **1** lontano: *Is it far?* È lontano? ◇ *How far is it?* Quanto è lontano?

Con questo significato si usa in frasi negative o interrogative. In frasi affermative si trova più spesso **a long way**.

2 [con preposizioni, comparativi] molto: *far above/far beyond sth* molto più in alto/molto al di là di qc ◇ *It's far easier for him*. Per lui è molto più facile. LOC **as far as** fino a ♦ **as/so far as**: *as far as I know* per quel che ne so ♦ **as/so far as sb/sth is concerned** per quanto riguarda qn/qc ♦ **by far** di gran lunga ♦ **far and wide** da tutte le parti ♦ **far away** lontano ♦ **far from it** (informale) al contrario ♦ **far from (doing) sth** ben lontano da qc/dal fare qc ♦ **go too far** oltrepassare i limiti ♦ **in so far as** nella misura in cui ♦ **so far 1** finora **2** fino a un certo punto *Vedi anche* AFIELD, FEW

faraway /ˈfɑːrəweɪ/ agg **1** (posto) lontano **2** (sguardo) assente

farce /fɑːs/ s farsa

fare /feə(r)/ ▸ s **1** tariffa, prezzo del biglietto **2** [non numerabile] (antiq o formale) pietanze
▸ vi (formale): *to fare well/badly* procedere bene/male

farewell /ˌfeəˈwel/ ▸ escl (antiq, formale) addio
▸ s addio: *farewell party* festa d'addio LOC **bid/say farewell to sb/sth** dire addio a qn/qc

farm /fɑːm/ ▸ s fattoria
▸ **1** vi fare l'agricoltore, fare l'allevatore **2** vt coltivare, allevare

farmer /ˈfɑːmə(r)/ s contadino, -a, coltivatore, -trice

farmhouse /ˈfɑːmhaʊs/ s fattoria (casa)

farming /ˈfɑːmɪŋ/ s agricoltura

farmyard /ˈfɑːmjɑːd/ s aia

'far-off agg lontano

far-'reaching agg di vasta portata

fart /fɑːt/ ▸ s (informale) scoreggia
▸ vi (informale) scoreggiare

farther /ˈfɑːðə(r)/ avv (comp di **far**) più lontano: *I can swim farther than you*. Posso andare più lontano di te, a nuoto. ➔ Vedi nota a FURTHER

farthest /ˈfɑːðɪst/ agg, avv (superl di **far**) più lontano

fascia /ˈfeɪʃə/ s (GB) **1** (anche **facia**) cruscotto **2** guscio (del telefonino)

fascinate /ˈfæsɪneɪt/ vt affascinare **fascinating** agg affascinante

fascism /ˈfæʃɪzəm/ s fascismo **fascist** agg, s fascista

fashion → fearless

fashion /ˈfæʃn/ ▶ s **1** moda **2** [sing] maniera LOC **be/go out of fashion** essere fuori/passare di moda ♦ **be in/come into fashion** essere/diventare di moda *Vedi anche* HEIGHT
▶ vt modellare, fabbricare

fashionable /ˈfæʃnəbl/ agg di moda

fast¹ /fɑːst; USA fæst/ ▶ agg (**-er, -est**) **1** veloce

> Sia **fast** che **quick** significano veloce, ma **fast** si usa per descrivere persone, animali o cose che si muovono a gran velocità: *a fast horse/runner/car* un cavallo/un corridore/una macchina veloce, mentre **quick** si riferisce a qualcosa che si effettua in breve tempo: *a quick decision/visit* una rapida decisione/visita.

2 (*orologio*): *to be fast* andare avanti ◊ *That clock is ten minutes fast.* Quell'orologio va avanti di dieci minuti. LOC *Vedi* BUCK³
▶ avv (**-er, -est**) in fretta, rapidamente

fast² /fɑːst; USA fæst/ ▶ agg **1** ben fissato **2** (*colore*) resistente
▶ avv: *fast asleep* profondamente addormentato LOC *Vedi* HOLD, STAND

fast³ /fɑːst; USA fæst/ ▶ vi digiunare
▶ s digiuno

fasten /ˈfɑːsn; USA ˈfæsn/ **1** vt ~ **sth** (**down**) fissare bene qc: *Fasten your seat belts.* Allacciare le cinture di sicurezza. **2** vt ~ **sth** (**up**) allacciare qc: *Fasten up your coat.* Abbottonati il cappotto. **3** vt appuntare, fissare: *fasten sth (together)* unire qc **4** vi allacciarsi, abbottonarsi

fast food s [*non numerabile*] fast food: *a fast-food restaurant* un fast food

fast forward ▶ vt mandare avanti velocemente
▶ s (tasto di) avanzamento veloce

fastidious /fəˈstɪdiəs, fæ-/ agg pignolo, esigente

fat /fæt/ ▶ agg (**fatter, fattest**) grasso: *You're getting fat.* Stai ingrassando. ➔ Altri termini, meno diretti di **fat** sono **chubby, stout, plump** e **overweight**.
▶ s grasso

fatal /ˈfeɪtl/ agg **1** ~ (**to sb/sth**) mortale, fatale (per qn/qc) **2** fatidico **fatality** /fəˈtæləti/ s (pl **-ies**) vittima (*di un incidente*)

fate /feɪt/ s destino, sorte **fated** agg destinato **fateful** agg fatidico

father /ˈfɑːðə(r)/ ▶ s padre: *Father Christmas* Babbo Natale ➔ *Vedi nota a* NATALE LOC **like father, like son** tale padre, tale figlio
▶ vt generare

father-in-law s (pl **-ers-in-law**) suocero

Father's Day s festa del papà

fatigue /fəˈtiːɡ/ s fatica, stanchezza **fatigued** agg (*formale*) affaticato, stanco

fatten /ˈfætn/ vt (*animale*) ingrassare *Vedi anche* LOSE/PUT ON WEIGHT *a* WEIGHT

fattening /ˈfætnɪŋ/ agg che fa ingrassare: *Is chocolate fattening?* Il cioccolato fa ingrassare?

fatty /ˈfæti/ ▶ agg **1** (*Med*) adiposo **2** (**-ier, -iest**) (*cibo*) grasso
▶ s (pl **-ies**) (*informale, dispreg*) ciccione

faucet /ˈfɔːsɪt/ s (*USA*) *Vedi* TAP

fault /fɔːlt/ ▶ s **1** difetto **2** guasto **3** colpa: *Whose fault is it?* Di chi è la colpa? ◊ *It's not my fault.* Non è colpa mia. **4** (*Sport*) fallo **5** (*Geol*) faglia LOC **be at fault** avere torto *Vedi anche* FIND
▶ vt criticare: *He can't be faulted.* Non gli si può rimproverare nulla.

faultless /ˈfɔːltləs/ agg perfetto, impeccabile

faulty /ˈfɔːlti/ agg (**-ier, -iest**) difettoso

fauna /ˈfɔːnə/ s fauna

favour (*USA* **favor**) /ˈfeɪvə(r)/ ▶ s favore: *to ask a favour of sb* chiedere un favore a qn LOC **in favour of** (**doing**) **sth** favorevole a (fare) qc *Vedi anche* CURRY
▶ vt **1** essere a favore di **2** preferire

favourable (*USA* **favorable**) /ˈfeɪvərəbl/ agg **1** ~ (**for sth**) favorevole (a qc) **2** ~ (**to/towards sb/sth**) a favore (di qn/qc)

favourite (*USA* **favorite**) /ˈfeɪvərɪt/ ▶ s favorito, -a
▶ agg preferito

fawn /fɔːn/ ▶ s cerbiatto ➔ *Vedi nota a* CERVO
▶ agg, s beige

fax /fæks/ ▶ s fax
▶ vt **1** to ~ **sb** mandare un fax a qn **2** to ~ **sth** (**to sb**) faxare qc (a qn)

fear /fɪə(r)/ ▶ vt temere: *I fear so/not.* Ho paura di sì/no.
▶ s paura, timore: *to shake with fear* tremare di paura LOC **for fear of** (**doing**) **sth** per paura di (fare) qc ♦ **for fear** (**that/lest**) ... per paura (che) ... ♦ **in fear of sb/sth** con la paura di qn/qc

fearful /ˈfɪəfl/ agg (*formale*) **1** apprensivo: *Parents were fearful for their children.* I genitori erano in apprensione per i figli. ◊ *They were fearful of the consequences.* Temevano le conseguenze. **2** spaventoso, terribile

fearless /ˈfɪələs/ agg intrepido

fearsome /'fɪəsəm/ *agg* terrificante
feasible /'fi:zəbl/ *agg* fattibile **feasibility** /ˌfi:zə'bɪləti/ *s* fattibilità
feast /fi:st/ ▶ *s* **1** banchetto **2** (*Relig*) festa
▶ *vi* banchettare
feat /fi:t/ *s* prodezza, impresa
feather /'feðə(r)/ *s* piuma
feature /'fi:tʃə(r)/ ▶ *s* **1** caratteristica **2 features** [*pl*] lineamenti
▶ *vt* **1** *featuring Brad Pitt* con la partecipazione di Brad Pitt **2** ~ (**in sth**) avere un ruolo di primo piano (in qc): *Olive oil and garlic feature prominently in his recipes.* Nelle sue ricette l'olio d'oliva e l'aglio hanno un ruolo di primo piano.
featureless /'fi:tʃələs/ *agg* privo di carattere
February /'februəri; *USA* -ueri/ *s* (*abbrev* **Feb.**) febbraio ⊃ *Vedi nota e esempi a* JANUARY
fed *pass, pp di* FEED
federal /'fedərəl/ *agg* federale
federation /ˌfedə'reɪʃn/ *s* federazione
fed 'up *agg* ~ (**about/with sb/sth**) (*informale*) stufo (di qn/qc)
fee /fi:/ *s* **1** [*gen pl*] onorario, parcella **2** quota (*d'iscrizione*) **3** *school fees* tasse scolastiche
feeble /'fi:bl/ *agg* (**feebler, -est**) **1** debole **2** (*dispreg*) (*scusa*) pietoso
feed /fi:d/ ▶ (*pass, pp* **fed** /fed/) **1** *vi* ~ (**on sth**) nutrirsi (di qc) **2** *vt* dar da mangiare a **3** *vt* (*dati, ecc*) introdurre
▶ *s* **1** pasto, poppata **2** mangime
feedback /'fi:dbæk/ *s* [*non numerabile*] reazioni
feel /fi:l/ ▶ (*pass, pp* **felt** /felt/) **1** *vt* sentire, toccare: *She felt the water.* Ha toccato l'acqua per controllarne la temperatura. ⊃ *Vedi nota a* SENTIRE **2** *vi* sentirsi: *I felt like a fool.* Mi sono sentito uno stupido. ◊ *to feel sick/sad* avere la nausea/sentirsi triste ◊ *to feel cold/hungry* avere freddo/fame **3** *vt, vi* pensare: *How do you feel about him?* Cosa ne pensi di lui? **4** *vi* (*oggetto, materiale*) sembrare (*al tatto*): *It feels like leather.* A toccarlo sembra cuoio. LOC **feel as if/as though…**: *I feel as if I'm going to be sick.* Mi sento come se stessi per vomitare. ◆ **feel good** sentirsi bene ◆ **feel like (doing) sth**: *I felt like hitting him.* Mi ha fatto venir voglia di picchiarlo. ◊ *I feel like a drink.* Mi andrebbe di bere qualcosa. ◆ **feel sorry for sb** dispiacersi per qn: *I felt sorry for the children.* Mi hanno fatto pena i bambini. ◆ **feel sorry for yourself** piangersi addosso ◆ **not feel yourself** non sentirsi in forma ◆ **feel your way** procedere a tentoni *Vedi anche* COLOUR, DOWN[1], DRAIN, EASE, WEATHER PHRV **feel about (for sth)** cercare (qc) a tastoni ◆ **feel for sb** provare compassione per qn ◆ **feel up to doing sth** sentirsi in grado di fare qc ◆ **feel up to sth** sentirsi all'altezza di qc
▶ *s*: *Let me have a feel.* Fammi toccare. LOC **get the feel of (doing) sth** (*informale*) abituarsi a (fare) qc
feeling /'fi:lɪŋ/ *s* **1** ~ (**of…**) sensazione (di…): *I've got a feeling that…* Ho l'impressione che… **2** [*sing*] opinione **3** [*gen pl*] sentimento **4** sensibilità: *to lose all feeling* perdere del tutto la sensibilità LOC **bad/ill feeling** rancore *Vedi anche* MIXED *a* MIX
feet *plurale di* FOOT
feisty /'faɪsti/ *agg* (**-ier, -iest**) (*informale, approv*) esuberante
fell /fel/ **1** *pass di* FALL **2** *vt* (*albero*) abbattere **3** *vt* (*persona*) atterrare
fellow /'feləʊ/ *s* **1** compagno: *fellow countryman, -men* compatriota, -i ◊ *fellow passenger* compagno di viaggio ◊ *fellow Italians* compatrioti italiani **2** (*informale*) tipo: *He's a nice fellow.* È un tipo in gamba.
fellowship /'feləʊʃɪp/ *s* **1** compagnia **2** borsa di studio
felt[1] *pass, pp di* FEEL
felt[2] /felt/ *s* feltro
ˌfelt-tip 'pen (*anche* **'felt tip, ˌfelt-tipped 'pen**) *s* pennarello
female /'fi:meɪl/ ▶ *agg* **1** femminile

> Si riferisce alle caratteristiche fisiche delle donne: *the female figure* la figura femminile*Confronta* FEMININE.

2 femmina

> **Female** e **male** specificano il sesso di persone o animali: *a female friend, a male colleague; a female rabbit, a male eagle, etc.*

3 della donna: *female equality* la parità della donna
▶ *s* femmina
feminine /'femənɪn/ *agg* femminile
⊃ **Feminine** si usa per le qualità considerate tipiche delle donne. Confronta EFFEMINATE.
feminism /'femənɪzəm/ *s* femminismo **feminist** *s, agg* femminista
fence[1] /fens/ ▶ *s* **1** steccato, staccionata **2** reticolato
▶ *vt* recintare

fence → fifth

fence² /fens/ vi tirare di scherma **fencing** s scherma

fend /fend/ v PHRV **fend for yourself** arrangiarsi ♦ **fend sb/sth off** difendersi da qn/qc

fender /'fendə(r)/ s (USA) **1** Vedi WING senso (2) **2** Vedi MUDGUARD

fennel /'fenl/ s finocchio

ferment ▸ vt, vi /fə'ment/ (far) fermentare
▸ s /'fɜːment/ fermento (fig)

fern /fɜːn/ s felce

ferocious /fə'rəʊʃəs/ agg feroce

ferocity /fə'rɒsəti/ s ferocia

ferry /'feri/ ▸ s (pl -ies) traghetto: car ferry nave traghetto
▸ vt (pass, pp ferried) traghettare

fertile /'fɜːtaɪl; USA 'fɜːrtl/ agg **1** fertile, fecondo **2** (immaginazione) fervido

fertility /fə'tɪləti/ s fertilità

fertilization, -isation /ˌfɜːtəlaɪ'zeɪʃn; USA -tələz-/ s fecondazione

fertilize, -ise /'fɜːtəlaɪz/ vt **1** fecondare **2** fertilizzare **fertilizer, -iser** s fertilizzante

fervent /'fɜːvənt/ agg fervente, ardente

fester /'festə(r)/ vi infettarsi

festival /'festɪvl/ s **1** festival **2** (Relig) festa

fetch /fetʃ/ vt **1** portare **2** andare a chiamare, andare a prendere ➜ Vedi illustrazione a TAKE **3** (somma) rendere, fruttare: What price did it fetch? A che prezzo è stato venduto?

fête (anche **fete**) /feɪt/ s festa: the village fête la sagra paesana Vedi anche BAZAAR

fetus (USA) Vedi FOETUS

feud /fjuːd/ ▸ s faida
▸ vi ~ (with sb/sth) essere in lotta (con qn/qc)

feudal /'fjuːdl/ agg feudale **feudalism** /'fjuːdəlɪzəm/ s feudalesimo

fever /'fiːvə(r)/ s febbre **feverish** agg **1** febbricitante **2** febbrile

few /fjuː/ agg, pron **1** (-er, -est) pochi, -e: every few minutes ogni due minuti ♦ fewer than six meno di sei ➜ Vedi nota a LESS **2** **a few** qualche, alcuni

> **Few** o **a few**? **Few** ha un significato piuttosto negativo ed equivale a "poco". **A few** ha un significato positivo ed equivale a "diversi, alcuni". Confronta le seguenti frasi: Few people turned up. È venuta poca gente. ◊ I've got a few friends coming for dinner. Ho degli amici a cena.

LOC **a good few; quite a few** un bel po' (di), parecchi ♦ **few and far between** rari

fiancé (femm **fiancée**) /fi'ɒnseɪ; USA ˌfiːɑːn'seɪ/ s fidanzato, -a

fiasco /fi'æskəʊ/ s (pl **-os** USA anche **-oes**) fiasco

fib /fɪb/ ▸ s (informale) bugia
▸ vi (informale) (-bb-) dire (le) bugie

fibre (USA **fiber**) /'faɪbə(r)/ s fibra **fibrous** /'faɪbrəs/ agg fibroso

fibreglass (USA **fiberglass**) /'faɪbəglɑːs; USA -glæs/ s fibra di vetro

fickle /'fɪkl/ agg **1** volubile **2** (tempo) variable

fiction /'fɪkʃn/ s narrativa **fictional** /'fɪkʃənl/ agg immaginario: a fictional account of life on a desert island il resoconto romanzato della vita su un'isola deserta

fiddle /'fɪdl/ ▸ s (informale) **1** violino **2** imbroglio LOC Vedi FIT¹
▸ **1** vt (informale) (libri contabili, ecc) falsificare **2** vi suonare il violino **3** vi ~ (**about/around**) **with sth** giocherellare con qc PHRV **fiddle around** perdere tempo

fiddler /'fɪdlə(r)/ s violinista

fiddly /'fɪdli/ agg (informale) complicato

fidelity /fɪ'deləti; USA faɪ-/ s ~ (**to sb/sth**) fedeltà (verso qn/qc)

field /fiːld/ s campo

field day s (USA) Vedi SPORTS DAY

field hockey s (USA) Vedi HOCKEY

fiend /fiːnd/ s **1** demonio **2** (informale) fanatico **fiendish** agg (informale) diabolico

fierce /fɪəs/ agg (**fiercer**, **-est**) **1** (animale) feroce **2** (opposizione) accanito

fifteen /ˌfɪf'tiːn/ agg, pron, s quindici ➜ Vedi esempi a FIVE **fifteenth** agg, pron, avv, s quindicesimo ➜ Vedi esempi a FIFTH

fifth (abbrev **5th**) /fɪfθ/ ▸ agg, pron, avv, s quinto: We live on the fifth floor. Abitiamo al quinto piano. ◊ It's his fifth birthday today. Oggi compie cinque anni. ◊ She came fifth in the world championships. È arrivata quinta ai campionati mondiali. ◊ the fifth to arrive il quinto ad arrivare ◊ I was fifth on the list. Ero la quinta della lista. ◊ I've had four cups of coffee already, so this is my fifth. Ho già bevuto quattro caffè, questo è il quinto. ◊ three fifths tre quinti
▸ s **1 the fifth** il cinque: They'll be arriving on the fifth of March. Arriveranno il cinque marzo. **2** (anche **fifth 'gear**) quinta (marcia): to change into fifth mettere la quinta

| aɪ five | aʊ now | ɔɪ join | ɪə near | eə hair | ʊə pure | ʒ vision | h how | ŋ sing |

I numeri ordinali si abbreviano mettendo il numero in cifra seguito dalle ultime due lettere della parola: *1st, 2nd, 3rd, 20th*, ecc.

➲ *Vedi Appendice 1.*

fifty /'fɪfti/ *agg, pron, s* cinquanta: *the fifties* gli anni cinquanta ◊ *to be in your fifties* essere sulla cinquantina ➲ *Vedi esempi a* FIVE **LOC** **go fifty-fifty** fare a metà **fiftieth** *agg, pron, s* cinquantesimo ➲ *Vedi esempi a* FIFTH e Appendice 1.

fig /fɪg/ *s* **1** fico (*frutto*) **2** (*anche* '**fig tree**) fico (*albero*)

fight /faɪt/ ▶ *s* **1** ~ (**for/against sb/sth**) lotta (per/contro qn/qc): *A fight broke out in the pub.* Nel bar si scatenò una rissa. **2** combattimento, scontro

Quando si tratta di scontri continui (specialmente durante una guerra) si usa spesso **fighting**: *There has been heavy/fierce fighting in the capital.* Ci sono stati aspri combattimenti nella capitale.

3 ~ (**to do sth**) lotta (per fare qc) **LOC** **give up without a fight** arrendersi senza combattere ◆ **put up a good/poor fight** difendersi bene/male *Vedi anche* PICK
▶ (*pass, pp* **fought** /fɔːt/) ▶ *vi, vt* **1** ~ (**against/with sb/sth**) (**about/over sth**) combattere (contro qn/qc) (per qc) **2** ~ (**sb/sth with sb**) (**about/over sth**) litigare (con qn) (per qc): *They fought (with) each other about/over the money.* Hanno litigato per i soldi. **LOC** **fight a battle** (**against sth**) combattere una battaglia (contro qc) ◆ **fight it out**: *They must fight it out between them.* Devono vedersela fra loro. ◆ **fight tooth and nail** combattere con le unghie e con i denti ◆ **fight your way across, into, through, etc. sth** farsi strada a fatica attraverso, in, tra, ecc qc **PHRV** **fight back** contrattaccare ◆ **fight for sth** lottare per qc ◆ **fight sb/sth off** respingere qn/qc

fighter /'faɪtə(r)/ *s* **1** combattente **2** caccia (*aereo*)

figurative /'fɪɡərətɪv/ *agg* figurato

figure /'fɪɡə(r); *USA* 'fɪɡjər/ ▶ *s* **1** cifra, numero **2** [*gen sing*] somma, ammontare **3** figura, personaggio: *a key figure* un personaggio chiave **4** personale: *to have a good figure* avere un bel personale **5** figura, forma **LOC** **put a figure on sth** indicare il costo di qc, precisare qc *Vedi anche* FACT
▶ **1** *vi* ~ (**in sth**) figurare (in qc) **2** *vi* (*informale*): *It/That figures.* È logico. **3** *vt* immaginare: *It's what I figured.* Me lo immaginavo. **PHRV** **figure sth out** riuscire a capire qc

,**figure of 'speech** *s* (*pl* **figures of speech**) **1** modo di dire **2** figura retorica

'**figure-skating** *s* pattinaggio artistico

file /faɪl/ ▶ *s* **1** cartella, raccoglitore **2** dossier: *to be on file* essere archiviato **3** (*Informatica*) file **4** lima **5** fila: *in single file* in fila indiana **LOC** *Vedi* RANK
▶ **1** *vt* ~ **sth** (**away**) archiviare qc **2** *vt* (*domanda*) presentare **3** *vt* limare **4** *vi* ~ (**past sth**) sfilare (davanti a qc) **5** *vi* ~ **in/out, etc.** entrare/uscire, ecc in fila

fill /fɪl/ **1** *vi* ~ (**with sth**) riempirsi (di qc) **2** *vt* ~ **sth** (**with sth**) riempire qc (di qc) **3** *vt* (*dente*) otturare **4** *vt* (*carica*) occupare **LOC** *Vedi* BILL[1] **PHRV** **fill in for sb** sostituire qn ◆ **fill sth in/out** compilare qc (*modulo*) ◆ **fill sb in** (**on sth**) mettere qn al corrente (di qc)

fillet /'fɪlɪt/ (*USA anche* **filet** /fɪ'leɪ/) *s* filetto

filling /'fɪlɪŋ/ *s* **1** otturazione **2** ripieno

film /fɪlm/ ▶ *s* **1** pellicola **2** strato sottile **3** film: *film-maker* regista ◊ *film-making* cinematografia ◊ *film star* divo del cinema
▶ *vt* filmare

filming /'fɪlmɪŋ/ *s* [*non numerabile*] riprese

filter /'fɪltə(r)/ ▶ *s* filtro
▶ *vt, vi* filtrare

filth /fɪlθ/ *s* [*non numerabile*] **1** sporcizia **2** oscenità

filthy /'fɪlθi/ *agg* (**-ier, -iest**) **1** (*mani, abiti*) sudicio **2** (*linguaggio*) volgare **3** (*abitudine, tempo*) brutto

fin /fɪn/ *s* pinna

final /'faɪnl/ ▶ *s* **1** *the men's final(s)* la finale maschile **2 finals** [*pl*] esami dell'ultimo anno universitario
▶ *agg* ultimo, finale **LOC** *Vedi* ANALYSIS, STRAW

finalist /'faɪnəlɪst/ *s* finalista

finalize, -ise /'faɪnəlaɪz/ *vt* ultimare

finally /'faɪnəli/ *avv* **1** alla fine, infine **2** definitivamente **3** finalmente

finance /'faɪnæns, fə'næns/ ▶ *s* finanza: *the finance minister* il Ministro delle Finanze ◊ *finance company* società finanziaria
▶ *vt* finanziare

financial /faɪ'nænʃl, fə'næ-/ *agg* finanziario, economico: *financial year* anno finanziario

find /faɪnd/ *vt* (*pass, pp* **found** /faʊnd/) **1** trovare, scoprire **2** *to find sb guilty* giudicare qn colpevole **LOC** **find fault** (**with sb/sth**) trovare da ridire (su qn/qc) ◆ **find your feet** ambientarsi ♦ **find your way** trovare la strada *Vedi anche* MATCH², NOWHERE PHRV **find (sth) out** scoprire (qc) ♦ **find sb out** smascherare qn **finding** s **1** [*gen pl*] conclusione **2** sentenza

fine /faɪn/ ▶ *agg* (**finer, -est**) **1** ottimo: *I'm fine. Sto bene.* ◊ *Tomorrow's fine for me.* Domani va benissimo. **2** (*seta, sabbia, ecc*) fine **3** (*lineamenti*) delicato **4** (*tempo*) bello: *a fine day* una bella giornata **5** (*distinzione*) sottile LOC **one fine day** un bel giorno
▶ *avv* (*informale*) molto bene: *That suits me fine.* Mi va benissimo. LOC *Vedi* CUT
▶ *s* multa
▶ *vt* ~ **sb** (**for doing sth**) multare qn (per aver fatto qc)

fine 'art (*anche* **the fine arts**) *s* belle arti

finger /ˈfɪŋɡə(r)/ *s* dito (*della mano*): *little finger* mignolo ◊ *forefinger/first finger* indice ◊ *middle finger* medio ◊ *ring finger* anulare *Vedi anche* THUMB ⊃ *Confronta* TOE LOC **be all fingers and thumbs** essere maldestro ♦ **put your finger on sth** identificare qc *Vedi anche* CROSS, WORK²

fingernail /ˈfɪŋɡəneɪl/ *s* unghia (*della mano*)
fingerprint /ˈfɪŋɡəprɪnt/ *s* impronta digitale
fingertip /ˈfɪŋɡətɪp/ *s* punta del dito LOC **have sth at your fingertips 1** aver qc sulla punta delle dita **2** avere qc sottomano

finish /ˈfɪnɪʃ/ ▶ **1** *vt, vi* ~ (**sth/doing sth**) finire (qc/di fare qc) **2** *vt* ~ **sth** (**off/up**) (*alimento, bevanda*) finire qc PHRV **finish sth off** finire qc: *I need about an hour to finish off this report.* Mi ci vorrà un'oretta per finire questa relazione. ◊ *They finished off the show with one of their most famous songs.* Hanno concluso lo spettacolo con uno dei loro brani più famosi. ♦ **finish up**: *You'll finish up in hospital.* Finirai all'ospedale. ♦ **finish with sb 1** (*GB*) chiudere con qn: *She finished with her boyfriend last week.* Ha chiuso col suo ragazzo la settimana scorsa. **2** (*GB*) fare i conti con qc: *He'll regret he ever said it once I've finished with him.* Si pentirà di averlo detto, quando farò i conti con lui. ♦ **finish with sth** finire: *When you've finished with the book, can I see it?* Quando hai finito, posso vedere il libro?
▶ **1** fine **2** traguardo

'finishing line (*USA* **'finish line**) *s* traguardo

fir /fɜː(r)/ (*anche* **'fir tree**) *s* abete

fire /ˈfaɪə(r)/ ▶ **1** *vt, vi* sparare: *to fire at sb/sth* sparare a qn/qc **2** *vt* (*domande*): *to fire questions at sb* tempestare qn di domande **3** *vt* (*informale*) licenziare **4** *vt* (*fantasia*) infiammare
▶ *s* **1** fuoco **2** stufa **3** incendio: *fire alarm* allarme antincendio **4** [*non numerabile*] spari LOC **be on fire** essere in fiamme ♦ **be/come under fire** essere/finire sotto tiro *Vedi anche* CATCH, FRYING PAN, SET²

firearm /ˈfaɪərɑːm/ *s* [*gen pl*] arma da fuoco
'fire brigade (*USA* **'fire department**) *s* [*gen sing*] vigili del fuoco
'fire engine *s* autopompa
'fire escape *s* scala antincendio
'fire extinguisher *s* estintore
firefighter /ˈfaɪəfaɪtə(r)/ *s* vigile del fuoco
fireman /ˈfaɪəmən/ *s* (*pl* **-men** /-mən/) vigile del fuoco
fireplace /ˈfaɪəpleɪs/ *s* caminetto
'fire service *s* [*gen sing*] vigili del fuoco
'fire station *s* caserma dei vigili del fuoco
firewall /ˈfaɪəwɔːl/ *s* (*Informatica*) firewall
firewood /ˈfaɪəwʊd/ *s* legna (*da ardere*)
firework /ˈfaɪəwɜːk/ *s* fuoco d'artificio
firing /ˈfaɪərɪŋ/ *s* tiro: *firing line* linea del fuoco ◊ *firing squad* plotone d'esecuzione

firm /fɜːm/ ▶ *s* [*v sing o pl*] ditta, impresa
▶ *agg* (**-er, -est**) **1** solido **2** deciso LOC **a firm hand** mano ferma ♦ **be on firm ground** andare sul sicuro *Vedi anche* BELIEVER *a* BELIEVE
▶ *avv* LOC *Vedi* HOLD, STAND

first (*abbrev* **1st**) /fɜːst/ ▶ *agg, pron* primo, -a, ecc: *a first night* una prima teatrale ◊ *first name* nome di battesimo LOC **at first hand** di prima mano ♦ **first things first** prima le cose più importanti *Vedi anche* THING¹
▶ *avv* **1** per primo: *to come first in the race* vincere la gara **2** per la prima volta: *I first came to Oxford in 2001.* Sono venuto ad Oxford per la prima volta nel 2001. **3** innanzitutto **4** prima: *Finish your dinner first.* Prima finisci di mangiare. LOC **at first** all'inizio ♦ **first come, first served** in ordine di arrivo ♦ **first of all** prima di tutto ♦ **put sb/sth first** mettere qn/qc al primo posto *Vedi anche* HEAD¹
▶ *s* **1 the first** il primo (*del mese*) **2** (*anche* **first 'gear**) prima (*marcia*) ⊃ *Vedi esempi a* FIFTH LOC **from the (very) first** fin dal primo momento ♦ **from first to last** dall'inizio alla fine

first 'aid *s* pronto soccorso: *first aid kit* cassetta del pronto soccorso

first 'class ▶ *s* prima classe
▶ *avv*: *to travel first class* viaggiare in prima classe ⊃ *Vedi nota a* STAMP

| i: see | i happy | ɪ sit | e ten | æ hat | ɑː father | ʌ cup | ʊ put | uː too |

first-class → flabbergasted

,first-'class *agg* di prima classe: *first-class ticket* biglietto di prima classe ➲ *Vedi nota a* STAMP

,first 'floor *s* [*sing*] **1** (*GB*) primo piano **2** (*USA*) *Vedi* GROUND FLOOR

,first-'hand ▸ *agg* di prima mano ▸ *avv* direttamente

firstly /'fɜːstli/ *avv* in primo luogo

,First 'Minister *s* primo Ministro (*in Scozia, Galles, Irlanda del Nord*) ➲ *Vedi nota a* DEVOLUTION

,first-'rate *agg* ottimo, di prima qualità

fish /fɪʃ/ ▸ *s* pesce: *fish and chips* pesce con patatine fritte

> Fish quando è sostantivo numerabile ha due plurali: **fish** e **fishes**. **Fish** è il termine più comune: *I caught a lot of fish.* Ho preso un sacco di pesci. **Fishes** è un po' antiquato e letterario ed è usato nel linguaggio tecnico.

LOC **an odd/a queer fish** (*informale*) un tipo strano ♦ **like a fish out of water** come un pesce fuor d'acqua *Vedi anche* BIG
▸ *vi* ~ **(for sth)** pescare (qc): *He's fishing for trout.* Sta pescando trote. ◇ *They often go fishing at the weekend.* Il fine settimana spesso vanno a pescare. PHRV **fish sth out (of sth)** tirare fuori qc (da qc): *She fished a pen out of her bag.* Tirò fuori una penna dalla borsa.

fishcake /'fɪʃkeɪk/ *s* (*spec GB*) polpetta di pesce

fisherman /'fɪʃəmən/ *s* (*pl* -men /-mən/) pescatore

fish 'finger *s* bastoncino di pesce

fishing /'fɪʃɪŋ/ *s* la pesca

fishmonger /'fɪʃmʌŋɡə(r)/ *s* (*GB*) **1** pescivendolo, -a **2 fishmonger's** pescheria

fishy /'fɪʃi/ *agg* (-ier, -iest) **1** di pesce (*puzzare, sapere*) **2** (*informale*) sospetto: *There's something fishy going on.* C'è qualcosa che mi puzza.

fist /fɪst/ *s* pugno

fistful /'fɪstfʊl/ *s* pugno, manciata

fit¹ /fɪt/ *agg* (**fitter, fittest**) **1 fit (for sb/sth)** adatto (a qn/qc): *a meal fit for a king* un pranzo da re **2 fit to do sth** (*informale*) in condizione di fare qc **3** in forma **4** (*informale, GB*) (*sexy*) figo LOC **(as) fit as a fiddle** sano come un pesce ♦ **keep fit** tenersi in forma

fit² /fɪt/ ▸ (-tt-) (*pass, pp* **fitted**, *USA* **fit**) **1** *vi* ~ **(in/into sth)** entrare (in qc): *It doesn't fit in/into the box.* Non sta nella scatola. **2** *vt* essere la misura giusta per: *These shoes don't fit (me).* Queste scarpe non mi stanno. ➲ *Vedi nota a* STARE **3** *vt* ~ **sth with sth** equipaggiare qc con qc **4** *vt* ~ **sth on(to) sth** montare qc a/su qc **5** *vt* concordare con: *to fit the description* corrispondere alla descrizione LOC **fit sb like a glove** andare a pennello a qn *Vedi anche* BILL¹
PHRV **fit in (with sb/sth)** adattarsi (a qn/qc) ♦ **fit sb in** trovare il tempo di ricevere qn (*paziente, cliente*): *I'll try and fit you in after lunch.* Cercherò di riceverla dopo pranzo. ♦ **fit sth in/into sth** far entrare qc in qc: *I had to fit ten appointments into one morning.* Ho dovuto far entrare dieci appuntamenti in una mattinata.
▸ *s* LOC **be a good, tight, etc. fit** stare bene, stretto, ecc a qn

fit³ /fɪt/ *s* attacco (*tosse, ridarella, ecc*) LOC **have/throw a fit** andare su tutte le furie: *She'll have/throw a fit!* Le verrà un colpo!

fitness /'fɪtnəs/ *s* forma fisica: *fitness centre* centro fitness

fitted /'fɪtɪd/ *agg*: *fitted carpet* moquette ◇ *fitted kitchen* cucina componibile ◇ *fitted wardrobes* armadi a muro

fitting /'fɪtɪŋ/ ▸ *agg* opportuno, appropriato
▸ *s* **1 fittings** [*pl*] accessori **2** (*abito*) prova: *fitting room* camerino (*in negozio*)

five /faɪv/ *agg, pron, s* cinque: *page five* pagina cinque ◇ *five past nine* le nove e cinque ◇ *on 5 May* il 5 maggio ◇ *all five of them* tutti e cinque ◇ *There were five of us.* Eravamo in cinque. ➲ *Vedi Appendice 1.* **fiver** *s* (*GB, informale*) (biglietto da) cinque sterline

fix /fɪks/ ▸ *s* (*informale*) **1** soluzione: *There's no quick fix to this problem.* Non c'è una soluzione rapida a questo problema. **2** [*sing*] guaio, pasticcio: *to be in/get yourself into a fix* essere/cacciarsi nei guai
▸ *vt* **1** ~ **sth (on sth)** fissare qc (su qc) **2** aggiustare **3** (*ora, data*) stabilire **4** ~ **sth (for sb)** (*pranzo*) preparare qc (per qn) **5** (*informale*) (*elezioni*) truccare **6** (*informale*) ~ **sb** sistemare qn PHRV **fix on sb/sth** decidersi per qn/qc ♦ **fix sb up with sth** (*informale*) procurare qc a qn ♦ **fix sth up** fissare qc

fixed /fɪkst/ *agg* fisso LOC **of no fixed abode/address** senza fissa dimora

fixture /'fɪkstʃə(r)/ *s* **1 fixtures** [*pl*] infissi **2** (*Sport*) incontro **3** (*informale*) presenza fissa

fizz /fɪz/ *vi* **1** frizzare **2** sibilare

fizzy /'fɪzi/ *agg* (-ier, -iest) gassato, frizzante

flabbergasted /'flæbəɡɑːstɪd; *USA* -ɡæstɪd/ *agg* (*informale*) sbalordito

flabby → flight attendant

flabby /ˈflæbi/ *agg* (**-ier**, **-iest**) (*informale*, *dispreg*) fiaccido

flag /flæɡ/ ▸ *s* **1** bandiera **2** bandierina
▸ *vi* (**-gg-**) indebolirsi, stancarsi

flagrant /ˈfleɪɡrənt/ *agg* flagrante

flair /fleə(r)/ *s* **1** [*sing*] ~ **for sth** predisposizione per qc **2** [*non numerabile*] stile

flake /fleɪk/ ▸ *s* **1** (*sapone, vernice*) scaglia **2** (*neve*) fiocco
▸ *vi* ~ (**off/away**) scrostarsi

flamboyant /flæmˈbɔɪənt/ *agg* **1** (*persona*) stravagante **2** (*abito*) vistoso

flame /fleɪm/ *s* fiamma

flamingo /fləˈmɪŋɡəʊ/ *s* (*pl* **-oes** *o* **-os**) fenicottero

flammable /ˈflæməbl/ *agg* infiammabile ⊃ *Vedi nota a* INFLAMMABLE

flan /flæn/ *s* flan ⊃ *Vedi nota a* PIE

flank /flæŋk/ ▸ *s* fianco
▸ *vt* fiancheggiare

flannel /ˈflænl/ *s* **1** flanella **2** guanto di spugna

flap /flæp/ ▸ *s* **1** (*busta*) linguetta **2** (*tasca*) patta **3** (*tavola*) ribalta **4** (*Aeron*) flap
▸ *vt, vi* (**-pp-**) sbattere

flare /fleə(r)/ ▸ *s* **1** razzo da segnalazione **2** bagliore **3** svasatura **4** flares [*pl*] pantaloni a zampa d'elefante
▸ *vi* **1** balenare **2** (*fig*) scoppiare: *Tempers flared.* Si accesero gli animi. PHRV **flare up 1** (*fuoco*) divampare **2** (*rivolta*) scoppiare **3** (*malattia*) avere una recrudescenza

flash /flæʃ/ ▸ *s* **1** lampo: *a flash of lightning* un lampo ◇ *a flash of genius* un lampo di genio **2** (*Foto, notizia*) flash LOC **a flash in the pan** un fuoco di paglia ♦ **in a/like a flash** in un lampo
▸ **1** *vi* lampeggiare: *It flashed on and off.* Si accendeva e spegneva. **2** *vi* brillare **3** *vt* (*luce*) proiettare: *The driver flashed his headlights.* L'autista lampeggiò. **4** *vt* (*notizia*) diffondere rapidamente PHRV **flash by/past** passare come un lampo

flashback /ˈflæʃbæk/ *s* flashback

flashy /ˈflæʃi/ *agg* (**-ier**, **-iest**) vistoso, appariscente

flask /flɑːsk; *USA* flæsk/ *s* **1** thermos® **2** (*per liquori*) fiaschetta

flat /flæt/ ▸ *s* **1** appartamento **2** *the flat of your hand* il palmo della mano **3** [*gen pl*] (*Geog*): *mud flats* palude **4** (*Mus*) bemolle ⊃ *Confronta* SHARP **5** (*spec USA*) gomma a terra
▸ *agg* (**flatter**, **flattest**) **1** piatto, piano **2** (*ruota*) sgonfio **3** (*batteria*) scarico **4** (*bibita*) sgassato **5** (*Mus*) bemolle: *in the key of B flat major* in si bemolle maggiore **6** (*Mus*) scordato, stonato **7** (*tariffa*) unico
▸ *avv* (**flatter, flattest**): *to lie down flat* sdraiarsi LOC **flat out** a più non posso ♦ **in 10 seconds, etc. flat** in 10 secondi, ecc netti

flatly /ˈflætli/ *avv* nettamente, categoricamente

flatten /ˈflætn/ **1** *vt* ~ **sth** (**out**) spianare, appiattire qc **2** *vt* ~ **sb** abbattere qn **3** *vt* ~ **sth** distruggere qc **4** *vi* ~ (**out**) (*panorama*) appiattirsi

flatter /ˈflætə(r)/ **1** *vt* adulare, lusingare: *I was flattered by your invitation.* Il tuo invito mi ha lusingato. **2** *vt* (*vestito, ecc*) donare a **3** *v rifl* ~ **yourself** (**that ...**) illudersi che ... **flattering** *agg* **1** (*abito, colore*) che dona **2** (*offerta, commento*) lusinghiero

flatware /ˈflætweə(r)/ *s* (*USA*) *Vedi* CUTLERY

flaunt /flɔːnt/ *vt* (*dispreg*) ostentare

flavour (*USA* **flavor**) /ˈfleɪvə(r)/ ▸ *s* sapore, gusto
▸ *vt* condire, insaporire

flaw /flɔː/ *s* difetto **flawed** *agg* **1** difettoso **2** (*ragionamento*) erroneo **flawless** *agg* perfetto, impeccabile

flea /fliː/ *s* pulce *flea market* mercato delle pulci

fleck /flek/ *s* **1** granello **2** macchiolina

flee /fliː/ (*pass, pp* **fled** /fled/) **1** *vi* fuggire **2** *vt* fuggire da, scappare da

fleece /fliːs/ *s* **1** vello **2** (*indumento*) pile

fleet /fliːt/ *s* [*v sing o pl*] **1** (*navi*) flotta **2** (*auto*) parco

flesh /fleʃ/ *s* **1** carne **2** (*frutto*) polpa ⊃ *Vedi illustrazione a* FRUTTA LOC **flesh and blood** carne e ossa ♦ **in the flesh** di persona ♦ **your own flesh and blood** carne della propria carne

flew *pass di* FLY

flex /fleks/ ▸ *s* (*USA* **cord**) filo (*flessibile*)
▸ *vt* flettere, contrarre

flexible /ˈfleksəbl/ *agg* flessibile

flick /flɪk/ ▸ *s* **1** colpetto **2** movimento brusco
▸ *vt* **1** dare un colpetto a **2** ~ **sth on/off** accendere/spegnere qc PHRV **flick through sth** sfogliare qc (*giornale*)

flicker /ˈflɪkə(r)/ ▸ *vi* tremolare: *a flickering light* una luce tremolante
▸ *s* **1** (*luce*) tremolio **2** (*fig*) barlume

flight /flaɪt/ *s* **1** volo **2** fuga **3** (*uccelli*) stormo **4** (*scale*) rampa LOC **take flight** darsi alla fuga

'flight attendant *s* assistente di volo

flimsy → flurry

flimsy /'flɪmzi/ *agg* (**-ier, -iest**) **1** (*tessuto*) leggero **2** (*oggetto*) poco solido **3** (*scusa*) debole

flinch /flɪntʃ/ *vi* **1** trasalire **2** ~ **from sth** tirarsi indietro di fronte a qc

fling /flɪŋ/ ▶ *vt* (*pass, pp* **flung** /flʌŋ/) **1** ~ **sth (at sth)** gettare, lanciare qc (contro qc): *She flung her arms around him.* Gli gettò le braccia al collo. **2** *He flung open the door.* Spalancò la porta. LOC *Vedi* CAUTION
▶ *s* (*informale*) avventura (*amorosa*)

flint /flɪnt/ *s* **1** selce **2** pietrina (*di accendino*)

flip /flɪp/ (**-pp-**) **1** *vt* dare un colpetto a: *to flip a coin* fare a testa o croce **2** *vt* ~ **sth (over)** rivoltare qc **3** *vi* ~ **(over)** girarsi **4** *vi* (*informale*) uscire dai gangheri

'flip-flop *s* infradito

flippant /'flɪpənt/ *agg* poco serio, frivolo

flipper /'flɪpə(r)/ *s* [*gen pl*] pinna

flirt /flɜːt/ ▶ *vi* flirtare
▶ *s* **1** civetta (*fig*) **2** farfallone

flit /flɪt/ *vi* (**-tt-**) svolazzare

float /fləʊt/ ▶ **1** *vi* galleggiare **2** *vi* (*nuotatore*) fare il morto **3** *vt* (*barca*) far galleggiare **4** *vt* (*progetto, idea*) lanciare
▶ *s* **1** galleggiante **2** salvagente **3** (*carnevale*) carro

flock /flɒk/ ▶ *s* **1** (*pecore*) gregge **2** (*uccelli*) stormo **3** (*gente*) folla
▶ *vi* **1** affollarsi **2** ~ **to sth** prendere d'assalto qc

flog /flɒg/ *vt* (**-gg-**) **1** frustare **2** ~ **sth (off) (to sb)** (*GB, informale*) rifilare qc (a qn) LOC **flog a dead horse** (*GB, informale*) pestare l'acqua nel mortaio

flood /flʌd/ ▶ *s* **1** inondazione, alluvione **2** **the Flood** (*Relig*) il Diluvio Universale **3** (*fig*) diluvio, marea
▶ **1** *vt* inondare **2** *vi* allagarsi PHRV **flood in** arrivare in grande quantità

flooding /'flʌdɪŋ/ *s* [*non numerabile*] alluvione, inondazione

floodlight /'flʌdlaɪt/ ▶ *s* riflettore
▶ *vt* (*pass, pp* **floodlit** /-lɪt/) illuminare a giorno

floor /flɔː(r)/ ▶ *s* **1** pavimento: *on the floor* sul pavimento **2** piano: *on the fourth floor* al quarto piano **3** (*mare, valle*) fondo
▶ *vt* mettere fuori combattimento

floorboard /'flɔːbɔːd/ *s* asse (*del pavimento*)

flop /flɒp/ ▶ *s* fiasco
▶ *vi* (**-pp-**) **1** accasciarsi **2** (*informale*) (*commedia*) far fiasco

floppy /'flɒpi/ *agg* (**-ier, -iest**) **1** floscio **2** (*orecchie*) penzolante

‚floppy 'disk (*anche* **floppy**) *s* floppy disk ⊃ *Vedi illustrazione a* COMPUTER

flora /'flɔːrə/ *s* (*formale*) flora

floral /'flɔːrəl/ *agg* floreale

florist /'flɒrɪst/; *USA* /'flɔːr-/ *s* **1** fioraio, -a **2** **florist's** fioraio (*negozio*)

flounder /'flaʊndə(r)/ *vi* **1** dibattersi **2** essere in difficoltà, impappinarsi

flour /'flaʊə(r)/ *s* farina

flourish /'flʌrɪʃ/ ▶ **1** *vi* prosperare, fiorire **2** *vt* (*agitare*) brandire
▶ *s* **1** gesto plateale **2** *a flourish of the pen* uno svolazzo

flow /fləʊ/ ▶ *s* **1** flusso **2** fiume (*di parole*) **3** circolazione
▶ *vi* (*pass, pp* **-ed**) **1** fluire: *to flow into the sea* sfociare nel mare **2** circolare **3** (*marea*) salire LOC *Vedi* EBB

flower /'flaʊə(r)/ ▶ *s* fiore ⊃ *Confronta* BLOSSOM
▶ *vi* fiorire

'flower bed *s* aiuola

flowering /'flaʊərɪŋ/ ▶ *s* fioritura
▶ *agg* (*pianta*) da fiore

flowerpot /'flaʊəpɒt/ *s* vaso da fiori (*di terracotta, plastica*)

flown *pp di* FLY

flu /fluː/ *s* [*non numerabile*] influenza: *to have flu* essere influenzato

fluctuate /'flʌktʃueɪt/ *vi* ~ **(between ...)** fluttuare, oscillare (tra ...)

fluent /'fluːənt/ *agg* **1** *She's fluent in/She speaks fluent French.* Parla il francese correntemente. **2** (*oratore*) eloquente **3** (*stile*) scorrevole

fluff /flʌf/ *s* [*non numerabile*] **1** pelucchi: *a piece of fluff* un pelucco **2** (*pulcino*) lanugine
fluffy *agg* (**-ier, -iest**) **1** coperto di lanugine **2** soffice, vaporoso

fluid /'fluːɪd/ ▶ *agg* **1** fluido, liquido **2** (*situazione*) fluido, instabile **3** (*stile, movimento*) fluido, sciolto
▶ *s* **1** liquido **2** (*Chim, Biol*) fluido

fluke /fluːk/ *s* (*informale*) colpo di fortuna

flume /fluːm/ *s* **1** canale artificiale **2** acquascivolo (*a serpentina*)

flung *pass, pp di* FLING

flurry /'flʌri/ *s* (*pl* **-ies**) **1** folata, scroscio: *a flurry of snow* un turbine di neve **2** ~ **(of sth)** (*attività*) turbinio (di qc)

| tʃ **ch**in | dʒ **J**une | v **v**an | θ **th**in | ð **th**en | s **s**o | z **z**oo | ʃ **sh**e |

flush → fool

flush /flʌʃ/ ▶ s rossore: *hot flushes* caldane
▶ **1** vi arrossire **2** vt: *to flush the toilet* tirare l'acqua

fluster /ˈflʌstə(r)/ vt innervosire: *to get flustered* agitarsi

flute /fluːt/ s flauto

flutter /ˈflʌtə(r)/ ▶ **1** vi (*uccello, farfalla*) svolazzare **2** vi (*ali*) sbattere **3** vi (*bandiera*) sventolare **4** vt (*ciglia*) sbattere
▶ s **1** (*bandiera*) sventolio **2** (*ali, ciglia*) battito **3** *all of a/in a flutter* in agitazione

fly[1] /flaɪ/ (*pl* **flies**) **1** mosca **2** (*GB anche* **flies** [*pl*]) patta (*di pantaloni*)

fly[2] /flaɪ/ (*pass* **flew** /fluː/ *pp* **flown** /fləʊn/) **1** vi volare: *to fly away/off* volare via **2** vi andare in aereo: *to fly in/out/back* arrivare/partire/ tornare in aereo **3** vt (*aereo*) pilotare **4** vt (*passeggeri, merci*) trasportare in aereo **5** vi: *I must fly.* Devo scappare. **6** vi: *The wheel flew off.* La ruota schizzò via. ◊ *The door flew open.* La porta si spalancò all'improvviso. **7** vi (*capelli*) svolazzare **8** vt (*bandiera*) issare **9** vt (*aquilone*) far volare LOC *Vedi* CROW, LET[1], TANGENT PHRV **fly at sb** lanciarsi contro qn

flying /ˈflaɪɪŋ/ ▶ s [*non numerabile*] volo, il volare: *flying lessons* lezioni di volo
▶ agg volante

flying ˈsaucer s disco volante

flying ˈstart s LOC **get off to a flying start** iniziare brillantemente

flyover /ˈflaɪəʊvə(r)/ s cavalcavia

foal /fəʊl/ s puledro

foam /fəʊm/ ▶ s **1** schiuma **2** (*anche* ˌfoam ˈrubber) gommapiuma®
▶ vi spumeggiare

focus /ˈfəʊkəs/ ▶ s (*pl* **-es** *o* **foci** /ˈfəʊsaɪ/) fuoco (*obiettivo*) LOC **be in focus/out of focus** essere a fuoco/sfocato
▶ (**-s-** *o* **-ss-**) **1** vt, vi mettere a fuoco **2** vt ~ **sth on sth** concentrare qc su qc LOC **focus your attention/mind on sth** concentrare l'attenzione/ concentrarsi su qc

fodder /ˈfɒdə(r)/ s foraggio

foetus (*USA* **fetus**) /ˈfiːtəs/ s feto

fog /fɒɡ/; *USA* fɔːɡ/ ▶ s nebbia ⊃ *Confronta* HAZE, MIST
▶ vi (**-gg-**) (*anche* **fog up**) appannarsi, annebbiarsi

foggy /ˈfɒɡi/; *USA* ˈfɔːɡi/ agg (**-ier, -iest**) nebbioso: *a foggy day* una giornata di nebbia

foil /fɔɪl/ ▶ s lamina di metallo: *aluminium foil* carta d'alluminio
▶ vt sventare

fold /fəʊld/ ▶ **1** vt, vi piegare, piegarsi **2** vi (*informale*) (*ditta*) chiudere i battenti **3** vi (*informale*) (*commedia*) chiudere LOC **fold your arms** incrociare le braccia ⊃ *Vedi illustrazione a* ARM PHRV **fold back/down/up** piegarsi ♦ **fold sth back/down/up** ripiegare qc
▶ s **1** piega **2** ovile

folder /ˈfəʊldə(r)/ s **1** cartellina **2** (*Informatica*) cartella

folding /ˈfəʊldɪŋ/ agg pieghevole: *a folding table/bed* un tavolo/letto pieghevole

foliage /ˈfəʊliɪdʒ/ s fogliame

folk /fəʊk/ ▶ s **1** [*pl*] gente: *country folk* gente di campagna **2 folks** [*pl*] (*informale*) gente **3 folks** [*pl*] (*informale*) genitori: *my folks* i miei
▶ agg folk, popolare

follow /ˈfɒləʊ/ vt, vi **1** seguire **2** (*spiegazione*) capire **3** ~ (**from sth**) risultare (da qc) LOC **as follows** come segue ♦ **follow the crowd** seguire la massa PHRV **follow on** seguire: *to follow on from sth* essere una conseguenza di qc ♦ **follow sth through** portare a termine qc ♦ **follow sth up 1** (*indizio*) seguire qc **2** (*contatto, offerta*) fare seguito a qc

follower /ˈfɒləʊə(r)/ s seguace

following /ˈfɒləʊɪŋ/ ▶ agg seguente
▶ s **1 the following** [v *sing o pl*] ciò che segue: *The following are some of the most common errors.* I seguenti sono alcuni degli errori più comuni. **2** seguito, seguaci
▶ prep in seguito a: *following the burglary* in seguito al furto

follow-up s seguito

fond /fɒnd/ agg (**-er, -est**) **1** *to be ~ of sb* voler bene a qn **2** *to be ~ of (doing) sth* essere un patito di qc **3** [*davanti a sostantivo*] affettuoso: *fond memories* dei teneri ricordi ◊ *a fond smile* un sorriso affettuoso **4** [*davanti a sostantivo*] (*speranza*) vano

fondle /ˈfɒndl/ vt accarezzare

food /fuːd/ s cibo: *There wasn't enough food at the party.* Non c'era abbastanza da mangiare alla festa. ◊ *Chinese food* la cucina cinese LOC **(give sb) food for thought** (dare a qn) qualcosa su cui riflettere

ˈfood processor s robot di cucina

foodstuffs /ˈfuːdstʌfs/ s [*pl*] generi alimentari

fool /fuːl/ ▶ s (*dispreg*) stupido, -a, sciocco, -a LOC **act/play the fool** fare lo stupido ♦ **be no/ nobody's fool** non essere uno scemo ♦ **make a**

fool of sb far fare la figura dello scemo a qn ◆ **make a fool of yourself** coprirsi di ridicolo
▶ **1** *vi* scherzare **2** *vt* ingannare PHRV **fool about/around** scherzare: *If you're going to fool around, I'm leaving.* Se ti metti a scherzare, me ne vado. ◊ *Stop fooling about with that knife!* Smettila di giocherellare con quel coltello!

foolish /'fu:lɪʃ/ *agg* **1** stupido **2** ridicolo

foolproof /'fu:lpru:f/ *agg* infallibile, semplicissimo

foot /fʊt/ ▶ *s* **1** (*pl* **feet** /fi:t/) piede: *at the foot of the stairs* al fondo delle scale **2** (*pl* **feet** *o* **foot**) (*abbrev* **ft**) (*unità di misura*) piede (*30,48 centimetri*) ➔ *Vedi Appendice 1.* LOC **on foot** a piedi ◆ **fall/land on your feet** cadere in piedi ◆ **put your feet up** riposarsi ◆ **put your foot down** fare opposizione ◆ **put your foot in it** fare una gaffe *Vedi anche* COLD, FIND, SWEEP
▶ *vt* LOC **foot the bill (for sth)** pagare il conto (di qc)

football /'fʊtbɔ:l/ *s* **1** pallone **2** calcio (*sport*) ➔ *Vedi nota a* CALCIO **footballer** *s* calciatore, -trice

footing /'fʊtɪŋ/ *s* [*non numerabile*] **1** punto d'appoggio, equilibrio: *to lose your footing* perdere l'equilibrio **2** (*fig*) base: *on an equal footing* in condizioni di parità

footnote /'fʊtnəʊt/ *s* nota (*a piè di pagina*)

footpath /'fʊtpɑ:θ; *USA* -pæθ/ *s* sentiero

footprint /'fʊtprɪnt/ *s* [*gen pl*] impronta (*del piede*)

footstep /'fʊtstep/ *s* [*gen pl*] passo: *to follow in sb's footsteps* seguire le orme di qn

footwear /'fʊtweə(r)/ *s* [*non numerabile*] calzatura

for /fə(r), fɔ:(r)/ ▶ *prep* **1** per: *a letter for you* una lettera per te ◊ *the train for Glasgow* il treno per Glasgow ◊ *for her own good* per il suo bene ◊ *What's it for?* A cosa serve? ◊ *It's time for supper.* È ora di cena. ◊ *What can I do for you?* In cosa posso esserle utile? **2** (*in espressioni di tempo*) per, da: *They are going for a month.* Se ne vanno per un mese. ◊ *How long are you here for?* Quanto ti fermi? ◊ *I haven't seen him for two days.* Non lo vedo da due giorni. **3** [*con infinito*]: *There's no need for you to go.* Non c'è bisogno che tu vada. ◊ *It's impossible for me to do it.* Mi è impossibile farlo. **4** a favore: *the arguments for the plan* gli argomenti a favore del progetto ◊ *Are you for or against it?* Sei favorevole o contrario? **5** (*altri usi*): *I for Irene* I come Irene ◊ *for miles and miles* per miglia e miglia ◊ *What does he do for a job?* Che lavoro fa? LOC **for all**: *for all his wealth* nonostante tutti i suoi soldi ◆ **be for it** (*informale*): *He's for it now!* Adesso vedrà! ➔ Per l'uso di **for** nei PHRASAL VERBS, vedi alla voce del verbo, ad es. **look for** a LOOK.
▶ *cong* (*formale, antiq*) poiché, dal momento che

forbid /fə'bɪd/ *vt* (*pass* **forbade** /fə'bæd; *USA* fə'beɪd/ *pp* **forbidden** /fə'bɪdn/) ~ **sb to do sth** proibire a qn di fare qc: *It is forbidden to smoke.* È vietato fumare. ◊ *They forbade them from entering.* Vietarono loro l'ingresso. **forbidding** *agg* **1** minaccioso **2** impervio

force /fɔ:s/ ▶ *s* forza: *the armed forces* le forze armate LOC **by force** con la forza ◆ **come into force** entrare in vigore ◆ **in force** in vigore
▶ *vt* ~ **sb (to do sth)** costringere qn (a fare qc) PHRV **force sth on sb** imporre qc a qn

forcible /'fɔ:səbl/ *agg* **1** forzato **2** convincente **forcibly** *avv* **1** con la forza **2** energicamente

ford /fɔ:d/ ▶ *s* guado
▶ *vt* guadare

fore /fɔ:(r)/
▶ *s* LOC **be/come to the fore** essere in primo piano/mettersi in luce

forearm /'fɔ:rɑ:m/ *s* avambraccio

forecast /'fɔ:kɑ:st; *USA* -kæst/ ▶ *vt* (*pass, pp* **forecast** *o* **forecasted**) prevedere
▶ *s* previsione

forefinger /'fɔ:fɪŋgə(r)/ *s* dito indice

forefront /'fɔ:frʌnt/ *s* LOC **at/in the forefront of sth** all'avanguardia di qc

foreground /'fɔ:graʊnd/ *s* primo piano (*in foto, dipinto*)

forehand /'fɔ:hænd/ *s* (*tennis ecc*) diritto

forehead /'fɔ:hed, 'fɒrɪd/ *s* (*Anat*) fronte

foreign /'fɒrən; *USA anche* 'fɔ:r-/ *agg* **1** straniero **2** estero: *foreign exchange* valuta estera ◊ *Foreign Office/Secretary* ministero/ministro degli Esteri **3** (*formale*) ~ **to sb/sth** estraneo a qn/qc

foreigner /'fɒrənə(r); *USA anche* 'fɔ:r-/ *s* straniero, -a

foreman /'fɔ:mən/ *s* (*pl* -**men** /-mən/ *femm* -**woman** *pl* -**women**) caposquadra

foremost /'fɔ:məʊst/ ▶ *agg* principale, più importante
▶ *avv* in primo luogo

forename /'fɔ:neɪm/ *s* (*formale*) nome di battesimo, -a ➔ *Vedi nota a* MIDDLE NAME

forensic → fortune

forensic /fə'rensɪk, -'renzɪk/ *agg* medico-legale: *the forensic laboratory* il laboratorio di medicina legale

forerunner /'fɔːrʌnə(r)/ *s* precursore

foresee /fɔː'siː/ *vt* (*pass* **foresaw** /fɔː'sɔː/ *pp* **foreseen** /fɔː'siːn/) prevedere **foreseeable** *agg* prevedibile LOC **for/in the foreseeable future** nell'immediato futuro

foresight /'fɔːsaɪt/ *s* lungimiranza

forest /'fɒrɪst; *USA* 'fɔːr-/ *s* foresta

foretell /fɔː'tel/ *vt* (*pass, pp* **foretold** /fɔː'təʊld/) (*formale*) predire

forever /fə'revə(r)/ *avv* **1** (*anche* **for ever**) per sempre **2** sempre: *You're forever getting in the way.* Stai sempre tra i piedi.

foreword /'fɔːwɜːd/ *s* prefazione

forgave *pass di* FORGIVE

forge /fɔːdʒ/ ▶ *s* fucina
▶ *vt* **1** (*metallo, relazione*) forgiare **2** (*firma, banconota*) contraffare PHRV **forge ahead** procedere spedito

forgery /'fɔːdʒəri/ *s* (*pl* **-ies**) **1** contraffazione **2** falso

forget /fə'get/ (*pass* **forgot** /fə'gɒt/ *pp* **forgotten** /fə'gɒtn/) **1** *vt, vi* ~ (**sth/to do sth**) dimenticare (qc/di fare qc): *He forgot to pay me.* Si è dimenticato di pagarmi. LOC **not forgetting …** senza dimenticare … PHRV **forget about sb/sth** dimenticarsi di qn/qc **forgetful** *agg* smemorato, distratto

forgive /fə'gɪv/ *vt* (*pass* **forgave** /fə'geɪv/ *pp* **forgiven** /fə'gɪvn/) perdonare: *Forgive me for interrupting.* Scusami se ti interrompo. **forgiveness** *s* perdono: *to ask (for) forgiveness (for sth)* chiedere perdono (per qc) **forgiving** *agg* indulgente

forgot *pass di* FORGET

forgotten *pp di* FORGET

fork /fɔːk/ ▶ *s* **1** forchetta **2** forcone **3** bivio
▶ *vi* **1** (*strada*) biforcarsi **2** (*persona*): *to fork left* girare a sinistra PHRV **fork out (for/on sth)** (*informale*) sborsare (per qc)

form /fɔːm/ ▶ *s* **1** forma: *in the form of sth* sotto forma di qc **2** modulo: *application form* modulo di domanda **3** forma: *as a matter of form* per rispettare le forme **4** (*antiq*) (*Scol*) classe LOC **in/out of form** in forma/fuori forma *Vedi anche* SHAPE
▶ **1** *vt* formare: *to form an idea (of sb/sth)* farsi un'idea (di qn/qc) **2** *vi* formarsi

formal /'fɔːml/ *agg* **1** (*comportamento, linguaggio*) formale **2** (*pranzo, dichiarazione*)

ufficiale: *formal dress* abito da cerimonia **3** (*qualifiche*) riconosciuto

formality /fɔː'mæləti/ *s* (*pl* **-ies**) formalità: *legal formalities* formalità di legge

formally /'fɔːməli/ *avv* **1** ufficialmente **2** *formally dressed* in abito da cerimonia

format /'fɔːmæt/ *s* formato

formation /fɔː'meɪʃn/ *s* formazione

former /'fɔːmə(r)/ ▶ *agg* **1** vecchio: *the former champion* l'ex campione **2** *in former times* in passato **3** primo: *the former solution* la prima soluzione
▶ **the former** *pron* il primo, la prima, ecc: *The former was much better than the latter.* Quello era meglio di questo. ⊃ *Confronta* LATTER

formerly /'fɔːməli/ *avv* **1** precedentemente **2** in passato

formidable /'fɔːmɪdəbl/ *agg* **1** (*rivale, squadra*) temibile **2** (*compito*) arduo

formula /'fɔːmjələ/ *s* (*pl* **-s** *nell'uso scientifico* **-lae** /'fɔːmjuliː/) formula

forsake /fə'seɪk/ *vt* (*pass* **forsook** /fə'sʊk/ *pp* **forsaken** /fə'seɪkən/) (*formale*) abbandonare

fort /fɔːt/ *s* forte (*costruzione*)

forth /fɔːθ/ *avv* (*formale*) in avanti: *from that day forth* da quel giorno in poi LOC **and (so on and) so forth** e così via *Vedi anche* BACK¹

forthcoming /ˌfɔːθ'kʌmɪŋ/ *agg* **1** prossimo: *the forthcoming election* le prossime elezioni **2** (*film, libro*) di prossima uscita **3** (*aiuto*) disponibile: *No offer was forthcoming.* Non è stata fatta nessuna offerta. **4** (*persona*) comunicativo

forthright /'fɔːθraɪt/ *agg* **1** (*persona*) schietto, diretto **2** (*opinione*) franco

fortieth *Vedi* FORTY

fortification /ˌfɔːtɪfɪ'keɪʃn/ *s* fortificazione

fortify /'fɔːtɪfaɪ/ *vt* (*pass, pp* **fortified**) **1** fortificare **2** ~ **sb/yourself** rafforzare qn/rafforzarsi

fortnight /'fɔːtnaɪt/ *s* (*GB*) quindici giorni: *a fortnight today* oggi a quindici

fortnightly /'fɔːtnaɪtli/ ▶ *agg* (*GB*) quindicinale
▶ *avv* ogni quindici giorni

fortress /'fɔːtrəs/ *s* fortezza

fortunate /'fɔːtʃənət/ *agg* fortunato **fortunately** *avv* per fortuna

fortune /'fɔːtʃuːn/ *s* **1** patrimonio, fortuna: *to be worth a fortune* valere una fortuna **2** sorte LOC *Vedi* SMALL

| aɪ five | aʊ now | ɔɪ join | ɪə near | eə hair | ʊə pure | ʒ vision | h how | ŋ sing |

forty /'fɔːti/ *agg, pron, s* quaranta ⊃ *Vedi esempi a* FIFTY, FIVE **fortieth** *agg, pron, avv, s* quarantesimo ⊃ *Vedi esempi a* FIFTH

forward /'fɔːwəd/ ▶ *avv* **1** (*spec GB* **forwards**) in avanti **2** avanti: *from that day forward* da quel giorno in poi LOC *Vedi* BACKWARD(s), CLOCK
▶ *agg* **1** in avanti **2** anteriore: *a forward position* una posizione avanzata **3** per il futuro: *forward planning* pianificazione per il futuro **4** sfacciato
▶ *vt* ~ **sth** (**to sb**) inoltrare qc (a qn): *please forward* si prega di inoltrare ◊ *forwarding address* nuovo recapito
▶ *s* attaccante

fossil /'fɒsl/ *s* fossile

foster /'fɒstə(r)/ *vt* **1** (*formale*) incoraggiare, promuovere **2** avere in affidamento

fought *pass, pp di* FIGHT

foul /faʊl/ ▶ *agg* **1** (*odore, sapore*) disgustoso **2** (*acqua, aria*) fetido **3** (*umore*) pessimo **4** (*tempo*) brutto **5** (*linguaggio*) osceno
▶ *s* fallo (*Sport*)
▶ *vt* commettere un fallo su (*Sport*) PHR V **foul sth up** (*informale*) rovinare qc

foul 'play *s* delitto

found[1] *pass, pp di* FIND

found[2] /faʊnd/ *vt* **1** fondare **2** basare: *founded on fact* basato sulla realtà

foundation /faʊn'deɪʃn/ *s* **1** fondazione **2** **the foundations** [*pl*] le fondamenta **3** fondamento **4** fondotinta

founder /'faʊndə(r)/ *s* fondatore, -trice

fountain /'faʊntən/; *USA* -tn/ *s* fontana

'fountain pen *s* penna stilografica

four /fɔː(r)/ *agg, pron, s* quattro ⊃ *Vedi esempi a* FIVE

fourteen /ˌfɔː'tiːn/ *agg, pron, s* quattordici ⊃ *Vedi esempi a* FIVE **fourteenth** *agg, pron, avv, s* quattordicesimo ⊃ *Vedi esempi a* FIFTH

fourth (*abbrev* **4th**) /fɔːθ/ ▶ *agg, pron, avv* quarto
▶ *s* **1 the fourth** il quattro: *the fourth of September* il quattro settembre **2** (*anche* **fourth 'gear**) quarta (*marcia*)
▶ ⊃ *Vedi esempi a* FIFTH

Per indicare la frazione "un quarto" si dice **a quarter**: *We ate a quarter of the cake each.* Abbiamo mangiato un quarto di torta ciascuno.

four-'wheeler *s* (*USA*) *Vedi* QUAD BIKE

fowl /faʊl/ *s* (*pl* **fowl** *o* **-s**) volatile (*da cortile*)

fox /fɒks/ *s* (*femm* **vixen** /'vɪksn/) volpe

foyer /'fɔɪeɪ; *USA* 'fɔɪər/ *s* (*teatro*) foyer

fraction /'frækʃn/ *s* frazione

fracture /'fræktʃə(r)/ ▶ *s* frattura
▶ *vt, vi* fratturare, fratturarsi

fragile /'frædʒaɪl; *USA* -dʒl/ *agg* fragile

fragment ▶ /'frægmənt/ *s* frammento
▶ /fræg'ment/ *vt, vi* frammentare, frammentarsi

fragrance /'freɪgrəns/ *s* profumo, fragranza

fragrant /'freɪgrənt/ *agg* profumato, fragrante

frail /freɪl/ *agg* fragile, delicato ❶ Si usa soprattutto per persone anziane o malate.

frame /freɪm/ ▶ *s* **1** cornice **2** (*bicicletta, finestra*) telaio **3** (*occhiali*) montatura LOC **frame of mind** stato d'animo
▶ *vt* **1** (*foto, dipinto*) incorniciare **2** (*domanda*) formulare **3** (*informale*) ~ **sb** incastrare qn

framework /'freɪmwɜːk/ *s* struttura

franc /fræŋk/ *s* franco (*valuta*)

frank /fræŋk/ *agg* franco, sincero

frantic /'fræntɪk/ *agg* **1** (*persona*) fuori di sé **2** (*attività*) frenetico

fraternal /frə'tɜːnl/ *agg* fraterno

fraternity /frə'tɜːnəti/ *s* (*pl* **-ies**) **1** fraternità, fratellanza **2** comunità, confraternita

fraud /frɔːd/ *s* **1** (*atto*) frode **2** (*persona*) impostore, -ora

fraught /frɔːt/ *agg* **1** ~ **with sth** pieno di qc **2** teso

fray /freɪ/ *vt, vi* logorare, logorarsi

freak /friːk/ ▶ *s* (*informale, dispreg*) **1** persona strana **2** fanatico, -a
▶ *agg* anomalo: *freak weather conditions* condizioni meteorologiche anomale ◊ *a freak accident* un incidente insolito
▶ *vi* ~ (**out**) andare fuori di testa *vt* ~ **sb** (**out**) mandare fuori di testa qn

freckle /'frekl/ *s* lentiggine **freckled** *agg* lentigginoso

free /friː/ ▶ *agg* (**freer** /'friːə(r)/ **freest** /'friːɪst/) **1** libero: *free speech* libertà di parola ◊ *free will* libero arbitrio ◊ *to set sb free* liberare qn ◊ *to be free of/from worries* non avere preoccupazioni ◊ *to pull (yourself) free* liberarsi **2** gratis, gratuito: *admission free* ingresso gratuito ◊ *free of charge* gratuito ◊ *free gift* omaggio **3** ~ **with sth** prodigo di qc LOC **free and easy** rilassato ◆ **of your own free will** di

freedom → frivolous

spontanea volontà ♦ **get, have, etc. a free hand** avere carta bianca
▶ vt (*pass, pp* **freed**) ~ **sb/sth (from/of sth)** liberare qn/qc (da qc)
▶ *avv* gratis, gratuitamente

freedom /ˈfriːdəm/ *s* **1** libertà: *freedom of speech* libertà di parola **2** ~ **(to do sth)** libertà (di fare qc) **3** ~ **from sth** libertà da qc

free ˈkick *s* calcio di punizione: *to take a free kick* battere un calcio di punizione

freely /ˈfriːli/ *avv* liberamente, generosamente

free-ˈrange *agg* ruspante: *free-range eggs* uova di gallina ruspante ➲ *Confronta* BATTERY *senso* (3)

freeway /ˈfriːweɪ/ *s* (*USA*) autostrada

freeze /friːz/ ▶ (*pass* **froze** /frəʊz/ *pp* **frozen** /ˈfrəʊzn/) **1** *vt, vi* gelare, gelarsi: *I'm freezing!* Sto morendo di freddo! ◊ *freezing (point)* punto di congelamento **2** *vt, vi* (*cibi, prezzi, salari*) congelare, congelarsi **3** *vi* bloccarsi: *Freeze!* Fermo!
▶ *s* **1** gelata **2** (*stipendi, prezzi*) congelamento, blocco

freezer /ˈfriːzə(r)/ *s* **1** congelatore **2** freezer

freight /freɪt/ *s* [*non numerabile*] merci

French ˈfry *s* (*pl* **fries**) (*spec USA*) patatina fritta

French ˈwindow (*spec USA* **French ˈdoor**) *s* portafinestra

frenzied /ˈfrenzid/ *agg* frenetico, convulso

frenzy /ˈfrenzi/ *s* [*gen sing*] frenesia

frequency /ˈfriːkwənsi/ *s* (*pl* **-ies**) frequenza

frequent ▶ /ˈfriːkwənt/ *agg* frequente
▶ /frɪˈkwent/ *vt* frequentare

frequently /ˈfriːkwəntli/ *avv* frequentemente ➲ *Vedi nota a* ALWAYS

fresco /ˈfreskəʊ/ *s* (*pl* **-oes** *o* **-os**) affresco

fresh /freʃ/ *agg* (**-er, -est**) **1** nuovo, altro **2** recente **3** (*cibo, aria*) fresco **4** *fresh water* acqua dolce LOC *Vedi* BREATH **freshly** *avv* di recente: *freshly baked* appena sfornato **freshness** *s* **1** freschezza **2** novità

freshen /ˈfreʃn/ **1** *vt* ~ **sth (up)** dare un'aria nuova a qc **2** *vi* (*aria*) rinfrescare PHRV **freshen (yourself) up** rinfrescarsi

freshwater /ˈfreʃwɔːtə(r)/ *agg* di acqua dolce

fret /fret/ *vi* (**-tt-**) ~ **(about/at/over sth)** agitarsi (per qc)

friar /ˈfraɪə(r)/ *s* frate

friction /ˈfrɪkʃn/ *s* frizione

Friday /ˈfraɪdeɪ, ˈfraɪdi/ *s* (*abbrev* **Fri.**) venerdì: *Good Friday* Venerdì Santo ➲ *Vedi esempi a* MONDAY

fridge /frɪdʒ/ *s* (*informale*) frigo: *fridge-freezer* frigocongelatore

fried /fraɪd/ *pass, pp di* FRY
▶ *agg* fritto

friend /frend/ *s* **1** amico, -a **2** ~ **of/to sth** sostenitore, -trice di qc ~ **be friends (with sb)** essere amico di qn, essere amici ♦ **have friends in high places** avere qualche santo in Paradiso ♦ **make friends (with sb)** fare amicizia (con qn)

friendly /ˈfrendli/ *agg* (**-ier, -iest**) **1** (*persona*) simpatico ❶ Nota che **sympathetic** significa "comprensivo". **2** (*rapporto, partita*) amichevole **3** (*gesto, consiglio*) da amico **4** (*luogo*) accogliente **5** **-friendly**: *environmentally-friendly farming methods* metodi di allevamento che rispettano l'ambiente ◊ *ozone-friendly cleaning materials* detergenti che rispettano l'ozono ◊ *family-friendly hotels* alberghi a misura di famiglia **friendliness** *s* cordialità, simpatia

friendship /ˈfrendʃɪp/ *s* amicizia

fright /fraɪt/ *s* spavento: *to give sb a fright* fare paura a qn ◊ *to get a fright* spaventarsi

frighten /ˈfraɪtn/ *vt* spaventare, fare paura a
PHRV **frighten sb away/off** scoraggiare qn: *The high prices have frightened off many customers.* I prezzi elevati hanno scoraggiato molti clienti. **frightened** *agg* spaventato: *to be frightened (of sb/sth)* aver paura (di qn/qc) LOC *Vedi* WIT **frightening** *agg* pauroso, spaventoso

frightful /ˈfraɪtfl/ *agg* **1** orribile **2** (*antiq, informale*) (*per enfatizzare*): *a frightful mess* un disordine terribile **frightfully** *avv* (*informale*) estremamente: *I'm frightfully sorry.* Mi dispiace moltissimo

frigid /ˈfrɪdʒɪd/ *agg* **1** frigido **2** glaciale

frill /frɪl/ *s* **1** (*gala*) volant **2** [*gen pl*] (*fig*) fronzolo: *no frills* senza fronzoli

fringe /frɪndʒ/ ▶ *s* **1** (*USA* **bangs** [*pl*]) frangia **2** (*fig*) margine
▶ *vt* LOC **be fringed by/with sth** essere bordato di qc

frisk /frɪsk/ **1** *vt* (*informale*) perquisire **2** *vi* saltellare **frisky** *agg* vivace

fritter /ˈfrɪtə(r)/ *s* frittellina (*di frutta, verdura, ecc*)

frivolity /frɪˈvɒləti/ *s* frivolezza

frivolous /ˈfrɪvələs/ *agg* frivolo

---

iː see   i happy   ɪ sit   e ten   æ hat   ɑː father   ʌ cup   ʊ put   uː too

frizzy /'frɪzi/ *agg* crespo

fro /frəʊ/ *avv* Vedi TO

frock /frɒk/ *s* vestito

frog /frɒg; *USA* frɔːg/ *s* **1** rana **2** (*informale, offensivo*) francese

frogman /'frɒgmən; *USA* frɔːg/ *s* (*GB*) (*pl* **-men** /-mən/) uomo rana

from /frəm, frɒm/ *prep* **1** (*provenienza, tempo, posizione*) da: *from Rome to London* da Roma a Londra ◊ *the train from Florence* il treno proveniente da Firenze ◊ *from above/below* dall'alto/dal basso ◊ *from yesterday* da ieri ◊ *a present from a friend* un regalo di un amico ◊ *from bad to worse* di male in peggio ◊ *from time to time* di tanto in tanto ◊ *I'm from Scotland.* Sono scozzese. ◊ *to take sth away from sb* portare via qc a qn ⊃ *Vedi nota a* SINCE **2** per: *from choice* per scelta ◊ *from what I can gather* da quanto ho capito **3** tra: *to choose from...* scegliere tra... **4** con: *Wine is made from grapes.* Il vino si fa con l'uva. **5** (*Mat*): *13 from 34 leaves 21.* 34 meno 13 fa 21. LOC **from ... on**: *from now on* d'ora in poi ◊ *from then on* da allora in poi ⊃ Per l'uso di **from** nei PHRASAL VERBS vedi alla voce del verbo, ad es. **hear from** a HEAR.

front

on the front of the bus
at the front of the bus
in front of the bus

front /frʌnt/ ▶ *s* **1** **the ~ (of sth)** il davanti (di qc): *If you can't see the board, sit at the front.* Se non vedi la lavagna, siediti davanti. ◊ *at the front of the queue* in cima alla fila **2** **the front** (*Mil*) il fronte **3** copertura: *a front for sth* una copertura per qc **4** fronte: *on the financial front* sul fronte economico

▶ *agg* davanti, anteriore (*ruote, zampe*): *the front row* la prima fila ◊ *the front cover* la copertina

▶ *avv* LOC **in front** davanti: *the row in front* la fila davanti ⊃ *Vedi illustrazione a* DAVANTI ♦ **up front** (*informale*) in anticipo *Vedi anche* BACK¹

▶ *prep* LOC **in front of** davanti a ⊃ Nota che "di fronte" si dice **opposite**. Vedi illustrazione a DAVANTI.

front 'door *s* porta d'ingresso

frontier /'frʌntɪə(r); *USA* frʌn'tɪər/ *s* **~ (with sth/between ...)** frontiera (con qc/tra ...) ⊃ *Vedi nota a* BORDER

front 'page *s* prima pagina

frost /frɒst; *USA* frɔːst/ ▶ *s* **1** gelo, gelata **2** brina
▶ *vt, vi* ghiacciare, ghiacciarsi

frostbite /'frɒstbaɪt; *USA* 'frɔːst-/ *s* [*non numerabile*] congelamento **frostbitten** /'frɒstbɪtn; *USA* 'frɔːst-/ *agg* congelato

frosting /'frɒstɪŋ; *USA* 'frɔːst-/ *s* (*USA*) *Vedi* ICING

frosty /'frɒsti; *USA* 'frɔːsti/ *agg* (**-ier, -iest**) **1** gelato **2** coperto di brina

froth /frɒθ; *USA* frɔːθ/ ▶ *s* schiuma
▶ *vi* fare la schiuma

frown /fraʊn/ ▶ *s* cipiglio
▶ *vi* aggrottare le sopracciglia PHR V **frown on/upon sth** disapprovare qc

froze *pass di* FREEZE

frozen *pp di* FREEZE

fruit /fruːt/ *s* **1** [*gen non numerabile*] frutta: *fruit and vegetables* frutta e verdura ◊ *a piece of fruit* un frutto ◊ *fruit salad* macedonia **2** (*fig*) frutto: *the fruit(s) of your labours* il frutto del proprio lavoro

fruitful /'fruːtfl/ *agg* fruttuoso

fruition /fruˈɪʃn/ *s*: *to come to fruition* realizzarsi

fruitless /'fruːtləs/ *agg* infruttuoso

frustrate /frʌ'streɪt; *USA* 'frʌstreɪt/ *vt* **1** (*persona*) frustrare **2** (*tentativo*) rendere vano

fry /fraɪ/ *vt, vi* (*pass, pp* **fried** /fraɪd/) friggere

To **fry** significa sia friggere in abbondante olio (anche **to deep-fry**) che cuocere in padella. **To fry potatoes** significa perciò friggere le patate, mentre **to fry bacon/sausages/fish/vegetables** ecc. indica la cottura in padella. Quando la carne o le verdure sono tagliate a pezzettini e saltate in padella o nel wok si usa **to stir-fry**.

'frying pan (*USA anche* **frypan** /'fraɪpæn/ (*anche* **skillet**) *s* padella ⊃ *Vedi illustrazione*

fudge → fury 132

a SAUCEPAN LOC **out of the frying pan into the fire** dalla padella alla brace

fudge /fʌdʒ/ *s* [*non numerabile*] caramella mou

fuel /fjuːəl/ *s* **1** combustibile **2** carburante

fugitive /ˈfjuːdʒətɪv/ *agg, s* fuggiasco, -a: *a fugitive from justice* un latitante

fulfil (*USA* **fulfill**) /fʊlˈfɪl/ *vt* (**-ll-**) **1** (*promessa*) mantenere **2** (*desiderio, bisogno, requisito*) soddisfare **3** (*ruolo*) rivestire

full /fʊl/ ▸ *agg* (**-er, -est**) **1** **~ (of sth)** pieno (di qc) **2** **~ of sth** preso da qc **3** **~ (up)** sazio: *I'm full up.* Sono pieno. **4** (*albergo, aereo*) completo, pieno **5** (*discussione, istruzioni*) esauriente **6** (*ora, tariffa*) intero **7** (*vestiti*) ampio LOC **(at) full blast** a tutto volume ◆ **(at) full speed** a tutta velocità ◆ **full of yourself** (*dispreg*) pieno di sé ◆ **in full** per intero ◆ **in full swing** in pieno corso ◆ **come full circle** essere di nuovo al punto di partenza ◆ **to the full** al massimo
▸ *avv* **1** *full in the face* in piena faccia **2** *You know full well that…* Sai benissimo che…

full board *s* pensione completa

full-length *agg* **1** (*foto*) in piedi **2** (*abito*) lungo; (*specchio*) a figura intera **3** (*romanzo*) completo: *a full-length feature film* un lungometraggio

full stop (*USA* **period**) *s* punto

full-time *agg, avv* a tempo pieno

fully /ˈfʊli/ *avv* **1** completamente **2** almeno: *fully two hours* almeno due ore

fumble /ˈfʌmbl/ *vi* **~ (with sth)** armeggiare (con qc)

fume /fjuːm/ ▸ *s* **fumes** [*pl*] esalazioni
▸ *vi* essere furioso

fun /fʌn/ ▸ *s* divertimento: *to have fun* divertirsi LOC **make fun of sb/sth** prendere in giro qn/qc *Vedi anche* POKE
▸ *agg* (*informale*) piacevole, simpatico

function /ˈfʌŋkʃn/ ▸ *s* **1** funzione **2** ricevimento, cerimonia
▸ *vi* **1** funzionare **2** **~ as sth** fare da qc

fund /fʌnd/ ▸ *s* **1** fondo (*soldi*) **2** **funds** [*pl*] fondi
▸ *vt* finanziare, sovvenzionare

fundamental /ˌfʌndəˈmentl/ ▸ *agg* **~ (to sth)** fondamentale (per qc)
▸ *s* [*gen pl*] fondamento

funeral /ˈfjuːnərəl/ *s* **1** funerale: *funeral parlour* impresa di pompe funebri **2** corteo funebre

funfair /ˈfʌnfeə(r)/ *s* luna park

fungus /ˈfʌŋɡəs/ *s* (*pl* **-gi** /-ɡaɪ, -dʒaɪ/ *o* **-guses** /-ɡəsɪz/) fungo

funky /ˈfʌŋki/ *agg* (**-ier, -iest**) (*informale*) **1** funky: *a funky disco beat* un ritmo funky ballabile **2** (*approv, spec USA*) figo: *She wears really funky clothes.* Si veste in modo fighissimo.

funnel /ˈfʌnl/ ▸ *s* **1** imbuto **2** fumaiolo (*di nave, locomotiva*)
▸ *vt* (**-ll-**, *USA* **-l-**) incanalare

funny /ˈfʌni/ *agg* (**-ier, -iest**) **1** divertente, buffo **2** strano

fur /fɜː(r)/ *s* **1** pelo (*di animale*) **2** pelliccia: *a fur coat* una pelliccia

furious /ˈfjʊəriəs/ *agg* **1** **~ (at sth/with sb)** furioso (per qc/con qn) **2** (*protesta, attacco, lite*) violento **3** (*discussione*) acceso **furiously** *avv* furiosamente

furnace /ˈfɜːnɪs/ *s* fornace

furnish /ˈfɜːnɪʃ/ *vt* **1** **~ sth (with sth)** arredare qc (con qc): *a furnished flat* un appartamento ammobiliato **2** **~ sb/sth with sth** fornire qn/qc di qc **furnishings** *s* [*pl*] mobilia

furniture /ˈfɜːnɪtʃə(r)/ *s* [*non numerabile*] mobili: *a piece of furniture* un mobile ⊃ *Vedi nota a* INFORMAZIONE

furrow /ˈfʌrəʊ/ ▸ *s* solco
▸ *vt* solcare: *a furrowed brow* una fronte corrugata

furry /ˈfɜːri/ *agg* (**-ier, -iest**) peloso

further /ˈfɜːðə(r)/ ▸ *agg* **1** (*anche* **farther**) più lontano: *Which is further?* Qual è più lontano? **2** ulteriore: *for further details/information…* per ulteriori informazioni… ◇ *until further notice* fino a nuovo avviso
▸ *avv* **1** (*anche* **farther**) più lontano: *How much further is it to Oxford?* Quanto manca a Oxford? ◇ *Two miles further on we came to a road.* Due miglia più avanti arrivammo ad una strada. **2** inoltre: *Further to my letter…* A seguito della mia lettera… **3** più: *hear nothing further* non avere più notizie LOC *Vedi* AFIELD

Farther o further? Entrambi sono comparativi di **far**, ma sono sinonimi solo quando ci si riferisce alla distanza: *Which is further/farther?* Qual è più lontano?

furthermore /ˌfɜːðəˈmɔː(r)/ *avv* inoltre

furthest /ˈfɜːðɪst/ *agg, avv* (*superl di* **far**) più lontano: *the furthest corner of Europe* la parte più remota d'Europa

fury /ˈfjʊəri/ *s* furia, rabbia

fuse /fju:z/ ▶ s **1** fusibile **2** miccia **3** (*USA anche* **fuze**) spoletta
▶ **1** vi (*metallo*) fondersi: *The lights had fused.* Erano saltate le valvole. **2** vt ~ sth (**together**) saldare qc (insieme)

fusion /'fju:ʒn/ s fusione

fuss /fʌs/ ▶ s [*non numerabile*] agitazione, storie LOC **make a fuss of/over sb** coprire qn di attenzioni ◆ **make a fuss about/over sth** fare storie per qc ◆ **kick up a fuss (about/over sth)** piantare una grana (per qc)
▶ vi **1** ~ (**about**) agitarsi, affannarsi **2** ~ **over sb** coprire qn di attenzioni

fussy /'fʌsi/ agg (**-ier**, **-iest**) **1** pignolo **2** ~ (**about sth**) esigente, difficile (riguardo a qc)

futile /'fju:taɪl; *USA* -tl/ agg vano

future /'fju:tʃə(r)/ ▶ s **1** futuro: *in the near future* in un prossimo futuro **2** avvenire LOC **in future** in futuro *Vedi anche* FORESEE
▶ agg futuro

fuze *Vedi* FUSE s senso (3)

fuzzy /'fʌzi/ agg (**-ier**, **-iest**) **1** (*golfino, coperta*) peloso **2** (*capelli*) crespo **3** (*foto*) sfocato **4** (*mente*) confuso

G g

G, g /dʒi:/ s (*pl* **Gs**, **G's**, **g's**) **1** G, g: *G for George* G come Genova ➲ *Vedi esempi a* A, A **2** (*Mus*) sol

gab /gæb/ s LOC *Vedi* GIFT

gable /'geɪbl/ s frontone

gadget /'gædʒɪt/ s aggeggio

Gaelic ▶ s **1** /'gælɪk, 'geɪlɪk/ gaelico **2** /'geɪlɪk/ (*anche* ,**Irish 'Gaelic**) gaelico
▶ agg gaelico

gag /gæg/ ▶ s **1** bavaglio **2** battuta
▶ vt (**-gg-**) imbavagliare

gage (*USA*) *Vedi* GAUGE

gaiety /'geɪəti/ s (*antiq*) allegria

gain /geɪn/ ▶ s **1** guadagno, profitto **2** aumento **3** vantaggio
▶ **1** vt ottenere, acquistare: *to gain control* ottenere il controllo **2** vt aumentare di: *to gain two kilos* aumentare di due chili ◇ *to gain speed* acquistare velocità **3** vi ~ **by/from** (**doing**) **sth** guadagnare da qc/facendo qc **4** vi (*orologio*) andare avanti PHRV **gain on sb/sth** incalzare qn/qc

gait /geɪt/ s [*sing*] passo, andatura

gal /gæl/ s (*antiq, informale*) ragazza

galaxy /'gæləksi/ s (*pl* **-ies**) galassia

gale /geɪl/ s bufera

gallant /'gælənt/ agg **1** (*antiq o retorico*) valoroso, prode **2** galante **gallantry** /'gæləntri/ s **1** prodezza **2** galanteria

gallery /'gæləri/ s (*pl* **-ies**) **1** (*anche* '**art gallery**) galleria d'arte **2** galleria **3** loggione

galley /'gæli/ s (*pl* **-eys**) **1** cambusa **2** (*Naut*) galea

gallon /'gælən/ s (*abbrev* **gal.**) gallone (*4,5 litri*)

gallop /'gæləp/ ▶ **1** vi andare al galoppo **2** vt lanciare al galoppo
▶ s galoppo

the gallows /'gæləʊz/ s la forca

galore /gə'lɔ:(r)/ agg (*informale*) [*dopo un sostantivo*] a gogò: *There will be games and prizes galore.* Ci saranno giochi e premi a gogò.

gamble /'gæmbl/ ▶ vt, vi (*soldi*) giocare PHRV **gamble on doing sth** contare di fare qc
▶ s **1** giocata **2** (*fig*): *to be a gamble* essere un rischio

gambler /'gæmblə(r)/ s giocatore, -trice (*d'azzardo*)

gambling /'gæmblɪŋ/ s gioco d'azzardo

game /geɪm/ ▶ s **1** gioco **2** partita ➲ *Confronta* MATCH[2] **3** **games** [*pl*] attività sportive (*a scuola*) **4** [*non numerabile*] cacciagione LOC *Vedi* FAIR, MUG
▶ agg: *Are you game?* Ti va?

'**game show** s (*TV*) gioco a premi

gammon /'gæmən/ s [*non numerabile*] prosciutto ➲ *Confronta* BACON, HAM

gander /'gændə(r)/ s oca maschio

gang /gæŋ/ ▶ s [v *sing o pl*] **1** banda **2** (*lavoratori*) squadra
▶ v PHRV **gang up on sb** far comunella contro qn

gangster /'gæŋstə(r)/ s gangster

gangway /'gæŋweɪ/ s **1** passerella **2** (*GB*) corridoio (*tra sedili, ecc*)

gaol /dʒeɪl/ *Vedi* JAIL

| tʃ **chin** | dʒ **June** | v **van** | θ **thin** | ð **then** | s **so** | z **zoo** | ʃ **she** |

gap → gene

gap /gæp/ s **1** apertura, varco **2** spazio **3** (*tempo*) intervallo **4** (*fig*) divario **5** (*mancanza*) lacuna LOC *Vedi* BRIDGE

gape /geɪp/ vi **1** ~ (**at sb/sth**) guardare a bocca aperta (qn/qc) **2** aprirsi, spalancarsi **gaping** *agg* (*voragine, squarcio*) enorme: *a gaping wound* una ferita aperta

'gap year s anno al termine delle scuole superiori in cui gli studenti fanno esperienze di viaggio e di vita prima di iscriversi all'università

garage /'gærɑ:ʒ, 'gærɪdʒ; *USA* gə'rɑ:ʒ/ s **1** garage **2** autofficina **3** stazione di servizio **4** (*anche* '**garage music**, '**garage rock**) garage (*musica*)

garbage /'gɑ:bɪdʒ/ s (*spec USA*) [*non numerabile*] spazzatura

'garbage can s (*USA*) *Vedi* DUSTBIN

garbled /'gɑ:bld/ *agg* confuso

garden /'gɑ:dn/ ▶ s giardino
▶ vi fare del giardinaggio

'garden centre s (*GB*) centro di floricoltura

gardener /'gɑ:dnə(r)/ s giardiniere, -a

gardening /'gɑ:dnɪŋ/ s giardinaggio

gargle /'gɑ:gl/ vi fare gargarismi

garish /'geərɪʃ/ *agg* sgargiante

garland /'gɑ:lənd/ s ghirlanda

garlic /'gɑ:lɪk/ s [*non numerabile*] aglio: *a clove of garlic* uno spicchio d'aglio

garment /'gɑ:mənt/ s (*formale*) indumento, capo di vestiario

garnish /'gɑ:nɪʃ/ ▶ vt guarnire
▶ s guarnizione

garrison /'gærɪsn/ s [v *sing* o *pl*] guarnigione

garter /'gɑ:tə(r)/ s (*USA*) *Vedi* SUSPENDER senso (1)

gas /gæs/ ▶ s (*pl* **-es** o **gasses**) **1** gas: *gas mask* maschera antigas **2** (*USA*) *Vedi* PETROL
▶ vt (**-ss-**) asfissiare col gas

gash /gæʃ/ s ferita profonda

gasoline /'gæsəli:n/ s (*USA*) *Vedi* PETROL

gasp /gɑ:sp; *USA* gæsp/ ▶ **1** vi rimanere senza fiato **2** vi boccheggiare: *to gasp for air* respirare a fatica **3** vt ~ **sth** (**out**) dire qc con voce soffocata
▶ s grido soffocato

'gas station s (*USA*) *Vedi* PETROL STATION

gate /geɪt/ s **1** cancello **2** (*aeroporto*) uscita

gatecrash /'geɪtkræʃ/ vt, vi imbucarsi (a)

gateway /'geɪtweɪ/ s **1** entrata, passaggio **2** ~ **to sth** (*fig*) chiave per qc

gather /'gæðə(r)/ **1** vi radunarsi **2** vi (*nuvole*) addensarsi **3** vt ~ **sb** (**together**) radunare qn **4** vt ~ **sth** (**together/up**) raccogliere qc: *People gathered up their belongings and left.* La gente raccolse le proprie cose e se ne andò. **5** vt (*fiori, frutta*) raccogliere **6** vt dedurre, concludere **7** vt ~ **sth** (**in**) (*stoffa*) increspare qc **8** vt (*velocità*) acquistare PHRV **gather round** radunarsi ◆ **gather round sb/sth** raccogliersi intorno a qn/qc **gathering** s riunione, raduno

gaudy /'gɔ:di/ *agg* (**-ier, -iest**) (*dispreg*) vistoso, chiassoso

gauge (*USA anche* **gage**) /geɪdʒ/ ▶ s **1** indicatore di livello **2** spessore, diametro **3** (*Ferrovia*) scartamento
▶ vt **1** misurare, calcolare **2** valutare

gaunt /gɔ:nt/ *agg* smunto

gauze /gɔ:z/ s garza (*tessuto*)

gave *pass di* GIVE

gay /geɪ/ ▶ *agg* **1** gay **2** (*antiq*) gaio
▶ s gay

gaze /geɪz/ ▶ vi ~ (**at sb/sth**) fissare (qn/qc): *They gazed into each other's eyes.* Si guardarono fisso negli occhi.
▶ s [*sing*] sguardo fisso

GCSE /ˌdʒi: si: es 'i:/ *abbr* (*GB*) **General Certificate of Secondary Education** diploma d'istruzione secondaria conseguito a 15 o 16 anni

gear /gɪə(r)/ ▶ s **1** (*automobile*) marcia: *to change gear* cambiare marcia *Vedi anche* REVERSE **2** (*Mecc*) ingranaggio **3** attrezzatura, roba: *camping gear* attrezzatura da campeggio
▶ v PHRV **gear sth to/towards sth** adattare qc a qc, rivolgere qc a qc ◆ **gear (sb/sth) up (for/to do sth)** preparare qn/qc (per qc/per fare qc), prepararsi (per qc/per fare qc)

gearbox /'gɪəbɒks/ s scatola del cambio

'gear lever (*anche* '**gear stick**, *USA* '**gear shift**, **stick shift**) s leva del cambio

geek /gi:k/ s (*gergale, spec USA*) secchione: *computer geek* fanatico di computer socialmente inetto

geese *plurale di* GOOSE

gem /dʒem/ s **1** pietra preziosa, gemma **2** (*fig*) gioiello, perla

Gemini /'dʒemɪnaɪ/ s Gemelli (*segno zodiacale*) ⊃ *Vedi esempi a* ACQUARIO

gender /'dʒendə(r)/ s **1** (*Gramm*) genere **2** sesso

gene /dʒi:n/ s gene

---

i: see | i happy | ɪ sit | e ten | æ hat | ɑ: father | ʌ cup | ʊ put | u: too

general /ˈdʒenrəl/ ▶ *agg* generale: *as a general rule* di regola ◊ *the general public* il grande pubblico LOC **in general** generalmente ▶ *s* generale

general eˈlection *s* elezioni politiche

generalize, -ise /ˈdʒenrəlaɪz/ *vi* ~ **(about sth)** generalizzare (qc) **generalization, -isation** *s* generalizzazione

generally /ˈdʒenrəli/ *avv* generalmente: *generally speaking …* parlando in generale …

general ˈpractice *s* (*GB*) medicina generale

general pracˈtitioner *s* Vedi GP

general-ˈpurpose *agg* per tutti gli usi

generate /ˈdʒenəreɪt/ *vt* generare **generation** *s* generazione: *the generation gap* il gap generazionale

generator /ˈdʒenəreɪtə(r)/ *s* generatore

generosity /ˌdʒenəˈrɒsəti/ *s* generosità

generous /ˈdʒenərəs/ *agg* **1** (*persona, dono*) generoso **2** (*porzione*) abbondante

genetic /dʒəˈnetɪk/ *agg* genetico **genetically** *avv* geneticamente: *genetically modified* modificato geneticamente **genetics** *s* [*non numerabile*] genetica

genial /ˈdʒiːniəl/ *agg* affabile

genie /ˈdʒiːni/ *s* (*pl* **genies** *o* **genii** /ˈdʒiːniaɪ/) genio

genital /ˈdʒenɪtl/ *agg* genitale **genitals** (*anche* **genitalia** /ˌdʒenɪˈteɪliə/) *s* [*pl*] genitali

genius /ˈdʒiːniəs/ *s* (*pl* **geniuses**) genio

genocide /ˈdʒenəsaɪd/ *s* genocidio

genome /ˈdʒiːnəʊm/ *s* genoma

gent /dʒent/ *s* **1 the Gents** [*sing*] (*GB, informale*) il bagno degli uomini **2** (*informale, scherz*) signore

genteel /dʒenˈtiːl/ *agg* (*talvolta dispreg*) distinto **gentility** /dʒenˈtɪləti/ *s* distinzione

gentle /ˈdʒentl/ *agg* (**gentler, -est**) **1** (*persona, carattere, pendio*) dolce **2** (*calore*) moderato **3** (*tocco*) delicato **4** (*brezza*) leggero **gentleness** *s* **1** dolcezza **2** delicatezza **3** leggerezza **gently** /ˈdʒentli/ *avv* **1** dolcemente **2** (*cuocere*) a fuoco lento

gentleman /ˈdʒentlmən/ *s* (*pl* **-men** /-mən/) signore *Vedi anche* LADY

genuine /ˈdʒenjuɪn/ *agg* **1** (*quadro ecc*) autentico **2** (*persona*) sincero

geography /dʒiˈɒɡrəfi/ *s* geografia **geographer** /dʒiˈɒɡrəfə(r)/ *s* geografo, -a **geographical** /ˌdʒiːəˈɡræfɪkl/ *agg* geografico

geology /dʒiˈɒlədʒi/ *s* geologia **geological** /ˌdʒiːəˈlɒdʒɪkl/ *agg* geologico **geologist** /dʒiˈɒlədʒɪst/ *s* geologo, -a

geometry /dʒiˈɒmətri/ *s* geometria **geometric** /ˌdʒɪəˈmetrɪk/ (*anche* **geometrical** /-ɪkl/) *agg* geometrico

geranium /dʒəˈreɪniəm/ *s* geranio

gerbil /ˈdʒɜːbɪl/ *s* gerbillo

geriatric /ˌdʒeriˈætrɪk/ ▶ *agg* geriatrico ▶ *s* (*informale, offensivo*) anziano, -a

germ /dʒɜːm/ *s* microbo

German measles /ˌdʒɜːmən ˈmiːzlz/ *s* [*non numerabile*] rosolia

German shepherd /ˌdʒɜːmən ˈʃepəd/ *s* (*spec USA*) *Vedi* ALSATIAN

gesture /ˈdʒestʃə(r)/ *s* gesto: *a gesture of friendship* un gesto di amicizia

get /ɡet/ (**-tt-**) (*pass* **got** /ɡɒt/ *pp* **got**, *USA* **gotten** /ˈɡɒtn/)

- **to get + s/pron 1** *vt* ricevere, ottenere, afferrare: *to get a letter* ricevere una lettera ◊ *to get a shock* prendere uno spavento ◊ *How much did you get for your car?* Quanto ti hanno dato per la macchina? ◊ *She gets bad headaches.* Soffre di forti mal di testa. **2** *vt* prendere: *Go and get a cloth.* Vai a prendere uno straccio. ◊ *I got the bus.* Ho preso l'autobus. **3** *vt* capire: *I didn't get the joke.* Non ho capito la barzelletta. **4** *vt* preparare: *She's getting the lunch.* Sta preparando il pranzo. ◊ *I must go home and get tea for the kids.* Devo andare a casa e preparare la cena per i bambini.

- **to get + oggetto + infinito o -ing** *vt* **to get sb/sth doing sth/to do sth** fare che qn/qc faccia qc: *to get the car to start* far partire la macchina ◊ *to get him talking* farlo parlare

- **to get + oggetto + participio** *vt* (*con attività che vogliamo qualcun altro faccia per noi*): *to get your hair cut* tagliarsi i capelli ◊ *You should get your watch repaired.* Dovresti farti riparare l'orologio. ➲ *Confronta* HAVE *senso* (5)

- **to get + oggetto + agg** *vt* (*riuscire a far diventare …*): *to get sth right* indovinare qc ◊ *to get the supper ready* preparare la cena ◊ *to get (yourself) ready* prepararsi

- **to get + agg** *vi* diventare, farsi: *It's getting late.* Si sta facendo tardi. ◊ *to get wet* bagnarsi ◊ *to get better* migliorare

- **to get + participio** *vi*: *to get fed up with sth* stufarsi di qc ◊ *to get used to sth* abituarsi a qc ◊ *to get lost* perdersi

Alcune combinazioni di **to get + participio** si traducono con verbi riflessivi: *to get bored* annoiarsi ◊ *to get dressed* vestirsi ◊ *to get drunk* ubriacarsi ◊ *to get married* sposarsi. Il verbo **get** si coniuga normalmente: *She soon got used to it.* Si abituò presto. ◊ *I'm getting dressed.* Mi sto vestendo. ◊ *We'll get married next year.* Ci sposeremo l'anno prossimo. **Get + participio** si usa anche per esprimere azioni che accadono per caso, improvvisamente o inaspettatamente: *I got caught in a heavy rainstorm.* Mi ha sorpreso il temporale. ◊ *Simon got hit by the ball.* Simon è stato colpito dalla palla.

- **altri usi 1** *vi* **get to do sth**: *to get to know sb/sth* imparare a conoscere qn/qc ◊ *to get to like sb/sth* imparare ad amare qn/qc **2** *vi* **to get to ...** *(movimento)* arrivare a ... : *Where have they got to?* Dove si sono cacciati? **3 have got** Vedi HAVE

LOC get away from it all *(informale)* andarsene lontano da tutto e da tutti ♦ **get (sb) nowhere**; **not get (sb) anywhere** *(informale)* non portare (qn) a niente ♦ **get there** riuscire ⊃ Per altre espressioni con **get** vedi alla voce del sostantivo, dell'aggettivo, ecc, ad es. **get the hang of sth** a HANG.

- **PHRV get about/(a)round 1** *(persona, animale)* muoversi **2** *(voce, notizia)* spargersi
get sth across (to sb) comunicare qc (a qn)
get ahead 1 portarsi avanti **2** *(nella carriera)* avanzare ♦ **get ahead of sb** superare qn
get along 1 Vedi GET ON **2** *(anche* **get along with sb**, **get along (together)**) andare d'accordo (con qn) ♦ **get (a)round to (doing) sth** trovare il tempo per qc/per fare qc
get at sb *(informale)* prendersela con qn ♦ **get at sth** *(informale)* insinuare qc: *What are you getting at?* Dove vuoi arrivare?
get away (from ...) andarsene (da ...) ♦ **get away with sth 1** *(ladro)* scappare con qc **2** cavarsela con qc: *He got away with a fine.* Se l'è cavata con una multa. ♦ **get away with (doing) sth**: *Nobody gets away with insulting me like that.* Nessuno può insultarmi così e passarla liscia. ◊ *You'll never get away with it!* Non la passerai liscia!
get back ritornare ♦ **get back at sb** *(informale)* vendicarsi di qn ♦ **get back to sb** rispondere a qn: *I'll find out and get back to you.* Mi informo e ti faccio sapere. ♦ **get sth back** recuperare qc
get behind (with sth) rimanere indietro (con qc)
get by riuscire a passare
get down 1 abbassarsi **2** *(bambino)* alzarsi da tavola ♦ **get down to (doing) sth** affrontare qc/

mettersi a fare qc ♦ **get sb down** *(informale)* deprimere qn
get in; **get into sth 1** *(treno)* arrivare (in un luogo) **2** *(persona)* rientrare (in qc) **3** salire (in qc) *(macchina)* ♦ **get sth in** raccogliere qc
get off (sth) 1 uscire (da qc) *(dal lavoro)* **2** *(macchina, treno)* scendere (da qc) ♦ **get sth off (sth)** togliere qc (da qc)
get on 1 *(anche* **get along**) procedere: *How did you get on?* Com'è andata? **2** farsi strada **3** *(anche* **get along**) cavarsela ♦ **get on**; **get onto sth** salire (su qc) ♦ **get on to sth** occuparsi di qc, passare a considerare qc ♦ **get on with sb**; **get on (together)** *(anche* **get along**) andare d'accordo (con qn) ♦ **get on with sth** continuare a fare qc: *Get on with your work!* Continuate a lavorare! ♦ **get sth on** mettersi qc *(vestiti)*
get out (of sth) 1 uscire (da qc): *Get out (of here)!* Fuori di qui! **2** *(macchina)* scendere (da qc) ♦ **get out of (doing) sth** evitare (di fare) qc ♦ **get sth out of sb/sth** tirare fuori qc (a qn)
get over sth 1 *(problema)* superare qc **2** *(timidezza)* vincere qc **3** *(shock, malattia)* riprendersi da qc
get round Vedi GET ABOUT ♦ **get (a)round sb** convincere qn ♦ **get (a)round to (doing) sth** trovare il tempo per (fare) qc
get through sth 1 *(soldi, pranzo)* far fuori qc **2** *(compito)* terminare qc ♦ **get through (to sb)** *(al telefono)* mettersi in contatto (con qn) ♦ **get through to sb** comunicare con qn
get to sb *(informale)* influire su qn: *The pressure of work is beginning to get to him.* Sta cominciando a risentire dello stress del lavoro.
get together (with sb) riunirsi (con qn) ♦ **get sb/sth together** riunire qn/qc
get up alzarsi ♦ **get up to sth 1** arrivare a qc **2** combinare qc ♦ **get sb up** far alzare qn

getaway /ˈgetəweɪ/ *s* fuga *(dopo un crimine)*: *their getaway car* l'auto per la fuga

ghastly /ˈgɑːstli; *USA* ˈɡæstli/ *agg* (**-ier**, **-iest**) orribile: *the whole ghastly business* questa orribile faccenda

gherkin /ˈɡɜːkɪn/ *s* **1** (*USA* **pickle**) cetriolino sottaceto **2** (*USA*) cetriolino

ghetto /ˈɡetəʊ/ *s* (*pl* **-s**) ghetto

ghost /ɡəʊst/ *s* fantasma LOC **give up the ghost** esalare l'ultimo respiro **ghostly** *agg* spettrale

giant /ˈdʒaɪənt/ *s*, *agg* gigante

gibberish /ˈdʒɪbərɪʃ/ *s* [*non numerabile*] fesserie

giddy /ˈɡɪdi/ *agg* (**-ier**, **-iest**) stordito: *I feel giddy.* Mi gira la testa.

gift /gɪft/ s **1** regalo Vedi anche PRESENT **2** ~ **(for sth/doing sth)** dono (di qc/di fare qc) **3** (informale): *That exam question was a real gift!* Quella domanda all'esame era facilissima. LOC **have the gift of the gab** avere una buona parlantina Vedi anche LOOK¹ **gifted** agg dotato

'gift token (anche **'gift voucher**) s buono regalo

'gift-wrap vt (-pp-) incartare in confezione regalo

gig /gɪg/ s (informale) concerto

gigabyte /'gɪgəbaɪt/ (informale **gig**) s gigabyte

gigantic /dʒaɪˈgæntɪk/ agg gigantesco

giggle /'gɪgl/ ▶ vi ~ **(at sb/sth)** ridacchiare (di qn/qc)
▶ s **1** risarella **2** scherzo: *I only did it for a giggle.* L'ho fatto solo per ridere. **3** **the giggles** [pl] la risarella

gilded /'gɪldɪd/ (anche **gilt** /gɪlt/) agg dorato

gimmick /'gɪmɪk/ s trovata pubblicitaria

ginger /'dʒɪndʒə(r)/ ▶ s zenzero
▶ agg rossiccio, fulvo: *ginger hair* capelli rossicci ◊ *a ginger cat* un gatto rosso

,ginger 'ale s ginger

,ginger 'beer s bibita leggermente alcolica allo zenzero

gingerly /'dʒɪndʒəli/ avv cautamente

gipsy Vedi GYPSY

giraffe /dʒəˈrɑːf; USA -ˈræf/ s giraffa

girl /gɜːl/ s bambina, ragazza

girlfriend /'gɜːlfrend/ s **1** ragazza, fidanzata **2** (spec USA) amica

gist /dʒɪst/ s LOC **get the gist of sth** capire il succo di qc

give /gɪv/ ▶ (pass **gave** /geɪv/ pp **given** /'gɪvn/) **1** vt ~ **sth (to sb)**; ~ **(sb) sth** dare qc (a qn): *I gave each of the boys an apple.* Ho dato una mela a ciascuno dei ragazzi. ◊ *The news gave us rather a shock.* La notizia ci ha scioccato. ◊ *That noise is giving me a headache.* Quel rumore mi sta facendo venire il mal di testa. **2** vi ~ **(to sth)** donare soldi (per qc) **3** vt (tempo, considerazione) dedicare **4** vt contagiare: *You've given me your cold.* Mi hai contagiato il raffreddore. **5** vt concedere, riconoscere: *I'll give you that.* Lo ammetto. **6** vt (concerto, spettacolo) fare: *to give a lecture* tenere una conferenza ◊ *He gave a shout of delight.* Lanciò un urlo di gioia. **7** vi cedere LOC **don't give me that!** (informale) a chi la racconti? ◆ **give or take sth**: *an hour and a half, give or take a few minutes* un'ora e mezza, minuto più minuto meno ◆ **not give a damn, a hoot, etc. (about sth)** (informale) fregarsene (di qn/qc): *She doesn't give a damn about it.* Se ne frega altamente. ⊃ Per altre espressioni con **give** vedi alla voce del sostantivo, dell'aggettivo, ecc, ad es. **give rise to sth** a RISE.
PHRV **give sth away** donare qc ◆ **give sb/sth away** tradire qn/svelare qc
give (sb) sth back; give sth back (to sb) restituire qc (a qn)
give in (to sb/sth) cedere (a qn/qc) ◆ **give sth in** consegnare qc
give sth out distribuire qc
give up rinunciare, arrendersi ◆ **give sth up; give up doing sth** abbandonare qc, smettere di fare qc: *to give up hope* abbandonare ogni speranza ◊ *to give up smoking* smettere di fumare
▶ s LOC **give and take** disponibilità al compromesso

given /'gɪvn/ ▶ agg, prep dato (USA) *given name* nome di battesimo ⊃ Vedi nota a MIDDLE NAME
▶ pp di GIVE

glacier /'glæsiə(r); USA 'gleɪʃər/ s ghiacciaio

glad /glæd/ agg (**gladder, gladdest**) **1 to be ~ (about sth/to do sth/that …)** essere contento (di qc/di fare qc/che …): *I'm glad (that) I did it.* Sono contento di averlo fatto. **2 to be ~ to do sth** essere lieto di fare qc: *'Can you help?' 'I'd be glad to.'* "Puoi aiutare?" "Con piacere." **3 to be ~ of sth** essere grato di qc

> Glad e pleased si usano per dire che qualcuno è contento in seguito a una circostanza o a un fatto concreto: *Are you glad/pleased about getting the job?* Sei contento di aver avuto il lavoro? Happy descrive uno stato mentale e può precedere il sostantivo che accompagna: *Are you happy in your new job?* Sei soddisfatto del tuo nuovo lavoro? ◊ *a happy occasion* una felice occasione ◊ *happy memories* bei ricordi.

gladly avv con piacere

gladiator /'glædieɪtə(r)/ s gladiatore

glamour (USA **glamor**) /'glæmə(r)/ s glamour
glamorous agg **1** (persona) affascinante **2** (lavoro) prestigioso

glance /glɑːns; USA glæns/ ▶ vi ~ **at/over/through sth** dare uno sguardo a qc
▶ s rapida occhiata, sguardo: *to take a glance at sth* dare uno sguardo a qc LOC **at a glance** a colpo d'occhio

gland /glænd/ s ghiandola

glare → go

glare /gleə(r)/ ▸ s **1** bagliore accecante **2** occhiata fulminante
▸ vi - **at sb/sth** fulminare con lo sguardo qn/qc

glaring /ˈgleərɪŋ/ agg **1** (errore) lampante **2** (espressione) torvo **3** (luce) abbagliante

glaringly /ˈgleərɪŋli/ avv: glaringly obvious palese

⚑ **glass** /glɑːs; USA glæs/ s **1** [non numerabile] vetro: a pane of glass una lastra di vetro ◇ broken glass vetri rotti **2** bicchiere: a glass of water un bicchier d'acqua **3 glasses** [pl] occhiali: a new pair of glasses un paio di occhiali nuovi LOC Vedi RAISE

glaze /gleɪz/ ▸ s **1** (ceramica) smalto **2** (Cucina) glassa (di uovo)
▸ vt **1** (ceramica) invetriare **2** (Cucina) glassare (con uovo) Vedi anche DOUBLE GLAZING
PHR V **glaze over** diventare vitreo

glazed /gleɪzd/ agg **1** (occhi) vitreo **2** (ceramica) invetriato

gleam /gliːm/ ▸ s **1** barlume **2** sprazzo
▸ vi brillare, luccicare

gleaming /ˈgliːmɪŋ/ agg lucente

glean /gliːn/ vt raccogliere (informazioni)

glee /gliː/ s gioia **gleeful** agg gioioso

glen /glen/ s vallone

glide /glaɪd/ ▸ s scivolamento
▸ vi **1** scivolare silenziosamente **2** (in aria) planare

glider /ˈglaɪdə(r)/ s aliante

glimmer /ˈglɪmə(r)/ s **1** barlume **2** - **(of sth)** (fig) briciolo (di qc): a glimmer of hope un filo di speranza

glimpse /glɪmps/ ▸ s rapida occhiata LOC Vedi CATCH
▸ vt intravedere

glint /glɪnt/ ▸ vi **1** scintillare **2** (occhi) brillare
▸ s **1** scintillio **2** (occhi) luccichio

glisten /ˈglɪsn/ vi luccicare

glitter /ˈglɪtə(r)/ ▸ vi scintillare
▸ s **1** scintillio **2** (fig) splendore

gloat /gləʊt/ vi - **about/over sth** gongolare (per qc)

⚑ **global** /ˈgləʊbl/ agg **1** mondiale: global warming riscaldamento dell'atmosfera terrestre **2** globale

globe /gləʊb/ s **1** globo **2** mappamondo

gloom /gluːm/ s **1** oscurità **2** tristezza **3** pessimismo **gloomy** agg (**-ier, -iest**) **1** (luogo) tetro **2** (giornata) uggioso **3** (prospettiva) deprimente **4** (espressione, voce, ecc) triste

glorious /ˈglɔːriəs/ agg **1** glorioso **2** (giornata) splendido

glory /ˈglɔːri/ ▸ s **1** gloria **2** splendore
▸ vi - **in sth** gloriarsi di qc

gloss /glɒs/ ▸ s **1** lucentezza **2** (anche ˌgloss ˈpaint) vernice lucida ⊃ Confronta MATT **3** (fig) vernice **4** - **(on sth)** nota esplicativa (su qc)
▸ v PHR V **gloss over sth** glissare su qc

glossary /ˈglɒsəri/ s (pl **-ies**) glossario

glossy /ˈglɒsi/ agg (**-ier, -iest**) **1** lucido **2** (rivista) patinato

⚑ **glove** /glʌv/ s guanto LOC Vedi FIT²

glow /gləʊ/ ▸ vi **1** essere incandescente **2** brillare **3** (guance) infiammarsi **4** - **(with sth)** splendere (di qc): to be glowing with health sprizzare salute
▸ s **1** luce diffusa **2** colorito sano **3** soddisfazione

glucose /ˈgluːkəʊs/ s glucosio

⚑ **glue** /gluː/ ▸ s colla
▸ vt (p pres **gluing**) incollare

glutton /ˈglʌtn/ s **1** ghiottone, -a **2** - **for sth** (informale) (fig): to be a glutton for punishment essere un/una masochista

gnarled /nɑːld/ agg nodoso

gnaw /nɔː/ vt, vi **1** - **(at) sth** rodere qc **2** - **at sb** tormentare qn

gnome /nəʊm/ s gnomo

⚑ **go¹** /gəʊ/ vi (3a pers sing pres **goes** /gəʊz/ pass **went** /went/ pp **gone** /gɒn; USA gɔːn/) **1** andare: I went to bed at ten o'clock. Sono andato a letto alle dieci. ◇ to go home andare a casa ◇ How's it going? Come va? ◇ All went well. È andato tutto bene.

> **Been** si usa come participio passato di **go** quando si vuole indicare che qualcuno è andato in un posto e ne è tornato: Have you ever been to London? Sei mai stato a Londra? **Gone** implica che qualcuno è andato da qualche parte e non è ancora tornato: John's gone to Peru. He'll be back in May. John è andato in Perù. Tornerà a maggio.

2 andarsene, andar via **3** (treno, ecc) partire **4 to go + -ing** andare: to go fishing/swimming/camping andare a pescare/a nuotare/in campeggio **5 to go for a + sostantivo** andare: to go for a walk andare a fare una passeggiata **6** (macchinario) funzionare **7** diventare: to go mad/blind/pale impazzire/diventare cieco/impallidire Vedi anche BECOME **8** fare (emet-

tere un suono): *Cats go 'miaow'*. I gatti fanno "miao". **9** finire: *My headache's gone*. Mi è passato il mal di testa. ◊ *Is it all gone?* È finito tutto? **10** (*tele, freni*) rompersi **11** (*tempo*) passare LOC **be going to do sth**: *We're going to buy a house*. Stiamo per comprare una casa. ◊ *He's going to fall!* Sta per cadere! ⊃ Per le espressioni con **go** vedi alla voce del sostantivo, dell'aggettivo, ecc, ad es. **go astray** a ASTRAY.
PHR V **go about** (*GB*) *Vedi* GO AROUND ◆ **go about (doing) sth**: *How should I go about telling him?* Come dovrei dirglielo?
go ahead (with sth) andare avanti (con qc)
go along with sb/sth essere d'accordo con qn/qc
go (a)round 1 (*GB anche* **go about**) [*con agg o -ing*] andare in giro **2** (*GB anche* **go about**) (*pettegolezzo*) circolare **3** (*quantità*) bastare
go away andarsene, andar via
go back ritornare ◆ **go back on sth** mancare a qc (*parola, promessa*)
go by passare: *as time goes by* col tempo
go down 1 abbassarsi **2** (*nave*) affondare **3** (*sole*) tramontare ◆ **go down (with sb)** (*film, commento*) essere accolto (da qn) ◆ **go down with sth** (*spec GB*) ammalarsi di qc: *Ten of our staff have gone down with flu*. Dieci dei nostri dipendenti si sono presi l'influenza.
go for sb attaccare qn ◆ **go for sb/sth** valere per qn/qc: *That goes for you too*. Ciò vale anche per te.
go in entrare ◆ **go in (sth)** entrarci (in qc) ◆ **go in for (doing) sth** interessarsi di qc (*hobby, ecc*)
go in for sth sostenere (*esame*): *She's going in for the Cambridge First Certificate*. Darà l'esame per il First Certificate. ◆ **go into sth 1** entrare in qc (*professione*) **2** esaminare qc: *to go into (the) details* entrare nei particolari
go off 1 andarsene **2** (*arma*) sparare **3** (*bomba*) esplodere **4** (*allarme*) suonare **5** (*luce*) spegnersi **6** (*alimenti*) andare a male **7** (*avvenimento*) andare: *It went off well*. È andato bene. ◆ **go off sb/sth** perdere interesse per qn/qc ◆ **go off with sth** portar via qc
go on 1 andare avanti **2** (*luce*) accendersi **3** succedere: *What's going on here?* Cosa succede qui? **4** (*situazione*) continuare, andare avanti ◆ **go on (about sb/sth)** non finirla più di parlare (di qn/qc) ◆ **go on (with sth/doing sth)** continuare (qc/a fare qc)
go out 1 uscire **2** (*luce*) spegnersi
go over sth 1 esaminare qc **2** (*di nuovo*) ripassare qc ◆ **go over to sth** passare a qc (*partito, ecc*)

go round *Vedi* GO AROUND
go through essere approvato (*legge, ecc*) ◆ **go through sth 1** esaminare, controllare qc **2** (*di nuovo*) rivedere, ripassare qc **3** (*soffrire*) passare qc ◆ **go through with sth** andare avanti con qc
go together intonarsi, star bene insieme
go up 1 aumentare **2** (*edificio*) essere costruito **3** saltare in aria
go with sth andar bene con qc
go without affrontare privazioni ◆ **go without sth** fare a meno di qc: *She went without sleep for three days*. È rimasta tre giorni senza dormire.

go² /gəʊ/ *s* (*pl* **goes** /gəʊz/) **1** turno (*in gioco*): *Whose go is it?* A chi tocca? *Vedi* TURN **2** (*informale*) energia, dinamismo LOC **be on the go** (*informale*) essere indaffarato ◆ **have a go (at sth/doing sth)** provare (a fare qc)

goad /gəʊd/ *vt* ~ **sb (into doing sth)** incitare qn (a fare qc)

'go-ahead ▸ *s* **the go-ahead** l'okay: *to give sb/sth the go-ahead* dare l'okay a qn/qc
▸ *agg* intraprendente

goal /gəʊl/ *s* **1** porta (*Sport*) **2** goal **3** (*fig*) meta
goalkeeper /'gəʊlkiːpə(r)/ (*informale* **goalie** /'gəʊli/) *s* (*Sport*) portiere
goalpost /'gəʊlpəʊst/ *s* palo (*della porta*)
goat /gəʊt/ *s* capra
gobble /'gɒbl/ *vt* ~ **sth (up/down)** ingollare qc
'go-between *s* intermediario, -a
goblet /'gɒblət/ *s* calice
'go-cart (*spec USA*) *Vedi* GO-KART
god /gɒd/ *s* **1** dio **2** God [*sing*] Dio LOC *Vedi* KNOW, SAKE
godchild /'gɒdtʃaɪld/ *s* (*pl* **godchildren**) figlioccio, -a
'god-daughter *s* figlioccia
goddess /'gɒdes/ *s* dea
godfather /'gɒdfɑːðə(r)/ *s* padrino
godmother /'gɒdmʌðə(r)/ *s* madrina
godparent /'gɒdpeərənt/ *s* padrino, madrina
godsend /'gɒdsend/ *s* dono del cielo
godson /'gɒdsʌn/ *s* figlioccio
goggles /'gɒglz/ *s* [*pl*] occhiali (*di protezione*)
going /'gəʊɪŋ/ ▸ *s* **1** [*sing*] partenza **2** *Good going!* Ben fatto! ◊ *Oxford to London in an hour? That was good going!* Da Oxford a Londra in un'ora? Ottima velocità! ◊ *The path was rough going*. Si procedeva con difficoltà. LOC **get out, etc. while the going is good** andarsene finché è possibile

---

u situation   ɒ got   ɔː saw   ɜː fur   ə ago   j yes   w woman   eɪ pay   əʊ go

go-kart → grab

▸ *agg* LOC **a going concern** un'azienda avviata ♦ **the going rate (for sth)** la tariffa corrente (per qc)

go-kart (*spec USA* **go-cart**) /'gəʊ kɑːt/ *s* go-kart **go-karting** *s* go-kart: *I like go-karting.* Mi piace andare sul go-kart.

gold /gəʊld/ *s* oro: *a gold bracelet* un braccialetto d'oro LOC **(as) good as gold** buono come un angelo

gold dust *s* polvere d'oro: *Good plumbers are like gold dust.* I buoni idraulici sono come le mosche bianche.

golden /'gəʊldən/ *agg* **1** d'oro **2** dorato LOC *Vedi* WEDDING

golden 'raisin *s* (*USA*) *Vedi* SULTANA

goldfish /'gəʊldfɪʃ/ *s* (*pl* **goldfish**) pesce rosso

golf /gɒlf/ *s* golf: *golf course* campo da golf **golf club** *s* **1** circolo di golf **2** mazza da golf **golfer** *s* golfista

gone /gɒn; *USA* gɔːn/ *pp di* GO[1]
▸ *prep*: *It was gone midnight.* Era mezzanotte passata.

gonna /'gənə, 'gɒnə; *USA* 'gɔːnə/ (*informale*) = GOING TO *a* GO[1] ⊃ *Vedi nota a* GOTTA

good /gʊd/ ▸ *agg* (*comp* **better** /'betə(r)/ *superl* **best** /best/) **1** buono: *good nature* bontà d'animo **2** *to be good at sth* essere bravo in qc **3** ~ **to sb** buono con qn **4** *Vegetables are good for you.* La verdura fa bene. LOC **as good as** praticamente: *as good as new* come nuovo ♦ **good for you, her, etc.!** (*informale*) bravo, brava, ecc! ⊃ Per altre espressioni con **good** vedi alla voce del sostantivo, dell'aggettivo, ecc, ad es. **a good many** a MANY.
▸ *s* **1** bene **2** **the good** [*pl*] i buoni LOC **for good** per sempre ♦ **it's no good (doing sth)** non serve a niente (fare qc) ♦ **do sb good** fare bene a qn

goodbye /ˌɡʊdˈbaɪ/ *escl, s* arrivederci: *to say goodbye to sb* salutare qn ❶ Altre formule di saluto più informali sono **bye**, **cheerio** e **cheers**.

Good 'Friday *s* Venerdì Santo

good-humoured (*USA* **good-humored**) /ˌɡʊd ˈhjuːməd/ *agg* **1** gioviale, di buon umore **2** (*discussione*) cordiale

good-'looking *agg* bello ⊃ *Vedi nota a* BEAUTIFUL

good-'natured *agg* **1** affabile **2** (*scherzo*) bonario

goodness /'gʊdnəs/ ▸ *s* **1** bontà **2** valore nutritivo
▸ *escl* santo cielo! LOC *Vedi* KNOW

goods /gʊdz/ *s* [*pl*] **1** beni **2** merce, articoli

goodwill /ˌɡʊdˈwɪl/ *s* buona volontà

goody /'gʊdi/ *s* (*pl* **-ies**) [*gen pl*] **1** buono: *the goodies and the baddies* i buoni e i cattivi **2** cosa buona

goose /guːs/ *s* (*pl* **geese** /ɡiːs/) (*masch* **gander** /'ɡændə(r)/) oca

gooseberry /'gʊzbəri; *USA* 'ɡuːsberi/ *s* [*numerabile*] (*pl* **-ies**) **gooseberries** uva spina

goose pimples *s* [*pl*] (*anche* **gooseflesh** /'ɡuːsfleʃ/ [*non numerabile*]) pelle d'oca

gorge /ɡɔːdʒ/ *s* gola (*Geog*)

gorgeous /'ɡɔːdʒəs/ *agg* bellissimo

gorilla /ɡəˈrɪlə/ *s* gorilla

gory /'ɡɔːri/ *agg* **1** violento, cruento **2** raccapricciante

gosh /ɡɒʃ/ *escl* (*antiq, informale*) caspita

go-'slow *s* sciopero bianco

gospel /'ɡɒspl/ *s* vangelo

gossip /'ɡɒsɪp/ ▸ *s* (*dispreg*) **1** [*non numerabile*] pettegolezzi **2** pettegolo, -a
▸ *vi* ~ **(with sb) (about sth)** spettegolare (con qn) (di qc)

got *pass, pp di* GET ⊃ *Vedi nota a* AVERE

Gothic /'ɡɒθɪk/ *agg* gotico

gotta /'ɡɒtə/ (*informale*)

La forma **gotta** sta per 'got to' oppure 'got a' e si usa nello scritto per indicare una parlata informale: *I gotta go.* = *I've got to go. Gotta minute?* = *Have you got a minute?* Esistono anche le forme **gonna** ('going to') e **wanna** ('want to' oppure 'want a').

gotten (*USA*) *pp di* GET

gouge /ɡaʊdʒ/ *vt* scavare PHRV **gouge sth out** scavare qc

gout /ɡaʊt/ *s* [*non numerabile*] gotta

govern /'ɡʌvn/ *vt, vi* governare **governing** *agg* al potere

governess /'ɡʌvənəs/ *s* istitutrice

government /'ɡʌvənmənt/ *s* [*v sing o pl*] governo LOC **in government** al governo **governmental** /ˌɡʌvnˈmentl/ *agg* governativo

governor /'ɡʌvənə(r)/ *s* **1** governatore **2** direttore, -trice

gown /ɡaʊn/ *s* **1** vestito **2** (*Università, Dir*) toga **3** (*Med*) camice

GP /ˌdʒiː ˈpiː/ *abbr* **general practitioner** medico generico

grab /ɡræb/ ▸ (**-bb-**) **1** *vt* afferrare **2** *vt* (*attenzione*) attirare **3** *vi* ~ **at sb/sth** cercare di afferrare qn/qc **4** *vt* ~ **sth (from sb)** strappare qc di

mano a qn PHRV **grab hold of sb/sth** afferrare qn/qc
▶ s LOC **make a grab for/at sth** cercare di afferrare qc

grace /greɪs/ ▶ s **1** grazia **2** proroga: *five days' grace* una dilazione di cinque giorni **3** *to say grace* dire una preghiera di ringraziamento (*a tavola*)
▶ vt (*formale*) **1** adornare **2** *~sb/sth* (**with sth**) onorare qn/qc (di qc)

graceful /'greɪsfl/ agg **1** aggraziato **2** garbato

gracious /'greɪʃəs/ agg **1** cortese **2** elegante

grade /greɪd/ ▶ s **1** qualità, livello **2** (*Scol*) voto **3** (*USA*) (*Scol*) classe **4** (*USA*) (*Geog*) pendenza LOC **make the grade** (*informale*) farcela
▶ vt **1** classificare **2** (*USA*) (*Scol*) correggere (*compito*)

gradient /'greɪdiənt/ s pendenza

grading /'greɪdɪŋ/ s classificazione

gradual /'grædʒuəl/ agg **1** graduale **2** (*pendenza*) lieve **gradually** avv gradualmente, poco a poco

graduate ▶ /'grædʒuət/ s **1** *~* (**in sth**): *She's a chemistry graduate.* È laureata in chimica. **2** (*USA*) diplomato, -a
▶ /'grædʒueɪt/ **1** vi *~* (**in sth**) laurearsi (in qc) **2** vi *~* (**in sth**) (*USA*) diplomarsi (in qc) **3** vt graduare

graduation /ˌgrædʒu'eɪʃn/ s cerimonia di laurea

graffiti /grə'fi:ti/ s [*non numerabile*] graffiti

graft /grɑːft; *USA* græft/ ▶ s (*Bot, Med*) innesto
▶ vt *~* **sth** (**onto sth**) innestare qc (su qc)

grain /greɪn/ s **1** [*non numerabile*] cereali **2** chicco **3** (*legno*) venatura

gram (*anche* **gramme**) /græm/ s (*abbrev* **g, gm**) grammo ⊃ *Vedi Appendice 1.*

grammar /'græmə(r)/ s grammatica

'**grammar school** s (*GB*) ≃ liceo

grammatical /grə'mætɪkl/ agg **1** grammaticale **2** grammaticalmente corretto

gramme *Vedi* GRAM

gramophone /'græməfəʊn/ s (*antiq*) grammofono

gran /græn/ s (*informale*) nonna

grand /grænd/ ▶ agg (**-er, -est**) **1** magnifico, grandioso **2** (*antiq, informale*) stupendo **3** **Grand** (*titoli*) gran **4** *a grand piano* un pianoforte a coda
▶ s (*pl* **grand**) (*informale*) mille dollari o sterline

grandad /'grændæd/ s (*informale*) nonno

grandchild /'græntʃaɪld/ s (*pl* **-children**) nipote (*di nonni*)

granddaughter /'grændɔːtə(r)/ s nipote *f* (*di nonni*)

grandeur /'grændʒə(r)/ s grandiosità, splendore

grandfather /'grænfɑːðə(r)/ s nonno

grandma /'grænmɑː/ s (*informale*) nonna

grandmother /'grænmʌðə(r)/ s nonna

grandpa /'grænpɑː/ s (*informale*) nonno

grandparent /'grænpeərənt/ s nonno, -a

grandson /'grænsʌn/ s nipote *m* (*di nonni*)

grandstand /'grænstænd/ s (*Sport*) tribuna coperta

granite /'grænɪt/ s granito

granny (*anche* **grannie**) /'græni/ s (*pl* **-ies**) (*informale*) nonna

grant /grɑːnt/ ▶ vt *~* **sth** (**to sb**) concedere qc (a qn) LOC **take sb for granted** non rendersi conto di quanto qn valga ♦ **take sth for granted** dare qc per scontato
▶ s **1** sovvenzione **2** (*Università*) borsa di studio

grape /greɪp/ s [*numerabile*] acino: *grapes* uva ◇ *a bunch of grapes* un grappolo d'uva

grapefruit /'greɪpfruːt/ s (*pl* **grapefruit** *o* **-s**) pompelmo

grapevine /'greɪpvaɪn/ s **1** vite (*pianta*) **2** **the grapevine** (*fig*): *to hear sth on the grapevine* sentir dire qc in giro

graph /grɑːf; *USA* græf/ s grafico (*diagramma*)

graphic /'græfɪk/ agg **1** grafico **2** (*descrizione*) particolareggiato, efficace **graphics** s [*pl*] grafica, illustrazioni

grapple /'græpl/ vi **1** *~* (**with sb**) lottare (con qn) **2** *~* (**with sb/sth**) (*fig*) essere alle prese (con qn/qc)

grasp /grɑːsp; *USA* græsp/ ▶ vt **1** afferrare **2** (*occasione*) cogliere al volo
▶ s **1** (*fig*): *within/beyond the grasp of* alla portata/fuori dalla portata di **2** padronanza

grasping /'grɑːspɪŋ; *USA* græsp-/ agg avido

grass /grɑːs; *USA* græs/ s erba, prato

grasshopper /'grɑːsˌhɒpə(r); *USA* græs-/ s cavalletta

grassland /'grɑːslænd; *USA* græs-/ (*anche* **grasslands** [*pl*]) s prateria

grass 'roots s [*pl*] base (*di partito*)

grassy /'grɑːsi; *USA* 'græsi/ agg erboso

grate /greɪt/ ▶ **1** vt grattugiare **2** vi stridere **3** vi *~* (**on sb/sth**) (*fig*) irritare (qn/qc)

▶ s grata (di caminetto)

grateful /ˈgreɪtfl/ *agg* **1** ~ **(to sb) (for sth)** grato (a qn) (per qc) **2** ~ **(that …)** contento (che …)

gratefully /ˈgreɪtfəli/ *avv* con gratitudine

grater /ˈgreɪtə(r)/ *s* grattugia

gratitude /ˈgrætɪtjuːd; *USA* -tuːd/ *s* ~ **(to sb) (for sth)** gratitudine (a qn) (per qc)

grave /greɪv/ ▶ *agg* (**graver**, **-est**) (*formale*) serio ❶ La parola più comune è **serious**.
▶ *s* tomba

gravel /ˈgrævl/ *s* ghiaia

graveyard /ˈɡreɪvjɑːd/ *s* cimitero (*presso una chiesa*) ➔ *Confronta* CEMETERY

gravity /ˈgrævəti/ *s* (*Fis*) gravità

gravy /ˈgreɪvi/ *s* salsa fatta con il sugo della carne

gray (*spec USA*) *Vedi* GREY

graze /greɪz/ ▶ **1** *vi* pascolare **2** *vt* ~ **sth (against/on sth)** sbucciarsi, scorticarsi qc (contro qc) **3** *vt* rasentare, sfiorare
▶ *s* escoriazione

grease /griːs/ ▶ *s* **1** grasso **2** (*Mecc*) lubrificante **3** brillantina
▶ *vt* ingrassare, lubrificare

greasy /ˈgriːsi, ˈgriːzi/ *agg* (**-ier**, **-iest**) unto, grasso

great /greɪt/ ▶ *agg* (**-er**, **-est**) **1** grande: *great heat* gran caldo ◊ *We're great friends.* Siamo grandi amici. ◊ *the world's greatest tennis player* il miglior tennista al mondo ◊ *great care* molta cura ◊ *I'm not a great reader.* Non leggo molto. ◊ *in great detail* con dovizia di particolari **2** (*età*) venerando **3** (*informale*) fantastico: *We had a great time.* Ci siamo divertiti un sacco. ◊ *It's great to see you!* Che piacere rivederti! ◊ *I feel great.* Sto benissimo. ◊ *Oh great, they left without us!* Ah, perfetto! Ci hanno lasciato qui. **4** ~ **at sth** bravissimo in qc **5** (*informale*) [*per rafforzare un aggettivo riferito a misura o qualità*]: *a great big dog* un cagnone enorme LOC *Vedi* BELIEVER *a* BELIEVE, DEAL¹, EXTENT
▶ *s* [*gen pl*] (*informale*): *one of the jazz greats* uno dei grandi del jazz

great-ˈgrandfather *s* bisnonno

great-ˈgrandmother *s* bisnonna

greatly /ˈgreɪtli/ *avv* molto: *It varies greatly.* Varia molto.

greatness /ˈgreɪtnəs/ *s* grandezza

greed /griːd/ *s* **1** ~ **(for sth)** avidità (di qc) **2** golosità **greedily** *avv* **1** avidamente **2** voracemente **greedy** *agg* (**-ier**, **-iest**) **1** ~ **(for sth)** avido (di qc) **2** goloso

green /griːn/ ▶ *agg* (**-er**, **-est**) verde: *green beans* fagiolini verdi
▶ *s* **1** verde **2** **greens** [*pl*] verdura **3** prato

greenery /ˈgriːnəri/ *s* verde (*piante e fogliame*)

greengrocer /ˈgriːnɡrəʊsə(r)/ *s* (*GB*) **1** fruttivendolo, -a **2** **greengrocer's** (*anche* **greengrocer's shop**) negozio di frutta e verdura

greenhouse /ˈgriːnhaʊs/ *s* serra: *the greenhouse effect* l'effetto serra ◊ *greenhouse gases* gas responsabili dell'effetto serra

ˌgreen ˈonion *s* (*USA*) *Vedi* SPRING ONION

ˌgreen ˈpepper *s* peperone verde

greet /griːt/ *vt* **1** salutare: *He greeted me with a smile.* Mi salutò con un sorriso. ➔ *Confronta* SALUTE **2** ~ **sth with sth** accogliere qc con qc **greeting** *s* saluto

grenade /grəˈneɪd/ *s* granata (*Mil*)

grew *pass di* GROW

grey (*USA anche* **gray**) /greɪ/ ▶ *agg* (**-er**, **-est**) **1** grigio: *go/turn grey* ingrigire ◊ *grey-haired* dai capelli grigi
▶ *s* (*pl* **greys**) grigio

greyhound /ˈgreɪhaʊnd/ *s* levriero

grid /grɪd/ *s* **1** griglia **2** (*elettricità, gas*) rete **3** (*cartina*) reticolato

grief /griːf/ *s* ~ **(over/at sth)** dolore (per qc) LOC **come to grief** (*informale*) **1** fallire **2** (*persona*) finir male

grievance /ˈgriːvns/ *s* ~ **(against sb)** rimostranza (contro qn)

grieve /griːv/ (*formale*) **1** *vt* addolorare **2** *vi* ~ **(for/over sb/sth)** piangere la scomparsa di qn/qc **3** *vi* addolorarsi

grill /grɪl/ ▶ *s* **1** grill, griglia **2** grigliata **3** *Vedi* GRILLE
▶ **1** *vt*, *vi* cuocere alla griglia **2** *vt* (*fig, informale*) fare il terzo grado a

grille (*anche* **grill**) /grɪl/ *s* grata

grim /grɪm/ *agg* (**grimmer**, **grimmest**) **1** (*aspetto, persona*) severo, serio **2** (*luogo*) lugubre, desolato **3** deprimente **4** macabro

grimace /grɪˈmeɪs, ˈgrɪməs/ ▶ *s* smorfia
▶ *vi* ~ **(at sb/sth)** fare una smorfia (a qn/qc)

grime /graɪm/ *s* sporcizia **grimy** *agg* (**-ier**, **-iest**) sporco

grin /grɪn/ ▶ *vi* (**-nn-**) ~ **(at sb/sth)** fare un sorriso da un orecchio all'altro (a qn/qc) LOC **grin and bear it** stringere i denti e andare avanti
▶ *s* sorriso da un orecchio all'altro

grind → growl

grind /graɪnd/ ▶ (*pass, pp* **ground** /graʊnd/) **1** *vt, vi* macinare, macinarsi **2** *vt* (*coltello, denti*) arrotare **3** *vt* (*spec USA*) (*carne*) macinare LOC **grind to a halt/standstill 1** (*veicolo*) fermarsi lentamente **2** (*processo*) arrestarsi gradualmente *Vedi anche* AXE
▶ *s* (*informale*): *the daily grind* il tran tran quotidiano

grip /grɪp/ ▶ (**-pp-**) **1** *vt, vi* afferrare **2** *vt* fare presa su **3** *vt* (*attenzione*) assorbire **4** *vt* (*terrore*) prendere
▶ *s* **1** presa **2** ~ (**on sb/sth**) (*fig*) dominio, controllo (su qn/qc) **3** manico, impugnatura LOC **come/get to grips with sb/sth** affrontare qn/qc

gripping /ˈɡrɪpɪŋ/ *agg* avvincente

grit /ɡrɪt/ ▶ *s* **1** ghiaia **2** grinta
▶ *vt* (**-tt-**) ricoprire di ghiaia LOC **grit your teeth** stringere i denti

groan /ɡrəʊn/ ▶ *vi* **1** ~ (**with sth**) gemere (di qc) **2** (*porta, ecc*) scricchiolare **3** ~ (**on**) (**about/over sth**) lamentarsi (di qc) **4** ~ (**at sth**) rumoreggiare (per qc)
▶ *s* **1** gemito **2** scricchiolio

grocer /ˈɡrəʊsə(r)/ *s* **1** negoziante di generi alimentari **2 grocer's** (*spec USA* **grocery store**) alimentari (*negozio*)

groceries /ˈɡrəʊsəriz/ *s* [*pl*] generi alimentari

groggy /ˈɡrɒɡi/ *agg* (**-ier, -iest**) intontito

groin /ɡrɔɪn/ *s* inguine

groom /ɡruːm/ ▶ *s* **1** palafreniere **2** = BRIDE-GROOM LOC *Vedi* BRIDE
▶ *vt* **1** (*cavallo*) strigliare **2** *immaculately groomed* perfettamente curato **3** ~ **sb** (**for sth/to do sth**) preparare qn (a qc/a fare qc)

groove /ɡruːv/ *s* solco, scanalatura

grope /ɡrəʊp/ *vi* **1** andare a tentoni **2** ~ (**around**) **for sth** cercare qc a tastoni

gross /ɡrəʊs/ ▶ *agg* (**-er, -est**) **1** (*peso, stipendio*) lordo **2** (*ammontare*) totale, complessivo **3** (*formale*) (*ingiustizia, errore*) grave **4** (*violazione, esagerazione*) flagrante **5** (*informale*) schifoso: *A peanut-butter milkshake? Sounds gross!* Un frappé di burro di noccioline? Che schifo! **6** (*maniere*) grossolano **7** obeso
▶ *s* (*pl* **gross** *o* **grosses**) grossa (*dodici dozzine*)
▶ *vt* incassare (*al lordo*)

grossly /ˈɡrəʊsli/ *avv* estremamente

grotesque /ɡrəʊˈtesk/ *agg* grottesco

grotto /ˈɡrɒtəʊ/ *s* (*pl* **-oes** *o* **-s**) grotta

grotty /ˈɡrɒti/ *agg* (*GB, informale*) squallido: *a grotty little hotel* un alberghetto d'infimo ordine ◇ *I'm feeling pretty grotty.* Mi sento da cani.

ground /ɡraʊnd/ ▶ *s* **1** suolo, terra, terreno **2** (*fig*) terreno: *I'm on more familiar ground here.* Questo è un argomento che conosco meglio. **3** campo (*da gioco*) **4** (*USA*) *Vedi* EARTH senso (3) **5 grounds** [*pl*] terreno, giardini **6** [*gen pl*] motivo, ragione **7 grounds** [*pl*] fondi (*di caffè*) LOC **on the ground** a terra, per terra ◆ **get off the ground 1** partire, prendere il via **2** (*aereo*) decollare ◆ **give/lose ground** (**to sb/sth**) perdere terreno (rispetto a qn/qc) *Vedi anche* FIRM, MIDDLE, THIN
▶ *vt* **1** (*aereo*) non far decollare **2** (*informale*) non far uscire **3** (*USA*) *Vedi* EARTH *s*
▶ *pass, pp di* GRIND
▶ *agg* **1** (*caffè*) macinato **2** (*spec USA*) (*carne*) tritato

ground beef (*USA*) *s Vedi* MINCE

ground floor (*USA* **first floor**) *s* pianterreno

grounding /ˈɡraʊndɪŋ/ *s* [*sing*] **a** ~ (**in sth**) le basi (di qc)

groundless /ˈɡraʊndləs/ *agg* infondato

group /ɡruːp/ ▶ *s* [*v sing o pl*] gruppo
▶ *vt, vi* raggruppare, raggrupparsi

grouping /ˈɡruːpɪŋ/ *s* gruppo (*in un partito, un'organizzazione*)

grouse /ɡraʊs/ *s* (*pl* **grouse**) gallo cedrone

grove /ɡrəʊv/ *s* boschetto: *an olive grove* un oliveto

grovel /ˈɡrɒvl/ *vi* (**-ll-**, *USA* **-l-**) **1** (*dispreg*) ~ (**to sb**) strisciare (davanti a qn) **2** camminare carponi **grovelling** *agg* servile

grow /ɡrəʊ/ (*pass* **grew** /ɡruː/ *pp* **grown** /ɡrəʊn/) **1** *vi* crescere **2** *vt* (*capelli, barba*) farsi crescere **3** *vt* (*pianta*) coltivare **4** *vi* [+ *agg*] diventare: *to grow old/rich* invecchiare/arricchirsi **5** *vi*: *He grew to rely on her.* Cominciò a dipendere da lei. PHRV **grow into sth** diventare qc: *She'd grown into a beautiful young woman.* Si era fatta una gran bella ragazza. ◆ **grow on sb** piacere sempre di più a qn: *This music grows on you.* Questa musica più l'ascolti più ti piace. ◆ **grow up** crescere, diventare adulto: *Children grow up fast.* I bambini crescono in fretta. ◇ *when I grow up* da grande ◇ *Oh, grow up!* Non fare il bambino! *Vedi anche* GROWN-UP **growing** *agg* crescente

growl /ɡraʊl/ ▶ *vi* ringhiare
▶ *s* ringhio

grown /grəʊn/ ▶ agg adulto: *a grown man* un uomo fatto
▶ pp di GROW

grown-'up ▶ agg grande, adulto
▶ **'grown-up** s adulto, -a, grande

growth /grəʊθ/ s **1** crescita, sviluppo **2** ~ (**in/of sth**) aumento (in/di qc) **3** [*sing*]: *a week's growth of beard* la barba di una settimana **4** tumore

grub /grʌb/ s **1** larva **2** (*informale*) roba da mangiare

grubby /'grʌbi/ agg (**-ier**, **-iest**) (*informale*) sudicio

grudge /grʌdʒ/ ▶ vt ~ **sb sth 1** volerne a qn per qc; invidiare qn per qc **2** dare qc a qn di malavoglia
▶ s: *to have a grudge against sb* serbare rancore a qn LOC *Vedi* BEAR²

grudgingly /'grʌdʒɪŋli/ avv di malavoglia, a malincuore

gruelling (*USA* **grueling**) /'gruːəlɪŋ/ agg estenuante

gruesome /'gruːsəm/ agg orribile

gruff /grʌf/ agg burbero

grumble /'grʌmbl/ ▶ vi ~ (**about/at sth**) brontolare (per qc)
▶ s lamentela

grumpy /'grʌmpi/ agg (**-ier**, **-iest**) (*informale*) scorbutico

grunt /grʌnt/ ▶ vi grugnire
▶ s grugnito

guarantee /ˌɡærən'tiː/ ▶ s ~ (**of sth/that ...**) garanzia (di qc/che ...)
▶ vt garantire

guard /ɡɑːd/ ▶ vt sorvegliare, fare la guardia a
PHRV **guard against sth** guardarsi da qc, premunirsi contro qc
▶ s **1** guardia, vigilanza: *to be on guard* essere di guardia ◊ *guard dog* cane da guardia **2** guardia, sentinella **3** [*v sing o pl*] guardia (*gruppo di soldati*) **4** (*macchinario*) dispositivo di sicurezza **5** (*GB*) (*Ferrovia*) capotreno
LOC **be on your guard** stare in guardia ♦ **catch sb off guard** prendere qn alla sprovvista

guarded /'ɡɑːdɪd/ agg cauto, guardingo

guardian /'ɡɑːdiən/ s **1** custode: *guardian angel* angelo custode **2** tutore, -trice

guerrilla (*anche* **guerilla**) /ɡə'rɪlə/ s guerrigliero, -a: *guerrilla war(fare)* guerriglia

guess /ɡes/ ▶ **1** vt, vi indovinare **2** vi ~ **at sth** provare a indovinare qc **3** vt, vi (*informale*, *spec USA*) pensare, credere: *I guess so/not.* Penso di sì/no.
▶ s supposizione, congettura: *to have/make a guess (at sth)* provare a indovinare (qc) ◊ *guesswork* congettura LOC **it's anybody's guess** (*informale*) Dio solo lo sa *Vedi anche* HAZARD

guest /ɡest/ s **1** ospite (*invitato*) **2** cliente (*di albergo*): *guest house* pensione

guidance /'ɡaɪdns/ s guida, direzione

guide /ɡaɪd/ ▶ s **1** (*persona*) guida **2** (*anche* **guidebook** /'ɡaɪdbʊk/) (*libro*) guida **3** (*anche* **Guide**) Guida (*negli scout*)
▶ vt guidare: *to guide sb to sth* condurre qn a qc
◊ *to be guided by sb/sth* farsi guidare da qn/qc

'guide dog s cane per ciechi

guideline /'ɡaɪdlaɪn/ s direttiva

guillotine /'ɡɪlətiːn/ s ghigliottina

guilt /ɡɪlt/ s colpa, colpevolezza

guilty /'ɡɪlti/ agg (**-ier**, **-iest**) [*Si usano più comunemente le forme* **more guilty** *e* **most guilty.**] colpevole LOC *Vedi* PLEAD

'guinea pig /'ɡɪni pɪɡ/ s cavia

guise /ɡaɪz/ s parvenza

guitar /ɡɪ'tɑː(r)/ s chitarra

guitarist /ɡɪ'tɑːrɪst/ s chitarrista

gulf /ɡʌlf/ s **1** (*Geog*) golfo **2** abisso

gull /ɡʌl/ s = SEAGULL

gullible /'ɡʌləbl/ agg credulone

gulp /ɡʌlp/ ▶ **1** vt ~ **sth** (**down**) ingoiare qc **2** vi deglutire
▶ s sorsata

gum /ɡʌm/ s **1** (*Anat*) gengiva **2** gomma **3** = CHEWING GUM *Vedi* BUBBLEGUM

gun /ɡʌn/ ▶ s **1** arma da fuoco **2** segnale di partenza *Vedi anche* MACHINE GUN, PISTOL, RIFLE, SHOTGUN
▶ v (**-nn-**) PHRV **gun sb down** (*informale*) abbattere qn a colpi di arma da fuoco

gunfire /'ɡʌnfaɪə(r)/ s [*non numerabile*] spari

gunk /ɡʌŋk/ (*GB anche* **gunge** /ɡʌndʒ/) s [*non numerabile*] (*informale*) sostanza appiccicosa schifosa **gungy** agg appiccicoso e schifoso

gunman /'ɡʌnmən/ s (*pl* **-men** /-mən/) bandito (*armato*)

gunpoint /'ɡʌnpɔɪnt/ s LOC **at gunpoint** sotto la minaccia di un'arma da fuoco

gunpowder /'ɡʌnpaʊdə(r)/ s polvere da sparo

gunshot /'ɡʌnʃɒt/ s sparo

gurgle /'ɡɜːɡl/ vi gorgogliare

gush /ɡʌʃ/ vi **1** ~ (**out**) sgorgare **2** (*dispreg*) parlare con grande entusiasmo

gust /ɡʌst/ s raffica (*di vento*)

gusto /'gʌstəʊ/ s entusiasmo

gut /gʌt/ ▶ s **1 guts** [pl] (informale) budella **2 guts** [pl] (fig) coraggio, fegato **3** intestino **4** What's your gut reaction/feeling? Cosa ti dice l'istinto?
▶ vt (-tt-) **1** togliere le interiora a **2** sventrare (edificio)

gutter /'gʌtə(r)/ s **1** cunetta (canaletto) **2** grondaia **3** the gutter press la stampa scandalistica

guy /gaɪ/ s **1** (informale) tizio, tipo **2** pupazzo di stracci che si brucia sul falò la notte del 5 novembre

> Il pupazzo viene chiamato **guy** come **Guy Fawkes**, uno dei partecipanti alla congiura per far saltare in aria il Parlamento inglese.

> La notte del 5 novembre, Bonfire Night, è anche detta **Guy Fawkes' Night**. Vedi anche BONFIRE NIGHT

guzzle /'gʌzl/ ~ sth (**down/up**) (informale) vt tranguigiare, tracannare qc

gym /dʒɪm/ (informale) s **1** (formale **gymnasium** /dʒɪm'neɪziəm/ (pl **-siums** o **-sia** /-ziə/) palestra **2** [non numerabile] ginnastica

gymnast /'dʒɪmnæst/ s ginnasta

gymnastics /dʒɪm'næstɪks/ s [non numerabile] ginnastica

gynaecologist (USA **gyne-**) /ˌgaɪnə'kɒlədʒɪst/ s ginecologo, -a

gypsy (anche **gipsy**) /'dʒɪpsi/ s (pl **-ies**) zingaro, -a

H h

H, h /eɪtʃ/ s (pl **Hs, H's, h's**) H, h: H for Harry H come hotel ᗘ Vedi esempi a A, A

habit /'hæbɪt/ s **1** abitudine **2** (Relig) tonaca

habitation /ˌhæbɪ'teɪʃn/ s abitazione: not fit for human habitation inabitabile

habitual /hə'bɪtʃuəl/ agg abituale

hack /hæk/ **1** vi ~ (**into sth**) (informale) (Informatica) inserirsi (in qc) (illegalmente) **2** vt, vi ~ (**at**) sth tagliare, fare a pezzi qc **hacker** s hacker **hacking** s accesso illegale (in un sistema computerizzato)

had /həd, hæd/ pass, pp di HAVE

hadn't /'hædnt/ = HAD NOT Vedi HAVE

haemoglobin (USA **hemoglobin**) /ˌhiːmə'gləʊbɪn/ s emoglobina

haemophiliac (USA **hemophiliac**) /ˌhiːmə'fɪliæk/ s emofiliaco

haemorrhage (USA **hemorrhage**) /'hemərɪdʒ/ s emorragia

haggard /'hægəd/ agg tirato, smunto

haggle /'hægl/ vi ~ (**over sth**) contrattare (su qc)

hail¹ /heɪl/ ▶ s [non numerabile] grandine
▶ vi grandinare

hail² /heɪl/ vt **1** chiamare **2** ~ sb/sth as sth acclamare qn/qc come qc

hailstone /'heɪlstəʊn/ s chicco di grandine

hailstorm /'heɪlstɔːm/ s grandinata

hair /heə(r)/ s **1** [non numerabile] capelli: She's got straight hair. Ha i capelli lisci. ᗘ Vedi nota a INFORMAZIONE ᗘ Vedi illustrazione a CAPELLO **2** [numerabile] capello, pelo LOC Vedi PART

hairbrush /'heəbrʌʃ/ s spazzola (per capelli) ᗘ Vedi illustrazione a BRUSH

haircut /'heəkʌt/ s taglio (di capelli): to have/get a haircut tagliarsi i capelli

hairdo /'heəduː/ s (pl **-s**) (informale) pettinatura

hairdresser /'heədresə(r)/ s **1** parrucchiere, -a **2 hairdresser's** parrucchiere (negozio) **hairdressing** s: a hairdressing course un corso per parrucchieri

hairdryer (anche **hairdrier**) /'heədraɪə(r)/ s asciugacapelli

hairpin /'heəpɪn/ s forcina: hairpin bend tornante

hairstyle /'heəstaɪl/ s acconciatura

hairy /'heəri/ agg (**-ier, -iest**) peloso

hake /heɪk/ s (pl **hake**) nasello

half /hɑːf; USA hæf/ ▶ s (pl **halves** /hɑːvz; USA hævz/) **1** metà: The second half of the book is more interesting. La seconda metà del libro è più interessante. ◊ two and a half hours due ore e mezzo **2** (Sport) tempo: the first/second half il primo/secondo tempo LOC **break, etc. sth in half** dividere, ecc qc in due ♦ **go halves (with sb)** fare a metà (con qn)

| tʃ chin | dʒ June | v van | θ thin | ð then | s so | z zoo | ʃ she |

half board → handful

▶ *agg*, *pron* metà: *half the team* metà della squadra ◊ *to cut sth by half* ridurre qc a metà ◊ *half a pint of beer* mezza pinta di birra ◊ *half an hour* mezz'ora LOC **half (past) one, two, etc.** l'una, le due, ecc e mezzo
▶ *avv* a metà, a mezzo: *The job is only half done*. Il lavoro è fatto solo a metà.

half 'board *s* mezza pensione

'half-brother *s* fratellastro

half-hearted /ˌhɑːf 'hɑːtɪd; *USA* ˌhæf-/ *agg* senza entusiasmo: *He made a half-hearted attempt to justify himself*. Ha fatto un mezzo tentativo di giustificarsi. **half-'heartedly** *avv* con poco entusiasmo, con scarsa convinzione

'half-sister *s* sorellastra

half-'term *s* (*GB*) breve vacanza scolastica a metà trimestre

half-'time *s* (*Sport*) intervallo

halfway /ˌhɑːfˈweɪ; *USA* ˌhæf-/ ▶ *avv* a metà strada, a metà: *halfway between London and Glasgow* a metà strada tra Londra e Glasgow ◊ *halfway through the film* a metà del film
▶ *agg* di mezzo, intermedio

halfwit /'hɑːfwɪt; *USA* 'hæf-/ *s* idiota

hall /hɔːl/ *s* **1** ingresso **2** sala (*di riunioni, concerti*) **3** (*anche* **ˌhall of 'residence**, *USA* **dormitory**) casa dello studente

hallmark /'hɔːlmɑːk/ *s* **1** (*di metalli preziosi*) marchio **2** (*fig*) caratteristica (*di qualità*)

hallo *Vedi* HELLO

hallowed /'hæləʊd/ *agg* **1** sacro: *one of the theatre's most hallowed traditions* una delle più sacre tradizioni teatrali **2** consacrato: *to be buried in hallowed ground* essere sepolto in terra consacrata

Halloween (*anche* **Hallowe'en**) /ˌhæləʊˈiːn/ *s*

Halloween (31 ottobre) significa 'vigilia d'Ognissanti' ed è la notte dei fantasmi e delle streghe. È tradizione intagliare una zucca dandole le sembianze di una faccia e poi metterci dentro una candela. I bambini si mascherano e vanno di casa in casa chiedendo caramelle o soldi. Quando qualcuno apre la porta dicono **trick or treat**, cioè 'dolcetto o scherzetto'.

hallucination /həˌluːsɪˈneɪʃn/ *s* allucinazione

hallway /'hɔːlweɪ/ *s* ingresso

halo /'heɪləʊ/ *s* (*pl* **haloes** *o* **-s**) aureola

halogen /'hælədʒən/ *s* alogena

halt /hɔːlt/ ▶ *s* sosta, fermata LOC *Vedi* GRIND
▶ *vt, vi* fermare, fermarsi: *Halt!* Alt!

halting /'hɔːltɪŋ/ *agg* titubante

halve /hɑːv; *USA* hæv/ *vt* **1** dividere in due **2** dimezzare

halves *plurale di* HALF

ham /hæm/ *s* prosciutto

hamburger /'hæmbɜːɡə(r)/ *s* hamburger

hamlet /'hæmlət/ *s* paesino

hammer /'hæmə(r)/ ▶ *s* martello
▶ **1** *vt* martellare **2** *vi* picchiare **3** *vt* (*informale*) (*fig*) stracciare (*in gioco, partita*)
PHRV **hammer sth in** conficcare qc a martellate

hammock /'hæmək/ *s* amaca

hamper¹ /'hæmpə(r)/ *s* (*GB*) cesto (*per alimenti*)

hamper² /'hæmpə(r)/ *vt* ostacolare

hamster /'hæmstə(r)/ *s* criceto

hand /hænd/ ▶ *s* **1** mano **2** lancetta ⊃ *Vedi illustrazione a* OROLOGIO **3** bracciante, manovale **4** marinaio **5** [*sing*] (*antiq*) scrittura **6** unità di misura corrispondente a 10,16 cm, usata per indicare l'altezza di un cavallo LOC **at hand** a portata di mano ♦ **by hand** a mano: *made by hand* fatto a mano ◊ *delivered by hand* consegnato a mano ♦ **close/near at hand** a due passi: *He lives close at hand*. Abita a due passi. ♦ **hand in hand 1** mano nella mano **2** (*fig*) di pari passo ♦ **hands up!** mani in alto!
♦ **in hand 1** a disposizione **2** (*lavoro*) tra le mani, in corso **3** (*situazione*) sotto controllo ♦ **on hand** disponibile ♦ **on the one hand … on the other (hand)** … da un lato … dall'altro (lato) … ♦ **out of hand 1** fuori controllo **2** senza esitazione ♦ **give/lend sb a hand** dare una mano a qn ♦ **to hand** a portata di mano *Vedi anche* CHANGE, CUP, EAT, FIRM, FIRST, FREE, HELP, HOLD, MATTER, PALM, SHAKE, UPPER
▶ *vt* passare PHRV **hand sth back (to sb)** restituire qc (a qn) ♦ **hand sth in (to sb)** consegnare qc (a qn) ♦ **hand sth out (to sb)** distribuire qc (a qn)

handbag /'hændbæɡ/ (*USA* **purse**) *s* borsetta, borsa

handbook /'hændbʊk/ *s* manuale

handbrake /'hændbreɪk/ *s* freno a mano

handcuff /'hændkʌf/ ▶ *vt* ammanettare
▶ **handcuffs** *s* [*pl*] manette

handful /'hændfʊl/ *s* (*pl* **-s**) **1** manciata, pugno **2** *a handful of students* uno sparuto numero di studenti LOC **be a (real) handful** (*informale*) essere una peste

---

iː see   i happy   ɪ sit   e ten   æ hat   ɑː father   ʌ cup   ʊ put   uː too

handicap /'hændikæp/ ▸ s handicap
▸ vt (-pp-) **1** svantaggiare **2** (*Sport*) assegnare un handicap a

handicapped /'hændikæpt/ agg handicappato

handicrafts /'hændikrɑːfts/, *USA* -kræfts/ s [*pl*] artigianato

handkerchief /'hæŋkətʃɪf, -tʃiːf/ s (*pl* **-chiefs** o **-chieves** /-tʃiːvz/) fazzoletto

handle /'hændl/ ▸ s **1** manico ⊃ *Vedi illustrazione a* SAUCEPAN, MUG **2** maniglia
▸ vt **1** maneggiare **2** (*macchinario*) manovrare **3** (*gente*) trattare **4** saper prendere

handlebars /'hændlbɑːz/ s [*pl*] manubrio

handmade /ˌhænd'meɪd/ agg fatto a mano, artigianale

> In inglese si possono formare degli aggettivi composti per tutte le attività manuali: ad es. **hand-built** (costruito a mano), **hand-painted** (dipinto a mano), **hand-knitted** (lavorato a mano), ecc.

handout /'hændaʊt/ s **1** donazione (*di viveri, abiti o denaro*) **2** volantino **3** comunicato stampa **4** (*conferenza, lezione*) fotocopia

hands-'free agg (*telefonino, ecc*) col vivavoce

handshake /'hændʃeɪk/ s stretta di mano

handsome /'hænsəm/ agg **1** bello ⊃ *Vedi nota a* BEAUTIFUL **2** (*regalo*) generoso

handwriting /'hændraɪtɪŋ/ s scrittura, calligrafia

handwritten /ˌhænd'rɪtn/ agg scritto a mano

handy /'hændi/ agg (**-ier, -iest**) **1** pratico, utile **2** a portata di mano: *Our flat is very handy for the shops.* Abbiamo i negozi a due passi da casa.

hang /hæŋ/ ▸ (*pass, pp* **hung** /hʌŋ/) **1** vt appendere **2** vi essere appeso, pendere **3** vi penzolare, ricadere **4** vt, vi (*pass, pp* **hanged**) impiccare, essere impiccato **5** vi ~ (**above/over sb/sth**) sovrastare qn/qc; pesare su qn
PHRV **hang about/around** (*informale*) gironzolare ♦ **hang on** (*informale*) aspettare: *Hang on a minute!* Aspetta un attimo! ♦ **hang sth out** stendere qc ♦ **hang up** (*informale*) riagganciare (*il telefono*): *She hung up on me.* Mi ha messo giù il telefono.
▸ s LOC **get the hang of sth** (*informale*) fare la mano a qc, impratichirsi in qc

hangar /'hæŋə(r)/ s hangar

hanger /'hæŋə(r)/ s *Vedi* COAT HANGER

'hang-glider s deltaplano (*velivolo*) **'hang-gliding** s deltaplano (*sport*)

hangman /'hæŋmən/ s (*pl* **-men** /-mən/) **1** boia (*per impiccagioni*) **2** (*gioco*) l'impiccato

hangover /'hæŋəʊvə(r)/ s postumi di una sbornia

'hang-up s (*informale*) complesso

hanky (*anche* **hankie**) /'hæŋki/ (*pl* **-ies**) s (*informale*) fazzoletto

haphazard /hæp'hæzəd/ agg casuale: *in a haphazard fashion* a casaccio

happen /'hæpən/ vi accadere, succedere: *whatever happens* qualunque cosa succeda ◊ *if you happen to go into town* se ti capita di andare in centro **happening** s avvenimento

happy /'hæpi/ agg (**-ier, -iest**) **1** felice: *a happy marriage* un matrimonio riuscito ◊ *a happy memory* un bel ricordo ◊ *a happy ending* un lieto fine **2** contento, soddisfatto ⊃ *Vedi nota a* GLAD **happily** avv **1** felicemente **2** fortunatamente **happiness** s felicità

harass /'hærəs, hə'ræs/ vt tormentare, assillare **harassment** s [*non numerabile*] persecuzione, molestia

harbour (*USA* **harbor**) /'hɑːbə(r)/ ▸ s porto
▸ vt **1** dare rifugio a, nascondere **2** (*sospetto, ecc*) nutrire

hard /hɑːd/ ▸ agg (**-er, -est**) **1** duro **2** difficile: *It's hard to tell.* È difficile dirlo con sicurezza. ◊ *It's hard for me to say no.* Non mi è facile dire di no. ◊ *hard to please* esigente **3** (*lavoro*) duro: *a hard worker* un gran lavoratore **4** (*persona*) duro, severo **5** *hard liquor* superalcolici ◊ *hard drugs* droga pesante LOC **hard cash** denaro contante ♦ **hard luck!** (*informale*) che scalogna! ♦ **the hard way** nel modo più difficile ♦ **give sb a hard time** far dannare qn ♦ **have a hard time** passarsela male ♦ **take a hard line (on/over sth)** adottare la linea dura (su qc) *Vedi anche* DRIVE
▸ avv (**-er, -est**) **1** (*lavorare*) duro, sodo: *to try hard* sforzarsi **2** (*tirare, piovere*) forte **3** (*pensare, guardare*) bene **4** (*colpire*) duramente LOC **be hard put to do sth** essere in difficoltà a fare qc ♦ **be hard up** essere al verde

hardback /'hɑːdbæk/ s libro con la copertina rigida: *hardback edition* edizione rilegata ⊃ *Confronta* PAPERBACK

hard 'copy s [*non numerabile*] (*Informatica*) copia su carta

hard 'disk s hard disk

harden /'hɑːdn/ vt, vi indurire, indurirsi: *a hardened criminal* un criminale incallito **hardening** s indurimento

hardly /'hɑːdli/ avv **1** a malapena: *I hardly know her.* La conosco appena. **2** *It's hardly surprising.* Non è certo una sorpresa. ◇ *I can hardly believe it!* Stento a crederci! **3** *hardly anybody* quasi nessuno ◇ *hardly ever* quasi mai

hardship /'hɑːdʃɪp/ s privazioni, difficoltà

hardware /'hɑːdweə(r)/ s **1** ferramenta: *a hardware store* un negozio di ferramenta **2** (*Mil*) armamenti **3** (*Informatica*) hardware

hard-'working agg diligente

hardy /'hɑːdi/ agg (**-ier**, **-iest**) **1** robusto, resistente **2** (*Bot*) rustico

hare /heə(r)/ s lepre

harm /hɑːm/ ▶ s [*non numerabile*] male, danno: *He meant no harm.* Non aveva cattive intenzioni. ◇ *There's no harm in asking.* Chiedere non costa niente. ◇ *(There's) no harm done.* Non è successo niente. ◆ **out of harm's way** al sicuro ◆ **come to harm**: *You'll come to no harm.* Non ti succederà niente. ◆ **do more harm than good** fare più male che bene
▶ vt **1** (*persona*) far del male a **2** (*cosa*) danneggiare

harmful /'hɑːmfl/ agg dannoso, nocivo

harmless /'hɑːmləs/ agg innocuo

harmonica /hɑːˈmɒnɪkə/ s armonica a bocca

harmony /'hɑːməni/ s (pl **-ies**) armonia

harness /'hɑːnɪs/ ▶ s finimenti
▶ vt **1** (*cavallo*) bardare, attaccare **2** (*energia*) sfruttare

harp /hɑːp/ ▶ s arpa
▶ v PHRV **harp on** (**about**) **sth** continuare a menarla con qc

harpsichord /'hɑːpsɪkɔːd/ s clavicembalo

harsh /hɑːʃ/ agg (**-er**, **-est**) **1** (*punizione*, *critiche*) severo **2** (*realtà*, *ambiente*) duro **3** (*colore*, *luce*) troppo forte **4** (*voce*, *suono*) sgradevole, stridente **5** (*clima*) rigido **harshly** avv duramente, aspramente

harvest /'hɑːvɪst/ ▶ s raccolto
▶ vt raccogliere

has /həz, hæz/ Vedi HAVE

hash /hæʃ/ s **1** (*anche* '**hash sign**) (*USA* '**pound sign**) cancelletto **2** piatto di carne e patate tagliate a pezzettini LOC **make a hash of sth** fare un pasticcio di qc

hasn't /'hæznt/ = HAS NOT Vedi HAVE

hassle /'hæsl/ ▶ s (*informale*) (*complicazione*) seccatura, discussione: *Don't give me any hassle!* Non mi scocciare!
▶ vt (*informale*) scocciare

haste /heɪst/ s (*formale*) fretta LOC **in haste** in fretta **hasten** /'heɪsn/ (*formale*) **1** vi affrettarsi **2** vt affrettare, accelerare **hastily** /'heɪstɪli/ avv (*formale*) precipitosamente **hasty** agg (*formale*) (**-ier**, **-iest**) affrettato

hat /hæt/ s cappello ◆ Vedi illustrazione a CAPPELLO LOC Vedi DROP

hatch¹ /hætʃ/ s **1** boccaporto **2** passavivande

hatch² /hætʃ/ **1** vi ~ (**out**) (*pulcino*) uscire (*dall'uovo*) **2** vi (*uovo*) schiudersi **3** vt (*uovo*) covare, far schiudere **4** vt ~ **sth** (**up**) elaborare qc

hatchback /'hætʃbæk/ s auto con portellone posteriore, hatchback

hate /heɪt/ ▶ vt **1** odiare, detestare **2** *I would hate him to think I don't care.* Non sopporterei che pensasse che non m'importa. ◇ *I hate to bother you, but …* Mi dispiace disturbarla, ma …
▶ s **1** odio **2** (*informale*): *my pet hate* la cosa che odio di più

hateful /'heɪtfl/ agg odioso

hatred /'heɪtrɪd/ s odio

'**hat-trick** s: *to score a hat-trick* segnare una tripletta ◇ *a hat-trick of wins* tre vittorie di fila

haul /hɔːl/ ▶ vt tirare, trascinare
▶ s **1** tragitto, viaggio: *long-haul flights* voli a lungo raggio **2** retata (*di pesce*) **3** bottino

haunt /hɔːnt/ ▶ vt **1** (*fantasma*) abitare **2** (*persona*) frequentare **3** (*ricordo*, *rimorso*) perseguitare
▶ s luogo prediletto

haunted /'hɔːntɪd/ agg: *a haunted house* una casa stregata

haunting /'hɔːntɪŋ/ agg ossessionante: *a haunting melody/experience/image* una melodia/un'esperienza/un'immagine che non si può scordare

have /həv, hæv/ ▶ v aus: *'I've finished my work.' 'So have I.'* "Ho finito il lavoro." "Anch'io." ◇ *I've never been to Scotland.* Non sono mai stato in Scozia. ◇ *'Have you seen it?' 'Yes, I have./No, I haven't.'* " L'hai visto? " "Sì/No." ◇ *He's gone home, hasn't he?* È andato a casa, no?
▶ vt **1** (*anche* **have got**) avere: *She's got a new car.* Ha la macchina nuova. ◇ *Have you got any money on you?* Hai dei soldi con te? ◇ *have flu/a headache* avere l'influenza/il mal di testa

haven → headlight

have

presente	forma contratta	forma contratta negativa	passato forma contratta
I have	I've	I haven't	I'd
you have	you've	you haven't	you'd
he/she/it has	he's/she's/it's	he/she/it hasn't	he'd/she'd/it'd
we have	we've	we haven't	we'd
you have	you've	you haven't	you'd
they have	they've	they haven't	they'd

| passato had | forma in -ing having | participio passato had |

➲ *Vedi nota a* AVERE **2** ~ **(got) sth to do** avere qc da fare: *I've got a bus to catch.* Devo prendere l'autobus. **3** ~ **(got) to do sth** dover fare qc: *I've got to go to the bank.* Devo andare in banca. ◊ *Did you have to pay a fine?* Hai dovuto pagare una multa? ◊ *It has to be done.* Va fatto. **4** fare: *have a bath* fare il bagno ◊ *have breakfast* far colazione ◊ *have a cup of coffee* prendere un caffè ◊ *have a party* dare una festa

Nota che la costruzione **to have + sostantivo** in italiano viene spesso resa con un verbo: *have a wash* lavarsi ◊ *have lunch/dinner* pranzare/cenare.

5 ~ **sth done** far fare qc: *have a dress made* farsi fare un vestito ◊ *He's had his hair cut.* Si è tagliato i capelli. ◊ *She had her bag stolen.* Le hanno rubato la borsa. **6** permettere, tollerare: *I won't have it!* Così non mi sta bene! LOC **have had it** (*informale*): *The TV has had it.* La TV è andata. ♦ **have it (that)**: *Rumour has it that…* Si dice che… ◊ *As luck would have it…* Come volle il caso… ♦ **have to do with sb/sth** avere a che fare con qn/qc ➲ Per altre espressioni con **have** vedi alla voce del sostantivo, dell'aggettivo, ecc, ad es. **have a sweet tooth** a SWEET. PHRV **have sth back** riavere qc: *I'll let you have it back soon.* Te lo restituisco tra poco. ♦ **have sth on 1** (*abito*) avere qc addosso: *He's got a tie on today.* Oggi ha la cravatta. **2** avere qc da fare: *I've got a lot on.* Sono molto occupato. ◊ *Have you got anything on tonight?* Hai qualcosa in programma per stasera?

haven /'heɪvn/ *s* rifugio
haven't /'hævnt/ = HAVE NOT *Vedi* HAVE
havoc /'hævək/ *s* devastazione LOC **play havoc with sth** scombussolare qc ♦ **wreak havoc on sth** devastare qc
hawk /hɔːk/ *s* falco
hay /heɪ/ *s* fieno: *hay fever* raffreddore da fieno

hazard /'hæzəd/ ▸ *s* rischio, pericolo: *to be a health hazard* essere dannoso per la salute
▸ *vt* rischiare LOC **hazard a guess** tirare a indovinare
hazardous /'hæzədəs/ *agg* rischioso, pericoloso
haze /heɪz/ *s* foschia ➲ *Confronta* FOG, MIST
hazel /'heɪzl/ ▸ *s* nocciòlo
▸ *agg* color nocciola
hazelnut /'heɪzlnʌt/ *s* nocciola
hazy /'heɪzi/ *agg* (**-ier, -iest**) **1** (*giornata*) di foschia **2** (*idea*) vago **3** (*persona*) confuso
he /hiː/ ▸ *pron pers* egli, lui: *He's in Paris.* È a Parigi. ➲ In inglese il *pronome personale soggetto* non si può omettere. *Confronta* HIM.
▸ *s* [*sing*] maschio: *Is it a he or a she?* È un maschio o una femmina?
head[1] /hed/ *s* **1** testa: *It never entered my head.* Non mi è mai passato per la mente. ◊ *to have a good head for business* essere tagliato per gli affari **2 a/per head** a testa: *ten pounds a head* dieci sterline a testa **3** (*fila, scale, letto*) cima: *at the head of the table* a capotavola **4** (*chiodo*) capocchia **5** (*organizzazione*) capo: *the heads of government* i capi di governo **6** (*scuola*) direttore, -trice, preside **7** (*registratore*) testina **8** (*birra*) schiuma LOC **head first** a capofitto ♦ **heads or tails?** testa o croce? ♦ **not make head or tail of sth** non capire niente di qc ♦ **be/go above/over your head** essere troppo difficile ♦ **go to your head** dare alla testa *Vedi anche* HIT, SHAKE, TOP[1]
head[2] /hed/ *vt* **1** (*lista*) essere in testa a **2** (*organizzazione*) essere a capo di **3** (*pallone*) colpire di testa PHRV **head for sth** dirigersi verso qc
headache /'hedeɪk/ *s* **1** mal di testa **2** preoccupazione, grattacapo
heading /'hedɪŋ/ *s* intestazione, titolo
headlight /'hedlaɪt/ (*spec GB* **headlamp** /'hedlæmp/) *s* faro (*di auto*)

| tʃ chin | dʒ June | v van | θ thin | ð then | s so | z zoo | ʃ she |

headline → heavy

headline /'hedlaɪn/ s **1** (*giornale*) titolo **2 the headlines** [*pl*] il sommario (*di telegiornale*)

headmaster /ˌhed'mɑːstə(r); *USA* -'mæs-/ s direttore (*di una scuola*), preside *m*

headmistress /ˌhed'mɪstrəs/ s direttrice (*di una scuola*), preside *f*

ˌhead ˈoffice s sede centrale

ˌhead of ˈstate s (*pl* heads of state) capo di stato

ˌhead-ˈon *agg* frontale *avv* frontalmente

headphones /'hedfəʊnz/ s [*pl*] cuffie

headquarters /ˌhed'kwɔːtəz/ s (*pl* **headquarters**) (*abbrev* **HQ**) [*v sing o pl*] sede centrale, quartier generale

headscarf /'hedskɑːf/ s (*pl* **headscarves**) foulard

ˌhead ˈstart s: *You had a head start over me.* Sei partito avvantaggiato rispetto a me.

ˌhead ˈteacher s preside

headway /'hedweɪ/ s LOC **make headway** fare progressi

heal /hiːl/ **1** *vi* cicatrizzare, guarire **2** *vt* ~ **sb/sth** guarire qn/qc

health /helθ/ s salute: *health centre* poliambulatorio LOC *Vedi* DRINK

ˈhealth food s [*non numerabile*] (*anche* health foods [*pl*]) alimenti naturali

ˈhealth spa (*spec GB* ˈhealth farm) s centro benessere

healthy /'helθi/ *agg* (-**ier**, -**iest**) **1** sano, in buona salute **2** salutare, salubre

heap /hiːp/ ▶ s **1** mucchio **2** [*gen pl*] (*informale*) un mucchio: *There's heaps of time before the plane leaves.* C'è un mucchio di tempo prima che l'aereo parta. ◊ *I've got heaps to tell you.* Ho un mucchio di cose da raccontarti.
▶ *vt* ~ **sth (up)** ammucchiare qc

hear /hɪə(r)/ (*pass, pp* **heard** /hɜːd/) **1** *vt, vi* (*suono*) sentire: *I can't hear a thing.* Non sento niente. ◊ *I heard someone laughing.* Ho sentito qualcuno che rideva. ➔ *Vedi nota a* SENTIRE **2** *vt* (*discorso*) ascoltare **3** *vt* (*Dir*) esaminare PHRV **hear about sth** venire a sapere di qc ♦ **hear from sb** avere notizie di qn ♦ **hear of sb/sth** sentir parlare di qn/qc: *I've never heard of him.* Non l'ho mai sentito nominare.

hearing /'hɪərɪŋ/ s **1** udito **2** (*Dir*) udienza

hearse /hɜːs/ s carro funebre

heart /hɑːt/ s **1** cuore: *heart failure/a heart attack* un infarto ◊ *the heart of the matter* il nocciolo della questione **2 hearts** [*pl*] (*nelle carte*) cuori ➔ *Vedi nota a* CARTA LOC **at heart** in fondo ♦ **by heart** a memoria ♦ **take heart** farsi coraggio ♦ **take sth to heart** prendersela per qc ♦ **your/sb's heart sinks**: *When I saw the queue my heart sank.* Quando ho visto la coda mi sono cadute le braccia. *Vedi anche* CHANGE, CRY, SET²

heartbeat /'hɑːtbiːt/ s battito cardiaco

heartbreak /'hɑːtbreɪk/ s crepacuore **heartbreaking** *agg* straziante **heartbroken** /'hɑːtbrəʊkən/ *agg* affranto

hearten /'hɑːtn/ *vt* rincuorare, incoraggiare **heartening** *agg* incoraggiante

heartfelt /'hɑːtfelt/ *agg* sincero, sentito

hearth /hɑːθ/ s focolare

heartless /'hɑːtləs/ *agg* spietato, senza cuore

hearty /'hɑːti/ *agg* (-**ier**, -**iest**) **1** (*accoglienza*) caloroso, cordiale **2** (*persona*) gioviale **3** (*pasto*) sostanzioso

heat /hiːt/ ▶ s **1** calore: *on a low heat* a fuoco basso **2** caldo: *I can't stand the heat.* Non sopporto il caldo. **3** (*Sport*) prova eliminatoria LOC **be on heat** (*USA* **be in heat**) essere in calore
▶ *vt, vi* ~ **(sth) (up)** riscaldare qc; riscaldarsi

heated /'hiːtɪd/ *agg* **1** *a heated pool* una piscina riscaldata ◊ *centrally heated* con riscaldamento centralizzato **2** (*discussione*) animato

heater /'hiːtə(r)/ s **1** termosifone, stufa (*elettrica*) **2** scaldabagno

heath /hiːθ/ s landa

heathen /'hiːðn/ s pagano, -a

heather /'heðə(r)/ s erica

heating /'hiːtɪŋ/ s riscaldamento

heatwave /'hiːtweɪv/ s ondata di caldo

heave /hiːv/ ▶ **1** *vt, vi* tirare con forza **2** *vi* ~ **(at/on sth)** tirare con forza (qc) **3** *vt* (*informale*) scagliare
▶ s sforzo

heaven (*anche* **Heaven**) /'hevn/ s (*Relig*) cielo, paradiso LOC *Vedi* KNOW, SAKE, THANK

heavenly /'hevnli/ *agg* **1** (*Relig*) celestiale, divino **2** (*Astron*) celeste **3** (*informale*) divino

heavy /'hevi/ *agg* (-**ier**, -**iest**) **1** pesante: *How heavy is it?* Quanto pesa? **2** (*traffico, pioggia*) intenso **3** (*raffreddore, bevitore, perdite*) forte **4** (*fumatore*) accanito **heavily** /'hevɪli/ *avv* **1** molto: *heavily loaded* molto carico ◊ *to drink heavily* bere molto ◊ *rain heavily* piovere forte **2** pesantemente

---

| iː see | i happy | ɪ sit | e ten | æ hat | ɑː father | ʌ cup | ʊ put | uː too |

heavyweight /'heviweɪt/ s **1** peso massimo **2** (fig) pezzo grosso

heck /hek/ escl, s (informale) cavolo: *Who the heck are you?* Chi cavolo sei? ◊ *We had to wait a heck of a long time!* Abbiamo dovuto aspettare un casino di tempo! **LOC** **for the heck of it** (informale) per il gusto di farlo ◆ **what the heck!** (informale) pazienza!: *It means I'll be late for work but what the heck!* Vuol dire che farò tardi al lavoro, ma pazienza!

heckle /'hekl/ vt, vi interrompere

hectare /'hekteə(r)/ s ettaro

hectic /'hektɪk/ agg frenetico

he'd /hi:d/ **1** = HE HAD *Vedi* HAVE **2** = HE WOULD *Vedi* WOULD

hedge /hedʒ/ ▶ s **1** siepe **2** ~ (**against sth**) difesa (contro qc)
▶ **1** vt schivare **2** vi tergiversare

hedgehog /'hedʒhɒg; USA -hɔ:g/ s riccio

heed /hi:d/ ▶ vt (formale) tener conto di
▶ s **LOC** **take heed of sth** tener conto di qc

heel /hi:l/ s **1** tallone **2** tacco ⊃ *Vedi illustrazione a* SCARPA **LOC** *Vedi* DIG

hefty /'hefti/ agg (-ier, -iest) (informale) **1** (persona, cosa) grosso **2** (colpo) forte

height /haɪt/ s **1** altezza **2** (Geog) altitudine **3** (fig) apice, culmine: *at/in the height of summer* in piena estate **LOC** **the height of fashion** l'ultima moda

heighten /'haɪtn/ vt, vi aumentare

heir /eə(r)/ s ❶ Nota che l'acca non si pronuncia. ~ (**to sth**) erede (di qc)

heiress /'eərəs/ s ❶ Nota che l'acca non si pronuncia. ereditiera

held pass, pp di HOLD

helicopter /'helɪkɒptə(r)/ s elicottero

he'll /hi:l/ = HE WILL *Vedi* WILL

hell /hel/ s inferno: *to go to hell* andare all'inferno ❶ Nota che **hell** non ha l'articolo. **LOC** **a/one hell of a ...** (informale): *I got a hell of a shock.* Mi son preso un gran spavento. **hellish** agg infernale

hello (spec GB **hullo**, GB anche **hallo**) /hə'ləʊ/ escl, s ciao, buongiorno: *Say hello to her for me.* Salutala da parte mia. ⊃ *Vedi nota a* AFTERNOON

helm /helm/ s timone

helmet /'helmɪt/ s casco, elmetto

help /help/ ▶ **1** vt, vi aiutare: *Help!* Aiuto! ◊ *How can I help you?* Desidera? **2** v rifl ~ **yourself** (**to sth**) servirsi (di qc) **LOC** **a helping hand**: *to give/lend (sb) a helping hand* dare una mano (a qn) ◆ **can/could not help doing sth** non poter fare a meno di fare qc: *I couldn't help laughing.* Mi è venuto da ridere. ◆ **He can't help it.** Non ci può far niente. ◆ **it can't/couldn't be helped** non ci si può/è potuto far niente **PHRV** **help (sb) out** dare una mano (a qn)
▶ s [non numerabile] **1** aiuto: *It wasn't much help.* Non è servito a molto. **2** (Informatica) guida in linea: *the help menu* il menu della guida in linea

helper /'helpə(r)/ s aiutante

helpful /'helpfl/ agg **1** di grande aiuto, disponibile **2** (consiglio) utile

helping /'helpɪŋ/ s porzione

helpless /'helpləs/ agg **1** indifeso, debole **2** impotente

helpline /'helplaɪn/ s (GB) assistenza telefonica

helter-skelter /ˌheltə 'skeltə(r)/ ▶ s scivolo a spirale
▶ agg caotico

hem /hem/ ▶ s orlo (di vestito)
▶ vt (-mm-) fare l'orlo a **PHRV** **hem sb/sth in 1** circondare qn/qc **2** inibire qn

hemisphere /'hemɪsfɪə(r)/ s emisfero

hemo- (USA) *Vedi* HAEMO-

hen /hen/ s gallina

henceforth /ˌhens'fɔːθ/ avv (formale) d'ora in poi

hepatitis /ˌhepə'taɪtɪs/ s [non numerabile] epatite

her /hə(r), ɜː(r), hɜː(r)/ ▶ pron pers **1** [come complemento oggetto] la, lei: *I saw her.* L'ho vista. **2** [come complemento indiretto] le, a lei: *I told her the truth.* Le ho detto la verità. **3** [dopo prep o il verbo **to be**] lei: *I think of her often.* Penso spesso a lei. ◊ *She took it with her.* Lo portò con sé. ◊ *It wasn't her that did it.* Non è stata lei a farlo. ⊃ *Confronta* SHE
▶ agg poss il suo, ecc (di lei): *her book* il suo libro ◊ *her books* i suoi libri ⊃ **Her** si usa anche riferendosi ad automobili, navi o nazioni. *Confronta* HERS *e vedi nota a* MY

herald /'herəld/ ▶ s messaggero
▶ vt annunciare (arrivo, inizio)

heraldry /'herəldri/ s araldica

herb /hɜːb; USA ɜːrb/ s erba (aromatica o medicinale) **herbal** agg a base di erbe: *herbal tea* tisana

herd /hɜːd/ ▶ s mandria ⊃ *Confronta* FLOCK
▶ vt condurre

here → high chair

here /hɪə(r)/ ▶ *avv* qui, qua: *I live a mile from here.* Vivo ad un miglio da qui. ◊ *Please sign here.* Si prega di firmare qui.

> Nelle frasi che cominciano con **here** il verbo si trova dopo il soggetto se questo è un pronome: *Here they are, at last!* Eccoli, finalmente! ◊ *Here it is, on the table!* Eccolo lì, sul tavolo! e prima del soggetto se si tratta di un sostantivo: *Here comes the bus.* Ecco l'autobus.

LOC **here and there** qua e là ◆ **here you are** ecco qui ◆ **be here** arrivare: *They'll be here any minute.* Arriveranno a minuti.
▶ *escl* **1** ehi! **2** *(offrendo qualcosa)* ecco!, tieni! **3** *(risposta)* presente!

hereditary /həˈredɪtri; USA -teri/ *agg* ereditario

heresy /ˈherəsi/ *s* (*pl* -**ies**) eresia

heritage /ˈherɪtɪdʒ/ *s* [*gen sing*] patrimonio culturale

hermit /ˈhɜːmɪt/ *s* eremita

hero /ˈhɪərəʊ/ *s* (*pl* -**oes**) eroe: *sporting heroes* i grandi dello sport **heroic** /həˈrəʊɪk/ *agg* eroico **heroism** /ˈherəʊɪzəm/ *s* eroismo

heroin /ˈherəʊɪn/ *s* eroina (*droga*)

heroine /ˈherəʊɪn/ *s* eroina (*persona*)

herring /ˈherɪŋ/ *s* (*pl* **herring** o -**s**) aringa
LOC *Vedi* RED

hers /hɜːz/ *pron poss* il suo, ecc (*di lei*): *Where are hers?* Dove sono i suoi? ◊ *a friend of hers* un suo amico

herself /hɜːˈself/ *pron* **1** [*uso riflessivo*] si: *Did she hurt herself?* Si è fatta male? **2** [*dopo prep*] sé, se stessa: *'I'm free,' she said to herself.* "Sono libera", si disse. **3** [*uso enfatico*] lei stessa: *She told me the news herself.* Lei stessa mi ha dato la notizia. **LOC** **by herself** **1** da sé: *She did it all by herself.* L'ha fatto tutto da sé. **2** sola: *She was all by herself.* Era tutta sola.

he's /hiːz/ **1** = HE IS *Vedi* BE **2** = HE HAS *Vedi* HAVE

hesitant /ˈhezɪtənt/ *agg* esitante, indeciso

hesitate /ˈhezɪteɪt/ *vi* esitare: *Don't hesitate to call.* Non esitare a chiamare. **hesitation** *s* esitazione

heterogeneous /ˌhetərəˈdʒiːniəs/ *agg* (*formale*) eterogeneo

heterosexual /ˌhetərəˈsekʃuəl/ *agg*, *s* eterosessuale

hexagon /ˈheksəgən; USA -gɒn/ *s* esagono

hey! /heɪ/ *escl* ehi!

heyday /ˈheɪdeɪ/ *s* tempi d'oro

hi! /haɪ/ *escl* (*informale*) ciao! ⊃ *Vedi nota a* AFTERNOON

hibernate /ˈhaɪbəneɪt/ *vi* andare in letargo **hibernation** *s* letargo

hiccup (*anche* **hiccough**) /ˈhɪkʌp/ *s* **1** singhiozzo: *I've got (the) hiccups.* Ho il singhiozzo. **2** (*informale*) contrattempo

hid *pass di* HIDE[1]

hidden /ˈhɪdn/ *pp di* HIDE[1]
▶ *agg* nascosto

hide[1] /haɪd/ (*pass* **hid** /hɪd/ *pp* **hidden** /ˈhɪdn/) **1** *vi* nascondersi: *David was hiding under the bed.* David si era nascosto sotto il letto. **2** *vt* ~ **sb/sth (from sb/sth)** nascondere qn/qc (a qn/qc): *The trees hid the house from view.* La casa era nascosta dagli alberi.

hide[2] /haɪd/ *s* pelle (*di animale*)

hide-and-seek /ˌhaɪd n ˈsiːk/ *s* nascondino: *to play hide-and-seek* giocare a nascondino

hideous /ˈhɪdiəs/ *agg* orribile

hiding[1] /ˈhaɪdɪŋ/ *s* **LOC** **be in/go into hiding** essere nascosto/nascondersi

hiding[2] /ˈhaɪdɪŋ/ *s* (*informale*) **LOC** **give sb a hiding** riempire qn di botte

hierarchy /ˈhaɪərɑːki/ *s* (*pl* -**ies**) gerarchia

hieroglyphics /ˌhaɪərəˈglɪfɪks/ *s* geroglifici

hi-fi /ˈhaɪ faɪ/ *s* hi-fi: *a hi-fi system* uno stereo

high[1] /haɪ/ *agg* (-**er**, -**est**) **1** (*prezzo, soffitto, temperatura*) alto ⊃ *Vedi nota a* ALTO **2** *to have a high opinion of sb* stimare molto qn ◊ *high hopes* grandi speranze **3** (*vento, velocità*) forte **4** (*ideali, principi*) nobile, elevato: *to set high standards* stabilire dei criteri severi ◊ *I have it on the highest authority.* Lo so da fonte attendibile. ◊ *She has friends in high places.* Ha amicizie influenti. **5** *the high life* la bella vita ◊ *the high point of the evening* il clou della serata ◊ *high season* alta stagione **8** ~ (**in sth**) ricco (di qc): *foods which are high in fat* cibi che sono ricchi di grassi **9** (*informale*) ~ (**on sth**) fatto (di qc) (*droghe, alcolici*) **LOC** **be x metres, feet, etc. high** essere alto x metri, piedi, ecc: *The wall is two metres high.* Il muro è alto due metri. ◊ *How high is it?* Quant'è alto? *Vedi anche* ESTEEM, LEAVE

high[2] /haɪ/ ▶ *s* culmine
▶ *avv* (-**er**, -**est**) in alto

highbrow /ˈhaɪbraʊ/ *agg* (*spesso dispreg*) intellettualoide

ˈhigh chair *s* seggiolone

| aɪ **five** | aʊ **now** | ɔɪ **join** | ɪə **near** | eə **hair** | ʊə **pure** | ʒ **vision** | h **how** | ŋ **sing** |

high-'class *agg* di prim'ordine
High 'Court *s* Corte Suprema
higher edu'cation *s* studi superiori
Highers /ˈhaɪəz/ *s* esame sostenuto a 17/18 anni nelle scuole scozzesi
high 'five *s* (*spec USA*) *Way to go! High five!* Bene! Dammi cinque!
'high jump *s* salto in alto
highland /ˈhaɪlənd/ ▶ *s* [*gen pl*] zona montuosa
▶ *agg* di montagna
high-'level *agg* ad alto livello
highlight /ˈhaɪlaɪt/ ▶ *s* 1 clou 2 [*gen pl*] (*capelli*) colpi di sole
▶ 1 *vt* mettere in evidenza 2 (*Informatica*) evidenziare
highlighter /ˈhaɪlaɪtə(r)/ *s* 1 (*anche* **'highlighter pen**) evidenziatore 2 evidenziatore (*trucco*)
highly /ˈhaɪli/ *avv* 1 molto, estremamente: *highly unlikely* estremamente improbabile ◇ *a highly-paid job* un impiego molto ben pagato 2 *to think/speak highly of sb* avere molta stima/parlare molto bene di qn
highly 'strung *agg* nervoso
Highness /ˈhaɪnəs/ *s* Altezza
high-'powered *agg* 1 (*persona*) dinamico 2 (*lavoro*) prestigioso 3 (*auto, motore*) potente
high 'pressure ▶ *s* (*Meteor*) alta pressione
▶ *agg* (*metodo di vendita*) aggressivo
'high-rise ▶ *s* palazzone
▶ *agg* (*palazzo*) a molti piani
'high school *s* (*spec USA*) ≃ scuola media superiore ◆ *Vedi nota a* SCUOLA
'high street *s* strada principale, corso: *high-street shops* negozi delle catene più diffuse
high-'tech (*anche* **hi-'tech**) *agg* (*informale*) tecnologicamente avanzato
highway /ˈhaɪweɪ/ *s* (*spec USA*) strada (*che congiunge centri abitati*)
hijack /ˈhaɪdʒæk/ ▶ *vt* 1 dirottare 2 (*fig*) impadronirsi di
▶ *s* dirottamento
hijacker /ˈhaɪdʒækə(r)/ *s* dirottatore, -trice
hike /haɪk/ ▶ *s* escursione a piedi
▶ *vi* fare un'escursione a piedi
hiker /ˈhaɪkə(r)/ *s* escursionista
hiking /ˈhaɪkɪŋ/ *s* escursionismo
hilarious /hɪˈleəriəs/ *agg* divertentissimo, esilarante

hill /hɪl/ *s* 1 collina, colle 2 pendio **hilly** *agg* collinoso
hillside /ˈhɪlsaɪd/ *s* pendio
hilt /hɪlt/ *s* impugnatura LOC (**up**) **to the hilt** 1 completamente 2 (*appoggiare*) incondizionatamente
him /hɪm/ *pron pers* 1 [*come complemento oggetto*] lo, lui: *I hit him.* L'ho picchiato. 2 [*come complemento indiretto*] gli, a lui: *I told him the truth.* Gli ho detto la verità. 3 [*dopo prep o il verbo* **to be**] lui: *The present is for him.* Il regalo è per lui. ◇ *He always has it with him.* Lo porta sempre con sé. ◇ *It must be him.* Dev'essere lui. ◆ *Confronta* HE
himself /hɪmˈself/ *pron* 1 [*uso riflessivo*] si: *Did he hurt himself?* Si è fatto male? 2 [*dopo prep*] sé, se stesso: *'I tried,' he said to himself.* "Ho provato", si disse. 3 [*uso enfatico*] lui stesso: *He said so himself.* L'ha detto lui stesso. LOC **by himself** 1 da sé: *He did it all by himself.* L'ha fatto tutto da sé. 2 solo: *He was all by himself.* Era tutto solo.
hinder /ˈhɪndə(r)/ *vt* intralciare, ostacolare: *Our progress was hindered by bad weather.* Il maltempo ha ostacolato il lavoro. ◇ *His backache seriously hindered him in his work.* Il mal di schiena gli ha creato molte difficoltà sul lavoro.
hindrance /ˈhɪndrəns/ *s* ~ (**to sb/sth**) intralcio, ostacolo (a qn/qc)
hindsight /ˈhaɪndsaɪt/ *s*: *with (the benefit of)/in hindsight* col senno di poi
Hindu /ˌhɪnˈduː; *USA* ˈhɪnduː/ *agg, s* indù
Hinduism *s* induismo
hinge /hɪndʒ/ ▶ *s* cardine
▶ *v* PHRV **hinge on sth** dipendere da qc
hint /hɪnt/ ▶ *s* 1 allusione, accenno 2 pizzico, ombra: *There was a hint of sadness in his voice.* C'era un'ombra di tristezza nella sua voce. 3 consiglio pratico
▶ 1 *vi* ~ **at sth** alludere a qc 2 *vt, vi* ~ (**to sb**) **that** … lasciar capire (a qn) che …
hip /hɪp/ *s* anca, fianco
hip, hip hoo'ray! (*anche* **hip, hip, hur'rah/hur'ray!**) *escl* hip, hip, hip urrà!
'hip hop *s* hip hop
hippie (*anche* **hippy**) /ˈhɪpi/ *s* (*pl* **-ies**) hippy
hippopotamus /ˌhɪpəˈpɒtəməs/ *s* (*pl* **-muses** /-məsɪz/ *o* **-mi** /-maɪ/) (*anche* **hippo** /ˈhɪpəʊ/ (*pl* **-os**)) ippopotamo
hire /ˈhaɪə(r)/ ▶ *vt* 1 noleggiare ◆ *Vedi nota a* AFFITTO 2 (*dipendente*) assumere

▶ s noleggio: *Bicycles for hire*. Si noleggiano biciclette. ◊ *to buy sth on hire purchase* comprare qc a rate

his /hɪz/ **1** *agg poss* il suo, ecc (*di lui*): *his case* la sua valigia ◊ *his cases* le sue valigie **2** *pron poss* il suo, ecc (*di lui*): *He lent me his*. Mi ha prestato il suo. ◊ *a friend of his* un suo amico ⮕ *Vedi nota a* MY

hiss /hɪs/ ▶ **1** *vi* sibilare **2** *vt, vi* fischiare (*per esprimere disapprovazione*)
▶ s sibilo

historian /hɪˈstɔːriən/ *s* storico, -a

historic /hɪˈstɒrɪk; *USA* -ˈstɔːr-/ *agg* storico (*importante*)

historical /hɪˈstɒrɪkl; *USA* -ˈstɔːr-/ *agg* storico ⮕ *Confronta* STORICO

history /ˈhɪstri/ *s* (*pl* -**ies**) **1** storia: *history of art* storia dell'arte **2** (*Med*) precedenti (*della malattia*)

hit /hɪt/ ▶ *vt* (-tt-) (*pass, pp* **hit**) **1** (*anche fig*) colpire: *Rural areas have been worst hit by the strike*. Le zone rurali sono state le più colpite dallo sciopero. **2** colpire, ferire: *He's been hit in the leg by a bullet*. È stato ferito alla gamba da un proiettile. **3** (*auto*) sbattere contro **4 to hit sth (on/against sth)** urtare qc (a/contro qc): *I hit my knee against the table*. Ho urtato il ginocchio contro il tavolo. **LOC hit it off (with sb)** (*informale*) andare subito d'accordo (con qn): *Pete and Sue hit it off immediately*. Pete e Sue sono andati subito d'accordo. ◆ **hit the nail on the head** colpire nel segno *Vedi anche* HOME **PHRV hit back (at sb/sth)** restituire il colpo (a qn), reagire (a qc) ◆ **hit out (at sb/sth)** scagliarsi (contro qn/qc)
▶ s **1** colpo **2** successo

hit-and-ˈrun *agg*: *a hit-and-run driver* un pirata della strada

hitch[1] /hɪtʃ/ *vt, vi*: *to hitch (a ride)* fare l'autostop ◊ *Can I hitch a lift with you as far as the station?* Mi dai uno strappo fino alla stazione? **PHRV hitch sth up** (*pantaloni, gonna*) tirarsi su qc

hitch[2] /hɪtʃ/ *s* intoppo, difficoltà: *without a hitch* senza intoppi

ˈhitch-hike *vi* fare l'autostop **ˈhitch-hiker** *s* autostoppista

ˌhi-ˈtech *Vedi* HIGH-TECH

HIV /ˌeɪtʃ aɪ ˈviː/ *s* [*non numerabile*] HIV: *to be HIV positive* essere sieropositivo

hive /haɪv/ *s Vedi* BEEHIVE

hiya /ˈhaɪjə/ *escl* (*spec USA, informale*) ciao

hoard /hɔːd/ ▶ *s* **1** gruzzolo **2** provviste, scorte
▶ *vt* accumulare

hoarding /ˈhɔːdɪŋ/ *s* (*GB*) tabellone pubblicitario

hoarse /hɔːs/ *agg* rauco

hoax /həʊks/ *s* scherzo di cattivo gusto: *a hoax bomb warning* falsa segnalazione di una bomba

hob /hɒb/ *s* piastra (*di cucina*)

hobby /ˈhɒbi/ *s* (*pl* -**ies**) hobby

hockey /ˈhɒki/ *s* **1** (*USA* **ˈfield hockey**) hockey (*su prato*) **2** (*USA*) *Vedi* ICE HOCKEY

hoe /həʊ/ *s* zappa

hog /hɒɡ; *USA* hɔːɡ/ ▶ *s* maiale
▶ *vt* (*informale*) accaparrarsi

Hogmanay /ˈhɒɡməneɪ; *USA* ˌhɒɡməˈneɪ/ *s* [*non numerabile*] i festeggiamenti del giorno di San Silvestro in Scozia

hoist /hɔɪst/ *vt* issare, sollevare

hold /həʊld/ ▶ (*pass, pp* **held** /held/) **1** *vt* tenere: *She was holding the baby in her arms*. Teneva in braccio il bambino. **2** *vt, vi* reggere **3** *vt* trattenere: *They are holding three people hostage*. Tengono in ostaggio tre persone. **4** *vt* (*opinione, conversazione, passaporto*) avere **5** *vt* contenere: *The car won't hold you all*. Non c'è spazio per tutti in macchina. **6** *vt* (*posizione, carica*) occupare **7** *vt* (*formale*) **to hold that …** ritenere che … **8** *vi* (*offerta, accordo*) essere valido **9** *vt* (*titolo, record*) detenere **10** *vi* (*al telefono*) attendere **LOC don't hold your breath!** non sperarci troppo! ◆ **hold fast to sth** tenersi forte a qc ◆ **hold firm to sth** essere risoluto in qc ◆ **hold hands (with sb)** tenersi per mano (con qn) ◆ **hold it!** (*informale*) aspetta! ◆ **hold sb to ransom** (*fig*) tenere in scacco qn ◆ **hold sb/sth in contempt** disprezzare qn/qc ◆ **hold the line** restare in linea ◆ **hold your breath** trattenere il fiato *Vedi anche* BAY, CAPTIVE, CHECK, ESTEEM
PHRV hold sth against sb volerne a qn per qc
hold sb/sth back frenare qn/qc ◆ **hold sth back** nascondere qc (*informazioni*)
hold forth dilungarsi
hold on (to sb/sth) aggrapparsi (a qn/qc) ◆ **hold sth on/down** tenere fermo qc
hold out 1 (*provviste*) durare **2** (*persona*) resistere
hold up (a bank, etc.) rapinare (una banca, ecc) ◆ **hold sb/sth up** far fare tardi a qn/rallentare qc
hold with sth essere d'accordo con qc
▶ s **1** *to keep a firm hold of sth* tenere ben stretto qc **2** (*Sport*) presa **3** ~ **(on/over sb/sth)** influenza, ascendente (su qn/qc) **4** (*nave,*

| iː see | i happy | ɪ sit | e ten | æ hat | ɑː father | ʌ cup | ʊ put | uː too |

aereo) stiva LOC **take hold of sb/sth** prendere qn/qc ♦ **get hold of sb** mettersi in contatto con qn

holdall /'həʊldɔːl/ *s* borsa da viaggio

holder /'həʊldə(r)/ *s* **1** (*passaporto, posto*) titolare **2** (*biglietto*) possessore **3** contenitore

'hold-up *s* **1** (*traffico*) ingorgo **2** intoppo **3** rapina a mano armata

hole /həʊl/ *s* **1** buco **2** (*anche Sport*) buca: *a hole in the road* una buca nella strada **3** tana **4** (*informale*) pasticcio LOC *Vedi* PICK

holiday /'hɒlədeɪ/ ▶ *s* **1** (*anche* **holidays** [*pl*], *USA* **vacation**) vacanza: *be/go on holiday* essere/andare in vacanza ◊ *I'm entitled to 20 days' holiday a year.* Mi spettano venti giorni di ferie all'anno. **2** festa **3 holidays** [*pl*] (*USA*) le feste (*tra Natale e Capodanno*)
▶ vi passare le vacanze

holidaymaker /'hɒlədeɪ meɪkə(r)/ *s* villeggiante

holiness /'həʊlinəs/ *s* santità

hollow /'hɒləʊ/ ▶ *agg* **1** vuoto, cavo **2** (*guance, occhi*) infossato **3** (*suono*) cupo **4** (*fig*) falso, vano
▶ *s* **1** conca **2** affossamento **3** *the hollow of her hands* il cavo delle mani
▶ *vt* (*anche* **hollow sth out**) scavare qc

holly /'hɒli/ *s* agrifoglio

holocaust /'hɒləkɔːst/ *s* olocausto

hologram /'hɒləgræm/ *s* ologramma

holy /'həʊli/ *agg* (**-ier, -iest**) **1** santo **2** sacro, benedetto **3** pio

homage /'hɒmɪdʒ/ *s* (*formale*) omaggio: *to pay homage to sb/sth* rendere omaggio a qn/qc

home /həʊm/ ▶ *s* **1** (*focolare*) casa **2** (*per orfani, ecc*) istituto: *a children's home* un istituto per l'infanzia abbandonata ◊ *an old people's home* una casa di riposo per anziani **3** (*fig*) culla **4** (*Zool*) habitat **5** (*corsa, gara*) traguardo LOC **at home 1** a casa, in casa **2** a proprio agio: *Make yourself at home!* Fai come se fossi a casa tua! **3** (*Sport*) in casa *Vedi anche* AWAY
▶ *agg* **1** (*vita*) familiare: *home comforts* le comodità della casa **2** (*cucina*) casalingo, fatto in casa **3** (*non straniero*) nazionale: *the Home Office* il Ministero degli Interni **4** (*Sport*) di casa, in casa **5** (*paese, città*) natale
▶ *avv* **1** a casa: *to go home* andare a casa **2** (*conficcare, ecc*) a fondo LOC **home and dry** in salvo ♦ **hit/strike home** colpire nel segno *Vedi anche* BRING

home eco'nomics *s* [*non numerabile*] economia domestica

homeland /'həʊmlænd/ *s* patria

homeless /'həʊmləs/ ▶ *agg* senza tetto
▶ **the homeless** *s* [*pl*] i senzatetto

homelessness /'həʊmləsnəs/ *s*: *Homelessness in London is increasing.* Il numero dei senzatetto a Londra è in aumento.

homely /'həʊmli/ *agg* (**-ier, -iest**) **1** (*GB*) (*persona*) semplice **2** (*luogo*) familiare, accogliente **3** (*USA, dispreg*) insignificante

home-'made *agg* casalingo, fatto in casa

homeopathy /ˌhəʊmi'ɒpəθi, ˌhɒmi-/ *s* omeopatia

'home page *s* (*Informatica*) home page

homeroom /'həʊmruːm, -rʊm/ *s* (*USA*) **1** nelle scuole americane, aula in cui si fa l'appello **2** *Homeroom lasts for ten minutes.* L'appello dura dieci minuti.

homesick /'həʊmsɪk/ *agg*: *to be/feel homesick* sentire la mancanza di casa

hometown /'həʊmtaʊn/ *s* città natale

homework /'həʊmwɜːk/ *s* [*non numerabile*] compiti (*per casa*)

homicide /'hɒmɪsaɪd/ *s* omicidio ⊃ *Confronta* MANSLAUGHTER, MURDER **homicidal** /ˌhɒmɪ-'saɪdl/ *agg* omicida

homogeneous /ˌhɒmə'dʒiːniəs/ *agg* omogeneo

homogenized (*GB anche* **-ised**) /hə-'mɒdʒənaɪzd/ *agg* omogeneizzato

homosexual /ˌhɒmə'sekʃuəl/ *agg, s* omossessuale **homosexuality** /ˌhɒməsekʃu'æləti/ *s* omosessualità

honest /'ɒnɪst/ *agg* ❶ Nota che l'acca non si pronuncia. **1** (*persona*) onesto **2** (*risposta*) franco, schietto **3** *to earn an honest wage/penny* guadagnarsi onestamente da vivere **honestly** *avv* **1** onestamente **2** [*uso enfatico*] sinceramente: *Well, honestly!* Ma, veramente!

honesty /'ɒnəsti/ *s* ❶ Nota che l'acca non si pronuncia. **1** onestà **2** sincerità: *in all honesty* in tutta sincerità

honey /'hʌni/ *s* **1** miele **2** (*informale*) (*vezzeggiativo*) tesoro

honeymoon /'hʌnimuːn/ *s* luna di miele

honk /hɒŋk/ *vt, vi* suonare (il clacson)

honorary /'ɒnərəri; *USA* 'ɒnəreri/ *agg* ❶ Nota che l'acca non si pronuncia. **1** (*carica, titolo*) onorifico **2** (*laurea*) honoris causa **3** (*cittadinanza*) onorario

honour → horsewoman

honour (USA **honor**) /'ɒnə(r)/ ▶ s ❶ Nota che l'acca non si pronuncia. **1** onore **2** (*titolo*) onorificenza **3 honours** [*pl*] ❶ L'espressione **honours degree** si riferisce a un diploma di laurea che offre dei corsi più approfonditi e specialistici di quelli di un "ordinary degree". **4 your Honour, his/her Honour**: *your Honour* Vostro Onore ◊ *his/her Honour Judge Hawkins* Sua eccellenza il giudice Hawkins **LOC** in honour of sb/sth; in sb's/sth's honour in onore di qn/qc
▶ *vt* **1** ~ **sb/sth (with sth)** onorare qn/qc (con qc) **2** ~ **sb/sth with sth** conferire qc a qn/qc **3** (*promessa*) rispettare **4** (*cambiale, impegno*) onorare

honourable (USA **honorable**) /'ɒnərəbl/ *agg* ❶ Nota che l'acca non si pronuncia. **1** d'onore **2** onorevole

hood /hʊd/ s **1** cappuccio **2** (*carrozzina, auto*) capote **3** (USA) *Vedi* BONNET *senso (2)*

hoof /hu:f/ s (*pl* **-s** o **hooves** /hu:vz/) zoccolo (*di animale*)

hook /hʊk/ ▶ s **1** gancio, uncino ⊃ *Vedi illustrazione a* GANCIO **2** (*pesca*) amo ⊃ *Vedi illustrazione a* GANCIO **LOC** off the hook staccato (*telefono*) ◆ **get sb off the hook** (*informale*) cavare qn dagli impicci ◆ **let sb off the hook** (*informale*) farla passare liscia a qn
▶ *vt, vi* agganciare, agganciarsi **LOC** be hooked (on sth) (*informale*) dipendere da qc/essere dipendente

hooligan /'hu:lɪɡən/ s teppista **hooliganism** s teppismo

hoop /hu:p/ s cerchio

hooray! /hʊ'reɪ/ (*anche* **hurrah, hurray**) *escl* evviva! ~ **for sb/sth** viva qn/qc!

hoot /hu:t/ ▶ s **1** colpo di clacson **2** (*gufo*) verso
▶ **1** *vi, vt* suonare (il clacson) **2** *vi* (*gufo*) gufare

Hoover® /'hu:və(r)/ s aspirapolvere **hoover 1** *vt* pulire con l'aspirapolvere **2** *vi* passare l'aspirapolvere

hooves /hu:vz/ s plurale di HOOF

hop /hɒp/ ▶ *vi* (**-pp-**) **1** (*persona*) saltellare (*su una gamba sola*) ⊃ *Vedi illustrazione a* SALTARE **2** (*animale*) saltellare, saltare **3** (*informale*): *Hop in — I'll give you a lift.* Salta su, ti do un passaggio. ◊ *to hop into/out of bed* saltare dentro il/fuori dal letto ◊ *We hopped on a bus to the station.* Siamo saltati su un autobus diretto alla stazione.
▶ s **1** saltello **2** (*Bot*) luppolo

hope /həʊp/ ▶ s **1** ~ **(of/for sth)** speranza (di qc) **2** ~ **(of doing sth/that …)** speranza (di fare qc/che …)
▶ **1** *vi* ~ **(for sth)** sperare (in qc) **2** *vt* ~ **to do sth/that …** sperare di fare qc/che …: *I hope not/so.* Spero di no/sì. **LOC** I should hope not! speriamo proprio di no!

hopeful /'həʊpfl/ *agg* **1** (*persona*) speranzoso, fiducioso: *to be hopeful that…* sperare che … **2** (*situazione, segno*) promettente, incoraggiante **hopefully** *avv* **1** con ottimismo, con speranza **2** *hopefully, …* si spera che …

hopeless /'həʊpləs/ *agg* **1** (*persona, situazione*) disperato **2** (*compito*) impossibile **3** ~ **at sth/doing sth** negato per qc/per fare qc **hopelessly** *avv* (*enfatico*) completamente: *hopelessly in love* perdutamente innamorato

horde /hɔ:d/ s (*a volte dispreg*) orda: *hordes of people* una marea di gente

horizon /hə'raɪzn/ s orizzonte

horizontal /ˌhɒrɪ'zɒntl; USA ˌhɔ:r-/ ▶ *agg* orizzontale
▶ s linea orizzontale, piano orizzontale

hormone /'hɔ:məʊn/ s ormone

horn /hɔ:n/ s **1** (*Zool, Mus*) corno **2** (*auto*) clacson

horoscope /'hɒrəskəʊp/ s oroscopo

horrendous /hɒ'rendəs/ *agg* **1** orrendo **2** (*informale*) (*eccessivo*) spaventoso

horrible /'hɒrəbl/ *agg* orribile, spaventoso

horrid /'hɒrɪd/ *agg* **1** orribile **2** sgarbato

horrific /hə'rɪfɪk/ *agg* terrificante, spaventoso

horrify /'hɒrɪfaɪ/ *vt* (*pass, pp* **-fied**) lasciare inorridito, sconvolgere **horrifying** *agg* sconvolgente, orripilante

horror /'hɒrə(r); USA *anche* 'hɔ:r-/ s orrore, terrore: *a horror film* un film dell'orrore

horse /hɔ:s/ s cavallo **LOC** *Vedi* DARK, LOOK¹

horseback /'hɔ:sbæk/ ▶ s **LOC** on horseback a cavallo: *a soldier on horseback* un soldato a cavallo
▶ *agg* a cavallo: *a horseback tour* un giro a cavallo
▶ *avv*: *to ride horseback* andare a cavallo

horsefly /'hɔ:sflaɪ/ s (*pl* **-ies**) tafano

horseman /'hɔ:smən/ s (*pl* **-men** /-mən/) cavaliere

horsepower /'hɔ:spaʊə(r)/ s (*pl* **horsepower**) (*abbrev* **h.p.**) cavallo vapore

horseshoe /'hɔ:sʃu:/ s ferro di cavallo

horsewoman /'hɔ:swʊmən/ s (*pl* **-women**) amazzone

| aɪ five | aʊ now | ɔɪ join | ɪə near | eə hair | ʊə pure | ʒ vision | h how | ŋ sing |

horticulture /'hɔːtɪkʌltʃə(r)/ s orticoltura
horticultural /ˌhɔːtɪ'kʌltʃərəl/ agg di orticoltura

hose /həʊz/ (anche **hosepipe** /'həʊzpaɪp/) s tubo (di gomma)

hospice /'hɒspɪs/ s ospedale per malati terminali

hospitable /hɒ'spɪtəbl, 'hɒspɪtəbl/ agg ospitale

hospital /'hɒspɪtl/ s ospedale

> Nell'inglese britannico quando si parla dell'ospedale dal punto di vista del paziente non si usa l'articolo: *She's gone into hospital.* L'hanno ricoverata in ospedale.
>
> Quando invece ci si riferisce ad un ospedale in particolare o quando se ne parla dal punto di vista di chi ci va in visita o di chi ci lavora si usa l'articolo **the**: *He went to the hospital to visit Mo.* È andato all'ospedale a trovare Mo. ◊ *She works at the hospital.* Lavora all'ospedale.

hospitality /ˌhɒspɪ'tæləti/ s ospitalità

host /həʊst/ ▶ s **1** (femm anche **hostess**) ospite (che accoglie) **2** (TV) presentatore, -trice **3** moltitudine: *a host of admirers* uno stuolo di ammiratori **4 the Host** (Relig) l'Ostia
▶ vt presentare: *Athens hosted the 2004 Olympic Games.* Atene ospitò i giochi olimpici nel 2004.

hostage /'hɒstɪdʒ/ s ostaggio

hostel /'hɒstl/ s **1** (studenti) pensionato **2** (senzatetto) ospizio *Vedi anche* YOUTH HOSTEL

hostess /'həʊstəs, -tes/ s **1** ospite f (che accoglie) **2** (TV) presentatrice **3** entraîneuse, hostess

hostile /'hɒstaɪl; USA -tl/ agg **1** ostile **2** (territorio) nemico

hostility /hɒ'stɪləti/ s ostilità

hot /hɒt/ agg (**hotter**, **hottest**) **1** caldo: *in hot weather* quando fa caldo ⊃ *Vedi nota a* FREDDO **2** (sapore) piccante LOC **be hot 1** (persona) aver caldo **2** (tempo): *It's very hot.* Fa molto caldo.

hotel /həʊ'tel/ s albergo

hotline /'hɒtlaɪn/ s hotline

hotly /'hɒtli/ avv accanitamente, violentemente

hound /haʊnd/ ▶ s cane da caccia
▶ vt perseguitare

hour /'aʊə(r)/ s ❶ Nota che l'acca non si pronuncia. **1** ora: *half an hour* mezz'ora **2 hours** [pl] orario: *office/opening hours* orario d'ufficio/d'apertura **3** [gen sing] momento LOC **after hours** dopo l'orario d'ufficio/l'ora di chiusura ♦ **on the hour** all'ora in punto *Vedi anche* EARLY **hourly** agg, avv ogni ora

house ▶ /haʊs/ s (pl -s /'haʊzɪz/) **1** casa **2** (Teat) sala: *There was a full house.* La sala era al completo. **3 the House** (Pol) la Camera LOC **on the house** offerto dalla casa/ditta *Vedi anche* MOVE
▶ /haʊz/ vt alloggiare, ospitare

houseboat /'haʊsbəʊt/ s casa galleggiante

household /'haʊshəʊld/ s: *a large household* una casa dove abitano molte persone ◊ *household chores* lavori domestici **householder** s padrone, -a di casa

housekeeper /'haʊskiːpə(r)/ s governante **housekeeping** s **1** andamento della casa **2** spese di casa

the ˌHouse of 'Commons (anche **the Commons**) s [v sing o pl] la Camera dei Comuni

the ˌHouse of 'Lords (anche **the Lords**) s [v sing o pl] la Camera dei Lords

the ˌHouse of Repre'sentatives s la Camera dei Rappresentanti

the ˌHouses of 'Parliament s [pl] il Palazzo del Parlamento

housewife /'haʊswaɪf/ s (pl **-wives**) casalinga

housework /'haʊswɜːk/ s [non numerabile] lavori domestici

housing /'haʊzɪŋ/ s [non numerabile] alloggi

'housing development (GB anche **'housing estate**) s complesso edilizio

hover /'hɒvə(r); USA 'hʌvər/ vi **1** (uccello, elicottero) librarsi **2** (persona) gironzolare intorno

how /haʊ/ ▶ avv interr **1** come: *Tell me how to spell it.* Dimmi come si scrive. ◊ *How is your job?* Come va il lavoro? ◊ *How can that be?* Ma come può essere? **2** quanto: *How tall are you?* Quanto sei alto? ◊ *How old are you?* Quanti anni hai? ◊ *How fast were you going?* A che velocità andavi? **3 how many** quanti **how much** quanto: *How much is it?* Quanto viene? ◊ *How many letters did you write?* Quante lettere hai scritto? LOC **how about …?**: *How about it?* Cosa ne dici? ♦ **how are you?** come stai? ♦ **how come … ?** come mai … ? ♦ **how do you do?** piacere

> **How do you do?** si usa quando si fanno le presentazioni in modo formale. Si risponde *how do you do?* **How are you?** invece si usa

| tʃ **ch**in | dʒ **J**une | v **v**an | θ **th**in | ð **th**en | s **s**o | z **z**oo | ʃ **sh**e |

however → hurt

nella conversazione informale. Si può rispondere: *fine, very well, not too well*, ecc.

▸ *avv* (formale) come…, che…: *How cold it is!* Che freddo fa! ◇ *How you've grown!* Come sei cresciuto!

▸ *cong* come: *I dress how I like*. Vesto come mi pare.

however /haʊˈevə(r)/ ▸ *avv* **1** comunque, però **2** per quanto: *however strong you are* per quanto forte tu sia ◇ *however hard he tries* per quanto provi **3** come: *however you like* come ti pare

▸ *avv interr* come: *However did she do it?* Ma come ha fatto?

howl /haʊl/ ▸ *s* **1** ululato **2** urlo, grido: *howls of laughter* scrosci di risate
▸ *vi* **1** ululare **2** gridare

HQ /ˌeɪtʃ ˈkjuː/ *abbr Vedi* HEADQUARTERS

hr (spec USA **hr.**) *abbr Vedi* HOUR

hub /hʌb/ *s* **1** mozzo (di ruota) **2** (fig) centro, cuore

hubbub /ˈhʌbʌb/ *s* baccano, confusione

huddle /ˈhʌdl/ ▸ *vi* **1** rannicchiarsi **2** ammassarsi
▸ *s* gruppetto, mucchietto

hue /hjuː/ *s* (formale) **1** sfumatura **2** tinta

huff /hʌf/ *s* stizza: *to be in a huff* essere stizzito

hug /hʌɡ/ ▸ *s* abbraccio: *to give sb a hug* abbracciare qn
▸ *vt* (**-gg-**) abbracciare

huge /hjuːdʒ/ *agg* enorme, smisurato

hull /hʌl/ *s* scafo

hullo *Vedi* HELLO

hum /hʌm/ ▸ *s* **1** ronzio **2** (voci) brusio
▸ (**-mm-**) **1** *vi* ronzare **2** *vt, vi* canticchiare **3** *vi* (informale) fervere: *to hum with activity* fervere di attività

human /ˈhjuːmən/ *agg, s* umano: *human being* essere umano ◇ *human rights* diritti dell'uomo ◇ *human nature* la natura umana ◇ *the human race* il genere umano

humane /hjuːˈmeɪn/ *agg* umanitario, umano

humanitarian /hjuːˌmænɪˈteəriən/ *agg* umanitario

humanity /hjuːˈmænəti/ *s* **1** umanità **2** **humanities** [*pl*] studi umanistici

humble /ˈhʌmbl/ ▸ *agg* (**humbler, -est**) umile
▸ *vt* umiliare: *to humble yourself* abbassarsi

humid /ˈhjuːmɪd/ *agg* umido ⊃ *Vedi nota a* MOIST **humidity** /hjuːˈmɪdəti/ *s* umidità

❶ **Humid** e **humidity** si riferiscono solo all'umidità atmosferica.

humiliate /hjuːˈmɪlieɪt/ *vt* umiliare **humiliating** *agg* umiliante **humiliation** *s* umiliazione

humility /hjuːˈmɪləti/ *s* umiltà

hummingbird /ˈhʌmɪŋbɜːd/ *s* colibrì

humongous /hjuːˈmʌŋɡəs/ *agg* (informale, spec USA) enorme

humorous /ˈhjuːmərəs/ *agg* **1** umoristico **2** divertente

humour (USA **humor**) /ˈhjuːmə(r)/ ▸ *s* **1** umorismo **2** lato umoristico
▸ *vt* assecondare, compiacere

hump /hʌmp/ *s* **1** (strada) dosso **2** (persona, cammello) gobba

hunch[1] /hʌntʃ/ *s* presentimento, intuizione

hunch[2] /hʌntʃ/ *vt, vi* ~ (**sth**) (**up**) curvare qc, curvarsi

hundred /ˈhʌndrəd/ *agg, pron, s* cento, centinaio ⊃ *Vedi esempi a* FIVE **hundredth** *agg, pron, s* centesimo ⊃ *Vedi esempi a* FIFTH

hung *pass, pp di* HANG

hunger /ˈhʌŋɡə(r)/ ▸ *s* fame
▸ *v* PHR V **hunger for/after sth** desiderare ardentemente qc

hungry /ˈhʌŋɡri/ *agg* (**-ier, -iest**) affamato: *I'm hungry*. Ho fame.

hunk /hʌŋk/ *s* **1** bel pezzo **2** (informale) fusto: *He's a real hunk*. È davvero un fusto.

hunt /hʌnt/ ▸ *vt, vi* **1** cacciare, andare a caccia (di) **2** ~ **for sb/sth** cercare qn/qc
▸ *s* **1** battuta di caccia **2** ricerca

hunter /ˈhʌntə(r)/ *s* cacciatore, -trice

hunting /ˈhʌntɪŋ/ *s* [*non numerabile*] caccia: *to go hunting* andare a caccia

hurdle /ˈhɜːdl/ *s* (Sport, fig) ostacolo

hurl /hɜːl/ *vt* **1** scagliare, scaraventare **2** (insulti) lanciare

hurrah! /həˈrɑː/ (GB *anche* **hurray** /həˈreɪ/) *escl Vedi* HOORAY

hurricane /ˈhʌrɪkən; USA -keɪn/ *s* uragano

hurried /ˈhʌrid/ *agg* fatto in fretta, affrettato

hurry /ˈhʌri/ ▸ *s* [*sing*] fretta LOC **be in a hurry** avere fretta
▸ (*pass, pp* **hurried**) **1** *vt* to ~ **sb** fare fretta a qn **2** *vt, vi* to ~ (**sth**) fare (qc) in fretta PHR V **hurry up** (informale) sbrigarsi, fare in fretta

hurt /hɜːt/ (*pass, pp* **hurt**) **1** *vt* far male a: *to get hurt* farsi male **2** *vi* far male: *My leg hurts*. Mi fa male la gamba. **3** *vt* (sentimento) ferire, offendere **4** *vt* (interesse, reputazione) danneg-

---

iː see   i happy   ɪ sit   e ten   æ hat   ɑː father   ʌ cup   ʊ put   uː too

hurtle → icy

giare LOC **it won't/wouldn't hurt (sb/sth) (to do sth)**: *It wouldn't hurt you to help with the housework occasionally.* Non ti farebbe male dare una mano nei lavori di casa, ogni tanto. **hurtful** *agg* che fa male, crudele

hurtle /'hɜːtl/ *vi* precipitarsi, sfrecciare

husband /'hʌzbənd/ *s* marito

hush /hʌʃ/ ▶ *s* [*sing*] silenzio
▶ *v* PHR V **hush sb/sth up** far tacere qn/mettere a tacere qc

husky /'hʌski/ ▶ *agg* (**-ier, -iest**) roco
▶ *s* (*pl* **-ies**) husky

hustle /'hʌsl/ ▶ *vt* **1** spingere **2** (*informale*) rifilare
▶ *s* LOC **hustle and bustle** trambusto

hut /hʌt/ *s* capanna, baita

hyaena *Vedi* HYENA

hybrid /'haɪbrɪd/ *agg, s* ibrido

hydrant /'haɪdrənt/ *s* idrante

hydraulic /haɪ'drɔːlɪk/ *agg* idraulico

hydroelectric /ˌhaɪdrəʊɪ'lektrɪk/ *agg* idroelettrico

hydrofoil /'haɪdrəfɔːɪl/ *s* aliscafo

hydrogen /'haɪdrədʒən/ *s* idrogeno

hyena (*anche* **hyaena**) /haɪ'iːnə/ *s* iena

hygiene /'haɪdʒiːn/ *s* igiene **hygienic** /haɪ'dʒiːnɪk/ *agg* igienico

hymn /hɪm/ *s* inno

hype /haɪp/ ▶ *s* (*informale*) battage, pubblicità esagerata
▶ *v* PHR V **hype sth (up)** (*informale*) fare un gran battage a qc

hypermarket /'haɪpəmɑːkɪt/ *s* (*GB*) ipermercato

hyphen /'haɪfn/ *s* trattino

hypnosis /hɪp'nəʊsɪs/ *s* ipnosi

hypnotic /hɪp'nɒtɪk/ *agg* ipnotico

hypnotism /'hɪpnətɪzəm/ *s* ipnotismo **hypnotist** *s* ipnotizzatore, -trice **hypnotize, -ise** /'hɪpnətaɪz/ *vt* ipnotizzare

hypochondriac /ˌhaɪpə'kɒndriæk/ *s* ipocondriaco, -a

hypocrisy /hɪ'pɒkrəsi/ *s* ipocrisia

hypocrite /'hɪpəkrɪt/ *s* ipocrita **hypocritical** /ˌhɪpə'krɪtɪkl/ *agg* ipocrita

hypothesis /haɪ'pɒθəsɪs/ *s* (*pl* **-ses** /-siːz/) ipotesi **hypothetical** /ˌhaɪpə'θetɪkl/ *agg* ipotetico

hysteria /hɪ'stɪəriə/ *s* isteria

hysterical /hɪ'sterɪkl/ *agg* isterico

hysterics /hɪ'sterɪks/ *s* [*pl*] **1** crisi isterica **2** (*informale*) attacco di riso

I i

I, i /aɪ/ *s* (*pl* **Is, I's, i's**) I,i: *I for Isaac* I come Imola ➔ *Vedi esempi a* A, a

I /aɪ/ *pron pers* io: *I am 15 (years old).* Ho 15 anni. ➔ In inglese il *pronome personale soggetto* non si può omettere. *Confronta* ME 3

ice /aɪs/ ▶ *s* ghiaccio: *ice cube* cubetto di ghiaccio
▶ *vt* glassare PHR V **ice (sth) over/up** ghiacciarsi, coprire di ghiaccio: *The pond was iced over.* Il laghetto si era ghiacciato. ◇ *The windscreen had iced up.* Il parabrezza si era ghiacciato.

iceberg /'aɪsbɜːg/ *s* iceberg

ice 'cream (*spec USA* '**ice cream**) *s* gelato

'**ice dancing** (*anche* '**ice dance**) *s* [*non numerabile*] danza sul ghiaccio '**ice dancer** *s* danzatore, -trice sul ghiaccio

'**ice hockey** (*USA* **hockey**) *s* hockey su ghiaccio

ice lolly /ˌaɪs 'lɒli/ *s* (*pl* **-ies**) (*USA* **Popsicle**®) ghiacciolo (*gelato*)

'**ice rink** *s* pista di pattinaggio su ghiaccio

'**ice skate** *s* pattino da ghiaccio '**ice-skate** *vi* pattinare su ghiaccio '**ice skating** *s* pattinaggio su ghiaccio

icicle /'aɪsɪkl/ *s* ghiacciolo (*di fontana, grondaia*)

icing /'aɪsɪŋ/ (*USA anche* **frosting**) *s* glassa: *icing sugar* zucchero a velo

icon /'aɪkɒn/ *s* icona ❶ Nel senso religioso si scrive anche **ikon**.

ICT /ˌaɪ siː 'tiː/ *s* **Information and Communication Technology** [*non numerabile*] tecnologie dell'informatica e della comunicazione, TIC

icy /'aɪsi/ *agg* (**icier, iciest**) **1** ghiacciato **2** (*vento, tono di voce*) gelido

---

u situation ɒ got ɔː saw ɜː fur ə ago j yes w woman eɪ pay əʊ go

Id → imaginary

I'd /aɪd/ **1** = I HAD Vedi HAVE **2** = I WOULD Vedi WOULD

ID /ˌaɪ 'diː/ s documento d'identità: *You must carry ID at all times.* Devi portare sempre con te un documento d'identità. ◊ *The police checked IDs at the gate.* La polizia controllava i documenti d'identità all'entrata. ◊ *an ID card* una carta d'identità

Id = EID

idea /aɪ'dɪə/ s idea LOC **get/have the idea that …** avere l'impressione che … ♦ **get the idea** capire ♦ **give sb ideas** mettere delle idee in testa a qn ♦ **have no idea** non averne idea

ideal /aɪ'diːəl/ agg, s ideale

idealism /aɪ'diːəlɪzəm/ s idealismo **idealist** s idealista **idealistic** /aɪˌdiːə'lɪstɪk/ agg idealista

idealize, -ise /aɪ'diːəlaɪz/ vt idealizzare

ideally /aɪ'diːəli/ avv **1** *She's ideally suited to the job.* È perfetta per questo lavoro. **2** *Ideally, they should all help.* L'ideale sarebbe che tutti dessero una mano.

identical /aɪ'dentɪkl/ agg ~ **(to/with sb/sth)** identico a qn/qc: *identical twins* gemelli identici

identification /aɪˌdentɪfɪ'keɪʃn/ s identificazione: *identification papers* documenti d'identità ◊ *identification parade* confronto all'americana

identify /aɪ'dentɪfaɪ/ vt (*pass, pp* -**fied**) **1** ~ **sb/sth as sb/sth** identificare, riconoscere qn/qc come qn/qc **2** ~ **sth with sth** identificare qc con qc

identity /aɪ'dentəti/ s (*pl* -**ies**) identità: *a case of mistaken identity* uno scambio di persona

ideology /ˌaɪdi'ɒlədʒi/ s (*pl* -**ies**) ideologia

idiom /'ɪdiəm/ s **1** espressione idiomatica **2** (*artista*) stile **idiomatic** /ˌɪdiə'mætɪk/ agg idiomatico

idiosyncrasy /ˌɪdiə'sɪŋkrəsi/ s (*pl* -**ies**) piccola mania

idiot /'ɪdiət/ s (*informale*) idiota **idiotic** /ˌɪdi'ɒtɪk/ agg idiota

idle /'aɪdl/ ▶agg (**idler, -est**) **1** pigro **2** disoccupato **3** (*macchinario*) inattivo **4** vano, inutile
▶v PHRV **idle sth away** sprecare qc

idleness /'aɪdlnəs/ s pigrizia, ozio

idol /'aɪdl/ s idolo **idolize, -ise** vt idolatrare

idyllic /ɪ'dɪlɪk; *USA* aɪ'd-/ agg idillico

i.e. /ˌaɪ 'iː/ abbr cioè

if /ɪf/ cong **1** se: *If he were here …* Se fosse qui … **2** quando, ogni volta che: *if in doubt* in caso di dubbio **3** (*anche* **even if**) anche se LOC **if I were you** se fossi in te ♦ **if only** se solo: *If only I had known!* Se solo lo avessi saputo! ♦ **if so** se è così

igloo /'ɪgluː/ s (*pl* -**s**) iglù

ignite /ɪg'naɪt/ **1** *vi* prendere fuoco **2** *vt* dare fuoco a **ignition** /ɪg'nɪʃn/ s (*motore*) accensione

ignominious /ˌɪgnə'mɪniəs/ agg vergognoso

ignorance /'ɪgnərəns/ s ignoranza

ignorant /'ɪgnərənt/ agg ignorante: *to be ignorant of sth* ignorare qc

ignore /ɪg'nɔː(r)/ vt ignorare

ikon Vedi ICON

I'll /aɪl/ **1** = I SHALL Vedi SHALL **2** = I WILL Vedi WILL

ill /ɪl/ ▶agg **1** (*USA* **sick**) malato: *to fall/be taken ill* ammalarsi ◊ *to feel ill* sentirsi male ⊃ Vedi nota a MALATO **2** cattivo: *ill health* cattiva salute ◊ *ill feeling* rancore
▶avv male: *to speak ill of sb* parlar male di qn
❶ Si usa in molti composti, ad es. **ill-fated** sfortunato, **ill-bred** maleducato, **ill-advised** imprudente LOC **ill at ease** a disagio Vedi anche BODE, DISPOSED, FEELING
▶s (*formale*) male

illegal /ɪ'liːgl/ agg illegale

illegible /ɪ'ledʒəbl/ agg illeggibile

illegitimate /ˌɪlə'dʒetɪmət/ agg illegittimo

illicit /ɪ'lɪsɪt/ agg illecito

illiterate /ɪ'lɪtərət/ agg **1** analfabeta **2** ignorante

illness /'ɪlnəs/ s malattia ⊃ Vedi nota a DISEASE

illogical /ɪ'lɒdʒɪkl/ agg illogico

ill-'treatment s [*non numerabile*] maltrattamenti

illuminate /ɪ'luːmɪneɪt/ vt illuminare **illuminating** agg rivelatore, istruttivo **illumination** s **1** illuminazione **2** **illuminations** [*pl*] (*GB*) luminarie

illusion /ɪ'luːʒn/ s illusione LOC **be under an illusion** illudersi

illusory /ɪ'luːsəri/ agg illusorio

illustrate /'ɪləstreɪt/ vt illustrare **illustration** s **1** illustrazione **2** esemplificazione

illustrious /ɪ'lʌstriəs/ agg illustre

I'm /aɪm/ = I AM Vedi BE

image /'ɪmɪdʒ/ s immagine **imagery** /'ɪmɪdʒəri/ s [*non numerabile*] immagini (*poetiche*)

imaginary /ɪ'mædʒɪnəri; *USA* -əneri/ agg immaginario

---

aɪ f**i**ve   aʊ n**ow**   ɔɪ j**oi**n   ɪə n**ea**r   eə h**air**   ʊə p**ure**   ʒ vi**s**ion   h **h**ow   ŋ si**ng**

imagination → implicate

imagination /ɪˌmædʒɪˈneɪʃn/ s immaginazione, fantasia **imaginative** /ɪˈmædʒɪnətɪv/ agg fantasioso

imagine /ɪˈmædʒɪn/ vt immaginare, immaginarsi

imbalance /ɪmˈbæləns/ s squilibrio

imbecile /ˈɪmbəsiːl/; USA -sl/ s imbecille

imbed Vedi EMBED

imitate /ˈɪmɪteɪt/ vt imitare

imitation /ˌɪmɪˈteɪʃn/ s imitazione

immaculate /ɪˈmækjələt/ agg **1** immacolato **2** impeccabile

immaterial /ˌɪməˈtɪəriəl/ agg irrilevante

immature /ˌɪməˈtjʊə(r); USA -ˈtʊər/ agg immaturo

immeasurable /ɪˈmeʒərəbl/ agg incommensurabile

immediate /ɪˈmiːdiət/ agg **1** immediato: *to take immediate action* provvedere immediatamente **2** (*parente*) prossimo **3** (*problema, bisogno*) urgente

immediately /ɪˈmiːdiətli/ ▸ avv **1** immediatamente, subito: *immediately in front of the station* subito davanti alla stazione **2** (*riguardare*) direttamente
▸ cong (GB) non appena: *immediately I saw her* non appena l'ho vista

immense /ɪˈmens/ agg immenso, grandissimo

immerse /ɪˈmɜːs/ vt immergere **immersion** s immersione

immigrant /ˈɪmɪgrənt/ agg, s immigrante

immigration /ˌɪmɪˈgreɪʃn/ s immigrazione

imminent /ˈɪmɪnənt/ agg imminente

immobile /ɪˈməʊbaɪl/; USA -bl/ agg immobile

immobilize, -ise /ɪˈməʊbəlaɪz/ vt immobilizzare

immoral /ɪˈmɒrəl/; USA ɪˈmɔːrəl/ agg immorale

immortal /ɪˈmɔːtl/ agg immortale **immortality** /ˌɪmɔːˈtæləti/ s immortalità

immovable /ɪˈmuːvəbl/ agg **1** (*oggetto*) non movibile, fisso **2** (*persona*) irremovibile

immune /ɪˈmjuːn/ agg ~ (**to/against sth**) immune (a qc) **immunity** /ɪˈmjuːnəti/ s immunità

immunize, -ise /ˈɪmjʊnaɪz/ vt ~ sb (**against sth**) immunizzare qn (contro qc) **immunization, -isations** s immunizzazione

imp /ɪmp/ s diavoletto

impact ▸ /ˈɪmpækt/ s **1** impatto **2** (*fig*) effetto
▸ /ɪmˈpækt/ vi ~ (**on/upon sb/sth**) avere un impatto (su qn/qc)

impair /ɪmˈpeə(r)/ vt danneggiare, deteriorare: *impaired vision* vista lesa **impairment** s lesione

impart /ɪmˈpɑːt/ vt (*formale*) **1** conferire **2** ~ **sth** (**to sb**) comunicare qc (a qn)

impartial /ɪmˈpɑːʃl/ agg imparziale

impassioned /ɪmˈpæʃnd/ agg appassionato

impassive /ɪmˈpæsɪv/ agg impassibile

impatience /ɪmˈpeɪʃns/ s impazienza

impatient /ɪmˈpeɪʃnt/ agg impaziente

impeccable /ɪmˈpekəbl/ agg impeccabile

impede /ɪmˈpiːd/ vt ostacolare

impediment /ɪmˈpedɪmənt/ s **1** ~ (**to sb/sth**) ostacolo (a qn/qc) **2** (*Med*): *a speech impediment* un difetto di pronuncia

impel /ɪmˈpel/ vt (-ll-) costringere, spingere

impending /ɪmˈpendɪŋ/ agg imminente

impenetrable /ɪmˈpenɪtrəbl/ agg impenetrabile

imperative /ɪmˈperətɪv/ ▸ agg **1** essenziale, indispensabile **2** (*tono*) imperioso
▸ s imperativo

imperceptible /ˌɪmpəˈseptəbl/ agg impercettibile

imperfect /ɪmˈpɜːfɪkt/ agg, s imperfetto

imperial /ɪmˈpɪəriəl/ agg imperiale **imperialism** s imperialismo

impersonal /ɪmˈpɜːsənl/ agg impersonale

impersonate /ɪmˈpɜːsəneɪt/ vt **1** imitare **2** fingersi

impertinent /ɪmˈpɜːtɪnənt/ agg impertinente

impetus /ˈɪmpɪtəs/ s impulso

implant ▸ /ɪmˈplɑːnt; USA -ˈplænt/ **1** vt impiantare: *an electrode implanted into the brain* un elettrodo impiantato nel cervello **2** vi impiantarsi
▸ /ˈɪmplɑːnt; USA -plænt/ s impianto: *silicone breast implants* protesi mammarie al silicone

implausible /ɪmˈplɔːzəbl/ agg poco plausibile

implement /ˈɪmplɪmənt/ ▸ s utensile, attrezzo
▸ vt **1** (*piano*) attuare **2** (*legge*) applicare

implementation /ˌɪmplɪmenˈteɪʃn/ s **1** (*piano*) attuazione **2** (*legge*) applicazione

implicate /ˈɪmplɪkeɪt/ vt ~ sb (**in sth**) implicare qn (in qc)

| tʃ chin | dʒ June | v van | θ thin | ð then | s so | z zoo | ʃ she |

implication → inaugural

implication /ˌɪmplɪˈkeɪʃn/ s **1** insinuazione **2** conseguenza **3** implicazione (*in un crimine*)

implicit /ɪmˈplɪsɪt/ agg **1** ~ (**in sth**) implicito (in qc): *an implicit agreement* un tacito accordo **2** assoluto

implore /ɪmˈplɔː(r)/ vt implorare

imply /ɪmˈplaɪ/ vt (*pass, pp implied*) **1** insinuare **2** implicare

impolite /ˌɪmpəˈlaɪt/ agg scortese

import ▸ /ɪmˈpɔːt/ vt importare
▸ /ˈɪmpɔːt/ s **1** articolo d'importazione **2** importazione

important /ɪmˈpɔːtnt/ agg importante: *vitally important* di vitale importanza ◊ *It's not important.* Non ha importanza. **importance** s importanza

impose /ɪmˈpəʊz/ vt ~ **sth** (**on sb/sth**) imporre qc (a qn/qc) PHRV **impose on/upon sb/sth** approfittare di qn/qc **imposing** agg imponente **imposition** /ˌɪmpəˈzɪʃn/ s **1** imposizione **2** disturbo (*incomodo*)

impossibility /ɪmˌpɒsəˈbɪləti/ s impossibilità

impossible /ɪmˈpɒsəbl/ ▸ agg **1** impossibile **2** insopportabile
▸ **the impossible** s l'impossibile

impotence /ˈɪmpətəns/ s impotenza **impotent** agg impotente

impoverished /ɪmˈpɒvərɪʃt/ agg impoverito

impractical /ɪmˈpræktɪkl/ agg poco pratico

impresario /ˌɪmprəˈsɑːriəʊ/ s (*pl* -s) impresario (*teatrale*)

impress /ɪmˈpres/ **1** vt fare una buona impressione a, colpire favorevolmente **2** vt ~ **sth on/upon sb** imprimere, inculcare qc in qn **3** vi fare una buona impressione **impressed** /ɪmˈprest/ agg colpito: *We were impressed by her enthusiasm.* Il suo entusiasmo ci ha ben impressionato.

impression /ɪmˈpreʃn/ s **1** impressione: *to be under the impression that…* avere l'impressione che… **2** imitazione

impressive /ɪmˈpresɪv/ agg notevole, imponente

imprison /ɪmˈprɪzn/ vt incarcerare **imprisonment** s reclusione *Vedi anche* LIFE

improbable /ɪmˈprɒbəbl/ agg improbabile

impromptu /ɪmˈprɒmptjuː; *USA* -tuː/ agg improvvisato

improper /ɪmˈprɒpə(r)/ agg **1** (*uso*) improprio **2** (*proposta, comportamento*) sconveniente **3** (*transazione, contratto*) irregolare

improve /ɪmˈpruːv/ vt, vi migliorare PHRV **improve on/upon sth** superare qc **improvement** s **1** ~ (**on/in sth**) miglioramento (rispetto a qc/di qc): *to be an improvement on sth* essere meglio di qc **2** miglioria

improvise /ˈɪmprəvaɪz/ vt, vi improvvisare

impulse /ˈɪmpʌls/ s impulso LOC **on impulse** d'impulso

impulsive /ɪmˈpʌlsɪv/ agg impulsivo

in /ɪn/ ▸ prep **1** in: *in here/there* qui/là dentro ◊ *in the rain* sotto la pioggia ◊ *in the newspaper* sul giornale ◊ *I've got a pain in my side.* Ho un dolore al fianco. **2** [*dopo superlativo*]: *the best shops in town* i più bei negozi della città **3** (*tempo*): *in the morning* la mattina ◊ *in the daytime* di giorno ◊ *ten in the morning* le dieci di mattina **4** in: *He did it in two days.* Lo ha fatto in due giorni. **5** tra: *I'm leaving in two days/two days' time.* Parto tra due giorni. **6** 5p *in the pound* cinque penny per sterlina ◊ *one in ten people* una persona su dieci **7** (*descrizione, maniera*): *the girl in glasses* la ragazza con gli occhiali ◊ *covered in mud* coperto di fango ◊ *Say it in English.* Dillo in inglese. ◊ *20 metres in length* lungo 20 metri **8** + ing: *In saying that…* Dicendo questo… LOC **in that** … visto che…
▸ *part avv* **1** **be in** esserci (*in casa, ufficio*): *Is anyone in?* C'è nessuno? **2** (*treno, ecc*): *to be/get in* essere arrivato/arrivare ◊ *Applications must be in by…* Le domande devono pervenire entro… LOC **be in for sth** (*informale*): *He's in for a surprise!* Lo aspetta una sorpresa! ◆ **be in on sth** (*informale*) partecipare a qc, essere al corrente di qc ◆ **have (got) it in for sb** (*informale*): *He's got it in for me.* Ce l'ha con me. ⊃ *Per l'uso di* **in** *nei* PHRASAL VERBS *vedi alla voce del verbo, ad es.* **go in** *a* GO[1].
▸ *agg* di moda
▸ *s* LOC **the ins and outs (of sth)** tutti i particolari (di qc)

inability /ˌɪnəˈbɪləti/ s ~ (**of sb**) (**to do sth**) incapacità (di qn) (di fare qc)

inaccessible /ˌɪnækˈsesəbl/ agg inaccessibile

inaccurate /ɪnˈækjərət/ agg inesatto

inaction /ɪnˈækʃn/ s inerzia

inadequate /ɪnˈædɪkwət/ agg **1** inadeguato **2** non all'altezza

inadvertently /ˌɪnədˈvɜːtəntli/ avv inavvertitamente

inappropriate /ˌɪnəˈprəʊpriət/ agg ~ (**to/for sb/sth**) inappropriato (a/per qn/qc)

inaugural /ɪˈnɔːgjərəl/ agg inaugurale

inaugurate → indefensible

inaugurate /ɪˈnɔːgjəreɪt/ vt **1** ~ sb (as sth) insediare qn (nella carica di qc) **2** inaugurare

'in box s **1** (*Informatica*) (cartella di) posta in arrivo **2 inbox** (*USA*) Vedi IN TRAY

incandescent /ˌɪnkænˈdesnt/ agg **1** incandescente: *She was incandescent with rage.* Era fuori di sé dalla rabbia. **2** (*formale*) luminescente

incapable /ɪnˈkeɪpəbl/ agg **1** ~ of (doing) sth incapace di (fare) qc **2** incapace, incompetente

incapacity /ˌɪnkəˈpæsəti/ s ~ (to do sth) incapacità (di fare qc)

incense /ˈɪnsens/ s incenso

incensed /ɪnˈsenst/ agg ~ (by/at sth) furibondo (per qc)

incentive /ɪnˈsentɪv/ s ~ (to do sth) incentivo (per fare qc)

incessant /ɪnˈsesnt/ agg incessante **incessantly** avv incessantemente

incest /ˈɪnsest/ s incesto

inch /ɪntʃ/ s (*abbrev* **in**) pollice (*2,54 centimetri*) ◆ *Vedi Appendice 1*. LOC **not give an inch** non cedere di un millimetro

incidence /ˈɪnsɪdəns/ s ~ **of sth** tasso di qc

incident /ˈɪnsɪdənt/ s **1** avvenimento, episodio **2** *without incident* senza incidenti

incidental /ˌɪnsɪˈdentl/ agg **1** secondario: *incidental expenses* spese accessorie **2** fortuito **3** ~ **to sth** connesso a qc **incidentally** avv **1** a proposito, tra l'altro **2** fortuitamente

incisive /ɪnˈsaɪsɪv/ agg **1** incisivo **2** (*persona*) acuto

incite /ɪnˈsaɪt/ vt ~ sb (to sth) incitare qn (a qc)

inclination /ˌɪnklɪˈneɪʃn/ s **1** ~ **to/towards sth** inclinazione, tendenza a qc **2** ~ **for sth/to do sth** voglia di (fare) qc

incline ▸ /ɪnˈklaɪn/ **1** vt inclinare, chinare **2** vi declinare, digradare
▸ /ˈɪnklaɪn/ s pendio, pendenza

inclined /ɪnˈklaɪnd/ agg **to be** ~ **to do sth 1** (*volontà*) essere propenso a fare qc **2** (*tendenza*) essere incline, tendere a fare qc

include /ɪnˈkluːd/ vt ~ **sb/sth (in/among sth)** includere, comprendere qn/qc (in/tra qc) **including** prep incluso, compreso

inclusion /ɪnˈkluːʒn/ s inclusione

inclusive /ɪnˈkluːsɪv/ agg **1** tutto compreso: *to be inclusive of sth* includere qc **2** compreso: *from Monday to Friday inclusive* da lunedì a venerdì compreso

incoherent /ˌɪnkəʊˈhɪərənt/ agg incoerente

income /ˈɪŋkʌm/ s reddito: *income tax* imposta sul reddito

incoming /ˈɪnkʌmɪŋ/ agg (*governo*) entrante

incompatible /ˌɪnkəmˈpætəbl/ agg incompatibile

incompetent /ɪnˈkɒmpɪtənt/ agg, s incompetente

incomplete /ˌɪnkəmˈpliːt/ agg incompleto

incomprehensible /ɪnˌkɒmprɪˈhensəbl/ agg incomprensibile

inconceivable /ˌɪnkənˈsiːvəbl/ agg inconcepibile

inconclusive /ˌɪnkənˈkluːsɪv/ agg inconcludente

incongruous /ɪnˈkɒŋgruəs/ agg fuori luogo

inconsiderate /ˌɪnkənˈsɪdərət/ agg sconsiderato

inconsistent /ˌɪnkənˈsɪstənt/ agg incoerente: *to be inconsistent with sth* essere in contraddizione con qc

inconspicuous /ˌɪnkənˈspɪkjuəs/ agg appena visibile: *to make yourself inconspicuous* non farsi notare

inconvenience /ˌɪnkənˈviːniəns/ ▸ s disturbo, noia
▸ vt disturbare

inconvenient /ˌɪnkənˈviːniənt/ agg **1** scomodo **2** (*momento*) inopportuno

incorporate /ɪnˈkɔːpəreɪt/ vt **1** ~ sth (in/into sth) incorporare, includere qc (in qc) **2** (*USA*) (*Comm*) costituire come società per azioni

incorrect /ˌɪnkəˈrekt/ agg errato, sbagliato

increase ▸ /ˈɪŋkriːs/ s ~ (in sth) aumento (di/in qc) LOC **on the increase** (*informale*) in aumento
▸ /ɪŋˈkriːs/ vt, vi aumentare

increasing /ɪnˈkriːsɪŋ/ agg crescente

increasingly /ɪnˈkriːsɪŋli/ avv sempre più

incredible /ɪnˈkredəbl/ agg incredibile

incur /ɪnˈkɜː(r)/ vt (**-rr-**) (*formale*) incorrere in: *I will pay any expenses incurred.* Mi accollerò tutte le eventuali spese sostenute.

indecisive /ˌɪndɪˈsaɪsɪv/ agg **1** indeciso **2** non risolutivo

indeed /ɪnˈdiːd/ avv **1** [*uso enfatico*] veramente: *very big indeed* grandissimo ◊ *Thank you very much indeed!* Grazie infinite! **2** (*risposta, commento*) ah sì?: *Did you indeed?* Ah sì? **3** (*con risposta affermativa*) certamente **4** (*formale*) infatti

indefensible /ˌɪndɪˈfensəbl/ agg ingiustificabile (*condotta*)

indefinite → inexcusable

indefinite /ɪnˈdefɪnət/ *agg* **1** vago **2** indefinito **3** *indefinite article* articolo indeterminativo **indefinitely** *avv* indefinitamente

indelible /ɪnˈdeləbl/ *agg* indelebile

indemnity /ɪnˈdemnəti/ *s* **1** assicurazione **2** risarcimento

independence /ˌɪndɪˈpendəns/ *s* indipendenza

independent /ˌɪndɪˈpendənt/ *agg* **1** indipendente **2** (*TV, scuola*) privato

in-'depth *agg* approfondito

indescribable /ˌɪndɪˈskraɪbəbl/ *agg* indescrivibile

index /ˈɪndeks/ *s* **1** (*pl* **indexes**) (*libro*) indice **2** *index finger* dito indice **3** (*pl* **indexes**) *Vedi* CARD INDEX **4** (*pl* **indices** /ˈɪndɪsiːz/) (*Mat*) esponente

indicate /ˈɪndɪkeɪt/ **1** *vt* indicare **2** *vi* (*Auto*) mettere la freccia

indication /ˌɪndɪˈkeɪʃn/ *s* **1** indicazione **2** segno: *There is every indication that …* Tutto fa pensare che …

indicative /ɪnˈdɪkətɪv/ *agg, s* indicativo

indicator /ˈɪndɪkeɪtə(r)/ *s* **1** indicatore **2** (*USA* **turn signal**) (*Auto*) freccia

indices *plurale di* INDEX *senso* (4)

indictment /ɪnˈdaɪtmənt/ *s* **1** imputazione **2** (*fig*) critica

indifference /ɪnˈdɪfrəns/ *s* indifferenza

indifferent /ɪnˈdɪfrənt/ *agg* **1** indifferente **2** (*dispreg*) mediocre

indigenous /ɪnˈdɪdʒənəs/ *agg* (*formale*) indigeno

indigestion /ˌɪndɪˈdʒestʃən/ *s* [*non numerabile*] indigestione

indignant /ɪnˈdɪɡnənt/ *agg* indignato

indignation /ˌɪndɪɡˈneɪʃn/ *s* indignazione

indignity /ɪnˈdɪɡnəti/ *s* umiliazione

indirect /ˌɪndəˈrekt, -daɪˈr-/ *agg* indiretto **indirectly** *avv* indirettamente

indiscreet /ˌɪndɪˈskriːt/ *agg* indiscreto

indiscretion /ˌɪndɪˈskreʃn/ *s* indiscrezione

indiscriminate /ˌɪndɪˈskrɪmɪnət/ *agg* indiscriminato

indispensable /ˌɪndɪˈspensəbl/ *agg* indispensabile

indisputable /ˌɪndɪˈspjuːtəbl/ *agg* inconfutabile

indistinct /ˌɪndɪˈstɪŋkt/ *agg* indistinto (*vago*)

individual /ˌɪndɪˈvɪdʒuəl/ ▸ *agg* **1** singolo: *each individual person* ogni singolo individuo **2** individuale **3** personale
▸ *s* individuo

individualism /ˌɪndɪˈvɪdʒuəlɪzəm/ *s* individualismo

individually /ˌɪndɪˈvɪdʒuəli/ *avv* uno per uno, individualmente

indoctrination /ɪnˌdɒktrɪˈneɪʃn/ *s* indottrinamento

indoor /ˈɪndɔː(r)/ *agg* al coperto: *indoor (swimming) pool* piscina coperta

indoors /ˌɪnˈdɔːz/ *avv* all'interno, in casa

induce /ɪnˈdjuːs; *USA* -ˈduːs/ *vt* **1** ~ **sb to do sth** persuadere qn a fare qc **2** provocare **3** (*Med*): *to induce labour* provocare le doglie

induction /ɪnˈdʌkʃn/ *s* induzione: *an induction course* un corso di avviamento

indulge /ɪnˈdʌldʒ/ **1** *vt*: *to indulge yourself* viziarsi **2** *vt* (*capriccio, voglia*) assecondare, soddisfare **3** *vi* ~ (**in sth**) lasciarsi andare (a qc)

indulgence /ɪnˈdʌldʒəns/ *s* **1** indulgenza **2** vizio, piccolo lusso **indulgent** *agg* indulgente

industrial /ɪnˈdʌstriəl/ *agg* **1** industriale: *industrial estate* zona industriale ◊ *industrial action* agitazione sindacale **2** (*infortunio*) sul lavoro **industrialist** *s* industriale **industrialization, -isation** /ɪnˌdʌstriəlaɪˈzeɪʃn/; *USA* -ləˈz-/ *s* industrializzazione **industrialize, -ise** /ɪnˈdʌstriəlaɪz/ *vt* industrializzare

industrious /ɪnˈdʌstriəs/ *agg* diligente, che lavora duro

industry /ˈɪndəstri/ *s* (*pl* **-ies**) **1** industria **2** (*formale*) operosità

inedible /ɪnˈedəbl/ *agg* non commestibile

ineffective /ˌɪnɪˈfektɪv/ *agg* **1** inefficace **2** (*persona*) incapace

inefficiency /ˌɪnɪˈfɪʃnsi/ *s* inefficienza **inefficient** *agg* **1** inefficace **2** incapace

ineligible /ɪnˈelɪdʒəbl/ *agg* **to be ~ (for sth/to do sth)** non aver diritto (a qc/a fare qc)

inept /ɪˈnept/ *agg* inetto

inequality /ˌɪnɪˈkwɒləti/ *s* (*pl* **-ies**) disuguaglianza

inert /ɪˈnɜːt/ *agg* inerte

inertia /ɪˈnɜːʃə/ *s* inerzia

inescapable /ˌɪnɪˈskeɪpəbl/ *agg* ineluttabile

inevitable /ɪnˈevɪtəbl/ *agg* inevitabile **inevitably** *avv* inevitabilmente

inexcusable /ˌɪnɪkˈskjuːzəbl/ *agg* imperdonabile

inexhaustible/ˌɪnɪg'zɔːstəbl/ *agg* **1** inesauribile **2** instancabile

inexpensive/ˌɪnɪk'spensɪv/ *agg* economico

inexperience/ˌɪnɪk'spɪərɪəns/ *s* inesperienza **inexperienced** *agg* inesperto: *inexperienced in sth* poco pratico di qc

inexplicable /ˌɪnɪk'splɪkəbl/ *agg* inesplicabile

infallible /ɪn'fæləbl/ *agg* infallibile **infallibility**/ɪnˌfælə'bɪləti/ *s* infallibiltà

infamous/'ɪnfəməs/ *agg* famigerato

infancy/'ɪnfənsi/ *s* **1** infanzia **2** (*fig*) i primi passi: *The project was halted while it was still in its infancy.* Il progetto fu bloccato quando aveva appena mosso i primi passi.

infant/'ɪnfənt/ ▸*s* (*formale*) bambino piccolo: *infant school* scuola elementare (per bambini dai 5 ai 7 anni) ◊ *infant mortality rate* tasso di mortalità infantile ❶ **Baby**, **toddler** e **child** sono i termini più comuni.
▸*agg* ai primi passi

infantile /'ɪnfəntaɪl/ *agg* (*dispreg*) infantile

infantry/'ɪnfəntri/ *s* [*v sing o pl*] fanteria

infatuated /ɪn'fætʃueɪtɪd/ *agg* ~ **(with sb/sth)** infatuato (di qn/qc) **infatuation** *s* ~ **(with/for sb/sth)** infatuazione (per qn/qc)

infect /ɪn'fekt/ *vt* infettare, contagiare **infection** *s* infezione **infectious** *agg* infettivo, contagioso

infer /ɪn'fɜː(r)/ *vt* (**-rr-**) dedurre **inference** /'ɪnfərəns/ *s* deduzione: *by inference* per deduzione

inferior/ɪn'fɪərɪə(r)/ *agg, s* inferiore **inferiority**/ɪnˌfɪəri'ɒrəti; *USA* -'ɔːrəti/ *s* inferiorità

infertile/ɪn'fɜːtaɪl; *USA* -tl/ *agg* sterile **infertility**/ˌɪnfɜː'tɪləti/ *s* sterilità

infest /ɪn'fest/ *vt* infestare **infestation** *s* infestazione

infidelity/ˌɪnfɪ'deləti/ *s* (*pl* **-ies**) infedeltà

infiltrate /'ɪnfɪltreɪt/ *vt, vi* infiltrare, infiltrarsi

infinite/'ɪnfɪnət/ *agg* infinito **infinitely** *avv* infinitamente

infinitive/ɪn'fɪnətɪv/ *s* infinito (*Gramm*)

infinity/ɪn'fɪnəti/ *s* **1** infinità **2** infinito

infirm /ɪn'fɜːm/ *agg* infermo **infirmity** /ɪn'fɜːməti/ *s* (*pl* **-ies**) infermità

infirmary /ɪn'fɜːməri/ *s* (*pl* **-ies**) **1** [*spesso usato nei nomi propri*] ospedale **2** infermeria

inflamed/ɪn'fleɪmd/ *agg* **1** (*Med*) infiammato **2** ~ **(by/with sth)** (*fig*) acceso (di qc)

inflammable/ɪn'flæməbl/ *agg* infiammabile ❶ Nota che **inflammable** e **flammable** sono sinonimi.

inflammation/ˌɪnflə'meɪʃn/ *s* infiammazione

inflate/ɪn'fleɪt/ *vt, vi* gonfiare, gonfiarsi

inflation/ɪn'fleɪʃn/ *s* inflazione

inflection (*spec GB* **inflexion**) /ɪn'flekʃn/ *s* **1** (*Gramm*) flessione **2** inflessione: *She spoke slowly and without inflection.* Parlava lentamente e senza inflessioni.

inflexible/ɪn'fleksəbl/ *agg* rigido

inflict /ɪn'flɪkt/ *vt* ~ **sth (on sb) 1** infliggere qc (a qn) **2** (*informale, spesso scherz*) imporre qc (a qn)

influence/'ɪnfluəns/ ▸*s* influenza
▸*vt* influenzare

influential /ˌɪnflu'enʃl/ *agg* influente

influenza/ˌɪnflu'enzə/ (*formale*) *s* influenza

influx/'ɪnflʌks/ *s* influsso

inform /ɪn'fɔːm/ **1** *vt* ~ **sb (of/about sth)** informare qn (di qc) **2** *vi* ~ **on sb** denunciare qn **informant**s informatore, -trice

informal/ɪn'fɔːml/ *agg* **1** informale **2** (*incontro*) non ufficiale

information/ˌɪnfə'meɪʃn/ *s* [*non numerabile*] informazioni: *a piece of information* un'informazione ◊ *I need some information on ...* Ho bisogno di alcune informazioni su ... ➔ *Vedi nota a* INFORMAZIONE

infor,mation tech'nology *s* informatica

informative/ɪn'fɔːmətɪv/ *agg* istruttivo

informer/ɪn'fɔːmə(r)/ *s* informatore, -trice

infrastructure /'ɪnfrəˌstrʌktʃə(r)/ *s* infrastruttura

infrequent/ɪn'friːkwənt/ *agg* poco frequente

infringe/ɪn'frɪndʒ/ *vt* infrangere, violare

infuriate /ɪn'fjʊərɪeɪt/ *vt* infuriare **infuriating** *agg* esasperante

ingenious/ɪn'dʒiːnɪəs/ *agg* ingegnoso

ingenuity /ˌɪndʒə'njuːəti; *USA* -'nuː-/ *s* ingegnosità

ingrained/ɪn'greɪnd/ *agg* **1** (*pregiudizio, abitudine*) radicato **2** (*sporco*) incrostato

ingredient/ɪn'griːdɪənt/ *s* ingrediente

inhabit/ɪn'hæbɪt/ *vt* abitare

inhabitant/ɪn'hæbɪtənt/ *s* abitante

inhale/ɪn'heɪl/ **1** *vi, vt* respirare **2** *vi* (*fumatore*) aspirare

inhaler/ɪn'heɪlə(r)/ *s* inalatore

---

tʃ **ch**in   dʒ **J**une   v **v**an   θ **th**in   ð **th**en   s **s**o   z **z**oo   ʃ **sh**e

inherent /ɪnˈhɪərənt, -ˈher-/ *agg* **1** ~ **in sth** intrinseco a qc **2** ~ **in sb** innato in qn **inherently** *avv* di per sé

inherit /ɪnˈherɪt/ *vt* ereditare **inheritance** *s* eredità

inhibit /ɪnˈhɪbɪt/ *vt* **1** inibire **2** ~ **sb from doing sth** impedire a qn di fare qc **inhibited** *agg* inibito **inhibition** /ˌɪnhɪˈbɪʃn/ *s* inibizione

inhospitable /ˌɪnhɒˈspɪtəbl/ *agg* inospitale

in-house ▶ /ˌɪn ˈhaʊs/ *agg* interno: *in-house language training* corsi interni di formazione linguistica ◊ *an in-house magazine* un giornalino aziendale
▶ /ˌɪn ˈhaʊs/ *avv*: *The software was developed in-house.* Il software è stato sviluppato all'interno dell'azienda.

inhuman /ɪnˈhjuːmən/ *agg* disumano

initial /ɪˈnɪʃl/ ▶ *agg*, *s* iniziale
▶ *vt* (-**ll**-, *USA* -**l**-) siglare (*con le proprie iniziali*)

initially /ɪˈnɪʃəli/ *avv* all'inizio, inizialmente

initiate /ɪˈnɪʃieɪt/ *vt* (*formale*) dare inizio a, avviare **initiation** *s* **1** iniziazione **2** inizio

initiative /ɪˈnɪʃətɪv/ *s* iniziativa

inject /ɪnˈdʒekt/ *vt* **1** iniettare **2** ~ **sb with sth** fare un'iniezione di qc a qn **injection** *s* iniezione

injure /ˈɪndʒə(r)/ *vt* ferire: *Five people were injured in the crash.* Cinque persone sono rimaste ferite nell'incidente. ◆ *Vedi nota a* FERITA **injured** *agg* **1** ferito **2** (*fig*) offeso

injury /ˈɪndʒəri/ *s* (*pl* -**ies**) **1** ferita: *injury time* minuti di recupero ◆ *Vedi nota a* FERITA **2** (*fig*) danno, offesa

injustice /ɪnˈdʒʌstɪs/ *s* ingiustizia

ink /ɪŋk/ *s* inchiostro

inkling /ˈɪŋklɪŋ/ *s* indizio, idea

inland ▶ /ˈɪnlænd/ *agg* (dell')interno
▶ /ˌɪnˈlænd/ *avv* verso l'interno

Inland ˈRevenue *s* (*GB*) Fisco

ˈin-laws *s* [*pl*] (*informale*) suoceri

inlet /ˈɪnlet/ *s* **1** insenatura **2** imboccatura

ˌin-line ˈskate *s* pattino in linea **ˌin-line ˈskating** *s* andare sui pattini in linea

inmate /ˈɪnmeɪt/ *s* detenuto, -a

inn /ɪn/ *s* (*GB*) locanda

innate /ɪˈneɪt/ *agg* innato

inner /ˈɪnə(r)/ *agg* **1** interno, interiore **2** intimo

ˌinner ˈcity *s* quartieri del centro storico con problemi di degrado sociale

innermost /ˈɪnəməʊst/ *agg* più recondito

innocent /ˈɪnəsnt/ *agg* innocente **innocence** *s* innocenza

innocuous /ɪˈnɒkjuəs/ *agg* (*formale*) innocuo

innovate /ˈɪnəveɪt/ *vi* introdurre delle innovazioni **innovation** *s* innovazione **innovative** /ˈɪnəveɪtɪv; *GB anche* ˈɪnəvətɪv/ *agg* innovativo

innuendo /ˌɪnjuˈendəʊ/ *s* (*dispreg*) insinuazione

innumerable /ɪˈnjuːmərəbl; *USA* ɪˈnuː-/ *agg* innumerevole

inoculate /ɪˈnɒkjuleɪt/ *vt* vaccinare **inoculation** *s* vaccinazione

input /ˈɪnpʊt/ ▶ *s* **1** contributo **2** (*Informatica*) input
▶ *vt* (*dati*) immettere

inquest /ˈɪŋkwest/ *s* ~ (**on sb/into sth**) inchiesta (su qn/qc)

inquire (*spec USA*) *Vedi* ENQUIRE

inquiring (*spec USA*) *Vedi* ENQUIRING

inquiry (*spec USA*) *Vedi* ENQUIRY

inquisition /ˌɪnkwɪˈzɪʃn/ *s* (*formale*) interrogatorio

inquisitive /ɪnˈkwɪzətɪv/ *agg* (troppo) curioso

insane /ɪnˈseɪn/ *agg* pazzo

insanity /ɪnˈsænəti/ *s* pazzia

insatiable /ɪnˈseɪʃəbl/ *agg* insaziabile

inscribe /ɪnˈskraɪb/ *vt* ~ **sth (in/on sth)** scrivere, incidere qc (in/su qc)

inscription /ɪnˈskrɪpʃn/ *s* **1** iscrizione (*su pietra, medaglia*) **2** dedica (*su un libro*)

insect /ˈɪnsekt/ *s* insetto **insecticide** /ɪnˈsektɪsaɪd/ *s* insetticida

insecure /ˌɪnsɪˈkjʊə(r)/ *agg* **1** malsicuro **2** insicuro **insecurity** /ˌɪnsɪˈkjʊərəti/ *s* insicurezza

insensitive /ɪnˈsensətɪv/ *agg* **1** ~ (**to sth**) (*persona*) insensibile (a qc) **2** (*atto*) privo di sensibilità **insensitivity** /ɪnˌsensəˈtɪvəti/ *s* insensibilità

inseparable /ɪnˈseprəbl/ *agg* inseparabile

insert /ɪnˈsɜːt/ *vt* inserire, introdurre

inside /ɪnˈsaɪd/ ▶ *s* **1** interno: *The door was locked from the inside.* La porta era chiusa a chiave dall'interno. **2 insides** [*pl*] (*informale*) budella LOC **inside out 1** a rovescio (*l'interno all'esterno*): *You've got your cardigan on inside out.* Hai il golf a rovescio. ◆ *Vedi illustrazione a* ROVESCIO **2** da cima a fondo: *She knows these streets inside out.* Conosce queste strade come le sue tasche.

insider → integrate

▶ *agg* [davanti a sostantivo] **1** interno, interiore: *the inside pocket* la tasca interna **2** interno: *inside information* informazioni riservate
▶ *prep* (*spec USA* **inside of**) **1** dentro: *Is there anything inside the box?* C'è niente dentro la scatola? **2** entro: *Your photos will be ready inside an hour.* Le foto saranno pronte entro un'ora.
▶ *avv* dentro: *Let's go inside.* Andiamo dentro. ◇ *Pete's inside.* Pete è dentro.

insider /ɪnˈsaɪdə(r)/ *s* uno, -a degli addetti ai lavori

insight /ˈɪnsaɪt/ *s* **1** intuito, perspicacia **2** ~ **(into sth)** percezione (di qc)

insignificant /ˌɪnsɪɡˈnɪfɪkənt/ *agg* insignificante **insignificance** *s* poca importanza

insincere /ˌɪnsɪnˈsɪə(r)/ *agg* falso, ipocrita **insincerity** /ˌɪnsɪnˈserəti/ *s* falsità, ipocrisia

insinuate /ɪnˈsɪnjueɪt/ *vt* insinuare **insinuation** *s* insinuazione

insist /ɪnˈsɪst/ *vi* **1** ~ **(on sth/on doing sth)** insistere (su qc/nel fare qc) **2** ~ **on (doing) sth** insistere per (fare) qc: *She always insists on a room to herself.* Insiste sempre per avere una camera singola.

insistence /ɪnˈsɪstəns/ *s* insistenza **insistent** *agg* insistente

insolent /ˈɪnsələnt/ *agg* insolente **insolence** *s* insolenza

insomnia /ɪnˈsɒmniə/ *s* insonnia

inspect /ɪnˈspekt/ *vt* **1** esaminare: *The plants are regularly inspected for disease.* Le piante vengono esaminate regolarmente per vedere se hanno parassiti. **2** (*Mil*) ispezionare **inspection** *s* ispezione **inspector** *s* **1** ispettore, -trice **2** controllore

inspiration /ˌɪnspəˈreɪʃn/ *s* ispirazione

inspire /ɪnˈspaɪə(r)/ *vt* **1** ispirare **2** ~ **sb with sth** infondere qc a qn

instability /ˌɪnstəˈbɪləti/ *s* instabilità

install /ɪnˈstɔːl/ *vt* installare

installation /ˌɪnstəˈleɪʃn/ *s* installazione

instalment (*spec USA* **installment**) /ɪnˈstɔːlmənt/ *s* **1** (*editoria*) fascicolo, dispensa **2** (*televisione*) episodio **3** ~ **(on sth)** rata (di qc): *pay in instalments* pagare a rate

instance /ˈɪnstəns/ *s* caso LOC **for instance** ad esempio

instant /ˈɪnstənt/ ▶ *s* istante
▶ *agg* **1** immediato **2** *instant coffee* caffè solubile

instantaneous /ˌɪnstənˈteɪniəs/ *agg* istantaneo

instantly /ˈɪnstəntli/ *avv* immediatamente

instead /ɪnˈsted/ ▶ *avv* invece
▶ *prep* ~ **of sb/sth** invece di qn/qc

instigate /ˈɪnstɪɡeɪt/ *vt* **1** istigare a **2** (*indagine*) promuovere **instigation** *s* istigazione

instil (*USA* **instill**) /ɪnˈstɪl/ *vt* (**-ll-**) ~ **sth (in/into sb)** infondere qc (in qn)

instinct /ˈɪnstɪŋkt/ *s* istinto **instinctive** /ɪnˈstɪŋktɪv/ *agg* istintivo

institute /ˈɪnstɪtjuːt; *USA* -tuːt/ ▶ *s* istituto
▶ *vt* (*formale*) **1** (*regola, abitudine*) introdurre **2** (*inchiesta*) avviare

institution /ˌɪnstɪˈtjuːʃn; *USA* -ˈtuːʃn/ *s* istituzione **institutional** *agg* istituzionale

instruct /ɪnˈstrʌkt/ *vt* **1** ~ **sb (in sth)** (*formale*) insegnare (qc) a qn **2** dare istruzioni a

instruction /ɪnˈstrʌkʃn/ *s* **1** **instruction(s) (to do sth)** istruzione, istruzioni (per fare qc) **2** ~ **(in sth)** insegnamento (di qc)

instructive /ɪnˈstrʌktɪv/ *agg* istruttivo

instructor /ɪnˈstrʌktə(r)/ *s* istruttore, -trice

instrument /ˈɪnstrəmənt/ *s* strumento

instrumental /ˌɪnstrəˈmentl/ *agg* **1** **to be ~ in doing sth** giocare un ruolo importante nel fare qc **2** (*Mus*) strumentale

insufferable /ɪnˈsʌfrəbl/ *agg* insopportabile

insufficient /ˌɪnsəˈfɪʃnt/ *agg* insufficiente

insular /ˈɪnsjələ(r); *USA* -sələr/ *agg* di idee ristrette

insulate /ˈɪnsjuleɪt; *USA* -səl-/ *vt* **1** isolare **2** (*persona*) proteggere **insulation** *s* isolamento (*termico, acustico, ecc*)

insult ▶ /ˈɪnsʌlt/ *s* insulto
▶ /ɪnˈsʌlt/ *vt* insultare

insulting /ɪnˈsʌltɪŋ/ *agg* offensivo

insurance /ɪnˈʃʊərəns/ *s* [*non numerabile*] assicurazione

insure /ɪnˈʃʊə(r)/ *vt* **1** ~ **sb/sth (against sth)** assicurare qn/qc (contro qc): *to insure sth for £5 000* assicurare qc per 5.000 sterline **2** (*USA*) *Vedi* ENSURE

intact /ɪnˈtækt/ *agg* intatto

intake /ˈɪnteɪk/ *s* **1** (*cibo*) consumo **2** (*persone*) ammissioni: *an annual intake of 20* 20 ammissioni all'anno

integral /ˈɪntɪɡrəl/ *agg* integrante: *an integral part of sth* parte integrante di qc

integrate /ˈɪntɪɡreɪt/ *vt*, *vi* integrare, integrarsi **integration** *s* integrazione

---

u situation ɒ got ɔː saw ɜː fur ə ago j yes w woman eɪ pay əʊ go

integrity → interpret

integrity /ɪn'tegrəti/ *s* integrità

intellectual /ˌɪntə'lektʃuəl/ *agg, s* intellettuale **intellectually** *avv* intellettualmente

intelligence /ɪn'telɪdʒəns/ *s* [*non numerabile*] **1** intelligenza **2** informazioni segrete: *to receive intelligence about sb* ricevere informazioni segrete su qn ◊ *intelligence reports* resoconto di informazioni segrete **3** servizi segreti: *This was known by American intelligence.* Ciò era noto ai servizi segreti americani. **intelligent** *agg* intelligente **intelligently** *avv* intelligentemente

intend /ɪn'tend/ *vt* **1** ~ **to do sth** pensare di fare qc; avere intenzione di fare qc **2 intended for sb/sth** destinato a qn/qc: *It is intended for Sally.* È per Sally. ◊ *They're not intended for/to be eaten.* Non sono da mangiare. **3** ~ **sb to do sth**: *I intend you to succeed me.* Voglio che tu sia il mio successore. ◊ *You weren't intended to hear that remark.* Non dovevi sentire quell'osservazione. **4** ~ **sth as sth**: *It was intended as a joke.* Voleva essere una battuta.

intense /ɪn'tens/ *agg* **1** intenso **2** (*emozione*) profondo, forte **3** (*persona*) di forti sentimenti **intensely** *avv* estremamente, profondamente **intensify** /ɪn'tensɪfaɪ/ *vt, vi* (*pass, pp* -fied) intensificare, intensificarsi, aumentare **intensity** /ɪn'tensəti/ *s* intensità, forza

intensive /ɪn'tensɪv/ *agg* intensivo: *intensive care* terapia intensiva

intent /ɪn'tent/ ▸ *agg* **1** (*concentrato*) attento **2 to be ~ on/upon doing sth** (*formale*) essere deciso a fare qc **3 to be ~ on/upon sth** essere assorto in qc
▸ *s* LOC **to all intents (and purposes)** a tutti gli effetti

intention /ɪn'tenʃn/ *s* intenzione: *to have the intention of doing sth* avere l'intenzione di fare qc ◊ *I have no intention of doing it.* Non ho alcuna intenzione di farlo. **intentional** *agg* intenzionale: *It wasn't intentional.* Non l'ho fatto apposta. *Vedi anche* DELIBERATE¹ **intentionally** *avv* intenzionalmente

intently /ɪn'tentli/ *avv* attentamente

interact /ˌɪntər'ækt/ *vi* interagire **interaction** *s* **1** (*persone*) relazione **2** (*cose*) interazione **interactive** /ˌɪntər'æktɪv/ *agg* interattivo: *interactive systems/video* sistemi/video interattivi

intercept /ˌɪntə'sept/ *vt* intercettare

interchange ▸ /'ɪntətʃeɪndʒ/ *s* scambio
▸ /ˌɪntə'tʃeɪndʒ/ *vt* scambiare

interchangeable /ˌɪntə'tʃeɪndʒəbl/ *agg* intercambiabile

interconnect /ˌɪntəkə'nekt/ *vi* **1** connettersi, intersecarsi **2** (*stanze*) essere comunicanti **interconnected** *agg*: *to be interconnected* essere in connessione **interconnection** *s* connessione

intercourse /'ɪntəkɔːs/ *s* [*non numerabile*] (*formale*) rapporti sessuali

interest /'ɪntrəst/ ▸ *s* interesse ~ (**in sth**) interesse (per qc): *It is of no interest to me.* Non mi interessa. ◊ *her main interest in life* quello che più le interessa nella vita *Vedi anche* VESTED INTEREST LOC **in sb's interest(s)** nell'interesse di qn ◆ **in the interest(s) of sth**: *in the interest(s) of safety* per ragioni di sicurezza
▸ *vt* **1** interessare **2** ~ **sb in sth** interessare qn a qc

interested /'ɪntrəstɪd/ *agg* interessato: *to be interested in sth* interessarsi di qc ⊃ *Vedi nota a* NOIOSO

interesting /'ɪntrəstɪŋ/ *agg* interessante ⊃ *Vedi nota a* NOIOSO **interestingly** *avv* curiosamente

interfere /ˌɪntə'fɪə(r)/ *vi* **1** ~ (**in sth**) intromettersi (in qc) **2** ~ **with sth** manomettere qc **3** ~ **with sth** intralciare qc, rendere difficile qc **interference** *s* [*non numerabile*] **1** ~ (**in sth**) intromissione (in qc) **2** (*Radio*) interferenza **interfering** *agg* invadente

interim /'ɪntərɪm/ ▸ *agg* provvisorio
▸ *s* LOC **in the interim** nel frattempo

interior /ɪn'tɪəriə(r)/ ▸ *agg* **1** interno **2** interiore
▸ *s* interno

interlude /'ɪntəluːd/ *s* intermezzo, intervallo

intermediate /ˌɪntə'miːdiət/ *agg* intermedio

intermission /ˌɪntə'mɪʃn/ *s* intervallo (*Teat, TV*)

intern /ɪn'tɜːn/ *vt* internare

internal /ɪn'tɜːnl/ *agg* interno: *internal affairs* affari interni ◊ *internal injuries* ferite interne **internally** *avv* internamente

international /ˌɪntə'næʃnəl/ ▸ *agg* internazionale
▸ *s* (*Sport*) **1** campionato internazionale **2** giocatore, -trice della nazionale

internationally /ˌɪntə'næʃnəli/ *avv* internazionalmente

Internet /'ɪntənet/ *s* Internet

Internet 'Service Provider *s* (*abbrev* **ISP**) fornitore di servizi Internet

interpret /ɪn'tɜːprɪt/ *vt* **1** interpretare **2** tradurre **interpretation** *s* interpretazione **inter-**

---

aɪ f**i**ve aʊ n**ow** ɔɪ j**oi**n ɪə n**ear** eə h**air** ʊə p**ure** ʒ vi**si**on h **h**ow ŋ si**ng**

preter s interprete ○ Confronta TRANSLATOR a TRANSLATE
interrelated /ˌɪntərɪˈleɪtɪd/ *agg* correlato
interrogate /ɪnˈterəgeɪt/ *vt* interrogare (*polizia*) **interrogation** s interrogatorio **interrogator** s chi fa l'interrogatorio
interrogative /ˌɪntəˈrɒgətɪv/ *agg* interrogativo
interrupt /ˌɪntəˈrʌpt/ *vt, vi* interrompere: *I'm sorry to interrupt*. Scusi se la interrompo. **interruption** s interruzione
intersect /ˌɪntəˈsekt/ *vi* intersecarsi, incrociarsi **intersection** s intersezione, incrocio
interspersed /ˌɪntəˈspɜːst/ *agg* ~ **with sth** inframmezzato con qc
intertwine /ˌɪntəˈtwaɪn/ *vt, vi* intrecciare, intrecciarsi
interval /ˈɪntəvl/ s intervallo
intervene /ˌɪntəˈviːn/ *vi* **1** ~ (**in sth**) intervenire (in qc) **2** (*formale*) (*tempo*) intercorrere **3** (*evento*) sopraggiungere **intervening** *agg*: *in the intervening time* nel frattempo
intervention /ˌɪntəˈvenʃn/ s intervento
interview /ˈɪntəvjuː/ ▶ s **1** intervista **2** colloquio di lavoro
 ▶ *vt* **1** intervistare **2** fare un colloquio di lavoro a
interviewee /ˌɪntəvjuːˈiː/ s **1** intervistato, -a **2** (*lavoro*) candidato, -a
interviewer /ˈɪntəvjuːə(r)/ s **1** intervistatore, -trice **2** (*lavoro*) chi esamina il candidato
interweave /ˌɪntəˈwiːv/ *vt, vi* (*pass* **-wove** /-ˈwəʊv/ *pp* **-woven** /-ˈwəʊvn/) intrecciare, intrecciarsi
intestine /ɪnˈtestɪn/ s intestino: *the small/large intestine* l'intestino tenue/crasso
intimacy /ˈɪntɪməsi/ s intimità
intimate¹ /ˈɪntɪmət/ *agg* **1** (*amico, ristorante*) intimo **2** (*amicizia*) stretto **3** (*conoscenza*) approfondito
intimate² /ˈɪntɪmeɪt/ *vt* ~ **sth** (**to sb**) (*formale*) lasciar capire qc (a qn) **intimation** s (*formale*) indicazione, segno
intimidate /ɪnˈtɪmɪdeɪt/ *vt* intimidire **intimidation** s intimidazione
into /ˈɪntə/ ❶ Davanti a vocale e in fine di frase si pronuncia /ˈɪntuː/. *prep* **1** (*direzione*) in, dentro (a): *to come into a room* entrare in una stanza ◊ *He put it into the box*. Lo ha messo dentro la scatola. ◊ *to get into the car* salire in macchina ◊ *She went into town*. È andata in centro. ◊ *to translate into Italian* tradurre in italiano **2** contro: *to drive into a wall* sbattere contro un muro **3** (*tempo, distanza*): *long into the night* a notte fonda ◊ *far into the distance* in lontananza **4** (*Mat*): *12 into 144 goes 12 times.* 144 diviso 12 fa 12. LOC **be into sth** (*informale*): *She's into motor bikes*. È appassionata di moto. ⊃ Per l'uso di **into** nei PHRASAL VERBS vedi alla voce del verbo, ad es. **look into** a LOOK¹.

intolerable /ɪnˈtɒlərəbl/ *agg* intollerabile
intolerance /ɪnˈtɒlərəns/ s (*dispreg*) intolleranza
intolerant /ɪnˈtɒlərənt/ *agg* (*dispreg*) intollerante
intonation /ˌɪntəˈneɪʃn/ s intonazione
intoxicated /ɪnˈtɒksɪkeɪtɪd/ *agg* (*formale*) ubriaco: *She was intoxicated by her success*. Il successo le aveva dato alla testa.
intoxication /ɪnˌtɒksɪˈkeɪʃn/ s (*formale*) ubriachezza
intransitive /ɪnˈtrænsətɪv/ *agg* intransitivo
in tray (*USA* **inbox**) s vaschetta per corrispondenza (*da evadere*) ⊃ Confronta OUT-TRAY
intrepid /ɪnˈtrepɪd/ *agg* intrepido
intricate /ˈɪntrɪkət/ *agg* intricato, complicato
intrigue ▶ /ˈɪntriːg, ɪnˈtriːg/ s intrigo
 ▶ /ɪnˈtriːg/ **1** *vi* tramare **2** *vt* affascinare, incuriosire: *I'm intrigued by your accent*. Il tuo accento mi incuriosisce.
intriguing /ɪnˈtriːgɪŋ/ *agg* affascinante, avvincente
intrinsic /ɪnˈtrɪnsɪk, -zɪk/ *agg* intrinseco
introduce /ˌɪntrəˈdjuːs; *USA* -ˈduːs/ *vt* **1** ~ **sb/sth** (**to sb**) presentare qn/qc (a qn) ⊃ *Vedi nota a* PRESENTARE **2** ~ **sb to sth** iniziare qn a qc; far conoscere qc a qn **3** (*prodotto, riforma*) introdurre
introduction /ˌɪntrəˈdʌkʃn/ s **1** presentazioni **2** ~ (**to sth**) introduzione, prefazione (a qc) **3** [*sing*] ~ **to sth** prima esperienza con qc **4** introduzione (*prodotto, riforma*)
introductory /ˌɪntrəˈdʌktəri/ *agg* introduttivo: *an introductory offer* un'offerta di lancio
introspective /ˌɪntrəˈspektɪv/ *agg* introspettivo
introvert /ˈɪntrəvɜːt/ s introverso, -a
introverted /ˈɪntrəvɜːtɪd/ (*anche* **introvert**) *agg* introverso
intrude /ɪnˈtruːd/ *vi* **1** disturbare, importunare **2** ~ (**on/upon sth**) intromettersi, immischiar-

intuition → irrational

si (in qc) **intruder** *s* intruso, -a **intrusion** /ɪnˈtruːʒn/ *s* intrusione **intrusive** /ɪnˈtruːsɪv/ *agg* importuno, invadente

intuition /ˌɪntjuˈɪʃn; *USA* -tuː-/ *s* intuizione, intuito

intuitive /ɪnˈtjuːɪtɪv; *USA* -ˈtuː-/ *agg* intuitivo

Inuit /ˈɪnjuɪt, ˈɪnuɪt/ *s* (*pl* -s o **Inuit**) inuit ᕈ *Vedi nota a* ESCHIMESE

inundate /ˈɪnʌndeɪt/ *vt* ~ **sb/sth (with sth)** inondare qn/qc (di qc)

invade /ɪnˈveɪd/ **1** *vt* invadere **2** *vi* fare un'invasione **invader** *s* invasore

invalid ▸ /ˈɪnvəlɪd/ *s* invalido, -a, infermo, -a
▸ /ɪnˈvælɪd/ *agg* non valido

invalidate /ɪnˈvælɪdeɪt/ *vt* **1** invalidare **2** smentire

invaluable /ɪnˈvæljuəbl/ *agg* inestimabile

invariably /ɪnˈveəriəbli/ *avv* invariabilmente

invasion /ɪnˈveɪʒn/ *s* invasione

ʔ **invent** /ɪnˈvent/ *vt* inventare **invention** *s* invenzione **inventive** *agg* **1** inventivo **2** (*persona*) dotato di inventiva **inventiveness** *s* inventiva **inventor** *s* inventore, -trice

inventory /ˈɪnvəntri; *USA* -tɔːri/ *s* (*pl* -ies) inventario

invert /ɪnˈvɜːt/ *vt* (*formale*) invertire

invertebrate /ɪnˈvɜːtɪbrət/ *agg*, *s* invertebrato

in‚verted 'commas *s pl* virgolette: *in inverted commas* tra virgolette

ʔ **invest** /ɪnˈvest/ **1** *vt* investire (*soldi*) **2** *vi* ~ **in sth** investire in qc

ʔ **investigate** /ɪnˈvestɪɡeɪt/ *vt*, *vi* investigare (su), indagare (su)

ʔ **investigation** /ɪnˌvestɪˈɡeɪʃn/ *s* ~ **into sth** indagine su qc

investigative /ɪnˈvestɪɡətɪv; *USA* -ɡeɪtɪv/ *agg* investigativo

investigator /ɪnˈvestɪɡeɪtə(r)/ *s* investigatore, -trice

ʔ **investment** /ɪnˈvestmənt/ *s* ~ **(in sth)** investimento (in qc)

investor /ɪnˈvestə(r)/ *s* investitore, -trice (*Fin*)

invigorating /ɪnˈvɪɡəreɪtɪŋ/ *agg* tonificante

invincible /ɪnˈvɪnsəbl/ *agg* invincibile

invisible /ɪnˈvɪzəbl/ *agg* invisibile

ʔ **invitation** /ˌɪnvɪˈteɪʃn/ *s* invito

ʔ **invite** ▸ /ɪnˈvaɪt/ *vt* **1** ~ **sb (to/for sth)/(to do sth)** invitare qn (a qc)/(a fare qc) **2** (*commenti*) chiedere: *to invite trouble* cercare guai PHRV **invite sb back** invitare qn a casa: *He invited me back for coffee.* Mi ha invitato a casa sua per un caffè. ◆ **invite sb in** invitare qn a entrare ◆ **invite sb out** invitare qn a uscire ◆ **invite sb over/round** invitare qn a casa
▸ /ˈɪnvaɪt/ *s* (*informale*) invito

inviting /ɪnˈvaɪtɪŋ/ *agg* invitante

invoice /ˈɪnvɔɪs/ ▸ *s* ~ **(for sth)** fattura (di qc)
▸ *vt* **1** ~ **sth** fatturare qc **2** ~ **sb** fare la fattura a qn

involuntary /ɪnˈvɒləntri; *USA* -teri/ *agg* involontario

ʔ **involve** /ɪnˈvɒlv/ *vt* **1** comportare, implicare: *The job involves me/my living in London.* Il lavoro comporta che viva a Londra. **2** ~ **sb in sth** far partecipare qn a qc: *Everybody was involved in the project.* Tutti hanno partecipato al progetto. **3** ~ **sb in sth** coinvolgere qn in qc: *Don't involve me in your problems.* Non voglio essere coinvolto nei tuoi problemi. **4** ~ **sb in sth** implicare qn in qc: *to be/get involved in sth* essere implicato in qc **5** **be/become/get involved with sb** avere una relazione con qn **involved** *agg* complicato **involvement** *s* **1** coinvolgimento **2** ~ **(with sb)** relazione (con qn)

inward /ˈɪnwəd/ ▸ *agg* **1** (*pensiero, sentimento*) interiore, intimo **2** (*direzione*) verso l'interno
▸ *avv* (*anche* **inwards**) verso l'interno

inwardly /ˈɪnwədli/ *avv* dentro di sé

IQ /ˌaɪ ˈkjuː/ *abbr* **intelligence quotient** quoziente d'intelligenza

iris /ˈaɪrɪs/ *s* **1** (*Anat*) iride **2** (*Bot*) iris

Irishman /ˈaɪrɪʃmən/ *s* (*pl* **-men** /-mən/ *femm* **-woman** *pl* **-women**) irlandese ᕈ *Vedi pagg.* 000

ʔ **iron** /ˈaɪən; *USA* ˈaɪərn/ ▸ *s* **1** ferro **2** ferro da stiro
▸ *vt* stirare PHRV **iron sth out 1** (*pieghe*) stirare qc **2** (*problemi, dissapori*) appianare qc

ironic /aɪˈrɒnɪk/ *agg* ironico: *It is ironic that…* È un'ironia della sorte che… ᕈ *Confronta* SARCASTIC *a* SARCASM **ironically** *avv* ironicamente: *ironically…* per ironia…

ironing /ˈaɪənɪŋ; *USA* ˈaɪərnɪŋ/ *s* **1** stiratura: *to do the ironing* stirare ◊ *ironing board* asse da stiro **2** roba da stirare, roba stirata

irony /ˈaɪrəni/ *s* (*pl* -ies) ironia

irrational /ɪˈræʃənl/ *agg* irrazionale **irrationality** /ɪˌræʃəˈnæləti/ *s* irrazionalità **irrationally** *avv* irrazionalmente

---

| iː see | i happy | ɪ sit | e ten | æ hat | ɑː father | ʌ cup | ʊ put | uː too |

irregular /ɪˈregjələ(r)/ *agg* irregolare: *an irregular verb* un verbo irregolare ◊ *irregular attendance at school* presenze scolastiche discontinue **irregularly** *avv* irregolarmente

irrelevant /ɪˈreləvənt/ *agg* non pertinente **irrelevance** *s* non pertinenza

irresistible /ˌɪrɪˈzɪstəbl/ *agg* irresistibile **irresistibly** *avv* irresistibilmente

irrespective of /ˌɪrɪˈspektɪv əv/ *prep* a prescindere da

irresponsible /ˌɪrɪˈspɒnsəbl/ *agg* irresponsabile **irresponsibility** /ˌɪrɪˌspɒnsəˈbɪləti/ *s* irresponsabilità **irresponsibly** *avv* irresponsabilmente

irrigation /ˌɪrɪˈgeɪʃn/ *s* irrigazione

irritable /ˈɪrɪtəbl/ *agg* irritabile **irritability** /ˌɪrɪtəˈbɪləti/ *s* irritabilità **irritably** *avv* in modo irritato

irritate /ˈɪrɪteɪt/ *vt* irritare: *He's easily irritated.* Si irrita facilmente. **irritating** *agg* irritante: *How irritating!* Che seccatura! **irritation** *s* **1** (*Med*) irritazione **2** (*fastidio*) seccatura

is /s, z, ɪz/ *Vedi* BE

Islam /ˈɪzlɑːm, ɪzˈlɑːm/ *s* Islam **Islamic** /ɪzˈlæmɪk, -ˈlɑːm-/ *agg* islamico

island /ˈaɪlənd/ *s* (*abbrev* **I, I., Is**) isola: *a desert island* un'isola deserta **islander** *s* isolano, -a

isle /aɪl/ *s* (*abbrev* **I, I., Is**) isola ❶ Si usa soprattutto nei nomi geografici, ad es.: *the Isle of Man* Confronta ISLAND.

isn't /ˈɪznt/ = IS NOT *Vedi* BE

isolate /ˈaɪsəleɪt/ *vt* ~ **sb/sth (from sb/sth)** isolare qn/qc (da qn/qc) **isolated** *agg* isolato **isolation** *s* isolamento (*separazione*) **LOC in isolation (from sb/sth)** isolato (da qn/qc): *Looked at in isolation ...* Considerato fuori dal contesto ...

ISP /ˌaɪ es ˈpiː/ *abbr* Vedi INTERNET SERVICE PROVIDER

issue /ˈɪʃuː, ˈɪsjuː/ ▶ *s* **1** questione, problema **2** (*banconote*) emissione **3** (*passaporto*) rilascio **4** (*giornale*) numero **LOC make an issue (out) of sth** fare un problema di qc
▶ **1** *vt* ~ **sth (to sb)/~ sb with sth** dare qc (a qn) **2** *vt* pubblicare **3** *vt* (*banconote*) emettere **4** *vt* (*passaporto*) rilasciare **5** *vt* (*ordini, istruzioni*) dare **6** *vi* ~ **from sth** (*formale*) uscire da qc

IT /ˌaɪ ˈtiː/ *s* Information Technology informatica

it /ɪt/ *pron pers*
● **come soggetto e complemento** ❶ It sostituisce animale o cosa. Si può anche utilizzare parlando di un neonato. **1** [*come soggetto*] esso, essa: *Where is it?* Dov'è? ◊ *The baby is crying, I think it's hungry.* Il bambino piange, penso che abbia fame. ◊ *Who is it?* Chi è? ◊ *It's me.* Sono io. ❶ In inglese il *pronome personale soggetto* non si può omettere. **2** [*come complemento oggetto*] lo, la: *Did you buy it?* L'hai comprato? ◊ *Give it to me.* Dammelo. **3** [*come complemento indiretto*] gli, le: *Give it some milk.* Dagli un po' di latte. **4** [*dopo prep*]: *This box is heavy. What's inside it?* La scatola è pesante. Cosa c'è dentro? ◊ *Tell me about it.* Parlamene.
● **uso impersonale** ❶ Spesso it non ha un significato proprio e si usa come soggetto grammaticale in frasi che in italiano sono impersonali. Di solito perciò non si traduce. **1** (*tempo, distanza e tempo atmosferico*): *It's ten past three.* Sono le tre e dieci. ◊ *It's May 12.* È il 12 maggio. ◊ *It's two miles to the beach.* La spiaggia è a due miglia da qui. ◊ *It's a long time since they left.* È da molto che sono partiti. ◊ *It's raining.* Piove. ◊ *It's hot.* Fa caldo. **2** (*altre costruzioni*): *Does it matter what colour the hat is?* Ha importanza il colore del cappello? ◊ *I'll come at seven if it's convenient.* Vengo alle sette, se va bene. ◊ *It's Jim I want to see, not his brother.* È Jim che voglio vedere, non suo fratello.
LOC that's it! 1 proprio così!, ecco! **2** questo è tutto! **3** basta! ◆ **that's just it!** è proprio questo il problema!

Italian /ɪˈtæliən/ *agg, s* italiano, -a

italics /ɪˈtælɪks/ *s* [*pl*] corsivo

itch /ɪtʃ/ ▶ *s* prurito
▶ *vi* **1** prudere: *My leg itches.* Mi prude la gamba. **2** (*persona*) avere prurito: *to be itching to do sth* avere la smania di fare qc

itchy /ˈɪtʃi/ *agg*: *My skin is itchy.* Ho prurito.

it'd /ˈɪtəd/ **1** = IT HAD *Vedi* HAVE **2** = IT WOULD *Vedi* WOULD

item /ˈaɪtəm/ *s* **1** articolo: *an item of clothing* un capo di vestiario **2** (*anche* **ˈnews item**) notizia

itinerary /aɪˈtɪnərəri; *USA* -reri/ *s* (*pl* **-ies**) itinerario

it'll /ˈɪtl/ = IT WILL *Vedi* WILL

it's /ɪts/ **1** = IT IS *Vedi* BE **2** = IT HAS *Vedi* HAVE
➔ Confronta ITS

its /ɪts/ *agg poss* il suo, ecc (*di cosa, animale o neonato*): *The table isn't in its place.* La tavola non è al suo posto. ➔ *Vedi nota a* MY

itself /ɪtˈself/ *pron* **1** [*uso riflessivo*] si, se stesso, -a: *The cat was washing itself.* Il gatto si stava lavando. **2** [*dopo prep*] sé, se stesso, -a **3** [*uso enfatico*] esso stesso, essa stessa

Ive → jet

4 *She is kindness itself.* È la bontà fatta persona. LOC **by itself 1** da sé **2** solo ♦ **in itself** di per sé

I've /aɪv/ = I HAVE Vedi HAVE

J j

J, j /dʒeɪ/ s (pl **Js**, **J's**, **j's**) J, j: *J for Jack* J come jolly ➔ *Vedi esempi a* A, a

jab /dʒæb/ ▶ vt, vi (**-bb-**) dare colpi (*con il dito, ecc*): *She jabbed at a potato with her fork.* Punzecchiò la patata con la forchetta. PHRV **jab sth into sb/sth** conficcare qc in qn/qc
▶ s **1** iniezione **2** colpo

jack /dʒæk/ s **1** (*Mecc*) cric **2** (*Carte*) fante ➔ *Vedi nota a* CARTA

jackal /'dʒækl/ s sciacallo

jackdaw /'dʒækdɔː/ s taccola (*uccello*)

jacket /'dʒækɪt/ s **1** giacca ➔ *Confronta* CARDIGAN **2** giubbotto **3** sopraccoperta (*di libro*)

jacket po'tato s (-oes) patata cotta al forno con la buccia e servita con burro o formaggio fuso, o con altri vari accompagnamenti

jackpot /'dʒækpɒt/ s primo premio (*in denaro*)

Jacuzzi® /dʒə'kuːzi/ s vasca con idromassaggio

jade /dʒeɪd/ agg, s giada

jaded /'dʒeɪdɪd/ agg (*dispreg*) svogliato

jagged /'dʒægɪd/ agg **1** dentellato, seghettato **2** (*costa*) frastagliato

jaguar /'dʒægjʊə(r)/ s giaguaro

jail /dʒeɪl/ s carcere

jam /dʒæm/ ▶ s **1** marmellata ➔ *Confronta* MARMALADE **2** calca, ressa: *traffic jam* ingorgo stradale **3** (*informale*): *to be in/get into a jam* essere/mettersi nei pasticci
▶ (**-mm-**) **1** vt, vi bloccare, bloccarsi **2** vt affollare **3** vt **to jam sth into, under, etc. sth** ficcare qc in, sotto, ecc qc: *He jammed the flowers into a vase.* Ficcò i fiori in un vaso. ◊ *The three of them were jammed into a phone booth.* I tre erano pigiati in una cabina telefonica. **4** vt (*Radio*) disturbare con interferenze

jangle /'dʒæŋgl/ vt, vi (far) tintinnare

janitor /'dʒænɪtə(r)/ s (*USA*) Vedi CARETAKER

January /'dʒænjʊəri; *USA* -jʊeri/ s (*abbrev* **Jan.**) gennaio: *They are getting married this January/in January.* Si sposano a gennaio. ◊ *on January 1st* il primo gennaio ◊ *every January* ogni anno a gennaio ◊ *next January* a gennaio dell'anno prossimo ❶ In inglese i nomi dei mesi si scrivono con la maiuscola.

jar¹ /dʒɑː(r)/ s vasetto, barattolo di vetro ➔ *Vedi illustrazione a* CONTAINER

jar² /dʒɑː(r)/ (**-rr-**) **1** vi **to jar (on sb/sth)** irritare (qn/qc) **2** vi **to jar (with sth)** stonare (con qc) **3** vt urtare

jargon /'dʒɑːgən/ s gergo

jasmine /'dʒæzmɪn/ s gelsomino

jaundice /'dʒɔːndɪs/ s itterizia **jaundiced** *agg* cinico

javelin /'dʒævlɪn/ s giavellotto

jaw /dʒɔː/ s **1** *lower jaw* mandibola ◊ *upper jaw* mascella **2 jaws** [*pl*] fauci

jazz /dʒæz/ ▶ s jazz
▶ v PHRV **jazz sth up** animare qc

jazzy /'dʒæzi/ (*informale*) agg vistoso

jealous /'dʒeləs/ agg **1** geloso **2** invidioso **jealousy** s [*gen non numerabile*] (*pl* **-ies**) **1** gelosia **2** invidia

jeans /dʒiːnz/ s [*pl*] jeans

jeer /dʒɪə(r)/ ▶ vt, vi ~ (**at**) **sb/sth** beffare qn/qc; beffarsi di qn/qc
▶ s beffa

jelly /'dʒeli/ s (pl **-ies**) (*USA* **jello**, **Jell-O**® /'dʒeləʊ/) gelatina

jellyfish /'dʒelifɪʃ/ s (pl **jellyfish** *o* **-es**) medusa

jeopardize, -ise /'dʒepədaɪz/ vt mettere a repentaglio

jeopardy /'dʒepədi/ s LOC (**be, put, etc.**) **in jeopardy** (essere, mettere, ecc) a repentaglio

jerk /dʒɜːk/ ▶ s **1** strattone, scossone **2** (*informale*) idiota
▶ vt, vi muovere a strattoni, muoversi a strattoni

Jesus /'dʒiːzəs/ (*anche* **Jesus 'Christ**) s Gesù Cristo

jet¹ /dʒet/ s **1** jet, reattore **2** (*acqua, gas*) getto

ivory /'aɪvəri/ s avorio

ivy /'aɪvi/ s edera

jet² /dʒet/ s giaietto: *jet-black* nero come l'ebano

'Jet Ski® s jet ski, acquascooter **'jet skiing** s [*non numerabile*] jet skiing, andare in acquascooter

jetty /'dʒeti/ s (*pl* **-ies**) imbarcadero, molo

Jew /dʒu:/ s ebreo, -a *Vedi anche* JUDAISM

jewel /'dʒu:əl/ s **1** gioiello **2** pietra preziosa **jeweller** (*USA* **jeweler**) s **1** gioielliere, -a **2 jeweller's** (*anche* **jeweller's shop**) gioielleria

jewellery (*USA* **jewelry**) /'dʒu:əlri/ s [*non numerabile*] gioielli: *jewellery box/case* portagioie

Jewish /'dʒu:ɪʃ/ agg **1** ebreo **2** ebraico

jigsaw /'dʒɪgsɔ:/ (*anche* **'jigsaw puzzle**) (*USA* **puzzle**) s puzzle

jingle /'dʒɪŋgl/ ▶ s **1** [*sing*] tintinnio **2** jingle
▶ vt, vi (far) tintinnare

jinx /dʒɪŋks/ ▶ s **1** scalogna, iettatura **2** iettatore, -trice
▶ vt (*informale*) portare scalogna a

job /dʒɒb/ s **1** lavoro, impiego ⊃ *Vedi nota a* WORK¹ **2** compito LOC **a good job** (*informale*): *It's a good job you've come.* Meno male che sei venuto. ◆ **out of a job** senza lavoro

jobcentre /'dʒɒbsentə(r)/ s (*GB*) ufficio di collocamento

jobless /'dʒɒbləs/ agg disoccupato

jockey /'dʒɒki/ s (*pl* **-eys**) fantino

jog /dʒɒg/ ▶ s [*sing*] **1** colpetto **2** *to go for a jog* andare a fare footing
▶ (**-gg-**) **1** vt urtare, spingere **2** vi fare footing LOC **jog sb's memory** rinfrescare la memoria a qn

jogger /'dʒɒgə(r)/ s persona che fa footing

jogging /'dʒɒgɪŋ/ s footing

join /dʒɔɪn/ ▶ s giuntura, cucitura
▶ **1** vt ~ **sth (on)to sth** unire qc a qc **2** vt ~ **sb** unirsi a qn **3** vi ~ **up (with sb/sth)** unirsi (a qn/qc) **4** vt, vi (*club, partito*) iscriversi (a) **5** vt, vi (*ditta*) entrare (in) PHRV **join in (sth)** partecipare (a qc)

joiner /'dʒɔɪnə(r)/ s (*GB*) falegname

joint¹ /dʒɔɪnt/ agg comune, collettivo

joint² /dʒɔɪnt/ s **1** (*Anat*) articolazione **2** (*giunto*) giuntura **3** pezzo di carne (*per arrosto*): *the Sunday joint* l'arrosto domenicale **4** (*gergale, dispreg*) locale **5** (*gergale*) spinello **jointed** agg snodabile

joke /dʒəʊk/ ▶ s **1** barzelletta: *to tell a joke* raccontare una barzelletta **2** scherzo: *to play a joke on sb* fare uno scherzo a qn **3** [*sing*]: *The salary he was offered was a joke.* Lo stipendio che gli hanno offerto era ridicolo.
▶ vi ~ **(with sb)** scherzare (con qn) LOC **joking apart** scherzi a parte ◆ **you must be joking** stai scherzando, vero?

joker /'dʒəʊkə(r)/ s **1** (*informale*) burlone, -a **2** (*informale*) buffone, -a **3** (*Carte*) jolly

jolly /'dʒɒli/ ▶ agg (**-ier, -iest**) allegro
▶ avv (*GB, informale*) molto: *jolly good* molto buono

jolt /dʒəʊlt/ ▶ **1** vi sobbalzare **2** vt urtare
▶ s **1** scossone, strattone **2** (*sorpresa*) colpo

jostle /'dʒɒsl/ vt, vi spintonare

jot /dʒɒt/ v (**-tt-**) PHRV **jot sth down** buttar giù qc (*appunti, note*)

journal /'dʒɜ:nl/ s **1** rivista (*specializzata*) **2** diario **journalism** s giornalismo **journalist** s giornalista

journey /'dʒɜ:ni/ s (*pl* **-eys**) viaggio, tragitto ⊃ *Vedi nota a* VIAGGIO

joy /dʒɔɪ/ s gioia: *to jump for joy* fare salti di gioia LOC *Vedi* PRIDE **joyful** agg gioioso **joyfully** avv gioiosamente

joyriding /'dʒɔɪraɪdɪŋ/ s rubare un'auto per farci delle corse ad alta velocità

joystick /'dʒɔɪstɪk/ s **1** (*Aeron*) barra di comando **2** (*Informatica*) joystick

jubilant /'dʒu:bɪlənt/ agg esultante **jubilation** /ˌdʒu:bɪ'leɪʃn/ s giubilo

jubilee /'dʒu:bɪli:/ s anniversario

Judaism /'dʒu:deɪɪzəm; *USA* -dəɪzəm/ s giudaismo

judge /dʒʌdʒ/ ▶ s **1** giudice **2** ~ **(of sth)** intenditore, -trice (di qc)
▶ vt, vi giudicare: *judging by/from …* a giudicare da …

judgement /'dʒʌdʒmənt/ s giudizio: *to use your own judgement* agire secondo il proprio giudizio ❶ In ambito legale si scrive anche **judgment**.

judicious /dʒu'dɪʃəs/ agg giudizioso **judiciously** avv giudiziosamente

judo /'dʒu:dəʊ/ s judo

jug /dʒʌg/ (*USA* **pitcher**) s caraffa

juggle /'dʒʌgl/ vt, vi **1** ~ **(sth/with sth)** fare giochi di destrezza (con qc) **2** ~ **(with) sth** (*fig*) manipolare qc: *She juggles home, career and children.* Riesce a giostrarsi tra casa, bambini e lavoro. **juggler** /'dʒʌglə(r)/ s giocoliere, -a

juice /dʒu:s/ s **1** succo (*carne*) sugo **juicy** agg (**-ier, -iest**) **1** succoso **2** (*informale*) (*storia*) piccante

---

tʃ **ch**in   dʒ **J**une   v **v**an   θ **th**in   ð **th**en   s **s**o   z **z**oo   ʃ **sh**e

July → just

July /dʒu'laɪ/ s (*abbrev* **Jul.**) luglio ⊃ *Vedi nota e esempi a* JANUARY

jumble /'dʒʌmbl/ ▸ vt ~ **sth (up)** mettere alla rinfusa qc
▸ s **1** miscuglio **2** (*GB*) roba di seconda mano per vendite di beneficenza

'**jumble sale** (*GB*) (*spec USA* '**rummage sale**) s vendita di beneficenza

> La **jumble sale** (o **rummage sale** in inglese americano) è una vendita di beneficenza organizzata al fine di raccogliere fondi per enti non a scopo di lucro, scuole, parrocchie o associazioni varie. Vengono messe in vendita le donazioni di abiti usati, giocattoli, apparecchi e articoli domestici di seconda mano e anche torte fatte in casa. Chi invece desidera vendere direttamente abiti, libri, vasellame e altre cose di cui vuole disfarsi, può prendere parte a una **car boot sale**, dove la merce è esposta nel bagagliaio della propria auto. Un'alternativa è la **table-top sale**, per la quale pagando una cifra modesta si affitta un tavolo che serve da banco. Negli Stati Uniti usa esporre e vendere oggetti di seconda mano sul pratino davanti casa (**yard sale**) oppure davanti al garage (**garage sale**).

jumbo /'dʒʌmbəʊ/ *agg* (*informale*) maxi

jump /dʒʌmp/ ▸ s **1** salto *Vedi anche* HIGH JUMP, LONG JUMP **2** (*prezzi*) impennata
▸ **1** vt, vi saltare: *to jump up and down* saltellare ◊ *to jump up* balzare in piedi ⊃ *Vedi illustrazione a* SALTARE **2** vi sussultare: *It made me jump.* Mi ha fatto fare un salto. **3** vi avere un'impennata LOC **jump to it!** (*informale*) sbrigati! ♦ **jump the queue** (*GB*) passare avanti (*in una fila*) ♦ **jump rope** (*USA*) *Vedi* SKIP senso (2) ♦ **jump to conclusions** giungere a conclusioni affrettate *Vedi anche* BANDWAGON PHRV **jump at sth** cogliere al volo qc

jumper /'dʒʌmpə(r)/ s **1** (*GB*) maglione ⊃ *Vedi nota a* SWEATER **2** saltatore, -trice

'**jump rope** s (*USA*) *Vedi* SKIPPING ROPE

jumpy /'dʒʌmpi/ *agg* (**-ier, -iest**) (*informale*) nervoso

junction /'dʒʌŋkʃn/ s incrocio (*strade*)

June /dʒu:n/ s (*abbrev* **Jun.**) giugno ⊃ *Vedi nota e esempi a* JANUARY

jungle /'dʒʌŋgl/ s giungla

junior /'dʒu:niə(r)/ ▸ *agg* **1** di grado inferiore, subalterno **2** (*abbrev* **Jnr, Jr.**) junior

▸ s **1** subalterno, -a **2** [*preceduto da aggettivo possessivo*]: *He is three years her junior.* È di tre anni più giovane di lei. **3** (*GB*) alunno, -a di scuola elementare **4** (*USA*) studente, -essa del penultimo anno di scuola superiore o dell'università

,**junior** '**high school** (*anche* ,**junior** '**high**) s [*numerabile, non numerabile*] negli USA, scuola media inferiore ⊃ *Vedi nota a* SCUOLA

'**junior school** s (*GB*) scuola elementare (*per bambini dai 7 agli 11 anni*)

junk /dʒʌŋk/ s [*non numerabile*] **1** (*informale*) roba **2** cianfrusaglie

'**junk food** s (*informale, dispreg*) [*non numerabile*] cibo spazzatura

'**junk mail** s posta spazzatura *Vedi anche* SPAM

Jupiter /'dʒu:pɪtə(r)/ s Giove

juror /'dʒʊərə(r)/ s membro della giuria

jury /'dʒʊəri/ s [v *sing o pl*] (*pl* **-ies**) giuria

just /dʒʌst/ ▸ *avv* **1** proprio, esattamente: *It's just what I need.* È proprio quello che mi serve. ◊ *just here* proprio qui ◊ *That's just it!* Esatto! **2** ~ **as** proprio quando: *She arrived just as we were leaving.* È arrivata proprio quando ce ne stavamo andando. **3** ~ **as ... as ...** : *She's just as beautiful as her mother.* È bella quanto sua madre. **4** *She's just gone out.* È appena uscita. ◊ *We had just arrived when ...* Eravamo appena arrivati, quando ... ◊ *'Just married'* "Oggi sposi" **5** subito: *just after 10* subito dopo le dieci ◊ *just after you called* subito dopo la tua chiamata **6** (**only**) ~ appena, per un pelo: *I can (only) just reach the shelf.* Arrivo appena allo scaffale. **7** ~ **over/under**: *It's just over a kilo.* È poco più di un chilo. **8** ora: *We're just going.* Partiamo ora. **9** **to be ~ about/going to do sth** stare per fare qc: *I was just about/going to phone you.* Stavo per chiamarti. **10** semplicemente: *It's just one of those things.* Sono cose che capitano. **11** (*con imperativi*): *Just let me say something!* Fammi parlare! **12** solo: *I waited an hour just to see you.* Ho aspettato un'ora solo per vederti. ◊ *just for fun* tanto per ridere LOC **it is just as well (that ...)** meno male (che ...) ♦ **just about** (*informale*) quasi: *I know just about everyone.* Conosco quasi tutti. ♦ **just like 1** proprio come: *It was just like old times.* È stato proprio come una volta. **2** tipico di: *It's just like her to be late.* È da lei arrivare in ritardo. ♦ **just like that** lì su due piedi ♦ **just now** proprio ora *Vedi anche* CASE

▸ *agg* giusto: *a just cause* una giusta causa

justice /'dʒʌstɪs/ s **1** giustizia **2** giudice: *justice of the peace* giudice di pace LOC **do justice to sb** rendere giustizia a qn ♦ **do justice to sth** fare onore a qc: *We couldn't do justice to her cooking.* Non abbiamo potuto fare onore alla sua tavola. ♦ **do yourself justice**: *He didn't do himself justice in the exam.* All'esame non ha dato il meglio di sé. Vedi anche BRING, MISCARRIAGE

justifiable /'dʒʌstɪfaɪəbl, ˌdʒʌstɪ'faɪəbl/ agg giustificabile **justifiably** avv a ragione: *She was justifiably angry.* Era comprensibilmente arrabbiata.

justify /'dʒʌstɪfaɪ/ vt (*pass, pp* -**fied**) giustificare

justly /'dʒʌstli/ avv giustamente

jut /dʒʌt/ v (-**tt**-) PHRV **jut out** sporgere

juvenile /'dʒuːvənaɪl/ ▶ s minorenne
▶ agg **1** per ragazzi **2** (*criminalità*) minorile **3** (*dispreg*) puerile

juxtapose /ˌdʒʌkstə'pəʊz/ vt (*formale*) giustapporre **juxtaposition** /ˌdʒʌkstəpəˈzɪʃn/ s giustapposizione

K k

K, k /keɪ/ s (*pl* **Ks, K's, k's**) K, k: *K for king* K come kursaal ⊃ *Vedi esempi a* A, A

kaleidoscope /kəˈlaɪdəskəʊp/ s caleidoscopio

kangaroo /ˌkæŋgəˈruː/ s (*pl* -**s**) canguro

karat (*USA*) *Vedi* CARAT

karate /kəˈrɑːti/ s karatè

kart /kɑːt/ s go-kart **karting** s go-kart (*sport*)

kayak /'kaɪæk/ s kayak **kayaking** s kayak: *to go kayaking* fare kayak

kebab /kɪ'bæb/ s **1** spiedino di carne e verdura **2** carne di agnello arrostita su uno spiedo verticale, tagliata a fette e servita in pane pita con verdure e salsa piccante

keel /kiːl/ ▶ s chiglia
▶ v PHRV **keel over** crollare

keen /kiːn/ agg (-**er**, -**est**) **1** entusiasta **2 to be ~ (to do sth)** avere una gran voglia (di fare qc) **3** (*interesse*) vivo **4** (*olfatto*) fine **5** (*udito, intelligenza*) acuto LOC **be keen on sb** avere un debole per qn ♦ **be keen on sth** essere appassionato di qc: *He's very keen on tennis.* Gli piace molto il tennis. **keenly** avv **1** con entusiasmo **2** (*sentire*) profondamente

keep /kiːp/ ▶ v (*pass, pp* **kept** /kept/) **1** vt tenere: *Do you want to keep these old newspapers?* Vuoi tenere questi vecchi giornali? ◊ *Keep the change.* Tenga pure il resto. ◊ *Will you keep my place in the queue?* Mi tieni il posto nella fila? ◊ *to keep a diary/the books* tenere un diario/i conti **2** vi rimanere, stare: *Keep still!* Stai fermo! ◊ *Keep quiet!* State zitti! ◊ *You must keep warm.* Non devi prender freddo. **3** vi ~ (**on**) **doing sth** continuare a fare qc: *He keeps interrupting me.* Continua ad interrompermi. **4** vt [con agg, avv o -ing] fare, tenere: *to keep sb waiting* far aspettare qn ◊ *to keep sb amused* far divertire qn ◊ *to keep sb happy* far contento qn ◊ *Don't keep us in suspense.* Non tenerci col fiato sospeso. **5** vt trattenere: *What kept you?* Perché sei in ritardo? **6** vt (*negozio, animale*) avere **7** vt (*segreto, promessa*) mantenere qc **8** vi (*cibo*) durare, mantenersi **9** vt (*famiglia, persona*) mantenere, provvedere a **10** vt (*orario, appuntamento*) rispettare ⊃ Per le espressioni con **keep** vedi alla voce del sostantivo, dell'aggettivo, ecc, ad es. **to keep your word** a word.

PHRV **keep away (from sb/sth)** stare lontano (da qn/qc) ♦ **keep sb/sth away (from sb/sth)** tenere qn/qc lontano (da qn/qc)

keep sth (back) from sb (*verità*) nascondere qc a qn

keep sth down 1 (*prezzi, stipendi*) contenere qc **2** (*voce, testa*) abbassare qc

keep sb from doing sth trattenere qn dal fare qc, impedire a qn di fare qc ♦ **keep (yourself) from doing sth** trattenersi dal fare qc

keep off (sth) non avvicinarsi (a qc), non toccare (qc): *Keep off the grass.* Non calpestare l'erba. ♦ **keep sb/sth off (sb/sth)** tenere qn/qc lontano (da qn/qc): *Keep your hands off me!* Giù le mani!

keep on (at sb) (about sb/sth) non dare pace (a qn) (per qn/qc)

keep out (of sth) restare fuori (da qc) ♦ **keep sb/sth out (of sth)** tener fuori qn/qc (da qc): *Keep Out!* Vietato l'ingresso.

| u situation | ɒ got | ɔː saw | ɜː fur | ə ago | j yes | w woman | eɪ pay | əʊ go |

keep to sth 1 seguire qc: *Keep to the track — the land is very boggy round here.* Segui il sentiero, il terreno da queste parti è paludoso. **2** attenersi a qc: *Keep to the point!* Non divagare! **3** restare in qc: *She's mostly keeps to her room.* Sta per lo più in camera sua. ◆ **keep sth to yourself** tenersi qc per sé **keep (yourself) to yourself** starsene per conto proprio
keep up (with sb/sth) 1 tener dietro a qn/qc **2** tenersi aggiornato (su qc) ◆ **keep sth up 1** tener su qc **2** (*tradizione, standard*) mantenere qc **3** continuare a fare qc: *Keep it up!* Forza!
▶ *s* mantenimento

keeper /'ki:pə(r)/ *s* **1** (*zoo*) guardiano **2** (*museo*) custode **3** (*GB, informale*) *Vedi* GOALKEEPER

keeping /'ki:pɪŋ/ *s* LOC **in/out of keeping (with sth)** in armonia/disaccordo (con qc) ◆ **in sb's keeping** sotto la custodia di qn

kennel /'kenl/ *s* **1** (*USA* **doghouse**) cuccia **2** [*gen pl*] canile

kept *pass, pp di* KEEP

kerb (*USA* **curb**) /kɜ:b/ *s* bordo del marciapiede

kerosene /'kerəsi:n/ *s* (*spec USA*) *Vedi* PARAFFIN

ketchup /'ketʃəp/ *s* ketchup

kettle

electric kettle

kettle

kettle /'ketl/ *s* bollitore

key /ki:/ ▶ *s* (*pl* **keys**) **1** chiave: *the car keys* le chiavi della macchina **2** (*Mus*) chiave, tonalità: *the key of C major* la chiave di do maggiore ◊ *to change key* cambiare tonalità **3** tasto **4 key (to sth)** (*successo, mistero*) chiave (di qc)

▶ *agg* chiave
▶ *vt* **to key sth (in)** battere, digitare qc

keyboard /'ki:bɔ:d/ *s* tastiera ⊃ *Vedi illustrazione a* COMPUTER

keyhole /'ki:həʊl/ *s* buco della serratura

keypad /'ki:pæd/ *s* tastierino numerico

khaki /'kɑ:ki/ *agg, s* (tela) cachi

kick /kɪk/ ▶ **1** *vt* (*palla*) dare un calcio a **2** *vt* (*con il piede*): *I kicked the ball into the river.* Ho tirato la palla nel fiume con un calcio. **3** *vi* (*persona*) dare calci **4** *vi* (*animale*) scalciare LOC **kick the bucket** (*informale*) tirare le cuoia *Vedi anche* ALIVE PHR V **kick off** dare il calcio d'inizio ◆ **kick sb out (of sth)** (*informale*) cacciare via qn (da qc)
▶ *s* **1** calcio, pedata **2** (*informale*): *for kicks* per divertimento

'kick-boxing *s* kick-boxing

'kick-off *s* calcio d'inizio

kid /kɪd/ ▶ *s* **1** (*informale*) bambino, -a, ragazzino, -a **2** (*informale*): *his kid sister* la sorella minore **3** (*Zool*) capretto
▶ (**-dd-**) **1** *vt* (*informale*) prendere in giro **2** *vi* (*informale*) scherzare: *Are you kidding?* Scherzi? **3** *v rifl* **to kid yourself** illudersi

kidnap /'kɪdnæp/ *vt* (**-pp-**, *USA anche* **-p-**) rapire, sequestrare **kidnapper** *s* rapitore, -trice **kidnapping** *s* rapimento, sequestro

kidney /'kɪdni/ *s* (*pl* **-eys**) **1** rene **2** rognone

kill /kɪl/ ▶ *vt, vi* uccidere: *Smoking kills.* Il fumo uccide. ◊ *She was killed in a car crash.* È rimasta uccisa in un incidente stradale. LOC **kill time** ammazzare il tempo PHR V **kill sb/sth off** sterminare qn/qc
▶ *s* (*animale ucciso*) preda LOC **go/move in for the kill** prepararsi a dare il colpo di grazia

killer /'kɪlə(r)/ *s* assassino, -a

killing /'kɪlɪŋ/ *s* uccisione LOC **make a killing** fare un colpo grosso

kiln /kɪln/ *s* fornace

kilo /'ki:ləʊ/ *s* (*pl* **-s**) *Vedi* KILOGRAM

kilobyte /'kɪləbaɪt/ *s* (*abbrev* **K**) kilobyte

kilogram (*GB anche* **kilogramme**) /'kɪləgræm/ *s* (*abbrev* **kg**) chilo ⊃ *Vedi Appendice 1*.

kilometre (*USA* **kilometer**) /kɪ'lɒmɪtə(r)/ *s* (*abbrev* **km**) chilometro

kilt /kɪlt/ *s* kilt

kin /kɪn/ *s* [*pl*] (*antiq o formale*) familiari *Vedi anche* NEXT OF KIN

kind¹ /kaɪnd/ (**-er, -est**) *agg* gentile

kind² **/kaɪnd/ *s* tipo, specie: *the best of its kind* il migliore della sua categoria **LOC **in kind 1** (*pagare*) in natura **2** (*fig, formale*) con la stessa moneta ◆ **kind of** (*informale*): *kind of scared* come impaurito *Vedi anche* NOTHING

kindly/'kaɪndli/ ▸*avv* **1** *Kindly wait outside!* Abbia la cortesia di aspettare fuori! **LOC** **not take kindly to sb/sth**: *He didn't take kindly to the idea.* Non gli è piaciuta l'idea.
▸*agg* (**-ier, -iest**) gentile

kindness/'kaɪndnəs/ *s* gentilezza

king/kɪŋ/ *s* re ➲ *Vedi nota a* CARTA

kingdom/'kɪŋdəm/ *s* regno

kingfisher/'kɪŋfɪʃə(r)/ *s* martin pescatore

kinship/'kɪnʃɪp/ *s* parentela

kiosk /'ki:ɒsk/ *s* **1** chiosco (*dei giornali, ecc*) **2** (*antiq, GB*) cabina telefonica

kipper/'kɪpə(r)/ *s* aringa affumicata

kiss/kɪs/ ▸*vt, vi* baciare, baciarsi
▸ *s* bacio **LOC** **the kiss of life** la respirazione bocca a bocca

kit/kɪt/ *s* **1** attrezzatura **2** scatola di montaggio

kitchen/'kɪtʃɪn/ *s* cucina

kite/kaɪt/ *s* aquilone

kitten/'kɪtn/ *s* gattino ➲ *Vedi nota a* GATTO

kitty/'kɪti/ *s* (*pl* **-ies**) (*informale*) cassa comune

kiwi/'ki:wi:/ *s* **1** (*Zool*) kiwi **2** (*anche* '**kiwi fruit** (*pl* **kiwi fruit**) kiwi **3 Kiwi** (*informale*) neozelandese

knack /næk/ *s* abilità: *to get the knack of sth* fare la mano a qc

knead/ni:d/ *vt* impastare, lavorare

knee/ni:/ *s* ginocchio **LOC** **be/go (down) on your knees** essere/mettersi in ginocchio

kneecap/'ni:kæp/ *s* rotula

kneel /ni:l/ *vi* (*pass, pp* **knelt** /nelt/ , (*USA anche* **kneeled**) ➲ *Vedi nota a* DREAM **~ (down)** inginocchiarsi

'**knee pad** *s* ginocchiera

knew *pass di* KNOW

knickers/'nɪkəz/ *s* (*USA* **panties**) [*pl*] mutandine (*da donna*)

knife/naɪf/ ▸*s* (*pl* **knives**/naɪvz/) coltello
▸*vt* accoltellare

knight /naɪt/ ▸ *s* **1** cavaliere **2** (*Scacchi*) cavallo
▸*vt* nominare cavaliere

knighthood/'naɪthʊd/ *s* cavalierato

knit /nɪt/ (*pass, pp* **knitted**) **1** *vt* **~ (sb) sth** fare qc a maglia (per qn) **2** *vi* lavorare a maglia *Vedi anche* CLOSE-KNIT **knitting** *s* [*non numerabile*] lavoro a maglia: *knitting needle* ferro da calza

knitwear/'nɪtweə(r)/ *s* [*non numerabile*] maglieria

knob /nɒb/ *s* **1** (*porta*) pomo **2** (*radio, televisione*) manopola **3** *a knob of butter* una noce di burro

knock /nɒk/ ▸ **1** *vt, vi* colpire: *to knock your head on the ceiling* battere la testa contro il soffitto **2** *vi*: *to knock at/on the door* bussare alla porta **3** *vt* (*informale*) criticare
PHRV **knock sb down 1** gettare a terra qn, stendere qn **2** investire qn ◆ **knock sth down** buttare giù qc

knock off (sth) (*informale*): *to knock off (work)* finire di lavorare ◆ **knock sth off (sth) 1** far cadere qc (da qc) **2** *He knocked £10 off the price.* Ha fatto uno sconto di 10 sterline.

knock sb out 1 (*boxe*) mettere qn k.o. **2** stordire qn, lasciare qn in stato di incoscienza **3** (*informale*) lasciare qn a bocca aperta ◆ **knock sb/sth out (of sth)** eliminare qn/qc (da qc): *England had been knocked out of the World Cup.* L'Inghilterra era stata eliminata dai Mondiali.

knock sb/sth over far cadere qn/qc
▸ *s* **1** colpo **2** *There was a knock at the door.* Bussarono alla porta.

knockout/'nɒkaʊt/ *s* **1** knock out **2** *a knockout (tournament)* un'eliminatoria

knot /nɒt/ ▸ *s* **1** nodo **2** capannello (*di persone*)
▸*vt* (**-tt-**) fare un nodo a, annodare

know /nəʊ/ ▸ (*pass* **knew** /nju:; *USA* nu:/ *pp* **known** /nəʊn/) **1** *vt, vi* **~ (how to do sth)** sapere (fare qc): *Do you know how to use a compass?* Sai usare la bussola? ◊ *to know a little English* sapere un po' d'inglese ◊ *I know (that)* … So che … ◊ *Let me know if*… Fammi sapere se … **2** *vt* conoscere: *to get to know sb* conoscere meglio qn ➲ *Vedi nota a* CONOSCERE **3** *vt*: *I've never known anyone to* … Non si è mai visto nessuno … **LOC** **for all you know** per quanto ne sai ◆ **God/goodness/Heaven knows** sa Dio/il Cielo ◆ **know best**: *You know best.* Nessuno lo sa meglio di te. ◆ **know better (than that/than to do sth)**: *You ought to know better!* Avresti dovuto saperlo! ◊ *I should have known better.* Avrei dovuto immaginarmelo. ◆ **know sb by sight** conoscere di vista qn ◆ **you never know** (*informale*) non si sa mai *Vedi anche* ANSWER, ROPE **PHRV** **know of sb/sth** sapere di qn/qc: *Not that I know of.* Che io sappia, no.

knowing → land 178

▶ s LOC **be in the know** (*informale*) essere al corrente
knowing /'nəʊɪŋ/ *agg* (*occhiata, sorriso*) d'intesa **knowingly** *avv* deliberatamente
knowledge /'nɒlɪdʒ/ *s* [*non numerabile*] **1** conoscenza: *Not to my knowledge.* Non che io sappia. **2** sapere, conoscenza LOC **in the knowledge that ...** sapendo che ... **knowledgeable** *agg* ben informato

known *pp di* KNOW
knuckle /'nʌkl/ ▶ *s* nocca
▶ *v* PHR V **knuckle down (to sth)** (*informale*) metter mano (a qc) ◆ **knuckle under** (*informale*) cedere
koala /kəʊ'ɑːlə/ (*anche* **ko,ala 'bear**) *s* koala
Koran (*anche* **Qur'an**) /kə'rɑːn; *USA* -'ræn/ *s* Corano

L l

L, l /el/ *s* (*pl* **Ls, L's, l's**) L, l: *L for Lucy* L come Livorno ⊃ *Vedi esempi a* A, A
label /'leɪbl/ ▶ *s* etichetta
▶ *vt* (**-ll-**, *USA* **-l-**) **1** mettere l'etichetta su, etichettare **2** ~ **sb/sth as sth** (*fig*) etichettare, classificare qn/qc come qc
laboratory /lə'bɒrətri; *USA* 'læbrətɔːri/ *s* (*pl* **-ies**) (*informale* **lab** /læb/) laboratorio
laborious /lə'bɔːriəs/ *agg* faticoso
'**labor union** *s* (*USA*) *Vedi* TRADE UNION
labour (*USA* **labor**) /'leɪbə(r)/ ▶ *s* **1** [*non numerabile*] lavoro **2** [*non numerabile*] manodopera: *parts and labour* pezzi di ricambio e manodopera ◊ *labour relations* relazioni industriali **3** [*non numerabile*] doglie: *be in labour* avere le doglie **4 Labour** (*anche* **the Labour Party**) [*v sing o pl*] (*GB*) il partito laburista ⊃ *Confronta* LIBERAL senso (2), TORY
▶ *vi* lavorare sodo, impegnarsi
laboured (*USA* **labored**) /'leɪbəd/ *agg* **1** difficoltoso, faticoso **2** (*stile*) pesante
labourer (*USA* **laborer**) /'leɪbərə(r)/ *s* manovale, bracciante
labyrinth /'læbərɪnθ/ *s* labirinto
lace /leɪs/ ▶ *s* **1** pizzo **2** *Vedi* SHOELACE ⊃ *Vedi illustrazione a* SCARPA
▶ *vt, vi* **lace (sth) (up)** allacciare qc, allacciarsi
lack /læk/ ▶ *vt* ~ **sth**: *people who lack the time to cook* quelli a cui manca il tempo di cucinare LOC **be lacking** mancare ◆ **be lacking in sth** mancare di qc
▶ *s* mancanza, carenza
lacquer /'lækə(r)/ *s* lacca
lacy /'leɪsi/ *agg* di pizzo
lad /læd/ *s* (*informale*) ragazzo
ladder /'lædə(r)/ ▶ *s* **1** scala a pioli ⊃ *Vedi illustrazione a* SCALA **2** (*USA* **run**) smagliatura (*nelle calze*) **3** (*fig*) scala (*sociale, professionale*) LOC *Vedi* SNAKE
▶ *vi* (*calze*) smagliarsi
▶ *vt* smagliare
laden /'leɪdn/ *agg* ~ (**with sth**) carico (di qc)
lady /'leɪdi/ *s* (*pl* **ladies**) **1** signora: *Ladies and gentlemen ...* Signore e signori ... *Vedi anche* GENTLEMAN **2** dama **3 Lady** Lady (*titolo*) *Vedi anche* LORD **4 Ladies** [*sing*] (*GB*) toilette per signore
ladybird /'leɪdibɜːd/ (*USA* **ladybug** /'leɪdibʌg/) *s* coccinella
lag /læg/ ▶ *vi* (**-gg-**) LOC **lag behind (sb/sth)** rimanere indietro (rispetto a qn/qc)
▶ *s Vedi* TIME LAG
lager /'lɑːgə(r)/ *s* birra chiara ⊃ *Confronta* BEER
lagoon /lə'guːn/ *s* laguna
laid *pass, pp di* LAY¹
laid-'back *agg* (*informale*) rilassato
lain *pp di* LIE²
lake /leɪk/ *s* lago
lamb /læm/ *s* agnello ⊃ *Vedi nota a* CARNE
lame /leɪm/ *agg* **1** zoppo **2** (*scusa*) zoppicante
lament /lə'ment/ *vt, vi* **1** ~ (**for/over**) **sb/sth** piangere qn/qc **2** ~ (**sth**) lamentarsi (di qc)
lamp /læmp/ *s* lampada: *a street lamp* un lampione
'**lamp post** *s* lampione
lampshade /'læmpʃeɪd/ *s* paralume
land /lænd/ ▶ *s* **1** terra, terraferma: *by land* via terra ◊ *on dry land* sulla terraferma **2** terreno, terra: *arable land* terreno coltivabile ◊ *a plot of land* un appezzamento (di terreno) ◊ *to work on the land* lavorare la terra **3** (*proprietà*)

---

iː see   i happy   ɪ sit   e ten   æ hat   ɑː father   ʌ cup   ʊ put   uː too

landing → late

terreni **4** terra, paese: *the finest in the land* il migliore del paese
▶ **1** *vt*, *vi* sbarcare **2** *vt*, *vi* (*aereo*) (far) atterrare **3** *vi* cadere: *The ball landed in the water.* La palla finì nell'acqua. **4** *vt* (*informale*) (*posto, contratto*) accaparrarsi, ottenere LOC *Vedi* FOOT PHRV **land sb with sb/sth** (*informale*) affibbiare qn/qc a qn: *I got landed with the washing up.* Mi è toccato lavare i piatti.

landing /'lændɪŋ/ *s* **1** atterraggio **2** sbarco **3** pianerottolo

landlady /'lændleɪdi/ *s* (*pl* -**ies**) **1** padrona di casa **2** proprietaria, padrona (*di pensione o pub*)

landlord /'lændlɔːd/ *s* **1** padrone di casa **2** proprietario, padrone (*di pensione o pub*)

landmark /'lændmɑːk/ *s* **1** punto di riferimento **2** (*fig*) pietra miliare

landmine /'lændmaɪn/ *s* mina (*terrestre*)

landowner /'lændəʊnə(r)/ *s* proprietario terriero, proprietaria terriera

landscape /'lændskeɪp/ *s* paesaggio ⊃ *Vedi nota a* PAESAGGIO

landslide /'lændslaɪd/ *s* **1** frana **2 landslide (victory)** (*fig*) vittoria schiacciante

lane /leɪn/ *s* **1** viottolo **2** via, viuzza **3** (*Auto, Sport*) corsia: *slow/fast lane* corsia veicoli lenti/corsia di sorpasso

language /'læŋgwɪdʒ/ *s* **1** linguaggio: *to use bad language* dire parolacce **2** lingua

lantern /'læntən/ *s* lanterna

lap¹ /læp/ *s* **1** grembo: *to sit in/on sb's lap* sedere sulle ginocchia di qn **2** giro (*di pista*)

lap² /læp/ (**-pp-**) **1** *vi* (*acqua*) sciabordare **2** *vt* ~ **sth (up)** lappare, leccare qc PHRV **lap sth up** (*informale*) godersi qc, bearsi di qc

lapel /lə'pel/ *s* risvolto (*di giacca*)

lapse /læps/ ▶ *s* **1** errore: *a lapse of memory* un vuoto di memoria **2** mancanza (*nel comportamento*): *a lapse in taste* una caduta di tono **3** (*tempo*) intervallo: *after a lapse of six years* dopo un intervallo di sei anni
▶ *vi* **1** *to lapse back into bad habits* ricadere nelle cattive abitudini ◊ *to lapse into silence* smettere di parlare **2** (*Dir*) andare in prescrizione, scadere

laptop /'læptɒp/ *s* computer portatile

larder /'lɑːdə(r)/ *s* dispensa

large /lɑːdʒ/ ▶ *agg* (**larger, -est**) **1** grande: *small, medium or large* piccolo, medio o grande ◊ *to a large extent* in gran parte **2** (*persona, animale, somma*) grosso ⊃ *Vedi nota a* BIG LOC **by and large** generalmente *Vedi anche* EXTENT
▶ *s* LOC **at large 1** in libertà **2** nell'insieme: *the world at large* il mondo nel complesso

largely /'lɑːdʒli/ *avv* in gran parte

large-scale *agg* **1** su larga scala **2** (*cartina, modello*) a grande scala

lark /lɑːk/ *s* allodola

laser /'leɪzə(r)/ *s* laser: *laser printer* stampante laser

lash /læʃ/ ▶ *s* **1** *Vedi* EYELASH **2** frustata
▶ *vt* **1** frustare **2** (*coda*) agitare **3** ~ **sb/sth to sth** legare qn/qc a qc PHRV **lash out at/against sb/sth 1** menare colpi contro qn/qc **2** inveire contro qn/qc

lass /læs/ (*anche* **lassie** /'læsi/) *s* ragazza ❶ Il termine *lass* è principalmente usato in Scozia e nell'Inghilterra del nord.

last /lɑːst; *USA* læst/ ▶ *agg* **1** ultimo: *last thing at night* prima di andare a letto ⊃ *Vedi nota a* LATE **2** scorso: *last month* il mese scorso ◊ *last night* ieri sera ◊ *the night before last* l'altro ieri notte ◊ *a week last Monday* lunedì della settimana scorsa LOC **as a/in the last resort** come ultima risorsa ◆ **have the last laugh** ridere per ultimo ◆ **have the last word** avere l'ultima parola *Vedi anche* ANALYSIS, EVERY, FIRST, STRAW, THING
▶ *s* **the last (of sth)** l'ultimo, l'ultima (di qc): *the last but one* il penultimo/la penultima LOC **at (long) last** finalmente
▶ *avv* **1** (per) ultimo: *He came last.* È arrivato ultimo. **2** l'ultima volta: *I last saw her on Tuesday.* L'ultima volta che l'ho vista è stato martedì. LOC **last (and) last but not least** ultimo, ma non per questo meno importante
▶ *vi* ~ **(for) hours, days, etc.** durare (per) ore, giorni, ecc

lasting /'lɑːstɪŋ; *USA* 'læst-/ *agg* duraturo

lastly /'lɑːstli; *USA* 'læst-/ *avv* infine

'last name *s* cognome ⊃ *Vedi nota a* MIDDLE NAME

latch /lætʃ/ ▶ *s* **1** chiavistello **2** serratura a scatto
▶ *v* PHRV **latch on (to sth)** (*informale*) afferrare qc, capire

late /leɪt/ ▶ *agg* (**later, -est**) **1** in ritardo: *to be late* essere in ritardo ◊ *My flight was an hour late.* Il mio volo ha avuto un'ora di ritardo. **2** tardi: *It's getting late.* Si sta facendo tardi. ◊ *It's a bit late for that.* Ormai è un po' tardi. **3** tardivo: *in the late 19th century* nel tardo Ottocento ◊ *She's in her late twenties.* Si avvi-

u situation   ɒ got   ɔː saw   ɜː fur   ə ago   j yes   w woman   eɪ pay   əʊ go

lately → lead

cina alla trentina. **4 the latest** l'ultimo, il più recente

> Il superlativo **latest** significa "il più recente, il più nuovo": *the latest technology* la tecnologia più avanzata. L'aggettivo **last** significa "l'ultimo di una serie": *The last bus is at twelve.* L'ultimo autobus è a mezzanotte.

5 [*davanti a sostantivo*] defunto LOC **at the latest** al più tardi
▸ *avv* (**later**, **-est**) tardi: *He arrived half an hour late.* È arrivato con mezz'ora di ritardo. LOC **later on** più tardi *Vedi anche* BETTER, SOON

lately /'leɪtli/ *avv* ultimamente

latex /'leɪteks/ *s* **1** latice **2** latice di gomma

lather /'lɑːðə(r); *USA* 'læð-/ *s* schiuma

Latin /'lætɪn; *USA* 'lætn/ ▸ *s* [*non numerabile*] latino
▸ *agg* latino: *Latin poetry* poesie latine ◇ *a Latin temperament* un temperamento latino ◇ *Latin American* latino-americano

latitude /'lætɪtjuːd; *USA* -tuːd/ *s* latitudine

the latter /'lætə(r)/ *pron* il secondo, la seconda, quest'ultimo, quest'ultima ⊃ *Confronta* FORMER

laugh /lɑːf; *USA* læf/ ▸ *vi* ridere LOC *Vedi* BURST LOC **laugh your head off** sganasciarsi dalle risa PHRV **laugh at sb/sth** ridere di qn/qc
♦ **laugh at sth** (*barzelletta*) ridere a qc
▸ *s* **1** risata **2** (*informale*) (*evento o persona*): *What a laugh!* Che ridere! LOC **He's/She's always good for a laugh.** Ci fa sempre fare due risate.
♦ **do sth for a laugh/for laughs** fare qc per ridere
♦ **have a (good) laugh (about sth)** farsi una risata (a proposito di qc) *Vedi anche* LAST

laughable /'lɑːfəbl/ *agg* ridicolo

laughter /'lɑːftə(r); *USA* 'læf-/ *s* [*non numerabile*] riso: *to roar with laughter* ridere fragorosamente

launch /lɔːntʃ/ ▸ *vt* **1** lanciare **2** (*nave*) varare PHRV **launch into sth** (*discorso, ecc*) lanciarsi in qc
▸ *s* **1** lancio **2** (*nave*) varo **3** lancia (*barca*)

launderette (*anche* **laundrette** /lɔːn'dret/ (*USA* **Laundromat**® /'lɔːndrəmæt/) *s* lavanderia automatica ⊃ *Confronta* LAUNDRY

laundry /'lɔːndri/ *s* (*pl* **-ies**) **1** bucato: *to do the laundry* fare il bucato ❶ La parola più comune è **washing**. **2** lavanderia: *laundry service* servizio di lavanderia ⊃ *Confronta* LAUNDERETTE

lava /'lɑːvə/ *s* lava

lavatory /'lævətri; *USA* -tɔːri/ *s* (*pl* **-ies**) (*formale*) gabinetto, bagno ⊃ *Vedi nota a* TOILET

lavender /'lævəndə(r)/ *s* lavanda

lavish /'lævɪʃ/ *agg* **1** prodigo **2** abbondante, sontuoso

law /lɔː/ *s* legge: *against the law* contro la legge ◇ *She's studying law.* Studia legge. ◇ *civil/criminal law* diritto civile/penale LOC **law and order** ordine pubblico *Vedi anche* EYE **lawful** *agg* legale *Vedi anche* LEGAL

lawn /lɔːn/ *s* prato

lawnmower /'lɔːnməʊə(r)/ *s* tosaerba

lawsuit /'lɔːsuːt/ *s* processo, causa

lawyer /'lɔːjə(r)/ *s* avvocato, -essa ⊃ *Vedi nota a* AVVOCATO

lay¹ /leɪ/ (*pass, pp* **laid** /leɪd/) **1** *vt* mettere, poggiare **2** *vt* (*fondamenta*) gettare **3** *vt* (*filo, tubo*) installare **4** *vt* stendere ⊃ *Vedi anche* LIE² **5** *vt, vi* deporre (le uova) LOC **lay claim to sth** reclamare qc ♦ **lay your cards on the table** mettere le carte in tavola *Vedi anche* BLAME, TABLE PHRV **lay sth aside** mettere qc da parte
♦ **lay sth down 1** (*pacco, bagagli*) metter giù qc **2** (*armi*) deporre qc **3** (*regola, principio*) fissare, stabilire qc ♦ **lay sb off** (*informale*) mettere qn in cassa integrazione ♦ **lay sth on 1** (*luce, gas*) allacciare qc **2** (*informale*) offrire qc ♦ **lay sth out 1** disporre, presentare qc **2** (*argomento*) esporre qc **3** (*città, giardino*) pianificare qc

lay² *pass di* LIE²

lay³ /leɪ/ *agg* **1** laico **2** (*non esperto*) profano

lay-by *s* (*pl* **-bys**) (*GB*) piazzola di sosta

layer /'leɪə(r)/ *s* strato **layered** *agg* a strati, stratificato

layout /'leɪaʊt/ *s* [*gen sing*] **1** impaginazione **2** disposizione: *the layout of streets* il tracciato delle strade

laze /leɪz/ *vi* ~ (**about/around**) oziare

lazy /'leɪzi/ *agg* (**-ier, -iest**) pigro

lazybones /'leɪzibəʊnz/ *s* [*sing*] fannullone

lead¹ /led/ *s* piombo **leaded** *agg* con piombo

lead² /liːd/ ▸ *s* **1** (*gara*) vantaggio: *to be in the lead* essere in testa **2** esempio **3** (*Teat*) parte principale **4** (*Carte*) mano (*il giocare per primi*): *It's your lead.* Sei tu di mano. **5** indizio, pista **6** (*spec USA* **leash**) guinzaglio **7** (*Elettr*) filo
▸ (*pass, pp* **led** /led/) **1** *vt* condurre, guidare **2** *vt* ~ **sb to do sth** portare qn a fare qc **3** *vi* ~ **to/into sth** (*porta, ecc*) portare a/in qc: *This door leads into the garden.* Questa porta dà

sul giardino. **4** *vi* ~ **to sth** portare, dar luogo a qc **5** *vt* (*vita*) condurre **6** *vi* essere in testa **7** *vt* essere a capo di LOC **lead sb to believe (that) ...** far credere a qn che ... ♦ **lead the way (to sth)** aprire la strada (a qc) PHRV **lead up to sth** preparare il terreno per qc

leader /ˈliːdə(r)/ *s* **1** capo **2** (*Sport*) chi è in testa

leadership /ˈliːdəʃɪp/ *s* **1** direzione (*di partito, gruppo, ecc*) **2** [*v sing o pl*] dirigenza

leading /ˈliːdɪŋ/ *agg* principale

leaf /liːf/ *s* (*pl* **leaves** /liːvz/) foglia LOC **take a leaf out of sb's book** prendere esempio da qn *Vedi anche* TURN **leafy** *agg* (**-ier, -iest**) ricco di foglie: *leafy vegetables* verdure a foglia

leaflet /ˈliːflət/ *s* depliant, volantino

league /liːg/ *s* **1** associazione, lega **2** (*Sport*) serie **3** (*informale*): *They're just not in the same league*. Tra loro non c'è paragone. LOC **in league (with sb)** in combutta (con qn)

leak /liːk/ ▶ *s* **1** perdita (*di gas, acqua*) **2** (*fig*) fuga di notizie
▶ **1** *vi* (*recipiente*) perdere **2** *vi* (*liquido, gas*) uscire **3** *vt* (*informazioni*) rivelare

lean¹ /liːn/ *agg* (**-er, -est**) magro

lean

She's **leaning against** a tree.

He's **leaning out of** a window.

lean² /liːn/ (*pass, pp* **leant** /lent/ *o* **leaned**)
➲ *Vedi nota a* DREAM **1** *vi* pendere, essere inclinato: *to lean out of the window* sporgersi dalla finestra ◊ *to lean back* appoggiarsi all'indietro ◊ *to lean forward* sporgersi in avanti **2** *vt, vi* ~ (**sth**) **against/on sth** appoggiare qc a qc, appoggiarsi a qc **leaning** *s* tendenza, propensione

leap /liːp/ ▶ *vi* (*pass, pp* **leapt** /lept/ *o* **leaped**)
➲ *Vedi nota a* DREAM saltare, balzare: *My heart leapt*. Ho avuto un tuffo al cuore.
▶ *s* salto

leap year *s* anno bisestile

learn /lɜːn/ (*pass, pp* **learnt** /lɜːnt/ *o* **learned**)
➲ *Vedi nota a* DREAM *vt, vi* **1** *vi* ~ (**of/about**) **sth** imparare qc, venire a sapere (di) qc LOC **He's learnt his lesson**. Gli è servito di lezione. *Vedi anche* ROPE **learner** *s* principiante, studente

In Gran Bretagna e negli Stati Uniti i **learner drivers** possono richiedere la **provisional licence** (USA **learner's permit**) che consente di guidare un'auto anche prima di aver dato l'esame di guida se accompagnati da qualcuno munito di patente. In Gran Bretagna 'il foglio rosa' si può ottenere a 17 anni, negli Stati Uniti l'età varia da stato a stato (in alcuni è sufficiente avere compiuto 15 anni).

learning *s* **1** (*azione*) apprendimento **2** (*conoscenze*) cultura

learning difficulties *s* [*pl*] difficoltà di apprendimento

lease /liːs/ ▶ *s* contratto d'affitto LOC *Vedi* NEW
▶ *vt* **1** ~ **sth (to sb)** dare in affitto qc (a qn) **2** ~ **sth (from sb)** prendere in affitto qc (da qn)

leash /liːʃ/ *s* (*spec USA*) *Vedi* LEAD² senso (6)

least /liːst/ ▶ *pron* (*superl di* **little**) minore, meno di tutti: *It's the least I can do*. È il minimo che possa fare. LOC **at least** almeno, per lo meno ♦ **not in the least** affatto ♦ **not least** specialmente *Vedi anche* LAST
▶ *agg* minore
▶ *avv* meno: *when I least expected it* quando meno me lo aspettavo

leather /ˈleðə(r)/ *s* cuoio, pelle

leave /liːv/ ▶ (*pass, pp* **left** /left/) **1** *vt* lasciare: *Leave me alone*. Lasciami in pace. ◊ *She left the room* È uscita dalla stanza. ◊ *Leave it to me*. Ci penso io. **2** *vi* andarsene **3** *vi, vt* partire (da) **4** *vt* (*ombrello, borsa, ecc*) dimenticare **5** *vt* **to be left** rimanere, restare: *You've only got two days left*. Ti restano solo due giorni. LOC **leave sb high and dry** piantare in asso qn ♦ **leave sb to their own devices/to themselves** lasciare che qn si arrangi da solo *Vedi anche* ALONE PHRV **leave sb behind** lasciare qn ♦ **leave sth behind** lasciare, dimenticare qc ♦ **leave sb/sth out (of sth)** escludere qn/qc (da qc): *Leave me out of this quarrel, please*. Non coinvolgetemi in questa bega, per piacere. ◊ *He hadn't been asked to the party and was feeling very left out*.

leaves → lesbian

Non era stato invitato alla festa e si sentiva escluso. ◊ *She left out an 'm' in 'accommodation'.* Ha dimenticato la doppia "m" nella parola "accommodation".
▶ s congedo LOC **on leave** in congedo

leaves *plurale di* LEAF

lecture /'lektʃə(r)/ ▶ s **1** lezione (*universitaria*): *to give a lecture* fare una lezione ◊ *lecture theatre* aula magna **2** conferenza: *to give a lecture* tenere una conferenza ⊃ *Confronta* CONFERENCE **3** paternale
▶ **1** *vi* ~ **(on sth)** fare una lezione/conferenza (su qc) **2** *vt* ~ **sb (for/about sth)** fare la paternale a qn (per/su qc)

lecturer /'lektʃərə(r)/ *s* **1** ~ **(in sth)** (*università*) professore, -essa (di qc) **2** conferenziere, -a

led *pass, pp di* LEAD²

ledge /ledʒ/ *s* **1** sporgenza: *the window ledge* il davanzale della finestra **2** (*Geog*) piattaforma sottomarina

leech /liːtʃ/ *s* sanguisuga

leek /liːk/ *s* porro (*verdura*)

left¹ *pass, pp di* LEAVE

left² /left/ ▶ *s* **1** sinistra: *on the left* a sinistra **2 the Left** [*v sing o pl*] (*Pol*) la Sinistra
▶ *agg* sinistro
▶ *avv* a sinistra: *Turn/Go left.* Gira/Vai a sinistra.

left-hand *agg* sinistro, di sinistra: *on the left-hand side* sulla sinistra **left-'handed** *agg* mancino

left-'luggage office *s* (*GB*) deposito bagagli

leftover /'leftəʊvə(r)/ *agg* avanzato, rimanente: *leftover chicken* avanzi di pollo **leftovers** *s* [*pl*] avanzi

left-'wing *agg* di sinistra (*politicamente*)

leg /leg/ *s* **1** (*persona, mobile, pantaloni*) gamba ⊃ *Vedi illustrazione a* CROSS-LEGGED **2** (*animale*) zampa **3** (*carne*) coscia, cosciotto LOC **give sb a leg up** (*informale*) aiutare qn a salire ♦ **not have a leg to stand on** (*informale*) non avere una scusa che regga *Vedi anche* PULL, STRETCH

legacy /'legəsi/ *s* (*pl* **-ies**) **1** eredità **2** (*fig*) retaggio

legal /'liːgl/ *agg* legale, di legge: *to take legal action against sb* fare causa a qn *Vedi anche* LAWFUL *a* LAW **legality** /liˈɡæləti/ *s* legalità **legalization, -isation** /ˌliːɡələrˈzeɪʃn/ *s* legalizzazione **legalize, -ise** /'liːɡəlaɪz/ *vt* legalizzare **legally** /'liːɡəli/ *avv* legalmente: *a legally binding agreement* un accordo vincolante a norma di legge ◊ *to be legally responsible for sb/sth* essere legalmente responsabile per qn/qc

legend /'ledʒənd/ *s* leggenda **legendary** /'ledʒəndri; USA -deri/ *agg* leggendario

leggings /'leginz/ *s* [*pl*] pantacollant, fuseaux

legible /'ledʒəbl/ *agg* leggibile

legion /'liːdʒən/ *s* **1** legione **2** (*fig*) stuolo

legislate /'ledʒɪsleɪt/ *vi* ~ **(for/against sth)** promulgare delle leggi (a favore/contro qc) **legislation** *s* legislazione **legislative** /'ledʒɪslətɪv/ *agg* (*formale*) legislativo **legislature** /'ledʒɪsleɪtʃə(r)/ *s* [*numerabile*] (*formale*) organi legislativi

legitimacy /lɪˈdʒɪtɪməsi/ *s* legittimità

legitimate /lɪˈdʒɪtɪmət/ *agg* **1** legittimo, lecito **2** valido

leisure /'leʒə(r); USA 'liːʒər/ *s* tempo libero, svago: *leisure time* tempo libero LOC **at your leisure** con comodo

'leisure centre *s* (*GB*) centro ricreativo

leisurely /'leʒəli; USA 'liːʒərli/ ▶ *agg* tranquillo, rilassato
▶ *avv* tranquillamente

lemon /'lemən/ *s* limone

lemonade /ˌleməˈneɪd/ *s* **1** gazzosa **2** limonata

lend /lend/ *vt* (*pass, pp* **lent** /lent/) prestare LOC *Vedi* HAND ⊃ *Vedi illustrazione a* BORROW

length /leŋθ/ *s* **1** lunghezza: *20 metres in length* lungo 20 metri **2** durata: *for some length of time* per un certo periodo LOC **at length** con dovizia di particolari ♦ **go to any, great, etc. lengths (to do sth)** fare di tutto (per fare qc) **lengthen** *vt, vi* allungare, allungarsi **lengthways** /'leŋθweɪz/ (*anche* **lengthwise** /'leŋθwaɪz/) *avv* nel senso della lunghezza: *Cut the banana in half lengthways.* Tagliare la banana a metà di lungo. **lengthy** *agg* (**-ier, -iest**) molto lungo

lenient /'liːniənt/ *agg* **1** indulgente **2** (*punizione*) leggero

lens /lenz/ *s* (*pl* **lenses**) **1** (*Foto*) obiettivo **2** (*occhiali*) lente: *contact lenses* lenti a contatto

Lent /lent/ *s* Quaresima

lent *pass, pp di* LEND

lentil /'lentl/ *s* lenticchia

Leo /'liːəʊ/ *s* (*pl* **-os**) Leone (*segno zodiacale*) ⊃ *Vedi esempi a* ACQUARIO

leopard /'lepəd/ *s* leopardo

lesbian /'lezbiən/ ▶ *agg* lesbico
▶ *s* lesbica

| iː see | i happy | ɪ sit | e ten | æ hat | ɑː father | ʌ cup | ʊ put | uː too |

less /les/ ▶ *avv* ~ (**than** ...) meno (di/che ...): *I see him less often these days.* In questo periodo lo vedo meno. LOC **less and less** sempre meno *Vedi anche* EXTENT, MORE, CARE
▶ *agg, pron* ~ (**than** ...) meno (di/che ...): *I have less than you.* Ne ho meno di te.

> **Less** è il comparativo di **little** e di solito si usa con sostantivi non numerabili: *'I've got very little money.' 'I have even less money (than you).'* "Ho pochi soldi. " "Io ne ho ancora meno (di te)."
>
> **Fewer** è il comparativo di **few** e di solito si usa con sostantivi plurali: *fewer accidents, people, etc.* meno incidenti, gente, ecc. Nell'inglese parlato tuttavia, è più frequente usare **less** anziché **fewer**, anche con i sostantivi plurali.

lessen /'lesn/ *vi, vt* diminuire

lesser /'lesə(r)/ *agg* minore LOC *Vedi* EXTENT

lesson /'lesn/ *s* lezione: *I have four English lessons a week.* Ho quattro ore d'inglese alla settimana. LOC *Vedi* LEARN, TEACH

let¹ /let/ *vt* (**-tt-**) (*pass, pp* **let**) lasciare, fare, permettere: *to let sb do sth* lasciare fare qc a qn ◊ *My dad won't let me smoke in my bedroom.* Mio padre non mi lascia fumare in camera. ⊃ *Vedi nota a* ALLOW

> **Let us** + infinito senza il TO si usa per esprimere un suggerimento. Ad eccezione del linguaggio formale, si usa comunemente la forma contratta **let's**: *Let's go!* Andiamo! La forma negativa è **let's not** o **don't let's**: *Let's not argue.* Non litighiamo.

LOC **let alone** tanto meno: *I can't afford new clothes, let alone a holiday.* Non mi posso permettere dei vestiti nuovi, figuriamoci una vacanza. ◆ **let's face it** (*informale*) diciamocelo chiaramente ◆ **let's say** diciamo ◆ **let fly at sb/sth** scagliarsi contro qn/qc ◆ **let fly with sth** sparare con qc ◆ **let off steam** (*informale*) sfogarsi ◆ **let sb know sth** far sapere qc a qn ◆ **let sb/sth go; let go of sb/sth** mollare qn/qc ◆ **let sb/sth loose** lasciare andare qn/qc ◆ **let sth slip** lasciarsi scappare qc (*parlando*) ◆ **let the cat out of the bag** lasciarsi scappare un segreto ◆ **let the matter drop/rest** lasciar perdere la cosa ◆ **let yourself go** lasciarsi andare *Vedi anche* HOOK PHRV **let sb down** deludere qn ◆ **let sb in/out** far entrare/ uscire qn ◆ **let sb off** non punire qn: *I'll let you off this time.* Per questa volta chiudo un occhio. ◊ *For once my mum let me off washing up.* Per una volta la mia mamma non mi ha fatto lavare i piatti. ◆ **let sth off 1** (*bomba*) far esplodere qc **2** (*fuochi artificiali*) accendere qc

let² /let/ *vt* (**-tt-**) (*pass, pp* **let**) (*GB*) **to let sth (to sb)** affittare qc (a qn) LOC **to let** affittasi

lethal /'li:θl/ *agg* letale

lethargy /'leθədʒi/ *s* fiacchezza, apatia **lethargic** /lə'θɑ:dʒɪk/ *agg* fiacco, apatico

let's /lets/ = LET US *Vedi* LET¹

letter /'letə(r)/ *s* lettera: *to post a letter* imbucare una lettera ◊ *a five-letter word* una parola di cinque lettere LOC **to the letter** alla lettera

'letter box *s* **1** (*USA* **mailbox**) (*strada*) buca delle lettere **2** (*USA* **mail slot**) (*porta*) cassetta delle lettere

lettuce /'letɪs/ *s* lattuga

leukaemia (*USA* **leukemia**) /lu:'ki:miə/ *s* leucemia

level /'levl/ ▶ *agg* **1** piano, piatto: *a level spoonful* un cucchiaio raso **2** orizzontale, diritto **3** ~ (**with sb/sth**) allo stesso livello (di qn/qc) LOC *Vedi* BEST
▶ *s* livello: *1 000 metres above sea level* 1.000 metri sul livello del mare ◊ *high-level negotiations* negoziati ad alto livello
▶ *vt* (**-ll-**, *USA* **-l-**) livellare PHRV **level sth at sb/ sth** lanciare qc contro qn/qc (*accusa*) ◆ **level off/out** stabilizzarsi

,level 'crossing (*USA* **railroad crossing**) *s* passaggio a livello

lever /'li:və(r); *USA* 'levər/ *s* leva (*asta*) **leverage** /'li:vərɪdʒ; *USA* 'lev-/ *s* **1** (*fig*) influenza, potere **2** azione/forza di una leva

levy /'levi/ ▶ *vt* (*pass, pp* **levied**) imporre (*tassa*)
▶ *s* **1** riscossione (*di tasse*) **2** tassa, imposta

liable /'laɪəbl/ *agg* **1** ~ (**for sth**) responsabile (di qc) **2** ~ **to sth** soggetto a qc **3** ~ **to do sth** propenso a fare qc **liability** /,laɪə'bɪləti/ *s* (*pl* **-ies**) **1** ~ (**for sth**) responsabilità (per qc) **2** (*informale*) peso morto, palla al piede

liaise /li'eɪz/ *vi* **1** ~ (**with sb**) (*spec GB*) lavorare in collaborazione (con qn) **2** ~ (**between A and B**) curare le relazioni (tra A e B): *Part of her job is to liaise between students and teachers.* Fa parte del suo lavoro curare le relazioni tra studenti e insegnanti.

liaison /li'eɪzn; *USA anche* 'liəzɒn/ *s* **1** coordinamento **2** relazione (*sentimentale, sessuale*)

liar /'laɪə(r)/ *s* bugiardo, -a

libel /'laɪbl/ *s* diffamazione

liberal /'lɪbərəl/ *agg* **1** liberale **2 Liberal** (*Pol*) liberale: *the Liberal Democrats* il partito democratico liberale ⮕ *Confronta* LABOUR senso (4), TORY

liberate /'lɪbəreɪt/ *vt* ~ **sb/sth (from sth)** liberare qn/qc (da qc) **liberated** *agg* emancipato **liberation** *s* **1** liberazione **2** emancipazione

liberty /'lɪbəti/ *s* (*pl* **-ies**) libertà *Vedi anche* FREEDOM LOC **take liberties** prendersi delle libertà

Libra /'li:brə/ *s* Bilancia (*segno zodiacale*) ⮕ *Vedi esempi a* ACQUARIO

library /'laɪbrəri; *USA* -breri/ *s* (*pl* **-ies**) biblioteca **librarian** /laɪ'breəriən/ *s* bibliotecario, -a

libretto /lɪ'bretəʊ/ *s* (*pl* **-os** *o* **libretti** /-ti/) (*Mus*) libretto

lice *plurale di* LOUSE

licence (*USA* **license**) /'laɪsns/ *s* **1** licenza: *driving licence* patente di guida ◊ *TV licence* abbonamento alla televisione *Vedi* OFF-LICENCE **2** (*formale*) permesso

license /'laɪsns/ *vt* autorizzare: *The new drug has not yet been licensed in the UK*. La vendita del nuovo farmaco non è ancora stata autorizzata in Gran Bretagna. ◊ *They have licensed the firm to produce the drug*. Hanno autorizzato l'azienda a produrre il farmaco.

license plate *s* (*USA*) *Vedi* NUMBER PLATE

lick /lɪk/ ▶ *vt* leccare
▶ *s* leccata

licorice (*spec USA*) *Vedi* LIQUORICE

lid /lɪd/ *s* coperchio ⮕ *Vedi illustrazione a* SAUCEPAN

lie[1] /laɪ/ *vi* (*pass*, *pp* **lied** *p pres* **lying**) **to lie (to sb) (about sth)** mentire (a qn) (su qc)
▶ *s* bugia: *to tell lies* dire bugie

lie[2] /laɪ/ *vi* (*pass* **lay** /leɪ/ *pp* **lain** /leɪn/ *p pres* **lying**) **1** sdraiarsi, essere sdraiato **2** essere: *The problem lies in ...* Il problema sta in ... **3** (*città*) trovarsi PHRV **lie about/around 1** bighellonare **2** essere sparso: *Don't leave all your clothes lying around*. Non lasciare i vestiti sparsi dappertutto. ◆ **lie back** rilassarsi ◆ **lie down 1** sdraiarsi **2** riposarsi ◆ **lie in** (*GB*, *informale*) rimanere a letto (*la mattina*)

Confronta i verbi **lie** e **lay** (**lay**, **lain**, **lying**). Il verbo **lie** (**lied**, **lied**, **lying**) è intransitivo e significa "sdraiarsi, essere sdraiato": *I was feeling ill, so I lay down on the bed for a while*. Non mi sentivo bene, così mi sono sdraiato sul letto per un po'. Attenzione a non confonderlo con **lie** (**lied**, **lied**, **lying**), che significa "mentire". **Lay** (**laid**, **laid**, **laying**), invece, è transitivo e significa "mettere": *She laid her dress on the bed*

to keep it neat. Ha messo il vestito sul letto perché non si sgualcisse.

lieutenant /lef'tenənt; *USA* lu:'t-/ *s* tenente

life /laɪf/ (*pl* **lives** /laɪvz/) *s* **1** vita: *a friend for life* un amico per tutta la vita ◊ *private life* la vita privata ◊ *late in life* in età avanzata *Vedi* LONG-LIFE **2** ergastolo LOC **come to life** animarsi ◆ **take your (own) life** togliersi la vita *Vedi anche* BREATHE, BRING, FACT, KISS, MATTER, NEW, PRIME, TIME, TRUE, WALK, WAY

lifebelt /'laɪfbelt/ (*anche* **lifebuoy** /'laɪfbɔɪ/) *s* salvagente

lifeboat /'laɪfbəʊt/ *s* scialuppa di salvataggio

life expectancy *s* (*pl* **-ies**) durata media della vita

lifeguard /'laɪfgɑːd/ *s* bagnino, -a

life jacket (*USA anche* **life vest**) *s* giubbotto di salvataggio

lifelike /'laɪflaɪk/ *agg* realistico

lifelong /'laɪflɒŋ; *USA* -lɔːŋ/ *agg* di tutta la vita

life sentence *s* ergastolo

lifestyle /'laɪfstaɪl/ *s* stile di vita

lifetime /'laɪftaɪm/ *s* vita LOC **the chance of a lifetime** un'occasione unica

lift /lɪft/ ▶ **1** *vt* ~ **sb/sth (up)** sollevare, alzare qn/qc **2** *vt* (*divieto*) togliere **3** *vi* (*nebbia*, *nuvole*) disperdersi PHRV **lift off** decollare
▶ *s* **1** *to give sb a lift* dare un passaggio a qn **2** (*USA* **elevator**) ascensore **3** carica (*d'energia*, *di vita*) LOC *Vedi* THUMB

light /laɪt/ ▶ *s* **1** luce: *to turn on/off the light* accendere/spegnere la luce **2** (**traffic**) **lights** [*pl*] semaforo **3 a light**: *Have you got a light?* Hai da accendere? LOC **come to light** venire alla luce, emergere ◆ **in the light of sth** alla luce di qc *Vedi anche* SET[2]
▶ *agg* (**-er**, **-est**) **1** (*stanza*) luminoso **2** (*colore*) chiaro **3** (*persona*, *oggetto*) leggero: *two kilos lighter* due chili meno
▶ (*pass*, *pp* **lit** /lɪt/ *o* **lighted**) **1** *vt*, *vi* accendere, accendersi **2** *vt* illuminare

In genere si usa **lighted** come aggettivo davanti al sostantivo: *a lighted candle* una candela accesa e **lit** come verbo: *He lit a candle*. Accese una candela.

PHRV **light up (with sth)** illuminarsi (per qc) (*viso*, *occhi*)
▶ *avv*: *to travel light* viaggiare leggero

light bulb *Vedi* BULB

lighten /'laɪtn/ vt, vi **1** (colore) schiarire, schiarirsi **2** alleggerire, alleggerirsi **3** sollevare, sollevarsi (da una preoccupazione)

lighter /'laɪtə(r)/ s accendino

light-'headed agg intontito

light-'hearted agg **1** spensierato **2** (discussione) non impegnato

lighthouse /'laɪthaʊs/ s faro (sul mare)

lighting /'laɪtɪŋ/ s [non numerabile] illuminazione: *street lighting* illuminazione stradale

lightly /'laɪtli/ avv **1** leggermente **2** alla leggera LOC *get off/escape lightly* (informale) cavarsela con poco

lightness /'laɪtnəs/ s **1** chiarezza, luminosità **2** leggerezza

lightning /'laɪtnɪŋ/ s [non numerabile] fulmini, lampi

lightweight /'laɪtweɪt/ ▶ s peso leggero (boxe)
▶ agg **1** leggero **2** dei pesi leggeri (boxe)

like¹ /laɪk/ vt **1** *I like ice cream/swimming.* Mi piace il gelato/nuotare. ◊ *Do you like fish?* Ti piace il pesce? ⊃ *Vedi nota a* PIACERE **2** (desiderio, richiesta): *I would like to help, but I can't.* Mi piacerebbe poterti aiutare ma non posso. ◊ *I'd like an ice cream.* Voglio un gelato. ◊ *I'd like a new car.* Mi piacerebbe una macchina nuova. ◊ *I'd like you to meet her.* Vorrei che tu la conoscessi. LOC *if you like* se vuoi

like² /laɪk/ ▶ prep come: *European countries like Italy, France, etc.* paesi europei come l'Italia, la Francia, ecc ◊ *He cried like a child.* Ha pianto come un bambino. ◊ *to look/be like sb* assomigliare a qn ◊ *She acted like an idiot.* Si è comportata da idiota. ◊ *What's the weather like?* Che tempo fa? ◊ *What's she like?* Che tipo è? ◊ *What's your new house like?* Com'è la tua nuova casa? ◊ *Do it like this.* Fallo così. ⊃ *Confronta* AS LOC *what is sb like?* (GB, informale): *Oh, what am I like? I just completely forgot it.* Ma dove ho la testa? Me ne sono completamente dimenticato. *Vedi anche* JUST
▶ cong (informale) **1** come: *It didn't end quite like I expected it to.* Non è finita come mi aspettavo. ⊃ *Vedi anche* AS IF/THOUGH *a* AS **3** *I'm, he's, she's, etc.* ~ [si usa nel linguaggio molto informale al posto di "I said" ecc]: *And she's like 'No way!'* E lei fa "Nooo!"

likeable /'laɪkəbl/ agg piacevole, simpatico

likelihood /'laɪklihʊd/ s [sing] probabilità

likely /'laɪkli/ ▶ agg (**-ier**, **-iest**) **1** probabile: *It's likely to rain.* È probabile che piova. ◊ *She's very likely to ring me/It's very likely that she'll ring me.* È molto probabile che mi telefoni. **2** (candidato, posto) adatto
▶ avv LOC *not likely!* (informale) neanche per sogno!

liken /'laɪkən/ vt (formale) ~ *sth to sth* paragonare qc a qc

likeness /'laɪknəs/ s somiglianza: *a family likeness* l'aria di famiglia

likes /laɪks/ s LOC *likes and dislikes* preferenze: *We all have different likes and dislikes.* Tutti abbiamo delle preferenze.

likewise /'laɪkwaɪz/ avv (formale) **1** allo stesso modo: *to do likewise* fare lo stesso **2** anche **3** inoltre

liking /'laɪkɪŋ/ s LOC *be to sb's liking* (formale) essere di gradimento di qn ◆ *take a liking to sb* prendere qn in simpatia

lilac /'laɪlək/ s **1** (fiore) lillà **2** (colore) lilla

lily /'lɪli/ s (pl **-ies**) giglio

limb /lɪm/ s (Anat) arto

lime¹ /laɪm/ s calce

lime² /laɪm/ ▶ s lime
▶ agg, s (anche **lime 'green**) verde acido

limelight /'laɪmlaɪt/ s: *in the limelight* sotto i riflettori

limestone /'laɪmstəʊn/ s pietra calcarea

limit¹ /'lɪmɪt/ s limite: *the speed limit* il limite di velocità LOC *within limits* entro certi limiti **limitation** s limitazione **limitless** agg illimitato

limit² /'lɪmɪt/ vt ~ *sb/sth* (*to sth*) limitare qn/qc (a qc) **limited** agg limitato **limiting** agg limitativo, restrittivo

limousine /'lɪməziːn, ˌlɪmə'ziːn/ s limousine

limp¹ /lɪmp/ agg **1** molle, floscio **2** fiacco

limp² /lɪmp/ ▶ vi zoppicare
▶ s: *to have a limp* zoppicare

line¹ /laɪn/ s **1** linea, riga **2** coda **3** *lines* [pl] righe, versi: *to learn your lines* imparare le battute **4** ruga **5** corda: *a fishing line* una lenza da pesca ◊ *a clothes line* il filo del bucato **6** linea (telefonica): *The line is engaged.* È occupato. **7** [sing]: *the official line* la posizione ufficiale **8** (*USA*) *Vedi* QUEUE LOC *along/on the same lines* dello stesso genere ◆ *in line with sth* in accordo con qc ◆ *on line* **1** (Informatica) *on line Vedi anche* ONLINE **2** operativo: *The new working methods will come on line in June.* Le nuove modalità di lavoro saranno operative a giugno. *Vedi anche* DROP, HARD, HOLD, TOE

line² /laɪn/ vt: *a street lined with trees* una strada alberata ◊ *Thousands of people lined*

---

tʃ **ch**in dʒ **J**une v **v**an θ **th**in ð **th**en s **s**o z **z**oo ʃ **sh**e

line → live

the streets. Migliaia di persone si affollavano lungo le strade. **PHR V** **line up (for sth)** mettersi in fila (per qc) **lined** *agg* **1** (*carta*) a righe **2** (*viso*) rugoso

line³ /laɪn/ *vt* ~ **sth (with sth)** foderare, rivestire qc (di qc) **lined** *agg* foderato, rivestito **lining** *s* fodera, rivestimento

linear /ˈlɪniə(r)/ *agg* lineare

'**line drawing** *s* disegno a penna/matita

linen /ˈlɪnɪn/ *s* **1** lino **2** biancheria (*per la casa*)

liner /ˈlaɪnə(r)/ *s* transatlantico

linger /ˈlɪŋɡə(r)/ *vi* **1** (*persona*) indugiare, attardarsi **2** (*ricordo, odore, tradizione*) perdurare, persistere

linguist /ˈlɪŋɡwɪst/ *s* **1** poliglotta **2** linguista **linguistic** /lɪŋˈɡwɪstɪk/ *agg* linguistico **linguistics** *s* [*non numerabile*] linguistica

 link /lɪŋk/ ▸ *s* **1** anello (*di catena*) **2** legame, collegamento: *satellite link* collegamento via satellite
▸ *vt* **1** collegare, congiungere: *to link arms with sb* prendere sottobraccio qn **PHR V** **link up (with sb)** unirsi (a qn) ♦ **link up (with sth)** collegarsi (con qc)

lion /ˈlaɪən/ *s* leone: *a lion cub* un leoncino

lioness /ˈlaɪənes/ *s* leonessa

 lip /lɪp/ *s* labbro

lip-read /ˈlɪp riːd/ *vi* (*pass, pp* **lip-read** /-red/) leggere le labbra

lipstick /ˈlɪpstɪk/ *s* rossetto

liqueur /lɪˈkjʊə(r); *USA* -ˈkɜːr/ *s* liquore

 liquid /ˈlɪkwɪd/ ▸ *s* liquido
▸ *agg* liquido

liquidize, -ise /ˈlɪkwɪdaɪz/ *vt* passare al frullatore

liquidizer, -iser /ˈlɪkwɪdaɪzə(r)/ *s* (*GB*) *Vedi* BLENDER

liquor /ˈlɪkə(r)/ *s* [*non numerabile*] **1** (*GB*) alcolici **2** (*USA*) superalcolici

liquorice (*spec USA* **licorice**) /ˈlɪkərɪʃ, ˈlɪkərɪs/ *s* liquirizia

'**liquor store** *s* (*USA*) *Vedi* OFF-LICENCE

lisp /lɪsp/ ▸ *s* lisca (*nel parlare*)
▸ **1** *vi* parlare con la lisca **2** *vt* dire con la lisca

 list /lɪst/ ▸ *s* lista: *to make a list* fare una lista ◊ *waiting list* lista d'attesa
▸ *vt* **1** fare la lista di **2** elencare

 listen /ˈlɪsn/ *vi* **1** ~ **(to sb/sth)** ascoltare (qn/qc) **2** ~ **to sb/sth** dare ascolto a qn/qc **PHR V** **listen (out) for**: *Listen (out) for the phone.* Fai attenzione se squilla il telefono. **listener** *s* **1** (*Radio*) ascoltatore, -trice **2** *He's a good listener.* È uno che sa ascoltare.

lit *pass, pp di* LIGHT

liter (*USA*) *Vedi* LITRE

literacy /ˈlɪtərəsi/ *s* il saper leggere e scrivere, alfabetizzazione

literal /ˈlɪtərəl/ *agg* letterale **literally** *avv* letteralmente

literary /ˈlɪtərəri; *USA* -reri/ *agg* letterario

literate /ˈlɪtərət/ *agg* che sa leggere e scrivere

 literature /ˈlɪtrətʃə(r); *USA* -tʃʊər/ *s* **1** letteratura **2** (*informale*) materiale informativo

 litre (*USA* **liter**) /ˈliːtə(r)/ *s* (*abbrev* **l**) litro
➲ *Vedi Appendice 1*.

litter /ˈlɪtə(r)/ ▸ *s* **1** [*non numerabile*] rifiuti, cartacce **2** nidiata, cucciolata
▸ *vt* coprire: *Newspapers littered the floor.* Il pavimento era coperto di giornali.

'**litter bin** (*USA* **trash can**) *s* cestino dei rifiuti

 little /ˈlɪtl/ ▸ *agg* ❶ Il comparativo **littler** e il superlativo **littlest** sono poco comuni e di solito al loro posto si usano **smaller** e **smallest**. **1** piccolo: *When I was little …* Quando ero piccolo … ◊ *my little brother* mio fratello minore ◊ *your little finger* il mignolo ◊ *Poor little thing!* Poverino! **2** poco: *We have very little time left.* Ci è rimasto pochissimo tempo.
➲ *Vedi nota a* LESS

Little o **a little**? *Little* ha un senso negativo ed equivale a "poco". *A little* ha un senso molto più positivo ed equivale a "un po' di". Con *only*, comunque, si usa generalmente *a little*. Confronta le seguenti espressioni: *I've got little hope.* Ho poche speranze. ◊ *You should always carry a little money with you.* Dovresti sempre portare un po' di soldi con te.

▸ *s, pron* poco: *There was little anyone could do.* Non si è potuto far molto. ◊ *I only want a little.* Ne voglio solo un po'.
▸ *avv* poco: *little more than an hour ago* poco più di un'ora fa ◊ *I'm a little tired.* Sono un po' stanco. **LOC** **as little as possible** il meno possibile ♦ **little by little** poco a poco ♦ **little or nothing** poco o niente

 live¹ /laɪv/ ▸ *agg* **1** vivo ➲ *Vedi nota a* VIVO **2** (*proiettili*) carico **3** (*Elettr*) sotto tensione **4** (*TV*) in diretta **5** (*concerto, musica*) dal vivo **6** (*Informatica*) attivo: *live links* link attivi

| iː see | i happy | ɪ sit | e ten | æ hat | ɑː father | ʌ cup | ʊ put | uː too |

▶ *avv* in diretta

live² /lɪv/ *vi* **1** vivere **2** (*fig*) abitare: *Where do you live?* Dove abiti? **3** (*fig*) rimanere vivo PHRV **live for sth** vivere per qc ◆ **live on** continuare a vivere ◆ **live on sth** vivere di qc ◆ **live through sth** sopravvivere a qc ◆ **live up to sth** essere all'altezza di qc ◆ **live with sth** accettare qc

livelihood /ˈlaɪvlihʊd/ *s* mezzi di sostentamento

lively /ˈlaɪvli/ *agg* (-**ier**, -**iest**) vivace

liver /ˈlɪvə(r)/ *s* fegato

lives *plurale di* LIFE

livestock /ˈlaɪvstɒk/ *s* bestiame

living /ˈlɪvɪŋ/ ▶ *s* vita: *to earn/make a living* guadagnarsi da vivere ◊ *What do you do for a living?* Che lavoro fai? ◊ *cost/standard of living* costo della vita/tenore di vita
▶ *agg* vivente: *living creatures* esseri viventi ⮕ *Confronta* ALIVE LOC **in/within living memory** a memoria d'uomo

'**living room** *s* soggiorno

lizard /ˈlɪzəd/ *s* lucertola

llama /ˈlɑːmə/ *s* lama

load /ləʊd/ ▶ *s* **1** carico, peso **2** **loads (of sth)** [*pl*] (*informale*) un mucchio (di qc) LOC **a load of (old) rubbish, etc.** (*informale*): *What a load of rubbish!* Che sciocchezze!
▶ **1** *vt* ~ **sth (into/onto sth)** caricare qc (su qc) **2** *vt* ~ **sth (up) (with sth)** caricare qc (di qc) **3** *vt* ~ **sb/sth down** caricare troppo qn/qc **4** *vi* ~ **(up)** (**up with sth**) rifornirsi (di qc)

loaded /ˈləʊdɪd/ *agg* **1** carico **2** (*informale*) ricco sfondato LOC **a loaded question** una domanda tendenziosa

loaf /ləʊf/ *s* (*pl* **loaves** /ləʊvz/) pagnotta: *a loaf of bread* una pagnotta ⮕ *Vedi illustrazione a* PANE

loan /ləʊn/ *s* prestito

loathe /ləʊð/ *vt* detestare **loathing** *s* disgusto

loaves *plurale di* LOAF

lobby /ˈlɒbi/ ▶ *s* (*pl* **-ies**) **1** atrio, hall **2** [*v sing o pl*] (*Pol*) lobby
▶ *vt*, *vi* (*pass*, *pp* **lobbied**) ~ (**sb**) (**for sth**) far pressione (su qn) (per qc)

lobster /ˈlɒbstə(r)/ *s* aragosta

local /ˈləʊkl/ *agg* **1** locale: *local authority* ente locale ◊ *local elections* elezioni amministrative **2** (*Med*) localizzato: *local anaesthetic* anestesia locale **locally** *avv* localmente, nei paraggi: *Do you live locally?* Abita qui vicino?

locate /ləʊˈkeɪt; *USA* ˈləʊkeɪt/ *vt* **1** trovare **2** situare

location /ləʊˈkeɪʃn/ *s* **1** posto, posizione **2** localizzazione LOC **be on location** girare gli esterni

loch /lɒk, lɒx/ *s* (*Scozia*) lago

lock /lɒk/ ▶ *s* **1** serratura **2** lucchetto **3** (*canale*) chiusa
▶ *vt*, *vi* **1** chiudere a chiave, chiudersi a chiave **2** (*meccanismo*) bloccare, bloccarsi PHRV **lock sth away/up** tenere qc al sicuro ◆ **lock sb up** mettere dentro qn, rinchiudere qn

locker /ˈlɒkə(r)/ *s* armadietto (*in spogliatoio, stazione, ecc*)

locomotive /ˌləʊkəˈməʊtɪv/ *s* locomotivo

lodge /lɒdʒ/ ▶ *s* **1** casa del guardiano **2** (*caccia, pesca*) padiglione **3** portineria
▶ **1** *vi* ~ (**with sb/at …**) essere a pensione (presso qn/in …) **2** *vt*, *vi* ~ (**sth**) **in sth** conficcare qc; conficcarsi in qc

lodger /ˈlɒdʒə(r)/ *s* pensionante (*in una casa*)

lodging /ˈlɒdʒɪŋ/ *s* **1** alloggio: *board and lodging* vitto e alloggio **2** **lodgings** [*pl*] camere in affitto

loft /lɒft; *USA* lɔːft/ *s* soffitta

log¹ /lɒɡ; *USA* lɔːɡ/ *s* **1** tronco **2** ceppo

log² /lɒɡ; *USA* lɔːɡ/ ▶ *s* diario di bordo
▶ *vt* (-**gg**-) annotare (*sul diario di bordo*) PHRV **log in/on** (*Informatica*) fare il log in/log on ◆ **log off/out** (*Informatica*) fare il log off/log out

logic /ˈlɒdʒɪk/ *s* logica **logical** *agg* logico

logo /ˈləʊɡəʊ/ *s* (*pl* -**s**) logo

lollipop /ˈlɒlipɒp/ (*GB anche*, *informale* **lolly** /ˈlɒli/ (*pl* -**ies**)) *s* lecca lecca

lonely /ˈləʊnli/ *agg* **1** solitario, solo: *to feel lonely* sentirsi solo ⮕ *Vedi nota a* ALONE **2** solitario, isolato **loneliness** *s* solitudine **loner** *s* solitario, -a

long¹ /lɒŋ; *USA* lɔːŋ/ ▶ *agg* (**longer** /-ɡə(r)/ **longest** /-ɡɪst/) lungo: *It's two metres long.* È lungo due metri. ◊ *a long time ago* molto tempo fa ◊ *How long are the holidays?* Quanto durano le vacanze? ◊ *a long way away* molto lontano LOC **in the long run** alla lunga *Vedi anche* TERM
▶ *avv* (**longer** /-ɡə(r)/ **longest** /-ɡɪst/) **1** a lungo: *How long does the film last?* Quanto dura il film? ◊ *Stay as long as you like.* Rimani quanto vuoi. ◊ *How long have you known her?* Quant'è che la conosci? ◊ *long ago* molto tempo fa ◊ *long before/after* molto prima/dopo

long → loom

In inglese si possono utilizzare entrambe le espressioni **(for) long** e **(for) a long time**. Nelle frasi affermative si usa **(for) a long time**: *We've been friends for a long time*, ma non si utilizza **(for) long** eccetto in presenza di avverbi quali **too, enough, as, so, seldom**, etc.: *I stayed out for too long* ◊ *You've been waiting long enough.*

Nelle domande si possono usare entrambi, ma **(for) long** si preferisce: *Have you been waiting long?*

Nelle frasi negative spesso **(for) a long time** ha un significato diverso da **(for) long**. Si paragonino ad esempio le due frasi: *I haven't been here for a long time* (= è passato molto tempo dall'ultima volta che sono stato qui) e: *I haven't been here long* (= sono arrivato da poco).

2 *the whole night long* tutta la notte ◊ *all day long* tutto il giorno LOC **as/so long as 1** finché **2** purché ♦ **for long** da/per molto tempo ♦ **no longer/not any longer** non più: *I can't stay any longer.* Non posso restare oltre.

long² /lɒŋ; USA lɔːŋ/ *vi* **1** ~ **for sth/to do sth** desiderare tanto qc/fare qc **2** ~ **for sb to do sth** desiderare tanto che qn faccia qc

ˌlong-'distance ▸ *agg* su lunga distanza
▸ ˌlong 'distance *avv* su lunga distanza: *to phone long distance* fare un'interurbana

'long-haul *agg*: *long-haul flights* voli a lungo raggio ◊ *long-haul routes* destinazioni di lungo raggio

longing /'lɒŋɪŋ; USA 'lɔːŋ-/ *s* desiderio

longitude /'lɒndʒɪtjuːd, 'lɒŋgɪ-; USA -dʒətuːd/ *s* longitudine ➔ *Confronta* LATITUDE

'long jump *s* salto in lungo

ˌlong-'life *agg* a lunga conservazione

'long-range *agg* **1** (*previsione*) a lungo termine **2** (*missile*) a lunga portata **3** (*aereo*) a lungo raggio d'azione

ˌlong-'sighted *agg* (*spec GB*) presbite

ˌlong-'sleeved *agg* a maniche lunghe

ˌlong-'standing *agg* che dura da molto

ˌlong-'suffering *agg* estremamente paziente

ˌlong-'term *agg* a lungo termine

loo /luː/ *s* (*pl* **loos**) (*GB, informale*) gabinetto ➔ *Vedi nota a* TOILET

look¹ /lʊk/ *vi* **1** ~ **(at sb/sth)** guardare (qn/qc): *She looked out of the window.* Guardò fuori dalla finestra. ◊ *Well, look at her!* Ma guarda quella! **2** sembrare: *You look tired.* Hai l'aria stanca. **3** ~ **onto sth** dare su qc LOC **look good** essere promettente: *This year's sales figures are looking good.* Il volume delle vendite di quest'anno è promettente. ♦ **don't look a gift horse in the mouth** (*modo di dire*) a caval donato non si guarda in bocca ♦ **(not) look yourself** (non) essere lo stesso: *Since she got ill she hasn't looked herself.* Da quando si è ammalata non è più la stessa. ♦ **look on the bright side** considerare il lato buono della cosa ♦ **look sb up and down** squadrare qn ♦ **look your age** dimostrare la propria età: *She's fifty, but she doesn't look it.* Ha cinquant'anni ma non li dimostra.

PHR V **look after yourself/sb** aver cura di se stessi/badare a qn

look at sth 1 (*rapporto*) esaminare qc **2** (*possibilità*) considerare qc ♦ **look at sb/sth** guardare qn/qc

look back on sth ripensare a qc

look down on sb/sth disprezzare qn/qc

look for sb/sth cercare qn/qc

look forward to doing sth non veder l'ora di fare qc: *I'm looking forward to the Christmas holidays.* Non vedo l'ora che arrivino le vacanze di Natale.

look into sth esaminare qc

look on assistere

look out! *Look out!* Attento! ♦ **look out for sb/sth 1** fare attenzione a qn/qc: *Do look out for spelling mistakes in your work.* Fai attenzione agli errori di ortografia. **2** cercare qn/qc: *I'll look out for you at the conference.* Ti cercherò alla conferenza.

look sth over esaminare qc

look round 1 girarsi (*per vedere*) **2** guardarsi intorno ♦ **look round sth** dare un'occhiata a qc

look up 1 alzare gli occhi **2** (*informale*) migliorare ♦ **look up to sb** ammirare qn ♦ **look sth up** cercare qc (*su un dizionario, ecc*)

look² /lʊk/ *s* **1** occhiata, sguardo: *to have/take a look at sth* dare un'occhiata a qc **2** ~ **for sth** to have a look for sth cercare qc **3** aspetto, aria **4** look, moda **5 looks** [*pl*] aspetto: *good looks* bellezza LOC **by/from the look of sb/sth** a giudicare dall'apparenza di qn/qc: *It's going to be a fine day by the look of it.* Tutto fa pensare che sarà una bella giornata.

lookout /'lʊkaʊt/ *s* vedetta, sentinella LOC **be on the lookout for sb/sth; keep a lookout for sb/sth 1** fare attenzione a qn/qc **2** cercare qn/qc

loom /luːm/ ▸ *s* telaio
▸ *vi* **1** ~ **(up)** apparire (*in modo indistinto e minaccioso*) **2** (*fig*) incombere

aɪ five   aʊ now   ɔɪ join   ɪə near   eə hair   ʊə pure   ʒ vision   h how   ŋ sing

loony /'lu:ni/ s (pl -ies) agg (informale, dispreg) matto, -a

loop /lu:p/ ▶ s **1** anello, occhiello **2** (con nodo) cappio
▶ **1** vi formare un anello **2** vt: *to loop sth round/over sth* passare qc intorno a qc

loophole /'lu:phəʊl/ s scappatoia

loose /lu:s/ ▶ agg (**looser, -est**) **1** (capelli, frutta) sciolto: *loose change* spiccioli **2** (bottone) che si sta staccando **3** (abito) ampio, largo **4** (disciplina) rilassato **5** (nodo, vite) allentato **6** (animale) sciolto, scappato **LOC** *be at a loose end* non aver niente da fare *Vedi anche* LET[1]
▶ s **LOC** *be on the loose* essere scappato

loosely /'lu:sli/ avv **1** senza stringere **2** in modo approssimativo

loosen /'lu:sn/ vt, vi allentare, allentarsi: *The wine had loosened his tongue.* Il vino gli aveva sciolto la lingua. **PHRV** *loosen up* **1** sciogliere i muscoli **2** rilassarsi

loot /lu:t/ ▶ s bottino
▶ **1** vt saccheggiare **2** vi darsi al saccheggio

looting /'lu:tɪŋ/ s saccheggio

lop /lɒp/ vt (**-pp-**) potare **PHRV** *lop sth off (sth)* tagliar via qc (da qc)

lopsided /ˌlɒp'saɪdɪd/ agg **1** sbilenco, di traverso **2** (fig) non equilibrato

lord /lɔ:d/ s **1** signore **2** *the Lord* il Signore: *the Lord's Prayer* il Padrenostro **3** *Lord* (GB) (titolo) Lord *Vedi anche* LADY **4** *the Lords Vedi* THE HOUSE OF LORDS **lordship** /'lɔ:dʃɪp/ s **LOC** *your/his Lordship* Vostra/Sua Signoria

lorry /'lɒri/ *USA* 'lɔ:ri/ s (pl -ies) (spec USA **truck**) camion

lose /lu:z/ (pass, pp **lost** /lɒst; *USA* lɔ:st/) **1** vt, vi perdere: *He lost his title to the Russian.* Il russo gli ha portato via il titolo. **2** vt ~ *sb sth* far perdere qc a qn: *It lost us the game.* Ci è costata la partita. **3** vi (orologio) restare indietro **LOC** *lose your mind* impazzire ◆ *lose your nerve* farsi prendere dal panico ◆ *lose sight of sb/sth* perdere di vista qn/qc: *We must not lose sight of the fact that…* Non dobbiamo dimenticare che … ◆ *lose touch with sb* perdere i contatti con qn ◆ *lose your touch* perdere la mano ◆ *lose your way* perdersi *Vedi anche* COOL, GROUND, TEMPER[1], TOSS, TRACK, WEIGHT **PHRV** *lose out (on sth)/ (to sb/sth)* (informale) rimetterci (qc)/(rispetto a qn/qc) **loser** s perdente

loss /lɒs; *USA* lɔ:s/ s perdita **LOC** *be at a loss for words* essere senza parole

lost /lɒst; *USA* lɔ:st/ ▶ agg perso: *to get lost* perdersi **LOC** *get lost!* (informale) sparisci!
▶ pass, pp di LOSE

ˌlost ˈproperty s [non numerabile] **1** oggetti smarriti **2** (*USA* ˌlost and ˈfound) ufficio oggetti smarriti

lot[1] /lɒt/ ▶ *the (whole) lot* s (informale) tutto: *That's the lot!* Questo è tutto!
▶ *a lot, lots* pron (informale) molto, -a, ecc: *He spends a lot on clothes.* Spende molto nei vestiti. ◆ *Vedi nota a* MOLTO
▶ *a lot of, lots of* agg (informale) molto, molti: *lots of people* molta gente ◊ *What a lot of presents!* Quanti regali! ◆ *Vedi nota a* MANY *Vedi anche* MOLTO **LOC** *see a lot of sb* vedere molto qn
▶ avv molto: *It's a lot colder today.* Oggi fa molto più freddo. ◊ *Thanks a lot.* Grazie mille.

lot[2] /lɒt/ s **1** lotto **2** (informale): *What do you lot want?* Voialtri cosa volete? ◊ *I don't go out with that lot.* Non esco con quelli. **3** sorte, destino

lotion /'ləʊʃn/ s lozione

lottery /'lɒtəri/ s (pl -ies) lotteria

loud /laʊd/ ▶ agg (**-er, -est**) **1** (rumore) forte **2** (colore) vistoso
▶ avv (**-er, -est**) forte: *Speak louder.* Parla più forte. **LOC** *out loud* a voce alta

loudspeaker /ˌlaʊd'spi:kə(r)/ s altoparlante, cassa (di stereo)

lounge /laʊndʒ/ ▶ s **1** soggiorno **2** (aeroporto) sala d'attesa: *departure lounge* sala d'attesa (per l'imbarco) **3** (in hotel) salone
▶ vi ~ (**about/around**) poltrire, oziare

louse /laʊs/ s (pl **lice** /laɪs/) pidocchio

lousy /'laʊzi/ agg (**-ier, -iest**) terribile: *to feel lousy* stare da cani

lout /laʊt/ s giovinastro

lovable /'lʌvəbl/ agg adorabile, carino

love /lʌv/ ▶ s **1** amore: *love story/song* storia/canzone d'amore ❶ Nota che per le persone si dice **love** *for* **somebody** e per le cose **love** *of* **something**. **2** (Sport) zero **3** [alla fine di una lettera]: *Love, John* Bacioni, John ◊ *Lots of love from us all, Anna.* Un caro abbraccio da noi tutti, Anna. **LOC** *be in love (with sb)* essere innamorato (di qn) ◆ *give/send sb your love* mandare i saluti a qn ◆ *make love (to sb)* fare l'amore (con qn) *Vedi anche* FALL
▶ vt **1** amare, voler bene a **2** *She loves horses.* Adora i cavalli. ◊ *He loves swimming.* Gli piace molto nuotare. ◊ *I'd love to come.* Verrei tanto volentieri.

ˈlove affair s relazione (amorosa)

| tʃ chin | dʒ June | v van | θ thin | ð then | s so | z zoo | ʃ she |

lovely → lyrical

lovely /'lʌvli/ *agg* (**-ier**, **-iest**) **1** bello **2** carino, delizioso **3** piacevole: *We had a lovely time.* Ci siamo divertiti molto.
lovemaking /'lʌvmeɪkɪŋ/ *s* il fare l'amore
lover /'lʌvə(r)/ *s* **1** amante **2** ~ (**of sth**) appassionato, -a (di qc)
loving /'lʌvɪŋ/ *agg* affettuoso **lovingly** *avv* affettuosamente
low /ləʊ/ ▸ *agg* (**-er**, **-est**) **1** basso: *low pressure* bassa pressione ◊ *the lower middle classes* le classi medio-basse ᗒ *Confronta* HIGH¹, UPPER **2** abbattuto: *to feel low* sentirsi giù LOC **keep a low profile** cercare di passare inosservato *Vedi anche* ESTEEM
▸ *avv* (**-er**, **-est**) (in) basso: *to fly low* volare basso LOC *Vedi* STOOP
▸ *s* minimo

,low-'alcohol *agg* a basso contenuto alcolico
,low-'calorie *agg* a basso contenuto calorico
,low-'cost *agg* a basso prezzo
lower¹ /'ləʊə(r)/ *agg* inferiore: *lower lip* labbro inferiore ◊ *lower back* fascia lombare ◊ *lower case* minuscolo
lower² /'ləʊə(r)/ *vt, vi* abbassare, abbassarsi
,low-'fat *agg* magro (*alimenti*): *low-fat yogurt* yogurt magro
,low-'key *agg* moderato, discreto
lowland /'ləʊlənd/ ▸ *s* [*gen pl*] pianura, bassopiano
▸ *agg* di/in pianura
lowly /'ləʊli/ *agg* (**-ier**, **-iest**) (*spesso scherz*) umile
'low season *s* (*spec GB*) bassa stagione
,low-'tech *agg* (*informale*) a bassa tecnologia
,low 'tide (*anche* ,low 'water) *s* bassa marea
loyal /'lɔɪəl/ *agg* ~ (**to sb/sth**) leale, fedele (a qn/qc) **loyalist** *s* lealista **loyalty** *s* (*pl* **-ies**) lealtà, fedeltà
lozenge /'lɒzɪndʒ/ *s* **1** rombo, losanga **2** pasticca (*per la gola*)
'L-plate *s* ≃ P (*sulle auto*) ᗒ *Vedi nota a* LEARN
luck /lʌk/ *s* fortuna, sorte: *a stroke of luck* un colpo di fortuna ◊ *bad luck* sfortuna LOC **no such luck!** magari! ♦ **be in/out of luck** essere fortunato/sfortunato *Vedi anche* CHANCE, HARD
lucky /'lʌki/ *agg* (**-ier**, **-iest**) **1** fortunato **2** *It's lucky she's still here.* Per fortuna è ancora qui. **luckily** *avv* fortunatamente

ludicrous /'lu:dɪkrəs/ *agg* ridicolo
luge /'lu:dʒ/ *s* slittino
luggage /'lʌgɪdʒ/ *s* [*non numerabile*] bagagli ᗒ *Vedi nota a* INFORMAZIONE
'luggage rack /, lu:k'wɔːm/ *s* rete portabagagli
lukewarm /,lu:k'wɔːm/ *agg* tiepido
lull /lʌl/ ▸ *vt* **1** calmare **2** cullare
▸ *s* periodo di calma
lullaby /'lʌləbaɪ/ *s* (*pl* **-ies**) ninnananna
lumber /'lʌmbə(r)/ **1** *vt* ~ **sb with sb/sth** affibbiare qn/qc a qn **2** *vi* muoversi pesantemente **lumbering** *agg* goffo
lump /lʌmp/ ▸ *s* **1** pezzo: *a sugar lump* una zolletta di zucchero **2** grumo **3** (*Med*) nodulo
▸ *vt* ~ **sb/sth together** mettere insieme qn/qc
,lump 'sum *s* pagamento unico
lumpy /'lʌmpi/ *agg* (**-ier**, **-iest**) **1** (*salsa*) grumoso **2** (*superficie*) bitorzoluto
lunacy /'lu:nəsi/ *s* [*non numerabile*] pazzia
lunatic /'lu:nətɪk/ *s* pazzo, -a
lunch /lʌntʃ/ ▸ *s* pranzo: *to have lunch* pranzare ◊ *the lunch hour* l'ora di pranzo LOC *Vedi* PACKED *a* PACK
▸ *vi* pranzare
lunchtime /'lʌntʃtaɪm/ *s* l'ora di pranzo
lung /lʌŋ/ *s* polmone
lurch /lɜːtʃ/ ▸ *s* sobbalzo
▸ *vi* **1** (*persona*) barcollare **2** (*vettura*) sobbalzare **3** (*nave*) beccheggiare
lure /lʊə(r); GB *anche* ljʊə(r)/ ▸ *s* attrattiva
▸ *vt* attirare
lurid /'lʊərɪd; GB *anche* ljʊə(r)/ *agg* **1** (*colore*) sgargiante **2** (*descrizione, racconto*) impressionante
lurk /lɜːk/ *vi* stare in agguato
luscious /'lʌʃəs/ *agg* appetitoso
lush /lʌʃ/ *agg* rigoglioso
lust /lʌst/ ▸ *s* **1** lussuria **2** ~ **for sth** sete di qc
▸ *vi* ~ **after/for sb/sth** desiderare qn/qc
luxurious /lʌg'ʒʊəriəs/ *agg* lussuoso
luxury /'lʌkʃəri/ *s* (*pl* **-ies**) lusso: *a luxury hotel* un albergo di lusso
lychee /,laɪ'tʃiː, 'lɑːtʃiː/ *s* litchi
lyric /'lɪrɪk/ ▸ *agg* lirico
▸ **lyrics** *s* [*pl*] parole (*di una canzone*)
lyrical /'lɪrɪkl/ *agg* lirico

M m

M, m /em/ *s* (*pl* **Ms, M's, m's**) M, m: *M for Mary* M come Milano ➜ *Vedi esempi a* A, a

mac (*anche* **mack**) /mæk/ *s* (*GB, informale*) impermeabile

macabre /mə'kɑːbrə/ *agg* macabro

macaroni /ˌmækə'rəʊni/ *s* [*non numerabile*] maccheroni

machine /mə'ʃiːn/ *s* macchina (*apparecchio*)

ma'chine gun *s* mitragliatrice

machinery /mə'ʃiːnəri/ *s* macchinario

mack *Vedi* MAC

mackintosh /'mækɪntɒʃ/ *s* (*GB, antiq*) impermeabile

macro /'mækrəʊ/ *s* (*pl* **-os**) (*Informatica*) macro

mad /mæd/ *agg* (**madder, maddest**) **1** matto: *to go mad* impazzire ◊ *to be mad about sb/sth* impazzire per qn/andare matto per qc **2** (*informale, spec USA*) **mad (at/with sb)** furioso (con qn) **LOC** **like mad** (*informale*) come un matto

madam /'mædəm/ *s* [*sing*] (*formale*) signora

maddening /'mædnɪŋ/ *agg* esasperante

made *pass, pp di* MAKE¹

madly /'mædli/ *avv* pazzamente: *to be madly in love with sb* essere pazzamente innamorato di qn

madman /'mædmən/ *s* (*pl* **-men** /-mən/ *femm* **-woman** *pl* **-women**) *s* pazzo, -a

madness /'mædnəs/ *s* pazzia

maestro /'maɪstrəʊ/ *s* (*pl* **-os**) (*Mus*) maestro

magazine /ˌmægə'ziːn; *USA* 'mægəziːn/ *s* (*informale* **mag**) rivista

maggot /'mægət/ *s* verme, baco

magic /'mædʒɪk/ ▶ *s* magia **LOC** **like magic** come per magia
▶ *agg* magico

magical /'mædʒɪkl/ *agg* magico

magician /mə'dʒɪʃn/ *s* mago, -a *Vedi anche* CONJURER *a* CONJURE

magistrate /'mædʒɪstreɪt/ *s* magistrato: *the magistrates' court* la pretura

magnet /'mægnət/ *s* calamita **magnetic** /mæg'netɪk/ *agg* magnetico **magnetism** /'mægnətɪzəm/ *s* magnetismo **magnetize, -ise** *vt* magnetizzare

magnificent /mæg'nɪfɪsnt/ *agg* magnifico **magnificence** *s* magnificenza

magnify /'mægnɪfaɪ/ *vt* (*pass, pp* **-fied**) ingrandire **magnification** *s* ingrandimento

'magnifying glass *s* lente d'ingrandimento

magnitude /'mægnɪtjuːd; *USA* -tuːd/ *s* **1** grandezza **2** importanza **3** (*Astron*) magnitudine

mahogany /mə'hɒgəni/ *agg, s* (di) mogano

maid /meɪd/ *s* **1** domestica, cameriera **2** (*antiq*) fanciulla

maiden /'meɪdn/ *s* (*antiq*) fanciulla

'maiden name *s* nome da ragazza

ˌmaiden 'voyage *s* viaggio inaugurale

mail /meɪl/ ▶ *s* [*non numerabile*] posta

> Nell'inglese britannico la parola **post** è molto più comune di **mail**, ma **mail** è usata prevalentemente nelle parole composte come **email**, **junk mail** e **airmail**.

▶ *vt* (*spec USA*) **~ sth (to sb)** mandare, inviare qc (a qn)

mailbox /'meɪlbɒks/ *s* **1** (*USA*) *Vedi* LETTER BOX senso (1) **2** (*Informatica*) casella di posta elettronica

'mailing list *s* mailing list, elenco indirizzi: *I am already on your mailing list.* Sono già sul vostro elenco indirizzi.

mailman /'meɪlmæn/ *s* (*pl* **-men** /-mən/) (*anche* **'mail carrier**) (*USA*) *Vedi* POSTMAN

ˌmail 'order *s* [*non numerabile*] vendita per corrispondenza

'mail slot *s* (*USA*) *Vedi* LETTER BOX senso (2)

maim /meɪm/ *vt* mutilare

main¹ /meɪn/ *agg* principale: *main course* piatto principale **LOC** **the main thing** l'essenziale **mainly** *avv* principalmente

main² /meɪn/ *s* **1** conduttura: *a gas/water main* una tubatura del gas/dell'acqua **2** **the mains** [*pl*] le condutture **LOC** **in the main** per lo più

mainland /'meɪnlænd/ *s* terraferma, continente

ˌmain 'line *s* (*Ferrovia*) linea principale

mainstream /'meɪnstriːm/ *s* corrente principale

maintain /meɪn'teɪn/ *vt* **1** mantenere: *to maintain good relations* mantenere buoni rapporti **2** mantenere in buono stato: *well-*

---

u situation   ɒ got   ɔː saw   ɜː fur   ə ago   j yes   w woman   eɪ pay   əʊ go

maintenance → make-up

maintained in buono stato **3** ~ sth/that ... sostenere qc/che ...

maintenance /'meɪntənəns/ *s* [*non numerabile*] **1** mantenimento **2** manutenzione **3** alimenti (*soldi*)

maize /meɪz/ (*USA* **corn**) *s* granturco ⊃ Quando ci si riferisce al granturco cucinato si usa la parola **sweetcorn**. Confronta CORN

majestic /mə'dʒestɪk/ *agg* maestoso

majesty /'mædʒəsti/ *s* (*pl* **-ies**) **1** maestà **2** Majesty: *Your/Her Majesty* Vostra/Sua maestà

major /'meɪdʒə(r)/ ▶ *agg* **1** principale, importante, maggiore: *to make major changes* attuare dei grossi cambiamenti ◇ *a major problem* un problema grosso **2** (*Mus*) maggiore
▶ *s* maggiore

majority /mə'dʒɒrəti; *USA* -'dʒɔːr-/ *s* (*pl* **-ies**) **1** [*v sing o pl*] maggioranza: *The majority was/were in favour*. La maggioranza era favorevole. **2** [*davanti a sostantivo*] maggioritario: *majority rule* governo di maggioranza

make¹ /meɪk/ *vt* (*pass, pp* **made** /meɪd/) **1** ~ sth (**from/out of sth**) fare qc (con/da qc); fabbricare, produrre qc (con qc): *We made Christmas decorations from paper and string*. Abbiamo fatto le decorazioni natalizie con carta e spago. ◇ *What's it made (out) of?* Di cosa è fatto? ◇ *It's made in Japan*. È fatto in Giappone. ◇ *I'll make you a cup of coffee*. Ti faccio un caffè. **2** (*creare*) : *to make a noise/hole/list* fare un rumore/un buco/una lista ◇ *to make plans* fare progetti ◇ *to make an impression* colpire **3** (*eseguire, compiere*): *She makes films for children*. Fa film per bambini. ◇ *to make a phone call* fare una telefonata ◇ *to make a visit/trip* fare una visita/un viaggio ◇ *to make an effort/a change* fare uno sforzo/un cambiamento ◇ *to make an improvement* migliorare **4** (*convertire*) ~ sth **into** sth trasformare qc in qc: *We can make this room into a bedroom*. In questa stanza possiamo farci una camera da letto. **5** (*costringere*) ~ sb/sth **do** sth: *She made me wash the dishes*. Mi ha fatto lavare i piatti. ◇ *The onions made her cry*. Le cipolle l'hanno fatta piangere.

Il verbo all'infinito che segue **make** è senza il TO, ad eccezione delle espressioni passive: *I can't make him do it*. Non posso obbligarlo a farlo. ◇ *You've made her feel guilty*. L'hai fatta sentire in colpa. ◇ *He was made to wait at the police station*. Lo fecero aspettare in questura.

6 (*rendere*) ~ sb/sth + aggettivo/sostantivo: *He makes me happy*. Mi rende felice. ◇ *She makes me angry*. Mi fa arrabbiare. ◇ *He made my life hell*. Mi ha reso la vita impossibile. ◇ *That will only make things worse*. Questo peggiorerà le cose. **7** (*nominare*) ~ sb sth fare qn qc: *He was made a partner in his law firm*. È diventato socio nello studio legale. **8** (*diventare*): *She'll make a good teacher*. Sarà una buona insegnante. **9** (*guadagnare*) fare: *She makes lots of money*. Fa un sacco di soldi. **10** (*dire*): *to make an offer/a promise* fare un'offerta/una promessa ◇ *to make an excuse* trovare una scusa ◇ *to make a comment* fare un'osservazione **11** (*informale*) (*arrivare, finire*) farcela: *Can you make it (to the party/to the top)?* Ce la fai (a venire alla festa/ad arrivare in cima)? **LOC make do with sth** arrangiarsi (con qc) ◆ **make it** (*informale*) farcela ◆ **make it up to sb** farsi perdonare da qn ◆ **make the most of sth** sfruttare al massimo qc ⊃ Per altre espressioni con **make** vedi alla voce del sostantivo, dell'aggettivo, ecc, ad es. **make love** a LOVE.

PHR V be made for sb/each other essere fatto per qn/essere fatti l'uno per l'altro ◆ **make for sth** contribuire a qc ◆ **make for sb/sth** dirigersi verso qn/qc: *to make for home* essere diretto a casa

make sth of sb/sth pensare qc di qn/qc: *What do you make of it all?* Cosa ne pensi di tutto questo?

make off (with sth) svignarsela (con qc)

make sth out: *to make out a cheque for £10* fare un assegno di 10 sterline ◆ **make sb/sth out 1** (*riuscire a*) capire qn/qc **2** distinguere qn/qc: *to make out sb's handwriting* decifrare la calligrafia di qn

make up for sth compensare qc ◆ **make up (with sb)** fare la pace (con qn) ◆ **make sb/yourself up** truccare qn/truccarsi ◆ **make sth up 1** formare qc: *the groups that make up our society* i gruppi che costituiscono la società **2** inventare qc: *to make up an excuse* inventarsi una scusa

make² /meɪk/ *s* marca ⊃ Confronta BRAND

makeover /'meɪkəʊvə(r)/ *s* trasformazione

maker /'meɪkə(r)/ *s* fabbricante

makeshift /'meɪkʃɪft/ *agg* di fortuna, improvvisato

make-up *s* [*non numerabile*] **1** trucco, cosmetici **2** composizione **3** carattere

making /'meɪkɪŋ/ s fabbricazione LOC **be the making of sb** essere la chiave del successo di qn ♦ **have the makings of sth 1** (*persona*) avere la stoffa di qc **2** (*cosa*) avere quello che ci vuole per essere qc

male /meɪl/ ▸ *agg* **1** maschile: *a male goat* un caprone **2** (*Elettr*) maschio ⊃ *Vedi nota a* FEMALE
▸ *s* maschio

malice /'mælɪs/ s cattiveria, malevolenza **malicious** /mə'lɪʃəs/ *agg* cattivo

malignant /mə'lɪɡnənt/ *agg* maligno (*tumore*)

mall /mɔːl; *GB anche* mæl/ s *Vedi* SHOPPING MALL

malnutrition /ˌmælnjuː'trɪʃn; *USA* -nuː-/ s denutrizione

malt /mɔːlt/ s malto

mammal /'mæml/ s mammifero

mammoth /'mæməθ/ ▸ s mammut
▸ *agg* gigantesco

man[1] /mæn/ s (*pl* **men** /men/) uomo: *a young man* un giovanotto ◊ *a man's shirt* una camicia da uomo LOC **the man in the street** l'uomo della strada

> Man e mankind si usano nel senso generico di "tutti gli uomini e le donne". Tuttavia, alcuni considerano questo uso discriminatorio e preferiscono usare parole come **humanity, the human race** (singolare) o **humans, human beings, people** (plurale).

man[2] /mæn/ *vt* (-**nn**-) **1** (*ufficio*) dotare di personale **2** (*nave*) equipaggiare

manage /'mænɪdʒ/ **1** *vt* (*ditta*) dirigere **2** *vt* (*proprietà*) amministrare **3** *vi* ~ (**without sb/sth**) farcela (senza qn/qc): *I can't manage on £50 a week.* Non ce la faccio con 50 sterline alla settimana. **4** *vt, vi*: *to manage to do sth* riuscire a fare qc ◊ *Can you manage it?* Ce la fai? ◊ *Can you manage six o'clock?* Ce la fai per le sei? ◊ *I couldn't manage another mouthful.* Non riuscirei a mangiarne un altro boccone. **manageable** *agg* **1** maneggevole **2** (*persona, animale*) trattabile, docile

management /'mænɪdʒmənt/ s direzione, gestione: *a management consultant* un consulente di gestione aziendale

manager /'mænɪdʒə(r)/ s **1** direttore, -trice **2** (*negozio*) gestore **3** (*proprietà*) amministratore, -trice **4** (*Teat*) impresario, -a **5** (*Sport*) manager **manageress** /ˌmænɪdʒə'res/ s direttrice, gerente *f* (*di albergo, ristorante, ecc.*) **managerial** /ˌmænə'dʒɪəriəl/ *agg* direttivo, manageriale

managing di'rector s amministratore delegato

mandate /'mændeɪt/ s ~ (**to do sth**) delega, mandato (per fare qc) **mandatory** /'mændətəri; *USA* -tɔːri/ *agg* obbligatorio

mandolin /'mændəlɪn, ˌmændə'lɪn/ s mandolino

mane /meɪn/ s criniera

maneuver (*USA*) *Vedi* MANOEUVRE

manfully /'mænfəli/ *avv* valorosamente

manger /'meɪndʒə(r)/ s mangiatoia

mangle /'mæŋɡl/ *vt* maciullare, stritolare

mango /'mæŋɡəʊ/ s (*pl* -**oes**) mango

manhood /'mænhʊd/ s età virile

mania /'meɪniə/ s mania **maniac** /'meɪniæk/ *agg, s* maniaco, -a: *to drive like a maniac* guidare come un pazzo

manic /'mænɪk/ *agg* **1** maniaco **2** maniacale

manicure /'mænɪkjʊə(r)/ s manicure

manifest /'mænɪfest/ *vt* manifestare: *to manifest itself* manifestarsi **manifestation** s manifestazione **manifestly** *avv* in modo manifesto

manifesto /ˌmænɪ'festəʊ/ s (*pl* -**os** *o* -**oes**) manifesto (*programma*)

manifold /'mænɪfəʊld/ *agg* (*formale*) molteplice

manipulate /mə'nɪpjuleɪt/ *vt* manipolare **manipulation** s manipolazione **manipulative** /mə'nɪpjələtɪv/ *agg* che cerca di manipolare

mankind /mæn'kaɪnd/ s il genere umano ⊃ *Vedi nota a* MAN[1]

manly /'mænli/ *agg* (-**ier**, -**iest**) virile

man-'made *agg* (*lago*) artificiale; (*fibra*) sintetico

manned /mænd/ *agg* pilotato da un equipaggio

manner /'mænə(r)/ s **1** maniera, modo **2** comportamento **3 manners** [*pl*] educazione: (*good*) *manners* buona educazione ◊ *bad manners* maleducazione ◊ *It's bad manners to stare.* Non sta bene fissare la gente. ◊ *He has no manners.* È maleducato.

mannerism /'mænərɪzəm/ s vezzo

manoeuvre (*USA* **maneuver**) /mə'nuːvə(r)/
▸ s manovra
▸ *vt, vi* manovrare

manor /'mænə(r)/ s **1** (*Storia*) feudo **2** (*anche* '**manor house**) maniero

manpower /'mænpaʊə(r)/ s manodopera

| tʃ **ch**in | dʒ **J**une | v **v**an | θ **th**in | ð **th**en | s **s**o | z **z**oo | ʃ **sh**e |

mansion → market research

mansion /'mænʃn/ *s* casa signorile

manslaughter /'mænslɔ:tə(r)/ *s* omicidio colposo ➔ *Confronta* HOMICIDE, MURDER

mantelpiece /'mæntlpi:s/ *s* mensola del caminetto

manual /'mænjuəl/ ▶ *agg* manuale
▶ *s* manuale: *a training manual* un manuale di istruzioni

manually /'mænjuəli/ *avv* manualmente

manufacture /ˌmænjʊ'fæktʃə(r)/ *vt* **1** fabbricare, confezionare ➔ *Confronta* PRODUCE **2** (*scusa*) inventare **manufacturer** *s* fabbricante

manure /mə'njʊə(r)/ *s* letame

manuscript /'mænjuskrɪpt/ *agg, s* manoscritto

many /'meni/ *agg, pron* **1** molti, -e: *Many people disagree.* Molta gente non è d'accordo. ◇ *I haven't got many left.* Non me ne restano molti. ◇ *In many ways, I regret it.* Per molti versi, mi dispiace. ◇ *too many* troppi

La traduzione di **molto** dipende dal sostantivo che sostituisce o che lo segue. Nelle frasi affermative si usa **a lot (of)**: *She's got a lot of friends.* Ha molti amici. ◇ *Lots of people are poor.* Molta gente è povera. Nelle frasi negative e interrogative si usa **many** o **a lot of** quando il sostantivo è al plurale: *I haven't seen many women as bosses.* Non ho visto molte donne direttori. Si usa **much** o **a lot of** quando il sostantivo è al singolare: *I haven't eaten much (food).* Non ho mangiato molto. *Vedi anche* MOLTO.

2 ~ **a sth**: *Many a politician has been ruined by scandal.* Molti uomini politici sono stati rovinati dagli scandali. ◇ *many a time* molte volte **LOC** **a good/great many** moltissimi, -e *Vedi anche* SO

map /mæp/ ▶ *s* carta, pianta **LOC** **put sb/sth on the map** far conoscere qn/qc
▶ *vt* (**-pp-**) tracciare una mappa di **PHRV** **map sth out** pianificare qc

maple /'meɪpl/ *s* acero

marathon /'mærəθən; *USA* -θɒn/ *s* maratona: *to run a marathon* prender parte a una maratona ◇ *The interview was a real marathon.* Il colloquio fu una vera e propria maratona.

marble /'mɑ:bl/ *s* **1** marmo: *a marble statue* una statua di marmo **2** biglia

March /mɑ:tʃ/ *s* (*abbrev* **Mar**) marzo ➔ *Vedi nota e esempi a* JANUARY

march /mɑ:tʃ/ ▶ *vi* **1** marciare **2** manifestare **LOC** **get your marching orders** (*GB, informale*) ricevere il benservito *Vedi anche* QUICK **PHRV** **march sb away/off to sth** spedire qn in/a qc ◆ **march in** entrare risolutamente ◆ **march past (sb)** sfilare (davanti a qn) ◆ **march up to sb** andare risolutamente da qn
▶ *s* marcia **LOC** **on the march** in marcia

marcher /'mɑ:tʃə(r)/ *s* dimostrante, manifestante

mare /meə(r)/ *s* giumenta

margarine /ˌmɑ:dʒə'ri:n; *USA* 'mɑ:rdʒərɪn/ (*GB, informale* **marge** /mɑ:dʒ/) *s* margarina

margin /'mɑ:dʒɪn/ *s* margine **marginal** *agg* **1** marginale **2** (*nota*) a margine **marginally** *avv* lievemente

marijuana (*anche* **marihuana**) /ˌmærə'wɑ:nə/ *s* marijuana

marina /mə'ri:nə/ *s* porticciolo

marine /mə'ri:n/ ▶ *agg* marino
▶ *s* soldato di marina

marital /'mærɪtl/ *agg* coniugale: *marital status* stato civile

maritime /'mærɪtaɪm/ *agg* marittimo

marjoram /'mɑ:dʒərəm/ *s* maggiorana

mark /mɑ:k/ ▶ *s* **1** macchia, impronta **2** segno: *punctuation marks* segni di punteggiatura **3** voto: *a good/poor mark* un bel/brutto voto **LOC** **be up to the mark** essere in forma ◆ **make your mark** lasciare il segno ◆ **on your marks, (get) set, go!** ai vostri posti, attenti, via! *Vedi anche* OVERSTEP
▶ *vt* **1** macchiare **2** segnare **3** (*compito*) correggere **LOC** **mark time** (*Mil, fig*) segnare il passo ◆ **mark my words** fa' attenzione a quello che ti dico **PHRV** **mark sth up/down** aumentare/ridurre il prezzo di qc

marked /mɑ:kt/ *agg* notevole

markedly /'mɑ:kɪdli/ *avv* notevolmente

marker /'mɑ:kə(r)/ *s* **1** segnale **2** (*anche* **'marker pen**) pennarello a punta grossa

market /'mɑ:kɪt/ ▶ *s* mercato **LOC** **in the market for sth** interessato a comprare qc ◆ **on the market** in vendita: *to put sth on the market* mettere qc in vendita
▶ *vt* vendere, lanciare sul mercato

marketable /'mɑ:kɪtəbl/ *agg* commercializzabile

marketing /'mɑ:kətɪŋ/ *s* marketing

marketplace /'mɑ:kətpleɪs/ (*anche* **'market square**) *s* piazza del mercato

market re'search *s* ricerca di mercato

marksman /'mɑːksmən/ s (pl **-men** /-mən/) tiratore scelto

marmalade /'mɑːməleɪd/ s marmellata di agrumi ⊃ Confronta JAM

maroon /mə'ruːn/ agg, s bordeaux

marooned /mə'ruːnd/ agg abbandonato

marquee /mɑː'kiː/ s padiglione (tenda)

marriage /'mærɪdʒ/ s matrimonio ⊃ Vedi nota a MATRIMONIO

married /'mærɪd/ agg ~ (**to sb**) sposato (con qn): to get married sposarsi

marrow /'mærəʊ/ s **1** zucca **2** midollo LOC Vedi CHILL

marry /'mæri/ vt, vi (pass, pp **married**) sposare, sposarsi Vedi anche MARRIED

Mars /mɑːz/ s Marte

marsh /mɑːʃ/ s palude

marshal /'mɑːʃl/ ▶ s **1** maresciallo **2** membro del servizio d'ordine **3** (USA) sceriffo
▶ vt (**-ll-**, USA **-l-**) **1** (truppa) schierare **2** (idee, dati) ordinare

marshy /'mɑːʃi/ agg (**-ier**, **-iest**) paludoso

martial /'mɑːʃl/ agg marziale

Martian /'mɑːʃn/ agg, s marziano

martyr /'mɑːtə(r)/ s martire **martyrdom** /'mɑːtədəm/ s martirio

marvel /'mɑːvl/ ▶ s meraviglia, prodigio
▶ vi (**-ll-**, USA **-l-**) ~ **at sth** rimanere sorpreso davanti a qc

marvellous /'mɑːvələs/ (USA **marvelous**) agg meraviglioso, splendido: (That's) marvellous! Splendido! ◊ We had a marvellous time. Ci siamo divertiti moltissimo.

Marxism /'mɑːksɪzəm/ s marxismo **Marxist** agg, s marxista

marzipan /'mɑːzɪpæn, ˌmɑːzɪ'pæn/ s marzapane

mascara /mæ'skɑːrə; USA -'skærə/ s mascara

mascot /'mæskət, -skɒt/ s mascotte

masculine /'mæskjəlɪn/ agg **1** mascolino **2** (Gramm) maschile **masculinity** /ˌmæskju'lɪnəti/ s mascolinità

mash /mæʃ/ ▶ s (GB) purea di patate
▶ vt ~ **sth** (**up**) passare, schiacciare qc: mashed potatoes purea di patate

mask /mɑːsk; USA mæsk/ ▶ s maschera
▶ vt mascherare

masked /mɑːskt/ agg **1** in maschera **2** (bandito) mascherato

mason /'meɪsn/ s **1** muratore **2** scalpellino **3 Mason** massone **masonic** (anche **Masonic**) /mə'sɒnɪk/ agg massonico

masonry /'meɪsənri/ s muratura

masquerade /ˌmɑːskə'reɪd; USA ˌmæsk-/ ▶ s mascherata, montatura
▶ vi ~ **as sth** farsi passare per qc

Mass (anche **mass**) /mæs/ (Relig, Mus) messa

mass /mæs/ ▶ s **1** massa: a mass of snow una massa di neve **2** mucchio, gran quantità: masses of letters una montagna di lettere **3** [usato come agg] massiccio, di massa: a mass grave una fossa comune ◊ mass hysteria isteria collettiva **4 the masses** [pl] le masse LOC **the** (**great**) **mass of…** la (gran) massa di …
♦ **be a mass of sth** essere coperto di qc
▶ vt, vi **1** radunare, radunarsi, ammassare, ammassarsi **2** (Mil) adunare, adunarsi, concentrare, concentrarsi

massacre /'mæsəkə(r)/ ▶ s massacro
▶ vt massacrare

massage /'mæsɑːʒ; USA mə'sɑːʒ/ ▶ vt massaggiare
▶ s massaggio

massive /'mæsɪv/ agg **1** monumentale, enorme **2** massiccio, solido **massively** avv enormemente

ˌmass-pro'duce vt produrre in serie ˌmass pro'duction s produzione in serie

mast /mɑːst; USA mæst/ s **1** (barca) albero **2** (televisione) traliccio

master /'mɑːstə(r); USA 'mæs-/ ▶ s **1** padrone **2** maestro **3** (Naut) capitano **4** (nastro) originale **5** master bedroom camera da letto principale LOC master plan piano generale
▶ vt **1** dominare, controllare **2** imparare a fondo

masterful /'mɑːstəfl/ agg **1** autoritario **2** magistrale

masterly /'mɑːstəli; USA 'mæs-/ agg magistrale

mastermind /'mɑːstəmaɪnd; USA 'mæs-/ ▶ s cervello (persona intelligente)
▶ vt dirigere, essere il cervello di

masterpiece /'mɑːstəpiːs; USA 'mæs-/ s capolavoro

Master's /'mɑːstəz; USA 'mæs-/ (anche **'Master's degree**) s master

mastery /'mɑːstəri; USA 'mæs-/ s **1** ~ (**of sth**) padronanza (di qc) **2** ~ (**over sb/sth**) superiorità (su qn/qc)

masturbate /'mæstəbeɪt/ vi masturbarsi **masturbation** s masturbazione

mat → may

mat¹ /mæt/ s **1** stuoia, tappetino **2** (Sport) tappeto **3** sottopiatto, sottobicchiere **4** groviglio *Vedi anche* MATTED

mat² (USA) *Vedi* MATT

match¹ /mætʃ/ s **1** (Sport) partita, incontro **2** *This is an exact match.* Questo è identico. **3** ~ **(for sth)** coordinato (di qc) **4** fiammifero ⟦LOC⟧ **a good match** un buon partito ◆ **find/meet your match** trovare pane per i propri denti

match² /mætʃ/ **1** vt, vi intonarsi (a): *matching shoes and handbag* scarpe e borsetta abbinate **2** vt uguagliare ⟦PHR V⟧ **match up** coincidere ◆ **match up to sb/sth** essere all'altezza di qn/qc ◆ **match sth up (with sth)** ricomporre qc (con qc)

matchbox /'mætʃbɒks/ s scatola di fiammiferi

mate /meɪt/ ▸ s **1** (GB, informale) compagno, -a, amico, -a **2** (idraulico, elettricista) aiutante **3** (Naut) secondo **4** (Zool) compagno, -a **5** *Vedi* CHECKMATE
▸ vt, vi accoppiare, accoppiarsi

material /məˈtɪəriəl/ ▸ s **1** materiale: *raw materials* materie prime **2** stoffa
▸ agg materiale

materialism /məˈtɪəriəlɪzəm/ s materialismo

materialist /məˈtɪəriəlɪst/ s materialista

materialistic /məˌtɪəriəˈlɪstɪk/ agg materialista

materialize, -ise /məˈtɪəriəlaɪz/ vi materializzarsi

materially /məˈtɪəriəli/ avv sostanzialmente

maternal /məˈtɜːnl/ agg materno: *his maternal grandmother* la sua nonna materna

maternity /məˈtɜːnəti/ s maternità

mathematical /ˌmæθəˈmætɪkl/ agg matematico **mathematician** /ˌmæθəməˈtɪʃn/ s matematico, -a

mathematics /ˌmæθəˈmætɪks/ (informale **maths**, USA **math**) s [non numerabile] matematica

matinee /'mætɪneɪ; USA ˌmætn'eɪ/ s matinée (cinema, teatro)

mating /'meɪtɪŋ/ s accoppiamento ⟦LOC⟧ **mating season** la stagione degli amori

matrimony /'mætrɪməni; USA -məʊni/ s (formale) matrimonio **matrimonial** /ˌmætrɪˈməʊniəl/ agg matrimoniale

matron /'meɪtrən/ s assistente sanitaria scolastica

matt (anche **matte**, USA anche **mat**) /mæt/ ▸ agg opaco (colore)

▸ s (anche ˌmatt 'paint) vernice opaca ⊃ *Confronta* GLOSS

matted /'mætɪd/ agg arruffato

matter /'mætə(r)/ ▸ s **1** questione: *I have nothing further to say on the matter.* Non ho niente da aggiungere sulla faccenda. **2** (Fis) materia **3** materiale: *printed matter* stampe ⟦LOC⟧ **(be) a matter of...** (essere) una questione di...: *a matter of hours, minutes, days, etc.* una questione di ore, minuti, giorni, ecc ◊ *The bullet missed him by a matter of inches.* Il proiettile l'ha mancato per pochi centimetri. ◆ **be the matter (with sb/sth)**: *What's the matter with him?* Che cos'ha? ◊ *Is anything the matter?* C'è qualcosa che non va? ◊ *What's the matter with my dress?* Che cos'ha il mio vestito che non va? ◆ **a matter of life and death** una questione di vita o di morte ◆ **a matter of opinion** una questione di punti di vista ◆ **as a matter of course** per abitudine ◆ **as a matter of fact** in verità ◆ **for that matter** peraltro ◆ **no matter who, what, where, when, etc.**: *no matter what he says* qualsiasi cosa dica ◊ *no matter how rich he is* per quanto ricco sia ◊ *no matter what* qualsiasi cosa accada ◆ **take matters into your own hands** decidere di far da sé *Vedi anche* LET¹, MINCE, WORSE

▸ vi ~ **(to sb)** importare (a qn)

ˌ**matter-of-'fact** agg **1** (stile) prosaico **2** (persona) pratico

mattress /'mætrəs/ s materasso ⊃ *Vedi illustrazione a* LETTO

mature /məˈtjʊə(r); USA -ˈtʊər/ ▸ agg **1** maturo **2** (Comm) in scadenza
▸ **1** vt, vi maturare **2** vi (Comm) scadere

maturity /məˈtʃʊərəti, məˈtjʊərəti/ s maturità

maul /mɔːl/ vt sbranare

mausoleum /ˌmɔːsəˈliːəm/ s mausoleo

mauve /məʊv/ agg, s color malva

maverick /'mævərɪk/ s anticonformista

maxim /'mæksɪm/ s massima

maximize, -ise /'mæksɪmaɪz/ vt **1** (efficienza, guadagni) incrementare al massimo **2** (opportunità, risorse) sfruttare al massimo **3** (Informatica) ingrandire: *Maximize the window to full screen.* Ingrandire la finestra a tutto schermo.

maximum /'mæksɪməm/ agg, s (pl **maxima** /'mæksɪmə/) (abbrev **max**) massimo

May /meɪ/ s maggio ⊃ *Vedi nota e esempi a* JANUARY

may /meɪ/ v aus modale (pass **might** /maɪt/ neg **might not** o **mightn't** /'maɪtnt/)

---

aɪ f**i**ve   aʊ n**ow**   ɔɪ j**oi**n   ɪə n**ear**   eə h**air**   ʊə p**ure**   ʒ vi**s**ion   h **h**ow   ŋ si**ng**

maybe → measure

May è un verbo modale seguito dall'infinito senza il TO. Le frasi interrogative e negative si costruiscono senza l'ausiliare *do*. **May** ha solo due forme: il presente **may** e il passato **might**.

1 (*permesso*) potere: *You may come if you wish.* Se vuoi puoi venire. ◊ *May I go to the toilet?* Posso andare al gabinetto? ◊ *You may as well go home.* Tanto vale che tu vada a casa.

Per chiedere il permesso, **may** è considerato più educato di **can**, anche se **can** è usato di più: *Can I come in?* Posso entrare? ◊ *May I get down from the table?* Posso alzarmi da tavola? ◊ *I'll take a seat, if I may.* Se non le dispiace mi siedo. Al passato si usa di più **could** che **might**: *She asked if she could come in.* Chiese se poteva entrare.

2 (*anche* **might**) (*possibilità*) potere: *They may/might not come.* Può darsi che non vengano. ⊃ *Vedi nota a* POTERE¹ LOC **be that as it may** sia come sia

maybe /'meɪbi/ *avv* forse

'**May Day** *s* il primo maggio ⊃ *Vedi nota a* BANK HOLIDAY

mayhem /'meɪhem/ *s* [*non numerabile*] cagnara

mayonnaise /ˌmeɪə'neɪz; *USA* 'meɪəneɪz/ *s* maionese

mayor /meə(r); *USA* 'meɪər/ *s* sindaco **mayoress** /meə'res; *USA* meɪə'res/ *s* **1** (*anche* ˌlady 'mayor) sindaco (*donna*) **2** moglie del sindaco

maze /meɪz/ *s* labirinto

me /mi:/ *pron pers* **1** [*come complemento*] mi: *Call me.* Telefonami. ◊ *Tell me all about it.* Raccontami tutto. **2** [*dopo prep*] me: *Come with me.* Vieni con me. ◊ *as for me* in quanto a me **3** [*da solo o dopo il verbo* **to be**] io: *Hello, it's me.* Pronto, sono io. ⊃ *Confronta* I

meadow /'medəʊ/ *s* prato

meagre (*USA* **meager**) /'mi:gə(r)/ *agg* scarso, magro

meal /mi:l/ *s* pasto: *to go out for a meal* mangiare fuori LOC **make a meal of sth** (*informale*) far un affare di stato di qc *Vedi anche* SQUARE

mean¹ /mi:n/ *vt* (*pass, pp* **meant** /ment/) **1** voler dire, significare: *Do you know what I mean? Sai cosa voglio dire?* ◊ *What does 'stapler' mean?* Cosa vuol dire "stapler"? **2** ~ **sth** (**to sb**) dire qc (a qn): *That name doesn't mean anything to me.* Quel nome non mi dice niente. ◊ *You know how much Jane means to me.* Sai quanto Jane sia importante per me. **3** comportare: *His new job means him travelling more.* Il suo nuovo lavoro comporta più viaggi. **4** intendere: *I didn't mean to.* Non l'ho fatto apposta. ◊ *I meant to wash the car today.* Avevo pensato di lavare la macchina oggi. ◊ *She meant it as a joke.* Stava solo scherzando. ◊ *It was meant as a joke.* Voleva essere uno scherzo. **5 be meant to do sth**: *What's this picture meant to be?* Che cosa dovrebbe essere questo disegno? ◊ *You're meant to get to work at 9 o'clock.* Devi essere al lavoro alle 9. ◊ *That restaurant is meant to be excellent.* Quel ristorante dovrebbe essere ottimo. **6** dire sul serio: *I'm never coming back — I mean it!* Non torno più — dico sul serio! LOC **mean** (*informale*) voglio dire: *It's very warm, isn't it? I mean, for this time of year.* Fa molto caldo, vero? Voglio dire per la stagione. ◊ *We went there on Tuesday, I mean Thursday.* Ci andammo martedì, cosa dico, giovedì. ♦ **be meant for each other** essere fatti l'uno per l'altro ♦ **mean business** (*informale*) fare sul serio ♦ **mean well** avere buone intenzioni

mean² /mi:n/ *agg* (**-er, -est**) **1** ~ (**with sth**) avaro (con qc) **2** ~ (**to sb**) meschino (con qn) **3** medio

mean³ /mi:n/ *s* **1** mezzo **2** (*Mat*) media

meander /mi'ændə(r)/ *vi* **1** (*fiume*) fare dei meandri **2** (*persona*) girovagare **3** (*conversazione*) divagare

meaning /'mi:nɪŋ/ *s* significato **meaningful** *agg* significativo **meaningless** *agg* senza senso

means /mi:nz/ *s* (*pl* **means**) **1** mezzo: *a means of transport* un mezzo di trasporto **2** [*pl*] mezzi (*reddito*) LOC **a means to an end** un mezzo per raggiungere un fine ♦ **by all means** (*informale*) certamente *Vedi anche* WAY

meant *pass, pp di* MEAN¹

meantime /'mi:ntaɪm/ *s* LOC **in the meantime** nel frattempo

meanwhile /'mi:nwaɪl/ *avv* frattanto

measles /'mi:zlz/ *s* [*non numerabile*] morbillo

measurable /'meʒərəbl/ *agg* **1** misurabile **2** (*aumento*) sensibile

measure /'meʒə(r)/ ▶ *vt, vi* misurare PHR V **measure sb/sth up** (**for sth**) prendere le misure a qn/qc (per qc): *The tailor measured me up for a suit.* Il sarto mi ha preso le misure per un abito. ♦ **measure up** (**to sth**) essere all'altezza (di qc)

▶ *s* **1** misura: *weights and measures* pesi e misure **2** provvedimento: *to take measures to do sth* prendere provvedimenti per fare qc **3** (*USA*) *Vedi* BAR *s* senso (6) LOC **a measure**

| tʃ **ch**in | dʒ **J**une | v **v**an | θ **th**in | ð **th**en | s **s**o | z **z**oo | ʃ **sh**e |

measured → melodrama

of sth segno di qc ♦ **for good measure** in aggiunta ♦ **half measures** mezze misure ♦ **make sth to measure** fare qc su misura

measured /'meʒəd/ *agg* **1** (*linguaggio*) misurato **2** (*passo*) cadenzato

measurement /'meʒəmənt/ *s* **1** misurazione **2** misura

measuring tape *s* metro a nastro

meat /miːt/ *s* carne

meatball /'miːtbɔːl/ *s* polpetta di carne

meaty /'miːti/ *agg* (**-ier, -iest**) **1** (*sapore*) di carne **2** (*fig*) sostanzioso

mechanic /məˈkænɪk/ *s* meccanico **mechanical** *agg* meccanico **mechanically** *avv* meccanicamente: *I'm not mechanically minded.* Non me ne intendo di meccanica.

mechanics /məˈkænɪks/ *s* **1** [*non numerabile*] meccanica (*scienza*) **2 the mechanics** [*pl*] (*fig*) la meccanica

mechanism /'mekənɪzəm/ *s* meccanismo

medal /'medl/ *s* medaglia **medallist** (*USA* **medalist**) *s*: *be a gold/silver medallist* essere medaglia d'oro/d'argento

medallion /məˈdæliən/ *s* medaglione

meddle /'medl/ *vi* (*dispreg*) **1 ~ (in sth)** immischiarsi (in qc) **2 ~ with sth** toccare qc

media /'miːdiə/ *s* **1 the media** [*pl*] i mass media: *media studies* scienze delle comunicazioni **2** *plurale di* **MEDIUM¹**

mediaeval *Vedi* **MEDIEVAL**

mediate /'miːdieɪt/ *vi* mediare **mediation** *s* mediazione **mediator** *s* mediatore, -trice

medic /'medɪk/ *s* (*informale*) **1** dottore, -essa **2** (*spec GB*) studente di medicina

medical /'medɪkl/ ▶ *agg* **1** di medicina: *medical student* studente di medicina **2** medico
▶ *s* (*informale*) visita medica

medication /ˌmedɪˈkeɪʃn/ *s* [*non numerabile*] medicinali

medicinal /məˈdɪsɪnl/ *agg* medicinale

medicine /'medsn; *USA* 'medɪsn/ *s* medicina

medieval (*anche* **mediaeval**) /ˌmediˈiːvl; *USA anche* ˌmiːd-/ *agg* medievale

mediocre /ˌmiːdiˈəʊkə(r)/ *agg* mediocre **mediocrity** /ˌmiːdiˈɒkrəti/ *s* **1** mediocrità **2** (*persona*) mediocre

meditate /'medɪteɪt/ *vi* **~ (on sth)** meditare (su qc) **meditation** *s* meditazione

medium /'miːdiəm/ ▶ *s* (*pl* **media**) **1** mezzo **2** via di mezzo *Vedi anche* **MEDIA 3** (*pl* **mediums**) medium
▶ *agg* medio: *I'm medium.* Porto la taglia media. ◊ *The man was of medium height.* L'uomo era di statura media.

medley /'medli/ *s* (*pl* **-eys**) pot-pourri

meek /miːk/ *agg* (**-er, -est**) mite, umile **meekly** *avv* umilmente

meet¹ /miːt/ (*pass, pp* **met** /met/) **1** *vt, vi* incontrare, incontrarsi: *What time shall we meet?* A che ora ci vediamo? ◊ *Our eyes met.* I nostri sguardi si incrociarono. ◊ *Will you meet me at the station?* Verrai a prendermi alla stazione? **2** *vi* riunirsi **3** *vt, vi* conoscere, conoscersi: *Pleased to meet you.* Lieto di conoscerla. ◊ *I'd like you to meet ...* Ti presento ... ◊ *We've already met.* Ci siamo già conosciuti. ⊃ *Vedi nota a* **CONOSCERE 4** *vt* (*richiesta*) soddisfare: *They failed to meet payments on their loan.* Non hanno potuto far fronte alle rate del prestito. **LOC meet sb's eye** incrociare lo sguardo di qn *Vedi anche* **MATCH² PHRV meet up (with sb)** incontrare qn, incontrarsi ♦ **meet with sb** (*USA*) avere un incontro con qn

meet² /miːt/ *s* **1** (*GB*) raduno per una partita di caccia **2** (*USA*) raduno (*sportivo*) *Vedi anche* **MEETING** senso (3)

meeting /'miːtɪŋ/ *s* **1** incontro: *meeting place* luogo di incontro **2** riunione: *Annual General Meeting* assemblea generale annuale **3** (*Sport*) raduno *Vedi anche* **MEET²** senso (2)

mega /'megə/ ▶ *agg* (*gergale*) grandissimo: *The song was a mega hit last year.* Il brano ha avuto un successone l'anno scorso.
▶ *avv* estremamente: *They're mega rich.* Sono straricchi.

megabyte /'megəbaɪt/ *s* (*Informatica*) megabyte

megaphone /'megəfəʊn/ *s* megafono

melancholy /'melənkɒli/ ▶ *s* malinconia
▶ *agg* **1** (*persona*) malinconico **2** (*cosa*) triste

melee /'meleɪ; *USA* 'meɪleɪ/ *s* confusione

mellow /'meləʊ/ ▶ *agg* (**-er, -est**) **1** (*frutta, vino*) maturo **2** (*colore*) caldo **3** (*suono*) melodioso **4** (*atteggiamento*) comprensivo **5** (*informale*) brillo
▶ **1** *vt, vi* (*persona*) addolcire, addolcirsi **2** *vi* (*vino*) maturare

melodious /məˈləʊdiəs/ *agg* melodioso

melodrama /'melədrɑːmə/ *s* melodramma **melodramatic** /ˌmelədrəˈmætɪk/ *agg* melodrammatico

---

iː see   i happy   ɪ sit   e ten   æ hat   ɑː father   ʌ cup   ʊ put   uː too

melody /ˈmelədi/ s (pl -ies) melodia **melodic** /məˈlɒdɪk/ agg melodico

melon /ˈmelən/ s melone Vedi anche WATER-MELON

melt /melt/ **1** vt, vi fondere, fondersi: *melting point* punto di fusione **2** vt, vi sciogliere, sciogliersi: *to melt in the mouth* sciogliersi in bocca **3** vt, vi (fig) (far) svanire PHRV **melt away** sciogliersi, disperdersi ◆ **melt sth down** fondere qc **melting** s **1** scioglimento **2** fusione

'melting pot s crogiolo (*di razze, culture*) LOC **be in/go into the melting pot** essere in discussione

member /ˈmembə(r)/ s **1** membro: *Member of Parliament (MP)* deputato, -a ◊ *a member of the audience* uno spettatore **2** (*club*) socio, -a **membership** s **1** iscrizione: *to apply for membership* far domanda di iscrizione ◊ *membership card* tessera di iscrizione **2** *The club has a membership of 300.* Il club ha 300 soci.

membrane /ˈmembreɪn/ s membrana

memento /məˈmentəʊ/ s (pl **-os** o **-oes**) ricordo

memo /ˈmeməʊ/ s (pl **-s**) (*informale*) circolare

memoirs /ˈmemwɑːz/ s [pl] memorie

memorabilia /ˌmemərəˈbɪliə/ s [pl] cimeli

memorable /ˈmemərəbl/ agg memorabile

memorandum /ˌmeməˈrændəm/ s (pl **memoranda** /-də/) **1** promemoria **2** ~ (**to sb**) comunicazione di servizio (per qn) **3** (*Dir*) memorandum

memorial /məˈmɔːriəl/ s ~ (**to sb/sth**) monumento commemorativo (di qn/qc)

memorize, -ise /ˈmeməraɪz/ vt memorizzare

memory /ˈmeməri/ s (pl **-ies**) **1** memoria: *from memory* a memoria *Vedi anche* BY HEART a HEART **2** ricordo LOC **in memory of sb/to the memory of sb** in memoria di qn *Vedi anche* JOG, LIVING, REFRESH

men plurale di MAN[1]

menace /ˈmenəs/ ▶ s **1** ~ (**to sb/sth**) minaccia (per qn/qc) **2 a menace** (*informale, scherz*) una piaga
▶ vt minacciare

menacing /ˈmenəsɪŋ/ agg minaccioso

menagerie /məˈnædʒəri/ s serraglio

mend /mend/ ▶ **1** vt aggiustare *Vedi anche* FIX **2** vi guarire LOC **mend your ways** correggersi
▶ s rammendo LOC **on the mend** (*informale*) in via di guarigione

mending /ˈmendɪŋ/ s [*non numerabile*] **1** rammendo (*di abiti*) **2** cose da rammendare

menfolk /ˈmenfəʊk/ s [pl] uomini

meningitis /ˌmenɪnˈdʒaɪtɪs/ s meningite

menopause /ˈmenəpɔːz/ s menopausa

menstrual /ˈmenstruəl/ agg mestruale

menstruation /ˌmenstruˈeɪʃn/ s mestruazione

menswear /ˈmenzweə(r)/ s abbigliamento da uomo

mental /ˈmentl/ agg **1** mentale: *mental hospital* ospedale psichiatrico **2** (*informale, dispreg*) pazzo **mentally** avv mentalmente: *mentally ill/disturbed* malato di mente

mentality /menˈtæləti/ s (pl **-ies**) mentalità

mention /ˈmenʃn/ ▶ vt menzionare, accennare a: *worth mentioning* degno di menzione LOC **don't mention it** non c'è di che ◆ **not to mention…** senza contare…
▶ s menzione, accenno

mentor /ˈmentɔː(r)/ s mentore

menu /ˈmenjuː/ s menu

meow (*spec USA*) = MIAOW

MEP /ˌem iː ˈpiː/ s **Member of the European Parliament** eurodeputato

mercantile /ˈmɜːkəntaɪl; USA -tiːl, -tɪl/ agg mercantile

mercenary /ˈmɜːsənəri; USA -neri/ ▶ agg **1** mercenario **2** (*dispreg*) venale
▶ s (pl **-ies**) mercenario, -a

merchandise /ˈmɜːtʃəndaɪz/ s [*non numerabile*] merce **merchandising** s merchandising

merchant /ˈmɜːtʃənt/ s **1** commerciante *Vedi anche* DEAL[3], DEALER **2** (*Storia*) mercante **3** *merchant bank* banca d'affari ◊ *merchant navy* marina mercantile

merciful /ˈmɜːsɪfl/ agg **1** ~ (**to/towards sb**) compassionevole, clemente (con qn) **2** (*evento*): *merciful relief* grande sollievo **mercifully** avv **1** con compassione, con pietà **2** fortunatamente

merciless /ˈmɜːsɪləs/ agg ~ (**to/towards sb**) spietato (con qn)

Mercury /ˈmɜːkjəri/ s Mercurio

mercury /ˈmɜːkjəri/ s mercurio

mercy /ˈmɜːsi/ s **1** pietà, clemenza: *to have mercy on sb* avere pietà di qn ◊ *mercy killing* eutanasia **2** *It's a mercy that…* È una fortuna che… LOC **at the mercy of sb/sth** alla mercé di qn/qc

mere /mɪə(r)/ agg semplice, puro: *It took her a mere 20 minutes to win.* Le ci sono voluti solo 20 minuti per vincere. ◊ *mere coincidence* pura combinazione ◊ *the mere thought of him* il solo pensare a lui LOC **the merest ...** il minimo ... : *The merest glimpse was enough.* Una semplice occhiata fu più che sufficiente. **merely** *avv* soltanto, semplicemente

merge /mɜːdʒ/ *vt, vi* **1** fondere, fondersi: *Three small companies merged into one large one.* Tre ditte di piccole dimensioni si sono fuse per formarne una grande. ◊ *Past and present merge in Oxford.* Ad Oxford il passato si mescola al presente. **2** (*fig*) fondere qc; fondersi (con qc) **merger** *s* fusione

meringue /məˈræŋ/ *s* meringa

merit /ˈmerɪt/ ▸ *s* merito: *to judge sth on its merits* giudicare qc per i suoi meriti
▸ *vt* (*formale*) meritare, essere degno di

mermaid /ˈmɜːmeɪd/ *s* sirena

merry /ˈmeri/ *agg* (**-ier, -iest**) **1** allegro: *Merry Christmas!* Buon Natale! **2** (*informale*) brillo LOC **make merry** (*antiq*) divertirsi **merriment** *s* (*formale*) allegria

ˈ**merry-go-round** *s* giostra

mesh /meʃ/ ▸ *s* **1** maglia: *wire mesh* rete metallica **2** (*Mecc*) ingranaggio **3** (*fig*) rete
▸ *vi* ~ **(with sth) 1** ingranare (con qc) **2** (*fig*) essere compatibile (con qc)

mesmerize, -ise /ˈmezməraɪz/ *vt* ipnotizzare

⚡ **mess** /mes/ ▸ *s* **1** disordine: *This kitchen's a mess!* Questa cucina è un casino! **2** (*informale, euf*) (*escremento*) bisogni **3** disastro, caos **4** *You look a mess!* Guarda in che stato sei! **5** (*Mil*) (*USA anche* ˈ**mess hall**) mensa
▸ *vt* (*spec USA, informale*) scompigliare
PHRV **mess about/around 1** fare lo stupido **2** trafficare ◆ **mess sb about/around** menare per il naso qn ◆ **mess sth about/around; mess about/around with sth** pasticciare con qc
mess up fare un casino: *I've really messed up this time.* Ho fatto un bel casino, stavolta.
◆ **mess sb up** (*informale*) traumatizzare qn
◆ **mess sth up 1** mettere sottosopra qc, sporcare qc: *Don't mess up my hair!* Non spettinarmi! **2** incasinare qc
mess with sb/sth provocare qn/intromettersi in qc

⚡ **message** /ˈmesɪdʒ/ ▸ *s* **1** messaggio **2** commissione LOC **get the message** (*informale*) capire l'antifona
▸ *vt* mandare un sms a: *Fiona just messaged me (the news).* Fiona mi ha appena mandato un sms (per informarmi).

ˈ**message board** *s* bacheca elettronica: *I posted the question on the message board.* Ho lasciato una domanda sulla bacheca elettronica.

messaging /ˈmesɪdʒɪŋ/ *s* messaging: *a multimedia messaging service* un servizio di messaggeria multimediale ◊ *picture messaging* messaggi con immagini

messenger /ˈmesɪndʒə(r)/ *s* messaggero, -a

ˈ**mess hall** (*USA*) *Vedi* MESS senso (5)

Messiah (*anche* **messiah**) /məˈsaɪə/ *s* Messia

messy /ˈmesi/ *agg* (**-ier, -iest**) **1** sporco **2** disordinato **3** (*fig*) ingarbugliato

met *pass, pp di* MEET[1]

metabolism /məˈtæbəlɪzəm/ *s* metabolismo

⚡ **metal** /ˈmetl/ *s* metallo **metallic** /məˈtælɪk/ *agg* metallico

metamorphose /ˌmetəˈmɔːfəʊz/ *vt, vi* (*formale*) trasformare, trasformarsi **metamorphosis** /ˌmetəˈmɔːfəsɪs/ *s* (*pl* **-oses** /-əsiːz/) (*formale*) metamorfosi

metaphor /ˈmetəfə(r)/ *s* metafora **metaphorical** /ˌmetəˈfɒrɪkl/ *agg* metaforico ➲ *Confronta* LITERAL

metaphysics /ˌmetəˈfɪzɪks/ *s* [*non numerabile*] metafisica **metaphysical** *agg* metafisico

meteor /ˈmiːtiə(r)/ *s* meteora **meteoric** /ˌmiːtiˈɒrɪk/ *agg* fulmineo

meteorite /ˈmiːtiəraɪt/ *s* meteorite

meteorological /ˌmiːtiərəˈlɒdʒɪkl/ *agg* meteorologico

meter /ˈmiːtə(r)/ ▸ *s* **1** contatore *Vedi anche* PARKING **2** (*USA*) *Vedi* METRE
▸ *vt* misurare con un contatore

methane /ˈmiːθeɪn/ *s* metano

⚡ **method** /ˈmeθəd/ *s* metodo: *a method of payment* un modo di pagamento **methodical** /məˈθɒdɪkl/ *agg* metodico **methodology** /ˌmeθəˈdɒlədʒi/ *s* metodologia

Methodist /ˈmeθədɪst/ *agg, s* metodista

methylated spirit /ˌmeθəleɪtɪd ˈspɪrɪt/ (*anche* **methylated spirits**) (*informale* **meths**) *s* [*non numerabile*] alcol denaturato

meticulous /məˈtɪkjələs/ *agg* meticoloso

⚡ **metre** (*USA* **meter**) /ˈmiːtə(r)/ *s* (*abbrev* **m**) metro ➲ *Vedi Appendice 1.* **metric** /ˈmetrɪk/ *agg* metrico: *the metric system* il sistema metrico decimale

metropolis /məˈtrɒpəlɪs/ *s* (*pl* **-lises**) metropoli **metropolitan** /ˌmetrəˈpɒlɪtən/ *agg* metropolitano

miaow (*spec USA* **meow**) /miˈaʊ/ ▸ *escl* miao
▸ *s* miagolio
▸ *vi* miagolare

mice *plurale di* MOUSE

mickey /ˈmɪki/ s LOC **take the mickey (out of sb)** (*informale*) prendere in giro (qn)

microbe /ˈmaɪkrəʊb/ s microbo

microchip /ˈmaɪkrəʊtʃɪp/ (*anche* **chip**) s microchip

microcosm /ˈmaɪkrəkɒzəm/ s microcosmo

micro-ˈorganism s microorganismo

microphone /ˈmaɪkrəfəʊn/ s microfono

microprocessor /ˌmaɪkrəʊˈprəʊsesə(r)/ s microprocessore

microscope /ˈmaɪkrəskəʊp/ s microscopio **microscopic** /ˌmaɪkrəˈskɒpɪk/ *agg* microscopico

microwave /ˈmaɪkrəweɪv/ s **1** microonda **2** (*anche* **microwave ˈoven**) forno a microonde

mid /mɪd/ *agg*: *in mid-July* a metà luglio ◊ *mid-morning* a metà mattina ◊ *in mid sentence* in mezzo alla frase ◊ *mid-life crisis* crisi di mezza età

mid-ˈair s: *in mid-air* a mezz'aria ◊ *to leave sth in mid-air* lasciare qc in sospeso

midday /ˌmɪdˈdeɪ/ s mezzogiorno

middle /ˈmɪdl/ ▶ s **1 the middle** [*sing*] il centro, il mezzo: *in the middle of the night* nel cuore della notte **2** (*informale*) vita, cintura LOC **be in the middle of sth/doing sth** essere nel bel mezzo di qc/stare facendo qc: *I'm in the middle of writing a letter.* Sto scrivendo una lettera. ♦ **in the middle of nowhere** (*informale*) a casa del diavolo ▶ *agg* centrale, di mezzo: *middle finger* dito medio ◊ *middle management* quadri intermedi LOC **middle ground** terreno neutro ♦ **(take/follow) a middle course** (prendere/seguire) una via di mezzo

middle ˈage s **1** mezza età **2 the Middle Ages** il Medioevo, **middle-ˈaged** *agg* di mezza età

middle ˈclass s borghesia: *the middle classes* la borghesia, **middle-ˈclass** *agg* borghese

the ˌMiddle ˈEast s il Medio Oriente

middleman /ˈmɪdlmæn/ s (*pl* **-men** /-men/) intermediario

middle ˈname s secondo nome ❶ In Gran Bretagna e negli Stati Uniti è piuttosto comune avere uno o più **middle name**. Il secondo nome, o la sola iniziale, si usa nei documenti e nei moduli.

middle-of-the-ˈroad *agg* moderato

middle school s **1** in Gran Bretagna, scuola media dai 9 ai 13 anni **2** negli USA, scuola media dagli 11 ai 14 anni

middleweight /ˈmɪdlweɪt/ s peso medio

midfield /ˌmɪdˈfiːld/ s centrocampo: *midfield player* centrocampista **midfielder** /ˈmɪdfiːldə(r)/ s centrocampista

midge /mɪdʒ/ s moscerino

midget /ˈmɪdʒɪt/ s (*offensivo*) nano, -a

Midlands /ˈmɪdləndz/ s **the Midlands** [*v sing o pl*] le regioni centrali dell'Inghilterra

midnight /ˈmɪdnaɪt/ s mezzanotte

midriff /ˈmɪdrɪf/ s addome

midst /mɪdst/ s mezzo: *in the midst of* nel mezzo di LOC **in our midst** tra di noi

midsummer /ˌmɪdˈsʌmə(r)/ s piena estate: *Midsummer('s) Day* festa di San Giovanni (24 giugno)

midway /ˌmɪdˈweɪ/ *avv* ~ (**between ...**) a mezza strada (tra ...)

midweek /ˌmɪdˈwiːk/ s metà settimana: *in midweek* a metà settimana

midwife /ˈmɪdwaɪf/ s (*pl* **-wives** /-waɪvz/) ostetrica **midwifery** /mɪdˈwɪfəri/ s ostetricia

midwinter /ˌmɪdˈwɪntə(r)/ s pieno inverno

miffed /mɪft/ *agg* (*informale*) seccato

might¹ /maɪt/ *v aus modale* (*neg* **might not** *o* **mightn't** /ˈmaɪtnt/) **1** *pass di* MAY **2** (*anche* **may**) (*possibilità*) potere: *The situation might have disastrous consequences.* La situazione potrebbe avere conseguenze catastrofiche. ◊ *They might not come.* Può darsi che non vengano. ◊ *I might be able to.* Forse posso. **3** (*formale*): *Might I make a suggestion?* Mi permette un suggerimento? ◊ *And who might she be?* Chi sarebbe? ◊ *You might at least offer to help!* Almeno potresti offrire di dare una mano. ◊ *You might have told me!* Avresti potuto dirmelo! ➔ *Vedi nota a* MAY *e* POTERE¹

might² /maɪt/ s [*non numerabile*] forza: *with all his might* con tutte le sue forze ◊ *military might* potenza militare **mightily** *avv* (*informale*) enormemente **mighty** *agg* (**-ier, -iest**) **1** poderoso, potente **2** imponente

migraine /ˈmiːgreɪn; *spec USA* ˈmaɪgreɪn/ s emicrania

migrant /ˈmaɪgrənt/ ▶ *agg* **1** (*persona*) emigrante **2** (*uccello*) migratore
▶ s emigrante

migrate /maɪˈgreɪt; *USA* ˈmaɪgreɪt/ *vi* **1** (*persona*) emigrare **2** (*uccello*) migrare **mi-**

mike → mind

gratory /'maɪgrətri, maɪ'greɪtəri; *USA* 'maɪgrətɔːri/ *agg* di passo

mike /maɪk/ *s* (*informale*) microfono

milage *s Vedi* MILEAGE

mild /maɪld/ *agg* (**-er**, **-est**) **1** (*carattere*) dolce **2** (*clima*) temperato: *a mild winter* un inverno mite **3** (*sapore, ecc*) delicato **4** (*castigo, malattia*) lieve **mildly** *avv* leggermente, un po': *mildly surprised* un po' sorpreso LOC **to put it mildly** a dir poco, per usare un eufemismo

mildew /'mɪldjuː; *USA* -duː/ *s* muffa

mild-'mannered *agg* dal carattere docile

mile /maɪl/ *s* **1** miglio **2** miles (*informale*): *He's miles better.* Sta molto meglio. **3 the mile** corsa di un miglio LOC **be miles away** (*informale*) essere distratto ♦ **miles from anywhere/nowhere** a casa del diavolo ♦ **see, tell, etc. sth a mile off** (*informale*) vedere qc lontano un miglio **mileage** (*anche* **milage**) /'maɪlɪdʒ/ *s* **1** chilometraggio **2** (*informale*) (*fig*) vantaggio

milestone /'maɪlstəʊn/ *s* pietra miliare

milieu /'miːljɜː; *USA* ˌmiːˈljɜː/ *s* (*pl* **-eus** *o* **-eux** /-jɜːz/) ambiente (*sociale*)

militant /'mɪlɪtənt/ *agg, s* militante

military /'mɪlətri; *USA* -teri/ ▶ *agg* militare
▶ **the military** *s* [v sing o pl] i militari, l'esercito

militia /məˈlɪʃə/ *s* [v sing o pl] milizia **militiaman** /məˈlɪʃəmən/ *s* (*pl* **-men** /-mən/) miliziano

milk /mɪlk/ ▶ *s* latte: *milk products* latticini LOC *Vedi* CRY
▶ *vt* **1** mungere **2** (*fig*) sfruttare

milkman /'mɪlkmən/ *s* (*pl* **-men** /-mən/) lattaio

milkshake /'mɪlkʃeɪk/ *s* frappé

milky /'mɪlki/ *agg* (**-ier**, **-iest**) **1** (*caffè, tè, ecc*) con molto latte **2** lattiginoso, opalescente

mill /mɪl/ ▶ *s* **1** mulino **2** macinino **3** fabbrica: *steel mill* acciaieria
▶ *vt* macinare PHRV **mill about/around** brulicare

millennium /mɪˈleniəm/ *s* (*pl* **millennia** /-nɪə/ *o* **millenniums**) millennio

miller /'mɪlə(r)/ *s* mugnaio, -a

millet /'mɪlɪt/ *s* miglio (*cereale*)

millilitre (*USA* **milliliter**) /'mɪliliːtə(r)/ *s* (*abbrev* **ml**) millilitro

millimetre (*USA* **millimeter**) /'mɪlimiːtə(r)/ *s* (*abbrev* **mm**) millimetro

million /'mɪljən/ *agg, pron, s* milione: *a million people* un milione di persone ◊ *a million stars* un milione di stelle ➲ *Vedi esempi a* FIVE LOC **one, etc. in a million** unico **millionth** *agg, pron, s* milionesimo ➲ *Vedi esempi a* FIFTH

millionaire /ˌmɪljəˈneə(r)/ *s* miliardario, -a: *an oil millionaire* un petroliere miliardario ◊ *She's a millionaire several times over.* È multimiliardaria.

millstone /'mɪlstəʊn/ *s* macina LOC **a millstone round your neck** una palla al piede

mime /maɪm/ ▶ *s* mimo (*arte*): *a mime artist* un mimo
▶ *vt, vi* mimare, imitare

mimic /'mɪmɪk/ ▶ *vt* (*pass, pp* **mimicked** *p pres* **mimicking**) imitare
▶ *s* imitatore, -trice

mimicry /'mɪmɪkri/ *s* imitazione

mince /mɪns/ ▶ *vt* tritare (*carne*) LOC **not mince matters**; **not mince (your) words** non avere peli sulla lingua
▶ *s* (*USA* **ground beef**) carne macinata

mincemeat /'mɪnsmiːt/ *s* frutta secca tritata e spezie LOC **make mincemeat of sb/sth** (*informale*) ridurre qn in polpette/demolire qc

mince 'pie *s* tartina con ripieno di 'mincemeat', tipica del periodo natalizio

mind /maɪnd/ ▶ *s* **1** (*intelletto*) mente: *to be sound in mind and body* essere sano di corpo e di mente ◊ *mind-boggling* inconcepibile **2** pensiero: *My mind was on other things.* Stavo pensando ad altro. **3** ragione: *to lose your mind* perdere la testa LOC **be in two minds about (doing) sth** essere indeciso su qc/ se fare qc ♦ **be on your mind**: *What's on your mind?* Cosa ti preoccupa? ♦ **be out of your mind** (*informale*) essere uscito di senno ♦ **come/spring to mind** venire in mente ♦ **have a (good) mind to do sth; have half a mind to do sth** avere una gran voglia di fare qc ♦ **have a mind of your own** pensare con la propria testa ♦ **have sb/sth in mind (for sth)** avere in mente qn/qc (per qc) ♦ **in your mind's eye** nell'immaginazione ♦ **keep your mind on sth** concentrarsi su qc ♦ **make up your mind** decidersi ♦ **put/set your/sb's mind at ease/rest** tranquillizzarsi/tranquillizzare qn ♦ **put/set/turn your mind to sth** concentrarsi su qc, applicarsi a qc ♦ **take your/sb's mind off sth** distrarsi/distrarre qn da qc ♦ **to my mind** secondo me *Vedi anche* BACK¹, BEAR², CHANGE, CLOSE², CROSS, FOCUS, FRAME, PREY, SIGHT, SLIP, SOUND², SPEAK, STATE¹, UPPERMOST
▶ **1** *vt* badare a **2** *vt, vi*: *Do you mind if I smoke?* Le dà noia il fumo? ◊ *I don't mind.* Per me è uguale. ◊ *Would you mind going tomorrow?* Ti dispiace andare domani? ◊ *I wouldn't mind a drink.* Berrei volentieri qualcosa. **3** *vt* preoccuparsi di: *Don't mind him.* Non fargli caso.

---

iː see   i happy   ɪ sit   e ten   æ hat   ɑː father   ʌ cup   ʊ put   uː too

4 *vt, vi* fare attenzione (a): *Mind your head!* Attento alla testa! LOC **do you mind?** (*iron*) ma che fa? ◆ **mind (you)** (*informale*) intendiamoci ◆ **never mind** non importa ◆ **never you mind** (*informale*) non sono affari tuoi ◆ **mind your own business** badare ai fatti propri PHR V **mind out (for sb/sth)** fare attenzione (a qn/qc)

minder /'maɪndə(r)/ *s* guardia del corpo *Vedi anche* CHILDMINDER

mindful /'maɪndfl/ *agg* (*formale*) consapevole

mindless /'maɪndləs/ *agg* stupido

mine¹ /maɪn/ *pron poss* il mio, ecc: *a friend of mine* un mio amico ◊ *Where's mine?* Dov'è il mio? ⊃ *Confronta* MY

mine² /maɪn/ ▸ *s* **1** miniera: *mine worker* minatore **2** mina
▸ *vt* **1** estrarre (*carbone*) **2** minare

minefield /'maɪnfiːld/ *s* campo minato

miner /'maɪnə(r)/ *s* minatore

mineral /'mɪnərəl/ *s* minerale: *mineral water* acqua minerale

mingle /'mɪŋgl/ **1** *vi* ~ **with sb** mescolarsi a qn (*a una festa*): *The president mingled with his guests.* Il presidente si mescolò agli ospiti. **2** *vi* ~ **(with sth)** mescolarsi (con qc) **3** *vt* mescolare

miniature /'mɪnətʃə(r)/ *s* miniatura

minibus /'mɪnibʌs/ *s* pulmino

minicab /'mɪnikæb/ *s* (*GB*) taxi

minidisc /'mɪnidɪsk/ *s* minidisco

minimal /'mɪnɪməl/ *agg* minimo

minimize, -ise /'mɪnɪmaɪz/ *vt* **1** ridurre al minimo **2** minimizzare **3** (*Informatica*) ridurre a icona: *Minimize any windows you have open.* Ridurre a icona le finestre attive.

minimum /'mɪnɪməm/ ▸ *s* (*pl* **minima** /-mə/) (*abbrev* **min**) [*gen sing*] minimo: *with a minimum of effort* con un minimo sforzo
▸ *agg* minimo: *There is a minimum charge of …* C'è una tariffa minima di …

mining /'maɪnɪŋ/ *s* estrazione: *the mining industry* l'industria mineraria

minister /'mɪnɪstə(r)/ ▸ *s* **1** (*GB*) ~ **(for/of sth)** ministro (di qc) ⊃ *Vedi nota a* MINISTRO **2** pastore (*protestante*) ⊃ *Vedi nota a* PRIEST
▸ *vi* ~ **to sb/sth** (*formale*) assistere qn/qc

ministerial /ˌmɪnɪˈstɪəriəl/ *agg* ministeriale

ministry /'mɪnɪstri/ *s* (*pl* **-ies**) **1** (*USA* **department**) (*Pol*) ministero **2 the ministry** il sacerdozio: *enter/go into/take up the ministry* diventare sacerdote

mink /mɪŋk/ *s* visone

minor /'maɪnə(r)/ ▸ *agg* **1** minore, piccolo: *minor repairs* riparazioni di poca importanza ◊ *minor injuries* ferite lievi **2** (*Mus*) minore
▸ *s* minorenne

minority /maɪˈnɒrəti; *USA* -ˈnɔːr-/ *s* [*v sing o pl*] (*pl* **-ies**) minoranza: *a minority vote* un voto di minoranza LOC **be in a/the minority** essere in/la minoranza

mint /mɪnt/ ▸ *s* **1** menta **2** mentina **3** (*anche* **the Royal Mint**) la Zecca **4 a mint** [*sing*] (*informale*) un patrimonio: *make a mint* fare soldi a palate LOC **in mint condition** in perfette condizioni
▸ *vt* battere (*moneta*)

minus /'maɪnəs/ ▸ *prep* **1** meno **2** (*temperatura*) sotto zero: *minus five* cinque gradi sotto zero **3** (*informale*) senza: *I'm minus my car today.* Oggi non ho la macchina.
▸ *agg* (*Scol*) meno: *B minus* (B-) quasi buono ⊃ *Vedi nota a* VOTO
▸ *s* **1** (*anche* '**minus sign**) segno meno **2** (*informale*) svantaggio: *the pluses and minuses of sth* i vantaggi e gli svantaggi di qc

minuscule /'mɪnəskjuːl/ *agg* minuscolo: *minuscule handwriting* una calligrafia minuta

minute¹ /'mɪnɪt/ *s* **1** minuto **2** attimo, momento: *Wait a minute!/Just a minute!* Un momento! **3** istante: *at that very minute* in quel preciso istante **4** nota (*ufficiale*) **5 minutes** [*pl*] verbale (*di una riunione*) LOC **(at) any minute/moment** da un minuto all'altro ◆ **not for a/one minute/moment** neanche per un momento ◆ **the minute/moment (that) …** non appena … ◆ **this minute** in questo istante ◆ **up to the minute** (*informale*) **1** all'ultima moda **2** aggiornatissimo

minute² /maɪˈnjuːt; *USA* -ˈnuːt/ *agg* (*superl* **-est**) [*Questo aggettivo non ha il comparativo.*] **1** minuscolo **2** minuzioso **minutely** *avv* minuziosamente

miracle /'mɪrəkl/ *s* miracolo: *a miracle cure* una cura miracolosa LOC **do/work miracles/wonders** fare miracoli **miraculous** /mɪˈrækjələs/ *agg* miracoloso: *He had a miraculous escape.* Se l'è cavata per un pelo.

mirage /'mɪrɑːʒ, mɪˈrɑːʒ; *USA* məˈrɑːʒ/ *s* miraggio

mirror /'mɪrə(r)/ ▸ *s* **1** specchio: *mirror image* immagine speculare **2** (*macchina*) specchietto retrovisore
▸ *vt* riflettere

mirth /mɜːθ/ *s* [*non numerabile*] (*formale*) **1** risate **2** allegria

misadventure /ˌmɪsəd'ventʃə(r)/ s **1** (formale) disavventura **2** (Dir): *death by misadventure* morte accidentale

misbehave /ˌmɪsbɪ'heɪv/ vi comportarsi male **misbehaviour** (USA **misbehavior**) /ˌmɪsbɪ'heɪvjə(r)/ s comportamento scorretto

miscalculation /ˌmɪskælkju'leɪʃn/ s errore di calcolo

miscarriage /'mɪskærɪdʒ/ s (Med) aborto (spontaneo) **LOC miscarriage of justice** errore giudiziario

miscellaneous /ˌmɪsə'leɪniəs/ agg vario: *miscellaneous expenditure* spese varie

mischief /'mɪstʃɪf/ s [non numerabile] **1** birichinate: *to keep out of mischief* non cacciarsi nei guai **2** misfatti **mischievous** /'mɪstʃɪvəs/ agg **1** (bambino) birichino **2** (sorriso) malizioso

misconceived /ˌmɪskən'siːvd/ agg **1** mal progettato **2** (concetto) errato **misconception** /ˌmɪskən'sepʃn/ s idea sbagliata: *It is a popular misconception that ...* È un errore diffuso credere che ...

misconduct /ˌmɪs'kɒndʌkt/ s (formale) **1** cattiva condotta: *professional misconduct* reato professionale **2** (Comm) cattiva amministrazione

miser /'maɪzə(r)/ s (dispreg) avaro, -a **miserly** agg (dispreg) **1** (persona) avaro **2** (stipendio, aumento) misero

miserable /'mɪzrəbl/ agg **1** infelice, triste **2** deprimente: *miserable weather* tempo deprimente ◊ *I had a miserable time.* Non mi sono divertito affatto. **3** miserabile **miserably** avv **1** tristemente **2** miseramente: *Their efforts failed miserably.* I loro sforzi fallirono miseramente.

misery /'mɪzəri/ s (pl **-ies**) **1** [non numerabile] tristezza, sofferenza: *a life of misery* una vita di sofferenze **2** [gen pl] avversità **3** (GB, informale) lagna **LOC put sb out of their misery** (informale) mettere fine alle sofferenze di qn

misfortune /ˌmɪs'fɔːtʃuːn/ s disgrazia

misgiving /ˌmɪs'gɪvɪŋ/ s [gen pl] dubbio

misguided /ˌmɪs'gaɪdɪd/ agg malaccorto

mishap /'mɪshæp/ s contrattempo

misinform /ˌmɪsɪn'fɔːm/ vt ~ **sb (about sth)** (formale) informare male qn (su qc)

misinterpret /ˌmɪsɪn'tɜːprɪt/ vt interpretare male **misinterpretation** s interpretazione errata

misjudge /ˌmɪs'dʒʌdʒ/ vt **1** (persona) giudicare male **2** (distanza, quantità) calcolare male

mislay /ˌmɪs'leɪ/ vt (pass, pp **mislaid** /ˌmɪs'leɪd/) smarrire

mislead /ˌmɪs'liːd/ vt (pass, pp **misled** /-'led/) ~ **sb (about/as to sth)** indurre in errore qn (a proposito di qc): *Don't be misled by ...* Non lasciarti ingannare da ... **misleading** agg ingannevole

mismanagement /ˌmɪs'mænɪdʒmənt/ s cattiva amministrazione

misogynist /mɪ'sɒdʒɪnɪst/ s misogino

misplaced /ˌmɪs'pleɪst/ agg **1** (affetto, fiducia) malriposto **2** fuori luogo

misprint /'mɪsprɪnt/ s refuso

misread /ˌmɪs'riːd/ vt (pass, pp **misread** /-'red/) **1** leggere male **2** interpretare male

misrepresent /ˌmɪsˌreprɪ'zent/ vt ~ **sb** dare un'immagine sbagliata di qn

Miss /mɪs/ s Signorina ⊃ Vedi nota a SIGNORINA

miss /mɪs/ ▶ **1** vt, vi mancare: *to miss one's footing* mettere un piede in fallo **2** vt non vedere: *You can't miss it.* Non puoi sbagliarti. ◊ *I missed what you said.* Mi è sfuggito quello che hai detto. ◊ *to miss the point* non capire **3** vt perdere: *The flight was delayed, so I missed my connection.* Il mio volo era in ritardo e ho perso la coincidenza. **4** vt notare la mancanza di: *I didn't miss my wallet until I got home.* Non mi ero accorto di non avere il portafoglio finché sono tornato a casa. **5** vt sentire la mancanza di: *I miss you.* Mi manchi. **6** vt evitare: *to narrowly miss (hitting) sth* schivare per un pelo qc **LOC not miss much; not miss a trick** (informale) essere molto sveglio **PHRV miss sb/sth out** saltare qn/qc ♦ **miss out (on sth)** perdere l'occasione (di qc)
▶ s colpo mancato **LOC give sth a miss** (informale) saltare qc

missile /'mɪsaɪl; USA 'mɪsl/ s **1** proiettile **2** (Mil) missile

missing /'mɪsɪŋ/ agg **1** smarrito **2** mancante: *He has a tooth missing.* Gli manca un dente. **3** scomparso: *missing persons* persone scomparse

mission /'mɪʃn/ s missione

missionary /'mɪʃənri; USA -neri/ s (pl **-ies**) missionario, -a

misspell /ˌmɪs'spel/ vt (pass, pp **misspelt** /-spelt/ o **misspelled**) sbagliare a scrivere

mist /mɪst/ ▶ s **1** nebbiolina ⊃ Confronta FOG, HAZE **2** (fig) nebbia: *lost in the mists of time* perso nella notte dei tempi

---

aɪ **five**   aʊ **now**   ɔɪ **join**   ɪə **near**   eə **hair**   ʊə **pure**   ʒ **vision**   h **how**   ŋ **sing**

mistake → modem

▶ v **PHRV** **mist over/up** annebbiarsi, appannarsi ◆ **mist sth over/up** annebbiare, appannare

mistake /mɪˈsteɪk/ ▶ s errore, sbaglio: *to make a mistake* sbagliarsi

> Le parole **mistake**, **error**, **fault** e **defect** hanno diverse sfumature di significato. **Mistake** e **error** hanno lo stesso significato, ma **error** è più formale. **Fault** indica la colpevolezza di una persona: *It's all your fault*. È tutta colpa tua. Si può anche usare per un guasto: *an electrical fault* un guasto all'impianto elettrico ◊ *He has many faults*. Ha molti difetti.
> **Defect** è un'imperfezione non grave.

LOC **and no mistake** (*antiq*, *informale*) senza dubbio ◆ **by mistake** per sbaglio
▶ vt (*pass* **mistook** /mɪˈstʊk/ *pp* **mistaken** /mɪˈsteɪkən/) **1** fraintendere: *I mistook your meaning/what you meant*. Ho frainteso quello che hai detto. **2** ~ **sb/sth for sb/sth** prendere qn/qc per qn/qc **LOC** **there's no mistaking sb/sth** non si può sbagliare su qn/qc

mistaken /mɪˈsteɪkən/ *agg* **be** ~ (**about sb/sth**) sbagliarsi (su qn/qc): *if I'm not mistaken* se non mi sbaglio **mistakenly** *avv* erroneamente, per errore

mister /ˈmɪstə(r)/ *s* (*abbrev* **Mr**) signore

mistletoe /ˈmɪsltəʊ/ *s* vischio

mistook *pass di* MISTAKE

mistreat /ˌmɪsˈtriːt/ *vt* maltrattare

mistress /ˈmɪstrəs/ *s* **1** padrona *Vedi anche* MASTER **2** (*antiq*, *spec GB*) professoressa **3** amante

mistrust /ˌmɪsˈtrʌst/ ▶ *vt* diffidare di
▶ *s* ~ (**of sb/sth**) diffidenza (verso qn/qc)

misty /ˈmɪsti/ *agg* (**-ier**, **-iest**) **1** (*giornata*) nebbioso **2** (*fig*) indistinto

misunderstand /ˌmɪsʌndəˈstænd/ *vt*, *vi* (*pass*, *pp* **misunderstood** /ˌmɪsʌndəˈstʊd/) capire male **misunderstanding** *s* **1** malinteso **2** dissapore

misuse /ˌmɪsˈjuːs/ *s* **1** (*parola*) uso improprio **2** (*fondi*) cattivo uso **3** (*potere*) abuso

mitigate /ˈmɪtɪɡeɪt/ *vt* (*formale*) **1** mitigare **2** alleviare

mitten /ˈmɪtn/ *s* manopola (*guanto*)

mix /mɪks/ ▶ **1** *vt*, *vi* mescolare, mescolarsi **2** *vi* **to mix** (**with sb**) legare (con qn): *She mixes well with other children*. Socializza bene con gli altri bambini. **LOC** **be/get mixed up in sth** essere/trovarsi coinvolto in qc **PHRV** **mix sth in(to sth)** incorporare qc (a qc) ◆ **mix sb/sth up** (**with sb/sth**) scambiare qn/qc (per qn/qc)

▶ *s* **1** mescolanza **2** (*Cucina*) preparato

mixed /ˈmɪkst/ *agg* **1** (*matrimonio, classe*) misto **2** assortito **3** (*tempo*) variabile **LOC** **have mixed feelings** (**about sb/sth**) essere combattuto (a proposito di qn/qc)

mixer /ˈmɪksə(r)/ *s* **1** sbattitore **2** (*informale*): *to be a good/bad mixer* essere/non essere molto socievole

mixture /ˈmɪkstʃə(r)/ *s* **1** mescolanza **2** miscuglio

mix-up *s* (*informale*) confusione

moan /məʊn/ ▶ *vi* **1** gemere **2** ~ (**about sth**) (*informale*) lamentarsi (di qc)
▶ *s* **1** gemito **2** (*informale*) lamentela

moat /məʊt/ *s* fossato (*di castello*)

mob /mɒb/ ▶ *s* [*v sing o pl*] **1** folla **2** (*informale*) banda **3** **the Mob** la Mafia
▶ *vt* (**-bb-**) prendere d'assalto

mobile /ˈməʊbaɪl; *USA* -bl/ *agg* **1** mobile: *mobile library* biblioteca ambulante ◊ *mobile home* grande roulotte

mobile 'phone (*GB anche* **mobile**, *spec USA* **cellphone**, **cellular phone**) *s* telefono cellulare

mobility /məʊˈbɪləti/ *s* mobilità

mobilize, **-ise** /ˈməʊbəlaɪz/ *vt*, *vi* (*Mil*) mobilitare, mobilitarsi

mock /mɒk/ ▶ *vt*, *vi* farsi beffe (di): *a mocking smile* un sorriso beffardo
▶ *agg* **1** finto: *mock battle* battaglia simulata ◊ *mock exams* simulazioni d'esame **2** falso, di imitazione

mockery /ˈmɒkəri/ *s* [*non numerabile*] **1** scherno **2** ~ (**of sth**) parodia (di qc) **LOC** **make a mockery of sth** mettere in ridicolo qc

modal /ˈməʊdl/ ▶ *s* (*anche* ˈ**modal verb**, ˌ**modal auˈxiliary**, ˌ**modal auˈxiliary verb**) (*Gramm*) verbo ausiliare modale
▶ *agg* modale

mode /məʊd/ *s* (*formale*) **1** modo **2** (*trasporto*) mezzo **3** modalità

model /ˈmɒdl/ ▶ *s* **1** modello **2** modello, -a **3** modellino: *scale model* modello in scala ◊ *model car* modellino di auto
▶ (**-ll-**, *USA* **-l-**) **1** *vt* (*modello*) indossare **2** *vi* fare il modello/la modella **3** *vt* modellare **PHRV** **model yourself on sb/sth** prendere a modello qn/qc ◆ **model sth on sth** modellare qc su qn/qc

modelling (*USA* **modeling**) /ˈmɒdəlɪŋ/ *s* **1** modellismo **2** professione di modello/modella

modem /ˈməʊdem/ *s* modem

---

tʃ **ch**in   dʒ **J**une   v **v**an   θ **th**in   ð **th**en   s **s**o   z **z**oo   ʃ **sh**e

moderate ▶ /'mɒdərət/ *agg* **1** moderato: *Cook over a moderate heat.* Cuocere a fuoco moderato.
▶ /'mɒdərət/ *s* moderato, -a
▶ /'mɒdəreɪt/ *vt, vi* moderare, moderarsi: *a moderating influence* un influsso moderatore

moderation /ˌmɒdə'reɪʃn/ *s* moderazione LOC **in moderation** con moderazione

❡ **modern** /'mɒdn/ *agg* moderno: *to study modern languages* studiare lingue **modernity** /mə'dɜ:nəti/ *s* modernità **modernize, -ise** *vt, vi* modernizzare, modernizzarsi

modest /'mɒdɪst/ *agg* **1** modesto **2** (*prezzo*) modico **modesty** *s* modestia

modify /'mɒdɪfaɪ/ *vt* (*pass, pp* **-fied**) modificare

module /'mɒdju:l/; *USA* -dʒu:l/ *s* modulo **modular** /'mɒdjələ(r); *USA* -dʒələr/ *agg* modulare

mogul /'məʊgl/ *s* magnate

moist /mɔɪst/ *agg* umido: *a rich, moist fruit cake* un plumcake soffice e gustoso

Sia **moist** che **damp** si traducono "umido"; **damp** ha spesso una connotazione negativa: *damp walls* muri umidi ◊ *cold damp rainy weather* tempo freddo, umido e piovoso.

moisten /'mɔɪsn/ *vt, vi* inumidire, inumidirsi **moisture** /'mɔɪstʃə(r)/ *s* umidità **moisturize, -ise** *vt* idratare **moisturizer, -iser** *s* crema idratante

molar /'məʊlə(r)/ *s* molare

molasses /mə'læsɪz/ *s* (*USA*) *Vedi* TREACLE

mold (*USA*) *Vedi* MOULD[1,2]

moldy (*USA*) *Vedi* MOULDY *a* MOULD[2]

mole /məʊl/ *s* **1** neo **2** talpa

molecule /'mɒlɪkju:l/ *s* molecola **molecular** /mə'lekjələ(r)/ *agg* molecolare

molest /mə'lest/ *vt* **1** molestare **2** importunare

mollify /'mɒlɪfaɪ/ *vt* (*pass, pp* **-fied**) ammansire, calmare

molten /'məʊltən/ *agg* fuso

❡ **mom** /mɒm/ *s* (*USA, informale*) *Vedi* MUM

❡ **moment** /'məʊmənt/ *s* momento, istante: *One moment/Just a moment/Wait a moment.* Un momento. ◊ *I'll only be/I won't be a moment.* Faccio in un attimo. LOC **at a moment's notice** immediatamente ◆ **at the moment** al momento, in questo momento ◆ **for the moment/present** per il momento, per ora ◆ **the moment of truth** il momento della verità *Vedi anche* MINUTE[1], SPUR

momentary /'məʊməntri; *USA* -teri/ *agg* momentaneo **momentarily** /'məʊməntrəli; *USA* -terəli/ *avv* momentaneamente

momentous /mə'mentəs; *USA* məʊ'm-/ *agg* molto importante

momentum /mə'mentəm; *USA* məʊ'm-/ *s* **1** impeto **2** (*Fis*) momento: *to gain/gather momentum* acquistare velocità

mommy /'mɒmi/ *s* (*pl* **-ies**) (*USA, informale*) *Vedi* MUMMY senso (1)

monarch /'mɒnək/ *s* monarca **monarchy** *s* (*pl* **-ies**) monarchia

monastery /'mɒnəstri; *USA* -teri/ *s* (*pl* **-ies**) monastero

monastic /mə'næstɪk/ *agg* monastico

❡ **Monday** /'mʌndeɪ, 'mʌndi/ *s* (*abbrev* **Mon**) lunedì ❶ In inglese i giorni della settimana si scrivono sempre con la maiuscola: *every Monday* tutti i lunedì ◊ *last/next Monday* lunedì scorso/prossimo ◊ *the Monday before last/after next* lunedì di due settimane fa/non questo lunedì, ma il prossimo ◊ *Monday morning/evening* lunedì mattina/sera ◊ *Monday week/a week on Monday* lunedì a otto ◊ *I'll see you (on) Monday.* Ci vediamo lunedì. ◊ *We usually play badminton on Mondays/on a Monday.* Di solito giochiamo a badminton il lunedì. ◊ *The museum is open Monday to Friday.* Il museo apre dal lunedì al venerdì. ◊ *Did you read the article in Monday's paper?* Hai letto l'articolo sul giornale di lunedì?

monetary /'mʌnɪtri; *USA* -teri/ *agg* monetario

❡ **money** /'mʌni/ *s* [*non numerabile*] soldi: *to spend/save money* spendere/risparmiare soldi ◊ *to earn/make money* guadagnare/fare soldi ◊ *money worries* problemi economici LOC **get your money's worth** spendere bene i propri soldi

❡ **monitor** /'mɒnɪtə(r)/ ▶ *s* **1** (*TV, Informatica*) monitor **2** (*elezioni*) osservatore, -trice
▶ *vt* **1** controllare **2** (*Radio*) ascoltare

monitoring /'mɒnɪtərɪŋ/ *s* **1** controllo **2** (*Radio*) ascolto

monk /mʌŋk/ *s* monaco

monkey /'mʌŋki/ *s* (*pl* **-eys**) **1** scimmia **2** (*informale*) (*bambino*) diavoletto

monogamy /mə'nɒgəmi/ *s* monogamia **monogamous** *agg* monogamo

monolithic /ˌmɒnə'lɪθɪk/ *agg* monolitico

monologue (*USA anche* **monolog**) /'mɒnəlɒg/ *s* monologo

---

i: see   i happy   ɪ sit   e ten   æ hat   ɑ: father   ʌ cup   ʊ put   u: too

monopolize, -ise /məˈnɒpəlaɪz/ *vt* monopolizzare

monopoly /məˈnɒpəli/ *s* (*pl* -**ies**) monopolio

monotonous /məˈnɒtənəs/ *agg* monotono **monotonously** *avv* monotonamente

monoxide /mɒˈnɒksaɪd/ *s* monossido

monsoon /ˌmɒnˈsuːn/ *s* **1** monsone **2** stagione dei monsoni

monster /ˈmɒnstə(r)/ *s* mostro **monstrous** /ˈmɒnstrəs/ *agg* mostruoso

monstrosity /mɒnˈstrɒsəti/ *s* (*pl* -**ies**) mostruosità

month /mʌnθ/ *s* mese: *£14 a month* 14 sterline al mese ◊ *I haven't seen her for months.* Non la vedo da mesi.

monthly /ˈmʌnθli/ ▶ *agg* mensile
▶ *avv* mensilmente
▶ *s* (*pl* -**ies**) mensile

monument /ˈmɒnjumənt/ *s* monumento **monumental** /ˌmɒnjuˈmentl/ *agg* **1** monumentale **2** (*fig*) colossale

moo /muː/ *vi* muggire

mood /muːd/ *s* **1** umore: *to be in a good/bad mood* essere di buon/cattivo umore **2** cattivo umore: *He's in a mood.* È di cattivo umore. **3** atmosfera **4** (*Gramm*) modo LOC **be in the/in no mood to do sth/for (doing) sth** sentirsi/non sentirsi in vena di (fare) qc **moody** *agg* (-**ier**, -**iest**) **1** lunatico **2** di cattivo umore

moon /muːn/ ▶ *s* luna LOC **over the moon** (*informale*) al settimo cielo
▶ *vi* ~ (**about/around**) (*informale*) aggirarsi con aria trasognata

moonbeam /ˈmuːnbiːm/ *s* raggio di luna

moonlight /ˈmuːnlaɪt/ ▶ *s* chiaro di luna
▶ *vi* (*pass, pp* -**lighted**) (*informale*) lavorare in nero

moonlit /ˈmuːnlɪt/ *agg* illuminato dalla luna

Moor /mʊə(r); *GB anche* mɔː(r)/ *s* moro, -a **Moorish** *agg* moresco

moor[1] /mʊə(r); *GB anche* mɔː(r)/ *s* brughiera

moor[2] /mʊə(r); *GB anche* mɔː(r)/ **1** *vt* ~ **sth (to sth)** ormeggiare qc (a qc) **2** *vi* ormeggiarsi

moorings /ˈmʊərɪŋz; *GB anche* ˈmɔː-/ *s* [*pl*] ormeggio

moorland /ˈmʊələnd; *GB anche* ˈmɔː-/ *s* brughiera

moose /muːs/ *s* (*pl* **moose**) alce

mop /mɒp/ ▶ *s* **1** mocio Vileda® **2** (*capelli*) cespuglio
▶ *vt* (-**pp-**) **1** lavare (*con uno straccio*) **2** (*faccia*) asciugarsi PHRV **mop sth up** asciugare qc con uno straccio

mope /məʊp/ *vi* essere depresso PHRV **mope about/around** aggirarsi avvilito

moped /ˈməʊped/ *s* ciclomotore

moral /ˈmɒrəl; *USA* ˈmɔːrəl/ ▶ *s* **1** morale **2 morals** [*pl*] moralità
▶ *agg* **1** morale **2** *a moral tale* un racconto con morale

morale /məˈrɑːl; *USA* -ˈræl/ *s* morale (*spirito*)

moralistic /ˌmɒrəˈlɪstɪk/ *agg* (*spesso dispreg*) moralistico

morality /məˈræləti; *USA anche* -ˈmɔː-/ *s* moralità: *standards of morality* valori morali

moralize, -ise /ˈmɒrəlaɪz/ *vi* ~ (**about/on sth**) (*spesso dispreg*) moraleggiare (riguardo a qc)

morally /ˈmɒrəli/ *avv* moralmente: *to behave morally* comportarsi onestamente

morbid /ˈmɔːbɪd/ *agg* morboso **morbidity** /mɔːˈbɪdəti/ *s* morbosità

more /mɔː(r)/ ▶ *agg* più: *more money* più soldi ◊ *More tea, anyone?* Qualcuno vuole dell'altro tè?
▶ *pron* più: *You've had more to drink than me/than I have.* Hai bevuto più di me. ◊ *more than £50* più di 50 sterline ◊ *I hope we'll see more of you.* Spero di vederti più spesso.
▶ *avv* **1** più

More si usa per formare i comparativi degli *aggettivi* e degli *avverbi* formati da due o più sillabe

more quickly più in fretta ◊ *more expensive* più caro **2** ancora: *once more* ancora una volta ◊ *It's more of a hindrance than a help.* È più d'intralcio che d'aiuto. ◊ *That's more like it!* Così va meglio! ◊ *even more so* ancor di più LOC **be more than happy, glad, willing, etc. to do sth** essere ben contento di fare qc ♦ **more and more** sempre più: *more and more depressed* sempre più depresso ♦ **more or less** più o meno: *more or less finished* quasi finito ♦ **what is more** e per di più *Vedi anche* ALL

moreover /mɔːˈrəʊvə(r)/ *avv* inoltre, per di più

morgue /mɔːg/ *s* obitorio

morning /ˈmɔːnɪŋ/ *s* **1** mattina: *on Sunday morning* domenica mattina ◊ *in the early hours of Monday morning* nelle prime ore di lunedì mattina ◊ *at three in the morning* alle tre di notte **2** [*davanti a sostantivo*] del mattino, mattutino: *the morning papers* i giornali del mattino LOC **good morning!** buongiorno!

> Nella lingua familiare spesso si dice solo **morning!**, **evening!**, **night!** ecc invece di **good morning!**, **good evening!** ecc.

◆ **in the morning 1** di mattina, la mattina: *eleven o'clock in the morning* le undici del mattino **2** (*di domani*): *I'll ring her up in the morning.* Le telefono domattina.

> Con **morning**, **afternoon** e **evening** si usa la preposizione **in**: *in the afternoon* ◊ *at ten o'clock in the morning* ◊ *sometime in the evening* ◊ *early/late in the evening* ◊ *in the early morning/late afternoon*.

> Quando però si indica il giorno della settimana, il mese o la data, o si usa un aggettivo che non sia **early** o **late**, bisogna usare la preposizione **on**: *on Monday afternoon* lunedì pomeriggio ◊ *on the morning of the 4th of September* la mattina del 4 settembre ◊ *on a cool morning in May/on a cool May morning* un fresco mattino di maggio.

> Nelle espressioni in cui **morning**, **afternoon** e **evening** sono preceduti da **tomorrow**, **this**, **that** e **yesterday** non si usa alcuna preposizione: *They're leaving this evening.* Partono stasera. ◊ *I saw her yesterday morning.* L'ho vista ieri mattina.

moron /'mɔːrɒn/ *s* (*informale, offensivo*) deficiente

morose /məˈrəʊs/ *agg* cupo **morosely** *avv* con aria cupa

morphine /'mɔːfiːn/ *s* morfina

morsel /'mɔːsl/ *s* boccone

mortal /'mɔːtl/ ▸ *s* mortale
▸ *agg* mortale

mortality /mɔːˈtæləti/ *s* mortalità

mortar /'mɔːtə(r)/ *s* **1** malta **2** mortaio

mortgage /'mɔːgɪdʒ/ ▸ *s* mutuo ipotecario: *mortgage (re)payments* rate del mutuo
▸ *vt* ipotecare

mortify /'mɔːtɪfaɪ/ *vt* (*pass, pp* **-fied**) umiliare, mortificare

mortuary /'mɔːtʃəri; *USA* -tʃʊeri/ *s* (*pl* **-ies**) camera mortuaria

mosaic /məʊˈzeɪɪk/ *s* mosaico

Moslem /'mɒzləm/ *Vedi* MUSLIM

mosque /mɒsk/ *s* moschea

mosquito /məˈskiːtəʊ/ *s* (*pl* **-oes**) zanzara: *mosquito net* zanzariera

moss /mɒs; *USA* mɔːs/ *s* muschio

most /məʊst/ ▸ *agg* **1** più: *Who got (the) most votes?* Chi ha avuto più voti? **2** la maggior parte di: *most days* quasi tutti i giorni
▸ *pron* **1** di più: *I ate (the) most.* Io ho mangiato più di tutti. ◊ *the most I could offer you* il massimo che potrei darti **2** la maggior parte di: *most of the day* quasi tutto il giorno ◊ *Most of you know the reason.* La maggior parte di voi sa il motivo.

> **Most** è il superlativo di **much** e di **many** e si usa con sostantivi non numerabili o plurali: *Who's got most money?* Chi ha più soldi? ◊ *most children* la maggioranza dei bambini. Tuttavia, davanti a pronomi o quando il sostantivo è preceduto da **the** o da un aggettivo possessivo o dimostrativo si usa **most of**: *most of us* la maggior parte di noi ◊ *most of my friends* la maggior parte dei miei amici ◊ *most of these newspapers* la maggior parte di questi giornali.

▸ *avv* **1** più

> Si usa per il superlativo delle locuzioni avverbiali e degli aggettivi e avverbi di due o più sillabe

This is the most interesting book I've ever read. Questo è il libro più interessante che abbia mai letto. ◊ *What annoyed me (the) most was that …* Ciò che mi ha seccato di più è stato che … ◊ *most of all* soprattutto **2** molto: *most likely* molto probabilmente ◊ *a most unusual present* un regalo davvero insolito LOC **at (the) most** al massimo

mostly /'məʊstli/ *avv* per lo più, in genere

moth /mɒθ; *USA* mɔːθ/ *s* **1** falena ⊃ *Vedi illustrazione a* FARFALLA **2** tarma

mother /'mʌðə(r)/ ▸ *s* madre
▸ *vt* **1** far da madre a **2** essere troppo protettivo con

motherhood /'mʌðəhʊd/ *s* maternità

'mother-in-law *s* (*pl* **mothers-in-law**) suocera

motherly /'mʌðəli/ *agg* materno

'Mother's Day *s* la Festa della mamma

> La Festa della mamma viene celebrata in Gran Bretagna la quarta domenica di quaresima; negli Stati Uniti la seconda domenica di maggio.

ˌmother-to-'be *s* (*pl* **mothers-to-be**) futura mamma

mother 'tongue s madrelingua

motif /məʊˈtiːf/ s **1** motivo **2** tema

motion /ˈməʊʃn/ ▸ s **1** movimento, moto: *a motion picture* un film **2** mozione ᴸᴼᶜ **go through the motions (of doing sth)** fare qc pro forma, far finta (di fare qc) ♦ **put/set sth in motion** mettere qc in funzione, avviare qc *Vedi anche* SLOW
▸ **1** vi ~ **to/for sb to do sth** fare cenno a qn di fare qc **2** vt ~ **sb in/forward** fare cenno a qn di entrare/venire avanti

motionless /ˈməʊʃnləs/ agg immobile

motivate /ˈməʊtɪveɪt/ vt motivare

motive /ˈməʊtɪv/ s ~ **(for sth)** motivo, movente (di qc): *He had an ulterior motive.* Aveva secondi fini. ❶ La traduzione più comune di "motivo" è **reason**.

motor /ˈməʊtə(r)/ s **1** motore ⊃ *Vedi nota a* ENGINE **2** (*GB, antiq, scherz*) macchina, auto

motorbike /ˈməʊtəbaɪk/ s (*informale*) moto

'motor boat s motoscafo

'motor car s (*formale, antiq*) automobile

motorcycle /ˈməʊtəsaɪkl/ s motocicletta

motoring /ˈməʊtərɪŋ/ agg: *motoring holidays* vacanze in auto ◊ *motoring organizations* associazioni automobilistiche ◊ *motoring offences* infrazioni al codice stradale

motorist /ˈməʊtərɪst/ s automobilista

motorized, -ised /ˈməʊtəraɪzd/ agg motorizzato

'motor racing s [*non numerabile*] corse automobilistiche

motorway /ˈməʊtəweɪ/ s autostrada

mottled /ˈmɒtld/ agg variopinto, chiazzato, pezzato

motto /ˈmɒtəʊ/ s (*pl* **-oes** o **-os**) motto

mould¹ (*USA* **mold**) /məʊld/ ▸ s stampo
▸ vt modellare, plasmare

mould² (*USA* **mold**) /məʊld/ s muffa **mouldy** (*USA* **moldy**) agg ammuffito

mound /maʊnd/ s **1** collinetta **2** montagna (*di roba*)

mount /maʊnt/ ▸ s **1** **Mount** (*abbrev* **Mt**) monte ❶ Il termine **Mount** si usa solo nei nomi di montagne. **2** supporto **3** (*formale*) cavalcatura **4** (*foto*) passe-partout
▸ **1** vt (*cavallo, gioiello*) montare **2** vt (*foto, francobolli*) sistemare **3** vt (*mostra*) organizzare, allestire **4** vi ~ **(up) (to sth)** crescere (fino a raggiungere qc)

mountain /ˈmaʊntən; *USA* -ntn/ s **1** montagna: *mountain range* catena montuosa **2** **the mountains** [*pl*] (*in contrasto con il mare*) la montagna

'mountain bike s mountain bike **'mountain biking** s [*non numerabile*] mountain bike: *to go mountain biking* fare mountain bike

mountaineer /ˌmaʊntɪˈnɪə(r)/ s alpinista **mountaineering** /ˌmaʊntɪˈnɪərɪŋ/ s alpinismo

mountainous /ˈmaʊntənəs/ agg montuoso

mountainside /ˈmaʊntənsaɪd/ s fianco della montagna

mounting /ˈmaʊntɪŋ/ agg crescente

mourn /mɔːn/ **1** vi essere addolorato **2** vi essere in lutto **3** vt ~ **sb** piangere la morte di qn **4** vt ~ **sth** rimpiangere qc **mourner** s chi piange un defunto **mournful** agg triste, funereo **mourning** s lutto: *dressed in mourning* vestito a lutto

mouse /maʊs/ s (*pl* **mice** /maɪs/) **1** topo **2** (*Informatica*) mouse ⊃ *Vedi illustrazione a* COMPUTER

'mouse mat (*USA* **'mouse pad**) s tappetino per il mouse

moustache /məˈstɑːʃ/ s [*numerabile*] baffi

mouth /maʊθ/ s (*pl* **-s** /maʊðz/) **1** bocca **2** foce ᴸᴼᶜ *Vedi* LOOK¹ **mouthful** /ˈmaʊθfʊl/ s **1** boccone **2** sorso

mouthpiece /ˈmaʊθpiːs/ s **1** (*Mus*) bocchino **2** microfono (*di telefono*) **3** (*fig*) portavoce

movable /ˈmuːvəbl/ agg movibile, mobile

move /muːv/ ▸ s **1** movimento **2** trasloco **3** (*nel lavoro*) trasferimento **4** (*Scacchi*) mossa, turno: *Whose move is it?* A chi tocca? **5** passo ᴸᴼᶜ **get a move on** (*informale*) sbrigarsi ♦ **make a move 1** muoversi **2** andarsene *Vedi anche* FALSE
▸ **1** vi muoversi, spostarsi: *Don't move!* Fermo! **2** vi (*Scacchi*) muovere **3** vt, vi trasferire, trasferirsi: *They sold the house and moved to Scotland.* Hanno venduto la casa e si sono trasferiti in Scozia. ◊ *He has been moved to London.* Lo hanno trasferito a Londra. **4** vt spostare: *I'm going to move the car before they give me a ticket.* Vado a spostare la macchina prima che mi facciano la multa. **5** vt commuovere **6** vt (*formale*) ~ **sb (to do sth)** indurre qn (a fare qc) ᴸᴼᶜ **move house** cambiar casa, traslocare *Vedi anche* KILL

ᴾᴴᴿⱽ **move about/around** muoversi
move (sth) away allontanare qc, allontanarsi
move forward avanzare
move in trasferirsi: *Our new neighbours moved in yesterday.* I nostri vicini si sono installati ieri. ♦ **move into sth** installarsi in qc

move on ripartire
move out trasferirsi: *The landlord told me I had to move out.* Il padrone di casa mi ha detto che dovevo lasciare l'appartamento.

movement /ˈmuːvmənt/ *s* **1** movimento, spostamento **2** [*non numerabile*] ~ (**towards/away from sth**) tendenza (verso qc/contraria a qc) **3** (*Mecc*) meccanismo

movie /ˈmuːvi/ (*spec USA*) *s* film: *to go to the movies* andare al cinema

moving /ˈmuːvɪŋ/ *agg* **1** (*parte*) mobile **2** (*veicolo*) in moto **3** (*storia*) commovente

mow /məʊ/ *vt* (*pass* **mowed** *pp* **mown** /məʊn/ *o* **mowed**) tagliare, falciare PHRV **mow sb down** falciare qn **mower** *s Vedi* LAWNMOWER

MP /ˌem ˈpiː/ *abbr* (*GB*) **Member of Parliament** deputato, -a

mph /ˌem piː ˈeɪtʃ/ *abbr* **miles per hour** miglia all'ora ➲ *Vedi Appendice 1*

Mr /ˈmɪstə(r)/ *abbr* Signor

Mrs /ˈmɪsɪz/ *abbr* Signora

Ms /mɪz, məz/ *abbr* Signora ➲ *Vedi nota a* SIGNORINA

much /mʌtʃ/ ▶ *agg* molto: *not much traffic* poco traffico
  ▶ *pron* molto, -a, ecc: *How much is it?* Quant'è? ◊ *too much* troppo ◊ *as much as you can* più che puoi ◊ *for much of the day* per gran parte della giornata ➲ *Vedi nota a* MANY *Vedi anche* MOLTO
  ▶ *avv* molto: *Much to her surprise …* Con sua grande sorpresa … ◊ *much-needed* estremamente necessario ◊ *much too cold* troppo freddo ➲ *Vedi nota a* MOLTO LOC **much as** per quanto: *Much as I'd like to, I can't.* Mi piacerebbe tanto, ma non posso. ♦ **much the same** più o meno uguale ♦ **not much of a …** : *He's not much of an actor.* Non è granché come attore. *Vedi anche* AS, SO

muck /mʌk/ ▶ *s* [*non numerabile*] **1** letame **2** (*informale, spec GB*) sudiciume **3** (*informale, spec GB*) porcherie
  ▶ *v* (*informale, spec GB*) PHRV **muck about/around** gingillarsi ♦ **muck sth up** rovinare qc

mucky /ˈmʌki/ *agg* (*informale, spec GB*) (**-ier, -iest**) sudicio

mucus /ˈmjuːkəs/ *s* [*non numerabile*] muco

mud /mʌd/ *s* fango LOC *Vedi* CLEAR **muddy** *agg* (**-ier, -iest**) **1** fangoso, infangato **2** (*fig*) torbido

muddle /ˈmʌdl/ ▶ *vt* **1** ~ **sth (up)** mettere sottosopra qc **2** ~ **sb/sth (up)** confondere qn/qc **3** ~ **A (up) with B**; ~ **A and B (up)** confondere A con B
  ▶ *s* **1** disordine **2** ~ (**about/over sth**) confusione (con qc): *to get (yourself) into a muddle* confondersi

muddled /ˈmʌdld/ *agg* confuso

mudguard /ˈmʌdɡɑːd/ *s* (*USA* **fender**) parafango

muffin /ˈmʌfɪn/ *s* **1** (*USA* **English muffin**) piccolo panino da mangiare tostato e imburrato **2** tortina a forma di fungo, spesso alla frutta, muffin

muffled /ˈmʌfld/ *agg* **1** (*grido*) soffocato **2** (*suono*) attutito **3** ~ (**up**) (**in sth**) imbacuccato in qc

mug

handle — cup and saucer

rim — mug

mug /mʌɡ/ ▶ *s* **1** tazzone **2** (*informale, dispreg, scherz*) muso **3** (*informale*) fesso, -a LOC **it's a mug's game** (*dispreg, GB*) è da idioti
  ▶ *vt* (**-gg-**) aggredire

mugger /ˈmʌɡə(r)/ *s* aggressore

mugging /ˈmʌɡɪŋ/ *s* aggressione (*per rapina*)

muggy /ˈmʌɡi/ *agg* (**-ier, -iest**) afoso

mulberry /ˈmʌlbəri; *USA* ˈmʌlberi/ *s* (*pl* **-ies**) **1** (*anche* **ˈmulberry tree**, **ˈmulberry bush**) gelso **2** mora (*di gelso*)

mule /mjuːl/ *s* **1** mulo, -a **2** ciabatta

mull /mʌl/ *v* PHRV **mull sth over** riflettere su qc: *I'd like to mull it over.* Vorrei pensarci su.

multicoloured (*USA* **multicolored**) /ˌmʌltiˈkʌləd/ *agg* multicolore

multicultural /ˌmʌltiˈkʌltʃərəl/ *agg* multiculturale

multilingual /ˌmʌltiˈlɪŋɡwəl/ *agg* multilingue

multimedia /ˌmʌltiˈmiːdiə/ *agg* multimediale

multinational /ˌmʌltiˈnæʃnəl/ *agg, s* multinazionale

multiple /ˈmʌltɪpl/ ▶ *agg* multiplo, molteplice
  ▶ *s* multiplo

ˌmultiple-ˈchoice *agg* a scelta multipla

multiple sclerosis /ˌmʌltɪpl sklə'rəʊsɪs/ *s* sclerosi a placche

multiplex /'mʌltɪpleks/ (GB anche **multiplex 'cinema**) *s* (cinema) multisale

multiplication /ˌmʌltɪplɪ'keɪʃn/ *s* moltiplicazione: *multiplication table* tavola pitagorica

multiplicity /ˌmʌltɪ'plɪsəti/ *s* ~ **of sth** molteplicità di qc

multiply /'mʌltɪplaɪ/ (*pass, pp* -**lied**) *vt, vi* moltiplicare, moltiplicarsi

multi-purpose /ˌmʌlti 'pɜːpəs/ *agg* multiuso

multi-storey /ˌmʌlti 'stɔːri/ *agg* a più piani: *multi-storey car park* parcheggio a più piani

multitude /'mʌltɪtjuːd; *USA* -tuːd/ *s* (*formale*) moltitudine

mum /mʌm/ (*USA* **mom**) *s* (*informale*) mamma

mumble /'mʌmbl/ *vt, vi* farfugliare: *Don't mumble.* Non mangiarti le parole!

mummy /'mʌmi/ (*USA* **mommy**) *s* (*pl* -**ies**) **1** (*informale*) mamma **2** mummia

mumps /mʌmps/ *s* [*non numerabile*] orecchioni

munch /mʌntʃ/ *vt, vi* ~ (**on**) **sth** sgranocchiare qc

mundane /mʌn'deɪn/ *agg* banale

municipal /mjuː'nɪsɪpl/ *agg* municipale, comunale

munitions /mjuː'nɪʃnz/ *s* [*pl*] munizioni

mural /'mjʊərəl/ *s* murale

murder /'mɜːdə(r)/ *s* **1** omicidio, assassinio ⊃ *Confronta* MANSLAUGHTER, HOMICIDE **2** (*informale*) una faticaccia LOC **get away with murder** (*spesso scherz, informale*) passarla sempre liscia
▶ *vt* assassinare, uccidere ⊃ *Vedi nota a* ASSASSINARE

murderer /'mɜːdərə(r)/ *s* assassino, -a, omicida

murderous /'mɜːdərəs/ *agg* omicida: *a murderous look* un'occhiata assassina

murky /'mɜːki/ *agg* (-**ier**, -**iest**) **1** tenebroso, cupo **2** torbido

murmur /'mɜːmə(r)/ *s* mormorio LOC **without a murmur** senza fiatare
▶ *vt, vi* mormorare

muscle /'mʌsl/ *s* **1** muscolo: *Don't move a muscle!* Non ti muovere! **2** (*fig*) potere
▶ *v* PHR V **muscle in** (**on sth**) (*informale, dispreg*) immischiarsi (in qc)

muscular /'mʌskjələ(r)/ *agg* **1** muscolare **2** muscoloso

muse /mjuːz/ ▶ *s* musa
▶ **1** *vi* ~ (**about/over/on/upon sth**) rimuginare (qc); meditare (su qc) **2** *vt: 'How interesting,' he mused.* "Interessante", disse tra sé e sé.

museum /mjuˈzɪəm/ *s* museo

mushroom /'mʌʃrʊm, -ruːm/ ▶ *s* fungo
▶ *vi* spuntare come funghi, svilupparsi rapidamente

mushy /'mʌʃi/ *agg* **1** molle **2** (*informale, dispreg*) sdolcinato

music /'mjuːzɪk/ *s* **1** musica: *a piece of music* un pezzo musicale ◊ *music-hall* teatro di varietà **2** (*testo*) spartito **musical** *agg* **1** musicale, di musica **2** *to be musical* essere portato per la musica **musical** *s* commedia musicale **musician** /mjuˈzɪʃn/ *s* musicista **musicianship** /mjuˈzɪʃnʃɪp/ *s* maestria musicale

musk /mʌsk/ *s* muschio (*per profumi*)

musket /'mʌskɪt/ *s* moschetto

Muslim /'mʊzlɪm, 'mʌz-, -ləm/ (*anche* **Moslem**) *agg, s* musulmano, -a ❶ La forma **Moslem** può risultare offensiva. *Vedi anche* ISLAM

muslin /'mʌzlɪn/ *s* mussola

mussel /'mʌsl/ *s* cozza

must /məst, mʌst/ ▶ *v aus modale* (*neg* **must not** *o* **mustn't** /'mʌsnt/)

Must è un verbo modale seguito dall'infinito senza il TO. Le frasi interrogative e negative si costruiscono senza l'ausiliare do: *Must you go?* Devi andare? ◊ *We mustn't tell her.* Non dobbiamo dirglielo.

Must ha soltanto le forme del presente: *I must leave early.* Devo andar via presto. Per tutti gli altri tempi si usa **to have to**: *He'll have to come tomorrow.* Dovrà venir domani. ◊ *We had to eat quickly.* Abbiamo dovuto mangiare in fretta.

• **obbligo e divieto** dovere: *'Must you go so soon?' 'Yes, I must.'* 'Devi già partire?' 'Sì.'

Must si usa per impartire un ordine o quando si vuole che qualcuno faccia una certa cosa: *The children must be back by four.* I bambini devono tornare per le quattro. ◊ *I must stop smoking.* Devo smettere di fumare. Quando l'ordine è imposto dall'esterno, ad es. da una legge, una regola, ecc, si usa **to have to**: *The doctor says I have to stop smoking.* Il medico dice che devo smettere di fumare. ◊ *You have to send it before Tuesday.* Devi spedirlo prima di martedì. La forma negativa **must not** o

mustache → mythology

mustn't esprime un divieto: *You mustn't open other people's post.* Non devi aprire la posta altrui. **Haven't got to** o **don't have to** esprime l'assenza di necessità, di obbligo: *You don't have to go if you don't want to.* Non c'è bisogno che tu ci vada se non hai voglia.

- **suggerimento** dovere: *You must come to lunch one day.* Devi venire a pranzo uno di questi giorni. ➲ Nella maggior parte dei casi, per esprimere un suggerimento o un consiglio si usa **ought to** o **should**.
- **probabilità** dovere: *You must be hungry.* Devi aver fame. ◊ *You must be Mr Smith.* Lei deve essere il signor Smith.

LOC **if you must** se proprio devi
▶ *s* (informale): *It's a must.* È assolutamente necessario. ◊ *His new book is a must.* Il suo ultimo libro è da non perdere.

mustache /ˈmʌstæʃ/ [numerabile] (USA) baffi

mustard /ˈmʌstəd/ *s* **1** senape **2** color senape

muster /ˈmʌstə(r)/ **1** *vt, vi* adunare, adunarsi **2** *vt* (aiuto, sostegno) ottenere **3** *vt* (forza) fare appello a: *muster (up) enthusiasm* entusiasmarsi ◊ *muster a smile* riuscire a sorridere ◊ *muster one's courage* farsi coraggio

musty /ˈmʌsti/ *agg* (-ier, -iest) **1** stantio, ammuffito: *to smell musty* puzzare di muffa **2** (fig) (dispreg) sorpassato, stantio

mutant /ˈmjuːtənt/ *agg, s* mutante

mutate /mjuːˈteɪt; USA ˈmjuːteɪt/ **1** *vi* ~ (into sth) trasformarsi (in qc) **2** *vi* (Biol) subire una mutazione **3** *vt* trasformare, mutare **mutation** *s* mutazione

mute /mjuːt/ ▶ *agg* (formale) muto
▶ *s* **1** (Mus) sordina **2** (antiq) (persona) muto, -a
▶ *vt* **1** attutire **2** (Mus) mettere la sordina a

muted /ˈmjuːtɪd/ *agg* **1** (suoni, colori) smorzato **2** (critica) velato **3** (Mus) in sordina

mutilate /ˈmjuːtɪleɪt/ *vt* mutilare

mutinous /ˈmjuːtənəs/ *agg* ribelle

mutiny /ˈmjuːtəni/ ▶ *s* (pl -ies) ammutinamento
▶ (pass, pp -fied) ▶ *vi* ammutinarsi

mutter /ˈmʌtə(r)/ **1** *vt, vi* ~ (sth) (to sb) (about sth) borbottare (qc) (a qn) (su qc) **2** *vi* ~ (about sth) mormorare (contro qc)

mutton /ˈmʌtn/ *s* carne di montone ➲ Vedi nota a CARNE

mutual /ˈmjuːtʃuəl/ *agg* **1** reciproco **2** comune: *a mutual friend* un amico comune
mutually *avv* reciprocamente: *mutually beneficial* vantaggioso per entrambi

muzzle /ˈmʌzl/ ▶ *s* **1** muso **2** museruola **3** (di arma da fuoco) bocca
▶ *vt* **1** mettere la museruola a **2** (fig) ridurre al silenzio

my /maɪ/ *agg poss* il mio, ecc: *It was my fault.* È stata colpa mia. ◊ *My God!* Dio mio! ◊ *My feet are cold.* Ho i piedi freddi. ➲ In inglese l'aggettivo possessivo viene usato quando si parla di parti del corpo e capi di abbigliamento. Confronta MINE[1]

myopia /maɪˈəʊpiə/ *s* (formale) miopia **myopic** /maɪˈɒpɪk/ *agg* (formale) miope

myriad /ˈmɪriəd/ ▶ *s* (retorico) miriade
▶ *agg* (retorico): *their myriad activities* le loro molteplici attività

myself /maɪˈself/ *pron* **1** [uso riflessivo] mi, me stesso, -a: *I cut myself.* Mi sono tagliato. **2** [dopo prep] me, me stesso, -a: *I said to myself…* Mi sono detto… **3** [uso enfatico] io stesso, -a: *If I hadn't seen it myself…* Se non lo avessi visto con i miei occhi… **LOC** **by myself 1** da me: *I did it all by myself.* L'ho fatto tutto da me. **2** solo: *I was all by myself.* Ero tutto solo.

mysterious /mɪˈstɪəriəs/ *agg* misterioso

mystery /ˈmɪstri/ *s* (pl -ies) **1** mistero **2** *mystery tour* viaggio con destinazione a sorpresa ◊ *a mystery disease* una malattia misteriosa

mystic /ˈmɪstɪk/ ▶ *s* mistico, -a
▶ *agg* (anche **mystical**) mistico

mysticism /ˈmɪstɪsɪzəm/ *s* misticismo

mystification /ˌmɪstɪfɪˈkeɪʃn/ *s* **1** perplessità **2** (dispreg) mistificazione

mystify /ˈmɪstɪfaɪ/ *vt* (pass, pp -fied) lasciar perplesso **mystifying** *agg* sconcertante

mystique /mɪˈstiːk/ *s* (approv) fascino

myth /mɪθ/ *s* mito **mythical** *agg* mitico

mythology /mɪˈθɒlədʒi/ *s* mitologia **mythological** /ˌmɪθəˈlɒdʒɪkl/ *agg* mitologico

N n

N, n /en/ *s* (*pl* **Ns, N's, n's**) N, n: *N for Nellie* N come Napoli ➭ *Vedi esempi a* A, a

nag /næg/ **1** *vt, vi* (**-gg-**) **to nag (at) sb** tormentare qn **2** *vi* lagnarsi **nagging** *agg* **1** (*dolore, sospetto*) continuo **2** brontolone

⚑ **nail** /neɪl/ ▶ *s* **1** unghia: *a nail file* una limetta da unghie ◊ *nail varnish/polish* smalto per unghie *Vedi anche* FINGERNAIL, TOENAIL **2** chiodo LOC *Vedi* FIGHT, HIT
▶ *v* PHR V **nail sb down**: *to nail somebody down to a date/a price* far fissare una data/un prezzo a qn ◆ **nail sth to sth** inchiodare qc a qc

naive (*anche* **naïve**) /naɪˈiːv/ *agg* ingenuo

⚑ **naked** /ˈneɪkɪd/ *agg* **1** nudo: *stark naked* nudo come un verme

> In inglese 'nudo' si traduce in tre modi: **bare**, **naked** e **nude**. **Bare** si usa per riferirsi a parti del corpo: *bare arms*, **naked** si riferisce in genere a tutto il corpo: *a naked body* e **nude** si usa in senso artistico o erotico: *a nude figure*.

2 (*fiamma*) scoperto LOC **with the naked eye** a occhio nudo

⚑ **name** /neɪm/ ▶ *s* **1** nome: *first/Christian name* nome di battesimo ◊ *last name* cognome ◊ *What's your name?* Come ti chiami? ➭ *Confronta* SURNAME ➭ *Vedi nota a* MIDDLE NAME **2** fama, reputazione **3** nome, personalità LOC **by name** di nome ◆ **by/of the name of** (*formale*) di nome ◆ **in the name of sb/sth** in nome di qn/qc
▶ *vt* **1** ~ **sb/sth sth** chiamare qn/qc qc **2** ~ **sb/sth (after sb)** (*USA*) ~ **sb/sth (for sb)** mettere il nome (di qn) a qn/qc **3** (*identificare*) nominare **4** (*prezzo, data*) fissare

nameless /ˈneɪmləs/ *agg* anonimo, senza nome

namely /ˈneɪmli/ *avv* vale a dire, cioè

namesake /ˈneɪmseɪk/ *s* omonimo, -a

nanny /ˈnæni/ *s* (*pl* **-ies**) **1** bambinaia **2** (*anche* **nan**) (*GB, informale*) nonna

nap /næp/ *s* pisolino: *to have/take a nap* fare un pisolino

nape /neɪp/ (*anche* **nape of the 'neck**) *s* nuca

napkin /ˈnæpkɪn/ *s* **1** tovagliolo **2** (*USA*) *Vedi* SANITARY NAPKIN

nappy /ˈnæpi/ *s* (*pl* **-ies**) (*USA* **diaper**) pannolino

narcotic /nɑːˈkɒtɪk/ *agg, s* narcotico

narrate /nəˈreɪt; *USA* ˈnæreɪt/ *vt* raccontare, narrare **narrator** *s* narratore, -trice

narrative /ˈnærətɪv/ ▶ *s* narrazione
▶ *agg* narrativo

⚑ **narrow** /ˈnærəʊ/ ▶ *agg* (**-er, -est**) **1** stretto **2** limitato **3** (*maggioranza*) scarso LOC **have a narrow escape** farcela per un pelo
▶ *vt, vi* restringere, restringersi PHR V **narrow sth down to sth** ridurre qc a qc

narrowly /ˈnærəʊli/ *avv*: *He narrowly escaped drowning.* C'è mancato poco che affogasse.

,**narrow-ˈminded** *agg* gretto, limitato

nasal /ˈneɪzl/ *agg* nasale

nasty /ˈnɑːsti; *USA* ˈnæs-/ *agg* (**-ier, -iest**) **1** antipatico, cattivo: *to be nasty to sb* trattar male qn **2** (*situazione, ferita, tempo*) brutto

⚑ **nation** /ˈneɪʃn/ *s* nazione

⚑ **national** /ˈnæʃnəl/ ▶ *agg* nazionale: *national service* servizio militare
▶ *s* cittadino, -a

,**National ˈHealth Service** *s* (*GB*) (*abbrev* **NHS**) Servizio Sanitario Nazionale

,**National Inˈsurance** *s* (*GB*) Previdenza Sociale: *National Insurance contributions* contributi per la Previdenza Sociale

nationalism /ˈnæʃnəlɪzəm/ *s* nazionalismo
nationalist *agg, s* nazionalista

nationality /ˌnæʃəˈnæləti/ *s* (*pl* **-ies**) nazionalità

nationalize, -ise /ˈnæʃnəlaɪz/ *vt* nazionalizzare

nationally /ˈnæʃnəli/ *avv* in tutto il paese, su scala nazionale

nationwide /ˌneɪʃnˈwaɪd/ *agg, avv* su tutto il territorio nazionale

native /ˈneɪtɪv/ ▶ *s* **1** *He's a native of Aberdeen.* È originario di Aberdeen. ◊ *The koala is a native of Australia.* Il koala è originario dell'Australia. **2** (*antiq, offensivo*) indigeno, -a
▶ *agg* **1** natale: *native land* patria ◊ *native language/tongue* madrelingua ◊ *Are you a native speaker of Dutch?* Sei di madrelingua olandese? **2** indigeno **3** innato **4** ~ **to…** originario di…

,**Native Aˈmerican** ▶ (*anche* **American Indian**) *s* indiano d'America

---

tʃ **ch**in   dʒ **J**une   v **v**an   θ **th**in   ð **th**en   s **s**o   z **z**oo   ʃ **sh**e

natural → need

▶ *agg* degli indiani d'America: *Native American culture/languages* la cultura/le lingue degli indiani d'America

natural /'nætʃrəl/ *agg* **1** naturale **2** nato: *She's a natural musician* È una musicista nata. **3** innato

naturalist /'nætʃrəlɪst/ *s* naturalista

naturally /'nætʃrəli/ *avv* **1** naturalmente **2** per natura

nature /'neɪtʃə(r)/ *s* **1** (spesso **Nature**) natura **2** carattere: *good nature* buon carattere ◊ *It's not in my nature to...* Non è da me... **3** tipo: *cases of this nature* casi di questo genere

naughty /'nɔːti/ *agg* (**-ier, -iest**) **1** (*informale*) birichino, cattivo: *to be naughty* comportarsi male **2** spinto

nausea /'nɔːsiə; *USA* 'nɔːʒə/ *s* nausea

nauseating /'nɔːzieɪtɪŋ/ *agg* nauseante, disgustoso

nauseous /'nɔːziəs, 'nɔːsiəs; *USA* 'nɔːʃəs/ *agg* **1 to feel ~** avere la nausea **2** nauseante

nautical /'nɔːtɪkl/ *agg* nautico

naval /'neɪvl/ *agg* navale: *naval officer* ufficiale di marina

nave /neɪv/ *s* navata centrale

navel /'neɪvl/ *s* ombelico

navigate /'nævɪgeɪt/ **1** *vi* calcolare la rotta **2** *vi* (*in auto*) fare da navigatore **3** *vt* (*barca*) governare **4** *vt* (*fiume, mare*) navigare **navigation** *s* **1** navigazione **2** nautica **navigator** *s* ufficiale di rotta, navigatore, -trice

navy /'neɪvi/ *s* (*pl* **-ies**) **1** marina militare: *to join the navy* entrare in marina **2** (*anche* ˌnavy 'blue) blu scuro

Nazi /'nɑːtsi/ *s, agg* nazista

NB /ˌen'biː/ *abbr* **nota bene** nota bene

near /nɪə(r)/ ▶ *agg* (**-er, -est**) **1** vicino: *Which town is nearer?* Quale città è più vicina? ◊ *to get nearer* avvicinarsi

> Nota che davanti a un sostantivo si usa l'aggettivo **nearby** al posto di **near**: *a nearby village* un paese vicino ◊ *The village is very near.* Il paese è vicinissimo. Quando però si vuole la forma comparativa e superlativa dell'aggettivo, si ricorre a **near** anche prima di un sostantivo: *the nearest shop* il negozio più vicino.

2 (*fig*) prossimo: *in the near future* nel prossimo futuro

▶ *prep* vicino a: *I live near the station.* Abito vicino alla stazione. ◊ *Is there a bank near here?* C'è una banca qui vicino? ◊ *near the beginning* verso l'inizio

▶ *avv* (**-er, -est**) vicino: *I live quite near.* Abito abbastanza vicino. ◊ *We are getting near to Christmas.* Manca poco a Natale. **❶** Nota che *I live nearby* è più comune di *I live near*, ma **near** viene usato insieme a **quite, very,** ecc: *I live quite near.* **LOC be not anywhere near sth; be nowhere near sth** essere ben lontano da qc *Vedi anche* HAND

▶ *vt, vi* avvicinarsi (a)

nearby /ˌnɪə'baɪ/ *agg, avv* vicino: *She lives nearby.* Abita qui vicino. ➲ *Vedi nota a* NEAR

nearly /'nɪəli/ *avv* quasi: *He nearly fell down.* Per poco non cadeva. ➲ *Vedi nota a* QUASI **LOC not nearly** per niente

neat /niːt/ *agg* (**-er, -est**) **1** ordinato, curato **2** (*scrittura*) chiaro **3** (*informale, spec USA*) fantastico **4** (*liquore*) liscio **neatly** *avv* **1** (*tagliare, sistemare*) con cura **2** (*spiegare, entrare*) perfettamente

necessarily /ˌnesə'serəli, 'nesəsərəli/ *avv* necessariamente, per forza

necessary /'nesəsəri; *USA* -seri/ *agg* **1** necessario: *Is it necessary for us to meet/necessary that we meet?* È necessario incontrarsi/che ci incontriamo? ◊ *if necessary* eventualmente **2** (*conseguenza*) inevitabile

necessitate /nə'sesɪteɪt/ *vt* (*formale*) rendere necessario, richiedere

necessity /nə'sesəti/ *s* (*pl* **-ies**) necessità

neck /nek/ *s* collo: *to break your neck* rompersi l'osso del collo *Vedi anche* PAIN **LOC be up to your neck in sth** essere in qc fino al collo ♦ **neck and neck (with sb/sth)** testa a testa (con qn/qc) *Vedi anche* BREATHE, MILLSTONE, RISK, SCRUFF, WRING

necklace /'nekləs/ *s* collana

neckline /'neklaɪn/ *s* scollatura

nectarine /'nektəriːn/ *s* pescanoce

née /neɪ/ *agg* nata: *Jane Smith, née Taylor* Jane Smith, nata Taylor

need /niːd/ ▶ *v aus modale* (*neg* **need not** *o* **needn't** /'niːdnt/) (*obbligo*) dovere: *Need I explain it again?* Devo spiegarlo un'altra volta? ◊ *You needn't have come.* Non c'era bisogno che venissi. **❶** Quando **need** ha la funzione di un modale è seguito dall'infinito senza il TO e le frasi interrogative e negative si costruiscono senza l'ausiliare **do**.

▶ *vt* **1** aver bisogno di: *Do you need any help?* Hai bisogno d'aiuto? ◊ *The grass needs cutting.* L'erba va tagliata. **2** ~ **to do sth**

---

iː see   i happy   ɪ sit   e ten   æ hat   ɑː father   ʌ cup   ʊ put   uː too

needle → nevertheless

(*obbligo*) dover fare qc: *Do we really need to leave so early?* Dobbiamo davvero partire così presto? ❸ In questo caso si può usare anche il verbo modale, che però è più formale: *Need we really leave so early?*
▸ *s* ~ **(for sth)** bisogno (di qc) LOC **be in need of sth** aver bisogno di qc ◆ **if need be** se sarà necessario

needle /'ni:dl/ *s* ago LOC *Vedi* PIN

needless /'ni:dləs/ *agg* inutile LOC **needless to say** inutile dire

needlework /'ni:dlwɜ:k/ *s* [*non numerabile*] cucito, ricamo

needy /'ni:di/ (**-ier, -iest**) *agg* bisognoso

negative /'negətɪv/ *agg, s* negativo

neglect /nɪ'glekt/ ▸ *vt* **1** ~ **sb/sth** trascurare qn/qc **2** ~ **to do sth** tralasciare di fare qc: *You neglected to mention the name of your previous employer.* Ha tralasciato di citare il suo ex datore di lavoro.
▸ *s* trascuratezza: *in a state of neglect* in stato di abbandono

negligent /'neglɪdʒənt/ *agg* negligente **negligence** *s* negligenza

negligible /'neglɪdʒəbl/ *agg* insignificante

negotiate /nɪ'gəʊʃieɪt/ **1** *vt, vi* ~ **(sth) (with sb)** negoziare (qc) (con qn) **2** *vt* (*ostacolo*) superare **negotiation** *s* [*spesso pl*] trattativa

neigh /neɪ/ ▸ *vi* nitrire
▸ *s* nitrito

neighbour (*USA* **neighbor**) /'neɪbə(r)/ *s* **1** vicino, -a **2** prossimo **neighbourhood** (*USA* **neighborhood**) /'neɪbəhʊd/ *s* vicinato **neighbouring** (*USA* **neighboring**) *agg* vicino, confinante

neither /'naɪðə(r), 'ni:ðə(r)/ ▸ *agg, pron* nessuno ◑ *Vedi nota a* NESSUNO
▸ *avv* **1** nemmeno

Quando **neither** vuol dire "nemmeno", si può sostituire con **nor**. Con entrambi si usa la costruzione: **neither/nor + v aus/v modale + soggetto**: *'I didn't go.' 'Neither/nor did I.'* "Non ci sono andato." "Nemmeno io." ◇ *I can't swim and neither/nor can my brother.* Io non so nuotare e nemmeno mio fratello.

Either può significare "nemmeno", ma solo in una frase negativa, e la sua posizione è diversa: *I don't like it, and I can't afford it either.* Non mi piace e nemmeno posso permettermelo. ◇ *My sister didn't go either.* Nemmeno mia sorella ci è andata. ◇ *'I haven't seen that film.' 'I haven't either.'* "Non l'ho visto quel film." "Nemmeno io."

---

2 neither ... nor né ... né

neon /'ni:ɒn/ *s* neon

nephew /'nefju:, 'nevju:/ *s* nipote *m* (*di zii*): *I've got two nephews and one niece.* Ho tre nipoti, due maschi e una femmina. ◑ *Vedi nota a* NIPOTE

Neptune /'neptju:n; *USA* -tu:n/ *s* Nettuno

nerd /nɜ:d/ *s* (*informale, dispreg*) **1** imbranato, -a: *I feel like a nerd in these shoes.* Mi sento un imbranato con queste scarpe. **2** fanatico di computer socialmente inetto **nerdy** *agg* (*informale, dispreg*) imbranato: *He looked kind of nerdy.* Aveva un'aria da imbranato.

nerve /nɜ:v/ *s* **1** nervo **2** coraggio **3** (*informale, dispreg*): *You've got a nerve!* Che faccia tosta! LOC **get on sb's nerves** (*informale*) dare sui nervi a qn *Vedi anche* LOSE

nerve-racking (*anche* **nerve-wracking**) /'nɜ:v rækɪŋ/ *agg* logorante

nervous /'nɜ:vəs/ *agg* **1** ~ **(about/of sth/doing sth)** ansioso, nervoso (per qc/all'idea di fare qc) **2** (*Med*) nervoso: *a nervous breakdown* un esaurimento nervoso **nervousness** *s* ansia, nervosismo

nest /nest/ *s* nido

nestle /'nesl/ **1** *vi* accoccolarsi, rannicchiarsi **2** *vi* (*paesino*) nascondersi, annidarsi **3** *vt, vi* ~ **(sth) against/on, etc. sb/sth** appoggiare qc; appoggiarsi a qn/qc

net /net/ ▸ *s* **1** rete: *net curtains* tendine di tulle **2 the Net** Internet
▸ *agg* (*anche* **nett**) **1** (*peso, stipendio*) netto **2** (*risultato*) finale

netball /'netbɔ:l/ *s* gioco simile alla pallacanestro, molto popolare in GB nelle scuole

netting /'netɪŋ/ *s* [*non numerabile*] rete: *wire netting* rete metallica

nettle /'netl/ *s* ortica

network /'netwɜ:k/ ▸ *s* rete (*di amici, strade*)
▸ *vt* trasmettere (*alla TV*)

neurotic /njʊə'rɒtɪk; *USA* nʊ-/ *agg, s* nevrotico, -a

neutral /'nju:trəl; *USA* 'nu:-/ *agg* **1** neutrale **2** (*colore*) neutro

never /'nevə(r)/ *avv* **1** mai **2** *I never thought I'd make it.* Non pensavo proprio di farcela. ◇ *That will never do.* Questo è inaccettabile. LOC **well, I never (did!)** chi l'avrebbe mai detto! ◑ *Vedi nota a* ALWAYS *e* MAI

nevertheless /ˌnevəðə'les/ *avv* tuttavia

new /njuː; *USA* nuː/ *agg* (**-er, -est**) **1** nuovo: *What's new?* Ci sono novità? **2 new to sth** poco abituato a qc: *I'm new to this town.* È da poco che sono in questa città. **3** nuovo, altro: *my new school* la mia nuova scuola ◊ *a new job* un altro lavoro LOC **a new lease of life** (*USA* **a new lease on life**) una nuova vita ♦ **(as) good as new** come nuovo *Vedi anche* TURN **newly** *avv* appena, da poco **newness** *s* novità (*qualità*)

newborn /'njuːbɔːn; *USA* nuː-/ *agg* neonato: *a newborn baby* un neonato ⊃ *Vedi nota a* BAMBINO

newcomer /'njuːkʌmə(r); *USA* 'nuː-/ *s* nuovo arrivato, nuova arrivata

news /njuːz; *USA* nuːz/ *s* **1** [*non numerabile*] notizie: *The news is not good.* Le notizie non sono buone. ◊ *a piece of news* una notizia ◊ *Have you got any news?* Sai qualcosa? ◊ *It's news to me.* Mi giunge nuovo. ⊃ *Vedi nota a* INFORMAZIONE **2 the news** [*sing*] il telegiornale, il giornale radio LOC *Vedi* BREAK¹

newsagent /'njuːzeɪdʒənt; *USA* 'nuːʒ-/ (*USA* **newsdealer** /'njuːʒdiːlə(r); *USA* 'nuːʒ-/) *s* **1** giornalaio, -a **2 newsagent's** edicola ⊃ *Vedi nota a* TABACCHERIA

newscaster /'njuːzkɑːstə(r); *USA* 'nuːzkæstər/ *s* annunciatore, -trice del notiziario radiotelevisivo

newsgroup /'njuːzgruːp; *USA* 'nuːz-/ *s* gruppo di discussione

newsletter /'njuːzletə(r); *USA* 'nuːz-/ *s* newsletter

newspaper /'njuːzpeɪpə(r); *USA* 'nuːz-/ *s* giornale

newsreader /'njuːzriːdə(r); *USA* 'nuːz-/ *s* (*GB*) annunciatore, -trice del notiziario radiotelevisivo

'**news-stand** *s* edicola

,**new 'year** (*anche* **New Year**) *s* anno nuovo: *New Year's Day* Capodanno ◊ *New Year's Eve* San Silvestro ⊃ *Vedi nota a* ULTIMO

next /nekst/ ▶ *agg* **1** prossimo, seguente: *(the) next time you see her* la prossima volta che la vedi ◊ *next month* il mese prossimo ◊ *(the) next day* il giorno dopo ◊ *It's not ideal, but it's the next best thing.* Non è l'ideale, ma è la cosa migliore. **2** (*contiguo*) accanto LOC **the next few days, months, etc.** i prossimi giorni, mesi, ecc *Vedi anche* DAY

▶ **next to** *prep* **1** accanto a **2** (*ordine*) dopo **3** quasi: *next to nothing* una sciocchezza ◊ *next to last* il penultimo

▶ *avv* **1** dopo, adesso: *What shall we do next?* Cosa facciamo adesso? ◊ *What did they do next?* Poi cosa hanno fatto? **2** *when we next meet* la prossima volta che ci vediamo **3** (*comparazione*): *the next oldest* il successivo per antichità

▶ *s spesso* **the next** [*sing*] il prossimo, la prossima, il seguente, la seguente: *Who's next?* A chi tocca?

,**next 'door** *agg*, *avv*: *my next-door neighbour* il mio vicino di casa ◊ *the room next door* la stanza accanto ◊ *They live next door.* Abitano qui accanto.

,**next of 'kin** *s* parente prossimo, parenti prossimi *Vedi anche* KIN

nibble /'nɪbl/ *vt*, *vi* ~ **(at sth)** mangiucchiare, mordicchiare (qc)

nice /naɪs/ *agg* (**nicer, -est**) **1** ~ **(to sb)** carino, simpatico (con qn) ❶ Nota che **sympathetic** significa "comprensivo". **2** (*giornata, tempo, sorriso*) bello: *You look nice.* Stai benissimo. ◊ *to have a nice time* divertirsi **3** (*odore, sapore*) buono: *It smells nice.* Ha un buon odore. LOC **nice and …** (*informale*) bello … : *nice and warm* bello caldo **nicely** *avv* **1** bene: *That will do nicely.* Questo va benissimo. **2** gentilmente

niche /niːtʃ, niːʃ/ *s* **1** nicchia **2** (*fig*) posto, spazio

nick /nɪk/ ▶ *s* **1** tacca, taglio **2 the nick** (*GB*, *gergale*) la galera, la centrale (*di polizia*) LOC **in the nick of time** appena in tempo

▶ *vt* **1** intaccare, tagliare **2** (*GB*, *informale*) ~ **sth (from sb/sth)** fregare qc (a qn/qc)

nickel /'nɪkl/ *s* **1** nichel **2** (*USA*) moneta da 5 centesimi di dollaro

nickname /'nɪkneɪm/ ▶ *s* soprannome

▶ *vt* soprannominare

nicotine /'nɪkətiːn/ *s* nicotina

niece /niːs/ *s* nipote *f* (*di zii*) ⊃ *Vedi nota a* NIPOTE

night /naɪt/ *s* **1** notte, sera: *night shift* turno di notte ◊ *the night before last* l'altro ieri sera ◊ *night school* scuola serale **2** (*Teat*) serata: *the first/opening night* la prima LOC **at night** la notte, di notte, di sera: *ten o'clock at night* le dieci di sera ♦ **good night** buona notte ⊃ *Vedi nota a* MORNING *Vedi anche* DAY, DEAD

nightclub /'naɪtklʌb/ *s* locale notturno, discoteca

nightdress /'naɪtdres/ *s* (*informale* **nightie**) camicia da notte

nightfall /'naɪtfɔːl/ *s* crepuscolo

nightingale /'naɪtɪŋgeɪl/ *s* usignolo

nightlife /'naɪtlaɪf/ *s* vita notturna

nightly /ˈnaɪtli/ ▶ *avv* ogni notte, ogni sera
▶ *agg* **1** notturno **2** (*regolare*) di tutte le notti, di tutte le sere

nightmare /ˈnaɪtmeə(r)/ *s* incubo **nightmarish** /ˈnaɪtmeərɪʃ/ *agg* da incubo

'**night-time** *s* notte

nightwatchman /ˌnaɪtˈwɒtʃmən/ *s* (*pl* **-men** /-mən/) guardia notturna

nil /nɪl/ *s* **1** (*Sport*) zero **2** nulla

nimble /ˈnɪmbl/ *agg* (**nimbler**, **-est**) **1** agile **2** (*mente*) vivace

nine /naɪn/ *agg*, *pron*, *s* nove ⊃ *Vedi esempi a* FIVE **ninth** *agg*, *pron*, *avv*, *s* nono ⊃ *Vedi esempi a* FIFTH

nineteen /ˌnaɪnˈtiːn/ *agg*, *pron*, *s* diciannove ⊃ *Vedi esempi a* FIVE **nineteenth** *agg*, *pron*, *avv*, *s* diciannovesimo ⊃ *Vedi esempi a* FIFTH

ninety /ˈnaɪnti/ *agg*, *pron*, *s* novanta ⊃ *Vedi esempi a* FIFTY, FIVE **ninetieth** *agg*, *pron*, *avv*, *s* novantesimo ⊃ *Vedi esempi a* FIFTH

nip /nɪp/ (**-pp-**) *vt* pizzicare, morsicare **2** *vi* (*GB*, *informale*): *to nip out* uscire un attimo ◊ *I'll just nip to the bank.* Faccio un salto in banca.

nipple /ˈnɪpl/ *s* capezzolo

nitrogen /ˈnaɪtrədʒən/ *s* azoto

no /nəʊ/ ▶ *escl* no!
▶ *agg neg* [*davanti a sostantivo*] **1** nessuno: *We've no time.* Non abbiamo tempo. ◊ *No two people think alike.* Non ci sono due persone che la pensino allo stesso modo. ⊃ *Vedi nota a* NESSUNO **2** (*divieto*): *No smoking.* Vietato fumare. **3** (*enfatico*): *She's no fool.* Non è certo scema. ◊ *It's no joke.* Non è mica uno scherzo. LOC **no way!** (*informale*) neanche per sogno!
▶ *avv neg* [*davanti a agg comparativo e avv*] non: *His car is no bigger/more expensive than mine.* La sua macchina non è più grande/cara della mia.
▶ *s* (*pl* **noes**) no

nobility /nəʊˈbɪləti/ *s* nobiltà

noble /ˈnəʊbl/ *agg*, *s* (**nobler** /ˈnəʊblə(r)/ **noblest** /ˈnəʊblɪst/) nobile

nobleman /ˈnəʊblmən/ *s* (*pl* **-men** /-mən/, *femm* **noblewoman** *pl* **-women**) nobile

nobody /ˈnəʊbədi/ ▶ *pron* (*anche* **no one**) nessuno

In inglese non si possono usare due negazioni nella stessa frase. Poiché le parole **nobody**, **nothing** e **nowhere** sono negazioni, il verbo deve essere sempre alla forma affermativa: *Nobody saw him.* Non lo ha visto nessuno. ◊ *She said nothing.* Non ha detto niente. ◊ *Nothing happened.* Non è successo niente. Se il verbo è alla forma negativa bisogna usare **anybody**, **anything** e **anywhere**: *I didn't see anybody.* Non ho visto nessuno. ◊ *She didn't say anything.* Non ha detto niente.

▶ *s* (*pl* **-ies**) nessuno, nullità

nocturnal /nɒkˈtɜːnl/ *agg* notturno

nod /nɒd/ ▶ (**-dd-**) **1** *vi* annuire **2** *vt*: *He nodded his head.* Fece di sì con la testa. **3** *vi* **to nod (to/at sb)** salutare (qn) con un cenno del capo **4** *vi* **to nod at sth** indicare qc con un cenno del capo **5** *vi* ciondolare il capo PHR V **nod off** (*informale*) appisolarsi
▶ *s* cenno del capo LOC **give (sb) the nod** dare il permesso (a qn)

noise /nɔɪz/ *s* rumore, chiasso LOC **make a noise (about sth)** fare una scenata (per qc) *Vedi anche* BIG **noisily** *avv* **1** rumorosamente **2** in modo vistoso **noisy** *agg* (**-ier**, **-iest**) rumoroso, chiassoso

nomad /ˈnəʊmæd/ *s* nomade **nomadic** /nəʊˈmædɪk/ *agg* nomade

nominal /ˈnɒmɪnl/ *agg* nominale **nominally** *avv* nominalmente

nominate /ˈnɒmɪneɪt/ *vt* **1** ~ **sb (for sth)** candidare qn (a qc) **2** ~ **sb (as sth)** nominare qn (qc) **3** ~ **sth (as sth)** designare qc (come qc) **nomination** *s* **1** candidatura **2** nomina

nominee /ˌnɒmɪˈniː/ *s* **1** candidato, -a **2** persona nominata

none /nʌn/ ▶ *pron* **1** nessuno, -a: *None (of them) is/are alive now.* Nessuno (di loro) è più in vita. **2** [*con sostantivi o pronomi non numerabili*]: *'Is there any bread left?' 'No, none.'* "C'è ancora del pane?" "No, non ce n'è più." ◊ *They gave me a lot of information, but none of it was very helpful.* Mi hanno dato un sacco di informazioni ma nessuna di grande aiuto. **3** (*formale*) nessuno: *and none more so than …* e nessuno più di … LOC **none but** solo
♦ **none other than …** nientemeno che …
▶ *avv* **1** *I'm none the wiser.* Ne so quanto prima. ◊ *He's none the worse for it.* Non gli è successo niente. **2** *none too clean* per niente pulito

nonetheless (*anche* **none the less**) /ˌnʌnðəˈles/ *avv* (*formale*) nondimeno, ciononostante

non-existent /ˌnɒn ɪgˈzɪstənt/ *agg* inesistente

,**non-'fiction** *s* [*non numerabile*] opere non di narrativa

nonsense → note

nonsense /'nɒnsns; *USA* -sens/ *s* [*non numerabile*] scemenze **nonsensical** /nɒn'sensɪkl/ *agg* assurdo

non-'stop ▸ *agg* **1** (*volo*) diretto **2** continuo
▸ *avv* **1** direttamente, senza far scalo **2** ininterrottamente, senza sosta

noodle /'nu:dl/ *s* taglierino

noon /nu:n/ *s* mezzogiorno: *at noon* a mezzogiorno ◊ *twelve noon* mezzogiorno

no one *Vedi* NOBODY

noose /nu:s/ *s* cappio

nor /nɔ:(r)/ *cong*, *avv* **1** né **2** nemmeno: *Nor do I.* Nemmeno io. ⇨ *Vedi nota a* NEITHER

norm /nɔ:m/ *s* norma

normal /'nɔ:ml/ ▸ *agg* normale
▸ *s* la norma: *Things are back to normal.* La situazione è tornata alla normalità.

normally /'nɔ:məli/ *avv* normalmente ⇨ *Vedi nota a* ALWAYS

north /nɔ:θ/ ▸ *s* (*anche* **the north, the North**) (*abbrev* **N**) (il) nord: *Leeds is in the North of England.* Leeds è nel nord dell'Inghilterra.
▸ *agg* del nord, settentrionale: *north winds* venti del nord
▸ *avv* a nord: *They headed north.* Si diressero a nord. ◊ *We live north of London.* Abitiamo a nord di Londra.

northbound /'nɔ:θbaʊnd/ *agg* diretto a nord

north-'east ▸ *s* (*abbrev* **NE**) nordest
▸ *agg* di nordest, nordorientale
▸ *avv* a nordest: *It's situated north-east of Bath.* Si trova a nordest di Bath.

north-'eastern *agg* nordorientale

north-'eastward ▸ *agg* di nordest, nordorientale: *in a north-eastward direction* in direzione nordorientale
▸ *avv* (*anche* **north-'eastwards**) verso nordest

northerly /'nɔ:ðəli/ *agg* (*direzione*) nord; (*vento*) da nord

northern (*anche* **Northern**) /'nɔ:ðən/ *agg* (*abbrev* **N, No.**) del nord, settentrionale: *She has a northern accent.* Ha un accento del nord. ◊ *the northern hemisphere* l'emisfero boreale **northerner** *s* settentrionale, abitante del nord

northward /'nɔ:θwəd/ ▸ *agg* nord: *travelling in a northward direction* viaggiando in direzione nord
▸ *avv* (*anche* **northwards** /'nɔ:θwədz/) verso nord

north-'west ▸ *s* (*abbrev* **NW**) nordovest
▸ *agg* di nordovest

▸ *avv* a nordovest: *It's situated north-west of Hull.* Si trova a nordovest di Hull.

north-'western *agg* nordoccidentale

north-'westward ▸ *agg* di nordovest: *in a north-eastward direction* in direzione nordovest
▸ *avv* (*anche* **north-'westwards**) verso nordovest

nose /nəʊz/ ▸ *s* **1** naso **2** (*aereo*) muso **3** fiuto
LOC **poke/stick your nose into sth** (*informale*) ficcare il naso in qc *Vedi anche* BLOW
▸ *v* PHRV **nose about/around** (*informale*) curiosare

nosebleed /'nəʊzbli:d/ *s* **to have a ~** perdere sangue dal naso

nosey *Vedi* NOSY

nostalgia /nɒ'stældʒə/ *s* nostalgia (*del passato*)

nostril /'nɒstrəl/ *s* narice

nosy (*anche* **nosey**) /'nəʊzi/ *agg* (**-ier, -iest**) (*informale*, *disprez*) curioso: *She's very nosy.* È una gran ficcanaso.

not /nɒt/ *avv* non: *Not any more.* Non più. ◊ *I hope not.* Spero di no. ◊ *I'm afraid not.* Temo di no. ◊ *Certainly not!* No di certo! ◊ *Not even…* Nemmeno… ◊ *Why not?* Perché no?

Not viene usato per la forma negativa dei verbi ausiliari e modali (**be, do, have, can, must**, ecc) e spesso si ricorre alla forma contratta **-n't**: *She is not/isn't going.* ◊ *We did not/didn't go.* ◊ *I must not/mustn't go.* La forma non contratta (**not**) è più formale o enfatica. Essa viene inoltre usata per la forma negativa dei verbi subordinati: *He warned me not to be late.* Mi ha raccomandato di non fare tardi. ◊ *I expect not.* Suppongo di no.

LOC **not at all 1** (*risposta*) di niente *Vedi anche* WELCOME **2** per niente ◆ **not that…** non che…: *It's not that I mind…* Non che m'importi…

notably /'nəʊtəbli/ *avv* **1** in particolare **2** particolarmente, notevolmente

notary /'nəʊtəri/ *s* notaio

notch /nɒtʃ/ ▸ *s* **1** tacca **2** grado
▸ *v* PHRV **notch sth up** (*informale*) segnare qc

note /nəʊt/ ▸ *s* **1** nota, biglietto: *to make a note (of sth)* prendere nota (di qc) ◊ *to take notes* prendere appunti **2** (*USA* **bill**) biglietto, banconota **3** (*Mus*) nota
▸ *vt* notare, osservare PHRV **note sth down** annotare qc

---

i: see   i happy   ɪ sit   e ten   æ hat   ɑ: father   ʌ cup   ʊ put   u: too

notebook /'nəʊtbʊk/ *s* **1** blocco per appunti, taccuino **2** (*USA*) *Vedi* EXERCISE BOOK

noted /'nəʊtɪd/ *agg* ~ (**for/as sth**) noto (per/per essere qc)

notepaper /'nəʊtpeɪpə(r)/ *s* carta da lettera

noteworthy /'nəʊtwɜːði/ *agg* degno di nota

nothing /'nʌθɪŋ/ *pron* **1** niente: *Nothing exciting ever happens here.* Qui non succede mai niente di interessante. ◊ *There was nothing else to say.* Non c'era nient'altro da dire. ➲ *Vedi nota a* NOBODY **2** zero LOC **for nothing 1** gratis **2** per niente, inutilmente ♦ **have nothing to do with sb/sth** non aver niente a che fare con qn/qc ♦ **nothing but**: solo: *I want nothing but the best for my children.* Voglio solo il meglio per i miei figli. ♦ **nothing much** non un granché ♦ **nothing of the kind/sort** niente del genere: *I was told she was very pleasant but she's nothing of the kind/sort.* Mi avevano detto che era molto simpatica, ma non lo è per niente. ♦ **there is/was nothing (else) for it (but to do sth)**: *There was nothing else for it but to resign.* Non restava altro da fare che dimettersi.

notice /'nəʊtɪs/ ▶ *s* **1** annuncio, cartello **2** avviso, preavviso: *until further notice* fino a nuovo avviso ◊ *to give one month's notice* dare un mese di preavviso **3** *to hand in your notice* dare le dimissioni **4** recensione LOC **take no notice/not take any notice of sb/sth** non far caso a qn/qc *Vedi anche* ESCAPE, MOMENT
▶ *vt* accorgersi di, notare

noticeable /'nəʊtɪsəbl/ *agg* evidente, sensibile

noticeboard /'nəʊtɪsbɔːd/ (*spec USA* **bulletin board**) *s* bacheca

notify /'nəʊtɪfaɪ/ *vt* (*pass, pp* **-fied**) (*formale*) ~ **sb (of sth)**; ~ **sth to sb** informare qn (di qc)

notion /'nəʊʃn/ *s* **1** idea **2** [*non numerabile*] ~ **(of sth)** idea (di qc): *without any notion of what he would do* senza aver idea di quello che avrebbe fatto

notorious /nəʊ'tɔːriəs/ *agg* (*dispreg*) ~ **(for/as sth)** tristemente noto, famigerato (per qc/per essere qc)

notwithstanding /ˌnɒtwɪθ'stændɪŋ/ *prep* (*formale*) nonostante

nought /nɔːt/ *s* zero LOC **noughts and crosses** (*USA* **tic tac toe**) tris (*gioco*)

noun /naʊn/ *s* nome, sostantivo

nourish /'nʌrɪʃ/; *USA* 'nɜr-/ *vt* nutrire **nourishing** *agg* nutriente

novel /'nɒvl/ ▶ *agg* originale, nuovo
▶ *s* romanzo

novelist /'nɒvəlɪst/ *s* romanziere, -a

novelty /'nɒvlti/ *s* (*pl* **-ies**) novità

November /nəʊ'vembə(r)/ *s* (*abbrev* **Nov.**) novembre ➲ *Vedi nota e esempi a* JANUARY

novice /'nɒvɪs/ *s* novizio, -a, principiante

now /naʊ/ ▶ *avv* **1** ora, adesso: *by now* già ◊ *right now* subito ◊ *any day now* a giorni **2** allora, ora LOC **(every) now and again/then** ogni tanto
▶ *cong* **now (that…)** ora che…

nowadays /'naʊədeɪz/ *avv* oggigiorno

nowhere /'nəʊweə(r)/ *avv* da nessuna parte: *It was nowhere to be found.* Non si trovava da nessuna parte. ◊ *There's nowhere to park.* Non c'è posto per parcheggiare. ➲ *Vedi nota a* NOBODY LOC *Vedi* MIDDLE, NEAR

nozzle /'nɒzl/ *s* boccaglio

nuance /'njuːɑːns; *USA* 'nuː-/ *s* sfumatura

nuclear /'njuːkliə(r); *USA* 'nuː-/ *agg* nucleare

nucleus /'njuːkliəs; *USA* 'nuː-/ *s* (*pl* **nuclei** /-kliaɪ/) nucleo

nude /njuːd; *USA* nuːd/ ▶ *agg* nudo (*artistico o erotico*) ➲ *Vedi nota a* NAKED
▶ *s* nudo LOC **in the nude** nudo

nudge /nʌdʒ/ *vt* **1** dare una gomitata a *Vedi anche* ELBOW **2** spingere via

nudity /'njuːdəti/ *s* nudità

nuisance /'njuːsns; *USA* 'nuː-/ *s* **1** seccatura: *to be a nuisance* dare fastidio **2** rompiscatole

null /nʌl/ *agg* LOC **null and void** nullo

numb /nʌm/ ▶ *agg* intorpidito: *numb with shock* paralizzato per lo spavento
▶ *vt* **1** intorpidire **2** (*fig*) paralizzare, inebetire

number /'nʌmbə(r)/ ▶ *s* (*abbrev* **No.**) numero *Vedi* REGISTRATION NUMBER LOC **a number of** … un certo numero di …: *a number of times* varie volte
▶ *vt* **1** numerare **2** ammontare a

number plate (*USA* **license plate**) *s* targa (*di macchina*)

numerical /njuː'merɪkl; *USA* nuː-/ *agg* numerico

numerous /'njuːmərəs; *USA* 'nuː-/ *agg* (*formale*) numeroso

nun /nʌn/ *s* suora

nurse /nɜːs/ ▶ *s* **1** infermiere, -a **2** (*anche* **nursemaid** /'nɜːsmeɪd/) (*antiq*) bambinaia *Vedi anche* NANNY

nursery → observant

▶ **1** *vt* curare, assistere **2** *vt* allattare **3** *vi* succhiare **4** *vt* cullare **5** *vt* (*sentimenti*) nutrire *Vedi anche* NURTURE *senso* (2)

nursery /'nɜːsəri/ *s* (*pl* **-ies**) **1** asilo infantile: *nursery education* istruzione prescolastica ◊ *nursery rhyme* filastrocca *Vedi anche* CRÈCHE, PLAYGROUP **2** stanza dei bambini **3** vivaio

nursing /'nɜːsɪŋ/ *s* professione di infermiere: *She's decided to go into nursing.* Ha deciso di fare l'infermiera. ◊ *nursing home* casa di riposo

nurture /'nɜːtʃə(r)/ *vt* **1** (*bambino*) allevare **2** nutrire **3** (*talento, amicizia*) coltivare

nut /nʌt/ *s* **1** noce, nocciolina **2** dado (*per bullone*) **3** (*informale, dispreg*) pazzo, -a **4** fanatico, -a *Vedi anche* NUTS

nutcase /'nʌtkeɪs/ *s* (*informale*) pazzo, -a

nutcrackers /'nʌtkrækəz/ *s* [*pl*] schiaccianoci

nutmeg /'nʌtmeg/ *s* noce moscata

nutrient /'njuːtriənt; *USA* 'nuː-/ *s* (*formale*) sostanza nutritiva

nutrition /nju'trɪʃn; *USA* nuː-/ *s* nutrimento, alimentazione **nutritional** *agg* nutritivo **nutritious** *agg* nutriente

nuts /nʌts/ *agg* (*informale*) **1** pazzo **2** ~ **about sb** pazzo di qn **3** ~ **about/on sth** fanatico di qc

nutshell /'nʌtʃel/ *s* guscio (*di noce*) LOC (**put sth) in a nutshell** (dire qc) in poche parole

nutter /'nʌtə(r)/ *s* (*GB, informale*) pazzo, -a

nutty /'nʌti/ *agg* (**-ier, -iest**) **1** *a nutty flavour* un sapore di noce **2** (*informale*) pazzo

nylon /'naɪlɒn/ *s* nailon

nymph /nɪmf/ *s* ninfa

O o

O, o /əʊ/ *s* (*pl* **Os, O's, o's**) **1** O, o: *O for Oliver* O come Otranto ⊃ *Vedi esempi a* A, A **2** zero

Quando si legge lo zero in una serie di numeri, ad es. 01865, si pronuncia come la lettera O: /ˌəʊ wʌn eɪt sɪks 'faɪv/.

oak /əʊk/ (*anche* **oak tree**) *s* quercia, rovere

oar /ɔː(r)/ *s* remo

oasis /əʊ'eɪsɪs/ *s* (*pl* **oases** /-siːz/) oasi

oath /əʊθ/ *s* **1** giuramento **2** imprecazione LOC **on/under oath** sotto giuramento

oatmeal /'əʊtmiːl/ *s* **1** farina d'avena **2** (*USA*) *Vedi* PORRIDGE **3** color écru

oats /əʊts/ *s* [*pl*] (fiocchi di) avena

obedient /ə'biːdiənt/ *agg* ubbidiente **obedience** *s* ubbidienza

obese /əʊ'biːs/ *agg* (*formale*) obeso

obey /ə'beɪ/ *vt, vi* ubbidire (a)

obituary /ə'bɪtʃuəri; *USA* -tʃueri/ *s* (*pl* **-ies**) necrologio

object¹ /'ɒbdʒɪkt/ *s* **1** oggetto **2** obiettivo, scopo **3** (*Gramm*) complemento

object² /əb'dʒekt/ *vi* ~ (**to sb/sth**) opporsi, essere contrario (a qn/qc): *If he doesn't object.* Se non ha niente in contrario. **objection** /əb'dʒekʃn/ *s* ~ (**to/against sth/doing sth**) obiezione (a qc/a fare qc): *I've no objection to her coming.* Non ho niente in contrario che lei venga.

objective /əb'dʒektɪv/ *agg, s* obiettivo

obligation /ˌɒblɪ'geɪʃn/ *s* **1** obbligo, dovere **2** impegno LOC **be under an/no obligation (to do sth)** essere/non essere obbligato (a fare qc)

obligatory /ə'blɪgətri; *USA* -tɔːri/ *agg* (*formale*) obbligatorio, d'obbligo

oblige /ə'blaɪdʒ/ *vt* **1** obbligare **2** ~ **sb (with sth/by doing sth)** (*formale*) fare la cortesia a qn (di fare qc) **obliged** *agg* ~ (**to sb) (for sth/doing sth**) grato (a qn) (per qc/per aver fatto qc) LOC **much obliged** (*formale*) grazie mille **obliging** *agg* gentile

obliterate /ə'blɪtəreɪt/ *vt* **1** distruggere **2** (*ricordo*) cancellare

oblivion /ə'blɪviən/ *s* oblio

oblivious /ə'blɪviəs/ *agg* ~ **of/to sth** ignaro di qc

oblong /'ɒblɒŋ; *USA* -lɔːŋ/ ▶ *s* rettangolo
▶ *agg* rettangolare

oboe /'əʊbəʊ/ *s* oboe

obscene /əb'siːn/ *agg* osceno

obscure /əb'skjʊə(r)/ ▶ *agg* **1** poco chiaro **2** sconosciuto
▶ *vt* oscurare, nascondere

observant /əb'zɜːvənt/ *agg* che ha spirito di osservazione, attento

---

aɪ five   aʊ now   ɔɪ join   ɪə near   eə hair   ʊə pure   ʒ vision   h how   ŋ sing

observation /ˌɒbzə'veɪʃn/ s osservazione
observatory /əb'zɜ:vətri; *USA* -tɔ:ri/ s (*pl* -ies) osservatorio
observe /əb'zɜ:v/ vt **1** osservare, notare **2** (*formale*) (*festa*) osservare **observer** s osservatore, -trice
obsess /əb'ses/ vt ossessionare **obsession** /əb'seʃn/ s ~ (**with/about sb/sth**) fissazione (per qn/di qc) **obsessive** agg ossessivo
obsolete /'ɒbsəli:t/ agg obsoleto
obstacle /'ɒbstəkl/ s ostacolo
obstetrician /ˌɒbstə'trɪʃn/ s ostetrico, -a
obstinate /'ɒbstɪnət/ agg ostinato
obstruct /əb'strʌkt/ vt ostruire
obstruction /əb'strʌkʃn/ s ostruzione
obtain /əb'teɪn/ vt ottenere **obtainable** agg reperibile
obvious /'ɒbviəs/ agg ovvio **obviously** avv ovviamente

occasion /ə'keɪʒn/ s **1** occasione **2** avvenimento LOC **on the occasion of sth** (*formale*) in occasione di qc
occasional /ə'keɪʒənl/ agg sporadico: *She reads the occasional book.* Legge un libro ogni tanto. **occasionally** avv ogni tanto ⊃ *Vedi nota a* ALWAYS
occupant /'ɒkjəpənt/ s **1** inquilino, -a **2** titolare
occupation /ˌɒkju'peɪʃn/ s **1** occupazione **2** professione ⊃ *Vedi nota a* WORK¹
occupational /ˌɒkju'peɪʃənl/ agg professionale: *occupational hazards* rischi professionali ◊ *occupational therapy* ergoterapia
occupier /'ɒkjʊpaɪə(r)/ s (*formale*) inquilino, -a
occupy /'ɒkjupaɪ/ (*pass, pp* **occupied**) **1** vt occupare **2** v rifl ~ **yourself (in doing sth/with sth)** tenersi occupato (facendo qc/con qc)
occur /ə'kɜ:(r)/ vi (**-rr-**) **1** accadere **2** (*formale*) trovarsi **3** ~ **to sb** venire in mente a qn
occurrence /ə'kʌrəns/ s **1** fatto, evento **2** (*formale*) frequenza
ocean /'əʊʃn/ s oceano LOC *Vedi* DROP ⊃ *Vedi nota a* OCEANO
o'clock /ə'klɒk/ avv: *six o'clock* le sei
October /ɒk'təʊbə(r)/ s (*abbrev* **Oct.**) ottobre ⊃ *Vedi nota e esempi a* JANUARY
octopus /'ɒktəpəs/ s (*pl* -es) polpo
OD /ˌəʊ 'di:/ vi farsi un'overdose
odd /ɒd/ agg **1** (**odder, oddest**) strano **2** (*numero*) dispari **3** (*scarpa, calza*) spaiato **4** avanzato **5** *thirty-odd* trenta e rotti **6** *He has the odd cigarette.* Fuma una sigaretta ogni tanto. LOC **be the odd man/one out 1** essere l'eccezione **2** essere d'avanzo *Vedi anche* FISH
oddity /'ɒdəti/ s (*pl* -ies) stranezza
oddly /'ɒdli/ avv stranamente: *Oddly enough* ... La cosa strana è che ...
odds /ɒdz/ s [*pl*] **1** probabilità: *The odds are that*... La cosa più probabile è che ... LOC **be at odds (with sb) (over/on sth)** essere in disaccordo (con qn) (su qc) ♦ **it makes no odds** non fa differenza ♦ **odds and ends** (*GB, informale*) oggetti vari, cianfrusaglie
odour (*USA* **odor**) /'əʊdə(r)/ s (*formale*) odore: *body odour* odore di sudore ❶ **Odour** si usa in contesti più formali rispetto a **smell** e talvolta implica che si tratta di un odore sgradevole.
oesophagus (*USA* **esophagus**) /i'sɒfəgəs/ s (*pl* -**phaguses** o -**phagi** /-gaɪ/) esofago
of /əv, ɒv/ prep **1** di: *a girl of six* una bambina di sei anni ◊ *It's made of wood.* È di legno. ◊ *two kilos of rice* due chili di riso ◊ *What did she die of?* Di che cosa è morta? ◊ *It was very kind of him.* È stato molto gentile da parte sua. **2** (*con possessivi*): *a friend of John's* un amico di John ◊ *a cousin of mine* un mio cugino **3** (*con quantità*): *There were five of us.* Eravamo in cinque. ◊ *most of all* più di tutto ◊ *The six of us went.* Noi sei ci siamo andati. **4** *the first of March* il primo marzo
off /ɒf; *USA* ɔ:f/ ▶ agg **1** (*cibo, latte*) andato a male **2** *an ~ day* una giornata "no": *Even the best players sometimes have an off day.* Anche ai migliori giocatori capita di avere una giornata no. **3** inaccettabile: *It's a bit off expecting us to work on Sunday.* Pretendere che si lavori di domenica è inaccettabile.
▶ *part* avv **1** (*distanza*): *five miles off* a cinque miglia di distanza ◊ *some way off* a una certa distanza ◊ *not far off* non molto lontano **2** *You left the lid off.* Lo hai lasciato senza coperchio. ◊ *with her shoes off* scalza **3** *I must be off.* Devo andare. **4** (*informale*): *The meeting is off.* La riunione è stata annullata. **5** (*gas, elettricità*) sospeso **6** (*macchinari, luce*) spento **7** (*rubinetto*) chiuso **8** *a day off* un giorno libero **9** *five per cent off* un cinque per cento di sconto *Vedi* WELL OFF LOC **off and on; on and off** ogni tanto ♦ **be off (for sth)** (*informale*): *How are you off for cash?* Come stai a soldi? ⊃ *Confronta* BADLY, BETTER
▶ *prep* **1** da: *to fall off sth* cadere da qc **2** *a street off the main road* una traversa **3** *off the coast of Ireland* al largo della costa irlandese **4** *He's off school today.* Oggi non è andato a

tʃ **ch**in   dʒ **J**une   v **v**an   θ **th**in   ð **th**en   s **s**o   z **z**oo   ʃ **sh**e

off-duty → on 222

scuola. ◇ *I'm off tomorrow, so I'll see you on Friday.* Domani non ci sono, ci vediamo venerdì. **5** (*informale*): *to be off your food* aver perso l'appetito **LOC come off it!** ma va'! ⊃ Per gli usi di **off** nei PHRASAL VERBS vedi alla voce del verbo, ad es. **to go off** a GO¹.

off-'duty *agg* non in servizio

offence (*USA* **offense**) /ə'fens/ *s* **1** reato **2** offesa **LOC take offence (at sth)** offendersi (per qc)

offend /ə'fend/ *vt* offendere: *to be offended* offendersi **offender** *s* **1** trasgressore **2** colpevole: *a young offender institution* un istituto per la delinquenza minorile

offensive /ə'fensɪv/ ▶ *agg* **1** offensivo **2** (*odore, ecc*) sgradevole
▶ *s* offensiva

offer /'ɒfə(r); *USA* 'ɔ:f-/ *vt, vi* offrire, offrirsi: *to offer to do sth* offrirsi di fare qc
▶ *s* offerta

offering /'ɒfərɪŋ/ *s* offerta

offhand /ˌɒf'hænd; *USA* ˌɔ:f-/ ▶ *avv* su due piedi
▶ *agg* sgarbato

office /'ɒfɪs; *USA* 'ɔ:f-/ *s* **1** ufficio: *office hours* orario di ufficio ◇ *ticket office* biglietteria **2** carica: *to take office* assumere la carica

officer /'ɒfɪsə(r); *USA* 'ɔ:f-/ *s* **1** (*esercito*) ufficiale **2** (*governo*) funzionario, -a **3** *Vedi* POLICE OFFICER

official /ə'fɪʃl/ ▶ *agg* ufficiale
▶ *s* funzionario, -a

officially /ə'fɪʃəli/ *avv* ufficialmente

'off-licence (*USA* **liquor store**) *s* negozio di alcolici

offline /ɒflaɪn; *USA* ɔ:f-/ *agg, avv* off line: *For offline orders, call this number.* Per gli ordini off line chiamare il numero…

off-'peak *agg* **1** (*prezzo, tariffa*) ridotto **2** (*periodo*) non di punta

'off-putting *agg* (*informale*) **1** sconcertante **2** scostante

'off-road *agg* fuoristrada: *an off-road vehicle* un fuoristrada

offset /'ɒfset; *USA* 'ɔ:f-/ *vt* (**-tt-**) (*pass, pp* **offset**) compensare, bilanciare

offshore /ˌɒf'ʃɔ:(r); *USA* ˌɔ:f-/ *agg* **1** vicino alla costa **2** (*vento*) di terra **3** (*pesca*) costiero

offside /ˌɒf'saɪd; *USA* ˌɔ:f-/ *agg, avv* (in) fuorigioco

offspring /'ɒfsprɪŋ/; *USA* 'ɔ:f-/ *s* (*pl* **offspring**) (*formale o scherz*) **1** figlio, prole **2** piccolo

often /'ɒfn, 'ɒftən; *USA* 'ɔ:fn/ *avv* spesso: *How often do you see her?* Ogni quanto la vedi? ⊃ *Vedi nota a* ALWAYS **LOC** *Vedi* EVERY

oh! /əʊ/ *escl* **1** oh! **2** *Oh yes I will!* E invece sì! ◇ *Oh no you won't!* E invece no!

oil /ɔɪl/ ▶ *s* **1** petrolio: *oil slick* chiazza di petrolio ◇ *oilfield* giacimento petrolifero ◇ *oil rig* piattaforma petrolifera ◇ *oil tanker* petroliera **2** olio
▶ *vt* lubrificare

oily /'ɔɪli/ *agg* (**-ier, -iest**) **1** oleoso **2** unto

OK (*anche* **okay**) /ˌəʊ'keɪ/ (*informale*) ▶ *agg* passabile, discreto
▶ *avv* bene
▶ *escl* va bene!
▶ *vt* approvare
▶ *s* approvazione

old /əʊld/ ▶ *agg* (**-er, -est**) ⊃ *Vedi nota a* ELDER **1** vecchio: *old age* vecchiaia ◇ *old people* gli anziani **2** *How old are you?* Quanti anni hai? ◇ *She is two (years old).* Ha due anni.

> Per dire "ho dieci anni" si dice *I am ten* o *I am ten years old*. Però, per dire "un bambino di dieci anni" si dice *a boy of ten* o *a ten-year-old boy*.

⊃ *Vedi nota a* YEAR **3** vecchio, precedente: *my old French teacher* la mia vecchia professoressa di francese **LOC** *Vedi* CHIP
▶ **the old** *s* [*pl*] gli anziani

old-'fashioned *agg* **1** antiquato **2** all'antica

olive /'ɒlɪv/ ▶ *s* **1** oliva: *olive oil* olio d'oliva **2** (*anche* **'olive tree**) olivo
▶ *agg* **1** (*anche* **'olive green**) verde oliva **2** (*pelle*) olivastro

the ˌOlympic 'Games *s* [*pl*] **1** (*anche* **the Olympics**) le Olimpiadi **2** (*Storia*) i giochi olimpici

Olympic /ə'lɪmpɪk/ *agg* olimpionico, olimpico

omelette (*USA anche* **omelet**) /'ɒmlət/ *s* frittata

omen /'əʊmən/ *s* presagio, auspicio

ominous /'ɒmɪnəs/ *agg* minaccioso: *an ominous sign* un sinistro presagio

omission /ə'mɪʃn/ *s* omissione

omit /ə'mɪt/ *vt* (**-tt-**) **1** omettere **2** ~ **to do sth** trascurare di fare qc

omnipotent /ɒm'nɪpətənt/ *agg* (*formale*) onnipotente

on /ɒn/ ▶ *part avv* **1** (*esprimendo continuità dell'azione*): *to play on* continuare a suonare ◇ *further on* più avanti ◇ *from that day on* a partire da quel giorno **2** (*vestiti*) addosso

---

i: **see**   i happ**y**   ɪ s**i**t   e t**e**n   æ h**a**t   ɑ: f**a**ther   ʌ c**u**p   ʊ p**u**t   u: t**oo**

3 (*apparecchio, luce*) acceso **4** (*rubinetto*) aperto **5** (*proiezione di film*) *There's a good film on at the Odeon.* C'è un bel film all'Odeon. LOC **on and on** senza sosta *Vedi anche* OFF

▶ *prep* **1** su, sopra: *on the table* sul tavolo ◊ *on the wall* al muro **2** (*trasporto*): *to go on the train/bus* andare in treno/autobus ◊ *to go on foot* andare a piedi **3** (*date*): *on Sunday* domenica ◊ *on Sundays* la domenica ◊ *on 3 May* il 3 maggio **4** [+ -*ing*]: *on arriving home* arrivato a casa **5** (*riguardo a*) su: *a book on psychology* un libro di psicologia **6** (*consumo*): *to be on drugs* drogarsi ◊ *to live on fruit/on £20 a week* vivere di frutta/con 20 sterline alla settimana **7** *on the telephone* al telefono **8** (*attività, stato, ecc*): *on holiday* in vacanza ◊ *to be on duty* essere in servizio ⊃ Per gli usi di **on** nei PHRASAL VERBS, vedi alla voce del verbo, ad es. **get on** a GET.

once /wʌns/ ▶ *avv* una volta: *once a week* una volta alla settimana

▶ *cong* una volta che: *Once he'd gone…* Una volta che se n'era andato… LOC **at once 1** immediatamente **2** contemporaneamente ◆ **once again/more** ancora una volta ◆ **once and for all** una volta per tutte ◆ **once in a while** una volta ogni tanto ◆ **once or twice** un paio di volte ◆ **once upon a time there was…** c'era una volta…

oncoming /ˈɒnkʌmɪŋ/ *agg* in senso contrario

one[1] /wʌn/ *agg, pron, s* uno, una ⊃ *Vedi esempi a* FIVE

one[2] /wʌn/ ▶ *agg* **1** un(o), una: *one morning* una mattina **2** unico: *the one way to succeed* l'unico modo per riuscire **3** lo stesso: *of one mind* della stessa idea

▶ *pron* **1** [*dopo aggettivo*]: *the little ones* i piccoli ◊ *I prefer this/that one.* Preferisco questo/quello. ◊ *Which one?* Quale? ◊ *another one* un altro ◊ *It's better than the old one.* È meglio di quello vecchio. **2** quello, -a, ecc: *the one at the end* quello alla fine ◊ *the ones in the middle* quelli nel mezzo **3** uno, una: *I need a pen. Have you got one?* Mi serve una penna. Ne hai una? ◊ *one of her friends* un suo amico ◊ *to tell one from the other* distinguere uno dall'altro **4** [*come soggetto*] (*formale*): *One must be sure.* Bisogna essere sicuri. ⊃ *Vedi nota a* YOU LOC **(all) in one** tutto in uno ◆ **one by one** uno a uno ◆ **one or two** un paio (di), uno o due

one a'nother *pron* l'un l'altro ⊃ *Vedi nota a* EACH OTHER

one-'off *agg, s* (fatto) eccezionale

oneself /wʌnˈself/ *pron* (*formale*) **1** [*uso riflessivo*] se stesso: *to cut oneself* tagliarsi **2** [*uso enfatico*]: *to do it oneself* farlo da sé LOC **by oneself** da sé: *to do it by oneself* farlo da sé **2** solo: *to be by oneself* essere solo

one-'way *agg* **1** a senso unico **2** (*spec USA*) *Vedi* SINGLE senso (4)

ongoing /ˈɒnɡəʊɪŋ/ *agg* **1** in corso **2** attuale

onion /ˈʌnjən/ *s* cipolla

online /ˌɒnˈlaɪn/, *USA* /ˌɑːn-, ˌɔːn-/ *agg, avv* on line: *an online ticket booking system* un sistema di prevendita on line

onlooker /ˈɒnlʊkə(r)/ *s* spettatore, -trice

only /ˈəʊnli/ ▶ *avv* soltanto, solo LOC **not only… but also** non solo… ma anche ◆ **only just 1** *I've only just arrived.* Sono appena arrivato. **2** *I can only just see.* Ci vedo a malapena. *Vedi anche* IF

▶ *agg* unico: *our only hope* l'unica speranza ◊ *He is an only child.* È figlio unico.

▶ *cong* (*informale*) solo che, ma

onset /ˈɒnset/ *s* inizio

onslaught /ˈɒnslɔːt/ *s* ~ (**on sb/sth**) attacco (contro qn/qc)

onto (*anche* **on to**) /ˈɒntə, ˈɒntuː/ *prep* su, sopra: *to climb (up) onto sth* salire sopra qc PHRV **be onto sb** (*informale*) essere sulle tracce di qn ◆ **be onto sth** essere sulla pista di qc

onward /ˈɒnwəd/ ▶ *agg* (*formale*) in avanti: *your onward journey* il proseguimento del suo viaggio

▶ *avv* (*anche* **onwards**) **1** avanti **2** in poi, in avanti: *from then onwards* da allora in poi

oops /uːps/ *escl* ops

ooze /uːz/ **1** *vi* ~ **from/out of sth** stillare da qc **2** *vt, vi* ~ (**with**) **sth** trasudare qc

opaque /əʊˈpeɪk/ *agg* opaco

open /ˈəʊpən/ ▶ *agg* **1** aperto: *Don't leave the door open.* Non lasciare la porta aperta. ◊ *open spaces* spazi aperti **2** *to be open about sth* essere franco riguardo a qc ◊ *an open secret* un segreto di Pulcinella **3** (*fig*): *to leave sth open* lasciare aperto qc LOC **in the open air** all'aria aperta *Vedi anche* BURST, CLICK, WIDE

▶ **1** *vt, vi* aprire, aprirsi: *What time do the shops open?* A che ora aprono i negozi? **2** *vt* (*processo*) cominciare PHRV **open into/onto sth** dare su qc ◆ **open sth out** spiegare qc, aprire qc ◆ **open up** aprirsi ◆ **open (sth) up** aprire qc, aprirsi: *Open up!* Aprite!

▶ **the open** *s* l'aria aperta LOC **come (out) into the open** venire allo scoperto *Vedi anche* BRING

open-'air *agg* all'aria aperta, all'aperto

opener /'əʊpnə(r)/ s: *a tin-opener* un apriscatole ◊ *a bottle-opener* un apribottiglie

opening /'əʊpnɪŋ/ ▸ s **1** apertura, varco **2** inizio **3** (*anche* **opening night**) (*Teat*) prima **4** inaugurazione **5** (*lavoro*) posto vacante **6** opportunità
▸ *agg* primo, iniziale

openly /'əʊpənli/ *avv* apertamente

open-'minded *agg* aperto

openness /'əʊpənnəs/ *s* franchezza

opera /'ɒprə/ *s* opera lirica: *opera house* teatro dell'opera

operate /'ɒpəreɪt/ **1** *vt, vi* (*macchinario*) (far) funzionare **2** *vi* (*impresa*) operare **3** *vt* (*negozio, servizio*) gestire **4** *vi* ~ (**on sb**) (**for sth**) (*Med*) operare (qn) (di qc): *operating theatre* sala operatoria

operation /ˌɒpə'reɪʃn/ *s* **1** operazione **2** funzionamento LOC **be in/come into operation 1** essere/entrare in funzione **2** (*Dir*) essere/entrare in vigore **operational** *agg* **1** di funzionamento **2** di gestione **3** operativo, in funzione

operative /'ɒpərətɪv; *USA* -reɪt-/ ▸ *agg* **1** operante **2** (*Dir*) in vigore **3** (*Med*) operatorio
▸ *s* operaio, -a

operator /'ɒpəreɪtə(r)/ *s* operatore, -trice: *radio operator* radiotelegrafista ◊ *switchboard operator* centralinista

opinion /ə'pɪnɪən/ *s* ~ (**of/about sb/sth**) opinione (di/su qn/qc) LOC **in my opinion** a mio parere *Vedi anche* MATTER

o'pinion poll sondaggio

opponent /ə'pəʊnənt/ *s* **1** ~ (**at/in sth**) avversario, -a (in qc) **2** *to be an opponent of sth* essere contrario a qc

opportunity /ˌɒpə'tju:nəti; *USA* -'tu:n-/ *s* (*pl* **-ies**) ~ (**for/of doing sth**); ~ (**to do sth**) opportunità (di fare qc) LOC **take the opportunity to do sth/of doing sth** cogliere l'occasione per fare qc

oppose /ə'pəʊz/ *vt* **1** ~ **sth** opporsi a qc **2** ~ **sb** fare opposizione a qn **opposed** *agg* contrario: *to be opposed to sth* essere contrario a qc LOC **as opposed to**: *quality as opposed to quantity* qualità piuttosto che quantità **opposing** *agg* avversario

opposite /'ɒpəzɪt/ ▸ *agg* **1** di fronte: *the house opposite* la casa di fronte **2** contrario: *the opposite sex* l'altro sesso
▸ *avv* di fronte: *She was sitting opposite.* Era seduta di fronte.
▸ *prep* ~ **sb/sth** di fronte a qn/qc: *opposite each other* uno di fronte all'altro

▸ *s* **the** ~ (**of sth**) il contrario (di qc) ◯ *Vedi illustrazione a* DAVANTI

opposition /ˌɒpə'zɪʃn/ *s* ~ (**to sb/sth**) opposizione (a qn/qc)

oppress /ə'pres/ *vt* opprimere **oppressed** *agg* oppresso **oppression** /ə'preʃn/ *s* oppressione **oppressive** *agg* **1** oppressivo **2** opprimente

opt /ɒpt/ *vi* ~ **to do sth** optare per fare qc PHRV **opt for sth** optare per qc ♦ **opt out** (**of sth**) non partecipare (a qc)

optical /'ɒptɪkl/ *agg* ottico

optician /ɒp'tɪʃn/ *s* **1** ottico **2** optometrista **3** **optician's** (*negozio*) ottica

optimism /'ɒptɪmɪzəm/ *s* ottimismo **optimist** *s* ottimista **optimistic** /ˌɒptɪ'mɪstɪk/ *agg* ~ (**about sth**) ottimista (riguardo a qc)

optimum /'ɒptɪməm/ (*anche* **optimal** /'ɒptɪməl/) *agg* ottimale

option /'ɒpʃn/ *s* **1** possibilità di scelta **2** scelta **3** (*Scol*) materia a scelta **4** opzione **optional** *agg* facoltativo

or /ɔː(r)/ *cong* **1** o, oppure *Vedi anche* EITHER **2** (*altrimenti*) oppure, se no **3** [*dopo negativo*] né *Vedi anche* NEITHER LOC **or so** più o meno: *an hour or so* circa un'ora ♦ **somebody/something/somewhere or other** (*informale*) qualcuno/qualcosa/da qualche parte *Vedi anche* RATHER, WHETHER

oral /'ɔːrəl/ ▸ *agg* orale
▸ *s* esame orale

orange /'ɒrɪndʒ; *USA* 'ɔːr-/ ▸ *s* **1** arancia ◯ *Vedi illustrazione a* FRUTTA **2** (*GB*) succo d'arancia **3** (*colore*) arancione
▸ *agg* arancione

orbit /'ɔːbɪt/ ▸ *s* orbita
▸ *vt, vi* ~ (**sth**); ~ **around sth** orbitare attorno a qc

orchard /'ɔːtʃəd/ *s* frutteto

orchestra /'ɔːkɪstrə/ *s* [*v sing o pl*] orchestra

orchid /'ɔːkɪd/ *s* orchidea

ordeal /ɔː'diːl, 'ɔːdiːl/ *s* esperienza traumatica

order /'ɔːdə(r)/ ▸ *s* **1** ordine: *in alphabetical order* in ordine alfabetico **2** (*Comm*) ordinazione **3** [*v sing o pl*] (*Relig*) ordine LOC **in order 1** in ordine, in regola **2** (*accettabile*) permesso ♦ **in order that …** affinché … ♦ **in order to …** per … ♦ **in running/working order** perfettamente funzionante ♦ **out of order** guasto: *It's out of order.* Non funziona. *Vedi anche* LAW, MARCHING, PECKING *a* PECK

▸ **1** *vt* ~ **sb to do sth** ordinare a qn di fare qc **2** *vt* ~ **sth** ordinare qc **3** *vt, vi* (*cibo, bevande, ecc*) ordinare **4** *vt* (*formale*) mettere in ordine, riordinare PHRV **order sb about/around** dare ordini a qn, comandare qn

orderly /'ɔːdəli/ *agg* **1** ordinato, metodico **2** disciplinato

ordinal /'ɔːdɪnl/ (*anche* ˌordinal 'number) *s* numero ordinale

ordinary /'ɔːdnri; *USA* 'ɔːrdəneri/ *agg* comune, normale: *ordinary people* gente comune ⊃ Confronta COMMON senso (3) LOC *Vedi* OUT OF

ore /ɔː(r)/ *s* minerale grezzo: *gold/iron ore* minerale grezzo di oro/ferro

oregano /ˌɒrɪˈgɑːnəʊ; *USA* əˈregənəʊ/ *s* origano

organ /'ɔːgən/ *s* organo

organic /ɔːˈgænɪk/ *agg* **1** organico **2** (*prodotto, agricoltura*) biologico

organism /'ɔːgənɪzəm/ *s* organismo

organization, -isation /ˌɔːgənaɪˈzeɪʃn; *USA* -nɪˈz-/ *s* organizzazione **organizational, -isational** *agg* organizzativo

organize, -ise /'ɔːgənaɪz/ **1** *vt, vi* organizzare, organizzarsi **2** *vt* (*idee*) riordinare **organizer, -iser** *s* organizzatore, -trice *Vedi anche* PERSONAL ORGANIZER

orgy /'ɔːdʒi/ *s* (*pl* -**ies**) orgia

orient /'ɔːriənt/ ▸ *vt* (*GB anche* **orientate** /'ɔːriənteɪt/) ~ **sb/sth (towards sb/sth)** orientare qn/qc (verso qn/qc): *to orient yourself* orientarsi
▸ **the Orient** *s* l'Oriente

oriental /ˌɔːriˈentl/ /ˌɔːriˈentl/ *agg* orientale

orientation /ˌɔːriənˈteɪʃn/ *s* orientamento

orienteering /ˌɔːriənˈtɪərɪŋ/ *s* (*Sport*) orientamento

origin /'ɒrɪdʒɪn/ *s* origine

original /əˈrɪdʒənl/ ▸ *agg* **1** originale **2** originario, primo
▸ *s* originale LOC **in the original** in lingua/versione originale

originality /əˌrɪdʒəˈnæləti/ *s* originalità

originally /əˈrɪdʒənəli/ *avv* **1** originalmente **2** originariamente, all'inizio

originate /əˈrɪdʒɪneɪt/ **1** *vi* ~ **in/from sth** avere origine in/da qc; essere originario di qc **2** *vt* creare

ornament /'ɔːnəmənt/ *s* **1** ornamento **2** soprammobile **ornamental** /ˌɔːnəˈmentl/ *agg* ornamentale

ornate /ɔːˈneɪt/ *agg* **1** riccamente ornato **2** (*linguaggio, stile*) ornato

orphan /'ɔːfn/ ▸ *s* orfano, -a
▸ *vt*: *to be orphaned* rimanere orfano

orphanage /'ɔːfənɪdʒ/ *s* orfanotrofio

orthodox /'ɔːθədɒks/ *agg* ortodosso

ostrich /'ɒstrɪtʃ/ *s* struzzo

other /'ʌðə(r)/ ▸ *agg* **1** altro: *All their other children have left home.* Tutti gli altri figli sono andati via di casa. ◊ *Have you got other plans?* Hai altri programmi? ◊ *That other car was better.* Quell'altra macchina era migliore. ◊ *some other time* un'altra volta ◊ *'I like this one.' 'What about the other ones?'* "Mi piace questo." "E quegli altri?" ⊃ *Vedi nota a* ALTRO LOC **the other day, morning, week, etc.** l'altro giorno, l'altra mattina, settimana, ecc ◆ **the other way (a)round 1** all'inverso **2** dall'altra parte *Vedi anche* EVERY, OR, WORD
▸ *pron* **1 others** [*pl*] altri, -e: *Others have said this before.* Questo è già stato detto da altri. ◊ *Have you got any others?* Ne hai altre? **2 the other** l'altro, l'altra: *I'll keep one and she can have the other.* Ne tengo uno io e lei può prendere l'altro. **3 the others** [*pl*] gli altri, le altre: *This shirt is too small and the others are too big.* Questa camicia è troppo piccola e le altre sono troppo grandi.
▸ **other than** *prep* **1** tranne (che) **2** (*formale*) diversamente da

otherwise /'ʌðəwaɪz/ ▸ *avv* **1** diversamente, altrimenti **2** altrimenti, a parte ciò
▸ *cong* altrimenti, se no
▸ *agg* diverso

otter /'ɒtə(r)/ *s* lontra

ouch! /aʊtʃ/ *escl* ahi!

ought to /'ɔːt tə, 'ɔːt tuː/ *v aus modale* (*neg* **ought not** *o* **oughtn't** /'ɔːtnt/)

Ought è un verbo modale seguito dall'infinito con il TO. Le frasi interrogative e negative si costruiscono senza l'ausiliare do.

1 *You ought to do it.* Dovresti farlo. ◊ *I ought to have gone.* Avrei dovuto andarci. ⊃ Confronta MUST **2** *Five ought to be enough.* Cinque dovrebbero bastare.

ounce /aʊns/ *s* (*abbrev* **oz**) oncia (28,35 grammi) ⊃ *Vedi Appendice 1*.

our /ɑː(r), 'aʊə(r)/ *agg poss* il nostro, ecc: *Our house is in the centre.* La nostra casa è in centro. ⊃ *Vedi nota a* MY

ours /ɑːz, 'aʊəz/ *pron poss* il nostro, ecc: *Where's ours?* Dov'è il nostro? ◊ *a friend of ours* una nostra amica

ourselves /ɑːˈsɛlvz, aʊəˈsɛlvz/ *pron* **1** [*uso riflessivo*] ci: *We enjoyed ourselves.* Ci siamo divertiti. **2** [*dopo prep*] noi **3** [*uso enfatico*] noi stessi LOC **by ourselves 1** da noi: *We did it all by ourselves.* L'abbiamo fatto tutto da noi. **2** soli/sole: *We were all by ourselves.* Eravamo soli.

out /aʊt/ ▶ *part avv* **1** fuori: *to be out* non essere in casa/essere uscito **2** *The sun is out.* È uscito il sole. **3** fuori moda **4** (*informale*) (*possibilità, ecc*) scartato **5** (*luce, ecc*) spento **6** *to call out (loud)* chiamare ad alta voce **7** (*calcolo*) sbagliato: *The bill is out by five pounds.* C'è un errore di cinque sterline nel conto. **8** (*giocatore*) eliminato **9** (*palla*) fuori *Vedi anche* OUT OF LOC **be out to do sth** essere deciso a fare qc ➲ Per l'uso di **out** nei PHRASAL VERBS, vedi alla voce del verbo, ad es. **pick out** a PICK.
▶ *s* LOC *Vedi* IN

'out box *s* (*USA*) *Vedi* OUT TRAY

outbreak /ˈaʊtbreɪk/ *s* **1** insorgenza **2** (*guerra*) scoppio

outburst /ˈaʊtbɜːst/ *s* scoppio, esplosione

outcast /ˈaʊtkɑːst; *USA* -kæst/ *s* emarginato, -a

outcome /ˈaʊtkʌm/ *s* risultato

outcry /ˈaʊtkraɪ/ *s* (*pl* **-ies**) protesta

outdated /ˌaʊtˈdeɪtɪd/ *agg* obsoleto

outdo /ˌaʊtˈduː/ *vt* (*3a pers sing pres* **-does** /-ˈdʌz/ *pass* **-did** /-ˈdɪd/ *pp* **-done** /-ˈdʌn/) superare

outdoor /ˈaʊtdɔː(r)/ *agg* all'aria aperta: *an outdoor swimming pool* una piscina scoperta

outdoors /ˌaʊtˈdɔːz/ *avv* all'aria aperta, fuori

outer /ˈaʊtə(r)/ *agg* esterno, esteriore: *outer space* spazio extragalattico

ˌouter ˈbelt *s* (*USA*) = RING ROAD

outfit /ˈaʊtfɪt/ *s* mise, completo

outgoing /ˈaʊtɡəʊɪŋ/ *agg* **1** in partenza **2** (*Pol*) uscente **3** estroverso

outgrow /ˌaʊtˈɡrəʊ/ *vt* (*pass* **outgrew** /-ˈɡruː/ *pp* **outgrown** /-ˈɡrəʊn/) **1** *He's outgrown his shoes.* Le scarpe non gli stanno più. **2** (*abitudine, ecc*) perdere

outing /ˈaʊtɪŋ/ *s* escursione, gita

outlandish /aʊtˈlændɪʃ/ *agg* bizzarro

outlaw /ˈaʊtlɔː/ ▶ *vt* bandire
▶ *s* fuorilegge

outlet /ˈaʊtlet/ *s* **1** ~ (**for sth**) scarico, sbocco (per qc) **2** ~ (**for sth**) (*fig*) valvola di sfogo, sbocco (per qc) **3** (*Comm*) punto vendita

outline /ˈaʊtlaɪn/ ▶ *s* **1** contorno, profilo **2** linee generali, abbozzo
▶ *vt* **1** profilare, delineare i contorni di **2** descrivere a grandi linee

outlive /ˌaʊtˈlɪv/ *vt* ~ **sb/sth** sopravvivere a qn/qc

outlook /ˈaʊtlʊk/ *s* **1** ~ (**onto/over sth**) vista, veduta (su qc) **2** ~ (**on sth**) (*fig*) concezione (di qc) **3** ~ (**for sth**) prospettiva, previsione (per qc)

outnumber /ˌaʊtˈnʌmbə(r)/ *vt* superare numericamente

out of /ˈaʊt əv/ *prep* **1** fuori: *out of season* fuori stagione ◊ *I want that dog out of the house.* Non voglio quel cane in casa. ◊ *to jump out of bed* saltare giù dal letto **2** (*causa*) per: *out of interest* per interesse **3** su: *eight out of every ten* otto su dieci **4** da: *to copy sth out of a book* copiare qc da un libro **5** (*materiale*) di: *made out of plastic* fatto di plastica **6** senza: *to be out of work* essere senza lavoro LOC **out of date 1** fuori moda **2** antiquato **3** scaduto ♦ **out of the ordinary** fuori del comune, straordinario

outpatient /ˈaʊtpeɪʃnt/ *s* paziente in day hospital

outpost /ˈaʊtpəʊst/ *s* avamposto

output /ˈaʊtpʊt/ *s* **1** produzione **2** (*Fis*) potenza

outrage /ˈaʊtreɪdʒ/ ▶ *s* **1** strage **2** scandalo **3** sdegno
▶ *vt* ~ **sb/sth** indignare qn/qc

outrageous /aʊtˈreɪdʒəs/ *agg* **1** scandaloso, vergognoso **2** stravagante

outright /ˈaʊtraɪt/ ▶ *avv* **1** apertamente, chiaro e tondo **2** all'istante, sul colpo **3** in blocco **4** nettamente
▶ *agg* **1** aperto **2** (*vittoria*) netto **3** (*rifiuto*) categorico

outset /ˈaʊtset/ *s* LOC **at/from the outset (of sth)** all'inizio/dall'inizio (di qc)

outside ▶ /ˌaʊtˈsaɪd/ *s* esterno: *on/from the outside* all'esterno/dall'esterno
▶ /ˌaʊtˈsaɪd/ *prep* (*spec USA* **outˈside of**) fuori di: *Wait outside the door.* Aspetta fuori della porta.
▶ /ˌaʊtˈsaɪd/ *avv* fuori
▶ /ˈaʊtsaɪd/ *agg* esterno

outsider /ˌaʊtˈsaɪdə(r)/ *s* **1** estraneo, -a **2** intruso, -a **3** (*concorrente*) outsider

outskirts /ˈaʊtskɜːts/ *s* [*pl*] periferia

outspoken /aʊtˈspəʊkən/ *agg* franco, schietto

outstanding /aʊtˈstændɪŋ/ *agg* **1** eccellente, eccezionale **2** (*caratteristica, eccezione*) no-

---

iː **see**   i **happy**   ɪ **sit**   e **ten**   æ **hat**   ɑː **father**   ʌ **cup**   ʊ **put**   uː **too**

tevole **3** (*conto, pagamento*) pendente, da saldare **4** (*problema, questione*) irrisolto

outstretched /ˌaʊtˈstretʃt/ *agg* aperto, teso: *with outstretched arms* a braccia aperte

ˈout tray (*USA* **out box**) *s* vaschetta per corrispondenza (*in partenza*)

outward /ˈaʊtwəd/ ▶ *agg* **1** esteriore **2** (*viaggio*) di andata
▶ *avv* (*anche* **outwards**) verso l'esterno

outwardly /ˈaʊtwədli/ *avv* esteriormente, apparentemente

outweigh /ˌaʊtˈweɪ/ *vt*: *The advantages far outweigh the disadvantages.* I vantaggi superano di gran lunga gli svantaggi.

oval /ˈəʊvl/ *agg* ovale

ovary /ˈəʊvəri/ *s* (*pl* **-ies**) **1** ovaia **2** ovario

oven /ˈʌvn/ *s* forno *Vedi anche* STOVE

over /ˈəʊvə(r)/ ▶ *part avv* **1** *to knock sth over* rovesciare qc ◇ *to fall over* cadere **2** *to turn sth over* rigirare qc **3** *over here/there* di qua/di là ◇ *They came over to see us.* Sono venuti a trovarci. **4** (**left**) **over** avanzato: *Is there any food left over?* È avanzato qualcosa da mangiare? **5** (*oltre*): *children of five and over* bambini dai cinque anni in su **6** finito, terminato LOC (**all**) **over again** di nuovo, da capo ◆ **over and done with** finito per sempre ◆ **over and over** (**again**) ripetutamente, tante volte *Vedi anche* ALL
▶ *prep* **1** sopra: *She was wearing an apron over her skirt.* Sopra la gonna portava il grembiule. ◇ *We flew over the Alps.* Abbiamo sorvolato le Alpi. ⊃ *Vedi illustrazione a* SOPRA **2** dall'altra parte di: *He lives over the road.* Abita dall'altra parte della strada. **3** oltre: (*for*) *over a month* (per) oltre un mese **4** (*tempo*) durante: *We'll discuss it over lunch.* Ne discuteremo a pranzo. **5** (*a causa di*): *an argument over money* una discussione per questioni di soldi **6** a: *She wouldn't tell me over the phone.* Non me l'ha voluto dire al telefono. ◇ *I heard it over the radio.* L'ho sentito alla radio. LOC **over and above** oltre a ◆ **over the top** (*spec GB, informale*) sopra le righe ⊃ Per l'uso di **over** nei PHRASAL VERBS, vedi alla voce del verbo, ad es. **think over** a THINK.

over- /ˈəʊvə(r)/ *pref* **1** eccessivamente: *overambitious* eccessivamente ambizioso **2** (*età*) ultra: *the over-60s* gli ultrasessantenni

overall ▶ /ˌəʊvərˈɔːl/ *agg* **1** totale **2** generale **3** (*vincitore, maggioranza*) assoluto
▶ /ˌəʊvərˈɔːl/ *avv* **1** in totale **2** in generale

▶ /ˈəʊvərɔːl/ *s* **1** (*GB*) camice **2 overalls** (*USA* **coveralls**) [*pl*] tuta da lavoro **3 overalls** (*USA*) [*pl*] *Vedi* DUNGAREES

overbearing /ˌəʊvəˈbeərɪŋ/ *agg* autoritario

overboard /ˈəʊvəbɔːd/ *avv* fuori bordo

overcame *pass di* OVERCOME

overcast /ˌəʊvəˈkɑːst; *USA* -ˈkæst/ *agg* nuvoloso

overcharge /ˌəʊvəˈtʃɑːdʒ/ *vt, vi* ~ (**sb**) (**for sth**) far pagare di più (a qn) (per qc)

overcoat /ˈəʊvəkəʊt/ *s* cappotto

overcome /ˌəʊvəˈkʌm/ *vt* (*pass* **overcame** /-ˈkeɪm/ *pp* **overcome**) **1** (*difficoltà, ecc*) superare **2** sopraffare: *to be overcome by smoke/with emotion* essere sopraffatto dal fumo/dall'emozione

overcrowded /ˌəʊvəˈkraʊdɪd/ *agg* sovraffollato **overcrowding** *s* sovraffollamento

overdo /ˌəʊvəˈduː/ *vt* (*pass* **overdid** /-ˈdɪd/ *pp* **overdone** /-ˈdʌn/) **1** esagerare con **2** cuocere troppo LOC **overdo it/things** strafare

overdose /ˈəʊvədəʊs/ ▶ *s* overdose
▶ *v* ~ (**on sth**) farsi un'overdose (di qc)

overdraft /ˈəʊvədrɑːft; *USA* -dræft/ *s* scoperto di conto

overdue /ˌəʊvəˈdjuː; *USA* -ˈduː/ *agg* **1** atteso da tempo: *The time for reform is overdue.* Si attende da tempo una riforma. **2** (*Fin*) scaduto e non pagato

overestimate /ˌəʊvərˈestɪmeɪt/ *vt* sovrastimare, sopravvalutare

overflow ▶ /ˌəʊvəˈfləʊ/ **1** *vi* straripare, traboccare **2** *vt*: *The river overflowed its banks.* Il fiume è straripato. **3** *vi* traboccare: *The town was overflowing with tourists.* La città traboccava di turisti.
▶ /ˈəʊvəfləʊ/ *s* **1** straripamento **2** liquido traboccato **3** (*anche* **ˈoverflow pipe**) troppopieno

overgrown /ˌəʊvəˈɡrəʊn/ *agg* **1** un po' troppo cresciuto **2** (*giardino*) coperto d'erbacce

overhang /ˌəʊvəˈhæŋ/ (*pass, pp* **overhung** /-ˈhʌŋ/) **1** *vt* sovrastare **2** *vi* sporgere: *overhanging branches* rami sporgenti

overhaul ▶ /ˌəʊvəˈhɔːl/ *vt* revisionare, mettere a punto
▶ /ˈəʊvəhɔːl/ *s* revisione, messa a punto

overhead ▶ /ˈəʊvəhed/ *agg* **1** soprelevato **2** (*cavo*) aereo **3** (*luce*) del lampadario
▶ /ˌəʊvəˈhed/ *avv* in alto

overhear /ˌəʊvəˈhɪə(r)/ *vt* (*pass, pp* **overheard** /-ˈhɜːd/) sentire (*per caso*)

overhung pass, pp di OVERHANG
overjoyed /ˌəʊvəˈdʒɔɪd/ agg **1** ~ (**at sth**) euforico (per qc) **2** ~ (**to do sth**) felicissimo (di fare qc)
overland /ˈəʊvəlænd/ agg, avv via terra
overlap ▶ /ˌəʊvəˈlæp/ vt, vi (**-pp-**) **1** sovrapporre, sovrapporsi **2** (fig) coincidere in parte (con), accavallarsi
▶ /ˈəʊvəlæp/ s **1** sovrapposizione **2** (fig) coincidenza, accavallamento
overleaf /ˌəʊvəˈliːf/ avv a tergo, sul retro
overload ▶ /ˌəʊvəˈləʊd/ vt ~ sb/sth (**with sth**) sovraccaricare qn/qc (con/di qc)
▶ /ˈəʊvələʊd/ s sovraccarico
overlook /ˌəʊvəˈlʊk/ vt **1** dare su **2** ignorare **3** non notare **4** (perdonare) lasciar passare, chiudere un occhio su
overnight ▶ /ˌəʊvəˈnaɪt/ avv **1** durante la notte: *to travel overnight* viaggiare di notte ◊ *to stay overnight* fermarsi a passare la notte **2** (informale) nello spazio di un mattino
▶ /ˈəʊvənaɪt/ agg **1** di una notte, per notte **2** (informale) (cambiamento) fulmineo
overpower /ˌəʊvəˈpaʊə(r)/ vt dominare, sopraffare **overpowering** agg oppressivo, soffocante
overran pass di OVERRUN
overrate /ˌəʊvəˈreɪt/ vt sovrastimare, sopravvalutare
override /ˌəʊvəˈraɪd/ vt (pass **overrode** /-ˈrəʊd/ pp **overridden** /-ˈrɪdn/) **1** non tenere conto di **2** prevalere su **overriding** agg principale, primario
overrule /ˌəʊvəˈruːl/ vt annullare (decisione)
overrun /ˌəʊvəˈrʌn/ (pass **overran** /-ˈræn/ pp **overrun**) **1** vt invadere **2** vi, vt superare (il tempo a disposizione)
oversaw pass di OVERSEE
overseas /ˌəʊvəˈsiːz/ ▶ agg estero, straniero
▶ avv all'estero
oversee /ˌəʊvəˈsiː/ vt (pass **oversaw** /-ˈsɔː/ pp **overseen** /-ˈsiːn/) soprintendere a, sorvegliare
overshadow /ˌəʊvəˈʃædəʊ/ vt **1** rattristare **2** (persona, risultato) eclissare
oversight /ˈəʊvəsaɪt/ s omissione, svista
oversleep /ˌəʊvəˈsliːp/ vi (pass, pp **overslept** /-ˈslept/) non svegliarsi in tempo
overspend /ˌəʊvəˈspend/ (pass, pp **overspent** /-ˈspent/) **1** vi spendere troppo **2** vt (preventivo) spendere più di

overstate /ˌəʊvəˈsteɪt/ vt esagerare
overstep /ˌəʊvəˈstep/ vt (**-pp-**) eccedere LOC **overstep the mark** passare il segno
overt /ˈəʊvɜːt; USA əʊˈvɜːrt/ agg (formale) palese
overtake /ˌəʊvəˈteɪk/ (pass **overtook** /-ˈtʊk/ pp **overtaken** /-ˈteɪkən/) **1** vt, vi (spec GB) (auto) sorpassare **2** vt (fig) cogliere di sorpresa
overthrow ▶ /ˌəʊvəˈθrəʊ/ vt (pass **overthrew** /-ˈθruː/ pp **overthrown** /-ˈθrəʊn/) rovesciare
▶ /ˈəʊvəθrəʊ/ s rovesciamento
overtime /ˈəʊvətaɪm/ s straordinario: *to work overtime* fare lo straordinario
overtone /ˈəʊvətəʊn/ s [gen pl] sfumatura
overtook pass di OVERTAKE
overture /ˈəʊvətjʊə(r)/ s (Mus) ouverture LOC **make overtures (to sb)** mostrarsi disponibile (verso qn)
overturn /ˌəʊvəˈtɜːn/ **1** vt, vi rovesciare, rovesciarsi **2** vt (decisione) annullare
overview /ˈəʊvəvjuː/ s (formale) prospetto
overweight /ˌəʊvəˈweɪt/ agg sovrappeso ⊃ *Vedi nota a* FAT
overwhelm /ˌəʊvəˈwelm/ vt sopraffare **overwhelming** agg **1** (vittoria, maggioranza) schiacciante **2** (desiderio, voglia) irresistibile
overwork /ˌəʊvəˈwɜːk/ vt, vi (far) lavorare troppo
ow /aʊ/ escl ahi!
owe /əʊ/ vt dovere (soldi, favori, spiegazioni)
owing to prep a causa di
owl /aʊl/ s gufo
own /əʊn/ ▶ agg, pron proprio, mio, tuo, suo, nostro, vostro, loro: *It was my own idea.* Era un'idea mia. LOC **get/have your own back (on sb)** (informale) vendicarsi (di qn) ♦ **of your own** proprio: *a house of your own* una casa propria ♦ (**all**) **on your own 1** tutto solo **2** da solo, senza aiuto
▶ vt possedere, avere PHRV **own up to sth** ammettere qc
owner /ˈəʊnə(r)/ s proprietario, -a **ownership** s [non numerabile] proprietà, possesso
own ˈgoal s (GB) autogol
ox /ɒks/ s (pl **oxen** /ˈɒksn/) bue
oxygen /ˈɒksɪdʒən/ s ossigeno
oyster /ˈɔɪstə(r)/ s ostrica
ozone /ˈəʊzəʊn/ s ozono: *the ozone layer* lo strato di ozono

P p

P, p /piː/ s (pl **Ps, P's, p's**) P, p: *P for Peter* P come Palermo ⊃ *Vedi esempi a* A, A

PA /ˌpiːˈeɪ/ *abbr* **personal assistant** segretario personale

pace /peɪs/ ▸ s **1** passo **2** ritmo LOC **keep pace (with sb/sth) 1** mantenere il passo (con qn/qc) **2** tenersi al passo (con qn/qc)
▸ *vt, vi* (*con inquietudine*) camminare su e giù (per) LOC **pace up and down (a room, etc.)** camminare avanti e indietro (in una stanza, ecc)

pacifier /ˈpæsɪfaɪə(r)/ s (USA) *Vedi* DUMMY senso (3)

pacify /ˈpæsɪfaɪ/ *vt* (*pass, pp* **-fied**) **1** (*critici, creditori*) rabbonire **2** (*zona, regione*) pacificare

pack /pæk/ ▸ s **1** zaino **2** confezione, pacchetto: *The pack contains a pen, ten envelopes and twenty sheets of writing paper.* La confezione contiene una penna, dieci buste e venti fogli per corrispondenza. ⊃ *Vedi nota a* PARCEL **3** [v *sing o pl*] (*cani*) muta **4** [v *sing o pl*] (*lupi*) branco **5** (*USA* **deck**) (*carte*) mazzo
▸ **1** *vt, vi* fare (le valigie) **2** *vt* mettere in valigia **3** *vt* impacchettare **4** *vt* ~ **sth into sth** mettere qc in qc **5** *vt* ~ **sth in sth** avvolgere qc con qc **6** *vt* (*cibo*) conservare **7** *vt* (*posto*) gremire **8** *vt* (*USA, informale*) essere armato di LOC **pack your bags** far fagotto PHR V **pack sth in** (*informale*) mollare qc, piantare qc: *I've packed in my job.* Ho mollato il lavoro. ◆ **pack (sb/sth) into sth** stipare qn/qc in qc, stiparsi in qc ◆ **pack up** (*informale*) guastarsi

package /ˈpækɪdʒ/ ▸ s **1** (*spec USA*) pacco ⊃ *Vedi nota a* PARCEL **2** (*software ecc*) pacchetto
▸ *vt* confezionare

'package holiday (*anche* **'package tour**) s viaggio organizzato

packaging /ˈpækɪdʒɪŋ/ s confezione, imballaggio

packed /pækt/ *agg* **1** pieno: *The orchestra played to a packed house.* L'orchestra suonò davanti al teatro gremito. **2** ~ **with sth** pieno zeppo di qc LOC **a packed lunch** un pranzo al sacco

packet /ˈpækɪt/ s **1** pacchetto ⊃ *Vedi illustrazione a* CONTAINER *e nota a* PARCEL **2** (*USA*) *Vedi* SACHET

packing /ˈpækɪŋ/ s **1** imballaggio **2** *Do you need help with the packing?* Hai bisogno di una mano a fare la valigia?

pact /pækt/ s patto

pad /pæd/ ▸ s **1** *a pad of cotton wool* un batuffolo di cotone **2** cuscinetto **3** *shoulder pads* spalline **4** (*Sport*) parastinchi **5** (*carta*) bloc-notes, blocchetto
▸ *vt* (**-dd-**) imbottire PHR V **pad about, along, around, etc.** camminare con passo felpato
◆ **pad sth out** (*fig*) rimpolpare qc (*libro, articolo*)

padding /ˈpædɪŋ/ s **1** imbottitura **2** (*fig*) riempitivo

paddle /ˈpædl/ ▸ s **1** pagaia **2** **have/go for a ~** sguazzare nell'acqua LOC *Vedi* CREEK
▸ **1** *vt* (*barca*) spingere con la pagaia **2** *vi* pagaiare **3** *vi* sguazzare nell'acqua

padlock /ˈpædlɒk/ s lucchetto

paediatrician (*USA* **pediatrician**) /ˌpiːdiəˈtrɪʃn/ s pediatra

pagan /ˈpeɪɡən/ *agg, s* pagano, -a

page /peɪdʒ/ ▸ s pagina, foglio
▸ *vt* chiamare (*con l'altoparlante/con il cercapersone*)

pager /ˈpeɪdʒə(r)/ s cercapersone

paid /peɪd/ *pass, pp di* PAY
▸ *agg* rimunerato LOC **put paid to sth** metter fine a qc

pain /peɪn/ s **1** dolore: *Is she in pain?* Soffre? ◊ *I've got a pain in my neck.* Mi fa male il collo. **2** ~ **(in the neck)** (*informale*) (*spec persona*) rompiscatole LOC **be at pains to do sth** sforzarsi di fare qc ◆ **take great pains with/over sth** mettere grande cura in qc **pained** *agg* **1** addolorato **2** offeso **painful** *agg* **1** *to be painful* far male **2** doloroso **3** (*dovere*) spiacevole **4** (*decisione*) difficile **painfully** *avv* terribilmente: *He's painfully thin.* È magro da far pena. **painless** *agg* indolore

painkiller /ˈpeɪnkɪlə(r)/ s analgesico

painstaking /ˈpeɪnzteɪkɪŋ/ *agg* **1** (*lavoro*) accurato **2** (*persona*) coscienzioso

paint /peɪnt/ ▸ s tinta, vernice
▸ *vt, vi* dipingere

paintbrush /ˈpeɪntbrʌʃ/ s pennello ⊃ *Vedi illustrazione a* BRUSH

painter /ˈpeɪntə(r)/ s **1** pittore, -trice **2** imbianchino, -a

| tʃ **ch**in | dʒ **J**une | v **v**an | θ **th**in | ð **th**en | s **s**o | z **z**oo | ʃ **sh**e |

painting /ˈpeɪntɪŋ/ s **1** pittura (*arte*) **2** quadro
paintwork /ˈpeɪntwɜːk/ s vernice, tinta (*strato*)
pair /peə(r)/ ▶ s **1** paio: *a pair of trousers* un paio di pantaloni **2** [*v sing o pl*] coppia (*persone, animali*): *the winning pair* la coppia vincente ⊃ Confronta COUPLE
▶ v PHRV **pair off/up (with sb)** fare coppia (con qn) ◆ **pair sb off with sb** far mettere qn in coppia con qn
pajamas (*USA*) *Vedi* PYJAMAS
pal /pæl/ s (*informale*) amico, -a
palace /ˈpæləs/ s palazzo, reggia
palate /ˈpælət/ s palato
pale /peɪl/ ▶ agg (**paler, -est**) pallido LOC **go/turn pale** impallidire
▶ s LOC **beyond the pale** (*comportamento*) inaccettabile
pall /pɔːl/ ▶ vi **1** venire a noia **2** ~ **on sb** annoiare qn
▶ s **1** drappo funebre **2** (*fig*) cappa (*di fumo*)
pallid /ˈpælɪd/ agg pallido
pallor /ˈpælə(r)/ s pallore
palm /pɑːm/ ▶ s **1** palmo **2** (*anche* ˈ**palm tree**) palma: *Palm Sunday* domenica delle Palme LOC **have sb in the palm of your hand** avere qn in pugno
▶ v PHRV **palm sth off (on/onto sb)** (*informale*) rifilare qc (a qn) ◆ **palm sb off with sth** (*informale*) rifilare qc a qn
paltry /ˈpɔːltri/ agg insignificante
pamper /ˈpæmpə(r)/ vt coccolare, viziare
pamphlet /ˈpæmflət/ s **1** opuscolo **2** (*politico*) volantino
pan /pæn/ s pentola ⊃ *Vedi illustrazione a* SAUCEPAN LOC *Vedi* FLASH
pancake /ˈpænkeɪk/ s frittella, crêpe ⊃ *Vedi nota a* MARTEDÌ
panda /ˈpændə/ s panda
pander /ˈpændə(r)/ v PHRV **pander to sb/sth** (*dispreg*) assecondare qn/qc
pane /peɪn/ s vetro (*di finestra*): *a pane of glass* una lastra di vetro
panel /ˈpænl/ s **1** (*parete, porta*) pannello **2** (*comandi*) quadro **3** [*v sing o pl*] (*TV, Radio*) gruppo di esperti **4** [*v sing o pl*] giuria **panelled** (*USA* **paneled**) agg a pannelli **panelling** (*USA* **paneling**) s rivestimento a pannelli
pang /pæŋ/ s fitta: *hunger pangs* morsi della fame ◇ *pangs of conscience* rimorsi di coscienza

panic /ˈpænɪk/ ▶ s panico: *panic-stricken* preso dal panico
▶ (**-ck-**) **1** vi farsi prendere dal panico **2** vt impaurire
pansy /ˈpænsi/ s (*pl* -**ies**) viola del pensiero
pant /pænt/ vi ansimare
panther /ˈpænθə(r)/ s **1** pantera **2** (*USA*) puma
panties /ˈpæntiz/ s (*spec USA, informale*) [*pl*] mutandine
pantomime /ˈpæntəmaɪm/ s (*GB*) **1** commedia musicale per bambini, tipica del periodo natalizio, basata su una fiaba **2** (*fig*) farsa
pantry /ˈpæntri/ s (*pl* -**ies**) dispensa
pants /pænts/ s [*pl*] **1** (*GB*) mutande **2** (*USA*) pantaloni
pantyhose /ˈpæntihəʊz/ s [*pl*] (*USA*) *Vedi* TIGHTS
paparazzo /ˌpæpəˈrætsəʊ/ s (*pl* **paparazzi**) paparazzo
paper /ˈpeɪpə(r)/ ▶ s **1** [*non numerabile*] carta: *a piece of paper* un pezzo di carta **2** giornale **3** carta da parati **4 papers** [*pl*] documenti **5 papers** [*pl*] carte **6** esame scritto **7** (*scientifico, accademico*) articolo, relazione LOC **on paper 1** per iscritto **2** (*fig*) sulla carta
▶ vt tappezzare (*pareti*)
paperback /ˈpeɪpəbæk/ s, agg tascabile
ˈ**paper boy** s

> In Gran Bretagna e negli Stati Uniti i ragazzi che fanno la consegna dei giornali a domicilio (**paper round**), si chiamano **paper boy** e **paper girl**.

ˈ**paper clip** s graffetta
ˈ**paper girl** s ⊃ *Vedi nota a* PAPER BOY
ˈ**paper round** s ⊃ *Vedi nota a* PAPER BOY
paperwork /ˈpeɪpəwɜːk/ s [*non numerabile*] pratiche
par /pɑː(r)/ s LOC **below par** (*informale*) non in forma ◆ **be on a par with sb/sth** essere allo stesso livello di qn/qc
parable /ˈpærəbl/ s parabola (*racconto*)
parachute /ˈpærəʃuːt/ ▶ s paracadute
▶ **1** vi paracadutarsi **2** vt lanciare col paracadute
parachuting /ˈpærəʃuːtɪŋ/ s paracadutismo
parade /pəˈreɪd/ ▶ s parata
▶ **1** vi sfilare **2** vi (*Mil*) adunarsi **3** vt (*dispreg*) (*cultura, ricchezza*) fare sfoggio di **4** vt (*per le strade*) portare in giro

---

| i: see | i happy | ɪ sit | e ten | æ hat | ɑ: father | ʌ cup | ʊ put | u: too |

paradise /'pærədaɪs/ s paradiso

paradox /'pærədɒks/ s paradosso

paraffin /'pærəfɪn/ (*spec USA* **kerosene**) s cherosene

paragraph /'pærəgrɑːf; *USA* -græf/ s paragrafo

parallel /'pærəlel/ ▸ agg parallelo: *parallel bars* parallele
▸ s **1** parallelo **2** parallela

paralyse (*USA* **paralyze**) /'pærəlaɪz/ vt paralizzare

paralysis /pə'ræləsɪs/ s [*non numerabile*] paralisi

paramedic /,pærə'medɪk/ s paramedico, -a

paramount /'pærəmaʊnt/ agg vitale: *of paramount importance* di capitale importanza

paranoid /'pærənɔɪd/ agg paranoico

paraphrase /'pærəfreɪz/ vt parafrasare

parasite /'pærəsaɪt/ s parassita

parcel /'pɑːsl/ (*USA* **package**) s pacco

> **Parcel** si usa soprattutto per indicare i pacchi postali (o **package**, principalmente in inglese americano). **Packet** (USA **pack** o **package**,) è usato per riferirsi a pacchetti o sacchetti di merce venduti nei negozi: *a packet of cigarettes/crisps*. **Pack** si usa per riferirsi alle confezioni di oggetti diversi venduti come un tutt'uno: *The pack contains needles and thread*. Nella confezione ci sono ago e filo. *Vedi anche* PACKAGING e illustrazione a CONTAINER

parched /pɑːtʃt/ agg **1** riarso **2** (*persona*) assetato

parchment /'pɑːtʃmənt/ s pergamena

pardon /'pɑːdn/ ▸ escl **1 pardon?** (*spec USA* **pardon me?**) prego?, come? **2** (*spec USA* **pardon me!**) scusi!
▸ vt perdonare
▸ s **1** perdono **2** (*Dir*) grazia, condono
LOC *Vedi* BEG

parent /'peərənt/ s genitore: *the parent company* la società madre ❶ Nota che la parola italiana *parente* si traduce "relative".
parentage s [*non numerabile*] **1** origini **2** genitori **parental** /pə'rentl/ agg dei genitori: *parental leave* congedo per maternità o paternità
parenthood /'peərənthʊd/ s maternità, paternità

parish /'pærɪʃ/ s [v *sing* o *pl*] parrocchia: *parish priest* parroco

park /pɑːk/ ▸ s **1** parco **2** (*USA*) campo sportivo
▸ vt, vi parcheggiare

parking /'pɑːkɪŋ/ s [*non numerabile*] parcheggio: *a parking space* un parcheggio ◊ *a parking meter* un parchimetro ◊ *no parking* sosta vietata ◊ *a parking ticket/fine* una multa per sosta vietata

'**parking lot** s (*USA*) parcheggio

parliament /'pɑːləmənt/ s [v *sing* o *pl*] parlamento: *the European/Scottish Parliament* il Parlamento europeo/scozzese ◊ *Member of Parliament* deputato **parliamentary** /,pɑːlə'mentri/ agg parlamentare

parlour (*USA* **parlor**) /'pɑːlə(r)/ s **1** (*antiq*) salotto **2** (*spec USA*) *a beauty parlour* un salone di bellezza ◊ *an ice-cream parlour* una gelateria

Parmesan /'pɑːmɪzæn; *USA* 'pɑːrməzɑːn/ s (*formaggio*) parmigiano

parody /'pærədi/ s (*pl* -**ies**) parodia

parole /pə'rəʊl/ s libertà condizionale

parrot /'pærət/ s pappagallo

parsley /'pɑːsli/ s prezzemolo

parsnip /'pɑːsnɪp/ s pastinaca

part /pɑːt/ ▸ s **1** parte: *in part exchange* come pagamento parziale *Vedi anche* PART OF SPEECH **2** pezzo: *spare parts* pezzi di ricambio **3** (*TV*) episodio **4** (*Cine, Teat*) ruolo, parte **5 parts** [*pl*] (*antiq, informale*): *She's not from these parts.* Non è di queste parti. **6** (*USA*) *Vedi* PARTING senso (2) LOC **for my part** per quanto mi riguarda ◆ **for the most part** per lo più ◆ **have/play a part (in sth)** svolgere un ruolo (in qc): *She plays an active part in local politics.* È impegnata in politica a livello locale. ◆ **in part** in parte: *Her success was due in part to luck.* Il suo successo era dovuto in parte alla fortuna. ◆ **on the part of sb/on sb's part**: *It was a mistake on my part.* È stato un errore da parte mia. ◆ **the best/better part of sth** la maggior parte di qc: *for the best part of a year* per quasi un anno ◆ **take part (in sth)** partecipare (a qc) ◆ **take sb's part** (*GB*) prendere le parti di qn
▸ **1** vt, vi separare, separarsi: *We parted on good terms.* Ci siamo lasciati da buoni amici. **2** vt, vi (*tende, labbra*) aprire, aprirsi **3** vt ~ **your hair** farsi la riga LOC **part company (with sb)** separarsi (da qn) PHR V **part with sth 1** separarsi da qc, disfarsi di qc **2** (*soldi*) sborsare
▸ *avv* in parte: *The course is part funded by the European Commission.* Il corso è finanziato in parte dalla Commissione europea. ◊ *She's*

part French, part English. È mezza francese e mezza inglese. ◊ *He is part owner of a farm in France.* È comproprietario di un'azienda agricola in Francia.

partial /'pɑːʃl/ *agg* **1** parziale **2** ~ **(towards sb/sth)** parziale (verso qn/qc) LOC **be partial to sb/sth** *(antiq)* avere un debole per qn/qc **partially** *avv* parzialmente

participant /pɑːˈtɪsɪpənt/ *s* partecipante

participate /pɑːˈtɪsɪpeɪt/ *vi* ~ **(in sth)** partecipare (a qc) **participation** *s* partecipazione

participle /'pɑːtɪsɪpl/ *s* participio

particle /'pɑːtɪkl/ *s* **1** pezzettino, particella **2** *(Gramm)* particella

particular /pəˈtɪkjələ(r)/ ▶ *agg* **1** particolare: *in this particular case* in questo caso specifico **2** ~ **(about sth)** pignolo, difficile (per qc) LOC **in particular 1** soprattutto: *He loves science fiction in particular.* Gli piace soprattutto la fantascienza. **2** di particolare: *Is there anything in particular you'd like to do tomorrow?* Vorresti fare qualcosa di particolare domani? ◊ *She directed the question at no one in particular.* Non ha rivolto la domanda a nessuno in particolare.
▶ **particulars** *s* [*pl*] dettagli, dati

particularly /pəˈtɪkjələli/ *avv* particolarmente

parting /'pɑːtɪŋ/ *s* **1** separazione **2** *(USA* **part***) (capelli)* riga

partisan /ˌpɑːtɪˈzæn, 'pɑːtɪzæn; *USA* 'pɑːrtɪzn/
▶ *agg* di parte
▶ *s* **1** sostenitore, -trice **2** *(Mil)* partigiano, -a

partition /pɑːˈtɪʃn/ *s* **1** *(Pol)* divisione **2** tramezzo

partly /'pɑːtli/ *avv* in parte

partner /'pɑːtnə(r)/ *s* **1** *(ballo, sport, relazione)* compagno, -a **2** *(Comm)* socio, -a **partnership** *s* **1** associazione **2** *(Comm)* società

part of 'speech *s (Gramm)* parte del discorso

partridge /'pɑːtrɪdʒ/ *s* pernice

part-'time *agg, avv* part-time

party /'pɑːti/ *s (pl* **-ies***)* **1** festa **2** *(Pol)* partito **3** gruppo, comitiva **4** *(Dir)* parte in causa LOC **be (a) party to sth** *(formale)* partecipare a qc

pass /pɑːs; *USA* pæs/ ▶ *s* **1** *(esame)* sufficienza **2** *(permesso)* lasciapassare **3** *(autobus, ecc)* abbonamento **4** *(Sport)* passaggio **5** *(montagna)* passo LOC **make a pass at sb** *(informale)* provarci con qn

▶ **1** *vt, vi* passare **2** *vt (ostacolo, limite)* superare **3** *vi* succedere
PHRV **pass as sb/sth** passare per qn/qc
pass away *(euf)* mancare *(morire)*
pass by (sb/sth) passare (davanti/accanto a qn/qc) ◆ **pass sb/sth by 1** oltrepassare qn/qc **2** ignorare qn/qc
pass for sb/sth passare per qn/qc
pass sb/sth off as sb/sth far passare qn/qc per qn/qc
pass out svenire
pass sth round far circolare, passare qc
pass sth up *(informale)* lasciarsi sfuggire *(occasione)*

passable /'pɑːsəbl; *USA* 'pæs-/ *agg* **1** passabile, accettabile **2** transitabile

passage /'pæsɪdʒ/ *s* **1** *(anche* **passageway** /'pæsɪdʒweɪ/*)* passaggio, corridoio **2** passaggio, brano

passenger /'pæsɪndʒə(r)/ *s* passeggero, -a

passer-by /ˌpɑːsə ˈbaɪ; *USA* ˌpæsər-/ *s (pl* **passers-by***)* passante

passing /'pɑːsɪŋ; *USA* 'pæs-/ ▶ *agg* **1** passeggero **2** *(occhiata)* di sfuggita **3** *(commento)* en passant **4** *(auto, persona)* di passaggio
▶ *s* **1** passaggio: *with the passing of time* col passare del tempo ◊ *the passing of an era* la fine di un'epoca **2** *(formale)* scomparsa LOC **in passing** di sfuggita

passion /'pæʃn/ *s* passione **passionate** /'pæʃənət/ *agg* appassionato, passionale

passive /'pæsɪv/ ▶ *agg* passivo
▶ *s (anche* ˌpassive 'voice*)* forma passiva

passport /'pɑːspɔːt; *USA* 'pæs-/ *s* passaporto

password /'pɑːswɜːd/ *s* parola d'ordine

past /pɑːst; *USA* pæst/ ▶ *agg* **1** passato **2** *past students* ex-studenti **3** ultimo: *in the past few days* negli ultimi giorni
▶ *s* **1** passato **2** *(anche* ˌpast 'tense*)* passato *(grammatica)*
▶ *prep* **1** *half past two* le due e mezzo **2** *(con verbi di movimento)*: *walk past sb/sth* passare davanti/accanto a qn/qc **3** oltre: *It's past five o'clock.* Sono le cinque passate. ◊ *It's past your bedtime.* Dovresti già essere a letto. LOC **not to put it past sb (to do sth)**: *I wouldn't put it past him to do it.* Non mi stupirei affatto se lo facesse.
▶ *avv* accanto, davanti: *to walk past* passare

pasta /'pæstə/ *s* pasta

paste /peɪst/ *s* **1** impasto, pasta **2** colla **3** pâté

pastime /'pɑːstaɪm; *USA* 'pæs-/ *s* passatempo

pastor /'pɑːstə(r); USA 'pæs-/ s pastore (*sacerdote*)

pastoral /'pɑːstərəl; USA 'pæs-/ agg pastorale

pastry /'peɪstri/ s **1** (*pl* **-ies**) pasta (*dolce*) **2** [*non numerabile*] pasta (*frolla, sfoglia, ecc*)

pasture /'pɑːstʃə(r); USA 'pæs-/ s pascolo

pasty /'pæsti/ s (*pl* **-ies**) (*GB*) sfogliatina ripiena di carne e verdure

pat /pæt/ ▶ vt (**-tt-**) **1** dare dei colpetti a **2** (*animale*) accarezzare
▶ s **1** colpetto **2** carezza **3** (*burro*) pezzetto
LOC **give sb a pat on the back** congratularsi con qn

patch /pætʃ/ ▶ s **1** (*stoffa*) pezza, toppa **2** (*su un occhio*) benda **3** (*nebbia, ecc*) zona, pezzetto: *patches of fog* banchi di nebbia **4** orto **5** (*colore*) macchia **6** (*GB, informale*) (*area di lavoro*) zona **LOC** **not be a patch on sb/sth** (*informale, spec GB*) non essere niente a paragone di qn/qc *Vedi anche* BAD
▶ vt rattoppare **PHRV** **patch sth up 1** riparare qc alla meglio **2** (*divergenza*) risolvere qc

patchwork /'pætʃwɜːk/ s **1** patchwork **2** (*fig*) mosaico

patchy /'pætʃi/ agg (**-ier, -iest**) **1** irregolare: *patchy fog* nebbia a banchi **2** (*qualità*) disuguale **3** (*preparazione*) lacunoso

patent /'peɪtnt; USA 'pætnt/ ▶ s brevetto
▶ agg **1** palese **2** (*Comm*) brevettato
▶ vt brevettare

patently /'peɪtntli; GB anche 'peɪtəntli/ avv palesemente

paternal /pə'tɜːnl/ agg paterno

paternity /pə'tɜːnəti/ s [*non numerabile*] (*formale*) paternità: *He refused to admit paternity of the child.* Si è rifiutato di riconoscere il bambino.

§ **path** /pɑːθ; USA pæθ/ s **1** (*anche* '**pathway** /'pɑːθweɪ; USA 'pæθ-/) sentiero, vialetto **2** strada, passaggio: *The tree blocked our path.* L'albero ci bloccava la strada. **3** traiettoria **4** (*fig*) strada

pathetic /pə'θetɪk/ agg **1** patetico **2** (*informale*) (*insufficiente*) pietoso

pathology /pə'θɒlədʒi/ s patologia **pathological** /ˌpæθə'lɒdʒɪkl/ agg patologico

pathos /'peɪθɒs/ s pathos

§ **patience** /'peɪʃns/ s **1** pazienza **2** (*USA* **solitaire**) solitario (*gioco*) **LOC** *Vedi* TRY

§ **patient** /'peɪʃnt/ ▶ s paziente
▶ agg paziente

patio /'pætiəʊ/ s (*pl* **-s** /-əʊz/) **1** terrazza **2** patio

patriarch /'peɪtriɑːk; USA 'pæt-/ s patriarca

patriot /'pætrɪət/ s patriota **patriotic** /ˌpeɪtri'ɒtɪk; GB anche 'pæt-/ agg patriottico

patrol /pə'trəʊl/ ▶ vt (**-ll-**) pattugliare
▶ s **1** giro d'ispezione **2** pattuglia

patron /'peɪtrən/ s **1** patrocinatore, -trice **2** (*antiq*) mecenate **3** (*ristorante*) cliente **patronage** s **1** patrocinio **2** *If the service isn't good enough I can take my patronage elsewhere.* Se il servizio non è buono, mi servirò altrove. **3** clientelismo

patronize, -ise /'pætrənaɪz; USA 'peɪt-/ vt **1** trattare con condiscendenza **2** patrocinare **3** (*luogo*) frequentare abitualmente **patronizing, -ising** agg condiscendente

patron 'saint s santo patrono: *St Christopher, patron saint of travellers.* San Cristoforo, patrono dei viaggiatori.

§ **pattern** /'pætn/ s **1** motivo, disegno (*su stoffa, carta*) **2** (*lavoro manuale*) modello, campione **3** schema, esempio **patterned** agg fantasia

§ **pause** /pɔːz/ ▶ s pausa *Vedi anche* BREAK²
▶ vi fare una pausa, fermarsi

pave /peɪv/ vt lastricare **LOC** **pave the way (for sb/sth)** spianare la strada (a qn/qc)

pavement /'peɪvmənt/ s **1** (*USA* **sidewalk**) marciapiede **2** (*USA*) pavimentazione stradale

pavilion /pə'vɪliən/ s **1** (*GB*) tribuna con spogliatoi **2** padiglione

paving /'peɪvɪŋ/ s pavimentazione: *paving stones* lastre di pavimentazione

paw /pɔː/ ▶ s zampa
▶ vt **1** dare una zampata a **2** toccare (*maldestramente o sessualmente*)

pawn¹ /pɔːn/ s **1** (*Scacchi*) pedone **2** (*fig*) pedina

pawn² /pɔːn/ vt impegnare (*al monte di pietà*)

pawnbroker /'pɔːnˌbrəʊkə(r)/ s prestatore, -trice su pegno

§ **pay** /peɪ/ ▶ s [*non numerabile*] paga: *pay day* giorno di paga ◊ *pay packet* busta paga ◊ *pay claim* rivendicazione salariale ◊ *a pay rise/increase* un aumento di stipendio *Vedi anche* INCOME
▶ (*pass, pp* **paid**) **1** vt **to pay sth (to sb) (for sth)** pagare qc (a qn) (per qc) **2** vt, vi **to pay sb (for sth)** pagare qn (per qc) **3** vi **to pay for sth** pagare qc **4** vi convenire **LOC** **pay attention (to sb/sth)** fare attenzione (a qn/qc) ♦ **pay sb a compliment/pay a compliment to sb** fare un

| tʃ **ch**in | dʒ **J**une | v **v**an | θ **th**in | ð **th**en | s **s**o | z **z**oo | ʃ **sh**e |

complimento a qn ♦ **pay sb a visit** andare a trovare qn ♦ **pay sth a visit** visitare qc *Vedi anche* EARTH

PHRV **pay sb back** rimborsare qn ♦ **pay (sb) sth back** restituire qc (a qn)
pay sth in versare qc (*soldi*)
pay off (*informale*) funzionare, dare i suoi frutti ♦ **pay sb off** liquidare qn (*dipendenti*)
♦ **pay sth off** finire di pagare qc
pay up pagare, saldare un debito

payable /ˈpeɪəbl/ *agg* pagabile

payment /ˈpeɪmənt/ *s* **1** pagamento **2** [*non numerabile*]: *in/as payment for* come ricompensa per

'pay-off *s* (*informale*) **1** tangente **2** ricompensa

payroll /ˈpeɪrəʊl/ *s* **1** libro paga **2** importo delle paghe

PC /ˌpiːˈsiː/ *abbr* (*pl* **PCs**) **1** (*pl* **PCs**) **personal computer** personal computer **2** (*pl* **PCs**) **police constable** agente di polizia **3** **politically correct** politicamente corretto

PDA /ˌpiː diː ˈeɪ/ *s* **personal digital assistant** PDA

PE /ˌpiː ˈiː/ *abbr* **physical education** educazione fisica

pea /piː/ *s* pisello

peace /piːs/ *s* pace: *peace of mind* serenità di spirito LOC **be at peace (with sb/sth)** essere in pace (con qn/qc) ♦ **make (your) peace (with sb)** fare la pace (con qn) ♦ **peace and quiet** pace e tranquillità *Vedi anche* DISTURB **peaceful** *agg* **1** pacifico **2** tranquillo

peach /piːtʃ/ *s* **1** pesca ᴑ *Vedi illustrazione a* FRUTTA **2** (*anche* **'peach tree**) pesco **3** color pesca

peacock /ˈpiːkɒk/ *s* pavone

peak /piːk/ ▶ *s* **1** (*montagna*) vetta **2** punta **3** visiera **4** apice
▶ *agg* massimo: *peak hours* ore di punta ◇ *in peak condition* in ottime condizioni
▶ *vi* raggiungere il punto massimo

peaked /ˈpiːkt/ *agg* **1** a punta **2** (*cappello*) con visiera

peal /piːl/ *s* **1** (*campane*) scampanio **2** *peals of laughter* uno scoppio di risate

peanut /ˈpiːnʌt/ *s* **1** nocciolina americana **2** **peanuts** [*pl*] (*informale*) una miseria (*pochi soldi*)

pear /peə(r)/ *s* **1** pera ᴑ *Vedi illustrazione a* FRUTTA **2** (*anche* **'pear tree**) pero

pearl /pɜːl/ *s* perla

peasant /ˈpeznt/ *s* **1** contadino, -a ᴑ *Vedi nota a* CONTADINO **2** (*informale, dispreg*) zoticone, -a

peat /piːt/ *s* torba

pebble /ˈpebl/ *s* ciottolo (*di fiume*)

peck /pek/ ▶ **1** *vt, vi* beccare **2** *vt* (*informale*) dare un bacio veloce a LOC **pecking order** (*informale*) ordine gerarchico
▶ *s* **1** beccata **2** (*informale*) bacio veloce

peckish /ˈpekɪʃ/ *agg* (*informale*): *to feel peckish* avere un languorino

peculiar /pɪˈkjuːliə(r)/ *agg* **1** strano **2** particolare **3** ~ **(to sb/sth)** proprio (di qn/qc) **peculiarity** /pɪˌkjuːliˈærəti/ *s* (*pl* **-ies**) peculiarità **peculiarly** *avv* **1** particolarmente **2** in modo strano

pedal /ˈpedl/ ▶ *s* pedale
▶ *vi* (*pass* **-ll-**, *USA* **-l-**) pedalare

pedantic /pɪˈdæntɪk/ *agg* (*dispreg*) pedante

pedestrian /pəˈdestriən/ ▶ *s* pedone: *pedestrian precinct/crossing* zona/passaggio pedonale
▶ *agg* (*dispreg*) pedestre

pediatrician (*USA*) *Vedi* PAEDIATRICIAN

pedigree /ˈpedɪɡriː/ ▶ *s* **1** (*animale*) pedigree **2** (*persona*) ascendenza, albero genealogico
▶ *agg* di razza

pee /piː/ ▶ *vi* (*informale*) fare la pipì
▶ *s* (*informale*) **1** pipì: *to have a pee* fare la pipì

peek /piːk/ *vi* ~ **at sb/sth** dare una sbirciata a qn/qc

peel /piːl/ ▶ **1** *vt* sbucciare **2** *vi* spellarsi PHRV **peel (away/off) 1** (*carta da parati*) staccarsi **2** (*tinta*) venir via ♦ **peel sth away/back/off 1** staccare qc, togliere qc
▶ *s* [*non numerabile*] buccia, scorza

Per la scorza del limone si usa **rind** o **peel**, mentre per l'arancia si usa solo **peel**. **Skin** si usa per la buccia della banana e per altri frutti con la buccia molto sottile, come la pesca. *Vedi illustrazione a* FRUTTA

peep /piːp/ ▶ *vi* **1** ~ **at sb/sth** dare una sbirciata a qn/qc **2** ~ **over, through, etc. sth** sbirciare da qc PHRV **peep out/through** spuntare
▶ *s* **1** sbirciata **2** pio pio: *I haven't heard a peep out of him all day.* In tutto il giorno non ha detto una parola. LOC **have/take a peep at sb/sth** dare una sbirciata a qn/qc

peer /pɪə(r)/ ▶ *vi* ~ **at sb/sth** scrutare qn/qc
❶ Talvolta implica il dover aguzzare la vista per vedere.
▶ *s* **1** pari **2** coetaneo, -a **3** (*GB*) Pari, nobile

the peerage /'pɪərɪdʒ/ s [v sing o pl] i Pari, la nobiltà

peeved /pi:vd/ agg (informale) seccato, scocciato

peg /peg/ ▶ s **1** Vedi CLOTHES PEG **2** (al muro) attaccapanni LOC **bring/take sb down a peg (or two)** far abbassare la cresta a qn
▶ vt (-gg-) **1** (prezzi, salari) stabilizzare **2** ~ sth to sth appendere qc a qc

pejorative /pɪ'dʒɒrətɪv; USA -'dʒɔ:r-/ agg (formale) peggiorativo

pelican /'pelɪkən/ s pellicano

pellet /'pelɪt/ s **1** (carta, pane, ecc) pallina **2** (pistola) pallino **3** (fertilizzante) granello

pelt /pelt/ ▶ s pelle, pelliccia
▶ vt (informale) ~ sb with sth tirare qc addosso a qn LOC **pelt down (with rain)** piovere a dirotto PHRV **pelt along, down, up, etc. (sth)**: They pelted down the hill. Corsero a più non posso giù per la collina.

pelvis /'pelvɪs/ s bacino (corpo umano) **pelvic** agg pelvico

ᵍ pen /pen/ s **1** penna, pennarello **2** (animali) recinto

penalize, -ise /'pi:nəlaɪz/ vt penalizzare

penalty /'penəlti/ s (pl **-ies**) **1** (castigo) pena **2** ammenda **3** svantaggio **4** (Sport) penalità: penalty area penalty area **5** (calcio) rigore

ᵍ pence plurale di PENNY

ᵍ pencil /'pensl/ s matita: pencil sharpener temperamatite

'pencil case s astuccio portamatite

pendant /'pendənt/ s ciondolo

pending /'pendɪŋ/ ▶ agg (formale) in sospeso
▶ prep in attesa di

pendulum /'pendjələm; USA -dʒʊləm/ s pendolo

penetrate /'penɪtreɪt/ vt **1** penetrare, addentrarsi in **2** (organizzazione) infiltrarsi in PHRV **penetrate into/to sth** introdursi in qc ♦ **penetrate through sth** attraversare qc **penetrating** agg **1** (sguardo, suono) penetrante **2** perspicace

penfriend /'penfrend/ s amico, -a di penna

penguin /'peŋgwɪn/ s pinguino

penicillin /ˌpenɪ'sɪlɪn/ s penicillina

peninsula /pə'nɪnsjələ; USA -nsələ/ s penisola

penis /'pi:nɪs/ s pene

penknife /'pennaɪf/ s (pl **-knives** /-naɪvz/) temperino (coltello)

penniless /'penɪləs/ agg senza un soldo

ᵍ penny /'peni/ s (pl **pence** /pens/ o **pennies** /'peniz/) **1** penny

La forma plurale **pennies** si usa per riferirsi alle singole monetine: *She put five pennies in the slot.* Ha messo cinque monete da 1 penny nella fessura. **Pence** o **p** si usa quando ci si riferisce alla cifra in denaro. Il termine **p** è informale.

2 (fig) soldo: *It cost a pretty penny.* È costato fior di quattrini. **3** (USA) centesimo LOC **every penny** fino all'ultimo soldo: *We collected £700 and every penny went to charity.* Le 700 sterline raccolte sono andate in beneficenza, fino all'ultimo soldo. ◊ *It was expensive but worth every penny.* Era costoso, ma ne valeva la pena.

ᵍ pension /'penʃn/ ▶ s pensione (soldi)
▶ v PHRV **pension sb off** mandare in pensione qn ♦ **pension sth off** mettere a riposo qc

pensioner /'penʃənə(r)/ s pensionato, -a

pentagon /'pentəgən; USA -gɒn/ s pentagono

penthouse /'penthaʊs/ s superattico

pent-up /'pent ʌp/ agg represso

penultimate /pen'ʌltɪmət/ agg penultimo

ᵍ people /'pi:pl/ ▶ s **1** [pl] gente: *People are saying that …* La gente dice che … **2** [pl] persone: *ten people* dieci persone
⊃ Confronta PERSON

Nota che il sostantivo **people** è plurale, eccetto quando significa *popolo*: *People are starting to get impatient.* La gente sta diventando impaziente. ◊ *too many people* troppa gente. **People** è il plurale di **person**: *How many people were at the meeting?* Quante persone c'erano alla riunione?

3 the people [pl] il pubblico **4** (nazione) popolo
▶ vt popolare

ᵍ pepper /'pepə(r)/ s **1** pepe **2** (USA **'bell pepper**) peperone

peppermint /'pepəmɪnt/ s **1** menta piperita **2** mentina

ᵍ per /pə(r)/ prep a: *per person* a testa ◊ *£60 per day* 60 sterline al giorno ◊ *per annum* all'anno

perceive /pə'si:v/ vt (formale) **1** percepire, notare **2** interpretare

ᵍ per cent (spec USA **percent**) /ˌpə 'sent/ agg, avv per cento **percentage** /ˌpə 'sentɪdʒ/ s percentuale: *percentage increase* incremento percentuale

---

u situation ɒ got ɔ: saw ɜ: fur ə ago j yes w woman eɪ pay əʊ go

perceptible → persist

perceptible /pəˈsɛptəbl/ *agg* (*formale*) percettibile

perception /pəˈsɛpʃn/ *s* (*formale*) **1** percezione **2** sensibilità, perspicacia **3** punto di vista

perceptive /pəˈsɛptɪv/ *agg* perspicace

perch /pɜːtʃ/ ▸ *s* **1** (*per uccellini*) pertica **2** posizione elevata **3** pesce persico
▸ *vi* posarsi, appollaiarsi: *to be perched on sth* essere appollaiato su qc

percussion /pəˈkʌʃn/ *s* percussione

perennial /pəˈrɛniəl/ *agg* perenne

perfect[1] /ˈpɜːfɪkt/ ▸ *agg* **1** perfetto **2** ~ **for sb/sth** ideale per qn/qc **3** completo: *a perfect stranger* un perfetto sconosciuto
▸ *s* **the perfect (tense)** il perfetto

perfect[2] /pəˈfɛkt/ *vt* perfezionare

perfection /pəˈfɛkʃn/ *s* perfezione LOC **to perfection** alla perfezione **perfectionist** *s* perfezionista

perfectly /ˈpɜːfɪktli/ *avv* **1** perfettamente **2** completamente

perforate /ˈpɜːfəreɪt/ *vt* perforare **perforated** *agg* perforato **perforation** *s* **1** perforazione **2** linea perforata

perform /pəˈfɔːm/ **1** *vt* (*funzione, compito*) svolgere **2** *vt* (*operazione, lavoro*) eseguire **3** *vt* (*dovere*) adempiere **4** *vt* (*balletto, commedia*) rappresentare **5** *vi* (*attore*) recitare **6** *vt, vi* (*pezzo musicale*) suonare

performance /pəˈfɔːməns/ *s* **1** (*Cine, Teat, Mus*) spettacolo: *the evening performance* lo spettacolo serale **2** (*attore, cantante*) interpretazione **3** (*musicista*) esecuzione **4** (*atleta, macchina*) prestazione **5** (*studente, azienda*) rendimento **6** (*compito, lavoro*) esecuzione, svolgimento **7** (*dovere*) adempimento

performer /pəˈfɔːmə(r)/ *s* artista (*di spettacolo*)

perfume /ˈpɜːfjuːm; *USA* pərˈfjuːm/ *s* profumo

perfumery /pəˈfjuːməri/ *s* (*pl* -ies) profumeria

perhaps /pəˈhæps, præps/ *avv* forse, può darsi: *perhaps not* forse no *Vedi anche* MAYBE

peril /ˈpɛrəl/ *s* (*formale o retorico*) pericolo, rischio

perimeter /pəˈrɪmɪtə(r)/ *s* perimetro

period /ˈpɪəriəd/ *s* **1** periodo: *over a period of three years* nel corso di tre anni **2** epoca: *period dress/furniture* abiti/mobili d'epoca **3** (*Scol*) ora **4** (*Med*) mestruazioni **5** (*USA*) *Vedi* FULL STOP

periodic /ˌpɪəriˈɒdɪk/ *agg* periodico

periodical /ˌpɪəriˈɒdɪkl/ *s* periodico

perish /ˈpɛrɪʃ/ *vi* **1** (*formale*) perire **2** (*stoffa, guarnizione*) deteriorarsi **perishable** *agg* deperibile

perjury /ˈpɜːdʒəri/ *s* spergiuro

perk /pɜːk/ ▸ *v* (*informale*) PHRV **perk up 1** tirarsi su di morale **2** (*affari*) migliorare ♦ **perk sb up** tirare su qn ♦ **perk sth up** valorizzare qc
▸ *s* vantaggio (*di un impiego*)

perm /pɜːm/ ▸ *s* permanente
▸ *vt*: *to have your hair permed* farsi la permanente

permanent /ˈpɜːmənənt/ *agg* permanente, fisso **permanently** *avv* **1** (*paralizzato, ecc*) in modo permanente **2** (*danneggiato*) irreparabilmente **3** (*ubriaco, ecc*) perennemente

permissible /pəˈmɪsəbl/ *agg* permesso, ammissibile

permission /pəˈmɪʃn/ *s* ~ (**for sth/to do sth**) permesso, autorizzazione (per qc/per fare qc)

permissive /pəˈmɪsɪv/ *agg* permissivo

permit ▸ /pəˈmɪt/ *vt, vi* (**-tt-**) (*formale*) permettere: *If time permits*… Se c'è tempo… ᴑ *Vedi nota a* ALLOW
▸ /ˈpɜːmɪt/ *s* **1** permesso, autorizzazione **2** lasciapassare

perpendicular /ˌpɜːpənˈdɪkjələ(r)/ *agg* **1** ~ (**to sth**) perpendicolare (a qc) **2** (*scogliera*) a picco

perpetrate /ˈpɜːpətreɪt/ *vt* (*formale*) commettere

perpetual /pəˈpɛtʃuəl/ *agg* **1** perpetuo **2** incessante, continuo

perpetuate /pəˈpɛtʃueɪt/ *vt* perpetuare

perplexed /pəˈplɛkst/ *agg* perplesso

persecute /ˈpɜːsɪkjuːt/ *vt* ~ **sb** (**for sth**) perseguitare qn (per qc) **persecution** *s* persecuzione

persevere /ˌpɜːsɪˈvɪə(r); *USA* -səˈv-/ *vi* **1** ~ (**in/with sth**) perseverare (in qc) **2** ~ (**with sb**) insistere (con qn) **perseverance** *s* perseveranza

persist /pəˈsɪst/ *vi* **1** ~ (**in sth/in doing sth**) persistere, ostinarsi (in qc/a fare qc) **2** ~ **with sth** continuare con qc **3** persistere, durare **persistence** *s* **1** perseveranza, ostinazione **2** persistere **persistent** *agg* **1** ostinato, insistente **2** persistente, continuo

---

aɪ five   aʊ now   ɔɪ join   ɪə near   eə hair   ʊə pure   ʒ vision   h how   ŋ sing

person /'pɜːsn/ s persona ✪ Il plurale *persons* si usa solo nel linguaggio formale. Confronta PEOPLE LOC **in person** di persona, in persona

personal /'pɜːsənl/ agg personale: *personal column(s)* piccoli annunci LOC **become/get personal** scendere nel personale

,**personal as'sistant** *Vedi* PA

personality /,pɜːsə'næləti/ s (*pl* **-ies**) personalità

personalized, -ised /'pɜːsənəlaɪzd/ agg personalizzato

personally /'pɜːsənəli/ avv personalmente: *to know sb personally* conoscere qn di persona LOC **take it personally** prendersela ◆ **take sth personally** prendersela per qc

,**personal 'organizer** s organizer, agenda personale

,**personal 'stereo** s stereo portatile

personify /pə'sɒnɪfaɪ/ vt (*pass, pp* **-fied**) personificare, rappresentare: *He is kindness personified.* È la gentilezza in persona.

personnel /,pɜːsə'nel/ s [v *sing o pl*] personale: *personnel officer* impiegato dell'ufficio del personale

perspective /pə'spektɪv/ s prospettiva: *Try to keep these issues in perspective.* Cerca di vedere questi problemi nella giusta prospettiva. ◊ *Talking to him put my problems in perspective.* Parlare con lui mi ha aiutato a vedere i miei problemi nella giusta prospettiva.

perspire /pə'spaɪə(r)/ vi (*formale*) traspirare, sudare **perspiration** s **1** traspirazione **2** sudore ❶ La parola più comune è **sweat**.

persuade /pə'sweɪd/ vt **1** ~ **sb to do sth** persuadere qn a fare qc **2** ~ **sb** (**of sth**) persuadere qn (di qc) **persuasion** /pə'sweɪʒn/ s **1** persuasione **2** convinzione (*religiosa, politica*) **persuasive** /pə'sweɪsɪv/ agg convincente, persuasivo

pertinent /'pɜːtɪnənt; *USA* -tənənt/ agg (*formale*) pertinente

perturb /pə'tɜːb/ vt (*formale*) turbare

pervade /pə'veɪd/ vt ~ **sth 1** (*odore, sensazione*) pervadere qc **2** (*idea*) diffondersi in qc **pervasive** /pə'veɪsɪv/ (*anche* **pervading**) agg **1** (*odore*) penetrante **2** (*idea, sensazione*) diffuso

perverse /pə'vɜːs/ agg **1** (*persona, comportamento*) ribelle, irragionevole **2** (*piacere, desiderio*) perverso **perversion** /pə'vɜːʃn; *USA* -'vɜːʒn/ s **1** perversione **2** (*di giustizia, verità*) travisamento

pervert ▶ /pə'vɜːt/ vt **1** travisare, deviare **2** corrompere, pervertire
▶ /'pɜːvɜːt/ s pervertito, -a

pessimist /'pesɪmɪst/ s pessimista **pessimistic** /,pesɪ'mɪstɪk/ agg pessimista, pessimistico

pest /pest/ s **1** insetto/animale nocivo: *pest control* disinfestazione **2** (*informale*) (*fig*) rompiscatole

pester /'pestə(r)/ vt tormentare

pesticide /'pestɪsaɪd/ s pesticida

pet /pet/ ▶ s **1** animale da compagnia: *pet shop* negozio di animali
▶ agg **1** prediletto **2** (*animale*): *We have a pet iguana.* Abbiamo in casa un'iguana. **3** (*cibo*) per animali domestici

petal /'petl/ s petalo

peter /'piːtə(r)/ v PHRV **peter out 1** (*conversazione, entusiasmo*) spegnersi **2** (*sentiero*) finire

petition /pə'tɪʃn/ s petizione

petrified /'petrɪfaɪd/ agg **1** ~ (**of sth**) terrorizzato (da qc): *I'm petrified of snakes.* Sono terrorizzato dai serpenti. ◊ *They were petrified with fear.* Erano impietriti dalla paura. **2** pietrificato

petrol /'petrəl/ (*USA* **gasoline, gas**) s benzina

petroleum /pə'trəʊliəm/ s petrolio

'**petrol station** (*USA* '**gas station**) s benzinaio, stazione di servizio

petticoat /'petɪkəʊt/ s sottoveste, sottogonna

petty /'peti/ (**-ier, -iest**) agg **1** insignificante: *petty crime* reati minori **2** *petty cash* piccola cassa **3** (*dispreg*) (*persona, comportamento*) meschino

pew /pjuː/ s banco (*di chiesa*)

phantom /'fæntəm/ s, agg fantasma

pharmaceutical /,fɑːmə'sjuːtɪkl; *USA* -'suː-/ agg farmaceutico

pharmacist /'fɑːməsɪst/ s **1** farmacista **2 pharmacist's** farmacia ✪ Confronta CHEMIST

pharmacy /'fɑːməsi/ s (*pl* **-ies**) farmacia

La "farmacia" nel senso di negozio si chiama anche **chemist's (shop)** nell'inglese britannico e **drugstore** nell'inglese americano.

phase /feɪz/ ▶ s fase
▶ vt scaglionare PHRV **phase sth in/out** introdurre/eliminare qc gradualmente

phat /fæt/ agg (*gergale, spec USA*) ganzo

pheasant /'feznt/ s (pl **pheasant** o **-s**) fagiano
phenomenal /fə'nɒmɪnl/ agg fenomenale
phenomenon /fə'nɒmənən; USA -nɒn/ s (pl **-ena** /-mə/) fenomeno
phew! /fju:/ escl uff!, fiuu
phial /faɪəl/ s (formale) fiala
philanthropist /fɪ'lænθrəpɪst/ s filantropo, -a
philosopher /fɪ'lɒsəfə(r)/ s filosofo, -a
philosophical /ˌfɪlə'sɒfɪkl/ (anche **philosophic**) agg filosofico
philosophy /fə'lɒsəfi/ s (pl **-ies**) filosofia
phlegm /flem/ s flemma **phlegmatic** /fleg'mætɪk/ agg flemmatico
phobia /'fəʊbiə/ s fobia
phone /fəʊn/ 1 telefono 2 telefonino LOC **on the phone** 1 *We're not on the phone* Non abbiamo il telefono 2 *She's on the phone at the moment.* In questo momento è al telefono.
▶ vt, vi telefonare (a qn/qc)
'**phone booth** s cabina telefonica (specialmente in ristoranti ecc)
'**phone box** s (GB) cabina telefonica
'**phone call** s telefonata
'**phone-in** (USA '**call-in**) s programma televisivo o radiofonico con telefonate in diretta
phonetic /fə'netɪk/ agg fonetico
phony (spec USA **phoney**) /'fəʊni/ agg (informale) (**-ier, -iest**) fasullo
photo /'fəʊtəʊ/ s (pl **-os**) Vedi PHOTOGRAPH
photocopier /'fəʊtəʊkɒpiə(r)/ s fotocopiatrice
photocopy /'fəʊtəʊkɒpi/ ▶ vt (pass, pp **-pied**) fotocopiare
▶ s (pl **-ies**) fotocopia
photograph /'fəʊtəgrɑːf; USA -græf/ ▶ s fotografia
▶ 1 vt fotografare 2 vi venire (in fotografia): *He photographs well.* È fotogenico.
photographer /fə'tɒgrəfə(r)/ s fotografo, -a
photographic /ˌfəʊtə'græfɪk/ agg fotografico
photography /fə'tɒgrəfi/ s fotografia (tecnica)
phrasal verb /ˌfreɪzl 'vɜːb/ s (Gramm) verbo frasale
phrase /freɪz/ ▶ s 1 locuzione, sintagma 2 espressione, modo di dire: *phrase book* dizionarietto di frasi utili Vedi anche CATCHPHRASE LOC Vedi TURN
▶ vt 1 esprimere 2 (Mus) fraseggiare

physical /'fɪzɪkl/ ▶ agg fisico: *physical fitness* forma fisica
▶ s visita medica
physically /'fɪzɪkli/ avv fisicamente: *physically fit* in buona forma fisica
physician /fɪ'zɪʃn/ s (formale, spec USA) medico
physicist /'fɪzɪsɪst/ s fisico, -a
physics /'fɪzɪks/ s [non numerabile] fisica
physiology /ˌfɪzi'ɒlədʒi/ s fisiologia
physiotherapy /ˌfɪziəʊ'θerəpi/ s fisioterapia **physiotherapist** s fisioterapista
physique /fɪ'ziːk/ s fisico (corporatura)
pianist /'pɪənɪst/ s pianista
piano /pɪ'ænəʊ/ s (pl **-os**) pianoforte
piccolo /'pɪkələʊ/ s (pl **-os**) ottavino
pick /pɪk/ ▶ 1 vt scegliere, selezionare 2 vt (fiore, frutta) cogliere 3 vt grattare: *to pick your teeth* pulirsi i denti con lo stuzzicadenti ◊ *to pick your nose* mettersi le dita nel naso ◊ *to pick a hole (in sth)* fare un buco (in qc) 4 vt ~ **sth from/off sth** togliere qc da qc 5 vt (serratura) forzare 6 vi ~ **at sth** spilluzzicare qc LOC **pick a fight/quarrel (with sb)** attaccare briga (con qn) ◆ **pick and choose** fare il/la difficile: *You have to take any job you can get—you can't pick and choose.* Devi accettare qualunque lavoro, non puoi fare il difficile. ◆ **pick holes in sth** criticare qc ◆ **pick sb's brains** chiedere dei suggerimenti a qn ◆ **pick sb's pocket** rubare il portafoglio a qn ◆ **pick up speed** acquistare velocità Vedi anche BONE
PHRV **pick on sb** 1 fare il prepotente con qn 2 scegliere qn (per un lavoro faticoso o spiacevole)
pick sb/sth out 1 individuare qn/qc 2 evidenziare qc 3 scegliere qn/qc
pick up 1 (affari) migliorare 2 (vento) aumentare 3 riprendere ◆ **pick sb up** 1 (spec in macchina) passare a prendere qn 2 (informale) rimorchiare qn 3 (polizia) fermare qn 4 tirare su qn: *to pick up a child* prendere un bambino in braccio ◆ **pick sth up 1** imparare qc 2 (malattia, accento, abitudine) prendere qc 3 raccogliere qc ◆ **pick yourself up** rialzarsi
▶ s 1 scelta: *Take your pick.* Scegli quello che vuoi. 2 **the pick (of sth)** il migliore (di qc) 3 piccone
pickle /'pɪkl/ s 1 sottaceto 2 (USA) Vedi GHERKIN LOC **be in a pickle** essere nei guai
pickpocket /'pɪkpɒkɪt/ s borsaiolo, -a
picnic /'pɪknɪk/ s picnic

pictorial → pinnacle

pictorial /pɪkˈtɔːriəl/ *agg* **1** illustrato **2** (*Arte*) pittorico

picture /ˈpɪktʃə(r)/ ▸ *s* **1** quadro, dipinto **2** disegno **3** illustrazione, figura **4** fotografia **5** (*anche fig*) ritratto: *the picture of health* il ritratto della salute **6** immagine, idea **7** (*TV*) immagine **8** (*GB*) film **9 the pictures** [*pl*] (*GB, antiq*) il cinema LOC **put sb in the picture** mettere qn al corrente
▸ *vt* **1** immaginare: *We can't picture Ivan as a father.* Non riusciamo a immaginare Ivan padre. ◊ *I can still picture the house I grew up in.* Ho ancora un vivido ricordo della casa in cui sono cresciuto. **2** raffigurare, ritrarre

picturesque /ˌpɪktʃəˈresk/ *agg* pittoresco

pie /paɪ/ *s* **1** (*dolce*) torta: *apple pie* torta di mele **2** (*salato*) pasticcio ❶ **Pie** è una torta con ripieno. **Tart** invece è una torta simile alla crostata.

piece /piːs/ ▸ *s* **1** pezzo **2** (*carta*) foglio, pezzetto **3** appezzamento **4** *a piece of advice/news* un consiglio/una notizia ◊ *a piece of furniture/clothing* un mobile/un indumento ❶ **A piece of…** o **pieces of…** si usa con i sostantivi non numerabili. **5** moneta: *a 50p piece* una moneta da 50 penny LOC **be a piece of cake** (*informale*) essere una cosa semplicissima ♦ **in one piece** intatto, incolume *Vedi anche* BIT[1]
▸ *v* PHRV **piece sth together** ricostruire qc

piecemeal /ˈpiːsmiːl/ ▸ *avv* poco alla volta
▸ *agg* graduale

pier /pɪə(r)/ *s* pontile

pierce /pɪəs/ *vt* **1** (*pallottola, freccia*) forare, trafiggere, penetrare in **2** forare: *to have your ears pierced* farsi i buchi nelle orecchie **3** (*suono*) penetrare

piercing /ˈpɪəsɪŋ/ *agg* **1** (*grido*) acuto, lacerante **2** (*sguardo*) penetrante **3** *Vedi* BODY PIERCING

piety /ˈpaɪəti/ *s* devozione (*religiosa*)

pig /pɪɡ/ *s* **1** maiale **2** (*informale, dispreg*) porco ⊃ *Vedi nota a* CARNE, MAIALE

pigeon /ˈpɪdʒɪn/ *s* piccione

pigeonhole /ˈpɪdʒɪnhəʊl/ *s* casella (*per posta e messaggi*)

piggy bank /ˈpɪɡi bæŋk/ *s* porcellino salvadanaio

piglet /ˈpɪɡlət/ *s* maialino ⊃ *Vedi nota a* MAIALE

pigment /ˈpɪɡmənt/ *s* pigmento

pigsty /ˈpɪɡstaɪ/ *s* (*pl* -**ies**) porcile

pigtail /ˈpɪɡteɪl/ *s* (*GB*) treccina

pile /paɪl/ ▸ *s* **1** pila **2** *a ~ (of sth)* (*informale*) un mucchio di qc
▸ *vt* impilare, ammucchiare: *to be piled with sth* essere pieno di qc PHRV **pile in/out** fare ressa per entrare/uscire ♦ **pile up 1** accumularsi **2** (*veicoli*) tamponarsi a catena ♦ **pile sth up** accumulare qc

'pile-up *s* tamponamento a catena

pilgrim /ˈpɪlɡrɪm/ *s* pellegrino, -a **pilgrimage** /ˈpɪlɡrɪmɪdʒ/ *s* pellegrinaggio

pill /pɪl/ *s* **1** pillola **2 the pill** (*anticoncezionale*) la pillola

pillar /ˈpɪlə(r)/ *s* colonna, pilastro

'pillar box *s* (*GB*) buca delle lettere (*a colonna*)

pillow /ˈpɪləʊ/ *s* guanciale ⊃ *Vedi illustrazione a* LETTO

pillowcase /ˈpɪləʊkeɪs/ *s* federa

pilot /ˈpaɪlət/ ▸ *s* **1** pilota **2** (*TV*) programma pilota
▸ *agg* pilota (*sperimentale*)

pimple /ˈpɪmpl/ *s* brufolo

PIN /pɪn/ (*anche* **'PIN number**) *s* **personal identification number** numero di codice segreto (*di carta di credito*)

pin /pɪn/ ▸ *s* **1** spillo **2** (*di spina*) spinotto **3** perno LOC **pins and needles** formicolio (*sensazione*)
▸ *vt* (-**nn**-) **1** attaccare (*con uno spillo/una puntina*), appuntare **2** (*persona, braccia*) immobilizzare PHRV **pin sb down 1** (*a terra, contro il muro*) immobilizzare qn **2** *to pin sb down to a date* far fissare una data a qn ♦ **pin sth down** determinare qc

pincer /ˈpɪnsə(r)/ *s* **1** (*Zool*) chela **2 pincers** [*pl*] tenaglie

pinch /pɪntʃ/ ▸ *vt* pizzicare **2** *vt, vi* (*scarpe, ecc*) stringere **3** *vt ~ sth (from sb/sth)* (*informale*) fregare qc (a qn/da qc)
▸ *s* **1** pizzicotto **2** (*sale, ecc*) pizzico LOC **at a pinch** in caso di necessità

pine /paɪn/ ▸ *s* (*anche* **'pine tree**) pino
▸ *vi* **1** *~ (away)* languire, consumarsi **2** *~ for sb/sth* sentire la mancanza di qn/qc

pineapple /ˈpaɪnæpl/ *s* ananas ⊃ *Vedi illustrazione a* FRUTTA

ping /pɪŋ/ *s* suono metallico

ping-pong /ˈpɪŋ pɒŋ/ *s* (*informale*) ping-pong

pink /pɪŋk/ ▸ *agg* **1** rosa **2** (*di vergogna*) rosso
▸ *s* **1** rosa (*colore*) **2** (*Bot*) garofano

pinnacle /ˈpɪnəkl/ *s* **1** (*fig*) apice **2** (*Archit*) pinnacolo **3** (*di montagna*) vetta

pinpoint → plan

pinpoint /'pɪnpɔɪnt/ *vt* **1** localizzare con esattezza **2** individuare, mettere a fuoco

pint /paɪnt/ *s* **1** (*abbrev* **pt**) pinta (*0,568 litri*) ⊃ *Vedi Appendice 1.* **2** *to have a pint* farsi una birra

'pin-up *s* foto (*di modello o modella da appendere al muro*)

pioneer /ˌpaɪə'nɪə(r)/ ▶ *s* pionere, -a
▶ *vt* ~ **sth** essere il primo a fare qc

pioneering /ˌpaɪə'nɪərɪŋ/ *agg* pionieristico

pious /'paɪəs/ *agg* **1** pio, devoto **2** (*dispreg*) bigotto

pip /pɪp/ *s* seme (*in limone, uva, ecc*) ⊃ *Vedi illustrazione a* FRUTTA

pipe /paɪp/ ▶ *s* **1** tubo **2** pipa **3** (*Mus*) piffero **4 pipes** [*pl*] *Vedi* BAGPIPES
▶ *vt* convogliare (*per mezzo di tubatura*)
PHRV **pipe down** (*informale*) fare silenzio

pipeline /'paɪplaɪn/ *s* conduttura, oleodotto, gasdotto LOC *be in the pipeline* (*ordinazione, cambiamento*) essere in arrivo

piping /'paɪpɪŋ/ *agg* LOC *piping hot* bollente

piracy /'paɪrəsi/ *s* pirateria

pirate /'paɪrət/ ▶ *s* pirata
▶ *vt* riprodurre abusivamente

Pisces /'paɪsiːz/ *s* Pesci (*segno zodiacale*) ⊃ *Vedi esempi a* ACQUARIO

pistachio /pɪ'stæʃiəʊ, -'stɑːʃiəʊ/ *s* pistacchio

pistol /'pɪstl/ *s* pistola

piston /'pɪstən/ *s* stantuffo, pistone

pit /pɪt/ ▶ *s* **1** fossa **2** miniera (*di carbone*) **3** buco **4 the pits** [*pl*] (*USA* **the pit**) (*automobilismo*) i box **5** (*spec USA*) *Vedi* STONE senso (2) **6 the pit** (*GB*) (*Teat*) la platea LOC *be the pits* (*informale*) fare schifo
▶ *v* (**-tt-**) PHRV *pit sb/sth against sb/sth* contrapporre qn/qc a qn/qc

pitch /pɪtʃ/ ▶ *s* **1** (*Sport*) campo **2** (*Mus*) altezza **3** pece: *pitch-black* nero come la pece **4** (*tetto*) inclinazione **5** (*GB*) posto (*per banco al mercato*)
▶ **1** *vt* (*tenda*) piantare **2** *vt* (*discorso*) impostare **3** *vt* (*palla*) lanciare **4** *vi* (*nave, aereo*) beccheggiare **5** *vi* (*persona*) cadere PHRV *pitch in (with sth)* aiutare (con qc)

pitched /pɪtʃt/ *agg* (*battaglia*) campale

pitcher /'pɪtʃə(r)/ *s* **1** brocca **2** (*USA*) *Vedi* JUG **3** lanciatore, -trice

pitfall /'pɪtfɔːl/ *s* trappola (*difficoltà*)

pith /pɪθ/ *s* parte bianca fra la scorza e la polpa di arance, limoni, ecc

pitiful /'pɪtɪfl/ *agg* pietoso

pitiless /'pɪtɪləs/ *agg* spietato

pity /'pɪti/ ▶ *s* **1** *What a pity!* Che peccato! ◊ *It's a pity she's not here.* È un peccato che non sia qui. **2** pietà, compassione LOC *take pity on sb* avere pietà di qn
▶ *vt* (*pass, pp* **pitied**) compatire

pivot /'pɪvət/ *s* perno

placard /'plækɑːd/ *s* cartello

placate /plə'keɪt; *USA* 'pleɪkeɪt/ *vt* calmare, placare

place /pleɪs/ ▶ *s* **1** posto, luogo **2** (*per sedersi, parcheggiare*) posto **3** *It's not my place to ...* Non spetta a me ... **4** (*informale*): *my/your place* casa mia/tua LOC *all over the place* (*informale*) **1** dappertutto **2** in disordine ♦ *in place* a posto, al proprio posto ♦ *in the first, second, etc. place* in primo, secondo, ecc luogo ♦ *out of place* **1** fuori posto **2** fuori luogo ♦ *take place* aver luogo ♦ *take sb's/sth's place; take the place of sb/sth* sostituire qn/qc *Vedi anche* CHANGE
▶ *vt* **1** mettere, collocare **2** ~ **sth (with sb/sth)**: *to place an order with sb/sth* fare un'ordinazione a qn/qc **3** *to be placed* piazzarsi **4** ~ **sb** ricordarsi di qn

plague /pleɪɡ/ ▶ *s* **1** peste **2** ~ **of sth** invasione di qc (*topi, locuste, ecc*)
▶ *vt* tormentare, assillare

plaice /pleɪs/ *s* (*pl* **plaice**) platessa

plain¹ /pleɪn/ ▶ *agg* (**-er, -est**) **1** semplice: *plain paper* carta non rigata ◊ *plain fabric* tessuto in tinta unita ◊ *plain flour* farina senza lievito ◊ *plain chocolate* cioccolato fondente **2** chiaro, ovvio **3** schietto: *in plain language* in parole povere **4** (*aspetto*) scialbo LOC *make sth plain* far capire chiaramente qc: *Do I make myself plain?* Mi sono spiegato? *Vedi anche* CLEAR
▶ *avv* semplicemente: *It's just plain stupid.* È decisamente stupido.

plain² /pleɪn/ *s* pianura

plain 'clothes *agg*: *a plain clothes policeman* un poliziotto in borghese

plainly /'pleɪnli/ *avv* **1** chiaramente **2** francamente **3** semplicemente

plaintiff /'pleɪntɪf/ *s* querelante

plait /plæt/ (*USA* **braid**) ▶ *s* treccia
▶ *vt* intrecciare

plan /plæn/ ▶ *s* **1** piano, progetto **2** pianta (*di città, edificio*) **3** schema *Vedi* MASTER
▶ (**-nn-**) **1** *vt* pianificare, organizzare: *What do you plan to do?* Cosa pensi di fare? **2** *vi* fare programmi PHRV *plan sth out* pianificare, organizzare qc

plane /pleɪn/ s **1** aereo: *a plane crash* un incidente aereo **2** (*Geom*) piano **3** pialla

planet /'plænɪt/ s pianeta

plank /plæŋk/ s **1** tavola, asse **2** (*fig*) punto principale (*di programma politico*)

planner /'plænə(r)/ s pianificatore, -trice

planning /'plænɪŋ/ s pianificazione, progettazione: *planning permission* licenza edilizia

plant /plɑːnt; *USA* plænt/ ▸ s **1** (*Bot*) pianta: *a plant pot* un vaso per piante **2** (*Mecc*) impianto **3** stabilimento, fabbrica
▸ vt **1** piantare **2** (*giardino*) coltivare: *to plant a garden with roses* piantare delle rose in un giardino **3** (*oggetti rubati*) nascondere (*per incriminare*) **4** (*bombe*) mettere **5** (*dubbio, sospetto*) far venire: *Who planted such a notion in your head?* Chi ti ha messo in testa una cosa del genere?

plantation /plæn'teɪʃn, plɑːn-/ s **1** piantagione **2** bosco (*piantato*): *a plantation of firs* un'abetaia

plaque /plɑːk; *USA* plæk/ s **1** placca, targa **2** placca (*sui denti*)

plaster /'plɑːstə(r); *USA* 'plæs-/ ▸ s **1** intonaco **2** (*anche* ˌplaster of 'Paris) gesso: *to put sth in plaster* ingessare qc **3** (*USA* Band-Aid®) cerotto
▸ vt **1** intonacare **2** spalmare **3** (*fig*) ricoprire: *to plaster the town with posters* tappezzare la città di manifesti

plastic /'plæstɪk/ ▸ s plastica
▸ agg **1** di plastica **2** (*flessibile*) plastico

plasticine® /'plæstəsiːn/ s plastilina

'plastic wrap s (*USA*) *Vedi* CLING FILM

plate /pleɪt/ s **1** piatto **2** (*metallo*) lastra, placca: *plate glass* vetro piano **3** [*gen pl*] = NUMBER PLATE **4** vasellame (*d'oro/d'argento*) **5** (*Tipografia*) cliché **6** (*illustrazione*) tavola (*fuori testo*)

plateau /'plætəʊ; *USA* plæ'təʊ/ s (*pl* -s *o* -eaux /-təʊz/) altopiano

platform /'plætfɔːm/ s **1** palco **2** marciapiede (*di binario*): *The train leaves from platform 5.* Il treno parte dal binario 5. **3** (*Pol*) programma (*di partito*) **4** *platform shoes* scarpe con la zeppa

platinum /'plætɪnəm/ s platino

platoon /plə'tuːn/ s (*Mil*) plotone

plausible /'plɔːzəbl/ agg **1** (*scusa, versione*) plausibile, credibile **2** (*persona*) convincente

play /pleɪ/ ▸ s **1** (*Teat*) opera teatrale **2** (*di forze, personalità*) gioco **3** (*di corda*) gioco LOC **a play on words** un gioco di parole ◆ **be at play** giocare *Vedi anche* CHILD, FAIR, FOOL
▸ **1** vt, vi giocare (a): *to play football/cards* giocare a calcio/carte ◊ *to play a game* fare un gioco **2** vt ~ **sb** (*Sport*) giocare contro qn **3** vt, vi (*strumento, musica*) suonare: *to play the guitar* suonare la chitarra **4** vt (*disco, CD*) mettere **5** vt (*Sport, colpo*) fare **6** vt: *to play a trick (on sb)* fare uno scherzo (a qn) **7** vt (*ruolo, scena*) interpretare **8** vi (*commedia*) venir rappresentato: *'Romeo and Juliet' is playing at the National Theatre.* Al National Theatre danno "Romeo and Juliet". **9** vt: *to play the fool* fare lo stupido LOC **play it by ear** (*informale*) improvvisare ◆ **play (sth) by ear** suonare (qc) a orecchio ◆ **play truant** marinare la scuola ◆ **play your cards well/right** giocare bene le proprie carte *Vedi anche* HAVOC
PHRV **play along (with sb)** stare al gioco (di qn) ◆ **play sth back (to sb)** (*film, musica*) far vedere/sentire di nuovo qc (a qn) ◆ **play sth down** minimizzare qc ◆ **play A off against B** mettere A e B l'uno contro l'altro ◆ **play (sb) up** (*informale*) dare delle noie (a qn)

player /'pleɪə(r)/ s **1** giocatore, -trice **2** (*Mus*) suonatore, -trice

playful /'pleɪfl/ agg **1** (*persona, cucciolo*) giocherellone **2** (*carattere*) allegro **3** (*osservazione*) scherzoso

playground /'pleɪgraʊnd/ s cortile (*di scuola*), parco giochi

playgroup /'pleɪgruːp/ s (*GB*) asilo

'playing card s carta da gioco

'playing field s campo da gioco

'play-off s spareggio, play-off

playtime /'pleɪtaɪm/ s ricreazione

playwright /'pleɪraɪt/ s commediografo, -a

plea /pliː/ s **1** ~ (**for sth**) appello (per qc) **2** supplica **3** pretesto: *on a plea of ill health* con la scusa di problemi di salute **4** (*Dir*) dichiarazione: *to enter a plea of guilty/not guilty* dichiararsi colpevole/innocente

plead /pliːd/ (*pass, pp* **pleaded**, *USA* **pled** /pled/) **1** vi ~ (**with sb**) implorare (qn) **2** vi ~ **for sth** implorare qc **3** vi perorare **4** vt (*difesa*) addurre come difesa/scusante LOC **plead guilty/not guilty** dichiararsi colpevole/innocente

pleasant /'pleznt/ agg (-er, -est) [*Sono più usati il comparativo* **more pleasant** *e il superlativo* **most pleasant**.] piacevole, bello **pleasantly** avv **1** piacevolmente **2** cordialmente

please → plush

please /pliːz/ ▶ *escl* **1** per favore! **2** (*formale*): *Please come in.* Prego, si accomodi. ◊ *Please do not smoke.* Si prega di non fumare. **LOC** **please do!** prego, faccia pure!
▶ **1** *vt* accontentare **2** *vt, vi* far piacere (a) **3** *vi*: *for as long as you please* quanto ti pare ◊ *I'll do whatever I please.* Farò quello che mi va. **LOC** **as you please** come vuoi ♦ **please yourself!** (*informale*) fai come ti pare!

pleased /pliːzd/ *agg* **1** contento ⊃ *Vedi nota a* GLAD **2** ~ (**with sb/sth**) soddisfatto (di qn/qc) **LOC** **be pleased to do sth** fare qc volentieri, avere il piacere di fare qc: *I'd be pleased to come.* Sarò lieto di venire. ♦ **pleased to meet you!** piacere!

pleasing /ˈpliːzɪŋ/ *agg* gradito, gradevole

pleasure /ˈpleʒə(r)/ *s* piacere: *It gives me pleasure to introduce …* Ho il piacere di presentarvi … **LOC** **my pleasure** non c'è di che ♦ **take pleasure in sth**: *She takes great pleasure in her work.* Il lavoro le dà molte soddisfazioni. ♦ **with pleasure** con piacere **pleasurable** *agg* piacevole

pleat /pliːt/ *s* piega (*in tessuto*) **pleated** *agg* pieghettato

plectrum /ˈplektrəm/ *s* (*pl* **-s** *o* **-tra** /-trə/) plettro

pled (*USA*) *pass, pp di* PLEAD

pledge /pledʒ/ ▶ *s* **1** promessa solenne **2** pegno
▶ **1** *vt, vi* (*formale*) promettere **2** *vt* impegnare

plentiful /ˈplentɪfl/ *agg* abbondante **LOC** **be in plentiful supply** abbondare

plenty /ˈplenti/ ▶ *pron* **1** molto, -a, ecc: *plenty to do* molto da fare **2** sufficiente: *plenty of time* abbastanza tempo ◊ *That's plenty, thank you.* Basta così, grazie.
▶ *avv* **1** (*informale*): *plenty high enough* alto più che a sufficienza **2** (*USA*) molto **LOC** **plenty more** molto altro

pliable /ˈplaɪəbl/ *agg* flessibile

plied *pass, pp di* PLY

pliers /ˈplaɪəz/ *s* [*pl*] pinze

plight /plaɪt/ *s* situazione critica

plod /plɒd/ *vi* (**-dd-**) trascinarsi **PHRV** **plod along/on** sgobbare

plonk /plɒŋk/ *v* **PHRV** **plonk sth down** lasciar cadere qc di peso

plot /plɒt/ ▶ *s* **1** lotto **2** appezzamento **3** (*libro, film*) trama **4** complotto, intrigo
▶ **1** *vt* ▶ (**-tt-**) (*grafico*) tracciare **2** *vt, vi* (*omicidio, colpo*) tramare, complottare

plough (*USA* **plow**) /plaʊ/ ▶ *s* aratro
▶ *vt, vi* arare **LOC** **plough (your way) through sth** procedere a fatica in qc **PHRV** **plough sth back** (*guadagni*) reinvestire qc ♦ **plough into sb/sth** scontrarsi con qn/qc

ploy /plɔɪ/ *s* manovra, trucco

pluck /plʌk/ ▶ *vt* **1** strappare **2** (*fiore, frutto*) cogliere **3** spennare **4** (*sopracciglia*) depilarsi **5** (*corde*) pizzicare **LOC** **pluck up courage (to do sth)** armarsi di coraggio (e fare qc)
▶ *s* (*informale*) coraggio, fegato

plug /plʌg/ ▶ *s* **1** tappo (*di lavandino, barile*) **2** (*Elettr*) spina ⊃ *Vedi illustrazione a* SPINA **3** (*auto*) candela **4** (*informale*) pubblicità (*di disco, libro*)
▶ *vt* (**-gg-**) **1** (*buco*) tappare **2** (*informale*) fare pubblicità a **PHRV** **plug sth in(to sth)** attaccare qc (a qc) (*apparecchio elettrico*)

plum /plʌm/ *s* **1** susina **2** (*anche* '**plum tree**) susino

plumage /ˈpluːmɪdʒ/ *s* piumaggio, piume

plumber /ˈplʌmə(r)/ *s* idraulico **plumbing** *s* [*non numerabile*] **1** impianto idraulico **2** mestiere di idraulico

plummet /ˈplʌmɪt/ *vi* **1** cadere a piombo, precipitare **2** (*fig*) precipitare

plump /plʌmp/ ▶ *agg* rotondo, paffuto *Vedi anche* FAT
▶ *v* **PHRV** **plump for sb/sth** (*informale*) decidersi per qn/qc

plunder /ˈplʌndə(r)/ *vt* **1** (*posto*) saccheggiare **2** (*merce*) fare razzia di

plunge /plʌndʒ/ ▶ **1** *vi* precipitare **2** *vi* immergersi, tuffarsi **3** *vt* gettare **4** *vt* (*mano*) ficcare **5** *vt* (*pugnale*) conficcare
▶ *s* **1** tuffo, immersione **2** caduta **3** (*prezzi*) calo **LOC** **take the plunge** (*informale*) fare il gran passo

plural /ˈplʊərəl/ *agg, s* plurale

plus /plʌs/ ▶ *prep* **1** (*Mat*) più: *Five plus six equals eleven.* Cinque più sei fa undici. **2** più: *plus the fact that …* e in più c'è il fatto che …
▶ *cong* e inoltre
▶ *agg* **1** più di: *£500 plus* 500 sterline e oltre ◊ *He must be forty plus.* Deve aver superato la quarantina. **2** (*Mat*) più: *The temperature is plus four degrees.* La temperatura è di quattro gradi centigradi.
▶ *s* **1** (*anche* '**plus sign**) più **2 a** ~ (**for sb**) (*informale*) un punto a favore (per qn): *the pluses and minuses of sth* i vantaggi e gli svantaggi di qc

plush /plʌʃ/ *agg* (*informale*) lussuoso

Pluto /'plu:təʊ/ s Plutone
plutonium /plu:'təʊniəm/ s plutonio
ply /plaɪ/ ▶ s **1** (anche **plywood** /'plaɪwʊd/) compensato **2** (carta) strato **3** (lana) capo ▶ (pass, pp **plied** /plaɪd/) **1** vt (formale) (arnese) maneggiare: *ply your trade* esercitare il proprio mestiere **2** vi (nave, autobus) fare la spola PHRV **ply sb with drink/food** continuare a offrire da bere/mangiare a qn ◆ **ply sb with questions** bombardare qn di domande

p.m. (USA **P.M.**) /ˌpiː 'em/ abbr del pomeriggio, di sera: *at 4.30 pm* alle 16.30

> Nota che quando si precisa l'ora con **a.m.** o **p.m.** non si usa **o'clock**: *Shall we meet at three o'clock/3 p.m.?* Ti va bene se ci vediamo alle tre?

pneumatic /njuː'mætɪk/ USA nu:-/ agg pneumatico: *pneumatic drill* martello pneumatico
pneumonia /njuː'məʊniə; USA nu:-/ s [non numerabile] polmonite
PO /ˌpiː'əʊ/ abbr **Post Office**
poach /pəʊtʃ/ **1** vt cuocere (*in un po' d'acqua, latte, ecc*) **2** vt (uovo) cuocere in camicia **3** vt, vi cacciare/pescare di frodo **4** vt (idea) soffiare **poacher** s cacciatore, pescatore (di frodo)
pocket /'pɒkɪt/ ▶ s **1** tasca: *a pocket-sized guide* una guida tascabile ◇ *pocket money* paghetta ◇ *pocket knife* temperino **2** *pockets of resistance/unemployment* sacche di resistenza/disoccupazione LOC **be out of pocket** rimetterci *Vedi anche* PICK
▶ vt **1** mettersi in tasca **2** intascare
pod /pɒd/ s baccello
podium /'pəʊdiəm/ s podio
poem /'pəʊɪm/ s poesia
poet /'pəʊɪt/ s poeta
poetic /pəʊ'etɪk/ agg poetico: *poetic justice* giustizia divina
poetry /'pəʊətri/ s poesia (genere, qualità)
poignant /'pɔɪnjənt/ agg commovente
point /pɔɪnt/ ▶ s **1** punto **2** punta **3** (Mat) virgola (decimale) **4** questione: *The point is ...* Il fatto è ... ◇ *She made several interesting points in the article.* Ha fatto delle considerazioni interessanti nell'articolo. **5** scopo: *What's the point?* A che scopo? ◇ *There's no point.* È inutile. **6** *Vedi* POWER POINT **7 points** [pl] (USA **switch**) (Ferrovia) scambio LOC **be beside the point** non entrarci (argomento) ◆ **be on the point of doing sth** essere sul punto di fare qc ◆ **in point of fact** in realtà ◆ **make a point of doing sth** non mancare di fare qc, assicurarsi di fare qc ◆ **make your point** dire la propria ◆ **point of view** punto di vista ◆ **take sb's point** capire quello che qn vuol dire ◆ **to the point** pertinente, che va dritto al punto ◆ **up to a (certain) point** fino a un certo punto *Vedi anche* PROVE, SORE, STRONG
▶ **1** vi ~ (**at/to sb/sth**) indicare (qn/qc) (*con il dito*) **2** vi ~ **to sth** (fig) indicare, far pensare a qc **3** vt ~ **sth at sb** puntare qc verso/contro qn: *to point your finger (at sb/sth)* indicare (qn/qc) con il dito PHRV **point sth out (to sb)** far notare qc (a qn)
ˌpoint-'blank ▶ agg **1** *at point-blank range* a bruciapelo **2** (rifiuto) secco
▶ avv **1** (anche fig) a bruciapelo **2** (rifiutare) categoricamente
pointed /'pɔɪntɪd/ agg **1** appuntito **2** (fig) mirato
pointer /'pɔɪntə(r)/ s **1** indice (*di contatore, bilancia, ecc*) **2** bacchetta **3** (informale) consiglio **4** indizio
pointless /'pɔɪntləs/ agg **1** gratuito, senza senso **2** inutile
poise /pɔɪz/ s **1** portamento **2** padronanza di sé **poised** agg **1** ~ (**on, above, over, etc. sth**): *He stopped writing and looked at me, pen poised.* Smise di scrivere e mi guardò, con la penna a mezz'aria. ◇ *Tina was tense, her hand poised over the telephone.* Tina era tesa, con la mano sul telefono, pronta a sollevare il ricevitore. **2** ~ **to do sth** pronto a fare qc: *The cat crouched in the grass, poised to jump.* Il gatto si acquattò nell'erba, pronto a saltare. **3** sospeso **4** padrone di sé
poison /'pɔɪzn/ ▶ s veleno
▶ vt **1** avvelenare **2** (fig) corrompere, avvelenare
poisoning /'pɔɪzənɪŋ/ s **1** avvelenamento **2** intossicazione: *food poisoning* intossicazione alimentare
poisonous /'pɔɪzənəs/ agg velenoso
poke /pəʊk/ vt dare un colpetto a (*con oggetto appuntito, dito, ecc*): *poke your finger into sth* ficcare il dito in qc LOC **poke fun at sb/sth** prendere in giro qn/qc PHRV **poke about/around** (informale) frugare ◆ **poke out (of sth)/through (sth)** spuntare fuori (da qc)
poker /'pəʊkə(r)/ s **1** attizzatoio **2** poker
ˈpoker-faced agg impassibile
poky /'pəʊki/ agg (informale) (**-ier, -iest**) piccolo: *I've got a poky little room.* La mia camera è un buco.

polar → popular

polar /'pəʊlə(r)/ *agg* polare: *polar bear* orso bianco

pole /pəʊl/ *s* **1** (*Geog, Fis*) polo **2** palo: *pole-vault* salto con l'asta **3** (*da sci*) bastoncino **LOC be poles apart** essere agli antipodi, essere tutta un'altra cosa

police /pə'li:s/ ▶ *s* [*pl*] polizia: *police officer* agente di polizia ◊ *police force* corpo di polizia ◊ *police state* stato di polizia ◊ *police station* commissariato
▶ *vt* presidiare

policeman /pə'li:smən/ *s* (*pl* **-men** /-mən/) poliziotto

po'lice officer *s* agente di polizia

policewoman /pə'li:swʊmən/ *s* (*pl* **-women**) donna poliziotto

policy /'pɒləsi/ *s* (*pl* **-ies**) **1** politica, linea di condotta **2** (*assicurazione*) polizza

polio /'pəʊliəʊ/ *s* poliomielite

polish /'pɒlɪʃ/ ▶ *vt* **1** lucidare, levigare **2** (*occhiali, scarpe*) pulire **3** (*fig*) perfezionare **PHRV polish sb off** (*informale, spec USA*) sbarazzarsi di qn (*uccidere*) ♦ **polish sth off** (*informale*) ♦ **1** (*cibo*) spolverare **2** (*lavoro*) sbrigare
▶ *s* **1** lucido **2** lucidata **3** (*mobili*) cera **4** (*unghie*) smalto **5** (*fig*) raffinatezza

polished /'pɒlɪʃt/ *agg* **1** lucido, lustro **2** (*modi, stile*) raffinato **3** (*esecuzione*) impeccabile

polite /pə'laɪt/ *agg* **1** educato, cortese **2** (*comportamento*) corretto

political /pə'lɪtɪkl/ *agg* politico **politically** *avv* politicamente: *politically correct* politicamente corretto ◊ *politically motivated crimes* reati a sfondo politico ◊ *Politically, it makes sense*. Ha senso, dal punto di vista politico.

politician /ˌpɒlə'tɪʃn/ *s* politico

politics /'pɒlətɪks/ *s* **1** [*v sing o pl*] politica **2** [*pl*] idee politiche **3** [*non numerabile*] (*disciplina*) scienze politiche

poll /pəʊl/ *s* **1** [*numerabile*] elezioni **2** votazione: *to take a poll on something* mettere qualcosa ai voti **3** **the polls** [*pl*]: *to go to the polls* andare alle urne **4** *Vedi* OPINION POLL

pollen /'pɒlən/ *s* polline

pollute /pə'lu:t/ *vt* ~ **sth (with sth) 1** inquinare qc (di qc) **2** (*fig*) corrompere qc (con qc) **pollution**

pollution /pə'lu:ʃn/ *s* inquinamento

polo /'pəʊləʊ/ *s* polo (*sport*)

'polo neck *s* maglione a collo alto, dolcevita

polyester /ˌpɒli'estə(r)/ *s* poliestere

polystyrene /ˌpɒli'staɪri:n/ (*USA* **Styrofoam**) *s* polistirolo

polythene /'pɒlɪθi:n/ *s* polietilene

pomp /pɒmp/ *s* pompa, fasto

pompous /'pɒmpəs/ *agg* (*dispreg*) **1** pomposo **2** presuntuoso

pond /pɒnd/ *s* stagno, laghetto

ponder /'pɒndə(r)/ *vt, vi* ~ **sth**; ~ **(on/over sth)** riflettere (su qc)

pony /'pəʊni/ *s* (*pl* **-ies**) pony: *pony-trekking* escursioni a cavallo

ponytail /'pəʊniteɪl/ *s* coda di cavallo (*pettinatura*)

poodle /'pu:dl/ *s* barboncino

pool /pu:l/ ▶ *s* **1** pozza **2** *Vedi* SWIMMING POOL **3** (*luce*) cerchio **4** *a pool of cars* un parco macchine ◊ *a pool of doctors* una équipe medica **5** (*poker*) piatto **6** biliardo a buca **7** **the (football) pools** [*pl*] ≃ il totocalcio
▶ *vt* (*fondi, idee*) mettere insieme

poor /pʊə(r); *GB anche* pɔ:(r)/ ▶ *agg* (**-er, -est**) **1** povero **2** cattivo: *in poor taste* di cattivo gusto ◊ *poor quality* qualità scadente **3** (*luce, visibilità*) scarso **LOC** *Vedi* FIGHT
▶ **the poor** *s* [*pl*] i poveri

poorly /'pɔ:li; *USA* 'pʊərli/ ▶ *avv* **1** male **2** poveramente
▶ *agg*: *He has been poorly all week*. È stato poco bene tutta la settimana.

pop /pɒp/ ▶ *s* **1** musica pop **2** schiocco **3** scoppio, botto **4** (*informale, spec USA*) papà **5** (*antiq, GB, informale*) (*bibita*) gazzosa
▶ *avv*: *to go pop* schioccare
▶ (**-pp-**) **1** *vi* schioccare, scoppiettare **2** *vi* fare pum **3** *vt, vi* (*pallone*) (far) scoppiare **4** *vt* (*tappo*) far saltare **PHRV pop across, back, down, out, etc.** (*informale*) attraversare, tornare, scendere, uscire, ecc: *He's just popped out to the bank*. È andato un attimo in banca. ♦ **pop sth back** (*informale*) rimettere qc ♦ **pop sth in** (*informale*) mettere qc ♦ **pop in** passare, fare un salto ♦ **pop out (of sth)** saltare fuori (da qc) ♦ **pop up** capitare

popcorn /'pɒpkɔ:n/ *s* popcorn

pope /pəʊp/ *s* papa

poplar /'pɒplə(r)/ *s* pioppo

poppy /'pɒpi/ *s* (*pl* **-ies**) papavero

Popsicle® /'pɒpsɪkl/ *s* (*USA*) *Vedi* ICE LOLLY

popular /'pɒpjələ(r)/ *agg* **1** popolare: *(not) to be popular with sb* (non) essere gradito a qn **2** di moda **3** *the popular press* la stampa scandalistica **4** (*opinione*) comune, generale: *by popular demand* a grande richiesta **popu-**

| aɪ five | aʊ now | ɔɪ join | ɪə near | eə hair | ʊə pure | ʒ vision | h how | ŋ sing |

population → postwoman

larize, -ise vt **1** rendere popolare **2** divulgare
popularity /ˌpɒpjuˈlærəti/ s popolarità
population /ˌpɒpjuˈleɪʃn/ s popolazione: *population explosion* boom demografico
porcelain /ˈpɔːsəlɪn/ s [non numerabile] porcellana
porch /pɔːtʃ/ s **1** portico **2** (USA) veranda
pore /pɔː(r)/ ▶ s poro
▶ v PHR V **pore over sth** studiare attentamente qc
pork /pɔːk/ s carne di maiale ⊃ *Vedi nota a* CARNE
pornography /pɔːˈnɒɡrəfi/ (*informale* **porn** /pɔːn/) s pornografia
porous /ˈpɔːrəs/ agg poroso
porpoise /ˈpɔːpəs/ s focena
porridge /ˈpɒrɪdʒ; USA ˈpɔːr-/ s [non numerabile] porridge
port /pɔːt/ s **1** porto **2** (nave, aereo) babordo LOC **port of call** scalo
portable /ˈpɔːtəbl/ agg portatile
porter /ˈpɔːtə(r)/ s **1** (stazione) facchino **2** (albergo) portiere
porthole /ˈpɔːthəʊl/ s oblò
portion /ˈpɔːʃn/ s **1** parte **2** (pasto) porzione
portrait /ˈpɔːtreɪt, -trət/ s **1** ritratto **2** (fig) quadro
portray /pɔːˈtreɪ/ vt **1** ritrarre **2** ~ sb/sth (as sth) rappresentare qn/qc (come qc) **portrayal** s rappresentazione, raffigurazione
pose /pəʊz/ ▶ **1** vi (per ritratto) posare, mettersi in posa **2** vi (dispreg) atteggiarsi **3** vi ~ **as sb/sth** farsi passare per qn/qc **4** vt (difficoltà, domanda) porre
▶ s (anche dispreg) posa
posh /pɒʃ/ agg (**-er, -est**) **1** (hotel, auto) di lusso **2** (zona) elegante **3** (talvolta dispreg) (persona, accento) snob
position /pəˈzɪʃn/ ▶ s **1** posizione **2** ~ (**on sth**) (opinione) posizione (riguardo a/su qc) **3** (formale) (lavoro) posizione, posto LOC **be in a/no position to do sth** essere/non essere nella condizione di fare qc
▶ vt collocare, disporre
positive /ˈpɒzətɪv/ agg **1** positivo **2** decisivo, categorico **3** ~ (**about sth/that ...**) sicuro (di qc/che ...) **4** totale, vero: *a positive disgrace* proprio una vergogna **positively** avv **1** in modo costruttivo **2** positivamente, con ottimismo **3** decisamente **4** assolutamente
possess /pəˈzes/ vt **1** possedere, avere **2** *What possessed you?* Cosa ti è preso? **possession**
/pəˈzeʃn/ s **1** possesso **2** **possessions** [pl] beni LOC **be in possession of sth** essere in possesso di qc **possessive** agg possessivo
possibility /ˌpɒsəˈbɪləti/ s (pl **-ies**) **1** possibilità: *within/beyond the bounds of possibility* entro/oltre i limiti del possibile **2** **possibilities** [pl] potenziale *Vedi anche* CHANCE
possible /ˈpɒsəbl/ agg possibile: *if possible* se è possibile ◊ *as quickly as possible* più alla svelta possibile LOC **make sth possible** rendere possibile qc **possibly** avv forse: *Could you possibly open the window?* Potrebbe aprire la finestra? ◊ *It can't possibly be true!* Non può essere vero! ◊ *You can't possibly wear that!* Non puoi vestirti così!
post /pəʊst/ ▶ s **1** palo **2** (lavoro) posto **3** (spec USA **mail**) posta ⊃ *Vedi nota a* MAIL
▶ vt **1** (spec USA **mail**) spedire, imbucare **2** assegnare (per lavoro) **3** (sentinella) mettere LOC **keep sb posted** (**about/on sth**) tenere qn al corrente (su qc)
postage /ˈpəʊstɪdʒ/ s affrancatura: *postage stamp* francobollo
postal /ˈpəʊstl/ agg postale: *postal vote* voto per posta
postbox /ˈpəʊstbɒks/ (USA **mailbox**) s buca delle lettere ⊃ *Confronta* LETTER BOX
postcard /ˈpəʊstkɑːd/ s cartolina
postcode /ˈpəʊstkəʊd/ (USA **Zip code**) s codice postale
poster /ˈpəʊstə(r)/ s **1** (annuncio) manifesto **2** poster
posterity /pɒˈsterəti/ s posterità
postgraduate /ˌpəʊstˈɡrædʒuət/ ▶ agg **1** (corso) post laurea **2** (studente) che fa un corso post laurea
▶ s laureato/laureata che continua gli studi
posthumous /ˈpɒstjʊməs; USA ˈpɒstʃəməs/ agg postumo
postman /ˈpəʊstmən/ (USA **mailman**) s (pl **-men**/-mən/) postino
post-mortem /ˌpəʊst ˈmɔːtəm/ s autopsia
post office s ufficio postale ⊃ *Vedi nota a* TABACCHERIA
postpone /pəˈspəʊn/ vt rimandare, rinviare
postscript /ˈpəʊstskrɪpt/ s **1** poscritto **2** (fig) nota conclusiva
posture /ˈpɒstʃə(r)/ s **1** postura **2** atteggiamento
post-ˈwar agg del dopoguerra
postwoman /ˈpəʊstwʊmən/ s (pl **-women**) postina

| tʃ **ch**in | dʒ **J**une | v **v**an | θ **th**in | ð **th**en | s **s**o | z **z**oo | ʃ **sh**e |

pot /pɒt/ *s* **1** pentola: *pots and pans* pentole **2** *a coffee pot* una caffettiera ◊ *two pots of tea* due teiere di tè: *a pepper pot* una pepiera **3** (*decorativo*) barattolo, vaso **4** (*pianta*) vaso **5** (*informale*) erba (*marijuana*) LOC **go to pot** (*informale*) andare in malora

potassium /pəˈtæsiəm/ *s* potassio

potato /pəˈteɪtəʊ/ *s* (*pl* **-oes**) patata

po\,tato ˈcrisp (*USA* **po\,tato ˈchip**) *s Vedi* CRISP

potent /ˈpəʊtnt/ *agg* **1** potente **2** (*ragione, argomentazione*) valido, convincente **potency** /ˈpəʊtnsi/ *s* forza

potential /pəˈtenʃl/ ▸ *agg* potenziale
▸ *s* ~ (**for sth**) potenziale (di/per qc)

potentially /pəˈtenʃəli/ *avv* potenzialmente

pothole /ˈpɒthəʊl/ *s* **1** (*Geol*) marmitta **2** (*strada*) buca

potion /ˈpəʊʃn/ *s* (*retorico*) pozione

potted /ˈpɒtɪd/ *agg* **1** in vaso **2** in barattolo, in scatola **3** (*storia, resoconto*) condensato

potter /ˈpɒtə(r)/ PHRV **potter** (**about/around**) (**sth**) fare dei lavoretti (in qc)
▸ *s* vasaio, -a

pottery /ˈpɒtəri/ *s* [*non numerabile*] **1** (*arte*) ceramica **2** (*oggetti*) ceramiche: *a piece of pottery* un oggetto in ceramica

potty /ˈpɒti/ ▸ *agg* (**-ier, -iest**) (*GB, informale*) **1** (*matto*) toccato **2** **to be ~ about sb/sth** andare matto per qn/qc
▸ *s* (*pl* **-ies**) (*informale*) vasino (*per bambini*)

pouch /paʊtʃ/ *s* **1** borsellino, marsupio **2** (*tabacco*) borsa **3** (*Zool*) marsupio

poultry /ˈpəʊltri/ *s* [*non numerabile*] pollame

pounce /paʊns/ *vi* **1** ~ **on sb/sth**) balzare (addosso a qn/qc) **2** (*fig*) attaccare

pound /paʊnd/ ▸ *s* **1** (*moneta*) sterlina **2** (*abbrev* **lb**) (*peso*) libbra (*0,454 kg*) ➔ *Vedi Appendice 1*.
▸ **1** *vi* ~ (**at sth**) battere (a/contro qc) **2** *vi* avanzare con passi pesanti **3** *vi* ~ (**with sth**) (*cuore*) battere forte (per qc) **4** *vt*: *to pound sth to pieces* pestare qc ◊ *to pound sth to a pulp* ridurre qc in poltiglia **5** *vt* picchiare

pounding /ˈpaʊndɪŋ/ *s* **1** martello **2** *to take a pounding* prendere una batosta

ˈpound sign *s* **1** (*GB*) simbolo della sterlina (£) **2** (*USA*) *Vedi* HASH

pour /pɔː(r)/ *vi* **1** fluire, scorrere **2** *vi* (*anche* **pour with rain**) piovere a dirotto **3** *vt* versare (*mettere*) ➔ *Vedi illustrazione a* VERSARE PHRV **pour in 1** entrare a frotte **2** arrivare a valanghe ◆ **pour sth in** aggiungere qc (*versando*) ◆ **pour out** (**of sth**) **1** versare (da qc) **2** uscire in massa (da qc) ◆ **pour sth out 1** (*bibita*) servire, versare qc **2** (*esprimere*) sfogare qc

pout /paʊt/ *vi* fare il broncio

poverty /ˈpɒvəti/ *s* **1** povertà **2** (*di idee*) carenza **ˈpoverty-stricken** *agg* poverissimo

powder /ˈpaʊdə(r)/ ▸ *s* [*gen non numerabile*] **1** polvere (*medicinali, cibo, ecc*) **2** cipria
▸ *vt* incipriare: *to powder your face* incipriarsi il viso

ˈpowder compact *s* portacipria

powdered /ˈpaʊdəd/ *agg* in polvere

power /ˈpaʊə(r)/ ▸ *s* **1** potere: *power-sharing* partecipazione al potere **2** **powers** [*pl*] capacità, facoltà **3** forza **4** potenza **5** energia: *nuclear power* energia nucleare **6** (*elettricità*) corrente: *power cut* interruzione di corrente ◊ *power station* centrale elettrica LOC **do sb a power of good** (*informale*) fare un gran bene a qn ◆ **the powers that be** (*spec iron*) quelli che comandano
▸ *vt* azionare

powerful /ˈpaʊəfl/ *agg* **1** potente **2** (*colpo, emozione*) forte

powerless /ˈpaʊələs/ *agg* **1** impotente (*senza potere*) **2** ~ **to do sth** incapace di fare qc

ˈpower point *s* presa di corrente

practicable /ˈpræktɪkəbl/ *agg* attuabile

practical /ˈpræktɪkl/ *agg* pratico: *practical joke* burla **practically** *avv* **1** praticamente, quasi **2** basato sulla pratica

practice /ˈpræktɪs/ *s* **1** pratica **2** [*non numerabile*] (*Sport*) allenamento **3** [*non numerabile*] (*Mus*) esercizi **4** (*Med*) ambulatorio *Vedi anche* GENERAL PRACTICE **5** (*professione*) esercizio: *to be in practice* esercitare LOC **be out of practice** essere fuori esercizio

practise (*USA* **practice**) /ˈpræktɪs/ **1** *vt, vi* fare pratica (di), esercitarsi (a/con) **2** *vt* (*sport, religione*) praticare **3** *vt, vi* ~ (**as sth**) (*professione*) esercitare (la professione di qc) **4** *vt* (*qualità*): *to practise self-restraint* esercitare l'autocontrollo **practised** (*USA* **practiced**) *agg* ~ (**in sth**) esperto (di/in qc)

practitioner /prækˈtɪʃənə(r)/ *s* (*formale*) **1** esperto, -a **2** medico *Vedi anche* GENERAL PRACTITIONER

pragmatic /prægˈmætɪk/ *agg* pragmatico

praise /preɪz/ ▸ *vt* **1** elogiare, lodare
▸ *s* [*non numerabile*] **1** elogio **2** (*Relig*) lode

praiseworthy /ˈpreɪzwɜːði/ *agg* (*formale*) lodevole

| i: see | i happy | ɪ sit | e ten | æ hat | ɑ: father | ʌ cup | ʊ put | u: too |

pram → preposterous

pram /præm/ (*USA* **baby carriage**) *s* carrozzina

prawn /prɔ:n/ *s* gamberetto

pray /preɪ/ *vi* pregare

prayer /preə(r)/ *s* preghiera

preach /pri:tʃ/ **1** *vt, vi* (*Relig*) predicare **2** *vi* ~ **(at/to sb)** (*dispreg*) fare la predica (a qn) **3** *vt* consigliare **preacher** *s* predicatore

precarious /prɪˈkeərɪəs/ *agg* precario

precaution /prɪˈkɔ:ʃn/ *s* precauzione **precautionary** /prɪˈkɔ:ʃnəri; *USA* -eri/ *agg* precauzionale

precede /prɪˈsi:d/ *vt* **1** precedere **2** (*discorso*) introdurre

precedence /ˈpresɪdəns/ *s* precedenza

precedent /ˈpresɪdənt/ *s* precedente

preceding /prɪˈsi:dɪŋ/ *agg* precedente

precinct /ˈpri:sɪŋkt/ *s* **1** (*GB*) **pedestrian precinct** zona pedonale **2** (*USA*) distretto **3** (*anche* **precincts**) recinto (*di cattedrale*)

precious /ˈpreʃəs/ ▶ *agg* **1** prezioso **2** ~ **to sb** molto caro a qn
▶ *avv* LOC **precious little/few** (*informale*) ben poco, ben pochi

precipice /ˈpresəpɪs/ *s* precipizio

precise /prɪˈsaɪs/ *agg* preciso **precisely** *avv* **1** precisamente, esattamente **2** (*orario*) in punto **3** con precisione **precision** /prɪˈsɪʒn/ *s* precisione

preclude /prɪˈklu:d/ *vt* (*formale*) precludere

precocious /prɪˈkəʊʃəs/ *agg* precoce

preconceived /ˌpri:kənˈsi:vd/ *agg* preconcetto **preconception** /ˌpri:kənˈsepʃn/ *s* preconcetto

precondition /ˌpri:kənˈdɪʃn/ *s* condizione indispensabile

predator /ˈpredətə(r)/ *s* predatore (*animale*) **predatory** /ˈpredətri; *USA* -tɔ:ri/ *agg* predatore

predecessor /ˈpri:dɪsesə(r); *USA* ˈpredə-/ *s* predecessore

predicament /prɪˈdɪkəmənt/ *s* situazione difficile

predict /prɪˈdɪkt/ *vt* predire, pronosticare **predictable** *agg* prevedibile **prediction** *s* previsione, pronostico

predominant /prɪˈdɒmɪnənt/ *agg* predominante **predominantly** *avv* prevalentemente

pre-empt /pri:ˈempt/ *vt* anticipare

preface /ˈprefəs/ *s* **1** prefazione, prologo **2** (*discorso*) introduzione

prefer /prɪˈfɜ:(r)/ *vt* (**-rr-**) preferire: *Would you prefer cheese or dessert?* Cosa preferisci, formaggio o dessert? ⊃ *Vedi nota a* PREFERIRE **preferable** /ˈprefrəbl/ *agg* preferibile **preferably** *avv* preferibilmente **preference** /ˈprefrəns/ *s* preferenza LOC **in preference to sb/sth** piuttosto che qn/qc **preferential** /ˌprefəˈrenʃl/ *agg* preferenziale: *preferential treatment* trattamento di favore

prefix /ˈpri:fɪks/ *s* prefisso (*grammaticale*)

pregnant /ˈpregnənt/ *agg* **1** incinta **2** (*animale*) gravida **pregnancy** /ˈpregnənsi/ *s* (*pl* **-ies**) gravidanza

prejudice /ˈpredʒudɪs/ ▶ *s* **1** [*non numerabile*] pregiudizi **2** pregiudizio LOC **without prejudice to sb/sth** (*Dir*) senza danneggiare qn/qc
▶ *vt* **1** (*persona*) predisporre **2** pregiudicare, compromettere

prejudiced /ˈpredʒədɪst/ *agg* prevenuto LOC **be prejudiced against sb/sth** avere dei pregiudizi contro qn/qc

preliminary /prɪˈlɪmɪnəri; *USA* -neri/ ▶ *agg* **1** preliminare **2** (*Sport*) eliminatorio
▶ *s* preliminare

prelude /ˈprelju:d/ *s* preludio

premature /ˈpremətjʊə(r); *USA* ˌpri:məˈtʊər/ *agg* prematuro

premier /ˈpremiə(r); *USA* ˈpri:miər/ ▶ *s* premier, primo ministro
▶ *agg* principale

premiere /ˈpremieə(r); *USA* prɪˈmɪər/ *s* prima (*spettacolo*)

premises /ˈpremɪsɪz/ *s* [*pl*] **1** locali **2** (*ditta*) sede

premium /ˈpri:miəm/ *s* (*assicurazione, stipendio*) premio LOC **be at a premium** essere assai ricercato

preoccupation /priˌɒkjuˈpeɪʃn/ *s* **1** preoccupazione: *my main preoccupation* la mia prima preoccupazione **2** ~ **(with sth)** ossessione (di qc) **preoccupied** *agg* assorto: *preoccupied with money* ossessionato dai soldi

preparation /ˌprepəˈreɪʃn/ *s* **1** preparazione **2 preparations** [*pl*] **(for sth)** preparativi (per qc)

preparatory /prɪˈpærətri; *USA* -tɔ:ri/ *agg* preparatorio

prepare /prɪˈpeə(r)/ **1** *vi* ~ **for sth/to do sth** prepararsi per qc/a fare qc; fare preparativi per qc **2** *vt* preparare LOC **be prepared to do sth** essere pronto a fare qc

preposition /ˌprepəˈzɪʃn/ *s* preposizione

preposterous /prɪˈpɒstərəs/ *agg* assurdo

---

u situation   ɒ got   ɔ: saw   ɜ: fur   ə ago   j yes   w woman   eɪ pay   əʊ go

prerequisite /ˌpriːˈrekwəzɪt/ *s* (*formale*) ~ (**for/of sth**) prerequisito (di qc)

prerogative /prɪˈrɒɡətɪv/ *s* prerogativa

prescribe /prɪˈskraɪb/ *vt* **1** (*medicina*) prescrivere **2** (*fig*) stabilire

prescription /prɪˈskrɪpʃn/ *s* **1** ricetta medica **2** (*azione*) prescrizione **3** (*fig*) chiave, ricetta

presence /ˈprezns/ *s* presenza

present ▶ /ˈpreznt/ *agg* **1** ~ (**at/in sth**) presente (a/in qc) **2** (*tempo*) attuale **3** (*mese, anno*) corrente LOC **to the present day** fino ad oggi
▶ /ˈpreznt/ *s* **1 the present** (*tempo*) il presente **2** regalo: *to give sb a present* regalare qualcosa a qn LOC **at present** al momento *Vedi anche* MOMENT
▶ /prɪˈzent/ *vt* **1** presentare: *to present yourself* presentarsi **2** ~ **sb with sth**; ~ **sth** (**to sb**) consegnare qc (a qn): *to present sb with a problem* presentare un problema per qn **3** (*argomento*) presentare **4** ~ **itself** (**to sb**) (*opportunità*) presentarsi (a qn) **5** (*Teat*) presentare, rappresentare

presentable /prɪˈzentəbl/ /prɪˈzentəbl/ *agg* presentabile

presentation /ˌpreznˈteɪʃn; *USA* ˌpriːzen-/ *s* **1** presentazione **2** (*per lavoro*) relazione **3** (*Teat*) rappresentazione **4** (*premio*) consegna

present-ˈday *agg* attuale

presenter /prɪˈzentə(r)/ *s* presentatore, -trice

presently /ˈprezntli/ *avv* **1** (*spec USA*) al momento **2** (*formale*) [*passato: generalmente al principio della frase*] poco dopo: *Presently he got up to go.* Poco dopo si alzò e se ne andò. **3** [*generalmente alla fine della frase*] tra poco: *I'll follow on presently.* Vengo tra un attimo.

preservation /ˌprezəˈveɪʃn/ *s* conservazione

preservative /prɪˈzɜːvətɪv/ *agg, s* conservante

preserve /prɪˈzɜːv/ ▶ *vt* **1** conservare (*cibo*) **2** ~ **sth** (**for sth**) conservare, mantenere qc (per qc) **3** ~ **sb/sth** (**from sb/sth**) proteggere qn/qc (da qn/qc)
▶ *s* **1** [*gen pl*] marmellata **2** [*gen pl*] frutta sciroppata **3** (*caccia, anche fig*) riserva: *Dishwashers are no longer the preserve of the wealthy.* Ormai non solo i più abbienti hanno la lavastoviglie.

preside /prɪˈzaɪd/ *vi* ~ (**over/at sth**) presiedere (qc)

presidency /ˈprezɪdənsi/ *s* (*pl* **-ies**) presidenza

president /ˈprezɪdənt/ *s* presidente **presidential** /ˌprezɪˈdenʃl/ *agg* presidenziale

press /pres/ ▶ *s* **1** (*anche* **the Press**) [*v sing o pl*] la stampa: *press conference* conferenza stampa ◊ *press cutting* ritaglio di giornale ◊ *press release* comunicato stampa **2** stirata: *Can you give my shirt a press?* Mi stirerai la camicia? **3** torchio **4** (*anche* ˈ**printing-press**) torchio da stampa
▶ **1** *vt, vi* premere **2** *vt* stringere **3** *vi* ~ (**up**) **against sb** premersi contro qn **4** *vt* (*uva*) pigiare **5** *vt* (*fiori*) pressare **6** *vt* stirare **7** *vt* ~ **sb** (**for sth/to do sth**) fare pressioni su qn (per qc/perché faccia qc) LOC **be pressed for time** avere poco tempo *Vedi anche* CHARGE PHRV **press ahead/on** (**with sth**) andare avanti (con qc) ◆ **press for sth** fare pressioni per avere qc

pressing /ˈpresɪŋ/ *agg* urgente, pressante

ˈ**press-up** (*spec USA* **push-up**) *s* flessione sulle braccia

pressure /ˈpreʃə(r)/ ▶ *s* **1** ~ (**of sth**) pressione (di qc): *pressure gauge* manometro **2** ~ (**to do sth**) pressione (per fare qc): *pressure group* gruppo di pressione LOC **put pressure on sb** (**to do sth**) far pressione su qn (perché faccia qc)
▶ *vt* ~ **sb into** (**doing**) **sth** fare pressione su qn perché faccia qc

ˈ**pressure cooker** *s* pentola a pressione ⊃ *Vedi illustrazione a* SAUCEPAN

pressurize, -ise /ˈpreʃəraɪz/ (*anche* **pressure**) *vt* **1** ~ **sb into** (**doing**) **sth** fare pressione su qn perché faccia qc **2** (*Fis*) pressurizzare

prestige /preˈstiːʒ/ *s* prestigio **prestigious** /preˈstɪdʒəs/ *agg* prestigioso

presumably /prɪˈzjuːməbli; *USA* -ˈzuː-/ *avv* presumibilmente

presume /prɪˈzjuːm; *USA* -ˈzuːm/ *vt* supporre: *I presume so.* Credo di sì.

presumption /prɪˈzʌmpʃn/ *s* **1** supposizione **2** presunzione

presumptuous /prɪˈzʌmptʃuəs/ *agg* presuntuoso

presuppose /ˌpriːsəˈpəʊz/ *vt* presupporre

pretence (*USA* **pretense**) /prɪˈtens/ *s* **1** [*non numerabile*] finzione: *They abandoned all pretence of objectivity.* Hanno smesso di fingersi obiettivi. **2** (*formale*) pretesa

pretend /prɪˈtend/ ▶ *vt, vi* **1** fingere **2** pretendere **3** ~ **to be sth** fingersi qc: *They're pretending to be explorers.* Giocano agli esploratori.
▶ *agg* (*informale*) finto

pretentious /prɪˈtenʃəs/ *agg* pretenzioso
pretext /ˈpriːtekst/ *s* pretesto
prettily /ˈprɪtɪli/ *avv*: *She's always prettily dressed.* Porta sempre dei vestiti carini. ◊ *The rooms are simply but prettily furnished.* Le camere sono arredate in modo semplice ma grazioso.
pretty /ˈprɪti/ ▸ *agg* (**-ier, -iest**) carino LOC **not be a pretty sight** non essere un bello spettacolo ▸ *avv* piuttosto, molto *Vedi anche* QUITE senso (1) ⊃ *Vedi nota a* ABBASTANZA LOC **pretty much/well** più o meno, quasi
prevail /prɪˈveɪl/ *vi* **1** (*condizioni*) essere diffuso **2** prevalere PHRV **prevail (up)on sb to do sth** (*formale*) convincere qn a fare qc **prevailing** (*formale*) *agg* **1** predominante **2** (*condizioni*) attuale **3** (*vento*) dominante
prevalent /ˈprevələnt/ *agg* **1** (*formale*) diffuso **2** predominante **prevalence** *s* **1** diffusione **2** predominanza
prevent /prɪˈvent/ *vt* **1** ~ sb from doing sth impedire a qn di fare qc **2** ~ sth evitare, prevenire qc
prevention /prɪˈvenʃn/ *s* prevenzione
preventive /prɪˈventɪv/ (*anche* **preventative** /prɪˈventətɪv/) *agg* preventivo
preview /ˈpriːvjuː/ *s* anteprima
previous /ˈpriːviəs/ *agg* precedente LOC **previous to doing sth** prima di fare qc **previously** *avv* in precedenza, prima
pre-ˈwar *agg* anteguerra
prey /preɪ/ ▸ *s* [*non numerabile*] preda: *bird of prey* uccello rapace
▸ *vi* LOC **prey on sb's mind** ossessionare qn PHRV **prey on sth** far preda di qc ♦ **prey on sb** sfruttare qn
price /praɪs/ ▸ *s* prezzo: *to go up/down in price* salire/calare di prezzo LOC **at any price** ad ogni costo ♦ **not at any price** per niente al mondo *Vedi anche* CHEAP
▸ *vt* **1** fissare il prezzo di **2** valutare **3** mettere il prezzo su
priceless /ˈpraɪsləs/ *agg* inestimabile
prick /prɪk/ ▸ *s* puntura
▸ *vt* **1** pungere **2** (*coscienza*) rimordere LOC **prick up your ears** drizzare le orecchie
prickly /ˈprɪkli/ *agg* (**-ier, -iest**) **1** spinoso **2** che dà prurito **3** (*informale*) permaloso
pride /praɪd/ ▸ *s* **1** ~ (in sth) orgoglio (per qc) **2** (*dispreg*) orgoglio, superbia LOC **(be) sb's pride and joy** (essere) il vanto di qn ♦ **take pride in sth** mettere impegno in qc
▸ *vt* PHRV **pride yourself on sth** vantarsi di qc

priest /priːst/ *s* prete, sacerdote **priesthood** *s* **1** sacerdozio **2** clero

In inglese la parola **priest** si usa normalmente per riferirsi ai sacerdoti cattolici. I parroci anglicani si chiamano **clergyman** o **vicar** e quelli di altre confessioni protestanti **minister**. Nella chiesa anglicana e nelle altre chiese protestanti il ruolo del parraco può essere assunto anche da una donna.

prig /prɪg/ *s* (*dispreg*) moralista **priggish** *agg* moralista
prim /prɪm/ *agg* (**primmer, primmest**) (*dispreg*) **1** (*persona*) perbenista **2** (*aspetto*) per benino
primarily /ˈpraɪmərəli; *USA* praɪˈmerəli/ *avv* principalmente
primary /ˈpraɪməri; *USA* -meri/ ▸ *agg* **1** primario: *primary school* scuola elementare **2** (*importanza*) fondamentale **3** (*fonte, scopo*) principale
▸ *s* (*pl* **-ies**) (*USA*) (*anche* ˌ**primary eˈlection**) elezioni primarie
prime /praɪm/ ▸ *agg* **1** principale **2** di prima scelta: *a prime example* un classico esempio
▸ *s* LOC **in your prime/in the prime of life** nel fiore degli anni
▸ *vt* **1** ~ sb (for sth) preparare qn (per qc) **2** ~ sb (with sth) mettere al corrente qn (di qc)
prime ˈminister *s* primo ministro
primeval (*anche* **primaeval**) /praɪˈmiːvl/ *agg* primordiale
primitive /ˈprɪmətɪv/ *agg* primitivo
primrose /ˈprɪmrəʊz/ ▸ *s* primula
▸ *agg, s* giallo canarino
prince /prɪns/ *s* principe
princess /ˌprɪnˈses/ *s* principessa
principal /ˈprɪnsəpl/ ▸ *agg* principale
▸ *s* preside
principle /ˈprɪnsəpl/ *s* principio: *a woman of principle* una donna di saldi principi LOC **in principle** in linea di principio ♦ **on principle** per principio
print /prɪnt/ ▸ *vt* **1** stampare **2** scrivere in stampatello PHRV **print (sth) out** (*Informatica*) stampare (qc)
▸ *s* **1** (*Tipografia*) [*non numerabile*] caratteri **2** impronta **3** (*Arte*) stampa **4** (*Foto*) copia **5** tessuto stampato LOC **be in print 1** (*libro*) essere stampato **2** essere pubblicato ♦ **out of print** esaurito *Vedi anche* SMALL
printer /ˈprɪntə(r)/ *s* **1** (*persona*) tipografo, -a **2** (*macchina*) stampante **3** **printer's** tipografia

| tʃ chin | dʒ June | v van | θ thin | ð then | s so | z zoo | ʃ she |

printing → **produce** 250

printing /'prɪntɪŋ/ s **1** stampa (*tecnica*): *a printing error* un errore di stampa **2** (*numero di copie*) tiratura

printout /'prɪntaʊt/ s (*Informatica*) stampato

prior /'praɪə(r)/ ▶ agg precedente
▶ **prior to** *prep* (*formale*) prima di

priority /praɪ'ɒrəti/ s (*pl* **-ies**) **1** ~ (**over sb/sth**) precedenza (su qn/qc): *Emergency cases take priority over other patients.* I casi urgenti hanno la precedenza sugli altri pazienti. **2** cosa più importante: *It's not a priority for me.* Non è la cosa più importante per me. LOC **get your priorities right** decidere quali sono le cose più importanti

prise /praɪz/ (*USA anche* **prize**, *spec USA* **pry**) *v* PHRV **prise sth apart, off, open, etc. (with sth)** separare, togliere, aprire, ecc qc (con qc)

prison /'prɪzn/ s carcere: *prison camp* campo di prigionia **prisoner** s **1** prigioniero, -a **2** detenuto, -a LOC *Vedi* CAPTIVE

privacy /'prɪvəsi; *USA* 'praɪv-/ s privacy: *I value my privacy.* Ci tengo alla mia privacy. ◊ *He read the letter in the privacy of his own room.* Ha letto la lettera nell'intimità della sua stanza.

private /'praɪvət/ ▶ agg **1** privato: *private enterprise* iniziativa privata ◊ *private eye* detective privato **2** (*di un individuo*) personale **3** (*persona*) riservato **4** (*posto*) tranquillo
▶ s (*Mil*) soldato semplice LOC **in private** in privato

privately /'praɪvətli/ avv privatamente

privatize, -ise /'praɪvətaɪz/ vt privatizzare

privilege /'prɪvəlɪdʒ/ s **1** privilegio **2** (*Dir*) prerogativa **privileged** agg **1** privilegiato **2** (*informazione*) confidenziale

privy /'prɪvi/ agg LOC **be privy to sth** (*formale*) essere al corrente di qc

prize¹ /praɪz/ ▶ s premio
▶ agg **1** premiato **2** eccellente **3** (*iron*) perfetto: *a prize idiot* un perfetto cretino
▶ vt stimare

prize² (*USA*) *Vedi* PRISE

pro /prəʊ/ ▶ s LOC **the pros and cons** i pro e i contro
▶ agg, s (*informale*) professionista

probable /'prɒbəbl/ agg probabile: *It seems probable that he'll arrive tomorrow.* È probabile che arrivi domani. **probability** /ˌprɒbə'bɪləti/ s (*pl* **-ies**) probabilità LOC **in all probability** (*formale*) con ogni probabilità **probably** avv probabilmente

In inglese si usa l'avverbio in casi in cui in italiano si userebbe *è probabile che*: *They will probably go.* È probabile che vadano.

probation /prə'beɪʃn; *USA* prəʊ-/ s **1** libertà vigilata **2** (*impiegato*) prova: *a three-month probation period* un periodo di prova di tre mesi

probe /prəʊb/ ▶ s sonda
▶ **1** vt esplorare **2** vt ~ **sb about/on sth** interrogare qn su qc **3** vi ~ (**into sth**) indagare (su qc)

probing /'prəʊbɪŋ/ agg (*domanda*) pressante

problem /'prɒbləm/ s problema LOC *Vedi* TEETHE **problematic(al)** agg **1** problematico **2** (*discutibile*) dubbio

procedure /prə'si:dʒə(r)/ s **1** prassi **2** procedura

proceed /prə'si:d, prəʊ-/ vi **1** procedere **2** ~ (**to sth/to do sth**) passare (a qc/a fare qc) **3** (*formale*) procedere **4** ~ (**with sth**) (*continuare*) andare avanti (con qc) **proceedings** s [*pl*] (*formale*) **1** attività **2** (*Dir*) azione legale **3** (*resoconto*) atti

proceeds /'prəʊsi:dz/ s [*pl*] ~ (**of/from sth**) proventi (di qc)

process /'prəʊses; *USA* 'prɒses/ ▶ s **1** procedimento **2** (*Dir*) processo LOC **in the process** nel farlo ◆ **be in the process of (doing) sth** star facendo qc
▶ vt **1** (*materia prima*) trattare: *processed cheese* formaggio fuso **2** (*domanda, pratica*) sbrigare **3** (*Foto*) sviluppare e stampare *Vedi anche* DEVELOP **4** (*Informatica*) elaborare

processing /'prəʊsesɪŋ/ s **1** trattamento **2** (*Foto*) sviluppo e stampa **3** (*Informatica*) elaborazione

procession /prə'seʃn/ s corteo, processione

processor /'prəʊsesə(r)/ s *Vedi* MICROPROCESSOR, FOOD PROCESSOR, WORD PROCESSOR

proclaim /prə'kleɪm/ vt proclamare **proclamation** /ˌprɒklə'meɪʃn/ s **1** proclama **2** proclamazione

prod /prɒd/ ▶ vt, vi (**-dd-**) ~ (**at**) **sb/sth** pungolare qn/qc
▶ s **1** colpetto **2** pungolo

prodigious /prə'dɪdʒəs/ agg prodigioso

prodigy /'prɒdədʒi/ s (*pl* **-ies**) prodigio

produce ▶ /prə'dju:s; *USA* -'du:s/ vt **1** produrre ⊃ *Confronta* MANUFACTURE **2** (*reazione*) causare **3** (*cuccioli*) dare alla luce **4** ~ **sth (from/out of sth)** estrarre qc (da qc) **5** (*Teat*) mettere in scena

| i: see | i happy | ɪ sit | e ten | æ hat | ɑ: father | ʌ cup | ʊ put | u: too |

producer → promptly

▶ /ˈprɒdjuːs; USA -duːs/ s [non numerabile] prodotti: *fresh local produce* prodotti freschi della zona ⊃ *Vedi nota a* PRODUCT

producer /prəˈdjuːsə(r)/ s **1** produttore, -trice ⊃ *Confronta* DIRECTOR, CONSUMER *a* CONSUME **2** (*Teat*) regista

product /ˈprɒdʌkt/ s prodotto: *Coal was once a major industrial product.* Un tempo il carbone era uno dei prodotti industriali più importanti. ❶ **Product** si usa per riferirsi ai prodotti industriali e **produce** a quelli agricoli.

production /prəˈdʌkʃn/ s produzione: *production line* catena di montaggio

productive /prəˈdʌktɪv/ agg produttivo **productivity** /ˌprɒdʌkˈtɪvəti/ s produttività

profess /prəˈfes/ vt (*formale*) **1** ~ **to be sth** dichiarare di essere qc **2** ~ (**yourself**) **sth** dichiararsi qc **3** (*Relig*) professare **professed** (*formale*) agg **1** presunto **2** dichiarato

profession /prəˈfeʃn/ s professione ⊃ *Vedi nota a* WORK¹ **professional** agg **1** professionale: *a professional man* un professionista **2** professionistico

professor /prəˈfesə(r)/ s (*abbrev* **Prof.**) **1** (*GB*) docente titolare di una cattedra universitaria **2** (*USA*) docente universitario

proficiency /prəˈfɪʃnsi/ s [non numerabile] ~ (**in sth/doing sth**) competenza, capacità (in qc/ nel fare qc) **proficient** agg ~ (**in/at sth**) competente (in qc)

profile /ˈprəʊfaɪl/ s profilo

profit /ˈprɒfɪt/ ▶ s **1** guadagno, utile: *to sell at a profit* vendere ricavando un utile ◊ *to make a profit of £20* ricavare 20 sterline ◊ *to do sth for profit* fare qc a scopo di lucro ◊ *profit-making* lucrativo **2** (*fig*) beneficio, profitto
▶ ~ **from/by sth** (*formale*) ricavare beneficio da qc

profitable /ˈprɒfɪtəbl/ agg **1** redditizio **2** proficuo

profound /prəˈfaʊnd/ agg profondo **profoundly** avv profondamente, estremamente

profusely /prəˈfjuːsli/ avv abbondantemente

profusion /prəˈfjuːʒn/ s profusione, abbondanza LOC **in profusion** a profusione

prognosis /prɒgˈnəʊsɪs/ s (*formale*) (*pl* **prognoses** /-ˈnəʊsiːs/) prognosi

programme (*USA* **program**) /ˈprəʊgræm; USA -grəm/ ▶ s programma ❶ Nel linguaggio informatico si scrive **program**.
▶ vt, vi (**-mm-**, *USA anche* **-m-**) programmare

programmer /ˈprəʊgræmə(r)/ (*anche* **com'puter programmer**) s programmatore, -trice

programming /ˈprəʊgræmɪŋ/ s programmazione

progress ▶ /ˈprəʊgres; USA ˈprɒg-/ s [non numerabile] **1** progresso, progressi **2** (*movimento*): *to make progress* avanzare LOC **in progress** (*formale*) in corso
▶ /prəˈgres/ vi progredire

progressive /prəˈgresɪv/ agg **1** progressivo **2** (*Pol*) progressista

prohibit /prəˈhɪbɪt; USA prəʊ-/ vt (*formale*) **1** ~ **sth**; ~ **sb** (**from doing sth**) vietare qc; vietare a qn (di fare qc) **2** ~ **sb/sth** (**from doing sth**) impedire a qn/qc (di fare qc) **prohibition** /ˌprəʊɪˈbɪʃn; USA ˌprəʊə-/ s proibizione

project ▶ /ˈprɒdʒekt/ s **1** progetto **2** (*Scol*) ricerca
▶ /prəˈdʒekt/ **1** vt proiettare **2** vt progettare **3** vi sporgere

projection /prəˈdʒekʃn/ s proiezione

projector /prəˈdʒektə(r)/ s proiettore (*del cinema*): *overhead projector* lavagna luminosa

prolific /prəˈlɪfɪk/ agg prolifico

prologue /ˈprəʊlɒg; USA -lɔːg/ s ~ (**to sth**) prologo (di qc)

prolong /prəˈlɒŋ; USA -ˈlɔːŋ/ vt prolungare

prom /prɒm/ s (*spec USA*) ballo studentesco di fine anno, piuttosto formale

promenade /ˌprɒməˈnɑːd; USA -ˈneɪd/ (*GB*, *informale* **prom**) s lungomare

prominent /ˈprɒmɪnənt/ agg **1** prominente **2** sporgente

promiscuous /prəˈmɪskjuəs/ agg promiscuo

promise /ˈprɒmɪs/ ▶ s **1** promessa **2** [non numerabile]: *to show promise* essere promettente
▶ vt, vi promettere

promising /ˈprɒmɪsɪŋ/ agg promettente

promote /prəˈməʊt/ vt **1** promuovere **2** (*Comm*) promozionare **promotion** s promozione

prompt /prɒmpt/ ▶ agg **1** immediato **2** (*persona*) puntuale
▶ avv in punto
▶ **1** vt ~ **sb to do sth** spingere qn a fare qc **2** vt (*reazione*) provocare **3** vt, vi (*Teat*) suggerire (a)

promptly /ˈprɒmptli/ avv **1** prontamente **2** puntualmente

u situation ɒ got ɔː saw ɜː fur ə ago j yes w woman eɪ pay əʊ go

prone /prəʊn/ *agg* ~ **to sth** soggetto a qc
pronoun /'prəʊnaʊn/ *s* pronome
pronounce /prə'naʊns/ *vt* **1** pronunciare **2** dichiarare **pronounced** *agg* **1** (*accento, miglioramento*) spiccato **2** (*effetto, cambiamento*) marcato **3** (*movimento*) pronunciato
pronunciation /prə,nʌnsi'eɪʃn/ *s* pronuncia
proof /pru:f/ *s* **1** [*non numerabile*] prova, prove **2** dimostrazione
prop /prɒp/ ▶ *s* **1** puntello **2** (*fig*) appoggio ▶ *vt* (**-pp-**) ~ **sth (up) against sth** appoggiare qc contro qc **PHR V** **prop sth up 1** sostenere qc **2** (*dispreg*) (*fig*) spalleggiare qc
propaganda /ˌprɒpə'gændə/ *s* [*non numerabile*] propaganda
propel /prə'pel/ *vt* (**-ll-**) spingere **propellant** *agg, s* propellente
propeller /prə'pelə(r)/ *s* elica
propensity /prə'pensəti/ *s* (*formale*) ~ (**for/to sth**) tendenza (a qc); propensione (per qc)
proper /'prɒpə(r)/ *agg* **1** (*utensile, momento, posto*) adatto, giusto **2** (*genuino*) vero **3** (*maniera, ordine*) giusto, corretto **4** (*comportamento, persona*) corretto **5** *the house proper* la casa vera e propria **properly** *avv* per bene
,**proper** '**noun** (*anche* ,**proper** '**name**) *s* (*Gramm*) nome proprio
property /'prɒpəti/ *s* (*pl* **-ies**) **1** proprietà **2** [*non numerabile*] beni, averi: *personal property* beni mobili
prophecy /'prɒfəsi/ *s* (*pl* **-ies**) profezia
prophesy /'prɒfəsaɪ/ (*pass, pp* **-sied**) **1** *vt* predire, profetizzare **2** *vi* fare profezie
prophet /'prɒfɪt/ *s* profeta
proportion /prə'pɔ:ʃn/ *s* **1** proporzione: *sense of proportion* senso della misura **2** parte, porzione **LOC** **out of (all) proportion 1** eccessivamente **2** sproporzionato *Vedi anche* THING **proportional** *agg* ~ (**to sth**) proporzionale (a qc); proporzionato (a qc)
proposal /prə'pəʊzl/ *s* **1** proposta **2** (*anche* ,**pro**.**posal of** '**marriage**) proposta di matrimonio
propose /prə'pəʊz/ **1** *vt* (*alternativa*) proporre **2** *vt* ~ **to do sth/doing sth** proporsi di fare qc **3** *vi* ~ (**to sb**) chiedere (a qn) di sposarsi
proposition /ˌprɒpə'zɪʃn/ *s* **1** proposta **2** (*Filos, Mat*) proposizione
proprietor /prə'praɪətə(r)/ *s* proprietario, -a
prose /prəʊz/ *s* prosa

prosecute /'prɒsɪkju:t/ *vt* intentare azione giudiziaria contro **prosecution** *s* **1** azione giudiziaria **2** [*v sing o pl*] accusa (*avvocato*) **prosecutor** *s* **1** *the public/state prosecutor* il pubblico ministero **2** accusa (*avvocato*)
prospect /'prɒspekt/ *s* **1** prospettiva **2** ~ (**of sth/doing sth**) probabilità, possibilità (di qc/di fare qc) **3** (*antiq*) vista **prospective** /prə'spektɪv/ *agg* **1** futuro **2** probabile
prospectus /prə'spektəs/ *s* programma (*di una scuola, impresa*)
prosper /'prɒspə(r)/ *vi* prosperare **prosperity** /prɒ'sperəti/ *s* prosperità **prosperous** *agg* prospero
prostitute /'prɒstɪtju:t; *USA* -stətu:t/ *s* **1** prostituta **2 male prostitute** prostituto **prostitution** *s* prostituzione
prostrate /'prɒstreɪt/ *agg* **1** prostrato, steso a terra **2** ~ (**with sth**) prostrato, sopraffatto (da qc)
protagonist /prə'tægənɪst/ *s* protagonista
protect /prə'tekt/ *vt* ~ **sb/sth** (**against/from sth**) proteggere qn/qc (da qc) **protection** *s* ~ (**against sth**) protezione (da qc)
protective /prə'tektɪv/ *agg* protettivo
protein /'prəʊti:n/ *s* proteina
protest ▶ /'prəʊtest/ *s* protesta, proteste ▶ /prə'test/ **1** *vi* ~ (**about/at/against sth**) protestare (per/contro qc) **2** *vt* dichiarare
Protestant /'prɒtɪstənt/ *agg, s* protestante
protester /prə'testə(r)/ *s* manifestante
prototype /'prəʊtətaɪp/ *s* prototipo
protrude /prə'tru:d; *USA* prəʊ-/ *vi* ~ (**from sth**) sporgere (da qc): *protruding teeth* denti in fuori
proud /praʊd/ *agg* (**-er, -est**) **1** (*approv*) ~ (**of sb/sth**) orgoglioso (di qn/qc) **2** (*approv*) ~ (**to do sth/that** …) orgoglioso (di fare qc/che …) **3** (*dispreg*) superbo **proudly** *avv* orgogliosamente
prove /pru:v/ (*pp* **proved**, *spec USA* **proven** /'pru:vn/) **1** *vt* ~ **sth** (**to sb**) provare, dimostrare qc (a qn) **2** *vt, vi* ~ (**yourself**) (**to be**) **sth** dimostrare (di essere) qc; rivelarsi qc: *The task proved (to be) very difficult.* Il compito si è rivelato molto difficile. **LOC** **prove your point** dimostrare di aver ragione
proven /'pru:vn/ ▶ *agg* provato, comprovato ▶ (*spec USA*) *pp di* PROVE
proverb /'prɒvɜ:b/ *s* proverbio **proverbial** /prə'vɜ:biəl/ *agg* proverbiale

provide /prə'vaɪd/ *vt* **1** ~ **sb with sth** fornire qn di qc **2** ~ **sth** (**for sb**) fornire qc (a qn) **PHRV** **provide for sb** provvedere a qn ♦ **provide for sth** (*formale*) **1** prendere provvedimenti per qc **2** (*Dir*) prevedere qc

provided /prə'vaɪdɪd/ (*anche* **providing**) *cong* ~ (**that ...**) a condizione che ..., sempre che ...

provider /prə'vaɪdə(r)/ *s* fornitore, -trice: *We are one of the largest providers of employment in the area.* Siamo tra i maggiori datori di lavoro nella zona. ◊ *The eldest son is the family's sole provider.* Il figlio maggiore è l'unico a mantenere la famiglia.

province /'prɒvɪns/ *s* **1** provincia, regione **2 the provinces** [*pl*] la provincia: *in the provinces* in provincia **3** (*formale*) competenza: *It's not my province.* Non è di mia competenza. **provincial** /prə'vɪnʃl/ *agg* **1** provinciale, regionale **2** (*dispreg*) provinciale

provision /prə'vɪʒn/ *s* **1** ~ **of sth** fornitura di qc **2** *to make provision for sb* provvedere a qn ◊ *to make provision against/for sth* premunirsi contro/per qc **3 provisions** [*pl*] viveri, provviste **4** (*Dir*) provvedimento, disposizione

provisional /prə'vɪʒənl/ *agg* provvisorio

proviso /prə'vaɪzəʊ/ *s* (*pl* **-s**) clausola, condizione

provocation /ˌprɒvə'keɪʃn/ *s* provocazione **provocative** /prə'vɒkətɪv/ *agg* **1** provocatorio **2** provocante

provoke /prə'vəʊk/ *vt* **1** (*persona*) provocare **2** ~ **sb into doing sth/to do sth** spingere qn a fare qc **3** ~ **sth** provocare, causare qc

prow /praʊ/ *s* prua

prowess /'praʊəs/ *s* bravura, maestria

prowl /praʊl/ *vt*, *vi* ~ (**about/around**) aggirarsi (in/per)

proximity /prɒk'sɪməti/ *s* vicinanza, prossimità

proxy /'prɒksi/ *s* **1** procuratore, -trice (*con procura*) **2** procura, delega: *by proxy* per procura

prude /pruːd/ *s* (*dispreg*) puritano, -a

prudent /'pruːdnt/ *agg* prudente

prune[1] /pruːn/ *s* prugna

prune[2] /pruːn/ *vt* **1** potare **2** (*fig*) tagliare **pruning** *s* potatura

pry /praɪ/ (*pass*, *pp* **pried** /praɪd/) **1** *vi* ~ (**into sth**) ficcare il naso, curiosare (in qc) **2** *vt* (*spec USA*) *Vedi* PRISE

PS /ˌpiː'es/ *abbr* **postscript** poscritto

psalm /sɑːm/ *s* salmo

PSE /ˌpiː es 'iː/ *abbr* **Personal and Social Education** (*anche* **PSHE**, **Personal, Social and Health Education**) educazione personale e sociale

pseudonym /'sjuːdənɪm; *USA* 'suːdənɪm/ *s* pseudonimo

psyche /'saɪki/ *s* psiche

psychiatry /saɪ'kaɪətri/ *s* psichiatria **psychiatric** /ˌsaɪki'ætrɪk/ *agg* psichiatrico **psychiatrist** /saɪ'kaɪətrɪst/ *s* psichiatra

psychic /'saɪkɪk/ *agg* **1** psichico **2** (*persona*): *to be psychic* avere poteri paranormali

psychoanalysis /ˌsaɪkəʊə'næləsɪs/ *s* psicoanalisi

psychology /saɪ'kɒlədʒi/ *s* psicologia **psychological** /ˌsaɪkə'lɒdʒɪkl/ *agg* psicologico **psychologist** /saɪ'kɒlədʒɪst/ *s* psicologo, -a

PTO /ˌpiː tiː 'əʊ/ *abbr* **please turn over** vedi retro

pub /pʌb/ *s* (*GB*) pub, bar

puberty /'pjuːbəti/ *s* pubertà

pubic /'pjuːbɪk/ *agg* pubico

public /'pʌblɪk/ ▶ *agg* pubblico: *public conveniences* gabinetti pubblici ⊃ *Vedi nota a* TOILET
▶ *s* **the public** [*v sing o pl*] il pubblico **LOC** **in public** in pubblico

publication /ˌpʌblɪ'keɪʃn/ *s* pubblicazione

publicity /pʌb'lɪsəti/ *s* [*non numerabile*] pubblicità: *publicity campaign* campagna pubblicitaria

publicize, -ise /'pʌblɪsaɪz/ *vt* **1** rendere pubblico **2** promuovere, fare pubblicità a

publicly /'pʌblɪkli/ *avv* pubblicamente

public school *s* **1** (*GB*) scuola superiore privata **2** (*USA*) scuola statale ⊃ *Vedi nota a* SCUOLA

publish /'pʌblɪʃ/ *vt* **1** pubblicare **2** rendere pubblico **publisher** *s* editore, -trice **publishing** *s* editoria: *publishing house* casa editrice

puce /pjuːs/ *agg*, *s* color pulce: *His face was puce with rage.* Era paonazzo dalla rabbia.

pudding /'pʊdɪŋ/ *s* **1** (*GB*) dolce, dessert **2** budino ⊃ *Vedi nota a* NATALE **3** *black pudding* sanguinaccio

puddle /'pʌdl/ *s* pozzanghera

puff /pʌf/ ▶ *s* **1** soffio **2** (*fumo, vapore*) sbuffo **3** (*sigaretta*) tiro **4** (*informale*): *I'm out of puff.* Ho il fiatone.
▶ **1** *vi* ansimare **2** *vi*, *vt* ~ (**at/on**) **sth** (*pipa, ecc*) fumare qc **3** *vt* (*fumo*) mandar fuori a sbuffi **PHRV** **puff sb out** (*informale*) far venire il

fiatone a qn ♦ **puff sth out** gonfiare qc ♦ **puff up** gonfiarsi

puffed /pʌft/ (*informale*) *agg* **be ~ (out)** avere il fiatone

ˌpuff ˈpastry *s* [*non numerabile*] pasta sfoglia

puffy /ˈpʌfi/ *agg* (**-ier, -iest**) gonfio (*spec il viso*)

pull /pʊl/ ▶ **1** *vt* tirare, trascinare **2** *vi* **~ (at/on sth)** tirare (qc) **3** *vt*: **to pull a muscle** farsi uno strappo muscolare **4** *vt* (*grilletto*) premere **5** *vt* (*pistola*) tirar fuori **6** *vt* (*tappo, dente*) togliere **7** *vt, vi* (*informale*) (*ragazzo, ragazza,*) rimorchiare LOC **pull sb's leg** (*informale*) prendere in giro qn ♦ **pull strings (for sb)** (*informale*) muovere qualche pedina (per qn) ♦ **pull your socks up** (*GB, informale*) darsi da fare ♦ **pull your weight** fare la propria parte *Vedi anche* FACE¹

PHR V **pull sth apart** smontare qc

pull sth down 1 tirare giù qc **2** (*edificio*) buttar giù

pull into sth; pull in (to sth) 1 (*treno*) arrivare (alla stazione) **2** (*auto*) accostarsi, fermarsi (in qc)

pull sth off (*informale*) portare a termine qc

pull out (of sth) 1 (*treno*) uscire (da qc), partire **2** ritirarsi (da qc)

pull sth out tirar fuori qc ♦ **pull sb/sth out (of sth)** ritirare qn/qc (da qc)

pull over accostare

pull yourself together ricomporsi

pull up fermarsi ♦ **pull sth up 1** tirar su qc **2** (*pianta*) sradicare qc

▶ *s* **1** **~ (at/on sth)** tirata a qc **2 the ~ of sth** l'attrazione di qc **3** *It was a long pull up the hill.* È stato una bella faticata arrivare in cima alla collina.

ˈpull date *s* (*USA*) *Vedi* SELL-BY DATE

pulley /ˈpʊli/ *s* (*pl* **-eys**) puleggia, carrucola

pullover /ˈpʊləʊvə(r)/ *s* maglione ⊃ *Vedi nota a* SWEATER

pulp /pʌlp/ *s* **1** polpa **2** (*di legno*) pasta

pulpit /ˈpʊlpɪt/ *s* pulpito

pulsate /pʌlˈseɪt; *USA* ˈpʌlseɪt/ *vi* pulsare

pulse /pʌls/ *s* **1** (*Med*) polso **2** ritmo **3** impulso (*di corrente, luce, ecc*) **4** [*gen pl*] legume

pumice /ˈpʌmɪs/ (*anche* **ˈpumice stone**) *s* pietra pomice

pummel /ˈpʌml/ *vt* (**-ll-,** *USA* **-l-**) prendere a pugni

pump /pʌmp/ ▶ *s* **1** pompa: *petrol pump* distributore di benzina **2** ballerina (*scarpa*)

▶ **1** *vt, vi* pompare **2** *vi* (*cuore*) battere **3** *vt* **~ sb for sth** (*informale*) strappare qc a qn (*informazioni*) PHR V **pump sth up** gonfiare qc

pumpkin /ˈpʌmpkɪn/ *s* zucca

pun /pʌn/ *s* **pun (on sth)** gioco di parole (su qc)

punch /pʌntʃ/ ▶ *s* **1** punzone, perforatrice **2** (*bibita*) punch **3** pugno

▶ *vt* **1** perforare, forare: *to punch a hole in sth* fare un foro in qc **2** dare un pugno a

ˈpunch-up *s* (*GB, informale*) scazzottata

punctual /ˈpʌŋktʃuəl/ *agg* puntuale ⊃ *Vedi nota a* PUNTUALE **punctuality** /ˌpʌŋktʃuˈæləti/ *s* puntualità

punctuate /ˈpʌŋktʃueɪt/ *vt* **1** (*Gramm*) mettere la punteggiatura in **2 ~ sth (with sth)** interrompere qc (con qc)

punctuation /ˌpʌŋktʃuˈeɪʃn/ *s* punteggiatura, interpunzione: *punctuation mark* segno d'interpunzione

puncture /ˈpʌŋktʃə(r)/ ▶ *s* foratura: *I've had a puncture.* Ho forato.

▶ **1** *vt, vi* forare **2** *vt* (*Med*) perforare

pundit /ˈpʌndɪt/ *s* esperto, -a

pungent /ˈpʌndʒənt/ *agg* **1** (*sapore*) aspro, piccante **2** (*odore*) acre **3** (*fig*) mordace

punish /ˈpʌnɪʃ/ *vt* punire **punishment** *s* punizione, pena

punitive /ˈpjuːnətɪv/ *agg* (*formale*) **1** punitivo **2** duro, severo

punt /pʌnt/ *s* barchino

punter /ˈpʌntə(r)/ *s* (*GB, informale*) **1** scommettitore, -trice **2** cliente

pup /pʌp/ *s* **1** cagnolino, cucciolo ⊃ *Vedi nota a* CANE **2** cucciolo (*di foca, ecc*)

pupil /ˈpjuːpl/ *s* **1** alunno, -a **2** allievo, -a **3** pupilla (*di occhio*)

puppet /ˈpʌpɪt/ *s* **1** burattino, marionetta **2** (*fig*) burattino

puppy /ˈpʌpi/ (*pl* **-ies**) *s* cagnolino, cucciolo ⊃ *Vedi nota a* CANE

purchase /ˈpɜːtʃəs/ ▶ *s* (*formale*) acquisto

▶ *vt* (*formale*) acquistare

purchaser /ˈpɜːtʃəsə(r)/ *s* (*formale*) acquirente

pure /pjʊə(r)/ *agg* (**purer, -est**) puro **purely** *avv* puramente

purée /ˈpjʊəreɪ; *USA* pjʊəˈreɪ/ *s* purè

purge /pɜːdʒ/ ▶ *vt* **1 ~ sb/sth** epurare qn/qc **2 ~ sb/sth of/from sth** purificare qn/qc da qc

▶ *s* **1** purga, epurazione **2** (*Med*) purga

purify /'pjʊərɪfaɪ/ vt (pass, pp **-fied**) purificare

puritan /'pjʊərɪtən/ agg, s puritano, -a **puritanical** /ˌpjʊərɪ'tænɪkl/ agg (dispreg) puritano

purity /'pjʊərəti/ s purezza

purple /'pɜ:pl/ agg, s viola

purport /pə'pɔ:t/ vt (formale): *It purports to be* … Ha la pretesa di essere …

purpose /'pɜ:pəs/ s **1** scopo, fine: *purpose-built* costruito appositamente **2** determinazione: *to have a/no sense of purpose* (non) avere una meta nella vita LOC **for the purpose of** ai fini di ♦ **for this purpose** a questo scopo ♦ **on purpose** apposta, di proposito *Vedi anche* INTENT **purposeful** agg determinato, deciso **purposely** avv intenzionalmente

purr /pɜ:(r)/ vi fare le fusa ⊃ *Vedi nota a* GATTO

purse /pɜ:s/ ▸ s **1** borsellino ⊃ *Confronta* WALLET **2** (USA) *Vedi* HANDBAG
▸ vt: *to purse your lips* arricciare le labbra

purser /'pɜ:sə(r)/ s commissario di bordo

pursue /pə'sju:; USA -'su:/ vt (formale) **1** inseguire ❶ La parola più comune è chase. **2** (attività, studi) proseguire, portare avanti **3** (linea, pista) seguire

pursuit /pə'sju:t; USA -'su:t/ s **1** ~ **of sth** ricerca di qc **2** [gen pl] attività, passatempi LOC **in pursuit of sb/sth 1** alla ricerca di qn/qc **2** all'inseguimento di qn/qc

push /pʊʃ/ ▸ **1** vt, vi **to ~ (against) sb/sth** spingere qn/qc: *to push past sb* spingere qn per passare **2** vt (pulsante) premere, schiacciare **3** vt (informale) (idea) promuovere LOC **be pushed for sth** (informale) essere a corto di qc PHR V **push ahead/forward/on (with sth)** andare avanti (con qc) ♦ **push sb about/around** (informale) fare il prepotente con qn ♦ **push in** intrufolarsi ♦ **push off** (informale) smammare
▸ s spinta LOC **get the push** (GB, informale) avere il benservito ♦ **give sb the push** (GB, informale) dare il benservito a qn

pushchair /'pʊʃtʃeə(r)/ (USA **stroller**) s passeggino

'push-up s (spec USA) *Vedi* PRESS-UP

pushy /'pʊʃi/ agg (**-ier**, **-iest**) (informale, dispreg) insistente

puss /pʊs/ s micio **pussy** (pl **-ies**) (anche **'pussy cat**) s micino

put /pʊt/ vt (**-tt-**) (pass, pp **put**) **1** mettere: *Did you put sugar in my tea?* Hai messo lo zucchero nel tè? ◊ *to put sb out of work* far perdere il lavoro a qn **2** (chiaramente, ecc) esprimere **3** (domanda) porre **4** (tempo, energia) dedicare ⊃ Per le espressioni con **put** vedi alla voce del sostantivo, dell'aggettivo, ecc, ad es. **to put sth right** a RIGHT.
PHR V **put sth across/over** comunicare qc ♦ **put yourself across/over** esprimersi
put sth aside mettere qc da parte
put sth away mettere via qc
put sth back 1 rimettere a posto qc **2** (orologio) mettere indietro qc **3** (posporre) rinviare qc
put sth by mettere da parte qc
put sb down (informale) umiliare qn ♦ **put sth down 1** mettere giù qc **2** scrivere, annotare qc **3** (rivolta) soffocare qc **4** (animale) abbattere qc ♦ **put sth down to sth** attribuire qc a qc
put sth forward 1 (proposta) presentare qc **2** (orologio) mettere avanti qc
put sth into (doing) sth dedicare qc a qc/per fare qc
put sb off 1 rimandare l'appuntamento con qn **2** distrarre qn ♦ **put sb off (sth/doing sth)** far passare la voglia (di qc/di fare qc) a qn
put sth on 1 (abito, crema) mettersi qc **2** (luce, radio) accendere qc **3** metter su qc: *to put on weight* ingrassare ◊ *to put on two kilos* ingrassare di due chili **4** (commedia) mettere in scena qc **5** fingere qc
put sb out [gen al passivo] offendere qn ♦ **put sth out 1** metter fuori qc **2** (luce, fuoco) spegnere qc **3** (mano) tendere qc ♦ **put yourself out (for sb)** (informale) disturbarsi (per qn)
put sth through (programma) portare a termine qc ♦ **put sb through** mettere in linea qn (al telefono): *I'll put you through to Mr Roberts.* Le passo il Sig. Roberts. ♦ **put sb through sth** sottoporre qn a qc
put sth to sb suggerire, proporre qc a qn
put sth together 1 montare qc (congegno) **2** mettere insieme qc
put sb up ospitare qn ♦ **put sth up 1** (mano, prezzo) alzare qc **2** (edificio) costruire, erigere qc **3** (avviso, decorazioni) mettere qc
♦ **put up with sb/sth** sopportare qn/qc

putrid /'pju:trɪd/ agg **1** putrido, putrefatto **2** (colore) schifoso

putty /'pʌti/ s stucco (per vetri)

puzzle /'pʌzl/ ▸ s **1** rompicapo **2** mistero **3** (GB anche **'jigsaw puzzle**) puzzle
▸ vt sconcertare PHR V **puzzle sth out** risolvere qc ♦ **puzzle over sth** cercare di risolvere qc

pygmy /'pɪgmi/ ▸ s pigmeo, -a
▸ agg **1** pigmeo **2** nano: *pygmy chimpanzee* scimpanzé nano

pyjamas /pəˈdʒɑːməz/ (*USA* **pajamas** /-ˈdʒæm-/) *s* [*pl*] pigiama: *a pair of pyjamas* un pigiama

> Davanti a un altro sostantivo si usa la forma singolare: *pyjama trousers* pantaloni del pigiama.

pylon /ˈpaɪlən; *USA* ˈpaɪlɒn/ *s* pilone, traliccio

pyramid /ˈpɪrəmɪd/ *s* piramide

python /ˈpaɪθən; *USA* ˈpaɪθɒn/ *s* pitone

Q q

Q, q /kjuː/ *s* (*pl* **Qs, Q's, q's**) Q, q: *Q for Queenie* Q come Quarto ➲ *Vedi esempi a* A, A
quack /kwæk/ ▶ *s* **1** qua qua **2** (*informale, dispreg*) ciarlatano, -a
▶ *vi* fare qua qua, schiamazzare
quad /kwɒd/ *s Vedi* QUADRUPLET
quad bike (*USA* **four-wheeler**) *s* quad
quadruple ▶ /ˈkwɒdrʊpl; *USA* kwɒˈdruːpl/ *agg* quadruplo
▶ /kwɒˈdruːpl/ *vt, vi* quadruplicare, quadruplicarsi
quadruplet /ˈkwɒdrʊplət/ *s* uno(a) dei gemelli nati da un parto quadrigemino
quagmire /ˈkwæɡmaɪə(r), kwɒɡ-/ *s* **1** pantano **2** pasticcio
quail /kweɪl/ ▶ *s* (*pl* **quail** o **-s**) quaglia
▶ *vi* ~ (**at sb/sth**) impaurirsi (davanti a qn/qc)
quaint /kweɪnt/ *agg* **1** (*idea, abitudine*) curioso **2** (*luogo, edificio*) pittoresco
quake /kweɪk/ ▶ *vi* tremare
▶ *s* (*informale*) terremoto
ʠ qualification /ˌkwɒlɪfɪˈkeɪʃn/ *s* **1** (*diploma, ecc*) titolo, qualifica **2** requisito **3** limitazione, modificazione: *without qualification* senza riserve **4** (*Sport*) qualificazione
ʠ qualified /ˈkwɒlɪfaɪd/ *agg* **1** qualificato, abilitato **2** (*approvazione*) con riserva
ʠ qualify /ˈkwɒlɪfaɪ/ (*pass, pp* **-fied**) **1** *vt* ~ **sb** (**for sth/to do sth**) qualificare qn (per qc/per fare qc); dare diritto a qn a qc/a fare qc **2** *vi* ~ **for sth/to do sth** aver diritto a qc/a fare qc **3** *vt* (*dichiarazione*) puntualizzare **4** *vi* ~ (**as sth**) ottenere la qualifica (di qc) **5** *vi* ~ (**as sth**) contare (qc) **6** *vi* ~ (**for sth**) avere i requisiti (per qc) **7** *vi* ~ (**for sth**) (*Sport*) qualificarsi (per qc) **qualifying** *agg* **1** (*partita*) eliminatorio **2** (*esame*) di ammissione
qualitative /ˈkwɒlɪtətɪv; *USA* -teɪt-/ *agg* qualitativo
ʠ quality /ˈkwɒləti/ *s* (*pl* **-ies**) qualità

qualm /kwɑːm/ *s* scrupolo
quandary /ˈkwɒndəri/ *s* dilemma: *to be in a quandary* trovarsi di fronte a un dilemma
quantify /ˈkwɒntɪfaɪ/ *vt* (*pass, pp* **-fied**) quantificare
quantitative /ˈkwɒntɪtətɪv; *USA* -teɪt-/ *agg* quantitativo
ʠ quantity /ˈkwɒntəti/ *s* (*pl* **-ies**) quantità
quarantine /ˈkwɒrəntiːn; *USA* ˈkwɔːr-/ *s* quarantena
quarrel /ˈkwɒrəl; *USA* ˈkwɔːrəl/ ▶ *s* **1** lite **2** motivo di lagnanza LOC *Vedi* PICK
▶ *vi* (**-ll-**, *USA* **-l-**) ~ (**with sb**) (**about/over sth**) litigare (con qn) (per qc)
quarrelsome /ˈkwɒrəlsəm/ *agg* litigioso
quarry /ˈkwɒri; *USA* ˈkwɔːri/ *s* (*pl* **-ies**) **1** cava **2** preda
quart /kwɔːt/ *s* (*abbrev* **qt**) quarto di gallone (=1,14 litri)
ʠ quarter /ˈkwɔːtə(r)/ *s* **1** quarto: *It's (a) quarter to/past one.* È l'una meno/e un quarto. ◊ *a quarter full* pieno per un quarto **2** (*pagamento*) trimestre **3** quartiere **4** (*USA*) quarto di dollaro **5 quarters** [*pl*] (*spec Mil*) quartiere LOC **in/from all quarters** da tutte le parti
quarter-ˈfinal *s* quarti di finale
quarterly /ˈkwɔːtəli/ ▶ *agg* trimestrale
▶ *avv* trimestralmente
▶ *s* trimestrale (*rivista*)
quartet /kwɔːˈtet/ *s* quartetto
quartz /kwɔːts/ *s* quarzo
quash /kwɒʃ/ *vt* **1** (*sentenza*) annullare **2** (*rivolta*) soffocare **3** (*sospetto, chiacchiera*) mettere fine a
quay /kiː/ *s* molo
ʠ queen /kwiːn/ *s* **1** regina **2** (*Carte*) donna, regina ➲ *Vedi nota a* CARTA
queer /kwɪə(r)/ ▶ *agg* (**-er, -est**) (*antiq*) strano
LOC *Vedi* FISH

▸ s (*volgare, offensivo*) frocio ➲ Confronta GAY
quell /kwel/ *vt* **1** (*rivolta, passione*) dominare **2** (*paura, dubbi*) vincere

quench /kwentʃ/ *vt* **1** (*sete*) togliere **2** (*formale*) (*fuoco, passione*) spegnere

query /ˈkwɪəri/ ▸ *s* (*pl* **-ies**) domanda, dubbio: *Have you got any queries?* Avete qualcosa da chiedere?
▸ *vt* (*pass, pp* **queried**) contestare, mettere in questione

quest /kwest/ *s* (*formale*) ricerca

question /ˈkwestʃən/ ▸ *s* **1** domanda: *to ask a question* fare una domanda ◊ *to answer a question* rispondere a una domanda **2** ~ (**of sth**) questione (di qc) LOC **be out of the question** esser fuori questione ◆ **bring/call sth into question** mettere in dubbio qc ◆ **there is/was no question (of…)**: *There is no question of an immediate crisis.* Una crisi a breve termine è fuori discussione. ◊ *There was no question of him cancelling the trip.* Era fuori discussione che rinunciasse al viaggio. Vedi anche LOADED *a* LOAD
▸ *vt* **1** fare delle domande a, interrogare **2** ~ **sth** mettere in dubbio qc

questionable /ˈkwestʃənəbl/ *agg* discutibile

questioning /ˈkwestʃənɪŋ/ ▸ *s* interrogatorio
▸ *agg* interrogativo, inquisitore

'**question mark** *s* punto interrogativo

questionnaire /ˌkwestʃəˈneə(r)/ *s* questionario

queue /kjuː/ (*USA* **line**) ▸ *s* fila, coda LOC Vedi JUMP
▸ *vi* ~ (**up**) fare la fila

quick /kwɪk/ ▸ *agg* (**-er, -est**) **1** rapido, svelto: *Be quick!* Fai presto! ➲ Vedi nota a FAST¹ **2** (*persona, mente*) sveglio LOC **a quick temper** un temperamento irascibile ◆ **quick march!** passo di corsa! ◆ **be quick to do sth** fare qc prontamente Vedi anche BUCK³
▸ *avv* (**-er, -est**) (*informale*) rapidamente, in fretta

quicken /ˈkwɪkən/ **1** *vt, vi* accelerare **2** *vi* (*interesse*) destarsi

quickly /ˈkwɪkli/ *avv* rapidamente, in fretta

quid /kwɪd/ *s* (*pl* **quid**) (*informale, GB*) sterlina

quiet /ˈkwaɪət/ ▸ *agg* (**-er, -est**) **1** (*luogo, vita*) tranquillo **2** *Be quiet!* Stai zitto! **3** silenzioso
▸ *s* **1** silenzio **2** tranquillità LOC **on the quiet** di nascosto Vedi anche PEACE

quieten /ˈkwaɪətn/ (*spec USA* **quiet**) *vt* ~ **sb/sth** (**down**) (*spec GB*) calmare qn/qc PHR V **quieten down** calmarsi, tranquillizzarsi

quietly /ˈkwaɪətli/ *avv* **1** silenziosamente **2** tranquillamente **3** a voce bassa

quietness /ˈkwaɪətnəs/ *s* tranquillità

quill /kwɪl/ (*anche* ˌquill ˈpen) *s* penna d'oca

quilt /kwɪlt/ *s* trapunta

quintet /kwɪnˈtet/ *s* quintetto

quirk /kwɜːk/ *s* **1** stranezza (*abitudine*) **2** capriccio (*del destino*) **quirky** *agg* capriccioso

quit /kwɪt/ (**-tt-**) (*pass, pp* **quit** *o* **quitted**) **1** *vt* (*lavoro, scuola*) lasciare **2** *vi* smettere, andarsene **3** *vt* (*informale*) ~ **doing sth** smettere di fare qc

quite /kwaɪt/ *avv* **1** (*GB*) abbastanza: *He played quite well.* Ha giocato piuttosto bene. **2** completamente: *quite empty* completamente vuoto ◊ *quite sure* assolutamente certo ◊ *She played quite brilliantly.* Ha giocato proprio bene. ➲ Vedi nota a ABBASTANZA LOC **quite a; quite some** (*approv, spec USA*) *It's been quite a day!* Che giornata! ◊ *It gave me quite a shock.* Mi son preso un bello spavento. ◆ **quite a few** parecchi

quiver /ˈkwɪvə(r)/ ▸ *vi* tremare
▸ *s* tremito

quiz /kwɪz/ ▸ *s* (*pl* **quizzes**) quiz
▸ *vt* (**-zz-**) ~ **sb** (**about sb/sth**) interrogare qn (su qn/qc)

quizzical /ˈkwɪzɪkl/ *agg* interrogativo

quorum /ˈkwɔːrəm/ *s* [*sing*] quorum

quota /ˈkwəʊtə/ *s* quota

quotation /kwəʊˈteɪʃn/ *s* **1** (*da un libro, ecc*) citazione **2** (*Fin*) quotazione **3** preventivo

quo'tation marks *s* [*pl*] virgolette

quote /kwəʊt/ ▸ **1** *vt, vi* citare **2** *vt* fare un preventivo di **3** *vt* quotare
▸ *s* (*informale*) **1** (*da un libro, ecc*) citazione **2 quotes** [*pl*] virgolette

Qur'an = KORAN

R r

R, r /ɑː(r)/ *s* (*pl* **Rs**, **R's**, **r's**) R, r: *R for Robert* R come Roma ⊃ *Vedi esempi a* A, A

rabbit /'ræbɪt/ *s* coniglio ⊃ *Vedi nota a* CONIGLIO

rabid /'ræbɪd/ *agg* idrofobo

rabies /'reɪbiːz/ *s* [*non numerabile*] rabbia (*malattia*)

race[1] /reɪs/ *s* razza: *race relations* rapporti interrazziali

race[2] /reɪs/ ▸ *s* corsa, gara LOC *Vedi* RAT
▸ **1** *vi* correre, gareggiare **2** *vi* correre: *She raced across the road.* Ha attraversato la strada di corsa. **3** *vi* competere **4** *vi* (*cuore*) battere forte **5** *vt* ~ sb correre contro qn: *I'll race you to school.* Facciamo a chi arriva prima a scuola. **6** *vt* (*cavallo*) far correre

racecourse /'reɪskɔːs/ (*USA* **racetrack**) *s* ippodromo

racehorse /'reɪshɔːs/ *s* cavallo da corsa

racetrack /'reɪstræk/ *s* **1** pista (*automobilistica*) **2** (*USA*) *Vedi* RACECOURSE

racial /'reɪʃl/ *agg* razziale **racially** *avv*: *a racially mixed school* una scuola multietnica ◇ *racially motivated attacks* aggressioni a sfondo razziale

racing /'reɪsɪŋ/ *s* [*non numerabile*] corse: *horse racing* corse dei cavalli ◇ *racing car/bike* auto/bicicletta da corsa ◇ *racing driver* pilota automobilistico

racism /'reɪsɪzəm/ *s* razzismo **racist** *agg*, *s* razzista

rack /ræk/ ▸ *s* **1** (*per bici, piatti, ecc*) rastrelliera **2** (*per bagagli*) rete *Vedi* ROOF RACK **3** (*per bottiglie*) portabottiglie **4** **the rack** il cavalletto (*strumento di tortura*)
▸ *vt* LOC **rack your brain(s)** scervellarsi

racket /'rækɪt/ *s* **1** (*anche* **racquet**) racchetta **2** fracasso **3** racket

racy /'reɪsi/ *agg* (**-ier**, **-iest**) **1** (*stile*) vivace **2** (*barzelletta*) un po' spinto

radar /'reɪdɑː(r)/ *s* [*non numerabile*] radar

radiant /'reɪdiənt/ *agg* **1** ~ (**with sth**) raggiante (di qc): *radiant with joy* raggiante di felicità **2** (*Fis*) radiante **radiance** *s* splendore

radiate /'reɪdieɪt/ *vt*, *vi* irradiare, irradiarsi

radiation /ˌreɪdi'eɪʃn/ *s* **1** radiazione: *radiation sickness* sindrome da radiazioni **2** irradiazione

radiator /'reɪdieɪtə(r)/ *s* radiatore

radical /'rædɪkl/ *agg*, *s* radicale

radio /'reɪdiəʊ/ ▸ *s* (*pl* **-s**) radio: *radio station* stazione radio
▸ **1** *vt* inviare via radio: *The message was radioed to headquarters.* Il messaggio è stato inviato via radio al quartier generale. **2** *vi*: *The police officer radioed for help.* L'agente di polizia ha chiesto rinforzi via radio.

radioactive /ˌreɪdiəʊ'æktɪv/ *agg* radioattivo **radioactivity** /ˌreɪdiəʊæk'tɪvəti/ *s* radioattività

radish /'rædɪʃ/ *s* ravanello

radius /'reɪdiəs/ *s* (*pl* **radii** /-diaɪ/) **1** (*Geom*) raggio **2** (*Anat*) radio

raffle /'ræfl/ *s* lotteria

raft /rɑːft; *USA* ræft/ *s* zattera: *life raft* canotto di salvataggio

rafter /'rɑːftə(r); *USA* 'ræf-/ *s* trave (*del tetto*)

rafting /'rɑːftɪŋ; *USA* 'ræf-/ *s* [*non numerabile*] rafting, discesa in gommone

rag /ræg/ *s* **1** straccio **2** **rags** [*pl*] stracci (*abiti*) **3** (*informale, dispreg*) giornalaccio

rage /reɪdʒ/ ▸ *s* collera: *to fly into a rage* andare su tutte le furie ◇ *road rage* comportamento aggressivo al volante LOC **be all the rage** (*informale*) fare furore
▸ *vi* **1** infuriarsi **2** (*tormenta, battaglia*) infuriare

ragged /'rægɪd/ *agg* **1** (*abito*) stracciato **2** (*persona*) cencioso

raging /'reɪdʒɪŋ/ *agg* **1** (*dolore, sete*) atroce **2** (*mare*) in tempesta

raid /reɪd/ ▸ *s* **1** ~ (**on sth**) attacco (contro qc) **2** ~ (**on sth**) rapina (a qc) **3** (*polizia*) irruzione
▸ *vt* **1** (*polizia*) fare incursione in **2** (*fig*) fare razzia in

raider /'reɪdə(r)/ *s* rapinatore, -trice

rail /reɪl/ *s* **1** corrimano **2** parapetto **3** (*tende*) bastone **4** rotaia **5** (*Ferrovia*): *by rail* in treno ◇ *rail strike* sciopero dei treni

railing /'reɪlɪŋ/ (*anche* **railings** [*pl*]) *s* cancellata

railroad /'reɪlrəʊd/ *s* (*USA*) *Vedi* RAILWAY

'railroad crossing *s* (*USA*) *Vedi* LEVEL CROSSING

railway /'reɪlweɪ/ (*USA* **railroad** /'reɪlrəʊd/) *s* **1** ferrovia: *railway station* stazione ferrovia-

---

iː **see** i **happy** ɪ **sit** e **ten** æ **hat** ɑː **father** ʌ **cup** ʊ **put** uː **too**

ria **2** (*anche* **'railway line/track**) linea ferroviaria

rain /reɪn/ ▶ *s* pioggia: *It's pouring with rain.* Piove a dirotto.
▶ *vi* piovere: *It's raining hard.* Piove a dirotto.

rainbow /'reɪnbəʊ/ *s* arcobaleno

raincoat /'reɪnkəʊt/ *s* impermeabile

raindrop /'reɪndrɒp/ *s* goccia di pioggia

rainfall /'reɪnfɔːl/ *s* [*non numerabile*] precipitazioni (*quantità*)

rainforest /'reɪnfɒrɪst/ *s* foresta pluviale

rainy /'reɪni/ *agg* (**-ier, -iest**) piovoso

raise /reɪz/ ▶ *vt* **1** alzare **2** (*stipendio, speranze*) aumentare **3** (*questione, problema*) sollevare **4** (*fondi*) raccogliere **5** (*bambini, animali*) allevare ⊃ *Confronta* EDUCATE, BRING SB UP *a* BRING **6** (*prestito*) ottenere LOC **raise the alarm** dare l'allarme ◆ **raise your eyebrows (at sth)** inarcare le sopracciglia (all'idea di/per qc) ◆ **raise your glass (to sb)** brindare (a qn)
▶ *s* (*USA*) *Vedi* RISE *s senso* (4)

raisin /'reɪzn/ *s* [*numerabile*] uvetta *Vedi anche* SULTANA

rake /reɪk/ *s* rastrello
▶ *vt, vi* rastrellare LOC **rake it in** fare un sacco di soldi PHRV **rake sth up** (*informale*) rivangare qc (*passato, ecc*)

rally /'ræli/ ▶ (*pass, pp* **rallied**) **1** *vi* ~ (**round**) far fronte comune **2** *vt* ~ **sb** (**round sb**) radunare qn (intorno a qn) **3** *vi* riprendersi
▶ *s* (*pl* **-ies**) **1** raduno **2** (*tennis, ecc*) scambio **3** (*auto*) rally

RAM /ræm/ *s* [*non numerabile*] **random access memory** RAM

ram /ræm/ ▶ *s* montone
▶ (**-mm-**) **1** *vi* ~ **into sth** andare a sbattere contro qc **2** *vt* (*porta*) spingere con forza **3** *vt* ~ **sth in, into, etc. sth** conficcare qc dentro qc

ramble /'ræmbl/ ▶ *vi* ~ (**on**) (**about sb/sth**) blaterare (di qn/qc)
▶ *s* camminata

rambler /'ræmblə(r)/ *s* escursionista

rambling /'ræmblɪŋ/ *agg* **1** (*città, strada*) ramificato **2** (*Bot*) rampicante **3** (*discorso*) sconnesso

ramp /ræmp/ *s* rampa

rampage ▶ /ræm'peɪdʒ/ *vi* infuriare
▶ /'ræmpeɪdʒ/ *s* LOC **be/go on the rampage** scatenarsi

rampant /'ræmpənt/ *agg* **1** dilagante **2** (*pianta*) troppo rigoglioso

ramshackle /'ræmʃækl/ *agg* **1** (*casa*) cadente **2** (*veicolo*) sgangherato

ran *pass di* RUN

ranch /rɑːntʃ; *USA* ræntʃ/ *s* ranch

'ranch house *s* **1** casa nel ranch **2** (*USA*) casa stile ranch

rancid /'rænsɪd/ *agg* rancido

random /'rændəm/ ▶ *agg* casuale
▶ *s* LOC **at random** a caso

rang *pass di* RING²

range /reɪndʒ/ ▶ *s* **1** gamma **2** scala **3** (*suono, vista*) raggio **4** (*montagne*) catena **5** (*armi*) portata
▶ **1** *vi* ~ **from sth to sth** andare da qc a qc **2** *vi* ~ **between sth and sth** essere tra qc e qc **3** *vt* allineare, disporre **4** *vi* ~ (**over/through sth**) vagare (per qc)

ranger /'reɪndʒə(r)/ *s* **1** guardia forestale **2 Ranger (Guide)** (*GB*) ragazza tra i 14 e i 19 anni appartenente ad un'associazione scout

rank /ræŋk/ ▶ *s* grado LOC **the rank and file** la base (*di partito, ecc*)
▶ **1** *vt* ~ **sb/sth (as sth)** considerare qn/qc (come qc) **2** *vi* essere: *He ranks second in the world.* È il secondo nella graduatoria mondiale. ◊ *high-ranking* di alto grado

ransack /'rænsæk/ *vt* **1** ~ **sth (for sth)** mettere a soqquadro qc (in cerca di qc) **2** saccheggiare

ransom /'rænsəm/ *s* riscatto LOC *Vedi* HOLD

rap /ræp/ ▶ *s* **1** colpo secco **2** (*Mus*) rap
▶ *vt, vi* (**-pp-**) **1** colpire **2** cantare in stile rap

rape /reɪp/ ▶ *vt* violentare
▶ *s* **1** stupro **2** (*Bot*) colza

rapid /'ræpɪd/ *agg* rapido **rapidity** /rə'pɪdəti/ *s* (*formale*) rapidità **rapidly** *avv* rapidamente

rapist /'reɪpɪst/ *s* stupratore

rappel /ræ'pel/ *s* (*USA*) *Vedi* ABSEIL

rapper /'ræpə(r)/ *s* cantante rap, rapper

rapport /ræ'pɔː(r)/ *s* intesa (*relazione*)

rapt /ræpt/ *agg* ~ (**in sth**) assorto (in qc)

rapture /'ræptʃə(r)/ *s* estasi **rapturous** *agg* estasiato

rare /reə(r)/ *agg* (**rarer, -est**) **1** raro **2** al sangue (*carne*) **rarely** *avv* raramente ⊃ *Vedi nota a* ALWAYS **rarity** /'reərəti/ *s* (*pl* **-ies**) rarità

rash¹ /ræʃ/ *s* sfogo (*sulla pelle*)

rash² /ræʃ/ *agg* (**-er, -est**) avventato: *In a rash moment I promised her …* Nell'impeto del momento le ho promesso …

raspberry /'rɑːzbəri; *USA* 'ræzberi/ *s* (*pl* **-ies**) lampone

rat → real estate agent

rat /ræt/ *s* ratto [LOC] **the rat race** (*informale, dispreg*) la corsa al successo

rate[1] /reɪt/ *s* **1** tasso, ritmo: *at a rate of 50 a/per week* a un ritmo di 50 alla settimana ◊ *the exchange rate/the rate of exchange* il tasso di cambio ◊ *interest rate* tasso d'interesse **2** tariffa: *an hourly rate of pay* una tariffa salariale oraria [LOC] **at any rate** (*informale*) in ogni modo ♦ **at this/that rate** (*informale*) di questo passo

rate[2] /reɪt/ **1** *vt* stimare, valutare: *highly rated* molto stimato **2** *vi* essere considerato **3** *vt* meritare **4** *vt*: *a film rated 15* un film vietato ai minori di 15 anni ◊ *an X-rated film* un film vietato ai minori

rather /ˈrɑːðə(r)/; *USA* /ˈræð-/ *avv* piuttosto, abbastanza: *I rather suspect …* Ho il vago sospetto … ➔ *Vedi nota a* ABBASTANZA [LOC] **I'd, you'd, etc. rather …** (**than**): *I'd rather walk than wait for the bus.* Preferisco andare a piedi piuttosto che aspettare l'autobus. ◊ *I'd rather you didn't smoke.* Preferirei che tu non fumassi. ♦ **or rather** o meglio **rather than** *prep* anziché, piuttosto che/di

rating /ˈreɪtɪŋ/ *s* **1** valutazione: *a high/low popularity rating* grande/scarsa popolarità **2 the ratings** [*pl*] (*TV*) l'indice di ascolto

ratio /ˈreɪʃiəʊ/ *s* (*pl* **-s**) proporzione, rapporto: *The ratio of boys to girls in this class is three to one.* La proporzione tra ragazzi e ragazze in questa classe è di tre a uno.

ration /ˈræʃn/ ▶ *s* razione
▶ *vt* ~ **sb/sth to sth** razionare qc a qn/qc

rational /ˈræʃnəl/ *agg* razionale, ragionevole **rationality** /ˌræʃəˈnæləti/ *s* razionalità **rationalization, -isation** *s* razionalizzazione **rationalize, -ise** *vt* **1** (*fatto*) spiegare razionalmente **2** (*azienda*) razionalizzare

rationing /ˈræʃənɪŋ/ *s* razionamento

rattle /ˈrætl/ ▶ **1** *vt* scuotere **2** *vi* fare rumore, tintinnare [PHRV] **rattle along, off, past, etc.** sferragliare ♦ **rattle sth off** snocciolare qc (*dire*)
▶ *s* **1** rumore, sferragliare **2** sonaglio (*per bambini*)

rattlesnake /ˈrætlsneɪk/ *s* serpente a sonagli

ravage /ˈrævɪdʒ/ *vt* devastare

rave /reɪv/ *vi* **1** ~ (**about sb/sth**) fare una sfuriata (per qn/qc) **2** ~ (**on**) **about sb/sth** (*informale*) entusiasmarsi per qn/qc

raven /ˈreɪvn/ *s* corvo

ravine /rəˈviːn/ *s* burrone

raw /rɔː/ *agg* **1** crudo **2** non raffinato: *raw silk* seta grezza ◊ *raw material* materia prima **3** (*ferita*) aperto

ray /reɪ/ *s* raggio: *X-rays* raggi X

razor /ˈreɪzə(r)/ *s* rasoio

ˈrazor blade *s* lametta da barba

RE /ˌɑːr ˈiː/ *s* [*non numerabile*] educazione religiosa

reach /riːtʃ/ ▶ **1** *vi* ~ **for sth** allungare la mano per prendere qc **2** *vi* ~ **out (to sb/sth)** allungare la mano (verso qn/qc) **3** *vt* (*posto*) arrivare a **4** *vt* contattare **5** *vt* arrivare a, raggiungere: *to reach an agreement* giungere a un accordo
▶ *s* [LOC] **beyond/out of (your) reach** fuori portata ♦ **within (your) reach** alla portata ♦ **within (easy) reach (of sth)** vicino (a qc), a portata di mano

react /riˈækt/ *vi* **1** ~ **(to sb/sth)** reagire (verso qn/a qc) **2** ~ **(against sb/sth)** reagire (contro qn/qc); opporsi (a qn/qc) **reaction** *s* ~ **(to sb/sth)** reazione (verso qn/a qc) **reactionary** /riˈækʃnri/; *USA* -neri/ *agg* reazionario

reactor /riˈæktə(r)/ *s* **1** reattore nucleare **2** (*Chim*) reagente

read /riːd/ (*pass, pp* **read** /red/) **1** *vt, vi* ~ **(about sb/sth)** leggere (qc) (su qn/qc) **2** *vt* ~ **sth (as sth)** leggere, interpretare qc (come qc) **3** *vi* (*telegramma, ecc*) dire **4** *vi* (*contatore*) indicare [PHRV] **read sth into sth** vedere qc in qc ♦ **read on** continuare a leggere ♦ **read sth out** leggere qc ad alta voce **readable** *agg* **1** (*libro*) di piacevole lettura **2** (*calligrafia*) leggibile **reading** *s* lettura: *reading glasses* occhiali per leggere

reader /ˈriːdə(r)/ *s* lettore, -trice **readership** *s* [*non numerabile*] (numero di) lettori

readmit /ˌriːədˈmɪt/ *vt* (**-tt-**) riammettere

ˌread-only ˈmemory *Vedi* ROM

ready /ˈredi/ *agg* (**-ier, -iest**) **1** ~ **(for sth/to do sth)** pronto (a qc/a fare qc): *to get ready* prepararsi **2** ~ **to do sth** sul punto di fare qc **readily** *avv* **1** prontamente **2** volentieri **3** facilmente **readiness** *s* **1** preparazione: (*to do sth*) *in readiness for sth* (fare qc) per prepararsi a qc **2** disponibilità: *her readiness to help* la sua disponibilità ad aiutare

ˌready-ˈmade *agg* confezionato

real /ˈriːəl/ *agg* **1** reale, vero: *real life* realtà ◊ *That's not his real name.* Questo non è il suo nome vero. **2** vero: *The meal was a real disaster.* Il pranzo è stato un vero disastro. [LOC] **get real!** apri gli occhi!

ˈreal estate agent *s* (*USA*) *Vedi* ESTATE AGENT

---

aɪ f**i**ve   aʊ n**ow**   ɔɪ j**oi**n   ɪə n**ear**   eə h**air**   ʊə p**ure**   ʒ vi**si**on   h **h**ow   ŋ si**ng**

realism /ˈriːəlɪzəm/ s realismo **realist** s realista

realistic /ˌriːəˈlɪstɪk/ agg realistico

reality /riˈæləti/ s (pl **-ies**) **1** realtà **2** realismo LOC **in reality** in realtà

realize, -ise /ˈriːəlaɪz/ vt **1** ~ **sth** rendersi conto di qc: *Not realizing that*… Senza accorgersi che … **2** (*piano*) attuare **3** (*sogno, speranza*) realizzare **realization, -isation** s **1** realizzazione **2** presa di coscienza

really /ˈriːəli/ avv davvero, veramente: *I really mean that.* Dico sul serio. ◇ *Is it really true?* Ma è proprio vero?

realm /relm/ s (*fig*) sfera, ambito: *within/beyond the realms of possibility* nell'ambito/fuori dell'ambito del possibile

Realtor® /ˈriːəltə(r)/ s (*USA*) Vedi ESTATE AGENT

reap /riːp/ vt mietere

reappear /ˌriːəˈpɪə(r)/ vi riapparire, ricomparire **reappearance** s ricomparsa

rear[1] /rɪə(r)/ ▶ **the rear** s [*sing*] (*formale*) il dietro, la parte posteriore LOC *Vedi* BRING
▶ agg posteriore: *a rear window* un finestrino posteriore

rear[2] /rɪə(r)/ **1** vt allevare (*figli, ecc*) **2** vi ~ (**up**) (*cavallo*) impennarsi **3** vt alzare

rearrange /ˌriːəˈreɪndʒ/ vt **1** ridisporre **2** (*programmi*) rifare

reason /ˈriːzn/ ▶ s **1** ~ (**for sth/doing sth**) motivo, ragione (di qc/per fare qc): *What are your reasons for leaving the job?* Per quali motivi si è dimesso? ◇ *I chose that colour for a reason.* Ho scelto quel colore per un motivo preciso. ◇ *You have every reason to be angry.* Hai tutte le ragioni di questo mondo per essere arrabbiato. ◇ *The reason why we are not going is* … Non ci andiamo perché … **2** (*facoltà*) ragione LOC **by reason of sth** (*formale*) a causa di qc ♦ **in/within reason** entro certi limiti ♦ **make sb see reason** far ragionare qn *Vedi anche* STAND
▶ vi ragionare

reasonable /ˈriːznəbl/ agg **1** ragionevole **2** (*tempo, cibo*) decente

reasonably /ˈriːznəbli/ avv **1** abbastanza **2** ragionevolmente

reasoning /ˈriːzənɪŋ/ s ragionamento

reassure /ˌriːəˈʃʊə(r)/ vt rassicurare **reassurance** s rassicurazione **reassuring** agg rassicurante

rebate /ˈriːbeɪt/ s rimborso

rebel ▶ /ˈrebl/ s ribelle
▶ /rɪˈbel/ vi (**-ll-**) ribellarsi

rebellion /rɪˈbeljən/ s ribellione

rebellious /rɪˈbeljəs/ agg ribelle

rebirth /ˌriːˈbɜːθ/ s rinascita

reboot /ˌriːˈbuːt/ vt, vi riavviare (*Informatica*)

rebound ▶ /rɪˈbaʊnd/ vi **1** ~ (**from/off sth**) rimbalzare (su qc) **2** ~ (**on sb**) ripercuotersi (su qn)
▶ /ˈriːbaʊnd/ s rimbalzo LOC **on the rebound** di rimbalzo

rebuff /rɪˈbʌf/ ▶ s rifiuto secco
▶ vt rifiutare, respingere

rebuild /ˌriːˈbɪld/ vt (*pass, pp* **rebuilt** /ˌriːˈbɪlt/) ricostruire

rebuke /rɪˈbjuːk/ ▶ vt riprendere, rimproverare
▶ s rimprovero

recall /rɪˈkɔːl/ vt **1** (*formale*) ricordare *Vedi anche* REMEMBER **2** richiamare (*far tornare*) **3** (*biblioteca*) chiedere di restituire **4** (*parlamento*) convocare

recapitulate /ˌriːkəˈpɪtʃuleɪt/ vt ricapitolare

recapture /ˌriːˈkæptʃə(r)/ vt **1** (*prigioniero, preda*) catturare nuovamente, riprendere **2** (*territorio*) riconquistare **3** (*atmosfera*) ricreare **4** (*felicità*) ritrovare

recede /rɪˈsiːd/ vi **1** retrocedere: *receding chin* mento sfuggente ◇ *to have a receding hairline* essere stempiato **2** (*marea*) abbassarsi **3** (*speranza, minaccia*) allontanarsi

receipt /rɪˈsiːt/ s **1** ricevuta: *to acknowledge receipt of sth* accusare ricevuta di qc **2** scontrino **3 receipts** [*pl*] incassi, entrate

receive /rɪˈsiːv/ vt **1** ricevere **2** (*consiglio, film*) accogliere **3** (*ferita*) riportare

receiver /rɪˈsiːvə(r)/ s **1** (*radio, TV*) apparecchio radioricevente **2** (*telefono*) ricevitore: *to lift/pick up the receiver* alzare la cornetta

recent /ˈriːsnt/ agg recente: *in recent years* negli ultimi anni **recently** avv recentemente: *until recently* fino a poco tempo fa ◇ *a recently appointed director* un direttore nominato di recente

reception /rɪˈsepʃn/ s **1** ricevimento, cerimonia **2** *reception desk* (banco della) reception **3** accoglienza **4** ricezione: *good/bad reception* una buona/cattiva ricezione **receptionist** s **1** receptionist **2** (*dentista, parrucchiere*) addetto, -a alla ricezione

receptive /rɪˈseptɪv/ agg ~ (**to sth**) ricettivo (a qc)

| tʃ **ch**in | dʒ **J**une | v **v**an | θ **th**in | ð **th**en | s **s**o | z **z**oo | ʃ **sh**e |

recess /rɪˈses, ˈriːses/ *s* **1** (*parlamento*) periodo di ferie **2** cavità **3** (*USA*) (*scuola*) intervallo **4** (*muro*) nicchia, rientranza **5** [*gen pl*] recessi

recession /rɪˈseʃn/ *s* recessione

recharge /ˌriːˈtʃɑːdʒ/ *vt* ricaricare

recipe /ˈresəpi/ *s* **1** ~ (**for sth**) (*Cucina*) ricetta (di qc) **2** ~ **for sth** (*fig*): *What is your recipe for success?* Qual è il segreto del tuo successo?

recipient /rɪˈsɪpiənt/ *s* **1** destinatario, -a **2** (*soldi*) beneficiario, -a

reciprocal /rɪˈsɪprəkl/ *agg* reciproco

reciprocate /rɪˈsɪprəkeɪt/ *vt, vi* ricambiare

recital /rɪˈsaɪtl/ *s* recital

recite /rɪˈsaɪt/ *vt* **1** recitare (*poesia, ecc*) **2** enumerare

reckless /ˈrekləs/ *agg* **1** (*guida, guidatore*) spericolato **2** (*decisione, spesa*) sconsiderato

⚑ **reckon** /ˈrekən/ *vt* **1** considerare **2** (*informale*) pensare **3** calcolare PHR V **reckon on sb/sth** contare su qn/qc ♦ **reckon with sb/sth** tenere conto di qn/qc: *There is still your father to reckon with.* C'è ancora da vedersela con tuo padre. **reckoning** *s* [*sing*] **1** calcoli, conti: *by my reckoning* secondo i miei calcoli **2** (*fig*) resa dei conti

reclaim /rɪˈkleɪm/ *vt* **1** (*terreno*) bonificare **2** (*materiale*) riciclare **3** reclamare **reclamation** /ˌrekləˈmeɪʃn/ *s* **1** (*terre*) bonifica **2** (*materiale*) recupero

recline /rɪˈklaɪn/ **1** *vi* (*persona*) sdraiarsi **2** *vt* reclinare **reclining** *agg* reclinabile

⚑ **recognition** /ˌrekəɡˈnɪʃn/ *s* riconoscimento: *in recognition of* qc come riconoscimento di qc ◊ *to have changed beyond recognition* essere irriconoscibile

⚑ **recognize, -ise** /ˈrekəɡnaɪz/ *vt* riconoscere **recognizable, -isable** *agg* riconoscibile

recoil /rɪˈkɔɪl/ *vi* (*formale*) **1** ~ (**at/from sb/sth**) provare orrore (all'idea di qn/qc) **2** indietreggiare

recollect /ˌrekəˈlekt/ *vt* (*formale*) ricordare **recollection** *s* (*formale*) ricordo

⚑ **recommend** /ˌrekəˈmend/ *vt* raccomandare, consigliare **recommendation** *s* **1** [*numerabile*] ~ (**to sb**) (**for/on/about sth**) raccomandazione (a qn) (su qc): *I had the operation on the recommendation of my doctor.* Mi sono fatto operare dietro consiglio del medico. **2** [*non numerabile*] consiglio: *It's best to find a builder through personal recommendation.* È meglio trovare un muratore consigliato da conoscenti. **3** [*numerabile*] (*spec USA*) (lettera di) raccomandazione: *The company gave her a glowing recommendation.* La ditta l'ha raccomandata caldamente.

recompense /ˈrekəmpens/ ▸ *vt* (*formale*) ~ **sb** (**for sth**) **1** ricompensare qn (per qc) **2** risarcire qn (per/di qc)
▸ *s* (*formale*) [*sing*] **1** ricompensa **2** risarcimento

reconcile /ˈrekənsaɪl/ *vt* **1** riconciliare **2** ~ **sth** (**with sth**) conciliare qc (con qc) **3** ~ **yourself to sth** rassegnarsi a qc **reconciliation** /ˌrekənsɪliˈeɪʃn/ *s* [*sing*] **1** conciliazione **2** riconciliazione

reconnaissance /rɪˈkɒnɪsns/ *s* ricognizione

reconsider /ˌriːkənˈsɪdə(r)/ **1** *vt* riconsiderare **2** *vi* ripensarci

reconstruct /ˌriːkənˈstrʌkt/ *vt* ~ **sth** (**from sth**) ricostruire qc (da qc)

⚑ **record** ▸ /ˈrekɔːd; *USA* ˈrekərd/ *s* **1** nota, documento: *to make/keep a record of sth* annotare/tener nota di qc **2** archivio, dossier: *a criminal record* precedenti penali **3** disco: *record player* giradischi ◊ *a record company* una casa discografica **4** record: *to beat/break a record* battere un record LOC **put/set the record straight** mettere le cose in chiaro
▸ /rɪˈkɔːd/ *vt* **1** annotare, registrare **2** ~ (**sth**) (**from sth**) registrare (qc) (da qc) **3** (*termometro*) segnare

ˈ**record-breaking** *agg* senza precedenti, da record

recorder /rɪˈkɔːdə(r)/ *s* **1** flauto dolce **2** *Vedi* TAPE RECORDER, VIDEO

⚑ **recording** /rɪˈkɔːdɪŋ/ *s* registrazione (*di programma, canzone*)

recount /rɪˈkaʊnt/ *vt* (*formale*) ~ **sth** (**to sb**) raccontare qc (a qn)

recourse /rɪˈkɔːs/ *s* (*formale*) LOC **have recourse to sb/sth** ricorrere a qn/qc

⚑ **recover** /rɪˈkʌvə(r)/ **1** *vt* recuperare: *to recover consciousness* riprendere conoscienza **2** *vi* ~ (**from sth**) rimettersi, ristabilirsi (da qc) ⊃ *Vedi nota a* RICOVERARE

recovery /rɪˈkʌvəri/ *s* **1** (*pl* **-ies**) recupero **2** [*sing*] ~ (**from sth**) guarigione (da qc)

recreation /ˌrekriˈeɪʃn/ *s* **1** passatempo **2** ricreazione: *recreation ground* parco giochi

recruit /rɪˈkruːt/ ▸ *s* **1** recluta **2** nuovo assunto, nuova assunta
▸ *vt* ~ **sb** (**as/to sth**) reclutare qn (come/per qc)

recruitment /rɪˈkruːtmənt/ *s* reclutamento

rectangle /ˈrektæŋɡl/ *s* rettangolo **rectangular** /rekˈtæŋɡjələ(r)/ *agg* rettangolare

---

| iː see | i happy | ɪ sit | e ten | æ hat | ɑː father | ʌ cup | ʊ put | uː too |

rector /'rektə(r)/ *s* parroco (*anglicano*) Vedi anche VICAR **rectory** /'rektəri/ *s* (*pl* **-ies**) casa del parroco (*anglicano*)

recuperate /rɪ'kuːpəreɪt/ (*formale*) **1** *vi* ~ **(from sth)** riprendersi, rimettersi (da qc) **2** *vt* recuperare

recur /rɪ'kɜː(r)/ *vi* (**-rr-**) ripetersi, accadere di nuovo

recycle /ˌriː'saɪkl/ *vt* riciclare **recyclable** *agg* riciclabile **recycling** *s* riciclaggio

⁊ **red** /red/ ▸ *agg* (**redder, reddest**) rosso: *a red dress* un vestito rosso LOC **a red herring** una falsa pista
▸ *s* rosso: *The traffic lights are on red.* Il semaforo è rosso.

redcurrant /ˌred'kʌrənt/ *USA* -'kɜːr-/ *s* ribes rosso

reddish /'redɪʃ/ *agg* rossastro

redeem /rɪ'diːm/ *vt* **1** redimere: *to redeem yourself* redimersi **2** compensare **3** ~ **sth (from sb/sth)** riscattare qc (da qn/qc)

redemption /rɪ'dempʃn/ *s* (*formale*) **1** redenzione **2** (*debito*) estinzione

redevelopment /ˌriːdɪ'veləpmənt/ *s* risanamento edilizio

red mullet /ˌred 'mʌlɪt/ *s* (*pesce*) triglia

redo /ˌriː'duː/ *vt* (*pass* **redid** /-'dɪd/ *pp* **redone** /-'dʌn/) rifare

red 'pepper *s* peperone rosso

red 'tape *s* lungaggini burocratiche

⁊ **reduce** /rɪ'djuːs; *USA* -'duːs/ **1** *vt* ~ **sth (from sth to sth)** ridurre, diminuire qc (da qc a qc) **2** *vt* ~ **sth (by sth)** ridurre qc (di qc) **3** *vi* ridursi **4** *vt* ~ **sb/sth (from sth) to sth** ridurre qn/qc (da qc) a qc: *The house was reduced to cinere.* La casa è stata ridotta in cenere. ◊ *to reduce sb to tears* far piangere qn **reduced** *agg* scontato

⁊ **reduction** /rɪ'dʌkʃn/ *s* **1** ~ **(in sth)** riduzione (in qc) **2** ~ **(of sth)** riduzione, sconto (di qc): *a reduction of 5%* uno sconto del 5%

redundancy /rɪ'dʌndənsi/ *s* (*pl* **-ies**) licenziamento (*per esubero di personale*): *redundancy pay* indennità di licenziamento

redundant /rɪ'dʌndənt/ *agg* **1 to be made redundant** essere licenziato (*per esubero di personale*) **2** superfluo

reed /riːd/ *s* canna (*pianta*)

reef /riːf/ *s* banco di scogli

reek /riːk/ *vi* (*dispreg*) ~ **(of sth)** puzzare (di qc)

reel /riːl/ ▸ *s* **1** spoletta **2** (*film*) bobina **3** (*foto*) rullino **4** (*lenza*) mulinello
▸ *vi* **1** barcollare **2** (*testa*) girare PHR V **reel sth off** snocciolare qc (*dire*)

re-enactment /ˌriː ɪ'næktmənt/ *s* ricostruzione

re-'enter *vt* ~ **sth** rientrare in qc **re-'entry** *s* rientro

ref /ref/ *s* (*informale*) Vedi REFEREE senso (1)

⁊ **refer** /rɪ'fɜː(r)/ (**-rr-**) **1** *vi* ~ **to sb/sth** riferirsi a qn/qc **2** *vi* ~ **to sb/sth** consultare qn/qc **3** *vt* mandare

referee /ˌrefə'riː/ ▸ *s* **1** (*Sport*) arbitro **2** (*GB*) (*lavoro*) referenza (*persona*)
▸ *vt*, *vi* arbitrare

⁊ **reference** /'refərəns/ *s* **1** riferimento: *reference book* opera di consultazione **2** (*lavoro*) referenza **3** rimando **4** (*lettera*) numero di protocollo LOC **in/with reference to sb/sth** (*formale*) (Comm) in/con riferimento a qn/qc

referendum /ˌrefə'rendəm/ *s* (*pl* **-s** o **referenda**) referendum

refill ▸ /ˌriː'fɪl/ *vt* **1** riempire di nuovo **2** (*penna, accendino*) ricaricare
▸ /'riːfɪl/ *s* ricambio (*per penne, ecc*)

refine /rɪ'faɪn/ *vt* **1** raffinare **2** (*tecnica, apparecchio*) perfezionare **refinement** *s* **1** raffinatezza **2** (*Mecc*) miglioramento **3** (*significato*) sottigliezza **refinery** /rɪ'faɪnəri/ *s* (*pl* **-ies**) raffineria

⁊ **reflect** /rɪ'flekt/ **1** *vt* riflettere, rispecchiare **2** *vt* (*luce*) riflettere **3** *vi* ~ **(on/upon sth)** riflettere (su qc) LOC **reflect on sb/sth**: *reflect well/badly on sb/sth* riflettersi favorevolmente/negativamente su qn/qc **reflection** (*GB anche* **reflexion**) *s* **1** riflesso (*immagine*) **2** (*azione, pensiero*) riflessione LOC **on reflection** pensandoci bene ♦ **be a reflection on sb/sth** ripercuotersi negativamente su qn/qc

reflex /'riːfleks/ *s* riflesso (*azione*)

reflexive /rɪ'fleksɪv/ *agg* riflessivo

⁊ **reform** /rɪ'fɔːm/ ▸ **1** *vt* riformare **2** *vi* ravvedersi
▸ *s* riforma

reformation /ˌrefə'meɪʃn/ *s* **1** riforma (*azione*) **2 the Reformation** la Riforma

refrain¹ /rɪ'freɪn/ *s* ritornello

refrain² /rɪ'freɪn/ *vi* (*formale*) ~ **(from sth)** astenersi, trattenersi (dal fare qc): *Please refrain from smoking in the hospital.* Si prega di non fumare all'interno dell'ospedale.

refresh /rɪ'freʃ/ *vt* **1** ristorare **2** rinfrescare LOC **refresh sb's memory (about sb/sth)** rinfrescare la memoria di qn (su qn/qc) **refreshing**

refreshments → regulation 264

agg **1** ristoratore **2** rinfrescante **3** (*fig*) piacevole

refreshments /rɪˈfreʃmənts/ *s* [*pl*] rinfreschi: *The restaurant offers delicious meals and refreshments.* Il ristorante serve pranzi e rinfreschi ottimi.

> Refreshment è al singolare quando precede un altro sostantivo: *There will be a refreshment stop.* È prevista una fermata per il ristoro.

refrigerate /rɪˈfrɪdʒəreɪt/ *vt* tenere in luogo refrigerato **refrigeration** *s* refrigerazione

⚐ **refrigerator** /rɪˈfrɪdʒəreɪtə(r)/ *s* (*formale o USA*) frigorifero *Vedi anche* FREEZER

refuel /ˌriːˈfjuːəl/ (**-ll-**, *USA* **-l-**) **1** *vt* rifornire di carburante **2** *vi* rifornirsi di carburante

refuge /ˈrefjuːdʒ/ *s* **1** ~ (**from sb/sth**) rifugio (da qn/qc): *to take refuge* rifugiarsi **2** ~ (**from sth**) riparo (da qc): *to take refuge* ripararsi

refugee /ˌrefjuˈdʒiː/ *s* rifugiato, -a, profugo, -a

refund ▸ /rɪˈfʌnd/ *vt* rimborsare
▸ /ˈriːfʌnd/ *s* rimborso

refurbish /ˌriːˈfɜːbɪʃ/ *vt* rinnovare **refurbishment** *s* rinnovo locali

⚐ **refusal** /rɪˈfjuːzl/ *s* ~ (**to do sth**) rifiuto (a/di fare qc)

⚐ **refuse¹** /rɪˈfjuːz/ **1** *vt* rifiutare: *to refuse (sb) entry/entry (to sb)* rifiutare l'ingresso (a qn) **2** *vi* ~ (**to do sth**) rifiutarsi (di fare qc)

refuse² /ˈrefjuːs/ *s* [*non numerabile*] rifiuti

regain /rɪˈɡeɪn/ *vt* recuperare, riguadagnare: *to regain consciousness* riprendere conoscenza

regal /ˈriːɡl/ *agg* regale

⚐ **regard** /rɪˈɡɑːd/ ▸ *vt* **1** ~ **sb/sth as sth** considerare qn/qc qc **2** (*formale*) ~ **sb/sth with sth** considerare qn/qc con qc LOC **as regards sb/sth** (*formale*) per quanto riguarda qn/qc
▸ *s* **1** ~ **to/for sb/sth** stima di qn/qc: *with no regard for/to speed limits* senza rispettare i limiti di velocità **2** **regards** [*pl*] (*nelle lettere*) cordiali saluti LOC **in this regard** (*formale*) a questo riguardo ◆ **in/with regard to sb/sth** (*formale*) per quanto riguarda qn/qc

regarding /rɪˈɡɑːdɪŋ/ *prep* riguardo a

regardless /rɪˈɡɑːdləs/ *avv* (*informale*): *She had to carry on regardless.* Ha dovuto continuare lo stesso.

reˈgardless of *prep* senza far caso a, senza preoccuparsi di

reggae /ˈreɡeɪ/ *s* reggae

regiment /ˈredʒɪmənt/ *s* [*v sing o pl*] reggimento **regimented** *agg* irreggimentato

⚐ **region** /ˈriːdʒən/ *s* regione LOC **in the region of sth** intorno a qc: *in the region of 100 euro* intorno alle cento euro

⚐ **regional** /ˈriːdʒənl/ *agg* regionale: *the conflict between regional and national interests* il conflitto tra interessi regionali e nazionali ◊ *regional councils/elections/newspapers* consigli/elezioni/giornali regionali **regionally** /-nəli/ *avv*: *regionally based television companies* emittenti televisive regionali ◊ *The project was coordinated regionally.* Il progetto è stato coordinato a livello regionale

⚐ **register** /ˈredʒɪstə(r)/ ▸ *s* **1** elenco **2** registro: *to call the register* fare l'appello ⮕ *Vedi nota a* TUTOR GROUP
▸ **1** *vt* ~ **sth (in sth)** registrare qc (in/su qc) **2** *vi* ~ (**at/for/with sth**) iscriversi (a qc) **3** *vi* ~ (**with sb**) (*medico*): *I'm registered with Doctor Davis.* Il mio medico è il dottor Davis. **4** *vt* (*sorpresa*) mostrare **5** *vt* (*lettera*) assicurare

ˌ**registered ˈpost** *s* posta assicurata

ˈ**register office** *s* (*formale*) anagrafe

registrar /ˌredʒɪˈstrɑː(r), ˈredʒɪstrɑː(r)/ *s* **1** ufficiale di stato civile **2** responsabile di segreteria (*all'università*)

registration /ˌredʒɪˈstreɪʃn/ *s* **1** (*veicolo*) immatricolazione **2** iscrizione **3** appello (*per controllare le presenze*)

regiˈstration number *s* numero di targa

ˈ**registry office** /ˈredʒɪstri ɒfɪs/ *s* anagrafe

regret /rɪˈɡret/ ▸ *s* **1** ~ (**at/about sth**) dispiacere, rammarico (per qc) **2** ~ (**for sth**) rimpianto (per qc)
▸ *vt* (**-tt-**) **1** essere dispiaciuto per **2** pentirsi di

regretfully /rɪˈɡretfəli/ *avv* con rammarico

regrettable /rɪˈɡretəbl/ *agg* increscioso, deplorevole

⚐ **regular** /ˈreɡjələ(r)/ ▸ *agg* regolare: *to take regular exercise* fare ginnastica regolarmente ◊ *He's a regular visitor.* Viene regolarmente. LOC **on a regular basis** regolarmente
▸ *s* cliente abituale

regularity /ˌreɡjuˈlærəti/ *s* regolarità

⚐ **regularly** /ˈreɡjələli/ *avv* regolarmente

regulate /ˈreɡjuleɪt/ *vt* regolare, regolamentare

⚐ **regulation** /ˌreɡjuˈleɪʃn/ *s* **1** regolamentazione **2** [*gen pl*] norma, regolamento: *safety regulations* norme di sicurezza

---

aɪ five   aʊ now   ɔɪ join   ɪə near   eə hair   ʊə pure   ʒ vision   h how   ŋ sing

rehabilitate → rely

rehabilitate /ˌriːəˈbɪlɪteɪt/ vt riabilitare **rehabilitation** s riabilitazione

rehearse /rɪˈhɜːs/ **1** vt provare (*commedia, concerto*) **2** vi ~ **(for sth)** fare le prove (per/di qc) **3** vt ~ **sb (for sth)** far fare le prove a qn (per qc) **rehearsal** s prova: *a dress rehearsal* una prova generale

reign /reɪn/ ▶ s regno (*periodo*)
▶ vi ~ **(over sb/sth)** regnare (su qn/qc)

reimburse /ˌriːɪmˈbɜːs/ vt **1** ~ **sth (to sb)** rimborsare qc (a qn) **2** ~ **sb (for sth)** rimborsare qn (per qc)

rein /reɪn/ s redine

reindeer /ˈreɪndɪə(r)/ s (*pl* **reindeer**) renna

reinforce /ˌriːɪnˈfɔːs/ vt rinforzare **reinforcement** s **1** rinforzo, rafforzamento **2** **reinforcements** [*pl*] (*Mil*) rinforzi

reinstate /ˌriːɪnˈsteɪt/ vt **1** ~ **sb (in/as sth)** reintegrare qn (in/nella carica di qc) **2** (*legge, tradizione*) ripristinare

⚡ **reject** ▶ /rɪˈdʒekt/ vt **1** rifiutare **2** (*candidato*) respingere **3** (*possibilità, ipotesi*) scartare
▶ /ˈriːdʒekt/ s scarto

rejection /rɪˈdʒekʃn/ s rifiuto

rejoice /rɪˈdʒɔɪs/ vi (*formale*) ~ **(at/in/over sth)** rallegrarsi (di qc)

rejoin /ˌriːˈdʒɔɪn/ vt **1** (*circolo*) iscriversi di nuovo a **2** (*persone*) raggiungere

relapse ▶ /rɪˈlæps/ vi avere una ricaduta
▶ /rɪˈlæps, ˈriːlæps/ s ricaduta

⚡ **relate** /rɪˈleɪt/ **1** vt ~ **sth (to sb)** (*formale*) riferire, raccontare qc (a qn) **2** vt ~ **sth to/with sth** collegare qc a/con qc **3** vi ~ **to sb/sth** riferirsi a qn/qc **4** vi ~ **(to sb/sth)** identificarsi, stabilire un rapporto (con qn/qc) **related** agg **1** collegato **2** ~ **(to sb)** imparentato (con qn): *to be related by marriage* essere parente per parte di moglie/marito

⚡ **relation** /rɪˈleɪʃn/ s **1** ~ **(to sth/between …)** relazione, nesso (con qc/tra …) **2** parente **3** parentela: *What relation are you to him?* Che tipo di parentela c'è tra voi? ◊ *Is he any relation (to you)?* È un suo parente? **LOC** **in/with relation to** (*formale*) con riferimento a *Vedi anche* BEAR² **relationship** s **1** ~ **(between A and B)**; ~ **(of A to/with B)** rapporto (tra A e B) **2** legame di parentela **3** relazione (*sentimentale*)

⚡ **relative** /ˈrelətɪv/ ▶ s parente
▶ agg relativo

relatively /ˈrelətɪvli/ avv relativamente

relativity /ˌreləˈtɪvəti/ s relatività

⚡ **relax** /rɪˈlæks/ **1** vt, vi rilassare, rilassarsi **2** vt (*regolamento, disciplina*) rendere meno rigido **relaxation** s **1** rilassamento **2** relax **3** svago, passatempo **relaxing** agg rilassante

relay ▶ /ˈriːleɪ/ s **1** (*anche* ˈ**relay race**) corsa a staffetta **2** ricambio (*di lavoratori, cavalli*)
▶ /ˈriːleɪ, rɪˈleɪ/ vt (*pass, pp* **relayed**) **1** (*messaggio*) trasmettere **2** (*GB*) (*TV, Radio*) ripetere

⚡ **release** /rɪˈliːs/ ▶ vt **1** liberare, rilasciare **2** lasciare andare, mollare: *to release sb's arm* lasciare il braccio di qn ◊ *to release your grip on sb/sth* lasciare andare qn/qc **3** (*gas*) emettere **4** (*notizia*) rilasciare, rendere pubblico **5** (*disco, libro*) far uscire **6** (*film*) distribuire
▶ s **1** liberazione, rilascio **2** (*film, CD, libro*) uscita: *The film is on general release.* Il film è uscito in tutti i cinema.

relegate /ˈrelɪɡeɪt/ vt **1** relegare **2** (*spec GB*) (*Sport*) retrocedere **relegation** s **1** relegazione **2** (*Sport*) retrocessione

relent /rɪˈlent/ vi cedere **relentless** agg implacabile

⚡ **relevant** /ˈreləvənt/ agg pertinente **relevance** s pertinenza

reliable /rɪˈlaɪəbl/ agg **1** affidabile **2** (*fonte, testimone*) attendibile **3** (*metodo, apparecchio*) sicuro **reliability** /rɪˌlaɪəˈbɪləti/ s **1** affidabilità **2** attendibilità

reliance /rɪˈlaɪəns/ s ~ **on sb/sth** dipendenza da qn/qc

relic /ˈrelɪk/ s **1** reliquia **2** (*fig*) retaggio

⚡ **relief** /rɪˈliːf/ s **1** sollievo: *much to my relief* con mio grande sollievo **2** [*non numerabile*] aiuti, soccorsi **3** (*persona*) cambio **4** (*Arte, Geog*) rilievo

relieve /rɪˈliːv/ **1** vt alleviare **2** v rifl ~ **yourself** (*euf*) fare i propri bisogni **3** vt dare il cambio a **PHRV** **relieve sb of sth 1** (*carico*) alleggerire qn di qc **2** (*dovere, comando*) esonerare qn da qc

relieved /rɪˈliːvd/ agg sollevato

⚡ **religion** /rɪˈlɪdʒən/ s religione **religious** agg religioso

relinquish /rɪˈlɪŋkwɪʃ/ vt (*formale*) **1** ~ **sth (to sb)** rinunciare a qc (in favore di qn) **2** abbandonare ❶ L'espressione più comune è **give sth up**.

relish /ˈrelɪʃ/ ▶ s ~ **(for sth)** gusto (per qc)
▶ vt ~ **sth** gradire qc

reluctant /rɪˈlʌktənt/ agg ~ **(to do sth)** riluttante, restio (a fare qc) **reluctance** s riluttanza **reluctantly** avv di mala voglia, a malincuore

⚡ **rely** /rɪˈlaɪ/ v (*pass, pp* **relied**) **PHRV** **rely on/upon sb/sth (to do sth)** contare su qn/qc (per fare qc), dipendere da qn/qc (per fare qc)

| tʃ **ch**in | dʒ **J**une | v **v**an | θ **th**in | ð **th**en | s **s**o | z **z**oo | ʃ **sh**e |

remain → rent

remain /rɪˈmeɪn/ (*formale*) *vi* rimanere, restare ❶ La parola più comune è **stay**. **remainder** *s* [*sing*] resto **remains** *s* [*pl*] resti

remand /rɪˈmɑːnd/ *USA* -ˈmænd/ ▶ *vt* rinviare a giudizio: *to remand sb in custody* ordinare la custodia cautelare di qn ◊ *to remand sb on bail* concedere la libertà su cauzione a qn
▶ *s* LOC **on remand** in custodia cautelare

remark /rɪˈmɑːk/ ▶ **1** *vt* osservare, notare **2** *vi* ~ **on/upon sb/sth** fare un'osservazione su qn/qc
▶ *s* osservazione, commento

remarkable /rɪˈmɑːkəbl/ *agg* ~ (**for sth**) straordinario (per qc): *He is remarkable for his maturity*. È un ragazzo dalla maturità non comune.

remedial /rɪˈmiːdiəl/ *agg* **1** (*azione, misura*) che pone rimedio, riparatore **2** (*corso*) per persone con difficoltà di apprendimento

remedy /ˈremədi/ ▶ *s* (*pl* -**ies**) rimedio
▶ *vt* (*pass, pp* -**died**) porre rimedio a

remember /rɪˈmembə(r)/ *vt, vi* ricordare, ricordarsi (di): *as far as I remember* per quanto ricordo ◊ *Remember that we have visitors tonight*. Ricordati che abbiamo ospiti stasera. ◊ *Remember to phone your mother*. Ricordati di telefonare a tua madre.

> **Remember** cambia significato a seconda che sia seguito dall'infinito o dalla forma in -**ing**. Quando è seguito dall'infinito si riferisce ad un'azione che non è ancora avvenuta: *Remember to post that letter*. Ricordati d'imbucare la lettera. Quando è seguito dalla forma in -**ing** si riferisce ad un'azione che è già avvenuta: *I remember posting that letter*. Mi ricordo di avere imbucato la lettera.

➲ *Confronta* REMIND PHRV **remember sb to sb** (*GB*) *Remember me to Anna*. Saluta Anna da parte mia. **remembrance** *s* commemorazione

remind /rɪˈmaɪnd/ *vt* ~ **sb** (**to do sth**) ricordare a qn (di fare qc): *Remind me to phone my mother*. Ricordami di telefonare a mia madre. ➲ *Confronta* "*Remember to phone your mother*" *a* REMEMBER PHRV **remind sb of sb/sth** ricordare qn/qc a qn: *Your brother reminds me of John*. Tuo fratello mi ricorda John. ◊ *That song reminds me of my first girlfriend*. Quella canzone mi ricorda la mia prima ragazza. **reminder** *s* **1** ricordo **2** (*bollette*) lettera di sollecito

reminisce /ˌremɪˈnɪs/ *vi* ~ (**about sth**) abbandonarsi ai ricordi (di qc)

reminiscent /ˌremɪˈnɪsnt/ *agg*: *to be reminiscent of sb/sth* ricordare qn/qc **reminiscence** *s* ricordo, rievocazione

remnant /ˈremnənt/ *s* **1** resto, residuo **2** (*fig*) traccia **3** scampolo

remorse /rɪˈmɔːs/ *s* [*non numerabile*] ~ (**for sth**) rimorso (per qc) **remorseless** *agg* **1** spietato **2** implacabile

remote /rɪˈməʊt/ *agg* (**remoter, -est**) **1** remoto, lontano: *remote control* telecomando **2** (*persona*) distante **3** (*possibilità*) vago **remotely** *avv* lontanamente: *I'm not remotely interested*. Non m'interessa minimamente.

remove /rɪˈmuːv/ *vt* **1** ~ **sth** (**from sb/sth**) togliere qc (a qn/da qc): *to remove your coat* togliersi il cappotto ◊ *Remove the meat from the oven*. Togliete la carne dal forno. ❶ La parola più comune è **take off** o **take out**. **2** (*fig*) eliminare **3** ~ **sb** (**from sth**) rimuovere, destituire qn (da qc) **removable** *agg* rimovibile, staccabile **removal** *s* **1** eliminazione **2** trasloco

the Renaissance /rɪˈneɪsns; *USA* ˈrenəsɑːns/ *s* il Rinascimento

render /ˈrendə(r)/ *vt* (*formale*) **1** (*servizio*) rendere, prestare **2** rendere: *She was rendered speechless*. Rimase senza parole. **3** (*brano, ruolo*) interpretare **4** (*Arte*) riprodurre

rendezvous /ˈrɒndɪvuː/ *s* (*pl* **rendezvous** /-z/) **1** appuntamento *Vedi anche* APPOINTMENT *a* APPOINT **2** luogo di ritrovo

renegade /ˈrenɪɡeɪd/ *s* (*formale, dispreg*) rinnegato, -a, traditore, -trice

renew /rɪˈnjuː; *USA* -ˈnuː/ *vt* **1** rinnovare **2** (*amicizia, contatti*) riannodare, ritrovare **renewable** *agg* rinnovabile **renewal** *s* rinnovo

renounce /rɪˈnaʊns/ *vt* (*formale*) **1** (*diritto*) rinunciare a **2** (*fede*) abiurare

renovate /ˈrenəveɪt/ *vt* restaurare

renown /rɪˈnaʊn/ *s* [*non numerabile*] (*formale*) fama

renowned /rɪˈnaʊnd/ *agg* ~ (**as/for sth**) famoso, rinomato (come/per qc)

rent /rent/ ▶ *s* affitto ➲ *Vedi nota a* AFFITTO LOC **for rent** (*spec USA*) affittasi
▶ *vt* **1** ~ **sth** (**from sb**) affittare, prendere in affitto qc (da qn): *I rent the garage from a neighbour*. Ho preso il garage in affitto da un vicino. **2** ~ **sth** (**out**) (**to sb**) affittare, dare in affitto qc (a qn): *We rented out the house to some students*. Abbiamo affittato la casa a degli studenti. **3** ~ **sth** (**from sb**) (*auto, TV*) noleggiare, prendere a noleggio qc (da qn) **4** ~

| iː see | i happy | ɪ sit | e ten | æ hat | ɑː father | ʌ cup | ʊ put | uː too |

rental → request

sth (**out**) (**to sb**) (*auto, TV*) noleggiare, dare a noleggio qc (a qn)

rental /'rentl/ *s* noleggio

reorganize, -ise /ˌriːˈɔːgənaɪz/ *vt, vi* riorganizzare, riorganizzarsi

rep /rep/ *s* (*informale*) **1** rappresentante **2** compagnia/teatro di repertorio

repaid *pass, pp di* REPAY

repair /rɪˈpeə(r)/ ▶ *vt* **1** riparare *Vedi anche* FIX, MEND **2** rimediare a
▶ *s* riparazione: *It's beyond repair.* È irrimediabilmente rovinato. LOC **in a good state of/in good repair** in buono stato

repay /rɪˈpeɪ/ *vt* (*pass, pp* **repaid**) **1** (*soldi*) restituire **2** (*persona*) restituire i soldi a, rimborsare **3** (*debito*) ripagare **4** (*favore*) ricambiare **repayment** *s* **1** pagamento **2** rimborso

repeat /rɪˈpiːt/ ▶ **1** *vt, vi* ripetere, ripetersi **2** *vt* (*pettegolezzo*) raccontare
▶ *s* **1** ripetizione **2** (*TV, Radio*) replica

repeated /rɪˈpiːtɪd/ *agg* ripetuto

repeatedly /rɪˈpiːtɪdli/ *avv* ripetutamente

repel /rɪˈpel/ *vt* (**-ll-**) **1** respingere **2** ripugnare a

repellent /rɪˈpelənt/ ▶ *agg* ~ (**to sb**) repellente, ripugnante (per qn)
▶ *s*: *insect repellent* insettifugo

repent /rɪˈpent/ *vt, vi* ~ (**of**) **sth** pentirsi di qc **repentance** *s* pentimento

repercussion /ˌriːpəˈkʌʃn/ *s* [*gen pl*] ripercussione

repertoire /'repətwɑː(r)/ *s* repertorio

repertory /'repətri; *USA* -tɔːri/ (*anche* **repertory company/theatre**) *s* compagnia/teatro di repertorio

repetition /ˌrepəˈtɪʃn/ *s* ripetizione **repetitive** /rɪˈpetətɪv/ *agg* ripetitivo

replace /rɪˈpleɪs/ *vt* **1** rimettere a posto **2** (*ricevitore*) riagganciare **3** sostituire, prendere il posto di **4** (*qualcosa di rotto*) cambiare: *to replace a broken window* cambiare un vetro rotto **replacement** *s* **1** sostituzione **2** (*persona*) sostituto **3** (*oggetto*) pezzo di ricambio

replay /'riːpleɪ/ *s* **1** partita ripetuta **2** (*TV*) replay

replica /'replɪkə/ *s* replica

reply /rɪˈplaɪ/ ▶ *vi* (*pass, pp* **replied**) rispondere, replicare *Vedi anche* ANSWER
▶ *s* (*pl* -**ies**) risposta

report /rɪˈpɔːt/ ▶ **1** *vt* ~ **sth** riferire, rendere noto qc **2** *vt* (*crimine, colpevole*) denunciare **3** *vi* ~ (**on sth**) fare un rapporto (su qc) **4** *vi* ~ **to/for sth** (*lavoro, ecc*) presentarsi per qc: *to report sick* darsi malato **5** *vi* ~ **to sb** essere subalterno a qn
▶ *s* **1** rapporto, relazione **2** (*Giornalismo*) servizio **3** pagella, scheda **4** (*pistola*) sparo

reportedly /rɪˈpɔːtɪdli/ *avv* a quanto si dice

re‚ported ˈspeech *s* (*Gramm*) discorso indiretto

reporter /rɪˈpɔːtə(r)/ *s* giornalista, reporter

represent /ˌreprɪˈzent/ *vt* **1** rappresentare **2** descrivere **representation** *s* rappresentazione

representative /ˌreprɪˈzentətɪv/ ▶ *s* **1** rappresentante **2** (*USA*) (*Pol*) deputato
▶ *agg* rappresentativo

repress /rɪˈpres/ *vt* reprimere **repression** *s* repressione

reprieve /rɪˈpriːv/ *s* **1** commutazione/sospensione della pena capitale **2** (*fig*) proroga

reprimand /'reprɪmɑːnd; *USA* -mænd/ ▶ *vt* riprendere, rimproverare
▶ *s* rimprovero

reprisal /rɪˈpraɪzl/ *s* rappresaglia

reproach /rɪˈprəʊtʃ/ ▶ *vt* ~ **sb** (**for/with sth**) rimproverare (qc a) qn
▶ *s* rimprovero LOC **above/beyond reproach** irreprensibile

reproduce /ˌriːprəˈdjuːs; *USA* -ˈduːs/ *vt, vi* riprodurre, riprodursi **reproduction** /ˌriːprəˈdʌkʃn/ *s* riproduzione **reproductive** /ˌriːprəˈdʌktɪv/ *agg* riproduttivo

reptile /'reptaɪl; *USA* -tl/ *s* rettile

republic /rɪˈpʌblɪk/ *s* repubblica **republican** *agg* repubblicano

repugnant /rɪˈpʌgnənt/ *agg* (*formale*) ripugnante

repulsive /rɪˈpʌlsɪv/ *agg* ripulsivo, ripugnante

reputable /'repjətəbl/ *agg* **1** (*persona*) degno di fiducia, rispettabile **2** (*ditta*) accreditato

reputation /ˌrepjuˈteɪʃn/ *s* reputazione, fama: *He's got a reputation for strictness.* Ha la fama di essere severo.

repute /rɪˈpjuːt/ *s* (*formale*) reputazione, fama **reputed** *agg* **1** presunto **2** *He is reputed to be …* Ha la fama di essere … **reputedly** *avv* a quel che si dice

request /rɪˈkwest/ ▶ *s* ~ (**for sth**) richiesta, domanda (di qc): *to make a request for sth* richiedere qc

▸ vt (*formale*) ~ sth (**from/of sb**) richiedere qc (a qn) ❶ La parola più comune è **ask**.

require /rɪˈkwaɪə(r)/ vt (*formale*) **1** necessitare di, richiedere **2** (*formale*) aver bisogno di ❶ La parola più comune è **need**. **3** ~ **sb to do sth** esigere che qn faccia qc **requirement** s **1** esigenza **2** requisito

rescue /ˈreskjuː/ ▸ vt salvare
▸ s salvataggio LOC **come/go to sb's rescue** venire/andare in aiuto di qn

rescuer /ˈreskjuːə(r)/ s soccorritore, -trice

research ▸ /rɪˈsɜːtʃ, ˈriːsɜːtʃ/ s [*non numerabile*] ~ (**into/on sth**) ricerca (su qc)
▸ /ˈriːsɜːtʃ/ vt, vi ~ (**into/on**) **sth** fare ricerca su qc

researcher /rɪˈsɜːtʃə(r)/ s ricercatore, -trice

resemble /rɪˈzembl/ vt assomigliare a **resemblance** s somiglianza LOC *Vedi* BEAR[2]

resent /rɪˈzent/ vt risentirsi per **resentful** agg **1** (*occhiata, persona*) risentito **2** (*carattere*) permaloso **resentment** s risentimento

reservation /ˌrezəˈveɪʃn/ s **1** prenotazione **2** (*dubbio*) riserva

reserve /rɪˈzɜːv/ ▸ vt **1** prenotare, riservare **2** (*diritto*) riservarsi
▸ s **1** riserva, scorta **2 reserves** [*pl*] (*Mil*) riserve LOC **in reserve** di riserva

reserved /rɪˈzɜːvd/ agg riservato

reservoir /ˈrezəvwɑː(r)/ s **1** bacino idrico **2** (*fig*) pozzo (*di informazioni, ecc*)

reshuffle /ˌriːˈʃʌfl/ s rimpasto: *a cabinet reshuffle* un rimpasto di governo

reside /rɪˈzaɪd/ vi (*formale*) risiedere

residence /ˈrezɪdəns/ s (*formale*) **1** residenza: *hall of residence* casa dello studente **2** (*retorico*) abitazione

resident /ˈrezɪdənt/ ▸ s **1** residente **2** (*hotel*) cliente
▸ agg residente

residential /ˌrezɪˈdenʃl/ agg **1** residenziale **2** (*corso*) con pernottamento

residue /ˈrezɪdjuː; *USA* -duː/ s residuo

resign /rɪˈzaɪn/ **1** vi dimettersi **2** vt (*carica, impiego*) lasciare PHRV **resign yourself to sth** rassegnarsi a qc **resignation** /ˌrezɪɡˈneɪʃn/ s **1** dimissioni **2** rassegnazione

resilient /rɪˈzɪliənt/ agg **1** (*persona*) che ha capacità di ripresa **2** (*materiale*) elastico **resilience** s **1** elasticità **2** capacità di ripresa

resist /rɪˈzɪst/ **1** vt, vi resistere (a): *I can't resist chocolate.* Non so resistere alla cioccolata. **2** vt (*pressione, cambiamento*) opporsi a **resist-**

ance s ~ (**to sb/sth**) resistenza (a qn/qc): *He didn't put up/offer much resistance.* Non ha opposto resistenza. ◊ *the body's resistance to diseases* la resistenza dell'organismo alle malattie **resistant** /rɪˈzɪstənt/ agg **1** ~ (**to sth**) resistente (a qc): *plants that are resistant to disease* piante resistenti alle malattie **2** contrario: *Elderly people are not always resistant to change.* Gli anziani non sempre sono contrari ai cambiamenti. **3** (**-resistant**): *disease-resistant plants* piante resistenti alle malattie ◊ *fire-resistant materials* materiali ignifughi

resolute /ˈrezəluːt/ agg risoluto, determinato ❶ La parola più comune è **determined**. **resolutely** avv **1** risolutamente **2** con fermezza

resolution /ˌrezəˈluːʃn/ s **1** risolutezza, determinazione **2** proposito: *New Year resolutions* propositi dell'anno nuovo

resolve /rɪˈzɒlv/ vt (*formale*) **1** ~ **to do sth** risolversi a fare qc; decidere di fare qc **2** deliberare: *The senate resolved that ...* Il Senato ha deliberato che ... **3** (*disputa*) risolvere

resort[1] /rɪˈzɔːt/ vi ~ **to sth** ricorrere a qc: *to resort to violence* ricorrere alla violenza

resort[2] /rɪˈzɔːt/ s: *a seaside resort* una località balneare ◊ *a ski resort* una stazione sciistica LOC *Vedi* LAST

resounding /rɪˈzaʊndɪŋ/ agg fragoroso: *a resounding success* un clamoroso successo

resource /rɪˈsɔːs/ s risorsa **resourceful** agg pieno di risorse: *She is very resourceful.* È molto intraprendente.

respect /rɪˈspekt/ ▸ s **1** ~ (**for sb/sth**) rispetto (per qn/qc) **2** *in this respect* sotto questo aspetto LOC **with respect to sth** (*formale*) per quanto riguarda qc
▸ vt ~ **sb** (**as/for sth**) rispettare qn (come/per qc): *I respect them for their honesty.* Li rispetto per la loro onestà. ◊ *He respected her as a detective.* La stimava come detective.

respectable /rɪˈspektəbl/ agg **1** rispettabile, per bene **2** considerevole

respectful /rɪˈspektfl/ agg rispettoso

respective /rɪˈspektɪv/ agg rispettivo: *They all got on with their respective jobs.* Ognuno riprese il proprio lavoro. **respectively** avv rispettivamente: *Julie and Mark, aged 15 and 17 respectively* Julie e Mark, che hanno rispettivamente 15 e 17 anni

respite /ˈrespaɪt; *USA* -pɪt/ s **1** tregua **2** proroga

respond /rɪˈspɒnd/ vi **1** ~ (**to sth**) reagire, rispondere (a qc): *The patient is responding to*

response → retract

treatment. Il paziente sta reagendo bene alla cura. **2** rispondere: *I wrote to them last week but they haven't responded.* Ho scritto loro la settimana scorsa, ma non hanno risposto. ❶ Per dire 'rispondere' le parole più comuni sono **answer** e **reply**.

response /rɪˈspɒns/ *s* ~ **(to sb/sth) 1** risposta (a qn/qc): *In response to your inquiry…* In risposta alla sua domanda … **2** reazione (a qn/qc)

responsibility /rɪˌspɒnsəˈbɪləti/ *s* (*pl* **-ies**) ~ **(for/to sb/sth)** responsabilità (di/verso qn/qc): *to take full responsibility for sb/sth* assumersi piena responsabilità di qn/qc

responsible /rɪˈspɒnsəbl/ *agg* **1** ~ **(for sth/ doing sth)** responsabile (di qc/di fare qc): *to act in a responsible way* comportarsi in maniera responsabile ◊ *Who was responsible for buying the food?* Chi era incaricato di comprare da mangiare? **2** ~ **to sb/sth**: *to be responsible to sb/sth* rispondere a qn/qc

responsive /rɪˈspɒnsɪv/ *agg* **1** attento: *a responsive audience* un pubblico caloroso **2** che risponde bene (*a cura, comando*): *to be responsive (to sth)* essere sensibile (a qc)

rest¹ /rest/ ▸ **1** *vt, vi* riposare, riposarsi **2** *vt, vi* ~ **(sth) on/against sth** appoggiare qc, essere appoggiato su/a qc **3** *vi*: *The matter cannot rest there.* La faccenda non può finire lì. ◊ *to let the matter rest* lasciar cadere l'argomento
▸ *s* riposo, pausa: *to have a rest* riposarsi ◊ *to get some rest* riposarsi **LOC** **at rest** fermo
♦ **come to rest** arrestarsi *Vedi anche* MIND

rest² /rest/ *s* **the** ~ **(of sth) 1** [*sing*] il resto (di qc) **2** [*pl*] gli altri, le altre …: *the rest of the players* gli altri giocatori

restaurant /ˈrestrɒnt/ *s* ristorante

restful /ˈrestfl/ *agg* riposante

restless /ˈrestləs/ *agg* **1** irrequieto **2** inquieto: *to become/grow restless* spazientirsi **3** *to have a restless night* passare una notte agitata

restoration /ˌrestəˈreɪʃn/ *s* **1** restituzione **2** restauro **3** ripristino

restore /rɪˈstɔː(r)/ *vt* **1** ~ **sth (to sb/sth)** (*fiducia, salute, beni*) restituire qc (a qn/qc) **2** (*ordine, pace*) ristabilire **3** (*palazzo*) restaurare

restrain /rɪˈstreɪn/ **1** *vt* ~ **sb** contenere qn **2** *v rifl* ~ **yourself** contenersi, dominarsi **3** *vt* (*lacrime, entusiasmo*) contenere, frenare **restrained** *agg* moderato, contenuto

restraint /rɪˈstreɪnt/ *s* **1** controllo: *to act with restraint* agire con moderazione **2** restrizione, limitazione

restrict /rɪˈstrɪkt/ *vt* limitare **restricted** *agg* ~ **(to sth)** limitato (a qc) **restriction** *s* limitazione, restrizione **restrictive** *agg* restrittivo

restroom /ˈrestruːm, -rʊm/ *s* (*USA*) toilette ➔ *Vedi nota a* TOILET

result /rɪˈzʌlt/ ▸ *s* risultato: *As a result of…* In conseguenza di …
▸ *vi* ~ **(from sth)** essere il risultato (di qc) **PHR V** **result in sth** avere come conseguenza qc

resume /rɪˈzjuːm/; *USA* -ˈzuːm/ (*formale*) *vt, vi* riprendere

résumé /ˈrezjumeɪ/ *s* (*USA*) = CV

resumption /rɪˈzʌmpʃn/ *s* [*sing*] (*formale*) ripresa (*di contatti, lavori*)

resurgence /rɪˈsɜːdʒəns/ *s* rinascita

resurrect /ˌrezəˈrekt/ *vt* risuscitare: *to resurrect old traditions* far rivivere antiche tradizioni **resurrection** *s* risurrezione

resuscitate /rɪˈsʌsɪteɪt/ *vt* rianimare **resuscitation** *s* rianimazione

retail /ˈriːteɪl/ ▸ *s* vendita al dettaglio: *retail price* prezzo di vendita al pubblico
▸ **1** *vt* vendere al dettaglio **2** *vi* essere in vendita al dettaglio

retailer /ˈriːteɪlə(r)/ *s* commerciante al dettaglio

retain /rɪˈteɪn/ *vt* (*formale*) **1** conservare, mantenere **2** (*acqua, informazioni*) ritenere

retaliate /rɪˈtælieɪt/ *vi* ~ **(against sb/sth)** fare rappresaglia (contro qn/qc) **retaliation** *s* ~ **(against sb/sth)** rappresaglia (contro qn/qc)

retch /retʃ/ *vi* avere conati di vomito

retention /rɪˈtenʃn/ *s* (*formale*) conservazione, mantenimento

rethink /ˌriːˈθɪŋk/ *vt* (*pass, pp* **rethought** /ˌriːˈθɔːt/) riconsiderare

reticent /ˈretɪsnt/ *agg* riservato **reticence** *s* riserbo

retire /rɪˈtaɪə(r)/ **1** *vi* andare in pensione **2** *vt* mandare in pensione **3** *vi* (*formale*) (*Mil*) ritirarsi **retired** *agg* in pensione **retiring** *agg* **1** riservato **2** uscente

retirement /rɪˈtaɪəmənt/ *s* pensionamento, pensione

retort /rɪˈtɔːt/ ▸ *s* risposta (*per le rime*)
▸ *vt* ribattere

retrace /rɪˈtreɪs/ *vt* ripercorrere: *to retrace your steps* tornare sui propri passi

retract /rɪˈtrækt/ (*formale*) **1** *vt* (*dichiarazione*) ritrattare **2** *vt, vi* (*artiglio*) ritrarre, ritrarsi

| tʃ **ch**in | dʒ **J**une | v **v**an | θ **th**in | ð **th**en | s **s**o | z **z**oo | ʃ **sh**e |

retreat /rɪˈtriːt/ ▶ *vi* ritirarsi
▶ *s* **1** ritirata **2** ritiro **3** rifugio

retrial /ˌriːˈtraɪəl/ *s* nuovo processo

retribution /ˌretrɪˈbjuːʃn/ *s* (*formale*) castigo

retrieval /rɪˈtriːvl/ *s* **1** (*formale*) recupero **2** (*Informatica*) richiamo

retrieve /rɪˈtriːv/ *vt* **1** (*formale*) recuperare **2** (*Informatica*) richiamare **3** (*cane da caccia*) riportare (*la preda*) **retriever** *s* cane da riporto

retrograde /ˈretrəgreɪd/ *agg* (*formale*) all'indietro: *a retrograde step* un passo indietro

retrospect /ˈretrəspekt/ *s* LOC **in retrospect** in retrospettiva

retrospective /ˌretrəˈspektɪv/ ▶ *agg* **1** retrospettivo **2** retroattivo
▶ *s* retrospettiva

⚡ **return** /rɪˈtɜːn/ ▶ **1** *vi* ritornare, tornare **2** *vt* restituire, riportare **3** *vt* (*Pol*) eleggere **4** *vi* (*sintomo*) ricomparire **5** *vt* ricambiare: *I left a message but they didn't return my call.* Ho lasciato un messaggio, ma non mi hanno richiamato.
▶ *s* **1** ~ (**to sth**) ritorno (a qc): *on my return* al mio ritorno **2** ricomparsa **3** restituzione, rinvio **4** dichiarazione: *(income-)tax return* dichiarazione dei redditi **5** ~ (**on sth**) profitto (su qc) **6** (*anche* **reˌturn ˈticket**) biglietto di andata e ritorno ⊃ *Confronta* SINGLE **7** [*davanti a sostantivo*] di ritorno: *return journey* viaggio di ritorno **8** (*Informatica*) (*anche* **reˈturn key**) (tasto) invio: *Enter your password and press return.* Digitare la password e premere invio. LOC **in return (for sth)** in cambio (di qc)

returnable /rɪˈtɜːnəbl/ *agg* **1** (*formale*) (*soldi, deposito*) rimborsabile **2** (*bottiglia*) a rendere

reunify /ˌriːˈjuːnɪfaɪ/ *vt* (*pass, pp* **-fied**) riunificare

reunion /ˌriːˈjuːniən/ *s* riunione, raduno

reunite /ˌriːjuːˈnaɪt/ *vt, vi* **1** riunire, riunirsi **2** riconciliare, riconciliarsi

rev /rev/ ▶ *s* [*gen pl*] (*informale*) giro (*di motore*)
▶ *vt, vi* (**-vv-**) ~ (**sth**) **up**: *to rev up (the engine)* imballare il motore

revalue /ˌriːˈvæljuː/ *vt* rivalutare **revaluation** *s* rivalutazione

revamp /ˌriːˈvæmp/ *vt* rimodernare

⚡ **reveal** /rɪˈviːl/ *vt* **1** (*segreti, informazioni*) rivelare **2** mostrare **revealing** *agg* **1** rivelatore **2** (*abito*) scollato

revel /ˈrevl/ *vi* (**-ll-**, *USA* **-l-**) PHR V **revel in sth/doing sth** godere di qc/a fare qc

revelation /ˌrevəˈleɪʃn/ *s* rivelazione

revenge /rɪˈvendʒ/ ▶ *s* vendetta LOC **take (your) revenge (on sb)** vendicarsi (di qn)
▶ *vt* vendicare LOC **revenge yourself/be revenged (on sb)** vendicarsi (di qn)

revenue /ˈrevənjuː; *USA* -ənuː/ *s* entrate, reddito: *a source of government revenue* una fonte di reddito per il governo

reverberate /rɪˈvɜːbəreɪt/ *vi* **1** risuonare **2** (*fig*) ripercuotersi **reverberation** *s* **1** rimbombo **2** **reverberations** [*pl*] (*fig*) ripercussioni

revere /rɪˈvɪə(r)/ *vt* (*formale*) venerare

reverence /ˈrevərəns/ *s* (*formale*) venerazione, profondo rispetto

reverend /ˈrevərənd/ (*anche* **the Reverend**) *agg* (*abbrev* **Rev, Revd**) reverendo

reverent /ˈrevərənt/ *agg* riverente

reversal /rɪˈvɜːsl/ *s* **1** (*tendenza, ruoli*) inversione **2** (*situazione*) capovolgimento **3** (*Dir*) revoca

⚡ **reverse** /rɪˈvɜːs/ ▶ *s* **1** **the ~ (of sth)** il contrario, l'opposto (di qc): *Quite the reverse!* Al contrario! **2** rovescio **3** (*anche* **reˌverse ˈgear**) retromarcia
▶ **1** *vt* invertire **2** *vt, vi*: *reverse (the car)* fare marcia indietro **3** *vt* (*decisione*) revocare LOC **reverse (the) charges** (*USA* **call collect**) fare una telefonata a carico del destinatario

revert /rɪˈvɜːt/ *vi* **1** ~ **to sth** tornare a qc (*stato precedente*) **2** ~ (**to sb/sth**) (*proprietà, diritto*) spettare (a qn/qc) per reversione

⚡ **review** /rɪˈvjuː/ ▶ *s* **1** revisione **2** recensione **3** rivista **4** esame retrospettivo
▶ *vt* **1** riesaminare **2** recensire **3** (*Mil*) passare in rivista **4** (*USA*) *Vedi* REVISE senso (2)

reviewer /rɪˈvjuːə(r)/ *s* critico, recensore

⚡ **revise** /rɪˈvaɪz/ **1** *vt* (*testo, opinione*) rivedere **2** *vt, vi* (*USA* **review**) ripassare (*per un esame*)

⚡ **revision** /rɪˈvɪʒn/ *s* **1** revisione **2** (*GB*) ripasso: *to do some revision* ripassare

revival /rɪˈvaɪvl/ *s* **1** ripresa **2** (*moda*) revival **3** (*Teat*) nuova produzione

revive /rɪˈvaɪv/ **1** *vt, vi* (*persona*) (far) rinvenire **2** *vt* (*ricordi*) far rivivere **3** *vt, vi* (*economia*) risollevare, risollevarsi **4** *vt* (*Teat*) riproporre

revoke /rɪˈvəʊk/ *vt* (*formale*) revocare

revolt /rɪˈvəʊlt/ ▶ **1** *vi* ~ (**against sb/sth**) ribellarsi (contro qn/qc) **2** *vt* disgustare
▶ *s* rivolta

revolting /rɪ'vəʊltɪŋ/ *agg* disgustoso, rivoltante

revolution /ˌrevə'luːʃn/ *s* **1** rivoluzione **2** giro
revolutionary /ˌrevə'luːʃənəri; *USA* -eri/ *s* (*pl* -**ies**) *agg* rivoluzionario, -a **revolutionize, -ise** *vt* rivoluzionare

revolve /rɪ'vɒlv/ *vt, vi* (far) girare, (far) ruotare PHR V **revolve around sb/sth** imperniarsi su qn/qc: *Her life revolves around her job/child.* Il lavoro/Suo figlio è il centro della sua vita.

revolver /rɪ'vɒlvə(r)/ *s* rivoltella

revulsion /rɪ'vʌlʃn/ *s* (*formale*) disgusto

reward /rɪ'wɔːd/ ▸ *s* ricompensa, premio
▸ *vt* ricompensare, premiare

rewarding /rɪ'wɔːdɪŋ/ *agg* gratificante

rewind /ˌriː'waɪnd/ *vt* (*pass, pp* **-wound** /-'waʊnd/) riavvolgere

rewrite /ˌriː'raɪt/ *vt* (*pass* **rewrote** /-'rəʊt/ *pp* **rewritten** /-'rɪtn/) riscrivere

rhetoric /'retərɪk/ *s* retorica

rhinoceros /raɪ'nɒsərəs/ *s* (*pl* **rhinoceros** *o* **-es**) (*anche* **rhino** /'raɪnəʊ/ (*pl* **-os**)) rinoceronte

rhubarb /'ruːbɑːb/ *s* rabarbaro

rhyme /raɪm/ ▸ *s* **1** rima **2** poesia *Vedi* NURSERY
▸ *vt, vi* (far) rimare

rhythm /'rɪðəm/ *s* ritmo

rib /rɪb/ *s* costola: *ribcage* cassa toracica

ribbon /'rɪbən/ *s* nastro LOC **tear, cut, etc. sth to ribbons** ridurre qc a brandelli

rice /raɪs/ *s* riso: *brown rice* riso integrale ◊ *rice pudding* budino di riso ◊ *rice field* risaia

rich /rɪtʃ/ *agg* (**-er, -est**) **1** ricco: *to become/get rich* arricchirsi ◊ *to be rich in sth* essere ricco di qc **2** (*lussuoso*) sontuoso **3** (*terra*) fertile **4** (*dispreg*) (*cibo*) con molti grassi **the rich** *s* [*pl*] i ricchi **riches** *s* [*pl*] (*formale*) ricchezze

richly *avv* **1** riccamente: *richly decorated/furnished* riccamente arredata **2** *a richly flavoured sauce* una salsa ricca di sapori **3** generosamente: *She was richly rewarded for her hard work.* Venne generosamente ricompensata per il duro lavoro. LOC **richly deserve sth** meritare pienamente qc

rickety /'rɪkəti/ *agg* traballante

ricochet /'rɪkəʃeɪ/ *vi* (*p pres* **ricocheting** /'rɪkəʃeɪɪŋ/ *pass, pp* **ricocheted** /'rɪkəʃeɪd/) rimbalzare

rid /rɪd/ *vt* (**-dd-**) (*pass, pp* **rid**) **~ sb/sth of sb/sth** liberare qn/qc da qn/qc LOC **be/get rid of sb/sth** sbarazzarsi di qn/qc

ridden /'rɪdn/ *pp di* RIDE
▸ *agg* **~ with/by sth 1** (*pulci*) infestato di qc **2** (*senso di colpa*) oppresso da qc

riddle¹ /'rɪdl/ *s* **1** indovinello **2** mistero

riddle² /'rɪdl/ *vt* **1** (*proiettili*) crivellare **2** (*dispreg*) (*fig*): *to be riddled with sth* essere pieno di qc

ride /raɪd/ ▸ *v* (*pass* **rode** /rəʊd/ *pp* **ridden** /'rɪdn/) **1** *vt* (*cavallo*) montare: *to ride a horse* andare a cavallo **2** *vt*: *to ride a bike* andare in bicicletta **3** *vi* andare a cavallo **4** *vi* (*in treno, auto, ecc*) viaggiare
▸ *s* **1** cavalcata **2** (*in bicicletta, auto, ecc*) giro: *to go for a ride* andare a fare un giro **3** (*al luna park*) attrazione: *The rides are free.* Le attrazioni sono gratuite. **4** (*al luna park*) giro, corsa: *a roller coaster ride* un giro sulle montagne russe LOC **take sb for a ride** (*informale*) prendere in giro qn

rider /'raɪdə(r)/ *s* **1** cavallerizzo, -a **2** ciclista **3** motociclista

ridge /rɪdʒ/ *s* **1** (*montagna*) cresta **2** (*tetto*) colmo

ridicule /'rɪdɪkjuːl/ ▸ *s* ridicolo
▸ *vt* mettere in ridicolo

ridiculous /rɪ'dɪkjələs/ *agg* ridicolo

riding /'raɪdɪŋ/ *s* equitazione: *I like riding.* Mi piace andare a cavallo.

rife /raɪf/ *agg*: *Speculation is rife.* Si fanno molte congetture. ◊ *to be rife (with sth)* abbondare (di qc)

rifle /'raɪfl/ *s* fucile, carabina

rift /rɪft/ *s* **1** (*Geog*) crepa **2** (*fig*) incrinatura, spaccatura

rig /rɪg/ ▸ *vt* (**-gg-**) manipolare, truccare PHR V **rig sth up** improvvisare qc (*riparo, ecc*)
▸ *s* **1** *oil rig* una piattaforma petrolifera **2** (*anche* **rigging**) sartiame **3** attrezzatura

right /raɪt/ ▸ *agg* **1** giusto: *He was right to do that.* Ha fatto bene a fare così. ◊ *Have you got the right time?* Ha l'ora esatta? ◊ *Is this the right colour for the curtains?* È un colore adatto per le tende? ◊ *to be on the right road* essere sulla buona strada **2** *to be right* aver ragione **3** (*piede, mano*) destro **4** (*GB, informale*) vero: *a right fool* un vero idiota *Vedi anche* ALL RIGHT LOC **get sth right** fare bene qc: *I got it right first time.* L'ho fatto bene alla prima. ◆ **get sth right/straight** chiarire qc ◆ **put/set sb right** correggere qn ◆ **put/set sth right 1** (*errore*) correggere qc **2** (*torto*) rimediare a qc *Vedi anche* CUE, SIDE

---

u situation ɒ got ɔː saw ɜː fur ə ago j yes w woman eɪ pay əʊ go

▶*avv* **1** bene: *Have I spelt your name right?* Ho scritto giusto il tuo nome? **2** proprio: *right beside you* proprio accanto a te **3** completamente: *right to the end* fino in fondo **4** a destra: *to turn right* girare a destra **5** subito: *I'll be right back.* Torno subito. LOC **right now 1** proprio adesso **2** subito ♦ **right/straight away/off** subito *Vedi anche* SERVE
▶*s* **1** *right and wrong* il bene e il male **2** ~ (**to sth/to do sth**) diritto (a qc/a fare qc): *human rights* i diritti dell'uomo **3** (*anche Politica*) destra: *on the right* a destra LOC **by rights 1** di diritto **2** in teoria ♦ **in your own right** di per sé ♦ **be in the right** aver ragione
▶*vt* **1** raddrizzare **2** correggere, risolvere
▶*escl* (*GB, informale*) **1** bene: *'Barry's here.' 'Oh, right.'* "C'è Barry." "Ah, ok." ◇ *'I'll have a coffee.' 'Right you are, sir.'* "Un caffè." "Bene, signore." **2** giusto: *So that's twenty of each sort, right?* Allora sono venti di ogni tipo, giusto? ◇ *And I didn't think any more of it, right, but Mum says I should see a doctor.* E non ci ho più pensato, no?, ma mia madre dice che dovrei andare dal medico

> L'avverbio **right** va sempre dopo il verbo: *He did it right.*, **rightly** prima di un aggettivo: *They are rightly proud of their children.* o prima di un verbo: *As you rightly say, we have a problem.*

ˈright angle *s* angolo retto

righteous /ˈraɪtʃəs/ *agg* (*formale*) **1** (*persona*) retto **2** (*indignazione*) giustificato

rightful /ˈraɪtfl/ *agg* [*solo davanti a sostantivo*] legittimo: *the rightful heir* il legittimo erede

ˈright-hand *agg* destro: *on the right-hand side* a destra LOC **right-hand man** braccio destro ˌright-ˈhanded *agg* che usa la mano destra

rightly /ˈraɪtli/ *avv* giustamente: *rightly or wrongly* a torto o a ragione

ˌright ˈwing ▶*s* destra (*politica*)
▶*agg* di destra

rigid /ˈrɪdʒɪd/ *agg* **1** rigido **2** (*atteggiamento*) inflessibile

rigour (*USA* **rigor**) /ˈrɪgə(r)/ *s* (*formale*) rigore **rigorous** *agg* rigoroso

rim /rɪm/ *s* **1** orlo ⊃ *Vedi illustrazione a* MUG **2** [*gen pl*] (*occhiali*) montatura **3** cerchione

rind /raɪnd/ *s* **1** (*limone*) scorza **2** (*formaggio*) crosta **3** (*pancetta*) cotenna ⊃ *Vedi nota a* PEEL

ring¹ /rɪŋ/ ▶*s* **1** anello **2** cerchio **3** pista (*di circo*) **4** ring
▶*vt* (*pass, pp* **-ed**) **1** ~ **sb/sth** (**with sth**) circondare qn/qc (con qc) **2** (*uccello*) fare l'anellamento a

ring² /rɪŋ/ ▶ (*pass* **rang** /ræŋ/ *pp* **rung** /rʌŋ/) **1** *vt, vi* (*campana, campanello*) suonare **2** *vi* ~ (**for sb/sth**) suonare il campanello (per qn/qc) **3** *vi* (*orecchie*) fischiare **4** *vt, vi* (*GB*) ~ (**sb/sth**) (**up**) telefonare (a qn/qc) PHRV **ring (sb) back** richiamare (qn) ♦ **ring off** (*GB*) riattaccare
▶*s* **1** (*campanello*) squillo **2** [*sing*] (*passi, metallo*) suono **3** (*GB, informale*): *to give sb a ring* dare un colpo di telefono a qn

ringleader /ˈrɪŋliːdə(r)/ *s* (*dispreg*) capobanda

ˈring pull (*USA* **tab**) *s* linguetta (*di lattina*)

ˈring road (*USA* **outer belt**) *s* circonvallazione

ringtone /ˈrɪŋtəʊn/ *s* suoneria

rink /rɪŋk/ *s* pista di pattinaggio *Vedi* ICE RINK

rinse /rɪns/ ▶*vt* ~ **sth** (**out**) sciacquare, risciacquare qc
▶*s* **1** sciacquata **2** cachet (*capelli*)

riot /ˈraɪət/ ▶*s* sommossa LOC *Vedi* RUN
▶*vi* causare disordini

rioting /ˈraɪətɪŋ/ *s* disordini

riotous /ˈraɪətəs/ *agg* **1** scatenato (*festa*) **2** (*formale*) (*Dir*) turbolento

rip /rɪp/ ▶*vt, vi* (**-pp-**) strappare, strapparsi: *to rip sth open* aprire qualcosa strappandolo PHRV **rip sb off** (*informale*) fregare qn ♦ **rip off/out** strappare via qc ♦ **rip sth up** stracciare qc
▶*s* strappo

ripe /raɪp/ *agg* **1** (*frutto*) maturo **2** (*formaggio*) stagionato **3** ~ (**for sth**) pronto (per qc): *The time is ripe.* I tempi sono maturi. **ripen** *vt, vi* maturare

ˈrip-off *s* (*informale*) fregatura

ripple /ˈrɪpl/ ▶*s* **1** (*acqua*) increspatura **2** fremito (*di risate, interesse*)
▶*vt, vi* incresparsi, incresparsi

rise /raɪz/ ▶*vi* (*pass* **rose** /rəʊz/ *pp* **risen** /ˈrɪzn/) **1** aumentare **2** *Her voice rose in anger.* Alzò la voce per la rabbia. **3** (*formale*) (*persona, vento*) alzarsi **4** ~ (**up**) (**against sb/sth**) (*formale*) insorgere (contro qn/qc) **5** (*sole, luna*) sorgere **6** lievitare **7** salire di rango **8** (*fiume*) nascere **9** (*livello di un fiume*) crescere
▶*s* **1** ascesa **2** (*quantità*) aumento **3** altura **4** (*USA* **raise**) aumento (*di stipendio*) LOC **give**

rise to sth (*formale*) dare adito a qc, dare origine a qc

rising /'raɪzɪŋ/ ▶ s **1** (*Pol*) sommossa **2** (*sole, luna*) il sorgere
▶ agg **1** crescente **2** (*sole*) nascente

risk /rɪsk/ ▶ s ~ (**of sth/that** …) rischio (di qc/che …) LOC **at risk** a rischio ♦ **take a risk/risks** rischiare *Vedi anche* RUN
▶ vt **1** rischiare **2** ~ **doing sth** rischiare di fare qc LOC **risk your neck** rischiare la pelle

risky /'rɪski/ agg (**-ier, -iest**) rischioso

rite /raɪt/ s rito

ritual /'rɪtʃuəl/ ▶ s rituale, rito
▶ agg rituale

rival /'raɪvl/ ▶ s ~ (**for/in sth**) rivale (per/in qc)
▶ agg rivale
▶ vt (**-ll-**, *USA anche* **-l-**) ~ **sb/sth** (**for/in sth**) competere con qn/qc (per/in qc)

rivalry /'raɪvlri/ s (*pl* **-ies**) rivalità

river /'rɪvə(r)/ s fiume: *river bank* argine del fiume ➔ *Vedi nota a* FIUME

riverside /'rɪvəsaɪd/ s sponda del fiume

rivet /'rɪvɪt/ vt **1** (*Mecc*) rivettare **2** (*sguardo*) fissare **3** affascinare **riveting** agg avvincente

road /rəʊd/ s **1** strada: *the road to London* la strada per Londra ◊ *across/over the road* dall'altra parte della strada ◊ *road sign* segnale stradale ◊ *road safety* sicurezza stradale ◊ *road accident* incidente stradale **2 Road** (*abbrev* **Rd**) (*nei nomi di strade*) via LOC **by road** su strada ♦ **on the road to sth** sulla via di qc

roadblock /'rəʊdblɒk/ s posto di blocco

roadside /'rəʊdsaɪd/ s ciglio della strada: *a roadside cafe* un bar sulla strada

roadway /'rəʊdweɪ/ s carreggiata

roadworks /'rəʊdwɜːks/ s [*pl*] lavori stradali

roam /rəʊm/ vt, vi vagare (per)

roar /rɔː(r)/ ▶ s **1** (*leone*) ruggito **2** fragore: *roars of laughter* risate fragorose
▶ **1** vi, vt gridare: *to roar with laughter* ridere fragorosamente **2** vi (*leone*) ruggire

roaring /'rɔːrɪŋ/ agg LOC **do a roaring trade** (**in sth**) (*informale*) fare affari d'oro (in qc)

roast /rəʊst/ ▶ **1** vt, vi (*carne*) arrostire ➔ *Vedi nota a* BAKE **2** vt (*caffè*) tostare **3** vi (*informale*) arrostire
▶ agg, s arrosto

rob /rɒb/ vt (**-bb-**) **1** ~ **sb** (**of sth**) derubare qn (di qc) **2** (*banca*) rapinare **3** ~ **sb/sth** (**of sth**) privare qn/qc (di qc)

Confronta i verbi **rob**, **steal** e **burgle**. **Rob** ha come complemento oggetto la persona o il luogo a cui viene sottratto qualcosa: *He robbed me (of all my money)*. Mi ha derubato (di tutti i miei soldi). **Steal** ha come complemento oggetto le cose sottratte (ad una persona o ad un luogo): *He stole all my money*. Mi ha rubato tutti i soldi. **Burgle** si riferisce a furti in abitazioni o negozi, specialmente quando i proprietari sono assenti: *The house has been burgled*. Hanno svaligiato la casa.

robber s **1** ladro, -a **2** rapinatore, -trice

robbery s (*pl* **-ies**) rapina

robe /rəʊb/ s **1** tunica **2** toga

robin /'rɒbɪn/ s pettirosso

robot /'rəʊbɒt/ s robot

robotic /rəʊ'bɒtɪk/ agg **1** robotico: *a robotic arm* un braccio robotico **2** da robot: *robotic movements* movimenti da robot

robust /rəʊ'bʌst/ agg robusto

rock¹ /rɒk/ s **1** roccia: *rock climbing* arrampicata su roccia **2** *a stick of rock* un bastoncino di zucchero d'orzo **3** (*USA*) pietra **4** (*anche* '**rock music**) rock LOC **at rock bottom** a terra ♦ **on the rocks 1** (*informale*) in crisi **2** (*informale*) (*bibita*) con ghiaccio

rock² /rɒk/ **1** vt, vi (far) dondolare, dondolarsi: *rocking chair* sedia a dondolo **2** vt (*bambino*) cullare **3** vt scuotere **4** vi oscillare

rocket /'rɒkɪt/ ▶ s **1** razzo **2** (*USA* **arugula**) rucola
▶ vi salire alle stelle: *He rocketed to stardom overnight*. È diventato famoso da un giorno all'altro.

rocky /'rɒki/ agg (**-ier, -iest**) **1** roccioso **2** (*fig*) instabile

rod /rɒd/ s **1** sbarra **2** bacchetta **3** (*anche* '**fishing rod**) canna da pesca

rode *pass di* RIDE

rodent /'rəʊdnt/ s roditore

rogue /rəʊg/ s **1** (*antiq*) mascalzone **2** (*scherz*) canaglia

role /rəʊl/ s ruolo: *role model* modello da imitare

'**role-play** ▶ s gioco di ruolo
▶ vt fare il gioco di ruolo

roll /rəʊl/ ▶ s **1** rotolo **2** (*pellicola*) rullino **3** panino ➔ *Vedi illustrazione a* PANE **4** rollio **5** lista: *roll-call* appello
▶ **1** vt, vi (far) rotolare **2** vt, vi roteare **3** vt ~ **sth** (**up**) arrotolare qc **4** vi ~ (**up**): *The hedgehog*

| tʃ **ch**in | dʒ **J**une | v **v**an | θ **th**in | ð **th**en | s **s**o | z **z**oo | ʃ **sh**e |

rolled up into a ball. Il porcospino si appallottolò. **5** *vt, vi* ~ **(up)** avvolgere, avvolgersi **6** *vt* (*sigaretta*) rollare **7** *vt* ~ **sth (out)** (*pasta, terreno*) spianare **8** *vt, vi* (*far*) oscillare LOC **be rolling in it** (*informale*) essere ricco sfondato Vedi anche BALL PHRV **roll in** (*informale*) arrivare in gran numero ◆ **roll on** (*tempo*) passare ◆ **roll sth out** stendere qc ◆ **roll over** rigirarsi ◆ **roll up** (*informale*) presentarsi

roller /'rəʊlə(r)/ *s* **1** rullo **2** bigodino

Rollerblade® (*USA* **Roller Blade**®) /'rəʊləbleɪd/ ▶ *s* pattino in linea
▶ *vi* fare pattinaggio in linea

roller coaster /'rəʊlə kəʊstə(r)/ *s* montagne russe

'roller skate *s* pattino a rotelle

rolling /'rəʊlɪŋ/ *agg* ondeggiante

'rolling pin *s* matterello

ROM /rɒm/ *s* **read-only memory** memoria ROM

Roman 'Catholic *s, agg* **RC** cattolico, -a
Roman Catholicism *s* cattolicesimo

romance /rəʊ'mæns/ *s* **1** romanticismo: *the romance of foreign lands* il fascino delle terre lontane **2** storia d'amore: *a holiday romance* un'avventura estiva **3** romanzo rosa

romantic /rəʊ'mæntɪk/ *agg* romantico

romp /rɒmp/ ▶ *vi* ~ **(about/around)** scorrazzare
▶ *s* **1** scorrazzata **2** (*informale*) (*Cine, Teat*) opera divertente e senza pretese

roof /ruːf/ *s* (*pl* **-s**) tetto **roofing** *s* materiale per copertura

'roof rack *s* portabagagli

rooftop /'ruːftɒp/ *s* tetto: *the rooftops of Rome* i tetti di Roma

rook /rʊk/ *s* **1** corvo **2** (*Scacchi*) torre

room /ruːm, rʊm/ *s* **1** stanza, camera Vedi DINING ROOM, LIVING ROOM **2** posto, spazio: *Is there room for me?* C'è posto per me? **3** *There's no room for doubt.* Non c'è dubbio. ◊ *There's room for improvement.* Si potrebbe migliorare.

'room service *s* servizio in camera

'room temperature *s* temperatura ambiente

roomy /'ruːmi, 'rʊmi/ *agg* (**-ier, -iest**) spazioso

roost /ruːst/ ▶ *s* posatoio
▶ *vi* appollaiarsi

root /ruːt/ ▶ *s* radice: *square root* radice quadrata LOC **the root cause (of sth)** la causa fondamentale (di qc) ◆ **put down (new) roots** mettere radici

▶ *v* PHRV **root about/around (for sth)** rovistare (in cerca di qc) ◆ **root for sb/sth** (*informale*) fare il tifo per qn/qc ◆ **root sth out 1** eradicare, estirpare qc **2** (*informale*) scovare qc

rope /rəʊp/ ▶ *s* corda LOC **show sb/know/learn the ropes** insegnare a qn/conoscere/imparare il mestiere

▶ *v* PHRV **rope sb in (to do sth)** (*informale*) tirar dentro qn (per fare qc) ◆ **rope sth off** transennare qc

rope 'ladder *s* scala di corda

rosary /'rəʊzəri/ *s* (*pl* **-ies**) rosario

rose¹ *pass di* RISE

rose² /rəʊz/ *s* rosa

rosé /'rəʊzeɪ; *USA* rəʊ'zeɪ/ *s* rosé

rosemary /'rəʊzməri/ *s* rosmarino

rosette /rəʊ'zet/ *s* coccarda

rosy /'rəʊzi/ *agg* (**-ier, -iest**) roseo

rot /rɒt/ *vt, vi* (**-tt-**) (*far*) marcire

rota /'rəʊtə/ *s* (*pl* **-s**) (*GB*) tabella (*dei turni*): *on a rota basis* a turno

rotate /rəʊ'teɪt; *USA* 'rəʊteɪt/ *vt, vi* **1** girare **2** alternare, alternarsi **rotation** *s* rotazione LOC **in rotation** a turno

rotten /'rɒtn/ *agg* **1** marcio **2** schifoso

rough /rʌf/ ▶ *agg* (**-er, -est**) **1** (*superficie*) ruvido: *rough terrain* terreno accidentato **2** (*mare*) agitato **3** (*comportamento*) violento **4** (*quartiere, zona*) poco raccomandabile **5** (*calcolo*) approssimativo **6** (*informale*) indisposto: *I feel a bit rough.* Non mi sento bene. LOC **be rough (on sb)** (*informale*) esser dura (per qn)

▶ *avv* (**-er, -est**) **1** pesante: *He plays rough.* Gioca pesante. **2** **live/sleep** ~ vivere/dormire per strada

▶ *s* LOC **in rough** in brutta copia

▶ *vt* LOC **rough it** (*informale*) fare vita dura

roughly /'rʌfli/ *avv* **1** bruscamente **2** violentemente: *to treat sb roughly* maltrattare qn **3** pressappoco: *roughly speaking* grosso modo

round¹ /raʊnd/ *agg* **1** rotondo **2** *in round figures* in cifra tonda

round² /raʊnd/ *avv* **1** Vedi AROUND² **2** **all year round** tutto l'anno ◊ *a shorter way round* una via più breve ◊ *round the clock* 24 ore su 24 ◊ *round at Maria's* da Maria LOC **round about** intorno: *the houses round about* le case intorno

round³ (*anche* **around**) /raʊnd/ *prep* **1** *show sb round the house* far vedere la casa a qn **2** intorno a: *She wrapped the towel round her*

round → rum

waist. Si avvolse un asciugamano intorno alla vita. **3** *just round the corner* dietro l'angolo

round⁴ /raʊnd/ *s* **1** giro (*di postino, medico*) **2** (*di bevute*): *It's my round.* Questo giro lo offro io. **3** *a round of talks* una serie di colloqui **4** (*Sport*): *a round of golf* una partita di golf ◊ *a boxing match of ten rounds* un incontro di pugilato in dieci riprese **5** *a round of applause* un applauso **6** colpo (*in canna*)

round⁵ /raʊnd/ *vt* (*angolo*) girare **PHRV** **round sth off** completare qc ◆ **round sb/sth up** radunare qn/qc ◆ **round sth up/down** arrotondare qc per eccesso/per difetto

roundabout /ˈraʊndəbaʊt/ ▸ *agg* indiretto: *in a roundabout way* indirettamente
▸ *s* **1** (*USA* **merry-go-round**) giostra **2** (*USA* **traffic circle**) rotatoria

ˌround ˈtrip ▸ *s* viaggio di andata e ritorno: *a 30-mile round trip to work* un viaggio di 30 miglia per andare e tornare dal lavoro
▸ *agg* (*USA*) (*biglietto*) di andata e ritorno

rouse /raʊz/ *vt* **1** ~ sb (from/out of sth) (*formale*) destare qn (da qc) **2** scuotere **rousing** *agg* **1** (*discorso*) trascinante **2** (*applauso*) caloroso

rout /raʊt/ ▸ *s* disfatta
▸ *vt* sbaragliare

route /ruːt; *USA* raʊt/ *s* itinerario, rotta

routine /ruːˈtiːn/ ▸ *s* routine
▸ *agg* abituale, regolare

routinely /ruːˈtiːnli/ *avv* abitualmente

row¹ /rəʊ/ *s* fila **LOC** **in a row** in fila: *the third week in a row* la terza settimana di fila

row² /rəʊ/ ▸ *vt, vi* remare: *She rowed the boat to the bank.* Remò fino alla riva. ◊ *Will you row me across the river?* Mi porti dall'altra parte del fiume in barca? ◊ *to row across the lake* attraversare il lago su una barca a remi
▸ *s*: *to go for a row* fare una remata

row³ /raʊ/ ▸ *s* (*informale*) **1** lite: *to have a row* litigare ❶ Si può anche dire **argument**. **2** baccano
▸ *vi* litigare

rowdy /ˈraʊdi/ *agg* (**-ier, -iest**) (*dispreg*) **1** (*persona*) turbolento **2** (*riunione*) burrascoso

row house /ˈrəʊ haʊs/ *s* (*USA*) *Vedi* TERRACE senso (4)

rowing /ˈrəʊɪŋ/ *s* [*non numerabile*] canottaggio: *to go rowing* fare canottaggio

royal /ˈrɔɪəl/ *agg* reale: *the royal family* la famiglia reale

ˌroyal ˈblue *agg, s* blu reale

ˌRoyal ˈHighness *s*: *your/his/her Royal Highness* Vostra/Sua Altezza Reale

royalty /ˈrɔɪəlti/ *s* **1** [*non numerabile*] membri della famiglia reale **2** (*pl* **-ties**) diritti d'autore

rub /rʌb/ ▸ (**-bb-**) **1** *vt* strofinare, fregare: *to rub your hands together* fregarsi le mani **2** *vt* **to rub sth into/onto sth** frizionare qc con qc **3** *vi* **to rub (on/against sth)** strofinarsi (contro qc) **PHRV** **rub off (on/onto sb)** (*qualità*) comunicarsi (a qn) ◆ **rub sth out** cancellare qc
▸ *s* strofinata: *to give sth a rub* strofinare qc

rubber /ˈrʌbə(r)/ *s* **1** gomma, caucciù: *a rubber band* un elastico ◊ *rubber stamp* timbro di gomma **2** (*anche spec USA* **eraser**) gomma (*da cancellare*)

ˌrubber ˈboots (*USA*) *Vedi* WELLINGTON

rubbish /ˈrʌbɪʃ/ *s* [*non numerabile*] **1** (*USA* **trash**) immondizia: *rubbish dump/tip* discarica delle immondizie **2** (*fig*) (*dispreg, informale*) sciocchezze

rubble /ˈrʌbl/ *s* [*non numerabile*] macerie

ruby /ˈruːbi/ *s* (*pl* **-ies**) rubino

rucksack /ˈrʌksæk/ (*GB*) *s* zaino

rudder /ˈrʌdə(r)/ *s* timone

rude /ruːd/ *agg* (**ruder, -est**) **1** maleducato: *It's rude to interrupt.* È da maleducati interrompere. **2** (*barzelletta*) spinto

rudimentary /ˌruːdɪˈmentri/ *agg* rudimentale

ruffle /ˈrʌfl/ *vt* **1** (*superficie*) increspare **2** (*capelli*) scompigliare **3** (*piume*) arruffare **4** (*persona*) turbare

rug /rʌg/ *s* **1** tappeto **2** coperta da viaggio

rugby /ˈrʌgbi/ (*anche* **ˌrugby ˈfootball**) *s* rugby

rugged /ˈrʌgɪd/ *agg* **1** (*terreno*) accidentato **2** (*costa*) frastagliato **3** (*lineamenti*) marcato

ruin /ˈruːɪn/ ▸ *s* rovina
▸ *vt* rovinare

rule /ruːl/ ▸ *s* **1** regola: *rules and regulations* norme e regolamenti ◊ *He makes it a rule never to borrow any money.* È sua regola non prendere mai soldi in prestito. **2** dominio **3** regolo **LOC** **as a (general) rule** di regola
▸ **1** *vt, vi* ~ (**over sb/sth**) governare (qn/qc) **2** *vt* (*persona, passioni*) dominare **3** *vt, vi* (*Dir*) sentenziare **4** *vt* rigare **PHRV** **rule sb/sth out (as sth)** scartare qn/qc (per qc)

ruler /ˈruːlə(r)/ *s* **1** sovrano **2** righello

ruling /ˈruːlɪŋ/ ▸ *agg* **1** dominante **2** (*Pol*) al potere
▸ *s* sentenza

rum /rʌm/ *s* rum

| uː situation | ɒ got | ɔː saw | ɜː fur | ə ago | j yes | w woman | eɪ pay | əʊ go |

rumble /'rʌmbl/ ▶ vi **1** rimbombare **2** (stomaco) brontolare
▶ s rombo

rummage /'rʌmɪdʒ/ vi **1** ~ about/around rovistare, frugare **2** ~ among/in/through sth (for sth) frugare in qc (alla ricerca di qc)
PHRV **run about/around** correre qua e là

'**rummage sale** s (USA) Vedi JUMBLE SALE

rumour (USA **rumor**) /'ruːmə(r)/ s voce: *Rumour has it that…* Corre voce che…

rump /rʌmp/ s **1** groppa **2** [non numerabile] (anche ,rump 'steak) bistecca di girello

run /rʌn/ ▶ (**-nn-**) (pass **ran** /ræn/ pp **run**) **1** vt, vi correre: *I had to run to catch the bus.* Ho dovuto fare una corsa per prendere l'autobus. ◊ *I ran nearly ten kilometres.* Ho corso quasi dieci chilometri. **2** vi scorrere: *The tears ran down her cheeks.* Le lacrime le scorrevano sulle guance. ◊ *A shiver ran down her spine.* Un brivido le corse giù per la schiena. **3** vt passare: *to run your fingers through sb's hair* passare le dita tra i capelli di qn ◊ *to run your eyes over sth* dare una scorsa a qc ◊ *She ran her eye around the room.* Si guardò intorno nella stanza. **4** vt, vi (macchinario, sistema) (far) funzionare: *Everything is running smoothly.* Va tutto benissimo. ◊ *Run the engine for a few minutes before you start.* Lascia il motore acceso per qualche minuto prima di partire. **5** vi estendersi: *The cable runs the length of the wall.* Il cavo corre lungo tutta la parete. ◊ *A fence runs round the field.* Una staccionata circonda il prato. **6** vi (autobus, treno): *The buses run every hour.* C'è un autobus ogni ora. ◊ *The train is running an hour late.* Il treno ha un'ora di ritardo. **7** vt (informale) accompagnare (in auto): *Can I run you to the station?* Ti porto alla stazione? **8** vi **to run (for…)** (Teat) tenere cartellone (per…) **9** vt: *to run a bath* preparare un bagno **10** vi: *to leave the tap running* lasciare il rubinetto aperto **11** vi (naso) colare **12** vi (colore) stingere **13** vt (impresa, ecc) gestire, dirigere **14** vt (servizio, corso) organizzare **15** vt (Informatica) eseguire **16** vt (veicolo) mantenere: *I can't afford to run a car.* Non mi posso permettere una macchina. **17** vi **to run (for sth)** (Pol) presentarsi come candidato (per qc) **18** vt (Giornalismo) pubblicare LOC **be running at sth**: *Inflation is running at 25%.* L'inflazione ha raggiunto il 25%. ♦ **run dry** prosciugarsi ♦ **run for it** scappare ♦ **run in the family** essere un tratto di famiglia ♦ **run low** iniziare a esaurirsi: *Our supplies are running low.* Le scorte stanno iniziando a esaurirsi. ♦ **run out of steam** (informale) perdere vigore ♦ **run riot** scatenarsi ♦ **run the risk (of doing sth)** correre il rischio (di fare qc) ♦ **run short (of sth)** stare per esaurire (qc): *We've run short of milk.* Abbiamo quasi finito il latte. *Vedi anche* DEEP, TEMPERATURE

PHRV **run about/around** correre qua e là
run across sb/sth imbattersi in qn/qc
run after sb rincorrere qn
run away (from sb/sth) scappare (da qn/qc)
run into sb/sth 1 imbattersi in qn/qc **2** scontrarsi con qn/qc ♦ **run sth into sth**: *He ran the car into a tree.* Andò a sbattere contro un albero.
run off (with sth) fuggire (con qc)
run out 1 scadere **2** finire, esaurirsi ♦ **run out of sth** rimanere senza qc
run sb over investire qn
run through sth 1 dare una scorsa a qc: *He ran through the names on the list.* Diede una scorsa ai nomi dell'elenco. **2** riesaminare qc: *Could we run through your proposals once again?* Potremmo riesaminare le proposte un'altra volta? **3** ripetere: *Can we run through Scene 3 again, please?* Ripetiamo la terza scena, per favore.

▶ s **1** corsa: *to go for a run* andare a correre ◊ *to break into a run* mettersi a correre **2** giro (in macchina, ecc) **3** periodo: *a run of bad luck* un periodo sfortunato **4** (Teat): *The play had a run of six months.* La commedia ha tenuto cartellone per sei mesi. **5** (USA) Vedi LADDER senso (2) **6** Vedi SKI RUN LOC **be on the run** essere in fuga *Vedi anche* BOLT², LONG¹

runaway /'rʌnəweɪ/ ▶ agg **1** (ragazzo) scappato di casa **2** (treno, camion, cavallo) fuori controllo **3** (vittoria) facile
▶ s fuggiasco, -a

,**run-'down** agg **1** (edificio) in stato di abbandono **2** (persona) debilitato

rung¹ pp di RING²

rung² /rʌŋ/ s piolo ⊃ *Vedi illustrazione a* SCALA

runner /'rʌnə(r)/ s velocista

,**runner-'up** s (pl **runners-up**) secondo classificato, seconda classificata

running /'rʌnɪŋ/ ▶ s **1** corsa (attività) **2** gestione **3** funzionamento LOC **be in/out of the running (for sth)** (informale) avere/non avere possibilità (di ottenere qc)
▶ agg **1** continuo **2** consecutivo: *four days running* quattro giorni di seguito **3** (acqua) corrente LOC *Vedi* ORDER

runny /'rʌni/ agg (**-ier, -iest**) **1** troppo liquido **2** *to have a runny nose* avere il naso che cola

run-up → **sag**

'**run-up** s ~ (**to sth**) periodo che precede (qc)
runway /'rʌnweɪ/ s **1** pista (*di atterraggio*) **2** (*USA*) *Vedi* CATWALK
rupture /'rʌptʃə(r)/ ▶ s rottura
  ▶ vt, vi lacerare, lacerarsi
rural /'ruərəl/ *agg* rurale
rush /rʌʃ/ ▶ **1** vi precipitarsi: *They rushed out of school.* Si precipitarono fuori dalla scuola. ◊ *They rushed to help her.* Accorsero ad aiutarla. **2** vi fare in fretta **3** vt mettere fretta a: *Don't rush me!* Non mettermi fretta! **4** vt portare con urgenza: *He was rushed to hospital.* L'hanno portato d'urgenza all'ospedale.
  ▶ s **1** [*sing*]: *There was a rush to the exit.* Tutti si precipitarono verso l'uscita. **2** fretta: *I'm in a terrible rush.* Vado molto di fretta. ◊ *There's no rush.* Non c'è fretta. ◊ *the rush hour* l'ora di punta

rust /rʌst/ ▶ s ruggine
  ▶ vt, vi far arrugginire, arrugginirsi
rustic /'rʌstɪk/ *agg* rustico
rustle /'rʌsl/ ▶ vt, vi (far) frusciare PHRV **rustle sth up** (*informale*) preparare qc: *I'll rustle up some eggs and bacon for you.* Ti preparo in un attimo uova e pancetta.
  ▶ s fruscio
rusty /'rʌsti/ *agg* (**-ier**, **-iest**) arrugginito
rut /rʌt/ s solco LOC **be (stuck) in a rut** essersi fossilizzato
rutabaga /ˌruːtəˈbeɪɡə/ s (*USA*) *Vedi* SWEDE
ruthless /'ruːθləs/ *agg* spietato **ruthlessness** s spietatezza
RV /ˌɑː ˈviː/ s **recreational vehicle** (*USA*) camper
rye /raɪ/ s segale

S s

S, s /es/ s (*pl* **Ss, S's, s's**) S, s: *S for sugar* S come Savona ⊃ *Vedi esempi a* A, A
the Sabbath /'sæbəθ/ s **1** (*dei cristiani*) domenica **2** (*degli ebrei*) sabato
sabotage /'sæbətɑːʒ/ ▶ s sabotaggio
  ▶ vt sabotare
saccharin /'sækərɪn/ s saccarina
sachet /'sæʃeɪ; *USA* sæˈʃeɪ/ (*USA* **packet**) s bustina
sack /sæk/ ▶ s sacco LOC **get the sack** essere licenziato ♦ **give sb the sack** licenziare qn
  ▶ vt (*informale, spec GB*) licenziare
sacred /'seɪkrɪd/ *agg* sacro
sacrifice /'sækrɪfaɪs/ ▶ s sacrificio: *to make sacrifices* fare sacrifici
  ▶ vt sacrificare
sacrilege /'sækrəlɪdʒ/ s sacrilegio
sad /sæd/ *agg* (**sadder**, **saddest**) **1** triste **2** (*situazione*) deplorevole **3** (*informale*) patetico: *You'd have to be sad to wear a shirt like that.* Bisogna essere proprio patetici per mettersi una camicia del genere. ◊ *You sad old man.* Poveretto. **sadden** vt rattristare
saddle /'sædl/ ▶ s **1** (*cavallo*) sella **2** (*bici, moto*) sellino
  ▶ vt **1** ~ sth sellare qc **2** ~ **sb with sth** (*compito*) incaricare qn di qc
sadism /'seɪdɪzəm/ s sadismo

sadly /'sædli/ *avv* **1** tristemente **2** sfortunatamente
sadness /'sædnəs/ s tristezza
safari /səˈfɑːri/ s (*pl* **-s**) safari
safe¹ /seɪf/ *agg* (**safer**, **-est**) **1** ~ (**from sb/sth**) al sicuro (da qn/qc) **2** (*scala, macchina, metodo*) sicuro: *Your secret is safe with me.* Saprò custodire il tuo segreto. **3** salvo, illeso **4** (*autista*) prudente LOC **safe and sound** sano e salvo ♦ **be on the safe side** per maggior sicurezza: *It's best to be on the safe side.* È meglio non correre rischi. *Vedi anche* BETTER **safely** *avv* **1** *to arrive safely* arrivare sano e salvo **2** tranquillamente, senza rischi **3** in modo sicuro: *safely locked away* sotto chiave in un posto sicuro
safe² /seɪf/ s cassaforte
safeguard /'seɪfɡɑːd/ ▶ s ~ (**against sth**) salvaguardia (contro qc)
  ▶ vt ~ **sb/sth** (**against sb/sth**) salvaguardare qn/qc (contro qn/qc)
safety /'seɪfti/ s sicurezza
'**safety belt** s cintura di sicurezza
'**safety net** s **1** rete di sicurezza **2** (*fig*) rete di protezione
'**safety pin** s spilla da balia
'**safety valve** s valvola di sicurezza
sag /sæɡ/ vi (**-gg-**) **1** (*letto, divano*) incurvarsi **2** (*tenda, pelle*) afflosciarsi

---

tʃ **chin**   dʒ **June**   v **van**   θ **thin**   ð **then**   s **so**   z **zoo**   ʃ **she**

sage → sane

sage /seɪdʒ/ s salvia

Sagittarius /ˌsædʒɪˈteəriəs/ s Sagittario ⊃ *Vedi esempi a* AQUARIUS

said *pass, pp di* SAY

sail /seɪl/ ▸ s vela LOC *Vedi* SET² ▸ **1** *vi* navigare: *to sail around the world* fare il giro del mondo in barca **2** *vt* (*barca*) condurre **3** *vi* ~ (**from** ...) (**for/to** ...) salpare (da ...) (per...): *The ship sails at noon.* La nave salpa a mezzogiorno. **4** *vi* (*oggetto*) volare PHR V **sail through** (**sth**) superare qc/farcela senza difficoltà: *She sailed through her exams.* Ha superato brillantemente gli esami.

sailboard /ˈseɪlbɔːd/ s (tavola da) windsurf

sailboat /ˈseɪlbəʊt/ s (*USA*) *Vedi* SAILING BOAT

sailing /ˈseɪlɪŋ/ s **1** vela (*sport*): *to go sailing* fare vela **2** *There are three sailings a day.* Ci sono tre partenze al giorno.

ˈsailing boat (*USA* **sailboat**) s barca a vela

sailor /ˈseɪlə(r)/ s marinaio

saint /seɪnt, snt/ s (*abbrev* **St**) santo, -a: *Saint Francis/Catherine* San Francesco/Santa Caterina

Quando **Saint** accompagna un nome spesso si scrive abbreviato, **St**, e si pronuncia /snt/.

sake /seɪk/ s LOC **for God's, goodness', Heaven's, etc. sake** per amor di Dio/del cielo ♦ **for sb's/ sth's sake**; *to hold/have a sale* fare i saldi **3** asta (*di vendita*) LOC **for sale** in vendita: *For sale.* Vendesi. ♦ **on sale** in vendita

ˈsales clerk s (*USA*) *Vedi* SHOP ASSISTANT

salesman /ˈseɪlzmən/ s (pl **-men** /-mən/) venditore, commesso

salesperson /ˈseɪlzpɜːsn/ s (pl **-people**) venditore, -trice, commesso, -a

saleswoman /ˈseɪlzwʊmən/ s (pl **-women**) venditrice, commessa

saliva /səˈlaɪvə/ s saliva

salmon /ˈsæmən/ s (pl **salmon**) salmone

salon /ˈsælɒn; *USA* səˈlɒn/ s salone (*di bellezza*)

saloon /səˈluːn/ s **1** (*anche* **saˈloon car**, *USA* **sedan**) berlina **2** (*USA*) saloon **3** salone (*di hotel, nave*)

salt /sɔːlt/ s sale **salted** agg salato **salty** (**-ier, -iest**) (*anche* **salt**) agg salato

saltwater /ˈsɔːltwɔːtə(r)/ agg (*pesce*) di mare

salutary /ˈsæljətri; *USA* -teri/ agg salutare

salute /səˈluːt/ ▸ *vt, vi* salutare (*militare, alta carica*) ⊃ *Confronta* GREET ▸ s **1** saluto (*militare*) **2** salva

salvage /ˈsælvɪdʒ/ ▸ s salvataggio ▸ *vt* ricuperare

salvation /sælˈveɪʃn/ s salvezza

same /seɪm/ ▸ agg stesso, medesimo: *the same thing* la stessa cosa ◊ *I left that same day.* Sono partito il giorno stesso. ❶ **Same** si usa a volte per dare enfasi alla frase: *the very same man* proprio lo stesso uomo. LOC **at the same time** allo stesso tempo ♦ **be in the same boat** essere nella stessa barca

▸ *avv* **the same** allo stesso modo: *to treat everyone the same* trattare tutti allo stesso modo

▸ *pron* **the same** (**as sb/sth**) la stessa cosa, lo stesso (che qn/qc): *I think the same as you.* La penso come te. LOC **all/just the same 1** *Thanks all the same.* Grazie lo stesso. **2** *It's all the same to me.* Per me fa lo stesso. ♦ **same here** (*informale*) anch'io ♦ (**the**) **same to you** (*informale*) altrettanto a te

sample /ˈsɑːmpl; *USA* ˈsæmpl/ ▸ s campione (*di stoffa, profumo, popolazione*) ▸ *vt* (*nuovo prodotto, cibo*) provare

sanatorium /ˌsænəˈtɔːriəm/ s (pl **-s** o **-ria** /-riə/) sanatorio

sanction /ˈsæŋkʃn/ ▸ s sanzione ▸ *vt* sanzionare

sanctuary /ˈsæŋktʃuəri; *USA* -ueri/ s (pl **-ies**) **1** santuario **2** rifugio, asilo: *The rebels took sanctuary in the church.* I ribelli cercarono asilo nella chiesa.

sand /sænd/ s **1** sabbia **2** **the sands** [*pl*] la spiaggia

sandal /ˈsændl/ s sandalo ⊃ *Vedi illustrazione a* SCARPA

sandcastle /ˈsændkɑːsl; *USA* -kæsl/ s castello di sabbia

ˈsand dune s duna

sandpaper /ˈsændpeɪpə(r)/ s carta vetrata

sandstone /ˈsændstəʊn/ s arenaria

sandwich /ˈsænwɪdʒ; *USA* -wɪtʃ/ ▸ s tramezzino ▸ *vt* infilare (*tra due persone o cose*)

sandy /ˈsændi/ agg (**-ier, -iest**) sabbioso

sane /seɪn/ agg (**saner, -est**) **1** sano di mente **2** sensato

sang *pass di* SING

sanitarium /ˌsænəˈteərɪəm/ s (USA) (pl **-s** o **-ria** /-rɪə/) sanatorio

sanitary /ˈsænətri; USA -teri/ agg igienico

sanitary towel (USA **sanitary napkin**) s assorbente igienico

sanitation /ˌsænɪˈteɪʃn/ s [non numerabile] impianti sanitari

sanity /ˈsænəti/ s **1** sanità mentale **2** sensatezza

sank *pass di* SINK

Santa Claus /ˈsæntə klɔːz/ (informale **Santa**) s Babbo Natale

sap /sæp/ ▶ s linfa (di albero)
▶ vt (**-pp-**) indebolire, minare

sapphire /ˈsæfaɪə(r)/ agg, s (color) zaffiro

sarcasm /ˈsɑːkæzəm/ s sarcasmo **sarcastic** /sɑːˈkæstɪk/ agg sarcastico

sardine /ˌsɑːˈdiːn/ s sardina

sash /sæʃ/ s fascia (su abito, uniforme)

sat *pass, pp di* SIT

satchel /ˈsætʃəl/ s cartella (di scuola)

satellite /ˈsætəlaɪt/ s satellite

satellite dish s parabola satellitare

satire /ˈsætaɪə(r)/ s satira **satirical** /səˈtɪrɪkl/ agg satirico

satisfaction /ˌsætɪsˈfækʃn/ s soddisfazione

satisfactory /ˌsætɪsˈfæktəri/ agg soddisfacente

satisfy /ˈsætɪsfaɪ/ vt (pass, pp **-fied**) **1** soddisfare **2** ~ sb (**as to sth**) convincere qn (di qc) **satisfied** agg ~ (**with sth**) soddisfatto (di qc) **satisfying** agg soddisfacente: *a satisfying meal* un pasto che sazia

satsuma /sætˈsuːmə/ s specie di mandarino

saturate /ˈsætʃəreɪt/ vt ~ sth (**with sth**) inzuppare qc (di qc): *The market is saturated*. Il mercato è saturo. **saturation** s saturazione

Saturday /ˈsætədeɪ, ˈsætədi/ s (abbrev **Sat**) sabato ➔ *Vedi esempi a* MONDAY

Saturn /ˈsætɜn/ s Saturno

sauce /sɔːs/ s salsa

saucepan /ˈsɔːspən; USA -pæn/ s casseruola

saucer /ˈsɔːsə(r)/ s piattino (di tazzina) ➔ *Vedi illustrazione a* MUG

sauna /ˈsɔːnə, ˈsaʊnə/ s sauna

saunter /ˈsɔːntə(r)/ vi passeggiare: *He sauntered over to the bar.* Andò verso il bar con passo tranquillo.

sausage /ˈsɒsɪdʒ; USA ˈsɔːs-/ s salsiccia

saucepan — handle
saucepan   **frying pan**   **casserole**
pressure cooker   **steamer**   **wok**
lid

sausage roll s cannolo di pasta sfoglia ripieno di salsiccia

savage /ˈsævɪdʒ/ ▶ agg **1** selvaggio **2** (cane) feroce **3** (attacco, critica, temperamento) violento: *savage cuts in the budget* tagli spietati al budget
▶ s selvaggio, -a
▶ vt **1** sbranare **2** (fig) stroncare

savagery /ˈsævɪdʒri/ s ferocia

save /seɪv/ ▶ **1** vt ~ sb (**from sth**) salvare qn (da qc) **2** vt, vi ~ (**sth**) (**up**) (**for sth**) mettere da parte (qc) (per qc) **3** vt (Informatica) salvare **4** vt ~ (**sb**) **sth** evitare qc (a qn): *That will save us a lot of trouble.* Ci eviterà un sacco di problemi. **5** vt (Sport) parare LOC **save face** salvare la faccia
▶ s parata (di pallone)

saving /ˈseɪvɪŋ/ s **1** risparmio: *a saving of £5* un risparmio di 5 sterline **2** **savings** [pl] risparmi

saviour (USA **savior**) /ˈseɪvjə(r)/ s salvatore, -trice

savoury (USA **savory**) /ˈseɪvəri/ agg **1** (GB) salato (non dolce) **2** saporito

saw¹ *pass di* SEE

saw² /sɔː/ ▶ s sega
▶ vt (pass **sawed** pp **sawn** /sɔːn/ (USA **sawed**) segare *Vedi anche* CUT PHR V **saw sth down** abbattere qc con la sega ◆ **saw sth off** (**sth**) segare via qc (da qc): *a sawn-off shotgun* un fucile a canne mozze ◆ **saw sth up** segare qc

sawdust /ˈsɔːdʌst/ s segatura

saxophone /ˈsæksəfəʊn/ (informale **sax**) s sassofono

say /seɪ/ ▶ vt (3a persona sing **says** /sez/ pass, pp **said** /sed/) **1** to say sth (**to sb**) dire qc (a qn): *to say yes* dire di sì

saying → scenario

> Say si usa quando si introduce un discorso diretto o un discorso indiretto: *'I'll leave at nine', he said.* "Parto alle nove" disse. ◊ *He said that he would leave at nine.* Disse che sarebbe partito alle nove.
>
> Tell si usa per introdurre un discorso indiretto e dev'essere sempre seguito da un sostantivo, da un pronome o da un nome proprio che indichi la persona a cui si dice qualcosa: *He told me that he would leave at nine.* Mi disse che sarebbe partito alle nove.
>
> Per dare ordini o consigli si usa tell: *I told him to hurry up.* Gli ho detto di sbrigarsi. ◊ *She's always telling me what I ought to do.* Sta sempre a dirmi quello che dovrei fare.

2 *Say there are 30 in a class…* Mettiamo che ce ne siano 30 in una classe… ◊ *Let's take any writer, say Dickens…* Prendiamo uno scrittore a caso, diciamo Dickens… **3** *What time does it say on that clock?* Che ora fa quell'orologio? ◊ *The map says the hotel is on the right.* Secondo la cartina l'albergo sta sulla destra. **LOC** it goes without saying that… va da sé che… ◆ that is to say vale a dire *Vedi anche* DARE¹, FAREWELL, LET¹, NEEDLESS, SORRY, WORD
▶ s **LOC** have a/some say (in sth) avere voce in capitolo (su qc) ◆ have your say esprimere la propria opinione

saying /'seɪɪŋ/ s detto, modo di dire *Vedi anche* PROVERB

scab /skæb/ s crosta (*di ferita*)

scaffold /'skæfəʊld/ s **1** patibolo **2** impalcatura

scaffolding /'skæfəldɪŋ/ s [*non numerabile*] impalcatura

scald /skɔːld/ ▶ vt scottare (*con liquido*)
▶ s scottatura

scalding /'skɔːldɪŋ/ agg bollente

scale¹ /skeɪl/ s **1** scala: *a small-scale map* una carta in scala ridotta ◊ *on a large scale* su larga scala ◊ *a scale model* un modello in scala ◊ *to practise your scales* fare le scale musicali **2** proporzioni, portata: *the scale of the problem* la portata del problema **3** squama **LOC** to scale su scala

scale² /skeɪl/ vt scalare

scales /skeɪlz/ s [*pl*] bilancia

scallion /'skæliən/ s (*USA*) *Vedi* SPRING ONION

scalp /skælp/ s cuoio capelluto

scalpel /'skælpəl/ s bisturi

scamper /'skæmpə(r)/ vi scorrazzare

scan /skæn/ ▶ vt (-nn-) **1** scrutare, esaminare **2** fare un'ecografia di **3** (*Informatica*) scannerizzare **4** dare un'occhiata a
▶ s ecografia

scandal /'skændl/ s **1** scandalo **2** pettegolezzi
scandalize, -ise vt scandalizzare **scandalous** agg scandaloso

scanner /'skænə(r)/ s scanner

scant /skænt/ agg (*formale*) scarso **scanty** agg (-ier, -iest) scarso: *a scanty bikini* un bikini ridottissimo **scantily** avv: *scantily dressed* vestito succintamente

scapegoat /'skeɪpɡəʊt/ s capro espiatorio

scar /skɑː(r)/ ▶ s cicatrice
▶ vt (-rr-) lasciare una cicatrice su

scarce /skeəs/ agg (scarcer, -est) scarso: *Food was scarce.* I viveri scarseggiavano.

scarcely /'skeəsli/ avv **1** appena: *There were scarcely a hundred people present.* C'era appena un centinaio di persone. **2** *You can scarcely expect me to believe that.* E pretendi che ci creda? *Vedi anche* HARDLY

scarcity /'skeəsəti/ s (*pl* -ies) scarsità

scare /skeə(r)/ ▶ vt spaventare **PHRV** scare sb away/off far scappare qn
▶ s spavento: *I got a scare.* Ho preso uno spavento. ◊ *a bomb scare* un allarme per la sospetta presenza di una bomba

scarecrow /'skeəkrəʊ/ s spaventapasseri

scared /skeəd/ agg: *to be scared* aver paura ◊ *She's scared of the dark.* Ha paura del buio. **LOC** be scared stiff (*informale*) avere una paura tremenda *Vedi anche* WIT

scarf /skɑːf/ s (*pl* scarfs o scarves /skɑːvz/) **1** sciarpa **2** foulard

scarlet /'skɑːlət/ agg, s scarlatto, rosso vivo

scary /'skeəri/ agg (-ier, -iest) (*informale*) terrificante

scathing /'skeɪðɪŋ/ agg **1** (*critica, rimprovero*) severo **2** ~ (about sb/sth) critico (riguardo a qn/qc)

scatter /'skætə(r)/ **1** vt, vi disperdere, disperdersi **2** vt spargere **scattered** agg sparso: *scattered showers* piogge sparse

scatty /'skæti/ agg (-ier, -iest) (*GB, informale*) sbadato, sventato

scavenge /'skævɪndʒ/ vi **1** (*animale, rapace*) cibarsi di carogne **2** (*persona*) frugare (*nei rifiuti*) **scavenger** s **1** animale necrofago **2** persona che fruga nei rifiuti

scenario /sə'nɑːriəʊ; *USA* -'nær-/ s (*pl* -os) **1** (*Teat*) soggetto **2** (*fig*) scenario

scene /siːn/ s **1** scena: *to need a change of scene* aver bisogno di cambiare aria **2** luogo: *the scene of the crime* il luogo del delitto **3** scenata: *to make a scene* fare una scenata **4 the scene** [*sing*] (*informale*) il mondo: *the music scene* il mondo della musica LOC *Vedi* SET[2]

scenery /'siːnəri/ s [*non numerabile*] **1** paesaggio ⊃ *Vedi nota a* PAESAGGIO **2** (*Teat*) scenario

scenic /'siːnɪk/ *agg* pittoresco, panoramico

scent /sent/ s **1** profumo **2** odore (*lasciato da animali*): *to lose the scent* perdere le tracce **scented** *agg* profumato

sceptic (*USA* **skeptic**) /'skeptɪk/ s scettico, -a **sceptical** (*USA* **skeptical**) *agg* ~ (**of/about sth**) scettico (circa qc) **scepticism** (*USA* **skepticism**) /'skeptɪsɪzəm/ s scetticismo

schedule /'ʃedjuːl; *USA* 'skedʒuːl/ ▶ s **1** programma: *to be two months ahead of/behind schedule* essere in anticipo/ritardo di due mesi sul previsto ◊ *to arrive on schedule* arrivare all'ora prevista **2** (*USA*) *Vedi* TIMETABLE ▶ *vt* programmare: *scheduled flight* volo di linea

scheme /skiːm/ ▶ s **1** piano, progetto: *training scheme* programma di formazione ◊ *savings scheme* piano di risparmio ◊ *pension scheme* sistema pensionistico **2** piano (*disonesto*) **3** *colour scheme* combinazione di colori ▶ *vi* tramare

schizophrenia /ˌskɪtsəˈfriːniə/ s schizofrenia **schizophrenic** /ˌskɪtsəˈfrenɪk/ *agg, s* schizofrenico, -a

scholar /'skɒlə(r)/ s **1** studioso, -a **2** borsista (*studente*) **scholarship** s **1** borsa di studio **2** erudizione

school /skuːl/ s **1** scuola: *school age* età scolare ◊ *school uniform* divisa scolastica *Vedi anche* COMPREHENSIVE SCHOOL

Non si usa l'articolo con le parole **school**, **college** e **university** quando, da studente o da insegnante, vi ci si reca durante il normale orario di studio o di lavoro: *I enjoyed being at school.* Mi piaceva andare a scuola. ◊ *I'm going to university in October.* Vadi all'università in ottobre. Quando invece vi ci si reca per motivi diversi si usa l'articolo **the**: *I have to go to the school to talk to John's teacher.* Devo andare a scuola a parlare con il professore di John. ◊ *There's a conference on at the university.* C'è un convegno all'università

Quando si aggiungono ulteriori informazioni riguardo la scuola si usa l'articolo **a** o **the**: *She goes to the school in the next village.* Frequenta la scuola del paese vicino. ◊ *Tom teaches at a school for children with learning difficulties.* Tom insegna in una scuola per bambini con difficoltà d'apprendimento.

2 (*USA*) università **3** lezioni: *School begins at nine o'clock.* Le lezioni cominciano alle nove. **4** facoltà: *law school* facoltà di legge LOC **school of thought** scuola di pensiero

school bag s cartella

schoolboy /'skuːlbɔɪ/ s scolaro

schoolchild /'skuːltʃaɪld/ (*pl* **schoolchildren**) s scolaro, -a

schoolgirl /'skuːlɡɜːl/ s scolara

schooling /'skuːlɪŋ/ s istruzione, studi

school-leaver s neodiplomato, -a

schoolteacher /'skuːltiːtʃə(r)/ s insegnante

science /'saɪəns/ s scienza: *I study science.* Studio scienze. ◊ *science fiction* fantascienza **scientific** /ˌsaɪənˈtɪfɪk/ *agg* scientifico **scientifically** *avv* scientificamente **scientist** s scienziato, -a

sci-fi /'saɪ faɪ/ s (*informale*) **science fiction** fantascienza

scissors /'sɪzəz/ s forbici

scoff /skɒf; *USA* skɔːf/ *vi* ~ (**at sb/sth**) farsi beffe (di qn/qc)

scold /skəʊld/ *vt* ~ **sb** (**for sth**) rimproverare qn (per qc)

scone /skɒn, skəʊn/ s (*GB*) focaccina dolce da mangiare spalmata di burro, marmellata o panna

scoop /skuːp/ ▶ s **1** paletta: *ice cream scoop* cucchiaio dosatore per il gelato **2** palettata: *a scoop of ice cream* una pallina di gelato **3** (*Giornalismo*) scoop ▶ *vt* scavare (*con paletta*) PHRV **scoop sth out** asportare qc (*con paletta, cucchiaio, ecc*)

scooter /'skuːtə(r)/ s **1** scooter **2** monopattino

scope /skəʊp/ s **1** ~ (**for sth/to do sth**) possibilità (di qc/di fare qc) **2** ambito: *within/beyond the scope of this report* entro/oltre i limiti di questa relazione

scorch /skɔːtʃ/ *vt, vi* bruciacchiare, bruciacchiarsi **scorching** *agg* rovente

score /skɔː(r)/ ▶ s **1** punteggio: *to keep the score* tenere il punteggio ◊ *The final score was 4-3.* Il risultato finale è stato di 4 a 3. **2** ventina **3** **scores** [*pl*] moltissimi **4** (*Mus*) spartito LOC **on that score** a questo riguardo

scoreboard → scrub

▶ **1** vt, vi (*in un gioco o uno sport*) segnare **2** vt (*in un esame*) riportare un punteggio di: *I scored 75% in the maths test.* Ho riportato un punteggio del 75% nel test di matematica. **3** vi: *Girls often score more highly than boys in exams.* Agli esami, le femmine spesso riportano punteggi più elevati dei maschi.

scoreboard /'skɔːbɔːd/ s cartellone segnapunti

scorn /skɔːn/ ▶ s ~ (for sb/sth) disprezzo (per qn/qc)
▶ vt **1** disprezzare **2** (*offerta, consiglio*) rifiutare sdegnosamente

scornful /'skɔːnfl/ agg pieno di disprezzo

Scorpio /'skɔːpiəʊ/ s (pl **-s**) Scorpione (*segno zodiacale*) ↻ *Vedi esempi a* ACQUARIO

scorpion /'skɔːpiən/ s scorpione

Scotch /skɒtʃ/ s whisky scozzese

Scotsman /'skɒtsmən/ s (pl **-men** /-mən/ femm **Scotswoman** pl **-women**) scozzese ↻ *Vedi pagg.* 000

scour /'skaʊə(r)/ vt **1** sfregare **2** ~ sth (for sb/sth) setacciare, perlustrare qc (alla ricerca di qn/qc)

scourge /skɜːdʒ/ s flagello

scout /skaʊt/ s **1** (*anche* **Scout**) boy-scout **2** (*Mil*) ricognitore

scowl /skaʊl/ ▶ s sguardo accigliato
▶ vi accigliarsi

scrabble /'skræbl/ v ~ about/around (for sth) (*spec GB*) cercare a tentoni (qc)

scramble /'skræmbl/ ▶ vi **1** inerpicarsi **2** ~ (for sth) competere (per qc)
▶ s [*sing*] ~ (for sth) ressa (per qc)

scrambled 'eggs s uova strapazzate

scrap /skræp/ ▶ s **1** pezzo: *a scrap of paper* un pezzo di carta ◊ *scraps (of food)* avanzi **2** [*non numerabile*] rottame: *a scrap dealer* un rottamaio ◊ *scrap paper* fogli di carta per appunti **3** [*sing*] (*fig*) briciolo: *without a scrap of evidence* senza un briciolo di prove **4** zuffa
▶ (**-pp-**) **1** vt scartare **2** vi azzuffarsi

scrapbook /'skræpbʊk/ s album per ritagli

scrape /skreɪp/ ▶ **1** vt raschiare: *I scraped my knee.* Mi sono sbucciato un ginocchio. **2** vt ~ sth away/off raschiare via qc **3** vt ~ sth off sth raschiare via qc da qc **4** vi ~ (against sth) strusciare (contro qc) PHRV **scrape in/into sth** riuscire ad entrare (a/in/tra qc) per il rotto della cuffia: *She just scraped into university.* È entrata all'università per il rotto della cuffia.
◆ **scrape sth together/up** mettere insieme qc a fatica ◆ **scrape through (sth)** passare (qc) per il rotto della cuffia
▶ s graffio

scratch /skrætʃ/ ▶ **1** vt graffiare **2** vt, vi grattarsi **3** vt incidere **4** vt ~ **sth away, off, etc.** raschiare via qc
▶ s **1** graffio **2** [*sing*]: *The dog gave itself a good scratch.* Il cane si diede una bella grattata. LOC **(be/come) up to scratch** (essere) all'altezza ◆ **(start sth) from scratch** (cominciare qc) da zero

'scratch card s gratta-e-vinci

scrawl /skrɔːl/ ▶ vt, vi scarabocchiare
▶ s [*sing*] scarabocchio

scream /skriːm/ ▶ vt, vi strillare: *to scream with excitement* strillare per l'eccitazione
▶ s **1** strillo: *a scream of pain* uno strillo di dolore **2** [*sing*] (*informale, antiq*) spasso

screech /skriːtʃ/ ▶ vi stridere
▶ s strido

screen /skriːn/ s **1** schermo ↻ *Vedi illustrazione a* COMPUTER **2** paravento

'screen saver s salvaschermo

screw /skruː/ ▶ s vite
▶ vt **1** fissare con viti **2** avvitare PHRV **screw sth up 1** (*carta*) appallottolare qc **2** (*faccia*) torcere qc **3** (*informale*) (*piani, situazione, ecc*) mandare all'aria qc

screwdriver /'skruːdraɪvə(r)/ s cacciavite

scribble /'skrɪbl/ ▶ vt, vi scarabocchiare
▶ s scarabocchio

script /skrɪpt/ ▶ s **1** sceneggiatura **2** scrittura **3** caratteri
▶ vt fare la sceneggiatura di

scripture /'skrɪptʃə(r)/ **Scripture** [*non numerabile*] (*anche* **the Scriptures** [*pl*]) s le Sacre Scritture

scriptwriter /'skrɪptraɪtə(r)/ s sceneggiatore, -trice

scroll /skrəʊl/ ▶ s rotolo di pergamena
▶ vi (*Informatica*) scorrere: *Use the arrow keys to scroll through the list of files.* Usare i tasti freccia per scorrere lungo la lista dei file.

'scroll bar s (*Informatica*) barra di scorrimento

scrounge /skraʊndʒ/ **1** vt, vi scroccare: *Can I scrounge a cigarette off you?* Posso scroccarti una sigaretta? **2** vi ~ **off sb** vivere alle spalle di qn

scrub[1] /skrʌb/ s [*non numerabile*] boscaglia

scrub[2] /skrʌb/ ▶ vt (**-bb-**) sfregare
▶ s sfregata: *Give your nails a good scrub.* Pulisciti bene le unghie con lo spazzolino.

---

iː see   i happy   ɪ sit   e ten   æ hat   ɑː father   ʌ cup   ʊ put   uː too

scruff → secondary

scruff /skrʌf/ s LOC **by the scruff of the neck** per la collottola

scruffy /'skrʌfi/ agg (**-ier, -iest**) (*informale*) trasandato

scrum /skrʌm/ s mischia

scruples /'skru:plz/ s scrupoli

scrupulous /'skru:pjələs/ agg scrupoloso
scrupulously avv scrupolosamente: *scrupulously clean* impeccabile

scrutinize, -ise /'skru:tənaɪz/ vt (*formale*) esaminare, scrutare

scrutiny /'skru:təni/ s (*formale*) esame accurato

scuba-diving /'sku:bə daɪvɪŋ/ s immersioni (*con autorespiratore*)

scuff /skʌf/ vt scorticare

scuffle /'skʌfl/ s tafferuglio

sculptor /'skʌlptə(r)/ s scultore, -trice

sculpture /'skʌlptʃə(r)/ s scultura

scum /skʌm/ s **1** schiuma **2** (*informale*) feccia

scurry /'skʌri/ vi (*pass, pp* **scurried**) correre (*a passetti*): *to scurry about/around* correre di qua e di là

scuttle /'skʌtl/ vi: *She scuttled back to her car.* Si affrettò a tornare in macchina. ◊ *to scuttle away/off* svignarsela

scythe /saɪð/ s falce

sea /si:/ s **1** mare: *the sea air* l'aria di mare ◊ *the sea breeze* la brezza marina ⊃ *Vedi nota a* MARE **2 seas** [*pl*] mare: *heavy/rough seas* mare grosso **3** marea: *a sea of people* una marea di gente LOC **at sea** in mare ♦ **be all at sea** essere disorientato

seabed /'si:bed/ s fondale marino

seafood /'si:fu:d/ s [*non numerabile*] frutti di mare

seafront /'si:frʌnt/ s [*sing*] lungomare

seagull /'si:gʌl/ s gabbiano

seal¹ /si:l/ s foca

seal² /si:l/ ▶ s sigillo
▶ vt **1** sigillare **2** (*busta*) incollare PHR V **seal sth off** bloccare l'accesso a qc

'sea level s livello del mare

seam /si:m/ s **1** cucitura **2** (*carbone*) filone

seaman /'si:mən/ s (*pl* **-men** /-mən/) marinaio: *a merchant seaman* un marinaio della marina mercantile

search /sɜ:tʃ/ ▶ vi ~ **for sth** cercare qc **2** vt ~ **sb/sth (for sth)** perquisire qn/qc (alla ricerca di qc): *They searched the house for drugs.* Hanno perquisito la casa alla ricerca di droga.
▶ s **1** ~ (**for sb/sth**) ricerca (di qn/qc) **2** (*polizia*) perquisizione

'search engine s motore di ricerca

searching /'sɜ:tʃɪŋ/ agg penetrante

searchlight /'sɜ:tʃlaɪt/ s proiettore (*lampada*)

seashell /'si:ʃel/ s conchiglia

seasick /'si:sɪk/ agg: *to be seasick* avere il mal di mare

seaside /'si:saɪd/ s: *at the seaside* al mare ◊ *We're going to the seaside tomorrow.* Andiamo al mare domani.

season¹ /'si:zn/ s stagione: *season ticket* abbonamento LOC **in season 1** (*frutta*) di stagione **2** (*vacanza*) in alta stagione **3** (*animale*) in calore *Vedi anche* MATING

season² /'si:zn/ vt condire

seasonal /'si:zənl/ agg stagionale

seasoned /'si:zənd/ agg **1** condito **2** (*persona*) con molta esperienza

seasoning /'si:zənɪŋ/ s condimento

seat /si:t/ ▶ s **1** (*auto*) sedile **2** (*aereo, treno, teatro*) posto **3** *Take a seat!* Si accomodi! **4** (*Pol*) seggio **5** (*Pol*) circoscrizione elettorale LOC *Vedi* DRIVER
▶ vt **1** contenere: *The stadium can seat 5 000 people.* Lo stadio può contenere 5.000 persone. **2** (*formale*): *Please be seated.* Accomodatevi, per favore. ◊ *Please remain seated until the aircraft has come to a halt.* Si prega di restare al proprio posto finché l'aereo non è completamente fermo.

'seat belt s cintura di sicurezza

seating /'si:tɪŋ/ s [*non numerabile*] posti a sedere

'sea urchin s riccio di mare

seaweed /'si:wi:d/ s [*non numerabile*] alghe ⊃ *Vedi nota a* ALGA

secluded /sɪ'klu:dɪd/ agg **1** (*luogo*) appartato **2** (*vita*) ritirato **seclusion** /sɪ'klu:ʒn/ s **1** isolamento **2** solitudine

second (*abbrev* **2nd**) /'sekənd/ ▶ agg, pron, avv secondo LOC **second thoughts**: *We had second thoughts.* Ci abbiamo ripensato. ◊ *On second thoughts…* Pensandoci meglio…
▶ s **1 the second** il due: *the second of May* il due maggio **2** (*anche* ˌsecond 'gear) seconda (*marcia*) **3** (*tempo*) secondo: *the second hand* la lancetta dei secondi ⊃ *Vedi esempi a* FIFTH
▶ vt (*proposta, candidato*) appoggiare

secondary /'sekəndri; *USA* -deri/ agg secondario

second-best → segment

,second-'best *agg* secondo (*per qualità*)
,second 'class ▸ *s* seconda classe
▸ *avv*: *to travel second class* viaggiare in seconda classe ◊ *Vedi nota a* STAMP
,second-'class *agg* **1** di seconda classe: *a second-class ticket* un biglietto di seconda classe **2** (*posta*) ◊ *Vedi nota a* STAMP
,second-'hand *agg, avv* di seconda mano
secondly /'sekəndli/ *avv* in secondo luogo
'second name *s* (*spec GB*) **1** cognome **2** secondo nome: *His second name is Joseph, after his grandfather.* Di secondo nome si chiama Joseph, come il nonno. ◊ *Vedi nota a* MIDDLE NAME
,second-'rate *agg* di second'ordine
secret /'si:krət/ *agg, s* segreto **secrecy** /'si:krəsi/ *s* segretezza
secretarial /,sekrə'teəriəl/ *agg* **1** (*scuola, corso*) per segretarie **2** (*lavoro, personale*) di segreteria
secretary /'sekrətri; *USA* -rəteri/ *s* (*pl* -**ies**) segretario, -a
,Secretary of 'State *s* (*pl* **Secretaries of State**) **1** (*GB*) ministro ◊ *Vedi nota a* MINISTRO **2** (*USA*) segretario di Stato
secrete /sɪ'kri:t/ *vt* **1** secernere **2** (*formale*) occultare **secretion** *s* secrezione
secretive /'si:krətɪv/ *agg* riservato
secretly /'si:krətli/ *avv* segretamente
sect /sekt/ *s* setta
sectarian /sek'teəriən/ *agg* settario
section /'sekʃn/ *s* **1** sezione, parte **2** (*strada*) tratto **3** (*società*) settore **4** (*legge, codice*) articolo
sector /'sektə(r)/ *s* **1** settore **2** settore circolare
secular /'sekjələ(r)/ *agg* **1** (*stato*) laico **2** (*musica*) profano **3** (*potere*) temporale
secure /sɪ'kjʊə(r)/ ▸ *agg* **1** sicuro, saldo **2** (*carcere*) di massima sicurezza
▸ *vt* **1** (*porta, finestra*) chiudere bene **2** (*fune, scala*) assicurare **3** (*lavoro, contratto*) assicurarsi
securely /sɪ'kjʊəli/ *avv* saldamente
security /sɪ'kjʊərəti/ *s* (*pl* -**ies**) **1** sicurezza: *security guard* guardia giurata **2** (*prestito*) garanzia
sedan /sɪ'dæn/ *s* (*USA*) *Vedi* SALOON senso (1)
sedate /sɪ'deɪt/ ▸ *agg* pacato
▸ *vt* somministrare sedativi a

sedation /sɪ'deɪʃn/ *s* sedazione LOC **be under sedation** essere sotto l'effetto dei sedativi
sedative /'sedətɪv/ /'sedətɪv/ *agg, s* sedativo
sedentary /'sedntri; *USA* -teri/ *agg* sedentario
sediment /'sedɪmənt/ *s* sedimento
sedition /sɪ'dɪʃn/ *s* (*formale*) sedizione
seduce /sɪ'dju:s; *USA* -'du:s/ *vt* sedurre **seduction** /sɪ'dʌkʃn/ *s* seduzione **seductive** /sɪ'dʌktɪv/ *agg* seducente
see /si:/ *vt, vi* (*pass* **saw** /sɔ:/ *pp* **seen** /si:n/) **1** vedere: *to go and see a film* andare a vedere un film ◊ *She'll never see again.* Non potrà mai più vedere. ◊ *See page 158.* Vedi a pagina 158. ◊ *Go and see if the postman's been.* Vai a vedere se è arrivata posta. ◊ *Let's see.* Vediamo. ◊ *I'm seeing Sue tonight.* Stasera vedo Sue. **2** *I went to see my aunt yesterday.* Ieri sono andata a trovare mia zia. ◊ *Come and see me if you need help.* Vieni da me se hai bisogno d'aiuto. **3** accompagnare: *He saw her to the door.* L'accompagnò alla porta. ◊ *Vedi nota a* SENTIRE **4** assicurarsi: *I'll see that it's done.* Mi assicuro io che sia fatto. **5** capire: *I see.* Ho capito. LOC **see you (around)**; (**I'll**) **be seeing you** (*informale*) ci vediamo ♦ **seeing that ...** visto che ... ◊ Per altre espressioni con **see** vedi alla voce del sostantivo, dell'aggettivo, ecc, ad es. **make sb see reason** a REASON. PHRV **see about sth/doing sth** occuparsi di qc/di fare qc ♦ **see sb off 1** salutare qn alla partenza **2** scacciare qn ♦ **see through sb/sth** non lasciarsi ingannare da qn/qc ♦ **see to sth** occuparsi di qc: *I'll see to it.* Ci penso io.
seed /si:d/ *s* seme ◊ *Vedi illustrazione a* FRUTTA
seedy /'si:di/ *agg* (-**ier**, -**iest**) squallido
seek /si:k/ *vt, vi* (*pass, pp* **sought** /sɔ:t/) (*formale*) **1** ~ (**for**) **sth/sb** cercare (qc/qn) **2** ~ **to do sth** cercare di fare qc PHRV **seek sb/sth out** cercare qn/qc
seem /si:m/ *vi* sembrare: *It seems that ...* Sembra che ... ❶ Non si usa nei tempi progressivi. *Vedi anche* APPEAR senso (2) **seemingly** *avv* apparentemente
seen *pp di* SEE
seep /si:p/ *vi* filtrare
seething /'si:ðɪŋ/ *agg* ~ (**with sth**) **1** (*rabbia*) fremente (di qc) **2** (*gente*) traboccante (di qc)
'see-through *agg* trasparente
segment /'segmənt/ *s* **1** (*Geom*) segmento circolare **2** (*di arancia, ecc*) spicchio

| aɪ five | aʊ now | ɔɪ join | ɪə near | eə hair | ʊə pure | ʒ vision | h how | ŋ sing |

segregate /'segrɪgeɪt/ vt ~ sb/sth (from sb/sth) separare qn/qc (da qn/qc)

seize /siːz/ vt **1** prendere: *to seize hold of sth* afferrare qc ◊ *We were seized by panic.* Siamo stati presi dal panico. **2** (*armi, droga, ecc*) sequestrare **3** (*persone*) catturare **4** (*edificio*) occupare **5** (*opportunità, ecc*) cogliere: *to seize the initiative* prendere l'iniziativa **PHRV** **seize on/upon sth** approfittare di qc
♦ **seize up** (*motore*) grippare **seizure** /'siːʒə(r)/ s **1** (*di armi, droga, ecc*) sequestro, confisca **2** (*antiq*) (*Med*) attacco

seldom /'seldəm/ avv raramente: *We seldom go out.* Usciamo raramente. ➲ *Vedi nota a* ALWAYS

select /sɪ'lekt/ ▸ vt **1** ~ sb/sth (as sth) scegliere qn/qc (come qc) **2** (*Informatica*) selezionare
▸ agg scelto

selection /sɪ'lekʃn/ s selezione

selective /sɪ'lektɪv/ agg ~ (about sb/sth) selettivo (quanto a qn/qc)

self /self/ s (pl **selves** /selvz/): *his true self* la sua vera natura ◊ *She's her old self again.* È tornata ad essere quella di sempre.

self-'centred (*USA* **-centered**) agg egocentrico

self-'confident agg sicuro di sé

self-'conscious agg insicuro, impacciato

self-con'tained agg (*appartamento*) indipendente

self-con'trol s autocontrollo

self-de'fence (*USA* **-defense**) s **1** legittima difesa **2** autodifesa, difesa personale

self-de,termi'nation s autodeterminazione

self-em'ployed agg (*lavoratore*) autonomo

self-'interest s interesse personale

selfish /'selfɪʃ/ agg egoista

self-'made agg che si è fatto da sé: *He was proud of the fact that he was a self-made man.* Era orgoglioso di essere uno che si è fatto da sé.

self-'pity s autocommiserazione

self-'portrait s autoritratto

self-re'spect s dignità

self-'satisfied agg compiaciuto

self-'service ▸ agg self-service
▸ s [*non numerabile*] self-service: *The cafe provides quick self-service at low prices.* La caffetteria offre un rapido servizio self-service a prezzi contenuti.

self-'sufficient agg ~ (in sth) autosufficiente (per quanto riguarda qc); autosufficienza

self-'taught agg autodidatta

sell /sel/ (*pp, pass* **sold** /səʊld/) **1** vt ~ sth (at/for sth) vendere qc (a/per qc) **2** vi ~ (at/for sth) essere in vendita (a/per qc): *The badges sell at 50p each.* Le spille sono in vendita a 50 penny l'una. ◊ *The book sold well.* Il libro ha venduto bene. **LOC** **be sold out (of sth)** avere esaurito (qc) **PHRV** **sell sth off** svendere qc
♦ **sell out** (*biglietti*) andare esaurito

'sell-by date (*USA* **pull date**) s data di scadenza

seller /'selə(r)/ s venditore, -trice

selling /'selɪŋ/ s vendita

Sellotape® /'seləteɪp/ ▸ s (*GB*) nastro adesivo
▸ vt attaccare con nastro adesivo

selves *plurale di* SELF

semester /sɪ'mestə(r)/ s semestre

semi /'semi/ s (pl **semis** /'semiz/) (*GB, informale*) casa bifamiliare

semicircle /'semisɜːkl/ s semicerchio

semicolon /,semi'kəʊlən; *USA* 'semɪk-/ s punto e virgola

semi-de'tached agg bifamiliare: *a semi-detached house* una casa bifamiliare

semi-'final s semifinale

seminar /'semɪnɑː(r)/ s seminario (*universitario*)

seminary /'semɪnəri; *USA* -neri/ s (pl **-ies**) (*Relig*) seminario

senate (*anche* **Senate**) /'senət/ s [v *sing o pl*] **1** (*Pol*) senato **2** (*Univ*) senato accademico

senator (*anche* **Senator**) /'senətə(r)/ s (*abbrev* **Sen.**) senatore, -trice

send /send/ vt (*pass, pp* **sent** /sent/) **1** mandare: *She was sent to bed without any supper.* L'hanno mandata a letto senza cena. ◊ *I knocked the table and sent all the drinks flying.* Ho urtato il tavolo e ho mandato tutti i bicchieri per aria. **2** (*sms ecc*) inviare **3** *to send sb to sleep* far addormentare qn ◊ *The story sent shivers down my spine.* Il racconto mi ha fatto venire i brividi. ◊ *to send sb mad* far impazzire qn **LOC** *Vedi* LOVE
PHRV **send for sb** chiamare qn, far venire qn
♦ **send (off) for sth** richiedere/ordinare qc

send sb in inviare qn (*esercito, polizia*) ♦ **send sth in** spedire: *I sent my application in last week.* Ho spedito la domanda la settimana scorsa.

send sth off spedire qc

sender → server

send sth out 1 (*inviti, ecc*) mandare qc **2** (*raggi, ecc*) emettere qc
send sb/sth up (*GB, informale*) fare la parodia di qn/qc

sender /'sendə(r)/ *s* mittente

senile /'si:naɪl/ *agg* rimbambito: *to go senile* rimbambire **senility** /sə'nɪləti/ *s* rimbambimento

senior /'si:nɪə(r)/ ▶ *agg* **1** più anziano (*in gerarchia*): *senior partner in a law firm* socio dirigente in uno studio legale **2** (*abbrev* **Snr. Sr**) senior: *John Brown, Senior* John Brown senior
▶ *s*: *She is two years my senior.* Ha due anni più di me.

senior citizen *s* anziano, -a

senior high school (*anche* **senior high**) *s* (*USA*) scuola media superiore ⊃ *Vedi nota a* SCUOLA

seniority /si:ni'ɒrəti; *USA* -'ɔ:r-/ *s* anzianità (*di grado, età*)

sensation /sen'seɪʃn/ *s* sensazione **sensational** *agg* **1** sensazionale **2** (*dispreg*) sensazionalistico

sense /sens/ ▶ *s* **1** senso: *a sense of humour* senso dell'umorismo ◊ *sense of smell/touch/taste* olfatto/tatto/gusto ◊ *It gives him a sense of security.* Lo fa sentire sicuro. **2** buonsenso: *to come to your senses* rinsavire ◊ *to make sb see sense* far intendere ragione a qn LOC **in a sense** in un certo senso ◆ **make sense** avere senso ◆ **make sense of sth** comprendere qc ◆ **see sense** cominciare a ragionare
▶ *vt* **1** sentire, accorgersi di **2** (*strumento, macchina*) rilevare

senseless /'sensləs/ *agg* **1** insensato **2** privo di sensi (*svenuto*)

sensibility /sensə'bɪləti/ *s* sensibilità

sensible /'sensəbl/ *agg* **1** sensato **2** (*scarpe*) pratico ⊃ *Confronta* SENSITIVE **sensibly** *avv* **1** (*comportarsi*) ragionevolmente **2** (*vestirsi*) adeguatamente

sensitive /'sensətɪv/ *agg* **1** sensibile: *She's very sensitive to criticism.* È molto sensibile alle critiche. **2** (*argomento, pelle*) delicato: *sensitive documents* documenti confidenziali ⊃ *Confronta* SENSIBLE **sensitivity** /sensə'tɪvəti/ *s* **1** sensibilità **2** suscettibilità **3** (*argomento, pelle*) delicatezza

sensual /'senʃuəl/ *agg* sensuale **sensuality** /senʃu'æləti/ *s* sensualità

sensuous /'senʃuəs/ *agg* sensuale

sent *pass, pp di* SEND

sentence /'sentəns/ ▶ *s* **1** (*Gramm*) frase **2** condanna: *a life sentence* una condanna all'ergastolo
▶ *vt* condannare

sentiment /'sentɪmənt/ *s* **1** sentimentalismo **2** sentimento **sentimental** /sentɪ'mentl/ *agg* sentimentale **sentimentality** /sentɪmen'tæləti/ *s* sentimentalismo

sentry /'sentri/ *s* (*pl* -**ies**) sentinella

separate ▶ /'seprət/ *agg* **1** separato **2** diverso: *It happened on three separate occasions.* È successo in tre diverse occasioni.
▶ /'sepəreɪt/ **1** *vt, vi* separare, separarsi **2** *vt* dividere: *We separated the children into three groups.* Abbiamo diviso i bambini in tre gruppi.

separately /'seprətli/ *avv* separatamente

separation /sepə'reɪʃn/ *s* separazione

September /sep'tembə(r)/ *s* (*abbrev* **Sept.**) settembre ⊃ *Vedi nota e esempi a* JANUARY

sequel /'si:kwəl/ *s* **1** (*film, libro*) seguito **2** conseguenza

sequence /'si:kwəns/ *s* **1** serie **2** ordine **3** (*film*) sequenza

serene /sə'ri:n/ *agg* sereno

sergeant /'sɑ:dʒənt/ *s* sergente

serial /'sɪəriəl/ *s* serial: *a radio serial* un serial radiofonico

series /'sɪəri:z/ *s* (*pl* **series**) serie

serious /'sɪəriəs/ *agg* **1** serio: *Is he serious (about it)?* Lo dice sul serio? ◊ *to be serious about sb* fare sul serio con qn **2** (*malattia, errore, situazione*) grave **seriously** *avv* **1** seriamente **2** gravemente LOC **take sb/sth seriously** prendere sul serio qn/qc **seriousness** *s* **1** serietà **2** gravità

sermon /'sɜ:mən/ *s* sermone

servant /'sɜ:vənt/ *s* domestico, -a *Vedi anche* CIVIL

serve /sɜ:v/ ▶ **1** *vt* ~ **sth (up) (to sb)** servire qc (a qn) **2** *vi* ~ **(with sth)** prestare servizio (in qc): *He served with the eighth squadron.* Ha prestato servizio nell'ottavo squadrone. **3** *vt* (*cliente*) servire **4** *vt* (*condanna*) scontare **5** *vt, vi* ~ **(sth) (to sb)** (*tennis, ecc*) servire (qc) (a qn) LOC **serve sb right**: *It serves you right!* Ben ti sta! *Vedi anche* FIRST PHR V **serve sth out** servire qc
▶ *s* (*tennis*) servizio, battuta: *Whose serve is it?* Chi è al servizio?

server /'sɜ:və(r)/ *s* **1** (*Informatica*) server **2** (*Tennis*) battitore, -trice **3** (*USA*) cameriere, -a

service /'sɜːvɪs/ ▶ s **1** servizio: *on active service* in servizio effettivo ◊ *10% extra for service* un 10% in più per il servizio **2** (*di auto*) revisione **3** funzione (*religiosa*): *the morning service* la funzione del mattino
▶ vt revisionare

serviceman /'sɜːvɪsmən/ s (pl **-men** /-mən/) militare m

'**service provider** s *Vedi* INTERNET SERVICE PROVIDER

'**service station** s stazione di servizio

servicewoman /'sɜːvɪswʊmən/ s (pl **-women**) militare f

serviette /ˌsɜːviˈet/ s tovagliolo: *paper serviettes* tovagliolini di carta

serving /'sɜːvɪŋ/ s porzione

session /'seʃn/ s sessione

set[1] /set/ s **1** serie, set: *a set of saucepans* una batteria da cucina ◊ *a set of cutlery* un servizio di posate ◊ *a TV/radio set* un televisore/una radio **3** (*Tennis, Cine*) set **4** (*Teat*) scenografia: *set designer* scenografo **5** messa in piega **6** (*talvolta dispreg*) (*di persone*) circolo

set[2] /set/ (**-tt-**) (*pass, pp* **set**) **1** vt (*situare*): *The film is set in Australia.* Il film è ambientato in Australia. **2** vt (*preparare*) mettere: *He set the alarm clock for seven.* Ha messo la sveglia alle sette. ◊ *I've set the video to record the match.* Ho programmato il videoregistratore per registrare la partita. **3** vt stabilire, fissare: *She's set a new world record.* Ha stabilito un nuovo record mondiale. ◊ *They haven't set a date for their wedding yet.* Non hanno ancora fissato la data delle nozze. ◊ *Can we set a limit to the cost of the trip?* Possiamo fissare un limite massimo al costo del viaggio? **4** vt (*cambio di stato*): *They set the prisoners free.* Hanno messo in libertà i prigionieri. ◊ *It set me thinking.* Mi ha fatto pensare. **5** vt (*assegnare*) dare: *We've been set a lot of homework today.* Oggi ci hanno dato un sacco di compiti a casa. **6** vi (*sole*) tramontare **7** vi (*gelatina, cemento*) solidificare: *Put the jelly in the fridge to set.* Metti in frigo la gelatina perché solidifichi. **8** vt (*formale*) mettere, collocare: *He set a bowl of soup in front of me.* Mi ha messo davanti un piatto di minestra. **9** vt (*osso fratturato*) ingessare **10** vt (*capelli*) mettere in piega **11** vt (*pietra preziosa*) montare **12** vt (*tavola*) apparecchiare LOC **set a good/bad example (to sb)** dare il buon/cattivo esempio (a qn) ◆ **set a/the trend** lanciare una moda ◆ **set fire to sth/set sth on fire** dare fuoco a qc ◆ **set foot in/on sth** mettere piede in/su qc ◆ **set light to sth** dare fuoco a qc ◆ **set sail (to/for…)** salpare (per …) ◆ **set sth alight** dare fuoco a qc ◆ **set the scene (for sth) 1** montare la scena (per qc) **2** preparare il terreno (per qc) ◆ **set your heart on (having/doing) sth** tenere molto a (avere/fare) qc *Vedi anche* BALL, MIND, MOTION, RECORD, RIGHT, WORK[1]
PHR V **set about (doing) sth** mettersi a fare qc ◆ **set off** partire: *to set off on a journey* mettersi in viaggio ◆ **set sth off 1** far scoppiare qc **2** causare qc ◆ **set out** partire: *to set out from London* partire da Londra ◊ *They set out for Australia.* Partirono per l'Australia. ◆ **set out to do sth** proporsi di fare qc ◆ **set sth up 1** (*monumento, ecc*) erigere qc **2** (*fondo, inchiesta*) disporre qc

set[3] /set/ agg **1** situato **2** fisso: *set meal* menu fisso ◊ *a set phrase* una frase fatta LOC **be all set (for sth/to do sth)** essere pronto (per qc/per fare qc) *Vedi anche* MARK[2]

setback /'setbæk/ s battuta d'arresto

settee /se'tiː/ s (*GB*) divano

setting /'setɪŋ/ s **1** ambientazione **2** montatura **3** impostazione **4** [*sing*] (*sole*) tramonto

settle /'setl/ **1** vi stabilirsi **2** vi ~ **(on sth)** posarsi (su qc) **3** vt (*nervi, mal di stomaco*) calmare **4** vt ~ **sth (with sb)** (*disputa*) risolvere qc (con qn) **5** vt (*conto*) pagare **6** vi (*sedimento*) depositarsi PHR V **settle down 1** adattarsi: *to marry and settle down* sposarsi e mettere la testa a posto **2** calmarsi **3** mettersi comodo ◆ **settle for sth** accettare qc ◆ **settle in/into sth** ambientarsi (in qc) ◆ **settle on sth** scegliere qc ◆ **settle up (with sb)** saldare i conti (con qn)

settled agg stabile

settlement /'setlmənt/ s **1** accordo **2** insediamento, colonia

settler /'setlə(r)/ s colono, -a

'**set-up** s **1** sistema: *I've only been here a few weeks and I don't really know the set-up.* Sono qui solo da poche settimane e non conosco molto bene il sistema. **2** montatura: *He didn't steal the goods. It was a set-up.* Non aveva rubato la roba, era una montatura.

seven /'sevn/ agg, pron, s sette ➔ *Vedi esempi a* FIVE **seventh** agg, pron, avv, s settimo ➔ *Vedi esempi a* FIFTH

seventeen /ˌsevn'tiːn/ agg, pron, s diciassette ➔ *Vedi esempi a* FIVE **seventeenth** agg, pron, avv, s diciassettesimo ➔ *Vedi esempi a* FIFTH

seventy /'sevnti/ agg, pron, s settanta ➔ *Vedi esempi a* FIFTY, FIVE **seventieth** agg, pron, avv, s settantesimo ➔ *Vedi esempi a* FIFTH

sever → shameful

sever /'sevə(r)/ vt (formale) **1** ~ sth (from sth) recidere qc (da qc) **2** (relazioni) troncare

several /'sevrəl/ agg, pron parecchi, parecchie

severe /sɪ'vɪə(r)/ agg (**severer, -est**) **1** (sguardo, castigo) severo **2** (tempesta, gelata, dolore) forte **3** (ferita, problema) grave

sew /səʊ/ vt, vi (pass **sewed** pp **sewn** /səʊn/ o **sewed**) cucire PHRV **sew sth up** rammendare qc

sewage /'su:ɪdʒ, 'sju:-/ s [non numerabile] acque di scolo

sewer /'su:ə(r), 'sju:-/ s fogna

sewing /'səʊɪŋ/ s cucito

sewn pp di SEW

sex /seks/ s sesso: to have sex (with sb) avere rapporti sessuali (con qn)

sexism /'seksɪzəm/ s sessismo **sexist** s, agg sessista

sexual /'sekʃuəl/ agg sessuale: sexual intercourse rapporti sessuali **sexuality** /ˌsekʃu-'æləti/ s sessualità

sexy /'seksi/ s sexy

shabby /'ʃæbi/ agg (**-ier, -iest**) **1** (abito, persona) trasandato **2** (cosa) malandato **3** (comportamento) meschino

shack /ʃæk/ s capanno

shade /ʃeɪd/ ▶ s **1** ombra (posto ombreggiato) ⊃ Vedi illustrazione a OMBRA **2** paralume **3** (USA) tapparella **4** (colore) tonalità **5** (significato) sfumatura
▶ vt fare ombra a

shades /ʃeɪdz/ s [pl] (informale) occhiali da sole

shading /'ʃeɪdɪŋ/ s **1** [non numerabile] ombreggiatura **2** **shadings** [pl] sfumatura: the shadings of opinion found among church leaders piccole differenze di opinioni tra i leader della Chiesa

shadow /'ʃædəʊ/ ▶ s **1** ombra (di persona, cosa) ⊃ Vedi illustrazione a OMBRA **2** **shadows** [pl] oscurità
▶ vt pedinare
▶ agg (Pol) ombra: the Shadow Cabinet il governo ombra ◊ the Shadow Foreign Secretary il ministro degli Esteri del governo ombra

shadowy /'ʃædəʊi/ agg **1** (luogo) buio, ombreggiato **2** (fig) indistinto

shady /'ʃeɪdi/ agg (**-ier, -iest**) ombreggiato

shaft /ʃɑ:ft; USA ʃæft/ s **1** asta **2** manico **3** fusto (di colonna) **4** (Mecc) albero **5** pozzo (di miniera, ascensore): the ventilation shaft il condotto di ventilazione **6** ~ (of sth) raggio (di qc)

shaggy /'ʃægi/ agg (**-ier, -iest**) peloso: shaggy hair capelli arruffati ◊ shaggy eyebrows sopracciglia folte

shake /ʃeɪk/ ▶ (pass **shook** /ʃʊk/ pp **shaken** /'ʃeɪkən/) **1** vt ~ sb/sth (**about/around**) scuotere qn/qc **2** vi tremare **3** vt ~ sb (**up**) sconvolgere qn LOC **shake sb's hand/shake hands (with sb)/ shake sb by the hand** stringere la mano a qn, stringersi la mano ♦ **shake your head** scuotere la testa PHRV **shake sb off** liberarsi di qn ♦ **shake sb up** scuotere qn ♦ **shake sth up** agitare qc
▶ s [gen sing] scossa: a shake of the head una scrollata di capo

shaky /'ʃeɪki/ agg (**-ier, -iest**) **1** tremante **2** poco saldo

shall /ʃəl, ʃæl/ (contrazione **'ll** neg **shall not** o **shan't** /ʃɑ:nt/) ▶ v aus (spec GB) [per formare il futuro]: As we shall see... Come vedremo... ◊ I shall tell her tomorrow. Glielo dirò domani.

Shall e will si usano in inglese per formare il futuro. Shall si usa con la prima persona singolare e plurale, I e we, will con le altre persone. Tuttavia, nell'inglese parlato si tende a usare will (o 'll) con tutti i pronomi.

▶ v aus modale

Shall è un verbo modale seguito dall'infinito senza il TO, e le frasi interrogative e negative si costruiscono senza l'ausiliare do.

1 (formale) (volontà, determinazione): He shall be given a fair trial. Sarà giudicato in modo imparziale. ◊ I shan't go. Non ci andrò.

L'uso di shall con questo senso è più formale di will, specialmente insieme a pronomi diversi da I e we.

2 (offerta, suggerimento): Shall we pick you up? Veniamo a prenderti? ◊ Shall we dance? Balliamo?

shallow /'ʃæləʊ/ agg (**-er, -est**) **1** (acqua) poco profondo **2** (dispreg) (persona) superficiale

shambles /'ʃæmblz/ s [sing] (informale) disastro: to be (in) a shambles essere nel caos

shame /ʃeɪm/ ▶ s **1** vergogna **2** **a shame** un peccato: What a shame! Che peccato! LOC **put sb/sth to shame** far sfigurare qn/qc Vedi anche CRYING
▶ vt **1** far vergognare **2** disonorare

shameful /'ʃeɪmfl/ agg vergognoso

shameless /ˈʃeɪmləs/ *agg* svergognato

shampoo /ʃæmˈpuː/ ▶ *s* (*pl* **-oos**) shampoo
▶ *vt* (*pass, pp* **-ooed** *p pres* **-ooing**) lavare (*capelli, ecc*)

shamrock /ˈʃæmrɒk/ *s* trifoglio

shan't /ʃɑːnt/ = SHALL NOT *Vedi* SHALL

shanty town /ˈʃænti taʊn/ *s* bidonville

shape /ʃeɪp/ ▶ *s* **1** forma **2** figura LOC **in any shape (or form)** (*informale*) di qualunque tipo
◆ **in shape** in forma ◆ **out of shape 1** sformato **2** fuori forma ◆ **give shape to sth** (*formale*) esprimere qc ◆ **take shape** prendere forma
▶ *vt* **1** ~ **sth (into sth)** dare forma (di qc) a qc **2** formare

shapeless /ˈʃeɪpləs/ *agg* informe

share /ʃeə(r)/ ▶ *s* **1** ~ **(in/of sth)** parte (in/di qc) **2** (*Fin*) azione LOC *Vedi* FAIR
▶ **1** *vt* ~ **sth (out) (among/between sb)** dividere qc (tra qn) **2** *vt, vi* ~ **(sth) (with sb)** dividere (qc) (con qn)

shareholder /ˈʃeəhəʊldə(r)/ *s* azionista

shark /ʃɑːk/ *s* squalo

sharp /ʃɑːp/ ▶ *agg* (**-er, -est**) **1** (*coltello*) affilato **2** (*matita*) appuntito **3** (*curva*) stretto **4** (*aumento, calo*) brusco **5** nitido **6** (*suono, dolore*) acuto **7** (*sapore*) aspro **8** (*odore, vento*) pungente **9** scaltro **10** (*Mus*) diesis: *in the key of C sharp minor* in chiave di Do diesis minore **11** (*Mus*) troppo alto
▶ *s* diesis ᴑ *Confronta* FLAT
▶ *avv* in punto: *at seven o'clock sharp* alle sette in punto

sharpen /ˈʃɑːpən/ **1** *vt* (*coltello*) affilare: *to sharpen a pencil* temperare una matita **2** *vt, vi* acuire, acuirsi

sharply /ˈʃɑːpli/ *avv* **1** aspramente: *The report was sharply critical of the police.* La relazione criticava aspramente le forze dell'ordine. **2** (*cadere, cambiare direzione*) bruscamente **3** nettamente: *Their experiences contrast sharply.* Le loro esperienze sono nettamente in contrasto. **4** *sharply pointed* dalla punta aguzza

shatter /ˈʃætə(r)/ **1** *vt, vi* frantumare, frantumarsi **2** *vt* distruggere **shattered** *agg* **1** sconvolto **2** (*GB, informale*) distrutto (*stanco*) **shattering** *agg* scioccante

shave /ʃeɪv/ ▶ *vt, vi* radere, radersi PHRV **shave sth off** radere qc completamente: *Charles decided to shave off his beard.* Charles ha deciso di radersi completamente la barba.
▶ *s* rasatura: *He needs a shave.* Dovrebbe radersi. ◊ *to have a shave* radersi LOC *Vedi* CLOSE¹

shaver /ˈʃeɪvə(r)/ *s* rasoio elettrico

shawl /ʃɔːl/ *s* scialle

she /ʃiː/ ▶ *pron pers* lei (*si usa anche riferendosi ad automobili, navi o nazioni*): *She didn't come.* Non è venuta. ᴑ In inglese il *pronome personale soggetto* non si può omettere. *Confronta* HER senso 3
▶ *s* [*sing*] femmina: *Is it a he or a she?* È un maschio o una femmina?

shear /ʃɪə(r)/ *vt* (*pass* **sheared** *pp* **shorn** /ʃɔːn/ *o* **sheared**) tosare **shears** /ʃɪəz/ *s* [*pl*] cesoie

sheath /ʃiːθ/ *s* (*pl* **-s** /ʃiːðz/) guaina (*fodero*)

she'd /ʃiːd/ **1** = SHE HAD *Vedi* HAVE **2** = SHE WOULD *Vedi* WOULD

shed¹ /ʃed/ *s* capanno

shed² /ʃed/ *vt* (**-dd-**) (*pass, pp* **shed**) **1** (*foglie*) perdere **2** (*pelle*) mutare **3** (*formale*) (*sangue, lacrime*) spargere **4** ~ **sth (on sb/sth)** (*luce*) diffondere qc (su qn/qc)

sheep /ʃiːp/ *s* (*pl* **sheep**) pecora *Vedi anche* EWE, RAM ᴑ *Vedi nota a* CARNE **sheepish** *agg* imbarazzato

sheer /ʃɪə(r)/ *agg* **1** (*assoluto*) puro **2** (*tela*) velato **3** (*ripido*) a picco

sheet /ʃiːt/ *s* **1** (*letto*) lenzuolo ᴑ *Vedi illustrazione a* LETTO **2** (*carta*) foglio **3** (*vetro, metallo*) lastra

sheikh /ʃeɪk/ *s* sceicco

shelf /ʃelf/ *s* (*pl* **shelves** /ʃelvz/) scaffale, mensola

she'll /ʃiːl/ = SHE WILL *Vedi* WILL

shell¹ /ʃel/ *s* **1** (*mollusco*) conchiglia **2** (*uovo, noce*) guscio **3** (*tartaruga, crostaceo*) corazza **4** (*nave*) scheletro **5** (*palazzo*) armatura

shell² /ʃel/ ▶ *s* granata (*esplosivo*)
▶ *vt* bombardare

shellfish /ˈʃelfɪʃ/ *s* (*pl* **shellfish**) **1** (*Zool*) crostaceo **2** [*pl*] (*alimento*) frutti di mare

shelter /ˈʃeltə(r)/ ▶ *s* **1** ~ **(from sth)** (*protezione*) riparo (da qc): *to take shelter* ripararsi **2** (*luogo*) rifugio
▶ **1** *vt* ~ **sb/sth (from sb/sth)** proteggere, riparare qn/qc (da qn/qc) **2** *vi* ~ **(from sth)** ripararsi (da qc)

sheltered /ˈʃeltəd/ *agg* **1** (*luogo*) riparato **2** (*vita*) protetto

shelve /ʃelv/ *vt* accantonare

shelves *plurale di* SHELF

shelving /ˈʃelvɪŋ/ *s* scaffalatura

shepherd → shopping centre

shepherd /'ʃepəd/ *s* pastore

she's /ʃiːz/ **1** = SHE IS *Vedi* BE **2** = SHE HAS *Vedi* HAVE

shield /ʃiːld/ ▶ *s* scudo
▶ *vt* ~ **sb/sth (from sb/sth)** proteggere qn/qc (da qn/qc)

shift /ʃɪft/ ▶ *vt, vi* muovere, muoversi, spostare, spostarsi: *She shifted uneasily in her seat.* Si muoveva nervosamente sulla sedia. ◇ *Help me shift the sofa.* Aiutami a spostare il divano.
▶ *s* **1** cambiamento: *a shift in public opinion* un cambiamento nell'opinione pubblica **2** (*lavoro*) turno **3** (*anche* 'shift key') tasto shift

shifty /'ʃɪfti/ *agg* (**-ier, -iest**) (*informale*) losco

shilling /'ʃɪlɪŋ/ *s* (*antiq*) scellino

shimmer /'ʃɪmə(r)/ *vi* luccicare

shin /ʃɪn/ *s* **1** stinco **2** (*anche* 'shin bone') tibia

shine /ʃaɪn/ ▶ (*pass, pp* **shone** /ʃɒn; *USA* ʃəʊn/) **1** *vi* brillare, splendere: *His face shone with excitement.* Gli brillavano gli occhi per l'eccitazione. **2** *vt* (*torcia, riflettore*) puntare **3** *vi* ~ **at/in sth** brillare in qc: *She's always shone at languages.* È sempre stata brava in lingue.
▶ *s* lucentezza

shingle /'ʃɪŋɡl/ *s* [*non numerabile*] ciottoli

shiny /'ʃaɪni/ *agg* (**-ier, -iest**) lucido

ship /ʃɪp/ ▶ *s* nave: *The captain went on board ship.* Il capitano salì a bordo. ◇ *a merchant ship* un mercantile ⊃ *Vedi nota a* BOAT
▶ *vt* (**-pp-**) spedire via mare

shipbuilding /'ʃɪpbɪldɪŋ/ *s* costruzione navale

shipment /'ʃɪpmənt/ *s* carico

shipping /'ʃɪpɪŋ/ *s* [*non numerabile*] navigazione, navi: *shipping lane/route* rotta di navigazione

shipwreck /'ʃɪprek/ ▶ *s* naufragio
▶ *vt*: *to be shipwrecked* naufragare

shirt /ʃɜːt/ *s* camicia

shiver /'ʃɪvə(r)/ ▶ *vi* **1** ~ **(with sth)** tremare (di qc) **2** rabbrividire
▶ *s* brivido

shoal /ʃəʊl/ *s* banco (*di pesci*)

shock /ʃɒk/ ▶ *s* **1** colpo, urto **2** scossa elettrica **3** (*Med*) shock
▶ **1** *vt* scioccare **2** *vt* scandalizzare

shocking /'ʃɒkɪŋ/ *agg* **1** (*comportamento*) scandaloso **2** (*notizia, delitto*) agghiacciante **3** (*informale*) atroce, terribile

shod *pass, pp di* SHOE

shoddy /'ʃɒdi/ *agg* (**-ier, -iest**) scadente

shoe /ʃuː/ ▶ *s* **1** scarpa: *shoe polish* lucido per scarpe ◇ *What shoe size do you take?* Che numero di scarpe porti? ◇ *shoe shop* negozio di calzature ⊃ *Vedi illustrazione a* SCARPA **2** *Vedi* HORSESHOE
▶ *vt* (*pass, pp* **shod** /ʃɒd/) ferrare

shoelace /'ʃuːleɪs/ *s* laccio di scarpa

shoestring /'ʃuːstrɪŋ/ *s* LOC **on a shoestring** con pochi soldi

shone *pass, pp di* SHINE

shook *pass di* SHAKE

shoot /ʃuːt/ ▶ (*pass, pp* **shot** /ʃɒt/) **1** *vt* sparare a: *to shoot rabbits* cacciare conigli ◇ *She was shot in the leg.* È stata colpita alla gamba. ◇ *to shoot sb dead* uccidere qn a colpi d'arma da fuoco **2** *vi* ~ **(at sb/sth)** sparare (a qn/qc) **3** *vt* fucilare **4** *vt* (*sguardo*) lanciare **5** *vt* (*film*) girare **6** *vi* ~ **along, past, out, etc.** andare, passare, uscire, ecc come un fulmine **7** *vi* (*Sport*) tirare PHRV **shoot sb down** uccidere qn sparandogli ◆ **shoot sth down** (*aereo*) abbattere qc ◆ **shoot up 1** (*prezzi*) salire alle stelle **2** (*pianta, bambino*) crescere in fretta **3** (*drogarsi*) bucarsi ◆ **shoot sth up** (*droga*) farsi di qc
▶ *s* germoglio

shooting /'ʃuːtɪŋ/ *s* **1** [*numerabile*] sparatoria **2** [*non numerabile*] caccia **3** [*non numerabile*] (*Cine*) riprese: *Shooting began early this year.* Le riprese sono cominciate all'inizio dell'anno.

shop /ʃɒp/ ▶ *s* **1** (*spec USA* **store**) negozio: *a clothes shop* un negozio d'abbigliamento ◇ *I'm going to the shops.* Vado a fare la spesa. **2** *Vedi* WORKSHOP LOC *Vedi* TALK
▶ *vi* (**-pp-**) fare compere, fare la spesa: *shop for sth* andare per negozi cercando qc PHRV **shop around** (*informale*) confrontare i prezzi

'**shop assistant** *s* (*USA* **sales clerk**) commesso, -a

shopkeeper /'ʃɒpkiːpə(r)/ *s* (*spec USA* **storekeeper**) *s* negoziante

shoplifting /'ʃɒplɪftɪŋ/ *s* taccheggio **shoplifter** *s* taccheggiatore, -trice

shopper /'ʃɒpə(r)/ *s* persona in giro per acquisti

shopping /'ʃɒpɪŋ/ *s* spesa, compere: *to do the shopping* fare la spesa ◇ *shopping bag/trolley* borsa/carrello per la spesa ◇ *She's gone shopping.* È andata a fare compere.

'**shopping centre** (*spec USA* '**shopping mall**) *s* centro commerciale

---

| iː **see** | i **happy** | ɪ **sit** | e **ten** | æ **hat** | ɑː **father** | ʌ **cup** | ʊ **put** | uː **too** |

shore /ʃɔː(r)/ s **1** costa: *to go on shore* sbarcare **2** riva: *on the shore(s) of Loch Ness* sulle rive del Loch Ness ⊃ Confronta BANK¹

shorn pp di SHEAR

short¹ /ʃɔːt/ agg (-er, -est) **1** (*capelli, vestito*) corto **2** (*pausa, vacanza*) breve: *I was only there for a short while.* Ci sono stato poco tempo. ◊ *a short time ago* poco tempo fa **3** (*persona*) basso ⊃ Vedi nota a ALTO **4** ~ (of sth) a corto (di qc): *Water is short.* L'acqua scarseggia. ◊ *I'm a bit short of time just now.* In questo momento non ho molto tempo. ◊ *I'm £5 short.* Mi mancano 5 sterline. **5** ~ for sth: *Ben is short for Benjamin.* Ben è l'accorciativo di Benjamin. LOC **for short** per abbreviare: *He's called Ben for short.* Lo chiamano Ben per abbreviare. ♦ **in short** in breve ♦ **in short supply** scarso: *Basic foodstuffs were in short supply.* I generi alimentari di prima necessità scarseggiavano. ♦ **get/receive short shrift** essere trattato in modo sbrigativo ♦ **have a short temper** essere irascibile Vedi anche BREATH, RUN

short² /ʃɔːt/ ▶ avv Vedi CUT, FALL, RUN, STOP
▶ s **1** Vedi SHORT CIRCUIT **2** (*Cine*) cortometraggio

shortage /ˈʃɔːtɪdʒ/ s scarsità

short 'circuit s cortocircuito

short-'circuit vi andare in cortocircuito **2** vt mettere in cortocircuito

shortcoming /ˈʃɔːtkʌmɪŋ/ s difetto: *serious shortcomings in police tactics* gravi mancheVolezze nella condotta della polizia

short 'cut s scorciatoia

shorten /ˈʃɔːtn/ vt, vi accorciare, accorciarsi

shorthand /ˈʃɔːthænd/ s stenografia

shortlist /ˈʃɔːtlɪst/ s rosa dei candidati

short-'lived agg di breve durata

shortly /ˈʃɔːtli/ avv **1** tra breve **2** poco: *shortly afterwards* poco dopo

shorts /ʃɔːts/ s [pl] **1** calzoncini **2** (USA) mutande da uomo

short-'sighted agg miope

short-'term agg a breve termine: *short-term plans* piani a breve termine

shot¹ /ʃɒt/ s **1** sparo **2** prova: *to have a shot at (doing) sth* provare (a fare) qc **3** (Sport) tiro **4 the shot** [sing] (Sport): *to put the shot* lanciare il peso **5** (*Foto*) foto **6** (spec USA, informale) (Med) puntura LOC Vedi BIG

shot² pass, pp di SHOOT

shotgun /ˈʃɒtɡʌn/ s fucile da caccia

should /ʃəd, ʃʊd/ v aus modale (neg **should not** o **shouldn't** /ˈʃʊdnt/)

Should è un verbo modale seguito dall'infinito senza TO. Le frasi interrogative e negative si formano senza l'ausiliare do.

1 (*suggerimenti e consigli*): *You shouldn't drink and drive.* Non si dovrebbe guidare quando si è bevuto. ⊃ Confronta MUST **2** (*probabilità*): *They should be there by now.* Dovrebbero essere arrivati. **3** *How should I know?* E io che ne so? ◊ *This picture is worth a lot of money, I should think.* Questo quadro vale parecchio, presumo.

shoulder /ˈʃəʊldə(r)/ ▶ s spalla: *shoulder bag* borsa a tracolla LOC Vedi CHIP
▶ vt (*responsabilità, colpa*) addossarsi

'shoulder blade s scapola

shout /ʃaʊt/ ▶ s grido
▶ **1** vt, vi ~ (sth) (out) (to sb) gridare (qc) (a qn): *She shouted the number out to me from the car.* Mi ha gridato il numero dalla macchina. **2** vi ~ (at sb) alzare la voce (con qn): *Don't shout at him, he's only little.* Non alzare la voce con lui, è solo un bambino. PHRV **shout sb down** zittire qn gridando

shove /ʃʌv/ ▶ **1** vt, vi spingere **2** vt (*informale*) ficcare
▶ s [gen sing] spintone

shovel /ˈʃʌvl/ ▶ s pala
▶ vt (-ll-, USA -l-) spalare

show /ʃəʊ/ ▶ s **1** spettacolo **2** esposizione, mostra: *a fashion show* una sfilata di moda ◊ *the Geneva motor show* il salone dell'automobile di Ginevra **3** dimostrazione: *a show of force* una dimostrazione di forza ◊ *to make a show of sth* far mostra di qc LOC **for show** per fare mostra ♦ **on show** esposto
▶ (pass **showed** pp **shown** /ʃəʊn/ o **showed**) **1** vt mostrare, indicare: *I'll go first and show you the way.* Vado avanti e ti mostro la strada. **2** vi (*macchia, ecc*) vedersi, notarsi **3** vt (*fatto*) dimostrare: *Tests have shown that our new toothpaste is more effective.* I test hanno dimostrato che il nostro nuovo dentifricio è più efficace. **4** vt accompagnare: *She showed us to our seats.* Ci ha accompagnato ai nostri posti. ◊ *We were shown into a waiting room.* Ci hanno accompagnato in sala d'attesa. **5** vt (*film*) dare **6** vt (*Arte*) esporre LOC Vedi ROPE PHRV **show off (to sb)** (*informale, dispreg*) mettersi in mostra (davanti a qn) ♦ **show sb/sth off 1** (*approv*) mettere in risalto qn/qc **2** (*dispreg*) ostentare qn/qc ♦ **show sb round/around (sth)** fare visitare qc a qn: *We were shown around*

the school by one of the students. Uno degli studenti ci ha fatto visitare la scuola. ◊ *Has anyone shown you round yet?* Ti hanno già fatto visitare il posto? ♦ **show up** (*informale*) farsi vivo ♦ **show sb up** far fare una brutta figura a qn

'show business *s* mondo dello spettacolo

showdown /'ʃəʊdaʊn/ *s* regolamento di conti

shower /'ʃaʊə(r)/ ▶ *s* **1** doccia: *to take/have a shower* fare una doccia **2** ~ (**of sth**) valanga (di qc) **3** acquazzone, rovescio
▶ *vt* ~ **sb with sth** (*attenzioni, regali*) coprire qn di qc

showing /'ʃəʊɪŋ/ *s* **1** (*Cine*) spettacolo, proiezione **2** risultati: *On this showing, you'll never pass your driving test.* Se guidi così, non passerai mai l'esame.

shown *pp di* SHOW

'show-off *s* (*informale, dispreg*): *to be a show-off* mettersi in mostra

showroom /'ʃəʊruːm/ *s* salone d'esposizione

shrank *pass di* SHRINK

shrapnel /'ʃræpnəl/ *s* shrapnel

shred /ʃred/ ▶ *s* **1** strisciolina, brandello **2** ~ **of sth** (*fig*) briciolo di qc
▶ *vt* (**-dd-**) tagliare a striscioline

shrewd /ʃruːd/ *agg* (**-er, -est**) astuto, scaltro

shriek /ʃriːk/ ▶ *vt, vi* ~ (**with sth**) strillare (per qc): *to shriek with laughter* sbellicarsi dalle risate
▶ *s* strillo

shrift /ʃrɪft/ *s* LOC *Vedi* SHORT¹

shrill /ʃrɪl/ *agg* (**-er, -est**) **1** acuto, stridulo **2** (*protesta, ecc*) petulante

shrimp /ʃrɪmp/ *s* gamberetto

shrine /ʃraɪn/ *s* **1** santuario **2** reliquiario

shrink /ʃrɪŋk/ *vt, vi* (*pass* **shrank** /ʃræŋk/ *o* **shrunk** /ʃrʌŋk/ *pp* **shrunk**) **1** restringere, restringersi **2** ridurre, ridursi PHRV **shrink from sth/doing sth** (*formale*) esitare davanti a qc/a fare qc

shrivel /'ʃrɪvl/ *vt, vi* (**-ll-,** *USA* **-l-**) ~ (**sth**) (**up**) **1** rinsecchire (qc) **2** raggrinzire (qc)

shroud /ʃraʊd/ ▶ *s* **1** sudario **2** ~ (**of sth**) (*fig*) velo (di qc)
▶ *vt* ~ **sth in sth** avvolgere qc in qc: *shrouded in mystery* avvolto nel mistero

Shrove Tuesday /ˌʃrəʊv 'tjuːzdeɪ, -di; *USA* -'tuːz-/ *s* martedì grasso

shrub /ʃrʌb/ *s* arbusto ⊃ *Confronta* BUSH

shrug /ʃrʌɡ/ ▶ *vt, vi* (**-gg-**) ~ (**your shoulders**) fare spallucce PHRV **shrug sth off** non dare importanza a qc
▶ *s* alzata di spalle

shrunk *pass, pp di* SHRINK

shudder /'ʃʌdə(r)/ ▶ *vi* **1** ~ (**with sth**) rabbrividire (per qc) **2** (*terra, edificio*) tremare
▶ *s* **1** brivido **2** tremito

shuffle /'ʃʌfl/ **1** *vt, vi* (*Carte*) mescolare ⊃ *Vedi nota a* CARTA **2** *vt* ~ **your feet** strascicare i piedi **3** *vi* ~ (**along**) camminare con passo strascicato

shun /ʃʌn/ *vt* (**-nn-**) (*formale*) evitare

shut /ʃʌt/ ▶ *vt, vi* (**-tt-**) (*pass, pp* **shut**) chiudere, chiudersi LOC *Vedi* CLICK
PHRV **shut sb/sth away** rinchiudere qn/qc
shut (sth) down chiudere (qc)
shut sth in sth chiudere qc in qc
shut sth off (*gas, acqua*) chiudere qc ♦ **shut sb/sth off** (**from sth**) isolare qn/qc (da qc)
shut sb/sth out (**of sth**) escludere qn/qc (da qc): *to feel shut out* sentirsi escluso ◊ *The trees shut out the view.* Gli alberi impedivano la vista.
shut up (*informale*) star zitto ♦ **shut sb up** (*informale*) far star zitto qn ♦ **shut sth up** chiudere qc ♦ **shut sb/sth up** (**in sth**) rinchiudere qn/qc (in qc)
▶ *agg* chiuso: *The door was shut.* La porta era chiusa. ⊃ *Confronta* CLOSED *a* CLOSE²

shutter /'ʃʌtə(r)/ *s* **1** imposta (*persiana*) **2** (*Foto*) otturatore

shuttle /'ʃʌtl/ *s* **1** spoletta **2** navetta: *shuttle service* servizio navetta **3** *Vedi* SPACE SHUTTLE

shy /ʃaɪ/ ▶ *agg* (**-er, -est**) timido: *to be shy of sb/sth* avere paura di qn/qc
▶ *vi* (*pass, pp* **shied** /ʃaɪd/) **to shy** (**at sth**) (*cavallo*) fare uno scarto (davanti a qc) PHRV **shy away from sth/doing sth** evitare qc/di fare qc

shyness /'ʃaɪnəs/ *s* timidezza

sick /sɪk/ ▶ *agg* (**-er, -est**) **1** malato: *to be off sick* essere assente per malattia ⊃ *Vedi nota a* MALATO **2** *to feel sick* avere la nausea **3** ~ **of sb/sth/doing sth** (*informale*) stufo di qn/qc/di fare qc **4** (*informale*) di cattivo gusto LOC **be sick** vomitare ♦ **be sick to death of/sick and tired of sb/sth** (*informale*) averne fin sopra i capelli di qn/qc ♦ **make sb sick** fare schifo a qn
▶ *s* (*informale*) vomito

sicken /'sɪkən/ *vt* disgustare

sickening /'sɪkənɪŋ/ *agg* disgustoso

sickly /'sɪkli/ *agg* (**-ier, -iest**) **1** malaticcio **2** (*sapore, odore*) stomachevole

sickness → simmer

sickness /'sɪknəs/ s **1** malattia **2** nausea

side /saɪd/ ▶s **1** (*pagina, disco*) facciata: *on the other side* sull'altra facciata **2** lato, parte: *on the other side of the Atlantic* dall'altra parte dell'Atlantico ◊ *from side to side* da un lato all'altro ◊ *a side door* una porta laterale **3** (*lago*) riva **4** (*persona, montagna*) fianco: *to sit at/by sb's side* sedere accanto a qn **5** parte: *to change sides* passare dall'altra parte ◊ *to be on our side* essere dalla nostra parte ◊ *Whose side are you on?* Da che parte stai? **6** (*GB*) (*Sport*) squadra **7** aspetto: *the different sides of a question* i diversi aspetti di un problema LOC **on/from all sides; on/from every side** da tutti i lati, da tutte le parti ♦ **side by side** fianco a fianco ♦ **get on the right/wrong side of sb** prendere qn per il verso giusto/sbagliato ♦ **put sth on/to one side** mettere qc da parte ♦ **take sides (with sb)** parteggiare (per qn) *Vedi anche* LOOK¹, SAFE¹
▶v PHRV **side with sb (against sb/sth)** schierarsi con qn (contro qn/qc)

sideboard /'saɪdbɔːd/ s credenza

'**side effect** s effetto collaterale

'**side order** s contorno: *a side order of fries* patatine fritte come contorno

'**side street** s traversa (*strada*)

sidetrack /'saɪdtræk/ vt sviare

sidewalk /'saɪdwɔːk/ s (*USA*) *Vedi* PAVEMENT

sideways /'saɪdweɪz/ avv, agg **1** di lato **2** (*occhiata*) di traverso

siege /siːdʒ/ s assedio

sieve /sɪv/ ▶s setaccio
▶vt setacciare

sift /sɪft/ **1** vt setacciare **2** vt, vi ~ **(through)** sth (*fig*) vagliare qc

sigh /saɪ/ ▶vi sospirare
▶s sospiro

sight /saɪt/ s **1** vista: *to have poor sight* avere la vista debole **2 the sights** [*pl*] i luoghi da visitare **3** spettacolo: *What a sad sight!* Che spettacolo penoso! LOC **at/on sight** a vista ♦ **in sight** in vista ♦ **out of sight, out of mind** occhio non vede cuore non duole *Vedi anche* CATCH, LOSE, PRETTY

sighting /'saɪtɪŋ/ s avvistamento: *a reported sighting of the Loch Ness monster* un presunto avvistamento del mostro di Loch Ness

sightseeing /'saɪtsiːɪŋ/ s: *to go sightseeing* fare un giro turistico

sign¹ /saɪn/ s **1** segno: *the signs of the Zodiac* i segni zodiacali **2** segnale, cartello **3** segno, gesto: *to make a sign at sb* fare un segno a qn **4** ~ **(of sth)** segno, indizio (di qc): *a good/bad sign* un buon/cattivo segno

sign² /saɪn/ vt, vi firmare PHRV **sign sb up 1** fare un contratto a qn **2** (*Sport*) ingaggiare qn ♦ **sign up (for sth) 1** iscriversi (a qc) **2** diventare socio (di qc)

signal /'sɪgnəl/ ▶s segnale
▶vt, vi (-ll-, USA -l-) segnalare, indicare: *to signal (to) sb to do sth* fare segno a qn di fare qc ◊ *She signalled her discontent.* Manifestò il suo malcontento.

signature /'sɪgnətʃə(r)/ s firma

'**signature tune** s (*GB*) sigla musicale

significant /sɪg'nɪfɪkənt/ agg **1** (*contributo, effetto*) significativo **2** (*quantità, aumento*) notevole **significance** s **1** significato **2** importanza

signify /'sɪgnɪfaɪ/ vt (*pass, pp* **-fied**) **1** significare **2** indicare

'**sign language** s linguaggio dei segni

signpost /'saɪnpəʊst/ s cartello indicatore

Sikh /siːk/ s, agg sikh

silence /'saɪləns/ ▶s, *escl* silenzio
▶vt far tacere

silent /'saɪlənt/ agg **1** silenzioso **2** zitto **3** (*lettera, film*) muto

silhouette /ˌsɪluˈet/ ▶s sagoma
▶vt LOC **be silhouetted (against sth)** stagliarsi (contro qc)

silicon /'sɪlɪkən/ s [*non numerabile*] silicio

silicone /'sɪlɪkəʊn/ s [*non numerabile*] silicone

silk /sɪlk/ s seta **silky** agg (**-ier, -iest**) setoso

sill /sɪl/ s davanzale

silly /'sɪli/ agg (**-ier, -iest**) **1** sciocco: *That was a very silly thing to say.* Hai detto proprio una sciocchezza. **2** ridicolo: *to feel/look silly* sentirsi ridicolo/fare una figura ridicola

silver /'sɪlvə(r)/ ▶s **1** argento: *silver paper* carta argentata ◊ *silver-plated* placcato in argento **2** monete (*da 5, 10, 20 e 50 pence*) **3** argenteria LOC *Vedi* WEDDING
▶agg **1** d'argento **2** (*colore*) argentato

silverware /'sɪlvəweə(r)/ s (*USA*) *Vedi* CUTLERY

silvery /'sɪlvəri/ agg argentato

SIM card /'sɪm kɑːd/ s SIM card

similar /'sɪmɪlə(r)/ agg ~ **(to sb/sth)** simile (a qn/qc) **similarity** /ˌsɪməˈlærəti/ s (*pl* **-ies**) somiglianza **similarly** avv allo stesso modo

simile /'sɪməli/ s similitudine

simmer /'sɪmə(r)/ vt, vi (far) sobbollire

| tʃ **ch**in | dʒ **J**une | v **v**an | θ **th**in | ð **th**en | s **s**o | z **z**oo | ʃ **sh**e |

simple /ˈsɪmpl/ *agg* (**-er**, **-est**) **1** semplice **2** (*persona*) tonto, ritardato

simplicity /sɪmˈplɪsəti/ *s* semplicità

simplify /ˈsɪmplɪfaɪ/ *vt* (*pass*, *pp* **-fied**) semplificare

simplistic /sɪmˈplɪstɪk/ *agg* semplicistico

simply /ˈsɪmpli/ *avv* semplicemente

simulate /ˈsɪmjuleɪt/ *vt* simulare **simulation** *s* simulazione

simultaneous /ˌsɪmlˈteɪniəs/; *USA* ˌsaɪm-/ *agg* ~ (**with sth**) simultaneo (a qc) **simultaneously** *avv* simultaneamente

sin /sɪn/ ▸ *s* peccato
▸ *vi* (**-nn-**) peccare

since /sɪns/ ▸ *cong* **1** da quando: *I've known him since we were at school.* Lo conosco dai tempi della scuola. ◊ *How long is it since we visited your mother?* Quant'è passato da quando abbiamo fatto visita a tua madre? **2** dato che, siccome
▸ *prep* da: *Since then I've lived on my own.* Da allora abito da sola. ◊ *It was the first time they'd won since 1974.* Era la prima volta che vincevano dal 1974.

> Sia **since** che **from** si traducono con "da" e si usano per specificare il punto di partenza dell'azione del verbo. **Since** si usa quando l'azione si estende nel tempo fino al momento attuale: *She has been here since three.* È qui dalle tre. **From** si usa quando l'azione è già terminata o non è ancora cominciata: *I was there from three until four.* Ero lì dalle tre alle quattro. ◊ *I'll be there from three.* Sarò lì dalle tre.

➲ *Vedi nota a* FOR *senso* (2)
▸ *avv* da allora: *We haven't heard from him since.* Non abbiamo sue notizie da allora.

sincere /sɪnˈsɪə(r)/ *agg* sincero **sincerely** *avv* sinceramente LOC *Vedi* YOURS **sincerity** /sɪnˈserəti/ *s* sincerità

sinful /ˈsɪnfl/ *agg* **1** peccaminoso **2** (*informale*) vergognoso

sing /sɪŋ/ *vt*, *vi* (*pass* **sang** /sæŋ/ *pp* **sung** /sʌŋ/) cantare **singer** *s* cantante **singing** *s* canto

single /ˈsɪŋgl/ ▸ *agg* **1** solo, unico: *every single day* ogni giorno **2** (*letto*) a una piazza **3** (*camera*) singolo **4** (*spec USA* **one-way**) (*biglietto*) di sola andata ➲ *Confronta* RETURN **5** single: *single parent* madre/padre single LOC **in single file** in fila indiana *Vedi anche* BLOW
▸ *s* **1** biglietto di sola andata **2** (*disco*) singolo ➲ *Confronta* ALBUM **3** **singles** [*v sing o pl*] (*Sport*) singolare
▸ *v* PHR V **single sb/sth out** (**for sth**) scegliere qn/qc (per qc)

single-handedly /ˌsɪŋgl ˈhændɪdli/ (*anche* ˌsingle-ˈhanded) *avv* da solo, senza aiuto

single-minded /ˌsɪŋgl ˈmaɪndɪd/ *agg* deciso, risoluto

singular /ˈsɪŋgjələ(r)/ ▸ *agg* **1** (*Gramm*) singolare **2** straordinario, singolare
▸ *s*: *in the singular* al singolare

sinister /ˈsɪnɪstə(r)/ *agg* sinistro, minaccioso

sink /sɪŋk/ ▸ (*pass* **sank** /sæŋk/ *pp* **sunk** /sʌŋk/) **1** *vt*, *vi* affondare **2** *vi* crollare **3** *vi* (*sole*) calare **4** *vt* (*informale*) (*piani*) rovinare LOC **be sunk in sth** essere in preda a qc *Vedi anche* HEART PHR V **sink in 1** (*liquido*) penetrare **2** *It hasn't sunk in yet that…* Non mi rendo ancora conto che… ◆ **sink into sth 1** (*liquido*) penetrare in qc **2** (*fig*) sprofondare in qc ◆ **sink sth into sth** conficcare qc in qc (*denti*, *coltello*)
▸ *s* **1** lavello **2** (*spec USA*) *Vedi* WASHBASIN

sinus /ˈsaɪnəs/ *s* seno (*del naso*)

sip /sɪp/ ▸ *vt*, *vi* (**-pp-**) sorseggiare
▸ *s* sorso

sir /sɜː(r)/ *s* **1** [Sir *è una formula di cortesia usata in negozi, ristoranti ecc. È usata anche dagli alunni per rivolgersi al maestro o al professore*]: *Yes, sir.* Sì signore. **2** **Sir** [Sir *si usa anche per iniziare una lettera formale quando non si conosce il nome del destinatario.*]: *Dear Sir* Egregio signore **3** **Sir** /sə(r)/ [Sir *è inoltre un titolo onorifico che spetta ai cavalieri o ai baronetti*]: *Sir Michael Tippett*

siren /ˈsaɪrən/ *s* sirena (*di polizia*, *ambulanza*)

sister /ˈsɪstə(r)/ *s* **1** sorella **2** (*GB*) (*Med*) infermiera caposala **3** **Sister** (*Relig*) Suora **4** *sister ship* nave gemella ◊ *sister organization* organizzazione consorella

ˈsister-in-law *s* (*pl* **-ers-in-law**) cognata

sit /sɪt/ (**-tt-**) (*pass*, *pp* **sat** /sæt/) **1** *vi* sedere, essere seduto **2** *vt* ~ **sb** (**down**) far sedere qn **3** *vi* ~ (**for sb**) (*Arte*) posare (per qn) **4** *vi* (*parlamento*) essere in seduta **5** *vi* (*comitato*) riunirsi **6** *vi* (*oggetto*) stare **7** *vt* (*esame*) dare, sostenere PHR V **sit around** restar seduto: *to sit around doing nothing* restar seduto senza far nulla ◆ **sit back** mettersi comodo ◆ **sit (yourself) down** sedersi, accomodarsi ◆ **sit up 1** mettersi a sedere (*da sdraiato*) **2** restare alzato

sitcom /ˈsɪtkɒm/ *s* sitcom

site → skunk

site /saɪt/ s **1** ubicazione: *building site* cantiere edile **2** (*di avvenimento*) luogo **3** (*Informatica*) sito web

sitting /'sɪtɪŋ/ s **1** sessione **2** (*per mangiare*) turno

'sitting room s (*GB*) soggiorno

situated /'sɪtʃueɪtɪd/ agg situato

situation /ˌsɪtʃu'eɪʃn/ s **1** situazione **2** (*formale*) *situations vacant* offerte di lavoro

situation 'comedy s (*formale*) sitcom

'sit-up s esercizio per gli addominali

six /sɪks/ agg, pron, s sei ⊃ *Vedi esempi a* FIVE
sixth agg, pron, avv, s sesto ⊃ *Vedi esempi a* FIFTH

sixteen /ˌsɪks'tiːn/ agg, pron, s sedici ⊃ *Vedi esempi a* FIVE **sixteenth** agg, pron, avv, s sedicesimo ⊃ *Vedi esempi a* FIFTH

'sixth form s (*GB*) gli ultimi due anni di scuola superiore

ˌsixth-form 'college s istituto che offre corsi di preparazione all'esame di maturità

sixty /'sɪksti/ agg, pron, s sessanta ⊃ *Vedi esempi a* FIFTY, FIVE **sixtieth** agg, pron, avv, s sessantesimo ⊃ *Vedi esempi a* FIFTH

size /saɪz/ ▶ s **1** misura, dimensioni **2** (*abiti*) taglia **3** (*scarpe*) numero: *I take size seven.* Porto il 41.
▶ v PHR V **size sb/sth up** (*informale*) valutare qn/qc: *She sized him up immediately.* L'ha inquadrato subito.

sizeable (*anche* **sizable**) /'saɪzəbl/ agg considerevole

sizzling /'sɪzlɪŋ/ agg torrido

skate /skeɪt/ ▶ s **1** pattino **2** *Vedi* ROLLER SKATE
▶ vi pattinare

skateboard /'skeɪtbɔːd/ s skateboard **skateboarding** s [*non numerabile*] skateboard

skater /'skeɪtə(r)/ s pattinatore, -trice

skating /'skeɪtɪŋ/ s pattinaggio: *skating rink* pista di pattinaggio

skeleton /'skelɪtn/ ▶ s scheletro
▶ agg ridotto: *skeleton staff/service* personale/servizio ridotto

skeptic (*USA*) *Vedi* SCEPTIC

sketch /sketʃ/ ▶ s **1** schizzo **2** (*Teat*) sketch
▶ vt, vi schizzare, disegnare

sketchy /'sketʃi/ agg (**-ier, -iest**) (*spesso* dispreg) approssimativo, vago

ski /skiː/ ▶ vi (*pass, pp* **skied** *p pres* **skiing**) sciare
▶ s sci (*attrezzo*)

skid /skɪd/ ▶ vi (**-dd-**) **1** (*auto*) slittare **2** (*persona*) scivolare
▶ s slittamento

skier /'skiːə(r)/ s sciatore, -trice

skies *plurale di* SKY

skiing /'skiːɪŋ/ s sci (*sport*): *to go skiing* andare a sciare

'ski jump s trampolino per il salto con gli sci **'ski jumper** s saltatore, -trice con gli sci **'ski jumping** s [*non numerabile*] salto dal trampolino

'ski lift s sciovia

skill /skɪl/ s **1** ~ (**at/in sth/doing sth**) abilità (in qc/nel fare qc) **2** tecnica **skilful** (*USA* **skillful**) agg ~ (**at/in sth/doing sth**) abile (in qc/nel fare qc) **skilled** agg ~ (**at/in sth/doing sth**) esperto (in qc/nel fare qc): *skilled work/worker* lavoro/operaio specializzato

skillet /'skɪlɪt/ (*USA*) *Vedi* FRYING PAN

skim /skɪm/ vt (**-mm-**) **1** scremare, schiumare: *skimmed milk* latte scremato **2** sfiorare **3** ~ (**through/over**) **sth** (*lista, pagina*) scorrere qc

skin /skɪn/ ▶ s **1** (*persona*) pelle **2** (*frutta*) buccia ⊃ *Vedi nota a* PEEL **3** (*latte*) pellicola **LOC by the skin of your teeth** (*informale*) per un pelo
▶ vt (**-nn-**) spellare

skinhead /'skɪnhed/ s skinhead

skinny /'skɪni/ agg (**-ier, -iest**) (*informale, dispreg*) magro ⊃ *Vedi nota a* MAGRO

skip /skɪp/ ▶ (**-pp-**) **1** vi saltellare **2** vi (*USA* **jump rope**) saltare con la corda **3** vt saltare: *skip a line* saltare una riga
▶ s **1** salto **2** benna

skipper /'skɪpə(r)/ s capitano

'skipping rope (*USA* **jump rope**) s corda per saltare

skirmish /'skɜːmɪʃ/ s scaramuccia

skirt /skɜːt/ ▶ s gonna
▶ vt **1** costeggiare: *skirting board* battiscopa **2** ~ (**around/round**) **sth** (*problema, argomento*) girare intorno a qc

'ski run s pista (*per lo sci*)

skive /skaɪv/ ~ (**off**) (*GB, informale*) **1** vi imboscarsi: *'Where's Tom?' 'Skiving as usual'.* "Dov'è Tom?" "Imboscato, come al solito". ◊ *She always skives off early on Fridays.* Il venerdì se la svigna sempre presto. **2** vt: *I skived the last lecture.* Mi sono imboscato per evitare l'ultima lezione.

skull /skʌl/ s **1** cranio **2** teschio

skunk /skʌŋk/ s puzzola

---

u situation ɒ got ɔː saw ɜː fur ə ago j yes w woman eɪ pay əʊ go

sky /skaɪ/ s (pl **skies**) cielo: *sky-high* alle stelle
skylight /'skaɪlaɪt/ s lucernario
skyline /'skaɪlaɪn/ s: *the New York skyline* il profilo di New York
skyscraper /'skaɪskreɪpə(r)/ s grattacielo
slab /slæb/ s **1** (*marmo*) blocco **2** (*cemento*) lastra **3** (*cioccolato*) tavoletta
slack /slæk/ agg (**-er**, **-est**) **1** allentato **2** *a slack period* un periodo morto ◊ *slack demand for beef* scarsa richiesta di carne bovina **3** (*disciplina ecc*) poco rigoroso **4** (*persona*) negligente
slacken /'slækən/ vt, vi **1** allentare, allentarsi **2** ~ (**sth**) (**off/up**) rallentare (qc)
slag /slæg/ vt (**-gg-**) PHRV **slag sb off** (*GB, informale*) dire peste e corna di qn, sparlare di qn
slain pp di SLAY
slam /slæm/ (**-mm-**) **1** vt, vi ~ (**sth**) (**to/shut**) chiudere qc di colpo, chiudersi di colpo **2** vt sbattere: *to slam your brakes on* frenare di colpo **3** vt (*criticare*) stroncare
slam dunk s schiacciata a canestro
slam-dunk vt schiacciare a canestro
slander /'slɑːndə(r); USA 'slæn-/ ▸ s calunnia
  ▸ vt calunniare
slang /slæŋ/ s [*non numerabile*] gergo
slant /slɑːnt; USA slænt/ ▸ **1** vi, vt (*far*) pendere **2** vt (*spesso dispreg*) presentare in modo non obiettivo
  ▸ s **1** inclinazione **2** (*fig*) angolazione, ottica: *to get a new slant on the political situation* considerare la situazione politica secondo una diversa ottica
slap /slæp/ ▸ vt (**-pp-**) **1** (*faccia*) schiaffeggiare **2** (*spalla*) dare una pacca su **3** sbattere, tirare
  ▸ s **1** (*faccia*) schiaffo **2** (*spalla*) pacca
  ▸ avv (*informale*) in pieno: *slap in the middle* proprio nel mezzo
slash /slæʃ/ ▸ vt **1** tagliare **2** (*vandalismo*) squarciare **3** (*prezzi, ecc*) ridurre drasticamente
  ▸ s **1** coltellata **2** taglio **3** barra
slate /sleɪt/ s **1** ardesia **2** tegola di ardesia
slaughter /'slɔːtə(r)/ ▸ s **1** (*animali*) macellazione **2** (*persone*) massacro, strage
  ▸ vt **1** (*animali*) macellare **2** (*persone*) massacrare **3** (*informale*) (*Sport*) stracciare
slave /sleɪv/ ▸ s ~ (**of/to sb/sth**) schiavo, -a (di qn/qc)
  ▸ vi ~ (**away**) (**at sth**) sgobbare (su qc)
slavery /'sleɪvəri/ s schiavitù

slay /sleɪ/ vt (*pass* **slew** /sluː/ *pp* **slain** /sleɪn/) (*formale o USA*) trucidare
sleazy /'sliːzi/ agg (**-ier**, **-iest**) (*informale*) sordido, squallido
sledge /sledʒ/ (*anche* **sled**) s slitta ⊃ Confronta SLEIGH
sleek /sliːk/ agg (**-er**, **-est**) lucente (*capelli, pelo di animali*)
sleep /sliːp/ ▸ s [*sing*] sonno LOC **go to sleep** addormentarsi
  ▸ (*pass, pp* **slept** /slept/) **1** vi dormire: *sleeping pills* sonniferi **2** vt alloggiare, avere posti letto per LOC *Vedi anche* WINK PHRV **sleep in 1** rimanere a letto (*la mattina*) **2** non svegliarsi in tempo ♦ **sleep on it** (*informale*) dormirci sopra ♦ **sleep sth off** farsi passare qc dormendo: *to sleep it off* smaltire la sbornia
  ♦ **sleep through sth** (*rumore, temporale*) non essere svegliato da qc ♦ **sleep with sb** andare a letto con qn
sleeper /'sliːpə(r)/ s **1** *to be a heavy/light sleeper* avere il sonno pesante/leggero **2** (*rotaie*) traversina **3** (*letto*) cuccetta **4** (*carrozza*) vagone letto
sleeping bag s sacco a pelo
sleepless /'sliːpləs/ agg insonne
sleepover /'sliːpəʊvə(r)/ s festicciola in cui i bambini trascorrono la notte a casa di un amichetto
sleepwalker /'sliːpwɔːkə(r)/ s sonnambulo, -a
sleepy /'sliːpi/ agg (**-ier**, **-iest**) **1** assonnato: *to be sleepy* avere sonno **2** (*luogo*) addormentato
sleet /sliːt/ s nevischio
sleeve /sliːv/ s **1** manica **2** copertina (*di disco*) LOC (**have sth**) **up your sleeve** (avere qc) in serbo
sleeveless agg senza maniche
sleigh /sleɪ/ s slitta (*tirata da cavalli*) ⊃ Confronta SLEDGE
slender /'slendə(r)/ agg (**-er**, **-est**) **1** sottile **2** (*persona*) snello *Vedi anche* THIN **3** scarso: *a slender majority* un'esigua maggioranza
slept *pass, pp di* SLEEP
slew *pass di* SLAY
slice /slaɪs/ ▸ s fetta: *a slice of the profits* una fetta dei profitti ⊃ *Vedi illustrazione a* PANE
  ▸ vt **1** affettare **2** ~ **through/into sth** tagliare di netto qc PHRV **slice sth up** affettare qc
slick /slɪk/ ▸ agg (**-er**, **-est**) **1** (*rappresentazione, produzione*) brillante **2** (*venditore*) scaltro **3** (*parlantina*) sciolto
  ▸ s (**oil**) ~ chiazza di petrolio

slide → smack

slide /slaɪd/ ▶ s **1** scivolo **2** diapositiva: *a slide projector* un proiettore per diapositive **3** (*microscopio*) vetrino portaoggetti **4** (*fig*) caduta (*di prezzi, ecc*)
▶ (*pass, pp* **slid** /slɪd/) **1** *vt, vi* (far) scivolare **2** *vi* (*prezzi, ecc*) scendere

sliding 'door *s* porta scorrevole

slight /slaɪt/ *agg* (**-er, -est**) **1** leggero, piccolo: *without the slightest difficulty* senza la minima difficoltà **2** (*persona*) minuto, gracile **LOC** *not in the slightest* per nulla **slightly** *avv* leggermente: *He's slightly better.* Sta un po' meglio.

slim /slɪm/ ▶ *agg* (**slimmer, slimmest**) **1** (*approv*) (*persona*) magro ➭ *Vedi nota a* MAGRO **2** (*prospettive, speranze*) scarso
▶ *vi* (**-mm-**) ~ (**down**) dimagrire

slime /slaɪm/ *s* **1** melma **2** (*chiocciola*) bava
slimy *agg* viscido

sling[1] /slɪŋ/ *s* fascia a tracolla: *to have your arm in a sling* avere un braccio al collo

sling[2] *vt* (*pass, pp* **slung** /slʌŋ/) **1** (*informale*) lanciare (*con forza*) **2** (*amaca*) appendere

slink /slɪŋk/ *vi* (*pass, pp* **slunk** /slʌŋk/): *to slink away* svignarsela

slip /slɪp/ ▶ *s* **1** scivolone **2** errore, sbaglio **3** sottoveste **4** (*carta*) foglietto **LOC** *give sb the slip* (*informale*) seminare qn
▶ (**-pp-**) **1** *vt, vi* (far) scivolare **2** *vi* ~ **from/out of/through sth** sfuggire da/tra qc **3** *vt* ~ **sth** (**in/into sth**) infilare qc (in qc) **LOC** *slip your mind*: *It slipped my mind.* Mi è sfuggito di mente. *Vedi anche* LET[1] **PHRV** *slip away* svignarsela ◆ *slip sth off* togliersi qc ◆ *slip sth on* mettersi qc ◆ *slip out* **1** uscire un attimo **2** svignarsela **3** *I'm sorry I said that. It just slipped out.* Mi dispiace per quello che ho detto, mi è sfuggito. ◆ *slip up* (**on sth**) (*informale*) sbagliarsi (su qc)

slipper /'slɪpə(r)/ *s* pantofola ➭ *Vedi illustrazione a* SCARPA

slippery /'slɪpəri/ *agg* **1** (*pavimento*) scivoloso **2** (*persona*) viscido

slit /slɪt/ ▶ *s* **1** fessura **2** (*gonna*) spacco **3** taglio
▶ *vt* (**-tt-**) (*pass, pp* **slit**) tagliare: *to slit sb's throat* tagliare la gola a qn **LOC** *slit sth open* aprire qc con un coltello

slither /'slɪðə(r)/ *vi* **1** scivolare **2** (*serpente*) strisciare

sliver /'slɪvə(r)/ *s* **1** scheggia **2** fettina

slob /slɒb/ *s* (*informale*) pelandrone, -a

slog /slɒg/ *vi* (**-gg-**) avanzare a fatica **PHRV** *slog* (**away**) *at sth* (*informale*) sgobbare su qc

slogan /'sləʊgən/ *s* slogan

slop /slɒp/ (**-pp-**) *vt, vi* versare, versarsi

slope /sləʊp/ ▶ *s* **1** pendenza **2** pendio **3** (*sci*) pista
▶ *vi* essere in pendenza

sloppy /'slɒpi/ *agg* (**-ier, -iest**) **1** trascurato, trasandato **2** (*informale*) sdolcinato

slot /slɒt/ ▶ *s* **1** fessura **2** *a ten-minute slot on TV* uno spazio di dieci minuti in TV
▶ *v* (**-tt-**) **PHRV** *slot in* infilarsi ◆ *slot sth in* inserire qc

slow /sləʊ/ ▶ *agg* (**-er, -est**) **1** lento: *We're making slow progress.* Stiamo progredendo lentamente. **2** *He's a bit slow.* È poco sveglio. **3** *Business is rather slow today.* Gli affari vanno a rilento oggi. **4** (*orologio*): *to be slow* andare indietro ◊ *That clock is five minutes slow.* Quell'orologio è indietro di cinque minuti. **LOC** *in slow motion* al rallentatore ◆ *be slow to do sth/in doing sth* tardare a fare qc
▶ *avv* (**-er, -est**) lentamente

L'avverbio comunemente derivato dall'aggettivo **slow** è **slowly**. Tuttavia **slow** viene talvolta usato come avverbio nel linguaggio informale, nella segnaletica stradale e in alcuni composti: *Slow. Roadworks ahead.* Rallentare. Lavori stradali in corso. ◊ *a slow-acting drug* un farmaco a lento rilascio.

Nella forma comparativa si usano sia **slower** che **more slowly**.

▶ *vt, vi* **1** ~ (**sth**) (**up/down**) rallentare (qc): *to slow up the development of research* rallentare il progresso della ricerca

slowly /'sləʊli/ *avv* **1** lentamente **2** poco a poco

sludge /slʌdʒ/ *s* melma

slug /slʌg/ *s* lumaca **sluggish** *agg* **1** lento **2** fiacco

slum /slʌm/ *s* quartiere povero

slump /slʌmp/ ▶ *vi* **1** accasciarsi **2** (*Econ*) crollare
▶ *s* (*Econ*) recessione

slung *pass, pp di* SLING[2]

slunk *pass, pp di* SLINK

slur[1] /slɜ:(r)/ *vt* (**-rr-**) articolare male

slur[2] /slɜ:(r)/ *s* calunnia

slush /slʌʃ/ *s* fanghiglia

sly /slaɪ/ *agg* (**-er, -est**) **1** scaltro **2** (*sguardo, sorriso*) malizioso

smack /smæk/ ▶ *s* sculacciata
▶ *vt* sculacciare **PHRV** *smack of sth* puzzare di qc (*fig*)

| tʃ **ch**in | dʒ **J**une | v **v**an | θ **th**in | ð **th**en | s **s**o | z **z**oo | ʃ **sh**e |

small → smuggle

small /smɔːl/ *agg* (**-er, -est**) **1** piccolo: *in the small hours* alle ore piccole ◇ *a small number of people* poca gente ◇ *small change* spiccioli ◇ *small ads* annunci economici ◇ *to make small talk* parlare del più e del meno ➲ *Vedi nota a* ALTO **2** (*lettera*) minuscolo LOC **a small fortune** un patrimonio ◆ **it's a small world** (*modo di dire*) com'è piccolo il mondo ◆ **the small print** la parte scritta in piccolo (*in un contratto*)

> Small si usa come contrario di big o large e può essere modificato da avverbi: *Our house is smaller than yours.* Casa nostra è più piccola della vostra. ◇ *I have a fairly small income.* Ho un reddito abbastanza modesto.
>
> Little di solito non è accompagnato da avverbi e spesso segue un altro aggettivo: *He's a horrid little man.* È un uomo odioso. ◇ *What a lovely little house!* Che casetta incantevole!

smallpox /'smɔːlpɒks/ *s* vaiolo

small-'scale *agg* in scala ridotta

smarmy /'smɑːmi/ *agg* (**-ier, -iest**) untuoso, stucchevole

smart /smɑːt/ ▶ *agg* (**-er, -est**) **1** elegante **2** (*spec USA*) intelligente
▶ *vi* (*pizzicare*) bruciare

smarten /'smɑːtn/ *v* PHR V **smarten (yourself) up** darsi una riordinata ◆ **smarten sth up** riordinare qc

smash /smæʃ/ ▶ **1** *vt* frantumare **2** *vi* andare in frantumi **3** *vi* ~ **against, into, etc. sth** schiantarsi contro qc **4** *vt* ~ **sth against, into, etc. sth** spaccare qc contro qc PHR V **smash sth up** distruggere qc
▶ *s* **1** fracasso **2** scontro **3** (*anche* ˌsmash 'hit) (*informale*) successone

smashing /'smæʃɪŋ/ *agg* (*GB, antiq, informale*) fantastico

smear /smɪə(r)/ *vt* **1** ~ **sth on/over sth** spalmare qc su qc **2** ~ **sth with sth** spalmarsi qc di qc **3** ~ **sth with sth** sporcare qc di qc

smell /smel/ ▶ *s* **1** odore: *a smell of gas* un odore di gas ➲ *Vedi nota a* ODOUR *e* SENTIRE **2** olfatto, odorato
▶ (*pass, pp* **smelt** /smelt/ *o* **smelled**) **1** *vi* ~ **(of sth)** avere odore (di qc): *It smells of fish.* Ha odore di pesce. ◇ *What does it smell like?* Che odore ha? **2** *vt* sentire odore di: *Smell this rose!* Senti che profumo ha questa rosa! ➲ *Vedi nota a* SENTIRE **3** *vt, vi* annusare **4** *vi* (*sgradevolmente*) puzzare ➲ *Vedi nota a* DREAM

smelly /'smeli/ *agg* (**-ier, -iest**) (*informale*) puzzolente: *It's smelly in here.* C'è puzza qui dentro.

smile /smaɪl/ ▶ *s* sorriso: *to give sb a smile* fare un sorriso a qn LOC *Vedi* BRING
▶ *vi* sorridere

smiley /'smaɪli/ *s* faccina, emoticon

smirk /smɜːk/ ▶ *s* sorriso compiaciuto
▶ *vi* sorridere in modo compiaciuto

smock /smɒk/ *s* blusa, camiciotto

smog /smɒg/ *s* smog

smoke /sməʊk/ ▶ **1** *vt, vi* fumare: *He smokes a pipe.* Fuma la pipa. **2** *vi* fare fumo **3** *vt* (*carne, pesce*) affumicare
▶ *s* **1** fumo **2** (*informale*): *to have a smoke* farsi una fumatina

smoker /'sməʊkə(r)/ *s* fumatore, -trice

smoking /'sməʊkɪŋ/ *s* fumo (*abitudine*): *'No Smoking'* "Vietato fumare"

smoky /'sməʊki/ *agg* (**-ier, -iest**) **1** fumoso **2** (*sapore, colore*) affumicato

smolder (*USA*) *Vedi* SMOULDER

smooth /smuːð/ ▶ *agg* (**-er, -est**) **1** (*capelli, tessuto*) liscio **2** (*gusto*) amabile **3** (*strada*) piano, uniforme **4** (*viaggio, periodo*) senza problemi **5** (*salsa, impasto*) senza grumi **6** (*dispreg*) (*persona*) mellifluo
▶ *vt* lisciare PHR V **smooth sth over** (*problemi, difficoltà*) appianare qc

smoothie /'smuːði/ *s* **1** frappé **2** (*informale*) tipo mellifluo

smoothly /'smuːðli/ *avv*: *to go smoothly* andare liscio

smother /'smʌðə(r)/ *vt* **1** soffocare **2** ~ **sb/sth with/in sth** ricoprire qn/qc di qc

smoulder (*USA* **smolder**) /'sməʊldə(r)/ *vi* consumarsi, ardere (*senza fiamme*)

SMS /ˌes em 'es/ ▶ *abbr* **Short Message Service** sms
▶ *vt, vi* mandare un sms (a)

smudge /smʌdʒ/ ▶ *s* sbavatura, macchia
▶ **1** *vt* macchiare, sporcare **2** *vi* spandersi, sbavare

smug /smʌg/ *agg* (**smugger, smuggest**) (*spesso dispreg*) compiaciuto

smuggle /'smʌgl/ *vt* contrabbandare PHR V **smuggle sb/sth in/out** far entrare/uscire qn/qc di nascosto **smuggler** *s* contrabbandiere, -a: *drug smugglers* trafficanti di droga **smuggling** *s* contrabbando: *drug smuggling* traffico di droga

---

| iː see | i happy | ɪ sit | e ten | æ hat | ɑː father | ʌ cup | ʊ put | uː too |

snack /snæk/ ▶ s spuntino: *to have a snack* fare uno spuntino
▶ *vi* (*informale*) fare uno spuntino

snag /snæg/ s difficoltà, imprevisto

snail /sneɪl/ s chiocciola

snake /sneɪk/ ▶ s serpente **LOC** **snakes and ladders** (*USA* **Chutes and Ladders**®) il gioco dell'oca
▶ *vi* (*strada, fiume*) snodarsi

snap /snæp/ ▶ (**-pp-**) **1** *vt, vi* spezzare, spezzarsi **2** *vt, vi* schioccare **PHRV** **snap at sb** parlare a qn in tono brusco
▶ s **1** colpo secco **2** (*anche* **snapshot** /'snæpʃɒt/) foto
▶ *agg* (*informale*) fulmineo

snare /sneə(r)/ ▶ s trappola
▶ *vt* prendere in trappola

snarl /snɑːl/ ▶ s ringhio
▶ *vi* ringhiare

snatch /snætʃ/ ▶ *vt* **1** afferrare **2** scippare **3** rapire **4** (*opportunità*) cogliere **PHRV** **snatch at sth 1** (*oggetto*) cercare di afferrare qc **2** (*opportunità*) prendere al volo qc
▶ s **1** (*conversazione*) frammento **2** rapimento **3** scippo

sneak /sniːk/ ▶ **1** *vi* aggirarsi di nascosto **2** *vi* ~ **in, out, away, etc.** entrare, uscire, allontanarsi ecc furtivamente **3** *vi* ~ **out of, past, etc. sth** entrare in, uscire da, passare davanti a, ecc qc furtivamente **4** *vt*: *to sneak a look at sb/sth* dare una sbirciata a qn/qc **PHRV** **sneak sth in/out** portare/portar via qc di nascosto
▶ s (*informale*) spione, -a

sneaker /'sniːkə(r)/ s (*USA*) *Vedi* TRAINER senso (4)

sneer /snɪə(r)/ ▶ s **1** sogghigno **2** commento beffardo
▶ *vi* **1** sogghignare **2** ~ **at sb/sth** beffarsi di qn/qc

sneeze /sniːz/ ▶ s starnuto
▶ *vi* starnutire

snicker /'snɪkə(r)/ *vi, vt* (*spec USA*) *Vedi* SNIGGER

sniff /snɪf/ ▶ **1** *vi* tirare su col naso **2** *vi, vt* fiutare, annusare **3** *vt* (*droga*) sniffare
▶ s annusata

snigger /'snɪgə(r)/ (*spec USA* **snicker**) ▶ s risatina
▶ *vi, vt* ~ (**at sb/sth**) ridacchiare (di qn/qc)

snip /snɪp/ *vt* (**-pp-**) tagliare con le forbici: *to snip sth off* tagliare via qc con le forbici

sniper /'snaɪpə(r)/ s cecchino

snob /snɒb/ s snob **snobbery** /'snɒbəri/ s snobismo **snobbish** *agg* snob

snog /snɒg/ *vt, vi* (**-gg-**) (*GB, informale*) sbaciucchiare: *They were snogging on the sofa.* Si stavano sbaciucchiando sul divano. ◊ *I caught him snogging my friend.* L'ho beccato che sbaciucchiava la mia amica.

snooker /'snuːkə(r)/ s snooker, biliardo inglese

snoop /snuːp/ ▶ *vi* (*informale*) (*anche* **snoop about/around**) curiosare
▶ s **LOC** **have a snoop about/around** (**sth**) curiosare (in qc)

snooze /snuːz/ ▶ *v* (*informale*) schiacciare un pisolino
▶ s [*sing*] pisolino: *to have a snooze.* fare un pisolino

snore /snɔː(r)/ *vi* russare

snorkel /'snɔːkl/ s respiratore subacqueo

snorkelling (*USA* **snorkeling**) /'snɔːkəlɪŋ/ s snorkeling, immersioni: *go snorkelling* fare snorkeling

snort /snɔːt/ ▶ *vi* sbuffare
▶ *vt* (*droga*) sniffare
▶ s sbuffata

snout /snaʊt/ s grugno (*di maiale*)

snow /snəʊ/ ▶ s neve
▶ *vi* nevicare **LOC** **be snowed in/up** essere isolato a causa della neve ♦ **be snowed under** (**with sth**): *I was snowed under with work.* Ero sommerso di lavoro.

snowball /'snəʊbɔːl/ ▶ s palla di neve
▶ *vi* aumentare rapidamente

snowboarding /'snəʊbɔːdɪŋ/ s [*non numerabile*] snowboard: *to go snowboarding* fare snowboard **snowboarder** s snowboarder

snowdrift /'snəʊdrɪft/ s cumulo di neve

snowdrop /'snəʊdrɒp/ s bucaneve

snowfall /'snəʊfɔːl/ s **1** nevicata **2** nevosità

snowflake /'snəʊfleɪk/ s fiocco di neve

snowman /'snəʊmæn/ s (*pl* **-men** /-men/) pupazzo di neve

snowstorm /'snəʊstɔːm/ s bufera di neve

snowy /'snəʊi/ *agg* (**-ier, -iest**) **1** coperto di neve **2** (*giornata, tempo*) nevoso

snub /snʌb/ *vt* (**-bb-**) snobbare

snug /snʌg/ *agg* (**snugger, snuggest**) **1** (*stanza, casa*) accogliente **2** (*abiti*) attillato

snuggle /'snʌgl/ *vi* **1** ~ **down** rannicchiarsi **2** ~ **up to sb** stringersi vicino a qn

so /səʊ/ *avv, cong* **1** così: *Don't be so silly!* Non fare lo sciocco! ◊ *It's so cold!* Che freddo! ◊ *I'm* *so sorry!* Mi dispiace tanto! ◊ *So it seems.* Così sembra. ◊ *Hold out your hand, (like) so.* Allunga la mano, così. ◊ *The table is about so big.* Il tavolo è grande all'incirca così. **2** *I believe/think so.* Credo di sì. ◊ *I hope so.* Lo spero. **3** (*per esprimere accordo*): *'I'm hungry.' 'So am I.'* "Ho fame." "Anch'io." ❶ In questo caso il pronome o il sostantivo segue il verbo. **4** (*esprimendo sorpresa*): *'Philip's gone home.' 'So he has.'* "Philip se n'è andato a casa." "Già." **5** [*uso enfatico*]: *He's as clever as his brother, maybe more so.* È intelligente quanto suo fratello, forse anche di più. ◊ *She has complained, and rightly so.* Si è lamentata e a ragione. **6** così, perciò: *The shops were closed so I didn't get any milk.* I negozi erano chiusi e così non ho potuto comprare il latte. **7** allora: *So why did you do it?* E allora perché l'hai fatto? LOC **and so on (and so forth)** e così via ♦ **is that so?** davvero? ♦ **so as to do sth** per fare qc ♦ **so many** tanti ♦ **so much** tanto ♦ **so?**; **so what?** (*informale*) e allora? ♦ **so that** cosicché

soak /səʊk/ **1** *vt* mettere a mollo, inzuppare **2** *vi* stare a mollo LOC **get soaked (through)** bagnarsi fino al midollo PHRV **soak into sth** penetrare in qc ♦ **soak through** penetrare ♦ **soak sth up 1** (*liquido*) assorbire qc **2** (*fig*) assimilare qc: *They were soaking up the sun on the beach.* Si rosolavano al sole in spiaggia. ◊ *We were just sitting soaking up the atmosphere.* Stavamo lì seduti, a goderci l'atmosfera.
soaked *agg* bagnato fradicio

soap /səʊp/ *s* [*non numerabile*] sapone
'soap opera *s* telenovela, soap opera
soapy /ˈsəʊpi/ *agg* (**-ier, -iest**) insaponato

soar /sɔː(r)/ *vi* **1** (*aereo*) sollevarsi in aria **2** (*prezzi*) aumentare vertiginosamente **3** (*uccello*) librarsi

sob /sɒb/ ▶ *vi* (**-bb-**) singhiozzare
▶ *s* singhiozzo

sober /ˈsəʊbə(r)/ *agg* sobrio

so-'called *agg* cosiddetto

soccer /ˈsɒkə(r)/ *s* (*informale*) calcio (*sport*) ➔ *Vedi nota a* CALCIO

sociable /ˈsəʊʃəbl/ *agg* (*approv*) socievole

social /ˈsəʊʃl/ *agg* sociale

socialism /ˈsəʊʃəlɪzəm/ *s* socialismo **socialist** *s, agg* socialista

socialize, -ise /ˈsəʊʃəlaɪz/ *vi* ~ (**with sb**) socializzare (*con qn*): *He doesn't socialize much.* Non frequenta molta gente.

social se'curity (*USA* **welfare**) *s* previdenza sociale

social 'services *s* [*pl*] servizi sociali
'social work *s* assistenza sociale **'social worker** *s* assistente sociale

society /səˈsaɪəti/ *s* (*pl* **-ies**) **1** società: *polite society* società bene **2** (*formale*) compagnia **3** associazione

sociological /ˌsəʊsiəˈlɒdʒɪkl/ *agg* sociologico
sociology /ˌsəʊsiˈɒlədʒi/ *s* sociologia **sociologist** *s* sociologo, -a

sock /sɒk/ *s* calzino LOC *Vedi* PULL

socket /ˈsɒkɪt/ *s* **1** presa di corrente ➔ *Vedi illustrazione a* SPINA **2** portalampada **3** (*occhio*) orbita

soda /ˈsəʊdə/ *s* **1** soda **2** (*USA, informale*) gassosa

sodden /ˈsɒdn/ *agg* zuppo

sodium /ˈsəʊdiəm/ *s* sodio

sofa /ˈsəʊfə/ *s* divano

soft /sɒft; *USA* sɔːft/ *agg* (**-er, -est**) **1** morbido: *the soft option* la scelta più facile **2** (*colore, luce*) tenue **3** (*brezza*) leggero **4** (*voce*) sommesso LOC **have a soft spot for sb/sth** (*informale*) avere un debole per qn/qc **softly** *avv* dolcemente, piano

soft 'drink *s* bibita analcolica

soften /ˈsɒfn; *USA* ˈsɔːfn/ **1** *vt, vi* ammorbidire, ammorbidirsi **2** *vt, vi* (*luce*) attenuare, attenuarsi

soft-'spoken *agg* dalla voce sommessa

software /ˈsɒftweə(r); *USA* ˈsɔːft-/ *s* software

soggy /ˈsɒgi/ *agg* (**-ier, -iest**) **1** inzuppato **2** (*pane*) molle e pesante

soil /sɔɪl/ ▶ *s* terra (*per piante, coltivazioni*)
▶ *vt* (*formale*) insudiciare

solace /ˈsɒləs/ *s* (*formale*) conforto, consolazione

solar /ˈsəʊlə(r)/ *agg* solare: *solar energy* energia solare

sold *pass, pp di* SELL

solder /ˈsɒldə(r), ˈsəʊldə(r)/ *vt* saldare

soldier /ˈsəʊldʒə(r)/ *s* soldato

sole¹ /səʊl/ *s* **1** (*piede*) pianta **2** suola ➔ *Vedi illustrazione a* SCARPA **3** (*pl* **sole**) sogliola

sole² /səʊl/ *agg* **1** unico: *her sole interest* il suo unico interesse **2** esclusivo

solemn /ˈsɒləm/ *agg* **1** (*aspetto, faccia*) serio **2** (*promessa, processione*) solenne **solemnity** /səˈlemnəti/ *s* solennità

solicitor /səˈlɪsɪtə(r)/ *s* (*GB*) avvocato, -essa ➔ *Vedi nota a* AVVOCATO

solid /'sɒlɪd/ ▶ *agg* **1** solido **2** (*partito, elettorato*) compatto **3** massiccio **4** *I slept for ten hours solid.* Ho dormito dieci ore filate.
▶ *s* **1 solids** [*pl*] alimenti solidi **2** (*Geom*) solido

solidarity /ˌsɒlɪ'dærəti/ *s* solidarietà

solidify /sə'lɪdɪfaɪ/ *vi* (*pass, pp* **-fied**) solidificarsi

solidity /sə'lɪdəti/ *s* solidità

solidly /'sɒlɪdli/ *avv* **1** solidamente **2** di continuo **3** (*votare*) all'unanimità

solitaire /ˌsɒlɪ'teə(r)/ *s* (*USA*) Vedi PATIENCE senso (2)

solitary /'sɒlətri; *USA* -teri/ *agg* **1** solitario: *to lead a solitary life* fare una vita solitaria **2** (*luogo*) isolato **3** solo, unico LOC **solitary confinement** (*informale* **solitary**) isolamento

solitude /'sɒlɪtjuːd; *USA* -tuːd/ *s* solitudine

solo /'səʊləʊ/ ▶ *s* (*pl* **-s**) assolo
▶ *agg, avv* in solitario

soloist /'səʊləʊɪst/ *s* solista

soluble /'sɒljəbl/ *agg* solubile

solution /sə'luːʃn/ *s* soluzione

solve /sɒlv/ *vt* risolvere

solvent /'sɒlvənt/ *s* solvente

sombre (*USA* **somber**) /'sɒmbə(r)/ *agg* **1** (*espressione, umore*) triste **2** (*colore*) scuro

some /səm/ *agg, pron* **1** un po' di: *There's some milk in the fridge.* C'è del latte in frigo. ◊ *Would you like some?* Ne vuoi un po'? **2** alcuni: *Some people stayed until the end and some left early.* Alcuni sono rimasti sino alla fine e altri sono andati via presto. ◊ *Do you want some crisps?* Vuoi delle patatine?

> **Some** o **any**? Entrambi si usano con sostantivi non numerabili o al plurale anche se spesso in italiano non si traducono. In genere **some** si usa nelle frasi affermative e **any** in quelle interrogative e negative: *I've got some money.* Ho dei soldi. ◊ *Have you got any children?* Hai figli? ◊ *I don't want any sweets.* Non voglio caramelle.
>
> Tuttavia **some** si può usare in frasi interrogative quando ci si aspetta una risposta affermativa, ad esempio quando si offre o si richiede qualcosa: *Would you like some coffee?* Vuoi del caffè? ◊ *Can I have some bread, please?* Mi puoi portare del pane, per favore? Quando **any** si usa nelle frasi affermative significa "qualunque": *Any parent would have worried.* Qualunque genitore si sarebbe preoccupato. Vedi anche esempi a ANY.

somebody /'sʌmbədi/ (*anche* **someone** /'sʌmwʌn/) *pron* qualcuno: *somebody else* qualcun altro ➲ La differenza tra **somebody** e **anybody**, o tra **someone** e **anyone**, è la stessa che tra **some** e **any**. Vedi nota a SOME.

somehow /'sʌmhaʊ/ (*USA anche, informale* **someway** /'sʌmweɪ/) *avv* **1** in qualche modo: *Somehow we had got completely lost.* Non so come, ci eravamo persi. **2** per qualche ragione: *I somehow get the feeling that I've been here before.* Non so perché, ma mi sembra di essere già stato qui.

someone /'sʌmwʌn/ *pron* Vedi SOMEBODY

someplace /'sʌmpleɪs/ *avv* (*USA*) Vedi SOMEWHERE

somersault /'sʌməsɔːlt/ *s* **1** capriola, salto mortale: *to do a forward/backward somersault* fare una capriola in avanti/all'indietro **2** (*auto*) ribaltamento

something /'sʌmθɪŋ/ *pron* qualcosa: *something else* qualcos'altro ◊ *something to eat* qualcosa da mangiare ➲ La differenza tra **something** e **anything** è la stessa che tra **some** e **any**. Vedi nota a SOME.

sometime /'sʌmtaɪm/ *avv* **1** un giorno: *sometime or other* un giorno o l'altro **2** *Can I see you sometime today?* Posso vederti in giornata? ◊ *Phone me sometime next week.* Telefonami nel corso della prossima settimana.

sometimes /'sʌmtaɪmz/ *avv* a volte, qualche volta ➲ *Vedi nota a* ALWAYS

somewhat /'sʌmwɒt/ *avv* [*con agg o avv*] piuttosto, alquanto: *I have a somewhat different question.* Ho una domanda alquanto diversa. ◊ *We missed the bus, which was somewhat unfortunate.* Abbiamo perso l'autobus, cosa alquanto antipatica.

somewhere /'sʌmweə(r)/ (*USA anche* **someplace**) ▶ *avv* da qualche parte: *I've seen your glasses somewhere downstairs.* Ho visto i tuoi occhiali giù da qualche parte. ◊ *somewhere else* da qualche altra parte
▶ *pron*: *have somewhere to go* avere un posto dove andare ➲ La differenza tra **somewhere** e **anywhere** è la stessa che tra **some** e **any**. Vedi nota a SOME.

son /sʌn/ *s* figlio LOC Vedi FATHER

song /sɒŋ/; *USA* sɔːŋ/ *s* **1** canzone **2** (*uccello*) canto

'son-in-law *s* (*pl* **sons-in-law**) genero

sonnet /'sɒnɪt/ *s* sonetto

soon /suːn/ *avv* (**-er, -est**) presto, fra poco LOC **as soon as** appena: *as soon as possible*

soot → south-east

appena possibile ♦ **(just) as soon do sth (as do sth)**: *I'd (just) as soon stay at home as go out.* Preferisco stare a casa che uscire. ♦ **no sooner ... than ...** (*formale*) non appena ... : *No sooner had she said it than she burst into tears.* Non appena lo disse scoppiò a piangere. ♦ **sooner or later** prima o poi ♦ **the sooner the better** prima è meglio è

soot /sʊt/ *s* fuliggine

soothe /suːð/ *vt* calmare

sophisticated /səˈfɪstɪkeɪtɪd/ *agg* **1** sofisticato **2** raffinato **sophistication** *s* raffinatezza

soppy /ˈsɒpi/ *agg* (*spec GB, informale*) sdolcinato

soprano /səˈprɑːnəʊ; *USA* -ˈpræn-/ *s* (*pl* **-os**) soprano

sordid /ˈsɔːdɪd/ *agg* sordido

sore /sɔː(r)/ ▶ *s* piaga
▶ *agg* dolorante: *to have a sore throat* avere mal di gola ◊ *I've got sore eyes.* Mi fanno male gli occhi. **LOC a sore point** un punto delicato

sorely /ˈsɔːli/ *avv*: *She will be sorely missed.* Ci mancherà molto. ◊ *I was sorely tempted to do it.* Ho avuto la forte tentazione di farlo.

sorrow /ˈsɒrəʊ/ *s* dolore: *to my great sorrow* con mio gran rammarico

sorry /ˈsɒri/ ▶ *escl* **1** scusi! ⇒ *Vedi nota a* EXCUSE **2 sorry?** come, scusi?
▶ *agg* **1** *I'm sorry I'm late.* Scusa il ritardo. ◊ *I'm so sorry.* Mi dispiace tanto. **2** *He's very sorry for what he's done.* È pentito di quello che ha fatto. ◊ *You'll be sorry!* Te ne pentirai! **3** (**-ier, -iest**) (*condizione*) pietoso **LOC say you are sorry** chiedere scusa *Vedi anche* BETTER, FEEL

sort /sɔːt/ ▶ *s* **1** tipo, genere: *They sell all sorts of gifts.* Vendono idee regalo di tutti i tipi. **2** (*antiq, informale*) persona: *He's not a bad sort really.* È una brava persona, in fondo. **LOC a sort of**: *It's a sort of autobiography.* È una specie di autobiografia. ♦ **sort of** (*informale*): *I feel sort of uneasy.* Mi sento come inquieto. *Vedi anche* NOTHING
▶ *vt* **1** classificare, ordinare **2** separare **PHRV sort sth out** sistemare qc ♦ **sort through sth** ordinare qc

so-ˈso *agg, avv* (*informale*) così così

sought *pass, pp di* SEEK

ˈsought after *agg* ambito

soul /səʊl/ *s* anima: *There wasn't a soul to be seen.* Non c'era un'anima. ◊ *Poor soul!* Poverino! **LOC** *Vedi* BODY[1]

sound[1] /saʊnd/ ▶ *s* **1** suono: *sound waves* onde sonore **2** rumore: *I could hear the sound of voices.* Sentivo delle voci. ◊ *She opened the door without a sound.* Ha aperto la porta senza far rumore. **3 the sound** il volume: *Can you turn the sound up/down?* Puoi aumentare/abbassare il volume? **LOC the sound of sth**: *They had a wonderful time by the sound of it.* A quanto pare si sono divertiti un mondo. ◊ *From the sound of things, you were lucky to find him.* A quanto pare siete stati fortunati a trovarlo. ◊ *They're consulting a lawyer? I don't like the sound of that.* Stanno consultando un avvocato? La cosa non mi piace per niente.
▶ **1** *vi*: *Your voice sounds a bit odd.* La tua voce ha un suono strano. **2** *vi* sembrare: *She sounded very surprised.* Sembrava molto sorpresa. ◊ *He sounds a very nice person from his letter.* Dalla lettera sembra molto simpatico. **3** *vt* pronunciare: *You don't sound the 'h'.* Non si pronuncia la "h". **4** *vt* (*tromba, allarme*) suonare

sound[2] /saʊnd/ ▶ *agg* (**-er, -est**) **1** sano **2** (*struttura*) solido **3** (*argomento*) valido **LOC being of sound mind** in pieno possesso delle proprie facoltà mentali *Vedi anche* SAFE[1]
▶ *avv* **LOC be sound asleep** dormire profondamente

sound[3] /saʊnd/ *vt* (*mare*) sondare **PHRV sound sb out (about/on sth)** sondare l'opinione di qn (su qc)

soundproof /ˈsaʊndpruːf/ ▶ *agg* insonorizzato
▶ *vt* insonorizzare

soundtrack /ˈsaʊndtræk/ *s* colonna sonora

soup /suːp/ *s* zuppa, minestra in brodo: *soup spoon* cucchiaio da minestra ◊ *pea soup* crema di piselli

sour /ˈsaʊə(r)/ *agg* **1** (*sapore*) aspro **2** (*latte*) inacidito **LOC go/turn sour** inacidirsi

source /sɔːs/ *s* **1** (*informazioni, energia, ecc*) fonte: *They didn't reveal their sources.* Non hanno rivelato le loro fonti. ◊ *a source of income* una fonte di reddito **2** (*fiume*) sorgente

south /saʊθ/ ▶ *s* (*anche* **the south, the South**) (*abbrev* **S**) (il) sud: *Brighton is in the South of England.* Brighton è nel sud dell'Inghilterra.
▶ *agg* del sud, meridionale: *south winds* venti del sud
▶ *avv* a sud: *The house faces south.* La casa è esposta a sud. ◊ *We live south of London.* Abitiamo a sud di Londra.

southbound /ˈsaʊθbaʊnd/ *agg* diretto a sud

south-ˈeast ▶ *s* (*abbrev* **SE**) sud-est
▶ *agg* di sud-est, sudorientale

| iː see | i happy | ɪ sit | e ten | æ hat | ɑː father | ʌ cup | ʊ put | uː too |

▶ *avv* a sud-est: *It's situated south-east of York.* Si trova a sud-est di York.

‚south-'eastern *agg* di sud-est, sudorientale

‚south-'eastward ▶ *agg* di sud-est, sudorientale: *in a south-eastward direction* in direzione sudorientale
▶ *avv* (*anche* **‚south-'eastwards**) verso sud-est

southerly /'sʌðəli/ *agg* (*direzione*) sud; (*vento*) da sud

southern (*anche* **Southern**) /'sʌðən/ *agg* (*abbrev* **S, So.**) del sud, meridionale: *southern Italy* l'Italia meridionale ◇ *the southern hemisphere* l'emisfero australe **southerner** *s* meridionale, abitante del sud

southward /'saʊθwəd/ ▶ *agg*: *travelling in a southward direction* viaggiando in direzione sud
▶ *avv* (*anche* **southwards**) verso sud

‚south-'west ▶ *s* (*abbrev* **SW**) sud-ovest
▶ *agg* di sud-ovest, sudoccidentale
▶ *avv* a sud-ovest: *They live south-west of London.* Abitano a sudovest di Londra.

‚south-'western *agg* di sud-ovest, sudoccidentale

‚south-'westward ▶ *agg* di sud-ovest: *travelling in a south-westward direction* viaggiando in direzione sudovest
▶ *avv* (*anche* **‚south-'westwards**) verso sudovest

souvenir /‚suːvə'nɪə(r)/ *s* souvenir

sovereign /'sɒvrɪn/ *agg, s* sovrano, -a **sovereignty** /'sɒvrɪnti/ *s* sovranità

sow¹ /saʊ/ *s* scrofa ➲ *Vedi nota a* MAIALE

sow² /səʊ/ *vt* (*pass* sowed *pp* sown /səʊn/ *o* sowed) seminare

soya /'sɔɪə/ (*USA* **soy** /sɔɪ/) *s* soia: *soya beans* semi di soia

spa /spɑː/ *s* stazione termale

space /speɪs/ ▶ *s* **1** [*non numerabile*] posto, spazio: *There's no space for my suitcase.* Non c'è posto per la mia valigia. **2** (*Aeron*) spazio: *a space flight* un volo spaziale ◇ *to stare into space* guardare nel vuoto **3** *in a short space of time* in un breve spazio di tempo ◇ *in the space of two hours* nell'arco di due ore
▶ *vt* ~ **sth** (**out**) spaziare qc

spacecraft /'speɪskrɑːft; *USA* -kræft/ *s* (*pl* **spacecraft**) (*anche* **spaceship** /'speɪsʃɪp/) astronave

'space shuttle *s* navetta spaziale

spacious /'speɪʃəs/ *agg* spazioso

spade /speɪd/ *s* **1** vanga **2 spades** [*pl*] (*Carte*) picche ➲ *Vedi nota a* CARTA

spaghetti /spə'geti/ *s* [*non numerabile*] spaghetti

spam /spæm/ *s* [*non numerabile*] **1 Spam**® carne pressata in scatola **2** (*informale*) spam

span /spæn/ ▶ *s* **1** (*di un ponte*) luce, campata **2** (*di tempo*) durata: *time span/span of time* lasso di tempo ◇ *over a span of six years* nell'arco di sei anni
▶ *vt* (**-nn-**) **1** (*ponte*) attraversare **2** (*fig*) abbracciare

spank /spæŋk/ *vt* sculacciare, dare una sculacciata a

spanner /'spænə(r)/ (*spec USA* **wrench**) *s* chiave fissa, chiave inglese

spare /speə(r)/ ▶ *agg* **1** in più, d'avanzo: *There are no spare seats.* Non ci sono più posti. ◇ *the spare room* la stanza degli ospiti **2** di scorta, di riserva: *a spare tyre/part* una gomma di scorta/un pezzo di ricambio **3** (*tempo*) libero
▶ *s* pezzo di ricambio
▶ *vt* **1** ~ **sth** (**for sb/sth**); ~ (**sb**) **sth** (*tempo, soldi*) avere qc (per qn/qc) **2** (*persona, critiche*) risparmiare: *No expense was spared.* Non hanno badato a spese. ◇ *Spare me the gory details.* Risparmiami i particolari. **LOC to spare** d'avanzo: *with two minutes to spare* con due minuti di anticipo

sparing /'speərɪŋ/ *agg* ~ **with/of/in sth** parsimonioso con qc

spark /spɑːk/ ▶ *s* scintilla
▶ *v* PHRV **spark sth** (**off**) (*informale*) provocare, suscitare qc

sparkle /'spɑːkl/ ▶ *vi* scintillare, brillare
▶ *s* scintillio

sparkler /'spɑːklə(r)/ *s* candela magica

sparkling /'spɑːklɪŋ/ *agg* **1** (*anche* **sparkly**) scintillante **2** (*vino, acqua*) frizzante

sparrow /'spærəʊ/ *s* passero

sparse /spɑːs/ *agg* **1** (*capelli*) rado **2** (*popolazione*) scarso

spartan /'spɑːtn/ *agg* spartano

spasm /'spæzəm/ *s* spasmo

spat *pass, pp di* SPIT

spate /speɪt/ *s* ondata

spatial /'speɪʃl/ *agg* (*formale*) spaziale (*illusione, intelligenza*) ➲ *Confronta* SPACE

spatter /'spætə(r)/ *vt* ~ **sb with sth**; ~ **sth on sb** schizzare qn di qc

speak /spiːk/ (*pass* spoke /spəʊk/ *pp* spoken /'spəʊkən/) **1** *vi* ~ (**to sb**) parlare (con qn): *Can*

| u situation | ɒ got | ɔː saw | ɜː fur | ə ago | j yes | w woman | eɪ pay | əʊ go |

speaker → speed hump

I speak to you a minute, please? Posso parlarti un attimo, per favore? ⊃ *Vedi nota a* PARLARE **2** *vt (lingua)* parlare: *Do you speak French?* Parli francese? **3** *vt* dire: *to speak the truth* dire la verità ◊ *He spoke only two words the whole evening.* Ha detto solo due parole in tutta la sera. **4** *vi* ~ **(on/about sth)** parlare *(davanti a un pubblico)* (di qc) **5** *vi (informale)* parlarsi: *They're not speaking (to each other).* Non si rivolgono la parola. LOC **generally, etc. speaking** generalmente parlando ♦ **so to speak** per così dire ♦ **speak for itself**: *The statistics speak for themselves.* Le statistiche parlano da sole. ♦ **speak for sb** parlare a nome di qn ♦ **speak up** parlare più forte ♦ **speak your mind** dire quello che si pensa *Vedi anche* STRICTLY *a* STRICT PHRV **speak out (against sth)** pronunciarsi (contro qc): *He was the only one to speak out against the decision.* È stato l'unico a pronunciarsi contro la decisione.

speaker /'spiːkə(r)/ *s* **1** *a native speaker of English* un madrelingua inglese **2** *(in pubblico)* oratore, -trice **3** altoparlante

spear /spɪə(r)/ *s* lancia

special /'speʃl/ ▶ *agg* **1** speciale: *nothing special* niente di speciale ◊ *children with special needs* bambini disabili **2** *(riunione, edizione)* straordinario
▶ *s* **1** *(programma, ecc)* speciale **2** *(informale, spec USA)* offerta speciale

specialist /'speʃəlɪst/ *s* specialista

speciality /ˌspeʃɪˈæləti/ *(spec USA* **specialty***) s (pl* **-ies***)* specialità

specialize, -ise /'speʃəlaɪz/ *vi* ~ **(in sth)** specializzarsi (in qc) **specialization, -isation** *s* specializzazione **specialized, -ised** *agg* specializzato

specially /'speʃli/ *avv* **1** specialmente, espressamente, appositamente

Anche se **specially** e **especially** hanno significati simili, si usano in modi diversi. **Specially** si usa con participi e **especially** come connettore: *specially designed for schools* ideato espressamente per le scuole ◊ *He likes dogs, especially poodles.* Gli piacciono i cani, specialmente i barboncini.

2 *(anche* **especially***)* particolarmente

specialty /'speʃəlti/ *(spec USA) Vedi* SPECIALITY

species /'spiːʃiːz/ *s (pl* **species***)* specie

specific /spəˈsɪfɪk/ *agg* specifico, preciso **specifically** *avv* specificamente, appositamente

specification /ˌspesɪfɪˈkeɪʃn/ *s* **1** specificazione **2** *[gen pl]* specifiche, dati caratteristici

specify /'spesɪfaɪ/ *vt (pass, pp* **-fied***)* specificare, precisare

specimen /'spesɪmən/ *s* campione, esemplare

speck /spek/ *s* **1** *(sporco)* macchiolina **2** *(polvere)* granello **3** *a speck on the horizon* un puntino all'orizzonte **4** *(piccola quantità)* briciolo: *not a speck of initiative* neanche un briciolo d'iniziativa

spectacle /'spektəkl/ *s* spettacolo

spectacles /'spektəklz/ *s (formale) (informale* **specs***)* [*pl*] occhiali ❶ La parola più comune è **glasses**.

spectacular /spekˈtækjələ(r)/ *agg* spettacolare

spectator /spekˈteɪtə(r); *USA* 'spekteɪtər/ *s* spettatore, -trice

spectre *(USA* **specter***)* /'spektə(r)/ *s (formale)* spettro: *the spectre of another war* lo spettro di un'altra guerra

spectrum /'spektrəm/ *s (pl* **-tra** /'spektrə/*)* **1** *(Fis)* spettro **2** gamma

speculate /'spekjuleɪt/ *vi* **1** ~ **(about sth)** fare congetture (su qc) **2** ~ **(in sth)** speculare (in qc) **speculation** *s* **1** ~ **(on/about sth)** congetture (su qc) **2** ~ **(in sth)** speculazione (in qc)

speculative /'spekjələtɪv; *USA* -leɪtɪv/ *agg* speculativo

speculator /'spekjuleɪtə(r)/ *s* speculatore, -trice

sped *pass, pp di* SPEED

speech /spiːtʃ/ *s* **1** parola: *freedom of speech* libertà di parola ◊ *to lose the power of speech* perdere l'uso della parola **2** discorso: *to make/deliver/give a speech* fare un discorso **3** linguaggio: *children's speech* il linguaggio dei bambini ◊ *speech therapy* cura dei problemi del linguaggio **4** *(Teat)* monologo

speechless /'spiːtʃləs/ *agg* senza parole, ammutolito

speed /spiːd/ ▶ *s* velocità, rapidità LOC **at speed** a tutta velocità *Vedi anche* FULL, PICK
▶ *vt (pass, pp* **speeded***)* affrettare PHRV **speed (sth) up** accelerare (qc)
▶ *vi (pass, pp* **sped** /sped/*)* andare a tutta velocità: *I was fined for speeding.* Mi hanno multato per eccesso di velocità.

speedboat /'spiːdbəʊt/ *s* motoscafo

'speed hump *(anche spec USA* **'speed bump***) s* dosso artificiale

speedily /'spi:dɪli/ *avv* rapidamente
speedometer /spi:'dɒmɪtə(r)/ *s* tachimetro
'speed skating *s* pattinaggio di velocità
speedway /'spi:dweɪ/ *s* (*GB*) speedway
speedy /'spi:di/ *agg* (**-ier, -iest**) pronto, rapido: *a speedy recovery* una pronta guarigione

spell /spel/ ▶ *s* **1** periodo **2** ~ (**at/on sth**) turno (a qc) **3** incantesimo LOC *Vedi* CAST
▶ *vt, vi* (*pass, pp* **spelt**/spelt/ *o* **spelled**) ↪ *Vedi nota a* DREAM **1** compitare, scrivere correttamente: *How do you spell it?* Come si scrive? **2** significare PHRV **spell sth out** spiegare qc a chiare lettere

spellcheck /'speltʃek/ *vt* fare la correzione ortografica di
spellchecker /'speltʃekə(r)/ *s* correttore ortografico
spelling /'spelɪŋ/ *s* ortografia
spelt *pass, pp di* SPELL

spend /spend/ *vt* (*pass, pp* **spent** /spent/) **1** ~ **sth** (**on sth**) spendere qc (in qc) **2** (*tempo*) passare **3** ~ **sth on sth** (*tempo, energia*) dedicare qc a qc **spending** *s* spesa: *public spending* la spesa pubblica

sperm /spɜːm/ *s* (*pl* **sperm**) sperma
sphere /sfɪə(r)/ *s* sfera
sphinx /sfɪŋks/ (*anche* **the Sphinx**) *s* sfinge

spice /spaɪs/ ▶ *s* **1** spezia **2** (*fig*) vivacità: *to add spice to a situation* vivacizzare una situazione
▶ *vt* condire con spezie

spicy /'spaɪsi/ *agg* (**-ier, -iest**) piccante *Vedi anche* HOT

spider /'spaɪdə(r)/ *s* ragno: *spider's web* ragnatela *Vedi anche* COBWEB
spied *pass, pp di* SPY

spike /spaɪk/ *s* **1** punta, spuntone **2** (*scarpe sportive*) chiodo, tacchetto **spiky** *agg* (**-ier, -iest**) appuntito, spinoso

spill /spɪl/ ▶ *vt, vi* (*pass, pp* **spilt**/spɪlt/ *o* **spilled**) ↪ *Vedi nota a* DREAM rovesciare, rovesciarsi, versare, versarsi LOC *Vedi* CRY PHRV **spill over** riversarsi
▶ *s* (*formale* **spillage** /'spɪlɪdʒ/) **1** fuoriuscita **2** sostanza fuoriuscita

spin /spɪn/ ▶ (**-nn-**) (*pass, pp* **spun** /spʌn/) **1** *vi* ~ (**round**) ruotare, girare: *My head is spinning.* Mi gira la testa. **2** *vt* ~ **sth** (**round**) far girare qc; far ruotare qc **3** *vt, vi* (*lavatrice*) centrifugare **4** *vt* filare PHRV **spin sth out** far durare qc
▶ *s* **1** movimento rotatorio, giro **2** (*informale*) giretto: *to go for a spin* fare un giretto

spinach /'spɪnɪtʃ, -ɪdʒ/ *s* [*non numerabile*] spinaci
spinal /'spaɪnl/ *agg* spinale: *spinal column* colonna vertebrale

spin 'dry *vt* asciugare nella centrifuga **spin-'dryer** *s* centrifuga asciugabiancheria

spine /spaɪn/ *s* **1** (*Anat*) spina dorsale **2** (*Bot*) spina **3** (*Zool*) aculeo **4** (*libro*) dorso

spinster /'spɪnstə(r)/ *s* (*spesso offensivo*) zitella

spiral /'spaɪrəl/ ▶ *s* spirale
▶ *agg* a spirale: *a spiral staircase* una scala a chiocciola

spire /'spaɪə(r)/ *s* guglia

spirit /'spɪrɪt/ *s* **1** spirito **2** stato d'animo **3 spirits** [*pl*] superalcolici **4 spirits** [*pl*] morale: *in high spirits* su di morale **spirited** *agg* vivace

spiritual /'spɪrɪtʃuəl/ *agg* spirituale

spit /spɪt/ ▶ (**-tt-**) (*pass, pp* **spat** /spæt/ *anche spec USA* **spit**) **1** *vt, vi* sputare **2** *vi* (*fuoco, ecc*) scoppiettare PHRV **spit sth out** sputare fuori qc
▶ *s* **1** sputo **2** lingua di terra **3** spiedo

spite /spaɪt/ ▶ *s* dispetto: *out of/from spite* per dispetto LOC **in spite of** nonostante
▶ *vt* far dispetto a

spiteful /'spaɪtfl/ *agg* dispettoso, maligno

splash /splæʃ/ ▶ *s* **1** tonfo **2** spruzzo **3** macchia (*di colore*) LOC **make a splash** (*informale*) fare colpo
▶ **1** *vi* schizzare **2** *vt* ~ **sb/sth** (**with sth**) spruzzare qn/qc (con qc) PHRV **splash out** (**on sth**) (*informale*) concedersi il lusso di comprare (qc)

splatter /'splætə(r)/ *vt* schizzare

splendid /'splendɪd/ *agg* splendido, magnifico

splendour (*USA* **splendor**) /'splendə(r)/ *s* splendore

splint /splɪnt/ *s* stecca (*per osso fratturato*)

splinter /'splɪntə(r)/ ▶ *s* scheggia
▶ *vt, vi* **1** scheggiare, scheggiarsi **2** scindere, scindersi

split /splɪt/ ▶ (**-tt-**) (*pass, pp* **split**) **1** *vt, vi* spaccare, spaccarsi: *to split sth in two* spaccare in due qc **2** *vt, vi* (*gruppo*) dividere, dividersi **3** *vt* (*torta, ecc*) spartire PHRV **split up** (**with sb**) lasciare qn, lasciarsi
▶ *s* **1** divisione, spaccatura **2** strappo **3 the splits** [*pl*]: *to do the splits* fare la spaccata
▶ *agg* spaccato, diviso

splutter /'splʌtə(r)/ ▶ **1** vt, vi farfugliare **2** vi sputacchiare **3** vi (fuoco, ecc) crepitare
▶ s crepitio

spoil /spɔɪl/ (pass, pp **spoilt** /spɔɪlt/ o **spoiled**) ⊃ Vedi nota a DREAM **1** vt, vi rovinare, rovinarsi, guastare, guastarsi **2** vt (bambino) viziare

spoils /spɔɪlz/ s [pl] bottino

spoilsport /'spɔɪlspɔːt/ s guastafeste

spoilt /spɔɪlt/ pass, pp di SPOIL
▶ agg viziato

spoke¹ pass di SPEAK

spoke² /spəʊk/ s raggio (di ruota)

spoken pp di SPEAK

spokesman /'spəʊksmən/ s (pl **-men** /-mən/) portavoce m ❶ Si preferisce usare la parola **spokesperson**, che si riferisce sia ad un uomo che ad una donna.

spokesperson /'spəʊkspɜːsn/ s portavoce ❶ Si riferisce sia ad un uomo che ad una donna. Confronta con SPOKESMAN e SPOKESWOMAN.

spokeswoman /'spəʊkswʊmən/ s (pl **-women**) portavoce f ❶ Si preferisce usare la parola **spokesperson**, che si riferisce sia ad un uomo che ad una donna.

sponge /spʌndʒ/ ▶ s **1** spugna **2** (anche '**sponge cake**) pan di Spagna
▶ v PHRV **sponge on/off sb** (informale) vivere alle spalle di qn

sponsor /'spɒnsə(r)/ ▶ s **1** promotore, -trice **2** sponsor
▶ vt **1** promuovere **2** sponsorizzare

In Gran Bretagna, un modo piuttosto comune di raccogliere fondi a scopo di beneficenza è quello di partecipare a una marcia, una corsa o una nuotata che si svolge su una certa distanza e di chiedere ad amici, parenti e colleghi di versare a favore dell'organizzazione non lucrativa una somma, anche piccola, per ogni miglio coperto: Will you sponsor me for a charity walk I'm doing? ◊ She's doing a sponsored swim. ◊ I'll sponsor you at 50p per mile.

sponsorship /'spɒnsəʃɪp/ s sponsorizzazione

spontaneous /spɒn'teɪniəs/ agg spontaneo
spontaneity /ˌspɒntə'neɪəti/ s spontaneità

spooky /'spuːki/ agg (informale) (**-ier, -iest**) sinistro (pauroso)

spoon /spuːn/ ▶ s **1** cucchiaio **2** (anche **spoonful** /'spuːnfʊl/) cucchiaiata
▶ vt: She spooned the mixture out of the bowl. Con un cucchiaio ha tolto la miscela dalla ciotola.

sporadic /spə'rædɪk/ agg sporadico

sport /spɔːt/ s **1** sport: sports facilities attrezzature sportive ◊ sports field campo sportivo **2** (informale): to be a good/bad sport avere/non avere spirito sportivo **sporting** agg sportivo

'**sports car** s macchina sportiva

'**sports day** (USA **field day**) s giornata scolastica a eventi sportivi

sportsman /'spɔːtsmən/ s (pl **-men** /-mən/) sportivo **sportsmanlike** agg sportivo (leale) **sportsmanship** s sportività

sportswoman /'spɔːtswʊmən/ s (pl **-women**) sportiva

sporty /'spɔːti/ agg (**-ier, -iest**) (informale) sportivo: I'm not very sporty. Non sono molto sportivo. ◊ a sporty Mercedes una Mercedes sportiva

spot¹ /spɒt/ vt (**-tt-**) scorgere: He finally spotted a shirt he liked. Alla fine ha trovato una camicia che gli piaceva. ◊ Nobody spotted the mistake. Nessuno notò l'errore.

spot² /spɒt/ s **1** (disegno) pallino: a blue skirt with red spots on it una gonna blu a pallini rossi **2** (animali) macchia **3** (viso) brufolo **4** posto: a nice spot for a picnic un bel posto per un picnic **5** ~ **of sth** (informale, GB) Would you like a spot of lunch? Vuoi mangiare qualcosa? ◊ You seem to be having a spot of bother. Mi sembri in difficoltà. **6** riflettore LOC Vedi SOFT

spotless /'spɒtləs/ agg **1** (casa) immacolato **2** (reputazione) senza macchia

spotlight /'spɒtlaɪt/ s **1** riflettore **2** (fig): to be in the spotlight essere al centro dell'attenzione

spotted /'spɒtɪd/ agg **1** (animale) maculato **2** (abito) a pallini

spotty /'spɒti/ agg (**-ier, -iest**) **1** brufoloso **2** (stoffa) a pallini

spouse /spaʊz; USA spaʊs/ s (formale) coniuge

spout /spaʊt/ ▶ s **1** (teiera) beccuccio **2** (grondaia) scarico
▶ **1** vi ~ (**out/up**) sgorgare **2** vi ~ (**out of/from sth**) sgorgare (da qc) **3** vt ~ **sth** (**out/up**) sprizzare qc **4** vt, vi (informale, dispreg) declamare

sprain /sprein/ ▶ vt: *to sprain your ankle* slogarsi una caviglia
▶ s slogatura

sprang *pass di* SPRING

sprawl /sprɔːl/ vi **1** ~ (**out**) (**across/in/on sth**) spaparanzarsi (su qc) **2** (*città*) estendersi disordinatamente

spray /sprei/ ▶ s **1** [*non numerabile*] spruzzi **2** (*bomboletta*) spray, vaporizzatore
▶ **1** vt ~ **sth on/over sb/sth**; ~ **sb/sth with sth** spruzzare qn/qc di qc **2** vi ~ (**out**) (**over, across, etc.** sb/sth) schizzare (su qn/qc)

'**spray paint** s vernice a spruzzo '**spray-paint** vt verniciare a spruzzo

spread /spred/ ▶ (*pass, pp* **spread**) **1** vt ~ **sth** (**out**) (**on/over sth**) distendere, spiegare qc (su qc) **2** vt ~ **sth with sth** coprire qc con qc **3** vt, vi spalmare, spalmarsi **4** vt, vi (*fuoco*) estendere, estendersi **5** vt, vi (*notizia, malattia*) diffondere, diffondersi **6** vt (*pagamenti*) scaglionare
▶ s **1** estensione **2** (*ali*) apertura **3** diffusione **4** crema, formaggio, ecc da spalmare

spreadsheet /'spredʃiːt/ s foglio elettronico

spree /spriː/ s: *to go on a shopping/spending spree* darsi alle spese folli

spring /sprɪŋ/ ▶ s **1** primavera **2** salto **3** sorgente **4** molla **5** elasticità
▶ vi (*pass* **sprang** /spræŋ/ *pp* **sprung** /sprʌŋ/) **1** saltare: *to spring into action* entrare in azione *Vedi anche* JUMP **2** (*liquido*) sgorgare LOC *Vedi* MIND PHR V **spring back** scattare all'indietro ◆ **spring from sth** (*formale*) provenire da qc ◆ **spring sth on sb** prendere qn alla sprovvista con qc ◆ **spring up** spuntare

springboard /'sprɪŋbɔːd/ s trampolino

,**spring 'clean** s [*sing*] (*GB*) pulita a fondo
,**spring-'clean** vi, vt pulire a fondo

,**spring 'onion** (*USA* **green onion, scallion**) s cipollina

springtime /'sprɪŋtaɪm/ s primavera

sprinkle /'sprɪŋkl/ vt **1** ~ **sth** (**with sth**) cospargere, spruzzare qc (di qc) **2** ~ **sth** (**on/onto/over sth**) spruzzare qc (su qc) **sprinkling** s ~ (**of sb/sth**): *a sprinkling of thyme* un pizzico di timo ◊ *a sprinkling of film stars* alcune stelle del cinema

sprint /sprɪnt/ ▶ vi **1** fare una corsa **2** (*Sport*) sprintare
▶ s **1** corsa: *the women's 100 metres sprint* i 100 metri piani femminili **2** sprint

sprout /spraʊt/ ▶ **1** vi ~ (**out/up**) (**from sth**) spuntare, germogliare (da qc) **2** vt (*Bot*) mettere, produrre (*fiori, germogli*)
▶ s **1** germoglio **2** *Vedi* BRUSSELS SPROUT

sprung *pp di* SPRING

spun *pass, pp di* SPIN

spur /spɜː(r)/ ▶ s **1** sperone **2** a ~ (**to sth**) (*fig*) uno sprone (a qc) LOC **on the spur of the moment** d'impulso
▶ vt (-**rr**-) ~ **sb/sth** (**on**) spronare qn/qc

spurn /spɜːn/ vt (*formale*) respingere, rifiutare

spurt /spɜːt/ ▶ vi ~ (**out**) (**from sth**) sgorgare (da qc)
▶ s **1** getto **2** scatto

spy /spaɪ/ ▶ s (*pl* **spies**) spia: *spy thrillers* romanzi di spionaggio
▶ vi (*pass, pp* **spied**) ~ (**on sb/sth**) spiare (qn/qc)

squabble /'skwɒbl/ ▶ vi ~ (**with sb**) (**about/over sth**) bisticciare (con qn) (per qc)
▶ s bisticcio

squad /skwɒd/ s [*v sing o pl*] squadra

squadron /'skwɒdrən/ s [*v sing o pl*] squadriglia

squalid /'skwɒlɪd/ agg squallido

squalor /'skwɒlə(r)/ s squallore

squander /'skwɒndə(r)/ vt ~ **sth** (**on sth**) **1** (*soldi*) sperperare qc (in qc) **2** (*tempo, energia*) sprecare qc (in qc)

square /skweə(r)/ ▶ agg **1** quadrato **2** *one square metre* un metro quadro LOC **a square meal** un pasto sostanzioso ◆ **be (all) square (with sb)** essere pari (con qn) *Vedi anche* FAIR
▶ s **1** (*Mat*) quadrato **2** quadro, riquadro **3** (*scacchiera*) casella **4** (*abbrev* **Sq.**) piazza
▶ v PHR V **square up (with sb)** regolare un conto (con qn)

squared /skweəd/ agg (*Mat*) al quadrato

squarely /'skweəli/ avv direttamente

,**square 'root** s radice quadrata

squash /skwɒʃ/ ▶ vt, vi schiacciare, schiacciarsi: *It was squashed flat.* Era completamente schiacciato.
▶ s **1** *What a squash!* Che pigia pigia! **2** (*GB*) sciroppo di frutta **3** (*Sport*) squash **4** (*pl* **squash**, *GB anche* **squashes**) zucca

squat /skwɒt/ ▶ vi (-**tt**-) ~ (**down**) (*persona*) accovacciarsi
▶ agg tarchiato, tozzo

squawk /skwɔːk/ ▶ vi strillare
▶ s strillo

squeak /skwiːk/ ▶ s **1** (*topo*) squittio **2** (*cardine*) cigolio **3** (*scarpe*) scricchiolio

squeaky → stale

▶ vi **1** (*topo*) squittire **2** (*cardine*) cigolare **3** (*scarpe*) scricchiolare

squeaky /ˈskwiːki/ *agg* (**-ier**, **-iest**) **1** (*voce*) stridulo **2** (*cardine*) cigolante **3** (*scarpe*) scricchiolante

squeal /skwiːl/ ▶ *s* strillo: *the squeal of brakes* lo stridore dei freni
▶ *vt, vi* strillare

squeamish /ˈskwiːmɪʃ/ *agg* facilmente impressionabile

squeeze /skwiːz/ ▶ **1** *vt* (*spugna*) strizzare **2** *vt* (*dentifricio, limone*) spremere **3** *vt, vi* ~ (**sb/sth**) **into, past, through, etc.** (**sth**): *to squeeze through a gap in the hedge* passare con difficoltà attraverso un varco nella siepe ◊ *Can you squeeze past/by?* Riesci a passare? ◊ *Can you squeeze anything else into that case?* Riesci a infilarci qualcos'altro in quella valigia?
▶ *s* **1** stretta: *credit squeeze* stretta creditizia **2** *a squeeze of lemon* una spruzzata di limone **3** ressa

squid /skwɪd/ *s* (*pl* **squid** *o* **squids**) calamaro

squint /skwɪnt/ ▶ *vi* **1** ~ (**at/through sth**) guardare a occhi socchiusi (qc/attraverso qc) **2** essere strabico
▶ *s* strabismo

squirm /skwɜːm/ *vi* **1** contorcersi **2** vergognarsi

squirrel /ˈskwɪrəl/; *USA* ˈskwɜːrəl/ *s* scoiattolo

squirt /skwɜːt/ ▶ **1** *vt* spruzzare: *to squirt soda water into a glass* spruzzare seltz in un bicchiere **2** *vt* ~ **sb/sth** (**with sth**) spruzzare qn/qc (di qc) **3** *vi* ~ (**out of/from sth**) schizzare fuori (da qc)
▶ *s* spruzzo

stab /stæb/ ▶ *vt* (**-bb-**) **1** pugnalare, accoltellare **2** infilzare
▶ *s* pugnalata, coltellata LOC **have a stab at** (**doing**) **sth** (*informale*) provare (a fare) qc

stabbing /ˈstæbɪŋ/ ▶ *agg* lancinante
▶ *s* accoltellamento

stability /stəˈbɪləti/ *s* stabilità

stabilize, -ise /ˈsteɪbəlaɪz/ *vt* stabilizzare, stabilizzarsi

stable¹ /ˈsteɪbl/ *agg* **1** stabile **2** (*persona*) equilibrato

stable² /ˈsteɪbl/ *s* **1** stalla **2** scuderia

stack /stæk/ ▶ *s* **1** pila (*di libri, piatti*) **2** ~ **of sth** [*gen pl*] (*informale*) mucchio di qc
▶ *vt* ~ **sth** (**up**) impilare qc

stadium /ˈsteɪdiəm/ *s* (*pl* **-s** *o* **-dia** /-diə/) stadio (*sportivo*)

staff /stɑːf; *USA* stæf/ ▶ *s* [*v sing o pl*] personale, organico: *teaching staff* corpo insegnante ◊ *The staff are all working long hours.* Tutto il personale lavora fino a tardi.
▶ *vt*: *The centre is staffed by volunteers.* Il personale del centro è formato da volontari.

staffroom /ˈstɑːfruːm, -rʊm; *USA* ˈstæf-/ *s* (*GB*) sala professori

stag /stæg/ *s* cervo ➔ *Vedi nota a* CERVO *Vedi anche* STAG NIGHT

stage /steɪdʒ/ ▶ *s* **1** palcoscenico **2** **the stage** [*sing*] il teatro (*professione*) **3** fase, stadio: *at this stage* in questa fase LOC **in stages** a tappe
◆ **stage by stage** passo per passo ◆ **be/go on the stage** essere/diventare attore
▶ *vt* **1** mettere in scena **2** (*sciopero*) organizzare

stagger /ˈstægə(r)/ ▶ **1** *vi* barcollare: *He staggered to his feet.* Si rimise in piedi barcollando. **2** *vt* sbalordire **3** *vt* (*viaggi, vacanze*) scaglionare
▶ *s* barcollamento

staggering /ˈstægərɪŋ/ *agg* sbalorditivo

stagnant /ˈstægnənt/ *agg* stagnante

stagnate /stægˈneɪt; *USA* ˈstægneɪt/ *vi* stagnare **stagnation** *s* stagnazione

stag night *s* **1** addio al celibato **2** (*anche* ˈ**stag party**, *USA* **bachelor party**) (festa di) addio al celibato

stain /steɪn/ ▶ *s* **1** macchia **2** colorante (*per il legno*) ➔ *Confronta* DYE
▶ **1** *vt, vi* macchiare, macchiarsi **2** *vt* tingere: *stained glass* vetro colorato

stainless /ˈsteɪnləs/ *agg*: *stainless steel* acciaio inossidabile

stair /steə(r)/ *s* **1** **stairs** [*pl*] scala: *to go up/down the stairs* salire/scendere le scale **2** gradino

staircase /ˈsteəkeɪs/ (*anche* **stairway** /ˈsteəweɪ/) *s* scala (*parte di un edificio*) *Vedi anche* LADDER

stake /steɪk/ ▶ *s* **1** paletto **2** **the stake** il rogo (*supplizio*) **3** [*gen pl*] posta (*scommessa*) **4** (*investimento*) partecipazione LOC **at stake** in gioco: *His reputation is at stake.* È in gioco la sua reputazione.
▶ *vt* **1** puntellare **2** ~ **sth** (**on sth**) scommettere qc (su qc) LOC **stake** (**out**) **a/your claim to sth** rivendicare qc

stale /steɪl/ *agg* **1** (*pane*) stantio **2** (*aria*) viziato **3** (*idee, ecc*) vecchio **4** (*persona*): *I feel I'm getting stale in this job.* In questo lavoro mi sto fossilizzando.

stalemate /'steɪlmeɪt/ s 1 (*Scacchi*) stallo 2 (*fig*) punto morto

stalk /stɔːk/ ▶ s 1 gambo 2 (*frutta*) picciolo ◇ *Vedi illustrazione a* FRUTTA
▶ 1 vt (*animale, persona*) inseguire 2 vi camminare impettito: *He stalked off without a word.* Senza dire una parola se ne andò, tutto impettito.

stall /stɔːl/ ▶ s 1 (*mercato*) bancarella 2 (*stalla*) box 3 **stalls** [*pl*] (*GB*) (*Teat*) platea
▶ 1 vt, vi (*macchina, motore*) far spegnere, spegnersi 2 vi temporeggiare

stallion /'stælɪən/ s stallone

stalwart /'stɔːlwət/ ▶ s sostenitore, -trice fedele
▶ agg 1 (*antiq, formale*) robusto 2 leale

stamina /'stæmɪnə/ s resistenza (*capacità*)

stammer /'stæmə(r)/ ▶ vi, vt balbettare
▶ s balbuzie

stamp /stæmp/ ▶ s 1 francobollo: *stamp collecting* filatelia

> In Gran Bretagna esistono due tipi di affrancatura: *first class* e *second class*. La prima è un po' più costosa ma consente il recapito il giorno dopo la spedizione.

2 (*su passaporto, ecc*) bollo, timbro 3 (*strumento*) timbro 4 *with a stamp* pestando i piedi
▶ 1 vt, vi pestare (i piedi) 2 vi camminare con passo pesante 3 vt (*lettera*) affrancare 4 vt timbrare 5 vt stampare, imprimere
PHR V **stamp sth out** (*fig*) eliminare qc, porre fine a qc

stampede /stæm'piːd/ ▶ s 1 (*animali*) fuga precipitosa 2 (*persone*) fuggifuggi
▶ vi fuggire precipitosamente

stance /stɑːns; *USA* stæns/ s 1 posizione 2 ~ (**on sth**) presa di posizione (su qc)

stand /stænd/ ▶ s 1 ~ (**on sth**) (*fig*) posizione (su qc) 2 (*spesso in composti*) sostegno: *an umbrella stand* un portaombrelli ◇ *a music stand* un leggio 3 banco, chiosco 4 (*Sport*) [*spesso pl*] tribuna 5 (*Dir*) banco dei testimoni **LOC** **make a stand (against sb/sth)** opporre resistenza (a qn/qc) ♦ **take a stand (on sth)** prendere posizione (su qc)
▶ (*pass, pp* **stood** /stʊd/) 1 vi stare in piedi, restare in piedi: *Stand still.* Stai fermo. 2 vi ~ (**up**) alzarsi in piedi 3 vt mettere in piedi 4 vi: *to stand three metres high* essere alto tre metri 5 vi: *A house once stood here.* Una volta qui c'era una casa. 6 vi (*offerta, ecc*) valere 7 vi restare, stare: *as things stand* così come stanno le cose 8 vt sopportare: *I can't stand him.* Non lo sopporto. 9 vi ~ (**for sth**) (*Pol*) candidarsi (a qc) 10 vi: *Where do you stand on private education?* Qual è la sua posizione sull'istruzione privata? **LOC** **it/that stands to reason** è evidente ♦ **stand a chance (of sth)** avere buone probabilità (di qc) ♦ **stand fast/firm** tener duro *Vedi anche* BAIL, LEG, TRIAL **PHR V** **stand by sb** appoggiare qn ♦ **stand for sth** 1 indicare, rappresentare qc 2 appoggiare qc 3 tollerare qc ♦ **stand in (for sb)** sostituire (qn) ♦ **stand out (from sb/sth)** (*essere migliore*) distinguersi (da qn/qc) ♦ **stand sb up** (*informale*) dare buca a qn ♦ **stand up for sb/sth/yourself** difendere qn/qc/difendersi ♦ **stand up to sb** tenere testa a qn

standard /'stændəd/ ▶ s standard, livello **LOC** **be up to/below standard** essere accettabile/essere al di sotto del livello accettabile
▶ agg 1 standard 2 ufficiale: *standard practice* prassi comune

standardize, -ise /'stændədaɪz/ vt standardizzare

standard of 'living s tenore di vita

standby /'stændbaɪ/ s (*pl* **-bys**) 1 riserva 2 *standby list* lista d'attesa ◇ *standby ticket* biglietto standby **LOC** **be on standby** 1 tenersi pronto 2 essere in lista d'attesa

'stand-in s controfigura

standing /'stændɪŋ/ ▶ s 1 prestigio 2 *of long standing* di lunga data
▶ agg permanente

standing 'order s ordine permanente di pagamento

standpoint /'stændpɔɪnt/ s punto di vista

standstill /'stændstɪl/ s fermo: *to be at a standstill* essere fermo ◇ *to come to a standstill* fermarsi ◇ *to bring sth to a standstill* fermare qc **LOC** *Vedi* GRIND

stank *pass di* STINK

staple¹ /'steɪpl/ agg principale: *staple diet* alimento base

staple² /'steɪpl/ ▶ s punto metallico
▶ vt cucire con punti metallici

stapler /'steɪplə(r)/ s cucitrice

star /stɑː(r)/ ▶ s stella: *star sign* segno zodiacale
▶ vi (**-rr-**) ~ (**in sth**) essere protagonista (di qc)

starboard /'stɑːbəd/ s tribordo

starch /stɑːtʃ/ s amido **starched** agg inamidato

stardom /'stɑːdəm/ s celebrità, notorietà

stare /steə(r)/ ▶ vi ~ (**at sb/sth**) fissare, guardare fisso (qn/qc)

starfish → **steal** 310

▶ s sguardo fisso: *She gave him a blank stare.* Lo fissò con lo sguardo assente.

starfish /'stɑ:fɪʃ/ s (pl **starfish**) stella marina

stark /stɑ:k/ agg (**-er, -est**) **1** (*paesaggio, condizioni*) desolato **2** (*fatti*) nudo e crudo **3** (*contrasto*) evidente: *in stark contrast to …* in netto contrasto con …

starry /'stɑ:ri/ agg (**-ier, -iest**) stellato

⚡ **start** /stɑ:t/ ▶ s **1** inizio **2 the start** [*sing*] la partenza LOC **for a start** (*informale*) tanto per cominciare ◆ **get off to a good/bad start** cominciare bene/male

▶ **1** vt, vi iniziare, cominciare: *It started to rain.* Iniziò a piovere. ➲ *Vedi nota a* BEGIN **2** vi (*macchina, motore*) partire **3** vt (*voce, pettegolezzo*) mettere in giro LOC **to start with** per cominciare *Vedi anche* BALL, FALSE, SCRATCH PHRV **start off** partire ◆ **start out (on sth/to do sth)** cominciare (qc/a fare qc) ◆ **start over** (*spec USA*) ricominciare da capo ◆ **start (sth) up 1** (*motore*) mettere in moto, mettersi in moto **2** (*impresa*) avviare, mettere su

starter /'stɑ:tə(r)/ s (*informale, spec GB*) antipasto

'**starting point** s punto di partenza

startle /'stɑ:tl/ vt far trasalire **startling** agg sorprendente

starve /stɑ:v/ **1** vi soffrire la fame: *to starve (to death)* morire di fame **2** vt far morire di fame **3** vt ~ **sb/sth of sth** (*fig*) privare qn/qc di qc LOC **be starving** (*informale*) morire di fame **starvation** s inedia, fame

⚡ **state**[1] /steɪt/ ▶ s **1** stato: *to be in a fit state to drive* essere in condizioni di guidare ◇ *the State* lo Stato **2 the States** (*informale*) gli Stati Uniti ❶ Si usa generalmente con un verbo al singolare. LOC **state of affairs** circostanze ◆ **state of mind** stato d'animo *Vedi anche* REPAIR

▶ agg (*anche* **State**) statale: *state schools* scuole statali ◇ *a state visit* una visita ufficiale

⚡ **state**[2] /steɪt/ vt **1** dichiarare, affermare: *State your name.* Fornisca il suo nome. **2** stabilire: *within the stated limits* entro i limiti stabiliti

stately /'steɪtli/ agg (**-ier, -iest**) maestoso: *stately home* residenza nobiliare

⚡ **statement** /'steɪtmənt/ s **1** dichiarazione: *to issue a statement* rilasciare una dichiarazione **2** (*polizia*) deposizione

statesman /'steɪtsmən/ s (pl **-men** /-mən/) statista

static[1] /'stætɪk/ agg statico

static[2] /'stætɪk/ s **1** (*Radio*) interferenze **2** (*anche* ˌstatic elec'tricity) elettricità statica

⚡ **station**[1] /'steɪʃn/ s **1** stazione: *railway station* stazione ferroviaria **2** *nuclear power station* centrale nucleare ◇ *police station* commissariato ◇ *fire station* caserma dei pompieri **3** (*Radio*) stazione radiofonica

station[2] /'steɪʃn/ vt mettere di stanza (*truppe*)

stationary /'steɪʃənri; *USA* -neri/ agg fermo

stationer /'steɪʃnə(r)/ s **1** cartolaio, -a **2 stationer's** cartoleria **stationery** /'steɪʃənri; *USA* -neri/ s articoli di cancelleria

'**station wagon** s (*USA*) *Vedi* ESTATE CAR

statistic /stə'tɪstɪk/ s statistica: *unemployment statistics* statistiche sulla disoccupazione **statistics** s [*non numerabile*] statistica (*disciplina*)

⚡ **statue** /'stætʃu:/ s statua

stature /'stætʃə(r)/ s **1** statura **2** (*fig*) importanza

⚡ **status** /'steɪtəs/ s status: *social status* posizione sociale ◇ *marital status* stato civile

statute /'stætʃu:t/ s **1** legge: *statute book* codice **2** statuto **statutory** /'stætʃətri; *USA* -tɔ:ri/ agg stabilito dalla legge

staunch /stɔ:ntʃ/ agg (**-er, -est**) fedele, leale

stave /steɪv/ v PHRV **stave sth off 1** (*crisi*) scongiurare qc **2** (*attacco*) respingere qc

⚡ **stay** /steɪ/ ▶ vi rimanere: *to stay (at) home* rimanere a casa ◇ *What hotel are you staying at?* In quale albergo alloggi? ◇ *to stay sober* rimanere sobrio ➲ *Vedi* CLEAR, COOL PHRV **stay away (from sb/sth)** stare lontano (da qn/qc) ◆ **stay behind** rimanere ◆ **stay in** rimanere a casa ◆ **stay on (at …)** rimanere (in …): *to stay on at school* continuare gli studi ◆ **stay up** rimanere alzato: *to stay up late* rimanere alzato fino a tardi

▶ s permanenza, soggiorno

⚡ **steady** /'stedi/ ▶ agg (**-ier, -iest**) **1** fermo: *to hold sth steady* tenere fermo qc **2** costante: *a steady boyfriend* un ragazzo fisso ◇ *a steady job/income* un lavoro/reddito fisso

▶ (*pass, pp* **steadied**) **1** vi stabilizzarsi **2** v rifl ~ **yourself** tenersi in equilibrio

steak /steɪk/ s bistecca: *a salmon steak* una trancia di salmone

⚡ **steal** /sti:l/ (*pass* **stole** /stəʊl/ *pp* **stolen** /'stəʊlən/) **1** vt, vi ~ **(sth) (from sb/sth)** rubare (qc) (a qn/da qc) ➲ *Vedi nota a* ROB **2** vi ~ **in, out, away, etc.** entrare, uscire, allontanarsi, ecc furtivamente: *to steal up on sb* avvicinarsi furtivamente a qn

| i: see | i happy | ɪ sit | e ten | æ hat | ɑ: father | ʌ cup | ʊ put | u: too |

stealth /stelθ/ s: *by stealth* furtivamente **stealthy** agg (**-ier, -iest**) furtivo

steam /stiːm/ s vapore: *a steam engine* una locomotiva a vapore LOC *Vedi* LET¹, RUN
▸ **1** vi fumare: *steaming hot coffee* caffè bollente **2** vt cuocere al vapore LOC **get (all) steamed up (about/over sth)** (*informale*) scaldarsi (per qc) PHRV **steam up** appannarsi

steamer /ˈstiːmə(r)/ s nave a vapore

steamroller /ˈstiːmrəʊlə(r)/ s rullo compressore

steel /stiːl/ ▸ s acciaio
▸ v *rifl* ~ **yourself (against sth)** farsi forza (per qc)

steelworks /ˈstiːlwɜːks/ s (*pl* **steelworks**) acciaieria

steep /stiːp/ agg (**-er, -est**) **1** ripido **2** (*informale*) (*prezzo*) eccessivo

steeply /ˈstiːpli/ avv ripidamente: *The plane was climbing steeply.* L'aereo saliva in verticale. ◊ *Share prices fell steeply.* Le azioni sono precipitate.

steer /stɪə(r)/ **1** vt, vi guidare **2** vt (*nave*) governare **3** vi: *to steer north* dirigersi verso nord ◊ *to steer by the stars* orientarsi con le stelle **4** vt (*fig*) portare: *He steered the discussion away from the subject.* Ha portato la conversazione su un altro argomento. LOC *Vedi* CLEAR **steering** s sterzo: *power steering* servosterzo

'steering wheel s volante

stem¹ /stem/ ▸ s gambo
▸ v (**-mm-**) PHRV **stem from sth** avere origine da qc

stem² /stem/ vt (**-mm-**) (*emorragia, perdita*) arrestare

'stem cell s cellula staminale

stench /stentʃ/ s puzzo

step /step/ ▸ vi (**-pp-**) fare un passo, andare: *to step on sth* pestare qc ◊ *to step over sth* scavalcare qc PHRV **step down** dimettersi ◆ **step in** intervenire ◆ **step up sth** incrementare qc
▸ s **1** passo **2** gradino **3 steps** [*pl*] scala LOC **step by step** poco a poco ◆ **be in/out of step (with sb/sth)** stare/non stare al passo (con qn/qc) ◆ **take steps to do sth** prendere le misure necessarie per fare qc *Vedi anche* WATCH

stepbrother /ˈstepbrʌðə(r)/ s fratellastro

stepchild /ˈsteptʃaɪld/ s (*pl* **-children**) figliastro, -a

stepdaughter /ˈstepdɔːtə(r)/ s figliastra

stepfather /ˈstepfɑːðə(r)/ s patrigno

stepladder /ˈsteplædə(r)/ s scala a libretto

stepmother /ˈstepmʌðə(r)/ s matrigna

'step-parent s patrigno, matrigna

stepsister /ˈstepsɪstə(r)/ s sorellastra

stepson /ˈstepsʌn/ s figliastro

stereo /ˈsteriəʊ/ s (*pl* **-os**) stereo

stereotype /ˈsteriətaɪp/ s stereotipo

sterile /ˈsteraɪl; *USA* ˈsterəl/ agg sterile **sterility** /stəˈrɪləti/ s sterilità **sterilize, -ise** /ˈsterəlaɪz/ vt sterilizzare

sterling /ˈstɜːlɪŋ/ ▸ s [*non numerabile*] lira sterlina
▸ agg **1** (*argento*) al titolo di 925/1000 **2** (*fig*) eccellente: *sterling work* un ottimo lavoro

stern¹ /stɜːn/ agg (**-er, -est**) severo, duro

stern² /stɜːn/ s poppa (*di nave*)

steroid /ˈsterɔɪd, ˈstɪər-/ s steroide

stethoscope /ˈsteθəskəʊp/ s stetoscopio, fonendoscopio

stew /stjuː; *USA* stuː/ ▸ vt, vi cuocere (*in umido*)
▸ s spezzatino, stufato

steward /ˈstjuːəd; *USA* ˈstuː-/ s steward

stewardess /ˌstjuːəˈdes; *USA* ˈstuː-/ s (*antiq*) hostess ⊃ *Confronta* FLIGHT ATTENDANT

stick¹ /stɪk/ s **1** bastone **2** bastoncino, rametto **3** bacchetta: *a stick of celery* un gambo di sedano ◊ *a stick of dynamite* un candelotto di dinamite

stick² /stɪk/ (*pass, pp* **stuck** /stʌk/) **1** vt ficcare, piantare: *to stick a needle in your finger* ficcarsi un ago nel dito ◊ *to stick your fork into a potato* conficcare una forchetta in una patata **2** vt, vi appiccicare, appiccicarsi: *Jam sticks to your fingers.* La marmellata si appiccica alle dita. **3** vt (*informale*) mettere: *He stuck the pen behind his ear.* Si è messo la penna dietro l'orecchio. **4** vi bloccarsi **5** vt (*informale*) sopportare: *I can't stick it any longer.* Non ce la faccio più. LOC **get stuck** bloccarsi: *The lift got stuck between floors six and seven.* L'ascensore si è bloccato tra il sesto e il settimo piano. ◊ *The bus got stuck in the mud.* L'autobus si è impantanato.
PHRV **stick around** (*informale*) restare nei paraggi
stick at sth continuare a lavorare a qc; perseverare in qc
stick by sb stare al fianco di qn
stick out sporgere: *His ears stick out.* Ha le orecchie a sventola. ◆ **stick it/sth out** (*informale*) tener duro/perseverare in qc ◆ **stick sth out 1** (*lingua*) tirar fuori qc **2** (*testa*) sporgere

sticker → stodgy

qc; (*mano*) allungare qc
stick to sth attenersi a qc
stick together restare uniti
stick up sporgere ♦ **stick up for yourself/sb** difendersi/difendere qn

sticker /'stɪkə(r)/ *s* autoadesivo

'**stick shift** *s* (*USA*) *Vedi* GEAR LEVER

sticky /'stɪki/ *agg* (**-ier**, **-iest**) **1** appiccicoso **2** (*informale*) (*situazione*) difficile

'**sticky tape** *s* nastro adesivo

stiff /stɪf/ ▶ *agg* (**-er**, **-est**) **1** rigido, duro **2** (*articolazione*) indolenzito: *to have a stiff neck* avere il torcicollo **3** (*sugo*) denso **4** (*prova*) difficile **5** (*condanna, lezione*) duro, severo **6** (*persona*) freddo, sostenuto **7** (*vento, bevanda alcolica*) forte
▶ *avv* (*informale*) molto: *bored/scared stiff* annoiato/spaventato a morte

stiffen /'stɪfn/ **1** *vi* irrigidirsi **2** *vt* (*colletto*) inamidare

stifle /'staɪfl/ **1** *vt, vi* soffocare **2** *vt* (*ribellione, idee*) reprimere **stifling** *agg* soffocante

stigma /'stɪgmə/ *s* stigma

still¹ /stɪl/ *avv* **1** ancora

> **Still** o **yet**? **Still** si usa in frasi affermative e interrogative e va sempre dopo i verbi ausiliari o modali e prima degli altri verbi: *He still talks about her.* Parla ancora di lei. ◊ *Are you still there?* Sei ancora lì? **Yet** (nel senso di "ancora") si usa nelle frasi negative e va sempre alla fine della frase: *Aren't they here yet?* Non sono ancora arrivati? ◊ *He hasn't done it yet.* Non l'ha ancora fatto. Tuttavia **still** si può usare in frasi negative per dare enfasi. In questo caso va sempre prima del verbo anche se ausiliare o modale: *He still hasn't done it.* Non l'ha ancora fatto. ◊ *He still can't do it.* Ancora adesso non lo sa fare.

2 tuttavia, ciò nonostante: *Still, it didn't turn out badly.* Comunque, non è riuscito male.

still² /stɪl/ *agg* **1** fermo: *still life* natura morta ◊ *Stand still!* Non ti muovere! ➔ *Confronta* QUIET **2** (*aria, acqua*) calmo **3** (*bibita*) non gassato

stillness /'stɪlnəs/ *s* calma, quiete

stilt /stɪlt/ *s* **1** trampolo **2** palo

stilted /'stɪltɪd/ *agg* poco naturale

stimulant /'stɪmjələnt/ *s* stimolante

stimulate /'stɪmjuleɪt/ *vt* stimolare **stimulating** *agg* stimolante

stimulus /'stɪmjələs/ *s* (*pl* **-muli** /-laɪ/) stimolo, incentivo

sting /stɪŋ/ ▶ *s* **1** pungiglione **2** (*ferita*) puntura **3** (*dolore*) bruciore
▶ (*pass, pp* **stung** /stʌŋ/) **1** *vt, vi* pungere **2** *vi* bruciare, pizzicare **3** *vt* (*fig*) ferire

stingy /'stɪndʒi/ *s* (*informale*) avaro

stink /stɪŋk/ ▶ *vi* (*pass* **stank** /stæŋk/ *o* **stunk** /stʌŋk/ *pp* **stunk**) (*informale*) ~ (**of sth**) (*anche fig*) puzzare (di qc) PHRV **stink sth out** appestare qc
▶ *s* (*informale*) puzza

stinking /'stɪŋkɪŋ/ *agg* (*informale*) puzzolente, schifoso

stint /stɪnt/ *s* periodo: *a training stint in Salerno* un periodo di apprendistato a Salerno

stipulate /'stɪpjuleɪt/ *vt* (*formale*) stipulare

stir /stɜː(r)/ ▶ (**-rr-**) **1** *vt* mescolare **2** *vt, vi* muovere, muoversi **3** *vt* (*immaginazione*) stimolare PHRV **stir sth up** provocare qc
▶ *s* **1** *to give sth a stir* mescolare qc **2** trambusto

'**stir-fry** ▶ *vt* saltare in padella: *stir-fried chicken* pollo saltato in padella
▶ *s* pietanza al salto

stirring /'stɜːrɪŋ/ *agg* emozionante

stirrup /'stɪrəp/ *s* staffa

stitch /stɪtʃ/ ▶ *s* **1** (*Cucito*) punto **2** fitta al fianco: *I've got a stitch.* Ho una fitta al fianco. LOC **in stitches** (*informale*) morto dalle risate
▶ *vt, vi* cucire

stitching /'stɪtʃɪŋ/ *s* cucitura

stock /stɒk/ ▶ *s* **1** stock **2** ~ (**of sth**) provvista, scorta (di qc) **3** bestiame **4** (*Fin*) [*gen pl*] titoli **5** (*di impresa*) capitale sociale **6** (*Cucina*) brodo LOC **out of/in stock** esaurito/disponibile
♦ **take stock** (**of sth**) fare l'inventario (di qc)
♦ **take stock** (**of the situation**) fare il punto della situazione
▶ *agg* (*frase, scusa*) banale, trito
▶ *vt* avere (*in magazzino*) PHRV **stock up** (**on/with sth**) fare provvista (di qc)

stockbroker /'stɒkbrəʊkə(r)/ *s* agente di cambio

'**stock exchange** (*anche* '**stock market**) *s* borsa valori

stocking /'stɒkɪŋ/ *s* calza (*da donna*)

stocktaking /'stɒkteɪkɪŋ/ *s* inventario (*attività*)

stocky /'stɒki/ *agg* (**-ier**, **-iest**) tarchiato

stodgy /'stɒdʒi/ *agg* (**-ier**, **-iest**) (*informale, dispreg*) pesante (*pasto, libro*)

---

aɪ f**i**ve aʊ n**ow** ɔɪ j**oi**n ɪə n**ear** eə h**air** ʊə p**ure** ʒ vi**si**on h **h**ow ŋ si**ng**

stoke /stəʊk/ *vt* ~ **sth** (**up**) (**with sth**) alimentare qc (con qc): *to stoke up the fire* attizzare il fuoco

stole *pass di* STEAL

stolen *pp di* STEAL

stolid /ˈstɒlɪd/ *agg* (*dispreg*) impassibile

stomach /ˈstʌmək/ ▶ *s* **1** stomaco: *stomach ache* mal di stomaco **2** pancia **3** ~ **for sth** (*fig*) voglia di qc
▶ *vt* sopportare: *I can't stomach too much violence in films.* Non sopporto i film molto violenti.

stone /stəʊn/ ▶ *s* **1** pietra: *the Stone Age* l'età della pietra **2** (*spec USA* **pit**) (*frutta*) nocciolo ↪ *Vedi illustrazione a* FRUTTA **3** (*GB*) (*pl* **stone**) unità di peso equivalente a 14 libbre o 6,348 kg
▶ *vt* lapidare

stoned /stəʊnd/ *agg* (*informale*) **1** sbronzo **2** fatto (*di hascisc*)

stony /ˈstəʊni/ *agg* (**-ier**, **-iest**) **1** pietroso, sassoso **2** (*sguardo, silenzio*) freddo

stood *pass, pp di* STAND

stool /stuːl/ *s* sgabello

stoop /stuːp/ ▶ *vi* ~ (**down**) chinarsi, curvarsi LOC **stoop so low** (**as to do sth**) scendere così in basso (da fare qc)
▶ *s*: *to walk with a stoop* camminare curvo

stop /stɒp/ ▶ (**-pp-**) **1** *vt, vi* fermare, fermarsi **2** *vt* (*processo, svolgimento*) interrompere **3** *vi* (*pioggia, rumore*) cessare **4** *vt* ~ **doing sth** smettere di fare qc: *Stop it!* Smettila! **5** *vt* ~ **sb/sth** (**from**) **doing sth** impedire a qn/qc di fare qc: *to stop yourself doing sth* trattenersi dal fare qc

To **stop doing sth** significa *smettere di fare qc*. To **stop to do sth** significa *fermarsi a/per fare qc*: *Stop talking and listen!* ◊ *I stopped to talk to Mrs Jones in the street.*

6 *vt* (*buco, perdita*) tappare **7** *vt* (*paga*) sospendere **8** *vt* (*assegno*) bloccare **9** *vi* (*GB, informale*) rimanere LOC **stop dead/short** fermarsi di colpo ◆ **stop short of** (**doing**) **sth** non arrivare a (fare) qc *Vedi anche* BUCK³
PHRV **stop off** (**at/in …**) fare sosta (a …)
▶ *s* **1** fermata, sosta: *to come to a stop* fermarsi ◊ *to put a stop to sth* mettere fine a qc **2** (*autobus, treno*) fermata **3** (*Ortografia*) punto

stopgap /ˈstɒpɡæp/ *s* tappabuchi

stopover /ˈstɒpəʊvə(r)/ *s* scalo (*in viaggio*)

stoppage /ˈstɒpɪdʒ/ *s* **1** astensione dal lavoro **2 stoppages** [*pl*] trattenute

stopper /ˈstɒpə(r)/ *s* tappo

stopwatch /ˈstɒpwɒtʃ/ *s* cronometro

storage /ˈstɔːrɪdʒ/ *s* **1** magazzinaggio: *storage space* spazio per riporre la roba **2** magazzino

store /stɔː(r)/ ▶ *s* **1** provvista, riserva **2 stores** [*pl*] scorte, rifornimenti **3** (*spec USA*) negozio: *department store* grande magazzino LOC **be in store for sb** attendere qn (*sorpresa, ecc*) ◆ **have sth in store for sb** riservare qc a qn (*sorpresa, ecc*)
▶ *vt* ~ **sth** (**up/away**) **1** far provvista di qc **2** riporre qc

storekeeper /ˈstɔːrkiːpə(r)/ *s* (*spec USA*) *Vedi* SHOPKEEPER

storeroom /ˈstɔːruːm/ *s* ripostiglio

storey /ˈstɔːri/ *s* (*pl* **storeys**) (*USA* **story**) piano (*di palazzo*)

stork /stɔːk/ *s* cicogna

storm /stɔːm/ ▶ *s* bufera, tempesta: *a storm of criticism* una valanga di critiche
▶ **1** *vi* ~ **in/off/out** entrare/andarsene/uscire furibondo **2** *vt* (*edificio*) prendere d'assalto

stormy /ˈstɔːmi/ *agg* (**-ier**, **-iest**) burrascoso, tempestoso

story /ˈstɔːri/ *s* (*pl* **-ies**) **1** storia (*narrazione*) **2** racconto **3** (*Giornalismo*) servizio **4** (*USA*) *Vedi* STOREY

stout /staʊt/ *agg* **1** robusto *Vedi anche* FAT **2** (*scarpe*) resistente

stove /stəʊv/ *s* **1** cucina (*apparecchio*) **2** stufa

stow /stəʊ/ *vt* ~ **sth** (**away**) mettere (via) qc
PHRV **stow away** viaggiare clandestinamente

stowaway /ˈstəʊəweɪ/ *s* clandestino (*a bordo di nave, aereo*)

straddle /ˈstrædl/ *vt* stare a cavalcioni su

straggle /ˈstræɡl/ *vi* **1** (*persona*) rimanere indietro **2** (*pianta*) crescere disordinatamente

straggler *s* chi rimane indietro **straggly** *agg* disordinato, scarmigliato

straight /streɪt/ ▶ *agg* (**-er**, **-est**) **1** dritto **2** (*capelli*) liscio **3** (*portamento*) eretto LOC **be straight** (**with sb**) essere franco (con qn) ◆ **get sth straight** mettere in chiaro qc ◆ **keep a straight face** non ridere *Vedi anche* RECORD
▶ *avv* (**-er**, **-est**) **1** dritto: *Look straight ahead.* Guarda dritto davanti a te. **2** (*sedersi*) ben dritto **3** (*pensare*) con chiarezza **4** (*andare*) direttamente LOC **straight off/out** (*informale*) senza esitare *Vedi anche* RIGHT

straighten /ˈstreɪtn/ **1** *vt, vi* raddrizzare, raddrizzarsi **2** *vt* (*cravatta, gonna*) aggiustare

straightforward → strict

PHR V **straighten sth out** risolvere qc ♦ **straighten up** mettersi dritto

straightforward /ˌstreɪtˈfɔːwəd/ *agg* **1** (*questione, procedimento*) semplice **2** (*persona*) schietto

strain /streɪn/ ▶ **1** *vi* sforzarsi **2** *vt* (*fune*) tendere **3** *vt* (*vista, voce*) sforzare **4** *vt*: *to strain a muscle* farsi uno strappo muscolare **5** *vt* ~ **sth** (**off**) filtrare qc
▶ *s* **1** tensione: *Their relationship is showing signs of strain.* La loro relazione dà segni di stanchezza. **2** strappo: *eye strain* vista affaticata

strained /streɪnd/ *agg* **1** (*risata, tono di voce*) forzato **2** preoccupato

strainer /ˈstreɪnə(r)/ *s* colino

straitjacket /ˈstreɪtdʒækɪt/ *s* camicia di forza

straits /streɪts/ *s* [*pl*] **1** stretto: *the Straits of Gibraltar* lo stretto di Gibilterra **2** *in desperate/dire straits* in una situazione disperata

strand /strænd/ *s* **1** filo **2** ciocca

stranded /ˈstrændɪd/ *agg* bloccato: *to be left stranded* essere bloccato

strange /streɪndʒ/ *agg* (**stranger, -est**) **1** sconosciuto **2** bizzarro, strano: *I find it strange that …* Mi sembra strano che … **stranger** *s* **1** sconosciuto, -a **2** forestiero, -a

strangle /ˈstræŋɡl/ *vt* strangolare

strap /stræp/ ▶ *s* **1** cinturino, cinghia ⊃ *Vedi illustrazione a* OROLOGIO **2** (*vestito*) bretellina
▶ *vt* (**-pp-**) ~ **sth** (**up**) (*Med*) fasciare qc
PHR V **strap sb in** mettere la cintura di sicurezza a qn ♦ **strap sth on** legare qc (*con cinghie*)

strategy /ˈstrætədʒi/ *s* (*pl* **-ies**) strategia **strategic** /strəˈtiːdʒɪk/ *agg* strategico

stratum /ˈstrɑːtəm/ *s* (*pl* **strata** /-tə/) strato

straw /strɔː/ *s* **1** paglia: *a straw hat* un cappello di paglia **2** cannuccia **LOC** **the last/final straw** la goccia che fa traboccare il vaso

strawberry /ˈstrɔːbəri; *USA* -beri/ *s* (*pl* **-ies**) fragola

stray /streɪ/ ▶ *vi* **1** allontanarsi **2** (*pensieri, mente*) vagare
▶ *agg* **1** randagio: *a stray dog* un cane randagio **2** isolato: *a stray bullet* un proiettile vagante

streak /striːk/ ▶ *s* **1** striscia **2** (*carattere*) vena: *a jealous streak* una vena di gelosia **3** (*fortuna*) periodo: *to be on a winning/losing streak* attraversare un periodo fortunato/sfortunato
▶ **1** *vt* ~ **sth** (**with sth**) striare, screziare qc (di qc) **2** *vi* passare come un fulmine

stream /striːm/ ▶ *s* **1** ruscello **2** (*liquido, parole*) torrente **3** (*gente*) marea **4** (*auto*) colonna
▶ *vi* **1** (*acqua, sangue*) grondare **2** (*lacrime*) colare **3** (*gente*) riversarsi

streamer /ˈstriːmə(r)/ *s* stella filante

streamline /ˈstriːmlaɪn/ *vt* **1** rendere aerodinamico **2** (*fig*) razionalizzare

street /striːt/ *s* (*abbrev* **St**) via, strada: *the High Street* la via principale ⊃ Nota che quando **street** è preceduto dal nome, si scrive con la maiuscola. *Vedi* ROAD *e nota a* VIA. **LOC** (**right**) **up your street** (*spec USA* (**right**) **up your alley**): *This job seems right up your street.* Questo lavoro sembra fatto apposta per te. ♦ **be streets ahead** (**of sb/sth**) essere di gran lunga superiore (a qn/qc) *Vedi anche* MAN[1]

streetcar /ˈstriːtkɑː(r)/ *s* (*USA*) *Vedi* TRAM

streetwise /ˈstriːtwaɪz/ (*anche USA* **streetsmart** /ˈstriːtsmɑːt/) *agg* (*informale*) smaliziato

strength /streŋθ/ *s* [*non numerabile*] **1** forza **2** (*oggetto, tessuto*) resistenza **3** (*emozione*) intensità **4** punto forte **LOC** **on the strength of sth** in virtù di qc **strengthen** *vt, vi* rafforzare, rinforzare, rinforzarsi

strenuous /ˈstrenjuəs/ *agg* **1** faticoso **2** vigoroso

stress /stres/ ▶ *s* **1** stress **2** ~ (**on sth**) enfasi (su qc) **3** (*Ling, Mus*) accento **4** (*Mecc*) tensione
▶ *vt* **1** sottolineare, mettere in evidenza **2** (*sillaba*) accentare

stressed /strest/ *agg* stressato

stressful /ˈstresfl/ *agg* stressante

stretch /stretʃ/ ▶ **1** *vt, vi* allargare, allargarsi **2** *vt* (*corda*) tendere **3** *vi* (*persona*) stiracchiarsi **4** *vi* (*terreno*) estendersi **5** *vt* (*persona, fig*) impegnare al massimo **LOC** **stretch your legs** sgranchirsi le gambe **PHR V** **stretch** (**yourself**) **out** sdraiarsi
▶ *s* **1** *to have a stretch* stiracchiarsi **2** elasticità **3** ~ (**of sth**) (*terreno*) tratto (di qc) **4** ~ (**of sth**) (*tempo*) periodo (di qc) **LOC** **at a stretch** di seguito, di fila

stretcher /ˈstretʃə(r)/ *s* barella

strewn /struːn/ *agg* **1** ~ (**all**) **over sth** sparso su qc **2** ~ **with sth** cosparso di qc

stricken /ˈstrɪkən/ *agg* ~ **by/with sth** colpito da qc: *drought-stricken areas* zone colpite dalla siccità ◊ *poverty-stricken* poverissimo

strict /strɪkt/ *agg* (**-er, -est**) **1** severo, rigido **2** stretto, preciso **LOC** **in strictest confidence** con la massima riservatezza **strictly** *avv* **1** severamente **2** strettamente: *strictly prohibited* tassativamente vietato LOC **strictly speaking** a rigor di termini

stride /straɪd/ ▸ *vi* (*pass* **strode** /strəʊd/) **1** camminare a grandi passi **2** ~ **up to sb/sth** avvicinarsi con fare deciso a qn/qc
▸ *s* **1** passo **2** LOC **take sth in your stride** accettare qc senza farne un dramma

strident /ˈstraɪdnt/ *agg* stridulo

strife /straɪf/ *s* conflitto

strike /straɪk/ ▸ *s* **1** sciopero: *to go on strike* entrare in sciopero **2** (*Mil*) attacco
▸ (*pass, pp* **struck** /strʌk/ (*USA anche* **stricken**) **1** *vt* colpire **2** *vt* sbattere contro **3** *vi* attaccare **4** *vt, vi* (*ora*) suonare **5** *vt* (*petrolio, oro*) trovare **6** *vt* (*fiammifero*) accendere **7** *vt*: *It strikes me that…* Mi viene in mente che… **8** *vt* colpire: *I was struck by the similarity between them.* Sono rimasto colpito dalla loro somiglianza. **9** *vi* ~ (**for/against sth**) scioperare (per/contro qc) LOC *Vedi* HOME PHRV **strike back** (**at sb/sth**) restituire il colpo (a qn/qc) ♦ **strike up** (**sth**) cominciare a suonare (qc) ♦ **strike up sth** (**with sb**) iniziare qc (con qn): *to strike up a conversation* attaccare discorso ◊ *to strike up a friendship with sb* fare amicizia con qn

striker /ˈstraɪkə(r)/ *s* **1** scioperante **2** (*Sport*) attaccante

striking /ˈstraɪkɪŋ/ *agg* che colpisce

string /strɪŋ/ ▸ *s* **1** spago: *I need some string to tie up this parcel.* Mi serve dello spago per legare questo pacco. **2** (*violino, chitarra*) corda **3 the strings** [*pl*] gli archi **4** (*perle*) filo **5** serie: *a string of wins* una serie di vittorie LOC (**with**) **no strings attached/without strings** (*informale*) senza obblighi *Vedi anche* PULL
▸ *vt* (*pass, pp* **strung** /strʌŋ/) ~ **sth** (**up**) appendere qc (*con spago, ecc*) PHRV **string** (**sth**) **out** allineare qc, allinearsi ♦ **string sth together** mettere insieme qc

stringent /ˈstrɪndʒənt/ *agg* (*formale*) rigoroso

strip[1] /strɪp/ ▸ *vt* (-**pp-**) **1** *vt* (*carta, vernice*) staccare **2** *vt* (*macchinario*) smontare **3** *vt* ~ **sth of sth** togliere qc a qc **4** *vt* ~ **sb of sth** portare via qc a qn **5** *vt, vi* ~ (**sb**) (**off**) spogliare qn, spogliarsi

strip[2] /strɪp/ *s* striscia

stripe /straɪp/ *s* riga, striscia **striped** (*informale, GB* **stripy** /ˈstraɪpi/) *agg* a righe, a strisce

strive /straɪv/ *vi* (*pass* **strove** /strəʊv/ *pp* **striven** /ˈstrɪvn/) (*formale*) ~ (**for/after sth**) impegnarsi (per raggiungere qc)

strode *pass di* STRIDE

stroke[1] /strəʊk/ *s* **1** colpo: *a stroke of luck* un colpo di fortuna **2** (*Nuoto*) bracciata **3** tratto (*di penna, ecc*) **4** rintocco **5** (*Med*) ictus LOC **at a stroke** d'un colpo ♦ **not do a stroke** (**of work**) non muovere un dito

stroke[2] /strəʊk/ *vt* accarezzare

stroll /strəʊl/ ▸ *s* passeggiata: *to go for/take a stroll* andare a fare due passi
▸ *vi* passeggiare

stroller /ˈstrəʊlə(r)/ *s* (*USA*) *Vedi* PUSHCHAIR

strong /strɒŋ; *USA* strɔːŋ/ *agg* (**stronger** /-ɡə(r)/ **strongest** /-ɡɪst/) forte LOC **be going strong** (*informale*) andare forte ♦ **be your/sb's strong point/suit** essere il proprio forte/il forte di qn

strong-ˈminded *agg* risoluto

strong-ˈwilled *agg* tenace

strove *pass di* STRIVE

struck *pass, pp di* STRIKE

structure /ˈstrʌktʃə(r)/ ▸ *s* **1** struttura **2** costruzione
▸ *vt* strutturare

struggle /ˈstrʌɡl/ ▸ *vi* **1** ~ (**against/with sb/sth**) lottare (contro/con qn/qc) **2** fare fatica
▸ *s* **1** lotta **2** sforzo

strum /strʌm/ *v* (-**mm-**) ~ (**on**) **sth** strimpellare qc

strung *pass, pp di* STRING

strut /strʌt/ ▸ *s* puntone, supporto
▸ *vi* (-**tt-**) ~ (**about/along**) pavoneggiarsi

stub /stʌb/ *s* **1** (*sigaretta*) mozzicone **2** (*assegno*) matrice

stubble /ˈstʌbl/ *s* **1** stoppia **2** barba di qualche giorno

stubborn /ˈstʌbən/ *agg* **1** testardo **2** (*macchia, tosse*) ostinato

stuck /stʌk/ *pass, pp di* STICK[2]
▸ *agg* **1** bloccato: *to get stuck* bloccarsi **2** (*informale*): *to be/get stuck with sb/sth* doversi occupare di qn/qc

stuck-ˈup *agg* (*informale*) arrogante

stud /stʌd/ *s* **1** borchia **2** (*scarpe sportive*) tacchetto **3** stallone **4** scuderia di allevamento

student /ˈstjuːdnt; *USA* ˈstuː-/ *s* studente, -essa

studied /ˈstʌdid/ *agg* calcolato *Vedi anche* STUDY

studio /ˈstjuːdiəʊ; *USA* ˈstuː-/ *s* (*pl* **-os**) studio (*televisivo, fotografico*): *recording studio* sala di registrazione

studious /ˈstjuːdiəs; *USA* ˈstuː-/ *agg* studioso

study → subsequent

study /'stʌdi/ ▶ s (pl **-ies**) studio (attività, stanza)
▶ vt, vi (pass, pp **studied**) studiare

stuff /stʌf/ ▶ s **1** materia, sostanza **2** (informale) roba Vedi FOODSTUFFS
▶ **1** vt ~ **sth** (**with sth**) imbottire qc (di qc) **2** vt ~ **sth in**; ~ **sth into sth** ficcare qc (in qc) **3** vt ~ **sth** (**with sth**) farcire qc (con qc) **4** v rifl ~ **yourself** (**with sth**) rimpinzarsi (di qc) **5** vt (animale) imbalsamare, impagliare LOC **get stuffed!** (GB, informale) va' a quel paese!

stuffing /'stʌfɪŋ/ s **1** ripieno **2** imbottitura

stuffy /'stʌfi/ agg (**-ier**, **-iest**) **1** mal ventilato **2** (informale) (persona) antiquato

stumble /'stʌmbl/ vi **1** ~ (**over sth**) inciampare (in qc): *stumbling block* ostacolo (fig) **2** ~ (**over sth**) (parlando) incespicare (in qc) PHRV **stumble across/on sb/sth** imbattersi in qn/qc

stump /stʌmp/ s **1** troncone **2** moncone

stun /stʌn/ vt (**-nn-**) **1** stordire **2** (fig) sbalordire

stung pass, pp di STING

stunk pass, pp di STINK

stunning /'stʌnɪŋ/ agg (informale) **1** (approv) fantastico **2** sbalorditivo: *He suffered a stunning defeat in the election.* Ha subìto una sconfitta sbalorditiva alle elezioni.

stunt¹ /stʌnt/ s **1** trovata **2** acrobazia

stunt² /stʌnt/ vt frenare (la crescita di)

stuntman /'stʌntmæn/ s (pl **-men** /-men/) cascatore

stuntwoman /'stʌntwʊmən/ s (pl **-women**) cascatrice

stupendous /stju:'pendəs; USA stu:-/ agg formidabile

stupid /'stju:pɪd; USA 'stu:-/ agg (**-er**, **-est**) [Si usano anche il comparativo **more stupid** e il superlativo **most stupid**.] stupido **stupidity** /stju:'pɪdəti; USA stu:-/ s stupidità

stupor /'stju:pə(r); USA 'stu:-/ s [gen sing] stordimento: *in a drunken stupor* in preda ai fumi dell'alcol

sturdy /'stɜ:di/ agg (**-ier**, **-iest**) robusto

stutter /'stʌtə(r)/ ▶ vi balbettare
▶ s balbuzie

sty /staɪ/ s (pl **sties**) **1** porcile **2** (anche **stye**) orzaiolo

style /staɪl/ s **1** stile **2** modo, maniera **3** classe, stile **4** modello: *the latest style* l'ultima moda **stylish** agg elegante

Styrofoam® /'staɪrəfəʊm/ s (USA) Vedi POLYSTYRENE

suave /swɑ:v/ agg garbato, raffinato

subconscious /ˌsʌb'kɒnʃəs/ agg, s subconscio

subdivide /ˌsʌbdɪ'vaɪd/ **1** vt ~ **sth** (**into sth**) suddividere qc (in qc) **2** vi ~ (**into sth**) suddividersi (in qc)

subdue /səb'dju:; USA -'du:/ vt sottomettere **subdued** agg **1** (voce) sommesso **2** (luce, colore) tenue **3** (persona) abbattuto

subheading /'sʌbhedɪŋ/ s sottotitolo (su giornale, libro)

subject¹ /'sʌbdʒɪkt, -dʒekt/ s **1** argomento, tema **2** materia (scolastica) **3** (Gramm) soggetto **4** suddito, -a

subject² /'sʌbdʒekt/ agg ~ **to sb/sth** soggetto a qn/qc

subject³ /səb'dʒekt/ vt ~ **sb/sth** (**to sth**) sottoporre qn/qc (a qc) **subjection** s sottomissione

subjective /səb'dʒektɪv/ agg soggettivo

'**subject matter** s argomento

subjunctive /səb'dʒʌŋktɪv/ s congiuntivo

sublime /sə'blaɪm/ agg sublime

submarine /ˌsʌbmə'ri:n; USA 'sʌbməri:n/ agg, s sottomarino

submerge /səb'mɜ:dʒ/ **1** vi immergersi **2** vt sommergere

submission /səb'mɪʃn/ s ~ (**to sb/sth**) **1** sottomissione (a qn/qc) **2** (documento, petizione) presentazione

submissive /səb'mɪsɪv/ agg sottomesso

submit /səb'mɪt/ (**-tt-**) **1** vi ~ (**to sb/sth**) sottomettersi, cedere (a qn/qc) **2** vt ~ **sth** (**to sb/sth**) presentare qc (a qn/qc): *Applications must be submitted by 31 March.* Le domande devono essere presentate entro il 31 marzo.

subordinate ▶ /sə'bɔ:dɪnət; USA -dənət/ agg, s subalterno, -a: *subordinate clause* proposizione subordinata
▶ /sə'bɔ:dɪneɪt; USA -dəneɪt/ vt ~ **sth** (**to sth**) subordinare qc (a qc)

subscribe /səb'skraɪb/ vi ~ (**to sth**) abbonarsi (a qc) PHRV **subscribe to sth** (formale) (opinione) condividere qc **subscriber** s abbonato, -a **subscription** s **1** abbonamento **2** quota

subsequent /'sʌbsɪkwənt/ agg [solo davanti a sostantivo] successivo **subsequently** avv in seguito '**subsequent to** prep (formale) in seguito a

subside /səbˈsaɪd/ vi **1** franare, cedere **2** (livello dell'acqua, vento) calare **3** (dolore, emozione) calmarsi **subsidence** /səbˈsaɪdns, ˈsʌbsɪdns/ s cedimento

subsidiary /səbˈsɪdiəri; USA -dieri/ ▸ agg secondario
▸ s (pl -ies) consociata

subsidize, -ise /ˈsʌbsɪdaɪz/ vt sovvenzionare

subsidy /ˈsʌbsədi/ s (pl -ies) sovvenzione

subsist /səbˈsɪst/ vi ~ (on sth) vivere (di qc) **subsistence** s sussistenza

substance /ˈsʌbstəns/ s sostanza

substantial /səbˈstænʃl/ agg **1** considerevole, notevole **2** (costruzione) solido **substantially** avv **1** considerevolmente **2** sostanzialmente

substitute /ˈsʌbstɪtjuːt; USA -tuːt/ ▸ s **1** ~ (for sb) sostituto, -a (di qn) **2** ~ (for sth) surrogato (di qc) **3** (Sport) riserva
▸ **1** vt ~ A (for B)/B with A usare A (invece di B); sostituire B con A: *Substitute honey for sugar/sugar with honey.* Sostituire lo zucchero con il miele. **2** vi ~ for sb/sth sostituire qn/qc

subtle /ˈsʌtl/ agg (**subtler, -est**) [Si usa di frequente anche **more subtle**.] **1** (umorismo, distinzione) sottile **2** (sapore, colore) delicato **3** (persona, atteggiamento) scaltro **subtlety** s (pl -ies) sottigliezza

subtract /səbˈtrækt/ vt ~ sth (from sth) sottrarre qc (da qc) **subtraction** s sottrazione

suburb /ˈsʌbɜːb/ s sobborgo **suburban** agg /səˈbɜːbən/ dei sobborghi

subversive /səbˈvɜːsɪv/ agg sovversivo

subway /ˈsʌbweɪ/ s **1** sottopassaggio **2** (USA) Vedi UNDERGROUND senso (1)

succeed /səkˈsiːd/ **1** vi avere successo, riuscire: *to succeed in doing sth* riuscire a fare qc **2** vt, vi ~ (sb) succedere (a qn) **3** vi ~ (to sth) ereditare (qc): *to succeed to the throne* salire al trono

success /səkˈses/ s successo: *to be a success* avere successo **successful** agg **1** di successo: *a successful writer* uno scrittore di successo ◊ *the successful candidate* il candidato prescelto ◊ *to be successful in doing sth* riuscire a fare qc **2** (tentativo) riuscito

succession /səkˈseʃn/ s **1** successione **2** serie LOC **in succession**: *three times in quick succession* tre volte in rapida successione

successor /səkˈsesə(r)/ s ~ (to sb/sth) successore (di qn/a qc)

succumb /səˈkʌm/ vi ~ (to sth) soccombere (a qc)

such /sʌtʃ/ agg **1** tale, del genere: *Whatever gave you such an idea?* Come ti è venuta in mente una cosa del genere? ◊ *I did no such thing!* Non ho fatto niente del genere! ◊ *There's no such thing as ghosts.* I fantasmi non esistono. **2** [uso enfatico] tale: *I'm in such a hurry.* Ho molta fretta. ◊ *We had such a wonderful time.* Ci siamo divertiti moltissimo.

> **Such** si usa con aggettivi che accompagnano un sostantivo e **so** con aggettivi da soli. Confronta i seguenti esempi: *The food was so good.* ◊ *We had such good food.* ◊ *You are so intelligent.* ◊ *You are such an intelligent person.*

LOC **as such** di per sé: *It's not a promotion as such.* Non è esattamente una promozione.
♦ **in such a way that …** in modo tale che …
♦ **such as** per esempio

suck /sʌk/ **1** vt, vi succhiare **2** vt, vi (pompa) aspirare **3** vi (gergale) **sth sucks** fa schifo: *Their new CD sucks.* Il loro nuovo CD fa schifo. **sucker** s **1** ventosa **2** (informale) babbeo, -a, gonzo, -a

sudden /ˈsʌdn/ agg improvviso LOC **all of a sudden** all'improvviso **suddenly** avv improvvisamente

suds /sʌdz/ s [pl] schiuma

sue /suː, sjuː/ vt, vi ~ (sb) (for sth) fare causa (a qn) (per qc)

suede /sweɪd/ s pelle scamosciata

suet /ˈsuːɪt/ s [non numerabile] grasso di rognone ❶ Il grasso di rognone, **suet**, si usa per fare dei dolci cotti al vapore e serviti caldi o dei tortini salati a base di carne.

suffer /ˈsʌfə(r)/ **1** vi ~ (from sth) soffrire (di qc): *He suffers terribly with his feet.* Ha forti dolori ai piedi. **2** vt (dolore) provare **3** vt (sconfitta, perdita) subire **4** vi risentirne **sufferer** s malato: *cancer sufferers* i malati di cancro **suffering** s sofferenza

sufficient /səˈfɪʃnt/ agg ~ (for sb/sth) sufficiente (per qn/qc)

suffix /ˈsʌfɪks/ s suffisso ⊃ Confronta PREFIX

suffocate /ˈsʌfəkeɪt/ vt, vi soffocare, asfissiare **suffocating** agg soffocante **suffocation** s soffocamento, asfissia

suffrage /ˈsʌfrɪdʒ/ s [non numerabile] suffragio, voto: *women's suffrage* il voto alle donne

sugar /ˈʃʊɡə(r)/ s zucchero: *a sugar lump* una zolletta di zucchero ◊ *the sugar bowl* la zuccheriera

suggest /sə'dʒest; *USA anche* səg'dʒ-/ *vt* **1** suggerire, proporre: *I suggest you go to the doctor.* Ti consiglio di andare dal medico. ◊ *I suggested putting the picture on the other wall.* Ho suggerito di appendere il quadro all'altra parete. **2** indicare: *This suggests that …* Questo indica che … **3** insinuare: *Are you trying to suggest that …* Vorresti insinuare che … **suggestion** *s* **1** suggerimento **2** indizio **3** insinuazione **suggestive** *agg* **1 to be ~ of sth** far pensare a qc **2** spinto

suicidal /ˌsuːɪ'saɪdl/ *agg* **1** suicida **2** sull'orlo del suicidio

suicide /'suːɪsaɪd/ *s* **1** suicidio: *to commit suicide* suicidarsi **2** (*persona*) suicida

suit /suːt/ ▶ *s* **1** (*da uomo*) completo **2** (*da donna*) tailleur **3** (*Carte*) seme ⊃ *Vedi nota a* CARTA **LOC** *Vedi* STRONG
▶ *vt* **1** stare bene a: *Your new haircut suits you.* Questo nuovo taglio ti sta bene. ⊃ *Vedi nota a* STARE **2** andare bene a: *Does three o'clock suit you?* Le va bene alle tre? **3** fare bene a: *The climate didn't suit me.* Non mi trovavo bene con il clima.

suitability /ˌsuːtə'bɪləti/ *s* idoneità

suitable /'suːtəbl/ *agg* **~ (for sb/sth) 1** adatto (per qn/qc) **2** *Would next Monday be suitable for you?* Lunedì prossimo le andrebbe bene? **suitably** *avv* adeguatamente

suitcase /'suːtkeɪs/ *s* valigia ⊃ *Vedi illustrazione a* BAGAGLIO

suite /swiːt/ *s* **1** *a three-piece suite* un divano e due poltrone **2** (*albergo*) suite

suited /'suːtɪd/ *agg* **~ (for/to sb/sth)** adatto (a qn/qc): *He and his wife are well suited (to each other).* Lui e sua moglie sono fatti l'uno per l'altra.

sulfur (*USA*) *Vedi* SULPHUR

sulk /sʌlk/ *vi* (*dispreg*) tenere il muso **sulky** *agg* (**-ier, -iest**) imbronciato, immusonito

sullen /'sʌlən/ *agg* (*dispreg*) immusonito

sulphur (*USA* **sulfur**) /'sʌlfə(r)/ *s* zolfo

sultan /'sʌltən/ *s* sultano

sultana /sʌl'tɑːnə; *USA* -ænə/ (*USA* **golden raisin**) *s* [*numerabile*] uva sultanina

sultry /'sʌltri/ *agg* (**-ier, -iest**) (*tempo*) afoso

sum /sʌm/ ▶ *s* somma: *the sum of £200* la somma di 200 sterline ◊ *to be good at sums* saper fare le somme
▶ *v* (**-mm-**) **PHRV** **sum (sth) up** riassumere (qc): *to sum up …* per riassumere … ♦ **sum sb/sth up** farsi un'idea di qn/qc

summarize, -ise /'sʌməraɪz/ *vt, vi* riassumere

summary /'sʌməri/ *s* (*pl* **-ies**) riassunto

summer /'sʌmə(r)/ *s* estate: *a summer's day* un giorno d'estate ◊ *summer weather* clima estivo **summery** *agg* estivo

summit /'sʌmɪt/ *s* **1** vetta **2** vertice: *summit conference/meeting* conferenza al vertice

summon /'sʌmən/ *vt* **1** convocare **2** (*medico, pompieri*) chiamare: *to summon help* cercare aiuto **3 ~ sth (up)** (*coraggio, ecc*) armarsi di qc; trovare qc: *I couldn't summon (up) the energy.* Non ne ho avuto la forza. **PHRV** **summon sth up** rievocare qc

summons /'sʌmənz/ *s* (*pl* **-onses**) citazione (*in giudizio*)

sun /sʌn/ ▶ *s* sole: *The sun was shining.* C'era il sole.
▶ *v rifl* (**-nn-**) **to sun yourself** godersi il sole

sunbathe /'sʌnbeɪð/ *vi* prendere il sole

sunbeam /'sʌnbiːm/ *s* raggio di sole

sunblock /'sʌnblɒk/ *s* protezione solare totale

sunburn /'sʌnbɜːn/ *s* [*non numerabile*] scottatura (*per il sole, al sole*) ⊃ *Confronta* SUNTAN **sunburnt** *agg* bruciato dal sole

sundae /'sʌndeɪ; *USA* -di:/ *s* coppa di gelato

Sunday /'sʌndeɪ, 'sʌndi/ *s* (*abbrev* **Sun.**) domenica ⊃ *Vedi esempi a* MONDAY

sundry /'sʌndri/ *agg* vari, diversi: *on sundry occasions* in varie occasioni **LOC** **all and sundry** (*informale*) tutti quanti

sunflower /'sʌnflaʊə(r)/ *s* girasole

sung *pp di* SING

sunglasses /'sʌnglɑːsɪz; *USA* -glæsɪz/ *s* [*pl*] occhiali da sole

sunk *pp di* SINK

sunken /'sʌŋkən/ *agg* **1** (*nave*) affondato **2** (*guance*) infossato

sunlight /'sʌnlaɪt/ *s* luce del sole, sole

sunlit /'sʌnlɪt/ *agg* illuminato dal sole

sunny /'sʌni/ *agg* (**-ier, -iest**) **1** soleggiato: *It's sunny today.* Oggi c'è il sole. ◊ *a sunny day* una giornata di sole **2** (*personalità*) allegro

sunrise /'sʌnraɪz/ *s* il levar del sole

sunset /'sʌnset/ *s* tramonto

sunshine /'sʌnʃaɪn/ *s* sole: *Let's sit in the sunshine.* Sediamoci al sole.

sunstroke /'sʌnstrəʊk/ *s* insolazione: *to get sunstroke* prendere un'insolazione

---

| iː see | i happy | ɪ sit | e ten | æ hat | ɑː father | ʌ cup | ʊ put | uː too |

suntan /'sʌntæn/ s abbronzatura: *to get a suntan* abbronzarsi ᑐ Confronta SUNBURN
suntanned *agg* abbronzato

super /'su:pə(r)/ *agg* fantastico

superb /su:'pɜ:b/ *agg* magnifico **superbly** *avv* magnificamente: *a superbly situated house* una casa in una posizione magnifica

superficial /ˌsu:pə'fɪʃl/ *agg* superficiale
superficiality /ˌsu:pəˌfɪʃɪ'æləti/ *s* superficialità
superficially *avv* superficialmente

superfluous /su:'pɜ:fluəs/ *agg* superfluo: *to be superfluous* essere di troppo

superhuman /ˌsu:pə'hju:mən/ *agg* sovrumano

superimpose /ˌsu:pərɪm'pəʊz/ *vt* ~ sth (on sth) sovrapporre qc (a qc)

superintendent /ˌsu:pərɪn'tendənt/ *s* **1** (*GB*) commissario (*di polizia*) **2** soprintendente

superior /su:'pɪəriə(r)/ ▶ *agg* ~ (to sb/sth) superiore (a qn/qc)
▶ *s* superiore: *Mother Superior* la Madre Superiora

superiority /su:ˌpɪəri'ɒrəti/ *s* ~ (in sth) superiorità (in qc) ~ (over/to sb/sth) superiorità (rispetto a qn/qc)

superlative /su:'pɜ:lətɪv/ ▶ *agg* **1** superlativo **2** eccellente
▶ *s* superlativo

supermarket /'su:pəmɑ:kɪt/ *s* supermercato

supernatural /ˌsu:pə'nætʃrəl/ *agg* **1** soprannaturale **2 the supernatural** *s* il mondo soprannaturale

superpower /'su:pəpaʊə(r)/ *s* superpotenza

supersede /ˌsu:pə'si:d/ *vt* soppiantare

supersonic /ˌsu:pə'sɒnɪk/ *agg* supersonico

superstition /ˌsu:pə'stɪʃn/ *s* superstizione
superstitious *agg* superstizioso

superstore /'su:pəstɔ:(r)/ *s* ipermercato

supervise /'su:pəvaɪz/ *vt* soprintendere a, controllare **supervision** /ˌsu:pə'vɪʒn/ *s* supervisione **supervisor** *s* supervisore

supper /'sʌpə(r)/ *s* cena: *to have supper* cenare

supple /'sʌpl/ *agg* (**suppler, -est**) **1** (*corpo, movimento*) agile **2** (*pelle*) morbido

supplement /'sʌplɪmənt/ ▶ *s* supplemento
▶ *vt* integrare: *supplemented by* integrato con

supplementary /ˌsʌplɪ'mentri/; *USA* -teri/ *agg* supplementare

supplier /sə'plaɪə(r)/ *s* fornitore, -trice

supply /sə'plaɪ/ ▶ *vt* (*pass, pp* **supplied**) **1** ~ sb with sth rifornire qn di qc; fornire qc a qn **2** ~ sth (to sb) fornire qc a (qn)
▶ *s* (*pl* **-ies**) **1** fornitura **2 supplies** [*pl*] provviste **3 supplies** [*pl*] (*Mil*) rifornimenti
LOC **supply and demand** la domanda e l'offerta
Vedi anche PLENTIFUL, SHORT

support /sə'pɔ:t/ ▶ *vt* **1** (*peso*) sostenere, reggere **2** (*causa*) appoggiare: *a supporting role* un ruolo secondario **3** (*Sport*) tifare per: *Which team do you support?* Per che squadra sei? **4** (*persona, famiglia*) mantenere
▶ *s* **1** appoggio **2** sostegno, supporto

supporter /sə'pɔ:tə(r)/ *s* **1** sostenitore, -trice **2** (*Sport*) tifoso, -a

supportive /sə'pɔ:tɪv/ *agg* di grande aiuto: *to be supportive* appoggiare

suppose /sə'pəʊz/ *vt* **1** supporre: *I suppose so.* Credo di sì. **2** (*suggerimento*): *Suppose we change the subject?* E se parlassimo di qualcos'altro? LOC **be supposed to do sth** dover fare qc: *You're supposed to write in pen, not pencil.* Si deve scrivere a penna, non a matita. ◊ *What's this painting supposed to be of?* Cosa vorrebbe rappresentare questo quadro? ◊ *That wasn't supposed to happen.* Quello non era previsto. **supposed** *agg* presunto **supposedly** *avv* a quanto pare **supposing** (*anche* **supposing that**) *cong* se, nel caso che

suppository /sə'pɒzətri; *USA* -tɔ:ri/ *s* (*pl* **-ies**) supposta

suppress /sə'pres/ *vt* **1** (*rivolta, sentimento*) reprimere **2** (*notizia*) tacere **3** (*sbadiglio*) trattenere

supremacy /su:'preməsi/ *s* ~ (over sb/sth) supremazia (su qn/qc)

supreme /su:'pri:m/ *agg* supremo

surcharge /'sɜ:tʃɑ:dʒ/ *s* ~ (on sth) supplemento (su qc)

sure /ʃʊə(r)/ ▶ *agg* (**surer, -est**) **1** sicuro, certo: *One thing is sure…* Una cosa è certa … ◊ *He's sure to be elected.* Sarà eletto sicuramente. **2** deciso, fermo: *a sure hand* mano ferma LOC **be sure of sth** essere sicuro di qc ♦ **be sure to do sth; be sure and do sth** badare di fare qc ♦ **for sure** (*informale*) di sicuro ♦ **make sure (of sth/that …)** assicurarsi (di qc/che …): *Make sure you are home by nine.* Fai in modo di essere a casa per le nove.
▶ *avv* (*informale, spec USA*) **1** certo! **2** davvero: *Boy, it sure is hot.* Caspita, fa davvero caldo. ◊ *'Amazing view.' 'Sure is.'* "Che bel panorama." "Davvero." **3** non c'è di che: *'Thanks for the ride.' 'Sure—any time.'*

surely → suspicious

"Grazie del passaggio." "Figurati—non c'è problema." LOC **sure enough** infatti

surely /'ʃʊəli, 'ʃɔːli/ avv (sorpresa): *Surely you can't agree?* Non sarai mica d'accordo? ◊ *Surely there's been a mistake.* Ci deve essere stato senz'altro un errore.

surf /sɜːf/ ▶ s **1** cavalloni **2** spuma (*delle onde*)
▶ **1** vi fare surf **2** vt ~ **the net/Internet** navigare in rete/Internet

surface /'sɜːfɪs/ ▶ s **1** superficie: *by surface mail* per posta ordinaria ◊ *the earth's surface* la crosta terrestre ◊ *a surface wound* una ferita superficiale **2** piano: *road/work surface* piano stradale/di lavoro **3** *On the surface everything seemed normal.* All'apparenza tutto sembrava normale.
▶ **1** vt ~ **sth** (**with sth**) ricoprire qc (di qc) **2** vi riemergere

surfboard /'sɜːfbɔːd/ s tavola da surf

surge /sɜːdʒ/ ▶ vi riversarsi
▶ s ~ (**of sth**) ondata (di qc)

surgeon /'sɜːdʒən/ s chirurgo **surgery** /'sɜːdʒəri/ s (pl **-ies**) **1** chirurgia: *brain surgery* neurochirurgia ◊ *to undergo surgery* subire un intervento chirurgico **2** (*GB*) ambulatorio **surgical** agg chirurgico

surly /'sɜːli/ agg (**-ier, -iest**) scontroso

surmount /sə'maʊnt/ vt (*formale*) superare, sormontare

surname /'sɜːneɪm/ s cognome ⊃ Confronta NAME

surpass /sə'pɑːs; *USA* -'pæs/ (*formale*) **1** vt superare **2** v rifl ~ **yourself** superare se stesso

surplus /'sɜːpləs/ ▶ s **1** eccedenza **2** (*Fin*) surplus
▶ agg eccedente: *surplus to requirements* in sovrappiù

surprise /sə'praɪz/ ▶ s sorpresa LOC **take sb/sth by surprise** cogliere qn/qc di sorpresa
▶ vt **1** sorprendere, stupire: *I wouldn't be surprised if she won.* Non mi stupirei se vincesse. **2** ~ **sb** cogliere qn di sorpresa

surprised /sə'praɪzd/ agg ~ (**at sb/sth**) sorpreso (di qn/qc): *I'm not surprised!* Non mi meraviglia! ◊ *with a surprised expression* con aria sorpresa

surprising /sə'praɪzɪŋ/ agg sorprendente

surrender /sə'rendə(r)/ ▶ **1** vi ~ (**to sb**) arrendersi (a qn) **2** vt ~ **sth** (**to sb**) (*formale*) consegnare, cedere qc (a qn)
▶ s resa, capitolazione

surreptitious /ˌsʌrəp'tɪʃəs/ agg furtivo

surrogate /'sʌrəgət/ s (*formale*) sostituto, -a: *surrogate mother* madre surrogata

surround /sə'raʊnd/ vt circondare **surrounding** agg circostante **surroundings** s [pl] **1** dintorni **2** ambiente: *to watch animals in their natural surroundings* osservare gli animali nel loro ambiente naturale

surveillance /sɜː'veɪləns/ s sorveglianza: *to keep sb under surveillance* sorvegliare qn

survey ▶ /sə'veɪ/ vt **1** guardare **2** (*Geog*) ~ **sth** fare il rilevamento topografico di qc **3** (*GB*) fare la perizia edilizia di **4** fare un sondaggio su
▶ /'sɜːveɪ/ s **1** quadro generale **2** (*GB*) perizia (*edilizia*) **3** indagine, sondaggio

surveyor /sə'veɪə(r)/ s geometra

survive /sə'vaɪv/ **1** vt, vi ~ (**sb/sth**) (*naufragio, incendio*) sopravvivere (a qn/qc) **2** vi ~ (**on sth**) vivere (con qc) **survival** s sopravvivenza **survivor** s sopravvissuto, -a, superstite

susceptible /sə'septəbl/ agg **1** ~ (**to sth**) sensibile (a qc): *He's very susceptible to flattery.* È molto sensibile alle lusinghe. **2** ~ **to sth** (*Med*) predisposto a qc

suspect ▶ /sə'spekt/ vt **1** ~ **sb** (**of sth/of doing sth**) sospettare qn (di qc/di fare qc) **2** (*motivi*) dubitare di **3** ~ (**that**) avere l'impressione che: *I suspect you may be right.* Ho l'impressione che tu abbia ragione.
▶ /'sʌspekt/ agg, s sospetto, -a

suspend /sə'spend/ vt **1** ~ **sth** (**from sth**) appendere qc (a qc): *to suspend sth from the ceiling* appendere qc al soffitto ❶ La parola più comune è **hang**. **2** sospendere: *a suspended sentence* la sospensione condizionale della pena

suspender /sə'spendə(r)/ s **1** (*USA* **garter**) giarrettiera **2** **suspenders** [pl] (*USA*) Vedi BRACE senso (2)

suspense /sə'spens/ s suspense, apprensione: *to keep sb in suspense* tenere qn sulle spine

suspension /sə'spenʃn/ s sospensione: *suspension bridge* ponte sospeso

suspicion /sə'spɪʃn/ s sospetto: *arrested on suspicion of murder* arrestato per sospetto omicidio ◊ *The whole family is under suspicion.* Tutta la famiglia è sospettata.

suspicious /sə'spɪʃəs/ agg **1** ~ (**about/of sb/sth**) sospettoso (di qn/qc): *They're suspicious of foreigners.* Diffidano degli stranieri. **2** sospetto: *He died in suspicious circumstances.* È morto in circostanze poco chiare.

---

aɪ five   aʊ now   ɔɪ join   ɪə near   eə hair   ʊə pure   ʒ vision   h how   ŋ sing

sustain /sə'steɪn/ vt **1** (vita, interesse) mantenere **2** sostenere: *It is difficult to sustain this argument.* È difficile sostenere questo ragionamento. ◊ *sustained economic growth* sviluppo economico regolare **3** (formale) (sconfitta, perdita, ferita) soffrire, subire

SUV /ˌes juː 'viː/ abbr **sport utility vehicle** SUV (autoveicolo per lo sport e il lavoro)

swagger /'swægə(r)/ vi pavoneggiarsi

swallow¹ /'swɒləʊ/ s rondine

swallow² /'swɒləʊ/ ▶ **1** vt, vi ingoiare, mandar giù **2** vt (informale) (credere) bere **3** vt ~ sb/sth (up) (fig) inghiottire qn/qc
▶ s boccone, sorso

swam pass di SWIM

swamp /swɒmp/ ▶ s palude
▶ vt **1** allagare **2** ~ sb/sth (with sth) (fig) sommergere qn/qc (di qc)

swan /swɒn/ s cigno

swap (anche **swop**) /swɒp/ (-pp-) **1** vt scambiare: *swap sth round* cambiare posto a qc **2** vi fare uno scambio

swarm /swɔːm/ ▶ s **1** (api) sciame **2** (gente) frotta: *swarms of people* un mare di gente
▶ v PHRV **swarm in/out** entrare/uscire a frotte
♦ **swarm with sb/sth** brulicare di qn/qc

swat /swɒt/ vt (-tt-) schiacciare (un insetto)

sway /sweɪ/ ▶ **1** vt, vi (far) ondeggiare **2** vi barcollare, vacillare **3** vt (persona, opinione) influenzare
▶ s **1** ondeggiamento **2** (formale) dominio

swear /sweə(r)/ (pass **swore** /swɔː(r)/ pp **sworn** /swɔːn/) **1** vi dire parolacce, bestemmiare: *Your sister swears a lot.* Tua sorella dice molte parolacce. ◊ *a swear word* una parolaccia **2** vt, vi giurare: *to swear to tell the truth* giurare di dire la verità PHRV **swear by sth**: *She swears by peppermint tea for stomach troubles.* Secondo lei non c'è rimedio migliore per il mal di stomaco della tisana alla menta.
♦ **swear sb in** far prestare giuramento a qn

sweat /swet/ ▶ s sudore
▶ vi sudare LOC **sweat it out** (informale) armarsi di pazienza

sweater /'swetə(r)/ s maglione ⊃ Le parole **sweater, jumper, pullover** significano tutte "maglione". Confronta CARDIGAN

sweatshirt /'swetʃɜːt/ s felpa

sweatsuit /'swetsuːt/ s (USA) Vedi TRACKSUIT

sweaty /'sweti/ agg (-ier, -iest) **1** (persona, maglietta) sudato **2** (puzza) di sudore

swede /swiːd/ s (USA **rutabaga**) s rapa svedese

sweep /swiːp/ ▶ (pass, pp **swept** /swept/) **1** vt, vi spazzare **2** vt (caminetto) pulire **3** vi estendersi **4** vi: *She swept out of the room.* È uscita dalla stanza con passo maestoso. **5** vt, vi ~ (through, over, across, etc.) sth percorrere qc LOC **sweep sb off their feet** conquistare qn PHRV **sweep sth away/up** spazzare via/raccogliere qc ♦ **sweep up** spazzare
▶ s **1** spazzata **2** movimento, gesto ampio **3** distesa **4** (polizia) perlustrazione

sweeping /'swiːpɪŋ/ agg **1** (cambiamento) radicale **2** (dispreg) (affermazione) troppo generico

sweet /swiːt/ ▶ agg (-er, -est) **1** dolce **2** (informale) carino LOC **have a sweet tooth** (informale) essere goloso di dolci
▶ s **1** (USA **candy**) dolciume (caramella, cioccolatino) **2** (GB) dessert

sweetcorn /'swiːtkɔːn/ s mais, granturco ⊃ Confronta MAIZE

sweeten /'swiːtn/ vt **1** addolcire, zuccherare **2** ~ sb (up) (informale) ingraziarsi qn **sweetener** s dolcificante

sweetheart /'swiːthɑːt/ s **1** (termine affettuoso) tesoro **2** (antiq) innamorato, -a

sweetness /'swiːtnəs/ s dolcezza

sweet 'pea s pisello odoroso

swell /swel/ vt, vi (pass **swelled** pp **swollen** /'swəʊlən/ o **swelled**) gonfiare, gonfiarsi **swelling** s gonfiore

swept pass, pp di SWEEP

swerve /swɜːv/ vi deviare bruscamente: *The car swerved to avoid the child.* L'auto ha sterzato bruscamente per schivare il bambino.

swift /swɪft/ agg (-er, -est) rapido, veloce: *a swift reaction* una reazione immediata

swill /swɪl/ vt ~ sth (out/down) (spec GB) risciacquare qc

swim /swɪm/ ▶ (-mm-) (pass **swam** /swæm/ pp **swum** /swʌm/) **1** vi nuotare: *to swim breaststroke* nuotare a rana ◊ *to go swimming* andare a nuotare **2** vt: *to swim the Channel* attraversare la Manica a nuoto ◊ *to swim three lengths* fare tre vasche **3** vi (testa) girare
▶ s nuotata: *to go for a swim* andare a fare una nuotata

swimmer /'swɪmə(r)/ s nuotatore, -trice

swimming /'swɪmɪŋ/ s nuoto

'swimming costume s costume da bagno

'swimming pool s piscina

'swimming trunks (USA **'swimming shorts**) s [pl] costume da bagno (da uomo): *a pair of swimming trunks* un costume da bagno

swimsuit /'swɪmsuːt/ *s* costume da bagno
swindle /'swɪndl/ ▶ *vt* truffare
▶ *s* truffa
swindler /'swɪndlə(r)/ *s* truffatore, -trice
swine /swaɪn/ (*pl* **-so swine**) *s* porco
swing /swɪŋ/ ▶ (*pass, pp* **swung** /swʌŋ/) **1** *vt, vi* (far) oscillare **2** *vt, vi* dondolare **3** *vi* [*seguito da avverbio*]: *The door swung open.* La porta si spalancò. ◇ *The door swung shut.* La porta si chiuse sbattendo. PHRV **swing (a)round** voltarsi
▶ *s* **1** oscillazione **2** dondolio **3** cambiamento: *mood swings* sbalzi d'umore **4** altalena LOC *Vedi* FULL
swipe /swaɪp/ **1** *vi* ~ (**at sb/sth**) cercare di colpire (qn/qc): *He swiped at the ball and missed.* Ha cercato di colpire la palla ma l'ha mancata. **2** *vt* (*informale*) fregare **3** *vt* strisciare
'**swipe card** *s* tessera magnetica
swirl /swɜːl/ *vt, vi* (far) turbinare
switch /swɪtʃ/ ▶ *s* **1** interruttore **2** (*informale*) cambiamento: *a switch to Labour* una svolta a favore dei laburisti **3** (*USA*) *Vedi* POINT *s* senso (7)
▶ **1** *vi* ~ (**from sth**) **to sth** passare (da qc) a qc **2** *vt* ~ **sth** (**with sb/sth**) scambiare qc (con qn/qc) PHRV **switch sth off** spegnere qc ◆ **switch sth on** accendere qc
switchboard /'swɪtʃbɔːd/ *s* centralino (*apparecchio*)
swivel /'swɪvl/ *vi, vt* (**-ll-**, *USA* **-l-**) ~ (**sth**) **round** girarsi, fare girare
swollen *pp di* SWELL
swoop /swuːp/ ▶ *vi* ~ (**down**) (**on sb/sth**) scendere in picchiata (su qn/qc)
▶ *s* incursione: *The police made a dawn swoop.* La polizia ha fatto un'incursione all'alba.
swop *Vedi* SWAP
sword /sɔːd/ *s* spada
swordfish /'sɔːdfɪʃ/ *s* (*pl* **swordfish**) pesce spada
swore *pass di* SWEAR
sworn *pp di* SWEAR
swot /swɒt/ ▶ *vi* (*GB, informale*) sgobbare
▶ *s* (*GB, informale, dispreg*) secchione
swum *pp di* SWIM
swung *pass, pp di* SWING

syllable /'sɪləbl/ *s* sillaba
syllabus /'sɪləbəs/ *s* (*pl* **-buses**) programma (*scolastico*)
symbol /'sɪmbl/ *s* ~ (**of/for sth**) simbolo (di qc)
symbolic /sɪm'bɒlɪk/ *agg* simbolico: *to be ~ of sth* essere il simbolo di qc **symbolism** /'sɪmbəlɪzəm/ *s* simbolismo **symbolize, -ise** /'sɪmbəlaɪz/ *vt* simboleggiare
symmetry /'sɪmətri/ *s* simmetria **symmetrical** /sɪ'metrɪkl/ (*anche* **symmetric**) *agg* simmetrico
sympathetic /ˌsɪmpə'θetɪk/ *agg* **1** ~ (**to/towards sb**) comprensivo (con qn) ❶ Nota che "simpatico" si dice **nice** o **friendly**. **2** ~ (**to sb/sth**) ben disposto (verso qn/qc): *lawyers sympathetic to the peace movement* avvocati che appoggiano il movimento pacifista
sympathize, -ise /'sɪmpəθaɪz/ *vi* ~ **with sb/sth** **1** essere vicino a qn/qc; capire qn/qc **2** simpatizzare (per qn/qc)
sympathy /'sɪmpəθi/ *s* (*pl* **-ies**) **1** ~ (**for/towards sb**) comprensione (per qn) **2** condoglianze
symphony /'sɪmfəni/ *s* (*pl* **-ies**) sinfonia
symptom /'sɪmptəm/ *s* sintomo: *The riots are a symptom of a deeper problem.* Le rivolte sono sintomo di un problema più profondo.
synagogue /'sɪnəgɒg/ *s* sinagoga
synchronize, -ise /'sɪŋkrənaɪz/ *vt, vi* ~ (**sth**) (**with sth**) sincronizzare qc (con qc); essere sincronizzato (con qc)
syndicate /'sɪndɪkət/ *s* consorzio
syndrome /'sɪndrəʊm/ *s* sindrome
synonym /'sɪnənɪm/ *s* sinonimo **synonymous** /sɪ'nɒnɪməs/ *agg* ~ (**with sth**) sinonimo (di qc)
syntax /'sɪntæks/ *s* sintassi
synthesizer (*GB anche* **-iser**) /'sɪnθəsaɪzə(r)/ *s* sintetizzatore
synthetic /sɪn'θetɪk/ *agg* sintetico
syringe /sɪ'rɪndʒ/ *s* siringa
syrup /'sɪrəp/ *s* sciroppo
system /'sɪstəm/ *s* sistema: *the metric/solar system* il sistema metrico decimale/solare ◇ *different systems of government* sistemi di governo diversi LOC **get it out of your system** (*informale*) sfogarsi **systematic** /ˌsɪstə'mætɪk/ *agg* **1** sistematico **2** (*lavoratore*) metodico

T t

T, t /tiː/ s (pl **Ts**, **T's**, **t's**) T, t: *T for Tommy* T come Taranto ⊃ *Vedi esempi a* A, a

ta /tɑː/ escl (GB, gergale) grazie

tab /tæb/ s **1** etichetta **2** conto **3** (USA) Vedi RING PULL

table /'teɪbl/ s **1** tavolo: *bedside table* comodino ◊ *coffee table* tavolino **2** tavola, tabella: *table of contents* indice LOC **lay/set the table** apparecchiare *Vedi anche* LAY[1], CLEAR

tablecloth /'teɪblklɒθ; USA -klɔːθ/ s tovaglia

tablespoon /'teɪblspuːn/ s **1** cucchiaio da portata **2** (anche **tablespoonful** /'teɪblspuːnfʊl/) cucchiaiata

tablet /'tæblət/ s compressa, pastiglia

'table tennis s ping-pong

tabloid /'tæblɔɪd/ s tabloid: *the tabloid press* la stampa scandalistica ⊃ *Vedi nota a* BROADSHEET

taboo /tə'buː; USA tæ'buː/ agg, s (pl **-s**) tabù: *a taboo subject* un argomento tabù

tacit /'tæsɪt/ agg tacito

tack /tæk/ ▶ s bulletta
▶ vt imbullettare PHRV **tack sth on (to sth)** (informale) aggiungere qc (a qc)

tackle /'tækl/ ▶ s **1** [non numerabile] attrezzatura: *fishing tackle* attrezzatura da pesca **2** (Calcio) contrasto **3** (Rugby) placcaggio
▶ vt **1** ~ **sth** affrontare qc: *to tackle a problem* affrontare un problema **2** ~ **sb about/on/over sth** affrontare qn riguardo a qc **3** (Calcio) contrastare **4** (Rugby) placcare

tacky /'tæki/ agg (**-ier**, **-iest**) **1** (informale) pacchiano **2** (vernice, colla) ancora fresco

tact /tækt/ s tatto (delicatezza) **tactful** agg discreto, diplomatico

tactic /'tæktɪk/ s tattica **tactical** agg **1** tattico **2** strategico: *a tactical decision* una decisione strategica

tactless /'tæktləs/ agg indiscreto, poco diplomatico: *It was tactless of you to ask him his age.* Non hai mostrato molto tatto chiedendogli l'età.

tadpole /'tædpəʊl/ s girino

tag /tæɡ/ ▶ s **1** etichetta **2** **electronic** ~ braccialetto elettronico
▶ vt (**-gg-**) mettere l'etichetta a PHRV **tag along**: *I'll tag along.* Vengo anch'io. ♦ **tag along behind/with sb** andare/venire dietro/con qn

tail /teɪl/ ▶ s **1** coda **2 tails** [pl] frac LOC *Vedi* HEAD[1]
▶ vt pedinare PHRV **tail away/off 1** (numero) diminuire **2** (voce) affievolirsi

tailor /'teɪlə(r)/ ▶ s sarto (per uomo)
▶ vt (fig) ~ **sth for/to sb/sth** adattare qc per/a qn/qc

tailor-'made agg **1** fatto su misura **2** (fig) su misura

taint /teɪnt/ vt **1** contaminare **2** (reputazione) infangare

take /teɪk/ vt (pass **took** /tʊk/ pp **taken** /'teɪkən/) **1** prendere: *She took my handbag by mistake.* Ha preso la mia borsa per sbaglio. ◊ *to take sb's hand/take sb by the hand* prendere qn per mano ◊ *to take the bus* prendere l'autobus ◊ *She took it as a compliment.* Lo ha preso come un complimento. ◊ *I took the knife from the baby.* Ho tolto il coltello al bambino. **2** ~ **sb/sth (with you)** portare qn/qc (con sé): *Don't forget to take your swimming costume.* Non ti dimenticare di portare il costume. ◊ *Take the dog with you.* Vai con il cane. **3** ~ **sth (to sb)** portare qc (a qn) **4** (senza permesso) prendersi: *Somebody's taken my bike.* Qualcuno si è preso la mia bici. **5** accettare: *Do you take cheques?* Accetta un assegno? **6** (tollerare) sopportare: *I can't take any more.* Non ce la faccio più. **7** (tempo, qualità) volerci: *It takes an hour to get there.* Ci vuole un'ora ad arrivarci. ◊ *It won't take long.* Non ci vorrà molto. ◊ *It takes courage to speak out.* Ci vuole coraggio per parlare apertamente. **8** (tempo) metterci: *How long did you take/did it take you to read it?* Quanto ci hai messo a leggerlo? **9** (taglia) portare: *What size shoes do you take?* Che numero di scarpe porta? **10** (persone, oggetti) portare, contenere: *The school can take 1 000 children.* La scuola ha posto per 1.000 bambini. **11** (foto) fare LOC **take it (that ...)** supporre (che ...) ♦ **take some/a lot of doing** (informale) non essere facile ⊃ Per altre espressioni con **take** vedi alla voce del sostantivo, dell'aggettivo, ecc, ad es. **take place** a PLACE.

PHRV **take sb aback** [gen al passivo] prendere qn alla sprovvista

take after sb prendere da qn, assomigliare a qn

take sth apart smontare qc

take sb/sth away (from sb/sth) portare via qn/qc (a qn/da qc)

---

u situation   ɒ got   ɔː saw   ɜː fur   ə ago   j yes   w woman   eɪ pay   əʊ go

takeaway → tampon

take

Bring the newspaper

Fetch the newspaper

Take the newspaper

take sth back 1 (*negozio*) riprendere qc **2** ritirare qc

take sth down 1 tirare giù qc **2** smontare qc **3** annotare qc

take sb in 1 far entrare qn **2** imbrogliare qn ◆ **take sth in** capire qc

take off decollare ◆ **take sth off 1** (*indumento*) togliersi qc **2** *to take the day off* prendersi un giorno di ferie **3** (*etichetta, coperchio*) togliere qc

take sb on assumere qn ◆ **take sth on** (*compito, responsabilità*) assumersi qc

take sb out invitare qn a uscire: *I'm taking him out tonight.* L'ho invitato fuori stasera. ◆ **take sth out** togliere qc

take sth out on sb sfogare qc su qn ◆ **take it out on sb** prendersela con qn

take over from sb prendere le consegne da qn ◆ **take sth over 1** (*azienda*) assumere il controllo di qc **2** (*compito*) incaricarsi di qc

take to sb/sth: *I took to his parents immediately.* I suoi genitori mi sono piaciuti subito.

take up sth 1 (*spazio*) prendere qc **2** (*tempo*) portare via qc ◆ **take sb up on sth** (*informale*): *I'll take you up on your offer.* Accetto la tua offerta. ◆ **take sth up** cominciare qc (*come hobby*) ◆ **take sth up with sb** affrontare qc con qn (*argomento*)

takeaway /ˈteɪkəweɪ/ (*USA* **takeout**) *s* **1** ristorante o rosticceria che vende piatti da asporto **2** cibo da asporto: *We ordered a takeaway.* Abbiamo ordinato qualcosa in rosticceria.

taken *pp di* TAKE

ˈtake-off *s* decollo

takeout /ˈteɪkaʊt/ *s* (*USA*) *Vedi* TAKEAWAY

takeover /ˈteɪkəʊvə(r)/ *s* **1** (*azienda*) rilevamento: *a takeover bid* un'offerta pubblica di acquisto **2** (*Mil*) presa di potere

takings /ˈteɪkɪŋz/ *s* [*pl*] entrate

talc /tælk/ (*anche* **talcum powder** /ˈtælkəm paʊdə(r)/) *s* talco

tale /teɪl/ *s* **1** storia, racconto **2** fandonia

talent /ˈtælənt/ *s* ~ (**for sth**) talento (per qc) **talented** *agg* di talento, dotato

talk /tɔːk/ ▶ *s* **1** conversazione, chiacchierata: *to have a talk with sb* parlare con qn **2** conferenza: *He gave a talk on sailing at the meeting.* Alla riunione ha tenuto un discorso sullo sport della vela. **3 talks** [*pl*] colloqui
▶ **1** *vi* ~ (**to/with sb**) (**about/of sb/sth**) parlare (con qn) (di qn/qc) ⊃ *Vedi nota a* PARLARE **2** *vt* parlare di: *to talk business* parlare d'affari ◊ *to talk sense* dire cose sensate **3** *vi* spettegolare **LOC** **talk shop** (*dispreg*) parlare di lavoro ◆ **talk your way out of (doing) sth** riuscire a evitare (di fare) qc con tante belle parole **PHR V** **talk down to sb** parlare a qn con condiscendenza ◆ **talk sb into/out of doing sth** convincere qn a fare qc/ dissuadere qn dal fare qc

talkative /ˈtɔːkətɪv/ *agg* loquace

ˈtalk show *s* (*spec USA*) *Vedi* CHAT SHOW

tall /tɔːl/ *agg* (**-er**, **-est**) alto: *How tall are you?* Quanto sei alto? ◊ *James is six feet tall.* James è alto 1 metro e 80. ◊ *a tall tree* un albero alto ◊ *a tall tower* una torre alta ⊃ *Vedi nota a* ALTO

tambourine /ˌtæmbəˈriːn/ *s* tamburello

tame /teɪm/ ▶ *agg* (**tamer**, **-est**) **1** (*animale*) addomesticato **2** (*informale*) (*persona*) docile **3** (*informale*) (*festa, libro*) noioso
▶ *vt* **1** (*scimmia, ecc*) addomesticare **2** (*leone, ecc*) domare

tamper /ˈtæmpə(r)/ *v* **PHR V** **tamper with sth** manomettere qc

tampon /ˈtæmpɒn/ *s* assorbente interno

tan /tæn/ ▶ *vt, vi* (**-nn-**) abbronzare, abbronzarsi
▶ *s Vedi* SUNTAN
▶ *agg* marroncino

tangent /'tændʒənt/ *s* tangente (*retta*) LOC **go/fly off at a tangent** (*informale*) saltare di palo in frasca, partire per la tangente

tangerine /ˌtændʒə'riːn; *USA* 'tændʒəriːn/ ▶ *s* mandarino
▶ *agg, s* color mandarino

tangle /'tæŋgl/ ▶ *s* **1** groviglio **2** pasticcio: *to get into a tangle* confondersi
▶ *vt, vi* (**sth**) (**up**) aggrovigliare qc, aggrovigliarsi

tangled /'tæŋgld/ *agg* aggrovigliato

tank /tæŋk/ *s* **1** serbatoio: *petrol tank* serbatoio della benzina **2** acquario **3** (*Mil*) carro armato

tanker /'tæŋkə(r)/ *s* **1** petroliera **2** autocisterna

tantalize, -ise /'tæntəlaɪz/ *vt* tormentare **tantalizing, -ising** *agg* allettante

tantrum /'tæntrəm/ *s* capricci: *Peter threw/had a tantrum*. Peter ha fatto i capricci.

tap¹ /tæp/ (*USA* **faucet**) ▶ *s* rubinetto: *turn the tap on/off* aprire/chiudere il rubinetto
▶ (**-pp-**) **1** *vt, vi* ~ (**into**) **sth** sfruttare qc **2** *vt* (*telefono*) mettere sotto controllo **3** *vt* (*conversazione*) intercettare

tap² /tæp/ ▶ *s* colpetto
▶ *vt* (**-pp-**) **1** ~ **sth** (**against/on sth**) picchiettare qc (su qc) **2** dar colpetti a: *to tap sb on the shoulder* dare un colpetto sulla spalla a qn

tape /teɪp/ ▶ *s* **1** nastro: *sticky tape* nastro adesivo ◊ *have sth on tape* aver qc registrato su nastro **2** (*anche* '**tape measure**) metro a nastro
▶ *vt* **1** ~ **sth** (**up**) legare qc con il nastro **2** registrare

'**tape recorder** *s* registratore (*a cassette*)

tapestry /'tæpəstri/ *s* (*pl* **-ies**) arazzo

tar /tɑː(r)/ *s* catrame

target /'tɑːgɪt/ ▶ *s* **1** bersaglio, obiettivo: *military targets* obiettivi militari **2** obiettivo, traguardo: *I'm not going to meet my weekly target.* Non riuscirò a raggiungere il mio obiettivo settimanale.
▶ *vt* **1** ~ **sb/sth** avere come obiettivo qn/qc: *We're targeting young drivers.* Il nostro target sono i giovani automobilisti. **2** ~ **sth at/on sb** (*pubblicità*) indirizzare qc a qn **3** ~ **sth at/on sth** (*missile*) puntare qc su qc

tariff /'tærɪf/ *s* **1** tariffa **2** dazio

Tarmac® /'tɑːmæk/ *s* **1** asfalto **2** **tarmac** pista (*di aeroporto*)

tarmac /'tɑːmæk/ (**-ck-**) *vt* asfaltare

tarnish /'tɑːnɪʃ/ **1** *vt* (*far*) annerire, ossidare, ossidarsi **2** *vt* (*fig*) infangare

tart /tɑːt/ *s* crostata ➔ *Vedi nota a* PIE

tartan /'tɑːtn/ *s* tartan, tessuto scozzese

task /tɑːsk; *USA* tæsk/ *s* compito: *Your first task will be to file these letters.* La prima cosa che deve fare è archiviare queste lettere.

taste /teɪst/ ▶ *s* **1** ~ (**for sth**) gusto (di qc) **2** sapore, gusto **3** ~ (**of sth**) (*cibo, bevanda*) assaggio (di qc): *to have a taste of sth* assaggiare qc **4** ~ (**of sth**) esperienza (di qc): *her first taste of life in a big city* la sua prima esperienza di vita in una grande città
▶ **1** *vt* sentire il sapore di: *I can't taste anything.* Non riesco a sentire il sapore. **2** *vi* ~ (**of sth**) sapere (di qc) **3** *vt* assaggiare **4** *vt* (*fig*) assaporare

tasteful /'teɪstfl/ *agg* di buon gusto

tasteless /'teɪstləs/ *agg* **1** insipido **2** di cattivo gusto

tasty /'teɪsti/ *agg* (**-ier**, **-iest**) saporito

tattered /'tætəd/ *agg* sbrindellato

tatters /'tætəz/ *s* [*pl*] brandelli LOC **in tatters** a brandelli

tattoo /tə'tuː; *USA* tæ'tuː/ ▶ *s* (*pl* **-s**) tatuaggio
▶ *vt* tatuare

tatty /'tæti/ *agg* (**-ier**, **-iest**) (*GB*, *informale*) malridotto

taught *pass, pp di* TEACH

taunt /tɔːnt/ ▶ *vt* schernire
▶ *s* scherno

Taurus /'tɔːrəs/ *s* Toro (*segno zodiacale*) ➔ *Vedi esempi a* ACQUARIO

taut /tɔːt/ *agg* teso

tavern /'tævən/ *s* (*antiq*) taverna

tax /tæks/ ▶ *s* imposta: *tax return* dichiarazione dei redditi
▶ *vt* **1** (*prodotto, persona*) tassare **2** (*risorse*) gravare su **3** (*pazienza*) mettere alla prova

taxable /'tæksəbl/ *agg* imponibile

taxation /tæk'seɪʃn/ *s* **1** tassazione **2** imposte

tax-'free *agg* esente da imposte

taxi /'tæksi/ ▶ *s* (*anche* **taxicab** /'tæksikæb/) taxi: *taxi driver* tassista ◊ *taxi rank/stand* posteggio (dei) taxi
▶ *vi* rullare (*aereo*)

taxing /'tæksɪŋ/ *agg* gravoso

taxpayer /'tækspeɪə(r)/ *s* contribuente

tea → tell

tea /tiː/ *s* **1** tè **2** merenda **3** cena LOC *Vedi* CUP

teach /tiːtʃ/ (*pass, pp* **taught** /tɔːt/) *vt* insegnare: *Jeremy is teaching us how to use the computer.* Jeremy ci insegna a usare il computer. *Vedi anche* COACH LOC **teach sb a lesson** dare una lezione a qn

teacher /ˈtiːtʃə(r)/ *s* insegnante: *I'm an English teacher.* Sono professore d'inglese.

teaching /ˈtiːtʃɪŋ/ *s* insegnamento: *teaching materials* materiale didattico

'**tea cloth** *s* strofinaccio da cucina

team /tiːm/ ▶*s* [*v sing o pl*] **1** squadra **2** pool, équipe
▶*v* PHRV **team up (with sb)** mettersi insieme (a qn) (*per lavoro, progetto*)

teamwork /ˈtiːmwɜːk/ *s* lavoro d'équipe

teapot /ˈtiːpɒt/ *s* teiera

tear[1] /teə(r)/ ▶ (*pass* **tore** /tɔː(r)/ *pp* **torn** /tɔːn/) **1** *vt, vi* strappare, strapparsi **2** *vt* ~ **sth out** staccare qc **3** *vi* ~ **along/past** correre all'impazzata PHRV **be torn between A and B** essere combattuto tra A e B ◆ **tear sth down 1** tirare giù qc **2** (*edificio*) buttare giù qc ◆ **tear sth up** strappare qc
▶*s* strappo LOC *Vedi* WEAR

tear[2] /tɪə(r)/ *s* lacrima: *He was in tears.* Piangeva. LOC *Vedi* BRING **tearful** *agg* in lacrime

'**tea room** (*anche* '**tea shop**) *s* sala da tè

tease /tiːz/ *vt* stuzzicare, tormentare

teaspoon /ˈtiːspuːn/ *s* **1** cucchiaino **2** (*anche* **teaspoonful** /ˈtiːspuːnfʊl/) cucchiaino (*quantità*)

teatime /ˈtiːtaɪm/ *s* ora del tè

'**tea towel** *s* strofinaccio da cucina

technical /ˈteknɪkl/ *agg* tecnico: *a technical point* un vizio di forma **technicality** /ˌteknɪˈkæləti/ *s* (*pl* -**ies**) **1** dettaglio tecnico **2** formalità: *a mere technicality* una pura formalità **3** vizio di forma **technically** *avv* tecnicamente

'**technical college** *s* (*GB*) ≃ istituto tecnico

technician /tekˈnɪʃn/ *s* tecnico

technique /tekˈniːk/ *s* tecnica

technology /tekˈnɒlədʒi/ *s* (*pl* -**ies**) tecnologia **technological** /ˌteknəˈlɒdʒɪkl/ *agg* tecnologico

teddy bear /ˈtedi beə(r)/ (*GB anche* **teddy** (*pl* -**ies**) *s* orsacchiotto

tedious /ˈtiːdiəs/ *agg* noioso

tedium /ˈtiːdiəm/ *s* tedio

teem /tiːm/ *vi* ~ **with sth** brulicare di qc

teenage /ˈtiːneɪdʒ/ *agg* (*problemi, moda*) giovanile

teenager /ˈtiːneɪdʒə(r)/ *s* adolescente

teens /tiːnz/ *s* [*pl*] età tra i 13 e i 19 anni: *When I was in my teens…* Da ragazzo…

'**tee shirt** *Vedi* T-SHIRT

teeth *plurale di* TOOTH

teethe /tiːð/ *vi* mettere i denti LOC **teething problems/troubles** problemi/difficoltà iniziali

telecommunications /ˌtelɪkəˌmjuːnɪˈkeɪʃnz/ *s* [*pl*] telecomunicazioni

telegraph /ˈtelɪɡrɑːf; *USA* -ɡræf/ *s* telegrafo

telephone /ˈtelɪfəʊn/ ▶*s* telefono: *a telephone call* una telefonata ◊ *the telephone book/directory* l'elenco telefonico LOC **on the telephone 1** *We're not on the telephone.* Non abbiamo il telefono. **2** *She's on the telephone at the moment.* In questo momento è al telefono.
▶*vt, vi* (*formale, spec GB*) telefonare (a qn/qc)

'**telephone booth** *s* telefono pubblico

'**telephone box** *s* cabina telefonica

telescope /ˈtelɪskəʊp/ *s* cannocchiale, telescopio

teletext /ˈtelɪtekst/ *s* [*non numerabile*] televideo

televise /ˈtelɪvaɪz/ *vt* trasmettere (*in TV*)

television /ˈtelɪvɪʒn/ *s* (*abbrev* **TV**) **1** televisione: *watch television* guardare la televisione **2** (*anche* '**television set**) televisore

> In Gran Bretagna ci sono cinque canali televisivi terrestri: BBC1, BBC2, ITV, Channel 4 e Channel 5. Su ITV, Channel 4 e Channel 5 ci sono intervalli pubblicitari (sono **commercial channels**). Su BBC1 e BBC2 non c'è pubblicità e i due canali sono finanziati attraverso il pagamento di un canone di abbonamento (**TV licence**).

teleworking /ˈteliwɜːkɪŋ/ *s* [*non numerabile*] (*GB*) telelavoro **teleworker** *s* telelavoratore, -trice

tell /tel/ (*pass, pp* **told** /təʊld/) **1** *vt* dire: *to tell the truth* dire la verità

> Usato nel discorso indiretto, **tell** è generalmente seguito dal complemento oggetto diretto: *Tell him to wait.* Digli di aspettare. ◊ *She told him to hurry up.* Gli ha detto di sbrigarsi. *Vedi nota a* SAY

2 *vt* raccontare: *Tell me all about it.* Raccontami tutto. ◊ *Promise you won't tell.*

---

iː **see**   i **happy**   ɪ **sit**   e **ten**   æ **hat**   ɑː **father**   ʌ **cup**   ʊ **put**   uː **too**

Prometti di non andarlo a raccontare. **3** *vt, vi* sapere: *You can tell she's French.* Si capisce subito che è francese. **4** *vt* ~ **A from B** distinguere A da B LOC **I told you (so)** (*informale*) te l'avevo detto ◆ **there's no telling** è impossibile saperlo ◆ **tell the time** (*USA* **tell time**) dire che ore sono ◆ **you never can tell** non si può mai dire ◆ **you're telling me!** (*informale*) lo dici a me! PHRV **tell sb off (for sth/doing sth)** (*informale*) rimproverare qn (per qc/per aver fatto qc) ◆ **tell on sb** (*informale*) denunciare qn

telling /'telɪŋ/ *agg* significativo

telling-'off *s* ramanzina

telly /'teli/ *s* (*pl* **-ies**) (*GB, informale*) tele

temp /temp/ *s* impiegato temporaneo, impiegata temporanea

temper[1] /'tempə(r)/ *s* umore: *to get into a temper* arrabbiarsi LOC **in a (bad, foul, rotten, etc.) temper** di pessimo umore ◆ **keep/lose your temper** mantenere/perdere la calma *Vedi anche* QUICK, SHORT[1]

temper[2] /'tempə(r)/ *vt* ~ **sth (with sth)** mitigare qc (con qc)

temperament /'tempramənt/ *s* temperamento

temperamental /,temprə'mentl/ *agg* **1** capriccioso **2** innato

temperate /'tempərət/ *agg* **1** (*clima, regione*) temperato **2** (*formale*) (*comportamento, carattere*) moderato

temperature /'temprətʃə(r)/ *s* temperatura LOC **have/run a temperature** avere la febbre ◆ **take sb's temperature** misurare la febbre a qn

template /'templeɪt/ *s* sagoma

temple /'templ/ *s* **1** (*Relig*) tempio **2** (*Anat*) tempia

tempo /'tempəʊ/ *s* (*pl* **-s**) ❶ Nel senso musicale il plurale è **tempi** /'tempi:/ **1** (*Mus*) tempo **2** (*fig*) ritmo

temporary /'temprəri; *USA* -pəreri/ *agg* temporaneo, provvisorio **temporarily** *avv* temporaneamente

tempt /tempt/ *vt* tentare **temptation** *s* tentazione **tempting** *agg* **1** (*offerta*) allettante **2** (*cibo*) che fa venire l'acquolina

ten /ten/ *agg, pron, s* dieci ● *Vedi esempi a* FIVE *Vedi anche* TENTH

tenacious /tə'neɪʃəs/ *agg* tenace **tenacity** /tə'næsəti/ *s* tenacia

tenant /'tenənt/ *s* inquilino, -a **tenancy** *s* (*pl* **-ies**) locazione

tend /tend/ **1** *vt* prendersi cura di **2** *vi* ~ **to do sth** tendere, avere la tendenza a fare qc **tendency** *s* (*pl* **-ies**) tendenza

tender /'tendə(r)/ *agg* **1** (*carne, occhiata*) tenero **2** (*ferita*) dolorante **tenderly** *avv* teneramente, con tenerezza **tenderness** *s* tenerezza

tendon /'tendən/ *s* tendine

tenement /'tenəmənt/ *s*: *a tenement block/tenement house* un casamento

tenner /'tenə(r)/ *s* (*GB, informale*) dieci sterline

tennis /'tenɪs/ *s* tennis

tenor /'tenə(r)/ *s* tenore (*voce*)

tense[1] /tens/ *agg* teso

tense[2] /tens/ *s* (*Gramm*) tempo: *in the past tense* al passato

tension /'tenʃn/ *s* tensione

tent /tent/ *s* **1** tenda (*da campeggio*) **2** (*circo*) tendone

tentacle /'tentəkl/ *s* tentacolo

tentative /'tentətɪv/ *agg* **1** provvisorio **2** titubante

tenth /tenθ/ *agg, pron, avv, s* decimo ● *Vedi esempi a* FIFTH

tenuous /'tenjuəs/ *agg* tenue

tenure /'tenjʊə(r); *USA* -jər/ *s* **1** (*carica*) incarico **2** (*terreno, proprietà*) possesso: *security of tenure* diritto di possesso

tepid /'tepɪd/ *agg* tiepido

term /tɜːm/ ▶ *s* **1** periodo: *term of office* mandato (*di governo*): *the long-term risks* i rischi a lungo termine **2** trimestre: *the autumn/spring/summer term* il primo/secondo/terzo trimestre **3** termine, parola *Vedi anche* TERMS LOC **in the long/short term** a lungo termine/a breve scadenza
▶ *vt* (*formale*) definire

terminal /'tɜːmɪnl/ ▶ *agg* terminale
▶ *s* **1** (*autobus*) capolinea **2** (*aeroporto*) terminal **3** (*Informatica*) terminale

terminate /'tɜːmɪneɪt/ **1** *vt, vi* (*formale*) terminare: *This train will terminate at Charing Cross.* Il treno fa capolinea a Charing Cross. **2** *vt* (*contratto*) rescindere

terminology /,tɜːmɪ'nɒlədʒi/ *s* (*pl* **-ies**) terminologia

terminus /'tɜːmɪnəs/ *s* (*pl* **termini** /-mɪnaɪ/) capolinea, stazione terminale

terms /tɜːmz/ *s* [*pl*] **1** termini, condizioni **2** rapporti LOC **be on good/bad terms (with sb)** avere/non avere buoni rapporti (con qn)

terrace → Thanksgiving

♦ **come to terms with sb/sth** accettare qn/qc *Vedi anche* EQUAL

terrace /'terəs/ *s* **1** terrazza **2 the terraces** [*pl*] (*Sport*) le gradinate **3** fila di case a schiera **4** (*anche* ˌterraced ˈhouse, *USA* **row house**, **townhouse**) casa a schiera

terrain /tə'reɪn/ *s* terreno

terrestrial /tə'restriəl/ *agg* terrestre

terrible /'terəbl/ *agg* **1** terribile **2** (*tempo*) orribile **3** (*informale*) tremendo **terribly** *avv* **1** (*molto male*): *They sang terribly.* Hanno cantato malissimo. **2** (*moltissimo*) terribilmente: *I'm terribly sorry.* Mi dispiace infinitamente.

terrific /tə'rɪfɪk/ *agg* **1** tremendo: *a terrific storm* una tremenda tempesta **2** (*informale*) fantastico: *You're doing a terrific job!* Stai facendo un ottimo lavoro.

terrify /'terɪfaɪ/ *vt* (*pass, pp* -**fied**) terrorizzare **terrified** *agg* terrorizzato: *She's terrified of flying.* Ha una paura folle dell'aereo. LOC *Vedi* WIT **terrifying** *agg* terrificante, spaventoso

territory /'terətri; *USA* -tɔːri/ *s* (*pl* -**ies**) territorio **territorial** *agg* territoriale

terror /'terə(r)/ *s* terrore: *to scream with terror* gridare per la paura

terrorism /'terərɪzəm/ *s* terrorismo **terrorist** *s* terrorista

terrorize, -ise /'terəraɪz/ *vt* terrorizzare

terse /tɜːs/ *agg* conciso

test /test/ ▸ *s* **1** (*sistema, prodotto*) controllo, prova **2** (*Med*) analisi: *blood test* analisi del sangue ◊ *pregnancy test* test di gravidanza **3** (*Scol*) prova **4** (*di intelligenza*) test
▸ *vt* **1** provare, controllare **2** ~ **sth for sth** controllare qc per trovare qc **3** ~ **sb (on sth)** (*Scol*) far fare una prova (di qc) a qn

testament /'testəmənt/ *s* (*formale*) ~ (**to sth**) prova (di qc)

testicle /'testɪkl/ *s* testicolo

testify /'testɪfaɪ/ *vt, vi* (*pass, pp* -**fied**) testimoniare

testimony /'testɪməni; *USA* -məʊni/ *s* (*pl* -**ies**) testimonianza

'test tube *s* provetta: *test-tube baby* bambino in provetta

tether /'teðə(r)/ ▸ *vt* (*animale*) legare
▸ *s* LOC *Vedi* END

text /tekst/ ▸ *s* **1** testo **2** sms, messaggino
▸ **1** *vt* ~ **sb** mandare un sms a qn **2** *vt* ~ (**sb**) **sth**; ~ **sth (to sb)** mandare qc con un sms (a qn): *I texted him the address.* Gli ho mandato l'indirizzo con un sms. **3** *vi*: *Kids seem to be texting non-stop these days.* Oggi i ragazzi si scambiano sms in continuazione.

textbook /'tekstbʊk/ *s* libro di testo

textile /'tekstaɪl/ *s* [*gen pl*] tessuto: *the textile industry* l'industria tessile

ˈtext message *s* sms, messaggino **text-message** *vt, vi* mandare un sms: *I text-messaged him to say we were waiting in the pub.* Gli ho mandato un sms per dirgli che aspettavamo al pub. **text-messaging** (*anche* **texting**) *s* scambio di sms

texture /'tekstʃə(r)/ *s* consistenza

than /ðən, ðæn/ *cong, prep* **1** [*dopo comparativo*]: *He's slightly taller than you.* È leggermente più alto di te. ◊ *faster than ever* più veloce che mai ◊ *better than he thought* migliore di quanto pensasse ◊ *more than an hour/a kilometre* più di un'ora/un chilometro

thank /θæŋk/ *vt* ~ **sb** (**for sth/doing sth**) ringraziare qn (per qc/per aver fatto qc) LOC **thank you** grazie ♦ **thank God/goodness/heavens** grazie a Dio/al cielo: *Thank God you're safe!* Grazie a Dio sei salvo! ◊ *'I've found your keys.' 'Thank goodness for that!'* "Ho trovato le tue chiavi." "Meno male!"

thankful /'θæŋkfl/ *agg* grato, riconoscente

thankfully /'θæŋkfəli/ *avv* **1** per fortuna: *Thankfully, no one was injured.* Per fortuna nessuno è rimasto ferito. **2** con gratitudine: *I accepted her offer thankfully.* Ho accettato con gratitudine la sua offerta.

thanks /θæŋks/ ▸ *escl* (*informale*) grazie!: *Thanks for coming!* Grazie di essere venuto!
▸ *s* [*pl*] gratitudine: *I'd like to express my thanks to all of you for coming today.* Vorrei esprimere la mia gratitudine a tutti coloro che oggi sono qui. LOC **thanks to sb/sth** grazie a qn/qc: *It was a great success — thanks to a lot of hard work.* Grazie a un bel po' di duro lavoro è stato un successone. *Vedi anche* VOTE

Thanksgiving /ˌθæŋks'ɡɪvɪŋ/ (*anche* **Thanksˈgiving Day**) *s* giorno del Ringraziamento

> **Thanksgiving Day**, il giorno del Ringraziamento, viene celebrato il quarto giovedì di novembre negli USA e il secondo lunedì di ottobre in Canada. Le origini risalgono al 1621, quando i Padri Pellegrini, i **Pilgrims**, i coloni inglesi approdati in Massachusetts, volevano ringraziare Dio per i raccolti e la protezione accordata. Oggi questa giornata

si festeggia in famiglia, riflettendo sui motivi per cui essere grati, con un pranzo tradizionale a base di tacchino, **turkey**, salsa di mirtilli rossi, **cranberry sauce** e tortino di zucca, **pumpkin pie**.

thank you ▸ *escl* grazie
▸ *s* ringraziamento: *We sent them some flowers as a thank you for their help.* Abbiamo mandato dei fiori in segno di ringraziamento per il loro aiuto. ◊ *a thank-you letter* una lettera di ringraziamento

that¹ /ðət, ðæt/ *cong* che: *the fact that smoking is harmful* il fatto che il fumo fa male ◊ *I told him that he should wait.* Gli ho detto di aspettare.

that² /ðət, ðæt/ *pron rel* **1** [soggetto] che: *The letter that came is from him.* La lettera che è arrivata è sua. **2** [complemento] che: *These are the books (that) I bought.* Questi sono i libri che ho comprato. ◊ *the job (that) I applied for* il lavoro per il quale ho fatto domanda ➔ *Vedi nota a* CHE **3** [con espressioni di tempo] in cui: *the year that he died* l'anno in cui è morto

that³ /ðæt/ ▸ *agg* (*pl* **those** /ðəʊz/) quello
▸ *pron* (*pl* **those** /ðəʊz/) quello, -a, -i, -e ➔ Confronta THIS **LOC** **that is (to say)** cioè ◆ **that's right** esatto ◆ **that's it 1** ecco **2** basta: *That's it! I've had enough!* Basta! ne ho avuto abbastanza!

that⁴ /ðæt/ *avv* così: *It's that long.* È lungo così. ◊ *that much worse* ancora peggio

thatch /θætʃ/ *vt* coprire con la paglia (tetto)
thatched *agg* con il tetto di paglia

thaw /θɔː/ ▸ **1** *vi* (neve) sciogliersi **2** *vt, vi* (cibo) scongelare, scongelarsi
▸ *s* disgelo

the /ðə/ ❶ Davanti a vocale si pronuncia /ðɪ/ e se si vuole dare enfasi alla parola che segue /ðiː/. *art det* il/la, i/le, ecc. **LOC** **the more, less etc. ... the more, less etc. ...** più/meno ... più/meno ... : *The more I study, the less I understand.* Più studio, meno capisco. ◊ *The bigger, the better.* Più grande è, meglio è. ◊ *The longer you leave it, the stronger the tea will be.* Più a lungo lo lasci in infusione, più il tè diventa forte.

L'articolo determinativo in inglese:

1 Non si usa con il plurale dei sostantivi numerabili quando si parla in generale: *Books are expensive.* I libri sono cari. ◊ *Children learn very fast.* I bambini imparano alla svelta.

2 Si omette con i sostantivi non numerabili quando si parla di una sostanza o di un'idea in generale: *I like cheese/classical music.* Mi piace il formaggio/la musica classica.

3 Di solito si omette con i nomi propri e con i sostantivi che indicano la parentela: *Mrs Smith* la Sig.ra Smith ◊ *Anna's mother* la mamma di Anna ◊ *Granny came yesterday.* La nonna è arrivata ieri.

4 Con le parti del corpo e gli oggetti personali si usa l'aggettivo possessivo invece che l'articolo determinativo: *Give me your hand.* Dammi la mano. ◊ *He put his tie on.* Si è messo la cravatta.

5 Church, **hospital** e **school** si possono usare con l'articolo e senza, ma il significato cambia. *Vedi nota a* CHURCH, HOSPITAL e SCHOOL.

theatre (*USA* **theater**) /ˈθɪətə(r); *USA* ˈθiːətər/ *s* **1** teatro **2** *lecture theatre* aula magna ◊ *operating theatre* sala operatoria

theatrical /θiˈætrɪkl/ *agg* teatrale, di teatro

theft /θeft/ *s* furto

their /ðeə(r)/ *agg poss* il loro, ecc: *What colour is their cat?* Di che colore è il loro gatto? ➔ *Vedi nota a* MY e THEY

theirs /ðeəz/ *pron poss* il loro, ecc: *a friend of theirs* un loro amico ◊ *Our flat isn't as big as theirs.* Il nostro appartamento non è grande quanto il loro. ➔ *Vedi nota a* THEY

them /ðəm/ *pron pers* **1** [come complemento oggetto] li, le: *I saw them yesterday.* Li ho visti ieri. **2** [come complemento indiretto] loro: *Tell them to wait.* Di' che aspettino. **3** [dopo prepo o il verbo to be] loro: *Go with them.* Vai con loro. ◊ *They took it with them.* Lo hanno portato con sé. ➔ *Vedi nota a* THEY

theme /θiːm/ *s* tema (argomento, musica)

'theme park *s* parco a tema

themselves /ðəmˈselvz/ *pron* **1** [uso riflessivo] si: *They enjoyed themselves a lot.* Si sono divertiti tanto. **2** [dopo prep] sé, se stessi, -e: *They were talking about themselves.* Stavano parlando di sé. **3** [uso enfatico] loro stessi, -e **LOC** **by themselves 1** da sé: *They did it all by themselves.* L'hanno fatto tutto da sé. **2** soli/sole: *They were by themselves.* Erano soli.

then /ðen/ *avv* **1** allora: *Life was harder then.* La vita era più dura allora. ◊ *until then* fino ad allora ◊ *from then on* da allora in poi **2** allora, dunque: *You're not coming, then?* Allora, tu

---

tʃ **chin**   dʒ **June**   v **van**   θ **thin**   ð **then**   s **so**   z **zoo**   ʃ **she**

theology → thing

non vieni? **3** poi, dopo: *the soup and then the chicken* la minestra e poi il pollo

theology /θiˈɒlədʒi/ *s* teologia **theological** /ˌθiːəˈlɒdʒɪkl/ *agg* teologico

theoretical /ˌθɪəˈretɪkl/ *agg* teorico

theory /ˈθɪəri/ *s* (*pl* **-ies**) teoria: *in theory* in teoria

therapeutic /ˌθerəˈpjuːtɪk/ *agg* terapeutico

therapist /ˈθerəpɪst/ *s* terapeuta

therapy /ˈθerəpi/ *s* (*pl* **-ies**) terapia

there /ðeə(r)/ ▶ *avv* lì, là: *My car is there, in front of the pub.* La mia macchina è lì, davanti al pub. LOC **there and then** lì per lì *Vedi anche* HERE

▶ *pron* LOC **there is/are** c'è/ci sono: *How many are there?* Quanti ce ne sono? ◇ *There'll be twelve guests at the party.* Ci saranno dodici invitati alla festa. ◇ *There was a terrible accident yesterday.* È successo un incidente tremendo ieri. ◇ *There has been very little rain recently.* È piovuto molto poco di recente. ♦ **there + v modale + be**: *There must be no mistakes.* Non ci devono essere errori. ◇ *There shouldn't be any problems.* Non ci dovrebbe essere alcun problema. ◇ *How can there be that many?* Come è possibile che ce ne siano così tanti?

There si usa anche con **seem** e **appear**: *There seem/appear to be too many problems.* Sembra che ci siano troppi problemi.

thereafter /ˌðeərˈɑːftə(r); *USA* -ˈæf-/ *avv* (*formale*) dopo

thereby /ˌðeəˈbaɪ/ *avv* (*formale*) in tal modo

therefore /ˈðeəfɔː(r)/ *avv* perciò, quindi

thermal /ˈθɜːml/ *agg* **1** termico **2** (*sorgente*) termale

thermometer /θəˈmɒmɪtə(r)/ *s* termometro

thermostat /ˈθɜːməstæt/ *s* termostato

these /ðiːz/ *agg, pron* [*pl*] questi, -e *Vedi anche* THIS

thesis /ˈθiːsɪs/ *s* (*pl* **theses** /ˈθiːsiːz/) tesi

they /ðeɪ/ *pron pers* **1** (*persone*) loro: *They're Scottish.* Sono scozzesi. ◇ *They didn't like it.* A loro non è piaciuto. **2** (*cose*) essi, -e ❶ In inglese il *pronome personale soggetto* non si può omettere. *Confronta* THEM

Le forme al plurale **they**, **them**, **their** e **theirs** si usano spesso quando si parla di qualcuno ma non si sa se si tratti di un uomo o di una donna: *Somebody phoned for you but they didn't leave their name.* Ha chiamato qualcuno per te ma non ha detto il nome. ◇ *If anyone phones, tell them I'm busy.* Se dovesse telefonare qualcuno, dite che sono impegnato.

they'd /ðeɪd/ **1** = THEY HAD *Vedi* HAVE **2** = THEY WOULD *Vedi* WOULD

they'll /ðeɪl/ = THEY WILL *Vedi* WILL

they're /ðeə(r)/ = THEY ARE *Vedi* BE

they've /ðeɪv/ = THEY HAVE *Vedi* HAVE

thick /θɪk/ ▶ *agg* (**-er, -est**) **1** grosso, spesso: *The ice was fifteen centimetres thick.* Il ghiaccio era spesso quindici centimetri. **2** denso: *This sauce is too thick.* La salsa è troppo densa. **3** (*barba*) folto **4** (*accento*) marcato **5** (*nebbia*) fitto **6** (*informale*) (*persona*) duro (*a capire*)

▶ *avv* (**-er, -est**) (*anche* **thickly**): *Don't spread the butter too thick.* Non fare lo strato di burro troppo spesso.

▶ *s* LOC **in the thick of sth** nel mezzo di qc ♦ **through thick and thin** nella buona e nella cattiva sorte

thicken /ˈθɪkən/ *vt, vi* **1** ispessire, ispessirsi **2** (far) diventare più denso

thickly /ˈθɪkli/ *avv* **1** *thickly cut bread* pane tagliato a fette grosse ◇ *Apply the paint thickly.* Stendere uno strato spesso di vernice. **2** (*popolato*) densamente

thickness /ˈθɪknəs/ *s* spessore

thief /θiːf/ *s* (*pl* **thieves** /θiːvz/) ladro, -a

thigh /θaɪ/ *s* coscia

thimble /ˈθɪmbl/ *s* ditale

thin /θɪn/ ▶ *agg* (**thinner, thinnest**) **1** (*persona*) magro ➔ *Vedi nota a* MAGRO **2** (*libro, velo*) fine, sottile **3** (*minestra*) liquido LOC **be thin on the ground** scarseggiare ♦ **vanish, etc. into thin air** volatilizzarsi *Vedi anche* THICK

▶ *avv* (**thinner, thinnest**) (*anche* **thinly**) finemente

▶ *vt, vi* (**-nn-**) ~ (**sth**) (**out**) diluire qc, diluirsi

thing /θɪŋ/ *s* **1** cosa, coso: *You can put your things in that drawer.* Puoi mettere le tue cose nel cassetto. ◇ *to take things seriously* prendere le cose sul serio ◇ *What's that thing on the table?* Cos'è quel coso sul tavolo? ◇ *I can't see a thing.* Non vedo niente. ◇ *Forget the whole thing.* Lasciamo perdere. ◇ *The way things are going ...* Vista la situazione ... **2** *Poor (little) thing!* Poverino! **3** **the thing**: *Just the thing for me.* Proprio quello che volevo! LOC **and things (like that)** (*informale*) e

| i: see | i happy | ɪ sit | e ten | æ hat | ɑː father | ʌ cup | ʊ put | uː too |

roba del genere ♦ **first/last thing** per prima cosa/come ultima cosa ♦ **for one thing** tanto per cominciare ♦ **a good thing (that)** ... meno male che ...: *It was a good thing that* ... È stato un bene che ... ♦ **get/keep things in proportion** dare alle cose il giusto peso ♦ **have a thing about sb/sth** (*informale*) avere la fissa di qn/qc: *She has a thing about men with beards.* Ha la fissa degli uomini con la barba. ♦ **the thing is** ... (*informale*) il fatto è che ...

thingummy /ˈθɪŋəmi/ (*anche* **thingy** /ˈθɪŋi/ (*pl* **-ies**) *s* (*informale*) coso

⚡ **think** /θɪŋk/ (*pass, pp* **thought** /θɔːt/) **1** *vt, vi* pensare: *What are you thinking (about)?* A cosa stai pensando? ◊ *The job took longer than we thought.* Il lavoro ha richiesto più di quanto pensassimo. ◊ *Just think!* Pensa un po'! ◊ *What do you think (of her)?* Cosa ne pensi (di lei)? ◊ *Who'd have thought it?* Chi l'avrebbe detto? **2** *vi, vt* credere: *I think so./I don't think so.* Credo di sì/di no. ◊ *It would be nice, don't you think?* Sarebbe bello, non credi? ◊ *I think this is the house.* Credo che sia questa la casa. LOC **I should think so!** Ci mancherebbe altro! ♦ **think the world of sb** stimare molto qn
PHR V **think about/of sb/sth** pensare a qn/qc
♦ **think about/of doing sth** considerare la possibilità di fare qc: *I'll think about it.* Ci penserò. ◊ *We're thinking of moving house.* Stiamo pensando di traslocare.
think of sth pensare a qc
think sth out: *a well-thought-out plan* un piano ben congegnato
think sth over riflettere su qc
think sth up (*informale*) escogitare qc

thinker /ˈθɪŋkə(r)/ *s* pensatore, -trice

⚡ **thinking** /ˈθɪŋkɪŋ/ ▶ *s* [*non numerabile*] pensiero: *What's your thinking on this?* Cosa ne pensi? ◊ *quick thinking* riflessi pronti
LOC *Vedi* WISHFUL *a* WISH
▶ *agg* razionale, intelligente: *thinking people* le persone dotate di raziocinio

⚡ **third** (*abbrev* **3rd**) /θɜːd/ ▶ *agg, pron, avv, s* terzo
▶ *s* **1 the third** il tre **2** (*anche* **third 'gear**) terza (*marcia*) ➔ *Vedi esempi a* FIFTH

thirdly /ˈθɜːdli/ *avv* in terzo luogo

ˌ**third ˈparty** *s* terzo: *third party insurance* assicurazione di responsabilità civile

thirst /θɜːst/ *s* ~ **(for sth)** sete (di qc)

⚡ **thirsty** /ˈθɜːsti/ *agg* (**-ier, -iest**) assetato: *to be thirsty* avere sete

⚡ **thirteen** /ˌθɜːˈtiːn/ *agg, pron, s* tredici ➔ *Vedi esempi a* FIVE **thirteenth** *agg, pron, avv, s* tredicesimo ➔ *Vedi esempi a* FIFTH

⚡ **thirty** /ˈθɜːti/ *agg, pron, s* trenta ➔ *Vedi esempi a* FIFTY, FIVE **thirtieth** *agg, pron, avv, s* trentesimo ➔ *Vedi esempi a* FIFTH

⚡ **this** /ðɪs/ ▶ *agg* (*pl* **these** /ðiːz/) questo, -a, questi, -e: *I don't like this colour.* Non mi piace questo colore. ◊ *This one suits me.* Questo qui mi sta bene. ◊ *These shoes are more comfortable than those.* Queste scarpe qui sono più comode di quelle. ➔ *Confronta* THAT[3], TONIGHT
▶ *pron* (*pl* **these** /ðiːz/) **1** questo, -a, ecc: *This is John's father.* Questo è il padre di John. ◊ *I prefer these.* Preferisco queste. **2** *Listen to this* ... Senti questa ... **3** (*al telefono*): *This is Paola.* Sono Paola.
▶ *avv*: *this high* alto così ◊ *this far* fino qui

thistle /ˈθɪsl/ *s* cardo

thorn /θɔːn/ *s* spina (*di rosa*) **thorny** *agg* (**-ier, -iest**) (*argomento*) spinoso

⚡ **thorough** /ˈθʌrə/; *USA* ˈθʌroʊ/ *agg* **1** (*conoscenza, esame*) approfondito **2** (*persona*) meticoloso **thoroughly** *avv* **1** accuratamente **2** totalmente

those /ðəʊz/ *agg, pron* [*pl*] quelli, -e *Vedi anche* THAT[3]

⚡ **though** /ðəʊ/ ▶ *cong* sebbene, benché ➔ *Vedi nota a* SEBBENE
▶ *avv* (*informale*) comunque

thought[1] *pass, pp di* THINK

⚡ **thought**[2] /θɔːt/ *s* **1** pensiero: *deep/lost in thought* assorto nei propri pensieri ◊ *I have given the matter some thought.* Ho riflettuto sulla faccenda. **2** ~ **(of doing sth)** idea (di fare qc) LOC *Vedi* FOOD, SCHOOL, SECOND, TRAIN[1]

thoughtful *agg* **1** pensieroso **2** gentile, premuroso: *It was very thoughtful of you.* È stato molto gentile da parte tua. **thoughtless** *agg* sconsiderato

⚡ **thousand** /ˈθaʊznd/ *agg, pron, s* mille: *thousands of people* migliaia di persone ➔ *Vedi esempi a* FIVE **thousandth** *agg, pron, avv, s* millesimo ➔ *Vedi esempi a* FIFTH

thrash /θræʃ/ **1** *vt* picchiare **2** *vt* (*sconfiggere*) battere **3** *vi* ~ **(about/around)** agitarsi: *Someone was thrashing around in the water, obviously in trouble.* C'era qualcuno, chiaramente nei guai, che si agitava in acqua. **4** *vt* ~ **sth (about/around)** agitare: *She thrashed her head from side to side.* Agitava la testa da un lato all'altro. **thrashing** *s* **1** *to give sb a thrashing* picchiare qn **2** sconfitta

thread → thunder

thread /θred/ ▶ s filo: *a needle and thread* ago e filo
▶ vt **1** (*ago, perle*) infilare **2** (*nastro, cavo*) passare

threat /θret/ s ~ **(to sb/sth) (of sth)** minaccia (per qn/qc) (di qc): *a threat to national security* una minaccia per la sicurezza nazionale **threaten** /θretn/ vt **1** ~ **sb/sth (with sth)** minacciare qn/qc (di qc) **2** ~ **to do sth** minacciare di fare qc **threatening** *agg* minaccioso

three /θri:/ *agg, pron, s* tre ⊃ *Vedi esempi a* FIVE

three-dimensional /ˌθri:dəˈmenʃənl/ (*anche* **3-D** /ˌθri:ˈdi:/) *agg* tridimensionale

threshold /ˈθreʃhəʊld/ s soglia

threw *pass di* THROW[1]

thrill /θrɪl/ s **1** fremito **2** esperienza emozionante: *What a thrill!* Che emozione! **thrilled** *agg* entusiasta **thriller** s thriller **thrilling** *agg* emozionante, entusiasmante

thrive /θraɪv/ vi prosperare: *He thrives on criticism.* Le critiche lo stimolano. ◊ *a thriving industry* un'industria fiorente

throat /θrəʊt/ s gola: *a sore throat* il mal di gola

throb /θrɒb/ ▶ vi (-bb-) **1** (*cuore, battito*) pulsare: *My toe was throbbing with pain.* Il mio dito era gonfio e dolorante. **2** (*motore*) vibrare
▶ s battito

throne /θrəʊn/ s trono

through /θru:/ ▶ prep **1** attraverso: *She made her way through the traffic.* Si è fatta strada nel traffico. ◊ *breathe through your nose* respirare col naso ◊ *through here* di qua **2** *I'm halfway through the book.* Sono a metà del libro. **3** per mezzo di: *through carelessness* per disattenzione **4** (*informale* **thru**) (*USA*) a: *Tuesday through Friday* da martedì a venerdì
▶ *part avv* **1** *Can you get through?* Riesci a passare? **2** dall'inizio alla fine: *I've read the poem through once.* Ho letto tutta la poesia una volta. ◊ *all night through* tutta la notte **3 be ~ (to sb/sth)** (*GB*) essere in linea (con qn/qc) LOC **be through (with sb/sth)** aver finito (con qn/qc) ⊃ *Per l'uso di* **through** *nei* PHRASAL VERBS *vedi alla voce del verbo, ad es.* **break through** *a* BREAK.
▶ *agg* diretto: *a through train* un treno diretto ◊ *No through road* Strada senza uscita

throughout /θruːˈaʊt/ ▶ *prep* per tutto, durante tutto: *throughout Europe* in tutta l'Europa ◊ *Throughout his life he had had to make many sacrifices.* Nella sua vita aveva dovuto fare molti sacrifici.
▶ *avv* **1** dappertutto **2** tutto il tempo

throw[1] /θrəʊ/ vt (*pass* **threw** /θru:/ *pp* **thrown** /θrəʊn/) **1** ~ **sth (to sb)** tirare, lanciare qc (a qn) **2** ~ **sth (at sb/sth)** tirare, lanciare qc (addosso a qn/contro qc)

To throw sth at sb/sth indica l'intenzione di danneggiare o ferire la cosa o la persona contro la quale si tira un oggetto: *Don't throw stones at the cat.* Non tirare sassi al gatto.

3 [+ *loc avv*]: *He threw back his head.* Ha buttato indietro la testa. ◊ *She threw up her hands in horror.* Ha alzato le braccia al cielo per l'orrore. **4** (*cavallo*) disarcionare **5** (*informale*) sconcertare **6** lasciare (*in una certa condizione*): *to be thrown out of work* ritrovarsi senza lavoro ◊ *We were thrown into confusion by the news.* La notizia ci ha lasciato molto confusi. **7** (*luce, ombra*) gettare LOC *Vedi* CAUTION, FIT[3] PHRV **throw sth about/around** sparpagliare qc, gettare qc a destra e a sinistra ♦ **throw sth away** buttare via qc ♦ **throw sb out** buttare fuori qn ♦ **throw sth out 1** (*proposta*) respingere qc **2** buttare via qc ♦ **throw (sth) up** vomitare (qc)

throw[2] /θrəʊ/ s lancio: *It's your throw.* Tocca a te.

thrown *pp di* THROW[1]

thru (*USA*) *Vedi* THROUGH senso (4)

thrust /θrʌst/ ▶ (*pass, pp* **thrust**) **1** vt, vi spingere **2** vi ~ **at sb (with sth)/sth at sb** avventarsi su qn (con qc) PHRV **thrust sb/sth on/upon sb** imporre qn/qc a qn, costringere qn ad accettare qc
▶ s **1** spintone **2** (*spada*) stoccata **3** ~ **(of sth)** succo (di qc) (*di ragionamento*)

thud /θʌd/ ▶ s tonfo
▶ vi (-dd-) **1** fare un tonfo: *to thud against/into sth* colpire/sbattere contro qc con un tonfo **2** (*cuore*) battere forte

thug /θʌɡ/ s teppista, delinquente

thumb /θʌm/ ▶ s pollice LOC *Vedi* TWIDDLE
▶ vi ~ **through sth** sfogliare qc LOC **thumb a lift** fare l'autostop *Vedi anche* FINGER

thumbtack /ˈθʌmtæk/ s (*USA*) *Vedi* DRAWING PIN

thump /θʌmp/ ▶ **1** vt picchiare **2** vi (*cuore*) battere forte
▶ s **1** colpo, pugno **2** tonfo

thunder /ˈθʌndə(r)/ ▶ s [*non numerabile*] tuoni: *a clap of thunder* un tuono

thunderstorm → time

▶ vi **1** tuonare **2** rombare
thunderstorm /'θʌndəstɔːm/ s temporale
Thursday /'θɜːzdi, -deɪ/ s (abbrev **Thur.**, **Thurs.**) giovedì ➔ Vedi esempi a MONDAY
thus /ðʌs/ avv (formale) **1** così, in tal modo **2** (per questa ragione) perciò
thwart /θwɔːt/ vt ostacolare
thyme /taɪm/ s timo
tick /tɪk/ ▶ s **1** (orologio) ticchettio **2** (penna) (USA **check**) segno
▶ **1** vi (orologio) fare tic tac **2** vt ~ **sth (off)** spuntare qc (elenco, lista) PHRV **tick away/by** scorrere (tempo) ◆ **tick over** andare al minimo (motore)

tick

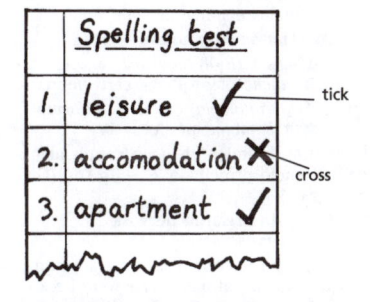

[disegno: foglio intitolato "Spelling test" con
1. leisure ✓ — tick
2. accomodation ✗ — cross
3. apartment ✓]

ticket /'tɪkɪt/ s **1** (treno, cinema) biglietto **2** (biblioteca) tessera **3** (prezzo, misura) cartellino **4** multa
tickle /'tɪkl/ ▶ vt, vi fare il solletico (a)
▶ s solletico
ticklish /'tɪklɪʃ/ agg: to be ticklish soffrire il solletico
tic-tac-toe /ˌtɪk tæk 'təʊ/ s (USA) Vedi NOUGHTS AND CROSSES a NOUGHT
tidal /'taɪdl/ agg (fiume, estuario) soggetto alla marea
tidal wave s onda di maremoto
tide /taɪd/ s **1** marea: The tide is coming in/going out. La marea si sta alzando/abbassando. **2** (fig) corrente
tidy /'taɪdi/ ▶ agg (-ier, -iest) **1** ordinato **2** (aspetto) curato
▶ vt (pass, pp tidied) ~ (sth) (up) mettere in ordine qc PHRV **tidy sth away** mettere qc a posto
tie /taɪ/ ▶ s **1** cravatta **2** [gen pl] laccio: family ties legami familiari **3** (Sport) pareggio

▶ (pass, pp **tied** p pres **tying**) **1** vt, vi legare, legarsi **2** vt (cravatta) fare il nodo a **3** vi (Sport) pareggiare PHRV **tie sb/yourself down** limitare la libertà di qn/la propria libertà ◆ **tie sb up 1** legare qn **2** [spesso al passivo]: Mr Jones is tied up in a meeting. Il signor Jones è impegnato in una riunione. ◆ **tie sth up** legare qc
tier /tɪə(r)/ s **1** (torta) piano **2** (amministrazione) livello **3** (stadio) gradinata
tiger /'taɪɡə(r)/ s tigre **tigress** s tigre femmina
tight /taɪt/ ▶ agg (-er, -est) **1** stretto: These shoes are too tight. Queste scarpe sono troppo strette. **2** teso **3** (controllo) severo
▶ avv (-er, -est) **1** (tenere, abbracciare) forte: Hold tight! Tieniti forte! **2** (chiudere) bene
tighten /'taɪtn/ vt, vi ~ **(sth) (up) 1** stringere qc, stringersi **2** tendere qc, tendersi **3** (controllo) rendere più severo qc, diventare più severo
tightly /'taɪtli/ avv **1** (tenere, abbracciare) forte **2** (chiudere) bene

Prima del participio passato si usa **tightly**, non **tight**: The van was tightly packed with boxes./The van was packed tight with boxes.

tightrope /'taɪtrəʊp/ s fune da acrobata
tights /taɪts/ s [pl] **1** (USA **pantyhose**) collant **2** (ballerino) calzamaglia
tile /taɪl/ ▶ s **1** tegola **2** piastrella, mattonella
▶ vt **1** rivestire di tegole **2** rivestire di piastrelle
till¹ /tɪl/ ▶ cong fino a che
▶ prep fino a ➔ Vedi esempi a UNTIL
till² /tɪl/ s cassa (di negozio): Please pay at the till. Paghi alla cassa, per favore.
tilt /tɪlt/ ▶ vt, vi inclinare, inclinarsi, (far) pendere
▶ s inclinazione, pendenza
timber /'tɪmbə(r)/ s **1** legname **2** alberi da legname **3** trave
time /taɪm/ ▶ s **1** tempo: You've been a long time! Quanto ci hai messo! **2** What time is it?/What's the time? Che ore sono? ◊ It's time we were going/time for us to go. È ora di andare. ◊ by the time we reached home quando arrivammo a casa ◊ (by) this time next year l'anno prossimo di questi tempi ◊ at the present time attualmente **3** volta: last time l'ultima volta ◊ every time tutte le volte ◊ for the first time per la prima volta **4** tempo, epoca LOC **ahead of time** in anticipo ◆ **all the time** tutto il tempo, sempre ◆ **(and) about time (too)!** (informale) era ora! ◆ **at all times** sempre, in qualsiasi momento ◆ **at a time** alla volta: one at a time

tʃ **ch**in   dʒ **J**une   v **v**an   θ **th**in   ð **th**en   s **s**o   z **z**oo   ʃ **sh**e

time lag → to 334

uno alla volta ◆ **at one time** una volta, in passato ◆ **at the time** allora ◆ **at times** a volte ◆ **for a time** per un po' di tempo ◆ **for the time being** per il momento ◆ **from time to time** una volta ogni tanto ◆ **in good time** per tempo ◆ **in time** col tempo ◆ **in time (for sth/to do sth)** in tempo (per qc/per fare qc) ◆ **on time** in orario, puntuale ⊃ Vedi nota a PUNTUALE ◆ **time after time**; **time and (time) again** mille volte ◆ **have a good time** divertirsi ◆ **have the time of your life** (informale) divertirsi da matti ◆ **take your time (over sth/to do sth/doing sth)** prendersi tutto il tempo necessario (per qc/per fare qc) ⊃ Vedi anche BIDE, BIG, HARD, KILL, MARK[2], NICK, ONCE, PRESS, SAME, TELL

▶ vt **1** programmare: *to time sth well/badly* scegliere il momento giusto/sbagliato per qc **2** cronometrare

'**time lag** s intervallo di tempo

timely /'taɪmli/ agg opportuno

timer /'taɪmə(r)/ s contaminuti

times /taɪmz/ prep moltiplicato per: *Three times four is twelve.* Tre per quattro fa dodici.

timetable /'taɪmteɪbl/ (spec USA **schedule**) s orario

timid /'tɪmɪd/ agg **1** timido **2** pauroso

timing /'taɪmɪŋ/ s **1** tempismo: *the timing of the election* la data scelta per le elezioni **2** cronometraggio

tin /tɪn/ s **1** stagno: *tin foil* carta stagnola **2** latta **3** (anche spec USA **can**) barattolo, scatola (di latta): *tin-opener* apriscatole ◊ *a tin of paint* un barattolo di vernice ⊃ Vedi illustrazione a CONTAINER ⊃ Vedi nota a CAN[1]

tinge /tɪndʒ/ ▶ vt **1** ~ **sth (with sth)** tingere leggermente qc (di qc) **2 be tinged with sth** avere una punta di qc
▶ s sfumatura, punta

tingle /'tɪŋgl/ vi **1** pungere (per il freddo) **2** ~ **with sth** (fig) fremere per qc

tinker /'tɪŋkə(r)/ vi ~ **(with sth)** armeggiare (con qc)

tinned /tɪnd/ agg in barattolo, in scatola

tinsel /'tɪnsl/ s fili argentati (per albero di Natale, ecc)

tint /tɪnt/ s **1** sfumatura (di colore) **2** (capelli) shampoo colorante **tinted** agg **1** (capelli) tinto **2** (vetri, occhiali) colorato

tiny /'taɪni/ agg (**tinier, tiniest**) piccolino, minuscolo

tip /tɪp/ ▶ s **1** punta **2** discarica Vedi anche DUMP **3** mancia **4** suggerimento, consiglio

▶ (**-pp-**) **1** vt, vi ~ **(sth) (up)** inclinare qc, inclinarsi **2** vt rovesciare **3** vt, vi dare la mancia (a) PHR V **tip sb off** (informale) fare una soffiata a qn ◆ **tip (sth) over** rovesciare qc, rovesciarsi

tiptoe /'tɪptəʊ/ ▶ s LOC **on tiptoe** in punta di piedi
▶ vi ~ **in/out** entrare/uscire in punta di piedi

tire[1] /'taɪə(r)/ **1** vt, vi stancare, stancarsi **2** vi ~ **of sb/sth/of doing sth** stancarsi, stufarsi di qn/qc/di fare qc PHR V **tire sb/yourself out** sfinire qn/sfinirsi

tire[2] (USA) Vedi TYRE

tiring /'taɪərɪŋ/ agg faticoso: *a long and tiring journey* un viaggio lungo e faticoso

tired /'taɪəd/ agg stanco LOC **tired out** sfinito ◆ **be (sick and) tired of sb/sth/doing sth** essere arcistufo di qn/qc/di fare qc

tireless /'taɪələs/ agg instancabile

tiresome /'taɪəsəm/ agg noioso

tissue /'tɪʃuː/ s **1** (Biol) tessuto **2** fazzolettino di carta **3** (anche '**tissue paper**) carta velina

tit /tɪt/ s **1** (Ornitologia) cincia **2** (informale) tetta LOC **tit for tat** pan per focaccia

title /'taɪtl/ s **1** titolo: *title page* frontespizio ◊ *title role* ruolo principale **2** ~ **(to sth)** (Dir) diritto (a qc)

titter /'tɪtə(r)/ ▶ s risatina nervosa
▶ vi ridere nervosamente

to /tə, tuː/ prep **1** (direzione) a, in, verso: *to go to the beach* andare al mare ◊ *He went back to Brazil.* È tornato in Brasile. ◊ *the road to Edinburgh* la strada per Edimburgo ◊ *Move to the right.* Spostati verso destra. **2** [con complemento indiretto] a: *He gave it to Bob.* Lo ha dato a Bob. ◊ *Explain it to me.* Spiegamelo. **3** fino a: *to count to a hundred* contare fino a cento ◊ *faithful to the end/last* leale fino alla fine/all'ultimo ◊ *It lasts two to three hours.* Dura dalle due alle tre ore. **4** (ora): *ten to one* l'una meno dieci **5** di: *the key to the door* la chiave della porta **6** (paragoni) a: *I prefer football to rugby.* Preferisco il calcio al rugby. **7** (proporzioni) a: *How many miles to the gallon?* Quanti chilometri con un litro? **8** (scopo) per: *The police came closer to get a better idea of the situation.* I poliziotti si sono avvicinati per controllare meglio. **9** (reazione): *to my surprise* con mia grande sorpresa **10** (opinione) a, per: *to my mind* secondo me ◊ *It looks red to me.* A me sembra rosso. LOC **to and fro** avanti e indietro

La particella **to** si utilizza per formare l'infinito e ha vari usi: *to go* andare ◊ *to eat*

| iː see | i happy | ɪ sit | e ten | æ hat | ɑː father | ʌ cup | ʊ put | uː too |

mangiare ◊ *I went to see her.* Sono andato a trovarla. ◊ *He didn't know what to do.* Non sapeva cosa fare. ◊ *There's too much to do.* C'è troppo da fare. ◊ *Try to calm down.* Cerca di calmarti. ◊ *It's for you to decide.* Sta a te decidere.

toad /təʊd/ *s* rospo

toadstool /'təʊdstu:l/ *s* fungo velenoso

toast /təʊst/ ▸ *s* **1** [*non numerabile*] pane tostato: *a slice/piece of toast* una fetta di pane tostato **2** brindisi
▸ *vt* **1** tostare: *a toasted sandwich* un toast **2** brindare a

toaster /'təʊstə(r)/ *s* tostapane

tobacco /tə'bækəʊ/ *s* (*pl* **-s**) tabacco **tobacconist** *s* **1** tabaccaio **2** **tobacconist's** tabaccheria
⊃ *Vedi nota a* TABACCHERIA

toboggan /tə'bɒgən/ ▸ *s* slittino
▸ *vi* andare in slittino

℣ **today** /tə'deɪ/ *avv, s* oggi: *Today's computers are much smaller.* I computer di oggi sono molto più piccoli.

toddler /'tɒdlə(r)/ *s* bambino, -a (*che impara a camminare*) ⊃ *Vedi nota a* BAMBINO

℣ **toe** /təʊ/ ▸ *s* **1** dito del piede: *big toe* alluce ⊃ *Confronta* FINGER **2** punta (*di scarpa, calzino*) LOC **on your toes** all'erta
▸ *vt* (*pass, pp* **toed** *p pres* **toeing**) LOC **toe the line** conformarsi

toenail /'təʊneɪl/ *s* unghia del piede

toffee /'tɒfi; *USA* 'tɔ:fi/ *s* caramella mou

℣ **together** /tə'geðə(r)/ *part avv* **1** insieme: *Shall we have lunch together?* Pranziamo insieme? **2** contemporaneamente: *Don't all talk together.* Non parlate tutti insieme. LOC **together with** insieme a *Vedi anche* ACT ⊃ Per l'uso di **together** nei PHRASAL VERBS vedi alla voce del verbo, ad es. **pull yourself together** a PULL. **togetherness** *s* intimità, armonia

toil /tɔɪl/ ▸ *vi* (*formale*) lavorare duramente
▸ *s* (*formale*) duro lavoro *Vedi anche* WORK¹

℣ **toilet** /'tɔɪlət/ *s* **1** gabinetto: *toilet paper* carta igienica **2** bagno

In inglese britannico si dice **toilet** o **loo** (*inform*) per riferirsi al gabinetto di una casa (**lavatory** e **WC** sono parole cadute in disuso). **The Gents, the Ladies, the toilets, the cloakroom** o **public conveniences** si usano per indicare le toilette di ristoranti, cinema, ecc e i gabinetti pubblici.

In inglese americano si dice **lavatory, toilet** o **bathroom** se si parla del gabinetto di una casa e **restroom** di quello in luoghi pubblici.

toiletries *s* [*pl*] prodotti da toilette

token /'təʊkən/ ▸ *s* **1** gettone **2** buono **3** segno
▸ *agg* simbolico (*cifra, gesto*)

told *pass, pp di* TELL

tolerance /'tɒlərəns/ *s* tolleranza **tolerant** *agg* **~ (of/towards sb/sth)** tollerante (verso qn/qc)

tolerate /'tɒləreɪt/ *vt* tollerare

toll /təʊl/ *s* **1** pedaggio **2** numero delle vittime LOC **take its toll (of sth)**: *The years are taking their toll.* Gli anni si fanno sentire.

℣ **tomato** /tə'mɑ:təʊ; *USA* tə'meɪtəʊ/ *s* (*pl* **-oes**) pomodoro: *tomato purée* concentrato di pomodoro

tomb /tu:m/ *s* tomba

tombstone /'tu:mstəʊn/ *s* pietra tombale

tomcat /'tɒmkæt/ (*anche* **tom**) *s* gatto maschio
⊃ *Vedi nota a* GATTO

℣ **tomorrow** /tə'mɒrəʊ/ *avv, s* domani: *tomorrow morning* domattina ◊ *a week tomorrow* domani a otto ◊ *See you tomorrow.* A domani. LOC *Vedi* DAY

℣ **ton** /tʌn/ *s* **1** tonnellata inglese, 2.240 libbre o 1.016 kg ⊃ *Confronta* TONNE ⊃ *Vedi anche* Appendice 1 **2 tons** [*pl*] **tons (of sth)** (*informale*) un mucchio (di qc)

℣ **tone** /təʊn/ ▸ *s* **1** tono: *Don't speak to me in that tone of voice.* Non parlarmi con quel tono. **2** (*telefono*) segnale
▸ *v* PHRV **tone sth down** attenuare qc

tongs /tɒŋz/ *s* [*pl*] molle

℣ **tongue** /tʌŋ/ *s* **1** lingua **2** (*formale*) (*linguaggio*) lingua ❶ La parola più comune è **language**. *Vedi anche* MOTHER TONGUE *a* MOTHER LOC **put/stick your tongue out 1** (*dal medico*) tirare fuori la lingua **2** (*per spregio*) fare la linguaccia ♦ **(with) tongue in cheek** ironicamente

tonic /'tɒnɪk/ *s* **1** ricostituente **2** (*anche* **tonic water**) acqua tonica

℣ **tonight** /tə'naɪt/ *avv, s* stasera, stanotte: *What's on TV tonight?* Cosa c'è stasera in TV?

tonne /tʌn/ *s* (*pl* **tonnes** *o* **tonne**) tonnellata (*metrica*) ⊃ *Confronta* TON

tonsil /'tɒnsl/ *s* tonsilla **tonsillitis** /ˌtɒnsə'laɪtɪs/ *s* [*non numerabile*] tonsillite

℣ **too** /tu:/ *avv* **1** anche: *I've been to Paris too.* Anch'io sono stato a Parigi. ⊃ *Vedi nota a* ANCHE **2** troppo: *It's too cold outside.* Fa troppo freddo fuori. ◊ *too good to be true*

took → touch

troppo bello per essere vero **3** per di più: *Her purse was stolen. And on her birthday too.* Le hanno rubato il portafoglio e per di più il giorno del suo compleanno. **4** molto: *I'm not too sure.* Non sono molto sicuro.

took *pass di* TAKE

tool /tuːl/ *s* arnese, attrezzo: *tool box/kit* scatola/kit degli attrezzi

toolbar /ˈtuːlbɑː(r)/ *s* barra degli strumenti

tooth /tuːθ/ *s* (*pl* **teeth** /tiːθ/) dente: *to have a tooth out* farsi togliere un dente ◊ *false teeth* dentiera LOC *Vedi* FIGHT, GRIT, SKIN, SWEET

toothache /ˈtuːθeɪk/ *s* mal di denti

toothbrush /ˈtuːθbrʌʃ/ *s* spazzolino da denti ➲ *Vedi illustrazione a* BRUSH

toothpaste /ˈtuːθpeɪst/ *s* dentifricio

toothpick /ˈtuːθpɪk/ *s* stuzzicadenti

top¹ /tɒp/ ▶ *s* **1** cima: *at the top of the page* in cima alla pagina **2** (*fig*) vertice **3** (*classifica, lista*) testa **4** tappo **5** maglietta, camicia **6** (*pigiama*) il sopra LOC **at the top of your voice** a squarciagola ♦ **be on top of sth** avere qc sotto controllo ♦ **off the top of your head** (*informale*) così su due piedi ♦ **on top** sopra ♦ **on top of sb/sth 1** sopra qn/qc **2** oltre a qn/qn: *And on top of all that …* E per di più … *Vedi anche* OVER

▶ *agg* **1** più alto, superiore: *a top floor flat* un appartamento all'ultimo piano **2** migliore: *top quality* qualità migliore **3** più importante: *the top jobs* gli impieghi di maggior prestigio ◊ *a top Italian scientist* uno dei più prestigiosi scienziati italiani

▶ *vt* (**-pp-**) sovrastare: *ice cream topped with chocolate sauce* gelato ricoperto di cioccolata ◊ *and to top it all …* e come se non bastasse … PHRV **top sth up** riempire di nuovo qc: *We topped up our glasses.* Ci siamo versati ancora da bere.

top² /tɒp/ *s* trottola

top ˈhat *s* cilindro (*cappello*) ➲ *Vedi illustrazione a* CAPPELLO

topic /ˈtɒpɪk/ *s* argomento **topical** *agg* d'attualità

topple /ˈtɒpl/ ~ **(over)** *vt, vi* (far) cadere

top ˈsecret *agg* segretissimo

ˈtop-up *s* **1** *Can I give you a top-up?* Te ne verso ancora un po'? **2** ricarica: *I must get a top-up for my mobile.* Devo comprare una ricarica per il telefonino. ◊ *a top-up card* una ricarica

torch /tɔːtʃ/ *s* torcia

tore *pass di* TEAR²

torment ▶ /ˈtɔːment/ *s* (*formale*) tormento
▶ /tɔːˈment/ *vt* **1** (*formale*) tormentare **2** infastidire

torn *pp di* TEAR²

tornado /tɔːˈneɪdəʊ/ *s* (*pl* **-oes** *o* **-os**) tornado

torpedo /tɔːˈpiːdəʊ/ *s* (*pl* **-oes**) siluro

torso /ˈtɔːsəʊ/ *s* (*pl* **-os**) torso

tortoise /ˈtɔːtəs/ *s* tartaruga (*di terra*) ➲ *Vedi illustrazione a* TARTARUGA ➲ *Confronta* TURTLE

torture /ˈtɔːtʃə(r)/ ▶ *s* tortura
▶ *vt* torturare

torturer /ˈtɔːtʃərə(r)/ *s* torturatore, -trice

Tory /ˈtɔːri/ *s* (*pl* **-ies**) *agg* (*GB*) conservatore, -trice: *the Tory Party* il partito conservatore *Vedi anche* CONSERVATIVE ➲ *Confronta* LABOUR senso (4), LIBERAL senso (3)

toss /tɒs; *USA* tɔːs/ ▶ **1** *vt* lanciare, tirare **2** *vt* (*testa*) rovesciare **3** *vi* agitarsi: *to toss and turn* rigirarsi nel letto **4** *vt*: *to toss a coin* fare testa o croce ◊ *to toss sb for sth* fare testa o croce con qn per qc ◊ *to toss a pancake* far saltare una frittella **5** *vi*: *to toss (up) for sth* fare testa o croce per qc

▶ *s* **1** (*testa*) movimento brusco **2** (*moneta*) lancio LOC **win/lose the toss** vincere/perdere al lancio della monetina

total /ˈtəʊtl/ ▶ *agg, s* totale
▶ *vt* (**-ll-**, *USA anche* **-l-**) **1** sommare **2** ammontare a

totally /ˈtəʊtəli/ *avv* completamente

totter /ˈtɒtə(r)/ *vi* **1** (*persona*) barcollare **2** (*oggetto, governo*) traballare

touch¹ /tʌtʃ/ **1** *vt, vi* toccare, toccarsi: *You've hardly touched your steak.* Non hai nemmeno toccato la bistecca. **2** *vt* eguagliare LOC **touch wood** tocchiamo ferro PHRV **touch down** atterrare ♦ **touch on/upon sth** accennare a qc

touch² /tʌtʃ/ *s* **1** tocco: *to put the finishing touches to sth* dare gli ultimi ritocchi a qc **2** tatto: *soft to the touch* morbido al tatto **3** *a ~* **(of sth)** un pochino (di qc): *I've got a touch of flu.* Ho due linee di febbre. ◊ *a touch more garlic* un tantino in più d'aglio ◊ *It's a touch colder today.* Fa un tantino più freddo oggi. **4** abilità: *He hasn't lost his touch.* Non ha perso il suo tocco. LOC **at a touch** al minimo contatto ♦ **be in/out of touch (with sb)** essere/non essere in contatto (con qn) ♦ **be in/out of touch with sth** essere/non essere al corrente di qc ♦ **get/keep in touch with sb** mettersi/tenersi in contatto con qn *Vedi anche* LOSE

| aɪ five | aʊ now | ɔɪ join | ɪə near | eə hair | ʊə pure | ʒ vision | h how | ŋ sing |

touchdown → tradesman

touchdown /'tʌtʃdaʊn/ *s* **1** atterraggio **2** (*Rugby*) meta **3** (*Football americano*) touchdown

touched /tʌtʃt/ *agg* commosso **touching** *agg* commovente

touchy /'tʌtʃi/ *agg* (**-ier, -iest**) **1** (*persona*) permaloso **2** (*situazione, argomento*) delicato

tough /tʌf/ *agg* (**-er, -est**) **1** (*materiale*) resistente, duro **2** (*persona*) tenace **3** (*teppista*) duro, violento **4** (*carne*) duro **5** (*decisione*) difficile: *to have a tough time* passare un periodo difficile **6** (*informale*): *Tough luck!* Peggio per te! LOC **(as) tough as old boots** (*informale*) duro come una suola di scarpe ♦ **be/get tough (with sb)** usare le maniere forti (con qn) **toughen** /'tʌfn/ *vt, vi* ~ **(sb/sth) (up) 1** (*persona*) rendere più forte qc/diventare più forte **2** (*materiale*) rendere più resistente/diventare più resistente **3** (*regola*) rendere più severo/diventare più severo **toughness** *s* **1** forza, resistenza **2** fermezza

toupee /'tu:peɪ; *USA* tu:'peɪ/ *s* parrucchino

tour /tʊə(r)/ ▶ *s* **1** viaggio, gita: *to go on a tour of Scotland* fare il giro della Scozia **2** visita: *guided tour* visita guidata **3** tournée: *to be on tour/go on tour in Italy* essere/andare in tournée in Italia ⊃ *Vedi nota a* VIAGGIO
▶ **1** *vt* fare il giro di **2** *vi* viaggiare **3** *vt, vi* essere in tournée (in)

tourism /'tʊərɪzəm, 'tɔ:r-/ *s* turismo

tourist /'tʊərɪst, 'tɔ:r-/ *s* turista: *tourist attraction* luogo d'interesse turistico

tournament /'tɔ:nəmənt; *USA* 'tɜ:rn-/ *s* torneo

tow /təʊ/ ▶ *vt* rimorchiare, trainare PHRV **tow sth away** portar via qc con il carro attrezzi
▶ *s* [*gen sing*] rimorchio (*azione*) LOC **in tow** (*informale*): *He had his family in tow.* Aveva la famiglia al seguito.

towards /tə'wɔ:dz; *USA* tɔ:rdz/ (*anche* **toward** /tə'wɔ:d; *USA* tɔ:rd/) *prep* **1** verso: *towards the end of the film* verso la fine del film ◊ *be friendly towards sb* essere gentile con qn **2** (*proposito*) per: *put money towards sth* mettere via dei soldi per qc

towel /'taʊəl/ *s* asciugamano

tower /'taʊə(r)/ ▶ *s* torre: *tower block* palazzone
▶ *v* PHRV **tower above/over sb/sth** sovrastare qn/qc

town /taʊn/ *s* **1** città **2** centro: *to go into town* andare in centro LOC **go (out) on the town** (*informale*) uscire a far baldoria ♦ **go to town (on sth)** (*informale*) fare le cose in grande (per qc)

town 'hall *s* comune (*edificio*)

townhouse /'taʊnhaʊs/ *s* (*USA*) *Vedi* TERRACE senso (4)

toxic /'tɒksɪk/ *agg* tossico: *to dispose of toxic waste* eliminare le scorie tossiche

toy /tɔɪ/ ▶ *s* giocattolo
▶ *v* PHRV **toy with sth 1** giocherellare con qc **2** *to toy with the idea of doing sth* accarezzare l'idea di fare qc

trace /treɪs/ ▶ *s* traccia: *to disappear without trace* sparire senza lasciare traccia ◊ *She speaks without a trace of an Irish accent.* Nella sua parlata non c'è traccia dell'accento irlandese.
▶ *vt* **1** seguire le tracce di **2** trovare **3** ~ **sb/sth (to sth)**: *The man was traced to an address in Rome.* Le tracce dell'uomo portano ad un indirizzo romano. **4** far risalire a: *It can be traced back to the Middle Ages.* Si può far risalire al medioevo. **5** ~ **sth (out)** delineare, tracciare i contorni di qc **6** ricalcare

track /træk/ ▶ *s* **1** [*gen pl*] impronta (*di animale, ruota*) **2** sentiero *Vedi anche* PATH **3** (*Sport*) pista **4** (*Ferrovia*) rotaie **5** pezzo, canzone *Vedi anche* SOUNDTRACK LOC **on the right/wrong track** sulla buona strada/fuori strada ♦ **be on sb's track** essere sulle tracce di qn ♦ **keep/lose track of sb/sth** seguire/perdere le tracce di qn/qc: *to lose track of time* perdere la cognizione del tempo ♦ **make tracks (for...)** (*informale*) avviarsi (verso...) *Vedi anche* BEAT
▶ *vt* ~ **sb (to sth)** seguire le tracce di qn (fino a qc) PHRV **track sb/sth down** trovare qn/qc

tracksuit /'træksu:t/ *s* (*USA anche* **sweatsuit**) tuta da ginnastica

tractor /'træktə(r)/ *s* trattore

trade /treɪd/ ▶ *s* **1** commercio **2** industria: *the tourist trade* l'industria turistica **3** mestiere: *He's a carpenter by trade.* Di mestiere fa il falegname. ⊃ *Vedi nota a* WORK[1] LOC *Vedi* TRICK
▶ **1** *vi* commerciare, fare affari **2** *vt* ~ **(sb) sth for sth** dare qc (a qn) in cambio di qc PHRV **trade sth in (for sth)** dare qc in permuta (per qc)

trademark /'treɪdmɑ:k/ *s* marchio di fabbrica

trader /'treɪdə(r)/ *s* commerciante

tradesman /'treɪdzmən/ *s* (*pl* **-men** /-mən/) **1** fornitore: *tradesmen's entrance* entrata di servizio **2** commerciante

trade union → transvestite

,trade 'union (anche ,trades 'union, USA labor union) s sindacato

trading /'treɪdɪŋ/ s commercio

tradition /trə'dɪʃn/ s tradizione traditional /trə'dɪʃənl/ agg tradizionale

traffic /'træfɪk/ ▶ s traffico: *a traffic jam* un ingorgo
▶ vi (pass, pp trafficked p pres trafficking) ~ (in sth) trafficare (qc)

'traffic circle s (USA) Vedi ROUNDABOUT s senso (2)

trafficker /'træfɪkə(r)/ s trafficante

'traffic light (anche traffic lights [pl]) s semaforo

'traffic warden s vigile urbano le cui mansioni sono limitate al controllo dei divieti di sosta

tragedy /'trædʒədi/ s (pl -ies) tragedia

tragic /'trædʒɪk/ agg tragico

trail /treɪl/ ▶ s 1 scia (*di fumo*) 2 traccia (*di sangue*) 3 sentiero 4 pista, tracce: *to be on sb's trail* essere sulle tracce di qn
▶ 1 vi ~ along behind sb/sth trascinarsi dietro a qn/qc 2 vi essere in svantaggio: *At half-time they were trailing by two goals to three.* Alla fine del primo tempo erano in svantaggio di due reti a tre.

trailer /'treɪlə(r)/ s 1 rimorchio 2 (USA) Vedi CARAVAN 3 (*Cine*) trailer

train[1] /treɪn/ s 1 treno: *by train* in treno ◊ *train driver* macchinista 2 serie: *a train of events* una serie di avvenimenti LOC train of thought filo dei pensieri

train[2] /treɪn/ 1 vi studiare, fare tirocinio: *She trained to be a lawyer.* Ha studiato legge. ◊ *train as a nurse* prendere il diploma di infermiere 2 vt (*animale*) addestrare 3 vt (*professionista*) fare un corso di addestramento professionale a 4 vt, vi (*Sport*) allenare, allenarsi 5 vt ~ sth on sb/sth (*videocamera, pistola*) puntare qc verso qn/qc: *train a gun on sb/sth* puntare una pistola contro qn/su qc trainee /treɪ'niː/ s apprendista trainer s 1 (*cani, ecc*) addestratore, -trice 2 (*leoni, ecc*) domatore, -trice 3 (*Sport*) allenatore, -trice 4 (*USA* sneaker) [*gen pl*] scarpa da ginnastica
➜ Vedi illustrazione a SCARPA training s 1 (*Sport*) allenamento 2 formazione, preparazione

trait /treɪt/ s tratto (*di personalità*)

traitor /'treɪtə(r)/ s traditore, -trice Vedi anche BETRAY

trajectory /trə'dʒektəri/ s (pl -ies) traiettoria

tram /træm/ (anche tramcar /'træmkɑː(r)/ (USA streetcar, trolley) s tram

tramp /træmp/ ▶ 1 vi camminare con passo pesante 2 vt percorrere
▶ s barbone, -a

trample /'træmpl/ vt, vi ~ sb/sth (down); ~ on sb/sth calpestare qn/qc

trampoline /'træmpəliːn/ ▶ s trampolino elastico
▶ vi saltare sul trampolino elastico

tranquillize, -ise (USA tranquilize) /'træŋkwəlaɪz/ vt calmare (*con un tranquillante*) tranquillizer, -iser (USA tranquilizer) s tranquillante: *She's on tranquillizers.* Prende tranquillanti.

transatlantic /ˌtrænzət'læntɪk/ agg 1 transatlantico: *a transatlantic flight* un volo transatlantico ◊ *a transatlantic alliance* un'alleanza transatlantica 2 d'oltreoceano

transfer ▶ /træns'fɜː(r)/ (-rr-) 1 vt, vi trasferire, trasferirsi 2 vt (*Dir*) cedere 3 vi ~ (from...) (to...) cambiare (da...) (a...) (*mezzo*)
▶ /'trænsfɜː(r)/ s 1 trasferimento, passaggio 2 (*Dir*) cessione 3 trasbordo 4 (*GB*) decalcomania

transform /træns'fɔːm/ vt trasformare transformation s trasformazione transformer s /træns'fɔːmə(r)/ (*Elettr*) trasformatore

transitive /'trænsətɪv/ agg transitivo

translate /træns'leɪt/ vt, vi tradurre, tradursi: *to translate sth from English (in)to Italian* tradurre qc dall'inglese all'italiano ◊ *It translates as 'fatherland'.* Si traduce "fatherland".
➜ Confronta INTERPRET translation s traduzione: *translation into/from Italian* traduzione in/dall'italiano ◊ *to do a translation* fare una traduzione LOC in translation: *Shakespeare in translation* Shakespeare tradotto translator s traduttore, -trice

transmit /træns'mɪt/ vt (-tt-) trasmettere transmitter s trasmettitore

transparent /træns'pærənt/ agg 1 trasparente 2 (*bugia*) evidente

transplant ▶ /træns'plɑːnt; USA -'plænt/ vt (*Bot, Med*) trapiantare
▶ /'trænsplɑːnt; USA -plænt/ s trapianto: *a heart transplant* un trapianto cardiaco

transport ▶ /'trænspɔːt/ s (USA transportation) 1 trasporto 2 *Have you got transport?* Hai un mezzo?
▶ /træn'spɔːt/ vt trasportare

transvestite /trænz'vestaɪt/ s travestito, -a

| iː see | i happy | ɪ sit | e ten | æ hat | ɑː father | ʌ cup | ʊ put | uː too |

trap /træp/ ▸ s trappola: *to lay/set a trap* tendere una trappola
▸ vt (**-pp-**) **1** intrappolare: *trapped under the rubble* intrappolati tra le macerie **2** ~ **sb into doing sth** far fare qc a qn con l'inganno

trapdoor /'træpdɔː(r)/ s botola

trapeze /trə'piːz; *USA* træ-/ s trapezio (*circo*)

trash /træʃ/ s (*USA*) **1** spazzatura: *The film is trash.* Il film fa schifo.

> In inglese britannico *spazzatura* si dice **rubbish** e *secchio della spazzatura* si dice **dustbin**. Trash è usato solo in senso figurato.

2 (*informale, dispreg*) gentaglia **trashy** *agg* (*informale*) scadente

'**trash can** s (*USA*) *Vedi* DUSTBIN, LITTER BIN

travel /'trævl/ ▸ s **1** [*non numerabile*] viaggi, il viaggiare: *travel bag* sacca da viaggio **2** **travels** [*pl*]: *to be on your travels* essere in viaggio ◊ *Did you see John on your travels?* Hai incontrato John in giro? ⊃ *Vedi nota a* VIAGGIO
▸ (**-ll-**, *USA* **-l-**) **1** *vi* viaggiare: *to travel by car, bus, etc.* viaggiare in macchina, autobus, ecc **2** *vt* percorrere

'**travel agency** s (*pl* **-ies**) agenzia di viaggi

'**travel agent** s **1** agente di viaggio **2** **travel agent's** agenzia di viaggi

traveller (*USA* **traveler**) /'trævələ(r)/ s viaggiatore, -trice

tray /treɪ/ s vassoio

treacherous /'tretʃərəs/ *agg* infido **treachery** /'tretʃəri/ s (*pl* **-ies**) slealtà: *an act of treachery* un tradimento ⊃ *Confronta* TREASON

treacle /'triːkl/ s (*USA* **molasses**) [*non numerabile*] melassa

tread /tred/ ▸ (*pass* **trod** /trɒd/ *pp* **trodden** /'trɒdn/ *o* **trod**) **1** *vi* ~ **on/in sth** calpestare qc **2** *vt* ~ **sth in** schiacciare qc **3** *vt* ~ **sth down** (*terra*) pressare qc **4** *vt* (*strada*) battere LOC **tread carefully** andare con i piedi di piombo
▸ s [*sing*] passo

treason /'triːzn/ s tradimento ❶ **Treason** indica un atto di tradimento contro il proprio paese. *Confronta* TREACHERY *a* TREACHEROUS

treasure /'treʒə(r)/ ▸ s tesoro
▸ vt tenere in gran conto: *her most treasured possession* la sua cosa più cara

treasurer /'treʒərə(r)/ s tesoriere, -a

the Treasury /'treʒəri/ s [*v sing o pl*] il Ministero del Tesoro

treat /triːt/ ▸ **1** *vt* trattare: *to treat sth as a joke* prendere qc come uno scherzo **2** *vt* ~ **sb to sth** offrire qc a qn: *Let me treat you.* Offro io. **3** *v rifl* ~ **yourself to sth** concedersi il lusso di qc **4** *vt* (*paziente*) curare LOC **treat sb like dirt** (*informale*) trattare qn come una pezza da piedi
▸ s **1** regalo, sorpresa: *as a special treat* come regalo ◊ *to give yourself a treat* regalarsi qualcosa di speciale **2** *This is my treat.* Offro io. LOC **a treat** (*informale*) (*funzionare*) a meraviglia *Vedi anche* TRICK

treatment /'triːtmənt/ s **1** trattamento **2** cura

treaty /'triːti/ s (*pl* **-ies**) trattato

treble[1] /'trebl/ ▸ *agg, s* triplo
▸ *vt, vi* triplicare

treble[2] /'trebl/ ▸ s (*Mus*) **1** voce bianca **2** **the treble** [*non numerabile*] gli alti
▸ *agg*: *treble recorder* flauto dolce alto ◊ *treble clef* chiave di violino ⊃ *Confronta* BASS

tree /triː/ s albero

trek /trek/ ▸ s camminata (*lunga e faticosa*)
▸ *vi* (**-kk-**) **1** fare una camminata (*lunga e faticosa*) **2** **go trekking** fare trekking

tremble /'trembl/ *vi* ~ (**with/at sth**) tremare (di/a qc)

trembling /'tremblɪŋ/ ▸ *agg* tremante
▸ s tremiti

tremendous /trə'mendəs/ *agg* **1** enorme: *a tremendous number* un grandissimo numero **2** fantastico **tremendously** *avv* incredibilmente

tremor /'tremə(r)/ s **1** tremito **2** scossa (*sismica*)

trench /trentʃ/ s **1** (*Mil*) trincea **2** fosso

trend /trend/ s tendenza LOC *Vedi* SET[2], BUCK[2]

trendy /'trendi/ *agg* (**-ier, -iest**) (*informale*) alla moda

trespass /'trespəs/ *vi* ~ (**on sth**) entrare abusivamente (in qc): *no trespassing* vietato l'accesso **trespasser** s intruso, -a: *Trespassers will be prosecuted.* I trasgressori saranno puniti a norma di legge.

trial /'traɪəl/ s **1** processo **2** prova: *a trial period* un periodo di prova ◊ *to take sth on trial* prendere qc in prova **3** (*Sport*) prova di qualificazione LOC **be/go on trial/stand trial (for sth)** essere processato (per qc) ♦ **trial and error**: *She learnt to type by trial and error.* Ha imparato a battere a macchina a forza di provare.

triangle /'traɪæŋgl/ s triangolo **triangular** /traɪ'æŋgjələ(r)/ *agg* triangolare

tribal /'traɪbl/ *agg* tribale: *tribal leaders* capi tribù

tribe /traɪb/ s tribù

tribute → trouble

tribute /'trɪbjuːt/ s **1** omaggio **2** a ~ (to sth): *That is a tribute to his skill.* Questa è la riprova della sua bravura.

trick /trɪk/ ▸ s **1** scherzo, trucco: *to play a trick on sb* fare uno scherzo a qn ◊ *His memory played tricks on him.* La memoria gli giocava dei brutti scherzi. ◊ *a dirty trick* un tiro mancino ◊ *a trick question* una domanda trabocchetto **2** trucco: *The trick is to wait.* Il trucco è aspettare. ◊ *a trick of the light* un effetto ottico **3** (*magia*): *conjuring tricks* giochi di prestigio ◊ *card tricks* giochi di prestigio con le carte LOC **every/any trick in the book**: *I tried every trick in the book.* Le ho provate tutte. ♦ **the tricks of the trade** i trucchi del mestiere *Vedi anche* MISS LOC **trick or treat** scherzetto o dolcetto ⊃ *Vedi nota a* HALLOWEEN
▸ vt fregare, ingannare: *to trick sb into (doing) sth* far fare qc a qn con l'inganno ◊ *to trick sb out of sth* fregare qc a qn con l'inganno

trickery /'trɪkəri/ s inganno

trickle /'trɪkl/ ▸ vi gocciolare
▸ s **1** rivolo: *a trickle of blood* un rivolo di sangue **2** ~ (of sth) (*fig*) flusso (di qc)

tricky /'trɪki/ agg (**-ier, -iest**) difficile, complicato

tried *pass, pp di* TRY

trifle /'traɪfl/ ▸ s **1** zuppa inglese **2** sciocchezza, cosa da niente LOC **a trifle** (*formale*) un pochino: *a trifle short* leggermente corto
▸ vi (*formale*) ~ **with sb/sth** prendere alla leggera qn/qc

trigger /'trɪɡə(r)/ ▸ s grilletto
▸ vt ~ **sth (off)** **1** scatenare, provocare qc **2** (*allarme*) far scattare qc

trillion /'trɪljən/ agg, s mille miliardi ⊃ *Vedi nota a* BILLION

trim¹ /trɪm/ agg (**trimmer, trimmest**) (*approv*) **1** curato, ordinato **2** snello

trim² /trɪm/ ▸ vt (**-mm-**) **1** pareggiare (*tagliando*) **2** ~ **sth off (sth)** tagliare via qc (da qc) **3** ~ **sth (with sth)** (*abito*) ornare qc (con qc)
▸ s **1** spuntatina: *to have a trim* farsi spuntare i capelli **2** applicazioni, guarnizioni

trimming /'trɪmɪŋ/ s **1** decorazioni **2** **trimmings** [*pl*] accessori **3** **trimmings** [*pl*] (*pasto*) contorno

trip¹ /trɪp/ (**-pp-**) **1** vi ~ **(over/up)** inciampare: *She tripped on a stone.* È inciampata in un sasso. **2** vt ~ **sb (up)** fare lo sgambetto a qn
PHR V **trip (sb) up** confondere qn/confondersi

trip² /trɪp/ s viaggio, gita: *to go on a trip* fare un viaggio ◊ *a business trip* un viaggio di lavoro ◊ *a coach trip* una gita in pullman ⊃ *Vedi nota a* VIAGGIO

triple /'trɪpl/ ▸ agg, s triplo: *at triple the speed* tre volte più veloce
▸ vt, vi triplicare

triplet /'trɪplət/ s bambino trigemino, bambina trigemina

triumph /'traɪʌmf/ ▸ s trionfo: *a shout of triumph* un grido di vittoria ◊ *one of the triumphs of modern science* una delle conquiste della scienza moderna
▸ vi ~ **(over sb/sth)** trionfare (su qn/qc)

triumphal /traɪ'ʌmfl/ agg trionfale

triumphant /traɪ'ʌmfənt/ agg trionfante **triumphantly** avv trionfalmente

trivial /'trɪviəl/ agg banale, futile **triviality** /ˌtrɪvi'æləti/ s (*pl* **-ies**) banalità

trod *pass di* TREAD

trodden *pp di* TREAD

trolley /'trɒli/ s (*pl* **-s**) **1** (*USA* **cart**) carrello: *shopping trolley* carrello per la spesa **2** (*USA*) *Vedi* TRAM

trombone /trɒm'bəʊn/ s trombone

troop /truːp/ ▸ s **1** gruppo **2** **troops** [*pl*] truppe
▸ vi ~ **in, out, etc.** entrare, uscire, ecc in gruppo

trophy /'trəʊfi/ s (*pl* **-ies**) trofeo

tropic /'trɒpɪk/ s **1** tropico **2** **the tropics** [*pl*] i tropici

tropical /'trɒpɪkl/ agg tropicale

trot /trɒt/ ▸ vi (**-tt-**) trottare, andare al trotto
▸ s trotto LOC **on the trot** (*informale*) di fila

trouble /'trʌbl/ ▸ s **1** [*non numerabile*] problemi, guai: *The trouble is (that)...* Il problema è che... ◊ *money troubles* problemi economici ◊ *What's the trouble?* Cosa succede? **2** [*non numerabile*] disturbo, sforzo: *It's no trouble.* Non è un problema. ◊ *It's not worth the trouble.* Non ne vale la pena. **3** disordini, conflitti **4** (*Med*) disturbo: *heart trouble* disturbo cardiaco LOC **be in trouble** essere nei guai: *If I don't get home by ten I'll be in trouble.* Se non arrivo a casa per le dieci sono nei guai. ♦ **get into trouble** mettersi nei pasticci: *He got into trouble with the police.* Ha avuto delle noie con la polizia. ♦ **go to a lot of trouble (to do sth)** darsi molto da fare (per fare qc) *Vedi anche* ASK, TEETHE
▸ vt **1** disturbare: *Don't trouble yourself.* Non si disturbi. **2** preoccupare: *What's troubling you?* Cosa ti preoccupa?

troubled /'trʌbld/ *agg* **1** (*persona, espressione*) preoccupato **2** (*periodo, vita*) travagliato

trouble-'free *agg* senza problemi, tranquillo

troublemaker /'trʌblmeɪkə(r)/ *s* piantagrane, attaccabrighe

troubleshooter /'trʌblʃuːtə(r)/ *s* rilevatore e risolutore di problemi

troublesome /'trʌblsəm/ *agg* **1** (*bambino*) difficile **2** (*tosse*) fastidioso

trough /trɒf; *USA* trɔːf/ *s* **1** abbeveratoio **2** mangiatoia, trogolo **3** canale **4** (*Meteor*) zona di bassa pressione

trouper /'truːpə(r)/ *s* (*informale*) persona in gamba

trousers /'traʊzəz/ *s* [*pl*] pantaloni: *a pair of trousers* un paio di pantaloni **trouser** *agg*: *trouser leg/pocket* gamba/tasca dei pantaloni

trout /traʊt/ *s* (*pl* **trout**) trota

truant /'truːənt/ *s* (*Scol*): *to play truant* marinare la scuola

truce /truːs/ *s* tregua

truck /trʌk/ *s* **1** (*spec USA*) camion **2** (*USA* **car**) (*Ferrovia*) carro merci aperto

true /truː/ *agg* (**truer, -est**) **1** vero: *It's too good to be true.* È troppo bello per essere vero. **2** preciso, esatto **3** fedele, leale: *to be true to your word/principles* tener fede alle promesse fatte/ai propri valori LOC **come true** avverarsi ♦ **true to life** verosimile

truly /'truːli/ *avv* **1** veramente **2** sinceramente LOC *Vedi* WELL²

trump /trʌmp/ *s* atout: *Hearts are trumps.* L'atout è di cuori.

trumpet /'trʌmpɪt/ *s* tromba

trundle /'trʌndl/ **1** *vi* avanzare lentamente **2** *vt* trascinare **3** *vt* spingere

trunk /trʌŋk/ *s* **1** (*Anat, Bot*) tronco **2** (*bagagli*) baule ⊃ *Vedi illustrazione a* BAGAGLIO **3** (*elefante*) proboscide **4 trunks** [*pl*] calzoncini da bagno **5** (*USA*) *Vedi* BOOT senso (2)

trust /trʌst/ ▶ *s* **1** ~ (**in sb/sth**) fiducia (in qn/qc) **2** responsabilità: *As a teacher you are in a position of trust.* Come insegnante hai un ruolo di grande responsabilità. **3** fondo fiduciario **4** fondazione (*ente*) LOC *Vedi* BREACH
▶ **1** *vt* fidarsi di, aver fiducia in **2** *vt* ~ **sb with sth** affidare qc a qn PHRV **trust to sth** affidarsi a qc

trusted /'trʌstɪd/ *agg* fidato

trustee /trʌ'stiː/ *s* **1** amministratore, -trice **2** amministratore fiduciario, amministratrice fiduciaria

trusting /'trʌstɪŋ/ *agg* fiducioso

trustworthy /'trʌstwɜːði/ *agg* degno di fiducia

truth /truːθ/ *s* (*pl* **-s** /truːðz/) verità LOC *Vedi* ECONOMICAL, MOMENT **truthful** *agg* **1** sincero: *to be truthful* dire la verità **2** veritiero

try /traɪ/ ▶ (*pass, pp* **tried**) **1** *vi* provare, cercare ⊃ *Vedi nota a* PROVARE

> Nel linguaggio informale **try to + infinito** può essere sostituito da **try and + infinito**: *I'll try to/and finish it.* Cercherò di finirlo.

2 *vt* provare: *Can I try the soup?* Posso assaggiare la minestra? **3** *vt* (*Dir, caso*) giudicare **4** *vt* ~ **sb** (**for sth**) (*Dir*) processare qn (per qc) LOC **try sb's patience** mettere a dura prova la pazienza di qn *Vedi anche* BEST PHRV **try sth on sb** provarsi qc ♦ **try sth out** (**on sb**) sperimentare qc (su qn): *The system is being tried out in a number of shops.* Il sistema è in via di sperimentazione in alcuni negozi. ◊ *Pupils had the opportunity to try out several different sports.* Gli alunni hanno avuto l'opportunità di provare diversi tipi di sport.
▶ *s* (*pl* **tries**) **1** *I'll give it a try.* Ci proverò. **2** (*Rugby*) meta

trying /'traɪɪŋ/ *agg* difficile, pesante

tsar (*anche* **tzar, czar**) /zɑː(r)/ *s* zar

tsarina (*anche* **tzarina, czarina**) /zɑː'riːnə/ *s* zarina

T-shirt (*anche* **tee shirt**) /'tiː ʃɜːt/ *s* maglietta

tub /tʌb/ *s* **1** tinozza **2** vaschetta ⊃ *Vedi illustrazione a* CONTAINER **3** vasca da bagno

tuba /'tjuːbə; *USA* 'tuːbə/ *s* tuba

tube /tjuːb; *USA* tuːb/ *s* **1** tubo **2** ~ (**of sth**) tubetto (di qc) ⊃ *Vedi illustrazione a* CONTAINER **3 the tube** (*informale*) (*anche* **the underground**) (*GB*) la metropolitana (*di Londra*): *by tube* in metropolitana *Vedi anche* SUBWAY

tuck /tʌk/ *vt* ~ **sth round sb/sth** avvolgere qn/qc in qc: *to tuck sth round yourself* avvolgersi in qc PHRV **be tucked away** (*informale*) **1** (*soldi*): *He's got a fortune tucked away.* Ha un sacco di soldi da parte. **2** (*paese, casa*) essere nascosto ♦ **tuck sth in** mettere dentro qc (*camicia*) ♦ **tuck sth into sth** infilare qc in qc ♦ **tuck sb up** rimboccare le coperte a qn

Tuesday /'tjuːzdeɪ, 'tjuːzdi; *USA* 'tuː-/ *s* (*abbrev* **Tue., Tues.**) martedì ⊃ *Vedi esempi a* MONDAY

tuft /tʌft/ s ciuffo

tug /tʌɡ/ ▸ (-gg-) **1** vi ~ (at sth) tirare (qc): *He tugged at his mother's coat.* Tirò la mamma per il cappotto. **2** vt trascinare
▸ s **1** ~ (at/on sth) strattone (a qc) **2** (*anche* **tugboat** /'tʌɡbəʊt/) rimorchiatore

tuition /tju'ɪʃn/; *USA* tu-/ s (*formale*) insegnamento, lezioni: *private tuition* lezioni private ◇ *tuition fees* tasse scolastiche

tulip /'tju:lɪp; *USA* 'tu:-/ s tulipano

tumble /'tʌmbl/ ▸ vi cadere, ruzzolare
PHRV **tumble down** crollare
▸ s ruzzolone

tumble-'dryer (*anche* **tumble-'drier**) s (*USA* **dryer**) asciugabiancheria

tumbler /'tʌmblə(r)/ s bicchiere (*da whisky, ecc*)

tummy /'tʌmi/ s (*pl* **-ies**) (*informale*) pancia: *tummy ache* mal di pancia

tumour (*USA* **tumor**) /'tju:mə(r); *USA* 'tu:-/ s tumore

tuna /'tju:nə; *USA* 'tu:nə/ (*pl* **tuna** *o* **-s**) (*anche* **'tuna fish**) s tonno

tune /tju:n; *USA* tu:n/ ▸ s melodia, motivo
LOC **in/out of tune 1** (*persona*) intonato/stonato: *She sang out of tune.* Era stonata. **2** (*strumento*) accordato/scordato ◆ **in/out of tune with sb/sth** in accordo/disaccordo con qn/qc *Vedi anche* CHANGE
▸ vt **1** (*chitarra*) accordare **2** (*motore*) mettere a punto PHRV **tune in (to sth)** sintonizzarsi (su qc) ◆ **tune up** accordare gli strumenti

tuneful /'tju:nfl; *USA* 'tu:n-/ agg melodioso

tunic /'tju:nɪk; *USA* 'tu:-/ s **1** tunica **2** casacca

tunnel /'tʌnl/ ▸ s tunnel, galleria
▸ (-ll-, *USA* -l-) **1** vi ~ (into/through/under sth) scavare una galleria (in/attraverso/sotto qc) **2** vt scavare

turban /'tɜ:bən/ s turbante

turbot /'tɜ:bət/ s (*pesce*) rombo

turbulence /'tɜ:bjələns/ s turbolenza **turbulent** agg turbolento

turf /tɜ:f/ ▸ s [*non numerabile*] tappeto erboso
▸ vt ricoprire di zolle erbose PHRV **turf sb/sth out (of sth)** (*GB, informale*) sbattere fuori qn/qc (da qc)

turkey /'tɜ:ki/ s (*pl* -s) tacchino

turmoil /'tɜ:mɔɪl/ s subbuglio

turn /tɜ:n/ ▸ **1** vi, vt girare, girarsi, voltare, voltarsi: *to turn left* girare a sinistra ◇ *She turned her back and walked off.* Voltò le spalle e se ne andò. ◇ *Turn to page 21.* Vai a pagina 21. **2** vi diventare: *to turn white/red* impallidire/arrossire **3** vt, vi ~ (sb/sth) (from A) into B trasformare qn/qc (da A) in B; trasformarsi (da A) in B **4** vt: *to turn 40* compiere quarant'anni LOC **turn a blind eye (to sth)** chiudere un occhio (su qc) ◆ **turn back the clock** tornare indietro nel tempo ◆ **turn over a new leaf** voltare pagina ◆ **turn your back on sb/sth** voltare le spalle a qn/qc *Vedi anche* MIND, PALE, SOUR
PHRV **turn around** girarsi
turn away (from sb/sth) distogliere lo sguardo (da qn/qc) ◆ **turn sb away** rifiutarsi di aiutare qn ◆ **turn sb away from sth** negare l'ingresso a qn in qc
turn back tornare indietro ◆ **turn sb back** far tornare indietro qn
turn sb/sth down respingere qn/qc ◆ **turn sth down** abbassare qc (*radio, ecc*)
turn off svoltare ◆ **turn sb off** (*informale*) far passare la voglia a qn ◆ **turn sth off 1** (*luce, TV*) spegnere qc **2** (*rubinetto*) chiudere qc
turn sb on (*informale*) eccitare qn ◆ **turn sth on 1** (*luce, TV*) accendere qc **2** (*rubinetto*) aprire qc
turn out 1 assistere, presentarsi **2** risultare, rivelarsi ◆ **turn sb out (of/from sth)** mandare via qn (da qc) ◆ **turn sth out** spegnere qc (*luce*)
turn over 1 girarsi **2** capovolgersi ◆ **turn sth over** girare qc: *please turn over* segue
turn (sb/sth) round (*anche* **turn around**) girare (qn/qc)
turn to sb ricorrere a qn
turn up 1 capitare, presentarsi **2** saltar fuori ◆ **turn sth up** aumentare qc (*volume*)
▸ s **1** giro **2** svolta: *to take a wrong turn* svoltare nella strada sbagliata **3** curva **4** cambiamento: *to take a turn for the better/worse* migliorare/peggiorare **5** turno: *It's your turn.* Tocca a te. **6** (*informale*) spavento **7** (*informale*) malessere LOC **a turn of phrase** un modo di esprimersi ◆ **in turn** a sua volta, a turno ◆ **do sb a good/bad turn** fare un favore/un brutto tiro a qn ◆ **take turns (at sth)** fare i turni (a qc) *Vedi anche* WAIT

turning /'tɜ:nɪŋ/ s svolta

'turning point s svolta decisiva

turnip /'tɜ:nɪp/ s rapa

turnout /'tɜ:naʊt/ s affluenza

turnover /'tɜ:nəʊvə(r)/ s **1** volume d'affari **2** (*merce, personale*) ricambio

'turn signal s (*USA*) *Vedi* INDICATOR senso (2)

turntable /'tɜ:nteɪbl/ s (*giradischi*) piatto

turpentine /ˈtɜːpəntaɪn/ (*informale* **turps** /tɜːps/) *s* acquaragia

turquoise /ˈtɜːkwɔɪz/ *s, agg* turchese

turret /ˈtʌrət/ *s* torretta

turtle /ˈtɜːtl/ *s* tartaruga (*acquatica*) ◯ *Vedi illustrazione a* TARTARUGA ◯ *Confronta* TORTOISE

tusk /tʌsk/ *s* zanna

tutor /ˈtjuːtə(r); *USA* ˈtuː-/ *s* (*GB*) **1** insegnante ◯ *Vedi nota a* TUTOR GROUP **2** (*università*) (docente) tutor **3** insegnante privato

ˈtutor group *s* classe: *She's in my tutor group at school.* È nella mia classe a scuola.

> Nelle scuole secondarie britanniche gli alunni delle varie classi appartengono a un **tutor group**, guidato da un insegnante, il **tutor**. Nella scuola media il **tutor group** è generalmente lo stesso per tutte le materie, mentre nella scuola superiore gli allievi sono suddivisi in gruppi (o **set**) distinti a seconda degli interessi e dei livelli di abilità. Tutte le mattine e tutti i pomeriggi ciascun **tutor group** si riunisce prima dell'inizio delle lezioni per la **registration** e l'insegnante fa l'appello (**takes the register**).

tutorial /tjuːˈtɔːriəl; *USA* tuː-/ *s* seminario (*lezione*)

TV /ˌtiːˈviː/ *s* televisione

twang /twæŋ/ *s* **1** (*Mus*) suono vibrante **2** (*voce*) tono nasale

tweezers /ˈtwiːzəz/ *s* [*pl*] pinzette

twelve /twelv/ *agg, pron, s* dodici ◯ *Vedi esempi a* FIVE **twelfth** *agg, pron, avv, s* dodicesimo ◯ *Vedi esempi a* FIFTH

twenty /ˈtwenti/ *agg, pron, s* venti ◯ *Vedi esempi a* FIFTY, FIVE **twentieth** *agg, avv, pron, s* ventesimo ◯ *Vedi esempi a* FIFTH

twice /twaɪs/ *avv* due volte: *twice as much/many* il doppio **LOC** *Vedi* ONCE

twiddle /ˈtwɪdl/ *vt, vi* ~ (**with**) **sth** giocherellare con qc; rigirare qc **LOC twiddle your thumbs** girarsi i pollici

twig /twɪg/ *s* rametto

twilight /ˈtwaɪlaɪt/ *s* **1** crepuscolo **2** alba

twin /twɪn/ *s* **1** gemello, -a **2** (*di un paio*) compagno: *twin(-bedded) room* camera con letti gemelli

twinge /twɪndʒ/ *s* fitta

twinkle /ˈtwɪŋkl/ *vi* **1** luccicare **2** ~ (**with sth**) (*occhi*) brillare (di qc)

twirl /twɜːl/ **1** *vt* far roteare **2** *vi* volteggiare **3** *vt* attorcigliare

twist /twɪst/ ▶ **1** *vt, vi* torcere, torcersi, contorcere, contorcersi **2** *vt, vi* arrotolare, arrotolarsi, attorcigliare, attorcigliarsi **3** *vi* (*strada, fiume*) procedere tortuosamente **4** *vt* (*parole*) travisare **5** *vt* (*caviglia, polso*) slogarsi ▶ *s* **1** torsione **2** (*strada, fiume*) tortuosità, curva **3** (*cambiamento*) sviluppo imprevisto

twit /twɪt/ *s* (*GB, informale*) cretino, -a

twitch /twɪtʃ/ ▶ *s* **1** sussulto **2** tic **3** strattone ▶ *vt, vi* (far) sussultare

twitter /ˈtwɪtə(r)/ *vi* cinguettare

two /tuː/ *agg, pron, s* due ◯ *Vedi esempi a* FIVE **LOC put two and two together** fare due più due

ˌtwo-ˈfaced *agg* (*informale, dispreg*) falso (*persona*)

ˌtwo-ˈway *agg* **1** (*traffico, strada*) a doppio senso di circolazione **2** (*comunicazione, processo*) bilaterale

tycoon /taɪˈkuːn/ *s* magnate

type /taɪp/ ▶ *s* tipo: *all types of jobs* ogni genere di lavoro ◊ *He's not my type (of person).* Non è il mio tipo. ◊ *She's not the artistic type.* Non mi sembra un tipo artistico.
▶ *vt, vi* battere a macchina ❶ Si usa spesso con **out** o **up**: *to type sth up* battere a macchina qc

typescript /ˈtaɪpskrɪpt/ *s* dattiloscritto

typewriter /ˈtaɪpˌraɪtə(r)/ *s* macchina da scrivere

typhoid /ˈtaɪfɔɪd/ *s* tifo (*malattia*)

typhoon /taɪˈfuːn/ *s* tifone

typical /ˈtɪpɪkl/ *agg* tipico **typically** *avv* **1** tipicamente **2** come al solito

typify /ˈtɪpɪfaɪ/ *vt* (*pass, pp* **-fied**) essere l'esempio tipico di

typing /ˈtaɪpɪŋ/ *s* dattilografia

typist /ˈtaɪpɪst/ *s* dattilografo, -a

tyranny /ˈtɪrəni/ *s* tirannia

tyrant /ˈtaɪrənt/ *s* tiranno, -a

tyre (*USA* **tire**) /ˈtaɪə(r)/ *s* gomma, pneumatico

tzar *Vedi* TSAR

tzarina *Vedi* TSARINA

U u

U, u /juː/ *s* (*pl* **Us, U's, u's**) U, u: *U for uncle* U come Udine ➔ *Vedi esempi a* A, A

ubiquitous /juːˈbɪkwɪtəs/ *agg* (*formale*) onnipresente

UFO (*anche* **ufo**) /ˌjuː ef ˈəʊ, ˈjuːfəʊ/ *abbr* (*pl* **-s**) ufo

ugh! /ɜː, ʊx/ *escl* puah!

ugly /ˈʌgli/ *agg* (**-ier, -iest**) **1** brutto **2** (*folla*) minaccioso

ulcer /ˈʌlsə(r)/ *s* **1** piaga **2** (*anche* **'gastric/'stomach ulcer**) ulcera **3** (*anche* **'mouth ulcer**) afta

ultimate /ˈʌltɪmət/ *agg* **1** ultimo, finale **2** supremo **3** fondamentale, primo **ultimately** *avv* **1** alla fine **2** fondamentalmente

ultimatum /ˌʌltɪˈmeɪtəm/ *s* (*pl* **-s** *o* **ultimata** /-ˈmeɪtə/) ultimatum: *to issue an ultimatum* imporre un ultimatum

ultrasonic /ˌʌltrəˈsɒnɪk/ *agg* ultrasonico

umbrella /ʌmˈbrelə/ *s* **1** ombrello **2** *under the umbrella of…* sotto la protezione di… **3** *an umbrella organization* un ente di controllo

umpire /ˈʌmpaɪə(r)/ *s* arbitro (*tennis, cricket, baseball*)

unable /ʌnˈeɪbl/ *agg*: *to be unable to do sth* non poter fare qc

unacceptable /ˌʌnəkˈseptəbl/ *agg* inaccettabile, inammissibile

unaccustomed /ˌʌnəˈkʌstəmd/ *agg* **1** *be ~ to* (**doing**) **sth** non essere abituato a (fare) qc **2** inconsueto, insolito

unambiguous /ˌʌnæmˈbɪgjuəs/ *agg* inequivocabile

unanimous /juˈnænɪməs/ *agg* **~** (**in sth**) unanime (in qc)

unarmed /ˌʌnˈɑːmd/ *agg* **1** disarmato, senza armi **2** (*indifeso*) inerme

unattended /ˌʌnəˈtendɪd/ *agg* incustodito: *Please do not leave luggage unattended.* Si prega di non lasciare i bagagli incustoditi.

unattractive /ˌʌnəˈtræktɪv/ *agg* poco attraente

unavailable /ˌʌnəˈveɪləbl/ *agg* non disponibile: *The director was unavailable.* Il direttore non c'era.

unavoidable /ˌʌnəˈvɔɪdəbl/ *agg* inevitabile

unaware /ˌʌnəˈweə(r)/ *agg* ignaro: *He was unaware that…* Ignorava che…

unbearable /ʌnˈbeərəbl/ *agg* insopportabile

unbeatable /ʌnˈbiːtəbl/ *agg* imbattibile

unbeaten /ʌnˈbiːtn/ *agg* (*Sport*) imbattuto

unbelievable /ˌʌnbɪˈliːvəbl/ *agg* incredibile *Vedi anche* INCREDIBLE

unbroken /ʌnˈbrəʊkən/ *agg* **1** intatto **2** ininterrotto **3** (*record*) imbattuto **4** (*spirito*) indomito

uncanny /ʌnˈkæni/ *agg* (**-ier, -iest**) **1** misterioso, strano **2** sconcertante

uncertain /ʌnˈsɜːtn/ *agg* **1** incerto, indeciso **2** *It is uncertain whether…* Non si sa se… **3** variabile **uncertainty** *s* (*pl* **-ies**) incertezza

unchanged /ʌnˈtʃeɪndʒd/ *agg* immutato, invariato

uncle /ˈʌŋkl/ *s* zio

unclear /ˌʌnˈklɪə(r)/ *agg* poco chiaro, non chiaro: *I'm unclear about what you want me to do.* Non mi è molto chiaro cosa vuoi che faccia.

uncomfortable /ʌnˈkʌmftəbl; *USA* -fərt-/ *agg* **1** (*poltrona*) scomodo **2** (*persona*) a disagio **uncomfortably** *avv* **1** sgradevolmente: *I was feeling uncomfortably hot.* Mi sentivo sgradevolmente accaldato. ◊ *The exams are getting uncomfortably close.* Gli esami si avvicinano in modo preoccupante. **2** scomodamente: *She perched uncomfortably on the edge of the table.* Sedeva scomodamente in bilico sul bordo del tavolo.

uncommon /ʌnˈkɒmən/ *agg* non comune, insolito

uncompromising /ʌnˈkɒmprəmaɪzɪŋ/ *agg* inflessibile, fermo

unconcerned /ˌʌnkənˈsɜːnd/ *agg* **1** **~** (**about/by sth**) indifferente (a qc) **2** tranquillo

unconditional /ˌʌnkənˈdɪʃənl/ *agg* **1** (*resa, rifiuto*) incondizionato **2** (*amore, affetto*) senza riserve **3** (*offerta*) senza condizioni

unconscious /ʌnˈkɒnʃəs/ ▶ *agg* **1** svenuto, privo di sensi **2** inconscio **3** ignaro
▶ **the unconscious** *s* l'inconscio ➔ *Confronta* SUBCONSCIOUS

unconventional /ˌʌnkənˈvenʃənl/ *agg* poco convenzionale

unconvincing /ˌʌnkənˈvɪnsɪŋ/ *agg* poco convincente

uncool /ˌʌnˈkuːl/ *agg* poco figo

---

aɪ f**i**ve   aʊ n**ow**   ɔɪ j**oi**n   ɪə n**ear**   eə h**air**   ʊə p**u**re   ʒ vi**si**on   h **h**ow   ŋ si**ng**

uncountable /ʌnˈkaʊntəbl/ *agg* (*Gramm*) non numerabile ➪ *Vedi nota a* COUNTABLE

uncouth /ʌnˈkuːθ/ *agg* rozzo

uncover /ʌnˈkʌvə(r)/ *vt* scoprire

undecided /ˌʌndɪˈsaɪdɪd/ *agg* **1** irrisolto **2** ~ (**about sb/sth**) indeciso (su qn/qc)

undeniable /ˌʌndɪˈnaɪəbl/ *agg* innegabile **undeniably** *avv* innegabilmente

under /ˈʌndə(r)/ ▸ *prep* **1** sotto: *It was under the bed.* Era sotto il letto. ◊ *under the new government* sotto il nuovo governo **2** (*età*) al di sotto di **3** (*quantità*) meno di **4** (*Dir*) secondo (*una legge, ecc*) **5** *under construction* in costruzione
▸ *avv* **1** sotto: *He pulled up the covers and crawled under.* Tirò le coperte e si infilò sotto. **2** sott'acqua: *She took a deep breath and stayed under for more than a minute.* Inspirò profondamente e rimase sott'acqua per oltre un minuto. ◊ *The boat was going under fast.* La barca affondava rapidamente. **3** *prices of ten dollars and under* prezzi fino ai dieci dollari ◊ *children aged 12 and under* bambini fino ai 12 anni

under- /ˈʌndə(r)/ *pref* **1** insufficientemente: *Women are under-represented in the group.* Le donne sono rappresentate in modo insufficiente nel gruppo. ◊ *under-used* poco sfruttato **2** (*età*): *the under-fives* i bambini al di sotto dei cinque anni ◊ *the under-21s* i minori di ventun'anni ◊ *the under-21 team* la squadra under ventuno ◊ *under-age drinking* il consumo di alcolici da parte dei minorenni

undercover /ˌʌndəˈkʌvə(r)/ *agg* **1** (*polizia*) segreto **2** (*operazione*) segreto, clandestino

underestimate /ˌʌndərˈestɪmeɪt/ *vt* sottovalutare

undergo /ˌʌndəˈɡəʊ/ *vt* (*pass* **underwent** /-ˈwent/ *pp* **undergone** /-ˈɡɒn; *USA* -ˈɡɔːn/) **1** subire, soffrire **2** (*esperienza*) passare **3** (*corso*) seguire **4** (*cura, intervento chirurgico*) sottoporsi a

undergraduate /ˌʌndəˈɡrædʒuət/ *s* studente universitario, studentessa universitaria

underground /ˌʌndəˈɡraʊnd/ ▸ *avv* **1** sottoterra **2** (*fig*) in clandestinità
▸ *agg* **1** sotterraneo **2** (*fig*) clandestino
▸ *s* **1** (*USA* **subway**) metropolitana **2** movimento clandestino

undergrowth /ˈʌndəɡrəʊθ/ *s* sottobosco

underlie /ˌʌndəˈlaɪ/ *vt* (*pass* **underlay** /ˌʌndəˈleɪ/ *pp* **underlain** /-ˈleɪn/) (*fig*) essere alla base di

underline /ˌʌndəˈlaɪn/ (*spec USA* **underscore**) *vt* sottolineare

underlying /ˌʌndəˈlaɪɪŋ/ *agg* di fondo

undermine /ˌʌndəˈmaɪn/ *vt* minare, pregiudicare

underneath /ˌʌndəˈniːθ/ ▸ *prep, avv* sotto
▸ **the underneath** *s* [*sing*] la parte di sotto

underpants /ˈʌndəpænts/ *s* [*pl*] mutande da uomo

underpass /ˈʌndəpɑːs; *USA* -pæs/ *s* sottopassaggio

underprivileged /ˌʌndəˈprɪvəlɪdʒd/ *agg* diseredato, emarginato

underscore /ˌʌndəˈskɔː(r)/ ▸ *vt* (*spec USA*) *Vedi* UNDERLINE
▸ *s* trattino basso, sottolineatura

undershirt /ˈʌndəʃɜːt/ *s* (*USA*) *Vedi* VEST senso (1,2)

underside /ˈʌndəsaɪd/ *s* parte di sotto

understand /ˌʌndəˈstænd/ *vt, vi* (*pass, pp* **understood** /-ˈstʊd/) **1** *vt, vi* capire **2** *vt* rendersi conto di **3** *vt* (*formale*) credere: *I understand she is in Paris.* Mi risulta che sia a Parigi. **understandable** *agg* comprensibile **understandably** *avv* comprensibilmente

understanding /ˌʌndəˈstændɪŋ/ ▸ *agg* comprensivo
▸ *s* **1** comprensione **2** conoscenza **3** intesa **4** ~ (**of sth**) interpretazione (di qc)

understate /ˌʌndəˈsteɪt/ *vt* minimizzare

understatement /ˈʌndəsteɪtmənt/ *s*: *To say they were disappointed would be an understatement.* Dire che erano delusi è dir poco.

understood *pass, pp di* UNDERSTAND

undertake /ˌʌndəˈteɪk/ *vt* (*pass* **undertook** /-ˈtʊk/ *pp* **undertaken** /-ˈteɪkən/) (*formale*) **1** intraprendere **2** ~ **to do sth** impegnarsi a fare qc **undertaking** *s* **1** (*formale*) promessa **2** [*non numerabile*] impresa

undertaker /ˈʌndəteɪkə(r)/ *s* impresario, -a di pompe funebri **undertaker's** *s* impresa di pompe funebri

undertook *pass di* UNDERTAKE

underwater /ˌʌndəˈwɔːtə(r)/ ▸ *agg* subacqueo, sottomarino
▸ *avv* sott'acqua

underwear /ˈʌndəweə(r)/ *s* biancheria intima

underwent *pass di* UNDERGO

the underworld /ˈʌndəwɜːld/ *s* **1** gli inferi **2** la malavita

---

tʃ **ch**in   dʒ **J**une   v **v**an   θ **th**in   ð **th**en   s **s**o   z **z**oo   ʃ **sh**e

undesirable /ˌʌndɪˈzaɪərəbl/ ▶ *agg* indesiderato
▶ *s* persona indesiderabile

undid *pass di* UNDO

undisputed /ˌʌndɪˈspjuːtɪd/ *agg* indiscusso, incontrastato

undisturbed /ˌʌndɪˈstɜːbd/ *agg* **1** (*persona*) tranquillo **2** (*cosa*) non toccato

undo /ʌnˈduː/ *vt* (*pass* **undid** /ʌnˈdɪd/ *pp* **undone** /ʌnˈdʌn/) **1** sbottonare, slacciare **2** (*nodo*) disfare **3** (*pacco*) aprire **4** annullare: *to undo the damage* riparare al danno **undone** *agg* **1** sbottonato, slacciato: *to come undone* sbottonarsi/slacciarsi **2** incompiuto, non terminato

undoubtedly /ʌnˈdaʊtɪdli/ *avv* indubbiamente

undress /ʌnˈdres/ *vt, vi* spogliare, spogliarsi ❶ È più comune dire **to get undressed**. **undressed** *agg* svestito, nudo

undue /ˌʌnˈdjuː; *USA* -ˈduː/ *agg* (*formale*) [*solo davanti a sostantivo*] eccessivo **unduly** *avv* (*formale*) eccessivamente

unearth /ʌnˈɜːθ/ *vt* dissotterrare, portare alla luce

unease /ʌnˈiːz/ *s* disagio

uneasy /ʌnˈiːzi/ *agg* (**-ier, -iest**) **1** ~ (**about/at sth**) preoccupato (per qc) **2** (*silenzio*) imbarazzato

uneducated /ʌnˈedʒukeɪtɪd/ *agg* non istruito

unemployed /ˌʌnɪmˈplɔɪd/ *agg* disoccupato **the unemployed** *s* [*pl*] i disoccupati

unemployment /ˌʌnɪmˈplɔɪmənt/ *s* disoccupazione

unequal /ʌnˈiːkwəl/ *agg* **1** disuguale **2** (*formale*): *to feel unequal to sth* non sentirsi all'altezza di qc

uneven /ʌnˈiːvn/ *agg* **1** disuguale **2** (*polso*) irregolare

uneventful /ˌʌnɪˈventfl/ *agg* non movimentato, tranquillo

unexpected /ˌʌnɪkˈspektɪd/ *agg* inaspettato, imprevisto

unfair /ˌʌnˈfeə(r)/ *agg* **1** ~ (**to/on sb**) ingiusto (verso qn) **2** (*concorrenza*) sleale **3** (*licenziamento*) senza giusta causa

unfaithful /ˌʌnˈfeɪθfl/ *agg* **1** infedele **2** (*antiq*) sleale

unfamiliar /ˌʌnfəˈmɪliə(r)/ *agg* **1** poco familiare **2** (*persona, viso*) sconosciuto **3** ~ **with sth** poco pratico di qc

unfashionable /ʌnˈfæʃnəbl/ *agg* fuori moda

unfasten /ʌnˈfɑːsn; *USA* -ˈfæsn/ *vt* **1** sbottonare, slacciare **2** (*porta*) aprire **3** (*nodo*) sciogliere

unfavourable (*USA* **unfavorable**) /ʌnˈfeɪvərəbl/ *agg* avverso, sfavorevole

unfinished /ʌnˈfɪnɪʃt/ *agg* non finito, incompiuto: *unfinished business* affari in sospeso

unfit /ʌnˈfɪt/ *agg* **1** ~ (**for sth/to do sth**) inadatto, non adatto (a qc/a fare qc); non in grado (di fare qc) **2** fuori forma

unfold /ʌnˈfəʊld/ **1** *vt* (*cartina, ali*) aprire, spiegare **2** *vt, vi* (*fig*) rivelare, rivelarsi

unforeseen /ˌʌnfɔːˈsiːn/ *agg* imprevisto

unforgettable /ˌʌnfəˈgetəbl/ *agg* indimenticabile

unforgivable /ˌʌnfəˈgɪvəbl/ *agg* imperdonabile

unfortunate /ʌnˈfɔːtʃənət/ *agg* **1** sfortunato: *It is unfortunate (that)…* È un peccato che… **2** (*incidente*) increscioso **3** (*commento*) fuori luogo **unfortunately** *avv* sfortunatamente, purtroppo

unfriendly /ʌnˈfrendli/ *agg* (**-ier, -iest**) ~ (**to/towards sb**) antipatico (con qn)

ungrateful /ʌnˈgreɪtfl/ *agg* ~ (**to sb**) ingrato, irriconoscente (verso qn)

unhappy /ʌnˈhæpi/ *agg* (**-ier, -iest**) **1** infelice **2** ~ (**about/at sth**) insoddisfatto, scontento (di qc) **unhappiness** *s* infelicità

unharmed /ʌnˈhɑːmd/ *agg* **1** illeso **2** intatto

unhealthy /ʌnˈhelθi/ *agg* (**-ier, -iest**) **1** malaticcio **2** insalubre, malsano **3** (*interesse*) morboso

unheard-of /ʌnˈhɜːd ɒv/ *agg* inaudito: *Home computers are now used on a scale unheard-of a few years ago.* L'espansione attuale dell'uso dei PC era impensabile solo pochi anni fa. ◊ *It is almost unheard-of for a new band to be offered such a deal.* Non succede quasi mai che ad una nuova band venga offerto un contratto del genere.

unhelpful /ʌnˈhelpfl/ *agg* di scarso aiuto

uni /ˈjuːni/ *s* (*GB, informale*) università

uniform /ˈjuːnɪfɔːm/ ▶ *agg* uniforme
▶ *s* divisa, uniforme LOC **in uniform** in divisa

unify /ˈjuːnɪfaɪ/ *vt* (*pass, pp* **-fied**) unificare

unimportant /ˌʌnɪmˈpɔːtnt/ *agg* senza importanza, insignificante

uninhabited /ˌʌnɪnˈhæbɪtɪd/ *agg* disabitato, deserto

unintentional /ˌʌnɪnˈtenʃənl/ *agg* involontario

---

iː see   i happy   ɪ sit   e ten   æ hat   ɑː father   ʌ cup   ʊ put   uː too

uninterested /ʌn'ɪntrəstɪd/ *agg* ~ (**in sb/sth**) indifferente (a qn/qc)

union /'ju:niən/ *s* **1** unione: *the Union Jack* la bandiera britannica **2** *Vedi* TRADE UNION

unique /ju'ni:k/ *agg* **1** unico **2** ~ **to sb/sth** proprio, esclusivo di qn/qc

unison /'ju:nɪsn/ *s* LOC **in unison (with sb/sth)** all'unisono (con qn/qc)

unit /'ju:nɪt/ *s* **1** unità **2** *kitchen unit* elemento componibile di cucina

unite /ju'naɪt/ **1** *vt, vi* unire, unirsi **2** *vi* ~ (**in sth/in doing sth/to do sth**) unirsi (per qc/per fare qc) **United Kingdom** *s* (*abbrev* **UK**) Regno Unito

unity /'ju:nəti/ *s* **1** unità **2** (*concordia*) unione, armonia

universal /ˌju:nɪ'vɜ:sl/ *agg* universale, generale **universally** *avv* universalmente

universe /'ju:nɪvɜ:s/ *s* universo

university /ˌju:nɪ'vɜ:səti/ *s* (*pl* **-ies**) università: *to go to university* andare all'università ⊃ *Vedi nota a* SCHOOL

unjust /ˌʌn'dʒʌst/ *agg* ingiusto

unkempt /ˌʌn'kempt/ *agg* **1** disordinato, trasandato **2** (*capelli*) spettinato

unkind /ˌʌn'kaɪnd/ *agg* **1** (*persona*) poco gentile, scortese **2** (*commento*) crudele

unknown /ˌʌn'nəʊn/ *agg* ~ (**to sb**) sconosciuto (a qn)

unlawful /ˌʌn'lɔ:fl/ *agg* illegale, illecito

unleaded /ˌʌn'ledɪd/ ▶ *agg* senza piombo, verde
▶ *s* [*non numerabile*] benzina senza piombo o verde

unleash /ʌn'li:ʃ/ *vt* ~ **sth** (**against/on sb/sth**) **1** (*animale*) sguinzagliare qc (contro qn/qc) **2** (*fig*) scatenare qc (contro qn/qc)

unless /ən'les/ *cong* a meno che, se non: *unless Tim has changed his mind* a meno che Tim non abbia cambiato idea

unlike /ˌʌn'laɪk/ ▶ *agg* diverso
▶ *prep* **1** diverso da: *Music is quite unlike any other art form.* La musica è del tutto diversa dalle altre forme artistiche. **2** a differenza di **3** (*atipico*): *It's unlike him to be late.* Non è da lui essere in ritardo.

unlikely /ʌn'laɪkli/ *agg* (**-ier, -iest**) **1** poco probabile, improbabile **2** (*scusa, storia*) inverosimile

unlimited /ʌn'lɪmɪtɪd/ *agg* illimitato

unload /ˌʌn'ləʊd/ *vt, vi* scaricare

unlock /ˌʌn'lɒk/ *vt, vi* aprire, aprirsi (*con chiave*)

unlucky /ʌn'lʌki/ *agg* (**-ier, -iest**) **1** sfortunato **2** che porta sfortuna

unmarried /ˌʌn'mærɪd/ *agg* non sposato: *an unmarried mother* una madre single

unmistakable /ˌʌnmɪ'steɪkəbl/ *agg* inconfondibile

unmoved /ˌʌn'mu:vd/ *agg* indifferente

unnatural /ʌn'nætʃrəl/ *agg* **1** non normale **2** anormale **3** affettato, poco naturale

unnecessary /ʌn'nesəsəri; *USA* -seri/ *agg* **1** non necessario **2** (*commento*) gratuito

unnoticed /ˌʌn'nəʊtɪst/ *agg* inosservato: *to go unnoticed* passare inosservato

unobtrusive /ˌʌnəb'tru:sɪv/ *agg* discreto

unofficial /ˌʌnə'fɪʃl/ *agg* **1** non ufficiale **2** (*fonte, notizia*) ufficioso **3** (*sciopero*) selvaggio

unorthodox /ʌn'ɔ:θədɒks/ *agg* poco ortodosso

unpack /ˌʌn'pæk/ **1** *vt* disimballare **2** *vi* disfare le valigie **3** *vt* (*valigia*) disfare

unpaid /ˌʌn'peɪd/ *agg* **1** non pagato **2** (*persona, lavoro*) non retribuito

unpleasant /ʌn'pleznt/ *agg* **1** sgradevole **2** (*persona*) antipatico

unplug /ˌʌn'plʌg/ *vt* (**-gg-**) staccare (*TV, ecc*)

unpopular /ˌʌn'pɒpjələ(r)/ *agg* impopolare

unprecedented /ˌʌn'presɪdentɪd/ *agg* senza precedenti

unpredictable /ˌʌnprɪ'dɪktəbl/ *agg* imprevedibile

unqualified /ˌʌn'kwɒlɪfaɪd/ *agg* non qualificato

unravel /ʌn'rævl/ *vt, vi* (**-ll-**, *USA* **-l-**) districare, districarsi, sbrogliare, sbrogliarsi

unreal /ˌʌn'rɪəl/ *agg* irreale

unrealistic /ˌʌnrɪə'lɪstɪk/ *agg* **1** poco realistico **2** poco realista

unreasonable /ʌn'ri:znəbl/ *agg* **1** irragionevole **2** eccessivo

unreliable /ˌʌnrɪ'laɪəbl/ *agg* poco affidabile

unrest /ʌn'rest/ *s* agitazione

unroll /ʌn'rəʊl/ *vt, vi* srotolare

unruly /ʌn'ru:li/ *agg* indisciplinato

unsafe /ʌn'seɪf/ *agg* pericoloso, poco sicuro

unsatisfactory /ˌʌnˌsætɪs'fæktəri/ *agg* poco soddisfacente

unsavoury (*USA* **unsavory**) /ʌn'seɪvəri/ *agg* **1** sgradevole **2** poco raccomandabile

unscathed /ʌnˈskeɪðd/ *agg* **1** illeso **2** (*fig*) indenne

unscrew /ʌnˈskruː/ *vt, vi* svitare, svitarsi

unscrupulous /ʌnˈskruːpjələs/ *agg* senza scrupoli

unseen /ʌnˈsiːn/ *agg* inosservato, non visto

unsettle /ʌnˈsetl/ *vt* scombussolare **unsettled** *agg* **1** (*persona*) irrequieto **2** (*situazione, tempo*) instabile **3** (*questione*) non risolto **unsettling** *agg* inquietante

unshaven /ʌnˈʃeɪvn/ *agg* non rasato

unsightly /ʌnˈsaɪtli/ *agg* antiestetico

unskilled /ʌnˈskɪld/ *agg* non specializzato

unspoiled /ʌnˈspɔɪld/ (*GB anche* **unspoilt** /ʌnˈspɔɪlt/) *agg* non deturpato, non rovinato

unspoken /ʌnˈspəʊkən/ *agg* tacito, non espresso apertamente

unstable /ʌnˈsteɪbl/ *agg* **1** instabile **2** squilibrato

unsteady /ʌnˈstedi/ *agg* (**-ier, -iest**) **1** instabile, insicuro **2** (*mano, voce*) tremante

unstuck /ʌnˈstʌk/ *agg* staccato LOC **come unstuck 1** staccarsi **2** (*fig, informale*) andare a monte

unsuccessful /ˌʌnsəkˈsesfl/ *agg* non riuscito, fallito: *to be unsuccessful in doing sth* non riuscire a fare qc **unsuccessfully** *avv* senza successo

unsuitable /ʌnˈsuːtəbl/ *agg* non adatto

unsure /ʌnˈʃɔː(r)/; *USA* -ˈʃʊər/ *agg* **1** ~ (**of yourself**) poco sicuro (di se stesso) **2** be ~ (**about/of sth**) non essere sicuro (di qc)

unsuspecting /ˌʌnsəˈspektɪŋ/ *agg* ignaro

unsympathetic /ˌʌnˌsɪmpəˈθetɪk/ *agg* **1** poco comprensivo **2** (*sgradevole*) antipatico

unthinkable /ʌnˈθɪŋkəbl/ *agg* impensabile, inconcepibile

untidy /ʌnˈtaɪdi/ *agg* (**-ier, -iest**) disordinato

untie /ʌnˈtaɪ/ *vt* (*pass, pp* **untied** *p pres* **untying**) slegare, sciogliere

until /ənˈtɪl/ ▸ *cong* fino a che: *until this point is cleared up* finché questo punto non viene chiarito
▸ *prep* fino a: *until recently* fino a poco tempo fa ◊ *until now* finora ⊃ *Vedi nota a* FINO

untouched /ʌnˈtʌtʃt/ *agg* **1** intatto: *She left her meal untouched.* Non ha toccato cibo. **2** ~ (**by sth**) insensibile (a qc) **3** ~ (**by sth**) non coinvolto (da qc) **4** indenne

untrue /ʌnˈtruː/ *agg* **1** falso **2** ~ (**to sb/sth**) (*retorico*) infedele (a qn/qc)

unused *agg* **1** /ˌʌnˈjuːzd/ mai usato **2** /ˌʌnˈjuːst/ ~ **to sb/sth** non abituato a qn/qc

unusual /ʌnˈjuːʒuəl/ *agg* **1** insolito, non comune **2** singolare, fuori dell'ordinario **unusually** *avv* eccezionalmente, straordinariamente: *Unusually for him, he wore a tie.* Portava la cravatta, cosa insolita per lui.

unveil /ʌnˈveɪl/ *vt* **1** (*monumento, ecc*) scoprire (*all'inaugurazione*) **2** (*fig*) rivelare

unwanted /ʌnˈwɒntɪd/ *agg* **1** non desiderato: *an unwanted pregnancy* una gravidanza non desiderata ◊ *to feel unwanted* sentirsi respinto **2** superfluo

unwarranted /ʌnˈwɒrəntɪd/ *agg* (*formale*) ingiustificato

unwelcome /ʌnˈwelkəm/ *agg* non gradito, sgradito: *to make sb feel unwelcome* far sentire a qn che la sua presenza non è gradita

unwell /ʌnˈwel/ *agg* indisposto

unwilling /ʌnˈwɪlɪŋ/ *agg* riluttante **unwillingness** *s* riluttanza

unwind /ʌnˈwaɪnd/ (*pass, pp* **unwound** /-ˈwaʊnd/) **1** *vt, vi* srotolare, srotolarsi **2** *vi* (*informale*) rilassarsi

unwise /ˌʌnˈwaɪz/ *agg* imprudente

unwittingly /ʌnˈwɪtɪŋli/ *avv* involontariamente

unwound *pass, pp di* UNWIND

unwrap /ʌnˈræp/ *vt* (**-pp-**) scartare

unzip /ʌnˈzɪp/ *vt* aprire la chiusura lampo di

up /ʌp/ ▸ *part avv* **1** alzato, in piedi: *Is he up yet?* È già alzato? **2** su, in alto: *Pull your socks up.* Tirati su i calzini. **3** ~ (**to sb/sth**): *He came up (to me).* Si avvicinò (a me). **4** a pezzi: *to tear sth up* fare a pezzi qc **5** *to lock sth up* chiudere qc a chiave **6** (*terminato*): *Your time is up.* Il tempo è scaduto. **7** *Turn the volume up.* Aumenta il volume. ◊ *Prices are up on last year.* I prezzi sono aumentati rispetto all'anno scorso. LOC **not be up to much** non valere molto ♦ **be up to sb** dipendere da qn: *It's up to you.* Decidi tu. ♦ **be up (with sb)**: *What's up with you?* Che hai? ♦ **up and down 1** su e giù **2** *to jump up and down* saltellare ♦ **up for sth 1** *The house is up for sale.* La casa è in vendita. **2** *Two candidates are up for election.* Sono due i candidati alle elezioni. **3** *We're going clubbing tonight. Are you up for it?* Stasera andiamo a ballare, ci stai? ♦ **up to sth 1** (*anche* **up until sth**) fino a qc: *up to now* fino ad ora **2** all'altezza di qc: *I don't feel up to it.* Non me la sento. **3** (*informale*): *What are you up to?* Cosa stai combinando? ◊ *He's up*

| aɪ five | aʊ now | ɔɪ join | ɪə near | eə hair | ʊə pure | ʒ vision | h how | ŋ sing |

to no good. Ne sta combinando una delle sue. ⊃ Per l'uso di **up** nei PHRASAL VERBS vedi alla voce del verbo, ad es. **to go up** a GO¹.
▸ *prep* più su: *up the road* più su lungo la strada `LOC` **up and down sth** su e giù per qc
▸ *agg* (*Informatica*) funzionante: *Are the computers back up yet?* Sono di nuovo in funzione i computer?
▸ *s* `LOC` **ups and downs** alti e bassi

upbringing /'ʌpbrɪŋɪŋ/ *s* educazione

update ▸ /ˌʌp'deɪt/ *vt* **1** aggiornare **2** ~ **sb** (**on sth**) mettere al corrente qn (su qc)
▸ /'ʌpdeɪt/ *s* aggiornamento

upgrade ▸ /ˌʌp'greɪd/ *vt* **1** (*Informatica*) aggiornare **2** (*persona*) promuovere (*di grado*)
▸ /'ʌpgreɪd/ *s* **1** aggiornamento **2** (*telefonino, classe aerea*) upgrade

upheaval /ʌp'hi:vl/ *s* agitazione

upheld *pass, pp di* UPHOLD

uphill /ˌʌp'hɪl/ *agg, avv* in salita: *an uphill struggle* una dura lotta

uphold /ʌp'həʊld/ *vt* (*pass, pp* **upheld** /-'held/) **1** (*decisione*) difendere **2** (*tradizione*) mantenere

upholstered /ʌp'həʊlstəd/ *agg* tappezzato
upholstery /ʌp'həʊlstəri/ *s* [*non numerabile*] tappezzeria

upkeep /'ʌpki:p/ *s* manutenzione

uplifting /ˌʌp'lɪftɪŋ/ *agg* edificante

upload /ˌʌp'ləʊd/ *vt* caricare (*Informatica*)

upon /ə'pɒn/ *prep* (*formale*) **1** su, sopra **2** [+ -ing]: *upon arriving home* arrivato a casa *Vedi* ONCE

upper /'ʌpə(r)/ *agg* **1** superiore, di sopra: *upper case* maiuscola ◊ *upper limit* limite massimo **2** alto: *the upper class* l'alta borghesia ⊃ *Vedi esempi a* LOW `LOC` **gain, get, etc. the upper hand** prendere il sopravvento

uppermost /'ʌpəməʊst/ *agg* più alto (*posizione*) `LOC` **be uppermost in sb's mind** essere il primo dei pensieri di qn

upright /'ʌpraɪt/ ▸ *agg* **1** (*posizione*) eretto, verticale **2** (*persona*) retto, onesto
▸ *avv* dritto, in posizione verticale

uprising /'ʌpraɪzɪŋ/ *s* rivolta

uproar /'ʌprɔ:(r)/ *s* [*non numerabile*] tumulto, trambusto

uproot /ˌʌp'ru:t/ *vt* **1** sradicare **2** ~ **sb/yourself** (**from sth**) allontanare qn/allontanarsi (da qc)

upset ▸ /ˌʌp'set/ *vt* (*pass, pp* **upset**) **1** turbare: *Don't upset yourself.* Non te la prendere.
2 (*programma*) scombussolare **3** (*recipiente*) rovesciare
▸ /ˌʌp'set/ *agg* ❶ Davanti ad un sostantivo si pronuncia /'ʌpset/. **1** turbato **2** (*stomaco*) scombussolato
▸ /'ʌpset/ *s* **1** turbamento **2** (*Med*) disturbo

upshot /'ʌpʃɒt/ *s* **the** ~ (**of sth**) l'esito (di qc)

upside down /ˌʌpsaɪd 'daʊn/ *agg, avv* **1** alla rovescia, a testa in giù ⊃ *Vedi illustrazione a* ROVESCIO **2** (*informale*) (*fig*) sottosopra

upstairs /ˌʌp'steəz/ ▸ *avv* al piano di sopra
▸ *agg* del piano di sopra
▸ *s* (*informale*) il piano di sopra

upstream /ˌʌp'stri:m/ *avv* ~ (**of/from sth**) a monte (di/da qc)

upsurge /'ʌpsɜ:dʒ/ *s* (*formale*) **1** ~ (**in sth**) aumento (di qc) **2** ~ (**of sth**) ondata (di qc) (*rabbia, violenza, ecc*)

up to 'date *agg* **1** alla moda **2** aggiornato

upturn /'ʌptɜ:n/ *s* ~ (**in sth**) miglioramento (in qc)

upturned /ˌʌp'tɜ:nd/ *agg* **1** (*scatola, ecc*) capovolto **2** (*naso*) all'insù

upward /'ʌpwəd/ ▸ *agg* ascendente: *an upward trend* una tendenza al rialzo
▸ *avv* (*anche* **upwards**) verso l'alto **upwards of** *prep* più di (*un certo numero*)

uranium /ju'reɪniəm/ *s* uranio

Uranus /'jʊərənəs, ju'reɪnəs/ *s* Urano

urban /'ɜ:bən/ *agg* urbano

urchin /'ɜ:tʃɪn/ *s Vedi* SEA URCHIN

urge /ɜ:dʒ/ ▸ *vt* ~ **sb** (**to do sth**) esortare qn (a fare qc) `PHRV` **urge sb on** spronare qn
▸ *s* desiderio, impulso

urgency /'ɜ:dʒənsi/ *s* urgenza

urgent /'ɜ:dʒənt/ *agg* **1** urgente: *to be in urgent need of sth* avere urgente bisogno di qc **2** (*tono*) insistente

urine /'jʊərɪn/ *s* urina

us /əs, ʌs/ *pron pers* **1** [*come complemento*] ci, noi, a noi: *She gave us the job.* Ci ha dato il lavoro. ◊ *He ignored us.* Ci ha ignorato. ⊃ *Vedi nota a* LET¹ **2** [*dopo prep o il verbo* to be] noi: *behind us* dietro di noi ◊ *both of us* noi due ◊ *It's us.* Siamo noi. ⊃ *Confronta* WE

usage /'ju:sɪdʒ, 'ju:zɪdʒ/ *s* uso

use¹ /ju:z/ *vt* (*pass, pp* **used** /ju:zd/) **1** usare, utilizzare **2** (*spec persona*) usare, sfruttare **3** consumare `PHRV` **use sth up** esaurire qc, finire qc

use² /ju:s/ *s* **1** uso: *for your own use* per uso personale ◊ *a tool with many uses* un attrezzo multiuso ◊ **to find a use for sth** trovare il modo di utilizzare qc **2** *What's the use of crying?* A che serve piangere? LOC **be no use** non servire a nulla ♦ **be of use** servire, essere utile ♦ **have the use of sth** poter usare qc ♦ **in use** in uso ♦ **make use of sth** approfittare di qc

used[1] /juːzd/ *agg* usato, di seconda mano

used[2] /juːst/ *agg* abituato: *to get used to sth/doing sth* abituarsi a qc/a fare qc ◊ *I am used to being alone.* Sono abituato a stare da solo.

Used to do o used to doing? Quando **used to** è preceduto dal verbo **to be** o **to get** ed è seguito da un nome, un pronome o la forma **-ing** di un verbo, significa *essere abituato a* o *abituarsi a*: *You'll soon get used to driving on the right.* Ti abituerai presto a guidare sulla destra. ◊ *You must be used to it by now.* Ormai ci sarai abituato. Quando **used to** è seguito da un verbo all'infinito, esprime azioni o cose che avvenivano in passato ma non avvengono più. *Vedi nota a* USED TO.

used to /ˈjuːst tə, ˈjuːst tu/ *v aus modale*

Used to + infinito si usa per parlare di abitudini e situazioni del passato. In italiano si rende con l'imperfetto, accompagnato talvolta da un'espressione di tempo o di frequenza: *My father used to take me fishing.* Mio padre (di solito) mi portava a pescare. ◊ *Venice used to be a republic.* (Una volta) Venezia era una repubblica. ◊ *I used to be a teacher but now I work for the Council.* Prima facevo l'insegnante, ma adesso lavoro per il Comune.

Le frasi negative e interrogative si formano generalmente con **did**: *He didn't use to be fat.* Prima non era grasso. ◊ *You used to smoke, didn't you?* Una volta fumavi, no? *Vedi nota a* USED[2]

useful /ˈjuːsfl/ *agg* utile *Vedi anche* HANDY **usefulness** *s* utilità

useless /ˈjuːsləs/ *agg* **1** inutile **2** (*informale*) ~ **at sth** negato per qc: *I'm useless at maths.* Sono una frana in matematica.

user /ˈjuːzə(r)/ *s* utente: *user-friendly* di facile uso

username /ˈjuːzəneɪm/ *s* nome utente

usual /ˈjuːʒuəl/ *agg* solito: *more than usual* più del solito ◊ *later than usual* più tardi del solito ◊ *the usual* il solito LOC **as usual** come al solito

usually /ˈjuːʒuəli/ *avv* di solito ➲ *Vedi nota a* ALWAYS

utensil /juːˈtensl/ *s* [*gen pl*] utensile

utility /juːˈtɪləti/ *s* (*pl* **-ies**) **1** utilità **2** [*gen pl*] servizio pubblico

uˈtility room *s* lavanderia (*in casa*)

utmost /ˈʌtməʊst/ ▶ *agg* massimo: *with the utmost care* con la massima attenzione
▶ *s* LOC **do your utmost (to do sth)** fare tutto il possibile (per fare qc)

utter[1] /ˈʌtə(r)/ *vt* **1** (*sospiro, grido*) emettere **2** (*parola, minaccia*) proferire

utter[2] /ˈʌtə(r)/ *agg* totale, completo **utterly** *avv* completamente

V v

V, v /viː/ *s* (*pl* **Vs, V's, v's**) **1** V, v: *V for Victor* V come Venezia ➲ *Vedi esempi a* A, A **2** *V-neck* scollo a V ◊ *V-shaped* a forma di V

vacant /ˈveɪkənt/ *agg* **1** (*camera, bagno*) libero *Vedi anche* SITUATION **2** (*sguardo*) assente **vacancy** *s* (*pl* **-ies**) **1** posto vacante: *We have vacancies for bar staff.* Cercasi baristi/e. **2** camera libera: *'No vacancies'* "Completo" **vacantly** *avv* con aria assente

vacate /vəˈkeɪt; *USA* ˈveɪkeɪt/ *vt* (*formale*) **1** (*casa, stanza*) lasciar libero **2** (*posto di lavoro*) dimettersi da

vacation /vəˈkeɪʃn; *USA* veɪ-/ *s* vacanze

In Gran Bretagna **vacation** si usa soprattutto per le vacanze universitarie e dei tribunali. In tutti gli altri casi la parola più comune è **holiday**. Negli Stati Uniti **vacation** ha un uso più generale.

vaccinate /ˈvæksɪneɪt/ *vt* ~ **sb (against sth)** vaccinare qn (contro qc) **vaccination** /ˌvæksɪˈneɪʃn/ *s* vaccinazione

vaccine /ˈvæksiːn; *USA* vækˈsiːn/ *s* vaccino

vacuum /ˈvækjuəm/ *s* (*Fis*) vuoto: *vacuum-packed* confezionato sottovuoto LOC **in a vacuum** in isolamento completo

---

iː see   i happ**y**   ɪ sit   e ten   æ hat   ɑː father   ʌ cup   ʊ put   uː too

vacuum cleaner → veneer

vacuum cleaner s aspirapolvere
vagina /vəˈdʒaɪnə/ s (pl **-s**) vagina
vague /veɪg/ agg (**vaguer**, **-est**) **1** vago: *She was a bit vague about the dates*. Riguardo alle date è stata un po' vaga. **2** (*persona*) incerto **3** (*gesto, espressione*) distratto **vaguely** avv **1** vagamente **2** distrattamente
vain /veɪn/ agg (**-er**, **-est**) **1** vanitoso **2** (*inutile*) vano LOC **in vain** invano
valentine /ˈvæləntaɪn/ s **1** (*anche* **valentine card**) biglietto di San Valentino **2** persona a cui si manda un biglietto di San Valentino
valiant /ˈvæliənt/ agg valoroso
valid /ˈvælɪd/ agg valido **validity** /vəˈlɪdəti/ s validità
valley /ˈvæli/ s (pl **-eys**) valle
valuable /ˈvæljuəbl/ agg di valore, prezioso ⊃ *Confronta* INVALUABLE **valuables** s [pl] oggetti di valore
valuation /ˌvæljuˈeɪʃn/ s valutazione
value /ˈvælju:/ ▶ s **1** valore **2 values** [pl] (*morali*) valori LOC **be good value** avere un buon prezzo
▶ vt **1** ~ **sth (at sth)** valutare qc (qc) **2** ~ **sb/sth (as sth)** stimare, apprezzare qn/qc (come qc)
valve /vælv/ s valvola
vampire /ˈvæmpaɪə(r)/ s vampiro
van /væn/ s furgoncino
vandal /ˈvændl/ s vandalo, -a **vandalism** s vandalismo **vandalize**, **-ise** vt vandalizzare
the vanguard /ˈvæŋgɑːd/ s l'avanguardia
vanilla /vəˈnɪlə/ s vaniglia
vanish /ˈvænɪʃ/ vi svanire
vanity /ˈvænəti/ s vanità
vantage point /ˈvɑːntɪdʒ pɔɪnt; *USA* ˈvæn-/ s posizione strategica
vapour (*USA* **vapor**) /ˈveɪpə(r)/ s vapore
variable /ˈveəriəbl/ agg, s variabile
variance /ˈveəriəns/ s discrepanza LOC **be at variance (with sb/sth)** (*formale*) essere in disaccordo (con qn/qc) ♦ **be at variance with sth** (*formale*) essere in contraddizione con qc
variant /ˈveəriənt/ s variante
variation /ˌveəriˈeɪʃn/ s variazione
varied /ˈveərid/ agg vario, diversificato
variety /vəˈraɪəti/ s (pl **-ies**) varietà: *a variety of subjects* vari temi ◊ *a variety show* uno spettacolo di varietà
various /ˈveəriəs/ agg vari, diversi
varnish /ˈvɑːnɪʃ/ ▶ s vernice trasparente
▶ vt verniciare

vary /ˈveəri/ vt, vi (*pass*, *pp* **varied**) variare **varying** agg variabile: *in varying amounts* in quantità variabili
vase /vɑːz; *USA* veɪs, veɪz/ s vaso (*da fiori*)
vast /vɑːst; *USA* væst/ agg **1** vasto: *the vast majority* la stragrande maggioranza **2** (*informale*) (*cifra, quantità*) enorme **vastly** avv enormemente
VAT /ˌviː eɪ ˈtiː/ abbr **value added tax** IVA
vat /væt/ s tino
vault /vɔːlt/ ▶ s **1** volta (*di soffitto*) **2** cripta **3** caveau **4** salto, volteggio
▶ vt, vi ~ (**over**) **sth** saltare qc (*appoggiandosi con le mani o con l'asta*)
VDU /ˌviː diː ˈjuː/ (*USA* **VDT** /ˌviː diː ˈtiː/) abbr **visual display unit/terminal** VDU, videoterminale
veal /viːl/ s vitello (*carne*) ⊃ *Vedi nota a* CARNE
veer /vɪə(r)/ vi **1** virare, deviare: *to veer off course* deviare dalla rotta **2** (*vento*) cambiare direzione
vegan /ˈviːgən/ s vegetaliano, -a
vegetable /ˈvedʒtəbl/ s **1** [*numerabile*] verdura, ortaggio: *fruit and vegetables* frutta e verdura **2** (*persona*) vegetale
vegetarian /ˌvedʒəˈteəriən/ agg, s vegetariano, -a
vegetation /ˌvedʒəˈteɪʃn/ s vegetazione
vehement /ˈviːəmənt/ agg veemente, vigoroso
vehicle /ˈviːəkl; *USA anche* ˈviːhɪkl/ s **1** veicolo **2** ~ (**for sth**) (*fig*) veicolo, mezzo (di qc)
veil /veɪl/ ▶ s velo
▶ vt (*fig*) velare, nascondere
veiled /veɪld/ agg (*minaccia*) velato: *veiled in secrecy* avvolto dal mistero
vein /veɪn/ s **1** (*Anat, Geol*) vena **2** (*Bot*) venatura **3** ~ (**of sth**) (*fig*) vena, traccia (di qc) **4** tono: *If he carries on in that vein…* Se continua così…
velocity /vəˈlɒsəti/ s velocità

> **Velocity** si usa soprattutto in contesti scientifici e formali, mentre **speed** ha un uso più generale.

velvet /ˈvelvɪt/ s velluto
vending machine /ˈvendɪŋ məʃiːn/ s distributore automatico
vendor /ˈvendə(r)/ s venditore, -trice
veneer /vəˈnɪə(r)/ s **1** (*legno*) impiallacciatura **2** ~ (**of sth**) (*spesso dispreg*) (*fig*) vernice (di qc)

u situation ɒ got ɔː saw ɜː fur ə ago j yes w woman eɪ pay əʊ go

vengeance → victorious

vengeance /'vendʒəns/ s vendetta: *to take vengeance on sb* vendicarsi di qn LOC **with a vengeance** a più non posso

venison /'venɪsn, 'venɪzn/ s carne di cervo

venom /'venəm/ s **1** (*Biol*) veleno **2** (*fig*) veleno, astio **venomous** *agg* velenoso

vent /vent/ ▶ s **1** sfiatatoio: *air vent* presa d'aria **2** (*giacca, ecc*) spacco LOC **give (full) vent to sth** dare sfogo a qc
▶ *vt* (*formale*) ~ **sth (on sb/sth)** sfogare qc (su qn/qc)

ventilator /'ventɪleɪtə(r)/ s ventilatore

venture /'ventʃə(r)/ ▶ s operazione commerciale *Vedi anche* ENTERPRISE
▶ **1** *vi* azzardarsi, avventurarsi: *They rarely ventured into the city.* Si avventuravano raramente in città. **2** *vt* azzardare

venue /'venju:/ s luogo designato per un concerto, una partita, ecc

Venus /'vi:nəs/ s Venere

verb /vɜ:b/ s verbo

verbal /'vɜ:bl/ *agg* verbale, orale

verdict /'vɜ:dɪkt/ s verdetto

verge /vɜ:dʒ/ ▶ s margine erboso LOC **on the verge of doing sth** sul punto di fare qc ♦ **on the verge of sth** sull'orlo di qc
▶ *v* PHR V **verge on sth** rasentare qc

verification /ˌverɪfɪ'keɪʃn/ s **1** verifica **2** riprova

verify /'verɪfaɪ/ *vt* (*pass, pp* -**fied**) **1** verificare **2** (*timore, sospetto*) confermare

veritable /'verɪtəbl/ *agg* (*formale o scherz*) vero e proprio

versatile /'vɜ:sətaɪl; *USA* -tl/ *agg* versatile

verse /vɜ:s/ s **1** versi **2** strofa **3** versetto

versed /vɜ:st/ *agg* ~ **in sth** versato in qc

version /'vɜ:ʃn; *USA* -ʒn/ s versione

versus /'vɜ:səs/ (*abbrev* **v, vs**) *prep* contro

vertebra /'vɜ:tɪbrə/ s (*pl* -**brae** /-bri:/) vertebra **vertebrate** /'vɜ:tɪbrət/ s vertebrato, -a

vertical /'vɜ:tɪkl/ *agg* verticale

verve /vɜ:v/ s verve, brio

very /'veri/ ▶ *avv* **1** molto, tanto: *I'm very sorry.* Mi dispiace tanto. ◊ *not very much* non molto **2** *the very best* il migliore in assoluto ◊ *at the very latest* al più tardi ◊ *your very own room* una camera tutta per te **3** esattamente: *the very next day* proprio il giorno dopo LOC **very well** molto bene: *Oh, very well, if you insist.* Molto bene, se insisti.
▶ *agg* **1** *at that very moment* in quel preciso momento ◊ *You're the very man I need.* Sei proprio la persona di cui ho bisogno. **2** *at the very end/beginning* proprio alla fine/all'inizio **3** *the very idea/thought of...* il solo pensiero di … LOC *Vedi* EYE, FIRST

vessel /'vesl/ s **1** (*formale*) natante, nave **2** (*formale*) recipiente **3** (*sanguigno, linfatico*) vaso

vest /vest/ s **1** (*USA* **undershirt**) maglietta intima **2** (*USA* **undershirt**) canottiera **3** *bullet-proof vest* giubbotto antiproiettile **4** (*USA*) *Vedi* WAISTCOAT

vested interest /ˌvestɪd 'ɪntrəst/ s **to have a ~ in sth** avere un tornaconto in qc

vestige /'vestɪdʒ/ s vestigio

vet[1] /vet/ *vt* (-**tt**-) (*GB*) passare al vaglio

vet[2] /vet/ s **1** veterinario, -a **2** (*USA, informale*) reduce

veteran /'vetərən/ ▶ *agg, s* veterano, -a
▶ s reduce

veterinary surgeon /'vetrənri sɜ:dʒən/ s (*GB, formale*) veterinario, -a

veto /'vi:təʊ/ ▶ s (*pl* -**es**) veto
▶ *vt* (*p pres* -**ing**) mettere il veto a

via /'vaɪə/ *prep* **1** passando per, via: *via Paris* passando per Parigi **2** per mezzo di, tramite

viable /'vaɪəbl/ *agg* attuabile, fattibile: *commercially viable* proficuo

vibrate /vaɪ'breɪt; *USA* 'vaɪbreɪt/ *vt, vi* (far) vibrare **vibration** s vibrazione

vicar /'vɪkə(r)/ s parroco anglicano ⊃ *Vedi nota a* PRIEST **vicarage** /'vɪkərɪdʒ/ s casa del parroco

vice[1] /vaɪs/ s vizio

vice[2] (*USA* **vise**) /vaɪs/ s morsa (*attrezzo*)

vice- /vaɪs/ *pref* vice-

vice versa /ˌvaɪs 'vɜ:sə/ *avv* viceversa

vicinity /və'sɪnəti/ s LOC **in the vicinity (of sth)** (*formale*) nelle vicinanze (di qc)

vicious /'vɪʃəs/ *agg* **1** cattivo, crudele **2** (*aggressione*) brutale **3** (*cane*) feroce LOC **a vicious circle** un circolo vizioso

victim /'vɪktɪm/ s vittima LOC *Vedi* FALL **victimize, -ise** *vt* perseguitare

victor /'vɪktə(r)/ s (*formale*) vincitore, -trice

Victorian /vɪk'tɔ:riən/ *agg* riferito al periodo del regno della regina Vittoria d'Inghilterra, dal 1837 al 1901, caratterizzato da forti sentimenti patriottici e un codice morale e sociale molto rigido.

victorious /vɪk'tɔ:riəs/ *agg* **1** ~ **(in sth)** vittorioso (in qc) **2** (*squadra*) vincitore **3** **be ~ (over sb/sth)** trionfare (su qn/qc)

| aɪ five | aʊ now | ɔɪ join | ɪə near | eə hair | ʊə pure | ʒ vision | h how | ŋ sing |

victory → **visually**

⚡ **victory** /'vɪktəri/ s (pl **-ies**) vittoria

⚡ **video** /'vɪdiəʊ/ s (pl **-s**) **1** video **2** (anche **video cassette recorder**, **'video recorder**) (abbrev **VCR**) videoregistratore

videotape /'vɪdiəʊteɪp/ s videocassetta

⚡ **view** /vjuː/ ▸ s **1** vista, veduta **2** (anche **viewing**): *We had a private viewing of the film.* Abbiamo assistito ad un'anteprima del film. **3** [gen pl] ~ (**about/on sth**) opinione, parere (su qc) **4** punto di vista, concezione LOC **in my, etc. view** (formale) a mio, ecc avviso ♦ **in view of sth** considerato qc ♦ **with a view to doing sth** (formale) con lo scopo di fare qc *Vedi anche* POINT
▸ vt **1** guardare, vedere **2** ~ sth (as sth) considerare qc (qc)

viewer /'vjuːə(r)/ s **1** telespettatore, -trice **2** osservatore, -trice **3** (diapositive) visore

viewpoint /'vjuːpɔɪnt/ s punto di vista

vigil /'vɪdʒɪl/ s veglia

vigilant /'vɪdʒɪlənt/ agg (formale) vigile: *to be vigilant* stare all'erta

vigorous /'vɪgərəs/ agg vigoroso, energico

Viking /'vaɪkɪŋ/ s, agg vichingo

vile /vaɪl/ agg (**viler, -est**) disgustoso, ripugnante

villa /'vɪlə/ s villa

> **Villa** si usa per riferirsi alle antiche ville romane con i loro possedimenti terrieri o per parlare delle ville di campagna, specialmente quelle dei paesi mediterranei. Nell'inglese britannico indica anche la casa per le vacanze: *We rented a holiday villa in Spain.* Abbiamo preso in affitto una villa in Spagna.

⚡ **village** /'vɪlɪdʒ/ s paese, villaggio **villager** s abitante (di paese)

villain /'vɪlən/ s **1** (Teat, Cine) cattivo, -a **2** (GB, informale) delinquente

vindicate /'vɪndɪkeɪt/ vt **1** (accusato) scagionare **2** (fatto) confermare **3** (persona) dare ragione a

vindictive /vɪn'dɪktɪv/ agg vendicativo

vine /vaɪn/ s **1** vite (pianta) **2** rampicante

vinegar /'vɪnɪgə(r)/ s aceto

vineyard /'vɪnjəd/ s vigna, vigneto

vintage /'vɪntɪdʒ/ ▸ s **1** annata (di produzione) **2** vendemmia
▸ agg **1** (vino) d'annata **2** (fig) classico **3** (GB) (auto) d'epoca (fabbricato tra il 1917 e il 1930)

vinyl /'vaɪnl/ s vinile

viola /vi'əʊlə/ s (Mus) viola

violate /'vaɪəleɪt/ vt violare ❶ Nel significato sessuale non si usa quasi mai **violate** ma **rape**.

⚡ **violence** /'vaɪələns/ s **1** violenza **2** (sentimenti) intensità

⚡ **violent** /'vaɪələnt/ agg **1** violento **2** (sentimenti) intenso

violet /'vaɪələt/ s, agg viola (fiore, colore)

violin /ˌvaɪə'lɪn/ s violino

violinist /ˌvaɪə'lɪnɪst/ s violinista

VIP /ˌviː aɪ 'piː/ s **very important person** VIP

virgin /'vɜːdʒɪn/ agg, s vergine

Virgo /'vɜːgəʊ/ s Vergine (segno zodiacale) ⊃ *Vedi esempi a* ACQUARIO

virile /'vɪraɪl; USA 'vɪrəl/ agg virile

virtual /'vɜːtʃuəl/ agg **1** *the virtual extinction of the tiger* la quasi estinzione della tigre ◊ *They are virtual prisoners.* Sono praticamente prigionieri. **2** (Informatica) virtuale: *virtual reality* realtà virtuale **virtually** avv di fatto, praticamente

virtue /'vɜːtʃuː/ s **1** virtù **2** merito, pregio LOC **by virtue of sth** (formale) in virtù di qc **virtuous** agg virtuoso

virtuoso /ˌvɜːtʃu'əʊsəʊ/ s (pl **-os** o **-i**) virtuoso

⚡ **virus** /'vaɪrəs/ s (pl **viruses**) virus

visa /'viːzə/ s visto (sul passaporto)

vis-à-vis /ˌviːz ɑː 'viː/ prep (formale) **1** relativamente a **2** rispetto a

vise (USA) *Vedi* VICE²

⚡ **visible** /'vɪzəbl/ agg **1** visibile **2** (fig) palese **visibly** avv visibilmente

⚡ **vision** /'vɪʒn/ s **1** vista **2** (previsione, sogno) visione

⚡ **visit** /'vɪzɪt/ ▸ **1** vt (persona) andare a trovare **2** vt (museo, paese) visitare **3** vi essere in visita **4** vt (scuola, ristorante) ispezionare
▸ s visita LOC *Vedi* PAY

visiting /'vɪzɪtɪŋ/ agg (squadra) ospite: *visiting hours* orario delle visite

⚡ **visitor** /'vɪzɪtə(r)/ s **1** visitatore, -trice **2** visita (persona) **3** turista

vista /'vɪstə/ s (formale) **1** vista (panoramica) **2** (fig) prospettiva

visual /'vɪʒuəl/ ▸ agg visivo
▸ s inserto visivo, immagine

visualize, -ise /'vɪʒuəlaɪz/ vt **1** ~ (**yourself**) immaginarsi/immaginare **2** prevedere

visually /'vɪʒuəli/ avv **1** visivamente: *visually exciting* visivamente entusiasmante **2** *visually impaired* videoleso

| tʃ **ch**in | dʒ **J**une | v **v**an | θ **th**in | ð **th**en | s **s**o | z **z**oo | ʃ **sh**e |

vital → vulture

vital /'vaɪtl/ *agg* **1** ~ **(for/to sb/sth)** vitale, essenziale (per qn/qc) **2** *(persona)* pieno di vitalità
vitally *avv*: *vitally important* di vitale importanza

vitamin /'vɪtəmɪn; *USA* 'vaɪt-/ *s* vitamina

vivacious /vɪ'veɪʃəs/ *agg* vivace

vivid /'vɪvɪd/ *agg* vivido **vividly** *avv* in modo vivido

vixen /'vɪksn/ *s* volpe femmina

vocabulary /və'kæbjələri; *USA* -leri/ *s* (*pl* -**ies**) (*anche inform* **vocab** /'vəʊkæb/) vocabolario *(lessico)*

vocal /'vəʊkl/ ▸ *agg* **1** vocale: *vocal cords* corde vocali **2** *a vocal minority* una minoranza che si fa sentire
▸ *s* [*gen pl*]: *to do the/be on vocals* essere il cantante/cantare

vocation /vəʊ'keɪʃn/ *s* ~ **(for/to sth)** vocazione (per qc) **vocational** *agg* professionale: *vocational training* formazione professionale

vociferous /və'sɪfərəs; *USA* vəʊ-/ *agg* rumoroso *(che si fa sentire)*

vogue /vəʊɡ/ *s* ~ **(for sth)** moda (di qc) LOC **in vogue** in voga

voice /vɔɪs/ ▸ *s* voce: *to raise/lower your voice* alzare/abbassare la voce ◊ *to have no voice in the matter* non avere voce in capitolo LOC **make your voice heard** esprimere la propria opinone *Vedi anche* TOP¹
▸ *vt* esprimere *(opinione)*

voicemail /'vɔɪsmeɪl/ *s* casella vocale

void /vɔɪd/ ▸ *s* (*formale*) vuoto
▸ *agg* (*formale*) nullo: *to make sth void* annullare qc *Vedi* NULL

volatile /'vɒlətaɪl; *USA* -tl/ *agg* **1** (*spesso dispreg*) (*persona*) volubile **2** (*situazione*) instabile

volcano /vɒl'keɪməʊ/ *s* (*pl* -**oes**) vulcano **volcanic** /vɒl'kænɪk/ *agg* vulcanico

volition /və'lɪʃn; *USA* vəʊ-/ *s* (*formale*) LOC **of your own volition** di propria volontà

volley /'vɒli/ *s* (*pl* -**eys**) **1** (*Sport*) volée **2** (*proiettili, insulti*) raffica

volleyball /'vɒlibɔːl/ *s* pallavolo

volt /vəʊlt/ *s* volt **voltage** /'vəʊltɪdʒ/ *s* voltaggio: *high voltage* alta tensione

volume /'vɒljuːm; *USA* -jəm/ *s* volume

voluminous /və'luːmɪnəs/ *agg* (*formale*) voluminoso

voluntary /'vɒləntri; *USA* -teri/ *agg* **1** volontario **2** facoltativo

volunteer /ˌvɒlən'tɪə(r)/ ▸ *s* volontario, -a
▸ **1** *vi* ~ **(for sth/to do sth)** offrirsi come volontario (per qc); offrirsi (di fare qc) **2** *vt* dare *(informazioni, consigli)*

vomit /'vɒmɪt/ ▸ *vt, vi* vomitare ❶ È più comune dire **to be sick**.
▸ *s* vomito

vomiting /'vɒmɪtɪŋ/ *s* vomito

voodoo /'vuːduː/ *s* [*non numerabile*] vudù

voracious /və'reɪʃəs/ *agg* insaziabile, avido

vote /vəʊt/ ▸ *s* **1** voto: *to take a vote on sth/put sth to the vote* mettere ai voti qc **2** **the vote** il diritto di voto LOC **vote of no confidence** voto di sfiducia ♦ **vote of thanks** ringraziamento: *to propose a vote of thanks to sb* ringraziare qn
▸ **1** *vt, vi* votare: *to vote for/against sb/sth* votare per/contro qn/qc **2** *vt* (*fondi*) assegnare (*con votazione*) **3** *vt* ~ **(that ...)** proporre che ...

voter /'vəʊtə(r)/ *s* votante

voting /'vəʊtɪŋ/ *s* votazione

vouch /vaʊtʃ/ *v* PHRV **vouch for sb/sth** garantire per qn; garantire qc

voucher /'vaʊtʃə(r)/ *s* (*GB*) buono, coupon

vow /vaʊ/ ▸ *s* voto (*religioso, di matrimonio*)
▸ *vt* **to vow (that) ... /to do sth** giurare che ... /di fare qc

vowel /'vaʊəl/ *s* vocale

voyage /'vɔɪɪdʒ/ *s* (*formale*) viaggio

> **Voyage** si usa generalmente per i viaggi via mare e quelli nello spazio, e nel senso figurato. *Vedi nota a* VIAGGIO.

vulgar /'vʌlɡə(r)/ *agg* volgare

vulnerable /'vʌlnərəbl/ *agg* vulnerabile

vulture /'vʌltʃə(r)/ *s* avvoltoio

W w

W, w /'dʌblju:/ s (pl **Ws, W's, w's**) W, w: *W for William* W come Washington ◆ *Vedi esempi a* A, A

wacky (*anche* **whacky**) /'wæki/ *agg* (**-ier, -iest**) (*informale*) demenziale: *wacky ideas* idee strampalate

wade /weɪd/ **1** *vi* camminare con difficoltà (*nell'acqua, nel fango, ecc*) **2** *vt, vi* (*ruscello*) guadare

wafer /'weɪfə(r)/ s cialda

waffle /'wɒfl/ ▸ s **1** [*numerabile*] gaufre, cialda (*spesso ricoperta di panna montata o cioccolata*) **2** (*GB, informale*) aria fritta
▸ *vi* **1** ~ (**on**) (**about sth**) (*GB, informale, dispreg*) fare una tiritera (su qc) **2** ~ (**on/over sth**) (*USA, informale*) tergiversare (su qc)

wag /wæg/ *vt, vi* (**-gg-**) **1** (*dito, testa*) scuotere **2** (*coda*) agitare: *The dog wagged its tail.* Il cane scodinzolò.

wage /weɪdʒ/ ▸ s [*gen pl*] paga (*settimanale*) ◆ *Confronta* SALARY
▸ *vt* LOC **wage (a) war/a battle (against/on sb/sth)** fare la guerra (a qn/qc)

wagon (*GB anche* **waggon**) /'wægən/ s **1** carro (*a quattro ruote e a trazione animale*) **2** (*Ferrovia*) carro merci

wail /weɪl/ ▸ *vi* **1** gemere **2** (*sirena*) ululare
▸ s **1** gemito **2** ululato

waist /weɪst/ s vita (*di persona, abito*)

waistband /'weɪstbænd/ s cintura (*di gonna, pantaloni*)

waistcoat /'weɪskəʊt; *USA* 'weskət/ (*USA* **vest**) s panciotto, gilè

waistline /'weɪstlaɪn/ s punto vita

wait /weɪt/ ▸ *vi* ~ (**for sb/sth**) aspettare (qn/qc): *Wait for me!* Aspettami! ◊ *Wait a minute!* Un momento! ◊ *I can't wait to…* Non vedo l'ora di … LOC **keep sb waiting** far aspettare qn ◆ **wait and see** stare a vedere ◆ **wait at table** (*formale*) (*USA* **wait tables**) servire a tavola ◆ **wait your turn** aspettare il proprio turno PHRV **wait about/around** (stare ad) aspettare ◆ **wait on sb** servire qn ◆ **wait up** (**for sb**) aspettare alzato (qn)
▸ s attesa: *We had a three-hour wait for the bus.* Abbiamo aspettato l'autobus per tre ore.
◆ *Confronta* AWAIT

waiter /'weɪtə(r)/ s cameriere

'waiting room s sala d'attesa

waitress /'weɪtrəs/ s cameriera

waive /weɪv/ *vt* **1** (*diritto*) rinunciare a **2** (*norma*) passare sopra a

wake /weɪk/ ▸ *vt, vi* (*pass* **woke** /wəʊk/ *pp* **woken** /'wəʊkən/) ~ (**sb**) (**up**) svegliare qn; svegliarsi ◆ *Vedi nota a* AWAKE *e confronta* AWAKEN PHRV **wake (sb) up** aprire gli occhi (a qn) ◆ **wake up to sth** rendersi conto di qc
▸ s **1** veglia funebre **2** (*Naut*) scia LOC **in the wake of sth** a seguito di qc

walk /wɔːk/ ▸ **1** *vi* camminare, andare a piedi **2** *vt* ~ **sb** *I'll walk you home.* Ti accompagno a casa. ◊ *He's out walking the dog.* È andato a portare a spasso il cane. **3** *vt* percorrere a piedi PHRV **walk away/off** andarsene ◆ **walk into sb/sth** sbattere contro qn/qc ◆ **walk off with sth 1** portarsi a casa qc: *She walked off with the first prize.* Ha portato a casa il primo premio. **2** portare via qc: *I realized that I had walked off with her pen.* Mi sono accorto di averle portato via la penna. ◆ **walk out** (*informale*) scendere in sciopero ◆ **walk out** (**of sth**) abbandonare qc per protesta
▸ s **1** passeggiata, camminata: *to go for a walk* andare a fare due passi ◊ *It's a ten-minute walk.* Ci vogliono dieci minuti a piedi. **2** andatura, camminata LOC **walk of life**: *people of all walks of life* persone di ogni ceto e mestiere

walker /'wɔːkə(r)/ s escursionista

walking /'wɔːkɪŋ/ s escursionismo: *walking shoes* pedule ◊ *walking stick* bastone da passeggio

Walkman® /'wɔːkmən/ s (pl **-mans**) walkman®

walkout /'wɔːkaʊt/ s sciopero

walkway /'wɔːkweɪ/ s passerella pedonale

wall /wɔːl/ s **1** muro **2** parete LOC *Vedi* BACK[1]
walled *agg* **1** cinto da mura **2** murato

wallet /'wɒlɪt/ s portafoglio ◆ *Confronta* PURSE

wallpaper /'wɔːlpeɪpə(r)/ s carta da parati

wally /'wɒli/ s (pl **-ies**) (*GB, informale*) sciocco, -a

walnut /'wɔːlnʌt/ s noce

waltz /wɔːls; *USA* wɔːlts/ ▸ s valzer
▸ *vi* ballare il valzer

wand /wɒnd/ s bacchetta: *magic wand* bacchetta magica

wander → wash

wander /'wɒndə(r)/ **1** *vi* gironzolare

> Spesso **wander** è seguito da **around**, **about** o altre preposizioni o avverbi e ha il significato di "a caso, senza meta": *to wander in* fare una capatina ◊ *He wandered through the corridors.* Gironzolò per i corridoi.

2 *vi (pensieri, sguardo)* vagare **3** *vt (strade, ecc)* vagare per PHRV **wander away/off** allontanarsi *(dal gruppo)*

wane /weɪn/ *(anche* **be on the wane**) *vi (formale)* diminuire, calare *(potere, entusiasmo)*

wanna /'wɒnə/ *(informale)* **1** = WANT TO *Vedi* WANT **2** = WANT A *Vedi* WANT ↩ *Vedi nota a* GOTTA

want /wɒnt/ ▶ **1** *vt, vi* volere: *I want some cheese.* Vorrei del formaggio. ◊ *Do you want to go?* Vuoi andare? ◊ *You're wanted upstairs/on the phone.* Ti vogliono di sopra/al telefono.

> Nota che **would like** significa "volere" ma si usa solo per offrire qualcosa o invitare qualcuno: *Would you like to come to dinner?* Vuoi venire a cena? ◊ *Would you like something to eat?* Vuoi mangiare qualcosa?

2 *vt* avere bisogno di: *It wants fixing.* Bisogna aggiustarlo. **3** *vt: He's wanted by the police.* È ricercato dalla polizia.
▶ *s* **1** *[gen pl]* esigenza **2** *(formale)* ~ **of sth** mancanza di qc: *for want of* per mancanza di ◊ *not for want of trying* non per non aver provato **3** *(formale)* miseria

wanting /'wɒntɪŋ/ *agg* ~ (**in sth**) *(formale)* privo (di qc)

WAP /wæp/ *abbr* **wireless application protocol** WAP: *a WAP-enabled phone* un telefono abilitato al WAP

war /wɔː(r)/ *s* **1** guerra **2** ~ (**against sb/sth**) lotta (contro qn/qc) LOC **at war** in guerra ♦ **make/wage war on sb/sth** fare la guerra a qn/qc *Vedi anche* WAGE

ward /wɔːd/ ▶ *s* corsia, reparto *(di ospedale)*
▶ *v* PHRV **ward sth off 1** *(attacco, colpo)* parare qc **2** *(malattia, pericolo)* scongiurare qc

warden /'wɔːdn/ *s* guardiano, -a *Vedi anche* TRAFFIC

wardrobe /'wɔːdrəʊb/ *s* **1** armadio *(per vestiti)* **2** guardaroba

warehouse /'weəhaʊs/ *s* magazzino

wares /weəz/ *s [pl] (antiq)* mercanzie

warfare /'wɔːfeə(r)/ *s* guerra: *chemical/psychological warfare* guerra chimica/psicologica

warlike /'wɔːlaɪk/ *agg* bellicoso

warm /wɔːm/ ▶ *agg* (**-er, -est**) **1** caldo ↩ *Vedi nota a* FREDDO **2** *(tempo)*: *to be warm* fare caldo **3** *(persona)*: *to be/get warm* aver caldo/scaldarsi **4** *(fig)* caloroso, cordiale
▶ *vt, vi* ~ (**sth/yourself**) (**up**) scaldare qc; scaldarsi PHRV **warm up 1** *(Sport)* fare riscaldamento **2** *(motore)* scaldarsi ♦ **warm sth up** riscaldare qc

warming /'wɔːmɪŋ/ *s: global warming* il riscaldamento dell'atmosfera terrestre

warmly /'wɔːmli/ *avv* **1** calorosamente **2** *warmly dressed* vestito con indumenti caldi **3** *(raccomandare)* caldamente

warmth /wɔːmθ/ *s* calore

warn /wɔːn/ *vt* **1** ~ **sb** (**about/of sth**) avvertire, avvisare qn (di qc): *They warned us about/of the strike.* Ci avvertirono dello sciopero. ◊ *They warned us about the neighbours.* Ci hanno messo in guardia sui vicini. **2** ~ **sb that** … avvertire qn che … : *I warned them that it would be expensive.* Li ho avvertiti che sarebbe stato caro. **3** ~ **sb against doing sth** sconsigliare a qn di fare qc: *They warned us against going into the forest.* Ci sconsigliarono di andare nel bosco. **4** ~ **sb** (**not**) **to do sth** raccomandare a qn di (non) fare qc **warning** *s* **1** ammonimento, avvertimento **2** avviso, avvertenza

warp /wɔːp/ *vt, vi* deformare, deformarsi **warped** *agg* contorto

warrant /'wɒrənt; *USA* 'wɔːr-/ ▶ *s (Dir)* mandato: *search warrant* mandato di perquisizione
▶ *vt (formale)* giustificare

warranty /'wɒrənti; *USA* 'wɔːr-/ *s (pl* **-ies**) garanzia *Vedi anche* GUARANTEE

warren /'wɒrən; *USA* 'wɔːrən/ *s* **1** tane di coniglio **2** labirinto

warrior /'wɒriə(r); *USA* 'wɔːr-/ *s* guerriero, -a

warship /'wɔːʃɪp/ *s* nave da guerra

wart /wɔːt/ *s* verruca

wartime /'wɔːtaɪm/ *s: in wartime* in tempo di guerra

wary /'weəri/ *agg* (**-ier, -iest**) cauto: *to be wary of sb/sth* diffidare di qn/qc

was /wəz, wɒz; *USA* wʌz/ *pass di* BE

wash /wɒʃ/ ▶ *s* **1** lavata: *to give sth a wash* lavare qc ◊ *to have a wash* lavarsi **2** **the wash**

[*sing*]: *All my shirts are in the wash.* Tutte le mie camicie sono a lavare. **3** [*sing*] (*Naut*) scia
▶ **1** *vt, vi* lavare: *to wash yourself* lavarsi **2** *vi* ~ **over sth** infrangersi su qc **3** *vi* ~ **over sb** (*fig, formale*) (*critiche*) non toccare qn **4** *vt* spazzare via (*onde, acqua*): *to be washed overboard* essere trascinato in mare dalle onde **PHRV** **wash sb/sth away** trascinare via qn/qc ♦ **wash off** andare via col lavaggio ♦ **wash sth off** togliere qc lavando ♦ **wash sth out** lavare qc ♦ **wash up 1** (*GB*) lavare i piatti **2** (*USA*) lavarsi ♦ **wash sth up 1** (*GB*) (*piatti*) lavare qc **2** (*mare*) portare a riva qc

washable /ˈwɒʃəbl/ *agg* lavabile

washbasin /ˈwɒʃbeɪsn; *USA anche* ˈwɔː-/ (*spec USA* **sink**, *USA anche* **washbowl** /ˈwɒʃbəʊl/) *s* lavandino

washing /ˈwɒʃɪŋ; *USA anche* ˈwɔː-/ *s* **1** lavaggio: *washing powder* detersivo in polvere per bucato **2** roba da lavare **3** bucato

'**washing machine** *s* lavatrice

,**washing-ˈup** *s* piatti da lavare: *to do the washing-up* lavare i piatti ◊ *washing-up liquid* detersivo liquido per i piatti

washroom /ˈwɒʃruːm; *USA anche* ˈwɔː-/ *s* (*antiq, USA*) toilette ⊃ *Vedi nota a* TOILET

wasn't /ˈwɒznt/ = WAS NOT *Vedi* BE

wasp /wɒsp/ *s* vespa

waste /weɪst/ ▶ *vt* **1** sprecare **2** (*tempo, occasione*) perdere **LOC** **waste your breath** sprecare fiato **PHRV** **waste away** deperire
▶ *s* **1** spreco: *a waste of energy* uno spreco di energie **2** perdita: *It's a waste of time.* È una perdita di tempo. **3** [*non numerabile*] rifiuti: *waste disposal* smaltimento dei rifiuti ◊ *nuclear waste* scorie radioattive **LOC** **go to waste** andare sprecato
▶ *agg* **1** *waste material* rifiuti ◊ *waste products* scorie ◊ *toxic waste* scorie tossiche ◊ *waste bin* cestino dei rifiuti **2** (*terreno*) desolato

wastebasket /ˈweɪstbɑːskɪt; *USA* -bæskɪt/ *s* (*USA*) *Vedi* WASTE-PAPER BASKET

wasted /ˈweɪstɪd/ *agg* inutile (*viaggio, sforzo*)

wasteful /ˈweɪstfl/ *agg* **1** (*persona*) sprecone **2** (*metodo*) dispendioso

wasteland /ˈweɪstlænd/ *s* terreno desolato

,**waste-ˈpaper basket** (*USA* **wastebasket**) *s* cestino per la carta straccia

watch /wɒtʃ/ ▶ *s* **1** orologio (*da polso*) ⊃ *Vedi illustrazione a* OROLOGIO **2** turno di guardia **3** (*persone*) personale di guardia **LOC** **keep watch (over sb/sth)** sorvegliare qn/qc *Vedi anche* CLOSE¹

▶ **1** *vt, vi* guardare: *to watch TV/the match* guardare la tele/la partita **2** *vt, vi* ~ (**over**) **sb/sth** sorvegliare, tenere d'occhio qn/qc **3** *vi* ~ **for sth** fare attenzione a qc; aspettare qc **4** *vt* fare attenzione a: *Watch your language!* Bada a come parli! **LOC** **watch your step** stare attento **PHRV** **watch out** stare attento: *Watch out!* Attento! ♦ **watch out for sb/sth** fare attenzione a qn/qc: *Watch out for that hole.* Attenti a quella buca.

watchdog /ˈwɒtʃdɒg; *USA* -dɔːg/ *s* organismo di controllo per i diritti dei consumatori

watchful /ˈwɒtʃfl/ *agg* attento

water /ˈwɔːtə(r)/ ▶ *s* acqua **LOC** **under water 1** (*nuotare*) sott'acqua **2** (*campo, strada*) allagato *Vedi anche* FISH
▶ **1** *vt* (*pianta*) annaffiare **2** *vi* (*occhi*) lacrimare **3** *vi* (*bocca*): *My mouth is watering.* Ho l'acquolina in bocca. **PHRV** **water sth down 1** diluire qc con acqua **2** (*fig*) edulcorare

watercolour (*USA* **watercolor**) /ˈwɔːtəkʌlə(r)/ *s* acquarello

watercress /ˈwɔːtəkres/ *s* crescione

waterfall /ˈwɔːtəfɔːl/ *s* cascata

watermelon /ˈwɔːtəmelən/ *s* cocomero

'**water polo** *s* pallanuoto

waterproof /ˈwɔːtəpruːf/ *agg, s* impermeabile

watershed /ˈwɔːtəʃed/ *s* momento decisivo

waterskiing /ˈwɔːtəskiːɪŋ/ *s* sci d'acqua

watertight /ˈwɔːtətaɪt/ *agg* **1** stagno **2** (*scusa, alibi*) inattaccabile

waterway /ˈwɔːtəweɪ/ *s* canale navigabile

watery /ˈwɔːtəri/ *agg* **1** (*dispreg*) acquoso **2** (*colore*) pallido **3** (*occhi*) umido

watt /wɒt/ *s* watt

wave /weɪv/ ▶ **1** *vt* agitare **2** *vt, vi* (*bandiera*) sventolare **3** *vi* ~ (**at/to sb**) fare cenno con la mano (a qn) **4** *vt* (*capelli*) ondulare **PHRV** **wave sth aside** respingere qc (*protesta*)
▶ *s* **1** onda **2** (*fig*) ondata **3** cenno (*della mano*)

wavelength /ˈweɪvleŋθ/ *s* lunghezza d'onda

waver /ˈweɪvə(r)/ *vi* **1** vacillare **2** (*voce*) tremare

wavy /ˈweɪvi/ *agg* (**-ier**, **-iest**) ondulato

wax /wæks/ *s* cera

way /weɪ/ ▶ *s* **1** way (from ... to ...) strada, percorso (da ... a ...): *to ask/tell sb the way* chiedere la strada/dare indicazioni a qn ◊ *across/over the way* dall'altro lato della strada ◊ *a long way (away)* molto lontano ◊ *way out* uscita **2 Way** (*in nomi*) via **3** passo, passaggio:

we → week

Get out of my way! Togliti di mezzo! **4** direzione, parte: *'Which way?' 'That way.'* "Da che parte?" "Di là." **5** modo, maniera: *Do it your own way!* Fai come ti pare! **6** [*gen pl*] costumi `LOC` **by the way** a proposito ♦ **in a/one way; in some ways** in un certo senso ♦ **one way or another** in un modo o nell'altro ♦ **on the way** per strada ♦ **be on your way:** *I must be on my way.* Devo proprio andare. ♦ **divide, split, etc. sth two, three, etc. ways** dividere qc in due, tre, ecc ♦ **get/have your own way** averla vinta ♦ **give way (to sb/sth) 1** cedere (a qn/qc) **2** dare la precedenza (a qn/qc) ♦ **give way to sth** abbandonarsi a qc ♦ **go out of your way (to do sth)** farsi in quattro (per fare qc) ♦ **make way (for sb/sth)** far strada (a qn/qc) ♦ **make your way (to/towards sth)** dirigersi (a/verso qc) ♦ **under way** in corso ♦ **way of life** stile di vita ♦ **way to go!** (*USA, informale*) così si fa: *Good work, guys! Way to go!* Bel lavoro, ragazzi! Così si fa! ♦ **ways and means** modi *Vedi anche* BAR, FEEL, FIGHT, FIND, HARD, HARM, LEAD², LOSE, MEND, PAVE
▶ *avv* molto: *way down at the bottom* proprio in fondo `LOC` **way back** molto tempo fa: *way back in the fifties* nei lontani anni cinquanta

we /wiː/ *pron pers* noi: *Why don't we go?* Perché non andiamo? ❶ In inglese il *pronome personale soggetto* non si può omettere. *Confronta* US

weak /wiːk/ *agg* (-**er**, -**est**) **1** debole **2** (*Med*): *He has a weak heart.* Soffre di cuore. **3** (*bevanda*) leggero **4** ~ (**at/in/on sth**) scarso (in qc) **weaken 1** *vt*, *vi* indebolire, indebolirsi **2** *vi* vacillare **weakness** *s* **1** debolezza **2** punto debole

wealth /welθ/ *s* **1** [*non numerabile*] ricchezza **2** ~ **of sth** abbondanza di qc **wealthy** *agg* (-**ier**, -**iest**) ricco

weapon /ˈwepən/ *s* arma

wear /weə(r)/ ▶ (*pass* **wore** /wɔː(r)/ *pp* **worn** /wɔːn/) **1** *vt* (*abito, occhiali*) portare **2** *vt* (*espressione*) avere **3** *vt*, *vi* consumare, consumarsi **4** *vt* (*buco*) fare (*con l'uso*) **5** *vi* durare `PHRV` **wear (sth) away** consumare, consumarsi ♦ **wear sb/sth down** esaurire qn/qc ♦ **wear (sth) down** consumare qc, consumarsi ♦ **wear off** sparire, passare ♦ **wear sb out** stancare qn ♦ **wear (sth) out** consumare qc, consumarsi

Wear o carry? **Wear** si usa per abiti, scarpe e anche occhiali o profumo: *Do you have to wear a suit at work?* Devi indossare giacca e pantaloni al lavoro? ◊ *What perfume are you wearing?* Che profumo ti sei messa? ◊ *He doesn't wear glasses.* Non porta gli occhiali. Si usa **carry** quando parliamo di oggetti che si portano con sé, in particolare in mano o sul braccio: *She wasn't wearing her raincoat, she was carrying it over her arm.* Non indossava l'impermeabile, lo teneva sul braccio.

▶ *s* **1** logorio, usura **2** uso **3** abbigliamento: *ladies' wear* abbigliamento da donna `LOC` **wear and tear** usura, logorio

weary /ˈwɪəri/ *agg* (-**ier**, -**iest**) **1** esausto **2** ~ **of sth** stanco di qc

weather /ˈweðə(r)/ ▶ *s* tempo (*atmosferico*): *the weather forecast* le previsioni meteorologiche `LOC` **be/feel under the weather** (*informale*) sentirsi poco bene
▶ *vt* superare (*crisi*)

weave /wiːv/ (*pass* **wove** /wəʊv/ *pp* **woven** /ˈwəʊvn/) **1** *vt* tessere **2** *vt* ~ **sth into sth** (*fig*) intrecciare qc in qc **3** *vi* (*pass, pp* **weaved**) procedere a zigzag

web /web/ *s* **1** ragnatela **2** rete **3** **the Web** il web

webcam (*USA* **Webcam**®) /ˈwebkæm/ *s* webcam

weblog /ˈweblɒg/ *s* blog

web page *s* pagina web

website /ˈwebsaɪt/ *s* sito web

we'd /wiːd/ **1** = WE HAD *Vedi* HAVE **2** = WE WOULD *Vedi* WOULD

wedding /ˈwedɪŋ/ *s* matrimonio, nozze: *wedding cake* torta nuziale ◊ *wedding ring* fede `LOC` **golden/silver wedding** nozze d'oro/d'argento ⊃ *Vedi nota a* MATRIMONIO

wedge /wedʒ/ ▶ *s* **1** zeppa **2** cuneo **3** (*torta, formaggio*) fetta
▶ *vt* **1** **to wedge sth open/shut** tenere aperto/chiudere qc con una zeppa **2** **be/get wedged** essere incastrato/incastrarsi

Wednesday /ˈwenzdeɪ, ˈwenzdi/ *s* (*abbrev* **Wed.**) mercoledì ⊃ *Vedi esempi a* MONDAY

wee /wiː/ *agg* (*Scozia, informale*) piccolo: *a wee bit* un pochino

weed /wiːd/ ▶ *s* **1** erbaccia: *weedkiller* diserbante **2** [*non numerabile*] (*sott'acqua*) alghe **3** (*informale, dispreg*) tipo allampanato **4** (*informale, dispreg*) rammollito, -a
▶ *vt*, *vi* togliere le erbacce (da) `PHRV` **weed sb/sth out** eliminare qn/qc

week /wiːk/ *s* settimana: *35-hour week* settimana lavorativa di 35 ore `LOC` **a week on Monday/Monday week** (*USA* **a week from Monday**) lunedì a otto ♦ **a week today/tomorrow**

---

iː see | i happy | ɪ sit | e ten | æ hat | ɑː father | ʌ cup | ʊ put | uː too

weekday → were

(USA **a week from today/tomorrow**) oggi/domani a otto

weekday /ˈwiːkdeɪ/ s giorno lavorativo

weekend /ˌwiːkˈend; USA ˈwiːkend/ s fine settimana

weekly /ˈwiːkli/ ▶ agg settimanale
▶ avv settimanalmente
▶ s (pl **-ies**) settimanale

weep /wiːp/ vi (pass, pp **wept** /wept/) (formale) ~ (**for/over sb/sth**) piangere (per qn/qc)

weigh /weɪ/ **1** vt, vi pesare: *How much does it weigh?* Quanto pesa? **2** vt ~ **sth** (**up**) soppesare, valutare qc **3** vi ~ **against sb/sth** giocare a sfavore di qn/qc LOC **weigh anchor** levare l'ancora PHRV **weigh sb down** opprimere qn ◆ **weigh sb/sth down**: *weighed down with luggage* stracarico di bagagli

weight /weɪt/ ▶ s peso: *by weight* a peso LOC **lose/put on weight** (persona) dimagrire/ingrassare *Vedi anche* CARRY, PULL
▶ vt **1** metter dei pesi su **2** ~ **sth** (**down**) (**with sth**) appesantire qc (con qc)

weighting /ˈweɪtɪŋ/ s **1** (GB) *London weighting* indennità per chi lavora a Londra **2** importanza

weightless /ˈweɪtləs/ agg senza peso

weightlifting /ˈweɪtlɪftɪŋ/ s sollevamento pesi

ˈweight training s allenamento con i pesi

weighty /ˈweɪti/ agg (**-ier, -iest**) **1** pesante **2** (fig) importante

weir /wɪə(r)/ s sbarramento

weird /wɪəd/ agg (**-er, -est**) strambo

weirdo /ˈwɪədəʊ/ s (pl **-os**) (informale, dispreg) pazzoide

welcome /ˈwelkəm/ ▶ agg **1** benvenuto **2** gradito LOC **be welcome to sth/to do sth**: *You're welcome to use my car/to stay.* Puoi usare la mia macchina se vuoi./Puoi restare se vuoi. ◆ **you're welcome** di niente
▶ s accoglienza, benvenuto
▶ vt **1** ricevere, dare il benvenuto a **2** gradire

welcoming /ˈwelkəmɪŋ/ agg accogliente

weld /weld/ vt, vi saldare, saldarsi

welfare /ˈwelfeə(r)/ s **1** benessere **2** assistenza sociale: *the Welfare State* lo Stato assistenziale **3** (USA) *Vedi* SOCIAL SECURITY

we'll /wiːl/ **1** = WE SHALL *Vedi* SHALL **2** = WE WILL *Vedi* WILL

well¹ /wel/ ▶ s pozzo
▶ vi ~ (**up**) sgorgare

well² /wel/ ▶ agg (comp **better** /ˈbetə(r)/ superl **best** /best/): *to be well* stare bene ◊ *to get well* rimettersi
▶ avv (comp **better** /ˈbetə(r)/ superl **best** /best/) **1** bene: *They played very well.* Hanno giocato benissimo. **2** [dopo **can, could, may, might**]: *I can well believe it.* Ci credo! ◊ *I can't very well leave.* Non posso andarmene così. LOC **as well** anche ᗧ *Vedi nota a* ANCHE ◆ **as well as** oltre a ◆ **may/might** (**just**) **as well do sth**: *We may/might as well go home.* Possiamo anche tornarcene a casa. ◊ *You might as well use it.* Tanto vale usarlo. ◆ **do well 1** andare bene **2** [solo in forme progressive] (paziente) rimettersi ◆ **well and truly** (informale) completamente *Vedi anche* DISPOSED, JUST, MEAN¹, PRETTY, VERY

well³ /wel/ escl **1** (sorpresa): *Well, look who's here!* Ma guarda un po' chi si vede! **2** (rassegnazione, dubbio) beh: *Oh well, that's that then.* Beh, la faccenda è chiusa. ◊ *Well, I don't know…* Beh, non so… **3** (interrogativo) allora?

well beˈhaved agg beneducato: *The children were well behaved.* I bambini si sono comportati bene.

> Gli aggettivi composti con **well** si scrivono generalmente senza trattino quando si trovano da soli e seguono un verbo, mentre si scrivono con trattino quando precedono un sostantivo. Qui vengono riportate le forme prive di trattino, ma si possono trovare anche le forme con trattino in alcuni esempi.

ˈwell-being s benessere

well ˈearned agg meritato

wellington /ˈwelɪŋtən/ (anche ˌwellington ˈboot, USA ˈrubber boot) s stivale di gomma ᗧ *Vedi illustrazione a* SCARPA

well ˈkept agg **1** curato, ben tenuto **2** (segreto) ben custodito

well ˈknown agg noto, famoso: *It's a well-known fact that…* È risaputo che…

well ˈmeaning agg benintenzionato

well ˈoff agg ricco, benestante

well-to-ˈdo agg benestante

Welsh /welʃ/ agg gallese

Welshman /ˈwelʃmən/ (pl **-men** femm **Welshwoman** pl **-women**) s gallese

went pass di GO¹

wept pass, pp di WEEP

we're /wɪə(r)/ = WE ARE *Vedi* BE

were → where

were /wə(r), wɜː(r)/ *pass di* BE
weren't /wɜːnt/ = WERE NOT *Vedi* BE
werewolf /'weəwʊlf/ *s* lupo mannaro

west /west/ ▶ *s* **1** (*anche* **the west, the West**) (*abbrev* **W**) (l')ovest: *I live in the west of Scotland.* Abito nella Scozia occidentale. **2 the West** l'Occidente
▶ *agg* dell'ovest, occidentale: *west winds* venti da ovest
▶ *avv* a ovest: *go west* andare a ovest ◊ *We live west of the city.* Abitiamo a ovest della città.

westbound /'westbaʊnd/ *agg* diretto a ovest

westerly /'westəli/ *agg* (*direzione*) ovest; (*vento*) da ovest

western /'westən/ ▶ *agg* (*anche* **Western**) (*abbrev* **W**) dell'ovest, occidentale
▶ *s* western

westerner /'westənə(r)/ *s* occidentale, abitante dell'ovest

westward /'westwəd/ ▶ *agg* ovest: *travelling in an westward direction* viaggiando in direzione ovest
▶ *avv* (*anche* **westwards** /'westwədz/) verso ovest

wet /wet/ ▶ *agg* (**wetter, wettest**) **1** bagnato: *to get wet* bagnarsi **2** umido: *in wet places* in luoghi umidi **3** (*tempo*) piovoso **4** (*vernice*) fresco **5** (*GB, informale, dispreg*) (*persona*) rammollito
▶ *s* **1 the wet** la pioggia: *Come in out of the wet.* Vieni dentro al riparo dalla pioggia. **2** umidità
▶ (*pass, pp* **wet** *o* **wetted**) **1** *vt* bagnare, inumidire: *to wet the/your bed* fare la pipì a letto **2** *v rifl* **to wet yourself** farsi la pipì addosso

wetsuit /'wetsuːt/ *s* muta subacquea
we've /wiːv/ = WE HAVE *Vedi* HAVE
whack /wæk/ ▶ *vt* (*informale*) colpire
▶ *s* colpo

whacky *Vedi* WACKY

whale /weɪl/ *s* balena

wharf /wɔːf/ *s* (*pl* **-s** *o* **-ves** /wɔːvz/) banchina

what /wɒt/ ▶ *agg interr* **1** che: *What time is it?* Che ore sono? ◊ *What colour is it?* Di che colore è? **2** quale: *What's your favourite subject?* Qual è la tua materia preferita?
▶ *pron interr* che cosa: *What did you say?* Cosa hai detto? ◊ *What's her phone number?* Qual è il suo numero di telefono? ◊ *What's your name?* Come ti chiami? LOC **what about ... ? 1** che ne diresti di ... ? **2** *What about me?* E io?

Which o **what**? **Which** si riferisce a uno o più elementi di un gruppo limitato: *Which is your car, this one or that one?* Qual è la tua macchina, questa o quella? **What** si usa quando si parla più in generale: *What are your favourite books?* Quali libri preferisci?

♦ **what if ... ?** e se ... ?: *What if it breaks?* E se si rompe?
▶ *agg rel:* **what money I have** tutti i soldi che ho
▶ *pron rel* ciò che, quello che: *I've said what I think.* Ho detto ciò che penso.
▶ *agg* (*in esclamazioni*) che: *What a pity!* Che peccato!
▶ *escl* **1 what!** (*incredulità*) come?, cosa? **2 what?** (*quando non si è capito*) come?, cosa?

whatever /wɒt'evə(r)/ ▶ *pron* **1** quello che: *Give whatever you can.* Dai quello che puoi. **2** *whatever happens* qualsiasi cosa succeda LOC **or whatever** (*informale*) o qualcosa del genere: *... basketball, swimming or whatever.* ... pallacanestro, nuoto o quel che è.
▶ *agg: I'll be in whatever time you come.* Io ci sono, a qualunque ora tu venga.
▶ *pron interr* cosa mai: *Whatever can it be?* Cosa può mai essere?
▶ *avv* (*anche* **whatsoever** /wɒtsəʊ'evə(r)/): *nothing whatsoever* proprio niente

wheat /wiːt/ *s* grano, frumento

wheel /wiːl/ ▶ *s* **1** ruota **2** volante
▶ **1** *vt* (*bicicletta*) spingere **2** *vt* (*persona*) trasportare **3** *vi* (*uccello*) volteggiare **4** *vi* ~ (a)round voltarsi

wheelbarrow /'wiːlbærəʊ/ *s* carriola
wheelchair /'wiːltʃeə(r)/ *s* sedia a rotelle
wheeze /wiːz/ *vi* ansimare

when /wen/ ▶ *avv interr* quando: *When did he die?* Quando è morto? ◊ *I don't know when she arrived.* Non so quando sia arrivata.
▶ *avv rel* in cui: *There are times when ...* Ci sono delle volte in cui ...
▶ *cong* quando: *It was snowing when I arrived.* Nevicava quando sono arrivato. ◊ *I'll call you when I'm ready.* Ti chiamo quando sono pronto.

whenever /wen'evə(r)/ ▶ *cong* **1** quando, in qualsiasi momento: *Come whenever you like.* Vieni quando vuoi. **2** (*ogni volta che*) quando, tutte le volte che: *You can borrow my car whenever you want.* Puoi prendere la mia macchina quando vuoi.

where /weə(r)/ ▶ *avv interr* dove: *Where are you going?* Dove vai? ◊ *I don't know where it is.* Non so dove sia.

whereabouts → white-collar

▶ *avv rel* dove: *the town where I was born* la città in cui sono nata
▶ *cong* dove: *Stay where you are.* Resta dove sei.
whereabouts ▶ /ˌweərəˈbaʊts/ *avv interr* dove
▶ /ˈweərəbaʊts/ *s* [*v sing o pl*]: *His whereabouts is/are unknown.* Nessuno sa dove si trovi.
whereas /ˌweərˈæz/ *cong* mentre
whereby /weəˈbaɪ/ *avv rel* (*formale*) per cui
whereupon /ˌweərəˈpɒn/ *cong* dopo di che
wherever /weərˈevə(r)/ ▶ *cong* dovunque: *wherever you like* dove vuoi
▶ *avv interr* dove mai
whet /wet/ *vt* (**-tt-**) LOC **whet sb's appetite** stuzzicare l'appetito di qn
whether /ˈweðə(r)/ *cong* se: *I'm not sure whether to resign or stay on.* Non so se dimettermi o restare. ◊ *It depends on whether the letter arrives on time.* Dipende se la lettera arriva in tempo. LOC **whether or not**: *whether or not it works/whether it works or not* se funziona o meno
which /wɪtʃ/ ▶ *agg interr* quale, che: *Which book did you take?* Che libro hai preso? ◊ *Do you know which one is yours?* Sai qual è il tuo? ⊃ *Vedi nota a* WHAT
▶ *pron interr* quale, -i: *Which is your favourite?* Qual è il tuo preferito? ⊃ *Vedi nota a* WHAT
▶ *agg rel, pron rel* **1** [*soggetto*] che: *the book which is on the table* il libro che è sul tavolo **2** [*complemento diretto*] che: *the article (which) I read yesterday* l'articolo che ho letto ieri **3** (*formale*) [*dopo prep*] il/la quale, cui: *her work, about which I know nothing …* il suo lavoro, di cui non so niente … ◊ *in which case* nel qual caso ◊ *the situation in which he found himself* la situazione in cui si è trovato

Quest'uso è molto formale. Comunemente la preposizione è alla fine: *the situation which he found himself in* e spesso **which** è omesso: *the situation he found himself in.*

whichever /wɪtʃˈevə(r)/ **1** *pron* quello che, quella che: *whichever you buy* qualunque tu compri **2** *agg* qualunque: *It's the same, whichever route you take.* È lo stesso, qualunque strada tu faccia.
whiff /wɪf/ *s* ~ (**of sth**): *He caught a whiff of her perfume.* Per un attimo sentì il suo profumo.
while /waɪl/ ▶ *s* [*sing*]: *a while* un po' (*di tempo*): *for a while* per un po' LOC *Vedi* ONCE, WORTH

▶ *cong* (*formale* **whilst** /waɪlst/) **1** (*temporale, avversativa*) mentre: *I drink coffee while she prefers tea.* Io prendo il caffè, mentre lei preferisce il tè. **2** sebbene: *While I admit that …* Sebbene ammetta che … LOC **while you're at it** già che ci sei
▶ *v* PHR V **while sth away** far passare qc (*tempo*): *to while the morning away* far passare la mattinata
whim /wɪm/ *s* capriccio
whimper /ˈwɪmpə(r)/ ▶ *vi* mugolare
▶ *s* mugolio
whine /waɪn/ ▶ *vi* **1** piagnucolare **2** guaire **3** sibilare
▶ *s* **1** sibilo: *the steady whine of the engine* il sibilo costante del motore **2** piagnucolio **3** guaito **4** tono lamentoso
whip /wɪp/ ▶ *s* **1** frusta **2** (*Pol*) capogruppo
▶ *vt* (**-pp-**) **1** frustare **2** ~ **sth** (**up**) (**into sth**) (*Cucina*) sbattere qc (fino ad ottenere qc): *whipped cream* panna montata PHR V **whip sth up 1** (*cena, ecc*) improvvisare qc **2** (*emozioni*) suscitare qc
whir (*spec USA*) *Vedi* WHIRR
whirl /wɜːl/ ▶ **1** *vt, vi* (far) girare **2** *vi* (*testa*) girare
▶ *s* [*sing*] **1** giro **2** turbine: *a whirl of dust* un turbine di polvere **3** (*fig*) vortice: *My head is in a whirl.* Mi gira la testa.
whirlpool /ˈwɜːlpuːl/ *s* mulinello
whirlwind /ˈwɜːlwɪnd/ ▶ *s* tromba d'aria
▶ *agg* (*fig*) travolgente
whirr (*spec USA* **whir**) /wɜː(r)/ ▶ *s* ronzio
▶ *vi* ronzare
whisk /wɪsk/ ▶ *s* frusta, frullino
▶ *vt* **1** (*Cucina*) sbattere **2** ~ **sb/sth away, off, etc.** portar via in fretta qn/qc
whiskers /ˈwɪskəz/ *s* [*pl*] **1** (*animale*) baffi **2** (*uomo*) barba e basette
whisky /ˈwɪski/ *s* (*pl* **-ies**) (*USA o Irl* **whiskey**) whisky
whisper /ˈwɪspə(r)/ ▶ **1** *vi, vt* sussurrare, bisbigliare **2** *vi* frusciare
▶ *s* **1** sussurro, bisbiglio **2** fruscio
whistle /ˈwɪsl/ ▶ *s* **1** fischio **2** fischietto
▶ *vt, vi* fischiare
white /waɪt/ ▶ *agg* (**whiter, -est**) **1** bianco: *white coffee* caffè con latte ◊ *white sauce* besciamella **2** ~ (**with sth**) pallido (per qc)
▶ *s* **1** bianco **2** chiara d'uovo ⊃ *Confronta* YOLK
white-'collar *agg* impiegatizio: *white-collar workers* impiegati

| tʃ **ch**in | dʒ **J**une | v **v**an | θ **th**in | ð **th**en | s **s**o | z **z**oo | ʃ **sh**e |

whiteness /ˈwaɪtnəs/ s biancore
White ˈPaper s (GB) libro bianco
whitewash /ˈwaɪtwɒʃ/ ▶ s calce
  ▶ vt **1** imbiancare **2** (fig) occultare
white-water ˈrafting s rafting su acque bianche, discesa in gommone su acque bianche

who /huː/ ▶ pron interr chi: *Who are they?* Chi sono? ◊ *Who did you meet?* Chi hai visto? ◊ *Who is it?* Chi è? ◊ *They wanted to know who had rung.* Volevano sapere chi aveva chiamato.
  ▶ pron rel **1** [soggetto e complemento diretto] che: *people who eat garlic* la gente che mangia l'aglio ◊ *the man who wanted to see you* l'uomo che voleva vederti ◊ *all those who want to go* tutti quelli che vogliono andare ◊ *I bumped into a woman (who) I knew.* Mi sono imbattuto in una signora che conoscevo. **2** [complemento indiretto] cui: *the man (who) I had spoken to* l'uomo con cui avevo parlato ⊃ *Vedi nota a* WHOM

whoever /huːˈevə(r)/ pron **1** chi: *Whoever gets the job…* Chi ottiene il posto… **2** chiunque

whole /həʊl/ ▶ agg intero: *a whole bottle* una bottiglia intera ◊ *to forget the whole thing* dimenticare l'intera faccenda ◊ *the whole town* tutta la città
  ▶ s tutto: *the whole of August* tutto agosto
  LOC **on the whole** nel complesso

wholehearted /ˌhəʊlˈhɑːtɪd/ agg incondizionato **wholeheartedly** avv incondizionatamente

wholemeal /ˈhəʊlmiːl/ agg (GB) *Vedi* WHOLEWHEAT

wholesale /ˈhəʊlseɪl/ agg, avv **1** all'ingrosso **2** su vasta scala: *wholesale destruction* distruzione massiccia

wholesome /ˈhəʊlsəm/ agg sano: *a wholesome climate* un clima salubre

wholewheat /ˈhəʊlwiːt/ agg (GB *anche* **wholemeal**) integrale: *wholewheat bread* pane integrale

who'll /huːl/ = WHO WILL

wholly /ˈhəʊlli/ avv (formale) del tutto

whom /huːm/ ▶ pron interr (formale) [complemento diretto, dopo preposizione] chi: *Whom did you meet there?* Chi hai visto lì? ◊ *To whom did you give the money?* A chi hai dato i soldi?

Quest'uso è molto formale. Comunemente si dice: *Who did you meet there?* ◊ *Who did you give the money to?*

  ▶ pron rel (formale): *the students, some of whom are Italian* gli studenti, alcuni dei quali sono italiani ◊ *the person to whom this letter was addressed* la persona alla quale questa lettera era indirizzata

Quest'uso è molto formale. Comunemente si dice: *the person this letter was addressed to.*

whoops /wʊps/ escl ops
who're /ˈhuː(r)/ = WHO ARE
who's /huːz/ = WHO IS, WHO HAS
whose /huːz/ ▶ pron interr, agg interr di chi: *Whose house is that?* Di chi è quella casa? ◊ *I wonder whose it is.* Mi chiedo di chi sia questo.
  ▶ agg rel il/la cui: *the people whose house we stayed in* le persone presso le quali siamo stati ospiti

who've /huːv/ = WHO HAVE

why /waɪ/ **1** avv interr perché: *Why was she crying?* Perché piangeva? **2** avv rel: *Can you tell me the reason why you are so unhappy?* Mi vuoi dire il motivo per cui sei così infelice?
  LOC **why not** perché no: *Why not go to the cinema?* Perché non andiamo al cinema?

wicked /ˈwɪkɪd/ agg (**-er, -est**) **1** cattivo **2** malizioso **wickedness** s cattiveria

wicker /ˈwɪkə(r)/ s vimini

wicket /ˈwɪkɪt/ s **1** porta (*nel cricket*) **2** terreno tra le due porte

wide /waɪd/ ▶ agg (**wider, -est**) **1** largo: *How wide is it?* Quanto è largo? ◊ *It's two metres wide.* È largo due metri. ⊃ *Vedi nota a* BROAD **2** (fig) ampio: *a wide range of possibilities* una vasta gamma di possibilità **3** esteso
  ▶ avv molto: *wide awake* completamente sveglio **LOC** **wide open 1** (*porta*) spalancato: *The door was wide open.* La porta era spalancata. **2** (*gara*) aperto *Vedi anche* FAR

widely /ˈwaɪdli/ avv molto, ampiamente: *widely used* molto diffuso

widen /ˈwaɪdn/ **1** vt, vi allargare, allargarsi **2** vt (*conoscenze*) ampliare

wide-ˈranging agg **1** (*inchiesta*) su larga scala **2** (*influenze, ecc*) svariato

widespread /ˈwaɪdspred/ agg molto diffuso

widow /ˈwɪdəʊ/ s vedova **widowed** agg vedovo **widower** s vedovo

width /wɪdθ, wɪtθ/ s larghezza, ampiezza

wield /wi:ld/ *vt* **1** (*arma*) impugnare **2** (*potere*) esercitare

wife /waɪf/ *s* (*pl* **wives** /waɪvz/) moglie

wig /wɪɡ/ *s* parrucca

wiggle /'wɪɡl/ *vt, vi* (*informale*) dimenare, dimenarsi

wiggly /'wɪɡli/ *agg* (*informale*) ondulato

wild /waɪld/ ▶ *agg* (**-er**, **-est**) **1** selvaggio **2** (*pianta, gatto*) selvatico **3** (*tempo, mare*) burrascoso **4** sfrenato **5** (*arrabbiato*) furioso **6** (*informale*) ~ **about sb/sth** pazzo per qn/qc **7** assurdo: *wild accusations/rumours* accuse/voci assurde ◊ *He made a wild guess at the answer.* Ha azzardato una risposta.
▶ *s* **1 the wild** la natura: *in the wild* allo stato selvaggio **2 the wilds** [*pl*] le zone remote

wildebeest /'wɪldəbi:st/ *s* (*pl* **wildebeest**) gnu

wilderness /'wɪldənəs/ *s* **1** terra incolta, deserto **2** (*fig*) giungla

wildlife /'waɪldlaɪf/ *s* fauna

wildly /'waɪldli/ *avv* **1** in modo sfrenato, come un pazzo **2** violentemente, furiosamente

wilful (*USA anche* **willful**) /'wɪlfl/ *agg* (*dispreg*) **1** (*azione*) intenzionale **2** (*delitto*) premeditato **3** (*persona*) testardo **wilfully** *avv* deliberatamente

will /wɪl/ (*contrazione* **'ll** *neg* **will not** *o* **won't** /wəʊnt/) ▶ *v aus* [*per formare il futuro*]: *He'll come, won't he?* Verrà, no? ◊ *I hope it won't be too late.* Spero che non sia troppo tardi. ◊ *That'll be the postman.* Questo dev'essere il postino. ◊ *You'll do as you're told.* Farai cosa ti viene detto di fare. ⊃ *Vedi nota a* SHALL
▶ *v aus modale*

Will è un verbo modale seguito dall'infinito senza il TO. Le frasi interrogative e negative si costruiscono senza l'ausiliare do.

1 (*volontà*): *She won't go.* Non ci vuole andare. ◊ *The car won't start.* La macchina non parte. ⊃ *Vedi nota a* SHALL **2** (*offerta, richiesta*): *Will you help me?* Mi aiuti? ◊ *Will you stay for dinner?* Rimani per cena? ◊ *Won't you sit down?* Non ti vuoi sedere? **3** (*constatazioni generali*): *Oil will float on water.* L'olio galleggia sull'acqua.
▶ *s* **1** volontà **2** desiderio **3** testamento LOC **at will** liberamente *Vedi anche* FREE

willful (*USA*) *Vedi* WILFULL

willing /'wɪlɪŋ/ *agg* **1** volenteroso **2** ~ (**to do sth**) disposto (a fare qc) **3** (*appoggio*) spontaneo **willingly** *avv* volentieri **willingness** *s* **1** buona volontà **2** ~ (**to do sth**) volontà (di fare qc)

willow /'wɪləʊ/ *s* salice

willpower /'wɪlpaʊə(r)/ *s* forza di volontà

wilt /wɪlt/ *vi* **1** appassire **2** (*fig*) spegnersi

win /wɪn/ ▶ (**-nn-**) (*pass, pp* **won** /wʌn/) **1** *vi, vt* vincere **2** *vt* (*vittoria*) aggiudicarsi **3** *vt* (*appoggio, amici*) conquistare LOC *Vedi* TOSS PHRV **win sb/sth back** riconquistare qn/qc
♦ **win sb over/round** (**to sth**) convincere qn (di qc)
▶ *s* vittoria

wince /wɪns/ *vi* fare una smorfia (*di dolore, imbarazzo, ecc*)

wind[1] /wɪnd/ *s* **1** vento **2** fiato: *wind instruments* strumenti a fiato **3** [*non numerabile*] aria (*nello stomaco*) LOC **get wind of sth** (*informale*) venire a sapere qc *Vedi anche* CAUTION

wind[2] /waɪnd/ (*pass, pp* **wound** /waʊnd/) **1** *vi* serpeggiare **2** *vt* ~ **sth round/onto sth** arrotolare, avvolgere qc intorno a/su qc **3** *vt* ~ **sth** (**up**) caricare qc (*sveglia*) PHRV **wind down 1** (*persona*) rilassarsi **2** (*attività*) diminuire
♦ **wind sb up** (*informale*) prendere in giro qn
♦ **wind** (**sth**) **up** (*discorso*) concludere qc, concludersi ♦ **wind sth up** (*affare*) concludere **winding** *agg* **1** tortuoso **2** (*scala*) a chiocciola

windfall /'wɪndfɔ:l/ *s* **1** frutto caduto dall'albero **2** (*fig*) colpo di fortuna

wind farm /'wɪnd fɑ:m/ *s* centrale eolica

windmill /'wɪndmɪl/ *s* mulino a vento

window /'wɪndəʊ/ *s* **1** finestra: *window sill/ window ledge* davanzale della finestra **2** (*macchina*) finestrino **3** (*anche* **windowpane** /'wɪndəʊpeɪn/) vetro (*di finestra*) **4** vetrina

window-shopping *s* **to go** ~ andare a guardare le vetrine

windscreen /'wɪndskri:n/ (*USA* **windshield** /'wɪndʃi:ld/) *s* parabrezza

windscreen wiper (*GB*) (*USA* **'windshield wiper**, *GB, USA* **wiper**) *s* tergicristallo

windsurfing /'wɪndsɜ:fɪŋ/ *s* windsurf (*sport*) **windsurfer** /'wɪndsɜ:fə(r)/ *s* **1** (tavola da) windsurf **2** persona che fa windsurf

windy /'wɪndi/ *agg* (**-ier**, **-iest**) ventoso

wine /waɪn/ *s* vino: *wine glasses* bicchieri da vino

wing /wɪŋ/ *s* **1** ala: *the right/left wing of the party* la destra/sinistra del partito **2** (*USA* **fender**) (*auto*) fiancata **3 the wings** [*pl*] le quinte

wink /wɪŋk/ ▸ **1** vi ~ (at sb) fare l'occhiolino (a qn) **2** vi (luce) baluginare **3** vt (occhio) strizzare
▸ s occhiolino: *give sb a wink* fare l'occhiolino a qn LOC **not get/have a wink of sleep; not sleep a wink** non chiudere occhio

winner /'wɪnə(r)/ s vincitore, -trice

winning /'wɪnɪŋ/ agg **1** vincente, vincitore **2** (sorriso, modi) accattivante, affascinante **winnings** s [pl] vincita

winter /'wɪntə(r)/ ▸ s inverno: *winter sports/clothes* sport/abiti invernali
▸ vi passare l'inverno

wintry /'wɪntri/ agg invernale: *wintry showers* acquazzoni invernali ◊ *a wintry landscape* un paesaggio invernale

wipe /waɪp/ vt **1** ~ sth (on/with sth) pulire qc (con qc) **2** ~ sth (from/off sth) (macchia, sporco) togliere qc (da qc) **3** ~ sth (from/off sth) (eliminare) cancellare qc (da qc) **4** ~ sth across, onto, over, etc. sth passare qc su qc PHRV **wipe sth away/off/up** togliere, asciugare qc ◆ **wipe sth out 1** distruggere qc **2** (malattia, crimine) eliminare qc **wiper** s Vedi WINDSCREEN WIPER

wire /waɪə(r)/ ▸ s **1** fil di ferro **2** (Elettr) filo **3** (USA) telegramma
▸ vt **1** ~ sth installare l'impianto elettrico di qc **2** ~ sth (up) to sth collegare qc a qc **3** (spec USA) telegrafare a

wireless /'waɪələs/ ▸ s (antiq) radio
▸ agg wireless, senza fili: *wireless communications/technology* comunicazione/tecnologia wireless

wiring /'waɪərɪŋ/ s [non numerabile] impianto elettrico

wisdom /'wɪzdəm/ s **1** saggezza: *wisdom tooth* dente del giudizio **2** buon senso LOC Vedi CONVENTIONAL

wise /waɪz/ agg (wiser, -est) **1** saggio **2** sensato, prudente LOC **be no wiser/none the wiser; not be any the wiser** saperne quanto prima

wish /wɪʃ/ ▸ **1** vi ~ for sth desiderare qc **2** vt ~ sb sth augurare qc a qn **3** vt (formale) desiderare, volere **4** vt (che non si può realizzare): *I wish he'd go away.* Magari se ne andasse! ◊ *She wished she had gone.* Si pentì di non essere andata. ◊ *I wish I knew.* Magari lo sapessi.

L'uso di *were* al posto di *was* con **I, he** o **she** dopo **wish** è considerato più corretto: *I wish I were rich!* Se fossi ricco!

5 vi esprimere un desiderio

▸ s **1** ~ (for sth/to do sth) desiderio (di qc/di fare qc): *against my wishes* contro la mia volontà ◊ *to make a wish* esprimere un desiderio **2 wishes** [pl]: *best wishes* tanti auguri ◊ *(with) best wishes, Mary* cordiali saluti, Mary LOC *Vedi* BEST

wishful /'wɪʃfl/ agg LOC **wishful thinking**: *It's wishful thinking on my part.* Mi sto facendo delle illusioni.

wistful /'wɪstfl/ agg triste, malinconico

wit /wɪt/ s **1** arguzia, ingegno **2** persona di spirito **3 wits** [pl] intelligenza, buon senso LOC **be at your wits' end** non sapere più che fare ◆ **be frightened/terrified/scared out of your wits** essere spaventato a morte

witch /wɪtʃ/ s strega

witchcraft /'wɪtʃkrɑːft; USA -kræft/ s [non numerabile] stregoneria

witch-hunt s caccia alle streghe

with /wɪð, wɪθ/ prep **1** con: *the man with the scar* l'uomo con la cicatrice ◊ *a house with a garden* una casa con giardino ◊ *I'll be with you in a minute.* Un minuto e sono da lei. ◊ *He's with ICI.* Lavora per l'ICI. **2** (a casa di) da: *I'll be staying with a friend.* Starò da un amico. **3** (accordo e appoggio) (d'accordo) con **4** (a causa di) di: *to tremble with fear* tremare di paura LOC **be with sb** (informale) seguire il ragionamento di qn: *I'm not with you.* Non ti seguo. ◆ **with it** (informale) **1** à la page **2** *He's not with it today.* Oggi non c'è con la testa. ⮕ Per l'uso di **with** nei PHRASAL VERBS vedi alla voce del verbo, ad es. **bear with** a BEAR.

withdraw /wɪð'drɔː, wɪθ'd-/ (pass **withdrew** /-'druː/ pp **withdrawn** /-'drɔːn/) **1** vt, vi ritirare, ritirarsi **2** vt (soldi) prelevare **withdrawal** /wɪð'drɔːəl/ s **1** ritiro **2** (Med): *withdrawal symptoms* crisi di astinenza **3** (soldi) prelievo **withdrawn** agg introverso

wither /'wɪðə(r)/ vt, vi ~ (sth) (away/up) **1** (fiore) (far) appassire (qc) **2** (arto) (far) atrofizzare (qc)

withhold /wɪð'həʊld, wɪθ'h-/ vt (pass, pp **withheld** /-'held/) (formale) **1** trattenere **2** (informazioni) nascondere **3** (consenso) negare

within /wɪ'ðɪn/ ▸ prep **1** (tempo) nel giro di, entro: *within two days* entro due giorni ◊ *within a month of having left* meno di un mese dopo la partenza **2** (distanza) a meno di: *within 10 km* a meno di 10 km ◊ *It's within walking distance.* Ci si può arrivare a piedi. **3** (formale) dentro: *within herself* dentro di sé
▸ avv (formale) dentro

without /wɪˈðaʊt/ prep senza: *without saying goodbye* senza salutare ◇ *I did that without him/his knowing.* L'ho fatto senza che lui lo sapesse.

withstand /wɪðˈstænd, wɪθˈstænd/ vt (*pass, pp* **withstood** /-ˈstʊd/) (*formale*) resistere a

witness /ˈwɪtnəs/ ▶ s ~ (**to sth**) testimone (di qc)
▶ vt essere testimone di

'witness box (USA **'witness stand**) s banco dei testimoni

witty /ˈwɪti/ agg (**-ier, -iest**) arguto, spiritoso

wives plurale di **WIFE**

wizard /ˈwɪzəd/ s mago, stregone

wobble /ˈwɒbl/ **1** vi (*sedia, persona*) traballare **2** vi (*gelatina*) tremare **3** vt muovere

wobbly agg (*informale*) **1** traballante **2** tremante

woe /wəʊ/ s (*antiq o scherz*) dolore LOC **woe betide sb** guai a qn: *Woe betide me if I forget!* Guai a me se lo dimentico!

wok /wɒk/ s wok, padella cinese ⊃ *Vedi illustrazione a* **SAUCEPAN**

woke pass di **WAKE**

woken pp di **WAKE**

wolf /wʊlf/ s (pl **wolves** /wʊlvz/) lupo *Vedi anche* **PACK**

woman /ˈwʊmən/ s (pl **women** /ˈwɪmɪn/) donna

womb /wuːm/ s utero

won pass, pp di **WIN**

wonder /ˈwʌndə(r)/ ▶ **1** vt, vi domandarsi: *It makes you wonder.* Ti dà da pensare. ◇ *I wonder if/whether he's coming.* Mi domando se verrà. **2** vi ~ (**at sth**) meravigliarsi, stupirsi (di qc)
▶ s **1** meraviglia, stupore **2** miracolo LOC **it's a wonder (that)** … è un miracolo (che) … ◆ **no wonder (that** … **)** non c'è da stupirsi (che …) *Vedi anche* **MIRACLE**

wonderful /ˈwʌndəfl/ agg meraviglioso, stupendo

won't /wəʊnt/ = **WILL NOT** *Vedi* **WILL**

wood /wʊd/ s **1** legno **2** legname **3** [*spesso pl*] bosco: *We went to the woods.* Siamo andati nel bosco. LOC *Vedi* **TOUCH**[1] **wooded** agg boscoso **wooden** agg di legno

woodland /ˈwʊdlənd/ s [*non numerabile*] bosco

woodpecker /ˈwʊdpekə(r)/ s picchio

woodwind /ˈwʊdwɪnd/ s [v *sing o pl*] legni (*strumenti a fiato*)

woodwork /ˈwʊdwɜːk/ s **1** parti in legno (di casa, edificio) **2** falegnameria

wool /wʊl/ s lana **woollen** (*anche* **woolly**, USA **woolen, wooly**) agg di lana

word /wɜːd/ ▶ s parola LOC **in other words** in altre parole ◆ **give sb your word (that** … **)** dare a qn la propria parola (che …) ◆ **have a word (with sb) (about sth)** parlare (con qn) (di qc)
◆ **keep/break your word** essere/mancare di parola ◆ **put in/say a (good) word for sb** mettere una buona parola per qn ◆ **take sb's word for it (that** … **)** credere qn sulla parola (che …)
◆ **without a word** senza una parola ◆ **words to that effect**: *He told me to get out, or words to that effect.* Mi disse di uscire, o qualcosa di simile. *Vedi anche* **BREATHE, EAT, LAST, MARK**[2]**, MINCE, PLAY**
▶ vt formulare

wording /ˈwɜːdɪŋ/ s [*gen sing*] termini, formulazione

'word processor s sistema di videoscrittura
'word processing s videoscrittura

wore pass di **WEAR**

work[1] /wɜːk/ s **1** [*non numerabile*] lavoro: *to leave work* smettere di lavorare ◇ *work experience* esperienza di lavoro **2** lavoro, opera: *Is this your own work?* È opera tua? ◇ *a good piece of work* un buon lavoro **3** opera: *the complete works of Shakespeare* l'opera completa di Shakespeare **4 works** [*pl*] lavori **5 works** [*pl*] fabbrica LOC **at work** al lavoro ◆ **get (down)/go/set to work (on sth/to do sth)** mettersi al lavoro (su qc/per fare qc) *Vedi anche* **STROKE**[1]

La differenza tra le parole **work** e **job** è che **work** non è numerabile mentre **job** è numerabile: *I've found work/a new job at the hospital.* Ho trovato lavoro/un altro impiego all'ospedale. **Employment** è più formale di **work** e **job** e si usa per riferirsi alla condizione dei lavoratori: *Many women are in part-time employment.* Molte donne lavorano part-time. **Occupation** è il termine che si usa nei documenti ufficiali: *Occupation: student.* Professione: studente. **Profession** si utilizza per riferirsi agli impieghi che richiedono studi universitari: *the medical profession* la professione di medico. **Trade** significa mestiere: *He's a carpenter by trade.* Fa il falegname di mestiere.

work[2] /wɜːk/ (*pass, pp* **worked**) **1** vi ~ (**away**) (**at/on sth**) lavorare (a/su qc): *to work as a lawyer* fare l'avvocato ◇ *to work on the as-*

---

tʃ **ch**in   dʒ **J**une   v **v**an   θ **th**in   ð **th**en   s **s**o   z **z**oo   ʃ **sh**e

sumption that ... basarsi sul presupposto che ... **2** *vi* **~ for sth** fare molto per qc **3** *vi* funzionare: *It will never work.* Non può funzionare. **4** *vt* (*apparecchio*) usare, azionare **5** *vt* (*persona*) far lavorare **6** *vt* (*miniera*) sfruttare **7** *vt* (*terra*) coltivare LOC **work free/loose** sciogliersi/allentarsi ◆ **work like a charm** funzionare a meraviglia ◆ **work your fingers to the bone** ammazzarsi di lavoro *Vedi anche* MIRACLE PHRV **work out 1** risultare **2** risolversi **3** fare esercizio ◆ **work sth out 1** calcolare qc **2** risolvere qc **3** mettere a punto qc, elaborare qc ◆ **work sth up 1** sviluppare qc **2** *I've worked up an appetite.* Mi è venuto un certo appetito. ◆ **work sb up (into sth):** *Don't work yourself up into a state about it.* Non ti agitare. ◊ *to get worked up* agitarsi **workable** *agg* realizzabile, fattibile

workaholic /ˌwɜːkəˈhɒlɪk/ *s* stacanovista

workbook /ˈwɜːkbʊk/ (*USA* **exercise book**) *s* libro degli esercizi

worker /ˈwɜːkə(r)/ *s* **1** lavoratore, -trice **2** operaio, -a

workforce /ˈwɜːkfɔːs/ *s* [*v sing o pl*] manodopera

working /ˈwɜːkɪŋ/ ▸ *agg* **1** attivo **2** di/da lavoro: *working conditions* condizioni di lavoro **3** lavorativo: *five working days* cinque giorni lavorativi **4** (*apparato*) funzionante **5** provvisorio: *I have a working knowledge of Spanish.* Ho una conoscenza discreta dello spagnolo. LOC *Vedi* ORDER

▸ *s* **workings** [*pl*] **~ (of sth)** funzionamento (di qc)

working 'class *s* (*anche* ˌworking ˈclasses) [*pl*] classe operaia

working-'class *agg* della classe operaia

workload /ˈwɜːkləʊd/ *s* carico di lavoro

workman /ˈwɜːkmən/ *s* (*pl* **-men** /-mən/) operaio **workmanship** *s* **1** (*di persona*) abilità professionale **2** (*di prodotto*) fattura

workmate /ˈwɜːkmeɪt/ *s* collega

workout /ˈwɜːkaʊt/ *s* allenamento

workplace /ˈwɜːkpleɪs/ *s* posto di lavoro (*luogo*)

worksheet /ˈwɜːkʃiːt/ *s* **1** foglio con gli esercizi **2** foglio di lavorazione

workshop /ˈwɜːkʃɒp/ *s* **1** officina **2** laboratorio **3** seminario

workstation /ˈwɜːksteɪʃn/ *s* workstation, stazione di lavoro

worktop /ˈwɜːktɒp/ *s* (*spec GB* ˈwork surface) piano di lavoro (*in cucina*)

world /wɜːld/ *s* **1** mondo: *all over the world/the world over* in tutto il mondo ◊ *world-famous* famoso in tutto il mondo ◊ *the world population* la popolazione mondiale LOC **how, why, etc. in the world** (*informale*) come, perché, ecc diavolo: *What in the world did they think they were doing?* Che diavolo pensavano di fare? *Vedi anche* SMALL, THINK **worldly** *agg* (**-ier**, **-iest**) **1** (*formale*) terreno, materiale: *worldly power* potere temporale **2** di mondo

worldwide ▸ /ˈwɜːldwaɪd/ *agg* mondiale
▸ /ˌwɜːldˈwaɪd/ *avv* in tutto il mondo

the ˌWorld Wide ˈWeb (*abbrev* **WWW**) *s* il Web

worm /wɜːm/ *s* **1** verme, baco **2** lombrico LOC *Vedi* EARLY

worn *pp di* WEAR

ˌworn ˈout *agg* **1** logoro **2** (*persona*) sfinito

worried /ˈwʌrid/ *agg* **1** ~ (**about sb/sth**) preoccupato (per qn/qc) **2** **be ~ that ...** aver paura che ... : *I'm worried that he might get lost.* Ho paura che si perda.

worry /ˈwʌri/ ▸ (*pass, pp* **worried**) **1** *vi* ~ (**yourself**) (**about sb/sth**) preoccuparsi (di qn/per qc) **2** *vt* preoccupare: *to be worried by sth* essere preoccupato per qc
▸ *s* (*pl* **-ies**) **1** [*non numerabile*] preoccupazione **2** problema: *financial worries* problemi economici

worrying /ˈwʌriɪŋ/ *agg* preoccupante

worse /wɜːs/ ▸ *agg* (*comp di* **bad**) **~ (than sth/ than doing sth)** peggiore (di qc); peggio (di qc/ che fare qc): *to get worse* peggiorare *Vedi anche* BAD, WORST LOC **make matters/things worse** peggiorare le cose
▸ *avv* (*comp di* **badly**) peggio: *She speaks German worse than I do.* Parla tedesco peggio di me.
▸ *s* il peggio: *to take a turn for the worse* peggiorare

worsen /ˈwɜːsn/ *vt, vi* peggiorare

worship /ˈwɜːʃɪp/ ▸ *s* **1** **~ (of sb/sth)** venerazione (per qn/qc) **2** **~ (of sb/sth)** (*Relig*) culto (di qn/qc)
▸ (**-pp-**, *USA* **-p-**) **1** *vt* adorare, venerare **2** *vi* assistere alle funzioni religiose

worshipper /ˈwɜːʃɪpə(r)/ *s* fedele, devoto, -a

worst /wɜːst/ ▸ *agg* (*superl di* **bad**) peggiore: *My worst fears were confirmed.* È accaduto quello che più temevo. *Vedi anche* BAD, WORSE
▸ *avv* (*superl di* **badly**) peggio: *the worst hit areas* le zone più colpite

---

iː see | i happ**y** | ɪ s**i**t | e t**e**n | æ h**a**t | ɑː f**a**ther | ʌ c**u**p | ʊ p**u**t | uː t**oo**

▶ **the worst** s il peggio LOC **at (the) worst**; **if the worst comes to the worst** nella peggiore delle ipotesi

worth /wɜːθ/ ▶ agg **1** *It's worth £5.* Vale 5 sterline. **2** *It's worth reading.* Vale la pena di leggerlo. LOC **be worth it** valerne la pena ◆ **be worth sb's while**: *It's not worth your while to work so hard.* Non vale la pena che tu lavori così tanto.
▶ s **1** valore **2** (*di soldi, tempo*): *£10 worth of petrol* 10 sterline di benzina ◊ *two weeks' worth of supplies* due settimane di provviste LOC *Vedi* MONEY

worthless /'wɜːθləs/ agg **1** di nessun valore **2** (*persona*) spregevole **3** (*azione, tentativo*) inutile

worthwhile /ˌwɜːθ'waɪl/ agg che vale la pena, valido: *it's worthwhile doing/to do sth* vale la pena fare qc

worthy /'wɜːði/ agg (**-ier, -iest**) **1** **be ~ of sth** essere degno di qc **2** (*causa*) nobile **3** (*persona*) rispettabile

would /wəd, wʊd/ (*contrazione* **'d** *neg* **would not** *o* **wouldn't** /'wʊdnt/) ▶ v aus (*condizionale*): *Would you do it if I paid you?* Lo faresti se ti pagassi? ◊ *He said he would come at five.* Ha detto che sarebbe venuto alle cinque.
▶ v aus modale

Would è un verbo modale seguito dall'infinito senza il TO. Le frasi interrogative e negative si costruiscono senza l'ausiliare do. Nota che nel discorso indiretto in inglese si dice **would go, help, take,** ecc, non **would have gone, helped, taken,** ecc: *He said he would help me but he didn't.* Ha detto che mi avrebbe aiutato ma non l'ha fatto.

1 (*offerta, richiesta*): *Would you like a drink?* Vuoi da bere? ◊ *Would you come this way?* Venga qua per favore. **2** (*scopo*): *I left a note so (that) they'd call us.* Ho lasciato un biglietto affinché ci chiamino. **3** (*volontà*): *He wouldn't shake my hand.* Non ha voluto stringermi la mano.

wouldn't = WOULD NOT *Vedi* WOULD

wound¹ /wuːnd/ ▶ s ferita
▶ vt ferire: *He was wounded in the back during the war.* Fu ferito alla schiena durante la guerra. **the wounded** s [*pl*] i feriti ➜ *Vedi nota a* FERITA

wound² *pass, pp di* WIND²

wove *pass di* WEAVE

woven *pp di* WEAVE

wow! /waʊ/ *escl* (*informale*) uau!, wow!

wrangle /'ræŋgl/ ▶ s ~ (**about/over sth**) alterco (per qc)
▶ vi litigare

wrap /ræp/ ▶ s scialle
▶ vt (**-pp-**) **1** ~ **sb/sth (up)** avvolgere qn/qc: *to wrap up a gift* incartare un regalo **2** ~ **sth (a)round sth** avvolgere qc intorno a qn/qc LOC **be wrapped up in sb/sth** essere completamente preso da qn/qc PHR V **wrap (sb/yourself) up** coprire bene qn/coprirsi bene (*con indumenti*) ◆ **wrap sth up** (*informale*) concludere qc

wrapper /'ræpə(r)/ s involucro

wrapping /'ræpɪŋ/ s involucro: *wrapping paper* carta da regalo

wrath /rɒθ; *USA* ræθ/ s (*formale*) ira

wreath /riːθ/ s (*pl* **-s** /riːðz/) corona (*di fiori*)

wreck /rek/ ▶ s **1** relitto **2** naufragio **3** (*informale*) (*fig*): *to be a wreck* essere a pezzi **4** rottame (*auto*)
▶ vt distruggere, rovinare

wreckage /'rekɪdʒ/ s [*non numerabile*] rottami

wrench /rentʃ/ ▶ vt **1** ~ **sth off (sth)** staccare qc (da qc) (*con violenza*) **2** ~ **sth from sb/out of sth**: *He wrenched it from me/out of my hand.* Me lo strappò di mano.
▶ s **1** strattone **2** (*fig*) colpo **3** (*spec USA*) *Vedi* SPANNER

wrestle /'resl/ vi (*Sport, fig*) lottare **wrestler** s lottatore, -trice **wrestling** s lotta libera

wretch /retʃ/ s disgraziato, -a

wretched /'retʃɪd/ agg **1** (*infelice*) misero, disgraziato **2** (*informale*) maledetto

wriggle /'rɪgl/ **1** vt agitare, muovere **2** vi ~ (**about**) contorcersi, dimenarsi: *to wriggle free* liberarsi contorcendosi

wring /rɪŋ/ vt (*pass, pp* **wrung** /rʌŋ/) ~ **sth (out)** strizzare qc: *to wring a chicken's neck* tirare il collo a una gallina LOC **wring sb's neck** (*informale*) strozzare qn

wrinkle /'rɪŋkl/ ▶ s **1** (*pelle*) ruga **2** (*stoffa*) grinza
▶ **1** vt, vi stropicciare, stropicciarsi **2** vt (*fronte*) corrugare **3** vt (*naso*) arricciare

wrist /rɪst/ s polso

write /raɪt/ vt, vi (*pass* **wrote** /rəʊt/ *pp* **written** /'rɪtn/) scrivere
PHR V **write back (to sb)** rispondere (a qn) (*per iscritto*)
write sth down scrivere qc, segnare qc
write off/away (to sb/sth) for sth richiedere qc (a qn/qc) (*per iscritto*) ◆ **write sb/sth off 1** *The first episode of the series wasn't very good, but*

don't write it off yet. La prima puntata della serie non era un granché ma è ancora presto. **2** (*debito*) estinguere qc **3** (*auto*) distruggere qc completamente
write sth out 1 scrivere qc **2** (*assegno, lista*) fare qc **3** ricopiare qc
write sth up redigere qc, mettere qc per iscritto

'**write-off** s rottame: *The car was a write-off.* La macchina era ridotta a un rottame.

writer /'raɪtə(r)/ s scrittore, -trice

writhe /raɪð/ vi contorcersi: *to writhe in agony* contorcersi dal dolore

writing /'raɪtɪŋ/ s **1** scrivere: *I want to take up writing.* Voglio fare lo scrittore. **2** scritta **3** stile (*di articolo, romanzo*) **4** scrittura **5** **writings** [*pl*] opere LOC **in writing** per iscritto

written /'rɪtn/ *pp di* WRITE
▸ *agg* scritto

wrong /rɒŋ; *USA* rɔːŋ/ ▸ *agg* **1** *It is wrong to…* Non si deve… ◊ *He was wrong to say that.* Ha fatto male a dire così. **2** sbagliato: *the wrong way up/round* all'incontrario **3** *to be wrong* aver torto ◊ *I got it wrong.* Mi sono sbagliato. **4** *What's wrong?* Cosa c'è che non va? ◊ *What's wrong with you?* Che cos'hai? LOC *Vedi* SIDE
▸ *avv* in modo sbagliato, erroneamente *Vedi anche* WRONGLY LOC **get sb wrong** (*informale*) fraintendere qn ♦ **get sth wrong** (*informale*) sbagliare qc ♦ **go wrong 1** sbagliarsi **2** (*apparecchio*) guastarsi **3** (*vacanza, ecc*) andar male
▸ *s* **1** male **2** (*formale*) torto LOC **be in the wrong** aver torto

wrongful /'rɒŋfl/; *USA* 'rɔːŋ-/ *agg* ingiusto, illegale

wrongly /'rɒŋli/; *USA* 'rɔːŋ-/ *avv* **1** (*scrivere, tradurre*) male, erratamente **2** (*accusare*) ingiustamente **3** (*pensare*) a torto

wrote *pass di* WRITE

wrought iron /ˌrɔːt 'aɪən/ s ferro battuto

wrung *pass, pp di* WRING

WWW /ˌdʌblju: ˌdʌblju: 'dʌblju:/ *abbr Vedi* WORLD WIDE WEB

X x

X, x /eks/ s (*pl* **Xs, X's, x's**) X, x: *X for Xmas* X come Xeres ⊃ *Vedi esempi a* A, A

xenophobia /ˌzenəˈfəʊbiə/ s (*dispreg*) xenofobia **xenophobic** /ˌzenəˈfəʊbɪk/ *agg* (*dispreg*) xenofobo

Xmas /ˈkrɪsməs, ˈeksməs/ s (*informale*) Natale

X-ray /ˈeks reɪ/ ▸ s radiografia: *X-rays* raggi X
▸ *vt* radiografare: *He had to have his chest X-rayed.* Ha dovuto fare delle radiografie al torace.

xylophone /ˈzaɪləfəʊn/ s xilofono

Y y

Y, y /waɪ/ s (*pl* **Ys, Y's, y's**) Y, y: *Y for yellow* Y come yacht ⊃ *Vedi esempi a* A, A

yacht /jɒt/ s yacht **yachting** s navigazione da diporto

Yank /jæŋk/ s (*informale, talvolta dispreg*) yankee

yank /jæŋk/ *vt, vi* (*informale*) dare uno strattone (a) PHRV **yank sth off/out** staccare/strappare qc

yard /jɑːd/ s **1** cortile **2** (*USA*) giardino **3** (*abbrev* **yd**) iarda (*0,9144 m*)

yardstick /ˈjɑːdstɪk/ s metro, criterio

yarn /jɑːn/ s **1** filato **2** (*informale*) racconto

yawn /jɔːn/ ▸ *vi* sbadigliare
▸ *s* sbadiglio

yawning /ˈjɔːnɪŋ/ *agg* grande (*abisso, spazio*)

yeah! /jeə/ *escl* (*informale*) sì!

year /jɪə(r), jɜː(r)/ s **1** anno: *for years* per/da anni **2** (*Scol*) classe **3** *a two-year-old (child)* un bambino di due anni ◊ *I am ten (years old).* Ho dieci anni. ⊃ Nota che quando si dice l'età si può omettere **years old**. *Vedi nota a* OLD

yearly /ˈjɪəli/ ▶ *agg* annuale
▶ *avv* annualmente

yearn /jɜːn/ *vi* (*formale*) **1** ~ (**for sb/sth**) desiderare ardentemente (qn/qc) **2** ~ **to do sth** anelare a fare qc **yearning** *s* (*formale*) **1** ~ (**for sb/sth**) desiderio struggente (di qn/qc) **2** ~ (**to do sth**) desiderio struggente (di fare qc)

yeast /jiːst/ *s* lievito

yell /jel/ ▶ *vi* ~ (**out**) (**at sb/sth**) urlare (a qn/qc)
▶ *s* urlo

yellow /ˈjeləʊ/ *agg, s* giallo

yelp /jelp/ *vi* **1** (*animale*) guaire **2** (*persona*) strillare

yes /jes/ ▶ *escl* sì!
▶ *s* (*pl* **yeses** /ˈjesɪz/) sì

yesterday /ˈjestədeɪ, -di/ *avv, s* ieri: *yesterday morning* ieri mattina *Vedi anche* DAY

yet /jet/ ▶ *avv* **1** [*nelle frasi negative*] ancora: *not yet* non ancora ◊ *They haven't phoned yet.* Non hanno ancora telefonato ⊃ *Vedi nota a* STILL¹ **2** [*nelle frasi interrogative*] già

> **Yet** o **already**? **Yet** (nel senso di "gia") è usato solo nelle frasi interrogative e va alla fine della frase: *Have you finished it yet?* Lo hai finito? **Already** è usato nelle frasi affermative e interrogative e di solito segue gli ausiliari e modali e precede gli altri verbi: *Have you already asked him?* Glielo hai già chiesto? ◊ *He already knew her.* La conosceva già.
>
> Quando **already** indica sorpresa per un'azione compiuta prima del previsto, può essere alla fine della frase: *He's found a job already!* Ha già trovato lavoro! ◊ *Is it there already?* È già arrivato? *Vedi esempi a* ALREADY

3 [*dopo superl*]: *her best novel yet* il suo migliore romanzo fino ad ora **4** [*davanti a comparativo*] ancora: *yet more work* ancora più lavoro LOC **yet again** ancora una volta
▶ *cong* ma, però: *It's incredible yet true.* Incredibile ma vero.

yew /juː/ (*anche* ˈ**yew tree**) *s* tasso (*albero*)

yield /jiːld/ ▶ **1** *vt* produrre, dare **2** *vt* (*Fin*) rendere **3** *vi* ~ (**to sb/sth**) (*formale*) cedere, arrendersi (a qn/qc) ❶ La parola più comune è **give in**
▶ *s* **1** produzione **2** (*Agr*) raccolto **3** (*Fin*) profitto

yielding /ˈjiːldɪŋ/ *agg* **1** flessibile **2** arrendevole

yogurt (*anche* **yoghurt, yoghourt**) /ˈjɒɡət; *USA* ˈjəʊɡərt/ *s* yogurt

yoke /jəʊk/ *s* giogo

yolk /jəʊk/ *s* tuorlo ⊃ *Confronta* WHITE *senso* (2)

Yorkshire pudding /ˌjɔːkʃə ˈpʊdɪŋ/ *s* preparazione a base di pastella cotta al forno da servire con il roast-beef

you /juː/ *pron pers* **1** [*come soggetto*] tu, lei (*formale*), voi: *You said that…* Hai detto/Ha detto/Avete detto che… ❶ In inglese il *pronome personale soggetto* non si può omettere. **2** [*nelle frasi impersonali*]: *You can't smoke in here.* Qui non si può fumare. ❶ Nelle frasi impersonali si può usare anche **one** che ha lo stesso significato di **you** ma è molto più formale. **3** [*come complemento oggetto*] ti, la (*formale*), vi: *I can't hear you.* Non ti/la/vi sento. **4** [*come complemento indiretto*] ti, le (*formale*), vi: *I told you to wait.* Ti/Le/Vi ho detto di aspettare. **5** [*dopo prep*] te, lei (*formale*), voi

you'd /juːd/ **1** = YOU HAD *Vedi* HAVE **2** = YOU WOULD *Vedi* WOULD

you'll /juːl/ = YOU WILL *Vedi* WILL

young /jʌŋ/ ▶ *agg* (**younger** /ˈjʌŋɡə(r)/ **youngest** /ˈjwiʌŋɡɪst/) giovane: *young people* i giovani ◊ *He's two years younger than me.* Ha due anni meno di me.
▶ *s* [*pl*] **1** (*di animali*) piccoli **2** **the young** i giovani

youngster /ˈjʌŋstə(r)/ *s* giovane

your /jɔː(r); *USA* jʊər/ *agg poss* **1** il tuo, ecc, il suo, ecc (*formale*), il vostro, ecc **2** [*uso impersonale*] il proprio, ecc: *to break your arm* rompersi un braccio ⊃ *Vedi nota a* MY

you're /jʊə(r), jɔː(r)/ = YOU ARE *Vedi* BE

yours /jɔːz; *USA* jʊərz/ *pron poss* il tuo, ecc, il suo, ecc (*formale*), il vostro, ecc: *Is she a friend of yours?* È una tua/sua/vostra amica? ◊ *Where is yours?* Dov'è il tuo/suo/vostro? LOC **Yours faithfully/sincerely** Distinti saluti

yourself /jɔːˈself; *USA* jʊərˈself/ *pron* (*pl* **-selves** /-ˈselvz/) **1** [*uso riflessivo*] ti, si (*formale*), vi: *Did you hurt yourself?* Ti sei fatto male? ◊ *Enjoy yourselves!* Buon divertimento! **2** [*dopo prep*] te, lei (*formale*), voi **3** [*uso enfatico*] tu stesso, -a, lei stesso, -a, voi stessi, -e **4** [*uso impersonale*]: *to look at yourself in the mirror* guardarsi allo specchio LOC **by yourself/yourselves 1** da te/sé/voi: *You did it all by yourself.* L'hai fatto tutto da te. **2** solo: *You were all by yourself.* Eri sola. ◆ **be yourself/yourselves** essere se stesso/se stessi

---

| tʃ chin | dʒ June | v van | θ thin | ð then | s so | z zoo | ʃ she |

youth /juːθ/ s **1** giovinezza: *In my youth ...* Quando ero giovane ... **2** (*pl* **-s** /juːðz/) (*spesso dispreg*) ragazzo **3** [*pl*] giovani: *the youth of today* la gioventù d'oggi **youthful** *agg* **1** (*aspetto*) giovanile **2** (*errore*) di gioventù

'youth hostel s ostello della gioventù

you've /juːv/ = YOU HAVE Vedi HAVE

Yo Yo® /'jəʊ jəʊ/ (*anche* **yo-yo**) s (**Yo Yos**, **yo-yos**) yo-yo

yuck (GB anche **yuk**) /jʌk/ escl (*informale*) puah

Z z

Z, z /zed; USA ziː/ s (pl **Zs**, **Z's**, **z's**) Z, z: *Z for zebra* Z come Zara ➜ *Vedi esempi a* A, A

zeal /ziːl/ s zelo: *religious zeal* fervore religioso **zealous** /'zeləs/ *agg* zelante

zebra /'zebrə, 'ziːbrə/ s (pl **zebra** o **-s**) zebra

,zebra 'crossing s [*numerabile*] (GB) strisce pedonali

zenith /'zenɪθ/ s zenit

zero /'zɪərəʊ/ s (pl **-s**) agg, pron zero

zest /zest/ s ~ (**for sth**) entusiasmo, passione (per qc)

zigzag /'zɪgzæg/ ▸ *agg* a zigzag
▸ *s* zigzag
▸ (**-gg-**) ▸ *vi* andare a zigzag, zigzagare

zinc /zɪŋk/ s zinco

zip /zɪp/ ▸ *s* (USA **zipper** /'zɪpə(r)/) cerniera
▸ (**-pp-**) **1** *vt* ~ **sth** (**up**) chiudere la cerniera di qc **2** *vi* ~ (**up**) (*pantaloni*) avere la cerniera

'Zip code s (USA) Vedi POSTCODE

zipper /'zɪpə(r)/ s (USA) Vedi ZIP s

zodiac /'zəʊdiæk/ s zodiaco

zone /zəʊn/ s zona

zoo /zuː/ (pl **-s**) (*formale* **,zoological 'gardens**) s zoo

zoology /zuː'ɒlədʒi/ s zoologia **zoological** /,zuː.ə'lɒdʒɪkl/ *agg* zoologico **zoologist** /zuː'ɒlədʒɪst/ s zoologo, -a

zoom /zuːm/ *vi* sfrecciare: *to zoom past* passare sfrecciando PHRV **zoom in/out** zumare in avanti/indietro

'zoom lens s zoom

zucchini /zu'kiːni/ s (USA) Vedi COURGETTE

Clothes
Abbigliamento

1. **woolly hat** /ˌwʊli ˈhæt/ berretto di lana
2. **hood** /hʊd/ cappuccio
3. **sweatshirt** /ˈswetʃɜːt/ felpa
4. **sunglasses** /ˈsʌnɡlɑːsɪz/ occhiali da sole
5. **leather jacket** /ˌleðər ˈdʒækɪt/ giacca di pelle
6. **sweater** /ˈswetə(r)/ maglione
7. **jeans** /dʒiːnz/ jeans
8. **shoe** /ʃuː/ scarpa
9. **hat** /hæt/ cappello
10. **boots** /buːts/ stivali
11. **belt** /belt/ cintura
12. **gloves** /ɡlʌvz/ guanti
13. **denim jacket** /ˌdenɪm ˈdʒækɪt/ giacca di jeans
14. **bag** /bæɡ/ borsa
15. **skirt** /skɜːt/ gonna
16. **tights** /taɪts/ (*AE* **pantyhose** /ˈpæntihəʊz/) collant
17. **shirt** /ʃɜːt/ camicia
18. **tie** /taɪ/ cravatta
19. **jacket** /ˈdʒækɪt/ giacca
20. **briefcase** /ˈbriːfkeɪs/ ventiquattr'ore
21. **trousers** /ˈtraʊzəz/ (*AE* **pants** /pænts/) pantaloni
22. **suit** /suːt/ completo

MORE TO EXPLORE

anorak	sandal
blouse	scarf
cardigan	shorts
coat	sock
dress	T-shirt
raincoat	underwear

Clothes A1

Homes
Abitazioni

1. **thatched cottage** /ˌθætʃt ˈkɒtɪdʒ/ villetta con tetto di paglia
2. **bungalow** /ˈbʌŋɡələʊ/ villetta a un solo piano
3. **detached house** /dɪˌtætʃt ˈhaʊs/ villetta unifamiliare
4. **semi-detached house** /ˌsemi dɪtætʃt ˈhaʊs/ casa bifamiliare
5. **terraced house** /ˌterəst ˈhaʊs/ casa a schiera
6. **farm** /fɑːm/ fattoria
7. **block of flats** /ˌblɒk əv ˈflæts/ palazzo

MORE TO EXPLORE

back door	front door	porch
balcony	garden	roof
bathroom	kitchen	storey
bedroom	lounge	upstairs
downstairs	patio	yard

Furniture
I mobili

MORE TO EXPLORE

bookcase
carpet
cupboard
curtains
desk
mirror
pillow
poster
wardrobe

1. **bed** /bed/ letto
2. **sofa** /ˈsəʊfə/ divano
3. **cushion** /ˈkʊʃn/ cuscino
4. **armchair** /ˈɑːmtʃeə(r)/ poltrona
5. **chair** /tʃeə(r)/ sedia
6. **stool** /stuːl/ sgabello
7. **table** /ˈteɪbl/ tavolo
8. **chest of drawers** /ˌtʃest əv ˈdrɔːz/ (*AE* **bureau** /ˈbjʊərəʊ/) cassettiera
9. **coffee table** /ˈkɒfi teɪbl/ tavolino
10. **picture frame** /ˈpɪktʃə freɪm/ cornice
11. **rug** /rʌɡ/ tappeto

Furniture A3

Buildings
Edifici

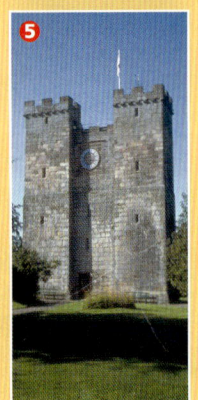

1. **stately home** /ˌsteɪtli ˈhəʊm/ residenza nobiliare
2. **monument** /ˈmɒnjumənt/ monumento
3. **ruin** /ˈruːɪn/ rovine
4. **castle** /ˈkɑːsl/ castello
5. **tower** /ˈtaʊə(r)/ torre
6. **office block** /ˈɒfɪs blɒk/ (*AE* **office building** /ˈɒfɪs bɪldɪŋ/) palazzo con uffici
7. **dam** /dæm/ diga
8. **pub** /pʌb/ pub
9. **bridge** /brɪdʒ/ ponte
10. **warehouse** /ˈweəhaʊs/ magazzino
11. **lighthouse** /ˈlaɪthaʊs/ faro

MORE TO EXPLORE

abbey
brick
church
concrete
hotel
library
mosque
police station
power station
skyscraper
steel
stone
tower block
town hall

A4 Buildings

Shops
Negozi

MORE TO EXPLORE

bill	chemist's	newsagent
bookshop	counter	receipt
carrier bag	customer	takeaway
change	florist	till
checkout	launderette	trolley

1. **fish and chip shop** /ˌfɪʃ ən ˈtʃɪp ʃɒp/ friggitoria dove si vende pesce con patatine fritte
2. **grocer's** /ˈgrəʊsəz/ alimentari
3. **baker's** /ˈbeɪkəz/ (*AE* **bake shop** /ˈbeɪk ʃɒp/) panetteria
4. **optician's** /ɒpˈtɪʃnz/ ottica
5. **butcher's** /ˈbʊtʃəz/ macelleria
6. **farmer's market** /ˈfɑːməz mɑːkɪt/ mercato
7. **flower stall** /ˈflaʊə stɔːl/ (*AE* **flower stand** /ˈflaʊər stænd/) bancarella di fiori
8. **garden centre** /ˈgɑːdn sentə(r)/ (*AE* **garden store** /ˈgɑːdn stɔːr/) centro di floricoltura
9. **dry-cleaner's** /ˌdraɪ ˈkliːnəz/ tintoria
10. **clothes shop** /ˈkləʊðz ʃɒp/ (*AE* **clothes store** /ˈkləʊðz stɔːr/) negozio d'abbigliamento
11. **shopping centre** /ˈʃɒpɪŋ sentə(r)/ (*AE* **shopping mall** /ˈʃɒpɪŋ mɔːl/) centro commerciale

Shops A5

Transport
Trasporti

MORE TO EXPLORE

caravan	rail
cyclist	scooter
driver	taxi
minibus	trailer
motorcycle	underground
motorway	van

1. **plane** /pleɪn/ aereo
2. **helicopter** /ˈhelɪkɒptə(r)/ elicottero
3. **oil tanker** /ˈɔɪl tæŋkə(r)/ petroliera
4. **hydrofoil** /ˈhaɪdrəfɔɪl/ aliscafo
5. **ferry** /ˈferi/ traghetto
6. **coach** /kəʊtʃ/ (*AE* **bus**) pullman
7. **bus** /bʌs/ autobus
8. **lorry** /ˈlɒri/ (*AE* **truck** /trʌk/) camion
9. **car** /kɑː(r)/ macchina
10. **bicycle** /ˈbaɪsɪkl/ bicicletta
11. **train** /treɪn/ treno

A6 Transport

Media
Apparecchi elettronici

1. **fax machine** /ˈfæks məˌʃiːn/ fax
   answering machine /ˈɑːnsərɪŋ məʃiːn/ segreteria telefonica
2. **photocopier** /ˈfəʊtəʊkɒpiə(r)/ fotocopiatrice
3. **laptop** /ˈlæptɒp/ computer portatile
4. **scanner** /ˈskænə(r)/ scanner
5. **PDA** /ˌpiː diː ˈeɪ/ PDA
6. **mobile** /ˈməʊbaɪl/ cellulare
7. **stereo system** /ˈsteriəʊ sɪstəm/ stereo
8. **CD player** /ˌsiː ˈdiː pleɪə(r)/ lettore CD
9. **headphones** /ˈhedfəʊnz/ cuffie
10. **personal stereo** /ˌpɜːsənl ˈsteriəʊ/ stereo portatile
11. **digital camera** /ˌdɪdʒɪtl ˈkæmərə/ macchina fotografica digitale
12. **television** /ˈtelɪvɪʒn/ televisione
13. **DVD player** /ˌdiː viː ˈdiː pleɪə(r)/ lettore DVD
14. **remote control** /rɪˌməʊt kənˈtrəʊl/ telecomando

MORE TO EXPLORE

audio	digital	PC
broadband	keypad	radio
cassette	microphone	speaker
computer	pager	WAP

Fruit
Frutta

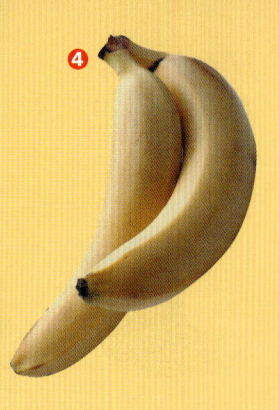

MORE TO EXPLORE

apricot	peel
blackcurrant	pip
blueberry	plum
core	redcurrant
grapefruit	rind
kiwi	seed
mango	skin
melon	stalk
peach	stone

❶ **grape** /greɪp/ uva
❷ **raspberry** /ˈrɑːzbəri/ lampone
❸ **lychee** /ˌlarˈtʃiː/ litchi
❹ **banana** /bəˈnɑːnə/ banana
❺ **orange** /ˈɒrɪndʒ/ arancia
❻ **lemon** /ˈlemən/ limone
❼ **lime** /laɪm/ lime
❽ **strawberry** /ˈstrɔːbəri/ fragola
❾ **pear** /peə(r)/ pera
❿ **apple** /ˈæpl/ mela
⓫ **cherry** /ˈtʃeri/ ciliegia
⓬ **peanut** /ˈpiːnʌt/ arachide
⓭ **pineapple** /ˈpaɪnæpl/ ananas

A8 Fruit

Vegetables
Verdura

❶ **lettuce** /ˈletɪs/ lattuga
❷ **cabbage** /ˈkæbɪdʒ/ cavolo
❸ **celery** /ˈseləri/ sedano
❹ **carrot** /ˈkærət/ carota
❺ **radish** /ˈrædɪʃ/ ravanello
❻ **courgette** /kʊəˈʒet/ (*AE* **zucchini** /zuˈkiːni/) zucchina
❼ **broccoli** /ˈbrɒkəli/ broccolo
❽ **aubergine** /ˈəʊbəʒiːn/ (*AE* **eggplant** /ˈegplænt/) melanzana
❾ **spinach** /ˈspɪnɪtʃ/ spinaci
❿ **pepper** /ˈpepə(r)/ (*AE* **bell pepper** /ˈbel pepər/) peperone
⓫ **asparagus** /əˈspærəgəs/ asparagi
⓬ **corn cob** /ˈkɔːn kɒb/ pannochia di granturco

MORE TO EXPLORE

artichoke	onion
bean	parsley
cauliflower	pea
cucumber	potato
garlic	pumpkin
leek	tomato
mushroom	turnip

Vegetables

Food
Cibo

1. **eggs** /egz/ uova
2. **bagel** /ˈbeɪgl/ ciambellina di pane
3. **roll** /rəʊl/ panino
4. **bread** /bred/ pane
5. **pasta** /ˈpæstə/ pasta
6. **cheese** /tʃiːz/ formaggio
7. **mince** /mɪns/ (*AE* **ground beef** /ˌgraʊnd ˈbiːf/) carne macinata
8. **ham** /hæm/ prosciutto
9. **beer** /bɪə(r)/ birra
10. **wine** /waɪn/ vino
11. **milk** /mɪlk/ latte
12. **milkshake** /ˈmɪlkʃeɪk/ frappé
13. **fruit juice** /ˈfruːt dʒuːs/ succo di frutta
14. **mineral water** /ˈmɪnərəl wɔːtə(r)/ acqua minerale

MORE TO EXPLORE

butter	mayonnaise	sandwich
gherkin	olive	sausage
margarine	pâté	slice

Meals
Pietanze

1. **roast chicken** /ˌrəʊst 'tʃɪkɪn/ pollo arrosto
2. **stew** /stju:/ stufato
3. **fried egg** /ˌfraɪd 'eg/ uovo fritto
4. **trout** /traʊt/ trota
5. **roast beef** /ˌrəʊst 'bi:f/ arrosto di manzo
6. **soup** /su:p/ zuppa
7. **chips** /tʃɪps/ (*AE* **French fries** /ˌfrenʃ 'fraɪz/) patate fritte
8. **jacket potato** /ˌdʒækɪt pə'teɪtəʊ/ patata cotta al forno
9. **spaghetti with tomato sauce** /spə'geti wɪθ tə'mɑːtəʊ sɔːs/ spaghetti col sugo di pomodoro
10. **muffins** /'mʌfɪnz/ muffin
11. **waffles** /'wɒflz/ gaufre
12. **cereal** /'sɪəriəl/ cereali
13. **porridge** /'pɒrɪdʒ/ porridge
14. **apple pie** /ˌæpl 'paɪ/ torta di mele
15. **pumpkin pie** /ˌpʌmpkɪn 'paɪ/ tortino di zucca
16. **ice cream** /ˌaɪs 'kri:m/ gelato

MORE TO EXPLORE

bowl	pepper
cream	plate
cup	salt
fork	saucer
knife	spoon
mustard	sugar
oil	vinegar

Meals A11

Animals
Animali

1. **donkey** /ˈdɒŋki/ asino
2. **cow** /kaʊ/ mucca
3. **calf** /kɑːf/ vitello
4. **horse** /hɔːs/ cavallo
5. **foal** /fəʊl/ puledro
6. **sheep** /ʃiːp/ pecora
7. **lamb** /læm/ agnello
8. **goat** /gəʊt/ capra
9. **cat** /kæt/ gatto
10. **dog** /dɒg/ cane
11. **fox** /fɒks/ volpe
12. **squirrel** /ˈskwɪrəl/ scoiattolo
13. **rabbit** /ˈræbɪt/ coniglio
14. **hare** /heə(r)/ lepre

MORE TO EXPLORE

ape	fawn	monkey
budgerigar	guinea pig	panther
camel	hamster	pigeon
cheetah	kid	pony
cub	kitten	puppy

A12 Animals

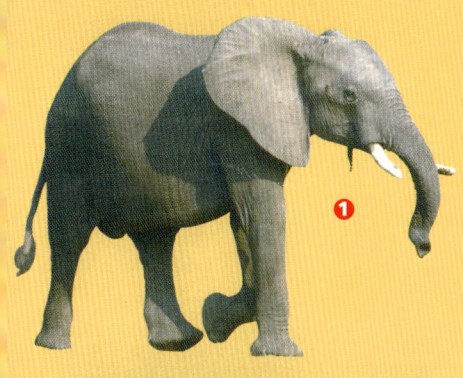

❶ **elephant** /ˈelɪfənt/ elefante
❷ **rhinoceros** /raɪˈnɒsərəs/ rinoceronte
❸ **buffalo** /ˈbʌfələʊ/ bufalo
❹ **zebra** /ˈzebrə/ zebra
❺ **giraffe** /dʒəˈrɑːf/ giraffa
❻ **hippopotamus** /ˌhɪpəˈpɒtəməs/ ippopotamo
❼ **tiger** /ˈtaɪɡə(r)/ tigre
❽ **leopard** /ˈlepəd/ leopardo
❾ **lion** /ˈlaɪən/ leone

MORE TO EXPLORE

endangered
extinct
hibernate
mammal
pet
prey
species
tame
wild
wildlife
young

Animals A13

❶ **seal** /siːl/ foca
❷ **dolphin** /ˈdɒlfɪn/ delfino
❸ **otter** /ˈɒtə(r)/ lontra
❹ **polar bear** /ˈpəʊlə beə(r)/ orso bianco
❺ **monkey** /ˈmʌŋki/ scimmia
❻ **chimpanzee** /ˌtʃɪmpænˈziː/ scimpanzé
❼ **gorilla** /gəˈrɪlə/ gorilla
❽ **koala** /kəʊˈɑːlə/ koala
❾ **bear** /beə(r)/ orso
❿ **wolf** /wʊlf/ lupo
⓫ **llama** /ˈlɑmə/ lama
⓬ **deer** /dɪə(r)/ cervo

MORE TO EXPLORE

antler	mane
claw	paw
coat	snout
fur	tail
horn	whiskers

A14 Animals

Reptiles and fish
Rettili e Pesci

1. **snake** /sneɪk/ serpente
2. **lizard** /ˈlɪzəd/ lucertola
3. **tortoise** /ˈtɔːtəs/ (*AE* **turtle** /ˈtɜːrtl/) tartaruga
4. **turtle** /ˈtɜːtl/ tartaruga marina
5. **crocodile** /ˈkrɒkədaɪl/ coccodrillo
6. **salmon** /ˈsæmən/ salmone
7. **trout** /traʊt/ trota
8. **lobster** /ˈlɒbstə(r)/ aragosta
9. **starfish** /ˈstɑːfɪʃ/ stella marina
10. **eel** /iːl/ anguilla
11. **jellyfish** /ˈdʒelifɪʃ/ medusa
12. **shark** /ʃɑːk/ squalo

MORE TO EXPLORE

alligator	goldfish	plaice
crab	herring	scale
fin	mussel	shell
freshwater	oyster	shellfish

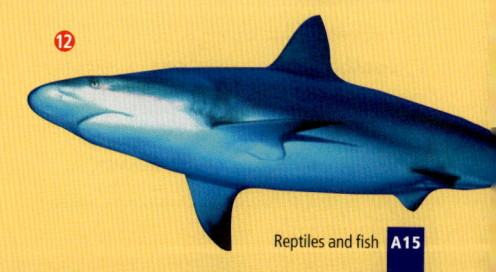

Sport
Sport

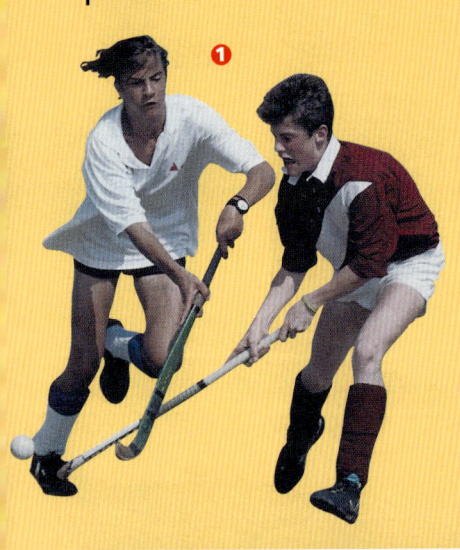

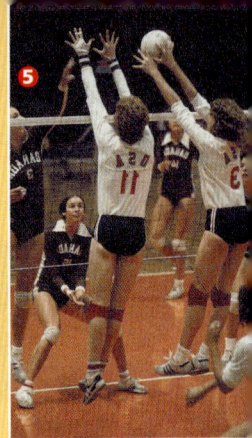

❶ **hockey** /'hɒki/ (*AE* **field hockey** /'fi:ld hɒki/) hockey
❷ **American football** /əˌmerɪkən 'fʊtbɔ:l/ (*AE* **football**) football americano
❸ **rugby** /'rʌɡbi/ rugby
❹ **basketball** /'bɑ:skɪtbɔ:l/ pallacanestro
❺ **volleyball** /'vɒlibɔ:l/ pallavolo
❻ **baseball** /'beɪsbɔ:l/ baseball
❼ **cricket** /'krɪkɪt/ cricket
❽ **football** /'fʊtbɔ:l/ (*AE* **soccer** /'sɑkə(r)/) calcio

MORE TO EXPLORE

badminton	karate	table tennis
croquet	netball	weightlifting
golf	squash	wrestling

A16 Sport

1. **fencing** /ˈfensɪŋ/ scherma
2. **riding** /ˈraɪdɪŋ/ equitazione
3. **gymnastics** /dʒɪmˈnæstɪks/ ginnastica
4. **boxing** /ˈbɒksɪŋ/ boxe
5. **cycling** /ˈsaɪklɪŋ/ ciclismo
6. **jogging** /ˈdʒɒgɪŋ/ footing
7. **judo** /ˈdʒuːdəʊ/ judo
8. **athletics** /æθˈletɪks/ atletica
9. **tennis** /ˈtenɪs/ tennis
10. **mountain biking** /ˈmaʊntən baɪkɪŋ/ mountain bike

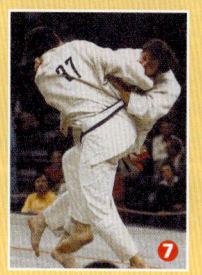

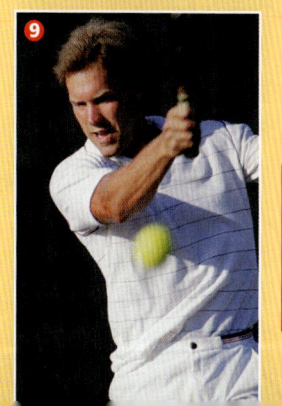

MORE TO EXPLORE

bat	net
club	pitch
court	race
ground	racket
helmet	score
lane	track

Sport A17

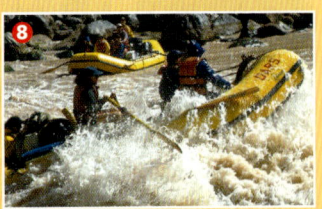

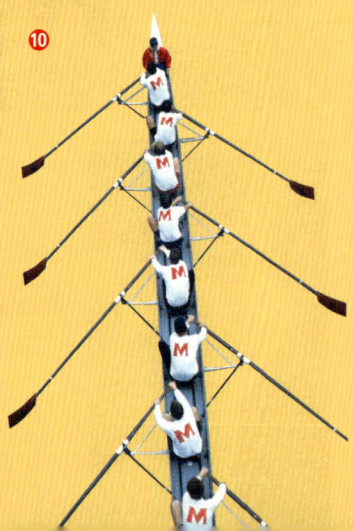

MORE TO EXPLORE

abseiling	hang-gliding
canyoning	mountaineering
cross-country	rappel
downhill	rock climbing

A18 Sport

1. **windsurfing** /ˈwɪndsɜːfɪŋ/ windsurf
2. **scuba-diving** /ˈskuːbə daɪvɪŋ/ immersioni
3. **sailing** /ˈseɪlɪŋ/ vela
4. **jet skiing** /ˈdʒet skiːɪŋ/ acquascooter
5. **surfing** /ˈsɜːfɪŋ/ surf
6. **kayaking** /ˈkaɪækɪŋ/ kayak
7. **waterskiing** /ˈwɔːtəskiːɪŋ/ sci d'acqua
8. **white-water rafting** /ˌwaɪt wɔːtə ˈrɑːftɪŋ/ rafting su acque bianche
9. **swimming** /ˈswɪmɪŋ/ nuoto
10. **rowing** /ˈrəʊɪŋ/ canottaggio
11. **figure-skating** /ˈfɪgə skeɪtɪŋ/ pattinaggio artistico
12. **ice hockey** /ˈaɪs hɒki/ (*AE* **hockey**) hockey su ghiaccio
13. **speed skating** /ˈspiːd skeɪtɪŋ/ pattinaggio di velocità
14. **bob** /bɒb/ bob
15. **snowboarding** /ˈsnəʊbɔːdɪŋ/ snowboard
16. **skiing** /ˈskiːɪŋ/ sci
17. **ski-jumping** /ˈskiː dʒʌmpɪŋ/ salto dal trampolino

MORE TO EXPLORE

canoe
champion
crash helmet
goggles
lap
paddle
racing car
skate
ski run
toboggan

Sport A19

Leisure
Tempo libero

1. **hiking** /ˈhaɪkɪŋ/ escursionismo
2. **skateboarding** /ˈskeɪtbɔːdɪŋ/ skateboard
3. **painting** /ˈpeɪntɪŋ/ pittura
4. **meeting friends** /ˌmiːtɪŋ ˈfrendz/ incontrare gli amici
5. **playing the guitar** /ˌpleɪɪŋ ðə ɡɪˈtɑː(r)/ suonare la chitarra
6. **reading** /ˈriːdɪŋ/ leggere
7. **in-line skating** /ˌɪn laɪn ˈskeɪtɪŋ/ andare sui pattini in linea
8. **working out** /ˌwɜːkɪŋ ˈaʊt/ fare esercizio
9. **chess** /tʃes/ scacchi
10. **dominoes** /ˈdɒmɪnəʊz/ domino
11. **snooker** /ˈsnuːkə(r)/ biliardo inglese
12. **stamp collecting** /ˈstæmp kəlektɪŋ/ filatelia
13. **darts** /dɑːts/ freccette
14. **playing dice** /ˌpleɪɪŋ ˈdaɪs/ giocare a dadi
15. **playing cards** /ˌpleɪɪŋ ˈkɑːdz/ giocare a carte

MORE TO EXPLORE

backpacking	clubbing	hobby
billiards	cookery	knitting
bowling	dancing	photography
camping	DIY	roller skating
cinema	drawing	television

A20 Leisure

Musical instruments
Strumenti musicali

1. **guitar** /gɪˈtɑː(r)/ chitarra
2. **drums** /drʌmz/ batteria
3. **piano** /piˈænəʊ/ pianoforte
4. **keyboard** /ˈkiːbɔːd/ tastiera
5. **violin** /ˌvaɪəˈlɪn/ violino
6. **viola** /viˈəʊlə/ viola
7. **cello** /ˈtʃeləʊ/ violoncello
8. **double bass** /ˌdʌbl ˈbeɪs/ contrabbasso
9. **flute** /fluːt/ flauto
10. **clarinet** /ˌklærəˈnet/ clarinetto
11. **recorder** /rɪˈkɔːdə(r)/ flauto dolce
12. **saxophone** /ˈsæksəfəʊn/ sassofono
13. **trumpet** /ˈtrʌmpɪt/ tromba
14. **trombone** /trɒmˈbəʊn/ trombone

MORE TO EXPLORE

bassoon	musician
bow	note
brass	oboe
choir	percussion
composer	play
concert	quartet
conductor	score
drum	strings
grand piano	tune
key	woodwind

Music A21

School subjects
A scuola

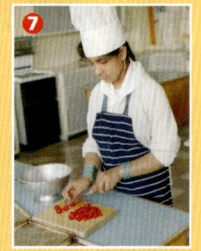

1. **English** /ˈɪŋglɪʃ/ inglese
2. **biology** /baɪˈɒlədʒi/ biologia
3. **ICT** /ˌaɪ siː ˈtiː/ informatica
4. **art** /ɑːt/ arte
5. **geography** /dʒiˈɒgrəfi/ geografia
6. **music** /ˈmjuːzɪk/ musica
7. **home economics** /ˌhəʊm ekəˈnɒmɪks/ economia domestica
8. **maths** /mæːθs/ matematica
9. **PE** /ˌpiː ˈiː/ educazione fisica

MORE TO EXPLORE

break	physics
chemistry	RE
history	student
homework	teacher
Italian	timetable
lesson	tutor group

A22 School subjects

Classroom
In aula

1. **blackboard** /ˈblækbɔːd/
   (*AE* **chalkboard** /ˈtʃɔːkbɔːrd/) lavagna
2. **map** /mæp/ carta geografica
3. **textbook** /ˈtekstbʊk/ libro di testo
4. **file** /faɪl/ raccoglitore
5. **exercise book** /ˈeksəsaɪz bʊk/
   (*AE* **notebook** /ˈnəʊtbʊk/) quaderno
6. **calculator** /ˈkælkjuleɪtə(r)/ calcolatrice
7. **pencil case** /ˈpensl keɪs/ astuccio
8. **school bag** /ˈskuːl bæg/ zainetto
9. **rubber** /ˈrʌbə(r)/ (*AE* **eraser** /ɪˈreɪzər/) gomma
10. **pencil sharpener** /ˈpensl ʃɑːpnə(r)/ temperamatite
11. **pencil** /ˈpensl/ matita
12. **Biro®** /ˈbaɪrəʊ/ biro®
13. **felt-tip (pen)** /ˌfelt tɪp ˈpen/ pennarello
14. **highlighter** /ˈhaɪlaɪtə(r)/ evidenziatore
15. **ruler** /ˈruːlə(r)/ righello

MORE TO EXPLORE

compasses	register
dictionary	scissors
noticeboard	stapler
paper	timetable
pen	waste-paper basket

School subjects

Jobs
Il lavoro

1. **fisherman** /ˈfɪʃəmən/ pescatore
2. **cook** /kʊk/ cuoca
3. **teacher** /ˈtiːtʃə(r)/ insegnante
4. **hairdresser** /ˈheədresə(r)/ parrucchiere
5. **painter** /ˈpeɪntə(r)/ imbianchino
6. **nurse** /nɜːs/ infermiera
7. **farmer** /ˈfɑːmə(r)/ coltivatore
8. **carpenter** /ˈkɑːpəntə(r)/ carpentiere
9. **pilot** /ˈpaɪlət/ pilota

MORE TO EXPLORE

apprentice	manager
barber	plumber
baker	postman
designer	secretary
doctor	shop assistant
dustman	technician

A24 Jobs

A a

a (anche **ad**) prep
- **moto a luogo** to: *Vanno a Milano.* They're going to Milan. ◊ *Vai a casa?* Are you going home? ◊ *Mi accompagni alla stazione?* Can you take me to the station? ◊ *Si è avvicinata a me.* She came up to me.
- **stato in luogo 1** at: *Erano seduti a tavola.* They were sitting at the table. ◊ *Sonia è a casa/scuola/al mare.* Sonia is at home/at school/at the seaside. **2** (*città*) in: *Abito a Lucca.* I live in Lucca.
- **distanza**: *a dieci chilometri da qui* ten kilometres from here
- **tempo** at: *alle undici* at eleven o'clock ◊ *a Natale* at Christmas ◊ *a sessant'anni* at (the age of) sixty ◊ *a maggio* in May
- **modo o maniera**: *andare a piedi* to go on foot ◊ *al computer* on the computer ◊ *Fallo a modo tuo.* Do it your way. ◊ *alla thailandese* Thai-style ◊ *un accappatoio a righe* a striped bathrobe ◊ *È un palazzo a tre piani.* It's a three-storey building.
- **complemento indiretto 1** to: *Dallo a tuo fratello.* Give it to your brother. ◊ *A chi lo hai detto?* Who did you tell? ◊ *Chiedilo a Vittoria.* Ask Vittoria **2** (*per*) for: *Ho comprato una bicicletta a mio figlio.* I bought a bicycle for my son. **3** (*da*): *Hanno rubato la macchina a Giovanni.* Somebody stole Giovanni's car.
- **seguito da infinito** to: *È venuto a parlarmi.* He came over to speak to me. ◊ *Comincio ad avere una certa età.* I'm starting to get old. ◊ *Mi sono chinato a raccoglierlo.* I bent down to pick it up. ◊ *Siamo stati i primi ad arrivare.* We were the first to arrive. ◊ *Siamo andati a sciare.* We went skiing.
- **altre costruzioni 1** (*distribuzione*): *cinquanta sterline a testa* fifty pounds each ◊ *Ne toccano tre a ciascuno.* It works out at three each. ◊ *una volta al giorno/all'anno* once a day/a year **2** (*tariffa, prezzo, misurazione*) a: *Vengono sei euro al chilo.* They're six euros a kilo. ◊ *cinque sterline al mese* five pounds a month ◊ *60 chilometri all'ora* 60 kilometres an hour **3** (*punteggio*): *Hanno vinto tre a zero.* They won three nil. ◊ *Hanno pareggiato due a due.* They drew two all. ➲ Per altre espressioni con **a** vedi alla voce del sostantivo, ad es. **a voce alta** a **voce**.

abbagliante ▶ *agg* dazzling: *una luce ~* a dazzling light
▶ abbaglianti *sm* full beam [*non numerabile*]

abbagliare *vt* to dazzle

abbaiare *vi* to bark (*at sb/sth*): *Il cane non la smetteva di ~.* The dog wouldn't stop barking.
LOC *Vedi* CANE

abbandonare *vt* **1** to abandon: *~ un bambino/un animale* to abandon a child/an animal ◊ *~ un progetto* to abandon a project **2** (*fig*) to desert: *Gli amici non mi abbandonerebbero mai.* My friends would never desert me.

abbandonato, -a *agg* **1** (*bambino*) abandoned **2** (*casa*) deserted **3** (*giardino*) neglected *Vedi anche* ABBANDONARE

abbassare ▶ *vt* **1** to lower: *~ la testa/voce* to lower your head/voice **2** (*spostare più in basso*) to bring* sth down: *Il quadro è troppo alto, abbassalo un po'.* The picture's too high — bring it down a bit. **3** (*volume*) to turn sth down: *Abbassa la televisione.* Turn the television down. **4** (*finestrino*) to wind* sth down **5** (*prezzo*) to bring* sth down, to lower (*più formale*) ▶ abbassarsi *v rifl* **1** (*chinarsi*) to bend* down **2** (*temperatura, prezzo*) to fall*: *La temperatura si è abbassata.* The temperature has fallen. ◊ *Il livello dell'acqua si è abbassato.* The water level has fallen. **3** (*deteriorare*) to go* down: *Gli standard di vita si sono abbassati.* The standard of living has gone down. **4** (*umiliarsi*) to lower yourself (*by doing sth*): *Non mi abbasserei ad accettare soldi da te.* I wouldn't lower myself by accepting your money.

abbasso *escl* down with sb/sth

abbastanza *avv* **1** (*sufficiente*) enough: *Non abbiamo ~ soldi.* We haven't got enough money. ◊ *No, grazie, ne ho mangiato ~.* No thank you, I've had enough. **2** (*parecchio*) quite a lot (of): *~ cose da fare* quite a lot of things to do ◊ *C'era ~ traffico sull'autostrada.* There was quite a lot of traffic on the motorway. ◊ *Ho imparato ~ in tre mesi.* I learnt quite a lot in three months. **3** + **agg/avv** (*sufficientemente*) enough: *Non è ~ alta per arrivare all'interruttore.* She's not tall enough to reach the switch. **4** + **agg/avv** (*piuttosto*) quite: *È ~ intelligente.* He's quite intelligent. ◊ *Leggono ~ bene per la loro età.* They read quite well for their age.

Gli avverbi **fairly, quite, rather** e **pretty** sono tutte traduzioni del concetto di "abbastanza" e modificano l'intensità dell'aggettivo o dell'avverbio cui si riferiscono. **Fairly** è il meno forte, **rather** e **quite** sono più

abbattere → abitudine

rafforzativi ma anche più informali. **Fairly** e **quite** accompagnano in genere aggettivi e avverbi che indicano qualità positive: *The room was fairly tidy*. La stanza era piuttosto in ordine.

Rather si usa spesso per esprimere una critica: *This room looks rather untidy*. In questa stanza c'è un gran disordine. Usato con parole che indicano qualità positive implica che chi parla è piacevolmente sorpreso: *It was a rather nice present*. Era proprio un bel regalo.

abbattere ▶ *vt* **1** (*edificio*) to knock *sth* down **2** (*aereo, uccello*) to bring* *sth* down **3** (*albero*) to fell **4** (*animale ferito o vecchio*) to put* *sth* down **5** (*porta*) to batter *sth* down ▶ **abbattersi** *v rifl* **1** (*demoralizzarsi*) to get* demoralized **2** (*aereo*) to come* down

abbattuto, **-a** *agg* (*depresso*) downcast *Vedi anche* ABBATTERE

abbazia *sf* abbey

abbigliamento *sm* clothing [*non numerabile*]: ~ *per bambini* children's clothing LOC **abbigliamento da uomo/donna** menswear/ladies' wear ♦ **abbigliamento sportivo** sportswear

abbinare *vt* to match *sth* (*with sth*): ~ *le domande alle risposte* to match the questions with the answers

abbindolare *vt* to take* *sb* in

abboccare *vi* **1** (*pesce*) to bite*: *Ha abboccato!* I've got a bite! **2** (*cadere in inganno*) to fall for it: *Gli ho detto una bugia e lui ha abboccato*. I told him a lie and he fell for it.

abbonamento *sm* **1** (*rivista, spettacolo*) subscription **2** (*trasporti, stadio*) season ticket: *fare l'abbonamento* to buy a season ticket

abbonare ▶ *vt* (*debito*) to let* *sb* off *sth*: *Mi ha abbonato le venti sterline che gli dovevo*. He let me off the twenty pounds I owed him. ▶ **abbonarsi** *v rifl* **abbonarsi a 1** (*giornalino*) to subscribe to *sth* **2** *Mi sono abbonata al teatro*. I've bought a season ticket for the theatre.

abbonato, **-a** *sm-sf* **1** (*TV*) licence holder; (*per televisione a pagamento, giornalino*) subscriber **2** (*stadio*) season ticket holder

abbordare *vt* **1** (*nave*) to board **2** (*ragazza*) to chat* *sb* up

abbottonare *vt* to button *sth* (up): *Gli ho abbottonato la camicia*. I buttoned (up) his shirt. ◊ *abbottonarsi il cappotto* to button up your coat

abbozzo *sm* **1** (*disegno*) sketch **2** (*idea generale*) outline

abbracciare ▶ *vt* to hug*, to embrace (*più formale*): *Abbracciò i bambini*. She hugged her children. ▶ **abbracciarsi** *v rifl* to hug*, to embrace (*più formale*): *Si abbracciarono.* They embraced.

abbraccio *sm* hug, embrace (*più formale*) LOC **un abbraccio** love/lots of love: *Un ~ ai tuoi genitori*. Give my love to your parents. ◊ *un ~, Giovanna* Lots of love, Giovanna

abbreviare *vt* **1** (*parola*) to abbreviate **2** (*tema*) to cut* LOC **abbreviare le cose** to cut* it short

abbreviazione *sf* abbreviation (*for/of sth*)

abbronzante *sm* suntan lotion

abbronzarsi *v rifl* to get* a suntan

abbronzato, **-a** *agg* brown *Vedi anche* ABBRONZARSI

abbronzatura *sf* (sun)tan

abbuffarsi *v rifl* ~ (**di**) to stuff yourself (with *sth*)

abdicare *vi* ~ (**in favore di**) to abdicate (in favour of *sb*): *Edoardo VIII abdicò in favore del fratello*. Edward VIII abdicated in favour of his brother.

abete *sm* fir (tree)

abile *agg* **1** (*bravo*) skilful: *un giocatore molto ~* a very skilful player **2** (*nei lavori manuali*) handy* **3** (*astuto*) clever: *un'abile mossa* a clever move **4** (*idoneo*): *~ al servizio militare* fit for military service

abilità *sf* skill

abisso *sm* **1** abyss **2** ~ **tra …** : *Fra le due squadre c'è un ~*. There's a huge gap between the two teams.

abitante *smf* inhabitant: *una città di 100.000 abitanti* a city with a population of 100 000

abitare *vi* to live: *Dove abiti?* Where do you live? ◊ *Abitano al secondo piano*. They live on the second floor.

abito *sm* **1** (*da donna*) dress **2** (*da uomo*) suit LOC **abito da sera** evening dress *Vedi anche* SPOSO

abituale *agg* **1** (*cliente, frequentatore*) regular **2** (*comportamento*) usual **3** (*delinquente*) habitual

abituarsi *v rifl* ~ **a** to get* used to *sb/sth/doing sth*: *~ al caldo* to get used to the heat ◊ *Dovrai abituarti ad alzarti presto*. You'll have to get used to getting up early.

abituato, **-a** *agg* LOC **essere abituato a** to be used to *sb/sth/doing sth*: *È ~ ad alzarsi presto*. He's used to getting up early. ➲ *Vedi nota a* USED[2] *Vedi anche* ABITUARSI

abitudine *sf* habit: *per ~* out of habit LOC **d'abitudine** normally: *D'abitudine non* *faccio colazione.* I don't normally have breakfast. ◆ **prendere/perdere l'abitudine** to get* into/out of the habit (*of doing sth*)

abolire *vt* to abolish

abolizione *sf* abolition

aborigeno, -a *sm-sf* aborigine

aborrire *vt* to detest *sth/doing sth*

abortire *vi* **1** (*spontaneamente*) to have a miscarriage **2** (*volontariamente*) to have an abortion

aborto *sm* **1** (*spontaneo*) miscarriage: *avere un ~* to have a miscarriage **2** (*provocato*) abortion

abrasivo, -a *agg, sm* abrasive

abside *sf* apse

abusare *vi ~* **di** to abuse *sb/sth* [*vt*]: *Non ~ della sua fiducia.* Don't abuse his trust.

abusivo, -a *agg* unauthorized: *un venditore/una discarica ~* an unauthorized trader/tip

abuso *sm* **1** *~* (**di**) abuse (of *sth*): *~ di potere* abuse of power ◊ *È un ~!* That's going too far! **2 abusi** (*sui minori*) abuse [*non numerabile*]: *abusi sui bambini* child abuse

accademia *sf* academy*: *~ militare* military academy

accademico, -a *agg* academic: *l'anno ~* the academic year

accadere *vi* to happen, to occur* (*più formale*): *È accaduto che ...* What happened was that ... ◊ *Non voglio che accada di nuovo.* I don't want it to happen again.

accalcarsi *v rifl* to crowd (together)

accampamento *sm* camp

accamparsi *v rifl* to camp

accanito, -a *agg* **1** (*tifoso*) fanatical **2** (*fumatore*) heavy* **3** (*giocatore d'azzardo*) compulsive **4** (*attivista*) tireless **5** (*odio, discussione*) fierce

accanto *avv, agg*: *Eravamo seduti ~.* We were sitting next to each other. ◊ *Il negozio ~ è una farmacia.* The shop next door is a chemist's. ◊ *Clicca sul link qui accanto.* Click on the link at the side. ◊ *Abito qui accanto.* I live next door. ❶ Next door significa 'nella casa a fianco'. Per dire 'accanto' nel senso di 'vicino', si usa nearby. **LOC accanto a** next to: *La banca è proprio ~ alle poste.* The bank is right next to the post office. *Vedi anche* QUI

accantonare *vt* to shelve

accappatoio *sm* bathrobe

accarezzare *vt* **1** (*persona*) to caress **2** (*animale, capelli*) to stroke

accartocciare *vt* to crumple *sth* (up)

accatastare *vt* to stack

accavallare ▶ *vt* to cross: *con le gambe accavallate* with her legs crossed ▶ **accavallarsi** *v rifl* to overlap*

accecare *vt* to blind: *Le luci mi hanno accecato.* I was blinded by the lights.

accelerare *vt, vi* to accelerate: *Accelera, se no il motore si spegne.* Accelerate or you'll stall. **LOC accelerare il passo** to quicken your pace

accelerata *sf* **LOC dare un'accelerata** to put* your foot down

accelerato, -a *agg* **1** rapid **2** (*corso*) intensive *Vedi anche* ACCELERARE

acceleratore *sm* accelerator

accelerazione *sf* acceleration

accendere ▶ *vt* **1** (*con fiamma*) to light*: *Abbiamo acceso un fuoco per riscaldarci.* We lit a fire to keep warm. **2** (*apparecchio, luce*) to turn *sth* on: *Accendi la TV.* Turn the television on. ▶ **accendersi** *v rifl* **1** (*fuoco*) to light*: *Se la legna è umida il fuoco non si accende.* The fire won't light if the wood's damp. **2** (*apparecchio, luce*) to come* on: *Si è accesa una luce rossa.* A red light has come on. **LOC avere da accendere**: *Hai da ~?* Have you got a light?

accendino *sm* lighter

accennare ▶ *vt*: *~ un sorriso* to half smile ▶ *vi ~* **a** to mention *sth* [*vt*]

accensione *sf* **LOC** *Vedi* CHIAVE

accentare *vt* to accent

accento *sm* **1** (*pronuncia, segno grafico*) accent: *parlare con un ~ straniero* to speak with a foreign accent ◊ *prendere un accento* to pick up an accent **2** (*Fonetica*) stress: *L'accento cade sull'ultima sillaba.* The stress is on the last syllable.

accentuare *vt* to accentuate

accerchiare *vt* to surround *sb/sth* (with *sb/sth*): *Abbiamo accerchiato il nemico.* We surrounded the enemy.

accertare ▶ *vt* to check, to verify* (*più formale*) ▶ **accertarsi** *v rifl* to make* sure of *sth*

acceso, -a *agg* **1** (*con fiamma, con il verbo essere*) lit; (*dopo un sostantivo*) lighted: *una sigaretta accesa* a lighted cigarette **2** (*apparecchio, luce*) on: *Avevano la radio accesa.* They had the radio on. **3** (*colore*) bright *Vedi anche* ACCENDERE

accessibile *agg* **1** accessible (*to sb*): *una biblioteca ~ a tutti* a library that is accessible to all. ◊ *Il rifugio è ~ solo a piedi.* The hut is only accessible on foot. **2** (*prezzo*) affordable

accesso *sm ~* (**a**) access (to *sb/sth*): *la porta che dà ~ alla cucina* the door into the kitchen ◊ *~ alla camera blindata* access to the strongroom

accessorio → accusare

◊ ~ a Internet access to the Internet LOC *Vedi* DIVIETO, VIA

accessorio *sm* accessory*

accettabile *agg* acceptable (*to sb*)

accettare *vt* **1** (*invito*) to accept: *La prego di ~ questo piccolo regalo.* Please accept this small gift. ◊ *Intendi ~ la loro offerta?* Are you going to accept their offer? ◊ *Non accettano carte di credito.* They don't accept credit cards. ◊ *Ha accettato di avere sbagliato.* He accepted that he'd made a mistake. **2** (*acconsentire a*) to agree *to do sth*: *Accettò di andarsene.* He agreed to leave.

accettazione *sf* (*ospedale*) reception LOC **accettazione bagagli** check-in desk

acchiappare *vt* to catch*: *Se acchiappo quel moccioso lo ammazzo.* If I catch the little brat I'll kill him.

acciacco *sm*: *essere pieno di acciacchi* to be full of aches and pains

acciaieria *sf* steelworks*

acciaio *sm* steel LOC **acciaio inossidabile** stainless steel *Vedi anche* POLMONE

accidentale *agg* accidental: *morte ~* accidental death

accidentato, -a *agg* **1** (*terreno*) rough **2** (*strada*) bumpy*

accidenti! *escl* **1** (*maledizione!*) damn!: *Accidenti a te!* Damn you! **2** (*caspita!*) wow!

accigliato, -a *agg* frowning

acciuffare *vt* to catch*

acciuga *sf* anchovy*

acclamare *vt* to acclaim

accogliente *agg* welcoming

accoglienza *sf* welcome

accogliere *vt* **1** (*ospite, idea, notizia*) to welcome: *Mi ha accolto con un sorriso.* He welcomed me with a smile. ◊ *Hanno accolto la proposta con entusiasmo.* They welcomed the proposal. **2** (*profugo, orfano*) to take* sb in

accoltellare *vt* to stab*

accomodare ▶ *vt* to fix ▶ **accomodarsi** *v rifl* **1** (*entrare*) to go*/come* through: *Si accomodi in sala d'aspetto.* Please go through to the waiting room. ◊ *Si accomodi!* Please come in! **2** (*sedersi*) to sit* down: *Si accomodi!* Take a seat!

accompagnare *vt* **1** to go*/come* with *sb/sth*, to accompany (*più formale*): *Vado a fare una passeggiata. Mi accompagni?* I'm going for a walk. Are you coming (with me)? ◊ *la cassetta che accompagna il libro* the tape which accompanies the book ◊ *Mi accompagni a casa?* Will you take me home? **2** (*Mus*) to accompany* sb (*on sth*): *Sua sorella lo accompagnava al piano.* His sister accompanied him on the piano.

acconsentire *vi* ~ (**a**) to agree (to *sth/to do sth*)

accontentare ▶ *vt* to please *sb*: *Cerca di ~ tutti.* He tries to please everyone. ▶ **accontentarsi** *v rifl* to be happy (*with sth/doing sth*): *Mi accontento di prendere la sufficienza.* I'll be happy with a pass. ◊ *Si accontentano di poco.* They're easily pleased.

acconto *sm* deposit: *Ho lasciato un ~.* I left a deposit.

accoppiare ▶ *vt* **1** (*persone*) to pair *sb* off (*with sb*) **2** (*cose*) to match *sth* (*with sth*) ▶ **accoppiarsi** *v rifl* to mate

accorciare ▶ *vt* to shorten ▶ **accorciarsi** *v rifl* to get* shorter

accordare *vt* **1** (*strumento musicale*) to tune **2** ~ **qc a qn** (*concedere*) to grant sb sth

accordo *sm* **1** agreement: *raggiungere un ~* to reach an agreement **2** (*Mus*) chord LOC **andare d'accordo** to get* on (well) *with sb* ♦ **d'accordo!** all right! ♦ **essere d'accordo** to agree (*with sb*): *Sono d'accordo con lui.* I agree with him. ♦ **mettersi/rimanere d'accordo** to agree *to do sth*: *Ci siamo messi d'accordo per fargli un regalo.* We agreed to buy him a present. ◊ *Siamo rimasti d'accordo di incontrarci al cinema.* We've agreed to meet at the cinema.

accorgersi *v rifl* ~ **di 1** (*rendersi conto*) to realize *sth*: *Mi sono accorto di non avere soldi.* I realized I had no money. **2** (*notare*) to notice *sb/sth*: *Non si è accorto di me.* He didn't notice me.

accorrere *vi* to rush (*to sb/sth*): *~ in aiuto di qn* to rush to sb's aid

accostare ▶ *vt* **1** to put* *sth* against *sth*: *Ha accostato il letto alla finestra.* He put his bed against the window. **2** (*auto*): *~ la macchina* to pull in **3** (*porta*) to pull *sth* to ▶ **accostarsi** *v rifl* to pull over

account *sm* (*Internet*) account: *un ~ di posta elettronica* an email account

accovacciarsi *v rifl* to crouch (down)

accudire *vt* to look after: *Ci penso io ad ~ il cucciolo.* I'll look after the puppy.

accumulare ▶ *vt* **1** to accumulate **2** (*ricchezze*) to amass ▶ **accumularsi** *v rifl* to pile up

accuratezza *sf* thoroughness

accurato, -a *agg* **1** (*preciso*) careful **2** (*diligente*) thorough

accusa *sf* **1** accusation **2** (*Dir*) charge

accusare *vt* **1** to accuse *sb* (*of sth/doing sth*) **2** (*Dir*) to charge *sb* (*with sth/doing sth*): *~ qn di omicidio* to charge sb with murder **3** (*mo-*

aceto → **addomesticare**

strare) to show* signs of *sth*: *~ la stanchezza* to show signs of tiredness

aceto *sm* vinegar

acetone *sm* nail varnish remover

acidità *sf* acidity `LOC` **acidità di stomaco** heartburn

acido, -a ▶ *agg* **1** (*gusto*) sour **2** (*sostanza*) acid
▶ *sm* acid `LOC` *Vedi* PIOGGIA

acne *sf* acne

acqua *sf* water `LOC` **acqua corrente** running water ♦ **acqua del rubinetto** tap water ♦ **acqua dolce/salata** fresh/salt water ♦ **acqua (minerale) gassata/naturale** fizzy/still (mineral) water ♦ **acqua ossigenata** hydrogen peroxide ♦ **acqua piovana** rainwater ♦ **acqua potabile** drinking water ♦ **acqua tonica** tonic water ♦ **avere l'acqua alla gola** to be in deep water ♦ **è acqua passata** that's history ♦ **fare acqua da tutte le parti** to be shaky ♦ **tirare acqua al proprio mulino** to feather your own nest *Vedi anche* BORSA, BUCO, GETTARE, GOCCIA, MULINO, NAVIGARE, PESCE

acquaio *sm* sink

acquaragia *sf* white spirit

acquarello *sm* watercolour

acquario *sm* **1** aquarium* **2 Acquario** (*Astrologia*) Aquarius: *Mia sorella è dell'Acquario.* My sister is (an) Aquarius. ◊ *nato sotto il segno dell'Acquario* born under Aquarius

acquascivolo *sm* flume

acquatico, -a *agg* **1** (*animale, pianta*) aquatic **2** (*Sport*) water [*s attrib*]: *sport acquatici* water sports `LOC` *Vedi* SCI

acquazzone *sm* downpour

acquedotto *sm* aqueduct

acqueo, -a *agg* `LOC` *Vedi* VAPORE

acquirente *smf* buyer

acquisire *vt* to acquire: *~ un diritto/la cittadinanza* to acquire a right/citizenship

acquistare *vt* **1** (*comprare*) to buy* **2** (*ottenere*) to gain **3** (*ingaggiare*) to sign: *~ un calciatore/giocatore* to sign a footballer/player `LOC` **acquistare fama, importanza, ecc** to become* famous, important, etc.

acquisto *sm* purchase: *fare un ~* to make a purchase `LOC` **fare acquisti** to go* shopping: *Hai fatto acquisti?* Have you been shopping? ◊ *Siamo andati in città a fare acquisti.* We went shopping in town. ♦ **un buon acquisto** a good buy

acquolina *sm*: *Ho l'acquolina in bocca solo a pensarci.* My mouth's watering just thinking about it. ◊ *A parlare di pizza mi è venuta l'ac-*

quolina in bocca. My mouth's watering talking about pizza.

acquoso, -a *agg* watery

acrobata *smf* acrobat

acrobazia *sf* acrobatics [*pl*]: *Le sue acrobazie ricevettero grandi applausi.* Her acrobatics were greeted with loud applause. ◊ *fare acrobazie* to perform acrobatics

acustica *sf* acoustics [*pl*]: *L'acustica di questa sala non è molto buona.* The acoustics in this hall aren't very good.

acuto, -a ▶ *agg* **1** (*punta, mente*) sharp **2** (*angolo, dolore, accento*) acute **3** (*suono, voce*) high-pitched **4** (*osservazione*) perceptive
▶ *sm* (*Mus*) high note

adattare ▶ *vt* to adapt: *~ un romanzo per il teatro* to adapt a novel for the stage
▶ **adattarsi** *v rifl* **1** (*abituarsi*) to adapt (*to sth*): *adattarsi ai cambiamenti* to adapt to change **2** (*conformarsi*) to fit* in (*with sb/sth*): *Cercheremo di adattarci al vostro orario.* We'll try to fit in with your timetable.

adattatore *sm* (*Elettr*) adaptor

adatto, -a *agg* suitable (*for sth/to do sth*): *Non sono adatti per questo lavoro.* They're not suitable for this job. ◊ *un vestito ~ all'occasione* a suitable dress for the occasion **2** (*giusto*): *Non è il momento ~.* This isn't the right time. ◊ *Non trovano la persona adatta per il posto.* They can't find the right person for the job. **3** (*comodo*) convenient: *un posto ~* a convenient place ◊ *un'ora adatta* a convenient time

addentare *vt* to sink* your teeth into *sth*: *Ha addentato la mela.* He sank his teeth into the apple.

addestramento *sm* training

addestrare *vt* to train *sb/sth* (*as/in sth*)

addetto, -a *sm-sf*: *~ alle pulizie* cleaner ◊ *~ stampa* press officer

addio *escl, sm* goodbye, farewell (*più formale*): *cena di ~* farewell dinner ◊ *festa/regalo di ~* leaving party/present `LOC` **addio al celibato** stag night ♦ **addio al nubilato** hen night

addirittura ▶ *avv* even: *Puoi venire ~ a piedi.* You can even walk.
▶ *escl* really!

addizionale *agg* additional

addizione *sf* **1** (*concetto*) addition **2** (*calcolo*) sum: *fare un'addizione* to do a sum

addobbi *sm* decorations: *~ natalizi* Christmas decorations

addolcire *vt* to sweeten

addome *sm* abdomen

addomesticare *vt* to domesticate

addominale ▶ *agg* abdominal
▶ addominali *sm* **1** (*muscoli*) abdominals **2** (*esercizi*) sit-ups

addormentare ▶ *vt* to get* *sb* off to sleep
▶ addormentarsi *v rifl* **1** (*prendere sonno*) to fall* asleep: *Non riuscivo ad addormentarmi.* I couldn't get to sleep. **2** (*parte del corpo*) to go* to sleep: *Mi si è addormentata la gamba.* My leg's gone to sleep.

addormentato, -a *agg* **1** (*che dorme*) asleep ⊃ *Vedi nota a* ASLEEP **2** (*rimbambito*) dopey
LOC *Vedi* BELLO; *Vedi anche* ADDORMENTARE

addosso *avv* on: *Mettiti ~ qualcosa di leggero.* Put on something light. ◊ *Ho ~ due maglioni.* I've got two jumpers on. LOC **addosso a** on: *mettere una coperta ~ a qn* to put* a blanket on sb ◆ **farsela addosso** to wet* yourself ◆ **stare addosso a** to breathe down *sb's* neck ◆ **uno addosso all'altro**: *Finirono uno ~ all'altro.* They all ended up on top of one another.

addurre *vt* **1** (*prove*) to produce **2** (*motivi*) to cite: *Addusse motivi personali.* He cited personal reasons.

adeguato, -a *agg* ~ (a) suitable (for *sth*)

adempiere *vt* **1** (*promessa, obbligo*) to fulfil* **2** (*dovere*) to carry* *sth* out

adenoidi *sf* adenoids

aderente *agg* **1** (*stretto*) tight: *un vestito molto ~* a tight-fitting dress **2** (*attaccato*) stuck down firmly: *Incolla la carta ben ~ al cassetto.* Stick the paper firmly to the drawer.

adesivo, -a ▶ *agg* adhesive
▶ *sm* (*etichetta*) sticker LOC *Vedi* NASTRO

adesso *avv* now: *Che cosa faccio ~?* What am I going to do now? ◊ *Adesso vengo.* I'm just coming. ◊ *Adesso basta!* That's enough!

adocchiare *vt* **1** (*vedere*) to spot*: *Ho adocchiato un posto a sedere e mi sono lanciato.* I spotted a seat and went for it. **2** (*guardare*) to eye: *Il ladro adocchiava la borsa sotto il tavolo.* The thief eyed the bag under the table.

adolescente ▶ *agg* adolescent
▶ *smf* teenager, adolescent (*più formale*)

adolescenza *sf* adolescence

adoperare *vt* to use: *Non so ~ questo apparecchio.* I don't know how to use this machine. ◊ *Dovete mordere la mela senza adoperare le mani.* You have to bite the apple without using your hands.

adorabile *agg* lovely

adorare *vt* to adore

adottare *vt* to adopt

adottivo, -a *agg* **1** (*figlio, paese*) adopted **2** (*genitori, fratello*) adoptive: *madre adottiva* adoptive mother

Adriatico *sm* **l'Adriatico** the Adriatic

adulare *vt* to flatter

adulterio *sm* adultery

adultero, -a ▶ *agg* adulterous
▶ *sm-sf* adulterer [*fem* adulteress]

adulto, -a *agg, sm-sf* adult LOC **diventare adulto** to grow up

aerare *vt* to air

aereo, -a *agg* **1** (*trasporto*) air [*s attrib*]: *traffico ~* air traffic ◊ *spazio ~* airspace **2** (*veduta, fotografia*) aerial LOC *Vedi* COMPAGNIA, INCIDENTE, PONTE, POSTA, VIA

aereo *sm* plane LOC **andare/viaggiare in aereo** to fly*

aerobica *sf* aerobics [*non numerabile*]

aeromobile *sm* aircraft*

aeronautica *sf* aeronautics [*non numerabile*]
LOC **aeronautica militare** air force

aeroplano *sm* plane

aeroporto *sm* airport: *Andiamo a prenderli all'aeroporto.* We're going to meet them at the airport.

aerosol *sm* aerosol

afa *sf*: *Che ~ oggi!* It's so close today!

affaccendato, -a *agg* busy*

affacciarsi *v rifl* **1** (*persona*): *Mi sono affacciato alla finestra per vederlo meglio.* I put my head out of the window to get a better look. ◊ *Affacciatevi al balcone.* Come out onto the balcony. **2** (*palazzo*) to overlook *sth*: *L'appartamento si affaccia sulla piazza.* The flat overlooks the square.

affamato, -a *agg* **1** hungry* **2** (*che muore di fame*) starving

affare *sm* **1 affari** business: *fare affari con qn* to do business with sb ◊ *Sono qui per affari.* I'm here on business. ◊ *Gli affari vanno bene.* Business is booming. **2** (*transazione*) deal: *fare/concludere un ~* to make/close a deal **3** (*occasione*) bargain **4** (*oggetto*) thing: *Con quell'affare ammazzi qualcuno!* You're going to kill someone with that thing! ◊ *Ha aperto la bottiglia con un ~ appuntito.* He opened the bottle with something pointed. LOC **affare fatto!** it's a deal! ◆ **non è affar mio, tuo, ecc** it's none of my, your, etc. business ◆ **uomo/donna d'affari** businessman*/woman*

affascinante *agg* **1** (*persona*) charming **2** (*libro*) fascinating

affaticare *vt* to wear* *sb* out

affatto *avv* (not) at all: *Non è ~ chiaro.* It's not at all clear. ◊ *"Ti dispiace?" "Niente ~."* 'Do you mind?' 'Not at all.'

affermare ▶ *vt* to state, to say* (*più informale*) ▶ affermarsi *v rifl* to make* your mark

affermativo, -a *agg* affirmative
affermazione *sf* statement
afferrare ▶ *vt* **1** to grab*: *Mi ha afferrato per un braccio.* He grabbed me by the arm. **2** (*capire*) to catch*: *Non ho afferrato il nome.* I didn't catch your name. ▶ **afferrarsi** *v rifl* **afferrarsi a** to cling* to *sb/sth*: *afferrarsi a una corda* to cling on to a rope ◊ *afferrarsi a qualunque pretesto* to cling to any pretext **LOC** *Vedi* VOLO
affettare *vt* to slice
affettato *sm* cold meat
affettato, -a *agg* (*modi, persona*) affected
affetto *sm* ~ (**per**) affection (for *sb*) **LOC con affetto** (*nelle lettere*) with love
affettuoso, -a *agg* **1** (*abbraccio, saluti*) warm **2** ~ (**con**) affectionate (towards *sb/sth*)
affezionarsi *v rifl* ~ **a** to become* attached to *sb/sth*: *Ci siamo affezionati molto al nostro cane.* We've become very attached to our dog.
affezionato, -a *agg* **LOC essere affezionato a** to be fond of *sb/sth Vedi anche* AFFEZIONARSI
affidabile *agg* reliable
affidamento *sm* (*adozione*): *prendere qn in* ~ to foster *sb* ◊ *È in* ~ *presso una famiglia italiana.* He's being fostered by an Italian family. **LOC fare affidamento su** to rely* on *sb*: *Non ci si può fidare* ~, *è sempre in ritardo.* He's very unreliable — he's always late.
affidare *vt* ~ **qc a qn** to entrust *sb* with *sth*
affilare *vt* to sharpen
affilato, -a *agg* sharp *Vedi anche* AFFILARE
affinare *vt* to refine
affinché *cong* so that
affissione *sf* billposting **LOC** *Vedi* DIVIETO
affittare *vt* **1** (*prendere in affitto*) to rent: *Abbiamo affittato le bici.* We rented bikes. ◊ *Ho affittato un appartamento a Viareggio.* I rented an apartment in Viareggio. ➔ *Vedi nota a* AFFITTO **2** (*dare in affitto*) to rent out: *Hanno affittato la loro casa al mare l'estate scorsa.* They rented out their seaside home last summer. **LOC affittasi** to let
affitto *sm* rent: *Hai pagato l'affitto?* Have you paid the rent? **LOC dare in affitto** to rent *sth* out ♦ **prendere in affitto** to rent *sth*, to hire *sth*

In inglese britannico si usa **to hire** per dire 'prendere in affitto' per un breve periodo: *We hired a car for the day.* Se si prende in affitto qualcosa per periodi lunghi si usa **to rent**: *to rent a house/flat/television*. In inglese americano si usa **to rent** in entrambi i casi.

affluente *sm* tributary*
affogare *vt, vi* to drown
affollare *vt* to fill *sth* to overflowing: *Il pubblico affollava la sala.* The audience filled the hall to overflowing.
affollato, -a *agg* ~ (**di**) crowded (with *sth*) *Vedi anche* AFFOLLARE
affondare *vt, vi* to sink*: *La nave è affondata.* The ship sank. ◊ ~ *i piedi nella sabbia* to sink your feet into the sand
affrancare *vt* (*lettera, pacco*) to pay* postage on *sth*
affresco *sm* fresco*
affrettare ▶ *vt* to speed *sth* up: ~ *il passo* to quicken your pace ▶ **affrettarsi** *v rifl* ~ **a** to hasten *to do sth*: *Mi sono affrettato a ringraziarli.* I hastened to thank them.
affrettato, -a *agg* hasty*: *una decisione affrettata* a hasty decision *Vedi anche* AFFRETTARE
affrontare *vt* **1** (*pericolo*) to face: *Il paese sta affrontando una profonda crisi.* The country is facing a serious crisis. **2** (*situazione*) to face up to *sth*: ~ *la realtà* to face up to reality **3** (*questione, argomento*) to deal* with *sth* **4** (*Sport*) to take* *sb* on: *L'Italia affronterà la Spagna nei campionati europei.* Italy is taking on Spain in the European Championship.
affumicare *vt* **1** (*alimenti*) to smoke **2** (*stanza*) to fill *sth* with smoke
affumicato, -a *agg* smoked **LOC** *Vedi* ARINGA; *Vedi anche* AFFUMICARE
affusolato, -a *agg* slender: *dita affusolate* slender fingers
Afghanistan *sm* Afghanistan
afghano, -a *agg, sm-sf, sm* Afghan: *gli afghani* the Afghans
afoso, -a *agg* close: *una giornata afosa* a stiflingly hot day
Africa *sf* Africa
africano, -a *agg, sm-sf* African
agenda *sf* **1** (*calendario*) diary* **2** (*per indirizzi*) address book

Nota che la parola inglese **agenda** non significa *agenda* ma *ordine del giorno*.

agente *smf* **1** (*rappresentante*) agent: *Può trattare con il mio* ~. See my agent about that. **2** (*polizia*) policeman*/woman*
agenzia *sf* agency* **LOC agenzia di viaggi** travel agency* ♦ **agenzia immobiliare** estate agent's ♦ **agenzia matrimoniale** dating agency*
agevolare *vt* **1** ~ **qn** to help *sb*: *Il vento a favore ha agevolato i velisti.* The following

wind helped the yachtsmen. **2** ~ **qc** to make* sth easier: *La pioggia non ha certo agevolato le riprese.* The rain certainly didn't make the filming any easier.

agganciare ▶ *vt* **1** to hook **2** (*veicolo*) to hitch sth to sth: *~ un rimorchio al trattore* to hitch a trailer to the tractor ▶ *vi* to hang up

aggeggio *sm* thing: *A cosa serve quell'aggeggio?* What's that thing for?

aggettivo *sm* adjective

agghiacciante *agg* spine-chilling

aggiornamento *sm* updating LOC *Vedi* CORSO

aggiornare *vt* to bring* sb/sth up to date

aggiornato, -a *agg* up-to-date *Vedi anche* AGGIORNARE

aggirare *vt* to get* round sth: *~ un ostacolo* to get round an obstacle

aggiudicare *vt* **1** (*assegnare*) to award sth to sb **2 aggiudicarsi qc** to win* sth: *aggiudicarsi la vittoria* to win

aggiungere *vt* to add

aggiunto, -a *agg* LOC *Vedi* IMPOSTA; *Vedi anche* AGGIUNGERE

aggiustare ▶ *vt* **1** (*riparare*) to mend: *Vengono ad ~ la lavatrice.* They're coming to mend the washing machine. **2** (*sistemare*) to adjust: *Aggiustati la cravatta.* Adjust your tie. ▶ **aggiustarsi** *v rifl* **1** (*venire a un accordo*) to come* to an arrangement **2** (*risolversi*) to work out: *Alla fine tutto si è aggiustato.* It all worked out in the end.

aggrapparsi *v rifl* ~ (**a**) to hold* on (to sb/sth): *Aggrappati a me.* Hold on to me.

aggravare ▶ *vt* to make* sth worse ▶ **aggravarsi** *v rifl* to get* worse

aggraziato, -a *agg* graceful

aggredire *vt* **1** to attack **2** (*derubare*) to mug*: *Siamo stati aggrediti da un uomo mascherato.* We were mugged by a masked man.

aggregarsi *v rifl* **aggregarsi a** to join sb/sth

aggressione *sf* **1** (*Mil*) aggression: *un patto di non ~* a non-aggression pact **2** (*a una persona*) assault LOC **aggressione a mano armata** armed assault

aggressivo, -a *agg* aggressive

aggressore *sm* attacker

aggrottare *vt* LOC **aggrottare la fronte** to frown

agguato *sm* ambush: *tendere un ~ a qn/qc* to set an ambush for sb/sth LOC **stare in agguato** to lie* in wait: *Il nemico stava in ~ nel buio.* The enemy lay in wait in the darkness.

agiato, -a *agg* wealthy*: *una famiglia agiata* a wealthy family

agile *agg* agile

agilità *sf* agility

agio *sm* LOC **mettere qn a proprio agio** to put* sb at their ease ♦ **sentirsi a proprio agio** to feel* comfortable

agire *vi* to act: *Bisogna agire subito.* We must act at once.

agitare ▶ *vt* **1** (*bottiglia*) to shake*: *Agitare prima dell'uso.* Shake (well) before use. **2** (*fazzoletto, braccia*) to wave ▶ **agitarsi** *v rifl* to get* worked up

agitato, -a *agg* **1** (*preoccupato*) worried: *Il figlio non era rientrato e lei era molto agitata.* Her son hadn't come home and she was very worried. **2** (*irrequieto*) restless **3** (*mare*) rough *Vedi anche* AGITARE

agitazione *sf* **1** (*turbamento*) agitation **2** (*protesta*) protest: *Le agitazioni studentesche hanno bloccato la città per giorni.* Student protests brought the city to a standstill for days. LOC **agitazione sindacale** industrial action ♦ **mettere in agitazione** to upset* sb: *La telefonata della polizia lo ha messo in ~.* The call from the police upset him.

agli *Vedi* A

aglio *sm* garlic LOC *Vedi* SPICCHIO, TESTA

agnello *sm* lamb: *arrosto d'agnello* roast lamb ⊃ *Vedi nota a* CARNE

ago *sm* **1** (*cucito*) needle: *infilare un ~* to thread a needle **2** (*bilancia*) pointer LOC **aghi di pino** pine needles *Vedi anche* CERCARE

agonia *sf* agony*

agonistico, -a *agg* competitive: *sport agonistici* competitive sports ◊ *Faccio nuoto a livello ~.* I swim competitively.

agonizzare *vi* to be dying

agopuntura *sf* acupuncture

agosto *sm* August (*abbrev* Aug.) ⊃ *Vedi esempi a* GENNAIO

agrario, -a *agg* agricultural LOC *Vedi* PERITO

agricolo, -a *agg* agricultural LOC *Vedi* PRODOTTO

agricoltore *sm* farmer

agricoltura *sf* agriculture, farming (*più informale*)

agrifoglio *sm* holly

agriturismo *sm* **1** (*turismo*) agrotourism **2** (*fattoria*) agrotourism farm: *Abbiamo prenotato in un ~.* We've booked an agrotourism farm.

agro, -a *agg* sour

agrodolce *agg* sweet and sour

agronomo, **-a** *sm-sf* agronomist

agrumi *sm* citrus fruits

aguzzare *vt* LOC **aguzzare la vista** to squint: *Per leggere la scritta si deve proprio ~ la vista.* You have to squint to read the writing.

ahi! *escl* ouch!

aia *sf* farmyard LOC *Vedi* MENARE

Aids *sm* AIDS/Aids

airbag *sm* air bag

aiuola *sf* flower bed

aiutante *smf* assistant: *Gianni è l'aiutante di Silvia.* Gianni is Silvia's assistant.

aiutare *vt*, *vi* to help (*sb*) (*to do sth*): *Ti aiuto?* Can I help you? ◊ *Mi aiuti a spostare le bici?* Can you help me move the bikes?

aiuto *sm* **1** help: *Grazie del tuo ~.* Thanks for your help. ◊ *Ho bisogno di ~.* I need some help. ◊ *Vai a chiamare ~!* Go and get help! ◊ *Aiuto!* Help! **2 aiuti** aid [*non numerabile*]: *aiuti umanitari* humanitarian aid

al, **alla** *Vedi* A

ala *sf* **1** wing: *le ali di un aereo* the wings of a plane ◊ *l'ala conservatrice del partito* the conservative wing of the party **2** (*Sport*) winger: *ala destra/sinistra* right/left winger

alano *sm* Great Dane

alare *agg* LOC *Vedi* APERTURA

alba *sf* **1** (*mattino presto*) dawn: *Ci siamo alzati all'alba.* We got up at dawn. **2** (*sorgere del sole*) sunrise: *contemplare l'alba* to watch the sunrise

albanese *agg*, *smf*, *sm* Albanian: *gli albanesi* the Albanians ◊ *parlare ~* to speak Albanian

Albania *sf* Albania

alberato, **-a** *agg* tree-lined: *una strada alberata* a tree-lined street

alberghiero, **-a** *agg* hotel [*s attrib*] LOC *Vedi* SCUOLA

albergo *sm* hotel

albero *sm* **1** tree: *~ da frutto* fruit tree **2** (*nave*) mast LOC **albero genealogico** family tree

albicocca *sf* apricot

albicocco *sm* apricot tree

albino, **-a** *agg*, *sm-sf* albino*

album *sm* album: *Mi hanno regalato un ~ fotografico.* They gave me a photograph album. LOC **album da disegno** sketchbook

albume *sm* egg white, albumen (*più formale*)

alce *sm* elk

alcol *sm* alcohol

alcolico, **-a** ▶ *agg* alcoholic
▶ *sm* **alcolici** alcohol [*non numerabile*]: *Non bevo alcolici.* I don't drink alcohol.

alcolismo *sm* alcoholism

alcolizzato, **-a** *agg*, *sm-sf* alcoholic

alcuno, **-a** ▶ *agg* **1** (*singolare*, *in frasi negative*) any, no: *Non c'è alcuna possibilità di riuscire.* There's no chance of succeeding. ◊ *senza alcun dubbio* without a doubt **2** (*plurale*, *in frasi affermative*) some, any: *C'erano ancora alcuni problemi da risolvere.* There were still some problems to be solved. ◊ *Abbiamo discusso alcune questioni importanti.* We discussed some important points.
▶ *pron* some: *Alcuni di voi sono molto pigri.* Some of you are very lazy. ◊ *Alcuni pensano che …* Some people think that … ◊ *I suoi quadri sono tutti all'estero, alcuni a Londra, altri a Parigi.* All of his paintings are abroad, some in London, others in Paris.

aldilà *sm* **l'aldilà** the afterlife

alfabetico, **-a** *agg* alphabetical

alfabeto *sm* alphabet LOC **alfabeto morse** Morse Code

alfiere *sm* bishop

alga *sf* **1** (*acqua dolce*) weed [*non numerabile*]: *Lo stagno è pieno di alghe.* The pond is full of weed. **2** (*mare*) seaweed [*non numerabile*]
❶ Esiste anche la parola **algae**, ma è scientifica.

algebra *sf* algebra

Algeria *sf* Algeria

algerino, **-a** *agg*, *sm-sf* Algerian: *gli algerini* the Algerians

aliante *sm* glider

alibi *sm* alibi: *avere un buon ~* to have a good alibi

alieno, **-a** *sm-sf* alien

alimentare[1] ▶ *vt* **1** (*fuoco*, *stufa*) to stoke sth (up) **2** (*motore*) to feed* **3** (*odio*) to nurture
▶ alimentarsi *v rifl* **alimentarsi di** to live on *sth*

alimentare[2] *agg* food [*s attrib*]: *generi alimentari* foodstuffs

alimentari *sm* grocer's

alimentazione *sf* **1** (*azione*) feeding **2** (*dieta*) diet: *un'alimentazione equilibrata* a balanced diet

alimento *sm* **1** *un ~ ricco di vitamine* a food rich in vitamins ◊ *alimenti naturali* health foods **2 alimenti** (*Dir*) alimony [*non numerabile*]

aliscafo *sm* hydrofoil

alito *sm* breath: *avere l'alito cattivo* to have bad breath ◊ *Non c'era un ~ di vento.* There wasn't a breath of wind.

allacciare *vt* **1** (*scarpe*) to tie: *Non riesco ad allacciarmi le scarpe.* I can't tie my shoelaces. **2** (*cintura*) to fasten: *Allacciate le cinture di*

allagamento → alluvione

sicurezza. Fasten your safety belts. **3** (*gas, acqua*) to connect

allagamento *sm* flood

allagare ▶ *vt* to flood ▶ **allagarsi** *v rifl* to flood: *I campi si sono allagati.* The fields flooded.

allargare ▶ *vt* to widen ▶ **allargarsi** *v rifl* **1** (*strada*) to widen **2** (*buco*) to make* *sth* bigger **3** (*stoffa, indumento*) to stretch: *Queste scarpe si sono allargate.* These shoes have stretched.

allarmante *agg* alarming

allarmarsi *v rifl* ~ (**per**) to be alarmed (at *sth*)

allarme *sm* alarm: *dare l'allarme* to raise the alarm ◊ *È suonato l'allarme.* The alarm went off. **LOC allarme antincendio** fire alarm

allattare *vt* **1** (*bambino*) to breastfeed* **2** (*animale*) to suckle

alleanza *sf* alliance: *un'alleanza tra cinque partiti* an alliance between five parties

allearsi *v rifl* ~ (**con/contro**) to form an alliance (with/against *sb/sth*)

alleato, -a ▶ *agg* allied
▶ *sm-sf* ally* *Vedi anche* ALLEARSI

allegare *vt* **1** (*lettera*) to enclose **2** (*Internet*) to attach **LOC allegare i denti** to set* *sb's* teeth on edge

allegato *sm* (*Internet*) attachment

alleggerire *vt* to make* *sth* lighter

allegria *sf* cheerfulness

allegro, -a *agg* **1** (*felice*) happy* **2** (*di buon umore*) cheerful: *Ha un carattere ~.* She's a cheerful person. **3** (*musica, spettacolo*) lively **4** (*colore, stanza*) bright

alleluia! *escl* hallelujah!

allenamento *sm* training: *fuori ~* out of training ◊ *~ con i pesi* weight training **LOC fare allenamento** to train: *Faccio ~ due volte la settimana.* I train twice a week.

allenare ▶ *vt* to train ▶ **allenarsi** *v rifl* to train

allenatore, -trice *sm-sf* coach **LOC allenatore personale** personal trainer

allentare ▶ *vt* to loosen: *Gli ho allentato la cravatta.* I loosened his tie. ◊ *Mi sono allentato la cintura.* I loosened my belt. ▶ **allentarsi** *v rifl* (*vite, nodo*) to come* loose: *Il nodo si è allentato.* The knot has come loose.

allentato, -a *agg* **1** loose: *una vite allentata* a loose screw **2** (*corda*) slack *Vedi anche* ALLENTARE

allergia *sf* ~ (**a**) allergy* (to *sth*)

allergico, -a *agg* ~ (**a**) allergic (to *sth*)

all'erta *avv*: *stare ~* to be on the alert

allestire *vt* to put* *sth* on: *~ una mostra/uno spettacolo* to put on an exhibition/a show

allettante *agg* tempting

allevamento *sm* **1** (*attività: cani, cavalli*) breeding (*maiali, pecore*) farming **2** (*luogo*) farm; (*cavalli*) stud farm; (*cani*) kennels [*pl*]

allevare *vt* **1** (*bambini*) to bring* *sb* up **2** (*bestiame*) to breed*

allevatore, -trice *sm-sf* breeder

alleviare *vt* to relieve: *~ il dolore* to relieve pain

allievo, -a *sm-sf* **1** pupil: *uno dei miei allievi* one of my pupils **2** (*ufficiale*) cadet

alligatore *sm* alligator

allineamento *sm* alignment

allineare ▶ *vt* to line *sb/sth* up ▶ **allinearsi** *v rifl* to line up

alloggiare ▶ *vt* to put* *sb* up: *Dopo l'incendio ci hanno alloggiati in una scuola.* After the fire they put us up in a school. ▶ *vi* to stay: *Abbiamo alloggiato in un albergo del centro.* We stayed in a hotel in the centre.

alloggio *sm* **LOC** *Vedi* VITTO

allontanare ▶ *vt* **1** (*portare via*) to move *sb/sth* away (*from sb/sth*): *Devi allontanarlo dalla finestra.* You should move it away from the window. **2** (*alienare*) to distance *sb/sth* (*from sb/sth*) ▶ **allontanarsi** *v rifl* **allontanarsi** (**da**) (*distanziarsi*) to move away (from *sb/sth*): *allontanarsi da un obiettivo* to move away from a goal ◊ *Non allontanarti troppo.* Don't go too far away.

allora *avv* **1** (*a quel tempo*) then: *Allora non c'era la televisione.* There was no television then. **2** (*dunque*) well: *Allora, come stavamo dicendo …* Well, as we were saying … **3** (*in tal caso*) so: *Non hai voglia di uscire? E ~ non uscire!* You don't feel like going out? So don't!

alloro *sm* **1** (*albero*) bay tree **2** (*Cucina*) bay leaf*: *una foglia d'alloro* a bay leaf

alluce *sm* big toe

allucinante *agg* **1** (*tremendo*) awful **2** (*incredibile*) amazing

allucinato, -a *agg*: *lo sguardo ~* staring eyes

allucinazione *sf* hallucination: *avere le allucinazioni* to hallucinate

alluminio *sm* aluminium

allungare ▶ *vt* **1** (*vestito*) to lengthen **2** (*mano*) to stretch *sth* out ▶ **allungarsi** *v rifl* to get* longer: *Le giornate si stanno allungando.* The days are getting longer.

allungato, -a *agg* long *Vedi anche* ALLUNGARE

allusione *sf* hint: *fare un'allusione velata* to drop a hint **LOC** *Vedi* COGLIERE

alluvione *sf* flood

almeno *avv* at least: *~ cinque anni* at least five years ◊ *Dammi ~ un'idea.* At least give me an idea.

Alpi *sf* **le Alpi** the Alps

alpinismo *sm* mountaineering: *fare dell'alpinismo* to go mountaineering

alpinista *smf* mountaineer

alpino, -a *agg* Alpine

alt! *escl* stop!

altalena *sf* **1** (*seggiolino*) swing: *andare in ~* to go on the swings **2** (*asse*) see-saw

altare *sm* altar

alterare *vt* to alter

alternare ▶ *vt* to alternate ▶ **alternarsi** *v rifl* to alternate

alternativa *sf* ~ (a) alternative (to *sth*)

alternativamente *avv* alternately

alternativo, -a *agg* alternative: *medicina alternativa* alternative medicine

alterno, -a *agg* alternate: *a giorni alterni* on alternate days

altezza *sf* **1** height: *cadere da tre metri di ~* to fall from a height of three metres ◊ *a 4.000 metri di ~* 4 000 metres up **2** (*acqua*) depth **3** (*stoffa*) width **4** (*titolo*) highness: *Sua Altezza* Your Highness LOC **all'altezza di ... :** *una cicatrice all'altezza del gomito* a scar near the elbow ♦ **altezza massima** maximum headroom ♦ **(non) essere all'altezza** (not) to be up *to doing sth*

altisonante *agg* pompous

altitudine *sf* height, altitude (*più formale*): *a un'altitudine di 3.000 metri* at an altitude of 3 000 metres

alto, -a ▶ *agg* **1** tall, high: *Quanto sei ~?* How tall are you? ◊ *Sono ~ 1 metro e 55.* I'm 1 metre 55 centimetres tall. ◊ *Siamo alti uguali.* We're the same height.

Tall si usa in riferimento a persone, alberi e edifici: *l'edificio più alto del mondo* the tallest building in the world ◊ *una ragazza altissima* a very tall girl. **High** si usa molto con sostantivi astratti: *livelli di inquinamento molto alti* high levels of pollution ◊ *tassi di interesse alti* high interest rates, e per riferirsi all'altitudine, cioè all'altezza sul livello del mare: *La Paz è la capitale più alta del mondo.* La Paz is the highest capital in the world. I contrari di **tall** sono **short** e **small**, e il contrario di **high** è **low**.

2 (*comando, funzionario*) high-ranking **3** (*classe sociale, fiume*) upper: *l'alto Po* the upper Po **4** (*acqua, neve*) deep **5** (*volume, voce*) loud: *Non mettere la musica così alta.* Don't play the music so loud.

▶ *avv* (*volare*) high LOC **ad alta voce 1** (*leggere*) aloud **2** (*forte*) loudly ♦ **alta fedeltà** hi-fi ♦ **in alto mare 1** on the high sea(s): *La nave si trovava in ~ mare.* The ship was on the high sea. **2** (*fig*) a long way off: *Siamo ancora in ~ mare.* We're still a long way off. ♦ **dall'alto in basso** up and down: *Mi ha guardato dall'alto in basso.* He looked me up and down. ♦ **gli alti** (*Mus*) the treble [*non numerabile*] ♦ **in alto 1** (*direzione*) upwards **2** (*posizione*) high up: *Questo quadro è troppo in ~.* This picture is too high up. *Vedi anche* FUOCO, MANO, SALTO

altoparlante *sm* loudspeaker: *L'hanno annunciato all'altoparlante.* They announced it over the loudspeaker.

altopiano *sm* plateau*

altrettanto ▶ *avv* equally
▶ *pron* as much again: *Mi ha pagato 500 euro e me ne deve altrettanti.* He's paid me 500 euros and still owes me as much again.
▶ **altrettanto!** *escl* the same to you!

altrimenti *avv* **1** (*se no*) otherwise: *Vado, ~ faccio tardi.* I'm going, otherwise I'll be late. **2** (*diversamente*): *Non ho potuto fare ~.* There was nothing else I could do.

altro, -a ▶ *agg* **1** other **2** **un altro ...** another ...

Another si usa con sostantivi al singolare e **other** con sostantivi al plurale: *Non c'è un altro treno fino alle cinque.* There isn't another train until five. ◊ *in un'altra occasione* on another occasion ◊ *Avete altri colori?* Have you got any other colours? **Other** si usa anche in espressioni come: *l'altra notte* the other night ◊ *l'altro mio fratello* my other brother.

Quando **another** è seguito da un numero e da un sostantivo plurale significa "in più": *altre sei persone* another six people ◊ *altre due ore* another two hours ◊ *Mi restano altri tre esercizi.* I've got another three exercises to do. In questo caso si può usare anche **more**: *six more people/two more hours/I've got three more exercises to do.* **Other** non si usa mai davanti ai numeri.

3 (*scorso*) last: *l'altr'anno* last year
▶ *pron* another (one): *un giorno o l'altro* one day or another ◊ *Ne hai un ~?* Have you got another (one)? ◊ *Queste non mi piacciono, ne hai altre?* I don't like these. Have you got any others? ❶ **L'altro, l'altra** si traducono "the other one": *Dov'è l'altra?* Where's the other one? LOC **altro?** anything else? ♦ **d'altra parte** on the other hand ♦ **da un'altra parte** somewhere else ♦ **qualcun/qualcos'altro** somebody/something else: *C'era qualcos'altro che*

altroché → amicizia 382

volevo dirti. There was something else I wanted to tell you. ♦ **un'altra volta 1** (*più tardi*) another time: *Lo faremo un'altra volta.* We'll do it another time. **2** (*di nuovo*) again: *Ripetilo un'altra volta.* Say it again. *Vedi anche* CANTO, COSA, DOMANI, IERI, UNO, VOLTARE

altroché *escl* certainly: *"Ti piace?" "Altroché!"* 'Do you like it?' 'I certainly do!' ◊ *Altroché se ci vado!* I certainly am going!

altrui *agg* other people's: *ficcare il naso negli affari ~* to interfere in other people's business ◊ *in casa ~* in other people's houses

altruista *agg* altruistic

alunno, -a *sm-sf* pupil: *uno dei miei alunni* one of my pupils

alveare *sm* beehive

alveo *sm* river bed

alzacristalli *sm* window winder

alzare ▶ *vt* **1** to raise: *Alza il braccio sinistro.* Raise your left arm. ◊ *~ la voce* to raise your voice ◊ *~ il finestrino* to wind the window up **2** (*peso*) to lift: *Aiutami ad ~ il tavolo.* Help me lift the table. ◊ *Ci sono volute tre persone ad ~ Giorgio da terra.* It took three people to lift Giorgio. **3** (*volume*) to turn up **4** (*prezzi*) to put* *sth* up, to raise (*più formale*) **5** (*telefono*) to pick *sth* up: *~ il ricevitore* to pick up the phone ▶ **alzarsi** *v rifl* **1** (*mettersi in piedi*) to stand* up **2** (*dal letto*) to get* up: *Di solito mi alzo presto.* I usually get up early. **3** (*vento*) to rise*: *Il vento si è alzato all'improvviso.* A wind rose suddenly **4** (*livello, temperatura*) to go* up: *Gli si è alzata la febbre.* His temperature has gone up. LOC **alzare la mano** (*in classe*) to put* your hand up: *Se lo sapete alzate la mano.* If you know, put your hand up. ♦ **alzarsi col piede sbagliato** to get* out of bed on the wrong side

alzato, -a *agg* **1** (*braccio*) raised **2** (*sveglio*) up: *rimanere ~* to stay up *Vedi anche* ALZARE

amaca *sf* hammock

amalgamare *vt* to mix: *Amalgama bene gli ingredienti.* Mix the ingredients well. ◊ *~ i colori* to mix paints

amante ▶ *smf* lover: *un ~ della lirica* an opera lover
▶ *agg*: *~ della musica* music-loving

amaramente *avv* bitterly: *Se ne è ~ pentito.* He bitterly regretted it.

amare *vt* to love: *Ti amo.* I love you.

amareggiare ▶ *vt* to make* *sb* bitter
▶ **amareggiarsi** *v rifl* to get* upset: *Non amareggiarti per quello.* Don't get upset over something like that.

amareggiato, -a *agg* bitter: *essere ~ per qc* to be bitter about sth *Vedi anche* AMAREGGIARE

amarena *sf* morello cherry*

amaro, -a ▶ *agg* bitter
▶ *sm* liqueur

amato, -a *agg* beloved *Vedi anche* AMARE

Amazzoni *sf* **il Rio delle Amazzoni** the Amazon

amazzonico, -a *agg* Amazonian

ambasciata *sf* embassy*

ambasciatore, -trice *sm-sf* ambassador

ambedue *agg, pron* both: *Vado d'accordo con ~.* I get on well with both of them.

ambientale *agg* environmental

ambientalismo *sm* environmentalism

ambientalista ▶ *agg* environmental: *gruppi ambientalisti* environmental groups
▶ *smf* environmentalist

ambientare ▶ *vt* to set* *sth* in … : *Il film è ambientato in Giappone.* The film is set in Japan. ▶ **ambientarsi** *v rifl* to settle down: *Non riesce ad ambientarsi nella nuova scuola.* He isn't managing to settle down at his new school.

ambientazione *sf* setting

ambiente *sm* environment: *la difesa dell'ambiente* environmental protection ◊ *L'ambiente familiare ha una grande influenza su di noi.* Our family environment is an important influence on us. LOC *Vedi* TEMPERATURA

ambiguo, -a *agg* ambiguous

ambire *vi* **- a** to aspire to *sth*

ambizione *sf* ambition

ambizioso, -a *agg* ambitious

ambra *sf* amber

ambulante *agg* travelling LOC *Vedi* VENDITORE

ambulanza *sf* ambulance

ambulatorio *sm* surgery*

Amburgo *sf* Hamburg

amen *sm, escl* amen

America *sf* America

americano, -a *agg, sm-sf* American LOC *Vedi* NOCCIOLINA

amichevole *agg* friendly*: *una partita ~* a friendly LOC **poco amichevole** unfriendly

amicizia *sf* **1** (*relazione*) friendship: *rompere un'amicizia* to end a friendship **2 amicizie** friends: *Ha poche amicizie.* He hasn't got many friends ◊ *Ha delle amicizie influenti.* He's got friends in high places. LOC **fare amicizia 1** to become* friends: *Io e Stefano abbiamo subito fatto ~.* Stefano and I became friends straight away. **2 fare** ~ **con qn** to make* friends with sb: *Ho fatto ~ con un ragazzo di Torino.* I made friends with a boy from Turin.

amico, -a ▶ *agg* (*voce, parole*) friendly*
▶ *sm-sf* friend: *il mio miglior ~* my best friend ◊ *È un mio ~ intimo.* He's a very close friend of mine. LOC **essere molto amici** to be good friends (*with* sb): *Siamo molto amici.* We're good friends.

ammaccare ▶ *vt* to dent: *Mi hai ammaccato la macchina.* You've dented my car. ▶ **ammaccarsi** *v rifl* (*frutta*) to bruise

ammaccatura *sf* **1** (*macchina*) dent: *La macchina ha parecchie ammaccature.* There are quite a few dents in my car. **2** (*frutta*) bruise

ammaestrare *vt* to train

ammainare *vt* to lower: *~ la bandiera* to lower the flag

ammalarsi *v rifl* ~ (**di**) to fall* ill (with *sth*)

ammalato, -a *agg* ill *Vedi anche* AMMALARSI

ammassare *vt* to amass

ammattire *vi* to go* mad

ammattito, -a *agg* mad: *essere ~* to be mad *Vedi anche* AMMATTIRE

ammazzare ▶ *vt* to kill: *~ il tempo* to kill time ◊ *T'ammazzo!* I'm going to kill you! ▶ **ammazzarsi** *v rifl* to kill yourself LOC **ammazzarsi di lavoro** to work like mad

ammettere *vt* **1** (*colpa, errore*) to admit*: *Ammetto che è stata colpa mia.* I admit (that) it was my fault. **2** (*supporre*) to say*: *Ammettiamo che non venga.* Let's say he doesn't come. **3** (*club, esame*) to admit* *sb/sth* (*to* sth): *essere ammessi in un club* to be admitted to a club **4** (*permettere*) allow: *Non ammetto discussioni.* I won't allow any discussion. ◊ *È ammesso toccare il pallone con le mani.* You're allowed to touch the ball with your hands.

amministrare *vt* **1** (*dirigere*) to run*, to manage (*più formale*): *~ un'azienda* to run a business **2** (*giustizia, sacramenti*) to administer *sth* (*to* sb)

amministrativo, -a *agg* administrative LOC *Vedi* ELEZIONE

amministratore, -trice *sm-sf* administrator LOC **amministratore delegato** managing director

amministrazione *sf* administration LOC **pubblica amministrazione** civil service *Vedi anche* CONSIGLIO

ammiraglio *sm* admiral

ammirare *vt* to admire: *~ il paesaggio* to admire the scenery

ammiratore, -trice *sm-sf* admirer

ammirazione *sf* admiration

ammirevole *agg* admirable

ammissibile *agg* acceptable

ammissione *sf* admission LOC *Vedi* ESAME

ammobiliare *vt* to furnish

ammobiliato, -a *agg* furnished: *una casa/camera ammobiliata* a furnished house/room LOC **non ammobiliato** unfurnished

ammoniaca *sf* ammonia

ammonire *vt* **1** (*Sport*) to book **2** (*Dir*) to caution

ammonizione *sf* (*Sport*) booking

ammontare ▶ *vi* to amount *to* sth
▶ *sm* amount: *l'ammontare del debito* the amount of the debt

ammorbidente *sm* (fabric) softener

ammorbidire ▶ *vt* **1** to soften **2** (*pelle*) to make* *sth* soft: *una crema per ~ la pelle* a cream to make the skin softer ▶ **ammorbidirsi** *v rifl* to soften

ammortizzatore *sm* shock absorber

ammucchiare ▶ *vt* **1** (*in un mucchio*) to pile *sth* up **2** (*in gran quantità*) to amass: *~ ciarpame* to amass junk ▶ **ammucchiarsi** *v rifl* **1** to pile up **2** (*stiparsi*) to cram* (*into* sth): *Si sono ammucchiati in macchina.* They crammed into the car.

ammuffire *vi* to go* mouldy

ammuffito, -a *agg* mouldy *Vedi anche* AMMUFFIRE

ammutinamento *sm* mutiny*

ammutinarsi *v rifl* to mutiny*

ammutolire *vi* ~ (**da/per**) to be speechless (with *sth*): *~ dallo stupore* to be speechless with surprise

ammutolito, -a *agg* speechless *Vedi anche* AMMUTOLIRE

amnesia *sf* amnesia

amnistia *sf* amnesty*

amo *sm* hook ⊃ *Vedi illustrazione a* GANCIO

amore *sm* **1** love: *una canzone/storia d'amore* a love song/love story **2** (*persona*) darling LOC **amor proprio** pride ♦ **con amore** lovingly ♦ **fare l'amore** (**con**) to make* love (to/with sb) ♦ **per l'amor di Dio!** for God's sake!

amoroso, -a *agg* **1** (*d'amore*) love [*s attrib*]: *vita amorosa* love life ◊ *una relazione amorosa* a love affair **2** (*affettuoso*) loving LOC *Vedi* DELUSIONE

ampere *sm* amp

ampiamente *avv*: *una vittoria ~ meritata* a richly deserved victory ◊ *Il testo è stato ~ modificato.* The passage has been greatly altered. ◊ *I risultati battono ~ le aspettative.*

The results are well beyond what was expected.

ampio, -a *agg* **1** (*gamma, strada*) wide: *un'ampia scelta di prodotti* a wide choice of goods **2** (*luogo*) spacious: *un appartamento ~* a spacious flat **3** (*vestiti*) loose

ampliamento *sm* expansion: *l'ampliamento dell'aeroporto* the expansion of the airport

ampliare *vt* **1** to extend: *~ i locali* to extend the premises **2** (*giro d'affari, potere*) to expand

amplificatore *sm* amplifier

amputare *vt* to amputate

amuleto *sm* amulet

anabbaglianti *sm* dipped headlights

anagrafe *sf* registry office

analcolico, -a *agg*: *bibite analcoliche* soft drinks

analfabeta *agg, smf* illiterate [*agg*]: *essere un ~* to be illiterate

analgesico *sm* painkiller

analisi *sf* analysis* LOC *analisi del sangue* blood test

analizzare *vt* to analyse

ananas *sm* pineapple ⊃ *Vedi illustrazione a* FRUTTA

anarchia *sf* **1** (*caos*) anarchy **2** (*dottrina*) anarchism

anarchico, -a *agg, sm-sf* anarchist

anatomia *sf* anatomy*

anatra *sf* duck

> **Duck** è il termine generico. Per riferirsi solo al maschio si dice **drake**. Gli anatroccoli si chiamano **ducklings**.

anca *sf* hip

anche *cong* **1** (*pure*) also, too, as well

> **Too** e **as well** vanno alla fine della frase: *Voglio andarci anch'io.* I want to go too/as well. ◊ *Sono arrivato in ritardo anch'io.* I was late too/as well. ◊ *Piove ~ oggi.* It's raining again today. **Also** è il termine più formale e si trova prima del verbo principale o dopo se si tratta di un ausiliare: *Vendono anche scarpe.* They also sell shoes. ◊ *Ho conosciuto Jane e anche i suoi genitori.* I've met Jane and I've also met her parents.

2 (*addirittura*) even: *Sono famosissimi, li conosce ~ mia nonna.* They're very famous: even my grandmother knows them. ◊ *Abbiamo aspettato ~ troppo.* We've waited too long as it is. **3** (*concessivo*): *Si può ~ fare.* We can do that. ◊ *Puoi venire ~ domani.* You can come tomorrow. ◊ *Mi posso ~ sbagliare.* I may be wrong. LOC **anche se**: *Anche se tu non vieni, io vado.* I'm going even if you're not coming. ◊ *Anche se potesse, non lo farebbe.* Even if he could, he wouldn't. ◊ *Anche se non era proprio quello che volevo, l'ho comprato.* I bought it even though it wasn't exactly what I wanted.

> **Even if** si usa solo per parlare di una situazione ipotetica: *Anche se lo scopre, non dirà mai niente.* Even if she finds out, she'll never say anything. Quando la situazione è reale, si usa **although** o **even though**: *Anche se non l'avevo mai incontrata prima, mi sono trovato molto bene con lei.* Even though I'd never met her before, I got on very well with her.

anch'io me too: "*Prendo un panino.*" "*Anch'io.*" 'I'll have a roll.' 'Me too.'

àncora *sf* anchor *Vedi anche* GETTARE, SALPARE

ancóra *avv* **1** (*in frasi affermative e interrogative*) still: *Mancano ~ due ore.* There are still two hours to go. ◊ *Sei ~ qui?* Are you still here? ◊ *È ~ presto per dirlo.* It's still too early to say. **2** (*in frasi negative e interrogative-negative*) yet: *Queste pesche non sono ~ mature.* These peaches are not ripe yet. ◊ "*Non ti hanno ~ risposto?*" "*No, non ~.*" 'Haven't they written back yet?' 'No, not yet.' ⊃ *Vedi nota a* STILL¹ **3** (*in frasi comparative*) even: *Sarebbe ~ meglio.* That would be even better. ◊ *~ prima* even before that ◊ *Questo mi piace ~ di più.* I like this one even better. **4** (*di nuovo*) again: *Leggilo ~ una volta.* Read it once again. **5** (*più*) more: *Ne vuoi ~?* Would you like some more? ◊ *Vorrei ~ un po' d'acqua.* I'd like a little more water.

andare ▶ *vi* **1** to go*: *Vanno a Roma.* They're going to Rome. ◊ *~ in macchina/treno/aereo* to go by car/train/plane ◊ *~ a piedi* to walk ◊ *Come vanno le cose?* How are things going? ◊ *L'esame è andato bene/male.* The exam went well/badly. **2** (*collocazione*) to go*: *La sedia va in camera mia.* The chair goes in my room. ◊ *Dove vanno le forbici?* Where do the scissors go? **3** (*abiti*): *Vedi se ti va il mio cappotto.* See whether my coat fits you. ◊ *Queste scarpe mi vanno grandi.* These shoes are too big for me. **4** (*con infinito*): *~ a mangiare fuori* to eat out ◊ *~ a sciare* to go skiing ◊ *~ a vedere qn/qc* to go and see sb/sth ◊ *Com'è andato a finire il film?* How did the film end? **5** (*funzionare a*) *~ a* to run* on sth: *Questa macchina va a gasolio.* This car runs on diesel. ◊ *~ a pile* to be battery-operated **6** (*funzionare*) to work: *La fotocopiatrice non va.* The photocopier's not working. **7** (*volere, piacere*): *La pizza non mi va.* I don't feel like pizza. ◊ *Mi andrebbe di mangiare qualcosa.* I feel like having something to eat. ◊ *Lo faccio perché mi va.* I'm doing it because I feel like it. **8** (*con participio passato*): *Va fatto subito.* It needs to be done at once. ◊ *Va mangiato caldo.* You have to eat it hot. ▶ **andarsene** *v rifl* **andarsene (di)** to leave*: *andarsene di casa* to leave home ◊ *Te ne vai già?* Are you leaving already? LOC **andare a prendere** to go* and get* *sb/sth*: *Devo ~ a prendere il pane.* I've got to go and get some bread. ♦ **andare con** (*stare bene*) to go* with *sth*: *Quei pantaloni non vanno con questa giacca.* Those trousers don't go with this jacket. ♦ **ma vai!** come off it! ⊃ Per altre espressioni con **andare** vedi alla voce del sostantivo, dell'aggettivo, ecc, ad es. **andare a male** a MALE.

andata *sf* outward journey: *all'andata* on the way there LOC **andata e ritorno** there and back (*informale*): *Sono tre ore ~ e ritorno.* It's three hours there and back. *Vedi anche* BIGLIETTO

andatura *sf* walk: *L'ho riconosciuto dall'andatura.* I recognized him by his walk.

Andorra *sf* Andorra

andorrano, -a *agg, sm-sf* Andorran: *gli andorrani* the Andorrans

aneddoto *sm* anecdote: *raccontare un ~* to tell an anecdote

anello *sm* **1** (*gioiello*) ring **2** (*catena*) link LOC **anello di fidanzamento** engagement ring

anemia *sf* anaemia

anemico, -a *agg* anaemic

anestesia *sf* anaesthetic: *Mi hanno fatto l'anestesia totale/locale.* They gave me a general/local anaesthetic. ◊ *È ancora sotto ~.* She's still under anaesthetic.

anestesista *smf* anaesthetist

anestetizzare *vt* to anaesthetize

anfetamina *sf* amphetamine

anfibio, -a ▶ *agg* amphibious
▶ *sm* **1** (*Zool*) amphibian **2 anfibi** (*scarpe*) combat boots

anfiteatro *sm* amphitheatre

angelo *sm* angel: *~ custode* guardian angel

anglicano, -a *agg, sm-sf* Anglican

anglosassone *agg, smf* Anglo-Saxon

angolo *sm* **1** corner: *Metti la TV nell'angolo.* Put the TV in the corner. ◊ *la casa all'angolo* the house on the corner ◊ *in un tranquillo ~ del Chianti* in a quiet corner of Chianti **2** (*Geom*) angle: *~ retto/acuto/ottuso* right/acute/obtuse angle LOC **dietro l'angolo** (just) round the corner *Vedi anche* CALCIO

angoscia *sf* anguish: *avere l'angoscia degli esami* to be in a state about the exams

angosciare ▶ *vt* to distress ▶ **angosciarsi** *v rifl* to get* upset: *Non ti angosciare per così poco.* Don't get upset over nothing.

angosciato, -a *agg* anguished *Vedi anche* ANGOSCIARE

anguilla *sf* eel

anguria *sf* watermelon

anice *sm* **1** (*seme*) aniseed **2** (*liquore*) anisette

anidride *sf* LOC **anidride carbonica** carbon dioxide

anima *sf* soul: *Non c'era ~ viva.* There wasn't a soul. LOC **anima gemella** soulmate

animale *agg, sm* animal [s]: *~ domestico/selvatico* domestic/wild animal LOC *Vedi* REGNO

animalista *smf* animal rights activist

animare ▶ *vt* (*conversazione, festa*) to liven *sth* up ▶ **animarsi** *v rifl* (*festa*) to liven up

animatamente *avv* excitedly: *discutere/parlare ~* to argue/talk excitedly

animato, -a *agg* **1** (*festa*) lively*: *Era una festa molto animata.* It was a very lively party. **2** (*conversazione*) animated LOC *Vedi* CARTONE; *Vedi anche* ANIMARE

animatore, -trice *sm-sf* **1** (*festa*) organizer **2** (*villaggio turistico*) club rep

animo *sm* mind LOC **farsi animo** to cheer up *Vedi anche* PERDERE, STATO

annacquare *vt* to water *sth* down

annaffiare *vt* to water

annaffiatoio *sm* watering can

annata *sf* vintage: *L'85 è stata una buona ~.* 1985 was a good vintage.

annebbiarsi *v rifl* (*vista*) to become* blurred

annegare *vt, vi* to drown

annerire ▶ *vt* to blacken ▶ **annerirsi** *v rifl* to go* black

annettere *vt* (*territori, paese*) to annex

annientare *vt* to annihilate: *~ l'avversario* to annihilate your opponent

anniversario *sm* anniversary*: *l'anniversario del nostro matrimonio* our wedding anniversary

anno *sm* year: *tutto l'anno* all year (round) ◊ *tutti gli anni* every year ◊ *~ accademico/scolastico* academic/school year LOC **anno bisestile** leap year ♦ **anno luce** light year ♦ **avere due, ecc anni** to be two, etc. (years old): *Quanti anni hai?* How old are you? ◊ *Ho quindici anni.* I'm fifteen (years old). ♦ **buon anno!** happy New Year! ♦ **di due, ecc anni**: *una donna di trent'anni* a woman of thirty/a thirty-year-old woman ♦ **gli anni 50, 60, ecc** the 50s, 60s, etc. ⊃ *Vedi* *nota a* OLD *Vedi anche* MINORE, QUANTO¹, QUI, ULTIMO

annodare ▶ *vt* to tie *sth* together ▶ **annodarsi** *v rifl* **1** (*abito*) to tie **2** (*fili*) to get* tangled

annoiare ▶ *vt* to bore: *Ti sto annoiando?* Am I boring you?

> La parola inglese **annoy** significa *seccare* o *dare fastidio a*.

▶ **annoiarsi** *v rifl* to get* bored LOC **annoiarsi a morte** to be bored stiff: *Al cinema mi sono annoiata a morte.* I was bored stiff at the cinema.

annoiato, -a *agg* bored ⊃ *Vedi nota a* NOIOSO *Vedi anche* ANNOIARE

annotare *vt* **1** (*scrivere*) to note *sth* down: *Ho annotato l'indirizzo.* I noted down the address. **2** (*libro*) to annotate

annuale *agg* annual

annuire *vi* to nod*: *Ha annuito.* He nodded his head.

annullamento *sm* **1** cancellation: *l'annullamento della partita* the cancellation of the match **2** (*matrimonio*) annulment

annullare *vt* **1** (*volo, impegno*) to cancel*: *Il volo è stato annullato.* The flight was cancelled. **2** (*matrimonio*) to annul* **3** (*goal*) to disallow **4** (*votazione*) to declare *sth* invalid

annunciare *vt* to announce: *Hanno annunciato il risultato all'altoparlante.* They announced the result over the loudspeakers. ◊ *Alla radio hanno annunciato che ...* It was announced on the radio that ...

annuncio *sm* **1** (*stampa, televisione*) advertisement, advert (*più informale*), ad (*informale*): *mettere un ~ sul giornale* to put an ad in the paper **2** (*dichiarazione*) announcement (*about sth*) LOC **annuncio economico** classified ad

annuo, -a *agg* annual

annusare *vt* to sniff

annuvolarsi *v rifl* to cloud over

ano *sm* anus

anonimo, -a ▶ *agg* anonymous: *una lettera anonima* an anonymous letter
▶ *sm-sf* anonymous painter/writer, ecc

anoressia *sf* anorexia

anoressico, -a *agg, sm-sf* anorexic

anormale *agg* abnormal: *un comportamento ~* abnormal behaviour

ansia *sf* anxiety* LOC **stare in ansia** to be worried: *Ci hai fatto stare in ~ tutta la notte.* We were worried about you all night.

ansimare *vi* to pant

ansioso, -a *agg* anxious

antartico, -a ▶ *agg* Antarctic
▶ **l'Antartico** *sm* the Antarctic LOC *Vedi* CIRCOLO

antenato, -a *sm-sf* ancestor

antenna *sf* **1** (*Radio, TV*) aerial **2** (*Zool*) antenna* LOC **antenna parabolica** satellite dish

anteprima *sf* preview: *vedere qc in ~* to have a preview of sth

anteriore *agg* **1** (*davanti*) front **2** (*precedente*) previous

antiaereo, -a *agg* anti-aircraft

antibiotico *sm* antibiotic

anticamente *avv* in ancient times: *Anticamente la Sicilia era occupata dai Greci.* Sicily was occupied by the Greeks in ancient times.

antichità *sf* **1** (*epoca*) ancient times: *nell'antichità* in ancient times **2** (*qualità*) age: *l'antichità dei monumenti* the age of the monuments

anticipare *vt* **1** (*avvenimento, data*) to bring* *sth* forward: *Abbiamo anticipato il matrimonio.* We brought the wedding forward. ◊ *Vogliamo ~ l'esame di una settimana.* We want to bring the exam forward a week. **2** (*soldi*) to advance *sth* (*to sb*): *Mi ha anticipato cento euro.* He advanced me a hundred euros. **3** (*affitto*) to pay* *sth* in advance: *Ho anticipato due mesi d'affitto.* I paid two months' rent in advance.

anticipatamente *avv* in advance

anticipato, -a *agg* **1** *pagamento ~* payment in advance **2** (*Scuola*): *Sono un anno ~.* I'm a year ahead. *Vedi anche* ANTICIPARE

anticipo *sm* advance: *Ho chiesto un ~ sullo stipendio.* I've asked for an advance on my salary. ◊ *con due anni di ~* two years in advance LOC **in anticipo 1** (*prima*) in advance: *prenotare i biglietti in ~* to book the tickets in advance **2** (*presto*) early: *essere/arrivare in ~* to be/arrive early

antico, -a *agg* **1** (*Storia*) ancient: *l'antica Grecia* ancient Greece **2** (*mobile*) antique

anticoncezionale *agg, sm* contraceptive: *i metodi anticoncezionali* contraceptive methods

anticonformista *smf* nonconformist

anticorpo *sm* antibody*

antidiluviano, -a *agg* ancient

antidoping *agg* LOC **controllo/esame antidoping** drug test: *È risultato positivo all'esame ~.* He tested positive for drugs.

antidoto *sm* ~ (**a/contro**) antidote (to *sth*)

antidroga *agg* anti-drug: *organizzare una campagna ~* to organize an anti-drug campaign

antifurto ▶ *agg* anti-theft: *sistema ~* anti-theft device
▶ *sm* alarm

antigelo *agg, sm* antifreeze

antilope *sf* antelope

antimafia *agg* anti-Mafia

antincendio *agg* LOC *Vedi* ALLARME, SCALA

antiorario, -a *agg* LOC *Vedi* SENSO

antipasto *sm* starter

antipatico, -a *agg* unpleasant LOC **essere antipatico a qn**: *Mi è ~.* I can't stand him.

antipodi *sm* Antipodes LOC **agli antipodi 1** (*Geog*) on the other side of the world: *L'Italia è agli ~ della Nuova Zelanda.* Italy is on the other side of the world from New Zealand. **2** (*diversi*) completely opposite: *Come gusti siamo agli ~.* Our tastes are completely opposite.

antiproiettile *agg* bulletproof LOC *Vedi* GIUBBOTTO

antiquariato *sm* antiques [*pl*]: *un oggetto di ~* an antique ◇ *un negozio di ~* an antique shop

antiquario, -a *sm-sf* antique dealer

antiquato, -a *agg* old-fashioned

antiriflesso *agg* antiglare

antisettico, -a *agg, sm* antiseptic

antisismico, -a *agg* **1** (*edificio*) earthquake-proof **2** (*misure*) anti-earthquake

antisommossa *agg* LOC *Vedi* TRUPPA

antitetanica *sf* tetanus jab

antologia *sf* anthology*

anulare *sm* ring finger LOC *Vedi* RACCORDO

Anversa *sf* Antwerp

anzi *cong* **1** (*o piuttosto*) no: *Dammene uno, ~ due.* Give me one, no two. **2** (*al contrario*) on the contrary: *Non mi dispiace, ~ sono proprio contenta.* I'm not sorry. On the contrary, I'm really pleased.

anzianità *sf* seniority

anziano, -a ▶ *agg* elderly: *una persona anziana* an elderly person
▶ *sm*: *gli anziani* the elderly LOC *Vedi* CASA

anziché *cong* rather than: *La prossima volta vengo in macchina ~ prendere il treno.* Next time I'll drive rather than take the train. ◇ *È meglio andare di persona ~ scrivere.* It's better to go in person rather than write.

anzitutto *avv* first of all

apatico, -a *agg* apathetic

ape *sf* bee LOC **ape operaia** worker (bee) ♦ **ape regina** queen bee

aperitivo *sm* aperitif

apertamente *avv* openly: *parlare ~* to speak openly

aperto, -a *agg* **1** (a) open (to *sb/sth*): *Lascia la porta aperta.* Leave the door open. ◇ *~ al pubblico* open to the public ◇ *Il caso è ancora ~.* The case is still open. **2** (*rubinetto*) running **3** (*cerniera*) undone: *Hai la cerniera aperta.* Your flies are undone. **4** (*persona*) extrovert LOC **all'aperto** open-air: *una piscina all'aperto* an open-air swimming pool ◇ *un concerto all'aperto* an open-air concert ◇ *mangiare/dormire all'aperto* to eat/sleep outdoors *Vedi anche* ARIA, BOCCA, MENTALITÀ, SOGNARE; *Vedi anche* APRIRE

apertura *sf* **1** opening: *la cerimonia di ~* the opening ceremony **2** (*Foto*) aperture LOC **apertura alare** wing span

apice *sm* (*culmine*) peak: *Quel film ha segnato l'apice della sua carriera.* That film marked the peak of his career.

apicoltura *sf* bee-keeping

apnea *sf* LOC **in apnea**: *immersioni in ~* skin diving

apolitico, -a *agg* apolitical

apostolo *sm* apostle

apostrofo *sm* apostrophe

appallottolare ▶ *vt* to crumple *sth* up: *~ un foglio di carta* to crumple up a piece of paper
▶ **appallottolarsi** *v rifl* to curl up: *Il riccio si appallottola per difendersi.* The hedgehog curls up into a ball for self-defence.

appannare ▶ *vt* to cloud ▶ **appannarsi** *v rifl* to steam up

apparato *sm* **1** (*attrezzatura*) equipment **2** (*Anat*) system: *l'apparato digerente* the digestive system

apparecchiare *vt, vi* to lay* (the table)

apparecchio *sm* **1** (*congegno*) machine: *Come funziona questo ~?* How does this machine work? **2** (*radio, TV*) set **3** (*per i denti*) brace: *Devo portare l'apparecchio.* I've got to wear a brace.

apparente *agg* apparent

apparentemente *avv* apparently: *Apparentemente il gioco è semplicissimo.* Apparently the game's really easy.

apparenza *sf* appearance: *salvare le apparenze* to keep up appearances LOC **l'apparenza inganna** appearances can be deceiving

apparire *vi* to appear: *È apparsa in TV.* She has appeared on TV.

apparizione sf **1** appearance **2** (Relig) vision **3** (fantasma) apparition

appartamento sm flat: un ~ al quinto piano a fifth-floor flat

appartato, -a agg remote

appartenente agg ~ **a** belonging to sb/sth: i paesi appartenenti alla UE the countries belonging to the EU

appartenenza sf membership

appartenere vi to belong to sb/sth: Questa collana apparteneva a mia nonna. This necklace belonged to my grandmother.

appassionante agg exciting

appassionare ▶ vt: Il jazz mi appassiona. I love jazz. ▶ **appassionarsi** v rifl **appassionarsi a** to get* keen on sth/doing sth: Si è appassionata al gioco degli scacchi. She's got very keen on chess.

appassionato, -a ▶ agg **1** passionate: un bacio ~ a passionate kiss **2** ~ **di** (entusiasta) keen on sth: Sono ~ di ciclismo. I'm very keen on cycling.
▶ sm-sf ~ **di** lover of sth: gli appassionati dell'opera opera lovers Vedi anche APPASSIONARE

appassito, -a agg withered

appellarsi v rifl to appeal: Si sono appellati contro la sentenza. They appealed against the sentence.

appello sm appeal LOC **fare l'appello** to call the register

appena ▶ avv **1** (poco fa) just: L'ho ~ visto. I've just seen him. ◊ un libro ~ uscito a book that's just come out **2** (a fatica) scarcely: ~ un anno fa scarcely a year ago ◊ Si sente ~. You can scarcely hear it.
▶ cong as soon as: ~ sono arrivati as soon as they arrived ◊ ~ finito il liceo as soon as I leave school ◊ ~ possibile as soon as possible LOC **appena appena** only just: L'ho toccato ~ ~. I only just touched it. ♦ **appena in tempo** just in time: Abbiamo fatto ~ in tempo. We made it just in time.

appendere vt **1** to hang* sth from/on sth **2** (indumento) to hang* sth up

appendice sf **1** (Anat) appendix **2** (libro, documento) appendix*

appendicite sf appendicitis [non numerabile]

Appennini sm **gli Appennini** the Apennines

appeso, -a agg ~ **a** hanging on/from sth Vedi anche APPENDERE

appestare vt to make* sth stink

appetito sm appetite: La passeggiata ti farà venire l'appetito. The walk will give you an appetite. ◊ avere un ottimo ~ to have a good appetite. LOC **buon appetito!** (detto da cameriere) enjoy your meal! (detto da commensale), bon appétit! ❶ In Gran Bretagna tra commensali non sempre ci si augura buon appetito.

appezzamento sm plot: un ~ di terreno a plot of land

appiattire ▶ vt to flatten ▶ **appiattirsi** v rifl **1** (cosa) to get* flattened **2** (persona): appiattirsi contro il muro to flatten yourself against the wall

appiccare vt to hang* (up) LOC **appiccare il fuoco** to set* fire to sth: I teppisti hanno appiccato il fuoco alla scuola. The hooligans set fire to the school.

appiccicare ▶ vt to stick* sb/sth on sth ▶ vi to stick*: Questa colla non appiccica. This glue doesn't stick. ▶ **appiccicarsi** v rifl to stick* to sth

appiccicoso, -a agg **1** (dita, superficie) sticky* **2** (fig) clingy

appiglio sm (su roccia, muro) hold: Era difficile trovare un ~ su quella roccia liscia. It was hard to find a hold on that smooth rock.

appioppare vt to give* sth (to sb): Mi ha appioppato un votaccio/un soprannome. She gave me a bad mark/a nickname.

appisolarsi v rifl to nod* off

applaudire vt, vi to applaud

applauso sm applause [non numerabile]: grandi applausi loud applause LOC **fare un applauso** to give* sb a round of applause

applicare ▶ vt to apply* sth (to sth): ~ una regola to apply a rule ◊ Applicare la pomata sulla parte dolente. Apply the cream to the affected area. ▶ **applicarsi** v rifl **applicarsi (a)** to apply* yourself (to sth): applicarsi allo studio to apply yourself to your studies

applicato, -a agg applied: matematica applicata applied mathematics Vedi anche APPLICARE

applicazione sf application

appoggiare ▶ vt **1** to lean* sth against sth: Non appoggiarlo contro la parete. Don't lean it against the wall. ➲ Vedi illustrazione a LEAN² **2** (per riposare) to rest sth on/against sth: Appoggia la testa sulla mia spalla. Rest your head on my shoulder. **3** (posare) to put* sth down: L'ho appoggiato sul tavolo. I put it down on the table. **4** (difendere) to support: ~ uno sciopero/un collega to support a strike/colleague ▶ **appoggiarsi** v rifl to lean* on/against sth: appoggiarsi a un bastone/contro il muro to lean on a stick/against the wall ◊ Appoggiati a me. Lean on me.

appoggiato, -a agg ~ **a/su/contro 1** (per riposare) resting on/against sth: Tenevo la testa *appoggiata su un cuscino.* I was resting my head on a pillow. **2** (*inclinato*) leaning against sth: *~ alla parete* leaning against the wall ➲ *Vedi illustrazione a* LEAN ²; *Vedi anche* APPOGGIARE

appoggio *sm* **1** support **2** (*persona influente*) contact

appollaiarsi *v rifl* to perch *on sth*

appollaiato, -a *agg* perching *on sth Vedi anche* APPOLLAIARSI

apportare *vt* to bring* about: *~ un cambiamento/miglioramento* to bring about a change/improvement

apporto *sm* contribution LOC **apporto calorico** calorie intake

appositamente *agg* specially: *L'ha portato ~ per me.* He brought it specially for me.

apposta *avv* on purpose: *Non l'ho fatto ~.* I didn't mean to do it.

appostarsi *v rifl* to lie* in wait (*for sb/sth*)

apprendere *vt* (*imparare*) to learn*

apprendimento *sm* learning: *l'apprendimento di una lingua* learning a language

apprendista *smf* apprentice: *~ parrucchiere* apprentice hairdresser

apprensivo, -a *agg* apprehensive

appresso *avv* (*dietro*) with me, you, ecc: *portarsi ~ qc/qn* to take sth/sb with you ◊ *Si porta sempre ~ tre valige.* He always takes three suitcases with him. ◊ *Non portarti ~ tuo fratello.* Don't bring your brother with you. LOC **appresso a** (*dietro*): *andare ~ a qn* to chase after sb

apprezzare *vt* to appreciate: *Ho apprezzato molto il tuo aiuto.* I really appreciated your help.

approfittare ▶ *vi* ~ **di** to take* advantage of sb/sth: *Ho approfittato del viaggio per far visita a mio fratello.* I took advantage of the journey to visit my brother. ▶ **approfittarsi** *v rifl* **approfittarsi (di)** to take* advantage (of sb/sth): *Se ne sono approfittati tutti.* They all took advantage of him.

approfondire ▶ *vt* (*argomento*) to go* into sth ▶ *vi*: *Non approfondiamo.* Let's not go into that.

approfondito, -a *agg* in-depth: *Dobbiamo fare uno studio ~.* We must do an in-depth study. *Vedi anche* APPROFONDIRE

appropriarsi *v rifl* ~ **di** to take* sth: *Negano di essersi appropriati dei soldi.* They say they didn't take the money.

appropriato, -a *agg* appropriate

approssimativamente *avv* roughly: *Quanto costa ~?* Roughly how much does it cost? ◊ *Approssimativamente ci vorranno tre settimane.* It'll take roughly three weeks. ◊ *calcolare ~* to make a rough calculation

approssimativo, -a *agg* approximate LOC *Vedi* CALCOLO

approvare *vt* **1** (*proposta*) to approve **2** (*accettare*) to approve of sth: *Non approvo il suo comportamento.* I don't approve of his behaviour.

approvazione *sf* approval LOC **dare la propria approvazione** to give your consent (*to sth*)

appuntamento *sm* **1** (*fidanzato*) date

> Nel caso di un appuntamento con un amico o un'amica si usa una costruzione verbale: *Ho un ~ alle sei con una mia amica* I'm meeting a friend of mine at 6 o'clock. ◊ *L'appuntamento era alle sei!* We were supposed to meet at six!

2 (*medico, avvocato*) appointment: *Ho un ~ dal dentista.* I've got a dental appointment. LOC **darsi appuntamento** to arrange to meet ♦ **prendere appuntamento** to make* an appointment

appuntare *vt* **1** (*con spilli*) to pin* sth (*to/on sth*): *L'ho appuntato sulla manica.* I pinned it onto the sleeve. **2** (*prender nota*) to note sth down **3** (*matita*) to sharpen

appuntito, -a *agg* **1** (*a punta*) pointed **2** (*matita*) sharp

appunto¹ *sm* note: *prendere appunti* to take notes

appunto² *avv* exactly

apribottiglie *sm* bottle-opener

aprile *sm* April (*abbrev* Apr.) ➲ *Vedi esempi a* GENNAIO ➲ *Vedi nota a* APRIL LOC *Vedi* PESCE, PRIMO

aprire ▶ *vt* **1** to open: *Non ~ la finestra.* Don't open the window. ◊ *~ un'agenzia di viaggi* to open a travel agency ◊ *~ il fuoco* to open fire ◊ *aprire un file* to open a file ◊ *aprire un link* to follow a link **2** (*con chiave*) to unlock **3** (*rubinetto, gas*) to turn sth on **4** (*ali*) to spread* ▶ *vi* **1** (*aprire la porta*) to open up: *Mi apri? Open up!* **2** (*negozio*) to open: *A che ora aprono i negozi?* What time do the shops open? ▶ **aprirsi** *v rifl* to open: *Improvvisamente la porta si aprì.* Suddenly the door opened. LOC **aprire gli occhi** (*lett e fig*) to open your eyes ♦ **non aprire bocca** not to say* a word: *Non ha aperto bocca tutto il pomeriggio.* He didn't say a word all afternoon.

apriscatole *sm* tin-opener

aquila *sf* eagle

aquilone *sm* kite

Arabia Saudita sf Saudi Arabia

arabo, -a ▶ agg (paesi, popoli) Arab
▶ sm-sf (persona) Arab
▶ sm (lingua) Arabic LOC **per me è arabo** it's all Greek to me Vedi anche NUMERAZIONE, NUMERO

arachide sf peanut

aragosta sf lobster

arancia sf orange ⊃ Vedi illustrazione a FRUTTA

aranciata sf orangeade

arancio sm orange tree

arancione agg, sm orange ⊃ Vedi esempi a GIALLO

arare vt to plough

aratro sm plough

arazzo sm tapestry*

arbitrare vt **1** (Calcio, Pugilato) to referee **2** (Tennis) to umpire

arbitrario, -a agg arbitrary

arbitro sm **1** (Calcio, Pugilato) referee **2** (Tennis) umpire **3** (mediatore) arbitrator

arbusto sm bush

arca sf ark: l'arca di Noè Noah's ark

archeologia sf archaeology

archeologo, -a sm-sf archaeologist

architetto sm architect

architettura sf architecture

archiviare vt **1** (classificare) to file: ~ una pratica to close a case **2** (faccenda) to shelve

archivio sm **1** archive(s) [si usa spec al pl]: un ~ storico historical archives **2** (mobile) filing cabinet **3** (Informatica) file

arcipelago sm archipelago*

arcivescovo sm archbishop

arco sm **1** (Archit) arch **2** (Geom) arc: un ~ di 36° a 36° arc **3** (Sport, archetto) bow: l'arco e le frecce a bow and arrow **4 gli archi** (Mus) the strings LOC **ad arco** arched: una finestra ad ~ an arched window Vedi anche TIRO

arcobaleno sm rainbow

ardente agg **1** (sole) blazing: sotto un sole ~ under a blazing sun **2** (desiderio) ardent LOC Vedi CAMERA

ardesia sf slate: tegole d'ardesia slates

area sf area: l'area di un rettangolo the area of a rectangle LOC **area di rigore** penalty area ♦ **area di servizio** service area

arenarsi v rifl (imbarcazione) to run* aground

argano sm winch

argentato, -a agg **1** (colore) silver: vernice argentata silver paint **2** (placcato) silver-plated

Argentina sf Argentina

argentino, -a agg, sm-sf Argentinian: gli argentini the Argentinians

argento sm silver: un anello d'argento a silver ring LOC Vedi NOZZE, PIATTO

argilla sf clay

argine sm embankment

argomento sm **1** (tema) subject **2** (ragione) argument: gli argomenti a favore e contro the arguments for and against LOC **un argomento di conversazione** a topic of conversation Vedi anche CAMBIARE

arguto, -a agg witty*

aria sf **1** air: ~ fresca fresh air **2** (aspetto) look: Ha un'aria che non mi piace. I don't like the look of him. ◊ con ~ pensosa with a thoughtful look on his face **3** (flatulenza) wind [non numerabile] **4** (Auto) choke: tirare l'aria to pull out the choke LOC **all'aria aperta** in the open air ♦ **aria condizionata** air conditioning ♦ **darsi delle arie** to put* on airs ♦ **fare aria a** to fan* sb ♦ **mandare all'aria** to ruin sth Vedi anche BOCCATA, CAMERA, LINEA, PRESA, SALTARE, VUOTO

arido, -a agg dry*

arieggiare vt to air

ariete sm **1** (animale) ram **2 Ariete** (Astrologia) Aries ⊃ Vedi esempi a ACQUARIO

aringa sf herring LOC **aringa affumicata** kipper

aristocratico, -a ▶ agg aristocratic
▶ sm-sf aristocrat

aristocrazia sf aristocracy [v sing o pl]

aritmetica sf arithmetic

arma sf **1** weapon: armi nucleari nuclear weapons **2 armi** arms: un trafficante d'armi an arms dealer LOC **arma a doppio taglio** double-edged sword ♦ **arma da fuoco** firearm ♦ **arma del delitto** murder weapon Vedi anche PORTO, PRIMO, TRAFFICO

armadietto sm locker

armadio sm **1** (per abiti) wardrobe **2** (cucina, ufficio) cupboard ⊃ Vedi nota a CUPBOARD LOC **armadio a muro** fitted wardrobe

armamento sm **armamenti** arms [pl]: il controllo degli armamenti arms control LOC Vedi CORSA

armarsi v rifl to arm yourself (with sth) LOC **armarsi di coraggio** to pluck up courage ♦ **armarsi di pazienza** to be patient

armato, -a agg armed LOC Vedi CARRO, CEMENTO, RAPINA

armatura sf armour [non numerabile]

> Armour è un sostantivo non numerabile: Medieval knights wore armour made of

metal. Il sostantivo numerabile è **suit of armour**: *Each suit of armour weighed about 27 kilos.* ◊ *The museum owns over 30 suits of armour.*

Armenia *sf* Armenia

armeno, -a *agg, sm-sf, sm* Armenian: *gli armeni* the Armenians ◊ *parlare ~* to speak Armenian

armistizio *sm* armistice

armonia *sf* harmony*

armonica *sf* harmonica LOC **armonica a bocca** mouth organ

arnese *sm* tool

Arno *sm* **l'Arno** the Arno

aroma *sm* aroma

aromaterapeuta *smf* aromatherapist

aromaterapia *sf* aromatherapy

aromatico, -a *agg* aromatic LOC *Vedi* ERBA

arpa *sf* harp

arpione *sm* harpoon

arrabbiarsi *v rifl* ~ (**con**) (**per**) to get* angry (with *sb*) (at/about *sth*): *Non ti arrabbiare con loro.* Don't get angry with them. ◊ *far arrabbiare qn* to make sb angry

arrabbiato, -a *agg* ~ (**con**) (**per**) angry (with *sb*) (at/about *sth*): *Sono arrabbiati con me.* They're angry with me. *Vedi anche* ARRABBIARSI

arrampicarsi *v rifl* to climb (up) *sth*: *~ su un albero* to climb (up) a tree

arrancare *vi* to struggle: *Arrancavano su per la salita.* They struggled uphill.

arrangiare ▶ *vt* **1** (*cena*) to put* *sth* together **2** (*Mus*) to arrange ▶ **arrangiarsi** *v rifl* to manage: *Mi arrangerò.* I'll manage. ◊ *Per stanotte arrangiati sul divano.* You'll have to make do with the sofa tonight.

arredamento *sm* (*mobilia*) furniture [*non numerabile*]; (*stile*) decor

arredare *vt* to furnish

arrendersi *v rifl* **1** to give* up: *Non ti arrendere.* Don't give up. **2** (*Mil*) to surrender (*to sb/sth*)

arrestare ▶ *vt* **1** (*criminale*) to arrest **2** (*processo*) to stop* ▶ **arrestarsi** *v rifl* to stop*

arresto *sm* **1** (*detenzione*) arrest: *essere in ~* to be under arrest **2** (*il fermarsi*) stopping LOC *Vedi* RUBINETTO

arretrato, -a *agg* **1** (*giornale*) back: *i numeri arretrati di una rivista* the back numbers of a magazine **2** (*pagamenti*) outstanding **3** (*paese, regione*) backward LOC **essere in arretrato con** to be behind with *sth*: *Sono molto in ~ con il lavoro/i pagamenti.* I'm very behind with my work/my repayments.

arricchire ▶ *vt* **1** to make* *sb/sth* rich **2** (*fig*) to enrich: *Ha arricchito il suo vocabolario con la lettura.* He enriched his vocabulary by reading. ▶ **arricchirsi** *v rifl* to get* rich

arricciare ▶ *vt* to curl ▶ **arricciarsi** *v rifl* to go curly: *Con la pioggia mi si sono arricciati i capelli.* My hair's gone curly because of the rain. LOC **arricciare il naso** to turn up your nose at *sth*

arrivare *vi* **1** (*in un luogo*) to arrive (at/in …): *Siamo arrivati all'aeroporto alle cinque.* We arrived at the airport at five o'clock. ◊ *Sono arrivato in Inghilterra un mese fa.* I arrived in England a month ago. ◊ *Eccoci arrivati!* Here we are! ⊃ *Vedi nota a* ARRIVE **2** ~ **a** (*raggiungere*) to reach *sth*: *Ci arrivi?* (*a prendere*) Can you reach? ◊ *~ a una conclusione* to reach a conclusion **3** ~ **a** (*altezza, lunghezza*) to come* up/down to *sth*: *L'acqua mi arrivava al collo.* The water came up to my neck. ◊ *I capelli le arrivano alla vita.* Her hair comes down to her waist. **4 arrivarci** (*capire*) to get* it: *Se non ci arrivi sei proprio un cretino.* If you don't get it, you're a real moron. ◊ *Ci arriverebbe perfino un bambino.* Even a child could understand it. **5** (*tempo*) to come*: *quando arriva l'estate* when summer comes ◊ *È arrivato il momento di…* The time has come to… **6** (*riuscire*) to manage *to do sth*: *Non sono mai arrivato a capirlo.* I've never managed to understand him. **7** (*aver successo*) to be successful **8** (*giungere al punto di*) to stoop so low *as to do sth*

arrivederci! *escl* goodbye!, bye! (*più informale*)

arrivo *sm* arrival: *arrivi internazionali* international arrivals LOC **essere in arrivo** to be arriving *Vedi anche* DIRITTURA, LINEA, SALA

arrogante *agg* arrogant

arrossare ▶ *vt* to redden ▶ **arrossarsi** *v rifl* to go* red

arrossire *vi* ~ (**di/per**) to blush (with *sth*): *Arrossì di vergogna.* He blushed with shame.

arrostire ▶ *vt* **1** (*carne*) to roast **2** (*patata intera*) to bake ⊃ *Vedi nota a* BAKE ▶ **arrostirsi** *v rifl* to roast

arrosto *agg, sm* roast: *agnello ~* roast lamb ⊃ *Vedi nota a* BAKE

arrotolare *vt* to roll *sth* up

arrotondare *vt* **1** (*per eccesso*) to round *sth* up **2** (*per difetto*) to round *sth* down **3** (*stipendio*) to supplement

arrovellarsi *vt* LOC *Vedi* CERVELLO

arrugginire → aspirante

arrugginire ▶ *vt* to rust ▶ **arrugginirsi** *v rifl* to rust: *Le forbici si sono arrugginite.* The scissors have rusted.

arrugginito, -a *agg* rusty*: *Sono un po' arrugginita.* I'm a bit rusty. *Vedi anche* ARRUGGINIRE

arruolare ▶ *vt* to enlist ▶ **arruolarsi** *v rifl* ~ (**in**) to enlist (in *sth*)

arsenale *sm* **1** (*armi*) arsenal **2** (*navi*) shipyard

arsenico *sm* arsenic

arte *sf* **1** art: *un'opera d'arte* a work of art **2** (*mestiere*) craft: *l'arte del falegname* the carpenter's craft LOC *Vedi* BELLO

arteria *sf* artery*

artico, -a ▶ *agg* Arctic
▶ **Artico** *sm* (*mare*) Arctic Ocean LOC *Vedi* CIRCOLO

articolazione *sf* **1** (*Anat, Mecc*) joint **2** (*pronuncia*) articulation

articolo *sm* **1** (*giornale*) article: *Spero che pubblichino il mio ~.* I hope my article gets published. **2** (*oggetto*) **articoli** goods: *articoli di lusso* luxury goods LOC **articoli da regalo** gift items ♦ **articolo di fondo** leading article ♦ **articolo determinativo/indeterminativo** definite/indefinite article

Artide *sf* Arctic

artificiale *agg* artificial LOC *Vedi* RESPIRAZIONE

artigianale *agg* handmade LOC *Vedi* LABORATORIO

artigianato *sm* **1** (*prodotti*) handicrafts [*pl*] **2** (*settore*) craft workers [*pl*] LOC **d'artigianato** handmade

artigiano, -a *sm-sf* craftsman*/woman*

artiglieria *sf* artillery

artiglio *sm* **1** claw; (*uccello rapace*) talon

artista *smf* **1** artist **2** (*Teat*) actor

artistico, -a *agg* artistic LOC *Vedi* LICEO, PATRIMONIO, PATTINAGGIO

ascella *sf* armpit

ascendente *sm* **1** (*influenza*) influence: *avere ~ su qn* to have influence over sb **2** (*Astrologia*) ascendant

ascensore *sm* lift

ascesa *sf* **1** (*montagna*) ascent **2** (*trono*) accession

ascesso *sm* abscess

ascia *sf* axe

asciugabiancheria *sf* tumble-dryer

asciugacapelli *sm* hairdryer

asciugamano *sm* towel

asciugare ▶ *vt, vi* to dry*: *Si asciugò le lacrime.* He dried his tears. ▶ **asciugarsi** *v rifl* **1** to dry*: *Si asciuga in fretta.* It dries in no time. **2** (*persona*) to dry* yourself LOC **asciugare i piatti** to dry* up

asciutto, -a *agg* **1** dry*: *È ~ quell'asciugamano?* Is that towel dry? **2** (*magro*) lean

ascoltare *vt, vi* to listen (to *sb*/*sth*): *Ascoltavo un CD/la radio.* I was listening to a CD/the radio. ◊ *Non mi stai mai ad ~.* You never listen to me. ◊ *Ascolta! Lo senti?* Listen! Can you hear it?

ascoltatore, -trice *sm-sf* listener

ascolto *sm* LOC *Vedi* INDICE

asfaltare *vt* to tarmac*: *Hanno asfaltato la strada.* They've tarmacked the road.

asfalto *sm* Tarmac®

asfissiare *vt, vi* to suffocate

Asia *sf* Asia

asiatico, -a *agg, sm-sf* Asian

asilo *sm* **1** (*per bambini*) nursery school **2** (*Pol*) asylum: *chiedere ~ politico* to seek political asylum **3** (*rifugio*) refuge: *trovare ~ presso qn* to take refuge with sb LOC **asilo nido** crèche

asino, -a *sm-sf* **1** (*animale*) donkey **2** (*persona*) ass: *Non fare l'asino!* Don't be such an ass!

asma *sf* asthma: *soffrire d'asma* to have asthma

asmatico, -a *agg, sm-sf* asthmatic

asola *sf* buttonhole

asparago *sm* asparagus [*non numerabile*]

aspettare *vt, vi* **1** to wait (for) (*sb*/*sth*): *Sto aspettando l'autobus.* I'm waiting for the bus. ◊ *Stiamo aspettando che tu finisca.* We're waiting for you to finish. ◊ *Aspettami, per favore.* Wait for me, please. ◊ *Sono stufa di ~.* I'm fed up of waiting. **2** (*prevedere*) to expect: *Aspettavo una sua lettera ieri, ma non è arrivata.* I was expecting a letter from him yesterday, but didn't receive one. ◊ *C'era più traffico di quanto mi aspettassi.* There was more traffic than I had expected. ◊ *Mi sarei aspettato che tu mi aiutassi.* I was expecting you to help me. LOC **aspettare un bambino** to be expecting

aspettativa *sf* expectation: *Ha superato ogni mia ~.* It exceeded all my expectations.

aspetto *sm* **1** (*apparenza*) look: *L'aspetto non è molto invitante.* It doesn't look very inviting. **2** (*lato*) aspect: *l'aspetto giuridico* the legal aspect LOC **sotto questo aspetto** from this angle

aspirante *smf* ~ (**a**) candidate (for *sth*): *gli aspiranti al titolo* the candidates for the title

aspirapolvere sm vacuum cleaner: *passare l'aspirapolvere in camera* to vacuum the bedroom

aspirare ▶ vt 1 (*respirare*) to breathe sth in 2 (*apparecchio*) to suck sth up ▶ vi 1 (*sigaretta*) to inhale 2 ~ **a** to aspire to sth: *~ ad avere uno stipendio decente* to aspire to a decent salary

aspirina sf aspirin

asporto sm LOC **da asporto** takeaway: *pizze da ~* takeaway pizzas

aspro, -a agg sour

assaggiare vt 1 (*per la prima volta*) to try*: *Non ho mai assaggiato il caviale.* I've never tried caviar. 2 (*per controllare*) to taste: *Assaggialo. Ci vuole del sale?* Taste this. Does it need salt?

assalire vt 1 to attack 2 (*derubare*) to mug*: *Siamo stati assaliti da un uomo mascherato.* We were mugged by a masked man.

assalto sm ~ (**a**) 1 (*Mil*) attack (on sth): *L'assalto dei nemici è stato respinto.* The enemy attack was repulsed. 2 (*rapina*) raid (on sth): *un ~ a una gioielleria* a raid on a jeweller's LOC **prendere d'assalto** to storm sth

assassinare vt to murder

Esiste anche il verbo **to assassinate** e i sostantivi **assassination** (*assassinio*) e **assassin** (*assassino, -a*) ma si usano solo quando ci si riferisce a persone importanti: *Chi ha assassinato il ministro?* Who assassinated the minister?

assassinio sm murder: *commettere un ~* to commit (a) murder ➔ *Vedi nota a* ASSASSINARE

assassino, -a ▶ sm-sf murderer ➔ *Vedi nota a* ASSASSINARE
▶ agg (*sguardo*) murderous

asse ▶ sm 1 (*Geom, Geog, Pol*) axis* 2 (*Auto*) axle
▶ sf board: *l'asse da stiro* the ironing board

assediare vt to besiege: *~ una città* to besiege a city

assegnare vt 1 (*posto*) to assign 2 (*premio, borsa di studio*) to award: *Mi hanno assegnato una borsa di studio.* I was awarded a scholarship.

assegno sm cheque: *versare un ~* to pay a cheque in LOC **assegno circolare** banker's draft ◆ **assegno in bianco/a vuoto** blank/bad cheque *Vedi anche* LIBRETTO

assemblea sf 1 (*riunione*) meeting 2 (*parlamento*) assembly*

assente ▶ agg absent (*from ...*): *essere ~ da scuola* to be absent from school ◊ *Era ~ alla riunione.* He was absent from the meeting.
▶ smf absentee

assenza sf absence: *Hai già fatto tre assenze questo mese.* That's three times you've been absent this month.

assessore sm councillor

assicurare ▶ vt 1 (*con una compagnia di assicurazioni*) to insure sb/sth (*against sth*): *La macchina è assicurata contro il furto.* My car is insured against theft. 2 (*funzionamento, riuscita, benessere*) to guarantee 3 (*affermare*) to assure: *Ci ha assicurato che stava bene.* She has assured us she's OK.
▶ **assicurarsi** v rifl 1 (*fare l'assicurazione*) to insure yourself (*against sth*) 2 (*accertarsi*) to make* sure (*of sth/that ...*): *Assicurati di aver chiuso le finestre.* Please make sure you've closed the windows. ◊ *assicurarsi che tutto funzioni* to make sure that everything works

assicurato, -a agg insured *Vedi anche* ASSICURARE

assicurazione sf insurance [*non numerabile*]: *fare l'assicurazione sulla vita* to take out life insurance

assiderare vt, vi to freeze*: *Sono morti assiderati.* They froze to death.

assillare vt to nag* at sb: *Smetti di assillarmi!* Stop nagging at me! ◊ *Ho un dubbio che mi assilla.* I've got a nagging doubt.

assimilare vt to assimilate

assistente smf assistant LOC **assistente di volo** flight attendant ◆ **assistente sociale** social worker

assistenza sf 1 (*agli ammalati*) care: *~ medica/sanitaria* medical/health care 2 (*aiuto*) assistance: *~ clienti* customer service

assistere ▶ vi ~ (**a**) 1 (*lezione, conferenza*) to attend sth: *~ a una riunione* to attend a meeting 2 (*scena, incidente*) to witness sth ▶ vt 1 (*malato*) to look after sb 2 (*aiutare*) to assist

asso sm ace: *l'asso di cuori* the ace of hearts ◊ *gli assi del ciclismo* ace cyclists ➔ *Vedi nota a* CARTA LOC *Vedi* PIANTARE

associare ▶ vt to associate sb/sth (*with sb/sth*): *Associo il bel tempo all'idea delle vacanze.* I associate good weather with the holidays. ▶ **associarsi** v rifl to form a partnership (*to do sth*)

associazione sf association

assolo sm solo*: *fare un ~* to play/sing a solo

assolutamente avv absolutely: *~ necessario* absolutely necessary ◊ *Assolutamente no!* Certainly not!

assoluto → attaccare

assoluto, -a *agg* absolute: *ottenere la maggioranza assoluta* to obtain an absolute majority ◊ *silenzio ~* absolute silence

assolvere *vt* (*Dir*) to acquit* *sb* (*of sth*): *L'imputato fu assolto.* The defendant was acquitted.

assomigliare ▶ *vi ~* **a 1** (*fisicamente*) to look like *sb*: *Assomigli molto a tua sorella.* You look very much like your sister. **2** (*nel carattere*) to be like *sb*: *In questo assomiglio molto a mio padre.* I'm like my father in that. **3** (*cose*) to be similar (to *sth*): *Assomiglia molto al mio.* It's very similar to mine. ▶ **assomigliarsi** *v rifl* **1** (*fisicamente*) to look alike: *Si assomigliano molto.* They look very much alike. **2** (*nel carattere*) to be alike: *Non andiamo d'accordo perché ci assomigliamo troppo.* We don't get on because we are so alike. **3** (*cose*) to be similar: *I due temi si assomigliano un po' troppo.* The two essays are a bit too similar.

assonnato, -a *agg* sleepy*

assorbente ▶ *agg* absorbent ▶ *sm* sanitary towel

assorbire *vt* to soak *sth* up, to absorb (*più formale*)

assordante *agg* deafening: *un rumore ~* a deafening noise

assortimento *sm* selection: *Non c'è molto ~.* They've got a very poor selection.

assortito, -a *agg* assorted: *cioccolatini assortiti* assorted chocolates

assorto, -a *agg ~ in* wrapped up in *sth*: *essere ~ nei propri pensieri* to be wrapped up in your thoughts

assuefatto, -a *agg ~* (**a**) addicted (to *sth*)

assuefazione *sf* addiction: *dare ~* to be addictive

assumere *vt* to take* *sb* on, to employ (*più formale*): *Lo hanno assunto in banca.* The bank has taken him on.

assurdità *sf* **1** (*qualità*) absurdity **2** (*discorso*) nonsense [*non numerabile*]: *Non dire ~!* Don't talk nonsense! **3** (*azione*) stupid thing

assurdo, -a *agg* absurd

asta *sf* **1** (*palo*) pole **2** (*vendita*) auction: *mettere all'asta qc* to auction *sth* LOC *Vedi* MEZZO, SALTO

astemio, -a *agg* teetotal: *No grazie, sono ~.* No thanks. I don't drink.

astenersi *v rifl ~* (**da**) to abstain (from *sth*): *~ dal bere/dal fumo* to abstain from drinking/smoking ◊ *Il deputato si astenne.* The MP abstained.

asterisco *sm* asterisk

astigmatico, -a *agg* astigmatic

astinenza *sf* abstinence LOC *Vedi* CRISI

astratto, -a *agg* abstract

astro *sm* star

astrologia *sf* astrology

astrologo, -a *sm-sf* astrologer

astronauta *smf* astronaut

astronave *sf* spacecraft*

astronomia *sf* astronomy

astronomo, -a *sm-sf* astronomer

astuccio *sm* **1** (*matite*) pencil case **2** (*trucco*) make-up bag **3** (*gioiello*) box **4** (*strumento musicale*) case

astuto, -a *agg* **1** (*abile*) shrewd **2** (*senza scrupoli*) cunning: *Hanno escogitato un piano molto ~.* They devised a very cunning plan.

astuzia *sf* **1** (*abilità*) shrewdness: *avere molta ~* to be very shrewd **2** (*malizia*) cunning: *Ha usato tutta la sua ~ per avere la promozione.* He used all his cunning to get promotion. **3** (*trucco*) trick: *Hanno usato tutte le astuzie possibili per vincere.* They used all kinds of tricks to win.

Atene *sf* Athens

ateo, -a *agg, sm-sf* atheist [*s*]: *essere ~* to be an atheist

atlante *sm* atlas

atlantico, -a ▶ *agg* Atlantic ▶ **l'Atlantico** *sm* the Atlantic (Ocean)

atleta *smf* athlete

atletica *sf* athletics [*non numerabile*]: *~ leggera* track and field athletics

atletico, -a *agg* athletic

atmosfera *sf* atmosphere: *L'atmosfera era un po' tesa.* The atmosphere was rather tense.

atomico, -a *agg* atomic

atomo *sm* atom

atrio *sm* entrance hall: *Ti aspetto nell'atrio.* I'll wait for you in the entrance hall.

atroce *agg* terrible: *un dolore ~* a terrible pain

atrocità *sf* atrocity*

attaccabrighe *smf* troublemaker

attaccamento *sm ~* (**a**) affection for *sb/sth*

attaccante *smf* (*Sport*) attacker

attaccapanni *sm* **1** (*mobile*) coat stand **2** (*da parete*) coat hook

attaccare ▶ *vt* **1** (*assalire*) to attack **2** (*far aderire*) to attach **3** (*incollare*) to stick* *sth* on **4** (*appendere*) to hang* *sth* up **5** (*cucire*) to sew* *sth* on: *~ un bottone* to sew a button on **6** (*contagiare*) to give*: *Mi hai attaccato l'influenza.* You've given me your flu. **7** (*alla corrente*) to plug* *sth* in: *Dove posso ~ l'asciugacapelli?* Where can I plug in the hairdryer?

attaccato → attrattiva

▶ **attaccarsi** v rifl **1** (sugo, etichetta) to stick* **2** ~ (a) (appigliarsi) to cling* to sb/sth: attaccarsi a qualsiasi pretesto to cling to any pretext **3** (contagiarsi) to be contagious **4** (telefono): Appena l'ha saputo si è attaccato al telefono. He got on the phone as soon as he heard. LOC **attaccare un bottone con** (fig) to buttonhole sb

attaccato, -a agg (affezionato) ~ (a) devoted (to sb/sth) Vedi anche ATTACCARE

attacco sm **1** ~ (a/contro) attack (on sb/sth) **2** (risarella, tosse) fit: Ha avuto un ~ di tosse. He had a coughing fit.

atteggiamento sm attitude (to/towards sb/sth)

attendere vt to await: Attendiamo la sua decisione. We're awaiting his decision. LOC **attenda in linea!** please hold!

attendibile agg reliable

attenersi v rifl ~ a to abide by sth: Ci atterremo alle regole. We'll abide by the rules.

attentamente avv carefully: Leggi ~ le istruzioni. Read the instructions carefully.

attentare vi ~ a: Hanno attentato alla vita del giudice. They made an attempt on the judge's life.

attentato sm **1** (persona) attempt on sb's life: Hanno fatto un ~ contro due giudici. They made an attempt on the lives of two judges. **2** (attacco) attack (on sth): un ~ all'ambasciata an attack on the embassy

attento, -a ▶ agg **1** (che presta attenzione) attentive: Ascoltavano attenti. They listened attentively. **2** (cauto, minuzioso) careful
▶ **attento!** escl look out!: Attento! Arriva una macchina. Look out! There's a car coming. **2** ~ a: Attenti al cane! Beware of the dog! ◊ Attenti al gradino! Mind the step! LOC **attenti! 1** (Scuola) listen! **2** (Mil) attention! ◆ **mettersi sull'attenti** to stand* to attention ◆ **stare attento (a) 1** (concentrarsi) to pay* attention (to sb/sth): Se tu fossi stato attento a quello che dicevo … If you'd been paying attention to what I said … **2** (stare in guardia) to watch out (for sb/sth): Stai attento alle macchine quando attraversi. Watch out for the traffic when you cross. ◊ Stai ~ a non romperlo. Mind you don't break it. ◊ Stai ~ al gradino. Mind the step! **3** (badare a) to look after sb

attenuare vt **1** (dolore) to relieve **2** (rumore) to reduce

attenzione ▶ sf **1** attention **2** (cura) care
▶ **attenzione!** escl look out! LOC **con attenzione** carefully ◆ **fare attenzione 1** (concentrarsi) to pay* attention (to sb/sth): Fai ~ a quello che ti dico. Pay attention to what I'm telling you.

2 (stare in guardia) to watch out (for sb/sth): Fai ~ alle macchine. Watch out for the cars. **3** (badare a) to take* care (to do sth): Fai ~ non bruciarti. Take care not to burn yourself. Vedi anche RICHIAMARE

atterraggio sm **1** landing **2** (astronave) touchdown LOC **atterraggio di fortuna** emergency landing Vedi anche CARRELLO

atterrare vi to land: Atterriamo a Gatwick. We shall be landing at Gatwick.

attesa sf wait: Siamo in ~ di notizie. We're waiting for some news. LOC Vedi INGANNARE, LISTA, SALA

attestato sm certificate: ~ di frequenza certificate of attendance

attico sm penthouse

attillato, -a agg tight: un vestito molto ~ a tight-fitting dress

attimo sm moment: Aspetta un ~. Just a moment. LOC **non dare un attimo di respiro a qn** not to give* sb a minute's peace Vedi anche FERMARE

attirare vt **1** to attract: ~ i turisti to attract tourists **2** (idea) to appeal to sb: L'idea non mi attira. The idea doesn't appeal to me.

attitudinale agg LOC Vedi TEST

attitudine sf aptitude (for sth/doing sth)

attivare vt **1** (dispositivo) to activate **2** (circolazione) to stimulate

attività sf **1** activity*: ~ ricreative recreational activities **2** (occupazione) line of work: Che ~ svolge? What is your line of work? **3** (azienda) business LOC **essere in attività** to be active

attivo, -a agg active LOC **essere in attivo** to be in credit

attizzare vt (fuoco) to poke

atto sm act: un ~ di violenza an act of violence ◊ una commedia in quattro atti a four-act play

attonito, -a agg speechless

attorcigliare ▶ vt to twist ▶ **attorcigliarsi** v rifl to get twisted

attore, -trice sm-sf actor [fem actress] ⊃ Vedi nota a ACTRESS

attraccare vt, vi to dock

attraente agg attractive

attrarre vt **1** to attract: ~ i turisti to attract tourists ◊ Mi attraggono gli uomini mediterranei. I'm attracted to Mediterranean men. **2** (idea) to appeal to sb

attrattiva sf **1** (cosa che attrae) attraction: una delle attrattive della città one of the city's attractions **2** (fascino di cosa) appeal [non numerabile] **3** (fascino di persona) charm

attraversare → autodidatta

attraversare vt, vi **1** to cross: ~ *la strada/un fiume* to cross the street/a river ◊ ~ *la strada correndo* to run across the street ◊ ~ *il fiume a nuoto* to swim across the river **2** (*periodo*) to go* through *sth*: *Stanno attraversando una grave crisi.* They are going through a serious crisis. LOC *Vedi* PERIODO

attraverso prep **1** through: *Siamo passati ~ il bosco.* We went through the wood. ◊ *Ho trovato casa ~ un'agenzia.* I found my house through an agency. **2** (*da una parte all'altra*) across: *un volo ~ l'Atlantico* a flight across the Atlantic

attrazione sf attraction: *un'attrazione turistica* a tourist attraction ◊ *provare ~ per qn* to be attracted to sb

attrezzato, -a agg equipped: *Il campeggio è molto ben ~.* The campsite is very well equipped. ◊ *Non sono ~ per andare a sciare.* I don't have the equipment for going skiing.

attrezzatura sf **1** (*attrezzi*) equipment [*non numerabile*]: ~ *sportiva/di laboratorio* sports/laboratory equipment **2** (*impianto*) facilities [*pl*]

attrezzo sm **1** (*arnese*) tool **2** **gli attrezzi** (*palestra*) the equipment [*non numerabile*] LOC *Vedi* CARRO

attribuire vt to attribute *sth to sb/sth*

attributo sm attribute

attrito sm (*resistenza*) friction

attuale agg **1** (*del momento presente*) current: *l'attuale marito* her current husband ◊ *lo stato ~ dei lavori* the current state of the building work **2** (*di attualità*) topical: *un problema molto ~* a very topical problem

attualità sf **1** (*eventi*) current affairs [*pl*] **2** (*qualità*) topicality LOC **essere di attualità** to be topical: *È di grande ~.* It's very topical.

attualmente avv **1** (*al giorno d'oggi*) nowadays **2** (*al momento*) at the moment: *Attualmente la legge lo vieta.* At the moment it's against the law.

La parola inglese **actually** non significa *attualmente* ma *in realtà* o *veramente*: *Veramente sono un po' in ritardo.* Actually, I'm a bit late. ◊ *Puoi dirmi che cosa ha detto esattamente?* Can you tell me what he actually said? ◊ *Sembra nero, ma in realtà è blu.* It looks black but it's actually blue.

attuare vt to put* *sth* into operation

attuazione sf carrying out

attutire vt **1** (*colpo*) to soften **2** (*dolore*) to ease

audace agg daring

audioleso, -a agg hearing-impaired

auditorio sm auditorium

audizione sf (*prova*) audition

augurare vt **1** (*buon viaggio, ecc*) to wish *sb sth*: *Ti auguro buona fortuna.* I wish you luck. **2** (*sperare*) **augurarsi che …** to trust (that) … : *Mi auguro che vada tutto bene.* I trust all is going well.

augurio sm **auguri** best wishes (*on …*): *Mi ha fatto gli auguri di Natale.* He wished me a happy Christmas. LOC **tanti auguri!** happy birthday!

aula sf **1** (*scuola*) classroom **2** (*università*) lecture room

aumentare ▶ vt **1** (*prezzo, livello*) to increase: ~ *i prezzi/gli stipendi* to increase prices/wages **2** (*volume*) to turn *sth* up ▶ vi **1** to increase: *La popolazione aumenta.* The population is increasing. **2** (*prezzo*) to go* up (in price): *La benzina è aumentata.* Petrol has gone up in price. **3** (*volume*) to get* louder

aumento sm rise, increase (*più formale*) (*in sth*): *un ~ della popolazione* an increase in population ◊ *un ~ di stipendio* a pay increase

auricolare sm headset

ausiliare agg, sm (*verbo*) auxiliary*

austero, -a agg austere

Australia sf Australia

australiano, -a agg, sm-sf Australian

Austria sf Austria

austriaco, -a agg, sm-sf Austrian: *gli austriaci* the Austrians

autenticato, -a agg **1** (*documento, firma*) authenticated **2** (*copia*) certified

autentico, -a agg genuine, authentic (*più formale*): *un Renoir ~* an authentic Renoir

autista smf **1** (*macchina privata*) chauffeur **2** (*camion, pullman*) driver

auto sf car: *in ~* by car LOC **auto da corsa** racing car

autoadesivo, -a ▶ agg self-adhesive ▶ sm sticker

autobiografia sf autobiography*

autobiografico, -a agg autobiographical

autoblinda sf armoured car

autobomba sf car bomb

autobus sm bus: *prendere/perdere l'autobus* to catch/miss the bus ◊ *Qual è l'autobus per lo stadio?* Which bus is it for the stadium? LOC *Vedi* FERMATA

autocisterna sf tanker

autodidatta agg, smf self-taught [*agg*]: *Era essenzialmente un ~.* He was basically self-taught.

autodifesa *sf* self-defence
autodromo *sm* racetrack
autogol *sm* own goal: *fare ~* to score an own goal
autografo *sm* autograph: *Mi ha fatto l'autografo.* She gave me her autograph. ◊ *Gli abbiamo chiesto l'autografo.* We asked him for his autograph.
autogrill *sm* motorway cafe
automatico, -a ▶ *agg* automatic: *un'auto col cambio ~* an automatic car
▶ *sm* (*Cucito*) press stud LOC *Vedi* PILOTA
automobile *sf* car
automobilismo *sm* **1** (*industria*) motoring **2** (*Sport*) motor racing
automobilista *smf* motorist
autonoleggio *sm* car hire
autonomia *sf* **1** independence **2** (*Pol*) autonomy **3** (*auto, aereo*) range
autonomo, -a *agg* **1** independent **2** (*lavoratore*) self-employed **3** (*Pol*) autonomous: *le regioni autonome* the autonomous regions
autopompa *sf* fire engine
autopsia *sf* post-mortem
autore, -trice *sm-sf* **1** (*scrittore*) author **2** (*compositore*) composer **3** (*pittore*) painter **4** (*delitto*) perpetrator
autorete *sf Vedi* AUTOGOL
autorità *sf* authority*
autoritratto *sm* self-portrait
autorizzare *vt* to authorize: *Non hanno autorizzato lo sciopero.* They haven't authorized the strike.
autorizzato, -a *agg* authorized LOC **non autorizzato** unauthorized *Vedi anche* AUTORIZZARE
autorizzazione *sf* authorization: *Per la gita ci serve l'autorizzazione dei genitori.* You need your parents' authorization for the trip.
autoscatto *sm* self-timer
autoscontro *sm* dodgems [*pl*]
autoscuola *sf* driving school
autostop *sm* hitch-hiking LOC **fare l'autostop** to hitch-hike ◆ **in autostop**: *È venuto in ~.* He hitch-hiked.
autostoppista *smf* hitch-hiker
autostrada *sf* motorway
autosufficiente *agg* self-sufficient
Autovelox® *sm* speed camera
autunno *sm* autumn: *in ~* in (the) autumn
avambraccio *sm* forearm
avanguardia *sf* **1** (*Arte*) avant-garde: *teatro di ~* avant-garde theatre **2** (*fig, Mil*) vanguard: *essere all'avanguardia* to be in the vanguard

avanti ▶ *avv* **1** forward: *un passo ~* a step forward **2** (*precoce*) advanced: *Questo bambino è molto ~ per la sua età.* This child is very advanced for his age. **3** (*a buon punto*): *Sono molto ~ con la tesi.* I'm getting on very well with my thesis. **4** (*nei paragoni*) ahead: *Siamo molto più ~ dell'altra classe.* We're way ahead of the other class. **5** (*orologio*) fast: *Il tuo orologio è cinque minuti ~.* Your watch is five minutes fast. ◊ *Non dimenticare di mettere l'orologio ~ di un'ora.* Don't forget to put your watch forward an hour.
▶ *avanti! escl* **1** (*entra*) come in! **2** (*continua*) carry on! **3** (*forza*) come on! LOC **andare avanti 1** (*andare per primo*) to go* ahead: *Vai ~, io ti raggiungo dopo.* You go ahead, I'll catch you up later. **2** (*proseguire*) to go* on: *Andiamo ~ con la spiegazione di ieri.* Let's go on with yesterday's topic. **3** (*orologio*) to gain: *Quell'orologio va ~.* That clock gains. ◆ **avanti e indietro** backwards and forwards ◆ **in avanti** forwards ◆ **passare avanti** (*coda*) to push in front *of sb*: *Mi sono passati tutti ~.* They all pushed in front of me. ◆ **più avanti 1** (*spazio*) further on **2** (*tempo*) later *Vedi anche* MANDARE, PASSO, TIRARE

avanzare ▶ *vi* **1** (*andare avanti*) to advance **2** (*essere d'avanzo, Mat*) to be left over: *È avanzato un po' di formaggio da ieri sera.* There's some cheese left (over) from last night. ◊ *Avanzano due sedie.* There are two chairs left over. ◊ *14 diviso 3 fa 4 e avanza 2.* 14 divided by 3 equals 4 with 2 left over. ▶ *vt* **1** (*proposta, richiesta*) to put* sth forward **2** (*promuovere*): *~ qn di grado* to promote sb
avanzato, -a *agg* advanced *Vedi anche* AVANZARE
avanzo *sm* **1** (*stoffa*) remnant **2** (*carta*) scrap **3** **avanzi** (*cibo*) leftovers LOC **essercene/averne d'avanzo** (*più del necessario*) to have too much/many…: *Di lavoro ne ho d'avanzo.* I've got too much work. ◊ *Di stoffa per la gonna ce n'è d'avanzo.* There's plenty of material for the skirt.
avaria *sf* **1** (*auto*) breakdown **2** (*nave, aereo*) engine failure
avariare *vi* to go* bad
avariato, -a *agg* (*cibo*) off *Vedi anche* AVARIARE
avaro, -a ▶ *agg* mean
▶ *sm-sf* miser
avena *sf* oats [*pl*]
avere ▶ *vt*
● **possesso** to have

Esistono due forme per esprimere *avere* al presente: *have got* e *to have*. **Have got** è molto

aviazione → avvicinare

usato e non richiede il verbo TO DO nelle frasi negative e interrogative: *Hai fratelli?* Have you got any brothers or sisters? ◊ *Non ha soldi.* He hasn't got any money. **To have** va sempre accompagnato dal verbo TO DO nelle interrogative e negative: *Do you have any brothers or sisters?* ◊ *He doesn't have any money.* Per gli altri tempi verbali si usa *to have*: *I had a bicycle when I was little.* Quand'ero piccola avevo una bicicletta.

- **stato, atteggiamento 1** (*età*) to be: *Ho quindici anni.* I'm fifteen (years old). ◊ *Ha la mia età.* He's the same age as me. **2** (*caratteristiche*) to have: *Ha i capelli lunghi.* She's got long hair. ◊ *Ho una memoria formidabile.* I've got a great memory. **3** (*sensazione*) to be

Quando *avere* è seguito da un sostantivo che indica una sensazione e ha il significato di *sentire, provare* si traduce con il verbo **to be** più un aggettivo: *Ho fame/sonno.* I'm hungry/sleepy. ◊ *avere caldo/freddo/sete/pazienza/paura* to be hot/cold/thirsty/patient/frightened

- **in costruzioni con aggettivi**: *Ho i piedi freddi.* My feet are cold. ◊ *Ho il telefonino scarico.* My mobile needs charging. ◊ *Hai le mani sporche.* Your hands are dirty. ◊ *Ha la madre malata.* His mother is ill.
- **indossare**: *Aveva un maglione rosso.* She was wearing a red jumper.
- **ottenere** to get*: *~ il permesso/la promozione* to get permission/promotion ◊ *Ho avuto il messaggio.* I got your message.

▶ *v aus* to have: *Hai mangiato?* Have you eaten? ◊ *Ha telefonato Edoardo?* Did Edoardo call? LOC **avercela con qn** to have got it in for sb: *Il professore ce l'ha con me.* The teacher's got it in for me. ♦ **avere a che fare/vedere con** to have to do with *sb/sth* ♦ **avere da fare** to be busy ♦ **che cos'hai?** what's wrong with you? ♦ **quanti ne abbiamo oggi?** what's the date today? ◆ Per altre espressioni con **avere** vedi alla voce del sostantivo, dell'aggettivo, ecc, ad es. **aver voglia** a VOGLIA.

aviazione *sf* aviation: *~ civile* civil aviation LOC **aviazione militare** air force

avido, -a *agg* greedy*

Avignone *sf* Avignon

avocado *sm* avocado*

avorio *sm* ivory LOC *Vedi* TORRE

avvantaggiato, -a *agg*: *essere ~ rispetto a qn* to have an advantage over sb

avvelenare ▶ *vt* to poison ▶ avvelenarsi *v rifl* to poison yourself

avvenimento *sm* event: *gli avvenimenti degli ultimi giorni* the events of the past few days ◊ *È stato uno ~.* It was quite an event.

avvenire *vi* to happen: *È avvenuto tutto così in fretta!* Everything happened so quickly.

avventare ▶ *vt* to set* *sth on sb*: *Mi ha avventato contro il cane.* He set his dog on me. ▶ avventarsi *v rifl* **avventarsi contro** to hurl yourself at *sb/sth*

avventato, -a *agg* **1** (*persona*) scatty **2** (*giudizio, mossa*) rash: *una decisione avventata* a rash decision

avventura *sf* **1** adventure: *Il romanzo narra le avventure di un pirata.* The novel is about the adventures of a pirate. ◊ *È stata una bellissima ~.* We had an amazing adventure. **2** (*amorosa*) fling

avventuroso, -a *agg* adventurous

avverarsi *v rifl* to come* true: *I suoi sogni si sono avverati.* His dreams came true.

avverbio *sm* adverb

avversario, -a ▶ *agg* opposing
▶ *sm-sf* opponent

avvertenza *sf* **avvertenze** (*medicinale*) directions: *Leggi le avvertenze.* Read the directions.

avvertimento *sm* warning

avvertire *vt* **1** (*informare*) to tell*, to notify* (*più formale*): *Avvertimi quando hai finito.* Tell me when you've finished. ◊ *Abbiamo avvertito la scuola che avremmo fatto tardi.* We notified the school that we would be late. ◊ *Hai avvertito la polizia?* Have you told the police? **2** (*mettere in guardia*) to warn sb (*about/of sth*): *Li ho avvertiti del pericolo.* I warned them about the danger. **3** (*sentire*) to feel*: *~ un senso di stanchezza* to feel tired

avviamento *sm* LOC *Vedi* CODICE

avviare ▶ *vt* to start *sth* (up): *~ il motore* to start up the engine ◊ *~ un'attività* to start a business ▶ avviarsi *v rifl* (*incamminarsi*) to set* off: *Avviati, ti raggiungo tra un attimo.* You set off and I'll catch up with you in a minute. ◊ *Ci avviammo su per la salita.* We set off up the hill.

avvicinare ▶ *vt* **1** to bring* *sth* closer (*to sb/sth*): *~ il banco alla lavagna* to bring the desk closer to the blackboard **2** (*abbordare*) to approach: *~ qn per la strada* to approach sb in the street ▶ avvicinarsi *v rifl* **1 avvicinarsi (a)** to get*/go*/come* near *sth*; to get*/go*/come* closer: *Ci stiamo avvicinando all'aeroporto.* We're getting near the airport. ◊ *Non avvicinarti alla stufa.* Don't go near the heater. ◊ *Avvicinati.* Come closer. **2** (*tempo*) to get closer: *Si avvicina il mio compleanno.* My birthday is getting closer.

avvilito, -a agg downcast

avvincente agg captivating

avvisare vt 1 (*informare*) to let* sb know (*about sth*): *Avvisami quando arrivano.* Let me know when they arrive. ◊ *Abbiamo già avvisato i genitori.* We've already let the parents know. 2 (*mettere in guardia*) to warn: *Ti avviso che se non mi paghi…* I'm warning you that if you don't pay…

avviso sm 1 notice: *Chiuso fino a nuovo ~.* Closed until further notice. 2 (*sul giornale*) advertisement LOC **a mio avviso** in my opinion

avvistamento sm sighting

avvitare vt 1 (*tappo*) to screw sth on: *Avvita bene il tappo.* Screw the top on tightly. 2 (*con viti*) to screw: *Questo pezzo va avvitato all'altro.* You need to screw this piece onto the other one.

avvocato sm lawyer

> Lawyer è un termine generico che comprende i vari tipi di avvocati in Gran Bretagna. Solicitor è l'avvocato che fornisce la consulenza legale e prepara i documenti per i clienti. Barrister è l'avvocato che generalmente esercita nei tribunali per cause più gravi. Il solicitor lo aiuta a preparare la causa ma di solito è il barrister che è presente al processo.

LOC **avvocato del diavolo** devil's advocate ♦ **avvocato difensore** defence counsel

avvolgere vt 1 ~ qc in/con/intorno a to wrap* sth in/round sth: *Avvolgilo nella/con la carta velina.* Wrap it up in some tissue paper. ◊ ~ *una fascia intorno alla vita* to tie a sash around your waist 2 (*bobina*) to wind sth up

avvoltoio sm vulture

Azerbaigian sm Azerbaijan

azero, -a agg, sm-sf Azerbaijani: *gli azeri* the Azerbaijanis

azienda sf company* [v sing o pl] LOC **azienda privata** private company ♦ **azienda pubblica** state-owned company

aziendale agg 1 business [s attrib]: *gestione ~* business management 2 (*proprio di una ditta*) company [s attrib]: *la mensa ~* the company canteen

azionare vt to operate: ~ *una leva* to operate a lever

azione sf 1 action: *entrare in ~* to go into action ◊ ~ *penale/legale* criminal/legal action 2 (*opera*) act: *una cattiva ~* a wrongful act 3 (*Fin*) share LOC **una buona azione** a good deed *Vedi anche* SOCIETÀ

azionista smf shareholder

azoto sm nitrogen

azzardo sm LOC *Vedi* GIOCO

azzeccare vt to guess: ~ *la risposta* to guess the answer LOC **non azzeccarne una**: *Oggi non ne azzecco una!* I can't get anything right today!

azzeccato, -a agg 1 (*risposta, colpo*) right 2 (*titolo, soprannome*) appropriate *Vedi anche* AZZECCARE

azzuffarsi v rifl to get* into a fight

azzurro, -a agg, sm blue ➔ *Vedi esempi a* GIALLO LOC *Vedi* PRINCIPE

B b

babbo sm dad: *Chiedilo al ~.* Ask your dad. LOC **Babbo Natale** Father Christmas ➔ *Vedi nota a* NATALE e PAPÀ

babysitter smf babysitter: *D'estate faccio la ~.* I babysit in the summer.

bacca sf berry*

baccalà sm salt cod

baccano sm racket: *far ~* to make a racket

bacchetta sf 1 stick 2 **bacchette** (*per tamburo*) drumsticks 3 **bacchette** (*per mangiare*) chopsticks 4 (*direttore d'orchestra*) baton LOC **bacchetta magica** magic wand

bacheca sf noticeboard LOC **bacheca elettronica** message board

baciare ▶ vt to kiss: *Le baciò la mano.* He kissed her hand. ◊ *Mi ha baciato sulla fronte.* She kissed me on the forehead. ▶ **baciarsi** v rifl to kiss: *Si sono baciati.* They kissed.

bacinella sf bowl

bacino sm 1 (*Geog*) basin: *il ~ del Mediterraneo* the Mediterranean basin 2 (*Anat*) pelvis LOC **bacino carbonifero** coalfield ♦ **bacino di carenaggio** dry dock ♦ **bacino idrico** reservoir

bacio sm 1 kiss: *Dai un ~ a tua cugina.* Give your cousin a kiss. ◊ *Ci siamo dati un ~.* We kissed. 2 **baci** (*in lettera, messaggio*) love LOC **mandare un bacio** to blow (sb) a kiss

baco *sm* (*negli alimenti*) maggot **LOC** **baco da seta** silkworm

badante *smf* carer

badare *vi* **1** ~ **a** (*guardare*) to look after *sb/sth*: *Puoi ~ ai bambini?* Can you look after the children? ◊ *Non è capace di ~ a se stessa.* She can't look after herself. **2** ~ **a** (*fare caso*) to pay attention (to *sth*): *Non ~ a quello che dicono!* Pay no attention to what they say! **3** (*stare attento*) mind: *Bada a non cadere!* Mind you don't fall! **LOC** **non badare a spese**: *Non hanno badato a spese.* No expense was spared.

baffi *sm* **1** (*uomo*) moustache [*numerabile*]: *un uomo con i ~* a man with a moustache **2** (*gatto*) whiskers [*pl*] **LOC** *Vedi* LECCARE

bagagliaio *sm* (*auto*) boot

bagagli

briefcase **suitcase**

trunk **backpack**

bagaglio *sm* **bagagli** luggage [*non numerabile*]: *Non ho molti bagagli.* I haven't got much luggage. ◊ *Quanti bagagli ha?* How many pieces of luggage have you got? ➜ *Vedi nota a* INFORMAZIONE **LOC** **bagaglio a mano** hand luggage ♦ **fare/disfare i bagagli** to pack/unpack *Vedi anche* DEPOSITO, RITIRO

bagliore *sm* **1** glare: *il ~ dei fari* the glare of the headlights **2** (*fuoco*) glow

bagnare ▶ *vt* **1** to get* *sb/sth* wet: *Non ~ il pavimento.* Don't get the floor wet. ◊ *bagnarsi i piedi* to get your feet wet **2** (*mare*): *Il mar Ionio bagna la costa meridionale della Puglia.* The south coast of Apulia is on the Ionian Sea.
▶ **bagnarsi** *v rifl* to get* wet: *Ti sei bagnato?* Did you get wet?

bagnato, -a *agg* **1** wet **2** ~ **di lacrime** bathed in tears **3** (*sudore*): ~ *di sudore* dripping with sweat **LOC** **bagnato fradicio** soaking wet *Vedi anche* BAGNARE

bagnino, -a *sm-sf* lifeguard

bagno *sm* **1** (*nella vasca*) bath: *fare il ~* to have a bath ◊ *fare il ~ a un bambino* to bath a baby **2** (*in mare, piscina*) swim: *Andiamo a fare il ~?* Shall we go for a swim? **3** (*stanza*) bathroom: *camera con ~* room with en-suite bathroom/en-suite room **4** (*gabinetto*) toilet, loo (*informale*): *Dov'è il ~?* Where's the toilet? ◊ *Vado un attimo in ~.* I'm just going to the toilet. ➜ *Vedi nota a* TOILET **5** **bagni** (*stabilimento balneare*) private beach **LOC** **bagni pubblici** public baths ♦ **mettere a bagno** to leave* *sth* to soak *Vedi anche* COSTUME, CUFFIA, SALE, VASCA

bagnomaria *sm*: *a ~* in a bain-marie

bagnoschiuma *sm* bubble bath

baia *sf* bay

balbettare *vt, vi* **1** (*adulto*) to stammer: *Balbettò qualche parola.* He stammered a few words. **2** (*bambino piccolo*) to babble

balbuziente ▶ *agg*: *essere ~* to have a stammer
▶ *smf* stammerer

balcone *sm* balcony*: *affacciarsi al ~* to go out onto the balcony

balena *sf* whale

balla *sf* (*bugia*) lie: *Mi ha raccontato una ~ tremenda.* He told me a whopper. **LOC** **balle!** rubbish!

ballare ▶ *vt, vi* to dance: *Balli?* Would you like to dance? ◊ *Andiamo a ~ tutte le domeniche pomeriggio.* We go dancing every Sunday afternoon. ◊ ~ *un tango* to dance a tango ▶ *vi* **1** (*dente*) to be loose: *Mi balla un dente.* I've got a loose tooth. **2** (*traballare*) to wobble: *Il tavolo balla.* The table's wobbly. **LOC** *Vedi* GATTO

ballerino, -a *sm-sf* dancer: ~ *classico* ballet dancer

balletto *sm* ballet

ballo *sm* (*festa, danza*) dance **LOC** **ballo in maschera** fancy-dress ball *Vedi anche* PISTA

balneare *agg* bathing [*s attrib*]: *la stagione ~* the bathing season ◊ *una località ~* a seaside resort

balsamo *sm* (*capelli*) conditioner

balza *sf* (*di stoffa*) frill

balzare *vi* to leap*: ~ *giù dal letto* to leap out of bed ◊ *Sono balzato in piedi quando ho sentito il campanello.* I leaped up from my chair when I heard the bell. ◊ ~ *addosso a qn* to leap on *sb* **LOC** **balzare agli occhi** to be obvious

balzo *sm* **1** (*pallone*) bounce **2** (*animale*) hop **3** (*persona*) jump **LOC** **fare un balzo in avanti** to take a leap forward *Vedi anche* PALLA

bambinaia *sf* nanny*

bambino, -a *sm-sf* **1** (*figlio*) child*; (*piccolo*) baby*: *avere un ~* to have a baby

Fino a un anno d'età i bambini si chiamano **babies**. Per i neonati si dice **newborn babies**. Quando fanno i primi passi, si chiamano **toddlers**.

2 (*maschio*) boy **3** (*femmina*) girl LOC **bambino prodigio** child prodigy* ♦ **fare il bambino** to be childish: *Non fare il ~!* Don't be so childish! *Vedi anche* ASPETTARE

bambola *sf* doll: *una ~ di pezza* a rag doll

bambù *sm* bamboo: *un tavolo di ~* a bamboo table

banale *agg* **1** (*commento*) banal **2** (*incidente*) trivial

banalità *sf* **1** (*qualità*) triviality **2** (*commento*) trite remark: *dire ~* to make trite remarks

banana *sf* banana ⊃ *Vedi illustrazione a* FRUTTA

banca *sf* bank: *andare in ~* to go to the bank LOC **banca dati** database ♦ **banca del sangue** blood bank

bancarella *sf* stall

bancario, -a ▶ *agg* bank [*s attrib*]
▶ *sm-sf* bank clerk

bancarotta *sf* bankruptcy* LOC **andare in bancarotta** to go* bankrupt

banchetto *sm* banquet (*formale*), dinner: *Hanno organizzato un ~ in suo onore.* They organized a dinner in his honour.

banchiere *sm* banker

banchina *sf* **1** (*porto*) wharf* **2** (*stazione*) platform **3** (*strada*) verge

banco *sm* **1** (*scuola*) desk: *Siamo compagni di ~.* We sit next to each other at school. ◊ *Sto all'ultimo ~.* I'm in the back row. **2** (*negozio*) counter **3** (*bar*) bar: *Prendevano un caffè al ~.* They were standing at the bar having a coffee. **4** (*Dir*) dock: *essere nel ~ degli imputati* to be in the dock **5** (*pesci*) shoal **6** (*chiesa*) pew LOC **banco di nebbia** fog patch ♦ **banco di sabbia** sandbank ♦ **banco informazioni** information desk

Bancomat® *sm* **1** (*carta*) cash card **2** (*cassa*) cash machine

banconota *sf* (bank)note

banda *sf* **1** (*gruppo*) gang: *una ~ di teppisti* a gang of hooligans **2** (*suonatori*) band

banderuola *sf* weathervane

bandiera *sf* flag: *Ci sono le bandiere a mezz'asta.* The flags are flying at half-mast. LOC **bandiera bianca** white flag

bandire *vt* to banish

bandito *sm* bandit

bando *sm* (*annuncio*) notice LOC **bando alle chiacchiere!** enough talk! ♦ **bando di concorso** announcement of a competitive examination: *pubblicare il ~ di concorso* to announce a competitive examination

bar *sm* bar

bara *sf* coffin

baracca *sf* shack

barare *vi* to cheat

barattolo *sm* **1** (*di vetro*) jar **2** (*di latta*) tin ⊃ *Vedi illustrazione a* CONTAINER

barba *sf* **1** beard: *farsi crescere la ~* to grow a beard ◊ *un uomo con la ~* a man with a beard **2** (*noia*): *Che ~ questo film!* What a boring film! LOC **farsi la barba** to shave: *Ti sei fatto la ~ oggi?* Have you shaved today? *Vedi anche* CRESCERE, PENNELLO, SCHIUMA

barbabietola *sf* beetroot LOC **barbabietola da zucchero** sugar beet

barbaro, -a ▶ *agg* **1** (*Storia*) barbarian **2** (*comportamento*) barbaric
▶ *sm-sf* barbarian

barbecue *sm* barbecue: *fare un ~* to have a barbecue

barbiere *sm* **1** (*persona*) barber **2** (*negozio*) barber's

barboncino *sm* poodle

barbone, -a *sm-sf* tramp

barboso, -a *agg* boring

barca *sf* boat: *andare in ~* to go sailing ⊃ *Vedi nota a* BOAT LOC **barca a remi** rowing boat ♦ **barca a vela** sailing boat ♦ **una barca di gente/soldi** loads of people/money

Barcellona *sf* Barcelona

barella *sf* stretcher

barile *sm* barrel

barista *smf* bartender

baritono *sm* baritone

barlume *sm* glimmer: *un ~ di speranza* a glimmer of hope

barocco, -a *agg, sm* baroque

barometro *sm* barometer

barone, -essa *sm-sf* baron [*fem* baroness]

barra *sf* (*segno grafico*) stroke LOC **barra degli strumenti** toolbar ♦ **barra di scorrimento** scroll bar ♦ **barra obliqua** forward slash *Vedi anche* CODICE

barricarsi *v rifl* **1** (*proteggersi*) to barricade yourself in: *Ci siamo barricati dietro i banchi.* We barricaded ourselves in behind the desks. **2** **barricarsi in** (*chiudersi*) to shut* yourself up in *sth*: *Si è barricato in camera sua.* He shut himself up in his room.

barricata *sf* barricade

barriera *sf* **1** barrier: *Hanno alzato la ~.* The barrier was up. ◊ *la ~ della lingua* the language

barzelletta → battuta

barrier **2** (*Calcio*) wall LOC **barriera corallina** coral reef

barzelletta *sf* joke: *raccontare una ~* to tell a joke ◊ *capire la ~* to get the joke

basare ▶ *vt* to base sth on sth: *Hanno basato il film su un romanzo di Umberto Eco.* The film was based on a novel by Umberto Eco. ▶ **basarsi** *v rifl* **basarsi su 1** (*teoria, film*) to be based on sth **2** (*persona*): *Su che cosa ti basi per dire così?* What are your grounds for saying that?

basco *sm* (*berretto*) beret

base *sf* **1** base: *un vaso con una ~ piccola* a vase with a small base ◊ *~ militare* military base **2** (*fondamento*) basis*: *La fiducia è la ~ dell'amicizia.* Trust is the basis of friendship. LOC **a base di**: *piatti a ~ di carne* meat dishes ◆ **alla base di**: *Alla ~ del loro successo c'è…* The foundation of their success is … ◆ **base spaziale** space station ◆ **di base** basic: *lo stipendio di ~* the basic salary ◆ **in base a**: *In ~ alle informazioni che ci daranno decideremo il da farsi.* We'll decide what's to be done on the basis of the information we receive.

baseball *sm* baseball

basetta *sf* sideburn

basilare *agg* basic

Basilea *sf* Basle

basilico *sm* basil

basket *sm* basketball

bassifondi *sm* slums

basso, -a ▶ *agg* **1** low: *Il volume della TV è troppo ~.* The sound is too low on the TV. ◊ *prodotti a ~ prezzo* low-price products ◊ *bassa marea* low tide ⊃ *Vedi nota a* ALTO **2** (*persona*) short: *È più ~ di me.* He's shorter than me. ⊃ *Vedi nota a* ALTO **3** (*scarpe*) flat **4** (*voce*) quiet: *parlare a bassa voce* to speak quietly/softly
▶ *avv* low: *Gli uccelli volavano ~.* The birds were flying low.
▶ *sm* (*Mus*) bass LOC **più in basso** lower down: *Sposta il quadro più in ~.* Move the picture lower down. ◆ **quello in basso** the bottom one *Vedi anche* ALTO, COLPO, FUOCO, PAESE

bassotto *sm* dachshund

bastare ▶ *vi* to be enough: *Basteranno 30 euro.* 30 euros will be enough. ◊ *Ti bastano carta e matita.* All you need is a pen and paper. ▶ *v impers*: *Basta schiacciare un tasto.* All you have to do is press a button. ◊ *Basta con le chiacchiere.* That's enough talk. ◊ *È bastato un niente per farlo piangere.* It didn't take much to make him cry. LOC **basta!** that's enough! ◆ **basta che …** as long as … : *Te lo presto, basta che tu non lo rompa.* I'll lend it to you as long as you don't break it. ◆ **basta così** that's enough

bastoncino *sm* stick LOC **bastoncino d'incenso** joss stick ◆ **bastoncino di pesce** fish finger ◆ **bastoncino da sci** ski pole

bastone *sm* stick LOC **bastone da passeggio** walking stick

batosta *sf* **1** (*colpo*) blow: *Il licenziamento è stato una bella ~ per lui.* Losing his job was a terrible blow for him. **2** (*Sport*) thrashing: *La Juve gli ha dato una bella ~.* Juventus gave them a good thrashing.

battaglia *sf* battle LOC *Vedi* CAMPO

battaglione *sm* battalion

battello *sm* boat LOC **battello a vapore** steamship ⊃ *Vedi nota a* BOAT

battente *sm* shutter

battere ▶ *vt* **1** (*nemico, tempo*) to beat*: *~ l'avversario* to beat your opponent ◊ *~ il tempo con le mani* to beat time **2** (*ginocchio, testa*) to bang: *Ho battuto la testa.* I banged my head. **3** (*record*) to break*: *~ il record mondiale* to break the world record **4** (*denti*): *Battevo i denti.* My teeth were chattering. ▶ *vi ~ su* to beat* (against/on sth): *La grandine batteva sui vetri.* The hail was beating against the windows. LOC **battere a macchina/al computer** to type sth: *Ho battuto il tema al computer.* I typed my essay on the computer. ◆ **battere i piedi** to stamp your feet ◆ **battere le mani** to clap*: *Battevano le mani a tempo di musica.* They clapped in time to the music. ◆ **battere una testata** to bang your head *on sth* ◆ **in un batter d'occhio** in no time at all *Vedi anche* MACCHINA

batteria *sf* **1** (*Elettr, Mil*) battery*: *La ~ è scarica.* The battery is flat. **2** (*Mus*) drums [*pl*]: *Jeff Porcaro alla ~.* Jeff Porcaro on drums. LOC **batteria da cucina** set of saucepans ⊃ *Vedi illustrazione a* SAUCEPAN

batterio *sm* bacterium*

batterista *smf* drummer

battesimale *agg* LOC *Vedi* FONTE

battesimo *sm* **1** (*sacramento*) baptism **2** (*cerimonia*) christening LOC *Vedi* NOME

battezzare *vt* **1** (*persona*) to baptize, to christen **2** (*nave, invenzione*) to name

battistrada *sm* (*Auto*) tread

battito *sm* beat LOC **battito cardiaco** heartbeat

battuta *sf* **1** (*di spirito*) witty remark: *Le sue battute ci hanno divertito.* She made us laugh with her witty remarks. **2** (*Teat*) line **3** (*computer*) keystroke **4** (*Tennis*) service **5** (*Mus*) bar: *le prime battute di una sinfonia* the first bars of a symphony LOC **avere la battuta**

pronta to have a ready answer: *Ha sempre la ~ pronta.* She always has a ready answer.
♦ **battuta di caccia** hunt *Vedi anche* TERRA

batuffolo *sm*: *un ~ di cotone* a cotton-wool ball

baule *sm* **1** (*cassa*) trunk ⊃ *Vedi illustrazione a* BAGAGLIO **2** (*auto*) boot

bava *sf* **1** (*persona*) dribble **2** (*animale*) foam

bavaglino *sm* bib

bavaglio *sm* **1** (*per mangiare*) bib **2** (*per non gridare*) gag

beato, -a *agg*: *Beato te!* Lucky you!

bebè *sm* baby*

beccare *vt* **1** (*uccello*) to peck **2** (*prendere*) to get*: *Si è beccato uno schiaffo.* He got a slap. ◊ *Ho beccato il raffreddore.* I've caught a cold. **3** (*acciuffare*) to catch*: *farsi ~* to get caught

beccata *sf* peck

becchino *sm* gravedigger

becco *sm* (*uccello*) beak LOC *Vedi* CHIUDERE

beccuccio *sm* spout

Befana *sf* (*festa*) Epiphany ❶ La festa della Befana in Gran Bretagna non si festeggia. *Vedi nota a* NATALE

beffarsi *v rifl* ~ **di** to make* fun of *sb*

beige *agg*, *sm* beige

belare *vi* to bleat

belga *agg*, *smf* Belgian: *i belgi* the Belgians

Belgio *sm* Belgium

Belgrado *sf* Belgrade

bella *sf* **1** (*copia*) fair copy: *ricopiare qc in ~* to make a fair copy of sth **2** (*partita*) deciding match: *giocare la ~* to play the deciding match

bellezza *sf* beauty* LOC **che bellezza!** great!
♦ **chiudere/finire in bellezza** to finish on a high *Vedi anche* CONCORSO, ISTITUTO

bellico, -a *agg* (*armi, industria*) war [*s attrib*]

bello, -a *agg* **1** beautiful: *La spiaggia è molto bella.* The beach is very beautiful. **2** (*uomo*) good-looking **3** (*donna*) pretty*, beautiful ⊃ *Vedi nota a* BEAUTIFUL **4** (*tempo*) fine **5** (*film, idea*) good*: *un bel voto* a good mark **6** (*considerevole*): *una bella fetta* a good slice ◊ *un bel po'* quite a bit ◊ *C'è una bella differenza.* There's quite a difference. **7** (*rafforzativo*): *È bell'e fatto.* It's done now. ◊ *nel bel mezzo* right in the middle ◊ *un bel niente* nothing at all ◊ *~ caldo* nice and warm LOC **bella copia** fair copy
♦ **bella presenza** smart appearance ♦ **belle arti** fine art ♦ **il bello è che ...** the good thing is ...
♦ **la Bella Addormentata** Sleeping Beauty *Vedi anche* FIGURA, VITA

belva *sf* wild animal LOC **essere/diventare una belva** to be furious/to blow your top

bemolle *sm* (*Mus*) flat: *mi ~* E flat

benché *cong* although, though (*più informale*)
⊃ *Vedi nota a* SEBBENE

benda *sf* **1** (*sugli occhi*) blindfold **2** (*fasciatura*) bandage

bendare *vt* **1** (*fasciare*) to bandage *sb/sth* (up): *Mi hanno bendato la caviglia.* They bandaged (up) my ankle. **2** (*coprire gli occhi a*) to blindfold

bendato, -a *agg* LOC *Vedi* OCCHIO; *Vedi anche* BENDARE

bene¹ *avv* **1** well*: *comportarsi ~* to behave well ◊ *Non li conosco ~.* I don't know them well. ◊ *Oggi non mi sento ~.* I don't feel well today. ◊ *"Come sta tuo padre?" "Molto ~, grazie."* 'How's your father?' 'Very well, thanks.' ◊ *Hai chiuso ~ le finestre?* Have you shut the window properly? **2** (*correttamente*): *Ho risposto ~ alla domanda.* I got the right answer. ◊ *Parli ~ l'italiano.* Your Italian is very good. ◊ *Non avevo capito ~ dove.* I hadn't understood exactly where. LOC **andar bene** to be OK: *A loro sembrava che andasse ~.* They thought it was OK. ♦ **benissimo!** (very) good!
♦ **ben ti sta!** it serves you right ♦ **di bene in meglio** better and better ♦ **fare bene** to be right (*to do sth*): *Ho fatto ~ ad andare?* Was I right to go? ◊ *Hai fatto ~.* You did the right thing. ♦ **stare bene** (*donare*) to look good (*on sb*) ♦ **va bene!** OK!: *"Me lo presti?" "Va ~, ma stai attento."* 'Can I borrow it?' 'OK, but be careful.'

bene² *agg* well-to-do: *Vengono da una famiglia ~.* They're from a well-to-do family.

bene³ *sm* **1** (*il buono*) good: *il ~ e il male* good and evil **2 beni** possessions LOC **beni di consumo** consumer goods ♦ **fare bene a** to do *sb* good: *Un sonnellino ti farà ~.* A little nap will do you good. ◊ *Bevi che ti fa ~.* Drink up — it'll do you good. ♦ **per il bene di** for the good of *sb/sth* ♦ **per il tuo, suo, ecc bene** for your, his, her, etc. own good ♦ **voler bene a** to love *sb*: *Ti voglio ~.* I love you.

benedetto, -a *agg* **1** (*santo*) holy **2** (*maledetto*) blessed: *Dov'è finita quella benedetta agenda?* Where has that blessed diary got to?

benedire *vt* to bless

benedizione *sf* blessing LOC **dare la benedizione** to bless *sb/sth*

beneducato, -a *agg* well behaved: *un bambino ~* a very well-behaved child

beneficenza *sf* charity: *uno spettacolo/una partita di ~* a charity event/match ◊ *a scopo di ~* for charity ◊ *un'associazione di ~* a charity LOC **dare in beneficenza** to give* sth to charity *Vedi anche* PESCA

beneficio sm benefit: *trarre ~ da qc* to derive benefit from sth LOC **a beneficio di** to the advantage of sb/sth: *a tuo ~* to your advantage

benefico, -a agg beneficial

benessere sm well-being LOC *Vedi* CENTRO

benestante agg well-off

benigno, -a agg (*tumore*) benign

beninteso avv of course: *Sei invitato anche tu, ~.* You're invited too, of course.

bensì cong but: *Non bisogna agire, ~ aspettare.* We must not act, but wait.

bentornato! escl welcome back!

benvenuto agg, escl, sm welcome: *dare il ~ a qn* to welcome sb

benzina sf petrol LOC **benzina senza piombo/verde** unleaded petrol ♦ **fare benzina** to get* petrol *Vedi anche* DISTRIBUTORE, INDICATORE

benzinaio sm 1 (*persona*) petrol pump attendant 2 (*distributore*) petrol station

bere vt, vi 1 to drink*: *Vuoi qualcosa da ~?* Do you want something to drink? ◊ *Bevilo tutto.* Drink it up. ◊ *Si sono bevuti un'intera bottiglia di vino.* They drank a whole bottle of wine. ◊ *Se hai bevuto non prendere la moto.* If you've been drinking, don't use the motorbike. 2 (*fig*) to swallow: *Si è bevuto la storia della promozione di Michele.* He's swallowed the story about Michele's promotion. LOC **bere alla salute di qn** to drink* to sb's health ♦ **bere come una spugna** to drink* like a fish ♦ **offrire/pagare da bere a qn** to buy* sb a drink *Vedi anche* ROBA

Berlino sf Berlin

bermuda sm Bermuda shorts

Berna sf Berne

bernoccolo sm bump: *avere un ~ sulla fronte* to have a bump on your forehead

berretto sm cap: *un ~ di lana* a woolly hat ➔ *Vedi illustrazione a* CAPPELLO

bersaglio sm 1 target 2 (*fig*) butt: *È il ~ dei loro scherzi.* He's the butt of their jokes.

besciamella sf white sauce

bestemmia sf blasphemy [*non numerabile*]: *dire bestemmie* to blaspheme

bestemmiare vi to swear

bestia sf beast LOC **andare in bestia** to lose* your rag ♦ **mandare in bestia** to infuriate sb

bestiale agg (*enorme*): *Ho una fame ~.* I'm famished. ◊ *Fa un freddo ~.* It's bitterly cold.

bestiame sm livestock

bestiolina sf (*insetto*) creepy-crawly*

betulla sf birch (tree)

bevanda sf drink: *una ~ analcolica* a soft drink

bevitore, -trice sm-sf heavy drinker

Biancaneve n pr Snow White

biancheria sf (*per la casa*) linen: *~ da tavola/letto* household/bed linen LOC **biancheria intima** underwear

bianchetto sm Tipp-Ex®

bianco, -a ▸ agg white: *carne bianca* white meat ◊ *vino ~* white wine ➔ *Vedi esempi a* GIALLO
▸ sm-sf (*persona*) white man*/woman*
▸ sm 1 (*colore*) white 2 (*uovo*) egg white LOC **bianco come la neve** as white as snow ♦ **in bianco 1** (*foglio*) blank: *un assegno/una pagina in ~* a blank cheque/page 2 (*cibo*) plain: *riso in ~* plain rice ♦ **in bianco e nero** black and white: *illustrazioni in ~ e nero* black and white illustrations *Vedi anche* ASSEGNO, BANDIERA, MONTE, NOTTE, ORSO, SETTIMANA

biasimare vt to condemn

Bibbia sf Bible

biberon sm bottle

bibita sf drink

biblico, -a agg biblical

bibliografia sf bibliography*

biblioteca sf (*edificio, insieme di libri*) library* LOC *Vedi* TOPO

bibliotecario, -a sm-sf librarian

bicarbonato sm bicarbonate

bicchiere sm glass: *un bicchier d'acqua* a glass of water ◊ *bicchieri da vino* wine glasses LOC **bicchiere di carta/plastica** paper/plastic cup

bicicletta sf bicycle, bike (*più informale*): *Sai andare in ~?* Can you ride a bike? ◊ *fare un giro in ~* to go for a ride on your bicycle LOC **andare in bicicletta** to cycle: *Vado a lavoro in ~.* I cycle to work. ♦ **bicicletta da corsa** racing bike

bicipite sm biceps*

bidè sm bidet

bidello, -a sm-sf school caretaker

bidone sm drum LOC **bidone della spazzatura** dustbin ♦ **fare il bidone a** to stand* sb up

bidonville sf shanty town

Bielorussia sf Belarus

bielorusso, -a agg, sm-sf, sm Belorussian: *i bielorussi* the Belorussians ◊ *parlare ~* to speak Belorussian

biennale agg 1 (*ogni due anni*) two-yearly 2 (*di due anni*) two-year: *un corso ~* a two-year course

biennio sm first two years of secondary school: *Ho fatto il ~ a Verona.* I did my first two years of secondary school in Verona.

bietola sf chard

bifamiliare agg LOC *Vedi* VILLETTA

biforcarsi v rifl to fork: *Dopo il ponte la strada si biforca.* The road forks after the bridge.

bigiotteria sf costume jewellery

bigliettaio, -a sm-sf **1** (*treno*) ticket inspector or **2** (*autobus*) conductor

biglietteria sf **1** (*stazione, stadio*) ticket office **2** (*Cine, Teat*) box office LOC **biglietteria automatica** ticket machine

biglietto sm **1** (*trasporto, lotteria*) ticket: *un ~ aereo* an airline ticket ◊ *due biglietti gratis* two free tickets ◊ *fare il ~* to get a ticket **2** (*soldi*) (bank)note: *un ~ da dieci euro* a ten-euro note **3** (*appunto*) note: *Ti ho lasciato un ~ in cucina.* I left you a note in the kitchen. **4** (*di auguri*) card: *~ di Natale* Christmas card LOC **biglietto di andata** single (ticket) ♦ **biglietto di andata e ritorno** return (ticket)

bignè sm eclair

bigodino sm roller

bikini sm bikini

bilancia sf **1** (*strumento*) scales [*pl*]: *~ pesa-persone* bathroom scales ◊ *Questa ~ non è molto precisa.* These scales aren't very accurate. **2** (*Comm*) balance **3 Bilancia** (*Astrologia*) Libra ➲ *Vedi esempi a* ACQUARIO LOC **bilancia dei pagamenti** balance of payments

bilanciare ▶ vt (*compensare*) to even sth out
▶ **bilanciarsi** v rifl (*compensarsi*) to even out

bilancio sm **1** (*giudizio*) balance: *~ positivo/negativo* a positive/negative balance **2** (*Econ*) budget: *il ~ familiare* the family budget **3** (*numero di vittime*) toll LOC **bilancio preventivo** budget

bile sf bile

bilia sf marble: *giocare a bilie* to play marbles

biliardino sm pinball

biliardo sm **1** (*gioco*) billiards [*non numerabile*]: *giocare a ~* to play billiards **2** (*tavolo*) billiard table

bilico sm LOC **essere/stare in bilico** to be balanced

bilingue agg bilingual

bimbo, -a sm-sf child*

binario, -a ▶ agg binary
▶ sm **1** (*rotaia*) track **2** (*marciapiede*) platform: *Da quale ~ parte il treno per Brighton?* Which platform does the Brighton train leave from?

binocolo sm binoculars [*pl*]

biodegradabile agg biodegradable

biografia sf biography*

biologia sf biology

biologico, -a agg **1** biological **2** (*prodotti*) organic: *yogurt ~* organic yogurt

biologo, -a sm-sf biologist

biondo, -a agg fair, blonde

> **Fair** si usa solo se si tratta di un biondo naturale, mentre **blonde** si usa sia per capelli naturali che tinti: *È biondo.* He's got fair/blonde hair. *Vedi nota a* BLOND

birichinata sf prank

birichino, -a agg, sm-sf naughty [*agg*]: *Sei un ~.* You're very naughty.

birillo sm skittle: *giocare a birilli* to play skittles

biro® sf Biro®

birra sf beer: *Due birre, per favore.* Two beers, please. LOC **birra alla spina** draught beer ♦ **birra chiara** lager ♦ **birra scura** stout

birreria sf **1** (*locale*) pub **2** (*fabbrica*) brewery*

bis escl, sm encore: *fare il ~* to give an encore

bisbigliare vt, vi to whisper: *Mi ha bisbigliato qualcosa nell'orecchio.* He whispered something in my ear.

bisbiglio sm whisper

biscia sf grass snake

biscottato, -a agg LOC *Vedi* FETTA

biscotto sm biscuit

bisessuale agg, smf bisexual

bisestile agg LOC *Vedi* ANNO

bisnonno, -a sm-sf **1** great-grandfather [*fem* great-grandmother] **2 bisnonni** great-grandparents

bisognare v impers: *Bisogna finire questo lavoro per le cinque.* This work has to be finished by five. ◊ *Bisogna che decidiate oggi.* You have to decide today. ➲ *Vedi nota a* MUST

bisogno sm need: *Non c'è ~ che tu venga.* There's no need for you to come. LOC **aver bisogno di fare qc** to need to do sth ♦ **aver bisogno di qn/qc** to need sb/sth *Vedi anche* CASO

bisognoso, -a ▶ agg needy*
▶ sm-sf: *aiutare i bisognosi* to help the poor

bisonte sm bison*

bistecca sf steak

bisticciare vi to quarrel

bisticcio sm quarrel LOC **bisticcio di parole** pun

bisturi sm scalpel

bit sm (*Informatica*) bit

bitter sm bitters [*non numerabile*]

bivio sm junction

bizza sf tantrum: *fare le bizze* to throw a tantrum

bizzarro, -a *agg* odd

blindato, -a *agg* **1** (*veicolo*) armoured **2** (*porta*) reinforced

bloccare ▶ *vt* **1** (*ostruire*) to block *sth* (up): *~ il passo/una strada* to block access/a road ◊ *~ un giocatore* to block a player **2** (*Mil*) to blockade
▶ **bloccarsi** *v rifl* **1** (*fermarsi*) to stop*: *Il treno si è bloccato all'improvviso.* The train stopped suddenly. **2** (*motore*) to stall: *Mi si è bloccato il motorino in mezzo alla strada.* My moped stalled in the middle of the road. **3** (*ascensore*) to get* stuck: *L'ascensore si è bloccato.* The lift got stuck. **4** (*meccanismo*) to jam*: *Si è bloccata la stampante.* The printer's jammed. **5** (*psicologicamente*) to have a mental block: *Mi blocco sempre su quella parola.* I have a mental block about that word.

bloccaruote *agg* LOC *Vedi* CEPPO

bloccato, -a *agg* LOC **rimanere bloccato** to get* stuck: *Sono rimasto ~ nell'ascensore.* I got stuck in the lift. *Vedi anche* BLOCCARE

blocco *sm* **1** (*masso*) block: *un ~ di marmo* a block of marble **2** (*Pol*) bloc **3** (*Mil*) blockade LOC **blocco mentale** mental block ♦ **blocco stradale** roadblock ♦ **blocchi di partenza** starting blocks *Vedi anche* POSTO

bloc-notes *sm* pad

blog *sm* blog

blu *agg, sm* blue ⊃ *Vedi esempi a* GIALLO

blue-jeans *sm* jeans: *un paio di ~* a pair of jeans

bluffare *vi* to bluff

blusa *sf* **1** (*donna*) blouse **2** (*pittore*) smock

boa ▶ *sf* (*Naut*) buoy
▶ *sm* (*serpente*) boa constrictor

boato *sm* explosion

bob *sm* bobsleigh

bobina *sf* **1** (*filo*) reel **2** (*Elettr*) coil

bocca *sf* mouth: *Non parlare con la ~ piena.* Don't talk with your mouth full. ◊ *Non sai tenere la ~ chiusa.* You and your big mouth! LOC **in bocca al lupo!** good luck! ♦ **rimanere a bocca aperta** to be dumbfounded *Vedi anche* APRIRE, ARMONICA, CAVARE, RESPIRAZIONE

boccaccia *sf* LOC **fare le boccacce** to make*/pull faces (*at sb*)

boccale *sm* mug: *un ~ da birra* a beer mug

boccaporto *sm* hatch

boccata *sf* LOC **prendere una boccata d'aria** to get* a breath of fresh air

boccetta *sf* (*colonia, medicina*) bottle

bocchino *sm* (*Mus*) mouthpiece

boccia *sf* bowl: *giocare a bocce* to play bowls ◊ *~ dei pesci rossi* goldfish bowl

bocciare *vt* **1** (*Scuola*) to fail *sb*: *Sono stato bocciato.* I didn't pass. ◊ *essere ~ agli esami* to fail your exams **2** (*proposta*) to reject

bocciatura *sf* fail

bocciolo *sm* bud

boccone *sm* bite: *Se lo sono mangiati in un ~.* They ate it all in one bite.

bocconi *avv* face down: *mettersi ~* to lie face down ◊ *cadere ~* to fall flat on your face

body *sm* **1** (*danza, ginnastica*) leotard **2** (*intimo*) body

boia *sm* executioner

boicottaggio *sm* boycott

boicottare *vt* to boycott

Bolivia *sf* Bolivia

boliviano, -a *agg, sm-sf* Bolivian: *i boliviani* the Bolivians

bolla *sf* bubble LOC **bolla di sapone** soap bubble: *fare bolle di sapone* to blow soap bubbles

bollare *vt* to stamp: *~ un passaporto* to stamp a passport

bollente *agg* boiling

bolletta *sf* bill: *la ~ del gas/della luce* the gas/electricity bill

bollettino *sm* **1** (*notiziario*) bulletin **2** (*resoconto*) report: *~ meteorologico* weather report

bollicina *sf* bubble LOC **fare le bollicine** to bubble

bollire *vt, vi* to boil: *Il latte bolle.* The milk is boiling. ◊ *far ~ l'acqua per la pasta* to boil the water for the pasta ◊ *Metti a ~ le patate.* Put the potatoes on to boil.

bollito, -a ▶ *agg* boiled
▶ *sm* boiled meat *Vedi anche* BOLLIRE

bollo *sm* stamp LOC *Vedi* MARCA

bomba *sf* **1** (*Mil*) bomb: *~ atomica* atomic bomb ◊ *mettere una ~* to plant a bomb **2** (*notizia*) bombshell

bombardare *vt* to bombard: *Mi hanno bombardato di domande.* They bombarded me with questions.

bombetta *sf* bowler hat

bombola *sf* cylinder: *~ del gas/di ossigeno* gas/oxygen cylinder

bomboletta *sf* **1** *~ spray* spray can **2** *~ del gas* gas cylinder

bombolone *sm* doughnut

bonaccia *sf* dead calm

bonaccione, -a *agg* good-natured

bonifico *sm* credit transfer

bontà *sf* goodness

boomerang *sm* boomerang

borbottare ▶ *vt, vi* (*dire*) to mutter: *Ha borbottato qualcosa che non ho capito.* He muttered something I didn't understand. ▶ *vi* (*stomaco*) to rumble: *Mi borbottava lo stomaco.* My tummy was rumbling.

borchia *sf* stud

bordeaux *agg, sm* burgundy ⮕ *Vedi esempi a* GIALLO

bordo *sm* **1** (*orlo*) edge: *il ~ del tavolo* the edge of the table **2** (*guarnizione*) edging: *un ~ di pizzo* a lace edging LOC **a bordo** on board: *salire a ~* to go on board

borghese *agg* middle-class LOC **in borghese 1** (*militare*) in civilian dress **2** (*polizia*) in plain clothes *Vedi anche* CLASSE

borghesia *sf* middle class

borioso, -a *agg* conceited

borotalco *sm* talcum powder

borraccia *sf* water bottle

borsa *sf* **1** bag **2** (*borsetta*) handbag **3** (*Fin*) stock exchange: *la ~ valori di Londra* the London Stock Exchange LOC **borsa da viaggio** travel bag ◆ **borsa del ghiaccio** ice pack ◆ **borsa dell'acqua calda** hot-water bottle ◆ **borsa di studio 1** (*dallo Stato*) grant **2** (*da ente privato*) scholarship

borsaiolo, -a *sm-sf* pickpocket

borsellino *sm* purse

borsetta *sf* handbag

boscaglia *sf* scrub [*non numerabile*]

boschetto *sm* grove

bosco *sm* wood

bosniaco, -a *agg, sm-sf* Bosnian: *i bosniaci* the Bosnians

Bosnia-Erzegovina *sf* Bosnia-Herzegovina

botanica *sf* botany

botanico, -a *agg* LOC *Vedi* GIARDINO, ORTO

botola *sf* trapdoor

botta *sf* blow LOC **prendere a botte** to beat* sb up *Vedi anche* RIEMPIRE

botte *sf* barrel

botteghino *sm* box office

botti *sm* (*fuochi d'artificio*) fireworks

bottiglia *sf* bottle LOC **in bottiglia** bottled *Vedi anche* VERDE

bottino *sm* loot

bottone *sm* **1** (*abbigliamento*) button: *Ti si è slacciato un ~.* One of your buttons is undone. **2** (*controllo*) knob: *Il ~ rosso è quello del volume.* The red knob is the volume control. LOC *Vedi* ATTACCARE

bovino, -a ▶ *agg* cattle [*s attrib*]
▶ *sm* **bovini** cattle

bowling *sm* **1** (*gioco*) bowling: *giocare a ~* to go bowling **2** (*luogo*) bowling alley

box *sm* **1** (*per bambini*) playpen **2** (*garage*) garage

boxe *sf* boxing

boxer *sm* boxer shorts [*pl*]: *un paio di ~* a pair of boxer shorts

boy-scout *sm* Scout: *È nei ~.* He's in the Scouts.

bozzetto *sm* sketch

bozzolo *sm* cocoon

braccetto *sm* LOC **a braccetto** arm in arm

bracciale *sm* **1** (*gioiello*) bracelet **2** (*di stoffa*) armband

braccialetto *sm* bracelet

bracciante *smf* labourer

bracciata *sf* (*Nuoto*) stroke

braccio *sm* **1** arm: *Mi sono rotto il ~.* I've broken my arm. ◇ *con un ~ al collo* with your arm in a sling **2** (*lampada*) bracket LOC **braccio di ferro 1** (*Sport*) arm-wrestling **2** (*fig*) trial of strength ◆ **tenere in braccio** (*bambino*) to carry sb

bracciolo *sm* **1** (*salvagente*) armband **2** (*poltrona*) armrest

bracconiere *sm* poacher

brace *sf* embers [*pl*] LOC **alla brace** grilled: *cotolette alla ~* grilled chops

braciola *sf* chop: *braciole di maiale* pork chops

Braille *sm* Braille

branco *sm* **1** (*elefanti*) herd; (*lupi*) pack; (*leoni*) pride **2** (*gente*) bunch: *un ~ di cretini* a bunch of idiots

brandello *sm* shred LOC **fare a brandelli** to tear* sth to shreds

brandina *sf* camp bed

brano *sm* **1** (*musicale*) piece **2** (*di libro*) passage

Brasile *sm* Brazil

brasiliano, -a *agg, sm-sf* Brazilian

bravo, -a ▶ *agg* **1** (*buono*) good: *Fai il ~, finisci il latte.* Be a good boy and drink up your milk. **2** (*capace*) *~* a good at sth/doing sth: *essere ~ a tennis* to be good at tennis
▶ **bravo!** *escl* bravo! LOC *Vedi* PERSONA

bretella *sf* **1** (*abito*) shoulder strap **2 bretelle** braces

breve *agg* short: *un ~ soggiorno* a short stay LOC **essere breve** to be brief: *Sarò ~.* I'll be brief. ◆ **in breve** in short ◆ **per farla breve** to cut a long story short *Vedi anche* SCADENZA

brevetto *sm* **1** (*invenzione*) patent **2** (*Aeron, Naut*) licence

brezza *sf* breeze

bricco *sm* jug

briciola *sf* crumb: *briciole di biscotti* biscuit crumbs

briciolo *sm*: *Non ha un ~ di buonsenso.* He hasn't an ounce of common sense.

brigadiere *sm* sergeant

brigata *sf* (*Mil*) brigade

briglia *sf* bridle LOC **a briglia sciolta** full steam ahead

brillante ▶ *agg* **1** (*luce, colore*) bright **2** (*superficie*) shiny* **3** (*fenomenale*) brilliant: *un'idea ~* a brilliant idea ◊ *una carriera ~* a brilliant career
▶ *sm* diamond

brillare *vi* to shine*: *Le brillavano gli occhi di gioia.* Her eyes shone with joy. ◊ *Guarda come brilla!* Look how shiny it is!

brillo, -a *agg* tipsy

brina *sf* frost

brindare *vi ~* (**a**) to drink* a toast (to *sb/sth*): *Brindiamo alla loro felicità.* Let's drink (a toast) to their happiness.

brindisi *sm* toast LOC **fare un brindisi** to drink* a toast (*to sb/sth*)

brioche *sf* croissant

britannico, -a ▶ *agg* British
▶ *sm-sf* Briton: *i britannici* the British ➔ *Vedi nota a* INGHILTERRA LOC *Vedi* ISOLA

brivido *sm* shiver LOC **avere i brividi** to shiver ◆ **far venire i brividi** to send* shivers down your spine

brizzolato, a *agg* greying: *È ~.* He's going grey.

brocca *sf* jug

broccoli *sm* broccoli [*non numerabile*]

brodo *sm* stock: *~ di pollo* chicken stock

bronchite *sf* bronchitis [*non numerabile*]

broncio *sm* LOC **fare/avere il broncio** to pout

brontolare *vi* to grumble (*about sth*): *Brontola sempre per come cucino.* He's always grumbling about my cooking.

brontolone, -a *agg, sm-sf* grumpy* [*agg*]: *È una brontolona.* She's really grumpy.

bronzo *sm* bronze LOC *Vedi* FACCIA

bruciacchiare *vt* to singe

bruciapelo LOC **a bruciapelo** point-blank: *Me l'ha chiesto a ~.* She asked me point-blank.

bruciare ▶ *vt* to burn*: *Ha bruciato tutte le vecchie lettere.* She burnt all her old letters. ◊ *bruciarsi la lingua* to burn your tongue ▶ *vi* **1** to burn*: *L'arrosto sta bruciando.* The roast is burning. **2** (*in fiamme*) to be on fire: *Il bosco bruciava.* The wood was on fire. **3** (*essere distrutto*) to burn* down **4** (*fig*) to be boiling hot: *Sta' attento, la minestra brucia.* Be careful, the soup is boiling hot. **5** (*occhi*) to sting*: *Mi bruciano gli occhi.* My eyes are stinging. **6** (*sole*) to beat* down ▶ **bruciarsi** *v rifl* **1** (*persona*) to burn* *yourself*: *Mi sono bruciato con l'olio bollente.* I burnt myself with the hot oil. **2** (*al sole*) to get* sunburnt: *Mi brucio facilmente.* I get sunburnt very easily.

bruciato, -a *agg* burnt: *Sa di ~.* It tastes burnt. *Vedi anche* BRUCIARE

bruciatura *sf* burn: *bruciature di secondo grado* second-degree burns

bruciore *sm* stinging LOC **bruciore di stomaco** heartburn

bruco *sm* (*di farfalla*) caterpillar

brufolo *sm* spot: *Mi sono riempita di brufoli.* I've come out in spots.

brughiera *sf* moor

bruno, -a *agg* dark

brusco, -a *agg* **1** (*improvviso*) sudden **2** (*persona*) abrupt

brusio *sm* hum

brutale *agg* brutal

bruto, -a *agg, sm* brute: *forza bruta* brute force

brutto, -a *agg* **1** (*aspetto*) ugly: *una persona/casa brutta* an ugly person/house **2** (*tempo, film, ecc*) bad: *Abbiamo avuto ~ tempo.* We had bad weather. ◊ *un ~ raffreddore* a bad cold **3** (*sgradevole*) nasty: *È una brutta abitudine.* That's a very nasty habit. ◊ *una brutta sorpresa* a nasty surprise LOC **brutta copia** rough copy ◆ **il brutto è che ...** the trouble is (that) ... ◆ **in brutta** in rough: *Fai il tema in brutta prima.* Write the essay in rough first. *Vedi anche* CARATTERE, FIGURA, PERIODO

Bruxelles *sf* Brussels

buca *sf* **1** (*buco*) hole: *scavare una ~* to dig a hole **2** (*strada*) pothole: *Queste strade sono piene di buche.* These roads are full of potholes. LOC **buca delle lettere** postbox

bucare ▶ *vt* **1** (*pungere*) to prick **2** (*pallone, pneumatico*) to puncture ▶ *vi* (*forare una gomma*) to have a puncture: *Ho bucato due volte in una settimana.* I've had two punctures in a week. ▶ **bucarsi** *v rifl* **1** (*pneumatico*): *Mi si è bucata una gomma.* I've got a puncture. **2** **bucarsi** (**con**) (*pungersi*) to prick yourself (on/with *sth*) **3** (*drogarsi*) to shoot* up

bucato, -a ▶ *agg*: *Ho le scarpe bucate.* My shoes are full of holes.
▶ *sm* (*vestiti*) wash: *fare il ~* to do the washing LOC *Vedi* MANO; *Vedi anche* BUCARE

buccia *sf* **1** (*frutta*) peel [*non numerabile*] **2** (*banana*) skin **3** (*verdura*) peeling: *bucce di* *patata* potato peelings ⊃ *Vedi nota a* PEEL ⊃ *Vedi illustrazione a* FRUTTA

buco *sm* hole: *fare un ~* to make a hole ◊ *il ~ nell'ozono* the hole in the ozone layer LOC **buco della serratura** keyhole ♦ **fare un buco nell'acqua** to draw* a blank

buddismo *sm* Buddhism
buddista *agg, smf* Buddhist
budget *sm* budget
budino *sm* pudding
bue *sm* ox*
bufalo *sm* buffalo*
bufera *sf* storm: *Sta arrivando una ~.* It looks like there's going to be a storm. ◊ *C'è aria di ~.* There's a storm brewing. LOC **bufera di neve** blizzard
buffet *sm* buffet
buffo, -a *agg* funny*: *Era ~ sentirlo parlare in tedesco.* It was funny to hear him speaking German.
bugia *sf* lie: *raccontare/dire bugie* to tell lies ◊ *È una ~!* That isn't true! LOC **bugia pietosa** white lie
bugiardo, -a ▶ *agg* lying
▶ *sm-sf* liar
buio, -a ▶ *agg* dark: *una stanza buia* a darkroom
▶ *sm* dark: *restare al ~* to be left in the dark ◊ *~ pesto* pitch darkness ◊ *Ho paura del ~.* I'm afraid of the dark. LOC **farsi buio** to get* dark *Vedi anche* SALTO
bulbo *sm* bulb
Bulgaria *sf* Bulgaria
bulgaro, -a *agg, sm-sf, sm* Bulgarian: *i bulgari* the Bulgarians ◊ *parlare ~* to speak Bulgarian
bulimia *sf* bulimia
bulldog *sm* bulldog
bulldozer *sm* bulldozer
bullone *sm* bolt
buonafede *sf* LOC **essere in buonafede** to be in good faith: *Era in buonafede quando ha detto che non lo sapeva.* He was telling the truth when he said he didn't know.
buonanotte *escl, sf* good night
buonasera *escl, sf* good evening
buongiorno *escl, sm* good morning
buono, -a ▶ *agg* **1** good: *È una buona notizia.* That's good news. ◊ *È una buona scuola.* The school is good. ◊ *Che buon odore!* That smells really good! **2** (*gentile*) *~ (con)* kind (to *sb/sth*): *Sono stati molto buoni con me.* They were very kind to me. **3** (*cibo*) tasty* **4** (*corretto*) right: *il momento ~* the right moment ◊ *essere sulla buona strada* to be on the right road

▶ *sm-sf* goody*: *i buoni e i cattivi* the goodies and the baddies ◊ *Ha vinto il ~.* The good guy won.
▶ *sm* (*coupon*) voucher LOC **alla buona**: *una cena alla buona* a simple meal ♦ **con le buone**: *cercare di convincere qn con le buone* to try to persuade sb gently ♦ **con le buone o con le cattive** whether you like it or not, whether he/she likes it or not, etc. ♦ **un buono a nulla** a good-for-nothing ⊃ Per altre espressioni con **buono** vedi alla voce del sostantivo, ad es. **buon appetito** a APPETITO.

buonsenso *sm* common sense
burattinaio *sm* puppeteer
burattino *sm* puppet
burbero, -a *agg, sm-sf* surly [*agg*]
burino, -a *agg, sm-sf* yokel [*s*]
burla *sf* **1** (*canzonatura*) mockery [*non numerabile*]: *un tono di ~* a mocking tone **2** (*scherzo*) joke
burlarsi *v rifl* **burlarsi di** to make* fun of *sb/sth*
burocrazia *sf* bureaucracy
burrasca *sf* squall
burrascoso, -a *agg* stormy
burro *sm* butter LOC **burro di cacao** lipsalve
burrone *sm* ravine
bussare *vi* to knock: *Ho bussato per vedere se c'era qualcuno.* I knocked on the door to see if anybody was in. ◊ *Ho sentito ~ alla porta.* I heard a knock on the door.
bussola *sf* compass
busta *sf* **1** (*per lettera*) envelope **2** (*sacchetto*) bag LOC **busta paga** pay packet
bustarella *sf* bribe: *intascare una ~* to take a bribe
bustina *sf* **1** sachet: *una ~ di zucchero* a sachet of sugar **2** (*pacchetto*) packet: *una ~ di minestra liofilizzata* a packet of soup LOC **bustina di tè** tea bag
busto *sm* **1** (*Anat, Arte*) bust **2** (*indumento*) corset
butano *sm* butane
buttafuori *sm* bouncer
buttare ▶ *vt* **1** (*lanciare*) to throw*: *Buttami la palla.* Throw me the ball. **2** (*gettare via*) to throw* *sth* away: *Buttalo, è troppo vecchio.* Throw it away, it's too old. **3** (*sprecare*) to waste: *~ i soldi* to waste money ▶ **buttarsi** *v rifl* to jump: *buttarsi dalla finestra/in acqua* to jump out of the window/into the water LOC **buttare fuori** to kick *sb* out ♦ **buttar giù** (*edificio*) to knock *sth* down
butterato, -a *agg* pock-marked
byte *sm* (*Informatica*) byte

C c

cabina *sf* **1** (*nave, aereo*) cabin **2** (*spiaggia*) beach hut **3** (*di pilotaggio*) cockpit **4** (*camion*) cab LOC **cabina elettorale** polling booth ♦ **cabina telefonica** telephone box

cacao *sm* cocoa LOC *Vedi* BURRO

cacca *sf* poo: *fare la* ~ to do a poo

caccia *sf* **1** hunting: *Sono contro la* ~. I'm against hunting. **2** (*di lepri, uccelli*) shooting LOC **andare a caccia 1** to go* hunting **2** (*di lepri, uccelli*) to go* shooting ♦ **andare/essere alla caccia di** ~ to be after *sb/sth* ♦ **caccia al tesoro** treasure hunt ♦ **caccia alla volpe** fox-hunting ♦ **caccia grossa** big game hunting ♦ **dare la caccia a** to hunt *sb/sth*: *La polizia dà la* ~ *all'evaso.* Police are hunting the escaped convict. *Vedi anche* BATTUTA, FRODO, FUCILE, STAGIONE

cacciagione *sf* game: *Non ho mai mangiato* ~. I've never tried game.

cacciare ▶ *vt* **1** to hunt **2** (*col fucile*) to shoot* **3** (*mandare via*) to throw* *sb* out: *Li hanno cacciati dal bar.* They were thrown out of the bar. **4** (*mettere*) to put*: *Dove hai cacciato le chiavi?* Where have you put the keys? ▶ *vi* **1** to hunt **2** (*col fucile*) to shoot* ▶ **cacciarsi** *v rifl* (*mettersi*): *Dove si sono cacciati?* Where have they got to? ◊ *cacciarsi nei guai* to get into trouble

cacciatore, -trice *sm-sf* hunter LOC **cacciatore di teste** headhunter *Vedi anche* FRODO

cacciavite *sm* screwdriver

cachi ▶ *sm* (*frutto*) persimmon
▶ *agg, sm* (*colore*) khaki: *un paio di pantaloni* ~ a pair of khaki trousers ➔ *Vedi esempi a* GIALLO

cactus *sm* cactus*

cadavere *sm* corpse, body* (*più informale*)

cadente *agg* (*edificio*) derelict LOC *Vedi* STELLA

cadere *vi* **1** to fall*: *Il vaso è caduto dal balcone.* The plant pot fell off the balcony. ◊ *Sono caduto mentre sciavo.* I had a fall when I was skiing. ◊ ~ *in trappola* to fall into the trap ◊ *Quest'anno Natale cade di martedì.* This year Christmas Day falls on a Tuesday. ◊ *Fa' attenzione a non* ~. Careful you don't fall. **2** (*dente, capelli*) to fall* out: *Gli cadono i capelli.* His hair is falling out. **3** (*lasciar cadere*): *Mi è caduto il gelato.* I dropped my ice cream. ◊ *Fa' attenzione che non ti cada.* Be careful you don't drop it. LOC **è caduta la linea** I, you, etc. have been cut off ♦ **far cadere 1** (*persona*) to knock *sb* down **2** (*oggetto*) to knock *sth* over **3** (*governo*) to bring* *sth* down *Vedi anche* NUVOLA

caduta *sf* **1** fall: *una* ~ *da tre metri* a three-metre fall ◊ *la* ~ *del governo* the fall of the government **2** (*capelli*) loss: *prevenire la* ~ *dei capelli* to prevent hair loss LOC **caduta libera** free fall

caduto *sm*: *i caduti* those who died in the war

caffè *sm* **1** (*bevanda*) coffee: *Vuoi un* ~? Would you like some/a coffee? ◊ *un* ~ *ristretto* a strong coffee

> Negli ultimi anni sono nate in Gran Bretagna e negli Stati Uniti alcune catene di **coffee shop** in cui vengono usati comunemente i nomi italiani che si riferiscono al caffè e alle sue varietà come ad esempio **espresso, cappuccino, caffè latte** (o **latte**).

2 (*locale*) cafe LOC *Vedi* CHICCO

caffeina *sf* caffeine

caffellatte *sm* caffè latte, latte (*più informale*) ➔ *Vedi nota a* CAFFÈ

caffettiera *sf* **1** (*per preparare*) coffee maker **2** (*per servire*) coffee pot

cafone, -a *agg, sm-sf* rude [*agg*]: *Sei un* ~. You're so rude.

cagliare *vi* to curdle

cagna *sf* bitch ➔ *Vedi nota a* CANE

cala *sf* cove

calabrone *sm* hornet

calamaro *sm* squid*

calamita *sf* magnet

calamità *sf* disaster: *una* ~ *naturale* a natural disaster

calante *agg* LOC *Vedi* LUNA

calare *vi* **1** (*prezzi, temperatura*) to drop* **2** (*vista*) to fail: *Mi è calata la vista.* My eyesight's failing. LOC **al calar della sera/notte** at dusk/nightfall

calcagno *sm* heel

calcare[1] *sm* **1** (*roccia*) limestone **2** (*incrostazione*) scale

calcare[2] *vt* (*parola*) to stress

calce *sf* lime

calcestruzzo *sm* concrete

calcetto *sm* **1** (*calcio a cinque*) five-a-side football **2** (*calcio-balilla*) table football

calciare *vi, vt* to kick

calciatore *sm* footballer

calcio *sm* **1** (*pedata*) kick: *dare un ~ a qn/qc* to give sb/sth a kick ◊ *prendere a calci qn/qc* to kick sb/sth **2** (*sport*) football, soccer ❶ Negli Stati Uniti si dice solo **soccer**, per distinguerlo dal football americano. **3** (*fucile*) butt **4** (*Chim*) calcium LOC **calcio d'angolo** corner (kick) ◆ **calcio d'inizio** kick-off ◆ **calcio di punizione** free kick ◆ **calcio di rigore** penalty kick

calcolare *vt* to work *sth* out, to calculate (*più formale*): *Calcola di quanti soldi abbiamo bisogno.* Work out how much money we need.

calcolatrice *sf* calculator

calcolo *sm* **1** (*conteggio*) calculation: *Secondo i miei calcoli fa 105.* It's 105 according to my calculations. ◊ *Devo fare qualche ~ prima di decidere.* I have to make some calculations before deciding. **2** (*previsione*) estimate: *un ~ approssimativo* a rough estimate

caldaia *sf* boiler

caldarrosta *sf* roast chestnut

caldo, -a ▶ *agg* **1** hot*: *acqua calda* hot water ◊ *Era una giornata caldissima.* It was a very hot day. **2** (*piacevolmente*) warm: *vestiti caldi* warm clothes ◊ *La casa è calda.* The house is warm. ◊ *una calda accoglienza* a warm welcome

> Non confondere le seguenti parole: **hot** e **warm**.
>
> **Hot** descrive una temperatura molto più alta di **warm**. **Warm** ha una connotazione positiva. Confronta i seguenti esempi: *Non riesco a berlo, è troppo caldo.* I can't drink it: it's too hot. ◊ *Che caldo c'è qui!* It's too hot here! ◊ *Siediti accanto al fuoco che c'è caldo.* Sit by the fire: it's nice and warm.

▶ *sm* heat: *Oggi si scoppia dal ~.* It's stiflingly hot today. LOC **aver caldo** to be/feel hot: *Ho ~.* I'm hot. ➔ *Vedi nota a* FREDDO ◆ **far caldo** to be hot: *Fa molto ~.* It's very hot. *Vedi anche* BORSA, MORIRE, PIANGERE

calendario *sm* calendar

calibro *sm* calibre: *una pistola ~ 38* a 38 calibre gun

calice *sm* stem glass, goblet

calligrafia *sf* handwriting

callo *sm* **1** (*dito del piede*) corn **2** (*mano, pianta del piede*) callus

calma *sf* calm: *mantenere la ~* to keep calm LOC **prendersela con calma** to take* it easy *Vedi anche* PERDERE

calmante *sm* **1** (*dolore*) painkiller **2** (*nervi*) tranquillizer

calmare ▶ *vt* **1** (*nervi*) to calm **2** (*dolore*) to relieve ▶ **calmarsi** *v rifl* **1** (*persona*) to calm down: *Calmati!* Calm down! **2** (*intensità, forza*) to ease off: *Il vento si è calmato.* The wind eased off.

calmo, -a *agg* calm

calo *sm* **1** (*temperatura*) drop *in sth* **2** (*prezzi*) fall *in sth*

calore *sm* heat LOC **essere in calore 1** (*femmina*) to be on heat **2** (*maschio*) to be in rut

caloria *sf* calorie: *bruciare calorie* to burn off calories

caloroso, -a *agg* **1** (*abbraccio, accoglienza*) warm **2** (*applauso*) enthusiastic

calpestare *vt* **1** (*oggetto*) to tread* on *sth* **2** (*terreno*) to tread* *sth* down **3** (*fig*) to trample on *sth*: *~ i diritti di qn* to trample on sb's rights LOC *Vedi* VIETATO

calunnia *sf* slander

calvizie *sf* baldness

calvo, -a *agg* bald: *diventare ~* to go bald ➔ *Vedi illustrazione a* CAPELLO

calza *sf* **1** (*calzino*) sock **2 calze** (*collant*) tights: *un paio di calze* a pair of tights **3** (*autoreggenti/con giarrettiera*) stocking

calzamaglia *sf* tights

calzature *sf* footwear [*non numerabile*]

calzettone *sm* knee-length sock

calzino *sm* sock

calzolaio *sm* shoe repairer

calzoncini *sm* shorts

calzoni *sm* trousers

camaleonte *sm* chameleon

cambiamento *sm* ~ (**di**) change (in/of *sth*): *un ~ di temperatura* a change in temperature ◊ *C'è stato un ~ di piani.* There has been a change of plan.

cambiare ▶ *vt* **1** to change *sth* (*for sth*): *~ scuola/treno* to change school/trains ◊ *cambiarsi la camicia* to change your shirt ◊ *Ha intenzione di ~ la macchina con una più grande.* He's going to change his car for a bigger one. ◊ *~ marcia* to change gear ◊ *Il bambino va cambiato.* The baby needs changing. **2** (*valuta*) to change *sth* (*into sth*): *~ euro in sterline* to change euros into pounds ◊ *Ha da ~ 50 euro?* Can you change 50 euros? **3** (*scambiare*) to exchange *sth* (*for sth*): *Può cambiarlo se non le va bene.* You can exchange it if it doesn't fit you. ▶ *vi* to change: *La situazione è cambiata.* The situation has changed. ▶ **cambiarsi** *v rifl* to get* changed: *Mi cambio perché devo uscire.* I'm going to get changed because I'm going out. LOC **cambiare argomento** to change the subject ◆ **cambiare casa** to move house ◆ **cambiare idea/opinione** to change your mind

cambio *sm* **1** (*Fin*) exchange rate **2** (*auto, bicicletta*) gears [*pl*] LOC **cambio della guardia** changing of the Guard ◆ **dare il cambio a** to take* over from *sb*: *Fra mezz'ora ti do il ~ io*. I'll take over from you in half an hour. ◆ **fare a cambio** to swap* (*with sb*): *Ho fatto a ~ con mio fratello*. I swapped with my brother. ◊ *Abbiamo fatto a ~ di posto*. We swapped places. ◆ **in cambio (di)** in return (for *sth/doing sth*): *Non hanno avuto niente in ~*. They got nothing in return. ◊ *in ~ dell'aiuto che mi dai in matematica* in return for you helping me with my maths *Vedi anche* LEVA, SCATOLA

Cambogia *sf* Cambodia

cambogiano, -a *agg, sm-sf, sm* Cambodian: *i cambogiani* the Cambodians

camera *sf* **1** room: *una ~ singola/doppia* a single/double room **2** (*da letto*) bedroom: *Questa è la tua ~*. This is your bedroom. **3** (*Pol*) chamber LOC **camera a gas** gas chamber ◆ **camera ardente** chapel of rest ◆ **camera d'aria** inner tube ◆ **Camera dei Deputati** Chamber of Deputies

cameraman *sm* cameraman*

cameriera *sf* **1** (*ristorante*) waitress **2** (*albergo*) chambermaid

cameriere *sm* waiter

camerino *sm* **1** (*Teat*) dressing room **2** (*in negozio*) fitting room, changing room

camice *sm* **1** (*laboratorio*) lab coat **2** (*ospedale*) white coat

camicetta *sf* blouse

camicia *sf* shirt LOC **camicia da notte** nightdress ◆ **camicia di forza** straitjacket

caminetto *sm* fireplace

camino *sm* **1** (*caminetto*) fireplace: *seduto vicino al ~* sitting by the fireplace ◊ *Accendi il ~*. Light the fire. **2** (*condotto per il fumo*) chimney

camion *sm* lorry* LOC **camion delle immondizie** dustcart

camionista *smf* lorry driver

cammello *sm* camel

camminare *vi* to walk: *~ in fretta* to walk hurriedly LOC *Vedi* CARPONI

camminata *sf* walk: *fare una ~* to go for a walk

cammino *sm* **1** (*percorso*) walk: *due ore di ~* two hours' walk **2** (*sentiero*) path LOC **mettersi in cammino** to set* off

camomilla *sf* **1** (*tisana*) camomile tea **2** (*pianta*) camomile

camoscio *sm* **1** (*animale*) chamois **2** (*pelle*) suede: *scarpe di ~* suede shoes

campagna *sf* **1** (*natura*) country: *vivere in ~* to live in the country **2** (*paesaggio*) countryside: *La ~ è molto bella in aprile*. The countryside looks lovely in April. **3** (*Comm, Pol, Mil*) campaign: *la ~ elettorale* the election campaign

campana *sf* bell LOC *Vedi* SORDO

campanella *sf* bell

campanello *sm* bell: *suonare il ~* to ring the bell

campanile *sm* bell tower

campeggio *sm* **1** (*attività*) camping: *andare in ~* to go camping **2** (*luogo*) campsite

camper *sm* camper van

campestre *agg* LOC *Vedi* CORSA

campionario, -a *agg* LOC *Vedi* FIERA

campionato *sm* championship: *i Campionati Mondiali di Atletica* the World Athletics Championships

campione, -essa ▶ *sm-sf* champion: *il ~ del mondo/d'Europa* the world/European champion
▶ *sm* (*Statistica, merce*) sample

campo *sm* **1** (*terreno, ambito, Fis*) field: *campi di orzo* barley fields ◊ *il ~ della biologia* the field of biology ◊ *~ magnetico* magnetic field **2** (*calcio, rugby*) pitch; (*tennis*) court; (*golf*) course **3** (*prigione, accampamento*) camp: *~ profughi/di concentramento* refugee/concentration camp **4** (*telefonino*) reception: *Non c'è campo*. There's no reception. LOC **campo di battaglia** battlefield

camuffarsi *v rifl* to disguise yourself *as sb/sth*

camuffato, -a *agg* disguised *as sb/sth Vedi anche* CAMUFFARSI

Canada *sm* Canada

canadese ▶ *agg, smf* Canadian
▶ *sf* (*tenda*) ridge tent

canale *sm* **1** (*naturale, TV*) channel: *un ~ televisivo* a TV channel ◊ *il ~ della Manica* the Channel **2** (*artificiale*) canal: *il ~ di Suez* the Suez Canal ◊ *il Canal Grande* the Grand Canal

canapa *sf* hemp LOC **canapa indiana** cannabis

canarino *sm* canary*

cancellare *vt* **1** (*annullare*) to cancel*: *~ un volo/una riunione* to cancel a flight/meeting **2** (*con gomma*) to rub* *sth* out: *~ una parola* to rub out a word **3** (*con penna*) to cross *sth* out: *Cancella tutti gli aggettivi*. Cross out all the adjectives. **4** (*lavagna*) to clean **5** (*Informatica*) to delete LOC *Vedi* GOMMA

cancellata *sf* railing(s) [*si usa spec al pl*]: *saltare una ~* to jump over some railings

cancellatura *sf* crossing out: *pieno di cancellature* full of crossings out
cancelletto *sm* (*tastiera*) hash key
cancellino *sm* (*lavagna*) board duster
cancello *sm* gate: *Chiudi il ~, per favore.* Shut the gate, please.
cancro *sm* **1** cancer [*non numerabile*]: *~ ai polmoni* lung cancer **2 Cancro** (*Astrologia*) Cancer ⊃ *Vedi esempi a* ACQUARIO
candeggina *sf* bleach
candela *sf* **1** (*cera*) candle: *accendere/spegnere una ~* to light/put out a candle **2** (*Auto*) spark plug LOC **candela magica** sparkler
candeliere *sm* candlestick
candelina *sf* candle: *spegnere le candeline* to blow out the candles
candidare ▶ *vt* to nominate *sb* (for *sth*): *È stata candidata all'Oscar.* She was nominated for an Oscar. ▶ *v rifl* **candidarsi** *~* (a) to stand* (for *sth*): *Si è candidato al senato.* He is standing for the senate.
candidato, -a *sm-sf* *~* (a) **1** (*per carica*) candidate (for *sth*): *il ~ alla presidenza del club* the candidate for chair of the club **2** (*per un lavoro*) applicant (for *sth*) **3** (*per un premio*) nominee
candidatura *sf* *~* (a) candidacy (for *sth*): *annunciare la propria ~* to announce your candidacy
candito *sm* candied fruit [*non numerabile*]: *una pasta coi canditi* a pastry with candied fruit
cane *sm* dog ❶ *La femmina si chiama* **bitch** *e i cuccioli* **puppies**. LOC **can che abbaia ...** his/her bark is worse than his/her bite ♦ **cane da guardia** guard dog ♦ **cane da pastore** sheepdog ♦ **cane da salotto** lapdog ♦ **cane guida** guide dog ♦ **cane lupo** Alsatian ♦ **cane poliziotto** police dog ♦ **cane randagio** stray ♦ **da cani** lousy: *tempo da cani* lousy weather ♦ **non c'era un cane** there wasn't a soul *Vedi anche* MENARE, VITA
canestro *sm* basket: *fare ~* to score a basket
canguro *sm* kangaroo
canile *sm* kennel
canino, -a *agg, sm* canine
canna *sf* **1** (*giunco*) reed **2** (*bambù, zucchero*) cane: *~ da zucchero* sugar cane **3** (*fucile*) barrel LOC **canna da pesca** fishing rod *Vedi anche* ZUCCHERO
cannella *sf* cinnamon
cannibale *smf* cannibal
cannocchiale *sm* telescope
cannone *sm* cannon
cannuccia *sf* straw

canoa *sf* canoe
canottaggio *sm* rowing: *un circolo di ~* a rowing club
canottiera *sf* vest
canotto *sm* dinghy
cantante *smf* singer
cantare ▶ *vt, vi* to sing* ▶ *vi* **1** (*uccellino*) to chirp **2** (*gallo*) to crow **3** (*confessare*) to talk: *La polizia lo farà ~.* The police will make him talk. LOC **cantar vittoria** to celebrate
cantautore, -trice *sm-sf* singer-songwriter
canticchiare *vt, vi* to hum*
cantiere *sm* **1** (*navale*) shipyard **2** (*edile*) building site
cantina *sf* cellar
canto *sm* **1** (*arte*) singing: *studiare ~* to study singing **2** (*canzone*) song LOC **canto di Natale** Christmas carol ♦ **d'altro canto** on the other hand
cantonata *sf* LOC **prendere una cantonata** to make* a blunder
cantone *sm* (*Pol*) canton: *Canton Ticino* Canton Ticino
canyon *sm* canyon
canzone *sf* song
caos *sm* chaos [*non numerabile*]: *La notizia ha provocato il ~.* The news caused chaos.
caotico, -a *agg* chaotic
CAP *sm* postcode
capace *agg* *~* (di) capable (of *sth*/doing *sth*): *Voglio gente ~ e che ha voglia di lavorare.* I want capable, hard-working people. ◊ *Sei ~ di mantenere un segreto?* Can you keep a secret?
capacità *sf* **1** *~* (di) (*attitudine*) ability (*to do sth*): *Ha la ~ di farlo.* She has the ability to do it. **2** (*capienza*) capacity: *La ~ della sala è di 2.000 persone.* The hall has a seating capacity of 2 000.
capanna *sf* hut
capannone *sm* shed
caparra *sf* deposit
capello *sm* hair [*non numerabile*]: *capelli ricci/lisci* curly/straight hair ⊃ *Vedi nota a* INFORMAZIONE LOC **averne fin sopra i capelli** (di) to be fed up (with *sb/sth/doing sth*) *Vedi anche* CRESCERE, RIZZARE, SCIOGLIERE, SPAZZOLA, TAGLIO
capezzolo *sm* **1** (*persona*) nipple **2** (*animale*) teat
capienza *sf*: *uno stadio con una ~ di 80.000 spettatori* a stadium that can hold 80 000 people
capillare *agg, sm* capillary

capelli

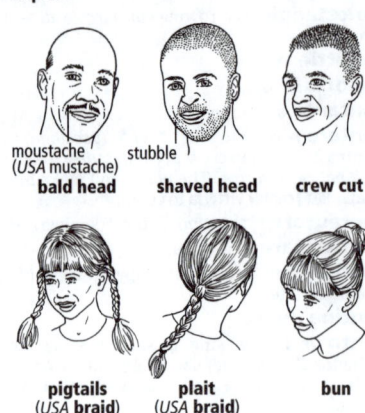

moustache (USA **mustache**) — **stubble** — **bald head** — **shaved head** — **crew cut**

pigtails (USA **braid**) — **plait** (USA **braid**) — **bun**

capire ▶ vt to understand*: *facile/difficile da ~* easy/difficult to understand ◊ *Non capisco.* I don't understand. ◊ *Non ho capito una parola di quello che ha detto.* I didn't understand a word he said. ▶ v rifl **capirsi** to get* on (with sb): *Ci capiamo a meraviglia.* We get on very well. LOC **capire male** to misunderstand* ◆ **ho capito** I see ◆ **lasciar capire** to imply* (*that ...*) *Vedi anche* VOLO

capitale ▶ sf capital
▶ sm (*Fin*) capital

capitalismo sm capitalism

capitalista agg, smf capitalist

capitaneria sf LOC **capitaneria di porto** port authorities [pl]

capitano sm (*Mil, Sport*) captain: *il ~ della squadra* the team captain

capitare vi **1** (*accadere*) to happen: *Sono cose che capitano.* These things happen. ◊ *Se ti capita di vederlo fammelo sapere.* If you happen to see him, let me know. **2** (*arrivare*) to turn up

capitolo sm chapter: *A che ~ sei arrivato?* What chapter are you on?

capitombolo sm tumble: *fare un ~* to take a tumble

capo sm **1** (*Anat, di un dipartimento*) head **2** (*superiore*) boss: *essere il ~* to be the boss **3** (*di una associazione*) leader: *il ~ del partito* the party leader **4** (*di una tribù*) chief **5** (*estremità*) end: *Ho girato da un ~ all'altro della città.* I've been from one end of town to the other. **6** (*Geog*) cape: *il ~ di Buona Speranza* the Cape of Good Hope LOC **a capo di** in charge of *sth*: *È a ~ della ditta.* He's in charge of the firm. ◆ **andare a capo** to start a new paragraph ◆ **capo di stato** head of state ◆ **da capo** all over again: *Ho dovuto ricominciare da ~.* I had to start all over again. ◆ **da capo a piedi** from head to foot: *Ci siamo bagnati da ~ a piedi.* We were soaked from head to foot. ◆ **non avere né capo né coda** to be senseless *Vedi anche* PUNTO

capobanda smf ringleader

capodanno sm New Year's Day LOC *Vedi* VEGLIONE

capofamiglia smf head of the household

capofitto sm LOC **a capofitto** headlong: *buttarsi a ~ nell'acqua* to dive headlong into the water

capogiro sm dizziness LOC **avere un ~** to feel* dizzy

capolavoro sm masterpiece

capolinea sm terminus*: *L'autobus fa ~ alla stazione.* The bus terminates at the station.

caporale sm corporal

caposquadra smf foreman*/woman*

capostazione smf station master

capotavola sm: *sedersi a ~* to sit at the head of the table

capovolgere ▶ vt to turn *sth* upside down
▶ **capovolgersi** v rifl **1** (*auto*) to overturn **2** (*barca*) to capsize

cappella sf chapel

cappello

top hat — **cap** — **woolly hat** — **crash helmet** — **hood**

cappello sm hat: *un ~ da cuoco* a chef's hat

cappero sm caper

cappottare vi to overturn: *La macchina ha slittato e ha cappottato.* The car skidded and overturned.

cappotto sm coat

Cappuccetto n pr LOC **Cappuccetto Rosso** Little Red Riding Hood

cappuccino sm cappuccino*

cappuccio sm **1** (*indumento*) hood **2** (*penna*) top

capra sf goat

capretto sm kid

capriccio sm whim: *È solo un ~.* It's only a passing whim. LOC **fare i capricci** to throw a tantrum

capriccioso, -a agg (*bambino*) naughty*

Capricorno sm Capricorn ⊃ *Vedi esempi a* ACQUARIO

capriola sf somersault: *fare una ~* to do a somersault

capro sm LOC **capro espiatorio** scapegoat

capsula sf (*medicinale, spaziale*) capsule

carabiniere sm policeman*

caraffa sf jug

Caraibi sm **i Caraibi** the Caribbean [*sing*]

caraibico, -a agg Caribbean

caramella sf sweet LOC **caramella mou** fudge

caramello sm caramel

carato sm carat: *oro a 18 carati* 18-carat gold

carattere sm **1** (*indole*) nature **2** (*lettera di alfabeto*) character: *caratteri greci* Greek characters LOC **avere un buon/brutto carattere** to be good-natured/bad-tempered ♦ **avere carattere** to have character

caratteristica sf characteristic

caratteristico, -a agg characteristic

carboidrato sm carbohydrate

carboncino sm charcoal: *un disegno a ~* a charcoal sketch

carbone sm coal LOC **carbone di legna** charcoal

carbonio sm carbon LOC *Vedi* MONOSSIDO, OSSIDO

carbonizzare vt to burn*

carbonizzato, -a agg **1** (*cibo*) burnt to a cinder **2** (*in incendio*) charred *Vedi anche* CARBONIZZARE

carburante sm fuel

carburatore sm carburettor

carcerato, -a sm-sf convict

carcere sm prison: *Lo hanno messo in ~.* They put him in prison.

carciofo sm artichoke

cardiaco, -a agg heart [*s attrib*] LOC *Vedi* BATTITO, COLLASSO

cardinale sm, agg cardinal LOC *Vedi* PUNTO

cardine sm hinge

cardo sm thistle

carenza sf lack: *C'è ~ di medicinali.* There's a lack of medicines. ◊ *~ vitaminica* lack of vitamins

carestia sf famine

carezza sf caress LOC **fare una carezza a 1** (*persona*) caress sb **2** (*animale*) stroke sth

cariato, -a agg decayed

carica sf **1** (*mansione*) office: *la ~ di sindaco* the office of mayor **2** (*orologio*): *dare la ~ all'orologio* to wind up the clock **3** (*esplosivo, Elettr*) charge LOC **in carica** (*campione*) reigning ♦ **mettere in carica** (*telefonino*) to charge

caricabatteria sm charger

caricare ▶ vt **1** (*merce, veicolo, programma*) to load: *Hanno caricato il camion di scatoloni.* They loaded the lorry with boxes. ◊ *~ un'arma* to load a weapon **2** (*telefonino, batteria*) to charge **3** (*Mil*) to charge at sb ▶ **caricarsi** v rifl **1 caricarsi di** (*portare*) to carry* sth [vt]: *Mi tocca sempre caricarmi di borse e borsoni.* I always end up carrying too many bags. **2** (*Informatica*) to load

caricatura sf caricature

carico, -a ▶ agg **1** (*telefonino, batteria*) charged **2** *~* (**di**) loaded (with *sth*): *un'arma carica* a loaded weapon ◊ *Erano carichi di valige.* They were loaded down with suitcases. **3** *~ di* (*compiti, debiti*) burdened with sth **4** (*tè, caffè*) strong
▶ sm **1** (*di aereo, nave*) cargo* **2** (*di camion, peso*) load: *~ massimo* maximum load **3** (*azione*) loading: *~ e scarico* loading and unloading ◊ *Il ~ della nave è durato parecchi giorni.* Loading the ship took several days. **4** (*fiscale, tributario*) burden LOC **essere a carico di** (*spese*) to be payable by sb: *Le spese sono a ~ della scuola.* The costs are payable by the school. **carica!** charge! *Vedi anche* TELEFONATA

carie sf tooth decay [*non numerabile*]: *per prevenire la ~* to prevent tooth decay ◊ *Ho una ~.* I've got a cavity.

carino, -a agg **1** (*grazioso*) pretty **2** (*gentile*) nice: *Cerca di essere più ~ con lei.* Try to be nice to her.

carità sf charity: *vivere di ~* to live on charity LOC **per carità!** please!

carnagione sf complexion: *avere una ~ molto chiara* to have a very pale complexion

carnale agg LOC *Vedi* VIOLENZA

carne sf **1** (*muscoli*) flesh **2** (*alimento*) meat: *Mi piace la ~ ben cotta.* I like my meat well done.

> In inglese, per riferirsi all'animale e alla carne che se ne ottiene si usano talvolta

parole diverse: *maiale* si dice **pig**, ma quando si parla della carne si usa **pork**; *vacca* si dice **cow** ma per la carne si usa **beef** (cioè *manzo*); *vitello* è **calf** ma per riferirsi alla carne si usa **veal** e infine **mutton** è la carne della *pecora* (**sheep**). Per *agnello* si usa invece la stessa parola sia per l'animale che per la carne (**lamb**).

LOC **carne tritata** mince ◆ **carne viva** raw flesh ◆ **in carne e ossa** in the flesh

carneficina *sf* massacre

carnevale *sm* carnival ⊃ *Vedi nota a* MARTEDÌ

carnivoro, -a *agg* carnivorous: *pianta carnivora* carnivorous plant

caro, -a ▶ *agg* **1** (*in lettere*) dear: *Caro David, … Dear David, … ◇ Cari saluti, Laura.* Lots of love, Laura. **2** (*costoso*) expensive, dear (*più informale*): *È troppo ~*. It's too expensive.
▶ *avv* **1** *pagare qc molto ~* to pay a lot for sth ◇ *costare ~* to cost a lot **2** (*fig*) dearly: *Pagheranno ~ il loro errore.* They will pay dearly for their mistake.

carogna *sf* **1** (*cadavere*) carrion **2** (*insulto*) swine

carota *sf* carrot

carovana *sf* caravan

carpa *sf* carp*

carponi *avv* LOC **andare/camminare carponi** to crawl

carrabile *agg* LOC *Vedi* PASSO

carreggiata *sf* carriageway

carrello *sm* (*di supermercato, aeroporto*) trolley: *~ del supermercato* shopping trolley LOC **carrello di atterraggio** undercarriage

carriera *sf* career: *Ci sono molte prospettive di ~*. It offers good career prospects. LOC **fare carriera** to get* on

carriola *sf* wheelbarrow

carro *sm* **1** cart **2** (*sfilata*) float LOC **carro armato** tank ◆ **carro attrezzi** breakdown truck ◆ **carro funebre** hearse

carrozza *sf* **1** (*Ferrovia*) coach **2** (*carro*) carriage

carrozzeria *sf* bodywork [*non numerabile*]

carrozziere *sm* panel beater

carrozzina *sf* pram

carrozzone *sm* caravan

carta *sf* **1** (*materiale*) paper [*non numerabile*]: *un foglio di ~* a sheet of paper ◇ *~ a righe/quadretti* lined/squared paper ◇ *~ riciclata* recycled paper **2** (*da gioco*) card: *giocare a carte* to play cards

I *semi* delle carte, **suits**, si dividono in: **hearts** (*cuori*), **diamonds** (*quadri*), **clubs** (*fiori*) e **spades** (*picche*). Ogni seme comprende **ace** (*asso*), **king** (*re*), **queen** (*regina*) e **jack** (*fante*). Prima di cominciare a giocare si *mescolano* (**shuffle**), si *tagliano* (**cut**) e si *danno* (**deal**) le carte.

3 (*geografica, stradale*) map LOC **carta da gioco** playing card ◆ **carta da lettere** writing paper ◆ **carta da parati** wallpaper ◆ **carta da pacchi** brown paper ◆ **carta da regalo** wrapping paper ◆ **carta di alluminio** foil ◆ **carta di credito** credit card ◆ **carta d'identità** identity card ❶ In Gran Bretagna non esiste la carta d'identità. ◆ **carta d'imbarco** boarding card ◆ **carta igienica** toilet paper ◆ **carta intestata** headed paper ◆ **carta straccia** waste paper ◆ **carta vetrata** sandpaper ◆ **dare le carte** to deal* (the cards) ◆ **fare le carte** to tell* *sb's* fortune *Vedi anche* FAZZOLETTO, BICCHIERE

cartacarbone *sf* carbon paper

cartaccia *sf* waste paper

cartapesta *sf* papier mâché

cartavetrare *vt* to sandpaper

cartella *sf* **1** (*Informatica, per fogli*) folder **2** (*valigetta*) briefcase **3** (*da scuola*) school bag LOC **cartella clinica** medical record

cartellino *sf* **1** (*etichetta*) tag: *il ~ del prezzo* price tag **2** (*Calcio*) card: *~ giallo/rosso* yellow/red card

cartello *sm* **1** (*avviso*) sign **2** (*in corteo*) placard LOC **cartello stradale** road sign

cartellone *sm* **1** (*pubblicitario*) hoarding **2** (*a scuola*) wallchart

cartina *sf* **1** (*geografica, stradale*) map **2** (*per sigarette*) cigarette paper

cartoleria *sf* stationer's

cartolina *sf* postcard

cartoncino *sm* card

cartone *sm* **1** (*materiale*) cardboard: *scatole di ~* cardboard boxes **2** (*latte*) carton ⊃ *Vedi illustrazione a* CONTAINER LOC **cartone animato** cartoon

cartuccia *sf* (*proiettile, ricambio*) cartridge

casa *sf* **1** (*abitazione*) house **2** (*focolare domestico*) home: *Casa dolce ~*. Home sweet home. ◇ *avere nostalgia di ~* to be homesick **3** (*impresa*) company*: *una ~ discografica* a record company LOC **a casa** at home: *Sono rimasto a ~*. I stayed at home. ◆ **a casa di** at *sb's* (house): *Sarò a ~ di mia sorella.* I'll be at my sister's house. ❶ Nel linguaggio informale si omette la parola "house": *Sarò a ~ di Francesca.* I'll be at Francesca's. ◆ **andare a casa** to go home ◆ **andare a casa di** to go to *sb's* (house): *Andrò a ~ dei miei nonni.* I'll go to my grandparents' (house). ◆ **casa dello studente** hall (of residence) ◆ **casa di riposo per anziani** old people's home ◆ **casa editrice** publishing house ◆ **casa popolare** council flat ◆ **fatto in casa** home-made: *marmellata fatta in ~* home-made jam ◆ **in casa** in: *È in ~ tua madre?* Is your mother in? *Vedi anche* CAMBIARE, PADRONE

casaccio *sm* LOC **a casaccio** at random

casalinga *sf* housewife*

casalingo, -a *agg* **1** (*piatti*) home-made: *pane casalingo* home-made bread ◊ *cucina casalinga* home cooking **2** (*persona*) home-loving: *È molto ~.* He loves being at home.

cascare *vi* to fall*: *Sono cascato per terra.* I fell down. LOC **cascare dal sonno** to be asleep on your feet ◆ **cascarci** to fall* for it: *… e lui ci è cascato!* … and he fell for it! *Vedi anche* NUVOLA

cascata *sf* waterfall

cascatore, -trice *sm-sf* stuntman*/woman*

caschetto *sm*: *capelli a ~* bob

cascina *sf* farmhouse

casco *sm* **1** (*da motociclista, operaio*) helmet: *È obbligatorio portare il ~.* Wearing a helmet is compulsory. **2** (*asciugacapelli*) hairdryer **3** (*banane*) bunch

caseggiato *sm* block of flats

casella *sf* **1** (*cruciverba, Scacchi, Dama*) square **2** (*questionario*) box: *fare un segno nella ~* to put a tick in the box **3** (*lettere*) pigeonhole LOC **casella postale** post-office box (*abbrev* PO box) ◆ **casella vocale** voicemail

casello *sm* (*di autostrada*) tollbooth

caserma *sf* barracks [v *sing o pl*]: *La ~ è qui vicino.* The barracks is/are very near here. LOC **caserma dei pompieri** fire station

casino *sm* **1** (*chiasso*) racket: *fare ~* to make a racket **2** (*disordine*) mess: *Che ~!* What a mess! **3** (*confusione*) muddle: *C'era un ~ incredibile.* There was a terrible muddle. ◊ *Fa sempre ~ con i nomi.* She always gets names muddled. **4** (*guaio*) trouble [*non numerabile*]: *L'hanno messo nei casini.* They got him into trouble. LOC *Vedi* PIANTARE

casinò *sm* casino*

caso *sm* **1** (*coincidenza*) chance: *Ci siamo incontrati per puro ~.* We met by sheer chance. ◊ *Non avresti per ~ il suo numero di telefono?* You wouldn't have her number by any chance, would you? **2** (*destino*) fate **3** (*vicenda*) case: *il caso Moro* the Moro case LOC **a caso** at random: *Scegli un numero a ~.* Choose a number at random. ◆ **essere un caso a parte** to be something else ◆ **fare al caso di qn** to be just what sb needs ◆ **fare caso a** to take* notice of sb/sth ◆ **in caso contrario** otherwise ◆ **in caso di** in the event of sth: *Rompere il vetro in ~ di incendio.* Break the glass in the event of fire. ◆ **in caso di bisogno/necessità** if necessary ◆ **in ogni caso** in any case ◆ **nel caso che …** if … : *Nel ~ che te lo chieda …* If he asks you … ◆ **nel migliore/peggiore dei casi** at best/worst ◆ **non è il caso di …** there's no need … : *Non è il ~ di prendersela.* There's no need for you to get upset. ◆ **si dà il caso che …** it so happens that …

caspita! *escl* **1** (*sorpresa*) gosh! **2** (*sdegno*) for heaven's sake!

cassa *sf* **1** (*contenitore*) crate; (*vino*) case **2** (*supermercato*) checkout **3** (*altri negozi*) cash desk **4** (*banca*) cashier's desk **5** (*registratore di cassa*) till **6** (*stereo*) speaker LOC **cassa comune** kitty*: *far ~ comune* to have a kitty ◆ **cassa di risparmio** savings bank *Vedi anche* FONDO, REGISTRATORE

cassaforte *sf* safe

cassapanca *sf* chest

casseruola *sf* saucepan ⊃ *Vedi illustrazione a* SAUCEPAN

cassetta *sf* cassette

Si può anche dire **tape**. **Rewind** significa "riavvolgere il nastro" e **fast forward** "far andare avanti veloce".

LOC *Vedi* PANE

cassettiera *sf* chest of drawers

cassetto *sm* drawer

cassiere, -a *sm-sf* cashier

cassonetto *sm* (*per rifiuti*) wheelie bin

casta *sf* caste

castagna *sf* chestnut LOC *Vedi* LEVARE

castagno *sm* chestnut (tree)

castano, -a *agg* **1** (*capelli/occhi*) brown **2** (*persona*) brown-haired

castello *sm* castle LOC **castello di sabbia** sandcastle *Vedi anche* LETTO

castigo *sm* punishment: *mettere qn in ~* to punish sb

castità *sf* chastity

casto, -a *agg* chaste

castoro *sm* beaver

castrare *vt* to castrate

casuale *agg* chance [*s attrib*]: *un incontro ~* a chance meeting

casualmente *avv* by chance

catacomba *sf* catacomb

catalizzatore *sm* (*Auto*) catalytic converter

catalogo *sm* catalogue

cataratta *sf Vedi* CATERATTA

catarifrangente *sm* reflector
catarro *sm* catarrh [*non numerabile*]
catastrofe *sf* catastrophe
catechismo *sm* catechism
categoria *sf* **1** category* **2** (*albergo*) class: *un albergo di seconda ~* a second class hotel LOC **di prima/seconda/terza categoria** first-rate/second-rate/third-rate
categorico, -a *agg* **1** categorical **2** (*rifiuto*) flat **3** (*ordine*) strict
catena *sf* chain LOC **catena di montaggio** assembly line
catenaccio *sm* bolt: *mettere il ~* to bolt the door
catenina *sf* chain: *una ~ d'oro* a gold chain
cateratta *sf* (*anche* **cataratta**) cataract
catino *sm* bowl
catrame *sm* tar
cattedra *sf* teacher's desk
cattedrale *sf* cathedral
cattiveria *sf* **1** (*qualità*) wickedness **2** (*azione, frase*): *È stata una ~.* It was a nasty thing to do. ◊ *Ha detto tante cattiverie.* She said such nasty things.
cattività *sf* captivity
cattivo, -a ▶ *agg* **1** bad*: *un ~ odore* a bad smell **2** (*inadeguato*) poor: *cattiva alimentazione* poor food ◊ *dovuto al ~ stato del terreno* due to the poor condition of the ground **3** (*bambino*) naughty*
▶ *sm-sf* villain, baddy* (*informale*): *Il ~ muore nell'ultimo atto.* The villain dies in the last act. ◊ *Alla fine i buoni si scontrano con i cattivi.* At the end there's a fight between the goodies and the baddies. LOC *Vedi* EDUCAZIONE, MIRA, NAVIGARE, ODORE, STRADA, UMORE
cattolicesimo *sm* Catholicism
cattolico, -a *agg, sm-sf* Catholic: *essere ~* to be a Catholic
cattura *sf* capture
catturare *vt* to capture
causa *sf* **1** (*origine, ideale*) cause: *la ~ principale del problema* the main cause of the problem ◊ *Ha abbandonato tutto per la ~.* He left everything for the cause. **2** (*Dir*) lawsuit LOC **a/per causa di** because of *sb/sth* ♦ **fare causa** to take* *sb/sth* to court
causare *vt* to cause
cautela *sf* caution
cauto, -a *agg* cautious
cauzione *sf* **1** (*Comm*) deposit **2** (*Dir*) bail [*non numerabile*]: *una ~ di ventimila euro* bail of twenty thousand euros

cava *sf* quarry*: *cave di marmo* marble quarries
cavalcare *vt* to ride*: *Mi piace ~.* I like riding.
cavalcata *sf* ride: *fare una ~* to go for a ride
cavalcavia *sm* flyover
cavalcioni *avv* LOC **a cavalcioni (di)** astride (*sth*)
cavaliere *sm* **1** (*chi va a cavallo*) rider **2** (*Storia*) knight
cavalla *sf* mare
cavalleria *sf* **1** (*Mil*) cavalry [*v sing o pl*] **2** (*cortesia*) chivalry
cavalletta *sf* grasshopper
cavalletto *sm* **1** trestle **2** (*Pittura*) easel **3** (*Fotografia*) tripod
cavallo *sm* **1** (*animale*) horse **2** (*Scacchi*) knight **3** (*Mecc*) horsepower (*abbrev* hp): *un motore da venti cavalli* a twenty-horsepower engine **4** (*attrezzo ginnico*) vaulting horse LOC **a cavallo tra …** halfway between … ♦ **cavallo a dondolo** rocking horse ♦ **cavallo da corsa** racehorse ♦ **cavallo di battaglia** strong point, forte: *La pasta al forno è il mio cavallo di battaglia* Oven-baked pasta is my forte. *Vedi anche* CODA, FERRO
cavalluccio *sm* LOC **cavalluccio marino** sea horse ♦ **portare a cavalluccio** to give* *sb* a piggyback
cavare *vt* to extract, to take* *sth* out: *farsi ~ un dente* to have a tooth out LOC **cavare le parole di bocca a qn** to drag* it out of *sb*: *Le devi sempre ~ le parole di bocca.* You have to drag everything out of her. ♦ **cavarsela 1** to get* on: *Come te la cavi?* How are you getting on? ◊ *Se la sta cavando bene al lavoro/a scuola.* He's getting on well at work/school. **2** (*farcela*) to get* by, to manage: *Se la sa cavare da sola.* She can manage on her own. ♦ **cavarsela per un pelo** to escape by the skin of your teeth
cavatappi *sm* corkscrew
caverna *sf* cavern
cavia *sf* guinea pig
caviale *sm* caviar
caviglia *sf* ankle: *Mi sono slogato la ~.* I've sprained my ankle.
cavillare *vi* to split* hairs: *Non stare a ~.* Don't split hairs.
cavo, -a ▶ *agg* hollow: *un albero ~* a hollow tree
▶ *sm* **1** cable: *TV via cavo* cable TV **2** (*Naut*) rope
cavolfiore *sm* cauliflower
cavolino di Bruxelles *sm* Brussels sprout

cavolo ▶ *sm* cabbage
▶ *escl* heck!: *Oh ~! Arriverò in ritardo!* Oh, heck! I'm going to be late!

CD *sm* CD

CD-ROM *sm* CD-ROM

ce *Vedi* CI

cece *sm* chickpea

cecità *sf* blindness

ceco, -a *agg, sm-sf,* sm Czech: *i cechi* the Czechs ◊ *parlare ~* to speak Czech

cedere ▶ *vt* to hand *sth* over (*to sb*): *~ il potere* to hand over power ◊ *Hanno ceduto l'edificio al comune.* They handed over the building to the council. ▶ *vi* **1** (*rassegnarsi*) to give* in (*to sb/sth*): *È importante saper ~.* It's important to know how to give in gracefully. **2** (*rompersi*) to give* way: *Il ripiano ha ceduto sotto il peso dei libri.* The shelf gave way under the weight of the books. LOC **cedere il passo** to give* way *to sb/sth* ◆ **cedere il posto** to give* up your seat *for sb* ◆ **cedere la parola** to hand over *to sb*

cedro *sm* cedar

ceffone *sm* slap LOC *Vedi* MOLLARE

celebrare *vt* to celebrate

celebre *agg* famous

celeste *agg, sm* pale blue ➔ *Vedi esempi a* GIALLO

celibe *agg* single: *essere ~* to be single

cella *sf* cell LOC **in cella d'isolamento** in solitary confinement

cellofan *sm* Cellophane®

cellula *sf* cell

cellulare ▶ *agg* cellular
▶ *sm* mobile: *L'ho chiamato sul ~.* I called him on his mobile. ◊ *avere il ~ spento* to have your mobile switched off

cellulite *sf* cellulite

cemento *sm* cement LOC **cemento armato** reinforced concrete

cena *sf* dinner, supper: *Cosa c'è per ~?* What's for dinner?

cenare *vi* to have dinner

cencio *sm* rag

cenere *sf* ash LOC *Vedi* MERCOLEDÌ

Cenerentola *n pr* Cinderella

cenno *sm* (*segno*) sign LOC **fare cenno** to signal*: *Mi facevano ~ di fermarmi.* They were signalling to me to stop. ◆ **fare cenno di sì/di no** to nod* (your head)/to shake* your head

censimento *sm* census

censore *sm* censor

censura *sf* censorship

censurare *vt* to censor

centenario, -a ▶ *agg* hundred-year-old: *un albero ~* a hundred-year-old tree
▶ *sm* centenary: *il ~ della sua fondazione* the centenary of its founding ◊ *il sesto ~ della sua nascita* the 600th anniversary of his birth

centesimo, -a ▶ *agg, pron, sm* hundredth: *un ~ di secondo* a hundredth of a second ➔ *Vedi esempi a* SESSANTESIMO
▶ *sm* (*moneta*) cent

centigrado, -a *agg* centigrade (*abbrev* C) LOC *Vedi* GRADO

centimetro *sm* centimetre (*abbrev* cm): *~ quadrato/cubico* square/cubic centimetre ➔ *Vedi Appendice 1.*

centinaio *sm* (a) hundred: *centinaia, decine e unità* hundreds, tens and units ◊ *varie centinaia* several hundred ◊ *un ~ di spettatori* a hundred or so spectators ➔ *Vedi Appendice 1.* LOC **centinaia di ...** hundreds of ...: *centinaia di sterline* hundreds of pounds

cento *sm, agg, pron* a hundred: *Oggi compie ~ anni.* She's a hundred today. ➔ *Vedi Appendice 1.* LOC **(al) cento per cento** a hundred per cent ◆ **per cento** per cent: *il 50 per ~ della popolazione* 50 per cent of the population

centomila *sm, agg, pron* a hundred thousand: *~ euro* a hundred thousand euros ➔ *Vedi Appendice 1.*

centrale ▶ *agg* **1** central: *riscaldamento ~* central heating ◊ *un appartamento ~* a flat in the centre of town **2** (*principale*) main: *il problema ~* the main problem
▶ *sf* LOC **centrale del latte** dairy* ◆ **centrale di polizia** police station ◆ **centrale elettrica** power station ◆ **centrale nucleare** nuclear power station

centralinista *smf* (switchboard) operator

centralino *sm* (*ufficio, albergo*) switchboard

centrare *vt* **1** (*colpire nel centro*) to hit*: *~ il bersaglio* to hit the target **2** (*mettere al centro*) to centre: *~ la fotografia in una pagina* to centre the photo on a page **3** (*problema*) to put* your finger on *sth*

centrato, -a *agg* **1** (*nel centro*): *Il titolo non è ~* The heading isn't in the centre. **2** (*assestato*): *un colpo ben ~.* a well-aimed blow *Vedi anche* CENTRARE

centravanti *sm* centre forward: *Gioca come ~.* He plays centre forward.

centrifuga *sf* **1** (*per bucato*) spin-dryer **2** (*per frutta*) juicer

centro *sm* centre: *il ~ della città* the city centre ◊ *il ~ dell'attenzione* the centre of attention LOC **centro benessere** health spa ◆ **centro commerciale** shopping centre ◆ **centro culturale** arts centre ◆ **centro sociale** community centre

centrocampista → che

♦ **fare centro** to hit* the target *Vedi anche* RIA-
NIMAZIONE

centrocampista *sm* midfield player

centrocampo *sm* midfield

ceppo *sm* **1** (*albero*) stump **2** (*ciocco*) log
LOC **ceppo bloccaruote** clamp

cera *sf* wax LOC **avere una bella cera** to look well

ceramica *sf* pottery

cerbiatto *sm* fawn ⊃ *Vedi nota a* CERVO

cerca *sf* LOC **in cerca di** in search of *sth*

cercapersone *sm* bleeper

cercare ▶ *vt* **1** to look for *sb/sth*: *Sto cercando lavoro/casa.* I'm looking for work/somewhere to live. **2** (*controllare*) to look *sth* up: ~ *una parola sul dizionario* to look a word up in the dictionary ▶ *vi* ~ **di** to try* *to do sth*: *Cerca di essere puntuale.* Try to be there on time.
LOC **cercare un ago in un pagliaio** to look for a needle in a haystack ♦ **cercasi** wanted: *Cercasi appartamento.* Flat wanted. ♦ **te le vai a cercare** you're asking for it

cerchia *sf* (*amici, parenti*) circle

cerchietto *sm* (*per capelli*) hairband

cerchio *sm* circle

cereale *sm* cereal: *A colazione mangio i cereali.* I have cereal for breakfast.

cerebrale *agg* (*Med*) brain [*s attrib*]: *un'emorragia* ~ a brain haemorrhage LOC *Vedi* COM-
MOZIONE, LESIONE

cerimonia *sf* ceremony*: *la* ~ *di apertura* the opening ceremony

cerniera *sf* **1** (*cerniera lampo*) zip **2** (*di finestra, porta*) hinge

cero *sm* candle

cerotto *sm* plaster

certamente ▶ *avv* certainly
▶ **certamente!** *escl* of course!

certezza *sf* certainty*: *avere la* ~ to be certain

certificare *vt* to certify*

certificato *sm* certificate: ~ *di nascita/medico* birth/medical certificate

certo, -a ▶ *agg* **1** (*sicuro*) certain, sure (*più informale*): *Non ne sono* ~. I'm not certain. ◊ *È* ~. It's a sure thing. **2** (*indeterminato*) certain: *con una certa apprensione* with a certain anxiety ◊ *Ci sono solo a certe ore del giorno.* They're only there at certain times of the day. ◊ *un* ~ *Mr Cooper* a certain Mr Cooper **3** (*intensivo*): *Ha certi muscoli!* What muscles he's got!
▶ *avv* certainly
▶ **certi** *pron* some people: *Certi dicono che...* Some people say that...
▶ **certo!** *escl* of course: *Certo che no!* Of course not! LOC **di certo** for sure ♦ **fino a un certo punto** up to a point

cerume *sm* earwax

cervello *sm* **1** (*Anat*) brain **2** (*persona*) brains [*sing*]: *il* ~ *della banda* the brains behind the gang LOC **lambiccarsi/arrovellarsi il cervello** to rack your brains *Vedi anche* LAVAGGIO

cervo, -a *sm-sf* deer*

La parola **deer** è il sostantivo generico, **stag** (o **buck**) si riferisce solo al cervo maschio e **doe** solo alla femmina. **Fawn** è il cerbiatto.

cesoie *sf* shears

cespuglio *sm* bush

cessare ▶ *vi* ~ (**di**) to stop* (*doing sth*) ▶ *vt* to cease: ~ *il fuoco* to cease fire

cestino *sm* **1** basket **2** (*Informatica*) recycle bin LOC **cestino dei rifiuti** litter bin ♦ **cestino della carta** waste-paper basket ♦ **cestino del pranzo** lunch box

cesto *sm* basket

ceto *sm* class: ~ *alto/basso/medio* upper/lower/middle class

cetriolino *sm* gherkin: ~ *sottaceto* pickled gherkin

cetriolo *sm* cucumber

charter *agg, sm*: *un (volo)* ~ a charter flight

chat-line *sf* **1** (*linea telefonica d'intrattenimento*) chatline **2** (*Internet*) chat room: *Ha conosciuto un ragazzo su una* ~. She met a boy in a chat room.

chat room *sf* chat room

chattare *vi* to chat*: *Ho passato tutto il pomeriggio chattando su Internet.* I spent the whole afternoon chatting on the Internet.

che¹ *pron rel*

• **soggetto 1** (*persona*) who: *il signore* ~ *è venuto ieri* the man who came yesterday ◊ *È stato mio fratello* ~ *me l'ha detto.* It was my brother who told me. **2** (*cosa*) that: *la macchina* ~ *è parcheggiata nella piazza* the car that's parked in the square

Quando **che** equivale a *il quale, la quale*, ecc, si traduce con **which**: *Questo palazzo,* ~ *prima era sede governativa, oggi è una biblioteca.* This building, which previously housed the Government, is now a library.

• **complemento**

In inglese spesso non si traduce **che** quando ha funzione di complemento, anche se è corretto usare **that/who** per persone e **that/which** per cose: *il ragazzo* ~ *hai conosciuto a Roma* the boy (that/who) you met in Rome ◊

la rivista ~ mi hai prestato ieri the magazine (that/which) you lent me yesterday

che² *agg, pron*
- **interrogativo** what: *Che te ne pare?* What do you think? ◊ *Non so ~ dire.* I don't know what to say. ◊ *Che ore sono?* What time is it? ◊ *A ~ piano abiti?* What floor do you live on?

Quando esiste un numero limitato di possibilità si usa **which**: *Che macchina prendiamo, la tua o la mia?* Which car shall we take? Yours or mine?

- **esclamativo 1** (+ *sostantivi numerabili al plurale e non numerabili*) what: *Che belle case!* What lovely houses! ◊ *Che coraggio!* What courage! **2** (+ *sostantivi numerabili al singolare*) what a: *Che vita!* What a life! **3** (*quando si traduce con aggettivo*) how: *Che rabbia/orrore!* How annoying/awful! **LOC** **che cosa** what: *Che cosa ha detto?* What did he say?

che³ *cong* **1** (*con proposizioni subordinate*) (that): *Ha detto ~ sarebbe venuto questa settimana.* He said (that) he would come this week. ◊ *Spero ~ venga.* I hope he comes. **2** (*nei paragoni*) than: *C'era più vodka ~ succo d'arancia.* There was more vodka in it than orange juice. **3** (*risultato*) (that): *Ero così stanca ~ mi sono addormentata.* I was so tired (that) I fell asleep. **4** (*altre costruzioni*) *Aumenta il volume della radio ~ non la sento.* Turn the radio up — I can't hear it. ◊ *Non c'è giorno ~ non piova.* There isn't a single day when it doesn't rain. ◊ *Sono anni ~ non ci vediamo.* I haven't seen them in years.

check-in *sm* check-in

check-up *sm* check-up: *fare un ~* to have a check-up

chi ▶ *pron interr* who: *Chi è?* Who is it? ◊ *Chi hai visto?* Who did you see? ◊ *Chi viene?* Who's coming? ◊ *Per ~ è questo regalo?* Who is this present for? ◊ *Di ~ parli?* Who are you talking about?
▶ *pron rel* whoever: *Invita ~ vuoi.* Invite whoever you want. ◊ *Chi è a favore alzi la mano.* Those in favour, raise your hands. **LOC** **di chi ... ?** whose ... ?: *Di ~ è questo cappotto?* Whose is this coat?

chiacchierare *vi* to chat* **LOC** *Vedi* PIÙ

chiacchierata *sf* chat: *fare una ~* to have a chat

chiacchiere *sf* **1** (*conversazione*) chatting **2** (*pettegolezzi*) gossip: *Sono solo ~.* It's just gossip. **LOC** **fare due/quattro chiacchiere** to chat* *Vedi anche* BANDO

chiacchierone, -a ▶ *agg* talkative
▶ *sm-sf* **1** chatterbox **2** (*pettegolo*) gossip

chiamare ▶ *vt* to call: *Gli amici la chiamano Titti.* Her friends call her Titti. ◊ *~ la polizia* to call the police ◊ *Chiamami quando arrivi.* Call me when you get there. ◊ *chiamare aiuto* to call for help ▶ **chiamarsi** *v rifl* to be called: *Come si chiama il tuo cane?* What's your dog called? ◊ *Come ti chiami?* What's your name? ◊ *Mi chiamo Anna.* My name's Anna.

chiamata *sf* phone call: *una ~ interurbana* a long-distance phone call

chiara (d'uovo) *sf* egg white

chiaramente *avv* **1** (*in modo chiaro*) clearly **2** (*ovviamente*) obviously

chiarezza *sf* clarity

chiarire *vt* to clarify*: *Le dispiacerebbe ~ quel che ha detto?* Could you clarify what you said?

chiaro, -a ▶ *agg* **1** (*fatto, spiegazione*) clear **2** (*colore*) light: *verde ~* light green **3** (*capelli, pelle*) fair
▶ *avv* clearly: *parlare ~* to speak clearly ◊ *Vorrei vederci ~ in questa faccenda.* I'd like to get to the bottom of this business. **LOC** **al chiaro di luna** by moonlight ♦ **essere chiaro come il sole** to be crystal clear ♦ **far chiaro** (*far giorno*) to get* light: *Fa ~ presto d'estate.* It gets light early in summer. ♦ **mettere in chiaro** to make* sth clear *Vedi anche* BIRRA

chiasso *sm* racket: *Che ~!* What a racket!

chiassoso, -a *agg* noisy*

chiave ▶ *sf* **1** ~ (**di**) key (to sth): *la ~ dell'armadio* the key to the wardrobe ◊ *la ~ della porta* the key to the door/the door key ◊ *Ho dimenticato le chiavi di casa.* I've forgotten my house keys. ◊ *la ~ del loro successo* the key to their success **2** (*Mecc*) spanner **3** (*Mus*) clef: *~ di basso/violino* bass/treble clef **4** (*codice*) code
▶ *agg* key [*s attrib*]: *fattore/persona ~* key factor/person **LOC** **chiave dell'accensione** ignition key ♦ **chiave di volta** keystone ♦ **sotto chiave** under lock and key

chiazza *sf* **1** (*macchia*) stain **2** (*sulla pelle*) blotch **3** (*petrolio*) slick

chicchirichì *escl, sm* cock-a-doodle-doo

chicco *sm* grain: *un ~ di riso/grano* a grain of rice/wheat **LOC** **chicco di caffè** coffee bean ♦ **chicco d'uva** grape

chiedere ▶ *vt* **1** ~ **qc** to ask for sth; to request sth (*più formale*): *~ del pane/il conto* to ask for some bread/the bill ◊ *~ un colloquio* to request an interview **2** ~ **qc** (*informazioni*) to ask sth: *Ho chiesto il prezzo della giacca.* I asked the price of the jacket. ◊ *Chiedi quanto costa.* Ask how much it is. ◊ *Hai chiesto chi c'è alla festa?* Did you ask who's going to be at the party? ◊

Chiediamo se vengono. Let's ask whether they're coming. **3** ~ qc a qn to ask sb for sth: ~ *aiuto ai vicini* to ask the neighbours for help **4** ~ qc a qn (*permesso, favore*) to ask sb sth: *Volevo chiederti un favore.* I want to ask you a favour. **5** ~ a qn di fare/che faccia qc to ask sb to do sth: *Mi chiese di attendere.* He asked me to wait. ◊ *Ho chiesto a Luca di accompagnarmi.* I asked Luca to come with me. ▶ *vi* – **di 1** (*cercando qn/qc*) to ask for sb/sth: *C'era un signore che chiedeva di te.* A man was asking for you. **2** (*interessandosi di qn*) to ask after sb: *Mi ha chiesto di te.* She asked after you. ◊ *Chiedile del piccolino.* Ask after her little boy. **3** (*interessandosi di qc*) to ask about sth: *Le ho chiesto degli esami.* I asked her about the exam. ▶ **chiedersi** *v rifl* to wonder: *Mi chiedo chi può essere a quest'ora.* I wonder who it can be at this time. **LOC** **chiedere in prestito** to ask to borrow: *Mi ha chiesto in prestito il motorino.* He asked to borrow my moped. ◘ *Vedi illustrazione a* BORROW ◆ **chiedere l'elemosina** to beg* ◆ **chiedere scusa** to apologize (*to sb*) (*for sth*)

chierichetto, -a *sm-sf* altar boy [*fem* altar girl]

chiesa *sf* church: *la Chiesa cattolica* the Catholic Church ◘ *Vedi nota a* CHURCH **LOC** *Vedi* SPOSARE

chilo *sm* kilo* (*abbrev* kg) ◘ *Vedi Appendice 1.*

chilogrammo *sm* kilogram (*abbrev* kg) ◘ *Vedi Appendice 1.*

chilometro *sm* kilometre (*abbrev* km) ◘ *Vedi Appendice 1.*

chilowatt *sm* kilowatt (*abbrev* kw)

chimica *sf* chemistry

chimico, -a ▶ *agg* chemical
▶ *sm* chemist **LOC** *Vedi* LIEVITO

china *sf* (*inchiostro*) (Indian) ink: *un disegno a* ~ an ink drawing

chinare ▶ *vt* to bend*: ~ *il capo* to bow your head ▶ **chinarsi** *v rifl* to bend* down

chiocciola *sf* **1** (*animale*) snail **2** (*in indirizzi e-mail*) (at) (sign) **LOC** *Vedi* SCALA

chiodo *sm* nail **LOC** **chiodo di garofano** clove
◆ **chiodo fisso** fixation *Vedi anche* MAGRO

chiosco *sm* kiosk

chiostro *sm* cloister

chip *sm* chip

chirurgia *sf* surgery: ~ *estetica/plastica* cosmetic/plastic surgery

chirurgico, -a *agg* (*strumento*) surgical

chirurgo *sm* surgeon **LOC** *Vedi* INTERVENTO

chissà *avv* **1** (*qui*) who knows, I wonder: *Chissà quando ci rivedremo.* Who knows when we'll meet again. ◊ *Chissà chi è quello lì?* I wonder who that is. **2** (*forse*) perhaps: *"Pensi che verrà?" "Chissà."* 'Do you think she'll come?' 'Perhaps.'

chitarra *sf* guitar: *Sai suonare la* ~? Can you play the guitar?

chitarrista *smf* guitarist

chiudere ▶ *vt* **1** to close, to shut* (*più informale*): *Chiudi la porta.* Shut the door. ◊ *Ho chiuso gli occhi.* I closed my eyes. **2** (*a chiave*) to lock **3** (*gas, rubinetto*) to turn sth off **4** (*busta*) to seal **5** (*cappotto*) to fasten ▶ *vi* to close, to shut* (*più informale*): *La porta non chiude bene.* The door doesn't close properly. ◊ *A che ora chiudete?* What time do you close? ◊ *Non chiudiamo per pranzo.* We don't close for lunch. ▶ **chiudersi** *v rifl* to close, to shut* (*più informale*): *Si è chiusa la porta.* The door closed. ◊ *Mi si chiudevano gli occhi.* My eyes were closing. **LOC** **chiudi il becco!** shut up!
◆ **non chiudere occhio** not to sleep* a wink

chiunque *pron* **1** (*qualunque persona*) anyone: *Potrebbe farlo* ~. Anyone could do it. **2** (*qualunque persona che*) whoever: *Paolo, Giulio o* ~ *sia.* Paolo, Giulio or whoever. ◊ *Il quiz è aperto a* ~ *voglia partecipare.* The quiz is open to anyone who wants to take part.

chiusa *sf* lock

chiuso, -a *agg* **1** closed, shut (*più informale*) **2** (*a chiave*) locked **3** (*carattere*) reserved *Vedi anche* CHIUDERE

chiusura *sf* **1** (*atto del chiudere*) closure **2** (*abbottonatura*) fastener **LOC** **di chiusura** closing: *cerimonia/discorso di* ~ closing ceremony/speech

ci ▶ *pron pers* **1** (*complemento*) us: *Ci hanno visto.* They've seen us. ◊ *Ci hanno mentito.* They lied to us. ◊ *Ci hanno preparato la cena.* They made dinner for us. ◊ *Ce li presti i CD?* Will you lend us the CDs? ◊ *Ce ne ha date due.* They gave us two of them. **2** (*parti del corpo, effetti personali*): *Ci siamo lavati le mani.* We've washed our hands. ◊ *Ci siamo tolti il cappotto.* We took our coats off. **3** (*riflessivo*) (ourselves): *Ci siamo divertiti moltissimo.* We enjoyed ourselves very much. ◊ *Ci siamo appena lavati.* We've just had a bath. **4** (*reciproco*) each other, one another: *Ci vogliamo molto bene.* We love each other very much. ◘ *Vedi nota a* EACH OTHER
▶ *pron dimostrativo* (*a ciò, di ciò, su ciò, ecc*): *Ci puoi scommettere.* You can bet on it. ◊ *Pensaci.* Think about it. ◊ *Non* ~ *credo!* I don't believe it!
▶ *avv* **1** (*qui*) here: *Ci vieni spesso?* Do you come here often? **2** (*lì*) there: *Roma la conosco bene, ci ho abitato due anni.* I know Rome very well. I lived there for two years.

3 (*di qui/lì*) this/that way: *Non ~ passa nessun autobus.* No bus comes this way/goes that way. LOC **c'è/ci sono** there is/there are: *C'è una bella differenza di prezzo.* There's a big difference in price. ◊ *C'erano dieci persone.* There were ten people. ♦ **c'era una volta ...** once upon a time ...

ciabatta *sf* **1** slipper **2** (*pane*) ciabatta

cialda *sf* wafer; (*gaufre*) waffle

cianfrusaglia *sf* junk [*non numerabile*]: *Ha la casa piena di cianfrusaglie.* His house is full of junk.

ciao! *escl* **1** (*incontrando qn*) hi! (*informale*), hello! **2** (*lasciando qn*) (bye-)bye!, goodbye! (*più formale*)

ciascuno, -a ▶ *agg* each: *Hanno dato un regalo a ciascun bambino.* They gave each child a present. ⊃ *Vedi nota a* EVERY
▶ *pron* each (one): *Costavano 5 euro ~.* Each one cost 5 euros. ◊ *Ci hanno dato una borsa ~.* They gave each of us a bag./They gave us a bag each.

cibo *sm* food: *cibi in scatola* tinned food(s) ◊ *negozio di cibi naturali* health food shop

cicala *sf* cicada

cicalino *sm* bleeper

cicatrice *sf* scar: *Mi è rimasta una ~.* I was left with a scar.

cicatrizzare ▶ *vi* to heal ▶ **cicatrizzarsi** *v rifl* to form a scar

cicca *sf* cigarette end

ciccione, -a *sm-sf* fatty*

cicerone *sm* guide: *Vi farò da ~ a Firenze.* I'll be your guide in Florence.

ciclabile *agg* LOC *Vedi* PISTA

ciclismo *sm* cycling: *fare del ~* to cycle

ciclista *smf* cyclist

ciclo *sm* cycle: *un ~ di quattro mesi* a four-month cycle

ciclone *sm* cyclone

cicogna *sf* stork

cicoria *sf* chicory [*non numerabile*]

ciecamente *avv* **1** (*seguire, obbedire*) blindly **2** (*credere*) implicitly

cieco, -a ▶ *agg* blind: *diventare ~* to go blind
▶ *sm-sf* blind man*/woman*: *i ciechi* the blind LOC **alla cieca**: *L'hanno comprato alla cieca.* They bought it without seeing it. ♦ **cieco come una talpa** blind as a bat *Vedi anche* MOSCA, VICOLO

cielo *sm* **1** sky* **2** (*Relig*) heaven *Vedi anche* SANTO, SETTIMO

cifra *sf* **1** (*numero*) figure: *un numero di tre cifre* a three-figure number **2** (*telefono*) digit: *un numero di telefono di sei cifre* a six-digit phone number **3** (*somma di denaro*): *L'ho pagato una bella ~.* I paid a fortune for it.

ciglio *sm* **1** (*occhio*) eyelash **2** (*strada, fossato*) edge LOC **senza batter ciglio** without batting an eyelid: *Ha ricevuto la notizia senza batter ~.* He heard the news without batting an eyelid.

cigno *sm* swan

cigolare *vi* **1** (*oggetti di metallo*) to squeak **2** (*oggetti di legno*) to creak

cigolio *sm* **1** (*metallo*) squeak **2** (*legno*) creak

Cile *sm* Chile

cileno, -a *agg, sm-sf* Chilean: *i cileni* the Chileans

ciliegia *sf* cherry* ⊃ *Vedi illustrazione a* FRUTTA

ciliegio *sm* cherry tree

cilindrico, -a *agg* cylindrical

cilindro *sm* **1** (*figura, Mecc*) cylinder **2** (*cappello*) top hat ⊃ *Vedi illustrazione a* CAPPELLO

cima *sf* top: *arrivare in ~* to reach the top ◊ *in ~ alla collina/classifica* at the top of the hill/league LOC **da cima a fondo 1** (*da un capo all'altro*) from top to bottom: *cambiare qc da ~ a fondo* to change sth from top to bottom **2** (*interamente*) from beginning to end: *leggere qc da ~ a fondo* to read sth from beginning to end

cimice *sf* bedbug

ciminiera *sf* chimney: *Da qui si vedono le ciminiere della fabbrica.* You can see the factory chimneys from here.

cimitero *sm* **1** cemetery* **2** (*di chiesa*) graveyard LOC **cimitero delle macchine** breaker's yard

Cina *sf* China

cincin! *escl* cheers!

cinema *sm* cinema: *andare al ~* to go to the cinema ◊ *il ~ italiano* Italian cinema

cinematografico, -a *agg* film [*s attrib*]: *l'industria cinematografica* the film industry ◊ *un regista/critico ~* a film director/critic

cinepresa *sf* camera

cinese ▶ *agg, sm* Chinese: *parlare ~* to speak Chinese
▶ *smf* Chinese man*/woman*: *i cinesi* the Chinese

cinghia *sf* belt LOC **cinghia del ventilatore** fan belt ♦ **stringere/tirare la cinghia** to tighten your belt

cinghiale *sm* wild boar*

cinguettare *vi* to chirp

cinguettio *sm* tweet

cinico, -a ▶ *agg* cynical
▶ *sm-sf* cynic

ciniglia *sf* chenille: *un golfino di ~* a chenille jumper

cinismo *sm* cynicism

cinquanta *agg, pron, sm* fifty ➲ *Vedi esempi a* SESSANTA

cinquantenne *agg, smf* fifty-year-old ➲ *Vedi esempi a* UNDICENNE

cinquantesimo, **-a** *agg, pron, sm* fiftieth ➲ *Vedi esempi a* SESSANTESIMO

cinquantina *sf* about fifty: *una ~ di casi al giorno* about fifty cases a day ◊ *Sarà sulla ~.* He must be about fifty.

cinque *sm, agg, pron* **1** five **2** (*data*) fifth ➲ *Vedi esempi a* SEI

cinquecento ▶ *sm, agg, pron* five hundred ➲ *Vedi esempi a* SEICENTO
▶ *sm* **il Cinquecento** the 16th century: *nel Cinquecento* in the 16th century

cintura *sf* **1** belt: *essere ~ nera* to be a black belt **2** (*punto vita*) waist: *Questi pantaloni sono un po' stretti di ~.* These trousers are a bit tight around the waist. LOC **cintura di sicurezza** seat belt ♦ **cintura industriale** industrial belt ♦ **cintura verde** (*parchi, giardini*) green belt

cinturino *sm* strap ➲ *Vedi illustrazione a* OROLOGIO

ciò *pron* **1** this, that: *Di ~ si discuterà in seguito.* We'll talk about that later. **2** (*con pronome relativo*): *Dagli ~ che vuole.* Give him what he wants.

ciocca *sf* lock

cioccolata *sf* **1** chocolate: *una tavoletta di ~* a bar of chocolate **2** (*bevanda*) hot chocolate

cioccolatino *sm* chocolate: *una scatola di cioccolatini* a box of chocolates

cioccolato *sm* chocolate: *~ al latte/fondente* milk/plain chocolate

cioè ▶ *avv* **1** that is **2** *cioè?* (*nelle domande*) what do you mean?: *"È un tipo strano." "Cioè?"* 'He's a strange guy.' 'What do you mean?'
▶ *cong* **1** (*vale a dire*) that is **2** (*per correggersi*) I mean: *Ha chiamato Vicky, ~ Becky.* Vicky, I mean Becky, called.

ciondolo *sm* pendant

ciotola *sf* bowl: *la ~ del cane* the dog's bowl

ciottolo *sm* (*sasso*) pebble

cipolla *sf* onion

cipollina *sf* **1** (*fresca*) spring onion **2** (*sottaceto*) pickled onion

cipresso *sm* cypress

cipria *sf* (face) powder

cipriota *agg, smf* Cypriot

Cipro *sm* Cyprus

circa *avv* about: *~ un'ora* about an hour ◊ *Avrà ~ cinquant'anni.* She's about fifty.

circo *sm* circus

circolare¹ *agg, sf* circular: *una sega ~* a circular saw ◊ *inviare una ~* to send out a circular LOC *Vedi* ASSEGNO

circolare² *vi* **1** to circulate: *Il sangue circola nelle vene.* Blood circulates through your veins. ◊ *far ~ una lettera* to circulate a letter **2** (*auto*) to drive*: *Con questo traffico non si può ~.* It's impossible to drive in this traffic. **3** (*autobus*) to run*: *Qui gli autobus non circolano dopo la mezzanotte.* Here buses don't run after midnight. **4** (*notizia, voce*) to go* round LOC **circolare!** move along!

circolazione *sf* **1** circulation **2** (*stradale*) traffic LOC **circolazione sanguigna** (blood) circulation: *una cattiva ~ sanguigna* poor circulation ♦ **sparire dalla circolazione** to disappear from circulation

circolo *sm* (*associazione*) club LOC **circolo polare artico/antartico** Arctic/Antarctic Circle ♦ **circolo vizioso** vicious circle

circondare ▶ *vt* to surround *sb/sth* (*by/with sb/sth*): *Era circondata dai fotografi.* She was surrounded by photographers. ▶ **circondarsi** *v rifl* **circondarsi di** to surround yourself with *sb/sth*: *Ama circondarsi di cose belle.* He likes to surround himself with beautiful things.

circonferenza *sf* circumference

circonvallazione *sf* ring road

circoscrizione *sf* district LOC **circoscrizione elettorale** constituency*

circostanza *sf* circumstance [*gen pl*]: *date le circostanze…* under the circumstances…

circuito *sm* circuit: *un corto ~* short circuit ◊ *televisione a ~ chiuso* closed-circuit television

cisterna *sf* **1** tank **2** (*serbatoio d'acqua*) cistern LOC *Vedi* NAVE

citare *vt* **1** (*fare riferimento*) to quote *sth* (*from sb/sth*) **2** (*fare causa*) to sue *sb* (*for sth*) **3** (*testimone*) to summon

citazione *sf* **1** (*frase*) quotation, quote (*informale*) **2** (*Dir*) summons

citofono *sm* Entryphone®

città *sf* **1** (*importante*) city* **2** (*più piccola*) town LOC **Città del Capo** Cape Town ♦ **Città del Messico** Mexico City ♦ **Città del Vaticano** Vatican City ♦ **città natale** home town

cittadinanza *sf* **1** (*nazionalità*) citizenship: *avere la ~ italiana* to have Italian citizenship **2** (*cittadini*) citizens [*pl*]

cittadino, **-a** ▶ *agg* city [*s attrib*]: *le vie cittadine* city streets

▶ sm-sf citizen: *essere ~ dell'Unione Europea* to be a citizen of the European Union

ciuccio sm dummy*

ciuffo sm tuft

civetta sf barn owl

civico, -a agg 1 (*della città*) town [s attrib]: *il museo ~* the town museum 2 (*del cittadino*) public-spirited: *senso ~* public-spiritedness LOC *Vedi* NUMERO

civile ▶ agg 1 civil: *diritti civili* civil rights ◊ *un matrimonio ~* a civil wedding ◊ *una persona ~* a civil person 2 (*non militare*) civilian: *abiti civili* civilian clothes 3 (*civilizzato*) civilized: *un popolo ~* a civilized people
▶ smf civilian LOC *Vedi* CODICE, INGEGNERIA, STATO

civilizzato, -a agg civilized

civiltà sf civilization

civismo sm public spirit

clacson sm horn: *suonare il ~* to sound your horn

clamoroso, -a agg resounding: *un successo/fiasco ~* a resounding success/flop

clan sm clan

clandestinamente avv illegally: *Sono entrati ~ nel paese.* They entered the country illegally

clandestino, -a ▶ agg clandestine
▶ sm-sf illegal immigrant

clarinetto sm clarinet

classe sf 1 class: *Siamo nella stessa ~.* We are in the same class. ◊ *Che ~ fai?* Which class are you in? ◊ *viaggiare in prima ~* to travel first class ⊃ *Vedi nota a* TUTOR GROUP 2 (*aula*) classroom 3 (*stile*) style: *una persona di ~* a person with style LOC **classe borghese/operaia** middle/working class(es) [*si usa spec al pl*]

classico, -a ▶ agg 1 (*Arte, Storia, Mus*) classical 2 (*tipico*) classic: *il ~ commento* the classic remark
▶ sm classic LOC *Vedi* DANZA, LICEO

classifica sf 1 (*Sport*): *Il tennista tedesco è in testa alla ~ mondiale.* The German player is number one in the world tennis rankings. ◊ *una partita per entrare in ~* a qualifying match ◊ *la ~ del campionato* the league table 2 (*dischi*) charts [pl]

classificare ▶ vt 1 to classify*: *~ i libri per argomento* to classify books according to subject 2 (*studente, candidato*) to grade
▶ classificarsi v rifl **classificarsi (per)** to qualify* (for sth): *classificarsi per la finale* to qualify for the final LOC **classificarsi secondo, terzo, ecc** to come* second, third, etc.

classificazione sf classification: *la ~ delle piante* the classification of plants

clausola sf clause

claustrofobia sf claustrophobia: *soffrire di ~* to suffer from claustrophobia

claustrofobico, -a agg claustrophobic

clavicembalo sm harpsichord

clavicola sf collarbone

clero sm clergy [pl]

clic sm to click: *fare ~ (su qc)* to click (on sth)

cliccare vi to click: *Devi cliccare sull'icona.* You have to click on the icon. ◊ *Clicca qui due volte.* Double-click here.

cliché sm (*luogo comune*) cliché

cliente smf 1 (*negozio, ristorante*) customer: *uno dei loro migliori clienti* one of their best customers 2 (*ditta*) client 3 (*albergo*) guest

clientela sf clientele: *una ~ selezionata* a select clientele

clima sm 1 climate: *un ~ umido* a damp climate 2 (*fig*) atmosphere: *un ~ di tensione* a tense atmosphere

climatizzato, -a agg air-conditioned

clinica sf clinic

clinico, -a agg clinical LOC *Vedi* CARTELLA

clip sf 1 (*fogli*) paper clip 2 (*orecchino*): *orecchini a ~* clip-on earrings

clonare vt to clone

clonazione sf cloning

cloro sm chlorine

clorofilla sf chlorophyll

club sm club

coagulare ▶ vt (*sangue*) to clot* ▶ **coagularsi** v rifl (*sangue*) to clot*

coalizione sf coalition

cobra sm cobra

Coca-Cola® sf Coke®

cocaina sf cocaine

coccinella sf ladybird

cocco sm 1 (*sostanza*) coconut 2 (*albero*) coconut palm LOC **(noce di) cocco** coconut *Vedi anche* NOCE

coccodè sm LOC **fare coccodè** (*gallina*) to cluck

coccodrillo sm crocodile LOC *Vedi* LACRIMA

coccolare vt to cuddle

cocktail sm 1 (*bevanda*) cocktail 2 (*festa*) cocktail party*

cocomero sm watermelon

cocuzzolo sm (*testa*) crown

coda sf 1 (*animale*) queue: *mettersi in ~* to join the queue ◊ *C'era molta ~ per entrare al cinema.* There was a long queue for the cinema. **3** (*traffico*) tailback, queue LOC **coda di cavallo** ponytail ♦ **con la coda dell'occhio** out of the corner of your eye ♦ **con la coda fra le gambe** with your tail between your legs ♦ **fare la coda** to queue (up) *Vedi anche* CAPO, PIANOFORTE

codardo, **-a** ▶ *agg* cowardly
▶ *sm-sf* coward

codice *sm* code LOC **codice a barre** bar code ♦ **codice civile/penale** civil/penal code ♦ **codice della strada** Highway Code ♦ **codice fiscale** National Insurance number ♦ **codice (di avviamento) postale** postcode

codificare *vt* (*Informatica*) to encode

codino *sm* pigtail

coercizione *sf* coercion

coerente *agg* consistent

coetaneo, **-a** *agg*: *Siamo coetanei.* We're the same age.

cofano *sm* (*Auto*) bonnet

cogliere *vt* (*frutta, fiori*) to pick LOC **cogliere l'allusione** to take* the hint ♦ **cogliere l'occasione** to take* the opportunity *to do sth Vedi anche* FLAGRANTE, SPROVVISTO

cognac *sm* brandy*

cognato, **-a** *sm-sf* brother-in-law* [*fem* sister-in-law*]

cognome *sm* surname LOC *Vedi* NOME

coincidenza *sf* **1** (*caso fortuito*) coincidence **2** (*trasporti*) connection: *A Firenze c'è subito la ~ per Bologna.* At Florence there's a connection for Bologna straight away. ◊ *perdere la ~* to miss your connection

coincidere *vi* to coincide (*with sth*): *Spero che non coincida con gli esami.* I hope it doesn't coincide with my exams.

coinvolgere *vt* to involve: *Non voglio essere coinvolto in faccende di famiglia.* I don't want to get involved in family affairs.

colapasta *sm* colander

colare ▶ *vt* **1** (*liquido*) to strain **2** (*verdure, pasta*) to drain ▶ *vi* **1** (*liquido*) to drip*: *Il sudore gli colava dal viso.* Sweat was dripping from his face. **2** (*naso*): *Mi cola il naso.* I've got a runny nose. **3** (*sangue*): *Gli cola il sangue dal naso.* His nose is bleeding. LOC **colare a picco** to sink*

colazione *sf* breakfast: *fare ~* to have breakfast ◊ *Ti preparo la ~?* Shall I get you some breakfast? ◊ *Cosa vuoi per ~?* What would you like for breakfast? ⊃ *Vedi nota a* BREAKFAST

colera *sm* cholera

colesterolo *sm* cholesterol

colica *sf* colic [*non numerabile*]

colino *sm* strainer

colla *sf* glue

collaborare *vi* ~ (**con**) (**a**) to collaborate (with *sb*) (on *sth*)

collaboratore, **-trice** *sm-sf* collaborator

collaborazione *sf* collaboration: *fare qc in ~ con qn* to do sth in collaboration with sb

collage *sm* collage: *fare un ~* to make a collage

collana *sf* **1** (*gioiello*) necklace: *una ~ di smeraldi* an emerald necklace **2** (*libri*) series*

collant *sm* tights [*pl*]

collare *sm* collar

collasso *sm* collapse LOC **collasso cardiaco** heart failure [*non numerabile*]

collaudare *vt* to test

collega *smf* colleague: *un ~ di mia madre* a colleague of my mother's

collegamento *sm* **1** connection: *Il ~ a Internet è velocissimo.* The Internet connection is really fast. **2** (*TV*): *Siamo in ~ da San Siro.* We're live from the San Siro stadium. LOC **collegamento ipertestuale** link

collegare *vt* to connect *sth* (up) (*with/to sth*): *~ la stampante al computer* to connect the printer to the computer

collegiale *smf* schoolboy/girl

collegio *sm* (*scuola*) boarding school ⊃ *Vedi nota a* SCUOLA LOC **collegio elettorale** constituency*

colletta *sf* collection

collettivo, **-a** *agg*, *sm* collective

colletto *sm* collar: *il ~ della camicia* the shirt collar

collezionare *vt* to collect

collezione *sf* collection LOC **fare la collezione di** to collect *sth*

collezionista *smf* collector

collina *sf* hill

collirio *sm* eye drops [*pl*]

collisione *sf* collision (*with sth*)

collo *sm* **1** neck: *Mi fa male il ~.* My neck hurts. ◊ *Aveva una catenina al ~.* She had a chain round her neck. ◊ *il ~ di una bottiglia* the neck of a bottle **2** (*indumenti*) collar **3** (*valigia*) piece of luggage: *solo un ~ a mano* just one piece of hand luggage LOC **collo alto** polo neck: *un maglione a collo alto* a polo-neck jumper/sweater ♦ **collo del piede** instep *Vedi anche* RISCHIARE

collocamento *sm* LOC *Vedi* UFFICIO

collocare *vt* **1** to place **2** (*bomba*) to plant

colloquiale *agg* colloquial

colloquio sm 1 (*riunione*) discussion (*about sth*) 2 (*lavoro*) interview: *Farà un ~ per il posto di assistente.* He's going to be interviewed for the job of assistant.

colmare vt to fill sth with sth

colmo sm: *il ~ della sfacciataggine* the height of cheek ◊ *Questo è il ~!* That beats everything! LOC **essere al colmo della felicità** to be in seventh heaven

colomba sf dove

Colombia sf Colombia

colombiano, -a agg, sm-sf Colombian: *i colombiani* the Colombians

colon sm colon

Colonia sf Cologne

colonia sf 1 (*territorio*) colony* 2 (*bambini*) summer camp 3 (*profumo*) cologne [*non numerabile*]

coloniale agg colonial

colonizzare vt to colonize

colonizzatore, -trice ▶ agg colonizing
▶ sm-sf settler

colonizzazione sf colonization

colonna sf 1 column 2 (*macchine*) queue LOC **colonna sonora** soundtrack ◆ **colonna vertebrale** spinal column

colonnello sm colonel

colorante agg, sm colouring LOC **senza coloranti** no artificial colourings

colorare vt to colour sth (in): *Il bambino ha colorato la casa azzurra.* The little boy coloured the house blue. ◊ *Ha disegnato una palla e poi l'ha colorata.* He drew a ball and then coloured it in.

colorato, -a agg coloured: *matite colorate* coloured pencils ◊ *Le case a Burano sono molto colorate.* The houses on Burano are very brightly-coloured. LOC *Vedi* GESSETTO; *Vedi anche* COLORARE

colore sm 1 colour: *Di che ~ è?* What colour is it? 2 (*pittura*) paint: *colori a olio* oil paints LOC **a colori**: *una foto a colori* a colour photo ◆ **di colore** black ◆ **dirne di tutti i colori** to hurl abuse *at sb* ◆ **farne di tutti i colori** to get* up to all kinds of mischief

colorito sm colouring

colossale agg monumental

Colosseo sm *il ~* the Colosseum

colpa sf fault: *Non è ~ mia.* It isn't my fault. LOC **avere colpa** to be to blame ◆ **dare la colpa a** to blame sb (*for sth*) ◆ **essere colpa di**: *Quello che è successo non è ~ di nessuno.* Nobody is to blame for what happened. ◆ **per colpa di** because of sb/sth ◆ **sentirsi in colpa** to feel* guilty (*for sth*)

colpevole ▶ agg ~ (**di**) guilty (*of sth*): *essere ~ di omicidio* to be guilty of murder
▶ smf culprit LOC *Vedi* DICHIARARE

colpevolezza sf guilt

colpire vt 1 (*bersaglio*) to hit*: *Il proiettile lo ha colpito alla testa.* The bullet hit him in the head. ◊ *La casa è stata colpita da una bomba.* The house was hit by a bomb. 2 (*impressionare*) to strike*: *Quello che più mi ha colpito è la bellezza del paesaggio.* What struck me most was how beautiful the countryside was. 3 (*danneggiare*) to affect: *Il terremoto ha colpito una vasta zona.* The earthquake affected a huge area. LOC **colpire nel segno** to hit* the target

colpo sm 1 blow: *un violento ~ sulla testa* a severe blow to the head ◊ *La sua morte è stata un brutto ~ per noi.* Her death came as a heavy blow. 2 (*alla porta*) knock 3 (*sparo*) shot 4 (*ictus*) stroke 5 (*spavento*) shock: *Mi hai fatto venire un ~!* You gave me a shock! 6 (*furto*) raid LOC **colpi di sole** highlights ◆ **colpo basso**: *È stato un ~ basso.* That was below the belt. ◆ **colpo di fortuna** stroke of luck ◆ **colpo di fulmine** love at first sight ◆ **colpo di scena** dramatic turnaround ◆ **colpo di sole** sunstroke ◆ **colpo di stato** coup ◆ **colpo di telefono** ring: *Dammi un ~ di telefono domani.* Give me a ring tomorrow. ◆ **colpo di testa** 1 (*Sport*) header 2 (*follia*) impulse ◆ **fare colpo** (**su**) to make* an impression (*on sb*) ◆ **in un colpo** in one go ◆ **sul colpo** instantly: *È morto sul ~.* He was killed instantly.

coltellata sf stab: *dare una ~ a qn* to stab sb

coltello sm knife*

coltivare vt to grow*

coltivazione sf: *la ~ dei pomodori* tomato-growing

colto, -a agg (*persona*) cultured

coma sm coma: *essere in ~* to be in a coma

comandamento sm commandment

comandante sm 1 (*Aeron, Naut*) captain 2 (*Mil*) commander

comandare
▶ vi 1 (*essere al governo*) to be in power 2 (*essere il capo*) to be the boss (*informale*), to be in charge LOC **comandare a distanza** to operate sth by remote control

comando sm 1 (*guida*) leadership 2 (*Mil*) command: *cedere/assumere il ~* to hand over/take command 3 **comandi** controls LOC *Vedi* QUADRO

combaciare vi to fit* together: *Questo pezzo deve ~ con quell'altro.* These pieces have to fit together.

combattere ▶ vt **1** to fight*: ~ *i pregiudizi* to fight prejudice **2** (*superstizione*) to combat ▶ vi ~ (**contro/per**) to fight* (against/for *sb/sth*): ~ *contro il nemico* to fight (against) the enemy ◇ ~ *per un ideale* to fight for an ideal

combattimento *sm* combat [*non numerabile*]: *soldati uccisi in* ~ soldiers killed in combat ◇ *Ci furono dei combattimenti accaniti.* There was fierce fighting.

combattuto, -a *agg* hard-fought: *È stata una partita molto combattuta.* It was a hard-fought match. *Vedi anche* COMBATTERE

combinare ▶ vt **1** (*mescolare*) to combine: ~ *due elementi chimici* to combine two chemical elements **2** (*organizzare*) to arrange: ~ *un incontro* to arrange a meeting ◇ *Abbiamo combinato di vederci alle 8.* We arranged to meet at eight. **3** (*fare*): *Oggi non ho combinato niente.* I haven't managed to do anything today. ◇ *Cosa stai combinando?* What are you up to? ▶ combinarsi *v rifl* to combine **LOC combinare un pasticcio** to get* into a mess

combinazione *sf* **1** combination: *una bella ~ di colori* a nice combination of colours ◇ *la ~ di una cassaforte* the combination of a safe **2** (*caso*) chance: *per* ~ by chance

combustibile ▶ *agg* combustible
▶ *sm* fuel

combustione *sf* combustion

come ▶ *avv* **1** (*interrogativo*) how: *Come si traduce questa parola?* How do you translate this word? ◇ *Non sappiamo ~ sia successo.* We don't know how it happened. ◇ *Come facevo a saperlo?* How was I supposed to know? ◇ *Come mai?* How come? ◇ *Come stai?* How are you? ◇ *Come stanno i tuoi?* How are your parents? ◇ *Come va?* How are things? ◇ *Raccontami ~ vi siete conosciuti.* Tell me how you met. **2** (*quando non si è capito qualcosa*): *Come? Puoi ripetere?* Sorry? Can you say that again? **3** (*esclamativo*): *Come assomigli a tuo padre!* You're so like your father! ◇ *Com'è carino!* How cute! **4** (*nel modo che, in qualità di, secondo*) as: *Ho risposto ~ potevo.* I answered as best I could. ◇ *Lavora ~ segretaria.* She works as a secretary. ◇ *Me lo sono portato a casa ~ ricordo.* I took it home as a souvenir. ◇ ~ *ti dicevo ...* As I was saying ... **5** (*paragone, esempio*) like: *Ha una macchina ~ la nostra.* He's got a car like ours. ◇ *tisane ~ la camomilla e la menta* herbal teas like camomile and peppermint ◇ *liscio ~ la seta* smooth as silk

▶ *cong* **1** (*in che modo*) as: *Fate ~ vi pare.* Do as you like. **2** (*frase comparativa*) as: *Non è affatto ~ credevo.* It's not at all as I thought. ◇ ~ *sempre/al solito* as usual **3** (*quanto*) how: *Sai - è difficile.* You know how difficult it is. **4** (*appena*) as soon as: *Come l'ho visto, mi sono reso conto dello sbaglio.* As soon as I saw him I realized my mistake. **5** (*frase incidentale*) as: *Come vedi, sono ancora qui.* As you can see, I'm still here.

▶ **come?** *escl* (*sdegno, sorpresa*) what!: *Come? Non sei ancora vestito?* What! Aren't you dressed yet? **LOC come no!** of course! ◆ **come sarebbe a dire?** what do you mean?: *Come sarebbe a dire che non lo sapevi?* What do you mean, you didn't know? ◆ **come se** as if: *Mi tratta ~ se fossi sua figlia.* He treats me as if I were his daughter.

Anche se in espressioni di questo tipo è più corretto dire "as if I/he/she/it were", nella lingua parlata si dice "as if I/he/she/it was".

◆ **com'è?** (*descrizione*) what is he, she, it, etc. like?: *Com'era il film?* What was the film like? ◆ **com'è che ... ?** how come ... ?: *Com'è che non sei uscito?* How come you didn't go out? ◆ **come ti chiami?** what's your name? ⊃ Per altre espressioni con **come** vedi alla voce del sostantivo, dell'aggettivo, ecc, ad es. **come un razzo** a RAZZO.

cometa *sf* comet

comico, -a ▶ *agg* **1** (*divertente*) funny* **2** (*genere, attore*) comedy [*s attrib*]
▶ *sm-sf* comedian [*fem* comedienne] **LOC** *Vedi* FILM

comignolo *sm* chimney pot

cominciare *vt, vi* ~ (**a**) to begin*, to start (*sth/doing sth/to do sth*): *All'improvviso cominciò a piangere.* All of a sudden he started to cry. ◇ *una parola che comincia per L* a word starting with L **LOC a cominciare da** starting from ◆ **per cominciare** to start with

comitato *sm* committee [*v sing o pl*]

comitiva *sf* group: *Non ci sono riduzioni per comitive.* There are no reductions for groups.

comizio *sm* rally*

commando *sm* **1** (*Mil*) commando* **2** (*terrorista*) cell

commedia *sf* **1** (*opera teatrale*) play **2** (*comico*) comedy* **LOC commedia musicale** musical ◆ **fare la commedia** to play-act

commentare *vt* **1** (*esprimere un giudizio su*) to comment on *sth* **2** (*osservare*) to remark

commentatore, -trice *sm-sf* commentator

commento *sm* comment, remark (*più informale*): *fare un ~* to make a comment/remark **LOC fare commenti** to comment (*on sb/sth*)

commerciale *agg* **1** commercial **2** (*lettera, inglese*) business [*s*]: *Studiano inglese ~.*

They're studying business English. **LOC** *Vedi* CENTRO

commercialista *smf* accountant

commerciante *smf* **1** (*negoziante*) shopkeeper **2** (*mercante*) trader **LOC commerciante all'ingrosso** wholesaler

commerciare *vi* **1** ~ **in** (*prodotto*) to trade (in *sth*): ~ *in tessuti* to trade in textiles **2** ~ **con** to do* business (with *sb/sth*)

commercio *sm* trade: ~ *estero* foreign trade **LOC** *Vedi* RAPPRESENTANTE

commesso, -a *sm-sf* shop assistant

commestibile ▶ *agg* edible
▶ **commestibili** *sm* foodstuffs **LOC non commestibile** inedible

commettere *vt* **1** (*delitto*) to commit* **2** (*errore*) to make*

commissariato *sm* police station

commissario *sm* superintendent **LOC commissario tecnico** team manager

commissione *sf* **1** (*cosa da sbrigare*) errand: *fare delle commissioni* to run some errands **2** (*banca, venditore*) commission: *una ~ del 5%* a 5% commission **3** (*comitato*): ~ *d'esame* examining board **LOC su commissione**: *fatto su ~* made to order

commovente *agg* moving: *Il finale era molto ~.* The ending was very moving.

commozione *sf* (*emozione*) emotion [*non numerabile*] **LOC commozione cerebrale** concussion

commuovere ▶ *vt* to move ▶ **commuoversi** *v rifl* to be moved

comò *sm* chest of drawers

comodino *sm* bedside table

comodità *sf* **1** (*comfort*) comfort **2** (*convenienza*) convenience: *la ~ di avere la metropolitana vicino* the convenience of having the underground nearby

comodo, -a *agg* **1** (*poltrona, persona*) comfortable: *Sul divano letto starò comodissimo.* I'll be very comfortable on the sofa bed. **2** (*conveniente*) convenient: *Fa ~ dimenticarsene.* It's very convenient to forget about it. **3** (*utile*) handy*: *Questo armadio con i cassetti è proprio ~.* This wardrobe with drawers is really handy. **LOC fare con comodo** to take* your time ◆ **fare il proprio comodo** to do* as you please ◆ **fare/tornare comodo** to come* in handy ◆ **stare comodo** (*non alzarsi*): *State comodi!* Don't bother to get up!

compact disc *sm* compact disc (*abbrev* CD) **LOC** *Vedi* LETTORE

compagnia *sf* **1** company*: *fare ~ a qn* to keep sb company ◇ *Lavora in una ~ di assicurazioni.* He works for an insurance company. **LOC compagnia aerea** airline

compagno, -a *sm-sf* **1** (*amico*) mate: ~ *di camera/squadra* room-mate/teammate ◇ ~ *di classe* classmate **2** (*gioco, ballo*) partner: *Non posso giocare perché non ho un ~.* I can't play because I haven't got a partner. ◇ *Anna è venuta col suo ~.* Anna came with her partner. **3** (*Pol*) comrade

comparativo, -a *agg, sm* comparative

comparire *vi* to appear

comparsa *sf* (*Cine, Teat*) extra

compassione *sf* pity, compassion (*più formale*): *avere ~ di qn* to take pity on sb

compasso *sm* compasses [*pl*]: *un ~* a pair of compasses

compatibile *agg* compatible

compatire *vt* to feel* sorry for *sb*

compatto, -a *agg* compact

compensare *vt* **1** (*cosa*) to make* up for *sth*: *per ~ la differenza di prezzo* to make up for the difference in price **2** (*risarcire*) to compensate *sb* (*for sth*): *Non siamo stati compensati per i danni subiti.* We haven't been compensated for the damage done.

compenso *sm* **1** (*ricompensa*) reward **2** (*paga*) payment: *Ha ricevuto un ~ in denaro.* He received a cash payment. **LOC in compenso** (*d'altro canto*) on the other hand

compera *sf* **LOC fare compere** to go* shopping

competente *agg* **1** (*esperto*): *È ~ in medicina del lavoro.* She's an expert in occupational medicine **2** (*responsabile*) appropriate: *rivolgersi alle autorità competenti* to contact the appropriate authorities

competenza *sf* **1** (*abilità*) expertise: *avere ~ in qc* to have expertise in sth **2** (*responsabilità*) responsibility: *Questo non è di mia ~.* This is not my responsibility.

competere *vi* **1** to compete: ~ *per il titolo* to compete for the title ◇ ~ *con società estere* to compete with foreign companies **2** ~ **a** (*spettare*): *Questo non mi compete.* This does not come under my responsibility.

competizione *sf* competition

compiacere ▶ *vt* to please ▶ **compiacersi** *v rifl* **1** ~ **di** (*essere soddisfatto*) to be pleased about *sth* **2** (*congratularsi*) to congratulate *sb* on *sth*: *Si sono compiaciuti con me per il successo del libro.* They congratulated me on the success of my book.

compiere *vt* **1** (*anni*) to be: *In agosto compirà 18 anni.* She'll be 18 in August. ◇ *Quanti anni compi?* How old are you? **2** (*dovere*) to fulfil* **3** (*azione, impresa*) to carry* *sth* out

compilare → compreso

compilare vt **1** (*modulo, domanda*) to fill sth in **2** (*lista*) to make*

compito sm **1** (*impresa*) task: *un ~ difficile* a difficult task **2** (*Scuola*) test: *Domani c'è il ~ di matematica*. We've got a maths test tomorrow. **3 compiti** (*Scuola*) homework [*non numerabile*]: *fare i compiti* to do your homework ◊ *Non abbiamo compiti per lunedì*. We haven't got any homework to do for Monday. ◊ *La professoressa ci dà un mucchio di compiti*. Our teacher gives us lots of homework.

compiuto, -a agg: *Ho 15 anni appena compiuti*. I've just turned fifteen. ◊ *a 15 anni compiuti* at fifteen *Vedi anche* COMPIERE

compleanno sm birthday: *Il mio ~ è il 31 luglio*. My birthday is on the 31st of July. ◊ *Buon ~!* Happy birthday! ❶ Si può anche dire "Many happy returns!".

complemento sm (*Gramm*) complement LOC **complemento oggetto/indiretto** direct/indirect object

complessato, -a agg: *È sempre stato un ragazzo ~*. He's always been a boy with hang-ups. ◊ *È complessata perché deve portare gli occhiali*. She's got a hang-up about wearing glasses.

complessivo, -a agg total

complesso, -a ▶ agg complex: *È un problema molto ~*. It's a very complex problem.
▶ sm **1** complex: *avere il ~ di essere grassi* to have a complex about being fat ◊ *avere un ~ di inferiorità* to have an inferiority complex ◊ *un ~ di uffici* an office complex **2** (*musicale*) group LOC **nel complesso** on the whole

completamente avv completely: *Sono ~ diversi*. They're completely different.

completare vt to complete

completo, -a ▶ agg **1** (*totale*) complete: *l'elenco ~* the complete list ◊ *La festa è stata un ~ disastro*. The party was a complete disaster. **2** (*posteggio, hotel*) full
▶ sm **1** (*da uomo*) suit: *Giulio aveva un ~ molto elegante*. Giulio was wearing a very smart suit. ◊ *un ~ da sci* a ski suit **2** (*accessori*) set LOC **al completo** (*hotel*) full: *L'albergo era al ~*. The hotel was full. LOC *Vedi* PENSIONE

complicare ▶ vt (*rendere difficile*) to complicate: *Hai complicato ancora di più le cose*. You've complicated things even more. ◊ *complicarsi la vita* to make life difficult for yourself ▶ **complicarsi** v rifl to become* complicated

complicato, -a agg **1** (*situazione, persona*) complicated **2** (*funzionamento*) awkward *Vedi anche* COMPLICARE

complice smf accomplice (*in/to sth*)

complimento sm **1** (*lode*) compliment: *fare un ~ a qn* to pay sb a compliment **2 complimenti** (*congratulazioni*): *Complimenti!* Congratulations! ◊ *fare i propri complimenti a qn* to congratulate sb **3 complimenti** (*cerimonie*): *Non fare complimenti*. Don't stand on ceremony.

complotto sm plot

componente ▶ smf (*persona*) member
▶ sm component

comporre vt **1** (*formare*) to make* sth up: *i racconti che compongono il libro* the stories which make up the book ◊ *La squadra è composta di cinque giocatori*. The team is made up of five players. **2** (*Mus*) to compose **3** (*numero di telefono*) to dial*

comportamento sm behaviour [*non numerabile*]: *Hanno tenuto un ~ esemplare*. Their behaviour was exemplary.

comportarsi v rifl to behave: *~ bene/male* to behave well/badly ◊ *Comportati bene*. Be good.

compositore, -trice sm-sf composer

composizione sf composition

composto, -a ▶ agg **1** (*Gramm*) compound: *parole composte* compound words **2** *~ di/da* consisting of sth
▶ sm (*Chim*) compound *Vedi anche* COMPORRE

comprare vt to buy*: *un regalo a qn* to buy sb a present ◊ *Me lo compri?* Will you buy it for me? ◊ *Ho comprato la bici da un amico*. I bought the bike from a friend. ◊ *Ne ho comprati tre*. I bought three (of them). ◊ *Si è comprato la mountain bike*. He's bought himself a mountain bike.

comprendere vt **1** (*capire*) to understand*: *Dice che i suoi genitori non lo comprendono*. He says his parents don't understand him. **2** (*rendersi conto*) to realize: *Hanno compreso quanto sia importante*. They've realized how important it is. **3** (*includere*) to include: *Il servizio è compreso nel prezzo*. The price includes a service charge.

comprensibile agg understandable

comprensione sf understanding LOC **comprensione orale/scritta** oral/written comprehension

comprensivo, -a agg understanding (*towards sb*)

compreso, -a agg: *IVA compresa* including VAT ◊ *La colazione è compresa*. Breakfast is included. ◊ *fino a sabato ~* up to and including Saturday ◊ *dal 3 al 7 ~* from the 3rd to the 7th inclusive LOC **tutto compreso** all-in: *Sono 100 euro tutto ~*. It's 100 euros all-in. *Vedi anche* COMPRENDERE

compressa sf (pastiglia) tablet

compromesso sm compromise: *fare/venire a un ~* to reach a compromise

compromettente agg compromising

compromettere ▶ vt to compromise: *~ la propria reputazione* to compromise your reputation ▶ **compromettersi** v rifl to compromise yourself

computer

computer sm computer: *giocare col ~* to play on the computer ◊ *lavorare al ~* to work on the computer ◊ *immagini ricostruite al ~* computer-generated images LOC **(computer) portatile** laptop

computerizzato, -a agg computerized

comunale agg (piscina, biblioteca) municipal LOC *Vedi* CONSIGLIERE

comune ▶ agg common: *un problema molto ~* a very common problem ◊ *interessi comuni* common interests
▶ sm **1** (paese, città) town **2** (autorità) council **3** (sede) town hall LOC **avere in comune 1** (gusti) to share sth **2** (caratteristica) to have sth in common *Vedi anche* CASSA, LUOGO, NOME

comunicare ▶ vt **1** (far sapere) to communicate sth (to sb): *Hanno comunicato i loro sospetti alla polizia.* They've communicated their suspicions to the police. **2** (trasmettere) to transmit* sth (to sb): *Ha comunicato il suo entusiasmo agli altri.* He transmitted his enthusiasm to the others. ▶ vi *~ (con)* to communicate (with sb/sth): *Trovo difficile ~ con gente così diversa da me.* I find it difficult to communicate with people who are so different from me. ◊ *La mia camera comunica con la tua.* My room communicates with yours.

comunicato sm announcement LOC **comunicato stampa** press release

comunicazione sf **1** communication: *mancanza di ~* lack of communication **2** (telefonata): *Si è interrotta la ~.* We were cut off. LOC *Vedi* MEZZO, VIA

comunione sf communion LOC **fare la comunione** to take* Communion ♦ **fare la prima comunione** to take* your first Communion

comunismo sm communism

comunista agg, smf communist

comunità sf community* [v sing o pl]

comunque ▶ avv anyway
▶ cong however: *~ vada* however it goes

con prep **1** with: *Vivo con i miei genitori.* I live with my parents. ◊ *Appendilo con una puntina da disegno.* Stick it up with a drawing pin. ◊ *Con che cosa si pulisce?* What do you clean it with?

A volte si traduce con "to": *Con chi parlavi?* Who were you talking to? ◊ *È gentilissima con tutti.* She's very nice to everybody. Quando si parla di un mezzo di trasporto si traduce con "by": *Vado con la macchina/l'autobus.* I'll go by car/bus. Quando indica il modo si traduce generalmente con un avverbio: *Ha reagito con grande velocità.* He reacted very swiftly. oppure con altre espressioni: *Non te lo so dire con certezza.* I can't tell you for certain. ◊ *Fate con calma.* Take your time.

conato sm LOC **avere i conati di vomito** to retch

concavo, -a agg concave

concedere vt **1** to give*: *~ un prestito a qn* to give sb a loan ◊ *~ un permesso* to give permission ◊ *concedersi una pausa* to allow yourself a break **2** (permettere) to allow sb (to do sth)

concentrare ▶ vt to concentrate: *~ l'attenzione su qc* to concentrate (your attention) on sth ▶ **concentrarsi** v rifl **concentrarsi (su)** to concentrate (on sth): *Concentrati su quello che stai facendo.* Concentrate on what you are doing. ◊ *Concentrati bene prima di rispondere.* Think carefully before you answer.

concentrato, -a ▶ agg **1** (persona): *Ero così ~ nella lettura che non ti ho sentito entrare.* I was so immersed in the book that I didn't hear you come in. **2** (sostanza) concentrated
▶ sm concentrate LOC **concentrato di pomodoro** tomato purée *Vedi anche* CONCENTRARE

concentrazione sf concentration: *mancanza di ~* lack of concentration

concepire vt **1** (progetto, romanzo) to conceive **2** (capire) to understand* **3** (bambino) to conceive

concerto sm **1** (spettacolo) concert **2** (composizione musicale) concerto*

concessionaria sf (ditta) authorized dealer

concetto sm **1** (idea) concept: il ~ di democrazia the concept of democracy **2** (opinione) opinion: No so che ~ tu abbia di me. I don't know what you think of me.

conchiglia sf shell

conciare vt (pelli) to tan*

conciliare vt **1** (combinare) to combine: Non è sempre facile ~ studio e sport. It's not always possible to combine studying with sport. **2** (sonno) to induce

concimare vt to fertilize

concime sm **1** (naturale) manure **2** (artificiale) fertilizer

conciso, -a agg concise

concludere ▶ vt **1** to conclude: ~ un affare to conclude a deal **2** ~ che ... (dedurre) to conclude that ... **3** (combinare) to achieve: Non ho concluso un bel niente oggi. I haven't achieved anything today. ▶ **concludersi** v rifl to end

conclusione sf conclusion: trarre una ~ to draw a conclusion ◊ giungere alla ~ che ... to reach the conclusion that ...

concordare ▶ vt to agree on sth / to do sth: Hanno concordato il cessate il fuoco. They agreed on a ceasefire. ◊ Hanno concordato di tornare al lavoro. They agreed to return to work. ▶ vi ~ (con) to agree (with sth): La tua risposta non concorda con la sua. Your answer doesn't agree with his.

concorrente smf competitor; (quiz) contestant

concorrenza sf competition: fare ~ a qn/qc to compete with sb/sth

concorrere vi (in una gara) to take* part (in sth)

concorso sm **1** (gara) competition **2** (esame) competitive examination LOC **concorso di bellezza** beauty contest Vedi anche BANDO

concreto, -a agg concrete: vantaggi concreti concrete advantages LOC **in concreto**: In ~, cosa è stato fatto? What has actually been done?

condanna sf sentence LOC **condanna a morte** death sentence

condannare vt **1** (Dir, a una pena) to sentence sb (to sth): ~ qn all'ergastolo to sentence sb to life imprisonment **2** (Dir, per un delitto) to convict sb (of sth) **3** (disapprovare) to condemn

condensare ▶ vt to condense ▶ **condensarsi** v rifl to condense

condensato, -a agg LOC Vedi LATTE; Vedi anche CONDENSARE

condimento sm **1** (carne, pasta) seasoning **2** (insalata) dressing

condire vt **1** (pasta, carne) to season sth (with sth) **2** (insalata) to dress sth (with sth)

condividere vt to share: ~ un appartamento to share a flat

condizionale agg, sm conditional

condizionare vt to condition: Si è condizionati dall'educazione ricevuta. You are conditioned by your upbringing. ◊ lasciarsi ~ dalla pubblicità to allow yourself to be influenced by advertising

condizionato, -a agg LOC Vedi ARIA; Vedi anche CONDIZIONARE

condizione sf condition: La merce è arrivata in ottime condizioni. The goods arrived in perfect condition. ◊ a una ~ on one condition ◊ Lo farò a ~ che tu mi aiuti. I'll do it on condition that you help me. ◊ Non è in condizioni di viaggiare. She's in no condition to travel.

condoglianze sf condolences: Le mie ~. My deepest condolences. ◊ fare le ~ a qn to offer sb your condolences

condominio sm (palazzo) block of flats

condono sm amnesty*

condotta sf behaviour [non numerabile]

conducente sm driver ❶ La parola inglese **conductor** significa bigliettaio.

condurre ▶ vt **1** (portare) to take* **2** (inchiesta, sondaggio) to carry* sth out **3** (dibattito, campagna, Sport) to lead* **4** (programma) to present **5** (guidare) to drive* **6** (Fis) to conduct ▶ vi (Sport, strada) to lead*: L'Italia conduce per 1 a 0. Italy is leading one nil. ◊ Dove conduce questo sentiero? Where does this path lead?

conduttore, -trice (TV, Radio) sm-sf presenter

conferenza sf **1** (discorso) lecture **2** (congresso) conference LOC **conferenza stampa** press conference

conferire vt to award sth to sb

conferma sf confirmation

confermare vt to confirm: Devo ~ il biglietto? Do I have to confirm the booking?

confessare ▶ vt, vi **1** to confess (to sth/doing sth): Devo ~ che preferisco il tuo. I must confess I prefer yours. ◊ ~ il delitto to confess to the murder ◊ Hanno confessato di aver svaligiato la banca. They confessed to robbing the bank. **2** (Relig) to hear* sb's confession ▶ **confessarsi** v rifl to go* to confession

confessionale sm confessional

confessione *sf* confession

confetto *sm* sugared almond ❶ La parola inglese **confetti** significa *coriandoli*.

confezionare *vt* **1** (*abiti*) to make* **2** (*incartare*) to wrap* *sth* up **3** (*per vendita*) to package

confezione *sf* **1** (*fabbricazione*) making **2** (*imballaggio*) packaging LOC **confezione regalo**: *Può farmi una ~ regalo?* Can you gift-wrap it for me, please?

conficcare ▶ *vt* (*chiodo, paletto*) to drive* *sth* into *sth*: *Ha conficcato i picchetti nel terreno.* He drove the stakes into the ground. ▶ conficcarsi *v rifl*: *La pallottola si è conficcata nella parete.* The bullet embedded itself in the wall.

confidare ▶ *vt* to confide *sth* to *sb*: *Mi ha confidato un segreto.* She confided a secret to me. ▶ confidarsi *v rifl* to confide in *sb*: *Si è confidato con me.* He confided in me.

confidenza *sf* **1** (*rivelazione*) confidence: *Ti devo fare una ~.* I've got to tell you something in confidence. **2** (*familiarità*): *Te lo posso dire perché siamo in ~.* I can tell you because we're friends. ◊ *Non gli dare troppa ~.* Don't get too cosy with him. LOC **in confidenza** in confidence: *Te lo dico in ~.* I'm telling you in confidence. ♦ **prendersi troppe confidenze** to take* liberties *with sb*: *Si prende troppe confidenze con loro.* He takes too many liberties with them.

configurazione *sf* (*Informatica*) configuration

confinante *agg* neighbouring: *due paesi confinanti* two neighbouring countries

confinare *vi* ~ **con** to border on ... : *L'Italia confina con la Svizzera.* Italy borders on Switzerland.

confine *sm* **1** (*Geog, Pol*) border: *il ~ fra l'Italia e la Francia* the border between France and Italy **2** (*limite*) boundary*: *Una staccionata delimita i confini della proprietà.* A fence marks the boundaries of the property. ➔ *Vedi nota a* BORDER

confiscare *vt* to confiscate

conflitto *sm* conflict: *un ~ tra due potenze* a conflict between two powers ◊ *un ~ a fuoco* a gun battle LOC **conflitto di interessi** clash of interests

confondere ▶ *vt* **1** (*mischiare*) to mix *sth* up: *Li ho divisi in tre gruppi. Non confonderli.* I've separated them into three piles, so don't mix them up. **2** (*disorientare*) to confuse: *Non mi ~.* Don't confuse me. **3** (*scambiare*) to mistake *sb/sth* for *sb/sth*: *Credo che mi abbia confuso con qualcun altro.* I think he's mistaken me for somebody else. ◊ *~ il sale con lo zucchero* to mistake the salt for the sugar ▶ confondersi *v rifl* **confondersi (con)** to get* confused (about/over *sth*): *Si confonde con le date.* He gets confused over dates.

conforme *agg*: *~ alle regole* in keeping with the rules

conformista *smf* conformist

conforto *sm* consolation: *cercare/trovare ~ in qc* to seek/find consolation in sth

confrontare *vt* to compare *sb/sth* (*to/with sb/sth*): *Fate l'esercizio e alla fine confrontate le risposte.* Do the exercise and then compare your answers.

confronto *sm* comparison: *fare un ~* to make a comparison (*between sth and sth*): *Non c'è ~ fra questa casa e quella di prima.* There's no comparison between this house and the old one. ◊ *Fai un ~ fra le due foto.* Compare the two photos. LOC **in confronto a** compared to/with *sb/sth* ♦ **nei miei, tuoi, ecc confronti** towards me, you, etc.: *Nei miei confronti si è sempre comportato bene.* He has always behaved impeccably towards me.

confusione *sf* **1** (*rumore*) row: *Con tutta questa ~ non riesco a dormire.* I can't sleep with all this row. ◊ *fare ~* to make a row **2** (*disordine*) mess: *Che ~ nel tuo ufficio!* What a mess your office is! **3** (*sbaglio*) muddle: *Ho fatto ~ con i nomi.* I got into a real muddle with their names. ◊ *fare ~* to get muddled up **4** (*mentale*) confusion

confuso, -a *agg* **1** (*poco chiaro*) confusing: *Le sue indicazioni erano molto confuse.* His directions were very confusing. **2** (*sconcertato*) confused *Vedi anche* CONFONDERE

congedo *sm* **1** (*da lavoro*) leave: *chiedere un ~ per motivi di salute* to take sick leave **2** (*da servizio militare*) discharge

congegno *sm* device

congelamento *sm* **1** (*di acqua, cibi*) freezing **2** (*Med*) frostbite

congelare ▶ *vt* to freeze* ▶ congelarsi *v rifl* **1** (*avere freddo*) to be freezing: *Mi sto congelando.* I'm freezing. **2** (*Med*) to get* frostbite

congelato, -a *agg* **1** frozen **2** (*infreddolito*) freezing: *Sono ~!* I'm freezing! **3** (*Med*) frostbitten *Vedi anche* CONGELARE

congelatore *sm* freezer

congenito, -a *agg* congenital

congestionare *vt*: *I lavori stradali rischiavano di ~ il traffico.* The roadworks threatened to cause traffic congestion.

congestione *sf* (*Med*) congestion

congiuntivite *sf* conjunctivitis [*non numerabile*]

congiuntivo *sm* subjunctive

congiunzione *sf* conjunction

congratularsi *v rifl* ~ **con** (**per**) to congratulate sb (on sth/doing sth): *Mi sono congratulato con lui per la promozione.* I congratulated him on his promotion.

congratulazioni *sf* ~ (**per**) congratulations (on sth/doing sth): *Congratulazioni per gli esami!* Congratulations on passing your exams!

congresso *sm* congress

conico, -a *agg* conical

coniglio *sm* rabbit

> **Rabbit** è la parola generica, **buck** indica solo il maschio ed ha il plurale "buck" o "bucks". Per indicare la femmina del coniglio si usa **doe**.

LOC *Vedi* ZAMPA

coniugare *vt* to conjugate

connessione *sf* connection

connesso, -a *agg* (*Informatica*) connected *Vedi anche* CONNETTERE

connettere ▶ *vi* (*ragionare*) to think* straight: *Oggi non connetto.* I can't think straight today. ▶ *vt* (*cavo*) to connect *sth* (*to sth*) ▶ **connettersi** *v rifl* (*Informatica*) to connect: *Stasera non riesco a connettermi.* I can't get a connection tonight.

cono *sm* cone

conoscente *smf* acquaintance

conoscenza *sf* knowledge [*non numerabile*]: *Hanno messo alla prova le loro conoscenze in materia.* They put their knowledge to the test. LOC **perdere/riprendere conoscenza** to lose*/regain consciousness

conoscere *vt* **1** to know*: *Li conosco da molto tempo.* I've known them for ages. ◊ *Conosco bene Parigi.* I know Paris very well. **2** (*una persona per la prima volta*) to meet*: *Li ho conosciuti durante le vacanze.* I met them during the holidays.

> **Know** si riferisce al fatto di conoscere qualcuno o qualcosa: *Conoscevo una persona che lavorava lì.* I used to know somebody who worked there. ◊ *Li conosciamo da anni.* We've known them for years. Il concetto di incontrare qualcuno per la prima volta si esprime con **meet**: *L'ho conosciuto a una festa.* I met him at a party.

3 (*sapere dell'esistenza*) to know* of sb/sth: *Conosce un buon albergo?* Do you know of a good hotel? LOC **conoscere di vista** to know* sb by sight: *La conosco solo di vista.* I know her only by sight.

conosciuto, -a *agg* (*famoso*) well known: *un attore ~* a well-known actor *Vedi anche* CONOSCERE

conquista *sf* conquest

conquistare *vt* **1** (*Mil*) to conquer **2** (*ottenere*) to achieve: *~ il successo* to achieve success **3** (*attrarre*) to win*: *~ la simpatia del pubblico* to win the public over ◊ *~ il cuore di qn* to win sb's heart

consapevole *agg* aware *of sth*

consegna *sf* **1** (*chiavi*) handover: *la ~ del denaro* the handover of the money **2** (*merce, pacco*) delivery LOC *Vedi* DOMICILIO, PAGAMENTO

consegnare *vt* **1** to hand *sb/sth* over (*to sb*): *~ i documenti/le chiavi* to hand over the documents/keys ◊ *~ qn alle autorità* to hand sb over to the authorities **2** (*premio*) to present *sth* (*to sb*) **3** (*merce*) to deliver

conseguenza *sf* consequence: *subire le conseguenze* to suffer the consequences LOC **di conseguenza** as a result

conseguire *vt* **1** (*ottenere*) to obtain, to get* (*più informale*): *~ un diploma/una laurea* to get a diploma/a degree **2** (*raggiungere*) to achieve: *~ la vittoria* to achieve victory ◊ *~ ottimi risultati* to achieve excellent results LOC **ne consegue che ...** it follows that ...

consenso *sm* consent

consentire *vt* to allow (*sb/sth*) (*to do sth*)

conserva *sf* conserve: *~ di pomodoro* tomato conserve

conservante *sm* preservative

conservare *vt* **1** to keep*: *Conserva la ricevuta.* Keep your receipt. ◊ *Conservo ancora le sue lettere.* I've still got his letters. ◊ *Da ~ in frigo dopo l'apertura.* Once opened, keep refrigerated. **2** (*sott'olio ecc*) to preserve

conservatore, -trice *agg, sm-sf* conservative

conservatorio *sm* school of music

considerare *vt* **1** (*ritenere*) to regard *sb/sth* (*as sth*): *La considero la nostra migliore tennista.* I regard her as our best tennis player. **2** (*valutare*) to weigh *sth* up, to consider (*più formale*): *~ i pro e i contro* to weigh up the pros and cons LOC **considerato che ...** considering (that) ... ◆ **tutto considerato** all things considered

considerazione *sf* **1** *prendere qc in ~* to take* sth into consideration **2** (*osservazione*)

comment: *fare qualche ~* to make a few comments
considerevole *agg* substantial
consigliabile *agg* advisable
consigliare ▶ *vt* to advise *sb (to do sth)*: *Ti consiglio di accettare.* I advise you to accept. ◊ *"Lo compro?" "Non te lo consiglio."* 'Shall I buy it?' 'I wouldn't advise you to.' ▶ **consigliarsi** *v rifl* to get* advice: *Mi consiglio sempre con loro.* I always ask them for advice.
consiglio *sm* **1** (*suggerimento*) advice [*non numerabile*]: *Voglio darti un ~.* I'm going to give you some advice. ◊ *Non seguire i loro consigli.* Don't follow their advice. ◊ *Ho scelto quello dietro ~ di Marco.* I chose that one on Marco's advice. ➲ *Vedi nota a* INFORMAZIONE **2** (*organo*) council LOC **consiglio di amministrazione** board of directors ◆ **il Consiglio dei Ministri** the Cabinet [*v sing o pl*] *Vedi anche* PRESIDENTE
consistenza *sf* texture
consistere *vi* ~ **di/in** to consist of *sth/doing sth*: *Il suo lavoro consiste nel tenere aggiornato il database.* His job consists of keeping the database up to date. ◊ *In cosa consiste il gioco?* How do you play the game?
consolare *vt* to console: *Se ti può ~ ...* If it's any consolation ...
consolato *sm* consulate
consolazione *sf* consolation: *È una ~ sapere che non sono l'unico.* It is (of) some consolation to know that I am not the only one. ◊ *premio di ~* consolation prize
console *smf* consul
consolle *sf* control panel
consonante *sf* consonant
consulente *smf* consultant
consultare *vt* to consult *sb/sth (about sth)*: *Durante l'esame non si possono ~ dizionari.* You are not allowed to consult dictionaries during the exam. ◊ *Ci hanno consultato per questo problema.* They've consulted us about this matter.
consultazione *sf* consultation LOC **di consultazione** reference: *opere di ~* reference books
consultorio *sm* clinic: *~ familiare* family planning clinic
consumare ▶ *vt* **1** to consume: *un paese che consuma più di quanto produce* a country which consumes more than it produces **2** (*energia*) to use: *Questa macchina consuma molta benzina.* This car uses a lot of petrol. **3** (*abiti, scarpe*) to wear* *sth* out: *Consuma tutti i maglioni ai gomiti.* He wears out all his jumpers at the elbows. ▶ **consumarsi** *v rifl*

(*abiti, scarpe*) to wear* out: *I tacchi si sono consumati in fretta.* The heels wore out quickly. LOC **da consumarsi preferibilmente entro il ...** best before ...
consumato, -a *agg* worn out *Vedi anche* CONSUMARE
consumatore, -trice *sm-sf* consumer
consumazione *sf* **1** (*bibita*) drink: *un biglietto che dà diritto a una ~* a ticket entitling you to a drink **2** (*spuntino*) snack LOC **consumazione al tavolo** eating or drinking at a table
consumo *sm* consumption LOC *Vedi* BENE [3]
contabile *smf* accountant
contabilità *sf* **1** (*materia*) accountancy **2** (*conti*) accounts [*pl*]: *la ~ di una ditta* a firm's accounts ◊ *tenere la ~* to do the accounts
contachilometri *sm* milometer
contadino, -a *sm-sf* farmworker ❶ Si può anche dire **peasant** che generalmente si usa quando si parla di epoche passate.
contagiare *vt* to infect *sb (with sth)*, to give* *sth* to *sb (informale)*: *Mi ha contagiato il morbillo.* She gave me measles.
contagio *sm* infection
contagioso, -a *agg* infectious
contagocce *sm* dropper
container *sm* container
contaminare *vt* to contaminate
contaminato, -a *agg* contaminated *Vedi anche* CONTAMINARE
contaminazione *sf* contamination
contante ▶ *agg*: *denaro ~* cash
▶ **contanti** *sm* cash LOC **in contanti** in cash: *Ho solo 100 euro in contanti.* I've only got 100 euros in cash. ◊ *pagare qc in contanti* to pay for sth in cash
contare ▶ *vt* **1** (*enumerare, calcolare*) to count: *Ha contato il numero di viaggiatori.* He counted the number of passengers. **2** (*considerare*) to consider: *senza ~ tutte le altre difficoltà* without considering all the other problems **3** (*avere intenzione*) to intend: *Io conto di andare in vacanza a fine mese.* I intend to go on holiday at the end of the month. ▶ *vi* **1** to count: *Conta fino a 50.* Count to 50. **2** ~ **su** (*fare affidamento*) to count on *sb/sth*: *Conto su di loro.* I'm counting on them.
contascatti *sm* telephone meter
contatore *sm* meter: *il ~ del gas/della luce* the gas/electricity meter
contattare *vt* to contact: *Ho cercato di ~ la mia famiglia.* I tried to contact my family.
contatto *sm* contact LOC **fare contatto con qc** to touch sth, to make* contact with sth ◆ **mettere qn in contatto con qn** to put* sb in

conte → **contrattaccare** 436

touch with sb ♦ **tenersi/mettersi in contatto** to keep*/get* in touch *with sb* ♦ **venire in contatto** to come* into contact *with sth Vedi anche* LENTE

conte, -essa *sm-sf* count [*fem* countess]
contea *sf* county*
contemplare *vt* to contemplate
contemporaneamente *avv* at the same time: *Non puoi fare le due cose ~.* You can't do both things at the same time.
contemporaneo, -a *agg, sm-sf* contemporary*
contendere *vt* – **qc a qn** to compete with sb for sth: *Le due squadre si contendono il titolo.* The two teams are competing for the title.
contenere *vt* to contain: *La confezione contiene tre barattoli.* The package contains three jars.
contenitore *sm* container ⊃ *Vedi illustrazione a* CONTAINER
contentare ▶ *vt Vedi* ACCONTENTARE
▶ **contentarsi** *v rifl* – **di/con** to be satisfied with sth: *Si contenta di poco.* He's easily pleased.
contento, -a *agg* **1** happy* **2** – **(di)** pleased (with *sb/sth*): *Siamo contenti del nuovo professore.* We're pleased with the new teacher. **3** – **di/che ...** pleased to do sth/(that ...): *Sono contenta che siate venuti.* I'm pleased (that) you've come.
contenuto *sm* contents [*pl*]: *il ~ della bottiglia* the contents of the bottle
contessa *sf Vedi* CONTE
contestare *vt* (*criticare*) to question: *~ una decisione* to question a decision
contesto *sm* context
continentale *agg* continental
continente *sm* continent
continuamente *avv* **1** (*ininterrottamente*) continuously **2** (*ripetutamente*) continually ⊃ *Vedi nota a* CONTINUAL
continuare ▶ *vi* **1** (*proseguire*) to go* on (with *sth/doing sth*), to continue (with *sth/to do sth*) (*più formale*): *Continueremo ad appoggiarti.* We will go on supporting you. ◊ *Continua fino alla piazza.* Go on till you reach the square. **2** (*essere ancora*) to be still ... : *Continua a fare molto caldo.* It's still very hot.
▶ *vt* to continue: *~ il viaggio* to continue your journey
continuazione *sf* continuation LOC **in continuazione** constantly
continuo, -a *agg* **1** (*ininterrotto*) continuous **2** (*che si ripete*) continual
conto *sm* **1** (*ristorante*) bill: *Il ~ per favore.* Could I have the bill, please? **2** (*Comm, Fin*) account: *un ~ corrente* a current account LOC **conto alla rovescia** countdown ♦ **fare i conti con qn** to settle accounts with sb ♦ **fare il conto di** to calculate *sth*: *Fai il ~ di quanti te ne servono.* Calculate how many you need.
♦ **tener conto di** to bear* *sth* in mind: *Terrò ~ dei tuoi consigli.* I'll bear your advice in mind. *Vedi anche* FINE¹, RENDERE

contorcersi *v rifl* to contort: *~ dalle risa/dal dolore* to be contorted with laughter/pain
contorno *sm* **1** (*Cucina*) side dish: *pollo con ~ di patate arrosto* chicken with roast potatoes **2** (*profilo*) outline
contorto *agg* **1** (*ramo, fil di ferro*) twisted **2** (*corpo, ragionamento*) contorted *Vedi anche* CONTORCERSI
contrabbandiere, -a *sm-sf* smuggler
contrabbando *sm* smuggling LOC **di contrabbando**: *merce di ~* contraband
contrabbasso *sm* double bass
contraccolpo *sm* **1** rebound **2** (*fucile*) recoil
contracettivo, -a *agg, sm* contraceptive
contraddire ▶ *vt* to contradict ▶ **contraddirsi** *v rifl* to contradict yourself
contraddittorio, -a *agg* **1** (*affermazione*) contradictory **2** (*sentimenti*) conflicting **3** (*comportamento*) inconsistent
contraddizione *sf* contradiction
contraffare *vt* **1** (*banconote*) to forge **2** (*merce*): *Contraffacevano scarpe Nike.* They were producing fake Nike trainers. **3** (*voce*) to disguise
contraffazione *sf* forgery*
contrappeso *sm* counterweight LOC **fare da contrappeso** to counterbalance *sb/sth*
contrarietà *sf* setback
contrario, -a ▶ *agg* **1** (*opinione, idea*) opposing **2** (*direzione*) opposite
▶ *sm* opposite LOC **al contrario** on the contrary ♦ **avere qualcosa in contrario** to have some objection: *Se hai qualcosa in ~ dimmelo subito.* If you have any objection, tell me. ◊ *Io non ho niente in ~.* I've no objection. ♦ **essere contrario a** to be against *sth Vedi anche* CASO
contrarre ▶ *vt* to contract: *~ un muscolo* to contract a muscle ◊ *~ debiti/la malaria* to contract debts/malaria ▶ **contrarsi** *v rifl* to contract
contrassegno *sm* mark LOC **in contrassegno** cash on delivery, COD
contrastare *vi* – **(con)** to contrast (with *sth*): *Le sue idee contrastano con le nostre.* His ideas contrast with ours.
contrasto *sm* contrast
contrattaccare *vt, vi* to fight* back

contrattacco *sm* counter-attack

contrattare *vt* to negotiate

contrattempo *sm* hitch: *Sono sorti dei contrattempi.* There were a few hitches.

contratto, -a ▶ *agg* (*viso*) contorted
▶ *sm* contract *Vedi anche* CONTRARRE

contribuente *smf* taxpayer

contribuire *vi* **1** ~ **a qc** (**con qc**) to contribute (sth) to/towards sth: *Hanno contribuito con 500 mila euro alla costruzione dell'ospedale.* They contributed 500 000 euros to the construction of the hospital. **2** ~ **a fare qc** to help to do sth: *Contribuirà a migliorare l'immagine della scuola.* It will help (to) improve the school's image.

contributo *sm* contribution

contro ▶ *prep* **1** against: *la lotta ~ la criminalità* the fight against crime ◊ *Mettiti ~ il muro.* Stand against the wall. ◊ *~ la loro volontà* against their will ◊ *Tu giochi ~ di me/noi.* You're playing against me/us. **2** (*con verbi come lanciare, sparare, tirare*) at: *Hanno tirato sassi ~ le finestre.* They threw stones at the windows. **3** (*con verbi come urtare, sbattere*) into: *La sua macchina è andata a sbattere ~ un muro.* His car crashed into the wall. ◊ *Ha sbattuto ~ un albero.* He hit a tree. **4** (*per*) for: *pastiglie ~ il mal di testa* tablets for a headache **5** (*Sport*) versus (*abbrev* v, vs): *il Milan ~ il Napoli* Milan v Napoli
▶ *avv*: *Sei a favore o ~?* Are you for or against?
LOC *Vedi* PRO

controcorrente *avv* **1** (*in fiume*) upstream **2** (*in mare, fig*) against the tide

controfigura *sf* stand-in

controllare ▶ *vt* **1** (*biglietto, data*) to check: *Controlla se hai tutto.* Check that you've got everything. **2** (*dominare*) to control*
▶ **controllarsi** *v rifl* to control* yourself
LOC *Vedi* VISTA

controllo *sm* **1** control: *il ~ dei bagagli/passaporti* luggage/passport control ◊ *perdere il ~ della situazione* to lose control of the situation **2** (*Med*) check-up: *farsi un ~* to have a check-up LOC **controllo ortografia** (*Informatica*) spell check ◆ **essere sotto controllo** to be under control *Vedi anche* TORRE, VISITA

controllore *sm* ticket inspector
LOC **controllore di volo** air-traffic controller

controluce LOC **in controluce** against the light: *guardare i negativi in ~* to look at the negatives against the light

contromano *avv* **1** (*senso unico*) the wrong way up a one-way street **2** (*corsia sbagliata*) on the wrong side of the road

contropiede *sm* LOC **prendere in contropiede** to catch* *sb* off guard

controsenso *sm* nonsense

controvento *avv* against the wind

controvoglia *avv* reluctantly

contusione *sf* bruise

convalescenza *sf* convalescence: *essere in ~* to be convalescing

convalidare *vt* (*biglietto*) to validate

convegno *sm* conference

conveniente *agg* (*poco costoso*) cheap

convenire ▶ *vi* ~ **a** (*essere vantaggioso per*): *Ci converrebbe ripassare l'ultima parte.* We'd better go over the last section again. ◊ *Non ti conviene rimandare.* It's best not to put it off.
▶ *v impers* **1** (*essere consigliabile*): *Conviene ripensarci.* We'd better think again. **2** (*essere meno caro*) to be cheaper: *Comprare all'ipermercato conviene.* It's cheaper at the hypermarket.

convento *sm* **1** (*di suore*) convent **2** (*di frati*) monastery*

conversazione *sf* conversation: *Abbiamo avuto una ~ interessante.* We had an interesting conversation. ◊ *Va da una signora a fare ~ d'inglese.* She goes to a woman for English conversation lessons. LOC *Vedi* ARGOMENTO

convertirsi *v rifl* ~ (**a**) to convert (to *sth*): *Si sono convertiti all'islamismo.* They have converted to Islam.

convesso, -a *agg* convex

convincere ▶ *vt* to convince *sb* (*of sth/to do sth/that…*): *Cerca di convincerlo a venire.* Try to convince him to come. ◊ *Ci hanno convinti che era la cosa migliore.* They convinced us that it was the best thing. ◊ *Questa storia non mi convince.* I'm not convinced by this story.
▶ **convincersi** *v rifl* **convincersi di** to get* *sth* into your head: *Devi convincerti che è finita.* You must get it into your head that it's over.

convinto, -a *agg* sure: *Sono ~ che…* I'm sure (that)… *Vedi anche* CONVINCERE

convivere *vi* to live together, to live with *sb*: *Convivevano già prima di sposarsi.* They lived together before they got married.

convocare *vt* **1** (*riunione*) to call **2** (*chiamare*) to summon: *~ i genitori a una riunione* to summon the parents to a meeting

cooperativa *sf* cooperative

coordinare *vt* to coordinate

coordinata *sf* coordinate

coordinato, -a *agg* coordinated *Vedi anche* COORDINARE

coperchio *sm* lid: *Metti il ~.* Put the lid on.
➲ *Vedi illustrazione a* SAUCEPAN

coperta *sf* **1** (*di lana*) blanket: *Mettigli addosso una ~.* Put a blanket over him. ⊃ *Vedi illustrazione a* LETTO **2** (*Naut*) deck: *salire in ~* to go up on deck

copertina *sf* **1** (*libro, rivista*) cover: *In ~ c'è un dinosauro.* There's a dinosaur on the cover. **2** (*disco*) sleeve

coperto, -a ▶ *agg* **1** ~ (**di/con**) covered (in/with sth): *~ di polvere* covered in dust ◊ *La sedia era coperta con un lenzuolo.* The chair was covered with a sheet. **2** (*cielo*) overcast **3** (*campo da tennis*) indoor: *una piscina coperta* an indoor swimming pool **4** (*persona*): *ben ~* well wrapped up ◊ *Sei fin troppo ~.* You've got too much on.
▶ *sm* **1** (*posto a tavola*) place setting: *Preparate sei coperti.* Prepare six place settings. **2** (*prezzo*) cover charge: *Il ~ è compreso.* Cover charge is included. LOC **mettersi al coperto** to take* cover *Vedi anche* COPRIRE

copertura *sf* covering

copia *sf* copy*: *fare una ~* to make a copy ◊ *una ~ omaggio* a complimentary copy ◊ *Tieni sempre una ~ su dischetto.* Always keep a back-up copy. LOC *Vedi* BELLO, BRUTTO, DUPLICE, TRIPLICE

copiare ▶ *vt, vi* to copy* sth (from sb/sth): *Hai copiato questo quadro dall'originale?* Did you copy this painting from the original? ◊ *L'ho copiato da Luigi.* I copied it from Luigi. ▶ *vt* (*scrivere*) to copy* sth down: *Copiate usi quaderno le frasi scritte alla lavagna.* Copy down the sentences on the blackboard. LOC **copia e incolla** (*Informatica*) copy and paste

copilota *smf* co-pilot

copione, -a ▶ *sm-sf* copycat
▶ *sm* (*Cine*) script

coppa *sf* **1** (*trofeo*) cup: *la Coppa Europa* the European Cup **2** (*di gelato, macedonia*) bowl LOC **coppa dell'olio** oil sump

coppetta *sf* **1** (*contenitore*) bowl **2** (*gelato*) tub

coppia *sf* **1** (*sposi, fidanzati*) couple: *fanno una bella ~.* They make a really nice couple. **2** (*animali, Sport*) pair: *la ~ vincitrice* the winning pair LOC **a coppie** two by two: *Entrarono a coppie.* They went in two by two. ◆ **lavorare a coppie** to work in pairs

coprifuoco *sm* curfew

copriletto *sm* bedspread ⊃ *Vedi illustrazione a* LETTO

copripiumino *sm* duvet cover

coprire ▶ *vt* **1** to cover *sb/sth* (with sth): *Hanno coperto i muri di manifesti.* They've covered the walls with posters. ◊ *~ le spese di viaggio* to cover travelling expenses ◊ *Copriti la schiena, se no ti ustioni.* Cover your back or you'll burn. **2** (*imbacuccare*) to wrap* sb up: *Copri bene la bambina.* Wrap the child up well. ▶ **coprirsi** *v rifl* to wrap* up: *Copriti bene, fa molto freddo.* Wrap up well, it's very cold outside. LOC *Vedi* VISUALE

coque *sf* LOC *Vedi* UOVO

coraggio *sm* courage LOC *Vedi* ARMARSI

coraggioso, -a *agg* brave

corallo *sm* coral

corda *sf* **1** (*fune*) rope: *una ~ per saltare* a skipping rope ◊ *Legalo con una ~.* Tie it with some rope. **2** (*Mus*) string: *strumenti a ~* stringed instruments LOC **corde vocali** vocal cords ◆ **dar corda a** to encourage *sb* ◆ **tenere sulla corda** to keep* *sb* on tenterhooks *Vedi anche* SALTARE, SALTO, TAGLIARE

cordiale *agg* warm LOC *Vedi* SALUTO

cordless *sm* cordless phone

cordone *sm* cord LOC **cordone ombelicale** umbilical cord

Corea *sf* Korea LOC **Corea del Nord** North Korea ◆ **Corea del Sud** South Korea

coreano, -a *agg, sm-sf, sm* Korean: *i coreani* the Koreans ◊ *parlare ~* to speak Korean

coriandoli *sm* confetti [*non numerabile*]

coricarsi *v rifl* **1** (*andare a letto*) to go* to bed: *Dovresti coricarti presto stasera.* You should go to bed early tonight. **2** (*sdraiarsi*) to lie* down ⊃ *Vedi nota a* LIE[2]

cornamusa *sf* bagpipe(s) [*si usa spec al pl*]: *suonare la ~* to play the bagpipes

cornea *sf* cornea

cornetta *sf* (*telefono*) receiver

cornetto *sm* **1** (*brioche*) croissant **2** (*gelato*) cone ⊃ *Vedi illustrazione a* PANE

cornice *sf* frame

cornicione *sm* ledge

corno *sm* **1** (*toro, Mus*) horn **2** (*renna, cervo*) antler LOC **fare le corna 1** (*per scaramanzia*) to keep* your fingers crossed **2** (*tradire*) to cheat *on sb*

Cornovaglia *sf* Cornwall

coro *sm* choir LOC **in coro** (*insieme*) in chorus

corona *sf* **1** (*re*) crown **2** (*di fiori*) wreath

corpo *sm* body* LOC **corpo a corpo** (*lottare*) hand to hand *Vedi anche* GUARDIA, VOCE

corporale *agg* LOC *Vedi* PUNIZIONE

corpulento, -a *agg* hefty*

correggere *vt* to correct: *~ i compiti/gli errori* to correct homework/mistakes ◊ *Correggimi se sbaglio.* Correct me if I'm wrong.

corrente ▶ *agg* (*uso*) current
▶ *sf* **1** (*acqua, elettricità*) current: *Sono stati*

trascinati via dalla ~. They were swept away by the current. *È andata via la ~.* The power's gone off. **2** *(aria)* draught LOC **essere al corrente di** to know* about *sth* ♦ **mettere qn al corrente** to put* sb in the picture *about sth* ♦ **tenersi al corrente** to keep* up to date *Vedi anche* ACQUA

correntemente *avv (con scioltezza)* fluently: *Parla ~ inglese e tedesco.* She speaks English and German fluently.

correre ▶ *vi* **1** to run*: *Correvano nel cortile.* They were running round the playground. ◇ *Gli sono corso dietro.* I ran after him. ◇ *Si è messo a ~ quando mi ha visto.* He ran off when he saw me. **2** *(affrettarsi)* to hurry*: *Non c'è bisogno di ~, hai ancora tempo.* There's no need to hurry, you've still got time. **3** *(veicolo)* to go* fast: *Come corre questa moto!* This motorbike goes very fast. ◇ *Corre troppo in autostrada.* She goes too fast on the motorway. **4** *(intercorrere)*: *Tra me e lui ci corrono tre anni.* There are three years between me and him. ▶ *vt (Sport)* to run*: *~ i cento metri piani* to run the 100 metres LOC **correre come il vento** to run* like the wind ♦ **correre il pericolo di** to run* the risk of *sth*: *Corrono il pericolo di rimanere bloccati dalla neve.* They run the risk of getting snowed in. ♦ **correre un rischio** to run* a risk ♦ **corre voce che ...**: *Corre voce che si sposino.* There's a rumour going round that they're getting married. *Vedi anche* TEMPO

corretto, -a *agg* correct: *il risultato ~* the correct result LOC *Vedi* GIOCO; *Vedi anche* CORREGGERE

correzione *sf* **1** *(atto, modifica)* correction: *fare delle correzioni a un testo* to make corrections to a text **2** *(compiti)* marking: *La ~ del compito si farà in classe.* We'll mark the test in class. LOC **correzione di bozze** proofreading

corridoio *sm* **1** *(edificio)* corridor **2** *(aereo, teatro)* aisle: *Mi hanno dato un posto di ~.* I was given an aisle seat.

corridore *sm* **1** *(atleta)* runner **2** *(ciclista)* cyclist **3** *(automobilista)* driver

corriere *sm* courier LOC **corriere della droga** drug runner

corrimano *sm* handrail

corrispondente ▶ *agg* ~ (a) corresponding (to *sth*): *Trovate le parole corrispondenti alle definizioni.* Find the words corresponding to the definitions.
▶ *smf (Giornalismo)* correspondent

corrispondenza *sf* **1** *(posta)* correspondence **2** *(rapporto)* relation LOC *Vedi* CORSO

corrispondere *vi* ~ (a) to correspond (to *sb/sth*)

corrodere ▶ *vt* to corrode ▶ **corrodersi** *v rifl* to corrode

corrompere *vt* **1** to corrupt **2** *(con denaro)* to bribe

corroso, -a *agg* corroded *Vedi anche* CORRODERE

corrotto, -a *agg* corrupted *Vedi anche* CORROMPERE

corruzione *sf* **1** corruption **2** *(con denaro)* bribery: *tentativo di ~* attempted bribery

corsa *sf* **1** run: *Abbiamo fatto una ~ per prendere il treno.* We ran to catch the train ◇ *arrivare di ~* to come running up **2** *(gara)* race: *~ con i sacchi* sack race ◇ *~ di cavalli* horse race ◇ *Va sempre alle corse.* She always goes to the races. ◇ *Facciamo una ~ e vediamo chi arriva primo.* Let's have a race and see who comes first. **3** *(autobus)*: *L'ultima ~ è alle dieci e mezzo.* The last bus is at half past ten. LOC **corsa agli armamenti** arms race ♦ **corsa campestre** cross-country race *Vedi anche* AUTO, BICICLETTA, CAVALLO, MACCHINA, USCIRE

corsia *sf* **1** *(strada, Sport)* lane: *~ per gli autobus* bus lane ◇ *il corridore in seconda ~* the athlete in lane two **2** *(ospedale)* ward LOC **corsia d'emergenza** hard shoulder ♦ **corsia preferenziale** fast track

corso *sm* **1** course: *Faccio un ~ di inglese.* I'm doing an English course. ◇ *nel ~ dell'anno/della discussione* in the course of the year/discussion **2** *(strada)* high street LOC **corsi serali** evening classes ♦ **corso d'acqua** watercourse ♦ **corso di aggiornamento** refresher course ♦ **corso per corrispondenza** correspondence course *Vedi anche* LAVORO

corte *sf* court LOC **fare la corte a** to court *sb*

corteccia *sf* bark

cortesia *sf* favour: *fare una ~ a qn* to do sb a favour LOC **per cortesia** please: *Per ~, dammi una mano.* Could you give me a hand, please?

cortile *sm* **1** courtyard **2** *(scuola)* playground

corto, -a *agg* short: *Questi pantaloni sono troppo corti per te.* These trousers are too short for you. ◇ *una camicia a maniche corte* a short-sleeved shirt LOC **essere a corto di** to be short of *sth*

cortocircuito *sm* short-circuit

cortometraggio *sm* short

corvo *sm* crow

cosa ▶ *sf* **1** thing: *In questo momento le cose vanno bene.* Things are going well at the moment. ◇ *tutte le cose che ha comprato* everything he bought **2** *(qualcosa)* something: *Ti volevo chiedere una ~.* I wanted to ask you something. **3** *(niente)* nothing, anything: *Non c'è ~ più bella del mare.* There's nothing more

beautiful than the sea. **4** (*faccenda*): *La ~ è poco chiara.* It's not very clear. ◊ *Non mi ha mai parlato della ~.* He's never talked to me about it. **5 cose** (*faccende*) affairs: *Prima devo sistemare le mie cose.* I want to sort out my own affairs first. ◊ *Non parla mai delle sue cose.* He never talks about his personal life. **6 cose** (*oggetti*) things: *Puoi mettere le tue cose in questo cassetto.* You can put your things in this drawer. ◊ *Ha preso le sue cose e se n'è andata.* She took her things and left.
▶ *pron interr* what: *Cosa hai detto?* What did you say? ◊ *Cosa è successo?* What happened? ◊ *Cosa c'è per cena?* What's for dinner? ◊ *Mi ha chiesto ~ facevo.* He asked me what I was doing. LOC **cose da pazzi!** would you believe it! ♦ **son cose che succedono!** that's life! ♦ **tra una cosa e l'altra** what with one thing and another ♦ **è una cosa da niente** it's nothing ♦ **una cosa simile**: *Hai mai visto una ~ simile?* Did you ever see anything like it? *Vedi anche* OGNI, PRIMO, QUALCHE, QUALSIASI

coscia *sf* **1** (*persona*) thigh **2** (*Cucina*) leg

coscienza *sf* conscience: *avere la ~ a posto/sporca* to have a clear/bad conscience
LOC *Vedi* OBIETTORE, RIMORDERE

così ▶ *avv* **1** (*in questo modo, come questo*) like this/that: *Tienilo ~.* Hold it like this. ◊ *È alto ~.* It's this high. ◊ *Fa piacere incontrare gente ~.* It's nice meeting people like that. ◊ *Io sono fatto ~.* That's the way I am. **2** (*davanti a aggettivo/avverbio*) so: *Non pensavo che fosse ~ ingenuo.* I didn't think he was so naive. ◊ *Non pensavo che saresti arrivato ~ tardi.* I didn't think you'd be this late. **3** (*dopo sostantivo*) such: *Non mi aspettavo un regalo ~ costoso.* I wasn't expecting such an expensive present. ◊ *Sono dei bambini ~ buoni che...* They're such good children that...
▶ *agg* like that: *Voglio una macchina ~.* I want a car like that. ◊ *Non vorrei mai una casa ~.* I'd never want a house like that.
▶ *cong*: *Non sono venuti, ~ me ne sono andato.* They didn't come so I left. LOC **così ... che** so ... (that): *Ero ~ arrabbiato che gli ho dato uno schiaffo.* I was so angry that I slapped him. ♦ **così ... come ...** as ... as ... : *Non è ~ facile come sembra.* It's not as easy as it looks. ♦ **così, così** so so ♦ **e così via** and so on (and so forth) *Vedi anche* PROPRIO

cosiddetto, -a *agg* so-called: *il ~ Terzo Mondo* the so-called Third World

cosmetico, -a ▶ *agg* cosmetic
▶ *sm* **cosmetici** cosmetics: *Anna compra cosmetici carissimi.* Anna buys very expensive cosmetics.

cosmico, -a *agg* cosmic

cosmo *sm* cosmos

coso *sm* **1** (*oggetto*) thingummy* **2** (*persona*) what's-his-name [*fem* what's-her-name]: *Ho visto ~.* I saw what's-his-name.

cospargere *vt* ~ **qc di** to sprinkle sth with sth: *~ la torta di zucchero* sprinkle the cake with sugar

cospirazione *sf* conspiracy*

costa *sf* coast: *la ~ adriatica* the Adriatic coast
LOC *Vedi* VELLUTO

costante *agg* **1** (*invariabile*) constant **2** (*perseverante*) steadfast

costanza *sf* perseverance

costare *vi* **1** to cost*: *Il biglietto costa 30 sterline.* The ticket costs £30. ◊ *Quanto ti è costato il computer?* How much did the computer cost you? ◊ *L'incidente è costato la vita a quattro persone.* The accident cost the lives of four people. **2** (*risultare difficile*) to find* it hard (*to do sth*): *Mi costa tanto alzarmi presto.* I find it hard to get up early. LOC **costare molto/poco** (*soldi*) to be expensive/cheap ♦ **costare un occhio della testa** to cost* an arm and a leg

costellazione *sf* constellation

costiero, -a *agg* coastal LOC *Vedi* GUARDIA

costituire *vt* **1** (*comporre*) to make* sth up: *La sua famiglia è costituita da sette persone.* Her family consists of seven people. **2** (*rappresentare*) to be, to constitute (*formale*): *Può ~ un rischio per la salute.* It may be a health hazard. **3** (*fondare*) to set* sth up

costituzionale *agg* constitutional

costituzione *sf* **1** (*Pol, Med*) constitution **2** (*fondazione*) setting-up

costo *sm* cost: *il ~ della vita* the cost of living
LOC **a costo di** at the cost of sth: *Ci arriverò a ~ di andarci a piedi.* I'll get there even if I have to walk it. ♦ **a tutti i costi** at all costs

costola *sf* rib

costoletta *sf* cutlet

costoso, -a *agg* expensive

costringere *vt* to force sb to do sth: *Lo hanno costretto a consegnare la valigetta.* They forced him to hand over the case. ◊ *Siamo costretti a cambiarlo.* We have to change it.

costruire *vt, vi* to build*: *~ un futuro migliore* to build a better future

costruzione *sf* **1** (*edificio, fabbricazione*) building, construction (*più formale*): *in ~* under construction **2 le costruzioni** (*gioco*) building blocks

costume *sm* **1** (*vestito*) costume **2** (*usanza*) custom LOC **costume da bagno 1** (*da uomo*) swimming trunks [*pl*] ❶ *Nota che un* *costume da bagno* si dice **a pair of swimming trunks**. **2** (*da donna*) swimming costume

cotogna *sf* LOC *Vedi* MELA

cotoletta *sf* **1** (*maiale*) chop **2** (*vitello*) cutlet

cotone *sm* **1** (*pianta, fibra*) cotton: *una gonna di ~* a cotton skirt **2** (*idrofilo*) cotton wool [*non numerabile*]: *Mi sono tappato le orecchie con il ~.* I put cotton wool in my ears.

cotta *sf* crush: *prendersi una ~ per qn* to have a crush on sb

cotto, -a *agg* (*cibo*) done: *Il pollo non è ancora ~.* The chicken isn't done yet. ◊ *Mi piace la carne ben cotta.* I like my meat well done.

> Carne al sangue si dice **rare** e cotta al punto giusto **medium rare**.

LOC *Vedi* PROSCIUTTO; *Vedi anche* CUOCERE

cottonfioc® *sm* cotton bud

cottura *sf* cooking: *tempo di ~* cooking time LOC *Vedi* PASSATO

coupon *sm* coupon

covare *vt, vi* (*uccello*) to sit* (on sth) LOC *Vedi* GATTO

covo *sm* hideout

coyote *sm* coyote

cozza *sf* mussel

cracker *sm* cracker

Cracovia *sf* Krakow

crampo *sm* cramp: *Mi è venuto un ~ al piede.* I got cramp in my foot. ◊ *Ho i crampi allo stomaco.* I have stomach cramps.

cranio *sm* skull, cranium

cratere *sm* crater

cravatta *sf* tie: *Tutti portavano la ~.* They were all wearing ties.

crawl *sm* crawl

creare *vt* **1** to create: *~ problemi* to create problems **2** (*organizzazione*) to set* sth up

creatività *sf* creativity

creativo, -a *agg* creative

creatore, -trice *sm-sf* creator

creatura *sf* creature

creazione *sf* creation

credente *smf* believer LOC **non credente** non-believer

credenza *sf* **1** (*mobile*) sideboard **2** (*opinione*) belief

credere ▶ *vt, vi* **1** to believe (*in sb/sth*): *~ nella giustizia* to believe in justice ◊ *Nessuno mi crederà.* Nobody will believe me. ◊ *Non ci credo.* I don't believe it. ◊ *Tu ci credi ai fantasmi?* Do you believe in ghosts? **2** (*pensare*) to think*: *Credono di aver scoperto la verità.* They think they've uncovered the truth. ◊ *Crede che sia stato io.* She thinks it was me. ◊ *Credo di sì/no.* I think so/I don't think so. ◊ *La credevano morta.* They thought she was dead. ▶ **credersi** *v rifl* to think* you are sb/sth: *Si crede molto furbo.* He thinks he's very clever. ◊ *Chi si credono di essere?* Who do they think they are?

credito *sm* (*Fin*) credit: *comprare qc a ~* to buy sth on credit ◊ *far ~ (a qn)* to give (sb) credit LOC *Vedi* CARTA

creditore, -trice *sm-sf* creditor

credo *sm* creed

credulone, -a *agg* gullible

crema *sf* **1** (*di bellezza, colore*) cream: *Mettiti un po' di ~ sulla schiena.* Put some cream on your back. ◊ *una sciarpa color ~* a cream (coloured) scarf **2** (*pasticceria*) custard **3** (*gelato*) vanilla LOC **crema idratante** moisturizer

cremare *vt* to cremate

crematorio *sm* crematorium*

crème caramel *sm* crème caramel

cremoso, -a *agg* creamy*

crepa *sf* crack

crepapelle LOC **a crepapelle**: *ridere a ~* to split your sides

crepare ▶ *vt* (*muro*) to crack ▶ *vi* (*morire*) to kick the bucket ▶ **creparsi** *v rifl* to crack

crêpe *sf* pancake ⊃ *Vedi nota a* MARTEDÌ

crepitare *vi* (*fuoco*) to crackle

crepuscolo *sm* twilight

crescente *agg* increasing LOC *Vedi* LUNA

crescere *vi* **1** (*aumentare*) to grow*: *È cresciuto di tre centimetri.* He's grown three centimetres. ◊ *Come ti sono cresciuti i capelli!* Hasn't your hair grown! ◊ *Il numero dei senzatetto cresce ogni anno.* The number of homeless people grows every year. **2** (*diventare adulto*) to grow* up: *Sono cresciuto in campagna.* I grew up in the country. LOC **farsi crescere i capelli, la barba, ecc** to grow* your hair, a beard, etc.

crescione *sm* watercress [*non numerabile*]

crescita *sf* growth

cresima *sf* confirmation: *fare la ~* to be confirmed

crespo, -a *agg* (*capelli*) frizzy

cresta *sf* **1** (*uccello, dinosauro*) crest **2** (*gallo*) comb LOC **essere sulla cresta dell'onda** to be on the crest of a wave LOC *Vedi* ABBASSARE

creta *sf* clay: *un vaso di ~* a clay pot

cretinata *sf* silly thing

cretino → **cucina**

cretino, -a sm-sf cretin
cric sm jack
criceto sm hamster
criminale agg, smf criminal
crimine sm crime: *commettere un ~* to commit a crime
criniera sf mane
crisi sf crisis* LOC **avere una crisi isterica** to have hysterics ◆ **crisi di astinenza** withdrawal symptoms [pl] ◆ **essere in crisi 1** (*paese, azienda*) to be in crisis **2** (*persona*) to be in a state
cristallo sm crystal: *una bottiglia di ~* a crystal decanter LOC *Vedi* SFERA
cristianesimo sm Christianity
cristiano, -a agg, sm-sf Christian
Cristo n pr Christ LOC **avanti/dopo Cristo** BC/AD
criterio sm **1** (*principio*) criterion* **2** (*buon senso*) judgement: *avere/non avere ~* to have/not to have sound judgement
critica sf **1** (*commento*) criticism: *Sono stufo delle tue critiche.* I'm fed up with your criticism. **2** (*insieme dei critici*) critics [pl]: *avere un grande successo di ~* to be well received by the critics **3** (*recensione*) review: *Le critiche non sono buone.* The reviews aren't good.
criticare vt to criticize
critico, -a ▶ agg critical
▶ sm-sf critic
crivellare vt to riddle: *~ qn/qc di colpi* to riddle sb/sth with bullets
croato, -a ▶ agg Croatian
▶ sm-sf, sm Croat: *i croati* the Croats ◇ *parlare ~* to speak Croat
Croazia sf Croatia
croccante ▶ agg crunchy*
▶ sm nut crunch
crocchetta sf croquette
crocchia sf bun: *Porta sempre la ~.* She always wears her hair in a bun.
croce sf cross: *Segnate la risposta con una ~.* Put a cross next to the answer. ◇ *farsi il segno della ~* to cross yourself LOC **Croce Rossa** Red Cross *Vedi anche* TESTA
crocetta sf cross
crociato, -a agg LOC *Vedi* PAROLA
crociera sf (*viaggio*) cruise: *fare una ~* to go on a cruise
crocifiggere vt to crucify*
crocifisso sm crucifix
crollare vi **1** (*edificio*) to collapse: *È crollato il ponte.* The bridge has collapsed. **2** (*tetto*) to cave in **3** (*fig, persona*) to break* down

crollo sm **1** (*edificio, impero*) collapse **2** (*prezzi*) slump
cromato, -a agg chromium-plated
cromo sm chromium
cromosoma sm chromosome
cronaca sf **1** (*resoconto*) chronicle **2** (*attualità*) news **3** (*partita*) commentary* LOC **cronaca nera** crime news ◆ **cronaca rosa** celebrity gossip
cronico, -a agg chronic
cronologico, -a agg chronological
cronometrare vt to time
cronometro sm (*Sport*) stopwatch
crosta sf **1** (*pane, pizza*) crust ⊃ *Vedi illustrazione a* PANE **2** (*formaggio*) rind **3** (*ferita*) scab LOC **la crosta terrestre** the earth's crust
crostaceo sm shellfish*
crostata sf tart: *una ~ di mele* an apple tart ⊃ *Vedi nota a* PIE
crostino sm **1** (*tartina*) canapé **2** (*per minestra*) crouton
cruciverba sm crossword: *fare un ~* to do a crossword
crudele agg cruel*
crudeltà sf cruelty*
crudo, -a agg **1** (*non cotto*) raw **2** (*poco cotto*) underdone: *La carne è un po' cruda.* The meat is underdone. LOC *Vedi* NUDO, PROSCIUTTO
crumiro, -a sm-sf blackleg
cruna sf eye
crusca sf bran
cruscotto sm dashboard
cubetto sm: *~ di ghiaccio* ice cube
cubico, -a agg cubic LOC *Vedi* RADICE
cubo ▶ sm cube
▶ agg cubic: *metro ~* cubic metre
cuccetta sf **1** (*nave*) bunk **2** (*treno*) couchette
cucchiaiata sf spoonful: *due cucchiaiate di zucchero* two spoonfuls of sugar
cucchiaino sm **1** (*posata*) teaspoon **2** (*contenuto*) teaspoonful
cucchiaio sm **1** (*posata*) spoon **2** (*contenuto*) spoonful LOC **cucchiaio di legno** wooden spoon
cuccia sf **1** (*di legno, mattoni*) kennel **2** (*giaciglio*) basket LOC **a cuccia!** down!
cucciolata sf litter
cucciolo sm **1** (*cane*) puppy* **2** (*leone, tigre*) cub ⊃ *Vedi nota a* CANE
cucina sf **1** (*stanza*) kitchen **2** (*elettrodomestico*) cooker **3** (*arte culinaria*) cookery: *un corso/libro di ~* a cookery course/book **4** (*cibo e preparazione*) cooking: *La ~ indiana richiede*

tante spezie. Indian cooking requires a lot of spices. LOC *Vedi* BATTERIA, ROBOT, TELO

cucinare *vt, vi* to cook

cucire *vt, vi* to sew*: ~ *un bottone* to sew on a button LOC *Vedi* MACCHINA

cucito *sm* sewing: *il cestino del* ~ the sewing basket

cucitrice *sf* (*cancelleria*) stapler

cucitura *sf* **1** stitching **2** (*costura*) seam

cuculo *sm* cuckoo

cuffia *sf* **1** (*per musica*) headphones [*pl*] **2** (*cappello*) cap LOC **cuffia da bagno 1** (*per piscina*) swimming cap **2** (*per doccia*) shower cap

cugino, -a *sm-sf* cousin LOC **cugino di primo/secondo grado** first/second cousin: *Siamo cugini di primo/secondo grado.* We're first/second cousins.

cui *pron rel* **1** (*persona*) whom: *Il ragazzo con ~ l'ho vista ieri è suo cugino.* The boy with whom I saw her yesterday is her cousin. ◊ *l'attrice di ~ parlavo* the actress I was talking about ◊ *il ragazzo a ~ ho dato la cassetta* the boy I gave the tape to ◆ *Vedi nota a* CHE **2** (*cosa*) which: *una collina da ~ si vede il mare* a hill from which you can see the sea ◊ *il libro di ~ ti ho parlato* the book I told you about ◊ *la città in ~ sono nato* the city where I was born ◆ *Vedi nota a* CHE **3** (*possessivo*) whose: *È la ragazza di ~ mi hanno presentato il padre.* That's the girl whose father has just been introduced to me. LOC **per cui** (*perciò*) therefore

culinario, -a *agg* culinary

culla *sf* cradle

cullare *vt* to rock

culmine *sm* height: *al ~ della carriera/del successo* at the height of his career/his success

culo *sm* arse

cultura *sf* culture LOC **cultura generale** general knowledge

culturale *agg* cultural LOC *Vedi* CENTRO, PATRIMONIO

culturismo *sm* body building

cumulativo, -a *agg* group [*s attrib*]: *un biglietto ~* a group ticket

cumulo *sm* pile

cuneo *sm* wedge

cunetta *sf* **1** (*canaletto*) ditch **2** (*strada*) dip **3** (*Sci*) mogul

cuocere *vt, vi* **1** to cook **2** (*pane*) to bake LOC **cuocere a fuoco lento** to simmer ◆ **cuocere al forno** to bake, to roast ◆ *Vedi nota a* BAKE ◆ **cuocere al vapore** to steam ◆ **cuocere in padella** to fry* ◆ *Vedi nota a* FRY ◆ **cuocere in umido** to stew

cuoco, -a *sm-sf* **1** cook: *essere un buon ~* to be a good cook **2** (*ristorante*) chef

cuoio *sm* leather LOC **cuoio capelluto** scalp

cuore *sm* **1** heart: *nel ~ della città* in the very heart of the city **2 cuori** (*Carte*) hearts ◆ *Vedi nota a* CARTA LOC **a cuore** (*forma*) heart-shaped ◆ **avere a cuore** to have *sth* at heart ◆ **di cuore** from the bottom of your heart: *ringraziare qn di ~* to thank sb from the bottom of your heart *Vedi anche* SOFFRIRE

cupola *sf* dome

cura *sf* **1** (*terapia*) treatment: *la ~ del morbillo* the treatment of measles **2** (*definitiva*) cure: *Non esiste una ~.* There's no cure. **3** (*attenzione*) care: *maneggiare con ~* handle with care **4 cure** attention [*non numerabile*]: *Queste piante hanno bisogno di molte cure.* These plants need a lot of attention. LOC **con cura** (very) carefully: *fare qc con ~* to do sth carefully ◆ **cura dimagrante** diet

curare ▶ *vt* **1** (*medico*) to treat **2** (*far guarire*) to cure (*sb*) (*of sth*): *Queste pastiglie mi hanno curato il raffreddore.* These pills have cured my cold. ▶ **curarsi** *v rifl* **curarsi di** (*preoccuparsi*) to take* notice of *sth*: *Non curarti di quello che dicono.* Take no notice of what they say.

curiosare *vi* to snoop around: *Un tizio stava curiosando qua intorno.* A guy was snooping around here.

curiosità *sf* curiosity LOC **per curiosità** out of curiosity: *Sono entrato per pura ~.* I went in out of pure curiosity.

curioso, -a ▶ *agg* **1** (*interessato*) curious: *Sono ~ di sapere che tipi sono.* I'm curious to find out what they're like. **2** (*impiccione*) nosy* **3** (*strano*) odd: *un fatto ~* an odd thing ▶ *sm-sf* (*ficcanaso*) busybody*

curiosone, -a *smf* nosy person*

curriculum (*anche* **curriculum vitae**) *sm* curriculum vitae (*abbrev* CV)

cursore *sm* cursor

curva *sf* **1** (*linea, grafico*) curve: *disegnare una ~* to draw a curve **2** (*strada, fiume*) bend: *una ~ pericolosa/stretta* a dangerous/sharp bend ◊ *Ha sorpassato in ~.* He overtook on a bend.

curvare *vi* **1** (*automobilista*) to turn: *Devi ~ a destra dopo il semaforo.* Turn right after the traffic lights. **2** (*strada*) to bend*

curvo, -a *agg* **1** (*forma*) curved: *una linea curva* a curved line **2** (*piegato*) bent: *stare ~ sui libri* to be bent over your books

cuscino → danno

cuscino sm **1** cushion **2** (guanciale) pillow ⊃ Vedi illustrazione a LETTO
custode smf **1** (bidello) janitor **2** (museo) attendant
custodia sf **1** custody **2** (astuccio) case: una ~ per gli occhiali a glasses case
custodire vt **1** (conservare) to keep*: ~ i documenti in cassaforte to keep the documents in a safe ◊ ~ un segreto to keep a secret **2** (fare la guardia a) to guard
cute sf skin
cuticola sf cuticle

D d

da prep
- **origine, provenienza 1** from: Partiremo da Londra. We'll set off from London. ◊ Da dove vieni? Where do you come from? ◊ Dall'appartamento si vede la spiaggia. You can see the beach from the flat. ◊ da giù/dietro/là from below/behind/there
- **stato in luogo 1** at: Sono da Luca. I'm at Luca's. ◊ Abbiamo dormito dai miei genitori. We slept at my parents' house.
- **moto a luogo 1** to: Vado dal medico. I'm going to the doctor's. ◊ Domani passo da te. I'll pop round tomorrow. ◊ Passi dalla farmacia? Are you going past the chemist's?
- **moto per luogo 1** through: I ladri sono passati dal giardino. The burglars went through the garden.
- **nelle descrizioni 1** una ragazza dai capelli biondi a girl with fair hair ◊ la signora dal vestito verde the lady in the green dress ◊ una confezione da venti a pack of twenty ◊ un francobollo da 62 centesimi a 62-cent stamp
- **agente 1** by: Era seguito da tre uomini. He was followed by three men. ◊ dipinto da Tiziano painted by Titian ◊ La gita è organizzata dalla scuola. The trip is organized by the school.
- **tempo 1** (a partire da) since: Abito in questa casa dal 2000. I've been living in this house since 2000. ◊ Da quando sono partiti ... Since they left ... ◊ Non ci vediamo da lunedì. We haven't seen each other since Monday. **2** (nel futuro) from: Sarò in Inghilterra da sabato prossimo. I'll be in England from next Saturday. **3** (periodo) for: Ci conosciamo da anni. We've known each other for years. ◊ È da tanto che abiti qui? Have you been living here long?

For o since? For si usa per un periodo di tempo: Lavora qui da anni. She has worked here for years. Since si usa per riferirsi al momento o periodo in cui qualcosa è cominciato: Lavora qui dal 2004/dalla primavera scorsa. She has worked here since 2004/last spring. Nota che in inglese il tempo verbale è diverso. Vedi nota a FOR

- **modo o maniera**: vestirsi da hippy to dress like a hippie ◊ comportarsi da vero amico to act like a true friend
- **causa**: piangere dalla gioia to cry with joy ◊ tremare dal freddo to shiver with cold
- **funzione, condizione**: fare da guida to be a guide ◊ Da grande/bambino ... When I'm grown-up/When I was a child ...
- **scopo**: occhiali da sole sunglasses ◊ auto da corsa racing car
- **separazione** from: Togli i libri dal tavolo. Take the books off the table. ◊ Siamo a due chilometri da casa. We're two kilometres from home. ◊ Li abbiamo visti da lontano. We saw them from a distance.
- **conseguenza**: qualcosa da mangiare something to eat ◊ una casa da affittare a house for rent ◊ Sono stanco da morire. I'm dead tired LOC da ... a ... from ... to ... : da Londra a Torino from London to Turin ◊ dall'8 al 15 from the 8th to the 15th

dado sm **1** (per giocare) dice*: tirare i dadi to roll the dice **2** (Cucina) stock cube **3** (Tec) nut
dal, dalla, ecc Vedi DA
dalmata agg, smf (persona, cane) Dalmatian
Dalmazia sf Dalmatia
daltonico, -a agg colour-blind
dama sf **1** (gioco) draughts [non numerabile]: giocare a ~ to play draughts **2** (nobildonna) lady*
damigella sf LOC damigella d'onore bridesmaid ⊃ Vedi nota a MATRIMONIO
danese ▶ agg, sm Danish: parlare ~ to speak Danish
▶ smf Dane: i danesi the Danes
Danimarca sf Denmark
danneggiare vt to damage: La siccità ha danneggiato i raccolti. The drought damaged the crops. ◊ Il colpo gli ha danneggiato l'udito. The blow damaged his hearing.
danno sm damage (to sth) [non numerabile]: La pioggia ha causato molti danni. The rain

has caused a lot of damage. LOC *Vedi* RISARCIMENTO

dannoso, **-a** *agg* harmful: *Il fumo è ~ alla salute.* Smoking is harmful.

Danubio *sm* **il Danubio** the Danube

danza *sf* dance LOC **danza classica** ballet *Vedi anche* SCARPA

Danzica *sf* Gdansk

dappertutto *avv* everywhere

dare ▶ *vt* **1** to give*: *Ci hanno dato troppi compiti.* They gave us too much homework. ◊ *Mi ha dato la chiave.* He gave me the key. ◊ *Mi daresti da bere per favore?* Can I have something to drink, please? **2** (*film*) to show*: *Danno un bel film stasera.* There's a very good film on tonight. ◊ *In quale cinema danno "Il Padrino"?* What cinema is 'The Godfather' on at? **3** (*età*): *Quanti anni le dai?* How old do you think she is? ▶ *vi* ~ **su** to overlook *sth* [*vt*]: *Il balcone dà su una piazza.* The balcony overlooks a square. ▶ *v rifl* **darsi a** to take* *sth* up: *Si è dato allo sport.* He's taken up sport. LOC **dare del bugiardo** call *sb* a liar ♦ **dare del tu/lei** to be on familiar/formal terms *with sb* ♦ **darsi da fare** to get* busy ⊃ Per altre espressioni con **dare** vedi alla voce del sostantivo, dell'aggettivo, ecc, ad es. **dare alla testa** a TESTA, **dare fuoco** a FUOCO.

data *sf* date LOC **data di nascita** date of birth ♦ **data di scadenza 1** (*prodotto*) best-by date **2** (*concorso*) closing date **3** (*passaporto, tessera*) expiry date

database *sm* database

dato, **-a** ▶ *agg* (*visto*) given: *data la situazione* given the situation ◊ ~ *che* ... given that ... *Vedi anche* DARE
▶ *sm* **1** (*informazione*) information [*non numerabile*]: *un ~ importante* an important piece of information **2 dati** (*Informatica*) data [*non numerabile*]: *elaborazione dei dati* data processing LOC **dati personali** personal details *Vedi anche* BANCA

datore, **-trice** *sm-sf* LOC **datore di lavoro** employer

dattero *sm* date

dattilografia *sf* typing

dattilografo, **-a** *sm-sf* typist

davanti ▶ *avv* **1** in front: *La fermata dell'autobus è proprio ~.* The bus stop is right in front. ◊ *In macchina preferisco stare ~.* I prefer to sit in the front of the car. **2** (*nella parte anteriore*) at the front: *Siediti ~ se non riesci a vedere la lavagna.* Sit at the front if you can't see the board. **3** (*dirimpetto*) opposite: *Davanti c'è una farmacia.* There's a chemist's opposite.

davanti

opposite   in front of

▶ *agg* front: *i posti ~* the front seats LOC **davanti a 1** in front of: *C'è un giardino ~ alla casa.* There's a garden in front of the house. ◊ *Me l'ha detto ~ agli altri.* She told me in front of the others. ◊ ~ *al televisore* in front of the television **2** (*dirimpetto*) opposite: *Abitava ~ alla stazione.* He used to live opposite the station.

davanzale *sm* window sill

davvero *avv* really: *L'ha fatto ~.* He really did it.

dea *sf* goddess

debito *sm* debt: *ripagare un ~* to repay a debt ◊ *Sono in ~ con lui di 20 euro.* I owe him 20 euros.

debole *agg* weak LOC **avere un debole per** to have a weakness for *sth* ♦ **essere debole in** to be weak at/in *sth*: *È un po' ~ in storia.* He's very weak in history. *Vedi anche* PUNTO

debolezza *sf* weakness

decaffeinato, **-a** *agg* decaffeinated

decapitare *vt* to behead

decappottabile *agg, sf* convertible

decennio *sm* decade

decente *agg* decent: *un voto ~* a decent mark

decentemente *avv* quite well

decidere ▶ *vt, vi* ~ (**di**) to decide (*sth/to do sth*): *Hanno deciso di vendere la casa.* They've decided to sell the house. ▶ *vi* **decidere per** to decide on *sb/sth*: *Abbiamo deciso per quello rosso.* We decided on the red one. ▶ **decidersi** *v rifl* **decidersi (a)** to make* up your mind (*to do sth*): *Alla fine mi sono deciso a uscire.* In the end I made up my mind to go out. ◊ *Deciditi!* Make up your mind!

decifrare *vt* **1** (*messaggio*) to decode **2** (*scrittura*) to decipher

decimale *agg, sm* decimal LOC *Vedi* SISTEMA

decimo, -a *agg, pron, sm* tenth ⊃ *Vedi esempi a* SESTO

decina *sf* **1** (*Mat*) ten **2** (*circa dieci*) about ten: *una ~ di persone/volte* about ten people/times

decisamente *avv* (*senza dubbio*): *È ~ brutto.* It's really ugly. ◊ *È ~ il migliore.* It's definitely the best.

decisione *sf* **1** (*scelta*) decision: *la ~ dell'arbitro* the referee's decision ◊ *prendere una ~* to make/take a decision **2** (*determinazione*) determination: *Ci vuole molta ~.* You need a lot of determination.

decisivo, -a *agg* decisive

deciso, -a *agg* (*carattere*) determined *Vedi anche* DECIDERE

decoder *sm* decoder

decollare *vi* to take* off

decollo *sm* take-off

decomposizione *sf* decomposition LOC **in decomposizione** decomposing

decorare *vt* to decorate

decorazione *sf* decoration

decreto *sm* decree

dedica *sf* dedication

dedicare ▶ *vt* **1** (*canzone, poesia*) to dedicate *sth* (*to sb*): *Ha dedicato il libro al padre.* He dedicated the book to his father. **2** (*tempo, energia*) to devote *sth* to *sb/sth*: *Dedica molto tempo allo sport.* She devotes a lot of time to sport. ▶ **dedicarsi** *v rifl* **dedicarsi a** to dedicate yourself to *sth*: *dedicarsi alla famiglia/alla vita politica* to dedicate yourself to your family/to politics

dedurre *vt* (*concludere*) to deduce *sth* (*from sth*): *Ne ho dedotto che non era a casa.* I deduced that he wasn't at home.

deficiente *agg, smf* stupid [*agg*]

definire *vt* to define

definitivamente *avv* (*per sempre*) for good: *È tornato a casa ~.* He returned home for good.

definitivo, -a *agg* **1** final: *il risultato ~* the final result ◊ *Il numero delle vittime non è ~.* That is not the final death toll. **2** (*soluzione, risposta*) definitive LOC **in definitiva** in short

definito, -a *agg* definite *Vedi anche* DEFINIRE

definizione *sf* definition

deformare ▶ *vt* **1** (*corpo*) to deform **2** (*oggetto*) to pull *sth* out of shape **3** (*immagine*) to distort ▶ **deformarsi** *v rifl* **1** (*corpo*) to become* deformed **2** (*oggetto*) to lose* its shape

deforme *agg* deformed

defunto, -a ▶ *agg* late: *il ~ presidente* the late president ❶ Si usa solo davanti al sostantivo.
▶ *sm-sf* deceased: *i familiari del ~* the family of the deceased

degenerare *vi* to degenerate

degenerato, -a *agg, sm-sf* degenerate *Vedi anche* DEGENERARE

degli *Vedi* DI

degnarsi *v rifl* to deign *to do sth*: *Non si è nemmeno degnata di salutarlo.* She didn't even deign to say hello.

degno, -a *agg* ~ **di** worthy* of *sth*: *~ di attenzione* worthy of attention LOC **degno di fiducia** reliable

degradare ▶ *vt* to degrade ▶ **degradarsi** *v rifl* **1** to degrade yourself **2** (*ambiente*) to deteriorate

del, della, ecc *Vedi* DI

delega *sf* **1** (*di potere*) delegation **2** (*procura*) proxy

delegato, -a *sm-sf* delegate LOC *Vedi* AMMINISTRATORE

delegazione *sf* delegation: *una ~ per la pace* a peace delegation

delfino *sm* dolphin

delicatamente *avv* **1** gently **2** (*profumato, lavorato, colorato*) delicately

delicatezza *sf* **1** (*tatto*) tact: *Potevi dirlo con maggior ~.* You could have put it more tactfully. ◊ *È una mancanza di ~.* It's very tactless. **2** (*attenzione*) care

delicato, -a *agg* delicate

delinquente *smf* criminal

delinquenza *sf* crime LOC **delinquenza minorile** juvenile delinquency

delirare *vi* **1** (*Med*) to be delirious **2** (*dire assurdità*) to talk nonsense

delitto *sm* **1** (*crimine*) crime **2** (*omicidio*) murder LOC **delitto passionale** crime of passion *Vedi anche* ARMA

delizia *sf* delight

delizioso, -a *agg* delicious

delta *sm* delta

deltaplano *sm* **1** (*attrezzatura*) hang-glider **2** (*sport*) hang-gliding

deludente *agg* disappointing

deludere *vt* **1** (*libro, esperienza*) to disappoint: *Il film mi ha deluso.* The film was disappointing. **2** (*amico*) to let* *sb* down: *Mi hai deluso.* You've let me down.

delusione *sf* let-down, disappointment (*più formale*): *Che ~!* What a let-down! LOC **avere una delusione amorosa** to be disappointed in love

deluso, a agg disappointed: *Sono rimasto ~ dal risultato.* I was disappointed with the result. *Vedi anche* DELUDERE

demenziale agg wacky*

democratico, -a ▶ agg democratic ▶ *sm-sf* democrat

democrazia *sf* democracy*

demolire *vt* to demolish

demolizione *sf* demolition

demonio *sm* devil LOC **essere un demonio** to be a (little) devil

demoralizzare ▶ *vt* to demoralize ▶ **demoralizzarsi** *v rifl* to lose* heart

demoralizzato, -a agg disheartened *Vedi anche* DEMORALIZZARE

denaro *sm* money LOC **in denaro**: *un premio in ~* a cash prize

densità *sf* **1** density*: *~ di popolazione* population density **2** (*nebbia, liquido*) thickness

denso, -a agg **1** (*nebbia, bosco*) dense **2** (*liquido*) thick: *La salsa è molto densa.* This sauce is very thick.

dente *sm* tooth*: *Mi devo togliere un ~.* I've got to have a tooth out. LOC **dente del giudizio** wisdom tooth* ♦ **dente di latte** milk tooth* *Vedi anche* ALLEGARE, LAVARE, MALE², SPAZZOLINO

dentiera *sf* false teeth [*pl*]

dentifricio *sm* toothpaste

dentista *smf* dentist: *andare dal ~* to go to the dentist's

dentro ▶ *avv* **1** in/inside: *Il gatto è ~.* The cat's inside. ◊ *qui/lì ~* in here/there **2** (*edificio*) indoors: *Preferisco stare ~.* I'd rather stay indoors.
▶ *prep* in/inside: *~ la busta* in/inside the envelope LOC **da dentro** from (the) inside ♦ **dentro di me, te, ecc 1** (*ridere, pensare*) to myself, yourself, etc.: *Dentro di sé rideva.* He laughed to himself. **2** (*sentire, sapere*) deep inside ♦ **in dentro** in: *Tira in ~ la pancia.* Pull your tummy in.

denuncia *sf* LOC *Vedi* SPORGERE

denunciare *vt* to report *sb/sth* (*to sb*): *Ha denunciato il furto della bicicletta.* He reported the theft of his bicycle. ◊ *Li abbiamo denunciati alla polizia.* We reported them to the police.

denutrito, -a agg undernourished

deodorante *sm* deodorant

depilare *vt* **1** (*gambe, ascelle, con ceretta*) to wax; (*con rasoio*) to shave: *depilarsi le gambe* to wax your legs **2** (*sopracciglia*) to pluck

dépliant *sm* leaflet: *Ho preso un ~ con l'orario.* I picked up a leaflet with the timetable in it.

deporre *vi* (*Dir*) to testify*

depositare *vi* **1** (*soldi*) to deposit **2** (*consegnare, lasciare*) to leave*

deposito *sm* **1** (*soldi*) deposit **2** (*magazzino*) warehouse **3** (*autobus*) garage LOC **deposito bagagli** left-luggage office

deposizione *sf* statement: *fare/ritrattare una ~* to make/retract a statement

depressione *sf* depression

depresso, -a agg depressed *Vedi anche* DEPRIMERE

deprimente agg depressing

deprimere ▶ *vt* to depress ▶ **deprimersi** *v rifl* to get* depressed

deputato *sm* ≈ Member of Parliament (*abbrev* MP)

deragliamento *sm* derailment

deragliare *vi* to be derailed: *Il treno ha deragliato.* The train was derailed.

derby *sm* (*partita*) (local) derby*

deriva *sf* LOC **andare alla deriva** to drift

derivare *vi* ~ **da 1** (*lingua, parola*) to derive from *sth* **2** (*essere causato*) to stem* from *sth*

dermatologo, -a *sm-sf* dermatologist

derubare *vt* to rob* *sb* (*of sth*): *Sono stato derubato.* I've been robbed.

descrivere *vt* to describe

descrizione *sf* description

deserto, -a ▶ agg deserted ▶ *sm* desert LOC *Vedi* ISOLA

desiderare *vt* **1** (*volere*) to wish for *sth*: *Cos'altro potrei ~?* What more could I wish for? **2** (*negozio*): *Desidera?* Can I help you?

desiderio *sm* wish: *Esprimi un ~.* Make a wish.

designare *vt* to name *sb/sth* (*as sth*)

desinenza *sf* ending

desolato, -a agg desolate

despota *smf* tyrant

destinare *vt* **1** (*predestinare*): *Era destinato a vincere.* He was destined to win. **2** (*pallottola, critica*) to mean* *sth* for *sb*: *La bomba era destinata al presidente.* The bomb was meant for the President. **3** (*aiuti, prodotti*) to destine *sth* for *sb/sth* **4** (*assegnare a una carica*) to post: *L'hanno destinata a Modena.* She's been posted to Modena.

destinatario, -a *sm-sf* addressee LOC *Vedi* TELEFONATA

destinazione *sf* destination: *arrivare a ~* to reach your destination LOC **con destinazione ...** for ... : *il traghetto con ~ Plymouth* the ferry for Plymouth

destino *sm* fate

destro → diapositiva

destro, -a ▶ *agg* (*mano, lato*) right
▶ **destra** *sf* **1** (*direzione*) right: *È la seconda porta a destra.* It's the second door on the right. ◊ *Al semaforo gira a destra.* Turn right at the traffic lights. ◊ *Spostati un po' sulla destra.* Move a bit to the right. **2** (*mano*) right hand: *scrivere con la destra* to be right-handed LOC **di destra** (*Pol*) right-wing ♦ **la destra** (*Pol*) the Right [v *sing o pl*]

detenuto, -a *sm-sf* prisoner

detergente *agg* (*latte, lozione*) cleansing

deteriorare *vi* to deteriorate: *La sua salute sta deteriorando di giorno in giorno.* Her health is deteriorating by the day.

determinare *vt* **1** (*stabilire*) to determine **2** (*causare*) to bring* *sth* about

determinativo, -a *agg* LOC *Vedi* ARTICOLO

determinato, -a *agg* **1** (*deciso*) determined **2** (*dato*) certain: *in determinati casi* in certain cases *Vedi anche* DETERMINARE

determinazione *sf* determination

detersivo *sm* **1** (*per bucato*) washing powder **2** (*per piatti*) washing-up liquid

detestare *vt* to detest *sth/doing sth*, to hate *sth/doing sth* (*più informale*)

detrarre *vt* to deduct: *Devi ~ le spese di viaggio.* You have to deduct your travelling expenses.

dettagliatamente *avv* in detail

dettagliato, -a *agg* detailed

dettaglio *sm* detail

dettare *vt* to dictate

dettato *sm* dictation: *Faremo un ~.* We're going to do a dictation.

detto *sm* (*modo di dire*) saying LOC **detto fatto** no sooner said than done *Vedi anche* DIRE

devastare *vt* to devastate

deviare ▶ *vt* to divert: *~ il traffico* to divert traffic ▶ *vi* (*auto*) to turn off

deviazione *sf* **1** detour: *fare una ~* to make a detour ◊ *Possiamo fare una ~ e passare per il bosco.* We can make a detour through the woods. **2** (*del traffico*) diversion

di ▶ *prep*
- **possesso 1** (*di qualcuno*): *il cappotto di Matteo* Matteo's coat ◊ *il cane dei miei amici* my friends' dog ◊ *È di mia nonna.* It's my grandmother's. **2** (*di qualcosa*): *una pagina del libro* a page of the book ◊ *le stanze della casa* the rooms in the house ◊ *la finestra del bagno* the bathroom window ◊ *il duomo di Pisa* Pisa cathedral
- **origine, provenienza** from: *Di dove sei?* Where are you from? ◊ *Sono di Firenze.* I'm from Florence. ◊ *C'è una lettera di Luca.* There's a letter from Luca.
- **nella descrizione delle persone** of: *una persona di grande onestà* a person of great honesty ◊ *una donna di 30 anni* a woman of 30
- **nella descrizione delle cose**: *un vestito di lino* a linen dress ◊ *un bicchiere di latte* a glass of milk ◊ *un libro di grande interesse* a book of great interest
- **materia, argomento**: *un libro/insegnante di fisica* a physics book/teacher ◊ *una lezione di storia* a history lesson ◊ *Non capisco niente di politica.* I don't understand anything about politics.
- **con numeri e espressioni di tempo**: *più/meno di dieci* more/less than ten ◊ *un quarto d'ora* a quarter of an hour ◊ *una lettera di quattro pagine* a four-page letter ◊ *un film di tre ore* a three-hour film ◊ *di notte/giorno* at night/during the day ◊ *di mattina/pomeriggio* in the morning/afternoon ◊ *alle dieci di mattina* at ten in the morning ◊ *Cade di lunedì.* It falls on a Monday.
- **autore** by: *un libro di Primo Levi* a book by Primo Levi ◊ *una canzone dei Beatles* a song by the Beatles
- **causa**: *morire di fame* to die of hunger ◊ *Saltavamo di gioia.* We jumped for joy.
- **paragoni**: *Sono più basso di lui.* I'm shorter than him. ◊ *È il più caro di tutti.* That's the most expensive one of all. ◊ *l'attore più famoso del mondo* the most famous actor in the world
- **partitivo**: *alcuni di voi* some of you
- **con infinito**: *Non ha nessuna intenzione di dimettersi.* He has no intention of resigning. ◊ *Digli di smettere.* Tell him to stop. ◊ *Non credo di conoscerlo.* I don't think I know him.
- **altre costruzioni**: *bere tutto di un fiato* to drink it all in one gulp ◊ *Cosa c'è di dolce?* What's for pudding?

▶ **del, della, ecc** *art partitivo*: *Mi servono delle scarpe nuove.* I need some new shoes. ◊ *Già che vai, compra delle banane.* Get some bananas while you're there. ◊ *Hai degli occhi bellissimi.* You've got beautiful eyes.

diabete *sm* diabetes [*non numerabile*]

diabetico, -a *agg, sm-sf* diabetic

diagnosi *sf* diagnosis*

diagonale *agg, sf* diagonal

diagramma *sm* diagram

dialetto *sm* dialect

dialisi *sf* dialysis

dialogo *sm* dialogue

diamante *sm* diamond

diametro *sm* diameter

diapositiva *sf* slide

diario sm diary*

diarrea sf diarrhoea [non numerabile]

diavolo sm devil LOC Vedi AVVOCATO

dibattersi v rifl to struggle

dibattito sm debate: *fare un ~ to have a debate*

dicembre sm December (abbrev Dec.) ➲ Vedi esempi a GENNAIO

dichiarare ▶ vt, vi **1** to declare: *Qualcosa da ~? Anything to declare?* **2** (pubblicamente) to state: *secondo quanto ha dichiarato il ministro according to the minister's statement* ▶ **dichiararsi** v rifl **1** to declare yourself: *dichiararsi soddisfatto to declare yourself satisfied* **2** (pro o contro) to come* out: *dichiararsi a favore di/contro qc to come out in favour of/against sth* LOC **dichiararsi colpevole/innocente** to plead guilty/not guilty

dichiarazione sf **1** declaration: *una ~ d'amore a declaration of love* **2** (pubblica) statement: *Non ha voluto rilasciare alcuna ~. He didn't want to make a statement.* LOC **dichiarazione dei redditi** tax return

diciannove sm, agg, pron **1** nineteen **2** (data) nineteenth ➲ Vedi esempi a SEI

diciannovenne agg, smf nineteen-year-old ➲ Vedi esempi a UNDICENNE

diciannovesimo, -a agg, pron, sm nineteenth ➲ Vedi esempi a SESTO

diciassette sm, agg, pron **1** seventeen **2** (data) seventeenth ➲ Vedi esempi a SEI

diciassettenne agg, smf seventeen-year-old ➲ Vedi esempi a UNDICENNE

diciassettesimo, -a agg, pron, sm seventeenth ➲ Vedi esempi a SESTO

diciottenne agg, smf eighteen-year-old ➲ Vedi esempi a UNDICENNE

diciottesimo, -a agg, pron, sm eighteenth ➲ Vedi esempi a SESTO

diciotto sm, agg, pron **1** eighteen **2** (data) eighteenth ➲ Vedi esempi a SEI

didattico, -a agg educational LOC Vedi MATERIALE

dieci sm, agg, pron **1** ten **2** (data) tenth ➲ Vedi esempi a SEI

diesel sm diesel

diesis sm (Mus) sharp: *fa ~ F sharp*

dieta sf diet: *essere a ~ to be on a diet* ◊ *mettersi a ~ to go on a diet*

dietro ▶ avv **1** behind: *qua/là ~ behind here/there* **2** (parte posteriore) at/on the back: *Eravamo ~ e non vedevamo bene. We were at the back and couldn't see well.* ◊ *Il prezzo è ~. The price is on the back.*
▶ prep **1** ~ (a/di) (spazio) behind: *Abita ~ alla stazione. He lives behind the station.* ◊ *La porta si chiuse ~ di lei. The door closed behind her.* ◊ *Sono ~ di noi. They are behind us.* **2** (tempo) after: *Fuma una sigaretta ~ l'altra. He smokes one cigarette after another.*
▶ sm back LOC **da dietro** from behind ♦ **di dietro 1** (zampe, porta) back: *Le ruote di ~. The back wheels.* **2** (passare, girare): *Passiamo di ~. Let's go behind.* ♦ **stare dietro a 1** (sorvegliare) to look after sb **2** (corteggiare) to be after sb

difendere ▶ vt to defend sb/sth (against sb/sth) ▶ **difendersi** v rifl **1** (da pericolo) **difendersi (da)** to defend yourself (against sth): *Ha sparato per difendersi. He fired to defend himself.* **2** (dalle critiche) to stand* up for yourself **3** (da freddo, caldo) **difendersi da** to protect yourself from sth: *difendersi dal freddo to protect yourself from the cold* **4** (cavarsela) to get* by: *Beh, in inglese mi difendo. I get by in English.*

difensivo, -a agg defensive LOC **stare/mettersi sulla difensiva** to be/go* on the defensive

difensore agg defender LOC Vedi AVVOCATO

difesa sf **1** defence: *giocare in ~ to play in defence* **2** (protezione) protection: *la ~ dell'ambiente the protection of the environment* LOC Vedi LEGITTIMO

difetto sm **1** defect: *un ~ di pronuncia a speech defect* **2** (morale) fault: *Ha il ~ di voler sempre avere l'ultima parola. His fault is always wanting to have the last word.* **3** (di fabbricazione) flaw ➲ Vedi nota a MISTAKE

difettoso, -a agg defective, faulty (più informale)

diffamare vt to slander

differente agg ~ (da) different (from sb/sth)

differenza sf **1** ~ **tra** difference between sth and sth: *C'è un'ora di ~ tra Roma e Londra. There's an hour's difference between Rome and London.* ◊ *la ~ tra due tessuti the difference between two fabrics* ◊ *Dov'è la ~? What's the difference?* **2** ~ **(di)** difference (in/of sth): *Non c'è molta ~ di prezzo tra i due. There's not much difference in price between the two.* ◊ *~ di opinioni difference of opinion* LOC **a differenza di** unlike ♦ **non fare differenza** to make* no difference: *Per me non fa ~. It makes no difference to me.*

differenziare ▶ vt to differentiate sth (from sth); to differentiate between sth and sth ▶ **differenziarsi** v rifl: *In cosa si differenziano? What's the difference?*

differenziato agg LOC Vedi RACCOLTA Vedi anche DIFFERENZIARE

differita *sf* LOC **in differita**: *La partita verrà trasmessa in ~.* The match will be shown later.

difficile *agg* **1** difficult **2** (*schizzinoso*) fussy* **3** (*improbabile*) unlikely: *È ~ che ce la faccia a finire in tempo.* It's unlikely I'll manage to finish in time. **4** (*non comune*) unusual: *È ~ che mio fratello sia in ritardo.* It's unusual for my brother to be late.

difficilmente *avv* **1** (*di rado*) rarely: *Difficilmente viene da solo.* He rarely comes alone. **2** (*con difficoltà*) with difficulty: *Difficilmente la squadra riuscirà a qualificarsi.* It will be difficult for the team to qualify.

difficoltà *sf* difficulty*: *un alpinista in ~* a climber in difficulty ◊ *Pensi che avrò ~ a iscrivermi?* Do you think I'll have any difficulty registering?

diffidare *vi* ~ **di** not to trust *sb/sth* [*vt*]: *Diffida di tutti.* He doesn't trust anyone.

diffidente *agg* wary*

diffondere ▶ *vt* (*notizia*) to spread* ▶ **diffondersi** *v rifl* **1** to spread*: *L'epidemia si è diffusa in tutto il paese.* The epidemic spread through the whole country. **2** (*moda*) to catch* on **3** (*abitudine*) to become* widespread

diffusione *sf* **1** (*idee, moda*) spread **2** (*giornale, rivista*) circulation

diffuso, -a *agg* **1** (*idea*) widespread: *Questa è un'opinione molto diffusa.* This opinion is very widespread. **2** (*moda*) common *Vedi anche* DIFFONDERE

diga *sf* dyke

digerente *agg* digestive: *l'apparato ~* the digestive system

digerire *vt* to digest: *Non digerisco i peperoni.* Peppers don't agree with me.

digestione *sf* digestion

digestivo *sm* after-dinner liqueur

digitale *agg* (*Tec*) digital LOC *Vedi* IMPRONTA

digitare *vt* **1** (*computer*) to type *sth* (in) **2** (*telefono*) to dial*

digiunare *vi* to fast

digiuno *sm* fast: *40 giorni di ~* 40 days of fasting LOC **a digiuno**: *Sono a ~.* I've had nothing to eat or drink.

dignità *sf* dignity

dilatare ▶ *vt* **1** (*ampliare*) to expand **2** (*pupille*) to dilate ▶ **dilatarsi** *v rifl* **1** (*ampliarsi*) to expand **2** (*pupille*) to dilate

dilemma *sm* dilemma

dilettante *agg, smf* amateur: *una compagnia di attori dilettanti* an amateur drama group ◊ *Non cantano male per essere dei dilettanti.* They don't sing badly for amateurs.

diluire *vt* **1** (*polvere, pastiglia*) to dissolve **2** (*liquido*) to dilute **3** (*vernice*) to thin*

dilungarsi *v rifl* to go* on (*about sth*)

diluvio *sm* (*pioggia*) downpour

dimagrante *agg* LOC *Vedi* CURA

dimagrire *vi* to lose* weight: *~ di tre chili* to lose three kilos

dimensione *sf* dimension: *le dimensioni di una stanza* the dimensions of a room ◊ *Di che dimensioni è la cassa?* What size is the box?

dimenticare ▶ *vt* **1** to forget*: *Ho dimenticato di comprare la cartuccia.* I forgot to buy the cartridge. **2** (*lasciare*) to leave* *sth* (behind): *Ho dimenticato l'ombrello sull'autobus.* I left my umbrella on the bus. ▶ **dimenticarsi** *v rifl* **dimenticarsi di** to forget* *sth*: *Mi sono dimenticato del suo compleanno.* I forgot his birthday. ◊ *Non ti ~ di chiamarmi.* Don't forget to call me.

dimettere ▶ *vt* to discharge: *~ qn dall'ospedale* to discharge sb (from hospital) ▶ **dimettersi** *v rifl* to resign

diminuire *vt, vi* to decrease

diminutivo *sm* diminutive

diminuzione *sf* decrease

dimissioni *sf* resignation [*numerabile*]: *Ha dato le ~.* He handed in his resignation.

dimostrante *smf* demonstrator

dimostrare ▶ *vt* **1** (*provare*) to prove: *Ho dimostrato che sbagliava.* I proved him wrong. **2** (*mostrare*) to show*: *Hanno dimostrato un grande interesse per lei.* They showed great interest in her. ◊ *~ coraggio* to show courage **3** (*età*) to look: *Dimostra 30 anni.* She looks about 30. ◊ *Non dimostra la sua età.* He doesn't look his age. ▶ **dimostrarsi** *v rifl* **1** (*ragionamento, previsione*) to turn out: *Il calcolo si è dimostrato sbagliato.* The calculation turned out to be wrong. **2** (*persona*) to show* yourself: *Si sono dimostrati molto coraggiosi.* They showed themselves to be very brave.

dimostrazione *sf* **1** (*prova*) proof **2** (*manifestazione*) demonstration

dinamico, -a ▶ *agg* dynamic ▶ **dinamica** *sf* dynamics [*pl*]

dinamite *sf* dynamite

dinamo *sf* dynamo*

dinastia *sf* dynasty*

dinosauro *sm* dinosaur

dintorni *sm* outskirts: *Abitano nei ~ di Roma.* They live on the outskirts of Rome.

dio *sm* god LOC *Vedi* AMORE

dipartimento *sm* department

dipendente *smf* employee LOC *Vedi* LAVORATORE

dipendere vi **1** ~ **da qc** to depend on sth: *Dipende dal tempo.* It depends on the weather. ◊ *Dipende da come reagirà.* It depends on how she reacts. ◊ *"Verrai?" "Dipende."* 'Will you be coming?' 'That depends.' **2** ~ **da qn** to be up to sb: *Dipende da te.* It's up to you. **3** ~ **da** *(economicamente)* to be dependent on *sb/sth*

dipingere vt, vi to paint: ~ *un muro di rosso* to paint a wall red ◊ *Mi piace* ~. I like painting. ◊ ~ *a olio/acquarello* to paint in oils/watercolours ◊ *dipingersi le unghie* to paint your nails

dipinto, -a ▶ *agg* painted: *I muri erano dipinti di azzurro.* The walls were painted blue.
▶ *sm* painting **LOC** *Vedi* OLIO; *Vedi anche* DIPINGERE

diploma *sm* diploma

diplomarsi *v rifl* to pass your school-leaving exam: *Si è diplomato l'anno scorso.* He passed his school-leaving exam last year.

diplomatico, -a ▶ *agg* diplomatic
▶ *sm* diplomat

diplomato, -a *agg, sm-sf* qualified [*agg*]: *un'infermiera diplomata* a qualified nurse *Vedi anche* DIPLOMARSI

diplomazia *sf* diplomacy

dire vt to say*, to tell*

Dire si traduce generalmente **to say**: *"Sono le tre" disse Rosa.* 'It's three o'clock,' said Rosa. ◊ *Che cos'ha detto?* What did he say? ◊ *Ha detto di sì/no.* He said yes/no. ◊ *Ha detto che non viene.* He said he wasn't coming. Quando si menziona la persona con cui si parla, di solito si usa **to tell**: *Mi ha detto che sarebbe stato in ritardo.* He told me he'd be late. ◊ *Chi te l'ha detto?* Who told you? ◊ *Te l'avevo detto!* I told you so! **To tell** si usa anche quando si parla dei suggerimenti o delle istruzioni che qualcuno ci dà: *Mi ha detto di lavarmi le mani.* She told me to wash my hands. *Vedi anche la nota a* SAY.

LOC **a dir tanto/poco** at most/least ♦ **a dire il vero** to tell you the truth ♦ **come si dice ... ?** how do you say ... ?: *Come si dice in inglese?* How do you say it in English? ◊ *Come si dice "cielo" in inglese?* How do you say 'cielo' in English? ♦ **diciamo ...** let's say ... : *Diciamo alle sei.* Let's say six o'clock. ♦ **senza dir niente** without a word ♦ **si dice che ...** they say that ... : *Si dice che ci sia stato un imbroglio.* They say it was fraud. ⊃ Per altre espressioni con **dire** vedi alla voce del sostantivo, dell'aggettivo, ecc, ad es. **dirne di tutti i colori** a COLORE, **voler dire** a VOLERE.

direttamente *avv* **1** straight: *Siamo andati* ~ *a Palermo.* We went straight to Palermo.
2 *(senza intermediari)* directly: *È meglio che tu ci parli* ~. You'd better speak to him directly.

diretto, -a *agg* direct: *un volo* ~ a direct flight **LOC** **in diretta** live

direttore, -trice *sm-sf* **1** director: ~ *artistico* artistic director **2** *(scuola)* head teacher **3** *(banca)* manager **4** *(giornale)* editor **LOC** **direttore d'orchestra** conductor

direzione *sf* **1** *(senso)* direction: *Andavano in* ~ *opposta.* They were going in the opposite direction. **2** *(di impresa)* management **LOC** *Vedi* INDICATORE

dirigente ▶ *agg* (Pol) ruling
▶ *smf* **1** *(azienda)* manager **2** *(Pol)* leader

dirigere ▶ vt **1** *(film, traffico)* to direct **2** *(albergo, negozio)* to run* **3** *(partito)* to lead* ▶ **dirigersi** *v rifl* to head for ... : *dirigersi verso la spiaggia* to head for the beach

diritto, -a ▶ *agg* **1** *(non storto)* straight: *Quel quadro non è* ~. That picture isn't straight. ◊ *Stai* ~. Stand/Sit up straight. **2** *(verticale)* upright
▶ *sm* **1** *(facoltà legale o morale)* right: *i diritti umani* human rights ◊ *il* ~ *di voto* the right to vote **2** *(studi)* law: *studiare* ~ to study law **3** *(stoffa)* right side
▶ *avv* straight: *Vai* ~ *a casa.* Go straight home. **LOC** **sempre diritto** straight on: *Vai sempre* ~ *fino al semaforo.* Go straight on till you get to the traffic lights.

dirittura *sf* **LOC** **dirittura d'arrivo 1** *(Sport)* home straight **2** *(fig)* closing stages [*pl*]: *La campagna è in* ~ *d'arrivo.* The campaign has reached its closing stages.

diroccato, -a *agg* in ruins

dirottamento *sm* (*illegale*) hijacking

dirottare vt (*illegalmente*) to hijack

dirottatore, -trice *sm-sf* hijacker

dirotto *agg* **LOC** *Vedi* PIOVERE

disabile *agg, smf* disabled [*agg*]: *i disabili* disabled people

disabitato, -a *agg* **1** *(città, zona)* deserted **2** *(casa)* uninhabited

disadattato, -a *agg* maladjusted

disagio *sm* **LOC** **a disagio** uncomfortable: *essere/sentirsi a* ~ to be/feel uncomfortable

disarmare vt to disarm

disarmo *sm* disarmament: *il* ~ *nucleare* nuclear disarmament

disastro *sm* disaster

disastroso, -a *agg* disastrous

disattento, -a *agg*: *Ero* ~. I wasn't paying attention.

disattivare vt **1** *(antifurto, software)* to deactivate **2** *(bomba)* to defuse

disavventura *sf* misadventure

discapito *sm* LOC **andare a discapito di** to be detrimental to *sb/sth*

discarica *sf* tip

discendente *smf* descendant

discesa *sf* **1** (*azione*) descent: *durante la ~* during the descent **2** (*pendio*) slope: *La ~ è molto ripida.* The slope is very steep. LOC **discesa libera** downhill ♦ **in discesa** on a slope

dischetto *sm* floppy disk ⊃ *Vedi illustrazione a* COMPUTER

disciplina *sf* **1** (*ordine*) discipline: *mantenere la ~* to maintain discipline **2** (*materia*) subject

disc-jockey *smf* disc jockey (*abbrev* DJ)

disco *sm* **1** (*Mus*) record: *incidere/mettere un ~* to make/play a record **2** (*Informatica*) disk: *il ~ rigido* the hard disk **3** (*Sport*) discus **4** (*oggetto circolare*) disc LOC **disco orario** parking disc ♦ **disco volante** flying saucer *Vedi anche* LANCIO

discografico, -a *agg* record [*s attrib*]: *una casa discografica* a record company

disconessione *sf* (*Informatica*) disconnection

disconnettere ▶ *vt* to disconnect ▶ **disconnettersi** *v rifl* (*Informatica*) to sign off: *Mi devo disconnettere.* I have to sign off now.

discorso *sm* **1** (*in pubblico*) speech: *fare un ~* to make a speech ◊ *~ diretto/indiretto* direct/reported speech **2** (*sciocchezza*): *Che discorsi!* What a stupid thing to say! LOC *Vedi* PARTE

discoteca *sf* club

discreto, -a *agg* **1** (*riservato*) discreet **2** (*abbastanza buono*) not bad

discrezione *sf* discretion

discriminazione *sf* discrimination (*against sb*): *la ~ razziale* racial discrimination LOC **fare discriminazioni** to discriminate *against sb*

discussione *sf* **1** (*dibattito*) discussion **2** (*litigio*) argument

discusso, -a *agg* (*commentato*) much talked-about: *le tanto discusse dimissioni del ministro* the much talked-about resignation of the minister *Vedi anche* DISCUTERE

discutere ▶ *vi* **1** *~* **di/su** (*parlare*) to discuss *sth* [*vt*]: *~ di politica* to discuss politics ◊ *Discutono solo di calcio.* They only talk about football. **2** (*litigare*) to argue (*with sb*) (*about sth*) ▶ *vt* **1** (*problema*) to discuss **2** (*contestare*) to question: *~ una decisione* to question a decision

disdire *vt* to cancel*

disegnare *vt* **1** (*dipingere*) to draw* **2** (*progettare*) to design

disegnatore, -trice *sm-sf* **1** (*Tec*) draughtsman*/woman* **2** (*umoristico*) cartoonist

disegno *sm* **1** (*Arte*) drawing: *studiare ~* to study drawing ◊ *un ~ di Modigliani* a drawing by Modigliani **2** (*motivo*) pattern **3** (*tecnico*) design LOC **disegno industriale** industrial design ♦ **fare un disegno** to draw* a picture

diseredare *vt* to disinherit

disertore *sm* deserter

disfare ▶ *vt* **1** (*nodo*) to undo* **2** (*letto*) to strip* **3** (*bagagli*) to unpack **4** (*smontare*) to take* *sth* to pieces: *~ un puzzle* to take a jigsaw to pieces ▶ **disfarsi** *v rifl* **1** (*nodo*) to come* undone **2** **disfarsi di** to get* rid of *sb/sth*: *disfarsi di una macchina vecchia* to get rid of an old car LOC *Vedi* BAGAGLIO, VALIGIA

disgrazia *sf* misfortune: *Hanno avuto molte disgrazie.* They've had many misfortunes.

disgraziato, -a ▶ *agg* **1** (*sfortunato*) unlucky* **2** (*infelice*) unhappy* ▶ *sm-sf* **1** (*con pietà*) wretch **2** (*con disprezzo*) swine*

disguido *sm* hitch

disgustoso, -a *agg* disgusting

disidratato *agg* dehydrated

disilluso, -a *agg* disenchanted

disinfettante *sm* disinfectant

disinfettare *vt* to disinfect

disinibito, -a *agg* uninhibited

disinnescare *vt* to defuse

disinserire *vt* (*spina*) to pull *sth* out

disintegrare ▶ *vt* to blow* *sth* to pieces ▶ **disintegrarsi** *v rifl* to disintegrate

disintegrazione *sf* disintegration

disinteressato, -a *agg* unselfish

disinteresse *sm* **1** (*indifferenza*) lack of interest: *Ha sempre mostrato ~ per lo sport.* He's always shown a lack of interest in sport. **2** (*altruismo*) unselfishness: *agire con ~* to act unselfishly

disintossicarsi *v rifl* (*droga*) to come* off drugs

disinvolto, -a *agg* confident

disinvoltura *sf* confidence

dislessia *sf* dyslexia

dislessico, -a *agg, sm-sf* dyslexic

dislivello *sm* **1** (*differenza di livello*) difference in level: *il ~ tra la casa e il giardino* the difference in level between the house and the garden **2** (*diversità di condizione*) difference: *~ di età* age difference

disobbediente *agg* disobedient

disobbedienza sf disobedience
disobbedire vi ~ **a** to disobey sb/sth: ~ agli ordini/ai genitori to disobey orders/your parents
disoccupato, -a ▶ agg unemployed ▶ sm-sf unemployed person*: i disoccupati the unemployed
disoccupazione sf unemployment
disonesto, -a agg dishonest
disordinato, -a agg, sm-sf untidy* [agg]: Sei un ~! You're so untidy!
disordine sm **1** mess: Scusa il ~. Sorry about the mess. ◊ La casa era in ~. The house was (in) a mess. **2 disordini** (sommossa) rioting [non numerabile]
disorganizzato, -a agg disorganized
disorganizzazione sf disorganization
disorientare vt to confuse: Le sue indicazioni mi hanno disorientato. I was confused by his directions.
disorientato, -a agg disorientated Vedi anche DISORIENTARE
disossato, -a agg boned
dispari agg odd: numero ~ odd number LOC Vedi PARI
disparte avv LOC **starsene in disparte** to keep* yourself to yourself
dispensa sf **1** (stanza) larder **2** (fascicolo) instalment
disperarsi v rifl to despair: Non disperarti, i file si possono recuperare. Don't despair. The files can be recovered.
disperato, -a agg **1** (persona, tentativo) desperate **2** (situazione, caso) hopeless
disperazione sf despair LOC **per disperazione** in desperation
disperdere ▶ vt to disperse ▶ **disperdersi** v rifl to disperse
disperso, -a agg, sm missing [agg]: tre morti e quattro dispersi three dead and four people missing Vedi anche DISPERDERE
dispetto sm: fare un ~ a qn to play a nasty trick on sb LOC **per dispetto** out of spite
dispettoso, -a agg spiteful
dispiacere ▶ vi ~ **a 1** (rammaricarsi) to be sorry about sth/(that ...): Mi dispiace di non poterti aiutare. I'm sorry (that) I can't help you. **2** (disturbare): Le dispiace se apro il finestrino? Do you mind if I open the window? **3** L'idea non mi dispiace. I don't dislike the idea.
▶ sm sorrow: La sua decisione è stata un gran ~ per loro. His decision caused them great sorrow. ◊ affogare i dispiaceri nell'alcol to drown your sorrows LOC **dare un dispiacere a** to upset* sb: Non voleva dare un ~ ai suoi. He's didn't want to upset his parents.
dispiaciuto, -a agg sorry Vedi anche DISPIACERE
disponibile agg **1** (libero) available **2** (gentile) helpful
disponibilità sf **1** (utilizzabilità) availability **2** (gentilezza) helpfulness **3** (soldi) ready money
disporre ▶ vt (sistemare) to arrange: ~ i libri nello scaffale to arrange the books on the shelves ▶ vi ~ **di** (avere) to have sth [vt]: Non dispongono di una grossa cifra. They don't have much money. ▶ **disporsi** v rifl: disporsi in fila/semicerchio to form a line/semicircle
dispositivo sm device
disposizione sf **1** (casa) layout **2** (mobili) arrangement LOC **a disposizione** at my, your, etc. disposal: Hai tutta la casa a ~. The whole house is at your disposal. ◊ Siamo a tua ~. We're at your disposal.
disposto, -a agg **1** (ordinato) arranged: disposti in ordine alfabetico arranged in alphabetical order **2** ~ **a** (pronto) willing to do sth: Sono ~ ad aiutarla. I'm willing to help her. ◊ Sono ~ a tutto. I'll do whatever it takes. Vedi anche DISPORRE
disprezzare vt to despise, to look down on sb (più informale)
disprezzo sm contempt (for sb/sth): provare ~ per qn to feel contempt for sb
disputare vt (partita) to play LOC Vedi SPAREGGIO
dissanguare vt to bleed* LOC Vedi MORIRE
dissestato, -a agg **1** (strada) uneven **2** (azienda) struggling
dissetante agg thirst-quenching
dissotterrare vt to dig* sth up
dissuadere vt to dissuade sb (from sth/doing sth)
distaccare ▶ vt (Sport) to leave* sb behind ▶ **distaccarsi** v rifl **distaccarsi da** (famiglia) to grow* away (from sth)
distante agg **1** (luogo): Quanto è ~? How far is it? ◊ ~ 50 km 50 km away **2** (distaccato) distant
distanza sf distance: una ~ di 20 km a distance of 20 km LOC **a poca distanza da ...** not far from ... : a poca ~ da casa nostra not far from our house Vedi anche COMANDARE
distanziare vt **1** (Sport) to leave* sb behind **2** (disporre) to space sth out
distare vi: Quanto dista il prossimo distributore? How far is it to the next petrol station? ◊ Dista circa tre chilometri da qui. It's about three kilometres from here.

distendere → diventare

distendere ▶ vt 1 (*gambe,*) to stretch *sth* out; (*braccia*) to keep* *sth* straight: *Inspirate ed espirate distendendo le braccia.* Breathe in and out, keeping your arms by your sides. 2 (*sdraiare*) to lay* ▶ **distendersi** *v rifl* 1 (*rilassarsi*) to relax 2 (*sdraiarsi*) to lie* down

disteso, **-a** *agg* 1 (*braccia*) outstretched; (*lungo i fianchi*) straight 2 (*rilassato*) relaxed 3 (*sdraiato*) lying: *Era ~ sul divano.* He was lying on the sofa.

distinguere ▶ vt 1 (*differenziare*) to distinguish between *sb/sth* and *sb/sth*, to tell* the difference between *sb/sth* and *sb/sth*: ~ *la realtà dalla fantasia* to tell the difference between fantasy and reality 2 (*riconoscere*) to tell* *sb/sth* apart: *Non so ~ i due gemelli.* I can't tell the twins apart. 3 (*vedere*) to make* *sth* out: *Da qui si distinguono a malapena le case.* You can just about make out the houses from here. ▶ **distinguersi** *v rifl* **distinguersi (per)** 1 (*risaltare*) to stand* out (because of *sth*): *La squadra si distingue per le magliette sgargianti.* The team stand out because of their colourful shirts. ◊ *Il gioco si distingue per la grafica eccezionale.* The game stands out because of its exceptionally good graphics. 2 (*persona, atleta*) to distinguish yourself (by *sth*) 3 (*differenziarsi*) to differ (in *sth*): *Le due parole si distinguono per la diversa posizione dell'accento.* The two words differ in the position of the accent.

distintivo *sm* badge

distinto, **-a** *agg* 1 (*separato, chiaro*) distinct 2 (*elegante*) distinguished LOC *Vedi* SALUTO; *Vedi anche* DISTINGUERE

distinzione *sf* distinction: *non fare distinzioni* to make no distinctions LOC **senza distinzione di** regardless of: *senza ~ di razza, sesso, età* regardless of race, sex, age

distogliere *vt* 1 (*attenzione*) to divert 2 (*persona*) to dissuade *sb* from *sth* LOC **distogliere lo sguardo** to avert your eyes

distorsione *sf* (*Med*) sprain

distrarre ▶ vt (*perdere la concentrazione*) to distract *sb* (*from sth*): *Non mi ~.* Don't distract me. ▶ **distrarsi** *v rifl* 1 (*svagarsi*) to take* your mind off things 2 (*perdere la concentrazione*): *Mi sono distratto un attimo.* My attention wandered for a moment.

distratto, **-a** *agg* 1 (*per natura*) absent-minded 2 (*momentaneamente*) miles away: *Ero ~ e non li ho visti.* I was miles away and didn't see them. *Vedi anche* DISTRARRE

distrazione *sf* (*disattenzione*) carelessness: *Ha fatto molti errori di ~.* She made a lot of careless mistakes.

distribuire *vt* 1 (*ripartire*) to distribute: *Saranno distribuiti viveri ai profughi.* Food will be distributed to the refugees. 2 (*carte*) to deal* ➔ *Vedi nota a* CARTA

distributore *sm* LOC distributore (di benzina) petrol station ◆ **distributore automatico** 1 (*dolciumi, sigarette*) vending machine 2 (*biglietti*) ticket machine 3 (*di benzina*) self-service petrol station

distribuzione *sf* 1 (*viveri, omaggi*) distribution 2 (*ripartizione*) allocation

districare ▶ *vt* to disentangle ▶ **districarsi** *v rifl* **districarsi da** to extricate yourself from *sth*

distruggere *vt* to destroy: *L'incendio ha distrutto parecchi edifici.* The fire destroyed several buildings.

distruttivo, **-a** *agg* destructive

distrutto, **-a** *agg* (*stanco*) shattered *Vedi anche* DISTRUGGERE

distruzione *sf* destruction

disturbare ▶ *vt* 1 (*persona*) to disturb: *Non vuole essere disturbata quando lavora.* She doesn't want to be disturbed while she's working. ◊ *Scusi se la disturbo così tardi.* I'm sorry to bother you so late. ◊ *Disturbo?* Am I disturbing you? 2 (*lezione, riunione, spettacolo*) to disrupt ▶ **disturbarsi** *v rifl* to bother: *"Le do una mano?" "No grazie, non si disturbi."* 'Shall I help you with that?' 'No, don't bother. It's OK.' ◊ *Grazie! Ma non doveva disturbarsi!* Thanks, but you shouldn't have gone to all that trouble.

disturbo *sm* 1 (*fastidio*) inconvenience: *Scusi il ~.* Sorry to bother you. 2 (*Med*): *un ~ di stomaco* a stomach upset ◊ *disturbi cardiaci* heart trouble LOC **prendersi il disturbo di** to bother *to do sth*

disuguaglianza *sf* inequality*

disuguale *agg* uneven

disumano, **-a** *agg* inhuman

ditale *sm* thimble

ditata *sf* fingermark

dito *sm* 1 (*della mano*) finger 2 (*del piede*) toe 3 (*misura*): *due dita di vino* just a little wine LOC **mettersi le dita nel naso** to pick your nose *Vedi anche* MUOVERE, SUCCHIARE

ditta *sf* firm: *la macchina della ~* the company car

dittatore *sm* dictator

dittatura *sf* dictatorship

divagare *vi* to wander off: *~ dal tema* to wander off the subject

divano *sm* sofa LOC **divano letto** sofa bed

diventare *vi* to become*: *Siamo diventati amici.* We've become friends. ◊ *~ presidente/*

sindaco to become president/mayor ◊ ~ *medico/pilota* to become a doctor/a pilot ◊ ~ *madre/padre* to become a mother/a father ◊ ~ *calvo/cieco* to go bald/blind ◊ *Antonio è diventato tutto rosso.* Antonio went all red. ➲ Per altre espressioni con **diventare** vedi alla voce del sostantivo, dell'aggettivo, ecc, ad es. **diventare adulto** a ADULTO.

diverso, -a *agg* **1** ~ (**da**) different (from *sb/sth*): *Abbiamo gusti completamente diversi.* We have completely different tastes. ◊ *È molto ~ da sua sorella.* He's very different from his sister. **2** (*vario*) various: *i diversi aspetti del problema* the various aspects of the problem **3** **diversi** (*parecchi*) several: *Ci saranno diverse persone.* Several people will be there.

divertente *agg* funny*, amusing (*formale*): *Non è per niente ~.* It's not at all funny.

divertimento *sm* fun: *fare qc per ~* to do sth for fun LOC **buon divertimento!** have fun!

divertire ▶ *vt* **1** (*far ridere*) to amuse **2** (*intrattenere*) to entertain: *~ il pubblico* to entertain the audience ▶ **divertirsi** *v rifl* **1** to enjoy yourself: *Divertitevi!* Enjoy yourselves! **2** **divertirsi (a)** to enjoy doing *sth*: *Si divertono a dar fastidio alla gente.* They enjoy annoying people. LOC **divertirsi un mondo** to have a great time

dividere ▶ *vt* **1** (*distribuire*) to divide *sth* (up): *~ il lavoro/la torta* to divide (up) the work/cake ◊ *~ qc in tre parti* to divide sth into three parts ◊ *Hanno diviso i soldi tra i figli.* They divided the money up between the children. **2** (*spartirsi, condividere*) to share: *Ci siamo divisi i compiti/la pizza.* We shared the work/the pizza. ◊ *Divide l'appartamento con altri due studenti.* He shares the flat with two other students. **3** (*Mat*) to divide *sth* by *sth*: *~ otto per due* to divide eight by two ◊ *sei diviso tre* six divided by three **4** (*creare discordia*) to split*: *Quella faccenda ha diviso la famiglia.* That affair has split the family. **5** (*separare*) to separate: *Hanno dovuto dividerli.* They had to be separated. ▶ **dividersi** *v rifl* **1** (*separarsi*) to separate: *A Roma ci siamo divisi e io ho proseguito per Napoli.* We separated at Rome and I carried on to Naples. ◊ *Si sono divisi dopo dieci anni di matrimonio.* They separated after being married for ten years. **2** **dividersi (in)** to split* (into *sth*): *dividersi in due gruppi* to split into two groups

divieto *sm* prohibition LOC **divieto d'accesso** no entry ◆ **divieto di affissione** no fly-posting ◆ **divieto di sosta** no waiting

divincolarsi *v rifl* to struggle

divino, -a *agg* divine: *la Divina Commedia* the Divine Comedy

divisa *sf* **1** (*militare, di scuola*) uniform **2** (*sportiva*) strip LOC **in divisa**: *soldati in ~* uniformed soldiers

divisione *sf* division

divisorio, -a *agg* dividing

divo, -a *sm-sf* star: *un ~ del cinema* a film star

divorare *vt* to devour

divorziare *vi* ~ (**da**) to get* divorced (from *sb*)

divorziato, -a ▶ *agg* divorced ▶ *sm-sf* divorcee *Vedi anche* DIVORZIARE

divorzio *sm* divorce

divulgare *vt* (*notizia*) to spread*

dizionario *sm* dictionary*: *Cercalo sul ~.* Look it up in the dictionary. ◊ *un ~ bilingue* a bilingual dictionary

do *sm* C: *in ~ maggiore* in C major

doccia *sf* shower: *farsi una ~* to have a shower

docciaschiuma *sm* shower gel

documentario *sm* documentary*

documentazione *sf* papers [*pl*]

documento *sm* document LOC **documento d'identità** ID ◆ **documenti** (*di riconoscimento*) (identity) papers: *Mi hanno chiesto i documenti.* They asked to see my (identity) papers.

dodicenne *agg, sm* twelve-year-old ➲ *Vedi esempi a* UNDICENNE

dodicesimo, -a *agg, pron, sm* twelfth ➲ *Vedi esempi a* SESTO

dodici *sm, agg, pron* **1** twelve **2** (*data*) twelfth ➲ *Vedi esempi a* SEI

dogana *sf* **1** (*ufficio*) customs [*pl*]: *Abbiamo passato la ~.* We went through customs. **2** (*tassa*) customs duty*: *pagare la ~* to pay customs duty

doglie *sf* labour [*non numerabile*] LOC **avere le doglie** to be in labour

dolce ▶ *agg* **1** sweet: *un vino ~* a sweet wine **2** (*musica, voce*) soft **3** (*carattere*) gentle ▶ *sm* dessert, pudding (*più informale*): *Cosa c'è come ~?* What's for pudding? ◊ *la lista dei dolci* the dessert menu LOC *Vedi* ACQUA

dolcemente *avv* gently

dolcevita *sm* polo neck

dolcificante *sm* sweetener

dolciumi *sm* sweets

dolere *vi* to ache: *Mi duole un dente/la testa.* My tooth/head is aching.

dollaro *sm* dollar

Dolomiti *sf* **le Dolomiti** the Dolomites

dolore sm 1 (fisico) pain: qualcosa contro/per il ~ something for the pain 2 (tristezza) sorrow LOC Vedi SMORFIA, TORCERE

doloroso, -a agg painful

doloso, -a agg LOC Vedi INCENDIO

domanda sf 1 question: fare una ~ a qn to ask sb a question ◇ rispondere a una ~ to answer a question 2 (Comm) demand: la ~ e l'offerta supply and demand 3 (richiesta scritta) application (for sth) LOC **domanda di lavoro** job application ◆ **fare domanda per** to apply* for sth: fare ~ per un lavoro to apply for a job

domandare ▶ vt to ask: ~ qc a qn to ask sb sth ▶ **domandarsi** v rifl wonder: Mi domando perché. I wonder why.

domani ▶ avv tomorrow: Domani è sabato, vero? Tomorrow is Saturday, isn't it? ◇ ~ mattina/pomeriggio tomorrow morning/afternoon ◇ ~ alle sette at seven o'clock tomorrow ◇ il giornale di ~ tomorrow's paper
▶ sm future: Un ~ mi piacerebbe andare in Alaska. One day I'd like to go to Alaska. LOC **a domani!** see you tomorrow! ◆ **domani l'altro** the day after tomorrow ◆ **sì, domani!** fat chance!

domare vt 1 (leone) to tame 2 (cavallo) to break* sth in 3 (incendio) to bring* sth under control.

domatore, -trice sm-sf tamer

domattina avv tomorrow morning: Partiamo ~. We're leaving tomorrow morning.

domenica sf Sunday (abbrev Sun.) ᗐ Vedi esempi a LUNEDÌ LOC **domenica delle Palme** Palm Sunday

domestico, -a ▶ agg 1 (animale) domestic 2 faccende domestiche household chores
▶ sm-sf servant LOC Vedi LAVORO

domicilio sm address: cambio di ~ change of address LOC **consegna/servizio a domicilio** delivery service

dominante agg dominant

dominare ▶ vt 1 to dominate: ~ gli altri to dominate other people 2 (sentimento) to control* ▶ **dominarsi** v rifl to control* yourself

dominio sm 1 (controllo) control 2 (Informatica) domain LOC **essere di dominio pubblico** to be common knowledge

domino sm dominoes [non numerabile]: giocare a ~ to play dominoes

donare ▶ vt 1 to donate 2 (sangue) to give*
▶ vi to suit: Quel colore ti dona moltissimo. That colour really suits you.

donatore, -trice sm-sf donor: un ~ di sangue a blood donor

donazione sf donation

dondolare ▶ vt 1 to swing* 2 (culla) to rock ▶ vi to swing* ▶ **dondolarsi** v rifl to swing*: dondolarsi sull'amaca to swing in a hammock

dondolo sm canopy swing LOC Vedi CAVALLO, SEDIA

donna sf 1 woman*: pantaloni da ~ women's trousers 2 (Carte) queen ᗐ Vedi nota a CARTA LOC **donna delle pulizie** cleaning lady* ◆ **donna di servizio** maid LOC Vedi AFFARE

donnola sf weasel

dono sm gift

doping sm doping: Il ciclista è risultato positivo al ~. The cyclist has failed the dope test.

dopo ▶ prep after: ~ le due after two o'clock ◇ La farmacia è subito ~ la banca. The chemist's is just after the bank. ◇ ~ pranzo/cena after lunch/dinner ◇ uno ~ l'altro one after the other ◇ Sono arrivati ~ di noi. They arrived after us.
▶ avv 1 (più tardi) afterwards, later (più informale): Sono usciti poco ~. They came out shortly afterwards. ◇ un'ora ~ an hour later ◇ Ti mando un sms ~. I'll text you later. ◇ L'ho saputo solo molto ~. I didn't find out until much later. 2 (in seguito) next: E ~ cos'è successo? And what happened next?
▶ cong after: Dopo mangiato lo chiamo. I'll phone him after dinner. ◇ ~ aver parlato con loro after talking to them LOC **a dopo** see you later ◆ **dopo che** after: ~ che è tornato after he came back

dopobarba sm aftershave

dopodomani avv the day after tomorrow

dopopranzo avv after lunch

doposole sm after-sun lotion

dopotutto avv after all

doppiare vt (film) to dub*: ~ un film in italiano to dub a film into Italian

doppiato, -a agg (film) dubbed Vedi anche DOPPIARE

doppio, -a ▶ agg double: un ~ whisky a double Scotch ◇ una camera ~ a double room
▶ sm 1 **il doppio** twice as much/many: Costa il ~. It costs twice as much. ◇ Guadagna il ~ di lei. He earns twice as much as her. ◇ C'era il ~ di gente. There were twice as many people. ◇ La camera di mio fratello è il ~ della mia. My brother's room is twice as big as mine. ◇ 14 è il ~ di 7. 14 is twice 7. 2 (Tennis) doubles [v sing o pl] LOC **a doppio senso** (frase) with a double meaning ◆ **fare il doppio gioco con** to double-cross sb ◆ **doppio misto** mixed doubles Vedi anche ARMA, PARCHEGGIARE

doppiopetto sm double-breasted jacket: una giacca a ~ a double-breasted jacket

dorato, -a agg **1** (placcato) gold-plated **2** (vernice, oro) gold: una borsetta dorata a gold bag **3** (spiaggia) golden

dormiglione, -a sm-sf: È un ~. He likes his sleep.

dormire vi **1** (riposare) to sleep*: Non riesco a ~. I can't sleep. **2** (essere addormentato) to be asleep: mentre mia madre dormiva while my mother was asleep ◆ Vedi nota a ASLEEP **3** (essere rintontito) to be half asleep **4** (passare la notte) to spend* the night: Abbiamo dormito a Sorrento. We spent the night in Sorrento. LOC **dormire come un sasso** to sleep* like a log

dormita sf sleep: Ho bisogno di una bella ~. I need a good night's sleep.

dormitorio sm dormitory*

dormiveglia sm: Nel ~ mi è sembrato di sentire un rumore. I was half asleep when I thought I heard a noise.

dorsale agg LOC Vedi SPINA

dorso sm **1** (Anat) back **2** (Nuoto) backstroke **3** (di libro) spine LOC Vedi NUOTARE

dosare vt (ingredienti) to measure sth out

dose sf dose

dosso sm (strada) bump LOC **di dosso**: togliersi il cappotto di ~ to take off your coat

dotato, -a agg **1** (pieno di talento) gifted: un pianista ~ a gifted pianist **2** ~ **di** (di una qualità) endowed with sth: ~ di poteri magici endowed with magical powers ◊ ~ di spirito d'osservazione observant **3** (equipaggiato) equipped with sth: un cellulare ~ di fotocamera a mobile with a built-in digital camera

dote sf **1** (di sposa) dowry* **2** (qualità) (good) quality: Ha molte doti. He has many good qualities.

dottorato sm LOC **dottorato di ricerca** PhD

dottore, -essa sm-sf (medico) doctor (abbrev Dr): andare dal ~ to go to the doctor's

dove avv interr, avv rel where: Dove vai? Where are you going? ◊ Di ~ sei? Where are you from? ◊ la città ~ abito the town where I live LOC **dove ti pare** wherever you like

dovere[1] ▶ v servile **1** (obbligo) must*: Devi osservare il regolamento. You must obey the rules. ◊ Devo ammettere che sono rimasto sorpreso. I must admit that I was surprised. ◊ Non dovete guardare il foglio finché non ve lo dirò io. You mustn't look at the paper until I tell you. ◆ Vedi nota a MUST **2** (necessità) to have to do sth: È dovuto partire subito. He had to leave straight away. ◊ Devo far riparare il motorino. I have to get my moped repaired. ◊ Non devi mangiarlo, se non ti piace. You don't have to eat it if you don't like it. ◆ Vedi nota a MUST **3** (offerta) shall*: Devo sbucciare le patate? Shall I peel the potatoes? **4** (rimprovero) should*: Dovevi essere qui un'ora fa. You should have been here an hour ago. ◊ Dovresti bussare prima di entrare. You should knock before entering. **5** (suggerimento): Dovrebbe farsi vedere dal medico. She should get the doctor to have a look. **6** (convinzione) must*: A quest'ora dev'essere già a casa. She must be home by now. ◊ Devono essere le cinque passate. It must be after five. ◊ Non dev'essere facile. It can't be easy. **7** (intenzione) to be supposed to: Doveva tornare ieri, ma ... She was supposed to come back yesterday, but ... ▶ vt (essere in debito di) ~ (a) to owe sth (to sb): Ti devo 20 euro/una spiegazione. I owe you 20 euros/an explanation. ◊ Quanto ti devo? How much do I owe you? LOC **come si deve** proper(ly): un lavoro come si deve a proper job ◊ Se lo fai, fallo come si deve. If you do it, do it properly.

dovere[2] sm duty*: fare il proprio ~ to do your duty ◊ Non sentirti in ~ di venire, se non hai voglia. Don't feel obliged to come if you'd rather not.

dovunque avv **1** (in qualunque luogo in cui) wherever: ~ tu guardi wherever you look **2** (dappertutto) everywhere: Si trovano ~. You can find them everywhere.

dovuto, -a agg **1** due **2** ~ **a** caused by: una malattia dovuta allo stress an illness caused by stress ◊ La chiusura è dovuta a mancanza di fondi. The closure is due to lack of funds. Vedi anche DOVERE[1]

down agg: un bambino ~ a Down's syndrome child

dozzina sf dozen: una ~ di persone a dozen people LOC **a dozzine** by the dozen

drago sm dragon

dramma sm (Teat) drama

drammatico, -a agg dramatic

drastico, -a agg drastic

Dresda sf Dresden

dribblare vt, vi to dribble

dribbling sm dribble

dritto, -a ▶ agg **1** (non storto) straight: Quel quadro non è ~. That picture isn't straight. ◊ Stai ~. Sit up straight. **2** (verticale) upright ▶ avv straight: Sono andato ~ a casa. I went straight home.
▶ sm-sf (persona furba) sly person*
LOC **sempre dritto** straight on: Vai sempre ~ fino al semaforo. Go straight on to the traffic lights.

droga *sf* **1** (*sostanza*) drug **2 la droga** (*tossicodipendenza*) drugs [*pl*]: *un'iniziativa contro la ~* an anti-drugs campaign LOC *Vedi* TRAFFICO

drogare ▶ *vt* to drug* ▶ **drogarsi** *v rifl* to take* drugs

drogato, -a *sm-sf* drug addict

drogheria *sf* grocer's

dromedario *sm* dromedary*

dubbio, -a ▶ *agg* dubious: *di dubbia provenienza* of dubious origin
▶ *sm* **1** (*perplessità*) doubt: *senza (alcun) ~* without (a) doubt **2** (*incertezza*): *Potrebbe chiarirmi un ~?* Can you clear up a point for me? ◊ *Ho dei dubbi.* There are few things I'm not clear on. LOC **mettere in dubbio** to cast* doubt on sth, to question sth: *Nessuno mette in dubbio la sua onestà.* No one's questioning his honesty. ◆ **non c'è dubbio che ...** there is no doubt that ... *Vedi anche* OMBRA

dubbioso, -a *agg* doubtful

dubitare *vi* **1** *~* (**di/che ...**) to doubt (*sth / that ...*): *Ne dubito.* I doubt it. ◊ *Non dubito della sua buonafede.* I don't doubt that she's acting in good faith. ◊ *Dubito che sia facile.* I doubt that it'll be easy. **2** *~* **di** (*persona*) to mistrust sb [*vt*]: *Dubita di tutti.* She mistrusts everyone.

Dublino *sf* Dublin

duca, duchessa *sm-sf* duke [*fem* duchess]

due *sm, agg, pron* **1** two **2** (*data*) second ⊃ *Vedi esempi a* SEI LOC **due punti** colon *Vedi anche* CHIACCHIERE, GOCCIA, PICCIONE, PIEDE, VOLTA

duecento ▶ *sm, agg, pron* two hundred ⊃ *Vedi esempi a* SEICENTO
▶ *sm* **il Duecento** the 13th century: *nel Duecento* in the 13th century

duello *sm* duel

duemila *sm, agg, pron* two thousand: *nel ~* in the year 2000

duepezzi *sm* (*bikini*) two-piece swimsuit

duetto *sm* duet

duna *sf* dune

dunque ▶ *cong* **1** (*allora*) well: *~, come stavamo dicendo ...* Well, as we were saying ... **2** (*perciò*) so
▶ *sm*: *Vieni al ~.* Get to the point.

duo *sm* duo*

duomo *sm* cathedral

duplice *agg* double LOC **in duplice copia** in duplicate

duramente *avv* severely

durante *prep* **1** (*nel corso di*) during: *Lo farò ~ le vacanze.* I'll do it during the holidays. **2** (*per tutta la durata di*) right through: *Ho dormito ~ tutto il concerto.* I slept right through the concert.

durare *vi* to last: *Il corso dura tre mesi.* The course lasts three months. ◊ *Quanto dura il volo da Sydney a Roma?* How long is the flight from Sydney to Rome? ◊ *Il film dura due ore.* The film is two hours long. ◊ *~ a lungo* to last a long time ◊ *La loro storia è durata poco.* Their romance didn't last long. LOC **durare fatica (a fare qc)** to have a hard job (doing sth)

durata *sf* **1** (*corso, spettacolo*) length: *la ~ di un film* the length of a film **2** (*pila*) life: *pile a lunga ~* long-life batteries LOC **durata media della vita** life expectancy

duro, -a ▶ *agg* **1** hard: *Questo materasso è troppo ~.* This mattress is too hard. ◊ *una vita molto dura* a very hard life ◊ *essere ~ con qn* to be hard on sb **2** (*carne*) tough
▶ *sm-sf* (*persona spietata*) tough character
▶ *avv* hard LOC **duro d'orecchi** hard of hearing ◆ **essere duro di comprendonio** to be (as) thick as two short planks ◆ **tenere duro** to stand* fast *Vedi anche* OSSO, PANE, TESTA

E e

e (*anche* **ed**) *cong* **1** and: *ragazzi e ragazze* boys and girls **2** (*nelle domande*) and what about ...?: *E tu?* And what about you? **3** (*nelle ore*) past: *Sono le due e dieci.* It's ten past two. ❶ Nota che *le due e quaranta, le due e cinquanta* ecc si traducono **two forty, two fifty** oppure **twenty to three, ten to three** ecc. Vedi anche Appendice 1. LOC **e allora?** so what?

ebano *sm* ebony

ebbene *cong* well

ebollizione *sf* boiling LOC *Vedi* PUNTO

ebraico, -a ▶ *agg* **1** Jewish **2** (*lingua*) Hebrew
▶ *sm* (*lingua*) Hebrew: *parlare ~* to speak Hebrew

ebraismo *sm* Judaism

ebreo, -a ▶ *agg* Jewish
▶ *sm-sf* Jew

eccellente *agg* excellent
eccellenza *sf* LOC **per eccellenza** par excellence
eccessivo, -a *agg* excessive
eccesso *sm* ~ (di) excess (of *sth*) LOC **eccesso di velocità** speeding ♦ **in eccesso** excess: *bagaglio in ~* excess baggage
eccetera *avv* et cetera (*abbrev* etc.) LOC **eccetera eccetera** and so on (and so forth)
eccetto *prep* except (for) *sb/sth*: *tutti ~ me* everybody except me ◊ *tutti ~ l'ultimo* all of them except (for) the last one
eccezionale *agg* exceptional
eccezione *sf* exception: *senza eccezioni* without exception LOC **a eccezione di** except (for) *sb/sth* ♦ **fare un'eccezione** to make* an exception: *Non può fare un'eccezione questa volta?* Can't you make an exception this time?
eccitante ▶ *agg* exciting
▶ *sm* stimulant
eccitare ▶ *vt* **1** to excite **2** (*agitare*) to get* *sb* excited: *Non farlo ~ se no poi non dorme.* Don't get him excited or he won't go to sleep. ◊ *I suoi discorsi nazionalisti hanno eccitato la folla.* His nationalist speeches got the crowd excited.
▶ **eccitarsi** *v rifl* to get* excited (*about/over sth*)
eccitato, -a *agg* in a state of excitement: *I bambini erano eccitati all'idea di andare in vacanza.* The children were excited at the thought of going on holiday. *Vedi anche* ECCITARE
ecclesiastico, -a *agg* ecclesiastical
ecco! *avv* **1** here!: *Ecco a lei!* Here you are! ◊ *Eccoli/Eccoti, finalmente!* Here they are/Here you are at last! ◊ *Eccomi!* Here I am! ◊ *Eccolo qui/lì.* Here/There it is. ◊ *Eccone uno!* Here's one! ◊ *Ecco fatto!* There we are! **2** (*enfatico*) so there!: *Be', adesso non ci vado, ~!* Well, now I'm not going, so there!
eccome *avv*: "*Ti piace?*" "*Eccome!*" 'Do you like it?' 'Yes, I really do!' ◊ *È carino ~!* He's so sweet! ◊ *Lo vuole ~!* She really wants it. ◊ *Ci vai ~!* You're going, and that's it!
eclatante *agg* (*notizia*) striking
eclissi *sf* eclipse: *~ di sole/luna* eclipse of the sun/moon
eco *sf* echo*
ecografia *sf* ultrasound
ecologia *sf* ecology
ecologico, -a *agg* **1** ecological **2** (*detersivo*) environmentally friendly **3** (*pelliccia*) fake
economia *sf* **1** economy*: *l'economia del nostro paese* our country's economy **2** (*materia*) economics [*non numerabile*]: *un esperto di ~* an economics expert ◊ *Ha studiato ~ alla Bocconi.* She studied economics at Bocconi University. LOC **economia e commercio** (*facoltà*) economics and commerce
economico, -a *agg* **1** (*Econ*) economic **2** (*non caro*) cheap **3** (*che consuma poco*) economical

> **Cheap** si usa per cose che non costano molto: *un volo economico* a cheap flight. **Economical** si usa per una cosa la cui manutenzione costa poco: *una macchina economica* an economical car. **Economic** si riferisce all'economia in senso sociopolitico: *sanzioni economiche* economic sanctions.

LOC *Vedi* ANNUNCIO
ecosistema *sm* ecosystem
ecstasy *sf* Ecstasy
eczema *sm* eczema [*non numerabile*]: *Ha un ~ sulle mani.* I have eczema on my hands.
edera *sf* ivy
edicola *sf* news-stand
edificio *sm* building
edile *agg* (*cantiere*) building [*s attrib*]; (*impresa*) construction
Edimburgo *sf* Edinburgh
editore, -trice ▶ *sm-sf* (*impresario*) publisher
▶ *agg* publishing: *casa/società editrice* publishing house
editoriale ▶ *agg* publishing
▶ *sm* (*articolo*) editorial
edizione *sf* edition: *la prima ~ del libro* the first edition of the book ◊ *~ settimanale* weekly edition LOC **edizione economica** paperback (edition) ♦ **edizione straordinaria** special edition
educare *vt* (*figli*) to bring* *sb* up: *Sono stati educati bene.* They've been well brought up.
educatamente *avv* politely
educativo, -a *agg* educational
educato, -a *agg* polite LOC **ben educato** well-mannered *Vedi anche* EDUCARE
educazione *sf* **1** (*buone maniere*) good manners [*pl*] **2** (*familiare*) upbringing: *un'educazione severa* a strict upbringing LOC **buona/cattiva educazione** good/bad manners [*pl*] ♦ **educazione fisica** physical education (*abbrev* PE) ♦ **educazione sessuale** sex education ♦ **educazione stradale** road safety awareness *Vedi anche* MANCANZA
effeminato, -a *agg* effeminate
effervescente *agg* effervescent
effettivamente *avv* **1** (*rafforzativo*) in fact: *Sì, ~ ha ragione lui.* Yes, in fact he's right. **2** (*in realtà*) really: *Quel quadro è ~ brutto.* That pic-

effettivo → elogio

ture is really horrible. ◊ *Dimmi come stanno ~ le cose.* Tell me how things really are.

effettivo, -a *agg* real

effetto *sm* **1** effect: *avere/non avere ~* to have an effect/no effect **2** (*palla*) spin LOC **effetti personali** belongings ◆ **effetti collaterali** side effects ◆ **effetto serra** greenhouse effect ◆ **fare effetto 1** (*turbare*) to disturb **2** (*agire*) to take* effect ◆ **in effetti** indeed

effettuare *vt* to carry* sth out: *~ un esperimento* to carry out an experiment

efficace *agg* effective: *un rimedio ~* an effective remedy

efficiente *agg* efficient: *una collaboratrice molto ~* a very efficient assistant

Egitto *sm* Egypt

egiziano, -a *agg, sm-sf* Egyptian: *gli egiziani* the Egyptians

egli *pron pers* he

egocentrico, -a *agg, sm-sf* self-centred [*agg*]

egoismo *sm* selfishness: *Ha rivelato un grande ~.* She showed great selfishness.

egoista *agg, smf* selfish [*agg*]: *Non essere così ~.* Don't be so selfish. ◊ *Sono degli egoisti.* They're really selfish.

egregio, -a *agg*: *~ Signor Paoli* Dear Mr Paoli

ehi! *escl* hey!

elaborare *vt* **1** (*piano*) to prepare **2** (*idea*) to develop **3** (*dati*) to process

elaborato, a *agg* (*complicato*) elaborate

elaborazione *sf* **1** (*piano*) preparation: *Il progetto ha richiesto grande ~.* The plan has to be worked out very carefully. **2** (*idea*) development **3** (*dati*) processing: *~ elettronica dei dati* electronic data processing

elastico, -a ▶ *agg* **1** elastic **2** (*fig*) flexible
▶ *sm* elastic band

elefante *sm* elephant

elegante *agg* **1** smart **2** (*movimento*) elegant

eleggere *vt* (*votare*) to elect: *Eleggeranno un nuovo presidente.* They are going to elect a new president.

elementare *agg* elementary LOC *Vedi* SCUOLA

elemento *sm* element: *essere nel proprio ~* to be in your element

elemosina *sf* LOC *Vedi* CHIEDERE

elencare *vt* to list

elenco *sm* list: *fare l'elenco di qc* to list sth LOC **elenco abbonati** (*servizio telefonico*) directory enquiries: *Chiama l'elenco abbonati.* Call directory enquiries. ◊ *Qual è il numero dell'elenco abbonati?* What's the number for directory enquiries? ◆ **elenco indirizzi** mailing list ◆ **elenco telefonico** (tele)phone book: *Cercalo sull'elenco telefonico.* Look it up in the phone book.

elettorale *agg* electoral: *campagna ~* electoral campaign ◊ *lista ~* list of candidates LOC *Vedi* CABINA, COLLEGIO, LISTA, SCHEDA, SEGGIO

elettore, -trice *sm-sf* voter

elettricista *sm* electrician

elettricità *sf* electricity

elettrico, -a *agg* electric, electrical

> **Electric** si usa riferendosi ai singoli elettrodomestici o altri apparecchi che funzionano ad elettricità, ad esempio *electric razor/car/fence*, in frasi come *an electric shock* e nel senso figurato in espressioni come *The atmosphere was electric*. **Electrical** si riferisce all'elettricità con significato più generale, come ad es. *electrical engineering, electrical goods* o *electrical appliances*.

LOC *Vedi* CENTRALE, ENERGIA, IMPIANTO, STUFA

elettrocardiogramma *sm* electrocardiogram (*abbrev* ECG)

elettrodo *sm* electrode

elettrodomestico *sm* electrical appliance

elettroencefalogramma *sm* electroencephalogram (*abbrev* EEG)

elettronico, -a ▶ *agg* electronic
▶ **elettronica** *sf* electronics [*non numerabile*]
LOC *Vedi* FOGLIO, PERITO, POSTA

elevare *vt* to raise: *~ alla decima potenza* to raise sth to the power of 10 ◊ *~ un numero al quadrato/al cubo* to square/cube a number

elevato, -a *agg* high: *temperature elevate* high temperatures *Vedi anche* ELEVARE

elezione *sf* election: *indire le elezioni* to call an election LOC **elezioni amministrative** local elections ◆ **elezioni politiche** general election [*numerabile*]

elica *sf* propeller

elicottero *sm* helicopter

eliminare *vt* to eliminate; (*macchia*) to remove

eliminatoria *sf* heat

eliminazione *sf* elimination

elio *sm* helium

ellisse *sf* (*Geom*) ellipse

elmetto *sm* helmet

elmo *sm* helmet

elogiare *vt* to praise *sb/sth* (*for sth*)

elogio *sm* praise [*non numerabile*]

elvetico, a *agg* Swiss: *la Confederazione elvetica* the Swiss Confederation

e-mail *sf* (*sistema, messaggio*) email: *Hai l'e-mail?* Do you have email? ◊ *mandare qc per e-mail* to send sth by email ◊ *Hai ricevuto i miei e-mail?* Did you get my emails? *Vedi* INDIRIZZO

emanare *vt* to give* sth off

emancipato, -a *agg* liberated

emarginare *vt* to marginalize

emarginato, -a ▶ *agg* **1** (*persona*) left out: *sentirsi ~* to feel left out ◊ *una persona emarginata* a person who is socially excluded **2** (*zona*) deprived
▶ *sm-sf* outcast *Vedi anche* EMARGINARE

ematoma *sm* bruise

embargo *sm* embargo*

emblema *sm* emblem

embrione *sm* embryo*

emergenza *sf* emergency*: *in caso di ~* in case of emergency LOC *Vedi* CORSIA

emergere *vi* **1** (*sommergibile*) to surface **2** (*fatti*) to emerge

emettere *vt* **1** (*grido, suono*) to let* sth out **2** (*luce*) to emit* LOC **emettere una sentenza** to pass sentence

emicrania *sf* migraine

emigrante *smf* emigrant

emigrare *vi* **1** (*all'estero*) to emigrate **2** (*all'interno dello stesso paese*) to migrate

emigrazione *sf* emigration

emisfero *sm* hemisphere: *l'emisfero boreale/australe* the northern/southern hemisphere

emittente *sf* station

emofilia *sf* haemophilia

emorragia *sf* bleeding [*non numerabile*], haemorrhage (*più formale*) LOC **emorragia interna** internal bleeding

emoticon *sm* emoticon

emotivo, a *agg* emotional

emozionante *agg* **1** (*commovente*) moving **2** (*entusiasmante*) exciting

emozionare ▶ *vt* **1** (*commuovere*) to move **2** (*appassionare*) to thrill ▶ **emozionarsi** *v rifl* **1** (*commuoversi*) to be moved (*by sth*) **2** (*appassionarsi*) to get* excited (*about sth*)

emozione *sf* **1** emotion **2** (*entusiasmo*) excitement

enciclopedia *sf* encyclopedia

energia *sf* energy* [*gen non numerabile*]: *pieno di energie* full of energy ◊ *~ nucleare* nuclear energy ◊ *~ solare* solar energy LOC **energia elettrica** electric power

enfasi *sf* emphasis*

enigma *sm* enigma

ennesimo, -a *agg* (*Mat*) nth LOC **per l'ennesima volta** for the umpteenth time

enorme *agg* enormous

enoteca *sf* **1** (*vinaio*) wine shop **2** (*ristorante*) wine bar

ente *sm* body*: *un ~ pubblico/privato* a public/private body LOC **enti locali** local authority* [*numerabile*]

entrambi, -e *pron, agg* both: *entrambe le mani* both hands ◊ *Ci siamo andati ~.* Both of us went./We both went.

entrare *vi* **1** to go* in/inside: *Non ho osato ~.* I didn't dare to go in. ◊ *Il chiodo non è entrato bene.* The nail hasn't gone in properly. **2** (*venire dentro*) to come* in/inside: *Digli di ~.* Ask him to come in. **3** *~ in* to go* into … , to enter (*più formale*): *Non ~ nel mio ufficio quando io non ci sono.* Don't go into my office when I'm not there. ◊ *~ nei dettagli* to go into detail **4** *~ in* (*venire in*) to come* into … , to enter (*più formale*): *Non ~ in camera mia senza bussare.* Knock before you come into my room. **5** *~ in* (*doccia, macchina*) to get* into *sth* **6** *~ in* (*partito*) to join *sth* [*vt*] **7** (*stare*) *~ (in)* to fit* (in/into *sth*): *Non credo che entri nel bagagliaio.* I don't think it'll fit in the boot. **8** (*abiti*) *Questi pantaloni non mi entrano più.* These trousers don't fit me any more. **9** (*marcia*) to engage: *La prima non entra mai per bene.* First never seems to engage properly. LOC **che c'entra?** what's that got to do with it? ◆ **entrare in guerra** to go* to war ◆ **far entrare** to let* sb in: *Mi ha fatto ~ il portiere.* The porter let me in. ◊ *Non far ~ nessuno.* Don't let anybody in.

entrata *sf* **1** (*porta*) entrance (*to sth*): *Ti aspetto all'entrata.* I'll wait for you at the entrance. **2** *~ (in)* (*azione*) entry* (into *sth*) **3** *~ (in)* (*club*) admission (to *sth*) **4** **entrate** (*persona*) income [*sing*]; (*stato, comune*) revenue

entro *prep* **1** (*nel giro di*) in: *~ una settimana* in a week ◊ *~ breve tempo* in a little while ◊ *~ tre mesi* in three months' time **2** (*per*) by: *~ il 15 luglio* by 15 July ◊ *Devi finire ~ domani.* You have to finish by tomorrow. LOC *Vedi* CONSUMARE

entroterra *sm* hinterland

entusiasmare ▶ *vt* to thrill ▶ **entusiasmarsi** *v rifl* **entusiasmarsi (per)** to get* excited (about/over *sth*)

entusiasmo *sm* *~ (per)* enthusiasm (for *sth*) LOC **con entusiasmo** enthusiastically

entusiasta *agg* enthusiastic: *Ero molto ~ quando ho iniziato.* I was very enthusiastic when I started.

epatite *sf* hepatitis [*non numerabile*]

epicentro *sm* epicentre

epidemia *sf* epidemic: *una ~ di colera* a cholera epidemic

Epifania *sf* Epiphany

epilessia *sf* epilepsy

episodio *sm* episode: *una serie di cinque episodi* a serial in five episodes

epoca *sf* time: *a quell'epoca* at that time ▟LOC▙ **d'epoca** period [*s attrib*]: *costumi d'epoca* period dress ◊ *auto d'epoca* vintage cars

eppure *cong* yet

equamente *avv* fairly: *I soldi sono stati ~ divisi.* The money was split fairly.

equatore *sm* equator

equatoriale *agg* equatorial

equazione *sf* equation

equilatero *agg* ▟LOC▙ *Vedi* TRIANGOLO

equilibrio *sm* **1** balance: *tenere/perdere l'equilibrio* to keep/lose your balance **2** (*Fis*) equilibrium

equilibrista *smf* **1** acrobat **2** (*sulla corda*) tightrope walker

equipaggiamento *sm* (*attrezzatura*) equipment

equipaggiare *vt* **1** (*nave, soldati*) to equip* sb/sth (with sth) **2** (*per gita o sport*) to fit* sb/sth out (with sth): *~ i bambini per la settimana bianca* to fit the children out for their skiing holiday

equipaggio *sm* crew [*v sing o pl*]

équipe *sf* team

equitazione *sf* riding

equivalente ▶ *agg* equivalent *to sth* ▶ *sm* equivalent *of sth*

equivalere ▶ *vi* ~ **a** (*valore*) to be equivalent to *sth*: *Equivale a 20 euro.* That would be equivalent to 20 euros. ▶ **equivalersi** *v rifl*: *I due sistemi si equivalgono.* There is nothing to choose between the two methods.

equivoco *sm* (*malinteso*) misunderstanding

equo, -a *agg* fair

era *sf* **1** era **2** (*Geol*) age ▟LOC▙ **era glaciale** Ice Age

erba *sf* **1** grass: *sdraiarsi sull'erba* to lie down on the grass ◊ *Non calpestare l'erba.* Keep off the grass. **2** (*Med, Cucina*) herb **3** (*marijuana*) pot ▟LOC▙ **erbe aromatiche** herbs *Vedi anche* VIETATO

erbaccia *sf* weed

erbivoro, -a *agg* herbivorous

erboristeria *sf* health food shop

erede *smf* ~ (**di**) heir (to *sth*): *l'erede al trono* the heir to the throne ↪ *Vedi nota a* HEIR

eredità *sf* inheritance

ereditare *vt* to inherit *sth* (*from sb*)

ereditario, -a *agg* hereditary

ereditiera *sf* heiress ↪ *Vedi nota a* HEIRESS

erezione *sf* erection

ergastolo *sm* life imprisonment

ergonomico, -a *agg* ergonomic

eritema *sm*: ~ *solare* sunburn

Eritrea *sf* Eritrea

eritreo, -a *agg, sm-sf* Eritrean: *gli eritrei* the Eritreans

ermetico, -a *agg* airtight

ernia *sf* hernia: ~ *del disco* slipped disc

erodere *vt* to wear* *sth* away, to erode (*più formale*)

eroe *sm* hero*

erogazione *sm* (*distribuzione*) supply: *regolare l'erogazione dell'acqua* to regulate the water supply

eroina *sf* **1** (*droga*) heroin **2** (*personaggio*) heroine

erosione *sf* erosion

erotico, -a *agg* erotic

errato, -a *agg* **1** (*risposta*) incorrect **2** (*concezione*) mistaken ▟LOC▙ **se non vado errato** unless I'm much mistaken

errore *sm* mistake: *commettere un ~* to make a mistake ↪ *Vedi nota a* MISTAKE

eruzione *sf* **1** (*vulcano*) eruption **2** (*Med*) rash: *un'eruzione cutanea* a rash

esagerare *vt, vi* **1** to exaggerate: *~ l'importanza di qc* to exaggerate the importance of *sth* ◊ *Non ~.* Don't exaggerate. **2** ~ **con** to go* over the top with *sth*: *Non ~ con il sale.* Don't go over the top with the salt.

esagerato, -a ▶ *agg* **1** (*notizia*) exaggerated **2** (*severità, quantità*) excessive ▶ *sm-sf*: *Sei il solito ~.* You're exaggerating again. *Vedi anche* ESAGERARE

esagerazione *sf* **1** exaggeration **2** (*prezzo eccessivo*): *L'ho pagato un'esagerazione.* It cost a fortune.

esagono *sm* hexagon

esalazioni *sf* fumes

esaltare ▶ *vt* (*lodare*) to praise ▶ **esaltarsi** *v rifl* **esaltarsi (per)** to get* excited (about *sth*)

esaltato, -a *sm-sf* hothead: *un gruppo di esaltati* a group of hotheads

esame *sm* **1** exam, examination (*più formale*): *Oggi pomeriggio ho l'esame di francese.* I've got my French exam this afternoon. ◊ *Andrò in vacanza dopo gli esami.* I'm going on holiday after the exams. **2** (*Med*) ~ *del sangue/delle urine/della vista* blood/urine/eye test [LOC] **dare un esame** to take* an exam ♦ **esame di ammissione** entrance exam ♦ **esame di guida** driving test

esaminare *vt* to examine

esaminatore, -trice *sm-sf* examiner

esasperante *agg* maddening

esasperare *vt* to exasperate

esattezza *sf* **1** exactness **2** (*descrizione, orologio*) accuracy [LOC] **con esattezza** exactly: *Non saprei dire con ~.* I couldn't say exactly.

esatto, -a ▶ *agg* **1** (*quantità, misura*) exact: *Mi servono le misure esatte.* I need the exact measurements. ◊ *Due chili esatti.* Exactly two kilos. **2** (*descrizione, orologio*) accurate: *Il testimone ha fornito una descrizione esatta.* The witness gave a very accurate description. **3** (*copia*) identical
▶ **esatto!** *escl* exactly!

esauriente *agg* thorough, exhaustive (*formale*)

esaurimento *sm* exhaustion [LOC] **esaurimento nervoso** nervous breakdown

esaurire *vt* **1** (*fondi, provviste*) to use *sth* up: *Abbiamo esaurito le provviste.* We've used up all our supplies. **2** to exhaust: ~ *un argomento* to exhaust a subject **3** (*stancare*) to wear* *sb* out: *Il lavoro lo ha esaurito.* The work has worn him out.

esaurito, -a *agg* **1** (*merce, posti*) sold out: *tutto* ~ sold out **2** (*libro*) out of print **3** (*persona*) run-down *Vedi anche* ESAURIRE

esausto, -a *agg* (*stanco*) worn out, exhausted (*più formale*)

esca *sf* bait: *fare da* ~ to be used as bait

eschimese *smf* Eskimo* ❶ *Molti eschimesi preferiscono farsi chiamare* **Inuit***.*

esclamare *vi* to exclaim

esclamativo, -a *agg* [LOC] *Vedi* PUNTO

esclamazione *sf* exclamation

escludere *vt* **1** to exclude; (*ipotesi*) to rule *sth* out: ~ *una parola dalla ricerca* to exclude a word from a search ◊ *Non è da* ~ *la possibilità che sia partito senza avvertire.* We can't rule out the possibility that he left without telling anyone. ◊ *È stata esclusa l'ipotesi del suicidio.* Suicide has been ruled out. **2** (*persona*) to leave* *sb* out (*of sth*): *Lo escludono da tutto.* They leave him out of everything.

esclusivo, -a ▶ *agg* exclusive
▶ **esclusiva** *sf* (*Giornalismo*) exclusive

escluso, -a *agg* exclusive: *fino al 24 gennaio* ~ till 24 January exclusive ◊ *35 sterline, servizio* ~ £35, exclusive of service charge *Vedi anche* ESCLUDERE

escogitare *vt* to think* *sth* up

escursione *sf* excursion: *fare un'escursione* to go on an excursion [LOC] **escursione termica** temperature range

escursionismo *sm* rambling: *fare dell'escursionismo* to go rambling

escursionista *smf* rambler

esecutivo, -a *agg* executive: *comitato* ~ executive committee [LOC] *Vedi* POTERE²

eseguire *vt* **1** (*ordine, lavoro*) to carry* *sth* out **2** (*pezzo musicale, danza*) to perform

esempio *sm* example: *Spero che ti serva d'esempio.* Let this be an example to you. [LOC] **dare l'esempio** to set* an example ♦ **per/ad esempio** for example (*abbrev* e g.)

esemplare ▶ *agg* exemplary
▶ *sm* specimen: *un bell'esemplare* a fine specimen

esente *agg* ~ (**da**) exempt (from *sth*)

esercitare ▶ *vt* **1** (*professione*) to practise **2** (*potere, diritti*) to exercise ▶ *vi* to practise: *Quel medico non esercita più.* That doctor no longer practises. ▶ **esercitarsi** *v rifl* **esercitarsi** (**a**) to practise *sth*: *Devi esercitarti tutti i giorni.* You have to practise every day. ◊ *Mi esercitavo al/a suonare il pianoforte.* I was practising the piano.

esercitazione *sf* (*compito in classe*) test [LOC] **fare le esercitazioni** (*Mil*) to be on manoeuvres

esercito *sm* army* [*v sing o pl*]: *arruolarsi nell'esercito* to join the army

esercizio *sm* **1** exercise: *fare un* ~ *di matematica* to do a maths exercise ◊ ~ *fisico* physical exercise **2** (*della professione*) practice [LOC] **essere fuori esercizio** to be out of practice

esibizionista *smf* **1** exhibitionist **2** (*maniaco*) flasher (*informale*)

esigente *agg* demanding

esigenza *sf* need

esigere *vt* **1** (*pretendere*) to demand *sth* (*from sb*): *Esigo una spiegazione.* I demand an explanation. **2** (*richiedere*) to require: *Esige una speciale preparazione.* It requires special training.

esiliare *vt* to exile *sb* (*from ...*)

esiliato, -a ▶ *agg* exiled
▶ *sm-sf* exile *Vedi anche* ESILIARE

esilio *sm* exile: *andare in* ~ to go into exile

esistenza *sf* existence

esistere *vi* to exist: *Questa parola non esiste.* That word doesn't exist.

esitare *vi* ~ **(a)** to hesitate (*to do sth*): *Non ~ a chiamare.* Don't hesitate to call.

esito *sm* result: *Il test ha avuto ~ negativo.* The result of the test was negative.

esodo *sm* exodus: *l'esodo estivo* the summer exodus

esofago *sm* oesophagus*

esonero *sm* exemption

esorcismo *sm* exorcism

esordiente *agg*: *un attore ~* an actor making his debut

esotico, -a *agg* exotic

espandere ▶ *vt* to expand ▶ **espandersi** *v rifl* **1** to expand **2** (*profumo*) to spread*

espansione *sf* expansion LOC **in espansione** expanding: *un settore in continua ~* an expanding sector

espansivo, -a *agg* demonstrative

espediente *sm* expedient

espellere *vt* **1** to expel* *sb* (*from …*): *L'hanno espulso di scuola.* He was expelled (from school). **2** (*Sport*) to send* *sb* off: *È stato espulso nel primo tempo.* He was sent off in the first half.

esperienza *sf* experience: *anni di ~ professionale* years of work experience ◊ *È stata una bella ~.* It was a great experience. LOC **avere molta esperienza** to be very experienced

esperimento *sm* experiment: *fare un ~* to carry out an experiment

esperto, -a ▶ *agg* expert
▶ *sm-sf* ~ (**in**) expert (at/in *sth*/doing *sth*) LOC **essere esperto (di)** to know* (about *sth*)

espirare *vi* to breathe out, to exhale (*formale*)

esplicito, -a *agg* explicit

esplodere *vi* to explode

esplorare *vt* to explore

esploratore, -trice *sm-sf* explorer

esplosione *sf* explosion: *una ~ nucleare* a nuclear explosion ◊ *l'esplosione demografica* the population explosion

esplosivo, -a *agg, sm* explosive

esporre ▶ *vt* **1** (*quadro*) to exhibit **2** (*merce*) to set* *sth* out **3** (*idea*) to present ▶ **esporsi** *v rifl* **1 esporsi a** (*luce*) to expose yourself to *sth*: *Non esporti troppo al sole.* Don't stay out in the sun too long. **2 esporsi a** (*critiche*) to lay* yourself open to *sth* **3** (*compromettersi*) to stick* your neck out

esportare *vt* to export

esportatore, -trice ▶ *agg* exporting: *i paesi esportatori di petrolio* the oil-exporting countries
▶ *sm-sf* exporter

esportazione *sf* export: *l'esportazione del grano* the export of wheat ◊ *aumentare le esportazioni* to increase exports LOC **d'esportazione**: *merce d'esportazione* exports

esposizione *sf* **1** (*d'arte*) exhibition: *una ~ di mobili antichi* an exhibition of antique furniture **2** (*merce*) display **3** (*argomento*) presentation

espressione *sf* expression

espressivo, -a *agg* **1** expressive **2** (*sguardo*) meaningful

espresso, -a ▶ *agg* (*detto*) express
▶ *sm* (*caffè*) espresso* ➲ *Vedi nota a* CAFFÈ *Vedi anche* ESPRIMERE

esprimere ▶ *vt* to express ▶ **esprimersi** *v rifl* to express yourself: *esprimersi correttamente* to express yourself correctly ◊ *Si esprime a gesti.* She communicates by gesture.

espulsione *sf* **1** expulsion **2** (*Sport*) sending-off

essenza *sf* essence

essenziale ▶ *agg* ~ (**per**) essential (to/for *sth*)
▶ *sm* **1** (*cosa importante*) main thing: *L'essenziale è che ci siamo tutti.* The main thing is we're all here. **2** (*minimo*) what's essential: *Portati solo l'essenziale.* Only take what's essential.

essere¹ *sm* being LOC **un essere umano/vivente** a human/living being

essere² ▶ *vi* **1** to be: *Dov'è la biblioteca?* Where's the library? ◊ *~ malato/stanco* to be ill/tired ◊ *È alta/giovane.* She's tall/young. ◊ *Sono di Napoli.* I'm from Naples. ◊ *Sono le sette.* It's seven o'clock. ◊ *"Quant'è?" "15 euro."* 'How much is it?' '(It's) 15 euros.' ◊ *"Chi è?" "Sono Lucia."* 'Who's that?' 'It's Lucia.' ◊ *Nella mia famiglia siamo in sei.* There are six of us in my family.

In inglese davanti al sostantivo che indica la professione si usa l'articolo indeterminativo: *Sono medico.* I'm a doctor.

2 ~ **di** (*materiale*) to be made of *sth*: *È di alluminio.* It's made of aluminium. ▶ *v aus* **1** (*forma passiva*) to be: *È stato investito.* He was run over. ◊ *Sarà promosso.* He's going to be promoted. **2** (*tempi composti*): *Sono già partiti.* They've already left. ◊ *Sarà arrivata?* Do you think she's arrived? ◊ *Sono tornato giovedì.* I got home on Thursday. ◊ *Si saranno persi?* Perhaps they've got lost. ▶ *v impers* to be: *È il tre maggio.* It's the third of May. ◊ *È vero/presto.* It's true/early. ◊ *Oggi è lunedì/freddo.* It's Monday/cold today. ◊ *Sarebbe meglio ...* It would be better to ... LOC **c'è/ci sono** there is/there are ♦ **esserci 1** (*in casa, ufficio*) to be in: *C'è Roberto?* Is Roberto in? **2** (*capire*) to get* it: *Ora ci sono!* I've got it now! ♦ **se fossi in te** if I were you: *Se fossi in te non ci andrei.* If I were you I wouldn't go. ➲ Per altre espressioni con **essere** vedi alla voce del sostantivo, dell'aggettivo, ecc, ad es. **essere d'accordo** a ACCORDO.

esso, essa *pron pers* it

est *sm* **1** (*punto cardinale, zona*) east (*abbrev* E): *Vivono nell'est della Francia.* They live in the east of France. ◊ *a ~* in the east ◊ *È a ~ di Londra.* It's east of London. ◊ *più a ~* further east ◊ *la costa ~* the east coast ◊ *i Paesi dell'Est* Eastern European countries **2** (*direzione*) easterly: *in direzione ~* in an easterly direction

estasi *sf* ecstasy*

estate *sf* summer: *D'estate fa molto caldo.* It's very hot in (the) summer.

estendere ▶ *vt* to extend ▶ **estendersi** *v rifl* **1** (*terreno, città*) to stretch: *Il giardino si estende fino al lago.* The garden stretches down to the lake. **2** (*fuoco, epidemia*) to spread*

estenuante *agg* exhausting

esterno, -a ▶ *agg* outer: *lo strato ~* the outer layer
▶ *sm* outside: *l'esterno della casa* the outside of the house ◊ *Dall'esterno non si vede.* You can't see it from the outside. LOC *Vedi* USO

estero, -a ▶ *agg* foreign: *politica ~* foreign policy
▶ *sm*: *commercio con l'estero* foreign trade LOC **all'estero** abroad: *abitare/andare all'estero* to live/go abroad *Vedi anche* MINISTERO, MINISTRO

esterrefatto, -a *agg* astounded: *Quando ho visto il conto sono rimasto ~.* I got a shock when I saw the bill.

esteso, -a *agg* **1** extensive **2** (*territorio*) vast *Vedi anche* ESTENDERE

estetico, -a *agg* aesthetic

estetista *smf* beautician

estinguere ▶ *vt* (*fuoco*) to put* *sth* out ▶ **estinguersi** *v rifl* (*specie*) to become* extinct

estinto, -a *agg* extinct *Vedi anche* ESTINGUERE

estintore *sm* fire extinguisher

estinzione *sf* extinction: *La tigre è in ~.* The tiger is in danger of extinction.

estivo, -a *agg* summer [*s attrib*]: *un vestito ~* a summer dress ◊ *le vacanze estive* the summer holidays

estone *agg, smf, sm* Estonian: *gli estoni* the Estonians ◊ *parlare ~* to speak Estonian

Estonia *sf* Estonia

estradare *vt* to extradite: *~ un criminale* to extradite a criminal

estraneo, -a *sm-sf* stranger

estrarre *vt* **1** to extract *sth* (*from sb/sth*): *~ informazioni da qn* to extract information from sb ◊ *~ un dente* to extract a tooth ◊ *Lo hanno estratto ancora vivo da sotto il treno.* They pulled him out from under the train alive. **2** (*sorteggiare*): *~ a sorte* to draw lots **3** (*pistola, coltello*) to pull *sth* out

estratto *sm* extract LOC **estratto conto** bank statement ♦ **estratto di pomodoro** tomato purée

estremamente *avv* extremely: *È ~ importante che ci parli.* It's extremely important that I talk to him.

estremità *sf* **1** (*parte*) end: *Prendi le ~ della tovaglia.* Take hold of the ends of the tablecloth. **2** **le estremità** (*corpo*) the extremities

estremo, -a ▶ *agg* **1** extreme: *un caso ~* an extreme case ◊ *fare qc con estrema attenzione* to do sth with extreme care **2** (*ultimo*) last: *un ~ tentativo* one last try
▶ *sm* **1** (*limite*) extreme: *andare da un ~ all'altro* to go from one extreme to another **2** **estremi** (*dati*) details LOC *Vedi* ORIENTE

estroverso, -a *agg* extrovert: *È molto ~.* He's a real extrovert.

estuario *sm* estuary*

età *sf* age: *Che ~ hanno?* How old are they? ◊ *alla tua ~* at your age ◊ *bambini di tutte le ~* children of all ages LOC **della mia, tua, ecc età** my, your, etc. age: *Non c'era nessuno della mia ~.* There wasn't anybody my age. ♦ **non avere ancora/più l'età** to be too young/too old (*for sth/to do sth*) *Vedi anche* FASCIA, MEZZO, TERZO

eternità *sf* eternity LOC **un'eternità** ages: *Ci avete messo un'eternità.* You've been ages.

eterno, -a *agg* eternal

eterosessuale *agg, smf* heterosexual

etichetta *sf* label: *l'etichetta di una scatola/bottiglia* the label on a box/bottle LOC **mettere l'etichetta su** to label* *sth*

etico, -a ▶ *agg* ethical
▶ **etica** *sf* ethics [*non numerabile*]

etimologia *sf* etymology*

etiope *agg, smf* Ethiopian: *gli etiopi* the Ethiopians

Etiopia *sf* Ethiopia

etnico, -a *agg* ethnic: *gruppo ~* ethnic group

etrusco, -a *agg, sm-sf* Etruscan
ettaro *sm* hectare (*abbrev* ha)
etto *sm* hundred grams: *un ~ di parmigiano* a hundred grams of Parmesan
eucalipto *sm* eucalyptus
Eucarestia *sf* Eucharist
euforia *sf* euphoria
euforico, -a *agg* euphoric
euro *sm* euro*: *Vorrei cambiare degli ~ in sterline.* I'd like to change some euros into pounds
eurodeputato (*anche* **europarlamentare**) *sm* Euro-MP (*abbrev* MEP)
Europa *sf* Europe
europeo, -a *agg, sm-sf* European LOC *Vedi* UNIONE
eutanasia *sf* euthanasia
evacuare *vt* (*zona*) to evacuate
evacuazione *sf* (*zona*) evacuation
evadere ▶ *vi* (*dal carcere*) to escape (*from sth*) ▶ *vt* (*fisco*) to evade: *~ le tasse* to evade taxes
evaporare *vi* to evaporate
evaporazione *sf* evaporation
evasione *sf* (*fuga*) escape LOC **evasione fiscale** tax evasion
evasivo, -a *agg* evasive
evaso, -a *sm-sf* escapee
evento *sm* event: *gli eventi degli ultimi giorni* the events of the past few days
eventuale *agg* possible
eventualmente *avv* if necessary: *Eventualmente te lo presto io.* I'll lend it to you if necessary. ❶ Nota che la parola inglese **eventually** non significa *eventualmente* ma *alla fine*.

evidente *agg* obvious
evidentemente *avv* obviously: *Evidentemente non lo voleva.* She obviously didn't want it.
evidenza *sf* (*realtà*): *Non puoi negare l'evidenza.* You can't deny the obvious. ◊ *arrendersi all'evidenza* to face the facts LOC **mettere in evidenza** to highlight *sth*
evidenziatore *sm* highlighter
evitare *vt* **1** to avoid *sb/sth/doing sth*: *Fa di tutto per evitarmi.* He does everything he can to avoid me. **2** (*impedire*) to prevent: *~ una catastrofe* to prevent a disaster
evoluzione *sf* **1** (*Biol*) evolution **2** (*sviluppo*) development
evolversi *v rifl* **1** (*Biol*) to evolve **2** (*svilupparsi*) to develop
evviva! *escl* hooray!: *Evviva, sono stato promosso!* Hooray! I've passed!
ex *agg* former (*formale*), old: *l'ex Unione Sovietica* the former Soviet Union ◊ *il mio ex capo* my old boss ◊ *il suo ex-marito* her ex-husband
extra *agg* extra: *spese ~* extra costs
extracomunitario, -a ▶ *agg* non-EU ▶ *sm-sf* non-EU citizen
extrascolastico, -a *agg*: *attività extrascolastiche* extra-curricular activities
extraterrestre ▶ *agg* extraterrestrial ▶ *smf* alien
extravergine *agg* extra virgin: *olio ~ d'oliva* extra virgin olive oil
eyeliner *sm* eyeliner

F f

fa¹ *sm* F: *fa maggiore* F major
fa² *avv* ago: *Quanto tempo fa?* How long ago? ◊ *tre anni fa* three years ago
fabbrica *sf* factory*: *una ~ di auto* a car factory LOC *Vedi* MARCHIO
fabbricante *sm* manufacturer
fabbricare *vt* to manufacture, to make* (*più informale*): *~ autovetture* to manufacture cars
fabbricazione *sf* manufacture, making (*più informale*) LOC **di fabbricazione italiana, cinese, ecc** made in Italy, China, etc.
fabbro *sm* smith; (*per serratura*) locksmith

faccenda *sf* **1** (*cosa da fare*) matter: *Ho una ~ da sistemare.* There's something I've got to sort out. **2** (*fatto*) business: *È una brutta ~.* It's a nasty business. **3 faccende** (*lavori domestici*) housework [*non numerabile*]: *fare le faccende* to do the housework

faccia *sf* **1** (*viso*) face **2** (*moneta, luna, Geom*) side LOC **faccia a faccia** face to face ◆ **faccia di bronzo/tosta** cheek: *Che ~ tosta!* What a cheek! *Vedi anche* GUARDARE, SPACCARE

facciata *sf* **1** (*Archit*) façade (*formale*), front: *la ~ dell'ospedale* the front of the hospital

2 (*pagina*) side, page: *Ho scritto un tema di sei facciate.* I wrote a six-page essay.
faccina *sf* (*simbolo*) emoticon
facile *agg* **1** easy*: *È più di quanto sembri.* It's easier than it looks. ◊ *È ~ a dirsi.* That's easy to say **2** (*probabile*): *È ~ che arrivi tardi.* He will probably be late.
facilmente *avv* easily
facoltà *sf* faculty*: *in pieno possesso delle sue ~* in full possession of his faculties ◊ *~ di Lettere e Filosofia* Faculty of Arts
facoltativo, -a *agg* optional
faggio *sm* beech (tree)
fagiano *sm* pheasant
fagiolino *sm* green bean
fagiolo *sm* bean
fagotto *sm* (*Mus*) bassoon
fai da te *sm* do-it-yourself (*abbrev* DIY)
falce *sf* scythe
falcetto *sm* sickle
falciare *vt* **1** (*erba*) to mow* **2** (*persona*) to mow* sb down
falco *sm* falcon
falegname *sm* carpenter
falegnameria *sf* **1** (*attività*) carpentry **2** (*bottega*) carpenter's shop
falena *sf* moth ➲ *Vedi illustrazione a* FARFALLA
falla *sf* (*squarcio*) leak
fallimento *sm* **1** failure **2** (*Fin*) bankruptcy*
fallire *vi* **1** to fail **2** (*piano*) to fall* through **3** (*azienda*) to go* bust **4** (*persona*) to go* bankrupt
fallito, -a ▶ *agg* unsuccessful
▶ *sm-sf* **1** (*scrittore, attore*) failure: *Si sente un fallito.* He feels a failure. **2** (*Fin*) bankrupt *Vedi anche* FALLIRE
fallo *sm* **1** (*calcio*) foul **2** (*tennis*) fault
falò *sm* bonfire: *fare un ~* to make a bonfire ➲ *Vedi nota a* BONFIRE NIGHT
falsificare *vt* to forge
falso, -a ▶ *agg* **1** false: *un ~ allarme* a false alarm **2** (*gioielli*) fake **3** (*banconota, firma*) forged
▶ *sm* (*oggetto*) forgery* LOC *Vedi* GIURARE
fama *sf* **1** (*celebrità*) fame: *raggiungere la ~* to achieve fame **2** *~ (di)* (*reputazione*) reputation (for sth/doing sth): *avere una buona/cattiva ~* to have a good/bad reputation ◊ *Ha la ~ di essere severissimo.* He has a reputation for being very strict. LOC *Vedi* ACQUISTARE
fame *sf* hunger LOC **aver fame** to be hungry ◆ **avere una fame da lupo** to be starving ◆ **fare la fame** to be very poor *Vedi anche* MORIRE, SOFFRIRE
famiglia *sf* family* [*v sing o pl*]: *una ~ numerosa* a large family ◊ *La mia ~ vive a Napoli.* My family lives/live in Naples. ◊ *una ~ di quattro persone* a family of four

In inglese ci sono due modi per indicare il cognome di una famiglia: con la parola **family** ("the Robertson family") e mettendo il cognome al plurale (" the Robertsons").

familiare ▶ *agg* **1** (*della famiglia*) family [*s attrib*]: *vincoli familiari* family ties **2** (*conosciuto*) familiar: *Mi sembra un viso ~.* She looks familiar.
▶ *smf* (*parente*) relative *Vedi anche* NUCLEO
famoso, -a *agg ~ (per)* **1** (*celebre*) famous (for sth): *diventare ~* to become famous **2** (*cattiva fama*) notorious (for sth): *È ~ per il suo caratteraccio.* He's notorious for his bad temper.
fan *smf* fan
fanale *sm* light LOC **fanale posteriore** rear light
fanatico, -a *agg, sm-sf* fanatic
fanfara *sf* brass band
fango *sm* **1** mud: *Non andate a sporcarvi nel ~!* Don't go getting all muddy! **2** **fanghi** (*termali*) mud baths: *fare i fanghi* to take mud baths
fannullone, -a *sm-sf* lazybones [*sing*]: *È un ~.* He's a lazybones.
fantascienza *sf* science fiction
fantasia ▶ *sf* **1** (*immaginazione*) imagination **2** (*cosa immaginata*) fantasy*: *È solo una sua ~.* That's just a fantasy of his.
▶ *agg* (*tessuto*) patterned
fantasma *sm* ghost: *un racconto di fantasmi* a ghost story
fantasticare, -a *vi* to daydream
fantastico, -a *agg* fantastic
fante *sm* (*Carte*) jack ➲ *Vedi nota a* CARTA
fantino, -a *sm-sf* jockey
fantoccio *sm* dummy*: *Per le scene più pericolose del film hanno usato un ~.* They used a dummy for the film's more dangerous scenes. ◊ *I manifestanti hanno dato fuoco a un ~.* The demonstrators set fire to a dummy.
farcia *sf* stuffing
farcire *vt* to stuff sth (with sth)
fard *sm* blusher
fare ▶ *vt*
• si traduce con **to make** nei seguenti casi **1** (*fabbricare*): *~ una gonna/una torta* to make a skirt/a cake **2** (*soldi, rumore, errore*): *Qui hai fatto uno sbaglio.* You've made a mis-

farfalla → fascismo

take here. **3** (*commento, promessa, progetti*): *Devi ~ uno sforzo.* You must make an effort. ➲ *Vedi esempi a* MAKE¹
- si traduce con **to do** nei seguenti casi **1** *quando si parla di un'attività senza specificare di che cosa si tratta*: *Cosa facciamo stasera?* What shall we do this evening? ◊ *Faccio quel che posso.* I do what I can. **2** *quando si parla di lavoro, studi, ecc*: *~ la spesa* to do the shopping ◊ *~ i compiti/un corso* to do your homework/a course ◊ *Hai fatto bene i calcoli?* Have you done your sums correctly? ◊ *Ho fatto i calcoli: viene 10 euro a testa* I've worked it out: it comes to 10 euros each. **3** (*favore*): *Mi fai un favore?* Will you do me a favour? ➲ *Vedi esempi a* DO²
- si traduce con **to have** nei seguenti casi **1** (*mangiare, bere*): *~ colazione/merenda* to have breakfast/an afternoon snack **2** (*pausa, festa*): *Facciamo una pausa.* Let's have a break. **3** (*doccia, bagno*): *Ti sei fatto la doccia?* Have you had a shower? ➲ *Vedi esempi a* HAVE
- **con infinito 1** *attivo (valore causativo)* to make*: *far piangere qn* to make sb cry ◊ *Mia madre mi ha fatto lavare i piatti per punizione.* My mother made me wash up as a punishment. **2** (*lasciare*) to let*: *Fammi assaggiare!* Let me try! **3** *passivo*: *Ci siamo fatti mettere il riscaldamento centralizzato.* We've had central heating installed. ◊ *farsi ~ l'abito da sposa* to have a wedding dress made
- **altri usi: 1** (*scrivere*) to write*: *~ una relazione* to write a report **2** (*dipingere, disegnare*) to paint, to draw*: *~ un quadro/una riga* to paint a picture/to draw a line **3** (*nodo*) to tie*: *~ un fiocco* to tie a bow **4** (*distanza*): *Faccio 50 km ogni giorno.* I travel 50 km every day. **5** (*domanda*) to ask: *Perché fai tante domande?* Why do you ask so many questions? **6** (*sport*): *~ judo/yoga* to do judo/yoga ◊ *~ del ciclismo/dell'alpinismo* to go cycling/climbing **7** (*professione*): *Che lavoro fa?* What do you do? ◊ *Fa l'ingegnere/il postino.* He's an engineer/a postman. **8** (*studi*): *~ l'università/il liceo artistico* to go to university/art school. **9** (*fumo*) to give* sth off: *Fa molto fumo.* It gives off a lot of smoke. **10** (*assegno*) to make* sth out: *Ho fatto un assegno da 200 euro.* I made out a cheque for 200 euros. **11** (*biglietto*) to buy*: *Aspetta, devo ~ il biglietto.* Wait for me, I have to buy my ticket. **12** (*causare*) to cause: *Le rivelazioni hanno fatto scalpore.* The revelations caused a sensation **13** (*calcoli*) to be: *Quanto fa?* How much is it? ◊ *3 x 7 fa 21.* 3 x 7 is 21. ◊ *19 + 7 fa 26.* 19 + 7 is 26 **14** (*barba, capelli*): *farsi la barba* to shave **15** (*crearsi*): *farsi degli amici* to make* friends **16** (*comportamento*): *Non ~ lo stupido.* Don't be stupid. ♦ *Fa la timida.* She pretends to be shy. **17 farcela**: *Ce la faccio da solo.* I'll do it myself.: *Ce l'abbiamo fatta!* We did it! ◊ *Non ce la faccio più, sono stanchissimo.* I can't go on. I'm very tired.
▶ **vi ~ da**: *~ da madre/padre a qn* to be like a mother/father to sb ◊ *Una scatola faceva da tavolino.* A cardboard box served as a table.
▶ **v impers 1** (*periodo*): *Fa un anno che ci siamo conosciuti.* We met a year ago. **2** (*tempo meteorologico*): *Fa caldo/freddo.* It's hot/cold. ◊ *Ha fatto bel tempo.* It was nice weather.
▶ **farsi** *v rifl* **1** (*diventare*): *farsi grande* to grow* up ◊ *Si sta facendo tardi.* It's getting late. **2** (*droga*) to do* drugs ➲ Per le espressioni con **fare** vedi alla voce del sostantivo, dell'aggettivo, ecc, ad es. **far finta** a FINTA.

farfalla

butterfly   moth

farfalla *sf* **1** (*insetto*) butterfly* **2** (*nuoto*) butterfly: *i 200 metri ~* the 200 metres butterfly LOC *Vedi* NUOTARE

farina *sf* flour

farmacia *sf* **1** (*negozio*) chemist's: *C'è una ~ qui vicino?* Is there a chemist's near here? ➲ *Vedi nota a* PHARMACY **2** (*facoltà*) pharmacy LOC **farmacia di turno** duty chemist

farmacista *smf* chemist

farmaco *sm* drug

faro *sm* **1** (*torre*) lighthouse **2** (*auto, moto*) headlight **3** (*bicicletta*) light

farsa *sf* farce

fascetta *sf*: *una ~ da polso* a wristband

fascia *sf* **1** band: *una ~ per i capelli* a hairband **2** (*benda*) bandage: *una ~ elastica* an elastic bandage **3** (*uniforme*) sash LOC **fascia d'età** age group ♦ **fascia oraria** time slot

fasciare *vt* to bandage

fascicolo *sm* **1** (*rivista*) instalment **2** (*dossier*) file

fascino *sm* charm: *Ha molto ~.* He's got a lot of charm.

fascio *sm* bundle: *un ~ di giornali* a bundle of newspapers

fascismo *sm* fascism

fascista agg, smf fascist

fase sf stage, phase (più formale)

fastidio sm 1 (disturbo) bother: dar ~ a qn to bother sb ◊ Le dà ~ se fumo? Does it bother you if I smoke? 2 (dolore) discomfort: Sente ancora un certo ~ alla gamba. He still has some discomfort in his leg.

fastidioso, -a agg annoying

fata sf fairy*

fatale agg fatal

fatica sf hard work: È stata una bella ~! It was hard work! LOC Vedi DURARE

faticoso, -a agg tiring

fatto, -a ▶ agg 1 (fabbricato) made: Di che cosa è ~? What's it made of? ◊ ~ a mano/macchina handmade/machine-made 2 (drogato) stoned
▶ sm 1 (cosa concreta) fact: I fatti parlano chiaro. The facts speak for themselves. 2 (avvenimento) event: la sua versione dei fatti his version of the events 3 (faccenda) business: Non sono fatti tuoi! It's none of your business! LOC **ben fatto 1 ben fatto!** well done! 2 (lavoro, film, sito) good ◆ **di fatto** in fact ◆ **il fatto è che…** the fact is (that) …: Il ~ è che non posso andare. The fact is I can't go. ◆ **in fatto di…** when it comes to … Vedi anche AFFARE, CASA, DETTO, FRASE, MISURA; Vedi anche FARE

fattore sm 1 (elemento) factor: un ~ chiave a key factor 2 (contadino) farmer

fattoria sf farm

fattorino, -a sm-sf delivery man*/woman*

fattura sf (Comm) invoice

fatturato sm turnover

fauna sf fauna

fava sf broad bean LOC Vedi PICCIONE

favo sm honeycomb

favola sf fairy tale

favoloso, -a agg fabulous

favore sm favour: Mi faresti un ~? Can you do me a favour? ◊ chiedere un ~ a qn to ask sb a favour LOC **a favore di** in favour of sb/sth/doing sth: Siamo a ~ del progetto. We're in favour of the project. ◆ **per favore** please

favorevole agg 1 (propizio) favourable 2 ~ a in favour of sth/doing sth

favorire vt to encourage: nuove misure per ~ le esportazioni new measures to encourage exports

favoritismo sm favouritism

favorito, -a agg, sm-sf favourite

fax sm fax: mandare un ~ to send a fax

faxare vt to fax: Faxami la lettera. Fax me the letter.

fazzoletto sm handkerchief* LOC **fazzoletto di carta** tissue

febbraio sm February (abbrev Feb.) ➔ Vedi esempi a GENNAIO

febbre sf 1 (temperatura anormale) temperature: misurare la ~ to take sb's temperature ◊ avere la ~ to have a temperature ◊ Ha la ~ a 38. He's got a temperature of 38°. 2 (malattia, fig) fever: ~ gialla yellow fever

fecondare vt to fertilize

fecondazione sf fertilization: fecondazione artificiale artificial insemination

fede sf 1 (religione, fiducia) faith (in sb/sth) 2 (anello) wedding ring

fedele agg ~ (a) faithful (to sb/sth)

fedeltà sf faithfulness LOC Vedi ALTO

federa sf pillowcase

federazione sf federation

fegato sm liver LOC **mangiarsi/rodersi il fegato** to be seething with rage Vedi anche LESIONE

felce sf fern

felice agg happy*

felicità sf happiness LOC Vedi COLMO

felino, -a agg, sm feline

felpa sf sweatshirt

feltro sm felt

femmina sf, agg female: un leopardo ~ a female leopard ◊ È una ~! It's a girl! ➔ Vedi nota a FEMALE

femminile agg 1 (sesso) female: il sesso ~ the female sex 2 (Sport, moda) women's: la squadra ~ the women's team 3 (caratteristico delle donne, Gramm) feminine: Si veste in modo molto ~. She wears very feminine clothes. ➔ Vedi nota a FEMALE

femminismo sm feminism

femminista agg, smf feminist

femore sm thigh bone

fendinebbia sm fog lamp

fenicottero sm flamingo*

fenomenale agg fantastic

fenomeno sm 1 phenomenon*: fenomeni paranormali paranormal phenomena 2 (prodigio) fantastic [agg]: Quest'attore è un ~. This actor is fantastic.

feriale agg LOC Vedi GIORNO

ferie sf holidays: due settimane di ~ two weeks' holiday

ferire vt 1 to injure 2 (proiettile, coltello) to wound ➔ Vedi nota a FERITA

ferita sf 1 injury* 2 (proiettile, coltello) wound

ferito → fiala

È difficile sapere quando usare **wound** e quando **injury** o i verbi corrispondenti, **to wound** e **to injure**. **Wound** e **to wound** si usano sopratutto per riferirsi a ferite causate deliberatamente con un'arma (ad es. un coltello, una pistola): *ferita d'arma da fuoco* gunshot wounds ◊ *La ferita non tarderà a guarire.* The wound will soon heal. ◊ *È rimasto ferito in guerra.* He was wounded in the war.

Se la ferita è stata provocata accidentalmente si usa **injury** e **to injure**. Talvolta *injury* corrisponde all'italiano *lesione*: *Ha riportato solo ferite leggere.* He suffered only minor injuries. ◊ *Numerose persone sono rimaste ferite dalle schegge di vetro.* Several people were injured by flying glass. ◊ *Il casco previene eventuali lesioni cerebrali.* Wearing a helmet can prevent brain injuries.

ferito, -a ▶ *agg* 1 injured 2 (*proiettile, coltello*) wounded
▶ *sm-sf* casualty* *Vedi anche* FERIRE

fermaglio *sm* 1 (*capelli*) hair clip 2 (*collana, borsa*) clasp

fermare ▶ *vt* 1 to stop*: *Ferma la macchina.* Stop the car. 2 (*polizia*) to detain ▶ *vi* to stop*: *Il treno ferma a tutte le stazioni.* This train stops at every station. ▶ **fermarsi** *v rifl* to stop*: *Il treno non si è fermato.* The train didn't stop. ◊ *Mi sono fermato a parlare con un'amica.* I stopped to talk to a friend. **LOC** **non fermarsi un attimo** to be always on the go

fermata *sf* stop: *Scendi alla prossima ~.* Get off at the next stop. **LOC** **fermata a richiesta** request stop ◆ **fermata d'autobus** bus stop

fermentare *vi* to ferment

fermo, -a *agg* 1 (*persona*) still: *stare/restare ~* to keep still ◊ *Fermo!* Don't move! 2 (*veicolo*) stationary 3 (*orologio*): *È fermo.* It has stopped. **LOC** **tenere fermo** to hold* sb down: *Due poliziotti lo tenevano ~.* Two policemen were holding him down. *Vedi anche* MANO

feroce *agg* fierce

ferragosto *sm* = mid-August holiday

ferramenta *sf* 1 (*negozio*) ironmonger's 2 (*arnesi*) hardware

ferrato, -a *agg* good*: *Non sono molto ~ in matematica.* I'm not very good at maths. ◊ *Il concorrente di Napoli era il più ~.* The contestant from Naples was the best.

ferro *sm* iron: *una sbarra di ~* an iron bar **LOC** **ai ferri** grilled ◆ **ferro battuto** wrought iron ◆ **ferro da stiro** iron ◆ **ferro di cavallo** horseshoe *Vedi anche* BRACCIO, FILO, SALUTE, TOCCARE

ferrovecchio *sm* (*commerciante*) scrap merchant

ferrovia *sf* railway

ferroviario, -a *agg* railway [*s attrib*], train [*s attrib*] (*più informale*): *stazione ferroviaria* railway/train station **LOC** *Vedi* NODO

fertile *agg* fertile

fertilizzante *sm* fertilizer

fertilizzare *vt* to fertilize

fesseria *sf*: *fare fesserie* to do something stupid ◊ *Sa dire solo fesserie* She just talks rubbish. ◊ *Ho paura che faccia una ~ a comprare un motorino usato.* I'm afraid he's making a big mistake buying a second-hand motorbike.

fessura *sf* 1 (*crepa*) crack 2 (*scanalatura*) slot: *Devi introdurre la moneta nella ~.* You have to put the coin in the slot.

festa *sf* 1 (*ricevimento*) party*: *dare una ~ per il compleanno* to have a birthday party 2 (*giorno festivo*) holiday: *Domani è ~.* Tomorrow is a holiday. 3 **feste**: *le feste di Natale* the Christmas festivities 4 (*sagra*) festival: *la ~ del paese* the village festival **LOC** **fare festa** to have a day off ◆ **festa della donna** International Women's Day ◆ **festa della mamma/del papà** Mother's/Father's Day ◆ **festa del lavoro** Labour Day ◆ **festa nazionale** public holiday

festeggiamento *sm* celebration: *I festeggiamenti sono continuati fino a notte inoltrata.* The celebrations continued till well into the night.

festeggiare *vt* to celebrate: *~ un compleanno* to celebrate a birthday

festival *sm* festival: *il Festival di Sanremo* the San Remo Festival

festivo, -a *agg* **LOC** *Vedi* GIORNO

festone *sm* streamer

feto *sm* foetus

fetta *sf* slice: *due fette di pane* two slices of bread ◊ *tagliare qc a fette* to slice sth ➔ *Vedi illustrazione a* PANE **LOC** **fetta biscottata** French toast [*non numerabile*]

fettina *sf* 1 (*carne*) steak 2 (*fetta*) (small) slice: *Per me solo una ~ di torta.* Just a small slice of cake for me. ◊ *Taglia il pane a fettine.* Slice the bread.

feudale *agg* feudal

fiaba *sf* fairy tale

fiacco, -a *agg* listless

fiaccola *sf* torch: *la ~ olimpica* the Olympic torch

fiaccolata *sf* torchlit procession

fiala *sf* phial

fiamma *sf* flame: *andare in fiamme* to go up in flames LOC **dare alle fiamme** to set* sth on fire ♦ **essere in fiamme** to be ablaze *Vedi anche* RITORNO

fiammante *agg* LOC *Vedi* NUOVO

fiammata *sf* burst of flames

fiammifero *sm* match: *accendere un ~* to strike a match ◊ *una scatola di fiammiferi* a box of matches

fiammingo, -a *agg* Flemish

fiancheggiare *vt* to border: *le siepi che fiancheggiano la strada* the hedges bordering the road

fianco *sm* **1** (*lato*) side: *il ~ di una montagna* the side of a mountain ◊ *~ a ~* side by side **2** (*anca*) hip

fiasco *sm* **1** (*vino*) bottle **2** (*fallimento*) fiasco*

fiatare *vi* LOC **senza fiatare** without saying a word

fiato *sm* breath: *È ~ sprecato.* It's a waste of breath. LOC **avere il fiato grosso** to be out of breath ♦ **col fiato sospeso** with bated breath ♦ **essere senza fiato** to be out of breath ♦ **riprendere fiato** to get* your breath back ♦ **(tutto) d'un fiato** in one go: *bere qc (tutto) d'un ~* to drink sth in one go

fibbia *sf* buckle

fibra *sf* fibre

ficcanaso *smf* Nosey Parker

ficcare ▶ *vt* to put*: *ficcarsi le mani in tasca* to put your hands in your pockets ▶ **ficcarsi** *v rifl* to get* to: *Dove ti eri ficcato?* Where did you get to? LOC **ficcare il naso** to poke/stick* your nose *into* sth

fico *sm* **1** (*frutto*) fig **2** (*albero*) fig tree *Vedi anche* FIGO LOC **fico d'India** prickly pear

fiction *sf* drama series*

fidanzamento *sm* engagement LOC *Vedi* ANELLO

fidanzarsi *v rifl* to get* engaged (*to* sb)

fidanzato, -a ▶ *agg* engaged (*to* sb) ▶ *sm-sf* fiancé [*fem* fiancée] *Vedi anche* FIDANZARSI

fidarsi *v rifl* ~ **di** to trust sb: *Non mi fido di lei.* I don't trust her.

fidato, -a *agg* trustworthy: *un collaboratore ~* a trustworthy worker *Vedi anche* FIDARSI

fiducia *sf* ~ (**in**) confidence (in sb/sth): *Non hanno molta ~ in lui.* They don't have much confidence in him. LOC **di fiducia** trustworthy: *una persona di ~* a trustworthy person ♦ **fiducia in se stessi** self-confidence: *Non ho ~ in me stessa.* I lack self-confidence. *Vedi anche* DEGNO, VOTO

fienile *sm* barn

fieno *sm* hay LOC *Vedi* RAFFREDDORE

fiera *sf* fair: *~ del libro* book fair LOC **fiera campionaria** trade fair

fiero, -a *agg* proud: *andar ~ di qn/qc* to be proud of sb/sth

fifa *sf* **avere ~** to be scared: *Ho avuto una gran ~ che ci scoprissero.* I was really scared they'd catch us. ◊ *Ho una gran ~ dell'interrogazione.* I'm really scared about the oral.

fifone, -a *agg, sm-sf* chicken [*agg*]: *Non essere ~.* Don't be chicken.

figata *sf*: *Hai visto che ~ la moto di Gianni?* Have you seen how cool Gianni's motorbike is? ◊ *Questo film è una ~, te lo raccomando.* This film's really cool — I recommend it. ◊ *Crede di aver fatto una ~ ad andare in discoteca da solo.* He thought it was cool to go clubbing on his own.

figliastro, -a *sm-sf* stepson [*fem* stepdaughter]: *i figliastri* the stepchildren

figlio, -a *sm-sf* **1** (*senza distinzione di sesso*) child*: *È il primo ~?* Is it their first child? ◊ *Non hanno figli.* They don't have any children. **2** (*maschio*) son **3** (*femmina*) daughter LOC **figlio/figlia di papà** daddy's boy/girl ♦ **figlio unico** only child: *Sono ~ unico.* I'm an only child. *Vedi anche* TALE

figlioccio, -a *sm-sf* **1** (*senza distinzione di sesso*) godchild*: *Ho due figliocci: un maschio e una femmina.* I've got two godchildren: one boy and one girl. **2** (*maschio*) godson **3** (*femmina*) god-daughter

figo, -a *agg* cool: *Che scarpe fighe! Dove le hai prese?* What cool shoes! Where did you get them? ◊ *Marco è proprio ~. Ce l'ha la ragazza?* Marco's really cool. Has he got a girlfriend?

figura *sf* **1** figure **2** (*illustrazione*) picture LOC **fare una bella/brutta figura** to make* a good/bad impression (*on* sb): *Ho fatto una brutta ~ con Luca.* I made a bad impression on Luca. ♦ **che figura!** how embarrassing!

figuraccia *sf* LOC **fare una figuraccia** to make* a fool of yourself: *È caduto dal motorino e ha fatto una ~ davanti alla scuola.* He fell off his moped and made a fool of himself in front of the school.

figurare ▶ *vi* (*risultare*) to be: *L'Italia figura tra i maggiori consumatori di whisky.* Italy is one of the biggest consumers of whisky. ▶ **figurarsi** *v rifl* **1** (*immaginare*) to imagine: *Me lo figuravo più alto.* I imagined he would be taller. **2** (*nelle risposte*): *"Grazie!" "Figurati!"* 'Thank you!' 'Don't mention it.' ◊ *"Disturbo?" "No, figurati!"* 'Am I disturbing you?' 'Not at all.'

figurina sf sticker

fila sf **1** (uno di fianco all'altro) row: Si sono seduti in prima/ultima ~. They sat in the front/back row. **2** (uno dietro l'altro) line: Formate una ~. Get in line. **3** (coda) queue: fare la ~ to queue LOC **di fila** in a row ◆ **in fila indiana** in single file Vedi anche PARCHEGGIARE

filare ▶ vt (lana) to spin* ▶ vi **1** (discorso, ragionamento) to make sense **2** (andarsene) to clear off: È filato via appena ha visto il poliziotto. He cleared off as soon as he saw the policeman. **3** (formaggio) to go* stringy

filastrocca sf nursery rhyme

filatelia sf stamp collecting

filetto sm fillet: filetti di merluzzo cod fillets

filiale sf branch

Filippine sf the Philippines

filippino, -a agg, sm-sf Filipino: i filippini the Filipinos

film sm film: proiettare un ~ to show a film LOC **film comico** comedy* ◆ **film dell'orrore** horror film ◆ **film muto** silent film

filmare vt to film

filo sm **1** thread **2** (metallo, telefono) wire: ~ elettrico electric wire **3** (lama, rasoio) cutting edge LOC **fil di ferro** wire ◆ **filo interdentale** dental floss ◆ **filo spinato** barbed wire ◆ **per filo e per segno** word for word: ripetere qc per ~ e per segno to repeat sth word for word ◆ **sul filo del rasoio** on a knife edge Vedi anche PERDERE

filologia sf philology

filoncino sm baguette ⊃ Vedi illustrazione a PANE

filosofia sf philosophy*

filosofo, -a sm-sf philosopher

filtrare ▶ vt to filter ▶ vi **1** (luce) to filter (in/out) (through sth): La luce filtrava dalle fessure. Light was filtering in through the cracks. **2** (liquido) to leak (in/out) (through sth): L'acqua è filtrata dal muro. Water has leaked in through the wall.

filtro sm filter

finale ▶ agg final; (ultimo anche) last: la decisione ~ the final decision ◊ la parte ~ del film/del lavoro the last part of the film/the job
▶ sm **1** end **2** (romanzo, film) ending
▶ sf final: la ~ di coppa the cup final ◊ arrivare in ~ to get through to the final LOC Vedi QUARTO

finalista agg, smf finalist [s]: i concorrenti finalisti the finalists

finalmente avv at last: Oh, ~! At last!

finanza sf **1** finance **2 finanze** (disponibilità economica) finances: Le mie finanze non me lo permettono. My finances won't stretch that far. LOC Vedi GUARDIA

finché cong **1** (per tutto il tempo che) as long as: Tieni duro ~ puoi. Put up with it as long as you can. **2** (fino a quando) until: Non toccarlo ~ non te lo dico io. Don't touch it until I say so.

fine ▶ sf end: alla ~ del mese at the end of the month ◊ a ~ giugno at the end of June ◊ Non è la ~ del mondo! It's not the end of the world! ◊ a due minuti dalla ~ two minutes from the end
▶ sm **1** (scopo) purpose **2** (esito) ending: un film a lieto ~ a film with a happy ending
▶ agg **1** (sottile) fine: sabbia ~ fine sand ◊ una matita con la punta ~ a pencil with a fine point **2** (udito, vista) keen **3** (elegante) posh (informale) LOC **alla fine** in the end: Alla fine abbiamo deciso di andare anche noi. In the end, we decided to go, too. ◆ **in fin dei conti** after all Vedi anche INIZIO, SALE

fine settimana sm weekend

finestra sf window

finestrino sm window: È possibile avere un posto accanto al ~? Would it be possible to have a window seat?

fingere ▶ vt, vi to pretend: Hanno finto di non vederci. They pretended they hadn't seen us.
▶ **fingersi** v rifl to pretend to be: fingersi malato to pretend to be ill

finimondo sm chaos

finire ▶ vt **1** to finish: Finirò la relazione questo fine settimana. I'll finish the report this weekend. **2** ~ **di fare qc** to finish (doing) sth: Ho appena finito di leggere quel libro. I've just finished (reading) that book. **3** (esaurire) to run* out (of sth): Abbiamo finito il caffè. We've run out of coffee. **4** (consumare completamente) to use sth up: Mi hai finito tutto il profumo. You've used up all my perfume. ▶ vi **1** to finish: Lo spettacolo finisce alle tre. The show finishes at three. **2** (avere un esito) to end: Come finisce la storia? How does the story end? ◊ Sono finiti in carcere. They ended up in prison. ◊ Dove sarà andato a ~? Where can it have got to? **3** (consumare) to run* out: Lo zucchero è finito. The sugar's run out. ◊ È finito il pane. We've run out of bread. **4** ~ **a** to end in sth: Finisce a punta. It ends in a point. **5** ~ **(in)** to end (in sth): La manifestazione è finita in tragedia. The demonstration ended in tragedy. **6** ~ **in/per** (parola) to end with sth: Finisce per "o" o per "a"? What does it end with? An 'o' or an 'a'? **7** ~ **(per/con)** to end up (doing sth): Quel bicchiere finirà per rompersi. That glass will end up broken. ◊ Ho finito col cedere. I ended up giving in. LOC **finir male**: Quel ragazzo finirà male. That boy will come to no good.

finito, -a *agg* **1** finished **2** (*relazione, festa*) over: *La festa è finita.* The party's over. `LOC` **farla finita** to put* an end *to sth*: *Facciamola finita con questa storia.* I've had enough of this. *Vedi anche* FINIRE

finlandese ▶ *agg, sm* Finnish: *parlare ~* to speak Finnish
▶ *smf* Finn: *i finlandesi* the Finns

Finlandia *sf* Finland

fino *prep*
- **tempo fino a** until, till (*più informale*)

Until si usa sia nell'inglese formale che in quello informale. Till si usa soprattutto nell'inglese parlato e non si trova all'inizio della frase: *Aspetta fino a domani.* Wait until tomorrow. ◊ *Fino a quando rimani?* How long are you staying?

- **luogo 1 fino a** (*distanza*) as far as ... : *Sono venuti con me ~ a Verona.* They came with me as far as Verona. **2 fino (a)** (*altezza, lunghezza, quantità*) up to ... : *L'acqua è arrivata fin qui.* The water came up to here. ◊ *Siamo arrivati fino a pagina 6.* We got up to page 6. **3 fino a** (*giù*) down to ... : *La gonna mi arriva fino alla caviglia.* The skirt comes down to my ankles.

fino, -a *agg* fine `LOC` *Vedi* SALE

finocchio *sm* fennel

finora *avv* so far: *I risultati ottenuti ~ sono incoraggianti.* The results so far are encouraging.

finta *sf* `LOC` **far finta** to pretend: *Fai ~ di non sapere niente.* Pretend you don't know anything. ◊ *Eccoli! Fai ~ di non vederli.* There they are! Pretend you haven't seen them.

finto, -a *agg* **1** (*barba, denti*) false **2** (*pelle, cuoio*) imitation [*s attrib*] `LOC` **fare il finto tonto** to pretend not to notice *Vedi anche* FINGERE

fiocco *sm* **1** (*guarnizione*) bow: *una camicetta con fiocchi rossi* a blouse with red bows ◊ *Fare un ~ col nastro.* Tie the ribbon in a bow. **2** (*neve, cereali*) flake: *fiocchi di neve* snowflakes ◊ *fiocchi di avena* oats

fiocina *sf* harpoon

fionda *sf* catapult

fioraio, -a *sm-sf* florist: *dal ~* at the florist's

fiore *sm* **1** flower: *fiori secchi* dried flowers **2** (*albero da frutto*) blossom [*gen non numerabile*]: *i fiori del mandorlo* almond blossom **3 fiori** (*Carte*) clubs ⊃ *Vedi nota a* CARTA `LOC` **il fior fiore** the crème de la crème ♦ **in fiore** in bloom *Vedi anche* NERVO

fiorentino, -a *agg, sm-sf* Florentine: *i fiorentini* the Florentines

fiorire *vi* **1** (*pianta*) to flower **2** (*albero da frutto*) to blossom **3** (*fig*) to flourish

fiotto *sm*: *sgorgare/uscire a fiotti* to gush out

Firenze *sf* Florence

firewall *sm* firewall

firma *sf* **1** (*nome*) signature: *Hanno raccolto mille firme.* They've collected a thousand signatures. **2** (*atto*) signing: *la ~ del contratto* the signing of the contract

firmare *vt, vi* to sign: *Firmi sulla linea tratteggiata.* Sign on the dotted line.

firmato, -a *agg* designer [*s attrib*]: *abiti firmati* designer clothes *Vedi anche* FIRMARE

fisarmonica *sf* accordion

fiscale *agg* tax [*s attrib*]: *anno ~* tax year `LOC` *Vedi* CODICE, EVASIONE, FRODE

fischiare ▶ *vt, vi* **1** (*canzone, motivo*) to whistle: *~ una canzone* to whistle a song **2** (*disapprovare*) to boo ▶ *vi* (*polizia, arbitro*) to blow* your whistle (*at sb/sth*): *Il vigile ci ha fischiato.* The policeman blew his whistle at us.

fischietto *sm* whistle

fischio *sm* (*treno, arbitro*) whistle

fisica *sf* physics [*non numerabile*]

fisicamente *avv* physically

fisico, -a ▶ *agg* physical
▶ *sm* **1** (*corpo*) physique: *Ha un ~ da atleta.* He's got an athlete's physique. **2** (*scienziato*) physicist `LOC` *Vedi* EDUCAZIONE

fisioterapia *sf* physiotherapy

fisioterapista *smf* physiotherapist

fissare ▶ *vt* **1** (*prezzo, data*) to fix **2** (*attenzione*) to focus **3** (*guardare*) to stare at *sb/sth*
▶ **fissarsi** *v rifl* to become* obsessed (*with sb/sth/doing sth*)

fissato, -a *agg* **1** (*legato*) fastened *to sth*: *I bagagli erano ben fissati sul bagagliaio.* The luggage was securely fastened to the roof rack. **2** (*ossessionato*) obsessed *with sth*: *È ~ con le moto.* He's obsessed with motorbikes. *Vedi anche* FISSARE

fissazione *sf* obsession (*with sb/sth/doing sth*): *la ~ delle moto* an obsession with motorbikes

fisso, -a *agg* **1** fixed: *una mensola fissa al muro* a shelf fixed to the wall **2** (*permanente*) permanent: *un posto/contratto ~* a permanent post/contract ◊ *ragazzo ~* steady boyfriend `LOC` **senza fissa dimora** of no fixed abode *Vedi anche* CHIODO, GUARDARE, MENU

fitta *sf* (*dolore*) sharp pain

fitto, -a *agg* **1** (*nebbia, bosco*) dense **2** (*tela*) tightly woven

fiume → forchetta

fiume *sm* river ❶ In inglese **river** si scrive maiuscolo quando è nome proprio: *il Tamigi* the River Thames. LOC *Vedi* RIVA

fiutare *vt* to sniff *sth* out

fiuto *sm* smell LOC **aver fiuto** to have a nose *for sth*: *Ha un ottimo ~ per l'antiquariato.* She has a nose for antiques.

fiuu! *escl* phew!

flacone *sm* bottle

flagrante *agg* LOC **cogliere/prendere in flagrante** to catch* *sb* in the act

flash *sm* flash

flashback *sm* flashback

flautista *smf* flautist

flauto *sm* **1** (*traverso*) flute **2** (*dolce*) recorder

flessibile *agg* flexible

flessione *sf* **1** (*a terra*) sit-up **2** (*sulle braccia*) press-up **3** (*Gramm*) inflection

flipper *sm* pinball machine: *giocare a ~* to play pinball

flora *sf* flora

floscio, -a *agg* floppy

flotta *sf* fleet

fluido, -a *agg, sm* fluid

fluoro *sm* **1** (*gas*) fluorine **2** (*dentifricio*) fluoride: *dentifricio al ~* fluoride toothpaste

fluviale *agg* river [*s attrib*]: *trasporto ~* river transport

fobia *sf* phobia

foca *sf* seal

foce *sf* mouth

fodera *sf* **1** (*interna*) lining **2** (*esterna*) cover

foderare *vt* **1** (*interno*) to line *sth* (*with sth*): *~ una scatola di velluto* to line a box with velvet **2** (*esterno*) to cover *sth* (*with sth*): *~ un libro con la carta* to cover a book with paper

foglia *sf* leaf* LOC *Vedi* TREMARE

fogliame *sm* foliage

foglio *sm* **1** (*di carta*) sheet (of paper): *Mi dai un ~?* Can I have a sheet of paper, please? ◊ *un ~ bianco* a clean sheet of paper LOC **foglio rosa** provisional driving licence ➔ *Vedi nota a* LEARN ◆ **foglio elettronico** spreadsheet ◆ **foglio di lavorazione** worksheet

fogna *sf* sewer

fognatura *sf* sewage system

folclore *sm* folklore

folgorare *vt* (*scarica elettrica*) to electrocute

folla *sf* crowd

folle ▶ *agg* mad
▶ *smf* madman*/woman* LOC **in folle** (*macchina*) in neutral: *mettere/essere in ~* put it/be in neutral

follemente *avv* madly: *essere ~ innamorato* to be madly in love

follia *sf* madness

folto, -a *agg* (*capelli, pelo*) thick

fon *sm* hairdryer

fondamentale *agg* fundamental

fondamentalmente *avv* basically

fondamento *sm* **1** **fondamenta** (*palazzo*) foundations [*pl*] **2** **fondamenti** (*principi*) basics

fondare *vt* to found

fondatore, -trice *sm-sf, agg* founder [*s*]: *i soci fondatori* the founder members

fondazione *sf* foundation

fondere ▶ *vt, vi* to melt: *far ~ il formaggio* to melt cheese ▶ **fondersi** *v rifl* (*società, partiti*) to merge

fondo *sm* **1** bottom: *il ~ del bicchiere* the bottom of the glass ◊ *andare fino in ~ a una faccenda* to get to the bottom of things **2** (*mare, fiume*) bed **3** (*fine*): *È in ~ al corridoio, a destra.* It's at the end of the corridor on the right. **4** **fondi** (*soldi*) funds: *raccogliere fondi* to raise funds LOC **a fondo** (*esaminare, conoscere*) thoroughly ◆ **di fondo 1** (*Atletica*) long-distance [*s attrib*]: *una gara di ~* a long-distance race **2** (*Sci*) cross-country [*s attrib*]: *uno sciatore di ~* a cross-country skier ◆ **fondo (di) cassa** petty cash ◆ **fondo stradale** road surface ◆ **in fondo 1** (*contrariamente alle apparenze*) deep down: *Dici di no, però in ~ te ne importa.* You say you don't mind, but deep down you do. **2** (*in realtà*) basically: *In ~ in ~ siamo d'accordo.* We are basically in agreement. ◆ **senza fondo** bottomless *Vedi anche* ARTICOLO, CIMA, PIATTO

fondotinta *sm* foundation

fonendoscopio *sm* stethoscope

fonetica *sf* (*trascrizione*) phonetics [*pl*]

fontana *sf* fountain

fonte *sf* **1** (*sorgente*) spring **2** (*origine*) source: *fonti vicine al governo* sources close to the government LOC **fonte battesimale** font ◆ **sapere da fonte sicura** to have *sth* on good authority

football americano *sm* American football

footing *sm* jogging: *fare ~* to go jogging

forare ▶ *vt* (*pallone, pneumatico*) to puncture ▶ **forarsi** *v rifl* (*pallone*) to burst*

forbici *sf* scissors: *Mi passi le ~?* Can I have the scissors?

forca *sf* gallows

forcella *sf* (*bicicletta*) fork

forchetta *sf* fork

forcina sf hairgrip

forcone sm pitchfork

foresta sf forest: ~ *pluviale* rainforest

forestale agg forest [s attrib] LOC Vedi GUARDIA

forfait sm LOC **dare forfait** to pull out

forfora sf dandruff

forma sf 1 (*contorno*) shape: *a ~ di croce* in the shape of a cross ◇ *Che ~ ha?* What shape is it? ◇ *La stanza è di ~ rettangolare.* The room is rectangular. 2 (*condizioni psicofisiche*) form: *La squadra è in piena ~.* The team is in top form. ◇ *Oggi non sono in ~.* I'm not on form today. LOC **tenersi in forma** to keep* fit

formaggio sm cheese: *~ grattugiato* grated cheese ◇ *Non mi piace il ~.* I don't like cheese. ◇ *un panino al ~* a cheese sandwich

formale agg formal

formare ▶ vt 1 to form: *~ un gruppo* to form a group 2 (*professione, personale*) to train: *il corso ha lo scopo di ~ i nuovi assunti* The aim of the course is to train new employees.
▶**formarsi** v rifl (*prodursi*) to form

formato sm size: *confezione ~ famiglia* family-size pack

formattare vt (*Informatica*) to format: *~ un dischetto* to format a floppy disk

formazione sf 1 (*costituzione*) formation: *la ~ di un governo* the formation of a government 2 (*insegnamento*) training: *~ professionale* vocational training 3 (*Sport*) line-up

formica sf ant

formicaio sm 1 (*sotterraneo*) ants' nest 2 (*monticello*) anthill

formichiere sm anteater

formicolio sm pins and needles [pl]: *Ho un ~ al braccio.* I've got pins and needles in my arm.

formidabile agg tremendous: *Ha avuto un successo ~.* It was a tremendous success.

formula sf formula*: *un pilota di ~ uno* a Formula One driver

fornaio, -a sm-sf baker

fornello sm ring

fornire vt *~ qc (a qn)* to supply* sb with sth; to supply* sth: *Mi ha fornito i dati.* He supplied me with the information. ◇ *La fattoria fornisce uova a tutto il paese.* The farm supplies the whole village with eggs.

fornitore, -trice sm-sf provider LOC **fornitore di servizi Internet** Internet Service Provider

forno sm 1 oven: *accendere il ~* to turn the oven on ◇ *Questa stanza è un ~.* It's like an oven in here. 2 (*industriale*) furnace 3 (*ceramica*) kiln LOC **al forno** roast: *agnello al ~* roast lamb ◇ *mele al ~* baked apples ◆ *Vedi nota a* BAKE ◆ **forno a microonde** microwave *Vedi anche* CUOCERE

forse avv 1 (*può darsi*) perhaps, maybe (*più informale*): *"Pensi che verrà?" "Forse."* 'Do you think she'll come?' 'Perhaps.' 2 (*nelle domande*): *Ho ~ detto questo?* Did I say that?

forte ▶ agg 1 (*odore, sapore*) strong: *un odore molto ~* a very strong smell 2 (*pioggia, nevicata*) heavy 3 (*dolore*) severe 4 (*abbraccio, aumento, calo*) big 5 (*colore*) bright
▶ avv 1 (*con forza*) hard: *tirare ~ una corda* to pull a rope hard 2 (*saldamente*) tight: *Tieniti ~!* Hold on tight! 3 (*suono*) loud: *Non parlare così ~.* Don't talk so loud.
▶ sm 1 (*fortezza*) fort 2 (*specialità*) strong point: *La matematica non è il mio ~.* Maths is not my strong point. LOC *Vedi* PARLARE, PIATTO, TAGLIA

fortuna sf 1 (*sorte*) luck, fortune (*più formale*): *tentare la ~* to try your luck ◇ *All'esame ho avuto ~.* I was lucky in the exam. 2 (*colpo di fortuna*) stroke of luck: *Che ~!* What a stroke of luck! 3 (*ricchezza*) fortune: *Ha ereditato una ingente ~.* She inherited a large fortune. LOC **buona fortuna!** good luck! ◆ **per fortuna** fortunately ◆ **portare fortuna** to bring* sb good luck *Vedi anche* ATTERRAGGIO, COLPO, ROVESCIO

fortunatamente avv luckily, thankfully: *Fortunatamente non si è fatta niente.* Thankfully she didn't hurt herself ◇ *Fortunatamente per loro anche la professoressa era in ritardo.* Luckily for them, the teacher was late too.

fortunato, -a agg lucky*, fortunate (*più formale*)

foruncolo sm spot: *Mi è spuntato un foruncolo proprio sul naso.* I've got a spot right on my nose.

forza ▶ sf 1 (*potenza*) force: *la ~ di gravità* the force of gravity ◇ *le forze armate* the armed forces 2 (*energia fisica*) strength [*non numerabile*]: *recuperare le forze* to get your strength back
▶ **forza!** escl come on! LOC **a forza** by force: *Li hanno allontanati a viva ~.* They removed them by force. ◆ **forza di volontà** will-power ◆ **per forza**: *Devo farlo per ~.* I just have to do it. ◇ *"E gliel'hai dato?" "Per ~!"* 'And you gave it to him?' 'I had to!' ◆ **forza d'inerzia** by force of habit *Vedi anche* CAMICIA

forzare vt 1 (*rompere*) to force: *~ una serratura* to force a lock 2 (*obbligare*) to make* sb (do sth): *Mi hanno forzato.* They made me do it.

forzato, -a *agg* forced: *un sorriso ~* a forced smile LOC *Vedi* LAVORO; *Vedi anche* FORZARE

foschia *sf* mist

fosforescente *agg* phosphorescent

fosforo *sm* phosphorus

fossa *sf* **1** (*buco*) hole: *scavare una ~* to dig a hole **2** (*tomba*) grave

fossetta *sf* dimple

fossile *agg*, *sm* fossil

fosso *sm* **1** ditch **2** (*castello*) moat

foto *sf* photo*: *Posso fare delle ~?* Can I take some photos? ◊ *un album di ~* a photograph album ◊ *farsi fare una ~* to have your photo taken ◊ *Mi ha fatto una ~.* He took my photo/He took a photo of me. LOC **foto tessera** passport photo*

fotocopia *sf* photocopy*

fotocopiare *vt* to photocopy*

fotocopiatrice *sf* photocopier

fotogenico, -a *agg* photogenic

fotografare *vt* to photograph

fotografia *sf* **1** (*attività*) photography **2** (*foto*) photograph

fotografico, -a *agg* photographic LOC *Vedi* MACCHINA

fotografo, -a *sm-sf* photographer

foulard *sm* headscarf*

fra *Vedi* TRA

fracasso *sm* racket

fradicio, -a *agg* soaked through LOC *Vedi* BAGNATO, UBRIACO

fragile *agg* fragile

fragola *sf* strawberry*

fragoroso, -a *agg* loud: *applausi fragorosi* loud applause

fraintendere *vt*, *vi* to misunderstand

frammento *sm* fragment

frana *sf* landslide LOC **essere una frana** to be hopeless: *Sono una ~ in matematica.* I'm hopeless at maths.

franare *vi* (*muro, edificio, strada*) to collapse: *Il terremoto ha fatto ~ il palazzo.* The earthquake caused the building to collapse. ◊ *La collina è franata.* There was a landslide.

francamente *avv* frankly

francese ▶ *agg*, *sm* French: *parlare ~* to speak French
▶ *smf* Frenchman*/woman*: *i francesi* the French

Francia *sf* France

franco, -a ▶ *agg* frank
▶ *sm* (*moneta*) franc LOC **farla franca** to get* away with it: *È riuscito a farla franca.* He got away with it.

francobollo *sm* stamp: *Due francobolli per l'Italia, per favore.* Two stamps for Italy, please. ◊ *Vedi nota a* STAMP

Francoforte *sf* Frankfurt

frangia *sf* fringe ◊ *Vedi illustrazione a* CAPELLO

frantumare *vt* to shatter

frantumi *sm* LOC **andare in frantumi** to shatter
◆ **mandare in frantumi** to shatter *sth*

frappé *sm* milkshake, smoothie: *un ~ al cioccolato* a chocolate milkshake

frase *sf* (*Gramm*) sentence LOC **frase fatta** set phrase

frassino *sm* ash (tree)

frate *sm* monk

fratellastro *sm* **1** (*con un genitore in comune*) half-brother **2** (*figlio di patrigno o matrigna*) stepbrother

fratello *sm* brother: *Ho un ~ maggiore/minore.* I have an older/younger brother. ◊ *mio ~ maggiore/minore* my elder/younger brother ◊ *Sono due fratelli e tre sorelle.* There are two boys and three girls.

A volte diciamo *fratelli* per riferirci a fratelli e sorelle, nel qual caso in inglese si dice **brothers and sisters**: *Hai fratelli?* Have you got any brothers or sisters? ◊ *Siamo quattro fratelli: Marco, Flavio, Maria ed io.* I've got two brothers and a sister: Marco, Flavio and Maria.

LOC **fratelli siamesi** *Vedi* GEMELLO

fraterno, -a *agg* brotherly, fraternal (*più formale*)

frattempo *sm* LOC **nel frattempo** in the meantime

frattura *sf* fracture

fratturare ▶ *vt* to break*, to fracture (*più formale*): *fratturarsi il polso* to fracture your wrist ▶ **fratturarsi** *v rifl* to fracture

frazione *sf* **1** (*Mat, porzione*) fraction **2** (*borgata*) hamlet

freccetta *sf* dart: *giocare a freccette* to play darts

freccia *sf* **1** arrow **2** (*auto*) indicator: *mettere la ~* to indicate

freddare ▶ *vt* **1** (*con lo sguardo*) to silence: *Appena ho aperto bocca mi ha freddato con un'occhiata.* As soon as I opened my mouth she silenced me with an icy glare. **2** (*uccidere*) to kill ▶ **freddarsi** *v rifl* (*bevanda, minestra*) to get* cold; (*bevanda, minestra troppo calda*) to cool (down): *Non far ~ la cena.* Don't let your dinner get cold. ◊ *Aspetta che si freddi prima di berlo.* Wait till it cools down before you drink it.

freddo, -a *agg, sm* cold: *Chiudi la porta che entra ~.* Shut the door, you're letting the cold in. ◊ *È stato molto ~ con me, forse era ancora offeso.* He was very cold towards me. Perhaps he was still offended.

> **Non confondere cold e cool.**
>
> **Cold** indica una temperatura inferiore a **cool** e molto spesso spiacevole: *È stato un inverno molto freddo.* It's been a terribly cold winter.
>
> **Cool** significa *fresco* piuttosto che freddo: *Fuori fa caldo, ma qui c'è un bel ~.* It's hot outside but it's nice and cool in here.

LOC **avere/sentire freddo** to be/feel* cold: *Ho ~.* I'm cold ◊ *Ho ~ alle mani.* My hands are cold. ♦ **far freddo** to be cold: *Fa molto ~ fuori.* It's very cold outside. ♦ **prender freddo** to catch* cold *Vedi anche* MORIRE, MORTO, PATIRE, SANGUE

freddoloso, -a *agg*: *Sono molto ~.* I feel the cold a lot.

free-climbing *sm* free climbing

freelance *agg* freelance: *Vorrei fare il grafico ~.* I'd like to be a freelance graphic designer.

free shop *sm* duty-free shop

freezer *sm* **1** freezer **2** (*parte di frigorifero*) freezer compartment

fregare *vt* **1** (*strofinare*) to rub*: *fregarsi gli occhi* to rub your eyes **2** (*rubare*) to nick: *Mi hanno fregato l'autoradio.* Somebody's nicked my radio. **3** (*imbrogliare*) to rip* sb off: *Ti sei fatto ~!* You've been ripped off! **LOC fregarsene** not to give* a damn: *Se ne frega altamente di lui.* She doesn't give a damn about him. ◊ *Chi se ne frega?* Who cares?

fregatura *sf* **1** (*imbroglio*) rip-off: *I DVD scontati sono stati una bella ~, l'audio è tremendo.* The discount DVDs were a real rip-off. The sound's dreadful. **2** (*seccatura*) pain: *Che ~! Il cinema è chiuso.* What a pain! The cinema's closed.

frenare ▶ *vi* to brake: *Ha frenato per evitare un cane.* He braked to avoid a dog. ◊ *~ di colpo* to slam on the brakes ▶ frenarsi *v rifl* to stop* yourself: *Non sono riuscito a frenarmi.* I couldn't stop myself.

frenata *sf*: *Si è sentita una ~.* There was a screech of brakes. **LOC** **fare una frenata** to slam on the brakes

frenetico, -a *agg* (*giornata*) hectic

freno *sm* **1** (*veicolo*) brake: *I freni non hanno funzionato.* The brakes failed. **2** (*limite*) curb (*on sth*): *un ~ alle esportazioni* a curb on exports **LOC** **freno a mano** handbrake: *mettere/togliere il ~ a mano* to put on/release the handbrake

frequentare *vt* **1** (*luogo, scuola*) to go* to sth: *Frequentano la stessa scuola.* They go to the same school. **2** (*amici*) to go* around with sb: *Non frequento più quel gruppo.* I don't go around with that group of friends any more.

frequente *agg* frequent: *Ho frequenti attacchi di asma.* I have frequent asthma attacks. **LOC** **di frequente** frequently

frequenza *sf* **1** frequency* **2** (*scolastica*) attendance: *l'attestazione di ~* the certificate of attendance

freschezza *sf* freshness

fresco, -a *agg* **1** (*temperatura, vestito*) cool ⊃ *Vedi nota a* FREDDO **2** (*cibo*) fresh: *pesce ~* fresh fish **3** (*notizia*) latest: *notizie fresche* the latest news **4** (*pittura, vernice*) wet **LOC far fresco** (*sgradevole*) to be cool: *Di sera fa ~.* It's chilly at night. ♦ **mettere/tenere in fresco** (*vino, birra*) to chill sth ♦ **stai fresco!** you're in for it! *Vedi anche* PITTURA

fretta *sf* hurry: *avere ~* to be in a hurry ◊ *Non c'è ~.* There's no hurry. ◊ *Per la ~ mi sono dimenticato di staccarlo.* I was in such a hurry that I forgot to unplug it. **LOC** **far fretta a qn** to rush sb: *Non farmi ~.* Don't rush me. ♦ **in fretta** quickly

frettoloso, -a *agg* hurried

friggere *vt, vi* to fry* ⊃ *Vedi nota a* FRY **LOC** **mandare qn a farsi friggere** to tell sb to get lost

frignare *vi* whine: *Smettila di ~, è solo un graffio.* Stop whining, it's only a scratch.

frigo *sm* fridge: *Se hai sete c'è della Coca in ~.* If you're thirsty, there's some Coke in the fridge.

frigocongelatore *sm* fridge-freezer

frigorifero *sm* fridge, refrigerator (*più formale*)

frittata *sf* omelette: *~ di zucchine* courgette omelette ◊ *~ di funghi* mushroom omelette

frittella *sf* fritter

fritto, -a ▶ *agg* fried
▶ *sm* fried food: *Non mi piace il ~.* I don't like fried food. **LOC** *Vedi* PATATA, UOVO; *Vedi anche* FRIGGERE

frivolo, -a *sm* (*persona, discorso*) frivolous, flippant

frizione *sf* **1** (*attrito*) friction **2** (*Auto*) clutch **3** (*massaggio*) massage

frizzante *agg* (*vino, acqua*) sparkling

frode *sf* fraud **LOC frode fiscale** tax evasion

frodo *sm* **LOC** **caccia/pesca di frodo** poaching ♦ **cacciatore/pescatore di frodo** poacher

frontale agg 1 (attacco) frontal 2 (scontro) head-on

fronte ▶ sf (Anat) forehead
▶ sm front: un ~ freddo a cold front ◊ I soldati marciavano verso il ~. The soldiers marched towards the front. LOC **di fronte (a)** opposite (sth): Casa mia è di ~ allo stadio. My house is opposite the stadium. ◊ il signore che stava seduto di ~ the man sitting opposite ◊ L'ospedale è qui di ~. The hospital is across the road. ⊃ Vedi illustrazione a DAVANTI ◆ **far fronte a 1** (nemico, difficoltà) to face sb/sth **2** (spesa) to meet* sth Vedi anche AGGROTTARE

frontiera sf border, frontier (più formale): passare la ~ to cross the border ◊ alla ~ svizzera on the Swiss border ◊ zona di ~ border area ⊃ Vedi nota a BORDER

frottola sf fib: raccontare frottole to tell fibs

frugare ▶ vi ~ (tra) to rummage in/through sth: Non ~ tra le mie cose. Don't rummage through my things. ▶ vt to search: Gli hanno frugato le tasche. They searched his pockets.

frullare vt 1 (uova) to whisk 2 (nel frullatore) to blend

frullato sm milkshake: un ~ di banana a banana milkshake

frullatore sm blender

frullino sm whisk

frumento sm wheat

frusciare vi to rustle

fruscio sm rustle

frusta sf whip

frustata sf lash

frustino sm riding crop

frustrazione sf frustration

frutta sf fruit [gen non numerabile]: Vuoi della ~? Do you want some fruit? LOC **frutta secca** dried fruit and nuts [pl]

frutteto sm orchard

fruttivendolo, -a sm-sf greengrocer: dal ~ at the greengrocer's

frutto sm piece of fruit: un albero da ~ a fruit tree LOC **frutti di mare** seafood [non numerabile]

fucile sm rifle LOC **fucile da caccia** shotgun

fuga sf 1 (persona) escape, flight (più formale): darsi alla ~ to take flight 2 (gas) leak

fuggifuggi sm stampede

fuggire vi 1 (darsi alla fuga) run* away: Appena ho sentito il cane abbaiare sono fuggito. As soon as I heard the dog bark, I ran away. ◊ Il ladro è riuscito a ~. The thief managed to run away. 2 (da un paese) to flee* [vt]: Sono fuggiti dal paese. They have fled the country.

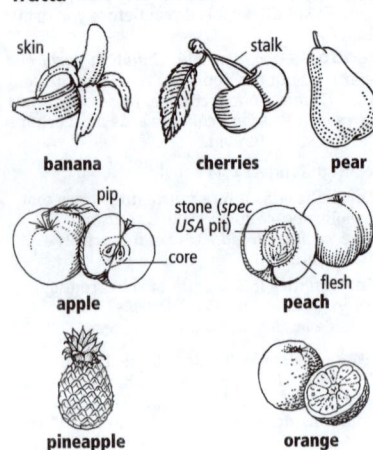

fuggitivo sm fugitive

fuliggine sf soot

fulminare ▶ vt: È stato fulminato. He was struck by lightning. ▶ **fulminarsi** v rifl (lampadina) to go* LOC **fulminare con lo sguardo** to give* sb a withering look

fulmine sm lightning [non numerabile]: I tuoni e i fulmini mi spaventano. I'm scared of thunder and lightning. LOC Vedi COLPO

fumante agg steaming: una tazza di caffè ~ steaming hot coffee

fumare vt, vi to smoke: ~ la pipa to smoke a pipe ◆ smettere di ~ to give up smoking LOC Vedi VIETATO

fumatore, -trice sm-sf smoker LOC **fumatori o non fumatori?** smoking or non-smoking?

fumetto sm 1 (giornalino) comic 2 (nuvoletta) speech bubble

fumo sm 1 smoke: ~ di sigarette cigarette smoke ◊ Dalla porta usciva del ~. There was smoke coming out of the door. 2 (il fumare) smoking: Il ~ danneggia la salute. Smoking seriously damages your health. ◊ ~ passivo passive smoking 3 (droga) dope

fune sf rope LOC Vedi TIRO

funebre agg 1 (per un funerale) funeral [s attrib]: la marcia ~ the funeral march 2 (triste) mournful LOC Vedi CARRO, POMPA, VEGLIA

funerale *sm* funeral: *il ~ di un vicino* a neighbour's funeral

fungo *sm* **1** mushroom **2** (*velenoso*) toadstool **3** (*micosi*) fungus*

funivia *sf* cable car

funzionare *vi* **1** to work: *La sveglia non funziona.* The alarm doesn't work. ◊ *Come funziona? How does it work?* **2** ~ **a** to run* on *sth*: *Funziona a gas.* It runs on gas.

funzionario, -a *sm-sf* **1** (*dirigente*) official **2** (*impiegato*) employee LOC **funzionario statale** civil servant

funzione *sf* function LOC **essere in funzione** to be working ♦ **mettere in funzione** to switch *sth* on

fuoco *sm* **1** fire: *accendere il ~* to light the fire ◊ *Ci siamo seduti vicino al ~.* We sat down by the fire. **2** (*Cucina*): *mettere qc sul ~* to put sth on the gas **3** (*Ottica*) focus*: *a ~/fuori ~* in focus/ out of focus ◊ *mettere a ~* to focus LOC **a fuoco basso/alto** over a low/high heat ♦ **dare fuoco** to set* light *to sth*: *Una scintilla ha dato ~ alla moquette.* A spark set light to the carpet. ♦ **fuochi d'artificio** fireworks ♦ **prender fuoco** to catch* fire: *Il serbatoio della benzina ha preso ~.* The petrol tank caught fire. *Vedi anche* ARMA, CUOCERE, VIGILE

fuorché *prep* except: *C'erano tutti ~ Carlo.* Everybody was there except Carlo.

fuori ▶ *avv* **1** (*all'aperto*) ~ (**di**) outside: *Andiamo ~.* Let's go outside. ◊ *Si sentivano dei rumori ~.* You could hear noises outside. ◊ *~ dell'Italia* outside Italy **2** (*non a casa*) out: *andare a mangiar ~* to eat out ◊ *Siamo ~ tutto il giorno.* We're out all day. **3** ~ **di/da** (*fig*) out of *sth*: ~ *dell'ordinario* out of the ordinary ◊ *Tenere ~ dalla portata dei bambini.* Keep out of reach of children.
▶ *prep* outside, out of: *un tiro da ~ area* a shot from outside the penalty area ◊ *Abitano ~ città.* They live out of town ◊ *Ha sbandato ed è andato ~ strada.* He skidded and went off the road.
▶ *fuori! escl* get out! LOC **fare fuori** (*uccidere*) to kill *sb* ♦ **fuori di sé** beside himself, herself, etc. ♦ **fuori gioco** offside ♦ **fuori luogo** inappropriate ♦ **fuori mano** out of the way: *È piuttosto ~ mano.* It's well out of our way. ♦ **fuori pericolo** out of danger ♦ **fuori posto** out of place: *sentirsi ~ posto* to feel out of place ♦ **fuori di testa** out of your mind *Vedi anche* BUTTARE, SERVIZIO

fuoristrada *sm* off-road vehicle

furbizia *sf* cunning

furbo, -a *agg* clever LOC **fare il furbo** to try* to be clever: *Non fare il ~ con me.* Don't try and be clever with me.

furgone *sm* van

furia *sf* fury LOC **a furia di fare qc** by doing sth ♦ **andare su tutte le furie** to fly* into a rage

furioso, -a *agg* furious

furtivo, -a *agg* furtive

furto *sm* **1** theft: ~ *di auto/bicicletta* car/bicycle theft **2** (*in una casa, ufficio*) burglary*: *Domenica ci sono stati tre furti in questo palazzo.* There were three burglaries in this block on Sunday. **3** (*fig*) rip-off LOC **furto con scasso** burglary*

fusa *sf* LOC **fare le fusa** to purr ⊃ *Vedi nota a* GATTO

fusibile *sm* fuse: *Sono saltati i fusibili.* The fuses have blown.

fusione *sf* **1** (*metalli*) melting **2** (*stili, colori*) blend **3** (*aziende, partiti politici*) merger **4** (*Fis*) fusion: *la ~ nucleare* nuclear fusion LOC *Vedi* PUNTO

fuso, -a *agg* **1** (*formaggio*) melted **2** (*metallo*) molten **3** (*stanco*) shattered LOC **fuso orario** time zone *Vedi anche* FONDERE

futuro, -a *agg, sm* future

G g

gabbia *sf* cage

gabbiano *sm* seagull

gabinetto *sm* toilet: *andare al ~.* to go to the toilet ⊃ *Vedi nota a* TOILET

gadget *sm* free gift

gaelico *sm* (*gruppo di lingue*) Gaelic

gaffe *sf* blunder LOC **fare una gaffe** to put* your foot in it

gala *sf* LOC **di gala**: *un pranzo/una serata di ~* a gala dinner/performance

galassia *sf* galaxy*

galattico, -a *agg* galactic

galera *sf* prison

galla LOC **a galla** afloat: *rimanere a ~* to stay afloat ♦ **venire a galla** (*verità*) to come* out

galleggiante ▶ *agg* floating
▶ *sm* float

galleggiare → gelateria

galleggiare vi to float

galleria sf **1** (tunnel) tunnel **2** (museo) gallery*: una ~ d'arte an art gallery **3** (Cine) circle

Galles sm Wales

gallese ▶ agg, sm Welsh: parlare ~ to speak Welsh
▶ smf Welshman*/woman*: i gallesi the Welsh

galletta sf water biscuit: gallette di riso rice cakes

gallina sf hen LOC Vedi ZAMPA

gallo sm cock

galoppare vi to gallop

galoppo sm gallop: andare al ~ to gallop

gamba sf leg: rompersi una ~ to break your leg ◊ accavallare/stendere le gambe to cross/stretch your legs ◊ con le gambe accavallate cross-legged LOC **essere in gamba** to be on the ball

gambaletto sm popsock

gamberetto sm shrimp

gambero sm **1** (di mare) prawn **2** (di fiume) crawfish*

gambo sm stem

gamma sf range: una vasta ~ di colori a wide range of colours

gancio

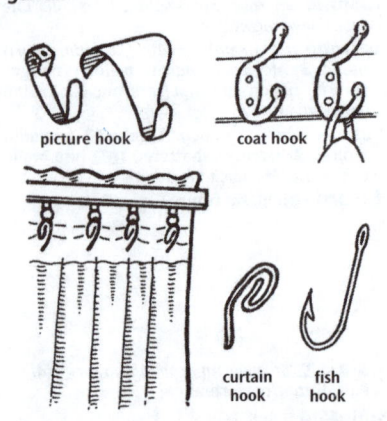

picture hook   coat hook
curtain hook   fish hook

gancio sm hook

gangheri sm LOC **far uscire dai gangheri** to drive* sb up the wall ♦ **fuori dai gangheri** hopping mad

gara sf **1** competition **2** (di velocità) race LOC **fare a gara** to race: Facciamo a ~ e vediamo chi arriva primo. Let's race to see who gets there first.

garage sm, agg garage

garantire vt **1** to guarantee: Garantiamo la qualità del prodotto. We guarantee the quality of the product. **2** (assicurare) to assure: Verranno, te lo garantisco. They'll come, I assure you.

garantito, -a agg guaranteed LOC Vedi MINIMO; Vedi anche GARANTIRE

garanzia sf guarantee LOC **in garanzia**: Il telefonino è ancora in ~. The phone's still under guarantee.

gareggiare vi **1** to compete **2** (in velocità) to race

gargarismo sm LOC **fare i gargarismi** to gargle

garofano sm carnation LOC Vedi CHIODO

garza sf **1** (tessuto) gauze **2** (per ferite) gauze bandage

gas sm gas: C'è odore di ~. There's a smell of gas. LOC **gas di scappamento/scarico** exhaust fumes ♦ **gas lacrimogeno** tear gas Vedi anche CAMERA, STUFA

gasarsi v rifl (entusiasmarsi) to get* excited

gasato, -a agg (montato) on a high: Da quando ha il motorino è tutto ~. He's been on a high ever since he got his moped.

gasolio sm diesel

gassato, -a agg fizzy; (acqua anche) sparkling LOC **non gassato** still Vedi anche ACQUA

gastrite sf gastritis

gattino sm kitten

gatto, -a sm-sf cat: È un ~ o una gatta? ◊ Is it a he or a she?

> Tomcat o tom è il gatto maschio, **kittens** sono i gattini. Non c'è una parola specifica per la gatta. Fare le fusa si dice **to purr** e miagolare **to miaow**.

LOC **quattro gatti**: C'erano quattro gatti. There were only a few people. ♦ **gatta ci cova ...** I smell a rat ♦ **gatto siamese** Siamese cat ♦ **quando il gatto non c'è i topi ballano** when the cat's away the mice will play ♦ **gatto delle nevi** snowmobile

gattopardo sm serval, ocelot

gay agg, smf gay

gazza sf magpie

gazzella sf gazelle

gazzosa sf lemonade

gel sm gel

gelare ▶ vt, vi to freeze* ▶ v impers: Stanotte è gelato. There was a frost last night.

gelateria sf ice-cream parlour

gelatina *sf* **1** (*sostanza*) gelatine **2** (*Cucina*) jelly*

gelato, -a ▶ *agg* frozen
▶ *sm* ice cream: ~ *al cioccolato* chocolate ice cream LOC *Vedi* TORTA; *Vedi anche* GELARE

gelido, -a *agg* **1** (*vento*) icy **2** (*temperatura*) freezing

gelo *sm* frost

gelosia *sf* jealousy

geloso, -a *agg* jealous: *essere ~ di qn* to be jealous of sb

gelsomino *sm* jasmine

gemello, -a ▶ *sm-sf* twin: *sorelle gemelle* twin sisters ◊ *tre gemelli* triplets ◊ *quattro gemelli* quadruplets LOC **gemelli congiunti** conjoined twins
▶ *sm* **1 gemelli** (*camicia*) cuff links **2 Gemelli** (*Astrologia*) Gemini ⊃ *Vedi esempi a* ACQUARIO LOC *Vedi* ANIMA

gemito *sm* groan

gemma *sf* **1** gem **2** (*Bot*) bud

gene *sm* gene

genealogico, -a *agg* genealogical LOC *Vedi* ALBERO

generale ▶ *agg* general
▶ *sm* (*Mil*) general LOC **in generale** generally *Vedi anche* CULTURA, PROVA, QUARTIERE

generalizzare *vt, vi* to generalize: *Non si può ~.* You can't generalize.

generare *vt* to generate: *~ energia* to generate energy

generazione *sf* generation

genere *sm* **1** (*tipo*) kind: *problemi del ~* problems of that kind ◊ *Non direi mai una cosa del ~.* I'd never say a thing like that. **2** (*Arte, Letteratura*) genre **3** (*Gramm*) gender **4 generi** (*merci*) goods LOC **in genere** usually: *In ~ prendiamo lo stesso autobus.* We usually catch the same bus. ♦ **genere umano** human race ♦ **generi alimentari** foodstuffs

generico, -a *agg* generic LOC *Vedi* MEDICO

genero *sm* son-in-law*

generoso, -a *agg* generous: *È molto ~ con gli amici.* He is very generous to his friends.

genetico, -a ▶ *agg* genetic
▶ **genetica** *sf* genetics [*non numerabile*]

gengiva *sf* gum

geniale *agg* brilliant: *un'idea/una trovata ~* a brilliant idea

genio *sm* **1** genius: *Sei un ~!* You're a genius! ◊ *un lampo di ~* a stroke of genius ◊ *un ~ della matematica* a mathematical genius **2** (*spirito*) genie: *il ~ della lampada* the genie of the lamp

genitale ▶ *agg* genital
▶ **genitali** *sm* genitals

genitore *sm* parent: *i miei genitori* my parents

gennaio *sm* January (*abbrev* Jan.): *Le ultime interrogazioni sono a ~.* The last oral tests are in January. ◊ *Il mio compleanno è il 12 ~.* My birthday's (on) January 12. ❶ Si dice "January the twelfth" o "the twelfth of January".

Genova *sf* Genoa

genovese *agg, smf* Genoese: *i genovesi* the Genoese

gente *sf* people [*pl*]: *C'era un sacco di ~.* There were a lot of people. ◊ *La ~ dice che…* People say that… ⊃ *Vedi nota a* PEOPLE

gentile *agg* **1** ~ **(con)** kind (to sb): *Marta è stata molto ~ con noi.* Marta was really kind to us. ◊ *Sono stati molto gentili ad aiutarmi.* It was very kind of them to help me. ◊ *Grazie, lei è molto ~.* Thank you, that's very kind of you. ◊ *Se volesse essere così ~ da chiudere la porta.* If you would be so kind as to close the door. **2 Gentile…** (*lettere*) Dear…

gentilezza *sf* kindness LOC **per gentilezza** please

geografia *sf* geography

geografico, -a *agg* geographical

geologia *sf* geology

geologico, -a *agg* geological

geologo, -a *sm-sf* geologist

geometra *smf* quantity surveyor

geometria *sf* geometry

geometrico, -a *agg* geometric(al)

geranio *sm* geranium

gerarchia *sf* hierarchy*

gerbillo *sm* gerbil

gergo *sm* **1** (*linguaggio colloquiale*) slang [*non numerabile*] **2** (*professionale*) jargon

Germania *sf* Germany

germe *sm* germ

germogliare *vi* (*piante*) to sprout

germoglio *sm* shoot LOC **germogli di soia** bean sprouts

geroglifico, -a ▶ *agg* hieroglyphic
▶ *sm* **1** (*carattere*) hieroglyph **2 geroglifici** (*scrittura*) hieroglyphics

gerundio *sm* gerund

Gerusalemme *sf* Jerusalem

gessetto *sm* chalk [*gen non numerabile*]: *Dammi un ~.* Give me a piece of chalk. ◊ *Portami dei gessetti.* Bring me some chalk. LOC **gessetti colorati** coloured chalks

gesso → **ginnastica**

gesso sm **1** chalk **2** (*ingessatura*) plaster
gesticolare vi to gesticulate
gestione sf management
gestire vt **1** (*negozio, progetto*) to manage **2** (*albergo*) to run*
gesto sm gesture: *un ~ simbolico* a symbolic gesture ◊ *comunicare/farsi capire a gesti* to communicate by gesture
gestore sm manager
Gesù n pr Jesus
gettare ▶ vt to throw* ▶ **gettarsi** v rifl to throw* yourself: *Mi sono gettato in acqua.* I threw myself into the water. LOC **gettare acqua sul fuoco** to pour oil on troubled waters ♦ **gettare l'ancora** to drop* anchor ♦ **gettare la spugna** to throw* in the towel
getto sm (*acqua*) jet LOC *Vedi* STAMPANTE
gettone sm **1** token **2** (*nei giochi*) counter
ghepardo sm cheetah
ghetto sm ghetto*
ghiacciaio sm glacier
ghiacciare ▶ vt, vi to freeze* ▶ v impers: *Stanotte è ghiacciato.* There was a frost last night.
ghiacciato, -a agg **1** (*lago, mani*) frozen **2** (*stanza*) freezing *Vedi anche* GHIACCIARE
ghiaccio sm ice [*non numerabile*]: *cubetti di ~* ice cubes LOC *Vedi* HOCKEY, PATTINAGGIO, PISTA, ROMPERE
ghiacciolo sm (*gelato*) ice lolly*
ghiaia sf gravel
ghianda sf acorn
ghiandola sf gland
ghigliottina sf guillotine
ghiro sm dormouse*
ghisa sf cast iron
già ▶ avv **1** (*riferito al presente o al passato*) already: *Sono ~ le tre.* It's already three o'clock. ◊ *L'hai ~ finito?* Have you finished it already? ◊ *Era malato, ma ora sta ~ meglio.* He was very ill but he's fine now. ⊃ *Vedi nota a* YET **2** (*uso enfatico*): *Lo so ~.* I know. ◊ *"Io vado a casa." "Di ~?"* 'I'm going home.' 'Already?'
▶ **già!** escl **1** yes!: *Già, capisco.* Yes, I understand. **2** of course!: *Ah ~, me n'ero dimenticato.* Of course, I forgot.
giacca sf jacket LOC **giacca a vento** windcheater
giaccone sm jacket: *un ~ di montone* a sheepskin jacket
giacimento sm deposit: *~ di petrolio* oilfield
giada sf jade: *un bracciale di ~* a jade bracelet
giaggiolo sm iris

giaguaro sm jaguar
giallastro, -a agg yellowish
giallo, -a ▶ agg **1** (*colore*) yellow: *È ~.* It's yellow. ◊ *il ragazzo con la camicia gialla* the boy in the yellow shirt **2** (*semaforo*) amber **3** (*romanzo, film*) detective [*s attrib*]
▶ sm **1** (*colore*) yellow: *Non mi piace il ~.* I don't like yellow. ◊ *Ero vestita di ~.* I was wearing yellow. ◊ *dipingere qc di ~* to paint sth yellow **2** (*film, romanzo*) detective story*
LOC *Vedi* CARTELLINO, PAGINA
giallognolo, -a agg yellowish
Giamaica sf Jamaica
giamaicano, -a agg, sm-sf Jamaican: *i giamaicani* the Jamaicans
Giappone sm Japan
giapponese ▶ agg, sm Japanese: *parlare ~* to speak Japanese
▶ smf Japanese man*/woman*: *i giapponesi* the Japanese
giardinaggio sm gardening
giardiniere sm gardener
giardino sm garden LOC **giardino botanico** botanical gardens [*pl*]
giarrettiera sf garter
giavellotto sm (*Sport*) javelin LOC *Vedi* LANCIO
Gibilterra sf Gibraltar
gigabyte sm gigabyte
gigante, -essa ▶ sm-sf giant [*fem* giantess]
▶ agg giant: *un panda ~* a giant panda ◊ *una scatola di detersivo formato ~* a giant-sized packet of detergent
gigantesco, -a agg enormous
giglio sm lily*
gilè sm waistcoat
gin sm gin LOC **gin tonic**: *due ~ tonic* two gin and tonics
ginecologo, -a sm-sf gynaecologist
ginepro sm juniper
Ginevra sf Geneva
gingillarsi v rifl (*trastullarsi*) to mess around: *Ti sei gingillato tutto il pomeriggio.* You've been messing around all afternoon. ◊ *Smetti di gingillarti e dammi una mano.* Stop messing around and give me a hand.
ginnastica sf **1** (*disciplina*) gymnastics [*non numerabile*]: *~ artistica* gymnastics ◊ *~ ritmica* rhythmic gymnastics **2** (*a scuola*) physical education (*abbrev* PE): *l'ora di ~* the PE lesson ◊ *un insegnante di ~* a PE teacher LOC **fare ginnastica** to exercise: *Fa ~ due volte alla settimana.* He exercises twice a week. *Vedi anche* SCARPA

ginocchiata sf **1** (*colpo con il ginocchio*): dare una ginocchiata a qn to knee sb ◊ *Durante la partita si è preso una ~ in faccia.* During the match he got kneed in the face. **2** (*botta al ginocchio*): *Ho battuto una ~ contro il letto.* I banged my knee on the bed.

ginocchiera sf **1** (*Sport*) kneepad **2** (*Med*) knee support

ginocchio sm knee LOC **in ginocchio**: *Erano tutti in ~.* Everyone was kneeling down. ◆ **mettersi in ginocchio** to kneel (down)

giocare ▶ vi **1** ~ (a) to play sth: ~ *a calcio* to play football ◊ ~ *a nascondino* to play hide-and-seek ◊ ~ *a carte* to play cards ◊ ~ *a monopoli* to play Monopoly ◊ ~ *con la PlayStation* to play on your PlayStation ◊ ~ *a bowling* to go bowling **2** (*scommettere*) to gamble ▶ vt **1** to play: *La squadra ha giocato una bellissima partita.* The team played a really good game. ◊ *Lo sport gioca una parte importante nella mia vita.* Sport plays an important part in my life. **2** (*puntare*) to put* *money on sth*: ~ *300 euro su un cavallo* to put 300 euros on a horse **3** (*rischiare*) to risk: *giocarsi la vita* to risk your life LOC **giocare d'azzardo** to gamble ◆ **giocare in borsa** to play the stock market ◆ **giocare in casa/fuori casa** to play at home/away: *Il Milan ha il vantaggio di ~ in casa.* Milan have the home advantage. ◊ *Moltissimi i tifosi della squadra che gioca fuori casa.* There are lots of away supporters. *Vedi anche* SCHEDINA, SPAREGGIO

giocata sf bet

giocatore, -trice sm-sf **1** (*Sport*) player **2** (*scommettitore*) gambler

giocattolo sm toy

giocherellone, -a agg playful

gioco sm **1** (*attività*) game: *Facciamo un ~.* Let's play a game. **2** (*giocattolo*) toy: *Puoi regalarle una bambola o un altro ~.* You can give her a doll, or another toy. LOC **essere in gioco** to be at stake ◆ **gioco a premi 1** competition **2** (*alla televisione*) game show ◆ **gioco corretto/scorretto** fair/foul play ◆ **gioco da ragazzi** child's play ◆ **gioco da tavolo** board game ◆ **gioco d'azzardo 1** (*roulette, poker, ecc*) game of chance **2** (*vizio*) gambling ◆ **gioco dell'oca** snakes and ladders [*non numerabile*] ◆ **gioco di parole** pun ◆ **gioco di prestigio** magic trick, conjuring trick ◆ **gioco elettronico** computer game ◆ **Giochi Olimpici** Olympic Games ◆ **gioco sleale** foul play ◆ **mettere in gioco** to put* sth at stake *Vedi anche* CARTA, DOPPIO, FUORI, SALA

giocoliere sm juggler

gioia sf joy: *gridare di/saltare dalla ~* to shout/jump for joy

gioielleria sf jeweller's

gioielliere sm jeweller

gioiello sm **gioielli** jewellery [*non numerabile*]: *I gioielli erano nella cassaforte.* The jewellery was in the safe.

Giordania sf Jordan

giordano, -a agg, sm-sf Jordanian: *i giordani* the Jordanians

giornalaio, -a ▶ sm-sf newsagent
▶ sm (*negozio*) newsagent's ⊃ *Vedi nota a* TABACCHERIA

giornale sm newspaper, paper (*più informale*): *L'ho letto sul ~.* I read it in the paper. LOC **giornale radio** news bulletin

giornaliero, -a agg daily

giornalino sm **1** (*fumetti*) comic: *Ha ancora tutti i giornalini di Topolino.* He's still got all his Mickey Mouse comics. **2** (*bollettino*) newsletter: *Scrivo sul ~ della parrocchia.* I write for the parish newsletter.

giornalismo sm journalism

giornalista smf journalist

giornata sf day: *Abbiamo trascorso la ~ a Verona.* We spent the day in Verona. ◊ *Oggi è una bella ~.* It's a nice day today. LOC **giornata lavorativa** working day ◆ **in giornata** by the end of the day: *Se posso te lo riporto in ~.* I'll get it back to you by the end of the day if I can. *Vedi anche* VIVERE

giorno sm **1** day: *"Che ~ è oggi?" "Martedì."* 'What day is it today?' 'Tuesday.' ◊ *il ~ dopo* the following day **2** (*nelle date*): *Sono arrivati il ~ 10.* They arrived on the 10th. LOC **al giorno** a day: *tre volte al ~* three times a day ◆ **al giorno d'oggi** nowadays ◆ **di/durante il giorno** in the daytime/during the day: *Di ~ dormono.* They sleep in the daytime. ◆ **giorno di riposo** day off: *tre giorni di riposo consecutivi* three days off in a row ◆ **giorno feriale** weekday ◆ **giorno festivo** holiday ◆ **giorno lavorativo** working day ◆ **giorno libero 1** (*non impegnato*) free day **2** (*senza andare al lavoro*) day off: *Domani è il mio ~ libero.* Tomorrow's my day off. ◆ **il giorno di Natale** Christmas Day ⊃ *Vedi nota a* NATALE ◆ **tutti i giorni** every day: *abiti di tutti i giorni* everyday clothes ⊃ *Vedi nota a* EVERYDAY ◆ **un giorno sì e uno no/a giorni alterni** every other day ◆ **un giorno o l'altro** one of these days *Vedi anche* LUCE, QUINDICI

giostra sf merry-go-round

giovane ▶ agg young
▶ smf **1** (*ragazzo*) young man* **2** (*ragazza*) girl, young woman* (*più formale*) **3 giovani** young people LOC **da giovane**: *Da ~ era bellissima.* She was beautiful when she was young.

giovanile → giusto

giovanile agg 1 (dei giovani) youth [s attrib]: cultura ~ youth culture 2 (aspetto, spirito) youthful

Giove sm Jupiter

giovedì sm Thursday (abbrev Thur., Thurs.) ◆ Vedi esempi a LUNEDÌ LOC **giovedì grasso** last Thursday before Lent

gioventù sf 1 (età) youth 2 (persone) the young [v pl]

giradischi sm record player

giraffa sf giraffe

giramento sm LOC **giramento di testa**: Ho avuto dei giramenti di testa e nausea. I had fits of dizziness and nausea. ◆ **giramento di scatole**: Stai alla larga, ho un gran ~ di scatole. Keep out of my way, I'm in a foul mood.

girare ▶ vt 1 to turn: Ho girato la testa. I turned my head. ◇ Mi ha girato le spalle. He turned his back on me. 2 (rigirare) to turn sth over: Gira la bistecca. Turn the steak over. 3 (mescolare, crema) to stir*; (insalata) to toss 4 (passeggiare) to walk around sth: Abbiamo girato a piedi la città. We walked around the whole city. 5 (viaggiare per) to travel*: Vorrei ~ il mondo. I'd like to travel round the world. ◇ Abbiamo girato mezza Europa in treno. We travelled round half of Europe by train. 6 (film) to film, to shoot* (più informale) ▶ vi 1 to turn: ~ a destra/sinistra to turn right/left 2 ~ (intorno) to revolve around sth, to go* round sth (più informale): La luna gira intorno alla terra. The moon goes round the earth. ▶ **girarsi** v rifl **girarsi (verso)** to turn (to/towards sb/sth): Si è girata e mi ha guardato. She turned round and looked at me. ◇ Si è girato verso Elena. He turned towards Elena. LOC **girarsi dall'altra parte** to look the other way ◆ **mi, ti, ecc gira la testa** I, you, etc. feel* dizzy

girasole sm sunflower LOC Vedi SEME

girevole agg LOC Vedi PORTA

girino sm tadpole

giro sm 1 round; (a piedi) walk: Abbiamo fatto un ~ lungo mare. We went for a walk along the seafront. 2 (girata, in bici) ride: Mi fai fare un ~ sulla moto? Will you give me a ride on your motorbike? 3 (in macchina) drive 4 (Sport) lap: Hanno fatto tre giri della pista. They did three laps of the track. 5 **giri** (motore) revolutions LOC **andare in giro** to go* around: Siamo andati in ~ per musei/la città. We went around the museums/the city. ◇ Va in ~ a dire che la moto è sua. He goes around saying the motorbike's his. ◆ **fare il giro dell'isolato/del mondo** to go* round the block/world ◆ **lasciare in giro** leave* sth lying around ◆ **nel giro**: Non c'erano case nel ~ di dieci chilometri. There were no houses within ten kilometres. ◆ **portare in giro** show* sb round: Mi ha portato in ~ per la città. He showed me round the city. ◆ **prendere in giro** to make* fun of sb Vedi anche PRESA

girocollo agg, sm crew neck

girone sm (Sport) leg

gironzolare vi to wander: Ho gironzolato un po' in centro poi sono tornato a casa. I wandered round the city centre a bit and then went home.

gita sf trip: in ~ con la scuola on a school trip

giù avv 1 (direzione) down: ~ per la strada/le scale down the street/stairs 2 (piano) downstairs: C'è ~ il postino con un pacco. The postman's downstairs with a parcel. LOC **essere giù di morale** to be in low spirits ◆ **giù le mani!** hands off! ◆ **in giù** downwards ◆ **più in giù** 1 (più avanti) further down: in questa strada, ma più in ~ further down this street 2 (in senso verticale) lower down: Sposta il quadro più in ~. Move the picture lower down. Vedi anche BUTTARE, SU, TESTA

giubbotto sm jacket LOC **giubbotto antiproiettile** bulletproof vest ◆ **giubbotto di salvataggio** life jacket

giudicare vt to judge LOC **giudicare da** to go* by sth: Non si può ~ dalle apparenze. You can't go by appearances. ◆ **giudicare male** to misjudge

giudice sm judge

giudizio sm 1 judgement 2 (buon senso) (common) sense: Non ha un briciolo di ~. He's totally lacking in common sense. 3 (opinione) opinion: a mio ~ in my opinion 4 (Dir) trial LOC Vedi DENTE

giudizioso, -a agg sensible

giugno sm June (abbrev Jun.) ◆ Vedi esempi a GENNAIO

giungla sf jungle

giunta sf LOC **per giunta** what's more

giuramento sm oath LOC Vedi PRESTARE

giurare vt, vi to swear*: Ti giuro che non sono stato io. I swear it wasn't me. LOC **giurare il falso** to commit* perjury

giuria sf jury* [v sing o pl]

giustamente avv with good reason: Si è offesa, e ~. She took offence, and with good reason.

giustificare ▶ vt to justify* ▶ **giustificarsi** v rifl to justify* yourself

giustificazione sf 1 justification 2 (a scuola) note

giustizia sf justice LOC **farsi giustizia da sé** to take* the law into your own hands

giustiziare vt to execute

giusto, -a ▶ agg 1 (equo) fair: una decisione giusta a fair decision ◇ Non è ~! It's not fair!

2 (*corretto, esatto*) right: *il numero ~* the right number **3** (*sufficiente*) just enough: *Abbiamo i piatti giusti giusti.* We have just enough plates.
▶ *avv* just (*formale*): *Cercavo ~ te.* You're just the person I was looking for. LOC **essere giusto di sale, pepe, ecc** to have the right amount of salt, pepper, etc.: *Il pollo è ~ di sale.* The chicken has the right amount of salt.

glaciale *agg* icy LOC *Vedi* ERA

gladiatore *sm* gladiator

gli[1] *art det* the: *gli abitanti di Palermo* the inhabitants of Palermo ⇨ *Vedi nota a* THE

gli[2] *pron pers* **1** (*persona*) him, to him: *Gli ho mandato una cartolina.* I sent him a postcard. ◊ *Gli ho parlato martedì scorso.* I spoke to him last Tuesday. **2** (*cosa*) it, to it: *Posso dargli un'occhiata?* Can I have a look at it? **3** (*persone*) them, to them: *A Marco e Lucia ~ ho detto io di venire.* I told Marco and Lucia to come. LOC **glielo, gliela, glieli, gliele, gliene**: *Glielo dico a Luisa/Marco.* I'll tell Luisa/Marco ◊ *Gliele porto io a tuo fratello/tua sorella.* I'll take it to your brother/sister. ◊ *Glieli regalo io i cioccolatini.* I'll give him/her the chocolates. ◊ *Gliele presto io le scarpe.* I'll lend him/her the shoes. ◊ *Quante gliene hai date?* How many of them did you give him/her?

globale *agg* **1** (*mondiale*) global: *l'economia ~* the global economy **2** (*totale*) total: *il costo ~* the total cost

globalizzazione *sf* globalization

globulo *sm* LOC **globuli bianchi** white blood cells ♦ **globuli rossi** red blood cells

gloria *sf* glory

glossario *sm* glossary*: *In fondo al libro c'è un ~.* There's a glossary at the back of the book.

gluteo *sm* **glutei** buttocks

gnu *sm* wildebeest*

goal *sm* goal: *segnare un ~* to score a goal ◊ *parare un ~* to make a save LOC **il goal del pareggio** the equalizer

gobba *sf* hump

gobbo, -a ▶ *agg* hunched: *Non stare ~!* Don't stand with your back hunched.
▶ *sm-sf* hunchback

goccia *sf* drop LOC **essere come due gocce d'acqua** to be as alike as two peas in a pod ♦ **la goccia che fa traboccare il vaso** the last straw

goccio *sm* drop: *Vuoi un ~ di vino?* Would you like a drop of wine?

gocciolare *vi* to drip*: *Il rubinetto gocciola.* The tap's dripping.

godere *vi* ~ (**di**) to enjoy *sth*: *~ di buona salute* to enjoy good health

goffo, -a *agg* clumsy*

go-kart *sm* go-kart

gol *sm* Vedi GOAL

gola *sf* throat: *Ho mal di ~.* I've got a sore throat. LOC *Vedi* ACQUA, NODO, RASCHIARE

golf *sm* **1** (*maglione*) sweater **2** (*sport*) golf: *giocare a ~* to play golf

golfo *sm* gulf: *il Golfo Persico* the Persian Gulf

goloso, -a ▶ *agg* greedy*: *Sono ~ di cioccolato.* I love chocolate.
▶ *sm-sf* glutton LOC **essere (un) goloso** to have a sweet tooth

gomitata *sf* **1** (*violenta*): *Mi sono fatto largo tra la folla a gomitate.* I elbowed my way through the crowd. **2** (*per richiamare l'attenzione*) nudge: *Mi ha dato una ~.* He gave me a nudge.

gomito *sm* elbow

gomitolo *sm* ball: *un ~ di lana* a ball of wool

gomma *sf* **1** (*materiale*) rubber **2** (*per cancellare*) rubber, eraser (*più formale*) **3** (*auto*) tyre LOC **avere una gomma a terra** to have a flat tyre ♦ **gomma da masticare** chewing gum

gommapiuma *sf* foam rubber

gommone *sm* rubber dinghy*

gondola *sf* gondola

gondoliere *sm* gondolier

gonfiare ▶ *vt* to blow* *sth* up, to inflate (*più formale*): *~ un palloncino* to blow up a ball
▶ **gonfiarsi** *v rifl* to swell* (up): *Mi si è gonfiata la caviglia.* My ankle has swollen up.

gonfio, -a *agg* **1** swollen: *un braccio/piede ~* a swollen arm/foot **2** (*stomaco*) bloated LOC **a gonfie vele** splendidly: *È andato tutto a gonfie vele.* Everything went splendidly.

gonfiore *sm* (*Med*) swelling: *Il ~ si è attenuato.* The swelling has gone down.

gonna *sf* skirt: *una ~ scozzese* a tartan skirt LOC **gonna pantaloni** culottes [*pl*]

gorilla *sm* **1** (*animale*) gorilla **2** (*guardia*) bodyguard

gotico, -a *agg, sm* Gothic

governare *vt, vi* (*paese*) to govern

governatore, -trice *sm-sf* governor

governo *sm* government [*v sing o pl*]

gracchiare *vi* to croak

gradazione *sf* (*alcolica*) strength

gradevole *agg* pleasant

gradinata *sf* **1** (*scalinata*) flight of steps **2** (*stadio*) terraces [*pl*]

gradino *sm* step

gradire *vt*: *Gradisce un caffè?* Would you like a coffee?

grado *sm* degree: *Ci sono tre gradi sotto zero.* It's three degrees below zero. ◊ *ustioni di terzo ~* third-degree burns ◊ *un terremoto del sesto ~ della scala Mercalli* an earthquake measuring 6 on the Mercalli scale LOC **grado centigrado** degree centigrade: *15 gradi centigradi* 15 degrees centigrade ♦ **essere in grado di** to be able *to do sth*: *Non sono in ~ di viaggiare.* I'm not able to travel. ◊ *È in ~ di farlo da sé.* He's capable of doing it himself.

graduale *agg* gradual

graffetta *sf* paper clip

graffiare ▶ *vt* to scratch: *Non mi ~ la macchina.* Don't scratch my car. ▶ **graffiarsi** *v rifl* to get* scratched: *Mi sono graffiato raccogliendo more.* I got scratched picking blackberries.

graffio *sm* scratch

graffiti *sm* graffiti [*non numerabile*]: *Il muro era coperto di ~.* There was graffiti all over the wall. ◊ *C'erano ~ che dicevano …* There was graffiti saying …

grafica *sf* graphics [*pl*]: *~ al computer* computer graphics

grafico, -a ▶ *agg* graphic
▶ *sm* **1** (*diagramma*) graph **2** (*persona*) graphic designer

grammatica *sf* grammar

grammo *sm* gram (*abbrev* g) ➔ *Vedi Appendice 1*.

granaio *sm* barn

Gran Bretagna *sf* Great Britain (*abbrev* GB) ➔ *Vedi nota a* INGHILTERRA

grancassa *sf* bass drum

granché *pron*: *Il film non era un ~.* The film was nothing special. ◊ *Non ne so ~.* I don't know much about it.

granchio *sm* crab

grandangolo *sm* wide-angle lens

grande ▶ *agg* **1** (*dimensione*) large, big* (*più informale*): *una casa/città ~* a big house/city ◊ *Grande o piccolo?* Large or small? ➔ *Vedi nota a* BIG **2** (*numero, quantità*) large: *una gran quantità di sabbia* a large amount of sand ◊ *un gran numero di persone* a large number of people **3** (*adulto*) grown-up: *I suoi figli sono già grandi.* Her children are already grown-up. **4** (*vecchio*) old: *Sono più ~ di mio fratello.* I'm older than my brother. **5** (*importante, notevole*) great: *un ~ musicista* a great musician
▶ *sm* (*adulto*) grown-up LOC **a grandi linee** in general terms ♦ **a grande richiesta** by popular demand ♦ **da grande** when I, you, etc. grow* up: *Da ~ voglio fare il dottore.* I want to be a doctor when I grow up. ♦ **di gran lunga** by far: *È di gran lunga il più importante.* It's by far the

most important. ♦ **grandi magazzini** department store [*sing*] ♦ **gran parte di …** most of … ♦ **gran premio** grand prix: *il Gran Premio del Brasile* the Brazilian Grand Prix ♦ **la grande maggioranza di …** the great majority of …

grandezza *sf* (*dimensioni*) size: *a ~ naturale* life-size(d)

grandinare *v impers* to hail: *Stanotte è grandinato.* It hailed last night.

grandinata *sf* hailstorm

grandine *sf* hail

granello *sm* grain: *un ~ di sabbia* a grain of sand

granita *sf* = drink with crushed ice

granito *sm* granite

grano *sm* (*frumento*) wheat LOC **grano di pepe** peppercorn

granturco *sm* (*pianta*) maize

grappolo *sm* bunch: *un ~ d'uva* a bunch of grapes

grasso, -a ▶ *agg* **1** (*persona, animale*) fat **2** (*pelle, capelli, cibo*) greasy*: *uno shampoo per capelli grassi* a shampoo for greasy hair
▶ *sm* **1** fat: *grassi vegetali* vegetable fats **2** (*unto*) grease: *una macchia di ~* a grease stain LOC *Vedi* MARTEDÌ, PIANTA

grassoccio, -a *agg* plump

grassottello, -a *agg* chubby

grata *sf* grille

gratis *avv* free: *I pensionati viaggiano ~.* Pensioners travel free. ◊ *lavorare ~* to work for nothing

gratitudine *sf* gratitude

grato, -a *agg* grateful: *Ti sono molto ~.* I am very grateful to you.

grattacielo *sm* skyscraper

gratta e vinci *sm* **1** (*gioco*) scratchcard game **2** (*biglietto*) scratchcard

grattare ▶ *vt* **1** (*con le unghie*) to scratch: *grattarsi la testa* to scratch your head **2** (*togliere*) to scrape *sth* (*off sth*): *Gratta l'intonaco dalla parete.* Scrape the plaster off the wall. ▶ **grattarsi** *v rifl*: *Non ti ~, ti rimane la cicatrice.* Don't scratch — it'll leave a scar.

grattugia *sf* grater

grattugiare *vt* to grate

grattugiato, -a *agg* grated: *scorza di limone grattugiata* grated lemon rind *Vedi anche* GRATTUGIARE

gratuito, -a *agg* free: *un biglietto ~* a free ticket

grave *agg* **1** (*serio*) serious: *una malattia ~* a serious illness ◊ *una ~ accusa* a serious accusation **2** (*suono, nota*) low

gravemente *avv* seriously: ~ *ammalato* seriously ill

gravidanza *sf* pregnancy*

gravità *sf* **1** (*Fis*) gravity **2** (*importanza*) seriousness

grazia *sf* **1** (*perdono*) pardon: *Gli hanno concesso la* ~. He has been granted a pardon. **2** (*Relig, garbo*) grace

grazie! *escl* thank you!, thanks! (*informale*): *Grazie mille!* thank you very much! LOC **grazie a** ... thanks to *sb/sth*

grazioso, -a *agg* charming: *un* ~ *paesino* a charming little village

Grecia *sf* Greece

greco, -a ▶ *agg, sm* Greek: *parlare* ~ to speak Greek
▶ *sm-sf* Greek man*/woman*: *i greci* the Greeks

gregge *sm* flock

greggio *sm* crude oil

grembiule *sm* **1** (*Scuola*) smock **2** (*da cucina*) apron

grembo *sm* lap

gridare *vt, vi* to shout: *Smettila di* ~! Stop shouting! ◊ ~ *aiuto* to shout for help ➲ *Vedi nota a* SHOUT

grido *sm* **1** shout: *Abbiamo sentito un* ~. We heard a shout. ◊ *cacciare un* ~ to give a shout **2** (*aiuto, dolore, gioia*) cry*: *grida di gioia* cries of joy

grigio ▶ *agg* **1** (*colore*) grey ➲ *Vedi esempi a* GIALLO **2** (*cielo, giornata*) dull: *È una giornata grigia.* It's a dull day.
▶ *sm* grey

griglia *sf* grill LOC **alla griglia** grilled: *carne/pesce alla* ~ grilled meat/fish

grigliata *sf* **1** (*pietanza*) grill: ~ *mista* mixed grill **2** (*festa*) barbecue: *Abbiamo fatto una* ~ *in giardino.* We had a barbecue in the garden.

grilletto *sm* trigger: *premere il* ~ to pull the trigger

grillo *sm* cricket

grinza *sf* **1** (*pelle*) wrinkle **2** (*indumento*) crease

grissino *sm* breadstick

grondaia *sf* gutter

grondare *vi* to drip*: *L'acqua grondava giù dai tetti.* Water was dripping from the roofs. ◊ ~ *di sudore* to be dripping with sweat

groppo *sm*: *avere un* ~ *alla gola* to have a lump in your throat ◊ *Mi è venuto un* ~ *alla gola.* I got a lump in my throat.

grossista *smf* wholesaler

grosso, -a *agg* **1** big* **2** (*grave*) serious: *un* ~ *errore/problema* a serious mistake/problem LOC **di grosso**: *Ti sbagli di* ~. You're quite wrong. *Vedi anche* CACCIA, FIATO, PEZZO, SALE

grotta *sf* **1** (*naturale*) cave **2** (*artificiale*) grotto*

groviera *sm* gruyère

groviglio *sm* tangle

gru *sf* (*macchina, uccello*) crane

gruccia *sf* **1** (*per abiti*) hanger **2** (*stampella*) crutch

grugnire *vi* to grunt

grugno *sm* snout

grumo *sm* **1** (*crema*) lump: *una salsa piena di grumi* a lumpy sauce **2** (*sangue*) clot

gruppo *sm* group: *Ci siamo disposti in gruppi di sei.* We got into groups of six. ◊ *Mi piace lavorare in* ~. I enjoy group work. LOC **gruppo di discussione** (*Internet*) newsgroup ♦ **gruppo sanguigno** blood group

guadagnare *vt* **1** to earn: *Questo mese ho guadagnato poco.* I didn't earn much this month. ◊ *guadagnarsi da vivere* to earn your living ◊ *Si è guadagnato il rispetto di tutti.* He has earned everybody's respect. **2** (*ottenere*) to gain *sth* (*from sth/doing sth*): *Cosa ci guadagno a dirtelo?* What do I gain by telling you?

guadagno *sm* **1** earnings [*pl*]: *lordo/netto* gross/net earnings **2** (*profitto*) profit

guaio ▶ *sm* **1** (*pasticcio*) trouble [*non numerabile*]: *Non andare a cacciarti nei guai.* Don't get into trouble. **2** (*problema*) problem: *È un bel* ~. It's a problem.
▶ **guai!** *escl* watch out! LOC **essere nei guai** to be in a fix ♦ **il guaio è che** ... the trouble is ...

guaire *vi* to whine

guaito *sm* **1** whine **2 guaiti** whining [*non numerabile*]: *i guaiti del cane* the whining of the dog

guancia *sf* cheek

guanciale *sm* pillow

guanto *sm* glove

guardare ▶ *vt* **1** to look at *sth*: ~ *l'orologio* to look at the clock **2** (*osservare*) to watch: *Guardavano i bambini che giocavano.* They were watching the children play. ◊ ~ *la TV* to watch TV **3** (*badare*) to look after: *Mi guardi la borsa un attimo?* Can you look after my bag for a minute? ▶ *vi* to look: ~ *in su/in giù* to look up/down ◊ ~ *fuori dalla finestra/da un buco* to look out of the window/through a hole ▶ **guardarsi** *v rifl* **1** (*riflessivo*) to look at yourself: *guardarsi allo specchio* to look at yourself in the mirror **2** (*reciproco*) to look at each other: *Si guardarono e scoppiarono a ridere.* They looked at each other and burst out laughing. LOC **guardare di traverso** to give* sb a nasty look ◆ **guardare fisso** to stare at sb/sth: *Mi guardò fisso.* He stared at me. ◆ **guardare in faccia la realtà** to face facts ◆ **guardare le vetrine** to go* window-shopping

guardaroba sm **1** (*Cine, Teat, abiti*) wardrobe **2** (*in locale pubblico*) cloakroom

guardia sf guard LOC **di guardia** on call: *il medico di* ~ the doctor on call ◊ *essere di* ~ to be on call ◆ **fare la guardia** to guard *sth: Due soldati fanno la* ~ *all'entrata della caserma.* Two soldiers guard the entrance to the barracks. ◆ **guardia costiera** coastguard ◆ **guardia del corpo** bodyguard ◆ **Guardia di finanza** Customs and Excise [v pl] ◆ **guardia forestale 1** (*persona*) forest ranger **2** (*corpo*) forest rangers [pl] ◆ **guardia giurata** security guard ◆ **guardia medica** emergency medical service ◆ **guardia notturna** nightwatchman* ◆ **mettere in guardia** to alert sb ◆ **stare in guardia** to be on your guard *Vedi anche* CAMBIO, CANE

guardiano, -a sm-sf **1** (*zoo*) keeper **2** (*museo*) attendant **3** (*stabilimento*) caretaker

guardrail sm crash barrier

guarire ▶ vi **1** (*malato*) ~ (da) to recover (from sth): *Il bambino è guarito dal morbillo.* The little boy recovered from the measles. **2** (*ferita*) to heal (over/up) ▶ vt **1** (*malato*) to cure **2** (*ferita*) to heal LOC **guarisci presto!** get well soon!

guarnire vt (*Cucina*) to garnish: *Guarnire con fettine di limone.* Garnish with slices of lemon.

guarnizione sf (*rondella*) washer

guastafeste smf spoilsport

guastare ▶ vt to spoil*: *guastarsi l'appetito* to spoil your appetite ▶ **guastarsi** v rifl **1** (*rompersi*) to break* down **2** (*cibo*) to go* off

guasto, -a ▶ agg **1** (*rotto*) out of order **2** (*cibo*) off: *Questo latte è* ~. The milk is off. ▶ sm **1** (*rottura*) breakdown: *Il* ~ *alla macchina mi costerà un occhio della testa.* The breakdown's going to cost me an arm and a leg. **2** (*avaria*) fault: *un* ~ *all'impianto elettrico* a fault in the electrical system

guerra sf war: *essere in* ~ to be at war ◊ *nella prima* ~ *mondiale* during the First World War ◊ *dichiarare* ~ *a qn* to declare war on sb LOC *Vedi* NAVE

guerriero, -a ▶ agg warlike ▶ sm-sf warrior

guerriglia sf guerrilla warfare

guerrigliero, -a sm-sf guerrilla

gufo sm owl

guida sf **1** (*persona, libro*) guide **2** (*modo di guidare*) driving: ~ *pericolosa* dangerous driving LOC *Vedi* ESAME, PATENTE, SCUOLA

guidare ▶ vt **1** (*veicolo*) to drive* **2** (*spedizione*) to lead* ▶ vi to drive*: *Sto imparando a* ~. I'm learning to drive.

guidatore, -trice sm-sf driver

guinzaglio sm lead: *tenere un cane al* ~ to have a dog on a lead

guscio sm shell: *un* ~ *di tartaruga* a tortoise shell ◊ ~ *d'uovo* eggshell

gustare vt to savour: *Lasciami* ~ *questo caffè.* Let me savour my coffee.

gusto sm **1** taste: *Abbiamo gusti diversi.* Our tastes are completely different. ◊ *un commento/uno scherzo di cattivo* ~ a remark/joke in bad taste ◊ *per tutti i gusti* to suit all tastes **2** (*sapore*) flavour: *dieci gusti diversi di gelato* ten different flavours of ice cream LOC **tutti i gusti sono gusti** there's no accounting for taste

H h

habitat sm habitat
hacker smf hacker
hall sf (*di albergo*) foyer
hamburger sm hamburger, burger (*più informale*): *un* ~ *al formaggio* a cheeseburger
handicap sm handicap: *portatori di* ~ disabled people
handicappato, -a agg, sm-sf disabled (person*): *gli handicappati* disabled people
hi-fi sm, agg hi-fi

hip hop sm hip hop
hippy agg, smf hippie
HIV sm HIV
hobby sm hobby*: *Il suo* ~ *è la fotografia.* Her hobby is photography.
hockey sm hockey LOC **hockey su ghiaccio** ice hockey
hostess sf **1** (*volo*) flight attendant **2** (*congressi*) hostess
hotel sm hotel

I i

i *art det* the: *i libri che ho comprato ieri* the books I bought yesterday ➲ *Vedi nota a* THE

iceberg *sm* iceberg

icona *sf* icon

ictus *sm* stroke

idea *sf* idea: *Ho un'idea.* I've got an idea. LOC **non ne ho idea!** I haven't a clue! *Vedi anche* CAMBIARE, MEZZO, RENDERE

ideale *agg, sm* ideal: *Sarebbe l'ideale.* That would be ideal/the ideal thing. ◊ *È uno senza ideali.* He's a man without ideals.

idealista *smf* idealist

idealistico, -a *agg* idealistic

idealizzare *vt* to idealize

ideare *vt* to think* *sth* up, to devise (*più formale*): *~ un piano* to devise a plan

idem *pron* (*in una lista*) ditto ➲ *Vedi nota a* DITTO

identico, -a *agg* ~ (a) identical (to *sb/sth*): *È ~ al mio.* It's identical to mine.

identificare ▶ *vt* to identify* ▶ **identificarsi** *v rifl* **identificarsi con** to identify* with *sb/sth*: *Non riuscivo a identificarmi col protagonista.* I couldn't quite identify with the main character.

identikit *sm* identikit

identità *sf* identity* LOC *Vedi* CARTA

ideologia *sf* ideology*

idiota ▶ *agg* stupid
▶ *smf* idiot: *Che ~!* What an idiot!

idiozia *sf* 1 stupidity: *il colmo dell'idiozia* the height of stupidity 2 (*discorso*) nonsense [*non numerabile*]: *Non dire idiozie!* Don't talk nonsense! 3 (*azione*) stupid thing

idolo *sm* idol

idrante *sm* hydrant

idratante *agg* moisturizing LOC *Vedi* CREMA

idratare *vt* to moisturize

idraulico, -a ▶ *agg* hydraulic: *freni idraulici* hydraulic brakes
▶ *sm* plumber

idroelettrico, -a *agg* hydroelectric

idrofilo, -a *agg*: *cotone ~* cotton wool

idrogeno *sm* hydrogen

idromassaggio *sm* LOC *Vedi* VASCA

idrovolante *sm* seaplane

iella *sf* bad luck

iellato, -a *agg* jinxed

iena *sf* hyena

ieri *avv, sm* yesterday LOC **di ieri**: *il giornale di ~* yesterday's paper ◆ **ieri l'altro** the day before yesterday ◆ **ieri mattina/pomeriggio** yesterday morning/afternoon ◆ **ieri sera** last night

igiene *sf* hygiene: *l'igiene orale/del corpo* oral/personal hygiene

igienico, -a *agg* hygienic LOC *Vedi* CARTA

ignorante ▶ *agg* ignorant: *Sono ~ in materia.* I know nothing about it.
▶ *smf* ignoramus

ignoranza *sf* 1 (*mancanza di conoscenza*) ignorance 2 (*mancanza di istruzione*) lack of culture

ignorare *vt* 1 (*non sapere*) not to know*: *Ignorava di essere seguito.* He didn't know that he was being followed. 2 (*snobbare*) to ignore

ignoto, -a *agg, sm* unknown [*agg*]

il *art det* the: *il libro che ho comprato ieri* the book I bought yesterday ➲ *Vedi nota a* THE

illegale *agg* illegal

illeso, -a *agg* unharmed: *uscire ~ da un incidente* to escape from an accident unharmed

illimitato, -a *agg* unlimited: *chilometraggio ~* unlimited mileage

illogico, -a *agg* illogical

illudere ▶ *vt* to deceive ▶ **illudersi** *v rifl* to delude yourself: *Si erano illusi di poter vincere la partita.* They deluded themselves into thinking they could win the game.

illuminare ▶ *vt* 1 to light* *sth* (up): *Un grande lampadario illumina la sala.* The room is lit by a huge chandelier. 2 (*con torcia*) to shine* a light on *sth*: *Illumina la scatola dei fusibili.* Shine a light on the fuse box. ▶ **illuminarsi** *v rifl* (*viso, occhi*) to light* up: *Gli si è illuminato il viso.* His face lit up.

illuminato, -a *agg* lit (up) (*with sth*): *La cucina era illuminata da candele.* The kitchen was lit (up) with candles. *Vedi anche* ILLUMINARE

illuminazione *sf* lighting

Illuminismo *sm* **l'Illuminismo** the Enlightenment

illusione *sf* illusion LOC **farsi illusioni** to get* your hopes up

illuso, -a ▶ *agg* deluded
▶ *sm-sf*: *Povero ~!* You're kidding yourself! *Vedi anche* ILLUDERE

illustrare *vt* to illustrate

illustrazione *sf* illustration

illustre agg illustrious: *personaggi illustri* illustrious figures

imbalsamato agg stuffed

imbarazzante agg **1** (*domanda*) embarrassing **2** (*situazione*) awkward: *Mi metti in una situazione ~.* You're putting me in an awkward position.

imbarazzare vt to embarrass: *La sua domanda mi ha imbarazzato.* Her question embarrassed me.

imbarazzato, -a agg embarrassed *Vedi anche* IMBARAZZARE

imbarazzo sm embarrassment LOC **avere l'imbarazzo della scelta** to be spoilt for choice ♦ **mettere in imbarazzo** to embarrass *sb*

imbarcare ▶ vt **1** (*passeggeri*) to board **2** (*merci*) to load ▶ **imbarcarsi** v rifl **1** (*passeggero*) to board **2 imbarcarsi in** (*avventura, vicenda*) to embark on *sth* **3** (*asse di legno*) to warp

imbarcazione sf boat, craft* (*più formale*) ⊃ *Vedi nota a* BOAT

imbarco sm boarding: *L'aereo è pronto all'imbarco.* The plane is ready for boarding. LOC *Vedi* CARTA

imbattersi v rifl **~ in** to run* into *sb/sth*

imbattibile agg unbeatable

imbavagliare vt to gag*: *I ladri lo hanno imbavagliato.* The burglars gagged him.

imbecille ▶ agg stupid
▶ smf idiot

imbiancare vt **1** (*con calce*) to whitewash **2** (*con altra tinta*) to paint

imbianchino sm painter and decorator

imboccatura sf **1** (*ingresso*) entrance: *l'imboccatura del tunnel* the entrance to the tunnel **2** (*Mus*) mouthpiece

imboscata sf ambush: *tendere un'imboscata a qn* to lay an ambush for *sb*

imbottito, -a agg **1** (*panino*) filled **2** (*giacca, spallina*) padded

imbottitura sf **1** (*di cuscino*) stuffing **2** (*di giacca*) padding

imbranato, -a sm-sf **1** (*maldestro*) clumsy person* **2** (*impacciato*) socially inept person*

imbrogliare ▶ vi to cheat: *Stai imbrogliando!* You're cheating! ▶ vt to trick: *Ti hanno imbrogliato.* You've been tricked. ▶ **imbrogliarsi** v rifl (*nel parlare*) to get* confused: *Si è imbrogliata un po' per l'emozione.* She got a little confused in her excitement.

imbroglio sm **1** fiddle: *Che ~!* What a fiddle! **2** (*pasticcio*) mess

imbroglione, -a sm-sf cheat

imbronciato, -a agg sulky*

imbrunire sm dusk: *all'imbrunire* at dusk

imbucare vt (*lettera*) to post

imburrare vt to butter

imbuto sm funnel

imitare vt **1** (*copiare*) to imitate **2** (*parodiare*) to mimic*: *È bravissimo a ~ il professore.* He's really good at mimicking the teacher.

imitazione sf imitation LOC **d'imitazione** fake

immaginare vt to imagine: *Immagino di sì.* I imagine so. ◊ *Immaginati come ci sono rimasta!* You can imagine how I felt! LOC **s'immagini!** don't mention it!

immaginario, -a agg imaginary

immaginazione sf imagination

immagine sf **1** image: *Gli specchi deformavano la sua ~.* The mirrors distorted his image. **2** (*Cine, TV, figura*) picture

immangiabile agg inedible

immaturo, -a agg immature

immediato, -a agg immediate: *un successo ~* an immediate success

immenso, -a agg immense: *un'immensa gioia/un ~ dolore* immense happiness/sorrow

immergere ▶ vt to dip*, to immerse (*più formale*): *~ le mani nell'acqua* to put your hands in the water ▶ **immergersi** v rifl to dive*

immersione sf diving: *fare immersioni* to go diving

immerso, -a agg **~ (in)** (*concentrato*) engrossed in *sth*: *Era tutta immersa nella lettura.* She was deeply engrossed in her book. ◊ *~ nei propri pensieri* lost in thought *Vedi anche* IMMERGERE

immigrante smf immigrant

immigrare vi to immigrate

immigrato, -a sm-sf immigrant

immigrazione sf immigration

immischiare ▶ vt to involve *sb* (*in sth*) ▶ **immischiarsi** v rifl **immischiarsi (in)** to meddle, to interfere (*più formale*) (*in sth*): *Smettila d'immischiarti negli affari miei.* Stop meddling in my affairs.

immobile agg still: *restare ~* to stand still

immobiliare agg LOC *Vedi* AGENZIA

immorale agg immoral

immortale agg immortal

immunità sf immunity

impacchettare vt to pack

impacciato, -a agg awkward

impaginazione sf layout

impalato, -a agg: *Non stare lì ~, aiutami!* Don't just stand there: help me!

impalcatura *sf* scaffolding [*non numerabile*]
impallidire *vi* to go* pale
impanare *vt* to cover *sth* in breadcrumbs
impanato, -a *agg* in breadcrumbs *Vedi anche* IMPANARE
imparare *vt, vi* to learn*: ~ *il francese* to learn French ◊ *Voglio ~ a guidare*. I want to learn to drive. ◊ *~ qc a memoria* to learn sth by heart
imparziale *agg* unbiased
impastare *vt* (*pane*) to knead
impasto *sm* mixture
impatto *sm* impact: *l'impatto ambientale* the impact on the environment
impaurire ▶ *vt* to scare ▶ **impaurirsi** *v rifl* **impaurirsi (per)** to get* scared (of *sth*)
impaziente *agg* impatient
impazzire *vi* **1** (*diventare matto*) to go* mad **2** ~ **per** to be crazy about *sb/sth*: *Tutte le ragazze impazziscono per lui*. All the girls are crazy about him.
impeccabile *agg* impeccable
impedimento *sm* hindrance
impedire *vt* **1** (*ingombrare*) to block *sth* (up): *~ l'ingresso* to block the entrance (up) **2** (*rendere impossibile*) to prevent *sb/sth* (*from doing sth*); to stop* *sb/sth* (*doing sth/from doing sth*) (*più informale*): *La pioggia ha impedito lo svolgimento della partita*. The rain prevented the match from taking place. ◊ *Niente te lo impedisce*. There's nothing stopping you.
impegnare ▶ *vt* (*dare in pegno*) to pawn ▶ **impegnarsi** *v rifl* **1** (*applicarsi*) to work hard **2** (*dare la propria parola*) to promise (*to do sth*): *Ormai mi sono impegnato ad andarci.* I've promised to go now.
impegnativo, -a *agg* demanding
impegnato, -a *agg* **1** (*indaffarato*) busy: *Stasera sono ~*. I'm busy this evening. **2** (*scrittore, regista*) politically committed *Vedi anche* IMPEGNARE
impegno *sm* **1** (*obbligo*) commitment: *Non posso prendermi un ~ del genere*. I can't take on such a commitment. **2** (*sforzo*) effort: *Devi metterci più ~*. You must put more effort into it. ◊ *lavorare con ~* to put a lot of effort into your work **3** (*faccenda*) *avere degli impegni* to be busy LOC **senza impegno** without obligation
impenetrabile *agg* impenetrable
impensabile *agg* unthinkable
imperativo, -a *agg, sm* imperative
imperatore, -trice *sm-sf* emperor [*fem* empress]
imperfezione *sf* imperfection
imperialismo *sm* imperialism

impermeabile ▶ *agg* waterproof ▶ *sm* raincoat
impero *sm* empire
impersonale *agg* impersonal
impertinente *agg* impertinent
impianto *sm* (*Med*) implant LOC **impianto elettrico** (electrical) wiring ◆ **impianto stereo** hi-fi system
impiccare ▶ *vt* to hang* ▶ **impiccarsi** *v rifl* to hang yourself ❶ In questo senso il verbo **to hang** è regolare e perciò forma il passato aggiungendo **-ed**.
impiccato *sm* (*gioco*) hangman: *giocare all'impiccato* to play hangman
impiccione, -a ▶ *agg* meddlesome ▶ *sm-sf* meddler
impiegare *vt* **1** (*utilizzare*) to use **2** (*tempo*) to take*: *Ho impiegato circa due ore*. I took about two hours.
impiegato, -a *sm-sf* **1** office worker **2** (*banca*) clerk
impiego *sm* **1** (*posto di lavoro*) job ➔ *Vedi nota a* WORK¹ **2** (*occupazione*) employment **3** (*uso*) use
impigliarsi *v rifl* to get* caught: *Mi si è impigliato il vestito in un chiodo*. My dress got caught on a nail.
implicare *vt* **1** (*coinvolgere*) to implicate: *È stato implicato nell'omicidio*. He was implicated in the murder. **2** (*comportare*) to imply*
implicito, -a *agg* implicit
implorare *vt* to beg*: *L'ha implorato di non farlo*. She begged him not to do it. ◊ *~ pietà* to beg for mercy
imporre ▶ *vt* to impose: *~ condizioni/una tassa* to impose conditions/a tax ▶ **imporsi** *v rifl* to assert yourself
importante *agg* important: *È ~ seguire le lezioni*. It's important for you to attend lectures. ◊ *L'importante è...* The important thing is...
importanza *sf* importance LOC **non ha importanza** it doesn't matter ◆ **senza importanza** unimportant *Vedi anche* ACQUISTARE
importare ▶ *vi* **1** (*avere importanza*) to matter: *Ciò che importa è la salute*. Health is what matters most. ◊ *Non importa*. It doesn't matter. **2** (*preoccuparsi*): *Non m'importa di ciò che pensano*. I don't care what they think. ◊ *Sembra che non gli importi dell'esame*. He doesn't seem to care about the exam. ◊ *Non me ne importa nulla*. I couldn't care less. ▶ *vt* (*merci*) to import
importatore, -trice *sm-sf* importer

importazione → incantato

importazione *sf* import: *l'importazione del grano* the import of wheat ◊ *ridurre le importazioni* to reduce imports LOC **d'importazione** imported: *un'auto d'importazione* an imported car

impossibile *agg, sm* impossible: *Non pretendere l'impossibile.* Don't ask the impossible.

imposta *sf* **1** (*tassa*) tax: *esente da imposte* tax-free **2** (*finestra*) shutter LOC **Imposta sul Valore Aggiunto** value added tax (*abbrev* VAT)

impostazione *sf* **1** (*organizzazione*) structure **2** (*approccio*) approach: *l'impostazione tattica della squadra* the team's tactical approach **3** (*telefonino, computer*) setting: *regolare le impostazioni* to adjust the settings

impotente *agg* impotent

imprenditore, -trice *sm-sf* businessman*/woman*

impresa *sf* **1** (*attività commerciale*) business: *Molte imprese sono fallite.* A lot of businesses have gone bust. **2** (*progetto*) enterprise **3** (*azione difficile*) feat: *È stata una bella ~!* It was quite a feat! LOC **impresa di pompe funebri** undertaker's

impresario, -a *sm-sf* (*teatrale*) impresario* LOC **impresario edile** building contractor ♦ **impresario di pompe funebri** undertaker

impressionante *agg* **1** (*sgradevolmente*) shocking **2** (*favorevolmente*) impressive

impressionare *vt* **1** (*sgradevolmente*) to shock: *L'incidente mi ha impressionato.* I was shocked by the accident. **2** (*favorevolmente*) to impress: *Mi ha particolarmente impressionato il modello XY-200.* I was particularly impressed by the XY-200 model.

impressione *sf* impression LOC **fare impressione**: *Il sangue mi fa ~.* I can't stand the sight of blood. ♦ **Ho l'impressione che...** I get the feeling that ...

imprevisto, -a ▶ *agg* unforeseen
▶ *sm*: *Sono sorti degli imprevisti.* Something unexpected has come up.

improbabile *agg* unlikely

impronta *sf* **1** (*orma*) print **2** (*macchia*) mark LOC **impronte digitali** fingerprints

improvvisare *vt* to improvise

improvviso, -a *agg* sudden LOC **all'improvviso** suddenly

imprudente *agg* careless

imprudenza *sf* carelessness

impulsivo, -a *agg* impulsive

impulso *sm* impulse: *agire d'impulso* to act on impulse

impurità *sf* impurity*

imputato, -a *sm-sf* accused: *gli imputati* the accused

imputridire *vi* to rot*

in *prep*
• **stato in luogo 1** in: *Le chiavi sono nel cassetto.* The keys are in the drawer. ◊ *Abitano in Belgio.* They live in Belgium. **2** (*settore d'attività*) in: *Lavora nella pubblicità.* She works in advertising. ◊ *È nell'esercito.* He's in the army.
• **moto a luogo 1** to: *Sono venuti in Italia.* They came to Italy. ◊ *Siamo andati in campagna.* We went to the country. **2** (*dentro*) into: *Entrò nella stanza.* He went into the room. ◊ *È salita in macchina.* She got into the car.
• **tempo 1** (*mese, anno, secolo*) in: *in estate/nel Quattrocento* in the summer/the 15th century **2** (*momento*) at: *in quel momento* at that moment
• **altri complementi 1** (*mezzo*) by: *in treno/aereo/macchina* by train/plane/car **2** (*modo*) in: *in fretta* in a hurry ◊ *in inglese* in English **3** (*materia*) made of: *una statuetta in legno* a statue made of wood **4** (*numero*): *Eravamo in quindici.* There were fifteen of us. ◊ *Siamo in pochi.* There aren't very many of us.

inabissarsi *v rifl* to sink*

inaccessibile *agg* inaccessible

inaccettabile *agg* unacceptable

inadeguato, -a *agg* inadequate

inaffidabile *agg* unreliable

inalare *vt* to inhale

inalatore *sm* inhaler

inaspettato, -a *agg* unexpected

inaudito, -a *agg* unheard-of

inaugurale *agg* opening: *la cerimonia/il discorso ~* the opening ceremony/speech

inaugurare *vt* to open, to inaugurate (*formale*)

inaugurazione *sf* opening, inauguration (*formale*)

incagliarsi *v rifl* (*barca*) to run* aground

incalcolabile *agg* incalculable

incamminarsi *v rifl* **~ verso** to head for ... : *S'incamminarono verso casa.* They headed for home.

incanalare *vt* to channel*

incandescente *agg* incandescent

incantare ▶ *vt* to enchant: *un paesaggio che incanta* enchanting scenery ▶ **incantarsi** *v rifl* **1** (*persona*) to be lost in thought **2** (*meccanismo*) to jam*

incantato, -a *agg* enchanted: *un giardino ~* an enchanted garden *Vedi anche* INCANTARE

incantesimo → incontrare

incantesimo *sm* spell: *fare un ~ a qn* to cast a spell on sb ◊ *rompere l'incantesimo* to break the spell

incantevole *agg* lovely*

incanto *sm* charm LOC **come per incanto** as if by magic ♦ *essere un incanto* to be lovely

incapace ▶ *agg* **1** incompetent **2** *~ di* incapable of *sth/doing sth*: *È ~ di mentire.* She's incapable of telling a lie.
▶ *smf* incompetent

incaricare *vt* to ask *sb* to do *sth*: *Mi hanno incaricato di comprare i biglietti.* They asked me to get the tickets.

incaricato, -a *agg* in charge (*of sth/doing sth*): *la persona incaricata di raccogliere i soldi* the person in charge of collecting the money *Vedi anche* INCARICARE

incarico *sm* job

incartare *vt* to wrap* *sth* (up) (*in sth*): *Glielo incarto?* Would you like it wrapped?

incasinare *vt* to muddle *sth* up: *Non mi ~ i fogli!* Don't muddle up my papers!

incasinato, -a *agg* in a mess *Vedi anche* INCASINARE

incassare *vt* **1** (*soldi, colpo, offesa*) to take* **2** (*assegno*) to cash **3** (*inserire*) to fit* *sth* (*into sth*)

incasso *sm* takings [*pl*]: *l'incasso della giornata* the day's takings

incastrare ▶ *vt* **1** (*inserire*) to fit* *sth* in: *Sto cercando di ~ le ultime tessere del puzzle.* I'm trying to fit in the last pieces of the jigsaw. **2** (*persona*) to frame ▶ **incastrarsi** *v rifl* **incastrarsi (in)** to stick* (in *sth*): *La chiave si è incastrata nella serratura.* The key stuck in the lock.

incatenare *vt* to chain *sb/sth* (*to sth*)

incavato, -a *agg* **1** (*superficie*) hollow **2** (*occhi*) sunken

incavolarsi *v rifl* to lose* your rag

incendiare ▶ *vt* to set* fire to *sth*: *Hanno incendiato la scuola.* They set fire to the school.
▶ **incendiarsi** *v rifl* to catch* fire: *L'auto si è incendiata.* The car caught fire.

incendio *sm* fire: *domare un ~* to put out a fire LOC **incendio doloso** arson [*non numerabile*]

incenso *sm* incense

incensurato, -a *agg*: *essere ~* to have a clean record

incepparsi *v rifl* (*pistola*) to jam*

incertezza *sf* uncertainty*

incerto, -a *agg* uncertain

inchiesta *sf* **1** (*giudiziaria, parlamentare*) enquiry* **2** (*giornalistica*) investigation **3** (*sociologica*) survey: *realizzare un'inchiesta* to carry out a survey

inchino *sm* **1** (*uomo*) bow **2** (*donna*) curtsy* LOC **fare un inchino 1** (*uomo*) to bow **2** (*donna*) to curtsy*

inchiostro *sm* ink

inciampare *vi* *~ (in)* to trip* (over *sth*)

incidente *sm* accident: *un ~ stradale* a road accident ◊ *avere un ~* to have an accident LOC **incidente aereo/di macchina** plane/car crash

incidere *vt* **1** (*canzone*) to record: *~ un CD* to record a CD **2** (*metallo, pietra*) to engrave

incinta *agg* pregnant: *È ~ di cinque mesi.* She is five months pregnant.

incirca LOC **all'incirca** roughly: *C'erano all'incirca 500 persone.* There were roughly 500 people there.

incisione *sf* **1** (*su metallo, pietra*) engraving **2** (*disco*) recording

incisivo, -a ▶ *agg* (*stile*) incisive
▶ *sm* (*dente*) incisor

incivile *agg* **1** (*non evoluto*) uncivilized **2** (*maleducato*) rude

inclinare *vt* to tilt

inclinazione *sf* (*propensione*) *~* **(per)** inclination (to/for/towards *sth*)

includere *vt* **1** (*allegare*) to enclose *sth* (*in sth*) **2** (*comprendere*) to include *sb/sth* (*in sth*)

incluso, -a *agg* **1** (*accluso*) enclosed **2** (*compreso*): *IVA inclusa* including VAT ◊ *fino a sabato ~* up to and including Saturday ◊ *dal 3 al 7 ~* from the 3rd to the 7th inclusive *Vedi anche* INCLUDERE

incoerente *agg* **1** (*discorso*) incoherent **2** (*illogico*) inconsistent: *comportamento ~* inconsistent behaviour

incognito, -a *agg* unknown LOC **in incognito** incognito: *viaggiare in ~* to travel incognito

incollare *vt* **1** to stick*: *~ un'etichetta su un pacco* to stick a label on a parcel ◊ *~ una tazza rotta* to stick a broken cup together **2** (*Informatica*) to paste: *copiare e ~ una porzione di testo* to copy and paste a piece of text

incolore *agg* colourless

incolume *agg* unhurt

incompatibile *agg* incompatible

incompetente *agg, smf* incompetent

incompiuto, -a *agg* unfinished

incompleto, -a *agg* incomplete

incomprensibile *agg* incomprehensible

inconfondibile *agg* unmistakable

incontrare ▶ *vt* **1** (*persona*) to meet*: *Lo ha incontrato all'albergo.* She met him at the

incontro → indicazione

hotel. ◊ *Indovina chi ho incontrato alla festa.* Guess who I met at the party. **2** *(problemi)* to come* up against *sth* ▶ **incontrarsi** *v rifl* to meet* **incontrarsi (con)** to meet* *(sb)*: *Si incontravano sempre al solito posto.* They always met in the same place. ◊ *Ci siamo incontrati proprio sulle scale.* We ran into each other on the stairs.

incontro ▶ *sm* **1** *(riunione)* meeting **2** *(Sport)* match: *un ~ di pugilato* a boxing match ▶ **incontro a** *prep* towards: *Il bambino mi è corso ~.* The child came running towards me. ◊ *Le siamo andati ~ alla stazione.* We went to meet her at the station.

inconveniente *sm* **1** *(difficoltà)* problem: *Sono sorti degli inconvenienti.* Some problems have arisen. **2** *(svantaggio)* drawback: *L'inconveniente più grosso è il rumore.* The main drawback is the noise.

incoraggiare *vt* to encourage

incorniciare *vt* to frame

incoronare *vt* to crown: *Fu incoronato re.* He was crowned king.

incoronazione *sf* coronation

incorporare *vt* **1** *(includere)* to incorporate **2** *(Cucina)* to fold *sth* in

incorporato, -a *agg* *(Tec)* built-in: *con antenna incorporata* with a built-in aerial *Vedi anche* INCORPORARE

incosciente *agg* **1** *(irresponsabile)* irresponsible **2** *(svenuto)* unconscious

incravattato, -a *agg* wearing a tie

incredibile *agg* incredible

incrinare ▶ *vt* **1** *(vetro, ceramica)* to crack: *~ un vaso* to crack a vase **2** *(rapporto)* to damage ▶ **incrinarsi** *v rifl* **1** *(vetro, ceramica)* to crack: *Si è incrinato lo specchio.* The mirror has cracked. **2** *(rapporto)* to deteriorate

incrinatura *sf* crack

incrociare ▶ *vt* **1** *(gambe)* to cross: *~ le gambe* to cross your legs **2** *(braccia)* to fold: *~ le braccia* to fold your arms **3** *(incontrare)* to meet* ▶ **incrociarsi** *v rifl* **1** *(strade)* to cross **2** *(incontrarsi)* to meet*: *Ci siamo incrociati per strada.* We met in the street.

incrociato, -a *agg* **1** *(gambe)* crossed **2** *(braccia)* folded *Vedi anche* INCROCIARE

incrocio *sm* **1** *(di strade)* junction: *All'incrocio gira a destra.* Turn right when you reach the junction. **2** *(ibrido)* cross: *un ~ tra un boxer e un dobermann* a cross between a boxer and a Dobermann

incubatrice *sf* incubator

incubazione *sf* incubation: *La malattia ha un'incubazione di tre anni.* The illness has an incubation period of three years.

incubo *sm* nightmare: *Ieri notte ho avuto un ~.* I had a nightmare last night.

incurabile *agg* incurable

incuriosire *vt* to intrigue

incursione *sf* raid

incurvarsi *v rifl* *(persona)* to become* stooped

incutere *vt* **1** *(timore)* to instil* *sth* *(in/into sb)* **2** *(rispetto)* to inspire *sth* *(in sb)*

indaffarato, -a *agg* busy*

indagare *vi* *~* **su** to investigate *sth*

indagine *sf* *~* **(di/su)** investigation (into *sth*): *Sarà fatta un'indagine sull'incidente.* There'll be an investigation into the accident.

indebitarsi *v rifl* to get* into debt

indebolire ▶ *vt* to weaken ▶ **indebolirsi** *v rifl* to get* weaker

indecente *agg* **1** *(osceno)* indecent **2** *(vergognoso)* disgraceful

indeciso, -a *agg* **1** *(carattere, persona)* indecisive **2** *(non risolto)* undecided

indefinito, -a *agg* indefinite

indegno, -a *agg* *~* **di** unworthy of *sb/sth*: *un comportamento ~ di uno come lui* behaviour unworthy of someone like him

indeterminativo, -a *agg* LOC *Vedi* ARTICOLO

indeterminato, -a *agg* indeterminate

India *sf* India LOC *Vedi* FICO, PORCELLINO

indiano, -a *agg, sm-sf* **1** *(dell'India)* Indian: *gli indiani* the Indians ◊ *l'oceano Indiano* the Indian Ocean **2** *(d'America)* Native American LOC *Vedi* CANAPA, FILA

indicare *vt* **1** to show*, to indicate *(più formale)*: *~ la strada* to show the way **2** *(col dito)* to point at *sb/sth*

indicativo, -a *agg, sm* indicative

indicato, -a *agg* **1** *(adatto)* suitable **2** *(specificato)* specified: *la data indicata sul documento* the date specified in the document **3** *(consigliabile)* advisable *Vedi anche* INDICARE

indicatore *sm* indicator LOC **indicatore della benzina/pressione** petrol/pressure gauge ♦ **indicatore di direzione** indicator

indicazione *sf* **1** *(segno)* indication **2** **indicazioni** *(prescrizioni)* instructions; *(strada)* directions: *Seguire le indicazioni del foglietto illustrativo.* Follow the instructions in the leaflet. ◊ *chiedere indicazioni* to ask for directions

indice sm 1 (di libro, dei prezzi) index 2 (dito) index finger LOC **indice di ascolto** ratings [pl]

indietro avv 1 back: Sediamoci più ~. Let's sit further back. ◊ fare un passo ~ to take a step back 2 (orologio) slow: Il tuo orologio è ~. Your watch is slow. ◊ mettere l'orologio ~ di un'ora to put the clock back an hour LOC **all'indietro** backwards: camminare all'indietro to walk backwards ♦ **essere/rimanere indietro** (nel lavoro) to fall* behind in/with sth: Ha cominciato a rimanere ~ nello studio. He began to fall behind in his studies. Vedi anche AVANTI, PASSO

indifeso, **-a** agg (vulnerabile) helpless

indifferente agg indifferent (to sb/sth), not interested (in sb/sth) (più informale) LOC **è indifferente**: Per me è ~. I don't mind.

indifferenza sf indifference (to sb/sth)

indigeno, **-a** ▶ agg indigenous
▶ sm-sf native

indigestione sf indigestion LOC **fare indigestione di** 1 (cibo) to eat* too much sth: Ho fatto ~ di ciliegie. I've eaten too many cherries. 2 (fig) to have your fill of sth: Questo mese ho fatto ~ di film dell'orrore. I've had my fill of horror films this month.

indimenticabile agg unforgettable

indipendente agg independent

indipendentemente avv (a prescindere) **indipendentemente da** regardless of sth: ~ dall'età regardless of age

indipendenza sf independence

indire vt to call: ~ uno sciopero generale to call a general strike

indiretto, **-a** agg indirect LOC Vedi COMPLEMENTO

indirizzare vt to address sth to sb/sth: La lettera era indirizzata a me. The letter was addressed to me.

indirizzo sm address: nome e ~ name and address LOC **indirizzo e-mail** email address

indiscreto, **-a** agg indiscreet; (domanda) personal LOC **se non sono indiscreto** if you don't mind my asking

indiscutibile agg indisputable

indispensabile agg essential

indisponente agg annoying

indisposto, **-a** agg unwell

indistruttibile agg indestructible

indivia sf endive

individuale agg individual

individuare vt to identify*

individuo sm individual

indizio sm clue: Dammi qualche ~. Give me some clues.

indolenzito, **-a** agg stiff

indolore agg painless

indomani sm **l'indomani** the next day

Indonesia sf Indonesia

indonesiano, **-a** agg, sm-sf Indonesian: gli indonesiani the Indonesians

indossare vt 1 (portare) to wear*: Indossava un abito da sera. She was wearing an evening dress. 2 (mettersi) to put* sth on

indovinare vt to guess: Indovina che cos'ho comprato. Guess what I've bought. ◊ ~ la risposta to guess the answer

indovinello sm riddle

indovino, **-a** sm-sf fortune teller

indù agg, smf Hindu

indubbio, **-a** agg undoubted

induismo sm Hinduism

indumento sm garment

indurire ▶ vt, vi to harden ▶ **indurirsi** v rifl to go* hard

industria sf industry*: ~ alimentare/siderurgica food/iron and steel industry

industriale ▶ agg industrial
▶ smf industrialist LOC Vedi CINTURA, DISEGNO

industrializzato, **-a** agg industrialized

industrializzazione sf industrialization

inedito, **-a** agg 1 (autore, libro) unpublished 2 (notizia) fresh

inefficace agg ineffective

inefficiente agg inefficient

inerente agg ~ (a) inherent (in sb/sth): problemi inerenti al lavoro problems inherent in the job

inerzia sf inertia LOC Vedi FORZA

inesauribile agg inexhaustible

inesistente agg non-existent

inesperienza sf inexperience

inesperto, **-a** agg inexperienced

inestimabile agg inestimable LOC **di inestimabile valore** priceless

inevitabile agg inevitable: Era ~ che lo venisse a sapere. It was inevitable she would find out.

infallibile agg infallible: Nessuno è ~. No one is infallible.

infangato, **-a** agg muddy*

infantile agg 1 (per bambini) child [s attrib]: psicologia ~ child psychology 2 (da bambini) childhood [s attrib]: malattie infantili child-

infanzia → infortunato

hood diseases **3** (*dispregiativo*) childish, infantile (*più formale*)

infanzia *sf* childhood

infarinare *vt* to dip* sth in flour

infarinatura *sf* smattering: *avere un'infarinatura di spagnolo* to have a smattering of Spanish

infarto *sm* heart attack

infastidire *vt* to annoy

infatti ▶ *cong* indeed
▶ **infatti!** *escl* exactly!

infedele *agg* unfaithful (*to sb/sth*): *Le è stato ~*. He has been unfaithful to her.

infedeltà *sf* infidelity*

infelice *agg* unhappy*

inferiore *agg* **1** ~ (a) lower (than *sth*): *un tasso di natalità ~ a quello dell'anno passato* a lower birth rate than last year ◊ *nella parte ~ dell'edificio* on the lower floors of the building **2** ~ (a) (*grado, qualità*) inferior (*to sb/sth*)

infermeria *sf* **1** infirmary* **2** (*scolastica*) sickroom

infermiere, **-a** *sm-sf* nurse

inferno *sm* hell: *È stato un viaggio d'inferno.* The journey was hell.

inferriata *sf* bars [*pl*]

infettarsi *v rifl* to become* infected: *La ferita si è infettata.* The wound has become infected.

infettivo, **-a** *agg* infectious

infezione *sf* infection: *un'infezione alla gola* a throat infection ◊ *La ferita ha fatto ~*. The wound became infected.

infiammabile *agg* inflammable

infiammazione *sf* swelling, inflammation (*formale*)

infilare ▶ *vt* **1** (*introdurre*) to put* sth in sth: *S'infilò le mani in tasca.* She put her hands in her pockets. **2** (*vestiti*) to put* sth on: *infilarsi le scarpe/il cappotto* to put on your shoes/coat **3** (*ago*) to thread ▶ **infilarsi** *v rifl* (*persona*) **1** to sneak in/on: *Ci siamo infilati tra gli invitati.* We sneaked in among the guests. **2** (*in una coda*) to push in LOC **infilarsi a letto** to slip* into bed

infiltrazione *sf* leak: *un'infiltrazione d'acqua nel tetto* a leak in the roof

infine *avv* finally

infinità *sf* LOC **un'infinità di ...** a huge number of ... : *un'infinità di gente/cose* a huge number of people/things

infinito, **-a** ▶ *agg* **1** infinite: *Le possibilità sono infinite.* The possibilities are infinite. ◊ *Ci vuole una pazienza infinita.* You need infinite patience. **2** (*serie*) endless

▶ *sm* **1** (*Mat*) infinity **2** (*Gramm*) infinitive LOC **all'infinito** for ever

infissi *sm* fixtures

inflazione *sf* inflation

influenza *sf* **1** (*malattia*) flu [*non numerabile*]: *Ho l'influenza.* I've got (the) flu. **2** (*ascendente*) influence (*on/over sb/sth*): *Ha grande ~ su di lui.* She has great influence over him.

influenzare *vt* to influence: *Non voglio ~ la tua decisione.* I don't want to influence your decision.

influire *vi* ~ **su** to affect *sb/sth*

infondato, **-a** *agg* unfounded

informale *agg* informal: *un incontro ~* an informal gathering

informare ▶ *vt* to inform *sb* (*of/about sth*)
▶ **informarsi** *v rifl* **informarsi (di/su)** to find* out (about *sb/sth*)

informatica *sf* information technology (*abbrev* IT)

informatico *agg* IT [*s attrib*]: *una consulente informatica* an IT consultant

informato, **-a** *agg* well informed: *È informatissimo sulle ultime novità discografiche.* He knows all about the latest releases. LOC **tenere qn informato** to keep* sb informed (about *sb/sth*) *Vedi anche* INFORMARE

informatore, **-trice** *sm-sf* (*della polizia*) informer, grass (*più informale*)

informazione *sf* information (*on/about sb/sth*) [*non numerabile*]: *chiedere informazioni* to ask for information

Alcuni sostantivi che in italiano si usano spesso al plurale, in inglese non sono numerabili e quindi si possono usare solo al singolare. I più comuni sono **information**, **advice**, **furniture**, **luggage**, **hair** e **news**: *Hai tutte le informazioni?* Have you got all the information? ◊ *Mi ha dato dei buoni consigli.* She gave me some good advice. ◊ *Ha i capelli tinti.* Her hair is dyed. Per dire *un'informazione, un consiglio*, ecc si usa **a piece** of: *È un'informazione utile.* That's a useful piece of information. Alcuni nomi di alimenti si usano al plurale in italiano e al singolare in inglese, per esempio *spaghetti*, *broccoli*, *spinaci*, *asparagi*: *Gli spaghetti sono stracotti!* The spaghetti is overcooked!

LOC *Vedi* BANCO, SERVIZIO, UFFICIO

infortunarsi *v rifl* to injure yourself ➔ *Vedi nota a* FERITA

infortunato, **-a** *agg* injured *Vedi anche* INFORTUNARSI

infortunio sm accident: *un ~ sul lavoro* an accident at work

infossato, -a agg sunken

infradiciare ▶ vt to soak: *La pioggia ci ha infradiciato.* We got soaked in the rain. ▶ **infradiciarsi** v rifl to get* soaked (through)

infradito sf flip-flop

infrangere vt **1** (*legge*) to break* **2** (*rompere*) to smash: *Hanno infranto la vetrina.* They smashed the shop window.

infrarosso, -a agg infrared

infrazione sf offence: *un'infrazione al codice della strada* a traffic offence

infuori avv **all'infuori**: *La trave sporge all'infuori.* The beam sticks out. LOC **all'infuori di** except: *C'erano tutti all'infuori di lui.* Everybody was there except him.

infuriarsi v rifl to fly* into a rage

ingaggiare vt **1** to hire **2** (*Sport*) to sign sb (up): *essere ingaggiato dal Milan* to sign for Milan

ingannare vt to deceive LOC **ingannare il tempo/l'attesa** to kill time *Vedi anche* APPARENZA

inganno sm deceit LOC *Vedi* TRARRE

ingarbugliare ▶ vt **1** (*fili, cavi*) to get* sth tangled (up) **2** (*fig*) to get* sth muddled (up) ▶ **ingarbugliarsi** v rifl **1** (*fili, cavi*) to get* tangled (up) **2** (*fig*) to get* muddled (up)

ingegnere sm engineer

ingegneria sf engineering LOC **ingegneria civile** civil engineering

ingegnoso, -a agg ingenious

ingelosire vt to make* sb jealous

ingenuo, -a agg, sm-sf naive [agg]: *Sei un ~!* You're so naive!

ingessare vt to put* sth in plaster: *Mi hanno ingessato una gamba.* They put my leg in plaster.

ingessato, -a agg in plaster: *Ho un braccio ~.* My arm's in plaster. *Vedi anche* INGESSARE

ingessatura sf plaster

Inghilterra sf England

Talvolta usiamo **England** per riferirci alla Gran Bretagna, ma dobbiamo ricordare che l'Inghilterra è solo una parte del paese. Per indicare la Gran Bretagna si usa **Britain**.

inghiottire vt, vi to swallow: *Ho inghiottito un nocciolo d'oliva.* I swallowed an olive stone. ◊ *Quando inghiottisco mi fa male la gola.* My throat hurts when I swallow.

inginocchiarsi v rifl to kneel* (down)

inginocchiato, -a agg on your knees *Vedi anche* INGINOCCHIARSI

ingiù avv **all'ingiù** downwards

ingiustizia sf injustice: *Hanno commesso molte ingiustizie.* Many injustices were done. LOC **essere un'ingiustizia**: *È un'ingiustizia.* It's not fair.

ingiusto, -a agg ~ **(con/per)** unfair (on/to sb): *È ~ per gli altri.* It's unfair on the others.

inglese ▶ agg, sm English: *parlare ~* to speak English ▶ smf Englishman*/woman*: *gli inglesi* the English

Talvolta usiamo **the English** per riferirci in generale agli abitanti della Gran Bretagna: quest'uso può offendere gli scozzesi, i gallesi e gli irlandesi. Il termine da usare è **the British**.

ingollare vt to gobble sth (up/down)

ingombrante agg cumbersome

ingordo, -a agg, sm-sf greedy* [agg]: *Non fare l'ingordo!* Don't be so greedy!

ingorgo sm (*traffico*) traffic jam

ingozzarsi v rifl ~ **(di)** to stuff yourself (with sth)

ingrandimento sm (*foto*) enlargement LOC *Vedi* LENTE

ingrandire ▶ vt **1** (*Foto*) to enlarge **2** (*lente, microscopio*) to magnify* ▶ **ingrandirsi** v rifl to grow*: *La città si è ingrandita parecchio negli ultimi anni.* The town has grown a lot in recent years.

ingrassare ▶ vt **1** (*animale*) to fatten sb/sth (up) **2** (*lubrificare con grasso*) to grease; (*con olio*) to oil ▶ vi to put* on weight: *Sono ingrassato parecchio.* I've put on a lot of weight. LOC **far ingrassare** to be fattening: *I dolci fanno ~.* Sweets are fattening.

ingrato, -a agg **1** (*persona*) ungrateful **2** (*lavoro, compito*) thankless

ingrediente sm ingredient

ingresso sm **1** ~ **(in)** (*azione*) entry (into sth): *Vietato l'ingresso.* No entry. **2** (*club, associazione*) admission (to sth): *L'ingresso è gratuito per i soci.* Admission is free for members. **3** (*porta*) entrance (to sth): *Ti aspetto all'ingresso.* I'll wait for you at the entrance. LOC **ingresso libero** free admission *Vedi anche* VIETATO

ingrosso LOC **all'ingrosso** wholesale *Vedi anche* COMMERCIANTE

inguine sm groin

inibizione sf inhibition

iniezione *sf* injection: *fare un'iniezione a qn* to give sb an injection

iniziale ▶ *agg* **1** initial **2** (*stipendio*) starting ▶ *sf* initial: *firmare qc con le iniziali* to initial sth

iniziare *vt, vi* ~ (a) to start (*doing sth*)

iniziativa *sf* initiative LOC **di propria iniziativa** on your own initiative: *Non fa niente di sua ~.* He never does anything on his own initiative. ◆ **prendere l'iniziativa** to take* the initiative *Vedi anche* SPIRITO

iniziazione *sf* ~ (a) initiation (into *sth*)

inizio *sm* start, beginning (*più formale*): *all'inizio del film* at the beginning of the film ◇ *fin dall'inizio della sua carriera* right from the beginning of his career ◇ *a ~ maggio/estate* at the beginning of May/summer LOC **all'inizio** at first: *All'inizio, non mi piaceva.* I didn't like it at first. ◆ **dall'inizio alla fine** from beginning to end ◆ **dare inizio a** to begin* *sth* ◆ **essere agli inizi** to be in the early stages *Vedi anche* CALCIO

innamorarsi *v rifl* ~ (di) to fall* in love (with sb/sth)

innamorato, -a *agg* in love: *essere ~ di qn* to be in love with sb *Vedi anche* INNAMORARSI

innanzitutto *avv* first of all

innato, -a *agg* innate

innegabile *agg* undeniable

innervosire ▶ *vt* to annoy: *Il suo continuo tirar su col naso m'innervosisce.* His constant sniffing annoys me. ▶ **innervosirsi** *v rifl* to get* annoyed: *Si innervosisce per niente.* He gets annoyed very easily. ◇ *Non innervosirti!* Keep calm!

inno *sm* hymn LOC **inno nazionale** national anthem

innocente ▶ *agg* **1** innocent **2** (*scherzo*) harmless
▶ *smf* innocent: *fare l'innocente* to play the innocent LOC *Vedi* DICHIARARE

innocenza *sf* innocence

innocuo, -a *agg* harmless

innumerevole *agg* countless

inoffensivo, -a *agg* harmless

inoltre *avv* besides: *E ~ non penso che verranno.* Besides, I don't think they'll come.

inondazione *sf* flood

inopportuno, -a *agg* **1** (*momento*) inconvenient: *un momento ~* an inconvenient time **2** (*commento, domanda*) inappropriate: *un'osservazione inopportuna* an inappropriate comment

inosservato, -a *agg* unnoticed: *passare ~* to go unnoticed

inossidabile *agg* LOC *Vedi* ACCIAIO

inquadrare *vt* **1** (*Foto, Cine*) to frame **2** (*problema*) to focus on *sth*

inquilino, -a *sm-sf* tenant

inquinamento *sm* pollution: *~ atmosferico* atmospheric pollution

inquinare *vt* to pollute: *Gli scarichi della fabbrica stanno inquinando il fiume.* Waste from the factory is polluting the river.

inquinato, -a *agg* polluted *Vedi anche* INQUINARE

insaccati *sm* = sausages and salamis

insalata *sf* salad: *~ di riso* rice salad ◇ *~ mista* mixed salad

insalatiera *sf* salad bowl

insanguinato, -a *agg* bloodstained

insaponare *vt* to soap: *insaponarsi la schiena* to soap your back

insaputa *sf* LOC **all'insaputa di** without sb knowing: *Ci è andato a mia ~.* He went without me knowing.

insegna *sf* sign: *un'insegna al neon* a neon sign

insegnamento *sm* teaching

insegnante *smf* teacher: *Il mio ~ d'inglese è australiano.* My English teacher is from Australia. LOC **insegnante di sostegno** learning support teacher

insegnare *vt, vi* to teach* *sth*, to teach* sb to do *sth*: *Insegna matematica.* He teaches maths. ◇ *Chi ti ha insegnato a giocare?* Who taught you how to play?

inseguimento *sm* pursuit: *La polizia si lanciò all'inseguimento dei rapinatori.* The police went in pursuit of the robbers.

inseguire *vt* to pursue: *~ un'auto* to pursue a car

insenatura *sf* inlet

insensibile *agg* ~ (a) insensitive (to *sth*): *~ al freddo/dolore* insensitive to cold/pain

inserire ▶ *vt* to insert ▶ **inserirsi** *v rifl* **1** inserirsi (in) (*integrarsi*) to settle down (in/at sth): *Si è inserito bene nella nuova scuola.* He's settled down well at his new school. **2 inserirsi in qc** (*entrare*) to get* into sth: *Oggi non è facile inserirsi nel mondo del lavoro.* Nowadays it's not easy to get into the job market.

inserzione *sf* (*annuncio*) advertisement, ad (*più informale*)

insetticida *sm* insecticide

insetto *sm* insect

insicurezza *sf* insecurity

insicuro, -a *agg* insecure

insieme ▶ *avv* together: *tutti ~* all together ◇ *Studiamo sempre ~.* We always study together.

insignificante → interattivo

▶ *sm* **1** (*totalità*) whole: *nell'insieme* on the whole ◊ *È un ~ di cose che mi dà fastidio.* It's a whole lot of things that annoy me. **2** (*Mat*) set ◆ LOC **insieme a** (together) with: *~ a noi* with us ◆ **stare insieme** (*coppia*): *Stiamo ~ da due anni.* We've been going out together for two years.

insignificante *agg* insignificant

insinuare *vt* to insinuate: *Vuoi forse ~ che non sto dicendo la verità?* Are you insinuating that I'm lying?

insinuazione *sf* insinuation

insipido, -a *agg* **1** (*cibo*) tasteless: *La minestra è un po' insipida.* This soup's a bit tasteless. **2** (*fig*) dull

insistente *agg* **1** (*persona*) insistent **2** (*pioggia*) persistent

insistere *vi* **1** ~ (**su/a**) to insist (on *sth/doing sth*): *Non ~, non ci vado.* I'm not going however much you insist. **2** ~ (**in**) to persist (in *sth/doing sth*)

insoddisfatto, -a *agg* dissatisfied (with *sb/sth*)

insolazione *sf* sunstroke [*non numerabile*]: *prendersi un'insolazione* to get sunstroke

insolente *agg* insolent

insolito, -a *agg* unusual

insomma ▶ *avv* well: *Insomma, mi sembra una buona idea.* Well, it seems a good idea to me.
▶ **insomma!** *escl* **1** (*impazienza*) for goodness' sake!: *Smettetela, ~!* Stop it, for goodness' sake! **2** (*così così*) so-so: *"Com'è andata?" "Insomma!"* 'How was it?' 'So-so.'

insonnia *sf* insomnia

insonorizzare *vt* to soundproof

insopportabile *agg* unbearable

insormontabile *agg* insuperable

insostituibile *agg* irreplaceable

inspirare *vt, vi* to breathe (*sth*) in

instabile *agg* unstable

installare *vt* to install

installazione *sf* installation

instancabile *agg* tireless

insù *avv* **all'insù** upwards

insudiciare ▶ *vt* to get* *sth* dirty: *Non ~ il pavimento.* Don't get the floor dirty. ▶ **insudiciarsi** *v rifl* to get* dirty

insufficiente ▶ *agg* **1** (*quantità*) insufficient **2** (*qualità*) inadequate
▶ *sm* (*Scuola*) fail: *Ho preso ~.* I got a fail.

insufficienza *sf* **1** (*scarsità*) lack: *~ di prove* lack of evidence **2** (*Scuola*) fail: *Ho preso un'insufficienza in matematica.* I got a fail in maths. **3** (*Med*) failure: *~ cardiaca/renale* heart/kidney failure

insultare *vt* to insult

insulto *sm* insult

intagliare *vt* to carve

intaglio *sm* carving

intanto *avv* in the meantime: *Intanto io compro il popcorn.* ◊ *In the meantime I'll get the popcorn.* LOC **intanto che** while: *Intanto che finisci faccio una telefonata.* I'll make a phone call while you finish.

intasato, -a *agg* **1** (*tubo, filtro, naso*) blocked **2** (*città, traffico*) congested

intascare *vt* to pocket: *Ha intascato una bella somma.* He pocketed a fortune.

intatto, -a *agg* intact

integrale *agg* **1** (*completo*) complete **2** (*pane*) wholemeal **3** (*Cine*) uncut: *vedere un film in versione ~* to see the uncut version of a film

integrare ▶ *vt* to integrate *sth* (into *sth*)
▶ **integrarsi** *v rifl* **integrarsi** (**in**) to integrate (into *sth*)

integrazione *sf* ~ (**in**) integration (into *sth*)

integrità *sf* integrity

intellettuale *agg, smf* intellectual

intelligente *agg* intelligent

intelligenza *sf* intelligence LOC *Vedi* QUOZIENTE

intemperie *sf* **le intemperie** the elements

intendere ▶ *vt* **1** (*avere intenzione*) to intend *to do sth* **2** (*voler dire*) to mean* **3** (*capire*) to understand* ▶ **intendersi** *v rifl* **1** (*capirsi*) to have a good understanding **2** **intendersi di** to know* about *sth*: *Non me ne intendo molto.* I don't know much about that. LOC **intendiamoci** let's make one thing clear

intenditore, -trice *sm-sf* ~ (**di**) expert (at/in/on *sth*)

intensificare ▶ *vt* to intensify* ▶ **intensificarsi** *v rifl* to intensify*

intensità *sf* intensity

intensivo, -a *agg* intensive

intenso, -a *agg* **1** intense: *freddo/caldo ~* intense cold/heat **2** (*negoziati, studio*) intensive **3** (*luce, colore*) strong **4** (*traffico*) heavy* **5** (*impegnato*) busy*: *Abbiamo avuto un mese molto ~.* We've had a very busy month.

intenzionale *agg* deliberate

intenzione *sf* intention LOC **avere buone intenzioni** to mean* well: *Aveva buone intenzioni.* He meant well. ◆ **avere intenzione di** to intend *to do sth*: *Abbiamo ~ di comprare un appartamento.* We intend to buy a flat.

interattivo, -a *agg* interactive

interessante → intollerante

interessante *agg* interesting ⊃ *Vedi nota a* NOIOSO LOC *Vedi* STATO

interessare ▶ *vi* to interest: *Mi interessa l'arte.* I'm interested in art. ◊ *Ti interessa partecipare?* Are you interested in taking part? ◊ *Non m'interessa!* I'm not interested! ▶ *vt* to interest *sb* (in *sth*) ▶ **interessarsi** *v rifl* **interessarsi di/a** to show* (an) interest in *sth*: *interessarsi di politica* to show an interest in politics ◊ *Fingeva di interessarsi alla conversazione.* He pretended to show interest in the conversation.

interessato, -a *agg* **1** *(partecipe)* interested ⊃ *Vedi nota a* NOIOSO **2** *(per tornaconto)* self-interested *Vedi anche* INTERESSARE

interesse *sm* **1** ~ (**per**) interest (in *sb/sth*): *Il romanzo ha suscitato grande ~.* The novel has aroused a lot of interest. ◊ *Non ha nessun ~ per lo sport.* He shows no interest in sport. ◊ *con un ~ del 10%* at 10% interest **2** *(tornaconto)* self-interest: *Lo hanno fatto per puro ~.* They did it out of pure self-interest. LOC *Vedi* CONFLITTO, TASSO

interfaccia *sf* interface

interferenza *sf* interference [*non numerabile*]

interferire *vi* ~ (**in**) to meddle, to interfere (*più formale*) (in *sth*)

interiezione *sf* interjection

interiora *sf pl* entrails

interiore *agg* inner

intermediario, -a *sm-sf* **1** *(messaggero)* go-between: *fare da ~* to act as a go-between **2** *(Comm)* middleman*

intermedio, -a *agg* intermediate

intermezzo *sm* interval

interminabile *agg* endless

internazionale *agg* international

Internet *sf* Internet: *su ~* on the Internet

interno, -a ▶ *agg* **1** internal **2** *(tasca)* inside **3** *(nazionale)* domestic: *il mercato ~* the domestic market ◊ *un volo ~* a domestic flight ◊ *politica interna* domestic politics ▶ *sm* **1** interior: *l'interno di un edificio/una macchina* the interior of a building/car **2** *(telefono)* extension LOC *Vedi* EMORRAGIA, MINISTERO, MINISTRO

intero, -a *agg* **1** *(completo)* whole, entire *(formale)*: *l'intero stipendio* my whole salary **2** *(prezzo)* full: *pagare il biglietto ~* to pay the full price **3** *(intatto)* intact LOC *Vedi* LATTE

interpretare *vt* **1** to interpret: *~ un sogno* to interpret a dream **2** *(Mus)* to perform **3** *(Teat, Cine)* to play: *Ha interpretato Otello.* He played Othello.

interpretazione *sf* interpretation

interprete *smf* **1** *(traduttore)* interpreter **2** *(Teat, Cine, Mus)* performer

interpunzione *sf* punctuation

interrazziale *agg*: *rapporti interrazziali* race relations

interrogare *vt* **1** to question **2** *(Scuola)* to test *sb* (on *sth*): *Ripassa i verbi che poi ti interrogo.* Revise your verbs and then I'll test you (on them).

interrogativo, -a ▶ *agg* interrogative ▶ *sm* question LOC *Vedi* PUNTO

interrogatorio *sm* interrogation: *fare un ~ a qn* to interrogate *sb*

interrogazione *sf* oral test

interrompere *vt* to interrupt: *~ un programma* to interrupt a programme ◊ *Non mi ~.* Don't interrupt me.

interruttore *sm* switch

interruzione *sf* **1** interruption **2** *(elettricità)*: *un'interruzione della corrente* a power cut **3** *(trattative)* break **4** *(traffico)* disruption

interurbana *sf* long-distance call

intervallo *sm* **1** interval: *a intervalli di mezz'ora* at half-hourly intervals **2** *(Sport)* half-time

intervenire *vi* **1** ~ (**in**) to intervene (in *sth*): *È dovuta ~ la polizia.* The police had to intervene. **2** ~ (**a**) *(partecipare)* to take* part (in *sth*)

intervento *sm* **1** intervention **2** *(discorso)* speech LOC **intervento chirurgico** operation

intervista *sf* interview

intervistare *vt* to interview

intervistatore, -trice *sm-sf* interviewer

inteso, -a *agg* understood: *Siamo intesi?* Is that understood? *Vedi anche* INTENDERE

intestare *vt* **1** *(casa, macchina)* to put *sth* in *sb's* name **2** *(assegno)* to make *sth* out *to sb*

intestato, -a *agg* LOC *Vedi* CARTA; *Vedi anche* INTESTARE

intestazione *sf* heading

intestino *sm* intestine: *~ tenue/crasso* small/large intestine

intimidire *vt* to intimidate

intimità *sf* **1** privacy **2** *(confidenza)* intimacy

intimo, -a *agg* **1** intimate: *una conversazione intima* an intimate conversation **2** *(amicizia, legame)* close: *Sono intimi amici.* They're very close friends. LOC *Vedi* BIANCHERIA

intitolare ▶ *vt* (*libro, film, quadro*) to call ▶ **intitolarsi** *v rifl* to be called: *Come s'intitola la poesia?* What's the poem called?

intollerabile *agg* intolerable

intollerante *agg* intolerant

intolleranza *sf* intolerance
intonaco *sm* plaster
intonare ▶ *vt* **1** (*cantare*) to sing* **2** (*abiti*) to match *sth* (*with sth*) ▶ **intonarsi** *v rifl* **1** (*colori*) to go* with *sth*: *Il nero si intona con qualsiasi colore.* Black goes well with any colour. **2** (*abiti*) to match: *Queste scarpe non si intonano con la borsa.* Those shoes don't match the handbag.
intonato, -a *agg* (*Mus*): *essere* ~ to sing in tune *Vedi anche* INTONARE
intonazione *sf* intonation
intoppo *sm* hitch: *Fortunatamente i lavori proseguono senza intoppi.* Luckily, work is progressing without any hitches.
intorbidire ▶ *vt* to make* *sth* cloudy ▶ **intorbidirsi** *v rifl* to become* cloudy
intorno *avv* around: *Guardati* ~. Look around you. ◇ *Qui* ~ *non c'è nemmeno una biblioteca.* There's not even a library around here. LOC **intorno a** around: *le persone* ~ *a me* the people around me ◇ *Erano seduti* ~ *al tavolo* They were sitting around the table. ◇ *Arriveremo* ~ *alle dieci e mezzo.* We'll get there around half past ten.
intorpidito, -a *agg* **1** (*parte del corpo*) numb **2** (*addormentato*) sleepy*
intossicazione *sf* poisoning [*non numerabile*]: ~ *alimentare* food poisoning
intralciare *vt* **1** to hinder: *Il maltempo intralcia le operazioni di salvataggio.* Bad weather is hindering the rescue operations. **2** (*traffico*) to hold* *sth* up
intralcio *sm* hitch LOC **essere d'intralcio** to be in the way: *Dimmelo se quelle scatole ti sono d'intralcio.* Tell me if those boxes are in your way.
intranet *sf* Intranet: *È disponibile su* ~. It's available on the Intranet.
intransitivo, -a *agg* intransitive
intraprendente *agg* enterprising
intraprendere *vt* **1** (*iniziare*) to begin* **2** (*viaggio*) to set* off on *sth*: ~ *una spedizione* to set off on an expedition
intrattenere *vt* to keep* *sb* amused
intravedere *vt* to catch* a glimpse of *sb/sth*
introdurre *vt* **1** to introduce: *Vogliono* ~ *un nuovo sistema.* They want to introduce a new system. **2** (*inserire*) to put* *sth* in, to put* *sth* into *sth*, to insert (*più formale*): *Introdurre la moneta nella fessura.* Insert the coin into the slot.
introduzione *sf* introduction
intromettersi *v rifl* ~ (**in**) to interfere (in *sth*)
introspettivo, -a *agg* introspective

introverso, -a ▶ *agg* introverted ▶ *sm-sf* introvert
intruso, -a *sm-sf* intruder
intuire *vt* to feel*: *Ho intuito subito che qualcosa non andava.* I immediately felt there was something wrong.
intuito *sm* intuition LOC **per intuito** intuitively
intuizione *sf* intuition
inumidire ▶ *vt* to dampen: ~ *la biancheria prima di stirarla* to dampen clothes before ironing them ▶ **inumidirsi** *v rifl* to get* damp
inutile *agg* useless LOC **è inutile (che ...)**: *È* ~ *tentare di convincerlo.* It's pointless trying to convince him. ◇ *È* ~ *che tu gridi.* There's no point in shouting.
invadente *agg* intrusive
invadere *vt* to invade
invalido, -a ▶ *agg* (*Med*) disabled ▶ *sm-sf* disabled person*
invano *avv* in vain
invasione *sf* invasion
invasore *sm* invader
invecchiare ▶ *vi* (*persona*) to get* old: *È molto invecchiato.* He's got very old. ▶ *vt* (*persona, vino*) to age: *La malattia lo ha molto invecchiato.* Illness has really aged him.
invece *avv* but: *Pensavamo che avrebbe vinto e* ~ *ha perso.* We thought he would win, but he lost. LOC **invece di** instead of: *Invece di uscire tanto faresti meglio a studiare.* Instead of going out so much, you'd be better off studying.
inventare *vt* **1** (*ideare*) to invent: *Marconi inventò la radio.* Marconi invented the radio. **2** (*scusa*) to make* *sth* up: ~ *una scusa* to make up an excuse ◇ *Te lo sei inventato.* You've made that up.
inventiva *sf* inventiveness
inventore, -trice *sm-sf* inventor
invenzione *sf* invention
invernale *agg* winter [*s attrib*]: *abiti invernali* winter clothes
inverno *sm* winter: *D'inverno non uso mai la bici.* I never ride my bike in the winter. ◇ *S'incontrarono un mattino d'inverno.* They met on a winter morning.
inversione *sf* inversion LOC **inversione a U** U-turn
inverso, -a *agg* **1** (*Mat*) inverse **2** (*ordine*) reverse **3** (*direzione*) opposite LOC **all'inverso** the other way round
invertebrato, -a *agg, sm* invertebrate
investigare *vt, vi* to investigate: ~ *sul delitto* to investigate a murder

investigatore, **-trice** sm-sf investigator ■LOC■ **investigatore privato** private detective

investimento sm investment

investire vt **1** (tempo, soldi) to invest: *Hanno investito cinquantamila euro nell'azienda.* They've invested fifty thousand euros in the company. **2** (veicolo) to run* sb over: *Sono stato investito da una macchina.* I was run over by a car.

inviare vt to send*: *Clicca su "invia".* Click on 'send'.

inviato, **-a** sm-sf **1** (rappresentante) envoy **2** (Giornalismo) correspondent: *~ speciale* special correspondent

invidia sf envy: *L'ha detto solo per ~.* He only said it out of envy. ■LOC■ **far invidia** to be the envy of sb: *Ha un giardino che fa ~.* Her garden is the envy of everybody. *Vedi anche* MORIRE

invidiare vt to envy*: *Come t'invidio!* I really envy you! ■LOC■ **non aver niente da invidiare**: *I nostri vini non hanno niente da ~ a quelli francesi.* Our wines have nothing to fear in comparison with French wines.

invidioso, **-a** agg envious

invincibile agg invincible

invio sm (tasto) return: *Premi invio.* Press return.

invisibile agg invisible

invitare vt to invite sb (to sth/to do sth): *Mi ha invitato alla sua festa di compleanno.* She's invited me to her birthday party.

invitato, **-a** sm-sf guest: *Gli invitati arriveranno alle sette.* The guests will be arriving at seven.

invito sm invitation (to sth/to do sth)

involontario, **-a** agg **1** (gesto) automatic **2** (errore) unintentional

inzuppare ▶ vt **1** (bagnare) to soak: *La pioggia mi ha inzuppato.* I got soaked in the rain. **2** (biscotto) to dunk: *~ i biscotti nel latte* to dunk your biscuits in the milk ▶ **inzupparsi** v rifl (bagnarsi) to get* drenched

io pron pers I: *Ci andiamo io e mia sorella.* My sister and I are going. ◊ *Lo farò io stesso.* I'll do it myself. ■LOC■ **io?** me? ◆ **sono io! 1** (alla porta) it's me! **2** (al telefono) speaking!

iodio sm iodine

Ionio sm **lo Ionio** the Ionian Sea

ipermercato sm superstore

ipertesto sm hypertext

ipnosi sf hypnosis: *sotto ~* under hypnosis

ipnotico, **-a** agg hypnotic

ipnotizzare vt to hypnotize

ipocrisia sf hypocrisy

ipocrita ▶ agg hypocritical
▶ smf hypocrite

ipoteca sf mortgage

ipotesi sf hypothesis*

ippica sf horse racing

ippico, **-a** agg: *concorso ~* showjumping competition

ippodromo sm racecourse

ippopotamo sm hippo* ❶ **Hippopotamus** è il nome scientifico.

iracheno, **-a** agg, sm-sf Iraqi: *gli iracheni* the Iraqis

Iran sm Iran

iraniano, **-a** agg, sm-sf Iranian: *gli iraniani* the Iranians

Iraq sm Iraq

irascibile agg: *essere ~* to have a temper ◊ *Come sei ~!* What a temper you've got!

iride sf iris

iris sf iris

Irlanda sf Ireland ■LOC■ **Irlanda del Nord** Northern Ireland

irlandese ▶ agg, sm Irish
▶ smf Irishman*/woman*: *gli irlandesi* the Irish

ironia sf irony*: *l'ironia della sorte* one of life's little ironies ■LOC■ **fare dell'ironia** to be sarcastic: *È facile fare dell'ironia su questo.* It's easy to be sarcastic about this.

ironico, **-a** agg ironic

irraggiungibile agg **1** (obiettivo, persona) unattainable **2** (cellulare) not available

irrazionale agg irrational: *una paura ~* an irrational fear

irreale agg unreal

irregolare agg irregular: *verbi irregolari* irregular verbs ◊ *battito cardiaco ~* irregular heartbeat

irreparabile agg irreparable: *un danno ~* irreparable damage

irreprensibile agg irreproachable

irrequieto, **-a** agg restless: *un bambino ~* a restless child

irresistibile agg irresistible: *un'attrazione ~* an irresistible attraction

irrespirabile agg unbreathable

irresponsabile agg, smf irresponsible [agg]: *Sei un ~!* You're so irresponsible!

irreversibile agg irreversible

irriconoscibile agg unrecognizable: *Così camuffato era ~.* He was unrecognizable in that disguise.

irrigazione sf irrigation

irrimediabile *agg* irremediable: *un errore ~* an irremediable mistake

irritare ▶ *vt* to irritate: *Il fumo mi irrita gli occhi.* The smoke irritates my eyes. ▶ **irritarsi** *v rifl* **1 irritarsi (con) (per)** to get* annoyed (with sb) (about sth): *Si irrita per niente.* He gets annoyed very easily. **2** (*Med*) to get* irritated

irruzione *sf* raid: *fare ~* to carry out a raid

iscritto, -a ▶ *sm-sf* **1** (*socio*) member **2** (*concorrente*) competitor
▶ *agg*: *Sono ~ al primo anno di Giurisprudenza.* I'm a first-year law student.
LOC **per iscritto** in writing: *mettere qc per ~* to put sth in writing

iscrivere ▶ *vt* (*scuola, corso*) to enrol* sb
▶ **iscriversi** *v rifl* **iscriversi (a) 1** (*corso*) to enrol* (*for/on* sth) **2** (*associazione*) to join sth: *Ho deciso di iscrivermi al partito.* I decided to join the party. **3** (*gara, concorso*) to enter sth

iscrizione *sf* **1** (*corso, Scuola*) enrolment **2** (*scritta*) inscription

islamico, -a *agg* Islamic

Islanda *sf* Iceland

islandese ▶ *agg, sm* Icelandic: *parlare ~* to speak Icelandic
▶ *smf* Icelander: *gli islandesi* the Icelanders

isola *sf* island LOC **isola deserta** desert island
♦ **le Isole Britanniche** the British Isles

isolante ▶ *agg* insulating
▶ *sm* insulator LOC *Vedi* NASTRO

isolare *vt* **1** to isolate sb/sth (*from* sb/sth) **2** (*luogo*) to cut* sb/sth off (*from* sb/sth): *Le inondazioni hanno isolato il paese.* The village was cut off by the floods. **3** (*con materiale isolante*) to insulate

isolato, -a ▶ *agg* isolated: *casi isolati* isolated cases
▶ *sm* (*gruppo di palazzi*) block LOC *Vedi* GIRO; *Vedi anche* ISOLARE

isoscele *agg* LOC *Vedi* TRIANGOLO

ispettore, -trice *sm-sf* inspector

ispezionare *vt* to inspect

ispezione *sf* inspection

ispirare ▶ *vt* **1 ~ qc (a qn)** to inspire sth (in sb): *Ha un viso che ispira fiducia.* Her face inspires confidence. **2** *"Ti va una pizza stasera?" "Non mi ispira particolarmente."* 'Do you want to go for a pizza tonight?' 'No, I don't really fancy it.' ◊ *Potremmo andare al cinema stasera. Ti ispira?* We could go to the cinema tonight? Do you fancy it? ▶ **ispirarsi** *v rifl* **ispirarsi (a)** to get* inspiration (*from* sb/sth): *L'autore si è ispirato a un fatto realmente accaduto.* The author got his inspiration from a real-life event.

ispirazione *sf* inspiration: *Ho avuto un'ispirazione.* I had a flash of inspiration.

Israele *sm* Israel

israeliano, -a *agg, sm-sf* Israeli: *gli israeliani* the Israelis

istantaneo, -a *agg* **1** instantaneous **2** (*bevanda*) instant

istante *sm* moment: *in questo ~* at this very moment LOC **all'istante** straight away: *Chiamami e vengo all'istante.* Call me and I'll come straight away.

isteria *sf* hysteria: *~ collettiva* mass hysteria

isterico, -a *agg, sm-sf* hysterical [*agg*]: *È un'isterica.* She's hysterical. LOC *Vedi* CRISI

istinto *sm* instinct

istituto *sm* institute LOC **istituto di bellezza** beauty salon ♦ **istituto professionale** ≃ college of further education (*GB*) ♦ **istituto tecnico** technical college (*GB*)

istituzione *sf* institution

istmo *sm* isthmus

istruito, -a *agg* educated

istruttivo, -a *agg* educational

istruttore, -trice *sm-sf* instructor: *un ~ di ginnastica* a gym instructor

istruzione *sf* **1** (*scuola*) education: *~ obbligatoria* compulsory education **2 istruzioni** instructions

Italia *sf* Italy

italiano, -a *agg, sm-sf, sm* Italian: *parlare ~* to speak Italian ◊ *gli italiani* the Italians

itinerario *sm* route, itinerary* (*più formale*)

IVA *sf* VAT

J j

jazz sm jazz
jeans sm **1** (pantaloni) jeans **2** (tela) denim: un giubbotto di ~ a denim jacket
jolly sm joker
joystick sm joystick
judo sm judo
Jugoslavia sf Yugoslavia
Jugoslavo, -a agg, sm-sf Yugoslav
junior agg junior

K k

kamikaze sm **1** kamikaze **2** (terrorista) suicide bomber
karaoke sm karaoke
karatè sm karate: fare ~ to do karate
kayak sm kayak: fare ~ to go kayaking
Kazakistan sm Kazakhstan
keniano, -a agg, sm-sf Kenyan: i keniani the Kenyans
Kenya sm Kenya
ketchup sm ketchup
kick-boxing sm kick-boxing
killer sm hit man*
kilobyte sm kilobyte
kiwi sm kiwi fruit*
kleenex® sm tissue
koala sm koala (bear)
krapfen sm doughnut
Kuwait sm Kuwait
kuwaitiano, -a agg, sm-sf Kuwaiti: i kuwaitiani the Kuwaitis

L l

la¹ art det the: La casa è vecchia. The house is old. ⊃ Vedi nota a THE
la² pron pers **1** (lei) her: La sorprese. It surprised her. **2** (formale) you: La conosco per caso? Do I know you? **3** (cosa) it: Vuoi che la legga? Shall I read it?
la³ sm (nota) A: la minore A minor
là avv (over) there: Lascialo là. Leave it (over) there. ◊ Eccolo là. There it is. LOC **al di là di** beyond: al di là del fiume beyond the river ♦ **di là** through there: Ho lasciato gli occhiali di là. I left my glasses through there. ♦ **là dentro/fuori** in/out there: Là fuori fa un freddo che si gela. It's freezing out there. ♦ **là sotto/sopra** down/up there ♦ **più in là 1** (più lontano) further on: sei chilometri più in là six kilometres further on **2** (da una parte) further over: Spingi la tavola più in là. Push the table further over.
labbro sm lip LOC Vedi LEGGERE
labirinto sm **1** labyrinth **2** (giardino) maze
laboratorio sm **1** (Scienze) laboratory*, lab (più informale) **2** (officina) workshop: un ~ teatrale a theatre workshop LOC **laboratorio artigianale** workshop ♦ **laboratorio linguistico** language lab
lacca sf **1** (per capelli) hairspray **2** (per mobili) lacquer
laccio sm (shoe)lace ⊃ Vedi illustrazione a SCARPA
lacrima sf tear LOC **avere le lacrime agli occhi** to have tears in your eyes ♦ **lacrime di coccodrillo** crocodile tears ♦ **scoppiare in lacrime** to burst* into tears Vedi anche PIANGERE
lacrimare vi (occhi) to water: Mi lacrimano gli occhi. My eyes are watering.
lacrimogeno, -a agg LOC Vedi GAS
lacuna sf gap: Ha delle lacune in inglese. There are some gaps in his knowledge of English.
ladro, -a sm-sf **1** thief* **2** (in una casa) burglar

laggiù avv 1 (in basso) down there 2 (lontano) over there

lago sm lake

laguna sf lagoon

laico, -a agg (stato, educazione) secular

lama sf 1 blade 2 (animale) llama

lambiccarsi v rifl LOC Vedi CERVELLO

lamentarsi v rifl ~ (di/per) to complain, to moan (più informale) (about sb/sth): Adesso è inutile ~. It's no use complaining now. ◊ Si lamenta sempre del tempo. She's always moaning about the weather.

lamentela sf complaint

lamento sm moan

lametta sf razor blade

lamina sf sheet

lampada sf lamp: una ~ da tavolo a table lamp LOC **fare una lampada** to have a session on a sunbed

lampadina sf light bulb

lampeggiare vi 1 to flash 2 (in auto) to flash your lights

lampione sm street light

lampo ▶ sm 1 (fulmine) lightning [non numerabile]: un ~ a flash of lightning ◊ tuoni e lampi thunder and lightning 2 (cerniera) zip LOC **in un lampo** in a flash, in a moment
▶ agg lightning [s attrib]: una visita ~ a lightning visit

lampone sm raspberry*

lana sf wool: pura ~ vergine pure new wool LOC **di lana** woollen: un maglione di ~ a woollen jumper

lancetta sf (di orologio) hand

lancia sf 1 (arma) spear 2 (barca) launch LOC **lancia di salvataggio** lifeboat

lanciare ▶ vt 1 (in un gioco o sport) to throw* sth to sb: Lancia la palla al tuo compagno di squadra. Throw the ball to your team-mate. 2 (con l'intenzione di far male) to throw* sth at sb ➔ Vedi nota a THROW¹ 3 (missile, prodotto) to launch 4 (bomba) to drop* 5 (urlo) to let* sth out ▶ **lanciarsi** v rifl 1 (gettarsi) to throw* yourself 2 **lanciarsi su** to pounce on sb/sth: Si sono lanciati su di me. They pounced on me.

lancio sm 1 (missile, satellite, prodotto) launch: il ~ del loro nuovo album the launch of their new album 2 (bomba) dropping 3 (Sport) throw LOC **lancio del disco** discus ◆ **lancio del giavellotto** javelin ◆ **lancio del peso** shot-put

languore sm LOC avere un languore di stomaco to feel* peckish

lanterna sf lantern LOC Vedi LUCCIOLA

lapide sf gravestone

laptop sm laptop

larghezza sf width: Quanto misura in ~? How wide is it?

largo, -a agg 1 wide: È ~ due metri. It's two metres wide. 2 (vestiti) loose, baggy: È troppo ~ in vita. The waist is too loose. 3 (sorriso, spalle) broad: Ha le spalle larghe. He's got broad shoulders. ➔ Vedi nota a BROAD LOC **al largo** out to sea: essere portato al ~ dalla corrente to be carried out to sea by the current ◊ al ~ di Palermo off the coast of Palermo ◆ **fare largo** to make* way (for sb/sth): Fate ~ all'ambulanza! Make way for the ambulance! ◊ farsi ~ tra la folla to make your way through the crowd ◆ **stare/tenersi alla larga** to stay well clear of sb/sth: Stai alla larga da quel tipo. Stay well clear of that guy. Vedi anche LUNGO

lasagne sf lasagne [non numerabile]

lasciare ▶ vt 1 to leave*: Dove hai lasciato le chiavi? Where have you left the keys? ◊ Hai lasciato la luce accesa. You've left the light on. ◊ Non si devono lasciare soli i bambini. The children shouldn't be left alone. ◊ Prendere o ~. Take it or leave it. ◊ L'ha lasciata la ragazza. His girlfriend's left him. ◊ Ti lascio. Si è fatto un po' tardi. I must be going. It's getting late. 2 (mollare) to let* go of sb/sth: Non lasciarmi la mano. Don't let go of my hand. 3 (abbandonare) to give* sth up: ~ l'impiego to give up work 4 (permettere) to let* sb (do sth): I miei non mi lasciano uscire di sera. My parents don't let me go out at night. ◊ Lascia che ti spieghi ... Let me explain ... 5 (dare): Lasciami dei soldi prima di partire. Let me have some money before you go. ◊ Puoi lasciarmi la macchina oggi? Can you let me have the car today? 6 (locale) to vacate: Dovete ~ la camera per mezzogiorno. You must vacate the room by midday. ▶ **lasciarsi** v rifl (coppia) to split* up LOC **lasciare andare** 1 (mollare) to let* go of sb/sth: Lasciami andare! Let go of me! 2 (liberare) to set* sb/sth free ◆ **lasciarsi andare** to let* yourself go ◆ **lasciare stare**: Lasciamo stare. Forget it. ◆ **lasciare stare qn/qc** to leave* sb/sth alone: Lascia stare. Leave her alone. ◊ Lascia stare le mie cose. Leave my stuff alone. ➔ Per altre espressioni con **lasciare** vedi alla voce del sostantivo, dell'aggettivo, ecc, ad es. **lasciare in pace** a PACE.

laser sm laser: una stampante ~ a laser printer LOC Vedi RAGGIO

lassativo, -a agg, sm laxative

lassù avv up there

lastra sf **1** (pietra) slab **2** (radiografia) X-ray: *Mi dovranno fare una ~ al ginocchio.* They'll have to do an X-ray of my knee. ◊ *Il medico mi ha detto che devo fare una ~.* The doctor said I had to have an X-ray

laterale agg side [s attrib]: *una porta/un'uscita ~* a side door/exit

latino, -a agg, sm Latin: *la grammatica latina* Latin grammar ◊ *il temperamento ~* the Latin temperament

latitudine sf latitude

lato sm side: *Un triangolo ha tre lati.* A triangle has three sides. ◊ *vedere il ~ buono delle cose* to look on the bright side LOC **da un lato ... dall'altro (lato)** on the one hand ... on the other (hand)

latta sf (lamiera) tin

lattaio sm milkman*

latte sm milk: *Non c'è più ~.* We've run out of milk. ◊ *Compro il ~?* Shall I get some milk? LOC **latte a lunga conservazione** long-life milk ♦ **latte in polvere** powdered milk ♦ **latte intero/condensato** full-cream/condensed milk ♦ **latte parzialmente scremato** semi-skimmed milk ♦ **latte scremato** skimmed milk *Vedi anche* CENTRALE, DENTE

latteo, -a agg LOC *Vedi* VIA

latteria sf dairy*

latticini sm dairy products

lattina sf can: *una ~ di Coca-Cola* a can of Coke ⊃ *Vedi illustrazione a* CONTAINER

lattuga sf lettuce

laurea sf degree: *prendere la ~* to graduate

laurearsi v rifl ~ **(in)** to graduate (in sth): *~ all'Università di Pisa* to graduate from Pisa University ◊ *Si è laureata in legge l'anno scorso.* She graduated in law last year.

laureato, -a agg, sm-sf ~ **(in)** graduate [s] (in sth): *È laureata in biologia.* She's a biology graduate. ◊ *un ~ dell'Università di Cambridge* a graduate of Cambridge University *Vedi anche* LAUREARSI

lava sf lava

lavaggio sm wash LOC **lavaggio a secco** dry-cleaning ♦ **lavaggio del cervello** brainwashing

lavagna sf blackboard: *andare alla ~* to go out to the blackboard ◊ *Cosa c'è scritto sulla ~?* What does it say on the blackboard?

lavanda sf (pianta, profumo) lavender

lavanderia sf **1** laundry* **2** (a gettoni) launderette

lavandino sm **1** (bagno) washbasin **2** (cucina) sink

lavare ▶ vt to wash: *Devo ~ delle magliette.* I've got to wash some T-shirts. ◊ *lavarsi i capelli* to wash your hair ▶ **lavarsi** v rifl: *Mi sono lavato prima di andare a letto.* I had a wash before I went to bed. LOC **lavare a mano** to wash sth by hand ♦ **lavare a secco** to dry-clean ♦ **lavare i piatti** to do* the washing-up ♦ **lavarsi i denti** to clean your teeth *Vedi anche* ROBA

lavasecco sm dry-cleaner's

lavastoviglie sf dishwasher

lavativo, -a sm-sf skiver: *fare il ~* to skive

lavatrice sf washing machine

lavello sm sink

lavorare vi, vt to work: *Lavora per una società tedesca.* She works for a German company. ◊ *Lavoro in banca.* I work in a bank. ◊ *Non ho mai lavorato come insegnante.* I've never worked as a teacher. ◊ *~ la terra* to work the land ◊ *~ il legno* to carve wood LOC **lavorare a maglia** to knit*: *un vestito lavorato a maglia* a knitted dress ♦ **lavorare in proprio** to be self-employed

lavorativo, -a agg LOC *Vedi* GIORNATA

lavorato, -a agg **1** (legno) carved **2** (oro) worked *Vedi anche* LAVORARE

lavoratore, -trice sm-sf worker: *lavoratori specializzati* skilled workers ◊ *essere un gran ~* be a hard worker LOC **lavoratore dipendente** employee

lavoro sm **1** work [non numerabile]: *Ho un sacco di ~.* I've got a lot of work to do. ◊ *Mi hanno dato la notizia al ~.* I heard the news at work. ◊ *avere del ~ arretrato* to be behind with your work **2** (impiego, compito) job: *dare ~ a qn* to give sb a job ◊ *un ~ ben pagato* a well-paid job ◊ *Che ~ fa tua sorella?* What does your sister do? ◊ *Hanno fatto un bel ~.* They did a good job. ⊃ *Vedi nota a* WORK¹ LOC **buon lavoro!** work hard! ♦ **dar lavoro a** (società) to employ sb: *L'azienda dà ~ a circa cento persone.* The firm employs about a hundred people. ♦ **lavori domestici** housework [non numerabile] ♦ **lavori forzati** hard labour [non numerabile] ♦ **lavori in corso** (segnale) roadworks ♦ **lavori manuali** manual labour [non numerabile] ♦ **lavori stradali** roadworks ♦ **lavoro all'uncinetto** crocheting ♦ **lavoro a maglia** knitting ♦ **lavoro d'équipe** teamwork ♦ **per lavoro** on business: *Sono qui per ~.* I'm here on business. ♦ **senza lavoro** out of work *Vedi anche* AMMAZZARE, DATORE, DOMANDA, FESTA, OFFERTA

layout sm layout

le¹ art det the: *le penne che ho comprato ieri* the pens I bought yesterday ⊃ *Vedi nota a* THE

le² pron pers **1** (complemento oggetto) them: *Le ho incontrate ieri.* I met them yesterday. **2** (a lei) her, to her: *Le ho mandato una cartolina.* I sent her a postcard. ◊ *Le ho parlato martedì*

leader → lettino

scorso. I spoke to her last Tuesday. **3** (cosa) it: *Posso darle un'occhiata?* Can I have a look at it? **4** (formale) you, to you: *Le occorre altro?* Do you need anything else?

leader smf leader

leale agg loyal (to sb/sth)

lealtà sf loyalty (to sb/sth)

lebbra sf leprosy

lecca lecca sm lollipop

leccapiedi smf creep: *Non fare il ~.* Don't be such a creep.

leccare vt to lick LOC **leccare i piedi a** to suck up to sb ♦ **leccarsi i baffi** to lick your lips: *Era roba da leccarsi i baffi.* It was delicious.

lega sf **1** (alleanza) league **2** (Chim) alloy

legale ▶ agg legal
▶ sm lawyer LOC Vedi MEDICINA

legalizzare vt to legalize

legame sm **1** connection, link: *Non c'è ~ tra le due cose.* There's no connection between the two things. **2** (affettivo) tie: *legami di famiglia* family ties

legare ▶ vt **1** to tie* sb/sth (up): *Ci legarono le mani.* They tied our hands. ◊ *Lega bene il pacco.* Tie the parcel tightly. ◊ *Lo legarono con una corda.* They tied him up with a rope. **2** (sentimento) to bind*: *il sentimento che li lega* the feelings that bind them ▶ vi to get* on: *Abbiamo legato subito.* We got on immediately. LOC Vedi PAZZO

legge sf law: *la ~ di gravità* the law of gravity ◊ *violare la ~* to break the law LOC **per legge** by law: *Per ~, devi avere 18 anni per poter votare.* By law, you have to be 18 to vote. ◊ *È vietato per ~.* It's against the law. *Vedi anche* PROGETTO

leggenda sf legend

leggendario, -a agg legendary

leggere vt, vi to read*: *Leggimi la lista.* Read me the list. ◊ *Mi piace ~.* I like reading. LOC **leggere il pensiero** to read* sb's mind ♦ **leggere qc in faccia a qn** to see* sth by the look on sb's face ♦ **leggere le labbra** to lip-read*

leggermente avv slightly: *~ più piccolo* slightly smaller

leggero, -a agg **1** light: *un pranzo ~* a light meal ◊ *avere il sonno ~* to be a light sleeper **2** (impercettibile) slight: *un ~ accento scozzese* a slight Scottish accent ◊ *un ~ miglioramento/mal di testa* a slight improvement/headache **3** (caffè, tè) weak: *un caffè ~* a weak coffee LOC **fare qc alla leggera** to do* sth hastily ♦ **prendere qc alla leggera** to take* sth lightly

legislazione sf legislation

legittimo, -a agg legitimate LOC **per legittima difesa** in self-defence

legna sf firewood LOC Vedi CARBONE

legname sm timber

legno sf **1** wood [gen non numerabile]: *un ~ pregiato* a high quality wood ◊ *~ proveniente dalla Norvegia* wood from Norway ◊ *fatto di ~* made of wood **2 i legni** (Mus) the woodwind [v sing o pl] LOC **di legno** wooden: *una sedia/trave di ~* a wooden chair/beam *Vedi anche* CUCCHIAIO

legumi sm (secchi) pulses

lei pron pers **1** (soggetto) she: *Lei e Maria sono cugine.* She and Maria are cousins. **2** (complemento, nei paragoni) her: *È per ~.* It's for her. ◊ *Sei più alto di ~.* You're taller than her. ◊ *È ~!* It's her! **3** (formale) you: *Bene, grazie. E ~?* Fine, thanks. And you? LOC Vedi DARE

lente sf lens LOC **lente d'ingrandimento** magnifying glass ♦ **lenti a contatto** contact lenses

lenticchia sf lentil

lentiggine sf freckle

lento, -a ▶ agg slow LOC Vedi CUOCERE
▶ sm slow dance

lenzuolo sm sheet ⊃ *Vedi illustrazione a* LETTO

leone, -essa ▶ sm-sf lion [fem lioness]
▶ **Leone** sm (Astrologia) Leo* ⊃ *Vedi esempi a* ACQUARIO

leopardo sm leopard

lepre sf hare

lesbica sf lesbian

lesione sf injury*: *lesioni interne* internal injuries LOC **lesione cerebrale/del fegato** brain/liver damage ⊃ *Vedi nota a* FERITA

lessare vt to boil: *Prima bisogna ~ le patate.* First boil the potatoes.

lesso, -a agg boiled: *patate lesse* boiled potatoes

letame sm manure

letargo sm hibernation: *andare in ~* to hibernate

lettera sf **1** letter: *imbucare una ~* to post a letter ◊ *una parola di cinque lettere* a five-letter word **2 lettere** (Università) arts: *una laurea in lettere* an arts degree LOC **alla lettera 1** (precisamente) to the letter: *Ho seguito i suoi consigli alla ~.* I followed his advice to the letter. **2** (letteralmente) literally: *Spero che tu non prenda alla ~ ciò che ti viene detto!* I hope you don't take what people say too literally. ◊ *tradurre alla ~* to translate literally *Vedi anche* BUCA, CARTA

letteratura sf literature

lettino sm **1** (per bambini) cot **2** (dal medico) couch LOC **lettino da spiaggia** sunlounger

letto

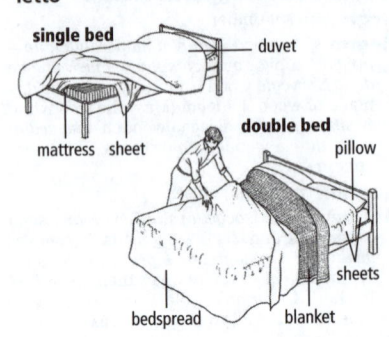

single bed — duvet
mattress — sheet
double bed — pillow
sheets
bedspread — blanket

letto *sm* bed: *andare a ~* to go to bed ◊ *Sei ancora a ~?* Are you still in bed? ◊ *alzarsi dal ~* to get out of bed ◊ *Abbiamo dovuto metterlo a ~.* We had to put him to bed. ◊ *È ora di andare a ~.* It's time for bed. LOC **letto a castello** bunk bed ♦ **letto a una piazza/matrimoniale** single/double bed *Vedi anche* DIVANO, RIFARE, VAGONE

lettone *agg, smf, sm* Latvian: *i lettoni* the Latvians ◊ *parlare ~* to speak Latvian

Lettonia *sf* Latvia

lettore, -trice *sm-sf* reader LOC **lettore di compact disc** CD player

lettura *sf* reading: *È una ~ piacevole.* It makes enjoyable reading.

leucemia *sf* leukaemia

leva *sf* **1** (*asta*) lever: *In caso d'emergenza tirare la ~.* In an emergency, pull the lever. **2** (*servizio militare*) military service ➲ *Vedi nota a* MILITARE [1] LOC **leva del cambio** gear lever

levare ▶ *vt* **1** to take* sth off/down/out: *Potresti ~ la tua roba dalla mia scrivania?* Could you take your things off my desk? ◊ *Levati le scarpe.* Take your shoes off. **2** (*macchia*) to remove, to get* sth out (*più informale*) ▶ **levarsi** *v rifl* (*allontanarsi*): *Levati dai piedi/di mezzo!* Get out of my way! LOC **levare le castagne dal fuoco per qn** to get* sb out of a fix

levatoio *agg* LOC *Vedi* PONTE

levriero *sm* greyhound

lezione *sf* **1** lesson: *lezioni di guida* driving lessons ◊ *~ privata* private lesson **2** (*all'università*) lecture LOC **dare una lezione a** (*punire*) to teach* sb a lesson ♦ **fare lezione** to teach* ♦ **servire di lezione a** to learn* your lesson: *Non ti è servito di ~?* Will you never learn?

li *pron pers* them: *Li ho incontrati ieri.* I met them yesterday.

lì *avv* there: *Ho un amico lì.* I have a friend there. ◊ *a 30 chilometri da lì* 30 kilometres from there ◊ *una ragazza che passava di lì* a girl who was passing by LOC **da lì in poi 1** (*luogo*) from there onwards **2** (*tempo*) from then on ♦ **di lì** that way: *Sono entrati di lì.* They got in that way. ♦ **fin lì 1** (*luogo*) as far as that: *Siamo arrivati fin lì.* We got as far as that. **2** (*tempo*) up till then: *Fin lì non c'erano stati problemi.* Up till then there had been no problems. ♦ **lì dentro/fuori** in/out there: *Lì fuori fa un freddo che si gela.* It's freezing out there. ♦ **lì per lì** there and then: *Lì per lì non ho capito.* I didn't understand there and then. ♦ **lì sotto/sopra** down/up there

libanese *agg, smf* Lebanese: *i libanesi* the Lebanese

Libano *sm* Lebanon

libbra *sf* pound (*abbrev* lb) ➲ *Vedi Appendice 1.*

libellula *sf* dragonfly*

liberale *agg, smf* liberal

liberare ▶ *vt* **1** (*paese*) to liberate **2** (*prigioniero*) to free ▶ **liberarsi** *v rifl* **1** (*disimpegnarsi*) to get* free: *Se riesco a liberarmi per le sette…* If I can get free by seven… **2** (*bagno, telefono*) to be free **3** **liberarsi di** (*sbarazzarsi*) to get* rid of sb/sth

liberazione *sf* **1** (*paese*) liberation **2** (*prigionieri*) release **3** (*sollievo*) relief: *È stata una ~ per tutti.* It came as a relief to everybody.

libero, -a *agg* **1** free: *Sono ~ di fare quello che voglio.* I'm free to do what I want. ◊ *È ~ questo posto?* Is this seat free? **2** (*bagno*) vacant LOC **lasciare libero il passaggio** keep clear ♦ **libero professionista** self-employed [*agg*] *Vedi anche* CADUTA, GIORNO, INGRESSO, LOTTA, NUOTARE, TEMPO

libertà *sf* freedom LOC **libertà di parola** freedom of speech ♦ **libertà di stampa** freedom of the press ♦ **libertà provvisoria** bail: *essere in ~ provvisoria* to be released on bail ♦ **libertà vigilata** parole: *essere in ~ vigilata* to be on parole

Libia *sf* Libya

libico, -a *agg, sm-sf* Libyan: *i libici* the Libyans

libraio, -a *sm-sf* bookseller

libreria *sf* **1** (*negozio*) bookshop **2** (*mobile*) bookcase ❶ La parola inglese **library** non significa *libreria* ma *biblioteca*.

libretto *sm* **1** booklet **2** (*Mus*) libretto* LOC **libretto degli assegni** cheque book ♦ **libretto personale** = notebook kept by each student, used for communication between teachers and parents or for keeping an official record of attendance and grades at uni-

versity ◆ **libretto di risparmio** savings book ◆ **libretto sanitario** medical card
libro *sm* book: *un ~ di cucina* a cookery book LOC **libro degli esercizi** workbook ◆ **libro di testo** textbook
licenza *sf* **1** licence: *~ di pesca* fishing licence **2** (*Mil*) leave: *essere in licenza* to be on leave **3** (*Scuola*) school-leaving certificate
licenziamento *sm* dismissal
licenziare ▶ *vt* to dismiss, to give* *sb* the sack (*più informale*) ▶ **licenziarsi** *v rifl* to resign
liceo *sm* ≃ grammar school: *Frequento il 2a liceo*. I'm in the second year at secondary school. LOC **liceo artistico** secondary school specializing in art ◆ **liceo classico** secondary school specializing in Latin and Greek ◆ **liceo linguistico** secondary school specializing in languages ◆ **liceo scientifico** secondary school specializing in scientific subjects ➔ *Vedi nota a* SCUOLA
lieto *agg* happy*: *un film a ~ fine* a film with a happy ending ◊ *il ~ evento* the happy event LOC **molto ~!** pleased to meet you
lievitare *vi* to rise
lievito *sm* yeast LOC **lievito chimico/in polvere** baking powder
light *agg* (*bibita*) diet [*s attrib*]: *Coca-Cola ~* Diet Coke
lilla *agg, sm* lilac: *una sciarpa ~* a lilac scarf
lillà *sm* lilac
lima *sf* file: *~ per le unghie* nail file
limare *vt* to file
limitare ▶ *vt* to limit ▶ **limitarsi** *v rifl* **1** limitarsi in: *limitarsi nel bere* to drink moderately **2** limitarsi a: *Si limiti a rispondere alla domanda.* Just answer the question.
limitato, -a *agg* **1** limited: *un numero ~ di posti* a limited number of places **2** (*persona poco flessibile*) narrow-minded LOC *Vedi* SOCIETÀ; *Vedi anche* LIMITARE
limitazione *sf* limitation
limite *sm* limit: *il ~ di velocità* the speed limit LOC **al limite** if the worst comes to the worst, at a pinch
limonata *sf* lemonade
limone *sm* **1** (*frutto*) lemon **2** (*albero*) lemon tree
limpido, -a *agg* clear
lince *sf* lynx
linea *sf* **1** line: *una ~ retta* a straight line **2** (*fisico*) figure: *mantenere la ~* to keep your figure LOC **in linea d'aria** as the crow flies ◆ **in linea di massima** as a general rule ◆ **linea d'arrivo** finishing line *Vedi anche* ATTENDERE, CADERE, GRANDE, VOLO

lineamenti *sm* features
lineare *agg* linear
lineetta *sf* (*punteggiatura*) dash
lingotto *sm* ingot
lingua *sf* **1** (*Anat*) tongue: *tirar fuori la ~* to stick your tongue out **2** (*linguaggio*) language LOC **avere la lingua lunga** to talk too much ◆ **aver perso la lingua** to have lost your tongue ◆ **di lingua francese, italiana, ecc** French-speaking, Italian-speaking, etc. *Vedi anche* PELO
linguaggio *sm* language LOC **linguaggio dei segni** sign language
linguetta *sf* **1** (*scarpa*) tongue **2** (*busta*) flap **3** (*lattina*) ring pull
linguistica *sf* linguistics [*non numerabile*]
linguistico, -a *agg* linguistic LOC *Vedi* LABORATORIO, LICEO
link *sm* link
lino *sm* **1** (*pianta*) flax **2** (*tela*) linen: *una gonna di ~* a linen skirt
Lione *sf* Lyons
Lipsia *sf* Leipzig
liquidare *vt* **1** (*merci*) to sell* *sth* off **2** (*uccidere*) to bump *sb* off **3** (*faccenda, questione*) to settle
liquidazione *sf* **1** (*svendita*) clearance sale **2** (*pagamento*) severance pay
liquido, -a *agg, sm* liquid: *Mi sono permessi solo alimenti liquidi.* I can only have liquids.
liquirizia *sf* liquorice
liquore *sm* liqueur: *un ~ all'arancia* an orange liqueur
lira *sf* (*moneta*) lira LOC **essere/restare senza una lira** to be broke
lirica *sf* opera
lirico, -a *agg* opera [*s attrib*]: *la stagione lirica* the opera season
Lisbona *sf* Lisbon
lisca *sf* **1** (*pesce*) fishbone **2** (*pronuncia*) lisp
liscio, -a ▶ *agg* **1** smooth **2** (*capelli, whisky*) straight **3** (*acqua*) still
▶ *sm* (*ballo*) ballroom dancing LOC **andare liscio** to go* smoothly ◆ **passarla liscia** to get* away with it
lista *sf* list: *~ della spesa* shopping list LOC **lista d'attesa** waiting list ◆ **lista elettorale** electoral roll ◆ **lista di nozze** wedding list
listino *sm* (*dei prezzi*) price list
lite *sf* row
litigare *vi ~* (**con**) (**per**) **1** (*discutere*) to argue (with *sb*) (about/over *sth*): *Non litigate per questo.* Don't argue over something like that. **2** (*rompere i rapporti*) to fall* out (with *sb*) (about/over *sth*): *Credo che abbia litigato con*

litigio → luccicare

la sua ragazza. I think he's fallen out with his girlfriend.

litigio *sm* quarrel

litro *sm* litre (*abbrev* l): *mezzo ~* half a litre ᗒ *Vedi Appendice 1.*

> In Gran Bretagna e negli USA, il consumo di benzina si calcola in miglia a gallone **miles per gallon (mpg)**: *This car does 40 mpg.* Quest'auto fa 14 chilometri con un litro.

Lituania *sf* Lithuania

lituano, -a *agg, sm-sf, sm* Lithuanian: *i lituani* the Lithuanians ◊ *parlare ~* to speak Lithuanian

livello *sm* **1** level: *~ dell'acqua/del mare* water/sea level **2** (*qualità, preparazione*) standard: *un eccellente ~ di gioco* an excellent standard of play LOC **a livello (di)**: *a ~ personale* on a personal level ◊ *Ci sono notevoli differenze a ~ culturale.* There are big cultural differences. ◊ *C'è molto competitività a ~ di costi.* There's a lot of competition on price. *Vedi anche* PASSAGGIO

livido, -a ▶ *agg* **1** (*di freddo*) blue **2** (*per i lividi*) black and blue
▶ *sm* (*ecchimosi*) bruise

lo¹ *art det* the: *Lo spago si è rotto.* The string broke. ᗒ *Vedi nota a* THE

lo² *pron pers* **1** (*lui*) him: *Lo amo.* I love him. **2** (*cosa*) it: *Vuoi che lo legga?* Shall I read it?

> A volte **lo** non si traduce: *Lo so.* I know. ◊ *Non lo so.* I don't know. ◊ *Te lo dicevo io!* I told you!

loading *sm*: *A fare il ~ ci mette una vita!* It takes ages to load!

locale ▶ *agg* local
▶ *sm* **1** (*vano*) premises [*pl*]: *Il ~ è abbastanza grande.* The premises are quite big. **2** (*di ritrovo*) place; (*discoteca*) club; (*ristorante*) restaurant; (*bar*) bar: *Andiamo in quel nuovo ~ al centro?* Shall we go to that new place in the city centre? LOC **locale notturno** nightclub *Vedi anche* ENTE, MENTE, TRENO

località *sf* **1** (*luogo*) resort: *una ~ turistica* a holiday resort **2** (*luogo*) place

localizzare *vt* to locate: *Hanno localizzato il guasto all'impianto elettrico.* They've located the electrical fault.

locandina *sf* poster

locomotiva *sf* engine

lodare *vt* to praise *sb/sth* (*for sth*)

lode *sf* **1** (*elogio*) praise **2** (*Università*): *laurearsi con 110 e ~* to graduate with first-class honours

loggione *sm* (*Teat*) gods [*pl*] (*informale*), gallery

logica *sf* logic

logico, -a *agg* **1** (*ovvio*): *È ~ che tu ti preoccupi.* It's only natural that you're worried. **2** (*filo, ragionamento*) logical

logoro, -a *agg* worn out

Lombardia *sf* Lombardy

lombardo, -a *agg, sm-sf* Lombard: *i lombardi* the Lombards

lombata *sf* loin: *~ di maiale* loin of pork

lombrico *sm* earthworm

londinese ▶ *agg* London [*s attrib*]
▶ *smf* Londoner: *i londinesi* Londoners

Londra *sf* London

longitudine *sf* longitude: *a 152° di longitudine est* at a longitude of 152° east

lontananza *sf* LOC **in lontananza** in the distance

lontano, -a ▶ *agg* distant: *un luogo/parente ~* a distant place/relative
▶ *avv ~* (**da**) far (away), a long way (away) (*più informale*) (from *sb/sth*): *Non è molto ~ da qui.* It isn't very far (away) from here. ◊ *Casa mia è ~ due chilometri.* My house is two kilometres away. LOC **da lontano** from a distance

lontra *sf* otter

lordo, -a *agg* (*peso, stipendio*) gross LOC *Vedi* PESO

loro¹ *pron pers* **1** (*soggetto*) they: *No, ~ non vengono.* No, they're not coming. **2** (*complemento, nei paragoni*) them: *Dillo a ~.* Tell them. ◊ *Sei più alto di ~.* You're taller than them.

loro² ▶ *agg poss* their: *il ~ insegnante* their teacher ◊ *i ~ libri* their books ❶ Nota che *un loro amico* si traduce **a friend of theirs**.
▶ *pron poss* theirs: *Non è il mio, è il ~.* It's not mine, it's theirs.

losco, -a *agg* dodgy*: *un tipo ~* a dodgy bloke

lotta *sf ~* (**contro/per**) fight (against/for *sb/sth*): *la ~ contro l'inquinamento* the fight against pollution LOC **lotta libera** wrestling

lottare *vi* to fight* (*for/against sb/sth*): *~ per la libertà* to fight for freedom

lottatore, -trice *sm-sf* (*Sport*) wrestler

lotteria *sf* lottery*

lotto *sm* **1** (*terreno*) plot **2** (*lotteria*) lottery* LOC *Vedi* RICEVITORIA

lozione *sf* lotion

Lubiana *sf* Ljubljana

lubrificare *vt* to lubricate

lucchetto *sm* padlock: *chiuso con il ~* padlocked

luccicare *vi* to sparkle LOC *Vedi* ORO

luccichio *sm* gleam

lucciola *sf* firefly LOC **prendere lucciole per lanterne** to get* the wrong end of the stick

luce *sf* **1** light: *accendere/spegnere la ~* to turn the light on/off **2** (*elettricità*) electricity: *Durante il temporale è andata via la ~.* The electricity went off during the storm. LOC **dare alla luce** to give* birth to *sb*: *Ha dato alla ~ una bambina.* She gave birth to a baby girl. ◆ **far luce** to give* off light: *Questa lampada non fa molta ~.* This lamp doesn't give off much light. ◆ **luce del giorno** daylight ◆ **luci di posizione** sidelights ◆ **portare alla luce** to bring* *sth* (out) into the open ◆ **venire alla luce** (*segreto*) to come* to light *Vedi anche* ANNO

lucernario *sm* skylight

lucertola *sf* lizard

lucidalabbra *sm* lip gloss

lucidare *vt* to polish

lucido *sm* **1** (*brillantezza*) shine **2** (*prodotto*) polish LOC **lucido da scarpe** shoe polish ◆ **tirare a lucido** to make* *sth* shine

lucido, -a *agg* **1** (*lucente*) shining **2** (*razionale*) lucid

luglio *sm* July (*abbrev* Jul.) ⊃ *Vedi esempi a* GENNAIO

lugubre *agg* gloomy*

lui *pron pers* (*persona*) **1** (*soggetto*) he: *Lui e Armando sono cugini.* Armando and he are cousins. **2** (*complemento, nei paragoni*) him: *È ~.* It's him. ◇ *È per ~.* It's for him. ◇ *Sei più alta di ~.* You're taller than him.

lumaca *sf* slug LOC *Vedi* PASSO

luminarie *sf* **1** fairy lights **2** (*per Natale*) Christmas lights, illuminations

luminoso, -a *agg* bright: *una stanza luminosa* a bright room

luna *sf* moon LOC **luna crescente/calante** waxing/waning moon ◆ **luna di miele** honeymoon ◆ **luna piena/nuova** full/new moon *Vedi anche* CHIARO

luna park *sm* amusement park

lunare *agg* lunar

lunatico, -a *agg* moody*

lunedì *sm* Monday (*abbrev* Mon.): *~ mattina/pomeriggio* on Monday morning/afternoon ◇ *Il ~ non lavoro.* I don't work on Mondays. ◇ *un ~ sì e uno no* every other Monday ◇ *È successo ~ scorso.* It happened last Monday. ◇ *Ci vediamo ~ prossimo.* I'll see you next Monday. ◇ *Il mio compleanno cade di ~ quest'anno.* My birthday falls on a Monday this year. ◇ *Partano ~ 19 agosto.* They're leaving on Monday 19 August. ❶ Si legge: "Monday the nineteenth of August".

lunghezza *sf* length LOC **lunghezza d'onda** wavelength: *sulla stessa ~ d'onda* on the same wavelength

lungimirante *agg* far-sighted

lungo, -a ▶ *agg* **1** long: *Quant'è ~?* How long is it? ◇ *È ~ cinquanta metri.* It's fifty metres long. **2** (*caffè*) weak

▶ *prep* **1** (*spazio*) along: *~ la costa* along the coast **2** (*tempo*) throughout: *~ il corso della giornata* throughout the day LOC **a lungo** for a long time: *Ho meditato a ~.* I thought about it for a long time. ◇ *Rimani a ~ in Italia?* Are you going to be in Italy for long? ⊃ *Vedi nota a* LONG¹ ◆ **andare per le lunghe** to drag* on ◆ **di gran lunga** by far: *È di gran lunga il più importante.* It's by far the most important. ◆ **farla lunga** to go* on and on ◆ **in lungo e in largo** far and wide: *L'hanno cercato in ~ e in largo.* They searched for him far and wide. ◆ **per lungo** lengthways *Vedi anche* LINGUA, PELO, SALTO, SCADENZA

lungofiume *sm* embankment

lungomare *sm* sea front

lunotto *sm* rear window

luogo *sm* **1** place **2** (*delitto, incidente*) scene: *il ~ del delitto* the scene of the crime LOC **aver luogo** to take* place: *L'incidente ha avuto ~ alle due di notte.* The accident took place at two in the morning. ◆ **dar luogo a** to cause *sth* ◆ **del luogo** local: *le tradizioni del ~* local customs ◆ **fuori luogo** out of place ◆ **in primo, secondo, terzo, ecc luogo** first of all, secondly, thirdly, etc. ◆ **luogo comune** cliché ◆ **luogo di nascita 1** birthplace **2** (*nei moduli*) place of birth ◆ **luogo pubblico** public place

lupo, -a *sm-sf* wolf* ❶ La femmina del lupo si chiama **she-wolf.** LOC **lupo mannaro** werewolf* *Vedi anche* BOCCA, CANE, FAME

lusingare *vt* to flatter

lussare *vt* to dislocate: *lussarsi una spalla* to dislocate your shoulder

lussato, -a *agg* (*spalla*) dislocated *Vedi anche* LUSSARE

lussemburghese ▶ *agg* Luxembourg [*attrib*]

▶ *smf* Luxembourger: *i lussemburghesi* the Luxembourgers

Lussemburgo *sm* Luxembourg

lusso *sm* luxury*: *Non posso permettermi questi lussi.* I can't afford such luxuries. LOC **di lusso** luxury: *un albergo di ~* a luxury hotel

lussuoso, -a *agg* luxurious

lutto *sm* mourning: *essere in/portare il ~* to be in mourning

M m

ma *cong, sm* but: *difficile ma interessante* difficult but interesting

macabro, -a *agg* macabre

macché! *escl* you must be joking!: *"Ha accettato?" "~!"* 'Did he accept?' 'You must be joking!'

maccheroni *sm* macaroni [*non numerabile*]

macchia *sf* **1** stain: *una ~ di grasso* a grease stain **2** (*chiazza*) patch: *macchie di umidità sulla parete* damp patches on the wall **3** (*leopardo*) spot **4** (*vegetazione*) scrub LOC **a macchie** (*animale, pelo*) spotted

macchiare ▶ *vt* to get* sth dirty: *Non ~ la tovaglia.* Don't get the tablecloth dirty.
▶ **macchiarsi** *v rifl* ~ **con/di** to get* covered in sth: *Si sono macchiati di pittura.* They got covered in paint.

macchiato, -a *agg* ~ (**di**) (*imbrattato*) stained (with sth): *Hai la camicia macchiata di vino.* You've got a wine stain on your shirt. ◊ *una lettera macchiata di inchiostro* an ink-stained letter LOC **caffè macchiato** espresso coffee with a little milk, caffe macchiato ⊃ *Vedi nota a* CAFFÈ *Vedi anche* MACCHIARE

macchina *sf* **1** (*apparecchio*) machine **2** (*automobile*) car: *andare in ~* to go by car LOC **battere/scrivere a macchina** to type ♦ **macchina da corsa** racing car ♦ **macchina da cucire** sewing machine ♦ **macchina da presa** cine-camera ♦ **macchina da scrivere** typewriter ♦ **macchina digitale** digital camera ♦ **macchina fotografica** camera *Vedi anche* CIMITERO, INCIDENTE

macchinario *sm* machinery [*non numerabile*]

macchinetta *sf* **1** (*caffettiera*) coffee machine **2** (*per tagliare i capelli*) hair clippers [*pl*] **3** (*per i denti*) brace LOC **macchinetta mangiasoldi** fruit machine ♦ **parlare a macchinetta** to talk non-stop

macchinista *smf* train driver

macedonia *sf* fruit salad

macellaio, -a *sm-sf* butcher

macelleria *sf* butcher's

macello *sm* **1** (*mattatoio*) abattoir **2** (*carneficina*) massacre **3** (*fig, disordine*) mess: *Questa casa è un ~!* This house is a mess! **4** (*fig, incubo*) nightmare: *Il traffico è un ~ oggi.* The traffic's a nightmare today.

macerie *sf* rubble [*non numerabile*]: *ridotto a un cumulo di ~* reduced to a pile of rubble

macho *agg, sm* macho [*agg*]

macinare *vt* **1** (*caffè, grano*) to grind* **2** (*carne*) to mince

macinato, -a ▶ *agg* **1** (*caffè, grano*) ground **2** (*carne*) minced
▶ *sm* (*carne*) mince *Vedi anche* MACINARE

macinino *sm* mill

madre *sf* mother LOC **madre superiora** Mother Superior *Vedi anche* PARTE, ORFANO

madrelingua ▶ *sf* mother tongue: *insegnanti di ~* mother-tongue teachers
▶ *smf* native speaker: *un ~ inglese* a native speaker of English

madreperla *sf* mother-of-pearl

madrina *sf* godmother

maestà *sf* majesty*: *Sua Maestà* His/Her Majesty

maestro, -a *sm-sf* **1** (*insegnante*) (primary school) teacher **2** (*persona abile*) master: *un ~ degli scacchi* a chess master ◊ *Mio padre è un ~ nel fare il tiramisù.* My father's an expert at making tiramisu. **3** (*Mus*) maestro*

mafia *sf* **la mafia** the Mafia

magari ▶ *escl* I wish!: *"Vai in vacanza?" "Magari!"* 'Are you going on holiday?' 'I wish!'
▶ *cong* if only: *Magari potessi andarci!* If only I could go!
▶ *avv* maybe: *Magari non lo sapeva.* Maybe he didn't know.

magazzino *sm* **1** (*edificio*) warehouse **2** (*locale*) storeroom LOC *Vedi* GRANDE

maggio *sm* May ⊃ *Vedi esempi a* GENNAIO

maggioranza *sf* majority*: *ottenere la ~ assoluta* to get an absolute majority LOC **la maggioranza di ...** most (of ...): *La ~ degli inglesi preferisce vivere in campagna.* Most English people prefer to live in the country. ⊃ *Vedi nota a* MOST; *Vedi anche* GRANDE

maggiordomo *sm* butler

maggiore ▶ *agg* **1** (*figlio, fratello, comparativo*) elder; (*superlativo*) eldest ⊃ *Vedi nota a* ELDER **2** (*più grande*) bigger, larger; (*il più grande*) biggest, largest: *una quantità ~* a larger amount ◊ *un aumento ~* a bigger increase ◊ *la ~ azienda della zona* the biggest firm in the area

> **Bigger** e **larger** si usano spesso per indicare la dimensione oggettiva della cosa a cui si riferiscono, e si associano per lo più a nomi concreti. **Larger** si usa in contesti più formali e si preferisce quindi nella lingua scritta. **Greater** e **main** si usano invece quando si

desidera sottolineare anche l'aspetto qualitativo di ciò a cui si fa riferimento, e vengono spesso associati a nomi astratti, suggerendo un'idea di importanza o rilievo.

3 (*più importante*) greater; (*il più importante*) greatest, main: ~ *efficienza* greater efficiency ◊ *Chiedono un ~ coinvolgimento dell'ONU.* They are calling for greater involvement of the UN. ◊ *il ~ rischio* the greatest risk ◊ *la ~ differenza* the main difference **4** (*Mus*) major: *in do ~* in C major
▶ *smf* ~ (**di**) eldest (one) (in/of ...): *Il ~ ha quindici anni.* The eldest (one) is fifteen. ◊ *la ~ delle tre sorelle* the eldest of the three sisters ⊃ *Vedi nota a* ELDER
▶ *sm* (*Mil*) major LOC **a maggior ragione** all the more reason: *A maggior ragione dovresti chiedergli scusa.* All the more reason for you to say you're sorry. ◆ **la maggiore età** majority: *raggiungere la ~ età* to come of age ◆ **la maggior parte (di)** most (of sb/sth): *La maggior parte è cattolica.* Most of them are Catholics. ◆ **per maggiori informazioni ...** for further information ...

maggiorenne ▶ *agg* over eighteen: *Può prendere la patente perché è ~.* He can take his driving test because he's over eighteen. ◊ *Quando sarò ~ potrò votare.* I'll be able to vote when I'm eighteen.
▶ *smf* person* over eighteen: *i maggiorenni* the over-eighteens

magia *sf* **1** magic: ~ *bianca/nera* white/black magic **2** (*incantesimo*) spell: *fare una ~* to cast* a spell LOC **come per magia** as if by magic

magico, -a *agg* magic: *poteri magici* magic powers LOC *Vedi* BACCHETTA

magio *sm* LOC *Vedi* RE

magistrali *sf* (*istituto*) teacher training [*non numerabile*]: *Elena ha fatto le ~ a Pisa.* Elena trained as a teacher in Pisa.

magistrato *sm* magistrate

maglia *sf* **1** (*di lana*) jumper; (*di cotone*) top **2** (*Calcio*) shirt: *la ~ numero 11* the number 11 shirt **3** (*Ciclismo*) jersey: *la ~ gialla* the yellow jersey **4** (*punto*) stitch **5** (*tessuto*) knitting: *fare la ~* to knit LOC *Vedi* LAVORARE, LAVORO

maglietta *sf* **1** T-shirt **2** (*intima*) vest

maglione *sm* (thick) jumper

magma *sm* magma

magnate *sm* tycoon, magnate (*più formale*)

magnetico, -a *agg* magnetic

magnetismo *sm* magnetism

magnifico, -a *agg, escl* wonderful: *Il tempo era ~.* The weather was wonderful. ◊ *una nuotatrice magnifica* a wonderful swimmer

mago, -a *sm-sf* **1** magician **2** (*nelle fiabe*) wizard [*fem* sorceress] LOC **essere un mago (di qc)** be brilliant (with sth): *Mio cugino è un mago del computer.* My cousin's brilliant with computers.

magro, -a *agg* **1** thin, slim

Thin è il termine generico per descrivere persone magre. Slim si usa per riferirsi a persone snelle ed ha una connotazione positiva. La parola skinny ha il significato di *gracile* e può avere una connotazione negativa.

2 (*carne*) lean LOC **magro come un chiodo** as thin as a rake

mai *avv* never, ever

Never si usa quando il verbo in inglese è nella forma affermativa: *Non sono mai stato a Parigi.* I've never been to Paris. Ever si usa quando nella frase c'è una negazione: *Non succede mai nulla.* Nothing ever happens. ◊ *senza mai vedere il sole* without ever seeing the sun. Viene usato anche nelle domande: *Ci sei mai stato?* Have you ever been there? *Vedi nota a* ALWAYS

LOC **come, perché, dove, chi, ecc mai** how, why, where, who, etc. on earth: *Perché ~ non me l'hai detto?* Why on earth didn't you tell me? ◆ **mai e poi mai** never ever ◆ **mai più** never again ◆ **più che mai** more than ever: *Oggi fa più caldo che ~.* It's hotter than ever today.

maiale *sm* **1** (*animale*) pig

Pig è il nome generico. Boar si riferisce solo al maschio e il plurale è "boar" oppure "boars". La scrofa si chiama sow e il maialino piglet.

2 (*carne*) pork: *lombata di ~* loin of pork ⊃ *Vedi nota a* CARNE

mailing list *sf* mailing list

maionese *sf* mayonnaise

mais *sm* **1** (*pianta*) maize **2** (*in scatola*) sweetcorn

maiuscolo ▶ *agg* capital, upper case (*più formale*): *"M" maiuscola* a capital 'M'
▶ maiuscola *sf* capital letter, upper-case letter (*più formale*) LOC **in maiuscolo** in capitals

malafede *sf* bad faith

malalingua *sf* gossip

malandato, -a *agg* shabby*

malapena *sf* LOC **a malapena** hardly

malato, -a ▶ *agg* ill, sick

Ill e sick significano entrambi *malato*, ma non sono intercambiabili. **Ill** si trova sempre dopo un verbo: *È gravemente malata*. She is seriously ill. **Sick** si trova generalmente prima di un sostantivo: *curare un animale malato* to look after a sick animal e si usa spesso per parlare di assenze da scuola o dal lavoro: *Due miei colleghi sono malati*. Two of my colleagues are off sick. Nota che **sick** può anche avere il significato di *avere la nausea*: *Ho la nausea*. I feel sick.

▶ *sm-sf* **1** sick person* ❶ Quando ci si riferisce all'insieme dei malati si dice **the sick**: *curare i malati* to look after the sick. **2** (*paziente*) patient LOC **essere malato di cuore, fegato, ecc** to have heart, liver, etc. trouble ◆ **malato di mente** mentally ill

malattia *sf* **1** illness: *Si è appena ripreso da una grave ~.* He has just recovered from a serious illness. **2** (*infettiva, contagiosa*) disease: *~ ereditaria* hereditary disease ⊃ *Vedi nota a* DISEASE

malavita *sf* underworld

malavoglia *sf* LOC **di malavoglia** reluctantly

Malaysia *sf* Malaysia

malaysiano, -a *agg, sm-sf* Malaysian: *i malaysiani* the Malaysians

malconcio, -a *agg* shabby*

maldestro, -a *agg* clumsy*

male¹ *avv* badly: *comportarsi/parlare ~* to behave/speak badly ◊ *un lavoro pagato ~ a* badly paid job ◊ *La radio non funziona ~.* The radio doesn't work properly. LOC **non essere male**: *Quella giacca non è ~.* That jacket's not bad. ◆ **restare/rimanere male 1** (*deluso*) to be disappointed **2** (*offeso*) to be hurt ◆ **stare/sentirsi male** to be/feel* ill

male² *sm* **1** (*malvagità*) evil **2** (*danno*) harm: *Che ~ c'è?* Where's the harm in that? ◊ *Non c'è nulla di ~.* There's no harm in it. LOC **andare a male** to go* off ◆ **andato a male** off: *Il latte è andato a ~.* The milk's off. ◆ **andare di male in peggio** to go* from bad to worse ◆ **fare male 1** (*dolore*) to hurt: *Vedrai, non ti farà ~.* This won't hurt (you) at all. ◊ *Mi fa ~ la gamba/schiena.* My leg/back hurts. ◊ *Mi fa ~ la testa.* I've got a headache. **2** (*agire in modo errato*) to be wrong (*to do sth*): *Hai fatto ~ a dirglielo.* You were wrong to tell him. **3** (*essere nocivo*) to be bad for you: *Fumare fa ~.* Smoking is bad for you. ◆ **fare del male a** to hurt *sb*: *Un po' di lavoro non ha mai fatto ~ a nessuno*. A little work never hurt anybody. ◆ **mal d'aria** airsickness ◆ **mal d'auto** carsickness ◆ **mal di gola** sore throat ◆ **mal di mare** seasickness ◆ **mal di pancia/stomaco** tummy/stomach ache ◆ **mal di testa/denti/orecchi** headache/toothache/earache

maledetto, -a *agg* damn: *Dov'è quel ~ libro?* Where's that damn book? *Vedi anche* MALEDIRE

maledire *vt* to curse

maledizione *sf* **1** curse **2** (*disastro*) disaster; (*persona*) pain: *La siccità è una vera ~ per gli agricoltori.* The drought is an absolute disaster for the farmers. ◊ *Quell'uomo è una vera ~!* That man is such a pain!

maleducato, -a *agg, sm-sf* rude [*agg*]: *Che bambini maleducati!* What rude children! ◊ *Lui è un ~.* He's so rude.

maleducazione *sf* bad manners [*pl*]

malessere *sm* **1** (*indisposizione*): *Ho avuto un leggero ~.* I didn't feel very well. **2** (*disagio*) unease

malfermo, -a *agg* unsteady

malgrado ▶ *prep* in spite of: *Siamo andati ~ la pioggia*. We went in spite of the rain.
▶ *cong* although: *~ fosse rischioso* ... Although it was risky...

maligno, -a *agg* **1** (*persona*) malicious **2** (*Med*) malignant

malinconia *sf* melancholy

malinconico, -a *agg* sad*

malincuore LOC **a malincuore** reluctantly

malinteso *sm* misunderstanding: *C'è stato un ~.* There's been a misunderstanding.

malizioso, -a *agg* **1** (*cattivo*) wicked **2** (*sguardo, sorriso*) mischievous

malocchio *sm* evil eye: *lanciare il ~ a qn* to put the evil eye on sb

Malta *sf* Malta

maltempo *sm* bad weather

maltese *agg, smf, sm* Maltese: *i maltesi* the Maltese ◊ *parlare ~* to speak Maltese

maltrattamento *sm* ill-treatment [*non numerabile*]: *Hanno subito maltrattamenti in carcere.* They were subjected to ill-treatment in prison.

maltrattare *vt* to ill-treat

malumore *sm* LOC **essere di malumore** to be in a bad mood

malvagio, -a *agg* wicked

malvolentieri *avv* unwillingly: *fare qc ~* to do sth unwillingly

mamma *sf* mum ❶ I bambini dicono spesso **mummy**. LOC **mamma mia!** good heavens! *Vedi anche* FESTA

mammifero *sm* mammal

manager *smf* manager

manata sf (schiaffo) slap

mancanza sf 1 ~ di (assenza) lack of sth: *la sua completa ~ di ambizione/iniziativa* his total lack of ambition/initiative ◊ *~ di fondi* lack of funds 2 (difetto) shortcoming LOC **in mancanza di meglio** for want of anything better ◆ **mancanza di educazione** rudeness: *Questa è ~ di educazione!* How rude! ◆ **sentire la mancanza di** to miss sb/sth: *Sento la ~ degli amici/del mare.* I miss my friends/the sea.

mancare ▶ vi 1 (non esserci) to be missing: *Manca qualcuno?* Is there anybody missing? 2 (venir meno): *Mi mancano le forze.* I've got no strength. ◊ *È mancata la luce.* The electricity went off. 3 ~ di to lack sth [vt]: ~ *d'iniziativa* to lack initiative 4 ~ a qn: *Mi manchi.* I miss you. 5 ~ a qc to miss sth: ~ *a una lezione* to miss a class 6 (tempo, spazio): *Mancano dieci minuti (alla fine della lezione).* There are ten minutes to go (till the end of the lesson). ◊ *Quanto manca all'arrivo?* How long is it till we arrive? ▶ vt to miss: ~ *il bersaglio* to miss the target LOC **ci è mancato poco che ...** I, you, etc. almost ... : *Ci è mancato poco che cadesse.* He almost fell. ◆ **ci mancava anche questa!** that's all I/we need! ◆ **gli manca una rotella** he has a screw loose ◆ **mancare alla parola** to break* your word ◆ **mancare di rispetto** to be disrespectful *to sb*

mancia sf tip: *Lasciamo la ~?* Shall we leave a tip? ◊ *Gli ho dato tre sterline di ~.* I gave him a three-pound tip.

manciata sf handful: *una ~ di riso* a handful of rice

mancino, -a agg left-handed: *Sono ~.* I'm left-handed.

mandarancio sm clementine

mandare vt 1 (inviare) to send*: *Gli ho mandato una lettera/un e-mail/un sms.* I've sent him a letter/an email/a text message. ◊ *Il ministero ha mandato un ispettore.* The ministry has sent an inspector. 2 (portare) to have sth done: *Lo manderò a lavare.* I'm going to have it cleaned. LOC **mandare avanti 1** (famiglia) to support 2 (azienda) to keep* sth going ◆ **mandare via** to get* rid of sb/sth ➪ Per altre espressioni con **mandare** vedi alla voce del sostantivo, dell'aggettivo, ecc, ad es. **mandare all'aria** a ARIA.

mandarino sm mandarin

mandata sf (di chiave) turn

mandato sm 1 (incarico) mandate 2 (Dir) warrant: *un ~ di cattura* an arrest warrant ◊ *un ~ di perquisizione* a search warrant

mandibola sf jaw

mandolino sm mandolin

mandorla sf almond

mandorlo sm almond tree

mandria sf herd

maneggiare vt to handle: ~ *un'arma* to handle a weapon

maneggio sm (scuola) riding school

manesco, -a agg violent

manette sf handcuffs: *mettere le ~ a qn* to handcuff sb

manga sm manga

manganello sm truncheon

mangiare vt 1 to eat*: *Dovresti ~ qualcosa prima di uscire.* You should have something to eat before you go out. ◊ *Non ho voglia di ~.* I don't feel like eating. ◊ *mangiarsi un panino* to eat a sandwich ◊ *Le zanzare mi hanno mangiato vivo.* I've been eaten alive by mosquitoes. 2 (fare un pasto) to have lunch/dinner: *A che ora mangiamo?* What time are we going to have lunch/dinner? ◊ *Che cosa c'è da ~?* What's for lunch/dinner? 3 (Scacchi, Dama) to take* LOC **dar da mangiare a** to feed* sb/sth ◆ **fare da mangiare** to cook ◆ **mangiarsi le unghie** to bite* your nails *Vedi anche* FEGATO, ROBA

mangiasoldi agg LOC *Vedi* MACCHINETTA

mangiata sf: *fare una ~ di dolci* to stuff yourself with sweets

mangiatoia sf manger

mangione, -a ▶ agg greedy*
▶ sm-sf big eater

mangiucchiare vt to nibble

mango sm mango*

mania sf quirk: *Ognuno ha le sue piccole manie.* Everybody's got their own little quirks. ◊ *È proprio una ~!* You're obsessed with it! LOC **avere la mania di fare qc** to have the strange habit of doing sth

maniaco, -a sm-sf 1 maniac 2 essere un ~ di qc to be obsessive about sth: *È una maniaca della pulizia.* She's obsessive about cleanliness. ◊ *È un ~ del calcio.* He's an obsessive football fan.

manica sf sleeve: *una camicia a maniche lunghe/corte* a long-sleeved/short-sleeved shirt LOC **senza maniche** sleeveless

manichino sm dummy*

manico sm handle ➪ *Vedi illustrazione a* SAUCEPAN, MUG

manicomio sm 1 psychiatric hospital 2 (caos) madhouse: *Questa casa è un vero ~!* It's a madhouse in here!

manicure sf 1 (persona) manicurist 2 (trattamento) manicure

maniera → marcia

maniera *sf* **1** ~ (**di**) way (of *doing sth*): *la sua ~ di parlare/vestire* her way of speaking/dressing **2 maniere** manners: *buone maniere* good manners

manifestare ▶ *vt* **1** (*opinione, desiderio*) to express **2** (*interesse*) to show* ▶ *vi* – **contro/a favore di qc** to demonstrate against/in favour of sth ▶ **manifestarsi** *v rifl* (*malattia*) to appear

manifestazione *sf* **1** (*protesta*) demonstration **2** (*di sentimento*) show: *una ~ di affetto* a show of affection **3** (*spettacolo*) event: *una ~ sportiva* a sporting event

manifesto *sm* **1** (*poster*) poster **2** (*Pol, Letteratura*) manifesto*

maniglia *sf* handle

manipolare *vt* **1** (*disonestamente*) to manipulate: *~ i risultati delle elezioni* to manipulate the election results **2** (*toccare*) to handle: *~ il cibo* to handle food

mannaro *agg* LOC *Vedi* LUPO

mano *sf* **1** hand: *Alza la ~.* Put your hand up. ◊ *essere in buone mani* to be in good hands **2** (*vernice*) coat LOC **a mani vuote** empty-handed ♦ **a mano** (*manualmente*) by hand: *Bisogna lavarlo a ~.* It has to be hand-washed. ◊ *fatto a ~* handmade ♦ **a mano a mano, mano mano** gradually, little by little: *Man ~ le cose miglioreranno.* Things will gradually get better. ♦ **avere le mani bucate** to spend* money like water ♦ **dare la mano a 1** (*tenere*) to hold* *sb's* hand: *Dammi la ~.* Hold my hand. **2** (*per salutare*) to shake* hands with *sb*: *Si sono dati la ~.* They shook hands. ◊ *Gli ha dato la ~.* He shook hands with him. ♦ **dare una mano a** to give* *sb* a hand ♦ **farci/prenderci la mano** to get* the hang of it ♦ **mani in alto!** hands up! ♦ **mano ferma** firm hand ♦ **mano nella mano** hand in hand (*with sb*): *Camminavano ~ nella ~.* They were walking along hand in hand. ♦ **prendere con le mani nel sacco** to catch* *sb* red-handed ♦ **prendere in mano la situazione** to take* matters into your own hands ♦ **sotto mano** to hand: *Ce l'hai il vocabolario sotto ~?* Have you got your dictionary to hand? ◊ *Quando mi capita sotto ~, te lo dico.* When it turns up, I'll tell you. ♦ **stare con le mani in mano**: *Non star lì con le mani in ~. Fa' qualcosa.* Don't just stand there! Do something. ♦ **tenersi per mano** to hold* hands ♦ **venire alle mani** to come* to blows (*with sb*) *Vedi anche* AGGRESSIONE, BAGAGLIO, BATTERE, FRENO, FUORI, GIÙ, LAVARE, PORTATA, PRIMO, RAPINA, SALUTARE [1], SCRIVERE, SECONDO, SFUGGIRE, STRETTA, STRINGERE

manodopera *sf* labour

manopola *sf* **1** (*pomello*) knob **2** (*guanto*) mitten

manoscritto, -a *agg, sm* manuscript

manovale *sm* labourer

manovella *sf* handle

manovra *sf* manoeuvre LOC **fare manovra** (*auto*) to manoeuvre

manovrare *vt* **1** (*auto*) to manoeuvre **2** (*macchinario*) to operate **3** (*persona*) to manipulate: *Non farti ~.* Don't let yourself be manipulated.

mansarda *sf* attic

mantella *sf* cape

mantello *sm* **1** (*indumento*) cloak **2** (*animale*) coat

mantenere ▶ *vt* **1** to keep*: *~ un segreto* to keep a secret ◊ *~ la linea* to keep your figure ◊ *~ i contatti* to keep in touch **2** (*economicamente*) to support: *~ una famiglia di otto persone* to support a family of eight ▶ **mantenersi** *v rifl* **1** (*economicamente*) to support yourself **2** (*rimanere*) to stay: *mantenersi in forma* to keep fit

Mantova *sf* Mantua

mantovano, -a *agg, sm-sf* Mantuan: *i mantovani* the Mantuans

manuale *agg, sm* manual: *~ di istruzioni* instruction manual ◊ *una macchina col cambio ~* a manual car LOC *Vedi* LAVORO

manubrio *sm* (*bicicletta*) handlebars [*pl*]

manutenzione *sf* maintenance

manzo *sm* **1** (*animale*) bullock **2** (*carne*) beef

mappa *sf* map

mappamondo *sm* **1** (*globo*) globe **2** (*cartina*) map of the world

maratona *sf* marathon

marca *sf* **1** (*detersivo, abbigliamento, cibo*) brand: *una ~ di jeans* a brand of jeans **2** (*auto, elettrodomestico*) make: *Di che ~ è il tuo computer?* What make of computer have you got? LOC **di marca**: *prodotti di ~* brand-name goods ♦ **marca da bollo** stamp

marcare *vt* (*Sport*) to mark

marcato, -a *agg* strong*: *Parla con un ~ accento romano.* She speaks with a strong Roman accent. *Vedi anche* MARCARE

Marche *sf* **le Marche** the Marches

marchese, -a *sm-sf* marquis [*fem* marchioness]

marchiare *vt* to brand

marchio *sm* LOC **marchio di fabbrica** trademark ♦ **marchio registrato** registered trademark

marcia *sf* **1** (*Mil, Mus*) march **2** (*Mecc*) gear: *cambiare ~* to change gear ◊ *un'auto a cinque marce* a car with a five-speed gearbox LOC **fare marcia indietro 1** to reverse **2** (*fig*) to do* a U-turn

marciapiede *sm* pavement

marciare *vi* to march

marcio, **-a** *agg* rotten: *una mela marcia* a rotten apple

marcire *vi* to rot*

mare *sm* **1** sea **2** (*località*): *Adoro il ~.* I love the seaside. ◊ *Quest'estate voglio andare al ~.* I want to go to the seaside this summer. ❶ In inglese **sea** si scrive maiuscolo quando è nome proprio: *il mar Nero* the Black Sea. LOC **un mare di ...** loads of ... : *un ~ di gente* loads of people ♦ **via mare** by sea *Vedi anche* ALTO, FRUTTO, MALE², RICCIO, RIVA, TELA

marea *sf* **1** tide: *alta/bassa ~* high/low tide ◊ *Si è alzata/abbassata la ~.* The tide has come in/gone out. **2** (*gran quantità*): *una ~ di gente* a mass of people

mareggiata *sf* swell: *una forte ~* a heavy swell

maremoto *sm* tidal wave

margarina *sf* margarine

margherita *sf* daisy*

margine *sm* **1** margin: *note a ~* notes written in the margin ◊ *~ di guadagno* profit margin **2** (*di strada, bosco*) edge: *al ~ del bosco* at the edge of the forest LOC **ai margini della società** on the fringes of society

marina *sf* navy* [*v sing o pl*]: *arruolarsi in ~* to join the navy LOC **marina mercantile** merchant navy*

marinaio *sm* sailor

marinare *vt* (*Cucina*) to marinate LOC **marinare la scuola** to play truant

marino, **-a** *agg* **1** (*uccello, sale, brezza*) sea [*s attrib*] **2** (*pianta*) marine: *flora e fauna marine* marine life LOC *Vedi* CAVALLUCCIO

marionetta *sf* puppet

marito *sm* husband

marketing *sm* marketing

marmellata *sf* **1** jam: *~ di pesche* peach jam **2** (*di agrumi*) marmalade

marmitta *sf* (*auto, moto*) silencer LOC **marmitta catalitica** catalytic converter

marmo *sm* marble LOC **di marmo** marble: *una statua di ~* a marble statue

marocchino, **-a** *agg, sm-sf* Moroccan: *i marocchini* the Moroccans

Marocco *sm* Morocco

marrone *agg, sm* brown ➲ *Vedi esempi a* GIALLO

Marsiglia *sf* Marseilles

marsupio *sm* **1** (*canguro*) pouch **2** (*per neonati*) sling **3** (*borsello*) bumbag

Marte *sm* Mars

martedì *sm* Tuesday (*abbrev* Tue., Tues.) ➲ *Vedi esempi a* LUNEDÌ LOC **martedì grasso** Shrove Tuesday

> Il martedì grasso si chiama anche **Pancake Day** perché per tradizione in questo giorno si mangiano le crêpe con succo di limone e zucchero.

martello *sm* hammer LOC **martello pneumatico** pneumatic drill

martire *smf* martyr

marzapane *sm* marzipan

marziale *agg* martial: *arti marziali* martial arts

marziano, **-a** *agg, sm-sf* Martian: *Mi guardavano come se fossi un ~.* They looked at me as if I were from another planet.

marzo *sm* March (*abbrev* Mar.) ➲ *Vedi esempi a* GENNAIO

mascara *sm* mascara: *darsi/mettersi il ~* to apply mascara

mascella *sf* jaw

maschera *sf* **1** mask: *~ antigas* gas mask **2** (*costume*) fancy dress [*non numerabile*]: *una festa in ~* a fancy-dress party **3** (*Cine*) usher [*fem* usherette] LOC *Vedi* BALLO

mascherare ▶ *vt* to mask ▶ **mascherarsi** *v rifl* **mascherarsi (da)** (*per una festa*) to dress up (as sb/sth): *Si è mascherata da fatina.* She dressed up as a fairy.

maschietto *sm* little boy: *Ha avuto un ~.* She's had a little boy.

maschile ▶ *agg* **1** (*caratteristica, pubblico*) male: *la popolazione ~* the male population **2** (*Sport, abbigliamento*) men's: *i 100 metri maschili* the men's 100 metres **3** (*Gramm*) masculine
▶ *sm* (*Gramm*) masculine ➲ *Vedi nota a* FEMALE

maschilismo *sm* sexism

maschilista *agg, smf* sexist

maschio *agg, sm* **1** male: *È un ~ o una femmina?* Is it male or female? ➲ *Vedi nota a* FEMALE **2** (*figlio*) boy

mascotte *sf* mascot

massa *sf* **1** mass: *~ atomica* atomic mass ◊ *una ~ di neve* a mass of snow **2** (*gruppo*) bunch: *una ~ di imbroglioni* a bunch of crooks LOC **di massa** mass: *cultura/movimento di ~* mass culture/movement

massacro *sm* massacre: *fare un ~* to carry out a massacre

massaggio *sm* massage: *Mi faresti un ~ alla schiena?* Can you massage my back for me?

massiccio, -a ▶ *agg* **1** (*intenso*) huge, massive (*più formale*): *un'affluenza massiccia di turisti* a huge influx of tourists **2** (*oggetto*) solid: *oro ~* solid gold
▶ *sm* (*Geog*) massif

massimo, -a ▶ *agg* **1** (*maggiore*) maximum: *il carico ~* the maximum load **2** (*notevole*) utmost: *della massima importanza* of the utmost importance
▶ *sm* maximum: *un ~ di dieci persone* a maximum of ten people ◊ *il ~ della pena* the maximum sentence
▶ **massima** *sf* **1** (*temperatura*) maximum temperature: *La ~ è stata di 35°*. The maximum temperature was 35°. **2** (*detto*) maxim LOC **al massimo 1** (*livello più elevato*): *Dobbiamo sfruttare al ~ le risorse.* We must make maximum use of our resources. **2** (*tutt'al più*): *Avrà al ~ quarant'anni.* She must be 40 at the most. ◊ *Sarò di ritorno al ~ alle sette.* I'll be back at seven at the latest. ◊ *Abbiamo al ~ dieci giorni per pagare.* We've got a maximum of ten days in which to pay. *Vedi anche* ALTEZZA, LINEA

masticare *vt* **1** to chew **2** (*parlare una lingua*): *~ un po' di spagnolo* to have a smattering of Spanish LOC *Vedi* GOMMA

masturbarsi *v rifl* to masturbate

matematica *sf* mathematics (*abbrev*) maths (*più informale*) [*non numerabile*]: *È bravo in ~.* He's good at maths.

matematico, -a ▶ *agg* mathematical
▶ *sm-sf* mathematician

materassino *sf* **1** (*palestra*) mat **2** (*campeggio, spiaggia*) air bed

materasso *sm* mattress ⊃ *Vedi illustrazione a* LETTO

materia *sf* **1** (*sostanza*) matter **2** (*disciplina, argomento*) subject: *Sono stato bocciato in due materie.* I've failed two subjects. ◊ *Non sono un esperto in ~.* I'm not an expert on the subject. LOC **materia prima** raw material

materiale ▶ *agg* material
▶ *sm* (*materia, dati*) material: *un ~ ignifugo* fire-resistant material LOC **materiale didattico** teaching materials [*pl*]

materialista ▶ *agg* materialistic
▶ *smf* materialist

maternità *sf* **1** (*condizione*) motherhood, maternity (*formale*) **2** (*reparto*) maternity ward **3** (*congedo*) maternity leave

materno, -a *agg* **1** motherly, maternal (*più formale*): *amore ~* motherly love **2** (*parente*) maternal: *nonno ~* maternal grandfather
LOC *Vedi* SCUOLA

matita *sf* pencil: *matite colorate* coloured pencils LOC **a matita** in pencil

matricola *sf* **1** (*studente*) fresher **2** (*soldato*) new recruit **3** *numero di ~* registration number

matricolato, -a *agg* out-and-out: *un bugiardo ~* an out-and-out liar

matrigna *sf* stepmother

matrimoniale *agg* LOC *Vedi* AGENZIA, LETTO

matrimonio *sm* **1** (*unione*) marriage **2** (*cerimonia*) wedding: *anniversario di ~* wedding anniversary ◊ *Domani andiamo a un ~.* We're going to a wedding tomorrow.

> Wedding si riferisce alla cerimonia, **marriage** di solito si riferisce al matrimonio come istituzione. In Gran Bretagna le nozze si possono celebrare in *chiesa* (a **church wedding**) o in *municipio* (a **registry office wedding**), o anche in un luogo meno convenzionale come ad esempio un albergo. La *sposa* (**bride**) è seguita dalle *damigelle d'onore* (**bridesmaids**). Lo *sposo* (**groom**) è accompagnato dal *testimone* (**best man**, di solito il suo migliore amico). Normalmente la sposa entra al braccio del padre. Dopo la cerimonia si dà un *ricevimento* (a **reception**).

LOC *Vedi* PROPOSTA

mattatoio *sm* slaughterhouse

matterello *sm* rolling pin

mattina *sf* morning: *la ~ seguente* the following morning ◊ *L'esame è lunedì ~.* The exam is on Monday morning. ⊃ *Vedi nota a* MORNING

mattino *sm* morning: *di buon ~* early in the morning ⊃ *Vedi nota a* MORNING

matto, -a ▶ *agg* mad: *Vado ~ per la cioccolata.* I'm mad about chocolate.
▶ *sm-sf* madman*/woman* LOC *Vedi* SCACCO

mattone *sm* brick

mattonella *sf* tile

mattutino, -a *agg* morning [*s attrib*]

maturare *vi* **1** (*frutta*) to ripen **2** (*persona*) to mature

maturità *sf* **1** maturity **2** (*Scuola*) school-leaving examination

maturo, -a *agg* **1** (*frutta*) ripe **2** (*persona*) mature: *Gianni è molto ~ per la sua età.* Gianni is very mature for his age.

mazza *sf* **1** (*Golf*) club **2** (*Cricket, ecc*) bat: *~ da baseball* baseball bat

mazzo *sm* **1** (*chiavi, fiori*) bunch: *un ~ di rose* a bunch of roses **2** (*Carte*) pack

me *pron pers* me: *È per me?* Is it for me? ◊ *Li ha dati a me.* She gave them to me. ◊ *Non mi piace parlare di me.* I don't like talking about myself. ◊ *Per me puoi fare quello che ti pare.* You can do what you like as far as I'm concerned.

meccanica sf mechanics [non numerabile]
meccanico, -a ▶ agg mechanical
 ▶ sm mechanic
meccanismo sm mechanism: *il ~ di un orologio* a watch mechanism
medaglia sf **1** (*distintivo*) medal: *~ d'oro* gold medal **2** (*atleta*) medallist: *È stato ~ d'oro alle Olimpiadi.* He's an Olympic gold medallist. LOC *Vedi* ROVESCIO
media sf **1** average **2** (*Mat*) mean **3** (*Scuola*) **le medie** middle school LOC **di/in media** on average
mediatico, -a agg media [s attrib]: *un avvenimento ~* a media event
mediatore, -trice sm-sf **1** (*intermediario*) mediator: *L'ONU ha fatto da ~ nel conflitto.* The UN acted as a mediator in the conflict. **2** (*Comm*) middleman*
medicare vt **1** (*ferita*) to dress **2** (*ferito*) to treat
medicazione sf dressing: *cambiare la ~* to change a dressing
medicina sf medicine: *prescrivere una ~* to prescribe some medicine ◊ *studiare ~* to study medicine LOC **medicina legale** forensic medicine
medicinale ▶ agg medicinal
 ▶ sm medicine
medico, -a ▶ agg medical: *un controllo ~* a medical examination
 ▶ sm doctor: *andare dal ~* to go to the doctor's LOC **medico generico** general practitioner (*abbrev* GP) *Vedi anche* GUARDIA
medievale agg medieval
medio, -a ▶ agg **1** (*dimensioni, taglia*) medium: *di grandezza media* of medium size **2** (*regolare*) average: *di statura/d'intelligenza media* of average height/intelligence
 ▶ sm (*dito*) middle finger *Vedi anche* DURATA, ORIENTE, SCUOLA
mediocre agg **1** (*film, musicista*) mediocre: *un attore ~* a mediocre actor **2** (*voto, rendimento*) poor: *Ha avuto dei voti mediocri.* His marks have been poor.
Medioevo sm Middle Ages [*pl*]
meditare vi to meditate
mediterraneo, -a ▶ agg Mediterranean
 ▶ sm **il Mediterraneo** the Mediterranean
medusa sf jellyfish*
meglio ▶ avv **1** better (*than sb/sth*): *Mi sento molto ~.* I feel much better. ◊ *Canti ~ di me.* You're a better singer than me. **2** (*uso superlativo*) best: *gli atleti ~ preparati* the best-prepared athletes
 ▶ agg better: *Il tuo è ~ di questo.* Yours is better

than this. ◊ *Sarà ~ che tu vada.* You'd better go now.
 ▶ sm best: *Ho fatto del mio ~.* I did my best. ◊ *E non ti ho detto il ~!* I still haven't told you the best bit! LOC **meglio tardi che mai** better late than never *Vedi anche* SEMPRE
mela sf apple ◘ *Vedi illustrazione a* FRUTTA
 LOC **mela cotogna** quince
melanzana sf aubergine
melma sf slime
melo sm apple tree
melodia sf tune
melone sm melon
membro sm **1** member **2** (*Anat*) limb
memorabile agg memorable
memoria sf **1** memory*: *Hai buona ~.* You've got a good memory. ◊ *perdere la ~* to lose your memory **2 memorie** (*autobiografia*) memoirs LOC **a memoria** by heart: *imparare/sapere qc a ~* to learn/know something by heart ♦ **fare memoria** to try* to remember ♦ **in memoria di** in memory of *sb/sth*
memorizzare vt **1** to memorize **2** (*Informatica*) to store
menadito LOC **a menadito** by heart
menare vt LOC **menare il can per l'aia** to beat* about the bush
mendicante smf beggar
mendicare vt, vi to beg* (for *sth*): *~ qualcosa da mangiare* to beg for food
meninge sf LOC *Vedi* SPREMERE
meno ▶ avv **1** less (*than sb/sth*); not so much/many (*as sb/sth*): *Leggo ~ di una volta.* I read less than I used to. ◊ *Mi ci è voluto ~ di quanto pensassi.* It took me less (time) than I thought. ◊ *Dovresti lavorare ~.* You shouldn't work so much. ◊ *Dammene di ~.* Don't give me so much. **2** (*uso superlativo*) least: *il ~ caro* the least expensive ◊ *il ~ possibile* as little as possible **3** (*Mat, temperatura, tempo*) minus: *Il termometro segna ~ dieci.* It's minus ten. ◊ *Sette ~ tre fa quattro.* Seven minus three is four. ◊ *Sono le due ~ cinque.* It's five to two.
 ▶ agg less (*than sb/sth*): *Consuma ~ energia.* It uses less energy.

> Con sostantivi numerabili è più corretto usare **fewer**, nonstante si usi spesso **less**: *meno gente/macchine/errori* fewer people/cars/mistakes. *Vedi nota a* LESS

 ▶ prep except: *Sono venuti tutti ~ Andrea.* Everybody came except Andrea.
 ▶ sm **1** the least: *È il ~ che possa fare.* It's the least I can do! **2** (*Mat*) minus (sign) LOC **a meno che** unless: *a ~ che smetta di piovere*

unless it stops raining ◆ **di meno** less ◆ **fare a meno di** to do* without *sth* ◆ **meno male!** it's a good job! ◆ **per lo meno** at least *Vedi anche* PIÙ, QUARTO, SEMPRE

menopausa *sf* menopause

mensa *sf* canteen

mensile ▶ *agg* monthly
▶ *sm* **1** (*stipendio*) salary* **2** (*rivista*) monthly* (magazine)

mensilmente *avv* monthly: *Ci pagano ~.* We're paid monthly.

mensola *sf* **1** (*ripiano*) shelf* **2** (*caminetto*) mantelpiece

menta *sf* mint

mentale *agg* mental LOC *Vedi* BLOCCO

mentalità *sf* mentality* LOC **di mentalità aperta/ristretta** open-minded/narrow-minded

mente *sf* mind: *Hai in ~ qualcosa?* Do you have anything in mind? LOC **fare mente locale** to try* to remember ◆ **passare di mente**: *Mi è completamente passato di ~.* I completely forgot about it. ◆ **scappare/sfuggire di mente** to slip* your mind ◆ **venire in mente** to occur* to *sb*: *Mi è appena venuto in ~ che ...* It has just occurred to me that ... ◊ *Ti viene in ~ qualcosa?* Can you think of anything? *Vedi anche* MALATO, SANO

mentina *sf* mint

mentire *vi* to lie* ➔ *Vedi nota a* LIE²

mento *sm* chin

mentre *cong* while: *Canta ~ dipinge.* He sings while he paints. ◊ *A me piace il caffè ~ lei preferisce il tè.* I drink coffee while she prefers tea.

menu *sm* menu: *Non era sul ~.* It wasn't on the menu. LOC **menu fisso** set menu ◆ **menu a tendina** drop-down menu

meraviglia *sf* wonder LOC **andare a meraviglia** to go* marvellously ◆ **che meraviglia!** how wonderful!

meravigliare ▶ *vt* to amaze ▶ **meravigliarsi** *v rifl* **meravigliarsi (a/di)** to be amazed (at *sth*/to do *sth*): *Si meravigliò di vedermi.* She was amazed to see me. LOC **non c'è da meravigliarsi** it's no wonder

meraviglioso, -a *agg* wonderful

mercantile *agg* LOC *Vedi* MARINA

mercatino *sm* street market

mercato *sm* market: *L'ho comprato al ~.* I bought it at the market. LOC **a buon mercato 1** (*merce*) cheap: *Quello è più a buon ~.* That one's cheaper. **2** (*comprare*) cheaply: *comprare qc a buon ~* to buy sth cheaply ◆ **mercato delle pulci** flea market ◆ **mercato del pesce** fish market ◆ **mercato nero** black market

merce *sf* goods [*pl*]: *La ~ era danneggiata.* The goods were damaged. LOC *Vedi* TRENO, VAGONE

merceria *sf* **1** (*articoli*) haberdashery **2** (*negozio*) haberdasher's

mercoledì *sm* Wednesday (*abbrev* Wed.) ➔ *Vedi esempi a* LUNEDÌ LOC **mercoledì delle Ceneri** Ash Wednesday

mercurio *sm* **1** (*Chim*) mercury **2 Mercurio** (*pianeta*) Mercury

merda *sf, escl* shit

merenda *sf* afternoon snack

meridiana *sf* sundial

meridiano *sm* meridian

meridionale ▶ *agg* southern
▶ *smf* southerner

meridione *sm* South: *nel ~* in the South

meringa *sf* meringue

meritare *vt* to deserve: *Ti meriti una punizione.* You deserve to be punished. ◊ *La squadra ha meritato di vincere.* The team deserved to win.

meritato, -a *agg* well deserved: *una vittoria davvero meritata* a well-deserved victory *Vedi anche* MERITARE

merito *sm* merit LOC **in merito a** with regard to *sth* ◆ **per merito di** thanks to *sb*

merletto *sm* lace

merlo *sm* (*uccello*) blackbird

merluzzo *sm* cod*

meschino, -a *agg* petty*

mescolanza *sf* mixture

mescolare *vt* **1** to mix: *Mescolare bene gli ingredienti.* Mix the ingredients well. **2** (*rimestare*) to stir*: *Continua a ~ il sugo.* Keep stirring the sauce. **3** (*carte*) to shuffle ➔ *Vedi nota a* CARTA

mese *sm* month: *Le vacanze cominciano tra un ~.* The holidays start in a month. ◊ *il ~ scorso/prossimo* last/next month ◊ *ai primi del ~* at the beginning of the month ◊ *essere incinta di due mesi* to be two months pregnant LOC *Vedi* QUI

messa *sf* (*Relig*) mass LOC **messa a punto** (*motore*) tuning ◆ **messa a terra** earth: *La spina ha la ~ a terra.* The plug is earthed. ◆ **messa in piega** set

messaggero, -a *sm-sf* messenger

messaggio *sm* message LOC **messaggio con immagini** picture message ◆ **messaggio di testo** text message

messicano, -a *agg, sm-sf* Mexican: *i messicani* the Mexicans

Messico *sm* Mexico LOC *Vedi* CITTÀ

mestiere *sm* trade: *Fa l'idraulico di* ~. He's a plumber by trade. ◊ *imparare un* ~ to learn a trade ◊ *Che* ~ *fa?* What does he do for a living? LOC *Vedi* RISCHIO

mestolo *sm* ladle

mestruazioni *sf* period [*numerabile*]: *avere le* ~ to have your period

meta *sf* **1** (*destinazione*) destination **2** (*scopo*) goal: *raggiungere una* ~ to achieve a goal **3** (*Rugby*) try*

metà *sf* **1** (*porzione*) half*: *La* ~ *dei deputati ha votato contro*. Half the MPs voted against. ◊ *tagliare qc a* ~ to cut sth in half **2** (*punto di mezzo*) middle: *a* ~ *mattina/pomeriggio* in the middle of the morning/afternoon ◊ *verso la* ~ *di giugno* around the middle of June LOC **a metà prezzo** half-price: *L'ho comprato a* ~ *prezzo*. I bought it half-price. ◆ **a metà strada** halfway: *Ci siamo fermati a* ~ *strada per riposarci*. We stopped to rest halfway.

metafora *sf* metaphor

metallico, -a *agg* **1** (*oggetto*) metal [*s attrib*] **2** (*colore, suono*) metallic LOC *Vedi* PUNTO

metallizzato, -a *agg* metallic

metallo *sm* metal

metano *sm* methane

meteora *sf* meteor

meteorologico, -a *agg* weather [*s attrib*], meteorological (*formale*): *bollettino* ~ weather bulletin

meteorologo *sm* weather man*

metodico, -a *agg* methodical

metodo *sm* method

metrico, -a *agg* metric LOC *Vedi* SISTEMA

metro *sm* **1** (*misura*) metre (*abbrev* m): *i 200 metri rana* the 200 metres breast stroke ◊ *Lo vendono al* ~. It's sold by the metre. ➪ *Vedi Appendice 1*. **2** (*nastro*) tape measure

metropoli *sf* metropolis

metropolitana *sf* underground: *Possiamo andarci con la* ~. We can go there on the underground.

> La metropolitana di Londra si chiama anche **tube**: *Abbiamo preso l'ultima* ~. We caught the last tube.

mettere ▶ *vt* **1** (*collocare*) to put*: *Metti i libri sul tavolo/in una scatola*. Put the books on the table/in a box. ◊ *Dove hai messo le mie chiavi?* Where have you put my keys? **2** (*indumenti, musica*) to put* *sth* on: *mettersi le scarpe* to put your shoes on ◊ *Non ho niente da mettermi!* I've got nothing to wear. ◊ ~ *un CD* to put a CD on **3** (*sveglia*) to set*: *Metti la sveglia alle sei*. Set the alarm for six. **4** (*installare*) to put* *sth* in: *Non ci hanno ancora messo il telefono*. They haven't put the phone in yet. ▶ **mettersi** *v rifl* **1** (*in una posizione*): *mettersi a sedere* to sit down ◊ *Mettiti lì*. Stand over there. **2** (*in una situazione*) to get* *into sth*: *mettersi nei guai/pasticci* to get into trouble **3 mettersi a** to start *doing sth/to do sth*: *Si è messo a nevicare*. It's started snowing. ◊ *Mettiti a studiare*. Get on with some work. LOC **mettercela tutta** to do* your best ◆ **metterci** to take*: *Quanto ci metti di solito?* How long does it usually take you? ◊ *Ci abbiamo messo un'ora ad arrivare a casa*. We took an hour to get home. ◆ **mettere su** (*avviare*) to set* *sth* up: *metter su un'attività commerciale* to set up a business ➪ Per altre espressioni con **mettere** vedi alla voce del sostantivo, dell'aggettivo, ecc, ad es. **mettere in chiaro** a CHIARO.

mezzanotte *sf* midnight: *Sono arrivati a* ~. They arrived at midnight.

mezzo, -a ▶ *agg* (*metà di*) half a, half an: *mezza bottiglia di vino* half a bottle of wine ◊ *mezz'ora* half an hour

▶ *avv* half: *Quando arrivò ero* ~ *addormentato*. I was half asleep when he arrived.

▶ *sm* **1** (*centro*) middle: *una piazza con un'edicola nel* ~ a square with a news-stand in the middle **2** (*Mat*) half* **3** (*modo, veicolo*) means*: *tentare ogni* ~ to try all possible means ◊ ~ *di trasporto* means of transport **4 mezzi** (*soldi*) means: *Non hanno i mezzi per comprare la casa*. They haven't got the means to buy a house. LOC **a mezz'asta** at half-mast ◆ **a mezza strada** halfway ◆ **avere una mezza idea di fare qc** to have half a mind to do sth ◆ **di mezza età** middle-aged: *un uomo di mezza età* a middle-aged man ◆ **e mezzo 1** (*quantità*) and a half: *un chilo e* ~ *di pomodori* one and a half kilos of tomatoes ◊ *Ci sono volute due ore e* ~. It took us two and a half hours. **2** (*ora*) half past: *Sono le tre e* ~. It's half past three. ◆ **esserci di mezzo** to be involved *in sth* ◆ **in mezzo a/nel mezzo di** in the middle of *sth* ◆ **levarsi/togliersi di mezzo** to get* out of the way ◆ **mezzo di comunicazione** medium* ◆ **mezzo mondo** lots of people [*pl*] *Vedi anche* PENSIONE, SEI, TOGLIERE, VIA

mezzogiorno *sm* midday

mezz'ora *sf* half an hour: ~ *fa* half an hour ago

mi[1] *pron pers* **1** (*complemento*) me: *Mi ha visto?* Did he see me? ◊ *Mi ha portato un libro*. She brought me a book. **2** (*parti del corpo, effetti personali*): *Mi sono lavato le mani*. I washed my hands. ◊ *Mi sono tolto il cappotto*. I took my coat off. **3** (*riflessivo*) (myself): *Non mi sono fatto male*. I didn't hurt myself. ◊ *Mi sono vestito*. I got dressed.

mi → minestrone

mi² *sm* (*nota*) E: *mi maggiore* E major

miagolare *vi* to miaow ➲ *Vedi nota a* GATTO

miagolio *sm* miaow

mica *avv*: *Non gli crederai ~?* Surely you don't believe him! ◇ *Mica male!* Not bad at all!

miccia *sf* fuse

microbo *sm* microbe, germ (*più informale*)

microfono *sm* microphone, mike (*più informale*)

microonda *sf* microwave LOC *Vedi* FORNO

microscopio *sm* microscope

midollo *sm* marrow LOC **midollo osseo** bone marrow ◆ **midollo spinale** spinal cord

miele *sm* honey LOC *Vedi* LUNA

mietere *vt* **1** (*cereali*) to harvest **2** (*uccidere*) to claim: *L'epidemia ha mietuto migliaia di vittime.* The epidemic has claimed thousands of victims.

migliaio *sm* thousand: *un ~ di persone* a thousand people ➲ *Vedi Appendice 1.* LOC **a migliaia** in their thousands ◆ **migliaia di ...** thousands of ... : *migliaia di lettere* thousands of letters

miglio *sm* **1** (*misura*) mile: *L'odore si sente lontano un ~.* You can smell it a mile off. **2** (*pianta*) millet

miglioramento *sm* improvement (*in sb/ sth*): *il ~ del suo stato di salute* the improvement in his health

migliorare ▶ *vt* to improve ▶ *vi* to improve, to get* better (*più informale*): *Se le cose non migliorano ...* If things don't get better ...

migliore ▶ *agg* (*comparativo*) better (*than sb/ sth*)
▶ *agg, smf* (*superlativo*) **~ (di)** best (in/of/ that ...): *il mio ~ amico* my best friend ◇ *la ~ squadra del girone* the best team in the league ◇ *È la ~ della classe.* She's the best in the class. LOC *Vedi* CASO

mignolo *sm* **1** (*della mano*) little finger **2** (*del piede*) little toe

migrare *vi* to migrate

migrazione *sf* migration

milanese *agg, smf* Milanese: *i milanesi* the Milanese

Milano *sf* Milan

miliardario, -a *sm-sf, agg* billionaire [s]

miliardo *sm* billion ➲ *Vedi nota a* BILLION

milione *sm* million: *due milionitrecentoquindici* two million three hundred and fifteen ◇ *Ho un ~ di cose da fare.* I've got a million things to do. ➲ *Vedi Appendice 1.* LOC **milioni di ...** millions of ... : *milioni di particelle* millions of particles

milionesimo, -a *agg, pron, sm* millionth ➲ *Vedi esempi a* SESTO

militare¹ ▶ *agg* military: *uniforme ~* military uniform
▶ *sm* soldier LOC **fare il militare** to do* your military service ❶ In Gran Bretagna il servizio militare non è obbligatorio. *Vedi anche* AERONAUTICA, AVIAZIONE, SERVIZIO

militare² *vi* **~ in 1** (*partito, organizzazione*) to be active in *sth* **2** (*squadra*) to play for *sth*

mille *sm, agg, pron* **1** thousand: *~ persone* a thousand people ◇ *cinquemila euro* five thousand euros

> Mille si può anche tradurre *one thousand* quando è seguito da un altro numero: *milletrecentosessanta* one thousand three hundred and sixty, o quando lo si vuole sottolineare: *Ho detto mille, non duemila.* I said one thousand, not two.
>
> Da 1.100 a 1.900 si usano spesso le forme **eleven hundred, twelve hundred**, etc.: *millecinquecento alunni* fifteen hundred pupils

2 (*anni*): *1600* sixteen hundred ◇ *nel 1713* in seventeen thirteen ◇ *il 2000* the year two thousand ➲ *Vedi Appendice 1.*

millepiedi *sm* millipede

millesimo, -a *agg, pron, sm* thousandth: *un ~ di secondo* a thousandth of a second

millimetro *sm* millimetre (*abbrev* mm) ➲ *Vedi Appendice 1.*

milza *sf* spleen

mimare *vt* to mime

mimetizzare ▶ *vt* to camouflage
▶ **mimetizzarsi** *v rifl* to camouflage yourself

mimetizzazione *sf* camouflage

mimo *sm* mime artist

mimosa *sf* mimosa

mina *sf* **1** (*esplosivo*) mine **2** (*matita*) lead

minaccia *sf* threat

minacciare *vt* to threaten (*to do sth*): *Hanno minacciato di fargli causa.* They threatened to take him to court. ◇ *Lo hanno minacciato di morte.* They've threatened to kill him. ◇ *Minaccia di piovere.* It's threatening to rain.

minaccioso, -a *agg* threatening

minatore *sm* miner

minerale *agg, sm* mineral LOC *Vedi* ACQUA, REGNO

minerario, -a *agg* mining [s attrib]: *l'industria mineraria* the mining industry

minestra *sf* soup

minestrone *sm* minestrone

miniatura *sf* miniature LOC **in miniatura** in miniature

miniera *sf* mine: *una ~ di carbone* a coal mine ◊ *una ~ di notizie* a mine of information

minigonna *sf* miniskirt

minimizzare *vt* to play sth down: *Minimizza sempre i propri risultati.* She always plays down her achievements.

minimo, -a ▶ *agg* **1** (*minore*) minimum: *la tariffa minima* the minimum charge **2** (*insignificante*) minimal: *La differenza era minima.* The difference was minimal.
▶ *sm* **1** minimum: *ridurre al ~ l'inquinamento* to cut pollution to a minimum ◊ *il ~ della pena* the minimum sentence **2** (*Auto*) idling speed
▶ **minima** *sf* **1** (*temperatura*) minimum temperature: *La ~ è stata di 15°C.* The minimum temperature was 15°C. **2** (*Mus*) minim
LOC **come minimo** at least ◆ **minimo garantito** minimum wage

ministero *sm* ministry* LOC **ministero degli esteri** Ministry of Foreign Affairs ≃ Foreign Office (*GB*) ◆ **ministero degli interni** Ministry of the Interior ≃ Home Office (*GB*) ◆ **ministero della pubblica istruzione** Ministry of Education ◆ **ministero del tesoro** Ministry of Finance ≃ Treasury (*GB*)

ministro *sm* minister

Nota che in Gran Bretagna la persona a capo di un ministero non si chiama "minister" ma **Secretary of State** o semplicemente **Secretary**: *il ministro della pubblica istruzione* the Secretary of State for Education/Education Secretary.

ministro degli esteri ≃ Foreign Secretary (*GB*)
◆ **ministro degli interni** ≃ Home Secretary* (*GB*)
◆ **ministro del tesoro** ≃ Chancellor of the Exchequer (*GB*) *Vedi anche* CONSIGLIO, PRIMO

minoranza *sf* minority* [*v sing o pl*] LOC **essere in minoranza** to be in the minority

minore ▶ *agg* **1** (*figlio, fratello, comparativo*) younger; (*superlativo*) youngest **2** (*più piccolo*) smaller; (*il più piccolo*) smallest: *una quantità ~* a smaller amount ◊ *il minor aumento* the smallest increase **3** (*meno importante*) lesser; (*il meno importante*) least: *in misura ~* to a lesser extent ◊ *il male ~* the lesser of the two evils ◊ *la ~ probabilità di successo* the least chance of success

Smaller e **smallest** si usano per indicare la dimensione oggettiva della cosa a cui si riferiscono, e si associano a nomi concreti. **Lesser** e **least** si usano invece quando si desidera sottolineare l'aspetto qualitativo di ciò a cui si fa riferimento, e vengono associati a nomi astratti.

4 (*Mus*) minor: *in mi ~* in E minor
▶ *smf* **~ (di)** youngest (one) (in/of …): *La ~ ha cinque anni.* The youngest (one) is five. ◊ *il ~ dei tre fratelli* the youngest of the three brothers LOC **minore di 14, 16, 18, ecc anni**: *i minori di 16 anni* the under-sixteens

minorenne ▶ *agg*: *essere ~* to be under age
▶ *smf* minor LOC *Vedi* TRIBUNALE

minuscolo, -a ▶ *agg* **1** (*piccolo*) tiny* **2** (*lettera*) small, lower case (*più formale*): *"m" minuscola* a small 'm'
▶ **minuscola** *sf* small letter, lower-case letter (*più formale*) LOC **in minuscolo** in small letters

minuto, -a ▶ *agg* (*piccolo*) tiny*
▶ *sm* minute LOC **minuti di recupero** injury time

mio, -a ▶ *agg poss* my: *i miei amici* my friends ◊ *~ padre* my father ❶ Nota che *un mio amico* si traduce **a friend of mine**.
▶ *pron poss* mine: *Questi sono i miei.* These are mine. LOC **i miei** (*genitori*) my parents

miope *agg* short-sighted

miopia *sf* short-sightedness

mira *sf* aim LOC **avere una buona/cattiva mira** to be a good/bad shot ◆ **prendere di mira** to pick on sb

miracolo *sm* miracle LOC **fare miracoli** to work wonders: *Questo sciroppo fa miracoli.* This cough mixture works wonders. ◆ **per miracolo** by some miracle

miraggio *sm* mirage

mirare *vi* **~ a** to aim at *sth/to do sth*

mirtillo *sm* blueberry* LOC **mirtillo rosso** cranberry*

miscela *sf* **1** mixture **2** (*tabacco, alcol, caffè*) blend

mischiare *vt* **1** to mix **2** (*Carte*) to shuffle **3** (*confondere*) to get* sth mixed up: *Non ~ le foto.* Don't get the photos mixed up.

miscuglio *sm* **1** mixture **2** (*razze*) mix

miseria *sf* **1** (*povertà*) poverty **2** (*somma*) pittance: *Guadagna una ~.* He earns a pittance.

misero, -a *agg* miserable: *uno stipendio ~* a miserable wage

missile *sm* missile

missionario, -a *sm-sf* missionary*

missione *sf* mission

misterioso, -a *agg* mysterious

mistero *sm* mystery*

misto, -a *agg* mixed: *classi miste* mixed classes

misura *sf* **1** measurement: *Il sarto mi ha preso le misure*. The tailor took my measurements. **2** (*unità, provvedimento*) measure: *pesi e misure* weights and measures ◊ *misure di sicurezza* safety measures ◊ *mezze misure* half measures LOC **(fatto) su misura** (made) to measure ♦ **passare la misura** to go* too far: *Questa volta hai passato la ~*. This time you've gone too far.

misurare ▶ *vt* **1** (*calcolare*) to measure: *~ la larghezza di una porta* to measure the width of a door **2** (*provare*) to try* *sth* on: *misurarsi una giacca* to try on a jacket ◊ *misurarsi la febbre* to take your temperature ▶ *vi*: *La tavola misura 1,50 m per 1 m*. The table is 1.50 m by 1 m. LOC *Vedi* VISTA

mite *agg* **1** (*persona*) gentle **2** (*clima*) mild

mito *sm* **1** (*leggenda*) myth **2** (*persona famosa*) legend: *È un ~ del calcio italiano*. He's an Italian football legend.

mitologia *sf* mythology

mitra *sm* sub-machine gun

mitragliatrice *sf* machine gun

mittente *smf* sender LOC *Vedi* RISPEDIRE

mobile ▶ *agg* mobile
▶ *sm* **1** piece of furniture: *un ~ antico* a piece of antique furniture **2 mobili** (*mobilia*) furniture [*non numerabile*]: *Non abbiamo ancora comprato i mobili per la casa*. We haven't bought any furniture for the house yet. ⊃ *Vedi nota a* INFORMAZIONE LOC *Vedi* SABBIA, SCALA

mocassino *sm* moccasin

moda *sf* fashion: *seguire la ~* to follow fashion LOC **alla moda** fashionable: *un bar alla ~* a fashionable bar ♦ **(essere/diventare) di moda** (to be/become*) fashionable ♦ **passare di moda** to go* out of fashion *Vedi anche* PASSATO, SFILATA

modalità *sf* **1** (*procedura*) procedure: *Le ~ di ammissione sono le seguenti: ...* Admissions procedures are as follows ... **2** (*Informatica*) mode: *in ~ automatica* in automatic mode LOC **modalità di pagamento** method of payment ♦ **modalità d'uso** instructions for use [*pl*]

modello ▶ *sm* **1** model: *un ~ in scala* a scale model **2** (*abito*) style: *Abbiamo vari modelli di giacca*. We've got several styles of jacket.
▶ **modello, -a** *sm-sf* (*persona*) model

modem *sm* modem

moderare *vt* (*velocità*) to reduce LOC **moderare i termini** to mind your language

moderato, -a *agg* moderate *Vedi anche* MODERARE

modernizzare ▶ *vt* to modernize
▶ **modernizzarsi** *v rifl* to modernize

moderno, -a *agg* modern

modestia *sf* modesty

modesto, -a *agg* modest

modificare *vt* to modify*

modificato, -a *agg* modified: *~ geneticamente* genetically modified *Vedi anche* MODIFICARE

modo *sm* **1** (*maniera*) way (*of doing sth*): *uno strano ~ di ridere* a strange way of laughing ◊ *Lo fa nello stesso ~ in cui lo faccio io*. He does it the same way as me. **2 modi** manners LOC **a modo 1** *una persona a ~* a decent person **2** properly: *fare le cose a ~* to do things properly ♦ **a modo mio, tuo, ecc** my, your, etc. way: *Faglielo fare a ~ loro*. Let them do it their way. ♦ **che modo di ... !** what a way to ... !: *Ma che ~ di parlare!* What a way to speak! ♦ **in modo spontaneo, strano, ecc** spontaneously, strangely, etc. ♦ **in ogni modo** anyway ♦ **modo di dire** expression ♦ **modo di fare** way of going about things ♦ **non esserci modo di** to be impossible *to do sth*: *Non c'è stato ~ di far partire la macchina*. It was impossible to start the car. ♦ **per modo di dire** so to speak *Vedi anche* QUALCHE

modulo *sm* form: *riempire un ~* to fill in a form

mogano *sm* mahogany

moglie *sf* wife*

molare *sm* molar, back tooth* (*più informale*)

Moldavia *sf* Moldova

moldavo, -a *agg, sm-sf* Moldovan: *i moldavi* the Moldovans

molecola *sf* molecule

molestare *vt* to harass

molla *sf* **1** spring **2 molle** tongs

mollare ▶ *vt* **1** (*lasciar andare*) to let* *sb/sth* go **2** (*abbandonare*) to dump: *Stefano l'ha mollata*. Stefano's dumped her. ◊ *Ha mollato tutto e se n'è andato*. He dumped everything and left. ▶ *vi* (*cedere*) to give* in LOC **mollare un ceffone/uno schiaffo a** to slap* *sb*

molle *agg* soft

molletta *sf* **1** (*per i panni*) clothes peg **2** (*per capelli*) clip **3 mollette** (*per ghiaccio, zucchero*) tongs

mollica *sf* soft part (of the bread)

molo *sm* jetty*, quay

moltiplicare ▶ *vt* to multiply*: *~ due per quattro* to multiply two by four ▶ **moltiplicarsi** *v rifl* to multiply*

moltiplicazione *sf* multiplication

moltitudine *sf* **una ~ di** a lot of *sth*: *una ~ di gente/libri* a lot of people/books

molto ▶ *agg*

momento → moquette

- **in frasi affermative** a lot of *sth*: *Ho ~ lavoro.* I've got a lot of work. ◊ *C'erano molte macchine.* There were a lot of cars. ◊ *molti amici miei* a lot of my friends
- **in frasi negative e interrogative 1** (*non numerabile*) much, a lot of *sth* (*più informale*): *Non ha molta fortuna.* He doesn't have much luck. ◊ *Bevi ~ caffè?* Do you drink a lot of coffee? **2** (*plurale*) many, a lot of *sth* (*più informale*): *Non c'erano molti inglesi.* There weren't many English people.
- **altre costruzioni**: *avere molta fame/sete* to be very hungry/thirsty ◊ *~ tempo fa* a long time ago

▶ *avv* **1** (*con aggettivi, avverbi*) very: *Stanno ~ bene/Sono ~ stanchi.* They're very well/tired. ◊ *~ lentamente/presto* very slowly/early ◊ *"Sei stanco?" "Non ~."* 'Are you tired?' 'Not very.' **2** (*con verbi*) a lot, very much: *Rassomiglia ~ al padre.* He's a lot like his father. ◊ *lavorare ~* to work hard

> Attenzione alla posizione di **a lot, very much**, ecc nella frase inglese. Non si mettono mai tra il verbo e il complemento oggetto: *Mi piacciono molto le tue scarpe nuove.* I like your new shoes very much.

3 (*con comparativi*) much: *È ~ più vecchio di lei.* He's much older than her. ◊ *~ più interessante* much more interesting **4** (*molto tempo*) long: *È ~ che non lo vedo.* I haven't seen him for a long time. ◊ *Ci vorrà ~?* Will it take long? ◊ *Aspetti da ~?* Have you been waiting long?
▶ *pron* **1** (*in frasi affermative*) a lot **2** (*in frasi negative e interrogative*) much; (*plurale*) many: *Non ne ho molta.* I haven't got much.
➔ *Vedi nota a* MANY

momento *sm* **1** (*attimo*) moment: *Aspetta un ~.* Hold on a moment. ◊ *in questo ~* at the moment **2** (*circostanza*) time: *nei momenti difficili* at difficult times LOC **al momento** for the moment: *Al ~ ho abbastanza lavoro.* I've got enough work for the moment. ♦ **dal momento che** since ♦ **per il momento** for the time being

monaco, -a *sm-sf* monk [*fem* nun]

Monaco di Baviera *sf* Munich

monarchia *sf* monarchy*

monastero *sm* monastery*

mondiale ▶ *agg* world [s attrib]: *il record ~* the world record
▶ *sm* **mondiali** world championship(s): *i mondiali di atletica* the World Athletics Championships ◊ *i mondiali di calcio* the World Cup

mondo *sm* world: *fare il giro del ~* to go round the world ◊ *Ma dai, non è mica la fine del ~!* Come on, it's not the end of the world! ◊ *Com'è piccolo il ~!* It's a small world! LOC **il mondo dello spettacolo** show business *Vedi anche* DIVERTIRE, TUTTO

moneta *sf* **1** (*pezzo*) coin: *Hai una ~ da 10 centesimi?* Have you got a 10-cent coin? **2** (*unità monetaria*) currency*: *~ estera* foreign currency

mongolfiera *sf* balloon

Mongolia *sf* Mongolia

mongolo, -a *agg, sm-sf, sm* Mongolian: *i mongoli* the Mongolians

monolocale *sm* studio flat

monologo *sm* monologue

monopattino *sm* scooter

monopolio *sm* monopoly*

monossido *sm* monoxide LOC **monossido di carbonio** carbon monoxide

monotono, -a *agg* monotonous

monovolume *sf* people carrier

montaggio *sm* **1** (*assemblaggio*) assembly **2** (*Cine*) editing LOC *Vedi* CATENA

montagna *sf* **1** (*monte*) mountain: *in cima a una ~* at the top of a mountain **2** (*zona montuosa*) mountains [*pl*]: *Preferisco la ~ al mare.* I prefer the mountains to the seaside. LOC **montagne russe** roller coaster

montare ▶ *vt* **1** (*assemblare*) to assemble **2** (*tenda*) to put* *sth* up **3** (*panna, albume*) to whip* **4** (*pietra preziosa*) to set* ▶ *vi* **~ in** (*bicicletta*) to get* on *sth*; (*macchina, sella*) to get* into *sth* LOC **montare a cavallo** to get* on your horse **montare a neve 1** (*panna*) to whip* **2** (*albume*) to whisk ♦ **montarsi la testa** to become* big-headed

montatura *sf* **1** (*occhiali*) frames [*pl*] **2** (*gioiello*) setting **3** (*esagerazione*) hype [*non numerabile*] **4** (*messinscena*) set-up

monte *sm* mountain LOC **a monte** upstream ♦ **andare a monte** to come* to nothing ♦ **il Monte Bianco** Mont Blanc ♦ **mandare a monte 1** (*matrimonio*) to call *sth* off **2** (*progetto, piano*) to put* paid to *sth* ♦ **monte di pietà** pawnshop

montepremi *sm* jackpot

montgomery *sm* duffel coat

montone *sm* **1** (*animale*) ram **2** (*carne*) mutton ➔ *Vedi nota a* CARNE **3** (*giaccone*) sheepskin

montuoso, -a *agg* mountainous LOC *Vedi* SISTEMA

monumento *sm* **1** (*opera*) monument **2** **i monumenti** the sights: *visitare i monumenti* to see the sights

moquette *sf* carpet

mora sf **1** (di rovo) blackberry* **2** (di gelso) mulberry* **3** (soldi) charge for late payment

morale ▶ agg moral
▶ sf **1** (principi) morality **2** (insegnamento) moral
▶ sm (stato d'animo) morale: *Il ~ è basso.* Morale is low. LOC *Vedi* GIÙ

morbido, -a agg soft

morbillo sm measles [non numerabile]

morbo sm disease: *~ di Parkinson* Parkinson's disease

mordere vt, vi to bite*: *Il cane mi ha morso una gamba.* The dog bit my leg.

morfina sf morphine

moribondo, -a agg dying

morire vi **1** to die*: *~ d'infarto* to die of a heart attack **2** (in un incidente) to be killed: *Tre persone sono morte nell'incidente.* Three people were killed in the accident. LOC **morire dal sonno** to be dead tired ◆ **morire dalla voglia di fare qc** to be dying to do sth ◆ **morire di caldo** to roast: *Moriremo di caldo sulla spiaggia.* We'll roast on the beach. ◆ **morire di freddo/fame** to be freezing/starving ◆ **morire di noia** to be bored stiff ◆ **morire d'invidia** to be green with envy ◆ **morire di paura** to be scared to death ◆ **morire di sete** to be dying of thirst ◆ **morire dissanguato** to bleed* to death

mormorare vt, vi **1** (sussurrare) to murmur **2** (spettegolare) to gossip **3** *si mormora che ...* there's a rumour that ...

mormorio sm murmur

morse agg LOC *Vedi* ALFABETO

morsicare vt to bite*

morso sm bite: *dare un ~* to bite

mortadella sf mortadella

mortaio sm mortar

mortale ▶ agg **1** mortal **2** (ferita, incidente) fatal **3** (veleno) deadly **4** (noia) dreadful: *Il film è di una noia ~.* The film is dreadfully boring.
▶ sm mortal LOC *Vedi* SALTO

mortalità sf mortality

morte sf death LOC **a morte**: *È stato colpito/ferito a ~.* He was mortally wounded. ◇ *essere spaventato a ~* to be scared to death ◇ *La odio a ~.* I hate her guts. ◇ *Ce l'hanno a ~ con me.* They've got it in for me. *Vedi anche* ANNOIARE, CONDANNA, PENA

morto, -a agg, sm-sf dead [agg]: *L'avevano data per morta.* They had given her up for dead. ◇ *Questa città è morta durante l'inverno.* This town is dead in winter. ◇ *i morti in guerra* the war dead

Dead è un aggettivo e si usa con il verbo **to be**: *Entrambi i suoi genitori sono morti.* Both her parents are dead. **Died** è il passato e il participio passato del verbo **to die**: *Mi è morto il pesce rosso.* My goldfish has died. ◇ *Mio nonno è morto nel 2001.* My grandfather died in 2001.

LOC **fare il morto** (galleggiare) to float on your back ◆ **morto di paura/freddo** scared/frozen to death *Vedi anche* NATURA, PUNTO, STANCO, VIVO; *Vedi anche* MORIRE

mosaico sm mosaic

Mosca sf Moscow

mosca sf fly*: *Non farebbe male a una ~.* He wouldn't hurt a fly. LOC **mosca cieca** blind man's buff: *giocare a ~ cieca* to play blind man's buff

moscato, -a ▶ agg (uva) muscat
▶ sm (vino) muscatel LOC *Vedi* NOCE

moscerino sm midge

moschea sf mosque

mossa sf **1** (Scacchi, Dama, fig) move: *Questa è una ~ intelligente.* This is a clever move. **2** (gesto, movimento) movement LOC **darsi una mossa** to get* a move on

mosso, -a agg **1** (mare) rough **2** (capelli) wavy* **3** (foto) blurred *Vedi anche* MUOVERE

mostra sf **1** (d'arte) exhibition **2** (di cani, fiori) show LOC **mettersi in mostra** to show* off

mostrare ▶ vt to show* ▶ **mostrarsi** v rifl to appear

mostro sm **1** monster **2** (prodigio) prodigy*: *essere un ~ di bravura/velocità/intelligenza* to be incredibly good/fast/clever

motivare vt **1** (stimolare) to motivate **2** (giustificare) to explain: *~ una decisione/scelta* to explain a decision/choice

motivazione sf **1** motivation **2** (ragione) motive *for sth/for doing sth*

motivo sm **1** reason (*for sth/doing sth*): *Il ~ delle sue dimissioni è ovvio.* The reason for his resignation is obvious. ◇ *il ~ del viaggio* the reason for the trip ◇ *per motivi di salute* for health reasons ◇ *Si è arrabbiato con me senza ~.* He got angry with me for no reason. ◇ *Per quale ~ mi dici questo?* Why are you telling me this? **2** (melodia) tune **3** (disegno) pattern

moto¹ sm **1** (Fis) motion: *~ perpetuo* perpetual motion **2** (ginnastica) exercise: *fare del ~* to take some exercise LOC **mettere in moto** to start *sth*: *Non sono riuscito a mettere in ~ la macchina.* I couldn't start the car.

moto² (*anche* **motocicletta**) sf motorbike: *andare in ~* ride a motorbike

motociclismo sm motorcycling

motociclista smf motorcyclist
motocross sm motocross
motore, -trice ▶ agg motive: *forza motrice* motive power
▶ sm engine, motor ⊃ *Vedi nota a* ENGINE
LOC **motore di ricerca** search engine
motorino sm (*ciclomotore*) moped
motorizzato agg: *Sono finalmente ~: ho comprato una moto.* I've finally got transport! I've bought a motorbike.
motoscafo sm 1 motor boat 2 (*più veloce*) speedboat
motto sm motto*
mountain bike sf mountain bike: *fare ~* to go mountain biking
movente sm motive
movimentato, -a agg (*viaggio, serata*) eventful
movimento sm 1 movement: *un leggero ~ della mano* a slight movement of the hand ◊ *il ~ operaio/romantico* the labour/Romantic movement 2 (*attività*) activity: *La piazza è piena di ~ quando c'è il mercato.* The square is full of activity when the market's on. 3 (*esercizio fisico*) exercise: *Se vuoi dimagrire qualche chilo, fai un po' di ~.* If you want to lose a few kilos, get a bit of exercise.
mozzafiato agg breathtaking: *una bellezza ~* breathtaking beauty
mozzarella sf mozzarella
mozzicone sm cigarette end
mucca sf cow ⊃ *Vedi nota a* CARNE
mucchio sm pile: *un ~ di sabbia/libri* a pile of sand/books LOC **un mucchio di** (*molti*) a lot of, loads of (*più informale*): *un ~ di problemi* a lot of problems
muffa sf mould
muggire vi 1 (*mucca*) to moo 2 (*toro*) to bellow
muggito sm moo
mughetto sm lily* of the valley
mulinello sm 1 (*movimento circolare*) eddy* 2 (*vortice d'acqua*) whirlpool 3 (*pesca*) reel
mulino sm mill LOC **mulino ad acqua/a vento** watermill/windmill *Vedi anche* ACQUA
mulo, -a sm-sf mule LOC **essere ostinato/testardo come un mulo** to be as stubborn as a mule
multa sf fine: *prendere la ~/una ~* to get a fine ◊ *fare la ~ a qn* to fine sb ◊ *Gli hanno fatto una ~ di 70 euro.* He was fined 70 euros.
multimediale agg multimedia [s attrib]
multinazionale agg, sf multinational
multiplo, -a agg, sm multiple LOC *Vedi* PRESA
multirazziale agg multiracial
mummia sf mummy*

mungere vt to milk
municipale agg municipal: *elezioni municipali* municipal elections ◊ *palazzo ~* town hall
municipio sm 1 (*edificio*) city hall; (*città più piccola*) town hall 2 (*autorità*) city council; (*città più piccola*) town council LOC *Vedi* SPOSARE
munizioni sf ammunition [*non numerabile*]
muovere ▶ vt, vi to move: *Tocca a te ~.* It's your move. ▶ **muoversi** v rifl 1 to move: *Non muoverti!* Don't move! 2 (*sbrigarsi*) to get* a move on: *Dai, muoviamoci, siamo in ritardo.* Come on, let's get a move on - we're late. LOC **muovere un dito** to lift a finger: *Non ha mosso un dito.* She didn't lift a finger.
muratore sm bricklayer
muro ▶ sm wall
▶ **mura** sf wall(s): *le mura medievali* the medieval walls LOC **anche i muri hanno orecchie** walls have ears *Vedi anche* ARMADIO, PARLARE, SPALLA
muschio sm 1 (*Bot*) moss 2 (*profumo*) musk
muscolare agg muscle [s attrib] LOC *Vedi* STRAPPO
muscolo sm muscle
muscoloso, -a agg muscular
museo sm museum
museruola sf muzzle: *Hanno messo la ~ al cane.* They muzzled the dog.
musica sf music: *Non mi piace la ~ classica.* I don't like classical music. LOC **musica di sottofondo** background music
musical sm musical
musicale agg musical LOC *Vedi* COMMEDIA, RIGO, SIGLA
musicista smf musician
muso sm 1 (*persona*) face 2 (*cane*) muzzle 3 (*maiale*) snout 4 (*aereo, auto*) nose LOC **fare/tenere il muso** to sulk
musulmano, -a agg, sm-sf Muslim
muta sf 1 (*da sub*) wet suit 2 (*di cani*) pack LOC **fare la muta** shed* its skin
mutande sf 1 (*uomo, bambino*) pants 2 (*donna, bambina*) knickers
mutilare vt to mutilate
mutilato, -a ▶ sm-sf disabled person*
▶ agg: *Ha una gamba mutilata.* He lost a leg.
muto, -a agg 1 (*Med*) dumb: *È ~ dalla nascita.* He was born dumb. 2 (*per emozione*) speechless: *~ per lo stupore* speechless with surprise 3 (*cinema, consonante*) silent LOC *Vedi* FILM
mutua sf National Health Service (*abbrev* NHS)
mutuo sm 1 loan 2 (*per la casa*) mortgage

N n

nafta *sf* diesel oil
naftalina *sf* mothballs [*pl*]
nailon *sm Vedi* NYLON
nano, -a ▶ *agg* dwarf [*s attrib*]: *un pino* ~ a dwarf pine tree
▶ *sm-sf* dwarf*
napoletano, -a *agg*, *sm-sf* Neapolitan: *i napoletani* the Neapolitans
Napoli *sf* Naples
narice *sf* nostril
narrativa *sf* fiction
narratore, -trice *sm-sf* **1** narrator **2** (*scrittore*) (fiction) writer
nasale *agg* nasal LOC *Vedi* SETTO
nascente *agg* (*sole*) rising
nascere *vi* **1** (*persona, animale*) to be born: *Dove sei nata?* Where were you born? ◊ *Sono nato il 14 febbraio 1990.* I was born on 14 February 1990. **2** (*fiume, sole*) to rise* **3** (*problema*) to arise*: *Il problema nasce per gli effetti di lungo termine.* The problem arises from the long-term effects. **4** (*pianta*) to come* up
nascita *sf* birth: *il calo delle nascite* the fall in the birth rate LOC **dalla nascita**: *È cieca dalla* ~. She was born blind. ♦ **di nascita**: *essere italiano di* ~ to be Italian by birth *Vedi anche* DATA, LUOGO
nascondere ▶ *vt* to hide* *sb/sth* (*from sb/sth*): *Lo avevano nascosto alla polizia.* They hid him from the police. ◊ *Non ho niente da* ~. I have nothing to hide. ◊ *Lo nascosero sotto il letto.* They hid it under the bed. ◊ *Nascondi il regalo.* Hide the present. ▶ **nascondersi** *v rifl* to hide* (*from sb/sth*): *Da chi ti nascondi?* Who are you hiding from? ◊ *il luogo in cui si nascondevano* the place where they were hiding
nascondiglio *sm* hiding place
nascondino *sm* hide-and-seek: *giocare a* ~ to play hide-and-seek
nascosto, -a *agg* **1** hidden: *tenere* ~ *qc a qn* to keep sth hidden from sb **2** (*isolato*) secluded LOC **di nascosto** in secret: *di* ~ *da qn* without sb knowing *Vedi anche* NASCONDERE
nasello *sm* hake*
naso *sm* nose: *Ce l'hai proprio sotto il* ~! It's right under your nose! ◊ *avere* ~ *per qc* to have a nose for sth LOC *Vedi* ARRICCIARE, DITO, FICCARE, SOFFIARE

nastro *sm* **1** (*capelli, macchina da scrivere*) ribbon: *Aveva un* ~ *nei capelli.* She had a ribbon in her hair. **2** (*musicassetta, videocassetta*) tape ⊃ *Vedi nota a* CASSETTA LOC **nastro adesivo/isolante** sticky/insulating tape
natale ▶ *agg* native: *paese* ~ native country
▶ **Natale** *sm* Christmas: *Buon* ~! Happy Christmas! ◊ *Passiamo sempre il* ~ *insieme.* We always get together at Christmas.

In Gran Bretagna la vigilia di Natale, detta **Christmas Eve** non è molto celebrata. Il giorno di Natale, detto **Christmas Day**, è il giorno più importante. La mattina si aprono i regali che ha portato **Father Christmas** Poi ci si siede a tavola per il **Christmas dinner**: si mangia il tacchino e il tradizionale **Christmas pudding**, un dolce a base di uvetta e frutta candita. Alle tre del pomeriggio viene trasmesso il discorso della regina. Il 26 dicembre è detto **Boxing Day** ed è un giorno festivo.

LOC *Vedi* BABBO, CANTO, CITTÀ, GIORNO, VIGILIA

natalità *sf* birth rate LOC *Vedi* TASSO
natalizio, -a *agg* Christmas [*s attrib*]
nato, -a *agg* born: *essere un attore/cantante* ~ to be a born actor/singer ◊ ~ *morto* stillborn *Vedi anche* NASCERE
natura *sf* **1** nature: *rispettare la* ~ to respect nature **2** (*personalità*) character, nature LOC **natura morta** still life ♦ **per natura** by nature
naturale *agg* **1** natural: *cause naturali* natural causes ◊ *È* ~! It's only natural! ◊ *come se fosse la cosa più* ~ *del mondo* as if it were the most natural thing in the world **2** (*spontaneo*) unaffected: *un gesto* ~ an unaffected gesture LOC **al naturale 1** (*tonno*) in brine **2** (*frutta sciroppata*) in fruit juice ♦ **venire naturale 1** to come* naturally: *Non mi viene* ~ *avere fiducia nella gente.* It doesn't come naturally to me to trust people. **2** (*essere ovvio*) to be natural: *Quando si parla di fiabe, viene* ~ *pensare ai fratelli Grimm.* When you talk about fairy tales, you naturally think of the Brothers Grimm. *Vedi anche* ACQUA, RISERVA, SCIENZA
naturalezza *sf* LOC **con naturalezza** naturally
naturalizzarsi *v rifl*: ~ *italiano, spagnolo, ecc* to become an Italian, a Spanish, etc. citizen
naturalmente *avv* (*certamente*) of course
naufragare *vi* **1** (*nave*) to be wrecked **2** (*persona*) to be shipwrecked **3** (*fig, attività, impresa, progetto*) to fall* through ◊ *La nostra*

naufragio → neonato

idea è naufragata. Our idea has fallen through.

naufragio *sm* shipwreck

naufrago, -a *sm-sf* castaway

nausea *sf* nausea LOC **avere la nausea** to feel* sick ♦ **dare la nausea a** to make* sb feel sick ♦ **mi, ti, ecc viene la nausea**: *Mi viene la ~ se siedo di dietro.* I feel sick if I sit in the back seat.

nauseante *agg* sickening: *un odore ~* a sickening smell

nauseare *vt* to make* sb feel sick: *Questo odore mi nausea.* That smell makes me feel sick.

navata *sf* LOC **navata centrale** nave ♦ **navata laterale** aisle

nave *sf* ship ➔ *Vedi nota a* BOAT LOC **nave cisterna** tanker ♦ **nave da guerra** warship

navetta *sf* shuttle

navicella *sf* LOC **navicella spaziale** spaceship

navigare *vi* to sail LOC **navigare in cattive acque** to be in deep water ♦ **navigare in Rete/Internet** to surf the Net

navigazione *sf* navigation

nazionale ▶ *agg* **1** (*della nazione*) national **2** (*non internazionale*) domestic: *il mercato ~* the domestic market ◊ *voli/partenze nazionali* domestic flights/departures
▶ *sf* (*Sport*) national team LOC *Vedi* FESTA, INNO, SERVIZIO

nazionalità *sf* nationality*

nazionalizzare *vt* to nationalize

nazione *sf* nation LOC *Vedi* ORGANIZZAZIONE

naziskin *smf* neo Nazi

nazista *smf* Nazi

ne ▶ *pron* **1** (*di lui, lei, loro, di ciò*): *Tutti ne parlano bene.* Everybody speaks highly of him. ◊ *Ne parla sempre.* He's always talking about it. ◊ *Cosa ne pensi?* What do you think (of it)? **2** (*quantità, numero*): *Ne ho usato un po'.* I've used some (of it). ◊ *Io ne ho mangiati due, quello è per te.* I've eaten two. That one is for you. ◊ *Quanto ne vuoi?* How much do you want?
▶ *avv*: *Non è riuscito ad uscirne.* He couldn't get out of it. ◊ *Io me ne vado. Vieni anche tu?* I'm going. Are you coming?

né *cong* né... né... neither... nor...: *Né io né lui parliamo tedesco.* Neither he nor I speak German. ◊ *Non lo sa, né gliene importa.* He neither knows nor cares. ◊ *Non ha risposto né sì né no.* He hasn't said either yes or no.

neanche *avv, cong* **1** neither, nor, either: *"Non l'ho visto quel film." "Neanch'io."* 'I haven't seen that film.' 'Neither have I/Me neither/Nor have I.' ◊ *"Non mi piace." "Neanche a me."* 'I don't like it.' 'Nor do I/Neither do I/I don't either.' ◊ *Non ci sono andato neanch'io.* I didn't go either. **2** (*rafforzativo, concessivo*) not even: *Non mi hai ~ chiamato.* You didn't even phone me. ◊ *Neanche un bambino si comporterebbe così.* Not even a child would behave like that. ◊ *senza ~ vestirsi* without even getting dressed ➔ *Vedi nota a* NEITHER LOC *Vedi* PARLARE, PENSARE, SOGNO

nebbia *sf* fog: *C'è molta ~ stasera.* It's very foggy tonight.

necessario, -a ▶ *agg* necessary: *Farò quello che è ~.* I'll do whatever's necessary. ◊ *Non è ~ che tu venga.* You don't need to come.
▶ *sm*: *il ~ per scrivere/cucire/disegnare* writing/sewing/drawing materials ◊ *Non prendere più del ~.* Only take what you need. LOC *Vedi* STRETTO

necessità *sf* **1** (*bisogno assoluto*) necessity*: *Il riscaldamento è una ~.* Heating is a necessity. **2** ~ (di) need (for sth/to do sth): *Non vedo la ~ di andare in macchina.* I don't see the need to go by car. LOC **per necessità** out of necessity: *C'è chi lavora per ~ e chi per scelta.* Some people work because they have to, while others choose to. *Vedi anche* CASO, PRIMO

necrologio *sm* obituary*

negare *vt* **1** (*fatto*) to deny* sth/doing sth/that...: *Ha negato di aver rubato il quadro.* He denied stealing the picture. **2** (*permesso*) to refuse: *Ci hanno negato l'ingresso al club.* We were refused admittance to the club.

negativo, -a *agg, sm* negative

negato, -a *agg* useless (at sth): *Sono ~ per la matematica.* I'm useless at maths. *Vedi anche* NEGARE

negli *Vedi* IN

negligente *agg* **1** careless **2** (*Dir*) negligent

negligenza *sf* **1** carelessness **2** (*Dir*) negligence

negoziante *smf* shopkeeper

negoziare *vt, vi* to negotiate

negozio *sm* shop: *~ di scarpe* shoe shop ◊ *I negozi sono chiusi domani.* The shops are closed tomorrow. LOC **andare per negozi** to go* shopping

nel, nella, ecc *Vedi* IN

nemico, -a *agg, sm-sf* enemy* [*s*]: *le truppe nemiche* the enemy troops

nemmeno *avv, cong Vedi* NEANCHE ➔ *Vedi nota a* NEITHER LOC *Vedi* PENSARE, SOGNO

neo *sm* mole

neon *sm* neon: *luce al ~* neon light

neonato, -a *sm-sf* newborn baby*

neozelandese ▶ *agg* New Zealand [*attrib*]
▶ *smf* New Zealander: *i neozelandesi* the New Zealanders

neppure *avv, cong* Vedi NEANCHE ⊃ *Vedi nota a* NEITHER

nero, -a ▶ *agg, sm* black ⊃ *Vedi esempi a* GIALLO
▶ *sm-sf* black man*/woman* LOC *Vedi* BIANCO, MERCATO, PECORA, PUNTO, SCATOLA

nervo *sm* nerve LOC *avere i nervi* to be irritable ◆ *avere i nervi a fior di pelle* to be on edge ◆ *dare ai/sui nervi* to get* on your nerves

nervosismo *sm* nervousness

nervoso, -a *agg* **1** (*agitato*) on edge **2** (*irritabile*) irritable **3** (*sistema, esaurimento*) nervous **4** (*cellula, fibra, impulso*) nerve [*s attrib*]: *tessuto ~* nerve tissue **5** (*corpo*) taut LOC *far venire il nervoso* to get* on sb's nerves *Vedi anche* ESAURIMENTO

nesso *sm* connection

nessuno, -a ▶ *agg* no, any

Si usa **no** quando il verbo in inglese è nella forma affermativa: *Non è ancora arrivato nessun alunno.* No pupils have arrived yet. ◊ *Non ha mostrato nessun entusiasmo.* He showed no enthusiasm. **Any** si usa quando il verbo è nella forma negativa: *Non gli ha dato nessuna importanza.* He didn't pay any attention to it.

▶ *pron* **1** nobody: *Non lo sa ~.* Nobody knows that. ◊ *Non c'era nessun altro.* There was nobody else there.

Nota che quando il verbo inglese è nella forma negativa si usa **anybody**: *Non parla con nessuno.* He doesn't talk to anybody.

2 (*in un gruppo*) none: *Ce n'erano tre, ma non ne è rimasto ~.* There were three, but there are none left. ◊ *Nessuno dei partecipanti ha risposto esattamente.* None of the participants got the right answer. LOC **da nessuna parte** nowhere, anywhere

Nowhere si usa quando il verbo in inglese è nella forma affermativa: *Alla fine non andremo da nessuna parte.* We'll go nowhere in the end. **Anywhere** si usa quando il verbo è nella forma negativa: *Non lo trovo da nessuna parte.* I can't find it anywhere.

◆ *nessuno (dei due)* neither, either

Neither si usa quando il verbo in inglese è nella forma affermativa: *"Quale dei due preferisci?" "Nessuno (dei due)."* 'Which one do you prefer?' 'Neither (of them).' **Either** si usa quando è nella forma negativa: *Non ho litigato con nessuno dei due.* I didn't argue with either of them.

netto, -a *agg* **1** (*peso, stipendio*) net **2** (*immagine, contorno*) sharp **3** (*vittoria, rifiuto*) clear LOC *Vedi* PESO

netturbino *sm* dustman*

neutrale *agg* neutral

neutro, -a *agg* **1** neutral **2** (*Biol, Gramm*) neuter

neve *sf* snow LOC *Vedi* BIANCO, BUFERA, MONTARE, PALLA, PUPAZZO

nevicare *v impers* to snow: *Credo che nevicherà.* I think it's going to snow.

nevicata *sf* snowfall

nevischio *sm* sleet

nevrotico, -a *agg, sm-sf* neurotic

new entry *sf* **1** (*canzone*) new entry* **2** (*persona in azienda, ecc*) new person* **3** (*in un newsgroup*) new member

newsgroup *sf* newsgroup

newsletter *sm* newsletter

nicotina *sf* nicotine

nido *sm* nest: *fare il ~* to build a nest LOC *Vedi* ASILO

niente ▶ *pron, avv, sm* nothing, anything: *~ di nuovo* nothing new ◊ *~ da mangiare* nothing to eat

Nothing si usa quando il verbo inglese è nella forma affermativa e **anything** quando è nella forma negativa: *Non è rimasto niente.* There's nothing left. ◊ *Non ho niente da perdere.* I've got nothing to lose. ◊ *Non voglio niente.* I don't want anything. ◊ *Non hanno niente in comune.* They haven't got anything in common. ◊ *Non vuoi niente?* Don't you want anything?

▶ *agg* no: *Niente sigarette!* No cigarettes! LOC **da niente** (*senza importanza*) little: *È un graffio da ~.* It's only a little scratch. ◆ *di niente!* you're welcome: *"Grazie!" "Di ~!"* 'Thank you!' 'You're welcome!' ❶ Si può anche dire **don't mention it**. ◆ *nient'altro* **1** (*è tutto*) that's all **2** (*solo*) only: *Non ho nient'altro che questo.* I've only got this one. ◆ *niente affatto!* not at all! ◆ *niente da fare!* nothing doing! ◆ *non c'è niente da fare!* there's nothing for it! ◆ *non aver niente a che fare/vedere con qn/qc* to have nothing to do with sb/sth ◆ *per niente*: *Non è per ~ chiaro.* It's not at all clear. ◆ *quasi niente* hardly anything: *Non c'è rimasto quasi ~.* There's hardly anything left. *Vedi anche* SERVIRE, VALERE

Nigeria *sf* Nigeria

nigeriano, -a *agg, sm-sf* Nigerian: *i nigeriani* the Nigerians

Nilo *sm* **il Nilo** the Nile

ninnananna *sf* lullaby*

nipote *smf* **1** (*di nonni*) grandson [*fem* granddaughter]; (*senza distinzione di sesso*) grandchild* **2** (*di zii*) nephew [*fem* niece]

> Per dire *i nipoti*, indicando maschi e femmine, si dice **nephews and nieces**: *Quanti nipoti ha?* How many nephews and nieces have you got?

nitido, -a *agg* (*immagine*) sharp

nitrire *vi* to neigh

Nizza *sf* Nice

no ▶ *avv* **1** (*risposta*) no: *No, grazie.* No, thank you. ◊ *Ho detto di no.* I said no. **2** (*negazione*) not: *Cominciamo ora o no?* Are we starting now or not? ◊ *Che io sappia, no.* Not as far as I know. ◊ *Certo che no.* Of course not.
▶ *sm* no*: *un no categorico* a categorical no LOC **no?**: *Oggi è giovedì, no?* Today is Thursday, isn't it? ◊ *L'hai comprato, no?* You did buy it, didn't you?

nobile ▶ *agg* noble
▶ *smf* nobleman*/woman*

nobiltà *sf* nobility

nocca *sf* knuckle

nocciola ▶ *sf* hazelnut
▶ *sm* (*colore*) hazel: *occhi color ~* hazel eyes
➔ *Vedi esempi a* GIALLO

nocciolina *sf* LOC **nocciolina americana** peanut

nòcciolo *sm* **1** (*frutta*) stone ➔ *Vedi illustrazione a* FRUTTA **2** (*punto essenziale*) heart: *il ~ della questione* the heart of the matter

nocciòlo *sm* hazel

noce ▶ *sf* (*frutto*) walnut
▶ *sm* (*albero*) walnut tree LOC **noce di cocco** coconut ◆ **noce moscata** nutmeg

nocivo, -a *agg ~* (**per**) harmful (to *sb/sth*)

nodo *sm* knot: *fare/sciogliere un ~* to tie/undo a knot LOC **avere un nodo in gola** to have a lump in your throat ◆ **nodo ferroviario** railway junction ◆ **nodo scorsoio** slip-knot

no global ▶ *agg* anti-globalization [*s attrib*]
▶ *smf* anti-globalization protester

noi *pron pers* **1** (*soggetto*) we: *Tu non lo sai. ~ sì.* You don't know. We do. ◊ *Lo faremo ~.* We'll do it. **2** (*complemento, nei comparativi*) us: *Vieni con ~?* Are you coming with us? ◊ *Fa meno sport di ~.* He does less sport than us. LOC **detto tra noi** (*in confidenza*) between ourselves ◆ **siamo noi!** it's us!

noia *sf* **1** (*tedio*) boredom: *Che ~* How boring! ◊ *Che ~ questo film!* What a boring film! **2** (*guaio*) problem: *avere delle noie con la polizia* to have problems with the police LOC **dare noia a** to annoy *sb Vedi anche* MORIRE

noioso, -a ▶ *agg* **1** (*tedioso*) boring: *un discorso ~* a boring speech

> Non confondere **bored** con **boring**. **Bored** si riferisce a come uno si sente: *Sono così annoiato!* I'm so bored! **Boring** si riferisce alla cosa o alla persona che provoca quella sensazione: *Che libro noioso!* What a boring book! **Interested** e **interesting**, **excited** e **exciting** sono simili.

2 (*fastidioso*) tiresome
▶ *sm-sf* bore: *Sei un ~.* You're a bore.

noleggiare *sm* to hire: *~ un furgone* to hire a van ➔ *Vedi nota a* AFFITTO

noleggio *sm* hire ➔ *Vedi nota a* AFFITTO

nolo *sm* hire charge LOC **prendere a nolo** to hire *sth*

nomade ▶ *agg* nomadic
▶ *smf* nomad

nome *sm* **1** name; (*di battesimo*) first name
➔ *Vedi nota a* MIDDLE NAME **2** (*Gramm*) noun LOC **a nome di** on behalf of *sb*: *L'ha ringraziata a ~ del presidente.* He thanked her on behalf of the president. ◆ **conoscere di nome** to know* *sb* by name ◆ **farsi un nome** to make* a name for yourself ◆ **nome di battesimo** Christian name
◆ **nome e cognome** full name ◆ **nome proprio/comune** proper/common noun ◆ **nome utente** username

nomignolo *sm* nickname

nomina *sf* appointment

nominare *vt* **1** (*citare*) to mention *sb's* name: *senza nominarlo* without mentioning his name **2** (*eleggere*) to appoint *sb* (*sth/to sth*): *È stato nominato presidente.* He has been appointed chairman.

non *avv* **1** (*con verbi, avverbi, aggettivi*) not: *Non lo so.* I don't know. ◊ *Non è un buon esempio.* It's not a good example. **2** (*doppia negazione*): *Non conosce nessuno.* He doesn't know anybody. ◊ *Non ne so niente.* I know nothing/I don't know anything about it. **3** (*come prefisso*) non-: *~ fumatori* non-smoking ◊ *~ violenza* non-violence LOC **non ... che** only: *Non devi far altro che chiamare.* You only have to call. ◆ **non è che ... :** *Non è che sia cambiato molto.* Not a lot has changed. ◊ *Non è che ~ mi piaccia, ma ...* It's not that I don't like it, but ... ◊ *Non è che ti piace?* You like him, don't you? ➔ *Per altre espressioni con* **non** *vedi alla voce del sostantivo, dell'aggettivo, ecc, ad es.* **non se ne parla neanche** a PARLARE.

nonno, -a *sm-sf* **1 nonno** grandfather, grandad (*informale*) **2 nonna** grandmother, granny* (*informale*), grandma (*informale*) **3 nonni** grandparents: *a casa dei miei nonni* at my grandparents'

nono, -a *agg, pron, sm* ninth ⊃ *Vedi esempi a* SESTO

nonostante ▶ *prep* in spite of *sb/sth*: *Siamo andati ~ la pioggia.* We went in spite of the rain.
▶ *cong* although: *Nonostante fosse rischioso* … Although it was risky… LOC **ciò nonostante** nevertheless

nord *sm* **1** (*punto cardinale, zona*) north (*abbrev* N): *Vivono nel ~ del paese.* They live in the north of the country. ◊ *a ~* in the north ◊ *È a ~ di Inverness.* It's north of Inverness. ◊ *più a ~* further north ◊ *la costa ~* the north coast **2** (*direzione*) northerly: *in direzione ~* in a northerly direction LOC *Vedi* IRLANDA

nordest *sm* **1** (*punto cardinale, zona*) northeast (*abbrev* NE): *Vivono nel ~ della Francia.* They live in the north-east of France. **2** (*direzione*) north-easterly: *in direzione ~* in a north-easterly direction

nordico, -a *agg* Nordic

nordovest *sm* **1** (*punto cardinale, zona*) north-west (*abbrev* NW): *Vivono nel ~ della Spagna.* They live in the north-west of Spain. **2** (*direzione*) north-westerly: *in direzione ~* in a north-westerly direction

Norimberga *sf* Nuremberg

norma *sf* rule LOC **a norma**: *Gli impianti sono a ~.* The equipment is all in order. ◊ *È obbligatorio a ~ di legge.* It's compulsory by law. ♦ **di norma** as a rule: *Di ~ non mangio fuori pasto.* I don't eat between meals as a rule. ♦ **norme di sicurezza** safety regulations ♦ **per tua norma e regola** for your information

normale *agg* **1** normal: *il ~ corso degli eventi* the normal course of events ◊ *È ~.* That's quite normal. **2** (*standard*) standard: *la procedura ~* the standard procedure

normalizzare ▶ *vt* to restore *sth* to normal
▶ **normalizzarsi** *v rifl* to return to normal

norvegese *agg, smf, sm* Norwegian: *parlare ~* to speak Norwegian ◊ *i norvegesi* the Norwegians

Norvegia *sf* Norway

nostalgia *sf* nostalgia: *Ricordo con ~ i bei momenti possati insieme.* I remember with nostalgia the wonderful times we spent together. ◊ *avere ~ di casa* to be homesick ◊ *Ho ~ dell'Italia.* I'm homesick for Italy. ◊ *Ho ~ dei miei amici.* I miss my friends.

nostro, -a ▶ *agg poss* our: *la nostra famiglia* our family ❶ Nota che *una nostra amica* si traduce **a friend of ours**.
▶ *pron poss* ours: *La vostra macchina è migliore della nostra.* Your car is better than ours.

nota *sf* **1** note **2** (*Scuola*) = official note written by the teacher in the class register when a pupil has behaved badly LOC **prendere nota** to take* note (*of sth*)

notaio *sm* notary* ⊃ *Vedi nota a* AVVOCATO

notare *vt* **1** to notice: *Non ho notato nessun cambiamento.* I haven't noticed any change. **2** (*considerare*) to note: *Notate l'uso dei tempi verbali.* Note the use of tenses. LOC **far notare** to point *sth* out: *Ha fatto ~ che si trattava di un errore.* He pointed out that it was a mistake.
♦ **farsi notare** to attract attention: *Si veste così per farsi ~.* He dresses like that to attract attention.

notebook *sm* notebook (computer)

notevole *agg* **1** (*peso, quantità, distanza*) considerable: *un ~ numero di offerte* a considerable number of offers **2** (*importanza*) impressive: *un risultato ~* an impressive achievement

notizia *sf* **1** news [*non numerabile*]: *Ti devo dare una buona/cattiva ~.* I've got some good/bad news for you. ◊ *Le notizie sono preoccupanti.* The news is alarming. ⊃ *Vedi nota a* INFORMAZIONE **2** (*Giornalismo*) news item, piece of news: *Ho trovato una ~ interessante sul giornale.* I found an interesting news item in the paper. LOC **aver notizie di** to hear* from *sb*: *Hai notizie di Luigi?* Have you heard from Luigi? ♦ **fare notizia** to hit* the headlines

notiziario *sm* **1** news [*non numerabile*], news bulletin: *Lo hanno detto al ~ delle tre.* It was on the three o'clock news. **2** (*sul giornale*) report; (*on-line*) news site

noto, -a *agg* well known: *un ~ sociologo* a well-known sociologist LOC **rendere noto** to announce *sth*: *La notizia è stata resa nota il giorno stesso.* The news was announced the same day.

notte *sf* night: *lunedì ~* on Monday night ◊ *tutta la ~* all night ◊ *ieri ~* last night ◊ *le due di ~* two o'clock in the morning LOC **buona notte!** good night! ♦ **dare la buona notte a** to say* good night to *sb* ♦ **di notte** at night: *studiare/lavorare di ~* to study/work at night ◊ *Londra di ~* London by night ♦ **durante la notte** overnight ♦ **passare la notte in bianco** to have a sleepless night *Vedi anche* CALARE, CAMICIA

notturno, -a *agg* **1** night [*s attrib*]: *servizio di autobus* night bus service **2** (*Zool*) nocturnal LOC *Vedi* GUARDIA, LOCALE, VITA

novanta *sm, agg, pron* ninety ➲ *Vedi esempi a* SESSANTA

novantenne *agg, smf* ninety-year-old ➲ *Vedi esempi a* UNDICENNE

novantesimo, -a *agg, pron, sm* ninetieth ➲ *Vedi esempi a* SESSANTESIMO

novantina *sf* about ninety: *una ~ di casi al giorno* about ninety cases a day

nove *sm, agg, pron* **1** nine **2** (*data*) ninth ➲ *Vedi esempi a* SEI

novecento ▶ *sm, agg, pron* nine hundred ➲ *Vedi esempi a* SEICENTO
▶ *sm* **il Novecento** the 20th century: *nel Novecento* in the 20th century

novembre *sm* November (*abbrev* Nov.) ➲ *Vedi esempi a* GENNAIO

novità *sf* **1** (*notizia*) news [*non numerabile*]: *Novità?* Any news? **2** (*cosa nuova*): *le ultime ~ discografiche* the latest releases ◊ *l'ultima ~ in fatto di stampanti laser* the latest in laser printers **3** (*originalità*) novelty: *la ~ della situazione* the novelty of the situation

nozione *sf* **1** (*concetto*) concept: *nozioni di bene e male* concepts of good and evil **2** (*senso*) sense: *Ho perso completamente la ~ del tempo.* I lost all sense of time. **3 nozioni** basics: *nozioni di economia* the basics of economics

nozze *sf* wedding [*numerabile*] ➲ *Vedi nota a* MATRIMONIO LOC **nozze d'oro/d'argento** golden/silver wedding [*numerabile*] *Vedi anche* LISTA, VIAGGIO

nubile *agg* single

nuca *sf* nape (of the neck)

nucleare *agg* nuclear LOC *Vedi* CENTRALE, REATTORE

nucleo *sm* **1** (*Fis, Biol*) nucleus* **2** (*fig*) crux: *il ~ del problema/della questione* the crux of the problem/the matter LOC **nucleo familiare** family unit

nudo, -a *agg* **1** (*persona*) naked: *mezzo ~* half-naked **2** (*braccia, parete*) bare ➲ *Vedi nota a* NAKED LOC **nudo come un verme** stark naked ◆ **nudo e crudo**: *la verità nuda e cruda* the plain truth *Vedi anche* OCCHIO

nulla *Vedi* NIENTE

nullità *sf* (*persona*) nobody*: *È una ~.* He's a nobody.

nullo, -a *agg* **1** (*non valido*) invalid: *un contratto ~* an invalid agreement **2** (*inesistente*) non-existent: *Le possibilità sono praticamente nulle.* The chances are almost non-existent. LOC *Vedi* SCHEDA

numerabile *agg* countable LOC **non numerabile** uncountable ➲ *Vedi nota a* COUNTABLE

numerale *agg, sm* numeral

numerare *vt* to number

numerazione *sf* numbers [*pl*] LOC **numerazione araba/romana** Arabic/Roman numerals [*pl*]

numerico *agg* numerical LOC *Vedi* TASTIERINO

numero *sm* **1** number: *il mio ~ di telefono* my telephone number ◊ *Ha sbagliato ~.* You've got the wrong number. ◊ *~ pari/dispari* even/odd number **2** (*scarpe*) size: *Che ~ di scarpe porti?* What size shoe do you take? **3** (*rivista*) issue: *un ~ arretrato* a back issue **4** (*Teat*) act: *un ~ del circo* a circus act LOC **numeri arabi/romani** Arabic/Roman numerals ◆ **numero cardinale/ordinale** cardinal/ordinal number ◆ **numero civico** house number ◆ **numero di targa** registration number ◆ **numero primo** prime number

numeroso, -a *agg* **1** (*grande*) large: *una famiglia numerosa* a large family **2** (*molteplice*) numerous: *in numerose occasioni* on numerous occasions

nuocere *vi* **~ a** to damage sth: *Il fumo nuoce alla salute.* Smoking damages your health.

nuora *sf* daughter-in-law*

nuotare *vi* to swim*: *Non so ~.* I can't swim. LOC **nuotare a dorso** to do* backstroke ◆ **nuotare a stile rana/farfalla** to do* (the) breast stroke/butterfly ◆ **nuotare a stile libero** to do* the crawl

nuotatore, -trice *sm-sf* swimmer

nuoto *sm* swimming LOC **a nuoto**: *Hanno attraversato il fiume a ~.* They swam across the river.

Nuova Zelanda *sf* New Zealand

nuovo, -a *agg* **1** new: *Sono nuove quelle scarpe?* Are those new shoes? ◊ *Che c'è di ~?* What's new? ◊ *Sono nuovo di qui.* I'm new here. **2** (*ulteriore*) further: *Sono sorti nuovi problemi.* Further problems have arisen. LOC **di nuovo** again ◆ **non essere nuovo**: *Il nome non mi è ~.* That name rings a bell. ◆ **nuovo di zecca** brand new ◆ **nuovo fiammante** brand new *Vedi anche* LUNA

nutriente *agg* nutritious

nutrimento *sm* nourishment

nutrire ▶ *vt* to feed* ▶ **nutrirsi** *v rifl* **nutrirsi di** to live on sth

nuvola *sf* cloud: *un cielo senza nuvole* a cloudless sky LOC **cadere/cascare dalle nuvole** to be taken aback *Vedi anche* TESTA

nuvolosità *sf* cloudiness LOC **nuvolosità variabile** patchy cloud

nuvoloso, -a *agg* cloudy*

nuziale *agg* wedding [*s attrib*]

nylon *sm* nylon: *calze di ~* nylon tights

O o

o cong or: *Tè o caffè?* Tea or coffee? LOC *o... o...* either... or...: *Andrò o in treno o in pullman.* I'll go either by train or by coach. ◊ *O mangi tutto o non vai fuori a giocare.* Either you eat it all up or you don't go out to play.

oasi sf oasis*

obbediente agg Vedi UBBIDIENTE

obbedire vi Vedi UBBIDIRE

obbligare vt to force sb to do sth

obbligatorio, -a agg compulsory

obbligo sm obligation LOC *avere l'obbligo di* to be obliged *to do sth* Vedi anche SCUOLA

obeso, -a agg, sm-sf obese [agg]: *un ~* an obese person

obiettare vt to object *that...*

obiettivo, -a ▶ agg objective
▶ sm 1 (*fine*) objective, aim (*più informale*): *obiettivi a lungo termine* long-term objectives 2 (*Mil*) target 3 (*Foto*) lens: *~ fotografico* camera lens

obiettore sm LOC *obiettore di coscienza* conscientious objector

obiezione sf objection: *fare un'obiezione* to raise an objection

obitorio sm morgue

obliquo, -a agg oblique LOC Vedi BARRA

obliterare vt (*biglietto*) to stamp

oblò sm porthole

oboe sm oboe

oca sf 1 goose* ❶ Per specificare che si tratta del maschio si dice gander. 2 (*fig*): *È un'oca.* She's silly. LOC Vedi GIOCO, PELLE

occasione sf 1 (*volta*) occasion: *in numerose occasioni* on numerous occasions 2 (*opportunità*) opportunity*, chance (*più informale*) (*to do sth*): *un'occasione unica* a unique opportunity 3 (*affare*) bargain: *È un'occasione!* It's a real bargain! LOC *d'occasione* 1 (*affare*): *prezzi d'occasione* bargain prices 2 (*non nuovo*): *auto d'occasione* second-hand cars Vedi anche COGLIERE

occhiaia sf: *avere le occhiaie* to have bags under your eyes

occhiali sm 1 glasses: *un bambino biondo con gli ~* a fair-haired boy with glasses ◊ *Porta gli ~.* She wears glasses. ◊ *Non l'ho visto perché ero senza ~.* I couldn't see him because I didn't have my glasses on. ◊ *Presto dovrò mettermi gli ~.* Soon I'll need glasses. 2 (*motociclista, sciatore*) goggles LOC *occhiali da sole* sunglasses

occhiata sf look: *Basta una rapida ~.* Just a quick look will do. LOC *dare un'occhiata a qc* (*guardare*) to have a look at sth ♦ *dare un'occhiata a qn/qc* (*controllare, tenere d'occhio*) to keep* an eye on sb/sth: *Mi dai un'occhiata alle borsa, per favore?* Could you keep an eye on my bag for me, please?

occhiello sm buttonhole

occhio sm eye: *È bruna con gli occhi verdi.* She has dark hair and green eyes. ◊ *avere gli occhi sporgenti* to have bulging eyes ◊ *a occhi chiusi* with your eyes closed ◊ *guardare qn negli occhi* to look sb in the eye ◊ *guardarsi negli occhi* to look into each other's eyes LOC *a occhio* roughly: *L'ho calcolato a ~.* I worked it out roughly. ♦ *a occhio nudo* to the naked eye ♦ *con gli occhi bendati* blindfold ♦ *dare nell'occhio* to be conspicuous ♦ *occhio!* careful!: *Occhio alla brocca!* Careful with that jug! ♦ *occhio non vede...* what the eye doesn't see(, the heart doesn't grieve over) ♦ *tenere d'occhio* to keep* an eye on *sb/sth* Vedi anche APRIRE, BALZARE, BATTERE, CHIUDERE, CODA, COSTARE, SALTARE, SOGNARE, STRIZZARE, TOGLIERE

occhiolino sm LOC *fare l'occhiolino a* to wink at *sb*: *Mi ha fatto l'occhiolino.* He winked at me.

occidentale ▶ agg western: *il mondo ~* the western world
▶ smf westerner

occidente sm west: *le differenze fra l'Oriente e l'Occidente* the differences between East and West

occorrente sm everything I, you, etc. need: *Hai tutto l'occorrente?* Have you got everything you need?

occorrere ▶ vi to be needed: *Ci occorre ancora qualche sedia.* We need some more chairs. ◊ *Mi occorrono dei soldi.* I need some money. ▶ v impers: *Non occorre gridare!* You don't need to shout!

occupare ▶ vt 1 (*spazio, tempo*) to take* up sth: *L'articolo occupa mezza pagina.* The article takes up half a page. ◊ *Occupa tutto il mio tempo libero.* It takes up all my spare time. 2 (*paese*) to occupy*: *Per protesta abbiamo occupato la scuola.* We occupied the school as a protest. 3 (*incarico*) to hold* ▶ *occuparsi v rifl occuparsi di* 1 (*badare a*) to look after *sb/sth*: *Chi si occuperà del bambino?* Who will look after the baby? ◊ *Si occupa delle vendite.* She looks after sales. 2 (*interessarsi di*) to be into sth: *Si è sempre occupato di politica.* He's always been into politics.

occupato, -a agg **1** ~ (**con/a**) (*persona*) busy* (with *sb/sth*); busy (*doing sth*): *Se chiamano di' che sono ~.* If anyone calls, say I'm busy. **2** (*telefono, bagno*) engaged: *È ~.* It's engaged. **3** (*sedia, posto*) taken: *Scusi, questo posto è ~?* Excuse me. Is this seat taken? **4** (*paese*) occupied *Vedi anche* OCCUPARE

occupazione *sf* occupation

Oceania *sf* Oceania

oceano *sm* ocean ❶ In inglese **ocean** si scrive maiuscolo quando è nome proprio: *l'oceano Indiano* the Indian Ocean.

oculare *agg* LOC *Vedi* TESTIMONE

oculista *smf* eye specialist

odiare *vt* to hate *sb/sth/doing sth*: *Odio cucinare.* I hate cooking.

odio *sm* hatred (*for/of sb/sth*)

odioso, -a *agg* horrible

odorare ▶ *vi* ~ (**di**) to smell* (of *sth*): *~ di vernice* to smell of paint ◇ *~ di bruciato* to smell of burning ⊃ *Vedi nota a* SENTIRE ▶ *vt* to smell*

odorato *sm* (sense of) smell

odore *sm* smell (*of sth*): *C'era ~ di bruciato.* There was a smell of burning. LOC **avere un cattivo/buon odore** to smell* bad/nice ♦ **sentire odore di** to smell* *sth*

offendere ▶ *vt* to offend ▶ **offendersi** *v rifl* to take* offence (*at sth*): *Si offende per un nonnulla.* He takes offence at the slightest thing. ◇ *Non offenderti!* Don't take offence!

offensivo, -a *agg* offensive: *essere ~ nei riguardi di qn/qc* to be offensive to sb/sth

offerta *sf* **1** offer: *un'offerta speciale* a special offer **2** (*Econ, Fin*) supply: *La domanda supera l'offerta.* Demand outstrips supply. **3** (*donazione*) donation LOC **in offerta** on special offer ♦ **offerte di lavoro** (*annunci*) job vacancies

offesa *sf* offence

offeso, -a *agg* **1** offended: *È ~ per quello che hai detto.* He's offended by what you said. **2** ~ **con** upset with *sb*: *Siete ancora offesi con noi?* Are you still upset with us? *Vedi anche* OFFENDERE

officina *sf* **1** (*meccanico*) garage **2** (*laboratorio*) workshop

offrire ▶ *vt* **1** to offer: *Gli ho offerto dei biscotti.* I offered him some biscuits. **2** (*pagare*): *Offro io.* I'll get this one. ◇ *~ il pranzo/la cena a qn* to take sb out for lunch/dinner ◇ *Mi ha offerto da bere al bar.* He bought me a drink at the bar. ◇ *Offre la casa.* It's on the house. ▶ **offrirsi** *v rifl* to offer (*to do sth*): *Mi sono offerto di accompagnarli a casa.* I offered to take them home. LOC *Vedi* PIATTO

offuscare *vt* to blur*

oggetto *sm* **1** object **2** (*in lettera, e-mail*) subject: *"oggetto": cessazione del contratto* subject: suspension of contract LOC **oggetti smarriti** lost property [*non numerabile*]: *ufficio oggetti smarriti* lost property office *Vedi anche* COMPLEMENTO

oggi *avv* today: *Dobbiamo finirlo ~.* We've got to get it finished today. LOC **di oggi**: *il giornale di ~* today's paper ◇ *Questo pane non è di ~.* This bread isn't fresh. ♦ **oggi pomeriggio** this afternoon *Vedi anche* GIORNO, QUANTO[1]

oggigiorno *avv* nowadays

ogni *agg* **1** each: *Hanno dato un regalo a ~ bambino.* They gave each child a present. ⊃ *Vedi nota a* EVERY **2** (*con espressioni di tempo, con espressioni numeriche*) every: *~ settimana/volta* every week/time ◇ *~ dieci giorni* every ten days ◇ *~ due giorni, settimane, ecc* every other day, week, etc. LOC **ogni cosa a suo tempo** all in good time ♦ **ogni quanto?** how often? ♦ **ogni tanto** every so often ♦ **ogni volta che...** whenever... *Vedi anche* CASO, MODO

Ognissanti *sm* All Saints' Day ⊃ *Vedi nota a* HALLOWEEN

ognuno *pron* **1** (*ciascuno*) each (one): *~ di noi* each of us **2** (*tutti*) everybody: *Ognuno è libero di scegliere.* Everybody is free to choose.

Olanda *sf* Holland

olandese ▶ *agg, sm* Dutch: *parlare ~* to speak Dutch
▶ *smf* Dutchman*/woman*: *gli olandesi* the Dutch

oleoso, -a *agg* oily*

olfatto *sm* (sense of) smell

Olimpiadi *sf* Olympics

olimpico, -a *agg* Olympic LOC *Vedi* GIOCO, VILLAGGIO

olimpionico, -a *agg* Olympic: *il primato ~* the Olympic record ◇ *una piscina olimpionica* an Olympic swimming pool

olio *sm* oil: *~ d'oliva/di semi di girasole* olive/sunflower oil LOC **quadro/dipinto a olio** oil painting ♦ **sott'olio** in oil

oliva *sf* olive: *olive farcite/snocciolate* stuffed/pitted olives

olivo *sm* olive tree

olmo *sm* elm (tree)

olocausto *sm* holocaust

ologramma *sm* hologram

oltre ▶ *prep* **1** (*di là da*) beyond: *Oltre le montagne c'è il mare.* Beyond the mountains is the sea. **2** (*più di*) over: *C'erano ~ cento persone.* There were over a hundred people there. ◇

ragazzi di ~ quindici anni young people over fifteen **3** (*tempo*) later than: *non ~ il 12 luglio* no later than 12 July
▶ *avv* **1** (*più in là*) further: *passare ~* to go further **2** (*di più*) more: *Non voglio aspettare ~.* I don't want to wait any more. ◊ *un mese e ~* a month and more LOC **oltre a 1** (*in aggiunta a*) as well as: *Oltre ai libri mi ha regalato una videocassetta.* She gave me a video as well as the books. ◊ *Oltre ad essere comoda questa sedia è bella.* The chair is beautiful as well as comfortable. **2** (*eccetto*) apart from: *Oltre a noi non lo sa nessuno.* Nobody knows apart from us.

oltrepassare *vt* **1** (*varcare*) to cross **2** (*fig*) to exceed: *~ il limite di velocità* to exceed the speed limit ◊ *Ha oltrepassato ogni limite.* He has behaved outrageously.

omaggio *sm* homage [*non numerabile*]: *rendere ~ a qn* to pay homage to sb LOC **in omaggio**: *Con la rivista c'era un rossetto in ~.* I got a free lipstick with the magazine.

ombelicale *agg* LOC *Vedi* CORDONE

ombelico *sm* navel, belly button (*informale*)

ombra

a shadow | they're sitting in the shade

ombra *sf* **1** (*assenza di sole*) shade: *Ci siamo seduti all'ombra.* We sat in the shade. **2** (*sagoma*) shadow: *proiettare un'ombra* to cast a shadow LOC **fare ombra a** to keep* the sun off sb: *Mi fai ~.* You're keeping the sun off me. ♦ **senza ombra di dubbio** without a shadow of doubt

ombrello *sm* umbrella: *aprire/chiudere l'ombrello* to put up/take down the umbrella

ombrellone *sm* sunshade
ombretto *sm* eyeshadow
omeopatia *sf* homeopathy
omettere *vt* to omit*, to leave* *sth* out (*più informale*)
omicida ▶ *smf* murderer
▶ *agg* homicidal
omicidio *sm* murder
omissione *sf* omission
omogeneo, -a *agg* homogeneous
omonimo, -a ▶ *agg* of the same name: *Ha interpretato Gandhi nel film ~.* He played Gandhi in the film of the same name.
▶ *sm-sf* (*persona*) namesake
▶ *sm* (*Gramm*) homonym
omosessuale *agg, smf* homosexual; (*donna*) lesbian
onda *sf* wave: *onde corte/medie/lunghe* short/medium/long wave LOC **essere in onda** to be on the air ♦ **mandare in onda** to broadcast* *sth Vedi anche* CRESTA, LUNGHEZZA
ondulato, -a *agg* **1** (*capelli, linea*) wavy* **2** (*superficie*) undulating **3** (*cartone*) corrugated
onestà *sf* honesty: *Nessuno dubita della sua ~.* Nobody doubts his honesty.
onesto, -a *agg* honest: *una persona onesta* an honest person
on line *agg, avv* online
onomastico *sm* saint's day: *Quando è il tuo ~?* When is your saint's day? ◆ *In Gran Bretagna l'onomastico non si festeggia.*
onore *sm* **1** honour: *l'ospite d'onore* the guest of honour ◊ *in ~ di qn/qc* in honour of sb/sth ◆ *Vedi nota a* HONOUR **2** (*reputazione*) good name: *Ne va dell'onore della banca.* The bank's good name is at stake. LOC **avere l'onore di** to have the honour of *doing sth* ♦ **fare onore**: *La tua generosità ti fa ~.* Your generosity does you credit. *Vedi anche* DAMIGELLA, PAROLA
ONU *sf* UN
opaco, -a *agg* **1** (*vetro*) opaque **2** (*carta*) matt
opera *sf* **1** work: *un'opera d'arte* a work of art ◊ *le opere complete di Moravia* the complete works of Moravia **2** (*azione*) deed **3** (*Mus*) opera
operaio, -a ▶ *sm-sf* worker
▶ *agg* **1** (*famiglia, quartiere*) working-class **2** (*movimento*) labour [*s attrib*] LOC *Vedi* APE, CLASSE
operare ▶ *vt* (*Med*) to operate on *sb*: *Forse dovranno operarlo.* They may have to operate on him. ◊ *L'hanno operato al braccio.* They operated on his arm. ◊ *È stato operato al cuore.* He

had a heart operation. ◊ *Sono stato operato di appendicite.* I had my appendix out. ▶ *vi* to operate ▶ **operarsi** *v rifl* to have an operation

operatore, -trice *sm-sf* **1** (*TV*) camera operator **2** (*Informatica, linea telefonica, call centre*) operator

operazione *sf* **1** operation: *subire un'operazione al cuore* to have a heart operation ◊ *un'operazione di polizia* a police operation **2** (*Fin*) transaction

opinione *sf* opinion: *avere una buona/cattiva ~ di qn* to have a high/low opinion of sb/sth **LOC** *Vedi* CAMBIARE, SONDAGGIO

opporre ▶ *vt* to put* sth up: *~ resistenza a qn/qc* to put up resistance to sb/sth ▶ **opporsi** *v rifl* **opporsi a** to oppose *sth*: *opporsi a un'idea* to oppose an idea ◊ *opporsi pubblicamente* to speak out

opportunità *sf* chance, opportunity* (*più formale*): *Ho avuto l'opportunità di andare in Canada.* I had the chance to go to Canada.

opportuno, -a *agg* **1** appropriate: *Il tuo commento è stato poco ~.* Your remark wasn't very appropriate. **2** (*momento*) right: *Non era il momento ~.* It wasn't the right time.

opposizione *sf* opposition (*to sb/sth*)

opposto, -a ▶ *agg* opposite: *Andavano in direzioni opposte.* They were going in opposite directions.
▶ *sm* opposite **LOC** *Vedi* POLO; *Vedi anche* OPPORRE

oppressivo, -a *agg* oppressive

opprimente *agg* **1** (*persona*) tiresome **2** (*caldo*) stifling

opprimere *vt* **1** to oppress **2** (*preoccupazioni, problemi*) to overwhelm

oppure *cong* or (else)

optare *vi ~* **per** to opt for *sth / to do sth*: *Hanno optato per il primo metodo.* They opted for the first method.

optional *sm* (optional) extra: *Il prezzo comprende gli ~.* The price includes the optional extras ◊ *Vendo Fiat Bravo, full ~.* Fiat Bravo for sale, with all the extras.

opuscolo *sm* **1** (*pubblicità*) brochure: *un ~ di viaggi* a holiday brochure **2** (*informazioni*) booklet

ora[1] *sf* **1** hour: *La lezione dura due ore.* The class lasts two hours. ◊ *120 km all'ora* 120 km an hour ◊ *È a un'ora di macchina da qui.* It's an hour from here by car. **2** (*momento, periodo*) time [*s attrib*]: *Che ore sono?* What time is it? ◊ *A che ~ vengono?* What time are they coming? ◊ *all'ora di pranzo/cena* at lunchtime/dinner time **LOC** **a tutte le ore** at all hours ♦ **era ora!** about time too! ♦ **essere ora:** *È ~ di andare a letto.* It's time to go to bed. ◊ *È ~ di andare.* It's time we were going. ◊ *Era ~ che lo riparassero.* It was about time they fixed it. ♦ **non vedere l'ora** to look forward *to doing sth*: *Non vedo l'ora di conoscere il tuo ragazzo.* I'm looking forward to meeting your boyfriend. ◊ *Non vedo l'ora di andare in vacanza.* I'm really looking forward to my holiday. ♦ **ora di punta** rush hour ♦ **ora legale** summer time

ora[2] *avv* now: *Che cosa faccio ~?* What am I going to do now? **LOC** **d'ora in poi** from now on *Vedi anche* PRIMA

orale ▶ *agg* oral
▶ *sm* **gli orali** the orals **LOC** *Vedi* COMPRENSIONE

orario, -a ▶ *agg* **1** hourly: *La sua tariffa oraria è di 15 euro.* His hourly rate is 15 euros. **2** (*segnale*) time [*s attrib*]
▶ *sm* **1** (*tabella*) timetable **2** (*negozio, trasporti*) time: *~ di apertura/chiusura* opening/closing time ◊ *~ di arrivo/partenza* arrival/departure time **3** (*ufficio*) hours [*pl*]: *~ d'ambulatorio* surgery hours ◊ *~ delle visite* visiting hours **LOC** **in orario** on time ♦ **orario continuato**: *Il supermercato fa ~ continuato.* The supermarket's open all day. *Vedi anche* DISCO, FASCIA, FUSO, SENSO

orbita *sf* **1** orbit **2** (*Anat*) (eye) socket

orchestra *sf* **1** (*di musica classica*) orchestra **2** (*di musica leggera*) band: *un'orchestra da ballo* a dance band **LOC** *Vedi* DIRETTORE

orchidea *sf* orchid

ordigno *sm* device: *un ~ esplosivo* an explosive device

ordinale **LOC** *Vedi* NUMERO

ordinare *vt* **1** (*ristorante*) to order: *Abbiamo ordinato una minestra.* We ordered soup. **2** (*comandare*) to tell* sb to do sth: *Gli ordinò di fare silenzio.* He told him to be quiet.

ordinario, -a *agg* **1** (*normale*) ordinary: *È un tipo ~.* He's an ordinary guy. **2** (*di bassa qualità*) poor quality, cheap: *Ha sempre vestiti ordinari.* She always has cheap clothes. **3** (*persona grossolana*) common, rough

ordinato, -a *agg* tidy*: *una ragazza/camera molto ordinata* a very tidy girl/room *Vedi anche* ORDINARE

ordinazione *sf* order: *fare un'ordinazione* to place an order ◊ *lavorare su ~* to work to order ◊ *fatto su ~* made to order

ordine *sm* order: *in ~ alfabetico* in alphabetical order ◊ *in ~ d'importanza* in order of importance ◊ *fare/cancellare un ~* to place/cancel an order **LOC** **dare ordini** (*con prepotenza*) to boss people around ♦ **essere in ordine 1** (*camera*) to be tidy **2** (*libri*) to be in order

orecchiabile → orologiaio

♦ **mettere in ordine 1** (*camera*) to tidy* *sth* (up) **2** (*libri*) to put* *sth* in order ♦ **per ordine di** by order of *sb Vedi anche* PAROLA, TURBARE

orecchiabile *agg* catchy*

orecchino *sm* earring: *Ho perso un ~.* I've lost an earring.

orecchio *sm* ear LOC **in un orecchio**: *Dimmelo in un ~.* Whisper it in my ear. ♦ **a orecchio**: *Suono a ~.* I play by ear. ♦ **avere orecchio** to have a good ear ♦ **fare orecchi da mercante** to turn a deaf ear (*to sth*) *Vedi anche* DURO, MURO, TIRATA

orecchioni *sm* mumps [*non numerabile*]: *avere gli ~* to have (the) mumps

orfano, -a *agg, sm-sf* orphan [*s*]: *orfani di guerra* war orphans ◊ *essere ~* to be an orphan ◊ *rimanere ~* to be orphaned LOC **orfano di madre/padre** motherless/fatherless ♦ **rimanere orfano di madre/padre** to lose* your mother/father

orfanotrofio *sm* orphanage

organismo *sm* **1** (*Biol*) organism **2** (*Anat*) body* **3** (*organizzazione*) organization

organizzare ▶ *vt* to organize ▶ **organizzarsi** *v rifl* (*persona*) to get* yourself organized: *Dovrei organizzarmi meglio.* I should get myself better organized.

organizzato, -a *agg* organized *Vedi anche* ORGANIZZARE

organizzatore, -trice ▶ *agg* organizing ▶ *sm-sf* organizer

organizzazione *sf* organization: *organizzazioni internazionali* international organizations LOC **Organizzazione delle Nazioni Unite** (*abbrev* **ONU**) United Nations (*abbrev* UN)

organo *sm* organ

orgoglio *sm* pride: *ferire qn nell'orgoglio* to hurt sb's pride ◊ *mettere da parte l'orgoglio* to swallow your pride

orgoglioso, -a *agg* proud: *Sono ~ di te.* I'm proud of you. ◊ *È un tipo molto ~.* He's very proud.

orientale *agg* **1** (*regione*) eastern: *l'Europa ~* Eastern Europe ◊ *sulla costa ~* on the east coast **2** (*lingua, civiltà*) oriental

orientamento *sm* inclination [*gen pl*] LOC **orientamento professionale** careers guidance [*non numerabile*] *Vedi anche* PERDERE, SENSO

orientare ▶ *vt* to position: *~ un'antenna* to position an aerial ▶ **orientarsi** *v rifl* to find* your way around

orientato, -a *agg* LOC **essere orientato a ...** (*casa, stanza*) to face ... : *Il balcone è ~ a sudest* The balcony faces south-east. *Vedi anche* ORIENTARE

oriente *sm* east LOC **il Medio/l'Estremo Oriente** the Middle/Far East

origano *sm* oregano

originale *agg, sm* **1** original **2** (*bizzarro*) unusual [*agg*]: *È una persona ~.* She's an unusual person. LOC *Vedi* VERSIONE

originario, -a *agg*: *essere ~ di Ferrara* to be a native of Ferrara

origine *sf* origin LOC **dare origine a** to give* rise to *sth*

origliare *vi, vt* to eavesdrop* *on sth*: *Ama ~ le conversazioni.* She likes eavesdropping on other people's conversations. ◊ *Lo sorpresero a ~ alla porta.* They caught him listening at the door.

orina *sf* urine

orizzontale ▶ *agg* horizontal ▶ *sf* (*cruciverba*) across: *11 ~* 11 across

orizzonte *sm* horizon: *all'orizzonte* on the horizon

orlo *sm* **1** edge: *l'orlo di un precipizio* the edge of a cliff **2** (*di oggetto circolare*) rim: *l'orlo del bicchiere* the rim of the glass ⊃ *Vedi illustrazione a* MUG **3** (*vestito*) hem LOC **sull'orlo di** (*fig*) on the verge of *sth*

orma *sf* **1** footprint **2** (*di animale*) track LOC *Vedi* SEGUIRE

ormai *avv* now: *Ormai sei grande.* You're a big boy now. ◊ *Ormai è troppo tardi.* It's too late now. **1** (*a quest'ora*) by now: *L'aereo ~ dovrebbe essere atterrato.* The plane should have landed by now.

ormone *sm* hormone

oro *sm* gold: *~ massiccio* solid gold ◊ *una medaglia d'oro* a gold medal ◊ *avere un cuore d'oro* to have a heart of gold LOC **d'oro** (*fig*) golden: *un'occasione d'oro* a golden opportunity ♦ **non è tutto oro quello che luccica** all that glitters is not gold *Vedi anche* NOZZE

orologiaio *sm* watchmaker

orologio

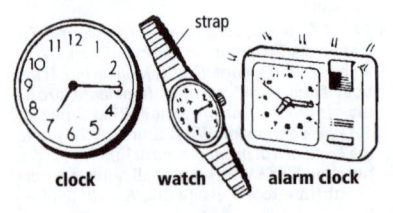

clock · watch · alarm clock

orologio sm **1** (a muro, a pendolo) clock: un ~ a cucù a cuckoo clock **2** (da polso, da taschino) watch: Il mio ~ è indietro. My watch is slow.

oroscopo sm horoscope

orrendo, -a agg **1** awful, appalling: un film/tempo ~ an awful film/awful weather ◊ un crimine ~ an appalling crime **2** (brutto aspetto) hideous: Ha un naso ~. He's got a hideous nose.

orribile agg awful: Il tempo è ~. The weather is awful.

orrore sm horror: gli orrori della guerra the horrors of war LOC **che orrore!** how awful! Vedi anche FILM

orsacchiotto sm **1** (cucciolo) bear cub **2** (giocattolo) teddy bear

orso, -a sm-sf bear LOC **orso bianco** polar bear

ortaggio sm vegetable

ortica sf nettle

orticaria sf nettle rash

orto sm vegetable garden LOC **orto botanico** botanical gardens [pl]

ortografia sf spelling: errori d'ortografia spelling mistakes

orzaiolo sm sty*

orzo sm barley

osare vt to dare (do sth): Non oso chiedergli dei soldi. I daren't ask him for money. ➔ Vedi nota a DARE¹

osceno, -a agg obscene

oscillare vi **1** (lampadario, pendolo) to swing* **2** ~ tra (prezzi, temperature) to vary* from sth to sth: Il prezzo oscilla tra le cinquanta e le settanta sterline. The price varies from fifty to seventy pounds.

oscurare ▶ vt to darken ▶ **oscurarsi** v rifl to get* dark

oscurità sf darkness

oscuro, -a agg obscure: per qualche oscura ragione for some obscure reason LOC **essere all'oscuro di** to be in the dark about sth

ospedale sm hospital ➔ Vedi nota a HOSPITAL

ospedaliero, -a agg hospital [s attrib]

ospitalità sf hospitality

ospitare vt **1** to put* sb up: Mi puoi ~ per stanotte? Can you put me up for the night? **2** (albergo) to accommodate: L'albergo può ~ 200 persone. The hotel can accommodate 200 people. **3** (manifestazione) to host

ospite ▶ smf **1** (invitato) guest **2** (padrone di casa) host [fem hostess]: la famiglia ~ the host family

▶ agg visiting: la squadra ~ the visiting team LOC Vedi STANZA

ospizio sm (per anziani) old people's home

osseo, -a agg LOC Vedi MIDOLLO

osservare vt **1** (guardare) to observe, to watch (più informale): Osservalo attentamente. Watch him carefully. **2** (rispettare) to observe: ~ un minuto di silenzio to observe a minute's silence **3** (notare) to notice: Hai osservato qualcosa di strano in lui? Have you noticed anything odd about him? **4** (far notare) to point sth out: Ha osservato che non era necessario. She pointed out that it wasn't necessary.

osservatorio sm observatory*

osservazione sf observation: fare un'osservazione to make an observation LOC **essere in osservazione** to be under observation Vedi anche SPIRITO

ossessionare vt to obsess

ossessione sf obsession (with sb/sth/doing sth)

ossidarsi v rifl to oxidize

ossido sm LOC **ossido di carbonio** carbon monoxide

ossigenare vt: ossigenarsi i capelli to bleach your hair

ossigeno sm oxygen

osso sm bone LOC **farsi le ossa** to get* experience ♦ **essere un osso duro** to be a tough nut to crack Vedi anche CARNE, PELLE, RISCHIARE

ostacolare vt **1** to hinder **2** (progresso, passaggio) to obstruct: ~ il corso della giustizia to obstruct justice

ostacolo sm **1** obstacle **2** (Atletica) hurdle: la corsa agli ostacoli the hurdles ◊ i 500 metri a ostacoli the 500 metres hurdles LOC **essere d'ostacolo a** to stand* in sb's way

ostaggio sm hostage: prendere in ~ qn to take sb hostage

ostello sm hostel: un ~ della gioventù a youth hostel

ostetrica sf midwife*

ostinarsi v rifl to be determined to do sth: Si ostina a voler fare a modo suo. He's determined to do his way.

ostinato, -a agg stubborn Vedi anche OSTINARSI

ostrica sf oyster

ostruire ▶ vt to block ▶ **ostruirsi** v rifl to get* blocked

ottanta sm, agg, pron eighty ➔ Vedi esempi a SESSANTA

ottantenne agg, smf eighty-year-old ➔ Vedi esempi a UNDICENNE

ottantesimo, -a *agg, pron, sm* eightieth ⊃ *Vedi esempi a* SESSANTESIMO

ottantina *sf* about eighty: *una ~ di casi al giorno* about eighty cases a day

ottavo, -a *agg, pron, sm* eighth ⊃ *Vedi esempi a* SESTO

ottenere *vt* **1** to obtain, to get* (*più informale*): *~ un prestito* to get a loan ◊ *~ che qn faccia qc* to get sb to do sth **2** (*raggiungere*) to achieve: *Che cosa otteniamo litigando?* What do we achieve by arguing?

ottico, -a ▶ *agg* optical
▶ *sm* **1** (*persona*) optician **2** (*negozio*) optician's

ottimismo *sm* optimism

ottimista ▶ *agg* optimistic
▶ *smf* optimist

ottimistico, -a *agg* optimistic

ottimo, -a ▶ *agg* excellent, outstanding: *un'ottima prestazione* an outstanding performance
▶ *sm* (*Scuola*) ≃ A: *Ho preso ~ in storia.* I got an A for history. ⊃ *Vedi nota a* VOTO

otto *sm, agg, pron* **1** eight **2** (*data*) eighth ⊃ *Vedi esempi a* SEI

ottobre *sm* October (*abbrev* Oct.) ⊃ *Vedi esempi a* GENNAIO

ottocento ▶ *sm, agg, pron* eight hundred ⊃ *Vedi esempi a* SEICENTO
▶ *sm* **l'Ottocento** the 19th century: *nell'Ottocento* in the 19th century

ottone *sm* **1** (*metallo*) brass **2 gli ottoni** (*Mus*) the brass [*v sing o pl*]

otturare *vt* **1** (*lavandino*) to block **2** (*dente*) to fill: *Ho tre denti da ~.* I've got to have three teeth filled.

otturazione *sf* (*di dente*) filling

ottuso, -a *agg* **1** (*Mat*) obtuse **2** (*persona*) slow

ovaia *sf* ovary*

ovale *agg, sm* oval

overdose *sf* overdose

ovest *sm* **1** (*punto cardinale, zona*) west (*abbrev* W): *Vivono nell'ovest della Francia.* They live in the west of France. ◊ *a ~* in the west ◊ *È a ~ di Londra.* It's west of London. ◊ *più a ~* further west ◊ *la costa ~* the west coast **2** (*direzione*) westerly: *in direzione ~* in a westerly direction

ovino, -a *agg* sheep [*s attrib*]

ovunque *avv* *Vedi* DOVUNQUE

ovviamente *avv* obviously

ovvio, -a *agg* obvious: *Era ~ che avrebbe vinto.* It was obvious that she was going to win.

oziare *vi* to laze around

ozio *sm* (*inattività*) idleness

ozono *sm* ozone: *il buco nell'ozono* the hole in the ozone layer

ozonosfera *sf* ozone layer

P p

pacca *sf* pat: *Mi ha dato una ~ sulla spalla.* He gave me a pat on the back.

pacchetto *sm* **1** (*pacco*) parcel **2** (*confezione*) packet: *un ~ di sigarette* a packet of cigarettes ⊃ *Vedi illustrazione a* CONTAINER

pacchia *sf: Che ~!* What a cushy number!

pacchiano, -a *agg* tacky*: *Si veste in modo così ~.* She wears really tacky clothes.

pacco *sm* parcel: *spedire un ~ per posta* to post a parcel ⊃ *Vedi nota a* PARCEL LOC **pacco regalo**: *Vuole un ~ regalo?* Would you like that gift-wrapped? *Vedi anche* CARTA

pace *sf* peace: *un trattato di ~* a peace treaty LOC **fare la pace** to make* it up (*with sb*): *Hanno fatto la ~.* They've made it up. ◆ **lasciare in pace** to leave* sb/sth alone: *Non mi lasciano in ~.* They won't leave me alone.

pachistano, -a *agg, sm-sf* Pakistani: *i pachistani* the Pakistanis

pacifico, -a ▶ *agg* peaceful
▶ *sm* **il Pacifico** the Pacific

pacifismo *sm* pacifism

pacifista *agg, smf* pacifist

padella *sf* frying pan ⊃ *Vedi illustrazione a* SAUCEPAN LOC **cadere dalla padella nella brace** to jump out of the frying pan and into the fire *Vedi anche* CUOCERE

padiglione *sm* **1** (*fiera*) pavilion **2** (*ospedale*) wing

Padova *sf* Padua

padovano, -a *agg, sm-sf* Paduan: *i padovani* the Paduans

padre sm father: *È ~ di due bambini.* He is the father of two children. ◊ *di ~ in figlio* from father to son LOC *Vedi* ORFANO, PARTE, TALE

Padrenostro sm Our Father

padrino sm godfather

padronanza sf **1** (*lingua*) command **2** (*tecnica*) mastery

padrone, -a sm-sf owner LOC **padrona di casa 1** (*proprietaria*) landlady* **2** (*ospite*) hostess ♦ **padrone di casa 1** (*proprietario*) landlord **2** (*ospite*) host

paesaggio sm landscape, scenery

Landscape fa riferimento a un ambiente naturale o artificiale con determinate caratteristiche: *an urban landscape* ◊ *the English landscape.* Scenery si utilizza per descrivere un paesaggio naturale particolarmente bello e spesso si trova infatti accompagnata da aggettivi come *beautiful, spectacular, stunning.*

paese sm **1** (*nazione*) country* **2** (*villaggio*) village LOC **i Paesi Bassi** the Netherlands ♦ **mandare a quel paese** to tell* *sb* to get lost

paga sf pay LOC *Vedi* BUSTA

pagamento sm payment: *dietro ~ di 100 sterline* on payment of £100 ◊ *effettuare un ~* to make a payment LOC **a pagamento**: *Questo è un servizio a ~.* A charge is made for this service. ◊ *un parcheggio/una scuola a pagamento* a fee-paying car park/school ♦ **pagamento alla consegna** cash on delivery (*abbrev* COD) *Vedi anche* BILANCIA, MODALITÀ

pagano, -a agg, sm-sf pagan

pagare ▶ vt **1** *~ qn* to pay* *sb*: *Non mi hanno ancora pagato.* I still haven't been paid. **2** *~ qc* to pay* (for) *sth*: *Mio padre mi ha pagato il viaggio.* My father paid for my trip. ◊ *Quanto l'avete pagato?* How much did you pay for it? ◊ *~ i debiti/le tasse* to pay your debts/taxes ▶ vi to pay*: *Pagano bene.* They pay well. ◊ *~ in contanti* to pay cash ◊ *~ con un assegno/la carta di credito* to pay by cheque/credit card LOC **far pagare qc a qn** to charge *sb* *sth*: *Mi hanno fatto pagare 200 euro per la riparazione.* They charged me 200 euros for the repairs. ♦ **me la pagherai!** you'll pay for this!

pagella sf school report: *Giovedì mi danno la ~.* I'm getting my report on Thursday.

paggio sm page(boy)

paghetta sf pocket money

pagina sf page (*abbrev* p): *a ~ tre* on page three ◊ *La sua foto era in prima ~.* Her photo was on the front page. LOC **le pagine gialle** the Yellow Pages® *Vedi anche* VOLTARE

paglia sf straw

pagliaccio sm clown LOC **fare il pagliaccio** to clown around

pagliaio sm haystack; (*edificio*) hayloft LOC *Vedi* CERCARE

paglietta sf (*pentole*) scourer

pagnotta sf loaf* ⊃ *Vedi illustrazione a* PANE

paio sm **1** (*due*) pair: *un ~ di calzini* a pair of socks ◊ *un ~ di scarpe* a pair of shoes **2** (*alcuni*) couple: *un ~ di mesi fa* a couple of months ago

Pakistan sm Pakistan

pala sf **1** (*attrezzo*) shovel **2** (*mulino*) sail **3** (*di remo, elica*) blade

palata sf LOC *Vedi* SOLDO

palato sm palate

palazzo sm **1** (*condominio*) block of flats **2** (*nobiliare*) palace LOC **palazzo dello sport** sports centre

palco sm **1** (*pedana*) stand **2** (*palcoscenico*) stage **3** (*posto per spettatori*) box

palcoscenico sm stage

Palestina sf Palestine

palestinese agg, smf Palestinian: *i palestinesi* the Palestinians

palestra sf gym LOC **andare in palestra** to go* to the gym, to work out

paletta sf **1** spade: *giocare con secchiello e ~* to play with your bucket and spade **2** (*della spazzatura*) dustpan

palio sm LOC **mettere in palio** to put* *sth* up as a prize

palla sf ball LOC **che palle!** what a pain! ♦ **palla di neve** snowball ♦ **prendere la palla al balzo** to seize your opportunity

pallacanestro sf basketball: *giocare a ~* to play basketball

pallamano sf handball: *giocare a ~* to play handball

pallanuoto sf water polo: *giocare a ~* to play water polo

pallavolo sf volleyball: *giocare a ~* to play volleyball

palleggiare vi to knock a ball around

pallido, -a agg pale: *rosa ~* pale pink

pallina sf ball: *una ~ da tennis* a tennis ball

pallino sm **1** (*pois*) dot: *bianco a pallini neri* white with black dots **2** (*proiettile*) pellet

palloncino sm balloon

pallone sm ball: *giocare a ~* to play football ◊ *fare una partita di ~ tra amici.* to have a game of football with some friends. ◊ *~ da rugby* rugby ball

pallottola sf bullet

palma sf palm (tree)

palmare sm (computer) palmtop (computer), hand-held computer

palmo sm (mano) palm LOC **palmo a palmo** inch by inch

palo sm **1** pole: ~ del telefono telegraph pole **2** (Sport) (goal)post: Il pallone ha colpito il ~. The ball hit the post.

palombaro sm (deep-sea) diver

palpebra sf eyelid

palude sf marsh

panca sf **1** bench **2** (in chiesa) pew

pancetta sf (di maiale) bacon

panchina sf **1** (parco) bench **2** (giardino) garden seat **3** (Sport) substitutes' bench: rimanere in ~ to stay on the substitutes' bench

pancia sf **1** stomach, tummy* (più informale): Ho un po' di mal di ~. I've got tummy ache. **2** (animale) belly* **3** (grasso) paunch: Stai mettendo su ~. You're getting a paunch. LOC Vedi MALE²

panciotto sm waistcoat

pancreas sm pancreas

panda sm panda

pane

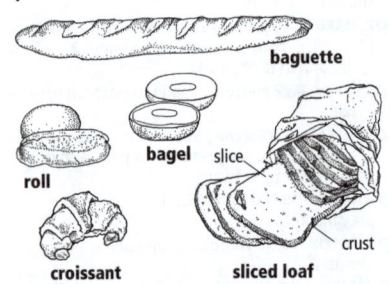

baguette
bagel slice
roll
crust
croissant   sliced loaf

pane sm bread [non numerabile]: Adoro il ~ appena sfornato. I love freshly-baked bread. ◊ Vuoi del ~? Do you want some bread? LOC **dire pane al pane e vino al vino** to call a spade a spade ♦ **pan di Spagna** sponge cake ♦ **pane in cassetta** sliced bread ♦ **pane duro** stale bread ♦ **pane tostato** toast [non numerabile]: una fetta di ~ tostato a slice of toast

panetteria sf baker's

panettiere, -a sm-sf baker

pangrattato sm breadcrumbs [pl]

panico sm panic LOC **farsi prendere dal panico** to panic* Vedi anche PREDA

panificio sm baker's

panino sm roll: un ~ al formaggio a cheese roll

paninoteca sf sandwich bar

panna sf cream: ~ montata whipped cream

pannello sm panel: ~ solare solar panel

panno sm **1** (per pulire) cloth **2 panni** (biancheria) clothes LOC **mettersi/essere nei panni di qn** to put* yourself/be in sb's shoes

pannolino sm nappy*: cambiare il ~ a un bambino to change a baby's nappy

panorama sm view: ammirare il ~ to admire the view

panoramico, -a agg panoramic

pantaloni sm trousers: Non trovo i ~ del pigiama. I can't find my pyjama trousers. LOC Vedi GONNA

pantera sf panther

pantofola sf slipper ⊃ Vedi illustrazione a SCARPA

papa sm pope: Papa Giovanni Paolo II Pope John Paul II

papà sm dad: Chiedilo a ~. Ask your dad. ❶ I bambini piccoli di solito dicono **daddy**. LOC Vedi FESTA, FIGLIO

paparazzo sm paparazzo*

papavero sm poppy*

papera sf (errore) slip: fare una ~ to make a slip

papillon sm bow tie

pappa sf (di bambino) baby food [non numerabile] LOC **pappa reale** royal jelly

pappagallino sm budgerigar, budgie (informale)

pappagallo sm parrot

paprica sf paprika

parabola sf **1** (Geom) parabola **2** (antenna) satellite dish **3** (Bibbia) parable

parabolico, -a agg LOC Vedi ANTENNA

parabrezza sm windscreen

paracadute sm parachute: lanciarsi col ~ to parachute

paracadutismo sm parachuting

paracadutista smf parachutist

paradiso sm **1** paradise **2** (Relig) heaven LOC **paradiso terrestre** heaven on earth

parafango sm mudguard

parafulmine sm lightning conductor

paraggi sm: nei ~ della chiesa in the vicinity of the church ◊ Vienimi a trovare se sei nei ~. Come and see me if you're in the area.

paragonabile agg ~ a/con comparable to/with sb/sth

paragonare vt to compare sb/sth (to/with sb/sth): Non ~ la tua città alla mia! Don't go comparing your town to mine!

paragone *sm* comparison: *Non c'è ~ fra questa bici e quella di prima.* There's no comparison between this bike and the old one. ◊ *fare un ~* to draw a comparison LOC **a paragone di** compared to/with *sb/sth*

paragrafo *sm* paragraph

paralisi *sf* paralysis

paralizzare *vt* to paralyse

paralizzato, -a *agg* paralysed: *restare ~ dalla vita in giù* to be paralysed from the waist down *Vedi anche* PARALIZZARE

parallelo, -a ▶ *agg ~* (a) parallel (to *sth*): *rette parallele* parallel lines
▶ **parallela** *sf* **1** (*retta*) parallel line **2** (*strada*) parallel street: *È una parallela di Viale Etiopia.* It's parallel to Viale Etiopia.
▶ **parallele** *sf* parallel bars

paralume *sm* lampshade

paramedico, a *sm-sf* paramedic

paranoia *sf* paranoia LOC **andare in paranoia** to freak out: *Ogni volta che esco in motorino mia madre va in ~.* Every time I go out on my scooter, my mum freaks out. ♦ **avere la paranoia** to be paranoid: *Ha la ~ degli esami.* He's paranoid about the exams.

paranoico, a *agg* paranoid

paranormale *agg* paranormal; (*facoltà, esperienza*) psychic

paraocchi *sm* **1** (*cavallo*) blinkers **2** (*fig*): *avere i ~* to be blinkered

parapendio *sm* **1** (*paracadute*) paraglider **2** (*attività*) paragliding

parare *vt* **1** (*goal*) to save **2** (*colpo*) to fend *sth* off **3** (*occhi*) to shield

parassita *sm* parasite

parastinchi *sm* shin pads

parata *sf* **1** (*Sport*) save: *Il portiere ha effettuato una ~ fantastica.* The goalkeeper made a spectacular save. **2** (*sfilata*) parade

parati *sm* LOC *Vedi* CARTA

paraurti *sm* bumper

parcheggiare *vt, vi* to park: *Dove hai parcheggiato?* Where did you park? LOC **parcheggiare in doppia fila** to double-park

parcheggio *sm* **1** (*azione*) parking **2** (*luogo*) car park: *un ~ sotterraneo* an underground car park **3** (*posto singolo*) parking space: *Non riesco a trovare un ~.* I can't find a parking space.

parchimetro *sm* parking meter

parco *sm* park LOC **parco a tema** theme park ♦ **parco naturale** nature reserve

parecchio ▶ *agg, pron* **1** (*singolare*) quite a lot (of): *C'era ~ traffico.* There was quite a lot of traffic. ◊ *parecchia gente* quite a lot of people **2** (*plurale*) several: *Ho parecchie cose da fare.* I've got several things to do. ◊ *parecchi di noi* several of us
▶ *avv* **1** (*con verbo*) quite a lot: *Ho dovuto lavorare/aspettare ~.* I had to work/wait quite a lot. **2** (*con aggettivo*) rather

pareggiare ▶ *vi* **1** (*concludere in parità*) to draw* (*with sb*): *~ uno a uno* to draw one all **2** (*segnare il goal del pareggio*) to equalize: *Hanno pareggiato nel secondo tempo.* They equalized in the second half. ▶ *vt* **1** (*terreno*) to level* **2** (*orlo*) to straighten **3** (*conti*) to balance

pareggio *sm* (*Sport*) draw LOC *Vedi* GOAL

parente *smf* relative: *Sono miei parenti.* They're relatives of mine. ◊ *~ prossimo/lontano* close/distant relative LOC **essere parente di** to be related to *sb*

parentela *sf* **1** (*rapporto*) relationship **2** (*insieme dei parenti*) relations [*pl*]

parentesi *sf* bracket: *aprire/chiudere ~* to open/close (the) brackets LOC **fare una parentesi** to digress ♦ **parentesi uncinata** angle bracket ♦ **tra parentesi** in brackets

parere ▶ *vi* **1** (*sembrare*) to seem: *Pare che le cose siano andate diversamente.* It seems that things went differently. ◊ *Mi pare ovvio.* It seems obvious. **2** (*pensare*): *Mi pare che ...* I think (that) ... ◊ *Non ti pare?* Don't you think so?
▶ *sm* opinion: *a mio ~* in my opinion LOC **quello che mi, ti, ecc pare**: *Fai quello che ti pare.* Do what you like. *Vedi anche* QUANTO

parete *sf* wall: *Ci sono vari poster alla ~.* There are several posters on the wall.

pari ▶ *agg* **1** even: *numeri ~* even numbers ◊ *Ora siamo ~.* We're even now. ◊ *La superficie è ~.* The surface is even. **2** *~ a* (*uguale*) equal to *sb/sth*
▶ *smf* peer LOC **alla pari** (*livello*) at the same level ♦ **mettersi in pari con** to catch* up with *sth* ♦ **pari e dispari** (*gioco*) odds and evens ♦ **pari pari** (*copiare*) word for word *Vedi anche* RAGAZZA

Parigi *sf* Paris

parigino, -a *agg, sm-sf* Parisian: *i parigini* the Parisians

parità *sf* **1** (*votazione, partita*) tie: *finire in ~* to tie **2** (*uguaglianza*) equality

parlamentare ▶ *agg* parliamentary
▶ *smf* Member of Parliament (*abbrev* MP)

parlamento *sm* parliament [*v sing o pl*]

parlantina *sf*: *avere una buona ~* to have the gift of the gab

parlare ▶ *vt* (*lingua*) to speak*: *Scusa, parli italiano?* Excuse me, do you speak Italian? ◊

Parla inglese benissimo. He speaks English very well. ▶ *vi* **1** ~ **(con) (di)** to speak*, to talk (to *sb*) (about *sb/sth*)

> **To speak** e **to talk** hanno praticamente lo stesso significato, anche se **to speak** è il termine più generale: *Parla più lentamente.* Speak more slowly. ◊ *parlare in pubblico* to speak in public ◊ *Posso parlare con Enrico?* Can I speak to Enrico? **To talk** si usa quando ci si riferisce a una conversazione o discussione: *parlare di politica* to talk about politics ◊ *Stanno parlando di noi.* They're talking about us. ◊ *Abbiamo parlato tutta la notte.* We talked all night.

2 (*libro*) to be about *sth*: *Questo libro parla dell'amore.* This book is about love. LOC **chi parla?** (*al telefono*) who's calling? ♦ **è come parlare al muro** it's like talking to a brick wall ♦ **non parlarsi con** not to be on speaking terms with *sb* ♦ **non se ne parla neanche!** no way! ♦ **parlare più forte/piano** to speak* up/to lower your voice ♦ **per non parlare di ...** not to mention ... ♦ **sentir parlare di:** *Non ne ho mai sentito ~.* I've never heard of it. *Vedi anche* PIÙ

parlata *sf* way of speaking: *la ~ toscana* the Tuscan way of speaking

parlato, -a *agg* spoken: *l'inglese ~* spoken English *Vedi anche* PARLARE

parmigiano *sm* (*formaggio*) Parmesan

parodia *sf* parody*

parola *sf* **1** word: *una ~ di tre lettere* a three-letter word ◊ *Ti dò la mia ~.* I give you my word. ◊ *Non ha detto una ~.* He didn't say a word. ◊ *in altre parole* in other words **2** (*facoltà*) speech LOC **in poche parole** in short ♦ **parola d'onore!** honest! ♦ **parola d'ordine** password ♦ **parole crociate** crossword ♦ **prendere in parola** to take* *sb* at their word ♦ **senza parole** speechless: *Sono rimasta senza parole.* It left me speechless. *Vedi anche* BISTICCIO, CAVARE, CEDERE, GIOCO, LIBERTÀ, RIMANGIARE, RIVOLGERE, ULTIMO

parolaccia *sf* swear word: *dire parolacce* to swear

parrocchia *sf* **1** (*chiesa*) parish church **2** (*comunità*) parish

parroco *sm* parish priest

parrucca *sf* wig: *portare la ~* to wear a wig

parrucchiere, -a *sm-sf* **1** (*persona*) hairdresser **2** (*negozio*) hairdresser's LOC **andare dal parrucchiere** to have your hair done: *Devo andare dal ~.* I've got to have my hair done.

parrucchino *sm* toupee

parte *sf* **1** (*quantità*) part: *tre parti uguali* three equal parts **2** (*ruolo*) part, role (*più formale*): *fare la ~ di Otello* to play the part of Othello ◊ *Giocherà una ~ importante nella riforma.* It will play an important part in the reform. **3** (*persona*) party*: *la ~ avversaria* the opposing party **4** (*lato*) side: *da una ~ all'altra* from one side to the other **5** (*luogo*): *Andiamo da qualche altra ~?* Shall we go somewhere else? LOC **a parte 1** (*differente*) different: *un mondo a ~* a different world **2** (*separato*) separate: *Mi faccia un conto a ~ per queste cose.* Can you give me a separate bill for these items? **3** (*separatamente*) separately: *Questo lo pago a ~.* I'll pay for this separately. **4** (*tranne*) apart from *sb/sth*: *A ~ ciò non è successo niente.* Apart from that nothing happened. ♦ **da che parte?** which way?: *Da che ~ sono andati?* Which way did they go? ♦ **da parte di** on behalf of *sb*: *da ~ di tutti noi* on behalf of us all ◊ *Salutala da parte mia.* Say hello to her for me. ♦ **da tutte le parti** everywhere: *guardare da tutte le parti* to look everywhere ♦ **da un'altra parte** somewhere else ♦ **essere/stare dalla parte di** to be on/take* *sb's* side: *Da che ~ stai?* Whose side are you on? ♦ **mettere da parte** to put* *sth* aside: *Mettimi da ~ dei panini.* Put a few rolls aside for me. ♦ **parte del discorso** part of speech ♦ **parte principale/secondaria** (*Cine, Teat*) leading/supporting role ♦ **per parte di madre/padre** on my, your, etc. mother's/father's side ♦ **prendere parte** to take* part in *sth Vedi anche* ACQUA, ALTRO, CASO, GIRARE, GRANDE, MAGGIORE, NESSUNO, QUALCHE, QUALSIASI, SCHERZO, VOLTARE

partecipante *smf* participant

partecipare *vi* ~ **(a)** to take* part, to participate (*più formale*) (in *sth*): *~ alle Olimpiadi* to take part in the Olympics

partecipazione *sf* **1** (*intervento*) participation: *la ~ del pubblico* audience participation **2** (*di nozze*) wedding invitation **3** (*Fin*) share

partenza *sf* departure: *partenze nazionali/internazionali* domestic/international departures ◊ *il tabellone delle partenze* the departures board ◊ *essere in ~* to be leaving ◊ *Il treno per Bari è in ~ dal binario uno.* The train for Bari is leaving from platform one. LOC *Vedi* BLOCCO, SALA

particella *sf* particle

particolare ▶ *agg* particular: *in questo caso ~* in this particular case ◊ *Ha una ~ simpatia per te.* He particularly likes you.
▶ *sm* (*dettaglio*) detail: *Me lo ha descritto nei minimi particolari.* He described it to me in the minutest detail. LOC **in particolare 1** (*soprattutto*) especially: *Adoro gli animali, in ~ i cani.* I'm very fond of animals, especially dogs. ⊃ *Vedi nota a* SPECIALLY **2** (*in modo spe-*

particolareggiato → passionale

cifico) in particular: *Sospettano di uno di loro in ~*. They suspect one of them in particular.

particolareggiato, -a *agg* detailed

particolarmente *avv* **1** (*soprattutto*) especially: *Adoro gli animali, ~ i gatti*. I love animals, especially cats. **2** (*proprio, molto*) particularly: *Sono ~ preoccupata per il nonno*. I'm particularly concerned about Grandad. ◊ *Non è un uomo ~ grasso*. He's not a particularly fat man. ➲ *Vedi nota a* SPECIALLY

partigiano, -a *sm-sf* (*Storia*) partisan

partire *vi* **1** to leave*: *A che ora parte l'aereo?* What time does the plane leave? ◊ *Siamo partiti da casa alle due*. We left home at two. ◊ *Il treno parte dal binario cinque*. The train leaves from platform five. ◊ *Partono per Roma domani*. They're leaving for Rome tomorrow. **2** (*colpo d'arma da fuoco*) to go* off: *È partito un colpo accidentalmente*. The gun went off by accident. LOC **a partire da** from … (onwards): *a ~ da domani* starting from tomorrow ◊ *a ~ da ora* from now on ◊ *Prezzi a partire da €20!* Prices from €20!

partita *sf* **1** (*Sport*) match **2** (*Carte, Tennis*) game: *fare una ~ a scacchi* to have a game of chess **3** (*merce*) consignment LOC **partita di recupero** rematch

partito *sm* party*: *~ politico* political party LOC **essere un buon partito** to be a good catch

partitura *sf* score

parto *sm* birth

partorire *vt, vi* to give* birth (to *sb/sth*)

parziale *agg* **1** (*limitato*) partial **2** (*non obiettivo*) biased

pascolare *vi* to graze

pascolo *sm* pasture

Pasqua *sf* Easter: *Buona ~!* Happy Easter! LOC *Vedi* UOVO

Pasquetta *sf* Easter Monday

pass *sm* pass: *Non puoi entrare senza ~*. You can't get in without a pass.

passabile *agg* passable

passaggio *sm* **1** (*transito, varco*) passage: *Abbiamo aspettato il ~ del corteo*. We waited for the procession to pass. ◊ *un ~ segreto* a secret passage **2** (*cambiamento*) change: *~ di proprietà* change of ownership **3** (*cammino*) way (through): *Il ~ è bloccato*. There's no way through. **4** (*in macchina*) lift: *Mi puoi dare un ~?* Can you give me a lift? LOC **essere di passaggio** to be passing: *Sono solo di ~*. I'm just passing through. ◆ **passaggio a livello/pedonale** level/pedestrian crossing *Vedi anche* LIBERO

passamontagna *sm* balaclava

passante *smf* (*persona*) passer-by*

passaparola *sm* (*gioco*) Chinese whispers [*non numerabile*]: *giocare a ~* to play Chinese whispers

passaporto *sm* passport

passare ▶ *vi* **1** to pass: *Sono passate tre ore*. Three hours passed. **2** *~ da* (*apertura*) to go* through *sth*: *Il pianoforte non passava dalla porta*. The piano wouldn't go through the door. **3** *~* (**davanti**) to go* past (*sth*): *L'autobus passa davanti al museo*. The bus goes past the museum. ◊ *La moto è passata a tutta velocità*. The motorbike went past at top speed. **4** (*andare*): *Devo ~ in banca domani*. I have to go to the bank tomorrow. **5** (*voglia*): *Mi è passata la voglia di andare al cinema*. I've gone off the idea of going to the cinema. ▶ *vt* **1** to pass: *Passami quel coltello*. Pass me that knife. ◊ *Lavora a maglia per ~ il tempo*. She knits to pass the time. ◊ *~ un esame* to pass an exam **2** (*trascorrere*): *Abbiamo passato il pomeriggio/due ore a chiacchierare*. We spent the afternoon/two hours chatting. **3** (*oltrepassare*) to go* beyond *sth* **4** (*verdura*) to purée LOC **fare/lasciare passare** (*tollerare*) to let* *sb* get away with *sth*: *Te ne lasciano ~ troppe*. They let you get away with too much. ➲ Per altre espressioni con **passare** vedi alla voce del sostantivo, dell'aggettivo, ecc, ad es. **passare di moda** a MODA.

passata *sf* (*pulita*) wipe: *Puoi dare una ~ al tavolo?* Can you give the table a wipe?

passatempo *sm* pastime: *Il suo ~ preferito è la lettura*. Reading is her favourite pastime.

passato, -a ▶ *agg* **1** (*scorso*) last: *l'anno ~* last year **2** (*secoli*) past: *nei secoli passati* in past centuries
▶ *sm* **1** (*tempo, Gramm*) past **2** (*pietanza*) soup [*non numerabile*]: *~ di lenticchie* lentil soup LOC **essere passato di cottura** to be overcooked ◆ **in passato** in the past: *In ~ non esisteva*. This didn't exist in the past. ◊ *In ~ qui c'era un castello*. There used to be a castle here. ◆ **passato di moda** unfashionable *Vedi anche* ACQUA; *Vedi anche* PASSARE

passeggero, -a *sm-sf* passenger

passeggiare *vi* to stroll

passeggiata *sf* walk LOC **fare una passeggiata** to go* for a walk

passeggino *sm* pushchair

passerella *sf* **1** (*su torrente, ostacolo*) footbridge **2** (*per imbarcarsi*) gangway **3** (*per sfilata*) catwalk

passero *sm* sparrow

passionale *agg* passionate: *un temperamento ~* a passionate temperament LOC *Vedi* DELITTO

passione sf passion: *avere la ~ dell'antiquariato* to have a passion for antiques
passivo, -a agg, sm passive
passo sm 1 step: *un ~ verso la pace* a step towards peace 2 **passi** footsteps: *Mi è sembrato di sentire dei passi.* I thought I heard footsteps. LOC **a due passi**: *È a due passi da qui.* It's a stone's throw from here. ◆ **a passo di lumaca** at a snail's pace ◆ **a passo d'uomo** at walking pace ◆ **fare due passi** to go* for a stroll ◆ **fare un passo avanti/indietro** to take* a step forward/back ◆ **passo carrabile** driveway ◆ **passo per passo** step by step *Vedi anche* ACCELERARE, CEDERE
password sf password
pasta sf 1 (*spaghetti, ecc*) pasta 2 (*impasto per pane*) dough 3 (*per torta*) mixture 4 (*sfoglia, frolla, ecc*) pastry 5 (*pasticcino*) cake 6 (*sostanza pastosa*) paste: *Mescolare fino a ottenere una ~ densa.* Mix to a thick paste. LOC **pasta sfoglia** puff pastry
pastasciutta sf pasta
pastello sm pastel: *pastelli a cera* (wax) crayons
pasticca sf lozenge: *pasticche per la gola* throat lozenges
pasticceria sf 1 (*negozio*) cake shop 2 (*attività*) confectionery
pasticciare ▶ vi to make* a mess: *Non ~ con la roba da mangiare.* Don't make a mess with your food. ▶ vt to make* a mess of *sth*
pasticcino sm cake
pasticcio sm 1 (*guaio*) trouble: *mettersi nei pasticci* to get into trouble ◇ *togliere qn dai pasticci* to get sb out of trouble 2 (*cosa disordinata*) mess: *Quel disegno è un ~.* You've made a real mess of that drawing. 3 (*pietanza*) pie ⮕ *Vedi nota a* PIE LOC *Vedi* COMBINARE
pasticcione, -a agg, sm-sf slapdash [agg]: *Quell'idraulico è un ~.* That plumber is really slapdash.
pastiglia sf tablet: *pastiglie per la tosse* cough pastilles ◇ *in pastiglie* in tablet form
pasto sm (*colazione, pranzo, cena*) meal: *un ~ leggero* a light meal LOC **fuori pasto** between meals: *Non mangio mai fuori ~.* I never eat between meals.
pastore, -a ▶ sm-sf shepherd [*fem* shepherdess]
▶ sm (*Relig*) minister LOC **pastore tedesco** Alsatian *Vedi anche* CANE
patata sf potato* LOC **patate fritte** chips *Vedi anche* PURÈ
patatina sf **patatine** 1 (*confezionate*) crisps 2 (*fritte*) chips
pâté sm pâté

patatine

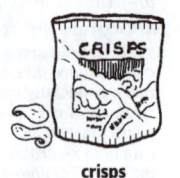

chips   crisps

patente sf licence ⮕ *Vedi nota a* LEARN LOC **patente di guida** driving licence ◆ **prendere la patente** to pass your driving test
patentino sm motorbike licence
paternità sf fatherhood, paternity (*formale*)
paterno, -a agg 1 (*affetto, consiglio*) fatherly 2 (*parente*) paternal: *nonno ~* paternal grandfather
patetico, -a agg pathetic
patire vt, vi to suffer (from *sth*) LOC **patire il freddo** to feel* the cold
patria sf (*native*) country*
patrigno sm stepfather
patrimonio sm (*soldi*) fortune: *Costa un ~.* It costs a fortune. LOC **patrimonio artistico/culturale** heritage
patrono, -a sm-sf (*Relig*) patron saint
patta sf (*pantaloni*) flies [*pl*]
pattinaggio sm skating LOC **pattinaggio artistico** figure-skating ◆ **pattinaggio su ghiaccio** ice skating *Vedi anche* PISTA
pattinare vi to skate
pattinatore, -trice sm-sf skater
pattino sm 1 (*a rotelle*) roller skate 2 (*da ghiaccio*) ice skate LOC **pattino in linea** in-line skate, Rollerblade®
patto sm agreement: *fare un ~* to make an agreement LOC **a patto che** on condition that ◆ **non stare ai patti** to break* an agreement
pattuglia sf patrol
pattugliare vt to patrol*
pattumiera sf bin
paura sf fear (*of sb/sth/doing sth*): *~ di volare/dei cani* fear of flying/dogs LOC **avere paura** to be afraid (*of sb/sth/doing sth*): *Ha ~ dei cani.* He's afraid of dogs. ◇ *Hai avuto ~ di non farcela?* Were you afraid you'd fail? ◆ **che paura!** how scary! ◆ **fare paura a** to frighten *sb*: *Le sue minacce non mi fanno ~.* His threats don't frighten me. ◆ **ho paura di sì/no** I'm afraid so/not ◆ **per paura di** for fear of *sb/sth/doing sth*: *Non l'ho fatto per ~ di essere scoperto.* I didn't do it for fear of being found out. *Vedi anche* MORIRE

pauroso, -a *agg* **1** (*che ha paura*) fearful **2** (*che fa paura*) frightening

pausa *sf* **1** (*parlando*) pause **2** (*intervallo*) break: *fare una ~ per il caffè* to have a coffee break

pavimento *sm* floor

pavone *sm* peacock

pavoneggiarsi *v rifl* to show* off: *Lo fa per ~.* He just does it to show off.

paziente *agg, smf* patient

pazientemente *avv* patiently

pazienza *sf* patience: *Sto perdendo la ~.* I'm losing my patience. LOC **avere pazienza** to be patient: *Bisogna avere ~.* You must be patient. ◊ *Hai una ~!* You're so patient! ♦ **pazienza!** never mind!: *Pazienza! Sarà per un'altra volta.* Never mind! Another time, maybe. *Vedi anche* ARMARSI

pazzesco, -a *agg* **1** (*assurdo*) crazy* **2** (*incredibile*): *Fa un freddo ~.* It's incredibly cold.

pazzia *sf* **1** (*qualità*) madness **2** (*cosa*) crazy thing: *Ho fatto una ~.* I've done a crazy thing. ◊ *Andare da solo è una ~.* It's crazy to go alone.

pazzo, -a ▶ *agg* ~ (**di/per**) crazy* (about *sb/sth*): *È ~ di te.* He's crazy about you.
▶ *sm-sf* madman*/woman* LOC **come un pazzo** like mad: *Corse come un ~.* He ran like mad. ♦ **essere pazzo da legare** to be round the bend *Vedi anche* COSA

pazzoide *smf* weirdo*

PDA *sm* PDA

peccare *vi* to sin*

peccato *sm* **1** (*Relig*) sin **2** (*rammarico*) pity: *È un ~ che tu non possa venire!* What a pity you can't come! ◊ *Che ~!* What a pity! ◊ *È un ~ buttarlo.* It's a pity to throw it away.

peccatore, -trice *sm-sf* sinner

Pechino *sf* Beijing

pecora *sf* sheep*: *un gregge di pecore* a flock of sheep ⊃ *Vedi nota a* CARNE LOC **pecora nera** (*fig*) black sheep

pedaggio *sm* toll

pedagogia *sf* pedagogy

pedalare *vi* to pedal*

pedale *sm* pedal

pedalò *sm* pedal boat

pedana *sf* **1** platform **2** (*ginnastica*) springboard

pedante ▶ *agg* pedantic
▶ *smf* pedant

pediatra *smf* paediatrician

pedina *sf* **1** (*nella dama*) draught **2** (*fig*) pawn

pedonale *agg* pedestrian [*s attrib*]: *isola ~* pedestrian precinct LOC *Vedi* PASSAGGIO, STRISCIA

pedone *sm* **1** (*persona*) pedestrian **2** (*Scacchi*) pawn

peggio ▶ *avv* **1** (*comparativo*) worse (than *sb/sth*): *Oggi sto ~ di ieri.* I feel worse today than yesterday. ◊ *Era ~ di quanto pensassi.* It was worse than I had expected. ◊ *Cucina anche ~ di sua madre.* She's an even worse cook than her mother. ◊ *Peggio di così non potrebbe andare.* It couldn't get any worse. **2** (*superlativo*) worst: *i ~ pagati* the worst paid
▶ *agg* worse (than *sb/sth*): *È ~ di suo padre.* He's worse than his father. ◊ *Se fai così è ~.* If you do that, it's worse.
▶ *sm* worst: *Il ~ deve ancora venire.* The worst is still to come. LOC **avere la peggio** to come* off worse ♦ **peggio per te!** too bad! *Vedi anche* MALE, SEMPRE

peggioramento *sm* worsening

peggiorare ▶ *vt* to make* sth worse ▶ *vi* to get* worse: *La situazione è peggiorata.* The situation has got worse.

peggiore *agg, smf* ~ (**di**) **1** (*comparativo*) worse (than): *Ho preso un voto ~ del tuo.* I got a worse mark than you. **2** (*superlativo*) worst (in/of…): *Ho preso il voto ~ (di tutti).* I got the worst mark (of all). ◊ *Sono il ~ corridore del mondo.* I'm the worst runner in the world. LOC *Vedi* CASO

pegno *sm* **1** (*simbolo*) token: *un ~ d'amore* a token of love **2** (*in gioco*) forfeit

pelare *vt* to peel

pelata *sf* (*parte calva*) bald patch

pelato, -a ▶ *agg* **1** (*calvo*) bald ⊃ *Vedi illustrazione a* CAPELLO **2** (*sbucciato*) peeled
▶ *sm* **pelati** peeled tomatoes *Vedi anche* PELARE

pelle *sf* **1** (*Anat*) skin: *avere la ~ bianca/scura* to have fair/dark skin **2** (*animale*) hide **3** (*cuoio*) leather: *una giacca di ~* a leather jacket LOC **essere pelle e ossa** to be all skin and bone ♦ **pelle d'oca** goose pimples [*pl*]: *Mi è venuta la ~ d'oca.* I got goose pimples. *Vedi anche* NERVO

pellegrinaggio *sm* pilgrimage: *andare in ~* to go on a pilgrimage

pellegrino, -a *sm-sf* pilgrim

pellicano *sm* pelican

pelliccieria *sf* furrier's

pelliccia *sf* fur: *un cappello di ~* a fur hat

pellicola *sf* film LOC **pellicola trasparente** cling film

pelo *sm* **1** (*Anat*) hair: *avere peli sulle gambe* to have hair on your legs **2** (*animale*) coat: *Quel cane ha il ~ lucidissimo.* That dog has a silky coat. LOC **dal pelo lungo** (*cane*) long-haired ♦ **non avere peli sulla lingua** not to mince your words ♦ **per un pelo** by the skin of your teeth: *salvarsi per un ~* to escape by the skin of your teeth *Vedi anche* SACCO

peloso, -a *agg* hairy*: *braccia pelose* hairy arms

peluche *sm* **1** (*materiale*) plush: *un orsetto di ~* a teddy bear **2** (*giocattolo*) soft toy

peluria *sf* down

pena *sf* **1** (*sentimento*) pity **2** (*condanna*) sentence: *~ detentiva* custodial sentence LOC **fare pena** (*persona*): *Quei bambini mi fanno ~.* I feel sorry for those children. ♦ **pena di morte** death penalty *Vedi anche* VALERE

penale *agg* penal LOC *Vedi* CODICE, PRECEDENTE

penalizzare *vt* to penalize

pendente *agg* **1** (*appeso*) hanging **2** (*inclinato*) leaning **3** (*causa, lite*) pending

pendenza *sf* slope: *in ~* on a slope

pendere *vi* **1** (*essere appeso*) to hang* (*from/on sth*) **2** (*torre, palo*) to lean* **3** (*strada*) to slope

pendio *sm* slope: *un ~ dolce/ripido* a gentle/steep slope

pene *sm* penis

penetrante *agg* **1** penetrating: *uno sguardo ~* a penetrating look **2** (*freddo*) bitter

penetrare ▶ *vi ~* (**in**) to enter, to get* into *sth* (*più informale*) ▶ *vt* to penetrate

penicillina *sf* penicillin

penisola *sf* peninsula

penitenza *sf* (*nei giochi*) forfeit

penna *sf* **1** (*per scrivere*) pen **2** (*uccello*) feather LOC **penna a sfera** ballpoint ♦ **penna stilografica** fountain pen

pennarello *sm* felt-tip pen

pennello *sm* paintbrush ⊃ *Vedi illustrazione a* BRUSH LOC **andare a pennello** to fit* like a glove ♦ **a pennello** to perfection ♦ **pennello da barba** shaving brush

penny *sm* penny*: *Costa cinquanta ~.* It's fifty pence. ◊ *una moneta da cinque ~* a five-pence piece ⊃ *Vedi Appendice 1.*

penombra *sf* half-light

penoso, -a *agg* **1** (*straziante*) distressing **2** (*mediocre*) terrible

pensare *vt, vi* **1** *~* (**a**) to think* (about/of *sb/sth*): *Pensa a un numero.* Think of a number. ◊ *A cosa/chi pensi?* What/Who are you thinking about? ◊ *Pensi che verranno?* Do you think they'll come? ◊ *Penso di sì/no.* I think so/I don't think so. **2** *~ di* (*avere intenzione*) to intend to do *sth*: *Pensiamo di venderlo.* We intend to sell it. **3** (*giudicare*) to think* of *sb/sth*: *Che ne pensi di Marco?* What do you think of Marco? ◊ *Non ~ male di loro.* Don't think badly of them. **4** *~ a* (*occuparsi di*) to see* to *sth*: *Ci penso io.* I'll see to it. LOC **neanche/nemmeno a pensarci!** no way! ♦ **pensaci su** think it over ♦ **pensandoci bene ...** on second thoughts ...

pensiero *sm* thought LOC **stare in pensiero** to be worried *Vedi anche* LEGGERE

pensieroso, -a *agg* thoughtful

pensionato, -a ▶ *sm-sf* pensioner
▶ *sm* **1** (*per studenti*) hostel **2** (*per anziani*) old people's home

pensione *sf* **1** (*pensionamento*) retirement **2** (*sussidio*) pension **3** (*albergo*) guest house LOC **andare in pensione** to retire ♦ **pensione completa/mezza pensione** full/half board

pentagramma *sm* stave

pentimento *sm* **1** (*rimpianto*) regret **2** (*Relig*) repentance

pentirsi *v rifl ~* (**di**) **1** (*rimpiangere*) to regret* *sth*: *Mi pento di averglielo prestato.* I regret lending it to him. **2** (*peccato*) to repent (of *sth*)

pentito, -a ▶ *agg* repentant
▶ *sm-sf* (*criminale*) supergrass *Vedi anche* PENTIRSI

pentola *sf* pot, saucepan LOC **pentola a pressione** pressure cooker ⊃ *Vedi illustrazione a* SAUCEPAN

penultimo, -a ▶ *agg* penultimate, last *sb/sth* but one (*più informale*): *il ~ capitolo* the penultimate chapter ◊ *la penultima fermata* the last stop but one
▶ *sm-sf* last but one: *Sono il ~ nella lista.* I'm the last but one on the list.

pepe *sm* pepper LOC *Vedi* GRANO

peperonata *sf* stewed peppers [*pl*]

peperoncino *sm* chilli

peperone *sm* pepper: *peperoni gialli/rossi* yellow/red peppers LOC *Vedi* ROSSO

pepita *sf* nugget: *pepite d'oro* gold nuggets

per *prep* for
● **a beneficio di**: *Per te farei qualunque cosa.* I'd do anything for you. ◊ *Votate per noi!* Vote for us!
● **luogo 1** (*moto a luogo*): *Domani parto ~ New York.* I'm leaving for New York tomorrow. ◊ *il treno ~ Roma* the train for Rome **2** (*moto attraverso luogo*): *passare ~ il centro di Parigi* to go through the centre of Paris ◊ *viaggiare ~ l'Europa* to travel round Europe ◊ *L'ho cercato*

~ *tutta la casa*. I searched the whole house for it. **3** (*con verbi come prendere, afferrare*) by: *L'ho preso ~ il braccio*. I grabbed him by the arm.
- **tempo 1** (*durata*) for: *solo ~ pochi giorni* only for a few days ◊ *~ tutta l'estate* for the whole summer ◊ *Per quanto ti trattieni?* How long are you staying for? ◊ *~ sempre* for ever ⊃ *Vedi nota a* FOR **2** (*futuro*) by: *Mi serve ~ lunedì*. I need it by Monday.
- **causa**: *È stata sospesa ~ il maltempo*. It's been cancelled because of bad weather. ◊ *fare qc ~ denaro* to do sth for money ◊ *È ricercato ~ omicidio*. He's wanted for murder. ◊ *È stato criticato ~ aver detto troppo*. He was criticized for giving too much away.
- **fine + inf** to do* sth: *~ vedere il telegiornale* to watch the news ◊ *~ non perderlo* so as not to miss it ◊ *Sono venuti ~ aiutarci*. They've come to help us. ◊ *L'ho fatto ~ non disturbarti*. I did it so as not to bother you.
- **scopo**: *molto utile ~ la pioggia* very useful for the rain ◊ *Mi hai fatto venire solo ~ questo?* You got me here just for that?
- **verso** for: *provare affetto ~ qn* to feel affection for sb
- **con espressioni numeriche**: *4 ~ 3 fa 12*. 4 times 3 is 12. ◊ *Misura 7 metri ~ 2*. It measures 7 metres by 2.
- **prezzo**: *Lo ha comprato/venduto ~ tremila euro* He bought it/sold it for three thousand euros.
- **altre costruzioni 1** (*mezzo, strumento*): *posta/mare* by post/sea ◊ *Mandamelo ~ e-mail*. Send me it by email. **2** (*limitazione*): *È troppo complicato ~ me*. It's too complicated for me. ◊ *È troppo basso ~ arrivare all'interruttore*. He's too short to reach the switch. **3** (*successione*) by: *uno ~ uno* one by one ◊ *passo ~ passo* step by step **4 + agg/avv** however: *Per semplice che sia ...* However simple it may be ... ◊ *Per quanto lavori ...* However much I work ... LOC **per me, te, ecc** as far as I am, you are, etc. concerned: *Per me va bene domani*. Tomorrow's fine for me. *Vedi anche* POCO

pera *sf* pear ⊃ *Vedi illustrazione a* FRUTTA

perbene ▶ *agg* decent: *una persona ~* a decent person
▶ *avv* properly: *Chiudilo/Leggilo ~*. Close it/Read it properly.

percentuale *sf* percentage

percepire *vt* (*avvertire*) to detect

perché ▶ *avv* why: *Perché sei in ritardo?* Why are you late? ◊ *Non ha detto ~ non veniva*. He didn't say why he wasn't coming. ◊ *Perché no?* Why not? ◊ *Non capisco ~*. I don't understand why.
▶ *cong* **1** (*causale*) because: *Non viene ~ non vuole*. He's not coming because he doesn't want to. **2** (*finalità*) so (that): *Ha lavorato sodo ~ tutto fosse pronto per le sei*. She worked hard so (that) everything would be ready by 6 o'clock.
▶ *sm* reason (for sth): *Ci sono tanti ~*. There are many reasons for it.

perciò *cong* therefore

percorrere *vt* to cover, to do* (*più informale*): *Abbiamo percorso 150 km*. We've covered 150 km.

percorso *sm* route: *il ~ dell'autobus* the bus route

percussione *sf* percussion: *strumenti a ~* percussion instruments

perdente ▶ *agg* losing: *la squadra ~* the losing team
▶ *smf* loser

perdere ▶ *vt* **1** to lose*: *Ho perso l'orologio*. I've lost my watch. ◊ *~ quota/peso* to lose height/weight ◊ *Ha perso molto sangue*. He's lost a lot of blood. **2** (*mezzo di trasporto, opportunità*) to miss: *~ l'autobus/il treno* to miss the bus/train ◊ *È un film da non ~*. Don't miss that film. **3** (*sprecare*) to waste: *~ tempo* to waste time ◊ *Mi ha fatto ~ tutto il pomeriggio*. I wasted the whole afternoon thanks to him. ▶ *vi* **1** (*in guerra, sport, gioco*) *~* (a) to lose* (at sth): *Abbiamo perso*. We've lost. ◊ *Hanno perso due a zero*. They lost two nil. ◊ *~ a scacchi* to lose at chess **2** (*rimetterci*) to lose* out: *Chi ci perde sei solo tu*. You're the one who's losing out. ▶ *vt, vi* (*liquido, gas*) to leak: *Il serbatoio perde (benzina)*. The tank is leaking (petrol). ▶ **perdersi** *v rifl* to get* lost: *Se non prendi la cartina ti perderai*. If you don't take a map you'll get lost. LOC **lasciare perdere**: *Lascia ~!* Forget it! ♦ **perdere di vista** to lose* sight of sb/sth ♦ **perdere il filo** (*del discorso*) to lose* the thread ♦ **perdere l'abitudine/il vizio** to kick the habit: *Non riesce a ~ il vizio*. He can't kick the habit. ♦ **perdere la calma/le staffe** to lose* your temper ♦ **perdere la cognizione del tempo** to lose* track of time ♦ **perdere l'orientamento** to lose* your bearings ♦ **perdere la testa** to lose* your head ♦ **perdere la vita** to lose* your life ♦ **perdere le tracce** to lose* track *of sb/sth* ♦ **perdersi d'animo** to lose* heart ♦ **sapere/non sapere perdere** to be a good/bad loser *Vedi anche* CONOSCENZA

perdita *sf* **1** loss: *la ~ del padre* the loss of her father **2** (*gas, liquido*) leak: *una ~ d'olio* an oil leak **3** (*spreco*) waste: *È una ~ di tempo*. It's a waste of time. **4 perdite** (*Mil*) casualties

perdonare *vt* to forgive* sb (for sth/doing sth): *Mi perdoni?* Will you forgive me? ◊ *Non gliela perdonerò mai*. I'll never forgive him for what he did. ◊ *Non mi ha mai perdonato di essere stato troppo sincero.* She's never forgiven me for being too honest with her.

perdono *sm* forgiveness
perenne *agg* perennial
perfettamente *avv* perfectly
perfetto, -a *agg* perfect
perfezionare *vt* to improve: *Vorrei ~ il mio tedesco.* I want to improve my German.
perfezione *sf* perfection LOC **alla perfezione** to perfection
perfezionista *smf* perfectionist
perfino *avv* even: *Perfino io l'ho fatto.* Even I've done it. ◊ *Mi hanno ~ dato dei soldi.* They even gave me money.
pericolo *sm* danger: *È in ~.* He's in danger. ◊ *fuori ~* out of danger LOC *Vedi* CORRERE
pericoloso, -a *agg* dangerous: *sport pericolosi* dangerous sports
periferia *sf* outskirts [*pl*]: *alla ~ di Bologna* on the outskirts of Bologna ◊ *abitare in ~* to live in the suburbs
perimetro *sm* perimeter
periodico, -a ▶ *agg* periodic
▶ *sm* (*rivista*) periodical
periodo *sm* 1 (*arco di tempo, Gramm*) period: *un ~ di prova* a trial period 2 (*epoca*) time: *in quel ~* at that time ◊ *il ~ più freddo dell'anno* the coldest time of the year LOC **in questo periodo** at the moment ◆ **passare/attraversare un brutto periodo** to be going through a bad patch
perito *sm* expert (*in sth*) LOC **perito agrario** agronomist ◆ **perito elettronico** electrical engineer
perla *sf* pearl
perlina *sf* bead
permaloso, -a *agg* touchy*
permanente ▶ *agg* permanent
▶ *sf* perm LOC **farsi la permanente** to have your hair permed
permanenza *sf* stay
permesso *sm* 1 (*autorizzazione*) permission (*to do sth*): *chiedere/dare il ~* to ask for/give permission 2 (*documento*) permit: *~ di lavoro/soggiorno* work/residence permit 3 (*congedo*) leave: *Sono in ~.* I'm on leave. ◊ *Ho chiesto una settimana di ~.* I've asked for a week off. LOC **avere il permesso di fare qc** to be allowed to do sth
permettere *vt* 1 (*autorizzare*) to allow *sb to do sth*: *Non ci è permesso usarlo.* We're not allowed to use it. 2 (*consentire*) to let* *sb* (*do sth*): *Permetta che l'aiuti.* Let me help you. ◊ *Non me l'hanno permesso.* They wouldn't let me. ⊃ *Vedi nota a* ALLOW LOC **è permesso?** (*per entrare*) may I come in? ◆ **permesso!** (*per passare*) excuse me! ◆ **potersi permettere** to be able to afford *sth*: *Non ce lo possiamo ~.* We can't afford it.

pernice *sf* partridge
pero *sm* pear tree
però *cong* but: *Va bene, ~ potresti fare meglio.* It's OK, but you could do better. ◊ *Però me lo potevi dire!* You could have told me!
perpendicolare ▶ *agg* perpendicular (*to sth*)
▶ *sf* perpendicular
perpetuo, -a *agg* perpetual
perplesso, -a *agg* puzzled: *Mi ha lasciato ~.* I was puzzled.
perquisire *vt* to search: *Hanno perquisito tutti i passeggeri.* All the passengers were searched.
perquisizione *sf* search
persecuzione *sf* persecution: *mania di ~* persecution complex
perseguire *vt* to pursue: *~ uno scopo* to pursue an objective
perseguitare *vt* to persecute
persiana *sf* shutter: *aprire/chiudere le persiane* to open/close the shutters
persino *avv* *Vedi* PERFINO
persistente *agg* persistent
persistere *vi* to persist (*in sth*)
perso, -a *agg* lost LOC *Vedi* LINGUA; *Vedi anche* PERDERE
persona *sf* person*: *una ~ perbene* a decent person ◊ *migliaia di persone* thousands of people LOC **a persona** a head: *100 euro a ~* 100 euros a head ◆ **di persona** in person: *Daglielo di ~.* Give it to him in person. ◆ **essere una brava persona** to be nice: *Sono delle brave persone.* They're very nice. *Vedi anche* SCAMBIO
personaggio *sm* 1 (*libro, film*) character: *il ~ principale* the main character 2 (*persona importante*) personality*
personale ▶ *agg* personal
▶ *sm* staff [*v sing o pl*]
▶ *sf* one-man show/one-woman show LOC *Vedi* ALLENATORE, DATO, EFFETTO, UFFICIO
personalità *sf* personality*
personalmente *avv* 1 (*di persona*) in person: *Ho consegnato ~ la busta.* I delivered the envelope in person. ◊ *Lo conosci ~?* Do you know him personally? 2 (*opinione*) personally
perspicace *agg* perceptive
perspicacia *sf* insight

persuadere ▶ *vt* to persuade *sb* (*to do sth*) ▶ **persuadersi** *v rifl* to become convinced (*of sth/that*...)

persuasivo, -a *agg* persuasive

pertinente *agg* relevant

Perù *sm* Peru

peruviano, -a *agg, sm-sf* Peruvian: *i peruviani* the Peruvians

pesante *agg* **1** heavy: *una valigia/un pasto ~* a heavy suitcase/meal ◊ *un ritmo di lavoro ~* a heavy work schedule **2** (*noioso*) boring

pesare ▶ *vt* to weigh: *~ una valigia* to weigh a suitcase ▶ *vi* **1** to weigh: *Quanto pesi?* How much do you weigh? **2** (*essere pesante*) to be heavy: *Questo pacco pesa molto!* This parcel is very heavy. ◊ *Come pesa!* It weighs a ton! ◊ *Non pesa affatto.* It hardly weighs a thing. **3** (*fig*): *Mi pesa moltissimo alzarmi presto.* I find it hard to get up early.

pésca *sf* fishing: *andare a ~* to go fishing LOC **pesca di beneficenza** charity raffle *Vedi anche* CANNA, FRODO

pèsca *sf* peach ⊃ *Vedi illustrazione a* FRUTTA

pescare ▶ *vi* to fish ▶ *vt* to catch: *Ho pescato due trote.* I caught two trout.

pescatore, -trice *sm-sf* fisherman*/woman* LOC *Vedi* FRODO

pesce *sm* **1** fish [*non numerabile*]: *Vado a comprare il ~.* I'm going to buy some fish. ◊ *È un tipo di ~.* It's a kind of fish. ◊ *~ d'acqua dolce* freshwater fish ◊ *Ci sono due pesci nella vaschetta.* There are two fish in the goldfish bowl. ⊃ *Vedi nota a* FISH **2 Pesci** (*Astrologia*) Pisces ⊃ *Vedi esempi a* ACQUARIO LOC **pesce d'aprile** April Fool ⊃ *Vedi nota a* APRIL ♦ **pesce rosso** goldfish* ♦ **pesce spada** swordfish* ♦ **sentirsi come un pesce fuor d'acqua** to be like a fish out of water *Vedi anche* BASTONCINO, MERCATO

peschereccio *sm* fishing boat

pescheria *sf* fishmonger's

pescivendolo, -a *sm-sf* fishmonger: *dal ~ at* the fishmonger's

pesco *sm* peach tree

peso *sm* weight: *metter su/perdere ~* to put on/lose weight ◊ *vendere qc a ~* to sell sth by weight LOC **di peso** (*influente*) influential ♦ **fare pesi** to do* weight training ♦ **peso lordo/netto** gross/net weight ♦ **peso massimo/medio** (*Pugilato*) heavyweight/middleweight *Vedi anche* LANCIO, SOLLEVAMENTO, TOGLIERE

pessimista ▶ *agg* pessimistic ▶ *smf* pessimist

pessimo, -a *agg* dreadful: *essere di ~ umore* to be in a dreadful mood ◊ *una pessima idea* a dreadful idea

pestare *vt* **1** (*calpestare*) to step* on/in *sth*: *~ un piede a qn* to step on sb's foot **2** (*picchiare*) to whack **3** (*aglio*) to crush LOC **pestare i piedi** to stamp your feet

peste *sf* **1** (*malattia*) plague **2** (*bambino*) pest LOC **dire peste e corna di** to slag* *sb/sth* off

pesticida *sm* pesticide

petalo *sm* petal

petardo *sm* banger

petroliera *sf* oil tanker

petrolifero, -a *agg* LOC *Vedi* POZZO

petrolio *sm* oil: *un pozzo di ~* an oil well

pettegolare *vi* to gossip

pettegolezzo *sm* gossip [*non numerabile*]: *fare pettegolezzi* to gossip

pettegolo, -a ▶ *agg* gossipy ▶ *sm-sf* gossip: *È un ~!* He's such a gossip!

pettinare ▶ *vt* to comb *sb's* hair: *Vieni che ti pettino.* Come here and let me comb your hair. ▶ **pettinarsi** *v rifl* to comb your hair: *Pettinati prima di uscire.* Comb your hair before you go out.

pettinatura *sf* hairstyle

pettine *sm* comb

pettirosso *sm* robin

petto *sm* **1** (*torace*) chest **2** (*seno*) bust **3** (*pollo, tacchino*) breast: *~ di pollo* chicken breast

pezzo *sm* **1** piece, bit (*più informale*): *un ~ di torta* a piece of cake ◊ *cadere a pezzi* to fall to pieces ◊ *fare a pezzi qc* to smash sth to pieces ◊ *Taglia a pezzi la carne.* Cut the meat into pieces. **2** (*Mecc*) part **3** (*Mus*) piece LOC **essere a pezzi** (*persona*) to be shattered ♦ **pezzo di ricambio** spare part ♦ **pezzo grosso** big shot ♦ **pezzo per pezzo** bit by bit: *Stiamo riparando il tetto ~ per ~.* We're repairing the roof bit by bit. ♦ **un pezzo** (*tempo*) a while: *È un ~ che non lo vedo.* It's a while since I've seen him.

piacere ▶ *vi* **1** *Mi piace quel vestito.* I like that dress. ◊ *Non mi piace.* I don't like it. ◊ *A loro piace passeggiare.* They like walking.

> **Like doing o like to do?** Se si parla in senso generale si usa **like doing**: *Ti piace dipingere?* Do you like painting? Per situazioni più specifiche si usa **like to do**: *Mi piace fare una doccia prima di andare a letto.* I like to have a shower before I go to bed.

2 (*desiderare*): *Mi piacerebbe una bici nuova.* I'd like a new bike. **3** (*attrarre*): *Secondo me gli*

piacevole → piccolo

piaci. I think he fancies you.
▶ *sm* **1** (*divertimento*) pleasure: *un viaggio di ~* a pleasure trip ◊ *Ho il ~ di presentarvi il signor Mattei.* It is my pleasure to introduce Mr Mattei. ◊ *con ~* with pleasure **2** (*favore*) favour: *Mi fai un ~?* Could you do me a favour? LOC **far piacere**: *Mi ha fatto ~ rivedervi.* It was nice to see you again. ◆ **per piacere** please
◆ **piacere!** pleased to meet you!

piacevole *agg* **1** (*gradito*) pleasant: *una ~ sorpresa* a pleasant surprise **2** (*divertente*) enjoyable: *una vacanza ~* an enjoyable holiday

piaga *sf* sore

piagnucolone, -a *agg, sm-sf* cry-baby* [s]: *Non fare il ~.* Don't be such a cry-baby.

pialla *sf* plane

piallare *vt* to plane

pianeggiante *agg* flat*

pianerottolo *sm* landing

pianeta *sm* planet

piangente *agg* LOC *Vedi* SALICE

piangere *vi* to cry*: *Non ~.* Don't cry. ◊ *mettersi a ~* to burst out crying ◊ *~ di gioia/rabbia* to cry with joy/rage LOC **piangere a calde lacrime** to cry* your eyes out *Vedi anche* SCOPPIARE

pianificazione *sf* planning

pianista *smf* pianist

piano, -a ▶ *agg* flat*: *una superficie piana* a flat surface
▶ *avv* **1** (*lentamente*) slowly: *Vai ~.* Go slowly. **2** (*a voce bassa*) quietly
▶ *sm* **1** (*progetto*) plan: *Abbiamo già fatto dei piani.* We've already made plans. **2** (*di edificio*) floor: *Abito al terzo ~.* I live on the third floor. **3** (*livello*) level: *L'appartamento è disposto su più piani.* The flat is on two levels. ◊ *sul ~ personale* on a personal level **4** (*Mus*) *Vedi* PIANOFORTE LOC **a/di due, ecc piani** (*edificio*) two-storey, etc.: *un palazzo a/di cinque piani* a five-storey block ◆ **piano di studi** study programme *Vedi anche* PARLARE, PRIMO

pianoforte *sm* piano*: *suonare il ~* to play the piano ◊ *eseguire un pezzo al ~* to play a piece of music on the piano LOC **pianoforte a coda** grand piano*

pianta *sf* **1** (*Bot*) plant: *~ d'appartamento* house plant **2** (*carta: città, metropolitana*) map; (*casa*) plan LOC **pianta del piede** sole
◆ **pianta grassa** succulent

piantagione *sf* plantation

piantare *vt* **1** (*pianta*) to plant **2** (*chiodo, palo*) to hammer *sth into sth*: *~ un chiodo nel muro* to hammer a nail into the wall **3** (*coltello, pugnale*) to stick* *sth into sb/sth*: *Piantò il coltello nel tavolo.* He stuck the knife into the table. **4** (*fidanzato*) to ditch LOC **piantala!** cut it out!
◆ **piantare in asso** to leave* *sb* in the lurch
◆ **piantare un casino** to kick up a fuss

pianterreno *sm* ground floor: *Abito al ~.* I live on the ground floor.

pianto *sm* crying: *trattenere il ~* to hold back the tears

pianura *sf* plain: *in ~* in the plain

piastrella *sf* tile

piattino *sm* (*per tazza*) saucer ↻ *Vedi illustrazione a* MUG

piatto, -a ▶ *agg* flat*
▶ *sm* **1** (*utensile*) plate; (*per tazza*) saucer: *Si è rotto un altro ~!* There goes another plate! ↻ *Vedi illustrazione a* MUG **2** (*cibo*) dish: *un ~ tipico del paese* a national dish **3** (*portata*) course: *Come primo ~ ho preso una minestra.* I had soup for my first course. **4 piatti** (*Mus*) cymbals LOC **piatto fondo** soup plate ◆ **piatto forte** main course ◆ **offrire qc a qn su un piatto d'argento** to hand sb sth on a plate *Vedi anche* ASCIUGARE, LAVARE

piazza *sf* square: *la ~ principale* the main square ◊ *la ~ del mercato* the marketplace LOC *Vedi* LETTO

piazzare ▶ *vt* to place ▶ **piazzarsi** *v rifl* (*classifica*) to be: *piazzarsi tra i primi cinque* to be among the top five

piazzola *sf* **1** (*di sosta*) lay-by **2** (*campeggio*) spot

piccante *agg* hot*: *una salsa ~* a hot sauce ◊ *È troppo ~.* It's too hot.

picche *sf* (*Carte*) spades ↻ *Vedi nota a* CARTA

picchetto *sm* **1** (*scioperanti*) picket **2** (*tenda*) peg

picchiare ▶ *vt* **1** (*colpire*) to hit*: *Ho picchiato la testa.* I hit my head. **2** (*persona*) to beat* ▶ *vi* **1** (*sbattere*) to bang *into sth*: *Ho picchiato contro il tavolo.* I banged into the table. **2** (*alla porta*) to hammer *at sth* **3** (*sole*) to beat* down ▶ **picchiarsi** *v rifl* to fight*

picchiata *sf* LOC *Vedi* SCENDERE

picchio *sm* woodpecker

picciolo *sm* stalk ↻ *Vedi illustrazione a* FRUTTA

piccione *sm* pigeon LOC **piccione viaggiatore** carrier pigeon ◆ **prendere due piccioni con una fava** to kill two birds with one stone

picco *sm* peak LOC **a picco** vertically: *una scogliera a ~ sul mare* rocks rising straight up from the sea *Vedi anche* COLARE

piccolo, -a ▶ *agg* **1** small: *La stanza è troppo piccola.* The room is too small. ◊ *Tutte le gonne mi vanno piccole.* All my skirts are too small

for me. ◊ *un ~ problema/particolare* a small problem/detail ➔ *Vedi nota a* SMALL **2** (*età*) little: *quand'ero ~* when I was little ◊ *i bambini piccoli* little children **3** (*minore*) youngest: *suo figlio più ~* his youngest son **4** (*poco importante*) minor: *dei piccoli cambiamenti* a few minor changes
▶ *sm-sf* (*persona*) youngest (one): *Il ~ studia legge*. The youngest one is studying law.
▶ *sm* (*animale appena nato*) baby* LOC **piccola pubblicità** classified ads [*pl*]

piccone *sm* pick

picnic *sm* picnic: *andare a fare un ~* to go for a picnic

pidocchio *sm* louse*

piede *sm* foot*: *il ~ destro/sinistro* your right/left foot ◊ *a piedi nudi* barefoot LOC **alzarsi in piedi** to stand* up ◆ **andarci con i piedi di piombo** to tread* carefully ◆ **a piede libero** at large ◆ **a piedi** on foot ◆ **mettere il piede in qc** to step* in sth: *mettere il ~ in una pozzanghera* to step in a puddle ◆ **mettere i piedi in testa a qn** to walk all over sb: *Non ti far mettere i piedi in testa da nessuno.* Don't let people walk all over you. ◆ **rimanere a piedi**: *Siamo rimasti a piedi.* We had to walk. ◆ **rimettere in piedi** (*azienda*) to put* sth back on its feet ◆ **stare/essere in piedi** to be standing (up) ◆ **su due piedi** on the spot *Vedi anche* BATTERE, CAPO, COLLO, LECCARE, PESTARE, PIANTA, PUNTA, PUNTARE, REGGERE, TESTA, TOGLIERE

piega *sf* **1** (*fold*) fold: *La tela formava delle pieghe.* The material hung in folds. ◊ *Fai una ~ alla pagina che ti interessa.* Turn down the corner of the page you're interested in. **2** (*gonna*) pleat **3** (*pantaloni, grinza*) crease LOC **mettere in piega** (*capelli*) to set* sth *Vedi anche* MESSA

piegare ▶ *vt* **1** to fold: *~ un foglio in quattro* to fold a piece of paper into four ◊ *Sai ~ le camicie?* Do you know how to fold shirts? **2** (*torcere, flettere*) to bend*: *~ la gamba/una sbarra di ferro* to bend your knee/an iron bar
▶ **piegarsi** *v rifl* **1** (*curvarsi*) to bend* **2** (*sedia*) to fold up

pieghevole *agg* folding: *una sedia ~* a folding chair

Piemonte *sm* Piedmont

piemontese *agg, smf* Piedmontese: *i piemontesi* the Piedmontese

pieno, -a ▶ *agg* **1** *~ (di)* full (of *sb/sth*): *Questa stanza è piena di fumo.* This room is full of smoke. ◊ *È ~ di errori.* It's full of mistakes. ◊ *Basta così, sono ~.* I don't want any more, I'm full. ◊ *Il teatro era ~.* The theatre was full. ◊ *pieni poteri* full powers **2** *~* **di** (*coperto*) covered in/with *sth*: *Il soffitto era ~ di ragnatele.* The ceiling was covered in cobwebs. **3** *~* (**di**) (*affollato*) packed (with *sb/sth*)
▶ *sm* (*benzina*) full tank LOC **fare il pieno** (*benzina*) to fill up ◆ **in pieno ...** (right) in the middle of *sth*: *in ~ inverno* in the middle of winter ◊ *in ~ centro* right in the centre of the city ◊ *Il sasso ha colto l'auto in ~.* The stone scored a direct hit on the car. ◆ **pieno di sé** full of yourself *Vedi anche* LUNA, TEMPO

piercing *sm* piercing: *farsi il ~ alla lingua/all'ombelico* to get your tongue/navel pierced

pietà *sf* **1** (*compassione*) pity **2** (*misericordia*) mercy LOC **aver pietà di** to take* pity on *sb* ◆ **fare pietà** (*essere pessimo*) to be awful: *Come cantante fa ~.* She's an awful singer. *Vedi anche* MONTE

pietoso, -a *agg* (*aspetto, condizioni*) pitiful LOC *Vedi* BUGIA

pietra *sf* stone: *un muro in ~* a stone wall LOC **pietra preziosa** precious stone

pigiama *sm* pyjamas [*pl*]: *Questo ~ ti sta piccolo.* Those pyjamas are too small for you.

> Nota che *un pigiama* si dice **a pair of pyjamas**: *Metti due pigiami in valigia.* Pack two pairs of pyjamas.

pigiare *vt* to press

pigna *sf* pine cone

pignolo, -a *agg* fussy*

pigrizia *sf* laziness

pigro, -a ▶ *agg* lazy*
▶ *sm-sf* lazybones [*sing*]

pila *sf* **1** (*cumulo*) pile: *una ~ di giornali* a pile of newspapers **2** (*Elettr*) battery*: *Si sono scaricate le pile.* The batteries have run out. **3** (*torcia*) torch: *una ~ tascabile* a pocket torch

pilastro *sm* pillar

pile *sm* fleece

pillola *sf* pill: *Prendi la ~?* Are you on the pill?

pilota *smf* **1** (*aereo*) pilot **2** (*auto*) racing driver LOC **pilota automatico** automatic pilot: *Il ~ automatico era inserito.* The plane was on automatic pilot.

pilotare *vt* **1** (*aereo*) to fly* **2** (*barca*) to sail

piluccare *vt* to nibble

pineta *sf* pinewood

ping-pong *sm* table tennis: *giocare a ~* to play table tennis

pinguino *sm* penguin

pinna *sf* **1** (*pesce*) fin **2** (*nuotatore, foca*) flipper

pino *sm* pine (tree)

pinolo *sm* pine nut

pinza *sf* **1** (*granchio*) pincer **2** **pinze** (*attrezzo*) pliers: *Ho bisogno di un paio di pinze.* I need a

pair of pliers. **3** (*zucchero, ghiaccio*) tongs [*pl*] **4** (*capelli*) curling tongs [*pl*]
pinzette *sf* tweezers
pioggerella *sf* drizzle
pioggia *sf* **1** rain: *La ~ mi ha impedito di dormire.* The rain kept me awake. ◊ *un giorno di ~ a rainy day* ◊ *Questi stivali sono ottimi per la ~.* These boots are good for wet weather. ◊ *sotto la ~* in the rain **2** *una ~ di* (*regali, fiori*) a shower of *sth*; (*colpi, insulti*) a hail of *sth* LOC **pioggia acida** acid rain
piolo *sm* (*scala*) rung ⊃ *Vedi illustrazione a* SCALA
piombo *sm* lead LOC *Vedi* BENZINA, PIEDE
pioniere, -a *sm-sf* pioneer (*in sth*): *un ~ della chirurgia estetica* a pioneer in cosmetic surgery
pioppo *sm* poplar
piovano, -a *agg* LOC *Vedi* ACQUA
piovere *v impers* **1** to rain: *È piovuto tutto il pomeriggio.* It rained all afternoon. ◊ *Piove?* Is it raining? **2** (*dal tetto*): *Ci piove in casa.* The roof is leaking. LOC **non ci piove** there's no doubt about it ♦ **piovere a dirotto** to pour: *Piove a dirotto.* It's pouring.
piovigginare *v impers* to drizzle: *Stava solo piovigginando.* It was only drizzling.
piovoso, -a *agg* **1** (*clima*) wet* **2** (*giornata, tempo*) rainy*
piovra *sf* octopus*
pipa *sf* pipe: *fumare la ~* to smoke a pipe
pipì *sf* pee: *Mi scappa la ~.* I'm desperate for a pee. ◊ *fare la ~* to pee
pipistrello *sm* bat
piramide *sf* pyramid
pirata *agg, smf* pirate [*s*]: *una nave/radio/videocassetta ~* a pirate boat/radio station/videotape LOC **pirata informatico** hacker
piroetta *sf* pirouette
pirofila *sf* Pyrex® dish
piromane *smf* arsonist
pisano, -a *agg, sm-sf* Pisan: *i pisani* the Pisans
pisciare *vi* to piss
piscina *sf* swimming pool: *~ riscaldata/coperta* a heated/indoor pool
pisello *sm* pea
pisolino *sm* nap: *fare un ~* to have a nap LOC *Vedi* SCHIACCIARE
pista *sf* **1** (*circuito*) track: *una ~ all'aperto/coperta* an outdoor/indoor track ◊ *I piloti devono completare tre giri di ~.* Drivers must complete three laps of the track. **2** (*tracce*) track [*gen pl*]: *seguire la ~ di un animale* to follow an animal's tracks ◊ *Siamo sulla ~ giusta.* We're on the right track. **3** (*Aeron*) runway LOC **pista ciclabile** cycle path ♦ **pista da ballo** dance floor ♦ **pista di pattinaggio** skating rink ♦ **pista di pattinaggio su ghiaccio** ice rink ♦ **pista di sci** ski run ♦ **pista di speedway** speedway (track)
pistacchio *sm* pistachio
pistola *sf* gun, pistol (*tec*) LOC **pistola ad acqua** water pistol ♦ **pistola ad aria compressa** air gun ♦ **pistola a spruzzo** spray gun
pitone *sm* python
pittore, -trice *sm-sf* painter
pittoresco, -a *agg* picturesque: *un paesaggio ~* a picturesque landscape
pittura *sf* painting: *La ~ è uno dei miei hobby.* Painting is one of my hobbies. LOC **pittura fresca** (*cartello*) wet paint
pitturare *vt* to paint
più ▶ *avv* **1** (*comparativo*) more (*than sb/sth*): *È ~ intelligente di lui.* She's more intelligent than him. ◊ *Sono ~ alta di lei.* I'm taller than her. ◊ *Hai viaggiato ~ di me.* You have travelled more than me/than I have. ◊ *~ di quattro settimane* more than four weeks ◊ *~ velocemente* faster ◊ *~ simpatico* nicer **2** (*superlativo*) most: *È il computer ~ potente in vendita.* It's the most powerful computer you can buy. ◊ *l'edificio ~ antico della città* the oldest building in the town ◊ *il ~ carino di tutti* the nicest one of all ◊ *Chi ha mangiato di ~?* Who's eaten most? ◊ *il negozio che ha venduto ~ di tutti* the shop that has sold the most **3** (*quantità*) more: *Non ne voglio ~.* I don't want any more. ◊ *Non c'è ~ caffè.* There's no more coffee. **4** (*tempo*): *Non mi piace ~.* I don't like it any more. ◊ *Non lo faccio ~.* I'll never do that again! ◊ *Non abita ~ qui.* He no longer lives here. **5** (*Mat, temperatura*) plus: *Due ~ due fa quattro.* Two plus two is four. ◊ *Il termometro segna ~ sette.* The thermometer says seven degrees (above zero).

▶ *agg* **1** (*maggiore quantità*) more: *Mettici ~ zucchero.* Put more sugar in it. ◊ *C'è ~ gente del solito.* There are more people than usual. ◊ *Ha ~ libri di me.* She's got more books than me. **2** (*maggior numero*) most: *Ha venduto ~ dischi di tutti.* He has sold the most records. **3** (*parecchi*) more than one: *Gliel'ho detto ~ volte.* I've told him on more than one occasion.

Per esprimere il comparativo di maggioranza (cioè il confronto tra due cose o persone) si usa **more** o **-er**. Per esprimere il superlativo relativo di maggioranza (più di tutti) si usa invece **most** o **-est**. Confronta le frasi seguenti: *Qual è il letto più comodo dei due?*

piuma → poggiatesta

Which bed is more comfortable? ◊ *Qual è il letto più comodo della casa?* Which is the most comfortable bed in the house?

▶ *prep* plus: *Saremo noi due, ~ mio cugino.* There'll be the two of us plus my cousin. ◊ *Guadagna duemila euro ~ gli straordinari.* She earns two thousand euros plus overtime.
▶ *sm* **1** (*Mat*) plus sign **2** (*la parte maggiore*) most: *il ~ delle volte* most of the time ◊ *Il ~ è fatto.* Most of it is done. ◊ *Fai il ~ possibile.* Do as much as you can. LOC **a più non posso** as much as you can: *correre/urlare a ~ non posso* to run as fast as you can/to shout as loud as you can ♦ **di più** more: *Costa di ~.* It costs more. ◊ *Ne voglio di ~.* I want more. ♦ **chiacchierare/parlare del più e del meno** to talk about this and that ♦ **più o meno** more or less ♦ **più ... più ...** the more ... the more ... : *Più in alto sali e ~ difficile è respirare.* The higher you climb, the more difficult it is to breathe. ➲ Per altre espressioni con **più** vedi alla voce del sostantivo, dell'aggettivo, ecc, ad es. **più che mai** a MAI.

piuma *sf* feather: *un cuscino di piume* a feather pillow

piumino *sm* **1** (*giacca*) ski jacket **2** (*per spolverare*) feather duster

piumone® *sm* duvet ➲ *Vedi illustrazione a* LETTO

piuttosto *avv* rather: *Sono ~ stanco.* I'm rather tired. ◊ *È una stanza ~ grande.* It's rather a large room. ◊ *Piuttosto prenderei una birra.* I'd rather have a beer.

pizza *sf* **1** (*Cucina*) pizza **2** (*fig*) bore: *Che ~.* What a bore!

pizzicare *vt* to pinch

pizzico *sm* **1** pinch: *un ~ di sale* a pinch of salt **2** (*fig*) touch: *un ~ d'ironia* a touch of irony

pizzicotto *sm* pinch: *dare un ~ a qn* to pinch sb

pizzo *sm* **1** (*merletto*) lace **2** (*barbetta*) goatee

placcare *vt* (*Rugby*) to tackle

placcato, -a *agg* plated: *~ in oro/argento* gold-plated/silver-plated ◊ *un orologio ~ d'oro* a gold-plated watch *Vedi anche* PLACCARE

planare *vi* (*aereo, uccello*) to glide

plastica *sf* **1** (*materiale*) plastic [*gen non numerabile*]: *una scatola di ~* a plastic container **2** (*Med*) plastic surgery

plastico, -a ▶ *agg* plastic
▶ *sm* model LOC *Vedi* BICCHIERE

plastificato, -a *agg* laminated

plastilina *sf* plasticine®

platano *sm* plane tree

platea *sf* **1** (*posti a sedere*) stalls [*pl*] **2** (*pubblico*) audience

platino *sm* platinum

plausibile *agg* plausible

plettro *sm* (*chitarra*) plectrum*

plurale *agg, sm* plural

Plutone *sm* Pluto

plutonio *sm* plutonium

pneumatico *sm* tyre

Po *sm* **il Po** the Po

po' *avv, sm* **un po'** a bit, a little (*più formale*): *Aspetta un po'.* Wait a bit. ◊ *Rimango ancora un po'.* I'll stay a bit longer. ◊ *un po' meno/di più* a little less/more ◊ *un po' meglio* a little better ◊ *un po' di zucchero* a little sugar ◊ *un po' di libri* a few books ◊ *un bel po'* quite a bit

poco, -a ▶ *agg, pron* **1** (*quantità*) not much, very little: *Ho pochi soldi.* I don't have much money. ◊ *C'è ~ tempo.* There's very little time. ◊ *C'è ~ da mangiare.* There's not much to eat. **2** (*numero*) not many, very few: *Ha pochi amici.* He hasn't got many friends. ◊ *in pochissime occasioni* on very few occasions ➲ *Vedi nota a* LESS
▶ *pron* **1** (*tempo*) a short time: *Sono partiti da ~.* They left a short time ago. **2** *pochi* (*persone*) not many (people): *Pochi lo sanno.* Not many people know that. ◊ *pochi di noi* not many of us ◊ *Eravamo in pochi.* There weren't many of us.
▶ *avv* **1** (*con verbo*) not much: *Costa ~.* It doesn't cost much. **2** (*con aggettivo o avverbio*) not very: *Sono ~ furbi.* They're not very clever. ◊ *~ distante* not very far away ◊ *~ bene* not very well ◊ *È ~ più grande di me.* She's not much older than me. **3** (*tempo*) not long: *Dura ~.* It doesn't last long.
▶ *sm* little: *Il ~ che sa lo ha imparato da me.* What little he knows he learnt from me. LOC **fra poco** soon ♦ **per poco** nearly: *Per ~ non mi hanno investito.* I was nearly run over. ♦ **poco a poco** gradually ♦ **poco fa** a short time ago ♦ **poco prima/dopo** shortly before/after: *~ dopo la tua partenza* shortly after you left ♦ **poco più di/poco meno di** just over/under: *~ meno di 5.000 persone* just under 5 000 people ♦ **un poco** a little ➲ Per altre espressioni con **poco** vedi alla voce del sostantivo, dell'aggettivo, ecc, ad es. **poco profondo** a PROFONDO. ➲ *Vedi nota a* FEW

poema *sm* poem

poesia *sf* **1** (*componimento*) poem **2** (*genere*) poetry: *la ~ epica* epic poetry

poeta, -essa *sm-sf* poet

poetico, -a *agg* poetic

poggiatesta *sm* headrest

poi *avv* **1** then: *Sbattete le uova e ~ aggiungete lo zucchero.* Beat the eggs and then add the sugar. ◊ *Prima c'è l'ospedale e ~ la farmacia.* First there's the hospital and then the chemist's. **2** (*più tardi*) later: *Poi te lo dico.* I'll tell you later. **3** (*inoltre*) besides: *Non è necessario e ~ non ce ne sarebbe il tempo.* It's not necessary, and besides there's no time. LOC **in poi**: *d'ora/da oggi in ~* from now on/from today onwards *Vedi anche* PRIMA[1]

poiché *cong* as, since: *Poiché erano in pochi hanno rimandato la festa.* As there weren't very many people, they postponed the party.

pois *sm* dot: *una gonna a ~ rossi* a skirt with red dots

polacco, -a ▶ *agg, sm* Polish: *parlare ~* to speak Polish
▶ *sm-sf* Pole: *i polacchi* the Poles

polare *agg* polar LOC *Vedi* CIRCOLO

polemico, -a ▶ *agg* controversial
▶ **polemica** *sf* controversy*

poliestere *sm, agg* polyester

poligono *sm* (*Geom*) polygon LOC **poligono di tiro** rifle range

poliomielite (*anche* **polio**) *sf* polio

polistirolo *sm* polystyrene

politica *sf* **1** politics [*non numerabile*]: *entrare in ~* to go into politics **2** (*posizione, programma*) policy*: *una nuova ~ aziendale* a new company policy

politico, -a ▶ *agg* political: *un partito ~* a political party
▶ *sm* politician LOC *Vedi* ELEZIONE, SCIENZA

polizia *sf* police [*pl*]: *La ~ sta investigando.* The police are investigating. LOC **polizia stradale** traffic police *Vedi anche* CENTRALE

poliziesco, -a *agg* police [*s attrib*] LOC *Vedi* ROMANZO

poliziotto, -a *sm-sf* policeman*/policewoman*

polizza *sf* policy*: *~ di assicurazione* insurance policy ◊ *fare una ~* to take out a policy

pollaio *sm* hen house

pollame *sm* poultry

pollice *sm* **1** (*della mano*) thumb **2** (*misura*) inch: *una TV da 21 pollici* a 21-inch TV

Pollicino *n pr* Tom Thumb

polline *sm* pollen

pollo *sm* chicken: *~ arrosto* roast chicken

polmonare *agg* lung [*s attrib*]: *un'infezione ~* a lung infection

polmone *sm* lung LOC **polmone d'acciaio** iron lung

polmonite *sf* pneumonia [*non numerabile*]: *prendere una ~* to catch pneumonia

polo ▶ *sm* (*Geog, Fis*) pole: *il ~ Nord/Sud* the North/South Pole
▶ *sf* (*indumento*) polo shirt LOC **essere ai poli opposti** (*carattere*) to be like chalk and cheese

Polonia *sf* Poland

polpa *sf* **1** (*frutta*) pulp **2** (*carne*) lean meat

polpaccio *sm* calf*

polpastrello *sm* finger tip

polpetta *sf* meatball

polpettone *sm* meat loaf*

polpo *sm* octopus*

polsino *sm* cuff

polso *sm* **1** (*parte del corpo*) wrist **2** (*Med*) pulse: *Il medico mi ha sentito il ~.* The doctor took my pulse.

poltrona *sf* **1** armchair: *seduto in ~* sitting in an armchair **2** (*Cine, Teat*) seat

poltrone, -a *sm-sf* lazybones [*sing*]

polvere *sf* **1** (*sporcizia*) dust: *C'è molta ~ sulla libreria.* There's a lot of dust on the bookshelf. ◊ *Sollevi la ~.* You're kicking up the dust. **2** (*Cucina, Chim*) powder LOC **polvere da sparo** gunpowder *Vedi anche* LATTE, LIEVITO

polverizzare *vt* to pulverize

polverone *sm* **1** cloud of dust **2** (*fig*): *sollevare un ~* to cause a furore

polveroso, -a *agg* dusty*

pomata *sf* ointment

pomello *sm* **1** (*porta*) doorknob **2** (*cassetto*) knob

pomeriggio *sm* afternoon: *Il concerto è di ~.* The concert is in the afternoon. ◊ *Sono arrivati domenica ~.* They arrived on Sunday afternoon. ◊ *Ci vediamo domani ~.* I'll see you tomorrow afternoon. ◊ *Cosa fai questo ~?* What are you doing this afternoon? ◊ *alle quattro del ~* at four o'clock in the afternoon ➔ *Vedi nota a* MORNING LOC **buon pomeriggio!** good afternoon!

pomo *sm* LOC **pomo d'Adamo** Adam's apple

pomodoro *sm* tomato* LOC *Vedi* CONCENTRATO, ESTRATTO

pompa *sf* **1** (*attrezzo*) pump **2** (*solennità*) pomp LOC **pompe funebri** undertaker's [*numerabile*] *Vedi anche* IMPRESA, IMPRESARIO

pompelmo *sm* grapefruit*

pompiere *sm* firefighter LOC **i pompieri** the fire brigade [*sing*] *Vedi anche* CASERMA

pompon *sm* pompom

pomposo, -a *agg* pompous: *un linguaggio retorico e ~* rhetorical, pompous language

ponte sm 1 (su fiume) bridge: un ~ sospeso a suspension bridge 2 (nave) deck LOC **fare ponte** to have a long weekend ♦ **ponte aereo** airlift ♦ **ponte levatoio** drawbridge

pontile sm pier

pony sm pony*

pony express sm courier

pool sm team: un ~ di esperti a team of experts ◊ il ~ antimafia the anti-Mafia team

popcorn sm popcorn: Vuoi del ~? Would you like some popcorn?

popolare agg 1 (famoso) popular 2 (quartiere) working-class LOC Vedi CASA

popolazione sf population: la ~ attiva the working population

popolo sm people [numerabile]: il ~ italiano the Italian people

poppa sf (Naut) stern

poppare vi to feed*: Appena ha finito di ~ si addormenta. He falls asleep as soon as he's finished feeding.

poppata sf feed

porcellana sf china: un piatto di ~ a china plate

porcellino sm piglet LOC **porcellino d'India** guinea pig

porcheria sf 1 (cibo) junk (food) [non numerabile]: Smettila di mangiare quelle porcherie. Stop eating that junk. 2 (cosa oscena) filth [non numerabile]

porcile sm pigsty*

porcino sm (fungo) cep

porco sm (animale) pig ◯ Vedi nota a CARNE

porcospino sm porcupine

pornografia sf pornography

pornografico, -a agg pornographic

poro sm pore

poroso, -a agg porous

porpora agg, sf (colore) crimson ◯ Vedi esempi a GIALLO

porre vt 1 (mettere) to put* 2 (condizioni) to set* 3 (domanda) to ask 4 (supporre) to suppose

porro sm 1 (verdura) leek 2 (Med) wart

porta sf 1 door: la ~ d'ingresso/di dietro the front/back door ◊ Suonano alla ~. There's somebody at the door. 2 (di città, fortezza) gate 3 (Sport) goal: Ha tirato in ~. He shot at goal. LOC **la porta accanto** next door: la signora della ~ accanto the lady next door ♦ **porta a porta** (vendere) from door to door ♦ **porta scorrevole/girevole** sliding/revolving door

portabagagli sm 1 (bagagliaio) boot 2 (sul tettuccio) roof rack

portacenere sm ashtray

portachiavi sm keyring

portaerei sf aircraft carrier

portafinestra sf French window

portafoglio sm wallet

portafortuna sm lucky charm

portagioie sm jewellery box

portale sm (Informatica) portal

portamatite sm pencil case

portaoggetti agg LOC Vedi VANO

portaombrelli sm umbrella stand

portapacchi sm luggage rack

portare ▶ vt 1 to take*: Porta le sedie in cucina. Take the chairs to the kitchen. ◊ Ho portato il cane dal veterinario. I took the dog to the vet. ◊ Mi hanno portato a casa/alla stazione. They took me home/to the station. ◯ Vedi illustrazione a TAKE 2 (vicino a chi parla) to bring*: Cosa vuoi che ti porti? What shall I bring you? ◊ Portati un cuscino. Bring a cushion with you. ◊ Chi ha portato i fiori? Who brought the flowers? ◊ Il nuovo sistema ha portato problemi. The new system has brought problems. ◯ Vedi illustrazione a TAKE 3 (in braccio, Mat) to carry*: Si offrì di portarle la valigia. He offered to carry her suitcase. ◊ 22 e porto due. 22 and carry two. 4 (abito, occhiali) to wear*: Porta gli occhiali. She wears glasses. 5 (capelli, barba) to have: Porta sempre la coda. She always has her hair in a ponytail. 6 (condurre) to lead* sb (to sth): Gli indizi ci hanno portato alla scoperta del ladro. The clues led us to the thief. 7 (taglia) to take*: ~ la quarantaquattro di pantaloni to take size forty-four trousers ▶ vi ~ a (condurre) to lead* to sth: Questo sentiero porta alla casa. This path leads to the house. LOC **da portar via**: una pizza da portar via a takeaway pizza ♦ **portare fuori** to take* sth out: ~ fuori l'immondizia to take the rubbish out ♦ **portare via** 1 to take* sb/sth away 2 (rubare) to take* sth: Gli hanno portato via la borsa. They took his bag. 3 (tempo) to take*: Porta via un sacco di tempo. It takes a lot of time. ◯ Per altre espressioni con **portare** vedi alla voce del sostantivo, dell'aggettivo, ecc, ad es. **portare fortuna** a FORTUNA.

portasapone sm soap dish

portasci sm ski rack

portaspiccioli sm purse

portata sf 1 reach: Tenere fuori dalla portata dei bambini. Keep out of reach of children. ◊ Quella moto è fuori della tua ~ That motorbike is beyond your means. 2 (arma, trasmittente, telescopio) range 3 (pasto) course: un pranzo di tre portate a three-course meal 4 (acqua) flow: *la ~ del fiume* the flow of the river LOC **a portata di mano** within reach ◆ **alla portata di tutti** accessible: *un prodotto alla ~ di tutti* a product within everyone's price range

portatile ▶ *agg* portable: *una TV ~* a portable TV
▶ *sm* **1** (*computer*) laptop **2** (*telefono*) cordless phone

portato, -a *agg* **1 ~ a**: *È ~ a drammatizzare tutto*. He tends to dramatize everything. **2 ~ per**: *essere ~ per qc* to have a talent for sth ◇ *È portata per le lingue*. She has a flair for languages. *Vedi anche* PORTARE

portatore, -trice *sm-sf* **1** (*assegno*) bearer **2** (*Med*) carrier: *portatori di handicap* handicapped people

portatovagliolo *sm* napkin ring

portavoce *smf* spokesperson

> Esistono anche le forme **spokesman** e **spokeswoman**, ma si preferisce usare **spokesperson** perché si riferisce sia ad un uomo che a una donna: *i portavoce dell'opposizione* spokespersons for the opposition.

portico *sm* **portici** arcade [*numerabile*]: *i portici intorno alla piazza* the arcade round the square

portiere, -a *sm-sf* **1** (*condominio*) caretaker **2** (*albergo*) porter **3** (*Sport*) goalkeeper

portinaio, -a *sm-sf* caretaker

portineria *sf* **1** (*ufficio, albergo*) porter's lodge **2** (*condominio*) caretaker's lodge

porto *sm* **1** port: *un ~ mercantile* a commercial port **2** (*baia*) harbour: *~ naturale/artificiale* natural/artificial harbour LOC **porto d'armi** gun licence *Vedi anche* CAPITANERIA

Portogallo *sm* Portugal

portoghese ▶ *agg, sm* Portuguese: *parlare ~* to speak Portuguese
▶ *smf* Portuguese man*/woman*: *i portoghesi* the Portuguese

portone *sm* entrance

porzione *sf* (*cibo*) portion, helping (*più informale*): *Mezza ~ di calamari, per favore*. A small portion of squid, please. ◇ *Ne hanno preso una ~ abbondante*. They took big helpings.

posa *sf* pose: *mettersi in ~* to pose

posare ▶ *vt* to put* *sth* down: *Posa le valigie e apri la porta*. Put down your cases and open the door. ▶ *vi* (*per una foto*) to pose ▶ **posarsi** *v rifl* **1** (*uccello, insetto*) to land (*on sth*) **2** (*polvere, sedimento*) to settle (*on sth*)

posata *sf* **posate** cutlery [*non numerabile*]

positivo, -a *agg* positive: *Il test è risultato ~*. The test was positive.

posizione *sf* position: *cambiare ~* to change position ◇ *mettersi in ~* to get into position ◇ *In che ~ giochi?* What position do you play? LOC *Vedi* LUCE

possedere *vt* **1** (*cose*) to own **2** (*qualità*) to have

possessivo, -a *agg* possessive

possesso *sm* possession

possibile *agg* **1** possible: *È ~ che siano già arrivati*. It's possible that they've already arrived. ◇ *il più ~* as much as possible **2** (*potenziale*) potential: *un ~ candidato* a potential candidate LOC **fare (tutto) il possibile per** to do* your best *to do sth* ◆ **non è possibile!** it can't be true! *Vedi anche* PRIMA

possibilità *sf* **1** possibility* **2** (*occasione*) chance: *Voglio un lavoro che mi dia la ~ di viaggiare*. I'd like a job that gives me a chance to travel.

possibilmente *avv* if possible

posta *sf* **1** post: *È arrivato con la ~ di giovedì*. It came in Thursday's post. ◇ *per ~* by post ◇ *sciopero delle poste* postal strike ⮕ *Vedi nota a* MAIL **2** (*ufficio postale*) post office: *Scusi, per andare alla ~?* Excuse me, where's the post office? LOC **posta aerea** airmail ◆ **posta elettronica** electronic mail ◆ **posta prioritaria** first-class post ◆ **posta spazzatura** junk mail

postale *agg* postal LOC *Vedi* CASELLA, CODICE, TIMBRO, TRENO

posteggiare *vt, vi* to park

posteggio *sm* car park LOC **posteggio dei taxi** taxi rank

poster *sm* poster

posteriore *agg* back: *nella parte ~ dell'autobus* at the back of the bus LOC *Vedi* FANALE

posticcio, -a *agg* false: *barba posticcia* false beard

postino, -a *sm-sf* postman*/woman*

posto *sm* **1** (*luogo*) place: *Mi piace questo ~*. I like this place. ◇ *un ~ per dormire* a place to sleep ◇ *Ognuno al proprio ~!* Places, everyone! **2** (*spazio*) room: *C'è ~?* Is there any room? ◇ *Credo non ci sia ~ per tutti*. I don't think there'll be enough room for everybody. **3** (*a sedere*) seat: *Non ci sono più posti*. There are no seats left. ◇ *Ci sono posti liberi sull'autobus?* Are there any seats left on the bus? ◇ *Mi tieni il ~, torno subito*. Keep my seat for me. I'll be back in a second. **4** (*posteggio*) space: *un ~ per parcheggiare* a parking space **5** (*lavoro*) job: *Ci sono sei posti di lavoro*. There are six jobs. ◇ *Sua moglie ha un buon ~*. His wife's got a good job. ⮕ *Vedi nota a* WORK [1] LOC **a posto 1** (*stanza*) tidy* **2** (*faccenda*) OK: *È tutto a ~*. Everything's OK. ◆ **al posto di** instead of *sb/sth*

♦ **al primo, secondo, ecc posto** first, second, etc.: *La squadra francese è all'ultimo ~ in classifica.* The French team is last. ◊ *arrivare al terzo ~* to be third ♦ **al tuo posto** if I were you: *Io, al tuo ~, accetterei l'invito.* If I were you, I'd accept the invitation. ♦ **del posto**: *quelli del ~* the locals ♦ **fare posto** to make* room *(for sb/sth)* ♦ **mettere a posto** to tidy* *(sth)* up ♦ **posto di blocco** checkpoint *Vedi anche* CEDERE, FUORI

postumo ▶ *agg* posthumous
▶ *sm* **postumi**: *avere i postumi di una sbornia* to have a hangover

potabile *agg* drinkable LOC *Vedi* ACQUA

potare *vt* to prune

potente *agg* powerful

potenza *sf* power: *~ economica* economic power

potenziale *agg, sm* potential

potere[1] *v servile* **1** can* *do sth*, to be able *to do sth*: *Vorrei venire ma non posso.* I'd like to come but I can't. ◊ *Posso scegliere tra Londra e Madrid.* I can choose London or Madrid. ◊ *Non ci potevo credere.* I couldn't believe it. ◊ *Da allora non ha più potuto camminare.* He hasn't been able to walk since then. ➔ *Vedi nota a* CAN[2] **2** *(permesso)* can*, may* *(più formale)*: *Posso fare una telefonata?* Can I use the phone ➔ *Vedi nota a* MAY **3** *(possibilità)* may, could, might

L'uso di **may, could, might** dipende dal grado di probabilità dell'azione. **Could e might** esprimono una minore probabilità di **may**: *Possono arrivare da un momento all'altro.* They may arrive at any minute. ◊ *Potrebbe essere pericoloso.* It could/might be dangerous.

LOC **non poterne più 1** *(essere stanco)* to be exhausted **2** *(essere stufo)* to have had it up to here: *Non ne posso più!* I've had it up to here! ♦ **si può/non si può**: *Non si può fumare qui.* You can't smoke in here. ➔ Per altre espressioni con **potere** vedi alla voce del sostantivo, dell'aggettivo, ecc, ad es. **potersi permettere qc** a PERMETTERE.

potere[2] *sm* power: *prendere il ~* to seize power LOC **il potere esecutivo/giudiziario/legislativo** the executive/judiciary/legislature

poverino, -a *sm-sf*: *Poverino! Ha fame.* He's hungry, poor thing!

povero, -a ▶ *agg* poor: *un paese molto ~* a very poor country ◊ *Il pover'uomo era stanco.* The poor man was tired.
▶ *sm-sf* poor man*/woman*: *i poveri* the poor

povertà *sf* poverty

pozza *sf* pool: *una ~ d'acqua/di sangue* a pool of water/blood

pozzanghera *sf* puddle: *mettere i piedi in una ~* to step in a puddle

pozzo *sm* well LOC **pozzo petrolifero** oil well

Praga *sf* Prague

pranzare *vi* to have lunch

pranzo *sm* lunch LOC **pranzo al sacco** packed lunch *Vedi anche* CESTINO, SALA

prassi *sf* procedure [*non numerabile*]: *Ha seguito la ~.* He followed the usual procedure.

pratica *sf* **1** *(realtà)* practice: *In teoria funziona, ma in ~ ...* It's all right in theory, but in practice ... ◊ *mettere in ~ qc* to put sth into practice **2** *(dossier)* file **3 pratiche** *(documenti)* paperwork [*non numerabile*] LOC **fare pratica** to get* some experience ♦ **in pratica** *(praticamente)* practically: *In ~ è finito.* It's practically finished.

praticamente *avv* practically

praticante ▶ *agg* practising
▶ *smf* trainee

praticare *vt* **1** *(sport)* to play: *Pratichi qualche sport?* Do you play any sports? **2** *(professione)* to practise: *~ la professione medica* to practise medicine

pratico, -a *agg* **1** practical: *esercitazioni pratiche* practical exercises ◊ *un apparecchio molto ~* a very practical device **2** *~ di* good* with *sth*: *Non sono molto ~ di computer.* I'm not very good with computers.

prato *sm* **1** *(giardino)* lawn **2** *(campo)* meadow

preavviso *sm* notice: *Sono arrivati senza ~.* They turned up unannounced.

precario, -a *agg* **1** *(situazione)* precarious **2** *(lavoratore)* temporary

precauzione *sf* precaution: *prendere precauzioni contro gli incendi* to take precautions against fire ◊ *per ~* as a precaution

precedente *agg* previous: *esperienza ~* previous experience LOC **precedenti penali** criminal record [*numerabile*]

precedenza *sf* **1** *(Auto)* right of way **2** *(priorità)* priority LOC **dare la precedenza** *(Auto)* to give* way

precedere *vt* to go*/come* before *sb/sth*, to precede *(più formale)*: *L'aggettivo precede il nome.* The adjective goes before the noun. ◊ *L'incendio fu preceduto da una grossa esplosione.* A huge explosion preceded the fire.

precipitare ▶ *vi* **1** *(cadere)* to fall*: *~ dal tetto/in mare* to fall off the roof/into the sea **2** *(aereo)* to crash **3** *(situazione)* to get* out of control: *La situazione è precipitata.* The situation has got out of control. ▶ **precipitarsi** *v rifl* to rush *to/towards sb/sth*: *Mi sono precipitato a casa.* I rushed home. ◊ *Il pubblico si precipitò verso l'ingresso.* The crowd rushed towards the door.

precipitoso, -a *agg* hasty*

precipizio *sm* precipice

precisare *vt* to specify*: *Ci tengo a ~ che avevamo detto alle tre.* I want to point out that we had said three o'clock.

precisione *sf* accuracy LOC **con precisione** exactly: *Non so ancora con ~ a che ora.* I still don't know exactly what time.

preciso, -a *agg* **1** (*misure, calcoli*) exact: *Ti ho fatto una domanda precisa.* I asked you a specific question. ◊ *in quel ~ istante* at that very moment **2** (*orologio*) accurate **3** (*in punto*) on the dot: *le sei e trenta precise* half past six on the dot **4** (*meticoloso*) precise: *Nelle sue cose è un tipo molto ~.* He's very precise in what he does. **5** ~ **a** (*identico*) just like *sb/sth*: *Nel sorriso è ~ a sua madre.* His smile is just like his mother's.

precoce *agg* (*bambino*) precocious

preda *sf* prey [*non numerabile*] LOC **essere in preda al panico** to panic

predica *sf* (*Relig*) sermon LOC **fare la predica a** to give* *sb* a lecture

predicare *vt, vi* to preach

predire *vt* to foretell*: *~ il futuro* to foretell the future

predominante *agg* predominant

predone *sm* raider

prefabbricato, -a ▶ *agg* prefabricated ▶ *sm* prefabricated building, prefab (*più informale*)

prefazione *sf* preface

preferenza *sf* preference: *Hai preferenze?* Do you have a preference? LOC **di preferenza** preferably

preferenziale *agg* preferential: *trattamento ~* preferential treatment LOC *Vedi* CORSIA

preferibile *agg* preferable LOC **essere preferibile**: *È ~ rimandare la riunione.* It would be better to put off the meeting till later.

preferire *vt* to prefer* *sb/sth* (*to sb/sth*): *Preferisco il tè al caffè.* I prefer tea to coffee. ◊ *Preferisco studiare subito dopo pranzo.* I prefer to study straight after lunch.

Quando si chiede a qualcuno che cosa preferisce, si usa **would prefer** se si tratta di offrire qualcosa: *Preferisci acqua gassata o naturale?* Would you prefer sparkling or still mineral water? e **would rather** se si tratta di fare un invito, ad esempio: *Preferisci andare al cinema o guardare la TV?* Would you rather go to the cinema or watch TV?

Per rispondere a questo tipo di domande si usa **I, would rather, he/she would rather**, ecc o **I'd rather, he/she'd rather**, ecc oppure **I would prefer**, ecc: *"Preferisci tè o caffè?" "Preferisco un tè."* 'Would you prefer tea or coffee?' 'I would prefer tea.' ◊ *"Vuoi uscire?" "No, preferisco stare a casa, stasera."* 'Would you like to go out?' 'No, I'd rather stay at home tonight.'

Nota che **would rather** va sempre seguito dall'infinito senza il TO.

preferito, -a *agg, sm-sf* favourite *Vedi anche* PREFERIRE

prefisso *sm* **1** (*Ling*) prefix **2** (*telefono*) code: *Qual è il ~ per l'Italia?* What's the code for Italy?

pregare ▶ *vt* **1** (*supplicare*) to beg*: *L'ho pregato di andarsene.* I begged him to go. **2** (*chiedere*): *Mi hanno pregato di uscire.* They asked me to go. ◊ *Calmati, ti prego.* Calm down, please. ◊ *Si prega di non fumare.* Please do not smoke. **3** (*Relig*) to pray ▶ *vi* (*Relig*) to pray LOC **farsi pregare** to play hard to get

preghiera *sf* (*Relig*) prayer: *dire una ~* to say a prayer

pregiato, -a *agg* fine

pregio *sm* **1** (*qualità positiva*) good quality*: *Ha più pregi che difetti.* She has more good qualities than faults. **2** (*valore*) value: *un dipinto di gran ~* a painting of great value

pregiudicare *vt* to jeopardize

pregiudicato, -a *sm-sf* previous offender

pregiudizio *sm* prejudice

prego! *escl* **1** (*risposta a grazie*) you're welcome! **2** (*si accomodi*) take a seat! **3** (*dopo di lei*) after you!

preistoria *sf* prehistory

preistorico, -a *agg* prehistoric

prelevare *vt* (*soldi*) to withdraw*

prelievo *sm* **1** (*sangue*) sample: *fare un ~* to take a blood sample **2** (*soldi*) withdrawal

prematuro, -a *agg* premature

premere ▶ *vt* **1** (*pulsante*) to press: *Premi il tasto due volte.* Press the key twice. **2** (*acceleratore, freno*) to put* your foot on *sth* **3** (*grilletto*) to pull ▶ *vi* **1** ~ **su** (*pigiare*) to press down on *sth* **2** ~ **a** (*importare*): *Mi preme di finire per tempo.* I'm anxious to finish in time.

premiare *vt* to award *sb* a prize: *Il romanziere è stato premiato.* The novelist was awarded a prize. ◊ *È stato premiato con l'Oscar.* He was awarded an Oscar.

premiazione *sf* **1** (*azione*) award **2** (*cerimonia*) award ceremony

premio *sm* **1** prize: *Ho vinto il primo ~.* I won first prize. ◊ *~ di consolazione* consolation prize **2** (*ricompensa*) reward: *come ~ per la promozione* as a reward for passing your exams **3** (*assicurazione*) premium LOC *Vedi* GRANDE

premuroso, -a *agg* **1** caring: *un marito ~ a* caring husband **2** *~ con* attentive to *sb/sth*: *Era molto ~ con gli ospiti.* He was very attentive to his guests.

prenatale *agg* antenatal

prendere ▶ *vt* **1** to take*: *Prendi tutti i libri che vuoi.* Take as many books as you like. ◊ *Preferisco ~ l'autobus.* I'd rather take the bus. ◊ *~ una decisione* to take a decision ◊ *~ appunti/precauzioni* to take notes/precautions ◊ *Ho deciso di prendermi qualche giorno libero.* I've decided to take a few days off. ◊ *Per chi mi prendi?* Who do you take me for? ◊ *L'ho preso a braccetto.* I took him by the arm. **2** (*ottenere*) to get*: *Ho preso due biglietti.* I got two tickets. ◊ *Quanto hai preso in matematica?* What did you get in maths? ◊ *Non so dove abbia preso i soldi.* I don't know where she got the money from. ◊ *~ uno schiaffo* to get a smack **3** (*mangiare, bere*) to have: *Cosa prendi?* What are you going to have? **4** (*afferrare, malattia*) to catch*: *~ la palla* to catch the ball ◊ *Hanno preso un ragazzo che rubava CD.* They caught a boy stealing CDs. ◊ *~ un raffreddore* to catch a cold ◊ *~ la polmonite* to catch pneumonia **5** (*colpire*): *L'auto l'ha preso in pieno.* He was hit head-on by the car. **6** (*prezzo*): *Quanto ti hanno preso?* How much was it? ▶ *vi* **1** (*tieni*): *Prendi, è per te.* Here, it's for you. **2** *~ da qn* (*somigliare*) to take* after sb LOC **andare/passare a prendere** to come*/go* and get* *sb/sth*: *Ti passo a ~ alle tre.* I'll come and get you at three o'clock. ◊ *andare a ~ i bambini a scuola* to pick the children up from school ♦ **prendersela** to take* it to heart: *Era uno scherzo, non prendertela.* It was a joke; don't take it to heart. ♦ **prendersela con qn** to pick on sb ⊃ *Per altre espressioni con* **prendere** *vedi alla voce del sostantivo, dell'aggettivo, ecc, ad es.* **prendere il sole** *a* SOLE.

prenotare *vt* to book: *Vorrei ~ un tavolo per tre.* I'd like to book a table for three.

prenotazione *sf* reservation: *fare una ~* to make a reservation

preoccupare ▶ *vt* to worry*: *Mi preoccupa la salute di mio padre.* I'm worried about my father's health. ▶ **preoccuparsi** *v rifl* preoccuparsi (**di/per**) to worry* (about *sb/sth*): *Non preoccuparti per me.* Don't worry about me.

preoccupato, -a *agg* worried *Vedi anche* PREOCCUPARE

preoccupazione *sf* worry*

preparare ▶ *vt* to prepare: *~ la cena* to get supper ready ▶ **prepararsi** *v rifl* to prepare *for sth/to do sth*: *Si sta preparando per l'esame di guida.* He's preparing for his driving test. ◊ *Preparati, ti passo a prendere tra mezz'ora.* Get ready. I'll pick you up in half an hour.

preparativi *sm* preparations

preparato, -a *agg* **1** (*pronto*) prepared **2** (*professionista*) qualified **3** (*studente*) well prepared *Vedi anche* PREPARARE

preparazione *sf* **1** preparation: *tempo di ~:* 10 minuti preparation time: 10 minutes **2** (*allenamento*) training: *~ professionale/fisica* professional/physical training

preposizione *sf* preposition

prepotente *agg* bossy*

presa *sf* **1** (*corrente elettrica*) socket ⊃ *Vedi illustrazione a* SPINA **2** (*stretta*) grip: *allentare la ~* to release your grip **3** (*conquista*) taking: *la ~ della città* the taking of the city LOC **essere alle prese con** to be up against *sth* ♦ **far presa** (*colla*) to set* ♦ **presa d'aria** air intake ♦ **presa in giro 1** (*burla*) joke **2** (*truffa*) rip-off ♦ **presa multipla** multiple socket *Vedi anche* MACCHINA

presagio *sm* omen

presbite *agg* long-sighted

prescolare *agg* pre-school: *bambini in età ~* pre-school children

prescrivere *vt* to prescribe

presentare ▶ *vt* **1** to present (*sb*) (with *sth*); to present (*sth*) (*to sb*): *~ un programma* to present a programme ◊ *Ha presentato le prove davanti al giudice.* He presented the judge with the evidence. **2** (*dimissioni*) to tender: *Ha presentato le dimissioni.* She tendered her resignation. **3** (*domanda, reclamo*) to make*, to submit* (*più formale*): *La domanda va presentata entro domani.* Applications must be submitted by tomorrow. **4** (*persona*) to introduce (*sb*) (*to sb*): *Quando ce la presenti?* When are you going to introduce her to us? ◊ *Ti presento mio fratello.* This is my brother.

In inglese le presentazioni possono essere più o meno formali, a seconda della situazione, per esempio "John, meet Mary." (*informale*); "Mrs Smith, this is my daughter Jane." (*informale*); "May I introduce you. Sir Godfrey, this is Mr Jones. Mr Jones, Sir Godfrey." (*formale*).

Quando si viene presentati si può rispondere "Hello" o "Nice to meet you" se la situazione è informale, o "How do you do?" se la situazione è formale. A "How do you do?" si risponde con "How do you do?"

▶ **presentarsi** *v rifl* **1** (*farsi conoscere*) to introduce yourself **2** (*andare*) to present yourself **3** (*esame*) to take* *sth*: *Non si è presentato agli esami.* He didn't take the exam. **4** (*elezione*) to stand* (*for sth*): *presentarsi alle elezioni* to stand for election **5** (*occasione*) to arise* **6** (*apparire*) to look: *La situazione si presenta poco favorevole.* Things don't look very favourable.

presentatore, -trice *sm-sf* presenter

presentazione *sf* **1** (*di prodotto, idea*) presentation: *La ~ è molto importante.* Presentation is very important. **2** **presentazioni** introductions: *Non hai fatto le presentazioni.* You haven't introduced us.

presente ▶ *agg, smf* ~ (a) present [*agg*] (at *sth*): *tra i presenti alla riunione* among those present at the meeting
▶ *sm* (*Gramm*) present LOC **essere presente** to attend: *Alla partita erano presenti oltre 10.000 spettatori.* More than 10 000 spectators attended the match. ♦ **tener presente** to keep* *sth* in mind

presentimento *sm* feeling: *Ho il ~ che ...* I have a feeling that ...

presenza *sf* **1** presence: *La sua ~ mi innervosisce.* I get nervous when he's around. **2** (*Scuola*) *Ha più assenze che presenze.* He's been absent more often than he's been present. LOC *Vedi* BELLO

presepio (*anche* **presepe**) *sm* crib: *Facciamo il ~.* Let's set up the crib.

preservativo *sm* condom

preside *smf* head

presidente, -essa *sm-sf* **1** president **2** (*club, azienda, partito*) chairman*/woman* ⓘ Si può usare la parola **chairperson** [*pl* chairpersons] per evitare un linguaggio sessista. LOC **Presidente del Consiglio** Prime Minister

presidenza *sf* presidency*

presidenziale *agg* presidential

presiedere *vt* to chair: *Il segretario presiederà l'assemblea.* The secretary will chair the meeting.

preso, -a *agg* **1** (*posto*) taken **2** (*persona*) busy*: *Oggi sono molto ~.* I'm very busy today. *Vedi anche* PRENDERE

pressare *vt* to press

pressione *sf* pressure: *la ~ atmosferica* atmospheric pressure ◇ *fare ~ su qn* to put pressure on sb LOC **avere la pressione alta/bassa** to have high/low blood pressure ♦ **essere sotto pressione** to be under pressure *Vedi anche* INDICATORE, PENTOLA

presso *prep* **1** (*vicino a*) near: *~ il mercato* near the market **2** (*in casa di*) with: *Abita ~ i nonni.* He lives with his grandparents. **3** (*sulle lettere*) care of LOC **nei pressi di** in the vicinity of *sth*

prestare *vt* to lend*: *Le ho prestato dei libri.* I lent her some books. ◇ *Mi puoi ~ dieci sterline?* Can you lend me ten pounds, please? ◇ *Me lo presti?* Can I borrow it? ⮕ *Vedi illustrazione a* BORROW LOC **prestare giuramento** to take* an oath

prestigiatore *sm* conjurer

prestigio *sm* prestige *Vedi anche* GIOCO

prestigioso, -a *agg* prestigious

prestito *sm* loan LOC **dare in prestito** to lend* *sth* to *sb* ♦ **prendere in prestito** to borrow *sth* from *sb* *Vedi anche* CHIEDERE ⮕ *Vedi illustrazione a* BORROW

presto *avv* **1** (*tra breve*) soon: *Torna ~.* Come back soon. ◇ *il più ~ possibile* as soon as possible **2** (*in fretta*) quickly: *Presto, dottore!* Please, doctor, come quickly. **3** (*di buon'ora, in anticipo*) early: *Mi sono alzato ~.* I got up early. ◇ *di mattina ~* early in the morning ◇ *È arrivato ~.* He arrived early. LOC **a presto!** see you soon! ♦ **fare presto** to be quick ♦ **presto o tardi** sooner or later ♦ **si fa presto** (*è facile*) it's easy: *Si fa ~ a criticare.* It's easy to criticize. *Vedi anche* GUARIRE

presumere *vt* to presume

presunto, -a *agg* alleged: *il ~ assassino* the alleged murderer *Vedi anche* PRESUMERE

presuntuoso, -a *agg, sm-sf* conceited [*agg*]: *Sei un gran ~.* You're so conceited.

prete *sm* priest ⮕ *Vedi nota a* PRIEST

pretendere *vt* **1** (*esigere*) to demand: *~ una spiegazione* to demand an explanation **2** (*aspettarsi*) to expect: *Non pretenderà di stare a casa nostra?* He's not expecting to stay at our house, is he? ◇ *Non pretenderai che ci creda, vero?* You don't expect me to believe that, do you?

pretenzioso, -a *agg* pretentious

pretesa *sf* **1** (*esigenza*) demand (*for sth/that ...*) **2** (*presunzione*) pretension: *Ha la ~ di aver sempre ragione.* She thinks she's always right.

pretesto *sm* excuse

prevedere ▶ *vt* to foresee* ▶ *vi* ~ **di** to plan* to do *sth*

prevedibile *agg* predictable: *Era ~.* That was predictable.

prevenire → privatizzazione

prevenire vt **1** (*evitare*) to prevent: *~ un incidente* to prevent an accident **2** (*domanda*) to anticipate **3** (*persona*) to beat* sb to it: *Stavo per telefonarti ma mi ha prevenuto.* I was going to phone you, but he beat me to it.

preventivo sm estimate: *Ho chiesto un ~ per la stanza da bagno.* I've asked for an estimate for the bathroom. LOC *Vedi* BILANCIO

prevenuto, -a agg prejudiced *Vedi anche* PREVENIRE

prevenzione sf prevention

previdente agg far-sighted

previsione sf **1** forecast: *le previsioni del tempo* the weather forecast **2** (*aspettativa*) expectation LOC **in previsione di** in anticipation of sth ♦ **secondo le previsioni 1** (*secondo i piani*) according to plan **2** (*come previsto*) as predicted

previsto, -a agg expected: *È ~ un ritardo.* We expect a delay. ◊ *È ~ che la temperatura salirà.* The temperature is expected to rise. ◊ *prima del ~* earlier than expected *Vedi anche* PREVEDERE

prezioso, -a agg **1** precious: *una pietra preziosa* a precious stone **2** (*importante*) valuable: *Abbiamo molti contatti preziosi.* We have many valuable contacts. **3** (*aiuto*) invaluable: *il loro preziosissimo aiuto* their invaluable help

prezzemolo sm parsley

prezzo sm price: *prezzi di fabbrica* factory prices ◊ *Che ~ ha la camera singola?* How much is a single room? LOC **a buon prezzo 1** (*merce*) cheap **2** (*comprare*) cheaply *Vedi anche* METÀ

prigione sf prison: *andare in ~* to go to prison ◊ *Lo hanno messo in ~.* They put him in prison.

prigioniero, -a sm-sf prisoner LOC **fare prigioniero** to take* sb prisoner

prima[1] avv **1** (*precedentemente*) before: *Lo abbiamo discusso ~.* We've discussed it before. ⊃ *Vedi nota a* AGO **2** (*più presto*) earlier: *Il lunedì chiudiamo ~.* We close earlier on Mondays. **3** (*per prima cosa*) first: *Prima rileggilo tutto, poi lo correggi.* First read it through again; then correct it. ◊ *C'è ~ la scuola o la stazione?* What's first, the school or the station? **4** (*una volta*) once: *Prima questo edificio era una prigione.* This building was once a prison. ◊ *Prima lo facevano a mano.* They used to do it by hand. LOC **prima che** before: *~ che mi dimentichi…* Before I forget … ♦ **prima di** before sth/doing sth: *~ di andare a letto* before going to bed ◊ *~ di Natale* before Christmas ♦ **prima di tutto** first of all ♦ **prima d'ora** before now ♦ **prima o poi** sooner or later ♦ **prima possibile** as soon as possible *Vedi anche* QUANTO

prima[2] sf **1** (*marcia*) first (gear): *mettere la ~* to put it in first **2** (*trasporti*) first class: *viaggiare in ~* to travel first class **3** (*Teat*) opening night **4** (*Scuola*) first year: *Faccio la ~ media.* I'm in the first year of secondary school. LOC **alla prima** first time: *Ho indovinato alla ~.* I got it right first time.

primario, -a agg primary: *colore ~* primary colour

primavera sf spring: *in ~* in (the) spring

primitivo, -a agg primitive

primo, -a ▶ agg **1** first (*abbrev* 1st): *prima classe* first class ◊ *Mi è piaciuto sin dal ~ momento.* I liked him from the first moment. **2** (*principale*) main, principal (*più formale*): *il ~ paese produttore di caffè al mondo* the principal coffee-producing country in the world **3** (*tempo*) early: *nel ~ pomeriggio* early in the afternoon ◊ *nel ~ Ottocento* in the early 19th century
▶ pron, sm-sf **1** first (one): *Siamo stati i primi ad andarcene.* We were the first (ones) to leave. ◊ *arrivare ~* to come first **2** (*migliore*) top: *Sei il ~ della classe.* You're top of the class.
▶ sm (*portata*) starter: *Come ~ abbiamo preso una minestra.* We had soup as a starter. LOC **di prima mano** first hand ♦ **di prima necessità** absolutely essential ♦ **essere alle prime armi** to be a novice ♦ **il primo d'aprile** ≃ April Fool's Day ⊃ *Vedi nota a* APRIL ♦ **in prima visione** for the first time on TV ♦ **per prima cosa** first ♦ **primo ministro** prime minister ♦ **primo piano** (*Cine*) close-up *Vedi anche* CATEGORIA, COMUNIONE, LUOGO, MATERIA, NUMERO, POSTO, QUARTO, VISTA

principale agg main, principal (*più formale*): *il motivo ~* the main reason ◊ *proposizione ~* main clause LOC *Vedi* PARTE

principe sm prince LOC **principe azzurro** Prince Charming ♦ **principe ereditario** crown prince

principessa sf princess

principiante agg, smf beginner [s]: *un corso per principianti* a course for beginners

principio sm **1** (*inizio*) beginning: *al ~ del romanzo* at the beginning of the novel ◊ *dal ~* from the beginning **2** (*concetto, morale*) principle LOC **al principio** at first

priorità sf priority*

privacy sf privacy

privare ▶ vt to deprive sb of sth ▶ **privarsi** v rifl **privarsi di** to do* without sth

privatizzazione sf privatization

privato, -a *agg* private: *lezioni private* private tuition ◊ *in ~* in private LOC *Vedi* AZIENDA, INVESTIGATORE; *Vedi anche* PRIVARE

privilegiato, -a *agg* privileged: *le classi privilegiate* the privileged classes

privilegio *sm* privilege

privo, -a *agg* *~ di* without *sth*

pro ▶ *prep* for: *Sei ~ o contro?* Are you for or against (it)?
▶ *sm*: *A che ~?* What for? LOC **i pro e i contro** the pros and cons

probabile *agg* likely, probable (*più formale*): *È ~ che piova.* It's likely to rain. ◊ *È ~ che non sia in casa.* He probably won't be in. LOC **poco probabile** unlikely

probabilità *sf* **1** (*Mat*) probability **2** (*possibilità*) *~ (di)* chance (of *sth/doing sth*): *Penso di avere buone ~ di passare.* I think I've got a good chance of passing. ◊ *Ha poche ~.* He hasn't got much chance. ◊ *una ~ su mille* one chance in a thousand

probabilmente *avv* probably

problema *sm* **1** problem: *Mi ha raccontato i suoi problemi.* He told me his problems. **2** (*questione*) issue

proboscide *sf* (*elefante*) trunk

procedere *vi* to proceed

procedimento *sm* procedure

procedura *sf* procedure

processare *vt* (*Dir*) to try* *sb* (*for sth/ for doing sth*)

processione *sf* procession

processo *sm* **1** (*fenomeno*) process: *un ~ chimico* a chemical process **2** (*Dir*) trial

prodigio *sm* **1** (*cosa*) miracle **2** (*persona*) prodigy* LOC *Vedi* BAMBINO

prodotto *sm* product: *prodotti di bellezza/per la pulizia* beauty/cleaning products **2 prodotti** produce [*non numerabile*]: *prodotti agricoli* agricultural/farm produce ➔ *Vedi nota a* PRODUCT

produrre *vt* **1** to produce: *~ olio/caffè* to produce oil/coffee **2** (*fabbricare*) to manufacture, to make* (*più informale*) LOC **produrre in serie** to mass-produce *sth*

produttore, -trice ▶ *agg* producing: *un paese ~ di petrolio* an oil-producing country
▶ *sm-sf* producer

produzione *sf* **1** production: *la ~ dell'acciaio* steel production **2** (*agricola*) harvest **3** (*industriale, artistica*) output

professionale *agg* professional LOC *Vedi* ISTITUTO, ORIENTAMENTO

professione *sf* profession, occupation (*più formale*) ➔ *Vedi nota a* WORK[1]

professionista *smf* professional: *un ~ del calcio* a professional footballer LOC *Vedi* LIBERO

professore, -essa *sm-sf* **1** (*superiori*) teacher: *un ~ di geografia* a geography teacher **2** (*università*) lecturer

profeta *sm* prophet

profilo *sm* **1** (*persona*) profile: *Di ~ è più bello.* He's better looking in profile. ◊ *un ritratto di ~* a portrait in profile ◊ *Mettiti di ~.* Stand sideways. **2** (*edificio, montagna*) outline

profitto *sm* profit: *profitti e perdite* profit and loss

profondamente *avv* deeply: *~ commosso* deeply moved ◊ *Sono ~ diversi.* They're very different.

profondità *sf* depth: *a 400 metri di ~* at a depth of 400 metres

profondo, -a *agg* **1** deep: *È un pozzo molto ~.* It's a very deep well. ◊ *una voce profonda* a deep voice ◊ *sprofondare in un sonno ~* to fall into a deep sleep **2** (*sentimento*) profound LOC **poco profondo** shallow

profugo, -a *sm-sf* refugee: *un campo profughi* a refugee camp

profumare ▶ *vt* to perfume ▶ *vi* to smell* good: *~ di rose* to smell of roses ◊ *~ di pulito* to smell clean ▶ **profumarsi** *v rifl* to put* perfume on

profumato, -a *agg* **1** (*sapone*) scented **2** (*fiore, pelle*) sweet-smelling *Vedi anche* PROFUMARE

profumeria *sf* perfumery*

profumo *sm* **1** (*cosmetico*) perfume **2** (*odore*) smell **3** (*caffè*) aroma

progettare *vt* **1** (*organizzare*) to plan*: *~ la fuga* to plan your escape **2** (*auto, edificio*) to design

progetto *sm* plan: *Hai progetti per il futuro?* Have you got any plans for the future? LOC **progetto di legge** bill

prognosi *sf* (*Med*) prognosis*: *in ~ riservata* on the danger list

programma *sm* **1** (*televisivo*) programme: *un ~ sugli animali* a wildlife programme **2** (*piano*) plan: *Hai programmi per sabato?* Have you got anything planned for Saturday? ◊ *Non ho niente in ~.* I've nothing planned. **3** (*Informatica*) program **4** (*scolastico*) syllabus

programmare *vt* **1** (*pianificare*) to plan* **2** (*apparecchio*) to set*: *~ il videoregistratore* to set the video **3** (*Informatica*) to program*

programmatore, -trice *sm-sf* programmer

progredire *vi* to make* progress: *Ha progredito notevolmente.* He's made good progress.

progressista *agg, smf* progressive

progresso *sm* **1** (*persona*) progress [*non numerabile*]: *fare progressi* to make progress **2** (*scienza*) advance: *i progressi della medicina* advances in medicine

proibire *vt* **1** to forbid* sb to do sth: *Mio padre mi ha proibito di uscire la sera.* My father has forbidden me to go out at night. ◊ *Le hanno proibito i dolci.* She's been forbidden to eat sweet things. **2** (*ufficialmente*) to ban* sb/sth (*from doing sth*): *Hanno proibito la circolazione dei veicoli in centro.* Traffic has been banned from the town centre.

proiettare *vt* **1** (*immagine*) to project **2** (*Cine*) to show*: *~ diapositive/un film* to show slides/a film **3** (*ombra*) to cast*

proiettile *sm* bullet LOC *Vedi* PROVA

proiettore *sm* projector

prologo *sm* prologue

prolunga *sf* extension

prolungare ▶ *vt* **1** (*spazio*) to extend: *~ una strada* to extend a road **2** (*durata*) to prolong (*formale*), to make* sth longer: *~ la guerra* to prolong the war ◊ *Hanno prolungato la visita di una settimana.* They stayed a week longer.
▶ **prolungarsi** *v rifl* to go* on: *La riunione si è prolungata oltre il previsto.* The meeting went on longer than expected.

promessa *sf* **1** promise: *fare/mantenere una ~* to make/keep a promise **2** (*persona*) hope: *È una ~ del ciclismo italiano.* He's the new hope of Italian cycling.

promettere *vt* to promise: *Ti prometto che tornerò.* I promise I'll come back. ◊ *Te lo prometto.* I promise. ◊ *Ho promesso di chiamarlo.* I promised to call him. LOC **promettere bene** to be promising

promozione *sf* **1** (*Scuola*): *avere la ~* to go up a class: *Per la ~ mi hanno regalato la bicicletta.* I got a bicycle for passing my exams. **2** (*carriera, commercio*) promotion: *la ~ di un film* the promotion of a film

promuovere *vt* **1** (*impiegato, iniziativa*) to promote **2** (*Scuola*) to pass: *Sono stato promosso.* I've passed.

pronipote *smf* **1** great-grandson [*fem* great-granddaughter] **2** **pronipoti** great-grandchildren

pronome *sm* pronoun

pronto, -a *agg* **1** ready (*for sth/to do sth*): *Sei ~?* Are you ready? ◊ *È tutto ~ per la festa.* Everything's ready for the party. ◊ *Siamo pronti a partire.* We're ready to leave. **2** *~ a* (*deciso*) prepared to do sth: *Siamo pronti a scioperare, se necessario.* We're prepared to go on strike if necessary. LOC **pronti, attenti, via!** ready, steady, go! ♦ **pronto?** (*telefono*) hello? ♦ **pronto soccorso 1** (*assistenza*) first aid [*non numerabile*] **2** (*ospedale*) A & E [*non numerabile*] *Vedi anche* BATTUTA

pronuncia *sf* pronunciation: *Hai una ~ molto buona.* Your pronunciation is very good. ◊ *un difetto di ~* a speech defect

pronunciare ▶ *vt* **1** (*parola*) to pronounce **2** (*discorso*) to give*: *~ un discorso* to give a speech ▶ **pronunciarsi** *v rifl* **pronunciarsi** (**su**) to comment (on *sth*): *Non si è pronunciato sul caso.* He refused to comment on the case.

propaganda *sf* **1** (*pubblicitaria*) advertising **2** (*Pol*) propaganda: *~ elettorale* election propaganda

propagare ▶ *vt* to spread* ▶ **propagarsi** *v rifl* to spread*: *L'incendio si propagò rapidamente.* The fire spread quickly. ◊ *L'epidemia si è propagata in tutto il paese.* The epidemic spread through the whole country.

propenso, -a *agg* ~ **a** inclined to sth/to do sth

proporre ▶ *vt* **1** to suggest (*doing*) sth /(*that* …): *Propongo di andare al cinema stasera.* I suggest going to the cinema this evening. ◊ *Hai qualcosa da ~ per domenica?* Have you got any suggestions for Sunday? **2** (*soluzione, brindisi*) to propose: *Ti propongo un affare.* I've got a deal for you.
▶ **proporsi** *v rifl* (*prefiggersi*) to set* out to do sth: *Mi sono proposto di finirlo in due anni.* I set out to finish it in two years.

proporzione *sf* proportion: *La lunghezza dev'essere in ~ alla larghezza.* The length must be in proportion to the width.

proposito *sm* **1** (*intenzione*) intention: *buoni propositi* good intentions **2** (*scopo*) purpose: *Il ~ di questa riunione è…* The purpose of this meeting is … LOC **a proposito** by the way ♦ **di proposito** on purpose

proposizione *sf* clause: *una ~ subordinata* a subordinate clause

proposta *sf* proposal: *La ~ fu respinta.* The proposal was turned down. LOC **proposta di matrimonio** proposal (of marriage): *fare una ~ di matrimonio a qn* to propose to sb

proprietà *sf* property*: *~ privata* private property ◊ *le ~ medicinali delle piante* the medicinal properties of plants

proprietario, -a *sm-sf* **1** owner: *il ~ dell'auto rubata* the owner of the stolen car **2** (*bar, pensione, casa*) landlord [*fem* landlady*] LOC **proprietario terriero** landowner

proprio, -a ▶ *agg* **1** (*possessivo*) my, your, etc. own: *Lo fa a ~ vantaggio.* She does it for her

own benefit. ◊ *fare il ~ dovere* to do your duty **2** *~ di* (*tipico*) peculiar to *sb/sth* **3** (*vero*) proper: *in senso ~* in the true sense ◊ *La festa è stata un vero e ~ disastro.* The party was an absolute disaster.
▶ *avv* **1** (*esattamente*) just, exactly (*formale*): *~ davanti a casa mia* just in front of my house ◊ *L'ho trovato ~ dove mi avevi detto.* I found it just where you told me. **2** (*davvero*) really: *È ~ bello.* It's really nice. ◊ *Non lo so ~.* I really don't know. ◊ *Non mi piace ~.* I really don't like it. LOC **lavorare/mettersi in proprio** to be/become* self-employed ♦ **proprio così!** exactly! *Vedi anche* NOME

proroga *sf* extension
prorogare *vt* to defer*
prosa *sf* prose
prosciugare ▶ *vt* to drain ▶ **prosciugarsi** *v rifl* to dry* up
prosciutto *sm* ham LOC **prosciutto cotto** cooked ham ♦ **prosciutto crudo** cured ham
proseguire *vi, vt* to continue: *Hanno proseguito il viaggio.* They continued on their journey.
prosperità *sf* prosperity
prospero, -a *agg* prosperous
prospettiva *sf* **1** (*Arte*) perspective: *In quel quadro la ~ è sbagliata.* The perspective's not quite right in that painting. **2** (*futuro*) prospect: *buone prospettive* good prospects ◊ *Che bella ~!* What a prospect!
prossimità *sf* nearness, proximity (*più formale*) LOC **in prossimità di 1** (*spazio*) close to *sth* **2** (*tempo*) in the run-up to *sth*: *in ~ del Natale* in the run-up to Christmas
prossimo, -a ▶ *agg* **1** (*seguente*) next: *Scendo alla prossima fermata.* I'm getting off at the next stop. ◊ *il mese/martedì ~* next month/Tuesday **2** (*vicino*) near: *in un ~ futuro* in the near future ◊ *i parenti più prossimi* your closest relatives
▶ *sm* **1** (*gli altri*) neighbour: *amare il ~* to love your neighbour **2** (*in fila*) next one: *Avanti il ~.* Next please!
prostituta *sf* prostitute
protagonista *smf* main character
proteggere *vt* to protect *sb/sth* (*against/from sb/sth*): *Il cappello ti protegge dal sole.* Your hat protects you from the sun.
proteina *sf* protein
protesta *sf* protest: *Hanno ignorato le proteste degli studenti.* They ignored the pupils' protests. ◊ *una lettera di ~* a letter of protest
protestante *agg, smf* Protestant
protestantesimo *sm* Protestantism

protestare *vi* ~ (**contro**) to protest (against/about *sth*): *~ contro una legge* to protest against a law
protettivo, -a *agg* protective (*towards sb*)
protezione *sf* protection
prototipo *sm* **1** (*primo esemplare*) prototype: *il ~ del nuovo motore* the prototype for the new engine **2** (*modello*) epitome: *il ~ dell'imprenditrice moderna* the epitome of the modern businesswoman
prova *sf* **1** trial: *un periodo di ~* a trial period ◊ *Fai una ~ e vedi se funziona.* Give it a try and see whether it works. **2** (*dimostrazione, Mat*) proof **3** (*Dir*) evidence [*non numerabile*]: *Non ci sono prove contro di lei.* There's no evidence against her. **4** (*Scuola*) test **5** (*Mus, Teat*) rehearsal **6** (*Sport*) competition: *Ha vinto la ~ di salto in alto.* He won the high jump competition. LOC **a prova di proiettile** bulletproof ♦ **in prova** on trial ♦ **mettere alla prova** to test *sth* ♦ **prova a scelta multipla** multiple-choice exam ♦ **prova generale** dress rehearsal
provare ▶ *vt* **1** (*dimostrare*) to prove: *Questo prova che avevo ragione.* This proves I was right. **2** (*apparecchio*) to try* *sth* out: *~ la lavatrice* to try out the washing machine **3** (*abito*) to try* *sth* on: *provarsi una gonna* to try on a skirt **4** (*cibo, bevanda*) to try*: *Non ho mai provato il caviale.* I've never tried caviar. **5** (*sentimento*) to feel* **6** (*Mus, Teat*) to rehearse ▶ *vi* **1** ~ (**a**) to try* (*doing sth/to do sth*): *Hai provato ad aprire la finestra?* Have you tried opening the window? ◊ *Ho provato di tutto ma senza risultato.* I've tried everything but with no success. ◊ *Provaci.* Just try.

Try to do o **try doing**? Si usa **try to do** quando ci si riferisce allo scopo: *Ho provato a sollevarlo, ma era troppo pesante.* I tried to lift it but it was too heavy. Si usa **try doing** quando si parla di metodi per raggiungere lo scopo: *Se non funziona, prova a dargli un calcio.* If it doesn't work, try kicking it.

2 (*Mus, Teat*) to rehearse
proveniente *agg* ~ **da** from … : *il treno ~ da Viareggio* the train from Viareggio
provenienza *sf* origin
provenire *vi* ~ **da** to come* from … : *Queste mele provengono dalla Francia.* These apples come from France.
proverbio *sm* proverb
provetta *sf* test tube: *bambino in ~* test-tube baby
provincia *sf* province: *una città in ~ di Napoli* a town in the province of Naples
provinciale *agg* provincial

provino *sm* **1** (*TV, Teat*) audition **2** (*Cine*) screen test

provocante *agg* provocative

provocare *vt* **1** (*sfidare*) to provoke **2** (*causare*) to cause: ~ *un incidente* to cause an accident

provvedere *vi* **1** (*prendere un provvedimento*) to take* steps **2** ~ **a** (*occuparsi*) to see* to sth

provvedimento *sm* measure

provvisorio, -a *agg* provisional LOC *Vedi* LIBERTÀ

provvista *sf* supply* LOC **fare provviste** to stock up (*on sth*)

prua *sf* bow(s) [*si usa spec al pl*]

prudente *agg* **1** (*assennato*) sensible: *un uomo/una decisione* ~ a sensible man/decision **2** (*cauto*) cautious

prudenza *sf* caution LOC **con prudenza** carefully: *guidare con* ~ to drive carefully

prudere *vi* to itch: *Mi prude la mano*. My hand is itching.

prugna *sf* prune

prurito *sm* itch

pseudonimo *sm* pseudonym

psicanalisi *sf* psychoanalysis

psichiatra *smf* psychiatrist

psichiatria *sf* psychiatry

psichiatrico, -a *agg* psychiatric

psicologia *sf* psychology

psicologico, -a *agg* psychological

psicologo, -a *sm-sf* psychologist

pubblicare *vt* to publish: ~ *un romanzo* to publish a novel

pubblicazione *sf* publication LOC **pubblicazioni matrimoniali** banns

pubblicità *sf* **1** (*annuncio*) advertisement, advert (*più informale*), ad (*informale*) **2** (*attività*) advertising: *fare* ~ *in TV* to advertise on TV **3** (*propaganda*) publicity [*non numerabile*]: *Hanno dato troppa* ~ *al caso*. The case has had too much publicity. LOC *Vedi* PICCOLO

pubblicitario, -a *agg* advertising [*s attrib*]: *una campagna pubblicitaria* an advertising campaign LOC *Vedi* SPOT

pubblicizzare *vt* to publicize

pubblico, -a ▶ *agg* **1** public: *l'opinione pubblica* public opinion ◊ *i mezzi pubblici* public transport **2** (*statale*) state [*s attrib*]: *una scuola pubblica* a state school ◊ *il settore* ~ the state sector

▶ *sm* **1** public [*v sing o pl*]: *aperto/chiuso al* ~ open/closed to the public ◊ *Il* ~ *non è ammesso in sala d'udienza*. The public is/are not allowed in the courtroom. ◊ *parlare in* ~ to speak in public **2** (*spettatori*) audience [*v sing o pl*]: *il programma con il* ~ *più numeroso* the programme with the largest audience LOC *Vedi* AMMINISTRAZIONE, LUOGO

pubertà *sf* puberty

pudore *sm* shame

pugilato *sm* boxing

pugile *sm* boxer LOC **fare il pugile** to box

Puglia *sf* Apulia

pugliese *agg, smf* Apulian: *i pugliesi* the Apulians

pugnalare *vt* to stab*

pugnalata *sf* stab

pugnale *sm* dagger

pugno *sm* **1** (*mano chiusa*) fist **2** (*colpo*) punch: *Mi ha dato un* ~ *allo stomaco*. He punched me in the stomach. **3** (*quantità*) handful: *un* ~ *di riso* a handful of rice LOC **fare a pugni 1** (*picchiarsi*) to fight **2** (*colori*) to clash

pulce *sf* flea LOC *Vedi* MERCATO

pulcino *sm* chick

puledro, -a *sm-sf* foal

> **Foal** è il termine generico. Per riferirsi solo al maschio si dice **colt**. La femmina si chiama **filly**, plurale "fillies".

pulire *vt* **1** clean: *Devo* ~ *i vetri*. I've got to clean the windows. ◊ ~ *a fondo* to spring-clean ◊ *pulirsi le scarpe* to clean your shoes **2** (*con straccio, fazzoletto*) to wipe: *pulirsi il naso/la bocca* to wipe your nose/mouth

pulita *sf* clean: *Puoi dare una* ~ *al tavolo?* Can you give the table a wipe?

pulito, -a ▶ *agg* clean: *L'albergo era abbastanza* ~. The hotel was quite clean.

▶ *avv* fair: *giocare* ~ to play fair *Vedi anche* PULIRE

pulizia *sf* **1** (*azione*) cleaning [*non numerabile*]: *donna delle pulizie* cleaning lady **2** (*qualità*) cleanliness: *la* ~ *della casa* cleanliness in the home LOC **fare le pulizie** to do* the cleaning

pullman *sm* coach: *viaggiare in* ~ to travel by coach

pulpito *sm* pulpit

pulsazione *sf* (*cuore*) beat: *Le pulsazioni aumentano con l'esercizio fisico*. Your heart rate increases after exercise.

pum! *escl* bang!

puma *sm* puma

pungere ▶ *vt* **1** (*ago, spina*) to prick: ~ *qn con uno spillo* to prick sb with a pin **2** (*zanzara*) to bite*; (*vespa*) to sting*: *Non ti muovere se no ti* *punge*. Don't move or it'll sting you. ▶ **pungersi** v rifl to prick yourself

pungiglione sm sting

punire vt to punish

punizione sf **1** (*castigo*) punishment: *~ corporale* corporal punishment **2** (*Calcio*) free kick *Vedi anche* CALCIO

punta sf **1** (*coltello, penna, spillo*) point **2** (*lingua, dito, iceberg*) tip: *Ce l'ho sulla ~ della lingua.* It's on the tip of my tongue. **3** (*capelli*) end: *doppie punte* split ends LOC **a punta** (*cappello*) pointed ♦ **fare la punta a** (*affilare*) to sharpen sth ♦ **in punta di piedi** on tiptoe: *camminare in ~ di piedi* to walk on tiptoe ◊ *Sono entrato/uscito in ~ di piedi.* I tiptoed in/out. *Vedi anche* ORA

puntare vt **1** (*arma, dito*) to point sth at sb/sth **2** (*scommettere*) to bet* sth on sb/sth LOC **puntare i piedi** to dig* your heels in

puntata sf episode: *un serial in cinque puntate* a serial in five episodes

punteggiatura sf punctuation

punteggio sm **1** (*partita*) score **2** (*esame*) mark: *Ha avuto il ~ più alto di tutti.* He got the highest mark of all.

puntiglioso, -a agg fussy*

puntina sf (*da disegno*) drawing pin

puntino sm dot LOC **puntini puntini** dot dot dot

punto sm **1** point: *Passiamo al ~ successivo.* Let's go on to the next point. ◊ *Abbiamo perso per due punti.* We lost by two points. ◊ *a questo ~* at this point **2** (*punteggiatura*) full stop **3** (*grado*) extent: *Fino a che ~ è vero?* To what extent is this true? **4** (*Cucito, Med*) stitch: *Mi hanno messo tre punti.* I had three stitches. LOC **a buon punto** quite far ahead ♦ **essere sul punto di fare qc** to be about to do sth: *Erano sul ~ di partire.* They were about to leave. ♦ **in punto** on the dot: *È partito alle due in ~.* It left at two on the dot. ♦ **punti cardinali** cardinal points ♦ **punto debole** weak point ♦ **punto di ebollizione/fusione** boiling point/melting point ♦ **punto di vista** point of view: *sotto tutti i punti di vista* from every point of view ♦ **punto e a capo** new paragraph ♦ **punto esclamativo/interrogativo** exclamation/question mark ♦ **punto e virgola** semicolon ♦ **punto metallico** staple ♦ **punto morto** (*negoziati*) deadlock: *Le trattative sono giunte a un ~ morto.* Talks have reached deadlock. ♦ **punto nero** blackhead ♦ **venire al punto** to get* to the point *Vedi anche* CERTO, DUE, MESSA

puntuale agg punctual

> **Punctual** si usa per riferirsi alla qualità di una persona: *È importante essere puntuali.* It's important to be punctual. Quando ci riferiamo al fatto di "arrivare all'ora stabilita" si usa l'espressione **on time**: *Cerca di essere puntuale.* Try to get there on time. ◊ *Non è mai puntuale.* He's always late./He's never on time.

puntualità sf punctuality

puntura sf **1** (*zanzara*) bite; (*ape, vespa*) sting **2** (*iniezione*) injection: *fare una ~ a qn* to give sb an injection

pupazzo sm **1** (*di peluche*) soft toy **2** (*burattino, fig*) puppet LOC **pupazzo di neve** snowman*

pupilla sf pupil

purché cong as long as: *~ tu me lo dica* as long as you tell me

pure ▶ avv (*anche*) also, too, as well ➲ *Vedi nota a* ANCHE
▶ cong (*anche se*) even if: *Pure volendolo non potrei aiutarvi.* I couldn't help you even if I wanted to. LOC **pur di**: *Farebbe di tutto pur di saperlo.* He would do anything to find out.

purè sm LOC **purè di patate** mashed potato [*non numerabile*]

purezza sf purity

purga sf laxative

purgatorio sm purgatory

purificare vt to purify*

puritanesimo sm puritanism

puritano, -a ▶ agg **1** (*moralistico*) puritanical **2** (*Relig*) Puritan
▶ sm-sf Puritan

puro, -a agg **1** pure: *oro ~* pure gold ◊ *È stata una pura coincidenza.* It was pure coincidence. ◊ *per ~ caso* purely by chance **2** (*verità*) simple: *È la pura verità.* That's the simple truth.

purosangue smf thoroughbred

purtroppo avv unfortunately

pus sm pus

putiferio sm row: *È scoppiato un ~.* A row broke out.

puttana sf whore

puzza sf stink: *Che ~!* What a stink!

puzzare vi *~ (di)* to stink* (*of* sth)

puzzle sm jigsaw: *fare un ~* to do a jigsaw

puzzo sm *Vedi* PUZZA

puzzola sf (*in Europa*) polecat; (*in America*) skunk

puzzolente agg stinking

Q q

qua *avv* here: *Vieni ~. Come here.* ◊ *Passate di ~. Come this way.* LOC **(di) qua e (di) là** here and there ◆ **in qua** *(tempo): da tre anni in ~* for three years now ◆ **per di qua** this way

quaderno *sm* exercise book

quadrante *sm (orologio)* face

quadrare *vi* **1** ~ **(con)** to agree (with *sth*): *Questo non quadra con quello che hai detto prima.* This doesn't agree with what you said before. **2** *(Comm)* to balance: *I conti non quadrano.* The books don't balance. ◊ *far ~ il bilancio* to balance the books

quadrato, -a *agg, sm* square: *metri quadrati* square metres LOC **al quadrato** squared: *tredici al ~* thirteen squared *Vedi anche* RADICE

quadretto *sm (dipinto)* picture LOC **a quadretti 1** *(tessuto)* checked **2** *(foglio)* squared

quadrifoglio *sm* four-leaf clover

quadrimestre *sm* term: *il primo/secondo ~* the first/second term

quadro, -a ▶ *agg* square: *50 metri quadri* 50 square metres ◊ *parentesi quadre* square brackets
▶ *sm* **1** *(Arte)* painting **2** *(tabella)* table **3** **quadri** *(tessuto)* check [*sing*] **4** **quadri** *(Carte)* diamonds ➔ *Vedi nota a* CARTA LOC **a quadri** checked: *tessuto a quadri* checked material ◆ **quadro di comando** control panel *Vedi anche* OLIO

quadruplo, -a *agg, sm* quadruple: *Costa il ~.* It costs four times as much.

quaggiù *avv* down here

quaglia *sf* quail*

qualche *agg* **1** *(alcuni)* a few: *Ti ho comprato ~ rivista per passare il tempo.* I've bought you a few magazines to pass the time. ◊ *Ha ancora ~ dubbio.* She still has a few doubts. ◊ *C'è ~ problema?* Are there any problems? ➔ *Vedi nota a* SOME **2** *(uno)*: *C'è ~ paninoteca da queste parti?* Is there a sandwich bar around here? ◊ *Conosci ~ dentista bravo?* Do you know a good dentist? **3** *(con numeri)* several: *~ centinaio di persone* several hundred people **4** *(sporadico)* the occasional: *Ci sarà ~ leggero temporale.* There will be the occasional light shower. LOC **da qualche parte** somewhere, anywhere ❶ La differenza tra **somewhere** e **anywhere** è la stessa che tra **some** e **any**. *Vedi nota a* SOME ◆ **in qualche modo** somehow ◆ **qualche cosa** something, anything ❶ La differenza tra **something** e **anything** è la stessa che tra **some** e **any**. *Vedi nota a* SOME ◆ **qualche volta** sometimes

qualcosa *pron* something, anything: *Ho portato ~ da mangiare.* I've brought something to eat. ◊ *C'è ~ di bello alla tele?* Is there anything good on TV? ◊ *C'è ~ che non va?* Is anything wrong? ◊ *o ~ del genere* or something like that ❶ La differenza tra **something** e **anything** è la stessa che tra **some** e **any**. *Vedi nota a* SOME LOC **in qualcosa** in any way: *Se ti posso essere utile in ~ ...* If I can help you in any way...

qualcuno *pron* **1** *(persona)* somebody, anybody: *Qualcuno lo aiuterà.* Someone will help him. ◊ *Credi che verrà ~?* Do you think anybody will come? ◊ *~ di voi/noi/loro* some of you/us/them ❶ La differenza tra **somebody** e **anybody** è la stessa che tra **some** e **any**. *Vedi nota a* SOME

> Nota che **somebody** e **anybody** richiedono il verbo al singolare; se sono seguiti da un pronome o aggettivo possessivo, questo va invece al plurale (**them**, **their** ecc.): *Qualcuno ha dimenticato il cappotto.* Somebody's left their coat behind.

2 *(cosa)* a few: *Ne ho mangiato solo ~.* I only ate a few. **3** *(certi)* some people: *Qualcuno dice che se n'è andato perché era stufo.* Some people say he left because he'd had enough.

quale¹ ▶ *agg interr* **1** what: *Qual è il tuo numero di telefono/la capitale del Perù?* What's your telephone number/the capital of Peru? **2** *(tra un certo numero)* which: *Per ~ squadra fai il tifo?* Which team do you support? ◊ *Con ~ treno sei arrivata?* Which train did you take to get here? ➔ *Vedi nota a* WHAT
▶ *pron interr* which (one): *Non so ~ prendere.* I don't know which (one) to choose. ◊ *Quale preferisci?* Which (one) do you prefer?

quale² *pron rel* **1** *(soggetto: persona)* who; *(cosa)* which, that: *Suo zio, il ~ è professore...* Her uncle, who is a teacher... **2** *(con preposizioni: persona)* whom; *(cosa)* which, that: *Ha dieci studenti, due dei quali sono inglesi.* He has ten students, two of whom are English. ◊ *il terreno sul ~ è stato costruito* the land on which it was built ◊ *la ditta per la ~ lavora* the firm he works for ➔ *Vedi nota a* WHICH e WHOM LOC *Vedi* TALE

qualifica *sf* qualification

qualificarsi *v rifl (Sport)* to qualify* *(for sth)*

qualificato, -a *agg* qualified

qualità *sf* **1** *(standard, pregio)* quality*: *la ~ di vita nelle città* the quality of life in cities ◊

qualsiasi → quasi

frutta di ~ quality fruit **2** *(tipo)* kind LOC **in qualità di** as: *in ~ di portavoce* as a spokesperson.

qualsiasi *agg* **1** *(tutti)* any: *Prendi ~ autobus che vada in centro.* Catch any bus that goes into town. ◊ *in ~ caso* in any case ◊ *in una ~ di queste città* in any one of those cities ⊃ *Vedi nota a* SOME **2** *(di poco conto)* any old: *Prendi uno straccio ~.* Get any old cloth. LOC **da qualsiasi parte** anywhere ♦ **qualsiasi cosa 1** *(tutto)* anything: *Farei ~ cosa per lei.* I'd do anything for her. **2** *(relativo)* whatever: *Qualsiasi cosa voglia, gliela comprano.* They buy her whatever she wants.

qualunque *agg* Vedi QUALSIASI LOC Vedi UOMO

quando ▶ *avv interr* when: *Quando hai l'esame?* When's your exam? ◊ *Chiedigli ~ arriva.* Ask him when he's arriving.
▶ *cong* **1** when: *Quando arriva Marco, andiamo allo zoo.* When Marco gets here, we're going to the zoo. **2** *(in qualunque momento)* whenever: *Passa pure a trovarmi ~ vuoi.* Pop round to see me whenever you want. LOC **da quando** how long ... ?: *Da ~ giochi a tennis?* How long have you been playing tennis?

> Si può anche dire **since when?** che però ha un tono piuttosto ironico: *Ma da quando ti interessi di sport?* And since when have you been interested in sport?

♦ **di quando in quando** from time to time

quantità *sf* **1** amount: *una piccola ~ di vernice/acqua* a small amount of paint/water **2** *(persone, oggetti)* number: *una ~ di gente* a great number of people LOC **in quantità** in huge amounts

quanto, -a *agg, pron*
• **interrogativo 1** *(quantità)* how much: *Quanto tempo hai?* How much time have you got? ◊ *Quanto te ne occorre?* How much do you need? **2** *(numero)* how many: *Quante persone c'erano?* How many people were there? ◊ *Quanti te ne hanno dati?* How many did they give you?
• **esclamativo**: *Quanto vino hanno bevuto!* What a lot of wine they've drunk! ◊ *Quante bugie racconta!* She tells so many lies!
• **relativo**: *Lo farò tante volte quante sarà necessario.* I will do it as many times as I have to. ◊ *Gli abbiamo dato ~ avevamo.* We gave him everything we had.
• **tempo** how long: *Da quanti anni abiti a Londra?* How long have you been living in London? ◊ *Quanto ci hai messo a venire qui?* How long did it take you to get here? LOC **a quanto pare** apparently ♦ **in quanto a ...** as for

... ♦ **quanti anni hai?** how old are you? ♦ **quanti ne abbiamo oggi?** what's the date today? *Vedi anche* RIGUARDARE, TANTO, VOCE

quanto *avv*
• **interrogativo 1** how much: *Quant'è?/~ fa?/~ costa?* How much is it? ◊ *Quanto pesa?* How much does it weigh? **2** *(con aggettivo)* how: *Quanto sei alto?* How tall are you?
• **esclamativo** how: *Quant'è bello il mare!* How beautiful the sea is! ◊ *Quanto mi piace!* I like him so much!
• **paragoni** as: *La nostra casa non è grande ~ la loro.* Our house isn't as big as theirs. ◊ *Piangi pure ~ vuoi.* Cry as much as you like. LOC **in quanto** as ♦ **quanto prima** as soon as possible ♦ **per quanto** however

quaranta *sm, agg, pron* forty ⊃ *Vedi esempi a* SESSANTA

quarantena *sf* quarantine

quarantenne *agg, smf* forty-year-old ⊃ *Vedi esempi a* UNDICENNE

quarantesimo, -a *agg, pron, sm* fortieth ⊃ *Vedi esempi a* SESSANTESIMO

quarantina *sf* about forty: *una ~ di casi a giorno* about forty cases a day

Quaresima *sf* Lent

quartetto *sm* quartet

quartiere *sm* neighbourhood: *Sono cresciuto in questo ~.* I grew up in this neighbourhood. LOC **del quartiere** local: *il macellaio del ~* the local butcher ♦ **quartier generale** headquarters*

quarto, -a ▶ *agg, pron, sm* fourth *(abbrev* 4th) ⊃ *Vedi esempi a* SESTO
▶ *sm* quarter: *un ~ d'ora* a quarter of an hour
▶ **quarta** *sf* **1** *(marcia)* fourth (gear) **2** *(Scuola)* fourth year: *Faccio la quarta.* I'm in the fourth year. LOC **meno un quarto/e un quarto** a quarter to/a quarter past: *Sono arrivati alle dieci meno un ~.* They arrived at a quarter to ten. ◊ *È l'una e un ~.* It's a quarter past one. ♦ **primo/ultimo quarto** first/last quarter ♦ **quarti di finale** quarter-finals *Vedi anche* SEI

quarzo *sm* quartz

quasi *avv* **1** *(in frasi affermative)* almost, nearly: *Era ~ pieno.* It was almost/nearly full. ◊ *Direi ~ che ...* I would almost say...

> Molto spesso **almost** e **nearly** sono intercambiabili. Tuttavia solo **almost** può essere usato per modificare avverbi che terminano in **-ly**: *almost completely* quasi completamente, e solo **nearly** può essere modificato da altri avverbi: *I very nearly left.* C'è mancato poco che me ne andassi.

2 (*in frasi negative*) hardly: *Non la vedo ~ mai.* I hardly ever see her. ◊ *Non è venuto ~ nessuno.* Hardly anybody came. ◊ *Non è rimasto ~ niente.* There's hardly anything left. ◊ *Non c'era ~ coda.* There was hardly any queue. ◊ *Non li vediamo ~ più.* We hardly ever see them now. LOC **quasi quasi**: *Quasi ~ glielo dico.* I've half a mind to tell him.

quassù *avv* up here

quattordicenne *agg, smf* fourteen-year-old ➔ *Vedi esempi a* UNDICENNE

quattordicesimo, -a *agg, pron, sm* fourteenth ➔ *Vedi esempi a* SESTO

quattordici *sm, agg, pron* **1** fourteen **2** (*data*) fourteenth ➔ *Vedi esempi a* SEI

quattro *sm, agg, pron* **1** four **2** (*data*) fourth ➔ *Vedi esempi a* SEI LOC **a quattr'occhi** in private: *Ne parliamo a quattr'occhi.* Let's talk about it in private. ♦ **a quattro zampe** on all fours: *mettersi a ~ zampe* to get down on all fours

quattrocento ▶ *sm, agg, pron* four hundred ➔ *Vedi esempi a* SEICENTO
▶ *sm* **il Quattrocento** the 15th century: *nel Quattrocento* in the 15th century

quello, -a ▶ *agg* that; (*plurale*) those: *Abita in quella casa.* She lives in that house. ◊ *a partire da quel momento* from that moment on ◊ *quei libri* those books
▶ *pron* **1** that (one); (*plurale*) those (ones): *Non voglio ~.* I don't want that one. ◊ *Preferisco quelli.* I prefer those (ones). ◊ *Quello è mio fratello.* That one is my brother. ◊ *quello là/lì* that one **2** (*con relativo*) **quello che** (*colui*) the one (who/that); (*coloro*) those who; (*cosa*) the one (which/that); (*quelle cose*) those which: *Non è lui ~ che ho visto.* He isn't the one I saw. ◊ *Quella che abbiamo comprato ieri era migliore.* The one (that) we bought yesterday was nicer. **3 quello che** (*ciò che*) what: *Faccio ~ che posso.* I'll do what I can.

quercia *sf* oak (tree)

questionario *sm* questionnaire: *riempire un ~* to fill in a questionnaire

questione *sf* matter: *È ~ di minuti.* It's a matter of minutes. ◊ *È una ~ di vita o di morte.* It's a matter of life or death. LOC **in questione** in question

questo, -a ▶ *agg* this; (*plurale*) these: *Quest'anno sono in terza.* I'm in year three this year. ◊ *queste scarpe* these shoes
▶ *pron* this (one); (*plurale*) these (ones): *Preferisco ~.* I prefer this one. ◊ *Preferisci questi?* Do you prefer these? ◊ *questo qui/qua* this one ◊ *Chi è ~?* Who's this? LOC **e con questo?** so what? ♦ **questo è tutto** that's all

questura *sf* police headquarters*

qui *avv* **1** (*luogo*) here: *Sono ~.* They're here. ◊ *È proprio ~.* It's right here. **2** (*tempo*) now: *da ~ in avanti* from now on ◊ *Fin ~ è andato tutto bene.* Up till now everything's been fine. LOC **di qui a un mese, anno, ecc** a month, a year, etc. from now ♦ **qui accanto** just next door ♦ **qui vicino** near here

quindi ▶ *cong* so: *È tardi, e ~ dobbiamo sbrigarci.* It's late, so we have to hurry up.
▶ *avv* then: *Continua diritto fino alla chiesa, ~ gira a sinistra.* Carry on as far as the church, then turn left.

quindicenne *agg, smf* fifteen-year-old ➔ *Vedi esempi a* UNDICENNE

quindicesimo, -a *agg, pron, sm* fifteenth ➔ *Vedi esempi a* SESTO

quindici *sm, agg, pron* **1** fifteen **2** (*data*) fifteenth ➔ *Vedi esempi a* SEI LOC **quindici giorni** fortnight: *Andiamo solo per ~ giorni.* We're only going for a fortnight.

quindicina *sf* **1** (*circa quindici*) about fifteen: *Ne ho una ~.* I've got about fifteen. **2** (*quindici giorni*) two weeks [*pl*]: *la seconda ~ di gennaio* the last two weeks of January ◊ *Restiamo solo per una ~ di giorni.* We're only staying for a fortnight.

quintale *sm* 100 kilos

quintetto *sm* quintet

quinto, -a ▶ *agg, pron, sm* fifth ➔ *Vedi esempi a* SESTO
▶ **quinta** *sf* **1** (*Auto*) fifth (gear) **2** (*Scuola*) fifth year: *Faccio la quinta.* I'm in the fifth year. **3** (*Teat*) **le quinte** the wings LOC **dietro le quinte** behind the scenes

quiz *sm* quiz*

quota *sf* **1** (*somma*) fee: *la ~ d'iscrizione* the membership fee **2** (*altitudine*) altitude

quotidiano, -a ▶ *agg* daily
▶ *sm* daily newspaper

quoziente *sm* quotient LOC **quoziente d'intelligenza** intelligence quotient (*abbrev* IQ)

R r

rabbia *sf* **1** (*ira*) anger **2** (*Med*) rabies [*non numerabile*]: *Il cane aveva la ~.* The dog had rabies. LOC **fare rabbia**: *Mi fa ~ che ...* I'm annoyed that ...

rabbioso, -a *agg* **1** (*occhiata, sguardo*) angry* **2** (*Med*) rabid: *un cane ~* a rabid dog

rabbonire *vt* to pacify*

rabbrividire *vi* **1** (*dal freddo*) to shiver **2** (*dalla paura*) to shudder

raccattapalle *smf* ballboy [*fem* ballgirl]

raccattare *vt* to pick *sth* up

racchetta *sf* **1** (*tennis*) racket **2** (*ping-pong*) bat **3** (*sci*) pole

raccogliere *vt* **1** (*oggetto caduto*) to pick *sth* up: *Raccogli quel giornale, per favore.* Can you pick up the paper, please? **2** (*frutta, fiori*) to pick **3** (*riunire*) to collect: *~ firme* to collect signatures **4** (*soldi*) to raise

raccolta *sf* **1** (*figurine, firme*) collection: *fare (la) ~ di qc* to collect sth **2** (*Agr*) harvesting LOC **raccolta differenziata** separate refuse collection

raccolto, -a ▶ *agg* **1** (*capelli*) up: *Stai meglio con i capelli raccolti.* You look better with your hair up. **2** (*ambiente*) quiet
▶ *sm* **1** harvest **2 raccolti** crops *Vedi anche* RACCOGLIERE

raccomandare *vt* **1** (*albergo, ristorante*) to recommend **2** (*candidato*) to put* in a good word for *sb* LOC **mi raccomando!**: *Non far tardi, mi raccomando!* Please don't be late!

raccomandato, -a ▶ *agg* (*lettera*) registered
▶ **raccomandata** *sf* registered letter *Vedi anche* RACCOMANDARE

raccomandazione *sf* recommendation

raccontare *vt* to tell*: *Raccontaci cosa è successo.* Tell us what happened.

racconto *sm* **1** story* **2** (*breve romanzo*) short story*: *un libro di racconti* a book of short stories

raccordo *sm* LOC **raccordo anulare** ring road ◆ **raccordo stradale** road link

racimolare *vt* to scrape *sth* together

radar *sm* radar

raddoppiare *vt, vi* to double

raddrizzare ▶ *vt* to straighten ▶ **raddrizzarsi** *v rifl* to straighten (up)

radere ▶ *vt* (*baffi*) to shave *sth* off ▶ **radersi** *v rifl* to shave LOC **radere al suolo** to raze *sth* to the ground

radiare *vt* (*espellere*) to strike* *sb* off

radiatore *sm* radiator

radiazione *sf* radiation

radicale *agg, smf* radical

radicare ▶ *vi* to take* root ▶ **radicarsi** *v rifl* to take* root

radicato, -a *agg* deep-rooted: *un'usanza profondamente radicata* a deep-rooted custom *Vedi anche* RADICARE

radice *sf* root LOC **mettere radici 1** (*pianta*) to take* root **2** (*persona*) to put* down roots ◆ **radice quadrata/cubica** square/cube root: *La ~ quadrata di 49 è 7.* The square root of 49 is 7.

radio ▶ *sf* radio*: *ascoltare la ~* to listen to the radio
▶ *sm* (*Chim*) radium LOC **alla radio** on the radio: *L'ho sentito alla ~.* I heard it on the radio.

radioamatore, -trice *sm-sf* radio ham

radioattivo, -a *agg* radioactive

radiocronaca *sf* radio commentary*

radiografia *sf* X-ray: *Mi hannto fatto una ~.* They took an X-ray. ◊ *Devo fare una ~ al gomito.* I have to have my elbow X-rayed.

radioregistratore *sm* radio cassette recorder

radiosveglia *sf* radio alarm

radiotaxi *sm* radio taxi

rado, -a *agg* **1** (*capelli, pelo*) thin* **2** (*visite*) infrequent LOC **di rado** rarely

radunare ▶ *vt* to gather ▶ **radunarsi** *v rifl* to gather

raduno *sm* gathering

radura *sf* clearing

raffica *sf* **1** (*vento*) gust **2** (*spari*) burst: *una ~ di mitra* a burst of machine-gun fire **3** (*domande*) barrage

raffinato, -a *agg* refined

raffineria *sf* refinery*

rafforzare *vt* to reinforce *sth* (*with sth*)

raffreddare ▶ *vt* to cool *sth* (down)
▶ **raffreddarsi** *v rifl* **1** (*diventare freddo*) to get* cold: *La minestra si sta raffreddando.* Your soup's getting cold. **2** (*ammalarsi*) to catch* a cold

raffreddore *sm* cold: *prendere il ~* to catch a cold LOC **raffreddore da fieno** hay fever [*non numerabile*]

rafting *sm* rafting: *~ su acque bianche* white-water rafting

ragazza *sf* **1** (*adolescente*) girl: *le ragazze di seconda* the girls in second year **2** (*fidanzata*) girlfriend: *Hai la ~?* Have you got a girlfriend? **3** (*giovane donna*) young woman* LOC **ragazza alla pari** au pair

ragazzo *sm* **1** (*adolescente*) boy, lad (*più informale*) **2** (*fidanzato*) boyfriend **3 ragazzi** (*adolescenti: maschi e femmine*) youngsters, kids (*più informale*) **4 ragazzi** (*adulti*) guys: *Dai, ragazzi!* Come on, guys! LOC *Vedi* GIOCO

raggiante *agg* (*persona, sorriso*) radiant: *~ di gioia* radiant with happiness

raggio *sm* **1** (*radiazione*) ray: *un ~ di sole* a ray of sunshine ◊ *i raggi del sole* the sun's rays ◊ *raggi ultravioletti* ultraviolet rays **2** (*Geom*) radius* **3** (*ruota*) spoke LOC **raggio laser** laser beam ♦ **raggi X** X-rays

raggiungere *vt* **1** (*compromesso, livello*) to reach: *~ un accordo* to reach an agreement **2** (*risultato*) to achieve: *~ lo scopo* to achieve your aim ◊ *~ il successo* to achieve success **3** (*persona*) to catch* sb up: *Vai avanti, ti raggiungo tra un attimo.* You go on ahead — I'll catch you up in a minute. ◊ *Correva veloce ma l'ho raggiunto.* He was running fast, but I caught him up.

raggomitolarsi *v rifl* to curl up

raggrinzire ▶ *vt* to crease *sth* up ▶ **raggrinzirsi** *v rifl* **1** (*pelle*) to wrinkle **2** (*stoffa*) to crease

raggruppare ▶ *vt* **1** (*in un solo gruppo*) to assemble **2** (*in più gruppi*) to put* *sb/sth* in groups ▶ **raggrupparsi** *v rifl* to assemble

ragionamento *sm* **1** (*riflessione*) reasoning **2** (*discorso*) argument

ragionare *vi* to think*: *Ragiona prima di agire.* Think before you act.

ragione *sf* reason (*for sth/doing sth*): *Le ragioni del suo rifiuto sono ovvie.* The reasons for his refusal are obvious. ♦ **avere ragione** to be right (*to do sth*): *Avevi ~ a non fidarti di lui.* You were right not to trust him. ♦ **dare ragione a** to side with *sb Vedi anche* MAGGIORE

ragioneria *sf* **1** (*scienza*) accountancy **2** (*scuola*) accountancy school

ragionevole *agg* reasonable

ragioniere, -a *sm-sf* accountant

ragliare *vi* to bray

ragnatela *sf* **1** (*spider's*) web **2** (*in casa*) cobweb

ragno *sm* spider

ragù *sm* meat sauce

rallegrare ▶ *vt* **1** (*persona*) to cheer *sb* up **2** (*stanza*) to brighten *sth* up ▶ **rallegrarsi** *v rifl* **1** (*diventare allegro*) to cheer up **2 rallegrarsi con qn per qc** (*congratularsi*) to congratulate sb on sth: *Mi rallegro con te per la promozione.* Congratulations on your exam results.

rallentare *vt, vi* to slow (*sth*) down: *Rallenta!* Slow down!

rallentatore *sm* LOC **al rallentatore** in slow motion

rally *sm* rally*

RAM *sf* RAM

ramanzina *sf* telling-off: *Mi ha fatto la ~ perché ero in ritardo.* He gave me a telling-off for being late.

ramarro *sm* green lizard

rame *sm* copper

rammarico *sm* regret

rammendare *vt* **1** to mend **2** (*calzini*) to darn

ramo *sm* **1** (*albero, branca di studi*) branch: *un ~ della medicina* a branch of medicine **2** (*settore*) field: *Non è il mio ~.* That's not my field.

ramoscello *sm* twig

rampa *sf* **1** (*scale*) flight **2** (*piano inclinato*) ramp LOC **rampa di lancio** launching pad

rampicante *sm* creeper

rana *sf* **1** (*animale*) frog **2** (*Nuoto*) breaststroke LOC *Vedi* UOMO

rancido, -a *agg* rancid

rancore *sm* resentment LOC *Vedi* SERBARE

randagio, -a *agg* stray LOC *Vedi* CANE

rango *sm* rank

rannicchiarsi *v rifl* **1** (*accucciarsi*) to crouch (down) **2** (*sotto le coperte*) to curl up

rapa *sf* turnip

rapace *sm* bird of prey

rapare ▶ *vt* (*persona*) to shave the head of *sb*: *coi capelli rapati a zero* with your head shaved ▶ **raparsi** *v rifl* to have your head shaved

rapida *sf* (*fiume*) rapids [*pl*]

rapidità *sf* speed

rapido, -a *agg* quick: *un ~ calcolo* a quick calculation ➲ *Vedi nota a* FAST[1]

rapina *sf* **1** (*banca*) robbery*: *la ~ al supermercato* the supermarket robbery **2** (*per strada*) mugging LOC **rapina a mano armata** armed robbery*

rapinare *vt* **1** (*banca, negozio*) to rob* **2** (*per strada*) to mug*

rapinatore, -trice *sm-sf* **1** (*in banca*) robber **2** (*per strada*) mugger

rapire *vt* to kidnap*

rapitore, -trice *sm-sf* kidnapper

rapporto *sm* **1** *~* (**con**) (*relazione*) relationship (with *sb/sth*): *avere un buon ~ con qn* to have a good relationship with sb **2 rapporti** (*contatti*) relations: *rapporti sessuali* sexual relations ◊ *Dobbiamo cercare di avere migliori rapporti*

rappresaglia → realizzare

di vicinato. We should try to get on better with our neighbours. **3** ~ (*tra*) (*nesso*) connection (between ...) **4** (*Mat*) ratio*: *I maschi e le femmine sono in ~ di uno a tre.* The ratio of boys to girls is one to three. **5** (*resoconto*) report: *fare* ~ to report LOC **in rapporto a** in/with relation to *sb/sth*

rappresaglia *sf* reprisal LOC **per rappresaglia** in reprisal

rappresentante *smf* representative: *il ~ del partito* the party representative LOC **rappresentante di commercio** sales rep

rappresentare *vt* **1** (*organizzazione, paese*) to represent: *Hanno rappresentato l'Italia alle Olimpiadi.* They represented Italy in the Olympics. **2** (*significare*) to mean*: *Non rappresenta più niente per me.* He means nothing to me any more. **3** (*quadro, statua*) to depict: *Il quadro rappresenta una battaglia.* The painting depicts a battle. **4** (*simboleggiare*) to symbolize: *Il verde rappresenta la speranza.* Green symbolizes hope. **5** (*commedia*) to perform

rappresentativo, -a *agg* representative

rappresentazione *sf* **1** representation **2** (*Teat*) performance

raramente *avv* rarely

rarità *sf* rarity*

raro, -a *agg* rare: *una pianta rara* a rare plant

rasare ▶ *vt* to shave *sth* off: *rasarsi le gambe* to shave your legs ▶ **rasarsi** *v rifl* to shave

raschiare *vt* to scrape *sth* (*off sth*): *Abbiamo raschiato la vernice dal pavimento.* We scraped the paint off the floor. LOC **raschiarsi la gola** to clear your throat

rasentare *vt* **1** to keep* close to *sth* **2** (*fig*) to border on *sth*: *La sua ammirazione per lui rasentava la devozione.* Her admiration for him bordered on devotion.

raso, -a ▶ *agg* (*con misure*) level: *un cucchiaio ~ di zucchero* one level tablespoon of sugar *Vedi anche* RADERE
▶ *sm* satin LOC **raso terra** close to the ground

rasoio *sm* razor: *~ elettrico* electric razor LOC *Vedi* FILO

rassegna *sf* **1** (*ispezione*) review **2** (*cinema*) season

rassegnare ▶ *vt*: *~ le proprie dimissioni* to hand in your resignation ▶ **rassegnarsi** *v rifl* **rassegnarsi (a)** to resign yourself (to (doing) *sth*)

rassegnato, -a *agg* resigned *Vedi anche* RASSEGNARE

rassettare *vt* to tidy*: *rassettarsi i capelli* to tidy your hair

rassicurare *vt* to reassure

rassodare *vt* to firm *sth* up

rasta *agg* Rasta: *i capelli ~* dreadlocks

rastrellamento *sm* search

rastrellare *vt* (*quartiere*) to comb

rastrello *sm* rake

rata *sm* instalment: *pagare qc a rate* to pay for *sth* in instalments

ratto *sm* (*animale*) rat

rattoppare *vt* to patch

rattoppo *sm* patch

rattristare ▶ *vt* to sadden: *Mi rattrista pensare che non ti vedrò più.* It saddens me to think that I won't see you again. ▶ **rattristarsi** *v rifl* **rattristarsi (per)** to be upset (about *sth*)

raucedine *sf*: *avere la ~* to be hoarse

rauco, -a *agg* hoarse

ravanello *sm* radish

ravioli *sm* ravioli [*non numerabile*]

ravvicinare *vt* to bring* *sb/sth* closer together

ravvivare *vt* **1** (*colore*) to brighten *sth* up **2** (*festa*) to liven *sth* up

razionale *agg* rational

razionamento *sm* rationing: *il ~ dell'acqua* water rationing

razza *sf* **1** (*umana*) race **2** (*animale*) breed: *Di che ~ è?* What breed is it? LOC **che razza di ... ?** what sort of ... ?: *Che ~ di discorso fai?* What are you talking about? ◊ *Che ~ di imbroglione!* What a crook! ◆ **di razza 1** (*cane*) pedigree **2** (*cavallo*) thoroughbred

razzia *sf* raid: *La volpe ha fatto razzia nel pollaio.* The fox raided the henhouse. ◊ *I ladri hanno fatto razzia di gioielli e contanti.* The burglars made off with cash and jewellery.

razziale *agg* racial: *discriminazione ~* racial discrimination

razzismo *sm* racism

razzista *agg, smf* racist

razzo *sm* rocket LOC **come un razzo** like a shot

re *sm* **1** (*sovrano*) king ⊃ *Vedi nota a* CARTA **2** (*nota*) D: *re maggiore* D major LOC **i Re Magi** the Three Wise Men

reagire *vi* ~ (**a**) to react (to *sth*)

reale *agg* **1** (*non immaginario*) real **2** (*del re*) royal LOC *Vedi* PAPPA

realismo *sm* realism

realista *agg, smf* realist

realistico, -a *agg* **1** realistic **2** (*ritratto*) lifelike

realizzare ▶ *vt* **1** (*piano, progetto*) to carry* *sth* out **2** (*sogno*) to fulfil* **3** (*capire*) to realize

realmente → registrare

4 (*Sport*) to score ▶ **realizzarsi** *v rifl* **1** (*diventare realtà*) to come* true: *I miei sogni si sono realizzati.* My dreams came true. **2** (*persona*) to fulfil* yourself

realmente *avv* really

realtà *sf* reality* LOC **diventare realtà** to come* true ◆ **in realtà** actually ◆ **realtà virtuale** virtual reality *Vedi anche* GUARDARE

reato *sm* crime

reattore *sm* **1** (*motore*) jet engine **2** (*aereo*) jet LOC **reattore nucleare** nuclear reactor

reazione *sf* reaction: *una ~ a catena* a chain reaction

rebus *sm* puzzle

recapito *sm* **1** (*indirizzo*) forwarding address **2** (*telefonico*) contact number: *Ti lascio il mio ~.* I'll leave you a contact number.

recensione *sf* review, write-up (*più informale*): *La commedia ha avuto ottime recensioni.* The play got excellent reviews.

recente *agg* recent LOC **di recente** recently

reception *sf* reception

recessione *sf* recession: *~ economica* economic recession

recintare *vt* to fence

recinto *sm* **1** (*spazio*) enclosure **2** (*steccato*) fence

recipiente *sm* container

reciproco, -a *agg* (*interesse, affetto*) mutual

recita *sf* play

recitare ▶ *vt* **1** (*poesia*) to recite **2** (*parte*) to play ▶ *vi* to act

reclamare ▶ *vt* (*esigere*) to claim: *~ la propria parte di eredità* to claim your share of an inheritance ▶ *vi* (*protestare*) to complain (*about sb/sth*): *Se non funziona dovresti andare a ~.* If it doesn't function you should go and complain.

réclame *sf* advertisement

reclamo *sm* complaint: *fare/presentare un ~* to make/lodge a complaint

reclinabile *agg* reclining

reclusione *sf* imprisonment: *tre anni di ~* three years' imprisonment

recluta *sf* recruit

record ▶ *sm* record: *battere/detenere un ~* to break/hold a record
▶ *agg* record [*s attrib*]: *in tempo ~* in record time

recuperare *vt* **1** (*refurtiva*) to recover, to get* sth back (*più informale*); (*relitto*) to salvage: *Hanno recuperato i soldi.* They were able to recover the money. ◊ *~ le forze* to get your strength back **2** (*tempo*) to make* sth up: *Devo ~ delle ore di lavoro.* I'll have to make up the time. ◊ *~ il ritardo* to make up the lost time **3** (*partita*) to replay

recupero *sm* **1** (*refurtiva*) recovery; (*relitto*) salvage **2** (*tossicodipendenti*) rehabilitation LOC *Vedi* MINUTO, PARTITA

redattore, -trice *sm-sf* editor

redditizio, -a *agg* profitable: *poco ~* unprofitable

reddito *sm* income: *l'imposta sul ~* income tax LOC *Vedi* DICHIARAZIONE

redini *sf* reins LOC **tenere/prendere le redini** (*fig*) to be in charge/take* charge (*of sth*)

referendum *sm* referendum*

referenza *sf* reference: *avere buone referenze* to have good references

referto *sm* report: *~ medico* medical report

refettorio *sm* canteen

refrigerare *vt* to refrigerate

refurtiva *sf* stolen property

regalare *vt* **1** (*fare un regalo*) to give*: *Mi ha regalato un mazzo di fiori.* She gave me a bunch of flowers. **2** (*vendere a basso prezzo*) to give* sth away: *A quel prezzo è regalato!* At that price they're giving it away!

regalo *sm* present: *Cosa ti ha fatto di ~?* What did she give you as a present? LOC *Vedi* ARTICOLO, CARTA, CONFEZIONE

reggae *sm* reggae

reggere ▶ *vt* to hold*: *Reggimi la borsa, per favore.* Could you hold my bag? ◊ *Sei sicuro che quel ramo ti regga?* Is that branch strong enough to hold you? ◊ *~ l'alcol* to hold your drink ▶ *vi* **1** (*ponte*) to hold* up **2** (*ragionamento*) to stand* up LOC **reggersi in piedi** to stand*

reggia *sf* palace

reggimento *sm* regiment

reggiseno *sm* bra

regia *sf* **1** (*Teat*) production **2** (*Cine*) direction: *~ di Nanni Moretti* directed by Nanni Moretti

regime *sm* **1** (*Pol*) regime: *un ~ molto liberale* a very liberal regime **2** (*dieta*) diet: *essere a ~* to be on a diet

regina *sf* queen ⊃ *Vedi nota a* CARTA LOC *Vedi* APE

regionale ▶ *agg* regional
▶ *sm* (*treno*) stopping train

regione *sf* region

regista *smf* director

registrare *vt* **1** (*programma, temperatura*) to record **2** (*nascita, fatto*) to register

registrato, -a agg LOC Vedi MARCHIO; Vedi anche REGISTRARE

registratore sm tape recorder LOC **registratore di cassa** till

registrazione sf 1 (annotazione) registration 2 (audio, video) recording

registro sm (di classe) register

regnare vi (lett e fig) to reign

regno sm 1 (luogo) kingdom 2 (periodo) reign 3 (fig) realm LOC **regno animale/vegetale/minerale** animal/plant/mineral kingdom ♦ **il Regno Unito** the United Kingdom (abbrev UK)

regola sf rule: di ~ as a (general) rule LOC **in regola** in order Vedi anche NORMA, STRAPPO

regolabile agg adjustable

regolamentare agg regulation [s attrib]

regolamento sm regulations [pl]: È contro il ~ scolastico. It's against school regulations. LOC **regolamento di conti** settling of scores

regolare¹ ▶ vt 1 (apparecchio) to adjust: ~ il volume to adjust the volume 2 (traffico) to regulate 3 (orologio) to set* ▶ **regolarsi** v rifl 1 (comportarsi) to behave 2 (moderarsi): regolarsi nello spendere/nel mangiare to watch what you spend/eat

regolare² agg 1 regular: verbi regolari regular verbs ◊ a intervalli regolari at regular intervals ◊ lineamenti regolari regular features 2 (legale) legal: gli immigrati regolari legal immigrants ◊ È tutto ~. It's all in order. ◊ Il goal era ~. The goal was good. 3 (medio) medium: di statura ~ of medium height

regolarità sf regularity

regolarmente avv 1 (a intervalli regolari) regularly: È ~ indietro. She's regularly behind with her work. 2 (correttamente) properly: Il PC funziona ~. The computer is working properly. ◊ Tutto si è svolto ~. Everything happened as it should. 3 (legalmente) legally: gli stranieri che risiedono ~ nella UE foreigners who reside legally in the EU

reincarnarsi v rifl ~ (in) to be reincarnated (as sb/sth)

reincarnazione sf reincarnation

reinserimento sm (di ex detenuti, drogati) rehabilitation

reinserire vt (ex detenuti, drogati) to rehabilitate

relatività sf relativity

relativo, -a agg 1 relative: un pronome ~ a relative pronoun 2 ~ a relating to sth

relax sm relaxation [non numerabile]: Hai bisogno di un po' di ~. You need a bit of relaxation. ◊ un pomeriggio di tutto ~ a relaxing afternoon

relazione sf 1 (legame) ~ (con) relationship (with sb/sth) 2 (extraconiugale) affair 3 ~ (tra) (nesso) connection (between …) 4 (resoconto) report LOC **in relazione a** in/with relation to sb/sth ♦ **relazioni pubbliche** public relations (abbrev PR)

religione sf religion

religioso, -a agg religious

relitto sm wreck

remare vi to row

remissivo, -a agg submissive

remo sm oar LOC Vedi BARCA

remoto, -a agg remote

rendere ▶ vt 1 (dare) to give* sth back to sb 2 (far diventare) to make*: L'ha reso felice. It made him happy. 3 (fruttare) to yield ▶ vi 1 (lavoro, attività) to be profitable 2 (impiegato, studente) to perform LOC **rendere l'idea**: Rendo l'idea? Do you get my meaning? ♦ **rendersi conto di/che …** to realize sth /that …: Mi sono reso conto che non mi ascoltavano. I realized (that) they weren't listening. ◊ Ma ti rendi conto di quello che fai? Do you realize what you're doing? Vedi anche VUOTO

rendiconto sm report: il ~ annuale della società the company's annual report

rendimento sm (di macchina, atleta) performance: il suo ~ scolastico his academic performance

rene ▶ sm kidney
▶ **reni** sf (zona lombare) lower back [sing] LOC Vedi SOFFRIRE

renna sf 1 (animale) reindeer* 2 (pelle) suede LOC **di renna** (giacca, guanti) suede

Reno sm **il Reno** the Rhine

reparto sm 1 (negozio, ditta) department: ~ abbigliamento clothing department 2 (ospedale) ward LOC Vedi RIANIMAZIONE

repertorio sm 1 repertoire 2 immagini di ~ library pictures

replica sf 1 (in TV) repeat 2 (risposta) reply*

replicare vt 1 (in TV) to repeat 2 (rispondere) to reply*

reportage sm report: un ~ sulla guerra a report on the war

reporter smf reporter

repressione sf repression

repressivo, -a agg repressive

represso, -a agg, sm-sf repressed [agg]: È un ~. He's repressed. Vedi anche REPRIMERE

reprimere vt 1 (emozioni) to repress 2 (ribellione) to suppress

repubblica sf republic

repubblicano, -a agg, sm-sf republican

reputazione *sf* reputation: *avere una buona/cattiva ~* to have a good/bad reputation ◊ *rovinarsi la ~* to ruin your reputation

requisire *vt* to requisition

requisito *sm* requirement (*for sth/to do sth*)

resa *sf* **1** (*l'arrendersi*) surrender **2** (*merci*) return

residente *agg, smf* resident

residenza *sf* residence

residenziale *agg* residential: *una zona ~* a residential area

residuo, -a ▶ *agg* remaining
▶ *sm* **residui** (*scorie*) waste [*non numerabile*]: *residui tossici* toxic waste

resina *sf* resin

resistente *agg* **1** (*tessuto, fisico*) strong **2** (*colore*) fast **3** *~ a* resistant to *sth*: *~ al calore* heat-resistant ◊ *~ al fuoco* fire-resistant

resistenza *sf* **1** resistance **2** (*di atleta*) stamina **3** (*di materiale*) strength

resistere *vi* **1** *~ a* (*reggere*) to withstand* *sth*: *Le baracche non hanno resistito all'uragano.* The huts weren't able to withstand the hurricane. **2** *~* (**a**) (*tentazione*) to resist (*sth/doing sth*): *Non ho resistito (alla tentazione) e ho mangiato tutte le paste.* I couldn't resist eating all the cakes. **3** (*tener duro*) to hold* on: *Resisti che ci siamo quasi.* Hold on. We're almost there.

resoconto *sm* **1** (*descrizione*) account: *fare il ~ dell'accaduto* to give an account of what happened **2** (*documento*) report

respingere *vt* **1** (*richiesta*) to turn *sb/sth* down: *La nostra proposta è stata respinta.* Our proposal was turned down. **2** (*studente*) to fail

respirare *vt, vi* to breathe: *~ aria pura* to breathe fresh air

respiratorio, -a *agg* respiratory

respirazione *sf*: *esercizi di ~* breathing exercises LOC **respirazione artificiale** artificial respiration ♦ **respirazione bocca a bocca** mouth-to-mouth resuscitation: *Gli hanno fatto la ~ bocca a bocca.* They gave him mouth-to-mouth resuscitation.

respiro *sm* breath: *Fai un ~ profondo.* Take a deep breath. LOC *Vedi* ATTIMO

responsabile ▶ *agg* responsible (*for sth*)
▶ *smf* **1** (*incaricato*) person* in charge: *il ~ dei lavori* the person in charge of the building work **2** (*colpevole*): *I responsabili si facciano avanti.* Those responsible should give themselves up.

responsabilità *sf* responsibility* LOC *Vedi* SOCIETÀ

restare *vi* **1** to remain, to stay (*più informale*): *~ seduto* to remain seated ◊ *Sono restati amici.* They stayed friends. ◊ *~ a letto/in casa* to stay in bed/at home **2** (*esserci*) to be left: *Restano tre giorni prima delle vacanze.* There are three days left before the holidays. **3** (*avanzare*) to have *sth* left: *Ci restano ancora due bottiglie.* We've still got two bottles left. ◊ *Non mi restano soldi per l'autobus.* I've got no money left for the bus. ⊃ Per altre espressioni con **restare** vedi alla voce del sostantivo, dell'aggettivo, ecc, ad es. **restare male** a MALE.

restaurare *vt* to restore

restauratore, -trice *sm-sf* restorer

restauro *sm* restoration

restituire *vt* to return *sth* (*to sb/sth*): *Hai restituito i libri alla biblioteca?* Did you return the books to the library?

resto *sm* **1** rest: *Il ~ te lo racconto domani.* I'll tell you the rest tomorrow. ◊ *È stato zitto per il ~ del viaggio.* He was silent for the rest of the journey. ◊ *Il ~ del gruppo arriva domani.* The rest of the group is arriving tomorrow. **2** (*soldi*) change: *Tenga il ~.* Keep the change. ◊ *una sterlina di ~* a pound change ◊ *Ha sbagliato a farmi il ~.* You've given me the wrong change. **3** (*Mat*) remainder **4** **resti** (*rovine, scheletro*) remains **5** **resti** (*rottami*) wreckage [*non numerabile*] **6** **resti** (*avanzi*) leftovers

restringere ▶ *vt* (*abito*) to take* *sth* in ▶ *vi* (*tessuto*) to shrink*: *Non restringe in acqua fredda.* It doesn't shrink in cold water.

rete *sf* **1** net **2** (*Internet*) Net: *navigare in ~* to surf the Net **3** (*goal*) goal, net **4** (*maglia*) mesh **5** (*comunicazioni*) network: *la ~ ferroviaria/stradale* the railway/road network ◊ *reti televisive private* private television channels

reticolato *sm* wire fence

retina *sf* (*Anat*) retina

retro *sm* back: *sul ~ del biglietto* on the back of the card ◊ *Il giardino è sul ~.* The garden is at the back.

retrocedere *vi* (*Sport*) to be relegated: *La squadra è retrocessa in serie C.* They've been relegated to the third division.

retrocessione *sf* (*Sport*) relegation

retromarcia *sf* reverse: *fare ~* to reverse

retrovisore *agg* LOC *Vedi* SPECCHIETTO

retta *sf* (*Geom*) straight line LOC **dare retta a** to listen to *sb*

rettangolare *agg* rectangular

rettangolo *sm* rectangle LOC *Vedi* TRIANGOLO

rettile *sm* reptile

rettilineo → ricerca 578

rettilineo *sm* straight: ~ *d'arrivo* home straight

retto, -a ▶ *agg* **1** (*linea*) straight **2** (*angolo*) right
▶ *sm* rectum

reumatismo *sm* rheumatism [*non numerabile*]

reversibile *agg* reversible

revisionare *vt* (*veicolo*) to service: *Ho fatto ~ la macchina.* I've had the car serviced.

revisione *sf* **1** (*lezione, calcoli*) revision **2** (*auto*) service

revival *sm* revival

revolver *sm* revolver

riabilitazione *sf* rehabilitation

riacquistare *vt* (*salute, libertà*) to regain, to get* *sth* back (*più informale*): ~ *la memoria* to get your memory back

riaddormentarsi *v rifl* to go* back to sleep

riallacciare *vt* (*contatti*) to renew: ~ *un'amicizia* to renew a friendship

rialzo *sm* rise

riammettere *vt* to readmit* *sb* (*to sth*): *È stato riammesso alle lezioni.* He was readmitted to school.

rianimare ▶ *vt* **1** to revive **2** (*conversazione*) to liven *sth* up again **3** (*Med*) to resuscitate
▶ **rianimarsi** *v rifl* (*riaversi*) to regain consciousness

rianimazione *sf* resuscitation LOC **centro/reparto di rianimazione** intensive care unit

riaprire *vt, vi* to reopen

riassumere *vt* **1** (*fare un riassunto*) to summarize: ~ *un libro* to summarize a book **2** (*concludere*) to sum* *sth* up: *Riassumendo, ... To sum up, ...* **3** (*impiegato*) to re-employ

riassunto *sm* summary*

riattaccare *vt, vi* (*telefono*) to hang* up: *Ha riattaccato il telefono.* She hung up.

riavvolgere *vt* to rewind*

ribaltabile *agg* reclining: *sedili ribaltabili* reclining seats

ribaltare ▶ *vt* to overturn ▶ **ribaltarsi** *v rifl* to overturn: *La macchina si è ribaltata.* The car overturned.

ribasso *sm* fall (*in sth*): *un ~ dei prezzi* a fall in prices

ribattere *vi* (*replicare*) to retort

ribellarsi *v rifl* ~ (**contro**) to rebel* (against *sb/sth*)

ribelle ▶ *agg* **1** (*truppe*) rebel [*s attrib*]: *le forze ribelli* the rebel forces **2** (*spirito*) rebellious **3** (*bambino*) difficult
▶ *smf* rebel

ribellione *sf* rebellion

ribes *sm* **1** (*rosso*) redcurrant [*numerabile*] **2** (*nero*) blackcurrant [*numerabile*]

ribollire *vi* to boil: *Solo a pensarci mi ribolle il sangue.* Just thinking about it makes my blood boil.

ribrezzo *sm* disgust: *fare ~ a qn* to disgust *sb*

ricadere *vi* **1** ~ (**in**) to relapse (into *sth/doing sth*) **2** ~ **su** (*responsabilità, sospetto*) to fall* on *sb*: *I sospetti ricaddero su di lei.* Suspicion fell on her.

ricaduta *sf* relapse: *avere una ~* to have a relapse

ricalcare *vt* to trace

ricalco *sm* (*disegno*) tracing: *carta da ~* tracing paper

ricamare *vt* to embroider

ricamato, -a *agg* embroidered: ~ *a mano* hand-embroidered *Vedi anche* RICAMARE

ricambiare *vt* (*favore, saluti*) to return

ricambio *sm* **1** spare (part) **2** (*penna*) refill
LOC **di ricambio** spare: *pantaloni di ~* spare trousers *Vedi anche* PEZZO

ricamo *sm* embroidery [*non numerabile*]: *un vestito con ricami sulle maniche* a dress with embroidery on the sleeves

ricapitolare *vt* to recapitulate

ricaricare *vt* **1** (*pila, batteria*) to recharge: *Devo ~ il telefonino.* I have to recharge my mobile. **2** (*arma, macchina fotografica*) to reload **3** (*accendino*) to refill

ricattare *vt* to blackmail *sb* (*into doing sth*)

ricattatore, -trice *sm-sf* blackmailer

ricatto *sm* blackmail

ricavato *sm* proceeds [*pl*]: *Il ~ delle vendite andrà in beneficenza.* The proceeds will go to charity.

ricchezza *sf* **1** (*soldi*) wealth [*non numerabile*] **2** (*qualità*) richness: *la ~ del terreno* the richness of the land

riccio, -a ▶ *agg* curly*: *Ho i capelli ricci.* I've got curly hair.
▶ *sm* **1** (*capelli*) curl **2** (*animale*) hedgehog
LOC **riccio di mare** sea urchin

ricco, -a ▶ *agg* ~ (**di**) rich (in *sth*): *una famiglia ricca* a rich family ◇ ~ *di minerali* rich in minerals
▶ *sm-sf* rich man*/woman*: *i ricchi* the rich
LOC **essere ricco sfondato** to be rolling in it

ricerca *sf* **1** ~ (**di**) search (for *sb/sth*): *Hanno abbandonato le ricerche.* They abandoned the search. **2** (*scientifica*) research **3** (*Scuola*) project: *fare una ~ sull'ambiente* to do a project on the environment LOC **alla ricerca di** in search of *sb/sth* ♦ **fare delle ricerche** (**su qc**) to

ricercato, -a agg 1 (*criminale*) wanted 2 (*apprezzato*) sought-after 3 (*elegante*) refined

ricercatore, -trice sm-sf researcher

ricetta sf 1 (*Cucina*) recipe (*for sth*): *Devi darmi la ~ di questo piatto.* You must give me the recipe for this. 2 (*Med*) prescription: *Da vendersi solo dietro presentazione di ~ medica.* Only available on prescription.

ricevere vt 1 to receive, to get* (*più informale*): *Ho ricevuto la tua lettera.* I received/got your letter. 2 (*accogliere*) to welcome: *È venuto fuori a riceverci.* He came out to welcome us.

ricevitore sm receiver

ricevitoria sf LOC *ricevitoria del lotto* lottery agency*

ricevuta sf receipt: *Mi fa la ~?* Can I have a receipt, please?

richiamare vt 1 (*chiamare di nuovo*) to call sb back 2 (*attirare*) to attract LOC *richiamare l'attenzione su* to draw attention to sth

richiamo sm 1 (*voce, gesto*) call 2 (*attrazione*) attraction 3 (*vaccino*) booster LOC *fare/servire da richiamo* to act as a decoy

richiedere vt 1 (*per sapere*) to ask sth again 2 (*per avere*) to ask for sth 3 (*passaporto, licenza*) to apply* for sth 4 (*necessitare*) to require

richiesta sf 1 request (*for sth*): *una ~ di informazioni/aiuto* a request for information/help 2 (*passaporto*) application (*for sth*) LOC *a richiesta* (*programma*) request [s attrib]: *Fate canzoni a ~?* Do you do requests? *Vedi anche* FERMATA, GRANDE

riciclare vt 1 (*materiale*) to recycle 2 (*soldi*) to launder

ricominciare vt, vi to start again

ricompensa sf reward: *come ~ (per qc)* as a reward (for sth)

ricompensare vt to reward sb (*for sth*)

riconciliarsi v rifl to make* (it) up (*with sb*): *Ora si sono riconciliati.* They've made (it) up now.

riconoscente agg grateful: *Ti sono ~.* I am very grateful to you.

riconoscere vt 1 (*identificare*) to recognize: *Non l'avevo riconosciuta.* I didn't recognize her. 2 (*ammettere*) to admit*: *~ un errore* to admit a mistake

riconoscimento sm 1 (*meriti*) recognition 2 (*cadavere*) identification

ricopiare vt to copy* sth out

ricoprire vt (*rivestire*) ~ (**di**) to cover sth (with sth)

ricordare ▶ vt 1 ~ *qc a qn* to remind sb (about sth/to do sth): *Ricordami di comprare il pane.* Remind me to buy some bread. ◊ *Ricordamelo domani o me ne scorderò.* Remind me tomorrow or I'll forget. 2 (*per associazione*) to remind sb (*of sb/sth*): *Mi ricorda mio fratello.* He reminds me of my brother. ◊ *Sai che cosa/chi mi ricorda questa canzone?* Do you know what/who this song reminds me of? 3 (*venire in mente*) to remember sth/doing sth: *Non ricordo come si chiama/il suo numero di telefono.* I can't remember his name/telephone number. ◊ *Non ricordo di avertelo detto.* I don't remember telling you. ▶ **ricordarsi** v rifl **ricordarsi di** to remember sth: *Ricordati di imbucare la lettera.* Remember to post the letter. ◊ *Per quanto mi ricordi…* As far as I can remember… ◊ *ricordarsi di aver fatto qc* to remember doing sth ◊ *Mi ricordo di averlo visto.* I remember seeing it. ⊃ *Vedi nota a* REMEMBER

ricordo sm 1 (*memoria*) memory*: *Ho un bellissimo ~ delle vacanze.* I have happy memories of my holiday. 2 (*souvenir*) souvenir: *Lo tengo per ~.* I'll keep it as a memento.

ricorrere vi ~ **a** 1 (*servirsi*) to resort to sth 2 (*rivolgersi a un avvocato, medico*) to consult sb 3 (*rivolgersi a un amico*) to turn to sb

ricorso sm (*Dir*) appeal: *fare ~* to appeal LOC *fare ricorso a* 1 (*avvocato, medico*) to consult sb 2 (*amico*) to turn to sb 3 (*cosa*) to resort to sth

ricostruire vt 1 (*edificio*) to rebuild* 2 (*fatto, incidente*) to reconstruct

ricoverare ▶ vt: *È stato ricoverato in ospedale.* He was admitted to hospital.

> La parola inglese **to recover** non significa *ricoverare* ma *riprendersi* o *guarire*: *Non mi sono ancora ripresa dallo shock.* I still haven't recovered from the shock. ◊ *Ho avuto la varicella, ma adesso sono guarita.* I had chickenpox but I've recovered now.

▶ **ricoverarsi** v rifl: *Mi ricovero domani.* I'm going into hospital tomorrow.

ricovero sm (*ospedale*) admission (*to sth*)

ricreazione sf break: *Alle undici facciamo la ~.* Break is at eleven.

ridere vi ~ (**di**) to laugh (at sb/sth): *Perché ridi?* Why are you laughing? ◊ *Ridono di lei.* They always laugh at her. ◊ *Ridono a tutte le sue battute.* They laugh at all his jokes. LOC *che ridere!* how funny! ◆ *far ridere* to make* sb laugh *Vedi anche* SCAPPARE, SCOPPIARE

ridicolizzare *vt* to ridicule

ridicolo, -a *agg* ridiculous

ridire *vt* (*ripetere*) to repeat LOC **non avere nulla da ridire** to have no objection *to sth Vedi anche* TROVARE

ridotto, -a *agg* **1** (*prezzo*) reduced **2** (*piccolo*) small: *un gruppo ~* a small group *Vedi anche* RIDURRE

ridurre ▶ *vt* to reduce: *~ la velocità* to reduce speed ◊ *L'incendio ha ridotto in cenere la casa.* The fire reduced the house to ashes. ◊ *~ a icona* to minimize ▶ **ridursi** *v rifl* **1 ridursi** (a) to be reduced (to *sth/doing sth*): *Si è ridotto a chiedere un prestito al padre.* He was reduced to asking his father for a loan. ◊ *Come ti sei ridotto!* What a state you're in! **2** (*diminuire*) to fall*

riduzione *sf* (*di prezzo*) reduction

rieleggere *vt* to re-elect

riempire ▶ *vt* **1** (*recipiente*) to fill *sb/sth* (*with sth*): *Riempi d'acqua la brocca.* Fill the jug with water. **2** (*modulo*) to fill *sth* in: *Bisogna ~ un modulo.* You have to fill in a form. ▶ **riempirsi** *v rifl* to fill (up) (*with sth*): *La casa si riempì d'invitati.* The house filled (up) with guests. LOC **riempire di botte** to beat* *sb* up

rientrare *vi* **1** (*entrare di nuovo*) to go*/come* back in **2** (*ritornare*) to return, to get* back (*più informale*) **3** *~* **in** (*far parte*) to be part of *sth*: *Non rientra nei miei compiti.* It's not part of my duties.

rifare *vt* to redo*: *È tutto da ~.* It all needs redoing. LOC **rifare il letto** to make* the bed ◆ **rifarsi una vita** to start a new life

riferimento *sm* reference (*to sb/sth*): *punto di ~* reference point ◊ *Con ~ alla Vostra lettera …* With reference to your letter … LOC **fare riferimento a** to refer* to *sb/sth*

riferire ▶ *vt* to report (on *sth*): *~ le decisioni prese durante la riunione* to report on what was decided at the meeting ▶ **riferirsi** *v rifl* **riferirsi a** to refer* to *sb/sth*: *A cosa ti riferisci?* What are you referring to?

rifiutare ▶ *vt* to refuse *sth/to do sth* ▶ **rifiutarsi** *v rifl*: *Si sono rifiutati di venire.* They refused to come. ◊ *Mi sono rifiutato di pagare.* I refused to pay.

rifiuto *sm* **1** (*diniego*) refusal **2 rifiuti** (*spazzatura*) rubbish [*non numerabile*] LOC *Vedi* CESTINO

riflessivo *sm, agg* (*Gramm*) reflexive

riflesso, -a ▶ *agg* reflected: *luce riflessa* reflected light
▶ *sm* **1** (*riverbero*) reflection: *il ~ della luce sullo specchio* the reflection of light in a mirror **2** (*reazione*) reflex: *avere i riflessi pronti* to have quick reflexes **3 riflessi** (*capelli*) streaks LOC **di riflesso** indirectly

riflettere ▶ *vi ~* (**su**) to think* (about *sth*): *Ha riflettuto prima di rispondere.* He thought about his answer. ▶ *vt* (*luce, immagine*) to reflect

riflettore *sm* **1** (*teatro*) spotlight **2** (*stadio*) floodlight

riforma *sf* reform

riformatorio *sm* young offenders' institution

rifornimento *sm* **1** (*azione*) supplying **2 rifornimenti** supplies LOC **fare rifornimento di 1** (*acqua, cibo*) to stock up with *sth* **2** (*benzina*) to fill up with *sth*

rifornire ▶ *vt* to supply* *sb with sth* ▶ **rifornirsi** *v rifl* **1 rifornirsi di** to stock up on/with *sth*: *rifornirsi di farina* to stock up on flour **2** (*carburante*) to refuel*

rifugiarsi *v rifl* to take* refuge: *~ in un granaio* to take refuge in a barn

rifugiato, -a *sm-sf* refugee: *un ~ politico* a political refugee

rifugio *sm* **1** (*protezione*) shelter **2** (*luogo*) refuge: *un ~ di montagna* a mountain refuge LOC **dare rifugio a** to shelter *sb/sth*

riga *sf* **1** line: *tracciare una ~* to draw a line **2** (*striscia*) stripe **3** (*capelli*) parting: *una pettinatura con la ~ in mezzo* a hairstyle with a centre parting **4** (*righello*) ruler LOC **a righe 1** (*tessuto*) striped **2** (*foglio*) lined ◆ **in riga!** fall in! ◆ **mandare/scrivere due righe a** to drop* *sb* a line

rigetto *sm* rejection

righello *sm* ruler

rigido, -a *agg* **1** (*duro*) stiff **2** (*teso*) rigid **3** (*severo*) strict **4** (*clima*) harsh

rigo *sm* line **rigo musicale** stave

rigore *sm* (*Sport*) penalty*: *segnare su ~* to score from a penalty ◊ *battere un ~* to take a penalty LOC *Vedi* AREA, CALCIO

rigoroso, -a *agg* **1** (*rigido*) strict **2** (*minuzioso*) thorough

riguardare *vt* to concern: *Sono cose che non ti riguardano.* It doesn't concern you. LOC **per quanto mi, ti, ecc riguarda** as far as I'm, you're, etc. concerned

riguardo *sm* respect LOC **riguardo a** concerning

rilasciare *vt* **1** (*amministrazione*) to issue: *~ un passaporto* to issue a passport **2** (*liberare*) to release: *Gli ostaggi sono stati rilasciati stamattina.* The hostages were released this morning.

rilascio sm 1 (*di passaporto, patente*) issuing 2 (*di ostaggi*) release

rilassamento sm relaxation: *tecniche di ~* relaxation techniques

rilassare ▶ vt to relax ▶ **rilassarsi** v rifl to relax: *Cerca di rilassarti.* Try to relax.

rilegare vt to bind*

rilegatore, -trice sm-sf bookbinder

rilievo sm 1 (*Geog*): *una carta in ~* a relief map 2 (*importanza*) significance: *un fenomeno di grande ~* an event of great significance LOC **mettere in rilievo** to highlight *sth*

rima sf rhyme: *fare ~* to rhyme

rimandare vt 1 (*mandare di nuovo*) to send* *sth* again 2 (*mandare indietro*) to send* *sth* back 3 (*bocciare*) to fail: *Mi hanno rimandato in inglese.* I've failed English. 4 (*rinviare*) to put* *sth* off, to postpone (*più formale*)

rimando sm cross reference

rimanere vi 1 to remain, to stay (*più informale*): *~ silenzioso/seduto* to remain silent/seated ◊ *Sono rimasto sveglio tutta la notte.* I stayed awake all night. ◊ *~ a letto/in casa* to stay in bed/at home 2 (*esserci*) to be left: *È rimasto del caffè?* Is there any coffee left? ◊ *Non è rimasto nulla del paese originale.* Nothing is left of the original village. 3 (*avanzare*): *Ci rimangono ancora due bottiglie.* We've still got two bottles left. ◊ *Non mi è rimasto neanche un centesimo.* I haven't got a penny left. 4 (*essere situato*) to be: *Dove rimane il tuo albergo?* Where's your hotel? 5 (*divenire*) to be: *~ ferito* to be injured ◊ *~ incinta* to get pregnant 6 (*accordarsi*) to leave* it: *Come siete rimasti?* How did you leave it? ◊ *Siamo rimasti che…* We left it that … LOC **rimanere senza** to run* out of *sth*: *Siamo rimasti senza latte.* We've run out of milk. ➔ Per altre espressioni con **rimanere** vedi alla voce del sostantivo, dell'aggettivo, ecc, ad es. **rimanere a piedi** a PIEDE.

rimangiare vt LOC **rimangiarsi la parola/la promessa** to go* back on your word

rimarginarsi v rifl to heal

rimbalzare vi 1 (*palla*) to bounce (*off sth*): *La palla rimbalzò sul canestro.* The ball bounced off the hoop. 2 (*proiettile*) to ricochet (*off sth*) LOC **far rimbalzare** to bounce *sth*

rimbalzo sm bounce LOC **di rimbalzo** on the rebound

rimbambire vi to go* senile

rimbambito, -a agg senile *Vedi anche* RIMBAMBIRE

rimboccare vt (*coperte*) to tuck *sth* in LOC **rimboccarsi le maniche** to roll up your sleeves

rimbombare vi to resound

rimborsabile agg returnable: *Il deposito non è ~.* The deposit is non-returnable.

rimborsare vt 1 (*cifra pagata*) to refund: *Le sarà rimborsato l'intero importo.* You will have your money refunded. 2 (*spese*) to reimburse

rimborso sm refund

rimediare vi *~* a 1 (*situazione*) to remedy* *sth* [vt] 2 (*danno*) to repair *sth* [vt]

rimedio sm *~* (**per/contro**) remedy* (for *sth*)

rimessa sf 1 (*auto*) garage 2 (*autobus*) depot LOC **rimessa in gioco** 1 (*laterale*) throw-in 2 (*dal fondo*) goal kick

rimettere ▶ vt 1 to put* *sth* back 2 (*vomitare*) to bring* *sth* up ▶ vi (*vomitare*) to be sick ▶ **rimettersi** v rifl to recover (*from sth*): *rimettersi da una malattia* to recover from an illness LOC **rimetterci** to lose* out ➔ Per altre espressioni con **rimettere** vedi alla voce del sostantivo, dell'aggettivo, ecc, ad es. **rimettere in piedi** a PIEDE.

rimmel® sm mascara: *darsi/mettersi il ~* to apply mascara

rimodernare vt to modernize

rimorchiare vt 1 (*auto*) to tow 2 (*ragazza, ragazzo*) to pull (*informale*): *Ha rimorchiato?* Did you pull?

rimorchio sm trailer

rimordere vt LOC **mi, ti, ecc rimorde la coscienza** I, you, etc. have a guilty conscience

rimorso sm remorse [*non numerabile*] LOC **avere dei rimorsi** to feel* guilty

rimpiangere vt to regret*

rimpianto sm regret

rimpiazzare vt to replace *sb/sth* (*with sb/sth*)

rimpicciolire ▶ vt to make* *sth* smaller ▶ **rimpicciolirsi** v rifl to become* smaller

rimpinzarsi v rifl *~* (**di**) to stuff yourself (with *sth*): *Ci siamo rimpinzati di cioccolatini.* We stuffed ourselves with chocolates.

rimproverare vt to tell* *sb* off (*for sth/doing sth*): *Mi ha rimproverato per non averlo chiamato.* He told me off for not phoning him.

rimuginare vt to turn *sth* over in your mind

Rinascimento sm **il Rinascimento** the Renaissance

rincasare vi to get* back home

rinchiudere ▶ vt 1 to shut* *sb/sth* up 2 (*a chiave*) to lock *sb/sth* up ▶ **rinchiudersi** v rifl 1 to shut* yourself in 2 (*a chiave*) to lock yourself in

rincorrere vt to run* after *sb*

rincorsa sf LOC **prendere la rincorsa** to take* a run-up

rinfacciare → riprendere

rinfacciare vt ~ qc a qn to throw* sth in sb's face

rinforzare vt to reinforce sth (with sth)

rinforzo sm reinforcement

rinfrescante agg refreshing

rinfrescare ▶ vt **1** (raffreddare) to cool **2** (memoria) to refresh ▶ v impers to get* cooler: *Di notte rinfresca.* It gets cooler at night. ▶ **rinfrescarsi** v rifl to freshen up

rinfresco sm **1** (ricevimento) reception **2** **rinfreschi** (cibi e bevande) refreshments

rinfusa sf LOC **alla rinfusa** at random

ringhiare vi to growl

ringhiera sf **1** (scala) banister(s) [si usa spec al pl]: *scivolare giù per la ~* to slide down the banisters **2** (balcone) railing(s) [si usa spec al pl]

ringiovanire vt to make* sb look younger: *Questo taglio di capelli ti ringiovanisce.* That haircut makes you look younger.

ringraziamento sm thanks [pl]: *qualche parola di ~* a few words of thanks

ringraziare vt to thank sb (for sth/doing sth): *senza neppure ~* without even saying thank you

rinnovare vt **1** to renew: *~ un contratto/il passaporto* to renew a contract/your passport **2** (edificio) to renovate

rinnovo sm **1** renewal: *il ~ di un contratto* the renewal of a contract **2** (edificio) renovation: *chiuso per ~ locali* closed for renovation

rinoceronte sm rhino* ❶ **Rhinoceros** è il nome scientifico.

rinomato, -a agg famous

rintocco sm stroke, chime: *i rintocchi di mezzanotte* the chimes of midnight

rintracciare vt to get* hold of sb: *Ho cercato di rintracciarti tutta la mattina.* I've been trying to get hold of you all morning.

rinunciare vi ~ (a) to give* (sth) up, to renounce sth (più formale): *Ci rinuncio!* I give up! ◊ *~ a un'eredità/un diritto* to renounce an inheritance/a right

rinviare vt **1** (rispedire) to return sth (to sb/sth) **2** (differire) to put* sth off

rinvio sm **1** (proroga) postponement **2** (rimando) cross reference

riordinare vt, vi to tidy* (sth) up: *Ho appena riordinato la camera.* I've just tidied up my bedroom. ◊ *Mi aiuti a ~?* Will you help me tidy up?

riparare ▶ vt **1** (aggiustare) to repair **2** (proteggere) to protect sb/sth (against/from sth) ▶ **ripararsi** v rifl **ripararsi** (da) to shelter (from sth): *ripararsi dalla pioggia/da un temporale* to shelter from the rain/from a storm

riparato, -a agg (luogo) sheltered Vedi anche RIPARARE

riparazione sf repair

riparo sm shelter LOC **al riparo da** sheltered from sth: *al ~ dalla pioggia* sheltered from the rain

ripassare vt **1** (lezione) to revise **2** (lingua straniera) to brush sth up: *Dovresti proprio ~ il tuo inglese!* You ought to brush up your English!

ripasso sm revision

ripensare vi ~ a **1** (riflettere) to think* sth over **2** (ricordare) to remember sth LOC **ripensarci** to have second thoughts

ripercuotersi v rifl ~ su to have repercussions on sth

ripercussione sf repercussion

ripetere ▶ vt to repeat: *Ha ripetuto la domanda.* He repeated the question. ◊ *Puoi ~?* Could you repeat that please? ◊ *~ l'anno* to repeat the year ▶ **ripetersi** v rifl **1** (fatto) to happen again: *Che non si ripeta mai più!* And don't let it happen again! **2** (persona) to repeat yourself

ripetizione sf **1** repetition **2** (lezione) private lesson: *Vado a ~.* I'm going to my private lesson.

ripiano sm shelf*

ripido, -a agg steep

ripieno, -a ▶ agg (pollo) stuffed ▶ sm stuffing

riportare vt **1** (portare indietro) to take* sth back **2** (Mat) to carry*

riposare ▶ vt, vi to rest (sth) (on sth): *Lasciami ~ un attimo.* Let me rest for a few minutes. ◊ *Devi ~.* You need to rest. ◊ *~ la vista* to rest your eyes ▶ **riposarsi** v rifl to have a rest

riposato, -a agg rested Vedi anche RIPOSARE

riposo sm rest: *Il medico gli ha ordinato molto ~.* The doctor prescribed plenty of rest. LOC **buon riposo!** sleep well! Vedi anche CASA, GIORNO

ripostiglio sm boxroom

riprendere ▶ vt **1** (prendere indietro) to take* sth back: *Riprenditi le tue foto.* Take your photos back. **2** (riacquistare) to get* sth back: *~ fiato/forza* to get your breath/strength back **3** (ricominciare) to resume: *~ il lavoro* to resume work **4** (filmare) to shoot*, to film: *~ una scena* to shoot a scene **5** (rimproverare) to tell* sb off ▶ vi to resume: *~ a funzionare* to resume working ◊ *La trasmissione riprenderà appena possibile.* Normal service will be resumed as soon as possible. ▶ **riprendersi** *v rifl* (*rimettersi*) to recover (*from sth*): *riprendersi da una malattia* to recover from an illness ◊ *Gli ci sono volute diverse settimane per riprendersi.* He took several weeks to recover. ➲ Per altre espressioni con **riprendere** vedi alla voce del sostantivo, dell'aggettivo, ecc, ad es. **riprendere fiato** a FIATO.

ripresa *sf* **1** (*di attività*) resumption: *la ~ delle trattative* the resumption of the negotiations **2** (*di condizione*) recovery*: *~ economica* economic recovery **3** (*Cine, azione*) filming, shooting (*più informale*): *Sono cominciate le riprese di una serie televisiva.* The filming of a TV series has started. **4** (*Cine, inquadratura*) shot **5** (*Calcio*) second half **6** (*Pugilato*) round **7** (*Auto*) acceleration: *una buona ~* good acceleration

riprodurre ▶ *vt* to reproduce ▶ **riprodursi** *v rifl* to reproduce

riproduzione *sf* reproduction

riprovare *vt, vi* to try* (*sth/to do sth*) again: *Riproverò più tardi.* I'll try again later.

ripugnante *agg* revolting

ripulire *vt* to clean *sth* up

ripulita *sf* clean-up

riquadro *sm* (*casella*) box

risacca *sf* undertow

risaia *sf* rice field

risalire ▶ *vt* (*pendio, fiume*) to go* up *sth*: *~ una strada* to go up a street ▶ *vi ~* **a** (*tradizione*) to date back to *sth*: *Risale al Medioevo.* It dates back to the Middle Ages.

risaltare *vi* to stand* out (*against sth*): *Il rosso risalta sul bianco.* Red stands out against white.

risalto *sm* LOC **mettere in risalto 1** (*bellezza*) to bring* *sth* out **2** (*particolare*) to highlight

risarcimento *sm* compensation LOC **risarcimento danni** damages

risarcire *vt* to pay* *sb* compensation (*for sth*)

risarella *sf* giggles [*pl*]: *avere la ~* to have the giggles

risata *sf* laugh: *una ~ nervosa/contagiosa* a nervous/contagious laugh ◊ *Che risate!* What a laugh!

riscaldamento *sm* **1** heating: *~ centralizzato* central heating **2** (*ginnastica*) warm-up: *esercizi di ~* warm-up exercises ◊ *Prima faremo un po' di ~.* We're going to warm up a bit first.

riscaldare ▶ *vt* **1** (*stanza*) to heat **2** (*cibo*) to heat *sth* up: *Ti riscaldo la cena?* Shall I heat up your dinner? ▶ **riscaldarsi** *v rifl* **1** (*riacquistare calore*) to get* warm: *Vieni a riscaldarti davanti al caminetto.* Come and get warm in front of the fire. **2** (*adirarsi*) to get* worked up: *Non riscaldarti tanto!* Don't get so worked up!

riscatto *sm* ransom: *chiedere un ~ di 500.000 euro* to demand a €500,000 ransom

rischiararsi *v rifl* to brighten up

rischiare *vt* to risk: *Non voglio ~ di perdere l'aereo.* I don't want to risk missing the plane. LOC **rischiare l'osso del collo** to risk your neck

rischio *sm* risk LOC **a rischio** at risk: *le città più a ~ di attentati terroristici* the cities most at risk from terrorist attack ◆ **correre il rischio di** to run* the risk of *doing sth*: *Corrono il ~ di perdere dei soldi.* They run the risk of losing money. ◆ **rischio del mestiere** occupational hazard

rischioso, -a *agg* **1** (*investimento*) risky* **2** (*gioco*) dangerous

risciacquare *vt* to rinse

riscuotere *vt* **1** (*stipendio*) to draw* **2** (*affitto*) to collect **3** (*assegno*) to cash **4** (*successo*) to enjoy

risentimento *sm* resentment

risentire ▶ *vt* to hear* *sth* again ▶ *vi ~* **di** to feel* the effects of *sth* ▶ **risentirsi** *v rifl* **1** (*offendersi*) to resent *sth* [*vt*]: *Si è risentita per le mie critiche.* She resented my criticism. **2** (*parlarsi al telefono*) to talk to each other again: *Ora non posso, risentiamoci più tardi.* Now's not a good time. I'll call you back later.

riserva *sf* **1** *~* (**di**) reserve(s) [*si usa spec al pl*]: *riserve di carbone* coal reserves **2** (*Sport*) substitute **3** (*terreno*) reserve: *~ di caccia* game reserve **4** (*dubbio*) reservation LOC **di riserva** spare ◆ **essere in riserva** to be low on petrol ◆ **fare riserva di** to stock up on *sth* ◆ **riserva naturale** wildlife reserve ◆ **tenere di riserva** to keep* *sth* in reserve

riservare *vt* **1** (*tenere in serbo*) to put* *sth* aside **2** (*prenotare*) to book: *Vorrei ~ un tavolo per tre.* I'd like to book a table for three.

riservato, -a *agg* reserved *Vedi anche* RISERVARE

riso *sm* **1** (*pianta*) rice **2** (*risate*) laughter [*non numerabile*]: *Si sentivano le risa dei bambini.* You could hear the children's laughter.

risolvere ▶ *vt* to solve: *Hanno risolto il problema con una telefonata.* They solved the problem with a phone call. ▶ **risolversi** *v rifl* to turn out fine: *Tutto si è risolto per il meglio.* Everything turned out for the best in the end.

risorsa *sf* **1** (*mezzo*) resort: *come ultima ~* as a last resort **2 risorse** resources: *risorse umane/economiche* human/economic resources

risparmiare ▶ *vt, vi* to save: *~ tempo/soldi* to save time/money ▶ *vt* (*evitare*) to spare:

Risparmiami i particolari! Spare me the details.

risparmiatore, -trice *sm-sf* saver

risparmio *sm* saving: *i miei risparmi* my savings LOC *Vedi* CASSA, LIBRETTO

rispedire *vt* to send* *sb/sth* back LOC **rispedire al mittente** return to sender

rispettabile *agg* **1** (*persona*) respectable **2** (*somma, rendita*) decent

rispettare *vt* **1** (*persona, idea*) to respect *sb/sth* (*for sth*): ~ *le opinioni altrui* to respect other people's opinions ◊ *Dobbiamo* ~ *la natura.* We have to respect nature. **2** (*legge, regole*) to obey **3** (*orario, promessa*) to keep*

rispettivo, -a *agg* respective

rispetto *sm* **1** ~ (**per**) (*considerazione, stima*) respect (for *sb/sth*): ~ *per gli altri/la natura* respect for others/nature **2** ~ (**di**) (*regole*) observance (of *sth*) LOC **rispetto a** compared to *sth*: ~ *all'anno scorso* compared to last year *Vedi anche* MANCARE

rispettoso, -a *agg* respectful

risplendere *vi* to shine*

rispondere *vi* **1** ~ (**a**) to answer *sb/sth*, to reply* to *sb/sth* (*più formale*): *Non rispondono mai alle mie lettere.* They never answer my letters. ◊ *Rispondi!* Answer me! ◊ *Potresti* ~ *tu al telefono?* Could you answer the phone? ◊ ~ *a una domanda* to answer a question ◊ *Devo ancora* ~ *al suo e-mail.* I still have to reply to her email. **2** ~ (**a**) (*reagire*) to respond (to *sth*): ~ *a una cura* to respond to treatment ◊ *I freni non rispondono!* The brakes aren't responding! **3** ~ (**a**) (*con impertinenza*) to answer *sb* back: *Non* ~ *così a tua madre!* Don't answer your mother back! **4** ~ **di** (*essere responsabile*) to answer for *sb/sth*: *Non rispondo di nessuno.* I won't answer for anybody's actions.

risposta *sf* **1** answer, reply* (*più formale*): *Non abbiamo avuto* ~. We haven't had a reply. ◊ *una* ~ *chiara* a clear answer ◊ *Voglio una* ~ *alle mie domande.* I want an answer to my questions. **2** (*reazione*) response (to *sth*): *una* ~ *favorevole* a favourable response

rissa *sf* brawl

ristabilire ▶ *vt* to restore: ~ *l'ordine* to restore order ▶ **ristabilirsi** *v rifl* (*rimettersi*) to recover (*from sth*): *Gli ci sono volute diverse settimane per ristabilirsi.* He took several weeks to recover.

ristorante *sm* restaurant: *A volte facevamo un picnic e altre volte pranzavamo al* ~. Sometimes we had a picnic, and on other days we had lunch at a restaurant. LOC *Vedi* VAGONE

ristretto *sm* extra-strong coffee ⊃ *Vedi nota a* CAFFÈ

ristrutturare *vt* (*casa, edificio*) to renovate

risultare *vi* **1** ~ (**che**…) to turn out (that…): *Al processo è risultato che si conoscevano.* During the trial it turned out (that) they knew each other. **2** ~ **a qn** (**che**…) (*essere noto*): *Mi risulta che*… I understand that… ◊ *Non mi risulta che ci sia uno sciopero.* I'm not aware that there's a strike. ◊ *Non mi risulta.* Not as far as I know.

risultato *sm* result: *il* ~ *finale* the final result

risuonare *vi* (*echeggiare*) to resound

risvolto *sm* **1** (*giacca*) lapel **2** (*pantaloni*) turn-up **3** (*di copertina*) inside flap

ritagliare *vt* (*articolo, foto*) to cut* *sth* out: *Ho ritagliato la foto da una vecchia rivista.* I cut the photograph out of an old magazine.

ritaglio *sm* **1** (*stoffa*) remnant **2** (*giornale*) cutting LOC **nei ritagli di tempo** in your spare time

ritardare *vi* **1** (*treno*) to be late **2** (*orologio*) to be slow

ritardato, -a *agg* delayed LOC *Vedi* SCOPPIO; *Vedi anche* RITARDARE

ritardo *sm* delay: *Alcuni voli hanno subito un* ~. Some flights were subject to delays. ◊ *È cominciato con cinque minuti di* ~. It began five minutes late. ◊ *Scusa il* ~. Sorry I'm late. LOC **essere in ritardo** to be late: *Sono in* ~ *per la lezione di francese.* I'm late for my French class. ◊ *Il treno è in* ~ *di cinque ore.* The train is five hours late.

ritirare ▶ *vt* **1** (*pacco*) to pick *sth* up: *Devo andare in tintoria a* ~ *il cappotto.* I've got to pick up my coat from the cleaners. **2** (*stipendio*) to draw*: *Ritiro venerdì.* I get paid on Friday. **3** (*come punizione*) to withdraw* (*sth*) (*from sth*): *Gli hanno ritirato la patente.* He had his driving licence withdrawn. ◊ ~ *una rivista dalla circolazione* to withdraw a magazine from circulation **4** (*ritrattare*) to take* *sth* back: *Scusa, ritiro quello che ho detto.* Sorry, I take back what I said ▶ **ritirarsi** *v rifl* **1** ritirarsi (**da**) (*gara*) to withdraw* (*from sth*): *ritirarsi dall'incontro* to withdraw from the match **2** **ritirarsi** (**da**) (*professione*) to retire (from *sth*): *Si è ritirato dalla politica.* He retired from politics. **3** (*tessuto*) to shrink* **4** (*Mil*) to retreat

ritirata *sf* retreat

ritiro *sm* **1** withdrawal **2** (*da una professione*) retirement: *Ha annunciato il suo* ~ *dal tennis.* He announced his retirement from tennis. **3** (*isolamento*) retreat LOC **ritiro bagagli** baggage reclaim

ritmo sm **1** (Mus) rhythm, beat (più informale): una canzone con un buon ~ a song with a good beat ◊ seguire il ~ to keep time **2** (velocità) rate: Producono auto a un ~ sfrenato. They produce cars at a remarkable rate. LOC **ritmo di vita** pace of life

rito sm rite

ritoccare vt (vernice, foto) to retouch

ritocco sm finishing touch: dare gli ultimi ritocchi a qc to put the finishing touches to sth

ritornare vi to go*/come* back (to ...): Non vogliono ~ al loro paese. They don't want to go back to their own country. ◊ Credo che ritorni domani. I think she's coming back tomorrow.

ritornello sm chorus, refrain

ritorno sm return: il ~ alla normalità a return to normality ◊ Ci vedremo al mio ~. I'll see you when I get back. LOC **avere un ritorno di fiamma** (motore) to backfire ♦ **essere di ritorno** to be back Vedi anche ANDATA, BIGLIETTO

ritrarre vt **1** (disegnare) to paint sb's portrait: L'artista la ritrasse nel 1897. The artist painted her portrait in 1897. **2** (descrivere) to portray: La commedia ritrae la vita dell'aristocrazia. The play portrays aristocratic life.

ritratto sm **1** (quadro, foto) portrait **2** (descrizione) portrayal LOC **essere il ritratto della salute** to be the picture of health

ritrovare ▶ vt to find* sth (again) ▶ **ritrovarsi** v rifl **1** (con amici) to meet*: Ci ritroviamo stasera. We're meeting this evening. **2** (in una situazione) to end up: Mi sono ritrovato nei guai per colpa sua. It was his fault I ended up in trouble.

ritrovo sm meeting place

ritto, -a agg standing

rituale sm ritual

riunificare vt to reunify*

riunione sf meeting: Domani abbiamo una ~ importante. We've got an important meeting tomorrow. ◊ tenere una ~ to hold a meeting

riunire ▶ vt to gather sb/sth together: Ho riunito gli amici/la famiglia. I gathered my friends/family together. ▶ **riunirsi** v rifl to meet*

riuscire vi **1** (aver successo) to succeed: ~ nella vita to succeed in life **2** (essere capace) to manage to do sth: Sono riuscito a convincerli. I managed to persuade them. **3** (concludersi) to turn out: È riuscita peggio di come mi aspettassi. It turned out worse than I expected.

riuscita sf success: fare una buona ~ to be a success

riuscito, -a agg successful: un tentativo ~ a successful attempt Vedi anche RIUSCIRE

riva sf **1** (fiume) bank **2** (mare) shore LOC **in riva al mare/fiume** on the seashore/riverside

rivale agg, smf rival

rivangare vt (faccenda, passato) to drag* sth up

rivedere ▶ vt **1** to see* sb/sth again: Non mi dispiacerebbe rivederlo. I wouldn't mind seeing it again. **2** (verificare) to check: ~ un testo to check a text ▶ **rivedersi** v rifl to meet* again: Ci siamo rivisti dopo un anno. We met again a year later.

rivelare vt to reveal: Non ci ha mai rivelato il suo segreto. He never revealed his secret to us.

rivendicare vt **1** (diritto) to claim **2** (attentato) to claim responsibility for sth

rivendicazione sf claim

rivestimento sm covering

rivestire ▶ vt **1** (coprire) to cover **2** (carica) to hold* ▶ **rivestirsi** v rifl to get* dressed

rivincita sf revenge LOC **prendersi la rivincita** to get*/take* your revenge (for sth)

rivista sf **1** (giornale) magazine **2** (Teat) revue **3** (Mil): passare in ~ le truppe to review the troops

rivolgere ▶ vt **1** (messaggio) to address sth to sb/sth **2** (arma) to point sth at sb/sth ▶ **rivolgersi** v rifl **rivolgersi a** (parlare) to speak* to sb LOC **rivolgere la parola** to speak* to sb

rivolo sm trickle

rivolta sf revolt

rivoltare vt (stomaco) to turn

rivoluzionare vt **1** (trasformare) to revolutionize **2** (scombussolare) to turn sth upside down: Ha rivoluzionato la mia vita. It turned my life upside down.

rivoluzionario, -a agg, sm-sf revolutionary*

rivoluzione sf revolution

rizzare ▶ vt (palo, tendone) to put* sth up ▶ **rizzarsi** v rifl: Mi si rizzarono i capelli. My hair stood on end. LOC **far rizzare i capelli a** to make* sb's hair stand on end

roba sf stuff: Di chi è quella ~? Who does that stuff belong to? LOC **roba da lavare/stirare** washing/ironing ♦ **roba da mangiare/bere** food/drink

robot sm robot LOC **robot di cucina** food processor

robusto, -a agg robust

rocchetto sm (filo) reel

roccia sf rock

roccioso, -a agg rocky*

roco, -a agg (voce) hoarse

rodaggio *sm*: *La mia macchina è ancora in ~.* I'm still running my car in.

rodere *vt* **1** to gnaw **2** (*fig*) to eat* *sb* (up): *Cosa ti rode?* What's eating you? ◊ *essere roso dall'invidia/dalla rabbia/dalla gelosia* to be eaten up with envy/anger/jealousy LOC *Vedi* FEGATO

roditore *sm* rodent

rognone *sm* kidney

Roma *sf* Rome

Romania *sf* Romania

romanico, -a *agg* (*Archit*) Romanesque
ⓘ L'equivalente inglese di *romanico* è **Norman**: *a Norman church*.

romano, -a *agg, sm-sf* Roman: *i romani* the Romans LOC **fare alla romana** to go* Dutch: *Per la cena facciamo alla romana.* We'll go Dutch for this meal. *Vedi anche* NUMERO, NUMERAZIONE

romantico, -a *agg, sm-sf* romantic

romanziere, -a *sm-sf* novelist

romanzo *sm* novel: *un ~ di avventure* an adventure novel LOC **romanzo rosa/poliziesco** romantic/detective novel

rombo *sm* **1** (*Geom*) rhombus **2** (*motivo*) diamond **3** (*rumore*) roar **4** (*pesce*) turbot*

rompere ▶ *vt* **1** to break*: *Ho rotto il vetro con la palla.* I broke the window with my ball. ◊ *~ una promessa* to break a promise ◊ *Mi sono rotto un braccio giocando a calcio.* I broke my arm playing football. **2** (*seccare*) to get* on *sb's* nerves: *Non mi ~!* Don't go on at me! ▶ *vi* *~* (*con*) **1** to fall* out (with *sb*): *~ con un amico* to fall out with a friend **2** (*fidanzato*) to split* up (with *sb*) ▶ **rompersi** *v rifl* **1** to break*: *Si è rotta la scala.* The ladder broke. **2** (*guastarsi*) to break* down **3** (*corda*) to snap* LOC **rompere il ghiaccio** to break* the ice

rompicapo *sm* (*indovinello*) puzzle

rompiscatole *smf* pain in the neck: *Quel tizio è proprio un ~!* What a pain in the neck that bloke is!

ronda *sf* round LOC **fare la ronda 1** (*polizia*) to pound the beat **2** (*soldato, pattuglia*) to be on patrol

rondella *sf* washer

rondine *sf* swallow

ronzio *sm* **1** (*insetto*) buzzing: *Si sentiva il ~ delle mosche.* You could hear the flies buzzing. ◊ *avere un ~ nelle orecchie* to have a buzzing in your ears **2** (*motore*) hum

rosa ▶ *sf* rose
▶ *agg, sm* pink ⊃ *Vedi esempi a* GIALLO LOC *Vedi* FOGLIO, ROMANZO

rosario *sm* rosary*

rosato, -a *agg* rosy*

roseto *sm* rose bush

rosicchiare *vt* to gnaw (at) *sth*: *Il cane rosicchiava l'osso.* The dog was gnawing (at) its bone.

rosmarino *sm* rosemary

rosolia *sf* German measles [*non numerabile*]

rospo *sm* toad

rossetto *sm* lipstick

rossiccio, -a *agg* reddish

rosso, -a ▶ *agg, sm* **1** red: *vino ~* red wine ◊ *diventare ~* to go red ⊃ *Vedi esempi a* GIALLO **2** (*capelli*) red, ginger (*più informale*)
▶ *sm-sf* (*persona*) redhead LOC **essere in rosso** to be in the red ♦ **essere rosso come un peperone** to be as red as a beetroot *Vedi anche* CAPPUCCETTO, CROCE, PESCE

rotaia *sf* rail

rotatoria *sf* roundabout

rotazione *sf* rotation LOC **fare a rotazione** to do* *sth* in rotation

rotolare ▶ *vi* **1** to roll: *La pallina rotolava sul pavimento.* The ball rolled across the floor. ◊ *I massi sono rotolati sulla strada.* The rocks rolled onto the road. **2** (*persona*) to fall*: *È rotolato giù dalle scale.* He fell down the stairs
▶ **rotolarsi** *v rifl* to roll about: *Ci siamo rotolati sull'erba.* We rolled about on the lawn.

rotolo *sm* roll: *rotoli di carta igienica* toilet rolls LOC **andare a rotoli** to go* to rack and ruin

rotondo, -a *agg* round LOC *Vedi* TAVOLA

rotta *sf* (*aereo, nave*) course: *La nave faceva ~ verso Napoli.* The ship was bound for Naples.

rottame *sm* **1** (*metallo*) scrap [*non numerabile*]: *vendere una macchina come ~* to sell a car for scrap ◊ *Questo frigorifero è un ~.* This fridge is only fit for scrap. **2** **rottami** wreckage [*non numerabile*]: *i rottami dell'aereo* the wreckage from the plane **3** (*fig*) wreck: *Oggi mi sento un ~!* I feel a wreck!

rotto, -a ▶ *agg* broken
▶ **rotti** *sm*: *duecento euro e rotti* two hundred odd euros *Vedi anche* ROMPERE

rottura *sf* **1** break **2** (*seccatura*) pain

rotula *sf* kneecap

roulette *sf* roulette

roulotte *sf* caravan

routine *sf* routine: *controlli di ~* routine inspections ◊ *È diventata una ~.* It's become a routine.

rovente *agg* red-hot

rovescia *Vedi* ROVESCIO

rovesciare ▶ *vt* **1** (*versare*) to spill*: *Attento che rovesci il caffè.* Be careful or you'll spill the coffee. ◊ *Ho rovesciato il vino sulla tovaglia.* I've spilt the wine all over the tablecloth. **2** (*far cadere*) to knock *sb/sth* over: *I bambini hanno rovesciato il bidone della spazzatura.* The children knocked the rubbish bin over. ◊ *Fai attenzione a non ~ quel vaso.* Careful you don't knock that vase over. ▶ **rovesciarsi** *v rifl* to spill*

rovescio

inside out　　back to front

upside down

rovescio *sm* **1** (*foglio*) back **2** (*moneta*) reverse **3** (*stoffa*) wrong side **4** (*pioggia*) shower: *variabile con schiarite e rovesci* changeable with sunny spells and showers **5** (*Sport*) backhand LOC **al rovescio 1** (*l'alto in basso*) upside down **2** (*con il dentro fuori*) inside out: *Ti sei messo il maglione al ~.* Your jumper's on inside out. **3** (*davanti di dietro*) back to front: *Ti sei messo il maglione al ~.* Your jumper's back to front. ◊ *Dillo al ~.* Say it back to front. ♦ **il rovescio della medaglia** the other side of the coin ♦ **rovescio di fortuna** setback: *avere un ~ di fortuna* to suffer a setback *Vedi anche* CONTO

rovina *sf* ruin: *le rovine di una città romana* the ruins of a Roman city ◊ *in ~* in ruins ◊ *~ economica* financial ruin

rovinare ▶ *vt* to ruin: *Il freddo ha rovinato i raccolti.* The cold weather has ruined the crops. ◊ *Hai rovinato i nostri progetti.* You've ruined our plans. ▶ **rovinarsi** *v rifl* **1** (*cosa*) to get* ruined **2** (*persona*) to go* bankrupt

rovo *sm* bramble bush: *Si è impigliato nei rovi.* It got caught in the brambles.

rozzo, -a *agg* coarse

Ruanda *sm* Rwanda

ruba *sf* LOC **andare a ruba** to sell* like hot cakes

rubare *vt, vi* to steal*: *Mi hanno rubato la macchina.* My car has been stolen. ◊ *Lo hanno buttato fuori per aver rubato.* He was expelled for stealing. ◊ *~ un'idea a qn* to steal sb's idea ➔ *Vedi nota a* ROB

rubinetto *sm* tap: *aprire/chiudere il ~* to turn the tap on/off LOC **rubinetto d'arresto** stopcock *Vedi anche* ACQUA

rubino *sm* ruby*

rubrica *sf* **1** (*indirizzi*) address book **2** (*giornale*) pages [*pl*]: *la ~ sportiva* the sports pages

rucola *sf* rocket

rudere *sm* ruin

ruga *sf* wrinkle

rugby *sm* rugby: *una partita di ~* a rugby match

ruggine *sf* rust

ruggire *vi* to roar

ruggito *sm* roar

rugiada *sf* dew

rullare *vi* (*tamburo*) to roll

rullino *sm* (*Foto*) film: *un ~ da 24* a 24-exposure film

rullo *sm* **1** (*vernice, macchina da scrivere*) roller **2** (*tamburo*) roll LOC **rullo compressore** steamroller

rum *sm* rum

rumeno, -a *agg, sm-sf, sm* Romanian: *i rumeni* the Romanians ◊ *parlare ~* to speak Romanian

ruminante *agg, sm* ruminant

ruminare *vi* (*mucca*) to ruminate (*tec*), to chew the cud

rumore *sm* noise: *Non fate ~.* Don't make any noise. ◊ *Ho sentito degli strani rumori e mi sono spaventata.* I heard some strange noises and got frightened.

rumoroso, -a *agg* noisy*

ruolo *sm* part

ruota *sf* **1** wheel: *~ anteriore/posteriore* front/back wheel **2** (*pneumatico*) tyre **3** *~* (**panoramica**) big wheel LOC **fare la ruota** to do* a cartwheel ♦ **ruota di scorta** spare tyre

ruotare vi to revolve: *La Terra ruota sul proprio asse.* The earth revolves on its axis.
rupe sf cliff
rurale agg rural
ruscello sm stream
ruspa sf excavator
ruspante agg free-range: *un pollo ~* a free-range chicken
russare vi to snore
Russia sf Russia

russo, -a agg, sm-sf, sm Russian: *i russi* the Russians ◊ *parlare ~* to speak Russian LOC *Vedi* MONTAGNA
rustico, -a agg rustic
ruttare vi to burp (*informale*), to belch
rutto sm burp (*informale*), belch
ruvido, -a agg rough
ruzzolone sm tumble: *fare un ~* to take a tumble

S s

sabato sm Saturday (*abbrev* Sat.) ⊃ *Vedi esempi a* LUNEDÌ
sabbia sf sand: *giocare nella ~* to play in the sand LOC **sabbie mobili** quicksands *Vedi anche* BANCO, CASTELLO
sabotaggio sm sabotage
sabotare vt to sabotage
sacca sf bag: *una ~ sportiva* a sports bag
saccarina sf saccharin
saccheggiare vt 1 (*città*) to plunder 2 (*negozio*) to loot
saccheggio sm plunder
sacchetto sm 1 bag: *un ~ di plastica* a plastic bag 2 (*patatine*) packet ⊃ *Vedi illustrazione a* CONTAINER
sacco sm 1 (*di carta, plastica*) bag 2 (*di tela*) sack 3 (*quantità*) loads (*of sth*) [*pl*]: *un ~ di soldi* loads of money ◊ *Si imparano un ~ di cose.* You learn loads of things. ◊ *C'era un ~ di roba da mangiare.* There was loads of food. LOC **fare un sacco di soldi** to make* a packet: *Hanno fatto un ~ di soldi vendendo gelati.* They've made a packet selling ice cream. ◆ **sacco a pelo** sleeping bag *Vedi anche* MANO, PRANZO
sacerdote sm priest
sacrificare ▶ vt to sacrifice: *Ha sacrificato la carriera per avere dei figli.* She sacrificed her career to have children. ▶ **sacrificarsi** v rifl to make* sacrifices
sacrificio sm sacrifice: *fare un ~* to make sacrifices
sacro, -a agg sacred
sadico, -a ▶ agg sadistic
▶ sm-sf sadist
safari sm safari
saggezza sf wisdom

saggio, -a ▶ agg wise
▶ sm 1 (*persona*) sage 2 (*libro*) essay 3 (*Mus*) performance 4 (*esemplare*) sample copy*
saggistica sf non-fiction
Sagittario sm Sagittarius ⊃ *Vedi esempi a* ACQUARIO
sagoma sf outline
sagra sf village festival
sala sf 1 (*in edificio*) room: *~ delle riunioni* meeting room 2 (*in casa*) sitting room 3 (*Cine*) screen: *La ~ numero 1 è la più grande.* Screen 1 is the largest. LOC **sala arrivi** arrivals lounge ◆ **sala da pranzo** dining room ◆ **sala da tè** tea shop ◆ **sala d'attesa** waiting room ◆ **sala giochi** amusement arcade ◆ **sala operatoria** operating theatre ◆ **sala partenze** departure lounge ◆ **sala parto** delivery room ◆ **sala professori** staffroom
salame sm salami [*gen non numerabile*]
salamoia sf brine LOC **in salamoia** in brine
salario sm wage [*gen pl*]
salato, -a agg 1 (*con sale*) salted 2 (*con troppo sale*) salty* 3 (*non dolce*) savoury: *Vuoi una crêpe dolce o salata?* Would you like a savoury pancake or a sweet one? 4 (*costoso*) expensive LOC *Vedi* ACQUA
saldare vt 1 (*metallo*) to solder 2 (*debito*) to settle LOC **saldare un conto** (*fig*) to settle a score with sb
saldo, -a ▶ agg secure: *Il gancio non era ~.* The hook wasn't secure.
▶ sm 1 (*somma*) balance 2 **saldi** sales: *i saldi di fine anno* the January sales
sale sm salt LOC **sali da bagno** bath salts ◆ **sale fino/grosso** table/sea salt
salice sm willow LOC **salice piangente** weeping willow

saliera *sf* salt cellar

salire ▶ *vt* to climb ▶ *vi* **1** *(andare su)* to go*/come* up: *Siamo saliti al secondo piano*. We went up to the second floor. ◊ *~ sul tetto* to go up onto the roof **2** *(temperatura)* to rise* **3** *~* **(in/su)** *(auto)* to get* in, to get* into *sth*; *(mezzo pubblico, bicicletta)* to get* on *(sth)*: *Sono salito sul taxi*. I got into the taxi. ◊ *Sono saliti due passeggeri*. Two passengers got on. **LOC** **salire alle stelle** to shoot* up*: *I prezzi sono saliti alle stelle*. Prices have shot up. ♦ **salire le scale** to go* up the stairs

Salisburgo *sf* Salzburg

salita *sf* **1** *(azione)* ascent **2** *(pendenza)* hill: *in cima a questa ~* at the top of this hill **LOC** **in salita** uphill

saliva *sf* saliva

salmone ▶ *sm* salmon*
▶ *agg, sm (colore)* salmon ◒ *Vedi esempi a* GIALLO

salone *sm* **1** *(sala)* lounge **2** *(esposizione)* show **3** *(negozio)* salon

salopette *sf* dungarees [*pl*]

salotto *sm (stanza)* sitting room **LOC** *Vedi* CANE

salpare *vi ~* **(per)** to set* sail (for …): *La nave è salpata per Malta*. The boat set sail for Malta. **LOC** **salpare l'ancora** to weigh anchor

salsa *sf* **1** sauce: *~ di pomodoro* tomato sauce **2** *(per arrosto)* gravy

salsiccia *sf* sausage

saltare

jumping

hopping

saltare ▶ *vt* **1** to jump: *Il cavallo ha saltato l'ostacolo*. The horse jumped the fence. **2** *(omettere)* to skip*: *~ un pasto* to skip a meal ◊ *Hai saltato una riga*. You've skipped a line. ▶ *vi* **1** to jump: *Sono saltati nell'acqua/giù dalla finestra*. They jumped into the water/out of the window. ◊ *~ addosso a qn* to jump on sb ◊ *~ di gioia* to jump for joy **2** *(fusibile)* to blow*: *Sono saltati i fusibili*. The fuses blew. **LOC** **far saltare 1** *(con esplosivo)* to blow* *sth* up **2** *(in padella)* to fry* ◒ *Vedi nota a* FRY ♦ **saltare agli occhi** to be obvious ♦ **saltare con la corda** to skip ♦ **saltare in aria** to blow* up

saltellare *vi* to hop* ◒ *Vedi illustrazione a* SALTARE

saltello *sm* hop

salto *sm* **1** jump: *fare un ~* to jump **2** *(grande, lett e fig)* leap: *un ~ di qualità* a leap in quality **LOC** **fare un salto da qn** to pop* round to see sb ♦ **salto con la corda** skipping [*non numerabile*] ♦ **salto con l'asta** pole vault ♦ **salto in alto/lungo** high jump/long jump ♦ **salto mortale** somersault ♦ **un salto nel buio** a leap in the dark

saltuario, -a *agg* occasional

salumeria *sf (negozio)* delicatessen

salumi *sm* cold meats

salutare¹ *vt* **1** *(incontrandosi)* to say* hello (to sb), to greet (*più formale*): *Mi ha visto ma non mi ha salutato*. He saw me but didn't say hello. ◊ *Salutalo da parte mia*. Say hello to him for me. **2** *(andando via)* to say* goodbye (to *sb/sth*): *Se n'è andato senza ~*. He left without even saying goodbye. **3** *(alla partenza)* to see* sb off: *Siamo andati a salutarli alla stazione*. We went to see them off at the station. **4** *(Mil)* to salute **LOC** **salutare con la mano** to wave goodbye (to *sb/sth*)

salutare² *agg* healthy*

salute *sf* health **LOC** **avere una salute di ferro** to have an iron constitution ♦ **salute! 1** *(quando si starnutisce)* bless you!

In Gran Bretagna quando qualcuno starnutisce dice **excuse me!** Si può rispondere **bless you!**, cioè salute, oppure non dire niente.

2 *(brindando)* cheers! *Vedi anche* BERE, RITRATTO

saluto *sm* **1** greeting **2 saluti** best wishes, regards (*più formale*): *Dagli tanti saluti da parte mia*. Give him my regards. ◊ *Mia madre ti manda cari saluti*. My mother sends her regards. **LOC** **cordiali/distinti saluti 1** *(se il destinatario è sconosciuto)* Yours faithfully **2** *(se il destinatario è conosciuto)* Yours sincerely

salva *(anche* **salve)** *sf* **LOC** **a salve** blank: *cartuccia a ~* blank cartridge

salvadanaio *sm* money box

salvagente *sm* lifebelt

salvare ▶ *vt* to save: *Gli ha salvato la vita*. She saved his life. ▶ **salvarsi** *v rifl* to survive **LOC** **salvare le apparenze** to keep* up appearances ♦ **si salvi chi può!** every man for himself!

salvaschermo *sm* screen saver

salvataggio sm rescue: *squadra di ~* rescue team LOC *Vedi* GIUBBOTTO, LANCIA, SCIALUPPA

salvavita sm (*Elettr*) circuit-breaker

salve! escl hello! *Vedi anche* SALVA

salvezza sf salvation

salvia sf sage

salvietta sf (*tovagliolino*) napkin, serviette LOC **salviette umidificate** wet wipes

salvo, -a ▶ agg safe
▶ prep except: *Sono venuti tutti ~ lui.* Everybody came except him. LOC **mettersi in salvo** to reach safety *Vedi anche* SANO, TRARRE

sammarinese agg, smf San Marinese: *i sammarinesi* the San Marinese

sanatorio sm sanatorium*

sanbernardo sm St Bernard

sandalo sm **1** (*scarpa*) sandal ⊃ *Vedi illustrazione a* SCARPA **2** (*legno, profumo*) sandalwood

sangue sm blood: *Ha perso molto ~.* He lost a lot of blood. LOC **al sangue** (*bistecca*) rare ◆ **a sangue freddo** (*uccidere*) in cold blood ◆ **sangue freddo** calm *Vedi anche* ANALISI, BANCA, SPARGIMENTO

sanguigno, -a agg blood [s attrib] LOC *Vedi* GRUPPO

sanguinaccio sm black pudding

sanguinante agg bleeding

sanguinare vi to bleed*: *Mi sanguina il naso.* I've got a nosebleed.

sanguinoso, -a agg bloody*

sanguisuga sf leech

sanità sf **1** (*salute*) health **2** (*sistema sanitario*) health service

sanitario, -a agg **1** health [s attrib]: *misure sanitarie* health measures **2** (*igienico*) sanitary LOC *Vedi* LIBRETTO, SERVIZIO

San Marino sf San Marino

sano, -a agg healthy* LOC **sano di mente** sane ◆ **sano e salvo** safe and sound

San Paolo sf São Paulo

San Pietroburgo sf St Petersburg

santo, -a ▶ agg **1** (*Relig*) holy* **2** (*enfatico*): *Siamo stati in casa tutto il ~ giorno.* We didn't go out of the house all day. ◇ *Lasciami finire in santa pace.* Let me finish in peace.
▶ sm-sf **1** saint: *Quella donna è una santa.* That woman is a saint. **2** (*titolo*) Saint (*abbrev* St): *San Francesco* Saint Francis ◇ *Santa Chiara* Saint Clare LOC **santo cielo!** good heavens! ◆ **santo patrono** patron saint ◆ **Santo Stefano** (*festa*) Boxing Day ⊃ *Vedi nota a* NATALE ◆ **San Valentino** St Valentine's Day

Vedi anche SETTIMANA, SPIRITO, TERRA, VENERDÌ

santuario sm shrine

sanzione sf sanction: *sanzioni economiche* economic sanctions

sapere ▶ vt **1** to know*: *Non sapevo cosa dire.* I didn't know what to say. ◇ *Non so niente di meccanica.* I don't know anything about mechanics. ◇ *Sapevo che sarebbe tornato.* I knew he would be back. ◇ *Le sono molto affezionato, sai?* I'm very fond of her, you know. ◇ *Lo so!* I know! ◇ *Non si sa mai.* You never know. ◇ *E io che ne so!* How should I know? **2** ~ **fare qc**: *Sai nuotare?* Can you swim? ◇ *Non so battere a macchina.* I can't type. **3** (*scoprire*) to find* sth out: *L'ho saputo ieri.* I found out yesterday. **4** (*sentire*) to hear* (about *sb/sth*): *Ho saputo che ti sposi.* I heard you're getting married. ◇ *Hai saputo di sua sorella?* Did you hear about his sister? **5** (*lingua*) to speak*: *Sa bene l'inglese.* He speaks good English. ▶ vi ~ **di** (*gusto*) to taste of *sth*: *Sa di menta.* It tastes of mint. LOC **non saper di niente** not to taste of anything ⊃ *Per altre espressioni con* **sapere** *vedi alla voce del sostantivo, dell'aggettivo, ecc, ad es.* **sapere perdere** *a* PERDERE.

sapientone, -a sm-sf know-all

sapone sm soap [*non numerabile*] LOC *Vedi* BOLLA

saponetta sf bar of soap

sapore sm taste: *L'acqua non ha ~.* Water has no taste. ◇ *Ha un ~ molto strano.* It tastes very strange.

saporito, -a agg tasty*

sarcastico, -a agg sarcastic

Sardegna sf Sardinia

sardina sf sardine

sardo, -a agg, sm-sf Sardinian: *i sardi* the Sardinians

sarta sf dressmaker

sarto sm tailor

sassata sf LOC **prendere a sassate** to throw* stones at *sb*: *Lo presero a sassate.* They threw stones at him.

sasso sm stone LOC **rimanere di sasso** to be speechless *Vedi anche* DORMIRE

sassofono sm saxophone (*abbrev* sax)

satellite sm satellite LOC *Vedi* VIA

satirico, -a agg satirical

Saturno sm Saturn

saudita agg, smf Saudi: *i sauditi* the Saudis

sauna sf sauna

saziare → scadere

saziare ▶ vt to satisfy* ▶ **saziarsi** v rifl: *Ho mangiato fino a saziarmi.* I ate till I was full (up).

sazio, -a agg full: *Sono sazia.* I'm full.

sbadigliare vi to yawn

sbadiglio sm yawn

sbagliare ▶ vt **1** to get* sth wrong: *Ha sbagliato numero.* You've got the wrong number. ◇ ~ *strada* to go the wrong way **2** (*rigore*) to miss ▶ vi to make* a mistake: *Tutti possiamo ~.* We all make mistakes. ◇ *È la seconda sulla destra, non puoi ~.* It's the second on the right — you can't miss it. ▶ v rifl **sbagliarsi 1** to be mistaken: *Se non mi sbaglio …* If I'm not mistaken … **2 sbagliarsi (su/in)** (*ingannarsi*) to be wrong (about *sth*): *Su questo ti sbagli.* You're wrong about that.

sbagliato, -a agg wrong: *Le informazioni erano sbagliate.* The information was wrong. **LOC** *Vedi* ALZARE; *Vedi anche* SBAGLIARE

sbaglio sm mistake: *per ~* by mistake ◇ *fare uno ~* to make a mistake

sbalordito, -a agg amazed (*at/by sth*): *Sono rimasto ~ davanti a tanta insolenza.* I was amazed at such insolence.

sbandare vi (*veicolo*) to skid*

sbandato, -a agg, sm-sf mixed-up [*agg*] *Vedi anche* SBANDARE

sbarazzare ▶ vt to clear ▶ **sbarazzarsi** v rifl **sbarazzarsi di** to get* rid of *sb/sth*: *Mi voglio ~ di questa stufa.* I want to get rid of this heater.

sbarcare vi to disembark

sbarra sf **1** (*Sport*) bar: *una ~ di ferro* an iron bar **2** (*passaggio a livello*) barrier **3** (*lineetta*) stroke

sbattere ▶ vt **1** to bang: *Ho sbattuto la testa.* I banged my head. **2** (*porta*) to slam* **3** (*uova*) to beat* ▶ vi to bang: *La persiana sbatteva contro il muro.* The shutter was banging against the wall. **2** (**andare a**) **~ contro** to smash into *sth*: *(andare a) ~ contro un altro veicolo* to crash into another vehicle ◇ *Rallenta o andremo a ~.* Slow down or we'll crash.

sbavare vi **1** to dribble **2** (*colore*) to run* **3** (*rossetto*) to smudge

sbellicarsi v rifl: *~ dalle risa* to split your sides (laughing)

sberla sf slap: *Mi ha dato una ~.* She slapped me (in the face).

sbiadire vi to fade: *La tua gonna è sbiadita.* Your skirt's faded.

sbilanciare ▶ vt to throw* *sb/sth* off balance ▶ **sbilanciarsi** v rifl **1** (*perdere l'equilibrio*) to lose* your balance **2** (*compromettersi*) to commit* yourself

sbirciare vt to peep at *sth*

sbloccare vt to unblock

sboccare vi **~ in** (*strada*) to lead* to *sth*

sboccato, -a agg foul-mouthed **LOC** **essere sboccato** to use filthy language

sbocciare vi to bloom

sbocco sm **1** (*strada*) end **2** (*di carriera*) opportunity* **3** (*fig*) outlet

sbocconcellare vt to nibble

sbornia sf **LOC** **prendere una sbornia** to get* drunk

sborsare vt to fork out *sth*

sbottonare ▶ vt to undo* ▶ **sbottonarsi** v rifl **1** (*indumento*) to come* undone: *Mi si è sbottonata la gonna.* My skirt came undone. **2** (*confidarsi*) to open up: *Finalmente si è sbottonato.* At last he opened up.

sbracciato, -a agg **1** (*maniche corte*) short-sleeved **2** (*senza maniche*) sleeveless

sbriciolare ▶ vt to crumble *sth* (up) ▶ **sbriciolarsi** v rifl to crumble

sbrigare ▶ vt **1** to settle: *Abbiamo sbrigato la faccenda in mezz'ora.* We settled the matter in half an hour. **2** (*pratica*) to process ▶ **sbrigarsi** v rifl to hurry* up

sbrinare vt to defrost

sbrogliare vt to disentangle

sbronza sf **LOC** **prendere una sbronza** to get* drunk

sbronzo, -a agg drunk

sbucciare vt **1** (*frutto, patata*) to peel: *~ un'arancia* to peel an orange **2** (*piselli*) to shell **3** (*caramella*) to unwrap* **4** (*graffiarsi*) to graze: *sbucciarsi un ginocchio* to graze your knee

sbuffare vi **1** (*per impazienza*) to snort **2** (*per fatica*) to puff and pant

scacchiera sf chessboard

scacciare vt to drive* *sb/sth* away

scacco sm **1 scacchi** chess [*non numerabile*]: *giocare a scacchi* to play chess **2** (*pezzo*) chess piece **3** (*riquadro*) square **LOC** **scacco matto** checkmate

scadente agg (*qualità*) poor: *mobili scadenti* poor-quality furniture

scadenza sf **1** (*di passaporto, contratto*) expiry date **2** (*di alimento*) sell-by date **3** (*di medicinale*) use-by date **4** (*di iscrizione, consegna*) deadline **LOC** **a breve/lunga scadenza** in the short/long term *Vedi anche* DATA

scadere vi **1** (*passaporto, contratto*) to expire **2** (*alimento*) to go* past its sell-by date **3** (*me-*

scaduto → scappare

dicinale) to pass its use-by date **4** (*pagamento*) to be due: *La rata del prestito scade oggi.* The loan repayment is due today.

scaduto, -a *agg* **1** (*documento*) no longer valid: *Questo passaporto è ~.* This passport is no longer valid. **2** (*alimento*) past its sell-by date **3** (*medicinale*) past its use-by date *Vedi anche* SCADERE

scafandro *sm* diving suit

scaffale *sm* shelves [*pl*]

scafo *sm* hull

scagliare ▶ *vt* to hurl *sth* (*at sb/sth*) ▶ **scagliarsi** *v rifl* **scagliarsi contro** to pounce on *sb/sth*

scala

ladder — rung

scala *sf* **1 scale** (*di un edificio*) stairs [*pl*], staircase [*sing*] (*più formale*): *Sono caduta giù per le scale.* I fell down the stairs. **2** (*a pioli*) ladder **3** (*a libretto*) stepladder **4** (*gradazione, Mus*) scale: *in una ~ da uno a dieci* on a scale of one to ten LOC **scala a chiocciola** spiral staircase ◆ **scala antincendio** fire escape ◆ **scala mobile** escalator

scalare *vt* **1** (*montagna*) to climb **2** (*somma*) to deduct **3** (*capelli*) to layer

scalata *sf* climb

scalatore, -trice *sm-sf* climber

scalciare *vi* to kick (your feet)

scaldabagno *sm* water heater

scaldare ▶ *vt* **1** (*cibo*) to heat *sth* up: *Ti scaldo la cena.* I'll heat up your dinner. **2** (*persona, motore*) to warm *sb/sth* up ▶ **scaldarsi** *v rifl* **1** (*persona*) to warm up: *scaldarsi accanto al fuoco* to warm up by the fire **2** (*stanza, ambiente*) to heat up **3** (*accalorarsi*) to get* worked up: *Non scaldarti tanto per una simile sciocchezza.* Don't get worked up about something so trivial.

scalino *sm* step

scalo *sm* stopover LOC **fare scalo** to stop* (over) (*in* …)

scalogna *sf*: *Che ~!* Hard luck!

scaloppina *sf* escalope

scalpello *sm* chisel

scalpore *sm* LOC **fare scalpore** to cause a sensation

scalzo, -a *agg* barefoot: *Mi piace camminare ~ sulla spiaggia.* I love walking barefoot on the beach.

scambiare *vt* **1** to exchange, to swap* (*più informale*): *~ figurine* to swap stickers ◇ *scambiarsi dei regali/degli sguardi* to exchange presents/looks **2** (*confondere*) to mistake* *sb/sth for sb/sth* LOC **scambiare due parole** to speak* (*to sb*)

scambio *sm* exchange: *uno ~ di opinioni* an exchange of views LOC **scambio di persona** mistaken identity

scamosciato, -a *agg* suede: *pelle scamosciata* suede

scampare *vi ~* **a** to survive *sth* LOC **scamparla (bella)** to have a lucky escape

scampo *sm* (*salvezza*) way out: *Non c'è (via di) ~.* There's no way out.

scandalizzare ▶ *vt* to shock ▶ **scandalizzarsi** *v rifl* to be shocked

scandalo *sm* scandal

scanner *sm* scanner

scannerizzare *sm* to scan

scansare ▶ *vt* to dodge ▶ **scansarsi** *v rifl* to move over: *Scansati!* Move over!

scantinato *sm* basement

scapola *sf* shoulder blade

scapolo *sm* bachelor: *È uno ~ impenitente.* He's a confirmed bachelor.

scappare *vi* **1** to escape (*from sb/sth*): *Il pappagallino è scappato dalla gabbia.* The budgie escaped from its cage. **2** (*di casa*) to run* away (*from sth*) **3** (*correre*) to dash: *Devo ~, sono già in ritardo.* I must dash. I'm late. **4** (*sfuggire*): *Non dovevo dirglielo, ma mi è scappato.* I wasn't supposed to tell him, but it just slipped out. ◇ *Gli è scappata una bestemmia.* He swore. ◇ *Mi è scappato il bicchiere di mano.* I dropped the glass. LOC **farsi/lasciarsi scappare 1** (*persona*) to let* *sb* get away: *Non fartelo ~, voglio una foto.* Don't let him get away. I want a photo. **2** (*opportunità*) to let* *sth* slip by: *Ti sei lasciato ~ un'occasione d'oro.* You've let the chance of a lifetime slip by. **3** to let* *sth* slip: *Mi sono lasciata ~ che c'è una festa sabato.* I let slip that there's a party on Saturday. ◆ **scappare da ridere**: *Mi è scappato da ridere.* I couldn't help laughing. *Vedi anche* MENTE

scappatoia *sf* way out
scarabeo *sm* beetle
scarabocchiare *vt, vi* **1** (*disegnare*) to doodle **2** (*scrivere*) to scribble
scarabocchio *sm* **1** (*disegno*) doodle **2** (*parole*) scribble
scarafaggio *sm* cockroach
scaramanzia *sf*: *per* ~ for luck
scaraventare *vt* to hurl *sth* (*at sth*)
scarica *sf* **1** (*di pugni, insulti, proiettili*) hail **2** (*elettrica*) shock
scaricare ▶ *vt* **1** (*contenitore, arma, contenuto*) to unload: *~ un camion/un'arma* to unload a lorry/gun ◊ *~ sacchi di carbone* to unload sacks of coal **2** (*Informatica*) to download **3** (*fidanzato*) to dump ▶ **scaricarsi** *v rifl* (*batteria*) to go* flat
scarico, -a ▶ *agg* **1** (*batteria*) flat **2** (*arma*) unloaded
▶ *sm* **1** (*merci*) unloading **2** (*immondizie*) dumping: *Divieto di ~*. No dumping. *Vedi anche* GAS
scarlattina *sf* scarlet fever

scarpe

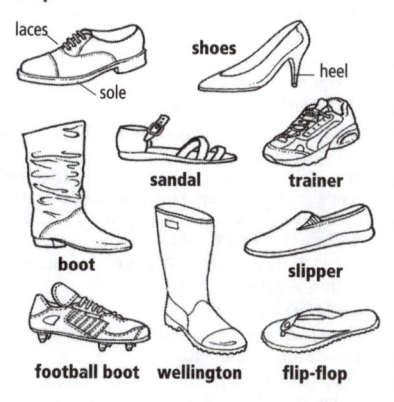

laces
shoes
heel
sole
sandal
trainer
boot
slipper
football boot   wellington   flip-flop

scarpa *sf* shoe: *scarpe col tacco alto/basso* high-heeled/flat shoes LOC **scarpe da calcio** football boots ◆ **scarpe da danza** dancing shoes ◆ **scarpe da ginnastica** trainers ◆ **scarpe da tennis** tennis shoes *Vedi anche* LUCIDO
scarpone *sm* boot: *un paio di scarponi* a pair of boots ➔ *Vedi illustrazione a* SCARPA
scarseggiare *vi* to be scarce
scarsità *sf* shortage
scarso, -a *agg* **1** (+ *sostantivo numerabile al plurale*) few: *Le risorse sono scarse*. There are few resources. **2** (+ *sostantivo non numerabile, poco*) little: *~ interesse* little interest **3** (*cattivo*) poor: *scarsa visibilità* poor visibility **4** (*appena*) just under: *un chilo/metro ~* just under a kilo/metre
scartare *vt* **1** (*pacco*) to unwrap* **2** (*possibilità*) to rule *sb/sth* out **3** (*candidato*) to reject **4** (*Carte*) to discard
scassinare *vt* to force
scatenarsi *v rifl* **1** (*temporale*) to break* **2** (*persona*) to go* wild
scatola *sf* **1** box: *una ~ di cartone* a cardboard box ◊ *una ~ di cioccolatini/fiammiferi* a box of chocolates/matches ➔ *Vedi illustrazione a* CONTAINER **2** (*di latta*) tin: *una ~ di fagioli* a tin of beans ➔ *Vedi nota a* CAN¹ ➔ *Vedi illustrazione a* CONTAINER LOC **in scatola** tinned: *pelati in ~* tinned tomatoes ◆ **scatola del cambio** gearbox ◆ **scatola nera** black box *Vedi anche* GIRAMENTO
scatoletta *sf* (*di latta*) tin: *una ~ di acciughe* a tin of anchovies ➔ *Vedi nota a* CAN¹ ➔ *Vedi illustrazione a* CONTAINER
scattare ▶ *vi* **1** (*allarme*) to go* off **2** (*entrare in vigore*) to come* into effect ▶ *vt* (*foto*) to take*
scatto *sm* **1** (*di congegno*) release **2** (*foto*) shot **3** (*telefono*) unit
scavare *vt* to dig*: *~ una buca* to dig a hole ◊ *~ il terreno* to dig the earth
scavatrice *sf* digger
scavo *sm* excavation: *fare degli scavi* to excavate
scegliere *vt* to choose*: *Scegli tu*. You choose. ◊ *~ tra due cose* to choose between two things
scelta *sf* choice: *non avere ~* to have no choice LOC *Vedi* PROVA
scelto, -a *agg* choice LOC *Vedi* TIRATORE *Vedi anche* SCEGLIERE
scemenza *sf* stupid thing: *fare/dire una ~* to do/say a stupid thing
scemo, -a *agg* stupid
scena *sf* **1** scene: *atto primo, ~ seconda* Act One, Scene Two ◊ *la ~ del delitto* the scene of the crime **2** (*palco*) stage: *entrare in ~* to come on stage ◊ *uscire di ~* to go off stage LOC **mettere in scena** to stage
scenata *sf* scene: *fare una ~* to make a scene
scendere *vi* **1** (*andare/venire giù*) to go*/come* down: *Può ~ alla reception, per favore?* Can you come down to reception, please? ◊ *~ giù per la collina* to go down the hill **2** (*auto*) to get* out (*of sth*): *Non ~ mai da una macchina in corsa*. Never get out of a moving car. **3** (*trasporto pubblico, bici*) to get* off (*sth*): *~ da un*

autobus to get off a bus **4** (*temperatura, oscurità*) to fall* **5** (*prezzi, nebbia*) to come* down **6** (*marea*) to go* out ▐LOC▌ **scendere in picchiata** to nosedive ◆ **scendere le scale** to go* down the stairs

scendiletto *sm* bedside rug
sceneggiato *sm* TV drama
scettico, -a ▶ *agg* sceptical
▶ *sm-sf* sceptic
scheda *sf* (*di schedario*) (index) card ▐LOC▌ **scheda elettorale** ballot paper ◆ **scheda nulla** spoilt ballot paper ◆ **scheda telefonica** phone card
schedare *vt* **1** (*polizia*) to open a file on *sb* **2** (*libri*) to catalogue
schedario *sm* **1** (*mobile*) filing cabinet **2** (*schede*) card index
schedina *sf* (*totocalcio*) pools coupon ▐LOC▌ **fare/giocare la schedina** to do* the pools
scheggia *sf* splinter
scheletro *sm* **1** (*Anat*) skeleton **2** (*struttura*) framework
schema *sm* (*abbozzo*) outline
scherma *sf* fencing
schermo *sm* screen: *lo ~ del computer* the computer screen ⊃ *Vedi illustrazione a* COMPUTER
scherzare *vi* to joke: *Stai scherzando?* You're joking!
scherzo *sm* joke: *Gli facevamo un sacco di scherzi.* We used to play a lot of jokes on him. ▐LOC▌ **essere uno scherzo** (*essere facile*) to be child's play ◆ **per scherzo** as a joke: *L'ho detto solo per ~.* I was only joking. ◆ **scherzi a parte** joking apart
schiaccianoci *sm* nutcrackers [*pl*]
schiacciante *agg* overwhelming: *vincere con una maggioranza ~* to win by an overwhelming majority
schiacciare ▶ *vt* **1** (*cosa vuota, persona*) to crush **2** (*cosa morbida, insetto*) to squash **3** (*noce*) to crack **4** (*patate*) to mash **5** (*pulsante*) to press **6** (*tennis, pallavolo*) to smash
▶ **schiacciarsi** *v rifl* to get* squashed ▐LOC▌ **schiacciare un pisolino/sonnellino** to have a nap ◆ **schiacciarsi un dito nella porta** to get* your finger trapped in the door
schiaffeggiare *vt* to slap*
schiaffo *sm* slap: *Mi ha dato uno ~.* She slapped me. ▐LOC▌ *Vedi* MOLLARE
schiarire ▶ *vt* **1** (*colore*) to lighten **2** (*rendere nitido*): *schiarirsi la voce* to clear your throat
▶ *v impers* (*cielo*) to clear up: *È schiarito verso le cinque.* It cleared up at about five.
▶ **schiarirsi** *v rifl* to clear up: *Il cielo comincia a schiarirsi.* It's starting to clear up.

schiarita *sf* sunny spell
schiavitù *sf* slavery
schiavo, -a *agg, sm-sf* slave [*s*]: *Li trattano come schiavi.* They are treated like slaves. ◊ *essere ~ del denaro* to be a slave to money
schiena *sf* back: *Mi fa male la ~.* My back hurts.
schifezza *sf* rubbish [*non numerabile*]: *Il film è una ~.* The film is rubbish.
schifo *sm* ▐LOC▌ **che schifo!** yuck! ◆ **che schifo di ...** !: *Che ~ di tempo!* What lousy weather! ◆ **far schifo 1** (*cibo, insetto*) to be disgusting: *I ragni mi fanno ~.* I find spiders disgusting. **2** (*libro, spettacolo*) to be rubbish: *Il film faceva ~.* The film was rubbish.
schifoso, -a *agg* **1** (*ripugnante*) disgusting **2** (*pessimo*) awful
schioccare ▶ *vt* **1** (*lingua*) to click **2** (*frusta*) to crack **3** (*dita*) to snap* ▶ *vi* (*frusta*) to crack
schiocco *sm* **1** (*frusta*) crack **2** (*lingua*) click **3** (*dita*) snap
schiuma *sf* **1** foam **2** (*sapone, shampoo*) lather **3** (*cappuccino*) froth **4** (*birra*) head ▐LOC▌ **schiuma da barba** shaving foam
schivare *vt* **1** (*colpo, ostacolo*) to dodge **2** (*persona*) to avoid
schizofrenico, -a *agg, sm-sf* schizophrenic
schizzare ▶ *vt* to splash *sb/sth* (*with sth*) ▶ *vi* to squirt
schizzinoso, -a *agg* fussy*
schizzo *sm* **1** (*di liquido*) squirt **2** (*disegno*) sketch
sci *sm* **1** (*attrezzo*) ski **2** (*sport*) skiing ▐LOC▌ **sci di fondo** cross-country skiing ◆ **sci nautico** waterskiing: *fare ~ nautico* to go waterskiing *Vedi anche* BASTONCINO, PISTA
scia *sf* **1** (*barca*) wake **2** (*aereo*) vapour trail **3** (*profumo*) trail
sciacallo *sm* jackal
sciacquare *vt* to rinse: *sciacquarsi la bocca* to rinse (out) your mouth
sciacquone *sm* flush: *tirare lo ~* to flush the toilet
scialle *sm* shawl: *uno ~ di seta* a silk shawl
scialuppa *sf* ▐LOC▌ **scialuppa di salvataggio** lifeboat
sciame *sm* swarm
sciare *vi* to ski: *Mi piace molto ~.* I love skiing. ◊ *Vanno a ~ tutti i fine settimana.* They go skiing every weekend.
sciarpa *sf* scarf*
sciatore, -trice *sm-sf* skier
scientifico, -a *agg* scientific ▐LOC▌ *Vedi* LICEO

scienza → scompagnato

scienza sf **1** science **2** **scienze** (*Scuola*) science [*non numerabile*]: *il mio professore di scienze* my science teacher ◊ *Ho studiato scienze.* I studied science. LOC **scienze naturali** natural sciences ♦ **scienze politiche** political science [*non numerabile*]

scienziato, -a sm-sf scientist

scimmia sf monkey

scimpanzé sm chimpanzee, chimp (*più informale*)

scintilla sf spark

scintillare vi to sparkle

sciocchezza sf **1** (*azione, cosa detta*) silly thing: *Discutiamo sempre per delle sciocchezze.* We're always arguing over silly little things. **2** (*cosa di poco valore*) little something: *Ti ho comprato una ~.* I've bought a little something for you. **3** (*piccola somma*): *Costa una ~.* It costs next to nothing.

sciocco, -a ▶ agg silly*
▶ sm-sf fool LOC **fare lo sciocco** to fool around

sciogliere ▶ vt **1** (*liquefare*) to melt **2** (*in un liquido*) to dissolve: *~ un'aspirina nell'acqua* to dissolve an aspirin in water **3** (*nodo*) to undo* **4** (*cane*) to set* *sth* loose **5** (*manifestazione*) to break* *sth* up: *La polizia è intervenuta per ~ l'assemblea.* Police were called in to break up the meeting. ▶ **sciogliersi** v rifl **1** (*liquefarsi*) to melt **2** (*in un liquido*) to dissolve **3** (*nodo*) to come* undone **4** (*cane*) to get* loose **5** (*manifestazione*) to break* up LOC **sciogliersi i capelli** to let your hair down

scioglilingua sm tongue-twister

sciolina sf wax

sciolto, -a agg loose: *Porto sempre i capelli sciolti.* I always wear my hair loose. LOC *Vedi* BRIGLIA; *Vedi anche* SCIOGLIERE

scioperante smf striker

scioperare vi to strike*

sciopero sm strike: *essere/entrare in ~* to be/go on strike ◊ *uno ~ generale/della fame* a general/hunger strike

sciovia sf ski lift

scippare vt to snatch *sb's* bag

scippo sm: *essere vittima di uno ~* to have your bag snatched

sciroppo sm **1** (*Med*) mixture [*gen non numerabile*]: *uno ~ per la tosse* cough mixture **2** (*di frutta*) syrup

sciupare vt to spoil*

sciupato, -a agg (*persona*): *L'ho trovata un po' sciupata.* She wasn't looking too well. *Vedi anche* SCIUPARE

scivolare vi to slip*: *~ sul ghiaccio* to slip on the ice ◊ *Sono scivolato su una chiazza d'olio.* I slipped on a patch of oil. ◊ *La saponetta gli è scivolata di mano.* The soap slipped out of his hands. ◊ *Fece ~ in tasca la lettera.* He slipped the letter into his pocket.

scivolo sm (*gioco*) slide

scivolone sm slip: *fare uno ~* to slip

scivoloso, -a agg slippery

soccare vt **1** (*lanciare*) to shoot*: *~ una freccia* to shoot an arrow **2** (*orologio*) to strike*: *L'orologio scoccava le tre.* The clock was striking three.

scocciare ▶ vt to pester: *Non scocciarmi!* Stop pestering me! ▶ **scocciarsi** v rifl to get* fed up

scocciatura sf nuisance, pain (*più informale*): *Che ~!* What a nuisance!

scodella sf bowl

scodinzolare vi: *Il cane scodinzolò.* The dog wagged its tail.

scogliera sf **1** (*rupe*) cliff **2** (*nel mare*) rocks [*pl*]

scoglio sm **1** (*roccia*) rock **2** (*ostacolo*) obstacle

scoiattolo sm squirrel

scolapasta sm colander

scolapiatti sm plate rack

scolare vt (*piatti, pasta*) to drain: *Fai ~ i piatti.* Leave the dishes to drain.

scolaro, -a sm-sf schoolboy [*fem* schoolgirl]

scolastico, -a agg **1** (*testo, gita, aula*) school [*s attrib*]: *anno ~* school year ◊ *l'inizio delle vacanze scolastiche* the start of the school holidays **2** (*sistema*) education [*s attrib*]

scollato, -a agg (*abito*) low-cut: *È troppo ~.* It's too low-cut. ◊ *un vestito ~ dietro* a dress with a low back

scollatura sf neckline

scollo sm neckline LOC **scollo a V** V-neck

scolo sm (*tubatura*) waste pipe

scolorire vt, vi to fade: *La tua gonna è scolorita.* Your skirt's faded.

scolpire vt (*marmo, pietra*) to sculpt

scombussolare vt to upset*: *Lo sciopero mi ha scombussolato i piani.* The strike has upset all my plans.

scommessa sf bet: *fare una ~* to bet

scommettere vt, vi (**su**) to bet* (*sth*) (on *sb/sth*): *~ su un cavallo* to bet on a horse ◊ *Scommetto quello che vuoi che non verranno.* I bet you anything you like they won't come. ◊ *Quanto vuoi ~?* What do you bet?

scomodo, -a agg **1** (*letto*) uncomfortable **2** (*orario*) inconvenient

scompagnato, -a agg (*calzino, guanto*) odd

scomparire → scorpione

scomparire vi to disappear
scomparsa sf disappearance
scompartimento sm compartment
scomparto sm compartment
scompigliare vt to mess sth up: *Il vento mi ha scompigliato i capelli*. The wind messed up my hair.
scomporre vt to break* sth down LOC **senza scomporsi** unperturbed
sconcertare vt to disconcert: *La sua reazione mi ha sconcertato*. I was disconcerted by his reaction.
sconcertato, -a agg LOC **rimanere sconcertato** to be taken aback: *Sono rimasti sconcertati davanti al mio rifiuto*. They were taken aback by my refusal. *Vedi anche* SCONCERTARE
sconfiggere vt to defeat
sconfitta sf defeat
scongelare vt to defrost
sconnesso, -a agg (*confuso*) incoherent: *parole sconnesse* incoherent words
sconosciuto, -a ▶ agg unknown: *una squadra sconosciuta* an unknown team ▶ sm-sf stranger
sconsigliare vt ~ qc a qn to advise sb against sth: *Te lo sconsiglio!* I advise you against it!
scontare vt **1** (*detrarre*) to discount **2** (*pena*) to serve
scontato, -a agg **1** (*Comm*) discounted **2** (*prevedibile*) inevitable: *Era ~ che perdesse*. It was inevitable that he'd lose. LOC **dare per scontato** to take* sth for granted *Vedi anche* SCONTARE
scontento, -a agg ~ (**di**) dissatisfied (with sb/sth)
sconto sm discount: *fare lo ~* to give a discount ◊ *C'era il 10% di ~ sui videogiochi*. They were giving 10% off video games.
scontrarsi v rifl **1** (*entrare in collisione*) to crash: *La macchina si è scontrata con un camion*. The car crashed into a lorry. **2** ~ (**con**) to argue (with sb): *Si è scontrato col padre*. He argued with his father.
scontrino sm **1** (*ricevuta fiscale*) receipt: *Per cambiarlo devi avere lo ~*. You'll need the receipt if you want to exchange it. **2** (*di lavasecco, guardaroba*) ticket
scontro sm **1** (*collisione*) collision (*with sth*): *uno ~ frontale* a head-on collision **2** (*discussione*) clash: *Abbiamo avuto vari scontri*. I've clashed with him several times.
sconvolgente agg upsetting: *un'esperienza ~* an upsetting experience
sconvolgere vt to upset*

sconvolto, -a agg devastated (*at/by sth*): *~ dalla perdita del figlio* devastated by the loss of his son *Vedi anche* SCONVOLGERE
scopa sf **1** broom ⊃ *Vedi illustrazione a* BRUSH **2** (*di strega*) broomstick
scoperchiare vt to take* the lid off sth: *~ una pentola* to take the lid off a saucepan
scoperta sf **1** (*scientifica, geografica*) discovery*: *Gli studiosi hanno fatto una grande ~*. Scientists have made an important discovery. **2** (*persona, cosa*) find: *La nuova ballerina è stata una vera ~*. The new dancer is a real find.
scoperto, -a agg **1** (*pentola*) uncovered **2** (*braccia, gambe*) bare **3** (*piscina*) open-air *Vedi anche* SCOPRIRE
scopo sm **1** (*meta*) goal: *raggiungere lo ~* to achieve your goal **2** ~ **di** (*intento*) purpose of sth LOC **a che scopo?** what for?
scoppiare vi **1** (*bomba*) to explode **2** (*palloncino*) to burst*: *Se ne mangio ancora scoppio!* If I eat any more I'll burst! **3** (*guerra, incendio, epidemia*) to break* out **4** (*scandalo, temporale*) to break* LOC **scoppiare a piangere** to burst* into tears ♦ **scoppiare a ridere** to burst* out laughing
scoppio sm **1** (*bomba*) explosion **2** (*guerra, epidemia*) outbreak: *lo ~ di un'epidemia di colera* an outbreak of cholera LOC **a scoppio ritardato** delayed-action
scoprire vt **1** to discover: *~ un'isola/un vaccino* to discover an island/a vaccine **2** (*venire a sapere*) to find* sth (*out*): *Ho scoperto che mi ingannavano*. I found out that they were cheating me. **3** (*congiura*) to uncover
scopritore, -trice sm-sf discoverer
scoraggiante agg discouraging
scoraggiare ▶ vt to discourage ▶ **scoraggiarsi** v rifl to lose* heart
scoraggiato, -a agg discouraged *Vedi anche* SCORAGGIARE
scorciatoia sf short cut: *Possiamo prendere una ~ passando di qui*. We can take a short cut through here.
scordare ▶ vt to forget* ▶ **scordarsi** v rifl **scordarsi (di)** to forget* (sth)
scoreggia sf fart (*informale*)
scoreggiare vi to fart (*informale*)
scorgere vt to make* sb/sth out
scorpacciata sf LOC **fare una scorpacciata** to stuff yourself
scorpione sm **1** (*animale*) scorpion **2** **Scorpione** (*Astrologia*) Scorpio ⊃ *Vedi esempi a* ACQUARIO

scorrere ▶ *vi* **1** (*liquido, traffico*) to flow: *L'acqua scorreva giù per la strada.* Water was flowing down the street. **2** (*tempo*) to pass ▶ *vt* (*giornale*) to glance through *sth*

scorretto, -a *agg* **1** (*sbagliato*) incorrect **2** (*sleale*) unfair LOC *Vedi* GIOCO

scorrevole *agg* flowing LOC *Vedi* PORTA

scorsa *sf* LOC **dare una scorsa a** to glance at *sth*

scorso, -a *agg* last: *martedì ~* last Tuesday

scorsoio, -a *agg* LOC *Vedi* NODO

scorta *sf* **1** (*protezione, persone*) escort **2** (*provviste*) stock LOC **di scorta** spare *Vedi anche* RUOTA

scortare *vt* to escort

scortese *agg* rude

scorticare *vt* to graze: *Mi sono scorticato un ginocchio.* I've grazed my knee.

scorza *sf* (*agrumi*) peel ➔ *Vedi nota a* PEEL

scosceso, -a *agg* steep

scossa *sf* **1** (*movimento*) jerk **2** (*elettrica*) shock: *Ho preso la ~.* I got an electric shock. LOC **scossa sismica** earth tremor

scostante *agg* unfriendly

scotch® *sm* Sellotape®

scottare ▶ *vt* **1** to burn*: *scottarsi la lingua* to burn your tongue **2** (*con liquido bollente*) to scald ▶ *vi* **1** to be very hot: *Sta' attento, la minestra scotta.* Be careful — the soup is very hot. **2** (*sole*) to beat* down ▶ **scottarsi** *v rifl* **1** to burn* yourself **2** (*con liquido bollente*) to scald yourself: *Mi sono scottato con l'acqua bollente.* I scalded myself with the boiling water. **3** (*al sole*) to get* sunburnt: *Mettiti una maglietta sennò ti scotti.* Put on a T-shirt or you'll get sunburnt.

scottatura *sf* **1** burn **2** (*con liquido bollente*) scald **3** (*da sole*) sunburn

Scozia *sf* Scotland

scozzese ▶ *agg* Scottish
▶ *smf* Scotsman*/woman*: *gli scozzesi* the Scots

screditare *vt* to discredit

scremato, -a *agg* LOC *Vedi* LATTE

screpolato, -a *agg* (*mani, labbra*) chapped

scribacchino, -a *sm-sf* pen-pusher

scricchiolare *vi* to creak

scricchiolio *sm* creaking

scritta *sf* **1** (*iscrizione*) writing [*non numerabile*]: *La ~ è troppo piccola.* The writing's too small. **2** (*graffiti*) graffiti [*non numerabile*]: *un muro coperto di scritte* a graffiti-covered wall **3** (*insegna*) sign

scritto, -a ▶ *agg* (*esame*) written
▶ *sm* **1** (*esame*) written exam: *lo ~ d'italiano* the written exam in Italian **2** (*opera*) work LOC *Vedi* COMPRENSIONE; *Vedi anche* SCRIVERE

scrittoio *sm* bureau*

scrittore, -trice *sm-sf* writer

scrittura *sf* writing; (*calligrafia anche*) handwriting: *Ha una bella/brutta ~.* He has nice/awful handwriting.

scrivania *sf* desk

scrivere *vt, vi* **1** to write*: *~ un libro* to write a book ◇ *Questa penna non scrive.* This pen doesn't write. ◇ *Non mi scrivi mai.* You never write to me. ◇ *Non sa ancora ~.* He can't write yet. **2** (*ortografia*) to spell*: *Come si scrive?* How do you spell it? LOC **scrivere a mano** to write* *sth* by hand *Vedi anche* MACCHINA, RIGA

scroccare *vt* to scrounge

scroccone, -a *sm-sf* scrounger: *Sei proprio uno ~!* You're a real scrounger!

scrofa *sf* sow ➔ *Vedi nota a* MAIALE

scrupolo *sm* scruple LOC **senza scrupoli** unscrupulous

scrupoloso, -a *agg* **1** (*onesto*) scrupulous **2** (*meticoloso*) meticulous

scucire ▶ *vt* to unpick ▶ **scucirsi** *v rifl* (*gonna, camicia*) to come* apart at the seams; (*orlo*) to come* undone

scuderia *sf* stable(s) [*si usa spec al pl*]

scudetto *sm* shield

scudo *sm* shield

sculacciare *vt* to give* *sb* a smack

sculaccione *sm* smack: *Se ti prendo ti dò uno ~.* I'll give you a smack if I catch you.

scultore, -trice *sm-sf* sculptor [*fem* sculptress]

scultura *sf* sculpture

scuola *sf* school: *Ci andremo dopo la ~.* We'll go after school. ◇ *Non c'è ~ lunedì.* There's no school on Monday. ◇ *Vado a ~ con l'autobus.* I go to school by bus. ◇ *~ di lingue* language school ➔ *Vedi nota a* SCHOOL LOC **scuola alberghiera** catering college ♦ **scuola dell'obbligo** compulsory education ♦ **scuola elementare** primary school ♦ **scuola guida** driving school ♦ **scuola materna** nursery school ♦ **scuola media** middle school ♦ **scuola serale** evening classes [*pl*] ♦ **scuola (media) superiore** secondary school *Vedi anche* MARINARE

In Gran Bretagna ci sono scuole statali, le **state schools** e scuole private, le **independent schools**. Ci sono poi le **public schools** che, nonostante il nome, sono dei collegi privati, molto tradizionali. Tra i più conosciuti, Eton e Harrow. In Gran Bretagna s'inizia la scuola (**primary school**) a cinque anni e la si frequenta fino all'età di undici anni. Dopo l'ultimo anno di scuola primaria, detto **year 7**, si passa alla scuola media, di solito una **comprehensive school**, dove si studiano varie materie. Esistono anche degli istituti dove si dà maggior importanza allo sport (**sports colleges**) o alle materie tecniche (**city technology colleges**). Alla fine dei cinque anni di scuola superiore gli studenti danno gli esami detti **GCSEs** su un tot di materie a scelta (fino a dieci). Dopodiché se lo desiderano possono terminare gli studi (a sedici anni) oppure continuare per altri due anni. Se presso il loro istituto non esiste la possibilità di studiare per il biennio detto **sixth form** allora si iscrivono ad un **sixth form college** dove prepareranno gli esami detti **A levels** su una rosa ristretta di materie. Negli Stati Uniti, ci sono le **elementary schools** per allievi dai sei ai dodici anni, dopo le quali c'è la **junior high school** della durata di tre anni, e poi la **senior high school** di altri tre anni.

scuolabus sm school bus

scuotere vt to shake*: ~ *la testa* to shake your head ◊ ~ *la tovaglia* to shake the tablecloth ◊ ~ *la sabbia (dall'asciugamano)* to shake the sand off (the towel)

scure sf axe

scuro, -a agg dark: *blu* ~ dark blue ◊ *una notte scura e senza stelle* a dark, starless night ◊ *Mia sorella ha i capelli più scuri di me.* My sister's hair is much darker than mine. LOC *Vedi* BIRRA

scusa sf 1 (*giustificazione*) excuse: *Non c'è* ~ *che tenga.* There's no excuse for this. ◊ *Trovi sempre una* ~. You're always making excuses. ◊ *Trova sempre una* ~ *per non venire.* He always finds an excuse not to come. 2 (*chiedendo perdono*) apology*: *accettare le scuse di qn* to accept sb's apologies LOC *Vedi* CHIEDERE

scusare ▶ vt to excuse: *Niente può* ~ *una tale maleducazione.* Nothing can excuse such rudeness. ▶ **scusarsi** v rifl to apologize (*to sb*) (*for sth*): *Mi sono scusato con lei per non aver scritto.* I apologized to her for not writing. LOC **scusa, scusi, ecc** 1 (*per scusarsi*) sorry: *Scusa, ti ho pestato il piede?* Sorry, did I step on your foot? ◊ *Scusate il ritardo.* Sorry I'm late. 2 (*per richiamare l'attenzione*) excuse me: *Scusi, che ore sono?* Excuse me, have you got the time, please? ➔ *Vedi nota a* EXCUSE

sdraia sf deckchair

sdraiarsi v rifl to lie* down

sdraiato, -a agg LOC **essere/stare sdraiato** to be lying down *Vedi anche* SDRAIARSI

sdraio sm LOC *Vedi* SEDIA

se¹ cong 1 if: *Se piove non andiamo.* If it rains, we won't go. ◊ *Se fossi in te…* If I were you… ◊ *Se avessi i soldi mi comprerei una moto.* If I had the money, I'd buy a motorbike.

Anche se è più corretto dire "if I/he/she/it were ", nella lingua parlata è comune dire "if I/he/she/it was ".

2 (*dubbio*) whether: *Non so se andare o restare.* I don't know whether to go or stay. 3 (*desiderio*) if only: *Se lo avessi saputo prima!* If only I had known before! LOC **se no** otherwise

se² pron pers *Vedi* SI

sé pron pers 1 (*maschile*) himself 2 (*femminile*) herself: *Parla solo di sé.* She only talks about herself. 3 (*neutro*) itself: *Il problema si è risolto da sé.* The problem solved itself. 4 (*plurale*) themselves 5 (*impersonale, formale*) yourself: *tenere per sé qc* to keep sth for yourself ➔ *Vedi nota a* YOU LOC **è un caso a sé** it's a special case ◆ **di per sé** in itself *Vedi anche* TRA

sebbene cong although, though (*più informale*)

Although è più formale di **though**. Per dare maggiore enfasi si può usare **even though**: *Non sono voluti venire sebbene sapessero che tu c'eri.* They didn't want to come, although/though/even though they knew you'd be here.

seccare ▶ vt 1 (*inaridire*) to dry* 2 (*infastidire*) to annoy: *Quel che mi secca più di tutto è che…* What annoys me most of all is that… ▶ **seccarsi** v rifl 1 (*fiume*) to dry* up 2 (*fiore*) to wither 3 (*persona*) to get* annoyed

seccato, -a agg annoyed *Vedi anche* SECCARE

seccatore, -trice sm-sf nuisance, pain (*più informale*)

seccatura sf nuisance, pain (*più informale*): *Che* ~! What a nuisance!

secchiello sm bucket: ~ *per il ghiaccio* ice bucket

secchio sm bucket

secchione, -a sm-sf swot

secco, -a agg 1 (*asciutto*) dry*: *un clima molto* ~ a very dry climate ◊ *vino bianco* ~ dry white wine 2 (*foglia*) dead 3 (*frutta, fiori*) dried: *fichi secchi* dried figs 4 (*tono, colpo*) sharp 5 (*magro*) skinny ➔ *Vedi nota a* MAGRO LOC *Vedi* FRUTTA, LAVAGGIO, LAVARE

secolo *sm* **1** century*: *nel XX ~* in the 20th century. ❶ Si legge "in the twentieth century". **2** (*fig*) ages [pl]: *Sono secoli che non ci vediamo!* I haven't seen you for ages!

secondario, -a *agg* secondary LOC *Vedi* PARTE, STRADA

secondo, -a ▶ *agg, pron, sm* second (*abbrev* 2nd) ↪ *Vedi esempi a* SESTO
▶ *sm* **1** (*tempo*) second **2** (*piatto*) main course: *Cosa prende come ~?* What would you like as a main course?
▶ *prep* according to *sb/sth*: *~ lei/i piani* according to her/the plans

According to si usa quando ci si riferisce alla fonte di informazione: *Secondo il dizionario non ha il plurale.* According to the dictionary it's got no plural. ◇ *Secondo Lucy la festa è la prossima settimana.* According to Lucy the party's next week. Per parlare di opinioni si usa **in my opinion** o **I think**: *Secondo te, che cosa dovremmo fare?* In your opinion, what should we do? ◇ *Secondo me, non vale la pena.* I don't think it's worth it.

▶ **seconda** *sf* **1** (*marcia*) second (gear) **2** (*Scuola*) second year: *Faccio la seconda.* I'm in the second year. LOC **a seconda di** depending on *sth*: *a ~ della misura* depending on what size it is ◆ **di seconda mano** second-hand *Vedi anche* CATEGORIA, CLASSIFICARE, LUOGO, POSTO

sedano *sm* celery

sedativo *sm* sedative

sede *sf* **1** (*principale*) headquarters* (*abbrev* HQ) **2** (*secondaria*) branch: *È stata trasferita alla ~ di Bari.* She's been transferred to the Bari branch.

sedere ▶ *vi* to sit*: *~ su una sedia* to sit on a chair ▶ **sedersi** *v rifl* to sit* (down): *Si sieda.* Sit down, please. ◇ *Ci siamo seduti per terra.* We sat (down) on the floor.
▶ *sm* bottom LOC **mettere a/far sedere 1** (*bambino*) to sit* *sb*: *Ha messo il bambino a ~ sull'erba.* He sat the baby on the grass. **2** (*adulto*) to seat *sb*

sedia *sf* chair: *seduto su una ~* sitting on a chair LOC **sedia a dondolo** rocking chair ◆ **sedia elettrica** electric chair ◆ **sedia a rotelle** wheelchair ◆ **sedia a sdraio** deckchair

sedicenne *agg, smf* sixteen-year-old ↪ *Vedi esempi a* UNDICENNE

sedicesimo, -a *agg, pron, sm* sixteenth ↪ *Vedi esempi a* SESTO

sedici *sm, agg, pron* **1** sixteen **2** (*data*) sixteenth ↪ *Vedi esempi a* SEI

sedile *sm* seat

seducente *agg* seductive

sedurre *vt* to seduce

seduta *sf* session LOC **seduta spiritica** seance

seduto, -a *agg* sitting, seated (*più formale*): *Erano seduti a tavola.* They were sitting at the table. ◇ *Rimasero seduti.* They remained seated. *Vedi anche* SEDERE

seduttore, -trice *sm-sf* seducer

seduzione *sf* seduction

sega *sf* saw

segale *sf* rye

segare *vt* to saw* *sth* (up): *Ho segato l'asse.* I sawed up the plank.

segatura *sf* sawdust

seggio *sm* (*carica pubblica*) seat LOC **seggio elettorale** polling station

seggiolone *sm* high chair

seggiovia *sf* chairlift

segmento *sm* segment

segnalare *vt* **1** (*indicare*) to signal* **2** (*con cartello*) to signpost **3** (*riportare*) to report: *Sulla linea ferroviaria era stato segnalato un pacco sospetto* A suspect package was reported on the railway line. **4** (*avvertire*) to warn: *L'intelligence aveva segnalato la possibilità di un attacco.* Intelligence had warned of the possibility of an attack.

segnalazione *sf* report

segnale *sm* **1** (*di allarme, orario*) signal **2** (*stradale*) sign **3** (*telefono*) tone: *~ di libero/occupato* the dialling/engaged tone

segnalibro *sm* bookmark

segnare ▶ *vt* **1** (*annotare*) to note *sth* down: *Mi sono segnato l'indirizzo.* I noted down the address. **2** (*contrassegnare*) to mark: *Segna gli errori con la matita rossa.* Mark the mistakes in red pencil. **3** (*indicare*) to say*: *L'orologio segnava le cinque.* The clock said five o'clock.
▶ *vt, vi* (*Calcio*) to score: *Hanno segnato (tre goal) nel primo tempo.* They scored (three goals) in the first half.

segno *sm* **1** (*gesto, segnale*) sign: *È un buon/brutto ~.* It's a good/bad sign. ◇ *dare segni di stanchezza* to show signs of fatigue **2** (*simbolo*) token **3** (*dello zodiaco*) star sign: *Di che ~ sei?* What's your star sign? **4** (*traccia*) mark: *Aveva dei segni rossi sul collo.* He had some red marks on his neck. LOC **fare segno 1** to signal* (*to sb*): *Mi facevano ~ di fermarmi.* They were signalling to me to stop. ◇ *Mi fece ~ di entrare.* He signalled to me to come in. **2** (*con la testa, per dire di sì*) to nod* (*at sb*): *Fece ~ di sì.* He nodded (his head). **3** (*con la testa, per dire di no*) to shake* your head (*at sb*): *Fece ~ di no.* He shook his head. ◆ **segni caratteristici** distin-

segretario → sempre

guishing marks ◆ **segno di uguaglianza** equals sign ◆ **segno zodiacale** sign of the zodiac *Vedi anche* COLPIRE, FILO

segretario, -a *sm-sf* secretary*: *Ha fatto un corso per segretaria d'azienda.* She has done a secretarial course.

segreteria *sf* **1** (*ufficio*) secretary's office **2** (*segretariato*) secretariat: *la ~ dell'ONU* the UN secretariat ⟦LOC⟧ **segreteria telefonica** answering machine

segreto, -a *agg, sm* secret: *Sai tenere un ~?* Can you keep a secret? ◊ *in ~* secretly

seguace *smf* follower

seguente *agg* next, following: *il giorno ~* the next/following day

seguire ▶ *vt, vi* to follow: *Seguimi.* Follow me. ◊ *Non ti seguo.* I don't follow you. ▶ *vi* to continue: *L'articolo segue a pagina sette.* The article continues on page seven. ⟦LOC⟧ **seguire la moda** to follow fashion: *Non segue la moda.* She doesn't follow fashion. ◆ **seguire le orme di** to follow in sb's footsteps

seguito *sm* **1** (*persone*) entourage **2** (*proseguimento*) continuation ⟦LOC⟧ **di seguito 1** (*uno dopo l'altro*): *quattro volte di ~* four times in a row ◊ *Ci sono andati tre giorni di ~.* They went there three days running. **2** (*ininterrottamente*): *È piovuto per quattro giorni di ~.* It rained non-stop for four days. ◆ **in seguito** subsequently ◆ **in seguito a** (*in conseguenza*) following sth

sei *sm, agg, pron* **1** six: *il numero ~* number six ◊ *Sei più tre fa nove.* Six and three are/make nine. ◊ *Sei per tre (fa) diciotto.* Three sixes (are) eighteen. **2** (*data*) sixth: *Siamo andati il 6 maggio.* We went on 6 May ❶ Si legge "the sixth of May". ⟦LOC⟧ **alle sei** at six o'clock ◆ **le sei e cinque, dieci, ecc** five, ten, etc. past six ◆ **le sei e mezzo** half past six ◆ **le sei e un quarto** a quarter past six ◆ **le sei meno cinque, dieci, ecc** five, ten, etc. to six ◆ **le sei meno un quarto** a quarter to six ◆ **sei su dieci** six out of ten ◆ **sono le sei** it's six o'clock ➔ *Per altre informazioni sull'uso dei numeri, delle date, ecc vedi Appendice 1.*

seicento ▶ *sm, agg, pron* six hundred: *Eravamo ~ alla maratona.* There were six hundred of us on the marathon. ◊ *~ anni fa* six hundred years ago ➔ *Vedi Appendice 1.*
▶ *sm* **il Seicento** the 17th century: *nel Seicento* in the 17th century

selciato *sm* cobbles [*pl*]

selezionare *vt* to select

selezionato, -a *agg* select: *un gruppo ~* a select group *Vedi anche* SELEZIONARE

selezione *sf* selection

sella *sf* saddle

sellare *vt* to saddle *sth* (up)

sellino *sm* saddle

selvaggina *sf* game: *Non ho mai mangiato ~.* I've never tried game.

selvaggio, -a *agg* **1** (*animali, luogo*) wild: *animali selvaggi* wild animals **2** (*popolazioni*) uncivilized

selvatico, -a *agg* wild

semaforo *sm* traffic lights [*pl*]: *Quando arrivi al ~ gira a sinistra.* Turn left when you get to the traffic lights. ◊ *Il ~ era rosso.* The lights were red.

sembrare *vi* **1** (*dare l'impressione*) to seem: *Sembrano sicuri.* They seem certain. ◊ *Sembra ieri.* It seems like only yesterday. **2** (*apparire*) to look: *Quei dolci sembrano proprio buoni.* Those cakes look very nice. ◊ *Sembra più giovane di quanto non sia.* She looks younger than she is. **3** (*assomigliare*) to look like *sb/sth*: *Sembra un'attrice.* She looks like an actress. ◊ *Con quei pantaloni sembri un pagliaccio.* You look like a clown in those trousers. **4** (*opinione*): *Mi sembra che abbia ragione lui.* I think he's right. ◊ *Come ti sono sembrati i miei cugini?* What did you think of my cousins? ⟦LOC⟧ **sembra che...** (*si dice*) apparently...

seme *sm* **1** seed: *semi di girasole* sunflower seeds **2** (*Carte*) suit ➔ *Vedi nota a* CARTA

semiaperto, -a *agg* half-open

semicerchio *sm* semicircle

semifinale *sf* semi-final

semifinalista *smf* semi-finalist

seminare *vt* **1** to sow*: ~ *il grano/un campo* to sow wheat/a field **2** (*far perdere le tracce*) to give* *sb* the slip: *Ha seminato la polizia.* He gave the police the slip.

seminario *sm* **1** (*lezione*) seminar **2** (*Relig*) seminary*

seminterrato *sm* basement

semmai *avv* if anything: *Semmai è peggiorato.* If anything it's got worse.

semplice *agg* simple: *Non è così ~.* It's not as simple as it looks. ◊ *una cena ~* a simple meal

semplicione, -a *sm-sf* simple [*agg*]: *Quel poveretto è un ~.* The poor man's a bit simple.

semplicità *sf* simplicity

semplificare *vt* to simplify*

sempre *avv* **1** always: *Dici ~ le stesse cose.* You always say the same thing. ◊ *Mi è ~ piaciuto ballare.* I've always loved dancing. ➔ *Vedi nota a* ALWAYS **2** (*ancora*) still: *Abiti ~ a Manchester?* Do you still live in Manchester? ⟦LOC⟧ **come sempre** as usual ◆ **da sempre** always: *Ci conosciamo da ~.* I've always known him.

♦di sempre (*solito*) usual **♦per sempre 1** (*permanentemente*) for good: *Lascio l'Italia per ~*. I'm leaving Italy for good. **2** (*eternamente*) for ever: *Ti amerò per ~*. I will love you for ever. ◊ *Me ne ricorderò per ~*. I'll remember it for ever. **♦ pur sempre** (*tuttavia*) still: *È pur ~ tuo fratello e dovresti aiutarlo*. He's still your brother and you should help him. **♦ sempre che ...** (*purché*) as long as ... : *Partiamo domani, ~ che non piova*. We'll leave tomorrow, as long as it doesn't rain. **♦ sempre meglio/peggio** better and better/worse and worse **♦ sempre meno** less and less: *Ho ~ meno soldi*. I've got less and less money. ◊ *Ci vediamo ~ meno*. We see less and less of each other. **♦ sempre più** more and more: *Ci sono ~ più problemi*. There are more and more problems. ◊ *Sei ~ più bella*. You're looking prettier and prettier. *Vedi anche* DIRITTO

senape *sf* mustard

senato *sm* senate

senatore, -trice *sm-sf* senator

Senegal *sm* Senegal

senegalese *agg, smf* Senegalese: *i senegalesi* the Senegalese

Senna *sf* **la Senna** the Seine

seno *sm* breast

sensato, -a *agg* sensible

sensazionale *agg* sensational

sensazione *sf* feeling: *Ho la ~ che mi nasconda qualcosa*. I've got a feeling she's hiding something from me.

sensibile *agg* **1** sensitive (*to sth*): *La mia pelle è molto ~ al sole*. My skin is very sensitive to the sun. ◊ *È una bambina molto ~*. She's a very sensitive child. ❶ La parola inglese **sensible** non significa *sensibile* ma *sensato*. **2** (*notevole*) noticeable: *un ~ miglioramento* a noticeable improvement

sensibilità *sf* sensitivity

sensibilizzare *vt*: *~ l'opinione pubblica ai problemi dell'ambiente* to make people aware of environmental issues

senso *sm* **1** sense: *i cinque sensi* the five senses ◊ *~ dell'umorismo* sense of humour ◊ *avere il ~ del ritmo* to have a good sense of rhythm ◊ *Non ha ~*. It doesn't make sense. ◊ *in un certo ~* in a sense **2** (*significato*) meaning **3** (*direzione*) direction: *Il camion veniva in ~ contrario*. The lorry was coming from the opposite direction. **4 sensi** (*conoscenza*) consciousness: *perdere/riacquistare i sensi* to lose/regain consciousness LOC **in senso orario/antiorario** clockwise/anticlockwise **♦ senso d'orientamento** sense of direction **♦ senso** unico: *una strada a ~ unico* a one-way street *Vedi anche* DOPPIO, SESTO

sensuale *agg* sensual

sentenza *sf* sentence LOC *Vedi* EMETTERE

sentiero *sm* path

sentimentale *agg* **1** sentimental: *valore ~* sentimental value **2** (*vita*) love [*s attrib*]: *la sua vita ~* her love life

sentimento *sm* feeling

sentinella *sf* (*Mil*) sentry*

sentire ▶ *vt* **1** (*sensazioni, sentimenti*) to feel*: *~ caldo/freddo* to feel hot/cold ◊ *Per lei non sento niente*. I don't feel anything for her. **2** (*udire*) to hear*: *Non avevano sentito l'allarme*. They hadn't heard the alarm. ◊ *Lo senti? Can you hear it?* ◊ *Non ti ho sentito entrare*. I didn't hear you come in. ◊ *C'era un tale chiasso che non riuscivo a farmi ~*. It was so noisy I couldn't make myself heard. **3** (*profumo*) to smell* **4** (*sapore*) to taste

> In inglese si usa spesso **can** con verbi come **to see, to hear, to smell** e **to feel** quando esprimono percezione: *Mi senti?* Can you hear me? ◊ *Si sentiva ancora odore di pesce il giorno dopo*. You could still smell fish the next day. ◊ *Non vedo niente!* I can't see a thing!

5 (*ascoltare*) to listen (to *sb/sth*): *Non mi stai mai a ~*. You never listen to me. ◊ *Senti, non sei mica obbligato a farlo*. Listen, you don't have to do it. **6** (*informarsi*): *Senti che cosa ne pensa Giulia*. See what Giulia says. ◊ *Prima voglio ~ il mio avvocato*. I want to consult my lawyer first. ▶ **sentirsi** *v rifl* to feel*: *Mi sento benissimo*. I feel very well. ◊ *Non mi sento bene*. I don't feel well. LOC **non me la sento** I don't feel* up to it: *Oggi non me la sento di andare a lavorare*. I don't feel up to going to work today. ➲ Per altre espressioni con **sentire** vedi alla voce del sostantivo, dell'aggettivo, ecc, ad es. **sentirsi male** a MALE.

sentito, -a *agg* heartfelt: *sentiti ringraziamenti* heartfelt thanks *Vedi anche* SENTIRE

senza *prep* without: *~ zucchero* without sugar ◊ *~ pensare* without thinking ◊ *È uscito ~ dire niente*. He went out without saying anything. ◊ *Se ne sono andati ~ che nessuno li vedesse*. They left without anybody seeing them. LOC **senz'altro** definitely: *Vengo senz'altro*. I'm definitely coming. **♦ senza dubbio** undoubtedly

senzatetto *smf* homeless person*: *i senzatetto* the homeless

separare ▶ *vt* to separate *sb/sth* (*from sb/sth*): *Separa le palline rosse da quelle verdi*. Separate the red balls from the green ones.

separatista → sessantenne

▶ **separarsi** *v rifl* to separate, to split* up (*più informale*): *Si è separata dal marito.* She and her husband have separated. ◇ *Ci siamo separati a metà strada.* We split up halfway.

separatista *agg, smf* separatist

separato, -a *agg* **1** (*matrimonio*) separated: *"Sposata o nubile?" "Separata."* 'Married or single?' 'Separated.' **2** (*distinto*) separate: *Abbiamo dormito in camere separate.* We slept in separate rooms. *Vedi anche* SEPARARE

separazione *sf* separation

seppellire *vt* (*lett e fig*) to bury*

seppia *sf* cuttlefish*

sequenza *sf* sequence

sequestrare *vt* **1** (*persona*) to kidnap* **2** (*confiscare*) to seize: *La polizia ha sequestrato 10 kg di cocaina.* The police seized 10 kg of cocaine.

sequestro *sm* **1** (*persona*) kidnapping **2** (*armi, droga*) seizure

sera *sf* evening: *Il volo è di ~.* The flight is in the evening. ◇ *Sono arrivati domenica ~.* They arrived on Sunday evening. ◇ *Ci vediamo domani ~.* I'll see you tomorrow evening. ◇ *Cosa fai questa ~?* What are you doing this evening? ◇ *alle otto di ~* at eight o'clock in the evening ➔ *Vedi nota a* MORNING LOC *Vedi* ABITO, CALARE, IERI

serale *agg* evening [*s attrib*] LOC *Vedi* CORSO, SCUOLA

serata *sf* **1** (*ricevimento*) evening **2** (*Teat*) performance: *una ~ di gala* a gala performance

serbare *vt* to keep* LOC **serbare rancore a** to bear* sb a grudge: *Non gli serbo rancore.* I don't bear him any grudge.

serbatoio *sm* tank: *il ~ della benzina* the petrol tank

Serbia *sf* Serbia

serbo, -a ▶ *agg* Serbian
▶ *sm-sf, sm* Serb: *i serbi* the Serbs ◇ *parlare ~* to speak Serb

sereno, -a ▶ *agg* **1** (*persona*) calm **2** (*tempo*) fine
▶ *sm* (*bel tempo*) fine weather

sergente *sm* sergeant

serial *sm* serial

serie *sf* **1** series*: *una ~ di disgrazie* a series of disasters ◇ *una nuova ~ televisiva* a new TV series **2** (*Sport*) division: *una squadra di ~ A* a top-division team LOC *Vedi* PRODURRE

serio, -a *agg* **1** serious: *una faccenda seria* a serious matter ◇ *un'aria seria* a serious look **2** (*affidabile*) reliable: *È una persona seria.* He's a reliable person. LOC **sul serio** seriously: *prendere qc sul ~* to take sth seriously ◇ *Dici sul ~?* Are you serious?

serpente *sm* snake LOC **serpente a sonagli** rattlesnake

serra *sf* greenhouse LOC *Vedi* EFFETTO

serratura *sf* lock LOC *Vedi* BUCO

servire ▶ *vt* to serve: *Ci hanno servito subito.* They served us straight away. ◇ *Questo piatto viene servito freddo.* This dish is served cold. ◇ *~ il paese* to serve your country ◇ *Ha servito quattro ace.* She served four aces. ▶ *vi* **1** to serve **2** *~ da/a/per*: *Questo bicchiere servirà da vaso per il momento.* This glass will do as a vase for the time being. ◇ *A cosa serve questo?* What's that for? ◇ *Serve per tagliare.* It's used for cutting. ◇ *È servito a chiarire le cose.* It served to clarify things. ◇ *La scatola mi è servita da tavolo.* I used the box as a table. **3** (*occorrere*): *La macchina non mi serve più.* I don't need a car any more. ◇ *Ti servono le forbici?* Do you need the scissors?
▶ **servirsi** *v rifl* **1** (*cibo*) to help yourself (*to sth*): *Io mi sono servito.* I helped myself. ◇ *Servitevi da soli.* Help yourselves. **2** *servirsi in/da* (*essere cliente*) to shop* at … : *Mi servo sempre in quel negozio.* I always shop there. **3** **servirsi di** (*usare*) to use sb/sth: *Si è servito di un interprete.* He used an interpreter. LOC **non servire a niente** to be no use: *Arrabbiarsi non serve a niente.* It's no use getting all worked up. *Vedi anche* LEZIONE

servizio *sm* **1** service: *Lavorano al servizio della pace.* They work in the service of peace. ◇ *servizio e IVA compresi* service and VAT included **2** (*insieme di oggetti*) set: *un ~ di posate* a set of cutlery **3** (*ufficio*) department; (*di un ospedale*) ward **4** (*Giornalismo*) report **5** (*Tennis*) service, serve (*più informale*) **6** **servizi** (*abitazione*) kitchen and bathroom ➔ *Vedi nota a* TOILET LOC **essere in servizio/fuori servizio** to be on/off duty: *un poliziotto fuori ~* an off-duty policeman ♦ **fuori servizio** (*ascensore*) out of order ♦ **servizio da tavola** dinner service ♦ **servizio informazioni** (*telefono*) directory enquiries [*non numerabile*] ♦ **servizio militare** military service ➔ *Vedi nota a* MILITARE[1] ♦ **Servizio sanitario nazionale** ≃ National Health Service *Vedi anche* AREA, DOMICILIO, DONNA, STAZIONE

servosterzo *sm* power steering

sessanta *sm, agg, pron* sixty: *Ha sessant'anni.* He's sixty. ➔ *Vedi Appendice 1.* **gli anni sessanta** the sixties ♦ **sessantuno, sessantadue, ecc** sixty-one, sixty-two, etc.

sessantenne *agg, smf* sixty-year-old ➔ *Vedi esempi a* UNDICENNE

sessantesimo, -a agg, pron, sm sixtieth: *Sei il ~ della lista.* You're sixtieth on the list. ◊ *il ~ anniversario* their sixtieth anniversary ➲ *Vedi Appendice 1.*

sessantina sf about sixty: *una ~ di casi al giorno* about sixty cases a day

sessione sf session

sessista agg, smf sexist

sesso sm sex LOC *Vedi* DISTINZIONE

sessuale agg **1** (*caratteri, attività*) sexual: *molestie sessuali* sexual harassment **2** (*educazione, organi, vita*) sex [s attrib] LOC *Vedi* EDUCAZIONE

sessualità sf sexuality

sesto, -a agg, pron, sm **1** sixth: *la sesta volta* the sixth time ◊ *Abito al ~ piano.* I live on the sixth floor. ◊ *È il ~ della lista.* He's sixth on the list. ◊ *Sono stato il ~ a finire.* I was the sixth to finish. ◊ *Sono arrivato ~.* I came sixth. ◊ *cinque sesti* five sixths **2** (*nei titoli*): *Paolo VI* Paul VI ❶ Si legge "Paul the Sixth". ➲ *Vedi Appendice 1.* LOC **il sesto senso** a sixth sense

seta sf silk: *una camicia di ~* a silk shirt LOC *Vedi* BACO

setacciare vt **1** (*Cucina*) to sieve **2** (*zona*) to comb

setaccio sm sieve

sete sf thirst LOC **avere sete** to be thirsty: *Ho molta ~.* I'm very thirsty. *Vedi anche* MORIRE

setta sf sect

settanta sm, agg, pron seventy ➲ *Vedi esempi a* SESSANTA

settantenne agg, smf seventy-year-old ➲ *Vedi esempi a* UNDICENNE

settantesimo, -a agg, pron, sm seventieth ➲ *Vedi esempi a* SESSANTESIMO

settantina sf about seventy: *una ~ di casi al giorno* about seventy cases a day

sette sm, agg, pron **1** seven **2** (*data*) seventh ➲ *Vedi esempi a* SEI

settecento ▶ sm, agg, pron seven hundred ▶ sm **il Settecento** the 18th century: *nel Settecento* in the 18th century

settembre sm September (*abbrev* Sept.) ➲ *Vedi esempi a* GENNAIO

settentrionale ▶ agg northern
▶ smf northerner

settentrione sm **il ~** the North

settimana sf week: *la ~ scorsa/prossima* last/next week ◊ *due volte alla ~* twice a week LOC **settimana bianca** skiing holiday ♦ **settimana santa** Holy Week

settimanale ▶ agg **1** (*di ogni settimana*) weekly: *una rivista ~* a weekly magazine **2** (*alla settimana*): *due lezioni settimanali* two lessons a week **3** (*di una settimana*): *un corso ~* a week-long course
▶ sm (*rivista*) weekly* (publication)

settimo, -a agg, pron, sm seventh ➲ *Vedi esempi a* SESTO LOC **essere al settimo cielo** to be in heaven

setto sm LOC **setto nasale**: *una frattura del ~ nasale* a broken nose

settore sm sector: *il ~ privato/pubblico* the private/public sector

severo, -a agg **1** (*punizione, critica*) harsh **2** **~ (con)** (*insegnante, genitori*) strict (with sb): *Mio padre era molto ~ con noi.* My father was very strict with us.

sezionare vt to dissect

sezione sf section

sfacciataggine sf cheek: *avere la ~ di fare qc* to have the cheek to do sth

sfacciato, -a ▶ agg cheeky*
▶ sm-sf cheeky so-and-so: *Sei uno ~!* You're a cheeky so-and-so!

sfasciare vt **1** to break*: *Ha sfasciato la sedia.* He broke the chair. **2** (*auto*) to smash

sfavorevole agg unfavourable

sfera sf sphere LOC **sfera di cristallo** crystal ball *Vedi anche* PENNA

sferico, -a agg spherical

sfida sf challenge

sfidare vt **1** (*gioco*) to challenge sb (to sth): *Mi ha sfidato a dama.* He challenged me to a game of draughts. **2** (*pericolo*) to brave

sfiducia sf distrust LOC *Vedi* VOTO

sfigurare ▶ vt (*viso*) to disfigure ▶ vi to make* a poor impression

sfilare ▶ vt (*togliere*) to slip* sth off: *sfilarsi le scarpe* to slip off your shoes ▶ vi **1** (*dimostranti*) to march **2** (*modella*) to parade
▶ **sfilarsi** v rifl (*smagliarsi*) to ladder

sfilata sf parade LOC **sfilata di moda** fashion show

sfilza sf: *una ~ di cretinate* a load of rubbish ◊ *una ~ di bugie* a pack of lies

sfinge sf sphinx

sfinito, -a agg exhausted

sfiorare vt **1** (*toccare leggermente*) to brush (against sb/sth) **2** (*rasentare*) to graze: *La palla mi ha sfiorato la testa.* The ball grazed my head.

sfocato, -a agg blurred: *Senza occhiali vedo tutto ~.* Everything is blurred without my glasses.

sfociare vi **~ in** (*fiume*) to flow into sth

sfogare ▶ vt 1 (*istinto*) to give* vent to *sth* 2 (*tensione, stress*) to defuse ▶ sfogarsi v rifl 1 to let* off steam 2 **sfogarsi con** to confide in *sb* 3 **sfogarsi su** to take* it out on *sb*

sfoggiare vt to show* *sth* off

sfoggio sm LOC **fare sfoggio di** to show* off about *sth*

sfoglia sf LOC *Vedi* PASTA

sfogliare vt (*giornale*) to flick through *sth*

sfogliatina sf pasty*

sfollare vt to evacuate

sfollato, -a sm-sf evacuee

sfondare ▶ vt 1 (*porta*) to break* *sth* down 2 (*pavimento*) to go* through *sth* 3 (*scatola*) to knock the bottom out of *sth* ▶ vi to be a hit: *Chissà se sfonderanno in America?* Will they be a hit in America?

sfondato, -a agg broken LOC *Vedi* RICCO; *Vedi anche* SFONDARE

sfondo sm background

sfornare vt 1 (*Cucina*) to take* *sth* out of the oven 2 (*libri*) to churn *sth* out

sfortuna sf bad luck

sfortunatamente avv unfortunately

sfortunato, -a agg unlucky*

sforzare ▶ vt (*voce, vista*) to strain ▶ sforzarsi v rifl to try* hard (*to do sth*): *Mi sforzai di non ridere*. I tried hard not to laugh.

sforzo sm effort: *Fai uno ~ e mangia qualcosa.* Make an effort to eat something. LOC **fare sforzi** to strain yourself: *Non fare sforzi, la gamba è ancora debole.* Don't strain yourself. Your leg is still weak.

sfrattare vt to evict

sfregare vt, vi to rub*: *Il parafango sfrega contro la ruota.* The mudguard rubs against the wheel.

sfruttamento sm exploitation

sfruttare vt 1 (*lavoratori*) to exploit 2 (*occasione*) to make* the most of *sth*

sfuggire vi ~ (a) 1 (*evitare*) to escape (*sth*): ~ *alla giustizia* to escape arrest 2 (*dettaglio, opportunità*) to miss: *Non ti sfugge niente.* You don't miss a thing. 3 (*dimenticare*): *Mi sfugge il nome.* The name escapes me. LOC **farsi/lasciarsi sfuggire** 1 (*persona*) to let* *sb* get away 2 (*opportunità*) to let* *sth* slip away: *Ti sei lasciato ~ un'occasione d'oro.* You've let the chance of a lifetime slip away. ♦ **sfuggire di mano** to slip* out of your hand *Vedi anche* MENTE

sfumatura sf shade: *sfumature di significato* shades of meaning

sfuso, -a agg loose: *cioccolatini sfusi* loose chocolates

sgabello sm stool

sgambetto sm LOC **fare lo sgambetto a** to trip* *sb* up: *Mi ha fatto lo ~.* He tripped me up.

sganciare vt 1 to unhook 2 (*soldi*) to fork out *sth*

sgelare vt, vi to thaw

sgobbare vi 1 (*lavorare*) to slave away 2 (*studiare*) to swot*: *Sto sgobbando per gli esami.* I'm swotting for my exams.

sgobbone, -a sm-sf swot

sgocciolare vi to drip*

sgoccioli sm LOC **essere agli sgoccioli** to be nearly finished

sgolarsi v rifl to make* yourself hoarse

sgombrare vt to clear: *Sgombrare la sala, per favore.* Please clear the hall.

sgomento, -a ▶ agg dismayed ▶ sm dismay

sgonfiare ▶ vt to let* the air out of *sth* ▶ sgonfiarsi v rifl to go* down

sgorgare vi to gush (out) (*from sb/sth*)

sgradevole agg unpleasant

sgranocchiare vt to munch

sgridare vt to tell* *sb* off

sgridata sf telling-off: *Mi son preso un'altra ~.* I got another telling-off.

sgualcire ▶ vt to crease ▶ sgualcirsi v rifl to crease: *Questa gonna si sgualcisce facilmente.* This skirt creases very easily.

sguardo sm look: *Mi ha lanciato uno ~ d'intesa.* She gave me a knowing look. ◊ *avere uno ~ vacuo* to have a blank look (on your face) LOC **dare uno sguardo a** (*giornale*) to have a look at *sth Vedi anche* DISTOGLIERE, FULMINARE, TOGLIERE

sguazzare vi to splash about: *I bambini sguazzavano nell'acqua.* The children were splashing about in the water.

shampoo sm shampoo: ~ *antiforfora* anti-dandruff shampoo

si¹ pron pers
• *riflessivo* 1 (*maschile*) himself: *Si è lavato.* He washed himself. 2 (*femminile*) herself: *Si è fatta male.* She hurt herself. 3 (*neutro*) itself: *Il gatto si lava.* The cat's washing itself. 4 (*impersonale*) yourself: *versarsi da bere* to pour yourself a drink 5 (*plurale*) themselves: *Si sono divertiti.* They enjoyed themselves. 6 (*parti del corpo, effetti personali*): *Si è lavato le mani.* He washed his hands. ◊ *Si è asciugata i capelli.* She dried her hair.

si

He's looking at **himself**

They're looking at **each other**

- **reciproco** each other, one another: *Si amano.* They love each other. ⮕ *Vedi nota a* EACH OTHER
- **passivo**: *In questo negozio si parla inglese.* English spoken here. ◊ *Non si accettano carte di credito.* Credit cards not accepted.
- **impersonale**: *Qui si vive bene.* Life here is terrific. ◊ *Si vede subito che è falso.* You can tell it's fake. ◊ *Si dice che …* They say that …

si² *sm* (*Mus*) B: *si maggiore* B major

sì *avv, sm* **1** yes: *"Ne vuoi ancora?" "Sì."* 'Would you like a bit more?' 'Yes, please.' ◊ *Rispose timidamente di sì.* He shyly said yes. ◊ *Non ha ancora detto (di) sì.* He still hasn't said yes. **2** (*per dare risalto*): *Sì che mi piace.* I do like it. ◊ *Lei non ci va ma io sì.* She's not going but I am. LOC **un anno, mese, ecc sì e uno no** every other year, month, etc.

sia *cong* LOC **sia … che …** both … and … : *Sia Laura che Sara studiano filosofia.* Both Laura and Sara are studying philosophy. ♦ **sia che … sia che …** whether … or … : *~ che piova ~ che non piova* whether it rains or not

siamese *agg* LOC *Vedi* FRATELLO, GATTO

sicché *cong* so: *Pioveva, ~ non siamo potuti andare.* It was raining, so we couldn't go.

siccità *sf* drought

siccome *cong* as: *Siccome ero in anticipo, ho fatto un giretto per i negozi.* As I was early, I had a look round the shops.

Sicilia *sf* Sicily

siciliano, -a *agg, sm-sf* Sicilian: *i siciliani* the Sicilians

sicura *sf* **1** (*di arma*) safety catch **2** (*di portiera*) safety lock

sicuramente *avv* (*certamente*) certainly

sicurezza *sf* **1** (*da incidenti*) safety: *la ~ stradale* road safety **2** (*da rapina/assalto*) security: *controlli di ~* security checks **3** (*certezza*) certainty **4** (*fiducia in sé*) self-confidence LOC *Vedi* CINTURA, NORMA, SPILLA

sicuro, -a *agg* **1** (*senza rischi*) safe: *un luogo ~* a safe place **2** (*certo*) sure: *Sono sicura che verranno.* I'm sure they'll come. LOC **al sicuro** in a safe place ♦ **andare sul sicuro** to play safe ♦ **di sicuro**: *Saranno in ritardo di ~.* They're bound to be late. ♦ **poco sicuro** unsafe *Vedi anche* FONTE

siderurgia *sf* iron and steel industry

siderurgico, -a *agg* iron and steel [*s attrib*]: *il settore ~* the iron and steel sector

sidro *sm* cider

siepe *sf* hedge

sieronegativo, -a *agg* HIV negative

sieropositivo, -a *agg* HIV positive

sigaretta *sf* cigarette

sigaro *sm* cigar

sigillare *vt* to seal: *~ una busta* to seal an envelope

sigla *sf* **1** (*abbreviazione*) acronym **2** (*firma*) initials [*pl*] LOC **sigla musicale** signature tune

significare *vt* to mean* (*sth*) (*to sb*): *Cosa significa questa parola?* What does this word mean?

significato *sm* meaning

signore, -a ▶ *sm-sf* **1** (*persona*) man* [*fem* lady*]: *C'è un ~ che vuole parlare con te.* There's a man who wants to talk to you. ◊ *un parrucchiere per signora* a ladies' hairdresser **2** (*prima del cognome*) Mr [*fem* Mrs]: *C'è il ~ Rubini?* Is Mr Rubini in? ◊ *la signora Betti* Mrs Betti **3** (*per attirare l'attenzione*) excuse me!: *Signore! Le è caduto il biglietto.* Excuse me! You've dropped your ticket. **4** (*forma di cortesia*) sir [*fem* madam]: *Buon giorno, signora.* Good morning, madam.

Sir e madam si usano solo al singolare. Al plurale si dice **gentlemen** e **ladies**:: *Signore e signori …* Ladies and gentlemen …

▶ *sm* **il Signore** the Lord

signorina *sf* **1** (*persona*) young lady*: *C'è una ~ che vuole parlare con te.* There's a young lady here who'd like to speak to you. **2** (*prima del nome*) Miss, Ms

Miss si usa con il cognome o il nome e cognome: "Miss Jones" o "Miss Mary Jones". Ms si usa quando non si conosce o non si vuole specificare lo stato civile di una donna.

3 (*per attirare l'attenzione*) excuse me: *Signorina! Due caffè, per favore.* Excuse me! Two coffees, please.

silenzio → sistemare

silenzio sm silence: *In classe c'era un ~ assoluto.* There was total silence in the classroom. LOC **fare silenzio** to be quiet ◆ **silenzio!** be quiet!
silenziosamente avv very quietly
silenzioso, **-a** agg quiet
silicio sm silicon
silicone sm silicone
sillaba sf syllable
siluro sm torpedo*
simboleggiare vt to symbolize
simbolico, **-a** agg symbolic
simbolo sm symbol
simile agg **1** ~ (a) (*somigliante*) similar (to sb/sth): *un modello ~ a questo* a model similar to this one **2** (*tale*): *Come hai potuto fare una cosa ~?* How could you do a thing like that? LOC *Vedi* COSA
simmetrico, **-a** agg symmetrical
simpatia sf charm LOC **prendere in simpatia qn** to take* a liking to sb
simpatico, **-a** agg nice: *È una ragazza molto simpatica.* She's a very nice girl. ◊ *Mi è molto simpatica.* I like her very much.

> Nota che **sympathetic** non vuol dire simpatico ma comprensivo: *Sono stati tutti molto comprensivi.* Everyone was very sympathetic.

LOC **stare simpatico a**: *Sta simpatica a tutti.* Everybody likes her.
simpatizzante smf sympathizer
simpatizzare vi: *Simpatizziamo per i Verdi.* Our sympathies lie with the Green Party.
simultaneo, **-a** agg simultaneous LOC *Vedi* TRADUZIONE
sinagoga sf synagogue
sinceramente avv **1** (*in modo sincero*) sincerely **2** (*per essere sincero*) frankly
sincerità sf sincerity
sincero, **-a** agg sincere
sincronizzare vt to synchronize: *Sincronizziamo gli orologi.* Let's synchronize our watches.
sindacale agg union [s attrib]
sindacalista smf trade unionist
sindacato sm (trade) union: *il ~ degli insegnanti* the teachers' union
sindaco sm mayor
sindrome sf syndrome LOC **sindrome da immunodeficienza acquisita** Acquired Immune Deficiency Syndrome (*abbrev* AIDS)
sinfonia sf symphony*

sinfonico, **-a** agg **1** (*musica*) symphonic **2** (*orchestra*) symphony [s attrib]
singhiozzo sm **1** (*singulto*) hiccups [pl]: *Ho il ~.* I've got hiccups. **2** (*di pianto*) sob
singolare ▶ agg **1** (*Grammatica*) singular **2** (*originale*) unusual
▶ sm **1** (*Gramm*) singular **2** (*Tennis*) singles [v *sing o pl*]
singolo, **-a** ▶ agg single: *Ogni singola copia è andata bruciata.* Every single copy was burned.
▶ sm (*disco*) single: *l'ultimo ~ del gruppo* the group's latest single
sinistro, **-a** ▶ agg **1** left: *Mi sono rotto il braccio ~.* I've broken my left arm. ◊ *sul lato ~ della strada* on the left-hand side of the street **2** (*minaccioso*) sinister
▶ **sinistra** sf **1** left: *Gira a sinistra.* Turn left. ◊ *guidare a sinistra* to drive on the left ◊ *la casa a sinistra* the house on the left ◊ *La strada gira a sinistra.* The road bears left. **2** **la sinistra** (*Pol*) the Left [v *sing o pl*]: *La sinistra ha vinto le elezioni.* The Left has/have won the election. LOC **di sinistra** left-wing: *gruppi di sinistra* left-wing groups
sino prep *Vedi* FINO
sinonimo sm synonym
sintetico, **-a** agg (*fibra, tessuto*) synthetic
sintomo sm symptom
sintonizzarsi v rifl to tune in (to sth): *~ sulla BBC* to tune in to the BBC
sipario sm curtain: *Si alzò il ~.* The curtain went up.
sirena sf **1** (*ambulanza, polizia*) siren **2** (*Mitologia*) mermaid
Siria sf Syria
siriano, **-a** agg, sm-sf Syrian: *i siriani* the Syrians
siringa sf syringe
sismico, **-a** agg **1** (*fenomeno*) seismic **2** (*zona*) earthquake [s attrib] LOC *Vedi* SCOSSA
sistema sm **1** system: *~ politico/scolastico* political/education system ◊ *il ~ immunitario* the immune system **2** (*metodo*) method: *i sistemi didattici di oggi* modern teaching methods LOC **il sistema metrico decimale** the metric system ◆ **sistema montuoso** mountain range ◆ **sistema operativo** operating system ◆ **sistema solare** solar system
sistemare ▶ vt **1** (*mettere a posto*) to tidy* sth up **2** (*faccenda*) to sort sth out: *Non ti preoccupare, sistemo io la cosa.* Don't worry. I'll sort it out. ▶ **sistemarsi** v rifl **1** (*faccenda*) to sort itself out: *Vedrai che tutto si sistemerà.* It'll all sort itself out, you'll see. **2** (*trovare lavoro, spo-*

sarsi) to settle down: *I suoi figli si sono tutti sistemati.* Her children have all settled down now. **3** (*trovare casa*) to find* a place to stay: *Ti scriverò appena mi sarò sistemato.* I'll write to you as soon as I've found a place to stay. LOC **sistemare qn (per le feste)** to sort sb out

sistemazione *sf* **1** (*disposizione*) arrangement **2** (*alloggio*) accommodation **3** (*lavoro*) employment

sito *sm* site: *un ~ archeologico* an archaeological site LOC **sito web** website

situato, -a *agg* situated

situazione *sf* situation: *una ~ difficile* a difficult situation

Siviglia *sf* Seville

skate-board *sm* skateboard

slacciare ▶ *vt* to undo* ▶ **slacciarsi** *v rifl* to come* undone: *Mi si è slacciata la scarpa.* One of my laces has come undone.

slalom *sm* slalom

slanciato, -a *agg* **1** (*snello*) slender **2** (*elegante*) graceful

sleale *agg* disloyal LOC *Vedi* GIOCO

slegare *vt* to untie*

slip *sm* **1** (*da uomo*) underpants [*pl*] **2** (*da donna*) knickers [*pl*] **3** (*costume da bagno maschile*) trunks [*pl*] **4** (*costume da bagno femminile*) bikini bottoms [*pl*]

slitta *sf* **1** (*slittino*) sledge **2** (*trainata*) sleigh

slittare *vi* **1** to slide **2** (*veicolo*) to skid* **3** (*essere rimandato*) to be postponed

slittino *sm* sledge

slogan *sm* slogan

slogare *vt* (*caviglia, polso*) to sprain: *Si è slogato la caviglia.* He sprained his ankle.

slogato, -a *agg* sprained *Vedi anche* SLOGARE

slogatura *sf* sprain

sloggiare *vi* to clear off: *Cosa ci fai qui? Sloggia!* What are you doing here? Clear off!

slot-machine *sf* fruit machine

Slovacchia *sf* Slovakia

slovacco, -a *agg, sm-sf, sm* Slovak: *gli slovacchi* the Slovaks ◊ *parlare ~* to speak Slovak

Slovenia *sf* Slovenia

sloveno, -a ▶ *agg* Slovenian
▶ *sm-sf, sm* Slovene: *gli sloveni* the Slovenes ◊ *parlare ~* to speak Slovene

smacchiatore *sm* stain remover

smagliante *agg* dazzling: *un sorriso ~* a dazzling smile

smagliarsi *v rifl* to ladder: *Mi si sono di nuovo smagliate le calze.* I've laddered my tights again.

smagliatura *sf* **1** (*calze*) ladder: *Hai una ~ nelle calze.* You've got a ladder in your tights. **2** (*pelle*) stretch mark

smaltare *vt* **1** (*metalli*) to enamel* **2** (*ceramica*) to glaze **3** (*unghie*): *smaltarsi le unghie* to varnish your nails

smaltire *vt* **1** (*cibo*) to digest **2** (*rifiuti*) to dispose of *sth* **3** (*sbornia*) to get* over *sth*

smalto *sm* **1** (*metalli*) enamel **2** (*ceramica*) glaze LOC **smalto per unghie** nail varnish

smammare *vi* to clear off

smania *sf* **1** (*agitazione*) restlessness **2** (*desiderio*) *~* **di** craving for *sth*

smantellare *vt* to dismantle

smarrire ▶ *vt* to mislay* ▶ **smarrirsi** *v rifl* **1** (*persona*) to get* lost **2** (*animale*) to stray

smarrito, -a *agg* lost: *È andata smarrita la mia valigia.* My suitcase has gone missing. LOC *Vedi* OGGETTO; *Vedi anche* SMARRIRE

smemorato, -a *agg* forgetful

smentire *vt* **1** (*negare*) to deny* **2** (*confutare*) to refute

smentita *sf* denial

smeraldo *sm* emerald

smettere ▶ *vt* to stop*: *Smettila!* Stop it! ▶ *vi ~* **di 1** (*cessare*) to stop* *doing sth*: *Ha smesso di piovere.* It's stopped raining. **2** (*perdere un'abitudine*) to give* up *doing sth*: *~ di fumare* to give up smoking

sminuzzare *vt* **1** to break* *sth* into small pieces **2** (*con utensile*) to chop* *sth* up

smistare *vt* to sort

smisurato, -a *agg* excessive

smog *sm* smog

smoking *sm* dinner jacket

smontare ▶ *vt* **1** (*apparecchio*) to take* *sth* apart: *~ una bici* to take a bike apart **2** (*impalcatura, tenda da campeggio*) to take* *sth* down
▶ *vi ~* (**da**) **1** (*cavallo*) to dismount (*from sth*) **2** (*lavoro*) to knock off

smorfia *sf* grimace LOC **fare una smorfia** to pull a face ♦ **fare una smorfia di dolore** to wince with pain

smorzare *vt* **1** (*colore*) to tone *sth* down **2** (*suono*) to muffle **3** (*entusiasmo*) to dampen

smottamento *sm* landslide

sms *sm* text (message): *Ti è arrivato il mio ~?* Did you get my text?

smuovere *vt* **1** (*spostare*) to move **2** (*dissuadere*) to deter* *sb from doing sth*

snello, -a *agg* slim ⊃ *Vedi nota a* MAGRO

snervante *agg* exhausting

sniffare *vt, vi* to snort (cocaine)

snob ▶ *agg* snobbish
▶ *smf* snob
sobbalzare *vi* (*trasalire*) to jump
sobborgo *sm* suburb
sobrio, -a *agg* sober
socchiudere *vt* **1** (*occhi*) to half-close **2** (*porta*) to leave* *sth* half open
socchiuso, -a *agg* **1** (*occhi*) half-closed **2** (*porta*) half-open *Vedi anche* SOCCHIUDERE
soccorrere *vt* to help
soccorso *sm* **1** (*aiuto*) help: *Hanno chiesto ~ via radio*. They radioed for help. **2 soccorsi** emergency services; (*catastrofe*) rescue workers LOC **soccorso stradale** breakdown service *Vedi anche* PRONTO
sociale *agg* social LOC *Vedi* ASSISTENTE, CENTRO
socialismo *sm* socialism
socialista *agg, smf* socialist
società *sf* **1** society* **2** (*Comm*) company* LOC **società a responsabilità limitata** limited company* (*abbrev* Ltd) ♦ **società per azioni** public limited company* (*abbrev* plc)
socievole *agg* sociable
socio, -a *sm-sf* **1** (*club*) member: *diventare ~ di un club* to become a member of a club/to join a club **2** (*Comm*) partner
sociologia *sf* sociology
sociologo, -a *sm-sf* sociologist
soddisfacente *agg* satisfactory
soddisfare *vt* **1** (*bisogno*) to satisfy*: *~ l'appetito/la curiosità* to satisfy your hunger/your curiosity ◊ *Niente lo soddisfa*. He's never satisfied. **2** (*ambizione*) to fulfil*
soddisfatto, -a *agg* satisfied (*with sb/sth*): *un cliente ~* a satisfied customer ◊ *Sono molto ~ del rendimento dei miei alunni*. I'm very satisfied with the way my pupils are working. *Vedi anche* SODDISFARE
soddisfazione *sf* satisfaction
sodo, -a ▶ *agg* firm
▶ *avv* hard: *lavorare ~* to work hard LOC *Vedi* UOVO
sofà *sm* sofa
sofferenza *sf* suffering
soffiare *vt, vi* to blow* (on) *sth*: *~ sulla minestra* to blow on your soup LOC **soffiarsi il naso** to blow* your nose
soffiata *sf* tip-off LOC **fare una soffiata a** to tip* *sb* off
soffice *agg* soft
soffio *sm* blow: *Ha spento tutte le candeline con un ~*. He blew out the candles in one go.
soffitta *sf* loft

soffitto *sm* ceiling
soffocante *agg* stifling: *C'era un caldo ~*. It was stiflingly hot.
soffocare ▶ *vt* **1** (*asfissiare*) to suffocate: *Il fumo mi soffocava*. The smoke was suffocating me. **2** (*con un cuscino, fiamme*) to smother **3** (*rivolta*) to put* *sth* down ▶ *vi* **1** to choke: *Quasi soffocavo con una spina di pesce*. I almost choked on that bone. **2** (*per il fumo, dal caldo*) to suffocate: *Per poco soffocavano per il fumo dell'incendio*. They nearly suffocated in the smoke from the fire. ◊ *Quando ho un attacco di asma mi sento ~*. When I have an asthma attack, I can't breathe. ◊ *In metropolitana si soffocava*. You couldn't breathe on the underground.
soffriggere *vt* to fry* *sth* lightly
soffrire ▶ *vi ~* (**di**) to suffer (from *sth*): *Soffre di mal di testa*. He suffers from headaches. ▶ *vt* **1** (*patire*) to suffer **2** (*sopportare*) to stand*: *Non la posso ~*. I can't stand her. LOC **soffrire di cuore, reni, ecc** to have heart, kidney, etc. trouble ♦ **soffrire il solletico** to be ticklish ♦ **soffrire la fame** to go* hungry
sofisticato, -a *agg* sophisticated
soggettivo, -a *agg* subjective
soggetto, -a ▶ *agg ~* **a 1** (*sottoposto*) subject to *sth*: *Il programma è ~ a modifiche*. The plan is subject to modification. **2** (*incline*) prone to *sth*/to do *sth*
▶ *sm* **1** (*tipo*) character **2** (*Gramm*) subject
soggiorno *sm* **1** (*stanza*) living room **2** (*permanenza*) stay: *il suo ~ in ospedale* his stay in hospital **3** (*spese*) living expenses [*pl*]: *pagare il viaggio e il ~* to pay travel and living expenses LOC *Vedi* PERMESSO
soglia *sf* threshold: *alle soglie del nuovo secolo* on the threshold of the new century
sogliola *sf* sole*
sognare *vt* **1** (*dormendo*) to dream* about *sb/sth*: *Ieri notte ti ho sognato*. I dreamt about you last night. ◊ *Non so se l'ho sognato*. I don't know if I dreamt it. **2** (*desiderare*) to dream* of *doing sth*: *Sogno di avere una moto*. I dream of having a motor bike. ◊ *Sognano di diventare famosi*. They dream of becoming famous. LOC **sognare a occhi aperti** to daydream
sognatore, -trice *sm-sf* dreamer
sogno *sm* dream LOC **da sogno** dream: *una casa da ~* a dream home ♦ **neanche/nemmeno per sogno** no chance
soia *sf* soya LOC *Vedi* GERMOGLIO
sol *sm* G: *~ bemolle* G flat
solamente *avv* only

solare *agg* **1** (*eclissi, sistema*) solar: *energia ~* solar power **2** (*crema, lozione*) sun [*s attrib*]: *con protezione solare fattore 15* with Sun Protection Factor 15 LOC *Vedi* SISTEMA

solco *sm* **1** (*nel terreno, ruga*) furrow **2** (*nell'acqua*) wake **3** (*disco*) groove

soldato *sm* soldier

soldo *sm* **1** (*moneta*) penny*: *Non ho un ~*. I haven't got a penny. **2 soldi** money [*non numerabile*]: *Hai soldi?* Have you got any money? ◊ *Mi servono dei soldi*. I need some money. LOC **fare soldi a palate** to make* a fortune *Vedi anche* SACCO

sole *sm* sun: *Mi batteva il ~ sul viso*. The sun was shining on my face. ◊ *sedersi al ~* to sit in the sun ◊ *un pomeriggio di ~* a sunny afternoon LOC **c'è il sole** it's sunny ♦ **prendere il sole** to sunbathe *Vedi anche* CHIARO, COLPO, OCCHIALI

soleggiato, -a *agg* sunny*

solenne *agg* solemn

soletta *sf* (*scarpa*) insole

solfeggio *sm* solfeggio

solidarietà *sf* solidarity

solidificare ▶ *vt* to solidify* ▶ **solidificarsi** *v rifl* to solidify*

solidità *sf* solidity

solido, -a *agg, sm* solid

solista *smf* soloist

solitario, -a ▶ *agg* **1** (*persona*) solitary: *È un tipo ~*. He's a loner. **2** (*luogo, vita*) lonely
▶ *sm* (*Carte*) patience [*non numerabile*]: *fare un ~* to play a game of patience

solito, -a *agg, sm* usual: *Incontriamoci al ~ posto*. Let's meet in the usual place. ◊ *più tardi del ~* later than usual ◊ *Il ~*. I'll have the same as usual. LOC **come al solito** as usual ♦ **di solito** usually ⊃ *Vedi nota a* ALWAYS ♦ **la solita storia** the same old story: *È la solita storia*. It's the same old story.

solitudine *sf* loneliness

solletico *sm* LOC **fare il solletico a** to tickle *sb Vedi anche* SOFFRIRE

sollevamento *sm* lifting LOC **sollevamento pesi** weightlifting

sollevare *vt* **1** (*peso*) to lift *sth* (up): *Solleva quella cassa*. Lift that box. **2** (*suscitare*) to raise: *~ dubbi/questioni* to raise doubts/issues **3** (*da un incarico*) to relieve *sb* of *sth*: *È stato sollevato dall'incarico*. He has been relieved of his duties.

sollievo *sm* relief: *Che ~!* What a relief! ◊ *Il massaggio mi ha dato un po' di ~*. The massage made me feel a bit better. LOC *Vedi* SOSPIRO

solo, -a ▶ *agg* **1** alone: *Era sola in casa*. She was alone in the house. **2** (*solitario*) lonely ⊃ *Vedi nota a* ALONE **3** (*unico*) only
▶ *avv* only: *Lavoro ~ il sabato*. I only work on Saturdays. ◊ *È ~ un bambino*. He's only a child. ◊ *Ti chiedo ~ una cosa*. I'm just asking you one thing. LOC **da solo** (*senza aiuto*) by myself, yourself, etc.: *Ora riesce a mangiare da ~*. He can eat by himself now. ♦ **essere (da) solo** to be alone ♦ **non solo … ma …** not only … but … ♦ **sentirsi solo** to feel* lonely

soltanto *avv* only: *Noi sappiamo ~ quello che hanno detto alla radio*. We only know what it said on the radio. ◊ *Soltanto tu lo sai*. Only you know this.

solubile *agg* soluble: *caffè ~* instant coffee

soluzione *sf* solution (*to sth*): *trovare la ~ del problema* to find a solution to the problem

solvente *sm, agg* solvent

Somalia *sf* Somalia

somalo, -a *agg, sm-sf* Somali: *i somali* the Somalis

somiglianza *sf* similarity*

somma *sf* sum: *fare la ~* to do a sum ◊ *Sai fare le somme?* Can you add up?

sommare *vt* to add *sth* (up): *Somma due e cinque*. Add two and five. LOC **tutto sommato** all things considered

sommario *sm* **1** (*riassunto*) summary* **2** (*indice*) index

sommergibile *sm* submarine

somministrare *vt* to administer *sth* (*to sb*): *~ una medicina* to administer a medicine

sommozzatore, -trice *sm-sf* diver

sonaglio *sm* **1** (*campanella*) bell **2** (*per bambino*) rattle LOC *Vedi* SERPENTE

sonda *sf* probe

sondaggio *sm* survey LOC **sondaggio di opinione** opinion poll

sondare *vt* **1** (*fondale*) to sound **2** (*opinione, mercato*) to test

sonnambulo, -a *sm-sf* sleepwalker

sonnellino *sm* nap LOC *Vedi* SCHIACCIARE

sonnifero *sm* sleeping pill

sonno *sm* sleep LOC **aver sonno** to be sleepy ♦ **prendere sonno** to fall* asleep *Vedi anche* MORIRE

sonnolenza *sf* drowsiness: *Queste pastiglie danno ~*. These pills make you drowsy.

sonoro, -a *agg* **1** (*Tec*) sound [*s attrib*]: *effetti sonori* sound effects **2** (*voce, risata, schiaffo*) loud LOC *Vedi* COLONNA

sopportabile *agg* bearable

sopportare → sorseggiare

sopportare vt **1** (*tollerare*) to put* up with sb/sth: *Dovrai ~ il dolore.* You'll have to put up with the pain.

> Quando la frase è negativa si usa molto spesso **to stand**: *Non la sopporto.* I can't stand her. ◊ *Non sopporto questo caldo.* I can't stand this heat. ◊ *Non sopporto di dover aspettare.* I can't stand waiting.

2 (*peso*) to take*: *Il ponte non ha sopportato il peso del camion.* The bridge couldn't take the weight of the lorry.

sopprimere vt **1** to suppress **2** (*uccidere*) to eliminate; (*animale domestico*) put* sth down **3** (*volo*) cancel*

sopra

a painting **above/over** a bookcase
jumping **over** a fence

sopra ▶ prep **1** over: *mettere una coperta ~ il divano* to put a blanket over the sofa ◊ *Guadagna ~ i duemila.* She earns over two thousand. ◊ *Entra solo chi ha sopra i 18 anni.* Over 18s only. **2** (*a contatto con*) on: *Lascialo ~ il tavolo.* Leave it on the table. **3** (*in cima*) on top of: *L'ho messo ~ gli altri CD.* I put it on top of the other CDs. **4** (*in altezza*) above: *L'acqua ci arrivava ~ il ginocchio.* The water came above our knees. ◊ *un grado ~ lo zero* one degree above zero
▶ avv (*in cima*) on top: *Prendi quello che c'è ~.* Take the one on top. LOC **di sopra** upstairs: *Abitano di ~.* They live upstairs. ◊ *i nostri vicini del piano di ~* our upstairs neighbours ♦ **al di sopra di** above ♦ **vedi sopra** see above

sopracciglio sm eyebrow
soprammobile sm ornament
soprannaturale agg supernatural
soprannome sm nickname
soprannominare vt to nickname: *Mi hanno soprannominato "Skinny".* They nicknamed me 'Skinny'.
soprano sf soprano*
soprattutto avv **1** (*più di tutto*) above all **2** (*specialmente*) especially
sopravvalutare vt to overestimate

sopravvissuto, -a sm-sf survivor
sopravvivere vi ~ (**a**) to survive (*sb/sth*)
soqquadro sm LOC **mettere a soqquadro** to turn *sth* upside down
sorbetto sm sorbet
sordido, -a agg sordid
sordità sf deafness
sordo, -a agg, sm-sf **1** deaf [agg]: *diventare ~* to go deaf ◊ *i sordi* deaf people **2** (*rumore*) dull, muffled LOC **far diventar sordo** to deafen sb ♦ **sordo come una campana** as deaf as a post
sordomuto, -a ▶ agg deaf and dumb
▶ sm-sf deaf mute
sorella sf sister: *Ho due sorelle.* I've got two sisters.
sorellastra sf **1** (*con un genitore in comune*) half-sister **2** (*figlia di patrigno o matrigna*) stepsister
sorgente sf **1** (*d'acqua*) spring: *acqua di ~* spring water **2** (*di fiume, calore*) source
sorgere vi **1** (*problema, dubbio*) to arise*: *Spero che non sorgano dei problemi.* I hope that no problems arise. **2** (*sole*) to rise* **3** (*edificio*) to stand*: *La chiesa sorge al centro del paese.* The church stands in the middle of the village.
sormontare vt to overcome*
sorpassare vt **1** (*auto*) to overtake*: *Il camion mi ha sorpassato in curva.* The lorry overtook me on the bend. **2** (*oltrepassare*) to go* past sb
sorpasso sm: *fare un sorpasso* to overtake
sorprendente agg surprising
sorprendere ▶ vt **1** (*stupire*) to surprise: *Mi sorprende che non sia ancora arrivato.* I'm surprised he hasn't arrived yet. **2** (*cogliere*) to catch* sb (unawares): *Li sorprese a rubare.* He caught them stealing. ▶ **sorprendersi** v rifl to be surprised: *Si sorpresero di vederci.* They were surprised to see us.
sorpresa sf surprise: *cogliere qn di ~* to take sb by surprise ◊ *Non gli dire che sono arrivata, voglio fargli una ~.* Don't tell him I've arrived. I want to surprise him. LOC **festa a sorpresa** surprise party*
sorpreso, -a agg surprised *Vedi anche* SORPRENDERE
sorridente agg **1** (*viso*) smiling **2** (*persona*) cheerful
sorridere vi to smile (*at sb*): *Mi ha sorriso.* He smiled at me.
sorriso sm smile: *fare un ~* to smile
sorseggiare vt, vi to sip*

sorso sm sip; (più grande) gulp: bere un ~ di caffè to have a sip of coffee ◊ bere qc a piccoli sorsi to sip sth ◊ in un ~ solo in one gulp

sorte sf fate LOC **tirare a sorte** to draw* lots

sorteggio sm draw

sorveglianza sf **1** (supervisione) supervision **2** (polizia) surveillance: Devono aumentare la ~. They're going to step up surveillance.

sorvegliare vt **1** (badare a) to keep* an eye on sb/sth **2** (soprintendere) to supervise

SOS sm SOS: lanciare un ~ to send out an SOS

sosia smf double

sospendere vt to suspend: L'arbitro ha sospeso la partita. The referee suspended the game.

sospensione sf **1** suspension **2** (interruzione) halt: La mancanza di materiali ha causato la ~ dei lavori. A shortage of materials brought the building work to a halt.

sospeso, -a agg **1** (appeso) hanging **2** (interrotto) suspended LOC **in sospeso** (fattura, conto) outstanding ♦ **lasciare in sospeso qc** to leave* sth unfinished ♦ **lasciare in sospeso qn** to leave* sb in suspense Vedi anche FIATO; Vedi anche SOSPENDERE

sospettare ▶ vt to suspect sb/sth of sth: Sospettano che abbia rubato la macchina. They suspect he stole the car. ◊ È sospettato di omicidio. He's suspected of murder. ▶ vi ~ di **1** (avere sospetti su) to suspect sb/sth: Sospettano del marito. They suspect her husband. **2** (essere diffidente di) to be suspicious of sb/sth: Sospetta di tutti. She's suspicious of everybody.

sospetto, -a ▶ agg suspicious ▶ sm **1** (dubbio) suspicion **2** (persona) suspect

sospettoso, -a agg suspicious: Sei veramente ~. You've got a really suspicious mind.

sospirare vi to sigh

sospiro sm sigh LOC **tirare un sospiro di sollievo** to heave a sigh of relief

sosta sf **1** (in un luogo) stop: Facciamo una sosta al prossimo autogrill. Let's make a stop at the next service area. **2** (interruzione) break: Non riesco più a concentrarmi. Facciamo una sosta. I can't concentrate any more. Let's take a break. LOC **senza sosta** nonstop: lavorare senza ~ to work non-stop

sostantivo sm noun

sostanza sf **1** substance **2** (nucleo) essence: la sostanza della questione the essence of the matter LOC **in sostanza 1** in essence, in a nutshell (più informale): È così, in ~. That's it, in a nutshell. **2** (in conclusione) to sum up **3** (alla fine) in the end: È sempre una questione di soldi, in ~. In the end, it always comes down to money.

sostanzioso, -a agg **1** (pasto) nourishing **2** (fig) substantial

sostegno sm support

sostenere vt **1** to support **2** (affermare) to maintain: Sostengono che non c'è stata frode. They maintain that there was no fraud involved. ◊ ~ la propria innocenza to maintain your innocence

sostenitore, -trice sm-sf supporter

sostentamento sm sustenance

sostituire vt **1** to replace **2** ~ **A con B** to substitute B for A **3** (fare le veci) to stand* in for sb: Mi sostituirà il mio aiutante. My assistant will stand in for me. **4** (subentrare) to take* over (from sb): Ero di guardia finché un collega mi ha sostituito. I was on duty until a colleague took over from me.

sostituto, -a sm-sf **1** (permanente) replacement: Stanno cercando un ~ per il capo del personale. They're looking for a replacement for the personnel manager. **2** (temporaneo) stand-in

sostituzione sf **1** (permanente) replacement **2** (temporanea, Sport) substitution

sottaceti sm pickles

sotterraneo, -a ▶ agg underground ▶ sm cellar; (banca) vault

sottile, -a agg **1** (piccolo) slender: una vita ~ a slender waist **2** (strato) thin* **3** (ago, capelli) fine **4** (fig) subtle

sotto ▶ avv **1** underneath: Sotto ho una maglietta. I'm wearing a T-shirt underneath. ◊ Prendi quello di ~. Take the bottom one. ◊ dal di ~ from underneath **2** (in un edificio) downstairs: il vicino del piano di ~ the man who lives downstairs ◊ C'è un altro gabinetto ~. There's another toilet downstairs.
▶ prep **1** under: È ~ il tavolo. It's under the table ◊ Ci siamo riparati ~ i portici. We sheltered under the arches. **2** (più in basso di) below: ~ zero below zero ◊ ~ il livello del mare below sea level ◊ Ci vediamo ~ casa. We'll meet outside the house. **3** (durante); (prima di) in the run-up to: ~ le feste during the holiday period ◊ ~ Natale in the run-up to Christmas ◊ Sono ~ esami I'm in the middle of exams.
▶ sm bottom: il ~ della scatola the bottom of the box LOC **al di sotto di** below sth: al di ~ del ginocchio below the knee

sottobicchiere sm coaster

sottobraccio *avv* **1** (*camminare*) arm in arm **2** (*prendere*) by the arm

sottofondo *sm* (*Mus*) background [*s attrib*] `LOC` *Vedi* MUSICA

sottolineare *vt* (*lett e fig*) to underline

sottolio *sm* vegetables preserved in oil [*pl*]: *carciofino ~* artichoke hearts (preserved) in oil

sottomarino, -a ▶ *agg* underwater
▶ *sm* submarine

sottomettere ▶ *vt* to subdue ▶ **sottomettersi** *v rifl* (*arrendersi*) to surrender (*to sb*)

sottopassaggio *sm* **1** (*per pedoni*) subway **2** (*per auto*) underpass

sottoporre ▶ *vt* **1** (*costringere*) to subject *sb/sth to sth* **2** (*presentare*) to submit* *sth* (*to sb/sth*): *Mi hanno sottoposto a una serie di test durissimi.* They subjected me to a series of very hard tests. ◊ *Sono stata sottoposta a un intervento chirurgico.* I underwent an operation. ◊ *Il progetto deve essere sottoposto all'approvazione del comune.* The project must be submitted to the council. ▶ **sottoporsi** *v rifl* **sottoporsi a** (*intervento*) to undergo* *sth* [*vt*]

sottosopra *avv* **1** upside down **2** (*stomaco*) upset: *Ho lo stomaco ~.* I've got an upset stomach. `LOC` **mettere sottosopra qc 1** (*far disordine*) to mess sth up: *Non mettere i cassetti ~.* Don't mess the drawers up. **2** (*ladri*) to turn sth upside down: *I ladri hanno messo l'appartamento ~.* The burglars turned the flat upside down. ♦ **mettere sottosopra qn** upset* sb

sottosviluppato, -a *agg* underdeveloped

sottosviluppo *sm* underdevelopment

sottotitolo *sm* subtitle: *con sottotitoli* subtitled

sottovalutare *vt* to underestimate

sottovoce *avv*: *parlare sottovoce* to speak under your breath

sottovuoto *agg* vacuum-packed

sottrarre *vt* **1** (*Mat*) to subtract (*formale*), to take* *sth* away **2** (*togliere*) to deduct *sth* (*from sth*) **3** (*rubare*) to steal* *sth from sb*

sottrazione *sf* (*Mat*) subtraction

souvenir *sm* souvenir

sovraccaricare *vt* to overload

sovraccarico, -a *agg* overloaded

sovraffollato, -a *agg* overcrowded

sovrano, -a *sm-sf* sovereign

sovrappopolato, -a *agg* overpopulated

sovrapprezzo *sm* surcharge

sovvenzionare *vt* to subsidize

spaccare *vt* to split*: *Se cadi ti spacchi la testa.* You'll split your head open if you fall. ◊ *S'è spaccato in due.* It split in half. `LOC` **spaccare la faccia a qn** to smash sb's face in

spacciatore, -trice *sm-sf* dealer: *uno ~ di droga* a drug dealer

spaccio *sm* **1** (*negozio*) store **2** (*droga*) dealing

spada *sf* sword `LOC` *Vedi* PESCE

spaghetti *sm* spaghetti [*non numerabile*]: *Vado matto per gli ~.* I love spaghetti.

Spagna *sf* Spain `LOC` *Vedi* PANE

spagnolo, -a ▶ *agg, sm* Spanish: *parlare ~* to speak Spanish
▶ *sm-sf* Spaniard: *gli spagnoli* the Spanish

spago *sm* string: *legare qc con lo spago* to tie sth up with string

spalancare *vt* to open *sth* wide

spalancato, -a *agg* wide open *Vedi anche* SPALANCARE

spalla *sf* shoulder: *Mi fa male una ~.* My shoulder hurts. `LOC` **alle spalle** behind you: *Ha due matrimoni falliti alle spalle.* He's got two failed marriages behind him. ♦ **alzare le spalle** to shrug* ♦ **di spalle** from behind: *vedere qn di spalle* to see sb from behind ♦ **fare qc alle spalle di qn** to do* sth behind sb's back ♦ **gruppo di spalla** support group ♦ **mettere con le spalle al muro** (*fig*) to get* sb with their back to the wall ♦ **portare a spalla** to carry* sb/sth on your shoulders *Vedi anche* VIVERE, VOLTARE

spallina *sf* **1** (*abito*) shoulder strap **2** (*imbottita*) shoulder pad

spalmare *vt* to spread* *sth* on *sth*: *~ la marmellata sul pane tostato* to spread jam on toast

spam *sm* spam

sparare ▶ *vt* **1** to fire: *~ un colpo* to fire a shot **2** (*calcio*) shoot* ▶ *vi* ♦ (**a**) to shoot* *sb*: *Non sparate!* Don't shoot! ▶ **spararsi** *v rifl* to shoot* yourself

sparatoria *sf* shoot-out: *È morto nella ~.* He died in the shoot-out.

sparecchiare *vt, vi* to clear (the table)

spareggio *sm* play-off `LOC` **giocare/disputare lo spareggio** to play off

spargere *vt* **1** (*sparpagliare*) to scatter **2** (*sangue*) to shed* `LOC` **spargere la voce** to spread* the word

spargimento *sm* `LOC` **spargimento di sangue** bloodshed

sparire *vi* to disappear

sparizione *sf* disappearance

sparlare *vi* ~ **di** to slag* *sb* off

sparo *sm* shot: *Ho sentito uno ~.* I heard a shot. `LOC` *Vedi* POLVERE

sparpagliare *vt* to scatter

spartire vt to share sth (out) LOC **non avere nulla da spartire con qn** to have nothing in common with sb

spasso sm fun [non numerabile]: fare qc per ~ to do sth for fun ◊ Sarà uno spasso! It'll be fun! LOC **portare a spasso**: Porto il cane a ~. I'm taking the dog for a walk.

spassoso, -a agg funny*

spatola sf spatula

spauracchio sm fright

spaventapasseri sm scarecrow

spaventare ▶ vt **1** to scare, to frighten (più formale): Il cane mi ha spaventato. The dog frightened me. **2** (far trasalire) to startle, to make* sb jump (più informale): Mi hai spaventato! You made me jump! ▶ **spaventarsi** v rifl to be scared, to be frightened (più formale): Ti spaventi per un nonnulla. You're frightened of everything.

spavento sm fright: Mi hai fatto prendere uno ~! What a fright you gave me! ◊ Sono quasi morto per lo ~. I nearly died of fright.

spaventoso, -a agg **1** (che fa paura) frightening: un sogno ~ a frightening dream **2** (orribile) horrific: un incendio ~ a horrific fire **3** (incredibile) terrific: un fracasso ~ a terrific crash

spaziale agg space [s attrib]: missione/era ~ space mission/age LOC Vedi BASE, NAVICELLA, TUTA

spazientirsi v rifl to get* worked up (about sth)

spazio sm **1** space: C'è uno ~ di sette metri tra i due muri. There's a space of seven metres between the two walls. ◊ nello ~ in outer space **2** (posto) room: Nella mia valigia c'è ~ per il tuo maglione. There's room for your jumper in my suitcase. ◊ Fammi spazio per favore. Make some space for me, please.

spazioso, -a agg spacious

spazzare ▶ vt to sweep*: Il vento ha spazzato via le nuvole. The wind swept away the clouds. ▶ vi to sweep* up: Se tu spazzi, io lavo i piatti. If you sweep up, I'll do the dishes.

spazzatura sf, agg rubbish [non numerabile], trash [non numerabile]: TV spazzatura trash TV ◊ cibo spazzatura junk food ⊃ Vedi nota a TRASH LOC Vedi BIDONE, POSTA

spazzino, -a sm-sf **1** (pulizia strade) road sweeper **2** (raccolta immondizie) refuse collector, dustman* (più informale)

spazzola sf brush ⊃ Vedi illustrazione a BRUSH LOC **avere/tenere i capelli a spazzola** to have a crew cut ◆ **spazzola per capelli** hairbrush

spazzolare vt to brush: spazzolarsi la giacca/i capelli to brush your jacket/hair

spazzolino sm ⊃ Vedi illustrazione a BRUSH LOC **spazzolino da denti** toothbrush ◆ **spazzolino per le unghie** nail brush

spazzolone sm **1** (per pavimenti) mop **2** (per il bagno) toilet brush

specchietto sm mirror LOC **specchietto retrovisore** rear-view mirror

specchio sm mirror: guardarsi allo ~ to look at yourself in the mirror

speciale agg special: niente di ~ nothing special ◊ in offerta speciale on special offer

specialista smf specialist: Devi andare dallo ~. You should go and see a specialist.

specialità sf **1** speciality* **2** (Sport) discipline

specializzarsi v rifl ~ (in) to specialize (in sth)

specialmente avv **1** (soprattutto) especially: Adoro gli animali, ~ i gatti. I love animals, especially cats. **2** (appositamente) specially: ~ progettato per i disabili specially designed for disabled people ⊃ Vedi nota a SPECIALLY

specie sf (Biol) **1** species* **2** (sorta) kind: Era una ~ di vernice. It was a kind of varnish.

specificare vt to specify*

specifico, -a agg specific

spedire vt to send*

spedizione sf **1** (azione) sending **2** (Comm) consignment **3** (viaggio) expedition LOC Vedi SPESA

speedway sm speedway

spegnere ▶ vt **1** (luce, TV) to switch sth off **2** (fuoco, sigaretta) to put* sth out **3** (candela) to blow* sth out **4** (gas) to turn sth off ▶ **spegnersi** v rifl to go* out: Mi si è spenta la sigaretta. My cigarette went out. ◊ Il cellulare si è spento da solo. My mobile switched itself off.

spellare ▶ vt **1** (coniglio) to skin* **2** (cliente) to fleece ▶ **spellarsi** v rifl to peel: Ti si spellerà il naso. Your nose will peel.

spendaccione, -a agg, sm-sf spendthrift

spendere vt to spend* sth (on sb/sth): Se vuoi spendere poco, vai in un ostello della gioventù. If you don't want to spend much, stay in a youth hostel. ◊ Quanto hai speso? How much was it? ◊ Hai speso tanto per quella maglia? Did that top cost a lot?

spento, -a agg **1** (colore) dull **2** (vulcano) extinct LOC **essere spento 1** (luce, TV, cellulare, gas) to be switched off **2** (fuoco) to be out Vedi anche SPEGNERE

speranza sf hope: Non c'è ~. There's no hope. ◊ perdere la ~ to lose hope

sperare *vi, vt* ~ (**in**) to hope (for *sth*): *Spero che non nevichi.* I hope it doesn't snow. ◊ *Spero che arrivino in tempo.* I hope they arrive on time. ◊ *Spero di rivederli.* I hope to see them again. ◊ *~ nella vittoria* to hope for victory ◊ *Spero di sì/no.* I hope so/not.

spericolato, -a *agg* reckless

sperimentale *agg* experimental: *È ancora in fase ~.* It's still at an experimental stage.

sperimentare *vt* **1** (*sottoporre a esperimento*) to test: *~ un farmaco* to test a drug **2** (*provare*) to try* *sth* out: *~ una nuova ricetta* to try out a new recipe LOC **sperimentare qc di persona** to experience sth personally

sperma *sm* sperm

sperone *sm* spur

sperperare *vt* to squander

spesa *sf* expense, cost: *Quello che guadagno non basta per coprirmi le spese.* I don't earn enough to cover my expenses. ◊ *a spese nostre* at our expense ◊ *tagliare le spese* to cut costs LOC **andare a fare spese** to go* shopping ♦ **fare la spesa** to do* the shopping ♦ **spese di spedizione** postage and packing [*non numerabile*] *Vedi anche* BADARE

spesso, -a ▶ *agg* thick: *uno strato di vernice molto ~* a very thick coat of paint
▶ *avv* often: *È ~ in ritardo.* He's often late. ◊ *Spesso ci aiutiamo.* We often help each other out. ⊃ *Vedi nota a* ALWAYS

spessore *sm* thickness: *Ha uno ~ di due centimetri.* It's two centimetres thick.

spettacolare *agg* spectacular

spettacolo *sm* **1** (*Teat, Cine, TV*) show **2** (*veduta, scena*) sight: *uno ~ impressionante* an impressive sight LOC *Vedi* MONDO

spettare *vi* ~ **a 1** (*essere dovuto a*) to be due to *sb*: *Prendi quello che ti spetta.* Take what's due to you. **2** (*essere compito di*) *Spetta a te decidere.* It's up to you to choose.

spettatore, -trice *sm-sf* **1** (*programma, concerto*) member of the audience: *gli spettatori* the audience **2** (*Sport*) spectator

spettegolare *vi* to gossip

spettinare *vt* to mess *sb's* hair up: *Non mi ~.* Don't mess my hair up.

spettinato, -a *agg* untidy: *Sei ~.* Your hair's untidy. *Vedi anche* SPETTINARE

spettro *sm* ghost

spezia *sf* spice

spezzare *vt* to break*: *Ha spezzato la tavoletta di cioccolata in due.* She broke the bar of chocolate in half. ◊ *~ il cuore a qn* to break sb's heart

spezzatino *sm* stew

spia *sf* **1** spy* **2** (*a scuola*) telltale **3** (*della polizia*) grass **4** (*luce*) warning light LOC **fare la spia** to tell*: *Mi ha visto copiare e ha fatto la ~ al professore.* He saw me copying and told the teacher.

spiacente *agg* sorry: *Siamo spiacenti di comunicarle che …* We regret to inform you that …

spiacevole *agg* unpleasant

spiaggia *sf* beach: *Abbiamo passato la giornata sulla ~.* We spent the day on the beach. ◊ *Siamo andati in spiaggia stamattina.* We went to the beach this morning. LOC *Vedi* LETTINO

spianare *vt* **1** (*superficie, terreno*) to level* **2** (*pasta*) to roll *sth* (out)

spiare *vt, vi* to spy* (on *sb*)

spiazzo *sm* open area

spiccare ▶ *vi* (*risaltare*) to stand* out: *Il rosso spicca sul verde.* Red stands out against green.
▶ *vt*: *~ un salto/balzo* to jump LOC **spiccare il volo** to fly* off

spiccato, -a *agg* **1** strong: *Ha uno ~ senso del dovere.* She has a strong sense of duty. ◊ *uno ~ senso dell'umorismo* a good sense of humour **2** (*accento*) broad: *Parla con ~ accento irlandese.* He has a broad Irish accent. *Vedi anche* SPICCARE

spicchio *sm* segment LOC **spicchio d'aglio** clove of garlic

spiccioli *sm* change [*non numerabile*]: *Hai degli ~?* Have you got any change?

spiedino *sm* **1** (*cibo*) kebab **2** (*bastoncino*) skewer

spiedo *sm* spit LOC **allo spiedo** spit-roasted

spiegamento *sm* deployment

spiegare ▶ *vt* **1** to explain *sth* (*to sb*): *Mi ha spiegato il problema.* He explained the problem to me. ◊ *Mi spiego.* Let me explain. **2** (*cartina, tovagliolo*) to unfold **3** (*vela, bandiera*) to unfurl **4** (*truppe*) to deploy ▶ **spiegarsi** *v rifl* **1** (*farsi capire*) to explain yourself: *Spiegati meglio.* Explain yourself more clearly. **2** *Ora si spiega tutto.* Now it all makes sense. ◊ *Come si spiega l'enorme successo del libro?* How do you explain the enormous success of the book? **3** (*capire*) to understand*: *Non riesco a spiegarmi come sia successo.* I just can't understand how it happened. **4** (*chiarirsi*) to clear things up: *Hanno litigato, ma poi si sono spiegati.* They fell out, but later they cleared things up. LOC **non so se mi spiego** do you see what I mean?

spiegazione *sf* explanation

spietato, -a *agg* ruthless

spiffero *sm* draught

spiga sf ear
spigolo sm edge
spilla sf brooch LOC **spilla di sicurezza/da balia** safety pin
spillo sm pin LOC Vedi TACCO

spina

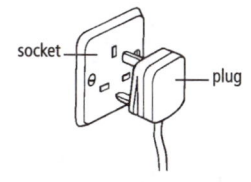

socket — plug

spina sf **1** (Bot) thorn **2** (aculeo) spine **3** (pesce) bone **4** (Elettr) plug LOC **spina dorsale** spine ♦ **stare sulle spine** to be on tenterhooks ♦ **tenere sulle spine** to keep* sb in suspense Vedi anche BIRRA, UVA
spinaci sm spinach [non numerabile]: Non mi piacciono gli ~. I don't like spinach.
spinale agg spinal LOC Vedi MIDOLLO
spinato, -a agg LOC Vedi FILO
spinello sm joint
spingere vt **1** to push: Non mi ~! Don't push me! **2** (carretto, bicicletta) to wheel **3** (stimolare) to drive*: La curiosità mi ha spinto ad entrare. I was driven to go in by curiosity. **4** (costringere) to push sb into doing sth: I suoi l'hanno spinta a studiare legge. Her parents pushed her into studying law.
spinoso, -a agg (lett e fig) thorny*
spinta sf push
spintone sm shove: dare uno ~ a qn to give sb a shove
spionaggio sm spying: È accusato di ~. He's been accused of spying.
spioncino sm spyhole
spione, -a sm-sf telltale
spirale sf **1** (Geom) spiral **2** (anticoncezionale) coil
spiritico, -a agg LOC Vedi SEDUTA
spiritismo sm spiritualism
spirito sm **1** spirit: ~ di gruppo team spirit **2** (arguzia) wit: una battuta di ~ a witty remark **3** (anima) soul **4** (fantasma) ghost, spirit LOC **avere spirito d'iniziativa** to show* initiative ♦ **avere spirito d'osservazione** to be observant ♦ **Spirito Santo** Holy Spirit
spiritoso, -a agg **1** witty* **2** (divertente) fun: È una persona spiritosa. She's (good) fun. LOC **fare lo spiritoso** to play the clown

spirituale agg spiritual
splendente agg shining
splendere vi to shine*
splendido, -a agg splendid: È stata una serata splendida. It was a splendid evening.
spogliare ▶ vt to undress ▶ **spogliarsi** v rifl to get* undressed
spogliarello sm striptease
spogliatoio sm changing room
spolverare ▶ vt **1** ~ **di** to sprinkle sth (with sth): ~ la torta di zucchero sprinkle the cake with sugar **2** (mangiare) to polish sth off ▶ vt, vi to dust LOC Vedi STRACCIO
sponda sf **1** (fiume) bank **2** (lago) shore **3** (letto) edge
sponsor sm sponsor
sponsorizzare vt to sponsor
spontaneo, -a agg **1** (azione) spontaneous **2** (persona) natural LOC **di sua spontanea volontà** of your own free will
spopolamento sm depopulation
sporadico, -a agg sporadic
sporcare ▶ vt **1** to get* sth dirty: Ho sporcato la maglia/la tovaglia. I got my top/the tablecloth dirty. **2** Ti sei sporcata il vestito d'olio. You've got oil on your dress. ▶ **sporcarsi** v rifl **1** to get* dirty **2** ~ **con/di** to get covered in sth: Si sono sporcati di pittura. They got covered in paint.
sporco, -a ▶ agg dirty*: Questa cucina è sporchissima. This kitchen is really dirty. ▶ sm dirt
sporgente agg **1** (occhi) bulging **2** (denti, mento) prominent
sporgere ▶ vi to stick* out, to protrude (formale) ▶ **sporgersi** v rifl to lean* out LOC **sporgere denuncia contro** to report sb/sth to the police
sport sm sport: Fai qualche ~? Do you play any sport?
sportello sm **1** (Auto) door **2** (ufficio, banca) counter
sportivo, -a ▶ agg **1** (gara, rubrica) sports [s attrib]: auto sportiva sports car **2** (persona) keen on sport: È una ragazza molto sportiva. She's very keen on sport. **3** (comportamento) sporting: una condotta poco sportiva unsporting behaviour
▶ sm-sf sportsman*/woman* LOC Vedi ABBIGLIAMENTO, TUTA
sposare ▶ vt to marry*: Non ti sposerò mai. I'll never marry you. ▶ **sposarsi** v rifl **1** to get* married: Indovina chi si sposa? Guess who's getting married? ◊ sposarsi in chiesa/municipio to get married in church/a registry office

2 sposarsi con to marry* *sb* ⊃ *Vedi nota a* MATRIMONIO

sposato, -a *agg* married: *essere ~ (con qn)* to be married (to sb) ◊ *un uomo ~/una donna sposata* a married man/woman *Vedi anche* SPOSARE

sposo, -a *sm-sf* **1** (bride)groom [*fem* bride] **2 gli sposi** (*alla cerimonia*) the bride and groom (*novelli*), the newly-weds LOC **abito/vestito da sposa** wedding dress ⊃ *Vedi nota a* MATRIMONIO

spossatezza *sf* exhaustion

spostare ▶ *vt* **1** (*muovere*) to move *sth* (over): *Sposta un po' la sedia.* Move the chair over a bit. ◊ *Sposta il tavolo dalla finestra.* Move the table away from the window. **2** (*cambiare*) to move: *Hanno spostato la data delle nozze.* They've moved the date of the wedding. ◊ *La riunione è stata spostata a venerdì.* The meeting has been moved to Friday. ▶ **spostarsi** *v rifl* **1** (*muoversi*) to move (over): *Spostati un po', così mi posso sedere.* Move over a bit so I can sit down. ◊ *Spostati dalla porta.* Move away from the door. **2** (*viaggiare*) to get* around: *Si spostano sempre in taxi.* They always get around by taxi.

spot *sm* (*faretto*) spotlight LOC **spot pubblicitario** advert

spranga *sf* iron bar

spray *sm* aerosol

sprecare *vt* to waste: *Non ~ quest'occasione.* Don't waste this opportunity.

spreco *sm* waste

sprecone, -a ▶ *agg* wasteful ▶ *sm-sf* squanderer

spregevole *agg* despicable

spregiativo *agg* derogatory

spremere *vt* (*arancia*) to squeeze LOC **spremersi le meningi** to rack your brains

spremilimoni *sm* lemon squeezer

spremuta *sf*: *~ d'arancia* freshly-squeezed orange juice

sprezzante *agg* scornful: *in tono ~* in a scornful tone

sprigionare *vt* to give* *sth* off: *Questa stufa sprigiona fumo.* This stove is giving off smoke.

sprizzare *vt* (*gioia, salute*) to be bursting with *sth*: *~ allegria* to be bursting with happiness

sprofondare *vi* **1** (*tetto, edificio*) to collapse **2** (*pavimento*) to give* way **3** (*affondare*) to sink*

sproporzionato, -a *agg* disproportionate (*to sth*)

sprovvisto, -a *agg* **~ di** lacking in *sth* LOC **cogliere/prendere alla sprovvista** to catch* *sb* unawares

spruzzare *vt* to spray *sth* (*with sth*)

spruzzata *sf* **1** (*acqua*) splash **2** (*profumo*) spray **3** (*un po'*) dash: *Aggiungere una ~ di limone.* Add a dash of lemon.

spruzzatore *sm* spray

spugna *sf* **1** (*spugnetta*) sponge **2** (*tessuto*) towelling LOC *Vedi* BERE, GETTARE

spuma *sf* **1** (*mare*) foam **2** (*birra*) froth **3** (*bibita*) fizzy drink

spumante *sm* sparkling wine

spuntare ▶ *vt* **1** (*matita, coltello*) to break* **2** (*capelli*) to trim*: *Il parrucchiere mi ha solo spuntato i capelli.* The hairdresser just trimmed my hair. ▶ *vi* **1** (*pianta*) to come* up: *Stanno già spuntando le giunchiglie.* The daffodils are starting to come up. **2** (*capelli*) to start to grow **3** (*sole*) to rise* **4** (*dente*) to come* through: *Gli è spuntato un dente.* He's cut a tooth. ▶ **spuntarsi** *v rifl* (*matita, coltello*) to break* LOC **spuntarla** (*averla vinta*) to get* your own way

spuntato, -a *agg* blunt *Vedi anche* SPUNTARE

spuntino *sm* snack: *fare uno ~* to have a snack

sputare ▶ *vt* to spit* *sth* (out) ▶ *vi* to spit*: *~ a qn* to spit at sb

sputo *sm* spittle [*non numerabile*]

squadra *sf* **1** (*Sport*) team [*v sing o pl*]: *una ~ di calcio* a football team ◊ *Giocheremo in squadre diverse.* We'll be playing in different teams. ◊ *una ~ di soccorritori* a team of rescuers **2** (*polizia*) squad: *la ~ mobile* the flying squad **3** (*per disegnare*) set square LOC *Vedi* COMPAGNO

squadrone *sm* (*Mil*) squadron

squalifica *sf* disqualification

squalificare *vt* to disqualify*

squallido, -a *agg* **1** (*stanza*) squalid **2** (*storia*) pitiful

squalo *sm* shark

squama *sf* scale

squarciagola LOC **a squarciagola** at the top of your voice

squarciare *vt* (*tessuto*) to rip*

squartare *vt* **1** (*macellaio*) to quarter **2** (*assassino*) to chop* *sb/sth* into pieces

squash *sm* squash

squilibrato, -a *agg, sm-sf* unbalanced [*agg*]

squillare *vi* to ring*: *È squillato il telefono.* The phone rang.

squillo *sm* (*campanello, telefono*) ring

squisito, -a agg **1** (*pranzo, bevanda*) delicious **2** (*gusto, eleganza*) exquisite

squittio sm squeak

squittire vi to squeak

sradicare vt to uproot

srotolare vt **1** (*tappeto*) to unroll **2** (*cavo, filo*) to unwind*

stabile ▶ agg **1** (*tavolo, situazione*) stable **2** (*impiego*) steady **3** (*tempo*) settled
▶ sm building

stabilimento sm (*impianto*) plant **LOC** stabilimento balneare bathing establishment; (*spiaggia*) private beach

stabilire ▶ vt **1** (*determinare*) to establish: ~ l'identità di una persona to establish the identity of a person **2** (*fissare*) to fix **3** ~ **di** to agree to do sth: *Abbiamo stabilito di riunirci martedì.* We agreed to meet on Tuesday. **4** (*record*) to set* ▶ **stabilirsi** v rifl to settle: *Alla fine si sono stabiliti a Torino.* In the end they settled in Turin.

stabilità sf stability

stabilizzare ▶ vt to stabilize ▶ **stabilizzarsi** v rifl to stabilize: *Le condizioni del paziente si sono stabilizzate.* The patient's condition has stabilized.

staccare vt **1** (*etichetta, adesivo*) to take* off, to remove (*più formale*): *Stacca il cartellino del prezzo.* Take the price tag off. **2** (*luce, telefono*) to disconnect: *Ci hanno staccato il telefono.* Our phone's been disconnected. **3** (*spina elettrica*) to pull sth out; (*tv, lavatrice*) to unplug*: *Stacca il computer.* Unplug the computer. **4** (*quadro, specchio*) to take* sth down: *Aiutami a ~ il quadro.* Help me take the picture down. ▶ **staccarsi** v rifl (*venire via*) to come* off: *Ti si è staccato un bottone.* One of your buttons has come off.

staccato, -a agg (*ricevitore*) off the hook: *Devono aver lasciato il telefono ~.* They must have left the phone off the hook. *Vedi anche* STACCARE

stadio sm **1** (*Sport*) stadium* **2** (*fase*) stage

staffa sf stirrup **LOC** *Vedi* PERDERE

staffetta sf relay: *una corsa a ~* a relay race

stagionale agg seasonal

stagionare vt to season

stagione sf season: *la ~ calcistica* the football season ◊ *alta/bassa ~* high/low season **LOC** di stagione seasonal ◆ stagione della caccia open season

stagnante agg stagnant

stagno sm **1** (*metallo*) tin **2** (*laghetto*) pond

stagnola sf (tin)foil

stalagmite sf stalagmite

stalattite sf stalactite

stalla sf **1** (*mucche*) cowshed **2** (*cavalli*) stable

stamattina avv this morning: *Parte ~.* He's leaving this morning.

stampa sf **1 la stampa** the press [v sing o pl]: *Era presente tutta la ~ internazionale.* All the international press was/were there. ◊ *la ~ scandalistica* the gutter press **2** (*tecnica*) printing: *pronto ad andare in ~* ready for printing **3** (*riproduzione*) print **4** stampe (*su lettera*) printed matter [*non numerabile*] **LOC** *Vedi* COMUNICATO, CONFERENZA, LIBERTÀ, UFFICIO

stampante sf printer ⊃ *Vedi illustrazione a* COMPUTER **LOC** stampante a getto d'inchiostro ink-jet printer ◆ stampante laser laser printer

stampare vt to print

stampatello sm: *scrivere in ~* to write in block capitals

stampella sf crutch: *camminare con le stampelle* to walk on crutches

stampo sm **1** (*Cucina*) tin **2** (*di gesso*) cast

stancante agg tiring: *È stato un viaggio ~.* It was a tiring journey.

stancare ▶ vt **1** (*affaticare*) to tire sb/sth (out) **2** (*annoiare, stufare*): *Mi stanca dover ripetere le cose.* I get tired of having to repeat things. ▶ vi to be tiring: *Questo è un lavoro che stanca molto.* This work is very tiring. ▶ **stancarsi** v rifl stancarsi (di) to get* tired (of sb/sth/doing sth): *Si stanca facilmente.* He gets tired very easily.

stanchezza sf tiredness

stanco, -a agg **1** ~ (per) (*affaticato*) tired (from sth/doing sth): *Sono stanchi perché hanno corso tanto.* They're tired from all that running. **2** ~ di (*stufo*) tired of sb/sth/doing sth: *Sono ~ di te!* I'm tired of you! **LOC** stanco morto dead tired

standard agg, sm standard **LOC** standard di vita standard of living

stanghetta sf (*occhiali*) arm

stanotte avv **1** (*quella che verrà*) tonight **2** (*quella passata*) last night: *Stanotte ho dormito malissimo.* Last night I slept really badly.

stantio, -a ▶ agg stale
▶ sm: *odore di ~* musty smell

stanza sf room **LOC** stanza degli ospiti spare room

stanzino sm **1** (*stanza piccola*) little room **2** (*ripostiglio*) boxroom

stappare vt to uncork

stare vi **1** (*rimanere*) to stay: *~ a letto/in casa* to stay in bed/at home **2** to be: *~ zitto/fermo* to be quiet/still ◊ *Come stai?* How are you? ◊ *Oggi*

starnutire → stesso

sto molto meglio. I'm much better today. **3** (*colore*, *abito*) to suit: *Quel maglione ti sta molto bene.* That jumper really suits you. ◊ *Ti sta meglio quello rosso.* The red one suits you better. ◊ *Come mi sta?* How does it look? ◊ *Questo vestito non mi sta per niente bene.* This dress doesn't suit me at all. **4** (*taglia*) to fit*: *Questa gonna non mi sta.* This skirt doesn't fit (me). ◊ *La giacca mi stava grande.* The jacket was too big for me.

> Per dire che qualcosa è della misura giusta o sbagliata si usa **fit**: *Questi pantaloni mi stanno stretti.* These trousers don't fit me. Per dire invece che un indumento, o un colore, dona a qualcuno si usa **suit**: *Quella giacca ti sta proprio bene!* That jacket really suits you!

5 ~ (**in**) (*entrare*) to fit* (in/into *sth*): *I miei vestiti non ci stanno in valigia.* My clothes won't fit in the suitcase. ◊ *Ci sto?* Is there room for me? **6** (*aspetto*) to look: *Stai benissimo vestito così.* You look very nice in that outfit. ◊ *Il rosso e il giallo insieme stanno male.* Red and yellow don't go well together. **7** ~ **in** (*consistere*) to lie* in *sth*: *Il problema sta nel...* The problem lies in... **8** ~ **a** (*spettare*) to be up to *sb*: *Sta a te scegliere.* It's up to you to decide. **9** ~ **per fare** to be about to do *sth*: *Stavo per chiamarti.* I was about to call you. **10** ~ + **gerundio** to be doing *sth*: *Sta nevicando.* It's snowing. ◊ *Stavano giocando.* They were playing. **LOC** **sta' a sentire!** listen! ♦ **stammi bene!** look after yourself! ⊃ Per altre espressioni con **stare** vedi alla voce del sostantivo, dell'aggettivo, ecc, ad es. **stare sulle spine** a SPINA.

starnutire *vi* to sneeze ⊃ *Vedi nota a* SALUTE
stasera *avv* tonight
statale *agg* state [*s attrib*]: *scuola* ~ state school **LOC** *Vedi* FUNZIONARIO, STRADA
statico, -a *agg* static
statistica *sf* **1** (*scienza*) statistics [*non numerabile*] **2** (*cifra*) statistic
stato *sm* **1** state: *la sicurezza dello* ~ state security ◊ *Ma in che* ~ *sei!* What a state you're in! ◊ *La strada è in cattivo* ~. The road is in a bad state of repair. ◊ *La macchina era ridotta in pessimo* ~. The car was in a terrible state. **2** (*di salute*) condition: *Nel suo* ~ *non può ancora viaggiare.* He can't travel in his condition. **LOC** **essere in stato interessante** to be expecting ♦ **gli Stati Uniti** the United States (*abbrev* US, USA) [*v sing o pl*] ♦ **stato civile** marital status ♦ **stato d'animo** state of mind *Vedi anche* CAPO, COLPO
statua *sf* statue
statura *sf* height: *di media* ~ of average height

statuto *sm* statute
stavolta *avv* this time
stazione *sf* station: *Dov'è la* ~? Where's the station? ◊ ~ *dei pullman* coach station ◊ ~ *spaziale* space station ◊ ~ *radio* radio station **LOC** **stazione di lavoro** workstation ♦ **stazione di servizio** petrol station ♦ **stazione sciistica** ski resort
stecca *sf* **1** (*asta*) stick **2** (*sigarette*) carton **3** (*stonatura*) wrong note: *fare una* ~ to hit a wrong note **4** (*biliardo*) cue
steccare *vt* (*gamba*) to put* *sth* in a splint
steccato *sm* fence
stecco *sm* stick **LOC** **essere uno stecco** to be as thin as a rake
stella *sf* star: ~ *polare* Pole Star ◊ *un hotel a tre stelle* a three-star hotel ◊ *una* ~ *del cinema* a film star **LOC** **a stella** star-shaped ♦ **stella cadente** shooting star ♦ **stella filante** streamer ♦ **stella marina** starfish* ♦ **vedere le stelle** to see* stars *Vedi anche* SALIRE
stellare *agg* stellar
stellato, -a *agg* starry*
stelo *sm* stem
stemma *sm* emblem, coat of arms
stempiato, -a *agg*: *Sta diventando sempre più* ~. His hairline is receding fast.
stendardo *sm* banner
stendere ▶ *vt* **1** (*spiegare*) to spread* *sth* (out): ~ *una carta geografica sul tavolo* to spread a map out on the table **2** (*braccio, gamba*) to stretch *sth* out **3** (*bucato*) to hang* *sth* out: *Devo ancora* ~ *il bucato.* I've still got to hang the washing out. ▶ **stendersi** *v rifl* to lie* down ⊃ *Vedi nota a* LIE²
stenditoio *sm* clothes horse
stenografia *sf* shorthand
sterco *sm* dung
stereo *agg, sm* stereo* [*s*] **LOC** *Vedi* IMPIANTO
sterile *agg* sterile
sterilizzare *vt* to sterilize
sterlina *sf* pound: *cinquanta sterline (£50)* fifty pounds ⊃ *Vedi Appendice 1.*
sterminare *vt* to exterminate
sterno *sm* breastbone
steroide *sm* steroid
sterrato, -a *agg*: *strada sterrata* dirt track
sterzare *vi* to swerve: *Ha dovuto* ~ *a destra.* He had to swerve to the right.
stesso, -a ▶ *agg* **1** same: *Abitiamo nella stessa strada.* I live in the same street as him. ◊ *Siamo nati lo* ~ *giorno.* We were born on the same day. ◊ *allo* ~ *tempo* at the same time **2** (*uso enfatico*): *Il pittore* ~ *ha inaugurato la*

mostra. The painter himself opened the exhibition. ◊ *L'ho fatto io ~*. I did it myself. ◊ *L'ho visto con i miei stessi occhi*. I saw it with my own eyes. ◊ *essere in pace con se stessi* to be at peace with yourself ◊ *Ti prometto di farlo oggi ~*. I promise you I'll get it done today.
▶ *pron* same one: *È la stessa che è venuta ieri*. She's the same one who came yesterday. ◊ *Io avrei fatto lo ~*. I'd have done the same. LOC **fa lo stesso** it doesn't matter ◆ **lo stesso** (*comunque*) anyway: *Ci vado lo ~*. I'm going anyway. ◆ **per me, te, ecc è lo stesso** I, you, etc. don't mind: *"Caffè o tè?" "Per me è lo ~."* 'Coffee or tea?' 'I don't mind.'

stetoscopio *sm* stethoscope
steward *sm* steward
stile *sm* **1** style: *Ha molto ~*. She's very stylish. ◊ *un cappello ~ cowboy* a cowboy-style hat **2** (*nuoto*) stroke LOC *Vedi* NUOTARE
stilista *smf* fashion designer
stilografico, -a *agg* LOC *Vedi* PENNA
stima *sf* (*rispetto*) regard (*for sb/sth*): *avere grande ~ di qn* to hold sb in high regard
stimare *vt* **1** (*rispettare*) to think* highly of *sb*: *Ti stimano molto*. They think very highly of you. **2** (*valutare*) to estimate
stimolante *agg* stimulating
stimolare *vt* to stimulate
stimolo *sm* stimulus* (*to sth/to do sth*)
stinco *sm* shin
stingere *vi* **1** *Questa camicia rossa stinge*. The colour runs in that red shirt. **2** (*sbiadire*) to fade
stipare ▶ *vt* to cram* *sth into sth* ▶ **stiparsi** *v rifl* to cram* *into sth*
stipato, -a *agg* ~ (*di*) packed (with *sth*) *Vedi anche* STIPARE
stipendio *sm* pay [*non numerabile*]; (*mensile*) salary*: *chiedere un aumento di ~* to ask for a pay increase
stiracchiarsi *v rifl* to stretch
stirare ▶ *vt* to iron: *~ una camicia* to iron a shirt ▶ *vi* to do the ironing: *Oggi devo ~*. I've got to do the ironing today. ▶ **stirarsi** *v rifl* (*sgranchirsi*) to stretch LOC *Vedi* ROBA
stitichezza *sf* constipation
stitico, -a *agg* constipated
stiva *sf* hold: *nella ~ della nave* in the ship's hold
stivale *sm* **1** (*di pelle*) boot ➲ *Vedi illustrazione a* SCARPA **2** (*di gomma*) wellington ➲ *Vedi illustrazione a* SCARPA
stivaletto *sm* ankle boot
Stoccarda *sf* Stuttgart

Stoccolma *sf* Stockholm
stock *sm* (*Comm*) stock
stoffa *sf* fabric: *Mi serve dell'altra ~ per le tende*. I need some more fabric for the curtains.
stomaco *sm* stomach LOC *Vedi* ACIDITÀ, BRUCIORE, LANGUORE, MALE
stonare *vi, vt* **1** (*cantando*) to sing* out of tune **2** (*suonando*) to play out of tune
stonato, -a *agg* (*persona, strumento*) out of tune *Vedi anche* STONARE
stop *sm* (*traffico*) stop sign
stoppino *sm* (*candela*) wick
storcere *vt* to twist: *Si è storto una caviglia*. He twisted his ankle.
stordire *vt* to stun*
storia *sf* **1** (*materia*) history: *~ antica* ancient history ◊ *un libro di ~* a history book **2** (*racconto*) story*: *Raccontaci una ~*. Tell us a story. **3 storie** (*difficoltà*) fuss [*sing*]: *Ha fatto un sacco di storie nel negozio*. He kicked up a fuss in the shop. **4 storie** (*bugie*) fibs: *Non raccontare storie*. Don't tell fibs. LOC *Vedi* SOLITO
storico, -a ▶ *agg* **1** historical: *un personaggio ~* a historical figure **2** (*importante*) historic: *un accordo ~* a historic agreement
▶ *sm* historian
stormo *sm* flock
storta *sf* (*Med*): *fare una ~* to twist your ankle
storto, -a *agg* **1** (*denti, naso*) crooked **2** (*quadro, cravatta*) not straight: *Non vedi che il quadro è ~?* Can't you see the picture isn't straight? LOC **andare storto** go* wrong: *Mi sta andando tutto ~!* Everything's going wrong for me!
stoviglie *sf* crockery [*non numerabile*]
strabico, -a *agg* cross-eyed
stracciare *vt* **1** (*carta, stoffa*) to tear* **2** (*battere*) to thrash: *Li abbiamo stracciati cinque a zero*. We thrashed them five nil.
straccio *sm* **1** (*roba vecchia*) rag **2** (*per pulire*) cloth LOC **straccio per spolverare** duster *Vedi anche* CARTA
straccione, -a *sm-sf* tramp
strada *sf* **1** (*fuori città*) road: *una ~ di campagna* a country road ◊ *~ senza uscita* no through road **2** (*in città*) street **3** (*direzione*) way: *Non mi ricordo la ~*. I can't remember the way. ◊ *L'ho incontrata per la ~*. I met her on the way. ◊ *Che ~ facciamo?* Which way shall we go? **4** (*sentiero*) path: *la ~ del successo* the path to success **5** (*fig*): *Sono andati ognuno per la sua ~*. They all went their separate ways. LOC **essere sulla buona/cattiva strada** to be on the right/wrong track ◆ **farsi strada** (*nella vita*)

stradale → striscione

to get* on in life ♦ **strada secondaria** B-road ♦ **strada statale** A-road *Vedi anche* METÀ, MEZZO, TAGLIARE, USCIRE

stradale *agg* road [*s attrib*]: *un incidente* ~ a road accident LOC *Vedi* BLOCCO, CARTELLO, EDUCAZIONE, FONDO, LAVORO, POLIZIA, RACCORDO, SOCCORSO

strage *sf* massacre: *fare una* ~ to carry out a massacre

strangolare *vt* to strangle

straniero, -a ▶ *agg* foreign
▶ *sm-sf* foreigner

strano, -a *agg* strange: *un modo molto* ~ *di parlare* a very strange way of speaking ◊ *Ho sentito uno* ~ *rumore.* I heard a strange noise. ◊ *Che* ~! How strange!

straordinario, -a ▶ *agg* 1 extraordinary: *uno spettacolo* ~ an extraordinary show ◊ *una riunione straordinaria* an extraordinary meeting 2 (*edizione*) special
▶ *sm* overtime: *fare lo* ~ to work overtime

strapazzare ▶ *vt* 1 (*maltrattare*) to ill-treat 2 (*affaticare*) to tire *sb* out ▶ **strapazzarsi** *v rifl* to overdo it

strapazzato, -a *agg* LOC *Vedi* UOVO; *Vedi anche* STRAPAZZARE

strapieno, -a *agg* 1 (*autobus, locale*) packed 2 (*zaino*) full to bursting

strappare ▶ *vt* 1 (*carta, stoffa, muscolo*) to tear* *sth* (up): *Strappò la lettera.* He tore up the letter. 2 (*pianta*) to pull *sth* up: ~ *le erbacce* to pull the weeds up 3 (*pagina*) to tear* *sth* out ▶ **strapparsi** *v rifl* to tear*: *Questa stoffa si strappa facilmente.* This material tears easily.

strappo *sm* 1 tear: *Mi son fatto uno* ~ *nei pantaloni.* I've torn my trousers. 2 (*passaggio*) lift LOC **strappo muscolare** torn muscle ♦ **fare uno strappo alla regola** to make* an exception to the rule

straripare *vi* to burst* its banks

Strasburgo *sf* Strasbourg

strategia *sf* strategy*

strategico, -a *agg* strategic

strato *sm* 1 layer: *uno* ~ *di ghiaccio/polvere* a layer of ice/dust 2 (*vernice*) coat 3 (*Geol, Sociologia*) stratum*

strattone *sm* tug, wrench: *Con uno* ~ *mi ha strappato lo zaino.* She wrenched my rucksack from me. ◊ *Mi ha dato uno* ~ *e mi è passato avanti.* He pulled me out of the way and went in front of me.

stravedere *vi* ~ **per** to dote on *sb*: *Stravede per i suoi nipotini.* She dotes on her grandchildren.

strega *sf* witch

stregare *vt* to bewitch

stregato, -a *agg* 1 (*persona*) bewitched 2 (*luogo*) haunted: *un castello* ~ a haunted castle *Vedi anche* STREGARE

stregone *sm* witch doctor

stregoneria *sf* witchcraft

stremare *vt* to exhaust

stremato, -a *agg* shattered *Vedi anche* STREMARE

strepito *sm* racket

stress *sm* stress LOC **essere sotto stress** to be stressed out

stressante *agg* stressful

stressare *vt* 1 (*snervare*) to put* *sb* under stress 2 (*infastidire*) to bug*: *Mamma, non mi* ~. Mum, stop bugging me.

stressato, -a *agg*: *essere* ~ to be stressed out *Vedi anche* STRESSARE

stretta *sf* grip LOC **stretta di mano** handshake

stretto, -a ▶ *agg* 1 (*strada, stanza*) narrow 2 (*abito, nodo*) tight: *Queste scarpe mi stanno strette.* These shoes are too tight. 3 (*rapporto, sorveglianza*) close 4 (*curva*) sharp 5 (*dialetto*) broad: *Parlano un dialetto* ~. They speak a broad dialect.
▶ *avv* tightly: *Lo teneva stretto fra le braccia.* She held him tightly in her arms.
▶ *sm* strait(s) [*si usa spec al pl*]: *lo* ~ *di Bering* the Bering Strait(s) LOC **lo stretto necessario** the bare essentials [*v pl*]

stridere *vi* 1 (*uccelli, freni*) to screech 2 (*maiale*) to squeal

stridore *sm* (*freni*) screech

strillare *vi* to shriek

strillo *sm* shriek

stringa *sf* lace ⊃ *Vedi illustrazione a* SCARPA

stringere ▶ *vt* 1 (*serrare*) to grip*: *Non* ~ *così la racchetta.* Don't grip the racket so tightly. ◊ *La cintura mi stringe troppo.* My belt's too tight. 2 (*vite, nodo*) to tighten 3 (*abbracciare*): ~ *qn fra le braccia* to hug *sb* ▶ *vi* (*scarpe*) to be too tight ▶ **stringersi** *v rifl* to squeeze up: *Stringetevi un po', così c'entro anch'io.* Squeeze up a bit, so that I can get in too. LOC **stringere la mano a** to shake* *sb's* hand *Vedi anche* CINGHIA

striscia *sf* 1 (*carta, tela*) strip 2 (*riga*) stripe LOC **strisce pedonali** pedestrian crossing [*numerabile*]

strisciare *vi* 1 (*serpente*) to slither 2 (*persona*) to crawl

striscio *sm* LOC **colpire di striscio** to graze

striscione *sm* banner

stritolare *vt* to crush

strizzare *vt* (*panno*) to wring* *sth* (out) LOC **strizzare l'occhio a** to wink at *sb*: *Mi ha strizzato l'occhio.* He winked at me.

strofa *sf* verse

strofinaccio *sm* cloth

strofinare ▶ *vt* **1** to rub*: *Il bambino si strofinava gli occhi.* The little boy was rubbing his eyes. ◊ *Strofina bene le scarpe col panno.* Give your shoes a good rub with the cloth. **2** (*raschiare*) to scrub* ▶ **strofinarsi** *v rifl* **strofinarsi contro/a** to rub* against *sth*

strozzare ▶ *vt* to strangle ▶ **strozzarsi** *v rifl* ~ (**con**) to choke (on *sth*): *Per poco non mi strozzavo con una spina di pesce.* I almost choked on a bone.

struccante *sm* make-up remover

strumento *sm* **1** (*Mus, di medico*) instrument: *strumenti musicali* musical instruments **2 strumenti** (*Informatica*) tools LOC *Vedi* BARRA

struttura *sf* structure

strutturale *agg* structural

strutturare *vt* to structure

struzzo *sm* ostrich

stuccare *vt* to plaster

stucchevole *agg* **1** (*alimento*) sickly sweet **2** (*persona*) smarmy*

stucco *sm* plaster

studente, -essa *sm-sf* student: *un gruppo di studenti di medicina* a group of medical students LOC *Vedi* CASA

studiare *vt, vi* to study*: *Vorrei ~ il francese.* I'd like to study French.

studio *sm* **1** study*: *Hanno fatto degli studi sull'argomento.* They've done studies on the subject. ◊ *Tiene tutti i libri nello ~.* All her books are in the study. **2** (*dentista, avvocato*) practice **3** (*Fot, TV, di artista*) studio* **4 studi** education [*sing*]: *studi universitari* university studies ◊ *continuare/lasciare gli studi* to carry on/stop studying LOC *Vedi* BORSA, PIANO, TITOLO, VIAGGIO

studioso, -a ▶ *agg* studious ▶ *sm-sf* scholar

stufa *sf* stove LOC **stufa elettrica/a gas** electric/gas heater

stufare ▶ *vt*: *Mi hai stufato con le tue lamentele.* I'm fed up with your complaints. ▶ **stufarsi** *v rifl* ~ (**di**) to get* fed up (with *sb/sth/doing sth*)

stufato *sm* stew

stufo, -a *agg* ~ (**di**) fed up (with *sb/sth/doing sth*): *Sono ~ di questo lavoro.* I'm fed up with this job.

stuoia *sf* mat

stupefacente *sm* drug

stupendo, -a *agg* fantastic

stupidaggine *sf*: *fare/dire stupidaggini* to do/say stupid things

stupido, -a ▶ *agg* stupid ▶ *sm-sf* fool LOC **fare lo stupido** to fool around

stupire ▶ *vt* to amaze ▶ **stupirsi** *v rifl* to be amazed: *Si stupirono di vederci.* They were amazed to see us. ◊ *Mi sono stupito del disordine.* I was amazed by the mess.

stupito, -a *agg* amazed *Vedi anche* STUPIRE

stupore *sm* amazement: *guardare con ~* to look in amazement

stuprare *vt* to rape

stupratore *sm* rapist

stupro *sm* rape

sturare *vt* (*lavandino, tubatura*) to unblock

stuzzicadenti *sm* toothpick

stuzzicare *vt* to tease

stuzzichino *sm* appetizer

su ▶ *prep* **1** (*sopra*) on: *È sul tavolo.* It's on the table. ◊ *sul treno* on the train ◊ *La farmacia è sulla destra.* The chemist's is on the right. **2** (*sopra, con movimento*) onto: *L'acqua stava gocciolando sul pavimento.* Water was dripping onto the floor. **3** (*sovrastante*) over: *Stiamo volando sull'Atlantico.* We're flying over the Atlantic. ◊ *un ponte sul fiume* a bridge over the river ◊ *Mettiti il golf sulle spalle.* Put your cardigan over your shoulders. **4** (*giornale*) in: *L'ho letto sul giornale.* I read it in the paper. **5** (*argomento*) on: *un libro su Venezia* a book on Venice **6** (*circa*) around: *Peserà sui cinque chili.* It must weigh around five kilos. ◊ *Sarà sulla cinquantina.* He must be around fifty. **7** (*proporzione*) out of: *tre volte su dieci* three times out of ten ◊ *Su dieci studenti, tre sono di Roma.* Out of ten students, three are from Rome. **8** (*modo*): *su appuntamento* by appointment ◊ *su ordinazione* on order ◊ *su misura* made-to-measure
▶ *avv* **1** (*in alto*) up: *Appendilo più in ~.* Hang it higher up. ◊ *Tirati ~.* Get up. **2** (*al piano di sopra*) upstairs **3 su!** (*esortazione*) come on! LOC **in su** upwards: *dalla vita in su* from the waist upwards ◊ *dai tre anni in su* from three years upwards ♦ **su e giù** up and down

sub *smf* scuba-diver

subacqueo, -a *agg* underwater [*s attrib*]

subconscio, -a *agg, sm* subconscious

subire *vt* **1** (*trauma, umiliazione*) to suffer: *~ una sconfitta* to suffer a defeat **2** (*cambiamento, operazione*) to undergo*

subito *avv* straight away: *Te lo dò ~.* I'll give it to you straight away.

sublime *agg* sublime

subnormale *agg* subnormal

subordinato, -a *agg* subordinate

succedere *vi* **1** (*accadere*) to happen (*to sb/sth*): *Cosa è successo?* What happened? ◊ *È successo che...* What happened was that... ◊ *Che non succeda un'altra volta!* Don't let it happen again! ◊ *È successo anche a me.* It happened to me as well. **2** ~ **a** (*carica*) to succeed sb to sth: *Il figlio le succederà al trono.* Her son will succeed her to the throne. LOC *Vedi* COSA

successione *sf* succession

successivamente *avv* subsequently

successo *sm* **1** success **2** (*canzone*) hit: *il loro ultimo ~* their latest hit LOC **avere successo** to succeed: *avere ~ nella vita* to succeed in life ♦ **di successo** successful

successore *sm* successor (*to sb/sth*): *Non hanno ancora nominato il suo ~.* They've yet to name her successor.

succhiare *vt* to suck LOC **succhiarsi il dito** to suck your thumb

succo *sm* (fruit) juice: *~ d'arancia* orange juice ◊ *~ di frutta* fruit juice

succoso, -a *agg* juicy*

succulento, -a *agg* succulent

succursale *sf* branch

sud *sm* **1** (*punto cardinale, zona*) south (*abbrev* S): *Vivono nel ~ della Francia.* They live in the south of France. ◊ *a ~* in the south ◊ *È a ~ di Firenze.* It's south of Florence. ◊ *più a ~* further south ◊ *la costa ~* the south coast **2** (*direzione*) southerly: *in direzione ~* in a southerly direction

Sudafrica *sm* South Africa

sudafricano, -a *agg, sm-sf* South African: *i sudafricani* the South Africans

sudare *vi* to sweat

sudato, -a *agg* sweaty* *Vedi anche* SUDARE

suddito, -a *sm-sf* subject

sudest *sm* **1** (*punto cardinale, zona*) south-east (*abbrev* SE): *Vivono nel ~ della Francia.* They live in the south-east of France. **2** (*direzione*) south-easterly: *in direzione ~* in a south-easterly direction

sudicio, -a *agg* dirty*: *Com'è sudicia la tua macchina!* Your car's really dirty!

sudiciume *sm* filth

sudore *sm* sweat

sud-ovest *sm* **1** (*punto cardinale, zona*) south-west (*abbrev* SW): *Vivono nel ~ della Francia.* They live in the south-west of France. **2** (*direzione*) south-westerly: *in direzione ~* in a south-westerly direction

sufficiente ▶ *agg* enough: *Non ho pasta ~ per tutti.* I haven't got enough pasta for everybody. ◊ *Saranno sufficienti?* Will there be enough?
▶ *sm* (*voto*) pass

suggellare *vt* to seal: *~ un'amicizia/un patto* to seal a friendship/a pact

suggerimento *sm* suggestion

suggerire *vt* **1** ~ (**di fare**) **qc** to suggest (doing) sth: *Hai una soluzione da ~?* Can you suggest a solution? ◊ *Ha suggerito di comprarne uno nuovo.* He suggested buying a new one. **2** ~ **a qn di fare qc** to suggest that sb should do sth: *Mi ha suggerito di provare all'altro numero.* She suggested that I try the other number. **3** (*Teat*) to prompt

suggestionare *vt* to influence

suggestione *sf* suggestion

sughero *sm* **1** cork **2** (*pesca*) float

sugli *Vedi* SU

sugo *sm* **1** (*condimento*) sauce **2** (*dell'arrosto*) gravy

suicidarsi *v rifl* to commit* suicide

suicidio *sm* suicide

suino, -a *agg* pig [*s attrib*]

sul, sulla, ecc *Vedi* SU

suo, -a ▶ *agg poss* **1** (*di lui*) his: *È colpa sua.* It's his fault. **2** (*di lei*) her

> In inglese gli aggettivi e i pronomi possessivi di terza persona singolare non si accordano con il genere della cosa posseduta, ma con il genere della persona che la possiede: *sua moglie* his wife ◊ *suo marito* her husband ◊ *Marco ha lasciato la sua camera in disordine.* Marco left his room in a mess. ◊ *Anna non era nel suo ufficio.* Anna wasn't in her office.

3 (*di cosa, animale*) its **4** (*formale*) your: *Il ~ giornale, signor Vialli.* Your paper, Mr Vialli. **5** (*impersonale*) their: *Ognuno ha le sue piccole manie.* Everyone has their own little quirks. ❶ *Nota che un suo amico si traduce* **a friend of his/hers**.
▶ *pron poss* **1** (*di lui*) his: *un ufficio vicino al ~* an office next to his **2** (*di lei*) hers **3** (*formale*) yours: *Questo è ~, signora?* Is this yours, madam? LOC **i suoi** (*famiglia*) **1** (*di lui*) his family **2** (*di lei*) her family

suocero, -a *sm-sf* **1** father-in-law* [*fem* mother-in-law*] **2** **suoceri** parents-in-law, in-laws (*più informale*): *i miei suoceri* my in-laws

suola sf sole: *scarpe con la ~ di gomma* rubber-soled shoes ⊃ *Vedi illustrazione a* SCARPA

suolo sm **1** (*superficie della terra*) ground: *schiantarsi al ~* to crash to the ground **2** (*terreno*) soil LOC *Vedi* RADERE

suonare ▶ vt **1** (*Mus*) to play: *Suono il clarinetto.* I play the clarinet. **2** (*campana, campanello*) to ring **3** (*allarme*) to sound: *La guardia ha suonato l'allarme.* The guard sounded the alarm. **4** (*ora*) to strike*: *L'orologio ha suonato le sei.* The clock struck six. ▶ vi **1** (*sveglia, allarme*) to go* off: *L'allarme ha suonato.* The alarm went off. **2** (*telefono, campana*) to ring* **3** (*musicista*) play LOC **suonare il clacson** to hoot *at sb*

suonato, -a agg: *essere ~* to be bonkers *Vedi anche* SUONARE

suoneria sf (*telefonino*) ringtone

suono sm sound

suora sf nun: *Suor Teresa* Sister Teresa

superare vt **1** (*livello, quantità*) to exceed: *Le vendite di telefonini hanno superato quelle dell'anno scorso.* Mobile phone sales have exceeded those of last year. ◊ *Ha superato i 170 km all'ora.* It exceeded 170 km an hour. ◊ *~ ogni aspettativa* to exceed all expectations **2** (*per strada*) to overtake* **3** (*difficoltà, ostacolo*) to overcome* **4** (*esame*) to pass: *~ una prova pratica* to pass a practical test **5** (*record*) to beat* LOC **superare il traguardo** to cross the finishing line

superato, -a agg out of date: *idee superate* out-of-date ideas *Vedi anche* SUPERARE

superficiale agg superficial

superficie sf **1** surface: *la ~ dell'acqua* the surface of the water **2** (*Mat, area*) area

superfluo, -a agg **1** superfluous: *particolari superflui* superfluous details **2** (*spese*) unnecessary

superiora sf LOC *Vedi* MADRE

superiore ▶ agg **1** *~ (a)* higher (than *sb/sth*): *una cifra 20 volte ~ alla norma* a figure 20 times higher than normal ◊ *istruzione ~* higher education **2** *~ (a)* (*qualità*) superior (to *sb/sth*): *Si è dimostrato ~ al rivale.* He was superior to his rival. ◊ *Si sente ~ a tutti.* She's so superior. **3** (*posizione*) upper: *il labbro ~* your upper lip ▶ sm superior LOC *Vedi* SCUOLA

superiorità sf superiority

superlativo, -a agg, sm superlative

supermercato sm supermarket

superstite ▶ agg surviving
▶ smf survivor

superstizione sf superstition

superstizioso, -a agg superstitious

superstrada sf dual carriageway

supplementare agg extra LOC *Vedi* TEMPO

supplemento sm supplement: *il ~ della domenica* the Sunday supplement ◊ *pagare un ~* to pay a supplement

supplente smf (*insegnante*) supply teacher

supplica sf plea

supplicare vt to beg*: *L'ho supplicato di non farlo.* I begged him not to do it.

supplizio sm **1** torture **2** (*strazio*) ordeal: *Quelle ore d'incertezza sono state un ~.* Those hours of uncertainty were an ordeal.

supporre vt to suppose: *Suppongo che vengano.* I suppose they'll come. ◊ *Suppongo di sì/no.* I suppose so/not. LOC **supponi/supponiamo che …** supposing …

supporto sm **1** (*sostegno*) support **2** (*mensola*) bracket

supposizione sf supposition

supposta sf suppository*

supremazia sf supremacy (*over sb/sth*)

supremo, -a agg supreme

surf sm surfing: *fare del ~* to go surfing

surgelato, a ▶ agg frozen
▶ sm **surgelati** frozen food [*gen non numerabile*]

surriscaldare ▶ vt to overheat ▶ **surriscaldarsi** v rifl to overheat: *Il motore si è surriscaldato.* The engine overheated.

surrogato agg surrogate: *madre surrogata* surrogate mother

suscettibile agg touchy*

suscitare vt **1** (*interesse, sospetto*) to arouse **2** (*scandalo*) to cause

susina sf plum

susino sm plum tree

suspense sf suspense: *un film di grande ~* a film with lots of suspense

sussidio sm benefit: *~ di disoccupazione* unemployment benefit

sussurrare vt to whisper: *Mi ha sussurrato la risposta.* He whispered the answer to me.

sussurro sm whisper

svagarsi v rifl **1** (*divertirsi*) to have a good time **2** (*distrarsi*) to take* your mind off things

svaligiare vt **1** (*banca*) to rob **2** (*casa*) to burgle

svalutare vt to devalue

svanire vi to vanish

svantaggiato, -a agg at a disadvantage: *In confronto agli altri mi sento un po' ~.* I feel

rather at a disadvantage compared with the others.
svantaggio sm disadvantage LOC **essere in svantaggio 1** to be at a disadvantage **2** (Sport) to be behind
svedese ▶ agg, sm Swedish: parlare ~ to speak Swedish
▶ smf Swede: gli svedesi the Swedes
sveglia sf alarm (clock): Ho messo la ~ alle sette. I've set the alarm for seven. ➲ Vedi illustrazione a OROLOGIO
svegliare ▶ vt to wake* sb (up): A che ora vuoi che ti svegli? What time do you want me to wake you (up)? ➲ Vedi nota a AWAKE
▶ svegliarsi v rifl (lett e fig) to wake* (up): Mi sono svegliato alle otto. I woke (up) at eight. ◊ Era ora che tu ti svegliassi! It's about time you woke up! LOC **non svegliarsi in tempo** to oversleep*: Non mi sono svegliato in tempo e ho fatto tardi a scuola. I overslept and was late for school.
sveglio, -a agg **1** (non addormentato) awake: Sei ~? Are you awake? ◊ Il caffè mi tiene ~. Coffee keeps me awake. **2** (intelligente) bright
svelare vt to reveal
svelto, -a agg quick LOC **alla svelta** quickly
svendita sf sale
svenimento sm fainting fit
svenire vi to faint
sventare vt to foil
sventato, -a agg (distratto) scatty*
sventolare ▶ vt to wave ▶ vi to flutter
svestire ▶ vt to undress ▶ svestirsi v rifl to get* undressed

Svezia sf Sweden
svignarsela v rifl to slip* off
sviluppare ▶ vt to develop ▶ svilupparsi v rifl to develop
sviluppato, -a agg developed LOC **poco sviluppato** undeveloped Vedi anche SVILUPPARE
sviluppo sm **1** development **2** (Foto) developing LOC Vedi VIA
svista sf oversight
svitare ▶ vt to unscrew ▶ svitarsi v rifl to unscrew
Svizzera sf Switzerland
svizzero, -a ▶ agg Swiss
▶ sm-sf Swiss man*/woman*: gli svizzeri the Swiss ◊ le guardie svizzere the Swiss Guard
svolazzare vi to flutter
svolgere ▶ vt **1** (attività, ruolo) to carry* sth out, to perform: Che lavoro svolge? What does he do? ◊ Ha svolto un ruolo importantissimo. He has played a very important part. **2** (tema) to write*: ~ un tema sull'ambiente to write an essay on the environment **3** (gomitolo) to unroll ▶ svolgersi v rifl **1** (fatti) to happen: Come si sono svolte le cose? How did it happen? **2** (film) to be set: Il film si svolge in Australia. The film is set in Australia.
svolta sf **1** (strada) turning: la prima ~ a sinistra the first turning on the left **2** (fig) turning point: una ~ importante nella sulla carriera an important turning point in her career
svoltare vi to turn: ~ a destra to turn right
svuotare vt to empty* sth (out) (into sth): Svuotiamo quella cassa. Let's empty (out) that box.

T t

tabaccaio, -a sm-sf tobacconist
tabaccheria sf tobacconist's

> In Gran Bretagna non ci sono tabaccherie. I francobolli si vendono al **post office** (ufficio postale) e in alcuni **newsagents** (giornalai) che, oltre ai giornali e ai francobolli, vendono dolciumi e sigarette. Ci sono poi alcuni negozi specializzati che vendono articoli per fumatori.

tabacco sm tobacco: ~ da pipa pipe tobacco
tabella sf table
tabellina sf multiplication table: sapere le tabelline to know your multiplication tables

LOC **la tabellina del due, ecc** the two, etc. times table
tabellone sm **1** board: il ~ delle partenze the departure board **2** (Sport) scoreboard
tabù sm, agg taboo: un argomento ~ a taboo subject
taccagno, -a ▶ agg mean, stingy (più informale)
▶ sm-sf skinflint
tacchino, -a sm-sf turkey
tacco sm heel: Mi si è rotto un ~. I've broken my heel. ◊ tacchi alti high heels ➲ Vedi illustrazione a SCARPA LOC **coi tacchi** high-heeled
◆ **tacco a spillo** stiletto heel

taccuino *sm* notebook

tacere *vi* to say* nothing LOC **far tacere** to get* *sb* to be quiet ♦ **mettere a tacere 1** (*persona*) to silence *sb* **2** (*faccenda*) to hush *sth* up

tachimetro *sm* speedometer

taciturno, -a *agg* quiet: *Tuo fratello è molto ~ oggi*. Your brother is very quiet today.

tafano *sm* horsefly*

taglia *sf* size: *Che ~ porti?* What size do you take? ◊ *Non c'era la ~*. They didn't have the right size. ◊ *~ unica* one size LOC **taglie forti** outsize

tagliacarte *sm* paper knife*

tagliaerba *sm Vedi* TOSAERBA

tagliare ▶ *vt* **1** to cut*: *Taglialo in quattro pezzi*. Cut it into four pieces. ◊ *Mi sono tagliato la mano con un pezzo di vetro*. I cut my hand on a piece of glass. ◊ *tagliarsi i capelli* to have your hair cut **2** (*staccare*) to cut* *sth* off: *La macchina gli ha tagliato un dito*. The machine cut off one of his fingers. ◊ *Hanno tagliato il telefono/gas*. The telephone/gas has been cut off. **3** (*ritagliare*) to cut* *sth* out: *Ho tagliato i pantaloni seguendo il modello*. I cut out the trousers following the pattern. **4** (*erba*) to mow* ▶ *vi* to cut*: *Questo coltello non taglia*. This knife doesn't cut. ▶ **tagliarsi** *v rifl* (*ferirsi*) to cut* yourself LOC **tagliare la corda** to run* away ♦ **tagliare la strada a** to cut* in front of *sb*

tagliaunghie *sm* nail clippers [*pl*]

tagliente *agg* sharp

tagliere *sm* chopping board

taglio *sm* **1** cut **2** (*pezzo*) piece: *pizza al ~* pizza by the slice LOC **taglio di capelli** haircut *Vedi anche* ARMA

tailleur *sm* suit

talco *sm* talc

tale ▶ *agg* **1** (*dimostrativo*) such: *in tali situazioni* in such situations ◊ *un fatto di importanza ~* a matter of such importance ◊ *Ho avuto una ~ paura!* I got such a fright! ◊ *C'è un ~ disordine!* It's such a mess! **2** (*indefinito*): *Ha chiamato un ~ Luigi Moretti*. A Luigi Moretti rang for you.
▶ *pron* **1** (*persona indefinita*) somebody (or other): *Un ~ mi ha dato questo volantino*. Somebody gave me this leaflet. **2** (*persona conosciuta*) that person: *Ha richiamato quel ~ del negozio*. That person from the shop phoned back. LOC **tale quale**: *È ~ quale a mio fratello*. He's exactly like my brother. ◊ *~ quale me lo immaginavo* exactly as I imagined ♦ **in tal caso** in that case ♦ **tale padre tale figlio** like father like son

talea *sf* cutting

talento *sm* talent (*for sth/doing sth*): *Ha del ~ come comico*. He has a talent for comedy. ◊ *Ha ~ per la musica/pittura*. He has a talent for music/painting.

talk show *sm* chat show

tallone *sm* heel

talmente *avv* so: *È ~ facile*. It's so easy. ◊ *Costava ~ poco che l'ho preso*. It cost so little that I bought it.

talpa *sf* mole LOC *Vedi* CIECO

talvolta *avv* sometimes

tamburo *sm* drum

Tamigi *sm* **il Tamigi** the Thames

tamponamento *sm* collision LOC **tamponamento a catena** a multi-vehicle pile-up

tamponare *vt* (*auto*) to run* into *sth*: *Un furgone ha tamponato l'autobus*. A van ran into the bus.

tampone *sm* **1** (*assorbente interno*) tampon **2** (*Med*) wad

tana *sf* **1** (*leone, lupo*) den **2** (*coniglio*) burrow

tanga *sm* thong

tangente *sf* **1** (*retta*) tangent **2** (*bustarella*) bribe

tangenziale *sf* bypass

tanica *sf* can

tanto, -a ▶ *agg, pron*
• **molto** **1** (*in frasi affermative*) a lot (*of sth*): *C'è tanta roba*. There's a lot of stuff. ◊ *Ci sono tante cose da vedere*. There are a lot of things to see. ◊ *Ne ho visti tanti*. I saw a lot. **2** (*in frasi negative e interrogative per una quantità*) much; (*numero*) many: *Non ho ~ da fare*. I haven't got much to do. ◊ *Non abbiamo ~ tempo*. We haven't got much time. ◊ *Non ha tanti amici*. He hasn't got many friends.
• **così ... 1** (*così tanto*) so much: *Non ho mai avuto tanta fame*. I've never been so hungry. ◊ *Non mi mettere ~ riso*. Don't give me so much rice. ◊ *Non darmene ~*. Don't give me so much. **2** (*così numerosi*) so many: *Aveva tanti problemi!* He had so many problems! ◊ *Perché ne hai comprati tanti?* Why did you buy so many?
▶ *avv* **1** (+ *aggettivo*) very: *Sei ~ stanco?* Are you very tired? **2** (*con verbi*) a lot, very much: *Mi piace ~!* I like it very much. ➔ *Vedi nota a* MOLTO **3** (*così tanto*) so much: *Ho mangiato ~ che non riesco a muovermi!* I've eaten so much (that) I can't move! **4** (*tanto tempo*) so long: *È da ~ che non ci vediamo!* I haven't seen you for so long!
▶ *cong* anyway: *Chiamalo, ~ non viene*. Call him if you like. He won't come anyway. ◊ *Andiamo. ~ non ho più fame*. Let's go. I'm not hungry anyway. LOC **tanto ... quanto ... 1** (+ *sostantivo non numerabile*) as much ... as ... :

Ho bevuto tanta birra quanto te. I drank as much beer as you. **2** (+ *sostantivo numerabile*) as many... as...: *Non abbiamo tanti giocatori quanti ne avevamo prima.* We haven't got as many players as we had before. **3** (*entrambi*) both ... and ...: *Lo sapevano ~ lui quanto sua sorella.* He and his sister both knew. ◆ **un tanto** so much: *Mi danno un ~ al mese.* They give me so much a month. *Vedi anche* AUGURIO, OGNI, VALERE, VOLTA

tappa *sf* **1** (*fermata*) stop: *Abbiamo fatto ~ a Roma e Milano.* We stopped in Rome and Milan. **2** (*tratto*) stage: *Abbiamo fatto il viaggio in due tappe.* We did the journey in two stages.

tappare ▶ *vt* **1** (*buco*) to stop* sth (up) (*with sth*): *Ho tappato i buchi con lo stucco.* I stopped (up) the holes with plaster. **2** (*bottiglia*) to cork ▶ **tapparsi** *v rifl* to get* blocked: *Mi si è tappato il naso.* My nose is blocked. LOC **tapparsi il naso** to hold* your nose ◆ **tapparsi le orecchie** to cover your ears

tappetino *sm* mat: *~ per il mouse* mouse mat

tappeto *sm* **1** (*grande*) carpet **2** (*piccolo*) rug

tappezzare *vt* **1** (*divano*) to upholster **2** (*con carta da parati*) to (wall)paper

tappezzeria *sf* (*auto, poltrona*) upholstery [*non numerabile*]

tappo *sm* **1** top **2** (*di sughero*) cork **3** (*Tec, lavandino*) plug **4** (*per le orecchie*) (ear)plug: *mettersi i tappi nelle orecchie* to put plugs in your ears LOC **tappo a vite** screw top

tarantola *sf* tarantula

tarchiato, -a *agg* stocky*

tardare *vi* to take* a long time *to do sth*: *Hanno tardato a rispondere.* It took them a long time to reply.

tardi *avv* late: *Ci siamo alzati ~.* We got up late. ◊ *Vado via, si sta facendo ~.* I'm off — it's getting late. ◊ *È un po' ~ per telefonarle.* It's a bit late to ring her. LOC **fare tardi** (*essere in ritardo*) to be late *Vedi anche* MEGLIO, PRESTO

tardo, -a *agg* late: *È venuta nel ~ pomeriggio.* She came late in the afternoon. ◊ *il ~ Ottocento* the late 19th century

targa *sf* **1** (*placca*) plate: *La ~ sulla porta dice "dentista".* The plate on the door says 'dentist'. **2** (*commemorativa*) plaque **3** (*Auto*) number plate LOC *Vedi* NUMERO

tariffa *sf* **1** rate **2** (*trasporti*) fare

tarma *sf* moth

tartaruga *sf* **1** (*terrestre*) tortoise **2** (*marina*) turtle **3** (*materiale*) tortoiseshell

tartina *sf* canapé

tartufo *sm* truffle

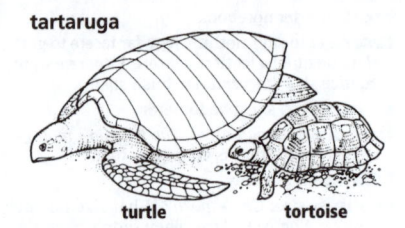

tartaruga

turtle   tortoise

tasca *sf* pocket: *È nella ~ del mio cappotto.* It's in my coat pocket.

tascabile *agg* **1** pocket(-sized): *una guida ~* a pocket guide **2** (*edizione*) paperback

taschino *sm* breast pocket

tassa *sf* **1** (*imposta*) tax: *esente da tasse* tax-free **2** (*quota*) fee: *tasse scolastiche* tuition fees

tassametro *sm* taximeter

tassello *sm* (*a espansione*) wall plug

tassista *smf* taxi driver

tasso *sm* **1** (*indice*) rate **2** (*animale*) badger LOC **tasso di interesse** interest rate ◆ **tasso di natalità** birth rate

tastare *vt* to feel*: *Si tastò le tasche.* He felt his pockets.

tastiera *sf* keyboard ⊃ *Vedi illustrazione a* COMPUTER

tastierino *sm* LOC **tastierino numerico** (*Informatica*) keypad

tasto *sm* **1** (*computer, pianoforte*) key: *premere un ~* to press a key **2** (*televisore, radio*) button

tattica *sf* tactic [*gen pl*]

tatto *sm* **1** (*senso*) sense of touch: *riconoscere qc al ~* to recognize sth by touch **2** (*delicatezza*) tact LOC **avere tatto** to be tactful

tatuaggio *sm* tattoo: *farsi un ~* to get a tattoo

tavola *sf* **1** table: *Non mettere i piedi sulla ~.* Don't put your feet on the table. ◊ *~ pitagorica* multiplication table **2** (*asse*) plank: *un ponte di tavole* a bridge made from planks **3** (*illustrazione*) plate: *tavole a colori* colour plates LOC **tavola a vela** windsurfer ◆ **tavola da surf** surfboard ◆ **tavola rotonda** round table *Vedi anche* SERVIZIO

tavoletta *sf* (*cioccolato*) bar

tavolino *sm* **1** (*di salotto*) coffee table **2** (*di bar*) (small) table

tavolo *sm* table: *Ci sediamo al ~?* Shall we sit at the table? LOC *Vedi* GIOCO, TENNIS

tavolozza *sf* palette

taxi *sm* taxi LOC *Vedi* POSTEGGIO

tazza *sf* **1** cup: *una ~ di caffè* a cup of coffee **2** (*senza piattino*) mug ➲ *Vedi illustrazione a* MUG **3** (*gabinetto*) bowl

tazzina *sf* coffee cup

te *pron pers* you: *L'ho comprato per te.* I bought it for you. ◊ *Te lo passo subito.* I'll get him for you. ◊ *Marco è più alto di te.* Marco is taller than you. ◊ *Fallo da te.* Do it yourself.

tè *sm* tea: *Vuoi un tè?* Would you like a cup of tea? LOC *Vedi* BUSTINA

teatrale *agg* theatre [*s attrib*]

teatro *sm* theatre: *andare a ~* to go to the theatre ◊ *il ~ classico/moderno* classical/modern theatre LOC **teatro tenda** = tent for concerts, shows, etc.

techno *sf* techno

tecnica *sf* **1** (*metodo*) technique **2** (*tecnologia*) technology: *il progresso della ~* advances in technology

tecnico, -a ▶ *agg* technical
▶ *sm* **1** technician **2** (*per riparazioni tv, caldaia, ecc*) engineer LOC *Vedi* ISTITUTO

tecnologia *sf* technology*: *~ avanzata* state-of-the-art technology

tedesco, -a *agg, sm-sf, sm* German: *i tedeschi* the Germans ◊ *parlare ~* to speak German LOC *Vedi* PASTORE

teglia *sf* baking tin

tegola *sf* tile

teiera *sf* teapot

tela *sf* **1** (*stoffa*) cloth: *una borsa di ~* a cloth bag **2** (*quadro*) canvas LOC **tela cerata** oilcloth ◆ **tela di mare** beach towel

telaio *sm* **1** (*bicicletta*) frame **2** (*Auto*) chassis* **3** (*per tessere*) loom

tele *sf Vedi* TELEVISIONE

telecamera *sf* TV camera

telecomandato, -a *agg* remote-controlled

telecomando *sm* remote control

telecomunicazioni *sf* telecommunications

telecronaca *sf* TV commentary*

teleferica *sf* cable car

telefilm *sm* TV series*

telefonare *vi* ~ (**a**) to phone *sb*, to telephone (*più formale*): *Ha telefonato tua sorella.* Your sister phoned. ◊ *Ti telefono domani.* I'll phone you tomorrow.

telefonata *sf* phone call: *fare una ~* to make a phone call LOC **telefonata a carico del destinatario** reverse charge call

telefonico, -a *agg* phone [*s attrib*], telephone (*più formale*) [*s attrib*] LOC *Vedi* CABINA, ELENCO, SCHEDA, SEGRETERIA

telefonino *sm* mobile (phone)

telefono *sm* phone, telephone (*più formale*): *Anna, al ~!* Phone for you, Anna! ◊ *È al ~ con sua madre.* She's on the phone to her mother. ◊ *Puoi rispondere al ~?* Can you answer the phone? LOC *Vedi* COLPO

telegiornale *sm* news [*sing*]: *A che ora c'è il ~?* What time is the news on? ◊ *L'hanno detto al ~ delle otto.* It was on the eight o'clock news.

telegramma *sm* telegram: *mandare un ~* to send a telegram

telelavoratore, -trice *sm-sf* teleworker

telelavoro *sm* teleworking

telenovela *sf* soap (opera)

teleobiettivo *sm* telephoto lens

telepatia *sf* telepathy

telescopio *sm* telescope

telespettatore, -trice *sm-sf* viewer

televideo *sm* teletext

televisione *sf* television (*abbrev* TV), telly (*più informale*): *Accendi/Spegni la ~.* Turn the TV on/off. ◊ *Cosa danno alla ~ stasera?* What's on the telly tonight? ◊ *Stavamo guardando la ~.* We were watching television. ➲ *Vedi nota a* TELEVISION

televisore *sm* television (set) (*abbrev* TV)

telo *sm* cloth LOC **telo di cucina** tea towel ◆ **telo da mare** beach towel

tema *sm* **1** (*argomento*) subject: *il ~ di una conferenza* the subject of a talk **2** (*Mus*) theme **3** (*Scuola*) essay: *Dobbiamo svolgere un ~ sulla nostra città.* We have to write an essay on our town. LOC *Vedi* PARCO

temere *vt, vi* to be afraid (of *sb/sth*): *Alcuni la temono, altri l'ammirano.* Some are afraid of her, others admire her. ◊ *Temo di essermi sbagliato.* I'm afraid I've got it wrong. ◊ *Temo che non verranno.* I'm afraid they won't come. ◊ *Non ~, ce la faremo.* Don't worry. We'll make it.

temperamatite *sm* pencil sharpener

temperare *vt* to sharpen

temperato, -a *agg* temperate *Vedi anche* TEMPERARE

temperatura *sf* temperature LOC **temperatura ambiente** room temperature

temperino *sm* penknife*

tempesta *sf* storm

tempestare *vt* to bombard *sb* with *sth*: *Mi hanno tempestato di domande.* They bombarded me with questions. LOC **tempestare di colpi** to rain (down) blows on *sb*

tempestivo, -a *agg* timely: *un intervento ~* a timely intervention

tempia *sf* temple

tempio *sm* temple

tempo sm 1 time: *al ~ dei Romani* in Roman times ◊ *Abito qui da molto ~*. I've been living here for a long time. ◊ *Da quanto ~ studi inglese?* How long have you been studying English? ◊ *È passato molto ~*. A long time has passed. 2 (*meteorologico*) weather: *Ieri ha fatto bel/brutto ~*. The weather was good/bad yesterday. 3 **tempi** (*periodo*) time [*sing*]: *l'anno scorso di questi tempi* this time last year 4 (*neonato*) time: *Quanto ~ ha?* How old is she? 5 (*Sport*) half*: *il primo ~* the first half 6 (*Gramm*) tense LOC **a tempo pieno** full-time ♦ **col tempo** in time: *Col ~ capirai*. You'll understand in time. ♦ **come passa il tempo!** doesn't time fly! ♦ **con i tempi che corrono** these days: *Con i tempi che corrono bisogna stare attenti*. You have to be careful these days. ♦ **fare in tempo**: *Fai ancora in ~ a mandarlo*. You've still got time to send it. ♦ **per tempo** in good time: *Avvisami per ~*. Let me know in good time. ♦ **tempo libero** spare time: *Cosa fai nel ~ libero?* What do you do in your spare time? ♦ **tempo supplementare** (*Sport*) extra time *Vedi anche* APPENA, INGANNARE, OGNI, PERDERE, SVEGLIARE

temporale sm storm: *C'è aria di ~*. There's a storm brewing. ◊ *Sta arrivando un ~*. It looks like there's going to be a storm.

temporaneo, -a agg temporary

tenace agg tenacious

tenaglie sf pliers

tenda sf 1 (*finestra, doccia*) curtain: *tirare le tende* to draw the curtains 2 (*da campeggio*) tent: *montare/smontare una ~* to put up/take down a tent

tendenza sf 1 (*inclinazione*) tendency*: *Ha ~ a ingrassare*. He has a tendency to put on weight. 2 (*moda*) trend: *le ultime tendenze della moda* the latest fashion trends

tendere ▶ vt 1 (*stendere*) to stretch: *~ una fune* to stretch a rope tight 2 (*stringere*) to tighten: *~ le corde della racchetta* to tighten the strings of the racket 3 (*mano*) to hold* sth out: *Mi ha teso la mano*. He held out his hand to me. ▶ vi ~ a: *Tende a complicare le cose*. He tends to complicate things. ◊ *Il tempo tende a migliorare*. The weather is improving. ◊ *I suoi capelli tendono al biondo*. He's got blondish hair.

tendina sf net curtain LOC *Vedi* MENU

tendine sm (*Anat*) tendon

tendone sm 1 (*di circo*) tent 2 (*per spettacolo, mostra*) marquee

tenebre sf darkness [*non numerabile*]

tenente sm lieutenant

tenere ▶ vt 1 to keep*: *~ il cibo in caldo* to keep food hot ◊ *Tenga il resto*. Keep the change. ◊ *Mi tieni il posto?* Could you please keep my place in the queue? ◊ *Tieni le chiavi in tasca*. Keep the keys in your pocket. ◊ *~ aperta la porta* to keep the door open ◊ *~ un segreto* to keep a secret ◊ *~ la destra/sinistra* to keep right/left 2 (*stringere*) to hold*: *~ qc in mano* to hold sth (in your hand) ◊ *Tieni forte la corda*. Hold the rope tight. ◊ *~ qn per mano* to hold sb by the hand 3 (*quando si dà qc*): *Tieni!* Here you are! ▶ vi 1 (*reggere*) to hold*: *Questo ripiano non tiene*. This shelf won't hold. 2 ~ a: *Tiene molto ad avere la casa in ordine*. He likes to keep the house tidy. ▶ **tenersi** v rifl tenersi (a) (*aggrapparsi*) to hold* on (to sth): *Tieniti al mio braccio*. Hold on to my arm. ⊃ Per altre espressioni con **tenere** vedi alla voce del sostantivo, dell'aggettivo, ecc, ad es. **tenere duro** a DURO.

tenerezza sf 1 tenderness: *parlare con ~ a qn* to speak to sb tenderly 2 **tenerezze** sweet nothings

tenero, -a agg tender: *una fettina tenera* a tender piece of meat ◊ *uno sguardo ~* a tender look

tennis sm tennis LOC **tennis da tavolo** table tennis *Vedi anche* SCARPA

tennista smf tennis player

tenore sm (*cantante*) tenor LOC **tenore di vita** lifestyle

tensione sf 1 tension: *la ~ delle corde* the tension of the strings ◊ *Durante la cena c'era molta ~*. There was a lot of tension during dinner. 2 (*elettrica*) voltage: *cavi dell'alta ~* high-voltage cables

tentacolo sm tentacle

tentare vt 1 (*provare*) to try* (*sth/to do sth*) 2 (*allettare*) to tempt: *Non mi ~*. Don't tempt me. ◊ *Mi tenta l'idea di andare in vacanza*. I'm tempted to go on holiday.

tentativo sm attempt: *al primo, secondo, ecc ~* at the first, second, etc. attempt

tentazione sf temptation: *Non ho saputo resistere alla ~ di mangiarlo*. I couldn't resist the temptation to eat it. ◊ *cadere in ~* to fall into temptation

tentoni avv: *procedere a tentoni* to feel your way ◊ *cercare a tentoni* to grope for sth

tenue agg 1 (*colore, voce*) soft 2 (*luce, suono*) faint

tenuta sf 1 (*casa in campagna*) country estate 2 (*abbigliamento*) clothes [*pl*]: *~ da lavoro* working clothes LOC **tenuta di strada** road-holding

tenuto, -a agg ~ a obliged to do sth: *Non sei ~ a farlo.* You're not obliged to do it. *Vedi anche* TENERE

teologia sf theology

teoria sf theory*: *in ~* in theory

teorico, -a agg theoretical

teppismo sm hooliganism

teppista smf hooligan

terapia sf therapy*: *~ di gruppo* group therapy

tergicristallo sm windscreen wiper

terme sf **1** (*luogo per cure termali*) spa [*numerabile*] **2** (*nell'antichità*) baths: *le ~ romane* the Roman baths

termico, -a agg thermal

terminal sm terminal

terminale agg, sm terminal: *malati terminali* terminally-ill patients

terminare ▶ vt to finish ▶ vi **1** to finish: *Il film termina a mezzanotte.* The film finishes at midnight. **2** ~ (**in**) to end (in *sth*): *Termina in "a".* It ends in 'a'. ◊ *La manifestazione terminò in tragedia.* The demonstration ended in tragedy.

termine sm **1** (*parola*) term: *in termini generali* in general terms ◊ *un ~ tecnico* a technical term **2** (*fine*) end **3** (*scadenza*) deadline: *Il ~ per le iscrizioni è domani.* The deadline for enrolling is tomorrow. LOC **portare a termine** to carry* sth out *Vedi anche* MODERARE

termometro sm thermometer

termos sm Thermos® flask

termosifone sm radiator

termostato sm thermostat

terra sf **1** (*in contrapposizione al mare*) land [*non numerabile*]: *viaggiare via ~* to travel overland ◊ *coltivare la ~* to work the land ◊ *Ha venduto le terre di famiglia.* He sold his family's land. **2** (*terriccio*) soil: *~ per i vasi* soil for the flowerpots ◊ *una ~ fertile* fertile soil **3** (*suolo*) ground: *Cadde a ~.* He fell to the ground. ◊ *per ~* on the ground **4** (*patria*) native land: *i costumi della mia ~* the customs of my native land **5 la Terra** (*pianeta*) the earth **6** (*Elettr*) earth LOC **terra battuta** (*Tennis*) clay: *giocare su ~ battuta* to play on clay ◆ **la Terra Santa** the Holy Land *Vedi anche* GOMMA, MESSA

terracotta sf terracotta: *vasi di ~* terracotta pots

terraferma sf dry land

terrazzo sm balcony*; (*più grande*) terrace

terremoto sm earthquake

terreno sm land [*non numerabile*]: *un ~ molto fertile* very fertile land ◊ *Hanno comprato un ~.* They bought some land.

terrestre agg **1** (*animale, mezzi*) land [*s attrib*] **2** (*tv*) terrestrial **3** (*del pianeta Terra*): *la superficie ~* the earth's surface LOC *Vedi* CROSTA, PARADISO

terribile agg terrible: *Hanno passato un anno ~.* They had a terrible year.

terrificante agg terrifying

territorio sm territory*

terrore sm terror LOC **avere il terrore di** to be terrified of sth ◆ **del terrore** (*film, racconto*) horror [*s attrib*]: *un film del ~* a horror film

terrorismo sm terrorism

terrorista agg, smf terrorist

terrorizzare vt **1** (*fare paura*) to terrify*: *Mi terrorizzava l'idea che potessero sfondare la porta.* I was terrified they might break the door down. **2** (*con la violenza*) to terrorize: *teppisti che terrorizzano il quartiere* thugs who terrorize the neighbourhood

terzo, -a ▶ agg, pron, sm third (*abbrev* 3rd)
➔ *Vedi esempi a* SESTO
▶ sm (*persona*) third party*: *assicurazione contro terzi* third-party insurance
▶ **terza** sf **1** (*marcia*) third (gear) **2** (*Scuola*) third year: *Faccio la terza.* I'm in the third year. LOC **terza età**: *attività per la terza età* activities for senior citizens *Vedi anche* CATEGORIA, CLASSIFICARE

terzultimo, -a ▶ agg third last: *arrivare ~* to finish third last
▶ sm-sf third last

tesa sf (*cappello*) brim: *un cappello a ~ larga* a wide-brimmed hat ➔ *Vedi illustrazione a* CAPPELLO

teschio sm skull

tesi sf thesis*

teso, -a agg **1** (*fune, telo*) tight: *Assicurati che la corda sia ben tesa.* Make sure the rope is tight. **2** (*atmosfera, situazione*) tense *Vedi anche* TENDERE

tesoro sm **1** treasure: *trovare un ~ nascosto* to find buried treasure ◊ *Sei un ~!* You're a treasure! **2 il Tesoro** the Treasury **3** (*appellativo*) darling LOC *Vedi* CACCIA, MINISTERO, MINISTRO

tessera sf **1** (*club*) membership card **2** (*autobus*) pass **3** (*domino*) domino* LOC **tessera magnetica** swipe card *Vedi anche* FOTO

tessere vt **1** (*con telaio*) to weave* **2** (*ragno*) to spin*

tessile agg textile [*s attrib*]: *l'industria ~* the textile industry

tessuto sm **1** (tela) material: Certi tessuti restringono lavandoli. Some materials shrink when you wash them. **2** (Anat) tissue

test sm test: un ~ di gravidanza a pregnancy test LOC **test attitudinale** aptitude test

testa sf **1** head **2** (giudizio) sense: Ma dove hai la ~? You've got no sense! LOC **a testa** each: Ce ne toccano tre a ~. There are three each. ♦ **a testa in giù** upside down ♦ **avere la testa dura** to be stubborn ♦ **avere la testa tra le nuvole** to have your head in the clouds ♦ **dalla testa ai piedi** from top to toe ♦ **dare alla testa** to go* to your head ♦ **essere in testa** to be in the lead ♦ **mettersi in testa di fare qc** to take* it into your head to do sth ♦ **testa d'aglio** head of garlic ♦ **testa o croce** heads or tails Vedi anche CACCIATORE, COLPO, COSTARE, GIRAMENTO, GIRARE, MALE, PERDERE, PIEDE

testamento sm **1** (Dir) will: fare ~ to make a will **2 Testamento** Testament: l'Antico/il Nuovo Testamento the Old/New Testament

testardo, -a agg stubborn LOC Vedi MULO

testata sf **1** (colpo) head-butt **2** (di giornale) heading **3** (giornale) paper **4** (letto) headboard LOC Vedi BATTERE

testicolo sm testicle

testimone ▶ smf witness ⊃ Vedi nota a MATRIMONIO
▶ sm (Sport) baton: passare il ~ to pass the baton LOC **essere testimone di** to witness sth ♦ **testimone oculare** eyewitness

testimoniare vi (in tribunale) to give* evidence

testina sf head

testo sm **1** text **2** (canzone) lyrics [pl]: Il ~ di questa canzone è molto bello. The lyrics of this song are very beautiful. LOC Vedi LIBRO, TRATTAMENTO

testualmente avv word for word

tetano sm tetanus

tetro, -a agg gloomy*

tettarella sf teat

tetto sm roof

tettoia sf roof

Tevere sm **il Tevere** the Tiber

thailandese agg, smf Thai: i thailandesi the Thais

Thailandia sf Thailand

ti pron pers **1** (complemento) you: Ti ha visto? Did he see you? ◊ Ti ho portato un libro. I've brought you a book. ◊ Cosa ti avevo detto? What did I tell you? **2** (parti del corpo, effetti personali): Ti sei lavato le mani? Have you washed your hands? ◊ Togliti il cappotto. Take your coat off. **3** (riflessivo) (yourself): Ti farai male. You'll hurt yourself. ◊ Vestiti. Get dressed.

Tibet sm Tibet

tibetano, -a agg, sm-sf, sm Tibetan: i tibetani the Tibetans

tic sm tic: un ~ nervoso a nervous tic

ticket sm (su medicinali) prescription charge

tiepido, -a agg lukewarm

tifare vi ~ **per** to support sb/sth

tifone sm typhoon

tifoso, -a sm-sf supporter

tight sm morning suit

tigre sf tiger

tilt sm LOC **andare in tilt** to go on the blink

timbrare vt **1** (documento) to stamp: Mi hanno timbrato il passaporto. They stamped my passport. **2** (francobollo) to postmark LOC **timbrare (il cartellino) 1** (all'entrata) to clock on **2** (all'uscita) to clock off

timbro sm **1** (voce) pitch: Ha un ~ di voce molto alto. He has a very high-pitched voice. **2** (marchio, strumento) stamp LOC **timbro postale** postmark

timidezza sf shyness

timido, -a agg, sm-sf shy [agg]: È un ~. He's shy.

timo sm thyme

timone sm helm, rudder

timore sm fear: Non l'ho detto per ~ di offenderlo. I didn't say it for fear of offending him.

timpano sm **1** (orecchio) eardrum **2 timpani** (Mus) timpani

tinello sm small dining room

tingere vt to dye: ~ una camicia di rosso to dye a shirt red ◊ tingersi i capelli to dye your hair

tinta sf **1** (vernice) dye **2** (colore) colour LOC **in tinta unita** plain

tintarella sf suntan

tintoria sf dry-cleaner's

tipico, -a agg **1** (caratteristico) typical (of sb/sth): È ~ di Vittorio! That's just typical of Vittorio! **2** (tradizionale) traditional: un ballo/costume ~ a traditional dance/costume

tipo, -a ▶ sm **1** (genere) kind (of sth): Che ~ di macchina vuoi comprare? What kind of car are you going to buy? ◊ tutti i tipi di gente/animali all kinds of people/animals **2** (ideale) type: Non è il mio ~. He's not my type.
▶ sm-sf guy [fem girl]: quel ~ laggiù that guy over there

tipografia sf **1** (laboratorio) printer's **2** (Arte) typography

tipografo, -a sm-sf printer

tip tap *sm* tap-dancing

tir *sm* heavy goods vehicle (*abbrev* HGV)

tiraggio *sm* (*caminetto*) draught

tirare ▶ *vt* **1** (*verso di sé, trainare*) to pull: *Tira la maniglia.* Pull the handle. **2** (*lanciare*) to throw* *sth* (*to sb*): *I bambini tiravano sassi.* The children were throwing stones. ◊ *Tira la palla al tuo compagno.* Throw the ball to your team-mate.

> Quando si tira qualcosa a qualcuno con l'intenzione di fare del male si usa **to throw sth at sb**: *Tiravano sassi al povero gatto.* They were throwing stones at the poor cat.

3 (*tende*) to draw* ▶ *vi* **1** (*verso di sé*) to pull: *Tira più forte.* Pull harder. **2** (*abito*) to be tight: *La giacca tira un po' sul dietro.* The jacket's a bit tight at the back. **3** (*Sport*) to shoot*: *~ in porta* to shoot at goal LOC **tirare avanti**: *Si tira avanti.* We're managing. ♦ **tirare fuori 1** (*prendere*) to take* *sb/sth* out: *Ha tirato fuori una cartellina dal cassetto.* He took a folder out of the drawer. **2** (*lingua*) to stick* *sth* out **3** (*soldi*) to cough *sth* up **4** (*menzionare*) to drag* *sth* up ♦ **tirare su**: *Fatti una doccia, vedrai che ti tira su.* Have a shower and you'll soon perk up. ♦ **tirarsi indietro** to back down ➔ Per altre espressioni con **tirare** vedi alla voce del sostantivo, dell'aggettivo, ecc, ad es. **tirare un sospiro di sollievo** a SOSPIRO.

tirata *sf* **1** (*verso di sé*) tug **2** (*sigaretta*) puff **3** (*senza soste*): *fare tutta una ~* to do it all in one go LOC **tirata d'orecchi** (*fig*) telling-off

tiratore, -trice *sm-sf* shot: *È un buon ~.* He's a good shot. LOC **tiratore scelto** marksman*

tiro *sm* **1** (*lancio*) throw **2** (*sparo, Sport*) shot: *un ~ in porta* a shot at goal **3** (*scherzo*) trick: *giocare un brutto ~ a qn* to play a dirty trick on sb LOC **tiro alla fune** tug of war ♦ **tiro con l'arco** archery *Vedi anche* POLIGONO

Tirreno *sm* **il Tirreno** the Tyrrhenian Sea

tisana *sf* herbal tea

titolare ▶ *agg*: *un giocatore ~* a first-team player
▶ *smf* **1** (*passaporto, conto in banca*) holder **2** (*azienda*) owner

titolo *sm* **1** title: *Che ~ hai dato al romanzo?* What title have you given your novel? ◊ *Domani si disputano il ~.* They're fighting for the title tomorrow. **2** (*giornale*) headline LOC **titolo di studio** qualification

tizio, -a *sm-sf* person*

> Quando si riferisce a un uomo, c'è anche la parola più informale **guy**: *Me l'ha detto un ~ per la strada.* Some guy in the street told me.

◊ *Il tizio del negozio mi ha detto che è meglio questo.* The guy in the shop told me this is better.

toast *sm* toasted sandwich

toccare ▶ *vt* **1** to touch: *Non toccarlo!* Don't touch it! **2** (*tastare*) to feel*: *Posso ~ la stoffa?* Can I feel the fabric? **3** (*riguardare*) to concern: *un problema che tocca tutti* an issue that concerns everybody ▶ *vi* **1** (*in mare*): *Qui non tocco.* I'm out of my depth. **2** (*turno*) to do *sb's* turn (*to do sth*): *Tocca a te tirare.* It's your turn to throw. ◊ *Tocca a me?* Is it my turn? **3** (*obbligo*): *Tocca sempre a me lavare i piatti.* It's always me who has to wash up. ◊ *Mi tocca rifarlo.* I've got to do it again. LOC **tocca ferro!** touch wood!

toccato, -a *agg* LOC **essere un po' toccato** to be soft in the head *Vedi anche* TOCCARE

tocco *sm* **1** (*colpetto*) tap **2** (*rifinitura*) touch: *dare il ~ finale a qc* to put the finishing touches to sth

tofu *sm* tofu

togliere *vt* **1** to take* *sth* off/down/out: *Togli le tue cose dalla mia scrivania.* Take your things off my desk. ◊ *Ha tolto il poster.* He took the poster down. ◊ *togliersi le scarpe/gli occhiali* to take your shoes/glasses off ◊ *~ un chiodo* to take a nail out ◊ *~ l'etichetta a una camicia* to take the label off a shirt ◊ *Togliti le mani dalle tasche!* Take your hands out of your pockets. **2** (*sottrarre*) to take* *sb/sth* away (*from sb/sth*): *~ un bambino ai genitori* to take a child away from its parents ◊ *Togli dal totale i soldi che ti devo.* Take the money I owe you away from the total. **3** (*dente*) to take* *sth* out: *Il dentista gli ha tolto un dente.* The dentist took his tooth out. **4** (*macchia*) to remove, to get* *sth* out (*più informale*) **5** (*sete*) to quench LOC **ciò non toglie che ...** that doesn't alter the fact that ... ♦ **non togliere gli occhi/lo sguardo di dosso a** not to take* your eyes off *sb/sth* ♦ **togliersi dai piedi** to get* rid of *sb* ♦ **togliersi un peso**: *Mi sono tolto un gran peso.* That's a great weight off my mind. ♦ **togliti di mezzo/dai piedi!** get out of the way!

toilette *sf* toilet ➔ *Vedi nota a* TOILET

tollerare *vt* **1** (*sopportare*) to bear*, to stand*: *Non tollero tipi come lui.* I can't bear people like him. **2** (*accettare*) to tolerate: *Non tollero che mi si tratti in questo modo.* I will not tolerate being treated like this.

tomba *sf* **1** grave **2** (*mausoleo*) tomb: *la ~ di Marx* Marx's tomb

tombino *sm* manhole

tonaca *sf* (*monaco*) habit; (*sacerdote*) cassock

tonalità *sf* **1** (*Mus*) key **2** (*colore*) shade
tondo, -a *agg* round: *per fare cifra tonda* to give a round figure
tonfo *sm* thud
tonico, -a ▶ *agg* (*Ling*) stressed
▶ *sm* (*cosmetico*) skin tonic LOC *Vedi* ACQUA
tonnellata *sf* tonne ⊃ *Vedi Appendice 1*.
tonno *sm* tuna*: *~ in scatola* tinned tuna
tono *sm* **1** tone: *Non parlarmi con quel ~!* Don't speak to me in that tone of voice! **2** (*colore*) shade
tonsilla *sf* tonsil: *Mi hanno operato di tonsille.* I had my tonsils out.
tonsillite *sf* tonsillitis [*non numerabile*]
tonto, -a ▶ *agg* thick
▶ *sm-sf* dimwit LOC *Vedi* FINTO
topless *sm*: *prendere il sole in ~* to sunbathe topless
top model *sf* supermodel
topo *sm* mouse* LOC **topo di biblioteca** bookworm *Vedi anche* GATTO, TRAPPOLA
toppa *sf* patch: *toppe ai ginocchi* knee patches
torace *sm* **1** chest: *L'acqua gli arrivava all'altezza del torace.* The water was chest high. **2** (*Anat*) thorax
torbido, -a *agg* **1** (*liquido*) cloudy* **2** (*faccenda*) shady*
torcere *vt* to twist: *~ un braccio a qn* to twist sb's arm LOC **torcersi dal dolore** to writhe in pain ♦ **torcersi dalle risa** to double up with laughter
torcia *sf* torch: *~ elettrica* electric torch
torcicollo *sm* stiff neck: *Mi ha fatto venire il ~.* It's given me a stiff neck.
torinese *agg, smf* Turinese: *i torinesi* the Turinese
Torino *sf* Turin
tormenta *sf* snowstorm, blizzard
tormentare *vt* to torment
tornado *sm* tornado*
tornare *vi* **1** (*ritornare*) to go*/come* back: *Sono tornato a casa.* I went back home. ◊ *Torna qui.* Come back here. ◊ *A che ora torni?* What time will you be back? ◊ *Abbiamo sbagliato strada, torniamo indietro.* We're going the wrong way. Let's go back. **2** (*quadrare*) to add up: *I conti non tornano.* These figures don't add up. LOC **tornare utile** to come* in handy: *Non buttarlo, potrebbe ~ utile.* Don't throw it away. It may come in handy.
torneo *sm* tournament
tornio *sm* (*da vasaio*) potter's wheel
toro *sm* **1** (*animale*) bull **2 Toro** (*Astrologia*) Taurus ⊃ *Vedi esempi a* ACQUARIO

LOC **prendere il toro per le corna** to take* the bull by the horns
torre *sf* **1** tower: *la Torre di Pisa* the Leaning Tower of Pisa **2** (*Scacchi*) rook, castle (*più informale*) LOC **torre d'avorio** ivory tower ♦ **torre di controllo** control tower
torrente *sm* torrent
torrentismo *sm* canyoning
torrenziale *agg* torrential: *pioggia ~* torrential rain
torrido, -a *agg* sizzling
torrone *sm* nougat [*non numerabile*]
torso *sm* torso*
torsolo *sm* core: *Sbucciare e togliere il ~.* Peel and remove the core. ⊃ *Vedi illustrazione a* FRUTTA
torta *sf* **1** cake: *una ~ di compleanno* a birthday cake **2** (*di sfoglia/salata*) pie: *una ~ di mele* an apple pie ⊃ *Vedi nota a* PIE LOC **torta gelato** ice-cream cake ♦ **torta salata** quiche
torto *sm* **avere ~** to be wrong
tortura *sf* torture
torturare *vt* to torture
tosaerba *sm* lawnmower
tosare *vt* **1** (*pecora*) to shear **2** (*erba, prato*) to mow*
Toscana *sf* Tuscany
toscano, -a *agg, sm-sf* Tuscan: *i toscani* the Tuscans
tosse *sf* cough: *Ho la ~.* I've got a cough.
tossico, -a *agg* toxic
tossicodipendente *smf* drug addict
tossicomane *smf* drug addict
tossire *vi* to cough
tostapane *sm* toaster
tostare *vt* **1** (*pane, mandorle*) to toast **2** (*caffè*) to roast LOC *Vedi* PANE
tosto, -a *agg* tough LOC *Vedi* FACCIA
tot *agg* so much/many LOC **un tot 1** (*con nome singolare*) so much, a certain amount of: *Ci vuole anche un tot di fortuna.* You also need a certain amount of luck. **2** (*con nome plurale*) so many, a certain number of: *Licenzieranno un tot di dipendenti.* They're going to make a certain number of people redundant.
totale *agg, sm* total LOC **in totale** in total
totocalcio *sm* football pools [*pl*]
tournée *sf* tour LOC **essere/andare in tournée** to be/go* on tour
tovaglia *sf* tablecloth
tovagliolo *sm* napkin: *tovaglioli di carta* paper napkins
tozzo *sm*: *un ~ di pane* a crust of bread

tra

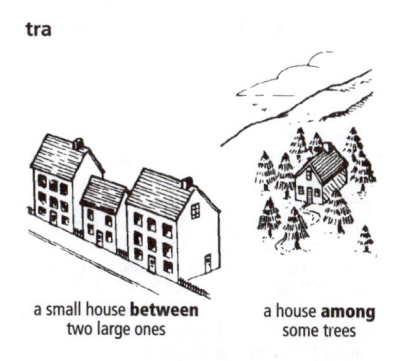

*a small house **between** two large ones*

*a house **among** some trees*

tra prep **1** (due) between: tra il negozio e il cinema between the shop and the cinema ◊ Tra loro c'è sempre stata una grande rivalità. There has always been great rivalry between them. **2** (più di due) among: Ci siamo seduti tra gli alberi. We sat among the trees. **3** (una via di mezzo) somewhere between: Ha gli occhi tra il grigio e l'azzurro. Her eyes are somewhere between grey and blue. **4** (tempo) in: Ci vediamo tra un'ora. I'll see you in an hour. LOC **tra loro 1** (due persone) each other: Parlavano tra loro. They were talking to each other. **2** (più persone) among themselves: I ragazzi parlavano tra loro. The boys were discussing it among themselves. ♦ **tra l'altro** besides ♦ **tra sé e sé** to yourself: parlare tra sé e sé to talk to yourself ♦ **tra una cosa e l'altra** what with one thing and another

traboccante agg ~ (**di**) overflowing (with sth): ~ di gioia overflowing with joy

traboccare vi ~ (**di**) to overflow (with sth) LOC Vedi GOCCIA

traccia sf **1** (orme) track(s) [si usa spec al pl]: seguire le tracce di un animale to follow an animal's tracks **2** (pista) trail: I cani seguivano la ~. The dogs followed the trail. **3** (segno) trace: Di lei non c'era ~. There was no trace of her. LOC **essere sulle tracce di** to be on sb's trail ♦ **senza lasciare traccia** without trace Vedi anche PERDERE

tracciare vt **1** (strada, percorso) to map* sth out **2** (riga, segno) to draw*

trachea sf windpipe

tradimento sm **1** betrayal **2** (contro lo Stato) treason: alto ~ high treason LOC **a tradimento**: Gli hanno sparato a ~. They shot him in the back.

tradire vt **1** to betray: ~ un amico/una causa to betray a friend/cause **2** (moglie/marito) to be unfaithful to sb, to cheat on sb **3** (memoria) to let* sb down: La memoria mi ha tradito. My memory let me down.

traditore, -trice sm-sf traitor

tradizionale agg traditional

tradizione sf tradition

tradurre vt, vi to translate (from sth) (into sth): ~ un libro dall'inglese all'italiano to translate a book from English into Italian

traduttore, -trice sm-sf translator

traduzione sf translation (from sth) (into sth): fare una ~ dall'italiano al russo to do a translation from Italian into Russian LOC **traduzione simultanea** simultaneous interpreting

trafficante smf dealer: un ~ d'armi an arms dealer

trafficare vt, vi ~ (**in**) to deal* (in sth): Trafficavano droga. They dealt in drugs.

traffico sm traffic: In centro c'è molto ~. There's a lot of traffic in the town centre. ◊ ~ aereo air traffic LOC **traffico d'armi** arms trafficking ♦ **traffico di droga** drug trafficking

tragedia sf tragedy*

traghetto sm ferry*

tragico, -a agg tragic

tragitto sm journey LOC **durante il tragitto** on the way

traguardo sm **1** (Sport) finish, finishing line: il primo a tagliare il ~ the first to cross the finishing line **2** (meta) goal

traiettoria sf trajectory*

trainare vt **1** (auto) to tow **2** (carro) to pull

tralasciare vt to leave* sth out

traliccio sm **1** (elettricità) pylon **2** (telefono) mast

tram sm tram

trama sf plot

tramare vt to plot*: Lo so che stanno tramando qualcosa. I know they're up to something.

tramezzino sm sandwich

tramite prep **1** (cosa) by means of **2** (persona) through

tramontare vi (sole) to set*

tramonto sm sunset

trampolino sm **1** (tuffi) diving board: tuffarsi dal ~ to dive from the board **2** (sci) ski jump LOC **trampolino elastico** trampoline

tranello sm **1** trap: cadere in un ~ to fall into a trap ◊ tendere un ~ a qn to set a trap for sb **2** (trucco) catch: La domanda nasconde un ~. There's a catch in the question.

tranne prep except

tranquillante sm tranquillizer

tranquillità *sf* peace: *la ~ della campagna* the peace of the countryside

tranquillizzare *vt* to reassure: *La notizia l'ha tranquillizzato.* The news reassured him.

tranquillo, -a *agg* **1** (*persona*) calm: *È una persona molto tranquilla.* She's a very calm person. **2** (*luogo*) quiet: *Abito in una zona tranquilla.* I live in a quiet area.

transatlantico *sm* liner

transenna *sf* barrier

transgenico, -a *agg* genetically modified

transistor *sm* transistor

transitabile *agg* passable

transitivo, -a *agg* transitive

transizione *sf* transition

tran tran *sm* routine

trapanare *vt* **1** (*parete, legno*) to drill a hole in *sth*: *Gli operai hanno trapanato il cemento.* The workmen drilled a hole in the cement. **2** (*dente*) to drill

trapano *sm* drill

trapassare *vt* to go* through *sth*: *Il proiettile gli trapassò il fegato.* The bullet went through his liver.

trapezio *sm* **1** (*circo*) trapeze **2** (*Geom*) trapezium

trapezista *smf* trapeze artist

trapiantare *vt* to transplant

trapianto *sm* transplant

trappola *sf* trap: *cadere in una ~* to fall into a trap ◊ *tendere una ~ a qn* to set a trap for sb ▪ LOC **trappola per topi** mousetrap

trapunta *sf* quilt

trarre *vt* LOC **trarre in inganno** to deceive *sb* ♦ **trarre in salvo** to rescue *sb* ♦ **trarre vantaggio** to benefit *from sth*

trasandato, -a *agg* scruffy*

trascinare ▶ *vt* **1** (*per terra*) to drag*: *Non ~ i piedi.* Don't drag your feet. **2** (*entusiasmo*) to carry* *sb* along: *un'eloquenza che trascinava la folla* eloquence that carried the crowd along ▶ **trascinarsi** *v rifl* **1** (*strisciare*) to crawl: *trascinarsi per terra* to crawl along the floor **2** (*problema*) to drag* on: *una lite che si trascina da molti anni* a dispute that's been dragging on for many years

trascorrere ▶ *vt* to spend*: *Abbiamo trascorso le vacanze in Scozia.* We spent the holidays in Scotland. ▶ *vi* to pass: *Sono trascorsi due giorni dalla sua partenza.* Two days have passed since he left.

trascrizione *sf* transcription: *una ~ fonetica* a phonetic transcription

trascurare ▶ *vt* **1** (*studio, famiglia*) to neglect **2** (*non notare*) to overlook ▶ **trascurarsi** *v rifl* to let* yourself go

trascurato, -a *agg* **1** (*giardino*) neglected **2** (*persona*) scruffy* **3** (*lavoro*) careless *Vedi anche* TRASCURARE

trasferimento *sm* transfer: *Ho chiesto il ~.* I asked for a transfer.

trasferire ▶ *vt* to transfer* *sb/sth* (*to sth*): *Lo hanno trasferito all'ufficio contabilità.* He's been transferred to the accounts department. ▶ **trasferirsi** *v rifl* to move *into sth*: *Ci siamo trasferiti a Milano.* We moved to Milan.

trasferta *sf* **1** (*viaggio*) transfer **2** (*spese*) travel expenses [*pl*] LOC **in trasferta** (*Sport*) away: *giocare in ~* to play away

trasformare ▶ *vt* **1** to transform *sb/sth* (*into sth*): *~ un posto/una persona* to transform a place/person **2** (*casa, locale*) to convert: *Il granaio è stato trasformato in un ristorante.* The barn has been converted into a restaurant. ▶ **trasformarsi** *v rifl* **1** (*cambiare*) to change: *Dall'ultima volta che l'ho vista Laura si è trasformata.* Laura's changed since I last saw her. **2** **trasformarsi in** (*diventare*) to turn into *sb/sth*: *La rana si trasformò in principe.* The frog turned into a prince.

trasformatore *sm* transformer

trasfusione *sf* transfusion: *Gli hanno fatto due trasfusioni (di sangue).* He was given two (blood) transfusions.

trasgressivo, -a *agg* outrageous

traslocare *vi* to move

trasloco *sm* move

trasmettere *vt* **1** (*programma*) to broadcast*: *~ una partita* to broadcast a match **2** (*Med*) to transmit*: *~ una malattia* to transmit a disease

trasmissione *sf* **1** (*di malattia, Meccanica*) transmission **2** (*programma*) programme: *una ~ in diretta/differita* a live/recorded programme

trasparente *agg* **1** transparent: *Il vetro è ~.* Glass is transparent. **2** (*abito*) : *una camicetta ~* a see-through blouse ◊ *È molto ~.* You can see right through it.

trasportare *vt* to carry*

trasporto *sm* transport: *trasporti pubblici* public transport

trasversale *agg* transverse

trattamento *sm* **1** treatment: *un ~ contro l'acne* treatment for acne **2** (*Informatica*) processing LOC **trattamento testi** word processing

trattare ▶ *vt* **1** to treat: *Trattalo come se fosse tuo.* Treat it as if it were your own. **2** (*discutere*)

trattativa → triangolare

to deal* with sth: *Tratteremo queste faccende domani.* We will deal with these matters tomorrow. ▶ *vi* **1** ~ **di** to be about *sth*: *Il film tratta del mondo dello spettacolo.* The film is about show business. **2** ~ **con** to deal* with *sb/sth*: *Nel mio lavoro tratto con pittori e scultori.* In my job I deal with painters and sculptors. ▶ trattarsi *v impers* **trattarsi di** to be about *sb/sth/doing sth*: *Si tratta di tuo fratello.* It's about your brother. ◇ *Di cosa si tratta?* What's it about?

trattativa *sf* negotiation [*gen pl*]: *le trattative con i sindacati* negotiations with the unions

trattato *sm* (*Pol*) treaty*

trattenere ▶ *vt* **1** to keep*, to hold * *sb/sth* up: *Non ti tratterrò a lungo.* I won't keep you long. **2** (*detenere*) to hold*: ~ *qn contro la sua volontà* to hold sb against their will **3** (*risata, lacrime*) to hold* sth back **4** (*soldi*) to withhold* ▶ trattenersi *v rifl* **1** (*rimanere*) to stay: *Quanto ti trattieni?* How long are you staying? **2** (*controllarsi*) to stop* yourself LOC **trattenere il respiro** to hold your breath

trattino *sm* hyphen

tratto *sm* **1** (*aspetto*) feature; (*personalità*) characteristic: *i tratti distintivi della sua opera* the distinctive features of her work **2** (*porzione*) stretch: *un ~ di strada pericoloso* a dangerous stretch of road **3** (*di penna*) stroke LOC **ad un tratto** suddenly ◆ **a tratti** at times

trattore *sm* tractor

trauma *sm* trauma

traumatico, -a *agg* traumatic

traumatizzare *vt* to traumatize

travasare *vt* to pour

trave *sf* beam

traversa *sf* **1** (*strada*) side street: *È in una ~ di Via dei Mille.* It's in a side street off Via dei Mille. **2** (*Sport*) crossbar

traverso *sm* LOC **andare di traverso** to go* down the wrong way: *Gli è andato di ~ un nocciolo d'oliva.* An olive stone went down the wrong way. ◆ **di traverso** sideways *Vedi anche* GUARDARE

travestirsi *v rifl* ~ **(da)** **1** (*in maschera*) to dress up (as *sth*): ~ *da clown/donna* to dress up as a clown/woman **2** (*camuffarsi*) to disguise yourself (as *sth*)

travestito, -a ▶ *agg* ~ **(da)** **1** (*in maschera*) dressed as *sth* **2** (*camuffato*) disguised (as *sth*) ▶ *sm-sf* transvestite *Vedi anche* TRAVESTIRSI

travisare *vt* to distort

travolgere *vt* **1** (*pedone*) to run* *sb* over: *È stato travolto da un camion.* He was run over by a lorry. **2** (*vento, acqua*) to carry* *sth* away: *Il ciclone ha travolto alberi e case.* The cyclone carried away trees and houses. **3** (*sopraffare*) to thrash

tre *sm, agg, pron* **1** three **2** (*data*) third ➔ *Vedi esempi a* SEI

trebbiare *vt* to thresh

treccia *sf* plait: *Fatti una ~.* Do your hair in a plait.

treccina *sf* dreadlock

trecento ▶ *sm, agg, pron* three hundred ➔ *Vedi esempi a* SEICENTO
▶ *sm* **il Trecento** the 14th century: *nel Trecento* in the 14th century

tredicenne *agg, smf* thirteen-year-old ➔ *Vedi esempi a* UNDICENNE

tredicesimo, -a ▶ *agg, pron, sm* thirteenth ➔ *Vedi esempi a* SESTO
▶ **tredicesima** *sf* Christmas bonus

tredici *sm, pron, agg* **1** thirteen **2** (*data*) thirteenth ➔ *Vedi esempi a* SEI

tregua *sf* **1** (*Mil, Pol*) truce: *non rispettare una ~* to break a truce **2** (*fig*) respite LOC **senza tregua** non-stop

tremante *agg* trembling

tremare *vi* **1** ~ **(di)** (*per emozione*) to tremble (with *sth*): *Tremava di paura.* She was trembling with fear. ◇ *Gli tremava la voce.* His voice trembled. **2** (*di freddo*) to shiver **3** (*edificio, mobili*) to shake*: *Il terremoto fece ~ l'intero paese.* The earthquake shook the whole village. LOC **tremare come una foglia** to be shaking like a leaf

tremendo, -a *agg* terrible: *un colpo/dolore ~* a terrible blow/pain

> La parola inglese **tremendous** ha un senso positivo e significa *fantastico*: *È stata un'esperienza fantastica.* It was a tremendous experience.

tremito *sm* tremor

treno *sm* train: *prendere/perdere il ~* to catch/miss the train ◇ *Sono andato a Londra in ~.* I went to London by train. LOC **treno locale** local train ◆ **treno postale/merci** mail/goods train

trenta *sm, agg, pron* **1** thirty **2** (*data*) thirtieth ➔ *Vedi esempi a* SESSANTA

trentenne *agg, smf* thirty-year-old ➔ *Vedi esempi a* UNDICENNE

trentesimo, -a *agg, pron, sm* thirtieth ➔ *Vedi esempi a* SESSANTESIMO

trentina *sf*: *una ~ di persone* about thirty people ◇ *È sulla ~.* She's around thirty.

triangolare *agg* triangular

triangolo *sm* triangle LOC **triangolo equilatero/isoscele** equilateral/isosceles triangle
♦ **triangolo rettangolo** right-angled triangle

tribù *sf* tribe

tribuna *sf* (*di stadio*) stand: *Abbiamo dei biglietti di ~.* We've got tickets in the stand.

tribunale *sm* court: *presentarsi in ~* to appear in court LOC **tribunale dei minori** juvenile court

tricheco *sm* walrus

triciclo *sm* tricycle

tridimensionale *agg* three-dimensional

triennio *sm* (*Scuola*) last three years of secondary school: *Ho fatto il ~ a Brescia.* I did my last three years of secondary school in Brescia.

trifoglio *sm* clover

triglia *sf* red mullet*

trigonometria *sf* trigonometry

trillo *sm* trill

trimestrale *agg* **1** (*corso*) three-month **2** (*rivista, bolletta*) quarterly

trimestre *sm* **1** quarter **2** (*Scuola*) term

trincea *sf* trench

trinciare *vt* to shred*

trio *sm* trio

trionfale *agg* **1** (*arco, ingresso*) triumphal **2** (*gesto, ritorno*) triumphant

trionfare *vi* **1** ~ (**su**) (*sconfiggere*) to triumph (over sb/sth): *Trionfarono sui nemici.* They triumphed over their enemies. **2** (*prevalere*) to prevail (over sb/sth): *La giustizia ha trionfato.* Justice prevailed.

trionfo *sm* **1** (*Pol, Mil*) victory* **2** (*successo, prodezza*) triumph: *Il film è stato un ~.* The film was a triumph.

triplicare ▶ *vt* to treble ▶ **triplicarsi** *v rifl* to treble

triplice *agg* triple LOC **in triplice copia** in triplicate

triplo ▶ *agg* triple: *salto ~* triple jump
▶ *sm* three times: *Nove è il ~ di tre.* Nine is three times three. ◊ *Questo è grande il ~ di quello.* This one's three times bigger than the other one. ◊ *Costa il ~.* It costs three times as much.

trippa *sf* tripe

tris *sm* (*gioco*) noughts and crosses [*non numerabile*]

trisavolo, -a *sm-sf* **1** great-great-grandfather [*fem* great-great-grandmother] **2** **trisavoli** great-great-grandparents

triste *agg* **1** (*depresso*) sad*: *essere/sentirsi ~ per qc* to be/feel sad about sth **2** (*deprimente*) gloomy*: *un paesaggio/una stanza ~* a gloomy landscape/room

tristezza *sf* **1** (*mestizia*) sadness **2** (*squallore*) dreariness

tritare *vt* **1** (*carne*) to mince **2** (*cipolla*) to chop* sth (up) **3** (*ghiaccio, aglio*) to crush LOC *Vedi* CARNE

trofeo *sm* trophy*

tromba *sf* trumpet

tromba d'aria *sf* whirlwind

trombone *sm* trombone

troncare *vt* (*rapporto, amicizia*) to break* sth off

tronco *sm* (*albero, Anat*) trunk

trono *sm* throne: *salire al ~* to come to the throne ◊ *l'erede al ~* the heir to the throne

tropicale *agg* tropical

tropico *sm* tropic: *il ~ del Cancro/Capricorno* the tropic of Cancer/Capricorn

troppo, -a ▶ *agg, pron* **1** (+ *sostantivo non numerabile*) too much: *C'è troppa roba da mangiare.* There's too much food. **2** (+ *sostantivo plurale*) too many: *Porti troppe cose in una volta.* You're carrying too many things at once.
▶ *avv* **1** (*per modificare un verbo*) too much: *Fumi ~.* You smoke too much. **2** (*per modificare un aggettivo o avverbio*) too: *Vai ~ in fretta.* You're going too fast. ◊ *Sei ~ brusco.* You're too abrupt. **3** (*tempo*) too long: *Non metterci ~.* Don't be too long.

> Quando è seguito da un aggettivo, *troppo* si traduce **too**: *troppo freddo* too cold. Quando è seguito da un sostantivo si traduce **too much** o **too many**: *troppo fumo* too much smoke ◊ *troppe macchine* too many cars.

essere di troppo to be in the way

trota *sf* trout*

trotto *sm* trot: *andare al ~* to go at a trot

trottola *sf* (*spinning*) top: *far girare una ~* to spin a top

trovare ▶ *vt* **1** to find*: *Non trovo l'orologio.* I can't find my watch. ◊ *L'ho trovato molto meglio, tuo padre.* I thought your father was looking a lot better. **2** (*incontrare*) to meet*: *Ho trovato tua sorella al parco.* I met your sister in the park. **3** (*credere*) to think*: *Non trovi?* Don't you think so? ▶ **trovarsi** *v rifl* **1** (*essere*) to be: *Non mi sono mai trovato in una situazione simile.* I've never been in a situation like that. **2** (*appuntamento*) to meet*: *Abbiamo deciso di trovarci in libreria.* We decided to meet at the bookshop. **3** (*incontrarsi per caso*) to run* into sb: *Ci siamo trovate al supermercato.* I ran into her in the

trovata → tutto

supermarket. LOC **trovar da ridire su tutto e su tutti** to find* fault with everything ♦ **andare/venire a trovare** to go*/come* and see *sb* ♦ **trovarsi bene/male** to be happy/unhappy: *Non si trova bene nella nuova scuola.* She's not happy at her new school.

trovata *sf* brainwave: *Che trovata geniale!* What a brilliant idea!

truccare ▶ *vt* **1** (*elezioni*) to rig*; (*partita*) to fix **2** (*con cosmetici*) to make* *sb* up **3** (*motore*) to soup *sth* up ▶ **truccarsi** *v rifl* to put* on your make-up: *Non ho avuto tempo di truccarmi.* I haven't had time to put on my make-up.

truccato, -a *agg* **1** (*elezioni*) rigged; (*partita*) fixed **2** (*persona*) wearing make-up: *Truccata sembra molto più grande.* She looks a lot older when she's wearing make-up. **3** (*motore*) souped-up *Vedi anche* TRUCCARE

trucco *sm* **1** (*espediente*) trick: *Il ~ sta nel tenere la corda così.* The trick is to hold the rope like this. ◊ *i trucchi del mestiere* the tricks of the trade **2** (*cosmetici*) make-up [*non numerabile*]

truffa *sf* swindle, rip-off (*più informale*): *Che ~!* What a rip-off!

truffare *vt* to swindle *sb/sth* (*out of sth*): *Gli hanno truffato 400 sterline.* They swindled him out of £400. ◊ *Ha truffato gli azionisti per milioni di sterline.* He has swindled investors out of millions of pounds.

truppa *sf* troop [*gen pl*] LOC **truppe antisommossa** riot police

tu *pron pers* you: *Sei tu?* Is that you? LOC *Vedi* DARE

tuba *sf* tuba

tubatura *sf* pipe: *Si è rotta una ~.* A pipe has burst.

tubercolosi *sf* tuberculosis (*abbrev* TB)

tubetto *sm* tube: *un ~ di dentifricio* a tube of toothpaste ⊃ *Vedi illustrazione a* CONTAINER

tubo *sm* **1** tube **2** (*conduttura*) pipe: *il ~ di scarico* the drainpipe **3** (*per annaffiare*) hose LOC **tubo di scappamento** exhaust

tuffare ▶ *vt* to dip* ▶ **tuffarsi** *v rifl* to dive* *into sth*

tuffatore, -trice *sm-sf* diver

tuffo *sm* **1** (*sport*) dive **2** (*bagno*) dip: *Facciamo un ~.* Let's go for a dip.

tugurio *sm* hovel

tulipano *sm* tulip

tumore *sm* tumour

tumulto *sm* disturbance: *Il ~ provocò l'intervento della polizia.* The disturbance led the police to intervene.

Tunisia *sf* Tunisia

tunisino, -a *agg, sm-sf* Tunisian: *i tunisini* the Tunisians

tunnel *sm* tunnel: *passare attraverso un ~* to go through a tunnel

tuo, -a ▶ *agg poss* your: *i tuoi libri* your books ◊ *Non sono affari tuoi.* That's none of your business. ❶ Nota che *un tuo amico* si traduce **a friend of yours**.
▶ *pron poss* yours: *Sono tue queste?* Are these yours?

tuonare *v impers* to thunder: *Sta tuonando.* It's thundering.

tuono *sm* thunder [*non numerabile*]: *Era un ~?* Was that a clap of thunder? ◊ *tuoni e fulmini* thunder and lightning

tuorlo *sm* (egg) yolk

turbante *sm* turban

turbare *vt* to upset* LOC **turbare l'ordine pubblico** to cause a breach of the peace

turbine *sm* whirlwind

turbolento, -a *agg* (*bambino*) boisterous

turbolenza *sf* turbulence

turchese *agg, sm* turquoise ⊃ *Vedi esempi a* GIALLO

Turchia *sf* Turkey

turco, -a ▶ *agg, sm* Turkish: *parlare ~* to speak Turkish
▶ *sm-sf* Turk: *i turchi* the Turks

turismo *sm* tourism

turista *smf* tourist

turistico, -a *agg* tourist [*s attrib*] LOC *Vedi* UFFICIO, VILLAGGIO

turno *sm* **1** (*fila*) turn: *Aspetta il tuo ~.* Wait your turn. **2** (*lavoro*) shift: *~ di giorno/notte* day/night shift LOC **essere di turno** to be on duty ♦ **fare a turno** to take* it in turns *to do sth* *Vedi anche* FARMACIA

tuta *sf* (*da lavoro*) overalls [*pl*] LOC **tuta ginnastica** (*anche* **tuta sportiva**) tracksuit ♦ **tuta spaziale** spacesuit

tutela *sf* protection: *~ dell'ambiente* environmental protection

tutore, -trice *sm-sf* (*Dir*) guardian

tuttavia *cong* however, nevertheless (*formale*)

tutto, -a ▶ *agg* **1** all: *Ho fatto io ~ il lavoro.* I've done all the work. ◊ *Sono stato malato ~ il mese.* I've been ill all month. ◊ *tutti i palazzi* all the buildings

> Con un sostantivo numerabile al singolare, in inglese si preferisce usare **the whole**: *tutto il palazzo* the whole building

2 (*ogni*) every: *Mi alzo tutti i giorni alle sette.* I get up at seven every day. ➪ *Vedi nota a* EVERY ▶ *pron* **1** all: *Per oggi è ~.* That's all for today. ◊ *prima di ~* above all **2** (*ogni cosa*) everything: *Tutto ciò che ti ho detto è vero.* Everything I told you is true. **3** (*qualunque cosa*) anything: *Il mio pappagallo mangia di ~.* My parrot eats anything. **4 tutti** everyone, everybody [*sing*]: *Dicono tutti la stessa cosa.* Everyone says the same thing.

> Nota che **everyone** e **everybody** vogliono il verbo al singolare ma vengono seguiti da un pronome al plurale (ad es. "their"): *Avete tutti la matita?* Has everyone got their pencils?

▶ *sm* whole: *considerato come un ~* taken as a whole LOC **in tutta l'Italia, tutto il mondo, ecc** throughout Italy, the world, etc. ♦ **in tutto** altogether: *Siamo dieci in ~.* There are ten of us altogether. ➪ Per altre espressioni con **tutto** vedi alla voce del sostantivo, dell'aggettivo, ecc, ad es. **tutto compreso** a COMPRESO.

U u

ubbidiente *agg* obedient
ubbidire *vi ~* (**a**) to obey *sb*: *~ ai genitori* to obey your parents ◊ *Ubbidisci!* Do as you're told!
ubriacare ▶ *vt* to get* *sb* drunk: *L'hanno ubriacato e poi derubato.* They got him drunk and then stole his money. ◊ *Una birra basta ad ubriacarmi.* One beer is enough to get me drunk. ▶ **ubriacarsi** *v rifl* **ubriacarsi (di)** to get* drunk (on *sth*)
ubriaco, -a ▶ *agg* drunk
▶ *sm-sf* drunk, drunkard (*più formale*) LOC **ubriaco fradicio** blind drunk
uccello *sm* bird
uccidere ▶ *vt* to kill ▶ **uccidersi** *v rifl* to kill yourself
Ucraina *sf* Ukraine
ucraino, -a *agg, sm-sf, sm* Ukrainian: *gli ucraini* the Ukrainians ◊ *parlare ~* to speak Ukrainian
udito *sm* hearing: *perdere l'udito* to lose your hearing
ufficiale ▶ *agg* official
▶ *sm* (*Mil*) officer
ufficio *sm* office: *Sarò in ~.* I'll be at the office. LOC **ufficio del personale** personnel [*v sing o pl*] ♦ **ufficio di collocamento** jobcentre ♦ **ufficio informazioni turistiche** tourist information centre ♦ **ufficio postale** post office ➪ *Vedi nota a* TABACCHERIA ♦ **ufficio stampa** press office
ufficioso, -a *agg* unofficial
ufo *sm* ufo*
uguaglianza *sf* equality LOC *Vedi* SEGNO
uguale *agg* **1** (*pari*) equal: *Tutti i cittadini sono uguali davanti alla legge.* All citizens are equal before the law. **2** *~* (**a**) (*identico*) the same (as *sb/sth*): *Quella gonna è ~ alla tua.* That skirt is the same as yours. LOC **per me è uguale** it's all the same to me
ugualmente *avv* **1** (*in modo uguale*) equally **2** (*lo stesso*) all the same
ulcera *sf* ulcer
ulivo *Vedi* OLIVO
ulteriore *agg* further
ultimamente *avv* lately
ultimatum *sm* ultimatum
ultimo, -a ▶ *agg* **1** last: *l'ultima puntata* the last episode ◊ *in questi ultimi giorni* over the last few days ◊ *Te lo dico per l'ultima volta.* I'm telling you for the last time. **2** (*più recente*) latest: *l'ultima moda* the latest fashion

> **Last** è l'ultimo di una serie finita: *l'ultimo album di John Lennon* John Lennon's last album. **Latest** è l'ultimo di una serie che potrebbe continuare: *il mio ultimo album* my latest album.

3 (*più alto*) top: *all'ultimo piano* on the top floor **4** (*più basso*) bottom: *Sono all'ultimo posto in classifica.* They are bottom of the league.
▶ *sm-sf* **1** last (one): *Siamo stati gli ultimi ad arrivare.* We were the last (ones) to arrive. **2** (*citato per ultimo*) latter LOC **avere l'ultima parola** to have the last word (*on sth*) ♦ **l'ultimo dell'anno** New Year's Eve: *Cosa hai fatto per l'ultimo dell'anno?* What did you do on New Year's Eve?

> In Inghilterra, l'ultimo giorno dell'anno si chiama **New Year's Eve**. In Scozia, dove viene festeggiato con molto più entusiasmo che in Inghilterra, si chiama anche **Hogmanay**. C'è

l'usanza di andare a trovare i vicini dopo mezzanotte (**first-footing**) e di portare dei piccoli regali. Il giorno successivo si chiama **New Year's Day** ed è un giorno festivo in tutto il Regno Unito. In Scozia anche il 2 gennaio è festa.

Vedi anche QUARTO

ultrasuono *sm* ultrasound

ululare *vi* to howl

ululato *sm* howl

umanità *sf* humanity

umanitario, -a *agg* humanitarian: *aiuti umanitari* humanitarian aid

umano, -a *agg* **1** human: *il corpo* ~ the human body **2** (*comprensivo*) humane: *un trattamento più* ~ more humane treatment LOC *Vedi* ESSERE[1], GENERE

umbro, -a *agg, sm-sf* Umbrian: *gli umbri* the Umbrians

umidificato, -a *agg* LOC *Vedi* SALVIETTA

umidità *sf* **1** (*condizione*) damp: *Su questa parete c'è* ~. This wall is damp. **2** (*atmosfera*) humidity ⊃ *Vedi nota a* HUMID

umido, -a *agg* **1** (*abiti, terra*) damp: *Questi calzini sono umidi.* These socks are damp. **2** (*aria, caldo*) humid ⊃ *Vedi nota a* MOIST LOC *Vedi* CUOCERE

umile *agg* humble

umiliante *agg* humiliating

umiliare *vt* to humiliate: *Mi ha umiliato davanti a tutti.* He humiliated me in front of everyone.

umiliazione *sf* humiliation

umiltà *sf* humility

umore *sm* mood LOC *essere di buon/cattivo umore* to be in a good/bad mood

umorismo *sm* humour: *avere il senso dell'umorismo* to have a sense of humour ◊ ~ *nero* black humour

umorista *smf* humorist

umoristico, -a *agg* humorous

un *agg, art indet Vedi* UNO

una *agg, art indet Vedi* UNO

unanimità *sf* unanimity LOC **all'unanimità** unanimously

uncino *sm* hook ⊃ *Vedi illustrazione a* GANCIO

undicenne *agg, smf* eleven-year-old: *una ragazza* ~ an eleven-year-old girl ◊ *un gruppo di undicenni* a group of eleven-year-olds

undicesimo, -a *agg, pron, sm* eleventh ⊃ *Vedi esempi a* SESTO

undici *sm, agg, pron* **1** eleven **2** (*data*) eleventh ⊃ *Vedi esempi a* SEI

ungere ▶ *vt* to grease: ~ *una teglia* to grease a baking tin ▶ **ungersi** *v rifl* (*insudiciarsi*) to get* greasy

ungherese, -a *agg, smf, sm* Hungarian: *gli ungheresi* the Hungarians ◊ *parlare* ~ to speak Hungarian

Ungheria *sf* Hungary

unghia *sf* **1** (*mano*) (finger)nail: *smaltarsi le unghie* to varnish your nails **2** (*piede*) toenail **3** (*animale*) claw LOC *Vedi* MANGIARE, SMALTO, SPAZZOLINO

unico, -a ▶ *agg* **1** (*solo*) only: *l'unica eccezione* the only exception **2** (*straordinario*) extraordinary: *una donna unica* an extraordinary woman **3** (*senza eguali*) unique: *un'opera d'arte unica* a unique work of art
▶ *sm-sf* only one: *È l'unica che sappia nuotare.* She's the only one who can swim. LOC *Vedi* FIGLIO, SENSO

unifamiliare *agg* LOC *Vedi* VILLETTA

unificare *vt* to unify*

uniforme ▶ *agg* **1** (*ritmo, moto, colore*) uniform: *di misura* ~ of uniform size **2** (*superficie*) even
▶ *sf* uniform: *soldati in* ~ uniformed soldiers

unione *sf* **1** union: *l'unione monetaria* monetary union **2** (*armonia*) unity: *L'unione fa la forza.* Unity is our best weapon. LOC **Unione Europea (UE)** European Union (*abbrev* EU)

unire ▶ *vt* **1** (*interessi, persone*) to unite: *gli obiettivi che ci uniscono* the aims that unite us **2** (*pezzi, oggetti*) to join: *Ho unito i due pezzi.* I've joined the two pieces (together). **3** (*mettere accanto*) to put* sb/sth together: *Uniamo i tavoli?* Shall we put the tables together? **4** (*strada, ferrovia*) to link ▶ **unirsi** *v rifl* **unirsi a** to join sb/sth: *Si unirono al gruppo.* They joined the group.

unità *sf* **1** unit: ~ *di misura* unit of measurement **2** (*armonia*) unity: *mancanza di* ~ lack of unity

unito, -a *agg* close: *una famiglia molto unita* a very close family ◊ *Sono molto uniti.* They're very close. LOC *Vedi* ORGANIZZAZIONE, REGNO, STATO, TINTA; *Vedi anche* UNIRE

universale *agg* universal: *disapprovazione* ~ universal condemnation

università *sf* university*: *andare all'università* to go to university ⊃ *Vedi nota a* SCHOOL

universitario, -a ▶ *agg* university [*s attrib*]
▶ *sm-sf* university student

universo *sm* universe

uno, -a ▶ *art indet* a, an

La forma **an** si usa davanti a suoni vocalici: *un albero* a tree ◊ *un braccio* an arm ◊ *un'ora* an hour

▶ *pron* **1** one: *Non aveva la cravatta, quindi gliene ho prestato una.* He didn't have a tie, so I lent him one. **2** (*un tale*) someone: *C'è ~ che ti cerca.* Someone's looking for you. **3** (*uso impersonale*) you, one (*più formale*): *Se ~ vuole può farlo.* You can do it if you want.
▶ *sm* one: *~, due, tre* one, two, three
▶ *agg* one: *Ho detto un chilo, non due.* I said one kilo, not two. LOC **è l'una** it's one o'clock ◆ **l'un l'altro** each other, one another: *Si aiutavano l'un l'altro.* They helped each other. ⊃ *Vedi nota a* EACH OTHER ◆ **l'uno o l'altro** both (of you/them/us) ◆ **l'uno o l'altro** either (of you/them/us) ◆ **né l'uno né l'altro** neither (of you/them/us) ◆ **uno a uno** one by one: *Mettili ~ a ~.* Put them in one by one. ⊃ *Per maggiori informazioni sull'uso del numerale vedi esempi a* SEI.

unto, -a ▶ *agg* greasy*
▶ *sm* grease *Vedi anche* UNGERE

uomo *sm* **1** man*: *l'uomo moderno* modern man ◊ *parlare da ~ a ~* to have a man-to-man talk **2** (*genere umano*) mankind: *l'evoluzione dell'uomo* the evolution of mankind ⊃ *Vedi nota a* MAN [1] LOC **l'uomo qualunque**, **l'uomo della strada** the man in the street ◆ **uomo rana** frogman* *Vedi anche* ABBIGLIAMENTO, AFFARE, PASSO

uovo *sm* egg: *fare l'uovo* to lay an egg LOC **uovo alla coque** soft-boiled egg ◆ **uovo di Pasqua** Easter egg ◆ **uovo sodo/fritto** hard-boiled/fried egg ◆ **uova strapazzate** scrambled eggs

uragano *sm* hurricane

uranio *sm* uranium

Urano *sm* Uranus

urbanizzazione *sf* urbanization

urbano, -a *agg* urban LOC *Vedi* VIGILE

urgente *agg* **1** urgent: *un'ordinazione/un lavoro ~* an urgent order/job **2** (*posta, pacco*) express

urgenza *sf* urgency LOC **d'urgenza** emergency [*s attrib*]: *È stato operato d'urgenza.* He's had emergency surgery.

urina *sf* urine

urlare ▶ *vt* to shout (*at/to sb*) ▶ *vi* to scream: *~ di dolore* to scream with pain

urlo *sm* **1** (*di richiamo*) shout: *Abbiamo sentito un ~.* We heard a shout. ◊ *cacciare un ~* to give a shout **2** (*aiuto, dolore, gioia*) cry*: *urla di gioia* cries of joy

urna *sf* **1** (*Pol*) ballot box **2** (*cineraria*) urn

urrà ▶ *escl* hooray!
▶ *sm* cheer: *Tre ~ per il campione!* Three cheers for the champion!

urtare ▶ *vt* **1** (*colpire*) to bump into *sb/sth* **2** (*irritare*) to annoy ▶ *vi* **~ contro** to crash into *sth*

urto *sm* **1** (*spinta*) bump **2** (*scontro*) crash

usanza *sf* custom: *È un'usanza italiana.* It's an Italian custom.

usare ▶ *vt* **1** (*utilizzare*) to use: *Uso parecchio il computer.* I use the computer a lot. **2** (*mettersi*) to wear*: *Che profumo usi?* What perfume do you wear? ▶ *vi* **1** (*moda*) to be in fashion: *Quest'anno usa lo stile floreale.* Florals are in fashion this year. **2** (*usanza*): *Qui usa così.* It's the custom here.

usato, -a ▶ *agg* second-hand: *roba usata* second-hand clothes
▶ *sm* second-hand goods [*pl*] *Vedi anche* USARE

usbeco, -a *agg, sm-sf* Uzbek: *gli usbechi* the Uzbeks

Usbekistan *sm* Uzbekistan

uscire *vi* **1** (*andare/venire fuori*) to go*/come* out: *Usciamo?* Shall we go out? ◊ *Non voleva ~ dal bagno.* He wouldn't come out of the bathroom. ◊ *Sono uscito per vedere cosa stava succedendo.* I went out to see what was going on. **2** (*a cena, con amici*) to go* out: *Esce tutte le sere.* She goes out every night. ◊ *Sono uscito con sua cugina.* I have been out with his cousin. **3** (*prodotto, sole*) to come* out: *Il libro esce ad aprile.* The book is coming out in April. ◊ *Nel pomeriggio è uscito il sole.* The sun came out in the afternoon. **4 ~ da** (*superare*): *Esce da una brutta storia.* He's come through a bad patch. ◊ *~ dalla droga* to come off drugs **5** (*Informatica*) to quit* LOC **uscire di corsa** to rush out ◆ **uscire di strada** to come* off the road ⊃ *Per altre espressioni con* **uscire** *vedi alla voce del sostantivo, dell'aggettivo, ecc, ad es.* **far uscire dai gangheri** *a* GANGHERO.

uscita *sf* **1** (*azione*) way out (*of sth*): *all'uscita dal cinema* on the way out of the cinema **2** (*porta*) exit: *l'uscita di sicurezza* the emergency exit **3** (*aeroporto*) gate: *~ numero cinque* gate number five

usignolo *sm* nightingale

uso *sm* use: *istruzioni per l'uso* instructions for use LOC **per uso esterno** (*pomata*) for external use only *Vedi anche* MODALITÀ

ustionare ▶ *vt* to burn*; (*con liquidi*) to scald: *ustionarsi una mano* to burn your hand
▶ **ustionarsi** *v rifl* to burn* yourself; (*con liquidi*) to scald yourself

ustione sf burn: *ustioni di secondo grado* second-degree burns
usura sf (*logorio*) wear
utensile sm 1 (*ferramenta*) tool 2 (*Cucina*) utensil
utente smf user LOC **utente finale** end-user *Vedi anche* NOME
utero sm womb
utile ▶ agg useful: *informazioni utili* useful information
▶ sm (*Comm, Fin*) profit: *realizzare un* ~ *to make a profit* LOC **rendersi utile** to make* yourself useful: *Se vuoi renderti* ~ *puoi preparare l'insalata.* If you want to make yourself useful, you can make the salad. *Vedi anche* TORNARE
utilità sf usefulness: *di grande* ~ very useful
utilizzare vt 1 (*usare*) to use: ~ *bene il proprio tempo* to use your time well 2 (*risorse naturali*) to exploit: ~ *l'energia solare* to exploit solar energy
utopia sf Utopia
uva sf grapes [*pl*]: *un grappolo d'uva* a bunch of grapes LOC **uva passa** raisins [*pl*] ♦ **uva sultanina** sultanas [*pl*] ♦ **uva spina** gooseberries [*pl*] *Vedi anche* CHICCO
uvetta sf sultanas [*pl*]

V v

vacanza sf holiday: *essere/andare in* ~ to be/go on holiday ⊃ *Vedi nota a* VACATION
vacca sf cow ⊃ *Vedi nota a* CARNE
vaccinare vt to vaccinate *sb/sth* (*against sth*): *Dobbiamo* ~ *il cane contro la rabbia.* We've got to have the dog vaccinated against rabies.
vaccino sm vaccine: *il* ~ *antipolio* the polio vaccine
vagabondo, -a sm-sf tramp
vagare vi to wander: *Passammo la notte a* ~ *per le strade.* We spent all night wandering the streets.
vagina sf vagina
vaglia sm LOC **vaglia postale** postal order
vago, -a agg vague: *una risposta vaga* a vague answer ◊ *una vaga rassomiglianza* a vague resemblance
vagone sm 1 (*passeggeri*) carriage 2 (*merci*) wagon LOC **vagone letto** sleeping car ♦ **vagone ristorante** dining car
vaiolo sm smallpox
valanga sf avalanche
valere ▶ vi 1 (*avere un valore*) to be worth: *Una sterlina vale circa 1 euro e 50 centesimi.* One pound is worth about 1 euro 50 cents. 2 (*biglietto, documento*) be valid: *La mia patente vale fino al 2030.* My licence is valid until 2030. 3 (*goal, punto*) to count 4 ~ **per** to apply* to *sb/sth*: *Lo stesso vale per i bambini.* The same applies to children. 5 (*persona*) to be good: *Vale più come chitarrista che come cantante.* He's better at playing guitar than at singing. ▶ **valersi** v rifl **valersi di** to use: *Si è valso di ogni mezzo per riuscire.* He used every means possible to get on. LOC **non vale!** (*non è giusto*) that's not fair! ♦ **non valere a niente** to be useless ♦ **tanto vale ... :** *Tanto vale che dica la verità.* You might as well tell the truth. ♦ **valere la pena** to be worth *doing sth*: *Vale la pena leggerlo.* It's worth reading. ◊ *Non vale la pena.* It's not worth it. *Vedi anche* ZERO
valico sm pass
valido, -a agg valid
valigetta sf 1 briefcase ⊃ *Vedi illustrazione a* BAGAGLIO 2 (*medico*) (doctor's) bag
valigia sf (suit)case ⊃ *Vedi illustrazione a* BAGAGLIO LOC **fare/disfare le valigie** to pack/unpack
valle sf valley LOC **a valle** downstream
valore sm 1 value: *Per me ha un grande* ~ *sentimentale.* It has great sentimental value for me. 2 (*coraggio*) bravery: *una medaglia al valor militare* a medal for bravery in battle LOC **senza valore** worthless *Vedi anche* IMPOSTA, INESTIMABILE
valorizzare vt to enhance
valuta sf currency [*gen non numerabile*]: ~ *estera* foreign currency
valutare vt 1 (*stabilire un valore*) to value *sth* (*at sth*): *L'anello è stato valutato trentamila.* The ring was valued at thirty thousand. 2 (*considerare*) to assess: *È giunto il momento di* ~ *i risultati.* It's time to assess the results. 3 (*situazione*) to weigh *sth* up
valutazione sf 1 valuation 2 (*Scuola*) assessment
valvola sf 1 (*meccanica*) valve: *la* ~ *di sicurezza* the safety valve 2 (*elettrica*) fuse
valzer sm waltz

vampiro *sm* **1** (*personaggio*) vampire **2** (*pipistrello*) vampire bat

vandalismo *sm* vandalism

vandalo *sm* vandal

vaneggiare *vi* **1** (*delirare*) to be delirious **2** (*dire sciocchezze*) to talk nonsense

vanga *sf* spade

vangelo *sm* gospel

vaniglia *sf* vanilla

vanità *sf* vanity

vanitoso, -a *agg, sm-sf* vain [*agg*]: *Sei un ~*. You're so vain.

vano, -a ▶ *agg* vain: *un ~ tentativo* a vain attempt
▶ *sm* (*stanza*) room LOC **vano portaoggetti** glove compartment

vantaggio *sm* **1** (*beneficio, Tennis*) advantage: *Vivere in campagna offre molti vantaggi.* Living in the country has a lot of advantages. **2** (*Sport*) lead: *tre punti/due ore di ~* a three-point/two-hour lead LOC **essere/andare in vantaggio** to be in/take* the lead *Vedi anche* TRARRE

vantarsi *v rifl ~ di* to boast (about/of *sth*): *Quanto si vanta della macchina!* He's forever boasting about his car. LOC **e me ne vanto!** and proud of it!

vapore *sm* **1** steam **2 vapori** (*Chim*) fumes: *vapori di benzina* petrol fumes LOC **a vapore** (*ferro, locomotiva*) steam [*s attrib*] ♦ **al vapore** steamed ♦ **vapore acqueo** water vapour *Vedi anche* BATTELLO, CUOCERE

vaporizzatore *sm* spray

varare *vt* **1** (*nave*) to launch **2** (*legge*) to pass

varechina *sf* bleach

variabile *agg* changeable: *tempo ~* changeable weather LOC *Vedi* NUVOLOSITÀ

variare *vt, vi* to vary*: *I prezzi variano a seconda della stagione.* Prices vary depending on the season. ◊ *Bisogna ~ la propria alimentazione.* You should vary your diet. LOC **per variare** for a change

variazione *sf* variation: *leggere variazioni di pressione* slight variations in pressure

varice *sf* varicose vein

varicella *sf* chickenpox

varietà *sf* variety*

vario, -a ▶ *agg* **1** (*diversificato*) varied **2** (*differente*) various **3** (*numeroso*) several: *in varie occasioni* on several occasions ◊ *Ci sono varie possibilità.* There are several possibilities.
▶ *pron* several people: *Vari hanno detto che la colpa era sua.* Several people said it was his fault.

Varsavia *sf* Warsaw

vasca *sf* **1** (*cisterna*) tank **2** (*ornamentale*) pond **3** (*Nuoto*) length: *fare sei vasche* to swim six lengths LOC **vasca con idromassaggio** Jacuzzi® ♦ **vasca da bagno** bath

vascello *sm* vessel

vaschetta *sf* tub ⟳ *Vedi illustrazione a* CONTAINER

vasetto *sm* **1** (*marmellata*) jar **2** (*yogurt*) pot

vasino *sm* potty*

vaso *sm* **1** (*per fiori*) vase **2** (*per piante*) pot **3** (*Anat, Bot*) vessel: *vasi capillari/sanguigni* capillary/blood vessels LOC *Vedi* GOCCIA

vassoio *sm* tray

vasto, -a *agg* vast

vaticano, -a ▶ *agg* Vatican
▶ *sm* **il Vaticano** the Vatican LOC *Vedi* CITTÀ

ve *Vedi* VI

vecchiaia *sf* old age

vecchio, -a ▶ *agg* old: *diventare ~* to get old
▶ *sm-sf* old man*/woman*: *i vecchi* old people

vedere ▶ *vt, vi* **1** to see*: *È da tanto che non la vedo.* I haven't seen her for ages. ◊ *Hai visto? Sei caduto.* You see? You fell. ◊ *Non vedo perché.* I don't see why. ◊ *Aspetta, vado a ~.* Wait. I'll go and see. ⟳ *Vedi nota a* SENTIRE **2** (*esaminare*) to look at *sth*: *Voglio vederlo con calma.* I need more time to look at it.
▶ **vedersi** *v rifl* **1** (*visualizzare*) to see* yourself: *Non mi vedo come insegnante.* I don't see myself as a teacher. **2** (*incontrare*): *Ci vediamo domani.* I'll see you tomorrow. LOC **far vedere qc a qn** to show* *sth* to *sb*, to show* *sb sth*: *Fammi vedere la tua camera.* Show me your room. ♦ **si vede che ...** you can* tell (that) ... : *Si vedeva che era agitata.* You could tell she was nervous. ⟳ Per altre espressioni con **vedere** vedi alla voce del sostantivo, dell'aggettivo, ecc, ad es. **non vedere l'ora** a ORA.

vedovo, -a ▶ *agg* widowed
▶ *sm-sf* widower [*fem* widow] LOC **rimanere vedovo** to be widowed: *È rimasta vedova molto giovane.* She was widowed at a very early age.

veduta *sf* view

vegetale ▶ *agg* vegetable [*s attrib*]: *grassi vegetali* vegetable fats
▶ *sm* vegetable LOC *Vedi* REGNO

vegetaliano, -a *agg, sm-sf* vegan: *essere ~* to be a vegan

vegetare *vi* (*persona*) to vegetate

vegetariano, -a *agg, sm-sf* vegetarian: *essere ~* to be a vegetarian

vegetazione *sf* vegetation

veglia sf watch LOC **fare la veglia** (a un malato) to keep* watch (over sb) ♦ **veglia funebre** wake
vegliare vt **1** (morto) to keep* vigil (over sb) **2** (malato) to sit* up with sb
veglione sm party* LOC **veglione di capodanno** New Year's Eve party
veicolo sm vehicle
vela sf **1** (di barca) sail **2** (Sport) sailing: praticare la ~ to go sailing LOC Vedi BARCA, GONFIO, TAVOLA, VOLO
velato, -a agg **1** (lett e fig) veiled **2** (calze) sheer
veleno sm poison
velenoso, -a agg poisonous
veliero sm sailing ship
velina sf tissue paper
vellutato, -a agg velvety
velluto sm velvet LOC **velluto a coste** corduroy: pantaloni di ~ a coste corduroy trousers
velo sm **1** (tela) veil **2** (strato) layer
veloce agg fast: una macchina ~ a fast car ◊ Non è ~ quanto me. He isn't as fast as me. ➔ Vedi nota a FAST[1]
velocemente avv quickly ➔ Vedi nota a FAST[1]
velocista smf sprinter
velocità sf speed: ridurre la ~ to reduce your speed ◊ la ~ del suono the speed of sound LOC **a tutta velocità** at top speed Vedi anche ECCESSO
velodromo sm velodrome, cycle track (più informale)
vena sf vein LOC **essere in vena** to be in the mood (for sth/doing sth): Non sono in ~ di scherzare. I'm not in the mood for jokes.
vendemmia sf grape harvest
vendemmiare vt, vi to pick (grapes)
vendere ▶ vt to sell*: L'ho venduto a mio cognato. I sold it to my brother-in-law.
▶ **vendersi** v rifl to sell* yourself LOC **vendesi** for sale
vendetta sf revenge
vendicarsi v rifl to take* revenge (on sb) (for sth): Si vendicò dell'offesa subita. He took revenge for what they'd done to him. ◊ Si sono vendicati su suo fratello. They took revenge on his brother.
vendicativo, -a agg vindictive
vendita sf sale: un calo delle vendite a drop in sales ◊ l'ufficio vendite the sales department LOC **essere in vendita 1** (offerto all'acquisto) to be for sale: L'appartamento del piano di sopra è in ~. The upstairs flat is for sale. **2** (disponibile sul mercato) to be on sale: Il suo ultimo album è in ~ nei migliori negozi di dischi. His latest album is on sale in the best shops. ♦ **mettere in vendita** to put* sth on the market ♦ **vendita di beneficenza** jumble sale

venditore, -trice sm-sf salesman*/woman* LOC **venditore ambulante** hawker
venerdì sm Friday (abbrev Fri.) ➔ Vedi esempi a LUNEDÌ LOC **Venerdì Santo** Good Friday
Venere sf Venus
Venezia sf Venice
veneziano, -a ▶ agg, sm-sf Venetian: i veneziani the Venetians
▶ **veneziana** sf (avvolgibile) venetian blind
Venezuela sm Venezuela
venezuelano, -a agg, sm-sf Venezuelan: i venezuelani the Venezuelans
venire vi **1** ~ (da …) to come* (from …): Vieni qui! Come here! ◊ Non vieni mai a trovarmi. You never come to see me. ◊ Vengo subito. I'm just coming. ◊ Da dove vengono? Where do they come from? ◊ Come siete venuti? How did you get here? **2** (costare): Quanto vengono le banane? How much are the bananas? ◊ Viene 20 euro al metro. It's 20 euros a metre. **3** (nei conti): A me viene 18. I make it 18. **4** (risultare) to come* out: Com'è venuta la torta? How did the cake come out? **5** (saper fare): La verticale non mi viene ancora bene. I still can't do handstands properly. **6** (manifestarsi): Mi è venuta un'idea! I've had an idea. ◊ Mi è venuto il mal di testa. I've got a headache. **7** (+ participio passato): Verrà trasferito a Palermo. He's going to be transferred to Palermo. ◊ Il succo viene poi filtrato e … The juice is then filtered and … LOC **che viene** next: il mese che viene next month ♦ **far venire** (medico, tecnico) to call ♦ **venire da piangere, ridere, ecc** to feel* like crying, laughing, ecc: Mi viene da vomitare. I feel sick. ♦ **venire via 1** (staccarsi) to come* off: La maniglia è venuta via. The handle came off. **2** (macchia) to come* out: La macchia è venuta via. The stain has come out. ➔ Per altre espressioni con **venire** vedi alla voce del sostantivo, dell'aggettivo, ecc, ad es. **venire in mente** a MENTE.
ventaglio sm fan
ventenne agg, smf twenty-year-old ➔ Vedi esempi a UNDICENNE
ventesimo, -a agg, pron, sm twentieth: il ~ secolo the twentieth century ➔ Vedi esempi a SESSANTESIMO
venti sm, agg, pron **1** twenty **2** (data) twentieth ➔ Vedi esempi a SESSANTA
ventilare vt (stanza) to air
ventilatore sm fan LOC Vedi CINGHIA
ventilazione sf ventilation

ventina *sf* about twenty: *una ~ di casi al giorno* about twenty cases a day

vento *sm* wind LOC **c'è vento** it's windy: *C'era troppo ~.* It was too windy. *Vedi anche* CORRERE, GIACCA, MULINO

ventosa *sf* suction pad

ventre *sm* belly*

ventriloquo, -a *sm-sf* ventriloquist

venturo, -a *agg* next: *l'anno ~* next year

veramente *avv* **1** (*davvero*) really: *È ~ simpatico.* He's really nice. ◊ *Si sposa? ~?* She's getting married? Really? **2** (*in realtà*) actually: *"Grazie, Sandro." "~ mi chiamo Silvio."* 'Thanks, Sandro.' 'Actually, my name's Silvio.'

veranda *sf* veranda

verbale *sm* (*riunione*) minutes [*pl*]

verbo *sm* verb

verde ▶ *agg* **1** green ➔ *Vedi esempi a* GIALLO **2** (*frutta*) unripe: *Queste banane sono ancora verdi.* These bananas aren't ripe yet. **3** (*benzina*) unleaded
▶ *sm* **1** (*colore*) green **2** (*vegetazione*) greenery: *In città c'è poco ~.* There's not much greenery in the city. **3** **i Verdi** (*Pol*) the Greens LOC **essere al verde** to be broke ♦ **verde bottiglia** bottle-green *Vedi anche* CINTURA

verdura *sf* vegetable(s) [*si usa spec al pl*]: *frutta e ~* fruit and vegetables ◊ *La ~ fa bene.* Vegetables are good for you. ◊ *minestra di ~* vegetable soup

vergine ▶ *agg* **1** virgin: *foreste vergini* virgin forests ◊ *essere ~* to be a virgin **2** (*cassetta*) blank
▶ *sf* **Vergine** (*Astrologia*) Virgo ➔ *Vedi esempi a* ACQUARIO

verginità *sf* virginity

vergogna *sf* **1** (*imbarazzo*) embarrassment: *Che ~!* How embarrassing! **2** (*timidezza*): *avere ~* to be shy ◊ *Ha un po' di ~ con chi non conosce.* She's a bit shy with strangers. **3** (*mortificazione*) shame: *Non hai nessuna ~?* Have you no shame? ◊ *Vergogna!* Shame on you!

vergognarsi *v rifl* **1** (*per timidezza*) to be embarrassed: *Mi vergogno a chiederglielo.* I'm too embarrassed to ask him. **2** (*per colpa*) to be ashamed (*of sth/doing sth*): *Dovresti vergognarti!* You should be ashamed of yourself! ◊ *Mi vergogno di quello che ho fatto.* I'm ashamed of what I did.

vergognoso, -a *agg* **1** (*timido*) shy **2** (*indegno*) disgraceful

verifica *sf* **1** check **2** (*Scuola*) test: *Abbiamo fatto la verifica di francese oggi.* We had a French test today.

verificare *vt* to check

verità *sf* truth: *Di' la ~.* Tell the truth.

veritiero, -a *agg* true

verme *sm* worm LOC *Vedi* NUDO

vernice *sf* **1** (*tinta*) paint: *una mano di ~* a coat of paint ◊ *~ fresca* wet paint **2** (*legno*) varnish
LOC **vernice a spruzzo** spray paint ♦ **di vernice** (*scarpe, borsa*) patent (leather)

verniciare *vt* **1** (*pitturare*) to paint: *~ a spruzzo* to spray-paint **2** (*legno*) to varnish

vero, -a ▶ *agg* **1** (*non immaginario*) true: *la vera storia* the true story ◊ *Non può essere ~.* It can't be true. **2** (*autentico*) real: *Non è il suo ~ nome.* That's not his real name. ◊ *È stato un ~ disastro.* It was a real disaster.
▶ *sm* truth: *Ha detto il ~.* She told the truth.
LOC **vero?**: *Questa macchina è più veloce, ~?* This car's faster, isn't it? ◊ *Non ti piace il latte, ~?* You don't like milk, do you?

verosimile *agg* likely

verruca *sf* **1** wart **2** (*sul piede*) verruca

versamento *sm* deposit

versare

pour

spill

versare *vt* **1** (*in un recipiente*) to pour: *Versa il latte in un'altra tazza.* Pour the milk into another cup. ◊ *Mi versi un po' d'acqua?* Could you pour me some water, please? **2** (*rovesciare*) to spill*: *Ho versato del vino sulla tovaglia.* I've spilt wine on the tablecloth. **3** (*lacrime*) to shed* **4** (*soldi*) to pay* *sth* in: *~ dei soldi in banca* to pay money into a bank account

versione *sf* version LOC **in versione originale** (*film*) in the original version

verso[1] *sm* **1** (*riga di un poema*) line **2** **versi** (*poesia*) verse [*numerabile*] **3** (*animale*) call LOC **fare il verso a** to imitate *sb* ♦ **non c'è verso** there's no way: *Non c'è ~ di farla parlare.* There's no way of making her talk.

verso[2] *prep* **1** (*direzione*) towards: *andare ~ qn/qc* to go towards sb/sth **2** (*tempo*) at about: *Arriverò ~ le tre.* I'll be there at about three.

vertebra *sf* vertebra*

vertebrale *agg* LOC *Vedi* COLONNA

vertebrato, -a *agg, sm* vertebrate

verticale ▶ *agg* **1** vertical: *una linea ~* a vertical line **2** (*ritto*) upright: *in posizione ~* in an

upright position ◊ *un pianoforte* ~ an upright piano
▶ *sf* (*cruciverba*) down: *11* ~ 11 down LOC **fare la verticale** to do* a handstand

vertice *sm* **1** (*Pol*) summit **2** (*di carriera*) peak

vertigine *sf* vertigo [*non numerabile*]: *avere le vertigini* to get vertigo LOC **dare le vertigini** to make* *sb* dizzy

vertiginoso, -a *agg* **1** (*velocità*) breakneck **2** (*altezza*) dizzy*

verza *sf* Savoy cabbage

vescica *sf* **1** (*Anat*) bladder **2** (*Med*) blister

vescovo *sm* bishop

vespa *sf* wasp

vestaglia *sf* dressing gown

vestire ▶ *vt* **1** to dress: *Ho vestito i bambini.* I got the children dressed. **2** (*indossare*) to wear*: *Vestiva un completo grigio.* He was wearing a grey suit. ▶ *vi* to dress (*in sth*): ~ *bene/di bianco* to dress well/in white ▶ **vestirsi** *v rifl* **1** to get* dressed: *Vestiti o farai tardi.* Get dressed or you'll be late. **2** **vestirsi (di)** to dress (*in sth*): *vestirsi bene/di nero* to dress well/in black

vestito *sm* **1** (*da donna*) dress **2** (*da uomo*) suit **3** **vestiti** (*indumenti*) clothes LOC *Vedi* SPOSO

veterano, -a *agg, sm-sf* veteran

veterinaria *sf* veterinary science

veterinario, -a *sm-sf* vet

veto *sm* veto*

vetrata *sf* (*chiesa*) stained-glass window LOC *Vedi* CARTA

vetrina *sf* **1** (*negozio*) (shop) window **2** (*museo*) glass cabinet LOC *Vedi* GUARDARE

vetro *sm* **1** (*materiale*) glass [*non numerabile*]: *una bottiglia di* ~ a glass bottle ◊ *Mi sono tagliata con un pezzo di* ~ *rotto.* I cut myself on a piece of broken glass. ◊ *vetri rotti* broken glass **2** (*pannello*) pane: *il* ~ *della finestra* the windowpane

vetta *sf* **1** top: *la* ~ *di una torre* the top of a tower **2** (*montagna*) peak: *le vette coperte di neve* the snow-covered peaks

vezzeggiativo *sm* term of endearment

vezzo *sm* habit

vi ▶ *pron pers* **1** (*complemento*): *Vi porto a cena fuori.* I'll take you out for a meal. ◊ *Ve l'ho dato ieri.* I gave it to you yesterday. **2** (*parti del corpo, effetti personali*): *Vi siete lavati le mani?* Have you washed your hands? ◊ *Levatevi i cappotti.* Take your coats off. **3** (*riflessivo*) (yourselves): *Vi siete divertiti?* Did you enjoy yourselves? ◊ *Vestitevi.* Get dressed. **4** (*reciproco*) each other, one another: *Vi vedete spesso?* Do you see each other very often? ➔ *Vedi nota a* EACH OTHER
▶ *avv* there: *Vi rimase tutta la vita.* She stayed there all her life.

via[1] *sf* **1** street (*abbrev* St) ❶ Quando si cita il numero civico si usa la preposizione **at**. *Vedi nota a* STREET **2** **vie** (*Med*) tract [*numerabile*]: *vie respiratorie* respiratory tract LOC **in via di sviluppo** developing: *paesi in* ~ *di sviluppo* developing countries ◆ **in via d'estinzione** endangered ◆ **(per) via aerea** (*posta*) (by) airmail ◆ **per via di** because of *sth* ◆ **via d'accesso** approach to *sth*: *Ci sono quattro vie d'accesso al palazzo.* There are four approaches to the palace. ◆ **via di comunicazione** transport link ◆ **via di mezzo 1** (*compromesso*) compromise **2** (*incrocio*): *una* ~ *di mezzo tra un thriller e un film di fantascienza* halfway between a thriller and sci-fi film ◆ **via di scampo** way out: *Non c'è* ~ *di scampo.* There's no way out. ◆ **Via Lattea** Milky Way ◆ **via satellite** satellite: *un collegamento* ~ *satellite* a satellite link *Vedi anche* MARE

via[2] ▶ *avv* away: *È* ~ *per affari.* He's away on business. ◊ *andare* ~ to go away ◊ *dare/mettere/buttare* ~ *qc* to give/put/throw sth away
▶ **via!** *escl* **1** (*incoraggiamento*) come on! **2** (*per scacciare*) go away! **3** (*in gioco, gara*) go!
▶ *sm* start LOC **dare il via** (*gara, gioco*) to give the starting signal ◆ **e via dicendo** and so on *Vedi anche* COSÌ, PRONTO

viabilità *sf*: *La* ~ *è interrotta.* The road is closed to traffic

viaggiare *vi* to travel*: ~ *in aereo/macchina* to travel by plane/car

viaggiatore, -trice *sm-sf* **1** (*passeggero*) passenger **2** (*turista*) traveller: *un* ~ *instancabile* a tireless traveller LOC *Vedi* PICCIONE

viaggio *sm* journey, trip, travel

Le parole **travel**, **journey** e **trip** non vanno confuse. Il sostantivo **travel** è non numerabile e si riferisce all'attività del viaggiare in generale: *I suoi hobby sono la lettura e i viaggi.* Her main interests are reading and travel. **Journey** e **trip** si riferiscono al viaggio vero e proprio. **Journey** indica solo il movimento da un luogo all'altro: *Il viaggio è stato faticoso.* The journey was exhausting. **Trip** comprende anche il soggiorno: *Com'è andato il viaggio a Parigi?* How did your trip to Paris go? ◊ *un viaggio d'affari* a business trip. Altre parole che si usano per riferirsi al viaggio sono **voyage** e **tour**. **Voyage** è un lungo viaggio per mare: *i viaggi di Cristoforo*

viale → villaggio

Colombo the voyages of Columbus. **Tour** è un viaggio organizzato in cui si toccano diverse località: *Jane va a fare un viaggio in Terra Santa.* Jane is going on a tour around the Holy Land.

LOC **buon viaggio!** have a good trip! ♦ **essere in viaggio** to be away ♦ **mettersi in viaggio** to set* off ♦ **viaggio inaugurale** maiden voyage ♦ **viaggio di nozze** honeymoon ♦ **viaggio organizzato** package tour ♦ **viaggio di studio** study holiday *Vedi anche* AGENZIA, BORSA

viale *sm* avenue (*abbrev* Ave)

viavai *sm* (*attività*) hustle and bustle: *il ~ della capitale* the hustle and bustle of the capital

vibrare *vi* to vibrate

vice *smf* deputy*

vicenda *sf* **1** episode **2 vicende** events LOC a **vicenda** each other, one another: *Si aiutano a ~.* They help each other. ➔ *Vedi nota a* EACH OTHER

vicepresidente *smf* vice-president

viceversa *avv* vice versa

vicinanza *sf* proximity LOC **nelle vicinanze di ...** in the vicinity of ...

vicinato *sm* **1** (*quartiere*) neighbourhood: *la gente del ~* people in the neighbourhood **2** (*vicini*) neighbours [*pl*]: *Abbassa il volume o sveglierai tutto il ~.* Turn it down, or you'll wake the neighbours.

vicino, -a ▶ *agg* **1** ~ **a** (*distanza*) near *sb/sth*, close to *sb/sth*: *un paese ~ ad Aberdeen* a village close to/near Aberdeen ◊ *~ al mare* near the sea **2** ~ **a** (*fig*) close to *sth*: *fonti vicine alla famiglia* sources close to the family **3** (*confinanti*) neighbouring: *paesi vicini* neighbouring countries
▶ *avv* nearby: *Abitiamo molto ~.* We live nearby.
▶ *sm-sf* neighbour: *Come sono i tuoi vicini?* What are your neighbours like? LOC **da vicino**: *Lascia che lo veda da ~.* Let me see it close up.
♦ **qui vicino** near here ➔ *Vedi nota a* NEAR

vicolo *sm* alleyway LOC **vicolo cieco 1** cul-de-sac **2** (*fig*) blind alley

video *sm* **1** (*filmato*) video* **2** (*computer*) visual display unit (*abbrev* VDU)

videocamera *sf* video camera

videocassetta *sf* videotape: *Ce l'ho in ~.* I've got it on video.

videocitofono *sm* video Entryphone®

videogioco *sm* video game

videonoleggio *sm* video shop

videoregistratore *sm* video (recorder)

videoteca *sf* **1** (*negozio*) video shop **2** (*collezione*) video library*

vietare *vt* **1** to forbid* *sb to do sth* **2** (*ufficialmente*) to ban* *sb/sth* (*from doing sth*): *È stata vietata la circolazione nel centro storico.* Traffic has been banned in the town centre.

vietato, -a *agg* LOC **vietato calpestare l'erba** keep off the grass ♦ **vietato fumare** no smoking ♦ **vietato l'ingresso** no entry *Vedi anche* VIETARE

Vietnam *sm* Vietnam

vietnamita *agg, smf, sm* Vietnamese: *i vietnamiti* the Vietnamese ◊ *parlare ~* to speak Vietnamese

vigente *agg* current

vigilante ▶ *agg* vigilant
▶ *smf* security guard

vigilanza *sf* surveillance: *Aumenteranno la ~.* They're going to step up surveillance.

vigilare ▶ *vt* (*sorvegliare*) to guard: *Tutte le entrate dell'edificio erano vigilate.* All of the entrances to the building were guarded. ▶ *vi* ~ **che ...** to make* sure (that) ...: *Vigilavano che nessuno entrasse.* They made sure that no one got in.

vigilato, -a *agg* LOC *Vedi* LIBERTÀ; *Vedi anche* VIGILARE

vigile *agg* alert (*to sth*) LOC **vigile urbano** municipal policeman* ♦ **vigile del fuoco** firefighter ♦ **i vigili del fuoco** the fire brigade [*sing*]

vigilia *sf* day before (*sth*): *Ho preparato tutto alla ~.* I got everything ready the day before. ◊ *la ~ dell'esame* the day before the exam

> Esiste anche la parola **eve** che si usa per la vigilia di una festa religiosa o di una ricorrenza importante: *la vigilia di Natale* Christmas Eve ◊ *Sono arrivati alla vigilia delle elezioni.* They arrived on the eve of the elections.

LOC **alla vigilia di** (*fig*) just before *sth*: *alla ~ degli esami* just before the exams

vigliaccheria *sf* cowardice [*non numerabile*]: *È una ~.* It's an act of cowardice.

vigliacco, -a ▶ *agg* cowardly
▶ *sm-sf* coward

vigna *sf* vineyard

vignetta *sf* cartoon

vigore *sm* **1** (*Dir*) force: *entrare in ~* to come into force ◊ *L'accordo è in ~ dal 15 marzo.* The agreement has been in force since March 15. **2** (*energia*) vigour

villa *sf* **1** (*in città*) (detached) house **2** (*in campagna, al mare*) villa ➔ *Vedi nota a* VILLA, *pagg* 000

villaggio *sm* village LOC **villaggio olimpico** Olympic village ♦ **villaggio turistico** holiday village

villeggiante → **visone**

villeggiante *smf* holidaymaker
villeggiatura *sf* holiday: *in ~* on holiday
villetta *sf* **1** (*in città*) house: *una ~ alla periferia di Roma* a house on the outskirts of Rome **2** (*al mare*) villa ⊃ *Vedi nota a* VILLA, pagg 353 **3** (*in campagna*) cottage LOC **villetta bifamiliare/unifamiliare** semi-detached/detached house
vimini *sm* wicker [*non numerabile*]: *un cesto di ~* a wicker basket
vincente *agg* winning
vincere ▶ *vt* **1** (*premio, partita, guerra*) to win*: *~ la lotteria* to win the lottery ◇ *Chi ha vinto la partita?* Who won the match? **2** (*avversario*) to beat*: *Mi ha vinto a squash.* He beat me at squash. **3** (*Mil*) to defeat **4** (*superare*) to overcome*, to get* over *sth* (*più informale*): *Ho vinto la paura dell'aereo.* I've got over my fear of flying. **5** (*sopraffare*) to overcome*: *Fu vinto dal sonno.* He was overcome with sleep. ▶ *vi* to win*: *La squadra ospite ha vinto.* The visiting team won.
vincita *sf* **1** (*vittoria*) win **2** (*premio*) winnings [*pl*]
vincitore, -trice ▶ *agg* **1** (*in sport, in gioco*) winning: *la squadra vincitrice* the winning team **2** (*paese, esercito*) victorious
▶ *sm-sf* **1** (*in sport, in gioco*) winner: *il ~ della gara* the winner of the competition **2** (*Mil, in guerra*) victor
vincolo *sm* tie: *vincoli d'amicizia/di sangue* ties of friendship/blood
vinicolo, -a *agg* wine [*s attrib*]: *l'industria vinicola* the wine industry ◇ *regione vinicola* wine-growing region
vino *sm* wine: *Vuoi un bicchiere di ~?* Would you like a glass of wine? ◇ *~ bianco/rosso/da tavola* white/red/table wine LOC *Vedi* PANE
vinto, -a ▶ *agg* **1** (*persona*) beaten **2** (*cosa*) won
▶ *sm-sf* loser: *i vincitori e i vinti* winners and losers LOC **averla vinta** to get* your own way ♦ **darsi per vinto** to give* in *Vedi anche* VINCERE
viola ▶ *sf* **1** (*fiore*) violet **2** (*strumento*) viola
▶ *agg, sm* purple ⊃ *Vedi esempi a* GIALLO
LOC **viola del pensiero** pansy*
violare *vt* to violate
violazione *sf* violation
violentare *vt* to rape
violentatore *sm* rapist
violento, -a *agg* **1** violent: *un film ~* a violent film **2** (*suono*) deafening **3** (*colore*) garish **4** (*luce*) blinding
violenza *sf* violence LOC **violenza carnale** rape
violetta *sf* violet

violetto, -a *agg, sm* violet ⊃ *Vedi esempi a* GIALLO
violinista *smf* violinist
violino *sm* violin
violista *smf* viola player
violoncellista *smf* cellist
violoncello *sm* cello*
VIP *smf* VIP
vipera *sf* viper
virgola *sf* **1** (*punteggiatura*) comma **2** (*Mat*) point: *quaranta ~ cinque (40,5)* forty point five (40.5) ⊃ *Vedi Appendice 1.* LOC *Vedi* PUNTO
virgolette *sf* inverted commas LOC **tra virgolette** in inverted commas
virile *agg* manly, virile (*formale*): *una voce ~* a manly voice
virilità *sf* manliness
virtù *sf* virtue: *la sua più grande ~* his greatest virtue
virtuale *agg* virtual LOC *Vedi* REALTÀ
virtuoso, -a ▶ *agg* **1** virtuous **2** (*Mus*) virtuoso
▶ *sm-sf* virtuoso*
virus *sm* virus
vischioso, -a *agg* viscous
viscido, -a *agg* slimy
visibile *agg* visible
visibilità *sf* visibility: *scarsa ~* poor visibility
visiera *sf* **1** (*di berretto*) peak **2** (*di elmo, casco*) visor
visione *sf* **1** (*modo di vedere*) view: *una ~ personale/complessiva* a personal/an overall view **2** (*allucinazione*) vision: *avere una ~* to have a vision **3** (*proiezione*) screening LOC **avere le visioni** to hallucinate ♦ **in visione** on approval: *ricevere un libro in ~* to have a book on approval ♦ **prendere visione** to have a look *at sth Vedi anche* PRIMO
visita *sf* **1** (*ad amici, a museo*) visit: *orario delle visite* visiting hours **2** (*persona*) visitor: *Mi sembra che abbiano visite.* I think they've got visitors. **3** (*medica*) examination LOC **fare una visita a** to pay* *sb/sth* a visit ♦ **visita di controllo** check-up: *sottoporsi a ~ di controllo* to have a check-up
visitare *vt* **1** (*persona, città, museo*) to visit **2** (*paziente*) to examine
visitatore, -trice *sm-sf* visitor: *i visitatori del palazzo* visitors to the palace
visivo, -a *agg* visual
viso *sm* face
visone *sm* mink

vista *sf* **1** (*facoltà*) (eye)sight: *avere la ~ buona/debole* to have good/poor (eye)sight **2** (*panorama*) view: *la ~ dalla mia camera* the view from my room ◊ *con ~ sul mare* overlooking the sea LOC **a prima vista** at first glance ♦ **farsi controllare/misurare la vista** to have your eyes tested ♦ **in vista 1** (*visibile*): *Lascialo bene in ~, se no me ne dimentico.* Leave it where I can see it or I'll forget. **2** (*noto*) prominent: *un uomo politico molto in ~* a prominent politician ♦ **in vista di** within sight of *sth Vedi anche* CONOSCERE, PERDERE, PUNTO

visto, -a ▶ *agg*: *~ quello che è successo* in view of what has happened
▶ *sm* visa: *~ d'entrata* entry visa LOC **essere ben visto** to be well thought of ♦ **essere mal visto** to be frowned upon ♦ **visto che** seeing that *Vedi anche* VEDERE

vistoso, -a *agg* **1** (*sgargiante*) loud **2** (*appariscente*) flashy* *una macchina vistosa* a flashy car

visuale ▶ *agg* visual
▶ *sf* view LOC **coprire/togliere la visuale a** to block *sb's* view

vita *sf* **1** life*: *Come va la ~?* How's life? **2** (*sostentamento*) living: *guadagnarsi la ~* to make a living ◊ *il costo della ~* the cost of living **3** (*Anat, di abito*) waist: *La conosco da una ~.* I've known her all my life. ◊ *amici da una ~* lifelong friends ♦ **fare la bella vita** to live it up ♦ **fare una vita da cani** to lead* a dog's life ♦ **in vita** alive ♦ **in vita mia** in (all) my life: *Non ho mai visto una cosa del genere in ~ mia.* I've never seen anything like it in my life. ♦ **per tutta la vita** for life ♦ **vita notturna** nightlife: *la ~ notturna di Riccione* the nightlife in Riccione *Vedi anche* DURATA, RIFARE, RITMO, TENORE, STANDARD

vitale *agg* vital

vitalità *sf* vitality

vitamina *sf* vitamin: *la ~ C* vitamin C

vite *sf* **1** (*metallica*) screw: *stringere una ~* to tighten a screw **2** (*pianta*) vine LOC *Vedi* TAPPO

vitello, -a *sm-sf* **1** (*animale*) calf* **2** (*Cucina*) veal ⊃ *Vedi nota a* CARNE

viticoltore, -trice *sm-sf* wine-grower

viticoltura *sf* wine-growing

vittima *sf* victim: *essere ~ di un furto/uno scherzo* to be the victim of a burglary/a practical joke ◊ *fare la vittima* to play the victim

vitto *sm* LOC **vitto e alloggio** board and lodging

vittoria *sf* **1** (*militare, morale*) victory* **2** (*Sport*) win: *una ~ in trasferta* an away win LOC *Vedi* CANTARE

viva! *escl* hooray!: *Viva la Juve!* Hooray for Juventus!

vivace *agg* **1** (*colore*) bright **2** (*persona*) full of life

vivaio *sm* **1** (*piante*) nursery* **2** (*pesci*) fish farm

viva-voce *agg, sm* hands-free: *un impianto ~* a hands-free kit

vivente *agg* living LOC *Vedi* ESSERE[1]

vivere ▶ *vi* **1** (*esistere, abitare*) to live: *Ha vissuto quasi settant'anni.* He lived for almost seventy years. ◊ *Vivono in campagna.* They live in the country. **2** ~ **di** (*mantenersi*) to live on *sth*: *Non so di che cosa vivano.* I don't know what they live on. **3** ~ **per** to live for *sb/sth*: *Vive per il suo lavoro.* She lives for her work. ▶ *vt* to experience: *~ una brutta esperienza* to have a nasty experience LOC **vivere alla giornata 1** (*con pochi soldi*) to live from hand to mouth **2** (*senza far progetti*) to live from day to day ♦ **vivere alle spalle di** to live off *sb*

viveri *sm* food [*non numerabile*]

vivo, -a ▶ *agg* **1** alive, live

> Alive o live? *Vivo* si può tradurre sia con **live** che con **alive**. **Live** si usa davanti a un sostantivo: *animali vivi* live animals. **Alive** si usa per lo più con il verbo **to be**: *Mio nonno è ancora vivo.* My grandfather's still alive.

2 (*luce, colore*) bright **3** (*attivo*) lively: *una città viva* a lively city
▶ *sm* **i vivi** the living: *i vivi e i morti* the living and the dead LOC **dal vivo** (*in diretta*) live ♦ **entrare nel vivo** to really get* under way ♦ **vivo e vegeto** alive and kicking ♦ **vivo o morto** dead or alive

viziare *vt* to spoil*: *La nonna lo ~.* His grandmother spoils him.

viziato, -a *agg* **1** (*bambino*) spoilt **2** (*aria*) stale *Vedi anche* VIZIARE

vizio *sm* **1** (*cattiva abitudine*) bad habit **2** (*morale*) vice **3** (*dipendenza*) addiction: *Il gioco d'azzardo divenne un ~.* Gambling became an addiction. LOC **avere il vizio del fumo/del bere** to be a heavy smoker/drinker *Vedi anche* PERDERE

vocabolario *sm* **1** (*dizionario*) dictionary* **2** (*lessico*) vocabulary*

vocale ▶ *agg* vocal
▶ *sf* (*lettera, suono*) vowel LOC *Vedi* CASELLA, CORDA

vocazione *sf* vocation

voce *sf* **1** (*di persona, in musica*) voice: *dire qc ad alta/a bassa ~* to say sth in a loud/quiet voice ◊ *Sono senza voce.* I've lost my voice. **2** (*notizia*) rumour: *È solo una ~ infondata.*

It's only a rumour. **3** (*in elenco*) entry* LOC **a voce**: *Il resto te lo dico a ~.* I'll tell you the rest next time we speak. ♦ **con quanta voce hai in corpo** at the top of your voice ♦ **dare una voce a** to give* sb a shout ♦ **voci di corridoio** rumours *Vedi anche* CORRERE, SPARGERE

vociare *vi* to shout

vodka *sf* vodka

vogatore, -trice ▶ *sm-sf* rower
▶ *sm* (*attrezzo*) rowing machine

voglia *sm* **1** (*desiderio*) desire **2** (*macchia sulla pelle*) birthmark LOC **avere le voglie** to have cravings: *Certe donne incinte hanno le voglie.* Some pregnant women have cravings. ♦ **aver voglia di qc/di fare qc** to feel* like sth/doing sth: *Non ho ~ di far niente.* I don't feel like doing anything. ♦ **hai voglia!**: *"È rimasto del gelato?" "Hai ~!"* 'Is there any ice cream left?' 'There's plenty!' *Vedi anche* MORIRE

voi *pron pers* you: *Voi non lo sapete. Noi sì.* You don't know. We do. ◊ *L'ho fatto per ~.* I did it for you. ◊ *~ stessi* you yourselves

voicemail *sm* voicemail

volano *sm* shuttlecock

volante ▶ *agg* flying LOC *Vedi* DISCO
▶ *sm* (*Auto*) steering wheel
▶ *sf* (*Polizia*) flying squad

volantino *sm* leaflet

volare *vi* **1** (*aereo, uccello*) to fly*: *paura di ~* fear of flying ◊ *Il tempo vola.* Time flies. **2** (*con il vento*) to blow* away: *Gli è volato via il cappello.* His hat blew away. **3** (*precipitare*) to fall*: *È volato dal quinto piano.* He fell from the fifth floor.

volata *sf* LOC **di volata 1** (*di fretta*) in a rush: *Siamo andati alla stazione di ~.* We rushed to the station. **2** (*senza pause*) in one go: *Era una traduzione semplice, l'ho fatta di volata.* It was a simple piece of translation - I did it in one go. ♦ **fare una volata** to rush

volatilizzarsi *v rifl* to vanish (into thin air): *Il ladro si è volatilizzato.* The thief vanished into thin air.

volentieri *avv* **1** (*di buon grado*) willingly **2** (*come risposta*) of course: *"Mi dai una mano?" "Volentieri."* 'Can you give me a hand?' 'Of course.' ◊ *"Vieni al cinema con noi?" "Volentieri!"* 'Will you come to the cinema with us?' 'I'd love to!'

volere ▶ *vt, v servile* **1** to want: *Quale vuoi?* Which one do you want? ◊ *Voglio uscire.* I want to go out. ◊ *Vuole che andiamo a casa sua.* He wants us to go to his house. ◊ *Ti vogliono al telefono.* You're wanted on the phone. ➲ *Vedi nota a* WANT **2 volerci** (*materiale, soldi, coraggio*) to be needed: *Quante uova ci vogliono per la frittata?* How many eggs do you need for the omelette? **3 volerci** (*tempo*): *Ci vogliono due ore di macchina.* It takes two hours by car. ◊ *Mi ci sono voluti due mesi per riprendermi.* It took me two months to get better. ▶ *vi* to want to: *Non voglio.* I don't want to. LOC **come vuoi** as you like ♦ **l'hai voluto tu** you asked for it ♦ **senza volere**: *Scusa, l'ho fatto senza ~.* Sorry, it was an accident. ♦ **voglio dire** ... I mean ... ♦ **voler dire** to mean*: *Cosa vuol dire questa parola?* What does this word mean? ♦ **vorrei** ... I would like sth/to do sth: *Vorrei un hamburger.* I'd like a hamburger. ◊ *Vorrei sapere perché sei sempre in ritardo.* I'd like to know why you're always late. ➲ Per altre espressioni con **volere** vedi alla voce del sostantivo, dell'aggettivo, ecc, ad es. **voler bene a** BENE.

volgare *agg* vulgar

volo *sm* flight: *il ~ Pisa-Olbia* the Pisa-Olbia flight ◊ *voli nazionali/internazionali* domestic/international flights ◊ *~ di andata/di ritorno* outward/return flight ◊ *dopo tre ore di ~* after a three-hour flight LOC **afferrare/capire al volo** to understand* sth immediately ♦ **fare un volo** (*cadere*) to fall* ♦ **prendere al volo** to catch sth ♦ **volo a vela** gliding ♦ **volo di linea** scheduled flight *Vedi anche* ASSISTENTE, CONTROLLORE, SPICCARE

volontà *sf* will: *contro la mia ~* against my will LOC **a volontà** as much as I, you, etc. like ♦ **buona volontà** goodwill *Vedi anche* FORZA, SPONTANEO

volontariato *sm* voluntary work

volontario, -a ▶ *agg* voluntary
▶ *sm-sf* volunteer: *Lavoro come ~.* I work as a volunteer. ◊ *presentarsi/offrirsi ~* to volunteer

volpe *sf* **1** (*animale*) fox [*fem* vixen] **2** (*pelliccia*) fox fur: *una pelliccia di ~* a fox fur coat LOC *Vedi* CACCIA

volt *sm* volt

volta[1] *sf* time: *tre volte all'anno* three times a year ◊ *Te l'ho detto cento volte.* I've told you a hundred times. ◊ *Guadagna quattro volte (tanto) quello che guadagna Lucia.* He earn four times as much as Lucia does. ◊ *È la prima ~ che mi capita.* It's the first time this has happened to me. LOC **a volte/certe volte** sometimes ♦ **c'era una volta** ... once upon a time there was ... ♦ **due volte** twice ♦ **in una volta** in one go ♦ **tre volte** three times ♦ **una volta** once ♦ **una volta che** ... once ... : *Una ~ che l'hai usato non te lo cambiano.* Once you've used it they won't exchange it. ♦ **una volta ogni tanto** from time to time ♦ **una volta per tutte** once and for all *Vedi anche* CHIAVE, ENNESIMO, OGNI, QUALCHE

volta² *sf* vault LOC **(fatto) a volta** vaulted
voltafaccia *sm* about-turn
voltaggio *sm* voltage
voltare ▶ *vt, vi* to turn: *Ho voltato la testa.* I turned my head. ◊ ~ *a destra/sinistra* to turn right/left ▶ **voltarsi** *v rifl* **voltarsi (verso)** to turn (to/towards *sb/sth*): *Si è voltata e mi ha guardato.* She turned round and looked at me. ◊ *Si è voltato verso Elena.* He turned towards Elena. LOC **voltare le spalle** to turn your back *on sb/sth*: *Mi ha voltato le spalle.* He turned his back on me. ♦ **voltare pagina** to turn over a new leaf ♦ **voltarsi dall'altra parte** to look the other way
volubile *agg* fickle
volume *sm* volume: *Ho comprato il primo ~.* I bought the first volume. ◊ *abbassare/alzare il ~* to turn the volume down/up ◊ *Tiene lo stereo a tutto volume.* He has the stereo on full blast. LOC **fare volume** to be bulky: *Questa scatola fa troppo ~.* This box is too bulky.
voluminoso, -a *agg* bulky*
voluto, -a *agg* intended: *l'effetto ~* the intended effect *Vedi anche* VOLERE
vomitare ▶ *vt* to bring* *sth* up: *Ho vomitato tutto quello che avevo mangiato.* I brought up all I'd eaten. ▶ *vi* to be sick, to vomit (*più formale*): *Ho voglia di ~.* I think I'm going to be sick.
vomito *sm* vomit, sick (*più informale*) LOC *Vedi* CONATO
vongola *sf* clam
vostro, -a ▶ *agg poss* your: *la vostra casa* your house ❶ Nota che *un vostro amico* si traduce **a friend of yours**.
▶ *pron poss* yours: *È il ~ questo?* Is this yours?
votare *vt, vi* to vote (*for sb/sth*): *Ho votato socialista/per i Verdi* I voted socialist/for the Greens. ◊ ~ *a favore/contro qc* to vote for/against *sth* ◊ ~ *per alzata di mani* to have a show of hands
votazione *sf* **1** (*procedimento*) vote **2** (*Scuola*) marks [*pl*] LOC **fare una votazione** to vote
voto *sm* **1** (*Pol*) vote: *100 voti a favore e due contro* 100 votes in favour, two against **2** (*Scuola*) mark: *prendere buoni/brutti voti* to get good/bad marks

In Gran Bretagna il sistema di valutazione varia da scuola a scuola; nelle esercitazioni in classe i voti possono essere numerici (ad es. 15/20) oppure espressi con le lettere dell'alfabeto (A, B, C ecc). Talvolta l'insegnante aggiunge un commento ('very good' o 'careless work'), che però non ha valore di voto. Quando alla fine dell'anno scolastico non ci sono esami da sostenere, gli allievi vengono promossi automaticamente all'anno successivo. Soltanto i voti ottenuti agli esami **GCSE** e **A level** sono quindi veramente importanti.

3 (*Relig*) vow LOC **mettere ai voti** to put *sth* to the vote ♦ **voto di fiducia/sfiducia** vote of confidence/no confidence
vulcanico, -a *agg* volcanic
vulcano *sm* volcano*: *un vulcano attivo/spento* an active/extinct volcano
vuotare *vt* to empty* *sth* (out) (*into sth*): *Vuotiamo quella cassa.* Let's empty (out) that box.
vuoto, -a ▶ *agg* empty: *una scatola/casa vuota* an empty box/house ◊ *Completa gli spazi vuoti.* Fill the gaps.
▶ *sm* **1** (*Fis*) vacuum **2** (*bottiglia*) empty bottle **3** (*nel testo*) gap LOC **vuoto a perdere/rendere** non-returnable/returnable bottle ♦ **vuoto d'aria** air pocket *Vedi anche* ASSEGNO

W w

wafer *sm* wafer
walkie-talkie *sm* walkie-talkie
walkman® *sm* Walkman®, personal stereo*
WAP *sm* WAP
water *sm* toilet
watt *sm* watt: *una lampadina da 60 ~* a 60-watt light bulb
web *sm* LOC *Vedi* SITO
webcam *sm* webcam
weekend *sm* weekend
welfare *sm* welfare state
western *agg, sm* western LOC **western all'italiana** spaghetti western
whisky *sm* whisky*
windsurf *sm* **1** (*tavola*) windsurfer **2** (*sport*) windsurfing: *fare ~* to go windsurfing
workstation *sf* workstation
würstel *sm* frankfurter

X x

xenofobia *sf* xenophobia
xenofobo, -a *agg* xenophobic

xilofono *sm* xylophone

Y y

yacht *sm* yacht
yoga *sm* yoga: *fare* ~ to do yoga ◊ *maestro di* ~ yoga instructor

yogurt *sm* yogurt: ~ *magro* low-fat yogurt
yo-yo *sm* yo yo*

Z z

zafferano *sm* saffron
zaffiro *sm* sapphire
Zagabria *sf* Zagreb
zaino *sm* rucksack, backpack ➲ *Vedi illustrazione a* BAGAGLIO
zampa *sf* **1** (*arto completo*) leg **2** (*parte inferiore*) paw LOC **zampa di coniglio** rabbit's foot ♦ **zampe di gallina** (*rughe*) crow's feet *Vedi anche* QUATTRO
zampillo *sm* jet of water
zampino *sm* LOC **mettere lo zampino in** to have a hand in *sth*
zanna *sf* **1** (*elefante*) tusk **2** (*lupo*) fang
zanzara *sf* mosquito*
zanzariera *sf* mosquito net
zappa *sf* hoe
zar, -ina *sm* tsar [*fem* tsarina]
zattera *sf* raft
zavorra *sf* ballast
zebra *sf* **1** zebra **2 le zebre** (*passaggio pedonale*) zebra crossing [*numerabile*]
zecca *sf* **1** (*parassita*) tick **2** (*di monete*) mint LOC *Vedi* NUOVO
zenit *sm* zenith
zenzero *sm* ginger
zeppa *sf* (*di scarpa*) platform: *scarpe con la zeppa* platform shoes
zeppo, -a *agg* crammed full *of sth*
zerbino *sm* doormat
zero *sm* **1** (*cifra, numero*) nought: *un cinque e due zeri* a five and two noughts ◊ ~ *virgola cinque* nought point five **2** (*valore*) zero: *temperature sotto* ~ temperatures below zero ◊ *Ci sono dieci gradi sotto* ~. It's minus ten. **3** (*al telefono*) O ❶ Si pronuncia 'ou': *Il mio numero di telefono è ventinove,* ~ *due, quaranta.* My telephone number is two nine O two four O. **4** (*calcio, ecc*) nil: *uno a* ~ one nil ◊ *Hanno pareggiato* ~ *a* ~. It was a scoreless draw. **5** (*tennis*) love: *quindici a* ~ fifteen love LOC **essere/valere uno zero** to be worthless ♦ **partire/ripartire da zero** to start from scratch (again) ➲ *Vedi Appendice 1.*
zigomo *sm* cheekbone
zigzag *sm* zigzag: *un sentiero a* ~ a zigzag path LOC **andare a zigzag 1** (*bici, auto*) to zigzag* **2** (*persona*) to stagger
zinco *sm* zinc
zingaro, -a *sm-sf* gypsy* [*s*]
zio, -a *sm-sf* **1 zio** uncle: *lo* ~ *Daniele* Uncle Daniele **2 zia** aunt, auntie (*più informale*) **3 zii** uncle and aunt: *Vado dai miei zii.* I'm going to my uncle and aunt's.
zitella *sf* spinster
zitto, -a *agg* silent: *Rimase* ~. He remained silent. LOC **stare zitto** to be quiet ♦ **zitto!** be quiet!
zoccolo *sm* **1** (*animale*) hoof* **2** (*calzatura*) clog
zodiaco *sm* zodiac: *i segni dello* ~ the signs of the zodiac
zolfo *sm* sulphur
zolletta *sf* lump: *una* ~ *di zucchero* a sugar lump

zombie *sm* zombie: *andare in giro come uno ~* to go round like a zombie

zona *sf* **1** (*area*) area: *~ residenziale* residential area ◊ *~ industriale* industrial estate **2** (*Geog, Mil*) zone: *~ di frontiera* border zone ◊ *~ neutrale* neutral zone LOC **zona nord, sud, ecc** north, south, etc.: *la ~ sud della città* the south of the city

zoo *sm* zoo*

zoom *sm* zoom lens

zoppicare *vi* **1** *~ (da)* (*essere zoppo*) to be lame (in *sth*): *Zoppico dal piede destro.* I'm lame in my right foot. **2** (*per una ferita*) to limp: *Zoppico ancora un po', ma mi sento meglio.* I'm still limping a bit, but I feel better. **3** (*mobile*) to be wobbly **4** *~ in* (*materie scolastiche*) to be shaky in *sth*: *Zoppico un po' in latino.* I'm a bit shaky in Latin.

zoppo, -a *agg* **1** (*persona*): *essere ~ (da un piede)* to have a limp ◊ *È rimasto ~ in seguito all'incidente.* The accident left him with a limp. **2** (*animale*) lame **3** (*mobile*) wobbly

zucca *sf* pumpkin

zuccherare *vt* to sweeten

zuccheriera *sf* sugar bowl

zuccherificio *sm* sugar refinery*

zuccherino *sm* sugar lump

zucchero *sm* sugar: *una zolletta di ~* a sugar lump LOC **zucchero a velo** icing sugar ♦ **zucchero di canna** brown sugar ♦ **zucchero filato** candyfloss *Vedi anche* BARBABIETOLA

zucchina *sf* courgette

zuffa *sf* fight

zuppa *sf* soup LOC **zuppa inglese** trifle

zuppiera *sf* soup tureen

zuppo, -a *agg* soaked (*with sth*)

Zurigo *sf* Zurich

Appendice 1
Espressioni numeriche

Numeri

Cardinali		Ordinali	
1	one	1st	first
2	two	2nd	second
3	three	3rd	third
4	four	4th	fourth
5	five	5th	fifth
6	six	6th	sixth
7	seven	7th	seventh
8	eight	8th	eighth
9	nine	9th	ninth
10	ten	10th	tenth
11	eleven	11th	eleventh
12	twelve	12th	twelfth
13	thirteen	13th	thirteenth
14	fourteen	14th	fourteenth
15	fifteen	15th	fifteenth
16	sixteen	16th	sixteenth
17	seventeen	17th	seventeenth
18	eighteen	18th	eighteenth
19	nineteen	19th	nineteenth
20	twenty	20th	twentieth
21	twenty-one	21st	twenty-first
22	twenty-two	22nd	twenty-second
30	thirty	30th	thirtieth
40	forty	40th	fortieth
50	fifty	50th	fiftieth
60	sixty	60th	sixtieth
70	seventy	70th	seventieth
80	eighty	80th	eightieth
90	ninety	90th	ninetieth
100	a/one hundred	100th	hundredth
101	a/one hundred and one	101st	hundred and first
200	two hundred	200th	two hundredth
1 000	a/one thousand	1 000th	thousandth
10 000	ten thousand	10 000th	ten thousandth
100 000	a/one hundred thousand	100 000th	hundred thousandth
1 000 000	a/one million	1 000 000th	millionth

Esempi

    528   *five hundred and twenty-eight*
  2 976   *two thousand, nine hundred and seventy-six*
  50 439   *fifty thousand, four hundred and thirty-nine*
2 250 321   *two million, two hundred and fifty thousand, three hundred and twenty-one*

❶ *Attenzione!* In inglese si usa la virgola o lo spazio (e NON il punto) per separare le migliaia, per esempio 25,000 o 25 000

Numeri quali 100, 1 000, 1 000 000, ecc si possono leggere in due modi, **one hundred** o **a hundred**, **one thousand** o **a thousand**.

0 (zero) si può leggere **nought**, **zero**, **nothing**, **o** /əʊ/ a seconda del contesto.

Frazioni

$\frac{1}{2}$	a half
$\frac{1}{3}$	a/one third
$\frac{1}{4}$	a quarter
$\frac{2}{5}$	two fifths
$\frac{1}{8}$	an/one eighth
$\frac{1}{10}$	a/one tenth
$\frac{1}{16}$	a/one sixteenth
$1\frac{1}{2}$	one and a half
$2\frac{3}{8}$	two and three eighths

In inglese ci sono due modi per esprimere le frazioni: normalmente si dice *one eighth of the cake, two thirds of the population*, ecc; però il tuo professore di matematica ti potrebbe chiedere di risolvere il problema seguente:

Multiply two over five by three over eight ($\frac{2}{5} \times \frac{3}{8}$).

Espressioni matematiche

+	plus
−	minus
x	times *o* multiplied by
÷	divided by
=	equals
%	per cent
3^2	three squared
5^3	five cubed
6^{10}	six to the power of ten (to the tenth power *negli USA*)

Esempi

6+9 =15	*Six **plus** nine equals/is fifteen.*
5×6 =30	*Five **times** six equals thirty. / Five **multiplied by** six is thirty.*
75%	*Seventy-five **per cent** of the class passed the test.*

Decimali

0.1	(nought) point one	((zero) point one *negli USA*)
0.25	(nought) point two five	((zero) point two five *negli USA*)
1.75	one point seven five	

❶ *Attenzione!* In inglese si usa il punto (e NON la virgola) per separare i decimali.

Misure di peso

	Sistema anglosassone	Sistema metrico decimale
	1 ounce (oz)	= 28.35 grams (g)
16 ounces	= 1 pound (lb)	= 0.454 kilogram (kg)
14 pounds	= 1 stone (st)	= 6.356 kilograms

Esempi

The baby weighed 7 lb 4oz (seven pounds four ounces).
For this recipe you need 500g (five hundred grams) of flour.

Misure di lunghezza

	Sistema anglosassone	Sistema metrico decimale
	1 inch (in.)	= 25.4 millimetres (mm)
12 inches	= 1 foot (ft)	= 30.48 centimetres (cm)
3 feet	= 1 yard (yd)	= 0.914 metre (m)
1 760 yards	= 1 mile	= 1.609 kilometres (km)

Esempi

Height: 5 ft 9 in. (five foot nine/five feet nine).
The hotel is 30 yds (thirty yards) from the beach.
The car was doing 50 mph (fifty miles per hour).
The room is 11' × 9'6" (eleven foot by nine foot six /eleven feet by nine feet six).

Misure di superficie

	Sistema anglosassone	Sistema metrico decimale
	1 square inch (sq in.)	= 6.452 square centimetres
144 square inches	= **1 square foot** (sq ft)	= 929.03 square centimetres
9 square feet	= **1 square yard** (sq yd)	= 0.836 square metre
4840 square yards	= **1 acre**	= 0.405 hectare
640 acres	= **1 square mile**	= 2.59 square kilometres/259 hectares

Esempi

They have a 200-acre farm.   *The fire destroyed 40 square miles of woodland.*

Misure di capacità

	GB	USA	Sistema metrico decimale
	1 pint (pt)	= 1.201 pints	= 0.568 litre (l)
2 pints	= **1 quart** (qt)	= 1.201 quarts	= 1.136 litres
8 pints	= **1 gallon** (gall)	= 1.201 gallons	= 4.546 litres

Esempi

I bought three pints of milk.   *The petrol tank holds 40 litres.*

Sistema monetario del Regno Unito

	Valore delle monete/banconote		Nome delle monete/banconote
1p	a penny	(one p*)	a penny
2p	two pence	(two p*)	a two-pence piece
5p	five pence	(five p*)	a five-pence piece
10p	ten pence	(ten p*)	a ten-pence piece
20p	twenty pence	(twenty p*)	a twenty-pence piece
50p	fifty pence	(fifty p*)	a fifty-pence piece
£1	a pound		a pound (coin)
£2	two pounds		a two-pound coin
£5	five pounds		a five-pound note
£10	ten pounds		a ten-pound note
£20	twenty pounds		a twenty-pound note
£50	fifty pounds		a fifty-pound note

* Le espressioni che appaiono fra parentesi sono più informali.
Nota che *one p, two p,* ecc si pronunciano /wʌn piː/, /tuː piː/, ecc.

Esempi

£5.75: *five pounds seventy-five*   *The apples are 65p a pound.*
25p: *twenty-five pence*   *We pay £250 a month in rent.*

Date

Come si scrivono	Come si leggono
15/4/04	*April the fifteenth, two thousand and four*
15(th) April 2004	*The fifteenth of April, two thousand and four*
April 15(th) 2004 (è la forma più comune negli USA)	*(USA April fifteenth)*

Esempi

Her birthday is on April 9th (April the ninth/the ninth of April).
The restaurant will be closed May 3–June 1 (from May the third to June the first).

Appendice 2
Nomi

Nomi femminili

Alice /'ælɪs/
Alison /'ælɪsn/
Amanda /ə'mændə/; Mandy /'mændi/
Angela /'ændʒələ/
Ann, Anne /æn/
Barbara /'bɑːbrə/
Carol, Carole /'kærəl/
Caroline /'kærəlam/
Catherine /'kæθrɪn/; Cathy /'kæθi/
Christine /'krɪstiːn/; Chris /krɪs/
Chloe /'kləʊi/
Clare, Claire /kleə(r)/
Courtney /'kɔːtni/
Deborah /'debərə/; Debbie /'debi/
Diana /daɪ'ænə/
Elizabeth, Elisabeth /ɪ'lɪzəbəθ/; Liz /lɪz/
Emma /'emə/
Frances /'frɑːnsɪs/; Fran /fræn/
Fiona /fi'əʊnə/
Gillian /'dʒɪliən/; Gill /dʒɪl/
Hannah /'hænə/
Harriet /'hæriət/
Helen /'helən/
Jacqueline /'dʒækəlɪn/; Jackie /'dʒæki/
Jane /dʒeɪn/
Jennifer /'dʒenɪfə(r)/; Jenny /'dʒeni/
Joanna /dʒəʊ'ænə/; Joanne /dʒəʊ'æn/; Jo /dʒəʊ/
Judith /'dʒuːdɪθ/
Julia /'dʒuːliə/; Julie /'dʒuːli/
Karen /'kærən/
Linda /'lɪndə/
Margaret /'mɑːgrət/; Maggie /'mægi/
Mary /'meəri/
Michelle /mɪ'ʃel/
Niambh /niːv/
Nicola /'nɪkələ/; Nicky /'nɪki/
Patricia /pə'trɪʃə/; Pat /pæt/
Penny /'peni/
Phoebe /'fiːbi/
Rachel /'reɪtʃl/
Rebecca /rɪ'bekə/; Becky /'beki/
Rose /rəʊz/; Rosie /'rəʊzi/
Sally /'sæli/
Sarah, Sara /'seərə/
Sharon /'ʃærən/
Siân /ʃɑːn/
Sinead /ʃɪ'neɪd/
Siobhan /ʃɪ'vɔːn/
Susan /'suːzn/; Sue /suː/
Tracy, Tracey /'treɪsi/
Victoria /vɪk'tɔːriə/; Vicki /'vɪki/
Zoe /'zəʊi/

Nomi maschili

Alan, Allan, Allen /'ælən/
Alexander /ˌælɪg'zɑːndə(r), -'zændə(r)/; Alex /'ælɪks/
Alistair, Alisdair, Alasdair /ˌælɪsteə(r)/
Andrew /'ændruː/; Andy /'ændi/
Anthony /'æntəni/; Tony /'təʊni/
Benjamin /'bendʒəmɪn/; Ben /ben/
Brian /'braɪən/
Charles /tʃɑːlz/
Christopher /'krɪstəfə(r)/; Chris /krɪs/
Ciaran, Kieran /'kɪərən/
Daniel /'dænjəl/
David /'deɪvɪd/; Dave /deɪv/
Edward /'edwəd/; Ted /ted/
Francis /'frɑːnsɪs/; Frank /fræŋk/
Geoffrey, Jeffrey /'dʒefri/; Geoff, Jeff /dʒef/
George /dʒɔːdʒ/
Graham, Grahame, Graeme /'greɪəm/
Henry /'henri/; Harry /'hæri/
Ian /'iːən/
Jack /dʒæk/
Jacob /'dʒeɪkəb/; Jake /dʒeɪk/
James /dʒeɪmz/; Jim /dʒɪm/
Jeremy /'dʒerəmi/
John /dʒɒn/
Jonathan /'dʒɒnəθən/; Jon /dʒɒn/
Joseph /'dʒəʊzɪf/; Joe /dʒəʊ/
Joshua /'dʒɒʃuə/
Keith /kiːθ/
Kevin /'kevɪn/
Liam /'liːəm/
Malcolm /'mælkəm/
Mark /mɑːk/
Martin /'mɑːtɪn/
Matthew /'mæθjuː/; Matt /mæt/
Michael /'maɪkl/; Mike /maɪk/
Nathan /'neɪθən/
Neil, Neal /niːl/
Nicholas /'nɪkələs/; Nick /nɪk/
Nigel /'naɪdʒəl/
Patrick /'pætrɪk/
Paul /pɔːl/
Peter /'piːtə(r)/; Pete /piːt/
Philip /'fɪlɪp/; Phil /fɪl/
Richard /'rɪtʃəd/; Rick /rɪk/
Robert /'rɒbət/; Bob /bɒb/
Sean /ʃɔːn/
Simon /'saɪmən/
Stephen, Steven /'stiːvn/; Steve /stiːv/
Thomas /'tɒməs/; Tom /tɒm/
Timothy /'tɪməθi/; Tim /tɪm/
William /'wɪljəm/; Bill /bɪl/; Will /wɪl/

Appendice 3
Nomi geografici

Afghanistan /æfˈgænɪstæn, -stɑːn/	Afghan /ˈæfgæn/
Africa /ˈæfrɪkə/	African /ˈæfrɪkən/
Albania /ælˈbeɪmiə/	Albanian /ælˈbeɪmiən/
Algeria /ælˈdʒɪəriə/	Algerian /ælˈdʒɪəriən/
America /əˈmerɪkə/	American /əˈmerɪkən/
Antarctica /ænˈtɑːktɪkə/	Antarctic /ænˈtɑːktɪk/
Argentina /ˌɑːdʒənˈtiːnə/	Argentinian /ˌɑːdʒənˈtɪniən, Argentine /ˈɑːdʒəntaɪn/
Armenia /ɑːˈmiːniə/	Armenian /ɑːˈmiːniən/
Asia /ˈeɪʃə, ˈeɪʒə/	Asian /ˈeɪʃn, ˈeɪʒn/
Australia /ɒˈstreɪliə; USA ɔː-/	Australian /ɒˈstreɪliən; USA ɔː-/
Austria /ˈɒstriə; USA ˈɔː-/	Austrian /ˈɒstriən; USA ˈɔː-/
Azerbaijan /ˌæzəbaɪˈdʒɑːn/	Azerbaijani /ˌæzəbaɪˈdʒɑːni, Azeri /əˈzeəri/
Bangladesh /ˌbæŋɡləˈdeʃ/	Bangladeshi /ˌbæŋɡləˈdeʃi/
Belarus /ˌbeləˈruːs/	Belorussian /ˌbeləˈrʌʃn/
Belgium /ˈbeldʒəm/	Belgian /ˈbeldʒən/
Bolivia /bəˈlɪviə/	Bolivian /bəˈlɪviən/
Bosnia-Herzegovina /ˌbɒzniə ˌhɜːtsəɡəˈviːnə/	Bosnian /ˈbɒzniən/
Brazil /brəˈzɪl/	Brazilian /brəˈzɪliən/
Bulgaria /bʌlˈɡeəriə/	Bulgarian /bʌlˈɡeəriən/
Burma /ˈbɜːmə/ (anche Myanmar)	Burmese /bɜːˈmiːz/
Cambodia /kæmˈbəʊdiə/	Cambodian /kæmˈbəʊdiən/
Canada /ˈkænədə/	Canadian /kəˈneɪdiən/
Chad /tʃæd/	Chadian /ˈtʃædiən/
Chile /ˈtʃɪli/	Chilean /ˈtʃɪliən/
China /ˈtʃaɪnə/	Chinese /tʃaɪˈniːz/
Colombia /kəˈlombiə, -ˈlʌm-/	Colombian /kəˈlɒmbiən, -ˈlʌm-/
Croatia /krəʊˈeɪʃə/	Croatian /krəʊˈeɪʃn/
Cuba /ˈkjuːbə/	Cuban /ˈkjuːbən/
Cyprus /ˈsaɪprəs/	Cypriot /ˈsɪpriət/
(the) Czech Republic /ˌtʃek rɪˈpʌblɪk/	Czech /tʃek/
Denmark /ˈdenmɑːk/	Danish /ˈdeɪnɪʃ/, Dane /deɪn/
Ecuador /ˈekwədɔː(r)/	Ecuadorian /ˌekwəˈdɔːriən/
Egypt /ˈiːdʒɪpt/	Egyptian /iˈdʒɪpʃn/
England /ˈɪŋɡlənd/	English /ˈɪŋɡlɪʃ/, Englishman /ˈɪŋɡlɪʃmən/, Englishwoman /ˈɪŋɡlɪʃwʊmən/, (the English)
Eritrea /ˌerɪˈtreɪə; USA -ˈtriːə/	Eritrean /ˌerɪˈtreɪən; USA -ˈtriːən/
Estonia /eˈstəʊniə/	Estonian /eˈstəʊniən/
Ethiopia /ˌiːθiˈəʊpiə/	Ethiopian /ˌiːθiˈəʊpiən/
Europe /ˈjʊərəp/	European /ˌjʊərəˈpiən/
Finland /ˈfɪnlənd/	Finnish /ˈfɪnɪʃ/, Finn /fɪn/
(the) Former Yugoslav Republic of Macedonia /ˌfɔːmə ˌjuːɡəslɑːv rɪˌpʌblɪk əv ˌmæsɪˈdəʊniə/	Macedonian /ˌmæsɪˈdəʊniən/
France /frɑːns; USA fræns/	French /frentʃ/, Frenchman /ˈfrentʃmən/, Frenchwoman /ˈfrentʃwʊmən/, (the French)
Georgia /ˈdʒɔːdʒə/	Georgian /ˈdʒɔːdʒən/
Germany /ˈdʒɜːməni/	German /ˈdʒɜːmən/
Great Britain /ˌɡreɪt ˈbrɪtn/	British /ˈbrɪtɪʃ/, Briton /ˈbrɪtn/, (the British)
Greece /ɡriːs/	Greek /ɡriːk/
Hungary /ˈhʌŋɡəri/	Hungarian /hʌŋˈɡeəriən/
Iceland /ˈaɪslənd/	Icelandic /aɪsˈlændɪk/, Icelander /ˈaɪsləndə(r)/

India /'ɪndiə/	Indian /'ɪndiən/
Indonesia /ˌɪndə'niːʒə/	Indonesian /ˌɪndə'niːʒn/
Iran /ɪ'rɑːn, ɪ'ræn/	Iranian /ɪ'reɪniən/
Iraq /ɪ'rɑːk, ɪ'ræk	Iraqi /ɪ'rɑːki, ɪ'ræki/
(the Republic of) Ireland /'aɪələnd/	Irish /'aɪərɪʃ/, Irishman /'aɪərɪʃmən/, Irishwoman /aɪərɪʃwʊmən/, (the Irish)
Israel /'ɪzreɪl/	Israeli /ɪz'reɪli/
Italy /'ɪtəli/	Italian /ɪ'tæliən/
Jamaica /dʒə'meɪkə/	Jamaican /dʒə'meɪkən/
Japan /dʒə'pæn/	Japanese /ˌdʒæpə'niːz/
Jordan /'dʒɔːdn/	Jordanian /dʒɔː'demiən/
Kazakhstan /ˌkæzæk'stæn, -'stɑːn/	Kazakh /'kæzæk USA anche kə'zæk/
Kenya /'kenjə; USA anche 'kiːnjə/	Kenyan /'kenjən; USA anche 'kiːnjən/
Korea /kə'riə/ **North Korea, South Korea**	North Korean /ˌnɔːθ kə'riən/, South Korean /ˌsaʊθ kə'riən/
Kuwait /ku'weɪt/	Kuwaiti /ku'weɪti/
Kyrgyzstan /ˌkɜːgi'stæn, -'stɑːn	Kyrgyz /'kɜːgɪz, 'kɪəgiz/
Latvia /'lætviə/	Latvian /'lætviən/
Lebanon /'lebənən/	Lebanese /ˌlebə'niːz/
Libya /'lɪbiə/	Libyan /'lɪbiən/
Liechtenstein /'lɪktənstam/	Liechtenstein, Liechtensteiner /'lɪktənstamə(r)
Lithuania /ˌlɪθju'emiə/	Lithuanian /ˌlɪθju'emiən/
Luxembourg /'lʌksəmbɜːg/	Luxembourg, Luxembourger /lʌksəmbɜːgə(r)/
Malaysia /mə'leɪʒə/	Malaysian /mə'leɪʒn/
Malta /'mɔːltə/	Maltese /mɔːl'tiːz/
Mexico /'meksɪkəʊ/	Mexican /'meksɪkən/
Moldova /mɒl'dəʊvə/	Moldovan /mɒl'dəʊvn/
Monaco /'mɒnəkəʊ/	Monacan /'mɒnəkən/, Monégasque /ˌmɒni'gæsk/
Mongolia /mɒŋ'gəʊliə/	Mongolian /mɒŋ'gəʊliən/, Mongol /'mɒŋgl/
Morocco /mə'rɒkəʊ/	Moroccan /mə'rɒkən/
Mozambique /ˌməʊzæm'biːk/	Mozambican /ˌməʊzæm'biːkən/
Myanmar /miˌæn'mɒː(r)/ — vedi **Burma**	
Namibia /nə'mɪbiə/	Namibian /nə'mɪbiən/
Nepal /nə'pɔːl/	Nepalese /ˌnepə'liːz/
(the) Netherlands /'neðələndz/	Dutch /dʌtʃ/, Dutchman /'dʌtʃmən/, Dutchwoman /'dʌtʃwʊmən/, (the Dutch)
New Zealand /ˌnjuː 'ziːlənd; USA ˌnuː/	New Zealand, New Zealander /ˌnjuː 'ziːləndə(r); USA ˌnuː/
Nicaragua /ˌnɪkə'rægjuə; USA -'rægwə/	Nicaraguan /ˌnɪkə'rægjuən; USA -'rægwən/
Nigeria /naɪ'dʒɪəriə/	Nigerian /naɪ'dʒɪəriən/
Northern Ireland /ˌnɔːðən 'aɪələnd/	Northern Irish /ˌnɔːðən 'aɪərɪʃ/ (agg)
Norway /'nɔːweɪ/	Norwegian /nɔː'wiːdʒən/
Pakistan /ˌpækɪ'stæn, ˌpɑːkɪ-, -'stɑːn/	Pakistani /ˌpækɪ'stæni, ˌpɑːkɪ-, -'stɑːni/
Peru /pə'ruː/	Peruvian /pə'ruːviən/
(the) Philippines /'fɪlɪpiːnz/	Philippine /'fɪlɪpiːn/, Filipino /ˌfɪlɪ'piːnəʊ/
Poland /'pəʊlənd/	Polish /'pəʊlɪʃ/, Pole /pəʊl/
Portugal /'pɔːtʃʊgl/	Portuguese /ˌpɔːtʃu'giːz/
Romania /ru'meɪniə/	Romanian /ru'meɪniən/
Russia /'rʌʃə/	Russian /'rʌʃn/

Rwanda /ru'ændə/	Rwandan /ru'ændən/
Saudi Arabia /ˌsaʊdi ə'reɪbiə/	Saudi /'saʊdi/, Saudi Arabian /ˌsaʊdi ə'reɪbiən/
Scandinavia /ˌskændɪ'neɪviə/	Scandinavian /ˌskændɪ'neɪviən/
Scotland /'skɒtlənd/	Scottish /'skɒtlɪʃ/, Scot /skɒt/, Scotsman /'skɒtsmən/, Scotswoman /'skɒtswʊmən/ (the Scots)
Serbia and Montenegro /ˌsɜːbiə ən ˌmɒntɪ'niːgrəʊ; USA -'negrəʊ/	Serbian /'sɜːbiən/, Serb /sɜːb/, Montenegrin /ˌmɒntɪ'niːgrɪn; USA ˌmɒntə'negrɪn/
Singapore /ˌsɪŋə'pɔː(r)/	Singaporean /ˌsɪŋə'pɔːriən/
Slovakia /sləʊ'vækiə/	Slovak /'sləʊvæk/
Slovenia /sləʊ'viːniə/	Slovene /'sləʊviːn/, Slovenian /sləʊ'viːniən/
(the Republic of) South Africa /ˌsaʊθ 'æfrɪkə/	South African /ˌsaʊθ 'æfrɪkən/
Somalia /sə'mɑːliə/	Somali /sə'mɑːli/
Spain /speɪn/	Spanish /'spænɪʃ/, Spaniard /'spænɪəd/, (the Spanish)
Sri Lanka /ˌsri'læŋkə; USA anche 'lɑːŋkə/	Sri Lankan /ˌsri'læŋkən; USA anche 'lɑːŋ-/
Sudan /su'dɑːn, su'dæn/	Sudanese /suːdə'niːz/
Sweden /'swiːdn/	Swedish /'swiːdɪʃ/, Swede /swiːd/
Switzerland /'swɪtsələnd/	Swiss /swɪs/, (the Swiss)
Syria /'sɪriə/	Syrian /'sɪriən/
Taiwan /taɪ'wɒn/	Taiwanese /ˌtaɪwə'niːz/
Tajikistan /tæˌdʒiːkɪ'stæn, -'stɑːn/	Tajik /tæ'dʒiːk/
Tanzania /ˌtænzə'niːə/	Tanzanian /ˌtænzə'niːən/
Thailand /'taɪlənd/	Thai /taɪ/
Tunisia /tju'nɪziə; USA anche tuː'niːʒə/	Tunisian /tju'nɪziən; USA anche tuː'niːʒn/
Turkey /'tɜːki/	Turkish /'tɜːkɪʃ/, Turk /tɜːk/
Turkmenistan /tɜːkˌmenɪ'stæn, -'stɑːn/	Turkmen /'tɜːkmen/
Ukraine /juː'kreɪn/	Ukrainian /juː'kreɪniən/
(the) United Kingdom /juˌnaɪtɪd 'kɪŋdəm/	
(the) United States of America /juˌnaɪtɪd ˌsteɪts əv ə'merɪkə/	American /ə'merɪkən/
Uruguay /'jʊərəgwaɪ/	Uruguayan /ˌjʊərə'gwaɪən/
Uzbekistan /ʊzˌbekɪ'stæn, -'stɑːn/	Uzbek /'ʊzbek/
Vatican City /ˌvætɪkən 'sɪti/	
Vietnam /ˌvjet'næm, ˌviːet-, -'nɑːm/	Vietnamese /vjetnə'miːz, viːetnə-/
Wales /weɪlz/	Welsh /welʃ/, Welshman /welʃmən/, Welshwoman /welʃwʊmən/, (the Welsh)
Yemen Republic /ˌjemən rɪ'pʌblɪk/	Yemeni /'jeməni/
Zimbabwe /zɪm'bɑːbwi, -bweɪ/	Zimbabwean /zɪm'bɑːbwiən/

Come formare il plurale

Per formare il plurale si deve aggiungere una *-s* alla fine della parola (per esempio *a Latvian, two Latvians*) eccetto che per *Swiss* e per le parole che finiscono in *-ese* (come *Japanese*) che sono invariabili. I nomi di nazionalità che terminano in *-man* o *-woman* al plurale diventano *-men* o *-women*, per esempio *three Frenchmen*.

Città

Amburgo Hamburg /'hæmbɜːg/
Anversa Antwerp /'æntwɜːp/
Atene Athens /'æθmz/
Barcellona Barcelona /ˌbɑːsəˈləʊnə/
Basilea Basle /bɑːl/
Belgrado Belgrade /belˈgreɪd/
Berlino Berlin /bɜːˈlɪn/
Berna Berne /bɜːn/
il Cairo Cairo /ˈkaɪrəʊ/
Città del Vaticano Vatican City /ˌvætɪkən ˈsɪti/
Colonia Cologne /kəˈləʊn/
Dublino Dublin /ˈdʌblɪn/
Edimburgo Edinburgh /edmbərə/
Firenze Florence /ˈflɒrəns/
Francoforte Frankfurt /ˈfræŋkfɜːt/
Genova Genoa /ˈdʒenəʊə/
Gerusalemme Jerusalem /dʒəˈruːsələm/
Ginevra Geneva /dʒɪˈniːvə/
Lisbona Lisbon /ˈlɪzbən/
Londra London /ˈlʌndən/
Lubiana Ljubljana /luːˈbljɑːnə/
Mantova Mantua /ˈmæntjuə/
Marsiglia Marseilles /mɑːˈseɪ/
Milano Milan /mɪˈlæn/
Monaco di Baviera Munich /ˈmjuːnɪk/
Mosca Moscow /ˈmɒskəʊ/
Napoli Naples /ˈneɪplz/
Nizza Nice /niːs/
Padova Padua /ˈpædjuə/
Parigi Paris /ˈpærɪs/
Pechino Beijing /ˌbeɪˈdʒɪŋ/
Praga Prague /prɑːg/
Roma Rome /rəʊm/
Salisburgo Salzburg /ˈsæltsbɜːg/
San Paolo São Paulo /saʊ ˈpaʊluː/
San Pietroburgo St Petersburg /snt ˈpiːtəzbɜːg/
Siviglia Seville /səˈvɪl/
Stoccolma Stockholm /ˈstɒkhəʊm/
Strasburgo Strasbourg /ˈstræzbɜːg/
Torino Turin /tjʊəˈrɪn/
Varsavia Warsaw /ˈwɔːsɔː/
Venezia Venice /ˈvenɪs/
Zagabria Zagreb /ˈzɑːgreb/
Zurigo Zurich /ˈzjʊərɪk/

Regioni

Lombardia	Lombardy /'lɒmbədi/
le Marche	the Marches /'mɑːtʃɪz/
Piemonte	Piedmont /'piːdmɒnt/
Puglia	Apulia /ə'pjuːliə/
Sardegna	Sardinia /sɑː'dɪniə/
Sicilia	Sicily /'sɪsɪli/
Toscana	Tuscany /'tʌskəni/

Fiumi, mari e montagne

l'Adriatico	the Adriatic /ˌeɪdri'ætɪk/
le Alpi	the Alps /ælps/
le Ande	the Andes /'ændiːz/
gli Appennini	the Appennines /'æpɪnaɪnz/
le Apuane	the Apuan Alps /ˌæpjuən 'ælps/
l'Arno	the Arno /'ɑːnəʊ/
l'Atlantico	the Atlantic /əflæntɪk/
il Cervino	the Matterhorn /'mætəhɔːn/
il Danubio	the Danube /'dænjuːb/
le Dolomiti	the Dolomites /'dɒləmaɪts/
le Ebridi	the Hebrides /'hebrɪdiːz/
l'Egeo	the Aegean /ɪ'dʒiən/
l'Elba	Elba /'elbə/
l'Etna	Mount Etna /'etnə/
l'Everest	Mount Everest /'evərɪst/
l'Himalaya	the Himalayas /ˌhɪmə'leɪəz/
lo Ionio	the Ionian Sea /aɪˌəʊniən 'siː/
la Manica	the English Channel /ˌɪŋglɪʃ 'tʃænl/
il Mare del Nord	the North Sea /ˌnɔːθ 'siː/
il Mediterraneo	the Mediterranean /ˌmedɪtə'reɪniən/
le Montagne Rocciose	the Rockies /'rɒkiz/
il Monte Bianco	Mont Blanc /mɒn 'blɒŋk/
il Nilo	the Nile /naɪl/
l'Oceano Indiano	the Indian Ocean /ˌɪndiən 'əʊʃn/
le Orcadi	Orkney /'ɔːkni/
il Pacifico	the Pacific /pə'sɪfɪk/
i Pirenei	the Pyrenees /ˌpɪrə'niːz/
il Po	the Po /pəʊ/
il Reno	the Rhine /raɪn/
il Rio delle Amazzoni	the Amazon /'æməzn/
la Senna	the Seine /seɪn/
il Tamigi	the Thames /temz/
il Tevere	the Tiber /'taɪbə(r)/
il Tirreno	the Tyrrhenian Sea /tɪˌriːniən 'siː/
il Vesuvio	Vesuvius /vɪ'suːviəs/

Appendice 4
Le Isole Britanniche

La Gran Bretagna, **Great Britain (GB)**, comprende l'Inghilterra – **England** /'ɪŋglənd/, la Scozia – **Scotland** /'skɒtlənd/ e il Galles – **Wales** /weɪlz/.

Il nome ufficiale dello stato è **the United Kingdom (of Great Britain and Northern Ireland) (UK)** e oltre alla Gran Bretagna comprende l'Irlanda del Nord. Spesso il termine **Britain** è usato come sinonimo di **the United Kingdom**.

The British Isles è un termine geografico che indica le isole di Gran Bretagna e Irlanda /'aɪələnd/) e le isole minori circostanti.

Le Isole Britanniche

Aberdeen /ˌæbə'diːn/
Bath /bɑːθ; USA bæθ/
Belfast /bel'fɑːst; 'belfɑːst; USA 'belfæst/
Berwick-upon-Tweed /ˌberɪk əpɒn 'twiːd/
Birmingham /'bɜːmɪŋəm/
Blackpool /'blækpuːl/
Bournemouth /'bɔːnməθ/
Bradford /'brædfəd/
Brighton /'braɪtn/
Bristol /'brɪstl/
Caernarfon /kə'nɑːvn/
Cambridge /'keɪmbrɪdʒ/
Canterbury /'kæntəbəri/
Cardiff /'kɑːdɪf/
Carlisle /kɑː'laɪl/
Chester /'tʃestə(r)/
Colchester /'kəʊltʃɪstə(r)/
Cork /kɔːk/
Coventry /'kɒvəntri/
Derby /'dɑːbi/
Douglas /'dʌgləs/
Dover /'dəʊvə(r)/
Dublin /'dʌblɪn/
Dundee /dʌn'diː/
Durham /'dʌrəm/
Eastbourne /'iːstbɔːn/
Edinburgh /'edɪnbərə/
Exeter /'eksɪtə(r)/
Galway /'gɔːlweɪ/
Glasgow /'glɑːzgəʊ; USA 'glæz-/
Gloucester /'glɒstə(r)/
Hastings /'heɪstɪŋz/
Hereford /'herɪfəd/
Holyhead /'hɒlihed/

Inverness /ˌɪnvə'nes/
Ipswich /'ɪpswɪtʃ/
Keswick /'kezɪk/
Kingston upon Hull /ˌkɪŋstən əpɒn 'hʌl/
Leeds /liːdz/
Leicester /'lestə(r)/
Limerick /'lɪmərɪk/
Lincoln /'lɪŋkən/
Liverpool /'lɪvəpuːl/
London /'lʌndən/
Londonderry /'lʌndənderi/
Luton /'luːtn/
Manchester /'mæntʃɪstə(r)/
Middlesbrough /'mɪdlzbrə/
Newcastle upon Tyne /ˌnjuːkɑːsl əpɒn 'taɪn; USA ˌnuːkæsl/
Norwich /'nɒrɪdʒ/
Nottingham /'nɒtɪŋəm/
Oxford /'ɒksfəd/
Plymouth /'plɪməθ/
Poole /puːl/
Portsmouth /'pɔːtsməθ/
Ramsgate /'ræmzgeɪt/
Reading /'redɪŋ/
Salisbury /'sɔːlzbəri/
Sheffield /'ʃefiːld/
Shrewsbury /'ʃrəʊzbəri/
Southampton /saʊ'θæmptən/
St. Andrews /ˌsnt 'ændruːz; USA ˌsemt/
Stirling /'stɜːlɪŋ/
Stoke-on-Trent /ˌstəʊk ɒn 'trent/
Stratford-upon-Avon /ˌstrætfəd əpɒn 'eɪvn/
Swansea /'swɒnzi/
Taunton /'tɔːntən/
Warwick /'wɒrɪk/
Worcester /'wʊstə(r)/
York /jɔːk/

Le Isole Britanniche

Appendice 5
Gli Stati Uniti d'America e il Canada

Gli stati che fanno parte degli USA

Alabama /ˌæləˈbæmə/
Alaska /əˈlæskə/
Arizona /ˌærɪˈzəʊnə/
Arkansas /ˈɑːkənsɔː/
California /ˌkæləˈfɔːniə/
Colorado /ˌkɒləˈrɑːdəʊ/
Connecticut /kəˈnetɪkət/
Delaware /ˈdeləweə(r)/
Florida /ˈflɒrɪdə; USA ˈflɔːr-/
Georgia /ˈdʒɔːdʒə/
Hawaii /həˈwaɪi/
Idaho /ˈaɪdəhəʊ/
Illinois /ˌɪləˈnɔɪ/
Indiana /ˌɪndiˈænə/
Iowa /ˈaɪəwə/
Kansas /ˈkænzəs/
Kentucky /kenˈtʌki/
Louisiana /luˌiːziˈænə/
Maine /meɪn/
Maryland /ˈmeərɪlənd; USA ˈmerə-/
Massachusetts /ˌmæsəˈtʃuːsɪts/
Michigan /ˈmɪʃɪɡən/
Minnesota /ˌmɪnɪˈsəʊtə/
Mississippi /ˌmɪsɪˈsɪpi/
Missouri /mɪˈzʊəri; USA məˈz-/
Montana /mɒnˈtænə/
Nebraska /nəˈbræskə/
Nevada /nəˈvɑːdə; USA nəˈvædə/
New Hampshire /ˌnjuːˈhæmpʃə(r); USA ˌnuː/
New Jersey /ˌnjuːˈdʒɜːzi; USA ˌnuː/
New Mexico /ˌnjuːˈmeksɪkəʊ; USA ˌnuː/
New York /ˌnjuːˈjɔːk; USA ˌnuː/
North Carolina /ˌnɔːθ kærəˈlaɪnə/
North Dakota /ˌnɔːθ dəˈkəʊtə/
Ohio /əʊˈhaɪəʊ/
Oklahoma /ˌəʊkləˈhəʊmə/
Oregon /ˈɒrɪɡən/
Pennsylvania /ˌpenslˈveɪmiə/
Rhode Island /ˌrəʊd ˈaɪlənd/
South Carolina /ˌsaʊθ kærəˈlaɪnə/
South Dakota /ˌsaʊθ dəˈkəʊtə/
Tennessee /ˌtenəˈsiː/
Texas /ˈteksəs/
Utah /ˈjuːtɑː/
Vermont /vəˈmɒnt/
Virginia /vəˈdʒɪniə/
Washington /ˈwɒʃɪŋtən/
West Virginia /ˌwest vəˈdʒɪniə/
Wisconsin /wɪsˈkɒnsɪn/
Wyoming /waɪˈəʊmɪŋ/

Le province del Canada

Alberta /ælˈbɜːtə/
British Columbia /ˌbrɪtɪʃ kəˈlʌmbiə/
Manitoba /ˌmænɪˈtəʊbə/
New Brunswick /ˌnjuːˈbrʌnzwɪk; USA ˌnuː/
Newfoundland /ˈnjuːfəndlənd; USA ˈnuː-/
Northwest Territories /ˌnɔːθwest ˈterətriz; USA ˈterətɔːriz/
Nova Scotia /ˌnəʊvə ˈskəʊʃə/
Nunavut /ˈnʊnəvʊt/
Ontario /ɒnˈteəriəʊ/
Prince Edward Island /ˌprɪns ˈedwəd aɪlənd/
Québec /kwɪˈbek/
Saskatchewan /səˈskætʃəwən/
Yukon Territory /ˈjuːkɒn terətri; USA terətɔːri/

Città principali

Atlanta /ətˈlæntə/
Baltimore /ˈbɔːltɪmɔː(r)/
Boston /ˈbɒstən; USA ˈbɔːstən/
Chicago /ʃɪˈkɑːɡəʊ/
Cleveland /ˈkliːvlənd/
Dallas /ˈdæləs/
Denver /ˈdenvə(r)/
Detroit /dɪˈtrɔɪt/
Houston /ˈhjuːstən/
Indianapolis /ˌɪndiəˈnæpəlɪs/
Kansas City /ˌkænzəs ˈsɪti/
Los Angeles /ˌlɒs ˈændʒəliːz; USA ˌlɔːs/
Miami /maɪˈæmi/
Minneapolis /ˌmɪniˈæpəlɪs/
Montréal /ˌmɒntriˈɔːl/
New Orleans /ˌnjuː ɔːˈliːənz; USA ˌnuː ˈɔːrliənz/
New York /ˌnjuːˈjɔːk; USA ˌnuː/
Ottawa /ˈɒtəwə/
Philadelphia /ˌfɪləˈdelfiə/
Pittsburgh /ˈpɪtsbɜːɡ/
San Diego /ˌsæn diˈeɪɡəʊ/
San Francisco /ˌsæn frənˈsɪskəʊ/
Seattle /siˈætl/
Toronto /təˈrɒntəʊ/
Vancouver /vænˈkuːvə(r)/
Washington D.C. /ˌwɒʃɪŋtən diːˈsiː/
Winnipeg /ˈwɪnɪpeɡ/

Gli Stati Uniti d'America e il Canada

Appendice 6
L'Australia e la Nuova Zelanda

Gli stati che fanno parte dell'Australia

Australian Capital Territory /ɒˌstreɪliən ˌkæpɪtl ˈterətri, ɔːˌs-/
New South Wales /ˌnjuː saʊθ ˈweɪlz; US ˌnuː/
Northern Territory /ˌnɔːðən ˈterətri/
Queensland /ˈkwiːnzlənd/
South Australia /ˌsaʊθ ɒˈstreɪliə, ɔːˈs-/
Tasmania /tæzˈmeɪniə/
Victoria /vɪkˈtɔːriə/
Western Australia /ˌwestən ɒˈstreɪliə, ɔːˈs-/

Città principali

Adelaide /ˈædəleɪd/
Auckland /ˈɔːklənd/
Brisbane /ˈbrɪzbən/
Canberra /ˈkænbərə/
Darwin /ˈdɑːwɪn/
Hobart /ˈhəʊbɑːt/
Melbourne /ˈmelbən/
Perth /pɜːθ/
Sydney /ˈsɪdni/
Wellington /ˈwelɪŋtən/

L'Australia e la Nuova Zelanda

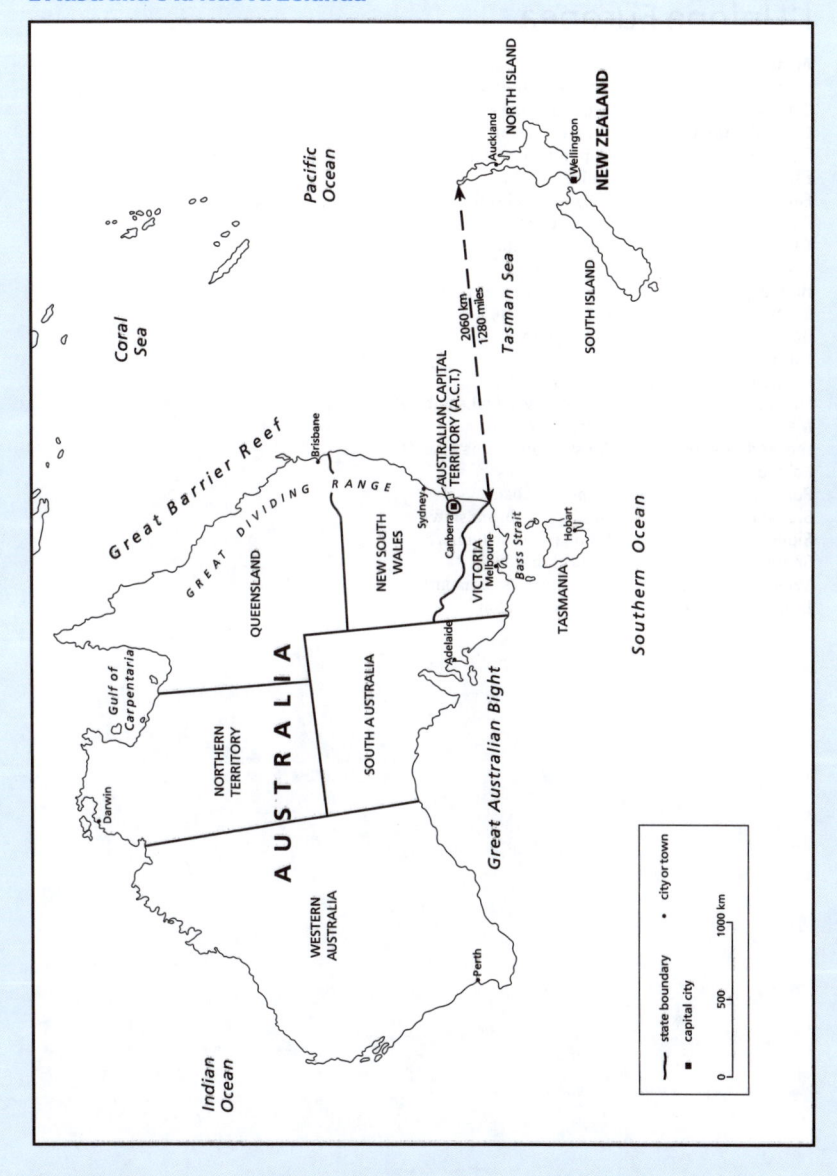

Appendice 7
L'Unione Europea

Austria	Vienna /vi'enə/
Belgium	Brussels /'brʌslz/
Cyprus	Nicosia /ˌnɪkə'siːə/
Czech Republic	Prague /prɑːg/
Denmark	Copenhagen /ˌkəʊpən'heɪgən/
Estonia	Tallinn /'tælɪn/
Finland	Helsinki /hel'sɪŋki/
France	Paris /'pærɪs/
Germany	Berlin /bɜː'lɪn/
Greece	Athens /'æθənz/
Hungary	Budapest /ˌbuːdə'pest/
Ireland	Dublin /'dʌblɪn/
Italy	Rome /rəʊm/
Latvia	Riga /'riːgə/
Lithuania	Vilnius /'vɪlniəs/
Luxembourg	Luxembourg /'lʌksəmbɜːg/
Malta	Valletta /və'letə/
the Netherlands	Amsterdam /'æmstədæm/
Poland	Warsaw /'wɔːsɔː/
Portugal	Lisbon /'lɪzbən/
Slovakia	Bratislava /ˌbrætɪ'slɑːvə/
Slovenia	Ljubljana /ljʊb'ljɑːnə/
Spain	Madrid /mə'drɪd/
Sweden	Stockholm /'stɒkhəʊm/
United Kingdom	London /'lʌndən/

L'Unione Europea

Verbi irregolari

Infinito	Passato	Participio passato	Infinito	Passato	Participio passato
arise	arose	arisen	fling	flung	flung
awake	awoke	awoken	fly	flew	flown
be	was/were	been	forbid	forbade	forbidden
bear	bore	borne	forecast	forecast, forecasted	forecast, forecasted
beat	beat	beaten			
become	became	become	forget	forgot	forgotten
begin	began	begun	forgive	forgave	forgiven
bend	bent	bent	freeze	froze	frozen
bet	bet, betted	bet, betted	get	got	got, *USA* gotten
bid[1]	bade	bidden			
bid[2]	bid	bid	give	gave	given
bind	bound	bound	go	went	gone
bite	bit	bitten	grind	ground	ground
bleed	bled	bled	grow	grew	grown
blow	blew	blown	hang	hung, hanged	hung, hanged
break	broke	broken	have	had	had
breed	bred	bred	hear	heard	heard
bring	brought	brought	hide	hid	hidden
broadcast	broadcast	broadcast	hit	hit	hit
build	built	built	hold	held	held
burn	burnt, burned*	burnt, burned*	hurt	hurt	hurt
			keep	kept	kept
burst	burst	burst	kneel	knelt, *USA anche* kneeled	knelt, *USA anche* kneeled
bust	bust, busted*	bust, busted*			
buy	bought	bought	know	knew	known
cast	cast	cast	lay	laid	laid
catch	caught	caught	lead	led	led
choose	chose	chosen	lean	leaned, leant*	leaned, leant*
cling	clung	clung	leap	leapt, leaped*	leapt, leaped*
come	came	come	learn	learnt, learned*	learnt, learned*
cost	cost, costed	cost, costed			
creep	crept	crept	leave	left	left
cut	cut	cut	lend	lent	lent
deal	dealt	dealt	let	let	let
dig	dug	dug	lie[2]	lay	lain
dive	dived, *USA anche* dove	dived	light	lit, lighted	lit, lighted
			lose	lost	lost
do	did	done	make	made	made
draw	drew	drawn	mean	meant	meant
dream	dreamt, dreamed*	dreamt, dreamed*	meet	met	met
			mislay	mislaid	mislaid
drink	drank	drunk	mislead	misled	misled
drive	drove	driven	misread	misread	misread
dwell	dwellt, dwelled*	dwelt, dwelled*	mistake	mistook	mistaken
			misunderstand	misunderstood	misunderstood
eat	ate	eaten	mow	mowed	mown, mowed
fall	fell	fallen	offset	offset	offset
feed	fed	fed	outdo	outdid	outdone
feel	felt	felt	overcome	overcame	overcome
fight	fought	fought	overdo	overdid	overdone
find	found	found	override	overrode	overridden
flee	fled	fled	overtake	overtook	overtaken

Infinito	Passato	Participio passato	Infinito	Passato	Participio passato
overthrow	overthrew	overthrown	spill	spilt, spilled*	spilt, spilled*
pay	paid	paid	spin	spun	spun
plead	pleaded, USA pled	pleaded, USA pled	spit	spat, spec USA spit	spat, spec USA spit
prove	proved	proved, spec USA proven	split	split	split
put	put	put	spoil	spoilt, spoiled*	spoilt, spoiled*
quit	quit, quitted	quit, quitted	spread	spread	spread
read	read	read	spring	sprang	sprung
redo	redid	redone	stand	stood	stood
rewind	rewound	rewound	steal	stole	stolen
rid	rid	rid	stick	stuck	stuck
ride	rode	ridden	sting	stung	stung
ring²	rang	rung	stink	stank, stunk	stunk
rise	rose	risen	stride	strode	___
run	ran	run	strike	struck	struck
saw	sawed	sawn, USA sawed	string	strung	strung
			strive	strove	striven
say	said	said	swear	swore	sworn
see	saw	seen	sweep	swept	swept
seek	sought	sought	swell	swelled	swollen, swelled
sell	sold	sold			
send	sent	sent	swim	swam	swum
set	set	set	swing	swung	swung
sew	sewed	sewed, sewn	take	took	taken
shake	shook	shaken	teach	taught	taught
shear	sheared	shorn, sheared	tear	tore	torn
			tell	told	told
shed	shed	shed	think	thought	thought
shine	shone	shone	throw	threw	thrown
shoe	shod	shod	tread	trod	trodden, trod
shoot	shot	shot	undergo	underwent	undergone
show	showed	shown	understand	understood	understood
shrink	shrank, shrunk	shrunk	undertake	undertook	undertaken
shut	shut	shut	undo	undid	undone
sing	sang	sung	unwind	unwound	unwound
sink	sank	sunk	uphold	upheld	upheld
sit	sat	sat	upset	upset	upset
slay	slew	slain	wake	woke	woken
sleep	slept	slept	wear	wore	worn
slide	slid	slid	weave	wove, weaved	woven, weaved
sling	slung	slung			
slit	slit	slit	weep	wept	wept
smell	smelt, smelled*	smelt, smelled*	wet	wet, wetted	wet, wetted
			win	won	won
sow	sowed	sown, sowed	wind	wound	wound
speak	spoke	spoken	withdraw	withdrew	withdrawn
speed	sped, speeded	sped, speeded	withstand	withstood	withstood
			wring	wrung	wrung
spell	spelt, spelled*	spelt, spelled*	write	wrote	written
spend	spent	spent			

Vedi nota a DREAM

Abbreviazioni e simboli

abbr	abbreviazione	part avv	particella avverbiale
Aeron	Aeronautica	pass	passato
agg	aggettivo	pl	plurale
agg interr	aggettivo interrogativo	Pol	Politica
agg neg	aggettivo negativo	pp	participio passato
agg poss	aggettivo possessivo	ppres	participio presente
agg rel	aggettivo relativo	pref	prefisso
Agr	Agricoltura	prep	preposizione
Anat	Anatomia	pron	pronome
antiq	antiquato	pron interr	pronome interrogativo
approv	approvazione	pron pers	pronome personale
Archit	Architettura	pron poss	pronome possessivo
art det	articolo determinativo	pron rel	pronome relativo
art indet	articolo indeterminativo	qc	qualcosa
Astron	Astronomia	qn	qualcuno
attrib	attributivo (si usa solo prima del sostantivo)	Relig	Religione
		s	sostantivo
Auto	Automobilismo	sb	somebody
avv	avverbio	scherz	scherzoso
avv interr	avverbio interrogativo	sf	sosotantivo femminile
avv neg	avverbio negativo	sing	singolare
avv rel	avverbio relativo	sm	sostantivo maschile
Biol	Biologia	smf	sostantivo maschile e femminile
Bot	Botanica	sm-sf	sostantivo che ha desinenze diverse per il maschile e per il femminile
Chim	Chimica		
Cine	Cinema		
comp	comparativo	sth	something
Comm	Commercio	superl	superlativo
cong	congiunzione	Teat	Teatro
Dir	Diritto	Tec	Tecnica, Tecnologia
dispreg	dispregiativo	Telec	Telecomunicazioni
Econ	Economia	USA	inglese americano
Elettr	Elettricità, Elettronica	v	verbo
escl	esclamazione	v aus modale	v ausiliare modale
euf	eufemistico	vi	verbo intransitivo
femm	femminile	v impers	verbo impersonale
fig	figurato	v rifl	verbo riflessivo
Fin	Finanza	v pl	verbo al plurale
Fis	Fisica	v sing o pl	verbo al singolare o al plurale
Foto	Fotografia	vt	verbo transitivo
GB	inglese britannico	Zool	Zoologia
Geog	Geografia	LOC	locuzioni e espressioni
Geol	Geologia		
Geom	Geometria	▬	inquadra le note grammaticali, culturali e di uso
Gramm	Grammatica		
+ing	più la forma -ing		
iron	ironico	▶	precede le categorie grammaticali (aggettivo, verbo, avverbio, ecc)
lett	letterale		
Ling	Linguistica		
Mat	Matematica	❶	precede una breve nota sulla parola che stai consultando
Mecc	Meccanica		
Med	Medicina	↪	ti rimanda ad un'altra parola.
Meteor	Meteorologia		
Mil	Militare	⚷	parola chiave: le parole più utili
Mus	Musica		
Naut	Nautica	★	sostantivo, verbo o aggettivo irregolare
neg	forma negativa		
n pr	nome proprio		